Dauner-Lieb/Heidel/Lepa/Ring Schuldrecht

ANWALTKOMMENTAR
DeutscherAnwaltVerein

Schuldrecht

Erläuterungen der Neuregelungen zum Verjährungsrecht, Schuldrecht, Schadensersatzrecht und Mietrecht

Hrsg. von
Prof. Dr. Barbara Dauner-Lieb, Universität zu Köln,
Rechtsanwalt Dr. Thomas Heidel, Bonn,
RiBGH a.D. Dr. Manfred Lepa, Bonn,
Prof. Dr. Gerhard Ring,
Technische Universität Freiberg/Sachsen

DeutscherAnwaltVerlag

Zitiervorschlag:
AnwKom-BGB-*Bearbeiter* § 1 Rn 1

Copyright 2002 by Deutscher Anwaltverlag, Bonn
Satz: Richarz Publikations Service GmbH, St. Augustin
Druck: M.P. Media-Print Informationstechnologie GmbH, Paderborn
Titelgestaltung: D sign Agentur für visuelle Kommunikation, Peter Korn-Hornung, Solingen

Die Deutsche Bibliothek – CIP-Einheitsaufnahme

Schuldrecht: Erläuterungen der Neuregelungen zum Verjährungsrecht,
Schuldrecht, Schadensersatzrecht und Mietrecht / hrsg. von
Barbara Dauner-Lieb ... – Bonn: Dt. Anwaltverl., 2002
   (Anwaltkommentar)
   ISBN 3-8240-0511-5

Geleitwort

Das Schuldrecht unseres Bürgerlichen Gesetzbuches, das seit 1900 gilt, ist in weiten Teilen auf dem Stand seines Inkrafttretens geblieben. Es war daher die richtige Gelegenheit, im Zuge der Umsetzung der EG-Richtlinien zum Verbrauchsgüterkauf, zum Zahlungsverzug und zum elektronischen Rechtsverkehr das Schuldrecht grundlegend zu modernisieren.

Die Schuldrechtsreform ist vom Deutschen Anwaltverein intensiv begleitet und durch nachhaltige inhaltliche Kritik beeinflusst worden. Auch wenn die Schuldrechtsmodernisierung nicht vollkommen geraten ist, so begrüßt der Deutsche Anwaltverein dennoch diese Reform. Sie bringt Verbesserungen des Verbraucherschutzes sowie eine Vereinfachung des Vertragsrechts und des Verjährungsrechts mit sich.

Der Deutsche Anwaltverein hat sich gegen die Eile gewandt, mit der das neue Schuldrecht in Kraft treten soll. Die Zeit zur Einarbeitung ist kaum zumutbar kurz. Ich begrüße daher, dass der Deutsche Anwaltverlag als Serviceeinrichtung des Deutschen Anwaltvereins zu diesem frühen Zeitpunkt den vorliegenden Kommentar vorlegt. Er wird in der Zeit der Einarbeitung in das neue Recht unverzichtbar sein.

Die Erläuterungen zum neuen Schuldrecht sind der erste Schritt auf dem Weg zu einem neuen fünfbändigen Kommentar zum Bürgerlichen Gesetzbuch, der in den beiden kommenden Jahren veröffentlicht werden soll. Dieses Werk wird in der vom Deutschen Anwaltverein herausgegebenen Reihe „Anwaltkommentar" erscheinen. Ein wesentlicher Vorzug des Werkes wird in der Verbindung von wissenschaftlicher Durchdringung und praktischer anwaltlicher Einsicht bestehen. Ich bin sicher, dass das Projekt in der Anwaltschaft auf große Resonanz stoßen wird.

Berlin, im Dezember 2001

Dr. Michael Streck
Präsident des Deutschen Anwaltvereins

Vorwort

Der Verabschiedung des Gesetzes zur Modernisierung des Schuldrechts ist ein lautstark geführter akademischer Streit darüber vorangegangen, ob die Richtlinie über den Verbrauchsgüterkauf in einer „großen" oder einer „kleinen" Lösung umzusetzen sei, ob die geplante „große Lösung" wenigstens im Ansatz vernünftig sei, ob dies der rechte Zeitpunkt für die Verabschiedung eines solchen Gesetzeswerkes sei und vor allem auch, ob es innerhalb des geplanten zeitlichen Rahmens möglich sei, den Entwurf zur Gesetzesreife zu entwickeln. Dieser Streit hat sich durch die noch fristgerechte Verabschiedung des Gesetzes erledigt. Welche der Streitpositionen sachlich berechtigt waren, muss sich freilich erst aufgrund der Erfahrungen mit dem neuen Gesetz erweisen. In der Diskussion um das Vorhaben ist das BGB, zumal das allgemeine Schuldrecht, aber auch das Verjährungsrecht, zum Teil verteufelt, zum Teil idealisiert worden. Beides war überzogen. Kaum bestritten werden konnte, dass gerade das Recht der Leistungsstörungen und der Sachmängelhaftung namentlich beim Kauf in Verbindung mit den Verjährungsvorschriften in der Textfassung des BGB nicht sachgerecht geregelt war, und dass die Weiterentwicklung durch die Rechtsprechung – von der culpa in contrahendo über die positive Vertragsverletzung bis hin zum weiterfressenden Schaden – zu unübersichtlichen, im Einzelfall kaum prognostizierbaren Differenzierungen und Verwerfungen führte und deshalb auch in der Wertung nicht nachvollziehbaren Differenzierungen und Verwerfungen führte.

Das Schuldrechtsmodernisierungsgesetz will dem abhelfen. Mit dem Termindruck der Umsetzung der Richtlinie zum Verbrauchsgüterkauf im Rücken und der Vorlage eines Entwurfes nach dem Konzept der großen Lösung im Spätsommer 2000 waren die Weichen gestellt. Ein Umschwenken zu einer kleinen Lösung war jedenfalls nach einigen Monaten der intensiven Diskussion und Weiterentwicklung des Entwurfs aus zeitlichen Gründen nicht mehr möglich. Der Entwurf hat aber in diesen Monaten auch dank der tatkräftigen Mithilfe aus Wissenschaft und Praxis wesentliche Änderungen, großenteils Verbesserungen erfahren.

Die Umsetzung in der großen Lösung verfolgt mehrere Ziele. Außer der unmittelbar zu bewältigenden Umsetzung der Richtlinie geht es darum, die wesentlichen von der Rechtsprechung zum Schuldrecht entwickelten Institute im BGB zu verankern und eine Zersplitterung des Rechts in mehrere Teilrechtsordnungen (für Verbrauchergeschäfte und andere Geschäfte) soweit wie möglich zu vermeiden. Gleichzeitig sollte die eher kasuistische Systematik gerade des Rechts der Leistungsstörungen und der Mängelhaftung durch höhere Abstraktion überwunden und insgesamt übersichtlicher gestaltet werden. Die neue Systematik galt als Voraussetzung für eine grundlegende Umgestaltung des anerkanntermaßen unbefriedigenden Verjährungsrechts. Hier und im Kaufrecht liegen die wichtigsten materiellen Änderungen des Gesetzes. Durch die gleichzeitige Aufnahme der vornehmlich dem Verbraucherschutz dienenden Nebengesetze einschließlich des AGB-Gesetzes kann das BGB jetzt wieder als Kodifikation fast des gesamten bürgerlichen Rechts gelten. Schließlich soll das BGB mit dem neu gefassten Schuldrecht ein international konkurrenzfähiges Modell für die Arbeiten an einem europäischen Vertragsrecht abgeben.

Der Deutsche Anwaltverein hat durch seinen Zivilrechtsausschuss die Vorbereitungsarbeiten, die in das Gesetz mündeten, begleitet und den Entwürfen in ihren verschiedenen Fassungen im Grundsatz, wenn auch mit Kritik zu zahlreichen Einzelpunkten, zugestimmt. Er erwartet auf längere Sicht eine deutliche Vereinfachung in der Rechtsanwendung und die Überwindung bisher bestehender Verwerfungen. In der ersten Zeit werden freilich die Schwierigkeiten überwiegen, das neue Recht zu verstehen und mit ihm zu arbeiten. Unvermeidlich werden viele der alten Probleme in veränderter Form wiederkehren und es wird sich dabei die Frage stellen, inwieweit die zum bisherigen Recht gefundenen Lösungen in das neue Recht übertragbar sind. Auch neue Fragen werden auftreten, für die eine Lösung erst noch in Rechtsprechung und Wissenschaft zu erarbeiten ist. Die neuen Fragen werden bereits bei der scheinbar klaren Abgrenzung zwischen alten und neuen Schuldverhältnissen in den Übergangsregeln und den nur mühsam verständlichen Vorschriften zur Behandlung bereits laufender Verjährungsfristen ansetzen.

Für die Arbeit mit dem neuen Recht wird hiermit ein Kommentar vorgelegt, der sich zunächst auf dasjenige beschränkt, was neu ist. Er orientiert sich an den Bedürfnissen des Praktikers, ohne den Blick auf das wissenschaftliche Fundament zu verlieren.

Köln, im Dezember 2001

Rechtsanwalt Dr. Georg Maier-Reimer
Vorsitzender des Zivilrechtsausschusses des Deutschen Anwaltvereins

Vorwort der Herausgeber

Liebe Leserin, lieber Leser,

„Noch ein BGB-Kommentar?!", werden Sie sich entsetzt oder neugierig fragen.

Ja, dies ist ein Anfang. Die Reform des Schuldrechts stellt uns alle vor neue Herausforderungen – in Anwaltschaft, Justiz und Wissenschaft. Daher wollen wir einen völlig neuen Blick auf das BGB werfen. Zunächst befassen wir uns dabei mit den Änderungen durch die Reformen des Jahres 2001 – denen des Schuld- und des Verjährungsrechts sowie gleichgewichtig auch den Reformen des Schadensersatz- und des Mietrechts sowie der Formvorschriften, jeweils einschließlich ihrer europarechtlichen Grundlagen.

Doch die jetzt vorgelegte Kommentierung ist nur ein Anfang:

Ein Anfang, da zur Zeit auch noch so kompetente Autorinnen und Autoren keine völlig verlässliche Antwort zum Inhalt des BGB nach den Reformen, insbesondere nach der Schuldrechtsreform, geben können. Es gibt sie nicht mehr, die bewährten Wegweiser, nicht die der herrschenden Meinung, der herrschenden Lehre oder der gut begründeten, aber eben doch noch nur Mindermeinungen, ganz zu schweigen von einer Sicht, die die ständige Rechtsprechung auf ihrer Seite weiß. Es gibt als Grundlage für die Erläuterung der Reformen nur die reichhaltige (und kontroverse!) Reformdiskussion, ihre Entwicklung und die Möglichkeit, sie zu erfassen zu suchen nach ihren Strukturen und in Abgrenzung zu ihren Vorläufern – mit Hilfe der bewährten Auslegung nach Wortlaut, (so genannter) Gesetzesbegründung und den sonstigen Regeln der Methodenlehre. Wenn es schon häufig keine Klarheit des Inhalts der Reform gibt, bei all ihren unbestimmten Rechtsbegriffen, offen gelassenen Fragen und Kompromissen unterschiedlicher Ansätze, dann muss wenigstens die Kommentierung sich der bewährten Methoden besinnen, damit das BGB nach der Mega-Reform wieder zu einem Synonym für Verlässlichkeit und Gerechtigkeit im Einzelfall wird.

Jetzt können wir nur den Anfang der Kommentierung der Reformen liefern. Wenige Wochen nach deren Verabschiedung ist noch keine Vollkommentierung möglich. Mitunter wird man auch über die Gewichtung der Kommentierungen streiten können. Bis das neue BGB, vor allem das Schuldrecht und Verjährungsrecht, wieder zu einem weithin geschlossenen runden System wird, aber offen für Dynamik, werden Jahre vergehen. Dieser Kommentar wird die Entwicklung begleiten, und unsere Kommentierung wird sich mit ihr fortentwickeln.

Ein Anfang ist die Kommentierung aber auch als Auftakt für einen Großkommentar des gesamten BGB – unter Einschluß des EGBGB, der BGB-"Nebengesetze", des UN-Kaufrechts und europarechtlicher Grundlagen unseres Zivilrechts. In den nächsten zwei bis drei Jahren soll die erste Auflage dieses Projekts abgeschlossen sein. Wissenschaft und Praxis des BGB – das wird das Motto der Kommentierung sein. Die Verzahnung von Wissenschaft und Praxis, wissenschaftlich fundierte Antworten zu Fragen des BGB zumal für die Praxis in Anwaltschaft und Justiz, in der heutigen Rechtswirklichkeit – dies soll die Kommentierung durch über hundert Autorinnen und Autoren aus Wissenschaft und Praxis kennzeichnen.

Der Anfang ist gemacht. Wir hoffen, dass er Ihnen bei Ihrer Arbeit, bei Ihrer Anwendung des neuen BGB hilft. Wir alle brauchen Ihre Anregungen, Ihre Kritik. Damit der Anwaltkommentar BGB zu einem guten Werkzeug für Ihre tägliche Praxis wird – in Anwaltschaft, Justiz und Wissenschaft.

Köln/Bonn/Freiberg, im Dezember 2001

Ihre
Barbara Dauner-Lieb
Thomas Heidel
Manfred Lepa
Gerhard Ring

Inhaltsverzeichnis

Autorenverzeichnis 11

Abkürzungsverzeichnis 12

Literaturverzeichnis 16

Einführung 21

Bürgerliches Gesetzbuch – Auszug –

Buch 1. Allgemeiner Teil
Abschnitt 1. Personen 27
    Titel 1. Natürliche Personen, Verbraucher, Unternehmer §§ 13, 14 27
Abschnitt 3. Rechtsgeschäfte 33
    Titel 2. Willenserklärung §§ 120, 121, 124, 126–127 33
    Titel 3. Vertrag § 147 50
Abschnitt 5. Verjährung 51
    Titel 1. Gegenstand und Dauer der Verjährung §§ 194–202 54
    Titel 2. Hemmung, Ablaufhemmung und Neubeginn der Verjährung §§ 203–213 ... 122
    Titel 3. Rechtsfolgen der Verjährung §§ 214–218 149

Buch 2. Recht der Schuldverhältnisse
Abschnitt 1. Inhalt der Schuldverhältnisse 158
    Titel 1. Verpflichtung zur Leistung §§ 241–292 158
    Titel 2. Verzug des Gläubigers §§ 293–304 320
Abschnitt 2. Gestaltung rechtsgeschäftlicher Schuldverhältnisse durch Allgemeine Geschäftsbedingungen §§ 305–310 322
Abschnitt 3. Schuldverhältnisse aus Verträgen 362
    Titel 1. Begründung, Inhalt und Beendigung 362
        Untertitel 1. Begründung §§ 311–311c 362
        Untertitel 2. Besondere Vertriebsformen §§ 312–312f 392
        Untertitel 3. Anpassung und Beendigung von Verträgen §§ 313, 314 ... 451
        Untertitel 4. Einseitige Leistungsbestimmungsrechte §§ 315–319 478
    Titel 2. Gegenseitiger Vertrag §§ 320–327 479
    Titel 3. Versprechen der Leistung an einen Dritten §§ 328–335 496
    Titel 4. Draufgabe, Vertragsstrafe §§ 336–345 497
    Titel 5. Rücktritt; Widerrufs- und Rückgaberecht bei Verbraucherverträgen . 498
        Untertitel 1. Rücktritt §§ 346–354 498
        Untertitel 2. Widerrufs- und Rückgaberecht bei Verbraucherverträgen §§ 355–361 533
Abschnitt 4. Erlöschen der Schuldverhältnisse 557
    Titel 1. Erfüllung §§ 362–371 557
    Titel 2. Hinterlegung §§ 372–386 559
    Titel 3. Aufrechnung §§ 387–396 560
    Titel 4. Erlass § 397 561
Abschnitt 5. Übertragung einer Forderung §§ 398–413 562
Abschnitt 6. Schuldübernahme §§ 414–419 563
Abschnitt 7. Mehrheit von Schuldnern und Gläubigern §§ 420–432 564
Abschnitt 8. Einzelne Schuldverhältnisse 566
    Titel 1. Kauf, Tausch 566
        Untertitel 1. Allgemeine Vorschriften §§ 433–453 566
        Untertitel 2. Besondere Arten des Kaufs 608
            Kapitel 1. Kauf auf Probe §§ 454, 455 608
            Kapitel 2. Wiederkauf §§ 456–462 608
            Kapitel 3. Vorkauf §§ 463–473 609

Inhaltsverzeichnis

Untertitel 3. Verbrauchsgüterkauf §§ 474–479	610
Untertitel 4. Tausch § 480	631
Titel 2. Teilzeit-Wohnrechteverträge §§ 481–487	631
Titel 3. Darlehensvertrag; Finanzierungshilfen und Ratenlieferungsverträge zwischen einem Unternehmer und einem Verbraucher	636
Untertitel 1. Darlehensvertrag §§ 488–498	638
Untertitel 2. Finanzierungshilfen zwischen einem Unternehmer und einem Verbraucher §§ 499–504	667
Untertitel 3. Ratenlieferungsverträge zwischen einem Unternehmer und einem Verbraucher § 505	677
Untertitel 4. Unabdingbarkeit, Anwendung auf Existenzgründer §§ 506–515	681
Titel 4. Schenkung §§ 516–534	684
Titel 5. Mietvertrag Pachtvertrag	686
Untertitel 1. Allgemeine Vorschriften für Mietverhältnisse §§ 535–548	688
Untertitel 2. Mietverhältnisse über Wohnraum	698
Kapitel 1. Allgemeine Vorschriften §§ 549–555	698
Kapitel 2. Die Miete	703
Unterkapitel 1. Vereinbarungen über die Miete §§ 556–556b	703
Unterkapitel 2. Regelungen über die Miethöhe §§ 557–561	705
Kapitel 3. Pfandrecht des Vermieters §§ 562–562d	712
Kapitel 4. Wechsel der Vertragsparteien §§ 563–567b	714
Kapitel 5. Beendigung des Mietverhältnisses	719
Unterkapitel 1. Allgemeine Vorschriften §§ 568–572	719
Unterkapitel 2. Mietverhältnisse auf unbestimmte Zeit §§ 573–574c	721
Unterkapitel 3. Mietverhältnisse auf bestimmte Zeit §§ 575, 575a	726
Unterkapitel 4. Werkwohnungen §§ 576–576b	727
Kapitel 6. Besonderheiten bei der Bildung von Wohnungseigentum an vermieteten Wohnungen §§ 577, 577a	729
Untertitel 3. Mietverhältnisse über andere Sachen §§ 578–580a	730
Untertitel 4. Pachtvertrag §§ 581–584b	731
Untertitel 5. Landpachtvertrag §§ 585–597	733
Titel 6. Leihe §§ 598–606	740
Titel 7. Sachdarlehensvertrag §§ 607–610	741
Titel 8. Dienstvertrag §§ 611–630	743
Titel 9. Werkvertrag und ähnliche Verträge	749
Untertitel 1. Werkvertrag §§ 631–651	751
Untertitel 2. Reisevertrag §§ 651a–651m	789
Titel 10. Mäklervertrag	805
Untertitel 1. Allgemeine Vorschriften §§ 652–655	805
Untertitel 2. Darlehensvermittlungsvertrag zwischen einem Unternehmer und einem Verbraucher §§ 655a–655e	806
Untertitel 3. Ehevermittlung § 656	813
Titel 11. Auslobung §§ 657–661a	813
Titel 12. Auftrag und Geschäftsbesorgungsvertrag	814
Untertitel 1. Auftrag §§ 662–674	814
Untertitel 2. Geschäftsbesorgungsvertrag	815
Kapitel 1. Allgemeines §§ 675–676	815
Kapitel 2. Überweisungsvertrag §§ 676a–676c	816
Kapitel 3. Zahlungsvertrag §§ 676d, 676e	818
Kapitel 4. Girovertrag §§ 676f–676h	818
Titel 13. Geschäftsführung ohne Auftrag §§ 677–687	819
Titel 14. Verwahrung §§ 688–700	820
Titel 15. Einbringung von Sachen bei Gastwirten §§ 701–704	822
Titel 16. Gesellschaft §§ 705–740	823
Titel 17. Gemeinschaft §§ 741–758	828
Titel 18. Leibrente §§ 759–761	830
Titel 19. Unvollkommene Verbindlichkeiten §§ 762–764	830
Titel 20. Bürgschaft §§ 765–778	830
Titel 21. Vergleich § 779	834
Titel 22. Schuldversprechen, Schuldanerkenntnis §§ 780–782	834
Titel 23. Anweisung §§ 783–792	834

Inhaltsverzeichnis

Titel 24. Schuldverschreibung auf den Inhaber §§ 793–808 836
Titel 25. Vorlegung von Sachen §§ 809–811 838
Titel 26. Ungerechtfertigte Bereicherung §§ 812–822 839
Titel 27. Unerlaubte Handlungen §§ 823–853 840

Buch 5. Erbrecht

Abschnitt 3. Testamente 879
Titel 4. Vermächtnis § 2171 879

Einführungsgesetz zum Bürgerlichen Gesetzbuche – Auszug – 881

Gesetz über Unterlassungsklagen bei Verbraucherrechts- und anderen Verstößen (Unterlassungsklagengesetz – UKlaG) 901

Verordnung über Informationspflichten nach bürgerlichem Recht 931

Richtlinie 2000/35/EG des Europäischen Parlaments und des Rates vom 29. Juni 2000 zur Bekämpfung von Zahlungsverzug im Geschäftsverkehr [Zahlungsverzugs-Richtlinie (Verzugs-RL)] 943

Richtlinie 1999/44/EG des Europäischen Parlaments und des Rates vom 25. Mai 1999 zu bestimmten Aspekten des Verbrauchsgüterkaufs und der Garantien für Verbrauchsgüter [Verbrauchsgüterkauf-Richtlinie (Kauf-RL)] 971

Register 1017

Autorenverzeichnis

Prof. Dr. Ulrich Büdenbender
Technische Universität Dresden, Lehrstuhl für Bürgerliches Recht, Energiewirtschaftsrecht und Arbeitsrecht

Prof. Dr. Barbara Dauner-Lieb
Universität zu Köln, Lehrstuhl für Bürgerliches Recht, Handels- und Gesellschaftsrecht, Arbeitsrecht und Europäische Privatrechtsentwicklung, Direktor des Instituts für Arbeits- und Wirtschaftsrecht

Prof. Dr. Johannes Hager
Humboldt-Universität zu Berlin, Lehrstuhl für Bürgerliches Recht, Zivilprozessrecht, Handels-, Gesellschafts- und Arbeitsrecht

Prof. Dr. Joachim Hennrichs
Westfälische Wilhelms-Universität Münster, Institut für Arbeits-, Sozial- und Wirtschaftsrecht, Abt. I (Wirtschaftsrecht)

Prof. Dr. Christian Huber
Rheinisch-Westfälische Technische Hochschule Aachen, Lehrstuhl für Bürgerliches Recht, Wirtschaftsrecht und Arbeitsrecht

Prof. Dr. Friedrich Klein-Blenkers
Fachhochschule Hildesheim/Holzminden/Göttingen, Fachbereich Wirtschaft

Prof. Dr. Peter Krebs
Universität Siegen, Lehrstuhl für Bürgerliches Recht und Wirtschaftsrecht

Prof. Dr. Heinz-Peter Mansel
Universität zu Köln, Institut für internationales und ausländisches Privatrecht

Dr. Mark Niehuus
Rechtsanwalt, Mülheim an der Ruhr

Prof. Dr. Ulrich Noack
Heinrich Heine Universität Düsseldorf, Lehrstuhl für Bürgerliches Recht, Handels- und Wirtschaftsrecht

Prof. Dr. Thomas Pfeiffer
Universität Bielefeld, Lehrstuhl für Bürgerliches Recht, IPR, Rechtsvergleichung und Zivilprozessrecht, Richter am OLG Hamm

Prof. Dr. Thomas Raab
Universität Augsburg, Professur für Bürgerliches Recht, Arbeits- und Handelsrecht

Prof. Dr. Peter Reiff
Universität Trier, Lehrstuhl für Bürgerliches Recht, Handels- und Gesellschaftsrecht, Privatversicherungsrecht

Prof. Dr. Gerhard Ring
Technische Universität Bergakademie Freiberg, Lehrstuhl für Bürgerliches Recht, Deutsches und Europäisches Wirtschaftsrecht

Prof. Dr. Hans Schulte-Nölke
Universität Bielefeld, Lehrstuhl für Bürgerliches Recht, Europäisches Privatrecht, Rechtsvergleichung, Deutsche und Europäische Rechtsgeschichte

Prof. Dr. Wolf-Dietrich Walker
Justus-Liebig-Universität Gießen, Professur für Bürgerliches Recht, Arbeitsrecht und Zivilprozessrecht

Abkürzungsverzeichnis

a.A.	anderer Auffassung	BörsenG	Börsengesetz
a. a. O.	am angegebenen Ort	BR-Drucks	Bundesrats-Drucksache
a.E.	am Ende	BRAGO	Bundesgebührenordnung für Rechtsanwälte
a.F.	alte Fassung		
a.M.	anderer Meinung	BRAO	Bundesrechtsanwaltsordnung
ABl	Amtsblatt	BReg	Bundesregierung
ABlEG, ABl. EG	Amtsblatt der Europäischen Gemeinschaften	bspw.	beispielsweise
		BT-Drucks	Bundestags-Drucksache
Abs.	Absatz	BundesbergG	Bundesberggesetz
AbzG	Gesetz betr. Abzahlungsgeschäfte	BVerfG	Bundesverfassungsgericht
AcP	Archiv für die civilistische Praxis	BVerfGE	Entscheidungen des Bundesverfassungsgerichts
AGB	Allgemeine Geschäftsbedingungen		
AGBG	Gesetz zur Regelung des Rechts der Allgemeinen Geschäftsbedingungen	BVerwGE	Entscheidungen des Bundesverwaltungsgerichts
AktG	Aktiengesetz	bzgl.	bezüglich
AMG	Arzneimittelgesetz	bzw.	beziehungsweise
Anm.	Anmerkung	c.i.c.	culpa in contrahendo
AP	Arbeitsrechtliche Praxis	ca.	circa
ARB	Allgemeine Reisebedingungen	CISG	Convention on the International Sales of Goods (Übereinkommen der Vereinten Nationen über Verträge über den internationalen Warenkauf)
ArbEG	Gesetz über Arbeitnehmererfindungen		
ArbGG	Arbeitsgerichtsgesetz		
arg.	argumentum e	CMR	Convention relative au Contrat de transport international de marchandise par route (Übereinkommen über den Beförderungsvertrag im internationalen Straßengüterverkehr)
Art.	Artikel		
AT	Allgemeiner Teil		
AtomG	Atomgesetz		
Aufl.	Auflage		
AuR	Arbeit und Recht	CR	Computer und Recht
AuslInvG	Gesetz über den Vertrieb ausländischer Investmentanteile und über die Besteuerung der Erträge aus ausländischen Investmentanteilen	d. h.	das heißt
		DAngVers	Die Angestelltenversicherung
		DAR	Deutsches Autorecht
		DAV	Deutscher Anwaltverein
AVBEltV	Verordnung über Allgemeine Bedingungen für die Elektrizitätsversorgung von Tarifkunden	DB	Der Betrieb
		ders.	derselbe
		d. h.	das heißt
AVBGasV	Verordnung über Allgemeine Bedingungen für die Gasversorgung von Tarifkunden	DiskE	Diskussionsentwurf
		DJT	Deutscher Juristentag
		DMBilanzG	Gesetz über die Eröffnungsbilanz in Deutscher Mark und die Kapitalneufestsetzung
BAG	Bundesarbeitsgericht		
BazBV	Basiszinssatz-Bezugsgrößen-Verordnung		
		DNotZ	Deutsche Notarzeitschrift
BB	Der Betriebs-Berater	DÖV	Die Öffentliche Verwaltung
BBiG	Berufsbildungsgesetz	DRB	Deutscher Richterbund
Bd.	Band	DRiZ	Deutsche Richterzeitung
BegrRE	Begründung Regierungsentwurf	Drucks	Drucksache
Beil	Beilage	DStR	Deutsches Steuerrecht
BetrAVG	Gesetz zur Verbesserung der betrieblichen Altersversorgung	DtZ	Deutsch-deutsche Rechts-Zeitschrift
		DuD	Datenschutz und Datensicherheit
BeurkG	Beurkundungsgesetz	DZWiR	Deutsche Zeitschrift für Wirtschaftsrecht
BGB	Bürgerliches Gesetzbuch		
BGBl I, II, III	Bundesgesetzblatt, mit oder ohne Ziffer = Teil I; mit II = Teil II; mit III = Teil III	ebd.	ebenda
		ECRL	E-Commerce-Richtlinie
		EG	Europäische Gemeinschaft, Einführungsgesetz
BGB-KE	BGB, Entwurf der Schuldrechtskommission des BMJ	EGBGB	Einführungsgesetz zum Bürgerlichen Gesetzbuch
BGH	Bundesgerichtshof		
BGHZ	Entscheidungen des Bundesgerichtshofs in Zivilsachen	EGV	EG-Vertrag
		EGZPO	Einführungsgesetz zur Zivilprozessordnung
BMJ	Bundesministerium der Justiz		

Abkürzungsverzeichnis

etc.	et cetera	HaftpflG	Haftpflichtgesetz
EU	Europäische Union	HalblSchG	Halbleiterschutzgesetz
EuGH	Europäischer Gerichtshof	Halbs.	Halbsatz
EuGH Slg.	Entscheidungssammlung EuGH	HGB	Handelsgesetzbuch
EuGVÜ	Europäisches Übereinkommen über die gerichtliche Zuständigkeit und die Vollstreckung gerichtlicher Entscheidungen in Zivil- und Handelssachen	HintO	Hinterlegungsordnung
		Hinw.	Hinweis
		Hrsg.	Herausgeber
		hrsg.	herausgegeben
		Hs.	Halbsatz
EUR	Euro	HWiG	Gesetz über den Widerruf von Haustürgeschäften und ähnlichen Geschäften
EURIBOR	EURO Interbank Offered Rate		
EuroEG	Gesetz zur Einführung des Euro		
EuZW	Europäische Zeitschrift für Wirtschaftsrecht	HWS	Halswirbelsäule
		i.d.F.	in der Fassung
EV	Eidesstattliche Versicherung	i.d.R.	in der Regel
EVÜ	Europäisches Schuldvertragsübereinkommen	i.d.S.	in diesem Sinne
		i.e.S.	im engeren Sinne
EWG	Europäische Wirtschaftsgemeinschaft	i. S.d.	im Sinne des
		i. S.v.	im Sinne von
EWiR	Entscheidungen zum Wirtschaftsrecht	i.V.m.	in Verbindung mit
		i.w.S.	im weiteren Sinne
EWR	Europäischer Wirtschaftsraum	II. BV	Zweite Berechnungsverordnung
EWS	Europäisches Wirtschafts- und Steuerrecht	InfVo a.F.	Verordnung über Informationspflichten von Reiseveranstaltern
EZB	Europäische Zentralbank	InfVo n.F.	Verordnung über Informationspflichten nach bürgerlichem Recht
f., ff.	folgende, fortfolgende		
FamRZ	Zeitschrift für das gesamte Familienrecht	insb.	insbesondere
		InsO	Insolvenzordnung
FARL	Fernabsatzrichtlinie	IPRax	Praxis des Internationalen Privat- und Verfahrensrechts
FernAbsG	Fernabsatzgesetz		
FernUSG	Gesetz zum Schutz der Teilnehmer am Fernunterricht	Jb.J.ZivRWiss	Jahrbuch Junger Zivilrechtswissenschaftler
FGO	Finanzgerichtsordnung	JBl	Justizblatt
FIBOR	Frankfurt Interbank Offered Rate	JGG	Jugendgerichtsgesetz
FIBOR-VO	FIBOR-Überleitungs-Verordnung	JR	Juristische Rundschau
FLF	Finanzierung, Leasing, Factoring (Zeitschrift)	Jura	Juristische Ausbildung
		JuS	Juristische Schulung
Fn	Fußnote	JW	Juristische Wochenschrift
FormVAnpG	Gesetz zur Anpassung der Formvorschriften des Privatrechts und anderer Vorschriften	JZ	Juristenzeitung
		K&R	Kommunikation & Recht
		KAGG	Gesetz über Kapitalanlagegesellschaften
FS	Festschrift		
G	Gericht, Gesetz	Kauf-RL	Richtlinie zu bestimmten Aspekten des Verbrauchsgüterkaufs und der Garantien für Verbrauchsgüter (Kaufrechts-Richtlinie)
GbR	Gesellschaft des bürgerlichen Rechts		
geänd.	geändert		
GebrMG	Gebrauchsmustergesetz		
gem.	gemäß	KE	Kommissionsentwurf
GenG	Genossenschaftsgesetz	KF	Konsolidierte Fassung
GeschmMG	Geschmacksmustergesetz	Kfz	Kraftfahrzeug
GewO	Gewerbeordnung	KostO	Gesetz über die Kosten in Angelegenheiten der freiwilligen Gerichtsbarkeit
GG	Grundgesetz		
ggf.	gegebenenfalls		
GmbHG	Gesetz betreffend die Gesellschaften mit beschränkter Haftung	krit.	kritisch
		KWG	Kreditwesengesetz
GmbHR	GmbH-Rundschau	LG	Landgericht
grds.	grundsätzlich	li. Sp.	linke Spalte
GrundbuchG	Grundbuchgesetz	lit.	litera (Buchstabe)
GVG	Gerichtsverfassungsgesetz	LM	Lindenmaier/Möhrig u. a., Loseblatt, Nachschlagewerk des BGH
GvKostG	Gerichtsvollzieherkostengesetz		
h.L.	herrschende Lehre		
h.M.	herrschende Meinung	LPartG	Lebenspartnerschaftsgesetz

Abkürzungsverzeichnis

LRG-Satz	Zinssatz für längerfristige Refinanzierungsgeschäfte der Europäischen Zentralbank	Rn	Randnummer
		RRa	Reiserecht aktuell
		Rspr.	Rechtsprechung
LS	Leitsatz	S.	Satz, Seite
LuftfzRG	Gesetz über Rechte an Luftfahrzeugen	s.	siehe
		SB	Sonderbeilage
LuftVG	Luftverkehrsgesetz	ScheckG	Scheckgesetz
LuftVO	Luftverkehrs-Ordnung	SchlichtVerfVO	Verordnung über das Verfahren der Schlichtungsstellen für Überweisungen
m. Anm.	mit Anmerkung		
m. w. N.	mit weiteren Nachweisen		
MaBV	Makler- und Bauträgerverordnung	SchuldRModG	Schuldrechtsmodernisierungsgesetz
MarkenG	Gesetz über den Schutz von Marken und sonstigen Kennzeichen	SchwbG	Schwerbehindertengesetz
		SGG	Sozialgerichtsgesetz
MDR	Monatsschrift für Deutsches Recht	SigG	Signaturgesetz
MDStV	Mediendienste-Staatsvertrag	Slg.	Sammlung
MHG	Gesetz zur Regelung der Miethöhe	sog.	sogenannte/r/s
MMR	MultiMedia und Recht	SortSchG	Sortenschutzgesetz
NachwG	Nachweisgesetz	SRF-Zinssatz	Zinssatz der Spitzenrefinanzierungsfazilität der Europäischen Zentralbank
n.F.	neue Fassung		
NJ	Neue Justiz		
NJW	Neue Juristische Wochenschrift	StGB	Strafgesetzbuch
NJW-CoR	NJW-Computerreport	str.	streitig
NJW-RR	NJW-Rechtsprechungs-Report Zivilrecht	st. Rspr.	ständige Rechtsprechung
		StVG	Straßenverkehrsgesetz
Nr.	Nummer	TDG	Teledienstegesetz
NWVBl	Nordrhein-Westfälische Verwaltungsblätter	TranspR	Transportrecht
		TzBfG	Teilzeit- und Befristungsgesetz
NZBau	Neue Zeitschrift für Baurecht und Vergaberecht	TzWrG	Gesetz über die Veräußerung von Teilzeitnutzungsrechten an Wohngebäuden
NZM	Neue Zeitschrift für Miet- und Wohnungsrecht		
		u. a.	unter anderem
NZV	Neue Zeitschrift für Verkehrsrecht	Übw-RL	Richtlinie über grenzüberschreitende Überweisungen
o.g.	oben genannt		
OHG	Offene Handelsgesellschaft	UKlaG	Gesetz über Unterlassungsklagen bei Verbraucherrechts- und anderen Verstößen
OLG	Oberlandesgericht		
OLGZ	Entscheidungen der Oberlandesgerichte in Zivilsachen einschließlich der freiwilligen Gerichtsbarkeit		
		umstr.	umstritten
		UmwG	Umwandlungsgesetz
PangV	Preisangabengesetz	unstr.	unstreitig
PartGG	Partnerschaftsgesellschaftsgesetz	unv.	unveröffentlicht
PflVersG	Pflichtversicherungsgesetz	UrhG	Urheberrechtsgesetz
pFV	positive Forderungsverletzung	Urt.	Urteil
PHI	Produkt- und Umwelthaftpflicht international	UStG	Umsatzsteuergesetz
		UWG	Gesetz gegen den unlauteren Wettbewerb
Pkw/PKW	Personenkraftwagen		
PrKV	Preisklauselverordnung	VAG	Versicherungsaufsichtsgesetz
ProdHaftG	Produkthaftungsgesetz	VerbrKrG	Verbraucherkreditgesetz
pVV	positive Vertragsverletzung	VerbrKr-RL	Richtlinie zur Angleichung der Rechts- und Verwaltungsvorschriften der Mitgliedstaaten über den Verbraucherkredit
RabelsZ	Rabels Zeitschrift für ausländisches und internationales Privatrecht		
RDV	Recht der Datenverarbeitung		
RE, RegE	Regierungsentwurf	VersR	Versicherungsrecht
re. Sp.	rechte Spalte	Verzug-RL	Richtlinie zur Bekämpfung von Zahlungsverzug im Geschäftsverkehr (Verzugs-Richtlinie)
rechtskr.	rechtskräftig		
RechtsVO	Rechtsverordnung		
RG	Reichsgericht	VGH	Verwaltungsgerichtshof, Verfassungsgerichtshof
RGZ	Entscheidungen des Reichsgerichts in Zivilsachen		
		vgl.	vergleiche
RiLi	Richtlinie	VGT	Verkehrsgerichtstag
RIW	Recht der internationalen Wirtschaft	VO	Verordnung
RL	Richtlinie		

Abkürzungsverzeichnis

VOB	Verdingungsordnung für Bauleistungen	ZEuP	Zeitschrift für Europäisches Privatrecht
Vor, vor	Vorbemerkung	ZfA	Zeitschrift für Arbeitsrecht
VuR	Verbraucher und Recht	ZfIR	Zeitschrift für Immobilienrecht
VVG	Versicherungsvertragsgesetz	zfs	Zeitschrift für Schadensrecht
VwVfG	Verwaltungsverfahrensgesetz	ZGB	Zivilgesetzbuch
WahrnG	Gesetz über die Wahrnehmung von Urheberrechten und verwandten Schutzrechten	ZHR	Zeitschrift für das gesamte Handelsrecht und Wirtschaftsrecht
WechselG, WG	Wechselgesetz	ZIP	Zeitschrift für Wirtschaftsrecht und Insolvenzpraxis
WEG	Wohnungseigentumsgesetz	zit.	zitiert
WGG	Wegfall der Geschäftsgrundlage	ZMR	Zeitschrift für Miet- und Raumrecht
WiPO	Gesetz über eine Berufsordnung der Wirtschaftsprüfer	ZPO	Zivilprozessordnung
		ZRP	Zeitschrift für Rechtspolitik
WiStG	Wirtschaftsstrafgesetz	ZStW	Zeitschrift für die gesamte Strafrechtswissenschaft
WM	Wertpapier-Mitteilungen		
WRP	Wettbewerb in Recht und Praxis	zust.	zustimmend
WuM	Wohnungswirtschaft und Mietrecht	ZVglRWiss	Zeitschrift für Vergleichende Rechtswissenschaft
WuW	Wirtschaft und Wettbewerb		
z. B.	zum Beispiel	ZZP	Zeitschrift für Zivilprozeß
ZBB	Zeitschrift für Bankrecht und Bankwirtschaft		

Literaturverzeichnis

Ausgewählte Literatur zum alten Recht

Alternativkommentar, Kommentar zum Bürgerlichen Gesetzbuch, Band 2 (§§ 241 – 432), 1980; *Artz,* Der Verbraucher als Kreditnehmer, Untersuchungen über das Spar-, Giro- und Kreditwesen, Band 140, 2001 (zit.: *Artz,* Der Verbraucher); *Baumbach/Hopt,* Handelsgesetzbuch mit GmbH & Co., Handelsklauseln, Bank- und Börsenrecht, Transportrecht (ohne Seerecht), 30. Aufl. 2000; *Baumgärtel,* Handbuch der Beweislast im Privatrecht, Band 1. Allgemeiner Teil und Schuldrecht BGB, 2. Aufl. 1991 (zit.: Baumgärtel/*Bearbeiter*); *Brox,* Allgemeiner Teil des BGB, 25. Aufl. 2001; *ders.,* Allgemeines Schuldrecht, 27. Aufl. 2000; *Brox/Walker,* Besonderes Schuldrecht, 25. Aufl. 2000; *Bruchner/Ott/Wagner-Wieduwilt,* Verbraucherkreditgesetz, Kommentar, 2. Aufl. 1994 (zit.: *Bearbeiter,* in: Bruchner/Ott/Wagner-Wieduwilt); *Bub/Treier,* Handbuch der Geschäfts- und Wohnraummiete, 3. Aufl. 1999; *Bülow,* Recht der Kreditsicherheiten, Sachen und Rechte, Personen, Ein Lehrbuch, 5. Aufl. 1999; *ders.,* Heidelberger Kommentar zum Verbraucherkreditgesetz, Kommentar, 4. Aufl. 2001; *Canaris,* Handelsrecht, 23. Aufl. 2000; *Dörner/Ebert/Eckert/Hoeren/Kemper/Schulze/Staudinger,* Bürgerliches Gesetzbuch, Handkommentar, 2001 (zit.: Hk-BGB/*Bearbeiter*); *Emmerich,* BGB-Schuldrecht, Besonderer Teil, 9. Aufl. 1999; *Emmerich/Sonnenschein,* Miete, 7. Aufl. 2001; *Enneccerus/Lehmann,* Recht der Schuldverhältnisse, 15. Aufl. 1958; *Erman,* Handkommentar zum Bürgerlichen Gesetzbuch, Band I (§§ 1 – 853), 10. Aufl. 2000 (zit: Erman/*Bearbeiter*); *Esser/Schmidt,* Schuldrecht, Allgemeiner Teil, Teilband 1, 8. Aufl. 1995; Teilband 2, 8. Aufl. 2000; *Esser/Weyers,* Schuldrecht, Besonderer Teil, Teilband 1, 8. Aufl. 1995; Teilband 2, 8. Aufl. 2000; *Fikentscher,* Das Schuldrecht, 9. Aufl. 1997; *Heck,* Grundriß des Schuldrechts, 1929 (Neudruck 1958); *Huber,* Leistungsstörungen, 1999; Band I: Die allgemeinen Grundlagen – Der Tatbestand des Schuldnerverzugs – Die vom Schuldner zu vertretenden Umstände; Band II: Die Folgen des Schuldnerverzugs – Die Erfüllungsverweigerung und die vom Schuldner zu vertretende Unmöglichkeit; *Hübner,* Allgemeiner Teil des Bürgerlichen Gesetzbuches, 2. Aufl. 1996; *Jauernig,* Bürgerliches Gesetzbuch mit Gesetz zur Regelung der Allgemeinen Geschäftsbedingungen, Kommentar, 9. Aufl. 1999 (zit.: Jauernig/*Bearbeiter*); *Larenz,* Lehrbuch des Schuldrechts, Band I: Allgemeiner Teil, 14. Aufl. 1987 (zit.: *Larenz,* Schuldrecht I); *ders.,* Lehrbuch des Schuldrechts, Band II, 1. Halbband: Besonderer Teil, 13. Aufl. 1986; *Larenz/Canaris,* Lehrbuch des Schuldrechts, Band II, 2. Halbband: Besonderer Teil, 13. Aufl. 1994; *Leipold,* BGB I, Einführung und Allgemeiner Teil – ein Lehrbuch mit Fällen und Kontrollfragen, 1999 (zit.: *Leipold,* BGB I); *Lwowski/Peters/Gößmann,* Verbraucherkreditgesetz, Kreditverträge, Leasing, verbundenes Geschäft, 2. Aufl. 1994 (zit.: *Bearbeiter,* in: Lwowski/Peters/Gößmann); *Medicus,* Bürgerliches Recht, 18. Aufl. 1999; *ders.,* Schuldrecht I, Allgemeiner Teil, 12. Aufl. 2000; *ders.,* Schuldrecht II, Besonderer Teil, 10. Aufl. 2000; *Micklitz/Pfeiffer/Tonner/Willingmann* (Hrsg.), Schuldrechtsreform und Verbraucherschutz, 2001 (zit.: *Bearbeiter,* in: Micklitz/Pfeiffer/Tonner/Willingmann); *Mugdan,* Die gesamten (gesamten) Materialien zum Bürgerlichen Gesetzbuch für das Deutsche Reich, 1899 (zit.: Motive bei *Mugdan*); Münchener Kommentar zum Bürgerlichen Gesetzbuch, Band 1: Allgemeiner Teil (§§ 1 – 240, AGBG), 4. Aufl. 2001; Band 2: Schuldrecht, Allgemeiner Teil (§§ 241 – 432, FernAbsG), 4. Aufl. 2001; Band 3: Schuldrecht, Besonderer Teil I (§§ 433 – 606, Finanzierungsleasing, VerbrKrG, HausTWG), 3. Aufl. 1995; Band 4: Schuldrecht, Besonderer Teil II (§§ 607 – 704, KSchG, TzBfG), 3. Aufl. 1997 (zit.: MüKo/*Bearbeiter*); Münchener Kommentar zum Handelsgesetzbuch, Band 1 (§§ 1 – 104), 1996 (zit.: MüKo/*Bearbeiter,* HGB); *Palandt,* Bürgerliches Gesetzbuch, 60. Aufl. 2001 (zit.: Palandt/*Bearbeiter*); *Prölss/Martin,* Versicherungsvertragsgesetz, Kommentar zu VVG und EGVVG sowie Kommentierung wichtiger Versicherungsbedingungen – unter Berücksichtigung des ÖVVG und österreichischer Rechtsprechung, 26. Aufl. 1998 (zit.: *Bearbeiter,* in: Prölss/Martin); *Reinicke/Tiedtke,* Kaufrecht, 6. Aufl. 1997; RGRK, Das Bürgerliche Gesetzbuch mit besonderer Berücksichtigung der Rechtsprechung des Reichsgerichts und des Bundesgerichtshofes, Band II, 1. Teil (§§ 241 – 413), 12. Aufl. 1976 (zit.: BGB-RGRK/*Bearbeiter*); *Schmidt, K.,* Handelsrecht, 5. Aufl. 1999; *Soergel/Siebert,* Bürgerliches Gesetzbuch mit Einführungsgesetz und Nebengesetzen, Band 2: Allgemeiner Teil II (§§ 104 – 240), 13. Aufl. 1999; Band 2: Schuldrecht I (§§ 241 – 432), 12. Aufl. 1990; Band 3: Schuldrecht II (§§ 433 – 515, AGBG, AbzG, EAG, EKG, UN-KaufAbk), 12. Aufl. 1991; Band 4/I: Schuldrecht III/I (§§ 516 – 651, Gesetz zur Regelung der Miethöhe, VerbrKrG), 12. Aufl. 1997 (zit.: Soergel/*Bearbeiter*); *Staudinger, Julius von,* Kommentar zum Bürgerlichen Gesetzbuch mit Einführungsgesetzen und Nebengesetzen: §§ 241 – 243, 13. Bearb. 1995; §§ 244 – 248, 13. Bearb. 1997; §§ 249 – 254, 13. Bearb. 1998; §§ 255 – 292, 13. Bearb. 1995; §§ 293 – 327, 13. Bearb. 1995; §§ 328 – 361, 13. Bearb. 1995; §§ 362 – 396, Neubearb. 2000; §§ 397 – 432, 13. Bearb. 1999; §§ 433 – 534, 13. Bearb. 1995; §§ 535 – 563, 13. Bearb. 1995; §§ 564 – 580a, 13. Bearb. 1997; §§ 581 – 606, 13. Bearb. 1996; §§ 581 – 610, 12. Aufl. 1989; §§ 611 – 615, 13. Bearb. 1999; §§ 616 – 619, 13. Bearb. 1997; §§ 620 – 630, 13. Bearb. 1995; §§ 631 – 651, Neubearb. 2000; VerbrKrG, HWiG, § 13a UWG, TzWG, Neubearb. 2001; *Ulmer/Brandner/Hensen,* AGB-Gesetz, Kommentar, 9. Aufl. 2001 (zit.: *Bearbeiter,* in: Ulmer/Brandner/Hensen); *Westermann, H. P./Bydlinski,* Schuldrecht, Allgemeiner Teil,

4. Aufl. 1999; *v. Westphalen/Emmerich/v. Rottenburg,* Verbraucherkreditgesetz, Kommentar, 2. Aufl. 1996 (zit.: *Bearbeiter,* in: Westphalen/Emmerich/Rottenburg); *Wolf/Horn/Lindacher,* AGB-Gesetz, Gesetz zur Regelung des Rechts der Allgemeinen Geschäftsbedingungen, 4. Aufl. 1999 (zit.: *Bearbeiter,* in: Wolf/Horn/Lindacher); *Zöller,* Zivilprozeßordnung mit Gerichtsverfassungsgesetz und den Einführungsgesetzen, mit Internationalem Zivilprozeßrecht, Kostenanmerkungen, 22. Aufl. 2001 (zit.: Zöller/*Bearbeiter*).

Ausgewählte Literatur zum Entwurf der Kommission zur Überarbeitung des Schuldrechts, den diesen vorbereitenden Gutachten sowie aus der anschließenden Diskussion

Basedow, Die Reform des deutschen Kaufrechts, 1988; *Baumann,* Grundlinien eines „beweglichen Systems" zur Sachmängelhaftung beim Kauf – zugleich Überlegungen anlässlich des Bundesministerium der Justiz zur Überarbeitung des Schuldrechts, AcP 187 (1987), 511; *Brambring,* Die Vorschläge der Schuldrechtskommission zur Reform des BGB, DNotZ 1992, 691; Bundesministerium der Justiz (Hrsg.), Abschlussbericht der Kommission zur Überarbeitung des Schuldrechts, 1992; Bundesministerium der Justiz (Hrsg.), Gutachten und Vorschläge zur Überarbeitung des Schuldrechts, Band I – III, 1981 und 1983; *Diederichsen,* Zur gesetzlichen Neuordnung des Schuldrechts, AcP 182 (1982), 101; DJT, Verhandlungen des 60. DJT (Münster 1994), hrsg. von der Ständigen Deputation des DJT, Band I: Teil A (Gutachten), München 1994; Band II/1 und II/2 (Sitzungsberichte, Diskussion und Beschlussfassung), 1994; *Emmerich,* Buchbesprechung zu: Jakobs, Gesetzgebung im Leistungsstörungsrecht, NJW 1986, 2303; *Ernst,* Kernfragen der Schuldrechtsreform, JZ 1994, 801; *Flume,* Gesetzesreform der Sachmängelhaftung beim Kauf?, AcP 193 (1993), 89; *Grundmann/Medicus/Rolland,* Europäisches Kaufgewährleistungsrecht – Reform und Internationalisierung des deutschen Kaufrechts, 2000; *Grunsky,* Vorschläge zu einer Reform des Schuldrechts, AcP 182 (1982), 543; *Haas,* Vorschläge zur Überarbeitung des Schuldrechts: Die Mängelhaftung bei Kauf- und Werkverträgen, NJW 1992, 2389; *Haug,* Die Neuregelung des Verjährungsrechts: eine kritische Untersuchung des Verjährungsrechts im Entwurf der Kommission zur Überarbeitung des Schuldrechts, 1999; *Heinrichs,* Reform des Verjährungsrechts?, NJW 1982, 2021; *Herold,* Das Rückabwicklungsschuldverhältnis aufgrund vertraglichen oder gesetzlichen Rücktritts, 2000; *Jakobs,* Gesetzgebung im Leistungsstörungsrecht, 1985; *Kuhlmann,* Leistungspflichten und Schutzpflichten, 2001; *Küpper,* Der Werkvertrag in der Schuldrechtsreform, 1989; *Lieb,* Grundlagen einer Schuldrechtsreform, AcP 183 (1983), 327; *Lüderitz,* Die Überarbeitung des deutschen Schuldrechtes im Lichte internationaler Erfahrungen, insbesondere in den Niederlanden, in: Festschrift für Heinz Hübner, S. 796; *Medicus,* Gesetzgebung und Jurisprudenz im Recht der Leistungsstörungen, AcP 186 (1986), 268; *ders.,* Zum Stand der Überarbeitung des Schuldrechts, AcP 188 (1988), 168; *ders.,* Vorschläge zur Überarbeitung des Schuldrechts: Das allgemeine Recht der Leistungsstörungen, NJW 1992, 2384; *Rabe,* Vorschläge zur Überarbeitung des Schuldrechts: Verjährung, NJW 1992, 2395; *Reinhardt,* Die Gefahrtragung beim Kauf unter besonderer Berücksichtigung der Regelungsvorschläge des Schuldrechtsentwurfs, 1998; *Rolland,* Risikoverlagerung nach den Vorschlägen der Schuldrechtskommission, in: Festschrift für Dieter Medicus, S. 488; *ders.,* Schuldrechtsreform – Allgemeiner Teil, NJW 1992, 2377; *Rust,* Das kaufrechtliche Gewährleistungsrecht – Eine kritische Untersuchung der Vorschläge der Schuldrechtskommission, 1995; *Schapp,* Probleme der Reform des Leistungsstörungsrechts, JZ 1993, 637; *Schlechtriem,* Schuldrechtsreform – Voraussetzungen, Möglichkeiten und Gegenstand, 1987; *ders.,* Verbraucherkaufverträge – ein neuer Richtlinienentwurf, JZ 1997, 441; *Schubel,* Nacherfüllung im Kaufrecht (Bemerkungen zu den Vorschlägen der Schuldrechtskommission), ZIP 1994, 1330 ff.; *Schwark,* Schuldrechtsreform und Bankvertragsrecht, ZHR 147 (1983), 223; *Spiro,* Zur Ordnung des Rechts der Leistungsstörungen im BGB und nach einheitlichem Kaufrecht, in: Festschrift für Müller-Freienfels, S. 617; *Unterrieder,* Die regelmäßige Verjährung: die §§ 195 bis 202 BGB und ihre Reform, 1998; *Vollkommer,* Die Konkurrenz des allgemeinen Leistungsstörungsrechts mit den Leistungsstörungsinstituten der besonderen Schuldvertragstypen, AcP 183 (1983), 525; *Wahl,* Schuldnerverzug: Bürgerliches Gesetzbuch, Rechtssystematik und Schuldrechtsreform, 1998.

Ausgewählte Literatur zur Schuldrechtsreform seit der Veröffentlichung des DiskE

Altmeppen, Schadensersatz wegen Pflichtverletzung – Ein Beispiel für die Überhastung der Schuldrechtsreform, DB 2001, 1131; *ders.,* Untaugliche Regeln zum Vertrauensschaden und Erfüllungsinteresse im Schuldrechtsmodernisierungsentwurf, DB 2001, 1399; *ders.,* Nochmals Schadensersatz wegen Pflichtverletzung, anfänglicher Unmöglichkeit und Aufwendungsersatz im Entwurf des Schuldrechtsmodernisierungsgesetzes, DB 2001, 1821; *Anders,* Der zentrale Haftungsgrund der Pflichtverletzung im Leistungsstörungsrecht des Entwurfs für ein Schuldrechtsmodernisierungsgesetz, ZIP 2000, 184; *Artz,* Die Schuldrechtsreform vor dem Hintergrund des Gemeinschaftsrechts, NJW 2001, 1703; *ders.,* Neues Verbraucherkreditrecht im BGB, Jb.J.ZivRWiss 2001, S. 227; *Baronikians,* Eilverfahren und Verjährung – Anmerkung zu dem Diskussionsentwurf eines Schuldrechtsmodernisierungsgesetzes, WRP 2001, 121; *Brambring,* Schuldrechtsreform und Grundstücksvertrag, DNotZ 2001, 590; *Brüggemeier/Reich,* Europäisierung des BGB durch große Schuldrechtsreform? Stellungnahme zum Entwurf eines Schuldrechts-

Literaturverzeichnis

modernisierungsgesetzes, BB 2001, 213; *Bülow,* Kreditvertrag und Verbraucherkreditrecht im BGB, in: Schulze/Schulte-Nölke (Hrsg.), Die Schuldrechtsreform vor dem Hintergrund des Gemeinschaftsrechts, 2001, S. 153; *Bydlinski,* Die geplante Modernisierung des Verjährungsrechts, in: Schulze/Schulte-Nölke (Hrsg.), Die Schuldrechtsreform vor dem Hintergrund des Gemeinschaftsrechts, 2001, S. 381; *Canaris,* Die Reform des Rechts der Leistungsstörungen, JZ 2001, 499; *ders.,* Zur Bedeutung der Kategorie der „Unmöglichkeit" für das Recht der Leistungsstörungen, in: Schulze/Schulte-Nölke (Hrsg.), Die Schuldrechtsreform vor dem Hintergrund des Gemeinschaftsrechts, 2001, S. 43; *ders.,* Schadensersatz wegen Pflichtverletzung, anfänglicher Unmöglichkeit und Aufwendungsersatz im Entwurf des Schuldrechtsmodernisierungsgesetzes, DB 2001, 1815; *ders.,* Das allgemeine Leistungsstörungsrecht im Schuldrechtsmodernisierungsgesetz, ZRP 2001, 329; *Cashin-Ritaine,* Impréevision, Hardship und Störung der Geschäftsgrundlage: Pacta sunt servanda und die Wege zur Anpassung des Vertrages im deutsch-französischen Rechtsverkehr, Jb.J.ZivRWiss 2001, S. 85; *Däubler-Gmelin,* Die Entscheidung für die sogenannte Große Lösung bei der Schuldrechtsreform, NJW 2001, 2281; *Dauner-Lieb,* Die geplante Schuldrechtsmodernisierung – Durchbruch oder Schnellschuss?, JZ 2001, 8; *dies.,* Kodifikation von Richterrecht, in: Ernst/Zimmermann (Hrsg.), Zivilrechtswissenschaft und Schuldrechtsreform, 2001, S. 305; *dies.,* Die Schuldrechtsreform – Das große juristische Abenteuer, DStR 2001, 1572; *Dauner-Lieb/Arnold,* Anmerkungen zur neuesten Fassung des Verjährungsrechts in der konsolidierten Fassung einer Diskussionsentwurfs eines Schuldrechtsmodernisierungsgesetzes, http://www.dauner-lieb.de; *Dauner-Lieb/Arnold/Dötsch/Kitz,* Anmerkungen und Fragen zur konsolidierten Fassung des Diskussionsentwurfes eines Schuldrechtmodernisierungsgesetzes, http://www.dauner-lieb.de; *Dilger,* Schuldnerverzug im Wandel – vom Gesetz zur Beschleunigung fälliger Zahlungen zum Schuldrechtsmodernisierungsgesetz, ZBB 2000, 322; *Dörner,* Die Integration des Verbraucherrechts in das BGB, in: Schulze/Schulte-Nölke (Hrsg.), Die Schuldrechtsreform vor dem Hintergrund des Gemeinschaftsrechts, 2001, S. 177; *Dötsch,* Schuldrechtsmodernisierung und öffentliches Recht, NWVBl 2001, 385; *Egermann,* Verjährung deliktischer Haftungsansprüche, ZRP 2001, 343; *Eidenmüller,* Ökonomik der Verjährungsregeln, in: Schulze/Schulte-Nölke (Hrsg.), Die Schuldrechtsreform vor dem Hintergrund des Gemeinschaftsrechts, 2001, S. 405; *ders.,* Zur Effizienz der Verjährungsregeln im geplanten Schuldrechtsmodernisierungsgesetz, JZ 2001, 283; *Ernst,* Die Schuldrechtsreform 2001/2002, ZRP 2001, 1; *ders.,* Schuldrechtsreform und Öffentlichkeit, WM 2001, 728; *ders.,* Zum Fortgang der Schuldrechtsmodernisierung, in: Ernst/Zimmermann (Hrsg.), Zivilrechtswissenschaft und Schuldrechtsreform, 2001, S. 559; *Ernst/Gsell,* Kaufrechtsrichtlinie und BGB, ZIP 2000, 1410; *dies.,* Nochmals für die „kleine Lösung", ZIP 2000, 1812; *Ernst/Zimmermann* (Hrsg.), Zivilrechtswissenschaft und Schuldrechtsreform, 2001 (zit.: *Bearbeiter,* in: Ernst/Zimmermann); *Fischer,* Der Ausschluss der Leistungspflicht im Falle der Unmöglichkeit im Entwurf des Schuldrechtsmodernisierungsgesetzes (§ 275 BGB RegE), DB 2001, 1923; *Fleischer,* Vorvertragliche Pflichten im Schnittfeld von Schuldrechtsreform und Gemeinschaftsprivatrecht – dargestellt am Beispiel der Informationspflichten, in: Schulze/Schulte-Nölke (Hrsg.), Die Schuldrechtsreform vor dem Hintergrund des Gemeinschaftsrechts, 2001, S. 243; *Foerste,* Unklarheit im künftigen Schuldrecht: Verjährung von Kaufmängel-Ansprüchen in zwei, drei oder 30 Jahren?, ZRP 2001, 342; *Gaier,* Die Minderungsberechnung im Schuldrechtsmodernisierungsgesetz, ZRP 2001, 336; *Grigoleit,* Rechtsfolgenspezifische Analyse „besonderer" Informationspflichten am Beispiel der Reformpläne für den E-Commerce, WM 2001, 597; *ders.,* Reformperspektiven der vorvertraglichen Informationshaftung, in: Schulze/Schulte-Nölke (Hrsg.), Die Schuldrechtsreform vor dem Hintergrund des Gemeinschaftsrechts, 2001, S. 269; *Gruber,* Die Nacherfüllung als zentraler Rechtsbehelf im neuen deutschen Kaufrecht – eine methodische und vergleichende Betrachtung zur Auslegung, Jb.J.ZivRWiss 2001, S. 187; *Grunewald,* Vorschläge für eine Neuregelung der anfänglichen Unmöglichkeit und des anfänglichen Unvermögens, JZ 2001, 433; *Gsell,* Kritisches zum Stand der Schuldrechtsmodernisierung, ZIP 2001, 1389; *dies.,* EG-Verzugsrichtlinie und Reform der Reform des Verzugsrechts in Deutschland, ZIP 2000, 1861; *dies.,* Kaufrechtsrichtlinie und Schuldrechtsmodernisierung, JZ 2001, 65; *dies.,* Der Schadensersatz statt der Leistung nach dem neuen Schuldrecht, Jb.J.ZivRWiss 2001, S. 105; *Gsell/Rüfner,* Symposium Schuldrechtsmodernisierung 2001 (Tagungsbericht Regensburg 17./18.11.2000), NJW 2001, 424; *Haas,* Entwurf eines Schuldrechtsmodernisierungsgesetzes: Kauf- und Werkvertragsrecht, BB 2001, 1313; *Hager,* Das geplante Recht des Rücktritts und des Widerrufs, in: Ernst/Zimmermann (Hrsg.), Zivilrechtswissenschaft und Schuldrechtsreform, 2001, S. 429; *Hammen,* Zerschlagt die Gesetzestafeln nicht!, WM 2001, 1357; *Hänlein,* Die Schuldrechtsreform kommt!, DB 2001, 852; *Harke,* Unmöglichkeit und Pflichtverletzung: Römisches Recht, BGB und Schuldrechtmodernisierung, Jb.J.ZivRWiss 2001, S. 29; *Heinrichs,* Die EG-Richtlinie zur Bekämpfung von Zahlungsverzug im Geschäftsverkehr und die Reform des Verzugsrechts, in: Schulze/Schulte-Nölke(Hrsg.), Die Schuldrechtsreform vor dem Hintergrund des Gemeinschaftsrechts, 2001, S. 81; *ders.,* EG-Richtlinie zur Bekämpfung von Zahlungsverzug im Geschäftsverkehr und Reform des Verzugsrechts nach dem Entwurf eines Schuldrechtsmodernisierungsgesetzes, BB 2001, 157; *ders.,* Entwurf eines Schuldrechtsmodernisierungsgesetzes: Neuregelung des Gewährleistungsrechts, BB 2001, 1417; *Heldrich,* Ein zeitgemäßes Gesicht für unser Schuldrecht, NJW 2001, 2521; *Heß,* Das geplante Unterlassungsklagengesetz, in: Ernst/Zimmermann (Hrsg.), Zivilrechtswissenschaft und Schuldrechtsreform, Tübingen 2001, S. 527; *Hoeren,* Der Vertragsschluß im Internet und die digitale Signatur – einige ungelöste Fragen, in: Schulze/Schulte-Nölke (Hrsg.), Die Schuldrechtsreform vor dem Hintergrund des Gemeinschaftsrechts, 2001, S. 315; *Hoffmann,* Verbrauchsgüterkaufrechtsrichtlinie und Schuldrechtsmodernisierungsgesetz, ZRP 2001, 347; *Honsell,* Die EU-Richtlinie über den Verbrauchsgüterkauf und ihre Umsetzung ins BGB, JZ 2001, 278; *ders.,* Einige Bemerkungen zum Diskussionsentwurf eines Schuldrechtsmodernisierungsgesetzes, JZ 2001, 18; *Huber, U.,* Die Pflichtverletzung als Grundtatbestand der Leistungsstörung im Diskussionsentwurf eines Schuldrechtsmodernisierungsgesetzes, ZIP 2000, 2273; *ders.,* Die Unmöglichkeit der Leistung im Diskussionsentwurf eines Schuldrechtsmodernisierungsgesetzes, ZIP 2000, 2137; *ders.,* Das geplante Recht der Leistungsstörungen, in: Ernst/Zimmermann (Hrsg.), Zivilrechtswissenschaft und Schuldrechtsreform, 2001, S. 31; *Jakobs,* Tagungsbericht: Schuldrechtsmodernisierung, JZ 2001, 27; *Jeloschek/Lohnert,* Ein (neues) Recht der Dienstleistungen jenseits von Werk- und Dienstvertrag. Ideen zu einer Reform des Besonderen Schuldrechts, Jb.J.ZivRWiss 2001, S. 255; *Jorden/Lehmann,* Verbrauchsgüterkauf und Schuldrechtsmodernisierung, JZ 2001, 952; *Joussen,* Arbeitsrecht und Schuldrechtsreform, NZA 2001, 745; *Jud,* Die Rangordnung der Gewährleistungsbehelfe. Verbrauchsgüterkaufrichtlinie, österreichisches, deutsches und UN-Kaufrecht im Vergleich, Jb.J.ZivRWiss 2001, S. 205; *Kahlert,* Schuldrechtsmodernisierungsgesetz: Teilweise Abschaffung des Verzugszinses?, ZRP 2001, 340; *Kesseler,* Der Kauf gebrauchter Waren nach dem Diskussionsentwurf eines Schuldrechtsmodernisierungsgesetzes, ZRP 2001, 70; *Kleinschmidt,* Bericht zur Podiumsdiskussion „Das neue Schuldrecht – seine praktische Bewältigung und die Rolle der Wissenschaft", Jb.J.ZivRWiss 2001, S. 341; *Knütel,* Zur Gleichstellung von zu vertretender und nicht zu vertretender Unmöglichkeit in § 275 BGB im Regierungsentwurf zur Schuldrechtsmodernisierung, JR 2001, 353; *ders.,* Zur Schuldrechtsreform, NJW 2001, 2519; *Kohler,* Das Rücktrittsrecht in der Reform, JZ 2001, 325; *Köndgen,* Die Positivierung der culpa in contrahendo als Frage der Gesetzgebungsmethodik, in: Schulze/Schulte-Nölke (Hrsg.), Die Schuldrechtsreform vor dem Hintergrund des Gemeinschaftsrechts, 2001, S. 231; *ders.,* Modernisierung des Darlehensrechts: eine Fehlanzeige, in: Ernst/Zimmermann (Hrsg.), Zivilrechtswissenschaft und Schuldrechtsreform, 2001, S. 457; *v. Koppenfels,* Das Widerrufsrecht bei Verbraucherverträgen im BGB – eine Untersuchung des § 355 Abs. 1 BGB-RegE, WM 2001, 1360; *Kraus,* Der Diskussionsentwurf eines Schuldrechtsmodernisierungsgesetzes, BauR 2001, 1; *Krebs,* Die große Schuldrechtsreform, DB 2000, Beilage 14, 1; *Leenen,* Die Neuregelung der Verjährung, JZ 2001, 552; *Lieb,* Vom Beruf unserer Zeit zur Modernisierung des Schuldrechts, in: Ernst/Zimmermann (Hrsg.), Zivilrechtswissenschaft und Schuldrechtsreform, Tübingen 2001, S. 553; *Lorenz, St.,* Die Lösung vom Vertrag, insbesondere Rücktritt und Widerruf, in: Schulze/Schulte-Nölke (Hrsg.), Die Schuldrechtsreform vor dem Hintergrund des Gemeinschaftsrechts, 2001, S. 329; *ders.,* Schadensersatz wegen Pflichtverletzung – ein Beispiel für die Überhastung der Kritik an der Schuldrechtsreform, JZ 2001, 742; *Löwisch,* Zweifelhafte Folgen des geplanten Leistungsstörungsrechts für das Arbeitsvertragsrecht, NZA 2001, 465; *Magnus,* Der Tatbestand der Pflichtverletzung, in: Schulze/Schulte-Nölke (Hrsg.), Die Schuldrechtsreform vor dem Hintergrund des Gemeinschaftsrechts, 2001, S. 67; *Mankowski,* Widerrufsrecht und Rückgaberecht, in: Schulze/Schulte-Nölke (Hrsg.), Die Schuldrechtsreform vor dem Hintergrund des Gemeinschaftsrechts, 2001, S. 357; *ders.,* Zur Neuregelung der Widerrufsfrist bei Fehlen einer Belehrung im Verbraucherschutzrecht, JZ 2001, 745; *Mansel,* Die Reform der Verjährungsfolgen, in: Ernst/Zimmermann (Hrsg.), Zivilrechtswissenschaft und Schuldrechtsreform, 2001, S. 333; *Medicus,* Dogmatische Verwerfungen im geltenden deutschen Schuldrecht, in: Schulze/Schulte-Nölke (Hrsg.), Die Schuldrechtsreform vor dem Hintergrund des Gemeinschaftsrechts, 2001, S. 33; *Micklitz,* Fernabsatz und E-Commerce im Schuldrechtsmodernisierungsgesetz, EuZW 2001, 133; *ders.,* Gemeinschaftsrechtliche Vorgaben für ein Verbrauchervertriebsrecht oder für eine Regelung der Vertragsschlussmodalitäten? – Zur Integration von Haustür-, Fernabsatzgeschäft und E-Commerce in das BGB, in: Schulze/Schulte-Nölke (Hrsg.), Die Schuldrechtsreform vor dem Hintergrund des Gemeinschaftsrechts, 2001, S. 189; *Motsch,* Risikoverteilung im allgemeinen Leistungsstörungsrecht, JZ 2001, 428; *Nordhausen,* Die E-Commerce-Richtlinie 2000/31 und ihre Auswirkungen auf das deutsche und schweizerische, insbesondere das Verbraucherrecht. Schafft die Anpassung des Privatrechts an die elektronische Kommunikation den Sonderstatus des Verbraucherrechts ab?, Jb.J.ZivRWiss 2001, S. 287; *Palm,* Die Schuldrechtsreform vor dem Hintergrund des Gemeinschaftsrechts, ZRP 2001, 431; *Peer,* Die Rechtsfolgen von Störungen der Geschäftsgrundlage: Ein Vergleich zwischen § 313 RegE eines Schuldrechtsmodernisierungsgesetzes und dem geltenden deutschen und österreichischem Recht sowie modernen Regelwerken, Jb.J.ZivRWiss 2001, S. 61; *Peifer,* Die Haftung des Verkäufers für Werbeangaben, JR 2001, 265; *Peters,* Das geplante Werkvertragsrecht II, in: Ernst/Zimmermann (Hrsg.), Zivilrechtswissenschaft und Schuldrechtsreform, 2001, S. 277; *Pfeiffer,* Der Verbraucher nach § 13 BGB, in: Schulze/Schulte-Nölke (Hrsg.), Die Schuldrechtsreform vor dem Hintergrund des Gemeinschaftsrechts, 2001, S. 133; *ders.,* Die geplante Integration von „Nebengesetzen" in das BGB, in: Ernst/Zimmermann (Hrsg.), Zivilrechtswissenschaft und Schuldrechtsreform, 2001, S. 481; *Pick,* Der Entwurf des Schuldrechtsmodernisierungsgesetzes, in: Schulze/Schulte-Nölke (Hrsg.), Die Schuldrechtsreform vor dem Hintergrund des Gemeinschaftsrechts, 2001, S. 25; *ders.,* Zum Stand der Schuldrechtsmodernisierung, ZIP 2001, 1173; *Pieckenbrock,* Reform des allgemeinen Verjährungs-

Literaturverzeichnis

rechts: Ausweg oder Irrweg?, Jb.J.ZivRWiss 2001, S. 309; *Reifner,* Schuldrechtsmodernisierungsgesetz und Verbraucherschutz bei Finanzdienstleistungen, ZBB 2001, 193; *Reinking,* Auswirkungen des Schuldrechtsmodernisierungsgesetzes auf den Neu- und Gebrauchtwagenkauf, DAR 2001, 8; *Remien,* Nationale Schuldrechtsmodernisierung und gemeineuropäische Privatrechtswissenschaft, in: Schulze/Schulte-Nölke (Hrsg.), Die Schuldrechtsreform vor dem Hintergrund des Gemeinschaftsrechts, 2001, S. 101; *Roloff,* Die Auswirkungen der Schuldrechtsreform auf Vertragsgestaltung und Allgemeine Geschäftsbedingungen im Kaufrecht, Beil. NotBZ 2001, 3; *dies.,* Die Umsetzung der Verbrauchsgüterkaufrichtlinie in das deutsche Recht – eine Alternative zur Schuldrechtsreform, Beil. NotBZ 2001, 30; *Roth,* Die Reform des Werkvertragsrechts, JZ 2001, 543; *ders.,* Europäischer Verbraucherschutz und BGB, JZ 2001, 475; *ders.,* Die Schuldrechtsmodernisierung im Kontext des Europarechts, in: Ernst/Zimmermann (Hrsg.), Zivilrechtswissenschaft und Schuldrechtsreform, 2001, S. 225; *Rüfner,* Amtliche Überschriften für das BGB, ZRP 2001, 12; *Safferling,* Re-Kodifizierung des BGB im Zeitalter der Europäisierung des Zivilrechts – ein Anachronismus?, Jb.J.ZivRWiss 2001, S. 133; *Schapp,* Empfiehlt sich die „Pflichtverletzung" als Generaltatbestand des Leistungsstörungsrechts?, JZ 2001, 583; *Schlechtriem,* Entwicklung des deutschen Schuldrechts und europäische Rechtsangleichung, Jb.J.ZivRWiss 2001, S. 9; *ders.,* Das geplante Gewährleistungsrecht im Licht der europäischen Richtlinie zum Verbrauchsgüterkauf, in: Ernst/Zimmermann (Hrsg.), Zivilrechtswissenschaft und Schuldrechtsreform, 2001, S. 205; *Schmidt, K.,* BGB-Verbraucherrecht und Handelsrecht – Eine Skizze, in: Schulze/Schulte-Nölke (Hrsg.), Die Schuldrechtsreform vor dem Hintergrund des Gemeinschaftsrechts, 2001, S. 143; *Schmidt-Kessel,* Die Zahlungsverzugsrichtlinie und ihre Umsetzung, NJW 2001, 97; *Schmidt-Räntsch,* Der Entwurf eines Schuldrechtsmodernisierungsgesetzes, ZIP 2000, 1639; *ders.,* Reintegration der Verbraucherschutzgesetze durch den Entwurf eines Schuldrechtsmodernisierungsgesetzes, in: Schulze/Schulte-Nölke (Hrsg.), Die Schuldrechtsreform vor dem Hintergrund des Gemeinschaftsrechts, 2001, S. 169; *Schulte-Braucks,* Zahlungsverzug in der Europäischen Union, NJW 2001, 103; *Schulze, G.,* Grundfragen zum Umgang mit modernisiertem Schuldrecht – Wandel oder Umbruch im Methodenverständnis?, Jb.J.ZivRWiss 2001, S. 167; *Schulze/Schulte-Nölke,* Schuldrechtsreform und Gemeinschaftsrecht, in: dies. (Hrsg.), Die Schuldrechtsreform vor dem Hintergrund des Gemeinschaftsrechts, 2001, S. 1; *dies.* (Hrsg.), Die Schuldrechtsreform vor dem Hintergrund des Gemeinschaftsrechts, 2001; *Seiler,* Das geplante Werkvertragsrecht I, in: Ernst/Zimmermann (Hrsg.), Zivilrechtswissenschaft und Schuldrechtsreform, 2001, S. 263; *Staudenmayer,* Perspektiven des Europäischen Vertragsrechts, in: Schulze/Schulte-Nölke (Hrsg.), Die Schuldrechtsreform vor dem Hintergrund des Gemeinschaftsrechts, 2001, S. 419; *Staudinger,* Form und Sprache, in: Schulze/Schulte-Nölke (Hrsg.), Die Schuldrechtsreform vor dem Hintergrund des Gemeinschaftsrechts, 2001, S. 295; *Stoffels,* Schranken der Inhaltskontrolle, JZ 2001, 842; *Stoll,* Notizen zur Neuordnung des Rechts der Leistungsstörungen, JZ 2001, 589; *Teichmann,* Strukturveränderungen im Recht der Leistungsstörungen nach dem Regierungsentwurf eines Schuldrechtsmodernisierungsgesetzes, BB 2001, 1485; *Tiedtke/Wälzholz,* Die Schuldrechtsreform in der notariellen Praxis, Beil. NotBZ 2001, 13; *Ulmer,* Das AGB-Gesetz: Ein eigenständiges Kodifikationswerk, JZ 2001, 491; *ders.,* Integration des AGB-Gesetzes in das BGB?, in: Schulze/Schulte-Nölke (Hrsg.), Die Schuldrechtsreform vor dem Hintergrund des Gemeinschaftsrechts, 2001, S. 215; *Weis,* Einführung in den Diskussionsentwurf, in: Ernst/Zimmermann (Hrsg.), Zivilrechtswissenschaft und Schuldrechtsreform, 2001, S. 25; *Westermann, H. P.,* Kaufrecht im Wandel, in: Schulze/Schulte-Nölke (Hrsg.), Die Schuldrechtsreform vor dem Hintergrund des Gemeinschaftsrechts, 2001, S. 109; *ders.,* Das neue Kaufrecht einschließlich des Verbrauchsgüterkaufs, JZ 2001, 530; *v. Westphalen,* Die Neuregelungen des Entwurfs eines Schuldrechtsmodernisierungsgesetzes für das Kauf- und Werkvertragsrecht, DB 2001, 799; *ders.,* Das Schuldrechtsmodernisierungsgesetz und Leasing, DB 2001, 1291; *ders.,* Forfaitierungsverträge unter dem Gesichtswinkel des Schuldrechts-Modernisierungsgesetzes, WM 2001, 1837; *Wetzel,* Das Schuldrechtsmodernisierungsgesetz – der große Wurf zum 1.1.2002?, ZRP 2001, 117; *Wieser,* Eine Revolution des Schuldrechts, NJW 2001, 121; *Wilhelm,* Schuldrechtsreform 2001, JZ 2001, 861; *Wilhelm/Deeg,* Nachträgliche Unmöglichkeit und nachträgliches Unvermögen, JZ 2001, 223; *Wolf/Pfeiffer,* Der richtige Standort des AGB-Rechts innerhalb des BGB, ZRP 2001, 303; *Ziegler/Rieder,* Vertragsgestaltung und Vertragsanpassung nach dem Schuldrechtsmodernisierungsgesetz, ZIP 2001, 1789; *Zimmer,* Das geplante Kaufrecht, in: Ernst/Zimmermann (Hrsg.), Zivilrechtswissenschaft und Schuldrechtsreform, 2001, S. 191; *Zimmermann,* Schuldrechtsmodernisierung?, JZ 2001, 171; *ders.,* Schuldrechtsmodernisierung?, in: Ernst/Zimmermann (Hrsg.), Zivilrechtswissenschaft und Schuldrechtsreform, 2001, S. 1; *Zimmermann/Leenen/Mansel/Ernst,* Finis Litium? Zum Verjährungsrecht nach dem Regierungsentwurf eines Schuldrechtsmodernisierungsgesetzes, JZ 2001, 684.

Einführung

A. Zu den Hintergründen

Mit dem Gesetz zur Modernisierung des Schuldrechts, das am 1. 1. 2002 in Kraft tritt, finden die seit über 20 Jahren andauernden Bemühungen um eine Neugestaltung der Grundlagen des BGB ihren Abschluss. Am Anfang standen 24, im Auftrag des Bundesministers der Justiz erstellte wissenschaftliche Reformgutachten, die in den Jahren 1981 bis 1983 im Druck erschienen. Auf dieser Basis erarbeitete eine ebenfalls vom Bundesministerium der Justiz berufene Schuldrechtskommission von 1984 bis 1991 Reformvorschläge für das allgemeine Leistungsstörungsrecht, das Gewährleistungsrecht bei Kauf- und Werkverträgen sowie das Verjährungsrecht und orientierte sich dabei in weiten Teilen am Regelungsmodell des 1989 für Deutschland in Kraft getretenen einheitlichen UN-Kaufrechts (CISG). Der Abschlussbericht wurde 1992 vorgelegt. Er beschäftigte 1994 den 60. Deutschen Juristentag und wurde dort jedenfalls in seinem rechtspolitischen Grundanliegen überwiegend positiv aufgenommen. In der Folgezeit gab es freilich auch ins Gewicht fallende kritische Stimmen. Eine breite, repräsentative wissenschaftliche Diskussion fand nicht statt, schon weil mit einer Umsetzung der Kommissionsvorschläge politisch damals nicht ernsthaft zu rechnen war. Neue, entscheidende Impulse bekam die Schuldrechtsreformbewegung aus Brüssel. Zunächst mußte bis zum 1. 1. 2002 zwingend die Verbrauchsgüterkaufrichtlinie (RiL 1999/44/EG) umgesetzt werden. Dies erklärt den ungeheuren Zeitdruck, unter dem das Gesamtvorhaben stand. Handlungsbedarf bestand auch im Hinblick auf die bis zum 7. 8. 2002 umzusetzende Zahlungsverzugsrichtlinie (RiL 2000/35/EG). Zwar hatte der Gesetzgeber beabsichtigt, die Vorgaben dieser Richtlinie bereits vor ihrer Verabschiedung mit dem „Gesetz zur Beschleunigung fälliger Zahlungen" umzusetzen. Dies ist jedoch bekanntlich misslungen, so dass insoweit Nachbesserungen erforderlich wurden. Zum 16. 1. 2002 war schließlich auch noch die E-Commerce-Richtlinie (RiL 2000/31/EG) umzusetzen.

Die Verbrauchsgüterkaufrichtlinie erfaßt Kaufverträge zwischen Verbrauchern und beruflichen oder gewerblichen Verkäufern über bewegliche Sachen unter Einschluss von Verträgen über die Lieferung herzustellender oder zu erzeugender Sachen. Sie regelt den Sachmangelbegriff (genauer: den Begriff der Vertragsmäßigkeit), die Rechte des Verbrauchers bei Vertragswidrigkeit, allerdings mit Ausnahme des Schadensersatzes, sowie die Gewährleistungsfristen und Formalanforderungen für vertragsbegleitende Garantien. Inhaltlich von besonderer Bedeutung sind die Einführung eines Rechts des Käufers auf Nacherfüllung in Form der Beseitigung des Mangels oder der Lieferung einer mangelfreien Sache, die Verlängerung der Gewährleistungsfrist auf zwei Jahre, die Beweislastumkehr zugunsten des Verbrauchers sowie ein Rückgriffsrecht des Letztverkäufers.

B. Zum Gesetzgebungsverfahren

I. Motive für die „Große Lösung"

Das Bundesjustizministerium zeigte sich von Anfang an fest entschlossen, sich nicht (wie etwa Österreich) auf eine 1:1-Umsetzung der Richtlinien zu beschränken, sondern die Vorgaben aus Brüssel zum Anlass (oder auch Vorwand) für die Durchsetzung einer „großen" Lösung zu nehmen: Die Einführung eines besonderen Verbraucherkaufrechts sei nicht sinnvoll, weil das Kaufrecht dann völlig unübersichtlich und unsystematisch werde. Das Kaufrecht sei aber seinerseits so eng mit dem allgemeinen Schuldrecht und dem Verjährungsrecht verwoben, dass man es nicht isoliert überarbeiten könne, sondern die Reform sich schon kraft Sachzusammenhangs auf die anderen Bereiche erstrecken müsse. Eine wissenschaftlich fundierte Grundlage für ein solches Großvorhaben glaubte man in den bereits erwähnten Vorarbeiten zur Überarbeitung des Schuldrechts aus den 80er Jahren zu haben. Dementsprechend folgte der erste Diskussionsentwurf des BMJ vom August 2000 (DiskE) im wesentlichen den Vorschlägen der alten Schuldrechtskommission aus dem Jahr 1992 und übernahm insoweit auch wörtlich (z.T. leicht gekürzt) die Begründung aus dem Abschlussbericht, das Leistungsstörungsrecht könne in weiten Teilen nicht als gelungen bezeichnet werden. Es stelle sachwidrig den Begriff der Unmöglichkeit in den Mittelpunkt und ignoriere die praktisch viel bedeutendere positive Vertragsverletzung. Auch der Rechtsprechung sei es mit den ihr zu Gebote stehenden Mitteln nicht gelungen, die daraus resultierenden Mängel auf überzeugende Weise zu beseitigen. Insbesondere das Nebeneinander von gesetzlich geregelten Gewährleistungsansprüchen und den ungeschriebenen, von der Rechtsprechung entwickelten Ansprüchen aus positiver Vertragsverletzung mit z.T. ganz unterschiedlichen Verjährungsfristen führe zu schwierigen, für die Praxis nicht hinnehmbaren Abgrenzungsproblemen. Aus der Übernahme des Ausgangsbefunds ergibt sich das zentrale rechtspolitische Anliegen der Reform: Es geht um Modernisierung durch Vereinheitlichung und Vereinfachung, insbesondere der Rechtsfolgen. Durch die Kodifizierung von Richterrecht soll die Schere zwischen Gesetzestext und tatsächlich praktiziertem Recht geschlossen und damit ein Zuwachs an Transparenz und Rechtssicherheit erzielt werden. Unter der Flagge der Vereinfachung läuft auch die Integration des AGB-Gesetzes und weiterer (fast aller) Verbraucherschutzgesetze (mit Ausnahme – ausgerechnet – des Produkthaftungsgesetzes!). Die Vielzahl der in den letzten Jahrzehnten entstandenen Sondergesetze stelle ein wesentliches Hindernis für eine transparente Rechtsordnung dar. Die Schuldrechtsmodernisierung biete auf Jahre hinaus die einzige Chance, diesen Wildwuchs zu beseitigen. Im Übrigen sei man – so ein immer wieder vorgetragenes Zusatzargument – mit dem geltenden, differenzierten Leistungsstörungssystem des BGB auf europäischer Ebene nicht diskussions- und konkurrenzfähig. Mit einer Modernisierung im Sinne der Schuldrechtskommission gewinne man Anschluss an die internationale Entwicklung und damit sogar eine Chance, bei der anstehenden Europäisierung des Zivilrechts eine Vorreiterrolle zu übernehmen – eine sicherlich typisch deutsche Hoffnung!

II. Der Marktplatz der Ideen

Mit der Veröffentlichung des DiskE verband das BMJ den eindringlichen Appell an die Wissenschaft, die ihr obliegende Mitverantwortung für das Zivilrecht anzunehmen und das anspruchsvolle Projekt konstruktiv wissenschaftlich zu begleiten. In diesem Sinne wurde im Rahmen von Anhörungen, Expertenrunden und Vortragsveranstaltungen intensiv um Unterstützung geworben. Diese Gesprächsoffensive zielte einmal darauf ab, möglichst viele Fehler frühzeitig zu entdecken und zu korrigieren. Darüber hinaus ging es aber auch darum, die heiße politische Phase des Gesetzgebungsverfahrens effektiv vorzubereiten und potentielle Querdenker durch Einbindung zu neutralisieren: Es lag auf der Hand, dass eine Reform, die in ihren zentralen Teilen nicht auf die Anordnung neuer Rechtsfolgen zielt, sondern auf eine Umgestaltung und Verbesserung des dogmatischen Fundaments, deutlich höhere Akzeptanzchancen haben würde, wenn sie von sich behaupten könnte, nicht nur die Vertreter der richterlichen, anwaltlichen und notariellen Praxis (aus welchen Gründen auch immer) auf ihrer Seite zu haben, sondern auch von einem repräsentativen Kreis anerkannter Experten begleitet und mitgetragen worden zu sein. Dieses kluge und vorausschauende Marketingkonzept ist letztlich in vollem Umfang aufgegangen. Zunächst dominierte freilich der Widerstand, der in der von *Zimmermann/Ern*st initiierten und organisierten Tagung in Regensburg im November 2000 einen Höhepunkt fand. Auf der Basis von 12 Grundsatzreferaten diskutierten rund 70 Zivilrechtslehrer mit Vertretern des BMJ. Das Ergebnis war ernüchternd; keiner der Referenten hielt in seinem Spezialbereich den DiskE für verabschiedungsreif. Auch im Grundsatz reformfreudige Teilnehmer meldeten lange Änderungswunschzettel an, die über eine Forderung nach kosmetischen Detailkorrekturen deutlich hinausgingen. Als Reaktion auf diese für den Erfolg des Gesamtvorhabens schwer einzuschätzenden, jedenfalls nicht ganz ungefährlichen Fundamentalangriffe setzte das BMJ nach einigem Zögern eine weitere Expertenkommission für das Allgemeine Schuldrecht ein, die „Kommission Leistungsstörungsrecht", zusammengesetzt aus Vertretern der Wissenschaft, aber auch Mitgliedern der alten Schuldrechtskommission. Auf der Grundlage ihrer Beschlüsse sowie der Arbeiten der ebenfalls neu gebildeten Bund-Länder-Kommission für das Kauf- und Verjährungsrecht wurde im BMJ eine völlige Neufassung, die sog. konsolidierte Fassung (KF), erarbeitet, die im Verjährungsrecht einen weiteren radikalen Systemwechsel vollzog und sich vor allem im Leistungsstörungsrecht dem BGB wieder deutlich annäherte. So wurden insbesondere im Kommissionsentwurf und im DiskE eliminierte Leistungsbefreiung bei Unmöglichkeit wieder eingeführt und die Zentrierung auf den neuen Begriff der Pflichtverletzung in wichtigen Punkten abgeschwächt; insbesondere wurde innerhalb der zunächst vereinheitlichten Rechtsfolgen Schadensersatz und Rücktritt doch wieder zwischen den einzelnen Leistungsstörungstypen unterschieden. Diese Abkehr vom Kommissionsentwurf und vom DiskE konnte man zwar als Beleg für die Gesprächsbereitschaft und Aufgeschlossenheit des BMJ begrüßen; die Ergebnisoffenheit deutete freilich auch darauf hin, dass es zu diesem Zeitpunkt politisch schon längst nicht mehr um die Realisierung bestimmter Sachkonzepte ging, sondern um die Durchsetzung einer großen Lösung „an sich" – mit welchem konkreten Inhalt und in welcher rechtstechnischen Ausgestaltung auch immer. Noch wichtiger erscheint in diesem Zusammenhang, dass spätestens zu diesem Zeitpunkt dem bis zuletzt textbausteinartig wiederholten Argument, die Reform sei durch die Vorarbeiten der alten Schuldrechtskommission wissenschaftlich gründlich vorbereitet worden, endgültig der Boden entzogen war. Die KF wurde Ende März 2001 in Berlin auf einer turbulent verlaufenden Sondertagung der Zivilrechtslehrervereinigung diskutiert, teilweise in Anwesenheit der Justizministerin *Däubler-Gmelin*. Die treibende und prägende Kraft der „Kommission Leistungsstörungsrecht", *Claus-Wilhelm Canaris*, erläuterte und verteidigte das Konzept und die Einzelheiten der KF und beschwor die Anwesenden, die Gunst der Stunde und die Dialogbereitschaft der Politik durch konstruktive Einflussnahme auf das Reformprojekt zu nutzen. In der Konsequenz dieses sehr kontroversen Treffens, möglicherweise aber auch unter dem Eindruck, Versuchen politischer Instrumentalisierung und Gängelei ausgesetzt zu sein, erklärten auf Initiative von *Altmeppen/Wilhelm* 250 Zivilrechtslehrer öffentlich ihre Ablehnung des Reformvorhabens in der angestrebten Form.

III. Der Regierungsentwurf und seine Weiterentwicklung

Das BMJ ließ sich dennoch nicht beirren. Es legte Anfang Mai 2001 den Regierungsentwurf (BT-Drucks 14/6040) vor, der wiederum gegenüber der KF in vielen Punkten verändert worden war. In der Expertenanhörung des Rechtsausschusses am 2./4. Juli formulierten einige wenige Wissenschaftler (*Altmeppen, Dauner-Lieb, Ernst, Kirchner*) noch einmal die grundsätzlichen Bedenken gegen eine sofortige Realisierung einer „großen Lösung", nämlich hohe Umstellungskosten für Unternehmen, Hochschulen, Justiz, mangelnde Europagängigkeit des Regierungsentwurfes, vor allem aber mangelnde wissenschaftliche Überprüfung der einzelnen Problemkomplexe sowie ihrer Verzahnung untereinander. Die breite Mehrheit der Anwesenden unterstützte freilich das BMJ und versicherte, die Sorge um die Belange der Praxis sei völlig unnötig, weil diese die Vorteile der Reform ohne Schwierigkeiten erkennen und nach einer kurzen Umstellungsphase gewinnbringend für sich nutzen könne. Der Regierungsentwurf wurde allerdings im weiteren Gesetzgebungsverfahren noch in zahlreichen Punkten geändert. Aus dem Bundesrat kamen über 150 einstimmige Änderungsanträge, von denen mehr als 100 in der Gegenäußerung der Bundesregierung akzeptiert wurden (BT-Drucks 14/6857). Im übrigen tagten auch noch einmal die Kommission Leistungsstörungsrecht und die Bund-Länder-Kommission und brachten Optimierungswünsche ein. Auf dieser Grundlage wurde vom Rechtsausschuss eine dann am 25. September verabschiedete Beschlussempfehlung entwickelt, die sich wiederum maßgeblich vom Regierungsentwurf unterschied. Die Änderungen betrafen nicht nur kosmetische Korrekturen und gesetzestechnische Glättungen, sondern auch ganz praktische, rechtspolitisch bedeutsame Problembereiche: So wurde etwa auf Druck der Wirtschaft die Jahresendverjährung doch wieder eingefügt und der Berufsstand der Architekten im letzten Augenblick doch noch von der äußerst belastenden werkvertraglichen Regelung des § 634 a Abs. 1 Nr. 2 RE verschont. Das Gesetz wurde am 11. Oktober vom Bundestag verabschiedet und passierte am 9. November den Bundesrat.

C. Die Neuregelungen im Überblick
I. Das Kaufrecht

Im Kaufrecht wird zwecks Erhaltung eines einheitlichen Regelungskonzepts der personelle Anwendungsbereich der durch die Verbrauchsgüterkaufrichtlinie veranlassten Neuregelungen auf alle Kaufverträge ausgedehnt. Sie gelten also grundsätzlich auch in Vertragsverhältnissen zwischen Unternehmer/Unternehmer, Verbraucher/Verbraucher und auch dann, wenn der Verkäufer Verbraucher und der Käufer Unternehmer ist. Einbezogen werden auch unbewegliche Sachen. Der Sachmangel wird in Anlehnung an Art. 2 der Verbrauchsgüterkaufrichtlinie neu definiert (§ 434). Im Ergebnis ergeben sich insoweit keine wesentlichen Unterschiede gegenüber dem bisher praktizierten subjektiven Fehlerbegriff. Allerdings soll ein Sachmangel grundsätzlich auch bei Fehlen solcher Eigenschaften vorliegen, die der Käufer aufgrund von öffentlichen Äußerungen des Verkäufers oder Herstellers in der Werbung erwarten kann (§ 434 Abs. 1 S. 2). Als Sachmangel qualifiziert werden auch der fehlerhafte Zusammenbau der Kaufsache durch den Verkäufer sowie der fehlerhafte Zusammenbau durch den Käufer aufgrund einer fehlerhaften Zusammenbauanleitung (§ 434 Abs. 2; sog. Ikea-Klausel) – Tatbestände, die man bisher wahrscheinlich eher als Nebenpflichtverletzung eingeordnet und daher mit Hilfe der positiven Vertragsverletzung bewältigt hätte. Ist die Sache mangelhaft, kann der Käufer zunächst Nacherfüllung, also nach seiner Wahl Nachbesserung oder Nachlieferung, verlangen (§§ 437, 439); der Verkäufer kann die vom Käufer gewählte Art der Nacherfüllung verweigern, wenn sie nur mit unverhältnismäßigen Kosten möglich ist (§ 439 Abs. 2). Dem Anspruch des Käufers auf Nacherfüllung entspricht (von der Richtlinie nicht vorgegeben) ein Recht des Verkäufers zur „zweiten Andienung". Der Käufer kann also erst dann mindern (§ 441), sich gemäß §§ 437, 323 vom Vertrag lösen (bisher Wandlung, nunmehr Rücktritt) oder gemäß §§ 437, 280 Abs. 1, 3 i.V.m. § 281 Schadensersatz statt der Leistung (bisher Schadensersatz wegen Nichterfüllung) verlangen, wenn er dem Verkäufer eine Chance gegeben hat, seine vertraglichen Pflichten im Rahmen einer angemessenen Frist doch noch ordnungsgemäß zu erfüllen. Die bisher gegebene Möglichkeit der sofortigen Wandlung oder Minderung entfällt; der Käufer wird insoweit deutlich schlechter gestellt. Die Rechtsfolgen von Sach- und Rechtsmängeln werden vereinheitlicht (§§ 437, 434 f.); der angestrebte Vereinheitlichungseffekt wird freilich dadurch wieder relativiert, dass zwischen den beiden Mängelarten bei der Verjährung unterschieden wird (§ 438 Abs. 1 Nr. 1/2, 3). Die Unterscheidung des bisher geltenden Rechts zwischen Stück- und Gattungskauf entfällt. Außerdem werden – zwecks Beseitigung der bekannten Abgrenzungsprobleme – die aliud-Lieferung und die Zuwenigknieferung dem Sachmangel gleichgestellt (§ 434 Abs. 3). Dies ist bei der Stückschuld gewöhnungsbedürftig, wenn auch in der Sache unschädlich, weil nunmehr auch das bisher völlig unproblematische „Identitätsaliud" unter den Mangelbegriff fällt: Wird statt des geschuldeten Kanarienvogels ein Wellensittich geliefert, dann ist dieser Wellensittich – rechtstechnisch – nunmehr ein mangelhafter Kanarienvogel! Da der wesentliche Inhalt der Verbrauchsgüterkaufrichtlinie zu deutschem Regelkaufrecht erhoben wurde, bedurfte es für den Verbrauchsgüterkauf zwischen Unternehmern und Verbrauchern (§§ 13, 14) nur weniger Sondervorschriften (§§ 474 ff.): Zu nennen sind die Anordnung zwingender Wirkung (§ 475), an der insbesondere jeglicher Gewährleistungsausschluss (auch beim Verkauf gebrauchter Sachen!) scheitert, und die für die Praxis besonders wichtige, garantieähnliche Beweislastumkehr des § 476, aufgrund derer vermutet wird, dass die Sache bereits bei Gefahrübergang mangelhaft war, wenn sich innerhalb von 6 Monaten ein Sachmangel zeigt, sowie Erleichterungen des Rückgriffs des Letztverkäufers gegenüber seinem Lieferanten (§§ 478f), wenn er vom Verbraucher in Anspruch genommen wurde. Auf diese Weise ist auch der Anspruch auf Erhaltung der Einheitlichkeit des Kaufrechts im personellen Anwendungsbereich (zwangsläufig) insbesondere im Hinblick auf die Reichweite privatautonomer Gestaltungsfreiheit relativiert worden: Das Kaufrecht ist zwar weiterhin im Grundsatz dispositiv, jedoch im Geltungsbereich der Verbrauchsgüterkaufrichtlinie auch für Individualverträge zwingend (§ 475). Insoweit verlieren die Inhaltskontrolle von AGB und damit auch § 310 Abs. 2 erheblich an Bedeutung. Gleichzeitig wird umgekehrt durch die Neuregelung erstmals – möglicherweise systemsprengend – zwingendes Verbraucherrecht zum Regelrecht gemacht. Dies wird den unternehmerischen Geschäftsverkehr dazu veranlassen, seine Beziehungen noch stärker als bisher durch AGB zu regeln; dabei wird sich allerdings möglicherweise die Frage nach der Kontrollfestigkeit solcher AGB im Hinblick auf das neue kaufrechtliche (verbraucherrechtlich geprägte!) Leitbild in gefährlicherem Licht stellen. Erhebliche Konsequenzen ergeben sich auch für den Kauf unter Privatleuten: Der Verkäufer kann sich nicht mehr ohne weiteres darauf verlassen, dass das Gesetz eine ausgewogene, die Interessen beider Parteien berücksichtigende Regelung bereit hält, sondern muss verstärkt über Haftungsausschlüsse nachdenken.

II. Das allgemeine Leistungsstörungsrecht

Die Rechtsfolgen einer mangelhaften Leistung sind nur noch teilweise im Besonderen Schuldrecht geregelt, nämlich der Anspruch auf Nachbesserung (§§ 437 Nr. 1, 439) und die Möglichkeit der Minderung (§§ 437 Nr. 2, 441). Im übrigen verweist das Kaufrecht auf die Regelungen des neu strukturierten Allgemeinen Schuldrechts (§ 437 Nr. 2, 3). Dort wird nunmehr der Tatbestand der Pflichtverletzung in den Mittelpunkt gestellt (§ 280 Abs. 1), der das objektive Zurückbleiben hinter dem Pflichtenprogramm des Schuldverhältnisses bezeichnet. Er erfasst sowohl die klassischen Leistungsstörungen der Unmöglichkeit und des Verzugs als auch die mangelhafte Leistung, und zwar auch, soweit sie zu Mangelfolgeschäden geführt hat. Abgedeckt sind darüber hinaus die Verletzung von leistungsbezogenen Nebenpflichten (z.B. mangelhafte Verpackung) und schließlich die Verletzung von Schutzpflichten (neu: § 241 Abs. 2). Damit sollen nunmehr auch die Probleme, die bisher von der Rechtsprechung mit Hilfe der positiven Vertragsverletzung gelöst wurden, eine gesetzliche Regelung finden. Verletzt der Schuldner eine solche Pflicht aus dem Schuldverhältnis, so kann der Gläubiger grundsätzlich Ersatz des hieraus entstandenen Schadens verlangen. Bezüglich des Verschuldens muß sich der Schuldner entlasten (§ 280 Abs. 1 S. 2). Die angestrebte Vereinheitlichung ließ sich freilich nicht völlig durchhalten: Der Ersatz des Verzögerungsschadens und der Schadensersatz statt der Leistung werden an weitere, doch wieder auf die speziellen Leistungsstörungstatbestände zugeschnittene Voraussetzungen geknüpft (§§ 281 ff.). Neu ist, dass der Gläubiger nunmehr anstelle des Schadensersatzes statt der Leistung Ersatz der Aufwendungen verlangen kann, die er im Vertrauen auf den Erhalt der Leistung gemacht hat und billigerweise machen durfte (§ 284). Die zentrale Rücktrittsregelung (§ 323), die bei Kauf- und Werkvertrag an die Stelle des bisherigen Wandlungsrechts getreten ist, ist inhaltlich auf § 281 abgestimmt, greift aber nunmehr unabhängig davon, ob der Schuldner die Leistungsstörung zu vertreten hat. Im übrigen kann der Gläubiger auch dann, wenn er vom Vertrag zurückgetreten ist, nicht nur Ansprüche aus dem Rückabwicklungsschuldverhältnis, sondern auch Schadensersatzansprüche wegen Nichterfüllung des Vertrages geltend machen; die seit jeher umstrittene Alternativität zwischen Rücktritt und Schadensersatz ist entfallen (§ 325). Die Wirkungen des Rücktritts sind völlig neu gestaltet worden (§§ 346 ff.). Für die Unmöglichkeit der Leistung ist nunmehr (anders als noch im DiskE) eine Befreiung von der primären Leistungspflicht angeordnet worden (§§ 275, 326 Abs. 1), während bezüglich der sekundären Pflicht zur Leistung von Schadensersatz die allgemeine Regelung der § 280 Abs. 1, 3 i.V.m. § 283 gilt. Dieses Regelungsmodell gilt auch für die Fälle des anfänglichen Unvermögens (bisher Garantiehaftung!) und auch bei anfänglicher objektiver Unmöglichkeit, die die Wirksamkeit des Vertrags in Zukunft unberührt läßt (§ 311a Abs. 1). Der Anspruch einer Vereinheitlichung aller Fälle der Unmöglichkeit konnte freilich insoweit nicht vollständig eingelöst werden, als für den Schadensersatz ein anderer Bezugspunkt für die Haftung gilt (§ 311a Abs. 2). Die Zusammenfassung aller Leistungsstörungen in dem einheitlichen Tatbestand der Pflichtverletzung zielt vor allem auch auf Integration der bisher im Besonderen Schuldrecht angesiedelten Gewährleistungsregeln in das Allgemeine Schuldrecht. Der rechtstechnische Hebel für diese Integration ist beim Kauf die Regelung des § 433 Abs. 1 S. 2, die den Verkäufer verpflichtet, dem Käufer die Sache frei von Sach- und Rechtsmängeln zu verschaffen und damit die Leistung einer mangelfreien Kaufsache auch beim Stückkauf zum Gegenstand der Erfüllungspflicht macht. Damit stellt die Leistung einer mangelhaften Sache eine Pflichtverletzung i.S.v. § 280 dar, die grundsätzlich die gleichen Rechtsfolgen nach sich zieht wie die klassischen Leistungsstörungen des Allgemeinen Schuldrechts, nämlich Rücktritt und Schadensersatz. Hat der Verkäufer die Leistung einer fehlerhaften Sache zu vertreten, kann der Gläubiger nunmehr Schadensersatz gemäß §§ 280, 281 verlangen, die insoweit § 463 a.F. ersetzen und den ergänzenden Rückgriff auf die PFV entbehrlich machen. Damit wird – eine zentrale sachliche Änderung – eine Schadensersatzhaftung des Verkäufers für den „eigentlichen Mangelschaden" schon bei bloßer Fahrlässigkeit eingeführt. Im Hinblick darauf wurde eine besondere Schadensersatzregelung für die Fälle des Fehlens einer zugesicherten Eigenschaft oder des arglistigen Verschweigens eines Mangels für entbehrlich gehalten. § 463 a.F. soll in den §§ 280, 281 aufgehen, ohne dass damit eine sachliche Änderung der bisher geltenden Rechtslage beabsichtigt sei. Die Kategorie der Zusicherung einer Eigenschaft soll aber der Sache nach in § 276 im Wege der Ergänzung durch die „Übernahme einer Garantie" wieder aufgegriffen werden und nunmehr für die Frage maßgeblich sein, ob der auf Schadensersatz in Anspruch genommene Verkäufer die Leistung der fehlerhaften Sache i.S.v. § 276 zu vertreten hat. Ergänzt wird die Neustrukturierung des Leistungsstörungsrechts durch die Bemühung, die sich immer weiter öffnende Schere zwischen Gesetzesrecht und Richterrecht, zwischen Gesetzestext und praktiziertem Recht, zu schließen. Dementsprechend finden sich im neuen Leistungsstörungsrecht Versuche, neben der positiven Vertragsverletzung auch die von der Rechtsprechung entwickelten Grundsätze zur Haftung wegen culpa in contrahendo (§ 311 Abs. 2, 3), zum Wegfall der Geschäftsgrundlage (§ 313) und zur Kündigung von Dauerschuldverhältnissen aus wichtigem Grund (§ 314) gesetzlich zu verankern. Sachliche Änderungen sind insoweit freilich ebensowenig beabsichtigt wie eine Kanalisierung oder Einengung der weiteren Rechtsprechungsentwicklung. Dementsprechend begnügt sich der Gesetzgeber weitgehend mit einer Wiederholung von Leitsätzen und verzichtet auf eine schärfere und damit rechtssicherere Fassung der Tatbestände.

III. Verjährung

Das Verjährungsrecht wurde völlig umgestaltet. An die Stelle der Regelverjährung von 30 Jahren tritt nunmehr grundsätzlich eine Verjährungsfrist von 3 Jahren, beginnend mit dem Schluss des Jahres, in dem der Anspruch entstanden ist und der Gläubiger von den den Anspruch begründenden Umständen und der Person des Schuldners Kenntnis erlangt hat oder ohne grobe Fahrlässigkeit erlangt haben müsste (§§ 195, 199). Dieser Wechsel zu einem subjektiven Verjährungsregime wird durch kenntnisunabhängige, absolute Fristen von 30 bzw. 10 Jahren (§ 199 Abs. 2 bis 4) ergänzt. Das neue Regelungsmodell gilt grundsätzlich für alle vertraglichen und gesetzlichen Ansprüche (z.B. aus Delikt und ungerechtfertigter Bereicherung). Damit verjähren auch (fällige) Haupt- und Gegenleistungsansprüche nunmehr im Ergebnis in 3 Jahren ab Fälligkeit, beginnend mit dem Schluss des Jahres, in dem der Anspruch entstanden ist (§ 199 Abs. 1). Eine Ausnahme gilt nach wie vor für die Verjährung der Gewährleistungsrechte, die dementsprechend (abweichend vom DiskE) doch wieder im Besonderen Schuldrecht geregelt ist (§§ 438, 634a, 218). Hier gelten andere Fristen und für den Verjährungsbeginn wird nach wie vor objektive Kriterien (z.B. Ablieferung der Sache). Da diese Sonderverjährung an die Mangelhaftigkeit der Sache anknüpft, wird die Verletzung leistungsbezogener Neben- und Schutzpflichten nicht erfasst, so dass darauf gegründete Schadensersatzansprüche anders verjähren als etwa der Nachbesserungsanspruch oder Schadensersatzansprüche wegen Schlechtleistung. Es macht also nach wie vor verjährungsrechtlich einen zentralen Unterschied, ob ein Verkäufer statt des geschuldeten Superbenzins Benzin minderer Qualität liefert oder ob er das geschuldete Normalbenzin versehentlich in den für Superbenzin bestimmten Tank abfüllt. Die vom Gesetzgeber vehement geforderte und versprochene Vereinheitlichung konnte (möglicherweise ganz unvermeidbar) nicht erreicht werden.

IV. Sonstiges und Integration von Sondergesetzen

Die übrigen Änderungen sind im sachlichen Ergebnis weniger dramatisch, dürfen aber schon wegen der in den Konsequenzen nicht immer ohne weiteres abzuschätzenden Änderungen von Terminologie und Struktur nicht vernachlässigt werden. Dies gilt zunächst für die Eingriffe in das Werkvertragsrecht (§§ 632 ff.) und das Kreditvertragsrecht (§§ 488 ff. für das Gelddarlehen, §§ 607 ff. für das Sachdarlehen). Im übrigen werden das AGB-Gesetz (nunmehr §§ 305 – 310) und die meisten Verbraucherschutzgesetze, u.a. das Verbraucherkreditgesetz (nunmehr §§ 491 – 506, 358 f., 655a – 655e), in das BGB integriert und dabei teilweise auch inhaltlich modifiziert. Auch insoweit werden sonderprivatrechtliche Ansätze in das BGB hineingetragen. Die weitere Entwicklung wird zeigen, ob dies tatsächlich zur erwünschten Stärkung der Kodifikation führen oder – genau umgekehrt – Sprengstoff für die Kodifikation bedeuten wird. Auf jeden Fall gelitten hat die Übersichtlichkeit.

V. Zu den Übergangsregelungen

Grundsätzlich soll das neue Recht nur für Neuverträge gelten, nicht dagegen für Schuldverhältnisse, die bereits vor dem 1. 1. 2002 entstanden sind. Auf bereits entstandene Dauerschuldverhältnisse sollen die neuen Vorschriften allerdings für die Zukunft angewendet werden. Um den Parteien die Möglichkeit einer Vertragsanpassung zu geben, soll das neue Recht insoweit – zeitlich versetzt – erst ab dem 1. 1. 2003 gelten (Art. 229 § 4 Abs. 1 EGBGB). Im Hinblick auf die Verjährung gilt für am 1. 1. 2002 bereits bestehende, aber noch nicht verjährte Ansprüche eine differenzierte Regelung (Art. 229 § 5 EGBGB).

Bürgerliches Gesetzbuch

Vom 18.8.1896, RGBl. S. 195
BGBl. III 400-2
Zuletzt geändert durch das Gesetz zur Modernisierung des Schuldrechts vom 26.11.2001, BGBl. I S. 3138
– Auszug –

Buch 1. Allgemeiner Teil

Abschnitt 1. Personen

Titel 1. Natürliche Personen, Verbraucher, Unternehmer

[...]

§ 13 Verbraucher

¹Verbraucher ist jede natürliche Person, die ein Rechtsgeschäft zu einem Zweck abschließt, der weder ihrer gewerblichen noch ihrer selbständigen beruflichen Tätigkeit zugerechnet werden kann.

§ 14 Unternehmer

(1) ¹Unternehmer ist eine natürliche oder juristische Person oder eine rechtsfähige Personengesellschaft, die bei Abschluss eines Rechtsgeschäfts in Ausübung ihrer gewerblichen oder selbständigen beruflichen Tätigkeit handelt.
(2) ¹Eine rechtsfähige Personengesellschaft ist eine Personengesellschaft, die mit der Fähigkeit ausgestattet ist, Rechte zu erwerben und Verbindlichkeiten einzugehen.

Literatur: *Blaurock*, Verbraucherkredit und Verbraucherleitbild in der Europäischen Union, JZ 1999, 801; *Dauner-Lieb*, Verbraucherschutz durch Ausbildung eines Sonderprivatrechts für Verbraucher, 1983; *Dick*, Das Verbraucherleitbild der Rechtsprechung: Der Einfluss von Verbraucherschutzkonzeptionen auf die Rechtsprechung am Beispiel der Rechtsprechung zur Verbraucherverschuldung und zur Verbraucherinformation, 1995; *ders.*, Der Verbraucher – Das Phantom in der opera des europäischen und deutschen Rechts?, JZ 1997, 167; *Drexl*, Die wirtschaftliche Selbstbestimmung des Verbrauchers: Eine Studie zum Privat- und Wirtschaftsrecht unter Berücksichtigung gemeinschaftsrechtlicher Bezüge, 1998; *Faber*, Elemente verschiedener Verbraucherbegriffe in EG-Richtlinien, zwischenstaatlichen Übereinkommen und nationalem Zivil- und Kollisionsrecht, ZEuP 1998, 854; *Hommelhoff*, Verbraucherschutz im System des deutschen und europäischen Vertragsrechts, 1996; *Kemper*, Verbraucherschutzinstrumente, 1994; *Medicus*, Wer ist ein Verbraucher?, FS für Kitagawa, 1992, S. 471; *ders.*, Schutzbedürfnisse (insbesondere der Verbraucherschutz) und das Privatrecht, JuS 1996, 761; *Meyer*, Das Verbraucherleitbild des Europäischen Gerichtshofes, WRP 1993, 215; *Micklitz*, Ein neues Kaufrecht für Verbraucher in Europa?, EuZW 1997, 229; *Pfeiffer*, Der Verbraucherbegriff als zentrales Merkmal im Europäischen Privatrecht, in: Schulte-Nölke/Schulze (Hrsg.), Europäische Rechtsangleichung und nationale Privatrechte, 1999, S. 21; *Preis*, Der persönliche Anwendungsbereich der Sonderprivatrechte, ZHR 158 (1994), 567; *Reich*, Zur Theorie des Europäischen Verbraucherrechts, ZEuP 1994, 381; *ders.*, Das Phantom „Verbraucher" (endlich!?) im Gral des BGB!, VuR 2000, 1; *Roth*, Europäischer Verbraucherschutz und BGB, JZ 2001, 475; *Schneider*, Der Begriff des Verbrauchers im Recht, BB 1974, 764; *Schünemann*, Mündigkeit versus Schutzbedürftigkeit – Legitimationsprobleme des Verbraucher-Leitbildes, FS für Brandner, 1976, S. 279; *Tilmann*, Der „verständige Verbraucher", in: FS für Piper, 1996, S. 481.

Inhalt

A.	Einführung		1
B.	Vereinheitlichung der Begrifflichkeiten der Verbraucherschutzvorschriften		8
I.	Der Verbraucherbegriff (§ 13)		9
	1. Definition		9
	2. Der bereichsspezifische Verbraucherbegriff und das Gemeinschaftsrecht		13

	3. Die private Sphäre		15
	4. Dual use und Zweifelsfälle		19
	5. Abschluss eines Rechtsgeschäfts		21
II.	Der Unternehmerbegriff (§ 14)		22
C.	Die unmittelbare Anwendung der Schlüsselbegriffe		31

A. Einführung

1 Die §§ 13 und 14 sind durch Art. 2 Nr. 1 des am 27.6.2000 verkündeten Gesetzes über Fernabsatzverträge und andere Fragen des Verbraucherschutzrechts sowie zur Umstellung von Vorschriften auf Euro[1] in das BGB aufgenommen worden. Der Gesetzgeber hat im Interesse einer **Einheit des Privatrechts** dadurch u.a. auch einen ersten wichtigen Schritt zu einer Integration des bisherigen Verbraucher-Sonderprivatrechts in das BGB[2] vollzogen, der sich mit dem Schuldrechtsmodernisierungsgesetz fortsetzt (Verbraucherschutz als Teil des BGB).[3] Das BGB wurde für Grundbegriffe des Verbraucherrechts geöffnet. Der Verbraucherschutz ist somit zu einem wesentlichen Schutzprinzip des bürgerlichen Rechts geworden: Das Verbraucherschutzrecht ist nicht länger Sonderprivatrecht, sondern Teil des allgemeinen Privatrechts.[4] Vor diesem Hintergrund stellt der **Verbrauchervertrag** (als Vertrag zwischen Unternehmer und Verbraucher) die typische Erscheinungsform des schuldrechtlichen Vertrags und der Verbraucherschutz einen schuldrechtsimmanenten allgemeinen Schutzgedanken dar.[5]

2 Die Rechtsfigur des Verbrauchers nach § 13 folgt der **europäischen Verbraucherschutzkonzeption**, wie sie in Art. 2 Haustürgeschäfterichtlinie,[6] Art. 1 Abs. 2 lit. a Verbraucherkreditrichtlinie[7] und Art. 2 Nr. 2 FARL[8] bzw. Art. 2 lit. b Mißbräuchliche-Klauseln-Richtlinie[9] zum Ausdruck kommt, wonach sich der Verbraucherbegriff nicht an der individuellen Schutzbedürftigkeit eines Vertragsschließenden im Einzelfall, sondern am **Vertragszweck** selbst orientiert. Dieses Konzept gilt (wie es für § 24a AGBG a.F. [Verbraucherverträge] bereits schon seit der Umsetzung der Mißbräuchliche-Klauseln-Richtlinie galt) nach § 13 für alle verbraucherschutzrechtlichen Sondergesetze, mithin auch für solche, die nicht auf einer Transformation des europäischen Sekundärrechts in das nationale Recht beruhen.

3 Eine **Ausnahme** gilt nur für das Fernunterrichtsschutzgesetzes (FernUSG). Dort verbleibt es bei den alten Begrifflichkeiten des „Teilnehmers" und des „Veranstalters" als Vertragspartner. Dies liegt darin begründet, dass beim Fernunterrichtsvertrag zwar typischerweise, nicht aber notwendigerweise[10] der Teilnehmer auch zugleich Verbraucher ist.

4 Im Übrigen definiert § 13 zugleich auch den **persönlichen Anwendungsbereich** von Verbraucherschutzgesetzen, die keine eigenen entsprechenden Regelungen mehr enthalten, beispielsweise § 312 Abs. 1 (früher § 1 Abs. 1 HaustürWG), § 312b Abs. 1 (früher § 1 Abs. 1 FernAbsG), § 481 (früher § 1 Abs. 1 TzWrG) oder § 491 (früher §§ 1 Abs. 1, 9 Abs. 2 VerbrKrG).

5 Im Rahmen der Verabschiedung des FernAbsG als Artikelgesetz hat sich der Gesetzgeber dafür entschieden, die zentralen Begriffe „Verbraucher" und „Unternehmer" im Allgemeinen Teil des BGB – im Ersten

---

1 BGBl I S. 897.
2 Zur Integration des Verbraucherrechts in das BGB *Brüggemeier/Reich*, BB 2001, 213.
3 MüKo/*Micklitz*, vor §§ 13, 14 BGB Rn 1: „Seine Legitimation und Legitimität steht außer Frage."
4 So Palandt/*Heinrichs*, Einl. BGB Rn 1; a.A. *Bülow/Artz*, NJW 2000, 2049.
5 Palandt/*Heinrichs*, Einf. vor § 145 BGB Rn 13.
6 Richtlinie 85/577/EWG des Rates vom 20.12.1985 betreffend den Verbraucherschutz im Falle von außerhalb von Geschäftsräumen geschlossenen Verträgen (ABl. EG Nr. L 372, S. 31).
7 Richtlinie 87/102/EWG des Rates vom 22.12.1986 zur Angleichung der Rechts- und Verwaltungsvorschriften der Mitgliedstaaten über den Verbraucherkredit (ABl. EG Nr. L 42, S. 48), zuletzt geändert durch die Richtlinie 98/7/EWG des Europäischen Parlaments und des Rates vom 16.2.1998 (ABl. EG Nr. L 101, S. 17
8 Richtlinie 97/7/EG des Europäischen Parlaments und des Rates über den Verbraucherschutz bei Vertragsabschlüssen im Fernabsatz vom 20.5.1997 (ABl. Nr. L 144, S. 19).
9 Richtlinie 93/13/EWG vom 5.4.1993 über missbräuchliche Klauseln in Verbraucherverträgen (ABl. EG Nr. L 95 vom 21.4.1993, S. 29).
10 Vgl. etwa das Beispiel von *Bülow/Artz*, NJW 2000, 2049, 2050: Die Regelungen des FernUSG gelten etwa auch für den Vertrag des Arbeitgebers, der zugunsten seines Arbeitnehmers einen Fernunterrichtsvertrag abschließt (§ 328) mit der Folge, dass der Arbeitnehmer zwar nicht Teilnehmer, aber Lernender (§ 1 Abs. 1 Nr. 1 FernUSG) ist.

Abschnitt „Personen", Erster Titel „Natürliche Personen[11] – in Gestalt einer **Legaldefinition** zu regeln. Damit hat das Verbraucherrecht eine symbolische Anerkennung durch den Gesetzgeber erfahren.[12]

Die Begriffsbestimmungen der §§ 13 und 14 gelangen immer dann zur Anwendung, wenn in den verbraucherschutzrechtlichen Sondervorschriften auf den Terminus „Verbraucher" oder „Unternehmer" Bezug genommen wird, so in den §§ 241a, 355, 356 und 661 a, in § 1031 ZPO sowie bei Haustürgeschäften (§ 312), Fernabsatzverträgen (§ 312b), Teilzeit-Wohnrechteverträgen (§ 481) oder Verbraucherdarlehensverträgen (§ 491) – nicht hingegen im Reisevertragsrecht bzw. im FernUSG. Bei letzterem ist eine Verwendung des Verbraucherbegriffs entbehrlich, da hier der Leistungsempfänger regelmäßig Verbraucher ist. Weiterhin können die §§ 13 f. auch im Zusammenhang mit § 1 Abs. 1 S. 2 ProdHG hinsichtlich der Abgrenzung des privaten vom beruflichen Bereich herangezogen werden.[13] 6

Als Folgeänderung war in diesem Kontext erforderlich, auch die Definition der **rechtsfähigen Personengesellschaft** aus ihrem früheren Standort in § 1059a Abs. 2 a.F. herauszunehmen und sie in die Definition des Unternehmers zu integrieren (§ 14 Abs. 2). 7

B. Vereinheitlichung der Begrifflichkeiten der Verbraucherschutzvorschriften

Die §§ 13 und 14 vereinheitlichen durch die Vorgabe von Legaldefinitionen einige Schlüsselbegriffe 8
verbraucherschutzrechtlicher Regelungen, die den Verbraucher als eine im Verhältnis zum Unternehmer typischerweise unterlegene Marktgruppe durch eine Vielzahl von unterschiedlichen Vorschriften und Maßnahmen schützen.[14]

I. Der Verbraucherbegriff (§ 13)
1. Definition

Verbraucher ist jede natürliche Person (ohne Rücksicht auf ihren intellektuellen oder ökonomischen 9
Status), die ein Rechtsgeschäft zu einem Zweck abschließt, der weder einer gewerblichen noch einer selbständigen beruflichen Tätigkeit zugerechnet werden kann (§ 13). Es muss sich also um ein zu privaten Zwecken vorgenommenes Rechtsgeschäft handeln. Der Verbraucherbegriff entspricht damit der früheren Definition in § 24a S. 1 AGBG a.F.

Unter einer **gewerblichen Tätigkeit** ist eine kaufmännische oder sonstige selbständige, auf Dauer angelegte 10
entgeltliche Tätigkeit zu verstehen, die sich als Beteiligung am allgemeinen Wirtschaftsverkehr darstellt und keinen freiberuflichen Charakter hat,[15] wobei es auf eine Gewinnerzielungsabsicht nicht ankommen soll.[16] Die Verwaltung eigenen Vermögens ist keine Teilnahme am freien Wirtschaftsverkehr und somit auch keine gewerbliche Tätigkeit.[17]

Freiberufler (z.B. Ärzte, Zahnärzte, Tierärzte, Rechtsanwälte, Steuerberater, Wirtschaftsprüfer oder Architekten) üben eine **selbständige berufliche Tätigkeit** aus, die nicht gewerblicher Natur ist und damit auch nicht dem Kaufmannsbegriff der §§ 1 ff. HGB unterfällt.[18] Sie sind aber wegen ihrer selbständigen beruflichen Tätigkeit „Unternehmer" i.S.d. § 14 Abs. 1. 11

Juristische Personen können nicht Verbraucher i.S.d. § 13 sein[19] mit der Folge, dass sich Idealvereine 12
und gemeinnützige Stiftungen, die keine gewerblichen oder freiberuflichen Zwecke verfolgen, nicht auf verbraucherschutzrechtliche Vorschriften berufen können.[20]

---

11 Wobei der Gesetzgeber bei Erlass des Fernabsatzgesetzes den bereits früher erfolgten Wegfall der Bestimmungen über die Todeserklärung in den §§ 13 f. a.F. nutzte, um die Definitionen „unterzubringen, als ob es sich bei dem Titel ‚Natürliche Personen' um einen Titel für die Sammlung von Definitionen handelte", so *Flume*, ZIP 2000, 1427. Im Übrigen sind Unternehmen oftmals juristische Personen. Die Zuordnung der Regelungen zum Abschnitt „Personen" hätte zumindest einen eigenen Titel „Verbraucher, Unternehmer" erfordert: zutreffend *Palandt/Heinrichs*, § 13 BGB Rn 1.
12 So zutreffend *Tonner*, BB 2000, 1413, 1414.
13 *Palandt/Heinrichs*, § 13 BGB Rn 5.
14 *Palandt/Heinrichs*, § 13 BGB Rn 1.
15 Zum Begriff des „freien Berufs" näher *Ring*, Wettbewerbsrecht der freien Berufe, S. 41 ff., *ders.*, § 1 PartGG Rn 6 ff.
16 So *Baumbach/Hopt*, § 1 HGB Rn 2; *Hopt*, ZGR 1987, 145, 172 ff.; *Roth*, in: Koller/Roth/Morck, § 1 HGB Rn 10; *Röhricht*, in: Röhricht/v. Westphalen, vor §§ 1-7 HGB Rn 27; a.A. BGHZ 49, 258, 260; ebenso BGHZ 83, 382, 387; anders jedoch BGHZ 95, 155, 157 f.
17 *Härting*, Einl. FernAbsG Rn 50; *Pfeiffer*, NJW 1999, 169, 172;.
18 So *Baumbach/Hopt*, § 1 HGB Rn 3; *Roth*, in: Koller/Roth/Morck, § 1 HGB Rn 12f.
19 *Härting*, Einl. FernAbsG Rn 50; *Heinrichs*, NJW 1996, 2190, 2191; *Horn*, in: Wolf/Horn/Lindacher, § 24a AGBG Rn 19; *Ulmer*, in: Ulmer/Brandner/Hansen, § 24a AGBG Rn 21.
20 *Palandt/Heinrichs*, § 24a AGBG Rn 6.

2. Der bereichsspezifische Verbraucherbegriff und das Gemeinschaftsrecht

13 Der Gesetzgeber gibt einen **bereichsspezifischen Verbraucherbegriff** vor. Verbraucher ist also auch eine Person, die einer gewerblichen oder selbständigen beruflichen Tätigkeit nachgeht, solange nicht das konkret in Rede stehende Rechtsgeschäft dieser Tätigkeit zuzurechnen ist.[21] Der Gesetzgeber verwirklicht mit dieser Begriffsbestimmung zwar die Konzeption von Art. 2 Nr. 2 FARL, Art. 1 Abs. 2 lit. a Verbraucherkreditrichtlinie sowie Art. 2 Haustürgeschäfterichtlinie.

14 § 13 ist jedoch **nicht deckungsgleich mit** dem **Richtlinienrecht**. Letzteres ist umfassender und schließt jene natürlichen Personen vom Verbraucherbegriff aus, die zu einem Zweck handeln, der ihrer beruflichen Tätigkeit zuzurechnen ist: Eine jegliche berufliche Zweckbestimmung, nicht nur die selbständig-berufliche, hindert damit also den persönlichen Anwendungsbereich. Infolgedessen ist der Arbeitnehmer, der zu abhängig-beruflichen Zwecken handelt (z.B. Arbeitskleidung oder einen Pkw für die Fahrt zur Arbeit kauft), nach deutschem Recht Verbraucher, nach europäischem Sekundärrecht nicht.[22] Nach dem Richtlinienrecht hebt also jeder Bezug zu einer beruflichen Tätigkeit die Verbrauchereigenschaft auf, während § 13 nur Rechtsgeschäfte für selbständige berufliche Zwecke dem Verbraucherschutz entzieht.[23] Die in § 13 getroffene Regelung ist jedoch trotz dieser Abweichung vom Gemeinschaftsrecht statthaft, da die Richtlinienvorgaben nach Art. 15 Verbraucherkreditrichtlinie, Art. 8 Haustürgeschäfterichtlinie oder Art. 8 Mißbräuchliche-Klauseln-Richtlinie dem nationalen Gesetzgeber im Rahmen der Umsetzung weitergehende Regelungen im Verbraucherschutzinteresse zubilligen.

3. Die private Sphäre

15 Die Anwendbarkeit von Verbraucherschutzrecht setzt nach § 13 voraus, dass eine natürliche Person zu privaten Zwecken einen Vertrag schließt, letzterer also weder mit einer gewerblichen noch mit einer selbständigen beruflichen Tätigkeit in Verbindung steht (Bezogenheit auf die **private Sphäre**).[24] Zur privaten Sphäre zählen z.B. der private Haushalt, die Freizeit, der Urlaub, Sport oder die Gesundheitsvorsorge bzw. vergleichbare Vorsorgemaßnahmen (z.B. der Abschluss einer Unfall- oder Lebensversicherung),[25] darüber hinaus aber auch die Verwaltung oder Anlage des persönlichen Vermögens[26] (z.B. Geldanlage in Miethäusern oder Wertpapieren).[27] Letzteres gilt aber nur, soweit der Eigentümer Leistungen nachfragt. Tritt der Eigentümer hingegen als Anbieter (etwa als Vermieter einer Wohnung) in den Wettbewerb mit anderen unter Anbieten planmäßiger Leistungen gegen ein Entgelt ein, ist er „Unternehmer".[28]

16 Die Notwendigkeit einer Bezogenheit auf die private Sphäre hat zur Folge, dass Verträge eines **Kaufmanns** in Ausübung seiner gewerblichen Tätigkeit wie auch solche eines **Freiberuflers** im Rahmen seiner Berufsausübung dem Verbraucherschutzrecht nicht unterfallen.[29] Unternehmer, die außerhalb ihres gewerblichen oder beruflichen Tätigkeitskreises handeln, sind allerdings Verbraucher.

17 Übernimmt ein **GmbH-Geschäftsführer** eine Schuld der GmbH oder verbürgt er sich für eine solche, ist er Verbraucher.[30]

18 Ob die private oder die unternehmerische Sphäre betroffen wird, entscheidet sich nicht subjektiv nach dem inneren Willen der Handelnden. Entscheidend ist der durch Auslegung zu ermittelnde Inhalt des in Rede stehenden Rechtsgeschäfts unter Berücksichtigung der Begleitumstände.

---

[21] *Lorenz*, JuS 2000, 833, 839. *Flume* (ZIP 2000, 1427, 1428) weist zutreffend darauf hin, dass bei unbefangener Betrachtung des gesetzestechnisch „verunglückten" Wortlauts der Norm der „Verbraucher" offensichtlich eine Person ist, „die an sich eine gewerbliche oder selbständige berufliche Tätigkeit ausübt und die nur Verbraucher ist, wenn sie ein Rechtsgeschäft zu einem Zweck abschließt, der weder ‚ihrer' gewerblichen noch ‚ihrer' selbständigen beruflichen Tätigkeit zugerechnet werden kann", wohingegen es in der überwiegenden Zahl der Verbraucherschutzvorschriften um „Verbraucher" gehe, die weder eine gewerbliche noch eine selbständige berufliche Tätigkeit ausüben. Fazit nach *Flume* (a.a.O.): „Die Definition des § 13 BGB ist nach ihrem Wortlaut barer Unsinn. Danach wäre jeder Beteiligte eines Rechtsgeschäfts, das ihm auch den von ihm verfolgten Zweck nicht für eine gewerbliche oder selbständige berufliche Tätigkeit zugerechnet werden kann, ein Verbraucher. Auch der private Verkäufer, der Schenker wie der Beschenkte, der private Vermieter, der private Auftraggeber wie der Beauftragte, selbst der Bürge könnte nach dem Wortlaut von § 13 BGB ‚Verbraucher' sein. Wie sehr hatte doch *Javolen* Recht mit seiner Warnung: Omnis definitio est periculosa".
[22] *Bülow/Artz*, NJW 2000, 2049, 2050.
[23] Palandt/*Heinrichs*, § 13 BGB Rn 3.
[24] *Härting*, Einl. FernAbsG Rn 51.
[25] Palandt/*Heinrichs*, § 24a AGBG Rn 6.
[26] *Ulmer*, in: Ulmer/Brandner/Hansen, § 24a AGBG Rn 25.
[27] So *Pfeiffer*, NJW 1999, 169, 172 (zu § 24a AGBG a.F.); Palandt/*Heinrichs*, § 14 BGB Rn 2.
[28] So Palandt/*Heinrichs*, § 14 BGB Rn 2; a.A. Staudinger/*Schlosser*, § 24a AGBG Rn 29.
[29] *Heinrichs*, NJW 1996, 2190, 2191; *Roth/Schulze*, RIW 1999, 924.
[30] BGHZ 133, 71; BGH WM 2000, 1632.

4. Dual use und Zweifelsfälle

Schwierig kann eine Abgrenzung allerdings bei Vertragsabschlüssen von Kaufleuten oder Freiberuflern hinsichtlich Gegenständen sein, die – wie etwa Kraftfahrzeuge – **sowohl beruflich als auch privat** genutzt werden sollen (sog. **dual use**).[31] Abzustellen ist auf die beabsichtigte überwiegende Nutzung. Ist diese (bei ex ante-Betrachtung) privater Natur, sollen die verbraucherschutzrechtlichen Vorschriften zur Anwendung gelangen.[32] Auf jeden Fall soll in entsprechenden Konstellationen die Auslegungsregel des § 344 Abs. 1 HGB (die im Übrigen auch nur Kaufleute und nicht auch Freiberufler erfasst) **keine** Anwendung finden.[33] *Härting*[34] plädiert zutreffend dafür, in **Zweifelsfällen** (d.h. wenn nicht zweifelsfrei eine überwiegend private oder gewerbliche bzw. freiberufliche Nutzung des Vertragsgegenstandes feststellbar ist) im Interesse eines wirksamen Verbraucherschutzes den Kunden immer als „Verbraucher" zu behandeln.[35]

Die **Beweislast** dafür, dass die Voraussetzungen des § 13 vorliegen, trägt derjenige, der sich auf den Schutz einer (Verbraucherschutz-)Norm beruft.[36]

5. Abschluss eines Rechtsgeschäfts

§ 13 beschränkt den Anwendungsbereich der Norm auf vom Verbraucher abgeschlossene Rechtsgeschäfte. *Heinrichs* hält diese Einschränkung für „offensichtlich verfehlt" – vielmehr werde der Verbraucher auch geschützt, wenn er selbst nicht rechtsgeschäftlich handelt, sondern ihm eine unbestellte Sache zugesandt wird (§ 241a) oder er auf Informationen des Unternehmers angewiesen ist (z.B. nach § 312c bei Fernabsatzverträgen).

II. Der Unternehmerbegriff (§ 14)

Unternehmer ist – als Gegenbegrifflichkeit zum Verbraucher (§ 13) – nach **§ 14 Abs. 1** eine **natürliche** oder (in Ausdifferenzierung des früher in der Unternehmensdefinition nur allgemein verwendeten Begriffs der „Person" auch) **juristische Person** bzw. eine **rechtsfähige Personengesellschaft**, die bei Abschluss eines Rechtsgeschäfts in Ausübung ihrer gewerblichen oder selbständigen beruflichen Tätigkeit handelt.[37] D. h. jede natürliche oder juristische Person, die am Markt planmäßig gegen Entgelt arbeitet, ist Unternehmer[38] – unabhängig davon, ob eine Gewinnerzielungsabsicht besteht oder nicht.[39]

Der Unternehmerbegriff entspricht der früheren Definition in § 24 S. 1 Nr. 1 AGBG a.F.[40] und ersetzt im Verbraucherrecht den Begriff des Kaufmanns. Die Terminologie ist deckungsgleich mit dem Begriff des Erwerbsgeschäfts in § 1822 Nr. 3 und entspricht dem Unternehmensbegriff des HGB. Andererseits ist „Unternehmer" nach Maßgabe des Werkvertragsrechts (§§ 631 ff.) der Hersteller, d.h. der Auftragnehmer, der i.S.d. §§ 13 f. auch Verbraucher sein kann.[41] Damit erfasst der weite Unternehmerbegriff des § 14 Abs. 1 im Hinblick auf natürliche Personen Kaufleute (unabhängig von ihrer Handelsregistereintragung), sonstige (nichtkaufmännische Klein-)Gewerbetreibende, Angehörige der freien Berufe und Landwirte.

Folgt man dem Rechtsgedanken des § 344 HGB (Rn 19), gelten Rechtsgeschäfte eines Unternehmers als unternehmerisch getätigt.[42] Der Unternehmerbegriff umfasst auch eine nebenberufliche unternehmerische Betätigung sowie Hilfs- und Nebengeschäfte, ungewöhnliche Verträge und vorbereitende bzw. abwickelnde Geschäfte.[43]

Zum Problem des **dual use** siehe Rn 19 f.

---

31 Dazu näher *Härting*, Einl. FernAbsG Rn 54 ff.
32 Str., so aber *Heinrichs*, NJW 1996, 2190, 2191; *Wolf/Horn/Lindacher*, § 24a AGBG Rn 23; *Pfeiffer*, NJW 1999, 169, 173: im Zweifel sei bei dual use kein Verbrauchergeschäft anzunehmen; a.A. *v. Westphalen*, BB 1996, 2101: Verbrauchergeschäft bei dual use.
33 Da die Regelung den Kaufmann in Zweifelsfällen zur Einhaltung der verschärften handelsrechtlichen Vorschriften verpflichten soll (*Baumbach/Hopt*, § 344 HGB Rn 1; *Wagner*, in: Röhricht/v. Westphalen, § 344 HGB Rn 8), mithin einen Zweck verfolgt, der auf das Verbraucherschutzrecht nicht übertragbar ist (so *Härting*, Einl. FernAbsG Rn 56).
34 Einl. FernAbsG Rn 57.
35 A.A. *Heinrichs*, NJW 1996, 2190, 2191; Palandt/*Heinrichs*, § 13 BGB Rn 3; *v. Westphalen*, BB 1996, 2101.
36 Palandt/*Heinrichs*, § 13 BGB Rn 3.
37 Der Gesetzgeber verkennt, dass die §§ 631 ff. den Begriff „Unternehmer" auch für „Private" verwenden, die die Herstellung eines Werks versprechen: *Flume*, ZIP 2000, 1427, 1428.
38 Palandt/*Heinrichs*, § 14 BGB Rn 2 unter Bezugnahme auf *K. Schmidt*, Handelsrecht, § 9 IV.
39 *Faber*, ZEuP 1998, 854, 869; *Ulmer/Brandner/Hensen*, § 24a AGBG Rn 16.
40 Allerdings werden in § 14 Abs. 1 – anders als in § 24 S. 1 Nr. 1 AGBG a.F. – öffentlich-rechtliche Einrichtungen nur dann als „Unternehmer" qualifiziert, wenn sie rechtsfähig sind (was auf nichtrechtsfähige Eigenbetriebe kommunaler Gebietskörperschaften nicht zutrifft, weswegen diese folgerichtig auch nicht zur Einhaltung verbraucherschutzrechtlicher Bestimmungen verpflichtet sind): *Härting*, Einl. FernAbsG Rn 60.
41 Palandt/*Heinrichs*, § 14 BGB Rn 1.
42 *Faber*, ZEuP 1998, 854, 866; *Wolf/Horn/Lindacher*, § 24a AGBG Rn 23; a.A. *Pfeiffer*, NJW 1999, 169, 172.
43 Palandt/*Heinrichs*, § 14 BGB Rn 2.

26 Juristische Personen des **öffentlichen Rechts** sind dann „Unternehmer" i.S.v. § 14 Abs. 1, wenn sie sich gewerblich betätigen[44] und die Leistungsbeziehung nicht ausschließlich öffentlich-rechtlich organisiert ist.

27 § 14 Abs. 2 qualifiziert – tautologisch – eine Personengesellschaft, die mit der Fähigkeit ausgestattet ist, Rechte zu erwerben und Verbindlichkeiten einzugehen, als **rechtsfähige Personengesellschaft**.[45] § 14 Abs. 1 erklärt auch die rechtsfähige Personengemeinschaft[46] zum „Unternehmer". Damit unterfallen dem Unternehmerbegriff auch die offene Handelsgesellschaft (§ 124 Abs. 1 HGB), die Kommanditgesellschaft (§ 161 Abs. 2 i.V.m. § 124 Abs. 2 HGB), die Partnerschaftsgesellschaft (§ 7 Abs. 2 PartGG) sowie die Europäische Wirtschaftliche Interessenvereinigung (Art. 1 Abs. 2 EWIV-VO), die, obgleich sie keine juristischen Personen sind, Teilrechtsfähigkeit besitzen. Dies gilt gleichermaßen für die (Außen-)GbR,[47] nachdem der BGH am 29.1.2001 ihre Rechtsfähigkeit anerkannt hat, soweit sie durch ihre Teilnahme am Rechtsverkehr eigene Rechte und Pflichten begründet.[48]

28 Der Gesetzgeber hat in § 14 Abs. 2 die Gesetzesformulierung des § 1059a Abs. 3 a.F. übernommen, nach der einer juristischen Person eine Personengesellschaft gleichsteht, die mit der Fähigkeit ausgestattet ist, Rechte zu erwerben und Verbindlichkeiten einzugehen (Legaldefinition „rechtsfähige Personengesellschaft"). Die in § 14 Abs. 2 getroffene Definition steht im Einklang mit den verbraucherschutzrechtlichen Vorgaben des europäischen Richtlinienrechts:[49] Art. 2 Nr. 3 FARL, Art. 1 Abs. 2 lit. b Verbraucherkreditrichtlinie, Art. 2 zweiter Spiegelstrich Haustürgeschäfterichtlinie, Art. 2 lit. c Mißbräuchliche-Klauseln-Richtlinie sowie Art. 2 dritter Spiegelstrich Time-Sharing-Richtlinie.

29 Erstaunlich ist allerdings die Positionierung der Legaldefinition „Unternehmer" im Abschnitt „Natürliche Personen". Dies ist systemwidrig[50] und auch nicht durch die Verortung des Parallelbegriffs „Verbraucher" in § 13 erklärlich, da Unternehmer – wie dargelegt (Rn 22) – auch die juristische Person oder eine aus natürlichen wie juristischen Personen bestehende Personengemeinschaft sein kann.

30 § 14 beschränkt den Anwendungsbereich der Norm auf vom Unternehmer abgeschlossene Rechtsgeschäfte. *Heinrichs* hält diese Einschränkung für „offensichtlich verfehlt" (zum Parallelproblem im Kontext mit dem Verbraucherbegriff siehe Rn 21) – dem Unternehmer werden nicht nur Verpflichtungen auferlegt, wenn er ein Rechtsgeschäft abschließt, sondern auch, wenn er ein solches vorbereitet (§ 241a bzw. § 312c bei Fernabsatzverträgen).

C. Die unmittelbare Anwendung der Schlüsselbegriffe

31 Der Gesetzgeber hat davon abgesehen, die Regelungen der §§ 13 und 14 Abs. 1 dergestalt als Verweisnormen auszugestalten, dass diese auf die Begriffsdefinitionen des Unternehmers in § 24 S. 1 Nr. 1 AGBG a.F. und des Verbrauchers in § 24a S. 1 AGBG a.F. verweisen. Obgleich diese Schlüsselbegriffe im BGB selbst bislang nicht eigenständig definiert waren, birgt die weitgehend inhalts- und wortgleiche Übernahme der früheren Definitionen des AGB-Gesetzes in die Regelung der §§ 13 und 14 Abs. 1 den Vorteil in sich, „dass in den einzelnen Verbraucherschutzgesetzen nicht auf andere Gesetze verwiesen werden (muss). Denn im BGB verwendete Schlüsselbegriffe können ohne derartige Verweisungen verwendet werden".[51] So gelangen die Begriffsdefinitionen der §§ 13 und 14 z.B. bei Haustürgeschäften (§ 312), Fernabsatzverträgen (§ 312b), Teilzeit-Wohnrechteverträgen (§ 481) oder Verbraucherdarlehensverträgen (§ 491) zur Anwendung.

---

[44] Palandt/*Heinrichs*, § 24 AGBG Rn 4.
[45] *Flume* (ZIP 2000, 1427, 1428) weist darauf hin, dass der Begriff der „Rechtsfähigkeit", wenn er für die Personengesellschaft verwendet wird, nicht mehr besagt, „als dass die Gesamthand, das heißt die Gruppe, und nicht jedes Mitglied derselben der Beziehungspunkt der Rechtsbeziehungen ist"; *ders.*, Personengesellschaft, 1977, S. 90: „Jede Personengemeinschaft ist mit dieser Fähigkeit ausgestattet, wenn die Gesellschafter dies wünschen."
[46] Zur Diskussion über die Rechtsfähigkeit der Gesellschaft bürgerlichen Rechts (GbR) näher BGH NJW 1999, 3483; *Reiff*, NZG 2000, 281; *Ulmer*, ZGR 2000, 339.
[47] A.A. Hk-BGB/*Dörner*, §§ 13 f. BGB Rn 4.
[48] BGH NJW 2001, 1056 (noch offen gelassen von BGHZ 142, 315), dazu *K. Schmidt*, NJW 2001, 993; *Gesmann-Nuissl*, WM 2001, 973.
[49] *Bülow/Artz*, NJW 2000, 2049, 2051.
[50] „Ungereimtheit": *Flume*, ZIP 2000, 1427.
[51] RegE, BT-Drucks 14/2648, S. 48 li. Sp.

[...]

Abschnitt 3. Rechtsgeschäfte

Titel 2. Willenserklärung

[...]

§ 120 Anfechtbarkeit wegen falscher Übermittlung

¹Eine Willenserklärung, welche durch die zur Übermittlung verwendete Person oder Einrichtung unrichtig übermittelt worden ist, kann unter der gleichen Voraussetzung angefochten werden wie nach § 119 eine irrtümlich abgegebene Willenserklärung.

§ 121 Anfechtungsfrist

(1) ¹Die Anfechtung muss in den Fällen der §§ 119, 120 ohne schuldhaftes Zögern (unverzüglich) erfolgen, nachdem der Anfechtungsberechtigte von dem Anfechtungsgrund Kenntnis erlangt hat. ²Die einem Abwesenden gegenüber erfolgte Anfechtung gilt als rechtzeitig erfolgt, wenn die Anfechtungserklärung unverzüglich abgesendet worden ist.

(2) ¹Die Anfechtung ist ausgeschlossen, wenn seit der Abgabe der Willenserklärung zehn Jahre verstrichen sind.

Mit **Abs. 2** wurde die dreißigjährige Ausschlussfrist des § 121 Abs. 2 a.F. durch eine **zehnjährige Ausschlussfrist** ersetzt. 1

Nach Abs. 1 S. 1 muss die Anfechtung einer nach § 119 wegen Irrtums oder einer nach § 120 wegen falscher Übermittlung anfechtbaren Willenserklärung unverzüglich nach Kenntniserlangung von dem Anfechtungsgrund erfolgen. Ohne Rücksicht auf diese Kenntnis ist die Anfechtung nach § 121 Abs. 2 a.F. ausgeschlossen, wenn seit der Abgabe der Willenserklärung dreißig Jahre verstrichen sind. Künftig soll der Anfechtungsausschluss bereits nach zehn Jahren eintreten. Damit wird eine **Angleichung an das neue Verjährungsrecht** vorgenommen. An die Stelle der kenntnisunabhängigen regelmäßigen Verjährung von dreißig Jahren des § 195 a.F. tritt die Regelverjährungsfrist von drei Jahren nach § 195, deren Beginn nach § 199 Abs. 1 Nr. 2 die Kenntnis bzw. grob fahrlässige Unkenntnis von den anspruchsbegründenden Umständen und der Person des Schuldners voraussetzt. Ohne Rücksicht auf die Kenntnis verjähren Ansprüche in der Regel nach § 199 Abs. 3 S. 1 Nr. 1 und Abs. 4 in zehn Jahren und nicht mehr in dreißig Jahren. An diese zehnjährige Obergrenze wurde die Ausschlussfrist nach § 121 Abs. 2 angepasst.[1] Ansonsten können die Ergebnisse der Rechtsprechung und Lehre zur Ausschlussfrist des § 121 Abs. 2 a.F. auch für das neue Recht herangezogen werden. 2

Der Gesetzgeber hat darauf verzichtet, **allgemeine Regeln für Ausschlussfristen** (zu diesen siehe die Beispiele in § 195 Rn 34) und insbesondere generelle Ausschluss- oder Verjährungsfristen für die Ausübung von Gestaltungsrechten zu schaffen. Das wird kritisiert,[2] doch bestehen starke Unterschiede zwischen den einzelnen Gestaltungsrechten und den hierfür geltenden Ausschlussfristen, so dass eine übergreifende Regelung – etwa der Frage, welche Verjährungsregeln (z.B. der Hemmung und des Neubeginns der Frist) entsprechend für Ausschlussfristen gelten[3] – schwer fiele.[4] 3

Zum Übergangsrecht siehe Art. 229 § 6 EGBGB Rn 28 f. 4

---

1 So die gesetzgeberische Begründung, siehe BT-Drucks 14/6040, 98.
2 *Koziol,* siehe *Meier,* Diskussionsbericht, in: Ernst/Zimmermann (Hrsg.), Zivilrechtswissenschaft und Schuldrechtsreform, 2001, S. 425, 428; *Bydlinski,* Die geplante Modernisierung des Verjährungsrechts, in: Schulze/Schulte-Nölke (Hrsg.), Die Schuldrechtsreform vor dem Hintergrund des Gemeinschaftsrechts, 2001, S. 381, 384.
3 Dazu Staudinger/*Peters,* vor §§ 194 ff. Rn 12 – 16.
4 Staudinger/*Peters,* vor §§ 194 ff. Rn 12, dort (Rn 12 – 16) eine Darstellung der wenigen allgemein geltenden Grundsätze.

[. . .]

§ 124 Anfechtungsfrist

(1) ¹Die Anfechtung einer nach § 123 anfechtbaren Willenserklärung kann nur binnen Jahresfrist erfolgen.
(2) ¹Die Frist beginnt im Fall der arglistigen Täuschung mit dem Zeitpunkt, in welchem der Anfechtungsberechtigte die Täuschung entdeckt, im Fall der Drohung mit dem Zeitpunkt, in welchem die Zwangslage aufhört. ²Auf den Lauf der Frist finden die für die Verjährung geltenden Vorschriften der §§ 206, 210 und 211 entsprechende Anwendung.
(3) ¹Die Anfechtung ist ausgeschlossen, wenn seit der Abgabe der Willenserklärung zehn Jahre verstrichen sind.

1 Abs. 1 blieb unverändert. In Abs. 2 S. 2 trat an die Stelle der bislang genannten Verweisung auf die §§ 203 Abs. 2, 206 und 207 a.F. die Verweisung auf die funktionell entsprechenden §§ 206, 210 und 211. Es liegt insoweit eine **redaktionelle Folgeänderung** vor.[1]
2 In Abs. 3 wird die bisherige dreißigjährige durch eine nun **zehnjährige** Ausschlussfrist aus den gleichen Gründen wie bei § 121 (§ 121 Rn 2) ersetzt.
3 Zum **Übergangsrecht** siehe § 229 § 6 EGBGB Rn 28 f.

[. . .]

Vorbemerkung zu §§ 126 ff.

1 Das **Gesetz zur Anpassung der Formvorschriften des Privatrechts und anderer Vorschriften an den modernen Rechtsgeschäftsverkehr (FormVAnpG)** vom 13.7.2001[2] führte zum 1.8.2001 zwei neue Formarten in das BGB ein. Zum einen wird als Option zur Schriftform die elektronische Form anerkannt (§ 126 Abs. 3). Sie ist gewahrt, wenn ein elektronisches Dokument mit einer qualifizierten elektronischen Signatur versehen wurde (§ 126a). Zum anderen gibt es nunmehr die Textform (§ 126b), die in den Anforderungen unterhalb der genannten Formarten rangiert. Prozessrechtlich wird durch einen Beweis des ersten Anscheins die Situation des Empfängers einer in elektronischer Form abgegebenen Erklärung verbessert (§ 292a ZPO). Geändert wurden ferner die §§ 120 und 147 Abs. 1 S. 2.

§ 126 Schriftform

(1) ¹Ist durch Gesetz schriftliche Form vorgeschrieben, so muss die Urkunde von dem Aussteller eigenhändig durch Namensunterschrift oder mittels notariell beglaubigten Handzeichens unterzeichnet werden.
(2) ¹Bei einem Vertrag muss die Unterzeichnung der Parteien auf derselben Urkunde erfolgen. ²Werden über den Vertrag mehrere gleichlautende Urkunden aufgenommen, so genügt es, wenn jede Partei die für die andere Partei bestimmte Urkunde unterzeichnet.
(3) ¹Die schriftliche Form kann durch die elektronische Form ersetzt werden, wenn sich nicht aus dem Gesetz ein anderes ergibt.
(4) ¹Die schriftliche Form wird durch die notarielle Beurkundung ersetzt.

Literatur zu § 126 n.F.: *Brisch*, Textform und elektronische Form, CR 1999, 537; *Dästner*, Formvorschriften im Prozessrecht, NJW 2001, 3469; *Dörner*, Rechtsgeschäfte im Internet, AcP 202 (2002); *Fringuelli/Wallhäuser*, Formerfordernisse beim Vertragsschluss im Internet, CR 1999, 93; *Hähnchen*, Das Gesetz zur Anpassung der Formvorschriften des Privatrechts an den modernen Rechtsgeschäftsverkehr, NJW 2001, 2831; *Hoeren*, Der Vertragsschluß im Internet und die digitale Signatur – einige ungelöste Fragen, in: Schulze/Schulte-Nölke (Hrsg.), Die Schuldrechtsreform vor dem Hintergrund des Gemeinschaftsrechts, 2001; *Hoeren/Sieber*, Handbuch Multimedia-Recht – Rechtsfragen des elektronischen Geschäftsverkehrs, Loseblattausgabe; *Hoffmann*, Die Entwicklung des Internet-Rechts, Beilage zur NJW 2001, Heft 14, 7; *Nissel*, Neue Formvorschriften bei Rechtsgeschäften, 2001; *Noack*, Digitaler Rechtsverkehr: Elektronische Signatur, elektronische Form und Textform, DStR 2001, 1893; *Nowak*, Der elektronische Vertrag – Zustandekommen und Wirksamkeit unter Berücksichtigung des neuen „Formvorschriftenanpassungsgesetzes", MDR 2001, 841; *Oertel*, Elektronische Form und notarielle Aufgaben im elektronischen Rechtsverkehr, MMR 2001, 419; *Roßnagel*, Auf dem Weg zu neuen Signaturregelungen – Die Novellierungsentwürfe für SigG, BGB und ZPO, MMR 2000, 451; *Roßnagel*, Die elektronische Signatur

---
1 BT-Drucks 14/6040, 98.
2 BGBl I S. 1542. Die Gesetzgebungsmaterialien sind abrufbar unter http://dip.bundestag.de/btd/14/049/1404987.pdf.

im Verwaltungsrecht, DÖV 2001, 221; *Scheffler/Dressel*, Vorschläge zur Änderung zivilrechtlicher Formvorschriften und ihre Bedeutung für den Wirtschaftszweig E-Commerce, CR 2000, 378; *Scherer/Butt*, Rechtsprobleme bei Vertragsschluss via Internet, DB 2000, 1009; *Schröter*, Rechtssicherheit im elektronischen Geschäftsverkehr – Zur Notwendigkeit einer gesetzlichen Zurechnungsregelung beim Einsatz elektronischer Signaturen, WM 2000, 2134; *Strack*, Vertrauenswürdigkeit digitaler Signaturen für Verwaltung und E-Commerce vor dem Hintergrund gesetzlicher Regulierungen, Beilage 2 zu K&R 10/2000: Digitale Signaturen; *Taupitz/Kritter*, Electronic-Commerce – Probleme bei Rechtsgeschäften im Internet, JuS 1999, 839; *Vehslage*, Das geplante Gesetz zur Anpassung der Formvorschriften des Privatrechts und anderer Vorschriften an den modernen Rechtsgeschäftsverkehr, DB 2000, 1801.

Inhalt

A. Entwicklung und Inhalt 1
   I. Änderungen durch das FormVAnpG 1
   II. Notwendigkeit einer elektronischen Form 4
B. Anwendungsbereich 9
   I. Alternative zur Schriftform 9
   II. Erleichterungen der Schriftform 12
   III. Prozessrecht 13
C. Regelungsgehalt 14
   I. „kann durch die elektronische Form ersetzt werden" .. 14
   II. „wenn sich nicht aus dem Gesetz ein anderes ergibt" . 20
   III. Zurechnung 26
   IV. Zugang 30

A. Entwicklung und Inhalt

I. Änderungen durch das FormVAnpG

Der neue Abs. 3 wurde durch Art. 1 Nr. 2 Buchst. a des Gesetzes zur Anpassung der Formvorschriften **1** des Privatrechts und anderer Vorschriften an den modernen Rechtsgeschäftsverkehr (FormVAnpG) vom 13.7.2001 in § 126 eingefügt. Der bisherige Abs. 3 wurde unverändert Abs. 4; ebenfalls ohne Änderung blieb Abs. 1.

Durch Abs. 3 wird sachlich und begrifflich eine **neue Formart** in das Privatrecht eingeführt. Was unter **2** einer **elektronischen Form** zu verstehen ist, sagt § 126a Abs. 1. Kurz gefasst: Ein elektronisches Dokument wird mit einer qualifizierten elektronischen Signatur versehen (näher bei § 126a).

Abs. 3 lässt **optional** die Verwendung der elektronischen Form statt der an sich vorgeschriebenen schrift- **3** lichen Form zu. Da die Regel im Allgemeinen Teil des BGB steht, gilt sie grundsätzlich für alle privatrechtlichen Vorschriften, die Schriftform verlangen (Rn 9 f.). Wenn eine Ersetzung durch die elektronische Form ausnahmsweise nicht zulässig ist, so muss sich dies eigens aus dem Text der jeweiligen Schriftform anordnenden Norm ergeben (Rn 20 ff.).

II. Notwendigkeit einer elektronischen Form

Im Privatrecht herrscht der Grundsatz der Formfreiheit. Mündliche Erklärungen oder solche mittels Telefon, **4** Fax und Brief sind allgegenwärtig. Seit dem vor ca. zwanzig Jahren etablierten BTX-System gab es fortan auch elektronische Willenserklärungen, die ganz unzweifelhaft Rechtsgeschäfte konstituierten.[1] Die Verbreitung des Internet hat daraus ein Massenphänomen gemacht. Für den ganz überwiegenden Bereich des Vertragsrechts hat sich durch die Neuregelung einer elektronischen Form nichts geändert.

Im BGB gibt es nur sehr wenige Verträge, zu deren Wirksamkeit die gesetzliche Schriftform für beide **5** Seiten notwendig und hinreichend ist; so etwa bei dem Darlehensvermittlungsvertrag (§ 655b Abs. 1 S. 1).[2] Miet- und Pachtverträge mit einer Laufzeit über ein Jahr sind zwar schriftlich zu vereinbaren (§ 550), doch ist die Folge eines Formverstoßes nicht etwa Nichtigkeit, sondern unbefristete Geltungsdauer. Ähnliches gilt für Verbraucherdarlehensverträge; hier ist die Rechtsfolge regelmäßig die modifizierte Durchführung nach Empfangnahme des Darlehens (§ 494 Abs. 1, Abs. 2). Ratenlieferungsverträge zwischen einem Unternehmer und einem Verbraucher bedürfen zwar der Schriftform (§ 505 Abs. 2 S. 1), doch gilt dies nicht, wenn der Verbraucher die Vertragsbestimmungen abrufen und speichern kann (§ 505 Abs. 2 S. 2). Auch aus dem übrigen Privatrecht sind kaum Verträge ersichtlich, die nur unter Wahrung der Schriftform geschlossen werden können (eigenartig § 4 BBiG: Vertragsniederschrift nach Abschluss des Berufsausbildungsvertrags; einseitig § 3 Abs. 1 FernUSG: Nur die Willenserklärung des Teilnehmers bedarf der schriftlichen Form; am ehesten noch § 1 Abs. 2 TVG, doch gelten im kollektiven Arbeitsrecht eigene Regeln). Es kann überhaupt keine Rede davon sein, dass das (bisherige) Fehlen eines elektronischen Äquivalents zur Schriftform die „Entwicklung des E-Commerce" behindere.[3] Für das Zustandekommen der meisten privatrechtlichen Verträge ist die schriftliche bzw. die sie ersetzende elektronische Form ohne Bedeutung.

---
[1] *Köhler*, Die Problematik automatisierter Rechtsvorgänge insbesondere von Willenserklärungen, AcP 182, 126.
[2] Vgl. noch Teilzeit-Wohnrechts- und Verbraucherdarlehensverträge (§§ 484, 492), für die die elektronische Form gerade ausgeschlossen ist.
[3] So aber *Scherer/Butt*, DB 2000, 1013.

6 Die Einführung einer elektronischen Form wird mit der Notwendigkeit begründet, Art. 9 der Richtlinie über den elektronischen Geschäftsverkehr[4] umzusetzen.[5] Danach muss das Rechtssystem der Mitgliedstaaten den Abschluss von Verträgen auf elektronischem Weg ermöglichen. Für diesen Zweck hätte man keine allgemeine Regelung gebraucht, denn in Deutschland konnte schon zuvor ein Vertrag durch elektronisch übermittelte Willenserklärungen geschlossen werden. Für die höchst seltenen Ausnahmefälle, dass ein Vertragsschluss der Schriftform unterliegt, hätte eine Regelung am Ort der jeweiligen Formvorschrift genügt. Insoweit handelt es sich bei der Platzierung im Allgemeinen Teil des BGB um einen Akt symbolischer Gesetzgebung.

7 Für die zahlreichen weiteren Vorschriften des Privatrechts, in denen Schriftlichkeit verlangt wird (Rn 5, 9 f.), ist die Etablierung einer äquivalenten elektronischen Form eine gewisse Erleichterung. Diese Bestimmungen sind von ganz unterschiedlichem praktischem Gewicht. Da nach ihrem Normzweck nicht selten auch die Textform (§ 126b) in Betracht kommt, ist das Einsatzfeld einer elektronischen Signatur i.S.v. § 126a auch hier offen.

8 Möglicherweise gewinnt die elektronische Form ihr hauptsächliches Einsatzgebiet neben dem Prozessrecht (Rn 13) im öffentlichen Recht. Nach dem Entwurf eines Gesetzes zur Änderung verwaltungsverfahrensrechtlicher Vorschriften[6] wird im VwVfG die vorgeschriebene Schriftform durch die mit einer „qualifizierten elektronischen Signatur im Sinne des Signaturgesetzes verbundene elektronische Form ersetzt" und der „elektronische Verwaltungsakt" eingeführt.[7] Auch das Steuerrecht macht sich den Kern der elektronischen Form (Signatur; § 126a Rn 18 f.) zunutze (§ 14 Abs. 4 S. 2 UStG).

B. Anwendungsbereich

I. Alternative zur Schriftform

9 Die neue elektronische Formart ist als **gleichwertige Alternative** zu der hergebrachten schriftlichen Form konzipiert. Das bestimmt zunächst auch ihren Anwendungsbereich. Das BGB spricht nicht immer von „Schriftform" bzw. „schriftlicher Form" (§§ 81 Abs. 1, 111 S. 2, 550 S. 1, 568 Abs. 1, 585a, 594 S. 3, 594a Abs. 1 S. 3, 594d Abs. 2 S. 3, 594f, 595 Abs. 4 S. 1, 623, 792 Abs. 1 S. 2, 1154 Abs. 1), sondern benutzt vielfach andere Ausdrücke: schriftliches Verlangen (§ 37 Abs. 1), schriftliche Anzeige (§ 410 Abs. 2), schriftliche Mitteilung (§§ 416 Abs. 2 S. 2, 485 Abs. 4, 575 Abs. 1 S. 1, 626 Abs. 2), schriftliche Vereinbarung (§§ 557a Abs. 1, 557b Abs. 1, 641a Abs. 3 S. 4), schriftliche Erteilung einer Erklärung (§§ 574b Abs. 1 S. 1, 577 Abs. 3, 702a Abs. 2, 766 S. 1, 761 S. 1, 780, 781, 1904 Abs. 2 S. 2, 1906 Abs. 5), schriftliche Erteilung einer Zustimmung (§§ 32 Abs. 2, 33 Abs. 1 S. 2, 1128 Abs. 2); schriftliche Geltendmachung (§ 611a Abs. 4); schriftlicher Vermerk (§ 784 Abs. 2); auch von Ausstellung einer Urkunde (§§ 409 Abs. 1 S. 2, 410 Abs. 1 S. 1) und eines schriftlichen Empfangsbekenntnisses (§ 368 S. 1) ist die Rede.[8]

10 In zahlreichen Bestimmungen des Privatrechts wird in ähnlicher Weise teils ausdrücklich Schriftform gefordert (z.B. § 90a Abs. 1 S. 1 HGB; § 134 Abs. 3 S. 2 AktG), überwiegend geht es aber – wie im BGB – um rechtserhebliche Handlungen, die schriftlich vorzunehmen sind (z.B. §§ 20 Abs. 1, 122 Abs. 1 AktG). Manchmal ist auch die eigenhändige Unterzeichnung einer Erklärung vorgeschrieben (§ 18 Abs. 1 BRAGO).

11 Vereinzelt wird der elektronischen Form bereits ein Anwendungsfeld gleichberechtigt **neben** der eigenhändigen Unterschrift geschaffen. Das BGB spricht in den §§ 309 Nr. 12 und 355 Abs. 2 S. 2 von der „qualifizierten elektronischen Signatur", also von dem Kern der elektronischen Form. Der Erklärungsempfänger kann in diesen Fällen nicht mehr die elektronische Kommunikation ablehnen (Rn 14).

II. Erleichterungen der Schriftform

12 Grundsätzlich ist mit dem gesetzlichen Erfordernis der Schriftlichkeit (Rn 5, 9 f.) die Form nach § 126 Abs. 1 gemeint. Allerdings ist stets zu prüfen, ob der Normzweck nicht eine **Erleichterung** gebietet. Das ist regelmäßig dann der Fall, wenn die Warnfunktion für den Erklärenden eine geringe Rolle spielt, wie bei den schriftlichen Erklärungen nach § 626 Abs. 2 oder nach § 20 Abs. 1 AktG.[9] Bei der Anwendung einiger der vorgenannten Vorschriften wird in der Praxis auf die eigenhändige Unterschrift bereits verzichtet. So

---

4 Richtlinie 2000/31/EG des Europäischen Parlamentes und des Rates vom 8.6.2000 über bestimmte rechtliche Aspekte der Dienste der Informationsgesellschaft, insbesondere des elektronischen Geschäftsverkehrs, im Binnenmarkt; ABl EG Nr. L 178, S. 1.
5 Regierungsbegründung BT-Drucks 14/4987, S. 14.
6 http://www.bmi.bund.de/Anlage8126/Gesetzentwurf_als_PDF-Download.pdf
7 *Rosenbach*, DVBl 2001, 332; *Catrein*, NWVBl 2001, 50; *Groß*, DÖV 2001, 159; *Roßnagel*, in: Hoffmann-Riem/Schmidt-Aßmann, Verwaltungsrecht in der Informationsgesellschaft, 2000, S. 257 ff.
8 Soweit das BGB von „schriftlich" in den §§ 55a, 79, 630, 675a, 1712, 1715, 1791a, 1822, 1893, 1901a spricht, sind keine rechtsgeschäftlichen oder geschäftsähnlichen Vorgänge betroffen.
9 MüKo/*Bayer*, AktG, § 20 Rn 35.

wird etwa eine faksimilierte Unterzeichnung oder eine Faxübermittlung, bei der das Empfängerexemplar keine eigenhändige Unterschrift trägt, akzeptiert. Aus diesen Gründen kam es auch zur Einführung der Textform (§ 126b Rn 4). Soweit Erleichterungen aufgrund des Normzwecks anzunehmen sind, brauchen die strengen Anforderungen des § 126 Abs. 1 (eigenhändige Unterschrift) und des Abs. 3 (qualifizierte elektronische Signatur) nicht eingehalten zu werden. Vielmehr muss die Erklärung nur den Anforderungen der Textform genügen (§ 126b Rn 8 ff.).

III. Prozessrecht

In § 130a ZPO, § 46b ArbGG, § 108a SGG, § 86a VwGO und § 77a FGO[10] wird die Verwendung einer „elektronischen Form" ermöglicht. Vorbereitende Schriftsätze „soll" die verantwortliche Person mit einer qualifizierten elektronischen Signatur nach dem Signaturgesetz versehen. Rechtsverordnungen des Bundes und der Länder werden den Zeitpunkt und die „für die Bearbeitung der Dokumente geeignete Form" bestimmen.[11] Das Prozessrecht geht ersichtlich eigene Wege. Eine Verweisung auf die §§ 126 Abs. 3 und 126a findet nicht statt. 13

C. Regelungsgehalt

I. „kann durch die elektronische Form ersetzt werden"

Abs. 3 lässt zu, dass die Schriftform durch die elektronische Form ersetzt werden kann. Damit ist nicht allein auf die technische Alternative verwiesen. Vielmehr kommt es auf den **Willen der Beteiligten** an, ob sie in ihrer konkreten Rechtsbeziehung den Gebrauch der elektronischen Form wünschen. Es handelt sich daher nicht lediglich um eine Ersetzungs-, sondern um eine Akzeptanzfrage. Der Bundesrat hatte vorgeschlagen, auf eine Vereinbarung der Beteiligten abzustellen.[12] Das hätte jedoch die schwierige Frage provoziert, worin man vor dem eigentlichen Rechtsgeschäft eine Einigung über den Formgebrauch zu finden hat. Mit der Gesetz gewordenen Formulierung ist hinreichend klar, dass es ein Aufdrängen der elektronischen Form nicht geben darf. Zu diesem Ergebnis führt auch der Vergleich mit Abs. 4, wonach die schriftliche Form durch die notarielle Beurkundung ersetzt wird. Gerade eine solche Anordnung ist für die elektronische Form nicht getroffen. 14

Die Beteiligten an dem Rechtsgeschäft können ausdrücklich oder in schlüssiger Weise nach Maßgabe ihrer bisherigen Geschäftsgepflogenheiten die Anwendung der elektronischen Form billigen. Die meisten Sachverhalte, bei denen das Gesetz schriftliche Erklärungen fordert (Rn 9 f.), liegen innerhalb bereits bestehender Rechtsverhältnisse. 15

Ein **Einverständnis** mit der elektronischen Form kann man grundsätzlich annehmen, wenn ein Beteiligter seine **E-Mail-Adresse als Korrespondenzkoordinate** angegeben hat, sei es ausdrücklich oder in geschäftlichen Unterlagen. Der Grundsatz gilt auch für Altfälle, also für E-Mail-Adressen, die vor Inkrafttreten des FormVAnpG genannt wurden. Denn auch bislang musste derjenige, der einen elektronischen Kommunikationsweg in der Geschäftsbeziehung eröffnete, damit rechnen, auf diesem Wege rechtserhebliche Erklärungen zu erhalten. Hingegen darf der Erklärende, der die elektronische Adresse nur bei Gelegenheit erfahren oder über Internet-Suchmaschinen recherchiert hat, nicht von einer grundsätzlichen Billigung ausgehen; dieser Grundsatz gilt jedenfalls bei Verbrauchern (§ 13). Man wird auch nicht verlangen dürfen, dass der Verbraucher-Empfänger im zuletzt genannten Fall eine in elektronischer Form abgegebene Erklärung unverzüglich zurückweist, ansonsten er mit diesem Modus einverstanden zu sein scheint. Diese zunächst zurückhaltende Handhabung ergibt sich aus der Eigenart der in elektronischer Form abgegebenen Erklärung. Gegenüber dem Erhalt einer unterschriebenen Papierurkunde, bei der sich die Prüfung i.d.R. auf das Anschauen von Text und Unterschrift beschränkt, ist die Kontrolle einer elektronisch signierten Erklärung i.S.v. § 126a mit mehr Mühe verbunden: Um sicher zu sein, dass die Erklärung von dem angegebenen Adressaten stammt, muss der Empfänger ein Zertifikat bei einem Dritten abfragen (näher § 126a Rn 23). Das setzt eine Online-Verbindung und ein gewisses technisches Grundverständnis voraus, selbst wenn moderne E-Mail-Programme derlei Dinge weithin automatisieren. 16

Im **Vereins- und Gesellschaftsrecht** muss man unterscheiden, ob die Formvorschriften für Erklärungen zwischen Mitgliedern oder für Erklärungen gegenüber der juristischen Person gelten. Ist Erklärungsempfänger die juristische Person (vgl. § 32 Abs. 2), kann die Satzung regeln, ob eine Ersetzung durch die elektronische Form ausgeschlossen ist. Wenn sie schweigt, kann die elektronische Form verwandt werden. Der Vorstand ist nicht befugt, die Option der elektronischen Form, die immerhin gesetzlich grundsätzlich als der schriftlichen Form gleichrangig gewertet wird, von sich aus zu verwerfen. Eine andere, hiervon strikt 17

---

10 Alle Normen eingefügt durch das Gesetzes zur Anpassung der Formvorschriften des Privatrechts und anderer Vorschriften an den modernen Rechtsgeschäftsverkehr vom 13.7.2001 (BGBl 1542).
11 *Vießhues*, CR 2001, 556; deutlich artikuliertes Unbehagen bei *Hartmann*, NJW 2001, 2578.
12 Stellungnahme des Bundesrats BT-Drucks 14/4987, S. 35.

zu unterscheidende Frage des Zugangs ist, ob die Vertretungsorgane der juristischen Person hinreichende technische Empfangsmöglichkeiten für Erklärungen in elektronischer Form haben.

18 Für Erklärungen unter Mitgliedern oder zwischen ihnen und Dritten, die Rechtswirkungen für die juristische Person haben, besteht keine Ausschlussmöglichkeit zu Lasten der elektronischen Form. Formgerecht elektronisch erteilte Erklärungen müssen die Vertretungsorgane der juristischen Person akzeptieren. Dies betrifft insbesondere (Innen-)Vollmachten, die nach unverändertem Gesetzestext schriftlich zu erteilen sind (§ 134 Abs. 3 S. 2 AktG).

19 Die **Tarifvertragsparteien** können im Rahmen ihrer Tarifautonomie über die Form befinden, nach der Arbeitsverträge abzuschließen sind. Daher können die Parteien eines Tarifvertrags die elektronische Form ausschließen.[13] Umgekehrt sind sie nicht befugt, die elektronische Form als die einzig mögliche vorzuschreiben.

II. „wenn sich nicht aus dem Gesetz ein anderes ergibt"

20 In einigen Fällen bestimmen gesetzliche Vorschriften, dass die elektronische Form nicht zulässig ist. Somit können Erklärungen nur in hergebrachter Schriftform (Abs. 1) oder notariell beurkundet (Abs. 4) abgegeben werden. Erklärungen in elektronischer Form (§ 126a) sind wegen Formwidrigkeit nichtig (§ 125 Abs. 1 S. 1).

21 Die Richtlinie über den elektronischen Geschäftsverkehr (Rn 6) hat zugelassen, dass Bürgschaften und Vorschriften des Arbeitsrechts von der Gleichsetzung der schriftlichen mit der elektronischen Form ausgenommen werden dürfen.

22 Der Gesetzgeber hat die elektronische Form bei **Beendigung von Arbeitsverhältnissen** sowie bei der **Zeugniserteilung** ausgeschlossen (§§ 623, 630; § 73 S. 2 HGB). Dahinter stand die rechtstatsächliche Beobachtung, dass Papierdokumente ganz überwiegend die Lebenswirklichkeit prägen, weshalb eine Umgewöhnung ihre Zeit brauche und die Arbeitnehmer nicht überfordern dürfe.[14] Das ist angesichts des Umstands, dass die elektronische Form dem anderen Teil nicht aufgedrängt werden darf (Rn 14), nicht recht überzeugend. Die **Befristung von Arbeitsverhältnissen** kann hingegen in elektronischer Form geschehen, denn § 14 Abs. 4 TzBfG ist nicht mit einem Ausschluss der elektronischen Form versehen worden.

23 Ferner ist die elektronische Form bei **Bürgschaft**, Leibrentenversprechen, Schuldversprechen und Schuldanerkenntnis ausgeschlossen (§§ 761, 766, 780, 781). Hier sorgt man sich, dass die ganz im Vordergrund stehende Warnfunktion durch eine digital signierte Erklärung nicht hinreichend erfüllt sei. Die Schriftform biete wegen ihrer langen Tradition und Verankerung im Bewusstsein der Menschen derzeit noch einen besseren Schutz vor Übereilung.[15] Mit diesen Erwägungen wird die der elektronischen Form grundsätzlich ebenfalls attestierte Warnfunktion freilich kräftig relativiert.[16] Für kaufmännische Bürgschaften hat sich am Grundsatz der Formfreiheit nichts geändert (§ 350 HGB).

24 Mit einem gewissen Defizit in der Warnfunktion ist auch der Ausschluss der elektronischen Form bei **Verbraucherdarlehensverträgen** (§ 492 Abs. 1 S. 2, Abs. 4) begründbar. Hier kommt allerdings noch hinzu, dass ein Schriftlichkeitserfordernis einzuhalten ist, das auf Art. 4 Abs. 1 der Verbraucherkreditrichtlinie (87/102/EWG) zurückgeht. Der Abschluss von Verträgen über Verbraucherdarlehen entfernt sich im übrigen noch in zwei weiteren Erfordernissen und Rechtsfolgen von § 126 (keine eigenhändige Unterschrift des Darlehensgebers, keine gleichlautenden Urkunden; keine Nichtigkeit trotz Formmangels bei Empfang des Darlehens).

25 Weitere Ausschlüsse der elektronischen Form finden sich in § 484 Abs. 1 S. 2 und § 2 Abs. 1 S. 3 NachwG.

III. Zurechnung

26 Ein Kardinalproblem der elektronischen Form ist die Zurechnung der Verwendung der Signatur zu einer bestimmten Person. Im Gegensatz zu einer eigenhändigen Unterschrift können technische Legitimationsverfahren, sofern sie nicht auf Biometrie beruhen, auch von Dritten eingesetzt werden. Diese **Dritten** können mit und ohne Einverständnis der Person, der die Signatur an sich zugeordnet ist (§ 126a Rn 23) handeln. Sofern Dritte mit dem Willen des Signaturschlüssel-Inhabers tätig werden, liegt ein Handeln unter fremdem Namen vor, das für und gegen den Geschäftsherrn wirkt. Die entsprechende Anwendung der §§ 164 ff. ist insoweit geboten.

27 Besteht Streit, ob der Signaturschlüssel-Inhaber oder ob ohne seinen Willen andere Personen signiert haben, so gilt im Grundsatz, dass eine in elektronischer Form abgegebene Erklärung dem Inhaber des Signaturschlüssels zugerechnet wird. Das folgt aus der **Beweiserleichterung**, die § 292a ZPO vorsieht

---

13 Regierungsbegründung BT-Drucks 14/4987, S. 15.
14 Regierungsbegründung BT-Drucks 14/4987, S. 22.
15 Regierungsbegründung BT-Drucks 14/4987, S. 22.
16 *Scheffler/Dressel*, CR 2000, 382; *Hähnchen*, NJW 2001, 2832.

(§ 126a Rn 8). Erst wenn der Signaturschlüssel-Inhaber Tatsachen vorbringt und beweist, die „ernstliche Zweifel" daran begründen, dass die Erklärung mit seinem Willen abgegeben worden ist, entfällt die Grundlage für die Zurechnung. Hierbei handelt es sich um keine Beweislastumkehr. Der vermeintlich Erklärende muss nicht etwa darlegen und beweisen, dass die signierte Erklärung nicht von ihm stammt.[17] Es genügt die Erschütterung des durch § 292a ZPO angeordneten gesetzlichen Anscheinsbeweises. Sie gelingt etwa schon dann, wenn der Zugang anderer Personen (Arbeitskollegen, Familienangehörige) zu der digitalen Identifikationstechnik feststeht.[18]

Jedoch kann dieser Vortrag geradewegs in die **Haftung wegen fahrlässig verursachten Rechtsscheins** führen.[19] Wer bei gehöriger Aufmerksamkeit und Sorgfalt hätte erkennen und verhindern können, dass ein Dritter den Anschein gegenüber gutgläubigen Dritten erweckt, er handele für den vermeintlichen Geschäftsherrn, haftet dem Geschäftsgegner nach h.M. auf Erfüllung.[20] Auf der Grundlage dieser für die Anscheinsvollmacht entwickelten Rechtsansicht ist die nachlässige Verwaltung der persönlichen Signiertechnik durchaus geeignet, den Haftungstatbestand zu verwirklichen. Allerdings wird bei der Anscheinsvollmacht in der Regel eine gewisse Dauer und damit Häufigkeit des Vertreterhandelns vorausgesetzt.[21] Dieser Gesichtspunkt ist bei der Anscheinshaftung nicht maßgebend, da das Vertrauen des Erklärungsempfängers nicht auf tatsächlicher Übung, sondern auf der berechtigten Erwartung beruht, die Signatur werde nur persönlich gebraucht. Auch der Nachweis schuldlosen Abhandenkommens der Signiertechnik schützt nicht stets vor der Inanspruchnahme aufgrund der Anscheinshaftung, denn der Signaturinhaber muss nach Entdeckung des Verlusts die Sperrung des qualifizierten Zertifikats (§ 8 SigG) veranlassen. **28**

Des Weiteren kommt bei sorglosem Umgang mit der digitalen Signiertechnik eine **Verletzung von vertraglichen Nebenpflichten** in Betracht, die gegenüber dem Erklärungsempfänger bestehen (§ 241 Abs. 2). Diese aus den Missbrauchsfällen von ec-Karten bekannte Situation[22] kann auch bei der Verwendung der elektronischen Form in laufenden Geschäftsbeziehungen auftreten. Der andere Teil darf sich darauf verlassen, dass sein Gegenüber pflichtgemäß die Erzeugung formgerechter elektronischer Dokumente unter seiner Kontrolle hält. **29**

IV. Zugang

Fehlt es bereits am Einvernehmen mit der Benutzung der elektronischen Form (Rn 14 ff.), spielt die Frage des Zugangs der elektronischen Willenserklärung keine Rolle. Ob die Erklärung zugegangen ist, muss erst dann geprüft werden, wenn über die Ersetzung der schriftlichen durch die elektronische Form unter den Beteiligten Konsens im Sinne einer Freigabe dieser Kommunikationsgestaltung besteht. Der Gesetzgeber hat es entgegen mancher Anregungen[23] unterlassen, besondere Regeln für den Zugang derartiger Willenserklärungen zu treffen.[24] Die Problematik ist auch nicht im Rahmen der Formvorschriften zu lösen, sondern allgemeiner Natur.[25] Für alle elektronischen Erklärungen – ob einfacher Art oder digital signiert – gilt im Grundsatz die Norm des § 130 Abs. 1. **30**

§ 126a Elektronische Form

(1) ¹**Soll die gesetzlich vorgeschriebene schriftliche Form durch die elektronische Form ersetzt werden, so muss der Aussteller der Erklärung dieser seinen Namen hinzufügen und das elektronische Dokument mit einer qualifizierten elektronischen Signatur nach dem Signaturgesetz versehen.**
(2) ¹**Bei einem Vertrag müssen die Parteien jeweils ein gleichlautendes Dokument in der in Absatz 1 bezeichneten Weise elektronisch signieren.**

Literatur: *Ahrens*, Ausgabe von Chipkarten mit Digitaler Signatur: Registrierungsstellen zwischen Sicherheit und Bürgernähe, Beilage 2 zu K&R 10/2000: Digitale Signaturen; *Bieser*, Signaturgesetz: Die digitale Signatur im europäischen und internationalen Kontext, RDV 2000, 197 und 264; *Blum*, Entwurf eines neuen Signaturgesetzes, DuD 2001, 71; *Dix*, Digitale Signaturen im Verwaltungsverfahren: Besondere Sicherheitsanforderungen erforderlich, Beilage 2 zu K&R

---

17 Eine Regelung in diesem Sinne sollte nach einem offiziösen Diskussionsentwurf des BMJ in § 126 Abs. 3 BGB getroffen werden, wurde aber im weiteren Verlauf der Gesetzesentstehung nicht weiter verfolgt.
18 Vgl. etwa die Rechtsprechung zum Missbrauch von ec-Karten: BGH NJW 2001, 286, 287; LG Darmstadt WM 2000, 911, 914; LG Berlin ZBB 1999, 85; AG Nürnberg WM 1987, 9, 10; AG Osnabrück WM 1998, 1127; AG Schöneberg WM 1997, 66; ferner *Pleyer*, FS Baumgärtel, 1990, 439, 453; *Strube*, WM 1998, 1210, 1213; *Werner*, WM 1997, 1516, 1517.
19 *Dörner*, AcP 202 (2002).
20 BGH NJW 1998, 1855 (Anscheinsvollmacht).
21 BGH NJW-RR 1986, 1169.
22 *Spindler*, in: Gounalakis (Hrsg.), Handbuch E-Commerce, 2002.
23 Prüfbitte des Bundesrats vom 20.10.2000, BT-Drucks 14/4987, S. 35; *Vehslage*, DB 2000, 1803f.; dagegen Bericht des Rechtsausschusses vom 13.3.2001, BT-Drucks 14/5561, S. 19.
24 Regierungsbegründung BT-Drucks 14/4987, S. 11.
25 Eingehend *Dörner*, AcP 202 (2002).

10/2000: Digitale Signaturen; *Geis,* Die elektronische Signatur: Eine internationale Architektur der Identifizierung im E-Commerce, MMR 2000, 667; *Geis* (Hrsg.), Die digitale Signatur – eine Sicherheitstechnik für die Informationsgesellschaft, 2000; *Herchenbach,* Das Signaturgesetz im Umbruch, Beilage 2 zu K&R 10/2000: Digitale Signaturen; *Miedbrodt,* Signaturregelung im Rechtsvergleich, 2000; *Miedbrodt/Mayer,* E-Commerce – Digitale Signaturen in der Praxis, MDR 2001, 432; *Müglich,* Neue Formvorschriften für den E-Commerce. Zur Umsetzung der EU-Signaturrichtlinie in deutsches Recht, MMR 2000, 7; *Redeker,* EU-Signaturrichtlinie und Umsetzungsbedarf im deutschen Recht, CR 2000, 455; *Rieß,* Signaturgesetz – Der Markt ist unsicher, DuD 2000, 530; *Roßnagel,* Das neue Recht elektronischer Signaturen, NJW 2001, 1817; *Roßnagel,* Digitale Signaturen im europäischen elektronischen Rechtsverkehr, K&R 2000, 313; *Schicker,* Die elektronische Signatur – eine praktische Einführung, JurPC Web-Dok. 139/2001 (http://www.jurpc.de); *Schlechter,* Ein gemeinschaftlicher Rahmen für elektronische Signaturen, Beilage 2 zu K&R 10/2000: Digitale Signaturen; *Schröter,* Rechtssicherheit im elektronischen Geschäftsverkehr – Zur Notwendigkeit einer gesetzlichen Zurechnungsregelung beim Einsatz elektronischer Signaturen, WM 2000, 2134; *Tettenborn,* Die Novelle des Signaturgesetzes, CR 2000, 686; *Welsch,* Das Signaturänderungsgesetz – Der Entwurf vom April 2000, DuD 2000, 408.

Inhalt

A. Entwicklung, Inhalt und Anwendungsbereich 1
B. Formfunktionen 3
C. Regelungsgehalt 10
   I. Aussteller 10
  II. Erklärung 11
 III. Hinzufügung des Namens 12
    1. Name 12
    2. Hinzufügung 14
 IV. Elektronisches Dokument 15
    1. Träger digitaler Daten 15
    2. Speicherung 17
V. Qualifizierte elektronische Signatur 18
    1. Signaturgesetz 18
    2. Elektronische Signatur 19
    3. Qualifizierungskriterien 20
    4. Verfahren der qualifizierten elektronischen Signatur 22
    5. Angaben über Vertretungsmacht (Attribut) 24
VI. Vertragsschluss (Abs. 2) 25
    1. Regelungskern 25
    2. Gleichlautendes Dokument 26
    3. Kombinationen 29

A. Entwicklung, Inhalt und Anwendungsbereich

1 Die Norm ist neu. Sie wurde durch Art. 1 Nr. 3 des Gesetzes zur Anpassung der Formvorschriften des Privatrechts und anderer Vorschriften an den modernen Rechtsgeschäftsverkehr vom 13.6.2001[1] eingefügt.

2 Die Vorschrift definiert die elektronische Form. Der materielle Anwendungsbereich wird durch § 126 Abs. 3 in Verbindung mit den Schriftform anordnenden Normen („gesetzlich vorgeschriebene schriftliche Form") bestimmt (§ 126 Rn 5, 9 f.).

B. Formfunktionen

3 Da die Schriftform durch die elektronische Form ersetzt werden kann, muss diese Formart die wesentlichen Formfunktionen erfüllen. Der Schriftform werden je nach Normzweck bestimmte Funktionen zugeschrieben.[2]

4 So wird die **Abschlussfunktion** der eigenhändigen Unterschrift[3] durch die Signatur gewährleistet. Der private Signaturschlüssel siegelt gewissermaßen den Text. Wird die Erklärung nach Signierung verändert, gibt es keine Übereinstimmung zwischen gesendetem und empfangenem Dokument (Rn 23). Wenn der Aussteller nach Signierung selbst ändert, ist die modifizierte Erklärung nicht formgerecht, sofern nicht erneut signiert wird.

5 Die Ursprungserklärung ist ebenfalls nicht formgerecht, weil sie nicht mit dem Signaturprüfschlüssel kontrolliert werden kann. Bei (empfangsbedürftigen) Erklärungen gehört nicht nur – wie es der Gesetzeswortlaut nahe legt – die elektronische Signierung, sondern auch die Möglichkeit der Kontrolle zur Formvollendung.

6 Die mit der eigenhändigen Unterschrift erfüllte **Identitätsfunktion** wird durch das Signaturschlüsselpaar erfüllt. Der Adressat der Erklärung kann sich über das öffentlich zugängliche Signaturschlüssel-Zertifikat über die Person des Ausstellers informieren.

7 Die schriftliche Urkunde zeigt durch den Zusammenhang zwischen Dokument und Unterschrift, dass die Erklärung von dem Unterzeichner herrührt. Diese **Echtheitsfunktion** wird durch eine mathematisch-logische Verbindung zwischen Text und Signierung erfüllt.

---

[1] BGBl I S. 1542.
[2] *Häsemeyer,* Die gesetzliche Form der Rechtsgeschäfte, 1971; *ders.,* Die Bedeutung der Form im Privatrecht, JuS 1980, 1.
[3] *Holzhauer,* Die eigenhändige Unterschrift, 1973.

Die **Beweisfunktion** ist durch die Einführung eines § 292a ZPO zu Gunsten des Erklärungsempfängers bekräftigt worden. Die Beweiswirkung eines der elektronischen Form genügenden Dokuments geht über die der eigenhändig unterzeichneten Urkunde hinaus. Während bei der Schrifturkunde bei Bestreiten bewiesen werden muss, dass die Unterschrift von dem Aussteller herrührt (§ 440 Abs. 1 ZPO), wird dies für die qualifizierte elektronische Signatur vermutet. Diese Vermutung ist in Gestalt eines eigenartigen gesetzlichen Anscheinsbeweises gekleidet. Wenn die Voraussetzungen einer qualifizierten elektronischen Signierung vorliegen (Rn 18 ff.), begründet dies den Anschein der Echtheit der mit ihr signierten Willenserklärung. Ob eine qualifizierte elektronische Signatur im Spiel ist, muss allerdings der Erklärungsempfänger nachweisen. Dieser Nachweis gelingt ihm am ehesten, wenn die Signatur von einem akkreditierten Anbieter eines Zertifizierungsdienstes stammt (§ 15 SigG).[4] 8

Die **Warnfunktion** ist gegenüber der eigenhändigen Unterschrift je nach technischer Ausgestaltung des Signiervorgangs erhöht oder gemindert. Wenn umständlich mit Chipkarte, Lesegerät und persönlichen Identifikationsnummern hantiert werden muss, dürfte dem Erklärenden währenddessen durchaus klar werden, dass er im Begriff ist, etwas sensibles zu tun.[5] Sofern die Signiersoftware als automatisch startendes Zusatzmodul in die einschlägigen Mail-Programme integriert ist, wird der Nutzer nach einiger Zeit kaum mehr daran denken, dass er einer handschriftlichen Unterzeichnung gleichzuachtende Vorgänge ins Werk setzt. Die Unterrichtung durch den Zertifizierungsdiensteanbieter (§ 6 Abs. 2 SigG) wird wohl bald verdrängt sein. 9

C. Regelungsgehalt

I. Aussteller

Bei individueller Urheberschaft eines elektronischen Dokuments ist die Ausstellereigenschaft nicht zweifelhaft. Doch auch bei automatisiert gefertigten Erklärungen ist derjenige, der sich des Programms bedient, als Aussteller anzusehen.[6] Freilich dürfte bei Vorgängen, die der gesetzlichen Schriftform unterliegen, eine solche Automatisierung eher selten vorkommen. Im Gegensatz zum bisherigen System der eigenhändigen Unterschrift ist eine formgerechte Massenfertigung von Erklärungen nunmehr ohne Mühe möglich. 10

II. Erklärung

Bezugsobjekt der elektronischen Form ist schlicht eine „Erklärung". Dieser Sprachgebrauch ist bemerkenswert, weil die Norm im Dritten Abschnitt unter dem Zweiten Titel „Willenserklärung" (§§ 116 f.) platziert ist und die neu geschaffene Beweisregelung in § 292a ZPO ebenfalls von „Willenserklärung" spricht. Vordergründig handelt es sich um eine unsaubere Begriffsbildung. Indessen zeigt die Terminologie, dass zum Anwendungsbereich der Formvorschriften nicht nur Willenserklärungen, sondern grundsätzlich auch geschäftsähnliche Handlungen zählen. 11

III. Hinzufügung des Namens

1. Name

Das Erfordernis, den Namen hinzuzufügen, soll die Person des Ausstellers erkennbar machen. Eine natürliche Person fügt ihren **Familiennamen** hinzu; auch ein Teil eines Doppelnamens kann genügen.[7] Vornamen brauchen nicht hinzugefügt zu werden. Der Kaufmann kann auch unter seiner **Firma** (§ 17 HGB) auftreten. Ein Vertreter fügt seinen Namen und zweckmäßigerweise das Vertretungsverhältnis hinzu, falls es sich nicht sowieso aus dem qualifizierten Zertifikat (§ 5 Abs. 2 S. 1 SigG) oder aus den Umständen ergibt. 12

Auch die Hinzufügung eines **Wahlnamens** (Pseudonym) ist möglich. Voraussetzung dafür ist, dass die als Aussteller in Betracht kommende Person identifizierbar ist. Das ist bei der qualifizierten elektronischen Signatur (Rn 23) stets der Fall, denn das pseudonyme Zertifikat wurde für eine bestimmte Person ausgestellt. Bedenken gegen das Namenserfordernis, es könne sich „datenschutzfeindlich" auswirken,[8] sind daher ohne Grund.[9] 13

---

4 *Roßnagel*, NJW 2001, 1826; *Oertel*, MMR 2001, 420.
5 Andere Einschätzung bei *Scheffler/Dressel*, CR 2000, 382; ferner *Oertel*, MMR 2001, 421.
6 *Köhler*, AcP 182, 126; *Fritsche/Malzer*, DNotZ 1995, 6.
7 BGH NJW 1996, 997.
8 Stellungnahme der Gesellschaft für Informatik, DuD 2001, 38.
9 Wie hier *Roßnagel*, NJW 2001, 1825.

2. Hinzufügung

14 Hinzufügung des Namens heißt, das elektronische Dokument mit den entsprechenden **alphanumerischen Zeichen** zu versehen. Eine Unterzeichnung (wie in § 126 Abs. 1 für die Schriftform) ist nicht verlangt. Es genügt, wenn der Name in dem Dokument so präsent ist, dass daraus ohne weiteres auf den Aussteller (Rn 10) geschlossen werden kann.

IV. Elektronisches Dokument

1. Träger digitaler Daten

15 Die elektronische Form bezieht sich selbstverständlich auf ein elektronisches Dokument. Die in der Erklärung enthaltenen Buchstaben, Ziffern oder Zeichen müssen in **digitaler Gestalt** vorliegen. Ein elektronisches Dokument kann auch multimedial strukturiert sein. Audio- und Videodaten lassen sich mit Grafiken und Texten in beliebiger Weise kombinieren. Auch solche elektronischen Dokumente sind signierfähig. Daher kann auch mittels einer mündlichen Erklärung (!) das gesetzliche Schriftformerfordernis erfüllt werden: soweit die Erklärung in digitaler Gestalt vorliegt, kann sie signiert werden.

16 Der Empfänger muss allerdings nicht nur mit der Nutzung der elektronischen Form einverstanden sein (§ 126 Rn 14 ff.); vielmehr kommt bei multimedialen Daten noch hinzu, dass er **hinreichende Darstellungsmöglichkeiten** besitzt. Fehlt es hieran, so ist ein Zugang mangels Möglichkeit der Kenntnisnahme nicht erfolgt.

2. Speicherung

17 Das Speichermedium spielt keine Rolle. Auch eine nur im Arbeitsspeicher des Computers befindliche „flüchtige" Datei kann mit einer elektronischen Form versehen (und versandt) werden. Eine Konservierung beim Aussteller ist i.d.R. zweckmäßig, aber rechtlich nicht notwendig.

V. Qualifizierte elektronische Signatur

1. Signaturgesetz

18 Abs. 2 verweist hinsichtlich der qualifizierten elektronischen Signatur auf das **Signaturgesetz**. Damit ist das „**Gesetz über Rahmenbedingungen für elektronische Signaturen**" (SigG) gemeint, das am 22.5.2001 in Kraft getreten ist.[10] Dieses Gesetz setzt die Richtlinie des Europäischen Parlamentes und des Rates über gemeinschaftliche Rahmenbedingungen für elektronische Signaturen um.[11] Der Verweis auf dieses technik- und gewerberechtliche Gesetz für den Zentralkern der elektronischen Form des Zivilrechts ist nicht erfreulich, aber verständlich angesichts der komplexen Struktur, die mit einer qualifizierten elektronischen Signatur verbunden ist.

2. Elektronische Signatur

19 Eine elektronische Signatur besteht aus Daten in elektronischer Form, die anderen elektronischen Daten beigefügt oder logisch mit ihnen verknüpft sind und zur Authentifizierung dienen (§ 2 Nr. 1 SigG). Diese Beifügung oder Verknüpfung reicht indessen bei weitem nicht aus. Vielmehr verlangt Abs. 1 eine **qualifizierte** elektronische Signatur.

3. Qualifizierungskriterien

20 Eine qualifizierte elektronische Signatur hat nach dem Signaturgesetz folgende Merkmale:
– Ausschließliche Zuordnung zu dem Signaturschlüssel-Inhaber (§ 2 Nr. 2a SigG)
– Ermöglichung der Identifizierung des Signaturschlüssel-Inhabers (§ 2 Nr. 2b SigG)
– Erzeugung mit Mitteln, die der Signaturschlüssel-Inhaber unter seiner alleinigen Kontrolle halten kann (§ 2 Nr. 2c SigG)
– Verknüpfung mit den Daten, auf die sich die Signatur bezieht, dergestalt, dass eine nachträgliche Veränderung der Daten erkannt werden kann (§ 2 Nr. 2d SigG)
– Die Signatur muss auf einem zum Zeitpunkt ihrer Erzeugung gültigen qualifizierten Zertifikat (§ 7 SigG) beruhen (§ 2 Nr. 3a SigG)
– Die Signatur muss mit einer sicheren Signaturerstellungseinheit (§ 2 Nr. 10 SigG) erzeugt werden (§ 2 Nr. 3b SigG).

21 Das SigG kennt noch eine geminderte Stufe, nämlich die **fortgeschrittene** elektronische Signatur (§ 2 Nr. 2 SigG). Sie verzichtet auf die beiden zuletzt genannten Merkmale, weshalb eine Authentifizierung über ein Zertifikat eines Dritten entfällt. Da materiellrechtlich mit dieser fortgeschrittenen elektronischen Signatur keine Rechtsfolgen verknüpft sind, kann diese (verbreitete[12]) technische Signaturart hier dahinstehen.

---

10 BGBl I S. 876. Das frühere Signaturgesetz vom 28.7.1997 trat damit außer Kraft.
11 Abl EG Nr. L 13 v. 19.1.2000, S. 12.
12 Etwa die Pretty-good-privacy-Software (www.pgp.com).

4. Verfahren der qualifizierten elektronischen Signatur

Die Signatur, auf die Abs. 1 verweist, beruht technisch auf der asymmetrischen Kryptografie mit Public-Key-Infrastruktur. Der Teilnehmer erhält ein **digitales Schlüsselpaar**, das aus einem privaten und einem öffentlichen Schlüssel besteht. Der private und der öffentliche Schlüssel samt Zertifikat bilden zusammen die elektronische Identität des Benutzers. Der private Schlüssel ist geheim und kann nur von seinem Besitzer genutzt werden. Zurzeit wird dieser Schlüssel auf einer Chipkarte (ähnlich der EC-Karte) gespeichert. Zur Aktivierung ist eine persönliche Identifikationsnummer einzugeben. Der öffentliche Schlüssel eines Nutzers ist frei zugänglich und wird den Teilnehmern des Public-Key-Verfahrens für Signaturprüfungen bereitgestellt.

Der gesamte Vorgang ist wie folgt: Der Signierwillige muss zunächst mit einem Zertifizierungsdiensteanbieter[13] (§ 4 SigG) einen Vertrag schließen, um sich ein **qualifiziertes Zertifikat** (§§ 5, 7 SigG) zu besorgen. Das zeitlich limitierte Zertifikat bestätigt die Zuordnung des Schlüsselpaares auf seine Person. Nach Erstellen des elektronischen Dokuments werden die Daten mit einem bestimmten technischen Verfahren komprimiert. Dieses Komprimat verknüpft der Aussteller mit seinem privaten Signaturschlüssel. Das unverschlüsselte elektronische Dokument mitsamt dem **signierten Komprimat** wird dem Empfänger übermittelt. Dieser kann das Komprimat mit einem öffentlichen Signaturprüfschlüssel bearbeiten. Hierbei wird kontrolliert, ob das eingegangene Dokument unverändert ist, indem wiederum ein Komprimat erzeugt und mit dem Absenderkomprimat verglichen wird. Den zu dem Signaturschlüssel des Ausstellers passenden Prüfschlüssel erhält der Empfänger entweder von dem Aussteller oder er kann ihn bei der Zertifizierungsdienststelle abrufen. Bei dieser Dienststelle („Trust-Center") kann er sich vor allem auch nach dem qualifizierten Zertifikat erkundigen, das mit Zustimmung des Signaturschlüssel-Inhabers abrufbar gehalten wird (§ 5 Abs. 1 SigG). Dieses Zertifikat weist nach, welcher Person der verwendete Schlüssel gehört. Die Identifikation des Absenders durch ein von dritter Seite ausgestelltes Zertifikat ist der „Clou" der ganzen Angelegenheit.

5. Angaben über Vertretungsmacht (Attribut)

Ein qualifiziertes Zertifikat kann als Attribut Angaben über die Vertretungsmacht für eine dritte Person enthalten. Diese Angaben dürfen nur bei Nachweis der Einwilligung der dritten Person in ein qualifiziertes Zertifikat aufgenommen werden (§ 5 Abs. 2 SigG). In dieser **Einwilligung** ist – wenn nicht schon vorher erklärt – die Erteilung der Vollmacht gemäß § 167 Abs. 1 zu sehen. Bei Widerruf der Vollmacht ist zu beachten, dass eine Erklärung nach §§ 168 S. 3, 167 Abs. 1 nicht genügt. Das Zertifikatattribut steht wertungsmäßig einer Vollmachtsurkunde gleich. Daher ist entsprechend § 172 Abs. 2 zu verlangen, dass für das **Erlöschen der Vertretungsmacht** die Änderung der entsprechenden Angabe im qualifizierten Zertifikat veranlasst werden muss. Darauf hat der Bevollmächtigte, der in vertraglicher Beziehung zu dem Zertifizierungsdienst steht, entsprechend dem Rechtsgedanken aus § 175 hinzuwirken.

VI. Vertragsschluss (Abs. 2)

1. Regelungskern

Abs. 2 regelt den Vertragsschluss in elektronischer Form. Die Norm hat im BGB allenfalls für Darlehensvermittlungsverträge und für bestimmte befristete Miet- und Pachtverträge einen Anwendungsbereich, denn ansonsten ist der Vertragsschluss grundsätzlich formfrei, in elektronischer Form nicht zugelassen (§§ 484, 492) oder aber notariell beurkundungsbedürftig. Der elektronische Geschäftsverkehr, an den die Regierungsbegründung denkt, wird und braucht nicht so abgewickelt zu werden, wie es Abs. 2 vorsieht.

2. Gleichlautendes Dokument

Nicht ausreichend ist, wenn jeder Vertragspartner nur seine Angebots- bzw. seine Annahmeerklärung elektronisch signiert. Die Parteien müssen vielmehr je ein gleichlautendes Dokument mit einer elektronischen Signatur nach dem Signaturgesetz versehen.

Nicht zu folgen ist der Regierungsbegründung in der Aussage, bereits die Angebots- bzw. Annahmeerklärung müsse in der vorgeschriebenen Form zugehen.[14] Wenn ein Vermieter sein Grundstück für zwei Jahre befristet zur Miete mündlich anbietet und der Mieter dieses Angebot mündlich annimmt, dann ist § 550 S. 1 genügt, wenn diese Abrede in gleichlautenden Dokumenten festgehalten und elektronisch signiert wird. Die formgerechte Erstellung der Erklärungen reicht dafür aus.

---

13 Übersicht bei der Regulierungsbehörde für Telekommunikation und Post: http://www.regtp.de (>Elektronische Signatur). Die Bundesnotarkammer sowie Rechtsanwalts- und Steuerberaterkammern zählen neben Tochtergesellschaften von Deutscher Post und Deutscher Telekom zu den Anbietern.
14 Regierungsbegründung BT-Drucks 14/4987, S. 18.

28 Die Parteien brauchen auch nicht zwei Erklärungen zu fabrizieren. Bei der Schriftform genügt die eigenhändige Unterzeichnung **derselben Urkunde** durch beide Teile (§ 126 Abs. 2 S. 1). Entgegen dem Gesetzeswortlaut, der den Plural gebraucht, entspricht es sinngerechter Auslegung, dieselbe Lage auch bei dem Vertragsschluss mit elektronischer Unterzeichnung anzunehmen.

3. Kombinationen

29 Schließlich ist auch eine Kombination von schriftlich und elektronisch vermitteltem Vertragsschluss denkbar. Das entspricht gewiss nicht der typischen Praxis des elektronischen Geschäftsverkehrs, wie die Regierungsbegründung bemerkt.[15] Doch es gibt keinen Grund, eine der Parteien daran zu hindern, die zu Papier gebrachte Erklärung auf herkömmlichen Wege eigenhändig zu unterzeichnen. Das ist sogar dringend notwendig, wenn die Vertragspartei wegen technischer Schwierigkeiten eine elektronische Signatur nicht verwenden kann, jedoch zur Fristwahrung handeln muss.

§ 126b Textform

[1]**Ist durch Gesetz Textform vorgeschrieben, so muss die Erklärung in einer Urkunde oder auf andere zur dauerhaften Wiedergabe in Schriftzeichen geeignete Weise abgegeben, die Person des Erklärenden genannt und der Abschluss der Erklärung durch Nachbildung der Namensunterschrift oder anders erkennbar gemacht werden.**

Literatur: Vgl. zu § 126; ferner: *Donnerbauer,* Das „Formanpassungsgesetz" – was von der Textform übrig blieb, MDR 2001, R 1.

Inhalt

A. Entwicklung und Inhalt	1		b) Website	14
B. Anwendungsbereich	5		c) E-Mail	17
I. Textform gesetzlich bestimmt	5		d) Disketten u. a.	18
II. Textform interpretatorisch bestimmt	6		3. Mündliche Erklärungen	19
III. Textform rechtsgeschäftlich vereinbart	7		4. Dauer der Wiedergabefähigkeit	20
C. Regelungsgehalt	8		IV. Person des Erklärenden	21
I. Erklärung	8		V. Kenntlichmachung des Abschlusses der Erklärung	23
II. Urkunde	9		1. Regelungszweck	23
III. Dauerhafte Wiedergabe in Schriftzeichen	10		2. Nachbildung der Namensunterschrift	24
1. Schriftzeichen	11		3. Andere Kenntlichmachung	25
2. Dauerhafte Wiedergabe	12		VI. Rechtsfolgen	26
a) Reproduzierbarkeit bei dem Empfänger	12			

A. Entwicklung und Inhalt

1 Die Norm ist neu und ohne Vorbild im deutschen Recht. Sie wurde durch Art. 1 Nr. 3 des Gesetzes zur Anpassung der Formvorschriften des Privatrechts und anderer Vorschriften an den modernen Rechtsgeschäftsverkehr vom 13.7.2001[1] als § 126b eingefügt. Im Gesetzgebungsverfahren war die Vorschrift sehr umstritten, weshalb vom Bundesrat der Vermittlungsausschuss angerufen wurde.[2] Dort erst bekam der Normtext seine Gesetz gewordene (unhandliche) Gestalt.[3]

2 Textform ist die Fixierung einer Erklärung in **lesbar zu machenden Zeichen**. Damit handelt es sich um eine Form, die unterhalb der hergebrachten Schriftform und der neuen elektronischen Form steht. Die Textform erfordert keine Verkörperung, keine eigenhändige Unterschrift und keine qualifizierte elektronische Signatur.

3 Die Textform löst die strenge Schriftform in Bestimmungen ab, bei denen nach ihrem Zweck der Warn- und Beweisfunktion nur geringe Bedeutung zukommt. Vielmehr steht für die Parteien die **Informations- und Dokumentationsfunktion** im Vordergrund. Eine eigenhändige Unterschrift zu verlangen, würde über das Ziel hinaus schießen. Die Rechtsfolgen, die mit einer solchen Erklärung einhergehen, sind grundsätzlich nicht erheblich oder leicht rückgängig zu machen.

---

15 Regierungsbegründung BT-Drucks 14/4987, S. 18.
1 BGBl I S. 1542. Die Gesetzgebungsmaterialien sind abrufbar unter http://dip.bundestag.de/btd/14/049/1404987.pdf.
2 Stellungnahme des Bundesrats BT-Drucks 14/4987, S. 33; Gegenäußerung der Bundesregierung BT-Drucks 14/4987, S. 39.
3 *Donnerbauer,* MDR 2001, R 1.

Ein Bedürfnis für die Erleichterung der strengen Schriftform durch Verzicht auf die eigenhändige Unterschrift ist – namentlich bei Massenerklärungen – seit langem vorhanden. In verschiedenen Normen ist eine vervielfältigte Unterschrift anerkannt (§ 793 Abs. 2; §§ 3 Abs. 1, 39 Abs. 1, 43 Nr. 4 VVG; § 13 AktG; § 408 Abs. 2 HGB). Mit Einführung einer solchen erleichterten Form zeichnet der Gesetzgeber einerseits rechtstatsächliche Entwicklungen nach, die zum Verzicht auf die eigenhändige Unterschrift (z.B. beim Telefax) drängen; andererseits kann durch die Schaffung der Textform im Allgemeinen Teil die Erosion der Schriftform kontrolliert gestaltet werden. Ein völliger Verzicht auf ein Formerfordernis[4] ist dazu keine Alternative. Im Gesetzgebungsverfahren wurde dieser Ansatz leider nicht von allen Beteiligten verstanden.

B. Anwendungsbereich

I. Textform gesetzlich bestimmt

Ob Textform einzuhalten ist, wird zunächst einmal von den einzelnen gesetzlichen Bestimmungen vorgeschrieben. Im BGB ist die Textform vorgesehen in den §§ 312c, 355, 356, 357, 477, 493, 502, 505, 554, 556a, 556b, 557b, 558a, 559b, 560, 651g, 655b. Außerhalb des BGB finden sich Vorschriften zur Verwendung der Textform in §§ 410, 438, 455, 468 HGB; § 109 AktG, §§ 47, 48 GmbHG; §§ 89, 182, 216, 230, 256, 260, 267 UmwG; §§ 5, 5a, 37, 158e VVG; § 3 PflVersG; § 24 WEG; §§ 45, 53, 73 BörsenG;[5] § 19 KAGG; § 23a KWG; § 53c VAG; §§ 5, 8, 9, 12 Bundeskleingartengesetz. Die Textform findet sich ferner in der Verordnung über Informationspflichten nach Bürgerlichem Recht.[6]

II. Textform interpretatorisch bestimmt

Doch auch bei Fehlen einer ausdrücklichen gesetzlichen Anordnung kann die Textform anzuwenden sein. Wenn der Zweck der Schriftlichkeit vorsehenden Norm nicht zur Einhaltung von § 126 zwingt, steht mit der Textform eine Formalternative zur Verfügung. Der Gesetzgeber hat sich selbst dazu angehalten, im Zuge der Überarbeitung vor allem umfangreicher Gesetze bei der Modernisierung der Formbestimmungen weitere Bereiche darauf hin zu überprüfen, inwieweit sie sich für die Einführung der Textform eignen.[7] Auf eine Änderung des Wortlauts kommt es aber letztlich nicht an. Sofern die Gesetzesauslegung ergibt, dass die strenge Schriftform bzw. die elektronische Form nicht vonnöten sind, insbesondere weil die Warn- und Beweisfunktion keine wesentliche Rolle spielt, ist die Einhaltung der Textform notwendig, aber auch hinreichend.

III. Textform rechtsgeschäftlich vereinbart

Die Textform kann auch mittels einer rechtsgeschäftlichen Formabrede zwischen den Parteien vereinbart werden (vgl. § 127 Rn 8).

C. Regelungsgehalt

I. Erklärung

Nicht nur Willenserklärungen, sondern auch geschäftsähnliche Handlungen können per Textform abgegeben werden (§ 126a Rn 11).

II. Urkunde

Die Norm eröffnet zwei Möglichkeiten für den Träger der Erklärung. Die unproblematische ist die **Urkunde**. Insoweit gelten die Grundsätze zu § 126 Abs. 1: schriftliche Abfassung in beliebiger Sprache; das Material ist gleichgültig, sofern es nur Schriftzeichen dauerhaft festhalten kann.[8] In der Regel wird es sich um ein Papierdokument handeln, das im Original, als Telefax, Telegramm oder Fernschreiben vorliegt.

III. Dauerhafte Wiedergabe in Schriftzeichen

Die zweite Möglichkeit ist sehr viel allgemeiner gefasst: Das Trägermedium der Erklärung muss zur dauerhaften Wiedergabe in Schriftzeichen geeignet sein.

---

4 So wohl *Hähnchen*, NJW 2001, 2833.
5 In dem Diskussionsentwurf eines neu gefassten Börsengesetzes (Viertes Finanzmarktförderungsgesetz) vom September 2001 kommt die Textform nicht vor. Man darf annehmen, dass dies auf mangelnder Ressortabstimmung beruht und korrigiert wird.
6 §§ 1 Abs. 2 und 3, 10 Abs. 1.
7 Regierungsbegründung BT-Drucks 14/4987, S. 18.
8 Palandt/*Heinrichs*, § 126 Rn 2; MüKo/*Einsele*, § 126 Rn 5.

1. Schriftzeichen

11 Schriftzeichen sind alle alphanumerischen Zeichen (Buchstaben, Ziffern). Doch ist der Begriff der „Schrift"-Zeichen weit zu verstehen:[9] Alle visuellen Zeichen, die für die Parteien des Rechtsverhältnisses eine Bedeutung besitzen (Icons, technische Graphiken), fallen darunter. Es ist lediglich Schludrigkeit in der Endredaktion der Vorschrift, dass nicht der sprachlich näher liegende Ausdruck der Wiedergabe „von" Schriftzeichen gewählt wurde.

2. Dauerhafte Wiedergabe
a) Reproduzierbarkeit bei dem Empfänger

12 Zur Wiedergabe in Schriftzeichen ist das Medium geeignet, wenn die Zeichen irgendwie lesbar gemacht werden können.[10] Diesen Anforderungen genügt die elektronische Speicherung. Doch das bloße Lesbarmachen reicht nicht hin. Vielmehr muss eine „dauerhafte Wiedergabe" **bei dem Empfänger** möglich sein. Zwar ist im Text der Norm nicht die Partei des Rechtsverhältnisses bezeichnet, der diese Darstellung möglich sein muss. Da Sinn und Zweck der Norm darin zu finden sind, dem Erklärungsempfänger ein zur Klarstellung des Rechtsverhältnisses dienendes Dokument zu vermitteln, kann es nur auf seine Person ankommen. Der Empfänger muss die Möglichkeit haben, die Erklärung mit verkehrsüblichen technischen Mittel zu speichern und zu reproduzieren.

13 Ein **bloßes Zugänglichmachen** der textlichen Erklärung in einem Medium des Erklärenden ist zur dauerhaften Wiedergabe bei dem Empfänger **grundsätzlich ungeeignet**. Denn dann bleibt die Erklärung im fremden Machtbereich und die „inhaltlich unveränderte Wiedergabe der Informationen" (§ 361a Abs. 3 S. 1 a.F.) ist dem Empfänger nicht möglich. Man wird in der Regel auch den Zugang (§ 130) der Erklärung in einem solchen Fall verneinen. Jedenfalls liegt ein Formmangel vor. So ist etwa das Schriftstück, das auf einem Schwarzen Brett des Erklärenden aushängt und von dem Empfänger lediglich zur Kenntnis genommen wird, nicht formwirksam. Mit Blick auf Verbraucherschutzvorschriften (§§ 312c Abs. 2, 312e Abs. 1 Nr. 4 S. 1) praktisch wesentlicher ist die Erklärung auf Videotextseiten beim TV-Shopping: Nach heutigem Stand der Technik ist mangels Speichermöglichkeit keine dauerhafte Wiedergabe bei dem Empfänger möglich.[11]

b) Website

14 Hingegen sind Internetseiten stets so gestaltet, dass sie dem Abrufenden die Möglichkeit (!) der dauerhaften Wiedergabe bieten. Die in Schriftzeichen lesbare Erklärung ist in den Machtbereich des Empfängers gelangt. Davon geht auch die Regierungsbegründung aus.[12] Das dort für einen nicht formwirksamen Zugang nachgeschobene Beispiel („Anklicken der Homepage und einer dort nur als Nur-Lese-Version verfügbaren Datei") ist schlecht gewählt: Die Website ist stets speicherbar. Ob der Empfänger die Möglichkeit der Speicherung oder des Ausdrucks im Einzelfall nutzt oder nicht, hat mit der Frage nach Einhaltung der Form nichts zu tun. Sobald der Empfänger die Internetseite aufruft, ist die in Textform abzugebende Erklärung wirksam geworden. Die Erklärung wird in der Regel schon automatisch für eine gewisse Zeit gespeichert (Festplatten-Cache), doch kommt es darauf nicht an. Entscheidend ist, dass der Empfänger die Erklärung wiedergeben kann. Die Veränderungsmöglichkeit durch den Erklärenden, der seine Website schließlich nach Belieben gestalten kann, spielt für die Formwirksamkeit keine Rolle. Die Reformulierung kann Bedeutung gewinnen, wenn Streit um die zum Zugangszeitpunkt maßgebliche Fassung entsteht. Dann muss derjenige, der sich auf den ihm günstigen Text beruft, beweisen, dass eine solche Erklärung bestand.

15 Die Diskussion um den „**dauerhaften Datenträger**", der in den – durch das Schuldrechtsmodernisierungsgesetz aufgehobenen – früheren Verbraucherschutzvorschriften (§ 361a BGB a.F.; §§ 4, 8 VerbrKrG; § 2 FernAbsG) eine zentrale Rolle gespielt hat,[13] hat ebenfalls stark um die vermeintlich entscheidende „Push-or-pull"-Frage gekreist. So ist erwarten, dass die Debatte erneut einsetzt, denn das Schuldrechtsmodernisierungsgesetz hat die Erklärung in Textform an die Stelle der Pflicht gesetzt, Informationen auf einem dauerhaften Datenträger zur Verfügung zu stellen. Hier kann sich aus der Eigenart und der spezifischen Formulierung der Verbraucherschutznormen ergeben, dass die Möglichkeit der Abfrage und Speicherung nicht ausreicht, insbesondere wenn der Verbraucher die Textformmitteilung seinerseits bestätigen muss (§ 355 Abs. 2 S. 2). Diese Besonderheiten sind aber kein Anlass, die im Allgemeinen Teil geregelte Textform an strengere Anforderungen des Verbraucherschutzrechts zu binden.

---

9 Regierungsbegründung BT-Drucks 14/4987, S. 20.
10 Vgl. auch § 239 Abs. 4 S. 2 HGB.
11 Anders bei der TV-Wiedergabe auf PC, doch ist das eine bisher eher wenig verbreitete Sondernutzung.
12 Regierungsbegründung BT-Drucks 14/4987, S. 20.
13 Palandt/*Heinrichs*, § 361a Rn 25; *Mankowski*, CR 2001, 30 und 404; *Härting/Schirnbacher*, MDR 2000, 920; *Fuchs*, ZIP 1999, 1278; *Riehm*, Jura 2000, 509; *Meents*, CR 2000, 612. Rechtsprechung ist rar: für den ehemaligen § 8 VerbrKrG vgl. OLG München CR 2001, 401 (n. rk.): Internetaufruf der Hompepage des Unternehmens genügt.

Für den Erklärenden ist die Präsentation im Internet gewiss mit dem Problem verbunden, den Zugang bei dem Empfänger darlegen und beweisen zu müssen. Diese Zugangsfrage darf jedoch ebenfalls nicht mit der Formfrage vermengt werden. Den Abruf der Seite wird der Erklärende im eigenen Interesse durch Bestätigungsanforderungen, Registrierungen oder durch Kontrollprogramme (cookies) dokumentieren.[14]

c) E-Mail

E-Mail und Computerfax sind nach dem vorstehend Gesagten zur dauerhaften Wiedergabe von Schriftzeichen geeignet. Dabei spielt es keine Rolle, ob sich der Text der Erklärung in der E-Mail direkt oder ob er sich in einem Dateianhang befindet. Sollte allerdings die E-Mail oder die ihr beigefügte Datei nicht mit den gängigen Programmen bei dem Empfänger lesbar gemacht werden können, fehlt es wenigstens am Zugang.[15] Die Erklärung ist zwar in den Machtbereich des Empfängers gekommen, doch ohne dass er die zumutbare Möglichkeit der Kenntnisnahme besitzt.

d) Disketten u. a.

Selbstverständlich sind auch alle anderen Speichermedien geeignete Erklärungsträger. Die technische Vielfalt ist schon heute enorm: CD, DVD, Disketten, mobile Festplatten, memory sticks, flash cards usw. Wie immer gilt auch hier, dass Zugang nicht vorliegt, wenn es dem Empfänger nicht mit üblichen und zumutbaren Mitteln gelingen kann, die in dem Erklärungsträger enthaltenen Schriftzeichen lesbar zu machen.

3. Mündliche Erklärungen

Mündliche Erklärungen sind grundsätzlich nicht Form wahrend. Es kommt dabei auf die Mündlichkeit bei dem Erklärenden an. Wenn sich der Empfänger den Text der Erklärung vorlesen lässt,[16] bleibt es doch dabei, dass er eine in Schriftzeichen verkörperte Erklärung erhalten hat.

4. Dauer der Wiedergabefähigkeit

Die Anforderungen an die Dauer der Wiedergabefähigkeit sollen laut dem BR-Rechtsausschuss[17] entsprechend den Erfordernissen des Rechtsgeschäfts zu beurteilen sein und z.B. bei langfristigen Verträgen anders sein als gewöhnlich bei auf einen einmaligen Leistungsaustausch gerichteten Verträgen. Das ist schwer nachvollziehbar und wenig praktisch. Kein bekannter Erklärungsträger ist mit einem Verfalldatum ausgestattet.

IV. Person des Erklärenden

Die Ausstellerangabe dient der Zuordnung der Erklärung. Die Person des Erklärenden muss ausdrücklich namentlich „genannt" sein (Gesetz gewordene Fassung des Vermittlungsausschusses). Der Regierungsentwurf hatte noch genügen lassen, dass die Person „angegeben" wird. Angesichts der strengeren Fassung wird man nicht mehr davon ausgehen können, dass die Nennung der Person des Erklärenden entbehrlich ist, wenn sich aus den Umständen (Logo etc.) eine eindeutige Zuordnung ergibt.

Der Name braucht nicht zwingend der bürgerliche Name zu sein. Es genügt auch, soweit für den Empfänger verständlich, ein Vorname, Spitzname oder Wahlname (vgl. § 126b Rn 12 f.).

V. Kenntlichmachung des Abschlusses der Erklärung

1. Regelungszweck

Während bei der strengen Schriftform die eigenhändige Unterschrift und bei der elektronischen Form die qualifizierte elektronische Signatur den Abschluss der Erklärung sicher stellt, ist bei der Textform eine Nachbildung der Namensunterschrift oder eine andere Kenntlichmachung verlangt. Diese **Abschlussmarkierung** hat die Funktion, deutlich zu machen, dass das Stadium bloßer Notizen verlassen ist und mit dem insoweit gekennzeichneten Text eine rechtliche Bindung angestrebt wird. Für den Aussteller ist damit noch eine gewisse Warnfunktion verbunden, die jeder Formvorschrift auch dann eigen ist, wenn sie – wie bei der Textform – nicht im Vordergrund steht (Rn 3).

---

14 Insoweit nicht zutreffend die Annahme von *Mankowski*, CR 2001, 405, der Unternehmer habe in den Bereich des Verbrauchers „keinen Einblick".
15 I.d.S. auch Regierungsbegründung BT-Drucks 14/4987, S. 20.
16 Computer mit Sprachausgabe; Mail-Call-Dienst.
17 Beschlussempfehlung und Bericht zu dem Entwurf eines Gesetzes zur Modernisierung des Schuldrechts BT-Drucks 14/7052, S. 195.

2. Nachbildung der Namensunterschrift

24 Nachbildung der Namensunterschrift bedeutet, dass Faksimilestempel oder sonst mechanische Vervielfältigungen der Unterschrift verwandt werden können, was für den herkömmlichen Papierversand praktisch ist. Im E-Mail und Computerfax-Verkehr bietet sich die gescannte Unterschrift an, die unter die Erklärung gesetzt wird.

3. Andere Kenntlichmachung

25 Der Abschluss der Erklärung kann auch anders als durch die Nachbildung der Namensunterschrift erkennbar gemacht werden. Da es um die Abschließung der Erklärung, nicht um die Identifikation des Erklärenden geht, ist eine Namensangabe am Ende des Dokuments nicht zwingend gefordert. Dass der Name irgendwo genannt werden muss, folgt schon aus einem anderen Merkmal („Person des Erklärenden", vgl. Rn 21 f.). Für die Kenntlichmachung des Erklärungsschlusses bieten sich alle Zeichen an, die solches dem Erklärungsempfänger signalisieren. Das kann der Name sein, aber auch das Wort „Ende" oder andere in diesem Zusammenhang unmissverständliche Zeichen (- - -, ***) sind brauchbar.

VI. Rechtsfolgen

26 Wenn die gesetzlich vorgeschriebene Textform nicht eingehalten wird, ist das Rechtsgeschäft nichtig (§ 125 S. 1), soweit nicht ein anderes bestimmt ist. Bei geschäftsähnlichen Handlungen, die in Textform abgegeben werden müssen, wird man ebenfalls grundsätzlich von der Unbeachtlichkeit formwidriger Handlungen auszugehen haben.

§ 127 Vereinbarte Form

(1) ¹Die Vorschriften des § 126, des § 126a oder des § 126b gelten im Zweifel auch für die durch Rechtsgeschäft bestimmte Form.
(2) ¹Zur Wahrung der durch Rechtsgeschäft bestimmten schriftlichen Form genügt, soweit nicht ein anderer Wille anzunehmen ist, die telekommunikative Übermittlung und bei einem Vertrag der Briefwechsel. ²Wird eine solche Form gewählt, so kann nachträglich eine dem § 126 entsprechende Beurkundung verlangt werden.
(3) ¹Zur Wahrung der durch Rechtsgeschäft bestimmten elektronischen Form genügt, soweit nicht ein anderer Wille anzunehmen ist, auch eine andere als die in § 126a bestimmte elektronische Signatur und bei einem Vertrag der Austausch von Angebots- und Annahmeerklärung, die jeweils mit einer elektronischen Signatur versehen sind. ²Wird eine solche Form gewählt, so kann nachträglich eine dem § 126a entsprechende elektronische Signierung oder, wenn diese einer der Parteien nicht möglich ist, eine dem § 126 entsprechende Beurkundung verlangt werden.

Literatur: Vgl. zu § 126.

Inhalt

A. Entwicklung und Inhalt ... 1	II. Erleichterungen bei Wahl der Schriftform (Abs. 2 S. 1) ... 9
B. Anwendungsbereich ... 3	III. Erleichterungen bei Wahl der elektronischen Form (Abs. 3 S. 1) ... 12
C. Regelungsgehalt ... 5	1. Einfache elektronische Signatur ... 12
I. Rechtsgeschäftlich bestimmte Form (Abs. 1) ... 5	2. Vertragsschluss ... 13
1. Vereinbarte Schriftform ... 5	3. Nachträgliche Formvollendung (Abs. 3 S. 2) ... 14
2. Vereinbarte elektronische Form ... 7	
3. Vereinbarte Textform ... 8	

A. Entwicklung und Inhalt

1 Die Norm wurde durch Art. 1 Nr. 4 des Gesetzes zur Anpassung der Formvorschriften des Privatrechts und anderer Vorschriften an den modernen Rechtsgeschäftsverkehr vom 13.7.2001[1] neu gefasst. Gegenüber dem früheren § 127 ist die Vorschrift in drei Absätze unterteilt worden.

2 Die Bestimmung gibt eine **Auslegungsregel** für die rechtsgeschäftlich vereinbarte Form. Nur „im Zweifel" sollen die gesetzlichen Formvorschriften gelten (Abs. 1). Vorbehaltlich eines anderen Willens der Parteien sind bei vereinbarter Schriftform einige Erleichterungen anzunehmen (Abs. 2); dasselbe gilt bei vereinbarter elektronischer Form, da eine einfache elektronische Signatur insoweit genügt (Abs. 3).

---

[1] BGBl I S. 1542.

B. Anwendungsbereich

Die Beteiligten eines Rechtsgeschäfts können für ihre Beziehung vereinbaren, dass bestimmte Formen einzuhalten sind. Es liegt ganz in der Hand der Parteien, welche Förmlichkeiten sie anwenden wollen und mit welchen Rechtsfolgen diese Formerfordernisse ausgestattet sein sollen. Das Gesetz gibt insoweit lediglich eine Interpretationsmaxime. Neu ist die Einbeziehung der elektronischen Form (§ 126 Abs. 3) und der Textform (§ 126b) in diese Auslegungsregel.

Die Bedeutung des Formzwangs ergibt sich aus der – ggf. auszulegenden – Vereinbarung. Die Form kann nur deklaratorische Funktion im Sinne einer Beweissicherung haben; dann ist die formwidrige Erklärung gültig.[2] Ist die Form hingegen als Gültigkeitsvoraussetzung vereinbart (konstitutive Bedeutung), so ist die formwidrige Erklärung im Zweifel nichtig (§ 125 S. 2). Der Grundsatz, dass die Parteien den vereinbarten Formzwang formlos aufheben bzw. abändern können,[3] gilt weiterhin.

C. Regelungsgehalt

I. Rechtsgeschäftlich bestimmte Form (Abs. 1)

1. Vereinbarte Schriftform

Die rechtsgeschäftlich vereinbarte schriftliche Form kann neuerdings durch die elektronische Form (§ 126a) ersetzt werden. Dies gilt auch für Formvereinbarungen, die vor dem Inkrafttreten der Neuregelung getroffen wurden. Da Voraussetzung für die Ersetzung das Einverständnis der Parteien mit der Nutzung der elektronischen Form ist (vgl. § 126 Rn 14 ff. zur gesetzlich vorgeschriebenen Form), kann diese Form keiner Partei aufgedrängt werden.

Eine Erklärung mittels Textform (§ 126b), die bei gesetzlicher Anordnung der Schriftform nicht möglich ist, kann bei der vereinbarten Schriftform im Konsens der Parteien ebenfalls wirksam erfolgen. In dieser an sich formwidrigen Erklärung liegt die ganze oder teilweise Aufhebung der Formabrede (Rn 4).

2. Vereinbarte elektronische Form

Die vereinbarte elektronische Form kann nicht durch die Schriftform ersetzt werden. Diese Ersetzung wird in der Regel dem Parteiwillen widersprechen, Zeit und Kosten durch eine elektronische Dokumentenbearbeitung zu sparen. Die mit einem Schriftstück verbundene Zusatzarbeit bedeutet einen **Medienbruch**, dessen Vermeidung die Verabredung elektronischer Kommunikation gerade zum Ziel hat.

3. Vereinbarte Textform

Von der vereinbarten Textform (§ 126b) kann auf die Schriftform übergegangen werden, denn die Vermeidung eines Medienbruchs steht hier nicht im Vordergrund. Die Textform ist nicht auf ein Trägermedium festgelegt (§ 126b Rn 9 ff.). Bei „Upgrade" auf die elektronische Form wird man ein Einverständnis unterstellen dürfen, da mit Vereinbarung der Textform der Weg für eine elektronische Kommunikation frei ist.

II. Erleichterungen bei Wahl der Schriftform (Abs. 2 S. 1)

Die im bisherigen Abs. 1 enthaltenen Worte „telegraphische Übermittlung" wurden durch „telekommunikative Übermittlung" ersetzt. Das ist die einzige sachliche – hier zu kommentierende – Änderung gegenüber dem früheren Recht.

Die neue Formulierung öffnet den Anwendungsbereich für alle **Übermittlungskanäle der Telekommunikation**. Zum Begriff der Telekommunikation mittels einer Telekommunikationsanlage vgl. § 3 Nr. 16 und 17 Telekommunikationsgesetz vom 25.7.1996.[4] Als Übermittlungsarten kommen in Betracht: Telefax, Computerfax, Telegramm, Fernschreiben, Teletext. Da ein hierdurch übersandtes Dokument nicht eigenhändig (!) unterschrieben sein kann, liegt die eigentliche Bedeutung im Verzicht auf das Erfordernis einer eigenhändigen Unterschrift. Eine Unterschrift ist überhaupt entbehrlich; vielmehr genügt es, wenn der Name des Erklärenden aus dem Dokument mit hinreichender Deutlichkeit hervor geht.[5]

Nach Sinn und Zweck der Vorschrift wird auf die Unterschrift, nicht aber auf das Vorliegen einer **textlich verkörperbaren** Erklärung verzichtet. Gegenstand des Transports mittels Telekommunikation sind alphanumerische Zeichen. Die Übermittlung im Wege der Sprache ist ausgeschlossen.[6] Telefonische

---

[2] BGH NJW-RR 1996, 642; MüKo/*Einsele*, § 127 Rn 3.
[3] BGHZ 119, 291; Palandt/*Heinrichs*, § 125 Rn 14; *Jauernig*, § 125 Rn 11.
[4] BGBl I S. 1120.
[5] In diesem Sinne wohl BGH NJW-RR 1996, 641.
[6] Regierungsbegründung BT-Drucks 14/4987, S. 21; einer Klarstellung, wie vom Bundesrat gefordert (BT-Drucks 14/4987, S. 35 f.), bedarf es nicht.

Erklärungen und Voice-Mail genügen nicht zur Erfüllung der vereinbarten Schriftform. Im Ergebnis ist kein Unterschied zu der Textform zu erkennen.

III. Erleichterungen bei Wahl der elektronischen Form (Abs. 3 S. 1)

1. Einfache elektronische Signatur

12 Die Norm statuiert eine Auslegungsregel für den Fall der vereinbarten elektronischen Form. Danach genügt jede elektronische Signatur, um die Formabrede zu erfüllen. Es muss sich hierbei nicht um eine elektronische Signatur nach dem SigG handeln.[7] Die noch in § 126a enthaltene Verweisung auf das SigG fehlt in Abs. 3. Auch die Regierungsbegründung spricht davon, dass andere als dem SigG entsprechende elektronische Signaturen verwendet werden können.[8] Man wird aber die Definitionsnorm des SigG heranziehen, um festzustellen, was elektronische Signaturen sind. Dabei handelt es sich um Daten, die anderen elektronischen Daten beigefügt oder logisch mit ihnen verknüpft sind und die zur Authentifizierung dienen (§ 2 Nr. 1 SigG). Eine eingescannte Unterschrift[9] ist hiernach eine elektronische Signatur, darüber hinaus auch die bloße Beifügung des Namens oder eines anderen Identifikationszeichens. Die Einhaltung der Textform (§ 126b) in digitaler Gestalt dürfte jedenfalls genügen.

2. Vertragsschluss

13 Abs. 3 S. 1 gewährt ferner Erleichterungen für den Vertragsschluss zwischen Parteien, die zuvor rechtsgeschäftlich die elektronische Form als maßgebend für diesen Akt bestimmt haben. Im Gegensatz zu § 126a Abs. 2 reicht es aus, wenn die jeweilige Erklärung einer Vertragspartei elektronisch signiert ist. Damit können mittels einer E-Mail-Korrespondenz Verträge geschlossen werden. Die beigefügten Authentifizierungsdaten (§ 2 Nr. 1 SigG) sind schon nach allgemeinen Grundsätzen für den Vertragsschluss notwendig, um die Vertragspartei zu bestimmen.

3. Nachträgliche Formvollendung (Abs. 3 S. 2)

14 Abs. 3 S. 2 gibt einen Anspruch, dass die absprachegemäße elektronische Signierung mittels einer qualifizierten elektronischen Signatur (§ 126a Rn 18 ff.) nachgeholt wird. Sofern solches „einer der Parteien" nicht möglich ist, ist über die Erklärung eine Urkunde herzustellen, die eigenhändig unterschrieben werden muss (Abs. 3 S. 2 Alt. 2).

15 Wenn das Gesetz von „**einer der Parteien**" spricht, so kann damit nur die erklärende Partei gemeint sein. Sie hat es in der Hand, ihre qualifizierte elektronische Signatur anzubringen. Sollte ihr dies aus technischen oder anderen Gründen nicht gelingen, muss sie sich in hergebrachter Schriftform äußern. Es entsteht aber kein Anspruch auf schriftliche Beurkundung, wenn nur die andere Partei (Erklärungsempfänger) nicht in der Lage ist, qualifiziert signierte Erklärungen zu prüfen.

16 Das Verlangen nach nachträglicher Formvollendung heißt nicht, dass bis zur Erfüllung dieses Anspruchs das in erleichterter Form abgeschlossene Rechtsgeschäft unwirksam wäre; vielmehr ist das Rechtsgeschäft voll gültig. Der Anspruch auf nachträgliche Formvollendung verjährt in der regelmäßigen Verjährungsfrist (§§ 195, 199 Abs. 1).

[...]

Titel 3. Vertrag

[...]

§ 147 Annahmefrist

(1) [1]Der einem Anwesenden gemachte Antrag kann nur sofort angenommen werden. [2]Dies gilt auch von einem mittels Fernsprechers oder einer sonstigen technischen Einrichtung von Person zu Person gemachten Antrag.
(2) [1]Der einem Abwesenden gemachte Antrag kann nur bis zu dem Zeitpunkt angenommen werden, in welchem der Antragende den Eingang der Antwort unter regelmäßigen Umständen erwarten darf.

---

[7] Das SigG kennt außer der qualifizierten elektronischen Signatur noch die in den Anforderungen geminderte fortgeschrittene elektronische Signatur (§ 2 Nr. 2 SigG).
[8] Regierungsbegründung BT-Drucks 14/4987, S. 21.
[9] *Roßnagel*, NJW 2001, 1819.

[...]

Abschnitt 5. Verjährung

Literatur zu den verschiedenen gesetzgeberischen Entwürfen des Schuldrechtsmodernisierungsgesetzes: *Baronikians*, Eilverfahren und Verjährung – Anmerkung zu dem Diskussionsentwurf eines Schuldrechtsmodernisierungsgesetzes, WRP 2001, 121; *Bundesnotarkammer*, Ergänzende Stellungnahme der Bundesnotarkammer zum Diskussionsentwurf eines Schuldrechtsmodernisierungsgesetzes auf Grundlage der Konsolidierten Fassung vom 6.3.2001 v. 19.4.2001 (veröffentlicht unter: http://www.bnotk.de/Informationen_Presse/BNotK-Positionen/schuremo.htm (11.10.2001); zitiert: BNotK, Stellungnahme v. 19.4.2001); *dies.*, Stellungnahme der Bundesnotarkammer anlässlich der Anhörung des Rechtsausschusses des Deutschen Bundestages zum Entwurf eines Gesetzes zur Modernisierung des Schuldrechts v. 28.6.2001 (veröffentlicht unter: http://www.bnotk.de/Informationen_Presse/BNotK-Positionen/schuremo.htm (11.10.2001); zitiert: BNotK, Stellungnahme v. 28.6.2001); *dies.*, Stellungnahme der Bundesnotarkammer zum Entwurf eines Schuldrechtsmodernisierungsgesetzes v. 7.3.2001 (veröffentlicht unter: http://www.bnotk.de/Informationen_Presse/BNotK-Positionen/schuremo.htm (11.10.2001); zitiert: BNotK, Stellungnahme v. 7.3.2001); *Bundesnotarkammer/Deutscher Anwaltverein*, Gemeinsame Stellungnahme der Bundesnotarkammer und des Deutschen Anwaltvereins zum Regierungsentwurf eines Gesetzes zur Modernisierung des Schuldrechts v. 9.8.2001 (veröffentlicht unter: http://www.bnotk.de/Informationen_Presse/BNotK-Positionen/schuremo.htm (8.10.2001); zitiert: BNotK/DAV, Stellungnahme); *Bundesrat*, Niederschrift der Beratung der Beschlussempfehlung, 18.6.2001 (unveröffentlicht; zitiert: BR, Beschlussempfehlung); *Bundesverband der Deutschen Industrie/Bundesvereinigung der deutschen Arbeitgeberverbände*, Stellungnahme zum Diskussionsentwurf eines Schuldrechtsmodernisierungsgesetzes, 2001 (veröffentlicht unter: http://www.bdi-online.de/fram_publikationen.html; zitiert: BDA/BDI, Stellungnahme); *Bydlinski*, Die geplante Modernisierung des Verjährungsrechts, in: Schulze/Schulte-Nölke (Hrsg.), Die Schuldrechtsreform vor dem Hintergrund des Gemeinschaftsrechts, 2001, S. 381 (zitiert: Bydlinski); *Dauner-Lieb*, Die Schuldrechtsreform – Das große juristische Abenteuer, DStR 2001, 1572; *Dauner-Lieb/Arnold/Dötsch/Kitz*, Anmerkungen zur konsolidierten Fassung des Diskussionsentwurfs eines Schuldrechtsmodernisierungsgesetzes (veröffentlicht unter http://www.uni-koeln.de/jur-fak/lbrah/Publ_pdf/Schuldrechtsreform.pdf (1.11.2001); zitiert: Dauner-Lieb/Arnold/Dötsch/Kitz); *Dauner-Lieb/Arnold*, Anmerkungen zur neusten Fassung des Verjährungsrechts in der konsolidierten Fassung eines Diskussionsentwurfs eines Schuldrechtsmodernisierungsgesetzes (veröffentlicht unter http://www.uni-koeln.de/jur-fak/lbrah/index_schuldrecht.htm (1.11.2001); zitiert: Dauner-Lieb/Arnold); *Deutscher Anwaltverein*, Stellungnahme des Zivilrechtsausschusses des Deutschen Anwaltvereins e.V. zu den wortgleichen Entwürfen eines Gesetzes zur Modernisierung des Schuldrechts v. 25.6.2001 (veröffentlicht unter: http://www.anwaltverein.de/Schuldrecht (11.10.2001); zitiert: DAV, Stellungnahme v. 25.6.2001); *Deutscher Anwaltverein*, Stellungnahme des Zivilrechtsausschusses des Deutschen Anwaltvereins e.V. zum Entwurf eines Gesetzes zur Modernisierung des Schuldrechts v. 29.8.2001 (veröffentlicht unter: http://www.anwaltverein.de/Schuldrecht (11.10.2001); zitiert: DAV, Stellungnahme v. 29.8.2001); *Dötsch*, Schuldrechtsmodernisierung und öffentliches Recht, NWVBl 2001, 385; *Egermann*, Verjährung deliktischer Haftungsansprüche, ZRP 2001, 343; *Eidenmüller*, Ökonomik der Verjährungsregeln, in: Schulze/Schulte-Nölke (Hrsg.), Die Schuldrechtsreform vor dem Hintergrund des Gemeinschaftsrechts, 2001, S. 405 (zitiert: Eidenmüller); *ders.*, Zur Effizienz der Verjährungsregeln im geplanten Schuldrechtsmodernisierungsgesetz, JZ 2001, 283; *Ernst*, Die Schuldrechtsreform 2001/2002, ZRP 2001, 1; *ders.*, Zum Fortgang der Schuldrechtsmodernisierung, in: Ernst/Zimmermann (Hrsg.), Zivilrechtswissenschaft und Schuldrechtsreform, 2001, S. 559 (zitiert: Ernst); *Ernst/Gsell*, Kritisches zum Stand der Schuldrechtsmodernisierung, ZIP 2001, 1389; *Ernst/Zimmermann* (Hrsg.), Zivilrechtswissenschaft und Schuldrechtsreform, 2001 (zitiert: Ernst/Zimmermann); *Foerste*, Unklarheit im künftigen Schuldrecht: Verjährung von Kaufmängel-Ansprüchen in zwei, drei oder 30 Jahren?, ZRP 2001, 342; *Heinrichs*, Entwurf eines Schuldrechtsmodernisierungsgesetzes, BB 2001, 1417; *Isermann*, Schuldrechtsmodernisierung und Reiserechtsverjährung, RRa 2001, 135; *Krebs*, Die große Schuldrechtsreform, DB Beilage 2000, Nr. 14, 1; *Leenen*, Die Neuregelung der Verjährung, JZ 2001, 552; *Mansel*, Die Reform des Verjährungsrechts, in: Ernst/Zimmermann (Hrsg.), Zivilrechtswissenschaft und Schuldrechtsreform, 2001, S. 333 (zitiert: Mansel); *Mansel/Budzikiewicz*, Das neue Verjährungsrecht, 2001; *Micklitz/Pfeiffer/Tonner/Willingmann* (Hrsg.), Schuldrechtsreform und Verbraucherschutz, 2001 (zitiert: Schuldrechtsreform und Verbraucherschutz); *Piekenbrock*, Reform des allgemeinen Verjährungsrechts: Ausweg oder Irrweg?, in: Helms u.a. (Hrsg.), Jahrbuch Junger Zivilrechtswissenschaftler 2001 – Das neue Schuldrecht, S. 309 (zitiert: Piekenbrock); *Reifner*, Schuldrechtsmodernisierungsgesetz und Verbraucherschutz bei Finanzdienstleistungen, ZBB 2001, 193; *Rüfner*, Verjährungen bei Mängeln eines Bauwerks nach dem Diskussionsentwurf eines Schuldrechtsmodernisierungsgesetzes, ZfIR 2001, 16; *Schulze/Schulte-Nölke* (Hrsg.), Die Schuldrechtsreform vor dem Hintergrund des Gemeinschaftsrechts, 2001; *Siehr*, Verjährung der Vindikationsklage?, ZRP 2001, 346; *Willingmann*, Reform des Verjährungsrechts – Die Neufassung der §§ 194 ff. BGB im Rahmen der Schuldrechtsmodernisierung, in: Micklitz/Pfeiffer/Tonner/Willingmann (Hrsg.), Schuldrechtsreform und Verbraucherschutz, 2001, S. 1 (zitiert: Willingmann); *ders.*, Verjährungsrecht im Diskussionsentwurf eines Schuldrechtsmodernisierungsgesetzes, VuR 2001, 107; *Zimmermann*, „... ut sit finis litium" – Grundlinien eines modernen Verjährungsrechts auf rechtsvergleichender Grundlage, JZ 2000, 853; *ders.*, Comparative Foundations of a European Law of Set-Off and Prescription, 2001; *ders.*, Grundregeln eines Europäischen Verjährungsrechts und die deutsche Reformdebatte, ZEuP 2001, 217; *Zimmermann/Leenen/Mansel/Ernst*, Finis Litium? Zum Verjährungsrecht nach dem Regierungsentwurf eines Schuldrechtsmodernisierungsgesetzes, JZ 2001, 684.

Literatur zur früheren Reformdiskussion: *Amann*, Schuldrechtsreform und notarielle Vertragsgestaltung, Sonderheft zum 24. Deutschen Notartag, DNotZ 1993, 83*; *Brambring*, Schuldrechtsreform und notarielle Vertragsgestaltung, Sonderheft zum 24. Deutschen Notartag, DNotZ 1993, 77*; *Brüggemeier*, Referat zu der Frage: Empfiehlt sich die von der Schuldrechtskommission vorgeschlagene Neuregelung des allgemeinen Leistungsstörungsrechts, der Mängelhaftung bei Kauf- und Werkvertrag und des Rechts der Verjährung?, in: Ständige Deputation des deutschen Juristentages (Hrsg.), Verhandlungen des sechzigsten deutschen Juristentages, Band II/1, 1994, S. K 47 (zitiert: Brüggemeier); *Bundesminister der Justiz* (Hrsg.), Abschlußbericht der Kommission zur Überarbeitung des Schuldrechts, 1992 (zitiert: Abschlußbericht); *Bundesministerium der Justiz* (Hrsg.), Gutachten und Vorschläge zur Überarbeitung des Schuldrechts, Band I, 1981 (zitiert: BMJ, Gutachten); *Danco*, Die Perspektiven der Anspruchsverjährung in Europa. Eine rechtsvergleichende Untersuchung unter besonderer Berücksichtigung der Sachmängelgewährleistungsfristen im Kaufrecht, 2001; *Dannemann*, Reform des Verjährungsrechts aus rechtsvergleichender Sicht, RabelsZ 55 (1991), 697; *Deutscher Anwaltverein*, Stellungnahme des Zivilrechtsausschusses des Deutschen Anwaltvereins zum Abschlussbericht der Schuldrechtskommission von 1992 v. November 1997 (unveröffentlicht; zitiert: Stellungnahme Zivilrechtsausschuss DAV); *Haug*, Die Neuregelung des Verjährungsrechts: Eine kritische Untersuchung des Verjährungsrechts im Entwurf der Kommission zur Überarbeitung des Schuldrechts, 1999 (zitiert: Haug); *Heinrichs*, Reform des Verjährungsrechts?, NJW 1982, 2021; *ders.*, Überlegungen zum Verjährungsrecht, seine Mängel, seine Rechtfertigung und seine Reform, in: VersR Sonderheft, Karlsruher Forum 1991, S. 3; *Joussen*, Referat zu der Frage: Empfiehlt sich die von der Schuldrechtskommission vorgeschlagene Neuregelung des allgemeinen Leistungsstörungsrechts, der Mängelhaftung bei Kauf- und Werkvertrag und des Rechts der Verjährung?, in: Ständige Deputation des deutschen Juristentages (Hrsg.), Verhandlungen des sechzigsten deutschen Juristentages, Band II/1, 1994, S. K 29 (zitiert: Joussen); *Karlsruher Forum* 1991, VersR Sonderheft, Überlegungen zum Verjährungsrecht, seine Mängel, seine Rechtfertigung und seine Reform, 1991 (zitiert: Karlsruher Forum); *Kötz*, Referat zu der Frage: Empfiehlt sich die von der Schuldrechtskommission vorgeschlagene Neuregelung des allgemeinen Leistungsstörungsrechts, der Mängelhaftung bei Kauf- und Werkvertrag und des Rechts der Verjährung?, in: Ständige Deputation des deutschen Juristentages (Hrsg.), Verhandlungen des sechzigsten deutschen Juristentages, Band II/1, 1994, S. K 9 (zitiert: Kötz, 60. DJT); *ders.*, Zur Verjährung der Sachmängelansprüche – Die Vorschläge der Schuldrechtskommission im Lichte der ökonomischen Analyse des Rechts, in: Festschrift für Dieter Medicus zum 70. Geburtstag, 1999, S. 283; *Peters/Zimmermann*, Der Einfluß von Fristen auf Schuldverhältnisse – Möglichkeiten der Vereinheitlichung der Verjährungsfristen, in: Bundesministerium der Justiz (Hrsg.), Gutachten und Vorschläge zur Überarbeitung des Schuldrechts, Band I, 1981 (zitiert: Peters/Zimmermann), S. 77; *Rabe*, Vorschläge zur Überarbeitung des Schuldrechts: Verjährung, NJW 1992, 2395; *Schubert*, Einheitsverjährung oder Beibehaltung besonderer Gewährleistungsfristen? – Zu einer Reform des werkvertraglichen Verjährungsrechts, JR 1984, 315; *Spiro*, Zur Reform der Verjährungsbestimmungen, in: Festschrift für Wolfram Müller-Freienfels, 1986, S. 617; *Ständige Deputation des deutschen Juristentages* (Hrsg.), Verhandlungen des sechzigsten deutschen Juristentages, Band II/1, 1994, Teil K, Empfiehlt sich die von der Schuldrechtskommission vorgeschlagene Neuregelung des allgemeinen Leistungsstörungsrechts, der Mängelhaftung bei Kauf- und Werkvertrag und des Rechts der Verjährung? (zitiert: Verhandlungen des 60. JT); *Stürner*, Einige Bemerkungen zum Stand der Schuldrechtsreform, in: Pfeiffer u.a. (Hrsg.), Festschrift für Hans Erich Brandner zum 70. Geburtstag, S. 635 (zitiert: Stürner); *ders.*, Empfiehlt sich die von der Schuldrechtskommission vorgeschlagene Neuregelung des allgemeinen Leistungsstörungsrechts, der Mängelhaftung bei Kauf- und Werkvertrag und des Rechts der Verjährung?, Beilage zu Heft 25, NJW 1994, 2*; *Unterrieder*, Die regelmäßige Verjährung – Die §§ 195 bis 202 BGB und ihre Reform, 1998 (zitiert: Unterrieder).

Vorbemerkung zu §§ 194–218

A. Gesetzgeberische Begründung der Grundprinzipien des neuen Verjährungsrechts

1 Die Ziele des Verjährungsrechts sind die des Schutzes des Nichtschuldners, der Prozessökonomie, der Marktsteuerung, des Schutzes der Dispositionsfreiheit des Schuldners und des Bestandsschutzes der Gläubigerinteressen. Bei der Aufstellung der Verjährungsregeln bedarf es der Abwägung zwischen den verschiedenen, gelegentlich gegenläufigen Zielen und ihrer Optimierung.[1] Der Gesetzgeber begründet

---

1 Das soll im Einzelnen hier nicht entfaltet werden, siehe dazu ausführlich *Mansel/Budzikiewicz*, dort zahlreiche weiterführende Nachweise.

die Reformbedürftigkeit und die Grundprinzipien der Neugestaltung des Verjährungsrechts[2] durch das Schuldrechtsmodernisierungsgesetz mit den folgenden Überlegungen:

„Bei der Neugestaltung des Verjährungsrechts hat sich der Entwurf zunächst von der Tatsache leiten lassen, dass mit der Festlegung der Dauer einer Verjährungsfrist zwar eine wichtige Entscheidung getroffen wird, eine Beurteilung der Angemessenheit dieser Frist aber nur dann möglich ist, wenn mitbedacht wird, wann die Frist zu laufen beginnt und welche Maßnahmen sie zu hemmen oder zu unterbrechen vermögen. Erst die Zusammenschau von Fristdauer, Fristbeginn, Fristende, Fristhemmung und Fristunterbrechung ermöglicht es festzustellen, ob die Interessen von Gläubiger und Schuldner gerecht gegeneinander abgewogen sind.

Was die Interessen des Gläubigers anbelangt, war es das Ziel zu gewährleisten, dass ihm eine faire Chance eröffnet wird, seinen Anspruch geltend zu machen. Das bedeutet, dass ihm grundsätzlich hinreichend Gelegenheit gegeben werden muss, das Bestehen seiner Forderung zu erkennen, ihre Berechtigung zu prüfen, Beweismittel zusammenzutragen und die gerichtliche Durchsetzung der Forderung ins Werk zu setzen. Dieser Grundsatz kann nicht ausnahmslos durchgehalten werden. Es gibt Fallgestaltungen, in denen der Gläubiger die Verjährung seiner Forderung selbst dann hinnehmen muss, wenn er vor Ablauf der Verjährungsfrist nicht wusste, ja nicht einmal wissen konnte, dass ihm ein Anspruch zusteht. Dies kann insbesondere dann der Fall sein, wenn ihm ein vertraglicher Anspruch aus der Lieferung einer fehlerhaften Sache oder aus der Errichtung eines fehlerhaften Werks zusteht, wo – wie im geltenden Recht – auch nach dem Recht des Entwurfs hinsichtlich des Verjährungsbeginns allein an den objektiven Tatbestand der Ablieferung bzw. Abnahme angeknüpft werden soll.

Was die Interessen des Schuldners betrifft, so richten sie sich in erster Linie darauf, vor den Nachteilen geschützt zu werden, die der Ablauf von Zeit bei der Abwehr unbegründeter Ansprüche mit sich bringt. Der Schuldner kann Belege und Beweismittel nur für eine begrenzte Zeit aufbewahren. In Beweisnot kann er durch Zeitablauf auch deshalb geraten, weil Zeugen nicht mehr namhaft gemacht werden können, unerreichbar sind oder sich an die streitigen Vorgänge nicht mehr zu erinnern vermögen. Dies gilt namentlich dann, wenn das Vorliegen der Voraussetzungen, von denen der Anspruch des Gläubigers abhängt, vermutet wird und dem Schuldner der Gegenbeweis dafür obliegt, dass jene Voraussetzungen nicht gegeben seien. So braucht der Gläubiger, der einen vertraglichen Schadensersatzanspruch geltend macht, nur darzutun, dass es zu einer objektiven Pflichtverletzung gekommen ist; gemäß dem bisherigen § 282 BGB ist es dann Sache des Schuldners zu beweisen, dass er die Pflichtverletzung nicht zu vertreten hat. Ähnlich liegt es, wenn ein Anscheinsbeweis zu entkräften ist.

Das Verjährungsrecht muss den Schuldner aber nicht nur vor der Gefahr schützen, dass er durch Zeitablauf in Beweisnot gerät. Denn selbst wenn eine Beweisnot des Schuldners nicht vorliegt und der Anspruch des Gläubigers sachlich begründet ist, kann es den Schuldner hart treffen, wenn er trotz Ablaufs einer langen Zeit den Anspruch noch erfüllen muss. Es mag ein Zeitpunkt erreicht worden sein, in dem der Schuldner darauf vertrauen durfte, dass der Gläubiger auf seine Forderung nicht mehr zurückgreifen werde. Auch kann es unangemessen sein, vom Schuldner zu verlangen, dass er sich lange Zeit zur Erfüllung bereithält und entsprechende Vorsorgemaßnahmen trifft; dadurch kann er in seiner Dispositionsfreiheit unbillig eingeschränkt werden. Auch kann den Schuldner die Erfüllung des Anspruchs deshalb hart treffen, weil er infolge des Zeitablaufs Regressansprüche gegen Dritte verloren hat, sei es, weil der Regressschuldner nicht mehr aufgefunden werden kann oder zahlungsunfähig geworden ist, sei es auch, weil er sich seinerseits auf Verjährung der Regressforderung berufen kann.

Schließlich muss die Regelung des Verjährungsrechts auch der Rechtssicherheit dienen. Sie muss deshalb möglichst einfach und klar sein und muss nicht nur dem Gläubiger und dem Schuldner, sondern auch ihren Rechtsanwälten und den Gerichten praktikable Regeln an die Hand geben, mit denen sich verjährte von unverjährten Forderungen unterscheiden lassen. Es ist offensichtlich, dass ein Verjährungsrecht, dessen Regeln in diesem Sinne Berechenbarkeit und Voraussehbarkeit gewährleisten wollen, im Einzelfall zu Ergebnissen führen kann, die unbillig erscheinen mögen. Dem ließe sich nur dadurch entgegenwirken, dass im Interesse der Einzelfallgerechtigkeit kasuistische und differenzierende Regeln geschaffen werden, die verschiedene Ansprüche verschiedenen Verjährungsfristen unterstellen. Dafür würde jedoch – wie gerade die Erfahrungen mit dem geltenden Recht belegen – ein zu hoher Preis bezahlt, weil jede Abgrenzung zwischen verschiedenen Ansprüchen und den für sie maßgeblichen Verjährungsfristen praktische Probleme schafft, die nur dort in Kauf genommen werden sollten, wo dies aus besonders stichhaltigen Gründen unabweisbar erscheint."[3]

---

2 Siehe dazu grundlegend das vorbereitende Gutachten von *Peters/Zimmermann*, S. 77 ff.; siehe ferner insbesondere (in zeitlicher Reihenfolge): *Heinrichs*, NJW 1982, 2021 ff.; ders., VersR Sonderheft, Karlsruher Forum 1991, S. 3 ff.; *Abschlußbericht*; *Verhandlungen des 60. JT*, Teil K; *Stürner*, NJW 1994, 2 ff.; *Unterrieder*; *Haug*; *Zimmermann*, JZ 2000, 853 ff.; *Mansel*, S. 333 ff.; *Ernst*, S. 559 ff. und ZRP 2001, 1 ff.; *Eidenmüller*, S. 405 ff. und JZ 2001, 283 ff.; *Bydlinski*, S. 381 ff.; *Zimmermann*, ZEuP 2001, 217 ff.; *Zimmermann/Leenen u.a.*, JZ 2001, 684 ff.

3 Beschlussempfehlung und Bericht des Rechtsausschusses (6. Ausschuss), BT-Drucks 14/7052, 177 f.

B. Aufgehobene Vorschriften des bisherigen Verjährungsrechts

7 Die folgenden Vorschriften wurden durch das Schuldrechtsmodernisierungsgesetz aufgehoben:
- §§ 196, 197 a.F. (siehe § 195 Rn 6)
- §§ 199, 200 a.F. (siehe § 199 Rn 25)
- § 201 a.F. (siehe § 199 Rn 1)
- § 219 a.F. (siehe § 197 Rn 64).

8 Zu § 220 a.F. siehe § 197 Rn 55, 57; § 204 Rn 31, 33, 53.

C. Übergangsrecht

9 Art. 229 § 6 EGBGB regelt das Übergangsrecht anlässlich der Neuregelung des Verjährungsrechts zum 1.1.2002.

Titel 1. Gegenstand und Dauer der Verjährung

Vorbemerkung zu §§ 194–202

A. Gesetzgeberische Begründung der Neuregelung des Gegenstands und der Dauer der Verjährung

1 Die Art und Weise der Neuregelung des Gegenstands und der Dauer der Verjährung begründet der Gesetzgeber wie folgt:

2 „**Einführung einer regelmäßigen Verjährungsfrist von drei Jahren in Kombination mit einem Kenntnis- oder Erkennbarkeitskriterium**

Der Entwurf übernimmt in weiten Teilen das Verjährungsmodell der Principles of European Contract Law, die die Kommission für Europäisches Vertragsrecht – sog. Lando-Kommission – im Februar 2001 verabschiedet hat, und folgt dem allgemeinen Ansatz der Schuldrechtskommission hinsichtlich einer deutlichen Reduzierung des Anwendungsbereichs der dreißigjährigen Verjährungsfrist.

Die regelmäßige Verjährungsfrist soll drei Jahre betragen (§ 195 BGB-RE) und am Schluss des Jahres beginnen, in dem der Anspruch fällig ist und der Gläubiger von den den Anspruch begründenden Umständen und der Person des Schuldners Kenntnis erlangt hat oder ohne grobe Fahrlässigkeit hätte erlangen müssen (§ 199 Abs. 1 BGB-BE[1]).

Damit wird an die im Bereich der unerlaubten Handlungen entwickelte Regelung des bisherigen § 852 Abs. 2 BGB angeknüpft. Ohne Rücksicht auf das Kenntnis- oder Erkennbarkeitskriterium sollen die Ansprüche in einer absoluten Verjährungsfrist von zehn Jahren ab Fälligkeit verjähren (§ 199 Abs. 3 und 4 BGB-BE). Ausgenommen von dieser 10-Jahres-Frist sind Schadensersatzansprüche, die auf die Verletzung besonders hochrangiger Rechtsgüter wie Freiheit, Körper, Leben oder Gesundheit gestützt werden. Für sie gilt eine absolute Verjährungsfrist von dreißig Jahren (§ 199 Abs. 2 BGB-BE).

Ausnahmetatbestände

3 Für den größten Teil der kauf- und werkvertraglichen Mängelansprüche ist die regelmäßige Verjährungsfrist nicht geeignet, weshalb hierfür – in Entsprechung zu der Verbrauchsgüterkaufrichtlinie – eine kürzere Frist von zwei Jahren vorgesehen werden soll (§ 438 Abs. 1 Nr. 3 und § 634a Abs. 1 Nr. 1 BGB-BE), die auch nicht erst mit Kenntnis bzw. grob fahrlässiger Unkenntnis beginnen soll, sondern schon mit Lieferung der Sache oder Abnahme des Werks (§ 438 Abs. 2 und § 634a Abs. 2 BGB-RE). Im Fall der Arglist bleibt es bei der regelmäßigen Verjährungsfrist.

Bestehen bleibt die fünfjährige Verjährungsfrist für Mängel von Bauwerken (§ 634a Abs. 1 Nr. 2 BGB-BE). Parallel dazu wird entsprechend dem Vorschlag der Schuldrechtskommission für in Bauwerke eingebaute, mangelhafte Sachen sowie für gekaufte Bauwerke auch eine Verjährungsfrist von fünf Jahren vorgesehen (§ 438 Abs. 1 Nr. 2 BGB-BE), um insbesondere den Bauhandwerkern die Rückgriffsmöglichkeit zu sichern.

Die dreißigjährige Verjährungsfrist bleibt erhalten für Herausgabeansprüche aus Eigentum und anderen dinglichen Rechten, für familien- und erbrechtliche Ansprüche sowie für titulierte Ansprüche (§ 197 Abs. 1 BGB-RE). Für Ansprüche auf Rechte an einem Grundstück und deren Gegenleistung ist eine zehnjährige Frist vorgesehen (§ 196 BGB-BE)."[2]

---

[1] BGB-BE = BGB in der Fassung der Beschlussempfehlung und des Berichts des Rechtsausschusses (6. Ausschuss), BT-Drucks 14/7052; diese ist identisch mit dem BGB in der Fassung vom 1.1.2002.

[2] Beschlussempfehlung und Bericht des Rechtsausschusses (6. Ausschuss), BT-Drucks 14/7052, 178.

B. Die Neuregelung und die Grundregeln des Europäischen Vertragsrechts

Der Gesetzgeber nimmt für sich in Anspruch, dass seine Neuregelung des Verjährungsrechts in weiten Teilen die Grundregeln des Europäischen Vertragsrechts[3] übernimmt. Die Grundregeln werden von einer Wissenschaftlergruppe, welche die Unterstützung der Europäischen Gemeinschaft hat, auf rechtsvergleichender Basis[4] erarbeitet und stellen einen gemeinsamen Standard des Europäischen Vertragsrechts dar, an welchem sich nationale Gesetzgeber oder die Europäische Gemeinschaft bei ihren Rechtssetzungsakten orientieren können und sollten, um eine mit den verschiedenen europäischen Rechtsordnungen kompatible Harmonisierung des europäischen Privatrechts zu erreichen.   4

Die Grundregeln im Bereich des Verjährungsrechts beruhen auf einer einheitlichen dreijährigen Verjährungsfrist, die mit der Anspruchsentstehung zu laufen beginnt, deren Lauf aber gehemmt ist, solange der Gläubiger die Person des Schuldners oder die Umstände, auf denen sein Anspruch beruht, einschließlich der Art des Schadens bei einem Schadensersatzanspruch, nicht kennt und vernünftigerweise nicht kennen konnte (zur Sachgerechtigkeit des kenntnisabhängigen Verjährungsbeginns siehe § 195 Rn 3, 9, näher § 199 Rn 8 ff.).   5

In der Tat hat im Verjährungsrecht zwischen dem DiskE[5] und den späteren Entwürfen ein Paradigmenwechsel hin zu den Grundregeln stattgefunden, der im Wesentlichen auf die Arbeiten und den Einsatz von *Zimmermann* zurückgeht, der im Gesetzgebungsverfahren Mitglied der Bund-Länder-Arbeitsgruppe Verjährungsrecht gewesen ist.[6]   6

Selbst wenn man bedenkt, dass die Grundregeln allein die Verjährung schuldrechtlicher Ansprüche erfassen sollen, die §§ 194 ff. daher einen wesentlich weiteren sachlichen Anwendungsbereich haben, machte der deutsche Gesetzgeber wichtige Abstriche von einer vollständigen Rezeption der verjährungsrechtlichen Grundregeln.[7] Die wesentlichen Unterschiede werden in der Kommentierung der einzelnen Paragraphen jeweils angezeigt.

So kommen die Grundregeln neben der Regelverjährungsfrist von drei Jahren mit lediglich einer Sonderverjährungsfrist aus. Für durch ein Urteil, einen Schiedsspruch oder eine andere Urkunde, die wie ein Urteil vollstreckbar ist, zugesprochene Ansprüche wird eine zehnjährige Verjährungsfrist (bei objektivem Verjährungsbeginn) vorgesehen.[8] Diese besondere Frist entspricht im Grundsatz der allerdings dreißigjährigen Frist des § 197 Abs. 1 Nr. 3 bis 5. Dem Europäischen Vertragsrecht fällt der Verzicht auf Sonderverjährungsfristen deshalb leichter, weil seine Verjährungsregeln auf den Bereich des Schuldrechts – wenn auch nicht nur des Vertragsrechts[9] – und die angesprochene Verjährung titulierter Ansprüche beschränkt sind. Dennoch sind auch begrenzt auf den Schuldrechtsbereich bedeutsame Unterschiede zwischen dem BGB und den Grundregeln des Europäischen Vertragsrechts festzustellen. Das BGB wendet auf die Verjährung kauf-, werk- und reisevertraglicher Gewährleistungsansprüche (§§ 438, 479, 634a, 651g, siehe jeweils dort und bei § 195 Rn 13) nicht die Regelverjährung mit kenntnisabhängigem Verjährungsbeginn (siehe § 199), sondern eine zweijährige Frist mit objektivem Verjährungsbeginn an.[10]   7

Bedeutsam ist auch, dass § 199 Abs. 1 die Regelverjährung erst bei Kenntnis oder grobfahrlässiger Unkenntnis des Gläubigers von den anspruchsbegründenden Tatsachen beginnen lässt, während Art. 17:105 der Grundregeln die Unkenntnis als Hemmungsgrund ausgestaltet. Die Regelung der Grundregeln ist vorzugswürdig.   8

---

3 Deutsche Übersetzung der verjährungsrechtlichen Regeln in: ZEuP 2001, 400 ff.; dazu *Zimmermann*, ZEuP 2001, 217 ff. Die anderen bisher veröffentlichten Grundregeln des Europäischen Vertragsrechts sind abgedruckt in: *Lando/Beale* (Hrsg.), Principles of European Contract Law, Parts I and II, 2000.
4 Siehe die rechtsvergleichende Studie zum Verjährungsrecht, die als Arbeitsgrundlage für die Erstellung der Grundregeln diente: *Zimmermann*, Comparative Foundations of a European Law of Set-Off and Prescription, 2001; *ders.*, JZ 2000, 8543 ff.
5 Siehe die entsprechende Kritik an dem DiskE von *Mansel*, S. 333 ff.
6 Siehe dazu *Zimmermann/Leenen u.a.*, JZ 2001, 684 ff.
7 *Zimmermann*, ZEuP 2001, 217 ff.; *Zimmermann/Leenen u.a.*, JZ 2001, 684 ff.
8 Art. 17:103, 17:104 Abs. 2 Grundregeln des Europäischen Vertragsrechts, ZEuP 2001, 400 ff.
9 Zum Anwendungswillen der verjährungsrechtlichen Grundregeln des Europäischen Vertragsrechts über das Vertragsrecht hinaus auf den gesamten Bereich des Schuldrechts siehe *Zimmermann*, ZEuP 2001, 217, 220.
10 Für grundsätzlich sachgerecht erachten das etwa *Eidenmüller*, JZ 2001, 283, 285; *Ernst*, S. 559, 579 ff., 582 ff.; *Heinrichs*, BB 2001, 1417, 1420; *Leenen*, JZ 2001, 552, 552 ff.; *Mansel*, S. 333, 408; *Zimmermann/Leenen u.a.*, JZ 2001, 684, 688 ff.; bei allen auch zur Problematik der verschuldensabhängigen Gewährleistungsansprüche, bei welchen um die Sachgerechtigkeit der gesetzlichen Regelung gestritten wird.

§ 194 Gegenstand der Verjährung

(1) ¹Das Recht, von einem anderen ein Tun oder Unterlassen zu verlangen (Anspruch), unterliegt der Verjährung.

(2) ¹Ansprüche aus einem familienrechtlichen Verhältnis unterliegen der Verjährung nicht, soweit sie auf die Herstellung des dem Verhältnis entsprechenden Zustandes für die Zukunft gerichtet sind.

Inhalt

A. Reformgehalt 1	c) Öffentlich-rechtliche Ansprüche 16
I. Keine sachliche Neuerung 1	II. Unverjährbarkeit 21
II. Erstreckung der Verjährungsregeln 2	1. Grundsatz 21
B. Regelungsgehalt 4	2. Künftige familienrechtliche Verhältnisse (Abs. 2) . 22
I. Anspruchsverjährung (Abs. 1) 4	3. Speziell: Unterhaltsansprüche 26
1. Anspruch 4	a) Familienrechtliche Unterhaltsansprüche für
2. Anwendungsbereich 9	künftige Zeiträume 26
a) Im BGB geregelte Ansprüche 9	b) Andere Unterhaltsansprüche 27
b) Außerhalb des BGB geregelte zivilrechtliche Ansprüche 11	

A. Reformgehalt

I. Keine sachliche Neuerung

1 Die Vorschrift des § 194 bringt keine sachlichen Neuerungen. **Abs. 1** entspricht dem bisherigen Abs. 1 a.F.; auch der DiskE und die KF sahen keine andere Regelung vor. § 194 entspricht dem Gehalt des Art. 17:101 der Grundregeln des Europäischen Vertragsrechts (siehe hierzu vor §§ 194 – 202 Rn 4 ff.). **Abs. 2** enthält nur eine sprachliche Korrektur gegenüber Abs. 2 a.F.; es heißt jetzt „Ansprüche" statt zuvor „Anspruch". Die Übernahme des Abs. 2 in das neue Recht wäre verzichtbar gewesen.[1] Er findet auch in den Grundregeln des Europäischen Vertragsrechts keine Entsprechung.

II. Erstreckung der Verjährungsregeln

2 Nicht geltendes Recht wurde **§ 194 Abs. 3 BGB-DiskE**, der folgenden Wortlaut hatte: „Die Vorschriften dieses Abschnitts gelten, soweit nicht ein anderes bestimmt ist, auch für die Verjährung von Ansprüchen gleich aus welchem Rechtsgrund, die nicht in diesem Gesetz geregelt sind." Der Gesetzgeber wollte damit eine gesetzliche Grundlage für die entsprechende bisherige Rechtspraxis schaffen und zugleich die Umstellung des Verjährungsrechts außerhalb des BGB erleichtern.[2] Allerdings hat er es – wohl aus Zeitnot – versäumt, die zahlreichen Sonderverjährungsfristen außerhalb des BGB (§ 195 Rn 32) zu überprüfen; viele hätten durch einen Verweis auf die §§ 194 ff. ersetzt werden können.

3 Der Regelungsvorschlag des § 194 Abs. 3 BGB-DiskE ist **kritisiert** worden.[3] Denn die ausdrückliche gesetzgeberische Anordnung der Erstreckung der Verjährungsregeln des BGB auch auf Ansprüche, die nicht im BGB geregelt sind, verlangte eine genaue Überprüfung, ob insbesondere die dreijährige Regelverjährungsfrist des § 195 für diese Ansprüche sachgerecht ist. Das gilt insbesondere deshalb, weil § 194 Abs. 3 BGB-DiskE alle Ansprüche „gleich aus welchem Rechtsgrund" erfassen wollte. Dadurch wäre auch die Anspruchsverjährung im öffentlichen Recht den §§ 194 ff. unterstellt worden. Diese umfassende Prüfung ist wegen des Zeitdrucks, unter dem das Reformwerk stand, jedoch unterblieben. Eine Unterstellung der staatshaftungsrechtlichen Ansprüche unter die dreijährige Regelverjährung hätte das Schuldrechtsmodernisierungsgesetz zudem zustimmungspflichtig gemacht (Rn 9).[4]

Der Gesetzgeber hat im Laufe des Gesetzgebungsverfahrens[5] auf § 194 Abs. 3 BGB-DiskE **verzichtet**. Das ist zu begrüßen. Die Rechtsprechung hat damit größere Freiheit, abweichende Verjährungsregeln für die Ansprüche zu entwickeln, deren Verjährung nicht ausdrücklich geregelt ist. Diese Freiheit der Rechtsentwicklung ist schon deshalb von besonderer Bedeutung, weil die Regelverjährungsfrist von bisher dreißig Jahren (§ 195 a.F.) auf drei Jahre verkürzt wurde (ausführlich dazu Rn 14 f.).

---

1 *Mansel*, S. 333, 369; *Zimmermann/Leenen u.a.*, JZ 2001, 684, 694.
2 Begründung DiskE, S. 221.
3 *Ernst*, ZRP 2001, 1, 3; *Krebs*, DB 2000, Beilage 14, 1, 5; *Mansel*, S. 333, 408; zustimmend *Dauner-Lieb/Arnold*, § 194 BGB; positiv zu § 194 Abs. 3 BGB-DiskE: Bundesverband der Deutschen Industrie, Bundesvereinigung der deutschen Arbeitgeberverbände, Stellungnahme vom 12.1.2001, S. 9 (positiv für den verwaltungsrechtlichen Bereich).
4 Näher *Ernst*, S. 559, 571.
5 Die Fassung des Referentenentwurfs vom 7.2.2001 (sogenannte n.F.1, unveröffentlicht, siehe zu ihr *Zimmermann/Leenen u.a.*, JZ 2001, 684, 685 Fn. 16.) enthielt Abs. 3 nicht mehr.

B. Regelungsgehalt

I. Anspruchsverjährung (Abs. 1)

1. Anspruch

Abs. 1 enthält eine **Legaldefinition des Anspruchs**. Das ist das Recht, von einem anderen ein Tun oder Unterlassen zu verlangen, also ein Handeln oder Nichthandeln. Nach Abs. 1 sind – wie im bisher geltenden Recht – alle Ansprüche verjährbar, sofern sie das Gesetz nicht ausdrücklich als unverjährbar qualifiziert. Bei bestimmten Ansprüchen bestehen gesetzliche Ausschlussfristen für die Anspruchserhebung, siehe etwa §§ 864, 977, 1002.

§ 197 Abs. 1 Nr. 2 zeigt, dass die Verjährung nicht nur vermögensrechtliche, sondern auch nichtvermögensrechtliche Ansprüche erfasst. Der Anspruch kann schuld-, sachen-, familien- und erbrechtlicher Natur sein. § 194 meint den **materiellrechtlichen Anspruch**, nicht prozessuale Ansprüche (Klagerechte).

Die Verjährung ist auf den einzelnen Anspruch bezogen, nicht auf das Schuldverhältnis, etwa einen Vertrag, als solches. Daher ist die richtige Verjährungsfrist **für jeden einzelnen Anspruch** zu bestimmen. Siehe dazu § 195 Rn 37.

Keine Ansprüche und damit als solche unverjährbar sind **insbesondere**[6]
- Dauerschuldverhältnisse selbst[7] (z.B. der Dienstvertrag oder die Miete)
- absolute Rechte[8] (z.B. Eigentum, Namensrecht, Sorgerecht)
- das Recht zum Besitz[9]
- selbständige Einreden[10] (etwa gemäß § 275 Abs. 2 oder § 321 Abs. 1 = § 320 Abs. 1 a.F.)
- Gestaltungsrechte.[11] Für die Ausübung von Gestaltungsrechten bestehen aber regelmäßig Ausschlussfristen (z.B. §§ 121, 124, 532, 1944 Abs. 1).

Die aus **Dauerschuldverhältnissen** folgenden **einzelnen Ansprüche**, wie etwa der Anspruch auf Mietzins oder der einzelne Zahlungsanspruch aus einem Leibrentenversprechen, sind der Verjährung unterworfen.[12] Die Frage, ob auch der aus dem Dauerschuldverhältnis folgende **Gesamtanspruch (Stammrecht)** auf kurzzeitig und laufend wiederkehrende Leistungen verjähren kann mit der Folge, dass kein Anspruch mehr auf die Einzelleistungen erhoben werden kann, war bislang strittig. Die h.M. geht von der Verjährbarkeit aus;[13] die besseren Argumente sprechen allerdings dagegen.[14] Der Reformgesetzgeber ließ das Problem offen. Die Streitfrage dauert fort.

Die Ansprüche, die der **Verwirklichung absoluter Rechte** dienen und aus ihnen erwachsen (Herausgabe-, Beseitigungs- und Unterlassungsansprüche), unterliegen der Verjährung. Das macht § 197 Abs. 1 Nr. 1 für Herausgabeansprüche aus Eigentum und anderen dinglichen Rechten deutlich.

Unverjährbarkeit von Ansprüchen besteht nur bei ausdrücklicher gesetzlicher Anordnung (Rn 21); eine entsprechende Parteiabrede der Unverjährbarkeit ist nicht zulässig (§ 202 Abs. 2, siehe dort Rn 33 ff.). Umgekehrt kann ein gesetzlich als unverjährbar eingestufter Anspruch nicht durch Parteiabrede der Verjährung unterworfen werden, da die gesetzlich bestimmte Unverjährbarkeit zwingendes Recht ist.[15]

Den **Vorschlägen** aus der Wissenschaft,[16] im Anschluss an ausländische Rechte den Kreis der verjährbaren Ansprüche zu begrenzen, ist der Gesetzgeber nicht gefolgt. Er lehnt es ab, nur Forderungen aus Schuldverhältnissen der Verjährung zu unterwerfen und Ansprüche aus absoluten Rechten – wie insbesondere den Herausgabeanspruch des Eigentümers aus § 985 – nicht verjähren, sondern erst mit dem absoluten Recht untergehen zu lassen. Die Verjährbarkeit von Herausgabeansprüchen des Eigentümers führt insbesondere bei abhanden gekommenen Kunstwerken zu unbefriedigenden Ergebnissen.[17] Dennoch

---

6 Siehe zu weiteren Beispielen MüKo/*Grothe*, § 194 Rn 22, 24.
7 Jauernig/*Jauernig*, § 194 Rn 1.
8 Siehe *Larenz/Wolf*, Allgemeiner Teil des Bürgerlichen Rechts, 18. Aufl. 1997, § 15 I, II; Staudinger/*Peters*, § 194 Rn 19.
9 RGZ 144, 378, 381 f.
10 MüKo/*Grothe*, § 194 Rn 24.
11 Für eine Verjährbarkeit von Gestaltungsrechten aber de lege ferenda *Bydlinski*, S. 381, 383 f.
12 Palandt/*Heinrichs*, § 194 Rn 7, dort bejahend zu der strittigen Frage, ob das Stammrecht (Gesamtanspruch) bei der Leibrente und ähnlichen Pflichten zur wiederkehrenden Leistung der Verjährung unterliegen.
13 Siehe nur RGZ 136, 427, 430; BGH NJW 1973, 1684, 1685; Soergel/*Niedenführ*, § 194 Rn 3; a.A. Staudinger/*Peters*, § 194 Rn 16.
14 Siehe Staudinger/*Peters*, § 194 Rn 16.
15 BT-Drucks 14/6040, 110, 111.
16 *Peters/Zimmermann*, S. 77, 186, 287; *von Plehwe*, Kunstrecht und Urheberrecht, 2001, 49, 56; *Siehr*, ZRP 2001, 346, 347; *ders.*, Verjährt ein Anspruch auf Herausgabe des Eigentums? Deutsches Verjährungsrecht vor englischen Gerichten?, in: *Carl/Güttler/Siehr*, Kunstdiebstahl vor Gericht. City of Gotha v. Sotheby, s/Cobert Finance S.A., 2001, S. 53, 74 f.; *Zimmermann/Leenen u.a.*, JZ 2001, 684, 693; siehe unabhängig von der Reform etwa *Müller*, Sachenrecht, 3. Aufl. 1993, Rn 455; *Kunze*, Restitution „Entarteter Kunst". Sachenrecht und Internationales Privatrecht, 2000, S. 234 f.; siehe ferner *Henckel*, Vorbeugender Rechtsschutz im Zivilrecht, AcP 174 (1974) 97, 130. Gegen die Vorschläge der Unverjährbarkeit insbesondere dinglicher Ansprüche siehe beispielsweise *Heinrichs*, NJW 1982, 2021 ff., 2025.

hat sich der Rechtsausschuss des Bundestages mit der Bundesregierung dagegen entschieden,[18] Herausgabeansprüche (auch) bei beweglichen Sachen unverjährbar zu gestalten. Beide gehen davon aus, dass die auch im bisherigen Recht schon neben der Ersitzung bestehende Verjährung des Herausgabeanspruchs im Interesse des Rechtsverkehrs und des Rechtsfriedens notwendig sei. Nach einer bestimmten Zeit solle die Ungewissheit über das Bestehen und die Durchsetzbarkeit eines Anspruchs beendet sein. Wegen des hohen Stellenwerts des Eigentums sei für den Herausgabeanspruch aus Eigentum die außerordentlich lange Verjährungsfrist von dreißig Jahren gewählt worden. Wenn dagegen eingewendet werde, es bestehe kein Bedürfnis für eine Verjährung des Herausgabeanspruchs, denn die Verjährung schütze nur den Dieb und andere bösgläubige Besitzer, während die Gutgläubigen bereits durch Ersitzung (§ 937) oder Ersteigerung (§ 935 Abs. 2) Eigentum erworben hätten, so sei das unzutreffend. Tatsächlich schütze die Verjährung des Herausgabeanspruchs auch den gutgläubigen Erwerber. Dieser erwerbe zwar rein rechtlich gesehen wirksam das Eigentum durch Ersitzung oder durch Versteigerung. Dies enthebe ihn aber nicht der Sorge, dass ihm böser Glaube entgegengehalten und sein (wirksamer) Erwerb streitig gemacht werde. Erst nach Ablauf der Verjährung könne auch der gutgläubige Erwerber sicher sein, dass ihm niemand mehr seine Rechte streitig mache. Das gelte auch und gerade bei wertvollen Kunstwerken.

2. Anwendungsbereich

a) Im BGB geregelte Ansprüche

9 Die Verjährungsvorschriften der §§ 194–218 sind direkt auf die **im BGB geregelten Ansprüche** anwendbar, sofern nichts anderes bestimmt ist. Daher verjähren z.B. Amtshaftungsansprüche, die bisher nach § 852 a.F. verjährten, heute nach § 195, 199, die sich stark an § 852 Abs. 1 a.F. anlehnen, aber nicht mit der Vorschrift deckungsgleich sind (§ 195 Rn 3, § 199 Rn 1 f.).[19]

10 Es finden sich jedoch im BGB zahlreiche **Sonderregeln**. Abweichende Regeln für den Verjährungsbeginn und die Verjährungsfrist bestehen etwa für die kauf- und werkvertragliche Mängelgewährleistung (§§ 438, 634 a), für Rückgriffsansprüche aus § 478 Abs. 2 (§ 479 Abs. 1), für die Ansprüche des Reisenden aus dem Reisevertrag (§ 651g Abs. 2) und für den Unterhaltsanspruch aus Anlass einer Geburt (§ 1615l Abs. 4); weitere Nachweise bei § 195 Rn 16, 21, 23.

Nicht selten ist allein der Verjährungsbeginn abweichend geregelt, etwa bei bestimmten Ansprüchen aus Leihe (§ 604 Abs. 5) und Verwahrung (§§ 695 f.).

In Bezug auf Rückgriffsketten bei dem Verbrauchsgüterkauf normiert § 479 Abs. 2 Sonderregeln der Ablaufhemmung.

Sondervorschriften für Verjährungsvereinbarungen sieht z.B. § 475 Abs. 2 für den Verbrauchsgüterkauf oder § 651m für den Reisevertrag vor.

b) Außerhalb des BGB geregelte zivilrechtliche Ansprüche

11 Einzelne Gesetze enthalten ausdrückliche Verweisungen auf die §§ 194 ff. (§ 195 Rn 25). Fehlt es daran ebenso wie an einer speziellen Verjährungsregelung für einzelne Ansprüche, so liegt eine Regelungslücke vor. Bisher wurden in einem solchen Fall die §§ 194 ff. nach einhelliger Praxis auf alle anderen zivilrechtlichen Ansprüche entsprechend angewandt, soweit die Regelungslücke reichte.[20] Daran wollte der Reformgesetzgeber unter der Neuregelung der §§ 194 ff. grundsätzlich festhalten (siehe Rn 2 f.).

12 Dennoch wird man seit der Neuregelung des Verjährungsrechts für jeden einzelnen zivilrechtlichen Anspruch, der nicht im BGB geregelt ist, die entsprechende **Anwendung der §§ 194 ff. neu begründen** müssen. Das gilt insbesondere für die Anwendbarkeit des § 195. Denn die Regelverjährungszeit des § 195 a.F. war die längste Verjährungsfrist des bisherigen Rechts. Ihre Erstreckung auf alle Ansprüche, deren Verjährung nicht speziell gesetzlich geregelt ist, konnte nicht zu bedenklichen Einschränkungen der Anspruchsverwirklichung führen. Das ist heute anders.

---

17 *Kunze*, Restitution „Entarteter Kunst". Sachenrecht und Internationales Privatrecht, 2000, S. 234 f.; *Mansel*, S. 333, 368 f.; *von Plehwe*, Kunstrecht und Urheberrecht 2001, 49, 56; *Siehr*, ZRP 2001, 346, 347; *ders.*, Verjährt ein Anspruch auf Herausgabe des Eigentums? Deutsches Verjährungsrecht vor englischen Gerichten?, in: *Carl/Güttler/Siehr*, Kunstdiebstahl vor Gericht. City of Gotha v. Sotheby, s /Cobert Finance S.A., 2001, S. 53, 74 f. (auch rechtsvergleichend); *Zimmermann/Leenen u.a.*, JZ 2001, 684, 693.

18 Siehe zum folgenden Beschlussempfehlung und Bericht des Rechtsausschusses (6. Ausschuss), BT-Drucks 14/7052, 179 (zu § 194 BGB).

19 §§ 195 und 199 sind mit § 852 a.F. nicht deckungsgleich (Das Merkmal der grob fahrlässigen Unkenntnis des § 199 fehlt in § 852 a.F.; die Maximalfrist des § 852 a.F. beträgt durchgehend dreißig Jahre, während § 199 zwischen zehn und dreißig Jahren differenziert. Daraus schließt *Ernst*, S. 559, 571 zu Recht auf die insoweit bestehende Zustimmungsbedürftigkeit der Neuregelung gemäß Art. 74 Abs. 1 Nr. 25, Abs. 2 GG.

20 Siehe Soergel/*Niedenführ*, vor § 194 Rn 7 (aber nur für öffentlich-rechtliche Ansprüche unter Berufung auf einen allgemeinen Rechtsgedanken).

Die **Regelverjährungsfrist** ist heute stark **verkürzt**. Sie beträgt drei Jahre (§ 195) beginnend mit dem Schluss des Jahres, in dem der Anspruch entstanden ist und der Gläubiger von den anspruchsbegründenden Umständen und der Person des Schuldners Kenntnis erlangt oder ohne grobe Fahrlässigkeit erlangen müsste (§ 199 Abs. 1). Ohne Rücksicht auf die Kenntnis oder grob fahrlässige Unkenntnis verjähren andere Ansprüche als Schadensersatzansprüche in zehn Jahren von ihrer Entstehung an (§ 199 Abs. 4). Für Schadensersatzansprüche gilt eine Frist von zehn bzw. dreißig Jahren (§ 199 Abs. 3 und 4). Soweit die Rechtsprechung bisher § 195 a.F. auf Ansprüche außerhalb des BGB angewandt hat, kann dies daher nicht unbesehen für § 195 n.F. übernommen werden. Das gilt vor allem für die Ansprüche, bei welchen § 199 (siehe § 195 Rn 5 und vor allem § 199) eine zehnjährige Maximalverjährungsfrist anordnet, da hier eine effektive **Verjährungsverkürzung** um zwanzig Jahre vorgenommen würde.

Da es zu einschneidenden Veränderungen der Regelverjährung gekommen ist, kann es angezeigt sein, bisher in entsprechender Anwendung der §§ 195, 198 a.F. in dreißig Jahren objektiv verjährbare Ansprüche heute nicht der kürzeren Regelverjährung des § 195 zu unterstellen, sondern in begründeten Einzelfällen zur Schließung der **Regelungslücke** an der bisherigen dreißigjährigen objektiven Verjährungsfrist festzuhalten. Denn der Gesetzgeber hatte bislang in Kenntnis des § 195 a.F. auf eine Regelung der Verjährung der in den Anwendungsbereich des § 195 a.F. fallenden Ansprüche, insbesondere zahlreicher öffentlich-rechtlicher Ansprüche (siehe Rn 16 ff.) verzichtet. Damit hat er die dreißigjährige Verjährungsfrist in seinen Willen aufgenommen. Der Reformgesetzgeber des Schuldrechtsmodernisierungsgesetzes hat hingegen durch den Verzicht auf § 194 Abs. 3 BGB-DiskE ausdrücklich offen gelassen, ob die Änderung der §§ 195, 199 Auswirkungen auf die Anspruchsverjährung außerhalb des BGB haben soll (Rn 2 f.). Vielmehr hat er eine umfassende Neuregelung der nicht im BGB wurzelnden Ansprüche angekündigt.[21] Daher sollte es **im Zweifel** bei der Fortgeltung der Grundsätze der §§ 195, 198 a.F. bleiben, bis die Verjährungsregelung außerhalb des BGB umfassend geprüft und reformiert wurde. Im Regelfall wird die Interessen- und Normzweckanalyse jedoch ergeben, dass die durch §§ 195, 199 geschaffene neue Regelverjährung angemessen ist.

Der Reformgesetzgeber hat der Rechtsprechung diese **Freiheit zur Rechtsfortbildung** im neuen Recht dadurch zugestanden, dass er sich der Kritik an § 194 Abs. 3 BGB-DiskE gebeugt und auf die Inkraftsetzung der Regelung verzichtet hat (Rn 2 f.).

c) Öffentlich-rechtliche Ansprüche

Insbesondere galten die §§ 194 ff. a.F. bisher auch für die Verjährung von öffentlich-rechtlichen Ansprüchen, falls deren Verjährung nicht gesetzlich geregelt ist und öffentlich-rechtliche Normen nicht analog anzuwenden sind.[22] Welche Auswirkung die Neuregelung des Verjährungsrechts der §§ 194 ff. auf die Verjährung öffentlich-rechtlicher Forderungen hat, ist offen.[23]

Die Rechtsprechung hat schon bisher betont, dass besonders sorgfältig zu prüfen sei, ob die durch den öffentlich-rechtlichen Anspruch berührte **Interessenlage** mit der von den §§ 194 ff. a.F. vorausgesetzten vergleichbar ist. Diese Prüfung wurde insbesondere für die analoge Anwendung der Vorschriften des BGB, die eine relativ kurze Verjährungsfrist bestimmten, vorgenommen.[24]

Dies hat heute für das neue Recht generell zu gelten, so dass bei allen öffentlich-rechtlichen Ansprüchen, bei welchen eine ausdrückliche Verjährungsregelung fehlt, durch **Auslegung** zu ermitteln ist, ob die Regelungslücke durch eine entsprechende Anwendung der §§ 194 ff. oder auf andere Weise, insbesondere durch die Statuierung einer dreißigjährigen Verjährungsfrist ab Anspruchsentstehung, zu schließen ist (Rn 14). In der Literatur wird ein ähnliches Vorgehen diskutiert. Insbesondere gibt es die Überlegung, dass „man die bisherige Rechtslage mit ihrer dreißigjährigen Verjährungsfrist ‚einfriert' und den allgemeinen Grundsätzen des Verwaltungsrechts zuordnet".[25] Das erscheint einem Autor für die Verjährung öffentlich-rechtlicher Forderungen aber „gewagt".[26] Hierzu ist zu entgegnen, dass der hier unterbreitete Lösungsvorschlag sich nicht der Lehre von den ungeschriebenen allgemeinen Grundsätzen des Verwaltungsrechts bedient, sondern auf der Freiheit zur richterlichen Rechtsfortbildung bei veränderten gesetzlichen Rahmenbedingungen und Regelungsabstinenz des Gesetzgebers beruht. Sicher ist, dass die entsprechende Anwendung der Verjährungsfristen der §§ 194 ff. auf öffentlich-rechtliche Forderungen nicht von dem Willen des Gesetzgebers gedeckt ist und auch aus systematisch-teleologischen Gründen nicht zwingend ist.

---

21 Siehe (allerdings vor allem zu der Frage, ob bestehende Sonderfristen gestrichen werden können) die Gegenäußerung der Bundesregierung zur Stellungnahme des Bundesrates zum Entwurf eines Gesetzes zur Modernisierung des Schuldrechts, BT-Drucks 14/6857, 42; siehe bereits BT-Drucks 14/6040, 105.
22 HessVGH DVBl 1993, 1318; weitere Nachweise zu den spezialgesetzlichen Verjährungsvorschriften und der Anwendung des § 195 a.F. bei Palandt/*Heinrichs*, § 184 Rn 2, § 195 Rn 13.
23 Dazu (zu früheren Fassungen der Neuregelung und mit teils abweichenden Ergebnissen) vertiefend *Dötsch*, NWVBl 2001, 385 ff.
24 BVerwGE 28, 336; 52, 16, 23; weitere Nachweise bei Soergel/*Niedenführ*, vor § 194 Rn 7.
25 *Dötsch*, NWVBl 2001, 385, 389.
26 *Dötsch*, NWVBl 2001, 385, 389. Man werde um eine entsprechende Anwendung der Fristen der §§ 194 ff. „nicht herumkommen" (S. 388 zur Verjährung der öffentlich-rechtlichen positiven Forderungsverletzung).

19 Jedenfalls Ansprüche aus **Aufopferung, Enteignung** und enteignungsgleichem Eingriff, die bisher der objektiven dreißigjährigen Verjährungsfrist unterlagen,[27] sollten auch nach neuem Recht in dreißig Jahren ab Entstehung verjähren,[28] denn der Staat ist als Schuldner in besonderer Weise dem objektiven Recht und der Rechtsverwirklichung verpflichtet. Den Materialien zum Schuldrechtsreformgesetz ist nicht zu entnehmen, dass der Gesetzgeber die Verjährung öffentlich-rechtlicher Ansprüche reformieren und den Staat durch kurze Verjährungsfristen entlasten wollte. Gleiches könnte auch für den Folgenbeseitigungsanspruch gelten.[29]

20 Einzelne Bundesländer haben **spezielle Entschädigungsansprüche**, welche den allgemeinen enteignungsgleichen Eingriff in ihrem sachlichen Anwendungsbereich verdrängen,[30] normiert. Dabei haben sie für diese Ansprüche kürzere Verjährungsfristen festgelegt. So sieht beispielsweise § 41 OBG-NW als Verjährungsfrist des Entschädigungsanspruchs aus § 39 OBG-NW drei Jahre ab Kenntnis von den Anspruchsgrundlagen vor und bestimmt, dass Verjährung unabhängig von der Kenntnis spätestens dreißig Jahre nach der Anspruchsentstehung eintritt. Diese Regelung deckt sich nur teilweise mit der der §§ 195 und 199.

II. Unverjährbarkeit

1. Grundsatz

21 **Unverjährbarkeit** von Ansprüchen besteht nur bei ausdrücklicher gesetzlicher Anordnung (siehe z.B. §§ 194 Abs. 2, 758, 898, 902, 924, 2042 Abs. 2).[31] Die gesetzliche Anordnung der Unverjährbarkeit ist die Ausnahme. Der Reformgesetzgeber hat daran nichts geändert (Rn 8). Eine entsprechende rechtsgeschäftliche Abrede ist nicht möglich (§ 202 Abs. 2; siehe § 202 Rn 33 ff.).

2. Künftige familienrechtliche Verhältnisse (Abs. 2)

22 Gemäß Abs. 2 unterliegen Ansprüche auf die **künftige Herstellung eines familienrechtlichen Verhältnisses** nicht der Verjährung. Das gilt gleichermaßen für Ansprüche mit nichtvermögensrechtlichem oder mit vermögensrechtlichem Inhalt. Sie können sich auch gegen nicht der Familie zugehörige Dritte richten (etwa bei der Kindesherausgabe).

Hingegen verjähren die Ansprüche aus einem hergestellten familienrechtlichen Verhältnis in dreißig Jahren (§ 197 Abs. 1 Nr. 2).

23 Ansprüche auf künftige Herstellung eines in dem **Lebenspartnerschaftsgesetz** geregelten Rechtsverhältnisses sind als familienrechtlich im Sinne von Abs. 2 anzusehen, da die Lebenspartner als Familienangehörige gelten (§ 11 Abs. 1 LPartG).[32]

24 Ein **Betreuungsverhältnis** gilt nicht als ein familienrechtliches Verhältnis; die aus ihm entspringenden Ansprüche unterfallen daher nicht Abs. 2.[33]

25 **Unverjährbar** sind daher z.B. die Ansprüche aus §§ 1353 Abs. 1 S. 2, 1356, soweit sie auf die künftige Regelung der ehelichen Lebensgemeinschaft und Haushaltsführung gerichtet sind. Unverjährbar sind weiter die Ansprüche auf künftige Erfüllung der Dienstpflichten des Kindes (§ 1619) und auf Kindesherausgabe (§ 1632 Abs. 1).

Soweit familienrechtliche Ansprüche verjährbar sind, ist an die Hemmungsvorschrift des § 207 (= 204 a.F.), ggf. die des § 208 zu denken.

---

[27] Siehe BGHZ 9, 209; 36, 387 (Aufopferung); BGHZ 13, 98; BGH NJW 1982, 1273 (Enteignung); BGHZ 13, 89; BGHZ 117, 294 (enteignungsgleicher Eingriff).

[28] Für bedenkenswert hält das auch *Ernst*, ZRP 2001, 1, 3; deutlicher *ders.*, S. 559, 570 f.; ebenso ferner *Krebs*, BB 2000, Beilage 14, S. 5; *Mansel*, S. 333, 408; siehe nur *Dauner-Lieb/Arnold*, § 194 BGB. Diese neue regelmäßige Verjährungsfrist ohne Diskussion auf die Haftung aus enteignungsgleichem Eingriff anwendend *Piekenbrock*, S. 309, 332.

[29] Siehe dazu näher *Dötsch*, NWVBl 2001, 385, 389, dort eine kritische Interessenanalyse. *Dötsch* hält allerdings de lege lata die entsprechende Anwendung der §§ 195, 199 auf den Folgenbeseitigungsanspruch für zwingend.

[30] Siehe etwa § 39 OBG-NW; siehe ferner BGH NJW 1975, 1783 f.; *Ossenbühl*, Staatshaftungsrecht, 5. Aufl. 1998, S. 267, 284.

[31] Siehe die Zusammenstellung, die auch für das BGB a.F. Gültigkeit behält, bei MüKo/*Grothe*, § 195 Rn 16 m.w.N. Zur Diskussion um die Unverjährbarkeit des § 985 BGB siehe Staudinger/*Gursky*, § 985 Rn 84 m.w.N. Zu den Gründen für die Unverjährbarkeit einzelner Ansprüche siehe *Mansel*, S. 333, 367.

[32] Siehe zur Qualifikation als Familienangehöriger näher *Muscheler*, Das Recht der eingetragenen Lebenspartnerschaft, 2001, Rn 163 f.

[33] MüKo/*Grothe*, § 194 Rn 28 nennt bei den Herausgabeansprüchen § 1897 Abs. 1; damit dürfte jedoch kein Verweis auf das Betreuungsverhältnis gemeint sein, sondern ein seit 1.1.1992 überholter Verweis auf § 1897 Abs. 1 in der davor geltenden Fassung, der bis zu diesem Datum für die Vormundschaft über einen Volljährigen auch auf § 1800 (Kindesherausgabeanspruch des Vormunds) verwies.

3. Speziell: Unterhaltsansprüche
a) Familienrechtliche Unterhaltsansprüche für künftige Zeiträume

Für Unterhaltsansprüche gilt eine differenzierende Regelung: **Familienrechtliche** Unterhaltsansprüche für künftige Zeiträume verjähren nicht. Das folgt aus Abs. 2, denn Unterhaltsansprüche für die Zukunft sind auf die Herstellung eines künftigen familienrechtlichen Verhältnisses gerichtet.[34] Familienrechtlicher Natur sind insbesondere die Ansprüche aus §§ 1360 ff., 1569 ff., 1601 ff. und 1615 l, ferner die Ansprüche aus §§ 5, 12, 16 LebenspartnerschaftsG (siehe zu dessen familienrechtlicher Qualifikation § 197 Rn 47).

Auf Unterhaltsansprüche **nicht familienrechtlicher Natur**, sondern etwa vertraglicher, deliktischer (in Form einer Schadensersatzleistung nach § 844 Abs. 2) oder erbrechtlicher Natur (§§ 1963, 2141) ist Abs. 2 nicht anzuwenden. Hier gelten die allgemeinen Regeln (Rn 27 ff.). Regelmäßig gilt – sofern nichts anderes angeordnet ist – für sie die Regelverjährung des § 195, deren Beginn nach § 199 Abs. 1 Nr. 1 u.a. das Entstehen des Anspruchs voraussetzt (§ 199 Rn 17 ff.).

26

b) Andere Unterhaltsansprüche

Familien- und erbrechtliche Unterhaltsansprüche (Rn 26), die nicht künftige Zeiträume betreffen, verjähren gemäß **§ 197 Abs. 2** in Abweichung von der ansonsten geltenden Dreißigjahresfrist des § 197 Abs. 1 Nr. 2 (§ 197 Rn 80) in der Regelverjährungsfrist (§§ 195, 199). Zu beachten ist, dass familienrechtliche Ansprüche regelmäßig nur unter besonderen Voraussetzungen für vergangene Zeiträume gefordert werden können, siehe insbesondere §§ 1613, 1360 a Abs. 2, 1361 Abs. 4 S. 4, 1585 b, 1613. Doch ist diese Einschränkung keine verjährungsrechtliche.

27

Auf **andere** als familien- und erbrechtliche Unterhaltsansprüche ist mangels besonderer Verjährungsregeln § 195 unmittelbar anzuwenden. Es gilt die dreijährige Regelverjährung; sie beginnt gemäß § 199 Abs. 1 Nr. 1 erst mit dem Schluss des Jahres der Anspruchsentstehung, das bedeutet mit der Fälligkeit[35] und der Kenntniserlangung i.S.v. § 199 Abs. 1 Nr. 2.

28

Der Gesetzgeber übernimmt damit den **Rechtsgedanken des § 197 a.F.**[36] in das neue Recht. Allerdings ändert er die Verjährungsfrist von bisher vier Jahren ab Anspruchsentstehung (§§ 197, 198 S. 1 a.F.) auf jetzt drei Jahre (§ 195) ab Anspruchsentstehung und Kenntnis der Anspruchsgrundlagen (§ 199 Abs. 1). Ein Antrag Sachsens, es im Interesse der privaten Unterhaltsgläubiger und der bei einem Unterhaltsschuldner Rückgriff nehmenden Sozialhilfeträger[37] bei einer vierjährigen Frist zu belassen, fand schon im Bundesrat keine Mehrheit.[38]

29

Titulierte Unterhaltsansprüche verjähren nach § 197 Abs. 2 in der Frist des § 195 (siehe § 197 Rn 82 ff.).

30

§ 195 Regelmäßige Verjährungsfrist

¹Die regelmäßige Verjährungsfrist beträgt drei Jahre.

Inhalt

A. Reformgehalt 1	b) Ausdrückliche Verweisungen auf § 195 24
I. Sachliche Neuerungen 1	2. Außerhalb des BGB geregelte Ansprüche 25
1. Verkürzung der Regelverjährungsfrist 1	a) Verweisungen auf § 195 25
2. Erweiterung des Anwendungsbereichs 2	b) Entsprechende Anwendung des § 195 26
3. Kenntnisabhängiger Verjährungsbeginn 3	III. Besondere Verjährungsfristen 27
4. Objektive Verjährungshöchstfristen 5	1. Vorrang der besonderen Fristen 27
II. Reformzweck 6	2. Verjährungsvereinbarungen 28
1. Vereinfachung 6	3. Neu geschaffene oder veränderte Sonderfristen . 29
2. Verjährungsverkürzung 7	4. Weitergeltende Sonderfristen 31
3. Überlegungsfrist 9	5. Sonstige Neuregelungen 34
4. Arglist- und Vorsatzverjährung 10	IV. Einzelfragen 37
B. Regelungsgehalt 11	1. Anspruchsqualifikation 37
I. Regelverjährung 11	2. Zusammentreffen mehrerer Verjährungsfristen . 38
II. Anwendungsbereich 12	a) Grundsatz 38
1. Ansprüche des BGB 12	b) Berufsbezogene und sachbezogene Fristen 39
a) Grundsatz, Beispiele 12	c) Zusammentreffen mehrerer berufsbezogener Fristen 43
aa) Grundsatz: Einheitsverjährung 12	3. Gesamtschuld 44
bb) Rechtsgeschäftliche Ansprüche 13	4. Änderungen des Anspruchs 45
cc) Gesetzliche Schuldverhältnisse 17	5. Verjährung von Nebenleistungsansprüchen 49
dd) Sachenrechtliche Ansprüche 21	6. Anspruchskonkurrenz 50
ee) Familien- und erbrechtliche Ansprüche . 23	

---

[34] Siehe nur MüKo/*Grothe*, § 194 Rn 28; Palandt/*Heinrichs*, § 194 Rn 11.
[35] Siehe dazu in anderem Zusammenhang den Hinweis: Gesetzentwurf, BT-Drucks 14/6040, 106 f.
[36] Siehe zu § 197 a.F. Soergel/*Niedenführ*, § 197 Rn 12 f. zu den nach altem Recht von der vierjährigen Verjährung erfassten unterschiedlichen Unterhaltsansprüchen (Unterhaltsbeiträgen).
[37] Wird ein Unterhaltsanspruch nach öffentlichem Recht oder nach § 1615b übergeleitet, so bleibt es bei der ursprünglich geltenden Verjährungsregelung, siehe Staudinger/*Peters*, § 197 Rn 44.
[38] Bundesrat, Niederschrift der Beratung der Beschlussempfehlung vom 18.6.2001 (unveröffentlicht), unter C 5.

A. Reformgehalt

I. Sachliche Neuerungen

1. Verkürzung der Regelverjährungsfrist

1 Die bedeutendste sachliche Neuerung der Verjährungsrechtsreform bringt § 195. Er verkürzt die regelmäßige Verjährungsfrist des § 195 a.F. von dreißig Jahren auf **drei Jahre**. Das entspricht Art. 17:102 der Grundregeln des Europäischen Vertragsrechts (vor §§ 194 – 202 Rn 4 ff.). Die **Regelverjährung** greift bei dem Fehlen besonderer Verjährungsfristen ein.

Die Verjährung **beginnt** grundsätzlich erst mit der Anspruchsentstehung und der Kenntnis des Gläubigers von den anspruchsbegründenden Tatsachen oder seiner grob fahrlässigen Unkenntnis (§ 199 Abs. 1, näher Rn 3 f.).

Unabhängig davon tritt die **Verjährung** aber **spätestens** zehn bzw. dreißig Jahre nach der Anspruchsbegründung ein (§ 199 Abs. 2 bis 4, vgl. näher Rn 5).

2. Erweiterung des Anwendungsbereichs

2 Zudem ist der **Anwendungsbereich** des neuen § 195 gegenüber dem § 195 a.F. wesentlich vergrößert. Die aufgehobenen zwei-, drei- und vierjährigen Sonderverjährungsfristen der §§ 196, 197, 786 und 852 a.F. gehen in § 195 auf. Gleiches gilt wegen der Verweisung in § 197 Abs. 2 auf § 195 auch für die Ansprüche, die nach bisherigem Recht unter § 1651 Abs. 4 a.F. fielen.

In einem zweiten, noch ausstehenden Reformschritt[1] ist die Streichung zahlreicher **Sonderverjährungsnormen** außerhalb des BGB geplant,[2] so dass sich der Anwendungsbereich des § 195 weiter vergrößern soll (siehe Rn 12 ff.). Die **Grundregeln des Europäischen Vertragsrechts** kommen weitgehend ohne Sonderverjährungsfristen aus (siehe vor §§ 194 – 202 Rn 4 ff.).

3. Kenntnisabhängiger Verjährungsbeginn

3 Die dramatische Verkürzung der Regelverjährung ist nur möglich durch eine **Veränderung des Verjährungsbeginns**, denn sonst liefen Gläubiger Gefahr, dass ihre Ansprüche in der relativ kurzen Frist verjährten, bevor sie Kenntnis von dem Anspruch oder der Person des Schuldners erlangten.

Daher bestimmt § 199 Abs. 1 – in Anlehnung an § 852 a.F. – als Verjährungsbeginn der Regelverjährung den Schluss des Jahres, in dem der Anspruch entstanden ist und der Gläubiger von den anspruchsbegründenden Umständen und der Person des Schuldners **Kenntnis erlangt** oder ohne grobe Fahrlässigkeit **erlangen müsste** (künftig bezeichnet als „**Kenntniserlangung**" oder „**kenntnisabhängiger/subjektivierter Verjährungsbeginn**").

4 Der Verjährungsbeginn hängt nach Abs. 1 von einem **subjektiven** (weil auf die Kenntniserlangung abstellenden) Merkmal ab. Die so bestimmte Verjährungsfrist wird auch **relative Verjährungsfrist** (relative Verjährung) genannt, da der Fristablauf nicht bereits mit der objektiv bestimmten Anspruchsentstehung feststeht, sondern von einem einzelfallbezogenen Merkmal der Kenntniserlangung abhängt. Die subjektivrelative Frist kann allerdings dazu führen, dass die Verjährung eines Anspruchs erst lange Zeit nach der Anspruchsentstehung beginnt. Um den Rechtsfrieden und die Dispositionsfreiheit des Schuldners herzustellen (zu den Verjährungszwecken siehe vor §§ 194 – 218 Rn 1 ff.),[3] bedarf es daher der Bestimmung von Fristen, deren Beginn von einem objektiven Merkmal (objektiver Verjährungsbeginn) abhängt und bei deren Verstreichen in jedem Fall Verjährung eintritt. Als objektives Merkmal wird regelmäßig die Anspruchsentstehung[4] oder das tatbestandsmäßige anspruchsbegründende Ereignis (Handlung, Pflichtverletzung etc.)[5] herangezogen.

4. Objektive Verjährungshöchstfristen

5 Deshalb setzt § 199 Höchstfristen für die Verjährung, nach deren Ablauf ohne Rücksicht auf Kenntnis oder grob fahrlässige Unkenntnis Verjährung eintritt. Es handelt sich daher um objektiv bestimmte Fristen (**absolute Verjährungsfristen**, Maximalfristen).

Nach § 199 Abs. 4 verjähren **alle Ansprüche** – bis auf Schadensersatzansprüche- spätestens **zehn Jahre** nach ihrer Entstehung, ohne dass es auf die Kenntniserlangung im Sinne des § 199 Abs. 1 ankommt.

---

1 Zweifelnd, ob dieser noch zustande kommen wird, *Piekenbrock*, S. 309, 332.
2 Gegenäußerung der Bundesregierung zur Stellungnahme des Bundesrates zum Entwurf eines Gesetzes zur Modernisierung des Schuldrechts, BT-Drucks 14/6857, 42; siehe bereits BT-Drucks 14/6040, 105.
3 BT-Drucks 14/6040, 100 ff.; *Bydlinski*, S. 381, 382; *Eidenmüller*, JZ 2001, 283 ff.; *Mansel*, S. 333, 342 – 352; *Zimmermann*, JZ 2000, 853 ff.
4 Die Verjährungsfrist von Ansprüchen, die nicht der regelmäßigen Verjährungsfrist unterliegen, beginnt mit der Anspruchsentstehung (§ 200); gleiches gilt für den Beginn der Maximalverjährungsfristen (Rn 5) des § 199 Abs. 3 Nr. 1 Abs. 4.
5 Die Maximalverjährungsfristen des § 199 Abs. 2, Abs. 3 Nr. 2 stellen auf das anspruchsbegründende Ereignis ab.

Bei vertraglichen und außervertraglichen **Schadensersatzansprüchen**, die auf der Verletzung des **Lebens**, des **Körpers**, der **Gesundheit** oder der **Freiheit** beruhen, beträgt die Verjährungshöchstfrist nach § 199 Abs. 2 dreißig Jahre. Spätestens nach dreißig Jahren, gerechnet ab der Begehung der schadensauslösenden Handlung, Pflichtverletzung oder dem schadensauslösenden sonstigen Ereignis, tritt Verjährung ein. Dabei kommt es nicht darauf an, ob der Schadensersatzanspruch bereits entstanden ist (d.h. ob der Schaden bereits eingetreten ist oder erst künftig eintreten wird). Auch die Kenntniserlangung im Sinne von § 199 Abs. 1 ist für den Eintritt der absoluten Verjährung unbeachtlich.

Sonstige Schadensersatzansprüche verjähren gemäß § 199 Abs. 3 spätestens zehn Jahre nach ihrer Entstehung oder – sollten sie noch nicht entstanden sein – dreißig Jahre nach der Vornahme der schadensauslösenden Handlung, der Pflichtverletzung oder dem schadensauslösenden sonstigen Ereignis, ohne dass es auf Kenntnis oder grobfahrlässige Unkenntnis ankommt. Erfasst werden durch die Vorschrift z.B. vertragliche und außervertragliche Ansprüche, welche auf der Verletzung des Eigentums oder des Vermögens beruhen.

II. Reformzweck

1. Vereinfachung

Das **bisherige Verjährungsrecht** war unübersichtlich. Die lange Regelverjährungsfrist des § 195 a.F. von dreißig Jahren wurde häufig durch kürzere Sonderverjährungsfristen, die innerhalb und außerhalb des BGB geregelt waren, verdrängt. § 195 a.F. war eher ein Auffangtatbestand als eine Regel.[6] Bereits das BGB a.F. sah insbesondere mit den weiten und tatbestandlich vielfach unklaren §§ 196, 197 a.F. zahlreiche Ausnahmen von der langen Regelverjährungszeit des § 195 a.F. vor. Die Rechtsprechung hat den Anwendungsbereich der §§ 196, 197 a.F. und anderer spezieller Verjährungsvorschriften weiter ausgedehnt, um den Anwendungsbereich des § 195 a.F. zu begrenzen, da die lange Verjährungsfrist von dreißig Jahren vielfach unangemessen und nicht sachgerecht erschien.[7] Auch andere Korrekturen hat sie vorgenommen.[8] Das Verjährungsfristensystem war insgesamt nicht ausreichend abgestimmt und lud zu dogmatischen Fortentwicklungen des sonstigen materiellen Rechts ein, die nur den Zweck verfolgten, die Verjährung zu beeinflussen.[9]

2. Verjährungsverkürzung

Das Reformziel ist demgegenüber die Schaffung eines **einfachen und angemessenen Verjährungssystems**.[10] Eine Vereinfachung wurde erreicht, wenn auch keine vollständige.[11] Doch ist ein deutlicher Fortschritt gegenüber dem bisher geltenden Recht erzielt worden. Die kurze Verjährungsfrist in Verbindung mit der Neuregelung des Verjährungsbeginns schafft ein Verjährungssystem, das geeignet ist, Schuldner- und Gläubigerschutz in ein angemessenes Verhältnis zu bringen. Denn es baut auf einer relativ kurzen Verjährungsfrist auf, die ab Anspruchskenntnis des Gläubigers zu laufen beginnt.

Für Sonderfälle sind Sonderfristen vorgesehen. Doch erlaubt das relative Verjährungssystem den weitgehenden Verzicht auf **Sonderverjährungsnormen**. Die Grundregeln des Europäischen Vertragsrechts sehen daher grundsätzlich nur eine Verjährungsfrist vor (Rn 1, 2). Hingegen bleibt der Reformgesetzgeber hier auf halber Strecke stehen, denn es gelten auch weiterhin zahlreiche Sonderverjährungsfristen, die im BGB (Rn 31) und außerhalb des BGB statuiert sind (Rn 32). Nur vereinzelt wurden diese Vorschriften durch einen Verweis auf die §§ 194 ff. ersetzt (Rn 25).

3. Überlegungsfrist

Die Drei-Jahres-Frist der Regelverjährung ist eine **Überlegensfrist**, die dem Gläubiger gesetzt ist und in der er sich darüber klar werden muss, ob er seinen Anspruch geltend machen möchte oder nicht. Das neue Recht schützt den Gläubiger vor einer Verjährung ihm unbekannter Ansprüche. Es schützt den Schuldner vor einem Gläubiger, der sich mit der Anspruchsverfolgung Zeit lassen möchte (siehe § 199 Rn 8).

---

6 BT-Drucks 14/6040, 100; Jauernig/*Jauernig*, § 195 Rn 1.
7 Siehe dazu nur DiskE S. 195 ff., 221 ff.; BT-Drucks 14/6040, 100 ff.; *Peters/Zimmermann*, S. 190 ff.; Staudinger/*Peters*, vor § 194 Rn 45, § 195 Rn 4, 35; rechtsvergleichend siehe noch *Danco*, Die Perspektiven der Anspruchsverjährung in Europa. Eine rechtsvergleichende Untersuchung unter besonderer Berücksichtigung der Sachmängelgewährleistungsfristen im Kaufrecht, 2001, S. 86 ff., 103 ff.
8 Siehe nur *Piekenbrock*, S. 309, 310 f.
9 Siehe nur Staudinger/*Peters*, § 195 Rn 2 ff.; *Piekenbrock*, S. 309, 310 ff.
10 BT-Drucks 14/1060, 105; siehe auch *Däubler-Gmelin*, NJW 2001, 2281, 2282.
11 Zu einem einfacheren System, das im Wesentlichen auf einer Verjährungsfrist mit kenntnisabhängigem Verjährungsbeginn beruht, siehe *Peters/Zimmermann*, S. 79, 305 ff.; *Zimmermann*, ZEuP 2001, 217 ff.; *Zimmermann/Leenen u.a.*, JZ 2001, 684, 686 ff.; siehe auch *Mansel*, S. 333, 406 ff.; rechtsvergleichend vertiefend *Zimmermann*, JZ 2000, 853 ff., jeweils m.w.N.

4. Arglist- und Vorsatzverjährung

10 Während der Gesetzgebungsarbeiten war eine längere Verjährungsfrist für Ansprüche aus arglistigem oder vorsätzlichem Verhalten **diskutiert** worden; frühere Gesetzesfassungen enthielten entsprechende Bestimmungen.[12] Nachdem jedoch mit § 199 das subjektivierte Verjährungssystem für die Regelverjährung generell eingeführt wurde, entfiel der Bedarf für eine gesonderte Arglistverjährung.[13] Vielmehr verweisen umgekehrt die §§ 438 Abs. 3, 634a Abs. 3 S. 1 bei arglistigem Verschweigen eines Mangels der Kaufsache bzw. des Werkes auf die Regelverjährung der §§ 195, 199, soweit ansonsten die kenntnisunabhängigen Verjährungsfristen der § 438 Abs. 1 Nr. 2 und 3 bzw. § 634a Abs. 1 Nr. 1 und 2 gelten würden, die unter Umständen zu einer Verjährung der Gewährleistungsansprüche vor Anspruchskenntnis des Gläubigers führen könnten. Diese wären jedenfalls im Falle der Schuldnerarglist unangemessen (siehe hierzu die Ausführungen bei § 438 und § 634a).

B. Regelungsgehalt

I. Regelverjährung

11 § 195 legt die Länge der regelmäßigen Verjährungsfrist auf drei Jahre fest. § 199 regelt den Verjährungsbeginn und die Verjährungshöchstfristen (siehe näher Rn 1 – 5 sowie die Erläuterungen zu § 199). Der Fristenlauf wird nach §§ 187 ff. berechnet.

II. Anwendungsbereich

1. Ansprüche des BGB

a) Grundsatz, Beispiele

aa) Grundsatz: Einheitsverjährung

12 § 195 gilt für alle im BGB geregelten Ansprüche (§ 194 Rn 1 ff.), für welche keine besondere Verjährungsfrist bestimmt ist (§ 194 Rn 8). Auch das neue Recht[14] geht im Bereich der Regelverjährung von der **Einheitsverjährung** aus.[15] Es unterscheidet daher bei der Regelverjährung nicht zwischen vertraglichen und außervertraglichen Ansprüchen. Eine Differenzierung der Verjährungshöchstfristen erfolgt in § 199 ebenso wenig nach der vertraglichen oder außervertraglichen Anspruchsqualifikation, sondern nur nach dem betroffenen Rechtsgut und danach, ob es sich um Schadensersatzansprüche oder andere Ansprüche handelt (Rn 5, näher § 199).

bb) Rechtsgeschäftliche Ansprüche

13 Insbesondere ist § 195 auf alle **rechtsgeschäftlichen und rechtsgeschäftsähnlichen Ansprüche** im Sinne von § 311 anzuwenden, sofern keine besonderem Verjährungsfristen (siehe zu diesen Rn 15) für sie gelten.

§ 195 unterliegen somit – soweit keine besonderen Vorschriften bestehen, insbesondere der vorrangige § 196 (Rn 16) nicht eingreift – **beispielsweise die Ansprüche aus den folgenden rechtsgeschäftlichen Schuldverhältnissen**:
– Kaufvertrag (§§ 433 ff.). Ausnahmen: Die kaufvertraglichen Gewährleistungsansprüche verjähren nach § 438, die Rückgriffsansprüche beim Verbrauchsgüterkauf nach § 479 (siehe näher bei § 438 und § 479; zur Problematik der weiterfressenden Mängel und den damit verbundenen Verjährungsfragen siehe Rn 50 ff.). Die Verjährungsvereinbarungen sind beim Verbrauchsgüterkauf gemäß § 475 Abs. 2 nur eingeschränkt möglich (siehe § 202 Rn 56 und näher bei § 475). Die Sonderverjährung der Erfüllungsansprüche bei Grundstückskaufverträgen nach § 196 (Rn 16) ist zu beachten;
– Darlehensvertrag (§§ 488 ff.). Hier ist aber § 497 Abs. 3 S. 3 und 4 zu beachten: Die Verjährung der Ansprüche auf Darlehensrückerstattung und Zinsen ist vom Eintritt des Verzugs nach § 497 Abs. 1 an bis zu ihrer Feststellung in einer in § 197 Abs. 1 Nr. 3 bis 5 bezeichneten Art gehemmt, jedoch nicht länger als zehn Jahre von ihrer Entstehung an. Auf die Ansprüche auf Zinsen findet § 197 Abs. 2 keine Anwendung;[16]
– Schenkung (§§ 516 ff.);

---

12 Siehe *Zimmermann/Leenen u.a.*, JZ 2001, 684, 694 f.
13 Siehe *Mansel*, S. 333, 359; *Zimmermann/Leenen u.a.*, JZ 2001, 684, 695: Beide Stellungnahmen auch zur Frage einer besonderen Maximalfrist für die Vorsatzverjährung; zustimmend *Bydlinski*, S. 381, 391. Diese Vorschläge zur speziellen Maximalfrist hat der Reformgesetzgeber nicht aufgenommen.
14 Dazu, dass in der Reformgeschichte auch eine Differenzierung diskutiert wurde, und zu der Rechtfertigung der Einheitsverjährung siehe BT-Drucks 14/6040, 103 f.
15 Das ist zu begrüßen, siehe zur Rechtfertigung insbesondere *Zimmermann/Peters*, S. 290 ff.; ferner u.a. *Haug*, S. 20 ff.; *Zimmermann*, JZ 2000, 853, 858; *Mansel*, S. 333, 403 f.; *Zimmermann/Leenen u.a.*, JZ 2001, 684 f. jeweils m.w.N.
16 Dazu BT-Drucks 14/6857, 34 (Stellungnahme des Bundesrates), 65 f. (Gegenäußerung der Bundesregierung).

- Miete (§§ 535 ff.) und Pacht (§§ 581 ff.) mit Ausnahme der durch §§ 548, 591b erfassten Ansprüche (siehe Rn 27);
- Leihe (§§ 598 ff.) mit Ausnahme der durch § 606 erfassten Ansprüche;
- Sachdarlehensvertrag (§§ 607 ff.);
- Dienstvertrag (§§ 611 ff.);
- Werkvertrag (§§ 631 ff.). Ausnahmen: Die werkvertraglichen Gewährleistungsansprüche verjähren nach § 634a (siehe noch Rn 15 und näher bei § 634a);
- Reisevertrag (§§ 651a ff.). Ausnahme: Die reisevertraglichen Gewährleistungsansprüche verjähren nach § 651g[17] (siehe näher bei § 651g). Verjährungsvereinbarungen sind gemäß § 651m S. 2 nur eingeschränkt möglich (siehe § 202 Rn 58 und näher bei § 651m);
- Darlehensvermittlungsvertrag (§§ 655a ff.);
- Auslobung (§§ 657 ff.);
- Auftrag (§§ 662 ff.);
- Geschäftsbesorgung (§§ 675 ff.), Auskunftsvertrag (siehe § 675 Abs. 2);
- Verwahrung (§§ 688 ff.);
- Gesellschaft (§§ 705 ff.);
- Bürgschaft (§§ 765 ff.). Beachte hierzu § 771 S. 2 (siehe dort);
- Anweisung (§§ 783 ff.). Beachte, dass § 786 a.F., der die Verjährung des Anspruchs des Anweisungsempfängers gegen den Angewiesenen aus der Annahme regelte, ersatzlos aufgehoben wurde (siehe bei § 786 a.F.).

Zum gerichtlichen und außergerichtlichen **Vergleich** (§ 779) sowie dem **Schuldversprechen und Schuldanerkenntnis** (§§ 780 ff.) siehe Rn 46.

Grundsätzlich von § 195 erfasst werden – mangels abweichender Regelung – alle **Primärleistungsansprüche** (Sachleistungs- und Entgeltansprüche) und alle **Sekundärleistungsansprüche** einschließlich der Ansprüche aus der Verletzung einer Schutzpflicht im Sinne von § 241 Abs. 2 (§§ 280 ff., 325). Auch die nun in §§ 311 Abs. 2, 280 Abs. 1 geregelte **culpa in contrahendo** einschließlich der Eigenhaftung des Vertreters und der Sachwalterhaftung (§ 311 Abs. 3) verjährt nach § 195. **14**

Eine **Ausnahme** ist zu machen, soweit im Kaufrecht **nach § 437 Nr. 3** in Verbindung mit den §§ 440, 280, 281, 283, 311a Schadensersatz oder nach § 284 Ersatz vergeblicher Aufwendungen verlangt wird. Hier greift die spezielle kaufrechtliche Verjährungsfrist des § 438 ein (siehe bei § 438). Ähnliches gilt im Werkvertragsrecht. Soweit hier nach **§ 634 Nr. 4** i.V.m. den §§ 636, 280, 281, 283, 311a Schadensersatz oder nach § 284 Ersatz vergeblicher Aufwendungen verlangt wird, richtet sich die Verjährung nach der Sonderverjährung des § 634a (siehe bei § 634a). **15**

Zur Problematik der **Anspruchskonkurrenz** und der **weiterfressenden Mängel** siehe Rn 50 ff.

Eine weitere **Ausnahme** folgt aus **§ 196**. Danach verjähren Ansprüche auf Übertragung des Eigentums an einem **Grundstück** sowie auf Begründung, Übertragung oder Aufhebung eines Rechts an einem Grundstück oder auf Änderung des Inhalts eines solchen Rechts sowie die Ansprüche auf die Gegenleistung in zehn Jahren ab Anspruchsentstehung (§ 200). Daher verjährt z.B. bei einem Grundstückskaufvertrag der Anspruch auf Übereignung und Übergabe des Grundstücks wie der Anspruch auf die Kaufpreiszahlung in zehn Jahren. Siehe näher bei § 196. **16**

cc) Gesetzliche Schuldverhältnisse

§ 195 unterliegen ferner – soweit keine besonderen Vorschriften bestehen – **beispielsweise** die folgenden **gesetzlichen Schuldverhältnisse**: **17**
- Ungerechtfertigte Bereicherung (§§ 812 ff.). Beachte § 852 (siehe dort). Die dreijährige Verjährungsfrist gilt selbst dann, wenn Bereicherungsansprüche dingliche Herausgabeansprüche (für diese gilt eine dreißigjährige Verjährungsfrist, § 197 Abs. 1 Nr. 1) fortsetzen, wie es etwa bei § 816 Abs. 1 der Fall ist. Das führt wegen des kenntnisabhängigen Verjährungsbeginns[18] gemäß § 199 Abs. 1 nicht zu untragbaren Widersprüchen, auch wenn man die zehnjährige Maximalverjährungsfrist des § 199 Abs. 4 im Gegensatz zu der dreißigjährigen Frist des § 197 Abs. 1 Nr. 1 in die Betrachtung miteinbezieht;
- Geschäftsführung ohne Auftrag (§§ 677 ff.);
- Unerlaubte Handlung (§§ 823 ff.), einschließlich Amtshaftung und Gefährdungshaftung, sofern für die Gefährdungshaftung keine Sonderfristen bestehen. Der Anwendungsbereich des § 852 Abs. 1 a.F. fällt nun in den Anwendungsbereich des § 195.[19] Beachte § 852 (siehe dort); zu § 839 siehe § 194 Rn 9. Zum Problem der Schadenseinheit siehe § 199 Rn 20. Die Verjährungsregelung des § 12 ProdHaftG

---

17 Zur Reform kritisch *Isermann*, Reiserecht 2001, 135 ff.
18 Zu den untragbaren Widersprüchen des DiskE, der die Regelverjährung noch kenntnis*un*abhängig mit der Anspruchsentstehung beginnen ließ, siehe *Ernst*, ZRP 2001, 1, 4 f.
19 Zum Anwendungsbereich des § 852 Abs. 1 a.F. siehe nur Erman/*Schiemann*, § 852 Rn 2 – 6; einige der ebenda genannten Sondernormen wurden aufgehoben und durch einen Verweis auf § 195 ersetzt (siehe hierzu im Text § 195 Rn 33, § 199 Rn 1).

ist unverändert; sie beruht auf den zwingenden Vorgaben der Produkthaftungs-Richtlinie.[20] Zu anderen Sondernormen der Verjährung aus unerlaubter Handlung und Gefährdungshaftung siehe Rn 33 und § 199 Rn 1.

§ 195 gilt auch für den eigenständigen Ausgleichsanspruch aus **§ 426 Abs. 1**. Die regelmäßige Verjährungsfrist beginnt bei § 426 Abs. 1 nicht vor dem Zeitpunkt, in dem der begünstigte Gesamtschuldner an den Gläubiger geleistet hat (§ 199 Abs. 1 Nr. 1). Die Ansprüche, die nach **§ 426 Abs. 2** kraft Gesetzes auf den Gesamtschuldner übergehen, der vom Gläubiger in Anspruch genommen worden ist, verjähren in der jeweils für sie bestimmten Verjährungsfrist.[21]

Als vorrangige besondere Verjährungsfrist ist **§ 196** zu beachten. § 196 kann auch bei gesetzlichen Schuldverhältnissen eingreifen (§ 196 Rn 20) und § 195 insoweit verdrängen.

18 Bisher verjährten **deliktische Ansprüche** nach § 852 Abs. 1 a.F. in drei Jahren ab Kenntnis des Gläubigers von den anspruchsbegründenden Tatsachen und der Person des Schuldners, spätestens aber dreißig Jahre nach der Begehung der Tathandlung. Dem entspricht die Neuregelung nur zum Teil.

19 Die Verjährungsfrist des § 195 deckt sich mit der des § 852 Abs. 1 a.F.; auch war die Regelung des Verjährungsbeginns in § 852 Abs. 1 a.F. Vorbild für die Neuregelung des § 199. Allerdings ist § 199 Abs. 1 für den Gläubiger **ungünstiger** als das bisherige Recht, da nach § 199 Abs. 1 nicht nur positive Kenntnis, sondern schon grob fahrlässige Unkenntnis der anspruchsbegründenden Tatsachen und der Person des Schuldners den Fristenlauf beginnen lässt (dazu näher § 199 Rn 28 ff.).

20 Eine deutliche **Verschlechterung** für den Gläubiger bedeutet die Verkürzung der Verjährungshöchstfrist auf zehn Jahre beginnend mit der Anspruchsentstehung (§ 199 Abs. 3 Nr. 1), sofern der Schadensersatzanspruch nicht auf der Verletzung der besonderen Rechtsgüter des § 199 Abs. 2 beruht (Leben, Körper, Gesundheit, Freiheit). Bisher betrug die Höchstverjährungsfrist dreißig Jahre von Begehung der unerlaubten Handlung an (§ 852 Abs. 1 a.F.). Diese Frist lebt in § 199 Abs. 2 (Höchstverjährungsfrist bei Verletzung der genannten Rechtsgüter) und in § 199 Abs. 3 Nr. 2 (Höchstverjährungsfrist bei der Verletzung der anderen Rechtsgüter; sie greift ein, wenn der Anspruch noch nicht entstanden ist, etwa mangels Schadenseintritts) fort.

dd) Sachenrechtliche Ansprüche

21 Die Regelverjährung der §§ 195, 199 gilt für alle sachenrechtlichen Ansprüche mit **Ausnahme** der **Herausgabeansprüche** aus Eigentum und anderen dinglichen Rechten. Auf diese Herausgabeansprüche ist die dreißigjährige objektive Verjährungsfrist der §§ 197 Abs. 1 Nr. 1, 200 anzuwenden (siehe näher dort).

22 **Unterlassungs- und Beseitigungsansprüche** unterfallen hingegen § 195 (siehe näher § 197 Rn 32 ff.). Beachte für die Berechnung des Verjährungsablaufs die Regelung des § 198.

Beseitigungsansprüche sind verjährbar; für sie gilt die Unverjährbarkeitsanordnung des § 902 nicht.[22]

ee) Familien- und erbrechtliche Ansprüche

23 Familien- und erbrechtliche Ansprüche unterliegen **nicht** der **Regelverjährung** des § 195.

Sie unterfallen der **dreißigjährigen** Verjährung (beginnend mit der Anspruchsentstehung) der §§ 197 Abs. 1 Nr. 2, 200, **sofern nicht** eigenständige Verjährungsvorschriften im Vierten und Fünften Buch des BGB eingreifen. Eine weitere Ausnahme normiert § 197 Abs. 2: An die Stelle der Verjährungsfrist von dreißig Jahren (§ 197 Abs. 1 Nr. 2) tritt die regelmäßige Verjährungsfrist der §§ 195, 199, soweit Ansprüche nach § 197 Abs. 1 Nr. 2 regelmäßig wiederkehrende Leistungen oder Unterhaltsleistungen zum Inhalt haben (§ 197 Rn 76 ff.).

b) Ausdrückliche Verweisungen auf § 195

24 Vereinzelt wird innerhalb des BGB auch ausdrücklich **auf § 195 verwiesen**, siehe etwa §§ 197 Abs. 2, 438 Abs. 3, 634 a Abs. 3 S. 1 bei arglistigem Verschweigen eines Mangels der Kaufsache bzw. des Werkes; siehe ferner im Werkvertragsrecht die Regelverjährungsfrist des § 634a Abs. 1 Nr. 3 für Gewährleistungsansprüche.

2. Außerhalb des BGB geregelte Ansprüche

a) Verweisungen auf § 195

25 Zahlreiche andere Gesetze verweisen auf die §§ 194 ff. und damit auch auf die Regelverjährungsfrist des § 195. Siehe **beispielsweise** die durch das Schuldrechtsmodernisierungsgesetz neu gefassten §§ 33 Abs. 3,

---

20 Siehe die Vorgaben des Art. 10 Abs. 1 Richtlinie EWG/85/374 v. 25.7.1985, ABl EG Nr. L 210/29 v. 7.8.1985.
21 Beschlussempfehlung und Bericht des Rechtsausschusses (6. Ausschuss), BT-Drucks 14/7052, 195 (zu § 426); zum bisherigen Recht zuletzt BGH JZ 2001, 711.
22 Siehe nur DiskE, S. 238; BGHZ 60, 235, 238; *Ernst*, S. 559, 573 f. mit Fn 61; a.A. Staudinger/*Gursky*, § 902 Rn 8, dort weitere Nachweise.

Titel 1. Gegenstand und Dauer der Verjährung   § 195

141 PatG, § 24c GebrauchsmusterG, § 20 MarkenG, § 9 Abs. 3 HalbleiterschutzG, § 102 UrhG, § 14a Abs. 4 GeschmacksmusterG, § 117 Abs. 2 BundesbergG und § 37c SortenschutzG.

b) Entsprechende Anwendung des § 195

Soweit ausdrückliche Verjährungsregeln für Ansprüche, die nicht im BGB geregelt sind, fehlen, und auch keine gesetzliche Verweisung auf die §§ 194 ff. erfolgt, sind die §§ 194 ff. und damit vor allem § 195 entsprechend anwendbar. Allerdings ist wegen der gegenüber § 195 a.F. stark verkürzten Verjährungsfrist und dem subjektivierten Verjährungsbeginn (§ 199 Abs. 1) in jedem Einzelfall zu prüfen, ob die entsprechende Anwendung des § 195 sachgerecht ist (siehe näher § 194 Rn 9 f.). 26

Zur entsprechenden Anwendung des § 195 auf **öffentlich-rechtliche Ansprüche** siehe § 194 Rn 16 f.

III. Besondere Verjährungsfristen
1. Vorrang der besonderen Fristen

Besondere gesetzliche Verjährungsfristen sind immer noch zahlreich. Sie gehen § 195 stets vor. Nach § 200 beginnt die Verjährungsfrist von Ansprüchen, die nicht der regelmäßigen Verjährungsfrist unterliegen, mit der Entstehung des Anspruchs, soweit nicht ein anderer **Verjährungsbeginn** bestimmt ist. Ein anderer Verjährungsbeginn ist etwa in den §§ 548, 591b Abs. 2 und 3, 604, 651g, 695, 696 (siehe weiter § 200 Rn 4) festgelegt. 27

2. Verjährungsvereinbarungen

Verjährungsvereinbarungen, welche Fristen abkürzen oder verlängern oder den Fristenverlauf abweichend regeln, sind im Rahmen des § 202 in weiterem Umfang als nach bisherigem Recht möglich. Einschränkungen ergeben sich unter anderem bei dem Verbrauchsgüterkauf (§ 475 Abs. 2) und dem Reisevertrag (§ 651m[23]). 28

3. Neu geschaffene oder veränderte Sonderfristen

Durch das Schuldrechtsmodernisierungsgesetz **neu** geschaffen oder verändert wurden die besonderen Verjährungsfristen der nachfolgenden Vorschriften: 29
– § 196 (Rechte an einem Grundstück: zehn Jahre)
– § 197 Abs. 1 (Herausgabeansprüche aus dinglichen Rechten, familien- und erbrechtliche Ansprüche, titulierte und vollstreckbare Ansprüche: dreißig Jahre)
– § 197 Abs. 2 (Ansprüche auf wiederkehrende Leistungen und Unterhaltsansprüche[24])
– § 438 (kaufrechtliche Mängelansprüche: dreißig, fünf oder zwei Jahre)
– § 479 (Rückgriffsansprüche beim Verbrauchsgüterkauf: zwei Jahre)
– § 634a (werkvertragliche Mängelansprüche: fünf oder zwei Jahre)
– § 651g (reisevertragliche Mängelansprüche: zwei Jahre)
– § 852 (deliktischer Bereicherungsanspruch: zehn oder dreißig Jahre).

Art. 3 des Gesetzes zum **CISG** (Übereinkommen der Vereinten Nationen vom 11.4.1980 über Verträge über den internationalen Warenverkauf) wurde der Neuregelung der kaufrechtlichen Gewährleistungsverjährung angepasst.

Die Ausschlussfrist des § 612 Abs. 1 HGB a.F. für Ansprüche aus Seefrachtverträgen und Konnossementen wurde in eine neue Verjährungsfrist (**§ 612 Abs. 1 HGB**) umgewandelt.

Neu geschaffen wurde § 18a Gesetz zur Verbesserung der **betrieblichen Altersversorgung (BetrAVG)**. Danach verjährt der Anspruch auf Leistungen aus der betrieblichen Altersversorgung in dreißig Jahren. Diese lange Verjährungsfrist kann nach § 17 Abs. 3 BetrAVG durch Tarifvertrag und Betriebsvereinbarung abbedungen werden. Ansprüche auf regelmäßig wiederkehrende Leistungen der betrieblichen Altersversorgung unterliegen gemäß § 18a S. 2 BetrAVG der Regelverjährung der §§ 195, 199. Das deckt sich inhaltlich mit der bürgerlich-rechtlichen Regelung des § 197 Abs. 2 für wiederkehrende Leistungen. Die Regelung des § 18a BetrAVG entspricht der bisherigen ständigen Rechtsprechung des BAG, die zwischen dem Rentenstammrecht und den Einzelansprüchen auf regelmäßig wiederkehrende Leistungen unterschieden hat.

Die bisherigen Sonderverjährungsfristen der §§ 196, 197, 786, 852 Abs. 1, 1615 l Abs. 4 BGB a.F.; §§ 33 Abs. 3, 141 PatG a.F.; § 24c GebrauchsmusterG a.F.; § 9 HalbleiterschutzG a.F.; § 102 UrheberG a.F.; § 14a GeschmacksmusterG a.F.; § 37c SortenschutzG a.F.; § 20 MarkenG a.F.; § 117 Abs. 2 BBerG wurden **aufgehoben**. An ihre Stelle tritt § 195 (Rn 2) bzw. bei den anderen Gesetzen als dem BGB ein Verweis auf die §§ 194 ff. und damit vor allem auf § 195. Durch die Aufhebung des § 1615l Abs. 4 a.F. 30

---
[23] Gemäß Art. 1 Nr. 4 und 5 des Zweiten Gesetzes zur Änderung reiserechtlicher Vorschriften vom 23.7.2001 (BGBl I S. 1658) ist ein neuer § 651l eingefügt und der bisherige § 651l zu § 651m geworden.
[24] Zu Unterhaltsansprüchen siehe bereits § 194 Rn 18 – 20.

werden Unterhaltsansprüche der nicht verheirateten Mütter mit denjenigen verheirateter oder geschiedener Mütter gleichbehandelt. Sie werden jetzt gemäß § 197 Abs. 2 (§ 197 Rn 80) der regelmäßigen Verjährung (§ 195) unterstellt.

4. Weitergeltende Sonderfristen

31 Die folgenden **Vorschriften des BGB** bestimmen besondere Verjährungsfristen und gelten **unverändert** weiter (die Liste ist nicht abschließend): §§ 548,[25] 591 b, 606, 801, 804 Abs. 1 S. 3, 1028, 1057, 1226, 1302, 1378 Abs. 4, 1390 Abs. 3 S. 2, 2287 Abs. 2 und 2332.

32 Die schon bisher **außerhalb des BGB** geregelten Verjährungsfristen[26] gelten ganz überwiegend **unverändert** weiter (siehe aber bereits Rn 7). Zu nennen sind beispielsweise
- §§ 61 Abs. 2, 88, 439 Abs. 2, 452 b Abs. 2 S. 2, 463, 475 a, 902 Abs. 1, 905 Abs. 2 S. 1 HGB;[27] §§ 117, 118 BinSchG
- § 12 ProdHaftG; § 90 AMG; § 32 AtG
- § 51b BRAO; § 68 StBerG; § 51a WiPO
- § 12 Abs. 1 S. 2 VVG; § 3 Nr. 11 S. 2 PflVersG
- § 15 Abs. 5 ZeugenEntschG.

Unverändert weiter gilt auch Art. 13 Anlage zu § 664 HGB,[28] der eine zweijährige Verjährung der Ansprüche gegen den Seebeförderer wegen Personen- und Gepäckschäden vorsieht. Art. 13 verdrängte § 852 Abs. 1 a.F.,[29] nach neuem Recht ist Art. 13 als lex specialis zu § 195 anzusehen.

Zu aufgehobenen oder veränderten Sonderverjährungsnormen (die durch einen Verweis auf die §§ 194 ff., insbesondere auf § 195 ersetzt wurden), siehe Rn 30.

33 Einige Gesetze enthalten noch einen **Verweis auf** die Verjährung nach **§ 852 a.F.**; diese Verweise wurden durch das Schuldrechtsmodernisierungsgesetz nicht angepasst. Ab dem 1.1.2002 sind sie als Verweis auf §§ 195, 203, 852 zu lesen. § 195 nimmt die Regelung des § 852 Abs. 1 in sich auf; § 203 verallgemeinert § 852 Abs. 2; § 852 entspricht § 852 Abs. 3 a.F. Betroffen sind die Verweisungen auf § 852 a.F. insbesondere in den folgenden Vorschriften:
- § 245 BDSG
- § 113 SGB VII (verweist nur auf § 852 Abs. 1, Abs. 2 a.F.).

Andere Gesetze **verweisen** für die Verjährung noch **unspezifisch** auf die für die Verjährung unerlaubter Handlungen geltenden Verjährungsvorschriften des Bürgerlichen Gesetzbuchs. Da es neben dem sehr speziellen § 852 keine besonderen Normen des BGB für die Deliktverjährung mehr gibt, sind die entsprechenden Verweise als Verweise auf die §§ 194 ff., insbesondere auf §§ 195, 203 und 852 zu lesen. Das gilt insbesondere für:
- § 32 GenTG
- § 17 UmweltHG
- § 11 HPflG
- § 14 StVG
- § 39 LuftVG.

5. Sonstige Neuregelungen

34 Die folgenden Neuregelungen enthalten keine Neubestimmung besonderer Verjährungsfristen, sondern sie betreffen entweder andere Verjährungsaspekte als die Verjährungsfristen oder sie betreffen Ausschlussfristen, auf welche einzelne Vorschriften der §§ 194 ff. analog angewandt werden. Verjährungsrechtliche Neuregelungen, welche **Ausnahmen zu** einzelnen Vorschriften der **§§ 198 – 218** darstellen, werden nur bei den geänderten Vorschriften nachgewiesen.

Redaktionelle Änderungen betreffen unter anderem die folgenden Normen, in welchen auf einzelne Vorschriften der §§ 194 – 218 verwiesen wird:
- Anfechtungs- und Ausschlussfristen: §§ 124 Abs. 2 S. 2, 1002 Abs. 2, 1170 Abs. 1 S. 1, 1317 Abs. 1 S. 3, 1600 b Abs. 6 S. 2, 1762 Abs. 2 S. 3, 1944 Abs. 2 S. 3, 1954 Abs. 2 S. 2, 2082 Abs. 2 S. 2, 2283 Abs. 2 S. 2.
- Andere Normen: § 390 S. 2 (siehe dort), § 425 Abs. 2 (siehe dort), § 802 S. 3 (siehe dort), § 813 Abs. 1 S. 2 (siehe dort), § 1903 Abs. 1 S. 2, § 1997.

Bei der **Ersitzung** wurde die Hemmung und Unterbrechung der Ersitzung neu geregelt (§§ 939, 941).

---

[25] § 548 Abs. 3 (Fassung vom 1.9.2001) mit dem Verweis auf § 477 Abs. 2 S. 2, 3 und Abs. 3 a.F. wurde ersatzlos gestrichen.
[26] Siehe die (nur zum kleinen Teil veraltete) Zusammenstellung bei *Peters/Zimmermann*, S. 149 ff.; siehe ferner die Übersicht bei MüKo/*Grothe*, § 195 Rn 2 ff.; Staudinger/*Peters*, § 195 Rn 52 ff., beide zum bisherigen Recht.
[27] Zu § 902 HGB siehe AG Flensburg NJW-RR 2001, 1180, 1181 f.
[28] Zu der Norm siehe AG Flensburg NJW-RR 2001, 1180, 1181 f.
[29] AG Flensburg NJW-RR 2001, 1180, 1181 f.

Redaktionelle Anpassungen an das neue Verjährungsrecht enthalten unter anderem die nachfolgenden 35
Vorschriften **anderer Gesetze**:
- §§ 270 Abs. 3, 691 Abs. 2, 693 Abs. 2 ZPO
- §§ 27 Abs. 2 S. 2, 139 Abs. 3 S. 2, 159 Abs. 4 HGB
- §§ 45 Abs. 1, Abs. 2 S. 2, Abs. 3, 133 Abs. 3, Abs. 4 S. 2, Abs. 5, 157 Abs. 1, Abs. 2 S. 2, Abs. 3, 224 Abs. 2, Abs. 3 S. 2, Abs. 4 UmwG
- Art. 53 ScheckG, Art. 71 WechselG
- § 3 Nr. 3 S. 4 PflVersG
- § 66 Abs. 1 S. 1 SchiffsRG
- § 66 Abs. 1 S. 1 LuftfzRG
- § 82 Abs. 3 S. 3 SachenRBG
- § 6 Abs. 1 S. 1 GrundbuchBG
- § 19 Abs. 7 BRAGO.

Neuregelungen der Verjährung enthalten: § 10 Abs. 2, Abs. 3 S. 2 und 4 GKG, §§ 17 Abs. 2, Abs. 3 S. 2 36
und 3, 143 Abs. 1 KostO, §§ 8 Abs. 2, 3 S. 2 und 4 GvKostG, § 15 Abs. 4 und 5 ZSEG.

IV. Einzelfragen

1. Anspruchsqualifikation

Um die einschlägige Sonderverjährungsnorm zu ermitteln, ist der einzelne Anspruch (§ 194 Rn 4), dessen 37
Verjährung geprüft wird, zu qualifizieren. Das gilt auch bei Ansprüchen, die in **gemischten Verträgen** wurzeln. Auch hier ist der einzelne Anspruch und nicht der Vertrag als Ganzes zu qualifizieren.[30]

2. Zusammentreffen mehrerer Verjährungsfristen

a) Grundsatz

In Einzelfällen können auf einen Anspruch mehrere Verjährungsfristen zugleich anwendbar sein (siehe etwa 38
§ 196 Rn 32 f.). Im bisherigen Recht konnte es zu einer solchen Fristenkumulation leichter kommen, da sich insbesondere die Anwendungsbereiche der §§ 196 und 197 a.F. überschnitten. Diese Kumulationen können infolge der Aufhebung beider Vorschriften nicht mehr auftreten. Soweit sich andere Fristenkumulationen ergeben, ist durch Auslegung der Normen zu ermitteln, welcher Norm das umfassendere Gestaltungsprinzip zugrunde liegt, das sich dann durchsetzen muss.[31]

b) Berufsbezogene und sachbezogene Fristen

Wie bisher kann sich eine Fristenkumulation bei dem Zusammentreffen berufsbezogener und sachbezoge- 39
ner Fristen ergeben. Berufsbezogene Verjährungsbestimmungen gelten für den **Berufsangehörigen**, soweit seine anspruchsbegründende Tätigkeit in innerem Zusammenhang mit seiner Berufsqualifikation steht und sofern die Tätigkeit nicht von jedermann ausgeübt werden könnte.[32]

Im Einzelfall können sowohl berufsbezogene als auch sachbezogene Verjährungsregeln anwendbar sein. 40
So können z.B. § 634a einerseits und jeweils § 51b BRAO, § 45b PatAnwO, § 51a WiPO bzw. § 68 StBerG andererseits gleichzeitig heranzuziehen sein.[33] In dem Beispielsfall setzte sich nach **bisherigem Recht** die sachbezogene Frist des Werkvertragsrechts vor den berufsbezogenen Fristen durch;[34] allerdings war diese Rechtsprechung umstritten.[35] Sie führte regelmäßig zu einer kürzeren Verjährung. Denn nach § 638 a.F. verjährten Mängelansprüche des Bestellers in sechs Monaten ab Abnahme/Vollendung des Werks. Hingegen sehen die genannten berufsbezogenen Fristen im Grundsatz eine dreijährige Verjährung (§ 51a WiPO: fünf Jahre) vor, die mit der Anspruchsentstehung beginnt. Die Vorschriften des § 51b BRAO, § 45b PatAnwO bestimmen ergänzend, dass der Anspruch jedenfalls spätestens drei Jahre nach der Beendigung des Auftrags verjährt.

Zweifelhaft ist, ob der Vorrang der werkvertraglichen Fristen auch unter **neuem Recht** gelten kann. Hier 41
würde er zu einer gegenüber den berufsbezogenen Fristen im Regelfall längeren Verjährung führen. Denn nach § 634a Abs. 1 Nr. 3 ist die dreijährige Regelverjährung der §§ 195, 199 anzuwenden, bei welcher die Verjährung erst mit Anspruchsentstehung und Kenntniserlangung (Rn 3) beginnt. (§ 634a Abs. 1 Nr. 3 erfasst die werkvertraglichen Mängelansprüche, sofern das Werk weder ein Bauwerk noch die Herstellung, Wartung oder Veränderung einer Sache oder entsprechende Planungs- oder Überwachungsleistungen betrifft.) Zwar deckt sich die Fristenlänge des § 634a Abs. 1 Nr. 3 mit derjenigen der berufsbezogenen Fristen

---

[30] BGHZ 70, 356, 361; näher Staudinger/*Peters*, § 195 Rn 17.
[31] Zum bisherigen Recht umfassend und überzeugend Staudinger/*Peters*, § 195 Rn 14 ff.
[32] Staudinger/*Peters*, § 195 Rn 15.
[33] Staudinger/*Peters*, § 195 Rn 15.
[34] BGH NJW 1965, 106; vertiefend und mit Nachweisen des Streitstands zum bisherigen Recht: Staudinger/*Peters*, § 195 Rn 15.
[35] Ablehnend u.a. *Prütting*, WM 1978, 130, 131; *van Venrooy*, DB 1981, 2364, 2369.

(nur die fünfjährige Frist des § 51a WiPO ist länger). Doch führt der unterschiedliche Verjährungsbeginn meist zu einem späteren Ablauf der werkvertraglichen Frist. Denn die Kenntniserlangung erfolgt regelmäßig später als die Anspruchsentstehung (und regelmäßig auch später als die Auftragsbeendigung), auf welche die berufsbezogenen Fristen abstellen.

42 Nach der hier vertretenen Ansicht ist stets von einem **Vorrang der berufsbezogenen Verjährungsfristen** auszugehen, denn sie sind spezieller als die allgemeinen werkvertraglichen Fristen. Zudem hat der Gesetzgeber durch die Beibehaltung der speziellen berufsbezogenen Verjährungsfristen deutlich gemacht, dass er die damit verbundene haftungsrechtliche Privilegierung[36] der betroffenen Berufskreise aufrecht erhalten möchte.[37] Schließlich hat auch der bisherigen Rechtsprechung mehr oder weniger unausgesprochen die haftungsrechtliche Privilegierung durch Heranziehung der kürzeren Verjährungsfrist zugrunde gelegen.

c) Zusammentreffen mehrerer berufsbezogener Fristen

43 Ist der Schuldner Angehöriger verschiedener Berufe (etwa Rechtsanwalt, Wirtschaftsprüfer und Steuerberater), für die unterschiedliche berufsbezogene Verjährungsbestimmungen bestehen (Rn 40), so ist darauf abzustellen, in welcher Berufseigenschaft er nach dem Willen der Parteien tätig werden sollte. Ist das nicht zu klären, so ist auf den Schwerpunkt der anspruchsbegründenden Tätigkeit abzustellen.[38]

3. Gesamtschuld

44 Bei einer Gesamtschuld gilt für die Verjährung der Grundsatz der Einzelwirkung (§ 425); daher kann sich für jeden Gesamtschuldner der Lauf der Verjährungsfrist unterschiedlich entwickeln. Hemmung (§§ 203 ff.), Neubeginn (§§ 212 f.) und Ablaufhemmung (§§ 208 ff.) sind für jeden Gesamtschuldner getrennt zu betrachten. § 425 wurde durch das Schuldrechtsmodernisierungsgesetz nicht erfasst. Insoweit gilt die Rechtsprechung zum bisherigen Recht[39] im Grundsatz fort; sie ist auf die neuen verjährungsrechtlichen Tatbestände zu übertragen.

4. Änderungen des Anspruchs

45 Wie nach bisherigem Recht[40] ist auch nach neuem Recht auf den **Zeitpunkt der Anspruchsentstehung** abzustellen, um die einschlägige Verjährungsfrist zu bestimmen. Danach eintretende Sachverhaltsänderungen sind – sofern gesetzlich nichts anderes geregelt ist – unbeachtlich und können nicht zu einem Wechsel der einschlägigen Fristennorm führen. Das gilt auch bei einem Wechsel in der Person des Gläubigers wie des Schuldners (dazu und zu Ausnahmen siehe bei § 199).

46 Ein **deklaratorisches Schuldanerkenntnis**[41] als solches führt daher nicht zu einer Änderung der einschlägigen Verjährungsfrist und grundsätzlich auch nicht zu einem anderen Fristenlauf. Allerdings kann das deklaratorische Schuldanerkenntnis unter den eigenständig zu prüfenden Voraussetzungen des § 212 Abs. 1 Nr. 1 (= § 208 a.F.) die Verjährungsfrist neu beginnen lassen. Das deklaratorische Schuldanerkenntnis schafft keine neuen Ansprüche, die eigenständig verjähren könnten.

Gleiches gilt zwar grundsätzlich für einen **außergerichtlichen Vergleich**, sofern seine Auslegung nichts anderes ergibt.[42] Das kann der Fall sein, sofern durch den Vergleich eine neue Rechtsgrundlage für die nunmehr mit ihm eingegangenen Verpflichtungen geschaffen wurde. In diesem Falle verjährt der Anspruch aus dem Vergleich eigenständig[43] in der Regelverjährungsfrist.[44]

47 Eine Schuldumschaffung (**Novation**) ersetzt das Schuldverhältnis durch ein neues. Für dieses gilt eine neue Verjährungsfrist mit neuem Fristbeginn. Regelmäßig verjährt die neue Forderung nach §§ 195, 199. Beispiele:[45] Anerkennung eines Kontokorrentsaldos, Anerkennung der Saldoforderung aus einem Kreditkartenvertrag.[46]

Eine neue Verjährungsfrist gilt auch für den Anspruch aus einem **abstrakten Schuldanerkenntnis**, da der Anspruch selbständig begründet wird.[47]

---

[36] Zur haftungsrechtlichen Privilegierung der rechtsberatenden Berufe als gesetzgeberisches Grundprinzip im bisherigen Recht *Piekenbrock*, S. 309, 332.
[37] Siehe aber auch *Piekenbrock*, S. 309, 332, der vermutet, diese Zurückhaltung des Gesetzgebers beruhe entweder auf Zeitnot (so auch *Zimmermann/Leenen u.a.*, JZ 2001, 684, 687) oder auf Rücksichtnahme gegenüber einer für die allgemeine Akzeptanz des Schuldrechtsmodernisierungsgesetzes wichtigen Berufsgruppe.
[38] Staudinger/*Peters*, § 195 Rn 16 mit zahlreichen Nachweisen.
[39] Siehe etwa Palandt/*Heinrichs*, § 425 Rn 6.
[40] Siehe dazu Palandt/*Heinrichs*, § 195 Rn 2; Staudinger/*Peters*, § 195 Rn 6 ff., jeweils m.w.N.
[41] Zum bisherigen Recht Staudinger/*Peters*, § 195 Rn 7 m.w.N.
[42] Staudinger/*Peters*, § 195 Rn 7 m.w.N.; siehe näher BGH WM 1979, 205; LAG Berlin MDR 1999, 168.
[43] BGH WM 1979, 205, 206.
[44] A.A. BGH WM 1979, 205, 206: Verjährungsfrist des ursprünglichen Anspruchs läuft für den Anspruch aus dem Vergleich neu.
[45] Zum bisherigen Recht Palandt/*Heinrichs*, § 195 Rn 2; Staudinger/*Peters*, § 195 Rn 8, jeweils m.w.N.
[46] Beide strittig, siehe *Gernhuber*, Die Erfüllung und ihre Surrogate, 2. Aufl. 1994, § 18, 10, S. 413 f.
[47] Palandt/*Sprau*, § 780 Rn 8.

Ein **Prozessvergleich** führt zu der dreißigjährigen Verjährungsfrist des § 197 Abs. 1 Nr. 3. 48

5. Verjährung von Nebenleistungsansprüchen

Nach § 217, der § 224 a.F. entspricht, verjährt mit dem Hauptanspruch zugleich der Anspruch auf die von 49
ihm abhängenden Nebenleistungen, auch wenn die für diesen Anspruch geltende besondere Verjährung
noch nicht eingetreten ist (siehe § 217).

6. Anspruchskonkurrenz

Zu der Frage, ob § 438 Abs. 1, der die Verjährung der kaufrechtlichen Gewährleistungsansprüche des 50
§ 437 regelt, auf **konkurrierende Deliktsansprüche**, die auch auf Sachmängeln (Mangelschaden und
Mangelfolgeschaden) beruhen, siehe näher bei § 438. Zur Parallelproblematik im Werkvertragsrecht siehe
näher bei § 634 a. Nach der hier und in *Mansel/Budzikiewicz*[48] vertretenen Auffassung ist von der
Erstreckung der Verjährungsregeln der §§ 438, 634 a auf konkurrierende Ansprüche aus § 823 auszugehen:
Erfüllt die Lieferung einer fehlerhaften Sache zugleich den Tatbestand der **§§ 823 ff.**, sind die daraus 51
resultierenden Ansprüche grundsätzlich wie die gewährleistungsrechtlichen Ersatzansprüche nach § 437
Nr. 3 der Verjährungsfrist des **§ 438** zu unterstellen.[49] Die §§ 195, 199 finden insoweit keine Anwendung
auf die mit Ansprüchen aus § 437 konkurrierenden Deliktsansprüche.

Der **Gesetzgeber** selber hat zu der Frage nicht Stellung genommen, sondern die Lösung ausweislich 52
der Begründung zum Regierungsentwurf bewusst der Rechtsprechung überlassen.[50] Aufgrund dieser
offensichtlichen Indifferenz des Gesetzgebers geht der **überwiegende Teil des Schrifttums** bislang davon
aus, dass die Praxis an ihrer alten Linie der **freien Anspruchskonkurrenz**[51] festhalten wird.[52]

Für die hier vertretene **Anwendung des § 438 auf konkurrierende Deliktsansprüche** spricht, dass die 53
Vertreter der freien Anspruchskonkurrenz in wesentlichen Teilen ihre argumentativen Stützen verloren
haben. Konnte früher darauf abgestellt werden, dass die kurze Frist des § 477 a.F. lediglich für die
verschuldensunabhängigen Rechtsbehelfe der Wandlung, Minderung und Nachlieferung konzipiert worden
sei und einer ergänzenden Anwendung der (verschuldensabhängigen) §§ 823 ff. daher nicht entgegenstehe,
ist diese Begründung nach In-Kraft-Treten der Schuldrechtsreform nicht länger tragfähig. Im Gegensatz
zur bisherigen Rechtslage besitzt § 438 Abs. 1 nunmehr auch im Hinblick auf verschuldensabhängige
Schadensersatzansprüche (§ 437 Nr. 3) unmittelbar Gültigkeit. Dabei wird nicht nur der eigentliche
Mangelschaden sondern auch der Mangelfolgeschaden ausdrücklich mit einbezogen.[53]

Der Wertungswiderspruch, der zutage tritt, wenn die freie Anspruchskonkurrenz auch weiterhin zugelassen 54
wird, erscheint noch eklatanter, wenn man die „**Weiterfresserproblematik**" in Blick nimmt. Die Behandlung dieser Fallkonstellationen auf der Ebene des Verjährungsrechts war schon bisher nur eine Hilfslösung.
Richtigerweise sollte die Frage bereits auf der Ebene der Anspruchsbegründung behandelt werden.[54] Dabei
sprechen die besseren Argumente dafür, die Ausbreitung des Mangels innerhalb der Kaufsache nicht als Eigentumsverletzung zu qualifizieren, sondern von Anfang an eine fehlerhafte Gesamtlieferung anzunehmen.
Würde dementsprechend die materiellrechtliche Konstruktion eines besonderen Begriffs der Eigentumsverletzung künftig aufgegeben, entfiele auch das verjährungsrechtliche Problem. Doch selbst wenn man
mit der bislang herrschenden Meinung weiterhin eine Eigentumsverletzung bejahen wollte, vermag das
Lösungskonstrukt zu den „weiterfressenden" Mängeln nicht mehr zu überzeugen. So hat der Gesetzgeber
die diesbezügliche Rechtsprechung u.a. als Anlass dafür genommen, die kaufrechtlichen Gewährleistungsfristen zu verlängern.[55] Die nunmehr gültige Frist von zwei Jahren stellt sich dabei als Kompromiss
dar: Sie soll sowohl den Interessen des Käufers gerecht werden als auch den Schutz der Wirtschaft vor
unkalkulierbarer Haftung gewährleisten. Dieser Schutz würde nun aber ad absurdum geführt, wenn die
Verjährungsfrist des § 438 Abs. 1 Nr. 3 weiterhin durch die Anwendung des Deliktsrechts umgangen werden könnte. Hinzu kommt, dass nicht einsichtig ist, warum für irreparable Fehler und gänzlich unbrauchbare

---

48 *Mansel/Budzikiewicz*, Das neue Verjährungsrecht, 2002.
49 *Piekenbrock*, Jahrbuch Junger Zivilrechtswissenschaftler 2001, 309, 331; wohl auch *Foerste*, ZRP 2001, 342 f.; ders., JZ 2001, 560 f.; ähnlich zum Werkvertragsrecht H. *Roth*, JZ 2001, 543, 544; *Geiger*, JZ 2001, 473, 474, der davon ausgeht, dass die Rechtsprechung zur „Weiterfresserproblematik" durch die Reform überholt sei. Zur Gegenmeinung siehe sogleich im Text.
50 BT-Drucks 14/6040, 229: „Sollte die Rechtsprechung angesichts der verbleibenden Unterschiede in Länge und Beginn zwischen der Verjährungsfrist nach der Nummer 3 und der Regelverjährungsfrist an ihrer Rechtsprechung etwa zum „weiterfressenden" Mangel festhalten, würde dennoch ein Wertungswiderspruch anders als bisher weitgehend vermieden, weil die dann geltende regelmäßige Verjährung auf ein ausreichendes Maß reduziert wird.".
51 Grundlegend BGHZ 66, 315, 319 („Frostschutzmittel"); Erman/*Grunewald*, § 477 Rn 8; MüKo/*Westermann*, § 478 Rn 29; Soergel/*Huber*, Vor § 459 Rn 258, jeweils m.w.N.
52 *Zimmermann/Leenen* u.a., JZ 2001, 684, 691, 692; *Dauner-Lieb*, Stellungnahme zum Regierungsentwurf, B.II.2., abrufbar unter: http://www.uni-koeln.de/jurfak/lbrah/Publ_pdf/stellungnahme.pdf.; *Tonner/Crellwitz/Echtermeyer*, in: Micklitz/Pfeiffer u.a., S. 293, 318; *Heinrichs*, BB 2001, 1417, 1420.
53 *Foerste*, ZRP 2001, 342.
54 *Mansel*, S. 333, 389.
55 BT-Drucks 14/6040, 228.

Gegenstände weniger streng gehaftet werden soll als für kleine, reparable Fehler, bei denen entsprechend der „Weiterfresser" – Rechtsprechung § 823 Abs. 1 herangezogen werden kann.[56] Unabhängig davon wirft die Neuregelung des Kaufrechts noch ein weiteres Problem auf: Durch die freie Anspruchskonkurrenz zwischen gewährleistungsrechtlicher und deliktischer Haftung würde das vorrangige Recht des Verkäufers zur Nacherfüllung unterlaufen.[57] Eine derartige Vereitelung des Nachbesserungsrechts hat der BGH im Rahmen des Werkvertragsrechts jedoch bereits als contra legem bewertet und abgelehnt.[58]

55 Angesichts der Friktionen, die bei einer Beibehaltung der bisherigen Handhabung der Anspruchskonkurrenz auftreten, sollten daraus die **Konsequenzen** gezogen und von einer uneingeschränkten Haftung des Verkäufers aus unerlaubter Handlung neben Schadensersatzansprüchen nach § 437 Nr. 3 Abstand genommen werden. Damit wird vor allem die bisherige Rechtsprechung zur Problematik der „Weiterfresserschäden" obsolet. Erfasst sind darüber hinaus aber auch solche Schäden, die nicht an der Kaufsache selber, sondern an anderen Rechtsgütern des Käufers entstehen – zumindest soweit es sich um Sachschäden handelt. Treffen die gewährleistungsrechtlichen Ansprüche nach § 437 Nr. 3 mit dem Anspruch aus § 1 Abs. 1 ProdHaftG zusammen, wird die kurze Frist des § 438 Abs. 1 Nr. 3 allerdings auch weiterhin durch die vorrangige Regelung des § 12 ProdHaftG verdrängt.[59]

56 Davon ist eine **Ausnahme** zu machen: Sind die besonders schützenswerten Rechtsgüter des Lebens, des Körpers, der Gesundheit und der Freiheit betroffen, kann § 438 Abs. 1 nicht auf deliktische Schadensersatzansprüche erstreckt werden. Zieht die Mangelhaftigkeit der Kaufsache einen Personenschaden nach sich, wäre es unbillig, dessen Konsequenzen alleine dem Käufer aufzuerlegen. Die Regelung des § 438 Abs. 1 soll einen angemessenen Risikoausgleich zwischen den beteiligten Parteien gewährleisten. Das Interesse des Verkäufers, aus dem Rechtsgeschäft nach Ablauf fester Fristen nicht mehr in Anspruch genommen zu werden, ist aber nur so lange schützenswert, als der Käufer hierdurch nicht außer Verhältnis belastet wird. Dabei handelt es sich letztlich um eine Wertungsfrage. Mit der Kodifizierung des § 438 Abs. 1 hat der Gesetzgeber diese grundsätzlich für vertragliche Ansprüche beantwortet. Zieht die Mangelhaftigkeit der Kaufsache **Personenschäden** nach sich, ginge die ausschließliche Anwendbarkeit der kurzen Verjährung auch auf Deliktsansprüche einseitig zu Lasten des Gläubigers. Diesem kann nicht zugemutet werden, die Folgen einer dauerhaften Behinderung oder gar der Invalidität ausschließlich selber zu tragen. Hierfür spricht auch der Umstand, dass das Leben, der Körper, die Gesundheit und die Freiheit in § 199 Abs. 2 durch eine dreißigjährige absolute Frist in besonderem Maß geschützt werden. In Fällen der vorgenannten Art muss daher auch weiterhin von der freien Anspruchskonkurrenz zwischen deliktischer und gewährleistungsrechtlicher Haftung ausgegangen werden.[60]

57 Sollte die Rechtsprechung dem hier vorgeschlagenen Lösungsweg folgen, bleibt allerdings abzuwarten, ob künftig anstelle der bisherigen Lösung über das Deliktsrecht nicht eine weite Auslegung der **Arglistverjährung** (§ 438 Abs. 3) herangezogen wird, um als unbillig empfundene Ergebnisse auch in Zukunft zu vermeiden.[61]

§ 196 Verjährungsfrist bei Rechten an einem Grundstück

¹Ansprüche auf Übertragung des Eigentums an einem Grundstück sowie auf Begründung, Übertragung oder Aufhebung eines Rechts an einem Grundstück oder auf Änderung des Inhalts eines solchen Rechts sowie die Ansprüche auf die Gegenleistung verjähren in zehn Jahren.

Inhalt

A. Reformgehalt 1	d) Natur des Anspruchs 20
I. Sachliche Neuerungen 1	e) Erweiternde Auslegung auf Besitzverschaffungsansprüche 22
II. Reformzweck 7	2. Gegenleistungsansprüche 24
1. Erfüllungsansprüche 7	a) Fristengleichheit 24
2. Gegenleistungsansprüche 10	b) Gegenleistungsverhältnis 25
3. Zehn-Jahres-Frist 11	c) Fehlen von Gegenleistungsansprüchen 27
B. Regelungsgehalt 12	d) Erfüllte Leistungsansprüche 28
I. Erfasste Ansprüche 12	3. Sekundäransprüche 29
1. Leistungsansprüche 12	II. Verjährungsbeginn 31
a) Anspruchsinhalt 12	III. Konkurrenz mit anderen Ansprüchen 32
b) Grundstücke 13	
c) Recht an einem Grundstück 17	

---

56 Vgl. auch den Diskussionsbeitrag von *Foerste,* JZ 2001, 560 f.
57 Hierauf weist *Foerste,* ZRP 2001, 342 zutreffend hin.
58 BGH NJW 1986, 922, 924.
59 Vgl. dazu H. *Roth,* JZ 2001, 543, 544.
60 Ein solches Ergebnis hat auch das Land Niedersachsen für sachgerecht gehalten, vgl. die Beratungsniederschrift des Bundesrates v. 18.6.2001 (unveröffentlicht), C. Nr. 98. Eine entsprechende Lösung befürwortet im Werkvertragsrecht offenbar auch H. *Roth,* JZ 2001, 543, 544.
61 Vgl. *Eidenmüller,* JZ 2001, 283, 287.

A. Reformgehalt

I. Sachliche Neuerungen

§ 196 wurde wegen der Absenkung der Regelverjährungsfrist von dreißig auf drei Jahre erforderlich. § 196 hat keine direkte Entsprechung im bisherigen Recht. Für die von § 196 erfassten Ansprüche galt bisher grundsätzlich die lange, kenntnisunabhängige (siehe zu diesem Begriff § 195 Rn 3 f.) Regelverjährung der §§ 195, 198 S. 1 a.F. An einer längeren, objektiv bestimmten Verjährungsfrist wollte der Reformgesetzgeber – nach einigem Zögern (Rn 4) – für die von § 196 erfassten Ansprüche grundsätzlich festhalten.

§ 196 **entspricht** daher im Rahmen seines sachlichen Anwendungsbereichs dem **bisherigen Recht** mit der wichtigen **Modifizierung**, dass die bislang dreißigjährige Verjährungsfrist auf **zehn Jahre** abgesenkt wurde. Die Frist beginnt gemäß § 200 – wie bisher – mit der Anspruchsentstehung.

Nach **bisherigem Recht** verjährte **beispielsweise** der Übereignungsanspruch eines Grundstückskäufers aus § 433 Abs. 1 S. 1 gemäß §§ 195, 198 S. 1 a.F. in dreißig Jahren ab Entstehung.[1] Gleiches galt grundsätzlich für andere Ansprüche auf Übertragung des Eigentums an einem Grundstück sowie für Ansprüche auf Begründung, Übertragung, Aufhebung oder Inhaltsänderung eines Rechts an einem Grundstück. Bei **Grundstückskaufverträgen** verjährte der Kaufpreisanspruch ebenfalls nach § 195 a.F. in dreißig Jahren.[2] Gleiches galt grundsätzlich auch für die anderen, heute von § 196 erfassten Ansprüche. Nach **neuem Recht** verjähren die genannten Erfüllungs- und Gegenleistungsansprüche gemäß § 196 in zehn Jahren.

§ 196 war in der **Reformgeschichte** umstritten. Während der Abschlussbericht der Schuldrechtskommission eine § 196 entsprechende Vorschrift enthielt,[3] hatte das diesen vorbereitende Gutachten von *Peters/Zimmermann*[4] ebenso darauf verzichtet wie der an den Abschlussbericht anschließende DiskE[5] des BMJ. Das wurde teils kritisiert,[6] teils begrüßt.[7] Der Regierungsentwurf vom 6.3.2001 (Konsolidierte Fassung des DiskE) führte die Regelung mit § 197 BGB-KF ein, allerdings ohne Erfassung der Gegenleistungsansprüche. An letzterem wurde erneut Kritik geübt.[8] In der Folge hat der Rechtsausschuss des Bundestags bei seinen Beratungen die Gegenleistungsansprüche in § 196 einbezogen.[9]

Im Gesetzgebungsverfahren ist der Bundestag den Vorschlägen aus der Wissenschaft[10] und Praxis[11] sowie dem Vorschlag des Bundesrates,[12] statt der zehn- eine dreißigjährige **Frist** vorzusehen, nicht gefolgt.[13]

Die **Grundregeln des Europäischen Vertragsrechts** (dazu vor §§ 194 – 202 Rn 4 ff.) sehen keine Entsprechung zu § 196 vor. Ansprüche in dessen sachlichem Anwendungsbereich unterliegen der dreijährigen (kenntnisabhängigen, siehe den Hemmungstatbestand des Art. 17:105) Regelverjährung des Art. 17:102.

II. Reformzweck

1. Erfüllungsansprüche

Mit der längeren Frist soll insbesondere den **Besonderheiten** von Verträgen Rechnung getragen werden, die Grundstücke und/oder Rechte an Grundstücken zum Inhalt haben.

Diese bestehen aus der Sicht des Gesetzgebers[14] einmal darin, dass die Durchsetzbarkeit solcher Ansprüche nicht allein von dem Willen der Vertragsparteien abhängt. Zusätzlich ist für die Erfüllung der Ansprüche auf Vornahme der Verfügung die Eintragungen in das Grundbuch maßgeblich. Hier können erhebliche Zeitverzögerungen auftreten. Der Gläubiger soll deshalb nicht gezwungen sein, voreilig gegen den

---

1 RGZ 116, 281, 286; MüKo/*Grothe*, § 195 Rn 14; Soergel/*Niedenführ*, § 195 Rn 5.
2 Soergel/*Niedenführ*, § 195 Rn 5.
3 § 195 Abs. 5 BGB-KE, siehe Abschlussbericht, S. 53 f.
4 *Peters/Zimmermann*, S. 79 ff.
5 DiskE, S. 239.
6 Kritik allein bezogen auf die Verjährung von Ansprüchen, welche die Begründung, Übertragung oder Aufhebung eines Rechts an einem Grundstück oder auf Änderung des Inhalts eines solchen Rechts betreffen, *Mansel*, S. 333, 354; siehe zu diesen Ansprüchen differenzierend *Zimmermann/Leenen u.a.*, JZ 2001, 684, 692 f.
7 *Dauner-Lieb/Arnold* zu § 197, allerdings mit nicht ganz zutreffendem Verständnis von *Mansel*, S. 333, 354; siehe zutreffend hingegen die Darstellung und Kritik bei *Zimmermann/Leenen u.a.*, JZ 2001, 684, 692 f.
8 *Dauner-Lieb/Arnold* zu § 197; *Zimmermann/Leenen u.a.*, JZ 2001, 684, 692 f.
9 Beschlussempfehlung und Bericht des Rechtsausschusses (6. Ausschuss), BT-Drucks 14/7052, 179 (zu § 196).
10 *Mansel*, S. 333, 354 f.; zuvor: *Amann*, Sonderheft Notartag DNotZ 1993, S. 83*, 89* f.; *Amann* gleichfalls zustimmend, aber die Gewähr der Freiheit zur vertraglichen Verjährungsabrede als Alternative dazu betrachtend; *Stürner*, Beilage NJW 1994, S. 2*, 5*.
11 Unveröffentlichte Stellungnahme des Zivilrechtsausschusses des Deutschen Anwaltvereins e.V. zum Gesetzesvorhaben (Fassung November 1997); Mehrheitsbeschluss des Deutschen Juristentags 1994 zum Verjährungsrecht, K 106 (abgedruckt in: Verhandlungen des 60. JT und in NJW 1994, 3075); Bundesnotarkammer/Deutscher Anwaltverein, Gemeinsame Stellungnahme zum Regierungsentwurf eines Gesetzes zur Modernisierung des Schuldrechts vom 9.8.2001, unter 1 zu § 196.
12 BT-Drucks 14/6857, 6.
13 Gegenäußerung der Bundesregierung zur Stellungnahme des Bundesrates, BT-Drucks 14/6857, 42.
14 Siehe zum Folgenden BT-Drucks 14/6040, 105; gegen diese Überlegungen aber *Zimmermann/Leenen u.a.*, JZ 2001, 684, 692 f.

Schuldner vorzugehen, der selbst leistungsbereit ist und auch alles zur Erfüllung Erforderliche getan hat. So kann insbesondere beim Kauf eines noch **nicht vermessenen Grundstücks** längere Zeit verstreichen, bis das Grundstückvermessungsergebnis in das Kataster eingetragen wird. Verzögerungen können sich auch durch die vom Finanzamt zu erteilende **Unbedenklichkeitsbescheinigung** ergeben, wenn der Käufer über die Höhe der Grunderwerbssteuer mit dem zuständigen Finanzamt streitet. Hinzu kommen immer wieder Verzögerungen, die sich aus der Belastung der Registergerichte ergeben.

9 Ein weiterer Anwendungsfall des § 196 ist die „stehengelassene" **Grundschuld**.[15] Ist zur Sicherung eines Darlehens zu Gunsten des Kreditinstituts eine Grundschuld eingetragen, so wird mit der Tilgung des Darlehens regelmäßig auch der Rückgewähranspruch hinsichtlich der Grundschuld aus dem Sicherungsvertrag fällig. In der Praxis verzichtet der Sicherungsgeber oftmals darauf, seinen Übertragungs-, Verzichts- oder Aufhebungsanspruch geltend zu machen,[16] denn das Grundpfandrecht kann für einen erneuten Kreditbedarf verwendet und dann unmittelbar auf den neuen Kreditgeber übertragen werden. Kosten einer Abtretung fallen dann nicht an. § 196 stellt dem Sicherungsgeber eine ausreichende Zeitspanne zur Verfügung, innerhalb der er sich entscheiden kann, ob er eine vorsorglich „stehengelassene" Grundschuld letztlich doch zurückfordert. Eine ähnliche Konstellation ergibt sich für **Dienstbarkeiten**, die eine vertragliche Bezugsverpflichtung oder ähnliches sichern sollen. Solche Dienstbarkeiten werden nicht selten erst mit langer Verzögerung gelöscht.[17] Gleiches gilt etwa für Abstandsflächendienstbarkeiten.[18] Sie sind dann zurückzugewähren, wenn die bauordnungsrechtlichen Voraussetzungen für deren Bestellung weggefallen sind. Das wird dem Eigentümer des dienenden Grundstücks häufig nicht sofort bewusst. In allen vorgenannten Fällen müsste die gesetzliche Verjährungsfrist formularmäßig verlängert werden, um sachgerechte Ergebnisse zu erzielen. Eine gesetzliche Verjährungsfrist ist aber nicht sachgerecht, wenn sie in der Praxis ausnahmslos verlängert werden wird.[19] Daher erscheint die Regelung des § 196 sachgerecht.

2. Gegenleistungsansprüche

10 § 196 erfasst auch die entsprechenden Gegenleistungsansprüche, um ein zu starkes **Auseinanderfallen**[20] der **Verjährungsfristen** und damit eine ungerechtfertigte Privilegierung des Kaufpreisschuldners zu verhindern. Dessen Schuld verjährte ansonsten nach § 195 in drei Jahren.[21] Im Falle noch nicht erbrachter Leistungen würde das zwar nicht dazu führen, dass die in § 196 bezeichneten Ansprüche nach Verjährung der Gegenleistungsansprüche noch erfüllt werden müssten. Dem stünde § 320 entgegen,[22] auf den sich der Grundstückverkäufer gemäß § 215 auch im Falle der Verjährung seines Anspruchs auf die Kaufpreiszahlung berufen könnte. Doch würde das Zurückbehaltungsrecht dauerhaft bestehen. Solche Verträge könnten wegen des dauernden Leistungsverweigerungsrechts nicht beendet werden.

3. Zehn-Jahres-Frist

11 Der Reformgesetzgeber konnte sich nicht den Forderungen anschließen, die lange Frist des § 196 auf dreißig Jahre – wie es dem bisherigen Recht entsprechen würde – zu bemessen. Er erachtet eine Zeitspanne von zehn Jahren als ausreichende **Überlegungsfrist**. Das erscheint nicht in allen Fällen sachgerecht (siehe Rn 28). Der Gesetzgeber wollte aber wohl einen Gleichlauf zur Maximalverjährungsfrist des § 199 Abs. 3 Nr. 1 und Abs. 4 herstellen, die für alle Ansprüche gilt, welche nicht den Schadensersatz für die Verletzung von Leben, Körper, Gesundheit und Freiheit einer Person betreffen.

B. Regelungsgehalt

I. Erfasste Ansprüche

1. Leistungsansprüche

a) Anspruchsinhalt

12 Die besondere Verjährungsfrist des § 196 erfasst alle Ansprüche, die auf Übertragung des Eigentums an einem Grundstück oder auf Begründung, Übertragung oder Aufhebung eines Rechts an einem Grundstück

---

15 Siehe zum Folgenden BT-Drucks 14/6040, 105; differenzierend und materiell-rechtliche Lösungen ansprechend *Zimmermann/Leenen u.a.*, JZ 2001, 684, 693; insoweit positiver hingegen *Mansel*, S. 333, 354 f.
16 Siehe näher *Amann*, Sonderheft Notartag DNotZ 1993, S. 83*, 89* f.; *Stürner*, Beilage NJW 1994, S. 2*, 5*; *Mansel*, S. 333, 354 f.
17 *Amann*, Sonderheft Notartag DNotZ 1993, S. 83*, 89* f.
18 Bundesrat, Niederschrift der Beratung der Beschlussempfehlung, 18.6.2001, (unveröffentlicht), unter C 2 (zu § 196).
19 *Mansel*, S. 333, 355.
20 Für jeden der beiden Ansprüche wird der Verjährungsbeginn gesondert nach der jeweiligen Entstehung des Anspruchs bestimmt (§ 200 S. 1), so dass der Fristenlauf nicht zwingend völlig identisch ist.
21 Siehe dazu und zum Folgenden die Beschlussempfehlung und den Bericht des Rechtsausschusses (6. Ausschuss), BT-Drucks 14/7052, 179 (zu § 196).
22 Siehe bereits *Zimmermann/Leenen u.a.*, JZ 2001, 684, 693 mit Fn 113.

oder auf Änderung des Inhalts eines solchen Rechts gerichtet sind. Gemeint sind damit Ansprüche, welche die Verpflichtung zur Vornahme einer Verfügung (Belastung, Inhaltsänderung, Übertragung, Aufhebung[23]) über ein Grundstück oder ein Recht an einem Grundstück oder die Begründung eines Rechts an einem Grundstück zum Inhalt haben. Beispielsfälle sind der Anspruch nach § 433 Abs. 1 S. 1 auf Übereignung eines Grundstücks oder der Anspruch aus einem Sicherungsvertrag auf Begründung eines Grundpfandrechts an einem Grundstück oder bei einem bereits bestehenden Grundpfandrecht auf dessen Aufhebung oder Rückgewähr wegen Wegfalls des Sicherungszwecks.

b) Grundstücke

Das Gesetz spricht vom „Eigentum an einem Grundstück" und dem „Recht an einem Grundstück". **13**

Ein **Miteigentumsanteil** an einem Grundstück ist „Eigentum an dem Grundstück", denn Verfügungen über einen Miteigentumsanteil unterliegen den §§ 741 ff. (insbesondere § 747), den §§ 1008 ff. (insbesondere § 1009 Abs. 2) und zudem allen Vorschriften über das Alleineigentum.[24] Auf Ansprüche der in § 196 genannten Art, die sich auf einen Miteigentumsanteil an einem Grundstück beziehen, ist § 196 daher anwendbar. **14**

Gleiches gilt für das **Wohnungs- und Teileigentum** (§ 1 Abs. 1 WEG), denn es ist ein besonders ausgestaltetes Miteigentum im Sinne der §§ 1008 ff. (siehe § 3 Abs. 1, 6 WEG).[25] Das Wohnungseigentum kann selbständig belastet werden.[26] **15**

Einem Grundstück stehen auch im Rahmen des § 196 die **grundstücksgleichen Rechte** gleich, da sie formell und materiell wie Grundstücke behandelt werden. Daher fallen insbesondere die entsprechenden Ansprüche mit Bezug auf ein **Erbbaurecht** (§ 11 Abs. 1 ErbbauVO), das Bergwerkseigentum (§ 9 Abs. 1 BBergG) oder die grundstücksgleichen Rechte im Sinne des Art. 196 EGBGB unter die Verjährungsfrist des § 196. **16**

c) Recht an einem Grundstück

Rechte an einem Grundstück sind beschränkte dingliche Rechte, welche das Grundeigentum belasten[27] bzw. das Miteigentum/den Miteigentumsanteil an einem Grundstück (Rn 14), das Wohnungs- oder Teileigentum (Rn 15) oder ein grundstücksgleiches Recht (Rn 16). Beschränkte dingliche Rechte sind insbesondere **17**

– die Grunddienstbarkeit (§§ 1018 ff.)
– die beschränkte persönliche Dienstbarkeit (§§ 1090 ff.)
– das Wohnungsrecht (§ 1093)
– der Nießbrauch (§§ 1030 ff.)
– das dingliche Vorkaufsrecht (§§ 1094 ff.)
– die Reallast (§§ 1105 ff.)
– die Hypothek (§§ 1113 ff.)
– die Grundschuld (§§ 1191 ff.)
– die Rentenschuld (§§ 1191 ff.)
– das Erbbaurecht (§§ 1 ff. ErbbauVO, § 38 ErbbauVO i.V.m. § 1017 a.F.)
– das Wohnungserbbaurecht (§ 30 WEG)
– das Dauerwohnungsrecht (§§ 31 Abs. 1, 32 ff. WEG) und
– das Dauernutzungsrecht (§§ 31 Abs. 2, 3, 32 ff. WEG).

Hinzu treten auch **landesrechtliche Rechte**, etwa Abbaurechte nach Art. 68 EGBGB, ferner Rechte nach Art. 184 EGBGB. **18**

§ 196 unterliegen auch Ansprüche auf Eintragung der Vereinbarungen oder der Ansprüche im Sinne des **§ 1010**. **19**

d) Natur des Anspruchs

Es ist grundsätzlich unerheblich, woraus sich der Anspruch im Sinne von § 196 auf Vornahme einer Verfügung bzw. Begründung eines Rechts an einem Grundstück (Rn 12) ergibt, ob aus einem Schuldvertrag (z.B. einem Kauf oder einer Schenkung) oder aus dem Gesetz (wie z.B. aus § 812 = Herausgabe der ungerechtfertigten Bereicherung; aus §§ 677, 681 S. 2, 667 = Herausgabe des aus der Geschäftsführung ohne Auftrag Erlangten). Die Ratio der Norm ist zwar auf vertragliche Leistungsansprüche ausgerichtet (siehe die Anwendungsbeispiele unter Rn 8 f.), doch macht der Normtext die Begrenzung des Normzwecks nicht deutlich. Zudem können im Einzelfall auch bei gesetzlichen Leistungsansprüchen, die einen von § 196 **20**

---

23 Siehe zu der Definition der Verfügung Jauernig/*Jauernig*, vor § 104 Rn 10.
24 Zu letztem siehe BGHZ 36, 365, 368.
25 Weitnauer/*Weitnauer*, WEG, 8. Aufl. 1995, vor § 1 WEG Rn 25 ff. m.w.N.
26 Weitnauer/*Weitnauer*, WEG, 8. Aufl. 1995, § 3 WEG Rn 107 ff.
27 Siehe nur Jauernig/*Jauernig*, vor § 854 Rn 6, vor § 1113 Rn 1.

21 Im Einzelfall können mehrere Verjährungsfristen gleichzeitig anwendbar sein (siehe dazu und zu Fragen der Spezialität Rn 32 f.).

e) Erweiternde Auslegung auf Besitzverschaffungsansprüche

22 § 196 betrifft Ansprüche auf **Übertragung des Eigentums** an einem Grundstück. Die Vorschrift erfasst nicht auch Ansprüche auf Übergabe des Grundstücks. Diese verjähren – wie z.B. der Übergabeanspruch aus § 433 Abs. 1 S. 1 Alt. 1 – regelmäßig nach §§ 195, 199 Abs. 1, 4 in drei Jahren. Daher kann die Situation entstehen, dass der Anspruch gemäß § 433 Abs. 1 S. 1 Alt. 2 auf Verschaffung des Eigentums an dem Grundstück nach § 196 noch nicht verjährt ist, der aus § 433 Abs. 1 S. 1 Alt. 1 auf Grundstücksübergabe hingegen schon. Nach §§ 925, 873 setzt die Übereignung eines Grundstücks nur die Auflassung und die Eintragung, nicht aber die Übergabe des Grundstücks voraus. Der Käufer müsste dann zuerst auf Eigentumsverschaffung klagen und danach aus seinem Eigentumsrecht vorgehen.

23 Es wäre unter diesen Voraussetzungen sinnwidrig, wenn sich der Verkäufer in diesem Fall auf die Verjährung des Übergabeanspruchs berufen könnte. Man könnte hier annehmen, dass dem Schuldner die Erhebung der Verjährungseinrede hinsichtlich des Übergabeanspruchs in einem solchen Fall nach **Treu und Glauben** (§ 242) verwehrt ist. Sachgerechter ist es aber, in einem solchen Fall die zehnjährige Verjährungsfrist auf diejenigen Übergabeansprüche zu erstrecken, die zu dem nicht verjährten Übereignungsanspruch parallel hinzutreten und dem gleichen Zweck wie dieser dienen. Diese **erweiternde Auslegung** des § 196 erscheint zutreffend, weil sie den Rückgriff auf die Generalklausel des § 242 vermeidet und die ratio des § 196 verwirklicht.

2. Gegenleistungsansprüche

a) Fristengleichheit

24 Die zehnjährige Verjährungsfrist des § 196 erfasst ferner die mit den Leistungsansprüchen im Sinne von Rn 12 ff. (im Folgenden nur: Leistungsansprüche) jeweils korrespondierenden Ansprüche auf die Gegenleistung. Dadurch soll eine unterschiedliche Verjährung von **synallagmatischen Vertragsansprüchen** vermieden werden und der bisher geltende Verjährungsgleichlauf insbesondere bei Grundstückskaufverträgen (siehe Rn 10) auch im neuen Recht bewahrt werden.

b) Gegenleistungsverhältnis

25 Es ist durch **Vertragsauslegung** zu bestimmen, ob ein Gegenleistungsanspruch besteht (siehe noch unten Rn 27). Durch Auslegung des Vertrages ist weiter zu ermitteln, welcher Anspruch in einem Gegenseitigkeitsverhältnis zu dem Leistungsanspruch im Sinne des § 196 steht. Das kann im Einzelfall, bei komplexen Verträgen mit differenzierten Leistungsverpflichtungen nicht einfach festzustellen sein.

26 Gegenleistungsansprüche sind **nicht nur Zahlungsansprüche**. Sie können auch auf alle anderen Leistungen gerichtet sein, etwa beim Grundstückstausch (§§ 480, 433) auf Übereignung und Übergabe eines anderen Grundstücks.

c) Fehlen von Gegenleistungsansprüchen

27 § 196 ist auf den Leistungsanspruch auch dann anwendbar, wenn ein Gegenleistungsanspruch fehlt. Das ergibt sich aus dem **Normzweck** (Rn 7 ff.). Ein Gegenleistungsanspruch fehlt grundsätzlich bei einem Sicherungsvertrag, aus welchem sich etwa der Anspruch auf Rückgewähr einer Grundschuld nach endgültigem Wegfall des Sicherungszwecks ergibt. Der Sicherungsvertrag ist kein gegenseitiger Vertrag.[28] Ein Gegenleistungsanspruch fehlt beispielsweise auch bei der Grundstücksschenkung (§§ 516, 518) oder dann, wenn der Leistungsanspruch auf einem gesetzlichen Schuldverhältnis beruht (dazu siehe Rn 20).

d) Erfüllte Leistungsansprüche

28 Nach dem Wortlaut des § 196 verjähren Gegenleistungsansprüche in der Zehnjahresfrist **unabhängig davon, ob** der korrespondierende Leistungsanspruch bereits **erfüllt** wurde oder nicht. Davon ist auszugehen, auch wenn dieses Ergebnis nicht sachgerecht ist; denn es ist vom Normzweck nicht gedeckt: Gegenleistungsansprüche hat der Gesetzgeber § 196 nur deshalb unterstellt, weil er die dauerhafte Berufung auf ein Zurückbehaltungsrecht und damit die Nichtbeendigung des Vertrages vermeiden wollte (siehe näher Rn 10). Ist der Leistungsanspruch bereits erfüllt, kann sich eine solche Situation nicht ergeben. Doch ist die Rechtsfolgenanordnung des § 196 eindeutig. Ansonsten hätte der Gesetzgeber statt der Einbeziehung des Gegenleistungsanspruchs in § 196 eine entsprechende Einschränkung des § 215 (siehe Rn 10) vorsehen müssen. Diesen Weg hat er nicht gewählt.

---

28 Palandt/*Bassenge*, § 1191 Rn 17, 19.

3. Sekundäransprüche

§ 196 unterliegen nur die Leistungsansprüche und Gegenleistungsansprüche selbst. Der Normzweck (Rn 7 ff.) deckt **nicht** die Anwendung des § 196 auf die **Sekundärleistungsansprüche**, die im Falle einer Leistungsstörung an die Stelle des primären Leistungs- bzw. Gegenleistungsanspruchs treten. Denn § 196 ordnet eine längere Verjährung zum einen an, weil die termingerechte Erfüllung der Leistungsansprüche im Sinne des § 196 nicht alleine von dem Willen der Vertragsparteien abhängt, und zum anderen, weil einige der erfassten Ansprüche in der Rechtspraxis häufig über mehrere Jahre hinweg aus sachgerechten Gründen nicht verfolgt werden. § 196 bezweckt stets die Durchführung der geschuldeten Verfügung bzw. der geschuldeten Begründung eines beschränkten dinglichen Rechts, nicht aber die Erbringung von Ersatzleistungen (z.B. Schadensersatz). 29

Sekundäransprüche verjähren daher nach §§ **195, 199** bzw. nach den spezielleren gewährleistungsrechtlichen Verjährungsvorschriften vor allem des § **438**. 30

II. Verjährungsbeginn

Die Verjährung des § 196 beginnt nach § 200 S. 1 mit der Anspruchsentstehung. Der Zeitpunkt der Anspruchsentstehung ist für jeden einzelnen Anspruch zu bestimmen. Er kann daher für einen Leistungsanspruch und einen dazugehörigen Gegenleistungsanspruch auseinander fallen. 31

III. Konkurrenz mit anderen Ansprüchen

Ein Anspruch auf Eigentumsübertragung oder auf Verfügung über ein beschränktes dingliches Recht oder auf die Begründung eines solchen Rechts kann auch Gegenstand eines **Vermächtnisses** sein (§ 2174). Dieser Anspruch verjährt gemäß § 197 Abs. 1 Nr. 2 in dreißig Jahren ab Entstehung (§ 200 S. 1). 32

Fraglich ist, ob statt der erbrechtlichen Verjährung die kürzere Verjährungsfrist des § 196 anzuwenden ist. In einem solchen Fall des Zusammentreffens mehrerer Fristen ist durch Auslegung der Normen zu ermitteln, welcher Norm das umfassendere Gestaltungsprinzip zugrunde liegt, das sich dann durchsetzen muss (§ 195 Rn 38 ff.). Die **erbrechtliche Verjährungsfrist** des § 197 Abs. 1 Nr. 2 ist als die Frist mit dem umfassenderen Geltungswillen anzusehen, da der Normzweck des § 196 vor allem auf die Verjährung vertraglicher Ansprüche (Rn 7, 20) ausgerichtet ist. Daher hat in diesem Fall § 196 hinter § 197 Abs. 1 Nr. 2 zurückzutreten. 33

§ 197 Dreißigjährige Verjährungsfrist

(1) ¹In 30 Jahren verjähren, soweit nicht ein anderes bestimmt ist,
1. Herausgabeansprüche aus Eigentum und anderen dinglichen Rechten,
2. familien- und erbrechtliche Ansprüche,
3. rechtskräftig festgestellte Ansprüche,
4. Ansprüche aus vollstreckbaren Vergleichen oder vollstreckbaren Urkunden und
5. Ansprüche, die durch die im Insolvenzverfahren erfolgte Feststellung vollstreckbar geworden sind.

(2) ¹Soweit Ansprüche nach Absatz 1 Nr. 2 regelmäßig wiederkehrende Leistungen oder Unterhaltsleistungen und Ansprüche nach Absatz 1 Nr. 3 bis 5 künftig fällig werdende regelmäßig wiederkehrende Leistungen zum Inhalt haben, tritt an die Stelle der Verjährungsfrist von 30 Jahren die regelmäßige Verjährungsfrist.

Inhalt

A. Reformgehalt 1	3. Herausgabeansprüche aus Eigentum und anderen dinglichen Rechten (Nr. 1) 14
I. Dreißigjährige Fristen (Abs. 1) 1	a) Anwendungsbereich 14
II. Regelmäßig wiederkehrende Leistungen, Unterhalt (Abs. 2) 5	b) Herausgabeansprüche aus dinglichen Rechten 16
1. Ansprüche auf regelmäßig wiederkehrende Leistungen (Abs. 2 Alt. 1) 6	aa) Dingliche Rechte 16
2. Unterhaltsleistungen (Abs. 2 Alt. 2) 8	bb) Dingliche Herausgabeansprüche 17
3. In vollstreckbarer Form festgestellte Ansprüche (Abs. 2 Alt. 3) 10	c) Abgrenzungsfragen 22
	aa) Verpfändung, Nießbrauch 22
4. Sinn und Zweck des Abs. 2 11	bb) Nutzungsherausgabe 25
B. Regelungsgehalt 12	cc) Besitzrechtliche Herausgabeansprüche 28
I. Dreißigjährige Fristen (Abs. 1) 12	dd) Schuldrechtliche Herausgabeansprüche ... 29
1. Anspruchsverjährung 12	ee) Erbrechtliche Herausgabeansprüche 31
2. Verhältnis zu anderen Verjährungsnormen .. 13	d) Beseitigungs- und Unterlassungsansprüche .. 32
	e) Rechtsfortsetzende Ausgleichsansprüche 36

f) Herausgabeansprüche bei anderen absoluten Rechten	37
4. Familien- und erbrechtliche Ansprüche (Nr. 2)	39
a) Einzelfragen	39
aa) Verhältnis zu § 194 Abs. 2	39
bb) Einzelfälle	40
cc) Insbesondere: Ausgleichsansprüche wegen der Zuwendung vermögenswerter Leistungen außerhalb des Ehegüterrechts	42
dd) Lebenspartnerschaft, Betreuungsrecht	47
b) Vorrangige besondere Verjährungsfristen	48
c) Insbesondere: Familien- und erbrechtliche Unterhaltsansprüche	49
5. Titelverjährung (Nr. 3 bis 5)	50
a) Verhältnis zu anderen Verjährungsnormen	50
b) Anspruch	52
c) Rechtskräftig festgestellte Ansprüche (Nr. 3)	53
aa) Rechtskräftige Feststellung	53
bb) Gerichtliche Feststellung	55
cc) Feststellende Entscheidung	62
d) Ansprüche aus vollstreckbaren Vergleichen oder vollstreckbaren Urkunden (Nr. 4)	67
aa) Vollstreckbarer Vergleich	67
bb) Vollstreckbare Urkunde	71
cc) Feststellungen im Insolvenzverfahren (Nr. 5)	73
II. Regelmäßig wiederkehrende Leistungen, Unterhalt (Abs. 2)	74
1. Grundsatz	74
2. Ansprüche nach Abs. 1 Nr. 2	76
a) Regelmäßig wiederkehrende Leistungen	76
b) Unterhaltsleistungen	80
3. Ansprüche nach Abs. 1 Nr. 3 bis 5	82
III. Verjährungsbeginn	89

A. Reformgehalt

I. Dreißigjährige Fristen (Abs. 1)

1 Abs. 1 sieht eine dreißigjährige Verjährungsfrist für Herausgabeansprüche aus Eigentum und anderen dinglichen Rechten (Nr. 1), für familien- und erbrechtliche Ansprüche (Nr. 2) sowie für in vollstreckbarer Form festgestellte Ansprüche (Nr. 3 bis 5) vor. Der Verjährungsbeginn wird durch die Entstehung des Anspruchs bestimmt (§ 200 bzw. § 201); in den Fällen des Abs. 1 Nr. 3 bis 5 bedarf es zudem des Eintritts der im Einzelnen bestimmten Vollstreckbarkeit des Titels (§ 201). Entsprechendes galt nach §§ 195, 198, 218 Abs. 1 a.F. bereits nach altem Recht. Wegen der Absenkung der Regelverjährung in § 195 bedurfte es zur **Aufrechterhaltung des bisherigen Rechtszustands** der Vorschrift des Abs. 1.

2 Hierin liegt ein bedeutender Unterschied zu den **Grundregeln des Europäischen Vertragsrechts** (zu diesen vor §§ 194 – 202 Rn 4 ff.). Sie kennen solche besonderen Fristen neben der dort bestimmten Regelverjährung (siehe § 195 Rn 1) nur in einem Fall: Für durch ein Urteil, einen Schiedsspruch oder eine andere Urkunde, die wie ein Urteil vollstreckbar ist, zugesprochene Ansprüche wird eine zehnjährige Verjährungsfrist (bei objektivem Verjährungsbeginn) vorgesehen.[1] Diese besondere Frist entspricht im Grundsatz der – allerdings dreißigjährigen – Frist des Abs. 1 Nr. 3 bis 5.

3 Auf Forderungen, die Verjährungsfrist auf zehn Jahre abzusenken,[2] ist der Reformgesetzgeber nicht eingegangen. Das Interesse eines finanziell in Not geratenen Schuldners, nach einer gewissen Zeit von Altschulden frei zu sein, um eine neue Existenz aufbauen zu können, könne nicht durch eine Verkürzung der Verjährungsfrist für rechtskräftig festgestellte Ansprüche gelöst werden. Dies sei vielmehr Aufgabe des Insolvenzrechts, das dem Schuldner die Möglichkeit einer Restschuldbefreiung einräumt. Auch der Umstand, dass der Schuldner, der Teilleistungen auf den rechtskräftigen Titel erbracht hat, in Beweisschwierigkeiten geraten könne, wenn dreißig Jahre lang vollstreckt werden dürfe, gebiete keine Verkürzung der Verjährung. Denn es müsse dem Schuldner zugemutet werden, insoweit für die Sicherung der Beweise zu sorgen.[3]

4 Der Reformvorschlag, Ansprüche, welche dingliche (und andere absolute) Rechte verwirklichen, **unverjährbar** zu stellen und allein mit dem Recht selbst untergehen zu lassen, wurde von dem Gesetzgeber nicht aufgenommen (siehe § 194 Rn 8). Abs. 1 entspricht damit dem bisherigen Recht.

II. Regelmäßig wiederkehrende Leistungen, Unterhalt (Abs. 2)

5 Abs. 2 hat keine Entsprechung in den Grundregeln des Europäischen Vertragsrechts.[4]

1. Ansprüche auf regelmäßig wiederkehrende Leistungen (Abs. 2 Alt. 1)

6 Abs. 2 Alt. 1 bestimmt, dass familien- und erbrechtliche Ansprüche auf regelmäßig wiederkehrende Leistungen innerhalb der regelmäßigen Verjährungsfrist des § 195 verjähren. Damit gilt insoweit auch die Regelung des § 199 für den Verjährungsbeginn. Abs. 2 Alt. 1 ist erforderlich, da für die genannten Ansprüche ansonsten gemäß Abs. 1 Nr. 2 die Verjährungsfrist von dreißig Jahren ab Anspruchsentstehung (§ 200 S. 1) gelten würde. Abs. 2 Alt. 1 stellt einen **Gleichlauf mit der Verjährung** der anderen, nicht

---

1 Art. 17:103, 17:104 Abs. 2 Grundregeln des Europäischen Vertragsrechts, ZEuP 2001, 400 ff.
2 Für eine Zehn-Jahres-Frist etwa *Peters/Zimmermann*, S. 310; *Zimmermann*, JZ 2000, 862 Fn 150, 866; zustimmend *Krebs*, DB 2000, Beilage Nr. 14 zu Heft 18, S. 5; *Mansel*, S. 333, 373 f.; für eine dreißigjährige Frist *Dauner-Lieb/Arnold*, zu § 198.
3 BT-Drucks 14/6040, 106.
4 Für überflüssig halten die Vorschrift auch *Mansel*, S. 333, 374 f.; *Zimmermann/Leenen u.a.*, JZ 2001, 684, 694.

familien- und erbrechtlichen Ansprüche auf wiederkehrende Leistung her, für welche § 195 ohne weiteres gilt.

Es bestehen die folgenden **Unterschiede** gegenüber dem **bisherigen Recht**: 7
- Die Verjährungs**frist** ist um ein Jahr **verkürzt**. Bisher verjährten alle Ansprüche auf regelmäßig wiederkehrende Leistungen ohne Unterschied nach § 197 a.F. in vier Jahren, jetzt in drei Jahren.
- Der Verjährungs**beginn** ist verändert. Bisher begann die Verjährung am Schluss des Jahres, in welchem der Anspruch entsteht (§§ 198, 201 a.F.). Nach neuem Recht (§ 199 Abs. 1) beginnt sie mit dem Schluss des Jahres, in dem der Anspruch entsteht, und der Gläubiger von den anspruchsbegründenden Umständen und der Person des Schuldners Kenntnis erlangt oder ohne grobe Fahrlässigkeit erlangen müsste.
- Bzgl. der Verjährungs**dauer**: Es gilt wegen des relativen Verjährungsbeginns (§ 195 Rn 4) eine **Höchstgrenze** der Verjährung von zehn Jahren ab Anspruchsentstehung (§ 199 Abs. 4).

2. Unterhaltsleistungen (Abs. 2 Alt. 2)

Abs. 2 Alt. 2 unterstellt Ansprüche auf **familien- und erbrechtliche** Unterhaltsleistungen derselben Regelung wie Ansprüche auf regelmäßig wiederkehrende Leistungen. Das Gesetz macht durch die eigenständige Nennung der Unterhaltsansprüche im Tatbestand der Norm deutlich, dass auch die Unterhaltsansprüche, welche nicht auf regelmäßig wiederkehrende Leistungen gerichtet sind, der Verjährung nach §§ 197 Abs. 2, 195 unterfallen. 8

Soweit somit auch **einmalige Unterhaltsleistungen** wie vor allem der Sonderbedarf nach §§ 1585b Abs. 1, 1613 Abs. 2 erfasst werden, liegt eine sachliche **Neuerung** vor. Bislang verjährte der Anspruch auf Sonderbedarf nicht nach § 197 a.F. in vier, sondern nach § 195 a.F. in dreißig Jahren.[5] Diese Rechtsprechung war allerdings umstritten.[6] Der Gesetzgeber begründet den Einbezug des Sonderbedarfs damit, dass Unterhalt in regelmäßig wiederkehrender oder einmaliger Form stets aktuelle Bedürfnisse befriedigen solle. Eine jahrzehntelange Verjährungsfrist wäre daher nicht sachgerecht. Daneben stelle § 1613 Abs. 2 ohnehin eine Ausnahmevorschrift dar, deren Ausnahmecharakter nicht durch eine lange Verjährungsfrist unterstrichen werden solle. Vor allem sei die Interessenlage vergleichbar, da auch einmalige Unterhaltsleistungen gewöhnlich aus dem laufenden Einkommen des Schuldners zu tilgen seien.[7] 9

3. In vollstreckbarer Form festgestellte Ansprüche (Abs. 2 Alt. 3)

Nach Abs. 2 Alt. 3 tritt bei rechtskräftig festgestellten Ansprüchen, Ansprüchen aus vollstreckbaren Vergleichen oder vollstreckbaren Urkunden und Ansprüchen, die durch die im Insolvenzverfahren erfolgte Feststellung vollstreckbar geworden sind, an die Stelle der dreißigjährigen Verjährungsfrist die regelmäßige Verjährungsfrist des § 195, soweit die Ansprüche künftig fällig werdende regelmäßig wiederkehrende Leistungen zum Inhalt haben. Diese Regelung **entspricht** damit im Grundsatz (Rn 82, 84) **dem bisherigen Recht** (§ 218 Abs. 2 a.F.). 10

4. Sinn und Zweck des Abs. 2

Die ratio der Norm ist eindeutig. Eine den Schuldner übermäßig belastende **Aufsummierung** der Einzelansprüche soll vermieden werden, insbesondere deshalb, weil der Schuldner die Leistungen regelmäßig aus laufendem Einkommen erbringt, also einen Teil seiner regelmäßigen Einkünfte weiterreicht. 11

B. Regelungsgehalt

I. Dreißigjährige Fristen (Abs. 1)

1. Anspruchsverjährung

Zu beachten ist, dass nach Abs. 1 Nr. 1 und 2 nur die Ansprüche verjähren, nicht das dingliche Recht (Nr. 1) oder ein berührtes absolutes Familien- oder Erbrecht (Nr. 2), denn die §§ 194 ff. regeln allein die **Anspruchsverjährung**. Rechte sind keine Ansprüche (siehe § 194 Rn 5). 12

2. Verhältnis zu anderen Verjährungsnormen

Abs. 1 ist **subsidiär**, denn die dreißigjährige Verjährungsfrist des Abs. 1 greift – wie Abs. 1 ausdrücklich vorschreibt – nur ein, „soweit nicht ein anderes bestimmt ist". Daher geht Abs. 1 in seinem sachlichen Anwendungsbereich allein der Regelverjährung der §§ 195, 196 vor. Hinter anderen Verjährungsfristen tritt Abs. 1 zurück. Zu besonderen Verjährungsfristen siehe § 195 Rn 15 ff. und unten Rn 48. Abs. 2 (Rn 74 ff.) geht Abs. 1 vor. Zum Verhältnis des § 197 zu § 194 Abs. 2 siehe Rn 39. 13

---

5 BGHZ 103, 160, 167, 169; OLG Frankfurt a.M. FamRZ 1987, 1143.
6 Dagegen insbesondere Staudinger/*Peters*, § 197 Rn 43.
7 BT-Drucks 14/6040, 107; zum bisherigen Recht ebenso Staudinger/*Peters*, § 197 Rn 43.

3. Herausgabeansprüche aus Eigentum und anderen dinglichen Rechten (Nr. 1)
a) Anwendungsbereich

14 **Abs. 1 Nr. 1** erfasst allein Herausgabeansprüche aus **dinglichen Rechten**, insbesondere aus Eigentum (Rn 18) Ratio der langen Verjährung ist die Überlegung, dass kurze Fristen die Verwirklichung des Stammrechts in Frage stellen würden.[8] **Nicht erfasst** werden andere Ansprüche als Herausgabeansprüche (Rn 17); nicht erfasst werden ferner Herausgabeansprüche aus anderen absoluten Rechten (Rn 37 f.), aus Schuldverhältnissen (Rn 29) oder aus Besitz (Rn 28).

15 In Abstimmung mit der langen Verjährungsfrist dinglicher Herausgabeansprüche sieht § **438 Abs. 1 Nr. 1** (siehe bei § 438)[9] für das kaufvertragliche Gewährleistungsrecht eine dreißigjährige Verjährung vor, wenn der Mangel der Kaufsache in einem dinglichen Recht eines Dritten, auf Grund dessen die Herausgabe der Kaufsache verlangt werden kann, oder in einem sonstigen Recht, das im Grundbuch eingetragen ist, besteht.[10]

b) Herausgabeansprüche aus dinglichen Rechten
aa) Dingliche Rechte

16 Dingliche Rechte sind Rechte, welche eine bewegliche oder unbewegliche Sache zum Gegenstand haben und eine unmittelbare Beziehung zwischen dem Rechtsinhaber und der Sache begründen.[11] Der Begriff des dinglichen Rechts wird in § 197 erstmals verwendet.

bb) Dingliche Herausgabeansprüche

17 Herausgabeansprüche ordnen als Rechtsfolge die **Herausgabe** an. Herausgabe bedeutet bei § 985 die Abgabe des unrechtmäßigen Besitzes an der Sache.[12] Gleiches gilt im Grundsatz bei den anderen dinglichen Herausgabeansprüchen.[13]

18 Die folgenden dinglichen Rechte geben ein Recht zum Besitz und damit dem Rechtsinhaber gegen unrechtmäßige Besitzer einen dinglichen **Herausgabeanspruch**:[14]
– Eigentum (§ 985) einschließlich des Wohnungs- und Teileigentums (siehe auch § 196 Rn 15)
– Nießbrauch (§ 1036 Abs. 1)
– Wohnungsrecht (§ 1093 Abs. 1 S. 2 i.V.m. § 1036 Abs. 1)
– Pfandrecht an beweglichen Sachen (§ 1227 i.V.m. § 985)
– Dauerwohnrecht (§ 34 Abs. 2 WEG i.V.m. § 985)
– Dauernutzungsrecht (§§ 31 Abs. 3, 34 Abs. 2 WEG i.V.m. § 985).

19 Daneben sind als dingliche Rechte, bei welchen ein Herausgabeanspruch besteht, die grundstücksgleichen Rechte zu nennen, da sie formell und materiell wie Grundstücke behandelt werden. Daher sind insbesondere die Herausgabeansprüche mit Bezug auf
– das Erbbaurecht (§ 11 Abs. 1 ErbbauVO i.V.m. § 985)
– das Wohnungserbbaurecht (§ 30 WEG)
– das Bergwerkseigentum (§ 9 Abs. 1 BBergG) und
– die grundstücksgleichen Rechte im Sinne des Art. 196 EG
einschlägig.

20 Beachte für die Berechnung des Verjährungsablaufs § 198.

21 Die vereinzelt vertretene Ansicht zum bisherigen Recht, nach welcher der Anspruch aus § 985 **unverjährbar** sein soll,[15] ist mit Abs. 1 Nr. 1 nicht mehr zu vereinbaren (siehe § 194 Rn 8).

c) Abgrenzungsfragen
aa) Verpfändung, Nießbrauch

22 Zu den dinglichen Herausgabeansprüchen aus dem Pfandrecht und dem Nießbrauch siehe Rn 24. Ergänzend: Zweifelhaft ist, ob die **§§ 1231, 1251** unter Abs. 1 Nr. 1 fallen. Das könnte zu verneinen sein, da sie Herausgabeansprüche des Pfandgläubigers gegen den bisherigen Pfandgläubiger (§ 1251 Abs. 1)

---

8 BT-Drucks 14/6040, 105.
9 Zu § 438 (auch zur erforderlichen teleologischen Reduktion) siehe auch *Mansel/Budzikiewicz*, Das neue Verjährungsrecht, 2002.
10 Zur Erforderlichkeit dieser kaufvertraglichen Verjährungsregel, wenn der Herausgabeanspruch aus dinglichen Rechten nach § 197 Abs. 1 Nr. 1 erst in dreißig Jahren verjährt, siehe die Kritik an dem DiskE, in welchem die Abstimmung der Verjährungsfristen noch fehlte, von *Ernst/Gsell*, ZIP 2000, 1812; und ferner etwa *Mansel*, S. 333, 353 f.
11 Jauernig/*Jauernig*, vor § 854 Rn 1; Staudinger/*Seiler*, Einl. zum Sachenrecht Rn 21 ff.
12 Näher dazu (und zu Gegenmeinungen) Staudinger/*Gursky*, § 985 Rn 55 ff., 57.
13 Allgemein zum dinglichen Anspruch und dem davon zu unterscheidenden gesetzlichen Begleitschuldverhältnis Staudinger/*Seiler*, Einl. zum Sachenrecht Rn 24, 28 ff.
14 Siehe BT-Drucks 14/6857, 42 (Gegenäußerung der Bundesregierung), siehe auch ebenda, S. 6 (Stellungnahme des Bundesrates).
15 *Müller*, Sachenrecht, 3. Aufl. 1993, Rn 455; siehe dazu mit weiteren Nachweisen bereits nach bisherigem Recht ablehnend Staudinger/*Gursky*, § 985 Rn 84.

bzw. gegen den Eigentümer, den mitbesitzenden Verpfänder sowie gegen denjenigen, an welchen dieser Besitz übertragen hat (§ 1231 S. 1), regeln, nicht aber einen Herausgabeanspruch gegen andere Dritte, die gegenüber dem Pfandgläubiger unrechtmäßigen Besitz an der Pfandsache haben.[16] Dennoch sollten Ansprüche der **Verjährung nach Abs. 1 Nr. 1** unterliegen, da sie lediglich Modifikationen des allgemeinen Herausgabeanspruchs aus §§ 1227, 985 sind. § 1251 hat nur klarstellende Funktion.[17] § 1231 will allein die bei der Pfandeinräumung nach § 1206 bestehende Möglichkeit der Berufung des Herausgabepflichtigen auf ein Recht zum Mitbesitz abschneiden.[18]

Der Anspruch auf Herausgabe der dem Vermieterpfandrecht unterworfenen Sachen aus § 562b Abs. 2 S. 1 ist ein modifizierter Anspruch des Pfandgläubigers gemäß § 1227.[19] Er richtet sich gegen jeden Besitzer, der kein vorrangiges Besitzrecht hat,[20] und unterliegt einer Ausschlussfrist, auf welche die Vorschriften der Verjährung, insbesondere die der Hemmung und des Neubeginns, nicht anzuwenden sind.[21] Das Pfandrecht (und damit auch der Anspruch aus § 562b Abs. 2 S. 1) erlischt nach § 562b Abs. 2 S. 2, wenn der Vermieter nicht innerhalb eines Monats nach Erlangung der Kenntnis von der Entfernung der Sachen den Anspruch gerichtlich geltend macht. Verjährung kann daher nur eintreten, wenn der Vermieter keine Kenntnis erlangt. Für diesen seltenen Ausnahmefall ist wegen der engen Verbindung des Anspruchs aus § 562b Abs. 2 S. 1 zu § 1227 die Frist des Abs. 1 Nr. 1 anzuwenden (dazu, dass schuldrechtliche Herausgabeansprüche nicht unter Abs. 1 Nr. 1 fallen, siehe Rn 29). Die Verjährung wird aber wegen der genannten Ausschlussfrist und der langen Verjährungsfrist von dreißig Jahren selten bedeutsam werden. 23

Nicht unter Abs. 1 Nr. 1 fallen die Rückgabeansprüche gegen einen ehemaligen Nießbraucher (**§ 1055**) oder Pfandgläubiger (**§ 1223**), da es sich um obligatorische Rückgabeansprüche[22] aus dem gesetzlichen Begleitschuldverhältnis (Rn 25 ff.) handelt. 24

bb) Nutzungsherausgabe

Der Anspruch gemäß **§§ 987, 988, 990** auf Nutzungsherausgabe beruht auf dem gesetzlichen Begleitschuldverhältnis der §§ 987 ff., das neben den dinglichen Anspruch des § 985 tritt.[23] Soweit die gezogenen Nutzungen (Früchte) in einer Sache bestehen (§§ 100, 99 Abs. 1), ist zu fragen, ob der Anspruch auf Nutzungsherausgabe gemäß §§ 987, 988, 990 unter Abs. 1 Nr. 1 fällt.[24] 25

Dies kommt in Betracht, soweit der Anspruch die gegenständliche **Herausgabe** noch **vorhandener gezogener Nutzungen** (in Form von Sachen) anordnet.[25] Doch ist die Anwendung des Abs. 1 Nr. 1 abzulehnen. Die Ansprüche verjähren nach **§§ 195, 199**, denn es handelt sich nicht um dingliche Ansprüche, sondern sie entstammen einem gesetzlichen Begleitschuldverhältnis. Sie gehen über die Herausgabe der Sache, auf welche sich der dingliche Anspruch bezieht, hinaus, indem sie die Herausgabe anderer Sachen anordnen.[26] 26

Sind die gezogenen Früchte nicht mehr vorhanden, so ist nach den genannten Vorschriften **Wertersatz** zu leisten. Hier gilt Abs. 1 Nr. 1 erst recht nicht.[27] Neben den gerade genannten (Rn 26) Gründen spricht weiter dagegen, dass Abs. 1 Nr. 1 auf Rechtsverwirklichung und nicht auf Rechtsfortsetzung ausgerichtet ist. Soweit die genannten Anspruchsgrundlagen daher im Einzelfall den Wertersatz für gezogene, aber nicht mehr gegenständlich vorhandene Früchte anordnen, gilt für sie **§§ 195, 199**. Damit ist ein Verjährungsgleichklang mit anderen rechtsfortsetzenden Ausgleichsansprüchen hergestellt (Rn 36). 27

cc) Besitzrechtliche Herausgabeansprüche

Nicht von Abs. 1 Nr. 1 erfasst werden die Herausgabeansprüche aus Besitz wie der Anspruch wegen Besitzentziehung (§ 861) sowie der Anspruch des früheren Besitzers (§ 1007).[28] Sie fallen unter **§ 195**.[29] Nach überwiegender Ansicht[30] ist der Besitz kein dingliches Recht. Er stellt nicht das Recht des Besitzers zur unmittelbaren Herrschaft über eine Sache, sondern nur die tatsächliche unmittelbare Herrschaft des Besitzers dar.[31] Die §§ 861, 1007 dienen nicht der Verwirklichung eines dinglichen Rechts.[32] 28

---

16 Siehe Staudinger/*Wiegand*, § 1231 Rn 1, § 1251 Rn 1.
17 Staudinger/*Wiegand*, § 1251 Rn 1.
18 Näher Staudinger/*Wiegand*, § 1231 Rn 1.
19 Palandt/*Weidenkaff*, § 561 Rn 8.
20 Staudinger/*Emmerich*, § 561 Rn 31.
21 Staudinger/*Emmerich*, § 561 Rn 42.
22 Zum obligatorischen Charakter Staudinger/*Gursky*, § 985 Rn 8 unter e).
23 Staudinger/*Seiler*, Einl. zum Sachenrecht Rn 28; Staudinger/*Gursky*, vor §§ 985 – 1007 Rn 3.
24 Zur Problematik siehe *Ernst*, S. 559, 576 f.
25 Siehe *Ernst*, S. 559, 576 f.
26 Zum Begriff der Herausgabe siehe Rn 17.
27 Siehe bereits *Ernst*, S. 559, 576.
28 Fragend, ob § 1007 erfasst wird: *Ernst*, ZRP 2001, 1, 4 Fn 27; *Dauner-Lieb/Arnold*, zu § 197.
29 Siehe BT-Drucks 14/6857, 6 (Stellungnahme des Bundesrates), 42 (Gegenäußerung der Bundesregierung).
30 BGHZ 32, 194, 204; Staudinger/*Bund*, vor §§ 854 ff. Rn 36 mit zahlreichen Nachweisen.
31 Siehe BT-Drucks 14/6857, 42 (Gegenäußerung der Bundesregierung).

dd) Schuldrechtliche Herausgabeansprüche

29 Schuldrechtliche Ansprüche, die generell oder in einzelnen Sachverhaltskonstellationen auf Herausgabe einer bestimmten Sache gerichtet sind (siehe z.B. §§ 346, 546, 596 Abs. 1, 604 Abs. 1, 667, 695, 812 Abs. 1, 682 oder 684 S. 1 i.V.m. §§ 812 Abs. 1, 816 Abs. 1, 823 i.V.m. § 249), werden durch Abs. 1 Nr. 1 nicht erfasst, da sie nicht aus einem dinglichen Recht, sondern aus einem zwischen den Parteien bestehenden, relativen Schuldverhältnis erwachsen. Das gilt auch, soweit schuldrechtliche Herausgabeansprüche ausnahmsweise gegen einen Dritten wirken (z.B. §§ 546 Abs. 2, 596 Abs. 3 und 822). Sie verjähren nach §§ 195, 199.

30 Zu Herausgabeansprüchen aus dem gesetzlichen **Begleitschuldverhältnis**, das neben den dinglichen Herausgabeanspruch tritt, siehe Rn 25 ff.

ee) Erbrechtliche Herausgabeansprüche

31 Erbrechtliche Herausgabeansprüche (Rn 38) beruhen nicht auf einem dinglichen Recht, sondern auf dem Erbrecht. Für sie gilt **Abs. 1 Nr. 2**.

d) Beseitigungs- und Unterlassungsansprüche

32 Beseitigungsansprüche (z.B. § 1004 Abs. 1 S. 1) und Unterlassungsansprüche (z.B. § 1004 Abs. 1 S. 2) aus dinglichen Rechten haben eine mit Herausgabeansprüchen vergleichbare Funktion der Rechtsverwirklichung.[33] Sie werden dennoch **nicht von § 197 erfasst**. Es gilt die **Regelverjährung** der §§ 195, 199.

33 Der Wille des Gesetzgebers ist eindeutig.[34] Der **Gesetzgeber**[35] geht davon aus, dass kein praktisches Bedürfnis bestehe, die bisher geltende Verjährungsfrist für Unterlassungsansprüche auch nach neuem Recht bei dreißig Jahren zu belassen, weil sie bei jeder Zuwiderhandlung neu entstehe (siehe § 199 Abs. 5). Von einer Einbeziehung der Beseitigungsansprüche in die dreißigjährige Verjährungsfrist wurde abgesehen, weil sie regelmäßig zu Abgrenzungsschwierigkeiten gegenüber dem deliktischen Beseitigungsanspruch führe, der nach der Regelverjährungsfrist von drei Jahren verjährt. Doch bedarf es bei der Anspruchsbegründung und auf der Rechtsfolgenebene ohnehin der Unterscheidung.[36] Der Gesetzgeber weist weiter darauf hin, dass der Gläubiger solcher Ansprüche bereits durch den auch für Unterlassungsansprüche geltenden kenntnisabhängigen Beginn der regelmäßigen Verjährungsfrist nach § 199 ausreichend vor einem unerwarteten Rechtsverlust geschützt sei. Dieses Argument könnte aber auch gegen die dreißigjährige Verjährung von Herausgabeansprüchen gewendet werden.

34 Die verjährungsrechtliche Ungleichbehandlung der Herausgabe- und der Beseitigungs- wie Unterlassungsansprüche wurde während des gesamten Gesetzgebungsverfahrens zu Recht **stark kritisiert**.[37] Doch hat der Reformgesetzgeber die sachenrechtlichen Beseitigungs- und Unterlassungsansprüche bewusst nicht Abs. 1 Nr. 1 unterstellt. Ein Antrag Bayerns im Bundesrat, allgemein Abwehransprüche aus absoluten Rechten Abs. 1 Nr. 1 zu unterstellen, wurde bei Stimmengleichheit im Bundesrat abgelehnt.[38] Weder die Bundesregierung[39] noch der Rechtsausschuss des Bundestags[40] haben eine entsprechende Änderung erwogen. Daher ist wegen des klaren gesetzgeberischen Willens eine erweiternde Auslegung der Vorschrift und die Unterstellung der Beseitigungs- und Unterlassungsansprüche aus dinglichen Rechten unter Abs. 1 Nr. 1 nicht möglich.

35 **Wertungswidersprüche** sind wegen der eindeutigen Gesetzeslage hinzunehmen. Das neue Recht verleiht daher alten **Abgrenzungsfragen** eine neue, bedeutende verjährungsrechtliche Dimension: Je nachdem, ob die Einzäunung eines Teils eines fremden Grundstücks, das Müllabladen oder das Verlegen einer Leitung

---

32 Staudinger/*Gursky*, § 1007 Rn 3 f., 9.
33 Siehe nur Staudinger/*Seiler*, Einl. zum Sachenrecht Rn 25. Zur Funktion negatorischer Beseitigungsansprüche grundlegend *Picker*, Der negatorische Beseitigungsanspruch, 1972 (2., unveränderte Aufl. mit zwei weiteren Beiträgen 2001); siehe weiter Staudinger/*Gursky*, § 1004 Rn 4 ff. mit Nachweisen zum Meinungsstand.
34 Es wurde wegen der unterschiedlichen Verjährung etwa eigens der Wortlaut des § 939 geändert. Siehe BR-Drucks 338/01, 80 = BT-Drucks 14/6857, 38 (Stellungnahme des Bundesrats, siehe dazu (zustimmende Gegenäußerung der Bundesregierung) 69: Der Begriff „Eigentumsanspruch" in § 939 wurde in „Herausgabeanspruch" umgewandelt, weil der Begriff des Eigentumsanspruchs neben dem Herausgabeanspruch (§ 985) noch andere Ansprüche aus dem Eigentum (z.B. § 1004) erfasst. „Während diese Ansprüche nach dem geltendem Recht einheitlich jeweils dem allgemeinen Verjährungstatbestand des § 195 unterfallen, sieht der Entwurf in § 197 Abs. 1 Nr. 1 BGB-E eine Differenzierung zwischen dem Herausgabeanspruch und sonstigen Ansprüchen aus Eigentum vor. Insoweit erscheint ein Festhalten an dem umfassenden Begriff des „Eigentumsanspruchs" in § 939 BGB-E nicht angebracht." (Zitat ebenda S. 80 bzw. S. 38).
35 BT-Drucks 14/6040, 105.
36 So die Kritik bei *Ernst*, S. 559, 574 f.; *Mansel*, S. 333, 371 f., jeweils m.w.N.
37 *Ernst*, S. 559, 572 ff.; *ders.*, ZRP 2001, 4; *Mansel*, S. 333, 371 ff.; zustimmend *Dauner-Lieb/Arnold/Dötsch/Kitz*, zu § 198 BGB-KF; *Zimmermann/Leenen u.a.*, JZ 2001, 684, 694. Die Kritik hat sich nur teilweise durch die Einführung des kenntnisabhängigen Verjährungsbeginns der Regelverjährung erledigt.
38 Bundesrat, Niederschrift der Beratung der Beschlussempfehlung vom 18.6.2001 (unveröffentlicht), unter C 3.
39 Siehe bereits DiskE S. 238; dazu kritisch *Ernst*, ZRP 2001, 1, 4.
40 Beschlussempfehlung und Bericht des Rechtsausschusses (6. Ausschuss), BT-Drucks 14/7052.

auf dem Grundstück als Besitzentziehung (§ 985) oder als Besitzstörung (§ 1004) zu werten ist, tritt die Verjährung dreißig Jahre nach Anspruchsentstehung (§§ 197 Abs. 1 Nr. 1, 200) oder bereits drei Jahre nach Anspruchsentstehung und Kenntniserlangung durch den Eigentümer, spätestens jedoch nach zehn Jahren (§§ 195, 199 Abs. 1, 4) ein.[41] Ähnliche Fragen stellen sich bei der Zugangsversperrung oder dem Übergang einer erst drohenden (§ 1004) zur vollendeten Besitzentziehung (§ 985).[42]

e) Rechtsfortsetzende Ausgleichsansprüche

Verliert der Eigentümer sein Eigentum infolge Verbindung, Vermengung, Vermischung, Verarbeitung (§§ 946 ff.) oder gutgläubigen Erwerbs (§§ 932 ff., 892 f.) oder verliert der Inhaber eines anderen dinglichen Rechts das Recht infolge von Gutglaubenstatbeständen (z.B. §§ 936, 892), so können ihm Ausgleichsansprüche zustehen, die sein dingliches Recht wertmäßig fortsetzen, insbesondere Ansprüche aus §§ 951, 816, 812 ff. Sie unterfallen nicht Abs. 1 Nr. 1, sondern **§§ 195, 199**.[43] 36

f) Herausgabeansprüche bei anderen absoluten Rechten

Abs. 1 Nr. 1 erfasst nur Herausgabeansprüche aus dinglichen Rechten, **nicht** auch aus **anderen absoluten Rechten**. Der Gesetzgeber hatte zwar den Einbezug der Herausgabeansprüche aus anderen absoluten Rechten noch im Normtext des § 197 Abs. 1 Nr. 1 DiskE vorgesehen. Doch ist er im späteren Gesetzgebungsverfahren davon abgerückt, da er ausweislich der in der Begründung zum DiskE gegebenen Beispiele allein dingliche Herausgabeansprüche regeln wollte.[44] 37

An einer Einbeziehung **anderer absoluter Rechte** in Abs. 1 Nr. 1 besteht kein Bedarf. Ein entsprechender anders lautender Antrag Bayerns wurde im Bundesrat bei Stimmengleichheit abgelehnt. Herausgabeansprüche sind bei zahlreichen absoluten Rechten, wie z.B. Leben oder Gesundheit, nicht denkbar. Bei anderen, wie z.B. Patenten, spielt die Herausgabe des Rechts praktisch keine Rolle; hier kann sich ein Herausgabeanspruch typischerweise nur auf die Vorteile erstrecken, die aus der Rechtsverletzung gezogen worden sind.[45] Es handelt sich dann um einen von Abs. 1 Nr. 1 nicht erfassten Rechtsfortsetzungsanspruch (Rn 27, 36). Erbrechtliche Herausgabeansprüche werden von Abs. 1 Nr. 2 erfasst (siehe Rn 31). Familienrechtliche Herausgabeansprüche (z.B. nach § 1632 Abs. 1) verjähren gemäß § 194 Abs. 2 nicht (§ 194 Rn 25). Für das allgemeine Persönlichkeitsrecht wird zwar ein Anspruch auf Herausgabe der Negative bei widerrechtlich aufgenommenen Fotografien diskutiert.[46] Doch wird hier nur von einem Anspruch auf Vernichtung der Negative auszugehen sein.[47] Er unterliegt der Verjährung nach §§ 195, 199. Durch den subjektiven Verjährungsbeginn scheint ein ausreichender Schutz des Gläubigers gewährleistet (zur Höchstverjährungsfrist siehe § 199 Rn 67 ff.). 38

4. Familien- und erbrechtliche Ansprüche (Nr. 2)

a) Einzelfragen

aa) Verhältnis zu § 194 Abs. 2

Gemäß § 194 Abs. 2 unterliegen Ansprüche aus einem familienrechtlichen Verhältnis **keiner Verjährung**, soweit sie auf die Herstellung des dem Verhältnis entsprechenden Zustandes für die Zukunft gerichtet sind. § 194 Abs. 2 geht als „andere Bestimmung" im Sinne des Eingangshalbsatzes des Abs. 1 („soweit nicht ein anderes bestimmt ist") insoweit der Regelung des § 197 vor.[48] Daher verjährt z.B. der Anspruch auf Kindesherausgabe nach § 1632 Abs. 1 nicht (§ 194 Rn 25). Der Anspruch entfällt aber tatbestandlich mit der Vollendung des 18. Lebensjahrs des Kindes, da es dann nicht mehr der (anspruchsbegründenden) elterlichen Sorge unterliegt. 39

bb) Einzelfälle

Familien- und erbrechtliche Ansprüche verjähren gemäß Abs. 1 Nr. 2 in **dreißig Jahren** ab ihrer Entstehung (§ 200). Es sind die Hemmungsvorschriften des § 207, ggf. auch des § 208 zu beachten. Wie der Eingangshalbsatz des Abs. 1 („soweit nicht ein anderes bestimmt ist") klarstellt, bleiben die im Vierten und Fünften Buch enthaltenen besonderen Verjährungsbestimmungen (siehe Rn 48) unberührt.[49] 40

---

41 Beispiele der Begründung des im Bundesrat abgelehnten Änderungsantrags, siehe Bundesrat, Niederschrift der Beratung der Beschlussempfehlung vom 18.6.2001 (unveröffentlicht), unter C 3.
42 *Ernst*, S. 559, 574; *ders.*, ZRP 2001, 1, 4.
43 Zu Recht kritisch (Wertungswiderspruch) zur rechtspolitischen Entscheidung *Ernst*, S. 559, 572 ff.; *ders.*, ZRP 2001, 4; zustimmend *Dauner-Lieb/Arnold*, zu § 198.
44 Siehe dazu befürwortend: *Dauner-Lieb*, zu § 198; kritisch: *Ernst*, S. 559, *Mansel*, S. 333, 370.
45 Bundesrat, Niederschrift der Beratung der Beschlussempfehlung, 18.6.2001, (unveröffentlicht) unter C 3 (zu § 197).
46 *Dauner-Lieb/Arnold*, zu § 198.
47 Siehe zu der ähnlichen Frage bei Tonbandaufzeichnungen *Larenz/Canaris*, Lehrbuch des Schuldrechts, Band II/2, 13. Aufl. 1994, § 80 II 4 g.
48 Siehe BT-Drucks 14/6040, 106.
49 BT-Drucks 14/6040, 106.

41 Nach Abs. 1 Nr. 2 **verjährt beispielsweise** der Anspruch gegen den Kindesvater auf Erstattung der Kosten für die Beerdigung der Kindesmutter nach § 1615m oder der Anspruch des einen Ehegatten gegen den anderen wegen fehlerhafter Gesamtgutverwaltung nach § 1481 in dreißig Jahren. Das erscheint zwar unangemessen, ist aber die eindeutige gesetzgeberische Anordnung. Ebenfalls gilt die dreißigjährige Verjährung für den Anspruch aus einem Vermächtnis (§ 2174) oder für den Anspruch gegen den Testamentsverwalter wegen Pflichtverletzung (§ 2219), dessen Verjährung in dreißig Jahren nach § 195 a.F. im bisherigen Recht sehr umstritten war.[50] Sachgerecht ist die dreißigjährige Verjährungsfrist für die erbrechtlichen Herausgabeansprüche (insbesondere gemäß §§ 2018, 2029, 1959 Abs. 1 i.V.m. §§ 681 S. 2, 667).

cc) Insbesondere: Ausgleichsansprüche wegen der Zuwendung vermögenswerter Leistungen außerhalb des Ehegüterrechts

42 Eine offene Frage ist die Verjährung der Ausgleichsansprüche bei gestörten **ehebedingten (unbenannten) Zuwendungen**. Die Anspruchsgrundlagen selbst (Störung der Geschäftsgrundlage; jetzt: § 313) sind schuldrechtlicher Natur. Die ehebedingte Zuwendung erfolgte aber auf der Grundlage eines familienrechtlichen Vertrags.[51] Qualifiziert man deshalb die entsprechenden Ausgleichsansprüche familienrechtlich, so greift Abs. 1 Nr. 2 ein; es gilt eine dreißigjährige Verjährungsfrist. Qualifiziert man hingegen nach der Anspruchsgrundlage, so kommt man zu dem Ergebnis, dass kein familienrechtlicher Anspruch gegeben ist; in diesem Falle gelten die §§ 195, 199. Dieses Ergebnis würde eine große Nähe zu der gleichfalls dreijährigen und kenntnisabhängigen Verjährungsfrist der Ausgleichsforderung beim Zugewinnausgleich herstellen (§ 1378 Abs. 4). § 1378 Abs. 4 S. 1 lässt die Frist mit der Kenntnis des Ehegatten von der Güterstandsbeendigung beginnen. Insoweit besteht keine unmittelbare Identität mit dem Verjährungsbeginn nach § 199 Abs. 1. Der BGH hat nach bisherigem Recht eine analoge Anwendung des § 1378 Abs. 4 auf die Rückabwicklung ehebedingter Zuwendungen verneint und § 195 a.F. herangezogen. Die Notwendigkeit einer kurzen Verjährung bestehe bei einem Ausgleich einmaliger Zuwendungen nicht. Das sei bei der Bilanzierung aller Vermögenspositionen im Rahmen des Zugewinnausgleichs anders. Auch greife der Ausgleich unbenannter Zuwendungen erst ein, wenn der Zugewinnausgleich zu unangemessenen Ergebnissen führe. Daher sei eine längere Verjährungsfrist als die des § 1378 Abs. 4 sinnvoll.[52] Diese Rechtsprechung sagt nichts darüber aus, wie nach neuem Recht die Abgrenzung zwischen Abs. 1 Nr. 2 und § 195 zu erfolgen hat. Auch wenn man von der Verjährung nach § 195 ausginge, würde – wie vom BGH nach bisherigem Recht vorgesehen – der Anspruch auf Zugewinnausgleich (§ 1378) früher verjähren als der auf Ausgleich unbenannter Zuwendungen nach § 313. Denn die Verjährung beginnt im Fall des Zugewinnausgleichsanspruchs mit Kenntnis von der Beendigung des Güterstands (§ 1378 Abs. 4 S. 1), im Fall des Ausgleichsanspruchs bei gestörten unbenannten Zuwendungen mit seiner Entstehung und der Kenntnis der anspruchsbegründenden Tatsachen zum Jahresschluss (§ 199 Abs. 1). Dieser Zeitpunkt wird beim Ausgleich unbenannter Zuwendungen regelmäßig nach dem erstgenannten Zeitpunkt liegen, da der Ausgleich ehebedingter Zuwendungen tatbestandlich davon abhängt, ob der Zugewinnausgleich zu unangemessenen Ergebnissen führt.

43 Der Anspruch auf **Ausgleich ehebedingter Zuwendungen** wegen gestörter Geschäftsgrundlage (§ 313) hat ein ehebezogenes Rechtsgeschäft zur Grundlage. Der Anspruch wurde von der Lehre und Rechtsprechung entwickelt, um Lücken der familienrechtlichen Vermögensordnung zu schließen. Er hängt tatbestandlich davon ab, welcher Ehegüterstand gilt. Im Falle der Zugewinngemeinschaft liegt er nur vor, wenn der Zugewinnausgleich nach § 1378 nicht zu sachgerechten Ergebnissen führt. Bei Gütertrennung unterliegt er anderen Regeln. Auch wendet die Rechtsprechung ganz überwiegend die Rechtsfigur der unbenannten Zuwendung nicht im Falle der nichtehelichen Lebensgemeinschaft an. Wenn sie hier einen Ausgleich bejaht, so geschieht dies auf der Grundlage gesellschaftsrechtlicher Grundsätze.[53] Auch diese unterschiedliche Behandlung spricht für eine familienrechtliche Qualifikation des Anspruchs auf Ausgleich gestörter ehebedingter Zuwendungen.[54] Er **unterliegt** daher **Abs. 1 Nr. 2** und verjährt in dreißig Jahren ab Anspruchsentstehung.

44 Aus den gleichen Gründen hat dies auch für Ansprüche auf Ausgleich gestörter unbenannter Zuwendungen unter aktiver oder passiver Beteiligung der Eltern eines Ehegatten (**Schwiegerelternzuwendungen**[55]) zu gelten, obgleich hier ein Grenzfall gegeben ist, der auch eine andere Qualifikation zuließe, die zur Anwendung der Regelverjährung nach §§ 195, 199 führte.

---

50 Mit Recht kritisch gegen die lange Verjährung des Anspruchs aus § 2219 *Piekenbrock*, S. 309, 328 m.w.N.
51 Siehe BGHZ 116, 167, 169; BGHZ 127, 48; BGH NJW 1999, 2962, 2966; grundlegend *Lieb*, Die Ehegattenmitarbeit im Spannungsfeld zwischen Rechtsgeschäft, Bereicherungsausgleich und gesetzlichen Güterstand, 1970, S. 121 ff.; siehe dazu jeweils mit aktuellen Nachweisen *Meincke*, Zuwendungen unter Ehegatten, NJW 1995, 2769 ff.; Palandt/*Henrichs*, § 242 Rn 158 ff.; *Lüderitz*, Familienrecht, 27. Aufl. 1999, Rn 324f.
52 BGH FamRZ 1994, 228.
53 Siehe *Schwab*, Familienrecht, 11. Aufl. 2001; siehe etwa BGH NJW 1997, 3371 f.
54 Siehe im Ergebnis auch BGH RnotZ 2001, 161: Einordnung als güterrechtlich.
55 Siehe zu diesen die Nachweise bei Palandt/*Henrichs*, § 242 Rn 160.

Die Anwendung des Abs. 1 Nr. 2 ist für beide Fallkonstellationen wegen der überaus langen Verjährungsdauer **unbefriedigend**. Eine Anwendung der §§ 195, 199 wäre sachgerechter. 45

Für andere von der Rechtsprechung entwickelte **Ausgleichsansprüche unter Ehegatten und Verwandten** 46
gilt:
– Die Ausgleichsansprüche wegen Wegfalls der Geschäftsgrundlage eines familienrechtlichen **Kooperationsvertrags**[56] sind aus den gleichen Gründen wie Ansprüche bei unbenannten Zuwendungen familienrechtlich einzuordnen. Dafür spricht auch, dass die in der Literatur[57] angebotenen Ersatzkonstruktionen rein familienrechtlicher Art sind. Es gilt Abs. 1 Nr. 2.
– Der in den Konstellationen ehebedingter Zuwendungen auch diskutierte, aber nur vereinzelt befürwortete **Bereicherungsanspruch wegen Zweckwegfalls**[58] (§ 812 Abs. 1 S. 2 Alt. 2) ist grundsätzlich nicht als familienrechtlicher Ausgleichsanspruch einzustufen. Es ist § 195 anwendbar.
– Die Rückabwicklung von **Schenkungen** unter Ehegatten, Verwandten oder Verschwägerten erfolgt allein nach Schenkungsrecht. Hier gilt § 195.
– Ausgleichsansprüche aus **Ehegatten- oder Familieninnengesellschaften** sind keine familienrechtlichen Ansprüche, da sie nur gegeben sind, wenn ein über die Ehe hinausreichender gemeinsamer Zweck verfolgt wird.[59] Sie verjähren nach § 195.
– Ansprüche wegen Vermögensausgleichs unter Partnern einer nichtehelichen Lebensgemeinschaft sind nicht als familienrechtlich zu qualifizieren. Sie verjähren nach § 195 (siehe Rn 43).

dd) Lebenspartnerschaft, Betreuungsrecht

Ansprüche nach dem **Lebenspartnerschaftsgesetz** sind familienrechtlicher Natur (§ 194 Rn 23, 26) und 47
unterliegen der Regelung des Abs. 1 Nr. 2. **Betreuungsrechtliche** Ansprüche (§§ 1896 ff.) sind keine familienrechtlichen Ansprüche (§ 194 Rn 24). Sie verjähren nach §§ 195, 199.

b) Vorrangige besondere Verjährungsfristen

Vorrangige (Rn 40) **besondere Verjährungsfristen** enthalten neben Abs. 2 (Rn 74 ff.) beispielsweise die 48
§§ 1302, 1378 Abs. 4, 1390 Abs. 3 S. 1, 2287 Abs. 2 und § 2332. Hingegen wurde die Sondernorm des
§ 1615l Abs. 4 a.F. aufgehoben (§ 195 Rn 30). Zum Verhältnis von § 194 Abs. 2 und § 197 siehe Rn 39.

c) Insbesondere: Familien- und erbrechtliche Unterhaltsansprüche

Siehe dazu die Erläuterungen bei § 194 Rn 26 f. und unten Rn 80. 49

5. Titelverjährung (Nr. 3 bis 5)

a) Verhältnis zu anderen Verjährungsnormen

Ansprüche, die in einer in Abs. 1 Nr. 3 bis 5 bezeichneten Art festgestellt sind, verjähren in dreißig Jahren. 50
Das **entspricht § 218 Abs. 1 a.F.**; die Erkenntnisse zum bisherigen Recht haben insofern weiter Gültigkeit.
Die in § 197 Abs. 1 Nr. 3 bis 5 geregelten Fälle setzen nicht grundsätzlich voraus, dass der im Sinne dieser
Regelung festgestellte Anspruch vollstreckbar ist (siehe im Einzelnen Rn 62 ff.). Wurde ein Anspruch
jedoch in vollstreckbarer Weise[60] festgestellt, so greifen die Regelungen des Abs. 1 Nr. 3 bis 5 regelmäßig
ein, wie im Folgenden zu zeigen ist.

Andere Verjährungsnormen, welche gleichfalls die Titelverjährung im Sinne des Abs. 1 Nr. 3 bis 5 regeln, 51
gehen vor. Das folgt aus dem Eingangshalbsatz des Abs. 1 („soweit nicht ein anderes bestimmt ist", siehe
Rn 13). Das Reformgesetz sagt nichts zu der Streitfrage, ob die Regelungen der **§§ 26, 159 HGB** solche
besonderen Verjährungsvorschriften sind, die auch die Verjährung rechtskräftig festgestellter Ansprüche
regeln sollen. Mit der bisher h.M.[61] ist das zu verneinen.

b) Anspruch

Anspruch i.S.d. Abs. 1 Nr. 3 bis 5 kann **jeder Anspruch** sein, auch wenn er selbst einer kürzeren 52
Verjährung unterliegt. Die Verjährung der rechtlich festgestellten Ansprüche beginnt neu und ist von
der sonst eingreifenden Verjährung des Anspruchs ohne gerichtliche Feststellung unabhängig. Wird der

---

[56] BGHZ 127, 48; OLG Bremen FamRZ 1999, 227; *Gernhuber/Coester-Waltjen*, Familienrecht, 4. Aufl. 1994, § 20 III 7; Staudinger/ *Lorenz*, § 812 Rn 100.
[57] Siehe etwa *Schwab*, Familienrecht, 11. Aufl. 2001, Rn 122: Ausgleichspflicht aus § 1353 Abs. 1 S. 2.
[58] Für eine Sonderkonstellation einen solchen Anspruch bejahend: BGH FamRZ 1994, 503; im Regelfall lehnt die Rechtsprechung diesen konstruktiven Weg bei unbenannten Zuwendungen aber ab: BGHZ 82, 227, 231; siehe Palandt/*Heinrichs*, § 812 Rn 83, 92; ausführlich Staudinger/*Lorenz*, § 812 Rn 100.
[59] Zu dem Zweckerfordernis BGH NJW 1999, 2962, 2966; Palandt/*Sprau*, § 705 Rn 39.
[60] Einen Überblick über außerhalb der ZPO geregelte Vollstreckungstitel gibt etwa Zöller/*Stöber*, ZPO, 22. Aufl. 2001, vor § 704 ZPO Rn 6, § 794 ZPO Rn 35. Bei diesen Titeln ist im Einzelfall zu klären, ob sie unter § 197 Abs. 1 Nr. 3 bis 5 fallen.
[61] Nachweise bei Staudinger/*Peters*, § 218 Rn 3.

Anspruch abgetreten oder geht er in sonstiger Weise auf einen anderen Gläubiger über, so ändert das die Verjährung nach § 197 nicht.[62]

c) Rechtskräftig festgestellte Ansprüche (Nr. 3)
aa) Rechtskräftige Feststellung

53 Der Anspruch muss rechtskräftig festgestellt sein.[63] Dabei ist auf die **formelle Rechtskraft** abzustellen.[64] Rechtsmittel dürfen nicht mehr eröffnet sein. Ob die Entscheidung sachlich zutrifft oder nicht, ist unbeachtlich. Rechtskräftig festgestellt ist ein Anspruch – wie nach bisherigem Recht –, wenn ein Urteil oder ein anderer Titel vorliegt, der ihn rechtskräftig feststellt. Es kommt nicht darauf an, in welchem Verfahren die Entscheidung ergangen ist,[65] ob kontradiktorisch oder nicht (Anerkenntnis-, Säumnisurteil).[66] Nur soweit der Anspruch rechtskräftig festgestellt wurde, gilt für ihn die Verjährungsfrist des Abs. 1 Nr. 3; wurde er bei Teilklage/Teilurteil nur teilweise festgestellt, greift Abs. 1 nur in diesem Rahmen.

54 Die Feststellung muss im Verhältnis Schuldner und Gläubiger wirksam werden; dabei sind die Regeln der Rechtskrafterstreckung, insbesondere die §§ 265, 325 ZPO zu beachten.[67]

bb) Gerichtliche Feststellung

55 Es genügt, dass die Entscheidung den Anspruch rechtskräftig feststellt. Unbeachtlich ist, in welcher **Gerichtsbarkeit** die Entscheidung ergangen ist. Bisher hat **§ 220 a.F.** durch die Verweisung auf § 218 a.F. klargestellt, dass auch ein Anspruch, der nicht durch ein ordentliches Gericht, sondern ein besonderes Gericht im Sinne von §§ 13 f. GVG[68] (Arbeits-, Patent-, Schifffahrtsgericht) oder ein Verwaltungsgericht (Verwaltungs-, Finanz-, Sozialgericht) rechtskräftig festgestellt wurde, u.a. § 218 unterfiel. § 220 wurde zu Recht aufgehoben, weil die Erwähnung der verschiedenen Gerichtszweige entbehrlich ist.[69] Dasselbe Ergebnis ergibt sich bereits aus dem Grundsatz der Gleichwertigkeit der Gerichtsbarkeiten. § 220 a.F. erwähnte noch die Anspruchsfeststellung durch eine Verwaltungsbehörde. Das war schon nach bisherigem Recht wegen der Zuweisung der rechtsprechenden Gewalt an die Gerichte (Art. 92 GG) obsolet.[70] Ob der Rechtsweg zum erkennenden Gericht eröffnet und das Gericht zuständig war, ist für Abs. 1 Nr. 3 ohne Bedeutung.[71]

56 Ist aus der Sicht des deutschen internationalen Privatrechts das deutsche Verjährungsrecht anwendbar[72] und hat eine Entscheidung eines ausländischen Gerichts einen Anspruch rechtskräftig festgestellt (gleichgültig nach welchem Sachrecht), so ist zu fragen, ob die Entscheidung des **ausländischen Gerichts** die Tatbestandswirkung[73] des Abs. 1 Nr. 3 auslösen und die neue Verjährungsfrist eröffnen kann. Nach h.M. setzt das voraus, dass die Entscheidung in Deutschland anerkennungsfähig ist.[74] Streit besteht darüber, ob alle (so die h.M.)[75] oder nur einige Anerkennungsvoraussetzungen[76] erfüllt sein müssen. In keinem Fall bedarf es für die Zwecke des Abs. 1 Nr. 3 einer selbständigen Anerkennungsentscheidung der deutschen Gerichte.[77] Eine solche ergeht nach dem Grundsatz der Inzidentanerkennung nicht regelmäßig. Wollte man deshalb auf die gerichtliche Entscheidung abstellen, welche das ausländische Urteil für vollstreckbar erklärt (Vollstreckungsurteil nach § 722 ZPO oder eine vergleichbare gerichtliche Entscheidung nach den einschlägigen Anerkennungs- und Vollstreckungsstaatsverträgen oder EG-Verordnungen[78]), so ist zu entgegnen, dass sie etwa bei Feststellungsurteilen nicht ergeht.[79] Auch würde das die Verjährung der in

---

62 BGH VersR 1962, 470, 471.
63 Näher dazu, dass der Anspruch Gegenstand der Feststellung sein muss, MüKo/*Grothe*, § 218 Rn 6.
64 BT-Drucks 14/6040, 106; zum bisherigen Recht siehe näher Soergel/*Niedenführ*, § 218 Rn 4.
65 BT-Drucks 14/6040, 106.
66 Staudinger/*Peters*, § 218 Rn 5, 14.
67 Näher Staudinger/*Peters*, § 218 Rn 8.
68 Zum Begriff *Jauernig*, Zivilprozessrecht, 26. Aufl. 2000, § 5 II.
69 BT-Drucks 14/6040, 116.
70 BT-Drucks 14/6040, 116; zum bisherigen Recht MüKo/*Grothe*, § 220 Rn 1.
71 Palandt/*Heinrichs*, § 220 Rn 1.
72 Zur Ermittlung des auf die Verjährung anwendbaren Rechts siehe MüKo/*Spellenberg*, BGB, 3. Aufl. 1998, Art. 32 EGBGB Rn 61 ff.
73 Zur Tatbestandswirkung siehe näher (am Beispiel der Verjährungsunterbrechung durch Streitverkündung in ausländischen Verfahren) Wieczorek/Schütze/*Mansel*, ZPO, 3. Aufl. 1994, § 68 ZPO Rn 21 – 23.
74 RGZ 129, 395; OLG Düsseldorf RIW 1979, 59; *Frank*, Unterbrechung der Verjährung durch Auslandsklage, IPrax 1983, 108, 111; *Looschelders*, Anpassung und Substitution bei der Verjährungsunterbrechung durch unzulässige Auslandsklage, IPrax 1998, 296, 301 mit umfassenden Nachweisen in Fn 55.
75 Siehe die vorstehenden Nachweise.
76 So neben anderen insbesondere *Geimer*, Internationales Zivilprozessrecht, 4. Aufl. 2001, Rn 2828 f. m.w.N.
77 A.A. Staudinger/*Peters*, § 218 Rn 14.
78 Siehe die Übersicht bei Thomas/Putzo/*Hüßtege*, ZPO, 23. Aufl. 2001, Anhang nach § 723 ZPO Rn 1 – 6 i.V.m. § 328 ZPO Rn 37 ff.; ferner Art. 24 EuEheVO (kommentiert ebenda) und Art. 34 EuGVÜ (kommentiert ebenda), der am 1.3.2002 durch Art. 34, 37 EuGVVO (ABl. EG 2001 Nr. L 12/1) im Verhältnis zu den Staaten, für welche die VO gilt, abgelöst wird.
79 Siehe beispielsweise AG Würzburg FamRZ 1994, 1596.

57 Auch ein durch ein **Schiedsgericht** festgestellter Anspruch verjährt in der Frist des Abs. 1 Nr. 3, denn der **Schiedsspruch** hat nach § 1055 ZPO die Wirkungen eines rechtskräftigen gerichtlichen Urteils.[80] Soweit § 220 Abs. 1 a.F. für Schiedssprüche ausdrücklich auf § 218 a.F. verwies, hatte das nur klarstellende Funktion. Dieser Verweis war entbehrlich. Auch insoweit wurde § 220 a.F. aufgehoben. Der Tatbestand des Abs. 1 Nr. 3 wird durch den Schiedsspruch selbst erfüllt,[81] nicht erst durch die gerichtliche Entscheidung nach § 1060, die ihn für vollstreckbar erklärt und den Vollstreckungstitel nach § 794 Abs. 1 Nr. 4a ZPO bildet. Zur Frage des Verjährungsbeginns siehe § 201 Rn 6 ff.

58 Abs. 1 Nr. 3 erfasst auch den **Schiedsvergleich** (Schiedsspruch mit vereinbartem Wortlaut i.S.v. § 1053 ZPO),[82] da er gemäß der ausdrücklichen Anordnung des § 1053 Abs. 2 S. 2 ZPO einem Schiedsspruch gleichsteht[83] und dieser Abs. 1 Nr. 3 unterfällt. Für die Tatbestandserfüllung des Abs. 1 Nr. 3 ist nicht die Vollstreckbarerklärung des Schiedsvergleichs zu fordern,[84] denn § 1053 Abs. 2 S. 2 ZPO setzt den Schiedsvergleich als solchen dem Schiedsspruch gleich und dieser wird wiederum durch § 1055 ZPO einem gerichtlichen Urteil gleichgesetzt.

59 Zum **Anwaltsvergleich** siehe Rn 66, 70.

60 § 53 Abs. 2 VwVfG, § 52 Abs. 2 SGB X verweisen für unanfechtbar gewordene **Verwaltungsakte** auf § 218 Abs. 1 a.F. Die Verweisung wurde durch das Schuldrechtsmodernisierungsgesetz nicht umgestellt. Sie ist jetzt als eine solche auf Abs. 1 Nr. 3 zu lesen.

61 § 218 Abs. 1 a.F. wurde bisher von der h.M. analog auf ein **privates Anerkenntnis** des Schuldners angewandt, in welchem er den Anspruch ohne Einschränkung anerkennt.[85] Es ist offen, ob diese Ansicht auf Abs. 1 Nr. 3 übertragen werden kann. Hierfür besteht seit der Neuregelung der Zulässigkeit von Verjährungsvereinbarungen durch § 202 kein Bedürfnis mehr. Die alte Rechtsprechung war wesentlich durch den restriktiven § 225 a.F. motiviert,[86] der parteiautonome Verjährungsverlängerungen nicht zuließ. Heute kann ein entsprechendes Anerkenntnis im Regelfall als Vereinbarung der Verjährungshöchstdauer von dreißig Jahren ab dem gesetzlichen Verjährungsbeginn im Sinne von § 202 Abs. 2 ausgelegt werden, sofern die Auslegung nicht ergibt, dass das Anerkenntnis keinen Einfluss auf die Verjährung haben sollte.

cc) Feststellende Entscheidung

62 Die anspruchsfeststellende Entscheidung kann ein Leistungs- oder Feststellungsurteil, Vollstreckungsbescheid, Kostenfeststellungsbeschluss oder **jede** andere **unanfechtbare gerichtliche Entscheidung** sein, aus der vollstreckt werden kann,[87] nicht aber ein Grundurteil (§ 304 ZPO).[88]

63 Nach h.M. zum bisherigen Recht genügt auch ein Urteil, welches eine **negative Feststellungsklage**, durch die das Nichtbestehen des Anspruchs festgestellt werden soll, als unbegründet abweist.[89] Diese Ansicht wurde bestritten.[90] Der Streit besteht auch unter neuem Recht fort.

64 Endurteile genügen ebenso wie **Vorbehaltsurteile** nach §§ 302, 599 ZPO.[91] **§ 219 a.F.** konnte aufgehoben werden,[92] soweit[93] er die durch Vorbehaltsurteil rechtskräftig festgestellten Ansprüche hinsichtlich der dreißigjährigen Verjährungsfrist nach § 218 Abs. 1 a.F. den rechtskräftig festgestellten Ansprüchen gleichgestellt hat. Die Vorschrift erschien insoweit entbehrlich.[94] Das Vorbehaltsurteil ist hinsichtlich der Rechtsmittel und der Zwangsvollstreckung als Endurteil anzusehen (§ 302 Abs. 3 ZPO). Die eventuelle spätere Aufhebung nach § 302 Abs. 4 ZPO (fehlende materielle Rechtskraft[95]) berührt die Frage der Verjährungsfrist nicht. Für diese ist allein die formelle Rechtskraft entscheidend.

---

80 Dazu weiterführend Zöller/*Geimer*, ZPO, 22. Aufl. 2001, § 1055 ZPO Rn 1 ff.
81 Ebenso: Soergel/*Niedenführ*, § 218 Rn 5; Staudinger/*Peters*, § 218 Rn 14.
82 Palandt/*Heinrichs*, § 218 Rn 2.
83 Zur Gleichstellung siehe nur Thomas/Putzo/*Hüßtege*, ZPO, 23. Aufl. 2001, § 1053 ZPO Rn 4.
84 Ebenso Palandt/*Heinrichs*, § 218 Rn 2; a.A. Soergel/*Niedenführ*, § 218 Rn 6; Staudinger/*Peters*, § 218 Rn 14.
85 BGH NJW-RR 1990, 664; Staudinger/*Peters*, § 218 Rn 16.
86 Siehe den Hinweis bei Staudinger/*Peters*, § 218 Rn 16.
87 Palandt/*Heinrichs*, § 218 Rn 1; MüKo/*Grothe*, § 218 Rn 3, 5; Staudinger/*Peters*, § 218 Rn 5, 14.
88 BGH NJW 1985, 792; Staudinger/*Peters*, § 218 Rn 2. Zur anderen Beurteilung bei einem Grundurteil eines Schiedsgerichts siehe MüKo/*Grothe*, § 218 Rn 3.
89 BGHZ 72, 23, 31; Palandt/*Heinrichs*, § 218 Rn 1; MüKo/*Grothe*, § 218 Rn 3.
90 Zu Recht ablehnend Staudinger/*Peters*, § 218 Rn 7.
91 BT-Drucks 14/6040, 106.
92 BT-Drucks 14/6040, 106, 99 f.
93 Soweit § 219 a.F. auf § 211 Abs. 1 a.F. verwies, wurde er auch aufgehoben, siehe § 204 Rn 47.
94 BT-Drucks 14/6040, 100; ebenso bereits *Peters/Zimmermann*, S. 32.
95 Thomas/Putzo/*Thomas*, ZPO, 23. Aufl. 2001, § 322 ZPO Rn 4.

65 Ein Urteil nach § 305 ZPO ist kein Vorbehaltsurteil, sondern ein Endurteil.[96]

66 Unter Abs. 1 Nr. 3 fällt auch ein Beschluss, in welchem ein **Anwaltsvergleich** nach § 796b ZPO durch das Gericht oder nach § 796c ZPO durch den Notar (sein Beschluss steht dem eines Gerichts gleich[97]) für vollstreckbar erklärt wird, und der nach § 794 Abs. 1 Nr. 4b ZPO Grundlage der Zwangsvollstreckung ist.[98] Der Anwaltsvergleich für sich alleine genommen erfüllt keine der Tatbestandsvoraussetzungen des Abs. 1 Nr. 3 bis 5; er stellt selbst keine Ansprüche rechtskräftig (eine Norm wie § 1053 ZPO für den Schiedsspruch fehlt für den Anwaltsvergleich) oder vollstreckbar fest. Anders als in den Fällen des § 197 Abs. 1 Nr. 4 ist beim Anwaltsvergleich Vollstreckungstitel nicht der Vergleich, sondern – wie sich aus § 794 Abs. 1 Nr. 4b ZPO ergibt –, der Beschluss nach § 796b ZPO oder § 796c ZPO, der den Anwaltsvergleich für vollstreckbar erklärt.[99] Verjährungsrechtliche Bedeutung erlangt daher erst die Vollstreckbarerklärung des Anwaltsvergleichs. Zum Verjährungsbeginn siehe § 201 Rn 8.

d) Ansprüche aus vollstreckbaren Vergleichen oder vollstreckbaren Urkunden (Nr. 4)
aa) Vollstreckbarer Vergleich

67 Unter Abs. 1 Nr. 4 fällt jeder Anspruch aus einem Vergleich i.S.v. **§ 794 Abs. 1 Nr. 1 ZPO**:[100]
– gerichtlicher Vergleich vor einem deutschen Gericht (§ 160 Abs. 3 Nr. 1 ZPO, siehe auch den durch die ZPO-Reform seit 1.1.2002 eingeführten § 278 Abs. 6 ZPO)
– Vergleich vor der landesrechtlich eingerichteten oder anerkannten Gütestelle i.S.v. § 797a ZPO
– Vergleich im Prozesskostenhilfeverfahren nach § 118 Abs. 1 S. 3 ZPO
– Vergleich im selbständigen Beweisverfahren nach § 492 Abs. 3 ZPO.

68 Gleichgestellt ist der Schuldenbereinigungsplan nach § 308 Abs. 1 S. 2 InsO.

69 Der Anspruch aus dem Vergleich unterfällt Abs. 1 Nr. 4 aber nur, wenn er mit Bezug zu dem **Verfahrensgegenstand** begründet wurde. Abs. 1 Nr. 4 ist nicht anwendbar, wenn der Anspruch selbständig, ohne Verfahrensbezug und nur bei Gelegenheit des Verfahrens, das zum Vergleich führte, begründet wurde.[101] Der Vergleich kann – wie ein Feststellungsurteil (siehe Rn 62 f.) – rein feststellenden Inhalt haben; ein eigentlicher Sinne vollstreckbarer Inhalt ist nicht erforderlich.[102]

70 Der **Anwaltsvergleich** fällt nicht unter Abs. 1 Nr. 4, sondern unter Abs. 1 Nr. 3 (Rn 66). Gleiches gilt – wegen der Gleichstellung mit einem Schiedsspruch und damit mit einer gerichtlichen Entscheidung (§§ 1053 Abs. 2 S. 2, 1055 ZPO) – für den **Schiedsvergleich** (siehe Rn 58).

bb) Vollstreckbare Urkunde

71 Abs. 1 Nr. 4 erfasst auch Ansprüche aus vollstreckbaren Urkunden i.S.v. §§ 794 Abs. 1 Nr. 5, 801 ZPO,[103] sofern die Unterwerfung unter die Zwangsvollstreckung formell und materiell **wirksam** ist.[104]

72 Ob die vollstreckbare Kostenrechnung des Notars (**§§ 154 f. KostO**) die Verjährungsfrist des Abs. 1 auslöst, war nach bisherigem Recht strittig. Der Streit besteht auch nach neuem Recht fort. Die Anwendung des Abs. 1 Nr. 4 ist zu verneinen.[105]

cc) Feststellungen im Insolvenzverfahren (Nr. 5)

73 Ansprüche, die durch die im Insolvenzverfahren erfolgte Feststellung vollstreckbar geworden sind (§§ 201 Abs. 2, 215 Abs. 2 S. 2, 257 InsO), verjähren in dreißig Jahren nach Abs. 1 Nr. 5.

---

96 Soergel/*Niedenführ*, § 220 Rn 2.
97 Zöller/*Geimer*, ZPO, 22. Aufl. 2001, § 796c ZPO Rn 5; *Münzberg*, Einwendungen gegenüber vollstreckbaren Anwaltsvergleichen, NJW 1999, 1357, 1359: Es liegt keine Urkundstätigkeit des Notars, sondern Wahrnehmung rechtsprechender Aufgaben vor.
98 Im Ergebnis ebenso: Soergel/*Niedenführ*, § 218 Rn 6 (zum Anwaltsvergleich nach §§ 796a ff. ZPO, die seit dem 1.1.1998 gelten); ebenso zum Anwaltsvergleich nach den davor geltenden §§ 1044b ZPO a.F.: Staudinger/*Peters*, § 218 Rn 14; *Ziege*, NJW 1991, 1580, 1585; a.A. Palandt/*Heinrichs*, § 218 Rn 2 (der Anwaltsvergleich selbst fällt unter § 197 Abs. 1). Der Meinungsunterschied wirkt sich praktisch nicht aus, da – auch wenn man der Ansicht *Heinrichs* folgt – die Verjährung gemäß § 201 erst mit der Vollstreckbarerklärung beginnt, siehe § 201 Rn 8.
99 Zum Vollstreckungstitel Zöller/*Geimer*, ZPO, 22. Aufl. 2001, § 796a ZPO Rn 25, § 796c ZPO Rn 6, 8.
100 Siehe zum bisherigen Recht MüKo/*Grothe*, § 218 Rn 9; Soergel/*Niedenführ*, § 218 ZPO Rn 6 fasst auch den für vollstreckbar erklärten Schiedsvergleich und Anwaltsvergleich (§ 794 Abs. 1 Nr. 4a, 4 b ZPO) unter den Begriff des Vergleichs im Sinne von § 218 a.F. = § 197 Abs. 1 Nr. 4; anders oben Rn 58, 66, 70; siehe aber noch § 201 Rn 8 (gleiches Ergebnis).
101 MüKo/*Grothe*, § 218 Rn 9.
102 BGH NJW-RR 1990, 665; Jauernig/*Jauernig*, § 218 Rn 1.
103 Palandt/*Heinrichs*, § 218 Rn 2.
104 BGH NJW 1999, 51, 52; OLG Zweibrücken BauR 2000, 1209; Palandt/*Heinrichs*, § 218 Rn 2; MüKo/*Grothe*, § 218 Rn 9.
105 Strittig, siehe dazu umfassend mit Nachweisen Staudinger/*Peters*, § 218 Rn 15.

II. Regelmäßig wiederkehrende Leistungen, Unterhalt (Abs. 2)

1. Grundsatz

Für bestimmte Ansprüche, die unter Abs. 1 Nr. 2 oder Nr. 3 bis 5 fallen, sieht Abs. 2 vor, dass die durch Abs. 1 angeordnete dreißigjährige Verjährung durch die **dreijährige Regelverjährung** nach § 195 ersetzt wird, deren Beginn durch § 199 bestimmt wird (Rn 6). **74**

Durch Abs. 2 werden nur Rückstände – also **fällige**, aber noch nicht voll erbrachte Leistungen[106] – erfasst, da die Verjährung nach § 199 Abs. 1 Nr. 1 nicht vor der Fälligkeit des Anspruchs beginnt.[107] Das gilt für alle Alternativen des Abs. 2. Zum Zweck der Vorschrift siehe Rn 11. **75**

2. Ansprüche nach Abs. 1 Nr. 2

a) Regelmäßig wiederkehrende Leistungen

Soweit **familien- oder erbrechtliche Ansprüche** (siehe Rn 6) regelmäßig wiederkehrende Leistungen zum Inhalt haben, verjähren sie in Abweichung von Abs. 1 Nr. 2 nach §§ 197 Abs. 2, 195, 199. Andere Ansprüche auf wiederkehrende Leistungen, verjähren – mangels vorrangiger besonderer Vorschriften – nach §§ 195, 199 in direkter Anwendung (siehe Rn 6). **76**

Der **Begriff** der regelmäßig wiederkehrenden Leistungen ist identisch mit dem des **§ 197 a. F.**; auf die dazu **ergangene Rechtsprechung** kann grundsätzlich auch nach neuem Recht zurückgegriffen werden; dabei ist lediglich zu bedenken, dass § 197 a.F. alle wiederkehrenden Leistungen erfasste, Abs. 2 Alt. 1 nur solche familien- oder erbrechtlicher Natur. **77**

Ein Anspruch auf regelmäßig wiederkehrende Leistungen ist seinem **Typus** nach auf Einzelleistungen gerichtet, die zu gesetzlich oder vertraglich bestimmten, regelmäßig wiederkehrenden Terminen fortlaufend zu erbringen sind.[108] Für die Einzelleistungen besteht daher ein einheitlicher Rechtsgrund.[109] Die Verpflichtung zur Erbringung der Einzelleistungen entsteht durch den Ablauf der vorgegeben Zeitspanne jeweils neu.[110] Dabei kann der Umfang der Einzelleistung schwanken; es ist unschädlich, wenn die Leistungspflicht zeitweise auf ein Minimum und gelegentlich auf Null absinkt.[111] Entscheidend ist nicht die Gleichmäßigkeit des Anspruchsumfangs, sondern die zeitlich regelmäßige Wiederkehr der Leistungsverpflichtung,[112] die aber zeitlich begrenzt sein kann.[113] Nicht hierunter fällt ein Anspruch, der zu einer Leistung verpflichtet, deren Erbringung dadurch gestreckt wird, dass sie in einzelnen Teilleistungen erfüllt wird (z.B. Ratenzahlung einer Kaufpreisschuld).[114] **78**

Ansprüche auf wiederkehrende Leistungen familien- oder erbrechtlicher Natur sind **beispielsweise** Ansprüche auf regelmäßig wiederkehrende Unterhaltsleistungen (siehe Rn 6, 8) oder entsprechende Ansprüche auf regelmäßige Zinszahlung, z.B. gemäß § 1834. **79**

b) Unterhaltsleistungen

Soweit **familien- oder erbrechtliche Ansprüche** Zahlung von Unterhalt zum Gegenstand haben, verjähren sie in Abweichung von Abs. 1 Nr. 2 nach §§ 197 Abs. 2, 195, 199. Das gilt auch für Ansprüche auf regelmäßig wiederkehrende Unterhaltsleistungen – sie wären ohnehin von der ersten Alternative des § 197 Abs. 2 erfasst (Rn 6, 8). Vor allem gilt es auch für Ansprüche auf **Sonderbedarf**, also einmalige Unterhaltsleistung (siehe näher Rn 9). **80**

Zur Verjährung von Unterhaltsansprüchen siehe den **Überblick** in § 194 Rn 26 ff. **81**

3. Ansprüche nach Abs. 1 Nr. 3 bis 5

Ansprüche im Sinne von Abs. 1 Nr. 3 bis 5 (Rn 53 ff.) verjähren statt in dreißig Jahren aufgrund Abs. 2 in der Frist der dreijährigen Regelverjährung, wenn sie künftig fällig werdende regelmäßig wiederkehrende Leistungen zum Inhalt haben, gleichgültig ob es familien-, erbrechtliche oder andere Ansprüche sind. Damit besteht im Grundsatz Deckungsgleichheit mit § 218 Abs. 1 a.F.; allerdings ordnet § 197 Abs. 2 die Geltung der Regelverjährungsfrist an, während nach bisherigem Recht die ansonsten eingreifende „kürzere" Verjährungsfrist (Rn 84) zur Anwendung kam. Zur Ratio der Norm siehe Rn 11. Zur Ausnahme von Abs. 2 siehe Rn 87. **82**

---

106 Jauernig/*Jauernig*, § 197 Rn 2.
107 BT-Drucks 14/6040, 107.
108 BGH VersR 1957, 450, 451; siehe ferner etwa Palandt/*Heinrichs*, § 197 Rn 1; Jauernig/*Jauernig*, § 197 Rn 2.
109 Staudinger/*Peters*, § 197 Rn 4.
110 Staudinger/*Peters*, § 197 Rn 2 f. mit Nachweisen zum Streitstand.
111 BGHZ 80, 357 ff.; MüKo/*Grothe*, § 197 Rn 1.
112 RGZ 153, 375, 378; BGHZ 80, 357 ff.; Palandt/*Heinrichs*, § 197 Rn 1.
113 RG JW 1931, 1457; MüKo/*Grothe*, § 197 Rn 1.
114 BGH WM 1975, 1280, 1281; Staudinger/*Peters*, § 197 Rn 2.

83 Zum **Begriff** der regelmäßig wiederkehrenden Leistungen siehe Rn 77. Sie müssen in dem Titel nicht als solche benannt sein; es genügt, wenn die Auslegung des Titels ergibt, dass der Titel sich auf solche wiederkehrenden Leistungen bezieht.[115]

84 Die Ansprüche müssen **künftig fällig** werden, das meint Fälligkeit nach Unanfechtbarkeit der Anspruchsfeststellung i.S.v. **Abs. 1 Nr. 3 bis 5**. Nur solche Ansprüche werden von Abs. 2 erfasst. Für die anderen bleibt es bei der dreißigjährigen Verjährungsfrist nach Abs. 1 Nr. 3 bis 5. Für den Fall, dass ein Titel im Sinne des Abs. 1 Nr. 2 zu wiederkehrenden Leistungen, etwa Zinsen, verurteilt hat, folgt daher aus § 197, dass alle bis zur Rechtskraft der Entscheidung aufgelaufenen Zinsen nach §§ 197 Abs. 1 Nr. 3, 201 in dreißig Jahren ab Rechtskrafteintritt verjähren. Alle nach diesem Zeitpunkt fällig werdenden Zinsen verjähren nach §§ 197 Abs. 2, 195, 199 Abs. 1 in drei Jahren (statt nach § 218 Abs. 2, 197 a.F. in vier Jahren).

85 Die **Verjährung** der Abs. 2 unterfallenden Ansprüche **beginnt** frühestens mit dem Schluss des Jahres der Anspruchsentstehung, d.h. regelmäßig mit der Fälligkeit des Anspruchs und der Anspruchskenntnis im Sinne von § 199 Abs. 1 Nr. 1. Dabei ist der Verjährungsbeginn für jeden einzelnen Anspruch auf wiederkehrende Leistung zu berechnen und auf den jeweiligen Fälligkeitszeitpunkt der Einzelleistung abzustellen.[116]

86 Da die §§ 197 Abs. 2, 195 für die bereits titulierten einschlägigen Ansprüche die dreijährige Verjährungsfrist anordnen, kann es wegen der relativ kurzen Zeitspanne von drei Jahren erforderlich sein, eine drohende Verjährung abzuwenden, etwa indem nach § 212 Abs. 1 Nr. 2 durch Beantragung einer gerichtlichen oder behördlichen Vollstreckungshandlung der Neubeginn der Verjährung herbeigeführt wird. Ist das etwa bei einem flüchtigen Schuldner nicht möglich, so ließ die Rechtsprechung und h.M. nach bisherigem Recht zum Zwecke der erneuten **Verjährungsabwendung** ausnahmsweise eine entsprechende Feststellungsklage zu, obgleich bereits ein Vollstreckungstitel vorlag.[117] Der Reformgesetzgeber hat § 218 Abs. 2 a.F. im Kern unverändert (siehe aber Rn 82, 84) in § 197 Abs. 2 übernommen. Zu der Praxis solcher „Verjährungsabwendungsklagen" hat der Gesetzgeber keine Stellung genommen. Das Problem besteht auch nach neuem Recht und ist wohl im Sinne der bisher h.M. zu lösen.

87 **Ausnahme von Abs. 2:** Bei einem Verbraucherdarlehen (§ 491) findet Abs. 2 auf i.S.v. Abs. 1 Nr. 3 bis 5 titulierte Zinsansprüche keine Anwendung (§ 497 Abs. 3 S. 4), es sei denn, die Hauptforderung des Titels lautete auf Zinsen (**§ 497 Abs. 3 S. 5**). Soweit Abs. 2 keine Anwendung findet, gilt für die titulierten Zinsansprüche weiterhin die dreißigjährige Verjährungsfrist nach Abs. 1 Nr. 3 bis 5 (siehe näher bei § 497).[118] Durch die Regelung soll vermieden werden, dass der Kreditgeber allein wegen der Zinsen die Verjährungsunterbrechung betreibt.[119]

88 Ansprüche aus einem **eingetragenen Recht** im Sinne von §§ 902, 873 verjähren nach § 902 Abs. 1 S. 1 nicht. Soweit sie auf Rückstände wiederkehrender Leistungen wie z.B. gemäß §§ 1107, 1159, 1199 Abs. 1 oder auf Schadensersatz gerichtet sind, unterliegen sie der Verjährung. Für sie gilt nicht Abs. 2, sondern unmittelbar § 195.

III. Verjährungsbeginn

89 Die Verjährungsfrist für die durch Abs. 1 Nr. 1 und 2 (Rn 14 ff., 39 ff.) erfassten Ansprüche richtet sich nach **§ 200** (siehe dort).

90 Die Verjährungsfrist für die durch Abs. 1 Nr. 3 bis 5 (Rn 53 ff.) erfassten Ansprüche richtet sich nach **§ 201** (siehe dort).

91 Der Verjährungsbeginn für die Abs. 2 unterfallenden Ansprüche richtet sich nach **§ 199** (siehe dort). Abs. 2 verweist auf die Regelverjährung (§ 195) und damit implizit auch auf den Verjährungsbeginn der Regelverjährung (§ 199). Siehe ferner Rn 6, 74.

---

115 Staudinger/*Peters*, § 218 Rn 17.
116 Siehe auch Staudinger/*Peters*, § 218 Rn 18.
117 Siehe BGHZ 93, 287, 291; *Peters/Zimmermann*, S. 263; Erman/*Hefermehl*, § 218 Rn 7; Soergel/*Niedenführ*, § 218 Rn 10; kritisch MüKo/*Grothe*, § 218 Rn 12 m.w.N.
118 Siehe zum neuen Recht und weiteren Problemen *Köndgen*, Darlehen, Kredit und finanzierte Geschäfte nach neuem Schuldrecht, WM 2001, 1637, 1647.
119 BT-Drucks 14/6857, 66; zum bisherigen Recht: Palandt/*Putzo*, § 11 VerbrKrG Rn 9.

§ 198 Verjährung bei Rechtsnachfolge

¹Gelangt eine Sache, hinsichtlich derer ein dinglicher Anspruch besteht, durch Rechtsnachfolge in den Besitz eines Dritten, so kommt die während des Besitzes des Rechtsvorgängers verstrichene Verjährungszeit dem Rechtsnachfolger zugute.

A. Reformgehalt

Die Vorschrift **entspricht** inhaltlich dem bisherigen § 221 a. F.; sie wurde leicht an den heutigen Sprachgebrauch angepasst.[1] Die Ergebnisse der Rechtsprechung und Literatur zu § 221 a.F. können für die Auslegung des § 198 herangezogen werden.

B. Regelungsgehalt

Die **Rechtsnachfolge** auf der Seite des Gläubigers oder des Schuldners verändert die Anspruchsverjährung nicht; die Verjährungsfrist und ihr Lauf bleiben von einem Schuldner- oder Gläubigerwechsel unberührt (§ 195 Rn 45).[2]

Etwas anderes gilt für **dingliche Ansprüche gegen den Besitzer** einer Sache. Der Anspruch entfällt tatbestandsmäßig, wenn der Besitzer den Sachbesitz verliert. Gegen den neuen Besitzer entsteht mit seinem Besitzerwerb ein neuer dinglicher Anspruch, dessen Verjährung gleichfalls neu mit der Anspruchsentstehung beginnt (§ 200 i.V.m. § 197 Abs. 1 Nr. 1 bzw. § 199 Abs. 1 für die nicht § 197 Abs. 1 Nr. 1 unterfallenden dinglichen Ansprüche).

Davon macht § 198 eine Ausnahme. Die Norm ordnet für den Fall **der Rechtsnachfolge im Besitz** eine Vorverlegung des Verjährungsbeginns an: Die während des Besitzes des früheren Besitzers, gegen den während seines Besitzes der dingliche Anspruch gerichtet war, abgelaufene Besitzzeit wird zugunsten des nunmehrigen Besitzers, der dem neuen dinglichen Anspruch ausgesetzt ist, angerechnet. Dadurch wird ein früherer Verjährungsbeginn erreicht. Für Verjährungszwecke wird fingiert, der aktuelle Besitzer habe den Besitz bereits früher erlangt, so dass der dingliche Anspruch im Sinne von § 198 gegen den aktuellen Besitzer als bereits früher entstanden anzusehen ist. § 198 will durch die Zusammenrechnung der Besitzzeiten eine faktische Unverjährbarkeit verhindern.[3]

§ 198 gilt für Ansprüche, die gegen den Besitzer einer Sache gerichtet sind. Die Vorschrift ist daher insbesondere anwendbar auf **§ 985** oder auf andere dingliche Herausgabeansprüche (zu ihnen siehe § 197 Rn 14 ff.) sowie auf Ansprüche aus **§§ 861 f., 1004**.[4] § 198 ist anwendbar auf entsprechende Ansprüche bei Grundstücken, soweit diese verjährbar sind (zur Unverjährbarkeit siehe § 194 Rn 8), wie etwa die Ansprüche nach § 902 Abs. 1 S. 2. § 198 greift **nicht** für die Ansprüche aus dem begleitenden gesetzlichen Schuldverhältnis (siehe dazu § 197 Rn 25 ff.) wie insbesondere Ansprüche aus **§§ 987 ff.**, denn der bereits entstandene Anspruch auf Nutzungsherausgabe oder Wertersatz entfällt nicht, wenn der Besitz wechselt.

§ 198 setzt tatbestandsmäßig die Besitznachfolge durch **Gesamtnachfolge**, vor allem gemäß § 857, oder im Wege der **Einzelnachfolge** durch Willenseinigung mit dem bisherigen Besitzer voraus.[5] § 198 verlangt somit einen abgeleiteten Besitzerwerb. Keine Rechtsnachfolge liegt demnach vor, wenn der Besitz nicht einvernehmlich vom bisherigen auf den aktuellen Besitzer übertragen wurde, sondern durch verbotene Eigenmacht, unerlaubte Handlung, Auffinden der Sache etc. erworben wurde.[6] § 198 setzt ferner voraus, dass während der zusammengerechneten Besitzzeiten gegen jeden der jeweiligen Sachbesitzer ein gleichartiger dinglicher Anspruch gerichtet war. Daher kann keiner der Vorbesitzer gegenüber dem Gläubiger des dinglichen Anspruchs ein Recht zum Besitz gehabt haben.[7] Für § 198 ist es bei einem Besitzwechsel im Wege der Einzelnachfolge unerheblich, ob der frühere Besitzer zur Besitzübertragung auf den aktuellen Besitzer berechtigt war oder nicht.[8] § 198 stellt allein auf den einvernehmlichen faktischen Besitzübergang ab.

Bei **mehrfachem Besitzwechsel** werden, sofern die in Rn 6 beschriebenen Voraussetzungen jeweils erfüllt sind, dem aktuellen Besitzer die Besitzzeiten aller früheren Besitzer angerechnet.[9]

---

1 BT-Drucks 14/6040, 107.
2 Soergel/*Niedenführ*, § 221 Rn 1.
3 *Finkenauer*, Zum Begriff der Rechtsnachfolge in § 221 BGB, JZ 2000, 241, 243.
4 Siehe etwa *Siehr*, Verjährt ein Anspruch auf Herausgabe des Eigentums? Deutsches Verjährungsrecht vor englischen Gerichten?, in: *Carl/Güttler/Siehr*, Kunstdiebstahl vor Gericht. City of Gotha v. Sotheby's/Cobert Finance S.A., 2001, S. 53, 65.
5 Soergel/*Niedenführ*, § 221 Rn 1; umfassende Nachweise bei *Finkenauer*, JZ 2000, 241, 243, dort näher zu den Anforderungen an die Willenseinigung.
6 Staudinger/*Peters*, § 221 Rn 6; siehe dazu auch *Finkenauer*, JZ 2000, 241, 245.
7 *Plambeck*, Die Verjährung der Vindikation, 1997, S. 122; *Finkenauer*, JZ 2000, 241, 243.
8 MüKo/*Grothe*, § 221 Rn 3.
9 Staudinger/*Peters*, § 221 Rn 6.

8 Hat der Vorbesitzer den Besitz an der Sache als rechtmäßiger Fremdbesitzer (z.B. Mieter, Auftragnehmer, Entleiher) erworben, sich dann aber durch **Unterschlagung** oder Veruntreuung zum Eigenbesitzer aufgeschwungen, beginnt die Verjährung neu. Er kann sich nicht mehr auf § 198 berufen und die Besitzzeit des vorherigen Besitzers anrechnen lassen.[10] Diese Rechtsauffassung hat die deutsche Bundesregierung in einem Rechtsstreit vor dem englischen High Court vertreten, der ihr darin gefolgt ist.[11] Die Gegenmeinung[12] stellt hingegen darauf ab, dass der Besitzerwerb einvernehmlich erfolgt sei. Daher müsse § 198 auch dem Fremdbesitzer, der Eigenbesitz begründet, zugute kommen. Doch liegt in der Begründung eines Besitzmittlungsverhältnisses keine Besitznachfolge im Sinne § 198,[13] da der Fremdbesitzer sich die Berechtigung zum Besitz weiterhin mit dem zum mittelbaren Besitzer gewordenen früheren unmittelbaren Besitzer teilt.

§ 199 Beginn der regelmäßigen Verjährungsfrist und Höchstfristen

(1) ¹Die regelmäßige Verjährungsfrist beginnt mit dem Schluss des Jahres, in dem
1. der Anspruch entstanden ist und
2. der Gläubiger von den den Anspruch begründenden Umständen und der Person des Schuldners Kenntnis erlangt oder ohne grobe Fahrlässigkeit erlangen müsste.

(2) ¹Schadensersatzansprüche, die auf der Verletzung des Lebens, des Körpers, der Gesundheit oder der Freiheit beruhen, verjähren ohne Rücksicht auf ihre Entstehung und die Kenntnis oder grob fahrlässige Unkenntnis in 30 Jahren von der Begehung der Handlung, der Pflichtverletzung oder dem sonstigen, den Schaden auslösenden Ereignis an.

(3) ¹Sonstige Schadensersatzansprüche verjähren
1. ohne Rücksicht auf die Kenntnis oder grob fahrlässige Unkenntnis in zehn Jahren von ihrer Entstehung an und
2. ohne Rücksicht auf ihre Entstehung und die Kenntnis oder grob fahrlässige Unkenntnis in 30 Jahren von der Begehung der Handlung, der Pflichtverletzung oder dem sonstigen, den Schaden auslösenden Ereignis an.

Maßgeblich ist die früher endende Frist.

(4) ¹Andere Ansprüche als Schadensersatzansprüche verjähren ohne Rücksicht auf die Kenntnis oder grob fahrlässige Unkenntnis in zehn Jahren von ihrer Entstehung an.

(5) ¹Geht der Anspruch auf ein Unterlassen, so tritt an die Stelle der Entstehung die Zuwiderhandlung.

Inhalt

A. Reformgehalt 1	bb) Person des Schuldners 37
I. Neuerungen 1	b) Kenntnis 45
1. Verjährungsbeginn 1	c) Grob fahrlässige Unkenntnis 52
2. Absolute Verjährungshöchstfristen 5	d) Zurechnung der Kenntnis und grob fahrlässigen Unkenntnis anderer 59
3. Grundregeln des Europäischen Vertragsrechts . . . 6	e) Beweislast 62
II. Reformzweck 8	3. Jahresschlussverjährung (Abs. 1) 65
1. Kenntnisabhängiger Verjährungsbeginn 8	IV. Verjährungshöchstfristen (Abs. 2 bis 4) 67
2. Jahresschlussverjährung, Maximalfristen 11	1. Anwendungsbereich 67
B. Regelungsgehalt 13	2. Hemmung, Ablaufhemmung, Neubeginn der Höchstfristen 68
I. Prüfungsschema 13	
II. Erfasste Ansprüche 14	3. Unabhängigkeit der Verjährungshöchstfristen von Abs. 1 70
III. Verjährungsbeginn (Abs. 1) 16	
1. Anspruchsentstehung (Abs. 1 Nr. 1) 17	a) Besondere Verjährungsfristen, unabhängiger Verjährungslauf 70
a) Grundsatz: Anspruchsfälligkeit 17	
b) Einzelfragen 20	b) Keine Jahresschlussverjährung 72
aa) Fortgeltung des Grundsatzes der Schadenseinheit bei Schadensersatzansprüchen 20	4. Grundsatz: Verjährungshöchstfrist gemäß Abs. 4 73
bb) Neuerung bei verhaltenen Ansprüchen 23	5. Ausnahmen: Verjährungshöchstfristen für Schadensersatzansprüche (Abs. 2 und 3) 76
cc) Verjährungsbeginn bei Kündigung, Anfechtung (§§ 199 f. a.F.), vorausgesetzter Rechnungserteilung 25	
	a) Schadensersatzanspruch 76
2. Anspruchskenntnis oder grobfahrlässige Unkenntnis (Abs. 1 Nr. 2) 28	b) Schadensersatzansprüche wegen Verletzung höchstpersönlicher Rechtsgüter (Abs. 2) 78
a) Von der Kenntnis zu umfassende Tatsachen . . 29	
aa) Anspruchsbegründende Umstände 30	aa) Erfasste Schadensersatzansprüche 78

---

10 Staudinger/*Coing*, 11. Aufl. 1957, § 221 Rn 5; *Siehr* (Fn 4) S. 67.
11 Dazu näher *Siehr* (Fn 4) S. 68.
12 *Finkenauer*, JZ 2000, 241, 245 f.; zustimmend Palandt/*Heinrichs*, § 221 Rn 1.
13 Ebenso: Soergel/*Niedenführ*, § 221 Rn 4; *Siehr* (Fn 4) S. 67 m.w.N.; a.A. Staudinger/*Peters*, § 221 Rn 7; MüKo/*Grothe*, § 221 Rn 4.

bb) Verjährungsbeginn	84	cc)	Abstellen auf den früheren Fristablauf (Abs. 3 S. 2)	98
c) Sonstige Schadensersatzansprüche (Abs. 3)	92	d)	Anspruchskonkurrenz	101
aa) Entstehensabhängige Maximalfrist (Abs. 3 S. 1 Nr. 1)	93	aa)	Verletzung desselben Rechtsguts	101
bb) Handlungsabhängige Maximalfrist (Abs. 3 S. 1 Nr. 2)	96	bb)	Gleichzeitige Verletzung verschiedener Rechtsgüter	103
		V.	Unterlassungsansprüche (§ 199 Abs. 5)	104

A. Reformgehalt

I. Neuerungen

1. Verjährungsbeginn

Siehe dazu näher § 195 Rn 3 bis 9. **Abs. 1** regelt den Beginn der Regelverjährung nach § 195. Die Vorschrift übernimmt verschiedene **Regelungsansätze des bisherigen Rechts** und wendet sie auf alle der neuen Regelverjährung unterliegenden Ansprüche an. Abs. 1 orientiert sich an **1**
– § 198 a.F. (Verjährungsbeginn mit Anspruchsentstehung oder Zuwiderhandlung gegen ein Unterlassungsgebot),
– § 201 (Jahresschlussverjährung) und
– § 852 Abs. 1 a.F. (Kenntnisabhängiger Verjährungsbeginn); entsprechende Regeln eines kenntnisabhängigen Verjährungsbeginns sehen im Grundsatz auch § 1378 Abs. 4, § 12 Abs. 1 ProdHaftG, § 90 Abs. 1 AMG; § 32 AtG, § 12 Abs. 3 PflVG, § 61 Abs. 2 HGB[1] und die durch das Schuldrechtsreformgesetz veränderten §§ 33 Abs. 3, 141 PatG a.F., § 9 HalbISchG a.F., § 24c GebrMG a.F., § 102 UrhG a.F., § 14a GeschmMG a.F., § 37c SortSchG a.F., § 20 Abs. 1 MarkenG a.F. und § 117 Abs. 2 BBergG a.F. vor. Die mit „a.F." gekennzeichneten Sonderregelungen wurden aufgehoben und durch einen Verweis auf die §§ 194 ff. und dadurch auf §§ 195, 199 ersetzt.

Der Verjährungsbeginn hängt von einem **objektiven** und einem **subjektiven Merkmal** ab, die nebeneinander vorliegen müssen: **2**
– Der Anspruch muss **entstanden** sein (objektives Merkmal, Abs. 1 Nr. 1, siehe Rn 17 ff.) **und**
– der Gläubiger muss von den anspruchsbegründenden Umständen und der Person des Schuldners **Kenntnis erlangt** haben oder er hätte ohne grobe Fahrlässigkeit Kenntnis **erlangen müssen** (subjektives Merkmal, Abs. 1 Nr. 2, siehe Rn 28). Künftig wird bezogen auf beide Alternativen der Kenntniserlangung verkürzt von „Kenntniserlangung" oder von dem „kenntnisabhängigen/subjektivierten" Verjährungsbeginn gesprochen (siehe bereits § 195 Rn 3 f., dort auch zum Begriff der relativen Verjährungsfrist).

Die Verjährung beginnt mit dem **Schluss des Jahres**, in welchem die beiden beschriebenen Zeitpunkte gleichzeitig vorliegen (siehe näher Rn 65). **3**

Abs. 5 entspricht § 198 S. 2 a.F. und bestimmt, dass bei Unterlassungsansprüchen verjährungsrechtlich das Zuwiderhandeln gegen das Unterlassungsgebot der Anspruchsentstehung gleichsteht (siehe näher Rn 104 f.). **4**

2. Absolute Verjährungshöchstfristen

Abs. 2 bis 4 sehen absolute Verjährungshöchstfristen vor, nach deren Ablauf in jedem Fall – unabhängig von den Voraussetzungen des Abs. 1 – Verjährung eintritt. Würden sie fehlen, so bestünde die Gefahr, dass die Verjährung erst lange nach der anspruchsbegründenden Tätigkeit des Schuldners beginnt, weil der Gläubiger erst nach langer Zeit Kenntnis von den anspruchsbegründenden Tatsachen oder der Person des Schuldners (Abs. 1 Nr. 2) erlangt. Die Höchstfristen dienen der Herstellung des **Rechtsfriedens** und der Erlangung der **Dispositionsfreiheit** des Schuldners (siehe allgemein vor §§ 194 – 218 Rn 4 f.). Es gelten verschiedene Maximalfristen. Es wird zwischen solchen für Schadensersatzansprüche (Abs. 2 und 3, siehe näher Rn 76 ff.) und für andere Ansprüche als Schadensersatzansprüche (Abs. 4, siehe näher Rn 73 ff.) unterschieden. Bei den Schadensersatzansprüchen wird nach der Art des verletzten Rechtsguts differenziert: Für höchstpersönliche Rechtsgüter wird eine dreißigjährige Maximalverjährungsfrist (Abs. 2) vorgesehen, für andere Schadensersatzansprüche und andere Ansprüche als Schadensersatzansprüche im Grundsatz eine zehnjährige (Abs. 3 S. 1 Nr. 1 und Abs. 4, siehe aber auch die dreißigjährige Frist des Abs. 3 S. 1 Nr. 2). Diese **rechtsgutdifferenzierte Verjährung** ist sachlich angemessen (siehe Rn 78 ff.);[2] sie ist auch dem Europäischen Vertragsrecht (Rn 7) bekannt. **5**

---

[1] Eingeschränkt auch § 439 Abs. 2 S. 3 letzter Hs. HGB.
[2] Siehe dazu *Zimmermann/Leenen u.a.*, JZ 2001, 684, 688; *Mansel*, S. 333, 383 ff., 406; *Piekenbrock*, S. 309, 320 f.; jew. m.w.N.; kritisch *Bydlinski*, S. 381, 390 ff.

3. Grundregeln des Europäischen Vertragsrechts

6 Die Europäischen Grundregeln (siehe vor §§ 194 – 202 Rn 4 ff.) haben den von Abs. 1 erfassten Sachverhalt nicht als Zeitpunkt des Verjährungsbeginns, sondern als Grund der **Hemmung der Verjährung** (Art. 17:105 der Grundregeln) ausgestaltet. Zudem wird neben der Kenntnis der anspruchsbegründenden Tatsachen und der Person des Schuldners nicht auf die entsprechende grob fahrlässige Unkenntnis wie in Abs. 1 abgestellt, sondern – ohne größeren sachlichen Unterschied im Ergebnis – darauf, ob der Gläubiger die anspruchsbegründenden Tatsachen und die Person des Schuldners „vernünftigerweise" kennen kann. Nach Art. 17:104 der Grundregeln beginnt die Verjährung mit dem Zeitpunkt, in dem der Schuldner seine Leistung zu erbringen hat (Fälligkeit); bei Schadensersatzansprüchen beginnt die Verjährung bereits mit der anspruchsbegründenden Verletzungshandlung. Bei Ansprüchen, die auf ein dauerhaftes Tun oder Unterlassen gerichtet sind, beginnt die Verjährung mit jeder Verletzung dieser Pflicht (Art. 17:104 der Grundregeln). Die Verjährungshemmung bei Anspruchsunkenntnis ist sachgerechter als der durch Abs. 1 gewählte Weg des kenntnisabhängigen Verjährungsbeginns.[3]

7 Art. 17:111 der Grundregel sieht als Höchstdauer der Verlängerung der Verjährungsfrist eine **Maximalfrist** von zehn Jahren und bei der Verletzung persönlicher Rechtsgüter von dreißig Jahren vor. Das entspricht in den Auswirkungen den Verjährungshöchstfristen der Abs. 2 bis 4.

II. Reformzweck
1. Kenntnisabhängiger Verjährungsbeginn

8 Die **Subjektivierung** und damit die **Relativierung** des Verjährungsbeginns nach **Abs. 1 Nr. 2** (siehe Rn 28 ff., ferner § 195 Rn 3 f.) ist ein Herzstück der Neuregelung. Sie ist die Konsequenz aus der deutlichen Verkürzung der Regelverjährungsfrist von dreißig (§ 195 a.F.) auf drei Jahre (§ 195 Rn 1, 9). Anderenfalls hätte die Gefahr bestanden, dass die Ansprüche in der relativ kurzen Zeit von drei Jahren verjährten, bevor der Gläubiger Kenntnis von dem Anspruch oder der Person des Schuldners erlangt hat oder ohne Anstrengung hätte erlangen können. Die Dreijahresfrist des § 195 wird durch § 199 Abs. 1 Nr. 2 zu einer **Überlegensfrist**, die den Gläubiger vor der Verjährung ihm unbekannter Ansprüche und den Schuldner vor einem in der Anspruchserhebung saumseligen Gläubiger schützt (§ 195 Rn 9).

9 Zur **Reformgeschichte**: Der Diskussionsentwurf hat im Anschluss an den Abschlussbericht[4] die Kenntnis oder das Kennenmüssen des Gläubigers von den anspruchsbegründenden Tatsachen außerhalb der Deliktsverjährung noch als verjährungsrechtlich irrelevant angesehen.[5] Doch hat schon die am 7.2.2001 vorgelegte neue Version des Diskussionsentwurfs[6] und auch die Folgefassung vom 6.3.2001[7] eine allgemeine Ablaufhemmung bei Unkenntnis des Gläubigers von den anspruchsbegründenden Tatsachen vorgesehen. Die am 22.3.2001 von der Bund-Länder-Kommission für das Verjährungsrecht vorgelegte Neufassung der Verjährungsvorschriften[8] brachte erneut eine Veränderung, die dem heutigen § 199 entspricht: Kenntnis und grob fahrlässige Unkenntnis sind kein Grund für eine Ablaufhemmung, sondern bestimmen den Beginn der Verjährungsfrist.

10 Die **Entscheidung für das subjektive System** in §§ 195, 199 folgt dem Gutachten von *Peters/Zimmermann*.[9] Sie ist sachgerecht, da nur auf diese Weise die Gläubigerinteressen auch bei einer relativ kurzen Verjährungsfrist gewahrt werden und dadurch verfassungsrechtliche Probleme vermieden werden.[10] Dazu, dass allerdings die Ausgestaltung des Kenntniskriteriums als Hemmungsgrund sachgerechter wäre als als

---

3 Siehe die Darlegung bei *Zimmermann/Leenen u.a.*, JZ 2001, 684, 686 f.
4 Zustimmend zu dieser Entscheidung des Abschlussberichts etwa *Heinrichs*, VersR Sonderheft, Karlsruher Forum 1991, S. 3, 8 ff.; *Unterrieder*, S. 271 ff.
5 Das wurde auf einer wissenschaftlichen Tagung kurz nach Bekanntwerden des Diskussionsentwurfs kritisiert, siehe die Nachweise und die Kritik bei *Mansel*, S. 333, 406 f. et passim; Diskussionsbericht von *Meier* zu diesem Referat, ebenda S. 425 ff.; *Ernst*, S. 559, 568 ff.
6 § 202 in der Neufassung vom 7.2.2001 (sog. „neue Fassung 1", unveröffentlicht), vgl. dazu *Zimmermann/Leenen u.a.*, JZ 2001, 684, 685; zu der „neuen Fassung 1" haben *Ernst, Leenen, Mansel, Peters* und *Zimmermann* ein Memorandum verfasst, das unter: http://www.unikoeln.de/jurfak/instipr/schuldrreform/memorandum.doc abrufbar ist; der Begleitbrief zu dem Memorandum ist abrufbar unter: http://www.unikoeln.de/jurfak/instipr/schuldrreform/begleitbrief.doc.
7 § 202 in der Neufassung vom 6.3.2001 (sog. „konsolidierte Fassung"), abrufbar unter http://www.unikoeln.de/jurfak/instipr/schuldrreform/KF.pdf, siehe dazu die Kommentierung dieser Fassung durch *Dauner-Lieb/Arnold/Dötsch/Kitz*.
8 § 195 in der Neufassung vom 22.3.2001 (sog. „Weiterentwicklung"); abrufbar unter http://www.unikoeln.de/jurfak/instipr/schuldrreform/neufassung.doc; siehe dazu die Kommentierung dieser Fassung durch *Dauner-Lieb/Arnold*.
9 *Peters/Zimmermann*, S. 79, 305 ff.; *Zimmermann*, JZ 2000, 853 ff.; *ders.*, ZEuP 2001, 217 ff.; jew. m.w.N.; zustimmende Stellungnahmen aus Anlass der Reformdebatte 2000/2001: *Eidenmüller*, JZ 2001, 283 ff.; *Ernst*, S. 559, 568 ff.; *ders.*, ZRP 2001, 1, 8; *Leenen*, JZ 2001, 552 ff.; *Mansel*, S. 333, 406 f. et passim; Diskussionsbericht von *Meier* zu diesem Referat, ebenda S. 425 ff.; siehe ferner *Willingmann*, S. 1, 28 f.; *ders.*, VuR 2001, 107, 112; *Zimmermann/Leenen u.a.*, JZ 2001, 684, 686 ff., alle mit weiteren Nachweisen; ferner *Heinrichs*, BB 2001, 1417, 1478; differenzierend, aber grundsätzlich zustimmend: *Piekenbrock*, S. 309, 314 ff., 321 f.; zustimmend zu dem kenntnisunabhängigen Verjährungsbeginn des Diskussionsentwurfs und einen kenntnisabhängigen Verjährungsbeginn ablehnend: *Bydlinski*, 381, 387; *Honsell*, JZ 2001, 18, 20.
10 Siehe u.a. *Mansel*, S. 333, 406 f. et passim.

2. Jahresschlussverjährung, Maximalfristen

Die Einführung einer allgemeinen **Jahresschlussverjährung** durch Abs. 1 erfolgte erst aufgrund von Forderungen der Anwaltschaft[11] durch den Rechtsausschuss des Deutschen Bundestages.[12] Diese sogenannte Ultimoverjährung galt nach § 201 a.F. für die bisher in zwei und in vier Jahren verjährenden Vergütungsansprüche gemäß §§ 196, 197 a.F. und ist auch in anderen Vorschriften vorgesehen, siehe etwa § 801 Abs. 2 S. 2, § 903 Abs. 1 HGB, § 12 Abs. 1 S. 2 VVG oder § 117 Abs. 2 BinSchG. **11**

Die Jahresschlussverjährung bezweckt eine **praktische Erleichterung** für den Rechtsverkehr, da die Verjährungsprüfung für alle der Regelverjährung unterliegenden Ansprüche nur mit Blick auf das Jahresende zu leisten ist; eine das ganze Jahr fortlaufende Fristenkontrolle kann unterbleiben. Abs. 1 dehnt die Ultimoverjährung – in Abweichung von § 201 a.F. – auf die Regelverjährung aller Ansprüche aus. Ein sachgerechter Grund für eine Differenzierung nach dem Anspruchsinhalt ist nicht gegeben.[13] Die Anordnung der Jahresschlussverjährung gilt nicht für die Maximalfristen (Rn 66, 72); zum Zweck der **Maximalfristen** siehe Rn 5. **12**

B. Regelungsgehalt

I. Prüfungsschema

Es empfiehlt sich zur Anwendung des § 199 folgendes Prüfungsschema: **13**

> Unterliegt der Anspruch der Verjährungsfrist des § 195 und fehlt eine besondere Regelung des Verjährungsbeginns (Rn 23 f.)?

Wenn nein: Es gelten die §§ 200, 201 oder andere besondere Vorschriften des Verjährungsbeginns (siehe die Aufzählung bei § 200 Rn 3 f.).

Wenn ja, ist weiter zu prüfen:

> Ist der Anspruch entstanden (§ 199 Abs. 1 Nr. 1, Abs. 5)?

Wenn nein: Schadensersatzansprüche verjähren in dreißig Jahren von der Begehung der sie auslösenden Handlung, Pflichtverletzung oder dem sonstigen einen Schaden auslösenden Ereignis an (§ 199 Abs. 2, Abs. 3 Nr. 2).

Bei anderen Ansprüchen beginnt die Verjährung noch nicht.

Wenn ja (=Anspruch ist entstanden), ist weiter zu prüfen:

> Hat der Gläubiger Kenntnis oder grob fahrlässige Unkenntnis von den anspruchsbegründenden Tatsachen und der Person des Schuldners (§ 199 Abs. 1 Nr. 2)?

Wenn ja: Die dreijährige Verjährung beginnt am Schluss des Jahres, in welchem die Voraussetzungen (1) und (2) gleichzeitig vorliegen (§ 199 Abs. 1).

Wenn nein, ist weiter zu prüfen:

> Ist der Anspruch ein anderer Anspruch als ein Schadensersatzanspruch?

Wenn ja: Der Anspruch verjährt taggenau in zehn Jahren von seiner Entstehung an (§ 199 Abs. 4).

Wenn nein, ist weiter zu prüfen:

> Beruht der Schadensersatzanspruch auf der Verletzung des Lebens, des Körpers, der Gesundheit oder der Freiheit?

Wenn ja: Der Schadensersatzanspruch verjährt taggenau in dreißig Jahren von der Begehung der sie auslösenden Handlung, Pflichtverletzung oder dem sonstigen Schaden auslösenden Ereignis an (§ 199 Abs. 2).

Wenn nein: Der Schadensersatzanspruch verjährt taggenau in zehn Jahren von seiner Entstehung an (§ 199 Abs. 3 Nr. 1).

II. Erfasste Ansprüche

§ 199 ergänzt § 195. § 199 ist – mangels entgegenstehender gesetzlicher Regelung – stets anzuwenden, wenn **§ 195** Anwendung findet – auch dann, wenn § 195 nur deshalb eingreift, weil eine andere Vorschrift die Geltung der regelmäßigen Verjährungsfrist anordnet (siehe etwa § 634a Abs. 1 Nr. 3 und Abs. 3) oder ausdrücklich auf § 195 verweist. Zum Anwendungsbereich des § 195 siehe § 195 Rn 12 ff. **14**

---

11 *DAV*, Stellungnahme v. 25.6.2001, S. 5 f.
12 BT-Drucks 14/7052, 180; gegen die Ultimoverjährung hingegen noch der Regierungsentwurf, BT-Drucks 14/6040, 99; eine Ultimoverjährung für Entgelt-, Unterhalts- und Ansprüche auf wiederkehrende Leistungen sah § 198 Abs. 2 BGB-DiskE vor; kritisch (entweder Streichung oder Ausdehnung auf alle Ansprüche fordernd) zu dieser Norm *Mansel*, S. 333, 390 f.
13 Siehe *Mansel*, S. 333, 391.

15 Ist für Ansprüche in einer anderen Norm als in § 195 eine Verjährungsfrist von drei Jahren ausdrücklich bestimmt, unterliegen sie einer **besonderen Verjährungsfrist** und nicht der allgemeinen Verjährungsfrist des § 195. Der Verjährungsbeginn richtet sich dann nicht nach § 199, sondern nach § 200[14] oder nach einer spezielleren Regelung (siehe § 200 Rn 4). Gilt zwar die Frist des § 195, ist aber ausnahmsweise der **Verjährungsbeginn gesondert** geregelt (siehe §§ 604 Abs. 5, 695 S. 2, 696 S. 3, siehe Rn 23), dann ist § 199 nicht anwendbar.

III. Verjährungsbeginn (Abs. 1)

16 Nach Abs. 1 beginnt die regelmäßige Verjährungsfrist, wenn – **kumulativ** – die Voraussetzungen der Nr. 1 und 2 erfüllt sind, zum Jahresschluss.

1. Anspruchsentstehung (Abs. 1 Nr. 1)

a) Grundsatz: Anspruchsfälligkeit

17 Abs. 1 Nr. 1 knüpft an die Entstehung des Anspruchs an. Auch **andere Regelungen** verwenden das Merkmal der Anspruchsentstehung (siehe §§ 199 Abs. 3 Nr. 1, Abs. 4, 200, 201). Der Begriff ist stets identisch auszulegen.

18 Die Ergebnisse von Rechtsprechung und Lehre zur Bestimmung der Anspruchsentstehung nach **bisherigem Recht** (§ 198 S. 1 a.F.) können für das neue Recht übernommen werden. Eine inhaltliche Änderung hat der Gesetzgeber nicht beabsichtigt.[15] Der Regierungsentwurf hatte in Abs. 1 Nr. 1 RE noch an die Fälligkeit des Anspruchs angeknüpft. Aber auch damit sollte **keine sachliche Änderung** gegenüber § 198 S. 1 a.F. verbunden sein.[16] Um das sicherzustellen, kehrte der Gesetzgeber in Abs. 1 Nr. 1 zu dem Tatbestandsmerkmal der Anspruchsentstehung zurück. Auf die zu dem Merkmal der Anspruchsentstehung im Rahmen von § 198 S. 1 a.F. ergangene Rechtsprechung und die dazugehörige Lehre, insbesondere auf die entsprechende **Kommentarliteratur**, ist hier **zu verweisen**: Im Grundsatz ist die Anspruchsentstehung mit der Fälligkeit des Anspruchs gleichzusetzen.[17]

19 Abs. 1 Nr. 1 hat allein eine **klarstellende Funktion**. Gäbe es die Regelung in Nr. 1 nicht, so würde sich an der Festlegung des Verjährungsbeginns nichts ändern. Denn eine Kenntnis i.S.v. Abs. 1 Nr. 2 kann nur bejaht werden, wenn der Anspruch entstanden ist.[18]

b) Einzelfragen

aa) Fortgeltung des Grundsatzes der Schadenseinheit bei Schadensersatzansprüchen

20 Ausdrücklich erklärte der Gesetzgeber, dass er die Rechtsprechung zum namentlich im Deliktsrecht, aber auch auf vertragliche Schadensersatzansprüche angewandten[19] **Grundsatz der Schadenseinheit** unangetastet lassen möchte.[20] Damit es keinen Zweifel daran geben kann, knüpft er in Abs. 1 Nr. 1 ausdrücklich an die Anspruchsentstehung an. Denn – so die Gesetzesbegründung – wenn jemand heute körperlich geschädigt wird, lasse sich sagen, dass sein Anspruch auf Ersatz derjenigen Heilungskosten, die erst in 5 Jahren anfallen werden, schon heute „entstanden" ist; als fällig könne er dagegen wohl nicht bezeichnet werden. Wenn jene Schäden zwar vorhersehbar sind, in ihrer konkreten Ausprägung aber noch nicht feststehen, können sie nicht mit der – mit dem Begriff der Fälligkeit untrennbar verbundenen – Leistungsklage verfolgt werden, sondern allein mit der Feststellungsklage.[21] Daher erschien es dem Gesetzgeber angezeigt, generell wieder den Begriff der Entstehung des Anspruchs als Tatbestandsmerkmal zu verwenden.[22]

21 Die herrschende Rechtsprechung und Lehre geht davon aus, dass ein Schaden im Sinne des § 852 Abs. 1 a.F. entstanden ist, wenn die Vermögenslage des Geschädigten sich verschlechtert und sich diese Verschlechterung wenigstens dem Grunde nach verwirklicht hat. Die **Verjährung von Schadensersatzansprüchen** kann nach dem Grundsatz der Schadenseinheit auch für nachträglich auftretende, zunächst also nur drohende, aber nicht unvorhersehbare Folgen beginnen, sobald irgendein (Teil-)Schaden entstanden ist.[23] Diese Grundsätze gelten auch nach neuem Recht fort.

---

[14] BT-Drucks 14/6040, 108.
[15] BT-Drucks 14/7052, 180.
[16] BT-Drucks 14/6040, 108.
[17] BT-Drucks 14/6040, 108 unter Hinweis auf BGHZ 53, 222, 225; 55, 340, 341 f.; Palandt/*Heinrichs*, § 198 Rn 1; siehe ferner etwa BGHZ 113, 188, 191 f; MüKo/*Grothe*, § 198 Rn 1 ff.; Soergel/*Niedenführ*, § 198 Rn 1 ff.; Staudinger/*Peters*, § 198 Rn 1 ff.
[18] Zu § 852 Abs. 1 a.F. siehe (bezogen auf das Schadensmerkmal der Norm) etwa BGH NJW 1993, 648; BGHZ 100, 228, 231.
[19] Zum bisherigen Recht siehe BGHZ 50, 21, 24; BGH NJW 1991, 2833, 2835; BGH VersR 2000, 331; Soergel/*Niedenführ*, § 198 Rn 11.
[20] BT-Drucks 14/6040, 108; BT-Drucks 14/7052, 180.
[21] Zum Vorstehenden: BT-Drucks 14/7052, 180.
[22] Zum Vorstehenden: BT-Drucks 14/7052, 180.

Allerdits ist der Grundsatz der **Schadenseinheit** – entgegen der Sichtweise des Gesetzgebers – **kritisch** zu sehen; er sollte überwunden werden. Das kann hier jedoch nur angedeutet werden.[24]

bb) Neuerung bei verhaltenen Ansprüchen

Verhaltene Ansprüche sind jederzeit auf Verlangen des Gläubigers zu erfüllen. Nach bisherigem Recht entstehen sie sofort und beginnen daher auch sofort zu verjähren;[25] daher begann der Rückgabeanspruch des Hinterlegers aus § 695, der mit der Hinterlegung entstand, ab dem Moment der Hinterlegung zu verjähren. Das war bei der Dreißigjahresfrist der Regelverjährung nach § 195 a.F. unproblematisch. Bei Geltung der Dreijahresfrist des § 195 für die Ansprüche i.S.d. §§ 604 Abs. 5, 695 S. 2, 696 S. 3 ist die Annahme, verhaltene Ansprüche verjährten ab der Anspruchsentstehung, problematisch. Der Gesetzgeber hat deshalb für den Verjährungsbeginn bei den Rückgabeansprüchen des Verleihers und des Hinterlegers bzw. Verwahrers in **§§ 604 Abs. 5, 695 S. 2, 696 S. 3** etwas anderes bestimmt.[26] Nach § 604 Abs. 5 beginnt die Verjährung mit der Beendigung der Leihe, die regelmäßig (siehe § 604 Rn 2) mit dem Rückforderungsverlangen eintritt. Bei der Hinterlegung beginnt die Verjährung ebenfalls mit dem Rückgabeverlangen (§ 695 S. 2, siehe § 695 Rn 1; zu § 696 S. 3 siehe § 696 Rn 1). Der Gesetzgeber hielt wegen des Ausnahmecharakters verhaltener Ansprüche eine allgemeine Regelung des Verjährungsbeginns nicht für erforderlich, da er die beiden problematischen Hauptfälle ausdrücklich geregelt hat.[27]

Diese **Regelung** ist zu **verallgemeinern**: Nach neuem Recht beginnt bei den anderen verhaltenen Ansprüchen, für die der Verjährungsbeginn nicht gesondert geregelt ist, sondern § 199 unterfällt, die Verjährung erst mit dem Erfüllungsverlangen des Gläubigers. Dogmatisch lässt sich das entweder innerhalb der Systematik des Abs. 1 Nr. 1 dadurch rechtfertigen, dass man das Erfüllungsverlangen bei verhaltenen Ansprüchen als Tatbestandsmerkmal der Anspruchsentstehung ansieht. Oder man geht von einer Rechtsanalogie zu den §§ 604 Abs. 5, 695 S. 2, 696 S. 3 aus, die eine Ausnahme von § 199 darstellt (siehe Rn 15).

cc) Verjährungsbeginn bei Kündigung, Anfechtung (§§ 199 f. a.F.), vorausgesetzter Rechnungserteilung

Nach **bisherigem Recht** haben die §§ 199, 200 a.F. die Verjährung bei Ansprüchen, welche tatbestandlich eine Kündigung oder Anfechtung voraussetzten, im Grundsatz bereits in dem Zeitpunkt beginnen lassen, in welchem die Kündigung bzw. Anfechtung zulässig geworden ist, also nicht erst mit Anspruchsfälligkeit. War die Leistung im Kündigungsfall erst nach Verstreichen einer Kündigungsfrist zu erbringen, so wurde der vorverlegte Verjährungsbeginn um die Dauer der Frist hinausgeschoben. Auf diese Weise sollte verhindert werden, dass der Gläubiger durch Nichtausübung des Kündigungs- bzw. Anfechtungsrechts den Verjährungsbeginn nach Belieben hinausschieben kann. Beide Vorschriften wurden ersatzlos aufgehoben, da sie nur zwei von mehreren vergleichbaren Fällen regelten. So war etwa der Hauptfall einer möglichen Verzögerung des Verjährungsbeginns, nämlich der Fall, dass die Erteilung einer Rechnung Fälligkeitsvoraussetzung für die vereinbarte Vergütung war (grundsätzlich ist sie das nicht, ausnahmsweise kraft Vereinbarung oder kraft gesetzlicher Anordnung aber doch[28]), nicht entsprechend geregelt.[29]

Nach **neuem Recht** beginnt daher die Verjährung von Ansprüchen, welche erst aufgrund einer Kündigung, Anfechtung oder Rechnungsstellung fällig werden, erst mit der Anspruchsentstehung (**Fälligkeit**). Der Verjährungsbeginn wird nicht auf den frühesten Zeitpunkt, in welchem die Kündigung, Anfechtung oder Rechnungsstellung zulässig wäre, vorverlagert. Bezogen auf die Kündigung und Anfechtung ist dies eine Neuerung, bezogen auf die Rechnungstellung[30] entspricht dies dem bisherigen Recht. Es besteht **keine allgemeine Ausschlussfrist** für nicht fällige vertragliche Erfüllungsansprüche. Dem Vorschlag des Bundesrats, eine solche Ausschluss- oder Verjährungsfrist zu schaffen,[31] ist der Bundestag nicht gefolgt.[32] Eine solche Frist habe im bisherigen Recht auch nicht existiert; es bestehe für sie kein Bedürfnis, da die Parteien die Fälligkeit ihrer vertraglichen Erfüllungsansprüche im Vertrag regeln könnten. Sie

---

23 Ständige Rechtsprechung und h.M. zum bisherigen Recht: BGHZ 50, 21, 24; BGH, NJW 1993, 648, 650; BGH NJW 1998, 1303, 1304; BGH NJW 1998, 1488, 1489; BGH NJW 2000, 861; BGH VersR 2000, 331, 332; Palandt/*Heinrichs*, § 198 Rn 11; Palandt/*Thomas*, § 852 Rn 8 ff.; MüKo/*Grothe*, § 198 Rn 3; Soergel/*Niedenführ*, § 198 Rn 11; Soergel/*Zeuner*, § 852 Rn 17; differenziert Erman/*Hefermehl*, § 198 Rn 8.
24 Siehe dazu ausführlich Staudinger/*Peters*, § 198 Rn 32; *Peters/Zimmermann*, S. 79, 329; *Morath*, Verjährungsrechtliche Probleme bei der Geltendmachung von Spätschäden im Deliktsrecht, 1996, 229 ff. et passim; dagegen Erman/*Schiemann*, § 852 Rn 13.
25 Zum bisherigen Recht siehe BGH, NJW-RR 1988, 902, 904; BGH NJW-RR 2000, 647; Erman/*Hefermehl* § 198 Rn 4; MüKo/*Grothe*, § 198 Rn 2; Palandt/*Heinrichs*, § 198 Rn 1; Soergel/*Niedenführ*, § 198 Rn 8.
26 BT-Drucks 14/6040, 258.
27 BT-Drucks 14/6040, 258.
28 Siehe nur Palandt/*Heinrichs*, § 271 Rn 7 mit zahlreichen Nachweisen.
29 Die §§ 199 f. a.F. waren auf diesen Fall nicht entsprechend anzuwenden, siehe BGHZ 55, 340, 344; BGH, NJW 1982, 930, 931; BGH, NJW-RR 1987, 237, 239; Palandt/*Heinrichs* §§ 199, 200 Rn 2.
30 Siehe die Nachweise in der vorherigen Fußnote.
31 BT-Drucks 14/6087, 6 f.
32 BT-Drucks 14/6087, 42 f.

seien frei, eine Fälligkeit beispielsweise auch erst nach mehr als dreißig Jahren vorzusehen. Auch solche Abreden unterlägen der Inhaltskontrolle. Das reiche nach Ansicht der Bundesregierung aus. Soweit das Gesetz teilweise (siehe etwa § 8 HOAI) die Fälligkeit an eine Rechnungserteilung knüpfe, seien bislang keine nennenswerten Probleme aufgetreten. Soweit der Gläubiger wider Treu und Glauben die Rechnungserteilung unterlasse, böte sich eine Lösungsmöglichkeit über § 242, insbesondere über die **Verwirkung**.[33]

27 Der Wegfall des § 199 schafft keine Probleme bei lange laufenden Darlehensverträgen („**Uralt-Sparbüchern**"[34]).[35] Auch bei ihnen führt das Abstellen auf die Fälligkeit und damit bei solchen Verträgen auf die Kündigung zu sachgerechten Ergebnissen: Der Sparer geht nicht überraschend der Spareinlage verlustig, die er vergessen oder ererbt hat. Kreditinstitute können – wie bisher – den Berechtigten ausfindig machen, ihm gegenüber das Darlehen kündigen und damit die (regelmäßige) Verjährungsfrist in Gang setzen, die künftig nur drei Jahre statt 30 Jahre beträgt.

2. Anspruchskenntnis oder grobfahrlässige Unkenntnis (Abs. 1 Nr. 2)

28 Abs. 1 Nr. 2 verallgemeinert in leicht modifizierter Form § 852 Abs. 1 a.F. und andere kenntnisabhängige Regelungen des Verjährungsbeginns (Rn 1). Die durch die Rechtsprechung und Lehre bei der Auslegung des § 852 Abs. 1 a.F. gefundenen Ergebnisse zu Fragen der Feststellung des Verjährungsbeginns sind auf Abs. 1 Nr. 2 übertragbar, und zwar nicht nur für die bisher § 852 Abs. 1 a.F. unterfallenden Ansprüche, sondern auch für die anderen Ansprüche. Über § 852 Abs. 1 a.F. hinausgehend stellt Abs. 1 Nr. 2 die grob fahrlässige Unkenntnis der Kenntnis gleich.

a) Von der Kenntnis zu umfassende Tatsachen

29 Abs. 1 Nr. 2 setzt für den Verjährungsbeginn die Kenntnis oder grob fahrlässige Unkenntnis des Gläubigers von den den Anspruch begründenden Umständen und der Person des Schuldners voraus.

aa) Anspruchsbegründende Umstände

30 Die Verjährung kann erst beginnen, wenn die anspruchsbegründenden Tatsachen **objektiv vorliegen**, also der Anspruch entstanden ist (zum Problem der Schadenseinheit siehe Rn 20 ff.). Das folgt bereits aus Abs. 1 Nr. 1. Es ergibt sich aber auch aus Abs. 1 Nr. 2 (siehe Rn 19).

31 **Anspruchsbegründende Umstände** sind die Tatsachen, die gegeben sein müssen, um das Vorliegen der einzelnen Merkmale der Anspruchsnorm und die Gläubigerstellung des Anspruchstellers[36] bejahen zu können. Erfasst werden nicht nur Merkmale des Tatbestands im engeren Sinne, sondern alle Elemente des materiellrechtlichen Anspruchs, deren Vorliegen Voraussetzung für eine zusprechende gerichtliche Entscheidung ist.

32 Offen ist, ob die Tatsachen, welche die Fälligkeit des Anspruchs begründen, auch zu den anspruchsbegründenden Umständen im Sinne des Abs. 1 Nr. 2 zählen. Das könnte zu verneinen sein, da die Anspruchsfälligkeit keine Frage der Anspruchsbegründung ist.[37] Auch der Grundsatz der Schadenseinheit, nach welchem ein Anspruch auch hinsichtlich der noch nicht eingetretenen, aber vorhersehbaren Schadensposten bereits mit Kenntnis von dem generellen Schadenseintritt zu verjähren beginnt (zu dem Grundsatz und seiner Fortgeltung im Rahmen des § 199 siehe Rn 20, 21), legt diese Sichtweise nahe. Dennoch sollten die Tatsachen, welche die **Anspruchsfälligkeit** auslösen, als **notwendiger Gegenstand** der Kenntnis im Sinne des Abs. 1 Nr. 2 eingestuft werden. Denn Abs. 1 Nr. 2 stellt auf den Zeitpunkt ab, zu welchem der Gläubiger seinen Anspruch durchsetzen kann. Ab diesem Zeitpunkt hat er erst Anlass, sich um die Verfolgung seines Anspruchs zu kümmern. Wenn davon im Rahmen des Grundsatzes der Schadenseinheit eine wichtige Ausnahme gemacht wird, so lässt sich diese Ausnahme durch die Besonderheiten der Schadensersatzhaftung und der dynamischen Schadensentwicklung rechtfertigen.[38] Der Grundsatz spricht nicht generell dagegen, die fälligkeitsbegründenden Tatsachen als anspruchsbegründend im Sinne des Abs. 1 Nr. 2 einzuordnen.

33 Daher zählt bei **Schadensersatzansprüchen** auch das Vorliegen des Schadens dazu, unabhängig davon, ob der Schaden ansonsten als Element der Tatbestands- oder Rechtsfolgenseite der Anspruchsnorm verstanden wird. Dies entspricht § 852 a.F.; daran wollte der Gesetzgeber nichts ändern. Nicht erforderlich ist eine genaue Kenntnis des Umfangs und der Höhe des Schadens. Entscheidend ist die Kenntnis

---

[33] Dazu siehe Palandt/*Heinrichs*, §§ 199, 200 Rn 2.
[34] Siehe dazu nach bisherigem Recht: *Arendts/Teuber*, Uralt-Sparbücher – Verjährung von Auszahlungsansprüchen und Beweiswert, MDR 2001, 546.
[35] Gegenäußerung der Bundesregierung, BT-Drucks 14/6087, 43 gegen Stellungnahme des Bundesrats, ebenda S. 7.
[36] Dazu, dass die Schadensbetroffenheit des Gläubigers ein Umstand ist, der von der Kenntnis des Gläubigers gemäß § 852 Abs. 1 a.F. erfasst sein musste, siehe BGH NJW 1996, 117.
[37] So wohl *Piekenbrock*, S. 309, 324.
[38] Die Ausnahme kann aber auch als Zeichen der Verfehltheit des Grundsatzes der Schadenseinheit angesehen werden; siehe zu dieser der h.M. widersprechenden Ansicht Rn 22.

davon, dass überhaupt ein Schaden eingetreten ist. Erst nachträglich auftretende Schadensfolgen, die aber im Zeitpunkt der Kenntnis vorhersehbar waren, lösen nach dem Grundsatz der Schadenseinheit (näher Rn 20 f.) keine neue auf sie bezogene Verjährungsfrist aus. Vielmehr gilt die mit Kenntnis des Schadenseintritts beginnende Verjährungsfrist auch für diese Schadensfolgen. Soweit ein Anspruch erst später eingetretene Schadensfolgen zum Inhalt hat, wird eine neue, eigenständige Verjährungsfrist nur eröffnet, wenn der Eintritt dieser Schadensfolgen auch für den Fachmann im Moment der generellen Kenntnis des Gläubigers von dem Schadenseintritt nicht vorhersehbar war.[39] Insoweit ist dann auf die Kenntnis des Gläubigers vom Eintritt der unvorhersehbaren Schadensfolge und ihrer Verursachung durch den Schuldner abzustellen.[40]

34 Setzt der Anspruch das **Vertretenmüssen** des Schuldners oder – bei Anwendung des § 278 – anderer voraus, so zählen auch die Tatsachen, welche auf das Vertretenmüssen hinweisen, zu den anspruchsbegründenden Umständen.[41] Gleiches gilt für die **Kausalität** des anspruchsauslösenden Verhaltens des Schuldners und besondere zum inneren Tatbestand gehörige Tatsachen. Im letzten Fall kommt es auf die Kenntnis des äußeren Tatbestands an, aus welchem das Vorliegen der inneren Tatsachen (Beweggrund, Zweck) herzuleiten ist.[42] Hat der Schuldner sein fehlendes Verschulden zu beweisen (siehe etwa § 831 Abs. 1 S. 2), so ist eine Kenntnis des Gläubigers vom Vertretenmüssen des Schuldners keine Voraussetzung des Abs. 1 Nr. 2.

35 Tatsachen, aus welchen die **Rechtswidrigkeit** einer Handlung zu folgern ist, zählen zu den anspruchsbegründenden Tatsachen, sofern die Rechtswidrigkeit Anspruchsvoraussetzung ist. Das Fehlen von Rechtfertigungsgründen zählt nicht dazu, soweit das Vorliegen von Rechtfertigungsgründen – wie regelmäßig – durch den Schuldner vorzutragen und zu beweisen ist.

36 Hängt der Anspruch davon ab, dass eine andere Person nicht haftet (**subsidiäre Haftung**, siehe z.B. §§ 829, 839 Abs. 1 S. 2), so ist Kenntnis davon erforderlich, dass die andere Person nicht (vollständig) haftet.[43] Bei Insolvenz des vorrangigen anderen Schuldners bedarf es dann der Kenntnis von der Höhe des Ausfalls der Insolvenzforderung.[44]

bb) Person des Schuldners

37 Erforderlich ist die Kenntnis der **Person des Schuldners**; es bedarf dabei der Kenntnis (oder grobfahrlässiger Unkenntnis, Rn 52 ff.) des Namens und der **Anschrift des Schuldners**,[45] so dass eine Klagezustellung möglich wäre. Als ladungsfähige Anschrift des Schuldners kann auch die Angabe seiner Arbeitsstelle genügen, wenn diese sowie der Zustellungsempfänger und dessen dortige Funktion so konkret und genau bezeichnet werden, dass von einer ernsthaften Möglichkeit ausgegangen werden kann, die Zustellung durch Übergabe werde gelingen. Daher kann die Bezeichnung der beklagten Krankenhausärzte im Arzthaftungsprozess mit Namen und ärztlicher Funktion in einer bestimmten ärztlichen Abteilung des Krankenhauses ausreichen.[46] **Grob fahrlässige** Unkenntnis liegt vor, wenn Name und Anschrift ohne besondere Mühewaltung und ohne langwierige Nachforschung ermittelt werden könnten.[47]

38 Im Falle der **Gesamtschuldnerschaft** ist der Verjährungsbeginn für den Anspruch gegen jeden einzelnen Gesamtschuldner gesondert zu bestimmen (§ 425 Abs. 2[48]). Die Kenntniserlangung i.S.v. Abs. 1 Nr. 2 ist bezogen auf jeden der Gesamtschuldner getrennt zu ermitteln.[49] Bei unterschiedlichen Zeitpunkten der Kenntniserlangung von der Person des jeweiligen Gesamtschuldners beginnt die Verjährung der Ansprüche gegen die einzelnen Gesamtschuldner unterschiedlich.[50] Das gilt auch dann, wenn Organe und Mitarbeiter einer juristischen Person und diese selbst Gesamtschuldner sind und der Anspruch gegen die juristische Person bereits verjährt ist.[51]

39 Bestehen Zweifel, welche von **mehreren** in Betracht kommenden **Personen** der Schuldner ist, so ist eine ausreichende Kenntnis der Person des Schuldners erst gegeben, wenn keine begründeten Zweifel

---

[39] Ausführlich und differenzierend zur Vorhersehbarkeit MüKo/*Stein*, § 852 Rn 22 mit zahlreichen Rechtsprechungsnachweisen.
[40] Zum Grundsatz der Schadenseinheit (bei deliktsrechtlichen Ansprüchen) BGH NJW 2000, 861; siehe auch die allgemeinen Nachweise in Rn 20 f, Fn 19, 23.
[41] Nicht zu § 278, sondern nur zur Frage des Schädigerverschuldens im Sinne von § 852 Abs. 1 a.F. siehe etwa BGH NJW 1973, 316; Staudinger/*Schäfer*, § 852 Rn 70; *Larenz/Canaris*, Lehrbuch des Schuldrechts II/2, 13. Aufl. 1994, § 83 V 1.
[42] Staudinger/*Schäfer*, § 852 Rn 71.
[43] BGHZ 102, 246; BGHZ 121, 65, 71; BGH NJW 1999, 2041, 2042; näher Staudinger/*Schäfer*, § 852 Rn 83, 84, 93 ff.
[44] RGZ 161, 375; OLG Frankfurt NJW-RR 1987, 1056; Palandt/*Thomas*, § 852 Rn 12.
[45] BGH VersR 1995, 551, 552; BGH NJW 1998, 998; BGH NJW 1999, 423, 424; BGH NJW 2000, 954 f; BGH ZIP 2001, 70.
[46] BGH NJW 2001, 885.
[47] Näher (auf der Grundlage des § 852 Abs. 1 a.F., der die grobe Fahrlässigkeit noch nicht genügen ließ) ausführlich mit Beispielen und Nachweisen MüKo/*Stein*, § 852 Rn 30f.; Staudinger/*Schäfer*, § 852 Rn 74 ff.
[48] Zur Neufassung des § 425 Abs. 2 siehe § 425 Rn 1.
[49] BGH NJW 2001, 964.
[50] BGH NJW 2001, 964; BGH VersR 1962, 1008.
[51] BGH NJW 2001, 964 f; zu Recht kritisch *Sandmann*, JZ 2001, 712 ff.

mehr bestehen.⁵² Das ist dann der Fall, wenn der Gläubiger aufgrund der ihm bekannten Tatsachen gegen eine bestimmte Person mit einiger Aussicht auf Erfolg eine Leistungsklage oder zumindest eine Feststellungsklage erheben kann (siehe Rn 51).

40 Richtet sich der Anspruch direkt gegen eine als **Mitarbeiter oder Organ eines Unternehmens** handelnde Person, so kommt es auf die Kenntnis des Gläubigers von der Person des Mitarbeiters/Organs an. Hängt die Anspruchsbegründung von der betrieblichen Zuständigkeits- und Aufgabenverteilung ab, so bedarf es daher auch der Kenntnis dieser Tatsachen.⁵³

41 Die Kenntnis des Gläubigers von der Person des **Erfüllungsgehilfen**, dessen Verschulden dem Schuldner nach § 278 zugerechnet wird, wird von Abs. 1 Nr. 2 nicht verlangt. Schuldner im Sinne der genannten Norm ist bei Anwendung des § 278 nicht der Erfüllungsgehilfe. Es ist ausreichend, wenn der Gläubiger Kenntnis davon hat, dass der Schuldner sich zur Erfüllung seiner Verbindlichkeit eines anderen bedient hat. Erforderlich ist weiter die Kenntnis der Umstände, die auf das Verschulden dieses anderen hinweisen (siehe Rn 34). Die Person des anderen muss dem Gläubiger nicht im Sinne des Abs. 1 Nr. 2 bekannt sein, denn der andere (Erfüllungsgehilfe) ist bei Anwendung des § 278 nicht Schuldner im Sinne von Abs. 1 Nr. 2. (Soweit daneben der Gläubiger einen Anspruch gegen diesen anderen hat, kommt im Rahmen dieses Anspruchs § 278 nicht zur Anwendung.)

42 Ebenso wenig ist die Kenntnis von der Person des **Verrichtungsgehilfen** im Falle des § 831 erforderlich. Schuldner des § 831 ist der Geschäftsherr; der Gläubiger muss Kenntnis seiner Person haben. Erforderlich ist mit Blick auf den Verrichtungsgehilfen allein die Kenntnis des Gläubigers davon, dass der Schaden durch irgendeinen Verrichtungsgehilfen des Geschäftsherrn rechtswidrig hervorgerufen wurde. Kenntnis davon, dass keine Exkulpation des Schuldners nach § 831 Abs. 1 S. 2 möglich ist, ist nicht vorausgesetzt,⁵⁴ denn die Beweislast dafür trägt der Schuldner.

43 Ist der Schuldner **verstorben**, so ist eine Kenntnis der Person seiner Erben nicht erforderlich,⁵⁵ denn nach § 1961 kann der Gläubiger eine Nachlasspflegschaft beantragen, und es läuft die Ablaufhemmung des § 211 für Nachlassfälle.

44 Ist der Schuldner **nicht prozessfähig**, so kann die Verjährung nach Abs. 1 Nr. 2 erst mit Kenntnis des Gläubigers von der Person des gesetzlichen Vertreters beginnen.⁵⁶

b) Kenntnis

45 Die Kenntnis (bzw. grob fahrlässige Unkenntnis, siehe Rn 52 ff.) muss bei dem **Gläubiger** des Anspruchs vorliegen (zur Wissenszurechnung siehe Rn 59 ff.). Bei der **Drittschadensliquidation** kommt es daher auf diejenige des Anspruchstellers, nicht des Dritten (dessen Schaden liquidiert wird) an.⁵⁷ Bei einer **cessio legis** ist auf die Kenntnis desjenigen abzustellen, der kraft gesetzlichem Forderungsübergang Anspruchsinhaber geworden ist.⁵⁸ Bei der **Abtretung** muss sich der neue Gläubiger die von dem abtretenden Gläubiger bis zur Abtretung (nicht aber eine danach) erlangte Kenntnis gemäß §§ 404, 412 entgegenhalten lassen.⁵⁹ Hat der Altgläubiger bis zur Abtretung keine Kenntnis erlangt, dann kommt es nach der Abtretung auf die Kenntnis des Neugläubigers an.

46 Kenntnis i.S.v. Abs. 1 Nr. 2 meint eine **Tatsachenkenntnis**, keine Rechtskenntnis. Geht der Gläubiger irrtümlich davon aus, bei der gegebenen Tatsachenlage keinen Anspruch zu haben, hindert das den Verjährungsbeginn nicht.⁶⁰

47 Ausnahmsweise hat die Rechtsprechung zu § 852 Abs. 1 a.F. bei unübersichtlicher oder zweifelhafter Rechtslage, die selbst ein Rechtskundiger nicht einzuschätzen vermag, den Verjährungsbeginn wegen der **Rechtsunkenntnis** hinausgeschoben, da es an der Zumutbarkeit der Klageerhebung fehle.⁶¹ Ob sich diese Rechtsprechung auf Abs. 1 Nr. 2 übertragen lässt, ist zweifelhaft. Rechtsunkenntnis sollte generell für den Verjährungsbeginn unerheblich sein. Abs. 1 ist so ausgestaltet, dass er dem Gläubiger eine ausreichende Frist zur Einholung von Rechtsrat und zur Überlegung gewährt. Das Risiko falschen Rechtsrats hat nicht der Schuldner zu tragen, sondern der Gläubiger, der sich bei demjenigen, der ihn fehlerhaft berät, schadenfrei halten kann.

---

52 BGH NJW 1999, 2734; näher Staudinger/*Schäfer*, § 852 Rn 81.
53 So zum bisherigen Recht und für die deliktische Haftung siehe BGH NJW 2001, 964, 965.
54 Staudinger/*Schäfer*, § 852 Rn 85.
55 OLG Neustadt MDR 1963, 413; Palandt/*Thomas*, § 852 Rn 11.
56 Staudinger/*Schäfer*, § 852 Rn 80 m.w.N.
57 Palandt/*Thomas*, § 852 Rn 7 m.w.N.
58 BGHZ 48, 181, 183 f.; BGH NJW 1996, 2933, 2934; ausführlich und überzeugend MüKo/*Stein*, § 852 Rn 18 f.; Staudinger/ *Schäfer*, § 852 Rn 29 bis 42, beide mit zahlreichen Nachweisen und Differenzierungen.
59 BGH NJW 1990, 2808, 2809 f.; ausführlich MüKo/*Stein*, § 852 Rn 18 f.; Staudinger/*Schäfer*, § 852 Rn 29 f., beide m.w.N.
60 *Heinrichs*, BB 2001, 1417, 1418; zu § 852 a.F. siehe BGH NJW 1996, 117, 118; BGH NJW 1999, 2041, 2042 mit zahlr. weiteren Nachweisen.
61 BGH NJW 1999, 2041, 2042; BGHZ 122, 317, 325 f, beide mit zahlreichen Nachweisen.

Unbeachtlich ist auch, ob der Gläubiger aus den ihm bekannten Tatsachen die zutreffenden **Schlüsse auf das Bestehen eines Anspruchs**, insbesondere bei Schadensersatzansprüchen auf den in Betracht kommenden naturwissenschaftlich zu erkennenden Kausalverlauf[62] zieht. Die Verjährung kann daher auch beginnen, wenn der Gläubiger irrtümlich davon ausgeht, niemand oder eine andere Person als der Schuldner sei ihm ersatzpflichtig. Im **Arzthaftungsprozess** beginnt die Verjährung allerdings nicht zu laufen, bevor nicht der Geschädigte als medizinischer Laie Kenntnis (oder grobfahrlässige Unkenntnis, Rn 52 ff.) von Tatsachen hat, aus denen sich ein Abweichen des Arztes von medizinischem Standard ergibt.[63] 48

Unbeachtlich ist es auch, ob der **Schuldner** den Anspruch **bestreitet**.[64] Abs. 1 Nr. 2 dient nicht dazu, dem Gläubiger das Risiko der zutreffenden Tatsachen- und Rechtsbewertung abzunehmen. 49

An die Kenntnis des Gläubigers davon, dass er selbst anspruchsberechtigt ist, sind dieselben Anforderungen zu stellen wie an die Kenntnis aller anderen Elemente der Anspruchsbegründung und die Kenntnis von der Person des Schuldners. Daher bedarf es lediglich der Kenntnis der Tatsachen, die seine Gläubigerstellung begründen; nicht erforderlich ist, dass er sich seiner **Anspruchsinhaberschaft** auch bewusst ist.[65] 50

Für eine **Kenntnis** i.S.v. Abs. 1 Nr. 2 bedarf es nicht der Kenntnis der anspruchsbegründenden Tatsachen in allen Einzelheiten. Es reicht vielmehr aus, wenn dem Gläubiger aufgrund der ihm bekannten Tatsachen (oder grob fahrlässig unbekannt gebliebenen Tatsachen, siehe Rn 52 ff.) zuzumuten ist, zur Durchsetzung seiner Ansprüche gegen eine bestimmte Person eine Klage – und sei es in Form einer Feststellungsklage – zu erheben.[66] Zuzumuten ist ihm die Klageerhebung, wenn die Klage hinreichend aussichtsreich – wenn auch nicht risikolos – erscheint und er in der Lage ist, die **Klage schlüssig** zu begründen.[67] 51

c) Grob fahrlässige Unkenntnis

Der positiven Kenntnis steht nach Abs. 1 Nr. 2 die grob fahrlässige Unkenntnis gleich. Damit kann die Verjährung nach Abs. 1 Nr. 2 zu einem **früheren Zeitpunkt** als nach § 852 Abs. 1 a.F. beginnen. Soweit in dieser Kommentierung von **Kenntnis** oder Kenntniserlangung gesprochen wird, ist damit (zwecks Verkürzung der Darstellung) auch die **grob fahrlässige Unkenntnis gemeint**, sofern nichts anderes vermerkt ist. 52

Grobe Fahrlässigkeit liegt vor, wenn die im Verkehr erforderliche Sorgfalt in ungewöhnlich großem Maße verletzt worden ist, ganz nahe liegende Überlegungen nicht angestellt oder beiseite geschoben wurden und dasjenige unbeachtet geblieben ist, was im gegebenen Fall jedem hätte einleuchten müssen.[68] Dabei sind auch subjektive, individuelle für den Gläubiger geltende Umstände zu berücksichtigen; ihm muss auch subjektiv ein schwerer Obliegenheitsverstoß in seiner eigenen Angelegenheit der Anspruchsverfolgung zur Last fallen.[69] An den Verbraucher (§ 13) sind dabei geringere Anforderungen als an einen Unternehmer (§ 14) zu stellen.[70] 53

Nach § 852 Abs. 1 a.F. hat grob fahrlässige Unkenntnis nicht ausgereicht. § 12 Abs. 1 ProdHaftG, § 32 Abs. 1 AtG, die unverändert weiter gelten, lassen in ihrem Anwendungsbereich auch fahrlässige Unkenntnis genügen. Die **Rechtsprechung zu § 852 Abs. 1 a.F.** (und zu den anderen, einen kenntnisabhängigen Verjährungsbeginn statuierenden besonderen Verjährungsvorschriften, siehe zu diesen Rn 1) hat stets mit Nachdruck und ausdrücklich darauf hingewiesen, dass die grob fahrlässige Unkenntnis der vom Gesetz geforderten positiven Kenntnis nicht gleichsteht. Gleichzeitig hat sie aber schon bisher der positiven Kenntnis diejenigen Fälle gleichgestellt,[71] in denen der Gläubiger es versäumt hat, eine gleichsam auf der Hand liegende Erkenntnismöglichkeit wahrzunehmen, und deshalb letztlich sein Sichberufen auf Unkenntnis als Förmelei erscheint, weil jeder andere in der Lage des Gläubigers unter denselben konkreten Umständen sich die Kenntnis verschafft hätte. Es reichte aus, wenn der Gläubiger sich die erforderlichen Kenntnisse in zumutbarer Weise ohne nennenswerte Mühe und ohne besondere Kosten beschaffen konnte. Damit sollte dem Rechtsgedanken des § 162 folgend dem Geschädigten die sonst bestehende Möglichkeit 54

---

[62] BGH NJW 1991, 2350; BGH NJW 1991, 2351; BGH VersR 1986, 1080, 1081; BGH VersR 1983, 1158, 1159; Palandt/*Thomas*, § 852 Rn 4.
[63] BGH NJW 2001, 885, 886; BGH VersR 2000, 331; BGH NJW 1991, 2350.
[64] OLG Düsseldorf VersR 1997, 1241; Palandt/*Thomas*, § 852 Rn 4.
[65] Zur Kenntnis von der Schadensbetroffenheit des Gläubigers im Rahmen des § 852 a.F. siehe BGH NJW 1996, 117, 118.
[66] So zum neuen Recht auch *Heinrichs*, BB 2001, 1417, 1418.
[67] So zum Vorstehenden die ständige Rechtsprechung zu § 852 Abs. 1 a.F., siehe nur BGH NJW-RR 1990, 606; BGH NJW 1994, 3092, 3093; BGHZ 133, 192, 198; BGH NJW 2000, 953; BGH NJW 2000, 1499; BGH NJW 2001, 964, 965; BGH NJW 2001, 1721, 1722; jeweils mit zahlreichen weiteren Nachweisen.
[68] BT-Drucks 14/6040, 108 unter Hinweis auf BGHZ 10, 14, 16; BGHZ 89, 153, 161; BGH NJW-RR 1994, 1469, 1471; BGH NJW 1992, 3235, 3236.
[69] Siehe *Heinrichs*, BB 2001, 1417, 1418.
[70] Siehe *Heinrichs*, BB 2001, 1417, 1418.
[71] BT-Drucks 14/6040, 108: Auch im Rahmen der Rechtsprechung zur Schadenseinheit (siehe Rn 20 f., Fn 19, 23) wurden die als möglich voraussehbaren Schadensfolgen erfasst, obwohl das bloß Voraussehbare gerade nicht bekannt ist, so dass auch hier im Ergebnis entgegen der gesetzlichen Anordnung des § 852 Abs. 1 a.F. im bisherigen Recht Kennenmüssen und Kenntnis gleichgestellt wurden.

genommen werden, die Verjährungsfrist missbräuchlich dadurch zu verlängern, dass er die Augen vor einer sich aufdrängenden Kenntnis verschließt.[72]

55 Die bezeichneten Sachverhaltskonstellationen sind **künftig** als solche grob fahrlässiger Unkenntnis anzusehen. Abs. 1 Nr. 2 geht aber über diese bereits anerkannten Fälle hinaus und lässt generell die grob fahrlässige Tatsachenunkenntnis genügen; zu **Erweiterungen** etwa im Rahmen der Wissenszurechnung bei Unternehmen, Behörden und Körperschaften siehe Rn 61. So liegt dann bezogen auf die Ansprüche gegen die Tatbeteiligten grob fahrlässige Unkenntnis vor, wenn der Geschädigte das Speditionsunternehmen, in dessen Bereich das Speditionsgut beschädigt wurde, um Beschreibung des Tathergangs und namentliche Nennung der beteiligten Personen gebeten, es dann aber unterlassen hat (weil ihm die Namen der Tatbeteiligten nicht genannt worden sind), deren Identität in Erfahrung zu bringen, .[73]

56 Abzustellen ist auf den **Zeitpunkt**, in welchem der Gläubiger ohne grobe Fahrlässigkeit die erforderliche Kenntnis erlangt hätte. Entscheidend ist daher nicht der Dauerzustand grob fahrlässiger Unkenntnis, sondern der Zeitpunkt, in welchem der Gläubiger (oder sein Wissensvertreter, Rn 60) seine grob fahrlässige Unkenntnis nach dem gewöhnlichen Lauf der Dinge frühestens hätte beseitigen können.

57 Zu beachten ist, dass die Feststellung der groben Fahrlässigkeit durch das **Revisionsgericht**, insbesondere nach der ZPO-Reform (§ 543 Abs. 2 Nr. 2 S. 1 ZPO n.F.), nur sehr eingeschränkt überprüft werden kann.[74] Die Tatsacheninstanz hat daher verjährungsrechtlich besonderes Gewicht.

58 Zur **Reformgeschichte**: Die Gleichsetzung der positiven Kenntnis mit der grob fahrlässigen Unkenntnis geht auf das Gutachten von *Peters/Zimmermann* zurück;[75] diese Forderung wurde während den Arbeiten an dem Schuldrechtsmodernisierungsgesetz aufgegriffen.[76] Die Einbeziehung der grob fahrlässigen Unkenntnis entspricht auch dem Rechtsgedanken des § 277, wonach grobe Fahrlässigkeit stets auch dann schadet, wenn man in eigenen Angelegenheiten handelt. Von der Existenz eines Anspruchs sowie der Person des Schuldners Kenntnis zu nehmen, ist eine eigene Angelegenheit des Gläubigers. Daher soll bereits bei Vorliegen grober Fahrlässigkeit die Verjährung zu laufen beginnen.[77] Kritisiert wurde die Verwendung des Begriffs der groben Fahrlässigkeit, da es eine eigentliche **Rechtspflicht des Gläubigers**, sich von der eigenen Anspruchsberechtigung Kenntnis zu verschaffen, jedenfalls im Bereich der unerlaubten Handlung und anderer gesetzlicher Schuldverhältnisse (z.B. §§ 812 ff.) nicht gebe.[78] Es solle – ähnlich wie in den Europäischen Grundregeln (Rn 6) – statt auf die grobe Fahrlässigkeit auf eine „sich aufdrängende Kenntnis" oder „ohne weiteres zu beschaffende Kenntnis"[79] oder darauf, dass der Gläubiger „sich einer für ihn offensichtlichen Möglichkeit, diese unschwer und ohne nennenswerte Mühe und Kosten zu erlangen, verschlossen hat"[80] ankommen. In der Sache sind bezogen auf den Verjährungsbeginn im konkreten Fall mit diesen vorgeschlagenen abweichenden Umschreibungen keine Änderungen verbunden.

d) Zurechnung der Kenntnis und grob fahrlässigen Unkenntnis anderer

59 Ist der Gläubiger **geschäftsunfähig** oder beschränkt geschäftsfähig, so kommt es auf die Kenntnis des gesetzlichen Vertreters an.[81] Vertreten Eltern ihr Kind gemeinsam (§ 1629 Abs. 1 S. 2), so ist analog § 1629 Abs. 1 S. 2 Hs. 2 das Wissen eines Elternteils ausreichend.[82]

60 Ist der Gläubiger geschäftsfähig, so kommt es bislang analog § 166 Abs. 1[83] auf die Kenntnis einer anderen Person (**Wissensvertreter**) nur an, wenn der Wissensvertreter in eigener Verantwortung mit der selbständigen Erledigung von Aufgaben betraut ist,[84] die auch die Sachverhaltserfassung bei der Verfolgung von Ansprüchen und ihre rechtzeitige Geltendmachung umfassen. Wichtig ist, dass zu der Aufgabe nicht allein die Rechtsberatung, sondern auch die Tatsachenfeststellung zählen muss.[85] Der Wissensvertreter kann, muss aber nicht zugleich rechtsgeschäftlicher Vertreter des Gläubigers sein. Eine Wissenszurechnung

---

72 BT-Drucks 14/6040, 108 unter Hinweis auf BGH NJW 2000, 953; BGH NJW 1999, 423, 425; BGHZ 133, 192, 199; BGH NJW 1994, 3092, 3094; siehe ferner z.B. BGH VersR 1998, 378, 380; BGH NJW-RR 1990, 606.
73 Nach dem geschilderten Vorgang ist von grob fahrlässige Unkenntnis auszugehen; siehe zu diesem Fall BGH ZIP 2001, 706: Das Urteil lehnte einen Verjährungsbeginn nach § 852 Abs. 1 a.F. ab, da keine positive Kenntnis gegeben war.
74 Deshalb kritisch zur groben Fahrlässigkeit *Piekenbrock*, S. 309, 326 f.
75 Vgl. den von *Peters/Zimmermann*, S. 79, 306, 316, vorgeschlagenen § 199 – Hemmung durch Unkenntnis des Berechtigten; siehe danach *Haug*, S. 59 ff.; siehe ferner *Zimmermann*, JZ 2001, 18, 19 ff. m.w.N.
76 Siehe *Ernst*, S. 559, 586; *Mansel*, S. 333, 406; dagegen *Bydlinski*, S. 381, 387 mit Fn 35; *Piekenbrock*, S. 309, 326 f.
77 BT-Drucks 14/6040, 108.
78 Dagegen aber *Piekenbrock*, S. 309, 327.
79 *Zimmermann/Leenen u.a.*, JZ 2001, 684, 687.
80 Bereits im Bundesrat abgelehnter Änderungsantrag Bayerns, siehe Bundesrat, Niederschrift der Beratung der Beschlussempfehlung, 18.6.2001, (unveröffentlicht) unter C 6 (zu § 199).
81 BGH NJW 1996, 2934; BGH NJW 1995, 776, 777; BGH NJW 1989, 2323.
82 RGRK/*Kreft*, § 852 Rn 36; Staudinger/*Schäfer*, § 852 Rn 27; siehe im Ergebnis auch BGH NJW 1976, 2344.
83 Nicht eindeutig ist, ob *Heinrichs*, BB 2001, 1417, 1419 die Heranziehung der Grundsätze der Wissenszurechnung analog § 166 im Rahmen des § 199 Abs. 1 auf die Verjährung rechtsgeschäftlicher Ansprüche beschränken will.
84 Zum Wissensvertreter allgemein *Larenz/Wolf*, Allgemeiner Teil des Bürgerlichen Rechts, 8. Aufl. 1997, § 46 Rn 107 ff.
85 Siehe BGH NJW 1989, 2323.

setzt grundsätzlich voraus, dass derjenige, auf dessen Kenntnisstand allein oder im Zusammenwirken mit dem Wissensstand anderer abgestellt werden soll, mit der betreffenden Aufgabe betraut ist.[86]

Die Wissenszurechnung bei arbeitsteiligen **Unternehmen**,[87] **Behörden** und öffentlichen Körperschaften erfolgte bisher nach den gleichen Grundsätzen.[88] So kommt es bei der Verfolgung von Regressansprüchen auf das Wissen der Regressabteilung an.[89] Die Rechtsprechung hat an dem Merkmal der Aufgabenzuständigkeit im Rahmen des § 852 Abs. 1 a.F. ausdrücklich festgehalten und eine weitergehende Wissenszurechnung, die im Bereich des rechtsgeschäftlichen Handelns von Unternehmen durch die Annahme einer Organisationspflicht zur aktenmäßigen Wissenserfassung und zum Wissensaustausch innerhalb des Unternehmens vorgenommen wurde,[90] ausdrücklich für das Verjährungsrecht abgelehnt.[91] Da nun aber Abs. 1 Nr. 2 die grob fahrlässige Unkenntnis ausdrücklich der Kenntnis gleichstellt, kann dieser Rechtsprechung nicht mehr gefolgt werden. Das Unterlassen eines Mindestmaßes der **aktenmäßigen Erfassung** und des geregelten **Informationsaustauschs** über verjährungsrelevante Tatsachen innerhalb arbeitsteiliger Unternehmen, Behörden und Körperschaften ist als ein Fall der **grob fahrlässigen Unkenntnis** dieser Tatsachen anzusehen. 61

e) Beweislast

Der **Schuldner**, der sich auf den Verjährungseintritt nach Abs. 1 beruft (§ 214 Abs. 1), hat die Kenntnis oder die grob fahrlässige Unkenntnis des Gläubigers zu beweisen. Das ist **misslich**,[92] da der Schuldner damit Umstände darzulegen und zu beweisen hat, welche in der Sphäre des Gläubigers liegen. Doch war entsprechendes im Rahmen des § 852 Abs. 1 a.F. und ähnlicher Verjährungsnormen (Siehe Rn 1) für deliktische Ansprüche bekannt. 62

Bei **rechtsgeschäftlichen Ansprüchen** wird im Regelfall die schlüssige Darlegung der Gläubigerkenntnis dem Schuldner wenig Probleme machen. Allerdings trifft ihn die Beweislast. 63

Zweck der gesetzgeberischen Entscheidung dürfte eine Stärkung der Gläubigerposition und damit im Ergebnis eine Erweiterung des Anwendungsbereichs der langen Maximalfristen des Abs. 2 bis 4 sein. 64

3. Jahresschlussverjährung (Abs. 1)

Die Regelverjährung beginnt erst mit dem Schluss des Jahres, in welchem der Anspruch entstanden (Abs. 1 Nr. 1) ist und der Gläubiger auch Kenntnis i.S.v. Abs. 1 Nr. 2 erlangt hat. Sie führt zu Erleichterungen für den Rechtsverkehr (zu diesen siehe Rn 12). 65

Die Jahresschlussverjährung gilt nur für den Verjährungsbeginn nach Abs. 1. Die **Verjährungshöchstfristen** des Abs. 2 bis 4 beginnen nicht mit Jahresschluss, sondern taggenau mit dem fristauslösenden Ereignis i.S.v. Abs. 2 bis 4 (Rn 84 ff.). Die anderen **besonderen Verjährungsfristen**, insbesondere der §§ 196, 197, 438 und 634 a unterliegen nicht der Jahresschlussverjährung. Auch diese Fristen beginnen taggenau; das wird in den §§ 200, 201, 438 Abs. 2, 634 a Abs. 2 geregelt. 66

IV. Verjährungshöchstfristen (Abs. 2 bis 4)

1. Anwendungsbereich

Siehe zu den Verjährungshöchstfristen bereits Rn 5, 12, 66. Sachlich unterfallen alle Ansprüche, die der Regelverjährung nach §§ 195, 199 Abs. 1 unterliegen, auch dem **Anwendungsbereich** der Abs. 2 bis 4 (zu den von § 199 erfassten Ansprüchen siehe bereits Rn 14 f.). 67

2. Hemmung, Ablaufhemmung, Neubeginn der Höchstfristen

Auch auf die Verjährungsfristen des Abs. 2 bis 4 sind die allgemeinen Vorschriften über die Hemmung, Ablaufhemmung oder den Neubeginn der Verjährung, siehe insbesondere §§ 203 ff., anzuwenden, so dass der **Fristablauf später** als nach der zehn- oder dreißigjährigen Maximalfrist eintreten kann. Hierin liegt ein Unterschied zu Art. 17:111 Grundregeln des Europäischen Vertragsrechts (siehe zu diesen Rn 6 f.). Danach kann – mit der Ausnahme der Hemmung durch gerichtliche Rechtsverfolgung – die Verjährung auch durch Hemmung oder Ablaufhemmung nicht über zehn Jahre bzw. bei Ansprüchen wegen der 68

---

[86] BGHZ 117, 104, 106 f; BGH WM 824, 825; BGH NJW 1996, 2508, 2510.
[87] Siehe allgemein dazu *Buck*, Wissen und juristische Person, 2001.
[88] BGH NJW 1996, 2508, 2510; ausführlich und differenzierend dazu MüKo/*Stein*, § 852 Rn 14 – 16; siehe auch Erman/*Schiemann*, § 852 Rn 12; Palandt/*Thomas*, § 852 Rn 4b.
[89] BGH NJW 2000, 1411.
[90] Siehe dazu etwa BGH NJW 1996, 1339; allgemein *Larenz/Wolf*, Allgemeiner Teil des Bürgerlichen Rechts, 8. Aufl. 1997, § 46 Rn 110 ff.; *Buck*, Wissen und juristische Person, 2001.
[91] BGH NJW 1996, 2508, 2510.
[92] Deshalb kritisch und eine Hemmungslösung entsprechend den Grundregeln des Europäischen Vertragsrecht (Rn 6, 10) bevorzugend *Zimmermann/Leenen* u.a., JZ 2001, 684, 687 m.w.N.; *Piekenbrock* teilt die Bedenken, spricht sich aber gegen die Hemmungslösung und für eine Beweislastveränderung aus, siehe *Piekenbrock*, S. 309, 324 f.

Verletzung persönlicher Rechtsgüter nicht über dreißig Jahre über den eigentlichen Verjährungseintritt hinaus verlängert werden.

69 Regelmäßig betrifft ein Tatbestand, der nach den allgemeinen Vorschriften eine Hemmung, Ablaufhemmung oder einen Verjährungsneubeginn begründet, **sowohl** die Frist des **Abs. 1 als auch** die einschlägige Frist des **Abs. 2 bis 4**.

3. Unabhängigkeit der Verjährungshöchstfristen von Abs. 1
a) Besondere Verjährungsfristen, unabhängiger Verjährungslauf

70 Die Verjährungshöchstfristen sind besondere Verjährungsfristen.[93] Nach Ablauf der Maximalfristen von zehn oder dreißig Jahren tritt Verjährung ein, auch wenn der Anspruch nach Abs. 1 noch nicht verjährt wäre. Die Verjährungshöchstfristen sind grundsätzlich **unabhängig von** dem Lauf der Verjährungsfrist nach **Abs. 1**.

71 Beginnt die Verjährungsfrist des Abs. 1 erst kurz vor Ablauf der einschlägigen Verjährungsfrist der Abs. 2, Abs. 3 oder Abs. 4 zu laufen, so **hindert** das daher den **Verjährungseintritt** nach Abs. 2 bis 4 **nicht**. Erfährt beispielsweise der Gläubiger eines Bereicherungsanspruchs erst neuneinhalb Jahre nach der Entstehung (Fälligkeit) des Anspruchs von den anspruchsbegründenden Tatsachen und der Person des Schuldners, dann verbleiben ihm wegen der einschlägigen Zehnjahresfrist des Abs. 4 lediglich sechs Monate,[94] in welchen der Schuldner ihm nicht die Einrede der Verjährung (§ 214 Abs. 1) entgegenhalten kann und in welchen der Gläubiger die Hemmung der Verjährung, etwa durch Klageerhebung (§ 204 Abs. 1 Nr. 1), herbeiführen kann. Gäbe es die Verjährungshöchstfristen nicht, dann würde der Bereicherungsanspruch nach Abs. 1 erst zum Schluss des dritten Jahres nach Kenntniserlangung von dem Anspruch verjähren, im Beispielsfall also erst dreizehn Jahre nach der Anspruchsentstehung.

b) Keine Jahresschlussverjährung

72 Die in Abs. 1 angeordnete **Jahresschlussverjährung** (Rn 3, 11 f.) **gilt nicht** für die Fälle des Abs. 2 bis 4. Der Abs. 1 regelt allein die Regelverjährung. Die Abs. 2 bis 4 sind keine Fälle der Regelverjährung, sondern Verjährungshöchstfristen. Das wird bereits durch die im Gesetzgebungsverfahren um das Wort „Verjährungshöchstfristen" ergänzte amtliche Überschrift des § 199 deutlich.[95] Zudem ist die Anordnung der Jahresschlussverjährung auch ein Ausgleich für die Schwierigkeiten, welche mit der Ermittlung eines genauen Zeitpunkts der Kenntnis bzw. des Zeitpunkts, in welchem er seine grob fahrlässige Unkenntnis hätte beseitigen können, im Einzelfall verbunden sind.

4. Grundsatz: Verjährungshöchstfrist gemäß Abs. 4

73 Alle von § 199 **erfassten Ansprüche** (Rn 14 f., 67) mit **Ausnahme** jeder Art von Schadensersatzansprüchen verjähren auf den Tag genau spätestens zehn Jahre von ihrer Entstehung an, sofern keine Hemmung, Ablaufhemmung oder Neubeginn der Verjährung gemäß den allgemeinen Vorschriften der §§ 203 ff. oder gemäß spezieller Vorschriften erfolgt.

74 Dazu, wann ein **Anspruch entsteht**, und dass die Entstehung regelmäßig, aber nicht ausnahmslos mit der Anspruchsfälligkeit gleichzusetzen ist, siehe Rn 17 ff.

75 Die Wendung in Abs. 4 „**ohne Rücksicht auf die Kenntnis** oder grob fahrlässige Unkenntnis" sagt aus, dass für den Verjährungsbeginn und den Verjährungsablauf der Höchstfrist des Abs. 4 keine Kenntnis im Sinne von § 199 Abs. 1 Nr. 2 vorausgesetzt ist. Ein Anspruch kann nach Abs. 4 auch dann verjähren, wenn der Gläubiger die anspruchsbegründenden Tatsachen oder die Person des Schuldners nicht kennt.

5. Ausnahmen: Verjährungshöchstfristen für Schadensersatzansprüche (Abs. 2 und 3)
a) Schadensersatzanspruch

76 Die Absätze 2 und 3 regeln abweichend von der grundsätzlichen Maximalfrist des Abs. 4 Verjährungshöchstfristen für Schadensersatzansprüche, also Ansprüche, welche auf den Ersatz des Schadens (siehe §§ 249 ff.) gerichtet sind. Erfasst werden **alle Schadensersatzansprüche**, gleich ob sie rechtsgeschäftlicher, rechtsgeschäftsähnlicher (§ 311) oder gesetzlicher Natur sind,[96] ob sie innerhalb oder außerhalb des BGB geregelt sind, ob sie den Ersatz materiellen oder immateriellen Schadens beinhalten.

77 Unterschieden wird nach der Art des verletzten Rechtsguts. Bei den in Abs. 2 genannten Rechtsgütern beträgt die Maximalfrist dreißig Jahre (Rn 78), bei allen anderen, insbesondere bei Vermögensverletzungen, zehn Jahre (Rn 93 ff.). Auch ist der Beginn der beiden Maximalfristen unterschiedlich.

---

[93] BT-Drucks 14/7052, 180.
[94] Siehe auch *Heinrichs*, BB 2001, 1417, 1419.
[95] BT-Drucks 14/7052, 180.
[96] Siehe BT-Drucks 14/6040, 109.

Titel 1. Gegenstand und Dauer der Verjährung § 199

b) Schadensersatzansprüche wegen Verletzung höchstpersönlicher Rechtsgüter (Abs. 2)
aa) Erfasste Schadensersatzansprüche

Die dreißigjährige Maximalfrist des Abs. 2 gilt für alle – gesetzlichen oder vertraglichen – Schadensersatzansprüche, die auf der Verletzung des Lebens, des Körpers, der Gesundheit und der Freiheit einer Person beruhen. Die Rechtsgüter werden durch § 823 Abs. 1 geschützt, dessen Schutzbereich aber weiter reicht. **78**

Verletzung der **Freiheit** einer Person meint auch im Rahmen des Abs. 2[97] – wie bei dem bei der Rechtsgüterbenennung als Vorbild dienenden § 823 Abs. 1[98] – die Verletzung der körperlichen Bewegungsfreiheit, nicht der Willensfreiheit.[99] Beeinträchtigungen der Willensfreiheit führen häufig bei rechtsgeschäftlichen Dispositionen zu Vermögensverletzungen. Diese werden von der langen Maximalfrist des Abs. 2 nicht erfasst, dazu sogleich. **79**

Der **Katalog** der Rechtsgüter im Sinne Abs. 2 ist **abschließend**. Insbesondere werden das allgemeine Persönlichkeitsrecht sowie das Eigentum und das Vermögen von Abs. 2 nicht erfasst. Für diese gilt Abs. 3. Das allgemeine Persönlichkeitsrecht kann nicht als Teil der Rechtsgüter Leben, Körper, Gesundheit und Freiheit qualifiziert werden. **80**

Der Gesetzgeber hat den Einbezug von Schadensersatzansprüchen aufgrund vorsätzlich oder grob fahrlässig verursachter **Vermögensschäden** in Abs. 2 ausdrücklich abgelehnt.[100] Daher werden das Eigentum und das Vermögen des Geschädigten auch in Fällen vorsätzlicher oder grob fahrlässiger Übergriffe Dritter gegenüber den höchstpersönlichen Rechtsgütern benachteiligt, selbst wenn die Übergriffe zur Vernichtung der wirtschaftlichen Existenz des Geschädigten führen. Das wurde im Bundesrat[101] und im Rechtsausschuss des Bundestags[102] kritisiert, denn die Wertentscheidung der Verfassung, die mit Art. 14 GG dem Grundrechtsträger einen Freiheitsraum im vermögensrechtlichen Bereich sichern und ihm damit eine eigenverantwortliche Gestaltung des Lebens ermöglichen wolle, dies ferner in engem Zusammenhang mit der persönlichen Freiheit stehe, werde nicht ausreichend beachtet.[103] **81**

Während des Gesetzgebungsverfahrens wurde auch der Einbezug des allgemeinen **Persönlichkeitsrechts**[104] in eine dreißigjährige Verjährungsfrist diskutiert. Auch dieser Einbezug erfolgte nicht. **82**

Ansprüche wegen der Verletzung eines **Tiers** sind gemäß § 90a solche aufgrund einer Eigentumsverletzung. Für diese gilt Abs. 3. **83**

bb) Verjährungsbeginn

Für den Beginn der Maximalfrist des Abs. 2 ist die **Entstehung** des Anspruchs (Abs. 1 Nr. 1) und die **Kenntnis** des Gläubigers im Sinne von Abs. 1 Nr. 2 vollkommen **unbeachtlich**. Daher kann beispielsweise ein Anspruch wegen einer Gesundheitsverletzung, die durch eine Röntgenreihenuntersuchung ausgelöst wurde, dreißig Jahre nach dem Röntgen verjähren, auch wenn der Schaden (Krebserkrankung) noch nicht eingetreten und der Anspruch aus § 823 Abs. 1 daher noch nicht entstanden ist[105] und deshalb dem Verletzten auch noch unbekannt ist. **84**

Die Maximalfrist beginnt bei Schadensersatzansprüchen aus **unerlaubter Handlung** mit der Vornahme der **tatbestandlichen Handlung** des Schuldners. Hier folgt Abs. 2 dem bisherigen § 852 Abs. 1 a.F. Auf die dazu gefundenen Ergebnisse der Rechtsprechung und Lehre kann daher zurückgegriffen werden. Abzustellen ist demzufolge auf die Handlung, welche die Schadensursache gesetzt hat. Der Schadenseintritt ist mithin für den Beginn der Maximalfrist unbeachtlich.[106] Sofern andere Schadensersatzansprüche auch auf die Vornahme einer Handlung abstellen, bestimmt auch hier die Begehung der Handlung den Verjährungsbeginn. Zur Unterlassung siehe Rn 89, 105. **85**

Bei Schadensersatzansprüchen wegen Verletzung einer Pflicht aus einem Schuldverhältnis[107] (insbesondere Ansprüche nach § 280) beginnt die Verjährungsfrist mit der Vornahme der **Pflichtverletzung**. **86**

---

[97] Offen vielleicht: *Piekenbrock*, S. 309, 321.
[98] Zu § 823 Abs. 1 siehe Soergel/*Zeuner*, § 823 Rn 28 ff.; *Larenz/Canaris*, Schuldrecht II/2, 13. Aufl. 1994, § 76 II 2.
[99] Siehe die Andeutungen bei RGZ 58, 24, 28, nach welchen auch die Willensfreiheit als Freiheit im Sinne des § 823 Abs. 1 verstanden werden könnte.
[100] Siehe BT-Drucks 14/7052, 180.
[101] Bereits im Bundesrat (bei Stimmengleichheit!) abgelehnter Änderungsantrag Bayerns, siehe Bundesrat, Niederschrift der Beratung der Beschlussempfehlung, 18.6.2001, (unveröffentlicht) unter C 7 (zu § 199).
[102] BT-Drucks 14/7052, 172.
[103] Siehe auch die Forderung nach einer dreißigjährigen Maximalfrist generell für die Vorsatz- bzw. Arglistverjährung bei *Mansel*, S. 333, 359, 407.
[104] Befürwortend: *Ernst*, S. 559, 581 Fn 93; ablehnend: *Mansel*, S. 333, 385 f., beide m.w.N.
[105] Dazu, dass erst der Schadenseintritt den Anspruch aus § 823 Abs. 1 entstehen lässt, siehe *Mansel*, S. 333, 393; gleiches gilt für Schadensersatzansprüche aus bisheriger Vertragsverletzung (§ 280); siehe zum bisherigen Recht Palandt/*Heinrichs*, § 198 Rn 9.
[106] BGHZ 117, 287, 292; Erman/*Schiemann*, § 852 Rn 19; Palandt/*Thomas*, § 852 Rn 15; Soergel/*Zeuner*, § 852 Rn 25m.w.N.; a.A. (erst ab Verletzungserfolg) Staudinger/*Schäfer*, § 852 Rn 105.
[107] BT-Drucks 14/6040, 109.

87 Den **Auffangtatbestand** bildet die Anknüpfung des Fristbeginns an das sonstige, den **Schaden auslösende Ereignis**.[108] Diese Alternative des Abs. 2 greift bei Schadensersatzansprüchen aus Gefährdungshaftung und anderen Normen ein, die weder an eine Handlung noch an eine Pflichtverletzung anknüpfen.

88 Bei der **Gefährdungshaftung** kommt es daher auf den Zeitpunkt der Verwirklichung der Gefahr an.[109] Soweit sich mit der Tierhalterhaftung nach § 833 unter den Vorschriften zur unerlaubten Handlung auch ein Gefährdungsdelikt befindet, beginnt auch hier die Verjährung mit der Verwirklichung der Gefahr. Für Gefährdungshaftungstatbestände innerhalb oder – soweit die Verjährungsvorschriften des Bürgerlichen Gesetzbuchs Anwendung finden – außerhalb des Bürgerlichen Gesetzbuchs führt die Klarstellung des Verjährungsbeginns in Abs. 2 durch das Abstellen auf das den Schaden auslösende Ereignis zur Vereinfachung und Erleichterung.[110]

89 War eine **Unterlassung** das Schaden auslösende Ereignis, so ist auf den Zeitpunkt abzustellen, in welchem eine Handlung geboten gewesen wäre.[111]

90 Bei **Dauerhandlungen**, -pflichtverletzungen oder dauerhaften sonstigen Schaden auslösenden Ereignissen kommt es auf den Zeitpunkt der Beendigung der Handlung etc. an. Bei der Freiheitsberaubung im Rahmen einer Entführung beginnt die Maximalfrist des Abs. 2 daher mit der Freilassung. Hat ein Bauunternehmer in einer Wohnung gesundheitsgefährdende Dämmstoffe verarbeitet, dann kann das zwar eine dauerhafte Beeinträchtigung der Wohnungsinhaber auslösen, darin liegt aber keine Dauerhandlung. Die Handlung ist mit dem Anbringen der Dämmstoffe abgeschlossen.

91 Ist der Schuldner zu einem **dauernden Tun verpflichtet**, so beginnt die Verjährung entsprechend dem Rechtsgedanken des Abs. 5 (Rn 105) mit jeder Unterlassung neu.[112] Entsprechendes sieht ausdrücklich Art. 17:104 Abs. 3 Europäische Grundregeln des Vertragsrechts (Rn 6, 105) vor.

c) Sonstige Schadensersatzansprüche (Abs. 3)

92 Andere Schadensersatzansprüche als die von Abs. 2 erfassten (Rn 78 ff.) unterliegen einer **doppelten Maximalverjährungsfrist**; zu dem Verhältnis beider Fristen zueinander siehe Rn 98. Dem Abs. 3 unterliegen daher insbesondere Schadensersatzansprüche wegen der Verletzung des **Eigentums** oder des **Vermögens** oder wegen Eingriffs in den **Gewerbebetrieb**.

aa) Entstehensabhängige Maximalfrist (Abs. 3 S. 1 Nr. 1)

93 Ist ein Schadensersatzanspruch bereits entstanden, dann verjährt er spätestens in zehn Jahren von seinem Entstehen an. Das gilt auch, wenn dem Gläubiger die anspruchsbegründenden Tatsachen und die Person des Schuldners im Sinne von Abs. 1 Nr. 1 (noch) **nicht bekannt** waren.

94 Ein Schadensersatzanspruch **entsteht** mit Eintritt des Schadens[113] (siehe Rn 21, zum Sonderproblem der Schadenseinheit siehe Rn 20 ff.).

95 Abs. 3 S. 1 Nr. 1 entspricht damit der Grundregel des Abs. 4. Eine ausdrückliche Regelung für Schadensersatzansprüche erfolgte in Abs. 3 S. 1 Nr. 1 nur aus Gründen der Normtransparenz, nachdem die vorausgegangene, verwickelte Entwurfsfassung auf Kritik[114] gestoßen war.[115]

bb) Handlungsabhängige Maximalfrist (Abs. 3 S. 1 Nr. 2)

96 **In jedem Fall** verjährt ein von Abs. 3 erfasster Schadensersatzanspruch dreißig Jahre nach Begehung der Handlung, der Pflichtverletzung oder nach dem Eintritt des sonstigen, den Schaden auslösenden Ereignisses. Das gilt ganz unabhängig davon, ob der Anspruch bereits entstanden ist (Abs. 1 Nr. 1) und ob der Gläubiger Kenntnis oder grob fahrlässige Unkenntnis i.S.d. Abs. 1 Nr. 2 hat.

97 Abs. 3 S. 1 **Nr. 2 übernimmt** damit die Regelung des **Abs. 2**, die dort für die Schadensersatzansprüche wegen der Verletzung höchstpersönlicher Rechtsgüter getroffen wurde, auch für andere Schadensersatzansprüche. Abgesehen von dem gerade erwähnten Unterschied im sachlichen Anwendungsbereich ist der

---

[108] BT-Drucks 14/7052, 180.
[109] Auf ihn hatte – im Anschluss an den *Abschlussbericht* (§ 199 BGB-KE) – eine Vorfassung des geltenden § 199 Abs. 2 abgestellt, siehe BT-Drucks 14/6040, 109. Die Vorfassung wurde nur deshalb geändert, um § 199 Abs. 2 durch einen Auffangtatbestand zu ergänzen, der den Anküpfungspunkt der Verwirklichung der Gefahr und andere Anküpfungspunkte von Schadensersatznormen in sich aufnimmt, siehe BT-Drucks 14/7052, 180.
[110] BT-Drucks 14/6040, 109, noch zur Anküpfung an dem Zeitpunkt der Verwirklichung der Gefahr, der aber identisch mit dem des sonstigen, den Schaden auslösenden Ereignisses ist.
[111] BT-Drucks 14/7052, 180, missverständlich von Unterlassungsansprüchen sprechend.
[112] BGH NJW 1995, 2548, 2549; Palandt/*Heinrichs*, § 198 Rn 13; MüKo/*Grothe*, § 198 Rn 13; anders in der Begründung Staudinger/*Peters*, § 198 Rn 38.
[113] Siehe zur unerlaubten Handlung *Mansel*, S. 333, 393; zum bisherigen Recht der Verjährung von positiver Vertragsverletzung und culpa in contrahendo (§ 280) siehe Palandt/*Heinrichs*, § 198 Rn 9.
[114] Siehe nur *Zimmermann/Leenen u.a.*, JZ 2001, 684, 688.
[115] BT-Drucks 14/7052, 180.

cc) Abstellen auf den früheren Fristablauf (Abs. 3 S. 2)

Ist der Schadensersatzanspruch im **konkreten Einzelfall** nach einer der beiden Maximalfristen des Abs. 3 S. 1 verjährt, so tritt Verjährung ein. Das ordnet Abs. 3 S. 2 an. Die **früher abgelaufene** der beiden Maximalfristen bestimmt daher die Verjährung. Der Verjährungseintritt wird dadurch begünstigt, der Schuldner daher bevorzugt. 98

Beispiel: Hat etwa ein Rechtsanwalt einen Testamentsentwurf fehlerhaft abgefasst, so entstehen die Schadensersatzansprüche derjenigen, die wegen des Fehlers entgegen dem Willen des Erblassers nicht Erbe wurden, erst mit Eintreten des Erbfalls, denn erst dieser führt zu dem Schaden. Hat der Anwalt den Testamentsentwurf im Jahr 2002 dem Erblasser übergeben, der dann sein handschriftliches **Testament** entsprechend abfasste, und stirbt der Erblasser im Jahre 2033, so verjähren die Schadensersatzansprüche gemäß § 199 Abs. 3 S. 1 Nr. 1 im Jahre 2043. Nach § 199 Abs. 3 S. 1 Nr. 2 verjähren sie hingegen schon im Jahr 2032. Abzustellen ist nach § 199 Abs. 3 S. 2 auf den Verjährungseintritt im Jahr 2032. Stirbt der Erblasser aber 2004, so verjähren die Ansprüche nicht erst im Jahr 2032, sondern gemäß § 199 Abs. 3 S. 1 Nr. 1, S. 2 im Jahr 2014. 99

Ein ähnliches Auseinanderfallen des Setzens der Schadensursache und der Anspruchsentstehung ist im Bereich der **Umweltverschmutzung** leicht möglich, soweit es etwa um Ansprüche von Grundstückseigentümern gegen die Verschmutzer geht. 100

d) Anspruchskonkurrenz
aa) Verletzung desselben Rechtsguts

Abs. 2 bzw. Abs. 3 erreicht für die Schadensersatzansprüche, die der Regelverjährung unterliegen und sich auf dieselbe Rechtsgutsverletzung beziehen, eine **einheitliche Maximalverjährung** aller, insbesondere der vertraglichen und deliktischen Ansprüche. Wird **beispielsweise** der Kaufinteressent bei Vertragsverhandlungen durch ein schuldhaftes Verhalten seines Verhandlungspartners verletzt, so hat der Kaufinteressent Schadensersatzansprüche aus § 823 Abs. 1 und aus culpa in contrahendo (§§ 280 Abs. 1, 311 Abs. 2 Nr. 1, 241 Abs. 2). Beide Ansprüche verjähren nach §§ 195, 199 Abs. 1 in drei Jahren nach Fälligkeit und Kenntnis oder grob fahrlässiger Unkenntnis des Gläubigers von den anspruchsbegründenden Tatsachen und der Person des Schuldners. Davon unabhängig tritt nach Abs. 2 spätestens in dreißig Jahren nach Vornahme der Verletzungshandlung die Verjährung ein. 101

Zur **Anspruchskonkurrenz** deliktischer Schadensersatzansprüche mit solchen wegen Mängelgewährleistung gemäß §§ 437 Nr. 3, 634 Nr. 4, die nach den §§ 438, 634 a verjähren, siehe § 195 Rn 50 ff. 102

bb) Gleichzeitige Verletzung verschiedener Rechtsgüter

Werden durch ein tatbestandsmäßiges Verhalten höchstpersönliche Rechtsgüter des Abs. 2 und andere Rechtsgüter (Abs. 3) verletzt, dann fallen die Maximalverjährungsfristen auseinander. So kann sich die Situation ergeben, dass aus derselben unerlaubten Handlung, z.B. aus demselben Verkehrsunfall resultierende Ansprüche je nach Art des verletzten Rechtsguts zu unterschiedlichen Zeitpunkten verjähren. Dieses Ergebnis muss aber hingenommen werden. Es hängt mit der Abs. 2 zugrunde liegenden Wertung zusammen, die den dort genannten Rechtsgütern einen besonders hohen Stellenwert zumisst (zur Rechtsgutdifferenzierung siehe Rn 5; zum Nichteinbezug des Vermögens und des Eigentums in die lange Maximalfrist des Abs. 2 siehe Rn 80 f.). 103

V. Unterlassungsansprüche (§ 199 Abs. 5)

Soweit der Anspruch auf ein (dauerndes[116]) Unterlassen gerichtet ist, ist bei Anwendung der Abs. 1 bis 4 statt auf sein Entstehen auf die Zuwiderhandlung abzustellen. Dies entspricht dem bisherigen **§ 198 S. 2 a.F.** Auf die dazu gefundenen Ergebnisse in Rechtsprechung und Lehre[117] kann zurückgegriffen werden. 104

Bei einem Anspruch auf **dauerhaftes Unterlassen** beginnt die Verjährungsfrist mit der Beendigung der Zuwiderhandlung. Jede erneute Zuwiderhandlung setzt eine neue Verjährungsfrist in Gang.[118] Davon geht auch der Gesetzgeber aus.[119] Das entspricht der ausdrücklichen Regelung des Art. 17: 104 Abs. 3 der Europäischen Grundregeln des Vertragsrechts. 105

---

[116] Bei dem Anspruch auf einmaliges Unterlassen entsteht kein Verjährungsproblem, siehe Palandt/*Heinrichs*, § 198 Rn 13.
[117] Siehe MüKo/*Grothe*, § 198 Rn 13; *Fritsche*, Zum Verjährungsbeginn bei Unterlassungsansprüchen, in: Festschrift für Rolland, 1999, S. 115 ff.
[118] RGZ 49, 20, 22 ff.; 80, 436, 438; *Peters/Zimmermann*, S. 79, 246, 304, 315; Abschlussbericht, S. 58; *Zimmermann/Leenen u.a.*, JZ 2001, 684, 688; *Mansel*, S. 333, 371; differenzierend und teilweise abweichend Staudinger/*Peters*, § 198 Rn 35 ff.
[119] *Diskussionsentwurf* S. 240.

106 Abs. 5 wird verschiedentlich als entsprechend anwendbar erklärt, siehe etwa §§ 200 S. 2 und 201 S. 2. Er ist Ausdruck eines **allgemeinen Rechtsgedankens**, der auch außerhalb des Anwendungsbereichs der §§ 199 bis 201 Beachtung verlangt.

107 Zu **zeitlichen Obergrenzen** des Anspruchs auf dauerhaftes Unterlassen und zu Besonderheiten der **Titelverjährung** siehe § 201 Rn 4.

§ 200 Beginn anderer Verjährungsfristen

¹Die Verjährungsfrist von Ansprüchen, die nicht der regelmäßigen Verjährungsfrist unterliegen, beginnt mit der Entstehung des Anspruchs, soweit nicht ein anderer Verjährungsbeginn bestimmt ist. ²§ 199 Abs. 5 findet entsprechende Anwendung.

Inhalt

A. Reformgehalt 1	II. Anspruchsentstehung 5
B. Regelungsgehalt 2	III. Ausnahme: Unterlassungsansprüche 6
I. Sachlicher Anwendungsbereich 2	

A. Reformgehalt

1 § 200 deckt sich tatbestandsmäßig mit § 198 a.F.; doch regelt § 200 den Beginn besonderer Verjährungsfristen, während § 198 a.F. den Beginn der Regelverjährung bestimmte.

B. Regelungsgehalt

I. Sachlicher Anwendungsbereich

2 § 200 ist ein **Auffangtatbestand**. Die Norm gilt für alle besonderen Verjährungsfristen des BGB oder anderer Gesetze (zum Anwendungsbereich der §§ 194 ff. siehe § 194 Rn 9–20), bei denen der Fristbeginn nicht bestimmt ist. Für die Regelverjährung (§ 195 und die auf die Regelverjährung verweisenden Normen wie z.B. §§ 438 Abs. 3, 634a Abs. 3) legt § 199 den Verjährungsbeginn fest.

3 § 200 findet **beispielsweise Anwendung** für die in den folgenden Vorschriften geregelten Verjährungsfristen:
- § 196 (Ansprüche gerichtet auf Vornahme von Verfügungen über ein Grundstück oder ein Recht an einem Grundstück oder auf Begründung eines solchen Rechts und die dazugehörigen Gegenansprüche);
- § 197 Abs. 1 Nr. 1 (dingliche Herausgabeansprüche);
- § 197 Abs. 1 Nr. 2 (familien- und erbrechtliche Ansprüche, sofern nicht § 197 Abs. 2 anzuwenden ist).

4 § 200 wird hingegen von den folgenden Normen, die einen anderen Beginn der jeweiligen besonderen Verjährungsfrist regeln, **verdrängt**:
- § 201 für die Verjährung der rechtskräftig festgestellten Ansprüche (§ 197 Abs. 1 Nr. 3 bis 5);
- § 438 Abs. 2 und 3 für die Verjährung der kaufvertraglichen Mangelansprüche;
- § 479 Abs. 1 für kaufrechtliche Rückgriffsansprüche;
- § 634a Abs. 2 und 3 für die Verjährung der werkvertraglichen Mangelansprüche;
- 651g Abs. 2 für die Verjährung reisevertraglicher Gewährleistungsansprüche;
- und ferner etwa in den §§ 548, 591b Abs. 2 und 3, 604, 695, 696, 801, 1057, 1226, 1302, 1378 Abs. 4, 2332, 2287; §§ 61 Abs. 2, 88, 439 Abs. 2, 463, 475a, 612 Abs. 1, 903 Abs. 1, 905 Abs. 2 S. 1 HGB; § 12 ProdHaftG; § 17 UmweltHG, § 51b BRAO; § 68 StBerG; § 51a WiPO; § 12 Abs. 1 S. 2 VVG; § 3 Nr. 11 S. 2 PflVersG; § 15 Abs. 5 ZuSEG.

II. Anspruchsentstehung

5 Die Verjährungsfrist beginnt mit der Entstehung des Anspruchs **(S. 1)**. § 200 deckt sich damit mit der ersten der beiden Voraussetzungen des Beginns der Regelverjährung (§ 199 Abs. 1 Nr. 1) und mit § 198 S. 1 a.F.; zum Begriff der Anspruchsentstehung siehe § 199 Rn 17 ff. Die Frist berechnet sich nach den §§ 187 bis 193.

III. Ausnahme: Unterlassungsansprüche

6 Ist der Anspruch auf ein Unterlassen gerichtet, beginnt die Verjährung mit der Zuwiderhandlung gegen den Anspruch; das folgt aus dem Verweis in **S. 2** auf § 199 Abs. 5 (dazu näher § 199 Rn 104–107).

Titel 1. Gegenstand und Dauer der Verjährung § 201

§ 201 Beginn der Verjährungsfrist von festgestellten Ansprüchen

¹Die Verjährung von Ansprüchen der in § 197 Abs. 1 Nr. 3 bis 5 bezeichneten Art beginnt mit der Rechtskraft der Entscheidung, der Errichtung des vollstreckbaren Titels oder der Feststellung im Insolvenzverfahren, nicht jedoch vor der Entstehung des Anspruchs. ²§ 199 Abs. 5 findet entsprechende Anwendung.

Inhalt

A. Reformgehalt 1	III. Verjährungsbeginn im einzelnen (S. 1) 5
B. Regelungsgehalt 2	1. Rechtskraft der Entscheidung (§ 197 Abs. 1 Nr. 3) .. 6
I. Anwendungsbereich 2	2. Titelerrichtung 9
II. Kein Verjährungsbeginn vor Anspruchs-	3. Feststellung im Insolvenzverfahren 11
entstehung (S. 1 letzter Hs.) 3	IV. Hemmung, Ablaufhemmung, Neubeginn 12

A. Reformgehalt

§ 201 regelt den Verjährungsbeginn für die in § 197 Abs. 1 Nr. 3 bis 5 bezeichneten Ansprüche. § 197 Abs. 1 Nr. 3 bis 5 entspricht § 218 Abs. 1 a.F. und nimmt auch Teile der Regelungen der §§ 219, 220 Abs. 1 a.F. in sich auf (siehe § 197 Rn 50 ff.). Der Beginn der Verjährung für diese Ansprüche war im bisherigen Recht nicht gesondert geregelt. Doch deckt sich § 201 weitgehend mit den Ergebnissen der **bisherigen Rechtsprechung** zu den §§ 197 Abs. 1 Nr. 3 bis 5, 198.¹ § 201 deckt sich mit Art. 17:104 Abs. 2, 3 Grundregeln des Europäischen Vertragsrechts (zu ihnen vor §§ 194 – 202 Rn 4 ff.). **1**

B. Regelungsgehalt

I. Anwendungsbereich

Es werden nur Ansprüche im Sinne von § 197 Abs. 1 Nr. 3 bis 5 erfasst (siehe § 197 Rn 50 ff.). **2**

II. Kein Verjährungsbeginn vor Anspruchsentstehung (S. 1 letzter Hs.)

Die Verjährung kann nicht vor der Entstehung des Anspruchs beginnen (vgl. **S. 1 letzter Hs.**).² Das ist insbesondere bei der Verurteilung nach §§ 257, 259 ZPO zur Erbringung erst **künftig fällig werdender Leistungen** oder bei einem Feststellungsurteil, das sich auf künftig fällig werdende Ansprüche erstreckt, bedeutsam.³ Zur Anspruchsentstehung, die regelmäßig der Anspruchsfälligkeit gleichzusetzen ist, siehe § 199 Rn 17 ff. **3**

Geht der Anspruch auf ein **Unterlassen**, so tritt an die Stelle der Anspruchsentstehung das Zuwiderhandeln gegen den Unterlassungsanspruch. Das folgt aus S. 2 i.V.m. § 199 Abs. 5 (siehe § 199 Rn 104 ff.). Daher beginnt auch bei einem rechtskräftig festgestellten Anspruch auf dauerhaftes Unterlassen die Verjährung erst mit der Zuwiderhandlung. Erfolgt diese erst mehr als dreißig Jahre nach Rechtskraft des Urteils, so ist dennoch keine Verjährung eingetreten, vielmehr beginnt erst dann die Verjährungsfrist zu laufen.⁴ Jede Zuwiderhandlung lässt eine neue Verjährungsfrist beginnen (§ 199 Rn 105). **4**

III. Verjährungsbeginn im einzelnen (S. 1)

S. 1 nennt drei Zeitpunkte, in welchen die Verjährung der fälligen (Rn 3) Ansprüche im Sinne von § 197 Abs. 1 Nr. 3 bis 5 beginnt. Die drei Zeitpunkte sind entsprechend ihrer Aufzählung den **drei Fällen des § 197 Abs. 1** Nr. 3, 4 und 5 zugeordnet.⁵ **5**

1. Rechtskraft der Entscheidung (§ 197 Abs. 1 Nr. 3)

Bei fälligen Ansprüchen im Sinne von § 197 Abs. 1 Nr. 3 (§ 197 Rn 53 ff.) beginnt die Verjährung mit der formellen Rechtskraft der Entscheidung, welche den Anspruch festgestellt hat, d. h. wenn diese Entscheidung **unanfechtbar** geworden ist. **6**

Die **Vollstreckbarkeit** der Entscheidung im Sinne von § 197 Abs. 1 Nr. 3 ist für den Verjährungsbeginn **unbeachtlich**. Das Gesetz stellt allein auf die formelle Rechtskraft ab. Das gilt nicht nur für Entscheidungen, die der Zwangsvollstreckung nicht zugänglich sind, wie etwa Feststellungsurteile (dazu, dass diese unter § 197 Abs. 1 Nr. 3 fallen, siehe § 197 Rn 62 f.), sondern auch für Entscheidungen, die erst aufgrund **7**

---

1 Ebenso BT-Drucks 14/6040, 109.
2 Ebenso das bisherige Recht, siehe etwa BGH VersR 1980, 927; MüKo/*Grothe*, § 218 Rn 11.
3 Zum bisherigen Recht siehe Staudinger/*Peters*, § 218 Rn 12.
4 So die h.M. zum bisherigen Recht: BGHZ 59, 72, 74 f.; MüKo/*Grothe*, § 218 Rn 11 m.w.N. zum Streitstand, auch zur Gegenmeinung.
5 Beschlussempfehlung und Bericht des Rechtsausschusses (6. Ausschuss), BT-Drucks 14/6857, 7, 44 (zu § 201).

einer Vollstreckbarerklärung oder einer ähnlichen weiteren gerichtlichen Entscheidung vollstreckt werden können, wie etwa für Schiedssprüche und Schiedsvergleiche oder für ausländische Urteile (siehe § 197 Rn 56–58).

8 Nach der hier vertretenen Auffassung fällt der gerichtliche oder notarielle Beschluss, welcher den **Anwaltsvergleich** für vollstreckbar erklärt, unter § 197 Abs. 1 Nr. 3; der Anwaltsvergleich selbst erfüllt keine der Voraussetzungen des § 197 Abs. 1 Nr. 3 bis 5. Damit beginnt bei einem Anwaltsvergleich die Verjährung erst mit der formellen Rechtskraft des entsprechenden Beschlusses (näher § 197 Rn 66). Auch der Schuldner kann einen entsprechenden Antrag auf Vollstreckbarerklärung stellen.[6] Offen ist, ob die Vollstreckbarerklärung erfolgen kann, wenn der materiellrechtliche Anspruch aus dem Vergleich bereits verjährt sein sollte (zur Verjährung siehe § 195 Rn 46). Nach der einen Auffassung kann der Antrag abgelehnt werden,[7] nach einer anderen[8] kann der Verjährungseinwand mittels einer Vollstreckungsgegenklage (§ 767 Abs. 2 ZPO) geltend gemacht werden.

2. Titelerrichtung

9 Bei fälligen Ansprüchen im Sinne von § 197 Abs. 1 Nr. 4 (§ 197 Rn 67–72) beginnt die Verjährung mit der Errichtung des vollstreckbaren Titels. Errichtung meint den Abschluss des vollstreckbaren Vergleichs (insbesondere die gerichtliche Protokollierung bzw. das Vorgehen nach § 162 Abs. 1 S. 2 ZPO)[9] und bei vollstreckbaren Urkunden die gerichtliche bzw. notarielle Beurkundung[10] und das Hinzutreten des auf die Erklärung der Unterwerfung unter die sofortige Zwangsvollstreckung gerichteten Publikationsakts.[11]

10 Bei dem gemäß § 308 Abs. 1 S. 2 InsO einem Vergleich im Sinne von § 794 Abs. 1 Nr. 1 ZPO gleichgestellten **Schuldenbereinigungsplan** beginnt die Verjährung mit Unanfechtbarkeit des den Plan nach § 308 Abs. 1 S. 1 InsO bestätigenden gerichtlichen Beschlusses. Zum **Anwaltsvergleich** siehe Rn 8.

3. Feststellung im Insolvenzverfahren

11 Bei fälligen Ansprüchen im Sinne von § 197 Abs. 1 Nr. 5 beginnt die Verjährung mit der Vollstreckbarkeit der zur **Insolvenztabelle** festgestellten Forderung.[12] Das richtet sich nach §§ 178, 201 Abs. 2, 215 Abs. 2 S. 2, 257 InsO. Zum Schuldenbereinigungsplan nach § 308 InsO siehe Rn 10.

IV. Hemmung, Ablaufhemmung, Neubeginn

12 Die Hemmung und Ablaufhemmung sowie der Neubeginn der Verjährung sind nach den §§ 203 ff. wie bei jeder anderen Verjährungsfrist auch zu prüfen. Eine Feststellungsklage zur Unterbrechung der Titelverjährung ist zulässig, wenn sie die einzige Möglichkeit ist, den Ablauf der Verjährungsfrist abzuwenden.[13] Zu dem Parallelproblem bei § 197 Abs. 2 siehe § 197 Rn 86.

§ 202 Unzulässigkeit von Vereinbarungen über die Verjährung

(1) ¹Die Verjährung kann bei Haftung wegen Vorsatzes nicht im Voraus durch Rechtsgeschäft erleichtert werden.

(2) ¹Die Verjährung kann durch Rechtsgeschäft nicht über eine Verjährungsfrist von 30 Jahren ab dem gesetzlichen Verjährungsbeginn hinaus erschwert werden.

---

6 Zöller/*Geimer*, ZPO, 22. Aufl. 2001, § 796a ZPO Rn 3a.
7 Allgemein dazu (ohne speziellen Verjährungsbezug) Zöller/*Geimer*, ZPO, 22. Aufl. 2001, § 796a ZPO Rn 22.
8 Allgemein dazu (ohne speziellen Verjährungsbezug) LG Halle NJW 1999, 3567; *Münzberg*, Einwendungen gegenüber vollstreckbaren Anwaltsvergleichen, NJW 1999, 1357, 1359; weitere Nachweise bei Zöller/*Geimer*, ZPO, 22. Aufl. 2001, § 796a ZPO Rn 22.
9 Siehe dazu etwa Thomas/*Putzo*, § 794 ZPO Rn 11.
10 Siehe dazu etwa Zöller/*Stöber*, § 794 ZPO Rn 25; Thomas/*Putzo*, § 794 ZPO Rn 46 f., 55.
11 Zu diesem siehe *Wieczorek/Schütze/Paulus*, ZPO, 3. Auflage 1999, § 794 ZPO Rn 89.
12 Nicht ganz eindeutig, aber wohl gleichfalls auf die Vollstreckbarkeit abstellend (zum bisherigen Recht): Hess/Weis/Wienberg/*Weis*, Kommentar zur Insolvenzordnung, Band 1, 2. Aufl. 2001, § 201 InsO Rn 20; Kübler/Prütting/*Holzer*, Kommentar zur Insolvenzordnung, Band II, Stand: August 2001, § 201 InsO Rn 7; unklar zum alten Recht (wohl auf die Feststellung abstellend) Jaeger/*Weber*, Konkursordnung mit Einführungsgesetzen, Zweiter Band 1. Halbband (§§ 71–206 KO), 8. Aufl. 1973, § 145 KO Rn 6.
13 Zum bisherigen Recht h.M., vgl. BGHZ 93, 287, 289 f.; umfassende Nachweise bei MüKo/*Grothe*, § 218 Rn 12, der selbst der Gegenansicht zuneigt.

Titel 1. Gegenstand und Dauer der Verjährung § 202

Inhalt

A. Reformgehalt 1	aa) Zeitliche Grenzen des § 309 Nr. 8 Buchst. b) Doppelbuchst. ee) und ff) 40
I. Bisheriges Recht 1	bb) Inhaltliche Grenze des § 309 Nr. 7, Nr. 8 Buchst. a) bei verschuldeten Pflichtverletzungen 45
II. Neues Recht 3	
III. Europäische Grundregeln 6	
B. Regelungsgehalt 7	cc) Generalklausel des § 307 49
I. Verjährungsrechtliche Vertragsfreiheit 7	dd) Keine geltungserhaltende Reduktion 53
1. Grundsatz 7	b) Vereinbarungen außerhalb des Anwendungsbereichs der §§ 307 ff., insbesondere Individualvereinbarungen 54
2. Zeitpunkt und Form 8	
3. Sachliche Regelungsgegenstände 10	
II. Grenzen der Vertragsfreiheit 11	III. Erleichterungen oder Erschwerungen der Verjährung nach besonderen Vorschriften 55
1. Verjährungserleichterungen, -erschwerungen 11	
2. Verjährungserleichterungen 12	1. Verbrauchsgüterkauf: § 475 Abs. 2, 3 56
a) Vorsatzhaftung (Abs. 1) 12	2. Rückgriff des Verkäufers: § 478 Abs. 4 57
b) Mindestfrist 15	3. Reisevertrag: § 651m 58
aa) Keine allgemeine gesetzliche Mindestfrist ... 15	4. Fracht-, Speditions-, Lagergeschäft: §§ 439 Abs. 3, 463, 475 a HGB 59
bb) Grenzen der Verjährungsverkürzung 17	
cc) Regelverjährung: Veränderungen der §§ 195, 199 22	IV. Einzelfragen 60
dd) Verkürzung besonderer Verjährungsfristen ... 27	1. Unverjährbarkeit 60
3. Verjährungserschwerungen 32	2. Mittelbare Verjährungsregelungen 62
a) Grundsatz der Vertragsfreiheit 32	3. Verjährungsverzicht 63
b) Zeitliche Obergrenze (Abs. 2) 33	4. Auslegung der Vereinbarung 65
4. Inhaltskontrolle 39	a) Anwendung auf konkurrierende Ansprüche .. 65
a) Allgemeine Geschäftsbedingungen 39	b) Vereinbarungen nach bisherigem Recht 66

A. Reformgehalt

I. Bisheriges Recht

Nach **bisherigem Recht** war die Vertragsfreiheit im Verjährungsrecht eingeschränkt. § 225 S. 1 a.F. **1** gestattete keine Abreden, welche die Verjährung ausschlossen oder erschwerten. Solche Vereinbarungen waren daher gemäß § 134 nichtig.[1] Unter dieses Verbot fiel nicht nur die ausdrückliche Verlängerung der Verjährungsfrist, sondern beispielsweise auch die Vereinbarung gesetzlich nicht vorgesehener Hemmungs- oder Unterbrechungsgründe. Große Bereiche des Verjährungsrechts waren mithin **zwingendes Recht**. Ausgenommen von dem **Verbot der Verjährungsverlängerung** waren nach bisherigem Recht die kurzen Gewährleistungsfristen im Kauf- und Werkvertragsrecht (siehe §§ 477 Abs. 1 S. 2, 480 Abs. 1, 490 Abs. 1 S. 2, 638 Abs. 2 a.F.); bei ihnen war eine vertragliche Verlängerung der Verjährungsfrist bis zu dreißig Jahren möglich.

Verjährungserleichterungen, insbesondere die Abrede kürzerer Verjährungsfristen, waren nach § 225 S. 2 **2** a.F. zulässig. § 11 Nr. 10 Buchst. e) und f) AGBG a.F. verhinderte jedoch die Abkürzung der gesetzlichen Gewährleistungsfristen durch Allgemeine Geschäftsbedingungen. Die Regelungen gelten als § 309 Nr. 8 Buchst. c) Doppelbuchst. ee) und ff) im neuen Recht fort. § 9 AGBG a.F. (jetzt § 307) zog weitere Grenzen, insbesondere für Verjährungsverkürzungen in Allgemeinen Geschäftsbedingungen.[2] Daneben erfolgte auch eine Inhaltskontrolle von Individualvereinbarungen, welche die Verjährungsfrist verkürzten, gemäß §§ 242, 138.[3]

II. Neues Recht

§ 202 folgt – trotz seiner irreführenden Überschrift[4] – einem **gänzlich anderen Regelungsmodell** als **3** das bisherige Recht. Sowohl Verjährungserschwerungen wie Verjährungsverkürzungen sind aufgrund der allgemeinen Vertragsfreiheit (§ 311 Abs. 1) grundsätzlich zulässig. Zu dieser allgemeinen Regel stellt § 202 lediglich die Beschränkungen des Abs. 1 (keine Verjährungserleichterung für Vorsatzhaftung vor Anspruchsentstehung) und des Abs. 2 (keine Verjährungsverlängerung über dreißig Jahre hinaus)

---

1 Siehe beispielsweise BGH VersR 2001, 1052, 1053; BGH NJW 1988, 1259, 1260.
2 Siehe *Brandner*, in: Ulmer/Brandner/Hensen/Schmidt, AGB-Gesetz, 9. Aufl. 2001, § 9 Rn 158; Wolf/Horn/Lindacher/*Wolf*, AGB-Gesetz, 4. Aufl. 1999, § 9 Rn 74.
3 Siehe nur MüKo/*Grothe*, § 225 Rn 21; Staudinger/*Peters*, § 225 Rn 21; Soergel/*Niedenführ*, § 225 Rn 6 ff.; zur durch § 88 HGB aufgestellten Grenze siehe BGHZ 75, 218, 220; zur zeitlichen Untergrenze nach bisherigem Recht folgend aus §§ 93 Abs. 6, 113 AktG, § 52 Abs. 3 GmbHG, §§ 41, 34 Abs. 6 GenG siehe BGHZ 64, 238, 244 bei Ansprüchen gegen Aufsichtsratsmitglieder einer Publikums-KG; zu Verkürzungsgrenzen aus § 43 Abs. 3 GmbHG siehe BGH WM 1973, 74.
4 *Zimmermann/Leenen u.a.*, JZ 2001, 684, 698 Fn 173; siehe noch BT-Drucks 14/6487, 7, 43: Der Vorschlag des Bundesrats, in der Überschrift der Norm die Wörter „Unzulässigkeit von" zu streichen, um das Gewollte klarzustellen, wurde zwar abgelehnt, doch hatte das keine inhaltlichen Gründe; siehe noch Bundesrat, Niederschrift der Beratung der Beschlussempfehlung, 18.6.2001, unveröffentlicht, unter C 10, zu § 202.

auf. Das Gesetz übernimmt in Abs. 2 im Ergebnis die bereits nach bisherigem Recht (§§ 477 Abs. 1, 638 Abs. 2 a.F.) vorgesehenen Verlängerungsmöglichkeiten bei den kurzen kauf- und werkvertraglichen Gewährleistungsfristen des alten Rechts und dehnt sie auf alle Verjährungsfristen aus.[5]

4 Hinzu treten die besonderen Vorschriften, die jeweils spezifische Schutzbedürfnisse erfüllen und deshalb die **Vertragsfreiheit im Verjährungsrecht** einschränken (siehe Rn 55 ff.).

5 Die starke **Erweiterung der Vertragsfreiheit** bei Verjährungsabreden wurde infolge der Vereinheitlichung der Verjährungsfristen erforderlich, um der Vertragspraxis die Möglichkeit zu gewähren, sachgerechte Regelungen für einzelne Vertragstypen zu finden.[6] Die Neuregelung deckt sich im Kern mit den Vorschlägen der ökonomischen Analyse des Rechts.[7] Sie entspricht den **Bedürfnissen der Praxis**[8], die unter Geltung des alten Rechts erfolgreich versucht hat, das Verbot der Verjährungsverlängerung gemäß § 225 S. 1 a.F. zu umgehen. Die Rechtsprechung hat dieses Parteiinteresse anerkannt und im bisherigen Recht zwischen unzulässigen unmittelbaren und zulässigen mittelbaren Verjährungserschwerungen unterschieden. Zulässig waren beispielsweise die Stundung, Vereinbarungen, welche die Fälligkeit des Anspruchs und damit den Verjährungsbeginn hinausschoben oder das sog. „pactum de non petendo".[9] Diese **Hilfskonstruktionen** können nach neuem Recht durch unmittelbar die Verjährung betreffende Abreden ersetzt werden. Die Zulassung verjährungserschwerender Vereinbarungen dient auch der Rechtsklarheit, da hierdurch Umgehungsvereinbarungen überflüssig werden, die den Eintritt der Verjährung nur mittelbar erschweren.[10]

III. Europäische Grundregeln

6 § 202 deckt sich im Kern mit Art. 17:116 der Europäischen Grundregeln des Vertragsrechts (zu diesen siehe vor §§ 194 – 218 Rn 4 ff.). Nach dem genannten Artikel sind Verjährungsvereinbarungen, insbesondere Verkürzungen und Verlängerungen der Verjährungsfrist, zulässig. Doch ist eine Verkürzung auf weniger als ein Jahr und eine Verlängerung auf mehr als dreißig Jahre – gerechnet ab dem regulären Verjährungsbeginn nach Art. 17:104 der Grundregeln (siehe dazu § 199 Rn 6) – unwirksam. Die **Höchstgrenze** entspricht Abs. 2. Zur **Mindestgrenze** siehe Rn 15 f.

B. Regelungsgehalt

I. Verjährungsrechtliche Vertragsfreiheit

1. Grundsatz

7 § 202 setzt die Gewährleistung der Vertragsfreiheit im Verjährungsrecht als nun – nach Änderung des § 225 S. 2 a.F. – selbstverständlich voraus.[11] Danach sind vertragliche Vereinbarungen, welche Fragen der Anspruchsverjährung zum Inhalt haben, grundsätzlich zulässig. Die Vorschrift formuliert diesen Grundsatz nicht, sondern regelt allein die Grenzen der Vertragsfreiheit. Soweit § 202 Abreden eines bestimmten Inhalts verbietet, ist § 202 ein Verbotsgesetz. Daher ist eine Abrede, die gegen § 202 verstößt, nach § 134 nichtig. An ihre Stelle tritt – falls bei Individualvereinbarungen keine interessengerechte Aufrechterhaltung der Abrede in reduzierter Form möglich sein sollte[12] – die gesetzliche Regelung der §§ 194 ff. und der einschlägigen besonderen Verjährungsregeln.

2. Zeitpunkt und Form

8 Verjährungsvereinbarungen sind **nicht** an einen **bestimmten Zeitpunkt** gebunden. Die allgemeine Vertragsfreiheit gestattet es, sowohl vor Entstehung des Anspruchs eine noch nicht laufende als auch nachträglich eine bereits laufende Verjährungsfrist (und andere Verjährungsregeln) zu verändern, wenn die Parteien das im konkreten Einzelfall für zweckmäßig halten.[13]

9 Verjährungsabreden nach § 202 unterliegen grundsätzlich keiner besonderen Formvorschrift.[14] Das ist sachgerecht, werden doch insbesondere Verjährungsverlängerungen häufig bei **mündlichen Verhandlungen**

---

5 BT-Drucks 14/6040, 110.
6 Siehe *Mansel*, S. 333, 399.
7 Siehe vor allem *Kötz*, Festschrift für Medicus, 1999, S. 283, insbesondere 294 ff.; *Eidenmüller*, JZ 2001, 283, 284 f.; kritisch *Bydlinski*, S. 381, 385 Fn 27.
8 BT-Drucks 14/6040, 110.
9 Siehe den Überblick über diese Rechtsprechung in MüKo/*Grothe*, § 225 Rn 4; Soergel/*Niedenführ*, § 225 Rn 1f.; Staudinger/*Peters*, § 225 Rn 7 ff.
10 BT-Drucks 14/6040, 110.
11 BT-Drucks 14/6040, 110 f.; BT-Drucks 14/6487, 7, 43.
12 Siehe dazu OLG Köln NJW-RR 2001, 1302 f. zur Reduktion eines umfassenden individualvertraglichen Haftungsausschlusses auf das zulässige Maß.
13 BT-Drucks 14/6040, 110.
14 *Diskussionsentwurf*, S. 297.

vereinbart. Die im Streitfall beweisbelastete Partei hat daher in eigenem Interesse für die beweiserleichternde Dokumentation zu sorgen.

3. Sachliche Regelungsgegenstände

Gegenstand einer Verjährungsvereinbarung können – in den sogleich aufzuzeigenden Grenzen (Rn 11 ff.) – **alle Regelungsfragen der §§ 194 ff.** sein, also nicht nur die Länge der Verjährungsfrist, sondern insbesondere auch Verjährungsbeginn, -hemmung, -ablaufhemmung oder -neubeginn, -verzicht etc.[15] **10**

II. Grenzen der Vertragsfreiheit
1. Verjährungserleichterungen, -erschwerungen

§ 202 stellt Grenzen der Vertragsfreiheit für vereinbarte Verjährungserleichterungen (Abs. 1, Rn 12 ff.) und -erschwerungen (Abs. 2, Rn 32 ff.) auf. Die Begriffe sind weit zu verstehen und erfassen nicht nur Verkürzungen oder Verlängerungen der Verjährungsfrist, sondern **alle Abreden,** aus welchen ein früherer (Erleichterung) oder späterer (Erschwerung) Verjährungseintritt als dreißig Jahre nach dem Verjährungseintritt, wie ihn das Gesetz selbst bestimmt, folgen würde, wenn sich der Tatbestand der Verjährungsabrede erfüllen sollte. Ob er sich im konkreten Fall erfüllen wird, ist unbeachtlich. Auch Veränderungen bei den Hemmungs- oder Neubeginntatbeständen (§§ 203 ff.) oder dem Verjährungsbeginn etc. können einen anderen Ablauf der Verjährungsfrist bewirken. Siehe näher (für die Erschwerung) Rn 38. **11**

2. Verjährungserleichterungen
a) Vorsatzhaftung (Abs. 1)

Nach Abs. 1 kann bei Haftung wegen Vorsatzes die Verjährung nicht im Voraus durch Rechtsgeschäft erleichtert werden.[16] Wenn gemäß § 276 Abs. 3 selbst die Haftung wegen Vorsatzes dem Schuldner nicht im Voraus erlassen werden kann, muss auch der Weg verschlossen sein, die Wertungsaussage des § 276 Abs. 3 durch verjährungserleichternde Vereinbarungen auszuhöhlen.[17] Die Rechtsprechung hat im Rahmen des § 276 Abs. 2 a.F., der § 276 Abs. 3 entspricht, Abkürzungen der Verjährungsfrist zugelassen.[18] Nach Abs. 1 sind sie unzulässig und damit gemäß **§ 134** nichtig. **12**

Abs. 1 regelt einen Teilaspekt der Verjährungserleichterung bei Haftung wegen vorsätzlichen Verhaltens (Tun oder Unterlassen). Mit **Vorsatz** ist jede Form des Vorsatzes im Sinne des § 276 Abs. 1 gemeint. **13**

Zulässig ist die **nachträglich**, also nach Anspruchsentstehung, vereinbarte Verjährungserleichterung bei Haftung wegen eines vorsätzlichen Verhaltens, nicht aber eine entsprechende Vereinbarung vor der Anspruchsentstehung („im Voraus"). **14**

b) Mindestfrist
aa) Keine allgemeine gesetzliche Mindestfrist

Der **Bundesrat** hat im Gesetzgebungsverfahren erfolglos die Einführung einer Mindestfrist angeregt, um Vereinbarungen, nach welchen alle Ansprüche sofort verjährt sind, zu verhindern. Eine solche Regelung kann außerhalb der Inhaltskontrolle von Allgemeinen Geschäftsbedingungen (§§ 307 ff., siehe Rn 39 ff.) nur am Maßstab der §§ 138 und 242 (siehe Rn 18 ff., 54) überprüft werden.[19] **15**

Der Gesetzgeber sieht in § 202 bewusst **keine allgemeine Mindestverjährungsdauer** vor, denn der Sinn einer Mindestfrist wäre es sicherzustellen, dass dem Gläubiger stets eine angemessene Zeit zur Verfügung steht, um zur Vermeidung des Verjährungseintritts Rechtsverfolgungsmaßnahmen zu ergreifen. Es sei aber nicht möglich, eine angemessene absolute Mindestfrist festzulegen. Es käme daher allein die Verwendung eines unbestimmten Rechtsbegriffs in Betracht, beispielsweise verjährungserleichternde Vereinbarungen nur insoweit zuzulassen, als dem Gläubiger stets eine angemessene Zeit zur Geltendmachung des Anspruchs belassen wird. Eine solche Regelung stellte indes eine Ausprägung des Grundsatzes von Treu und Glauben und des Verbots sittenwidriger Rechtsgeschäfte dar, so dass eine im Einzelfall vertraglich vereinbarte Verjährungsfrist letztlich doch am Maßstab der §§ 138 und 242 zu messen wäre, was der Bundesrat aber gerade vermeiden wolle. Außerdem dürfe nicht übersehen werden, dass es im Rahmen der Vertragsfreiheit grundsätzlich möglich ist, Ansprüche ganz auszuschließen. Es erscheine fraglich, den Parteien bestimmte verjährungserleichternde Vereinbarungen zu untersagen, soweit sie zu dem stärkeren Mittel des Anspruchsausschlusses greifen können. Schließlich sei zu befürchten, dass eine solche Regelung – entgegen dem Willen des Bundesrates – den Schutz des Gläubigers schwächen würde. Die Aussage, die gesetzlichen Verjährungsfristen dürften nur auf eine zur Geltendmachung des Anspruchs angemessene Frist **16**

---

15 Siehe die Beispiele (zu § 225 S. 2 a.F.) bei Palandt/*Heinrichs*, § 225 Rn 4.
16 Zur Diskussion im Gesetzgebungsverfahren siehe *Mansel*, S. 333, 399.
17 BT-Drucks 14/6040, 110 f.
18 Siehe die Nachweise bei Palandt/*Heinrichs*, § 276 Rn 57.
19 Prüfbitte des Bundesrats, BT-Drucks 14/6487, 7.

verkürzt werden, impliziere, dass die gesetzlichen Verjährungsfristen grundsätzlich länger als angemessen sind.[20]

bb) Grenzen der Verjährungsverkürzung

17 Danach ist die Grenze der Verjährungsverkürzung – neben Abs. 1 und den besonderen Vorschriften (Rn 55 ff.) – allein die Inhaltskontrolle der Vereinbarung (Rn 39 ff., 54). Dabei ist zu beachten, dass – aus der Sicht des Gesetzgebers – die gesetzlichen Verjährungsfristen grundsätzlich angemessen sind, insbesondere im Hinblick auf den Gläubigerschutz. Das hat Bedeutung für die **Inhaltskontrolle**.

18 Unter Geltung des **bisherigen Rechts** hat die Rechtsprechung über § 9 AGBG a.F. (= § 307) und über § 242 (außerhalb des Anwendungsbereichs des AGBG a.F.) in vielen Einzelfällen Verjährungserleichterungen kontrolliert und Klauseln die Wirksamkeit verweigert, welche im Ergebnis die Verjährungsfrist unangemessen abkürzten. Die Rechtsprechung geht von einer solchen im Rahmen der Generalklausel (§ 9 AGBG a.F. bzw. jetzt § 307) zu prüfenden Unangemessenheit aus, wenn die Klausel bewirkt, dass die Durchsetzung etwaiger Ersatzansprüche weitgehend verhindert würde.[21] Entsprechendes gilt für die Kontrolle nach § 242. Unangemessene Verjährungsfristklauseln sind nach § 307 bzw. – bei Unanwendbarkeit der Vorschrift – nach § 242 unwirksam.

19 Eine **geltungserhaltende Reduktion** auf eine angemessene Mindestfrist findet im Rahmen des § 307 nicht statt (Rn 53). Außerhalb des Anwendungsbereichs der §§ 307 ff. ist zu prüfen, ob die Klausel teilweise gemäß § 139 oder gemäß § 140 mit einem zulässigen Inhalt aufrecht erhalten werden kann.[22]

20 Im bisherigen Recht war die Tendenz festzustellen, dass vereinbarte Fristverkürzungen nur dann als angemessen betrachtet wurden, wenn die verkürzte Frist in relativer Nähe zu den **gesetzlichen Verjährungsfristen** festgesetzt wurde. Denn ihnen kommt eine **Ordnungs- und Leitbildfunktion** zu,[23] weshalb der durch den Gesetzgeber mit den Verjährungsnormen gefundene Interessenausgleich von Gläubiger und Schuldner grundsätzlich als angemessen im Sinne des § 307 bzw. des § 242 zu erachten ist. Daher sind daran die parteiautonomen Verjährungsregeln zu messen.[24] Stärkere Fristverkürzungen waren bezogen auf die dreißigjährige Regelverjährungsfrist des § 195 a.F. erlaubt,[25] da diese lange Frist häufig als unangemessen betrachtet wurde.

21 Es ist zu erwarten, dass die Rechtsprechung an diesen Grundsätzen auch im Rahmen des neuen Rechts festhalten wird. Allerdings dürfte es zu Akzentverschiebungen kommen. Dabei sind zwei gegenläufige **Argumentationsstränge** zu beachten.
– Zum einen wurde die **Leitbildfunktion** der gesetzlichen Fristen **gestärkt**, da sich der Gesetzgeber im Schuldrechtsmodernisierungsgesetz um die Festsetzung angemessener Fristen bemühte und dies eine wesentliche Triebfeder der Verjährungsrechtsreform war. Das gilt jedenfalls für die neu geregelten Verjährungsfristen.
– Zum anderen hat der Gesetzgeber zahlreiche besondere Vorschriften aufgehoben und insoweit die Regelverjährung eingreifen lassen. Gleichzeitig hat er die **Parteiautonomie** im Verjährungsrecht durch die Ausnahmevorschrift des § 202 gestärkt, um den Parteien zu ermöglichen, auf ihren speziellen Fall passende Verjährungsregeln zu vereinbaren.

Nach **neuem Recht** ist stärker **zu differenzieren** (siehe Rn 22 ff.).

cc) Regelverjährung: Veränderungen der §§ 195, 199

22 Für die Regelverjährung nach §§ 195, 199 ist zu beachten: Die Dreijahresfrist des § 195 a.F. ist zwar relativ kurz; zugleich ist der Fristbeginn aber kenntnisabhängig. Die Maximalfristen (§ 199 Abs. 2 bis 4) von zehn und dreißig Jahren sind vergleichsweise lang. Verjährungserleichterungen werden hier in der Praxis weniger durch eine Verkürzung der dreijährigen Regelverjährung gesucht werden, sondern stärker durch die Vereinbarung eines objektiven Verjährungsbeginns (z.B. mit Fälligkeit des Anspruchs) und durch eine Abkürzung der Maximalfristen. Die Ermittlung der **Angemessenheit im Sinne der §§ 307 bzw. 242** (zur Angemessenheit in einzelnen Fällen siehe im Folgenden) insoweit vereinbarter Verjährungserleichterungen bedarf der genauen Interessenanalyse im Einzelfall. Die Vorhersage, wie sich die Rechtsprechung in diesem

---

20 Gegenäußerung der Bundesregierung, BT-Drucks 14/6487, 43.
21 Zum bisherigen Recht siehe etwa BGH NJW-RR 1988, 559, 561.
22 Siehe dazu in allgemeinem Zusammenhang OLG Köln NJW-RR 2001, 1302 (Reduktion eines unzulässigen umfassenden individualvertraglichen Haftungsausschlusses auf einen zulässigen Inhalt).
23 Der *Diskussionsentwurf*, S. 296, betont – allerdings im Zusammenhang mit der Verjährungserschwerung – die Ordnungs- und Leitbildfunktion der gesetzlichen Verjährungsfristen, die im Rahmen des § 311 DiskE (= § 9 AGBG a.F. = § 307) bedeutsam würde.
24 Dazu – allerdings am Beispiel einer Fristverlängerung im Rahmen des bisherigen Rechts – BGH NJW 1990, 2065, 2066 mit zahlreichen Nachweisen.
25 Siehe die Nachweise bei Staudinger/*Peters*, § 225 Rn 19 ff., 14 ff.; siehe ferner etwa OLG Stuttgart, NJW-RR 2000, 1551: Nach bisherigem Recht ist die Verkürzung der nach altem Recht geltenden dreißigjährigen Verjährungsfrist für werkvertragliche Mangelfolgeschäden auf sechs Monate gemäß § 9 AGBG a.F. unwirksam.

Bereich entwickeln wird, ist mit großen Unsicherheiten belastet. Das bedeutet für die Praxis eine erhöhte Vorsicht bei der Vereinbarung von Verjährungserleichterungen. Folgende Vermutungen können angestellt werden.

Es steht zu erwarten, dass eine **Verkürzung der Regelverjährungsfrist** bei kenntnisabhängigem Verjährungsbeginn grundsätzlich als angemessen angesehen wird, da (und soweit) der Gläubiger hier stets noch die Möglichkeit der Anspruchsverfolgung hat. Lediglich seine Überlegensfrist (§ 199 Rn 8) verkürzt sich. 23

Spürbare Verkürzungen bei gleichzeitiger Vereinbarung eines **objektiven Verjährungsbeginns** mit der Anspruchsentstehung dürften regelmäßig als noch angemessen angesehen werden bei Ansprüchen, deren Entstehung dem Gläubiger typischerweise bekannt sind (insbesondere bei vertraglichen Primäransprüchen). Denn auch hier bleibt ihm – allerdings nur im Regelfall – eine realistische Möglichkeit der Rechtsverfolgung. 24

Bei anderen Ansprüchen, insbesondere **Schadensersatzansprüchen**, dürfte hingegen regelmäßig von der Unangemessenheit einer solchen Regelung auszugehen sein, weil ein vereinbarter, nicht die Anspruchsentstehung voraussetzender objektiver Verjährungsbeginn den Verjährungseintritt vor Eintritt der Fälligkeit des Anspruchs herbeiführen kann. Das ist z.B. der Fall, wenn vereinbart wird, dass die Verjährung aller konkurrierender Schadensersatzansprüche mit dem Tag des Vertragsabschlusses beginnt. Das gesetzgeberische Leitbild des § 199 Abs. 1 will diese Verkürzung der Gläubigerrechte aber gerade vermeiden. Anderes kann gelten, wenn vereinbart wird, dass Schadensersatzansprüche, soweit mit ihnen erst nach Ablauf der parteiautonom verkürzten Verjährungsfrist auftretende **Folgeschäden** geltend gemacht werden sollen, den gesetzlichen Verjährungsregeln (einschließlich des Grundsatzes der Schadenseinheit, siehe § 199 Rn 20 ff.) unterliegen. Alle vorhersehbaren Folgeschäden würden dann so verjähren, wie sie bei Geltung der §§ 195, 199 verjährten. 25

Die bisherige Rechtsprechung zur Verkürzung der dreißigjährigen Regelverjährungsfrist des § 195 a.F. dürfte im Kern weitergeführt werden, soweit es vereinbarte Abkürzungen der objektiv beginnenden (§ 199 Rn 71) **Maximalfristen** des § 199 Abs. 2 bis 4 betrifft. 26

dd) Verkürzung besonderer Verjährungsfristen

Im Anwendungsbereich des **§ 309 Nr. 8 Buchst. b) Doppelbuchst. ff)** ist eine in Allgemeinen Geschäftsbedingungen verabredete Erleichterung der Verjährung von Ansprüchen gegen den Verwender wegen eines Mangels in den Fällen des § 438 Abs. 1 Nr. 2 und des § 634a Abs. 1 Nr. 2 unwirksam. Gleiches gilt in den sonstigen Fällen der §§ 438, 634a für AGB-Klauseln, durch welche eine weniger als ein Jahr betragende Verjährungsfrist ab dem gesetzlichen Verjährungsbeginn erreicht wird. Für Verträge, in die Teil B der Verdingungsordnung für Bauleistungen (VOB/B) insgesamt einbezogen ist, gelten die danach vorgesehenen Verjährungsregeln ohne Inhaltskontrolle nach § 309 Nr. 8 Buchst. b) Doppelbuchst. ff). Siehe dazu Rn 40 ff. 27

Soweit eine Inhaltskontrolle von Verjährungsabreden allein anhand von **§ 307** oder von **§ 242** vorzunehmen ist, ist im Grundsatz davon auszugehen, dass Verjährungserleichterungen, die nach § 308 Nr. 8 Buchst. b) Doppelbuchst. ff) in Allgemeinen Geschäftsbedingungen wirksam wären, auch außerhalb Allgemeiner Geschäftsbedingungen als angemessen einzustufen sind, wenn nicht im Einzelfall besondere Vertragsumstände eine andere Interessenabwägung verlangen. Das bedeutet: Verjährungserleichterungen, die für Ansprüche aus § 438 Abs. 1 Nr. 1 und Nr. 3 sowie Ansprüche aus § 634a Abs. 1 Nr. 1 und Nr. 3 gelten, sind regelmäßig als angemessen und damit wirksam zu erachten, wenn durch sie keine geringere als eine ein Jahr betragende Verjährungsfrist ab dem gesetzlichen Verjährungsbeginn erreicht wird. 28

Davon abgesehen steht zu erwarten, dass auch nach neuem Recht Erleichterungen der Verjährung nach besonderen Verjährungsnormen – sei es durch eine Fristenverkürzung, indirekt über einen veränderten Fristenbeginn oder auf andere Weise – im Rahmen der Inhaltskontrolle nach § 307 bzw. nach § 242 als **unangemessen** angesehen werden, wenn sie sich ohne sachlichen Grund weit von der gesetzlichen Verjährungsfrist und dem entsprechenden Verjährungsbeginn entfernen. Das würde der **Linie der bisherigen Rechtsprechung** entsprechen (Rn 18 ff.). 29

Ob hiervon eine Ausnahme insbesondere für die zweijährige **kaufrechtliche Gewährleistungsfrist** des § 438 Abs. 1 Nr. 3 zu gelten hat, ist offen; dazu, dass bei Verjährungsabreden in Allgemeinen Geschäftsbedingungen § 309 Nr. 8 Buchst. b) Doppelbuchst. ff) zu beachten ist, siehe Rn 27. Der Gesetzgeber weist für die kaufrechtliche Gewährleistungsfrist des § 438 Abs. 1 Nr. 3, die an die Stelle der wesentlich kürzeren Frist des § 477 Abs. 1 a.F. getreten ist, ausdrücklich darauf hin, dass gemäß Abs. 1 grundsätzlich eine Verkürzung durch Rechtsgeschäft, ausgenommen bei Haftung wegen Vorsatz, möglich sei.[26] Durch diese Verkürzungsmöglichkeit soll die Belastung der Verkäufer durch die Vervierfachung der Sechsmonatsfrist des § 477 a.F. ausgeglichen werden. 30

---

[26] BT-Drucks 14/6040, 229.

31 Daher kann bei entsprechender Interessenlage im Einzelfall eine **Verkürzung** (außerhalb des Geltungsbereichs des § 309, siehe Rn 27, und natürlich außerhalb des Geltungsbereichs des § 475 Abs. 2 für den Verbrauchsgüterkauf, siehe Rn 56) der zweijährigen Gewährleistungsfrist des § 438 Abs. 1 Nr. 3 auf eine Verjährungsfrist von **sechs Monaten** ab Fälligkeit, die immerhin dem bisher geltenden Recht entspricht, noch als **angemessen** im Sinne des § 307 bzw. der Inhaltskontrolle nach § 242 angesehen werden. Vorauszusetzen ist hierfür jedoch, dass sich die Fristverkürzung ausdrücklich nicht auf deliktische Parallelansprüche (bei Weiterfresserschäden, siehe § 195 Rn 54) und nicht auf sonstige, nicht mangelbezogene Schadensersatzansprüche bezieht, denn für diese galt nach bisherigem Recht die Frist des § 477 a.F. nicht.[27] Das Abstellen auf den Fälligkeitszeitpunkt stellt sicher, dass der Gläubiger im Regelfall mit dem Verjährungsbeginn auch Kenntnis von dem Anspruch und dem Anspruchsgegner erlangt, denn bei Schadensersatzansprüchen gehört zur Fälligkeit regelmäßig auch der Schadenseintritt. Nach **anderer Ansicht**[28] spricht vieles dafür, dass es im unternehmerischen Bereich, in welchem § 309 nicht gelte (§§ 14, 310 Abs. 1), mit § 307 nicht vereinbar sein wird, die Frist des § 438 Abs. 1 Nr. 3 zu verkürzen. Sie habe einen hohen Gerechtigkeitsgehalt und stelle sicher, dass dem Unternehmer, der mit einem Endverbraucher kontrahiert, der Regressanspruch gegen seinen Lieferanten verjährungsrechtlich nicht abgeschnitten werde.

3. Verjährungserschwerungen

a) Grundsatz der Vertragsfreiheit

32 Aus Abs. 2 folgt indirekt, dass alle anderen als die dort genannten Verjährungserschwerungen (zum Begriff siehe Rn 11) nach dem **Grundsatz der verjährungsrechtlichen Vertragsfreiheit** – vorbehaltlich besonderer Regelungen (Rn 55 ff.) und der Inhaltskontrolle (Rn 39 ff.) – zulässig und damit wirksam sind.[29] Es besteht in der Praxis vielfach das Bedürfnis, verjährungsverlängernde Regelungen zu treffen.[30]

b) Zeitliche Obergrenze (Abs. 2)

33 Nach Abs. 2 kann die Verjährungsfrist durch eine Vereinbarung nicht über eine dreißigjährige Frist ab dem gesetzlichen Verjährungsbeginn hinaus erschwert werden. Abs. 2 spricht nicht von dem Verbot, Verjährungsfristen, die länger als dreißig Jahre sind, zu vereinbaren, sondern formuliert weiter und ergebnisorientiert ein Verbot der Verjährungserschwerung über eine dreißigjährige Frist hinaus. Daher erfasst die Vorschrift **alle Formen der Verjährungserschwerung** (z.B. vertraglich vereinbarte Hemmungs-, Ablaufhemmungs- oder Neubeginntatbestände), welche den späteren Eintritt der Verjährung als dreißig Jahre nach dem gesetzlichen Verjährungsbeginn (zum **gesetzlichen Verjährungsbeginn** siehe §§ 199, 200, 201 und die besonderen Regeln des Verjährungsbeginns, siehe dazu die Aufzählung in § 199 Rn 20 ff.) zur Folge haben würden, wenn sich ihr Tatbestand erfüllen sollte. Ob er sich im konkreten Fall erfüllen wird, ist unbeachtlich, denn die Angemessenheitskontrolle stellt auf den Zweck der Vereinbarung ab, nicht aber darauf, ob er sich im konkreten Einzelfall auch verwirklichen wird. Dieses Verständnis ergibt sich auch aus der Gesetzesbegründung. Danach seien nach Abs. 2 Vereinbarungen nur noch dann unzulässig, wenn sie zu einer dreißig Jahre übersteigenden Verjährungsfrist ab dem gesetzlichen Verjährungsbeginn führen. Ansonsten seien verjährungserschwerende Vereinbarungen entsprechend der allgemeinen Vertragsfreiheit grundsätzlich zulässig.[31]

34 Nur wenn die Abreden der Parteien ein Hinausschieben des Verjährungseintritts über die Dreißigjahrgrenze hinaus zum Ergebnis haben, sind sie gemäß § 134 in Verbindung mit Abs. 2 **nichtig**.

35 Im Falle der **Nichtigkeit** treten an die Stelle der Abrede die Vorschriften der §§ 194 ff. und der einschlägigen besonderen Verjährungsregeln. Außerhalb des Anwendungsbereichs der §§ 307 ff. ist zu prüfen, ob die nichtige Abrede nicht mit dem auf das zulässige Maß einer Verjährungsfrist von dreißig Jahren reduzierten Inhalt aufrechterhalten werden kann (zur Reduktion auf das zulässige Maß siehe Rn 19). Das hängt von dem (hypothetischen) Parteiwillen ab. Kann keine Reduktion erfolgen, dann ist es im Regelfall treuwidrig (§ 242), wenn sich der Schuldner während des Zeitraums von dreißig Jahren ab gesetzlich vorgesehenem Verjährungsbeginn des Anspruchs auf den Verjährungseintritt beruft, obgleich die Parteien eine dreißig Jahre übersteigende Verjährungsfrist vereinbart haben und die Vereinbarung einer dreißigjährigen Verjährungsfrist wirksam gewesen wäre.

36 In allen **anderen Fällen** als dem des Abs. 2 sind Verjährungserschwerungen jeder Art – vorbehaltlich der einschlägigen besonderen Vorschriften (Rn 55 ff.) und der Inhaltskontrolle (Rn 39 ff.) wirksam.

37 Daher sind künftig im Rahmen des Abs. 2 verjährungserschwerende **Musterprozessvereinbarungen** möglich, wonach die Parteien vereinbaren, dass die Verjährung bis zum Abschluss des Musterprozesses

---

[27] Zum bisherigen Recht siehe Jauernig/*Vollkommer*, § 477 Rn 6; MüKo/*Westermann*, § 477 Rn 26; *Zimmermann/Leenen u.a.*, JZ 2001, 684, 689, alle m.w.N.
[28] *Graf von Westphalen*, Einmaleins neu lernen. Schuldrechtsreform und Vertragspraxis, Anwalt (NJW-CoR) 11/2001, 6, 8.
[29] Siehe BT-Drucks 14/6040, 110 f.
[30] Siehe zu Forfaitierungsverträgen *v. Westphalen*, WM 2001, 1837, 1842.
[31] BT-Drucks 14/6040, 110.

gehemmt ist. Diese Möglichkeit steht auch in allen anderen Fällen zur Verfügung, in denen die Parteien Zweifel haben, ob die **Hemmung** wegen des Vorliegens eines triftigen Grundes fortdauert.[32]

Probleme ergeben sich bei Abreden, die einen zur Zeit der Vereinbarung noch unbestimmten, von einem künftigen ungewissen Ereignis abhängigen Verjährungsbeginn vorsehen. Es ist offen, ob bei ihrer Überprüfung an Abs. 2 auf den konkreten Eintritt des Verjährungsbeginnes zu warten ist oder über die Nichtigkeit aus der Sicht ex ante (im Zeitpunkt der Vereinbarung) geurteilt werden muss. Entsprechende Fragen stellen sich, wenn ein zwar bestimmter, aber nicht mit dem noch unbestimmten – weil z.B. von einem Schadenseintritt abhängigen (siehe beispielsweise zu § 199 Abs. 1 Nr. 1 dort Rn 20 ff.) gesetzlichen Verjährungsbeginn übereinstimmender Verjährungsbeginn verabredet wird. In beiden Fällen ist eine ex ante-Beurteilung oftmals nicht möglich. Daher ist bei **unbestimmtem Verjährungsbeginn** für die Beurteilung, ob die Obergrenze des Abs. 2 von dreißig Jahren überschritten wird, auf die Sachlage abzustellen, die sich nach dem Eintritt des ungewissen Verjährungsbeginns ergibt. Es hat damit eine ex post-Betrachtung zu erfolgen. In den beiden genannten Konstellationen kann sich mithin erst lange Zeit nach dem Zeitpunkt der Vereinbarung die Nichtigkeit der Abrede nach §§ 202 Abs. 2, 134 herausstellen, sofern nicht außerhalb des Anwendungsbereichs der §§ 307 ff. eine geltungserhaltende Reduktion erfolgen kann (siehe zur Reduzierung auf das zulässige Maß Rn 19). Es ist in den genannten Situationen **zu empfehlen**, die Obergrenze des Abs. 2 in die Verjährungsabrede mit aufzunehmen.

4. Inhaltskontrolle

a) Allgemeine Geschäftsbedingungen

Einschlägig sind neben § 307 (siehe Rn 49 ff.) auch § 309 Nr. 8 Buchst. b) Doppelbuchst. ff) und ee) (siehe Rn 40 ff.) und § 309 Nr. 7 Buchst. a) und b) sowie § 309 Nr. 8 Buchst. a) (siehe Rn 45 ff.). Im Folgenden werden lediglich wenige Grundzüge skizziert; siehe näher die Kommentierung der §§ 307, 309.

aa) Zeitliche Grenzen des § 309 Nr. 8 Buchst. b) Doppelbuchst. ee) und ff)

Die Regelung des **Doppelbuchst. ff)** (siehe bereits Rn 27 ff.) sieht vor, dass auch außerhalb von Verbrauchsgüterkaufverträgen (§ 475 Abs. 2) für die Verjährung von Ansprüchen wegen der Mängel neu hergestellter Sachen im Kauf- und Werkvertragsrecht eine einjährige Mindestverjährungsfrist einzuhalten ist. Dies gilt allerdings nicht für die fünfjährige Verjährungsfrist für Bau- und Baustoffmängel gemäß §§ 438 Abs. 1 Nr. 2, 634a Abs. 1 Nr. 2, die wie bisher durch Allgemeine Geschäftsbedingungen nicht geändert werden kann. Unterliegt der Vertrag als Ganzes der VOB/B, so gelten auch die Verjährungsregeln der VOB/B. Der Geltungsbereich der in § 309 Nr. 8 Buchst. b) Doppelbuchst. ff) festgelegten einjährigen Mindestfrist beschränkt sich daher im Wesentlichen auf die Lieferung neu hergestellter Sachen außerhalb von Verbrauchsgüterkaufverträgen und außerhalb der Verwendung gegenüber einem Unternehmer (§ 310 Abs. 1). Beim Verkauf gebrauchter Sachen außerhalb von Verbrauchsgüterkäufen ist demgegenüber eine darüber hinausgehende Verkürzung der Verjährungsfrist ebenso wie sogar ein völliger Gewährleistungsausschluss grundsätzlich zulässig.[33] Insgesamt hat die Regelung im Vergleich zu ihrer Vorgängerregelung des Art. 11 Nr. 10 Buchst. f) AGBG a.F. infolge des vorrangigen zwingenden Rechts des Verbrauchsgüterkaufs einen Bedeutungsverlust erlitten.[34]

Der Gesetzgeber rechtfertigt die **Neuregelung** durch die folgenden **Erwägungen**:[35] Der bisher geltende § 11 Nr. 10 Buchst. f) AGBG a.F. verbot Regelungen in Allgemeinen Geschäftsbedingungen, durch die bei Verträgen über die Lieferung neu hergestellter Sachen und Leistungen die „gesetzlichen Gewährleistungsfristen" der bisherigen §§ 477, 638 a.F. verkürzt wurden. Über ihren Wortlaut hinaus fanden die beiden Vorschriften Anwendung auf alle Ansprüche des Käufers oder Bestellers, die unmittelbar aus der Mangelhaftigkeit der Sache oder Leistung hergeleitet werden, also gerichtet sind auf Nachbesserung, Minderung, Wandelung, auf Nachlieferung, Aufwendungsersatz, auf Schadensersatz wegen Fehlens zugesicherter Eigenschaften oder wegen Verschuldens bei Vertragsschluss und positiver Vertragsverletzung.[36] Der bisher geltende § 11 Nr. 10 Buchst. f) AGBG a.F. verbot nicht nur ausdrückliche Verjährungsverkürzungen, sondern darüber hinaus alle Regelungen, die auch nur mittelbar auf eine Verkürzung der in den bisherigen §§ 477, 638 a.F. genannten Verjährungsfristen hinauslaufen. Darunter fiel beispielsweise die Vorverlegung des Verjährungsbeginns oder die Nichtberücksichtigung gesetzlicher Hemmungs- und Unterbrechungsgründe.[37] Der Gesetzgeber trägt den nun geltenden längeren gesetzlichen Verjährungsfristen dadurch

---

[32] BT-Drucks 14/6887, 45.
[33] Dazu und zum Vorstehenden BT-Drucks 14/6040, 158 f.; zum bisherigen Recht siehe Palandt/*Heinrichs*, § 11 Nr. 10 Buchst. f) AGBG Rn 72.
[34] Näher BT-Drucks 14/6040, 157 f.
[35] Siehe zum Folgenden (Rn 41) insbesondere BT-Drucks 14/6040, 159 ff.
[36] Staudinger/*Schlosser*, § 11 Nr. 10f AGBG Rn 82 m.w.N.; *Hensen*, in: Ulmer/Brandner/ Hensen/Schmidt, § 11 Nr. 10f AGBG Rn 78.
[37] BGH NJW-RR 1987, 144; BGH NJW 1981, 867, 868.

Rechnung, dass er insoweit das uneingeschränkte Verbot einer formularmäßigen Verjährungsverkürzung aufhebt und bei Ansprüchen wegen Verletzung einer vertraglichen Pflicht nur noch eine Verkürzung auf weniger als ein Jahr verbietet.

42 In den **sachlichen Anwendungsbereich** des § 309 Nr. 8 Buchst. b) Doppelbuchst. ff) fallen Mängelansprüche, die der Verjährung nach §§ 438, 634a unterliegen, sofern sie aus Verträgen über die Lieferung neu hergestellter Sachen[38] und über Werkleistungen erwachsen. Der Begriff der Werkleistungen ist enger als derjenige der „Leistungen"[39] in § 11 Nr. 10 Buchst. f) AGBG a.F. Das eingeschränkte Verbot der Verjährungsverkürzung bezieht sich – entsprechend dem bisher geltenden Recht, siehe Rn 41 – nicht nur auf die Gewährleistungsrechte (wie z.B. Minderung und Rücktritt), sondern auf alle Ansprüche aus vertraglichen Leistungsstörungen, die aus der Mangelhaftigkeit einer Sache oder Leistung hergeleitet werden. Sonstige Ansprüche wegen Verletzung einer vertraglichen Pflicht, die mit einem Mangel nicht in Zusammenhang stehen, werden vom neuen § 309 Nr. 8 Buchst. b) Doppelbuchst. ff) nicht erfasst. Das ergibt sich aus der Überschrift „Mängel".[40]

43 Auch nach § 309 zulässige Verjährungserleichterungen dürfen den Vertragspartner nicht unangemessen benachteiligen. Sie sind deshalb zusätzlich an **§ 307** (= § 9 Abs. 1 AGBG a.F.) zu messen. Dies gilt besonders bei einer Verkürzung der in **§ 438 Abs. 1 Nr. 1** bestimmten dreißigjährigen Verjährungsfrist für Ansprüche auf Nacherfüllung und Schadensersatz wegen eines Mangels, der in einem dinglichen Recht eines Dritten auf Herausgabe der Kaufsache besteht. In diesen Fällen dürfte die Verjährungsverkürzung auf die in § 309 Nr. 8 Buchst. b) Doppelbuchst. ff) genannte Mindestfrist **regelmäßig unangemessen benachteiligend** sein.[41]

44 § 309 Nr. 8 Buchst. b) **Doppelbuchst. ee)** sieht vor, dass eine Klausel, durch welche der Verwender dem anderen Vertragsteil für die Anzeige nicht offensichtlicher Mängel eine Ausschlussfrist setzt, die kürzer ist als die nach § 309 Nr. 8 Buchst. b) Doppelbuchst. ff) zulässige Frist, unwirksam ist. Diese Regelung entspricht dem bisherigen § 11 Nr. 10 Buchst. e) AGBG a.F. Lediglich die Frist ist an die neue Fristenregelung des § 309 Nr. 8 Buchst. b) Doppelbuchst. ff) angepasst worden. Das Verbot gilt lediglich für Ausschlussfristen bei nicht offensichtlichen Mängeln. Daraus folgt, dass bei **offensichtlichen Mängeln** die Ausschlussfrist auch kürzer sein kann und eine derartige mittelbare Verkürzung der Verjährungsfrist nicht gegen § 309 Nr. 8 Buchst. b) Doppelbuchst. ff) verstößt.[42] Gleiches gilt auch nach neuem Recht.

bb) Inhaltliche Grenze des § 309 Nr. 7, Nr. 8 Buchst. a) bei verschuldeten Pflichtverletzungen

45 Die Verkürzung der Verjährungsfristen wegen eines Gewährleistungsanspruchs in Allgemeinen Geschäftsbedingungen ist auch an den Klauselverboten des § 309 Nr. 7 Buchst. a) und b) sowie § 309 Nr. 8 Buchst. a) zu messen. Nach § 309 Nr. 7 Buchst. a) und b) ist ein formularmäßiger Ausschluss oder eine Begrenzung der Haftung unwirksam

a) für Schäden aus der **Verletzung des Lebens**, des **Körpers** oder der **Gesundheit**, die auf einer fahrlässigen Pflichtverletzung des Verwenders oder einer vorsätzlichen oder fahrlässigen Pflichtverletzung eines gesetzlichen Vertreters oder Erfüllungsgehilfen des Verwenders beruhen, oder

b) für sonstige Schäden, die auf einer **grob fahrlässigen** Pflichtverletzung des Verwenders oder auf einer vorsätzlichen oder grob fahrlässigen Pflichtverletzung eines gesetzlichen Vertreters oder Erfüllungsgehilfen des Verwenders beruhen.

46 Nach § 309 Nr. 8 Buchst. a) ist eine Bestimmung, die bei einer vom Verwender zu vertretenden, nicht in einem Mangel der Kaufsache oder des Werks bestehenden Pflichtverletzung das Recht des anderen Vertragsteils, sich vom **Vertrag zu lösen**, ausschließt oder einschränkt, unwirksam.

47 **Beachte** für die vorstehend genannten Fälle: Für vorsätzliche Pflichtverletzungen des Verwenders gilt in beiden Fällen das Verbot des Haftungsausschlusses gemäß § 276 Abs. 3. Für den Erfüllungsgehilfen gilt aber § 309 Nr. 7 und 8. Stets sind die in § 309 genannten engen Ausnahmen für Beförderungs-, Lotterie- und Ausspielverträge zu beachten.

48 Die genannten Normen regeln die Unwirksamkeit von haftungsausschließenden oder -begrenzenden Klauseln in Allgemeinen Geschäftsbedingungen. Auch die Verkürzung von Verjährungsfristen und andere Formen der Verjährungserleichterung (Rn 12 ff.) stellen eine **Haftungsbeschränkung bzw. -begrenzung** dar.[43] Da der Schadensersatzanspruch wegen Mängeln der Kaufsache (§§ 437 Nr. 3, 440, 280, 281, 283, 311a) jetzt auch verschuldensabhängig ist, hat sich insoweit eine Änderung zur bisherigen Rechtslage

---

[38] Dazu, welche Verträge dieses Kriterium erfüllen, siehe etwa (zum bisherigen Recht) MüKo/*Basedow*, § 11 Nr. 10 AGBG Rn 5 ff.
[39] Zum weiteren Begriff der Verträge über Leistungen des bisherigen Rechts siehe MüKo/*Basedow*, § 11 Nr. 10 AGBG Rn 12 ff.
[40] BT-Drucks 14/6040, 159 ff.
[41] BT-Drucks 14/6040, 159 ff.
[42] BT-Drucks 14/6040, 159 ff.; zum bisherigen Recht *Hensen*, in: Ulmer/Brandner/Hensen/Schmidt, § 11 Nr. 10 f. AGBG Rn 80.
[43] BT-Drucks 14/6040, 159; ebenso *Leenen*, JZ 2001, 552, 557; *Dauner-Lieb*, DStR 2001, 1572, 1576; zum bisherigen Recht siehe BGHZ 38, 150, 155; OLG Düsseldorf, NJW-RR 1995, 440; MüKo/*Basedow*, § 11 Nr. 7 AGBG Rn 16; Palandt/*Heinrichs*, § 11 AGBG Nr. 37.

cc) Generalklausel des § 307

Verjährungsabreden sind auch an der Generalklausel des § 307 (früher § 9 AGBG a.F.) zu messen. Siehe näher bereits – am Beispiel der Verjährungserleichterungen (Frage der Mindestverjährungsfrist) – Rn 15 ff. Formularmäßig vereinbarte **Verjährungserschwerungen** sind unangemessen und damit gemäß § 307 unwirksam, wenn der Verwender seinem Vertragspartner – etwa in Einkaufsbedingungen des Käufers – Verjährungsfristen von solcher Länge setzt, dass seinem Vertragspartner die Abwehr unbegründeter Ansprüche des Verwenders unzumutbar erschwert wird, weil er in Beweisnöte geraten kann und zudem auf übermäßig lange Zeit zu Rückstellungen gezwungen wird, um eventuelle Gewährleistungsansprüche erfüllen zu können.[44]

Verjährungsabreden (Erschwerungen und Erleichterungen, zum Begriff siehe Rn 11) sind als **angemessen** im Sinne des § 307 zu erachten, wenn die Veränderung der gesetzlichen Verjährungsordnung durch ein besonderes Interesse der durch die Abrede begünstigten Partei gerechtfertigt ist und dieses Interesse das der Gegenseite an der Geltung der gesetzlichen Regel übersteigt. Hier können produktspezifische Eigenheiten – wie z.B. Verjährungsverlängerungen bei komplizierten technischen Geräten oder Anlagen –, Eigenheiten des Waren- und Leistungsvertriebs und der jeweiligen Vertriebsstufe, Erfordernisse längerfristiger Lagerhaltung und der Umstand eine Rolle spielen, dass etwa eine Warenüberprüfung vor dem Weiterverkauf nicht möglich ist und der Verwender erst durch Reklamationen seiner Kunden von Mängeln erfährt.[45]

Die formularmäßige Verlängerung der **Verjährungsfrist für Grundschuldzinsen** über die Frist des §§ 195, 199 hinaus ist **regelmäßig unangemessen** und daher unwirksam (§ 307). Sie widerspricht den berechtigten Interessen des Schuldners und der nachrangigen Gläubiger. Das gilt jedenfalls, wenn die Grundschuldzinsen – wie heute üblich – 15 % und mehr betragen. Denn dadurch verdoppelt sich der Sicherungsumfang der Grundschuld in weniger als sieben Jahren. Das unablässige Anschwellen des Sicherumfangs[46] widerspricht den Intentionen des Gesetzgebers, der durch § 197 a.F. und jetzt durch die Geltung der §§ 195, 199 ein übermäßiges Ansammeln von Zinsrückständen vermeiden will. Diese gesetzgeberische Wertung liegt auch § 197 Abs. 2 und § 216 Abs. 3 zugrunde. Auch führte das Anwachsen der Zinsbeträge zu dem aufgezeigten stetig wachsenden Sicherungsumfang der Grundschuld.[47] Das benachteiligte die nachrangigen Grundpfandgläubiger.

Aus den gleichen Gründen hat der Bundesgerichtshof[48] im Jahre 1999 unter Aufgabe seiner früheren Rechtsprechung entschieden, die Verjährung von Zinsen aus einer Sicherungsgrundschuld (**Grundschuldzinsen**) sei nicht in entsprechender Anwendung des § 223 Abs. 1 a.F. wegen des aus dem Sicherungsvertrag folgenden Rechts des Sicherungsgebers, bis zum Eintritt der Fälligkeit der gesicherten Forderung die Leistung aus der Grundschuld zu verweigern, bis zum Eintritt des Sicherungsfalls gehemmt. Daher verjährten Grundschuldzinsen nach bisherigem Recht in vier Jahren ab Fälligkeit (§ 197 a.F.). Nach neuem Recht verjähren sie in drei Jahren gemäß §§ 195, 199 (s.o.). Der Gesetzgeber geht zu Recht davon aus, dass diese Rechtsprechung unter Geltung des neuen § 205, der an die Stelle des § 202 a.F. tritt, fortgesetzt werden kann.[49] Im Gesetzgebungsverfahren hat der Bundesrat angeregt, für den Bereich der Grundpfandzinsen ein Verbot der Verjährungserschwerung in Allgemeinen Geschäftsbedingungen zu schaffen, um zu verhindern, dass durch Parteiabrede die bis 1999 übliche, für den Schuldner und die nachrangigen Gläubiger untragbare Praxis der langen Verjährung von Grundschuldzinsen wieder hergestellt wird.[50] Der Gesetzgeber hat das mit dem Hinweis abgelehnt, dem werde die Rechtsprechung mit dem Verbot einer unangemessenen Benachteiligung nach § 307 begegnen.

---

[44] Zum bisherigen Recht siehe BGH NJW 1990, 2065, 2066 (im Hinblick auf die damalige rechtspolitische Diskussion um die Reform des Verjährungsrechts und auf dem Hintergrund der damals geltenden – rechtspolitisch bereits erschütterten – Sechsmonatsfrist des § 477 a.F. erachtete der BGH Verjährungsfristen bis zu zwei Jahren ab Lieferung für „noch hinnehmbar"); MüKo/*Basedow*, § 11 Nr. 10 AGBG Rn 66.

[45] Zum Vorstehenden (auf der Grundlage des bisherigen Rechts) und mit zahlreichen weiterführenden Nachweisen BGH NJW 1990, 2065, 2066.

[46] Siehe zur Interessenlage auf der Grundlage des bisherigen Rechts und nicht im Zusammenhang mit der Inhaltskontrolle, sondern in einem anderem, sogleich aufgezeigten Zusammenhang BGH NJW 1999, 3705, 3707.

[47] In anderem Zusammenhang, siehe sogleich, kritisch gegen diese Argumentationslinien *Peters*, Grundschuldzinsen, JZ 2001, 1017, 1018 f.

[48] BGH NJW 1999, 3705, 3707; kritisch zur Begründung *Peters*, Grundschuldzinsen, JZ 2001, 1117, 1021, der selbst von einem Verstoß der gängigen, in der Praxis verwendeten Klauseln zur Regelung der Grundschuldzinsen gegen das Transparenzgebot und damit gegen § 9 AGBG a.F. (siehe jetzt § 307 Abs. 1 S. 2) ausgeht.

[49] BT-Drucks 14/6040, 118; BT-Drucks 14/6487, 9, 45.

[50] BT-Drucks 14/6487, 9.

dd) Keine geltungserhaltende Reduktion

53 Sollten Verjährungsabreden wegen Verstoßes gegen die §§ 307 ff. unwirksam sein, so ist – wie bisher[51] – keine geltungserhaltende Reduktion unwirksamer Vertragsklauseln auf einen noch zulässigen Regelungsgehalt vorzunehmen. Mit einer **Änderung der Rechtsprechung** ist **nicht zu rechnen**. Zudem wurde das Transparenzgebot, welches eine geltungserhaltende Reduktion deutlich erschwert,[52] nun ausdrücklich in § 307 Abs. 1 S. 2 aufgenommen. Damit hat der Gesetzgeber zwar keine inhaltliche Stärkung, sondern lediglich eine Klarstellung des ohnehin von der Rechtsprechung stringent angewandten Transparenzgebots bezweckt.[53] Dennoch dürfte seine ausdrückliche Verankerung im Gesetz dem Gebot künftig größeres Gewicht zukommen lassen.

b) Vereinbarungen außerhalb des Anwendungsbereichs der §§ 307 ff., insbesondere Individualvereinbarungen

54 Wird eine Verjährungsabrede in einer Individualabrede getroffen oder in Allgemeinen Geschäftsbedingungen, für welche die §§ 307 ff. nicht gelten, kann eine Inhaltskontrolle gemäß § 242 erfolgen, siehe bereits oben Rn 15. Beachte die Anwendung der §§ 307 ff. auf Individualabreden mit Verbrauchern (§ 13) gemäß § 310 Abs. 3.

III. Erleichterungen oder Erschwerungen der Verjährung nach besonderen Vorschriften

55 Eine Reihe von besonderen Vorschriften sehen Beschränkungen der vertraglichen Erleichterungen oder Erschwerungen der Verjährung vor.

1. Verbrauchsgüterkauf: § 475 Abs. 2, 3

56 Siehe näher bei § 475. Beim **Verbrauchsgüterkauf** (§ 474) kann gemäß § 475 Abs. 2 die Verjährung der in § 437 bezeichneten Ansprüche vor Mitteilung eines **Mangels** an den Unternehmer nicht durch Rechtsgeschäft erleichtert werden, wenn die Vereinbarung zu einer Verjährungsfrist ab dem gesetzlichen Verjährungsbeginn von weniger als zwei Jahren, bei gebrauchten Sachen von weniger als einem Jahr führt. Das gilt unbeschadet der §§ 307 bis 309 nicht für den Ausschluss oder die Beschränkung des Anspruchs auf Schadensersatz.

2. Rückgriff des Verkäufers: § 478 Abs. 4

57 Siehe näher bei §§ 478, 479. Bei dem **Verbrauchsgüterkauf** kann der Verkäufer einer Sache (Unternehmer), der von dem Käufer wegen der Mangelhaftigkeit der Kaufsache in Anspruch genommen wird, **Rückgriffsansprüche** nach §§ 437 und 478 Abs. 2 gegen seinen Lieferanten in der Lieferkette haben. § 479 trifft verjährungsrechtliche Regelungen dazu. Auf eine vor Mitteilung eines Mangels an den Lieferanten getroffene Vereinbarung, die zum Nachteil des Unternehmers von § 479 abweicht, kann sich der Lieferant gemäß § 478 Abs. 4 nicht berufen, wenn dem Rückgriffsgläubiger kein gleichwertiger Ausgleich eingeräumt wird. Das gilt unbeschadet des § 307 nicht für den Ausschluss oder die Beschränkung des Anspruchs auf Schadensersatz. Diese Regeln finden auf die Ansprüche des Lieferanten und der übrigen Käufer in der Lieferkette gegen die jeweiligen Verkäufer entsprechende Anwendung, wenn die Schuldner Unternehmer sind (§ 478 Abs. 5).

3. Reisevertrag: § 651m

58 Siehe näher bei § 651m. § 651g Abs. 2 regelt beim Reisevertrag die Verjährung von Ansprüchen des Reisenden bei Fehlern der Reise; dabei beträgt die Verjährungsfrist für Ansprüche des Reisenden nach den §§ 651c bis 651f zwei Jahre (bisher: sechs Monate) ab dem vertraglich vorgesehenen Ende der Reise.[54] § 651m S. 2 bestimmt, dass die in § 651g Abs. 2 geregelte Verjährung erleichtert werden kann. Eine verjährungserleichternde Abrede, die **vor** Mitteilung eines Mangels an den Reiseveranstalter getroffen wurde, ist aber nur wirksam, wenn die Vereinbarung zu einer Verjährungsfrist ab dem in § 651g Abs. 2 S. 2 bestimmten Verjährungsbeginn von mehr als einem Jahr führt. Eine verjährungserleichternde Vereinbarung kann sowohl individualvertraglich als auch in Allgemeinen Geschäftsbedingungen erfolgen. Im letzteren Fall sind die Grenzen der §§ 307, 309 Nr. 7 und Nr. 8 Buchst. a) zu beachten.

---

51 Ständige Rechtsprechung, siehe BGH NJW 1990, 2065, 2066; BGH NJW 2000, 1110, 1113; Palandt/*Heinrichs*, vor § 8 AGBG Rn 9; differenzierend MüKo/*Basedow*, § 6 AGBG Rn 12 ff., alle mit zahlreichen Nachweisen.
52 Für eine Auflockerung des Gebots (nach bisherigem Recht) MüKo/*Basedow*, § 6 AGBG Rn 12 ff.
53 BT-Drucks 14/6040, 153; siehe noch BT-Drucks 14/7052, 188.
54 Zur Reform kritisch *Isermann*, Reiserecht 2001, 135 ff.

4. Fracht-, Speditions-, Lagergeschäft: §§ 439 Abs. 3, 463, 475 a HGB

Nach § 439 Abs. 3 HGB kann die Verjährung eines Anspruchs aus einer Beförderung im Sinne der §§ 407 ff. HGB nur durch eine Vereinbarung, die im Einzelnen ausgehandelt ist, auch wenn sie für eine Mehrzahl von gleichartigen Verträgen zwischen denselben Vertragsparteien getroffen ist, erleichtert oder erschwert werden. Diese Regelung gilt infolge der Verweisungen in den §§ 463, 475a HGB auf § 439 HGB auch für die Verjährung von Ansprüchen aus einem Speditions- oder Lagergeschäft. § 439 Abs. 3 HGB wurde erstaunlicherweise[55] durch das Schuldrechtsmodernisierungsgesetz nicht an die durch § 202 erreichte Erweiterung der Vertragsfreiheit im Verjährungsrecht angepasst. § 439 Abs. 3 HGB (ggf. in Verbindung mit §§ 463, 475a HGB) ist lex specialis zu § 202.[56] Daher sind Verjährungsabreden (Erleichterungen oder Erschwerungen der Verjährung) im Fracht-, Speditions- und Lagergeschäft nach dem HGB **nur** durch **Individualvereinbarungen** möglich, nicht aber durch Allgemeine Geschäftsbedingungen. 59

IV. Einzelfragen

1. Unverjährbarkeit

Die gesetzliche Anordnung der Unverjährbarkeit eines Anspruchs ist **zwingendes Recht**. Dieser Anspruch kann – wie bisher[57] – nicht durch Parteivereinbarung der Verjährung unterworfen werden.[58] Eine anders lautende Abrede ist nach § 134 nichtig. 60

Ist die Unverjährbarkeit nicht durch Gesetz angeordnet, dann ist ein Anspruch verjährbar (§ 194 Rn 8). Er kann nicht durch eine Parteiabrede als unverjährbar eingestuft werden. Das würde der zwingenden Regelung des Abs. 2 widersprechen, nach welcher die Verjährung durch Rechtsgeschäft nicht über eine Verjährungsfrist von dreißig Jahren ab dem gesetzlichen Verjährungsbeginn hinaus erschwert werden kann. Vereinbarungen, die anderes vorsehen, sind nach § 134 nichtig, siehe oben Rn 34 f. 61

2. Mittelbare Verjährungsregelungen

Wie bereits erwähnt, steht § 202 im Grundsatz (beachte die in der Kommentierung dargestellten Grenzen) ebenso wenig wie § 225 a.F. der Wirksamkeit mittelbarer Verjährungsregelungen wie verjährungsorientierte Fälligkeitsvereinbarungen, Garantievereinbarungen etc. entgegen, siehe näher oben Rn 4. Allerdings können solche mittelbaren Verjährungsregelungen, die allein dazu dienten, das Verbot der Verjährungserschwerung des § 225 S. 1 a.F. zu umgehen, heute durch direkte parteiautonome Verjährungserschwerungen gemäß § 202 ersetzt werden. Zur übergangsrechtlichen Problematik siehe noch Rn 66 f. 62

3. Verjährungsverzicht

Ein **Verjährungsverzicht** ist der Verzicht auf die Erhebung der Einrede der Verjährung. Wird der Verjährungsverzicht **nach Verjährungseintritt** erklärt, so war er schon bisher grundsätzlich wirksam.[59] Er ist auch nach neuem Recht im Rahmen des Abs. 2 wirksam. 63

Wurde der **Verzicht vor Verjährungseintritt** erklärt, so war er nach **bisherigem Recht** wegen § 225 S. 1 a.F. nichtig. Allerdings hatte der unwirksame Verzicht nach Treu und Glauben (§ 242) zur Folge, dass die Erhebung der Verjährungseinrede eine unzulässige Rechtsausübung darstellte, wenn und solange der Schuldner bei dem Gläubiger den Eindruck aufrecht erhielt, er werde sich nicht auf den Verjährungseintritt berufen. Sobald er zu erkennen gab, sich nicht mehr an die (unwirksame) Abrede halten und die Verjährung einwenden zu wollen, musste der Gläubiger innerhalb angemessener Frist, regelmäßig einem Monat, Klage erheben, damit der Verjährungseinwand des Schuldners nicht durchgreifen konnte.[60] **Nach neuem Recht** ist er als eine Verjährungserschwerung in den hier aufgezeigten Grenzen (siehe Rn 33 ff., 36 ff.) **wirksam**. 64

4. Auslegung der Vereinbarung

a) Anwendung auf konkurrierende Ansprüche

Konkurrieren mehrere Ansprüche, so ist es eine Auslegungsfrage, ob die rechtsgeschäftliche Erleichterung oder Erschwerung der für einen Anspruch geltenden Verjährung sich auch auf konkurrierende oder alternativ an deren Stelle tretende Ansprüche bezieht.[61] Regelmäßig wird das zu bejahen sein, denn in der Regel beabsichtigen die Parteien eine einheitliche Regelung bezogen auf alle Ansprüche.[62] 65

---

55 *Harms*, TranspR 2001, 294, 297.
56 Ebenso: *Harms*, TranspR 2001, 294, 297.
57 Soergel/*Niedenführ*, § 225 Rn 9.
58 BT-Drucks 14/6040, 110, 111.
59 BGH NJW 1973, 1690, 1691; BGH VersR 2001, 1052, 1054; näher Soergel/*Niedenführ*, § 225 Rn 4.
60 BGH NJW 1998, 902, 903; BGH NJW 1991, 974, 975; BGH NJW 1986, 1861; Soergel/*Niedenführ*, § 225 Rn 3. Zu den Wirkungen des Verzichts (unbefristet oder – wegen § 202 Abs. 2 richtig – neue Verjährungsfrist) siehe zum bisherigen Recht Staudinger/*Peters*, § 222 Rn 33 m.w.N.
61 BT-Drucks 14/ 6040, 110 f.; siehe zum bisherigen Recht MüKo/*Grothe*, § 225 Rn 6.
62 BT-Drucks 14/ 6040, 110 f.

b) Vereinbarungen nach bisherigem Recht

66 Hatten die Parteien unter Anwendung des bisherigen Rechts zulässige **mittelbare Verjährungserschwerungen** verabredet, so sind sie auch nach neuem Recht grundsätzlich – im Rahmen der Inhaltskontrolle der Vertragsabreden und der im Einzelfall eingreifenden spezielleren Regelungen (Rn 55 ff.) – wirksam.

67 Wurden mittelbare Verjährungsabreden nach bisherigem Recht verabredet, ist aber nach Art. 229 § 6 EGBGB das neue Verjährungsrecht auf die betroffenen Ansprüche anzuwenden (siehe bei Art. 229 § 6 EGBGB), so bleiben die unter Geltung des alten Rechts geschlossenen Vertragsabreden grundsätzlich wirksam. Sie sind weiterhin so auszulegen, dass sie den Zweck, den sie nach altem Recht verfolgten, auch nach neuem Recht erreichen.

Titel 2. Hemmung, Ablaufhemmung und Neubeginn der Verjährung

Vorbemerkung zu §§ 203 – 213

Inhalt

A. Zweck der Hemmungs-, Ablaufhemmungs- und Neubeginntatbestände 1	C. Grundzüge der Neuregelung: Verminderung der Unterbrechungs- und Ausweitung der Hemmungstatbestände 3
B. Überarbeitungsbedarf bei den Unterbrechungs- und Hemmungstatbeständen des bisherigen Rechts 2	D. Hemmung, Ablaufhemmung und Neubeginn nach anderen Vorschriften 4
	E. Übergangsrecht 5

A. Zweck der Hemmungs-, Ablaufhemmungs- und Neubeginntatbestände

1 Die §§ 203 bis 213 regeln die Hemmung, die Ablaufhemmung und den Neubeginn (bisher: Unterbrechung) der Verjährung. Der **Gesetzgeber** nennt als den Zweck der Vorschriften die folgenden Überlegungen: „Es gibt Ereignisse, die den Ablauf einer Verjährungsfrist beeinflussen müssen. Dies ist dann der Fall, wenn der Schuldner durch sein eigenes Verhalten zu erkennen gibt, dass er den Anspruch als bestehend ansieht und nicht bestreiten will. Die Verjährung darf auch dann nicht weiterlaufen, wenn der Gläubiger aus anerkennenswerten Gründen gehindert ist, den Anspruch geltend zu machen. Schließlich muss sichergestellt werden, dass ein Anspruch nicht verjährt, nachdem der Gläubiger angemessene und unmissverständliche Schritte zur Durchsetzung des Anspruchs ergriffen hat. Das geltende Recht berücksichtigt dies in Fällen dieser Art entweder durch eine Hemmung (die Nichteinrechnung bestimmter Zeiten in die Verjährungsfrist: bisherige §§ 202 bis 205) und ihren Unterfall der Ablaufhemmung (die Verjährungsfrist läuft frühestens eine bestimmte Zeit nach Wegfall von Gründen ab, die der Geltendmachung des Anspruchs entgegenstehen: bisherige §§ 206, 207) oder durch eine Unterbrechung der Verjährung (ein Neubeginn der Verjährung: bisherige §§ 208 bis 217). Diese gesetzliche Systematik soll beibehalten werden. Gegen sie werden, soweit ersichtlich, keine grundsätzlichen Bedenken erhoben; sie findet sich in ähnlicher Form in anderen verwandten Rechtsordnungen".[1]

B. Überarbeitungsbedarf bei den Unterbrechungs- und Hemmungstatbeständen des bisherigen Rechts

2 „Unstimmigkeiten weisen auch die Regelungen über die Hemmung und Unterbrechung der Verjährung [des bisherigen Rechts] auf: Die Unterbrechungstatbestände des geltenden Verjährungsrechts enthalten nicht zu rechtfertigende **Differenzierungen**. Auch sieht das geltende Recht zahlreiche Fälle vor, in denen eine bestimmte Maßnahme die Verjährung unterbricht, ohne dass die daraus sich ergebende Folge – nämlich die Ingangsetzung einer neuen Verjährungsfrist – immer sachlich gerechtfertigt erscheint. Die geltenden Unterbrechungsgründe mit Ausnahme des Anerkenntnisses und der Vollstreckungshandlung können als Hemmungstatbestände ausgestaltet werden. Dabei bietet sich die Gelegenheit, die bisher lückenhafte Regelung zu ergänzen und zu verallgemeinern. Zunächst haben im geltenden Recht nicht alle prozessualen Maßnahmen, die die Verfolgung des Anspruchs zum Ziel haben, auf seine Verjährung Einfluss. Das gilt insbesondere für den Antrag auf Erlass einer einstweiligen Verfügung, die nicht der Sicherung, sondern der Befriedigung des Anspruchs dient. Auch ein solcher Antrag sollte Hemmungswirkung erhalten. Manche Hemmungsgründe können auf Rechtsgedanken zurückgeführt werden, die nicht nur

---

1 BT-Drucks 14/6040, 111.

für den jeweils geregelten Fall, sondern allgemeine Geltung erlangen sollten. So ist nicht einzusehen, dass nur im Anwendungsbereich der §§ 639 Abs. 2, 651 g Abs. 2 S. 3 BGB und des § 852 Abs. 2 a.F. Verhandlungen – z.B. über die Berechtigung von Gewährleistungs- oder Schadensersatzansprüchen – die Verjährung hemmen sollen. Auch enthält der geltende § 477 Abs. 3 BGB den verallgemeinerungsfähigen Rechtsgedanken, dass die Hemmung oder Unterbrechung der Verjährung eines Anspruchs sich auch auf die Verjährung konkurrierender Ansprüche erstrecken sollte".[2]

C. Grundzüge der Neuregelung: Verminderung der Unterbrechungs- und Ausweitung der Hemmungstatbestände

Die Grundzüge der Neuregelung beschreibt der **Gesetzgeber** wie folgt: „Der Entwurf sieht als Unterbrechungstatbestände [jetzt: Tatbestände des **Verjährungsneubeginns**] nur noch die Vollstreckungshandlung und das Anerkenntnis vor (§ 212 Abs. 1).
Im Übrigen sollen die bisherigen Unterbrechungsgründe, insbesondere gerichtliche Maßnahmen wie die Klageerhebung oder die Zustellung eines Mahnbescheides, die Verjährung nur noch hemmen (§ 204). Die **Hemmungstatbestände** werden im Entwurf teilweise ausgedehnt und im Übrigen ergänzt: So sollen über den Anwendungsbereich der §§ 639 Abs. 2, 651 g Abs. 2 S. 3 und des § 852 Abs. 2 a.F. hinaus Verhandlungen über einen Anspruch seine Verjährung allgemein hemmen (§ 203). Auch erkennt der Entwurf den Antrag auf Erlass eines Arrestes, einer einstweiligen Verfügung oder einer einstweiligen Anordnung und das Gesuch um Prozesskostenhilfe als Hemmungsgründe an (§ 204 Abs. 1 Nr. 9 und 14). Den Verfahren vor „sonstigen" Streitbeilegung betreibenden Gütestellen im Sinne von § 15a Abs. 3 EGZPO wird gleichfalls Hemmungswirkung zuerkannt und damit den Verfahren vor den von der Landesjustizverwaltung eingerichteten oder anerkannten Gütestellen gleichgestellt (§ 204 Abs. 1 Nr. 4). Schließlich wird der Schutz von Minderjährigen, die Opfer von Verletzungen ihrer sexuellen Selbstbestimmung werden, verbessert: Die Verjährung ihrer Ansprüche soll bis zur Vollendung des 21. Lebensjahres gehemmt sein (§ 208)."[3]

3

D. Hemmung, Ablaufhemmung und Neubeginn nach anderen Vorschriften

Außerhalb der §§ 203 – 213 besteht eine Vielzahl spezieller Tatbestände der Hemmung und Ablaufhemmung, vereinzelt auch des Neubeginns (früher: Unterbrechung) des **bisherigen Rechts**[4] unverändert fort. Aufgehoben wurden § 639 Abs. 2 und § 651g Abs. 2 S. 3 a.F. (siehe § 203 Rn 1, 2).
In zahlreichen Vorschriften, die auf bisherige Hemmungs-, Ablaufhemmungs- und Unterbrechungstatbestände verweisen, wurden redaktionelle **Folgeanpassungen** durchgeführt (siehe § 195 Rn 35).
Das Schuldrechtsreformgesetz hat eine Reihe von Hemmungstatbeständen **neu geschaffen** oder verändert, etwa dadurch, dass Unterbrechungstatbestände in Hemmungstatbestände umgewandelt wurden. Zu nennen sind für die Ablaufhemmung § 475 Abs. 2, für die Hemmung §§ 497 Abs. 3 S. 2, 771 S. 2 (siehe jeweils dort), § 10 Abs. 2 GKG, § 17 Abs. 2 KostO, § 17 Abs. 2 GvKostG, § 15 Abs. 4 ZSEG, § 19 Abs. 6 BRAGO, § 82 Abs. 3 S. 3 SachenrechtsbereinigungsG, § 27a Abs. 9 UWG, § 14 Abs. 7 WahrnG.
Die Hemmung und der Neubeginn werden für geringfügige Ansprüche **ausgeschlossen** in § 10 Abs. 4 GKG, § 17 Abs. 3 S. 3 KostO, § 17 Abs. 23 S. 4 GvKostG, § 15 Abs. 6 ZSEG. Zum Ausschluss der Hemmung und des Neubeginns aus anderen Gründen siehe § 759 Abs. 3 S. 2 HGB.
Zur **Erweiterung** der Wirkung von Hemmung, Ablaufhemmung und Neubeginn siehe Art. 53 ScheckG, Art. 71 WechselG, § 159 Abs. 4 HGB, § 3 Nr. 3 S. 4 PflVG.
Für die **Ersitzung** erklärt § 939 die §§ 203 f., 205 bis 207 und 210 f. für entsprechend anwendbar.

4

E. Übergangsrecht

Art. 229 § 6 Abs. 1 und 2 EGBGB regeln das Übergangsrecht.

5

---

2 BT-Drucks 14/6040, 91.
3 BT-Drucks 14/6040, 97; BT-Drucks 14/7052, 178 f.
4 Siehe den Überblick bei MüKo/*Grothe*, § 202 BGB Rn 13.

§ 203 Hemmung der Verjährung bei Verhandlungen

¹Schweben zwischen dem Schuldner und dem Gläubiger Verhandlungen über den Anspruch oder die den Anspruch begründenden Umstände, so ist die Verjährung gehemmt, bis der eine oder der andere Teil die Fortsetzung der Verhandlungen verweigert. ²Die Verjährung tritt frühestens drei Monate nach dem Ende der Hemmung ein.

Inhalt

A. Reformgehalt 1	2. Schwebende Verhandlungen 4
B. Regelungsgehalt 2	III. Rechtsfolge 8
I. Verhältnis zu anderen Vorschriften 2	1. Hemmung (S. 1) 8
II. Verhandlungen über den Anspruch (S. 1) 3	2. Ablaufhemmung (S. 2) 10
1. Erfasste Ansprüche 3	

A. Reformgehalt

1 Die Vorschrift kennt einen **allgemeinen Hemmungstatbestand** des Verhandelns über einen Anspruch. Ein solcher Hemmungstatbestand entspricht einem allgemeinen Rechtsgedanken.[1] § 203 übernimmt damit den Hemmungstatbestand des aufgehobenen § 852 Abs. 2 a.F. sowie den ähnlichen Hemmungstatbestand des gleichfalls aufgehobenen § 639 Abs. 2 a.F. in verallgemeinerter Form. Zur **Auslegung** des § 203 kann daher partiell auf die Ergebnisse von Rechtsprechung und Lehre zu den genannten aufgehobenen Vorschriften zurückgegriffen werden.

Die bisher durch die Rechtsprechung entwickelten **Ausweichlösungen**, welche die Erhebung der Einrede der Verjährung als treuwidrig (§ 242) nicht zulassen, wenn der Gläubiger durch Verhandlungen mit dem Schuldner – oder dessen Versicherung – davon abgehalten worden war, rechtzeitig Klage zu erheben, ist damit weitgehend entbehrlich.[2] In besonderen Einzelfällen kann der **Einwand des Rechtsmissbrauchs**[3] aber auch noch nach neuem Recht seine Berechtigung haben.

§ 203 entspricht nur teilweise den Grundsätzen des **Europäischen Vertragsrechts**.[4]

B. Regelungsgehalt

I. Verhältnis zu anderen Vorschriften

2 Die **schriftliche Geltendmachung** des Anspruchs durch den Gläubiger führte nach dem aufgehobenen § 651g Abs. 2 S. 3 a.F. eine Hemmung herbei; die von dieser Vorschrift bisher erfassten Tatbestände führen im neuen Recht nur noch unter den Voraussetzungen des § 203 zur Hemmung.

Heute knüpfen die (weitergeltenden) **§ 439 Abs. 3 HGB**[5] und **§ 12 Abs. 3 PflVG** an die Anspruchserhebung in ihrem sachlichen Anwendungsbereich eine Hemmung.

§ 203 wird im Anwendungsbereich des **Art. 32 Nr. 2 CMR** von dieser Vorschrift als lex specialis verdrängt.[6]

II. Verhandlungen über den Anspruch (S. 1)

1. Erfasste Ansprüche

3 § 203 erfasst **alle Ansprüche**, die der Verjährung unterliegen und über welche Verhandlungen geführt werden. Vorausgesetzt werden Verhandlungen über den Anspruch oder die den Anspruch begründenden Umstände. Der **Begriff des Anspruchs** soll nicht im Sinne einer materiell-rechtlichen Anspruchsgrundlage, sondern weiter im Sinne eines aus einem Sachverhalt hergeleiteten Begehrens auf Befriedigung eines Interesses verstanden werden.[7]

Die Frage, welche Ansprüche **Gegenstand der Verhandlungen** sind und daher der Verjährungshemmung des § 203 unterliegen, ist durch Auslegung der Verhandlungserklärungen zu ermitteln. Die Gesetzesbegründung geht zu Recht davon aus, dass bei Verhandlungen über einen vertraglichen Anspruch in der Regel auch möglicherweise konkurrierend oder alternativ gegebene Ansprüche aus Delikt oder absolutem Recht Gegenstand der Verhandlungen sind. Dabei braucht das Begehren nicht besonders beziffert oder

---

1 BT-Drucks 14/6040, 112; BT-Drucks 14/7052, 180; zu diesem allgemeinen Gedanken siehe BGHZ 93, 64, 69.
2 Zu diesem Einwand siehe BGHZ 93, 64, 66; BGH NJW 1999, 1101, 1104; Palandt/*Heinrichs*, vor § 194 Rn 12; siehe ferner BGH VersR 1971, 439 f.; BGH VersR 1977, 617 ff., 619 für einen Anspruch aus Verletzung eines Anwaltsvertrags.
3 Siehe den Überblick bei Palandt/*Heinrichs*, vor § 194 Rn 10 ff.
4 Siehe *Zimmermann/Leenen u.a.*, JZ 2001, 684, 695.
5 Zum problematischen Verhältnis der Norm zu § 203 siehe ausführlich *Harms*, TransportR 2001, 294, 296 f.
6 *Harms*, TransportR 2001, 294, 297.
7 Siehe BT-Drucks 14/6040, 112.

konkretisiert zu sein, wie ebenfalls aus der Formulierung „oder die den Anspruch begründenden Umstände" folgt.[8] **Im Zweifel** sind daher alle Ansprüche Gegenstand der Verhandlung, die aus dem Lebenssachverhalt, über welchen verhandelt wird, erwachsen und die auf dasselbe oder ein vergleichbares Gläubigerinteresse gerichtet sind, über dessen Befriedigung durch den Schuldner verhandelt wird.
Im Falle **elektiver Anspruchskonkurrenz** (§ 213 Rn 1, 6) ordnet § 213 ausdrücklich an, dass die Rechtsfolge des § 203 (Hemmung, Ablaufhemmung) auch für die wahlweise neben oder an die Stelle des Anspruch tretenden anderen Ansprüche gilt.

2. Schwebende Verhandlungen

Die Verhandlungen müssen **zwischen** dem **Schuldner** und dem **Gläubiger** oder ihren Vertretern schweben. 4
Der Begriff der schwebenden Verhandlungen entspricht dem im Sinne des § 852 Abs. 2 a.F.; er ist weit zu verstehen. Auf das **Fallmaterial** zur Auslegung des Begriffs im Rahmen des § 852 Abs. 2 a.F. kann bei der Auslegung des § 203 zurückgegriffen werden.
Es genügt für schwebende Verhandlungen im Sinne des S. 1 **jeder Meinungsaustausch** über den Anspruch oder die ihn begründenden Umstände (Rn 3), sofern der Schuldner nicht sofort und eindeutig jede Anspruchserfüllung ablehnt.[9] Wird zuerst der Ersatz eindeutig abgelehnt, aber zu einem späteren Zeitpunkt mit Verhandlungen begonnen, so ist im Rahmen des S. 1 der spätere Zeitpunkt entscheidend.
Ein **ausreichendes Verhandeln** – nicht eine Ablehnung der Anspruchserfüllung – liegt beispielsweise vor, 5
wenn der Schuldner erklärt, er sei zur Aufklärung des von dem Gläubiger angesprochenen Sachverhalts bereit, doch setze das voraus, dass der Gläubiger den dem Anspruch zu Grunde liegenden Sachverhalt im Detail schildere und belege. Erst dann seien sachdienliche Auskünfte des Schuldners möglich. Pauschale Vorwürfe weise er zurück.[10] Hat der Schuldner hingegen die Anspruchserfüllung erstmals eindeutig abgelehnt, dann liegt **kein erneutes Verhandeln** vor, wenn er auf die Gegenvorstellung des Gläubigers lediglich zurückhaltend erwidert, dass er derzeit keine Veranlassung zur erneuten Anspruchsprüfung sehe, sich aber einer solchen Prüfung künftig nicht verschließen werde, wenn ihm noch weitere Tatsachen und Beweismittel zugänglich gemacht würden.[11]
Verhandlungen schweben schon dann, wenn der Schuldner Erklärungen abgibt, die dem Gläubiger die Annahme gestatten, der Schuldner lasse sich auf Erörterungen über die Berechtigung des Anspruchs ein. **Nicht** erforderlich ist, dass dabei eine **Vergleichsbereitschaft** oder eine Bereitschaft zum Entgegenkommen signalisiert wird.[12]
Ausreichend ist auch, dass sich der **Schuldner selbst** an den Gläubiger wendet und dieser mitteilt, er stufe das Bestehen eines Anspruchs als ernsthaft in Betracht kommen ein, er werde sich aber zu dem Anspruch erst nach Abschluss staatsanwaltlicher Ermittlungen äußern.[13]
Kein Verhandeln im Sinne des § 203, sondern ein Fall des § 212, der zum Neubeginn der Verjährung führt, 6
sind die Stundung, Abschlagszahlung, Zinszahlung, Sicherheitsleistung und jedes andere Anerkenntnis.
In der schriftlichen Anspruchserhebung liegt allein jedoch **kein ausreichendes Verhandeln** im Sinne von S. 1 (zu speziellen Hemmungstatbeständen der schriftlichen Anspruchserhebung siehe Rn 8 f.). Für ein Verhandeln ist stets eine Entgegnung des Schuldners, die über die bloße Erfüllungsverweigerung hinaus geht, erforderlich.
Unterzieht sich der Unternehmer im Einverständnis mit dem Besteller der **Prüfung** des Vorhandenseins eines **Werkmangels** oder der Beseitigung des Mangels, so ist darin ein Verhandeln im Sinne des § 203 zu sehen. Im bisherigen Recht hatte **§ 639 Abs. 2 a.F.** einen entsprechenden speziellen Hemmungstatbestand vorgesehen. Die Vorschrift wurde zu Recht aufgehoben, die da durch die neuen Verjährungsregelungen, das meint im vorliegenden Zusammenhang § 203, abgelöst wird.[14]
In der **Praxis** wird es insbesondere für den Gläubiger, aber nicht nur für diesen, zweckmäßig sein, 7
mündliche Verhandlungen oder Verhandlungen per E-Mail deutlich zu **dokumentieren**, um Beweisschwierigkeiten über das Vorliegen von Verhandlungen und ihrem Anfang wie Ende zu entgegnen. Sinnvoll ist es, mündliche Verhandlungen in einem nachfolgenden Schreiben (Ergebnisprotokoll etc.) an die andere Seite zu protokollieren.

---

8 Siehe BT-Drucks 14/6040, 112.
9 BGH NJW 2001, 885, 886; BGH NJW-RR 2001, 1168, 1169; BGH VersR 2001, 1167; BGH NJW 1998, 730 und 2819; BGH NJW-RR 1991, 475.
10 BGH NJW-RR 2001, 1168, 1169.
11 OLG Köln NJW-RR 2000, 1411 (zu § 651g Abs. 2 a.F.).
12 BGH NJW-RR 2001, 1168, 1169; BGH VersR 2001, 1167; BGH NJW 2001, 1723 u. 885.
13 BGH VersR 2001, 1167 f.
14 BT-Drucks 14/6040, 267.

III. Rechtsfolge

1. Hemmung (S. 1)

8 Ab Beginn der Verhandlungen bis zur Verweigerung der Fortsetzung der Verhandlungen ist der Anspruch gehemmt. Die **Wirkung** der Hemmung richtet sich nach § 209.

Der Gesetzgeber hat davon abgesehen, Beginn und Ende der Verhandlungen besonders zu beschreiben oder eine Schriftform festzulegen, denn die Art und Weise, wie über streitige oder zweifelhafte Ansprüche verhandelt werden kann, ist so vielgestaltig, dass sie sich einer weitergehenden Regelung entzieht.[15]

Mit der **ausdrücklichen Erklärung** des Gläubigers oder des Schuldners, die Verhandlungen nicht mehr weiterführen zu wollen, endet in jedem Fall die Hemmung. Der ausdrücklichen Erklärung steht ein klares und eindeutiges **Verhalten** einer Partei gleich, welches die Verhandlungsbeendigung zum Ausdruck bringt.[16]

9 Die Festlegung des Endes von Verhandlungen ist bei einem schlichten „**Einschlafen" der Gespräche** ohne eindeutige Erklärung eines Beteiligten über das Ende seiner Verhandlungsbereitschaft problematisch.[17] Das Gesetz verzichtet auf eine gesetzliche Regelung für diesen Fall. In der Gesetzesbegründung wird die Lösung im Einzelfall der Rechtsprechung überlassen, so wie es auch bei dem bisherigen § 852 Abs. 2 der Fall war. Rechtsprechung und Lehre zu § 852 Abs. 2 a.F. sehen für den Fall des „Einschlafens" der Verhandlungsgespräche vor, dass die Hemmung in dem Zeitpunkt endet, in welchem der nächste Verhandlungsschritt nach Treu und Glauben zu erwarten gewesen wäre.[18] Das gilt ausweislich der Gesetzesbegründung auch für § 203.[19]

Verschleppt eine Partei die Verhandlungen, in dem sie zögerlich und hinhaltend verhandelt, so kann in diesem Verhalten ausnahmsweise eine Fortsetzungsverweigerung gesehen werden, sofern eindeutig und klar feststellbar ist, dass diese Partei eine Anspruchsklärung und -erledigung nicht beabsichtigt. Unabhängig davon steht es der Gegenseite frei, durch Abbruch der Verhandlungen auf das Verschleppen zu reagieren und auf diese Weise die Verjährungshemmung zu beenden.

Es empfiehlt sich, in **Verträgen** den Zeitpunkt zu vereinbaren, ab welchem Verhandlungen als gescheitert gelten, um auf diese Weise das Ende der Hemmung nach § 203 vertraglich zu bestimmen.[20] Zu Verjährungsvereinbarungen siehe § 202.

2. Ablaufhemmung (S. 2)

10 Da das Ende der Verhandlungen für den Gläubiger überraschend eintreten kann, ist in S. 2 eine besondere Ablaufhemmung vorgesehen. Dadurch soll ihm genügend Zeit gegeben werden, im Fall eines unerwarteten Abbruchs der Verhandlungen Rechtsverfolgungsmaßnahmen zu prüfen und gegebenenfalls einzuleiten.[21] Die Verjährung tritt frühestens **drei Monate** nach dem Ende der Verhandlungen ein. Diese kurze Mindestfrist bis zum Eintritt der Verjährung genügt, da der Gläubiger im Rahmen der Verhandlungen bereits mit der Durchsetzung des Anspruchs befasst ist.[22]

§ 204 Hemmung der Verjährung durch Rechtsverfolgung

(1) ¹Die Verjährung wird gehemmt durch
1. die Erhebung der Klage auf Leistung oder auf Feststellung des Anspruchs, auf Erteilung der Vollstreckungsklausel oder auf Erlass des Vollstreckungsurteils,
2. die Zustellung des Antrags im vereinfachten Verfahren über den Unterhalt Minderjähriger,
3. die Zustellung des Mahnbescheids im Mahnverfahren,
4. die Veranlassung der Bekanntgabe des Güteantrags, der bei einer durch die Landesjustizverwaltung eingerichteten oder anerkannten Gütestelle oder, wenn die Parteien den Einigungsversuch einvernehmlich unternehmen, bei einer sonstigen Gütestelle, die Streitbeilegungen betreibt, eingereicht ist; wird die Bekanntgabe demnächst nach der Einreichung des Antrags veranlasst, so tritt die Hemmung der Verjährung bereits mit der Einreichung ein,
5. die Geltendmachung der Aufrechnung des Anspruchs im Prozess,

---

[15] BT-Drucks 14/6040, 112.
[16] BGH NJW 1998, 2819.
[17] BT-Drucks 14/6040, 112 unter Hinweis auf *Mansel*, S. 333, 398.
[18] BT-Drucks 14/6040, 112 unter Hinweis auf BGH NJW 1986, 1337, 1338; zustimmend *Willingmann*, S. 1, 34; siehe aus der neueren Rechtsprechung etwa BGH NJW-RR 2001, 1168, 1169; OLG Düsseldorf VersR 1999, 68; ausführlich MüKo/*Stein*, § 852 Rn 69 m.w.N.
[19] BT-Drucks 14/6040, 112.
[20] Siehe *Ziegler/Rieder,* ZIP 2001, 1789, 1799.
[21] BT-Drucks 14/7052, 180 hat die ursprünglich vorgesehene Zwei- auf eine Dreimonatsfrist erweitert.
[22] BT-Drucks 14/6040, 112; BT-Drucks 14/7052, 180.

Titel 2. Hemmung, Ablaufhemmung und Neubeginn der Verjährung § 204

6. die Zustellung der Streitverkündung,
7. die Zustellung des Antrags auf Durchführung eines selbständigen Beweisverfahrens,
8. den Beginn eines vereinbarten Begutachtungsverfahrens oder die Beauftragung des Gutachters in dem Verfahren nach § 641a,
9. die Zustellung des Antrags auf Erlass eines Arrestes, einer einstweiligen Verfügung oder einer einstweiligen Anordnung, oder, wenn der Antrag nicht zugestellt wird, dessen Einreichung, wenn der Arrestbefehl, die einstweilige Verfügung oder die einstweilige Anordnung innerhalb eines Monats seit Verkündung oder Zustellung an den Gläubiger dem Schuldner zugestellt wird,
10. die Anmeldung des Anspruchs im Insolvenzverfahren oder im Schifffahrtsrechtlichen Verteilungsverfahren,
11. den Beginn des schiedsrichterlichen Verfahrens,
12. die Einreichung des Antrags bei einer Behörde, wenn die Zulässigkeit der Klage von der Vorentscheidung dieser Behörde abhängt und innerhalb von drei Monaten nach Erledigung des Gesuchs die Klage erhoben wird; dies gilt entsprechend für bei einem Gericht oder bei einer in Nummer 4 bezeichneten Gütestelle zu stellende Anträge, deren Zulässigkeit von der Vorentscheidung einer Behörde abhängt,
13. die Einreichung des Antrags bei dem höheren Gericht, wenn dieses das zuständige Gericht zu bestimmen hat und innerhalb von drei Monaten nach Erledigung des Gesuchs die Klage erhoben oder der Antrag, für den die Gerichtsstandsbestimmung zu erfolgen hat, gestellt wird, und
14. die Veranlassung der Bekanntgabe des erstmaligen Antrags auf Gewährung von Prozesskostenhilfe; wird die Bekanntgabe demnächst nach der Einreichung des Antrags veranlasst, so tritt die Hemmung der Verjährung bereits mit der Einreichung ein.

(2) [1]Die Hemmung nach Absatz 1 endet sechs Monate nach der rechtskräftigen Entscheidung oder anderweitigen Beendigung des eingeleiteten Verfahrens. [2]Gerät das Verfahren dadurch in Stillstand, dass die Parteien es nicht betreiben, so tritt an die Stelle der Beendigung des Verfahrens die letzte Verfahrenshandlung der Parteien, des Gerichts oder der sonst mit dem Verfahren befassten Stelle. [3]Die Hemmung beginnt erneut, wenn eine der Parteien das Verfahren weiter betreibt.

(3) [1]Auf die Frist nach Absatz 1 Nr. 9, 12 und 13 finden die §§ 206, 210 und 211 entsprechende Anwendung.

Inhalt

A. Reformgehalt 1	13. Antragseinreichung bei einem höheren Gericht (Nr. 13) 37
B. Regelungsgehalt 4	14. Veranlassung der Bekanntgabe des Antrags auf Prozesskostenhilfe (Nr. 14) 39
I. Antragstellung durch den Gläubiger 4	
II. Hemmungstatbestände (Abs. 1) 5	III. Ende der Hemmung (Abs. 2) 44
1. Klageerhebung (Nr. 1) 5	1. Allgemeines 44
2. Antrag im vereinfachten Unterhaltsverfahren (Nr. 2) 7	2. Sechsmonatige Nachfrist (Abs. 2 S. 1) 45
3. Mahnbescheid (Nr. 3) 9	3. Beginn der Nachfrist (Abs. 2 S. 1) 46
4. Veranlassung der Bekanntgabe des Güteantrags (Nr. 4) 10	a) Rechtskräftige Entscheidung 47
5. Aufrechnung im Prozess (Nr. 5) 14	b) Anderweitige Beendigung 48
6. Streitverkündung (Nr. 6) 16	c) Rücknahme oder Zurückweisung des Antrags als unzulässig 53
7. Selbständiges Beweisverfahren (Nr. 7) 17	4. Verfahrensstillstand (Abs. 2 S. 2 und 3) 55
8. Begutachtungsverfahren (Nr. 8) 20	a) Verfahrensuntätigkeit (Abs. 2 S. 2) 55
9. Zustellung eines Antrags auf einstweiligen Rechtsschutz (Nr. 9) 23	b) Weiterbetreiben (Abs. 2 S. 3) 57
10. Anmeldung im Insolvenzverfahren (Nr. 10) ... 30	c) Verfahrensstillstand aus triftigem Grund, insbesondere Musterprozesse 58
11. Beginn des Schiedsverfahrens (Nr. 11) 31	IV. Hemmung der Monatsfristen des Abs. 1 (Abs. 3) 60
12. Antragseinreichung bei einer Behörde (Nr. 12) ... 34	

A. Reformgehalt

Die Geltendmachung des Anspruchs in einer **Klage** oder in anderen **förmlichen Verfahren** führt nach 1 § 204 grundsätzlich nur zur Hemmung der Verjährung. Der Verjährungslauf wird für die Dauer der Hemmung angehalten (§ 209). **Zweck** des § 204 ist der Schutz des Gläubigers davor, dass der Anspruch während des Verfahrens zu seiner Durchsetzung verjährt. Für diesen Schutz genügt es aber, dass dem Gläubiger nach dem Ende des Verfahrens der Rest der gehemmten (angehaltenen) Verjährungsfrist zur Verfügung steht, ergänzt um eine sechsmonatige Nachfrist nach Abs. 2.[1]

---

1 BT-Drucks 14/6040, 113.

Nach **bisherigem Recht** hat die rechtsförmliche Anspruchserhebung hingegen regelmäßig zur Unterbrechung (Neubeginn) der Verjährung geführt, siehe vor allem §§ 209 f., 220 a.F. Nach Beendigung der Unterbrechung begann folglich die Verjährung in der vollen Länge der Frist erneut von vorne zu laufen (§ 217 a.F.). Diese gesetzliche Regelung hat bereits das am Anfang des Gesetzgebungsvorhabens stehende Gutachten von *Peters/Zimmermann* als unsystematisch und über das Schutzziel hinausreichend kritisiert. Sachgerecht sei statt der Unterbrechung vielmehr eine Verjährungshemmung.[2]

Der Kritik ist der Gesetzgeber gefolgt.[3] Entsprechend den Vorschlägen der Gutachter[4] sieht daher § 204 in den Fällen der §§ 209, 210, 220 a.F. mit Ausnahme des Falles des § 209 Abs. 2 Nr. 5 (Vornahme einer Vollstreckungshandlung) statt bisher der Unterbrechung **jetzt** eine **Hemmung** der Verjährung vor.

Darüber hinaus verallgemeinert Abs. 1 einige **spezielle Hemmungstatbestände** und schafft wenige – in Anlehnung an bisherige Rechtsprechungsentwicklungen[5] – neu. Zu Hemmungstatbeständen außerhalb des BGB siehe vor §§ 203 – 213 Rn 4.

2 Zur **Kritik am bisherigen Recht**:[6] In den Fällen, in denen die Klage zu einem rechtskräftigen Titel oder zur Abweisung der Klage in der Sache selbst führte, war die nach Abschluss des Verfahrens (§ 211 Abs. 1 a.F., § 217 Hs. 2 a.F.) erneut laufende alte Verjährungsfrist nicht von Interesse, da entweder nun die lange Verjährungsfrist für titulierte Ansprüche lief oder rechtskräftig feststand, dass der Anspruch nicht gegeben war. Bedeutsam war die geltende Regelung, wenn der Prozess in Stillstand geriet. Hier war nicht einzusehen, weshalb die Verjährung dann zwingend erneut beginnen sollte. Es konnte gute Gründe (z.B. Vergleichsverhandlungen) dafür geben, die Sache einschließlich der Verjährung in der Schwebe zu halten. Bedeutsam war die Regelung des alten Rechts ferner in den Fällen der Klagerücknahme oder der Abweisung der Klage durch Prozessurteil. Hier ließ das bisherige Recht (§ 212 a.F.) die Unterbrechung rückwirkend entfallen und sie wieder eintreten, wenn der Gläubiger binnen sechs Monaten nach Rücknahme oder Klageabweisung erneut Klage erhob. Der Sache nach war dies eine bloße Hemmung der Verjährung. Für die Unterbrechung der Verjährung durch Maßnahmen nach dem bisherigen § 209 Abs. 2 waren weitgehend die gleichen Erwägungen anzustellen. Dort wo die Unterbrechung praktische Wirkungen hatte, wirkte sie sich im Ergebnis wie eine Hemmung aus. Daher entschloss sich der Gesetzgeber zur Umgestaltung zahlreicher Unterbrechungs- in Hemmungstatbestände.

3 Wie sich aus dem Vorstehenden ergibt, ist die Umgestaltung der bisherigen Unterbrechungstatbestände zu Hemmungstatbeständen im Ergebnis weniger einschneidend, als es zunächst scheinen will. Denn bei erfolgloser **Verfahrenseinleitung** erschien schon bisher ein Neubeginn nicht sachgerecht. Und bei einem Verfahrenserfolg ergibt sich für den Regelfall der Hemmung nach Abs. 1 Nr. 1 eine neue, dreißigjährige Verjährungsfrist nach § 197 Abs. 1 Nr. 3.

B. Regelungsgehalt

I. Antragstellung durch den Gläubiger

4 Die Anträge, welche nach Abs. 1 zur Hemmung führen, müssen stets von dem zur Anspruchserhebung Berechtigten gestellt werden, um die Verjährung zu hemmen. Dieser Grundsatz war schon im bisherigen Recht anerkannt.[7] **Berechtigter** ist nicht nur der Rechtsinhaber, wie z.B. der Zessionar, sondern auch der wirksam zur Durchsetzung einer Forderung kraft Gesetzes oder kraft gewillkürter Prozessstandschaft Ermächtigte.[8]

Die **volle Ausschöpfung** der Verjährungsfrist bis zum letzten Tag ist zulässig; daher kann der Antrag, der zur Hemmung führt, auch erst in letzter Minute gestellt werden.[9]

II. Hemmungstatbestände (Abs. 1)

1. Klageerhebung (Nr. 1)

5 Abs. 1 Nr. 1 entspricht **§ 209 Abs. 1 a.F.** in seinem sachlichen Anwendungsbereich, nicht aber in der Rechtsfolge (jetzt Hemmung statt bisher Unterbrechung).[10] Daher kann zur Auslegung des Abs. 1 Nr. 1 auf die Ergebnisse der Rechtsprechung und Lehre zu § 209 Abs. 1 a.F. im Grundsatz zurückgegriffen werden, wenn dabei die unterschiedliche Rechtsfolgenanordnung bedacht wird.

---

2 *Peters/Zimmermann*, S. 260 ff., 308.
3 BT-Drucks 14/6040, 112 f.
4 *Peters/Zimmermann*, S. 307 ff., 316 f. zu §§ 205 ff. des dortigen Entwurfs.
5 Näher *Zimmermann/Leenen u.a.*, JZ 2001, 684, 696.
6 Siehe zum Folgenden BT-Drucks 14/6040, 112 in Übernahme von *Peters/Zimmermann*, S. 260 ff., 308.
7 Siehe nur BGH NJW 1999, 3707; BGH NJW 1993, 1916 m.w.N.; siehe ferner hier mit Bezug zur Klageerhebung Rn 5, mit Bezug zum Beweissicherungsverfahren Rn 19.
8 BGH NJW 1999, 3707.
9 Siehe beispielsweise BGHZ 70, 235, 239.
10 BT-Drucks 14/6040, 113.

Soweit § 209 Abs. 1 a.F. von „Klage auf Befriedigung" spricht, wird in Abs. 1 Nr. 1 durch den Begriff „Klage auf Leistung" der Einklang mit der **Terminologie** der ZPO hergestellt. Eine sachliche Änderung ist damit nicht verbunden.[11]

Der **Tatbestand** setzt die Klage auf Leistung oder auf positive[12] Feststellung (§ 256 ZPO) oder auf Erteilung der Vollstreckungsklausel (§§ 731, 796, 797, 797 a, 800 ZPO) oder auf Erlass eines Vollstreckungsurteils (§§ 722, 1042, 1042 a ZPO) voraus. Eine Stufenklage, etwa in der ersten Stufe auf Auskunft gerichtet, genügt.[13]

Die Klage muss von dem **Berechtigten**[14] **wirksam**[15] erhoben sein.

Die Hemmung **beginnt** mit der Erhebung der Klage; nach § 253 Abs. 1 ZPO erfolgt diese mit Zustellung der Klageschrift; dabei wirkt die Zustellung auf den Zeitpunkt der Klageeinreichung zurück, sofern die Zustellung demnächst erfolgt (§§ 270 Abs. 3, 207 ZPO). 6

2. Antrag im vereinfachten Unterhaltsverfahren (Nr. 2)

Abs. 1 Nr. 2 entspricht mit der Maßgabe der erläuterten Umstellung auf den Hemmungstatbestand (Rn 1) dem bisherigen **§ 209 Abs. 2 Nr. 1b a.F.**[16] Insofern kann auch hier – unter Berücksichtigung des Rechtsfolgenunterschieds – auf die Ergebnisse der Rechtsprechung und Lehre zu § 209 Abs. 2 Nr. 1b a.F. im Grundsatz zurückgegriffen werden. 7

Die Hemmung **beginnt** mit der Zustellung des Antrags im vereinfachten Verfahren über den Unterhalt Minderjähriger (§§ 645 ff. ZPO); bei einer demnächst erfolgenden Zustellung beginnt die Hemmung entsprechend § 647 Abs. 2 ZPO mit der Antragseinreichung bei Gericht. Sprachlich wird in Einklang mit der Überschrift von Buch 6 Titel 2 Abschnitt 2 der ZPO von dem „vereinfachten Verfahren über den Unterhalt Minderjähriger" und nicht von dem „vereinfachten Verfahren zur Festsetzung von Unterhalt" gesprochen.[17] 8

3. Mahnbescheid (Nr. 3)

Abs. 1 Nr. 3 entspricht mit der Maßgabe der zuvor erläuterten Umstellung (Rn 1) auf den Hemmungstatbestand dem bisherigen § 209 Abs. 2 Nr. 1 a.F.,[18] dessen Auslegungsergebnisse bei der Anwendung des Abs. 1 Nr. 3 herangezogen werden können. Die Hemmung **beginnt** mit der Zustellung des Mahnbescheids im Verfahren nach §§ 688 ff. ZPO; erfolgt die Zustellung demnächst, so beginnt die Hemmung bereits mit der Antragseinreichung (§ 693 Abs. 2 ZPO). 9

4. Veranlassung der Bekanntgabe des Güteantrags (Nr. 4)

Abs. 1 Nr. 4 beruht auf **§ 209 Abs. 2 Nr. 1a a.F.**, die Regelung hat aber neben der bloßen Umstellung des Unterbrechungstatbestands auf einen Hemmungstatbestand weitere Änderungen erfahren, siehe im Folgenden. Das ist bei der Heranziehung der Rechtsprechung zum bisherigen Recht für die Auslegung der Vorschrift zu beachten. Die funktionslose Wendung des bisherigen Rechts, der Güteantrag müsse in der Form der Geltendmachung eines Anspruchs angebracht werden, wurde fallen gelassen. Ferner wird in Einklang mit der Formulierung des § 794 Abs. 1 Nr. 1a ZPO vereinfacht von einer „durch die Landesjustizverwaltung eingerichteten oder anerkannten Gütestelle" gesprochen. So kann die im bisherigen § 209 Abs. 2 Nr. 1a enthaltene Verweisung auf § 794 Abs. 1 Nr. 1 ZPO entfallen, ohne dass damit eine sachliche Änderung verbunden ist.[19] 10

Erfasst werden zum einen Anträge bei einer **Gütestelle** der in **§ 794 Abs. 1 Nr. 1 ZPO** bezeichneten Art. Zum anderen wird durch Abs. 1 Nr. 4 der Anwendungsbereich auch auf die Verfahren vor einer „**sonstigen Gütestelle, die Streitbeilegung betreibt**" erweitert. Damit sind Gütestellen im Sinne von **§ 15a Abs. 3 EGZPO** in Verbindung mit den einschlägigen Landesgesetzen gemeint. Zusätzliche Voraussetzung der Hemmungswirkung bei einem Güteantrag vor einer sonstigen Gütestelle ist in Übereinstimmung mit § 15a Abs. 3 S. 1 EGZPO, dass der Einigungsversuch von den Parteien einvernehmlich unternommen wird, wobei dieses Einvernehmen nach § 15a Abs. 3 S. 2 EGZPO bei branchengebundenen Gütestellen oder den Gütestellen der Industrie- und Handelskammern, der Handwerkskammern oder der Innungen unwiderleglich vermutet wird. Damit wird die bislang bestehende verjährungsrechtliche Benachteiligung der Verfahren vor solchen Gütestellen beseitigt.[20] 11

---

11 BT-Drucks 14/6040, 113.
12 Eine negative Feststellungsklage genügt nicht: BGH NJW 1972, 1043; a.A. OLG Schleswig NJW 1976, 970.
13 BGH NJW 1999, 1101.
14 OLG Düsseldorf NJW 1994, 2423.
15 BGH NJW 1959, 1819; BGH NJW-RR 1989, 508.
16 BT-Drucks 14/6040, 113.
17 BT-Drucks 14/6040, 113.
18 BT-Drucks 14/6040, 113.
19 Zu beiden sprachlichen Änderungen siehe BT-Drucks 14/6040, 113 f.
20 BT-Drucks 14/6040, 114.

Eine Hemmung tritt auch ein, wenn der Güteantrag bei einer örtlich[21] oder sachlich[22] **unzuständigen Gütestelle** gestellt wird.

12 Nach dem bisherigen § 209 Abs. 2 Nr. 1a a.F. wurde die Verjährung bereits durch die bloße Einreichung (Anbringung) des Güteantrags unterbrochen. Da aber grundsätzlich nur solche Rechtsverfolgungsmaßnahmen verjährungsrechtliche Wirkung entfalten, die dem Schuldner bekannt werden, stellt Abs. 1 Nr. 4 jetzt für den **Hemmungsbeginn** nicht mehr auf die Einreichung des Antrags ab, sondern auf die **Veranlassung der Bekanntgabe** des Güteantrags. Auf die Bekanntgabe des Güteantrags – wie es der Regierungsentwurf noch vorsah[23] – konnte der Gesetzgeber nicht abstellen, weil eine Bekanntgabe durch förmliche Zustellung von § 15a EGZPO nicht vorgeschrieben ist. Daher kann auch eine formlose Bekanntgabe, insbesondere durch einfachen Brief, erfolgen. In diesen Fällen ist jedoch zu besorgen, dass der Schuldner bestreitet, den Brief erhalten zu haben, was in der Praxis kaum zu widerlegen ist und die Hemmungsregelung untauglich werden ließe. Es erschien dem Rechtsausschuss des Deutschen Bundestags daher sachgerecht, auf das – aktenmäßig nachprüfbare – Vorgehen der Gütestelle abzustellen. Wenn die Gütestelle die Bekanntgabe des Güteantrags veranlasst, also beispielsweise den an den Schuldner adressierten Brief mit dem Güteantrag zur Post gibt, sollen die Voraussetzungen für die Hemmung erfüllt sein.[24] Nach Abs. 1 Nr. 4 kann somit weiterhin in rechtsstaatlich bedenklicher Weise eine Verjährungshemmung ohne Verfahrenskenntnis des Schuldners eintreten.

13 Abs. 1 Nr. 4 sieht ausdrücklich den **Beginn der Verjährungshemmung** schon im Zeitpunkt der **Einreichung** des Güteantrags vor, sofern die Bekanntgabe des Antrags demnächst nach Einreichen des Antrags erfolgt.

5. Aufrechnung im Prozess (Nr. 5)

14 Abs. 1 Nr. 5 regelt die Hemmung der Verjährung bei Geltendmachung der Aufrechnung im Prozess. Die Vorschrift entspricht mit der Maßgabe der bereits erläuterten Umstellung auf den Hemmungstatbestand (Rn 1) dem bisherigen **§ 209 Abs. 2 Nr. 3 a.F.**; auf Rechtsprechung und Literatur zum bisherigen Recht kann daher im Grundsatz zurückgegriffen werden.

Hat die Aufrechnung Erfolg, so stellt sich die Verjährungsfrage nicht. Abs. 1 Nr. 5 erfasst daher nur Ansprüche, bei welchen die Aufrechnung nicht durchgreift.[25] Eine Hemmung tritt nur hinsichtlich des von der (erfolglosen) Aufrechnung erfassten Anspruchsteils ein.

15 Die Hemmung **beginnt** mit der Erklärung der Aufrechnung im Prozess bzw. mit dem Prozessvortrag der außerprozessualen Aufrechnung. Auf eine Zustellung oder Bekanntgabe der Aufrechnungserklärung ist nicht abzustellen. Ist die Aufrechnungserklärung in einem Schriftsatz enthalten, so bedarf dieser nach § 270 Abs. 2 ZPO nicht der Zustellung, da die Aufrechnung kein Sachantrag ist.[26]

6. Streitverkündung (Nr. 6)

16 Mit Abs. 1 Nr. 6 wird an den bisherigen **§ 209 Abs. 2 Nr. 4 a.F.** angeknüpft. Wie in den übrigen Fällen des Abs. 1 wird auch hier auf den Hemmungstatbestand umgestellt. Für die Auslegung des Abs. 1 Nr. 6 können die Erkenntnisse zum bisherigen Recht herangezogen werden. Zur Klarstellung wird ausdrücklich auf die nach § 73 S. 2 ZPO erforderliche Zustellung der Streitverkündung abgestellt. Die Zustellung führt zum **Hemmungsbeginn**; auch hier tritt die Hemmung bereits mit der Einreichung der Streitverkündungsschrift bei Gericht ein, sofern die Zustellung demnächst erfolgt (§ 270 Abs. 3 ZPO).

Weggelassen wurde gegenüber dem bisherigen § 209 Abs. 2 Nr. 4 a.F. die irreführende Einschränkung auf die Streitverkündung „in dem Prozesse, von dessen Ausgange der Anspruch abhängt". Entgegen dem Wortlaut ist die Verjährungswirkung der Streitverkündung gerade nicht davon abhängig, dass die tatsächlichen Feststellungen des Vorprozesses für den späteren Prozess maßgebend sein müssen.[27] Die schon bislang praktizierte Gleichstellung der Streitverkündung im selbständigen Beweisverfahren mit der Streitverkündung im Prozess[28] ist durch die bloße Anknüpfung an die Streitverkündung künftig zwanglos möglich.[29]

---

21 BGHZ 123, 337; Palandt/*Heinrichs*, § 209 Rn 17 (zum bisherigen Recht).
22 Palandt/*Heinrichs*, § 209 Rn 17 (zum bisherigen Recht).
23 BT-Drucks 14/6040, 113 f.
24 BT-Drucks 14/7052, 181.
25 Zu Beispielen siehe Palandt/*Heinrichs*, § 209 Rn 19 (zum bisherigen Recht).
26 BT-Drucks 14/6040, 114.
27 BGHZ 36, 212, 214.
28 BGHZ 134, 190.
29 BT-Drucks 14/6040, 114.

7. Selbständiges Beweisverfahren (Nr. 7)

Abs. 1 Nr. 7 übernimmt die bisher in den §§ 477 Abs. 2, 639 Abs. 1 a.F. für Gewährleistungsansprüche aus Kauf- und Werkvertrag vorgesehene Unterbrechungsregelung als einen **allgemeinen Hemmungstatbestand**, der alle der Verjährung unterworfenen Ansprüche erfassen kann. Der Antrag auf Durchführung eines selbständigen Beweisverfahrens unterbrach die Verjährung nach § 477 Abs. 2, § 639 Abs. 2 a.F. nur für die Gewährleistungsansprüche des Käufers oder Bestellers, nicht jedoch für die Ansprüche des Verkäufers oder Unternehmers oder für die Ansprüche aus sonstigen Verträgen. Es war schon nach bisherigem Recht kein tragender Grund ersichtlich, weshalb der Antrag auf Beweissicherung allein bei Gewährleistungsansprüchen aus Kauf- und Werkvertrag und nicht bei anderen Ansprüchen Einfluss auf den Lauf der Verjährung haben sollte. Das gilt erst recht für das neue Recht, in welchem die Sonderbehandlung der kauf- und werkvertraglichen Gewährleistungsansprüche zurückgedrängt wurde.[30]

Die **Auslegung** des Abs. 1 Nr. 7 kann sich in Grundzügen an Erkenntnissen zu §§ 477 Abs. 2, 639 Abs. 1 a.F. orientieren.

Die Hemmung **beginnt** nach Abs. 1 Nr. 7 ausdrücklich erst mit der Zustellung des Antrags auf Durchführung des selbständigen Beweisverfahrens (§§ 485 ff. ZPO);[31] es gilt wieder die Vorwirkung des § 270 Abs. 3 ZPO bei demnächst erfolgender Zustellung.

Zu berücksichtigen ist, dass den Antrag auf Durchführung des Beweissicherungsverfahrens nach § 485 ZPO auch der Schuldner stellen kann. Es ist aber wegen der rechtserhaltenden Funktion des Verfahrens anerkannt, dass nur ein von dem **Gläubiger beantragtes** Verfahren die Verjährung hemmt.[32] Die Wirkung kann nur gegenüber dem **als Gegner** im Verfahren **benannten Schuldner** eintreten,[33] da die Hemmung – mit der Maßgabe des § 270 Abs. 3 ZPO – erst mit der Zustellung des Antrags auf Verfahrensdurchführung beginnt.

8. Begutachtungsverfahren (Nr. 8)

Durch Abs. 1 Nr. 8 werden von den Parteien vereinbarte Begutachtungsverfahren und das spezielle Begutachtungsverfahren nach § 641a zur Erwirkung der werkvertraglichen Fertigstellungsbescheinigung dem selbständigen Beweisverfahren, das nach § 485 ZPO gleichfalls die Begutachtung durch einen Sachverständigen zum Gegenstand haben kann, in ihrer verjährungsrechtlichen Wirkung gleichgestellt.

Die Hemmung **beginnt** bei dem vereinbarten **Begutachtungsverfahren** mit dessen Beginn, um der Vielfältigkeit der Parteivereinbarungen Rechnung zu tragen. Die Kenntnis des Schuldners von der Hemmung ist unproblematisch, da nur vereinbarte und damit unter Mitwirkung des Schuldners erfolgende Begutachtungsverfahren die Hemmungswirkung auslösen.[34] Den Parteien ist zu empfehlen, bei der Regelung des vereinbarten Begutachtungsverfahrens auch den Beginn und das Ende der Hemmungswirkung nach Abs. 1 Nr. 8 zu **regeln** (zur Vertragsfreiheit im Verjährungsrecht siehe § 202).

Bei dem Verfahren nach **§ 641a** stellt Abs. 1 Nr. 8 für den Hemmungsbeginn auf die nach § 641a Abs. 2 S. 2 erforderliche Beauftragung des Gutachters durch den Unternehmer ab. Die Kenntnis des Bestellers von der Hemmung durch die Beauftragung des Gutachters soll durch die Einladung zum Besichtigungstermin nach § 641a Abs. 3 S. 1 sichergestellt sein.[35]

Gehemmt wird die Verjährung für **alle Ansprüche**, zu deren Klärung das Begutachtungsverfahren eingeleitet wurde.

9. Zustellung eines Antrags auf einstweiligen Rechtsschutz (Nr. 9)

Nach **bisherigem Recht** waren Anträge auf Erlass einer einstweiligen Verfügung oder eines Arrestes ohne Einfluss auf den Lauf der Verjährungsfrist.[36] Allein soweit Anträge des einstweiligen Rechtsschutzes als Vollstreckungsmaßnahmen qualifiziert werden konnten,[37] haben sie nach § 209 Abs. 2 Nr. 5 a.F. die Verjährung unterbrochen. Umstritten war die Qualifikation der mit in die einstweilige Verfügung aufgenommenen Strafandrohung.[38]

---

30 BT-Drucks 14/6040, 114.
31 Zum bisherigen Recht im Rahmen der partiellen Vorgängernorm § 477 Abs. 2 a.F. (Unterbrechung beginnt bereits mit dem Eingang des Gesuchs bei dem Gericht) siehe Soergel/*Huber*, § 477 Rn 63.
32 Zum bisherigen Recht (Unterbrechung) siehe BGH NJW 1993, 1916; siehe ferner BGH NJW 1980, 1485; BGHZ 72, 23, 29; Zöller/*Herget*, vor § 485 ZPO Rn 3.
33 Zum bisherigen Recht siehe dazu BGH NJW 1980, 1485.
34 BT-Drucks 14/6040, 114.
35 BT-Drucks 14/6040, 115.
36 BGH, NJW 1979, 217.
37 Siehe dazu Palandt/*Heinrichs*, § 209 Rn 21.
38 Qualifikation als Vollstreckungshandlung: OLG Hamm NJW 1977 2319; ablehnend: BGH, NJW 1979, 217; siehe Palandt/*Heinrichs*, § 209 Rn 22.

Abs. 1 Nr. 9 regelt nun allgemein die Hemmung infolge eines Antrags auf Erlass eines Arrestes, einer einstweiligen Verfügung oder einer einstweiligen Anordnung. Dieser eigenständige Hemmungsgrund ist **neu**.[39] Auf die Qualifikation als Vollstreckungsmaßnahme kommt es für Abs. 1 Nr. 9 nicht an.

24 Soweit ein Antrag des einstweiligen Rechtsschutzes **zugleich** als Antrag auf Vornahme einer Vollstreckungshandlung zu qualifizieren ist, beginnt die Verjährung gemäß § 212 Abs. 1 Nr. 2 neu.[40] Wegen des neu geschaffenen Hemmungstatbestands des Abs. 1 Nr. 9 ist eine rein an verjährungsrechtlichen Zwecken und Zielen orientierte vollstreckungsrechtliche Qualifikation von Anträgen künftig auf jeden Fall abzulehnen; daher ist jedenfalls nach neuem Recht die einstweilige Verfügung mit Strafandrohungsbeschluss nicht als Vollstreckungsmaßnahme, die zum Neubeginn der Verjährung nach § 212 Abs. 1 Nr. 2 führt, einzustufen.[41]

25 Der Gesetzgeber **begründet** den neuen Hemmungstatbestand wie folgt:[42] Bislang fehlten diese Fälle bei der Aufzählung der gerichtlichen Maßnahmen in § 209 a.F., da mit einem entsprechenden Antrag nicht der Anspruch selbst, sondern dessen Sicherung geltend gemacht wird. Der Gesetzgeber hat dennoch ein praktisches Bedürfnis der Verjährungshemmung für die Fälle anerkannt, in denen mit der einstweiligen Verfügung eine – wenn auch nur vorläufige – Befriedigung wegen eines Anspruchs erreicht werden kann. Dies sind die Fälle der sogenannten **Leistungsverfügung**. Betroffen sind in erster Linie (**wettbewerbsrechtliche**) **Unterlassungsansprüche**. Soweit in diesen Fällen der Anspruch selbst im Wege eines Antrags auf Erlass einer einstweiligen Verfügung geltend gemacht werden kann, wird in diesem Verfahren nicht nur über die Sicherung des Anspruchs, sondern über die vorläufige Befriedigung des Gläubigers entschieden. Der Gläubiger hat dann häufig kein Interesse mehr an dem Hauptsacheverfahren. Da jedoch die Unterlassungsansprüche nach § 21 Abs. 1 UWG einer sechsmonatigen Verjährungsfrist unterliegen, ist der Gläubiger mitunter gezwungen, ein Hauptsacheverfahren allein zur Verjährungsunterbrechung anhängig zu machen, um zu verhindern, dass während eines sich hinziehenden Verfahrens auf Erlass einer einstweiligen Verfügung die Verjährung eintritt. Entsprechendes gilt für den presserechtlichen **Gegendarstellungsanspruch**, der innerhalb der in den Landespressegesetzen bestimmten Aktualitätsgrenzen geltend gemacht sein muss. Der Arrest, die einstweilige Verfügung und die einstweilige Anordnung stehen in ihrer Rechtsschutzfunktion dem in Abs. 1 Nr. 7 geregelten selbständigen Beweisverfahren und den in Abs. 1 Nr. 8 geregelten Begutachtungsverfahren nicht nach. Auch dort ist der Anspruch selbst nicht unmittelbarer Verfahrensgegenstand.

26 Auf eine unterschiedliche Behandlung der einzelnen Arten der einstweiligen Verfügung, der einstweiligen Anordnung und des Arrestes – **sichernder einstweiliger Rechtsschutz/erfüllungsbezogener einstweiliger Rechtsschutz** – kann nach Auffassung des Gesetzgebers verzichtet werden, weil sie künftig nur eine Hemmung, nicht aber die Unterbrechung bewirken. Diese Wirkung ist weit weniger einschneidend.[43]

27 Nicht eindeutig geregelt ist, welche Ansprüche der Hemmungstatbestand des Abs. 1 Nr. 9 erfasst. Richtigerweise wird von der **Hemmung erfasst** der durch den Antrag des einstweiligen Rechtsschutzes zu **sichernde Anspruch**,[44] aber auch der im Wege der ausnahmsweise zulässigen Leistungsverfügung zu **erfüllende Anspruch**.[45] Das ist sachgerecht, denn die Grenzen zwischen Sicherungsverfügung und Leistungsverfügung sind nicht selten fließend. Zudem können Umstände des Einzelfalls den Anwendungsbereich einer Leistungsverfügung ausweiten, wenn etwa der Gläubiger auf die Erfüllung unter besonderen Umständen unabweisbar angewiesen ist. Schließlich führen auch ein Feststellungsurteil (Abs. 1 Nr. 1), die Streitverkündung (Abs. 1 Nr. 6), das selbständige Beweissicherungsverfahren (Abs. 1 Nr. 7) und das Begutachtungsverfahren (Abs. 1 Nr. 8) nicht zur Anspruchserfüllung, sondern – im weiteren Sinne – zur Anspruchssicherung.

28 Die Hemmung **beginnt** grundsätzlich mit der **Zustellung** des jeweiligen Antrags. Dies stellt sicher, dass die Hemmung nicht eintritt, ohne dass der Schuldner hiervon Kenntnis erlangt. Die Rückwirkung der Hemmungswirkung auf den Zeitpunkt der Einreichung des Antrags ergibt sich aus § 270 Abs. 3 ZPO.[46]

29 Vielfach wird jedoch über das Gesuch ohne mündliche Verhandlung entschieden und der Antrag daher nicht zugestellt. Für diesen Fall sieht Abs. 1 Nr. 9 vor, dass die Hemmungswirkung bereits mit der **Einreichung**

---

39 Ausführlich zu dem entsprechenden, nicht vollständig deckungsgleichen Normvorschlag des DiskE *Baronikians*, WRP 2001, 121; zur Fassung des RegE siehe *Zimmermann/Leenen* u.a., JZ 2001, 684, 696, jeweils mit Nachweisen des Gutachtens *Peters/Zimmermann* und des Abschlussberichts.
40 Allgemein zu der davon zu trennenden Frage, dass die Hemmung der Verjährung ihre Unterbrechung (den Neubeginn) nicht ausschließt, siehe Staudinger/*Peters*, § 202 Rn 6; zum Verhältnis von parallel vorliegender Hemmung und Neubeginn siehe § 212.
41 Im Ergebnis ebenso zum bisherigen Recht: BGH NJW 1979, 217.
42 Zum folgenden BT-Drucks 14/6040, 115.
43 BT-Drucks 14/6040, 115.
44 Nur den zu sichernden Anspruch erwähnend *Heinrichs*, BB 2001, 1417, 1421.
45 So BT-Drucks 14/6040, 115; *Harms*, Transportrecht 2000, 294, 295 (dort weiterführende Hinweise). Nur die Leistungsverfügung erwähnend: *Willingmann*, S. 1, 35; tendenziell für eine Beschränkung auf Leistungsverfügungen *Zimmermann/Leenen u.a.*, JZ 2001, 684, 696.
46 BT-Drucks 14/6040, 115.

des Antrags eintritt, jedoch unter der Bedingung steht, dass der Arrestbefehl, die einstweilige Verfügung oder einstweilige Anordnung innerhalb von einem Monat nach Erlass dem Antragsgegner zugestellt wird. Diese (auflösende) Bedingung vermeidet eine „heimliche" Hemmung, die beispielsweise zu besorgen wäre, wenn der Gläubiger von einem ohne Kenntnis des Schuldners ergangenen Sicherungsmittel keinen Gebrauch macht. Tritt die Bedingung nicht ein, weil das Gericht einen nicht zugestellten Antrag ablehnt und es daher überhaupt nicht zu einem Arrestbefehl usw. kommt, der zugestellt werden könnte, ist die fehlende Hemmungswirkung unschädlich.[47] Der Regierungsentwurf hatte ursprünglich eine Dreimonatsfrist vorgesehen; sie wurde auf eine Einmonatsfrist reduziert, um die Zustellungsfrist an die Vollziehungsfrist des § 929 Abs. 2 ZPO anzugleichen.[48]

10. Anmeldung im Insolvenzverfahren (Nr. 10)

Abs. 1 Nr. 10 (Anmeldung des Anspruchs im Insolvenzverfahren oder im Schifffahrtsrechtlichen Verteilungsverfahren) entspricht mit der Maßgabe der erläuterten Umstellung auf den Hemmungstatbestand (Rn 1) dem bisherigen **§ 209 Abs. 2 Nr. 2 a.F.**, dessen Fallmaterial zur Auslegung des Abs. 1 Nr. 10 unter Beachtung des genannten Rechtsfolgenunterschieds weiter benutzt werden kann.

30

11. Beginn des Schiedsverfahrens (Nr. 11)

Abs. 1 Nr. 11 greift hinsichtlich des schiedsrichterlichen Verfahrens gemäß §§ 1025 ff. ZPO den Gedanken des bisherigen **§ 220 Abs. 1 a.F.** auf. Diese Vorschrift beurteilte die Unterbrechung der Verjährung von Ansprüchen, die vor einem Schiedsgericht geltend zu machen sind, durch Verweisung auf die für gerichtliche Maßnahmen geltenden Vorschriften. Allerdings wurde nicht lediglich die entsprechende Anwendung der für die Klageerhebung geltenden Vorschriften angeordnet; denn hierdurch ergäbe sich die Unklarheit, wann man im Schiedsverfahren von einer der Klageerhebung vergleichbaren Situation sprechen kann.

31

Abs. 1 Nr. 11 **erfasst alle Ansprüche**, die in einem schiedsrichterlichen Verfahren geltend gemacht werden. Die Hemmung **beginnt** mit dem Beginn des schiedsrichterlichen Verfahrens. Dieser ist in § 1044 ZPO geregelt. Der Gesetzgeber hat jedoch ausdrücklich auf einen zuvor vorgesehenen Verweis auf § 1044 ZPO verzichtet, damit der Anwendungsbereich des Abs. 1 Nr. 11 nicht allein auf Schiedsverfahren in Deutschland beschränkt ist.[49] Welche **ausländischen** Schiedsverfahren unter Abs. 1 Nr. 11 fallen, ist eine Frage des internationalen Privat- und Verfahrensrechts[50] und zugleich eine Substitutionsfrage.[51] Im Rahmen der Prüfung des Abs. 1 Nr. 11 ist für jedes Schiedsverfahren, das der Norm unterfällt, nach seinen eigenen Regeln der Beginn des Verfahrens festzustellen. Soweit danach auch Parteiabreden über den Schiedsverfahrensbeginn zulässig sind – wie beispielsweise nach § 1044 Abs. 1 S. 1 Hs. 1 ZPO –, sind dennoch rechtliche Unsicherheiten insoweit kaum zu befürchten; dies gilt insbesondere auch deshalb, weil sich die Parteien regelmäßig eines institutionalisierten Schiedsgerichts bedienen, dessen Schiedsverfahrensordnung die Frage des Verfahrensbeginns üblicherweise regelt.[52]

32

Der Übernahme des bisherigen **§ 220 Abs. 2 a.F.** (siehe § 197 Rn 55, 57) bedarf es nicht mehr.[53] Diese Vorschrift betraf den Fall, dass zur Durchführung des Schiedsverfahrens noch die Ernennung des oder der Schiedsrichter oder die Erfüllung sonstiger Voraussetzungen erforderlich war. Die Unterbrechung der Verjährung trat in diesen Fällen nach bisherigem Recht bereits dann ein, wenn der Berechtigte alles zur Erledigung der Sache seinerseits Erforderliche vornimmt. Damit sollte verhindert werden, dass die Unterbrechung der Verjährung durch Umstände verzögert wird, auf die der Berechtigte keinen Einfluss hat. Auf die Ernennung eines Schiedsrichters kommt es aber nach dem neuen § 1044 ZPO nicht mehr an. Auch auf die Erfüllung sonstiger Voraussetzungen kommt es für die Hemmung der Verjährung nicht an.[54] Vielmehr liegt es – beim Fehlen anderer Parteiabsprachen im Sinne von § 1044 Abs. 1 S. 1 Hs.1 ZPO – allein in der Hand des Anspruchsberechtigten, den Empfang des Antrags, die Streitigkeit einem Schiedsgericht vorzulegen, zu bewirken.

33

Schiedsgutachtenverträge unterfallen Abs. 1 Nr. 8.

---

47 Zum Vorstehenden: BT-Drucks 14/6040, 115.
48 BT-Drucks 14/7052, 181.
49 BT-Drucks 14/7052, 181.
50 Siehe *Junker*, KTS 1987, 45.
51 Zur Substitution allgemein siehe *Mansel*, Festschrift für Werner Lorenz, 1991, S. 689 ff.
52 BT-Drucks 14/6857, 8 und 44f.
53 Siehe dazu und zu dem Folgenden BT-Drucks 14/6040, 115 f.
54 BT-Drucks 14/6040, 116; siehe noch *Harms*, Transportrecht 2001, 294, 296.

12. Antragseinreichung bei einer Behörde (Nr. 12)

34 Abs. 1 Nr. 12 wird die erste Alternative des bisherigen **§ 210 S. 1 a.F.** übernommen. Wie auch in den anderen Fällen des Abs. 1 wird von einem Unterbrechungs- auf einen Hemmungstatbestand umgestellt. Es wird nicht mehr an die **Zulässigkeit** des Rechtswegs, sondern an die der **Klage** angeknüpft. Schon bislang wurde § 210 a.F. immer dann angewendet, wenn eine behördliche Entscheidung oder ein behördliches Vorverfahren Zulässigkeitsvoraussetzung für die Erhebung der Klage ist.[55] Die Hemmung tritt nur ein, wenn die Behörde über das Gesuch zur Entscheidung eine Sachentscheidung trifft.[56]

35 Der zweite Halbsatz des Abs. 1 Nr. 12 sieht die entsprechende Anwendung für bei einem Gericht oder bei einer Gütestelle im Sinne Abs. 1 Nr. 4 zu stellende Anträge, deren Zulässigkeit von der **Vorentscheidung einer Behörde** abhängt, vor. Schon in dem bisherigen § 210 a.F. war als Alternative zur Klage der Güteantrag genannt. Hinzu kommen bei Gericht zu stellende Anträge wie der Prozesskostenhilfeantrag nach Abs. 1 Nr. 14, dessen Zulässigkeit genauso von einer behördlichen Entscheidung abhängen kann wie die Klage, für die Prozesskostenhilfe begehrt wird.[57]

36 Um einer „heimlichen" Hemmung vorzubeugen, wird aus § 210 a.F. die **Bedingung** übernommen, dass innerhalb von drei Monaten nach Erledigung des Gesuchs die Klage erhoben wird. Zudem erscheint es bei einem Verfahren zur Herbeiführung der Zulässigkeit der Klage sachgerecht, die Hemmung nur dann vorzusehen, wenn der Gläubiger die Angelegenheit anschließend weiterbetreibt.[58] Die Dreimonatsfrist beginnt mit dem Zugang der Entscheidung bei dem Gläubiger.[59]

13. Antragseinreichung bei einem höheren Gericht (Nr. 13)

37 Abs. 1 Nr. 13 betrifft die Hemmung der Verjährung durch Einreichung eines Antrags bei einem höheren Gericht, wenn es das zuständige Gericht zu bestimmen hat und innerhalb von drei Monaten nach Erledigung des Gesuchs die Klage erhoben oder der Antrag, für den die Gerichtsstandsbestimmung zu erfolgen hat, gestellt wird. Dadurch wird der Unterbrechungstatbestand des **§ 210 S. 1 Alt. 2 a.F.** in das neue Recht als Hemmungsregelung übernommen.

38 Um auch hier einer „heimlichen" Hemmung vorzubeugen, wird – wie in § 210 a.F. – zur Vermeidung des nachträglichen Wegfalls der Hemmung vorausgesetzt, dass innerhalb von **drei Monaten** nach Erledigung des Gesuchs die Klage erhoben bzw. der Antrag, für welchen die Gerichtsstandsbestimmung zu erfolgen hatte, gestellt wird. Die Gerichtsstandsbestimmung nach § 36 ZPO ist nämlich nicht nur auf den Fall der Klageerhebung anzuwenden, sondern beispielsweise auch für den Fall, dass das für einen Mahnantrag zuständige Gericht bestimmt werden muss.[60] Wie bei Abs. 1 Nr. 12 beginnt die Dreimonatsfrist mit dem Zugang der Entscheidung bei dem Gläubiger;[61] es wird – wie auch bei Abs. 1 Nr. 12 – vorausgesetzt, dass es sich um eine **Sachentscheidung** handelt.[62]

14. Veranlassung der Bekanntgabe des Antrags auf Prozesskostenhilfe (Nr. 14)

39 Abs. 1 Nr. 14 führt als **neuen Hemmungstatbestand** die Veranlassung der Bekanntgabe des erstmaligen Antrags auf Gewährung von Prozesskostenhilfe (§§ 114 ff. ZPO) ein. Dadurch wird sichergestellt, dass die bedürftige Partei zur Rechtsverfolgung ebensoviel Zeit hat wie diejenige, die das Verfahren selbst finanzieren muss.[63]

Nach **bisherigem Recht** war nicht gesetzlich geregelt, wie sich der Antrag auf Prozesskostenhilfe für die Klage zur Geltendmachung eines Anspruchs auf dessen Verjährung auswirkt. Nach der Rechtsprechung hemmte der Prozesskostenhilfeantrag nach § 203 Abs. 2 a.F. die Verjährung, wenn er rechtzeitig vor Ablauf der Verjährung gestellt wurde. Allerdings musste der Antrag ordnungsgemäß begründet, vollständig und mit den erforderlichen Unterlagen versehen sein.[64] Zudem musste der Antragsteller davon ausgegangen sein, er sei im Sinne der Anforderungen an die Gewährung von Prozesskostenhilfe bedürftig.[65]

40 Anträge, deren **Bekanntgabe** von dem Gericht **nicht veranlasst** wird, bewirken keine Hemmung. Dies ist sachgerecht, denn dann handelt es sich entweder um von vorneherein aussichtslose Gesuche oder um

---

[55] Palandt/*Heinrichs*, § 210 Rn 1.
[56] MüKo/*Grothe*, § 210 Rn 3; Palandt/*Heinrichs*, § 210 Rn 1; Soergel/*Niedenführ*, § 210 Rn 3; gegen Staudinger/*Peters*, § 210 Rn 2.
[57] BT-Drucks 14/6040, 116.
[58] BT-Drucks 14/6040, 116.
[59] Palandt/*Heinrichs*, § 210 Rn 1.
[60] BT-Drucks 14/6040, 116.
[61] Palandt/*Heinrichs*, § 210 Rn 1.
[62] MüKo/*Grothe*, § 210 Rn 3; Palandt/*Heinrichs*, § 210 Rn 1; Soergel/*Niedenführ*, § 210 Rn 3; gegen Staudinger/*Peters*, § 210 Rn 2.
[63] BT-Drucks 14/6040, 116.
[64] BGHZ 70, 235, 237; BGH NJW 1989, 3149; OLG Hamm NJW-RR 1999, 1678.
[65] BGH Vers 1982, 41, OLG Düsseldorf WM 1998, 1628.

solche, bei denen zugleich der Antrag auf Erlass eines Arrestes, einer einstweiligen Verfügung oder einer einstweiligen Anordnung gestellt wird und die Hemmung bereits durch Abs. 1 Nr. 9 sichergestellt ist.[66]

Die Hemmungswirkung kommt ausdrücklich **nur dem erstmaligen Antrag** zu. So wird verhindert, dass sich der Gläubiger hinsichtlich eines Anspruchs durch gestaffelte Prozesskostenhilfeanträge eine mehrfache Verjährungshemmung verschafft.[67] Erstmaliger Antrag meint nicht den ersten gestellten Antrag, sondern den **ersten Antrag** (bezogen auf dieselbe Streitsache), dessen **Bekanntgabe veranlasst** wurde. Ansonsten könnte das „Hemmungsrecht" durch unzulässige Anträge, die das Gericht nicht zur Bekanntgabe auf den Weg bringt, „verbraucht" werden. Diese Rechtsfolge ist nicht beabsichtigt, es soll lediglich die mehrfach hintereinander geschaltete Hemmungsherbeiführung durch gestaffelte Anträge vermieden werden. 41

Nach der Gesetzesbegründung[68] ist es für die Hemmung **nicht erforderlich** – anders als nach der bisherigen Rechtsprechung zu § 203 Abs. 2 a.F. –, dass der Antrag **ordnungsgemäß begründet**, vollständig, von den erforderlichen Unterlagen begleitet und von der subjektiven Ansicht der Bedürftigkeit (siehe oben) getragen ist. Der Gesetzgeber begründet das damit, dass solche Einschränkungen nur dann zwingend seien, wenn man die Hemmung durch Antrag auf Prozesskostenhilfe aus dem geltenden § 203 Abs. 2 herleite und die Unfähigkeit, die erforderlichen Vorschüsse zu leisten, als höhere Gewalt ansehe, die auch durch zumutbare Maßnahmen nicht überwunden werden könne. Im Rahmen einer gesetzlichen Neuregelung erscheine es nicht angebracht, zum Nachteil des Bedürftigen für den Prozesskostenhilfeantrag besondere Anforderungen gesetzlich vorzugeben. Auf solche Vorgaben werde auch bei den in den übrigen Nummern genannten Hemmungstatbeständen verzichtet. Der insbesondere aus der Kostenfreiheit des Prozesskostenhilfeverfahrens resultierenden Missbrauchsgefahr werde dadurch begegnet, dass nur dem erstmaligen Antrag Hemmungswirkung zuerkannt wird. Die Frage der **Mindestanforderungen** an den Antrag überlässt der Gesetzgeber der Rechtsprechung.[69] Für den Eintritt der Hemmung wird vorauszusetzen sein, dass der Antrag die Parteien individualisierbar benennt und das Streitverhältnis so ausreichend darstellt (§ 117 Abs. 1 S. 2 ZPO), das die von der Verjährungshemmung erfassten Ansprüche dem Grunde nach identifiziert werden können. Im Übrigen setzt der Hemmungsbeginn die Veranlassung der Bekanntgabe des Antrags an den Gegner voraus (siehe sogleich), die aber bei unzureichenden Anträgen regelmäßig nicht erfolgen wird. 42

Aus den gleichen Gründen wie bei dem Antrag an die Gütestelle (Abs. 1 Nr. 4, Rn 12 f.) **beginnt die Hemmung** mit der Veranlassung der Bekanntgabe des Antrags auf Prozesskostenhilfe.[70] Wird die Bekanntgabe demnächst nach der Einreichung des Antrags veranlasst, so tritt die Hemmung der Verjährung bereits mit der Einreichung ein (Abs. 1 Nr. 14 letzter HS.) 43

III. Ende der Hemmung (Abs. 2)

1. Allgemeines

Abs. 2 bestimmt das Ende der Hemmung in den in Abs. 1 genannten Fällen. Der **Beginn** der Hemmung ist jeweils in Abs. 1 mitgeregelt (siehe aber zum erneuten Hemmungsbeginn bei Beendigung des Verfahrensstillstands Rn 57). 44

Abs. 2 ersetzt **§ 211 Abs. 1 a.F.** und die vergleichbaren oder auf ihn verweisenden Bestimmungen der **§§ 212a bis 215, 220 a.F.** mit dem Unterschied, dass nicht die Beendigung der Unterbrechung, sondern der Verjährungshemmung geregelt wird.

2. Sechsmonatige Nachfrist (Abs. 2 S. 1)

Die **Hemmung erstreckt sich** über das gesamte, durch einen Antrag im Sinne von Abs. 1 eröffnete Verfahren und über den Zeitraum von weiteren sechs Monaten nach der Verfahrensbeendigung. Die Gewährung der sechsmonatigen **Nachfrist** erklärt sich durch die Umstellung von der Unterbrechungs- auf die Hemmungswirkung und die dadurch bewirkte geringere Intensität der Einwirkung auf den Lauf der Verjährung. Insbesondere bei Verfahren, die nicht mit einer Sachentscheidung enden, muss dem Gläubiger noch eine Frist bleiben, in der er – verschont von dem Lauf der Verjährung – weitere Rechtsverfolgungsmaßnahmen einleiten kann. Dies ist beispielsweise der Fall bei der Geltendmachung der Aufrechnung, wenn über die Aufrechnungsforderung nicht entschieden wurde, bei einem selbständigen Beweisverfahren oder bei einem Prozesskostenhilfeverfahren. Die Sechsmonatsfrist entspricht verschiedenen vergleichbaren Regeln des bisherigen Rechts (§§ 211 Abs. 2 S. 1, 212 a bis 215, 220 a.F.). Sie ist ausreichend lang, damit sich der 45

---

66 BT-Drucks 14/6040, 116 f.
67 BT-Drucks 14/6040, 116 f.
68 BT-Drucks 14/6040, 116.
69 BT-Drucks 14/6040, 116.
70 BT-Drucks 14/7052, 181.

Gläubiger über die weitere Anspruchsprüfung und Rechtsverfolgung nach Verfahrensbeendigung klar werden kann,[71] sofern das beendete Verfahren den Anspruch nicht bereits erledigt oder infolge rechtskräftiger Entscheidung gemäß § 197 Abs. 1 Nr. 3 eine neue, dreißigjährige Frist in Gang gesetzt hat.

3. Beginn der Nachfrist (Abs. 2 S. 1)

46 Die sechsmonatige Nachfrist, deren Ablauf das Ende der Hemmung markiert, beginnt mit der rechtskräftigen Entscheidung oder – falls eine solche Entscheidung im konkreten Einzelfall nicht ergeht oder nach Verfahrenstypus nicht ergehen kann – mit der anderweitigen Beendigung des Verfahrens.

a) Rechtskräftige Entscheidung

47 Entscheidend ist nach Abs. 2 S. 1 zum einen der **Eintritt** der formellen **Rechtskraft** der Entscheidung, die das Verfahren abschließt, welches durch den die Hemmung begründeten (Klage)antrag eröffnet wurde.

Nach dem aufgehobenen § 219 a.F. (siehe auch bei § 197) standen rechtskräftige **Vorbehaltsurteile** nach den §§ 302 und 599 ZPO zum einen dem rechtskräftigen Urteil im Sinne des bisherigen § 211 Abs. 1 gleich. Damit sollte klargestellt werden, dass die nach bisherigem Recht durch die Erhebung der Klage bewirkte Unterbrechung bis zum Erlass des Vorbehaltsurteils und nicht noch bis zum Abschluss eines Nachverfahrens andauerte. Auf diese Klarstellung verzichtet das Gesetz jetzt. Dass es hinsichtlich des Endes der Hemmungswirkung allein auf den Eintritt der formellen Rechtskraft des Vorbehaltsurteils ankommt und nicht auf die erst mit dem Abschluss des Nachverfahrens eintretende Rechtskraft, sieht der Gesetzgeber als selbstverständlich an.[72]

b) Anderweitige Beendigung

48 Sofern ein Verfahren ohne abschließende rechtskräftige Entscheidung endet, ist für den Beginn der Nachfrist die Verfahrensbeendigung entscheidend. Auf die Beendigung (und nicht die Erledigung) ist abzustellen, weil manche Verfahren ohne einen besonderen Erledigungsakt enden. Die **Beendigung** ist für jedes der in Abs. 1 genannten Verfahren anhand seiner eigenen Regeln zu ermitteln. Hier können nur wenige herausgegriffen werden:[73]

49 Ohne eigentlichen Erledigungsakt endet regelmäßig das **selbständige Beweisverfahren**[74] (Abs. 1 Nr. 7). Auch in § 477 Abs. 2 a.F. wurde auf die Beendigung des Verfahrens abgestellt. Insoweit können Rechtsprechung und Lehre zu § 477 Abs. 2 a.F. zur Auslegung des Abs. 2 S. 1 bezogen auf das selbständige Beweisverfahren herangezogen werden. Entscheidend ist die sachliche Erledigung des Verfahrens, die etwa durch die Erstattung oder Erläuterung des im selbständigen Beweisverfahren erstellten Gutachtens, der Verlesung oder Vorlage des Protokolls oder – sofern keine mündliche Verhandlung stattfindet – mit Zugang des schriftlichen Gutachtens bei den Parteien[75] oder mit Zurückweisung oder Zurücknahme des Antrags[76] eintritt.

50 Bei dem in **Abs. 1 Nr. 8** genannten **Verfahren nach § 641a** ist das Verfahren beendet (und beginnt die Hemmungsnachfrist des Abs. 2), wenn die erteilte Fertigstellungsbescheinigung dem Besteller zugeht (§ 641a Abs. 5 S. 2), wenn der Gutachter die Erteilung der Bescheinigung wegen Nichtvorliegens der Voraussetzungen ablehnt, sonst mit Zurücknahme des Auftrags durch den Unternehmer. Bei dem **vereinbarten Begutachtungsverfahren** entscheiden die Parteivereinbarungen über die Beendigung des Begutachtungsverfahrens, hilfsweise die Grundsätze, die für die Auslegung des § 641a entwickelt wurden. Danach ist der Gutachter verpflichtet, eine Bescheinigung zu erteilen, wenn er die Freiheit von Mängeln festgestellt hat. Liegen Mängel vor, wird sich in der Regel aus der Beauftragung ergeben, dass er den Unternehmer über das Ergebnis zu unterrichten hat. Dies ist dann die Beendigung des Verfahrens.[77]

51 Das **Prozesskostenhilfeverfahren (Abs. 1 Nr. 14)** ist mit der unanfechtbaren Entscheidung über den Antrag beendet. In diesem Zeitpunkt beginnt die Nachfrist des Abs. 2 S. 1. Die einfache unbefristete Beschwerde ist durch das ZPO-Reformgesetz mit Wirkung vom 1.1.2002 durch die sofortige Beschwerde ersetzt, für die eine Beschwerdefrist von zwei Wochen gilt (§ 569 Abs. 1 S. 1 ZPO n.F.),[78] so dass auch im Prozesskostenhilfeverfahren Entscheidungen unanfechtbar werden können.[79]

---

71 Zum Vorstehenden siehe BT-Drucks 14/6040, 117.
72 BT-Drucks 14/6040, 99 f.
73 Kritisch zu der Vorgängernorm des § 204 Abs. 2 vor allem hinsichtlich des einstweiligen Rechtsschutzes insbesondere *Baronikians*, WRP 2001, 122; *Zimmermann/Leenen u.a.*, JZ 2001, 684, 696.
74 BT-Drucks 14/7052, 181.
75 Zu § 477 a.F. siehe etwa BGHZ 53, 43; BGHZ 60, 212; BGH NJW 1993, 851.
76 So zur Erledigung: BT-Drucks 14/6040, 117; gleiches gilt für die Beendigung des Verfahrens: BT-Drucks 14/7052, 181.
77 So zur Erledigung: BT-Drucks 14/6040, 117; gleiches gilt für die Beendigung des Verfahrens: BT-Drucks 14/7052, 181.
78 Siehe *Hartmann*, NJW 2001, 2577, 2595.
79 Zur fehlenden Fristgebundenheit der Beschwerde im Prozesskostenhilfeverfahren vor dem 1.1.2002 siehe Zöller/*Philippi*, § 127 ZPO Rn 31; zum daraus erwachsenden Problem der Verfahrensbeendigung nach bisherigem Recht siehe BT-Drucks 14/6040, 117.

Die Regelung des § 214 Abs. 3 und 4 a.F., welche für die Dauer der Verjährungsunterbrechung bei der Anmeldung des Anspruchs im **Insolvenzverfahren** oder im Schifffahrtsrechtlichen Verteilungsverfahren (Abs. 1 Nr. 10) galt, wurde nicht in das neue Recht übernommen, da hierfür kein Bedürfnis besteht. Der Gläubiger wird anderweitig vor der Verjährung geschützt.[80] 52

c) Rücknahme oder Zurückweisung des Antrags als unzulässig

Das Gesetz sieht davon ab, entsprechend **§ 212 Abs. 1 a.F.** und den auf die Vorschrift verweisenden Bestimmungen der §§ 212a bis 215 und 220 a.F., rückwirkend die Hemmung entfallen zu lassen, wenn die Klage oder der sonstige Antrag zurückgenommen oder durch Prozessurteil abgewiesen wird. Durch die Umstellung von der Unterbrechungs- auf die Hemmungswirkung wird in deutlich geringerem Maße als bisher auf den Lauf der Verjährung eingewirkt. Der bloße Aufschub für die Dauer des Verfahrens und der sechsmonatigen Nachfrist ist daher unabhängig von dessen Ausgang.[81] 53

Zu beachten ist, dass rechtsmissbräuchliche Rechtsverfolgungsmaßnahmen aus allgemeinen Überlegungen keine Hemmungswirkung hervorrufen. Reicht etwa ein Gläubiger in halbjährlicher Folge mehrere gleichgerichtete Anträge ein, die stets kurzfristig zurückgenommen werden, liegt die Annahme des **Rechtsmissbrauchs** nahe. Die Berufung auf die Verjährungshemmung wäre dann unbeachtlich.[82] 54

4. Verfahrensstillstand (Abs. 2 S. 2 und 3)

a) Verfahrensuntätigkeit (Abs. 2 S. 2)

Abs. 2 S. 2 und 3 regeln den Fall, dass die Parteien das Verfahren nicht mehr betreiben und das Verfahren infolge der Untätigkeit der Parteien zum Stillstand kommt. In diesem Fall wird die Hemmung beendet, um eine dauerhafte Verjährungshemmung zu vermeiden. Die Regelung lehnt sich an **§ 211 Abs. 2 a.F.** an, der für die Fälle der §§ 212a bis 215 und 220 a.F. galt. Angesichts der großen Zahl der rechtshängig gemachten, aber anschließend nicht weiter betriebenen Prozesse entspricht die Regelung tatsächlich einem praktischen Bedürfnis, da sonst zahlreiche Forderungen nie verjähren würden.[83] 55

Vorausgesetzt wird **erstens** eine **Verfahrensuntätigkeit** beider Parteien. **Zweitens** muss die Untätigkeit **Ursache** des Verfahrensstillstands sein. **Drittens** bedarf es eines **Verfahrensstillstands**. Er ist gegeben, wenn das Gericht gemäß §§ 251 Abs. 1, 251 a Abs. 3 ZPO das Ruhen des Verfahrens angeordnet hat oder das Verfahren faktisch zum Stillstand gekommen ist.[84] 56

Aus dem Erfordernis der Ursächlichkeit der Verfahrensuntätigkeit der Parteien für den Verfahrensstillstand folgt indirekt eine **vierte** Voraussetzung. Der Verfahrensstillstand darf **nicht** auf die **Untätigkeit des Gerichts** zurückzuführen sein, sofern es von Amts wegen tätig sein müsste. Wie im bisherigen Recht[85] ist die Beendigung der Hemmung nicht gerechtfertigt, wenn es Amtspflicht des Gerichts ist, das Verfahren in Gang zu halten.[86] Daher ist kein Hemmungsende gegeben, wenn etwa ein Partei gerichtliche Auflagen nicht erfüllt.[87]

Sind diese **vier Voraussetzungen** erfüllt, dann tritt für die Zwecke des Abs. 2 S. 1 an die Stelle der Verfahrensbeendigung die **letzte Verfahrenshandlung** einer der Parteien oder des Gerichts bzw. der sonst mit dem Verfahren befassten Stelle im Falle der außergerichtlichen Verfahren des Abs. 1 (wie etwa dem Begutachtungsverfahren nach Abs. 1 Nr. 8). Somit beginnt dann mit dieser letzten Verfahrenshandlung die **sechsmonatige** Nachfrist des Abs. 1 S. 1, mit deren Ablauf die Hemmung endet. Durch die Nachfrist erhalten die Parteien ausreichend Gelegenheit, sich zu vergewissern, ob der Prozess tatsächlich in Stillstand geraten ist.[88]

b) Weiterbetreiben (Abs. 2 S. 3)

Nach Abs. 2 S. 3 beginnt die Hemmung erneut, wenn eine der Parteien das Verfahren weiter betreibt. Auch das Weiterbetreiben durch den **Schuldner** kann daher die erneute Verjährungshemmung auslösen. 57

Es genügt hierfür **jede (Prozess)handlung**, die darauf abzielt und dafür geeignet ist, das Verfahren erneut in Gang zu bringen, selbst wenn die Handlung erfolglos bleibt.[89] Ausreichend hierfür sind – auch unzulässige – Terminsanträge, Prozesskostenhilfeanträge, die Einlegung von Rechtsbehelfen etc.

---

80 Näher BT-Drucks 14/6040, 117 f.
81 BT-Drucks 14/6040, 118; eine entsprechende andersgerichtete Prüfbitte des Bundesrats blieb im Gesetzgebungsverfahren ohne Wirkung, siehe BT-Drucks 14/6857, 7 f., 43.
82 BT-Drucks 14/6857, 43.
83 BT-Drucks 14/6040, 118.
84 Siehe dazu näher BGH NJW-RR 1988, 279; Palandt/*Heinrichs*, § 211 Rn 3 (zum bisherigen Recht).
85 Siehe Palandt/*Heinrichs*, § 211 Rn 4.
86 Zustimmend erwähnt auch in BT-Drucks 14/6857, 45; nicht ausdrücklich ablehnend BT-Drucks 14/7052, 181.
87 BGH NJW 2000, 132; OLG Hamm NJW-RR 1999, 575.
88 BT-Drucks 14/6040, 118.
89 BGH NJW 2001, 218, 220; BGH NJW-RR 1994, 514.

Die bloße Mitteilung, das Verfahren solle fortgesetzt werden, ist nicht hinreichend, da darin noch kein erneutes Betreiben des Verfahrens liegt.[90] Kein Weiterbetreiben ist die Beantragung eines selbständigen Beweisverfahrens, denn es ist ein selbständiges Verfahren.[91]

Eine **Kenntniserlangung** des Verfahrensgegners von der das Verfahren weiter betreibenden Handlung ist für die Zwecke des Abs. 2 S. 3 nicht erforderlich.[92]

c) Verfahrensstillstand aus triftigem Grund, insbesondere Musterprozesse

58 Der Gesetzgeber hat – trotz einer entsprechenden Prüfbitte des Bundesrats und einer zustimmenden Äußerung der Bundesregierung[93] – im letzten Stadium des Gesetzgebungsverfahrens (im Rechtsausschuss des Deutschen Bundestages[94]) auf die Einschränkung verzichtet, wonach ein Stillstand durch Nichtbetreiben des Verfahrens dann die Hemmung nicht beendet, wenn das Nichtbetreiben auf einem „triftigen Grund" beruht. Seinen **Regelungsverzicht** begründet er nicht inhaltlich. Der Gesetzgeber sieht die Sachgerechtigkeit dieser Einschränkung, die bereits durch die Rechtsprechung zum bisherigen Recht entwickelt wurde. Doch meint er, dass die Aufnahme dieses durch die Rechtsprechung geprägten, unbestimmten Rechtsbegriffs keine Erleichterung in der Rechtsanwendung bringt.[95]

Daher ist – mit der bisherigen Rechtsprechung und der Gesetzesbegründung – auch für Abs. 2 davon auszugehen, dass eine **teleologische Reduktion** der Vorschrift zu erfolgen hat. Die Hemmung endet nicht, wenn die Untätigkeit des Berechtigten einen **triftigen Grund**[96] hat.[97]

59 Die Anhängigkeit eines Musterprozesses selbst ist noch kein triftiger Grund.[98] Hinzuweisen ist darauf, dass die Parteien gemäß § 202 Abs. 2 in einer **Musterprozessvereinbarung**[99] die Hemmung der Verjährung bis zum Abschluss eines Musterprozesses vereinbaren können; das kann auch stillschweigend erfolgen.

IV. Hemmung der Monatsfristen des Abs. 1 (Abs. 3)

60 Nach Abs. 3 finden auf die Dreimonatsfristen des Abs. 1 Nr. 12 und 13 und die Monatsfrist des Abs. 1 Nr. 9 die Vorschriften über die Hemmung bei höherer Gewalt (§ 206), die Ablaufhemmung bei nicht voll Geschäftsfähigen (§ 210) und die Ablaufhemmung in Nachlassfällen (§ 211) entsprechende Anwendung. Hinsichtlich der Fälle des Abs. 1 Nr. 12 und 13 entspricht dies § 210 S. 2 a.F.; die Regelung wird nun auf den neuen Hemmungstatbestand des Abs. 1 Nr. 9 ausgedehnt.[100]

§ 205 Hemmung der Verjährung bei Leistungsverweigerungsrecht

[1]Die Verjährung ist gehemmt, solange der Schuldner auf Grund einer Vereinbarung mit dem Gläubiger vorübergehend zur Verweigerung der Leistung berechtigt ist.

A. Reformgehalt

1 § 205 beruht auf § 202 Abs. 1 a.F.;[1] die Vorschriften decken sich jedoch nur zum Teil. Nach § 205 hemmen nur Leistungsverweigerungsrechte die Verjährung, die vorübergehend sind[2] und die zugleich auf einer Vereinbarung beruhen. Vorübergehende gesetzliche Leistungsverweigerungsrechte hemmen die Verjährung jedenfalls nach § 205 nicht.

2 Die **Differenzierung** zwischen **vereinbarten und gesetzlichen Leistungsverweigerungsrechten** mag überraschen, denn der Gläubiger ist in beiden Fällen in derselben Lage, seinen Leistungsanspruch vorübergehend nicht durchsetzen zu können. § 202 Abs. 1 a.F. traf eine solche Unterscheidung nicht.

---

90 OLG Nürnberg NJW-RR 1995, 1091.
91 BGH NJW 2001, 218, 220.
92 Siehe dazu (zum bisherigen Recht) Palandt/*Heinrichs*, § 211 Rn 7.
93 BT-Drucks 14/6857, 8 f., 45.
94 BT-Drucks 14/7052, 181.
95 BT-Drucks 14/7052, 181.
96 Siehe dazu BGH NJW 2001, 218, 219; BGH NJW 1999, 1101, 1102; BGH NJW 1999, 3774; BGHZ 106, 295, 299; BGH NJW 1998, 2274.
97 Siehe dazu BGH NJW 2001, 218, 219; BGH NJW 1999, 1101, 1102; BGH NJW 1999, 3774; BGHZ 106, 295, 299; BGH NJW 1998, 2274 und ferner BT-Drucks 14/6857, 8 f., 45.
98 BGH NJW 2001, 218, 220; BGH NJW 1998, 2274, 2277 f. m.w.N.
99 Zum bisherigen Recht siehe *Wagner*, NJW 2001, 182, 183 f.
100 BT-Drucks 14/6040, 118.
 1 BT-Drucks 14/6040, 118.
 2 Zum Grund für diese Differenzierung zwischen vorübergehenden und dauerhaften Leistungsverweigerungsrechten siehe Staudinger/*Peters*, § 202 Rn 4.

Die Differenzierung in § 205 ergibt sich daraus, dass die **rechtspolitische Rechtfertigung** des § 202 a.F. umstritten war. Die Gutachter *Peters/Zimmermann*[3] sprachen sich für die ersatzlose Streichung der Norm aus, da alle Anwendungsfälle über andere rechtliche Konstruktionen mit gleichem Ergebnis gelöst werden könnten, insbesondere durch Rückgriff auf das vielfach in der Vereinbarung enthaltene Anerkenntnis oder durch Abstellen auf das Erfordernis der Anspruchsentstehung (regelmäßig ab Fälligkeit). Im bisherigen (§ 198 S. 1 a.F.) wie neuen Recht (§ 199 Abs. 1 Nr. 1 und 200 S. 1) bestimmt die Anspruchsentstehung allein oder zusammen mit anderen Umständen den Verjährungsbeginn. § 202 a.F. hat nach der Ansicht der Gutachter vor allem Bedeutung für Ausweichversuche dort, wo strenger formulierte Unterbrechungs- oder Hemmungstatbestände nicht eingriffen.[4] Der Abschlussbericht[5] teilte diese Auffassung. Es wurde aber bezweifelt, ob alle nachträglichen Vereinbarungen, die dem Schuldner einen Aufschub gewähren, als Anerkenntnis gewertet werden können.

Um einen **Auffangtatbestand** für Parteivereinbarungen zu schaffen, wurde § 202 Abs. 1 a.F. in der reduzierten Form des § 205 aufrecht erhalten.[6]

B. Regelungsgehalt

§ 205 setzt ein **vorübergehendes** Leistungsverweigerungsrecht des Schuldners voraus.

Es muss auf einer **Vereinbarung** zwischen Schuldner und Gläubiger beruhen. § 205 erfasst daher vor allem, aber nicht allein die **Stundung**[7] und das **pactum de non petendo**.[8]

Wird ein vorübergehendes Leistungsverweigerungsrecht vereinbart, welches mit einem gesetzlichen Leistungsverweigerungsrecht identisch ist (und nur **vertraglich nachvollzogen** wird), so liegt kein vereinbartes Leistungsverweigerungsrecht i.S.v. § 205 vor. Hatten die Parteien bei der Vereinbarung jedoch den Willen, dadurch Einfluss auf die Verjährungshemmung nach § 205 zu nehmen, so kann die Vereinbarung unter den Voraussetzungen des **§ 202** als verjährungserschwerende Vereinbarung qualifiziert werden.

Soweit der BGH nach neuester Rechtsprechung die Ansicht vertritt, bei Zinsen aus **Sicherungsgrundschulden** sei die Verjährung nicht in entsprechender Anwendung des § 202 Abs. 1 a.F. bis zum Eintritt des Sicherungsfalls gehemmt,[9] hindert ihn der Wortlaut des neuen § 205 nicht, diese Rechtsprechung fortzusetzen.[10]

§ 202 a.F. unterscheidet sachgerecht[11] zwischen **hinzunehmenden** (§ 202 Abs. 1 a.F.) und den anderen, von dem Gläubiger **beseitigbaren** (§ 202 Abs. 2 a.F.) vorübergehenden **Leistungshindernissen**. Diese Unterscheidung nimmt § 205 seinem Wortlaut nach nicht auf. Im Zweifel wird diese Differenzierung bei der Auslegung der vereinbarten Leistungsverweigerungsrechte durch **ergänzende Vertragsauslegung** wieder aufzunehmen sein. Die vorübergehenden Leistungsverweigerungsrechte, welche der Gläubiger selbst beseitigen kann (wie z.B. solche, die mit § 320 BGB vergleichbar, wenn auch nicht damit identisch – siehe Rn 7 – sind), sollen im Zweifel nicht die Verjährung hemmen, weil der Gläubiger ansonsten einseitig den Hemmungseintritt steuern könnte.

§ 206 Hemmung der Verjährung bei höherer Gewalt

[1]**Die Verjährung ist gehemmt, solange der Gläubiger innerhalb der letzten sechs Monate der Verjährungsfrist durch höhere Gewalt an der Rechtsverfolgung gehindert ist.**

§ 206 entspricht seinem sachlichen Gehalt nach **§ 203 a.F.**; eine inhaltliche Änderung war durch die Neuformulierung nicht beabsichtigt. Der in § 203 Abs. 1 a.F. geregelte Stillstand der Rechtspflege ist im neuen Recht als ein Fall höherer Gewalt anzusehen.[1] Zur Auslegung des § 206 können die Ergebnisse herangezogen werden, die Rechtsprechung und Lehre bei der Anwendung des § 203 Abs. 1 und 2 a.F. erzielt haben.

Der Gesetzgeber[2] ist dem Vorschlag nicht gefolgt, die Hemmung in Fällen höher Gewalt auf alle Fälle, in welchen der Gläubiger in den letzten sechs Monaten der ablaufenden Verjährungsfrist **ohne** sein **Verschulden** an der Rechtsverfolgung gehindert ist, auszudehnen. Der Gesetzgeber weist unter anderem

---

3 *Peters/Zimmermann*, S. 253, 308, 324.
4 *Peters/Zimmermann*, S. 253, 308, 324.
5 Abschlussbericht, S. 88.
6 Siehe Abschlussbericht, S. 88; BT-Drucks 14/6040, 118.
7 Siehe näher Staudinger/*Peters*, § 202 Rn 8 ff.
8 Siehe näher Staudinger/*Peters*, § 202 Rn 14 ff.
9 Siehe dazu näher § 202 Rn 52.
10 Darauf weist hin BT-Drucks 14/6040, 118.
11 Staudinger/*Peters*, § 202 Rn 5.
1 BT-Drucks 14/6040, 118 f.
2 *Peters/Zimmermann*, S. 252, 308; ablehnend BT-Drucks 14/6040, 118 f.

darauf hin, dass die Gründe dafür, einen Anspruch nicht rechtzeitig einzuklagen, sehr vielfältig sein können. Dennoch habe die Rechtsprechung in den Fällen bloß fehlenden Verschuldens keine Hemmung angenommen. Das sei sachgerecht.[3] De lege lata ist diese gesetzgeberische Entscheidung zu akzeptieren.

§ 207 Hemmung der Verjährung aus familiären und ähnlichen Gründen

(1) ¹Die Verjährung von Ansprüchen zwischen Ehegatten ist gehemmt, solange die Ehe besteht. ²Das Gleiche gilt für Ansprüche zwischen
1. Lebenspartnern, solange die Lebenspartnerschaft besteht,
2. Eltern und Kindern und dem Ehegatten eines Elternteils und dessen Kindern während der Minderjährigkeit der Kinder,
3. dem Vormund und dem Mündel während der Dauer des Vormundschaftsverhältnisses,
4. dem Betreuten und dem Betreuer während der Dauer des Betreuungsverhältnisses und
5. dem Pflegling und dem Pfleger während der Dauer der Pflegschaft.

³Die Verjährung von Ansprüchen des Kindes gegen den Beistand ist während der Dauer der Beistandschaft gehemmt.

(2) ¹§ 208 bleibt unberührt.

1 Die Vorschrift beruht auf § 204 a.F.; sie regelt die Verjährungshemmung aus familiären oder personenbezogenen Gründen.[1] Die Vorschrift soll den auf gegenseitige Rücksichtnahme gegründeten **Familienfrieden** vor Störungen durch die klageweise Geltendmachung von Ansprüchen bewahren.[2]

2 § 207 Abs. 1 S. 1 regelt die Hemmung unter **Ehegatten**. Die Regelung ist wortgleich mit § 204 S. 1 a.F.; § 207 Abs. 1 S. 2 Nr. 3 entspricht § 204 S. 2 letzter Hs. a.F. und betrifft die Hemmung der Ansprüche zwischen dem **Vormund** und dem Mündel (§§ 1773 ff.). § 207 Abs. 1 S. 1 Nr. 2 1. Alt. deckt sich mit § 204 S. 2 erster Hs. a.F. und statuiert die Hemmung der Ansprüche zwischen **Eltern und Kindern**. Zur **Auslegung** dieser Regelungen kann auf die Rechtsprechung und Literatur zu § 204 a.F. zurückgegriffen werden.

3 Der **Anwendungsbereich** des Hemmungstatbestands des § 207 wurde gegenüber § 204 a.F. sachgerecht **erweitert**. Gehemmt werden jetzt auch Ansprüche zwischen **Lebenspartnern** (Abs. 1 S. 2 Nr. 1), zwischen **Stiefeltern** und Stiefkindern (Ehegatten eines Elternteils und dessen Kindern; Abs. 1 S. 2 Nr. 2 2. Alt), im Falle der **Betreuung** (Abs. 1 S. 1 Nr. 4) und der **Beistandschaft** (Abs. 1 S. 3).

4 Die Hemmung ist **beidseitig**, d.h. es ist grundsätzlich unbeachtlich, welcher der Beteiligten Gläubiger des gehemmten Anspruchs ist. Der Gesetzgeber geht davon aus, dass stets ein ausreichendes Näheverhältnis der Beteiligten untereinander besteht, das eine beidseitige Hemmung rechtfertigt.[3] Lediglich bei der **Beistandschaft** ist die Hemmung **einseitig** (Abs. 1 S. 3); nur Ansprüche des Kindes gegen den Beistand werden gehemmt, nicht aber umgekehrt Ansprüche des Beistands gegen das Kind.

5 Die **Hemmung** besteht **solange** wie das prägende **Rechtsverhältnis** besteht. Abzustellen ist auf das Bestehen der
– Ehe (Abs. 1 S. 1)
– Lebenspartnerschaft (Abs. 1 S. 2 Nr. 1)
– Minderjährigkeit der Kinder bei dem Eltern-Kind-Verhältnis (Abs. 1 S. 2 Nr. 2 1. Alt.)
– Minderjährigkeit der Kinder und dem Bestehen der Ehe des Elternteils mit dem Stiefelternteil (doppelte Voraussetzung, Abs. 1 S. 2 Nr. 2 2. Alt.)
– Vormundschaft (Abs. 1 S. 2 Nr. 3)
– Betreuung (Abs. 1 S. 2 Nr. 4)
– Pflegschaft (Abs. 1 S. 2 Nr. 5) und der
– Beistandschaft (Abs. 1 S. 3).

6 Der Gesetzgeber hat die Erweiterung der Vorschrift auf die Partner einer **nichtehelichen Lebensgemeinschaft** sowie auf das Verhältnis des Kindes und des **Lebensgefährten des Elternteils** ausdrücklich abgelehnt.[4] Solange der Gesetzgeber an seiner bisherigen Grundsatzentscheidung festhält, die ehe- oder familienähnlichen Verhältnisse nicht mit einem besonderen rechtlichen Rahmen auszustatten, soll keine Verjährungshemmung statuiert werden. Die Gegenäußerung der Bundesregierung weist jedoch darauf hin,

---

3 BGH NJW 1975, 1466 (zu spät behobene Beweisschwierigkeiten); KG und OLG Hamm NJW 1980, 242 ff., 244, 246 (verfassungswidriges Gesetz); BAG NJW 1962, 1077 f. gegen BGH DB 1961, 1257 (geänderte Rechtsprechung).
1 BT-Drucks 14/6040, 119; teilweise kritisch *Mansel*, S. 333, 398 f. (bezogen auf Ansprüche unter Ehegatten); grundsätzlich kritisch Staudinger/*Peters*, § 204 Rn 2f.; siehe auch *Zimmermann/Leenen u.a.*, JZ 2001, 684, 695.
2 BT-Drucks 14/6857, 9.
3 Zu dem teilweisen Meinungswechsel im Gesetzgebungsverfahren hinsichtlich der Ausgestaltung des Hemmungstatbestands als ein- oder beidseitig siehe BT-Drucks 14/6040, 119; BT-Drucks 14/6857, 9, 45 f.; BT-Drucks 14/7052, 181.
4 Siehe die Prüfbitte des Bundesrats und die ablehnende Gegenäußerung der Bundesregierung: BT-Drucks 14/6857, 9, 45 f.

dass es der Rechtsprechung unbenommen sei, im Einzelfall in **entsprechender Anwendung** des § 207 eine Verjährungshemmung anzunehmen, wenn ein der Ehe oder Familie vergleichbares Näheverhältnis bestehe.[5] Bisher standen die Gerichte derartigen richterlichen Ausweitungen des Anwendungsbereichs des § 204 a.F. (siehe jetzt § 207) wegen des Grundsatzes der Rechtssicherheit kritisch gegenüber.[6]

Abs. 2 enthält die **Klarstellung**, dass eine Hemmung nach § 208 BGB über die schon nach § 207 erfolgende Hemmung hinaus möglich ist.[7]

§ 208 Hemmung der Verjährung bei Ansprüchen wegen Verletzung der sexuellen Selbstbestimmung

[1]Die Verjährung von Ansprüchen wegen Verletzung der sexuellen Selbstbestimmung ist bis zur Vollendung des 21. Lebensjahres des Gläubigers gehemmt. [2]Lebt der Gläubiger von Ansprüchen wegen Verletzung der sexuellen Selbstbestimmung bei Beginn der Verjährung mit dem Schuldner in häuslicher Gemeinschaft, so ist die Verjährung auch bis zur Beendigung der häuslichen Gemeinschaft gehemmt.

Inhalt

A. Reformgehalt 1	b) Schuldner und Gläubiger 8
I. Normzweck 1	2. Hemmung 9
1. Grundsatz 1	II. Hemmung während der häuslichen Gemeinschaft (S. 2) 10
2. Regelung des S. 1 4	1. Erfasste Ansprüche 10
2. Regelung des S. 2 5	2. Häusliche Gemeinschaft 11
II. Opfer nicht sexuell motivierter Gewalt 6	a) Begriffsbestimmung 12
B. Regelungsgehalt 7	b) Zeitpunkt, analoge Anwendung 13
I. Hemmung bis zum 21. Lebensjahr (S. 1) ... 7	3. Hemmungsdauer 16
1. Erfasste Ansprüche 7	III. Hemmungshindernde Vereinbarungen 18
a) Anspruchsgrundlage 7	

A. Reformgehalt

I. Normzweck

1. Grundsatz

Die Regelung des § 208 hat im bisherigen Recht und noch im DiskE **kein Vorbild**, sieht man von dem einen faktischen Teilbereich erfassenden § 204 a.F. (jetzt § 207 Abs. 1 S. 1, Abs. 1 S. 2 Nr. 2) ab. Die Vorschrift ist einer teilparallelen strafrechtlichen Hemmungsvorschrift (§ 78b Abs. 1 Nr. 1 StGB) nachgebildet. § 208 soll der Schutz von Minderjährigen, die Opfer von Verletzungen ihrer **sexuellen Selbstbestimmung** werden (S. 1), und von Personen, die in der gleichen Weise durch Schädiger, die mit ihnen in häuslicher Gemeinschaft leben (S. 2), verbessert werden.[1] Die Verjährung ihrer Ansprüche ist bis zur Vollendung des 21. Lebensjahres bzw. bis zur Beendigung der häuslichen Gemeinschaft gehemmt.

Die **Grundregeln des Europäischen Vertragsrechts** (dazu vor §§ 194 bis 218), die allgemeine Verjährungsregeln enthalten, haben auf eine § 208 entsprechende Vorschrift verzichtet, da die Problematik nicht punktuell allein im Verjährungsrecht geregelt werden könne.[2]

§ 208 ist eine von verschiedenen **gesetzgeberischen Maßnahmen** zum Schutz der sexuellen Selbstbestimmung. Der Regierungsentwurf des Zweiten Gesetzes zur Änderung schadensrechtlicher Vorschriften vom 24. September 2001 sieht einen Schadensersatzanspruch wegen der Verletzung der sexuellen Selbstbestimmung (§ 825 BGB-Entwurf) mit Schmerzensgeldfolge (§ 253 Abs. 2 BGB-Entwurf) vor.

2. Regelung des S. 1

Die **Gesetzesbegründung** zu S. 1[3] weist darauf hin, dass der bisherige zivilrechtliche Schutz Lücken aufwies. Nicht selten verzichteten die zur Vertretung der Kinder berufenen Eltern auf die Verfolgung der zivilrechtlichen Ansprüche der verletzten Kinder. Die Motive hierfür seien vielfältig; sie reichten von einer Beschützung der Kinder vor den mit der Rechtsverfolgung einhergehenden, insbesondere seelischen Belastungen, bis hin zu den eher zweifelhaften Motiven der „Rücksichtnahme" auf den Täter oder der Angst vor

---

5 BT-Drucks 14/6857, 46.
6 Siehe OLG Köln NJW-RR 2000, 558; gegen eine analoge Anwendung auch MüKo/*Grothe*, § 204 Rn 8 m.w.N.; Soergel/ *Niedenführ*, § 204 Rn 4; Staudinger/*Peters*, § 204 Rn 7.
7 BT-Drucks 14/7052, 181.
1 Siehe allgemein: BT-Drucks 14/7052, 179; BT-Drucks 14/6040, 97.
2 *Zimmermann/Leenen u.a.*, JZ 2001, 684, 697.
3 BT-Drucks 14/6040, 119.

einem „Skandal". Die deliktischen Ansprüche aus § 823 wegen Verletzung der sexuellen Selbstbestimmung eines Kindes verjähren – wenn keine Hemmung nach § 207 Abs. 1 S. 2 Nr. 2 eintritt – gemäß §§ 195, 197 Abs. 1 in drei Jahren von der Kenntniserlangung an, wobei es auf die Kenntnis des gesetzlichen Vertreters ankommt (siehe bei § 199). So konnten bislang Ansprüche noch während der Minderjährigkeit des Opfers verjähren. Mit § 208 ist das künftig ausgeschlossen. Mit Erreichen der Volljährigkeit kann das Opfer selbst entscheiden, ob es seine unverjährten Ansprüche verfolgen will oder nicht, sofern – so ist zu ergänzen – die gesetzlichen Vertreter des Kindes nicht wirksam auf den Anspruch gegen den Schädiger namens des Kindes verzichtet haben.

Die Hemmung dauert bis zur Vollendung des **21. Lebensjahrs** des Opfers, da minderjährige Opfer von Verletzungen der sexuellen Selbstbestimmung auch nach Erlangung der vollen Geschäftsfähigkeit mit 18 Jahren häufig emotional nicht in der Lage sind, ihre Ansprüche wegen solcher Taten selbst zu verfolgen. Im Interesse des Opferschutzes wird deshalb nicht auf die Volljährigkeit, sondern auf das 21. Lebensjahr abgestellt werden. Diese Grenze ist den Grenzen des § 105 JGG entlehnt.[4] Eine darüber hinaus reichende Verjährungsfrist bzw. Hemmungsdauer wurde in der Literatur befürwortet,[5] konnte sich aber nicht durchsetzen.

2. Regelung des S. 2

5 Während des Gesetzgebungsverfahrens wurde S. 2 eingefügt. Er soll eine Hemmung der Verjährung während der Zeit begründen, in der Gläubiger und Schuldner zusammen in häuslicher Gemeinschaft leben. Das Opfer von Ansprüchen wegen Verletzung der sexuellen Selbstbestimmung ist – so die Gesetzesbegründung[6] – oftmals wegen der Rücksichtnahme auf eine häusliche Gemeinschaft mit dem Täter nicht in der Lage, seine Ansprüche zu verfolgen (siehe noch Rn 11).

Es ist sachgerecht, dass seine Ansprüche so lange gehemmt sind, bis die häusliche Gemeinschaft beendet ist und es die für eine Verfolgung seiner Ansprüche notwendige Ungebundenheit von den Zwängen der Hausgemeinschaft erlangt.

II. Opfer nicht sexuell motivierter Gewalt

6 Kritisch ist zu sehen, dass der Hemmungstatbestand des § 208 nur für Ansprüche wegen der Verletzung der sexuellen Selbstbestimmung gilt, nicht aber bei vorsätzlicher widerrechtlicher Verletzung des Körpers, der Gesundheit und der Freiheit. Daher werden die Opfer **nicht sexuell motivierter Gewalt** weniger stark geschützt als die Opfer sexuell motivierter Gewalt. Diese Wertung ist kaum nachvollziehbar,[7] insbesondere wenn man die gesetzgeberischen Aktivitäten zum Schutz vor (häuslicher) Gewalt in die Betrachtung einbezieht.[8] Die Entwurfsfassung vom 7.2.2001[9] behandelte in § 214 beide Opfergruppen noch gleich und sah die Hemmung für entsprechende Ansprüche beider Gruppen vor.

B. Regelungsgehalt

I. Hemmung bis zum 21. Lebensjahr (S. 1)

1. Erfasste Ansprüche

a) Anspruchsgrundlage

7 Der Hemmung des S. 1 unterliegen alle Ansprüche wegen Verletzung der sexuellen Selbstbestimmung. Die Gesetzesbegründung nennt beispielhaft Ansprüche aus § 823.[10] Der **sachliche Anwendungsbereich** der in § 208 getroffenen Regelung ist im Laufe des Gesetzgebungsverfahrens ohne nähere Begründung erweitert worden. Nicht erforderlich ist, dass die Anspruchsgrundlage eine Vorschrift zum Schutz der sexuellen Selbstbestimmung ist. Diese Einschränkung sah noch eine frühere Entwurfsfassung (§ 214 Abs. 1 Nr. 2 in der Fassung vom 7.2.2001, siehe Rn 6) vor. Auch **allgemeine Anspruchsgrundlagen** wie § 823 Abs. 1 oder vertragliche Anspruchsgrundlagen wie insbesondere § 280 Abs. 1 werden von der Hemmung des § 208 erfasst, sofern der im konkreten Einzelfall erhobene Anspruch nach Überzeugung des mit der Hemmungsprüfung befassten Gerichts auf einer Verletzung der sexuellen Selbstbestimmung beruht.[11] **Insbesondere** kommen in Betracht § 823 Abs. 1 und § 823 Abs. 2 in Verbindung mit §§ 174 ff.

---

4 BT-Drucks 14/6040, 119.
5 Siehe dazu ausführlich *Egermann*, ZRP 2001, 343 ff.; siehe allgemein auch *Mansel*, S. 333, 396 f.
6 BT-Drucks 14/7052, 181.
7 Kritisch deshalb auch *Dauner-Lieb/Arnold*, zu § 209 BGB-NF; *Zimmermann/Leenen u.a.*, JZ 2001, 684, 696 f.
8 Siehe das Gesetz zur Ächtung der Gewalt in der Erziehung und zur Änderung des Kindesunterhaltsrechts vom 2.11.2000 (BGBl I S. 1479); ferner den Regierungsentwurf eines Gesetzes zur Verbesserung des zivilgerichtlichen Schutzes bei Gewalttaten und Nachstellungen sowie zur Erleichterung der Überlassung der Ehewohnung bei Trennung vom 13.12.2000.
9 Sogenannte neue Fassung 1; zu dieser Entwurfsfassung siehe *Zimmermann/Leenen u.a.*, JZ 2001, 684, 685.
10 BT-Drucks 14/6040, 119.
11 Kritisch zu dieser Erweiterung *Zimmermann/Leenen u.a.*, JZ 2001, 684, 697.

StGB, § 825. Der geltende § 823 Abs. 1 schützt Teilbereiche der sexuellen Selbstbestimmung durch den Schutz der Rechtsgüter Leben, Körper, Gesundheit, Freiheit und durch den Schutz des allgemeinen Persönlichkeitsrechts.

Der Gesetzgeber sieht die sexuelle Selbstbestimmung zudem als eigenständiges Rechtsgut. Das wird deutlich durch § 253 Abs. 2 in der Fassung des Regierungsentwurfs eines Zweiten Gesetzes zur Änderung schadensersatzrechtlicher Vorschriften vom 24.9.2001, der die sexuelle Selbstbestimmung eigens als geschütztes Rechtsgut erwähnt und den Anspruch auf ein Schmerzensgeld bei dessen Verletzung eröffnet.[12] Derselbe Regierungsentwurf will § 825 neu fassen. Danach erhält die Norm die amtliche Überschrift „Bestimmung zu sexuellen Handlungen" und den folgenden Inhalt: „Wer einen anderen durch Hinterlist, Drohung oder Missbrauch eines Abhängigkeitsverhältnisses zur Vornahme oder Duldung sexueller Handlungen bestimmt, ist ihm zum Ersatz des daraus entstehenden Schadens verpflichtet."

§ 208 setzt keine besondere **Rechtsfolge** der gehemmten Ansprüche voraus. Die Norm gilt daher für Schadensersatz-, Schmerzensgeld- und Unterlassungsansprüche.

b) Schuldner und Gläubiger

S. 1 setzt voraus, dass die Verletzung der sexuellen Selbstbestimmung vor Vollendung des **21. Lebensjahrs** 8 des Verletzten erfolgte; die Minderjährigkeit des verletzten Gläubigers bei der Verletzungshandlung wird nicht verlangt. Die Hemmung nach S. 1 kommt sowohl zum Zuge, wenn die Tat an einem minderjährigen Opfer verübt wird, als auch, wenn die Tat zwischen der Vollendung des 18. und des 21. Lebensjahrs des Opfers geschieht.[13] Ein besonderes Verwandtschafts- oder Näheverhältnis oder das Vorliegen einer häuslichen Gemeinschaft zwischen Gläubiger und Schuldner fordert S. 1 für den Eintritt der Hemmungsfolge nicht.[14]

2. Hemmung

Die Hemmung **beginnt** mit der Anspruchsentstehung vor der Vollendung des 21. Lebensjahrs des Verletz- 9 ten. Sie **endet** mit der Vollendung von dessen 21. Lebensjahr. Danach läuft die Verjährungsfrist.

II. Hemmung während der häuslichen Gemeinschaft (S. 2)

1. Erfasste Ansprüche

Es gilt das zu S. 1 Gesagte (Rn 7). S. 2 stellt **kein Alterserfordernis** für den verletzten Gläubiger auf. 10 Die Hemmung des S. 2 greift auch bei der Verletzung des Rechts auf sexuelle Selbstbestimmung eines Volljährigen. Der Normzweck stellt im Gegensatz zu S. 1 nicht auf altersbedingte Rücksichtnahmen (Rn 5) ab.

2. Häusliche Gemeinschaft

§ 208 will die **Entschließungsfreiheit** zur Rechtsverfolgung schützen (Rn 5). Diese Freiheit ist durch die 11 Rücksichtnahmen und faktischen Herrschaftsverhältnisse bedroht, die in dem Näheverhältnis der ständig zusammen lebenden Personen wurzeln.

a) Begriffsbestimmung

Der Begriff der häuslichen Gemeinschaft wird im **Bürgerlichen Gesetzbuch** mit unterschiedlichen 12 Inhalten verwendet; siehe §§ 617 Abs. 1 S. 1, 1567 Abs. 1, 2028 Abs. 1, siehe auch § 1969 Abs. 1 S. 1 (Hausstand).

Für die Zwecke des § 208 S. 2 ist das **gemeinsame Wohnen** von Opfer und Schädiger in derselben Wohnung[15] zu fordern. Es ist unschädlich, wenn auch andere Personen zur häuslichen Gemeinschaft gehören. Nicht vorausgesetzt wird, dass die häusliche Gemeinschaft im Melderegister nach Melderecht dokumentiert ist, denn der Begriff der häuslichen Gemeinschaft stellt allein auf die tatsächlichen Verhältnisse ab. Ein gemeinsames Wohnen kommt auch in Betracht, wenn die gemeinsame Wohnung von Schädiger und Opfer nicht die einzige Wohnung eines der beiden ist, aber beide im Wesentlichen in der gemeinsamen Wohnung leben.

---

12 Siehe auch die Begründung zu dem Regierungsentwurf vom 24.9.2001, S. 58.
13 BT-Drucks 14/6040, 119.
14 Die Vorgänger-Norm im Gesetzgebungsverfahren, § 214 Nr. 2 BGB-KF verlangte noch das Vorliegen einer häuslichen Gemeinschaft oder eines ähnlichen Näheverhältnisses. Kritisch zu dem letzten Begriff wegen seiner Unbestimmtheit *Dauner-Lieb/Arnold/Dötsch/Kitz*, Anmerkung zu § 214.
15 Siehe BT-Drucks 14/7052, 181.

b) Zeitpunkt, analoge Anwendung

13 S. 2 setzt voraus, dass die häusliche Gemeinschaft **bei Beginn** der Verjährung besteht, anderenfalls kommt die Hemmung nach S. 2 nicht in Betracht. Daraus kann geschlossen werden, dass eine **analoge Anwendung** der Norm auf Personen, die nicht in häuslicher Gemeinschaft leben, nicht möglich ist, selbst wenn ein enges Näheverhältnis zwischen ihnen das Opfer an der Rechtsverfolgung hindern sollte. Auch kommt nach dem Gesetzeswortlaut eine Anwendung des S. 2 nicht in Betracht, wenn die häusliche Gemeinschaft erst nach dem Verjährungsbeginn begründet wurde. Das erscheint wenig sachgerecht, hindert doch das durch die häusliche Gemeinschaft begründete (oder gegebenenfalls intensivierte) Näheverhältnis die Rechtsverfolgung. Offenbar soll S. 2 jedoch – soweit es wie im Regelfall um Schadensersatz geht – nur die in häuslicher Gemeinschaft erkennbar gewordenen (Rn 14) Schadensersatzansprüche erfassen.

14 Nicht erforderlich ist, dass die häusliche Gemeinschaft während der Verletzungshandlung bereits bestand. Es ist ausreichend, wenn die häusliche Gemeinschaft erst bei Verjährungsbeginn begründet ist. Die **Zeitpunkte** fallen regelmäßig zusammen. Doch können sie im Einzelfall verschieden sein, etwa dann, wenn ein unvorhersehbarer Spätschaden (z.B. Kosten einer überraschend notwendig gewordenen besonderen Therapie) auftritt. Die Verjährung des Anspruch, mit dem dieser Schaden geltend gemacht wird, beginnt nach den Regeln der Schadenseinheit (siehe bei §§ 195, 199) erst mit dem Eintritt des unvorhersehbaren Spätschadens.

15 Die **Tauglichkeit** des beschriebenen Zeitmoments ist zweifelhaft, da die Einschränkungen der Entschließungsfreiheit (Rn 5, 11, 13) auch bestehen, wenn die häusliche Gemeinschaft nach Verjährungsbeginn begründet wird.

3. Hemmungsdauer

16 Die Hemmung nach S. 2 ist zum einen eine **Anschlussregelung** zu der Verjährungshemmung nach S. 1. Lebt der Gläubiger bereits bei Verjährungsbeginn (siehe Rn 13) und über die Vollendung des 21. Lebensjahres hinaus in häuslicher Gemeinschaft mit dem Schuldner, dauert die Hemmung fort.[16]

Zum anderen wirkt die Hemmung nach S. 2 aber auch in anderen Fällen: Kommt es beispielsweise zu Verletzungen der sexuellen Selbstbestimmung innerhalb einer **nichtehelichen Lebensgemeinschaft** von zwei volljährigen Partnern, so ist auch dann die Verjährung gehemmt, bis die häusliche Gemeinschaft endet, also einer der Partner aus der gemeinsamen Wohnung auszieht.[17]

17 Die Hemmung des S. 2 **beginnt** mit der häuslichen Gemeinschaft (näher Rn 13 ff.). Sie **endet** mit deren Beendigung.

III. Hemmungshindernde Vereinbarungen

18 § 208 ist wegen seines Schutzcharakters (Rn 4, 5, 11) nach der hier vertretenen Ansicht als **zwingendes Recht** anzusehen; er ist nicht durch verjährungserleichternde Abreden nach § 202 abänderbar.

§ 209 Wirkung der Hemmung

¹Der Zeitraum, während dessen die Verjährung gehemmt ist, wird in die Verjährungsfrist nicht eingerechnet.

1 Die Vorschrift regelt die Wirkung der Verjährungshemmung und übernimmt unverändert den **bisherigen § 205**.[1] Die Ergebnisse von Rechtsprechung und Lehre zu § 205 a.F. können für die Auslegung des § 209 herangezogen werden. Beachte § 213.

§ 210 Ablaufhemmung bei nicht voll Geschäftsfähigen

(1) ¹Ist eine geschäftsunfähige oder in der Geschäftsfähigkeit beschränkte Person ohne gesetzlichen Vertreter, so tritt eine für oder gegen sie laufende Verjährung nicht vor dem Ablauf von sechs Monaten nach dem Zeitpunkt ein, in dem die Person unbeschränkt geschäftsfähig oder der Mangel der Vertretung behoben wird. ²Ist die Verjährungsfrist kürzer als sechs Monate, so tritt der für die Verjährung bestimmte Zeitraum an die Stelle der sechs Monate.
(2) ¹Absatz 1 findet keine Anwendung, soweit eine in der Geschäftsfähigkeit beschränkte Person prozessfähig ist.

---

16 BT-Drucks 14/7052, 181.
17 BT-Drucks 14/7052, 181.
1 BT-Drucks 14/6040, 120.

§ 210 enthält eine Ablaufhemmung für Ansprüche von und gegen geschäftsunfähige oder beschränkt geschäftsfähige Personen. Die Vorschrift entspricht – bis auf wenige sprachliche Veränderungen – **§ 206 a.F.**, mit einer sachlichen Änderung. Die Ablaufhemmung der Verjährung von Ansprüchen, die **gegen** den Geschäftsunfähigen oder beschränkt Geschäftsfähigen gerichtet sind, kannte § 206 Abs. 1 a.F. nicht.[1] § 206 a.F. war eine Schutznorm für Personen ohne volle Geschäftsfähigkeit. Dieser Normcharakter hat sich verändert. § 210 sieht jetzt auch eine Ablaufhemmung zulasten des bezeichneten Personenkreises vor. Damit sollen Anwendungsschwierigkeiten des – von der ZPO-Reform 2001/2002 unberührt gebliebenen – § 57 ZPO ausglichen werden.[2] Davon abgesehen können die bisherigen Ergebnisse der Rechtsprechung und Lehre zu § 206 a.F. für die Auslegung des § 210 herangezogen werden.

§ 210 enthält keine weiteren Einschränkungen. Daher greift die Vorschrift zugunsten des Gläubigers eines geschäftsunfähigen oder beschränkt geschäftsfähigen Schuldners auch dann ein, wenn der Gläubiger sich nicht im Rahmen des § 57 ZPO darum bemüht hat, den Mangel der Vertretung zu beseitigen. Der Gläubiger soll nicht veranlasst werden, möglicherweise zum Nachteil des Schuldners, Maßnahmen zur Klärung der Geschäftsfähigkeit nur deswegen zu ergreifen, um die drohende Verjährung abzuwenden. Die Ablaufhemmung kann nach Abs. 1 selbst dann eintreten, wenn der Gläubiger die **fehlende** volle **Geschäftsfähigkeit** seines Schuldners **nicht erkannt** hat.[3]

§ 211 Ablaufhemmung in Nachlassfällen

¹Die Verjährung eines Anspruchs, der zu einem Nachlass gehört oder sich gegen einen Nachlass richtet, tritt nicht vor dem Ablauf von sechs Monaten nach dem Zeitpunkt ein, in dem die Erbschaft von dem Erben angenommen oder das Insolvenzverfahren über den Nachlass eröffnet wird oder von dem an der Anspruch von einem oder gegen einen Vertreter geltend gemacht werden kann. ²Ist die Verjährungsfrist kürzer als sechs Monate, so tritt der für die Verjährung bestimmte Zeitraum an die Stelle der sechs Monate.

Die Vorschrift **entspricht** sachlich **§ 207 a.F.**; sie regelt die Ablaufhemmung der Verjährung von Ansprüchen, die zu einem Nachlass gehören oder sich gegen einen Nachlass richten. Bedenken gegen diese Vorschrift oder besondere Probleme waren im Gesetzgebungsverfahren nicht ersichtlich.[1] § 207 a.F. wurde daher als neuer § 211 beibehalten. Rechtsprechung und Literatur zum bisherigen Recht können für die Auslegung des § 211 herangezogen werden.

§ 212 Neubeginn der Verjährung

(1) ¹Die Verjährung beginnt erneut, wenn
1. der Schuldner dem Gläubiger gegenüber den Anspruch durch Abschlagszahlung, Zinszahlung, Sicherheitsleistung oder in anderer Weise anerkennt, oder
2. eine gerichtliche oder behördliche Vollstreckungshandlung vorgenommen oder beantragt wird.

(2) ¹Der erneute Beginn der Verjährung infolge einer Vollstreckungshandlung gilt als nicht eingetreten, wenn die Vollstreckungshandlung auf Antrag des Gläubigers oder wegen Mangels der gesetzlichen Voraussetzungen aufgehoben wird.

(3) ¹Der erneute Beginn der Verjährung durch den Antrag auf Vornahme einer Vollstreckungshandlung gilt als nicht eingetreten, wenn dem Antrag nicht stattgegeben oder der Antrag vor der Vollstreckungshandlung zurückgenommen oder die erwirkte Vollstreckungshandlung nach Absatz 2 aufgehoben wird.

Inhalt

A. Reformgehalt 1	III. Vollstreckungsmaßnahmen (Abs. 1 Nr. 2) 9
B. Regelungsgehalt 5	IV. Aufhebung der Vollstreckungshandlung, Zurückweisung des Vollstreckungsantrags (Abs. 2 und 3) 10
I. Neubeginn 5	
II. Anerkenntnis (Abs. 1 Nr. 1) 8	

A. Reformgehalt

Der Regelungsgehalt des § 212 **entspricht** dem **bisherigen Recht**. Der Einleitungssatz des Abs. 1 definiert den Neubeginn und übernimmt den sachlichen Gehalt des **§ 217 a.F.**

---

1 Siehe nur BGH NJW 1979, 1983 f.
2 Dazu BGH NJW 1979, 1983 f., näher BT-Drucks 14/6040, 120.
3 BT-Drucks 14/6040, 120.
1 BT-Drucks 14/6040, 120.

Der Neubeginn der Verjährung infolge eines **Anerkenntnisses** des Anspruchs durch den Schuldner ist in **Abs. 1 Nr. 1** vorgesehen. Die Vorschrift ist mit § 208 a.F. inhaltsgleich. Nur heißt es jetzt „Schuldner" und „Gläubiger" statt „Verpflichteter" und „Berechtigter".[1]

Der Unterbrechungsgrund des § 209 Abs. 2 Nr. 5 a.F. (**Vollstreckungshandlung, Vollstreckungsantrag**) wird jetzt in Abs. 1 Nr. 2 geregelt. Dabei wurde der Normtext gestrafft und auch inhaltlich verändert. Diese Änderungen dienen aber allein der Anpassung des Normtextes an das heutige Verständnis der Zwangsvollstreckung und der erleichterten Rechtsanwendung (Rn 9). Andere Normanwendungsergebnisse ergeben sich daraus nicht und waren auch nicht beabsichtigt.[2]

Abs. 2 und Abs. 3 decken sich inhaltlich mit **§ 216 Abs. 1 und Abs. 2 a.F.** Insgesamt kann daher für die Anwendung des § 212 auf die zu den genannten Normen des **bisherigen** Rechts ergangene **Rechtsprechung** und die dazugehörige Lehre verwiesen werden.

2 Die §§ 194 ff. sehen mithin nur noch in den beiden Fällen des Abs. 1 den **Neubeginn** – bisher Unterbrechung genannt – der Verjährung vor. Alle anderen Fälle der Unterbrechung nach den §§ 194 ff. a.F. sind im neuen Recht **Hemmungstatbestände**. Sie haben in **§ 204** ihre Regelung gefunden (siehe dort). Der Gesetzgeber ist damit dem Vorschlag von *Peters* und *Zimmermann* gefolgt.[3]

3 § 212 entspricht im Grundsatz Art. 17:112 der Grundregeln des **Europäischen Vertragsrechts** (zu diesen siehe vor §§ 194 bis 218).

4 **Außerhalb der §§ 194 ff.** finden sich weitere Tatbestände des Neubeginns, siehe etwa die neu gefassten § 10 Abs. 3 S. 2 GKG, § 17 Abs. 3 S. 2 KostO, § 8 Abs. 3 S. 2 GvKostG, § 15 Abs. 6 ZSEG.[4]

B. Regelungsgehalt

I. Neubeginn

5 Der Neubeginn bewirkt nach dem Einleitungssatz des Abs. 1, dass die bereits angelaufene Verjährungszeit nicht beachtet wird und die **Verjährungsfrist** in voller Länge **erneut** zu laufen beginnt.

Die Neubeginntatbestände des Abs. 1 sind Fälle einer **Augenblicksunterbrechung**,[5] weshalb es nicht der Übernahme des zweiten Halbsatzes des § 217 a.F. bedurfte. Dieser regelte die dauerhafte Unterbrechung. Sofern außerhalb des BGB einzelne Vorschriften eine dauerhafte Unterbrechung anordnen, wird man auf den Rechtsgedanken des § 217 Hs. 2 a.F. zurückgreifen müssen, um die Wirkung einer dauerhaften Unterbrechung zu bestimmen.

Mit dem Anerkenntnis (Abs. 1 Nr. 1) bzw. mit dem Verhalten im Sinne von Abs. 1 Nr. 2 beginnt die Verjährungsfrist erneut zu laufen. Im Falle des Abs. 1 Nr. 2 erfolgt der Neubeginn daher nicht erst mit Abschluss des Zwangsvollstreckungsverfahrens, sondern mit Vornahme/Beantragung der Vollstreckungshandlung.[6] Weitere Vollstreckungshandlungen oder -anträge im Sinne von Abs. 1 Nr. 2 lassen die Verjährung ab diesem Zeitpunkt wieder erneut beginnen.[7]

6 Der Neubeginn betrifft den **Anspruch oder den abgrenzbaren Anspruchsteil**, für den der Tatbestand des Neubeginns erfüllt ist (zur Parallelfrage bei § 204 siehe dort bei den einzelnen Hemmungstatbeständen).

7 Auch eine **gehemmte Verjährung** kann grundsätzlich durch die Anordnung eines Neubeginns in ihrem Ablauf beeinflusst werden und umgekehrt. Wird bei einer (z.B. nach § 204) gehemmten Verjährung der Neubeginn durch § 212 angeordnet, dann beginnt die Verjährungsfrist erst mit Beendigung der Hemmung erneut von Anfang an zu laufen.[8]

II. Anerkenntnis (Abs. 1 Nr. 1)

8 Es ist auf die **Rechtsprechung** und Lehre zu § 208 a.F. zu **verweisen**. In der Gesetzesbegründung wird ausdrücklich klargestellt, dass dem Vorschlag, die **Aufrechnung** als Unterfall des Anerkenntnisses zu behandeln, nicht gefolgt wird. Wer gegen einen gegen ihn geltend gemachten Anspruch aufrechne, erkenne diesen in der Regel gerade nicht an, sondern bestreite ihn. Die Gesetzesbegründung verweist

---

1 Zur Kritik an der Begriffsauswechselung siehe *Zimmermann/Leenen u.a.*, JZ 2001, 684, 698.
2 BT-Drucks 14/6040, 121.
3 *Peters/Zimmermann*, S. 310, 320, siehe auch S. 258: Die Gutachter wollten jedoch Vollstreckungsanträge für den Neubeginn zu Recht nicht ausreichen lassen, weil sie dem Schuldner nicht zwingend zur Kenntnis kommen. Insoweit hat sich der Gesetzgeber anders entschieden.
4 Eine Aufzählung der Unterbrechungsgründe nach bisherigem Recht, die aber ganz überwiegend als Gründe des Neubeginns nach neuem Recht weitergelten, findet sich bei MüKo/*Grothe*, § 208 Rn 14.
5 Siehe Erman/*Hefermehl*, § 216 Rn 1 (zur Vollstreckungshandlung); RGZ 128, 76.
6 RGZ 128, 76, 80; BGH NJW 1979, 217; BGHZ 93, 287, 295; BGHZ 122, 287, 293; BGHZ 137, 193, 198.
7 Staudinger/*Peters*, § 209 Rn 93, 96; ebenda, § 216 Rn 1.
8 Zum Verhältnis von Hemmung und Neubeginn (Unterbrechung) und umgekehrt siehe BGHZ 109, 220, 223; BGH NJW 1995, 3380, 3381; ferner BGH NJW-RR 1988, 730, 731; MüKo/*Grothe*, § 208 Rn 1; ebenda § 217 Rn 1; ebenda § 202 Rn 4; Erman/*Hefermehl*, § 208 Rn 1.

insoweit auch auf die bisherige Rechtsprechung.[9] Es sei – wie bisher[10] – eine von der Rechtsprechung im **Einzelfall** individuell zu entscheidende Frage, unter welchen Voraussetzungen eine Aufrechnungserklärung ausnahmsweise zugleich als verjährungserneuerndes Anerkenntnis zu qualifizieren sei.

III. Vollstreckungsmaßnahmen (Abs. 1 Nr. 2)

Es ist auf die **Rechtsprechung** und Lehre zu § 209 Abs. 2 Nr. 5 a.F. zu **verweisen**. Allerdings hat der Gesetzgeber durch die Neuformulierung in Abs. 1 Nr. 2 dessen **Tatbestand** an das moderne Vollstreckungsverständnis **angepasst** (Rn 1). Beruhte § 209 Abs. 2 Nr. 5 a.F. noch auf dem Gedanken, der Gläubiger nehme selbst Vollstreckungshandlungen vor, so bringt nun § 212 Abs. 1 Nr. 2 klar zum Ausdruck,[11] dass der Antrag, eine gerichtliche oder behördliche Vollstreckungshandlung vorzunehmen, und – davon losgelöst – zusätzlich auch die Vornahme einer solchen gerichtlichen oder behördlichen Vollstreckungshandlung die Verjährung jeweils neu beginnen lässt. Das bisherige Recht war bereits in diesem Sinne auszulegen, auch wenn diese Auslegung nicht zweifelsfrei war.[12] Die Neufassung des § 209 Abs. 2 Nr. 5 a.F. in § 212 Abs. 1 Nr. 2 hat die Fragen im Sinne der bisher h.M. geklärt,[13] so dass eine sachliche Änderung gegenüber dem § 209 Abs. 2 Nr. 5 a.F. im Ergebnis nicht gegeben ist.[14]

IV. Aufhebung der Vollstreckungshandlung, Zurückweisung des Vollstreckungsantrags (Abs. 2 und 3)

Zur Regelung der Frage, wann der Verjährungsneubeginn nach Abs. 1 Nr. 2 wegen Mängeln der Zwangsvollstreckung oder Rücknahme des Antrags entfällt, hat der Gesetzgeber mit Abs. 2 und 3 den bisherigen **§ 216 a.F. übernommen**. Insoweit kann daher auf die **Rechtsprechung** und Lehre zu § 216 a.F. **verwiesen** werden. Änderungen erfolgten nur terminologisch („Gläubiger" statt „Berechtigter"; „Vollstreckungshandlung" statt „Vollstreckungsmaßregel").

Die dem bisherigen Recht[15] eigene Unterscheidung danach, dass der Neubeginn (die Unterbrechung) nur entfällt, wenn die **Voraussetzungen** für die Zwangsvollstreckung **schlechthin fehlen**, und nicht schon dann, wenn die Vollstreckungshandlung etwa wegen Unpfändbarkeit der Sache oder auf Grund einer Drittwiderspruchsklage aufgehoben wird, gilt auch im neuen Recht.[16]

Abs. 2 kennt ebenso wenig wie der als Vorbild dienende § 216 Abs. 1 a.F. eine **Heilungsvorschrift** entsprechend § 212 Abs. 2 a.F.; im bisherigen Recht war zunehmend die analoge Anwendung des für die Unterbrechung durch Klageerhebung geltenden § 212 Abs. 2 a.F. auf die Fälle des § 216 Abs. 1 a.F. als zutreffend angesehen worden.[17]

§ 212 Abs. 2 a.F. wurde in das neue Recht infolge der Umgestaltung des Unterbrechungsgrundes der Klageerhebung (§ 209 Abs. 1 a.F.) in einen Hemmungsgrund (§ 204 Abs. 1 Nr. 1) nicht übernommen. Damit ist die **Analogiebasis weggefallen**. Eine Heilung entsprechend § 212 Abs. 2 a.F. findet im Falle des Verjährungsneubeginns infolge Zwangsvollstreckung nicht statt. Dieses Ergebnis deckt sich im Übrigen mit dem Gesetzeswortlaut des bisherigen Rechts.

§ 213 Hemmung, Ablaufhemmung und erneuter Beginn der Verjährung bei anderen Ansprüchen

¹Die Hemmung, die Ablaufhemmung und der erneute Beginn der Verjährung gelten auch für Ansprüche, die aus demselben Grund wahlweise neben dem Anspruch oder an seiner Stelle gegeben sind.

---

9 BT-Drucks 14/6040, 120 unter Hinweis auf OLG Celle OLGZ 1970, 5, 6; BGHZ 58, 103, 105; OLG Koblenz VersR 1981, 167, 168; siehe aber jetzt dazu (unter Hinweis auf BGHZ 107, 395, 397) MüKo/*Grothe*, § 208 Rn 12.
10 Siehe insbesondere BGHZ 107, 395, 397.
11 Siehe dazu BT-Drucks 14/6040, 120 f.; siehe die entsprechende Kritik am bisherigen Recht insbesondere von Staudinger/*Peters*, § 209 Rn 94 bis 96.
12 Siehe zu den Auslegungsfragen und ihrer Lösung in dem Sinne, der jetzt in § 212 Abs. 1 Nr. 2 Gesetz wurde, Staudinger/*Peters*, § 212 Rn 96.
13 Siehe nur MüKo/*Grothe*, § 209 BGB Rn 26.
14 BT-Drucks 14/6040, 121.
15 Staudinger/*Peters*, § 216 Rn 3 m.w.N.
16 BT-Drucks 14/6040, 121.
17 BGHZ 122, 287, 296; Palandt/*Heinrichs*, § 216 Rn 1; Soergel/*Niedenführ*, § 216 Rn 2; tendenziell eher ablehnend MüKo/*Grothe*, § 216 Rn 2; ablehnend im Ergebnis Staudinger/*Peters*, § 216 Rn 2.

Inhalt

A. Reformgehalt 1
B. Regelungsgehalt 3
   I. Grundsatz 3
II. Erweiterung des gegenständlichen Anwendungsbereichs von Hemmungs-, Ablaufhemmungs- oder Neubeginnsnormen 4

A. Reformgehalt

1 § 213 nimmt den Regelungsgehalt der §§ 477 Abs. 3, 639 Abs. 1 a.F. in sich auf und **verallgemeinert** ihn. Die Rechtsprechung hat bereits im bisherigen Recht den Rechtsgedanken beider Regelungen auf andere Ansprüche ausgedehnt (Rn 8). § 213 erweitert den sachlichen Anwendungsbereich eines Hemmungs-, Ablaufhemmungs- oder Neubeginntatbestands auf die Ansprüche, die mit dem in seiner Verjährung beeinträchtigten Anspruch in **elektiver Konkurrenz** oder einem vergleichbaren Verhältnis stehen.

2 Die Gesetzesbegründung erläutert den **Normzweck** des § 213 wie folgt: Der Gläubiger, der ein bestimmtes Interesse mit einem bestimmten Anspruch verfolgt, solle davor geschützt werden, dass inzwischen andere Ansprüche auf dasselbe Interesse verjähren, die von vornherein wahlweise neben dem geltend gemachten Anspruch gegeben seien oder auf die er stattdessen übergehen könne. Der Gläubiger solle nicht gezwungen werden, mit Hilfsanträgen im Prozess oder durch andere Maßnahmen den Ablauf der Verjährungsfrist der weiteren Ansprüche abzuwenden. Der Schuldner sei insoweit nicht schutzbedürftig, da er durch den Neubeginn, die Ablaufhemmung oder die Hemmung hinsichtlich des einen Anspruchs hinreichend gewarnt sei und sich auf die Rechtsverfolgung des Gläubigers hinsichtlich der übrigen Ansprüche einstellen könne.[1]

B. Regelungsgehalt

I. Grundsatz

3 Grundsätzlich wirkt ein Hemmungs-, Ablaufhemmungs- oder Neubeginntatbestand nur für die materiellrechtlichen Ansprüche, die er **tatbestandlich erfasst**.[2] So umfasst § 204 Abs. 1 Nr. 1 nur die Ansprüche, die der Streitgegenstand der erhobenen Klage erfasst. Die Hemmung nach § 202 betrifft alle Ansprüche, welche Gegenstand der Verhandlung waren (§ 203 Rn 4) etc.; der Neubeginn nach § 212 Abs. 1 Nr. 1 gilt nur für die Ansprüche, die der Schuldner auch anerkennt. Jede dieser Hemmungs-, Ablaufhemmungs- oder Neubeginnsnormen bestimmt selbst ihren **gegenständlichen Anwendungsbereich**. Dieser legt fest, welche Ansprüche durch die Norm in dem Lauf ihrer Verjährungsfrist beeinflusst werden.[3]

II. Erweiterung des gegenständlichen Anwendungsbereichs von Hemmungs-, Ablaufhemmungs- oder Neubeginnsnormen

4 § 213 macht eine **Ausnahme** von dem Grundsatz (Rn 3), wonach jede verjährungsbeeinflussende Norm ihren gegenständlichen Anwendungsbereich selbst regelt. Ansprüche (künftig: **miterfasste Ansprüche**), die aus demselben Grund neben oder wahlweise an der Stelle des in der Verjährung gehemmten, ablaufgehemmten oder vom Neubeginn betroffenen Anspruchs (künftig: **betroffener Anspruch**) gegeben sind, werden auch von der Hemmungs-, Ablaufhemmungs- bzw. Neubeginnwirkung umfasst.

5 Es muss sich folglich[4] **erstens** um Ansprüche handeln, die dem Gläubiger gegen den gleichen Schuldner zustehen. Die Ansprüche müssen **zweitens** auf das gleiche Interesse gerichtet sein. **Drittens** müssen die Ansprüche aus demselben Grund gegeben sein.[5] Dieses Verhältnis liegt beispielsweise nicht zwischen dem Erfüllungsanspruch und dem Anspruch auf Ersatz des Verzögerungsschadens vor.[6] **Viertens** müssen die miterfassten und der betroffene Anspruch aufgrund der gesetzlichen oder vertraglichen Regelung von vornherein dem Gläubiger zur Wahl stehen oder es muss ihm gestattet sein, in Verfolgung des gleichen wirtschaftlichen Interesses von einem zum anderen Anspruch überzugehen.

---

1 BT-Drucks 14/6040, 121.
2 Siehe dazu grundlegend *Henckel*, Die Grenzen der Verjährungsunterbrechung, JZ 1962, 335 ff.
3 Ungenau in ihrer Verallgemeinerung die Ausführungen in BT-Drucks 14/6040, 121, wonach der Neubeginn oder die Hemmung der Verjährung den Anspruch im Sinne des Prozessrechts erfasst, unabhängig davon, ob er aus einer oder mehreren Anspruchsgrundlagen des materiellen Rechts hergeleitet wird. Diese allgemeine Aussage ist etwa für § 203 nicht zutreffend, weil dort der Umfang der Verhandlungen den Umfang der Hemmung bestimmt.
4 Zu einigen der folgenden Punkte siehe BT-Drucks 14/6040, 121 f.; BT-Drucks 6857, 10, 44.
5 Dieses Merkmal wurde zur Klarstellung (siehe die Kritik bei *Zimmermann/Leenen u.a.*, JZ 2001, 684, 697; Prüfbitte des Bundesrats, BT-Drucks 6857, 10) während des Gesetzgebungsverfahrens eingeführt, siehe BT-Drucks 6857, 44; BT-Drucks 14/7052, 182.
6 BT-Drucks 14/6040, 121 f.; BT-Drucks 6857, 10, 44; BT-Drucks 14/7052, 182.

§ 213 erfasst jedenfalls die Fälle **elektiver** (oder auch alternativer) **Anspruchskonkurrenz**.[7] Mit Ansprüchen, die neben den betroffenen Anspruch treten, sind somit keine **Nebenleistungsansprüche** wie etwa Zinsansprüche gemeint, die neben dem Hauptanspruch bestehen; für Nebenleistungsansprüche gilt § 217. Bei elektiver Konkurrenz gibt es keine Haupt- und Nebenansprüche, sondern nur nebeneinander bestehende Ansprüche, bei welchen der Gläubiger aber (nach seiner Wahl) endgültig nur den einen oder den anderen verwirklichen kann. Kennzeichen der elektiven Konkurrenz ist somit, dass die alternativ nebeneinander gegebenen Ansprüche erlöschen, wenn einer von ihnen endgültig gewählt wird.

§ 213 gilt daher beispielsweise jeweils für die einzelnen in § 438[8] geregelten Ansprüche oder jeweils für die einzelnen in § 634[9] geregelten Ansprüche, soweit diese Ansprüche gegeben sind. Ein deliktischer Anspruch, der aus einem Sachverhalt resultiert, welcher zugleich zu einem Sachmangelanspruch aus Kauf- oder Werkvertrag führt, steht zu diesem nicht in elektiver Konkurrenz, denn der eine erlischt nicht, wenn der andere gewählt wird.

Weitere **Einzelfälle aus der Rechtsprechung zum bisherigen Recht**:[10] Dieses kannte keine allgemeine Regelung, welche § 213 entsprochen hätte, sondern nur die punktuellen Vorschriften der §§ 477 Abs. 3, 639 Abs. 1 für das Kauf- und Werkvertragsrechts, deren Rechtsgedanke aber erweiternd angewandt wurde. Eine Wirkungserstreckung wurde bejaht für den Anspruch auf **Kapitalabfindung** im Verhältnis zum Anspruch auf Geldrente;[11] für den Anspruch auf **Herausgabe** einer Sache im Verhältnis zum Anspruch auf Schadensersatz wegen Unmöglichkeit der Herausgabe;[12] für die Klage auf Schadensersatz wegen **Verschweigens eines Mangels** hinsichtlich der Minderung[13] (Beachte, dass die Minderung nun ein Gestaltungsrecht ist, das – wie alle Gestaltungsrechte – nicht der Verjährung unterliegt, siehe aber jetzt § 218); für die Klage auf Ersatz der Mängelbeseitigungskosten hinsichtlich des Anspruchs auf Schadensersatz;[14] für die Zahlungsklage auf Schadensersatz wegen Belastung mit einer Verbindlichkeit im Verhältnis zum Freistellungsanspruch.[15]

Die Abgrenzung im Einzelnen war im **bisherigen Recht** unsicher. **Keine Erstreckung** der Unterbrechungswirkung nach bisherigem Recht für die – mangels Vorliegen der Voraussetzung des bisherigen § 326 a.F. unbegründete – Klage auf Schadensersatz hinsichtlich des Anspruchs auf Erfüllung;[16] für die Klage auf Leistung hinsichtlich des Schadensersatzanspruchs wegen Verzögerung der Leistung;[17] für die Klage auf den großen Pflichtteil hinsichtlich des Anspruchs auf Zugewinnausgleich.[18]

Titel 3. Rechtsfolgen der Verjährung

§ 214 Wirkung der Verjährung

(1) ¹Nach Eintritt der Verjährung ist der Schuldner berechtigt, die Leistung zu verweigern.

(2) ¹Das zur Befriedigung eines verjährten Anspruchs Geleistete kann nicht zurückgefordert werden, auch wenn in Unkenntnis der Verjährung geleistet worden ist. ²Das Gleiche gilt von einem vertragsmäßigen Anerkenntnis sowie einer Sicherheitsleistung des Schuldners.

§ 214 entspricht in beiden Absätzen dem § 222 a.F.; geregelt ist die Wirkung der Verjährung. Die Vorschrift hat sich in der Praxis bewährt. Sie ist in ihrem sachlichen Gehalt nicht umstritten. Der Gesetzgeber sah deshalb keinen Anlass zu Änderungen. Er hat lediglich **geringe Anpassungen** an den heutigen

---

7 Zur elektiven Konkurrenz siehe *Larenz/Wolf*, Allgemeiner Teil des Bürgerlichen Rechts, 8. Aufl. 1997, § 18 III 2 (Rn 24 f.); *Medicus*, Schuldrecht I, Allgemeiner Teil, 12. Aufl. 2000, Rn 186: Die Konkurrenz kann auch zwischen Ansprüchen und Gestaltungsrechten bestehen (dieser Fall interessiert verjährungsrechtlich nicht, da Gestaltungsrechte nicht verjähren, siehe die Kommentierung der §§ 121, 124, 194 und 218).
8 Siehe zum Verhältnis elektiver Konkurrenz der kaufvertraglichen Gewährleistungsansprüche nach bisherigem Recht Soergel/*Huber*, § 477 Rn 67 – 69.
9 Siehe zum Verhältnis elektiver Konkurrenz der werkvertraglichen Gewährleistungsansprüche nach bisherigem Recht Staudinger/*Peters*, § 639 Rn 25 – 28.
10 Siehe *Henckel*, Die Grenzen der Verjährungsunterbrechung, JZ 1962, 335 ff. Die folgende Zusammenstellung ist BT-Drucks 14/6040, 121 f = Abschlussbericht, S. 96 entnommen; siehe dazu noch *Peters/Zimmermann*, S. 260 f., 323 (§ 209).
11 RGZ 77, 213 ff. mit umstrittener Begründung, siehe *Henckel*, Die Grenzen der Verjährungsunterbrechung, JZ 1962, 335, 337.
12 RGZ 109, 234 ff.
13 RGZ 134, 272.
14 BGHZ 58, 30.
15 BGH NJW 1985, 1152.
16 BGHZ 104, 6, 12.
17 BGH VersR 1959, 701 und OLG Hamm VersR 1981, 947.
18 BGH NJW 1983, 388.

Sprachgebrauch vorgenommen.[1] Die Ergebnisse von Rechtsprechung und Lehre zu § 222 a.F. können für die Auslegung des § 214 herangezogen werden.

§ 215 Aufrechnung und Zurückbehaltungsrecht nach Eintritt der Verjährung

[1]Die Verjährung schließt die Aufrechnung und die Geltendmachung eines Zurückbehaltungsrechts nicht aus, wenn der Anspruch in dem Zeitpunkt noch nicht verjährt war, in dem erstmals aufgerechnet oder die Leistung verweigert werden konnte.

1 § 215 beabsichtigt **keine Änderung** gegenüber dem bisherigen Recht.[1] Soweit § 215 die **Aufrechnung** auch mit verjährten Ansprüchen zulässt, wenn nur die Aufrechnungslage noch in unverjährter Zeit bestanden hat, entspricht § 215 der Vorschrift des **§ 390 S. 2 a.F.**; diese Norm wurde in § 215 ohne inhaltliche Änderung übernommen.[2] § 390 S. 2 a.F. wurde aufgehoben (siehe dort). Die zu § 390 S. 2 a.F. ergangene Rechtsprechung und die zugehörige Literatur kann grundsätzlich für die Anwendung des § 215 nutzbar gemacht werden.

2 Im Gegensatz zu § 390 S. 2 a.F. stellt § 215 der Aufrechnung die Geltendmachung eines **Zurückbehaltungsrechts** ausdrücklich gleich. Auch darin liegt aber keine sachliche Änderung gegenüber dem bisherigen Recht. § 390 S. 2 a.F. wurde durch die Rechtsprechung auf die Geltendmachung eines Zurückbehaltungsrechts entsprechend angewandt.[3] Die einschlägige Rechtsprechung und Literatur kann jetzt zur Klärung der entsprechenden Auslegungsfragen des § 215 herangezogen werden.

3 § 215 gilt auch für den Fall, dass die Einrede des nichterfüllten Vertrags (**§ 320**) erhoben wird, auch wenn strittig ist,[4] ob § 320 ein Zurückbehaltungsrecht oder ein Leistungsverweigerungsrecht begründet. Doch bestand im bisherigen Recht Einvernehmen, das die Einrede des § 320 BGB auch bei Verjährungseintritt erhalten bleiben soll.[5] § 215 wollte daran nichts ändern.[6]

4 Die Grundregeln des **Europäischen Vertragsrecht** (siehe vor §§ 194 – 218) kennen mit Art. 17:115 eine § 215 vergleichbare Vorschrift, die aber einige andere Regelungen trifft. Art. 17:115 gelingt ein besserer Ausgleich zwischen den Schuldner- und den Gläubigerinteressen als § 215. Art. 17:115 lautet: „Auch nach Eintritt der Verjährung kann mit einem Anspruch aufgerechnet werden, sofern nicht der Schuldner die Einrede der Verjährung zuvor geltend gemacht hat oder er sie innerhalb von zwei Monaten geltend macht, nachdem ihm die Erklärung der Aufrechnung zugegangen ist."

§ 216 Wirkung der Verjährung bei gesicherten Ansprüchen

(1) **[1]Die Verjährung eines Anspruchs, für den eine Hypothek, eine Schiffshypothek oder ein Pfandrecht besteht, hindert den Gläubiger nicht, seine Befriedigung aus dem belasteten Gegenstand zu suchen.**

(2) **[1]Ist zur Sicherung eines Anspruchs ein Recht verschafft worden, so kann die Rückübertragung nicht auf Grund der Verjährung des Anspruchs gefordert werden. [2]Ist das Eigentum vorbehalten, so kann der Rücktritt vom Vertrag auch erfolgen, wenn der gesicherte Anspruch verjährt ist.**

(3) **[1]Die Absätze 1 und 2 finden keine Anwendung auf die Verjährung von Ansprüchen auf Zinsen und andere wiederkehrende Leistungen.**

---

1 BT-Drucks 14/6040, 122.
1 BT-Drucks 14/6040, 122.
2 Kritisch zu vorausgegangenen Entwurfsfassungen *Haug*, S. 180 ff.; *Bydlinski*, S. 381, 400; tendenziell positiv aber *Piekenbrock*, S. 309, 337 ff. Kritisch zu § 390 S. 2 a.F. *Peters/Zimmermann*, S. 266; *Bydlinski*, Die Aufrechnung mit verjährten Forderungen: Wirklich kein Änderungsbedarf?, AcP 196 (1996), 293; *Zimmermann*, Die Aufrechnung: Eine rechtsvergleichende Skizze zum Europäischen Vertragsrecht, in: Festschrift für Dieter Medicus, 1999, S. 721 ff.
3 BGHZ 48, 116 f.; BGHZ 53, 122, 125; siehe ferner Soergel/*Zeiss*, § 390 Rn 1 m.w.N.
4 Siehe nur Soergel/*Wiedemann*, § 320 BGB Rn 8 ff.
5 Siehe nur – mit unterschiedlicher dogmatischer Begründung – Soergel/*Wiedemann*, § 320 Rn 46; MüKo/*Grothe* § 223 Rn 2, beide jeweils mit Nachweisen; *Ernst*, Die Gegenseitigkeit im Vertragsvollzug, AcP 199 (1999), 485, 496 f.
6 Zimmermann/*Leenen u.a.*, JZ 2001, 684, 697.

Abs. 1, Abs. 2 S. 1 und Abs. 3 haben – bei geringfügigen sprachlichen Änderungen – denselben Inhalt wie § 223 Abs. 1, Abs. 2 und Abs. 3 a.F.[1] Die zu § 223 a.F. bestehende Rechtsprechung und Literatur kann für die Auslegung und Anwendung des § 216 herangezogen werden.

Abs. 2 S. 2 ist eine neue Gesetzesnorm. Sie ist technisch nicht geglückt.[2] Abs. 2 S. 2 ist kodifiziertes Richterrecht, da durch die Vorschrift die h.M.[3] zum bisherigen Recht, welche § 223 a.F. auf den **Eigentumsvorbehalt** analog angewandt hat,[4] im neuen Recht gesetzlich festgeschrieben wurde. Auch zur Anwendung des Abs. 2 S. 2 kann somit auf die einschlägige Rechtsprechung zum bisherigen Recht zurückgegriffen werden.

Die Vorschrift hat keine Entsprechung in den Grundregeln des **Europäischen Vertragsrechts** (siehe dazu vor §§ 194 – 218). Sie ist rechtspolitisch fragwürdig und war schon bisher insgesamt starker **Kritik** ausgesetzt.[5]

§ 217 Verjährung von Nebenleistungen
[1]Mit dem Hauptanspruch verjährt der Anspruch auf die von ihm abhängenden Nebenleistungen, auch wenn die für diesen Anspruch geltende besondere Verjährung noch nicht eingetreten ist.

§ 217 entspricht – von geringfügigen sprachlichen Änderungen abgesehen – dem **§ 224 a.F.**; die Gesetzesbegründung[1] macht deutlich, dass die bisherige Auslegung des § 224 a.F. auf § 217 übertragen werden soll. Somit können die Ergebnisse von Rechtsprechung und Lehre zu § 224 für die Auslegung des § 217 nutzbar gemacht werden.

Die Gesetzesbegründung weist ausdrücklich darauf hin, § 217 bestimme, dass Ansprüche auf Nebenleistungen mit dem Hauptanspruch verjähren, auch wenn die für sie geltende besondere Verjährung noch nicht vollendet sei. Dadurch sei gewährleistet, dass Ansprüche auf Nebenleistungen spätestens mit dem Hauptanspruch verjährten. Unterliege ein Anspruch auf eine unselbständige Nebenleistung dagegen einer kürzeren Verjährungsfrist als der Hauptanspruch, so bleibe es bei dieser kürzeren Verjährung. Dass § 224 a.F. ebenso wie der § 217 hieran nichts ändern wolle, ergebe sich daraus, dass diese Vorschrift sich ausdrücklich nur auf solche Nebenleistungen beziehe, bei welchen die für sie geltende Verjährung „noch" nicht eingetreten sei. Es solle daran festgehalten werden,[2] dass Ansprüche auf Ersatz von Verzugsschäden dem § 217 (= § 224 a.F.) unterfallen.

§ 217 ist von der Wirkungserstreckung von Hemmungs-, Ablaufhemmungs- und Neubeginnstatbeständen auf Ansprüche in **elektiver Konkurrenz** zu dem betroffenen Anspruch abzugrenzen (siehe dazu § 213 Rn 6).

Inhaltsgleich mit § 217, aber klarer und prägnanter formuliert, ist Art. 17:114 der Grundregeln des **Europäischen Vertragsrechts** (zu ihnen siehe vor §§ 194 – 218).

---

1 Ausführlich dazu BT-Drucks 14/6040, 122 ff.
2 Siehe *Zimmermann/Leenen u.a.*, JZ 2001, 684, 698.
3 Siehe dazu BGHZ 34, 191, 195; BGHZ 70, 96, 98; BGH NJW 1979, 2195, 2196; Erman/*Hefermehl*, § 223 Rn 4 m.w.N.; gegen die h.M. insbesondere Staudinger/*Peters*, § 223 Rn 8 f.; *van Look/Stoltenberg*, Eigentumsvorbehalt und Verjährung der Kaufpreisforderung, WM 1990, 661 ff.
4 Ausführliche Erörterungen dazu in BT-Drucks 14/6040, 123 f.
5 Siehe *Zimmermann/Leenen u.a.* JZ 2001, 684, 698; *Habersack*, Diskussionsbeitrag, in: Ernst/Zimmermann, S. 427; *Mansel*, S. 333, 402; zum bisherigen Recht siehe die Nachweise zu Staudinger/*Peters*, § 223 Rn 8 f. und *van Look/Stoltenberg*, WM 1990, 661 ff.
1 BT-Drucks 14/6040, 124.
2 Siehe zum bisherigen Recht BGH NJW 1995, 252.

§ 218 Unwirksamkeit des Rücktritts

(1) ¹Der Rücktritt wegen nicht oder nicht vertragsgemäß erbrachter Leistung ist unwirksam, wenn der Anspruch auf die Leistung oder der Nacherfüllungsanspruch verjährt ist und der Schuldner sich hierauf beruft. ²Dies gilt auch, wenn der Schuldner nach § 275 Abs. 1 bis 3, § 439 Abs. 3 oder § 635 Abs. 3 nicht zu leisten braucht und der Anspruch auf die Leistung oder der Nacherfüllungsanspruch verjährt wäre. ³§ 216 Abs. 2 Satz 2 bleibt unberührt.

(2) ¹§ 214 Abs. 2 findet entsprechende Anwendung.

Inhalt

A. Regelungsgehalt 1	I. Rücktritt 11
I. Bisherige Rechtslage 1	II. Minderung 12
II. Verjährungsrechtliches Konzept für das Rücktrittsrecht ... 3	III. Andere Gestaltungsrechte 13
III. Geltungsbereich 4	IV. Ausschlüsse der Leistungspflicht nach §§ 275, 439 Abs. 3, 635 Abs. 3 ... 14
1. Rücktrittsrecht 4	1. Anspruchsausschluss nach § 275 Abs. 1 15
2. Widerrufsrecht 6	2. Leistungsverweigerungsrechte nach §§ 275 Abs. 2, 3, 439 Abs. 3, 635 Abs. 3 ... 16
3. Minderungsrecht 6	V. Schadensersatzansprüche 18
B. Voraussetzungen 7	VI. Eigentumsvorbehalt 19
I. Ablauf der Verjährungsfrist 7	**D. Rechtswirkungen** 21
II. Bestehen eines Rücktrittsrechts 8	I. Vor Erhebung der Verjährungseinrede 21
III. Berufung auf Verjährung 9	II. Nach Erhebung der Verjährungseinrede 23
IV. Fristen 10	III. „Spätfolgen" 25
C. Anwendungsbereich 11	

A. Regelungsgehalt

I. Bisherige Rechtslage

1 Nach altem wie nach neuem Recht (jeweils § 194) unterliegen lediglich Ansprüche (Rechte, von einem anderen ein Tun oder Unterlassen zu verlangen), der Verjährung.[1] Gestaltungsrechte sind damit rechtskonstruktiv von einer Verjährung nicht betroffen.[2] Dies gilt auch für das Rücktrittsrecht. Soweit es aufgrund vertraglicher Vereinbarung zeitlichen Grenzen unterlag, führte das Verstreichenlassen der Frist bisher allein zum Erlöschen des Rücktrittsrechts. War keine Frist vereinbart, konnte nach § 355 S. 1 a.F. dem Rücktrittsberechtigten durch seinen Vertragspartner eine angemessene Frist für die Ausübung des Rücktrittsrechts gesetzt werden. Nach Fristablauf erlosch das Rücktrittsrecht gemäß § 355 S. 2, so dass sich rücktrittsrechtliche Verjährungsfragen insoweit ebenfalls nicht stellten. Aufgrund der Verweisung in § 327 Abs. 1 a.F. galt dies auch für gesetzliche Rücktrittsrechte nach §§ 325, 326 a.F.

2 Eine besondere Rechtslage bestand für die kauf- und werkvertragsrechtliche Gewährleistung. Hier sah das alte Recht für die Lösung vom Vertrag wegen eines Mangels konstruktiv keinen Rücktritt, sondern bei Vorliegen der Voraussetzungen nach §§ 459, 462 a.F. für das Kaufrecht und nach §§ 633, 634 a.F. für das Werkvertragsrecht die Befugnis zur Wandelung vor. Sie war kein Gestaltungsrecht, sondern begründete nach § 462 a.F., der gemäß § 634 Abs. 4 a.F. auch für das Werkvertragsrecht entsprechende Anwendung fand, nur einen Rechtsanspruch darauf, dass sich der Verkäufer bzw. Werkunternehmer mit der Rückabwicklung des Kaufvertrages einverstanden erklärte (§ 465).[3] Nach Abschluss einer entsprechenden Vereinbarung galt dann allerdings Rücktrittsrecht (§§ 467, 634 Abs. 4 a.F.). Wegen der Erschwernisse einer Umsetzung der Rechte des Käufers bzw. Bestellers für den Fall, dass sich der Vertragspartner mit der Wandelung nicht einverstanden erklärte, sahen Rechtsprechung und Literatur Erleichterungen über verschiedene Rechtskonstruktionen vor. Sie bewirkten im Ergebnis, dass der Wandelungsberechtigte die an sich erst aus einer vollzogenen Wandelung resultierenden Rechte unmittelbar geltend machen konnte, ohne vorab in einem separaten Rechtsstreit oder auch nur im Weg der Klagehäufung auf Abgabe einer Einverständniserklärung des Vertragspartners mit der Wandelung (§ 894) klagen zu müssen.[4] Diese Erleichterung änderte jedoch nichts daran, dass die Wandelung als Anspruch ausgestaltet und damit ohne weiteres einer Anwendung der Verjährungsregelungen zugänglich war (§§ 194, 477, 638 a.F.). Somit bestand nach altem Recht kein Bedarf für eine eigenständige verjährungsrechtliche Normierung des Rücktrittsrechts. Entsprechendes galt für die Befugnis zur Minderung (§§ 462, 465, 634 Abs. 1, 4 a.F.).

---

1 Bereits Anfang der 80er Jahre namentlich von *Peters* und *Zimmermann* geäußerte Vorschläge, dingliche Ansprüche von der Verjährung auszunehmen, hat der Gesetzgeber nicht aufgegriffen, s. BMJ (Hrsg.), Gutachten und Vorschläge zur Überarbeitung des Schuldrechts, 1981, Bd. I, S. 77 ff.; *Mansel*, in: Ernst/Zimmermann, S. 367.
2 Jauernig/*Jauernig*, § 194 Rn 2; *Haas*, BB 2001, 1313, 1319; für eine Verjährungsfähigkeit auch von Gestaltungsrechten de lege ferenda *Bydlinski*, in: Schulze/Schulte-Nölke, S. 381, 383.
3 Vgl. zur Rechtsnatur des Anspruchs Soergel/*Huber*, § 462 Rn 20f.; Jauernig/*Vollkommer*, § 462 Rn 3; BGHZ 96, 286.
4 Eingehend MüKo/*Westermann*, § 462 Rn 3 f.; Soergel/*Huber*, § 462 Rn 22 f.

II. Verjährungsrechtliches Konzept für das Rücktrittsrecht

Diese Rechtslage hat sich nach der Schuldrechtsreform grundlegend gewandelt. Zwar erlischt ein vertragliches Rücktrittsrecht nach wie vor mit Fristablauf ohne Ausübung, so dass sich insoweit ein verjährungsrechtliches Problem nicht stellt. § 355 a.F. vergleichbar sieht auch § 350 die Möglichkeit einer Fristsetzung gegenüber dem Rücktrittsberechtigten für den Fall vor, dass eine Frist nicht vereinbart worden ist. Gänzlich anders ist die Situation hingegen für den gesetzlichen Rücktritt nach § 323, unabhängig davon, ob die Norm unmittelbar oder infolge der Verweisungsregelungen aus §§ 437 Nr. 2, 634 Nr. 2 zur Anwendung kommt. Nachdem das Kauf- und Werkvertragsrecht die Konzeption der mangelbedingten Rückabwicklung über eine prinzipielle vertragliche Vereinbarung (§§ 465, 634 Abs. 4 a.F.) unbeschadet der durch die Rechtspraxis gewährten Erleichterungen aufgegeben und stattdessen Rücktrittsrechte als Gestaltungsrechte begründet hat (§§ 437 Nr. 2, 634 Nr. 2), bestand Bedarf für eine verjährungsrechtliche Regelung des Rücktrittsrechts, da § 194 keine unmittelbare Anwendung finden kann. § 218 nimmt diese Thematik auf. Die Vorschrift erklärt die Ausübung eines Rücktritts für unwirksam, wenn der Anspruch auf die Leistung (also der „Ausgangsanspruch") oder der Nacherfüllungsanspruch verjährt ist und der Schuldner sich hierauf beruft. Im Ergebnis wird damit eine Gleichbehandlung des Rücktrittsrechts mit der verjährungsrechtlichen Regelung von Ansprüchen erreicht (§§ 438, 634 a). Letztere erlöschen mit Eintritt der Verjährung nicht, sondern sind lediglich einem Leistungsverweigerungsrecht des Schuldners als Einrede ausgesetzt (§ 214 Abs. 1). Diesen Ansatz überträgt § 218 Abs. 1 auf das Rücktrittsrecht, indem ein nach Ablauf der Verjährungsfrist erklärter Rücktritt nicht ohne weiteres für unwirksam erklärt wird, sondern nur dann, wenn der Schuldner sich darauf beruft. Letzteres entspricht § 214 Abs. 1, so dass es im Ergebnis wie bei Ansprüchen wie bei Rücktrittsrechten allein in der Rechtsmacht des Schuldners liegt, sich auf den Verjährungseintritt zu berufen. Im wirtschaftlichen Ergebnis bedeutet dies eine „Verjährung" auch des Rücktrittsrechts, wobei konstruktiv zur Angleichung an die Rechtslage bei Ansprüchen das sonst für Gestaltungsrechte nicht bekannte Erfordernis einer Berufung des Schuldners auf die Verjährung verlangt wird.[5]

III. Geltungsbereich

1. Rücktrittsrecht

Abs. 1 gilt für alle gesetzlich eingeräumten Rücktrittsbefugnisse, unabhängig davon, auf welcher Grundlage sie konkret beruhen. Betroffen sind somit Rücktrittsrechte nach §§ 323, 437 Nr. 2 und 634 a Nr. 2.[6]

In den Fällen eines vertraglich vereinbarten Rücktrittsrechts führt der Fristablauf zum Erlöschen; bei nicht vereinbarten Fristen erreicht der Vertragspartner des Rücktrittsberechtigten über § 350 ein Erlöschen des Rücktrittsrechts. Insoweit ist folglich kein Raum für eine verjährungsrechtliche Regelung.

2. Widerrufsrecht

Das durch § 355 Abs. 1 dem Rücktrittsrecht weitestgehend gleichgestellte Widerrufsrecht (§ 357 Abs. 1) wird von Abs. 1 nicht erfasst. § 355 Abs. 1 S. 2 enthält eine eigene zweiwöchige Ausschlussfrist, sofern eine ordnungsgemäße Belehrung über das Widerrufsrecht erfolgte. Ist diese unterblieben, erlischt das Widerrufsrecht nach sechs Monaten (§ 355 Abs. 3). Der Gesetzgeber hat sich insgesamt um eine Integration von bisher außerhalb des BGB geregelten Widerrufsrechten bemüht (vgl. § 312d Abs. 1;[7] §§ 499 Abs. 1, 501 Abs. 1 i.V.m. 495 Abs. 1;[8] 312 Abs. 1[9]).[10]

3. Minderungsrecht

Infolge spezialgesetzlicher Erweiterungen in §§ 438 Abs. 5 und 634 a Abs. 4 gilt § 218 auch für das Minderungsrecht.

---

5 BegrRE, BT-Drucks 14/6040, 124.
6 Zum kauf- und werkvertraglichen Rücktrittsrecht vgl. die Kommentierung zu §§ 437 Nr. 2, 634 Nr. 3; generell zum Rücktrittsrecht nach der Schuldrechtsreform *Kaiser*, JZ 2001, 1057; *Kohler*, JZ 2001, 325.
7 Entspricht § 3 Abs. 1 FernAbsG a.F., welches ebenso wie das HaustürWG und das VerbrKrG nunmehr in das BGB integriert wurde.
8 Ehemals: § 7 Abs. 1 VerbrKrG.
9 Ehemals: § 1 HaustürWG.
10 Zur Integration von bisherigen Spezialgesetzen in das BGB siehe *Schmidt-Räntsch*, in: Schulze/Schulte-Nölke, S. 169 ff.; *Dörner*, ebenda, S. 177 ff.; *Micklitz*, ebenda, S. 189 ff. (insbes. zu europarechtlichen Aspekten); *Ulmer*, ebenda, S. 215 ff. (zur Integration des AGBG); *Pfeiffer*, in: Ernst/Zimmermann, S. 481 ff.

B. Voraussetzungen

I. Ablauf der Verjährungsfrist

7 Ebenso wie bei Anwendung des § 214 ist auch für § 218 eine „Verjährung" des Anspruches auf Leistung oder auf Nacherfüllung erforderlich. Für die Leistungsansprüche gelten insoweit die §§ 195 ff., für Ansprüche auf Nacherfüllung die §§ 438, 634 a. Die Frage, inwieweit in Bezug auf die Verjährung erleichternde oder erschwerende Abreden möglich sind, beantwortet sich nach §§ 202; 475 Abs. 2.

II. Bestehen eines Rücktrittsrechts

8 Weitere Voraussetzung ist das Bestehen eines Rücktrittsrechts. Es folgt insbesondere aus §§ 323, 437 Nr. 2 und 634 a Nr. 2, darüber hinaus aber auch aus spezialgesetzlichen Vorgaben wie § 376 HGB. Das besondere Rücktrittsrecht des § 361 wurde ersatzlos gestrichen und in § 323 Abs. 2 Nr. 2 integriert.

III. Berufung auf Verjährung

9 Bereits nach § 214 Abs. 1 wirkt eine Verjährung nicht kraft Gesetzes anspruchsbegrenzend oder gar anspruchsvernichtend, sondern ergibt dort nur eine Einrede gegen den verjährten Anspruch mit der Wirkung eines Leistungsverweigerungsrechts. Einreden sind nur gegenüber Ansprüchen, nicht aber gegenüber Gestaltungsrechten denkbar. Um einen Gleichlauf der Verjährungswirkung gegenüber Ansprüchen sowie gegenüber dem Rücktrittsrecht (über §§ 438 Abs. 5, 634 a Abs. 5 gültig auch für Minderungsrechte) zu erreichen und damit eine Verjährung „kraft Gesetzes" auszuschließen, verlangt **Abs. 1 S. 1**, dass sich der Rücktrittsgegner auf die Verjährung des Rücktrittsrechts **„beruft"**. Dabei hat die Berufung die Wirkung eines Gestaltungsrechtes eigener Art, da sie das zunächst wirksam ausgeübte Rücktritts- (und Minderungs-)Recht als Gestaltungsrecht unwirksam macht. Insoweit handelt es sich um ein gegen ein Gestaltungsrecht gerichtetes, dieses vernichtendes **eigenes Gestaltungsrecht** – eine im Rahmen der Schuldrechtsreform neu entwickelte Rechtskonstruktion.

IV. Fristen

10 Für die Geltendmachung der Verjährung gelten im Rahmen des Abs. 1 ebenso wenig Fristen wie für die Erhebung der Einrede nach § 214 Abs. 1. Der Schuldner kann seine Inanspruchnahme somit sofort, aber auch erst sehr spät im Zivilprozess mittels Berufung auf Verjährung abwehren. Nur in besonders gelagerten Fällen führte eine späte Geltendmachung der Verjährung bei Hinzutreten weiterer Voraussetzungen zu einem konkludenten Verzicht oder einer Verwirkung; insoweit gelten die auch für § 214 entwickelten Kriterien.[11]

C. Anwendungsbereich

I. Rücktritt

11 Abs. 1 S. 1 gilt unmittelbar nur für den Rücktritt, unabhängig davon, auf welcher rechtlichen Grundlage die Rücktrittsbefugnis besteht. Die wichtigsten Anwendungsfälle bilden insoweit § 323 und § 376 HGB, ferner §§ 437 Nr. 2 und 634 Nr. 2. Logisch vorrangig gegenüber einer Verjährung des Rücktritts ist das vorherige Erlöschen aufgrund spezialgesetzlicher oder vertraglicher Regelung. Hierzu zählen die Fälle der Nichtausübung des Rücktrittsrechts innerhalb der vertraglich vereinbarten Frist oder nach einer dem Rücktrittsberechtigten gemäß § 350 bestimmten Frist. Dies führt notwendigerweise dazu, dass für § 218 kein Raum mehr ist.

II. Minderung

12 Nach §§ 438 Abs. 5, 634 a Abs. 5 gilt Abs. 1 auch für das Minderungsrecht. Ist der Mängelgewährleistungsanspruch verjährt, hat dies die Unwirksamkeit einer nach Ablauf der Verjährungsfrist erklärten Minderung durch den Käufer/Besteller zur Folge, wenn sich der Verkäufer/Werkunternehmer auf Verjährung beruft. Damit bleibt der Anspruch auf den Kaufpreis bzw. den Werklohn (§§ 433 Abs. 2, 631 Abs. 1) uneingeschränkt erhalten.

---

11 Die Rechtsprechung zur Treuwidrigkeit einer Verjährungseinrede behält ihre Bedeutung, siehe z.B. BGH NJW 1993, 1005; 98, 1490; NJW-RR 1993, 1061.

III. Andere Gestaltungsrechte

Auf sonstige Gestaltungsrechte findet § 218 keine Anwendung, da es an einer Vergleichbarkeit der dort geregelten Rechtslage und folglich an einer Inbezugnahme der Norm fehlt. Dies gilt für das Widerrufsrecht trotz beträchtlicher Parallelen zum Rücktrittsrecht (§ 357 Abs. 1), da § 355 eigenständige Erlöschenstatbestände normiert. Entsprechendes gilt für das Recht der Anfechtung nach §§ 121, 124 sowie für vertragliche und gesetzliche Kündigungsrechte (vgl. §§ 314, 543, 561 568 ff., 626, 723). Auch für andere Gestaltungsrechte[12] passt § 218 nicht.

IV. Ausschlüsse der Leistungspflicht nach §§ 275, 439 Abs. 3, 635 Abs. 3

Abs. 1 S. 1 erfasst nur die Fälle, in denen eine Rücktrittserklärung wegen nicht oder nicht vertragsgemäß erbrachter Leistung erfolgt und der Leistungsanspruch oder der darauf bezogene Nacherfüllungsanspruch verjährt ist. Abs. 1 S. 2 erweitert den Anwendungsbereich auf Fälle, in denen der Schuldner nach §§ 275 Abs. 1 bis 3, 439 Abs. 3, 635 Abs. 3 nicht zu leisten braucht, und der Anspruch auf die Leistung oder der Nacherfüllungsanspruch verjährt wäre. Die Regelung ist erst während des Gesetzgebungsverfahrens auf Anregung des Bundesrates,[13] der der Rechtsausschuss des Deutschen Bundestages gefolgt ist,[14] in das Gesetz übernommen worden. Sie ist vor folgendem Hintergrund verständlich:

1. Anspruchsausschluss nach § 275 Abs. 1

Ist die Erfüllung des Vertrags- oder des Nachlieferungsanspruches für den Schuldner oder für jedermann unmöglich, führt dies nach § 275 Abs. 1 zum Ausschluss des Anspruches. Beruft sich der Schuldner sowohl auf das Vorliegen der Voraussetzungen des § 275 Abs. 1 als auch auf Verjährung, ist die Anwendbarkeit des Abs. 1 S. 1 nicht gesichert, weil nur bestehende, nicht aber von Rechts wegen ausgeschlossene Ansprüche der Verjährung zugänglich sind. Aus rechtskonstruktiven Gründen wäre somit die Berufung des Schuldners auf Verjährung bei Anwendbarkeit von § 275 Abs. 1 ausgeschlossen; damit stünde er rechtspolitisch unvertretbar schlechter als ein Schuldner, für den offensichtlich § 275 Abs. 1 als Argument der Anspruchsabwehr nicht in Betracht kommt. Zwar ließe sich ein abweichendes Ergebnis u.U. auch im Wege teleologischer Erweiterung der Norm erreichen. Die Diskussion während des Gesetzgebungsverfahrens hat jedoch gezeigt, dass dies nicht gesichert ist.[15] Abs. 1 S. 2 stellt nunmehr die Anwendbarkeit der Norm auch in diesen Fällen klar. Dies führt dazu, dass ein nach Ablauf der Verjährungsfrist für den Grund- oder den Nachlieferungsanspruch erklärter Rücktritt des Gläubigers bei Geltendmachung durch den Schuldner auch dann unwirksam ist, wenn der Grund- oder der Nacherfüllungsanspruch, wäre er nicht nach § 275 Abs. 1 ausgeschlossen, verjährt ist. Rechtspolitisch lässt sich dies mit der Möglichkeit einer Anfechtbarkeit nichtiger Willenserklärungen vergleichen.[16] In beiden Fällen soll der Begünstigte rechtliche Möglichkeiten nicht dadurch verlieren, dass (wirklich oder nur vermeintlich) zu seinen Gunsten noch weitergehende Rechte eingreifen.

2. Leistungsverweigerungsrechte nach §§ 275 Abs. 2, 3, 439 Abs. 3, 635 Abs. 3

Entsprechendes gilt nach ausdrücklicher Vorgabe des Abs. 1 S. 2 in den Fällen der §§ 275 Abs. 2 und 3, 439 Abs. 3 und 635 Abs. 3. Zwar führen diese Regelungen entgegen § 275 Abs. 1 nicht zu einem Ausschluss des Anspruches, sondern nur zu einem Leistungsverweigerungsrecht des Schuldners. Die davon betroffenen Ansprüche sind somit rechtskonstruktiv ohne weiteres einer Verjährungsregelung zugänglich. Nachdem sich der Gesetzgeber aus den genannten Gründen für die Sonderregelung des Abs. 1 S. 2 bzgl. des § 275 Abs. 1 entschieden hatte, sah er es aus Gründen der Rechtssicherheit jedoch für sinnvoll an, auch bzgl. der Leistungsverweigerungsrechte aus §§ 275 Abs. 2 und 3, 439 Abs. 3, 675 Abs. 3 die Geltung des Abs. 1 S. 1 klarzustellen.[17]

Im wirtschaftlichen Ergebnis erwächst aus der Regelung die Möglichkeit einer doppelten Verteidigungslinie des Schuldners, die zugleich den Bedürfnissen der Rechtspraxis Rechnung trägt. Der Schuldner kann sich auf einen Anspruchsausschluss oder das Bestehen eines Leistungsverweigerungsrechts berufen, zusätzlich aber auch auf Verjährung. Da die Voraussetzungen der Verjährung regelmäßig einfacher darzulegen und zu beweisen sind, erspart man sich damit das Erfordernis einer vollständigen Prüfung der Voraussetzungen des § 275 Abs. 1 bis 3, § 439 Abs. 3 oder § 635 Abs. 3, die notwendig wäre, wenn die Zulässigkeit der

---

12 Vgl. dazu den Überblick bei *Larenz/Wolf*, Allgemeiner Teil des Bürgerlichen Rechts, 8. Aufl. 1997, § 15 Rn 78 ff.
13 Siehe den Änderungsvorschlag in der Stellungnahme BT-Drucks 14/6857, 27; zunächst abgelehnt von der Bundesregierung in der Gegenäußerung, ebenda, S. 61.
14 Beschlussempfehlung des Rechtsausschusses, BT-Drucks 14/7052, 182.
15 Beschlussempfehlung des Rechtsausschusses, BT-Drucks 14/7052, 182 mit dem zutreffenden Hinweis auf *Knütel*, NJW 2001, 2519.
16 Vgl. dazu *Oellers*, AcP 169, 67 ff.
17 S. Fn. 13, 14.

Geltendmachung von Verjährung nicht eindeutig wäre und daher nur gegen einen an sich gegebenen Anspruch, also bei Fehlen der Voraussetzungen der genannten Normen, eingreifen könnte.

V. Schadensersatzansprüche

18 Schadensersatzansprüche sind wie alle anderen Ansprüche einer Verjährung zugänglich; dies zeigt bereits § 852, ferner verdeutlichen dies die §§ 438, 634 a und 214. Folglich ist insoweit für eine verjährungsrechtliche Sonderregelung in § 218 kein Bedarf. Auch für Schadensersatzansprüche statt der Leistung nach §§ 280, 281 besteht insoweit keine Besonderheit; dies gilt ebenso für den großen Schadensersatzanspruch, bei dem der Gläubiger seinen Schaden unter Rückgabe der mangelhaften Sache berechnet (vgl. § 281 Abs. 1 S. 3). Der Umstand, dass ein solches Vorgehen wirtschaftlich einer Kombination von Rücktritt und Schadensersatz ähnelt (§§ 280, 323, 325), ändert an dem Bestehen eines Anspruches mit Anwendbarkeit des § 214 nichts. Ist der Basisanspruch (z.B. aus §§ 433 Abs. 1, 439 Abs. 1, 631 Abs. 1, 635 Abs. 1) verjährt, greift die Verjährungseinrede auch gegenüber einem auf den Mangel gestützten Schadensersatzanspruch durch. Daher ist der im Gesetzgebungsverfahren geäußerte Wunsch des Bundesrates[18] nach einer entsprechenden Erweiterung des § 218 zu Recht zurückgewiesen worden.[19]

VI. Eigentumsvorbehalt

19 § 216 Abs. 2 S. 2 stellt klar, dass bei vereinbartem Eigentumsvorbehalt (§ 448) der Rücktritt vom Vertrag noch erfolgen kann, wenn der gesicherte Anspruch verjährt ist. Diese Rechtsfolge war vor der Schuldrechtsreform nicht geregelt, entsprach jedoch h.M., die dies aus § 223 a.F. entwickelte.[20] Abs. 1 S. 3 stellt klar, dass sich an dieser Rechtslage bei Vorliegen der Voraussetzungen des § 218 nichts ändert. Die durch Abs. 1 S. 3 angeordnete Rechtslage ist selbstverständlich; anderenfalls würde § 216 Abs. 2 S. 2 leer laufen. Das Erfordernis der Klarstellung folgt aus rechtssystematischen Gründen, da § 216 die Wirkung der Verjährung bei gesicherten Ansprüchen und § 218 die Regelung der Verjährung in Rücktrittsfällen vornimmt, so dass sich die Anwendungsbereiche beider Normen überschneiden.

20 Für die Minderung passt die Regelung nicht, obwohl §§ 438 Abs. 5, 634 a Abs. 5 insoweit uneingeschränkt auf § 218 verweisen. Gleichwohl kann § 216 Abs. 2 S. 2 für die Minderung in Fällen mit vereinbartem Eigentumsvorbehalt keine Anwendung finden, da die Norm der besonderen Bedeutung des Eigentumsvorbehaltes Rechnung trägt, der nur für die Frage des Rücktritts und damit einer vollständigen Rückabwicklung des Vertragsverhältnisses Bedeutung hat, nicht aber für dessen Aufrechterhaltung unter Minderung des Kaufpreises/Werklohnes.

D. Rechtswirkungen

I. Vor Erhebung der Verjährungseinrede

21 Eine nach Verjährung des Grund- oder des Nacherfüllungsanspruches abgegebene Rücktrittserklärung ist solange wirksam, wie sich der Schuldner nicht auf Verjährung beruft. Kommt es zur Rückabwicklung des Vertragsverhältnisses nach §§ 346, 347, nutzt dem Schuldner eine spätere Berufung auf die Verjährung nichts mehr. § 214 Abs. 2 S. 1, der über Abs. 2 nochmals ausdrücklich in Bezug genommen wird, stellt klar, dass zur Befriedigung eines verjährten Anspruches das Geleistete nicht mehr zurückgefordert werden kann. Die trotz Verjährung vollzogene Rückabwicklung des Vertragsverhältnisses nach §§ 346, 347 ist insoweit auch im Falle nachträglicher Geltendmachung der Verjährung nicht mehr antastbar.

22 Entsprechendes gilt für die Minderung, da §§ 438 Abs. 5, 634 a Abs. 5 auf § 218 verweisen. Zahlt der Verkäufer/Werkunternehmer nach einer Minderung durch den Käufer/Besteller den entsprechenden Anteil des Kaufpreises/Werklohnes nach §§ 441 Abs. 4, 638 Abs. 4 zurück, nutzt ihm folglich eine spätere Berufung auf die Verjährung der Minderung nichts mehr.

II. Nach Erhebung der Verjährungseinrede

23 Grundlegend anders ist die Situation, wenn der Schuldner die Verjährung des Rücktritts- und Minderungsrechtes zur Abwehr der Rechte des Gläubigers geltend macht (genauer: sich darauf nach § 218 Abs. 1 S. 1 beruft). Liegen die verjährungsrechtlichen Voraussetzungen insoweit vor, führt diese Erklärung zur nachträglichen Unwirksamkeit eines ursprünglich wirksam ausgeübten Gestaltungsrechts des Rücktritts bzw. der Minderung. Darin liegt ein sich aus der Natur der Sache des Gestaltungsrechts ergebender grundlegender Unterschied zur Erhebung der Verjährungseinrede gegenüber Ansprüchen, die nach § 214 Abs. 1 nur ein Leistungsverweigerungsrecht begründen, nicht aber den Anspruch zum Erlöschen bringt. Eine

---

18 BT-Drucks 14/6857, 10.
19 Gegenäußerung der Bundesregierung zu den Änderungsvorschlägen des Bundesrates, BT-Drucks 14/6857, 46 mit zutreffender Berufung auf BGH NJW 1988, 1778; 1999, 2884.
20 BGHZ 70, 99; NJW 1979, 2196; Palandt/*Heinrichs*, § 223 Rn. 3; *Zimmermann/Leenen/Mansel/Ernst*, JZ 2001, 684, 697.

vergleichbare Wirkung ist für den Rücktritt (und die Minderung) nicht denkbar. Daher kommt hier nur eine Unwirksamkeit in Betracht. Insoweit ist Abs. 1 eine Sonderregel gegenüber den generell gültigen Kriterien für Gestaltungsrechte, die aus Gründen des Schutzes von Rechtsverkehr und Geschäftspartner nach Ausübung endgültig und verbindlich sind, insbesondere Schwebezustände nicht zulassen.[21] Die Unwirksamkeit tritt mit der Berufung des Schuldners auf Verjährung, nicht aber rückwirkend ein. Sie hat zur Konsequenz, dass ein durch die Rücktrittserklärung zunächst zustande gekommenes Rückgewährschuldverhältnis nach §§ 346, 347 nachträglich wieder fortfällt, mit der Konsequenz, dass das Ausgangs-Vertragsverhältnis wieder auflebt und uneingeschränkt für beide Vertragsparteien verbindlich ist.

Im Falle der Minderung hat Abs. 1 S. 1 zur Konsequenz, dass die zunächst mit der Minderungserklärung eingetretene einseitige Reduzierung des Kaufpreises (§ 441 Abs. 3) bzw. des Werklohnes (§ 638 Abs. 3) nachträglich unwirksam wird. Dies hat zur Konsequenz, dass der Anspruch des Verkäufers auf Kaufpreiszahlung (§ 433 Abs. 2) bzw. des Werkunternehmers auf Zahlung des Werklohnes (§ 631 Abs. 1) ungemindert besteht und durch den Käufer/Besteller daher vollständig zu erfüllen ist. Nur dann, wenn der Verkäufer/Werkunternehmer den anteiligen Betrag bereits nach §§ 441 Abs. 4, 638 Abs. 4 zunächst – aus welchen Gründen auch immer – zurückgezahlt hat, schließen §§ 214 Abs. 2, 216 Abs. 2 eine Rückforderung dieses Teilbetrages auch nach Geltendmachung der Verjährung aus. Dies gilt – wie § 813 Abs. 1 S. 2 klarstellt – ebenso für eine bereicherungsrechtliche Rückabwicklung. **24**

III. „Spätfolgen"

Über § 218 hinaus regeln § 438 Abs. 4 und § 634a Abs. 4 weitere „Spätfolgen" der Verjährung, die im Zusammenhang mit der Kommentierung dieser Vorschriften erläutert werden. **25**

---

[21] Vgl. hierzu *Larenz/Wolf*, a.a.O., § 15 Rn 78 ff., auch zu Modifizierungen dieses Prinzips.

Buch 2. Recht der Schuldverhältnisse
Abschnitt 1. Inhalt der Schuldverhältnisse
Titel 1. Verpflichtung zur Leistung

§ 241 Pflichten aus dem Schuldverhältnis

(1) ¹Kraft des Schuldverhältnisses ist der Gläubiger berechtigt, von dem Schuldner eine Leistung zu fordern. ²Die Leistung kann auch in einem Unterlassen bestehen.

(2) ¹Das Schuldverhältnis kann nach seinem Inhalt jeden Teil zur Rücksicht auf die Rechte, Rechtsgüter und Interessen des anderen Teils verpflichten.

Inhalt

A. Allgemeines 1	IV. Einzelne Schutzpflichten 6
B. Die Regelung des Abs. 1 2	V. Kann-Regelung 7
C. Die Neuregelung des Abs. 2 3	VI. Rechte, Rechtsgüter und Interessen 8
I. Allgemeines 3	VII. Schuldverhältnis 9
II. Pflicht zur Rücksichtnahme 4	VIII. Anspruchsgrundlagen und Rechtsfolgen 10
III. Besondere Rücksichtnahme 5	IX. Vorbeugende Unterlassungsklage 11
	X. Dogmatik 12

A. Allgemeines

1 Der bisher den alleinigen Regelungsinhalt der Vorschrift bildende Abs. 1 ist durch das Schuldrechtsmodernisierungsgesetz mit dem Ziel um einen Abs. 2 ergänzt worden, die in Rechtsprechung und Lehre seit langem praeter legem entwickelten und allgemein anerkannten **außerdeliktischen Schutzpflichten,**[1] wenn auch nur im Ansatz, zu **kodifizieren.**[2] Dem Regelungsanliegen entsprechend enthält das Gesetz damit nunmehr zumindest eine grundsätzliche Aussage und Absicherung dieser **Schutzpflichten** als Basis insbesondere für diejenigen Pflichtverletzungen, die bisher den Fallgruppen der pVV und c.i.c. zugeordnet wurden; für Letztere ist die ergänzende Regelung des § 311 Abs. 2 und Abs. 3 zu beachten. In § 311 Abs. 3 hat der Gesetzgeber auch die allgemeine Problematik der **Dritthaftung** eingeordnet.[3] Es fehlt an einer generellen Regelung, in welchen Verhältnissen (Sonderverbindungen) solche Schutzpflichten bestehen[4] und unter welchen Voraussetzungen Schutzpflichten zu bejahen sind.[5]

B. Die Regelung des Abs. 1

2 Die an der Spitze des Rechts der Schuldverhältnisse stehende Vorschrift sollte vor allem eine generelle, in das Schuldrecht einführende Regelung darstellen.[6] Neben der Klarstellung von (heute überholten) Streitfragen des gemeinen Rechts[7] wird die Funktion der **Begriffe** „Schuldverhältnis", „Gläubiger" und „Schuldner" (S. 1) ebenso klargestellt wie die notwendige **Gleichbehandlung von Tun und Unterlassen (S. 2).** Zugleich werden die charakteristische Relativität des Schuldverhältnisses[8] und die Haftungskanalisierung auf Zweierbeziehungen zum Ausdruck gebracht. Hieraus ergibt sich die Notwendigkeit, Direkthaftungen gegenüber Dritten individuell zu legitimieren.[9]

---

1 Vgl. nur *Canaris*, FG 50 Jahre Bundesgerichtshof, 2000, S. 129, 172 ff.; *Krebs*, Sonderverbindung und außerdeliktische Schutzpflichten, 2000.
2 Begründung zu § 241 Abs. 2, BT-Drucks 14/6040, S. 125.
3 Vgl. § 311 Rn 47 ff.
4 Vgl. aber § 311 Abs. 2 für die c.i.c.
5 Ausnahme § 618.
6 Zur Gesetzesgeschichte umfassend Staudinger/*J. Schmidt*, § 241 Rn 2 ff.
7 Auch dazu nur Staudinger/*J. Schmidt*, Rn 42 ff.
8 Vgl. *Gernhuber*, Das Schuldverhältnis, 1989, § 3 II–V; Staudinger/*J. Schmidt*, Einl. Rn 433 ff. zu §§ 241 ff.
9 Dazu noch § 311 Rn 55.

Titel 1. Verpflichtung zur Leistung § 241

C. Die Neuregelung des Abs. 2

I. Allgemeines

Im Anschluss an die Ausgangsbeschreibung des Schuldverhältnisses durch Abs. 1 stellt Abs. 2 klar, dass es über die primären Leistungsbeziehungen zwischen Gläubiger und Schuldner hinaus **zusätzliche (Neben-)Pflichten** geben „kann," (dazu Rn 6), die beide Vertragsteile zur Rücksicht auf den jeweils anderen und bei Verletzung dieser Pflichten zum Schadensersatz (jetzt gemäß § 280 Abs. 1)[10] verpflichten. Diese Pflichten sind **außerdeliktische** Pflichten und daher insbesondere von den Verkehrssicherungspflichten des Deliktsrechts zu unterscheiden (siehe noch Rn 5). Es handelt sich um **gesetzliche** Pflichten. Im Gegensatz zu den Primärleistungspflichten beruhen sie nicht auf dem vertraglichen Leistungsversprechen und werden insbesondere nicht im Sinne freiwilliger Selbstbindung übernommen. Sie sind insoweit vertragsähnlich,[11] als sie insbesondere in Verträgen bestehen und die für Verträge geltenden Regeln grundsätzlich auf sie anwendbar sind. Im Übrigen stehen sie **zwischen Vertrag und Delikt**.[12]   3

II. Pflicht zur Rücksichtnahme

Mit diesem, bisher für Leistungstreuepflichten üblichen Begriff[13] sind ausweislich der Gesetzesbegründung[14] die allgemein anerkannten (**außerdeliktischen**) **Schutzpflichten** gemeint, die den Schutz der Sphäre des jeweils anderen Teils sicherstellen sollen. Sie sind heute dogmatisch zu unterscheiden von der allgemeineren Kategorie der Treuepflichten, die wie bisher Gegenstand der Regelung des nachfolgenden § 242, nicht des § 241 Abs. 2, sind.[15] Die dogmatische Rechtfertigung der Anerkennung von Schutzpflichten ergibt sich im Übrigen aus der Kategorie der **Sonderverbindung** und ihrer Begründung.[16] Zwei zentrale Begründungselemente für Schutzpflichten und Schutzpflichtverhältnisse spiegeln sich in § 311 Abs. 2 Nr. 1 (**Vertrauen**) und Nr. 2 (**Einwirkungsmöglichkeiten**) andeutungsweise wieder.   4

III. Besondere Rücksichtnahme

Der Regierungsentwurf enthielt noch die Formulierung, jeder Teil sei zu „besonderer" Rücksicht verpflichtet. Die Begründung führte hierzu aus, es solle angedeutet werden, dass die Schutzpflichten nicht dem entsprechen, was schon nach allgemeinem Deliktsrecht geboten sei. Vielmehr solle insbesondere eine **Abgrenzung zu den allgemeinen Verkehrssicherungspflichten** angezeigt werden, die zwar keine Sonderverbindung im Sinne eines Schuldverhältnisses begründeten, auf die aber § 242 und § 278 anwendbar seien.[17] Der Zusatz der „besonderen" Rücksicht wurde im Laufe des Gesetzgebungsverfahrens mit der Begründung gestrichen,[18] insbesondere aufgrund des Erfordernisses eines besonderen Vertrauens in § 311 Abs. 3 S. 2 könne der unzutreffende Eindruck entstehen, auch die „besondere" Rücksichtnahme sei als einschränkende Voraussetzung zu verstehen. Die Schutzpflichten im Sinne des Abs. 2 sind daher zwar von den deliktischen Verkehrssicherungspflichten nach Art, Intensität und Reichweite deutlich zu unterscheiden. Dies bedeutet jedoch nicht, dass es einer besonderen Schutzbedürftigkeit bedarf. Vielmehr entspricht einer deliktischen Verkehrssicherungspflicht gem. § 823 Abs. 1 in der Regel auch eine parallele außerdeliktische Schutzpflicht in einer Sonderverbindung.[19]   5

IV. Einzelne Schutzpflichten

Die neue gesetzliche Regelung lässt jede inhaltliche Konkretisierung vermissen. Sie stellt daher letztlich nur ein ausfüllungsbedürftiges **Blankett** dar.[20] Selbst den Versuch einer Fallgruppenbildung, der im bisherigen Recht schon weit fortgeschritten war,[21] hat der Gesetzgeber unterlassen. Diese Aufgabe soll außerhalb der Reichweite einer Reform des Leistungsstörungsrechts gelegen haben.[22] Mit der Formulierung „nach seinem Inhalt" wird darauf verwiesen, dass konkrete Aussagen über die Existenz von Schutzpflichten, ihre   6

---

10 Früher pVV und c.i.c.
11 Vgl. die Überschrift zu § 311.
12 Vgl. *Canaris*, 2. FS Larenz, 1983, 27, 85 ff.; *Krebs*, Sonderverbindung und außerdeliktische Schutzpflichten, 2000, S. 561 ff.; vgl. auch BGHZ 93, 278, 281 ff. – Konkursverwalterhaftung, unter Anwendung des § 278 und der Frist des § 852 a.F.
13 Vgl. § 242 Rn 16.
14 RE Begründung zu § 241 Abs. 2, BT-Drucks 14/6040, S. 125.
15 Vgl. dazu *Krebs*, Sonderverbindung und außerdeliktische Schutzpflichten, 2000, S. 440 ff.
16 Dazu *Krebs*, in: Dauner-Lieb u.a., Das neue Schuldrecht, § 3 Rn 10 ff.
17 RE Begründung zu § 241 Abs. 2, BT-Drucks 14/6040, S. 125.
18 Rechtsausschuss, BT-Drucks 14/7052, S. 182.
19 Vgl. RGZ 78, 239 ff. – Linoleumrollen-Fall; BGH NJW 1962, 31, 32 – Bananenschalen-Fall; BGHZ 66, 51 ff. – Gemüseblatt-Fall; vgl. allgemein Soergel/*Wiedemann*, vor § 275 Rn 123; MüKo/*Emmerich*, vor § 275 Rn 54.
20 *Dauner-Lieb*, in: Ernst/Zimmermann (Hrsg.), Zivilrechtswissenschaft und Schuldrechtsreform, 2001, S. 316.
21 Vgl. dazu Soergel/*Wiedemann*, vor § 275 Rn 128 ff., vor § 275 Rn 373 ff.
22 *Canaris*, JZ 2001, 499, 519 re. Sp.

Reichweite etc. jeweils aus der **Natur des Schuldverhältnisses**[23] abgeleitet werden müssen. Dabei wird man sich an Rechtsprechung und Literatur zum alten Recht orientieren können und müssen.[24]

V. Kann-Regelung

7 Die Formulierung, „das Schuldverhältnis kann ... zur Rücksichtnahme verpflichten", enthält zunächst die Aussage, dass Rücksichtnahmepflichten **nicht zwingend** jedem Schuldverhältnis immanent sein müssen, obwohl Schuldverhältnisse ohne jede Rücksichtnahmepflicht kaum denkbar sind.[25] Weitergehend wird man daraus aber vor allem ableiten können, dass solche Pflichten zum einen **begründungsbedürftig** sind und zum anderen Art und Umfang der Pflichten je nach dem „**Inhalt des Schuldverhältnisses**" durchaus unterschiedlich sein können.

VI. Rechte, Rechtsgüter und Interessen

8 Regelungsbedürftig war, welche einzelnen **Rechtspositionen** der Sphäre des jeweils anderen Vertragsteils geschützt werden sollten. Schuldrechtskommission und Diskussionsentwurf hatten sich insoweit auf die Formulierung „**Rechte und Rechtsgüter**" beschränkt.[26] Auf Vorschlag der Kommission „Leistungsstörungsrecht" hat der Regierungsentwurf die „**Interessen**" insbesondere deswegen hinzugefügt, weil klargestellt werden sollte, dass – in Abgrenzung und Erweiterung zum Deliktsschutz – auch **allgemeine Vermögensinteressen** in den Schutzbereich einbezogen sein sollten. Dies soll nach der auf *Canaris*[27] zurückgehenden Erläuterung der Regierungsbegründung[28] auch die **Entscheidungsfreiheit** umfassen. Dies stellt eine Abkehr von der – allerdings umstrittenen – Rechtsprechung des Bundesgerichtshofes dar.[29]

VII. Schuldverhältnis

9 Die auf Abs. 1 beruhende Verwendung des Begriffs des Schuldverhältnisses könnte den Eindruck erwecken, als ob die Anerkennung von Schutzpflichten auf intakte Rechtsverhältnisse mit primären Leistungspflichten beschränkt sei. Dies war jedoch nicht beabsichtigt: Es sollte weder hinter die schon bisher h.M.[30] zurückgegangen werden, nach der Schutzpflichten auch **bei nichtigen Schuldverhältnissen** zu beachten sind,[31] noch hinter die Anwendung von Schutzpflichten im **vorvertraglichen Verhältnis** und für andere **Sonderverbindungen ohne primäre Leistungspflichten**. Für die vorvertragliche Beziehung ergibt sich dies unmittelbar aus § 311 Abs. 2. Die im Laufe des Gesetzgebungsverfahrens vorgenommene Streichung der ursprünglichen, insoweit klarstellenden Regelung eines § 241 Abs. 2 S. 2[32] hat daran nichts geändert.

VIII. Anspruchsgrundlagen und Rechtsfolgen

10 § 241 Abs. 2 stellt keine selbständige Anspruchsgrundlage dar. Schadensersatzansprüche ergeben sich erst aus der neuen schadensersatzrechtlichen Zentralnorm des **§ 280 Abs. 1**. Das dortige Tatbestandsmerkmal der **Pflichtverletzung** setzt aber Feststellungen über das Vorliegen einer entsprechenden **Sonderverbindung** (eines Schuldverhältnisses im weiteren Sinn) und eine **Verhaltenspflicht** voraus. Liegt eine der anerkannten Sonderverbindungen vor, ergibt sich aus § 241 Abs. 2 die Möglichkeit einer Schutzpflicht („kann"). Für die erforderliche Konkretisierung der Verhaltenspflicht muss mangels einer Regelung[33] auf die in Rechtsprechung und Literatur erarbeiteten Fälle zurückgegriffen werden (Rn 6). Selbst wenn (z.B. bei Übernahme des Beschaffungsrisikos) hinsichtlich einer Primärleistung im Sinne des Absatzes 1 eine Garantiehaftung im Sinne des neu formulierten § 276 Abs. 1 S. 1 existiert, ist der **Sorgfaltsmaßstab** dennoch die einfache Fahrlässigkeit.

---

23 Dieser Begriff war noch im Vorschlag der Schuldrechtskommission enthalten (Abschlussbericht der Kommission zur Überarbeitung des Schuldrechts 1992, 113); wurde dann später aber als überflüssig fallen gelassen.
24 Vgl. dazu Soergel/*Wiedemann*, vor § 275 Rn 128 ff.; MüKo/*Emmerich*, vor § 275 Rn 72 ff.
25 Daher gegen die Formulierung „kann" : *Krebs*, DB 2000 Beilage 14, S. 9; vgl. auch *Lutter*, Diskussionsbericht, in: Ernst/Zimmermann (Hrsg.), Zivilrechtswissenschaft und Schuldrechtsreform, 2001, S. 330.
26 Abschlussbericht der Kommission zur Überarbeitung des Schuldrechts, z.B. wiedergegeben bei Verhandlungen des 60. DJT, Münster, 1994, A 64; DiskE: wiedergegeben bei Ernst/Zimmermann (Hrsg.), Zivilrechtswissenschaft und Schuldrechtsreform, 2001, S. 619.
27 *Canaris*, JZ 2001, 499, 519 re. Sp.; insb. Fn 182.
28 RE Begründung zu § 241 Abs. 2, BT-Drucks 14/6040, S. 126 li. Sp.
29 BGH NJW 1998, 302, 304; BGH NJW 1998, 898; BGH NJW 1979, 1983, 1984; zum Stand der Literatur vgl. nur *Fleischer*, AcP 200 (2000), 91, 111 ff.
30 BGH BB 1953, 956 f.; *Canaris*, JZ 1965, 475, 478 ff.; Soergel/*Wiedemann*, vor § 275 Rn 364; Palandt/*Heinrichs*, § 276 Rn 77.
31 Gerade darin zeigt sich deren normativer Charakter, vgl. bereits Rn 3.
32 Die damalige Formulierung lautet: „Hierauf kann sich das Schuldverhältnis beschränken."
33 Ausnahme § 618.

Der Anspruch ist auf Erstattung des negativen Interesses gerichtet, da nur bestehende Rechtsgüter und Interessen, nicht aber zukünftige Gewinnchancen geschützt werden. Bestehen die Schutzpflichten im Rahmen eines **vertraglichen Schuldverhältnisses**, kann gem. **§ 282** zusätzlich ein Anspruch auf **Schadensersatz statt Leistung** entstehen. Gleiches gilt gemäß § 324 (vgl. auch § 309 Nr. 8) für ein **Rücktrittsrecht** vom Vertrag.[34] Wird durch die Schutzpflichtverletzung eines der Rechtsgüter Körper, Gesundheit, Freiheit, sexuelle Selbstbestimmung nicht unwesentlich verletzt, soll nach dem geplanten § 253 Abs. 2 ein **Schmerzensgeldanspruch** auch im außerdeliktischen Bereich gewährt werden.[35]

IX. Vorbeugende Unterlassungsklage

Entgegen einer neueren h.M.[36] sind Schutzpflichten nur ausnahmsweise vorbeugend einklagbar. Erforderlich ist ein **besonderes Präventionsinteresse**, das ein Zuwarten mit der Beschränkung auf nachträgliche Rechtsfolgen unzumutbar macht. Dieses Präventionsinteresse liegt vor, wenn existenzgefährdende Schäden oder die Verletzung von Rechtsgütern im Sinne des § 823 Abs. 1 drohen.[37]

11

X. Dogmatik

Aus dogmatischer Sicht ist bedauernd festzustellen, dass der Gesetzgeber, dem doch an Modernisierung lag, im Bereich des § 241 Abs. 2 erheblich hinter dem in der Literatur längst erreichten, deutlich präziseren Stand zurückgeblieben ist. Insbesondere **fehlt** die notwendige **Definition** des Begriffs der **Sonderverbindung**. Sie hätte es erlaubt, die Regelungen der §§ 241 Abs. 2, 311 Abs. 2 und 3 aussagekräftiger miteinander zu verknüpfen. Schließlich ist die Sonderverbindung nicht nur Voraussetzung für die Existenz von **Schutzpflichten**, sondern auch für die Existenz von **Treuepflichten** und für die Anwendung des **§ 278**.

12

§ 241a Unbestellte Leistungen

(1) ¹Durch die Lieferung unbestellter Sachen oder durch die Erbringung unbestellter sonstiger Leistungen durch einen Unternehmer an einen Verbraucher wird ein Anspruch gegen diesen nicht begründet.

(2) ¹Gesetzliche Ansprüche sind nicht ausgeschlossen, wenn die Leistung nicht für den Empfänger bestimmt war oder in der irrigen Vorstellung einer Bestellung erfolgte und der Empfänger dies erkannt hat oder bei Anwendung der im Verkehr erforderlichen Sorgfalt hätte erkennen können.

(3) ¹Eine unbestellte Leistung liegt nicht vor, wenn dem Verbraucher statt der bestellten eine nach Qualität und Preis gleichwertige Leistung angeboten und er darauf hingewiesen wird, dass er zur Annahme nicht verpflichtet ist und die Kosten der Rücksendung nicht zu tragen hat.

Literatur: *Berger*, JuS 2001, 649 ff.; *Bülow/Artz*, NJW 2000, 2049 ff.; *Casper*, ZIP 2000, 1602 f.; *Deckers*, NJW 2001, 1474; *Flume*, ZIP 2000, 1427 ff.; *Gaertner/Gierschmann*, DB 2000, 1601 ff.; *Hau*, NJW 2001, 2863 ff.; *Hensen*, ZIP 2000, 1151 f.; *Kamanabrou*, WM 2000, 1417 ff.; *Löhnig*, JA 2001, 33 ff.; *Riehm*, Jura 2000, 505 ff.; *Schöne/Fröschle*, Unbestellte Waren und Dienstleistungen, 2001; *Schwarz*, NJW 2001, 1449 ff.; *Sosnitza*, BB 2000, 2317, 2318; *Wendehorst*, DStR 2000, 1311, 1317.

Inhalt

A. Grundlagen ... 1	7. Rechtsfolge ... 14
I. Art. 9 Fernabsatzrichtlinie ... 1	8. Gesetzliche Ansprüche durch späteres Verbraucherverhalten ... 15
II. Umsetzungsbedarf ... 2	
III. Inhalt der deutschen Regelung ... 3	III. Problemfälle ... 16
IV. Normzwecke ... 4	1. Unentgeltliche Verträge ... 16
V. Verfassungsrechtliche und rechtspolitische Bewertung ... 5	2. Geschäftsführung ohne Verbraucherauftrag ... 17
B. Genereller Anspruchsausschluss bei unbestellter Leistung (Abs. 1) ... 6	3. Ansprüche von Dritten gegen den Verbraucher ... 18
	4. Ansprüche des Unternehmers gegen Dritte ... 19
I. Grundregel ... 6	5. Veräußerung der Sache an einen Dritten ... 20
II. Grundbegriffe ... 7	C. Irrtümliche Leistung (Abs. 2) ... 21
1. Persönlicher Anwendungsbereich ... 7	I. Inhalt und Grundprobleme ... 21
2. Sachlicher Anwendungsbereich ... 8	II. Voraussetzungen und Rechtsfolgen ... 22
3. Absatzverträge ... 9	1. Empfangsbestimmung ... 22
4. Lieferung ... 10	2. Irrtum über die Bestellung ... 23
5. Erbringung von sonstigen Leistungen ... 11	3. Erkennbarkeit für den Verbraucher ... 24
6. Fehlen einer Bestellung ... 12	4. Rechtsfolgen ... 25

---

[34] Vgl. § 324 Rn 1 ff.
[35] Vgl. RE Zweites Gesetz zur Änderung schadensersatzrechtlicher Vorschriften vom 24.9.2001.
[36] Vgl. *Henckel*, AcP 174 (1974), 97, 112, Fn 28; *Medicus*, Bürgerliches Recht, Rn 208; *Köhler*, AcP 190 (1990), 496, 509; *Staudinger/Löwisch* vor § 275 Rn 51; *MüKo/Kramer* § 242 Rn 10; *Soergel/Teichmann*, § 242 Rn 85.
[37] Näher *Krebs*, Sonderverbindung und außerdeliktische Schutzpflichten, 2000, S. 547 ff.

D. Gleichwertige Ersatzlieferung (Abs. 3)	26	I. Dispositivität	29
I. Gleichwertigkeit	27	II. Darlegungs- und Beweislast	30
II. Hinweispflichten	28	III. Nicht erfasste Beziehungen	31
E. Sonstiges	29		

A. Grundlagen

I. Art. 9 Fernabsatzrichtlinie

1 Die durch Gesetz vom 27.6.2000[1] eingeführte Regelung dient der Umsetzung von Art. 9 Fernabsatzrichtlinie (im Folgenden: FARL).[2]

> **Art. 9 FARL Unbestellte Waren oder Dienstleistungen**
> Die Mitgliedstaaten treffen die erforderlichen Maßnahmen, um
> – zu untersagen, dass einem Verbraucher ohne vorherige Bestellung Waren geliefert oder Dienstleistungen erbracht werden, wenn mit der Warensendung oder Dienstleistungserbringung eine Zahlungsaufforderung verbunden ist;
> – den Verbraucher von jedweder Gegenleistung für den Fall zu befreien, dass unbestellte Waren geliefert oder unbestellte Dienstleistungen erbracht wurden, wobei das Ausbleiben einer Reaktion nicht als Zustimmung gilt.

Gemäß **Art. 11 Abs. 1 FARL** muss die Untersagung der Lieferung oder Leistung ohne vorherige Bestellung effektiv und geeignet sein sowie wirksam durchgesetzt werden. **Erwägungsgrund (5) FARL** erklärt den Schutz der Verbraucher vor Zahlungsansprüchen und aggressiven Verkaufsmethoden zum Regelungsziel. **Erwägungsgrund (16) FARL** rechtfertigt die Regelung damit, dass diese Art der Absatztechnik unzulässig ist, sofern keine Ersatzlieferung vorliegt.

II. Umsetzungsbedarf

2 Die Lieferung oder Leistung ohne vorherige Bestellung verstößt nach gefestigter Rechtsprechung[3] schon lange gegen die guten Sitten im Wettbewerb (§ 1 UWG). Es kann dahingestellt bleiben, ob eine Generalklausel wie § 1 UWG eine hinreichend bestimmte Umsetzung der Richtlinienvorgabe darstellt.[4] Ein Umsetzungsbedarf im BGB bestand für **Art. 9 1. Spiegelstrich** FARL jedenfalls nicht.[5] Bei **enger Auslegung** bedurfte auch **Art. 9 2. Spiegelstrich** FARL keiner Umsetzung.[6] Denn das bloße Schweigen des Verbrauchers auf die unverlangte Zusendung einer Sache stellt ebenso wenig eine konkludente Annahme dar wie das Öffnen der Sendung oder die Inaugenscheinnahme einer Leistung.[7] Der Unternehmer erwarb folglich auch bisher keinen Anspruch auf eine Gegenleistung, wenn er einem Verbraucher unverlangt eine Sache oder eine Leistung zuwandte und dieser hierauf schwieg. Wohl auch deswegen war diese Absatztechnik in Deutschland bislang praktisch nicht mit Problemen verbunden.[8] Der europarechtlich autonom auszulegende Begriff der „jedweden Gegenleistung" in Art. 9 2. Spiegelstrich FARL könnte jedoch auch deutlich **weiter zu verstehen** sein.[9] Vor dem Hintergrund der verbraucherschützenden Gesamtintention der FARL und dem Effektivitätsgebot könnte er auch den Ausschluss von Ansprüchen auf Nutzungsherausgabe und Schadensersatz rechtfertigen. Dem widerspricht auch nicht notwendigerweise das in Erwägungsgrund (5) formulierte Ziel, die Forderung nach Zahlung auszuschließen.[10] Bei weiter Interpretation könnte die FARL sogar verbieten, eine konkludente Angebotsannahme durch den Verbraucher zu bejahen, wenn dieser die Sache in Gebrauch nimmt oder sich die Leistung zu Nutze macht, weil ansonsten der angestrebte effektive

---

1 BGBl I S. 897, Übergangsvorschrift Art. 229 § 2 Abs. 1 EGBGB.
2 Richtlinie 97/7/EG des Europäischen Parlaments und des Rates vom 20. Mai 1997 über den Verbraucherschutz bei Vertragsschlüssen im Fernabsatz (ABlEG Nr. L 144 v. 4.6.1997, S. 19), wiedergegeben z.B. bei *Schulze/Zimmermann* (Hrsg.), Basistexte zum Europäischen Privatrecht, 2000, I. 25, und in NJW 1998, 212 f.
3 Vgl. BGH NJW 1959, 675 – Künstlerpostkarten; BGH GRUR 1960, 382 – Verbandsstoffe; BGH NJW 1976, 1977 – Filmzusendung; BGH NJW 1992, 3040 – Gutschein.
4 Vgl. Regierungsentwurf eines Gesetzes über Fernabsatzverträge und andere Fragen des Verbraucherrechts sowie zur Umstellung von Vorschriften auf den Euro vom 9.2.2000 (im Folgenden: RegE), BT-Drucks 14/2658 S. 16 mit Verweis auf EuGH Slg. I – 1995, S. 2303, 2317 m.w.N.
5 RegE BT-Drucks 14/2658 S. 23; *Sosnitza*, BB 2000, 2317, 2318.
6 Vgl. *Bodewig*, DZWiR 1997, 447, 453; *Schöne/Fröschle*, S. 2.
7 Vgl. OLG Köln NJW 1995, 3128, 3129; LG Frankfurt NJW 1991, 2842, 2843; RegE BT-Drucks 14/2658 S. 22; MüKo/*Kramer*, § 145 Rn 9; Palandt/*Heinrichs*, § 145 Rn 11; *Deckers*, NJW 2001, 1474; *Gaertner/Gierschmann*, DB 2000, 1601, 1605; *Schöne/Fröschle*, S. 2 f.
8 So auch RegE BT-Drucks 14/2658 S. 23; Palandt/*Heinrichs*, § 241a Rn 1.
9 RegE BT-Drucks 14/2658, 23.
10 Der Begriff „Zahlung" ist anders als der in der ursprünglichen Entschließung (ABlEG Nr. C 92 v. 25.4.1975, S. 6) verwendete Begriff „Bezahlung" interpretationsfähig.

Verbraucherschutz nicht gewährleistet wäre. Unter Zugrundelegung dieser weiten Interpretation bestand entgegen verbreiteter Kritik[11] ein Bedarf für eine Neuregelung.[12]

III. Inhalt der deutschen Regelung

Der deutsche Gesetzgeber hat sich zu einer eigenständigen, über die europarechtlichen Vorgaben hinausgehenden Regelung entschlossen.[13] Dabei hielt er es nicht für erforderlich, ausdrücklich zu regeln, unter welchen Voraussetzungen eine konkludente Annahme des Vertragsangebotes durch den Verbraucher zu bejahen sei. Ausgehend von einer weiten Interpretation der FARL werden auch gesetzliche Ansprüche des Unternehmers ausgeschlossen, der ohne Bestellung leistet. Sogar der Eigentumsherausgabeanspruch gemäß § 985 soll entfallen, ohne dass sich allerdings an den Eigentumsverhältnissen etwas ändern soll.[14] Auch die irrtümliche Leistung ohne Bestellung unterfällt der Regelung, es sei denn, der Irrtum ist vom Verbraucher erkannt worden oder wäre für ihn erkennbar gewesen. Die Ersatzlieferung wird nur dann nicht wie eine unbestellte Leistung behandelt, wenn sie nach Preis und Leistung gleichwertig ist und zusätzliche Informationspflichten erfüllt werden.

IV. Normzwecke

Die Regelung soll Art. 9 FARL umsetzen. Um den Verbraucherschutz zu effektivieren, geht der deutsche Gesetzgeber bewusst über die europäischen Vorgaben hinaus.[15] Die Regelung will die Absatztechnik der unbestellten Lieferung bzw. Leistung für die Unternehmen so unattraktiv machen, dass ein solches Verhalten in Zukunft unterbleibt; die Regelung hat **sanktionsähnliche Wirkung**.[16] Um die Verbraucher als Empfänger unbestellter Lieferungen oder Leistungen zudem effektiv und rechtssicher zu schützen, werden sie von jedweden Aufbewahrungs- und Erhaltungspflichten freigestellt. Anders als der europäische Gesetzgeber sieht der deutsche Gesetzgeber die **Verbraucher** grundsätzlich sogar dann als **schutzwürdig** an, wenn das Unternehmen nicht wissentlich ohne Bestellung geleistet hat und daher kein wettbewerbswidriges Absatzverhalten vorliegt.[17] Soweit der Verbraucher das Vorliegen eines Irrtums nicht erkennen kann, wird dem Unternehmen das Risiko einer Leistung ohne Bestellung zugewiesen.

V. Verfassungsrechtliche und rechtspolitische Bewertung

Bundesrat[18] und Teile der Literatur[19] haben Bedenken gegen die Vereinbarkeit des Ausschlusses von § 985 mit **Art. 14 GG** geäußert. Diese Bedenken erscheinen jedoch eher rechtspolitisch motiviert. Die Regelung bevorzugt zwar recht einseitig die Verbraucherinteressen, bewegt sich aber noch in dem weiten Regelungsspielraum, der dem Gesetzgeber für sein Tätigwerden eingeräumt ist.[20] Folglich verbietet sich eine einschränkende verfassungskonforme Auslegung der Regelung, und zwar sowohl, was den Mangel an Herausgabeansprüchen anbelangt,[21] als auch, was die Erfassung von Fällen betrifft, in denen das Unternehmen nicht wettbewerbswidrig handelt.[22] **Rechtspolitisch** wird die Regelung ganz überwiegend abgelehnt.[23] Die Bedenken sind im Kern berechtigt. Die Einordnung an prominenter Stelle zwischen den Kardinalnormen § 241 und § 242 ist denkbar unglücklich.[24] Der gewollte Ausschluss des § 985 führt zu

---

11 *Casper*, ZIP 2000, 1602, 1604; *St. Lorenz*, JuS 2000, 833, 841; *Schöne/Fröschle*, S. 1, 3; *Willingmann*, VuR 1998, 395, 401;.
12 *Micklitz*, BB 2000, 1413, 1418; *Gaertner/Gierschmann*, DB 2000, 1601, 1605; grds. auch *Tonner*, BB 2000, 1413, 1418.
13 RegE BT-Drucks 14/2658 S. 23; *Schöne/Fröschle*, S. 1; *Sosnitza*, BB 2000, 2317, 2318.
14 RegE BT-Drucks 14/2658 S. 46; *Berger*, Jus 2001, 649, 652; *Palandt/Heinrichs*, § 241a Rn 4; *Riehm*, Jura 2000, 505, 512; *Sosnitza*, BB 2000, 2317, 2319 ff.; *Schwarz*, NJW 2001, 1449, 1450; a.A. *Bülow/Artz*, NJW 2000, 2049, 2056, und *Casper*, ZIP 2000, 1602, 1606 ff., nach denen der Anspruch bestehen bleiben soll; *Riehm*, Jura 2000, 505, 512, schlägt vor, dem Verbraucher gemäß § 241a Abs. 2 auch formell das Eigentum zuzuweisen; zum Übereignungsanspruch gemäß Gesamtanalogie zu §§ 886, 1169, 1254 vgl. *Löhnig*, JA 2001, 33, 35.
15 RegE BT-Drucks 14/2658 S. 23, 46; *Schöne/Fröschle*, S. 1, 3; *St. Lorenz*, JuS 2000, 833, 841.
16 Rechtsausschuss BT-Drucks 14/3195 S. 32; RegE BT-Drucks 14/2658 S. 46 („Sanktion"); *Berger*, JuS 2001, 649, 651 f.; *Riehm*, Jura 2000, 505, 511; *Schöne/Fröschle*, S. 6, 7; *Sosnitza*, BB 2000, 2317, 2320 ff.
17 Dies wird vom Rechtsausschuss allerdings in Abrede gestellt (BT-Drucks 14/3195 S. 32).
18 BR-Drucks 25/00 S. 7; BT-Drucks 14/2920 S. 5.
19 *Deckers*, NJW 2001, 1474; *Palandt/Heinrichs*, § 241a Rn 4; a.A. *Casper*, ZIP 2000, 1602, 1606; *St. Lorenz*, JuS 2000, 833, 841; *Riehm*, Jura 2000, 505, 513; *Sosnitza*, BB 2000, 2317, 2319; unentschieden *Berger*, Jus 2001, 649, 651.
20 Bundesregierung BT-Drucks 14/2920 S. 14; Rechtsausschuss BT-Drucks 14/3195 S. 32.
21 A.A. *Deckers*, NJW 2001, 1474.
22 So aber *Berger*, Jus 2001, 649, 652, der zusätzlich verlangen will, dass die unbestellte Lieferung innerhalb eines darauf ausgerichteten Vertriebssystems erfolgt und dass der Empfänger nicht mutmaßlich eingewilligt hat; *Palandt/Heinrichs*, § 241a Rn 4; *Schöne/Fröschle*, S. 12 f.
23 *Berger*, Jus 2001, 649, 650 ff.; *Flume*, ZIP 2000, 1427, 1429 („Die Vorschrift ... ist insgesamt zu streichen und, solange dies nicht geschehen, als pro non scripto zu behandeln."); *Palandt/Heinrichs*, § 241a Rn 1; *Hensen*, ZIP 2000, 1151; *Schöne/Fröschle*, S. 1; *Schwarz*, NJW 2001, 1449, 1454; *Wendehorst*, DStR 2000, 1311, 1317.
24 *Flume*, ZIP 2000, 1427, 1428 („wahrhaft ungeheuerlich"); *Palandt/Heinrichs*, § 241a Rn 1; *Hensen*, ZIP 2000, 1151 („Nun duckt sich unser Goldstück, der § 242 BGB, ganz klein hinter dem schrecklichen § 241a BGB"); *Sosnitza*, BB 2000, 2317, 2323.

einer unerwünschten dauerhaften Trennung von Eigentum und Besitz und bedingt zahlreiche Folgefragen;[25] u.a. begründet er ein neuartiges gesetzliches Besitzrecht. Darüber hinaus fehlt eine klare Regelung, wonach die Ingebrauchnahme nicht als konkludente Annahme durch den Verbraucher gewertet werden darf. Ihrem Wortlaut nach erfasst die Regelung auch die berechtigte Geschäftsführung ohne Auftrag. Ungeregelt ist die Rechtslage für den Fall, dass ein Unternehmen an ein anderes Unternehmen unbestellte Lieferungen oder Leistungen erbringt.[26] Schließlich ist die Regelung auf beiden Seiten missbrauchsanfällig: So wie Unternehmen den angeblichen Irrtum über eine Bestellung durch Beifügung einer „Auftragsbestätigung" vortäuschen könnten, könnten Verbraucher die Bestellung i.S.d. Abs. 1 und die Erteilung eines Hinweises nach Abs. 3 bestreiten, um unentgeltlich in den Genuss der Sache oder Leistung zu gelangen.[27] Die angestrebte Verbesserung des Verbraucherschutzes gegenüber vorsätzlich handelnden Unternehmen wird daher trotz der sehr weit gehenden Regelung nicht ohne weiteres erreicht werden. Alles in allem dürfte die Neuregelung daher mehr Probleme hervorrufen als vorhandene Probleme lösen.

B. Genereller Anspruchsausschluss bei unbestellter Leistung (Abs. 1)

I. Grundregel

6 Abs. 1 enthält die Grundregel der Norm. Wie sich aus dem Zusammenspiel mit Abs. 2 ergibt, sollen durch die unbestellte Lieferung oder Leistung eines Unternehmers an einen Verbraucher weder vertragliche noch gesetzliche Ansprüche gegen den Verbraucher begründet werden. **Ausgeschlossen** sind grundsätzlich **jedwede Ansprüche gegen den Verbraucher**, insbesondere auch solche, die erst auf dem Verhalten des Verbrauchers beruhen wie z.B. einer Ingebrauchnahme, Beschädigung oder Vernichtung der Sache. Damit entfallen Zahlungs-, Schadensersatz- und Nutzungsersatzansprüche ebenso wie Herausgabeansprüche gemäß § 985 oder § 812.[28] Den Verbraucher treffen weder Aufbewahrungs- noch Erhaltungspflichten. Er kann die Sache entschädigungslos preisgeben, verbrauchen und nutzen. Fraglich ist allerdings, ob er sie auch entschädigungslos an einen Dritten veräußern darf (Rn 15 und 21). Die Regelung schafft zu Gunsten des Verbrauchers einen **strafrechtlichen Rechtfertigungsgrund**.[29] In der unbestellten Lieferung oder Leistung wird auch nach neuem Recht häufig das stillschweigende Angebot des Unternehmers auf Abschluss eines Vertrages zu sehen sein.[30] Die Möglichkeit des Verbrauchers, dieses Angebot ggf. auch stillschweigend anzunehmen, wird grundsätzlich nicht eingeschränkt.[31] Da dem Verbraucher jedoch schon kraft Gesetzes eine eigentümerähnliche Stellung gleichsam „geschenkt" wird, liegt grundsätzlich in der **Ingebrauchnahme** der Sache **keine konkludente Annahme** des Angebotes durch den Verbraucher; anders ist dies z.B. bei Zahlung des Kaufpreises (vgl. auch Rn 16).[32]

II. Grundbegriffe

1. Persönlicher Anwendungsbereich

7 Die Regelung erfasst unmittelbar nur Lieferungen oder Leistungen eines **Unternehmers** an einen **Verbraucher**. Trotz Übernahme dieser Begriffe aus der FARL sind hier der deutlich weitere **deutsche Verbraucherbegriff** des § 13 und der deutsche Unternehmerbegriff des § 14 zugrunde zu legen.[33] Dient eine unbestellte Lieferung also unselbständigen beruflichen Zwecken eines Privaten, so bleibt der Empfänger „Verbraucher" i.S.d. BGB. Im Übrigen ist eine **hypothetische Betrachtung** anzustellen, d.h. zu fragen, ob die Lieferung der privaten oder gewerblichen oder selbstständigen beruflichen Tätigkeit zuzurechnen wäre, wenn über sie ein Vertrag zustande gekommen wäre.[34]

---

25 RegE BT-Drucks 14/2658 S. 46; *Berger*, Jus 2001, 649, 650 f.; *Palandt/Heinrichs*, § 241a Rn 4; *Riehm*, Jura 2000, 505, 512; *Sosnitza*, BB 2000, 2317, 2319 ff.; *Schwarz*, NJW 2001, 1449, 1450, 1452 ff.
26 Dazu Rn 31.
27 Beispiele nach *Wendehorst*, DStR 2000, 1311, 1317.
28 RegE BT-Drucks 14/2658 S. 46; *Casper*, ZIP 2000, 1602, 1605; *Gaertner/Gierschmann*, DB 2000, 1601, 1605; *Palandt/Heinrichs*, § 241a Rn 4; *St. Lorenz*, JuS 2000, 833, 841; *Riehm*, Jura 2000, 505, 512; *Schöne/Fröschle*, S. 4; *Schwarz*, NJW 2001, 1449, 1453; *Sosnitza*, BB 2000, 2317, 2322; a.A. hinsichtlich Nutzungsersatzansprüchen: *Berger*, Jus 2001, 649, 653 (dem Wortlaut des § 241a Abs. 1 nach nicht ausgeschlossen) und *Löhnig*, JA 2001, 33, 35 (angeblich nicht denkbar, da der Empfänger mit der dauerhaften Nutzung der Sache das Übereignungsangebot annehme und Eigentum erwerbe).
29 *Berger*, Jus 2001, 649, 653, Fn 51; im Ergebnis ebenso *Palandt/Heinrichs*, § 241a Rn 4; wohl auch *Riehm*, Jura 2000, 505, 512; a.A. *Schwarz*, NJW 2001, 1449, 1453 f., der einen ungeklärten Widerspruch zwischen Strafrecht und Zivilrecht sieht; offen gelassen bei *Schöne/Fröschle*, S. 7.
30 *Berger*, Jus 2001, 649, 654; *St. Lorenz*, JuS 2000, 833, 841; im Ergebnis ebenso *Riehm*, Jura 2000, 505, 511 f.
31 Ebenda; a.A. *Schwarz*, NJW 2001, 1449, 1451, nach dem § 241a Abs. 1 eine konkludente Annahme ausschließt, nur eine ausdrückliche möglich sein soll.
32 Ebenso *St. Lorenz*, JuS 2000, 833, 841; *Riehm*, Jura 2000, 505, 511 f.; *Schöne/Fröschle*, S. 8; a.A. wohl *Casper*, ZIP 2000, 1602, 1607 f. und *Löhnig*, JA 2001, 33, 35, die bei dauerhafter Nutzung oder Weiterveräußerung der Sache eine konkludente Vertragsannahme bejahen (für den Fall der Weiteräußerung ebenso *Schöne/Fröschle*, S. 26 f.).
33 *Berger*, Jus 2001, 649, 651; *Palandt/Heinrichs*, § 241a Rn 2; *Schöne/Fröschle*, S. 27; näher *Riehm*, Jura 2000, 505 f.
34 Ebenso *Berger*, Jus 2001, 649, 651, der bei doppelfunktionellen Gegenständen „im Zweifel" Verbrauchereigenschaft bejahen will.

Titel 1. Verpflichtung zur Leistung § 241a

2. Sachlicher Anwendungsbereich

Für die „**Lieferung von Sachen**" ist grundsätzlich auf den Sachbegriff des § 90 abzustellen;[35] die Regelung findet entsprechende Anwendung auf Tiere (§ 90 a). Zu beachten ist allerdings, dass die **FARL** nicht von Sachen, sondern von „**Waren**" spricht. Sollten nach der Rechtsprechung des EuGH auch unkörperliche Gegenstände „Waren" sein können, wäre eine richtlinienkonforme Auslegung des Tatbestandsmerkmals „Sache" wegen dessen eindeutiger Definition in § 90 wohl nicht möglich. Im Ergebnis dürfte dies jedoch keine praktischen Auswirkungen haben, da bei den unkörperlichen Gegenständen zumindest eine Leistung vorliegen dürfte. 8

3. Absatzverträge

Mit dem Begriff „Lieferung" stellen der deutsche und der europäische Gesetzgeber auf die **Leistungserbringung** ab. Dass der Unternehmer den Abschluss eines **Kaufvertrages** anstrebt, ist nicht erforderlich.[36] Dem widerspricht auch nicht, dass die FARL von „Waren" spricht. Denn der Zweck der FARL, den Verbraucher effektiv vor unbestellten Lieferungen und Dienstleistungen zu schützen,[37] wird nur verwirklicht, wenn die Regelung nicht auf die Anbahnung von Kaufverträgen beschränkt wird. Dies gilt erst recht für das deutsche Recht, das eben nicht auf „Waren" und „Dienstleistungen", sondern auf „Sachen" und „sonstige Leistungen" abstellt. Erfasst werden daher in jedem Fall auch **sonstige entgeltliche Absatzverträge** wie z.B. das **Leasing**. Fraglich ist, ob der Unternehmer überhaupt einen Vertragsschluss anstreben muss[38] und wie unentgeltliche Lieferungen zu behandeln sind, die gemäß Art. 9 1. Spiegelstrich nicht Gegenstand der FARL sind (näher Rn 17). 9

4. Lieferung

Durch die Lieferung muss die Sache in den **Empfangsbereich des Verbrauchers** gelangen. Nach allgemeinem Sprachgebrauch ist eine Lieferung auch dann gegeben, wenn der Verbraucher darüber benachrichtigt worden ist, dass für ihn bei der Post oder einer Spedition ein Paket zur Abholung bereitliegt, und er sich das Paket abholt oder zustellen lässt. Fraglich ist, wie der Fall zu lösen ist, in dem der Verbraucher weiß, dass es sich bei dem zur Abholung bereitstehenden Paket nur um eine unbestellte Lieferung handeln kann: An sich bedarf er hier keines Schutzes, da er die Benachrichtigung nur zu ignorieren braucht, um von der Lieferung nicht weiter belästigt zu werden. Das generelle Ziel der Regelung, die Unternehmer von einer unlauteren Absatztechnik abzuhalten,[39] rechtfertigt es jedoch, die Regelung auch in diesem Fall anzuwenden. 10

5. Erbringung von sonstigen Leistungen

Die Erbringung von sonstigen Leistungen ist ebenso wie die Lieferung **nicht** auf **bestimmte Vertragstypen** beschränkt. Das deutsche Recht unterscheidet sich insoweit von der FARL, die den engeren Begriff der Dienstleistung verwendet. Die Alternative der „Erbringung sonstiger Leistungen" dient mithin als **Auffangtatbestand**. Erfasst werden zumindest sämtliche Leistungen im Rahmen eines angestrebten Absatzgeschäftes. Das sind nicht nur Dienstleistungen, sondern z.B. auch Werkleistungen, Geschäftsbesorgungen sowie die Lieferung unkörperlicher Gegenstände wie Strom oder von Rechten wie Softwarelizenzen. Die **Erbringung** der Leistung ist in ähnlicher Weise zu konkretisieren wie die Lieferung. Muss der Verbraucher die Leistung allerdings erst noch abrufen, ist die Leistung (noch) nicht erbracht. Im Zweifel ist von einer Erbringung der Leistung auszugehen, wenn aus Sicht des Verbrauchers eine ähnliche Lästigkeit und eine ähnliche Aufdrängungswirkung besteht wie bei der Lieferung einer Sache. 11

6. Fehlen einer Bestellung

Das Fehlen einer Bestellung charakterisiert alle von der Regelung erfassten Fallgestaltungen. Eine Bestellung liegt vor, wenn der Unternehmer auf vorherige Anforderung des Verbrauchers liefert oder leistet.[40] Wie die engen Ausnahmen der Absätze 2 und 3 zeigen, kommt es grundsätzlich nicht auf die subjektive Sicht des Unternehmers, sondern auf das **objektive Vorliegen** einer Bestellung an. Ein Vertragsschluss oder ein verbindliches Vertragsangebot des Verbrauchers sind nicht erforderlich. Ist der Verbraucher allerdings vertraglich zur Abnahme verpflichtet (z.B. quartalsmäßige Abnahme eines Buchs im Buchclub), so liegt eine 12

---

[35] Palandt/*Heinrichs*, § 241a Rn 4.
[36] *Casper*, ZIP 2000, 1602, 1604; *Wendehorst*, DStR 2000, 1311, 1316. Der Rechtsausschuss hatte das im Regierungsentwurf vorgesehene Tatbestandsmerkmal „zur Anbahnung eines Vertrags" seinerzeit für entbehrlich erachtet, weil es „dazu angetan (sei) die Aussage der Vorschrift zu verwässern" (BT-Drucks 14/3195, S. 32).
[37] Vgl. Erwägungsgrund (5) und (16) FARL sowie RegE BT-Drucks 14/2658 S. 23.
[38] Vgl. Rechtsausschuss BT-Drucks 14/3195, S. 32.
[39] Vgl. Erwägungsgrund (16) FARL sowie Rechtsausschuss BT-Drucks 14/3195 S. 32; RegE BT-Drucks 14/2658 S. 46 („Sanktion"); *Berger*, Jus 2001, 649, 650, 652; *Riehm*, Jura 2000, 505, 511; *Schöne/Fröschle*, S. 6, 7; *Sosnitza*, BB 2000, 2317, 2320 ff.
[40] *Berger*, Jus 2001, 649, 651; zu eng: *Löhnig*, JA 2001, 33 (Angebot auf Abschluss eines Vertrages über eine Leistungserbringung).

Bestellung vor. Die Bestellung kann auch lediglich auf dem Wunsch beruhen, sich die Sache oder Leistung anzusehen, ohne einen Kauf auf Probe o.Ä. tätigen zu wollen.[41] Obwohl die Bestellung ihrer Struktur nach eine rechtsgeschäftsähnliche Handlung darstellt, schaden **rechtsgeschäftliche Wirksamkeitshindernisse** nicht; die aufgrund eines unwirksamen Vertrages erfolgte Lieferung oder Leistung ist also so lange keine „unbestellte" Lieferung oder Leistung,[42] wie der Unternehmer nicht die Unwirksamkeit der Bestellung, z.B. wegen Geschäftsunfähigkeit des Verbrauchers, kennt. Dies hat seinen Grund u.a. darin, dass im Falle bloßer Anfechtbarkeit der Bestellung eine wettbewerbswidrige Absatzmethode nicht gegeben ist. Zwischen der Anfechtung einer Willenserklärung wegen Irrtums oder wegen Täuschung zu differenzieren, gibt weder das Tatbestandsmerkmal der fehlenden Bestellung her, noch erscheint dies aus Gründen des Verbraucherschutzes erforderlich.

13 Probleme bereiten die Fälle, in denen der Verbraucher bei der Bestellung von einem deutlich niedrigeren Preis ausgeht als der Unternehmer bei Lieferung. Dabei kann der Preisunterschied sowohl auf einem Irrtum des Verbrauchers als auch auf einer ursprünglich falschen Preisangabe des Unternehmers beruhen. Abs. 3 könnte die Annahme nahe legen, im Falle der **Zusendung unter Forderung eines höheren Preises** fehle eine Bestellung. Zu beachten ist jedoch, dass die Lieferung oder Leistung auf einer Bestellung beruhen, wenngleich diese auch nicht vollständig eingehalten wurde, und sich der Leistungsgegenstand immerhin nicht geändert hat. Der sehr eng formulierte Abs. 3 hingegen geht von dem Fall aus, dass der Gegenstand, auf den sich die Bestellung bezogen hat, nicht geliefert werden kann. Dass die für diesen Fall angeordnete Gleichbehandlung einer Ersatzlieferung mit einer Bestellung strengeren Vorausetzungen als die Bestellung selbst genügen muss, erscheint nicht widersprüchlich. Nach alledem liegt daher auch bei Zusendung unter Forderung eines höheren Preises noch eine Bestellung vor.[43] Erklärt der Verbraucher **generell** sein **Einverständnis mit der Lieferung oder Leistung**, z.B. im Rahmen der Geschäftsbeziehung zwischen Antiquar und Stammkunden,[44] könnte man aufgrund der Unbestimmtheit am Vorliegen einer Bestellung zweifeln. Der Verbraucher kann allerdings durchaus ein Interesse an einer solchen Regelung haben. Eine missbräuchliche Absatztechnik liegt nicht vor. Will man daher eine solche Regelung zulassen, wofür auch § 315 spricht, muss man das generelle Einverständnis als Bestellung ausreichen lassen, um nicht den schwierigeren Weg einer teleologischen Reduktion des zwingenden Charakters der Regelung gehen zu müssen (siehe Rn 27).

7. Rechtsfolge

14 Die Rechtsfolge („wird ein Anspruch gegen diesen nicht begründet") ist weiter als von der FARL vorgegeben. Wie sich aus dem Zusammenwirken der Absätze 1 und 2 sowie aus der Stellung der Regelung im Allgemeinen Schuldrecht ergibt, sind grundsätzlich jedwede Ansprüche des Unternehmers gegen den Verbraucher ausgeschlossen, d.h. sowohl **vertragliche** als auch **gesetzliche Ansprüche**. Dass auch die Herausgabeansprüche gemäß **§ 985 und § 812** ausgeschlossen sind, ergibt sich eindeutig aus dem Wortlaut der Regelung und entspricht zudem dem Willen des Gesetzgebers. Dieser hat in dem Ausschluss der Herausgabeansprüche einen Teil der „Sanktion des Wettbewerbsverstoßes des Versenders" erblickt.[45] Diese Sanktion ist auch wirksam, da dem Ausschluss der Herausgabeansprüche ein erheblicher Abschreckungseffekt zukommt.[46] Mag ihre Rechtsfolge auch rechtspolitisch problematisch sein, ist diese gesetzgeberische Entscheidung doch gewollt und nicht verfassungswidrig (vgl. Rn 3 und 5). Sie kann daher weder durch eine angeblich verfassungskonforme Auslegung noch im Wege einer teleologischen Reduktion korrigiert werden.[47] Im Übrigen entspricht es einer neueren Tendenz in der Gesetzgebung, zum Zwecke der Verhaltenssteuerung auch im außerdeliktischen Bereich mit Sanktionsnormen zu arbeiten.[48]

8. Gesetzliche Ansprüche durch späteres Verbraucherverhalten

15 Gesetzliche Ansprüche des Unternehmers gegen den Verbraucher, einschließlich der deliktischen Ansprüche, entstehen auch nicht durch die **Ingebrauchnahme, Beschädigung, Zerstörung oder Nutzung** der unbestellt gelieferten Sache oder sonstigen Leistung durch den Verbraucher.[49] Zwar ist der Wortlaut insoweit

---

41 *Berger*, Jus 2001, 649, 651.
42 *Casper*, ZIP 2000, 1602, 1605; Palandt/*Heinrichs*, § 241a Rn 2; *Löhnig*, JA 2001, 33; *Wendehorst*, DStR 2000, 1311, 1316.
43 Ebenso *Berger*, Jus 2001, 649, 652 (analog § 241a Abs. 1).
44 Vgl. *Berger*, Jus 2001, 649, 651.
45 RegE BT-Drucks 14/2658 S. 46.
46 Dies wird von Hk-BGB/*Schulze*, § 241a Rn 6, zu Unrecht bezweifelt.
47 *Kamanabrou*, WM 2000, 1417, 1426; *St. Lorenz*, JuS 2000, 833, 841; *Sosnitza*, BB 2000, 2317, 2319 ff.; *Wendehorst*, DStR 2000, 1311, 1316; für eine teleologische Reduktion gleichwohl *Casper*, ZIP 2000, 1602, 1606; offen gelassen von *Schwarz*, NJW 2001, 1449, 1450; zum Übereignungsanspruch gemäß Gesamtanalogie zu den §§ 886, 1169, 1254 vgl. *Löhnig*, JA 2001, 33, 35.
48 Beispiele sind der gesetzliche Verzugszins gem. § 288 und die Verlängerung der Widerrufsfrist bei speziellen Verbraucherverträgen bei jeglichem Informationsdefizit auf 6 Monate gem. § 355 Abs. 3.
49 RegE BT-Drucks 14/2658 S. 46; *Casper*, ZIP 2000, 1602, 1605; *Gaertner/Gierschmann*, DB 2000, 1601, 1605; Palandt/*Heinrichs*, § 241a Rn 4; *St. Lorenz*, JuS 2000, 833, 841; *Riehm*, Jura 2000, 505, 512; *Schöne/Fröschle*, S. 4; *Schwarz*, NJW 2001,

nicht eindeutig („durch die Lieferung"). Doch entspricht es dem Willen des historischen Gesetzgebers, dem Zweck eines effektiven Verbraucherschutzes und dem Ausschluss der Herausgabeansprüche gemäß § 985 und § 812, auch solche Ansprüche auszuschließen. Problematisch ist, ob auch im Falle der **Veräußerung** der Sache oder sonstigen Leistung **an Dritte** Ansprüche gegen den Verbraucher ausgeschlossen sind.[50] Dies hängt u.a. davon ab, ob man in diesen Fällen Ansprüche des Unternehmers gegen Dritte für gegeben hält (näher dazu Rn 21). In diesem Vorgang liegt regelmäßig keine konkludente Angebotsannahme durch den Verbraucher, schon weil dieser einen niedrigeren Preis erzielt.[51]

III. Problemfälle
1. Unentgeltliche Verträge

Unentgeltliche Verträge fallen nicht in den Anwendungsbereich der FARL,[52] sind aber vom Wortlaut der deutschen Regelung mit umfasst. Will der Unternehmer dem Verbraucher die Sache oder Leistung dauerhaft unentgeltlich zur Verfügung stellen, ist die Frage praktisch ohne Bedeutung. Ist aber nur eine befristete Überlassung, z.B. im Rahmen einer **Leihe**, beabsichtigt, könnten sich erhebliche Rechtsfolgen einstellen. Eine teleologische Reduktion der Norm ist im Ergebnis nicht gerechtfertigt, da ein legitimes Bedürfnis für eine unbestellte Leistung in diesen Fällen nicht besteht und dem Unternehmer nicht die Umgehungsmöglichkeit eingeräumt werden sollte, sich im Streitfall bei unbestellter Leistung damit zu verteidigen, er habe eine befristete unentgeltliche Leistung beabsichtigt.[53]

2. Geschäftsführung ohne Verbraucherauftrag

Besonders problematisch sind die Fälle einer berechtigten **Geschäftsführung ohne Auftrag** (GoA) für einen Verbraucher durch einen Unternehmer, der in Ausübung seiner beruflichen Tätigkeit z.B. als selbständiger Handwerker oder Arzt, handelt.[54] Wendete man die Norm wörtlich an und verneinte man eine Spezialität der GoA-Regeln, entfielen in diesem Fall einer „Geschäftsführung ohne Verbraucherauftrag" sowohl der Aufwendungsersatzanspruch gemäß den §§ 683 S. 1, 670 als auch der dem Geschäftsführer bislang meist unter Heranziehung des § 1835 Abs. 3 zugestandene Vergütungsanspruch.[55] Eine Anwendung der Regelung auf GoA-Fälle lässt sich indes nicht rechtfertigen. In diesen besteht nicht einmal die Gefahr, dass sich der Unternehmer einer unerwünschten Absatzmethode bedienen könnte. Zudem wird der Verbraucher durch die GoA-Regeln hinreichend geschützt. Um im Ergebnis zur Nichtanwendung der Norm zu gelangen, bedarf es auch keiner teleologischen Reduktion.[56] Vielmehr enthält das Recht der GoA die spezielleren Wertungen und geht § 241a daher im Konkurrenzwege vor.

3. Ansprüche von Dritten gegen den Verbraucher

Ansprüche Dritter gegen den Verbraucher, z.B. gemäß § 985, kommen in Betracht, wenn nicht der Unternehmer, sondern der **Dritte Eigentümer** der unbestellt gelieferten Sache ist. Dies kann namentlich beim Weiterverkauf einer dem Unternehmer unter Eigentumsvorbehalt verkauften Sache der Fall sein. Ließe man hier Ansprüche des Dritten gegen den Verbraucher zu, wäre es einem vorsätzlich handelnden Unternehmer ein Leichtes, die Regelung durch Vorschieben eines anderen Unternehmens, das formal Eigentümer der Sache ist, auszuhöhlen. Um dies zu verhindern, sollte die Regelung daher auch Ansprüche dinglich berechtigter Dritter ausschließen,[57] es sei denn, ihnen ist der Leistungsgegenstand abhanden gekommen. Diese Auslegung ist vom Wortlaut der Regelung gedeckt, da dieser ohne sprachliche Einschränkung jedwede Ansprüche gegen den Verbraucher ausschließt.

4. Ansprüche des Unternehmers gegen Dritte

Ansprüche des Unternehmers gegen Dritte werden vom Wortlaut der Regelung nicht berührt und bleiben daher bestehen. Sie kommen in allen Fällen eines **Besitzverlustes des Verbrauchers** in Betracht, sofern

---

1449, 1453; *Sosnitza*, BB 2000, 2317, 2322; a.A. hinsichtlich Nutzungsersatzansprüchen: *Berger*, Jus 2001, 649, 653 (dem Wortlaut des § 241a Abs. 1 nach nicht ausgeschlossen) und *Löhnig*, JA 2001, 33, 35 (entfallen, da der Empfänger mit der dauerhaften Nutzung der Sache das Übereignungsangebot annehme und Eigentum erwerbe).

50 Für einen Anspruch auf Herausgabe des Veräußerungserlöses: *Berger*, Jus 2001, 649, 653; *Sosnitza*, BB 2000, 2317, 2322; dagegen: *Schwarz*, NJW 2001, 1449, 1453 (Veräußerung als Form der Nutzung); *Riehm*, Jura 2000, 505, 512. *Casper*, ZIP 2000, 1602, 1608, bejaht (jedenfalls) bei Weiterveräußerung die konkludente Annahme des Kaufangebots durch den Empfänger.
51 A.A. *Casper*, ZIP 2000, 1602, 1607 f.; *Löhnig*, JA 2001, 33, 34; *Schöne/Fröschle*, S. 26 f.
52 Dies erkennt auch der RE an, BT-Drucks 14/2658 S. 22.
53 Ähnlich BT-Drucks 14/3195 S. 32.
54 Eingehend *Hau*, NJW 2001, 2863; *Schöne/Fröschle*, S. 55 ff.
55 Palandt/*Sprau*, § 683 Rn 8; *Hau*, NJW 2001, 2863 m.w.N.
56 So aber *Hau*, NJW 2001, 2863, und *Schöne/Fröschle*, S. 56 ff.
57 A.A. *Berger*, Jus 2001, 649, 653 f. (restriktive Auslegung: nur Ansprüche des Unternehmers sind ausgeschlossen).

nicht der Dritte gutgläubig vom nichtberechtigten Verbraucher Eigentum erworben hat.[58] Dass der Verbraucher zur Weiterveräußerung berechtigt gewesen sein könnte, wird man allenfalls im Einzelfall annehmen können, da in der Weiterveräußerung in der Regel nicht die konkludente Annahme des Kauf- und Übereignungsangebots des Unternehmers erblickt werden kann (vgl. auch Rn 6 und 15).[59] Das dem Verbraucher allein zum Zwecke der Sanktionierung wettbewerbswidrigen Verhaltens des Unternehmers eingeräumte Recht zur Ingebrauchnahme, Beschädigung, Zerstörung und Nutzung der Sache (vgl. Rn 15) ist auf den Verbraucher persönlich beschränkt; eine Verfügungsbefugnis, die ihn zur **Weiterveräußerung** berechtigen würde, ist damit nicht verbunden.[60] Das Eigentum des Unternehmers bleibt unangetastet und mit ihm die sich hieraus Dritten gegenüber ergebenden Rechte. Dies ist auch wertungsmäßig angemessen, da die missbilligte Absatzmethode des Unternehmers nur den Verbraucher als Empfänger der Leistung und nicht auch den Dritten belästigt.[61] Der Unternehmer kann seine Rechte gegenüber dem Dritten grundsätzlich auch dann geltend machen, wenn dem Verbraucher die Sache abhanden gekommen ist. Macht der Verbraucher allerdings gleichzeitig seinen Besitzschutzanspruch geltend (§ 861), dürfte dieser den Ansprüchen des Unternehmers vorgehen.

5. Veräußerung der Sache an einen Dritten

20 Veräußert der Verbraucher die Sache entgeltlich an einen Dritten, der mangels Gutgläubigkeit nicht Eigentümer wird, könnte dieser u.U. Schadensersatzansprüche gegen den Verbraucher haben. Die unveränderte Eigentümerstellung des Unternehmers sowie die ohnehin gegebene Regresskonstellation lassen es gerechtfertigt erscheinen, dem Unternehmer im Falle einer entgeltlichen Weiterveräußerung an einen Dritten grundsätzlich **Bereicherungsansprüche gegen den Verbraucher** zuzubilligen.[62] Schadensersatzansprüche hingegen sind problematisch, da es an einem Vermögensschaden fehlen dürfte.

C. Irrtümliche Leistung (Abs. 2)
I. Inhalt und Grundprobleme

21 Abs. 2 schränkt die Anwendung der Regelung des Abs. 1 in zwei Fällen ein, in denen eine missbräuchliche Absatzstrategie typischerweise nicht gegeben ist und der Verbraucher auch keines Schutzes bedarf: (1) Die Leistung war **nicht für den Empfänger bestimmt**, (2) die Leistung erfolgte in **irriger Annahme** einer **Bestellung**; in beiden Fällen muss der Irrtum für den Verbraucher erkennbar gewesen oder erkannt worden sein. Die Regelung bezieht sich nur auf die gesetzlichen einschließlich der deliktischen Ansprüche. Sie ändert nichts daran, dass durch bloßes Schweigen des Verbrauchers ein Vertrag nicht geschlossen wird. In beiden Fällen verbleibt es mithin bei der Anwendung der allgemeinen Regeln, die zu einer angemessenen Rückabwicklung führen sollen.[63] Es hängt von der Konkretisierung der Tatbestandsmerkmale des Abs. 2 ab, ob die Regelung insgesamt von Verbrauchern missbraucht oder Unternehmern missbräuchlich umgangen werden kann und damit evtl. leer läuft.

II. Voraussetzungen und Rechtsfolgen
1. Empfangsbestimmung

22 Nicht für den Empfänger bestimmt ist eine Leistung, wenn der konkrete Verbraucher, der die Leistung erhalten hat, nach dem Willen des Unternehmers nicht Adressat der Leistung sein sollte. Auf welchen Gründen die irrtümliche Leistung an ihn beruht (Namens- oder Adressenverwechslung durch den Unternehmer, Irrtum der Transportperson), ist ohne Belang,[64] ebenso, ob der Irrtum dem Unternehmer vorgeworfen werden kann.[65]

---

58 *Berger*, Jus 2001, 649, 653 f.; Palandt/*Heinrichs*, § 241a Rn 4; *Schwarz*, NJW 2001, 1449, 1454 (dort auch zur doppelten Herausgabepflicht des Dritten bei Miete oder Leihe); *Sosnitza*, BB 2000, 2317, 2322.
59 A.A. *Casper*, ZIP 2000, 1602, 1607 f.; *Löhnig*, JA 2001, 33, 34; *Schöne/Fröschle*, S. 26 f.: Weiterveräußerung als konkludente Kaufvertragsannahme. Zum Eigentumserwerb ist aber auch dann i.d.R. noch die Kaufpreiszahlung erforderlich (*Schwarz*, NJW 2001, 1449, 1453).
60 *Sosnitza*, BB 2000, 2317, 2322 f.
61 *Sosnitza*, BB 2000, 2317, 2322 f.
62 Ebenso *Berger*, Jus 2001, 649, 653; *Sosnitza*, BB 2000, 2317, 2322 f.; a.A. *Riehm*, Jura 2000, 505, 512; *Schwarz*, NJW 2001, 1449, 1453 (kein Anspruch auf Erlösherausgabe).
63 RegE BT-Drucks 14/2658 S. 46. Einen Überblick über die dann (zugleich nach altem Recht) bestehenden Ansprüche geben *Berger*, Jus 2001, 649, 650; *Casper*, ZIP 2000, 1602, 1603; *Sosnitza*, BB 2000, 2317 f; vgl. auch Rn 24, 29.
64 *Berger*, Jus 2001, 649, 652.
65 *Berger*, Jus 2001, 649, 652; Palandt/*Heinrichs*, § 241a Rn 4.

2. Irrtum über die Bestellung

In der irrigen Vorstellung einer Bestellung erfolgt die Lieferung einer Sache oder sonstigen Leistung, wenn der Unternehmer von einer Bestellung ausgeht, die überhaupt nicht oder nicht so, wie ausgeführt, existiert. Erfasst werden also auch die Fälle einer **irrtümlichen Doppellieferung, Zuviellieferung** und **aliud-Lieferung**.[66]

3. Erkennbarkeit für den Verbraucher

Problematisch sind die Anforderungen, die an die Erkennbarkeit des Irrtums des Unternehmers für den Verbraucher zu stellen sind. **Einfache Fahrlässigkeit** des Verbrauchers reicht dabei aus.[67] Erkennbar ist der Irrtum in den Fällen einer Doppel- oder Zuviellieferung, ferner bei Angabe eines anderen Namens oder einer anderen Adresse sowie bei Verwendung einer anderen Kundennummer als der des Empfängers.[68] Anders ist dies bei einer aliud-Lieferung; hier kann durchaus ein wettbewerbswidriges Verhalten vorliegen. Bejahte man stets bereits dann die Erkennbarkeit des Irrtums, wenn der Unternehmer eine „**Auftragsbestätigung**" oder „**Rechnung**" beigefügt hat, wäre es den Unternehmern leicht möglich, die Regelung des Abs. 1 leer laufen zu lassen.[69] Ließe man eine beiliegende Auftragsbestätigung oder Rechnung generell nicht ausreichen, um die Erkennbarkeit des Irrtums zu bejahen, eröffnete man andererseits den Verbrauchern Missbrauchsmöglichkeiten.[70] Die Gefahr, dass sich Verbraucher kostenlos in den Genuss einer angeblich unbestellten Lieferung oder sonstigen Leistung bringen wollen, ist durchaus konkret, da sich schon heute die Fälle mehren, in denen Verbraucher telefonische Bestellungen später wahrheitswidrig bestreiten. Im Ergebnis wird man daher eine Auftragsbestätigung oder Rechnung für die Erkennbarkeit des Irrtums wohl ausreichen lassen müssen. Evtl. missbräuchliche Umgehungen durch Unternehmer gilt es durch strenge Anforderungen an Darlegung und Beweis des Irrtums zu verhindern. Der Irrtum muss im **Zeitpunkt** der **Lieferung** oder **Leistung** erkennbar sein. Die spätere Kenntniserlangung schließt die Rechtsfolgen des Abs. 1 nicht aus.

4. Rechtsfolgen

In den von Abs. 2 erfassten Fällen bleiben die **gesetzlichen Ansprüche** erhalten.[71] Zwischen Unternehmer und Verbraucher besteht eine Sonderverbindung mit Pflichten gemäß § 241 Abs. 2. Im Rahmen der Verhältnismäßigkeit obliegen dem Verbraucher **Aufbewahrungs- und Erhaltungspflichten**. Dabei kommt eine Haftung des Verbrauchers allerdings erst bei **grober Fahrlässigkeit** in Betracht.[72] Es bleibt dabei, dass das Schweigen des Verbrauchers für sich allein keinen rechtsgeschäftlichen Erklärungswert hat. Anders als in den Fällen des Abs. 1 wird der Ingebrauchnahme oder Nutzung durch den Verbraucher in den Fällen des Abs. 2 jedoch auch zukünftig eher ein **konkludenter Erklärungswert** beigemessen werden können (vgl. Rn 6 und 16). Aufgrund des Irrtums des Unternehmers stellt ggf. jedoch erst die konkludente Erklärung des Verbrauchers das Vertragsangebot dar.

D. Gleichwertige Ersatzlieferung (Abs. 3)

Vom Anwendungsbereich der Absätze 1 und 2 ausgenommen wird schließlich die statt der bestellten Leistung erbrachte, selbst nicht bestellte Ersatzlieferung, wenn diese nach Qualität und Preis der bestellten Leistung gleichwertig ist und der Unternehmer zusätzliche Hinweispflichten befolgt hat.

I. Gleichwertigkeit

Das Kriterium „**nach Qualität und Preis gleichwertig**" würde **bei enger Auslegung** erfordern, dass sowohl Qualität als auch Preis jeweils mindestens gleichwertig sind.[73] Vorzugswürdig erscheint indes eine **weite Auslegung**, die es ausreichen lässt, dass **Qualität und Preis insgesamt gleichwertig** sind und folglich eine nennenswerte Wahrscheinlichkeit dafür besteht, dass der Verbraucher die Ersatzlieferung akzeptieren wird.[74] Damit wird dem Verbrauchers gedient, denn die unverbindliche Zusendung einer Sache liegt bei nennenswerter Wahrscheinlichkeit der anschließenden Genehmigung der Ware und bei

---

[66] *Berger*, Jus 2001, 649, 652 (auch zur Lieferung mangelhafter Waren beim Gattungs- und Stückkauf); *Casper*, ZIP 2000; 1602, 1608 f.; *Wendehorst*, DStR 2000, 1311, 1316; zur Ersatzlieferung näher Rn 25 ff.
[67] Palandt/*Heinrichs*, § 241a Rn 5.
[68] Dadurch reduziert sich das Problem der Lieferung an einen gleichnamigen Kunden mit anderer Adresse im Wesentlichen. Einer teleologischen Reduktion bedarf es hier nicht, a.A. *Schöne/Fröschle*, S. 12 f.
[69] Auf diese Gefahr weist *Wendehorst*, DStR 2000, 1311, 1317, hin.
[70] *Wendehorst*, DStR 2000, 1311, 1317.
[71] Einen Überblick über die Rechtslage nach altem Recht geben *Berger*, Jus 2001, 649, 650; *Casper*, ZIP 2000, 1602, 1603; *Sosnitza*, BB 2000, 2317 f.
[72] So generell für die bisherige Rechtslage Staudinger/*Gursky*, vor §§ 987 ff. Rn 12; MüKo/*Kramer*, § 145 Rn 9; *Lange*, JuS 1997, 431, 434.
[73] *Casper*, ZIP 2000, 1602, 1609.

nur geringem Aufwand im Falle der kostenlosen Rücksendung im objektiven Interesse des Verbrauchers, der ein grundsätzliches Interesse an einem Geschäftskontakt mit dem Unternehmer hat. Auch liegt weder ein unlauteres Verhalten des Unternehmers vor, noch kann diese weite Interpretation zur Umgehung der Norm durch den Unternehmer genutzt werden. Die weite Interpretation entspricht auch besser dem Wortlaut der Norm, da der Preis für sich genommen nicht gleichwertig sein kann.[75] Für diese Auslegung sprechen schließlich auch die weiterhin anwendbaren GoA-Regeln, da die Ersatzlieferung einer nach Gesamtabwägung gleichwertigen Leistung einer berechtigten GoA schon recht nahe kommt. Bei der Beurteilung der Gleichwertigkeit der Ersatzlieferung ist ggf. auch zu berücksichtigen, dass ein **Eilauftrag** des Verbrauchers vorliegt, der nicht erfüllt werden kann.[76] Die **Lieferung mangelhafter Waren beim Gattungskauf** fällt nicht unter Abs. 3, da mangelhafte Sachen gerade nicht nach Qualität und Preis „gleichwertig" sind. Die Frage, ob folglich der Rückgabeanspruch des Unternehmers in diesem Fall ausgeschlossen ist, ist gleichwohl zu verneinen, da der Schutzzweck der Norm nicht betroffen ist, wenn der Unternehmer aufgrund einer Bestellung des Verbrauchers eine – wenn auch mangelhafte – Sache liefert.[77]

II. Hinweispflichten

28   Mit der weiteren Voraussetzung, wonach der **Verbraucher** darauf hingewiesen werden muss, dass er **zur Annahme nicht verpflichtet** ist und er die **Kosten der Rücksendung nicht zu tragen** hat, wird der Verbraucherschutz perfektioniert. Diese Regelung erfasst auch Fälle, in denen der Verbraucher seine Rechte bereits kennt, der Aufklärung also nicht bedarf. Eine teleologische Reduktion erscheint nicht möglich, da der Gesetzgeber sich bewusst für den Sanktionscharakter entschieden hat, der in dem Wortlaut (auch) dieses Absatzes zum Ausdruck kommt.[78] Eine besonders hervorgehobene Information ist nicht erforderlich. Die Erfüllung der Informationspflicht ist auch im Rahmen der AGB möglich, denn eine Information erst mit der Ersatzleistung ist nicht vorgeschrieben. Dieser Hinweis muss allerdings spätestens mit dem Zugang der Ersatzware zugehen.[79]

E. Sonstiges

I. Dispositivität

29   Die FARL und folglich auch der hier umgesetzte Art. 9 können **nicht zum Nachteil des Verbrauchers abbedungen** werden (Art. 12 Abs. 1 FARL). Im Wege der richtlinienkonformen Auslegung muss grundsätzlich das Gleiche für die nationale Regelung gelten. Da ein effektiver Verbraucherschutz bezweckt wird, gilt dies auch für die über die FARL hinausgehenden Teile der Norm.[80] Hat sich der Verbraucher etwa im Rahmen einer ständigen Geschäftsbeziehung generell mit der Zusendung unbestellter Waren einverstanden erklärt (z.B. regelmäßige Zusendung antiquarischer Bücher), könnte allerdings mit Blick auf das Eigeninteresse des Verbrauchers eine teleologische Reduktion der Regelung erwogen werden.[81] Es ist jedoch problematisch, einen solch zentralen und noch dazu europäisch abgesicherten Verbraucherschutzgrundsatz zu durchbrechen. Vorzugswürdig erscheint es daher, dieses Problem durch eine weite Auslegung des Tatbestandsmerkmals „Bestellung" als dem vom Gesetzgeber vorgesehenen voluntativen Element zu lösen (vgl. Rn 13).

II. Darlegungs- und Beweislast

30   Der Unternehmer trägt die Darlegungs- und Beweislast für die Bestellung nach Abs. 1, den Irrtum und seine Erkennbarkeit nach Abs. 2, die Gleichwertigkeit der Leistung und die Erfüllung der Informationspflichten nach Abs. 3.

III. Nicht erfasste Beziehungen

31   Die Regelung erfasst nur die unbestellte Lieferung einer Sache oder sonstigen Leistung eines Unternehmers an einen Verbraucher.[82] Eine analoge Anwendung der Norm auf **beidseitig unternehmerische** oder **rein**

---

74 Vgl. auch *Deckers*, NJW 2001, 1474, 1475, der eine Orientierung an § 378 HGB a.F. empfiehlt: Gleichwertigkeit fehle nur, wenn die gelieferte Sache von der geschuldeten so erheblich abweicht, dass der Unternehmer das Behaltenwollen des Verbrauchers als ausgeschlossen betrachten muss.
75 In diese Richtung auch *Deckers*, NJW 2001, 1474, 1475.
76 Vgl. Palandt/*Heinrichs*, § 241a Rn 2.
77 *Berger*, Jus 2001, 649, 652 (dort auch zum mangelhaften Stückkauf).
78 Vgl. das generelle Bekenntnis des Rechtsausschusses zum Sanktionscharakter der Norm BT-Drucks 14/3195 S. 32.
79 *Casper*, ZIP 2000, 1602, 1609.
80 A.A. *Schöne/Fröschle*, S. 15.
81 Vgl. *Berger*, Jus 2001, 649, 651 f.
82 Sog. Business-to-Customer-Geschäft (B2C).

private Beziehungen[83] ist nicht möglich, da die Konstellationen wertungsmäßig zu große Unterschiede aufweisen. Es gelten daher die allgemeinen Regeln, darunter insbesondere § 663 sowie § 362 HGB.[84] Auch für eine Ausstrahlungswirkung des § 241a auf die beidseitig unternehmerische Beziehungen ist kein Raum.[85] Durch die Zusendung einer unbestellten Ware entsteht eine c.i.c.-Sonderverbindung i.S.d. § 311 Abs. 2, die grundsätzlich auch Aufbewahrungs- und Erhaltungspflichten einschließt. Dies gilt allerdings nur, wenn der Empfänger nicht davon ausgehen darf, dass es sich um eine unentgeltliche Probe handelt. Zum Schutze des Empfängers beschränkt sich seine Haftung auf Vorsatz und grobe Fahrlässigkeit.[86] Zur aktiven Rücksendung oder auch nur zur Anfrage beim Leistenden, was mit der Leistung geschehen soll, ist der Empfänger nur verpflichtet, wenn es sich um eine irrtümliche Leistung handelt und der Empfänger dies erkennen kann oder später erfährt. Mangels einer Pflicht des Empfängers zur aktiven Kontaktaufnahme mit dem bewusst ohne Bestellung Leistenden entfallen die Aufbewahrungs- und Erhaltungspflichten, wenn die hierfür entstehenden Kosten und die zusätzlichen Kosten für den Rücktransport den Wert der Leistung überschreiten. In diesen Fällen kann die Nutzung der Leistung, anders als in den Fällen des § 241a selbst, eine konkludente Willenserklärung, z.B. die Annahme eines Angebotes des Leistenden enthalten (vgl. Rn 16).

§ 242 Leistung nach Treu und Glauben

¹Der Schuldner ist verpflichtet, die Leistung so zu bewirken, wie Treu und Glauben mit Rücksicht auf die Verkehrssitte es erfordern.

Literatur: *Baumgärtel,* ZZP 86 (1973), 353 ff.; *Canaris,* Die Vertrauenshaftung im deutschen Privatrecht, 1971; *Gernhuber,* JuS 1983, 764 ff.; *Krebs,* Sonderverbindung und außerdeliktische Schutzpflichten, 2000; *Singer,* Das Verbot widersprüchlichen Verhaltens, 1993; *Strätz,* Treu und Glauben, 1974; *R. Weber,* JuS 1992, 631 ff.; *Wieacker,* Zur rechtstheoretischen Präzisierung des § 242 BGB, 1956.

Inhalt

A. Grundlagen ... 1	2. Mittelbar auf den Leistungserfolg bezogene Nebenpflichten ... 18
I. Enger Wortlaut und weiter Anwendungsbereich ... 1	a) Illoyale Schädigung unter Ausnutzung spezifischer Einwirkungsmöglichkeiten ... 18
II. Änderungen ... 2	b) Vorsätzlicher Verstoß gegen vertragliche oder deliktische Pflichten ... 19
III. Funktionen ... 3	c) Allgemeine Rücksichtnahmepflicht ... 20
1. Loyalitäts- und Rücksichtnahmepflicht ... 4	III. Rechtsfolgen eines Treuepflichtverstoßes ... 21
2. Allgemeine Billigkeitsfunktion ... 5	**C. Billigkeitsfunktion** ... 22
3. Rechtsfortbildungs- und Ermächtigungsfunktion . 6	I. Allgemeine Grundsätze ... 22
IV. Anwendungsbereich und Abgrenzung zu anderen Rechtsinstituten ... 8	II. Unzulässige Rechtsausübung ... 23
1. Anwendungsbereich ... 8	1. Überblick und Voraussetzungen ... 23
2. Verhältnis zu Vertragsauslegung und ergänzender Vertragsauslegung ... 9	2. Fallgruppen ... 24
3. Abgrenzung der Billigkeitsfunktion ... 10	a) Unredlicher Erwerb der eigenen Rechtsstellung ... 25
a) Loyalitäts- und Rücksichtnahmepflicht ... 10	b) Verletzung eigener Pflichten ... 26
b) Sittenwidrigkeit und Schikaneverbot ... 11	c) Fehlen eines schutzwürdigen Eigeninteresses . 27
V. Prozessuales ... 12	d) Geringfügige Interessenverletzung beziehungsweise Unverhältnismäßigkeit ... 28
B. Rücksichtnahme- und Loyalitätspflichten ... 13	e) Widersprüchliches Verhalten ... 29
I. Allgemeine Grundsätze ... 13	3. Rechtsfolgen unzulässiger Rechtsausübung ... 30
II. Einteilung der Pflichten ... 14	III. Verwirkung ... 31
1. Unmittelbar auf den Leistungserfolg bezogene Nebenpflichten ... 15	IV. Erwirkung ... 32
a) Leistungstreuepflicht ... 15	
b) Auskunfts- und Aufklärungspflicht ... 16	

A. Grundlagen

I. Enger Wortlaut und weiter Anwendungsbereich

Seinem **engen Wortlaut** zufolge regelt die Generalklausel[1] des § 242 nur die Art und Weise der geschuldeten Leistung und verpflichtet nur den **Schuldner**, während für den Gläubiger scheinbar nur § 226 gilt. Die

---

83 Sog. Business-to-Business- bzw. Customer-to-Customer-Geschäfte (B2B bzw. C2C).
84 *Casper,* ZIP 2000, 1602, 1609; *St. Lorenz,* JuS 2000, 833, 841. Einen Überblick über die (zugleich nach altem Recht) bestehenden Ansprüche geben *Berger,* Jus 2001, 649, 650; *Casper,* ZIP 2000, 1602, 1603; *Sosnitza,* BB 2000, 2317 f.
85 Zutreffend *Casper,* ZIP 2000, 1602, 1609; a.A. Palandt/*Heinrichs,* § 241a Rn 6, vorbehaltlich der §§ 663, 362 HGB.
86 So schon bisher Staudinger/*Gursky,* vor § 987 ff. Rn 12; MüKo/*Kramer,* § 145 Rn 9; *Lange,* JuS 1997, 431, 434; Soergel/*Wolf,* § 145 Rn 20.
1 Jauernig/*Vollkommer,* § 242 Rn 2; Palandt/*Heinrichs,* § 242 Rn 2; MüKo/*Roth,* § 242 Rn 28.

heute allgemeine Meinung[2] entnimmt § 242 jedoch ähnlich Art. 2 Abs. 2 Schweizer ZGB aufgrund einer Rechtsfortbildung das **umfassende Prinzip**, wonach jedermann in Ausübung seiner Rechte und Pflichten das Gebot von Treu und Glauben zu beachten habe. Dieses Gebot wird auf alle Handlungen erstreckt, die die Leistungsfähigkeit der Gegenseite und den Erfolg der eigenen Leistung beeinflussen.[3] Diese Erweiterung ist heute **gewohnheitsrechtlich** anerkannt, weshalb sich die Frage nach dem Verhältnis zu § 226 nicht mehr stellt.

Die Vorschrift verpflichtet anhand eines **objektiven Verhaltensmaßstabs** zur billigen (also zumutbaren) Rücksichtnahme auf die schutzwürdigen Interessen des anderen Teils sowie zu redlichem und loyalem Verhalten. Ausweislich § 241 Abs. 2 erfasst die Vorschrift alle Fälle einer **Sonderverbindung**.[4] Der gesetzlich nicht geregelte Begriff der Sonderverbindung umfasst alle Rechtsverhältnisse gemäß § 241 Abs. 1 und Abs. 2.[5]

Die Anwendung des § 242 wird durch die Entwicklung von **Fallgruppen** in Rechtsprechung und Lehre präzisiert und konkretisiert, andere Fallgestaltungen können aber nicht unter die vorhandenen Fälle subsumiert, sondern lediglich – ggf. in wertender Betrachtung – mit ihnen assoziiert werden. Erforderlich ist eine umfassende **Interessenabwägung** im Einzelfall. Das durch Konkretisierung eines objektiven Maßstabes gefundene Ergebnis ist **prozessual** Feststellung, nicht Rechtsgestaltung.

II. Änderungen

2 Das Institut des **Wegfalls der Geschäftsgrundlage** wurde früher mit § 242 gerechtfertigt. Jetzt ist dieses Rechtsinstitut in § 313 kodifiziert. Auch die in § 314 geregelte **Kündigung aus wichtigem Grund** wurde teilweise mit § 242 gerechtfertigt.[6]

Ferner wurden üblicherweise auch die **Schutzpflichten** bei § 242 erläutert und tendenziell als Unterfall der Treuepflichten behandelt.[7] Die Schutzpflichten sind nun in **§ 241 Abs. 2** (§ 241 Rn 3 ff.) zwar rudimentär, aber selbständig geregelt.[8]

Die Erstreckung des Anwendungsbereichs des § 242 auf alle **Sonderverbindungen**, also auch außerhalb der Schuldrechtsverhältnisse im engeren Sinne des § 241 Abs. 1, folgt jetzt aus § 241 Abs. 2, war aber schon bisher herrschende Meinung.[9] Insgesamt ist die Norm um einiges entlastet worden. Notwendig aber ist vor allem eine bessere Strukturierung der Vorschrift, um sie nicht zum beliebigen Billigkeitsinstrument zu machen.

III. Funktionen

3 Die Norm wird in drei streng voneinander zu trennenden Funktionen verwendet.

1. Loyalitäts- und Rücksichtnahmepflicht

4 Die Loyalitäts- und Rücksichtnahmepflicht[10] ist die einzige Funktion, die schon aus dem Wortlaut der Norm erkennbar ist. Bei der Erbringung der Leistung hat der **Schuldner** alles zu tun, damit Inhalt und Umfang des erkennbaren und legitimen Leistungsinteresses des Gläubigers verwirklicht werden. Dasselbe gilt aufgrund der rechtsfortbildenden Erweiterung des § 242 für den **Gläubiger**. Er muss mit seinem Leistungsverlangen auf die Belange des Schuldners Rücksicht nehmen, zur Verwirklichung seines Leistungsinteresses beitragen und alles unterlassen, was die Herbeiführung des Erfolges verzögern bzw. verhindern würde.[11] Loyalitäts-

---

2 *Singer*, Das Verbot widersprüchlichen Verhaltens, 1993, S. 193 f.; Soergel/*Teichmann*, § 242 Rn 4, 11; MüKo/*Roth*, § 242 Rn 45 ff.; Palandt/*Heinrichs*, § 242 Rn 1.
3 BGHZ 85, 39, 48; BGH NJW 1985, 732, 733; Soergel/*Teichmann*, § 242 Rn 4; Palandt/*Heinrichs*, § 242 Rn 1; MüKo/*Roth*, § 242 Rn 147; *Krebs*, Sonderverbindungen und außerdeliktische Schutzpflichten, 2000, S. 251.
4 Schon bisher war die Sonderverbindung nach h.M. Voraussetzung für die Anwendung des § 242 (RGZ 108, 1, 7; BGHZ 95, 279, 288; BFH NJW 1990, 1251; *Canaris*, 2. FS Larenz, 1983, 27, 34; Soergel/*Teichmann*, § 242 Rn 30; MüKo/*Roth*, § 242 Rn 54 ff.; 70; *Fikentscher*, Schuldrecht, § 27 I 2a, Rn 160; ausführlich *Krebs*, Sonderverbindungen und außerdeliktische Schutzpflichten, 2000, S. 251 ff.; offen gelassen hinsichtlich der Begrenzung auf Sonderverbindungen BGHZ 102, 95, 102; einschränkend Erman/*Werner*, § 242 Rn 19; ablehnend Staudinger/*J. Schmidt*, § 242 Rn 159 ff.; kritisch *Medicus*, Schuldrecht I Rn 130; *van Gelder*, WM 1995, 1253, 1255.
5 Näher Lehrbuch § 3 B III, *Krebs*, Sonderverbindungen und außerdeliktische Schutzpflichten, 2000.
6 RGZ 169, 203, 206; 128, 1, 16; BGH NJW 1958, 15; Staudinger/*J. Schmidt*, § 242 Rn 1385.
7 Palandt/*Heinrichs*, § 242 Rn 35f.; Erman/*Werner*, § 242 Rn 59f.; MüKo/*Roth*, § 242 Rn 124 ff., 183 ff.; Soergel/*Teichmann*, § 242 Rn 178 ff.
8 Ausführlich *Krebs*, Lehrbuch § 3 B.
9 Vgl. RGZ 108, 1, 7; BGHZ 95, 279, 288; BFH NJW 1990, 1251; *Canaris*, 2. FS Larenz, 1983, 27, 34; Soergel/*Teichmann*, § 242 Rn 30; MüKo/*Roth*, § 242 Rn 54 ff.; *Fikentscher*, Schuldrecht, § 27 I 2 a Rn 160.
10 MüKo/*Roth*, § 242 Rn 151 ff.; Palandt/*Heinrichs*, § 242 Rn 13; *Krebs*, Sonderverbindung und außerdeliktische Schutzpflichten, 2000, S. 446.
11 RGZ 79, 359, 361; 78, 190, 192; BGH NJW 1977, 2358; Staudinger/*J. Schmidt*, § 242 Rn 159; *Larenz*, Schuldrecht I § 10 II (S. 131 f.); *Fikentscher*, Schuldrecht, Rn 162; Jauernig/*Vollkommer*, § 242 Rn 17.

und Rücksichtnahmepflichten **schützen** die Beteiligten, begünstigen dadurch ein **vertrauensvolles Miteinander**[12] und **fördern** so letztlich die **Erreichung** des **Leistungszwecks** der Sonderverbindung (des Schuldverhältnisses).

2. Allgemeine Billigkeitsfunktion

Auch sofern Rechtsnormen oder vertragliche Regelungen grundsätzlich wirksam sind, kann sich im Einzelfall zur Vermeidung individuell ungerechter Ergebnisse das Erfordernis einer Billigkeitskorrektur (Ergänzung) ergeben. Diese Aufgabe übernimmt die Treuepflicht in Form der allgemeinen Billigkeitsfunktion.[13] Sie stellt eine **allen Rechtssätzen und -positionen immanente Schranke** dar und verwirklicht so die durch die generellen Regelungen nicht immer gewährleistete **Einzelfallgerechtigkeit**. Herangezogen werden verfassungsrechtliche Normen,[14] außer- und überrechtliche Gebote und ethische Prinzipien.[15] **Grundlage** für die allgemeine Billigkeitsfunktion der Treuepflicht soll § 242 bilden, obwohl sich dies aus dem Gesetzeswortlaut nicht ergibt und gerade diese Funktion der Treuepflicht nicht einmal auf das BGB begrenzt ist. Die Billigkeitsfunktion des § 242 beruht daher auf einer separaten **Rechtsfortbildung extra legem**.[16] Aufgrund langjähriger allgemeiner Anwendung dürfte es sich bei ihr im Kern um Gewohnheitsrecht handeln.[17] Eine Billigkeitskorrektur ist indes nur in seltenen Ausnahmefällen angemessen, weil sie zwar der **Einzelfallgerechtigkeit** dient, aber **Rechtsunsicherheit**[18] schafft.

3. Rechtsfortbildungs- und Ermächtigungsfunktion

§ 242 wird nach h.M. weiterhin als allg. Ermächtigungsgrundlage[19] zur Entwicklung von Rechtssätzen des Billigkeitsrechts im Wege richterlicher Rechtsfortbildung gesehen, soll aber keine Ermächtigung zu einer Billigkeitsjustiz bieten. Stattdessen sollen durch Dynamisierung des Rechts einzelne **neue Rechtsinstitute** zur Vermeidung untragbarer Ergebnisse entwickelt werden, die einen billigen Interessenausgleich ermöglichen.[20] So wurden hiermit z.B. die Inhaltskontrolle Allgemeiner Geschäftsbedingungen,[21] das Institut des Wegfalls der Geschäftsgrundlage,[22] sowie der Ausgleich unter mehreren gleichrangigen Sicherungsgebern[23] gerechtfertigt.

Die verbreitet angenommene **Rechtsfortbildungs- und Ermächtigungsfunktion** des § 242 ist **abzulehnen**.[24] Diese Funktion der Treuepflicht ist **contra legem**, denn es ist Aufgabe der traditionellen Regelungen des allgemeinen Methoden- und Verfassungsrechts und nicht des allgemeinen Schuldrechts, einen angemessenen Ausgleich zwischen grundsätzlicher Konstanz durch Gesetzesbindung und Rechtssicherheit einerseits und die durch Gerechtigkeitserwägungen veranlassten wünschenswerten Dynamik des Rechts andererseits zu erreichen. Eine Heranziehung des § 242 ist für die Schaffung neuer Rechtsinstitute weder notwendig noch angemessen, da eine Rechtsfortbildung grundsätzlich an bestimmte methodische Voraussetzungen gebunden ist, die durch eine Heranziehung des § 242 umgangen werden könnten. Indem die Formel von Treu und Glauben scheinbar auf die überkommenen Zulässigkeitsvoraussetzungen einer Rechtsfortbildung verzichtet, gefährdet sie ohne Not die Rechtsstaatlichkeit.[25]

IV. Anwendungsbereich und Abgrenzung zu anderen Rechtsinstituten

1. Anwendungsbereich

Unmittelbarer **Anwendungsbereich** des § 242 ist das Schuldrecht.[26] Hinzu kommen Privatrecht inner- und außerhalb des BGB,[27] Arbeitsrecht,[28] Gesellschaftsrecht,[29] gewerblicher Rechtsschutz,[30] Verfahrens-

---

12 *Krebs*, Sonderverbindung und außerdeliktische Schutzpflichten, 2000, S. 251.
13 Jauernig/*Vollkommer*, § 242 Rn 6; Palandt/*Heinrichs*, § 242 Rn 13; *Krebs*, Sonderverbindung und außerdeliktische Schutzpflichten, 2000, S. 444; *Fikentscher*, Schuldrecht, Rn 199; Soergel/*Teichmann*, § 242 Rn 43 ff.
14 Hk-BGB/*Schulze*, § 242 Rn 14; im Einzelnen umstritten, vgl. MüKo/*Roth*, § 242 Rn 52; Palandt/*Heinrichs*, § 242 Rn 7.
15 Jauernig/*Vollkommer*, § 242 Rn 7; *Krebs*, Sonderverbindung und außerdeliktische Schutzpflichten, 2000, S. 444.
16 *Krebs*, Sonderverbindung und außerdeliktische Schutzpflichten, 2000, S. 445.
17 *Krebs*, Sonderverbindung und außerdeliktische Schutzpflichten, 2000, S. 445.
18 BGHZ 38, 61, 65; MüKo/*Roth*, § 242 Rn 36.
19 Jauernig/*Vollkommer*, § 242 Rn 9; *Krebs*, Sonderverbindung und außerdeliktische Schutzpflichten, 2000, S. 443; Soergel/*Teichmann*, § 242 Rn 8 ff.
20 Vgl. BGHZ 108, 179, 186; MüKo/*Roth*, § 242 Rn 21; Jauernig/*Vollkommer*, § 242 Rn 9; *Weber*, JuS 1992, 631, 635.
21 St. Rspr. seit BGH NJW 1956, 665; BGHZ 70, 240, 242; 62, 83; 92, 396, 398.
22 RGZ 172, 20; BGHZ 214, 215; 112, 259, 261; MüKo/*Roth*, § 242 Rn 496 ff.; Soergel/*Teichmann*, § 242 Rn 255 ff.; *Schlechtriem*, Schuldrecht, Rn 298 ff.; *Fikentscher*, Schuldrecht, Rn 175 ff.; 741.
23 BGH NJW 1989, 2530, 2531.
24 *Krebs*, Sonderverbindung und außerdeliktische Schutzpflichten, 2000, S. 251 ff.
25 *Krebs*, Sonderverbindung und außerdeliktische Schutzpflichten, 2000, S. 444.
26 BGHZ 14, 7, 10; 37, 363, 370.
27 BGHZ 12, 154, 157; 64, 5, 8; 10, 69, 75; 88, 344, 351; 96, 371, 376 BGH NJW 1985, 732, 733; 1989, 1990, 1991; beim Sachenrecht umstritten, vgl. MüKo/*Roth*, § 242 Rn 79; Soergel/*Teichmann*, § 242 Rn 79; einschr. hinsichtlich des Familienrechts Staudinger/*J. Schmidt*, § 242 Rn 1539; *Gernhuber*, JuS 1983, 764, 768 ff.

recht,[31] Zwangsvollstreckungsrecht[32] und Versicherungsrecht.[33] Rechtsgebiete, in denen der Grundsatz von Treu und Glauben ausgeschlossen wäre, gibt es nicht.[34] Die Norm gilt auch in Bezug auf nichtige Rechtsgeschäfte; Voraussetzung ist lediglich das Bestehen einer **Sonderverbindung**, wofür es jetzt einen Anhaltspunkt in § 241 Abs. 2 gibt. Der Grundsatz wird auch im Steuerrecht,[35] Sozialrecht,[36] Wettbewerbsrecht[37] und Öffentlichen Recht[38] beachtet; allerdings ist § 242 als Norm des Privatrechts nur analog anwendbar.[39] Bei einer Anwendung müssen die Eigenarten des entsprechenden Rechtsgebiets Beachtung finden, was im Einzelnen zu Modifikationen und Einschränkungen, im Ergebnis u. U. dazu führen kann, dass der Rechtsgedanke des § 242 zurücktreten muss.[40]

Zu trennen ist beim Anwendungsbereich indes zwischen der Billigkeits- und der Loyalitätsfunktion. Die Ergänzung eines Gesetzes durch die Billigkeitsfunktion im Einzelfall muss für die gesamte Rechtsordnung gelten und nicht lediglich für das Privatrecht. Die Loyalitätspflicht beansprucht Geltung für das gesamte BGB. Außerhalb ist diese Pflicht nur dann zu bejahen, wenn es um die Erreichung eines Leistungszwecks geht.

Grundsätzlich ist die **Billigkeitsfunktion** des § 242 unabdingbar. Zur **Parteidisposition** steht dagegen bis zu einem bestimmte Grade der Ausschluss bestimmter **Loyalitäts- und Rücksichtnahmepflichten**.[41] Für Allgemeine Geschäftsbedingungen sind dabei die Grenzen des § 307 Abs. 2 Nr. 2 zu beachten.

2. Verhältnis zu Vertragsauslegung und ergänzender Vertragsauslegung

9 Zur **Vertragsauslegung** an sich ergibt sich trotz Nennung des Grundsatzes von Treu und Glauben im Wortlaut des § 157 kein unmittelbarer Bezugspunkt. Bei der rechtsfortbildend entwickelten **ergänzenden Vertragsauslegung**[42] wird § 242 als **Lückenfüllungsmaßstab** herangezogen, wobei der Treu-und-Glauben-Grundsatz grundsätzlich eine formelhafte Umschreibung für eine angemessene Lösung darstellt. Eine Heranziehung des § 242 selbst, also nicht nur der Formel von Treu und Glauben, zur ergänzenden Vertragsauslegung kann indes zu Vermischungen führen,[43] weswegen wie bei der Rechtsfortbildungsfunktion darauf verzichtet werden sollte. Grundsätzlich ist die ergänzende Auslegung als spezielles Instrument zur Lückenfüllung vorrangig.[44] Erst wenn der Parteiwille nicht ermittelt werden kann, ist die Einwirkung des § 242 auf das Rechtsverhältnis zu untersuchen.[45]

3. Abgrenzung der Billigkeitsfunktion
a) Loyalitäts- und Rücksichtnahmepflicht

10 Problematisch erweist sich die Frage, ob die Billigkeitsfunktion von der Loyalitäts- und Rücksichtnahmepflicht zu trennen ist oder ob sie mit dieser eine Einheit bildet.[46] Für eine Trennung spricht, dass nur die Loyalitäts- und Rücksichtnahmepflicht an den gesetzlichen Tatbestand des § 242 anknüpft, während die allgemeine Billigkeitsfunktion keinen Bezug zu § 242 aufweist, nicht einmal eine Pflicht im engeren Sinne darstellt und gesetzestechnisch auch an anderer Stelle festgemacht werden könnte. Hinzu kommt, dass auch die verfolgten Zwecke, nämlich die **Förderung** des **Leistungserfolges** durch die Loyalitäts- und Rücksichtnahmepflicht und die **Einzelfallgerechtigkeit** durch die Billigkeitsfunktion in keinem inneren Zusammenhang stehen.[47]

---

28 Erfurter Kommentar zum Arbeitsrecht/*Preis*, § 611 Rn 993; MüKo/*Roth*, § 242 Rn 151; Palandt/*Putzo*, § 611 Rn 39 ff.; Erman/*Werner*, § 242 Rn 61.
29 BGH JZ 1995, 1064, 1065; MüKo/*Roth*, § 242 Rn 152 ff.; *K. Schmidt*, Gesellschaftsrecht, § 10 IV; krit. *Flume*, ZIP 1996, 161.
30 BGHZ 1, 31, 32 f.; 21, 66, 78.
31 BGHZ 20, 198, 206; 43, 289, 292; 112, 345, 349; BGH NJW 1994, 1351, 1352; Soergel/*Teichmann*, § 242 Rn 83; Erman/*Werner*, § 242 Rn 33 ff.; *Jauernig*, Zivilprozessrecht, § 26 II; *Rosenberg/Schwab/Gottwald*, Zivilprozessrecht, § 2 IV.
32 *Bittmann*, ZZP 97, 32.
33 BGHZ 40, 387, 389; 100, 60, 64; MüKo/*Roth*, § 242 Rn 88.
34 BGHZ 85, 39, 48; Palandt/*Heinrichs*, § 242 Rn 16; Jauernig/*Vollkommer*, § 242 Rn 10; *Medicus*, Schuldrecht I, Rn 125.
35 BFH NJW 1990, 1251.
36 BSG NJW 1987, 2038, 2039; BGH NJW 1996, 1277, 1278.
37 BGH NJW 1971, 1747, 1748; MüKo/*Roth*, § 242 Rn 525.
38 BVerfGE 59, 128, 167; BVerfG NJW 1994, 954, 955; BGHZ 30, 232, 236; 94, 344, 349; 95, 109, 113.
39 BGHZ 94, 344, 349.
40 Jauernig/*Vollkommer*, § 242 Rn 10f.; Palandt/*Heinrichs*, § 242 Rn 17; MüKo/*Roth*, § 242 Rn 96.
41 MüKo/*Roth*, § 242 Rn 76; Staudinger/*J. Schmidt*, § 242 Rn 289 ff.; Soergel/*Teichmann*, § 242 Rn 107 ff.; *Larenz*, Schuldrecht I, § 10 I (S. 128 ff.).
42 BGHZ 9, 273, 277 f.; 74, 370, 376; BGH NJW 1993, 2935, 2937; MüKo/*Mayer-Maly/Busche*, § 157 Rn 25 ff.; Jauernig/*Jauernig*, § 157 Rn 2 f.; Soergel/*Wolf*, § 157 Rn 103 ff.; Palandt/*Heinrichs*, § 157 Rn 2 ff.
43 MüKo/*Roth*, § 242 Rn 126; Staudinger/*J. Schmidt*, § 242 Rn 263; Soergel/*Teichmann*, § 242 Rn 124.
44 BGHZ 9, 273, 277 f.; 90, 69, 74; krit. MüKo/*Roth*, § 242 Rn 106; *Ulmer*, BB 1982, 1125, 1130.
45 MüKo/*Roth*, § 242 Rn 106; Jauernig/*Vollkommer*, § 242 Rn 12; Palandt/*Heinrichs*, § 242 Rn 18; Erman/*Werner*, § 242 Rn 13.
46 *Krebs*, Sonderverbindung und außerdeliktische Schutzpflichten, 2000, S. 445.
47 *Krebs*, Sonderverbindung und außerdeliktische Schutzpflichten, 2000, S. 445.

b) Sittenwidrigkeit und Schikaneverbot

Der Sittenwidrigkeitsmaßstab des § 138 Abs. 1 ist enger als der des § 242. Eine Treuwidrigkeit ist in der Regel noch kein Sittenverstoß. **§ 138 Abs. 1** legt also enge **Mindeststandards** auf der **Wirksamkeitsebene** fest, bei deren Vorliegen als Rechtsfolge grundsätzlich die Nichtigkeit eintritt. Demgegenüber ist die Billigkeitsfunktion der Treuepflicht des **§ 242 einzelfallbezogen**, ermöglicht grundsätzlich auch weniger einschneidende Rechtsfolgen und wird auf der **Ausübungsebene** relevant. Im Einzelfall kann es geboten sein, aus dem Verstoß gegen Treu und Glauben weitergehende Rechtsfolgen herzuleiten, wenn die Nichtigkeit des Rechtsgeschäfts nicht zu einem gerechten Interessenausgleich führt.[48] Grundsätzlich geht die Vorschrift des § 138 als **lex specialis** dem § 242 vor.[49] Das **Schikaneverbot** des § 226 läuft neben dem in § 242 normierten Verbot der unzulässigen Rechtsausübung weitgehend leer.[50] Ursache ist die heute gewohnheitsrechtlich anerkannte Anwendung der Treuepflicht auch auf den Gläubiger.[51]

11

V. Prozessuales

Ein Verstoß gegen Treu und Glauben soll **von Amts wegen** im Prozess Berücksichtigung finden.[52] Dies ist indes nicht zwingend, wie das Beispiel des bisher im Rahmen des § 242 behandelten Wegfalls der Geschäftsgrundlage zeigt (§ 313 Rn 52). Das Vorliegen eines solchen Verstoßes ist Tat- und auch Rechtsfrage; letztere unterliegt der Überprüfung durch das **Revisionsgericht**.[53] Oft führt die Anwendung des Treu-und-Glauben-Grundsatzes nicht unmittelbar zu einer Rechtsbeschränkung, sondern gewährt der Gegenpartei ein **Gestaltungsrecht**, welches innerhalb oder außerhalb des Prozesses ausgeübt werden kann. Der Gläubiger kann auch bei einem rechtskräftigen Leistungsurteil in einem neuen Prozess eine nach Treu und Glauben der veränderte Lage angepasste Leistung fordern, wenn das Urteil wegen Versagung der behördlichen Genehmigung nicht realisiert werden kann.[54] Eine Geltendmachung im Wege der Einrede ist i.d.R. nicht erforderlich,[55] es muss lediglich eine Einführung der relevanten Tatsachen in den Prozess erfolgen. Die Notwendigkeit einer inhaltlichen Bestimmung und Substantiierung solcher Ansprüche ergibt sich v. a. aus den Grundsätzen des Prozessrechts. Die **Beweislast** trifft denjenigen, der sich auf § 242 beruft.[56]

12

B. Rücksichtnahme- und Loyalitätspflichten

I. Allgemeine Grundsätze

Auf Grundlage des § 242 können gesetzliche oder vertragliche Rechte und Pflichten der Parteien inhaltlich weiter konkretisiert und ergänzt werden. Die Norm bildet unter anderem die Basis für ergänzende leistungsbezogene Nebenpflichten.[57]

13

II. Einteilung der Pflichten

Selbständige Nebenpflichten haben einen Eigenzweck und sind einklagbar, obwohl sie grundsätzlich der Hauptpflicht untergeordnet sind. **Unselbständige**, nur mittelbar auf den Leistungserfolg bezogene **Nebenpflichten** sichern lediglich die Hauptleistungspflicht und die Zweckerreichung und geben in der Regel kein Klagerecht.[58]

14

---

48 BGHZ 12, 286, 295; 22, 90, 97; BGH NJW 1971, 1034, 1035; Erman/*Werner*, § 242 Rn 15; Hk-BGB/*Schulze*, § 242 Rn 8.
49 MüKo/*Roth*, § 242 Rn 106; Erman/*Werner*, § 242 Rn 12; Jauernig/*Vollkommer*, § 242 Rn 12; Palandt/*Heinrichs*, § 242 Rn 18; Staudinger/*J. Schmidt*, § 242 Rn 272.
50 MüKo/*Roth*, Rn 380; Palandt/*Heinrichs*, § 226 Rn 1; Jauernig/*Jauernig*, § 226 Rn 4; *Krebs*, Sonderverbindung und außerdeliktische Schutzpflichten, 2000, S. 441; Soergel/*Teichmann*, § 242 Rn 125; Staudinger/*J. Schmidt*, § 242 Rn 275.
51 MüKo/*Roth*, § 242 Rn 187; Staudinger/*J. Schmidt*, § 242 Rn 269 ff.
52 BGHZ 31, 77, 84; 37, 147, 152; MüKo/*Roth*, § 242 Rn 66; Jauernig/*Vollkommer*, § 242 Rn 63; *Medicus*, Schuldrecht I, Rn 135; Staudinger/*J. Schmidt*, § 242 Rn 314.
53 Erman/*Werner*, § 242 Rn 205.
54 BGHZ 38, 146, 149; Erman/*Werner*, § 242 Rn 205; MüKo/*Roth*, § 242 Rn 68.
55 St. Rspr. seit RGZ 152, 403; Staudinger/*J. Schmidt*, § 242 Rn 314; zur Abgrenzung Einwendung/Einrede krit. *Medicus*, Schuldrecht I, Rn 136; MüKo/*Roth*, § 242 Rn 66.
56 RGZ 146, 385, 396; BGHZ 12, 154, 160; 25, 47, 55; 12, 154, 160; BGH JZ 1987, 250, 251; BGH NJW 1975, 827, 829; 1999, 353; *Jauernig*, Zivilprozessrecht, § 50 IV; *Paulus*, Zivilprozessrecht, Rn 277; Hk-BGB/*Schulze*, § 242 Rn 5; MüKo/*Roth*, § 242 Rn 69.
57 RGZ 97, 325, 327; BAG NJW 1959, 1294; BGHZ 67, 34; 29, 176, 179 ff.; 90, 103, 108; *Baumann*, JZ 1957, 367 ff.
58 Palandt/*Heinrichs*, § 242 Rn 25; MüKo/*Roth*, § 242 Rn 181.

1. Unmittelbar auf den Leistungserfolg bezogene Nebenpflichten
a) Leistungstreuepflicht

15 **Leistungsbezogene Pflichten** sind die Leistungstreue- und die Mitwirkungspflichten.
Die **Leistungstreuepflicht** besteht darin, den Leistungserfolg nicht zu gefährden oder zu vereiteln, die Erreichung des Leistungserfolges im Rahmen des Zumutbaren aktiv zu fördern und bei der Ausübung von Leistungsrechten und der Erfüllung von Leistungspflichten Rücksicht zu nehmen. Sie stellt eine unmittelbar auf den Leistungserfolg bezogene Nebenpflicht dar.[59]

Vom Vertragsschluss bis zur Leistungserbringung obliegt dem Schuldner eine **Erhaltungs- und Obhutspflicht** hinsichtlich des Schuldgegenstandes. Die entstehenden Vorteile des anderen Teiles dürfen weder gefährdet noch geschmälert oder entzogen werden.[60] Ein **Verstoß** gegen eine Leistungstreuepflicht liegt demnach vor, wenn der Schuldner die Erfüllung des Vertrages ernsthaft verweigert oder die Vertrauensgrundlage des Vertrages in schwerwiegender Weise gefährdet, beziehungsweise wenn der Gläubiger sich grundlos vom Vertrag lossagt oder die Leistung unberechtigt beanstandet.[61]

Die Parteien müssen aufgrund der **Mitwirkungspflicht**,[62] welche einen Unterfall der Leistungstreuepflicht darstellt,[63] die Voraussetzungen für die Durchführung des Vertrages schaffen und Erfüllungshindernisse beseitigen. Dies geschieht idealiter im Zusammenwirken und nur, soweit dies keinen nennenswerten Eingriff in ihre eigenen berechtigten Interessen darstellt.

b) Auskunfts- und Aufklärungspflicht

16 Die **Auskunftspflicht** ergibt sich aus unterschiedlichen Rechtsnormen und verpflichtet jeden, der (auch) fremde Angelegenheiten zu betreuen hat, zur Rechenschaftslegung und Auskunftserteilung.[64] Eine allgemeine Auskunftspflicht besteht jedoch nicht.[65] In welcher Weise und in welchem Umfang die Auskunft zu erteilen ist, bestimmt sich vielmehr nach Zumutbarkeit und Verhältnismäßigkeit.[66] **Voraussetzungen** sind das Bestehen einer Sonderverbindung, die Unkenntnis des Berechtigten, die Kenntnis des Verpflichteten und die Zumutbarkeit. Die geschuldete Auskunft ist in der Regel nur auf Verlangen zu erteilen, nur dann auch ungefragt, wenn Schweigen offensichtlich unredlich wäre.[67]

17 Die **Aufklärungspflicht**[68] ist im Gegensatz zur Auskunftspflicht[69] **nicht einklagbar** und umfasst die Pflicht, den anderen Teil unaufgefordert über entscheidungserhebliche Umstände, nach denen der andere sein freies Verhalten ausgerichtet hätte, zu informieren.[70] Dies erfordert grundsätzlich **Kenntnis** der relevanten Tatsachen. Bei einem generellen Informationsgefälle kann die Treuepflicht auch eine zumutbare Informationsbeschaffung umfassen.[71] Die Aufklärungspflicht muss erkennbar sein. Schließlich darf die Aufklärung nicht zu einer unzumutbaren Beeinträchtigung der Interessen des Aufklärungspflichtigen führen.[72] Oft kann sich die Hinweispflicht mit den Schutzpflichten überschneiden, vor allem dann, wenn vor Gefahren zu warnen ist, die das Integritätsinteresse bedrohen.[73]

2. Mittelbar auf den Leistungserfolg bezogene Nebenpflichten

Ob für diese Pflichten neben den Rücksichtnahmepflichten gem. § 241 Abs. 2 ein Bedarf besteht, ist noch nicht geklärt.

---

59 Hierzu zählen die Aufklärungs-, die Rechenschafts- und die Mitwirkungspflichten.
60 BGHZ 16, 4, 10; Palandt/*Heinrichs*, § 242 Rn 28.
61 RGZ 119, 353, 356; 131, 274, 276; BGHZ 23, 222, 227; 99, 167; OLG Zweibrücken NJW-RR 1997, 1546; Palandt/*Heinrichs*, § 242 Rn 29.
62 KG NJW 1962, 1062, 1063; BGH NJW 1983, 1545, 1546 f.; 1985, 195; MüKo/*Roth*, § 242 Rn 214 ff.
63 RGZ 115, 35, 38 f.; BGHZ 62, 272, 280; 62, 103, 107; OLG Brandenburg NJW-RR 1999, 276; Hk-BGB/*Schulze*, § 242 Rn 17; Palandt/*Heinrichs*, § 242 Rn 32.
64 RGZ 164, 348, 350; BGHZ 10, 385, 386 f.; MüKo/*Krüger*, § 259 Rn 3; Soergel/*M. Wolf*, § 260 Rn 1 ff.; Palandt/*Heinrichs*, § 242 Rn 37; Erman/*Werner*, § 242 Rn 65.
65 BGH NJW 1988, 1906 f.; *Lüke*, JuS 1986, 2.
66 BGHZ 10, 385, 387; 70, 86, 91; 95, 285, 288; BGH NJW 1982, 2771 f.; Soergel/*M. Wolf*, § 260 Rn 52.
67 BGH NJW 1988, 1965, 1966.
68 BGH ZIP 2000, 1296, 1297; 2001, 71, 75; MüKo/*Roth*, § 242 Rn 260 ff.
69 BGHZ 91, 154, 171.
70 BGHZ 29, 176, 181; 41, 104, 108; 134, 177; *Baumann*, JZ 1957, 367; MüKo/*Roth*, § 242 Rn 260; Palandt/*Heinrichs*, § 242 Rn 37; Hk-BGB/*Schulze*, § 242 Rn 19.
71 MüKo/*Roth*, § 242 Rn 272.
72 Näher hierzu *Breidenbach*, Die Voraussetzungen von Informationspflichten bei Vertragsschluss, 1989, S. 70 ff.; *Hopt*, Der Kapitalanlegerschutz im Recht der Banken, 1975, S. 414 ff. jeweils ohne Unterscheidung zwischen Treue- und Schutzpflichten.
73 BGHZ 64, 46, 49 f.; NJW-RR 91, 420, 421; Palandt/*Heinrichs*, § 242 Rn 37; *Krebs*, Sonderverbindung und außerdeliktische Schutzpflichten, 2000, S. 456 f., 508 f.

a) Illoyale Schädigung unter Ausnutzung spezifischer Einwirkungsmöglichkeiten

Voraussetzung sind spezifische Einwirkungsmöglichkeiten.[74] Nach dem allgemeinen Sprachgebrauch ist nur die **vorsätzliche Handlung** illoyal und damit treuwidrig.[75] Fahrlässige Pflichtverletzungen werden im Regelfall von § 280 Abs. 1 i.V.m. § 241 Abs. 2 erfasst. Bisher werden diese Fälle jedoch meist als Treuepflichtverletzungen eingeordnet.[76]

b) Vorsätzlicher Verstoß gegen vertragliche oder deliktische Pflichten

Illoyal ist auch jeder vorsätzliche Verstoß gegen vertragliche oder deliktische Pflichten. Hierbei besteht die spezifische **Sanktion** wegen der Treuewidrigkeit nicht in einem zusätzlichen Schadensersatzanspruch, welcher schon aus dem allgemeinen Schadensersatzrecht, speziell aus § 280 Abs. 1, folgt. Spezifische Sanktion der Treuepflicht ist das Recht der anderen Seite zur Lösung von der Leistungsbeziehung (vgl. § 324 für die Schutzpflichtverletzung). Diese Rechtsfolge kommt indes nur als ultima ratio in Betracht, da sie nur zu rechtfertigen ist, wenn sich wenigstens für die Gesamtheit der Fälle eine Förderung des Leistungserfolges ergibt.[77]

c) Allgemeine Rücksichtnahmepflicht

Die allgemeine Rücksichtnahmepflicht beinhaltet die Pflicht, bei jeder Handlung, die infolge der mit der Sonderverbindung verbundenen Einwirkungsmöglichkeiten erhebliche Auswirkungen auf die Interessen der anderen Seite hat, die Interessen der anderen Seite zu berücksichtigen, sofern dies unter Wahrung der eigenen berechtigten Interessen zumutbar ist.[78] Sie stellt innerhalb der nur mittelbar auf den Leistungserfolg bezogenen Treuepflichten das Gegenstück zur Rücksichtnahme bei der Ausübung von Leistungsrechten und Erbringung von Leistungspflichten dar.[79] Die allgemeine Rücksichtnahmepflicht ist damit auch eine durch die rechtsfortbildende Erweiterung des § 242 bedingte Erweiterung und zugleich Verdrängung des Schikaneverbots des § 226 (Rn 10).[80]

III. Rechtsfolgen eines Treuepflichtverstoßes

Bei einer Verletzung einer **unmittelbar auf den Leistungserfolg bezogenen** Treuepflicht werden die Rechtsfolgen einer zu vertretenden Leistungsstörung, eventuell auch des Sachmängelrechts ausgelöst.[81] Bei nur **mittelbar auf den Leistungserfolg bezogenen** Pflichten hat der Geschädigte bei illoyaler Schädigung einen Schadensersatzanspruch, als **ultima ratio** erwarten den Schädiger die Beendigung des Rechtsverhältnisses durch Rücktritt oder Kündigung als Sanktion.[82]

C. Billigkeitsfunktion

I. Allgemeine Grundsätze

Im Rahmen der Billigkeitsfunktion der Treuepflicht begrenzen nach der so genannten **Innentheorie**[83] Treu und Glauben alle Rechte, Rechtsinstitute und Rechtsnormen. Diese Form der Treuepflicht dient der allgemeinen Verwirklichung von Treu und Glauben.

II. Unzulässige Rechtsausübung
1. Überblick und Voraussetzungen

Hauptanwendungsfall der Billigkeitsfunktion ist die unzulässige Rechtsausübung.[84] Ein **individueller Rechtsmissbrauch** liegt vor, wenn im **Einzelfall** die Rechtsausübung gegen den Grundsatz von Treu und Glauben verstößt, wenn also die andere Partei besonders schutzwürdig ist oder keine schutzwürdigen

---

[74] Beispiel: Veranlassung zu schädigenden Rechtsgeschäften unter Ausnutzung gesellschaftsrechtlicher Abhängigkeit (BGHZ 65, 15, 21).
[75] *Krebs*, Sonderverbindung und außerdeliktische Schutzpflichten, 2000, S. 459.
[76] Beispiele: BGHZ 65, 15, 21; 42, 59, 61; BGH NJW-RR 1991, 178; BAG MDR 1959, 700.
[77] *Krebs*, Sonderverbindung und außerdeliktische Schutzpflichten, 2000, S. 462; Beispiele für einen solchen vorsätzlichen Verstoß: BGH NJW 1973, 92, 93; 1978, 260; abgelehnt wurde ein solcher vom OGH NJW 1949, 261, 262.
[78] Ein Anwendungsfall stellt z.B. das Verbot der Kündigung zur Unzeit dar, BGH WM 1987, 921, 922; 1978, 238, 239; 1981, 150, 151.
[79] *Krebs*, Sonderverbindung und außerdeliktische Schutzpflichten, 2000, S. 463.
[80] *Krebs*, Sonderverbindung und außerdeliktische Schutzpflichten, 2000, S. 463.
[81] MüKo/*Roth*, § 242 Rn 173, 181; Erman/*Werner*, § 242 Rn 69.
[82] MüKo/*Roth*, § 242 Rn 179 ff.; *Krebs*, Sonderverbindung und außerdeliktische Schutzpflichten, 2000, S. 476.
[83] BGHZ 12, 154, 157; Beispiele hierzu bei MüKo/*Roth*, § 242 Rn 381; Hk-BGB/*Schulze*, § 242 Rn 23.
[84] Soergel/*Teichmann*, § 242 Rn 281 ff.; Staudinger/*J. Schmidt*, § 242 Rn 616 ff.; MüKo/*Roth*, § 242 Rn 380 ff.; Jauernig/*Vollkommer*, § 242 Rn 32 ff.

eigenen Interessen der ausübenden Partei bestehen.[85] Beim **institutionellen Rechtsmissbrauch** hingegen geht es um eine mehr oder minder generalisierende Interessenabwägung in Bezug auf bestimmte Rechtsnormen oder Institute, die im Rahmen des § 242 insoweit nicht vernachlässigt werden dürfen, als sie bereichsübergreifende Wertungen zum Ausdruck bringen.[86] **Generelle Voraussetzungen** für eine unzulässige Rechtsausübung sind das Bestehen einer Sonderverbindung und das Vorliegen eines Verstoßes gegen Treu und Glauben, ein schuldhaftes Handeln muss nicht zwingend vorliegen.[87]

2. Fallgruppen

24 Der individuelle Rechtsmissbrauch lässt sich in verschiedene Fallgruppen unterteilen, wobei eine standardisierte Fallgruppensystematisierung noch nicht existiert.[88]

a) Unredlicher Erwerb der eigenen Rechtsstellung[89]

25 Wer die Voraussetzungen einer vertraglichen oder gesetzlichen Rechtsgrundlage oder einer sonstigen günstigen Rechtsstellung in **missbilligenswerter Weise** selbst geschaffen hat, kann aus ihr keine Rechte oder Rechtsvorteile herleiten, da niemand sich zur Begründung seines Rechts auf sein eigenes unredliches Verhalten berufen darf.[90]

b) Verletzung eigener Pflichten[91]

26 Die Geltendmachung von Rechten aus einem Vertrag kann unzulässig sein, wenn sich die handelnde Partei selbst vertrags- beziehungsweise rechtsuntreu verhalten hat, d.h. das Recht in gesetzes-, sitten- oder vertragswidriger Weise erworben bzw. die günstige Rechtslage geschaffen hat.[92] Das treuwidrige Verhalten muss für den Rechtserwerb **kausal** gewesen sein.[93]

c) Fehlen eines schutzwürdigen Eigeninteresses[94]

27 Ein schutzwürdiges Eigeninteresse fehlt, wenn der Gebrauch des Rechtes nur als Vorwand zur Erreichung vertragsfremder oder unlauterer Ziele dient[95] oder die Rechtsausübung mangels sachlichen Eigeninteresses völlig nutzlos ist. Ausreichend ist **objektiv fehlende Schutzwürdigkeit** des Gläubigers.[96] Einen eigenen Teilbereich dieser Fallgruppe stellen die Fälle der **Pflicht zur sofortigen Rückgewähr** dar,[97] wenn also der Gläubiger eine Leistung fordert, die er aus einem anderen Rechtsgrund alsbald zurückgewähren muss (**dolo-agit**-Einrede).[98]

d) Geringfügige Interessenverletzung beziehungsweise Unverhältnismäßigkeit[99]

28 Eine solche ist gegeben, wenn der Berechtigte geringfügige, im Ergebnis folgenlos gebliebene Pflichtverletzungen oder Mängel dazu ausnutzt, ganz unangemessene Rechtsfolgen geltend zu machen, wenn also die Rechtsausübung einer Partei völlig außer Verhältnis zum Verhalten der anderen Partei steht.[100]

---

85 BGHZ 30, 195; 93, 64, 66; MüKo/*Roth*, § 242 Rn 338; AK/*Teubner*, § 242 Rn 38; Hk-BGB/*Schulze*, § 242 Rn 24; Palandt/*Heinrichs*, § 242 Rn 40; *Canaris*, FG 50 Jahre BGH, S. 129,167.
86 BGHZ 29, 6, 10 f.; 48, 396, 398 f.; MüKo/*Roth*, § 242 Rn 347; Palandt/*Heinrichs*, § 242 Rn 40; Hk-BGB/*Schulze*, § 242 Rn 24.
87 BGHZ 64, 5, 9; 65, 190, 194; Hk-BGB/*Schulze*, § 242 Rn 25.
88 BGHZ 23, 53, 55 f.; 60, 293; BGH NJW 1998, 1144; BAG NJW 1997, 225 f.; BGH WM 1999, 91, 92; *Esser/Schmidt*, Schuldrecht I Allgemeiner Teil I, § 5 II 1 (S. 89); MüKo/*Roth*, § 242 Rn 129.
89 BVerfGE 83, 82, 86; BGHZ 94, 132, 138; 122, 163, 168; BGH NJW 1988, 2239, 2241; BVerwG NJW 1994, 954, 955; Staudinger/*J. Schmidt*, § 242 Rn 653 ff.; Palandt/*Heinrichs*, § 242 Rn 42; MüKo/*Roth*, § 242 Rn 388 ff.; Jauernig/*Vollkommer*, § 242 Rn 45; Erman/*Werner*, § 242 Rn 80.
90 Beispiele: Vertragsschluss bei erkanntem Missbrauch der Vertretungsmacht (BGHZ 94, 132, 138 f.); Geltendmachung von Eigenbedarf nach Vermietung von Alternativwohnung (BVerfGE 83, 82, 86).
91 BGH NJW 1981, 1211, 1212; LAG Hamm DB 1989, 787, 788; Hk-BGB/*Schulze*, § 242 Rn 29; Palandt/*Heinrichs*, § 242 Rn 46 ff.
92 Der Lieferant, der den Ausfall der Selbstbelieferung selbst verschuldet hat, kann sich nicht auf die Befreiungsklausel berufen (BGHZ 92, 396, 403). Der Grundsatz, nur die sich selbst vertragstreu verhaltende Partei könne auch Rechte aus einem Vertrag geltend machen, geht allerdings zu weit, vgl. Soergel/*Teichmann*, § 242 Rn 287; MüKo/*Roth*, § 242 Rn 417; str., vgl. Jauernig/*Vollkommer*, § 242 Rn 47.
93 BGHZ 72, 316, 322. Beispiel: Inanspruchnahme von Sicherheiten bei treuwidriger Herbeiführung des Verwertungsfalles (BGH MDR 1980, 561).
94 BGHZ 58, 146; BayObLG NJW-RR 1996, 1358, 1359; MüKo/*Roth*, § 242 Rn 551; Palandt/*Heinrichs*, § 242 Rn 50 ff.
95 BGH NJW 1991, 1289.
96 Z.B. Wandlung nach Wegfall des Mangels (BGHZ 90, 198, 204 f.); Missbrauch des Stimmrechts durch einen Gesellschafter (BGHZ 88, 320, 328 ff.); Ausübung des gesetzlichen Vorkaufsrechts bei Fehlen eines öffentlichen Interesses (BGHZ 36, 155, 158).
97 MüKo/*Roth*, § 242 Rn 539 ff.; Palandt/*Heinrichs*, § 242 Rn 52.
98 Beispiel: Das Erlangte muss aus Bereicherungsrecht (BGHZ 74, 293, 300) oder als Schadensersatz (BGHZ 116, 200, 203 f.) zurückgewährt werden. Der Eigentümer verlangt eine Sache vom Anwartschaftsberechtigten heraus, dessen Eigentumserwerb unmittelbar bevorsteht (BGHZ 10, 69, 75).
99 BGHZ 88, 91, 95; 53, 160, 164; 96, 88, 92; 109, 306, 312; *Canaris*, JZ 1987, 993, 1001 f.; Müko/*Roth*, § 242 Rn 542 ff.; Palandt/*Heinrichs*, § 242 Rn 53 ff.

e) Widersprüchliches Verhalten[101]

In einer Reihe von Fallgruppen kann die unzulässige Rechtsausübung aufgrund des **"venire contra factum proprium"** erfolgen,[102] wobei jedoch nicht in allen Fällen des widersprüchlichen Verhaltens eine unzulässige Rechtsausübung gegeben ist. **Voraussetzung** ist entweder, dass das frühere Verhalten einen Vertrauenstatbestand geschaffen hat oder dass die Treuwidrigkeit durch sonstige besondere Umstände begründet ist. Ein **Verschulden** wird bei der Interessenabwägung berücksichtigt, ist aber nicht erforderliche Voraussetzung.[103]

3. Rechtsfolgen unzulässiger Rechtsausübung

Bei dem rechtlich nicht geschützten Rechtsmissbrauch wird im **Einzelfall** von der an sich bestehenden Rechtslage zum Nachteil der sich rechtsmissbräuchlich verhaltenden Partei und zu Gunsten der Gegenpartei abgewichen.[104] Die Erhebung einer Einrede ist nicht erforderlich. Sofern schon der Rechtserwerb zu missbilligen war, wird eine **rechtshindernde** Einwendung begründet, in allen anderen Fällen eine **rechtsvernichtende Einwendung**.[105]

III. Verwirkung

Die Verwirkung[106] gilt als ein **Sonderfall** der unzulässigen Rechtsausübung und ist mit dem Verbot widersprüchlichen Verhaltens verwandt.[107] Ihr **Zweck** ist der Ausschluss illoyaler Verspätung der Rechtsausübung. Zugleich aber schützt die Verwirkung die redlichen Erwartungen der Gegenseite, weshalb sie bis zu einem gewissen Grade als Teil des Vertrauensschutzprinzips gewertet werden kann.[108] **Anwendbar** ist der Verwirkungseinwand grundsätzlich für alle Rechte und Rechtsstellungen, auch bei rechtskräftig festgestellten Ansprüchen.[109] **Dingliche Rechte** als solche unterliegen wie Mitgliedschaftsrechte nicht der Verwirkung, sondern nur die aus der Rechtsposition folgenden einzelnen Rechte.[110] **Voraussetzung** ist, dass der Berechtigte über einen bestimmten Zeitraum („**Zeitmoment**") ein Verhalten an den Tag gelegt hat, dass von der Gegenpartei so verstanden werden durfte, dass diese in Kenntnis seiner Position und trotz Veranlassung zum Handeln keinen Gebrauch davon machen werde. Hinzu kommt, dass diese sich inzwischen auf den Vertrauenstatbestand so eingerichtet haben muss („**Umstandsmoment**"), dass es nicht zumutbar erscheint, sie an der ursprünglichen Rechtslage festzuhalten.[111] Die Verwirkung ist **ausgeschlossen**, wenn ihr überwiegende öffentliche Interessen entgegenstehen.[112]

Eine Verwirkung ist aufgrund fehlender Identität der Voraussetzungen zum Ablauf der **Verjährungsfrist** oder dem **Ablauf einer Ausschlussfrist** abzugrenzen.[113]

Die Verwirkung begründet als Rechtsfolge eine **inhaltliche Begrenzung** des Rechts, die letztlich einen Rechtsverlust bedeutet, da das Recht dauerhaft nicht mehr ausgeübt werden kann.[114] Sie ist grundsätzlich **von Amts wegen** zu berücksichtigen, wobei der Partei, die sich auf sie beruft, die **Beweislast** obliegt.[115]

---

100 BGH NJW 1988, 699, 700; BGHZ 88, 91, 95. Der Besteller kann sich nicht auf einen unbedeutenden Mangel berufen, der sich unproblematisch beheben lässt (BGH NJW 1996, 1280, 1281).
101 BGHZ 117, 151, 154; BGHZ 130, 371, 375; Staudinger/*J. Schmidt*, § 242 Rn 668 ff.; Palandt/*Heinrichs*, § 242 Rn 55; Soergel/*Teichmann*, § 242 Rn 312 ff.; MüKo/*Roth*, § 242 Rn 423 ff.; Jauernig/*Vollkommer*, § 242 Rn 48; Esser/*Schmidt*, Schuldrecht I Allgemeiner Teil 1, § 10 III (S. 175); ausführlich: *Singer*, Das Verbot widersprüchlichen Verhaltens, 1993.
102 Z.B. keine nachträgliche Berufung auf Verjährung durch den, der den anderen selbst von der Unterbrechung derselben abgehalten hat (BGHZ 93, 64, 69). Weitere Beispiele: BGH NJW 1985, 1151, 1152; BGHZ 94, 344, 351 f.; 130, 371, 375; 108, 380, 385.
103 BGHZ 64, 5, 9; BGH WM 1968, 876, 877.
104 BGHZ 20, 206; 94, 246; 91, 134; BAG NJW 1997, 2257, 2258 f.; Hk-BGB/*Schulze*, § 242 Rn 26; Jauernig/*Vollkommer*, § 242 Rn 36; Erman/*Werner*, § 242 Rn 96.
105 Jauernig/*Vollkommer*, § 242 Rn 36; Palandt/*Heinrichs*, § 242 Rn 41.
106 BGHZ 96, 103, 107; 101, 244, 251; 103, 62; 107, 368; 122, 308; MüKo/*Roth*, § 242 Rn 464 ff.; Soergel/*Teichmann*, § 242 Rn 332 ff.; Staudinger/*J. Schmidt*, § 242 Rn 516 ff.; Jauernig/*Vollkommer*, § 242 Rn 53 ff.
107 BGHZ 21, 67, 80; Soergel/*Teichmann*, § 242 Rn 332; Staudinger/*J. Schmidt*, § 242 Rn 516; *Singer*, Das Verbot widersprüchlichen Verhaltens, 1993, S. 230, 335.
108 BGHZ 67, 56, 58; 92, 184, 187; 103, 62, 71; 122, 309, 315; für Erklärung als Vertrauenshaftung kraft rechtsethischer Notwendigkeit *Canaris*, FG 50 Jahre Bundesgerichtshof, 2000, 129, 135; für nur mittelbaren Bezug zum Rechtsscheinsprinzip *Singer*, Das Verbot widersprüchlichen Verhaltens, 1993, S. 43 ff.
109 BGHZ 5, 189, 194; 43, 289, 292; BAG NJW 1999, 379, 381; Hk-BGB/*Schulze*, § 242 Rn 45; Jauernig/*Vollkommer*, § 242 Rn 56.
110 MüKo/*Roth*, § 242 Rn 466; krit. Staudinger/*J. Schmidt*, § 242 Rn 538.
111 BGH NJW 1980, 880, BAG NJW 1999, 379, 381; BGHZ 25, 47, 53; Palandt/*Heinrichs*, § 242 Rn 87; Esser/*Schmidt*, Schuldrecht I Allgemeiner Teil 1, § 10 III (S. 176); Soergel/*Teichmann*, § 242 Rn 336 ff.
112 BGHZ 16, 82, 93; 126, 287, 295; Staudinger/*J. Schmidt*, § 242 Rn 558; MüKo/*Roth*, § 242 Rn 506.
113 BGH NJW-RR 1992, 1240, 1241; Staudinger/*J. Schmidt*, § 242 Rn 572; Soergel/*Teichmann*, § 242 Rn 334; Jauernig/*Vollkommer*, § 242 Rn 57; Esser/*Schmidt*, Schuldrecht I Allgemeiner Teil 1, § 10 III (S. 176).
114 Staudinger/*J. Schmidt*, § 242 Rn 562 ff.; Soergel/*Teichmann*, § 242 Rn 343; Palandt/*Heinrichs*, § 242 Rn 97.
115 BGH NJW 1958, 1188 f.; 1966, 343, 345; BGHZ 67, 56, 68; Jauernig/*Vollkommer*, § 242 Rn 63; Hk-BGB/*Schulze*, § 242 Rn 50; Soergel/*Teichmann*, § 242 Rn 344; Staudinger/*J. Schmidt*, § 242 Rn 576.

IV. Erwirkung

32 Noch wenig erforscht ist die Erwirkung als **Gegenstück zur Verwirkung**.[116] Damit ist einerseits nur die Erweiterung der rechtlichen Position des vorher Nichtberechtigten als Kehrseite der Verkürzung der Rechtspositionen des vorher Berechtigten durch die Verwirkung gemeint.[117] Durch Erwirkung kann andererseits auch ein neues geschütztes absolutes Recht der begünstigten Partei oder Ansprüche gegen die andere Partei entstehen.[118] Die Behandlung dieses Problems ist noch nicht hinreichend geklärt,[119] dies gilt vor allem im Rahmen der Begründung von Leistungspflichten im Schuldrecht, der Schwerpunkt liegt derzeit im Bereich des Arbeitsrechtes, ist aber von allgemeiner Relevanz.[120] Die **Voraussetzungen** entsprechen denen der Verwirkung, erforderlich ist demnach eine über einen längeren Zeitraum erfolgende Zuwendung unter Umständen, die das Vertrauen auf Fortgewährung begründen.[121] Als **Rechtsfolge** entsteht das entsprechende subjektive Recht.[122]

§ 243 Gattungsschuld

(1) ¹Wer eine nur der Gattung nach bestimmte Sache schuldet, hat eine Sache von mittlerer Art und Güte zu leisten.
(2) ¹Hat der Schuldner das zur Leistung einer solchen Sache seinerseits Erforderliche getan, so beschränkt sich das Schuldverhältnis auf diese Sache.

§ 244 Fremdwährungsschuld

(1) ¹Ist eine in einer anderen Währung als Euro ausgedrückte Geldschuld im Inland zu zahlen, so kann die Zahlung in Euro erfolgen, es sei denn, dass Zahlung in der anderen Währung ausdrücklich vereinbart ist.
(2) ¹Die Umrechnung erfolgt nach dem Kurswert, der zur Zeit der Zahlung für den Zahlungsort maßgebend ist.

1 Die vom Rechtsausschuss angeregte[1] Neufassung des **Abs. 1** ist die Folge der Einführung des Euro zum 1.1.2002 als Zahlungsmittel. Ab diesen Zeitpunkt ist der Euro die alleinige Währung in der Eurozone. Eine im Inland zu begleichende Geldforderung kann danach grundsätzlich auch dann in Euro erfüllt werden, wenn sie in ausländischer Währung ausgedrückt wurde. Anderes gilt nur im Fall einer **Effektivklausel**, also wenn eine eindeutige Parteivereinbarung vorliegt, wobei schlüssiges Verhalten ausreichen kann. Gegenüber dem RE wurde außerdem die amtliche Überschrift von „Geldschuld" in „Fremdwährungsschuld" verändert.[2] Über diese formalen Anpassungen hinausgehende inhaltliche Änderungen wurden nicht vorgenommen, so dass auf die Kommentierungen zu § 244 Abs. 1 a.F. zurückgegriffen werden kann. **Abs. 2** wurde nicht verändert.

§ 245 Geldsortenschuld

¹Ist eine Geldschuld in einer bestimmten Münzsorte zu zahlen, die sich zur Zeit der Zahlung nicht mehr im Umlauf befindet, so ist die Zahlung so zu leisten, wie wenn die Münzsorte nicht bestimmt wäre.

§ 246 Gesetzlicher Zinssatz

¹Ist eine Schuld nach Gesetz oder Rechtsgeschäft zu verzinsen, so sind vier vom Hundert für das Jahr zu entrichten, sofern nicht ein anderes bestimmt ist.

---

116 *Canaris*, Die Vertrauenshaftung im deutschen Privatrecht, 1971, S. 372 ff.; *ders.*, FG 50 Jahre BGH, 2000, S. 129, 135; *Singer*, Das Verbot widersprüchlichen Verhaltens, 1993, S 223 ff.; MüKo/*Roth*, § 242 Rn 416; Staudinger/*J. Schmidt*, § 242 Rn 591 ff.
117 Staudinger/*J. Schmidt*, § 242 Rn 579; MüKo/*Roth*, § 242 Rn 519; Erman/*Werner*, § 242 Rn 84.
118 Beispiel: mehr als 50-jährige unbeanstandete Verwendung eines Markennamens (BAG NJW 1987, 2101); Erwirkung im Namensrecht (BayObLGZ 1971, 216); Erwirkung eines Rechts auf höhere Rente (BSG NJW 1966, 125).
119 Staudinger/*J. Schmidt*, § 242 Rn 580; Erman/*Werner*, § 242 Rn 84.
120 MüKo/*Roth*, § 242 Rn 415; Staudinger/*J. Schmidt*, § 242 Rn 580; Palandt/*Heinrichs*, § 242 Rn 91; *Canaris*, Die Vertrauenshaftung im deutschen Privatrecht, 1971, S. 342 ff; *Singer*, Das Verbot widersprüchlichen Verhaltens, 1993, S. 223.
121 Als Beispiel gilt die betriebliche Übung im Arbeitsrecht, dazu *Singer*, Das Verbot widersprüchlichen Verhaltens, 1993, S. 347 ff.
122 Staudinger/*J. Schmidt*, § 242 Rn 586; MüKo/*Roth*, § 242 Rn 519.
1 BT-Drucks 14/7052, 11 f. und 182.
2 BT-Drucks 14/7052, 114.

§ 247 Basiszinssatz

(1) ¹Der Basiszinssatz beträgt 3,62 Prozent. ²Er verändert sich zum 1. Januar und 1. Juli eines jeden Jahres um die Prozentpunkte, um welche die Bezugsgröße seit der letzten Veränderung des Basiszinssatzes gestiegen oder gefallen ist. ³Bezugsgröße ist der Zinssatz für die jüngste Hauptrefinanzierungsoperation der Europäischen Zentralbank vor dem ersten Kalendertag des betreffenden Halbjahres.

(2) ¹Die Deutsche Bundesbank gibt den geltenden Basiszinssatz unverzüglich nach den in Absatz 1 Satz 2 genannten Zeitpunkten im Bundesanzeiger bekannt.

Literatur: *Huber*, Leistungsstörungen, in: Bundesminister der Justiz (Hrsg.), Gutachten und Vorschläge zur Überarbeitung des Schuldrechts, Band 1, Köln 1981, S. 647 ff.; Bundesminister der Justiz (Hrsg.), Abschlussbericht der Kommission zur Überarbeitung des Schuldrechts, Köln 1992.

Inhalt

A. Einführung 1	I. Anpassung 6
B. Entwicklung 2	II. Veröffentlichung 8
C. Basiszinssatz 6	

A. Einführung

Der durch das Gesetz zur Modernisierung des Schuldrechts neu in das BGB eingefügte § 247 definiert den „Basiszinssatz". Dieser Zinssatz hatte aus Anlass der Einführung des Euro den Diskontsatz der Deutschen Bundesbank ersetzt und war bislang in § 1 des Diskontsatz-Überleitungs-Gesetzes (DÜG) geregelt.[1] Im BGB wird der Begriff Basiszinssatz erst seit dem In-Kraft-Treten des Gesetzes zur Beschleunigung fälliger Zahlungen[2] am 1.5.2000 in § 288 a.F. als Bezugsgröße verwendet.   **1**

B. Entwicklung

Der seit 1900 unveränderte § 246 bestimmt unter der – nunmehr amtlichen – Überschrift „gesetzlicher Zinssatz", eine nach Gesetz oder Rechtsgeschäft verzinsliche Schuld müsse mit 4 % für das Jahr verzinst werden, sofern nicht ein anderes bestimmt sei. Der Zinssatz von 4 % galt bis zum 1.5.2000 nach § 288 Abs. 1 S. 1 a.F. auch im Fall des Verzuges mit einer Geldschuld. Der feste Verzugszinssatz von 4 % je Jahr entsprach seit vielen Jahrzehnten nicht mehr den wirtschaftlichen Verhältnissen und war seit langem und mit Recht als zu starr und nieder kritisiert worden.[3] Er erlaubte dem zögerlichen Schuldner, bei seinem Gläubiger einen günstigen „Zwangskredit" zu nehmen; dieser konnte freilich fast immer gestützt auf § 288 Abs. 2 a.F. einen nach § 286 Abs. 1 a.F. zu ersetzenden höheren (Zins-)Schaden nachweisen.[4]   **2**

Die Kommission zur Überarbeitung des Schuldrechts schlug in ihrem Abschlussbericht eine einheitliche Regelung für alle verzinslichen Schulden vor. § 246 BGB-KE legte, sofern nicht ein anderes bestimmt ist, einen Zinssatz von 2 % über dem jeweiligen Diskontsatz der Deutschen Bundesbank, mindestens aber 6 % für das Jahr fest.[5] Der Vorschlag war wegen seines weiten Anwendungsbereichs überraschend, wurde er doch nur auf die genannten Defizite des Verzugszinssatzes (Rn 2) gestützt.[6]   **3**

Die Verfasser des Diskussionsentwurfs fanden eine neue Lage vor. Die Regelung des Verzugszinssatzes war mittlerweile reformiert (Rn 1). Der Vorschlag der Schuldrechtskommission, einen einheitlichen Zinssatz für alle verzinslichen Schulden zu schaffen, wurde nicht weiter verfolgt. Vielmehr wollte man lediglich den im BGB angesprochenen „Basiszinssatz" nunmehr auch im BGB definieren, weil dies der Struktur des BGB entspreche und die Rechtsanwendung übersichtlicher und leichter mache.[7] Daher enthielt § 247 DiskE die aus § 1 DÜG und § 1 BazBV[8] unverändert übernommene Definition des Begriffes Basiszinssatz, während die übrigen Bestimmungen des Diskontsatz-Überleitungs-Gesetzes und der darauf gestützten Verordnungen als Überleitungsvorschriften in das EGBGB eingestellt wurden (Art. 229 EGBGB § 7 Rn 1 f.). § 247 DiskE bestimmte wie bereits § 1 BazBV als Bezugsgröße des Basiszinssatzes den Zinssatz für längerfristige Refinanzierungsgeschäfte der Europäischen Zentralbank (LRG-Satz). Ebenso wie nach § 1 DÜG erfolgte   **4**

---

1 Art. 1 EuroEG v. 9.6.1998 (BGBl I S. 1242), geändert durch Art. 2 des Gesetzes über Fernabsatzverträge und andere Fragen des Verbraucherrechts v. 27.6.2000 (BGBl I S. 901).
2 Gesetz v. 30.3.2000 (BGBl I S. 330).
3 Nachweise bei MüKo/*Thode*, § 288 Rn 1.
4 *Huber*, Leistungsstörungen, S. 808; Nachweise auf entsprechende Rspr. bei MüKo/*Thode*, § 288 Rn 16 ff.
5 Abschlussbericht, S. 115.
6 Abschlussbericht, S. 115 ff.; vgl. auch *Huber*, S. 807 ff.; *Basedow*, ZHR 143 (1979), 317 ff.; *Medicus*, NJW 1992, 2384, 2386.
7 DiskE, S. 305; BT-Drucks 14/6040, 126.
8 Basiszinssatz-Bezugsgrößen-Verordnung v. 10.2.1999 (BGBl I S. 139).

die alle vier Monate vorzunehmende Anpassung des Basiszinssatzes nur, wenn sich die Bezugsgröße um mindestens 0,5 Prozentpunkte verändert hatte.

5 Bezugsgröße und Anpassungsintervall des § 247 DiskE wichen freilich von der EG-Verzugsrichtlinie[9] erheblich ab, die in Art. 3 Abs. 1 lit. d als Bezugsgröße den Zinssatz für die jüngste Hauptrefinanzierungsoperation der Europäischen Zentralbank bestimmt und nur eine halbjährliche Anpassung vorsieht. Diese Abweichung wurde in der Literatur zu Recht kritisiert.[10] Wohl als Reaktion hierauf wurde der geforderte Gleichlauf des Basiszinssatzes mit dem Zinssatz der EG-Verzugsrichtlinie weitgehend bereits in § 247 KF erzielt,[11] der dem § 247 im Wesentlichen gleicht. Bezugsgröße und Anpassungsintervall des § 247 KF wurden der EG-Verzugsrichtlinie entnommen. Das Erfordernis des § 247 S. 3 DiskE, die Veränderung um mindestens 0,5 Prozentpunkte, wurde gestrichen, weil dessen Zweck, die Verlangsamung der Zinsentwicklung, bereits durch die Reduzierung der Anpassungstermine erreicht worden sei.[12]

C. Basiszinssatz

I. Anpassung

6 Nach **Abs. 1 S. 1** beträgt der Basiszinssatz bei In-Kraft-Treten des Schuldrechtsmodernisierungsgesetzes 3,62 %. Er verändert sich nach **Abs. 1 S. 2** zu Beginn eines jeden Halbjahres um ebenso viele Prozentpunkte wie der Zinssatz der Hauptrefinanzierungsgeschäfte der Europäischen Zentralbank, und zwar erstmals bereits zum 1.1.2002 (Art. 229 § 7 EGBGB Rn 8).

7 Manche Rechtsvorschriften, etwa die Art. 48, 49 WG, die Art. 45, 46 ScheckG oder der durch das Schuldrechtsmodernisierungsgesetz aufgehobene § 11 Abs. 1 VerbrKrG, verweisen ausdrücklich auf den „jeweiligen Basiszinssatz". Aber auch wenn dies nicht geschieht, wenn also eine Rechtsvorschrift, etwa § 288, oder ein Rechtsgeschäft nur auf den „Basiszinssatz" verweist, ist regelmäßig davon auszugehen, dass der **jeweilige Basiszinssatz** gemeint ist.[13] Der nach Gesetz oder Rechtsgeschäft zu entrichtende Zins ist in diesem Fall variabel und übernimmt kraft Gesetzes oder mutmaßlichen Parteiwillens unmittelbar jede Änderung des Basiszinssatzes. Klageanträge und Urteilsaussprüche sollten daher vom „jeweiligen Basiszinssatz" sprechen.[14]

II. Veröffentlichung

8 Der Basiszinssatz wird in vielen Rechtsvorschriften und Rechtsgeschäften in Bezug genommen.[15] Es besteht daher ein hoher Bedarf nach Publizität.[16] Nach **Abs. 2** hat daher die Deutsche Bundesbank den geltenden Basiszinssatz unverzüglich nach jedem ersten Januar und jedem ersten Juli, also nach jeder möglichen Anpassung, im Bundesanzeiger zu veröffentlichen, und zwar auch dann, wenn er sich nicht verändert hat. Dies ist eine Verbesserung und Konkretisierung gegenüber § 1 Abs. 1 S. 6 DÜG, der nur allgemein bestimmt, dass die Deutsche Bundesbank den Basiszinssatz im Bundesanzeiger bekannt gibt.

§ 248 Zinseszinsen

(1) ¹**Eine im voraus getroffene Vereinbarung, daß fällige Zinsen wieder Zinsen tragen sollen, ist nichtig.**

(2) ¹Sparkassen, Kreditanstalten und Inhaber von Bankgeschäften können im voraus vereinbaren, daß nicht erhobene Zinsen von Einlagen als neue verzinsliche Einlagen gelten sollen. ²Kreditanstalten, die berechtigt sind, für den Betrag der von ihnen gewährten Darlehen verzinsliche Schuldverschreibungen auf den Inhaber auszugeben, können sich bei solchen Darlehen die Verzinsung rückständiger Zinsen im voraus versprechen lassen.

---

9 Richtlinie 2000/35/EG des Europäischen Parlaments und des Rats v. 29.6.2000 zur Bekämpfung von Zahlungsverzug im Geschäftsverkehr, AblEG Nr. L 200 v. 8.8.2000, S. 35.
10 *Gsell*, ZIP 2000, 1861, 1870.
11 Zu den verbliebenen Kritikpunkten *Ernst/Gsell*, ZIP 2001, 1389, 1391.
12 Fn 1 zu § 247 KF.
13 So zutreffend *Treber*, NZA 2001, 187, 188 Fn 27 und Palandt/*Heinrichs*, § 288 Rn 4, jeweils zum Verzugszinssatz. Ähnlich *Reichenbach*, MDR 2001, 13, 14 und aus vollstreckungsrechtlicher Sicht *Harnacke*, DGVZ 2001, 70.
14 Formulierungsvorschläge bei *Treber*, NZA 2001, 187, 190; *Harnacke*, DGVZ 2001, 70 sowie bei Palandt/*Heinrichs*, § 288 Rn 4, jeweils zum Verzugszinssatz. Vgl. auch MüKo/*Habersack*, § 11 VerbrKrG Rn 17 und Staudinger/*Kessal-Wulf*, § 11 VerbrKrG Rn 25.
15 Vgl. die Begründung zu § 1 DÜG, BT-Drucks 13/9347, 26.
16 Aktuelle Höhe und Entwicklung des Basiszinssatzes, des Zinssatzes der Hauptrefinanzierungsgeschäfte der EZB und anderer wichtiger Zinssätze sind abrufbar unter www.bundesbank.de.

Titel 1. Verpflichtung zur Leistung **vor § 249**

Vorbemerkung zu § 249

Literatur: *Apathy*, Kommentar zum EKHG (1992); *Bollweg*, Gesetzliche Änderungen im Schadensersatzrecht, NZV 2000, 185; *Deutsch*, Über die Zukunft des Schmerzensgeldes, ZRP 1998, 291; *Dornwald*, Gesetzliche Änderungen im Schadensersatzrecht? 38. VGT (2000), 105; *Elsner*, Gesetzliche Änderungen im Schadensersatzrecht, zfs 2000, 233; *Emmerich*, Anm. zu BGH 4.5.2001, V ZR 435/99, JuS 2001, 1120; *Gas*, Bemerkungen zum Schadensersatzrecht aus der Sicht der Versicherungswirtschaft, VersR 1999, 261; *Geiß*, Konfliktbewältigung in Verkehrssachen durch die Justiz, DAR 1998, 416; *Greger*, 38. Deutscher Verkehrsgerichtstag in Goslar – Nur zwei Worte, NZV 2000, 1; *Grunsky*, Anm. zu BGH 5.3.1993, V ZR 87/91, LM § 249 (Gb) BGB Nr. 28; *Hagen*, Anm. zu BGH 2.10.1981, V ZR 147/80, LM § 249 (Fa) BGB Nr. 16; *Haug*, Naturalrestitution und Vermögenskompensation, Stand der Rechtsprechung im Hinblick auf eine geplante Gesetzesänderung, VersR 2000, 1329; *Ch. Huber*, Gedanken zum 2. Schadensrechtsänderungsgesetz, DAR 2000, 20; *Karczewski*, Der Referentenentwurf eines Zweiten Gesetzes zur Änderung schadensersatzrechtlicher Vorschriften, VersR 2001, 1070; *Knütel*, Anm. zu BGH 2.10.1981, V ZR 147/80, JR 1982, 281; *Köhler*, Abstrakte oder konkrete Berechnung des Geldersatzes nach § 249 Satz 2 BGB, FS Larenz (1983), S. 349; *Kötz*, Ziele des Haftungsrechts, FS Steindorff (1990), S. 643; *Kötz/Wagner*, Deliktsrecht, 9. Aufl. 2001; *Koziol*, Österreichisches Haftpflichtrecht I, 3. Aufl. 1997; *Lange*, Schadensersatz, 2. Aufl. 1990; *Macke*, Aktuelle Tendenzen bei der Regulierung von Unfallschäden, DAR 2000, 506; *Medicus*, Gesetzliche Änderungen im Schadensersatzrecht? 38. VGT (2000), 121; *G. Müller*, Zum Entwurf des Zweiten Gesetzes zur Änderung schadensrechtlicher Vorschriften, ZRP 1998, 258; *Otto*, Große Reformen müssen reifen – Zum Referentenentwurf einer Schadensrechtsreform, NZV 2001, 335; *Scheffen*, Umdenken im Haftungsrecht, NZV 1995, 218; *dies.*, Änderungen schadensersatzrechtlicher Vorschriften im Hinblick auf betroffene Kinder und Jugendliche, ZRP 2001, 380; *dies.*, Tendenzen bei der Bemessung des Schmerzensgeldes für Verletzungen, ärztlichen Kunstfehlern und Produzentenhaftung, ZRP 1999, 189; *Schiemann*, Anm. zu BGH 4.5.2001, V ZR 435/99, LM § 249 (Gb) BGB Nr. 30; *Schirmer*, § 249 BGB – Magna Charta des Schadensersatzrechts, FS Baumann (1999), S. 293; *Schnorr/Wissing*, Vorfeld der Gesetzgebung – Reform des Schadensersatzrechtes, ZRP 2001, 191; *Steffen*, Die Balance zwischen „Tätern" und „Opfern" im Verkehrsrecht ist gefährdet, ZRP 1998, 147; *Thüsing*, Das Schadensrecht zwischen Beständigkeit und Wandel, ZRP 2001, 126.

Inhalt

A. Inhalt der Änderungen im BGB 1	a) Haftungsausweitungen 20
I. Begrenzung der Abrechnung fiktiver Sachschäden 2	aa) Schmerzensgeld bei Gefährdungs- und Vertragshaftung – schon bisher objektivierte Verkehrs- und Verkehrssicherungspflichten .. 20
II. Änderungen beim Schmerzensgeld 3	bb) Verbesserung der Rechtsstellung der Kinder zwischen 7 und 10 Jahren 21
1. Ausweitung auf die Gefährdungshaftung 3	cc) Erweiterung der Sachverständigenhaftung – wegen der Begrenzung auf grobe Fahrlässigkeit werden es wenige Fälle sein 22
2. Bagatellgrenze 4	b) Haftungseinschränkungen 23
III. Verbesserung der Rechtsstellung von Kindern zwischen 7 und 10 Jahren bei Verwicklung in einen Verkehrsunfall mit einem motorisierten Fahrzeug in § 828 5	aa) Bagatellklausel beim Schmerzensgeld 23
IV. Anpassung der Terminologie bei § 825 6	bb) Wegfall der fiktiven Mehrwertsteuer 24
V. Haftung des gerichtlich bestellten Sachverständigen in § 839a – Forderung der ZPO-Kommission 7	III. Angleichung an andere Rechtsordnungen in Europa .. 26
B. Übergeordnete Ziele der Änderungen im BGB durch das 2. SchadensersatzrechtsänderungsG 8	IV. Vereinfachung bzw. Einfachheit der Schadensregulierung – Justizentlastung 28
I. Anpassung an veränderte Verhältnisse und andere Wertungen bzw. Einsichten – kaum Änderungen des Schadensrechts seit 100 Jahren 9	1. Sachschadensabrechnung – Beschränkung auf die Mehrwertsteuer 29
1. Ursache: Richterrecht, weiter Rahmen, der offen für Ausgestaltungen und Anpassungen war 9	2. Schmerzensgeld 30
2. Andere Wertungen bzw. Einsichten	a) Erstreckung auf Gefährdungs- und Vertragshaftung 30
a) Höhere Gewichtung des Rechtsgutes Leben und körperliche Integrität gegenüber dem Eigentum an einer Sache 10	b) Einheitliche Bagatellklausel bei Verschuldens- und Gefährdungshaftung 31
b) Schmerzensgeld – Gesetzgeber misst dem Ersatz ideeller Schäden heute höheres Gewicht zu 11	3. Haftung des Gerichtssachverständigen (§ 839a) .. 32
c) Gefahrenpotenzial für 7–10-jährige Kinder im Straßenverkehr 12	V. Unterschiedlich stark ausgeprägtes Vertrauen in Problemlösungskompetenz der Gerichte, namentlich des BGH 33
II. Umgewichtung innerhalb des Schadensersatzes 15	1. Sachschadensabrechnung – lediglich Lösung eines Detailproblems, Fortschreibung des Schadensrechts 34
1. Vom Sachschaden zum Personenschaden 16	a) Rechtsprechung hat fiktive Abrechnung auf Basis eines Sachverständigengutachtens entwickelt, das zu Überkompensation beim Sachschaden geführt hat, ohne dass dies durch Wortlaut vorgegeben 34
2. Innerhalb des Personenschadens: Dämpfung des Ersatzes bei leichten Verletzungen, Anhebung des Ersatzes bei schweren Verletzungen – Focus Schmerzensgeld 17	b) Kappung der fiktiven Mehrwertsteuer in Österreich ohne Gesetzesänderung durch das Höchstgericht geschafft 36
3. Aufkommensneutralität – möglichst eine zusätzliche Belastung der (Kfz-)Haftpflichtversicherungen – Ausgewogenheit von zusätzlichen Be- und Entlastungen 18	2. Schmerzensgeld 37

a) Einführung einer Bagatellgrenze – Anknüpfung an bestehende Rechtsprechung 37
b) Anhebung der Schmerzensgelder für Schwerstverletzte – blindes Vertrauen in die Rechtsprechung 38
c) Ausweitung auf Gefährdungs- und Vertragshaftung – gesetzgeberische Wertentscheidung, äußerste Grenze für Rechtsprechung: Schaffung von (objektivierten) Verkehrs- und Verkehrssicherungspflichten 40

3. Verbesserung der Rechtsstellung der Kinder zwischen 7 und 10 Jahren: Bei entsprechend verständiger Rechtsprechung wäre Gesetzesänderung überflüssig gewesen – hier bewusste Wertentscheidung des Gesetzgebers 41
4. Haftung des Gerichtssachverständigen – Diagnose eines von der Rechtsprechung nicht gelösten Problems, abschließende Regelung, bewusste Wertentscheidung 42

C. Inkrafttreten 43

A. Inhalt der Änderungen im BGB

1 Sämtliche schadensersatzrechtlichen Änderungen des BGB, die in dieser Legislaturperiode in Kraft treten, wurden schon durch ein Gesetzgebungsvorhaben der vorangehenden Bundesregierung vorbereitet.[1] Über die **generellen Zielsetzungen** besteht **Konsens**. Die inhaltlichen Abweichungen des RE 2001 gegenüber dem RE 1998 beruhen nicht auf unterschiedlichen parteipolitischen Vorstellungen, sondern sind Ergebnis der – konstruktiven – Kritik am RE 1998.

I. Begrenzung der Abrechnung fiktiver Sachschäden

2 Der VI. Senat des BGH hat namentlich anhand des Kfz-Sachschadens die Möglichkeit der Abrechnung auf der Basis eines Sachverständigengutachtens entwickelt,[2] mag das auch nicht zwingend mit dem Gesetzeswortlaut zu begründen sein.[3] Unabhängig davon, ob bzw. wie der Geschädigte sein Fahrzeug reparieren lässt, konnte er Ersatz nach der teuerst möglichen Art vom Schädiger ersetzen verlangen.[4] Darin wurde in manchen Fällen eine ungerechtfertigte Bereicherung des Geschädigten gesehen, der Einhalt zu gebieten sei.[5] Die **Abänderung des § 249** ist das **Herzstück der Reform** und zugleich das schwierigste Problem.[6]

II. Änderungen beim Schmerzensgeld

1. Ausweitung auf die Gefährdungshaftung

3 Das Schmerzensgeld gebührte bislang bloß bei rechtswidrigem und schuldhaftem Verhalten, somit einer deliktischen Haftung nach BGB. Mit der Reform wird auch in Fällen der Vertragshaftung sowie der Gefährdungshaftung Schmerzensgeld geschuldet.

2. Bagatellgrenze

4 Gleichzeitig wird eine Bagatellgrenze eingeführt, wonach bei geringfügigen Verletzungen kein Schmerzensgeld mehr gebührt.

III. Verbesserung der Rechtsstellung von Kindern zwischen 7 und 10 Jahren bei Verwicklung in einen Verkehrsunfall mit einem motorisierten Fahrzeug in § 828

5 Auf einem ganz bestimmten Gebiet, nämlich der Verwicklung von Kindern in Straßenverkehrsunfälle, bei denen Kraftfahrzeuge beteiligt sind, wird die Deliktsfähigkeit von 7 auf 10 Jahre hinaufgesetzt.

IV. Anpassung der Terminologie bei § 825

6 Bei § 825 handelt es sich dem Grunde nach um totes Recht. Dessen ungeachtet wird eine terminologische Anpassung an die heutigen Verhältnisse vorgenommen.[7] Dies erfolgt deshalb, um bei Abschaffung der

---

1 RE 1998, BT-Drucks 13/10435.
2 In Bezug auf die Abrechnung auf Basis fiktiver Reparaturkosten trotz Veräußerung der Sache restriktiver der 5. Senat (BGHZ 81, 385 = VersR 1982, 72 = JuS 1982, 298 = NJW 1982, 98 = LM § 249 [Fa] BGB Nr. 16 [*Hagen*] = JR 1982, 281 [*Knütel*]; NJW 1993, 1793 = MDR 1993, 537 = WM 1993, 1256 = DNotZ 1993, 694 = LM § 249 [Gb] BGB Nr. 28 [*Grunsky*]) und nun auch der 3. Senat: BGH NJW 1999, 3332 = ZNotP 1999, 413 = WM 1999, 2216 = BGHZ 142, 172. Vgl. aber neuestens BGH NJW 2001, 2250 = WM 2001, 1416 = JuS 2001, 1120 (*Emmerich*) = BB 2001, 1379 = LM § 249 (Gb) BGB Nr. 30 (*Schiemann*): Festhalten an der bisherigen Linie, aber Möglichkeit der Abtretbarkeit des Anspruchs.
3 *Köhler*, in: FS Larenz (1983), S. 349; *Greger*, NZV 2000, 1, 2; *Otto*, NZV 2001, 335, 336.
4 *Haug* (VersR 2000, 1329) spricht in diesem Zusammenhang davon, dass der BGH „die Geltendmachung überzogener Schadensersatzforderungen herausgefordert" habe.
5 So bereits eine Forderung des 20. VGT (1982) und 34. VGT (1996), anders 28. VGT (1990) und 38. VGT (2000); dazu *Bollweg*, NZV 2000, 185, 187. Vom Ausgangspunkt her akzeptiert auch der BGH (VersR 1989, 1056), dass der Geschädigte durch den Schadensfall nichts verdienen soll.
6 *Medicus*, 38. VGT (2000), 121, 124.
7 Der RE 2001, 9 spricht von redaktionellen Änderungen.

Norm nicht das falsche Signal zu setzen, dass dem Gesetzgeber das davon betroffene Rechtsgut der sexuellen Selbstbestimmung nun weniger wert sei.

V. Haftung des gerichtlich bestellten Sachverständigen in § 839a – Forderung der ZPO-Kommission

Bei dieser Norm geht es um die Vereinheitlichung der Haftung gerichtlicher Sachverständiger gegenüber den Prozessparteien und von Zeugen unabhängig davon, ob sie im Prozess vereidigt worden sind oder nicht. Bei dieser Norm fand – im Unterschied zu den anderen – keine eingehende Diskussion statt.

B. Übergeordnete Ziele der Änderungen im BGB durch das 2. SchadensersatzrechtsänderungsG

Die einzelnen Änderungen scheinen bei ganz unterschiedlichen Punkten anzusetzen. Folgenden Fragen soll vorweg nachgegangen werden:
– Gibt es dessen ungeachtet Gemeinsamkeiten?
– Stehen die Regelungen in einem inneren Zusammenhang?
– Gibt es besondere Gründe, warum die so einschneidende Reform gerade jetzt kommt?

I. Anpassung an veränderte Verhältnisse und andere Wertungen bzw. Einsichten – kaum Änderungen des Schadensrechts seit 100 Jahren

1. Ursache: Richterrecht, weiter Rahmen, der offen für Ausgestaltungen und Anpassungen war

Das Schadensersatzrecht des BGB war in den letzten 100 Jahren kaum gravierenden gesetzlichen Änderungen unterworfen.[8] Eine Ursache ist darin zu sehen, dass die Normen so geschmeidig und weitläufig formuliert sind, dass die Rechtsprechung genügend Spielraum hatte, die anstehenden Probleme mit dem vorgegebenen Normengebilde zu bewältigen.[9] So wurde das Schadensrecht als „Richterrecht reinsten Wassers" bezeichnet.[10] Trotz aller Offenheit der Formulierung stieß die **Rechtsprechung an Grenzen**,[11] die sie nicht überwinden konnte oder wollte. Im Laufe der etwas mehr als 100 Jahre seit Inkrafttreten des BGB haben sich einerseits andere Wertungen entwickelt bzw. andererseits auf tatsächlicher Ebene andere Einsichten durchgesetzt.[12]

2. Andere Wertungen bzw. Einsichten

a) Höhere Gewichtung des Rechtsgutes Leben und körperliche Integrität gegenüber dem Eigentum an einer Sache

Schon seit langem ist man sich darüber einig, dass von der Hierarchie der Rechtsgüter dem Leben und der Gesundheit, somit der **körperlichen Integrität einer Person**, eine höhere Priorität zukommt als dem **Eigentum an Sachen**. Demgegenüber gelten für den Sachschaden großzügigere Regulierungsgrundsätze als für den Personenschaden. Dies steht in diametralem Gegensatz zur Hierarchie des Rechtsgüterschutzes. Die Reform möchte insoweit die Gewichte zugunsten des Personenschadens und zu Lasten des Sachschadens verschieben.

b) Schmerzensgeld – Gesetzgeber misst dem Ersatz ideeller Schäden heute höheres Gewicht zu

Der Ersatz immaterieller Schäden wurde von den Vätern des BGB mit Skepsis betrachtet. Die Zuerkennung von Schmerzensgeld bei Körperverletzung war vor diesem Hintergrund bereits eine Ausnahme von der Regel. Diese Ansicht hat sich im Laufe des letzten halben Jahrhunderts, vor allem unter dem Einfluss des GG, maßgeblich gewandelt. Die Bestrebungen gehen in Richtung einer **Ausweitung des Ersatzes immaterieller Schäden**. Die Reform berücksichtigt diesen Umstand, indem Schmerzensgeld nicht mehr bloß bei deliktischer Verschuldenshaftung, sondern auch in Fällen der Vertrags- und Gefährdungshaftung zuerkannt wird.

---

8 Eine Ausnahme bilden folgende Regelungen: Einfügung von § 251 Abs. 2 S. 2 durch Gesetz vom 20.8.1990 BGBl I 1762: Sondervorschrift für die Heilbehandlung verletzter Tiere; Streichung von § 847 Abs. 1 S. 2 durch Gesetz vom 14.3.1990 (BGBl I S. 478): Nunmehr ist das Schmerzensgeld frei vererblich. So auch *Thüsing*, ZRP 2001, 126, 127, der in Bezug auf Änderungen des Schadensersatzrechts nur die Schuldrechtsreform ins Visier nimmt, dem aber die Diskussion um das 2. SchadensersatzrechtsänderungsG völlig entgangen sein dürfte.
9 *Geiß*, DAR 1998, 416, 418.
10 *Schirmer*, in: FS Baumann (1999), S. 293, 296 unter Berufung auf *Kötz/Wagner*, Deliktsrecht, 9 Aufl. 2001, Vorwort V.
11 *Schnorr/Wissing*, ZRP 2001, 191.
12 So der RE 2001, 26; a.A. *Elsner*, zfs 2000, 233, der dem BGB bescheinigt, auf dem Gebiet des Schadensrechts noch immer zeitgemäß zu sein.

c) Gefahrenpotenzial für 7–10-jährige Kinder im Straßenverkehr

12 Bei der Hinaufsetzung der Deliktsfähigkeit in Bezug auf Gefahren des motorisierten Straßenverkehrs geht es nicht so sehr um eine andere Wertung, etwa das Bedürfnis nach einem stärkeren Schutz der Kinder, sondern um eine Veränderung auf tatsächlicher Ebene, und das in zweifacher Hinsicht:

13 Der Straßenverkehr hat in den letzten Jahrzehnten namentlich in den städtischen Ballungsgebieten beträchtlich zugenommen und damit einhergehend das **Gefahrenpotenzial** für minderjährige Kinder. Die Zunahme der Gefährdung war gewiss stärker als die zunehmende Vertrautheit eines etwa 8-jährigen Kindes mit den jeweiligen Gefahren des Straßenverkehrs anno 1900 und anno 2000.

14 Dazu kommt ein weiteres Moment: Die **Entwicklungspsychologie** hat eindrucksvoll belegt, dass Kinder bis zu einem Alter von unter 10 Jahren zwar intellektuell in der Lage sein mögen, die Gefahren des Straßenverkehrs zu erfassen, sie aber typischerweise nicht fähig sind, danach zu handeln. Diese Erkenntnis schlägt sich nun in der Weise nieder, dass auf einem bestimmten Gebiet die Deliktsfähigkeit von 7 auf 10 Jahre angehoben wird.

II. Umgewichtung innerhalb des Schadensersatzes

15 Die dominierende Funktion des Haftpflichtrechts ist das **Ausgleichsprinzip**.[13] Der beim Geschädigten eingetretene Schaden soll durch Naturalrestitution oder durch eine Geldleistung, so gut es eben geht, ausgeglichen werden. Ungeachtet des Eindrucks, dass es anscheinend nur um ein hinreichend präzises Messen dieser Einbuße geht, gibt es durchaus Akzentuierungen bei den einzelnen Schadenskategorien, die dazu führen, dass es einerseits zu großzügigem bzw. andererseits zu enghertzigem Ersatz kommt. Durch die Reform soll eine andere Akzentuierung erfolgen und zwar wie folgt:

1. Vom Sachschaden zum Personenschaden

16 Die Reduzierung des Ersatzes beim Sachschaden (Versagung des Ersatzes der **Mehrwertsteuer** ohne konkreten Nachweis einer Rechnung) geht einher mit der Ausweitung des Ersatzes beim Personenschaden (**Schmerzensgeld** auch bei Vertrags- und Gefährdungshaftung). Dass die Haftpflichtversicherer von sich aus eine solche Umschichtung vornehmen werden, ist kaum anzunehmen.[14] Der Vorstand einer Haftpflichtversicherung würde insoweit sogar die gegenüber seinen Aktionären bestehende Zielvorgabe der Gewinnmaximierung verletzen. Vielmehr wird eine solche Umschichtung nur erfolgen, wenn diesbezügliche Leitentscheidungen der Rechtsprechung vorliegen.

2. Innerhalb des Personenschadens: Dämpfung des Ersatzes bei leichten Verletzungen, Anhebung des Ersatzes bei schweren Verletzungen – Focus Schmerzensgeld

17 Innerhalb des Personenschadens soll eine Umverteilung dergestalt stattfinden, dass leicht Verletzte künftig weniger Schmerzensgeld erhalten. Das hat der Gesetzgeber festgeschrieben. *Deutsch*[15] hat dies als „verbraucherfeindlich" gebrandmarkt. Die – eigentliche – Zielsetzung ist aber die Anhebung des Schmerzensgeldes bei schweren und schwersten Verletzungen. Diese Intention findet in einer Änderung des Gesetzeswortlauts keinen Niederschlag; sie erschließt sich lediglich durch die Lektüre der Begründung.

3. Aufkommensneutralität – möglichst keine zusätzliche Belastung der (Kfz-)Haftpflichtversicherungen – Ausgewogenheit von zusätzlichen Be- und Entlastungen

18 Der oben angedeutete mögliche innere Zusammenhang zwischen den einzelnen Normen besteht jedenfalls insoweit, als versucht wurde, die Haftungsausweitungen durch Haftungseinschränkungen zu kompensieren mit dem Ziel der **Belastungsneutralität** der Haftpflichtversicherer.[16] Es soll kein Vorwand geliefert werden, die Kfz-Haftpflichtversicherungsprämien unter Hinweis auf eine Ausweitung der Haftung anzuheben.

19 Insofern ist zu konstatieren, dass die Haftungsausweitungen im RE 2001 gegenüber dem aus dem Jahr 1998 ein wenig weiter reichen, während die Haftungseinschränkungen 1998 deutlich stärker ausgeprägt waren. Die Aussage zum RE 1998, dass der Geschädigte mehr verliert als gewinnt, die **richtige Balance** noch nicht gefunden sei,[17] trifft für den RE 2001 m.E. entweder gar nicht mehr oder nur in eingeschränktem Umfang zu. Der RE 2001 konzediert denn auch, dass nicht mit Sicherheit auszuschließen sei, dass die

---

[13] *Lange*, Schadensersatz, 2. Aufl. 1990, S. 9; *Kötz*, in: FS Steindorff (1990), S. 643.
[14] So auch die zutreffende Einschätzung von *Elsner*, zfs 2000, 233, 235; ebenso *Medicus*, 38. VGT (2000), 121, 128.
[15] ZRP 1998, 291, 294.
[16] *Dornwald*, 38. VGT (2000), 105 setzt die Belastungsneutralität der Haftpflichtversicherer mit der Vermeidung einer zusätzlichen Belastung für die Volkswirtschaft gleich. So wichtig die (Haftpflicht-) Versicherer auch sein mögen, sie mit der (gesamten) Volkswirtschaft gleichzusetzen ist gewiss übertrieben. Dazu kommt, dass durch eine Haftungsausweitung nicht nur Belastungen, sondern auch Ansprüche begründet werden.
[17] Statt vieler *Steffen*, ZRP 1998, 147, 150.

Reform zum Anlass[18] von Prämienerhöhungen genommen werde.[19] Im Einzelnen ergibt sich folgender Befund:

a) Haftungsausweitungen

aa) Schmerzensgeld bei Gefährdungs- und Vertragshaftung – schon bisher objektivierte Verkehrs- und Verkehrssicherungspflichten

Die Ausweitung der Ersatzpflicht von Schmerzensgeld bei der Gefährdungs- und Vertragshaftung ist ein **Meilenstein** im **akademischen Unterricht**. Die Bedeutung in der Praxis wird sich jedoch in vielen Fällen darauf beschränken, dass die Schadensregulierung vereinfacht wird: Der Geschädigte muss nicht mehr einen Verschuldenstatbestand nachweisen, sondern kann sich damit begnügen, dass ein Gefährdungshaftungstatbestand gegeben ist, was mit geringeren Beweisanforderungen verknüpft ist. Der bisher beschrittene Umweg der Verschärfung der Verschuldenshaftung durch Annahme von objektivierten Verkehrs- bzw. Verkehrssicherungspflichten ist jedenfalls bei Vorhandensein einer konkurrierenden Gefährdungshaftung nicht mehr erforderlich, um eine Anspruchsgrundlage für das Schmerzensgeld begründen zu können. Die vertragliche Haftung wird sich ebenfalls im Sinn einer Vereinfachung auswirken, nämlich dergestalt, dass dem Geschädigten in Bezug auf das Verschulden eine Beweislastumkehr zugute kommt. Auch kann anstelle des deliktisch haftenden Gehilfen der Vertragspartner direkt herangezogen werden. Die wirtschaftlich spürbarsten Auswirkungen wird es bei der **Arzneimittelhaftung** geben, weil bei dieser anders als bei der Produkthaftung auch für Entwicklungsrisiken einzustehen ist. Allerdings sollten auch hier die Auswirkungen nicht überschätzt werden, bestand doch schon bisher eine Produktbeobachtungspflicht. Zu einer – echten – Haftungsausweitung kommt es daher nur in den Fällen, in denen ein Körperschaden aufgrund eines Entwicklungsrisikos erstmals auftritt und der Verletzte dafür Schmerzensgeld verlangt.

20

bb) Verbesserung der Rechtsstellung der Kinder zwischen 7 und 10 Jahren

Für die betroffenen Kinder kann es überaus bedeutsam sein, ob ihr Schadensersatzanspruch um ein Drittel oder die Hälfte gekürzt wird bzw. sie als Schädiger zur Haftung anteilig oder gar nicht herangezogen werden. Aus der Perspektive der Haftpflichtversicherer hält sich die zusätzliche Belastung in Grenzen, weil die Anzahl der Unfälle, bei denen Kinder im Alter von 7 bis 10 Jahren beteiligt sind, im Verhältnis zur Gesamtzahl aller Unfälle relativ gering ist. § 828 ist eine Norm, die eingebettet ist in das magische Dreieck des § 832 (Haftung der Aufsichtspflichtigen) sowie des § 829 (Billigkeitshaftung). Die Haftungsreduktion bei § 828 führt zu einer **Kräfteverschiebung**, die dazu führen wird, dass insoweit den anderen Normen stärkeres Gewicht beigemessen wird. Es wird zu beachten sein, dass der Gesetzgeber die 7–10-jährigen Kinder entlasten wollte, so dass diese nicht über den Umweg anderer Normen letztendlich im bisherigen Ausmaß doch einzustehen haben. Das liefe auf einen vom Gesetzgeber gewiss nicht gewollten Etikettenschwindel hinaus.

21

cc) Erweiterung der Sachverständigenhaftung – wegen der Begrenzung auf grobe Fahrlässigkeit werden es wenige Fälle sein

Die Einstandspflicht des Gerichtssachverständigen unabhängig von seiner Vereidigung ist gewiss sachlich zu begrüßen. Zu einer ins Gewicht fallenden Haftungsausweitung wird § 839a nicht führen, weil einerseits solche Fälle relativ selten sind und andererseits der Nachweis grober Fahrlässigkeit in der Praxis kaum jemals gelingen wird.

22

b) Haftungseinschränkungen

aa) Bagatellklausel beim Schmerzensgeld

Für die Bagatellklausel beim Schmerzensgeld war nicht allein das Anliegen der **Umschichtung** von leicht Verletzten zu schwer Verletzten bedeutsam. Eine erhebliche Rolle gespielt hat auch der Wunsch nach **Justizentlastung**, werden doch viele Haftpflichtprozesse allein des Schmerzensgeldes wegen geführt, weil alle anderen Schadensposten durch Leistungen der Sozialversicherungsträger bzw. durch die Entgeltfortzahlung des Arbeitgebers abgedeckt sind.[20] Bei der Entlastung der Haftpflichtigen geht es nicht allein um die Befreiung von einer im Einzelfall nicht ins Gewicht fallenden Belastung, wobei auch auf diesem Gebiet der Satz gilt: Kleinvieh macht auch Mist. Zusätzlich könnte nach einer Phase, in der Rechtssicherheit sich einstellen muss, wo die „Schmerzgrenze" denn nun wirklich liegt, auch bei den Haftpflichtversicherern

23

---

18 Wenn es zu Prämienerhöhungen, namentlich bei der Kfz-Haftpflichtversicherung kommen sollte, dann sind die gesetzlichen Änderungen nicht der eigentliche Grund, sondern vielmehr ein willkommener Vorwand. Die Höhe der Kfz-Haftpflichtversicherungsprämien hängt nämlich viel stärker von den Börsenkursen und der damit bestehenden ertragreichen Veranlagungsmöglichkeit ab als von marginalen Änderungen der Be- bzw. Entlastung der Haftpflichtversicherer.

19 RE 2001, 2. *Dornwald* (ein Vertreter der Versicherungswirtschaft) hat – auf der Basis des RE 1998 – gefordert (38. VGT [2000], 105, 110), dass über die Kappung der Mehrwertsteuer ein namhafter Abschlag bei der fiktiven Abrechnung hinzukommen müsse, „um eine hinreichende Kompensation für das zu erwartenden Mehraufwand bei Personenschäden zu erzielen".

20 *Ch. Huber*, DAR 2000, 20, 21.

beträchtlicher **Regulierungsaufwand** eingespart werden.[21] Schlussendlich wurde als Rechtfertigung für die Bagatellklausel ins Treffen geführt, dass dies eine **Kompensation** für die Erstreckung des Schmerzensgeldes auf Gefährdungs- und Vertragshaftung darstelle.[22]

bb) Wegfall der fiktiven Mehrwertsteuer

24 Sollte sich das Verhalten der Geschädigten eines Sachschadens durch die Kappung der fiktiven Mehrwertsteuer nicht ändern, ergibt sich eine Einsparung allein bei den Kfz-Haftpflichtversicherern in einer Größenordnung von ca. **250 Millionen EUR pro Jahr**.[23] Das ist erheblich weniger als nach dem RE 1998,[24] bei dem ich das Einsparungspotenzial mit 500 Mio. EUR beziffert habe.[25] Es verbleibt aber immerhin noch eine ins Gewicht fallende Summe.

25 Nach meiner Einschätzung wird sich das Regulierungsverhalten der Geschädigten nicht nachhaltig verändern, weil die **fiktive Abrechnung** trotz Kappung der Mehrwertsteuer noch immer **beträchtliche Vorteile** bietet.[26] Aber selbst wenn sich das Verhalten der Geschädigten ändern sollte und diese fortan in einer offiziellen Werkstätte reparieren lassen, sollten auch daraus die Haftpflichtversicherer Nutzen ziehen. Sie ersparen sich dann zwar weniger bei den aktuellen Schadensersatzzahlungen, die ordentlich reparierten Fahrzeuge, die dann ein höheres Maß an Verkehrssicherheit aufweisen, führen aber mittelfristig dazu, dass es zu weniger Unfällen kommt, was sich wiederum positiv auf die Belastung der Kfz-Haftpflichtversicherer auswirkt. Dass dieser Einfluss auf die Unfallstatistik häufig überschätzt wird, steht auf einem anderen Blatt. *Elsner*[27] weist in diesem Zusammenhang darauf hin, dass nach der Unfallbilanz 1998 des Statistischen Bundesamtes technische und Wartungsmängel nur in 0,9% Ursache für Unfälle mit Personenschäden waren.[28] Und wie man hinzufügen kann: Davon machen die nach einem von einem Dritten verschuldeten Unfall außerhalb einer Fachwerkstätte vorgenommenen Reparaturen wiederum bloß einen Bruchteil aus.

III. Angleichung an andere Rechtsordnungen in Europa

26 Wenn die Zeichen nicht trügen, dann wird es in absehbarer Zeit zu einem einheitlichen europäischen Zivilgesetzbuch kommen, steht dieses auch noch nicht unmittelbar bevor. Mag das Schadensersatzrecht auch nicht zu den Materien zählen, die vorrangig zu vereinheitlichen sind, so wird es sich langfristig dem **Harmonisierungstrend** nicht entziehen können. Schon jetzt hat diese Tendenz Auswirkungen, als auch der momentan diesbezüglich noch völlig autonome nationale deutsche Gesetzgeber mit in seine Überlegungen einfließen lässt, ob eine geplante Reform von Gemeinsamkeiten anderswo noch stärker abweicht oder dadurch die Unterschiede zum restlichen Europa verringert werden.

27 Abgesehen davon, dass es wertungsmäßig als verkehrt angesehen wurde, dass bei einem **Sachschaden** nach für den Geschädigten großzügigeren Maßstäben Ersatz zu leisten ist als bei einem Personenschaden, wurde als ein Argument für die Verschiebung dieser Relation auch auf die Verhältnisse im **europäischen Ausland** verwiesen. In Deutschland haben die Kfz-Haftpflichtversicherer überproportional viel für Sachschäden im Verhältnis zu Personenschäden zu zahlen.[29] Das gilt sowohl im Vergleich zum durchschnittlichen Aufwand je Sachschadensfall[30] als auch im Verhältnis von Personen- zu Sachschäden.[31] Diese Relation wird sich durch die Reform geringfügig zugunsten des Personenschadens verändern.[32] Auch für die Erstreckung des **Schmerzensgeldes** auf Vertrags- und Gefährdungshaftung wird als Argument ins Treffen geführt, dass es im europäischen Ausland eine Beschränkung des Schmerzensgeldes auf die deliktische Verschuldenshaftung nicht gibt.

---

21 *Deutsch*, ZRP 1998, 291, 293.
22 RE 2001, 39, 62.
23 *Karczewski*, VersR 2001, 1070, 1075. Ähnlich *Greger*, NZV 2000, 1, 2; *Haug*, VersR 2000, 1329 Fn 3: Aufwand für fiktive Reparaturen pro Jahr 1,5 Mrd. EUR, davon 16% MwSt sind ca. 250 Mio. EUR.
24 *Greger*, NZV 2000, 1, 3 schätzte demgegenüber das Einsparungspotenzial bei völligem Abgehen von der fiktiven Abrechnung auf 450–600 Mio. DM, somit 225–300 Mio. EUR. Das dürfte von einer besonderen kaufmännischen Vorsicht getragene Schätzung sein, ist doch die Mehrwertsteuer ein bedeutsamer Teil, aber keineswegs der alles überragende Bestandteil!
25 *Ch. Huber*, DAR 2000, 20, 23; die Schätzung von *Dornwald* (38. VGT [2000], 105, 108) liegt bei 200 Mio. EUR.
26 Zweifelnd *Karczewski*, VersR 2001, 1070, 1975, gegenteilig *Macke*, DAR 2000, 506, 510: Vorsichtshalber Entscheidung für „Reparatur auf Teufel komm' raus".
27 Zfs 2000, 233, 234 f.
28 Vgl. dazu auch *Dornwald*, 38. VGT (2000), 105, 108, der bei anderen Einsparungspotenzialen konkrete Zahlen nennt, diesbezüglich aber meint, dass dieser Anteil nicht zu quantifizieren sei.
29 RE 2001, 27 unter Hinweis auf den 34. VGT (1996); *Scheffen*, NZV 1995, 218, 220; *dies.*, ZRP 1999, 189, 190; *Gas*, VersR 1999, 261: „Deutschland steht ... nicht nur an erster Stelle, sondern sogar in einsamer Höhenlage."; *Dornwald*, 38. VGT (2000), 105; „Deutschland mit Abstand Spitzenreiter in Europa"; *Schnorr/Wissing*, ZRP 2001, 191.
30 *Gas*, VersR 1999, 261.
31 *Scheffen*, NZV 1995, 218; *dies.*, ZRP 1999, 189, 190.
32 Insoweit der Kappung der Mehrwertsteuer bei der fiktiven Sachschadensabrechnung zustimmend *Scheffen*, ZRP 2001, 380, 381.

IV. Vereinfachung bzw. Einfachheit der Schadensregulierung – Justizentlastung

Ein charakteristischer Zug des 2. Schadensersatzrechtsänderungsgesetzes ist das Bemühen um Justizentlastung und Vereinfachung. 28

1. Sachschadensabrechnung – Beschränkung auf die Mehrwertsteuer

Die Beschränkung auf die Kappung der fiktiven Mehrwertsteuer im RE 2001 und die Herausnahme der Kürzung des Anspruchs um öffentliche Abgaben bei der fiktiven Abrechnung, wie das noch im RE 1998 vorgesehen war, ist nicht darauf zurückzuführen, dass man die sachliche Berechtigung heute anders sieht. Das zentrale Argument liegt vielmehr darin, dass namentlich bei Massenschäden die 1998 vorgeschlagene Regelung **zu kompliziert** gewesen sei. 29

2. Schmerzensgeld

a) Erstreckung auf Gefährdungs- und Vertragshaftung

Die Erstreckung des Anspruchs auf Schmerzensgeld auf die Vertrags- und Gefährdungshaftung führt – wie bereits erwähnt – weniger zu einer Haftungsausweitung, sondern vornehmlich dazu, dass die **Anspruchsgrundlage einfacher zu beweisen** sein wird. Was einfacher zu beweisen ist, kann häufiger außergerichtlich reguliert werden; und selbst wenn es zu einem Prozess kommen sollte, ist der Beweiserhebungsaufwand reduziert.[33] 30

b) Einheitliche Bagatellklausel bei Verschuldens- und Gefährdungshaftung

Während der RE 1998 noch eine unterschiedliche Erheblichkeitsschwelle für Verschuldenshaftung und Schmerzensgeld vorsah, sieht der RE 2001 eine einheitliche Bagatellklausel vor. Das vermeidet es im Fall einer Anspruchskonkurrenz, die aufwendigere Anspruchsgrundlage deshalb zu prüfen, weil davon unterschiedliche Rechtsfolgen abhängen.[34] 31

3. Haftung des Gerichtssachverständigen (§ 839a)

Auch die haftungsrechtliche Gleichstellung zwischen beeidetem und nicht beeidetem gerichtlichem Sachverständigen ist als Beitrag zur **Vereinfachung der Haftungsvoraussetzungen** anzusehen. In eben dieser Weise wirkt sich aus, dass die in § 839a formulierte Regelung **abschließenden Charakter** hat. Das bedeutet: Eine Haftung des Gerichtssachverständigen ist nach dieser Norm zu bejahen oder zu verneinen; zusätzliche konkurrierende Anspruchsgrundlagen kommen aber von vornherein nicht in Betracht. 32

V. Unterschiedlich stark ausgeprägtes Vertrauen in Problemlösungskompetenz der Gerichte, namentlich des BGH

Es wurde eingangs betont, dass das Normengefüge des BGB im Schadensersatzrecht geschmeidig und anpassungsfähig für eine Adaptierung durch die Rechtsprechung war, aber nach 100 Jahren doch Grenzen sichtbar wurden. Der Gesetzgeber hat neue Marksteine gesetzt, an denen sich die Rechtsprechung orientieren kann. Bei den einzelnen Normen hat er die Rechtsprechung in unterschiedlichem Ausmaß an die **kurze oder lange Leine** genommen. 33

1. Sachschadensabrechnung – lediglich Lösung eines Detailproblems, Fortschreibung des Schadensrechts

a) Rechtsprechung hat fiktive Abrechnung auf Basis eines Sachverständigengutachtens entwickelt, das zu Überkompensation beim Sachschaden geführt hat, ohne dass dies durch Wortlaut vorgegeben

Ungeachtet des gegenüber dem RE 1998 fortbestehenden identen Befunds hat man sich für eine Therapie des kleinsten Schritts entschieden, nämlich die Versagung des Zuspruchs fiktiver Mehrwertsteuer. Es wurde eine Festlegung zu einem Detailproblem getroffen; das gesamte Normengebäude, bei dem es im Gebälk an manchen Stellen kracht und ächzt, wurde hingegen unangetastet gelassen. 34

Wenn der RE 2001 davon spricht, dass eine Fortentwicklung des Schadensrechts durch die Rechtsprechung ausdrücklich offen gelassen werde, so dürfte das eher ein frommer Wunsch als eine konkrete Perspektive sein, wurde doch der Grundsatz der fiktiven Sachschadensabrechnung gerade von der BGH-Rechtsprechung entwickelt, ohne dass der bisherige Gesetzeswortlaut nur diese Auslegung zugelassen hätte. 35

---

33 RE 2001, 36: Erst dadurch kann die Gefährdungshaftung wieder ihre Aufgabe als einfache objektive Risikozuweisung erfüllen.
34 RE 2001, 36 f.

b) Kappung der fiktiven Mehrwertsteuer in Österreich ohne Gesetzesänderung durch das Höchstgericht geschafft

36 Aus rechtsvergleichender Perspektive sei erwähnt, dass bei vergleichbarer gesetzlicher Ausgangslage der (österreichische) OGH bei ehemals ähnlich großzügiger Zuerkennung von fiktiver Mehrwertsteuer die Wende aus eigener Kraft geschafft hat, ohne dass es eines Eingreifens des Gesetzgebers bedurft hatte.[35]

2. Schmerzensgeld
a) Einführung einer Bagatellgrenze – Anknüpfung an bestehende Rechtsprechung

37 Die Kappung des Schmerzensgeldes bei ganz geringfügigen Verletzungen knüpft an eine bestehende Rechtsprechung an. Der BGH hat schon bisher unter Berufung auf die Billigkeit bei Bagatellverletzungen ein Schmerzensgeld versagt und ausdrücklich darauf hingewiesen, dass er nach der lex lata weiter nicht gehen könne.[36] Die Gesetzgebung greift somit eine Tendenz der Rechtsprechung auf und führt diese fort, so es sich nicht ohnehin bloß um eine Kodifizierung einer bestehenden Rechtsprechung handelt.

b) Anhebung der Schmerzensgelder für Schwerstverletzte – blindes Vertrauen in die Rechtsprechung

38 Bei der Kappung des Schmerzensgeldes bei Minimalverletzungen wurden der Rechtsprechung feste Vorgaben gemacht. Die Anhebung der Schmerzensgelder für Schwer- und Schwerstverletzte kommt im Gesetzeswortlaut aber nirgendwo zum Ausdruck.[37] Lediglich die erläuternden Bemerkungen drücken die Zielsetzung unmissverständlich aus. Insoweit ist ein – **grenzenloses** – **Vertrauen** der Gesetzgebung in die **Rechtsprechung** zu konstatieren.

39 Zu verweisen ist namentlich darauf, dass nach einigen Jahren die Strahlkraft von Gesetzgebungsmaterialien verblasst; wenn sich eine signifikante Anhebung der Schmerzgeldbeträge bei Schwer- und Schwerstverletzten nicht in einer ersten Phase durchsetzt, in der die gesetzgeberische Absicht noch frisch in Erinnerung ist, wird das angepeilte Ziel womöglich verfehlt. Die „**Opfergemeinschaft**" hat dann insoweit ein **schlechtes Geschäft** gemacht: Die leichtest Verletzten bekommen weniger als bisher, den Schwerstverletzten wird aber auch nicht stärker geholfen.

c) Ausweitung auf Gefährdungs- und Vertragshaftung – gesetzgeberische Wertentscheidung, äußerste Grenze für Rechtsprechung: Schaffung von (objektivierten) Verkehrs- und Verkehrssicherungspflichten

40 In Bezug auf die Ausweitung des Schmerzensgeldanspruchs auf die Gefährdungshaftung war ein Einschreiten des Gesetzgebers geboten. Die Rechtsprechung hat getan, was sie konnte, indem sie die Verschuldenshaftung durch Anreicherung objektiv-rechtlicher Elemente sowie die Statuierung von Verkehrs- und Verkehrssicherungspflichten schon bisher weitgehend an die Gefährdungshaftung angenähert hat. Der für die Versagung des Schmerzensgeldes bei der Gefährdungshaftung ins Treffen geführte Grund des Fehlens der Genugtuungsfunktion war bei der auf Verschulden aufbauenden Vertragshaftung nie gegeben. Es ist deshalb in jeder Hinsicht folgerichtig, dass der Gesetzgeber nun auch bei der Vertragshaftung einen Schmerzensgeldanspruch einräumt.

3. Verbesserung der Rechtsstellung der Kinder zwischen 7 und 10 Jahren: Bei entsprechend verständiger Rechtsprechung wäre Gesetzesänderung überflüssig gewesen – hier bewusste Wertentscheidung des Gesetzgebers

41 Die Änderung des § 828, die Anhebung des Alters bei der Deliktsfähigkeit bei Straßenverkehrsunfällen, an denen ein motorisierter Verkehrsteilnehmer einerseits und ein Kind im Alter zwischen 7 und 10 Jahren andererseits beteiligt ist, wäre bei einer entsprechend einfühlsamen Rechtsprechung entbehrlich gewesen. Nichts hätte die Rechtsprechung daran gehindert, sich die Erkenntnisse der Entwicklungspsychologie zu eigen zu machen und um im Regelfall ein Verschulden bzw. Mitverschulden des noch nicht 10-jährigen Kindes zu verneinen. Da die Rechtsprechung – offenbar wider besseres Wissen – die Erkenntnisse der Entwicklungspsychologie nicht umgesetzt hat, war es konsequent, dass der Gesetzgeber eine bewusste Wertentscheidung getroffen hat.

---

35 OGH ZVR 1978/321 = EvBl 1978/121: bei Reparatur in Griechenland kein Ersatz fiktiver österreichischer Mehrwertsteuer. Weitere Ausführungen bei *Koziol*, Österr. Haftpflichtrecht I, 3. Aufl. 1997, 10/28; *Apathy*, EKHG § 16 Rn 14.
36 BGH NJW 1992, 1043 = VersR 1992, 504; so auch *G. Müller* (nunmehr Vorsitzende Richterin des VI. Senats), ZRP 1998, 258, 260.
37 *G. Müller*, ZRP 1998, 258, 260.

4. Haftung des Gerichtssachverständigen – Diagnose eines von der Rechtsprechung nicht gelösten Problems, abschließende Regelung, bewusste Wertentscheidung

Dass der Gesetzgeber bei der Haftung des Gerichtssachverständigen eingegriffen hat, ist dem Grunde nach zu befürworten, nachdem die deutsche Rechtsprechung – anders als der österreichische OGH – das Problem nicht unter Zuhilfenahme des Rechtsinstituts des Vertrags mit Schutzwirkung zugunsten Dritter zu lösen vermochte. Die Beseitigung der Differenzierung zwischen vereideten und nicht vereideten Sachverständigen sowie die abschließende Regelung haben gewiss etwas für sich. Ob die Norm insgesamt ausgewogen ist, muss der Beurteilung bei ihrer konkreten Erläuterung vorbehalten bleiben.

C. Inkrafttreten

Art. 13 des RE 2001 geht vom 1.1.2002 aus. In Wirklichkeit ist aber damit zu rechnen, dass das 2. SchadensersatzrechtsänderungsG erst zum 1.4. oder 1.7. bzw. 1.8.2002 in Kraft tritt, somit eine gewisse Legisvakanz gegeben sein wird. Begründet wird diese u.a. mit dem Erfordernis der Anpassung der Haftpflichtversicherungsprämien.

§ 249 Art und Umfang des Schadensersatzes

¹Wer zum Schadensersatz verpflichtet ist, hat den Zustand herzustellen, der bestehen würde, wenn der zum Ersatz verpflichtende Umstand nicht eingetreten wäre. ²Ist wegen Verletzung einer Person oder wegen Beschädigung einer Sache Schadensersatz zu leisten, so kann der Gläubiger statt der Herstellung den dazu erforderlichen Geldbetrag verlangen.

§ 249 (RE zum 2. Gesetz zur Änderung schadensersatzrechtlicher Vorschriften, 1998)
(1) Wer zum Schadensersatz verpflichtet ist, hat den Zustand herzustellen, der bestehen würde, wenn der zum Ersatz verpflichtende Umstand nicht eingetreten wäre.
(2) Ist wegen Verletzung einer Person oder wegen Beschädigung einer Sache Schadensersatz zu leisten, so kann der Gläubiger statt der Herstellung den dazu erforderlichen Geldbetrag verlangen.
(3) ¹Bei der Beschädigung einer Sache beläuft sich der Geldbetrag nach Abs. 2 auf die nachgewiesenen Kosten der Reparatur. ²Soweit der Geschädigte auf die Wiederherstellung durch einen gewerblichen Betrieb verzichtet, bleiben die in dem Betrag nach Abs. 2 enthaltenen öffentlichen Abgaben bei der Feststellung des Schadensersatzes außer Ansatz.

§ 249 (RE zum 2. Gesetz zur Änderung schadensersatzrechtlicher Vorschriften, 2001)
(1) Wer zum Schadensersatz verpflichtet ist, hat den Zustand herzustellen, der bestehen würde, wenn der zum Ersatz verpflichtende Umstand nicht eingetreten wäre.
(2) ¹Ist wegen Verletzung einer Person oder wegen Beschädigung einer Sache Schadensersatz zu leisten, so kann der Gläubiger statt der Herstellung den dazu erforderlichen Geldbetrag verlangen. ²Bei der Beschädigung einer Sache schließt der nach Satz 1 erforderliche Geldbetrag die Umsatzsteuer nur mit ein, wenn und soweit sie tatsächlich angefallen ist.

Literatur: *Ankermann,* Anm. zu BGH 10.7.1984, VI ZR 262/83, LM § 249 (Ga) BGB Nr. 13; *Anselm,* Die Unfallinstandsetzung mit gebrauchten Ersatzteilen, NZV 1999, 149; *Apathy,* Anm. zu OGH 10.4.1984, 2 Ob 13/84, JBl 1985, 41; *Blankenburg,* Warum müssen Verkehrsunfälle vor Gericht?, ZRP 1997, 183; *Bollweg,* Gesetzliche Änderungen im Schadensersatzrecht, NZV 2000, 185; *Budel,* Zeitwertgerechte Reparatur – Reparatur mit gebrauchten Teilen, r+s 1999, 221; *ders.,* Zeitwertgerechte Reparatur, VersR 1998, 1460; *Dannert,* Die Berechnung des Kraftfahrzeugschadens: Reparaturkosten- oder Totalschadensbasis?, VersR 1988, 985; *DAV,* Stellungnahme des Deutschen Anwaltvereins zum Entwurf eines 2. Gesetzes zur Änderung schadensersatzrechtlicher Vorschriften, NZV 2001, 339; *ders.,* Stellungnahme des Zivilrechtsausschusses und des Verkehrsrechtsausschusses (des DAV) zum Entwurf des Zweiten Schadensrechtsänderungsgesetzes, AnwBl 1998, 329; *Dornwald,* Gesetzliche Änderungen im Schadensersatzrecht?, 38. VGT (2000), 105; *ders.,* Zur Frage der Abrechnung auf Gutachterbasis trotz durchgeführter Reparatur, r+s 1989, 330; *DRB,* Bundesregierung will Schadensersatzrecht ändern – Erhebliche Eingriffe ins geltende Recht vorgesehen – DRB kritisiert Hast des Gesetzgebers – „Mehrbelastung der Zivilgerichte vorprogrammiert", DRiZ 1998, 179; *Dunz,* Anm. zu BGH 23.3.1976, VI ZR 41/74, LM § 249 (Gb) BGB Nr. 16; *Eggert,* Entschädigungsobergrenzen bei der Abrechnung „fiktiver" Reparaturkosten – ein Dreistufenmodell, DAR 2001, 20; *ders.,* Zwanzig Jahre Kfz-Agenturgeschäft – Bilanz eines Provisoriums, NZV 1989, 456; *Elsner,* Gesetzliche Änderungen im Schadensersatzrecht, zfs 2000, 233; *Emmerich,* Anm. zu BGH 4.5.2001, V ZR 435/99, JuS 2001, 1120; *ders.,* Schadensersatz wegen Zerstörung eines alten Hauses, JuS 1988, 988; *Freise,* Überlegungen zur Änderung des Schadensersatzrechtes, VersR 2001, 539; *ders.,* Überlegungen zur Änderung des Schadensersatzrechts, VersR, 2001, 539; *Freundorfer,* Fiktive Schadensabrechnung – ein Faß ohne Boden? – Zugleich Anmerkung zum Urteil des BGH vom 17.3.1992 (VI ZR 226/91), VersR 1992, 1332; *E. Fuchs,* Der Restwert in der schadensrechtlichen Diskussion unter besonderer Berücksichtigung der neueren Rechtsprechung, Jahrbuch Verkehrsrecht 2000, 81; *Geigel,* Der Haftpflichtprozeß, 23. Auflage 2001; *Geiß,* Konfliktbewältigung in Verkehrssachen durch die Justiz, DAR 1998, 416; *Greger,* Buchbesprechung: Kleanthis Roussos: Die systematischen und die Wertungsgrundlagen der Schadenszurechnung,

NZV 1994, 474; *ders.*, Haftungsrecht des Straßenverkehrs, 3. Auflage 1997; *ders.*, 38. Deutscher Verkehrsgerichtstag in Goslar – Nur zwei Worte, NZV 2000, 1; *ders.*, Der Streit um den Schaden, NZV 1994, 11; *ders.*, Gesetzesänderungen im Haftungsrecht, NZV 1991, 17; *Grunsky*, Anm. zu BGH 17.3.1992, VI ZR 226/91, JZ 1992, 806; *ders.*, Anm. zu BGH 5.3.1993, V ZR 87/91, LM § 249 (Gb) BGB Nr. 28; *ders.*, Anm. zu BGH 15.10.1991, VI ZR 67/91, LM § 249 (Fa) BGB Nr. 20; *ders.*, Zum Schadensersatz bei Zerstörung eines älteren Gebäudes, JZ 1988, 410; *Hagen*, Anm. zu BGH 2.10.1981, V ZR 147/80, LM § 249 (Fa) BGB Nr. 16; *Hartmann/Metzenmacher*, Kommentar zum UStG, 7. Auflage (Loseblatt); *Haug*, Naturalrestitution und Vermögenskompensation, Stand der Rechtsprechung im Hinblick auf eine geplante Gesetzesänderung, VersR 2000, 1329; *Heinrich*, Anm. zu AG Hof 7.2.2000, 14 C 326/99, DAR 2000, 276; *Heinze*, Anm. zu BGH 23.3.1976, VI ZR 41/74, JR 1977, 418; *Hofmann*, Anm. zu BGH 20.6.1989, VI ZR 334/88, NZV 1989, 466; *Hohloch*, Anm. zu BGH 10.7.1984, VI ZR 262/82, JR 1985, 195; *Ch. Huber*, Fragen der Schadensberechnung, 2. Auflage 1995; *ders.*, Gedanken zum 2. Schadensrechtsänderungsgesetz, DAR 2000, 20; *Jakob*, Ersatz fiktiver Kosten nach Allgemeinem Schadensrecht? (1998); *Jordan*, Die Abwicklung des Kraftfahrzeug-Totalschadens, VersR 1978, 688; *Karczewski*, Der Referentenentwurf eines Zweiten Gesetzes zur Änderung schadensersatzrechtlicher Vorschriften, VersR 2001, 1070; *Kleine-Cosack*, Systembruch zu Lasten des Geschädigten – Zur geplanten Einschränkung der fiktiven Schadensberechnung, DAR 1998, 180; *Klimke*, Schadensberechnung auf der Basis fiktiver Reparaturkosten nach Veräußerung des beschädigten Fahrzeugs – zugleich kritische Stellungnahme zum Urteil des BGH vom 23.3.1976, VersR 1977, 502; *ders.*, Anm. zu BGH 26.5.1970, VI ZR 168/68, VersR 1970, 902; *Knütel*, Anm. zu BGH 2.10.1981, V ZR 147/80, JR 1982, 281; *Köhler*, Abstrakte oder konkrete Berechnung des Geldersatzes nach § 249 Satz 2 BGB, FS Larenz (1983), S. 349; *Lange*, Anm. zu BGH 15.10.1991, VI ZR 67/91, JZ 1992, 482; *ders.*, Schadensersatz, 2. Auflage 1990; *Lipp*, Fiktive Herstellungskosten und Dispositionsfreiheit des Geschädigten, NJW 1990, 104; *ders.*, Anm. zu BGH 15.10.1991, VI ZR 314/90, NZV 1992, 70; *Lippross*, Die neue Differenzbesteuerung im Gebrauchtwagenhandel, DStR 1990, 724; *Macke*, Aktuelle Tendenzen bei der Regulierung von Unfallschäden, DAR 2000, 506; *Medicus*, Anm. zu BGH 10.7.1984, VI ZR 262/82, JZ 1985, 39; *ders.*, Gesetzliche Änderungen im Schadensersatzrecht?, 38. VGT (2000), 121; *ders.*, Schadensersatz und Billigkeit, VersR 1981, 593; *Menken*, Die Abschaffung der Naturalrestitution – ein Geschenk für die Versicherungswirtschaft, DAR 1998, 250; *Meyr*, Die Regulierung von Verkehrsunfallschäden in Deutschland und den Niederlanden, NZV 1999, 359; *G. Müller*, Der neue Entwurf eines Zweiten Gesetzes zur Änderung schadensrechtlicher Vorschriften, PHI 2001, 119; *dies.*, Zum Entwurf des Zweiten Gesetzes zur Änderung schadensrechtlicher Vorschriften, ZRP 1998, 258; *Otto*, Große Reformen müssen reifen – Zum Referentenentwurf einer Schadensrechtsreform, NZV 2001, 335; *ders.*, Neuere Grenzziehungen im Schadensersatzrecht – Zum Referentenentwurf eines 2. SchadÄndG, NZV 1998, 433; *Reiff*, Die Unverhältnismäßigkeit als Grenze der Naturalrestitution, NZV 1996, 425; *Reinking*, Anm. zu BGH 17.3.1992, VI ZR 226/91, EWiR § 823 BGB 7/92, 665; *ders.*, Kfz-Reparatur mit Gebrauchtteilen – Ressourcenschonende Instandsetzungsmethoden in Kasko- und Haftpflichtversicherung, DAR 1999, 56; *ders.*, Wirkt sich die Differenzierung auf das Haftungsrecht aus?, DAR 1991, 160; *Roß*, Die unwirtschaftliche Reparatur, NZV 2000, 362; *Sanden/Völz*, Sachschadensrecht des Kraftverkehrs, 7. Auflage 2000; *Scheffen*, Änderungen schadensersatzrechtlicher Vorschriften im Hinblick auf betroffene Kinder und Jugendliche, ZRP 2001, 380; *Schiemann*, Anm. zu BGH 4.5.2001, V ZR 435/99, LM § 249 (Gb) BGB Nr. 30; *ders.*, Perspektiven des Rechts der Verkehrsunfallschäden, NZV 1996, 1; *ders.*, Anm. zu BGH 8.12.1987, VI ZR 53/87, EWiR § 249 BGB 2/88, 553; *Schirmer*, § 249 BGB – Magna Charta des Schadensersatzrechts, FS Baumann (1999), S. 293; *E. Schmidt*, Das zerstörte Unikat – BGHZ 92, 85, JuS 1986, 517; *Steffen*, in: 2. Karlsruher Rechtsgespräch ADAC/DAV: Kritische Überlegungen zur Schadensersatzreform, DAR 1998, 285; *ders.*, Die Balance zwischen „Tätern" und „Opfern" im Verkehrsrecht ist gefährdet, ZRP 1998, 147; *ders.*, Die Rechtsprechung des BGH zur fiktiven Berechnung des Fahrzeugschadens, NZV 1991, 1; *ders.*, Der normative Verkehrsunfallschaden, NJW 1995, 2057; *Völtz*, Anm. zu BGH 8.12.1998, VI ZR 66/98, NZV 1999, 160; *Vogel*, Anm. zu BGH 4.5.2001, V ZR 435/99, EWiR § 249 BGB 2/01, 659; *Weber*, „Dispositionsfreiheit" des Geschädigten und fiktive Reparaturkosten, VersR 1990, 934; *ders.*, Anm. zu BGH 26.5.1970, VI ZR 168/68, LM § 249 (Gb) BGB Nr. 8; *Widmann*, Umsätze von Gebrauchtfahrzeugen – neue Sonderregelung nach § 25a UStG ab 1.7.1990, DB 1990, 1057; *Wirsching*, Der Begriff des „wirtschaftlichen Totalschadens", DAR 1999, 331; *Wussow*, Unfallhaftpflichtrecht, 14. Auflage 1996.

Inhalt

Allgemeiner Teil 1

A. Geltung für alle Sachschäden – Dominanz des Kfz-Sachschadens – Motor der Fortentwicklung des Schadensersatzrechts, insoweit auch Schwerpunkt der Kommentierung 1

B. Welche Zwecke sind bei der (Kfz-)Sachschadensabrechnung zu berücksichtigen 3
   I. Argumente gegen eine fiktive Abrechnung 4
   II. Argumente für die Beibehaltung der fiktiven Abrechnung 8
      1. Berücksichtigung der Interessen des kleinen Mannes, namentlich bei eingewendetem bzw. tatsächlich bestehendem Mitverschulden 8
      2. Volkswirtschaft – Staat erleidet keinen Nachteil .. 9
      3. Ökologie 10
      4. Beschäftigungspolitik zugunsten von Kfz-Sachverständigen und Rechtsanwälten 11
   III. Stellungnahme: Ausgleichszweck, allenfalls Prävention 12

C. Mögliche Reaktionsmöglichkeiten des Geschädigten auf die Beschädigung bzw. Zerstörung seiner Sache 13
   I. Reparatur 14
      1. In welcher Werkstätte 14
      2. In welchem Ausmaß 15
      3. Wer 16
   II. Ersatzbeschaffung 17
   III. Verzicht auf jegliche Restitution 18

D. Ansatzpunkt des Entwurfs 98 19
   I. Ausgangslage: Beseitigung der Überentschädigung bei fiktiver Abrechnung von Kfz-Sachschäden 19
   II. Orientierung an der (vollständigen) Eigenreparatur durch einen Freizeitbastler 20

Titel 1. Verpflichtung zur Leistung — § 249

- III. Bei Reparatur in einer Werkstätte und Vorlage einer Rechnung Ersatz der tatsächlich angefallenen Kosten 22
- IV. Bei Verzicht auf Vorlage einer Werkstattrechnung gemäß § 249 Abs. 3 RE 1998: Kappung der öffentlichen Abgaben (Durchlaufposten) 23
- V. Stellungnahme in der Literatur und bei den Interessenvertretungen 25
  1. Spärliche Zustimmung 25
  2. Überwiegend Kritik 26
     - a) Mangelnde Deutlichkeit des Begriffs „öffentliche Abgaben" 27
     - b) Abweichen vom Grundsatz der Dispositionsfreiheit 30
- VI. Problem Reparatur, Ausklammerung der Ersatzbeschaffung 32

E. Lösung des Entwurfs 2001 33
- I. Behutsamer Reformschritt 33
- II. Reichweite 37
  1. Jegliche Form der Restitution: Reparatur und Ersatzbeschaffung – Unterschied zum RE 1998 37
  2. Keine Erfassung der Kompensation – wenig bedeutsam, weil in der Praxis kaum Anwendungsfälle 39
- III. Kompromiss der widerstreitenden Interessen 41
  1. Umsatzsteuer leicht zu handhaben und ins Gewicht fallend 42
  2. Fiktive Abrechnung weiterhin ausreichend attraktiv – kein Aufstand der Kfz-Sachverständigen 43
  3. Funktionieren der bisherigen Schadensabwicklung – Verkehrskreise haben sich an fiktive Abrechnung gewöhnt (Gedanke der Rechtssicherheit) 44

F. Beurteilung der Reform der Sachschadensabrechnung 48
- I. Weiter vorgebrachte Kritik 48
- II. Befund gegenüber dem Entwurf 98 hat sich nicht verändert: Überkompensation bei fiktiver Abrechnung 51

Spezieller Teil 52

A. Das Grundkonzept des § 249 Abs. 2 S. 2 52

B. Umsatzsteuer ersatzfähig, wenn und soweit sie angefallen ist 53
- I. Sprachlich überflüssig: „wenn und" sowie „tatsächlich" 53
- II. Anfall ist nicht gleichbedeutend mit Erstattung – der Geschädigte muss nicht in Vorlage treten 54

C. Reparatur 60
- I. Anspruch auch für Teil der Reparatur, arg: soweit 60
  1. Einkauf von Ersatzteilen mit Rechnung incl. Umsatzsteuer, aber im Übrigen Eigenreparatur 61
  2. Betrauung einer Werkstätte mit Reparatur, aber Zurverfügungstellung von Ersatzteilen, für die keine Rechnung mit Umsatzsteuer vorgelegt wird 65
- II. Anknüpfung lediglich an Reparaturrechnung, keine Gewähr, dass es sich um vollständige Reparatur handelt, bei der die Verkehrssicherheit gewährleistet ist 70
- III. Vorprogrammierter Konflikt: Umsatzsteuer der Werkstattrechnung bleibt hinter Sachverständigengutachten zurück 71
  1. Obliegenheit des Geschädigten zur Vorlage der Werkstattrechnung bei tatsächlicher Durchführung 71
  2. Rechtfertigung des Geschädigten: Reparatur war nicht vollständig 75
  3. Gegenargument des Ersatzpflichtigen: Reparatur war in jeder Hinsicht vollwertig, aber das Sachverständigengutachten hat den erforderlichen Geldbetrag zu hoch angesetzt 76
  4. Vorlage der Werkstattrechnung als Voraussetzung für die Erstattung der Umsatzsteuer – ein trojanisches Pferd für den Geschädigten 78

D. Ersatzbeschaffung – nunmehr Bedeutung der Reichweite des Restitutionsbegriffs 85
- I. Ersatzbeschaffung bei Abrechnung auf Basis fiktiver Reparaturkosten 85
- II. Grenzen der Abrechnung auf Basis fiktiver Reparaturkosten 86
- III. Unterschiedliche Meinungen in Rechtsprechung und Lehre 88
  1. Weiter Restitutionsbegriff der Rechtsprechung 88
  2. Kritik daran in der Literatur 90
- IV. Unterschiede in der Bemessung 91
  1. Bisherige Rechtslage: Ersatz der Wiederbeschaffungskosten incl. Mehrwertsteuer unabhängig von der Betätigung irgendeines Restitutionsinteresses bzw. selbst dann, wenn bei Restitution geringere Kosten angefallen sind 91
     - a) Selbst wenn der Schadensersatzbetrag nicht für das beschädigte Auto verwendet wird, um mit der Frau oder Freundin in Urlaub zu fahren 91
     - b) Kauf bei einem Privatmann, bei dem keine Mehrwertsteuer anfällt 92
  2. Neue Rechtslage: Umsatzsteuer nur erstattungsfähig bei Vorlage einer Rechnung – es stellt sich die Frage, welche Restitutionsmaßnahme für die Ersatzfähigkeit der Umsatzsteuer noch anerkannt wird 93
     - a) Unproblematisch: Kauf eines möglichst gleichwertigen Gebrauchtfahrzeugs nach Fabrikat, Modell, Jahrgang, km-Stand 96
     - b) Befürwortung eines großzügigen Restitutionsbegriffs 97
       - aa) Anknüpfung an die Rechtsprechung bei Zerstörung eines Hauses – BHGZ 102, 322 98
       - bb) Restitution bei einem Unikat 100
       - cc) Anschaffung eines Neufahrzeugs, Vorziehen des Investitionszyklus 101
       - dd) Anschaffung eines vergleichbaren Gebrauchtfahrzeugs, aber ein bisschen größer, neuer, komfortabler 102
     - c) Keine Restitution – nicht bloß abzustellen auf irgendein Fortbewegungsmittel 103

E. Miete statt Kauf – Leasing eines Kfz 104

F. Verzicht auf eine Ersatzbeschaffung bei wirtschaftlichem Totalschaden 105
- I. Möglichkeit der Abrechnung auf Basis fiktiver Wiederbeschaffungskosten in Entsprechung zur Abrechnung auf Basis fiktiver Reparaturkosten, soweit diese zulässig 105
- II. Besonderheiten der Differenzbesteuerung nach § 25a UStG 106
  1. Anlass der Umstellung im Umsatzsteuerrecht: Herstellung von Wettbewerbsneutralität zwischen Ankauf eines Gebrauchtfahrzeugs von einem privaten (nicht mehrwertsteuerpflichtigen) Verkäufer und einem (mehrwertsteuerpflichtigen) Händler 107
     - a) Entbehrlichkeit von Hilfskonstruktionen zur Vermeidung der Mehrwertsteuer – Agenturvertrag 107
     - b) Mehrwertsteuer auf Händlerspanne gemäß § 25a UStG (Differenz zwischen Ankaufs- und Verkaufspreis) – kein offener Ausweis der Mehrwertsteuer 108
  2. Auswirkungen für die Schadensregulierung 109
     - a) Rechtslage nach Einführung der Differenzbesteuerung, aber vor der Geltung des § 249 Abs. 2 S. 2 109
     - b) Nach Einführung des § 249 Abs. 2 S. 2: Bei Verzicht auf Ersatzbeschaffung – gleichwertige Restitutionsmaßnahme Herausrechnung der Mehrwertsteuer vom Händlerpreis 110

3. Beschaffung einer (höherwertigen) gebrauchten Sache bei Möglichkeit zur Abrechnung auf Basis fiktiver Reparaturkosten 114	Ausmaß der Vorlage einer Rechnung bis zur Grenze von 130 % des Wiederbeschaffungswertes 121
G. Einfluss der Neuregelung auf die Verhältnismäßigkeit nach § 251 Abs. 2 117	**H. Auswirkungen der Abtretung des Schadensersatzanspruchs – Kann sich die Höhe des Schadensersatzanspruchs durch Abtretung ändern?** 124
I. Integritätszuschlag 117	I. Regierungsvorlage geht in Bezug auf die Umsatzsteuerpflicht ohne weiteres davon aus 124
II. Durchführung einer unwirtschaftlichen Reparatur-Restitution im weiteren Sinn mit der Folge der Ersatzfähigkeit der Mehrwertsteuer: Der Geschädigte lässt reparieren, obwohl die Reparaturkosten mehr als 130% des Wiederbeschaffungswertes ausmachen 119	II. Im Ausgangspunkt einleuchtend, daran anzuknüpfen, ob Restitutionsinteresse betätigt wird, nicht von wem das erfolgt: kein höchstpersönliches Recht .. 127
1. Herrschende Meinung 119	III. Grundsätzliche Bedenken 128
2. Mindermeinung: Soweit (unwirtschaftliche) Reparatur durchgeführt wird, Ersatzfähigkeit im	IV. Lösungsansatz 132

Allgemeiner Teil

A. Geltung für alle Sachschäden – Dominanz des Kfz-Sachschadens – Motor der Fortentwicklung des Schadensersatzrechts, insoweit auch Schwerpunkt der Kommentierung

1 § 249 ist die Zentralnorm des Schadensrechts. Ihre Abänderung wird vornehmlich im Hinblick auf die Änderungen für die Abrechnung von **Kfz-Sachschäden** diskutiert.[1] Der Kfz-Sachschaden hat in der Praxis eine überragende Bedeutung. Das Kfz ist noch immer das wichtigste Statussymbol der Deutschen[2] und war in den letzten 50 Jahren der Motor für die Fortentwicklung des Schadensrechts.[3]

2 Wenn auch mitunter auf das – besondere – Erfordernis der Praktikabilität für die Abrechnung von Massenschäden hingewiesen[4] und ein Sonderrecht für Kfz rechtstatsächlich festgestellt wird,[5] so gilt § 249 weit darüber hinaus auch für Schäden an anderen Sachen, etwa Gebäuden und Gemälden,[6] und schlussendlich auch für Verletzungen von Personen und Tieren. Ein **Sonderrecht für Kfz-Schäden** wird denn auch einhellig abgelehnt.[7]

B. Welche Zwecke sind bei der (Kfz-)Sachschadensabrechnung zu berücksichtigen

3 Die Begrenzung der Möglichkeit, einen Sachschaden anhand eines Sachverständigengutachtens abzurechnen bzw. den Anreiz dazu durch entsprechende Abschläge zu dämpfen, wird mit unterschiedlichen Argumenten abgestützt:

I. Argumente gegen eine fiktive Abrechnung

4 Dadurch werde ein Anreiz für Teil- bzw. Billigreparaturen geschaffen, die dazu führen, dass die Fahrzeuge nicht **verkehrssicher** seien.[8] *Bollweg*[9] weist indes zutreffend darauf hin, dass dieses Argument selbst beim Kfz-Sachschaden nicht für alle Schäden gelte, sondern nur bei Beschädigung von sicherheitsrelevanten Teilen des Kfz, nicht aber für bloß optische Schäden.

5 Durch die Möglichkeit zur fiktiven Abrechnung werde die **Schwarzarbeit** gefördert.[10] Dagegen wird eingewendet, dass sich dieses Problem auch bei selbstverschuldeten Reparaturen stelle.[11] Dass es Schwarzarbeit

---

1 DAV, NZV 2001, 339, 340: Die Reform sei viel zu sehr auf Kfz-Schaden fokussiert. Vgl. auch *Dornwald*, 38. VGT (2000), 105, 111: Vorschlag eines pauschalen Abschlags von 25% bei fiktiver Reparatur, bei dem er darauf hinweist, dass diese Marge zwar für den Kfz-Sachschaden passe, aber den Nachteil der Willkür für andere Branchen habe.
2 *Haug*, VersR 2000, 1329, 1332 Fn 35. Zutreffend der Hinweis von *Schirmer*, in: FS Baumann (1999), S. 293, 301 f., dass sich in China die einschlägigen Probleme anhand des Fahrradschadens stellen würden.
3 *Schirmer*, in: FS Baumann (1999), S. 293, 304.
4 *Haug*, VersR 2000, 1329: Spannung zwischen Schadensdogmatik (subjektiv-konkrete Berechnung) und dem Praktikabilitätserfordernis für die Kfz-Schadensabrechnung (objektiv-abstrakte Berechnung).
5 Staudinger/*Schiemann* Vorbem zu §§ 249 ff. BGB Rn 534; *Lange*, Schadensersatz, 2. Aufl. 1990, S. 16 f.
6 *Medicus*, 38. VGT (2000), 121, 125.
7 So bereits *Weber*, VersR 1990, 934, 944; *Knütel*, JR 1982, 281, 283; *Grunsky*, LM § 249 (Gb) BGB Nr. 28; *Geiß*, DAR 1998, 416, 421; *G. Müller*, ZRP 1998, 258, 259; *Schirmer*, in: FS Baumann (1999), S. 293, 301.
8 *Otto*, NZV 1998, 433, 434 f.; *ders.*, NZV 2001, 335, 336; *Greger*, NZV 2000, 1, 2; *Dornwald*, 38. VGT (2000), 105, 108.
9 NZV 2000, 185, 188.
10 *Reinking*, EWiR § 823 BGB 7/92, 665, 666; *Greger*, NZV 2000, 1, 2; *Otto*, NZV 2001, 335, 336 f.; *Dornwald*, 38. VGT (2000), 105, 108.
11 *Elsner*, zfs 2000, 233, 235.

auch außerhalb von fremdverschuldeten Unfällen gibt, ist aber kein Argument, sie nicht zumindest bei fremdverschuldeten Unfällen wirksam zu bekämpfen.

Durch die Reduzierung der fiktiven Abrechnung soll die **Betrugskriminalität** bekämpft werden.[12] Wenn der Geschädigte über den Schadensersatzbetrag mehr erhält als seine Vermögenseinbuße, so stellt das für einen (klein-)kriminell Veranlagten einen Anreiz dar, Unfälle zu provozieren bzw. vorzutäuschen, um daraus Kapital zu schlagen. Dagegen wird eingewendet, dass solche Täter andere Mittel und Wege fänden, sich zu bereichern,[13] etwa durch Fälschung von Werkstattrechnungen.[14] Außerdem sei im Rahmen der Betrugskriminalität die Miterledigung von Vorschäden viel wichtiger, was durch die fiktive Abrechnung nicht zu bekämpfen sei.[15] Wie bei der Schwarzarbeit ist dem entgegenzuhalten: Wenn es ein verpöntes Verhalten auch anderswo gibt, ist dies kein Grund, es nicht auf dem Gebiet zu bekämpfen, wo dies möglich ist. Und dass sich Straftäter durch Sanktionen von ihren kriminellen Vorhaben nicht abbringen lassen, wird für manche gewiss zutreffen. Die Konsequenz wäre dann, – für alle – auf jegliche Strafsanktionen zu verzichten.

Dornwald[16] führt gegen die fiktive Abrechnung ins Treffen, dass bei deren Beseitigung oder Reduktion es zu einem volkswirtschaftlichen Vorteil **geringerer Haftpflichtprämien** komme. Zunächst ist die Höhe der Haftpflichtprämien bei gleichzeitiger Leistungsreduktion der Geschädigten a priori volkswirtschaftlich neutral. Ob die Höhe der Haftpflichtprämien – jedenfalls kurzfristig – von solchen Änderungen der Belastung der Haftpflichtversicherer abhängig ist, erscheint fraglich; die Entwicklung der Prämienhöhe wurde in den letzten Jahren gewiss stärker beeinflusst von der Möglichkeit der ertragreichen Veranlagung von Rücklagen bzw. dem Wettbewerbsdruck. Und schlussendlich darf die Rechnung nicht ohne den Wirt gemacht werden: Wenn die fiktive Abrechnung reduziert wird, wird so mancher Geschädigte sein Fahrzeug in einer Werkstätte reparieren lassen mit der Folge, dass das Einsparungspotenzial der Haftpflichtversicherer und damit das Volumen an möglichen Prämienreduktionen sehr stark zusammenschmelzen wird.[17]

II. Argumente für die Beibehaltung der fiktiven Abrechnung

1. Berücksichtigung der Interessen des kleinen Mannes, namentlich bei eingewendetem bzw. tatsächlich bestehendem Mitverschulden

Elsner[18] weist darauf hin, dass ein Normalverdiener schon durch Anschaffung eines Fahrzeugs an den Rand seines finanziellen Rahmens gerate. Im Falle einer fremdverschuldeten Beschädigung sei er bei auch nur behauptetem **Mitverschulden** auf die Möglichkeit einer Billigreparatur geradezu angewiesen. Die fiktive Abrechnung ermögliche es ihm in solchen Fällen, ohne Belastung eigener Mittel im Wege einer Eigen- bzw. Billigreparatur seine Beweglichkeit zu erhalten.[19] Während Unternehmen sich kaum jemals die Finger schmutzig machten und selbst reparierten, sei der kleine Mann, der schwächste Teil der Bevölkerung, von einer Reduzierung der fiktiven Abrechnung am meisten betroffen. Dagegen ist einzuwenden, dass eine solche „kostenneutrale" Auffanglösung bei keinem anderen Schadensposten diskutiert wird.[20] *Otto*[21] verweist zutreffend darauf, dass es systemfremd sei, denjenigen – jedenfalls im wirtschaftlichen Ergebnis – vom Mitverschulden freizusprechen, der sich die Reparatur nicht leisten könne.

2. Volkswirtschaft – Staat erleidet keinen Nachteil

In Anknüpfung an das Argument, dass der Geschädigte durch die Art der Schadensregulierung nicht verdienen soll, wird darauf hingewiesen, dass sich aber auch der Staat nicht bereichern solle.[22] Auch wenn die Schadensersatzleistung, also der zufließende Geldbetrag, für etwas ganz anderes verwendet werde, so würden auch bei diesen Ausgaben Steuern und Abgaben bezahlt.[23] Würde man insoweit Kürzungen vornehmen, sei das eine „**Hans-im-Glück-Politik**",[24] bei der der Geschädigte bei seiner Reinvestition nach einem schädigenden Ereignis jedes Mal ein Stück ärmer werde. Diese Überlegung ist aber insoweit nicht zutreffend, als es im Schadensersatzrecht gerade nicht um Interessen des Fiskus geht, sondern darum,

---

12 *Greger*, NZV 2000, 1, 2; *Dornwald*, 38. VGT (2000), 105, 108.
13 *Elsner*, zfs 2000, 233, 235.
14 *Medicus*, 38. VGT (2000), 121, 128.
15 *Medicus*, 38. VGT (2000), 121, 128.
16 38. VGT (2000), 105.
17 *Macke*, DAR 2000, 506, 510.
18 zfs 2000, 233, 234 f.
19 In diesem Sinn auch *Steffen*, ZRP 1998, 147, 149; *ders.*, DAR 1998, 285, 286; *Macke*, DAR 2000, 506, 511; *Eggert*, DAR 2001, 20, 22.
20 *Ch. Huber*, DAR 2000, 20, 25.
21 NZV 2001, 335, 337.
22 *Elsner*, zfs 2000, 233, 235.
23 *Medicus*, 38. VGT (2000), 121, 129.
24 *Medicus*, 38. VGT (2000), 121, 127.

dass das Ausmaß des Ersatzes mitunter davon abhängt, ob der Geschädigte sein **Restitutionsinteresse** betätigt, ihm an der Herstellung des realen Zustands, wie er ohne Beschädigung bestanden hat, gelegen ist, oder ob es ihm bloß um die Auffüllung seiner Vermögenslücke geht, er somit bloß im Rahmen des **Kompensationsinteresses** zu entschädigen ist.

3. Ökologie

10 Für die fiktive Abrechnung führt *Kleine-Cosack*[25] ins Treffen, dass sie den Geschädigten in die Lage versetze, ein **schadstoffärmeres Neufahrzeug** anstelle des schadstoffreicheren Altfahrzeugs zu erwerben. Diese Überlegung trägt allerdings nur für einen ganz winzigen Problembereich im Rahmen des Kfz-Schadens; und auch insoweit nur bedingt. Ein Beitrag zur Umweltentlastung wird nur insoweit geleistet, als das Altfahrzeug – artgerecht – entsorgt und nicht weiterveräußert wird. Dazu kommt, dass gerade aus ökologischen Gründen es häufig vorzugswürdig ist, wenn ein Abschwören von der Wegwerfmentalität erfolgt.[26]

4. Beschäftigungspolitik zugunsten von Kfz-Sachverständigen und Rechtsanwälten

11 *Macke*[27] verweist darauf, dass es noch schlimmer hätte kommen können, dass Schadensersatz nur bei Vorlage einer Rechnung und nur noch in der dort ausgewiesenen Höhe zu leisten gewesen wäre. Dann hätte der **juristische Beratungsbedarf** gegen Null tendiert. Die **Anwälte und Kfz-Sachverständigen** wären weitgehend arbeitslos geworden. Es muss dann die Frage erlaubt sein: Ist es eine (legitime) Aufgabe des Schadensrechts, für eine möglichst hohe Auslastung von Anwälten und Kfz-Sachverständigen zu sorgen? Mit *Greger*[28] ist vielmehr die Gegenposition zu vertreten, dass eine Aufblähung der Unfallkosten durch fürsorgliche Begutachtung möglichst vermieden werden sollte.

III. Stellungnahme: Ausgleichszweck, allenfalls Prävention

12 Jedes der Argumente pro und contra mag etwas für sich haben. Ausschlaggebend ist, dass das Schadensrecht die Mitverfolgung der genannten Zwecke einfach nicht zu leisten vermag.[29] Das Haftungsrecht hat sich auf das Ausgleichsziel und allenfalls den Präventionszweck zu beschränken. Sollten andere – erwünschte – Nebenzwecke darüber hinaus erreicht werden, ist das erfreulich; schadensersatzrechtliche Normen sind aber nicht so auszulegen, dass sie diese Ziele erreichen.

C. Mögliche Reaktionsmöglichkeiten des Geschädigten auf die Beschädigung bzw. Zerstörung seiner Sache

13 Durch die Reform sollen Abstriche von der fiktiven Schadensabrechnung vorgenommen werden. Die Höhe der Schadensersatzleistung soll wieder stärker von der konkreten Vermögenseinbuße des jeweiligen Geschädigten abhängen. Welche Reaktionsmöglichkeiten hat aber der Geschädigte nach Beschädigung bzw. Zerstörung seiner Sache durch einen verantwortlichen Schädiger?

I. Reparatur
1. In welcher Werkstätte

14 Wenn der Geschädigte in einer **autorisierten Werkstätte** das Gebrechen beheben lässt, so steht er bei einem Kfz-Schaden vor der Wahl zwischen einer **Marken**werkstätte und einer „**freien**" Werkstätte. Der Preisunterschied ist mitunter beträchtlich.[30] Das Preisniveau wird darüber hinaus beeinflusst durch ein **Stadt/Land-Gefälle**.

2. In welchem Ausmaß

15 Darüber hinaus stellt sich die Frage, in welchem Ausmaß eine Reparatur vorgenommen werden soll. Sollen die beschädigten Teile durch funktionstüchtige – **neue** oder **gebrauchte** – ersetzt werden oder soll etwa eine Beule bloß ausgeklopft werden? Soll sich die Reparatur auf die für die Verkehrssicherheit bedeutsamen Teile beschränken oder soll auch optisch der Zustand wie ohne Schädigung hergestellt werden?

---

25 DAR 1998, 180, 183.
26 *Ch. Huber*, DAR 2000, 20, 24.
27 DAR 2000, 506, 511.
28 NZV 2000, 1, 2.
29 *Ch. Huber*, Fragen der Schadensberechnung, 2. Aufl. 1995, S. 60 f. Ebenso in Bezug auf die Verkehrssicherheit *Medicus*, VersR 1981, 593, 597 ff.; *ders.*, 38. VGT (2000), 121, 127; *Eggert*, DAR 2001, 20, 24.
30 *Eggert*, DAR 2001, 20, 27 (Preisdifferenz bis zu 30%).

3. Wer

So mancher Geschädigte steht vor der Alternative, die Reparatur durch eine **Werkstätte** besorgen zu lassen oder **selbst Hand** anzulegen, allenfalls im Verbund mit Nachbarn oder Bekannten. Eine ähnliche Entscheidung stellt sich für den Eigentümer eines gewerblich genutzten Fahrzeugs, der die Reparatur entweder durch ein Fremdunternehmen besorgen lässt oder im eigenen Unternehmen durchführt, was insbesondere dann naheliegt, wenn das Unternehmen eine eigene Betriebswerkstätte unterhält.

II. Ersatzbeschaffung

Fällt die Entscheidung – aus welchen Gründen immer – gegen die Reparatur aus, so ist die Ersatzbeschaffung eine mögliche Alternative, das beeinträchtigte Nutzungspotenzial wiederherzustellen. Möglich ist die Anschaffung einer entsprechend **gebrauchten** Sache, also eine möglichst weitgehende Annäherung an den Zustand ohne Schädigung, oder der Kauf einer **neuen** Sache.

III. Verzicht auf jegliche Restitution

Schließlich ist denkbar, dass der Geschädigte auf jegliche Restitution verzichtet. Womöglich hat er sich schon vor dem Unfall mit dem Gedanken getragen, künftig nicht mehr Auto zu fahren; oder der Unfall hat bei ihm ein derartiges Trauma ausgelöst, dass er sich nicht mehr ans Volant eines Fahrzeugs setzt. Den Schadensersatzbetrag möchte er lieber für Urlaubsfahrten mit der Frau oder Freundin verwenden.[31]

D. Ansatzpunkt des Entwurfs 98

I. Ausgangslage: Beseitigung der Überentschädigung bei fiktiver Abrechnung von Kfz-Sachschäden

Nicht nur die Haftpflichtversicherer, sondern auch Teile der Lehre[32] verweisen darauf, dass es bei der fiktiven Schadensabrechnung dazu kommt, dass dem Geschädigten Schadensposten ersetzt werden, die nach dem von ihm gewählten Weg **nicht** anfallen.[33] *Bollweg*[34] weist unter Bezugnahmen auf die Empfehlungen der VGT[35] darauf hin, dass die Beibehaltung oder Modifizierung der fiktiven Schadensberechnung eine Glaubens- bzw. Stimmungsfrage sei. Zu ergänzen ist dabei, dass das Ergebnis solcher Abstimmungen weniger die im Zeitablauf unterschiedliche Position widerspiegelt, also die Fachwelt hin- und hergerissen sei; vielmehr kommt es einerseits auf die Fragestellung an und andererseits darauf, welche Interessengruppe in wie starken Kohorten auf dem Verkehrsgerichtstag präsent ist.

II. Orientierung an der (vollständigen) Eigenreparatur durch einen Freizeitbastler

Der **RE 1998** setzt an beim Fall der Reparatur durch einen **Freizeitbastler**, dem der Fall der Reparatur in einer Fachwerkstätte gegenüber gestellt wird. Oben wurde dargestellt, dass das Spektrum der möglichen Reaktionen des Geschädigten auf das schädigende Ereignis erheblich größer ist. Will man das Ausmaß des Ersatzanspruchs in den Fällen fiktiver Abrechnung kürzen, ist fraglich, ob es angemessen ist, alle Fälle, bei denen nicht die Reparatur in einer Werkstätte vorgenommen wird, an das Leitbild des Freizeitbastlers anzulehnen.[36] Der Freizeitbastler betätigt immerhin sein Restitutionsinteresse, was bei dem, der weder repariert noch eine Ersatzsache beschafft, nicht der Fall ist.

Otto[37] verweist in diesem Zusammenhang darauf, dass sich das vom RE 1998 für den Freizeitbastler normierte Ergebnis schon aus dogmatischen Überlegungen ableiten ließe, wobei er zutreffend darauf hinweist, dass nicht einmal alle Ansatzpunkte erfasst wurden. So ist etwa die unterschiedliche Struktur eines Unternehmens und eines Freizeitbastlers bei den Fixkosten ausgeklammert geblieben.

III. Bei Reparatur in einer Werkstätte und Vorlage einer Rechnung Ersatz der tatsächlich angefallenen Kosten

Der RE 1998 machte insoweit einen weitreichenden Schritt, als er in den Fällen, in denen der Geschädigte in einer Fachwerkstätte reparieren lässt, gemäß § 249 Abs. 2 RE 1998 die **dort jeweils anfallenden Kosten** für maßgeblich angesehen wurden. Die derzeit schwelende Streitfrage, ob der Geschädigte verpflichtet

---

31 So das durchaus anschauliche Beispiel bei *Macke*, DAR 2000, 506, 510.
32 So namentlich *Greger*, NZV 2000, 1 f.; *Otto*, NZV 1998, 433, 436.
33 RE 2001, 32.
34 NZV 2000, 185, 187.
35 Eine Einschränkung der fiktiven Schadensabrechnung wurde befürwortet auf dem 20. VGT (1982) und 34. VGT (1996), abgelehnt jedoch auf dem 28. VGT (1990) und 38. VGT (2000).
36 Zum Ansatz für die Bewertung an die jeweils vorgenommene Restitutionsform anzuknüpfen *Ch. Huber*, DAR 2000, 20, 24.
37 NZV 2001, 335, 336.

sei, nach Reparatur in einer Werkstätte eine Rechnung vorzulegen,[38] wurde im bejahenden Sinn gelöst. Ob und welche normativen Korrekturen vorzunehmen seien, wenn unter Verwendung von Altteilen oder bloß behelfsmäßig repariert worden sei, darauf wird nicht eingegangen. Aus systematischer Sicht ist zu konstatieren, dass eine Annäherung an den Personenschaden erfolgt, der dem Wortlaut des § 249 Abs. 2 nach für beide Fälle in gleicher Weise anzuwenden ist.[39]

IV. Bei Verzicht auf Vorlage einer Werkstattrechnung gemäß § 249 Abs. 3 RE 1998: Kappung der öffentlichen Abgaben (Durchlaufposten)

23 Für den Fall, dass der Geschädigte keine Rechnung vorlegt, sollte weiterhin das Sachverständigengutachten maßgeblich sein, mit relativ weitreichenden Kürzungsposten: Dem Geschädigten sollte netto gerade soviel verbleiben wie die Summe aus dem auf die Reparatur entfallenden anteiligen **Nettogewinn** des **Betreibers der Werkstätte** und dem **Nettolohn** des in dieser beschäftigen **Mechanikers**, der die Reparatur faktisch durchführt. Dies wurde erreicht durch Kappung der Sozialabgaben und Steuern. Maßgeblich war dabei die Vorstellung, dass es sich insoweit um durchlaufende Posten handelt, die der Inhaber der Werkstätte zwar dem Geschädigten, dem Besteller der Reparatur, in Rechnung stellt, die aber bloß vereinnahmt werden, um sogleich an den Fiskus bzw. die Sozialversicherungsträger abgeführt zu werden.

24 Inhaltlich ging es bei den Steuern um die **Umsatzsteuer** einerseits und die **Einkommens-** bzw. **Lohnsteuer** andererseits. Bei den **Sozialabgaben** handelt es sich um die, die bei Beschäftigung einer Person zu entrichten sind, also die Beiträge zur Krankenversicherung, Rentenversicherung, Unfallversicherung, Arbeitslosenversicherung und Pflegeversicherung. Durch diese massive Kürzung des Ersatzumfangs bei fiktiver Abrechnung hätte das Kfz-Sachverständigengutachten erheblich an Bedeutung verloren. Der Anreiz, auf Basis eines Sachverständigengutachtens abzurechnen, ist nämlich um so geringer, je größer die Abschläge sind. Kann aber der Geschädigte den vollen Schadensersatzbetrag nur bei Vorlage einer Rechnung einer Werkstätte vom Schädiger erhalten, wird die Neigung, in jedem Fall ein Sachverständigengutachten einzuholen, nicht mehr so ausgeprägt sein wie bisher. Die Kfz-Sachverständigen haben sich daher am nachhaltigsten für die Beibehaltung der bisherigen Rechtslage eingesetzt.

V. Stellungnahme in der Literatur und bei den Interessenvertretungen

1. Spärliche Zustimmung

25 Wenige haben sich immerhin dem Grunde nach positiv zu dem Vorhaben geäußert, sieht man von den Vertretern der Haftpflichtversicherungswirtschaft ab. *Greger*[40] sah dadurch wenigstens gewisse Auswüchse der fiktiven Schadensabrechnung beseitigt. *Ch. Huber*[41] beurteilte diesen Ansatz als durchaus plausibles Konzept.

2. Überwiegend Kritik

26 Es überwog aber bei weitem die Kritik. Manche entzündete sich an der mangelnden Deutlichkeit des Begriffs „öffentliche Abgaben", andere lehnte jegliche Einschränkung des Grundsatzes der Dispositionsfreiheit von vornherein ab.

a) Mangelnde Deutlichkeit des Begriffs „öffentliche Abgaben"

27 Der Begriff der **öffentlichen Abgaben** wurde als zu unbestimmt angesehen, als dass er für die Praxis handhabbar sei.[42] *Schirmer*[43] sah bereits die Gefahr (Chance?) eines Beschäftigungsprogramms für Kfz-Sachverständige und dazu noch eines für Steuerberater und Betriebswirte heraufdämmern, die nun nicht nur ein Gutachten ex ante über die Kosten bei Reparatur in einer Werkstätte zu erstellen hätten, sondern darüber hinaus heranzuziehen wären für die allenfalls vorzunehmenden Abschläge wegen des Abzugs der öffentlichen Abgaben.[44]

---

38 Verneinend BGHZ 66, 239, 246 = NJW 1976, 1396 = VersR 1976, 874 = DAR 1976, 256 = LM § 249 (Gb) BGB Nr. 16 (*Dunz*); *Schirmer*, in: FS Baumann (1999), S. 293, 316, *Steffen*, NZV 1991, 1, 3; kritisch dazu *Greger*, Haftungsrecht des Straßenverkehrs, 3. Aufl. 1997, Anh. I, Rn 53 f.; ebenso *Otto*, NZV 1998, 433, 435: Wenn keine Rechnung vorgelegt werde, spreche das für sich.
39 *Otto*, NZV 1998, 433, 435.
40 NZV 2000, 1, 2.
41 DAR 2000, 20, 24.
42 BR-DS 265/98 vom 8.5.1998 S. 3 ff.; DRB, DRiZ 1998, 179, 181; *Geiß*, DAR 1998, 416, 421; *G. Müller*, ZRP 1998, 258 f.; *Otto*, NZV 1998, 433, 435; *Greger*, NZV 2000, 1, 2; *Bollweg*, NZV 2000, 185, 188; *Macke*, DAR 2000, 506, 511; *Karczewski*, VersR 2001, 1070, 1074.
43 In: FS Baumann (1999), S. 293, 320: ein Beschäftigungsprogramm für Kfz-Sachverständige, Steuerberater, Betriebswirte, um den Abzug zu ermitteln, aber ein wirtschaftliches und lohnendes?
44 Mit einem Schuss Zynismus könnte man hinzufügen, dass auf diese Weise die von *Macke* (DAR 2000, 506, 511) befürchteten Ausfälle bei den Umsätzen der Anwälte und Kfz-Sachverständigen sich doch hätten kompensieren lassen!

Betrachtet man die Problematik aus **betriebswirtschaftlicher Perspektive**, so wären die Schwierigkeiten m.E. überwindlich gewesen. Zu verweisen ist namentlich darauf, dass beim **Haushaltsführerschaden** bei Verzicht auf Einstellung einer Ersatzkraft seit Jahren Konsens herrscht, dass in solchen Fällen ein 30%-iger Abschlag vorzunehmen sei, ohne dass dies als für die Praxis nicht handhabbar angesehen worden wäre. Die Abschätzung, wie hoch der Arbeitskraftanteil bei der Reparatur war, hätte sich durchaus schätzen lassen, mag dieser bei großen (maschinenintensiven) und kleinen (personalintensiven) Werkstätten auch ganz unterschiedlich[45] sein; und der darauf entfallende Abzug wäre nur noch eine Frage einer Prozentrechnung gewesen.

Eine ganz andere Frage ist, ob der volle Abzug **inhaltlich berechtigt** war. Während das bei den nicht anfallenden Steuerleistungen durchaus zu bejahen ist, ist für die Sozialabgaben m.E. grundsätzlich anders zu entscheiden.[46] Diese sind beim Angestellten der Werkstätte sehr wohl Einkommensbestandteil, der sich vom Nettolohn nur dadurch unterscheidet, dass keine Barauszahlung erfolgt, was aber nichts daran ändert, dass es sich dabei um eine Gegenleistung für die erbrachte Arbeitsleistung handelt. Die volle Regreßfähigkeit solcher Sozialabgaben beim Entgeltfortzahlungsschaden des Arbeitnehmers ist ein beredtes Zeichen dafür.

b) Abweichen vom Grundsatz der Dispositionsfreiheit

Der Mehrzahl der Kritiker[47] war aber nicht bloß die sprachlich nicht völlig geglückte Umsetzung des Gewollten ein Dorn im Auge, sondern die Einschränkung der Dispositionsfähigkeit als solche.

Schirmer[48] meint, dass § 249 Abs. 3 RE 1998 nur schwer in das übrige System des § 249 einzufügen und aus **systematischer Sicht willkürlich** sei.[49] *Macke*[50] hielt diese Norm für unplausibel, für die es **kein griffiges Argument** gebe. Auch die Vertretung der Anwälte[51] hielt die Norm für **nicht stimmig**. Selbst die nunmehrige Vorsitzende Richterin des VI. Senats[52] meinte, dass der alte Entwurf zu stark in die Dispositionsfreiheit des Geschädigten eingegriffen habe, so dass die **Praktikabilität** der Kfz-Schadensabrechnung **gefährdet** gewesen sei.

VI. Problem Reparatur, Ausklammerung der Ersatzbeschaffung

Schließlich hatte der RE 1998 noch einen wesentlichen Schwachpunkt. Durch seine Fixierung auf die Reparatur in einer Werkstätte mit Vorlage einer Rechnung oder durch einen Freizeitbastler blieb der Fall der **Ersatzbeschaffung ungeregelt**.[53] *Schirmer*[54] hat am deutlichsten herausgearbeitet, dass – jedenfalls nach dem Wortlaut – der Geschädigte nach diesem Entwurf die Flucht in den wirtschaftlichen Totalschaden antreten werde, weil es bei diesem zu keiner Kappung der Mehrwertsteuer mangels Vorlage einer Rechnung komme, während das im Fall der Reparatur sehr wohl der Fall sei.[55] Die bisherigen Intentionen von Geschädigten und Ersatzpflichtigen würden dabei auf den Kopf gestellt,[56] unternahm der Geschädigte doch bisher alles, um auf Reparaturkostenbasis abrechnen zu können, während der Ersatzpflichtige trachtete, nach der für ihn weniger belastenden Totalschadensabrechnung zu regulieren.

E. Lösung des Entwurfs 2001

I. Behutsamer Reformschritt

Der RE 2001 greift wesentliche Anliegen des RE 1998 wieder auf,[57] ändert die bestehende Rechtslage aber **weniger weitgehend**. Die Rede ist zutreffend von einer **Fortschreibung** des Entwurfs.[58] Wenn demgegenüber der Deutsche Anwaltverein[59] in seiner jüngsten Stellungnahme behauptet, dass § 249 seines normativen Charakters entkleidet und in einen Aufwendungsersatzanspruch umgewandelt werde, so ist das schlicht und ergreifend unzutreffend. Es verhält sich allerdings wie mit der Statik eines Hauses. Wird beim

---

45 So *Schirmer*, in: FS Baumann (1999), S. 293, 321.
46 *Ch. Huber*, DAR 2000, 20, 25 f.
47 *Menken*, DAR 1998, 250 ff., *Kleine-Cosack*, DAR 1998, 180 ff.; *Elsner*, zfs 2000, 233, 234.
48 In: FS Baumann (1999), S. 293, 313, 317.
49 Ähnlich der Bundesrat BTDS 13/10766 vom 22.5.1998: zu wenig vorbereitet, rechtssystematisch nicht ausgereift.
50 DAR 2000, 506, 511.
51 DAV, AnwBl 1998, 329, 330.
52 *G. Müller*, PHI 2001, 119, 120.
53 *Otto*, NZV 1998, 433, 436; *Ch. Huber*, DAR 2000, 20, 25.
54 In: FS Baumann (1999), S. 293, 319.
55 Auf diesen Wertungswiderspruch hinweisend auch *Medicus*, 38. VGT (2000), 121, 127.
56 So auch *Kleine-Cosack*, DAR 1998, 180, 182.
57 *Freise*, VersR 2001, 539, 540.
58 RE 2001, 54.
59 DAV, NZV 2001, 339, 340.

Fundament auch nur der eine oder andere Teil verändert, kann das Gleichgewicht des gesamten Gebäudes davon betroffen sein.[60]

34 Unabhängig davon, ob in einer Werkstätte repariert wird oder der Geschädigte in anderer Weise auf die vom Schädiger zu verantwortende Sachbeschädigung reagiert, kann der Geschädigte auf Basis eines Sachverständigengutachtens abrechnen. Das setzt nicht voraus, dass die Reparatur auch tatsächlich durchgeführt wird, Bedingung ist allein, dass sie möglich und nicht unverhältnismäßig ist.

35 Was sich allein ändert, ist die Ersatzfähigkeit der Mehrwertsteuer. Während diese bisher fiktiv verlangt werden konnte, ist nach § 249 Abs. 3 S. 2 nunmehr Voraussetzung, dass dafür eine Rechnung vorgelegt wird, aus der sich ergibt, dass sie auch angefallen ist. Während *Schirmer*[61] es inkonsequent findet, einen einzelnen Schadensposten herauszugreifen, hielt es *Greger*[62] unter dem Gesichtspunkt der Steuermoral für eine unerträgliche Konsequenz der bisherigen Rechtsprechung, dass derjenige, der steuerfrei reparieren ließ, sich die ersparte Umsatzsteuer selbst zuführen konnte.

36 Hinzuweisen ist darauf, dass der RE 1998 Einschnitte sowohl für (umsatzsteuerpflichtige) Privatpersonen als auch (vorsteuerabzugsberechtigte) Unternehmen mit sich gebracht hätte: Von der Obliegenheit zur Vorlage der Rechnung bei tatsächlich durchgeführter Reparatur sowie der Verminderung des Sachverständigengutachtens um die öffentlichen Abgaben wären auch Unternehmen betroffen gewesen. Da (vorsteuerabzugsberechtigte) Unternehmen schon bisher bloß den um die Umsatzsteuer reduzierten Ersatzbetrag verlangen konnten, wirkt sich die Kappung dieses Schadenspostens im Fall fiktiver Abrechnung nach dem RE 01 für sie – anders als bei einer Privatperson – nicht aus.

II. Reichweite

1. Jegliche Form der Restitution: Reparatur und Ersatzbeschaffung – Unterschied zum RE 1998

37 Am RE 1998 wurde kritisiert, dass dessen § 249 Abs. 3 lediglich den Fall der Beschädigung erfasst habe, nicht aber den der **Zerstörung**,[63] und – wie hinzuzufügen ist – auch nicht den des **Diebstahls** bzw. der sonstigen rechtswidrigen **Sachentziehung**. Liest man den Wortlaut des § 249 Abs. 2 S. 2 hat sich daran nichts geändert. *Macke*[64] und *Karczewski*[65] ziehen daraus denn auch die Schlussfolgerung, dass bei Abrechnung auf Basis eines (wirtschaftlichen) Totalschadens unabhängig davon, ob eine Wiederbeschaffungsmaßnahme erfolgt, nach wie vor die Wiederbeschaffungskosten **inklusive Mehrwertsteuer** geschuldet sind. *Medicus*[66] gibt dafür sogar eine sachliche Begründung: Es gehe der Sache nach um die Bekämpfung der Schwarzarbeit und die Förderung der Verkehrssicherheit, die bei Hinterhofreparaturen nur in eingeschränktem Ausmaß gegeben sei. Dieses Argument trage aber nur bei Reparaturen, weil bei Ersatzbeschaffung von einem Privaten nicht von vornherein davon ausgegangen werden könne, dass diese Kraftfahrzeuge nicht verkehrssicher seien.

38 Es ist aber mit ihm[67] darauf zu verweisen, dass das Schadensersatzrecht solche Zwecke gerade nicht primär verfolge. Vielmehr geht es um den **Ausgleichszweck**; und vor diesem Hintergrund ist es folgerichtig, **Reparatur** und **Ersatzbeschaffung gleich** zu behandeln. Dieses Konzept verfolgt auch der RE 2001, was in den Erläuternden Bemerkungen[68] zum Ausdruck kommt. Angeknüpft wird dabei an den weiten Restitutionsbegriff der herrschenden Rechtsprechung,[69] wonach auch die Ersatzbeschaffung ein Unterfall der Restitution sei.

2. Keine Erfassung der Kompensation – wenig bedeutsam, weil in der Praxis kaum Anwendungsfälle

39 Der RE 2001[70] verweist darauf, dass er Fälle der Kompensation gemäß § 251 nicht erfasse. Das ist einerseits **wenig bedeutsam**, weil aufgrund des weiten Restitutionsbegriffs der Rechtsprechung kaum noch Fälle

---

60 *Ch. Huber*, DAR 2000, 20, 21.
61 *Schirmer*, in: FS Baumann (1999), S. 293, 308. Ähnlich *Macke*, DAR 2000, 506, 511, der von einer Schieflage spricht.
62 *Greger*, NZV 2000, 1, 3; ähnlich *Otto*, NZV 2001, 335, 337.
63 *Otto*, NZV 1998, 433, 436; *Kleine-Cosack*, DAR 1998, 180, 182; *Schirmer*, in: FS Baumann (1999), S. 293, 313 ff.; *Ch. Huber*, DAR 2000, 20, 25; *Medicus*, 38. VGT (2000), 121, 127.
64 DAR 2000, 506, 511.
65 VersR 2001, 1070, 1075.
66 38. VGT (2000), 121, 127.
67 VersR 1981, 593, 601; *ders.*, 38. VGT (2000), 121, 127.
68 RE 2001, 33.
69 BGH NJW 1972, 1800, 1801 = VersR 1972, 1024; BGHZ 66, 239, 247 = NJW 1976, 1396, 1397 = VersR 1976, 874; VersR 1984, 966; BGHZ 92, 85 = NJW 1984, 2282 = VersR 1984, 966 = LM § 249 (Ga) BGB Nr. 13 (*Ankermann*) = JuS 1985, 59 = MDR 1984, 925 = JZ 1985, 39 (*Medicus*); BGHZ 115, 364 = NJW 1992, 302 = NZV 1992, 66 (*Lipp*) = VersR 1992, 61; BGHZ 115, 375 = NJW 1992, 305 = NZV 1992, 68 = VersR 1992, 64 = BB 1992, 22 = DAR 1992, 25 = DB 1992, 211 = MDR 1992, 132 = VRS 82, 168.
70 RE 2001, 33.

übrig bleiben, bei denen nicht wenigstens eine Ersatzbeschaffung übrig bleibt. Denkbar ist das etwa bei Zerstörung eines Unikats[71] oder eines Designermantels.[72] Mit *Otto*[73] ist aber nach der Abstufung des Ersatzes nach Restitutions- und Kompensationsinteresse darauf zu achten, dass unter Berufung auf § 251 nicht ein Schadensposten – hier die Umsatzsteuer – ersatzfähig ist, der es bei – bloß möglicher – Restitution nicht wäre. Denn § 251 stellt ein Auffangbecken, eine Art **Mindestersatz**, für den Geschädigten dar, der auf die Wiederherstellung der konkreten Zusammensetzung seines Vermögens keinen Wert legt, sondern dem es nur um die Auffüllung seiner globalen Vermögenslücke geht.[74]

Auch wenn es – fast – nur um akademische Fragen geht, ist m.E. überlegenswert, die Abgrenzung zwischen Restitution und Kompensation nicht nach der ohnehin kaum greifbaren Verkehrsanschauung vorzunehmen, sondern danach, ob sich der Geschädigte mit einer bloß **annäherungsweisen Herstellung** des Zustands, wie er ohne Schädigung bestand, zufrieden gibt. Im österreichischen Recht ist das unter dem Stichwort der „Schaffung einer Ersatzlage" durchaus anerkannt. Denn immerhin ist anzuerkennen, dass in der Praxis kaum etwas vorstellbar ist, was nicht annähernd restituierbar sein sollte. In der Modellboot-Entscheidung[75] hat zwar der BGH eine Restitution in der Weise abgelehnt, dass sich der Freizeitbastler mit einem Nachbau durch eine Werkstätte zufrieden geben könne. Bei der Vielzahl der Bewertungsmöglichkeiten im Rahmen des § 251 und der besonders freien Schadensschätzung nach § 287 ZPO hat der BGH aber diesen Ansatz als einen durchaus möglichen angesehen. *Medicus*[76] findet das zu Recht widersprüchlich. Und was den Designermantel betrifft, so ist eine in einem solchen Fall **mögliche Restitutionsform** noch mehr mit Händen zu greifen. Derjenige, dessen Designermantel zerstört wurde, der wird sich nach einem anderen umsehen, will er im Winter nicht frieren. In Zeiten der Wirtschaftskrise war auch die Rechtsprechung weniger pingelig.[77] Wenn es der Geschädigte nicht sein will und sich mit einer bloßen Annäherung an den Zustand ohne schädigendes Ereignis zufrieden gibt, sollte dagegen m.E. nichts einzuwenden sein.[78]

III. Kompromiss der widerstreitenden Interessen

Die Neuregelung der Begrenzung der fiktiven Abrechnung beim Sachschaden ist das Ergebnis der widerstreitenden Interessen zwischen der (Haftpflicht-)Versicherungswirtschaft und den gegenläufigen der Richter, Anwälte, Kfz-Sachverständigen und Autofahrerorgansationen.

1. Umsatzsteuer leicht zu handhaben und ins Gewicht fallend

Anstelle der **öffentlichen Abgaben** wird die **Umsatzsteuer** herausgegriffen, bei der es keine Probleme bei der Ermittlung gibt.[79] Soweit sich die Kritik an der Unbestimmtheit des Begriffs „öffentliche Abgaben" entzündet hat und dagegen Bewertungsschwierigkeiten ins Treffen geführt wurden, wurde dieser der Wind zur Gänze aus den Segeln genommen. Die Mehrwertsteuer ist bestimmt und lässt sich – jedenfalls im Regelfall – ohne weiteres ermitteln, weil sie offen als solche auszuweisen ist. Die Beschränkung auf diesen Faktor entspricht auch dem Postulat der **Einfachheit** der Schadensregulierung. Dazu kommt, dass es der **wirtschaftlich bedeutsamste Faktor** ist.[80] Für eine Ausklammerung der sonstigen öffentlichen Abgaben kann somit ins Treffen geführt werden, dass die zusätzliche Sachgerechtigkeit der Rückführung des Sachschadens nach subjektiv-konkreter Berechnung sich nur mit einem Übermaß an Kompliziertheit „erkaufen" ließe, die quantitative Auswirkung aber gar nicht so groß wäre.[81] Bei dieser pragmatischen Vorgangsweise hat es denn schlussendlich ersichtlich keine Rolle gespielt, dass der ursprüngliche Gedanke des durchlaufenden Postens, der Erhebung einer Steuer für den Staat, die letztlich ohnehin ein anderer tragen sollte, bei der Umsatzsteuer am deutlichsten ausgeprägt ist.

---

71 So die berühmte Modellbootentscheidung BGHZ 92, 85 = NJW 1984, 2282 = VersR 1984, 966 = LM § 249 (Ga) BGB Nr. 13 (*Ankermann*) = JuS 1985, 59 = MDR 1984, 925 = JZ 1985, 39 (*Medicus*).
72 *Otto*, NZV 2001, 335, 337.
73 *Otto*, NZV 2001, 335, 337.
74 Ausführlich dazu *Ch. Huber*, Fragen der Schadensberechnung, 2. Aufl. 1995, S. 141 ff.
75 BGHZ 92, 85 = NJW 1984, 2282 = VersR 1984, 966 = LM § 249 (Ga) BGB Nr. 13 (*Ankermann*) = JuS 1985, 59 = MDR 1984, 925 = JZ 1985, 39 (*Medicus*).
76 JZ 1985, 39, 43.
77 So der Verweis in BGHZ 92, 85, 89 f. auf die Fälle vor der Währungsreform 1948; *Haug*, VersR 2000, 1329, 1332; OGHBrZ 1, 128, 130 f. (gebrauchte Möbel); LG Oldenburg SJZ 1946, 179 (Damenfahrrad statt Herrenfahrrad); LG Duisburg JMBl. NW 1947, 53 (Goldschmuck statt Zahngold).
78 A.A. *Hohloch*, JR 1985, 195, der strikt auf objektive Grundsätze und die Verkehrsanschauung abstellt.
79 RE 2001, 33; *Schirmer*, in: FS Baumann (1999), S. 293, 321: einzige Abgabe, deren Höhe sich zweifelsfrei ermitteln lässt; ähnlich *Otto*, NZV 1998, 433, 435; *Karczewski*, VersR 2001, 1070, 1074: klar definierter Faktor; *G. Müller*, PHI 2001, 119, 120: akzeptabel, weil man den unklare Begriff „öffentliche Abgaben" aus dem früheren Entwurf aufgegeben worden ist.
80 RE 2001, 33; *Bollweg*, NZV 2000, 185, 189. *Dornwald* (38. VGT [2000], 105, 108) schätzt den Anteil der Mehrwertsteuer bei der fiktiven Kfz-Sachschadensabrechnung auf ca. 200 Mio. EUR, die fiktiven sonstigen öffentlichen Abgaben auf 108 Mio. EUR.
81 *Ch. Huber*, DAR 2000, 20, 27: für die Kappung der Mehrwertsteuer spricht die Einfachheit der Ermittlung dieses Schadenspostens; so auch *Dornwald*, 38. VGT (2000), 105, 111.

2. Fiktive Abrechnung weiterhin ausreichend attraktiv – kein Aufstand der Kfz-Sachverständigen

43 Trotz der Kappung der Mehrwertsteuer wird die fiktive Abrechnung von Kfz-Schäden nach meiner Einschätzung **weiterhin attraktiv** bleiben. Die Differenz zwischen dem im Sachverständigengutachten ausgewiesenen Wert und den tatsächlich anfallenden Kosten wird weiterhin so groß sein, dass für den Geschädigten ein ausreichender Anreiz besteht, fiktiv abzurechnen, auch wenn er dabei die Mehrwertsteuer einbüßt. Das hängt mit folgenden Umständen zusammen: Der Sachverständige bemisst die Kosten der Reparatur typischerweise nach denen in einer **Fachwerkstätte** unter Verwendung von **Neuteilen**. Der Geschädigte kann hingegen u.U. selbst günstiger reparieren. Er muss nicht alle Schäden beheben. Er kann gebrauchte Ersatzteile verwenden. In vielen Fällen kann er ohne Abstriche von der Qualität der Reparatur in einer **freien Werkstätte** außerhalb der städtischen Ballungsgebiete erheblich preisgünstiger die Reparatur durchführen lassen. Nicht bei jedem Geschädigten werden sich alle Faktoren auswirken; aber schon der eine oder andere für sich kann zu einem ausreichenden Vorteil führen. Dazu kommt, dass die Mehrwertsteuer ja insoweit ersatzfähig ist, als eine Rechnung vorgelegt wird. Das bedeutet, dass bei Verzicht auf die Reparatur in einer Markenwerkstätte wie im Sachverständigengutachten angenommen nicht stets auch der Ersatz der gesamten Mehrwertsteuer entfällt.

3. Funktionieren der bisherigen Schadensabwicklung – Verkehrskreise haben sich an fiktive Abrechnung gewöhnt (Gedanke der Rechtssicherheit)

44 Für diesen bloß behutsamen Reformschritt führen die Erläuternden Bemerkungen des RE 2001 ins Treffen, dass jeder weitergehende Reformschritt für die **erreichte Rechtssicherheit** kaum abschätzbare Folgen hätte und die Schadensabwicklung in technischer Hinsicht reibungslos funktioniere.[82] Diese Einschätzung wird von der Literatur zum Teil geteilt; es gibt aber auch völlig gegenteilige Einschätzungen.

45 *Macke*[83] verweist darauf, dass die Unfallregulierung erstaunlich geräuschlos über die Bühne gehe und nur ein Bruchteil die Gerichte erreiche.[84] Es werde verhältnismäßig zügig abgewickelt. Im **europäischen Vergleich** sei das eine **Erfolgsstory**. Das sollte zur Vorsicht mahnen gegenüber Veränderungen. Was die Erfolgsstory im europäischen Vergleich anbetrifft, so ist es zwar zutreffend, dass nur ein Bruchteil der Schadensfälle die deutschen Gerichte erreicht, nämlich ca. 1%. Die ganze Wahrheit aber ist, dass die Quote in den benachbarten **Niederlanden** nicht **1 Prozent**, sondern **1 Promille** beträgt, somit 1/10 des deutschen Wertes.[85] Für Österreich, ein anderes Nachbarland mit vergleichbarer Rechtskultur, sind mir zwar keine Zahlen bekannt. Aber seit der Wende in der Judikatur zur Beseitigung der fiktiven Schadensberechnung[86] gibt es seit über 10 Jahren so gut wie keine höchstrichterlichen Entscheidungen mehr zum Kfz-Sachschaden. Und dies lässt sich nicht allein mit abweichenden Revisionsgrundsätzen bzw. dem unterschiedlichen Stellenwert des Fahrzeugs für die Österreicher begründen. Auch für diese ist das Auto das liebste Kuscheltier. Nach diesen sporadischen rechtsvergleichenden Hinweisen verliert die von Macke beschworene „Erfolgsstory" ein wenig an Glanz.

46 Sammelt man – ohne Anspruch auf Vollständigkeit – einige jüngere Äußerungen zum deutschen Schadensrecht, so vermittelt sich nicht gerade den Eindruck, dass Ruhe an der Front herrsche. *Greger*[87] vergleicht die Definition des Schadensbegriffs mit der **Quadratur des Kreises**. *Reiff*[88] konstatiert, dass das deutsche Schadensrecht **nicht zur Ruhe** komme, die Rechtsprechung bringe keine Remedur, sondern Kasuistik. Ganz ähnlich *Greger*:[89] Die Rechtsprechung bringe aufgrund der Uneinheitlichkeit **immer wieder neue Zweifelsfälle** hervor. *Wirsching*[90] bemerkt, dass der wirtschaftliche Totalschaden sehr unterschiedlich interpretiert werde. *Völtz*[91] meint zur Abwicklung von Kfz-Unfallschäden, dass Schrifttum und Rechtsprechung nach wie vor ein unerschöpfliches Reservoir für lebhafte Diskussionen und Rechtsfortbildung bieten. Nicht sehr viel positiver ist der Befund von *Haug*,[92] der meint, dass auf der Seite der Anwaltschaft die **schwere Durchschaubarkeit der höchstrichterlichen Rechtsprechung** zu fehlerhaften oder unnötigen Klageerhebungen führe. Auch habe die auf **undurchsichtiger BGH-Rechtsprechung** beruhende uneinheitliche Abwicklungspraxis der Versicherer nicht unerheblich zu einer großen Anzahl von

---

[82] RE 2001, 34.
[83] DAR 2000, 506.
[84] Ähnlich die Einschätzung von *Schirmer*, in: FS Baumann (1999), S. 293, 323; *Kleine-Cosack*, DAR 1998, 180, 181; *Menken*, DAR 1998, 250, 251.
[85] *Blankenburg*, ZRP 1997, 183; *Meyr*, NZV 1999, 359.
[86] Österreichischer OGH JBl 1985, 41 (*Apathy*) = ZVR 1984/344; JBl 1988, 249 = ZVR 1988/129; JBl 1990, 718.
[87] NZV 1994, 474.
[88] NZV 1996, 425.
[89] NZV 1994, 11.
[90] DAR 1999, 331.
[91] NZV 1999, 160.
[92] VersR 2000, 1329, 1471, 1483.

Schadensersatzprozessen geführt. *E. Fuchs*[93] bemerkt eine in den letzten Jahren verschärfte Diskussion um den Restwert. *Emmerich*,[94] bescheinigt anlässlich der jüngsten BGH-Entscheidung eine verwirrende Praxis, wann Abrechnung auf Reparaturkosten und wann auf Basis von Wiederbeschaffungskosten zu erfolgen habe. Die Rechtsprechung sei **in sich widersprüchlich**, ja geradezu **chaotisch**. Auch wenn mit der jüngsten Entscheidung[95] die Unterschiede etwas vermindert worden sind, so ist es doch bezeichnend, wenn *Grunsky*[96] darauf hinweist, dass das Ausmaß der fiktiven Abrechnung lediglich von der Geschäftsverteilung zwischen dem 6. und dem 5. Senat abhänge.

Mag manches übertrieben, anderes vielleicht sogar unzutreffend sein. Ein Funken Wahrheit steckt in dieser Tirade an Kritik am status quo allemal. Ob angesichts dieses Befundes ein Festhalten an der bisherigen Rechtslage noch immer ein so hehres Ziel ist, mag man bezweifeln. Ganz abgesehen davon kann das Argument, dass sich die beteiligten Verkehrskreise an die **bisherige Praxis gewöhnt** hätten, stets und **gegen jede Reform** vorgebracht werden. Dem RE 2001 ist immerhin zu bescheinigen, dass man sich des Umstands bewusst war, dass dies **kein großer Wurf**, sondern ein tragfähiger, wenn auch kein fauler Kompromiss der widerstreitenden Interessen war.[97] Lakonisch wird darauf verwiesen, dass eine **noch grundlegendere Reform erwogen**, diese aber mit Rücksicht auf die Rechtssicherheit nicht in Angriff genommen wurde. Vielmehr werde die Rechtsprechung zur Abrechnung fiktiver Kosten nicht zementiert.[98] Ob von der Rechtsprechung, die ohne Bindung des Gesetzeswortlauts die heutige fiktive Schadensabrechnung erst kreiert hat,[99] eine Kehrtwendung zu erwarten ist, mag man bei so zaghaften Signalen mit Fug bezweifeln.

47

F. Beurteilung der Reform der Sachschadensabrechnung
I. Weiter vorgebrachte Kritik

Selbst gegen die gegenüber dem RE 1998 abgespeckte Reform des Sachschadensrecht wird Kritik vorgebracht.[100] *Macke*[101] bescheinigt dem neuen § 249 Abs. 2 S. 2, dass gegen diese Norm **keine verfassungsmäßigen Bedenken** bestehen,[102] die Herausrechnung der Mehrwertsteuer aber zu einer „dogmatisch bedenklichen Durchlöcherung des § 249 BGB" führe, der Umfang des Ersatzes vom Zufall der Durchführung der Reparatur in einer Werkstätte abhänge,[103] wodurch das Gesamtsystem durcheinander gerate, die Kappung der Mehrwertsteuer eine Konzession an die deutschen Versicherer sei, um deren (internationale) Konkurrenzfähigkeit zu stärken und die Norm schlussendlich nicht sonderlich überzeugend, geschädigtenunfreundlich und **systemunsauber** sei. Kritisch äußert sich auch *Medicus*,[104] der die Kappung der Mehrwertsteuer bloß auf den ersten Blick als einleuchtend ansieht, dagegen aber Gründe der **Gerechtigkeit** ins Treffen führt, weil der Geschädigte mit dem reduzierten Schadensersatzbetrag Sachen anschaffe, die ihrerseits mehrwertsteuerpflichtig seien, wodurch es zum Hans-im-Glück-Effekt komme.

48

Diese Argumente sind nicht zutreffend: Wenn behauptet wird, das Ausmaß des Ersatzes sei von einem **Zufall** abhängig, wenn darauf abgestellt wird, ob in einer Werkstätte repariert werde oder nicht, so ist darauf zu verweisen, dass es eine Konsequenz des im deutschen Recht geltenden **subjektiv-konkreten Schadensbegriffs** ist, dass das Ausmaß der Ersatzpflicht davon abhängt, zu welcher Vermögenseinbuße die Beeinträchtigung eines Rechtsguts im Vermögen des jeweils Geschädigten führt. Das kann in Abhängigkeit von der Person schon unterschiedlich hoch sein, kann aber auch von dessen Reaktion auf das schädigende Ereignis abhängig sein. Bei der Kappung der Mehrwertsteuer ohne Vorlage einer Rechnung von einem Systembruch zu sprechen, verwechselt Regel und Ausnahme, führt doch § 249 Abs. 2 S. 2 ohnehin bloß dazu, dass die Schadensabrechnung ein bisschen stärker den Prinzipien der subjektiv-konkreten Abrechnung entspricht.

49

---

93 Jahrbuch Verkehrsrecht 2000, 81.
94 JuS 2001, 1120, 1121.
95 NJW 2001, 2250 = LM § 249 (Gb) § 249 BGB Nr. 30 (*Schiemann*) = *Vogel*, EWiR § 249 BGB 2/01, 659 = JuS 2001, 1120 (*Emmerich*) = WM 2001, 1416 = BB 2001, 1379.
96 Anm. zu LM § 249 (Gb) BGB Nr. 28.
97 So auch *Bollweg*, NZV 2000, 185, 189: bloß die Mehrwertsteuer zu kappen, ist keine Ideallösung.
98 RE 2001, 34; so auch *Otto*, NZV 2001, 338 Fn 54.
99 *Köhler*, in: FS Larenz (1983), S. 349; *Greger*, NZV 2000, 1, 2; *Otto*, NZV 1998, 433, 436; *ders.*, NZV 2001, 335, 336; so dem Grunde nach auch der ehemalige Vorsitzende Richter des VI. Senats *Weber* (VersR 1990, 934, 943 f.), der konzediert, dass die Rechtsprechung den ehemaligen § 249 S. 2 (nunmehrigen § 249 Abs. 2 S. 1) zu Ende gedacht habe.
100 *Macke* (DAR 2000, 56) erklärt dies mit der verbliebenen unangenehmen Erinnerung der handstreichartigen Einbringung durch die letzte Bundesregierung. Dem ist zu entgegnen, dass auch Ressentiments und Emotionen verblassen und einer sachlichen Diskussion weichen sollten.
101 DAR 2000, 506, 510 f.
102 So aber *Kleine-Cosack*, DAR 1998, 180 ff. Gegenteilig *Schirmer*, in: FS Baumann (1999), S. 293, 312 f.
103 So auch *Kleine-Cosack*, DAR 1998, 180, 182.
104 38. VGT (2000), 121, 127 f.

50 Wenn auf das Argument der Wettbewerbsfähigkeit der deutschen Haftpflichtversicherer verwiesen wird,[105] so hat dieses grundsätzlich keinen Platz im Schadensrecht. Dazu kommt, dass auch ausländische Versicherer, die zu den deutschen Haftpflichtversicherern am deutschen Markt in Konkurrenz treten, eben denselben Regeln unterworfen sind, so dass es insoweit zu keiner Wettbewerbsverzerrung kommen kann. Was schließlich den **Hans-im-Glück-Effekt** betrifft, so ist darauf zu verweisen, dass es nicht darauf ankommt, ob dem Staat Steuern entgehen, sondern darum, dass die im Gesetz angelegte Grenze zwischen Restitution und Kompensation dazu führt, dass der Geschädigte mitunter einen weniger weitreichenden Ersatzbetrag verlangen kann, wenn er auf die Wiederherstellung des beeinträchtigten Nutzungspotenzials keinen Wert legt.

II. Befund gegenüber dem Entwurf 98 hat sich nicht verändert: Überkompensation bei fiktiver Abrechnung

51 Die **Diagnose** der Überkompensation bei fiktiver Abrechnung ist gegenüber dem RE 1998 unverändert.[106] Die **Therapie** fällt moderater aus. Wenn der Geschädigte nicht in einer Werkstätte reparieren lässt, muss er sich Abstriche bei der Mehrwertsteuer gefallen lassen, mehr aber nicht. Der Reform ist zu bescheinigen, dass sie **einen Schritt in die richtige Richtung** macht, nämlich einerseits eine Reduktion beim Sachschaden zugunsten einer intendierten Ausweitung beim Personenschaden.[107] Dazu kommt ebenfalls ein Schritt in Richtung einer Rückkehr zur konkreten Schadensberechnung auch beim Sachschaden.[108] *Greger*[109] hat dem weitergehenden RE 1998 bescheinigt, dass er **tiefer ansetzen** hätte müssen. Auch *Otto*[110] konstatiert zu Recht, dass die **Reform nicht zu Ende gedacht** sei[111] und infolge der selbst auferlegten Zurückhaltung **Ruhe an der Schadensfront nicht einkehren** werde.[112] Was die genannten Zielsetzungen der Angleichung an die Rechtslage in vergleichbaren anderen europäischen Rechtsordnungen und die Umschichtung vom Sach- zum Personenschaden betrifft, so ist zu konstatieren, dass für künftige Reformen noch ein beträchtliches Potenzial verbleibt. Was die Einfachheit der Regulierung durch Kappung der (fiktiven) Mehrwertsteuer betrifft, so wird die genauere Betrachtung der Auswirkungen des § 249 Abs. 2 S. 2 zeigen, dass der Teufel – wie so häufig – im Detail steckt. Selbst dieser relativ geringfügige Eingriff in das bisherige Schadenssystem führt zu beträchtlichen Verwerfungen.

Spezieller Teil
A. Das Grundkonzept des § 249 Abs. 2 S. 2

52 Der Geschädigte kann – wie bisher – auf Basis eines Sachverständigengutachtens abrechnen. Sofern er aber keine Rechnung vorlegt, in der die Mehrwertsteuer ausgewiesen ist, wird von dem im Sachverständigengutachten genannten Betrag eine Kürzung um die dort ausgewiesene Mehrwertsteuer vorgenommen. Was immer er an Rechnungen vorlegt, so ist die Obergrenze der ersatzfähigen Mehrwertsteuer der im Sachverständigengutachten ausgewiesene Betrag, sofern sich der Geschädigte für eine Abrechnung auf Basis fiktiver Kosten entscheidet.

B. Umsatzsteuer ersatzfähig, wenn und soweit sie angefallen ist
I. Sprachlich überflüssig: „wenn und" sowie „tatsächlich"

53 Da Gesetze einerseits so kurz wie möglich sein, andererseits auch sprachlichen Anforderungen genügen sollen, ist der Hinweis von *Otto*[113] zutreffend, dass die Wortfolge „**wenn und**" entbehrlich ist. Darüber hinaus fragt man sich nach der normativen Bedeutung des Wortes „**tatsächlich**". Entweder fällt Umsatzsteuer an oder das ist nicht der Fall. Ohne Einbuße an Sinn könnte § 249 Abs. 2 S. 2 lauten: „Bei Beschädigung einer Sache schließt der nach Satz 1 erforderliche Geldbetrag die Umsatzsteuer nur mit ein, soweit sie angefallen ist."

---

105 In diesem Sinn auch *Greger*, NZV 2000, 1, 2.
106 RE 2001, 32; *Bollweg*, NZV 2000, 185, 188.
107 *Scheffen*, ZRP 2001, 380, 381.
108 *Otto*, NZV 2001, 335, 336.
109 NZV 2000, 1, 2. Ähnlich *Ch. Huber*, DAR 2000, 20, 27: Der RE 1998 habe bloß einen Ausschnitt geregelt.
110 NZV 2001, 335, 336.
111 *Karczewski*, (VersR 2001, 1070, 1074) meint, dass bei strikter Beachtung der zur Begründung herangezogenen Gedanken die fiktive Schadensabrechnung gänzlich ausgeschlossen werden müsste.
112 *Otto*, NZV 2001, 335, 338.
113 NZV 2001, 335, 336 Fn 13.

II. Anfall ist nicht gleichbedeutend mit Erstattung – der Geschädigte muss nicht in Vorlage treten

Der Gesetzeswortlaut verwendet den Begriff „angefallen" bzw. „tatsächlich angefallen". Gemeint ist damit, dass feststehen muss, dass sie der **Geschädigte tragen** muss. Er muss dies durch eine Rechnung belegen. In seiner Stellungnahme zum Gesetz vertritt der Deutsche Anwaltverein[114] die Auffassung, dies bedeute, dass der Geschädigte die Umsatzsteuer stets **vorfinanzieren** müsse. Das ist unzutreffend. Vielmehr gelten insoweit allgemeine schadensersatzrechtliche Grundsätze. Auch die Erläuternden Bemerkungen zum RE 2001[115] führen aus, dass die Umsatzsteuer angefallen ist, wenn der Geschädigte sie entrichtet hat oder eine Verpflichtung dazu besteht. 54

Wie der Geschädigte nicht die Rechnung zunächst bei der Werkstätte bezahlen muss, um darauf hin Erstattung der Aufwendungen verlangen zu können, muss Entsprechendes auch in Bezug auf die Mehrwertsteuer gelten. Der Geschädigte kann **Befreiung** von der ihn gegenüber dem Dritten treffenden Schuld vom Ersatzpflichtigen verlangen. 55

Darüber hinaus steht dem Geschädigten ein Anspruch auf **Vorschuss** zu, dessen widmungsgemäße Verwendung er abzurechnen hat. Es stellen sich insoweit keine anderen Probleme als bei den Heilungskosten. Wenn *Schirmer*[116] darauf hinweist, dass eine Vorschusslösung ungeeignet sei für das Massenphänomen Kfz-Schaden, so mag das schon sein. Im Regelfall wird aber die Restitutionsmaßnahme bereits schon abgeschlossen sein, wenn es um die Regulierung des Schadensersatzanspruchs geht. Der Geschädigte kann sich dann auf den Befreiungsanspruch berufen. Eine solche Direktverrechnung ist durchaus praktikabel. Denn welchen Unterschied sollte es machen, ob der Haftpflichtversicherer an den Geschädigten oder an den Dritten zahlt? Wollte man ganz genau sein, so wären die Überweisungsspesen an die Werkstätte ein weiterer Folgeschaden, der vom Ersatzpflichtigen gleichfalls zu tragen ist, ganz abgesehen davon, dass auch das Ausfüllen eines Überweisungsformulars mit Zeit und Mühe verbunden ist. 56

Sollte sich der Geschädigte vorläufig nicht zur Reparatur entschließen können, kann eben so lange noch nicht endgültig reguliert werden. Auch das ist nichts Neues. Eben dieses Problem stellt sich schon derzeit, wenn es um Reparaturkosten geht, die um bis zu **30% über den Wiederbeschaffungswert** hinausgehen. Darüber hinaus wird in einem solchen Fall auch noch verlangt, dass die Reparatur den Standards des Sachverständigengutachtens genügen muss. Es erfolgt somit eine weitere Nachprüfung der behaupteten fachgerechten Reparatur, während es im vorliegenden Zusammenhang bloß um den Anfall der Umsatzsteuer geht. 57

Otto[117] weist auf das Problem hin, dass noch klärungsbedürftig sei, **bis wann** die **Restitution** durchgeführt sein müsse. Auch diesbezüglich ist darauf zu verweisen, dass sich dieses Problem nicht anders stellt als bei den **Heilungskosten**. Lediglich die Beweggründe mögen unterschiedliche sein. Bei der Reparatur einer Sache kann es vorkommen, dass sie der Geschädigte zunächst notdürftig reparieren lässt, weil nicht feststeht, ob es nicht zu einer Kürzung des Anspruchs wegen Mitverschuldens kommt. Erst wenn diese Frage geklärt ist, ist der Geschädigte bereit – auf Kosten des Ersatzpflichtigen – eine vollständige Reparatur durchzuführen. Bei den Heilungskosten wird ein Heileingriff, dessen Kosten vom Schädiger zu tragen sind, mitunter deshalb nicht sogleich vorgenommen, weil der Verletzte Risiko und Nutzen der Operation abwägen und vielleicht auch abwarten möchte, ob die Selbstheilungskräfte des Körpers eine Operation unter Umständen entbehrlich machen. 58

In all diesen Fällen steht dem Geschädigten, der behauptet, eine umsatzsteuerpflichtige Restitutionsmaßnahme bzw. einen Heileingriff durchführen zu lassen, ein Anspruch auf Leistung eines Vorschusses zu. Wie eine Mietkaution hat er diesen Betrag auf einem Sperrkonto anzulegen und darüber nach widmungsgemäßer Verwendung samt den Zinsen, die an den Ersatzpflichtigen auszukehren sind, Rechnung zu legen. Was die Zeitdauer betrifft, so kommt es auf die **zumutbare Überlegungsfrist** für den Geschädigten an. Beim Sachschaden muss dem Geschädigten zumindest so lange Zeit gegeben werden, sich endgültig festzulegen, bis geklärt ist, ob und in welchem Ausmaß der Ersatzpflichtige leistungspflichtig ist. Dazu kommt ein angemessener Zeitraum, wenn es um eine Ersatzbeschaffung oder eine kompliziertere Reparatur geht, um es dem Geschädigten zu ermöglichen, sich einen zuverlässigen Vertragspartner für die Restitutionsmaßnahme auszusuchen. In der Praxis werden sich solche Fragen nur ausnahmsweise stellen, weil in den strittigen Fällen im Regelfall die Reaktion des Geschädigten auf das schädigende Ereignis lange vor einem Prozess oder Urteil abgeschlossen sein wird. 59

---

[114] DAV, NZV 2001, 339, 340.
[115] RE 2001, 57.
[116] In: FS Baumann (1999), S. 293, 315.
[117] NZV 2001, 335, 338.

C. Reparatur
I. Anspruch auch für Teil der Reparatur, arg: soweit

60 Der prototypische Fall, der von § 249 Abs. 2 S. 2 erfasst sein soll, ist die Reparatur einer beschädigten Sache. Was den Ersatz der Mehrwertsteuer betrifft, so wird keine Schwarz-Weiß-Lösung getroffen, vielmehr werden **Abstufungen** zugelassen.[118] Das ergibt sich aus dem Wort „soweit". Die Mehrwertsteuer ist insoweit erstattungsfähig, als der Geschädigte Rechnungen vorlegen kann, die auf Restitutionsmaßnahmen beruhen, die durch das schädigende Ereignis adäquat verursacht worden sind.

1. Einkauf von Ersatzteilen mit Rechnung incl. Umsatzsteuer, aber im Übrigen Eigenreparatur

61 Der häufigere Fall wird der sein, dass ein Freizeitbastler selbst oder im Verbund mit Nachbarn bzw. Schwarzarbeitern die Reparatur eigenhändig durchführt. Für die Ausführung benötigt er aber Ersatzteile, die er bei einem Heimwerkermarkt kauft. Für die **beschafften Ersatzteile** kann er eine Rechnung vorlegen. Den darauf entfallenden Anteil der Umsatzsteuer kann er ersetzt verlangen. Ob die Ersatzteile in das beschädigte Kfz eingebaut worden sind, wird man relativ leicht nachprüfen können.

62 Wie steht es aber mit dem Einkauf von (Spezial-)**Werkzeug**, das der Geschädigte angeschafft hat aus Anlass der Reparatur, die infolge des Unfalls notwendig geworden ist. Kann er auch dafür die ausgewiesene Umsatzsteuer in Rechnung stellen? Dagegen könnte sprechen, dass er dieses Werkzeug nach Durchführung der Reparatur für andere Zwecke weiterbenutzen bzw. wieder veräußern könnte. Allerdings ist der Veräußerungswert von gebrauchtem Werkzeug in unserer Gesellschaft – im Unterschied zu gebrauchten Fahrzeugen – gering. Und was die Weiterbenutzbarkeit des angeschafften Werkzeugs betrifft, so ist zu bedenken, dass der Auslastungsgrad bei einem Freizeitbastler viel geringer ist als in einer Werkstätte.

63 Da es insoweit lediglich um die Ersatzfähigkeit der Mehrwertsteuer geht, sollte man einen **großzügigen Maßstab** anlegen. Es müsste abgeschätzt werden, wie häufig der Geschädigte ein solches Werkzeug künftig für andere Zwecke einsetzen kann. Dementsprechend hat eine anteilige Zurechnung zu erfolgen. Für dieses Ergebnis spricht darüber hinaus, dass bei Reparatur in einer Werkstätte bei der Preiskalkulation berücksichtigt wird, dass entsprechendes Werkzeug angeschafft werden musste und vom Gesamtentgelt die Mehrwertsteuer zu entrichten ist. Dass der Freizeitbastler eine andere „Kostenstruktur" hat,[119] wirkt sich insoweit auch auf die Verrechnung der Mehrwertsteuer aus.

64 Dem wird man entgegenhalten, dass eine solche Berücksichtigung für die Regulierung von Massenschäden viel zu kompliziert sei. Das ist durchaus zu akzeptieren. Aber gerade für solche im Einzelfall schwierig zu ermittelnde Schadensposten steht im Prozess § 287 ZPO zur Verfügung. In der außergerichtlichen Praxis werden sich diesbezüglich **Pauschalen** herausbilden. Eine solche Berücksichtigung liegt dann wenigstens im Graubereich des tatsächlich eingetretenen Schadens, eine derartige Näherungslösung ist m.E. vorzugswürdig gegenüber der völligen Vernachlässigung dieses Schadenspostens.

2. Betrauung einer Werkstätte mit Reparatur, aber Zurverfügungstellung von Ersatzteilen, für die keine Rechnung mit Umsatzsteuer vorgelegt wird

65 Weniger häufig vorkommend, aber vorstellbar ist auch der umgekehrte Fall: Der Geschädigte lässt die Reparatur in einer Werkstätte durchführen, stellt dieser aber **Material** zur Verfügung, für das er **keine Rechnung mit Mehrwertsteuer** vorlegen kann. Denkbar ist etwa, dass er solche Ersatzteile von einem Zweitwagen noch zu Hause hatte. Diesbezüglich ist darauf zu verweisen, dass keinesfalls zu verlangen ist, dass der Geschädigte eine Anschaffung gerade aus Anlass des Unfalls tätigen muss. Vielmehr muss es genügen, dass er nachweisen kann, dass er aus einem Zweitauto, das er womöglich in zurückliegenden Jahren – mehrwertsteuerpflichtig als Neufahrzeug – angeschafft hat, Ersatzteile verwendet hat. Dass auch insoweit beträchtliche Bewertungsprobleme auf die Praxis zukommen werden, ist nicht zu verkennen. Allein der Wortlaut des § 249 Abs. 2 S. 2 sowie das dahinter stehende Konzept, die Mehrwertsteuer stets zu ersetzen, wenn sie angefallen ist, lässt m.E. keine andere Auslegung zu.

66 Denkbar ist etwa der Fall, dass der Geschädigte 2 Autos gleicher Marke und gleichen Typs hat, die er womöglich zeitgleich angeschafft hat. Mit dem Fahrzeug 1 fährt er selbst, das Fahrzeug 2 stellt er dem Ehepartner oder einem Kind zur Verfügung. Nun passieren in zeitlicher Nähe zwei Unfälle: Für die Beschädigung des Fahrzeugs 1 ist ein Ersatzpflichtiger verantwortlich, den Schaden aus der Beschädigung des Fahrzeugs 2 hat der Eigentümer selbst zu tragen. Der Motor des Fahrzeugs 2 ist soweit intakt geblieben, dass er in das Fahrzeug 1, bei dem gerade der Motor in Mitleidenschaft gezogen wurde, eingebaut werden kann. Es stellt sich die Frage der Erstattungsfähigkeit der Mehrwertsteuer für den aus dem Fahrzeug 2 in das Fahrzeug 1 eingebauten Motor.

---

118 RE 2001, 58.
119 Dazu *Ch. Huber*, Fragen der Schadensberechnung, 2. Aufl. 1995, S. 254 ff.

Worüber man in diesem Fall m.E. allein diskutieren kann, das ist das **Ausmaß der anrechnungsfähigen** **67**
Mehrwertsteuer. Sind für die Umsatzsteuer anzusetzen die konkreten anteiligen Anschaffungskosten des
Motors im Zeitpunkt der Anschaffung? Dagegen spricht, dass beide Fahrzeuge womöglich 10 oder 20
Jahre alt sind. Hier die Mehrwertsteuer vom Neupreis anzusetzen, wäre lebensfremd. In einem solchen
Fall muss ohnehin berechnet werden, welchen Wert der Motor des Fahrzeugs 2 hat. Dann hat aber der
Sachverständige darüber hinaus festzulegen, welchen **Marktwert** ein solcher **Motor im Zeitpunkt des**
Einbaus hatte. Von diesem ist dann die Mehrwertsteuer zu berechnen.

In der Praxis mag sich ein solch komplizierter Berechnungsaufwand nicht immer lohnen. Sollte das der **68**
Fall sein, kann der Ersatzpflichtige die Einlassung in solche Sachverständigengutachten, deren Kosten er
zusätzlich zum reinen Sachschaden zu tragen hat, vermeiden, indem er dem Geschädigten von vornherein
den im Sachverständigengutachten ausgewiesenen Betrag samt Mehrwertsteuer erstattet, von dem bloß der
Arbeitskraftanteil abzuziehen ist. Da ein Freizeitbastler typischerweise über weniger Maschinen verfügt
als eine Werkstätte, wird dieser Anteil bei diesem zumindest so hoch sein wie in einer Werkstätte.

Für die Geschädigten hat diese Neuregelung zur Folge, dass sie gut beraten sind, Rechnungen über die **69**
Anschaffung von Sachen, die womöglich jahrelang zurückliegen, aufzubewahren, um sie im Fall des
Falles vorlegen zu können. Es kann dann im obigen Beispiel des Ersatzmotors bedeutsam sein, ob das
Fahrzeug von einem **Händler** in **neuwertigem Zustand** erworben wurde (dann volle Mehrwertsteuer)
oder von einem **Händler** als **Gebrauchtfahrzeug** (Differenzbesteuerung) oder von einem **Privaten** (keine
Mehrwertsteuer).

II. Anknüpfung lediglich an Reparaturrechnung, keine Gewähr, dass es sich um vollständige Reparatur handelt, bei der die Verkehrssicherheit gewährleistet ist

Sowohl in der die Reform vorbereitenden Fachdiskussion als auch in den Erläuternden Bemerkungen des **70**
RE 2001 findet sich der Hinweis, dass durch die Kappung der Mehrwertsteuer bei fiktiver Abrechnung
für den Geschädigten ein Anreiz ausgeübt werden soll, dass die Reparatur in einer Werkstätte durchgeführt
werden solle. Dabei geht es nicht um die Schaffung zusätzlicher Einkünfte für die „offiziellen" Werkstätten,
sondern um einen Beitrag zur **Hebung der Verkehrssicherheit**. Die Kappung der Mehrwertsteuer bei
fiktiver Abrechnung bzw. die Erstattung bei konkretem Nachweis ist nur eine stumpfe Waffe, um dieses Ziel
zu erreichen. Was damit nämlich lediglich bewirkt wird, das ist der Umstand, dass der Geschädigte dann
keine Abschläge hinnehmen muss, wenn er im Ausmaß der beim Sachverständigengutachten anfallenden
Mehrwertsteuer Rechnungen für Waren und Dienstleistungen vorlegen kann, die bei der Reparatur angefallen sind und die in Summe den Betrag ergeben, der als Mehrwertsteuer im Sachverständigengutachten
angefallen ist. Eine **Gewähr** für eine **umfassende Reparatur**, die in höchstem Maße der Verkehrssicherheit
genügt, ist das nicht. Mit *Medicus*[120] bin ich der Meinung, dass dies mit Hilfe des Instrumentariums des
Schadensersatzrechts auch nicht zu leisten ist. Wollte man dieses Ziel erreichen, müsste man verlangen,
dass nach jeder Reparatur, zumindest bei jeder, bei der Teile beschädigt worden sind, die für die Verkehrssicherheit von Bedeutung sind, eine Überprüfung durch den TÜV vorgenommen wird.

III. Vorprogrammierter Konflikt: Umsatzsteuer der Werkstattrechnung bleibt hinter Sachverständigengutachten zurück

1. Obliegenheit des Geschädigten zur Vorlage der Werkstattrechnung bei tatsächlicher Durchführung

Bis heute ist umstritten, ob den Geschädigten eine **Obliegenheit** trifft, die **Rechnung der Werkstätte vor-** **71**
zulegen, wenn die Reparatur in dieser durchgeführt worden ist.[121] Grundsätzlich ist es dem Geschädigten
unbenommen, auf Basis des Sachverständigengutachtens abzurechnen, auch wenn er das Fahrzeug selbst
repariert, er das Fahrzeug nicht repariert, weil er es trotz Beschädigung weiter benutzt, was dann möglich
ist, wenn keine für die Verkehrssicherheit wichtigen Teile betroffen sind, er es bloß behelfsmäßig repariert
oder unrepariert in Zahlung gibt.

Wenn die Reparatur des Fahrzeugs durch den Geschädigten aber in einer Werkstätte durchgeführt wird, **72**
dann hat der Haftpflichtversicherer häufig ein lebhaftes Interesse an der Vorlage der Rechnung. Gar
nicht selten stellt sich nämlich heraus, dass die **konkret durchgeführte Reparatur billiger** war als im
Sachverständigengutachten dargelegt. Wäre die Reparatur in der Werkstätte nämlich teurer gewesen, hätte
sich der Geschädigte gewiss gemeldet und dann nicht fiktiv auf Basis des Sachverständigengutachtens
abgerechnet, sondern konkret nach den effektiv angefallenen Aufwendungen. Dieses Wahlrecht des

---

120 38. VGT (2000), 121, 129.
121 Verneinend *Schirmer*, in: FS Baumann (1999), S. 293, 316; *Steffen*, NZV 1991, 1, 3; gegenteilig *Dornwald*, r+s 1989, 330, 331:
nur bei Eigenreparatur keine Obliegenheit zur Vorlage der Rechnung; kritisch auch *Greger*, Haftungsrecht des Straßenverkehrs,
3. Aufl. 1997, Anh. I Rn 53 f.; *Otto*, NZV 1998, 433, 435.

Geschädigten ist unbestritten.[122] Was ihm allein verwehrt ist, das ist eine Kombination aus Abrechnung auf der Basis des Sachverständigengutachtens und der „Nachbesserung", also der Nachforderung bei Einzelposten.

73 Das OLG Köln[123] führt zu Recht aus, dass in einem solchen Fall der Geschädigte nicht nach Art der „**Rosinentheorie**" die für ihn günstigen Bereiche aufdecken, den Rest aber verheimlichen darf. Denn der Sachverständige mag sich mitunter zum Vorteil des Geschädigten, mitunter aber auch zu dessen Nachteil irren. So manchen Teil hält er für völlig kaputt, was sich aber bei Durchführung der Reparatur als unzutreffend erweist; so manchen Defekt hat der Sachverständige bei seiner Beobachtung ex ante aber nicht in vollem Umfang oder gar nicht erkannt, was dazu führt, dass die Reparatur insoweit teurer wird.

74 Während der RE 1998 dem Geschädigten bei tatsächlicher Durchführung der Reparatur in § 249 Abs. 3 S. 1 RE 1998 die Obliegenheit auferlegt hat, die Rechnung vorzulegen, bzw. die Nichtvorlage mit dem Abzug der öffentlichen Abgaben sanktioniert hat, äußert sich der RE 2001 zu dieser Frage nicht. Das Schadensrecht wurde nur an einer klitzekleinen Kante verändert; im Übrigen solle es bei der bisherigen Rechtsprechung bleiben bzw. der Fortentwicklung des Schadensrechts durch diese. Nach der Rechtsprechung des BGH sind die tatsächlich angefallenen Kosten bei Reparatur in einer Werkstätte immerhin ein **Indiz**, dass Kosten in diesem Umfang erforderlich waren; der Ersatzbetrag wird aber dadurch nicht automatisch festgelegt.[124] Warum hat die Rechnung aber bloßen Indizcharakter?

2. Rechtfertigung des Geschädigten: Reparatur war nicht vollständig

75 Der Geschädigte wird darlegen, dass die von der Werkstätte vorgenommene Reparatur **nicht vollständig** war. Er wird darauf verweisen, dass er teilweise selbst repariert habe bzw. gebrauchte Teile verwendet worden seien, obwohl er neue verwenden hätte dürfen, die Beule bloß ausgeklopft, aber der betreffende Teil nicht erneuert worden sei. Auf die besondere Problematik der zeitwertgerechten Reparatur,[125] dass also bei einem gebrauchten Fahrzeug kein Abschlag zu machen sei bei Verwendung gebrauchter Teile, weil ja auch das Fahrzeug vor der vom Ersatzpflichtigen zu verantwortenden Beschädigung keine neuen Teile hatte, kann an dieser Stelle nicht näher eingegangen werden, sollen doch bloß die Neuerungen des 2. Schadensersatzrechtsänderungsgesetzes erläutert werden, während diese Frage sich ganz generell stellt. Denkbar mögen weitere überobligationsgemäße Anstrengungen bzw. Verzichtsleistungen des Geschädigten sein. Er mag darauf hinweisen, dass er sich an eine billigere Werkstätte gewendet habe, etwa eine freie anstelle einer Markenwerkstätte und/oder eine solche auf dem Land anstelle in der Großstadt, wo er seinen Wohnsitz hat. Die Rechtsprechung ist geneigt, bei einem **überobligationsgemäßen Verhalten** des Geschädigten diesem die Abrechnung auf Basis des Sachverständigengutachtens zu ermöglichen, ohne den überobligationsgemäßen Verzicht bzw. die überobligationsgemäße Anstrengung des Geschädigten vermögensmäßig zu gewichten.[126]

3. Gegenargument des Ersatzpflichtigen: Reparatur war in jeder Hinsicht vollwertig, aber das Sachverständigengutachten hat den erforderlichen Geldbetrag zu hoch angesetzt

76 Der Ersatzpflichtige wird demgegenüber ins Treffen führen, dass die Reparatur durchaus umfassend alle verursachten Schäden beseitigt habe. Es habe sich nach Durchführung der Reparatur allerdings herausgestellt, dass der **Reparaturbedarf geringer** war, als der Sachverständige ursprünglich angenommen hatte. Wenn der Ersatzpflichtige die Rechnung in Händen hat, namentlich wenn sie zu den einzelnen Defekten detailliert Stellung nimmt,[127] hat er einen Ansatzpunkt für ein substanziiertes Bestreiten der Ersatzforderung, während ihm ansonsten der Nachweis, dass die erforderlichen Kosten geringer waren als im Sachverständigengutachten ausgewiesen in der Praxis schwer gelingen dürfte.

77 Die Obliegenheit zur Vorlage der Rechnung führt somit nicht notwendigerweise zu einem vom Sachverständigengutachten endgültig abweichenden Ergebnis; sie bewirkt allerdings sehr wohl eine **Verschiebung auf der Beweisebene**. Ist die Rechnung ein Indiz für die erforderlichen Kosten, ist es nach Durchführung der Reparatur und Rechnungsvorlage Sache des Geschädigten, darzulegen, weshalb die erforderlichen Kosten gleichwohl höher sind als der an die Werkstätte tatsächlich bezahlte Betrag. Besteht hingegen keine solche Obliegenheit, erspart sich der Geschädigte den Disput über diese Streitfrage.

---

122 *Haug*, VersR 2000, 1329, 1471, 1477; *Otto*, NZV 2001, 335, 336.
123 DAR 2001, 405 f.
124 BGH VersR 1989, 1056, 1057 = NZV 1989, 465 (*Hofmann*) = NJW 1989, 3009 = JZ 1989, 857 = r+s 1989, 330 (*Dornwald*) = *Schirmer*, in: FS Baumann (1999), S. 293, 306; *Haug*, VersR 2000, 1329, 1471, 1479.
125 Dazu *Budel*, VersR 1998, 1460; *ders.*, r+s 1999, 221; *Anselm*, NZV 1999, 149; *Macke*, DAR 2000, 506, 513; *Reinking*, DAR 1999, 56.
126 So auch *Hofmann*, NZV 1989, 466.
127 In der Entscheidung BGH NJW 1992, 1618 = VersR 1992, 710 = NZV 1992, 273 hat der BGH ausgesprochen, dass bei der Eigenreparatur die tatsächlich angefallenen Kosten nicht im Einzelnen belegt werden müssen. So auch *Roß*, NZV 2000, 362, 363. Ob dies auch bei Reparatur in einer Werkstätte gilt, ist hingegen offen. Das gilt namentlich dann, wenn die Werkstätte über ein entsprechendes Rechnungswesen verfügt und auch die Rechnung an den Geschädigten eine solche Detaillierung aufweist.

4. Vorlage der Werkstattrechnung als Voraussetzung für die Erstattung der Umsatzsteuer – ein trojanisches Pferd für den Geschädigten

In nicht wenigen Fällen bleibt die Werkstattrechnung hinter dem vom Sachverständigen geschätzten Betrag zurück, aus welchen Gründen auch immer. Wenn der Geschädigte in einem solchen Fall nach Reparatur des Fahrzeugs die Werkstattrechnung vorlegt, dann muss er gegenüber der früheren Rechtslage zunächst einmal eine **Einbuße bei der Mehrwertsteuer** hinnehmen. Dieser Nachteil wird sich aber häufig in Grenzen halten. Es droht jedoch in solchen Fällen die Gefahr, dass der Ersatzpflichtige dann nicht nur die **Mehrwertsteuer nicht voll** zur Auszahlung bringt, was nach neuer Rechtslage nicht zu vermeiden ist, sondern die Vorlage der Rechnung zum Anlass nimmt, die Erforderlichkeit der im Sachverständigengutachten ausgewiesenen Kosten näher unter die Lupe zu nehmen. Für den Geschädigten ist damit jedenfalls ein Darlegungsaufwand verbunden. In manchen Fällen führt dies dazu, dass der Ersatzbetrag auch zu Recht gekürzt wird, wenn sich nämlich aus der Werkstattrechnung ergibt, dass manche Teile, die der Sachverständige für reparaturbedürftig angesehen hat, es in Wahrheit gar nicht waren. In anderen Fällen, bei überobligationsgemäßem Verhalten bleibt es bei dem im Sachverständigengutachten ausgewiesenen Nettobetrag zuzüglich der konkret angefallenen Mehrwertsteuer.

Dem kann man entgegenhalten, dass ein redlicher Geschädigter aufgrund der auch bei einem **gesetzlichen Schuldverhältnis** bestehenden **Aufklärungspflichten** den geringeren Reparaturbedarf womöglich von sich aus offenlegen müsste. In der Praxis dürfte ein solcher Hinweis die rare Ausnahme von der Regel sein; viel eher wird so mancher Geschädigte in die eigene Tasche sparen wollen und nicht in eine fremde. Und wenn es ihm unbenommen ist, auf der Basis des Sachverständigengutachtens fiktiv abzurechnen, ohne dass ihn auch bei tatsächlicher Durchführung der Reparatur eine Obliegenheit zur Vorlage der Rechnung trifft, wird er das sogar ohne Unrechtsbewusstsein tun.

Bei dieser Ausgangslage kann es Grenzfälle geben, in denen es für den Geschädigten **ökonomisch rational** ist, auf die **Erstattung der Mehrwertsteuer zu verzichten**. An einem Beispiel sei dies verdeutlicht: Die Reparaturkosten laut Sachverständigenschätzung betragen 1.000 EUR zzgl. 16% Mehrwertsteuer, somit 1.160 EUR. Nach Durchführung der Reparatur legt die Werkstätte eine Rechnung in Höhe von 800 EUR zzgl. 128 EUR (16% Mehrwertsteuer), somit insgesamt 928 EUR. Unterlässt der Geschädigte die Vorlage der Rechnung an den Ersatzpflichtigen und beruft er sich lediglich auf das Sachverständigengutachten, erhält er **1.000 EUR**, also den um die Mehrwertsteuer gekürzten Betrag des Sachverständigengutachtens. Legt er die Rechnung vor, kommt es auf die Gründe an, warum die Rechnung hinter dem Sachverständigengutachten zurückgeblieben ist. Lag es daran, dass es weniger unfallkausale Schäden zu beheben gab, dann erhält der Geschädigte bloß die tatsächlichen Kosten in Höhe von **928 EUR**. Liegt es aber daran, dass es sich um einen überobligationsgemäßen Verzicht oder eine überobligationsgemäße Leistung des Geschädigten gehandelt hat, erhält er 1000 EUR (laut Sachverständigengutachten) sowie die tatsächlich angefallene Mehrwertsteuer in Höhe von 128 EUR, insgesamt somit 1.128 EUR.

Die (nicht vermeidbare) Einbuße bei der Mehrwertsteuer hält sich in durchaus engen Grenzen. Gegenüber dem Sachverständigengutachten findet eine Kürzung von 1.160 EUR auf 1.128 EUR statt. Die Einbuße beträgt **32 EUR** oder **2,7%**. Was allerdings droht, das ist eine Kürzung auf 928 EUR, also einen Betrag, der unter den 1.000 EUR liegt, die dem Geschädigten zugestanden hätten, wenn er die Rechnung nicht vorgelegt und sich in einen solchen Diskurs nicht eingelassen hätte. Es geht um immerhin **72 EUR** oder **6%** bezogen auf den Betrag des Sachverständigengutachtens.

So mancher Geschädigte wird den **Spatz in der Hand** der **Taube auf dem Dach** vorziehen. Selbst wenn seine Chancen gut stünden, die 1.128 EUR zu erhalten, fühlt er sich einerseits dem Haftpflichtversicherer, der im Unterschied zum Geschädigten tagtäglich mit solchen Fällen zu tun hat, an Fachwissen unterlegen; oder er will schlicht und ergreifend nicht so viel Zeit und Mühe investieren, weil er beruflich gut ausgelastet ist oder sonst seine Ruhe haben will. Dazu kommt – was durchaus offen ist –, ob die Rechtsprechung auch in Zukunft an der geschädigtenfreundlichen Position festhält, wonach jede überobligationsgemäße Leistung bzw. jeder überobligationsgemäße Verzicht ohne weiteres dazu führt, dass der Geschädigte auf Basis des Sachverständigengutachtens abrechnen kann.

Abgesehen davon, dass die **zeitwertgerechte Reparatur** eher ein Problem auf organisatorisch-technischer Ebene bzw. ein solches der Logistik[128] zu sein scheint als eines der Rechtsdogmatik, ist es durchaus denkbar, dass die Rechtsprechung dazu übergeht, das **überobligationsgemäße Verhalten des Geschädigten** zu **quantifizieren**, was dazu führt, dass es zwar weiterhin Aufschläge gegenüber den tatsächlich anfallenden Kosten geben wird, diese aber geringer ausfallen als die Differenz zwischen dem Sachverständigengutachten und der Rechnung der Werkstätte.[129] Denkbar ist etwa, dass bei Reparatur in einer Werkstätte auf dem

---

128 Die Entwicklung des E-Commerce könnte mitunter dazu beitragen, dass in einigen Jahren passende gebrauchte Ersatzteile in der erforderlichen Zeitnähe verfügbar sind. Es tut sich da ein nicht unerhebliches Kosteneinsparungspotential für die Haftpflichtversicherer auf.
129 *Ch. Huber*, DAR 2000, 20, 22 f.

Lande der Geschädigte nicht nur seine zurückgelegte Fahrtstrecke abgegolten erhält, etwa im Ausmaß des km-Geldes, sondern auch seine Mühewaltung, also die 5 Stunden, die es ihn mehr gekostet hat, anderswo reparieren zu lassen. Das mag aber häufig noch immer viel weniger sein als die Differenz zwischen den konkret angefallenen Kosten und dem Sachverständigengutachten.

84 Resümierend sei Folgendes festgehalten: Mitunter ist die Befürchtung ausgesprochen worden, dass die Ersparnis der Kfz-Haftpflichtversicherer geringer ausfallen werde als die Umrechnung des Mehrwertsteueranteils bei den Reparaturen, die heute fiktiv abgerechnet werden. Es wird darauf verwiesen, dass bei Kappung der Mehrwertsteuer so mancher Geschädigter künftig in einer Werkstätte reparieren lassen wird. Dass es für den Geschädigten auch dann gute Gründe geben wird, die Rechnung der Werkstätte nicht vorzulegen, selbst wenn damit die Sanktion der völligen Kappung der Mehrwertsteuer verbunden ist, wurde anhand eines konkreten Beispiels, dessen Annahmen durchaus moderat waren, belegt. Ob ein Sparen in die Tasche des Geschädigten in allen Fällen berechtigt ist, steht auf einem anderen Blatt. Die Erläuternden Bemerkungen sprechen denn auch davon, dass der RE 2001 einer Fortentwicklung des Schadensrechts durch die Rechtsprechung nicht im Wege stehen wolle. § 249 Abs. 2 S. 2 übt jetzt schon einen gewissen Druck auf den Geschädigten aus, die Rechnung vorzulegen. Dass damit nicht alle regelungsbedürftigen Fälle erfasst wurden, dürfte die Praxis demnächst offenlegen.

D. Ersatzbeschaffung – nunmehr Bedeutung der Reichweite des Restitutionsbegriffs

I. Ersatzbeschaffung bei Abrechnung auf Basis fiktiver Reparaturkosten

85 Bisher konnte der Geschädigte – jedenfalls nach der Rechtsprechung des 6. Senats – auf Basis fiktiver Kosten incl. fiktiver Mehrwertsteuer abrechnen, auch wenn er im Zeitpunkt der Geltendmachung des Anspruchs das Fahrzeug bereits **in Zahlung gegeben** oder **veräußert** hatte.[130] Dass der 5. Senat[131] und der 3. Senat[132] bei Grundstücken anders judiziert haben, sei der Vollständigkeit halber ebenso erwähnt wie der Umstand, dass der 6. Senat bei Grundstücken in einer allerneuesten Entscheidung abweichend von seiner bisherigen Rechtsprechung eine Abtretbarkeit des Anspruchs auf fiktive Reparaturkosten bejaht hat.[133] Wenn nun der Geschädigte anstelle der Reparatur eine Ersatzbeschaffung tätigt, stellt sich die Frage, ob und in welchem Umfang er die bei der Ersatzbeschaffung anfallende Mehrwertsteuer überwälzen kann. Die Obergrenze ist der Mehrwertsteuerbetrag, der bei Durchführung der Reparatur angefallen wäre. Darüber hinaus wird man aber verlangen müssen, dass die getätigte **Ersatzbeschaffung** noch als **Restitution** anzusehen ist. Ein verwandtes Problem stellt sich auch in den Fällen, in denen eine Abrechnung auf Basis fiktiver Reparaturkosten von vorneherein nicht möglich ist.

II. Grenzen der Abrechnung auf Basis fiktiver Reparaturkosten

86 Im Fall des wirtschaftlichen Totalschadens kann der Geschädigte nicht auf Basis fiktiver Reparaturkosten abrechnen. Betragen die Reparaturkosten zwischen 100 und 130% des Wiederbeschaffungswertes, sind diese nur ersatzfähig, wenn das Fahrzeug vollständig und sachgerecht repariert wird. Liegen die Reparaturkosten zwischen 70 und 100% des Wiederbeschaffungswert, ist es nach einer neueren, durchaus billigenswerten Meinung[134] ausreichend, wenn der Geschädigte das Fahrzeug zumindest so weitgehend instandsetzt, dass er es weiterbenutzen kann. Sofern die Reparaturkosten weniger als 70% des Wiederbeschaffungswertes betragen, soll nach einer Empfehlung des VGT[135] der Geschädigte stets auf Basis fiktiver Reparaturkosten abrechnen können.

87 Die **Ersatzpflichtigen** sind demgegenüber daran interessiert, möglichst oft auf Basis eines **wirtschaftlichen Totalschadens** abzurechnen, weil sich dadurch ihre **Einstandspflicht** um bis **zu 50%** reduziert. Vor allem durch die Restwertangebote spezieller Aufkäufer gerät der Geschädigte häufig in den für ihn unvorteilhaften Bereich des wirtschaftlichen Totalschadens. Wo diese Grenze genau verläuft, kann bei Darstellung der Neuerungen des 2. Schadensersatzrechtsänderungsgesetzes nicht im Einzelnen ausgelotet werden. Steht aber eine Abrechnung auf Totalschadensbasis fest, so erhebt sich die Frage, ob § 249 Abs. 2 S. 2 die Höhe des Ersatzanspruchs beeinflusst. Das hängt davon ab, ob die Ersatzbeschaffung eines gleichwertigen Ersatzfahrzeugs als Unterfall der Restitution oder der Kompensation angesehen wird.

---

130 BGHZ 66, 239 = NJW 1976, 1396 = LM § 249 (Gb) BGB Nr. 16 (*Dunz*).
131 BGHZ 81, 385 = VersR 1982, 72 = JuS 1982, 298 = NJW 1982, 98 = LM § 249 (Fa) BGB Nr. 16 (*Hagen*) = JR 1982, 281 (*Knütel*); NJW 1993, 1793 = MDR 1993, 537 = WM 1993, 1256 = DNotZ 1993, 694 = LM § 249 (Gb) BGB Nr. 28 (*Grunsky*).
132 BGHZ 142, 172 = NJW 1999, 3332 = ZNotP 1999, 413 = WM 1999, 2216.
133 NJW 2001, 2250 = LM § 249 (Gb) BGB Nr. 30 (*Schiemann*) = WM 2001, 1416 = JuS 2001, 1120 (*Emmerich*) = BB 2001, 1379 = ZIP 2001, 1205 = EWiR § 249 BGB 2/01, 659 (*Vogel*).
134 *Eggert*, DAR 2001, 20, 23 ff.
135 38. VGT (2000), 7, 9.

III. Unterschiedliche Meinungen in Rechtsprechung und Lehre
1. Weiter Restitutionsbegriff der Rechtsprechung

Der **historische Gesetzgeber** ging von einem ganz **engen Restitutionsbegriff** aus und beschränkte diesen auf die Rückgabe entzogener Sachen.[136] Schon die Rechtsprechung des RG[137] ist darüber hinausgegangen. Der BGH hat diese Linie fortgesetzt und ausgebaut. Es wird zwar anerkannt, dass die Reparatur im Regelfall eine stärkere Annäherung des Integritätsinteresse darstellt, aber auch eine Ersatzbeschaffung wurde als mögliche Restitution nicht ausgeschlossen.[138] Selbst die **Anschaffung eines Gebrauchtwagens** wurde als Unterfall des § 249 und nicht des § 251 qualifiziert.[139] *Steffen*[140] drückt das mit der ihm eigenen Anschaulichkeit aus, indem er darauf verweist, dass die Naturalrestitution durch Ersatzbeschaffung nicht wegen der Individualität der Gebrauchsspuren im Blech und Zylinder abzulehnen sei. *Haug*[141] befürwortet dies und weist darauf hin, dass auch bei **tatsächlicher Ersatzbeschaffung** noch ein Unterschied zur **reinen Vermögenskompensation** bestehe, weil die Gesamtzusammensetzung und die Nutzungsfunktion des Vermögens erhalten bleibe. Bei Gebäudeschäden hat der BGH[142] ausgesprochen, dass selbst ein Neubau nach Abbrennen eines älteren Hauses als Restitution in Betracht kommen könne. Voraussetzung sei, dass dies baulich-technisch und **wirtschaftlich-funktional** bei **wertender Gesamtbetrachtung** möglich sei, wobei **keine allzu strengen Anforderungen** zu stellen seien. Dass er dabei nicht auf das Haus, sondern auf die Einheit von Haus und Grundstück abstellt, ist ein Kunstgriff; auf die sachenrechtliche Qualifikation kann es im Schadensrecht gewiss nicht ankommen.

Dass es aber auch **Grenzen der Restitution** gibt, spricht er in der Modellbootentscheidung[143] aus. Es genüge für die Naturalrestitution nicht, dass auf diese Weise ein Zustand geschaffen werde, der dem näher komme, als wenn überhaupt keine Wiederherstellung stattfinde. Der Bastler eines Modellbootes hatte verlangt, dass er auf Basis der Kosten eines Nachbaus in einer Werkstätte abrechnen könne. Eine 100%ige Restitution war nicht zu erreichen, weil er mit einem solchen Nachbau nicht an Bastlerwettbewerben teilnehmen konnte, da zu diesen bloß Eigenbauer zugelassen wurden. Es ging dabei zwar nicht um einen Vermögensschaden, weil es bei diesen keine Preisgelder gab. Wegen der Berücksichtigung dieses ideellen Moments war eine vollständige Restitution nicht möglich, weshalb der BGH einen Anspruch aus § 249 ablehnte. *Medicus*[144] bemerkte zutreffend, dass der BGH zwar Unmöglichkeit der Herstellung angenommen, für den Wert aber darauf abgestellt habe, was die Herstellung in einem Unternehmen kosten würde, so dass es insoweit bloß, aber immerhin um das – **akademische** – Problem der **zutreffenden Etikettierung** ging. *Haug*[145] charakterisiert die Rechtsprechung zusammenfassend so, dass es auf die Wiederherstellung desselben Nutzungspotenzials ankomme.

2. Kritik daran in der Literatur

Namhafte Stimmen in der Literatur[146] plädieren für einen wesentlich **engeren Restitutionsbegriff** bei der Ersatzbeschaffung.[147] Nur soweit es sich um **vertretbare Sachen** handle, bei Kraftfahrzeugen somit nur bei neuen oder neuwertigen Sachen, sei § 249 anzuwenden. Ansonsten stehe dem Geschädigten bloß ein Kompensationsanspruch nach § 251 Abs. 1 zu. Ein Teil der Literatur[148] weist darauf hin, dass es widersprüchlich sei, eine Ersatzbeschaffung bei einem Gebrauchtfahrzeug zuzulassen und es einerseits

---

136 *Haug*, VersR 2000, 1329, 1330.
137 *Haug*, VersR 2000, 1329, 1330.
138 BGHZ 115, 364 = NJW 1992, 302 = NZV 1992, 66 (*Lipp*) = VersR 1992, 61; OLG Hamm NZV 1991, 351 = DAR 1991, 333.
139 BGH NJW 1972, 1800, 1801 = VersR 1972, 1024; BGHZ 66, 239, 247 = NJW 1976, 1396 = VersR 1976, 874 = DAR 1976, 256 = LM § 249 (Gb) BGB Nr. 16 (*Dunz*); VersR 1984, 966; BGHZ 92, 85 = NJW 1984, 2282 = VersR 1984, 966 = LM § 249 (Ga) BGB Nr. 13 (*Ankermann*) = JuS 1985, 59 = MDR 1984, 925 = JZ 1985, 39 (*Medicus*); BGHZ 115, 364 = NJW 1992, 302 = NZV 1992, 66 (*Lipp*) = VersR 1992, 61; BGH NJW 1992, 305 = NZV 1992, 64 = BB 1992, 22 = DAR 1992, 25 = DB 1992, 211 = MDR 1992, 132 = VRS 82, 168; zustimmend zum weiten Restitutionsbegriff des BGH: *Weber*, VersR 1990, 934, 943 Fn 159; *Lipp*, NZV 1992, 70, 71; *Steffen*, NZV 1991, 1, 3; *ders.*, NJW 1995, 2057, 2060; *Jakob*, Ersatz fiktiver Kosten nach Allgemeinem Schadensrecht? (1998), S. 142 ff.
140 NZV 1991, 1.
141 *Haug*, VersR 2000, 1329, 1336 Fn 81.
142 BGHZ 102, 322, 326 ff. = VersR 1989, 299 = *Schiemann*, EWiR § 249 BGB 2/88, 553 = JuS 1988, 988 (*Emmerich*); zustimmend *Grunsky*, JZ 1988, 410, 411; BGH NJW 1997, 520.
143 BGHZ 92, 85, 90 = NJW 1984, 2282 = VersR 1984, 966 = LM § 249 (Ga) BGB Nr. 13 (*Ankermann*) = JuS 1985, 59 = MDR 1984, 925 = JZ 1985, 39 (*Medicus*).
144 JZ 1985, 39, 42 f.
145 VersR 2000, 1329, 1471, 1480.
146 *Greger*, Haftungsrecht des Straßenverkehrs, 3. Aufl. 1997, Anh I Rn 28; Staudinger/*Schiemann* § 249 Rn 184 und § 251 Rn 43; *E. Schmidt*, JuS 1986, 517, 520; *Reiff*, NZV 1996, 425, 427; *Haug*, VersR 2000, 1329, 1334.
147 So auch DAV, NZV 2001, 339, 340: Es wird in Frage gestellt, ob die Ersatzbeschaffung auch bei anderen Sachen als bei Kfz an § 249 anzuwenden sein sollte. Apodiktisch wird festgehalten, dass diese Lösung systemwidrig sowie unpraktikabel sei und zudem zu ungerechten Ergebnissen führe, wenn ein Fahrzeug von einem Privaten gekauft werde.
148 *Schiemann*, NZV 1996, 15; *Otto*, NZV 1998, 433, 434; *Haug*, VersR 2000, 1329, 1332 Fn 35.

so zu behandeln wie eine vertretbare Sache, andererseits aber einen Integritätszuschlag zu gewähren, also dem Geschädigten das Recht einzuräumen, Reparaturkosten bis zu 130% des Wiederbeschaffungswertes zu verlangen. Dieser Kritik ist entgegenzuhalten, dass zu unterscheiden ist zwischen der Möglichkeit, dass der Schädiger sich von seiner Ersatzpflicht gegenüber dem Geschädigten durch eine solche Leistung befreien kann, was abzulehnen ist, und dem **Recht des Geschädigten**, durch eine solche Sache sein Integritätsinteresse zu betätigen.[149] In manchen Fällen kann er auf diese Weise eine Verweisung auf das Kompensationsinteresse verhindern, was für ihn dann besonders nachteilig ist, wenn die beschädigte bzw. zerstörte Sache keinen Marktwert hat.[150]

IV. Unterschiede in der Bemessung

1. Bisherige Rechtslage: Ersatz der Wiederbeschaffungskosten incl. Mehrwertsteuer unabhängig von der Betätigung irgend eines Restitutionsinteresses bzw. selbst dann, wenn bei Restitution geringere Kosten angefallen sind

a) Selbst wenn der Schadensersatzbetrag nicht für das beschädigte Auto verwendet wird, um mit der Frau oder Freundin in Urlaub zu fahren

91 Nach bisheriger Rechtslage konnte der Geschädigte als Mindestersatz auf der Basis der Wiederbeschaffungskosten eines gleichwertigen Fahrzeugs abrechnen. Auf die Beschaffungskosten eines werkstattgeprüften und mit Händlergarantie versehenen Fahrzeugs, also incl. Mehrwertsteuer, musste sich der Geschädigte allein den Restwert anrechnen lassen. Auf dieser Basis konnte der Geschädigte abrechnen, auch wenn er an einer Restitution des Zustands ohne Schädigung nicht im Entferntesten interessiert war, wenn er also nach dem Unfall den Schadensersatzbetrag dafür verwendet hat, mit **Frau oder Freundin in Urlaub** zu fahren.[151] Davon weichen die Erläuternden Bemerkungen der RE 2001[152] ab. Zutreffend wird darauf hingewiesen, dass es bei völliger anderer Verwendung nicht um das Restitutionsinteresse nach § 249, sondern das Kompensationsinteresse nach § 251 gehe.

b) Kauf bei einem Privatmann, bei dem keine Mehrwertsteuer anfällt

92 Wenn der Geschädigte ohne Betätigung irgend eines Restitutionsinteresses Ersatz auf der Basis der Wiederbeschaffungskosten bei einem Händler, also incl. Mehrwertsteuer verlangen konnte, ist es konsequent, dem Geschädigten einen Anspruch in diesem Ausmaß auch dann zuzubilligen, wenn er bei einem Privaten – ohne Anfall der Mehrwertsteuer – erwirbt. Wie in den oben erwähnten Fällen der Reparatur, bei denen der Geschädigte **überpflichtgemäß** auf Teile verzichtet oder sich mehr anstrengt, als er im Verhältnis zum Schädiger müsste, wird auch das als überobligationsgemäßes Verhalten des Geschädigten qualifiziert, was nicht zu einem Sparen in die Tasche des Schädigers[153] führen soll. Auch in solchen Fällen wird ihm das Recht eingeräumt, nach dem Wiederbeschaffungswert bei einem Händler, also incl. Umsatzsteuer abzurechnen, wobei betont wird, dass er sich bloß auf ein werkstattgeprüftes und mit Händlergarantie versehenes Fahrzeug verweisen lassen müsse.

2. Neue Rechtslage: Umsatzsteuer nur erstattungsfähig bei Vorlage einer Rechnung – es stellt sich die Frage, welche Restitutionsmaßnahme für die Ersatzfähigkeit der Umsatzsteuer noch anerkannt wird

93 Die Erläuternden Bemerkungen zum RE 2001[154] gehen im Sinne der Rechtsprechung davon aus, dass auch die Ersatzbeschaffung einen Unterfall der Restitution darstelle. Auch wenn vom **Wortlaut** lediglich der Fall der **Beschädigung** erfasst ist, nicht aber der der Zerstörung oder Sachenziehung, so sind m.E. all diese Fälle gleich zu behandeln, um Wertungswidersprüche zu vermeiden.[155] Nach der generellen Abstufung von Restitution und Kompensation[156] ist es folgerichtig, dass bei Kompensation nicht ein Schadensposten für ersatzfähig angesehen wird, der es bei Restitution nicht wäre. Der Zusammenhang zwischen Restitution und Kompensation lässt sich nämlich wie folgt umschreiben: Bei der Restitution geht es darum, dass der **reale Zustand** hergestellt wird, der ohne das schädigende Ereignis bestanden hätte. Wird dies erreicht, dann ist dadurch die Vermögenseinbuße mitabgegolten. Im Rahmen des Kompensationsinteresses geht es hingegen um das weniger weitreichende Interesse der **Auffüllung der Vermögenslücke**. Der Umfang der Belastung des Schädigers ist dabei insoweit geringer, als bei der Herstellung des realen Zustands ohne Schädigung

---

149 In diesem Sinn *Ch. Huber*, Fragen der Schadensberechnung, 2. Aufl. 1995, S. 163.
150 So auch der Hinweis von *Medicus*, JZ 1985, 39, 42 f..
151 *Otto*, NZV 1998, 433, 436; *Macke*, DAR 2000, 506, 510.
152 RE 2001, 57.
153 Zur Rationalität dieses Grundsatzes *Ch. Huber*, Fragen der Schadensberechnung, 2. Aufl. 1995, S. 77 ff.
154 RE 2001, 31.
155 A.A. unter Hinweis auf den Wortlaut „Beschädigung einer Sache" *Macke*, DAR 2000, 506, 511; *Karczewski*, VersR 2001, 1070, 1075.
156 Dazu *Ch. Huber*, Fragen der Schadensberechnung, 2. Aufl. 1995, S. 141 ff.

auch ideelle Momente eine Rolle spielen können, während das bei Bildung der reinen Vermögensdifferenz nicht der Fall ist. Auch wenn somit bloß eine Änderung bei der Restitution des § 249 vorgenommen wurde, muss das **folgerichtig** eine Auswirkung auf die Bemessung des Kompensationsinteresses haben.

Die Rechtsprechung anerkennt, dass es im Rahmen der Restitution Abstufungen gibt. So wird durch die **Reparatur** im Regelfall dem **Integritätsinteresse in stärkerem Maß** entsprochen als durch eine Ersatzbeschaffung.[157] *Haug*[158] führt diesen Gedanken weiter, indem er darauf verweist, dass die nächst größere Annäherung nach der Reparatur die Anschaffung einer neuen oder gebrauchten Sache darstelle; aber selbst eine ähnliche Sache entspreche noch immer stärker dem Restitutionsinteresse als die bloße Geldentschädigung. Im vorliegenden Zusammenhang geht es um die Frage, **welche Annäherung an den Zustand ohne Schädigung** durch die Ersatzbeschaffung erreicht werden muss. Bis zu dieser Grenze ist die tatsächlich angefallene Mehrwertsteuer insoweit ersatzfähig, als sie auch bei der Restitutionsform angefallen wäre, die die größtmögliche Annäherung an den Zustand ohne Schädigung bewirkt hätte. Jenseits dieser Grenze ist die Mehrwertsteuer jedenfalls zu kappen. **94**

Otto[159] sieht einen **vorprogrammierten Streit** über die **Reichweite der Restitution**. Er bringt das Beispiel, dass dann gestritten werde, wie einmalig der total beschädigte bzw. zerstörte Mantel gewesen sei, ob der als Ersatz angeschaffte weiße Leopard noch als Restitution für den zerstörten mit grüner Baumwolle anzusehen sei. Die Bandbreite ist groß: Denkbar wäre eine strikte Anwendung, was dazu führen würde, schon bei einer **anderen Type oder PS-Zahl**[160] des angeschafften Ersatzfahrzeugs gegenüber dem totalbeschädigten oder zerstörten Fahrzeug die Restitution zu verneinen oder diese stets dann zu bejahen, wenn bloß **dasselbe Nutzungspotenzial** wieder hergestellt wird, also irgend ein Fahrzeug angeschafft wird.[161] **95**

a) Unproblematisch: Kauf eines möglichst gleichwertigen Gebrauchtfahrzeugs nach Fabrikat, Modell, Jahrgang, km-Stand

Unproblematisch ist der Fall, dass der Geschädigte nach Totalschaden seines Kfz ein nach Fabrikat, Modell, Jahrgang und km-Stand ähnliches Ersatzfahrzeug beschafft. Auf die Farbe des Fahrzeugs kann es dann keinesfalls ankommen. **96**

b) Befürwortung eines großzügigen Restitutionsbegriffs

M.E. sollte man durchaus im Sinne der Rechtsprechung einen großzügigen, aber nicht grenzenlosen Restitutionsbegriff zugrundelegen: **97**

aa) Anknüpfung an die Rechtsprechung bei Zerstörung eines Hauses – BGHZ 102, 322

In der Entscheidung BGHZ 102, 322[162] hatte der BGH die Frage zu entscheiden, ob bei einem älteren Gebäude, das bis auf die Grundmauern abgebrannt war und bei dem folglich nur ein Neubau möglich war, eine Restitution in Betracht kam. Er hat dabei ausgesprochen, dass die **Anforderungen** an die **Restitution nicht überspannt** werden dürfen. Jedenfalls sei **nicht völlige Identität** zwischen altem und neuem Gebäude zu verlangen. Dass das Gebäude einige Jahrzehnte alt war, stehe einem Restitutionsanspruch ebenso wenig entgegen wie der Umstand, dass Baumaterialien nicht mehr erhältlich seien bzw. andere Bauvorschriften gelten würden. Maßgeblich sei eine weitere Geamtbetrachtung in baulich-technischer und wirtschaftlich-funktionaler Sicht. Der BGH lotet aber auch die Grenze der Restitution in dieser Entscheidung aus: Wenn das Gebäude vom **Stil einer bestimmten Epoche geprägt** war oder infolge geänderter Bauvorschriften nur die Wiederherrichtung eines **gänzlich anders gearteten Gebäudes** in Betracht kam, dann sollte die Restitution abzulehnen sein. Diese Entscheidung blieb kein Einzelfall, sondern wurde in der Folge bestätigt.[163] **98**

Diese Gedanken könnten als Anhaltspunkt für die Grenzen der Erstattungsfähigkeit der Mehrwertsteuer dienen, wobei auf folgende Besonderheiten hinzuweisen ist: Der BGH betont in der Entscheidung BGHZ 102, 322, dass das **Integritätsinteresse** bei einem **Hausgrundstück** eine **besonders große Rolle** spiele. Darüber hinaus stand eine Restitution zur Diskussion, die eine größtmögliche Annäherung an den Zustand ohne Schädigung bewirkte. Bei Kfz geht es demgegenüber häufig um Restitutionsformen, die nicht die größtmögliche Annäherung an den Zustand ohne Schädigung darstellen; überdies ist anzuerkennen, dass bei diesen das Integritätsinteresse am Behalten der konkreten Sache doch weniger schützenswert ist als bei Hausgrundstücken. **99**

---

[157] BGH NZV 1999, 159 (*Völtz*) = DAR 1999, 165; so auch OLG Dresden DAR 2001, 303, 304.
[158] VersR 2000, 1329, 1331, 1337 Fn 88.
[159] NZV 2001, 335, 338.
[160] So die Erwägung von *Otto*, NZV 1998, 433, 436, der dies aber ablehnt, weil das wirtschaftlich kaum nachvollziehbar wäre.
[161] Dazu *Haug*, VersR 2000, 1329, 1471, 1480.
[162] = VersR 1989, 299 = *Schiemann*, EWiR § 249 BGB 2/88, 553 = JuS 1988, 988 (*Emmerich*).
[163] BGH NJW 1997, 520; ähnlich OLG Hamm VersR 1999, 237.

bb) Restitution bei einem Unikat

100 *Schirmer*[164] und *Otto*[165] weisen darauf hin, dass bei einem **Oldtimer** eine Restitution nicht in Betracht komme, weil er ein Unikat sei. Das entspricht gewiss der Modellbootentscheidung.[166] Ich würde demgegenüber auch insoweit für einen **großzügigeren Maßstab** plädieren. Wenn der Inhaber eines Oldtimers sich einen anderen Oldtimer anschafft, ist m.E. nicht einzusehen, warum die darauf entfallende Mehrwertsteuer nicht ersatzfähig sein sollte. Da der Oldtimermarkt nicht so breit gefächert sein dürfte, ist eine Festlegung auf Marke und Type hier nicht zu verlangen.

cc) Anschaffung eines Neufahrzeugs, Vorziehen des Investitionszyklus

101 *Weber*[167] verweist auf die Materialien zum BGB, wonach es mit § 249 S. 2 a.F. vereinbar, ja geradezu ein Zweck dieser Norm (gewesen) sei, den Geschädigten in die Lage zu versetzen, eine neue Sache zu erwerben. Auch *Haug*[168] meint, Anhaltspunkte in der bisherigen Rechtsprechung des BGH auszumachen, dass auch die **Neuanschaffung** als **Restitution** anzusehen sei. *Otto*[169] vertrat – noch zum RE 1998 – die Ansicht, dass es ausreichend sei, wenn der erlittene Ausfall Grund der Neuanschaffung war, auch wenn ein **ganz anderer Typ** gewählt wurde. Dem ist dem Grunde nach zu folgen. Vor allem bei nicht vorsteuerabzugsberechtigten Unternehmen,[170] etwa der Öffentlichen Hand, aber auch bei Privaten, könnte insoweit der Gedanke des Vorziehens des Reinvestitionszyklus eine Rolle spielen, namentlich, wenn der Geschädigte selbst stets nur Neufahrzeuge angeschafft hat, wofür es durchaus achtenswerte Gründe gibt.

dd) Anschaffung eines vergleichbaren Gebrauchtfahrzeugs, aber ein bisschen größer, neuer, komfortabler

102 Wenn der Geschädigte ein Gebrauchtfahrzeug anschafft, dann sollte im Sinn der Entscheidung BGHZ 102, 322 auf die **wirtschaftlich-funktionale Betrachtungsweise** abgestellt werden. Wenn es diese Type bzw. Marke nicht mehr gibt, dann sollte eine Restitution auch dann anerkannt werden, wenn ein ähnliches Fahrzeug angeschafft wird. M.E. sollte man noch eine Spur großzügiger sein. Selbst wenn es sich um ein **vergleichbares Fahrzeug** handelt, das unter Berücksichtigung des Vorziehens des Reinvestitionszyklus ein bisschen größer bzw. ein bisschen komfortabler ist, dann sollte eine Restitution bejaht werden mit der Folge der Ersatzfähigkeit der darauf entfallenden Mehrwertsteuer bis zu der Höhe, bei der der Geschädigte auf Kosten des Schädigers hätte restituieren dürfen. Damit ist aber die äußerste Grenze m.E. auch erreicht.

c) Keine Restitution – nicht bloß abzustellen auf irgendein Fortbewegungsmittel

103 *Bollweg* und *Otto* wollen hingegen noch einen Schritt weitergehen. *Bollweg*[171] nimmt eine Restitution bei einem Fahrzeug auch dann an, wenn **irgendein Ersatzfahrzeug** angeschafft wird. *Otto*[172] hält eine Restitution auch dann für gegeben, wenn für eine abgenutzte Anzughose eine teure Jeans angeschafft wird. Unter Bezugnahme auf BGHZ 102, 322 wurde es aber selbst bei einem Hausgrundstück, bei dem das Integritätsinteresse eine größere Rolle spielt als bei einem Kfz, als nicht ausreichend angesehen, dass irgendein Gebäude oder auch nur irgendein Wohngebäude errichtet wurde. Vielmehr fand sich immerhin ein Hinweis auf den Stil einer Epoche sowie die baulich-technische und die wirtschaftlich-funktionale Sicht. Deshalb ist es m.E. nicht als hinreichende Restitution anzusehen, wenn anstelle eines Autos ein Motorrad angeschafft wird oder anstelle eines Fiat Uno ein BMW 528 i oder jeweils umgekehrt.

E. Miete statt Kauf – Leasing eines Kfz

104 Lässt man in faktischer Hinsicht einen gewissen Spielraum bei der Restitution zu, nämlich Ersatzbeschaffung statt Reparatur, Anschaffung nicht einer identen, aber immerhin einer in wirtschaftlich-funktionaler Hinsicht vergleichbaren Sache, dann sollten entsprechende Überlegungen angestellt werden, wenn der Geschädigte sich nach der vom Schädiger zu verantwortenden Beschädigung oder Zerstörung anstelle einer Ersatzbeschaffung für die **Deckung des Bedarfs** durch einen **Miet- oder Leasingvertrag** entscheidet. Auch dieser enthält einen Mehrwertsteueranteil. M.E. ist die Summe der bis zum Vertragsende anfallenden Mehrwertsteueranteile bis zur Höhe der Mehrwertsteuer, die bei zulässiger Reparatur oder Ersatzbeschaffung angefallen wäre, ersatzfähig. Dagegen könnte man einwenden, dass der Geschädigte

---

164 In: FS Baumann (1999), S. 293, 296.
165 NZV 1998, 433, 434 Fn 11.
166 BGHZ 92, 85 = NJW 1984, 2282 = VersR 1984, 966 = LM § 249 (Ga) BGB Nr. 13 (*Ankermann*) = JuS 1985, 59 = MDR 1984, 925 = JZ 1985, 39 (*Medicus*).
167 VersR 1990, 934, 943 f.
168 VersR 2000, 1329, 1471, 1478 Fn 162.
169 NZV 1998, 433, 437.
170 Bei vorsteuerabzugsberechtigten Unternehmen stellt sich das Problem nicht, weil diese niemals Ersatzbeschaffungskosten unter Einschluss der Mehrwertsteuer verlangen können.
171 NZV 2000, 185, 189.
172 NZV 2001, 335, 338.

den Miet- oder Leasingvertrag vorzeitig kündigen kann, was dazu führte, dass er fiktive Mehrwertsteuer erlangen würde, was durch die Neuregelung gerade verhindert werden sollte. Dem ist entgegenzuhalten, dass der Geschädigte das ersatzbeschaffte Fahrzeug nach Abschluss der Schadensregulierung ebenfalls wieder veräußern kann, wobei zuzugestehen ist, dass er auch ohne Schädigung einen Vermögenswert hatte, den er hätte veräußern können. Wollte man die Mehrwertsteuer jeweils nur bei deren konkreten Anfall zuerkennen, also bei dem monatlichen Mietentgelt oder der in diesem Zeitraum anfallenden Leasingrate, würde dies dazu führen, dass für relativ geringfügige Ersatzbeträge ein sehr langer Regulierungszeitraum erforderlich wäre, was gewiss nicht dem Erfordernis der **Praktikabilität** entspricht.

F. Verzicht auf eine Ersatzbeschaffung bei wirtschaftlichem Totalschaden

I. Möglichkeit der Abrechnung auf Basis fiktiver Wiederbeschaffungskosten in Entsprechung zur Abrechnung auf Basis fiktiver Reparaturkosten, soweit diese zulässig

105 Bei einem wirtschaftlichen Totalschaden stand dem Geschädigten nach bisheriger Rechtslage das Recht zur Abrechnung auf der Basis fiktiver Wiederbeschaffungskosten eines entsprechenden Fahrzeugs mit Werkstattgarantie bei einem seriösen Gebrauchtwagenhändler[173] in Entsprechung zur Abrechnung auf Basis fiktiver Reparaturkosten auf der Basis eines Sachverständigengutachtens zu. Ob der Geschädigte gar keine Restitution vorgenommen hat oder eine solche, bei der keine Mehrwertsteuer angefallen ist, so etwa bei Erwerb eines Gebrauchtfahrzeugs von einem Privaten, spielte keine Rolle. Ebenso wie bei den Reparaturkosten wurde von manchen schon bisher kritisiert, dass die Zuerkennung fiktiver Mehrwertsteuer unter dem Gesichtspunkt des Ausgleichsprinzips nicht zu begründen sei. Begreift man die Ersatzbeschaffung als eine Form der Restitution, ist es folgerichtig, auch bei dieser gemäß § 249 Abs. 2 S. 2 danach zu unterscheiden, ob eine solche tatsächlich angefallen ist. Auch wenn der Wortlaut nur die Beschädigung erfasst, muss dies auch in den Fällen der **Sachentziehung** und **Zerstörung** gelten.

II. Besonderheiten der Differenzbesteuerung nach § 25a UStG

106 Nicht überall im Schrifttum[174] ist wahrgenommen worden, dass es im Rahmen des Totalschadens bei der Wiederbeschaffung um viel geringere Beträge geht, seit 1990 im Umsatzsteuerrecht die Differenzbesteuerung eingeführt worden ist. Worum geht es bei dieser? Welches Anliegen verfolgt sie?

1. Anlass der Umstellung im Umsatzsteuerrecht: Herstellung von Wettbewerbsneutralität zwischen Ankauf eines Gebrauchtfahrzeugs von einem privaten (nicht mehrwertsteuerpflichtigen) Verkäufer und einem (mehrwertsteuerpflichtigen) Händler

a) Entbehrlichkeit von Hilfskonstruktionen zur Vermeidung der Mehrwertsteuer – Agenturvertrag

107 Wenn ein Gebrauchtwagenhändler ein Gebrauchtfahrzeug veräußert, dann hat er es im Regelfall von einer Privatperson erworben. Beim Ankauf von dieser Privatperson fällt keine Mehrwertsteuer an. Bei der Veräußerung musste der **Gebrauchtwagenhändler** aber die **volle Mehrwertsteuer** an das Finanzamt abführen. Während bei Beschaffung von einem Unternehmer der Händler vom Einkaufspreis die Vorsteuer abziehen kann, war und ist das bei Erwerb von einer Privatperson anders. In der Praxis bemühte man sich, diese wenig wünschenswerte Belastung mit der Umsatzsteuer dadurch zu umgehen, dass häufig ein **Agenturvertrag** abgeschlossen worden ist. Der Händler veräußerte das Fahrzeug für den Kunden, der es ihm nach der Absicht der Parteien (Veräußerer – Gebrauchtwagenhändler) eigentlich verkaufen wollte.[175] Die Folge war, dass von der Umsatzsteuer nur die Provision erfasst war, also die Spanne des Händlers.

b) Mehrwertsteuer auf Händlerspanne gemäß § 25a UStG (Differenz zwischen Ankaufs- und Verkaufspreis) – kein offener Ausweis der Mehrwertsteuer

108 Hat auch die Praxis vor 1990 einen Weg gefunden, die volle Belastung der Veräußerung eines Kfz durch einen Gebrauchtwagenhändler mit Mehrwertsteuer zu umgehen, so gab es doch immer wieder Komplikationen. Der Gesetzgeber ermöglichte durch Gesetz vom 30.3.1990[176] mit Einführung des § 25a UStG,[177] dass auch ohne einen solchen „Umweg" die volle Belastung mit Mehrwertsteuer vermieden werden konnte. Was zunächst nur für Kraftfahrzeuge galt und später auf andere Sachen ausgedehnt

---

[173] BGH NJW 1966, 1455 = VersR 1966, 830; VersR 1978, 664; NJW 1982, 1864, 1865.
[174] Kein Hinweis auf die Änderung des UStG im Jahr 1990 bei MüKo/*Grunsky* § 251 Rn 9; *Haag*, in: Geigel, Der Haftpflichtprozeß, 23. Aufl. 2001, Kap 5 Rn 12; *Sanden/Völtz*, Sachschadensrecht des Kraftverkehrs, 7. Aufl. 2000, Rn 58.
[175] Zur Rechtslage vor Einführung des § 25a UStG *Eggert*, NZV 1989, 456 ff.
[176] BGBl I S. 597.
[177] Zur Einführung der Differenzbesteuerung *Lippross*, DStR 1990, 724 ff.; *Widmann*, DB 1990, 1057 ff.

wurde,[178] das war die Möglichkeit, dass der Händler sich für die Differenzbesteuerung in Bezug auf die Umsatzsteuer entscheiden konnte. Diese bewirkte, dass der Händler Umsatzsteuer nur noch von der **Spanne** zwischen **Einkaufs-** und **Verkaufspreis** zahlen musste. Seine Belastung war eben die wie bei einem Agenturvertrag.

2. Auswirkungen für die Schadensregulierung

a) Rechtslage nach Einführung der Differenzbesteuerung, aber vor der Geltung des § 249 Abs. 2 S. 2

109 Umstritten war bei Einführung, ob sich diese Änderung des Umsatzsteuergesetzes auf das Haftungsrecht auswirke. Während das von *Greger*[179] bejaht wurde, sprach sich *Reinking*[180] im gegenteiligen Sinn aus. Zu einem abweichenden Ergebnis kommen diese beiden Autoren, weil sie die Schätzungsgrundlagen unterschiedlich beurteilen. *Greger* geht davon aus, dass bei Schätzung des Wiederbeschaffungswertes vor dem Inkrafttreten der Differenzbesteuerung zum 1.7.1990, die Sachverständigen einen Händlerverkaufspreis zugrundegelegt hatten, der die volle Mehrwertsteuer enthielt. *Reinking* dürfte hingegen die Annahme getroffen haben, dass entweder die beschriebene Umgehungsmöglichkeit gang und gäbe gewesen sei[181] oder der Händler selbst bei vollem Ausweis der Mehrwertsteuer keinen höheren Preis erzielen konnte, weil – wegen der Marktüblichkeit des Agenturvertrags und des auf dieser Basis sich gebildeten Marktniveaus – dies bloß zur Folge hatte, dass seine Marge geringer sei, er aber keine Möglichkeit habe, die Umsatzsteuer zusätzlich zu seiner Handelsspanne zu verlangen. Es handelt sich dabei um eine Frage der **tatsächlichen Einschätzung**, bei der vor der Warte der Dogmatik nur die Determinanten offengelegt werden können, zu der aber in der Sache selbst nicht Stellung genommen werden kann.

b) Nach Einführung des § 249 Abs. 2 S. 2: Bei Verzicht auf Ersatzbeschaffung bzw. gleichwertige Restitutionsmaßnahme Herausrechnung der Mehrwertsteuer vom Händlerpreis

110 Nach Einführung des § 249 Abs. 2 S. 2 ist auch **diese Frage anders** zu beurteilen. Der RE 2001[182] vertritt die Ansicht, dass ohne Restitutionsmaßnahme die auf die Händlerspanne entfallende Mehrwertsteuer in Abzug zu bringen sei. Verwiesen wird dabei auf diverse einschlägige Listen (DAT, Schwacke), wobei angenommen wird, dass die Händlerspanne zwischen 10 und 20% betrage. Eine **rechtstatsächliche** Frage ist es wiederum, ob diese Listen die **Händlereinkaufspreise**,[183] also das Entgelt, das Händler bei Einkauf von einem Privaten zahlen müssen, oder die **Händlerverkaufspreise**[184] enthalten.

111 In Entsprechung zur Judikatur zu den fiktiven Reparaturkosten kann der Geschädigte verlangen, im Ausgangspunkt so gestellt zu werden, als ob er eine solche Restitution getätigt hätte. Die darin enthaltene **Mehrwertsteuer** kann er allerdings nur dann verlangen, wenn eine entsprechende **Restitution tatsächlich vorgenommen** worden ist. Sollte ein Listenwert den Händlereinkaufspreis enthalten, errechnet sich der geschuldete Schadensersatzbetrag, indem dazu die Händlerspanne zwischen 10 und 20% aufgeschlagen wird, wobei von dieser Spanne die Mehrwertsteuer herauszurechnen ist, sodass die 16% der entsprechenden 116% der gesamten Händlerspanne beträgt. Sollten die Listenwerte den **Händlerverkaufspreis** darstellen, dann ist vom Gesamtpreis die Händlerspanne zu schätzen und von dieser wiederum der Mehrwertsteueranteil abzuziehen. Da für einen mit der Schadensregulierung befassten Zivilrechtler, der sich typischerweise nur am Rande mit Fragen des Umsatzsteuerrechts beschäftigt, diese Vorgänge nicht ohne weiteres verständlich sein mögen, seien diese an einem konkreten Beispiel verdeutlicht:

112 Der Händler kauft ein Fahrzeug um 5.000 EUR von einem Privatmann ein und veräußert es um 6.160 EUR an eine Privatperson. Seine Bruttospanne beträgt 1.160 EUR. Auf der Basis von Nettospanne und Mehrwertsteuer auf diese (100% + 16%) ist die Mehrwertsteuer von 16% herauszurechnen. Daraus ergibt sich eine Händlerspanne von netto 1.000 EUR und eine an das Finanzamt abzuführende 16%ige Mehrwertsteuer davon in Höhe von 160 EUR. Wenn somit der Geschädigte keine Restitution tätigt, erhält er nach neuer Rechtslage nicht mehr 6.160 EUR, sondern nur noch 6.000 EUR. Während sich bei den **fiktiven Reparaturkosten** die Kappung der Mehrwertsteuer in **vollem Umfang** von 16% auswirkt, beträgt – wie das dargelegte Beispiel belegt – die Einbuße bei den fiktiven Ersatzbeschaffung lediglich 160 EUR oder **2,6%**, und das bei einer großzügig angenommenen Händlernettospanne von 20% (Händlereinkaufspreis 5.000 EUR, Händlerverkaufspreis 6.000 EUR zuzüglich der nicht extra ausgewiesenen Mehrwertsteuer von 160 EUR).

---

178 Zur Entwicklung der Norm *Hünnekens*, in: *Hartmann/Metzenmacher*, UStG 7. Aufl., § 25a Rn 1 ff.
179 NZV 1991, 17, 18; *ders*., Haftungsrecht des Straßenverkehrs, 3. Aufl. 1997, Anh I, Rn 17; diesem folgend *Treitz*, in: Wussow, Unfallhaftpflichtrecht, 14. Aufl. 1996, Rn 1671.
180 DAR 1991, 160; ebenso KG NZV 1994, 226.
181 *Eggert*, NZV 1989, 456 verweist darauf, dass nur 33% aller Gebrauchtwagen von einem Fachhändler erworben würden.
182 RE 2001, 59.
183 So MüKo/*Grunsky* § 251 Rn 9.
184 In diesem Sinn offenbar *Greger*, Haftungsrecht des Straßenverkehrs, 3. Aufl. 1997, Anh. I Rn 15.

Beim Totalschaden ist also die Kappung nicht besonders ins Gewicht fallend, reduziert sich doch der Betrag bei einer Händlerspanne von 10% auf 1,3% des Gesamtbetrags. Auch wenn dieser Umstand bei exakter Berechnung selbstverständlich berücksichtigt werden muss, wird bei Anwendung des § 287 ZPO der Graubereich größer sein als diese 1 bis maximal 3%. Es wird daher auch künftig viel mehr Augenmerk darauf zu verwenden sein, dass der Sachverständige die **Ausgangsgröße** exakt ermittelt, nämlich Händlereinkaufs- oder Händlerverkaufspreis. Insoweit geht es immerhin um eine Spannbreite zwischen 10 und 20%. 113

3. Beschaffung einer (höherwertigen) gebrauchten Sache bei Möglichkeit zur Abrechnung auf Basis fiktiver Reparaturkosten

Steht dem Geschädigten das Recht zur Abrechnung auf Basis fiktiver Reparaturkosten zu, kann er die darin enthaltene Mehrwertsteuer nur verlangen, wenn er eine Rechnung vorlegt, in der die Mehrwertsteuer ausgewiesen ist, wobei es sich bei der in der Rechnung zum Ausdruck kommenden Vorgang um eine anerkennenswerte Restitutionsmaßnahme handeln muss. Lässt der Geschädigte nicht reparieren und schafft er statt dessen eine gleichartige **neuwertige Sache** an, so kann er die bei Anschaffung der neuen Sache anfallende Mehrwertsteuer bis zu dem Betrag vom Schädiger ersetzt verlangen, der bei der Reparatur angefallen wäre. In aller Regel wird die bei Anschaffung einer **neuer Sache** im Kaufpreis enthaltene **Mehrwertsteuer höher** sein als die auf die **Reparatur** entfallene Mehrwertsteuer. Komplikationen können sich ergeben, wenn Ersatzbeschaffung und Reparatur unterschiedlich besteuert werden, was bei Fällen mit **Auslandsberührung** der Fall sein kann. Auch werden sich deutsche Gerichte dann damit zu beschäftigen haben, ob eine bestimmte Abgabe funktionell der deutschen Mehrwertsteuer entspricht oder ob es sich um einen (Einfuhr-)Zoll handelt, der von § 249 Abs. 2 S. 2 nicht mehr erfasst ist.[185] 114

Schafft der Geschädigte nicht eine neue, sondern eine **gebrauchte Sache** an, ist im Wiederbeschaffungswert nach den obigen Ausführungen Mehrwertsteuer im Ausmaß der Händlerspanne (16% USt von der Differenz zwischen Einkaufspreis und Verkaufspreis) enthalten. Sollte nach der Intention des Umsatzsteuerrechts der Gebrauchtwagenhändler durch die Möglichkeit der Nichtausweisung der Mehrwertsteuer dem Kunden gegenüber nicht in die Verlegenheit gebracht werden, seine Händlerspanne offenlegen zu müssen,[186] kommt man im Haftpflichtrecht um die **Isolierung dieses Rechnungspostens** nun nicht herum. Bei Anschaffung einer gebrauchten Sache wird die darauf entfallende Mehrwertsteuer in aller Regel geringer sein als die auf die Reparatur entfallende Mehrwertsteuer. An einem konkreten Beispiel sei dies verdeutlicht: 115

Die Reparaturkosten eines Fahrzeugs mit einem Wiederbeschaffungswert von 6.600 EUR betragen 3.000 EUR zuzüglich 16% Mehrwertsteuer in Höhe von 480 EUR, somit 3.480 EUR. Der Wiederbeschaffungswert des Fahrzeugs von 6.160 EUR setzt sich zusammen aus dem Händlereinkaufspreis von 5.000 EUR, der Händlernettospanne von 1.000 EUR und der Mehrwertsteuer auf die Händlerspanne von 160 EUR. Schafft der Geschädigte in einem solchen Fall ein Fahrzeug zu eben diesem Preis an und rechnet er auf Basis fiktiver Reparaturkosten ab, kann er von der Mehrwertsteuer der Reparaturkosten in Höhe von 480 EUR lediglich 160 EUR ersetzt verlangen. Schafft er ein **höherwertigeres Ersatzfahrzeug** an, erhöht sich der Anteil an der Mehrwertsteuer, den er ersetzt verlangen kann. Nach der hier vertretenen Auffassung ist allerdings zu beachten, dass eine **Restitution** nur dann zu bejahen ist, wenn die angeschaffte Sache einigermaßen der beschädigten bzw. zerstörten entspricht mit der regelmäßigen Folge, dass im Fall der Restitution durch eine gebrauchte Sache bloß ein Teil der auf die Reparatur entfallenden Mehrwertsteuer ersetzt verlangt werden kann. 116

G. Einfluss der Neuregelung auf die Verhältnismäßigkeit nach § 251 Abs. 2

I. Integritätszuschlag

Die herrschende Rechtsprechung gewährt dem Geschädigten das Recht, bei Durchführung einer fachgerechten Reparatur Reparaturkosten und merkantile Wertminderung bis zu einem Höchstausmaß von 130% des Wiederbeschaffungswertes ohne Berücksichtigung des Restwertes zu verlangen, sofern sich bei den Folgekosten, namentlich bei den Mietwagenkosten[187] keine unverhältnismäßige Differenz ergibt.[188] Die Berechtigung dieses Integritätszuschlags wird zum Teil überhaupt bezweifelt, zum Teil mit einem Affektionsinteresse begründet,[189] zum Teil aber damit, dass der Geschädigte sein Kfz[190] kennt, das als Ersatz 117

---

185 Vgl. dazu OLG Hamm NZV 1995, 27, 28: 100% Einfuhrzoll bei Import des nach einem Unfall in Deutschland angeschafften Ersatzfahrzeugs.
186 *Widmann*, DB 1990, 1057, 1059.
187 OLG Dresden DAR 2001, 303, 305: Bei einem gewerblichen Unternehmen ist auch auf den Gewinnentgang abzustellen.
188 BGH NJW 1972, 1800 = VersR 1972, 1024; NJW 1985, 2469 = VersR 1985, 593 = LM § 249 (Gb) BGB Nr. 24 = MDR 1985, 748 = DB 1986, 111; NJW 1992, 1618 = NZV 1992, 710 = NZV 1992, 273; BGHZ 115, 375 = NJW 1992, 305 = NZV 1992, 68 = VersR 1992, 64 = BB 1992, 22 = DAR 1992, 25 = DB 1992, 211 = MDR 1992, 132 = VRS 82, 168; BGHZ 115, 364 = NJW 1992, 302 = NZV 1992, 66 (*Lipp*) = VersR 1992, 61; VersR 1999, 245 = NJW 1999, 500 = NZV 1999, 159 (*Völtz*) = DAR 1999, 165 = r+s 1999, 151 = VRS 96, 181; zustimmend *Lipp*, NZV 1992, 70, 71 und *Grunsky*, LM § 249 (Fa) BGB Nr. 20.

angeschaffte aber nicht, bei dem sich herausstellen könnte, dass es bei der Anschaffung nicht erkennbare Macken hat.[191] Es stellt sich die Frage, ob sich diese **Relation** durch § 249 Abs. 2 S. 2 **verschiebt**. Würde man die Werte ohne Mehrwertsteuer zugrunde legen, ergäbe sich eine abweichende Relation, nachdem bei den Reparaturkosten Mehrwertsteuer in Höhe von 16% anfällt, bei der Wiederbeschaffung eines Gebrauchtfahrzeugs aber bloß 16% auf die Handelsspanne, de facto somit 1 bis 3%.

118 Für die Prüfung der **Verhältnismäßigkeit**, ob also die Reparatur auf Kosten des Ersatzpflichtigen durchgeführt werden darf, ist m.E. von den **Beträgen incl. Mehrwertsteuer** auszugehen, weil es sich jeweils um zulässige Vorgangsweisen handelt, die zueinander in Relation zu setzen sind. Dafür spricht zusätzlich, dass der Geschädigte den Integritätszuschlag bloß verlangen kann, wenn er tatsächlich reparieren lässt. Es wird nach neuer Rechtslage zu beachten sein, dass im Fall der Selbstreparatur eine Kürzung bei der Mehrwertsteuer vorzunehmen ist, weil jedenfalls in Bezug auf den Arbeitskrafteinsatz keine Rechnung mit Mehrwertsteuer vorgelegt werden kann. Zumindest in diesem Fall muss dies dazu führen, dass die **Verhältnismäßigkeitsschwelle bei der Eigenreparatur** in der Weise hinausgeschoben wird, dass so manche Reparatur, die aufgrund des auf Basis der Durchführung in einer Werkstätte kalkulierenden Sachverständigengutachtens wegen Überschreitens der 130%-Grenze unverhältnismäßig wäre mit der Folge, dass der Geschädigte auf die für ihn viel ungünstigere Totalschadensabrechnung verwiesen werden kann, bei Eigenreparatur schon wegen des Wegfalls der Mehrwertsteuer als Kostenkomponente noch wirtschaftlich vernünftig und damit vom Schädiger bis zur Grenze von 130% des Wiederbeschaffungswertes zu finanzieren ist.

II. Durchführung einer unwirtschaftlichen Reparatur-Restitution im weiteren Sinn mit der Folge der Ersatzfähigkeit der Mehrwertsteuer: Der Geschädigte lässt reparieren, obwohl die Reparaturkosten mehr als 130% des Wiederbeschaffungswertes ausmachen

1. Herrschende Meinung

119 Die herrschende Rechtsprechung geht davon aus, dass bei Überschreiten der 130%-Schwelle der Geschädigte bloß auf Totalschadensbasis abrechnen könne, was bedeutet, dass selbst bei geringfügiger Überschreitung der ominösen Grenze von 130%[192] sich der Ersatzbetrag für den Geschädigten halbieren kann.[193] Schon dieses **abrupte Absacken des Ersatzumfangs** ist ein **Indiz** für die **Fragwürdigkeit dieser Ansicht**. Selbst wenn man diese zunächst zugrunde legt, stellt sich die Frage, in welcher Weise sich § 249 Abs. 2 S. 2 auf solche Fallkonstellationen auswirkt.

120 Steht fest, dass der Geschädigte die Reparatur nicht auf Kosten des Schädigers durchführen lassen darf, weil sie wegen Überschreitens der 130%-Grenze unwirtschaftlich ist, so kann er bloß auf Basis des Wiederbeschaffungswertes abrechnen. Bei diesem erhält er bei einer gebrauchten Sache die Mehrwertsteuer höchstens aus der Differenz der Händlerspanne; und das auch nur dann, wenn er eine entsprechende Restitution durchführt und dabei eine mehrwertsteuerfähige Rechnung in diesem Ausmaß vorlegen kann. Die Restitution kann aber bei Durchführung einer – unwirtschaftlichen – Reparatur nicht bloß in der Ersatzbeschaffung liegen; auch die – unwirtschaftliche – Reparatur ist als Restitution anzusehen mit der Folge, dass der Geschädigte wenigstens so gestellt wird, als habe er ein entsprechendes Ersatzfahrzeug (incl. der Mehrwertsteuer auf die Händlerspanne) angeschafft, sofern die Reparaturrechnung Mehrwertsteuer in dieser Höhe enthält.

2. Mindermeinung: Soweit (unwirtschaftliche) Reparatur durchgeführt wird, Ersatzfähigkeit im Ausmaß der Vorlage einer Rechnung bis zur Grenze von 130% des Wiederbeschaffungswertes

121 Eine **überaus überzeugende Mindermeinung** billigt dem Geschädigten auch in diesen Fällen einen gewissen **Gestaltungsraum** zu.[194] Diese bindet den Geschädigten nicht sklavisch an das Sachverständigengutachten. Der Geschädigte soll jedenfalls dann auf Basis der Reparaturkosten bis zur Höhe von

---

189 *Lipp*, NJW 1990, 104, 105; *Freundorfer*, VersR 1992, 1332, 1333; *Greger*, Haftungsrecht des Straßenverkehrs, 3. Aufl. 1997, Anh I, Rn 38.
190 Gelegentlich findet sich der Hinweis, dass man dies nur bei Autos diskutiere, nicht aber bei Kühlschränken. So *Grunsky*, JZ 1992, 806, 807.
191 BGH NJW 1972, 1800, 1801 = VersR 1972, 1024; NZV 1999, 159 (*Völtz*) = DAR 1999, 165; so auch ein Teil der Literatur: *Haug*, VersR 2000, 1329, 1333 Fn 52; *Jordan*, VersR 1978, 688, 691.
192 *Lange* (JZ 1992, 482) hält eine gewisse Überschreitung über die 130% für erwägenswert, die aber bei 144% jedenfalls ihr Ende findet. Wo immer man die Grenze ansetzt, abrupte Übergänge lassen sich bei diesem Konzept nicht vermeiden.
193 *Haug*, VersR 2000, 1329, 1337; *Roß*, NZV 2000, 362, 364; *Völtz*, NZV 1999, 160, 161 unter Hinweis auf OLG Hamm MDR 1998, 1223.
194 *Eggert*, DAR 2001, 20, 26.

130% abrechnen können, wenn er eine billigere Werkstätte findet und diese die Reparatur um weniger als 130% durchführt[195] oder wenn er selbst repariert.[196] Auch durch die Verwendung gebrauchter Ersatzteile kann es zu einer Verbilligung der Reparatur kommen.[197] *Grunsky*[198] geht noch weiter und gesteht einem solchen Geschädigten zu, dass er auf die Beseitigung optischer Schäden verzichten könne, um innerhalb der 130%-Grenze zu bleiben. Ich würde noch einen letzten Schritt wagen und die Ansicht vertreten, dass es dem Geschädigten unbenommen bleiben müsse, durch Verzicht auf den merkantilen Minderwert das Überschreiten der 130%-Grenze zu vermeiden und damit den Verweis auf die für ihn viel ungünstigere Totalschadensabrechnung.

In Fällen, in denen der Geschädigte sich für die Reparatur entscheidet, obwohl die Reparaturkosten den Wiederbeschaffungswert übersteigen, sollte aber m.E. das **Prognoserisiko**, das grundsätzlich der Ersatzpflichtige zu tragen hat, mit **130% begrenzt** werden.[199] Es findet dann keine ungebührliche Haftungsausweitung statt, weil der Schädiger niemals mehr als 130% des Wiederbeschaffungswertes zu tragen hat. Dazu kommt, dass die derzeitige Praxis sich leicht umgehen lässt, indem die Werkstätte eine Rechnung ausstellt, die punktgenau 130% des Wiederbeschaffungswertes ausmacht und die für die Vorlage an den Ersatzpflichtigen dienen soll, und eine zweite, die diesen Betrag übersteigt und die dann der Geschädigte aus eigener Tasche zahlt.[200] Das Gegenargument, dass die Rechtsordnung **keinen Anreiz zur Durchführung wirtschaftlich unsinniger Reparaturen** liefern soll, ist nicht besonders überzeugend, besteht doch einerseits die Zahlungspflicht des Schädigers nur bei fachgerechter Durchführung der Reparatur und wird andererseits eine solche Durchführung für den Geschädigten um so weniger attraktiv, je höher der Betrag ist, den er selbst zuzahlen muss. Diese Lösung würde es aber vermeiden, dass wegen eines ganz geringfügigen Betrags, etwas über oder unter 130% des Wiederbeschaffungswertes, ein völlig unterschiedliches Ergebnis herauskommt. Auch ist der Geschädigte davor geschützt, dass der Ersatzpflichtige entgegen seiner sonstigen Interessenlage ein Sachverständigengutachten vorlegt, bei dem die Kosten einer fachgerechten Reparatur möglichst hoch geschätzt werden, um den Geschädigten in die für den Ersatzpflichtigen wesentlich weniger belastende Totalschadensabrechnung abzudrängen. **122**

Billigt man diesen Ansatz, kann der Geschädigte Reparaturkosten bis zur Grenze von 130% des Wiederbeschaffungswertes verlangen, wobei bei diesem Betrag auch die Mehrwertsteuer enthalten sein kann. Ob der Geschädigte von den über 130% des Wiederbeschaffungswert hinausreichenden Kosten die Mehrwertsteuer selbst trägt oder andere Schadensposten, macht – vorbehaltlich näherer Prüfung – keinen Unterschied. **123**

H. Auswirkungen der Abtretung des Schadensersatzanspruchs – Kann sich die Höhe des Schadensersatzanspruchs durch Abtretung ändern?

I. Regierungsvorlage geht in Bezug auf die Umsatzsteuerpflicht ohne weiteres davon aus

Bis vor kurzem bestand eine Judikaturdivergenz zwischen dem 6. Senat einerseits und dem 3. und 5. Senat des BGH andererseits. Während es der 6. Senat[201] in konsequenter Befolgung des Grundsatzes der Dispositionsfreiheit ohne Weiteres zuließ, dass der Geschädigte auf Basis fiktiver Reparaturkosten auch nach Inzahlunggabe bzw. Veräußerung eines Kfz abrechnete, versagte der 5.[202] und ihm folgend der 3. Senat[203] einen solchen Anspruch mit der Begründung, dass nach dem Zeitpunkt der Eigentumsübertragung der beschädigten Sache die Herstellung für den Geschädigten nicht mehr möglich sei, weshalb dieser auf den – häufig weniger weitreichenden – Kompensationsanspruch nach § 251 verwiesen wurde.[204] **124**

---

195 *Roß*, NZV 2000, 362; *Eggert*, DAR 2001, 20, 26; LG Freiburg DAR 1998, 477; AG Hof DAR 2000, 276 (*Heinrich*).
196 OLG Düsseldorf NZV 1997, 355.
197 *Eggert*, DAR 2001, 20, 25; OLG Düsseldorf NJW 1997, 355 = r+s 1997, 286.
198 JZ 1992, 806, 807, ohne abschließende Festlegung. Er führt aus, dass von der Interessenlage die besseren Gründe dafür sprechen dürften, dem Geschädigten die Wahlfreiheit zuzugestehen; das sei auch keine anrüchige Manipulation zu Lasten des Schädigers. Dezidierter dann *ders.*, in: MüKo, § 249 Rn 7b.
199 In diese Richtung auch BGH NJW 1972, 1800; *Lipp*, NZV 1992, 70.
200 In diesem Sinn *Dannert*, VersR 1988, 985; *Grunsky*, LM § 249 (Fa.) BGB Nr. 20; *ders.*, in: MüKo/*Oetker*, § 249 Rn 7b; a.A. *Lange*, JZ 1992, 482, 483: Dem nachzugeben, würde die Kapitulation des Rechts vor der Schlechtigkeit der Welt bedeuten. Der Standpunkt von *Lange* hat grundsätzlich etwas für sich; wenn aber das Schadensrecht ohne moralsaure Wertungen auskommt, hat das gewiss auch Vorzüge.
201 BGHZ 66, 239 = NJW 1976, 1396 = LM § 249 (Gb) BGB Nr. 16 (*Dunz*) = VersR 1976, 874 (*Klimke*, VersR 1977, 502) = DAR 1976, 265 = MDR 1976, 830 = BB 1977, 116 = JR 1977, 415 (*Heinze*); BGHZ 115, 364.
202 BGHZ 81, 385 = VersR 1982, 72 = JuS 1982, 298 = NJW 1982, 98 = LM § 249 (Fa) BGB Nr. 16 (*Hagen*) = JR 1982, 281 (*Knütel*); NJW 1993, 1793 = MDR 1993, 537 = WM 1993, 1256 = DNotZ 1993, 694 = LM § 249 (Gb) BGB Nr. 28 (*Grunsky*).
203 BGHZ 142, 172 = NJW 1999, 3332 = VersR 2001, 113 = ZNotP 1999, 413 = WM 1999, 2216.
204 Zustimmend *Greger*, NZV 2000, 1, 3; kritisch *Grunsky* LM § 249 (Gb) BGB Nr. 28; *Haug*, VersR 2000, 1329, 1471, 1481.

125 Mit der Entscheidung NJW 2001, 2250 hat der 5. Senat aber eine Annäherung an den 6. Senat insoweit vollzogen, als er es als zulässig ansah, einen auf **fiktive Reparaturkosten** gerichteten **Schadensersatzanspruch abzutreten**. Der 5. Senat hielt in seiner Entscheidung daran fest, dass ohne solche Abtretung der Anspruch auf fiktive Reparaturkosten unterginge und dass die Abtretbarkeit jedenfalls dann gegeben sei, wenn sie im Zeitpunkt der Eigentumsübertragung der beschädigten Sache erfolge. Das Hauptargument des 5. Senats war, dass eine Abrechnung auf Basis fiktiver Reparaturkosten bei der **Gesamtrechtsnachfolge möglich** sei, weshalb nicht einzusehen sei, dass dies bei der **Einzelrechtsnachfolge anders** sein solle. Begründet hat der 5. Senat seine – wie er meinte – geringfügige Meinungsänderung aber auch mit dem Bedürfnis nach Rechtsvereinheitlichung, dem er durch Verringerung der Divergenz zur Rechtsprechung des 6. Senats nachgekommen sei.

126 Womöglich ahnte das BMJ den Judikaturumschwung. Auffallend ist immerhin, dass auf die **Divergenz** zwischen 5. und 6. Senat mit keinem Satz eingegangen wurde[205] – eine Unkenntnis dieses Umstands kann gewiss nicht unterstellt werden. Der RE 2001[206] weist ohne nähere Begründung darauf hin, dass sich die Ersatzfähigkeit der Umsatzsteuer nach § 249 Abs. 2 S. 2 nach den Verhältnissen des Zessionars beurteile. Womöglich hatte man nur den – in der Praxis gewiss häufigeren – Fall vor Augen, dass ein Fahrzeug an einen **Händler veräußert** oder **in Zahlung gegeben** werde. Für die Ersatzfähigkeit der Umsatzsteuer kommt es dann auf dessen Sphäre an mit der Folge, dass eine Umsatzsteuer als Schadensposten niemals entstehen kann, weil der Händler vorsteuerabzugsberechtigt ist und bei ihm niemals eine Umsatzsteuer anfallen kann.[207]

II. Im Ausgangspunkt einleuchtend, daran anzuknüpfen, ob Restitutionsinteresse betätigt wird, nicht von wem das erfolgt: kein höchstpersönliches Recht

127 Auf den ersten Blick erscheint diese Position einleuchtend. Der Schadensersatzanspruch ist gewiss **kein höchstpersönliches Recht**. Durch den Herstellungsanspruch nach § 249 soll der reale Schaden ausgeglichen werden; und wenn dafür beim Zessionar höhere bzw. geringere Kosten anfallen, Umsatzsteuer zu entrichten ist oder auch nicht, dann muss sich das auch zugunsten bzw. zu Lasten des Schädigers auswirken.

III. Grundsätzliche Bedenken

128 Bei weiterem Nachdenken ergeben sich aber grundsätzliche Bedenken, ob diese Rechtsfolge tatsächlich zutreffend ist. Wenn es für die Belastung des Geschädigten mit der Umsatzsteuer auf die Verhältnisse bei ihm ankommt, dann ist damit auch der Fall inbegriffen, dass der Geschädigte, etwa ein **Unternehmer**, vorsteuerabzugsberechtigt war und seine Forderung an eine **Privatperson** abtritt, die nicht vorsteuerabzugsberechtigt ist. Die Abtretung des Schadensersatzanspruchs und die Durchführung der Reparatur führt dann dazu, dass der Schädiger Umsatzsteuer im Ausmaß von 16% der Nettokosten der Reparaturrechnung bezahlen muss, die beim **Zedenten niemals angefallen** wären. Diese Rechtsfolge stimmt nachdenklich.

129 Immerhin ist es ein **eherner Grundsatz des Zessionsrechts**, dass der Schuldner sich zwar gegen die Abtretung des gegen ihn gerichteten Anspruchs nicht zur Wehr setzen kann, aber als Korrelat er deshalb auch **keine Verschlechterung seiner Rechtsposition** hinnehmen muss. Dass die Ersatzpflicht um die nunmehr zu entrichtende Mehrwertsteuer im Ausmaß von derzeit 16% zunimmt, ist gewiss eine erhebliche Verschlechterung. Nicht nur das Zessionsrecht lässt Zweifel an der vom RE 2001 behaupteten Rechtsfolge aufkommen; auch ein **Grundprinzip des Schadensersatzrechts** weist in die gleiche Richtung. Es ist als fundamentaler Grundsatz anzusehen, dass der Schädiger lediglich zum Schaden des **unmittelbar Geschädigten** verpflichtet ist. Diesen muss er nehmen wie er ist, im Guten wie im Bösen. Den Schaden eines Dritten hat der Geschädigte – von punktuellen gesetzlichen Ausnahmen wie § 844 Abs. 2[208] abgesehen – aber gerade nicht ersetzen. Die Möglichkeit der Abtretbarkeit des Schadensersatzanspruchs,

---

205 Anders *Schirmer*, in: FS Baumann (1999), S. 293, 314, der nicht nur auf die Judikaturdivergenz zwischen 5. und 6. Senat aufmerksam macht, sondern darüber hinaus darauf hinweist, dass eine solche Abtretung unpraktikabel sei, weil der Wert des Schadensersatzanspruchs im Voraus nicht ermittelt werden könne.
206 RE 2001, 60.
207 Unter Bezugnahme auf die ganz neue BGH-Entscheidung NJW 2001, 2250 = WM 2001, 1416 = JuS 2001, 1120 (*Emmerich*) = BB 2001, 1379 = LM § 249 (Gb) BGB Nr. 30 (*Schiemann*) ist darauf zu verweisen, dass sich insoweit doch bedeutsame Unterschiede zwischen Einzel- und Gesamtrechtsnachfolge ergeben können. Wenn ein Geschädigter verstirbt und sein Schadensersatzanspruch im Weg der Gesamtrechtsnachfolge auf den Erben übergeht, dann erwirbt der Erbe eben auch die Rechtsstellung als Unternehmer mit der Folge, dass er vorsteuerabzugsberechtigt ist und keine Mehrwertsteuer verlangen kann, während das bei der Einzelrechtsnachfolge nicht der Fall ist. Zuzugestehen ist, dass im Wege der Gesamtrechtsnachfolge nicht jede für die Schadensberechnung maßgebliche Eigenschaft übergeht. Hatte der Erblasser die Möglichkeit, eine Sache wegen eines Werksangehörigenrabatts günstiger zu beschaffen, so geht diese Eigenschaft gerade nicht mit über.
208 Selbst § 844 Abs. 2 ist bloß eine scheinbare Ausnahme, ist doch der Anspruch der gesetzlichen Unterhaltsgläubiger auf Leistung von Schadensersatz in dem Ausmaß, in dem der Getötete zu Lebzeiten zur Leistung von gesetzlichem Unterhalt verpflichtet war, nichts anderes als die teilweise Fortwirkung des Erwerbsschadens des Verletzten, der nicht mehr besteht, weil der

der sich nach seiner Abtretung an die jeweiligen Verhältnisse beim Zessionar anpasst, würde gerade gegen diesen Grundsatz verstoßen.[209] Ein letzter Einwurf sei gemacht, der ebenfalls in die gleiche Richtung zielt. Das **Verbot des Vertrags zu Lasten Dritter** ist ein **fundamentales Rechtsprinzip**. Gerade dagegen könnte verstoßen werden, wenn es möglich wäre, durch Abtretung den Umfang des Schadensersatzanspruchs zu erhöhen. So könnte der Unternehmer seinen Schadensersatzanspruch jeweils einem Arbeitnehmer abtreten mit der Folge der Erhöhung der Schadensersatzpflicht um 16%. Und wenn man in Bezug auf die Umsatzsteuer auf die Verhältnisse beim Zessionar abstellt, dann müsste dies folgerichtig auch in Bezug auf andere Schadensposten gelten.

Der Umfang des Schadensersatzanspruchs kann sich der Höhe nach beträchtlich ändern, je nachdem, wer Zessionar ist. Dem **Betreiber einer Betriebswerkstätte** wird etwa die **Schadensminderungsobliegenheit** auferlegt, in der eigenen Betriebswerkstätte zu reparieren und dem Schädiger nur die Selbstkosten in Rechnung zu stellen.[210] Von jedem anderen wird Derartiges nicht verlangt. Das wirkt sich gewiss nicht nur auf die Mehrwertsteuer aus. Wenn der Betreiber einer Betriebswerkstätte die Forderung abtritt, kommt es allein dadurch zu einer erheblichen Mehrbelastung für den Schädiger. Häufig ist auch das **regionale Preisgefälle** unterschiedlich, namentlich das zwischen einer Großstadt und dem Umland. Auch dadurch können sich ins Gewicht fallende Mehrbelastungen für den Schädiger ergeben. Auswirkungen ergeben sich aber nicht nur beim Sachschaden im engeren Sinn, sondern auch bei den Folgeschäden. So kann beim Kfz und beim Wohnsitz ein Privatmann eine **abstrakte Nutzungsentschädigung** geltend machen, ein Unternehmen ist aber darauf angewiesen, eine **Gewinneinbuße konkret** nachzuweisen. 130

Dem ist entgegenzuhalten, dass sich nicht nur Nachteile, sondern auch Vorteile ergeben können. Auch kann es bei der Zession vorkommen, dass der Folgeschaden in Bezug auf die Verzugszinsen beim Zessionar höher ist als beim Zedenten. Versucht man diesen Grundsatz für das hier vorliegende Problem fruchtbar zu machen, dann könnte eine Differenzierung dergestalt vorgenommen werden, dass es der Schädiger hinnehmen muss, dass sich die **Vermögensfolgeschäden** beim Zessionar anders entwickeln als beim ursprünglich Geschädigten; und wie hinzuzufügen ist, zu solchen ist er auch nur verpflichtet, wenn er mit der **Leistung in Verzug** gerät. Diese würde dafür sprechen, die Rechtsfolge, dass der Schädiger an den Zessionar eine abstrakte Nutzungsentschädigung zu entrichten hat, während eine solche beim Geschädigten, der Unternehmer war, niemals hätte eintreten können, als mit dem Zessionsrecht vereinbar zu akzeptieren. Anders ist aber zu entscheiden, soweit es um den Inhalt des Schadensersatzanspruchs selbst geht, also die Kategorien der Umsatzsteuerpflicht, der Obliegenheit zur Vornahme einer Selbstreparatur oder der Verteuerung wegen eines anderen regionalen Marktes. 131

IV. Lösungsansatz

Der Anwaltverein[211] hat sich bisher als einziger mit diesem Problem befasst und eine einseitige Radikalkur vorgeschlagen: Die vom RE 2001 gezogene Schlussfolgerung sollte nur für einen vorsteuerabzugsberechtigten Geschädigten gelten. In dem geschilderten Beispiel tritt eine GmbH den Schadensersatzanspruch an ihren Geschäftsführer ab. Selbst wenn dieser umsatzsteuerpflichtig reparieren lasse, stehe ihm ein Anspruch auf Ersatz der Mehrwertsteuer nicht zu, weil in einem solchen Fall der Schaden beim Geschädigten nur im Ausmaß des Nettoschadens entstanden sei. 132

Die einseitige Rechtsfolge „im Zweifel zu Lasten des Geschädigten und zugunsten des Schädigers" mag zwar auf der Linie der Beschränkung des Sachschadens liegen, erscheint aber auf den ersten Blick einseitig zu sein. Letztendlich könnte dies aber doch der **zutreffende Lösungsansatz** sein. Die dogmatische Begründung könnte das Prinzip der **Schadensverlagerung** sein. Wirkt sich ein Schaden aufgrund einer Gefahrtragungsnorm nicht beim unmittelbar Geschädigten, sondern bei einem Dritten aus, so ist er höchstens in dem Ausmaß ersatzfähig, in dem er beim Geschädigten gegeben war. Sollte aber bei dem Dritten, auf den der Schaden weitergewälzt wurde, eine **kostengünstigere Schadensbehebungsmöglichkeit** bestehen, wirkt sich dies zugunsten des Schädigers aus, **nicht** aber eine **Schadensausweitung**. Kann etwa der Sozialversicherungsträger Heilmaßnahmen kostengünstiger erbringen, weil er über eigene Einrichtungen oder eine entsprechende Marktmacht verfügt, so wirkt sich das in der Weise aus, dass er Kosten **nicht** in der Höhe in Rechnung stellen kann wie der Geschädigte selbst, der darauf angewiesen wäre, als Privatpatient behandelt zu werden. 133

Anspruchsberechtigte tot ist. Zu bedenken ist, dass der Anspruch nach § 844 Abs. 2 stets geringer ist als der Erwerbsschaden nach § 842, weil sich der Unterhaltsanspruch jedenfalls um die Unterhaltsquote des Getöteten reduziert.
209 So auch *Schiemann*, Anm zu LM § 249 (Gb) BGB Nr. 30.
210 BGHZ 54, 82 = NJW 1970, 1454 = VersR 1970, 832 (*Klimke*, VersR 1970, 902) = LM § 249 (Gb) BGB Nr. 8 (*Weber*).
211 DAV, NZV 2001, 339, 340.

134 Es ist darauf hinzuweisen, dass bei diesem Ergebnis weiterhin – jedenfalls in gewissem Umfang – das **Erfordernis des Mauschelns zu Lasten des Schädigers** bestehen bleibt.[212] Wollen Geschädigter und Erwerber das Ergebnis erzielen, dass der Erwerber die vollen Reparaturkosten, wie sie bei ihm anfallen, ersetzt bekommt, dann müssen sie beim Kaufpreis einen entsprechenden Abschlag machen, den der Geschädigte dann gestützt auf § 251 Abs. 1 ersetzt verlangen kann.[213] Der Nachteil liegt darin, dass womöglich ex ante nicht klar abschätzbar ist, wie hoch diese Kosten sein werden.

§ 250 Schadensersatz in Geld nach Fristsetzung

¹Der Gläubiger kann dem Ersatzpflichtigen zur Herstellung eine angemessene Frist mit der Erklärung bestimmen, daß er die Herstellung nach dem Ablauf der Frist ablehne. ²Nach dem Ablauf der Frist kann der Gläubiger den Ersatz in Geld verlangen, wenn nicht die Herstellung rechtzeitig erfolgt; der Anspruch auf die Herstellung ist ausgeschlossen.

§ 251 Schadensersatz in Geld ohne Fristsetzung

(1) ¹Soweit die Herstellung nicht möglich oder zur Entschädigung des Gläubigers nicht genügend ist, hat der Ersatzpflichtige den Gläubiger in Geld zu entschädigen.
(2) ¹Der Ersatzpflichtige kann den Gläubiger in Geld entschädigen, wenn die Herstellung nur mit unverhältnismäßigen Aufwendungen möglich ist. ²Die aus der Heilbehandlung eines verletzten Tieres entstandenen Aufwendungen sind nicht bereits dann unverhältnismäßig, wenn sie dessen Wert erheblich übersteigen.

§ 252 Entgangener Gewinn

¹Der zu ersetzende Schaden umfaßt auch den entgangenen Gewinn. ²Als entgangen gilt der Gewinn, welcher nach dem gewöhnlichen Lauf der Dinge oder nach den besonderen Umständen, insbesondere nach den getroffenen Anstalten und Vorkehrungen, mit Wahrscheinlichkeit erwartet werden konnte.

§ 253 Immaterieller Schaden

¹Wegen eines Schadens, der nicht Vermögensschaden ist, kann Entschädigung in Geld nur in den durch das Gesetz bestimmten Fällen gefordert werden.

> § 847 Schmerzensgeld
> (1) Im Falle der Verletzung des Körpers oder der Gesundheit sowie im Falle der Freiheitsentziehung kann der Verletzte auch wegen des Schadens, der nicht Vermögensschaden ist, eine billige Entschädigung in Geld verlangen.
> (2) Ein gleicher Anspruch steht einer Frauensperson zu, gegen die ein Verbrechen oder Vergehen wider die Sittlichkeit begangen oder die durch Hinterlist, durch Drohung oder unter Mißbrauch eines Abhängigkeitsverhältnisses zur Gestattung der außerehelichen Beiwohnung bestimmt wird.
>
> § 253 (RE zum 2. Gesetz zur Änderung schadensersatzrechtlicher Vorschriften, 1998)
> (1) Wegen eines Schadens, der nicht Vermögensschaden ist, kann Entschädigung in Geld nur in den durch das Gesetz bestimmten Fällen gefordert werden.
> (2) ¹Ist in besonderen gesetzlichen Vorschriften vorgesehen, daß ohne Verschulden wegen eines Körper- oder Gesundheitsschadens Schadensersatz zu leisten ist, so kann der Verletzte im Fall einer schwerwiegenden und dauerhaften Beschädigung wegen des Schadens, der nicht Vermögensschaden ist, eine billige Entschädigung in Geld verlangen. ²Die Vorschriften über den Umfang der Haftung nach diesen Gesetzen bleiben dadurch unberührt.
>
> § 847 (RE zum 2. Gesetz zur Änderung schadensersatzrechtlicher Vorschriften, 1998)
> (1) Im Falle der Verletzung des Körpers oder der Gesundheit sowie im Falle der Freiheitsentziehung kann der Verletzte auch wegen des Schadens, der nicht Vermögensschaden ist, eine billige Entschädigung in Geld verlangen.
> (2) ¹Eine Entschädigung gemäß Absatz 1 ist nur zu gewähren, wenn der Schaden nicht geringfügig ist. ²Dies gilt nicht, wenn die Verletzung vorsätzlich begangen worden ist.

---

[212] Dazu *Grunsky* LM § 249 (Gb) BGB Nr. 28; ähnlich *Haug*, VersR 2000, 1329, 1471, 1481, der auf die leichte Umgehungsmöglichkeit hinweist.
[213] *Schiemann* (Anm zu LM § 249 (Gb) BGB Nr. 30) weist indes darauf hin, dass die Änderung der Rechtsprechung des 5. Senats gerade die Tragung des Prognoserisikos durch den Schädiger durch die Abtretung des Reparaturkostenanspruchs ermöglichen wollte. Gerade das wird durch die Reform partiell – im Ausmaß der Umsatzsteuer – wieder zunichte gemacht.

§ 253 (RE zum 2. Gesetz zur Änderung schadensersatzrechtlicher Vorschriften, 2001)

(1) Wegen eines Schadens, der nicht Vermögensschaden ist, kann Entschädigung in Geld nur in den durch das Gesetz bestimmten Fällen gefordert werden.

(2) Ist wegen einer Verletzung des Körpers, der Gesundheit, der Freiheit oder der sexuellen Selbstbestimmung Schadensersatz zu leisten, kann auch wegen des Schadens, der nicht Vermögensschaden ist, eine billige Entschädigung in Geld gefordert werden, wenn
1. die Verletzung vorsätzlich herbeigeführt wurde oder
2. der Schaden unter Berücksichtigung seiner Art und Dauer nicht unerheblich ist.

§ 847 (RE zum 2. Gesetz zur Änderung schadensersatzrechtlicher Vorschriften, 2001)

(wird aufgehoben)

Literatur: *von Bar*, Gemeineuropäisches Deliktsrecht, Band 2 (1999); *ders.*, Empfehlen sich gesetzgeberische Maßnahmen zur rechtlichen Bewältigung der Haftung für Massenschäden? in: Gutachten A zum 62. DJT 1998; *Bollweg*, Gesetzliche Änderungen im Schadensersatzrecht, NZV 2000, 185; Bundesrechtsanwaltskammer (BRAK), Entwurf eines Zweiten Gesetzes zur Änderung schadensersatzrechtlicher Vorschriften, BRAK-Mitt. 1998, 181; *von Caemmerer*, Reform der Gefährdungshaftung (1971); *Castro/Mazzotti/Becke*, Wissenswerte Informationen für eine interdisziplinäre Begutachtung beim „HWS-Schleudertrauma" – eine „Wunschliste" aus verkehrstechnischer und orthopädischer Sicht, NZV 2001, 112; *dies.*, Replik auf Dipl.-Phys. Dr. Ulrich Löhle, Verletzungen der Halswirbelsäule (HWS) – neuster Stand (zfs 2000, 524), zfs 2001, 152; *Claussen*, Medizinische neurootologische Wege zum Lösen von Beweisfragen beim HWS- Schleudertrauma, DAR 2001, 337; *Dannert*, Rechtsprobleme bei der Feststellung und Beurteilung unfallbedingter Verletzungen der Halswirbelsäule, NZV 1999, 453; *ders.*, Schadensersatzforderungen nach unfallbedingter Verletzung der Halswirbelsäule (HWS), zfs 2001, 2; *Danzl*, Schmerzensgeldansprüche nach HWS-Verletzungen im Straßenverkehr, FS Dittrich (2000), S. 687; DAV, Stellungnahme des Deutschen Anwaltvereins zum Entwurf eines 2. Gesetzes zur Änderung schadensersatzrechtlicher Vorschriften, NZV 2001, 339; *ders.*, Stellungnahme des Zivilrechtsausschusses und des Verkehrsrechtsausschusses (des DAV) zum Entwurf des Zweiten Schadensrechtsänderungsgesetzes, AnwBl 1998, 329; *Deutsch*, Allgemeines Haftungsrecht, 2. Auflage 1996; *ders.*, Anm. zu BGH 13.10.1992, VI ZR 201/91, NJW 1993, 784; *ders.*, Medizin-, Arzt-, Arzneimittel- und Medizinproduktrecht, 4. Auflage 1999; *ders.*, Schmerzensgeld für Vertragsverletzungen und bei Gefährdungshaftung, ZRP 2001, 351; *ders.*, Über die Zukunft des Schmerzensgeldes, ZRP 1998, 291; *Diedrich*, Schließt § 253 BGB den Ersatz immaterieller Personenschäden auch bei pVV und cic aus? MDR 1994, 525; *Dornwald*, Gesetzliche Änderungen im Schadensersatzrecht? 38. VGT (2000), 105; *DRB*, Bundesregierung will Schadensersatzrecht ändern – Erhebliche Eingriffe ins geltende Recht vorgesehen – DRB kritisiert Hast des Gesetzgebers – „Mehrbelastung der Zivilgerichte vorprogrammiert", DRiZ 1998, 179; *Dressler*, Neugewichtung bei den Schadensersatzleistungen für Personen- und Sachschäden? DAR 1996, 81; *Düben*, Allgemeine Kriterien für die Bemessung des Schmerzensgeldes aus medizinischer Sicht, 15. VGT (1977), 137; *Elsner*, Gesetzliche Änderungen im Schadensersatzrecht, zfs 2000, 233; *Engelke*, Schadensmangement durch Versicherer – Mehr als nur ein Mittel zur Kostendämpfung?, NZV 1999, 225; *Fötschl*, Neue Entwicklung in der Rechtsprechung des OGH zum Schmerzensgeld, VersRAl 2001, 60; *Freise*, Überlegungen zur Änderung des Schadensersatzrechts, VersR 2001, 539; *M. Fuchs*, Deliktsrecht, 3. Auflage 2001; *Gas*, Bemerkungen zum Schadensersatzrecht aus der Sicht der Versicherungswirtschaft, VersR 1999, 261; *Geiß*, Konfliktbewältigung in Verkehrssachen durch die Justiz, DAR 1998, 416; *Giesen*, Anm. zu BGH 13.10.1992, VI ZR 201/91, JZ 1993, 519; *Grunsky*, Anm. zu BGH 11.11.1997, VI ZR 376/96, LM § 249 (A) BGB Nr. 114; *Hager/Leonhard*, Maßnahmen zur rechtlichen Bewältigung der Haftung für Masseschäden, ZRP 1998, 302; *Hohloch*, Allgemeines Schadensrecht – Empfiehlt sich eine Neufestsetzung der gesetzlichen Regelung des Schadensrechts (§§ 249–255 BGB)? in: Gutachten und Vorschläge zur Überarbeitung des Schuldrechts I (1981), 375; *Ch. Huber*, Fragen der Schadensberechnung, 2. Auflage 1995; *ders.*, Gedanken zum 2. Schadensrechtsänderungsgesetz, DAR 2000, 20; *ders.*, Schmerzensgeld ohne Schmerzen bei nur kurzzeitigem Überleben der Verletzung im Koma – eine sachlich gerechtfertigte Transferierung von Vermögenswerten an die Erben? NZV 1998, 345; *Janker*, Möglichkeiten und Grenzen einer Neugewichtung der Schadensersatzleistungen bei Verkehrsunfällen, ZRP 1997, 416; *Karczewski*, Der Referentenentwurf eines Zweiten Gesetzes zur Änderung schadensersatzrechtlicher Vorschriften, VersR 2001, 1070; *Karner*, Der Ersatz ideeller Schäden bei Körperverletzung (1999); *ders.*, Anm. zu OGH 22.2.2001, 2 Ob 79/00g, ZVR 2001, 206; *ders.*, Rechtsprechungswende bei Schock- und Fernwirkungsschäden Dritter? ZVR 1998, 182; *Kern*, Die Genugtuungsfunktion des Schmerzensgeldes, AcP 191, 247; *ders.*, Schmerzensgeld bei totalem Ausfall aller geistigen Fähigkeiten und Sinnesempfindungen, FS Gitter (1995), S. 447; *Kloesel/Cyran*, Arzneimittelrecht, 3. Auflage (Loseblatt); *Kötz*, Gefährdungshaftung – Empfiehlt sich eine Vereinheitlichung und Zusammenfassung der gesetzlichen Vorschriften über die Gefährdungshaftung im BGB und erscheint es erforderlich, das Recht der Gefährdungshaftung weiterzuentwickeln? in: Gutachten und Vorschläge zur Überarbeitung des Schuldrechts II (1981) 1779; *Kötz/Wagner*, Deliktsrecht, 9. Auflage 2001; *Kuhn*, HWS-Verletzungen in der Schadenregulierung, DAR 2001, 344; *Lemor*, Gleicher Schadensersatz für Verkehrsopfer in Europa? VersR 1992, 648; *Löhle*, HWS-Problematik, Jahrbuch Verkehrsrecht 1998, 83; *E. Lorenz*, Immaterieller Schaden und „billige Entschädigung" in Geld (1981); *Macke*, Aktuelle Tendenzen bei der Regulierung von Unfallschäden, DAR 2000, 506; *Medicus*, Gesetzliche Änderungen im Schadensersatzrecht?, 38. VGT (2000), 121; *Moog*, Reform des Schmerzensgeldes? VersR 1978, 304; *G. Müller*, Besonderheiten der Gefährdungshaftung nach dem StVG, VersR 1995, 489; *dies.*, Der neue Entwurf eines Zweiten Gesetzes zur Änderung schadensrechtlicher Vorschriften, PHI 2001, 119; *dies.*, Zum Ausgleich des immateriellen Schadens nach § 847 BGB, VersR 1993, 909; *dies.*, Zum Entwurf des Zweiten Gesetzes zur Änderung schadensersatzrechtlicher Vorschriften, ZRP 1998, 258; *Odersky*, Schmerzensgeld bei Tötung naher Angehöriger (1989); *Otto*, Große Reformen müssen reifen – Zum Referentenentwurf einer Schadensrechtsreform, NZV 2001, 335; *ders.*, Neue Grenzziehungen im Schadensersatzrecht, NZV 1998, 433; *Scheffen*, Änderung schadensersatzrechtlicher Vorschriften im Hinblick auf betroffene Kinder und Jugendliche, ZRP 2001, 380; *dies.*, Tendenzen bei der Bemessung des Schmerzensgeldes für Verletzungen, ärztlichen Kunstfehlern und Produzentenhaftung, ZRP 1999, 189; *Schiemann*, Anm. zu BGH 12.5.1998, VI ZR 182/97, LM § 847 BGB Nr. 102; *Schmidt-Salzer*, Anm. zu BGH 13.10.1992, VI ZR 201/91, LM § 847 BGB Nr. 89; *Schönke/Schröde*, StGB-Kommentar, 26. Auflage 2000; *Steffen*, Die Aushilfeaufgaben des Schmerzensgeldes, FS Odersky 1996, 723; *ders.*, Die Balance zwischen „Tätern" und „Opfern" im Verkehrsrecht ist gefährdet, ZRP 1998, 147; *Stoll*, Ersatz für immateriellen Schaden im Verkehrsrecht, DAR 1968, 304; *ders.*, Haftungsfolgen im Bürgerlichen Recht (1993); *Teichmann*, Anm. zu BGH 16.2.1993, VI ZR 29/92, LM § 847 BGB Nr. 90; *Thüsing*, Das Schadensrecht zwischen Beständigkeit und Wandel, ZRP 2001, 126; *ders.*, Schadensersatz für Nichtvermögensschäden bei Vertragsbruch, VersR 2001, 285; *Tröndle/Fischer*, Kommentar zum StGB, 50. Auflage 2001; *Wessels/Castro*, Ein Dauerbrenner: das „HWS-Schleudertrauma" – Haftungsfragen im Zusammenhang mit psychisch vermittelten Gesundheitsbeeinträchtigungen, VersR 2000, 284; *Wilhelm*, Vererblichkeit von Schmerzensgeld – Änderung der Rechtsprechung, ecolex 196, 913; *Ziegert*, Das HWS-Schleudertrauma im Haftpflichtprozeß, DAR 1998, 336; *ders.*, Das HWS-Schleudertrauma im Haftpflichtprozeß, Jahrbuch Verkehrsrecht 1999, 102.

Inhalt

A. Grundlegende Reform 1
B. Welche immateriellen Schäden sind erfasst, welche nicht 2
C. Schmerzensgeld unabhängig vom Haftungsgrund . 3
  I. Bisherige Rechtslage: Schmerzensgeld nur bei Verschuldenshaftung – Regel (§ 253), Ausnahme (§ 847) 3
    1. Kein Schmerzensgeld bei der Gefährdungshaftung 3
      a) Begründung: Doppelfunktion Ausgleich und Genugtuung, beides gegeben nur bei Verschuldenshaftung 3
      b) Schon bisher Durchbrechungen: Tierhalterhaftung nach § 833 Abs. 1, Haftung für militärische Luftfahrzeuge (§ 53 Abs. 3 LuftVG), Atomhaftung (§ 29 Abs. 2 AtomG), Billigkeitshaftung einer nicht deliktsfähigen Person (§ 829) 4
      c) Kritik in der Literatur 6
      d) Um zu angemessenem Ergebnis zu gelangen (Zuspruch von Schmerzensgeld) Anreicherung der Verschuldenshaftung durch objektive Elemente – Verkehrssicherungspflichten 7
    2. Vertragshaftung 8
  II. Neue Rechtslage: Schmerzensgeld unabhängig vom Haftungsgrund 10
    1. Haftungsausweitung 10
      a) Sämtliche Gefährdungshaftungstatbestände 10
      b) Weitere Anspruchsgrundlagen 11
    2. Begründung der Neuregelung und Auswirkungen . 12
      a) Metamorphose des Schmerzensgeldes: sinkende Bedeutung der Genugtuungsfunktion .. 12
      b) Angleichung an Rechtslage in vergleichbaren europäischen Rechtsordnungen 13
      c) Schädiger wird sich Einstandspflicht bei Gefährdungshaftung weniger widersetzen, weil weniger ehrenrührig 14
      d) Vereinfachung der Schadensregulierung – Entlastung für Justiz und Haftpflichtversicherer 15
        aa) Vertragliche Haftung – Leichtere Durchsetzbarkeit gegen Vertragspartner 15
        bb) Gefährdungshaftung: Leichtere Beweisbarkeit eines Tatbestands der Gefährdungshaftung als eines solchen der Verschuldenshaftung 18
      e) Gleich hohes Schmerzensgeld bei Gefährdungs- und Verschuldenshaftung 19
      f) Echte Haftungsausweitung namentlich bei Arzneimittelhaftung, Gefährdungshaftung für Entwicklungsrisiken 21

D. Abstufung des Ersatzes 22
  I. Bei Vorsatztaten Schmerzensgeld auch bei geringfügigen Verletzungen (§ 253 Abs. 2 Nr. 1) 23
  II. Vereinheitlichung der Bagatellschwelle im RE 2001 – noch Abstufung im RE 1998 25
    1. Das Abgehen von der abgestuften Bagatellschwelle 25
    2. Zielsetzungen 27
      a) Umschichtung zu höherem Ersatz für Schwerstverletzte 27
      b) Kein Ersatz bei geringfügigem HWS-Syndrom 28
      c) Justizentlastung 30
      d) Kompensation für Haftungsausweitung und Umschichtung zu Schwer(st)verletzten .. 31
    3. Keine Stellungnahme zum Angehörigenschmerzensgeld 33
  III. Bagatellschwelle – wie bisher oder erweitert 35
    1. Die Etappen der Entstehungsgeschichte 36
    2. Die grundsätzliche Frage: Bloß Kodifizierung der bisherigen Rechtsprechung oder Änderung 37
    3. Ansatzpunkte für die neue Bagatellschwelle 45
      a) Die Wortfolge „unter Berücksichtigung seiner Art und Dauer nicht unerheblich" 45
      b) Die Empfehlungen des 15. VGT (1977) und Bestrebungen nach einer europaweiten Vereinheitlichung 47
      c) Anleihe bei § 84 AMG – und bei § 69 Abs. 2 Nr. 3 StGB 51
      d) Keine betragliche Festlegung – weiter Spielraum für Rechtsprechung 54
      e) Vorstellungen des Gesetzgebers als Auslegungshilfe 56
    4. Beweislastverteilung 57
    5. Rechtsunsicherheit in der Anfangsphase – Grund für großzügige Zulassung von Revisionen 59

E. Abschließende Beurteilung 60
  I. Generelle Zielsetzung zu begrüßen 60
  II. Rechtstechnische Umsetzung geglückt 61
  III. Bewusste Ausklammerung des allgemeinen Persönlichkeitsrechts 63
  IV. Vereinfachung der Regulierung bei Dauerschäden mit mittelschweren Verletzungen nur in beschränktem Maß gegeben wegen unzureichender Anhebung der Haftungshöchstbeträge bei der Gefährdungshaftung .. 64
  V. Kappung bei leichten Verletzungen festgeschrieben, bei Schwer(st)verletzungen auf Goodwill der Rechtsprechung angewiesen 68
  VI. Umschichtung von leicht Verletzten zu Schwer(st)verletzten nicht allein im Weg des Schmerzensgeldes . 69

A. Grundlegende Reform

Während das Sachschadensrecht bloß marginal, wenn auch nicht in unbedeutendem Ausmaß geändert wurde, handelt es sich bei der Reform des Schmerzensgeldes um eine grundlegende Neuerung.[1] Das wird schon dadurch deutlich, dass das Regel-Ausnahme-Prinzip der §§ 253 und 847 aufgelöst wird: § 847 wird ersatzlos gestrichen, sedes materiae des Schmerzensgeldes ist allein § 253.[2] Schmerzensgeld wird nunmehr **unabhängig vom Haftungsgrund** gewährt. Insoweit kommt es zu einer Haftungsausweitung. Gleichzeitig wird aber eine **Bagatellschwelle** eingeführt: Nur mehr für Verletzungen ab einer gewissen Größenordnung steht dem Verletzten ein Anspruch auf Schmerzensgeld zu. Insoweit kommt es zu einer Haftungseinschränkung gegenüber der bisherigen Rechtslage. Eine Intention dieser Haftungseinschränkung liegt aber auch in der beabsichtigten Umschichtung – der begrenzten Einnahmen der Haftpflichtversicherer aus Prämieneinnahmen – von den Leichtverletzten zu den Schwerverletzten. Auf eine Kurzformel gebracht könnte man sagen: Die Leichtverletzten sollen verzichten, damit die Schwerverletzten angemessen entschädigt werden (können).

B. Welche immateriellen Schäden sind erfasst, welche nicht

In Bezug auf den Kreis der Rechtsgüter, bei deren Beeinträchtigung Schmerzensgeld zu leisten ist, orientiert sich § 253 am bisherigen § 847. Es geht um Verletzungen des Körpers oder der Gesundheit, Beeinträchtigungen der Freiheit oder der sexuellen Selbstbestimmung.[3] Weiterhin nicht erfasst sind immaterielle Schäden an anderen Rechtsgütern, so bloße Unlustgefühle infolge von Vertragsverletzungen.[4]

C. Schmerzensgeld unabhängig vom Haftungsgrund

I. Bisherige Rechtslage: Schmerzensgeld nur bei Verschuldenshaftung – Regel (§ 253), Ausnahme (§ 847)

1. Kein Schmerzensgeld bei der Gefährdungshaftung

a) Begründung: Doppelfunktion Ausgleich und Genugtuung, beides gegeben nur bei Verschuldenshaftung

Nach einer grundlegenden Entscheidung des Großen Senats[5] ist bei der Bemessung des Schmerzensgeldes sowohl die Ausgleichs- als auch die Genugtuungskomponente zu berücksichtigen. Während es beim Ausgleich darum geht, dass die verletzte Person durch das Schmerzensgeld in die Lage versetzt wird, sich Annehmlichkeiten und Erleichterungen zu verschaffen für zugefügtes Leid und Kümmernisse, geht es bei der Genugtuung[6] darum, dass der Schädiger eine Bußgeldzahlung leisten soll, weil er in vorwerfbarer Weise gehandelt hat. Da es bei der Gefährdungshaftung um Risikotragung und nicht um Vorwerfbarkeit geht, die Genugtuungskomponente keine Rolle spielen konnte, erschien es folgerichtig, bei den Tatbeständen der Gefährdungshaftung kein Schmerzensgeld zu gewähren.[7]

b) Schon bisher Durchbrechungen: Tierhalterhaftung nach § 833 Abs. 1, Haftung für militärische Luftfahrzeuge (§ 53 Abs. 3 LuftVG), Atomhaftung (§ 29 Abs. 2 AtomG), Billigkeitshaftung einer nicht deliktsfähigen Person (§ 829)

Mag die Versagung von Schmerzensgeld bei der Gefährdungshaftung auch folgerichtig gewesen sein, so ist darauf zu verweisen, dass dieses Prinzip schon de lege lata nicht lückenlos durchgehalten wurde, weder vom Gesetzgeber noch von der Rechtsprechung. Bei den Gefährdungshaftungen des § 833 Abs. 1 (**Tierhalterhaftung**), des § 53 Abs. 2 LuftVG (Einstandspflicht für Schäden durch **militärische Luftfahrzeuge**), des § 29 Abs. 2 AtomG (Haftung für Strahlungsschäden der **Kernenergie**) sowie der Billigkeitshaftung des § 829[8] (Einstandspflicht einer **nicht deliktsfähigen Person**) wurde schon bisher Schmerzensgeld zuerkannt.[9]

---

1 RE 2001, 35; ebenso *G. Müller*, ZRP 1998, 258, 260; *dies.*, PHI 2001, 119, 120.
2 *Otto*, NZV 2001, 335, 339: Standort ist um 180 Grad gewendet.
3 RE 2001, 61; *G. Müller*, ZRP 1998, 258, 261; *Freise*, VersR 2001, 539, 542.
4 Dazu *Thüsing*, ZRP 2001, 126 ff., *ders.*, VersR 2001, 285 ff. In beiden aktuellen Beiträgen wird die Diskussion um das 2. SchadenersatzrechtsänderungsG mit keiner Silbe erwähnt.
5 BGHZ 18, 149, 155 = NJW 1955, 1675 = VersR 1955, 615.
6 Der Begriff stammt aus dem schweizerischen Recht und ist dort ein Synonym für Schmerzensgeld bzw. immateriellen Schaden. *Deutsch* (ZRP 1998, 291, 292) findet die Wortwahl glücklich, weil dadurch Ausdrücke wie Buße oder Privatstrafe vermieden werden. Wenn es aber um Buße bzw. Privatstrafe geht, ist es m.E. förderlich, wenn dies auch offengelegt wird, statt ein Phänomen durch einen einer fremden Rechtsordnung entlehnten, nicht jedermann verständlichen Begriff zu verdunkeln.
7 *Otto*, NZV 1998, 433, 438; *Ch. Huber*, DAR 2000, 20, 29; *Freise*, VersR 2001, 539, 540; *Karczewski*, VersR 2001, 1070, 1071.
8 BGHZ 127, 186.
9 So die Hinweise in der Literatur, die mehr oder weniger umfassend diese Ausnahmen aufzählen: *Deutsch*, ZRP 1998, 291; *Bollweg*, NZV 2000, 185, 187; *Macke*, DAR 2000, 506, 508; *Freise*, VersR 2001, 539, 540 f.

5 Für den Schmerzensgeldanspruch bei Personenschäden aufgrund militärischer Luftfahrzeuge sowie von Strahlungsschäden mag man noch die besondere Intensität des Risikos als tragfähige Unterscheidung akzeptieren.[10] Der Verweis, dass die Tierhalterhaftung im Deliktsrecht des BGB geregelt ist,[11] ist allein eine historische Zufälligkeit.[12] Auch bei der Billigkeitshaftung kam wegen des fehlenden Verschuldenserfordernisses die Genugtuungskomponente nicht zum Tragen, ohne dass die Rechtsprechung auf unüberwindliche Schwierigkeiten bei der Bemessung des Schmerzensgeldes gestoßen wäre.[13] Die zentralen Gefährdungshaftungstatbestände des StVG und HaftPflG, des ProdHG, des UmwHG und des AMG sahen bisher keinen Anspruch auf Schmerzensgeld vor.[14]

c) Kritik in der Literatur

6 Eine ganze Heerschar von Literaturstimmen[15] lässt sich als Belegstelle anführen, dass diese Änderung schon Jahrzehnte lang gefordert wurde. Es hat sich nicht nur das Sprichwort „Steter Tropfen höhlt den Stein" bewahrheitet,[16] sondern es bedurfte eines **konkreten Anlassfalles**, der die Gesetzgebungsmaschinerie zum Laufen brachte. *Deutsch*[17] verweist darauf, dass nach den Massenschäden mit **Aids-infizierten Blutkonserven** eine Zuerkennung von Schmerzensgeld bei der Arzneimittelhaftung rechtspolitisch dringend geboten erschien. In dieser Situation entschied sich der Gesetzgeber – auch aus europarechtlichen Gesichtspunkten – gegen eine punktuelle Reform bei der Arzneimittelhaftung und für eine umfassende Lösung im Bereich der gesamten Gefährdungshaftung.

d) Um zu angemessenem Ergebnis zu gelangen (Zuspruch von Schmerzensgeld) Anreicherung der Verschuldenshaftung durch objektive Elemente – Verkehrssicherungspflichten

7 Auf den ersten Blick erscheint die Ausdehnung des Schmerzensgeldes auf alle Gefährdungshaftungstatbestände als revolutionärer Schritt. Bei näherer Analyse zeigt sich indes, dass damit in erster Linie eine **Verfahrensvereinfachung** erreicht wird. Schon bisher hat die Rechtsprechung Mittel und Wege gesucht – und gefunden –, um zu angemessenen Ergebnissen zu gelangen. Der Zurechnungsmaßstab in der Verschuldenshaftung wurde immer stärker objektiviert, dem Geschädigten wurden Beweiserleichterungen zugestanden, dem Ersatzpflichtigen weitere Verkehrssicherungspflichten auferlegt.[18] Kurzum, es gab in vielen Bereichen auf dem Boden der Verschuldenshaftung **schon bisher** eine „**verkappte Gefährdungshaftung**".[19] *Macke*[20] drückt dies drastisch in der Weise aus, dass die Gerichte zwar einerseits bisher aufwendige wie unnötige Erörterungen, Untersuchungen und Feststellungen zum Verschulden tätigen mussten, das aber, wenn gebraucht, auch gefunden wurde. Der RE 2001[21] weist deshalb treffend darauf hin, dass ein wesentliches Ziel der Gefährdungshaftung, nämlich einen Ausgleichsmechanismus auf der Grundlage einer einfachen Risikozuweisung zu schaffen, bisher außer Kraft gesetzt worden sei. Im Haftpflichtprozess musste das Verschulden allein wegen des Schmerzensgeldanspruchs geprüft werden, weil dieser Anspruch in das Portemonnaie des Verletzten floss, während die anderen Ansprüche (Heilungskosten, vermehrte Bedürfnisse, Erwerbsschaden) vom Regress des Arbeitgebers bzw. der Sozialversicherungsträger erfasst waren.[22]

---

10 *Medicus*, 38. VGT (2000), 121, 122 Fn 2.
11 *Deutsch*, ZRP 2001, 351.
12 *Medicus* (38. VGT [2000], 121, 122) bezeichnet den Schmerzensgeldanspruch bei der Tierhalterhaftung daher zu Recht als systemfremde Ausnahme.
13 *Deutsch* (ZRP 2001, 351) weist darauf hin, dass bei der Tierhalterhaftung bloß ein Schmerzensgeld in der Ausgleichsfunktion in Betracht kam.
14 RE 2001, 35; *Karczewski*, VersR 2001, 1070, 1071.
15 45. DJT (1964) II C 127; *Stoll*, DAR 1968, 304; *von Caemmerer*, Reform der Gefährdungshaftung (1971), S. 22 f.; *Kötz*, in: Gutachten und Vorschläge zur Überarbeitung des Schuldrechts II (1981), 1779, 1824 f.; *Deutsch*, Allgemeines Haftungsrecht, 2. Aufl. 1996, Rn 704; *von Bar*, Gutachten A zum 62. DJT 1998, 23, 29 f., 72 f.; *G. Müller*, VersR 1995, 489, 493; *Hager/Leonhard*, ZRP 1998, 302, 303; MüKo/*Mertens* vor § 823 Rn 25; Erman/*Schiemann* § 847 Rn 2; ablehnend noch 15. VGT (1977) und 20. VGT (1982); gegenteilig allerdings 33. VGT (1995) und 36. VGT (1998).
16 So aber *G. Müller*, ZRP 1998, 258, 260, die darauf hinweist, dass es den beharrlichen Reformappellen zu danken sei, dass nun auch bei der Gefährdungshaftung ein Schmerzensgeldanspruch eingeführt werde.
17 ZRP 1998, 291, 292 f.
18 So bereits der Befund des RE 1998, BT-Drucks 13/10435, 11; ebenso RE 2001, 36; *Bollweg*, NZV 2000, 185, 186.
19 *Freise*, VersR 2001, 539, 541.
20 DAR 2000, 506, 508.
21 RE 2001, 36.
22 *Macke*, DAR 2000, 506, 508.

2. Vertragshaftung

Während sich eine Vielzahl von Literaturstimmen für die Einführung eines Schmerzensgeldanspruchs bei der Gefährdungshaftung ausgesprochen hat, hielt sich die Literatur erstaunlicherweise bedeckt in Bezug auf die Einführung eines Schmerzensgeldanspruchs bei Beeinträchtigung der einschlägigen Rechtsgüter infolge einer Vertragsverletzung.[23] Allein das Reichsgericht hatte schon 1906[24] ausgesprochen, dass ein innerer Grund für die Verschiedenheit der Haftung aus Verträgen und aus unerlaubten Handlungen vielleicht nicht aufzufinden sei.[25]

Nachdem *Diedrich*[26] vor einigen Jahren vorgeschlagen hatte, wenigstens bei pVV und cic einen Schmerzensgeldanspruch zu gewähren, was er damit begründete, dass der historische Gesetzgeber diese Kategorien noch nicht gekannt habe, so dass insoweit eine ausfüllungsbedürftige Gesetzeslücke gegeben sei,[27] erhob dann der Deutsche Anwaltverein[28] die Forderung der **Gleichstellung** der **Vertragshaftung** mit der **Gefährdungshaftung**, nachdem der RE 1998 dies noch nicht vorgesehen hatte. Der Gesetzgeber ist dem zu Recht gefolgt, wobei auch insoweit darauf verwiesen werden kann, dass damit eine Angleichung der Rechtslage an andere europäische Rechtsordnungen erfolge.[29] Konnte man für die Ausklammerung des Schmerzensgeldes bei der Gefährdungshaftung immerhin noch ins Treffen führen, dass insoweit der Genugtuungsgedanke nicht greifen könne, trug dieses Unterscheidungskriterium in Bezug auf die Vertragshaftung von Anfang an nicht. Denn bei einem vertraglichen Schadensersatzanspruch muss gerade so wie im Deliktsrecht Verschulden gegeben sein. Allein dass die Beweislast unterschiedlich verteilt ist, hätte niemals zu einem unterschiedlichen Ergebnis führen dürfen, kommt doch dem Geschädigten auch im Deliktsrecht mitunter eine Beweiserleichterung oder gar eine Beweislastumkehr zugute.

II. Neue Rechtslage: Schmerzensgeld unabhängig vom Haftungsgrund

1. Haftungsausweitung

a) Sämtliche Gefährdungshaftungstatbestände

Die Bundesrechtsanwaltskammer[30] forderte, bei jedem einzelnen Gefährdungshaftungstatbestand zu untersuchen, ob die Einführung eines Schmerzensgeldanspruchs berechtigt sei. § 253 setzt sich darüber hinweg und normiert einen Schmerzensgeldanspruch bei allen Gefährdungshaftungstatbeständen. *Freise*[31] stimmt dem zu Recht zu, weil in der Tat nicht zu erwarten ist, dass die Untersuchung der einzelnen Gefährdungshaftungstatbestände in Bezug auf die Angemessenheit eines Schmerzensgeldanspruchs zu unterschiedlichen Ergebnissen führen würde. Ganz abgesehen davon spricht das Ausgleichsprinzip gegen jegliche Differenzierung. Der Bedarf des Verletzten, sich für Unlustgefühle und Unpässlichkeiten Erleichterungen und Abhilfe zu verschaffen, ist unabhängig davon, auf welchem Grund die Einstandspflicht des Ersatzpflichtigen beruht, im gleichen Ausmaß gegeben.[32]

b) Weitere Anspruchsgrundlagen

Deutsch[33] weist zu Recht darauf hin, dass nach neuer Rechtslage ein Schmerzensgeldanspruch neben der Vertrags- und Gefährdungshaftung auch bei einem **Aufopferungsanspruch** und bei einer **Geschäftsführung ohne Auftrag** zustehe, Anspruchsgrundlagen, nach denen bisher ein Schmerzensgeldanspruch verneint wurde.[34] Wenn *Deutsch*[35] darüber hinaus die Ansicht vertritt, dass künftig auch Anspruchsgrundlagen im Sachenrecht, Familienrecht oder Erbrecht denkbar seien, so ist dem grundsätzlich zu folgen. Die weitergehende Behauptung,[36] dass bei einer Kindesentführung der sorgeberechtigte Ehegatte, dem die Herausgabe des Kindes zu Unrecht verweigert wurde, gestützt auf § 253 Schmerzensgeld verlangen könne, ist m.E. unzutreffend. Das Sorgerecht ist zwar ein absolutes Recht; es fällt allerdings unter keine der in § 253 aufgezählten Rechtsgüter, so dass ein Schmerzensgeldanspruch des herausgabeberechtigten Ehegatten wie

---

23 Für die Erstreckung der Schmerzensgeldhaftung auf die Tatbestände der Vertragshaftung aber *Hohloch*, in: Gutachten und Vorschläge zur Überarbeitung des Schuldrechts (1981) 375, 438.
24 RGZ 65, 17, 21: Bei einer Probefahrt war die mitgenommene Person, die das Fahrzeug später kaufen sollte, verletzt worden. Es ging um die Frage, ob sie sich bloß an den Fahrer oder auch an den Vertragspartner wenden konnte.
25 So *Freise*, VersR 2001, 539, 542.
26 MDR 1994, 525 ff.
27 Ablehnend de lege lata *Karczewski*, VersR 2001, 1070, 1072, Fn 10.
28 AnwBl 1998, 329; zustimmend *Ch. Huber*, DAR 2000, 20, 29.
29 *Karczewski*, VersR 2001, 1070, 1072.
30 BRAK-Mitt 1998, 181, 183.
31 VersR 2001, 539, 542.
32 *Karczewski*, VersR 2001, 1070, 1071.
33 ZRP 2001, 351.
34 BGHZ 22, 50 (Aufopferungsanspruch); BGHZ 52, 117 (Geschäftsführung ohne Auftrag).
35 ZRP 2001, 351, 352.
36 Ebenda unter Hinweis auf BGHZ 111, 168.

nach bisherigem Recht zu verneinen ist. In Betracht kommen könnte ein Schmerzensgeldanspruch des zu Unrecht zurückgehaltenen Kindes gegen den rechtswidrig handelnden Elternteil, weil bei diesem eine Beeinträchtigung des in § 253 genannten Rechtsgutes der Freiheit gegeben ist.

2. Begründung der Neuregelung und Auswirkungen
a) Metamorphose des Schmerzensgeldes: sinkende Bedeutung der Genugtuungsfunktion

12 Als Wegbereiter für die Öffnung der Gefährdungshaftung für das Schmerzensgeld ist der Wandel anzusehen, der beim Schmerzensgeld im Rahmen der Verschuldenshaftung zu beobachten ist. Die Genugtuungskomponente verliert außerhalb von Vorsatzdelikten zunehmend an Bedeutung, während die Ausgleichsfunktion reziprok wichtiger wird.[37] *Macke*[38] weist darauf hin, dass die **Genugtuungsfunktion** von Anfang an nur eine **untergeordnete Bedeutung** gehabt habe. Immer dann, wenn hinter dem Schädiger eine Haftpflichtversicherung steht, ist das ausschließliche Abstellen auf die Ausgleichsfunktion allein folgerichtig, wirkt sich doch auch beim Schmerzensgeld das Vermögensopfer beim Schädiger lediglich in Höhe des Rückstufungsschadens aus. Wenn demnach die Ausgleichsfunktion eine so überragende Bedeutung erlangt hat, ist in der Tat nicht einzusehen, welchen Unterschied es machen sollte, ob eine Haftung auf die Verschuldens- oder Gefährdungshaftung gestützt wird.[39]

b) Angleichung an Rechtslage in vergleichbaren europäischen Rechtsordnungen

13 Es wird auch bei dieser Änderung darauf verwiesen, dass sowohl bei der Vertragshaftung[40] als auch bei der Gefährdungshaftung[41] vergleichbare europäische Rechtsordnungen gerade keinen Ausschluss des Schmerzensgeldes kennen, so dass insoweit eine Rechtsangleichung erfolge.

c) Schädiger wird sich Einstandspflicht bei Gefährdungshaftung weniger widersetzen, weil weniger ehrenrührig

14 *Freise*[42] nennt ein weiteres Argument für die Einführung eines Schmerzensgeldes bei der Gefährdungshaftung: Während die Einstandspflicht wegen einer Pflichtverletzung nach der **Verschuldenshaftung ehrenrührig** sei und in die Nähe des Strafrechts führe, werde ein Unternehmen die Haftung aus Gefährdung, bei der es bloß um Risikozuweisung gehe, leichter hinnehmen. Das dürfte eher schön gedacht sein, als es einem empirischen Befund der Praxis entsprechen wird; dazu kommt, dass es für die für den Schädiger einstandspflichtige Haftpflichtversicherung erst recht keinen Unterschied macht, aus welchem Rechtsgrund sie zur Zahlung verpflichtet ist.

d) Vereinfachung der Schadensregulierung – Entlastung für Justiz und Haftpflichtversicherer
aa) Vertragliche Haftung – Leichtere Durchsetzbarkeit gegen Vertragspartner

15 *Karczewski*[43] stellt die Frage, ob durch die Gewährung eines Schmerzensgeldanspruchs für das Opfer viel gewonnen sei. Der RE 2001[44] weist zutreffend darauf hin, dass sich auf diese Weise Verbesserungen bei der **Gehilfenhaftung** sowie der **Beweislastverteilung** ergeben, während mit der Gleichbehandlung von deliktischen und vertraglichen Schadensersatzansprüchen im Verjährungsrecht der früher der mit der vertraglichen Haftung verbundene Vorteil weggefallen ist. *Deutsch*[45] meldet schließlich Bedenken gegen eine Zuerkennung eines Schmerzensgeldanspruchs bei einer objektiven Haftung des Vertragsrechts an. Sollte damit die Einstandspflicht des Geschäftsherrn nach § 278 gemeint sein, so ist die – im Übrigen nicht näher begründete – Kritik nicht recht nachvollziehbar.

16 An einem Beispiel der Arzthaftung sei verdeutlicht, was es für den Verletzten bringt und weshalb die Bedenken von *Deutsch* unbegründet sind: Schließt der Patient einen Vertrag mit dem Krankenhausträger und erleidet er einen Körperschaden infolge eines ärztlichen Kunstfehlers des ihn behandelnden Arztes, konnte der Patient lediglich vom deliktisch handelnden Arzt Schmerzensgeld verlangen. Bei Inanspruchnahme des

---

37 *E. Lorenz*, Immaterieller Schaden und „billige Entschädigung" in Geld (1981) S. 44 ff.; *Kern*, AcP 191, 247 ff.; *G. Müller*, VersR 1993, 909, 911; *dies.*, ZRP 1998, 258, 260; *Giesen*, JZ 1993, 519; *Dressler*, DAR 1996, 81, 82; *Bollweg*, NZV 2000, 185, 187; *Freise*, VersR 2001, 539, 541; *Karczewski*, VersR 2001, 1070, 1071; RE 2001, 36.
38 DAR 2000, 506, 508. So auch *Ch. Huber*, DAR 2000, 20, 29: Der Streit um die Genugtuungsfunktion ist bei Fahrlässigkeitsdelikten ein akademisches Problem. Ähnlich *Geiß*, DAR 1998, 416, 420: Von den Vorsatzdelikten abgesehen ist die Genugtuungsfunktion weitgehend in den Hintergrund getreten, für das Regelungsbedürfnis bedeutsamer ist der Blick auf die Gerichts- und Regulierungspraxis.
39 So auch *Medicus*, 38. VGT (2000), 121, 122: Die Neuregelung sei dogmatisch ohne Weiteres vertretbar, denn für den Ausgleich spiele das Verschulden keine Rolle.
40 *Otto*, NZV 2001, 335, 339.
41 RE 2001, 36; *von Bar*, Gemeineuropäisches Deliktsrecht II (1999), Rn 366; *Bollweg*, NZV 2000, 185, 186; *Freise*, VersR 2001, 539, 541; *Karczewski*, VersR 2001, 1070, 1071.
42 VersR 2001, 539, 544.
43 VersR 2001, 1070, 1072.
44 RE 2001, 37.
45 ZRP 2001, 351, 354.

Krankenhausträgers gelang diesem in aller Regel der Entlastungsbeweis nach § 831, während es bei § 278 gerade keine Entlastungsmöglichkeit gibt.[46] Wenn nun der Patient unter Berufung auf § 278 direkt gegen den Krankenhausträger vorgehen kann, so hat dies mehrere Vorteile:
- Es kommt dem Geschädigten wie bei allen anderen Ansprüchen die **Beweislastumkehr** in Bezug auf das Verschulden zugute.
- Der Geschädigte kann zunächst mit seinem Anspruch auf Schmerzensgeld gegen den Entgeltsanspruch des Krankenhausträgers **aufrechnen**; er muss seinem Geld nicht mehr nachlaufen.
- Selbst wenn der Schmerzensgeldanspruch höher ist als der Gegenanspruch des Krankenhausträgers gegen den Patienten, hat der Krankenhausträger im Zweifel die höhere **Bonität** oder doch die höhere Deckungssumme bei der abgeschlossenen Haftpflichtversicherung, ganz abgesehen davon, dass der verletzte Patient nun einen **zusätzlichen Schuldner** in Anspruch nehmen kann, neben dem deliktisch haftenden Arzt den vertraglich haftenden Krankenhausträger.
- Schließlich kommt es zu einer **Abkürzung** bei der **Anspruchsdurchsetzung**. Jedenfalls wenn den angestellten Arzt bloß leichte Fahrlässigkeit trifft, kann dieser bei seiner Einstandspflicht Rückgriff bei seinem Arbeitgeber, dem Krankenhausträger, nehmen. Die Neuregelung ermöglicht einen direkten Zugriff des verletzten Patienten gegen den Krankenhausträger, der den Schaden letztendlich zu tragen hat.

Es ist *Karczewski* zuzugestehen, dass sich in aller Regel ein Anspruch in gleicher Höhe auch nach bisheriger Rechtslage begründen ließ; es ist vornehmlich die **Bequemlichkeit der Durchsetzung** des Anspruchs, die als Vorteil zu werten ist. Zu den Bedenken von *Deutsch* sei nochmals darauf verwiesen, dass es m.E. nicht bedenklich, sondern vielmehr vorzugswürdig ist, wenn derjenige, der den Schaden letztlich im Regelfall tragen soll, vom Verletzten unmittelbar herangezogen werden kann; und selbst wenn das ausnahmsweise anders sein sollte, sprechen noch immer gute Gründe dafür, dass der Krankenhausträger und nicht der Patient das Insolvenzrisiko in Bezug auf die Eintreibbarkeit des Schmerzensgeldanspruchs gegen den deliktisch handelnden Erfüllungsgehilfen tragen soll. 17

bb) Gefährdungshaftung: Leichtere Beweisbarkeit eines Tatbestands der Gefährdungshaftung als eines solchen der Verschuldenshaftung

Seiner Intention nach sollte die Gefährdungshaftung eine einfache objektive Risikozuweisung ermöglichen.[47] In der Praxis musste aber in so manchem Haftpflichtprozess das Verschulden geprüft werden, weil es für die Zuerkennung von Schmerzensgeld gerade darauf ankam.[48] Dieser zusätzliche **Prozessaufwand** kann künftig wegfallen. In der Diskussion war bisher allein von einer Entlastung der Justiz die Rede. Es ist aber darauf zu verweisen, dass in den allermeisten Haftpflichtprozessen das Verschulden letztendlich auch gefunden wurde, wenn auch mitunter erst nach einem beträchtlichem Zeit- und Kostenaufwand,[49] für den die Haftpflichtversicherer aufzukommen hatten. Abgesehen davon, dass sich auch für letztere die **Regulierung vereinfacht**, werden sie auch von diesen Kosten befreit. 18

e) Gleich hohes Schmerzensgeld bei Gefährdungs- und Verschuldenshaftung

Auch wenn die Genugtuungskomponente außer bei Vorsatzdelikten immer unwichtiger wird, versuchen deren Verfechter ihr einen letzten Bedeutungsrest zu erhalten. *Deutsch*[50] betont einerseits, dass beim Schmerzensgeld gegen den Tierhalter lediglich ein Schmerzensgeld in der Ausgleichsfunktion in Betracht kam und Entsprechendes auch für das Schmerzensgeld bei der Gefährdungshaftung gelten müsse.[51] Darüber hinaus stellt er zur Diskussion, ob das Schmerzensgeld, wenn es nicht nur auf Verschulden, sondern auch auf einen Gefährdungshaftungstatbestand gestützt werden könne, nicht höher ausfallen müsse, seien doch bei der Billigkeitsabwägung alle Umstände des Einzelfalles zu beachten.[52] 19

M.E. sollte diesen Versuchen zur Aufrechterhaltung einer **Restbedeutung** der **Genugtuungskomponente** für die Fahrlässigkeitsdelikte eine Absage erteilt werden, weil die angestrebte Entlastungswirkung bei signifikanten Unterschieden gerade wieder verloren gehen würde. Es müsste dann im Haftpflichtprozess nämlich um das Verschulden nicht wegen der Zuerkennung des Schmerzensgeldes an sich gestritten werden, sondern deshalb, weil das Schmerzensgeld womöglich um eine Idee höher ausfallen könnte. Den Streit um dieses Kaisers Bart sollte man sich besser ersparen. Mit *Macke*[53] ist festzustellen, dass 20

---
46 *Karczewski*, VersR 2001, 1070, 1072; *Deutsch*, ZRP 2001, 351, 352 f.
47 So bereits RE 1998, BT-Drucks 13/10435, 10 und 11.
48 *Geiß*, DAR 1998, 416, 420; *Deutsch*, ZRP 2001, 351, 352; *Freise*, VersR 2001, 539, 541; *Karczewski*, VersR 2001, 1070, 1071.
49 *Macke*, DAR 2000, 506, 508.
50 ZRP 2001, 351.
51 Ähnlich *Otto*, NZV 2001, 335, 338, der fordert, dass die Genugtuungskomponente nicht wegfallen, sondern in die konkrete Schadensberechnung verlagert werden solle. So bereits *ders.*, NZV 1998, 433, 438: Verschulden ist in der Rechtsprechung nicht Voraussetzung für das Schmerzensgeld, sondern ein Berechnungsfaktor.
52 *Deutsch*, ZRP 2001, 351, 353.
53 DAR 2000, 506, 509.

es wünschenswert wäre, wenn das Schmerzensgeld in beiden Fallgruppen **gleich hoch** wäre.[54] Auch eine Differenzierung zwischen leichter und grober Fahrlässigkeit,[55] auf die es im österreichischen Recht für so manche Rechtsfolge ankommt, sollte man jedenfalls dann ausklammern, wenn letztendlich der Haftpflichtversicherer einstandspflichtig ist, weil die Genugtuungsfunktion ihr eigentliches Ziel gerade nicht erreichen kann.[56]

f) Echte Haftungsausweitung namentlich bei Arzneimittelhaftung, Gefährdungshaftung für Entwicklungsrisiken

21 *G. Müller*[57] behauptet, dass durch die Ausweitung des Schmerzensgeldes auf die Gefährdungs- und Vertragshaftung in der Praxis sehr **bedeutsame Haftungslücken geschlossen** würden. Das ist die Perspektive der Vorsitzenden des Haftpflichtsenats am BGH, die den zu entscheidenden Einzelfall im Auge hat. Sieht man das große Ganze, kommt man zu einem abweichenden Ergebnis. In den allermeisten Fällen wurde ein entsprechendes Ergebnis auch schon nach bisheriger Rechtslage erzielt. Das gestehen für die Haftung nach dem StVG und dem HaftPflG selbst die Vertreter der Versicherungswirtschaft[58] zu. Anderes soll für die Umwelt-, Produkt- und Arzneimittelhaftung gelten. Zu bedenken ist indes, dass gerade auf diesem Gebiet die Rechtsprechung bisher sehr weitgehende – objektivierte – Verkehrssicherungspflichten angenommen hat.

Zu einer echten Haftungsausweitung könnte es auf dem Gebiet der Entwicklungsrisiken kommen. Aber auch bei diesen werden die Bäume nicht in den Himmel wachsen. Einerseits wird nach der verschuldensunabhängigen Produkthaftung für Entwicklungsrisiken gerade nicht gehaftet.[59] Man könnte sagen, die Gefährdungshaftung hilft in diesem Fall, in dem man sie bräuchte, gerade nicht weiter. Es verbleibt allerdings die **Arzneimittelhaftung**,[60] bei der eine Haftung für **Entwicklungsrisiken** mit eingeschlossen ist.[61] Andererseits ergibt sich aber auch hier nur eine Änderung bei Schäden infolge erstmals auftretender Entwicklungsrisiken, die schlagend werden. Bei späteren Schäden greift ohnehin schon wieder die Verschuldenshaftung, wenn dem Hersteller ein schuldhafter Verstoß gegen die **Produktbeobachtungspflicht** vorgeworfen werden kann. Es wäre zwar übertrieben, die Änderung als „Viel Lärm um Nichts" zu titulieren, die quantitative Mehrbelastung der Ersatzpflichtigen gegenüber dem status quo ante hält sich bei näherer Betrachtung aber doch in sehr engen Grenzen.[62]

D. Abstufung des Ersatzes

22 Einigkeit besteht darüber, dass ein Schmerzensgeldanspruch – unabhängig vom Haftungsgrund – nicht mehr bei jeder noch so kleinen Bagatellverletzung bestehen soll. An welchen Kriterien aber für eine Differenzierung angeknüpft werden soll und wo im einzelnen die Grenzwerte liegen, darüber wurde bis zuletzt heftig gerungen.

I. Bei Vorsatztaten Schmerzensgeld auch bei geringfügigen Verletzungen (§ 253 Abs. 2 Nr. 1)

23 Weitgehend Einigkeit herrscht darüber, dass bei Vorsatztaten der Verletzte selbst bei ganz geringfügigen Verletzungen Schmerzensgeld verlangen kann. Hier ist ein legitimer Anwendungsbereich der Genugtuungsfunktion.[63] *Elsner*[64] weist darauf hin, dass in Fällen der **Bagatellkriminalität** häufig von einer **strafrechtlichen Verfolgung** abgesehen werde. Dann solle der Täter wenigstens durch die Zahlung eines

---

54 Vorsichtig auch *Bollweg*, NZV 2000, 185, 187: Bei Fahrlässigkeit könne die Genugtuung bei konkreter Bemessung der Schmerzensgeldhöhe berücksichtigt werden, **wenn dies im Einzelfall notwendig erscheine**. Gleichlautend RE 2001, 36. Der letzte Halbsatz ist dabei mindestens ebenso bedeutsam wie der Hauptsatz.
55 *Otto* (NZV 2001, 335, 338 f.) gesteht zu, dass es auf die Genugtuung bei leichter Fahrlässigkeit nicht ankommen solle.
56 Gegenteilig wohl *Deutsch*, ZRP 1998, 291, 292; resignierend aber bereits *ders.*, ZRP 1998, 291, 294: Durch die Neuregelung würden die Funktionen des Schmerzensgelds fast ganz auf den Ausgleich zurückgeführt. Damit sei die Genugtuungsfunktion aus BGHZ 18, 149 nur noch wenig aktuell.
57 PHI 2001, 119, 120.
58 *Gas*, VersR 1999, 261, 263; *Dornwald*, 38. VGT (2000), 105, 106. *Macke* (DAR 2000, 506, 508) stellt in diesem Zusammenhang die provokante Frage, womit es zu rechtfertigen sei, dass der Kfz-Sektor in merkwürdig anmutender Weise in Geiselhaft für die Umwelt- und Produkthaftung gerate.
59 Das übersieht *Deutsch*, ZRP 1998, 291, 293; zutreffend hingegen RE 2001, 38. Vgl. auch *M. Fuchs*, Deliktsrecht, 3. Aufl. 2001, S. 104; *Kötz/Wagner*, Deliktsrecht, 9. Aufl. 2001, Rn 448.
60 So auch RE 1998, BT-Drucks 13/10435, 11: Bei der Arzneimittelhaftung gebe es „größere Auswirkungen". Ebenso *Freise*, VersR 2001, 539, 542; *Karczewski*, VersR 2001, 1070, 1072.
61 *Deutsch*, ZRP 2001, 351, 353.
62 So auch RE 2001: Die Auswirkungen werden „insgesamt überschaubar" bleiben. Ebenso *Steffen*, ZRP 1998, 147, 149; *Deutsch*, ZRP 1998, 291, 293.
63 RE 2001, 63; *Bollweg*, NZV 2000, 185, 187; *Deutsch*, ZRP 2001, 351, 353.
64 Zfs 2000, 233.

Schmerzensgeldes sanktioniert werden. Hinzuzufügen ist, dass dieses in solchen Fällen die Funktion einer Privatstrafe hat.[65]

Deutsch[66] kritisiert, dass die Zuerkennung eines Schmerzensgeldes bei Bagatellverletzungen an eine Vorsatztat geknüpft werde. Leichtsinn wiege mitunter schwerer als Kenntnis. Die Abgrenzung zwischen Vorsatz, den der Verletzte zu beweisen habe, und grober Fahrlässigkeit sei mitunter schwierig. Schließlich gebe man dem Verletzten Steine statt Brot, weil ein vorsätzliches Verhalten dazu führe, dass dann der Versicherer nach § 152 VVG nicht hafte. Dem ist Folgendes entgegenzuhalten: Vorsatz ist stets das qualifiziertere Verschulden, so dass eine Abstufung dergestalt, dass eine bestimmte Sanktion bei Vorsatz gegeben ist, nicht aber bei grober Fahrlässigkeit, jedenfalls folgerichtig ist, mag man über die Wertung als solche stets trefflich streiten können. Dass es **Abgrenzungsprobleme** zwischen Vorsatz und grober Fahrlässigkeit gibt, trifft zu; solche gibt es aber mindestens ebenso zwischen grober und leichter Fahrlässigkeit. Und was schließlich den Entfall des Versicherungsschutzes anbelangt, so ist bei einem sehr bedeutsamen Anwendungsbereich, nämlich dem Straßenverkehr, Folgendes zu beachten: Verliert der Geschädigte wegen Vorsatzes des Täters gemäß § 152 VVG den Versicherungsschutz, so steht ihm immerhin gemäß § 12 Abs. 1 Nr. 3 PflVersG ein gleichlautender Anspruch gegen den **Entschädigungsfonds** zu. Anders als bei Fahrerflucht ist dieser Schmerzensgeldanspruch nach § 12 Abs. 2 PflVersG auch nicht daran geknüpft, dass es sich um eine Verletzung mit besonderer Schwere handeln müsse und zudem die Versagung eine grobe Unbilligkeit bedeuten würde. Vielmehr besteht der Anspruch gerade so, als ob Versicherungsschutz bestehen würde. Jedenfalls bei Kfz-Unfällen riskiert der Geschädigte in solchen Fällen nicht, dass er wegen eines geringfügigen Personenschadens die Einbringlichkeit der Schadensersatzforderung in Bezug auf den Sachschaden, die beträchtlich sein mag, aufs Spiel setzt.

II. Vereinheitlichung der Bagatellschwelle im RE 2001 – noch Abstufung im RE 1998

1. Das Abgehen von der abgestuften Bagatellschwelle

Der RE 1998 sah eine unterschiedliche Abstufung bei der erlittenen Verletzung vor, ab der Schmerzensgeld verlangt werden konnte. Bei der Verschuldenshaftung sollte das nach § 847 Abs. 2 RE 1998 dann der Fall sein, wenn der Schaden **nicht geringfügig** war, während bei der Gefährdungshaftung nach § 253 Abs. 2 RE 1998 als Voraussetzung eine **schwerwiegende und dauerhafte** Beschädigung verlangt wurde. Gegen diese Differenzierung wurde vor allem eingewendet, dass der angestrebte Rationalisierungseffekt, dass durch den leichteren Nachweis des Gefährdungshaftungstatbestands das Verfahren und auch die außergerichtliche Regulierung beschleunigt werden sollte, zu einem Großteil wieder zunichte gemacht werde.[67] Außerdem würde durch diese neue Abstufung eine Verkomplizierung der Rechtslage eintreten.[68]

Nachdem zunächst der Bundesrat[69] vorgeschlagen hatte, bei der Gefährdungshaftungsschwelle das Wort „dauerhaft" zu streichen, so dass noch die Differenzierung zwischen einer **nicht geringfügigen** Verletzung bei der Verschuldenshaftung und einer **schwerwiegenden** bei der Gefährdungshaftung blieb, gab sich der Gesetzgeber nach zunächst bekundetem Beharren[70] einen Ruck und sprach sich für eine einheitliche Bagatellschwelle bei der Verschuldens- und Gefährdungshaftung aus.[71] *Bollweg*[72] führt als Abstützung der gefundenen Lösung auch an dieser Stelle an, dass es insoweit Vorbilder in anderen europäischen Ländern gebe, so in der Schweiz[73] sowie in Norwegen und Griechenland.[74]

2. Zielsetzungen

a) Umschichtung zu höherem Ersatz für Schwerstverletzte

Wenn das auch im Gesetzeswortlaut an keiner Stelle zum Ausdruck gekommen ist, so ist es das ausdrückliche Ziel der Neuregelung, dass durch die Versagung eines Schmerzengeldes bei den Bagatellverletzungen Mittel frei werden, um die Schwer(st)verletzten angemessen zu entschädigen.[75]

---

65 Zu dieser Funktion des Schmerzensgeldes *Kern*, AcP 191, 247 ff. mit rechtshistorischen und verfassungsrechtlichen Nachweisen.
66 ZRP 1998, 291, 294.
67 *Deutsch*, ZRP 1998, 291, 294; DRB, DRiZ 1998, 179, 181, *Geiß*, DAR 1998, 416, 420 f.; *G. Müller*, ZRP 1998, 258, 260 f.; *Scheffen*, ZRP 1999, 189, 191; *dies.*, ZRP 2001, 380, 381; *Ch. Huber*, DAR 2000, 20, 29; *Macke*, DAR 2000, 506, 508; *Dornwald*, 38. VGT (2000), 105, 107; *Medicus*, 38. VGT (2000), 121, 123; *Karczewski*, VersR 2001, 1070, 1971. Für die Beibehaltung einer Abstufung aber *Elsner*, zfs 2000, 233, 234; *Otto*, NZV 1998, 433, 438.
68 So RE 2001, 36 f. als Grund für die Beseitigung der Differenzierung.
69 BR-Drucks 265/98 vom 8.5.1998.
70 In der Gegenäußerung vom 22.5.1998 hatte die Bundesregierung (BT-Drucks 13/11066) noch festgehalten, dass die Gewährung von Schmerzensgeld bei der Gefährdungshaftung nur bei schwerwiegenden und dauerhaften Verletzungen vertretbar sei.
71 RE 2001, 36 f. unter ausdrücklichem Hinweis auf die ansonsten drohende Beeinträchtigung des Rationalisierungseffekts.
72 NZV 2000, 185, 187.
73 *Lemor*, VersR 1992, 648, 650.
74 *Janker*, ZRP 1997, 416, 420.
75 RE 2001, 62; *Geiß*, DAR 1998, 416, 420.

b) Kein Ersatz bei geringfügigem HWS-Syndrom

28 Die HWS-Verletzungen sind seit Jahren ein ungelöstes Problem.[76] Namentlich infolge eines Auffahrunfalls kann es dazu kommen, dass Autoinsassen Verletzungen erleiden, die aber mit naturwissenschaftlichen Methoden nicht nachweisbar sind. Da dies bekannt ist, wird dies von so manchem Geschädigten ausgenutzt, um so ein zusätzliches Körbchengeld zu erwirtschaften. Es ist schwierig, die Spreu vom Weizen zu trennen.[77] Da auch die Gerichte sich nicht immer sicher sind, ob eine **echte** oder eine **bloß vorgetäuschte Verletzung** vorliegt, sprechen sie aus Verlegenheit einen Betrag von 500 EUR zu. Nach dem RE 2001 soll die Marge, bis zu der kein Schmerzensgeld gewährt werden soll, bei eben diesem Betrag liegen, wobei offengelegt wird, dass auf diese Weise auch leichte, namentlich nicht objektivierbare HWS-Verletzungen[78] von der Ersatzfähigkeit beim Schmerzensgeld eliminiert werden sollen.[79]

29 *Elsner*[80] wendet dagegen ein, dass raffinierte Simulanten darauf in der Weise reagieren werden, dass sie einige Tage krank feiern, um die Erheblichkeitsschwelle zu überspringen. Der volkswirtschaftliche Schaden werde dadurch noch größer. Dem ist entgegenzuhalten, dass dieses Argument gegen jede Sanktion ins Treffen geführt werden kann, dass nämlich Absichtstäter sich von der jeweiligen Sanktion nicht abhalten ließen. Sofern man nicht das Präventionsprinzip ganz generell ablehnt, ist dieses Gegenargument daher nicht überzeugend. Anders verhält es sich mit der Stellungnahme von *Macke*.[81] Dieser weist darauf hin, dass die **HWS-Problematik** durch diese Regelung **nicht lösbar** ist. Die Gerichte werden weiter nicht umhin kommen, der Wahrheit auf die Spur zu kommen. Denn wer wirklich eine HWS-Verletzung erlitten habe, für den seien 500 EUR bloß ein „Trostpreis", also viel zu wenig, während für den Simulanten selbst ein geringerer Betrag nicht gerechtfertigt sei. Dieser Einschätzung ist durchaus zu folgen. Die nunmehrige Regelung wird gleichwohl tendenziell bewirken, dass die Gerichte künftig voraussichtlich weniger Skrupel haben werden, im Zweifel ein Schmerzensgeld ganz zu versagen. Das Argument wird lauten: Ob der Geschädigte wirklich eine Verletzung erlitten hat, ist zweifelhaft; aber selbst wenn dem so sein sollte, wird wahrscheinlich die Erheblichkeitsschwelle nicht überschritten sein.

c) Justizentlastung

30 Nicht nur die Zuerkennung von Schmerzensgeld bei der Gefährdungs- und Vertragshaftung, auch die Einführung einer einheitlichen Bagatellschwelle soll zur Justizentlastung, namentlich bei den Amtsgerichten,[82] führen.[83] *G. Müller*[84] weist auf so manches querulatorische Begehren hin, wenn sie ausführt, damit solle „auch schon vom Ansatz her einigen bizarren Auswüchsen des Schmerzensgeldverlangens begegnet werden, wie sie derzeit zum Alltag des Haftungsrichters gehören". *Elsner*[85] hält dem entgegen, dass es zu keiner Justizentlastung kommen werde, weil sich die neue Auslegungsfrage stelle, bis zu welcher Verletzung kein Schmerzensgeld zu gewähren sei. Dies ist bei kurzfristiger Betrachtung gewiss zutreffend. Allerdings ist das bei jeder Reform so, dass es einige Zeit dauert, bis sich eine gefestigte Rechtsprechung bildet. Auf lange Sicht ist aber die Einschätzung zu teilen, dass es zu einer Justizentlastung namentlich der Amtsgerichte kommen werde.

d) Kompensation für Haftungsausweitung und Umschichtung zu Schwer(st)verletzten

31 Die Einführung einer Bagatellschwelle ist nicht Selbstzweck, sondern ein notwendiges Korrektiv dafür, dass es beim Schmerzensgeld einerseits zu einer Haftungsausweitung durch die Gewährung eines Schmerzensgeldanspruchs auch bei Gefährdungs- und Vertragshaftung gekommen sei, andererseits eine Umschichtung zu den Schwer(st)verletzten erfolgen solle.[86] *Bollweg*[87] weist darauf hin, dass es bei der Ausdehnung des Schmerzensgeldanspruchs auf Vertrags- und Gefährdungshaftung um eine **prämienneutrale Schließung** einer gravierenden **Haftungslücke** gehe. *Scheffen*[88] meldet Zweifel an, ob der finanzielle Mehraufwand für Schwerverletzte durch den Wegfall des Schmerzensgeldanspruchs bei geringfügigen

---

76 Ohne Anspruch auf Vollständigkeit sei hier auf die Stellungnahmen in den letzten 3 Jahren verwiesen: *Castro/Mazzoti/Becke*, NZV 2001, 112 ff.; *dies.*, zfs 2001, 152 ff.; *Claussen*, DAR 2001, 337 ff.; *Dannert*, NZV 1999, 453 ff.; *ders.*, zfs 2001, 2 ff.; *Danzl*, in: FS Dittrich (2000), S. 687 ff.; *Engelke*, NZV 1999, 225 ff.; *Kuhn*, DAR 2001, 344 ff.; *Löhle*, Jahrbuch Verkehrsrecht 1998, 83 ff.; *Wessels/Castro*, VersR 2000, 284 ff.; *Ziegert*, Jahrbuch Verkehrsrecht 1999, 102 ff.; *ders.*, DAR 1998, 336 ff.
77 So auch *Macke*, DAR 2000, 506, 509.
78 So *Karczewski*, VersR 2001, 1070, 1072.
79 *Bollweg*, NZV 2000, 185, 187; *Macke* (DAR 2000, 506, 509) ortet Anhaltspunkte, dass aus der Sicht der Haftpflichtversicherer hier der Hauptanreiz für die Anhebung der Schmerzensgeld-Schwelle im Straßenverkehrsrecht liege.
80 zfs 2000, 233, 234.
81 DAR 2000, 506, 509.
82 *Geiß*, DAR 1998, 416, 420.
83 *Bollweg*, NZV 2000, 185, 187.
84 ZRP 1998, 258, 261.
85 zfs 2000, 233, 234.
86 So RE 2001, 62. Ebenso *Macke*, DAR 2000, 506, 509; *Karczewski*, VersR 2001, 1070, 1072.
87 NZV 2000, 185, 187.
88 ZRP 1999, 189, 190.

Verletzungen ausgeglichen werden könne, wobei sie aber erwähnt, dass schwere Verletzungen nur wenige seien. *G. Müller*[89] billigt die Bagatellschwelle unter Hinweis auf die Knappheit der Mittel, was ein eindrucksvolles und zeitgemäßes Argument sei.

Was die Haftungsausweitung betrifft, so dürfte in den Augen der Haftpflichtversicherer diese immer zur Unzeit erfolgen, ganz abgesehen davon, dass das Argument der Knappheit der Mittel ein zeitloses sein dürfte.[90] Was das Erfordernis der Kompensation wegen der Haftungsausdehnung auf Gefährdungs- und Vertragshaftung betrifft, so wurde oben schon versucht darzulegen, dass insoweit die gravierendste Änderung nicht so sehr in der Haftungsausweitung, sondern in der Vereinfachung der Schadensregulierung liegt. Unter Berücksichtigung der Einsparungen bei der Sachschadensabrechnung könnte sich das Kompensationsargument daher schwergewichtig auf die Anhebung des Schadensersatzes bei den Schwer(st)verletzten konzentrieren. 32

3. Keine Stellungnahme zum Angehörigenschmerzensgeld

Ein Nebeneffekt der Differenzierung bei der Erheblichkeitsschwelle beim Schmerzensgeld im RE 1998 war, dass durch das Abstellen auf die Dauerfolge ein Schmerzensgeld in den Fällen hätte versagt werden können, in denen der Verletzte nach einem Unfall ins Jenseits hinüberdämmert, ohne jemals das Bewusstsein wieder erlangt zu haben. *Geiß*[91] bezeichnet den Übergang des Schmerzensgeldes auf die Erben als einen **Missbrauch** in Richtung eines **verkappten Angehörigenschmerzensgeldes**. *G. Müller*[92] hält einen solchen Standpunkt, der nämlich kein Schmerzensgeld gewährt werden soll, für vertretbar, sofern dies nicht ohnehin der geltenden Rechtslage entspreche. Allein, der BGH judiziert gegenteilig.[93] 33

Ich habe mich am deutlichsten gegen diese Rechtsprechung ausgesprochen,[94] aber gleichzeitig betont, dass dieses Problem nicht durch Differenzierung zwischen dem Schmerzensgeld bei Verschuldens- und Gefährdungshaftung gelöst werden kann.[95] Über die Sinnhaftigkeit der Einführung eines Angehörigenschmerzensgeldes gibt es – auch in der Richterschaft – völlig konträre Auffassungen. Während es die einen wohl begrüßen, dass der Gesetzgeber dieses heiße Eisen nicht angefasst hat, weil sie ein Angehörigenschmerzensgeld grundsätzlich ablehnen,[96] ist es *Scheffen*[97] unverständlich, warum der Gesetzgeber diesen Kelch hat vorüberziehen lassen.[98] Erwähnt sei an dieser Stelle, dass der (österreichische) OGH in einer ganz aktuellen Entscheidung[99] sich zur Einführung eines solchen durchgerungen hat, wenn auch bloß bei grober Fahrlässigkeit. Dieser Durchbruch in der österreichischen Rechtsprechung ist um so bemerkenswerter, als vor nicht allzu langer Zeit die österreichische Rechtsprechung selbst der Zuerkennung von Schockschäden noch ablehnend gegenübergestanden hat.[100] Schon bei der Kappung der Mehrwertsteuer war bei der fiktiven Schadensabrechnung zu beobachten, dass das österreichische Höchstgericht aus eigener Kraft zu eben der Lösung gelangt ist, die in Deutschland nun durch den Gesetzgeber bewirkt wird.[101] 34

III. Bagatellschwelle – wie bisher oder erweitert

Bei der Auslegung der Bagatellschwelle geht es letztlich um folgende Frage: Wurde durch die Neuformulierung des § 253 Abs. 2 Nr. 2 bloß die bisherige BGH-Rechtsprechung kodifiziert oder geht es um eine andere Grenzziehung? Sollte letzteres der Fall sein, stellt sich die Frage, wo diese (neue) Grenze verläuft. Instruktiv ist in diesem Zusammenhang, dass im Zuge der Entstehungsgeschichte um jeden Begriff gerungen wurde. Die einzelnen Etappen seien skizzenartig nachgezeichnet. 35

---

89 ZRP 1998, 258, 260.
90 *Ch. Huber*, DAR 2000, 20, 29.
91 DAR 1998, 416, 421.
92 ZRP 1998, 258, 261.
93 BGHZ 120, 1 = NJW 1993, 781 (*Deutsch*) = JZ 1993, 516 = JZ 1993, 516 (*Giesen*) = LM § 847 BGB Nr. 89 (*Schmidt-Salzer*); NJW 1993, 1531 = LM § 847 BGB Nr. 90 (*Teichmann*) = VersR 1993, 585 = MDR 1993, 849 = JZ 1993, 521; BGHZ 138, 388 = NJW 1998, 2741 = LM § 847 BGB Nr. 102 (*Schiemann*) = NZV 1998, 370.
94 *Ch. Huber*, NZV 1998, 345 ff.; ähnlich *Kern*, in: FS Gitter (1995), S. 447 ff.
95 *Ch. Huber*, DAR 2000, 20, 30.
96 *Steffen*, in: FS Odersky (1996), S. 723, 731; *Dressler*, DAR 1996, 81; *G. Müller*, VersR 1995, 489, 494; *dies.*, ZRP 1998, 258, 261.
97 ZRP 1999, 189, 193.
98 Für die Einführung eines Angehörigenschmerzensgeldes auch *Odersky*, Schmerzensgeld bei Tötung naher Angehöriger (1989); *Stoll*, Haftungsfolgen im bürgerlichen Recht (1993), S. 359 ff., 373 ff.
99 ZVR 2001/52 (*Karner*). Vgl. dazu auch den Besprechungsaufsatz von *Fötschl*, VersRAI 2001, 60 ff.
100 Zur Entwicklung der OGH-Judikatur *Karner*, Der Ersatz ideeller Schäden bei Körperverletzung (1999), S. 101 ff.; *ders.*, ZVR 1998, 182 ff.
101 Zur Vererblichkeit des Schmerzensgeldes lässt sich Entsprechendes beobachten. So änderte der OGH seine Rechtsprechung durch die Entscheidung OGH SZ 69/217 = ZVR 1996/126 = JBl. 1997, 40 = ecolex 1996, 913 (*Wilhelm*) = EvBl (ÖJZ) 1997/19, während der deutsche Gesetzgeber das gleiche Ergebnis durch die Streichung von § 847 Abs. 1 S. 2 (BGBl I 1990, S. 478) erreichte.

1. Die Etappen der Entstehungsgeschichte

36 – **Etappe 1**: Der RE 1998 sah noch unterschiedliche Schwellen für Verschuldens- und Gefährdungshaftung vor. Bei der Verschuldenshaftung wurde ein **nicht geringfügiger** Schaden verlangt, bei der Gefährdungshaftung hingegen eine **schwerwiegende und dauerhafte** Beschädigung.
– **Etappe 2**: Auf Vorschlag des Bundesrates[102] wurde zunächst bei der Gefährdungshaftung das Adjektiv „dauerhaft" gestrichen. Es ging somit um einen **nicht geringfügigen** Schaden bei der Verschuldenshaftung einerseits und einen **schwerwiegenden** Schaden bei der Gefährdungshaftung andererseits.
– **Etappe 3**: Alsbald entstand die Idee einer Nivellierung, womit noch nicht geklärt war, auf welchem Niveau diese erfolgen sollte. *Gas*[103] hatte als Interessenvertreter der Versicherungswirtschaft die Ansicht vertreten, dass eine Ausweitung des Schmerzensgeldes auf die Gefährdungshaftung überhaupt nur in Betracht komme bei Beschränkung auf einen schwerwiegenden und dauerhaften Schaden. Wenn nun schon vom Erfordernis des dauerhaften Schadens abgewichen wurde und eine einheitliche Schwelle für Verschuldens- und Gefährdungshaftung geschaffen werden sollte, dann entsprach es dem Interessenstandpunkt der Versicherungswirtschaft, die Schwelle möglichst hoch anzusetzen. In dieser Phase wurde ein erster Vorschlag des BGH gemacht, der lautete, dass Schmerzensgeld zustehen solle, wenn die Verletzung **erheblich und dauerhaft** sei.[104]
– **Etappe 4**: Diese Schwelle erschien aber namentlich für die Verschuldenshaftung zu hoch. Der 6. Senat des BGH präsentierte die Formel: „Schmerzensgeld solle gebühren, wenn eine **nach Art und Dauer erhebliche Beeinträchtigung** vorliege."[105]
– **Etappe 5**: An dieser Formel wurde letztendlich noch gefeilt, indem in das Gesetz auf Vorschlag des 38. VGT (2000)[106] die Formel aufgenommen wurde „wenn der Schaden **unter Berücksichtigung seiner Art und Dauer nicht unerheblich** ist."
– **Etappe 6**: Die darüber hinaus vorgeschlagene Feinadjustierung[107] „unter Berücksichtigung seiner Art **oder** Dauer nicht unerheblich" wurde vom Gesetzgeber, der womöglich der Modifizierungen auch müde wurde, nicht mehr aufgegriffen.

2. Die grundsätzliche Frage: Bloß Kodifizierung der bisherigen Rechtsprechung oder Änderung

37 Außer Streit steht, dass die in dieser Formel normierte Schwelle viel tiefer liegt als die ursprüngliche Grenzziehung für die Gefährdungshaftung.[108] Unstrittig ist weiter, dass durch diese Formel jedenfalls die Bagatellschäden erfasst sein sollen, bei denen von der Rechtsprechung auch bisher schon der Zuspruch von Schmerzensgeld versagt wurde. Heftig **umstritten** ist der **Zwischenbereich**.

38 Manche sehen in der Formulierung eine bloße **Kodifizierung** der **bisherigen Rechtsprechung**.[109] Worin besteht diese aber? Gibt es dazu auch so manche Entscheidung von Untergerichten,[110] so hat dabei doch die Judikatur des BGH Leitcharakter. Nun hat der BGH aber schon wegen der Streitwertgrenze äußerst selten Gelegenheit, dazu Stellung zu nehmen, in welchen Fällen jegliches Schmerzensgeld zu versagen ist, weil eine Bagatellverletzung vorliegt. Ganz egal, ob man diese Grenze bei 200, 500 oder 750 EUR ansetzt, die Revisionsgrenze würde niemals erreicht.

39 Weshalb überhaupt eine Leitlinie des BGH zu dieser Frage wenigstens de lege lata vorhanden ist, liegt in Folgendem begründet: So manche Bagatellverletzung führt bei psychischer Fehlverarbeitung zu einem erheblich größeren Schaden. Wird um diesen gestritten, geht es um Beträge, die revisibel sind. In diesem Zusammenhang hat der BGH ausgesprochen, dass selbst bei psychischer Fehlverarbeitung – von einer hier nicht interessierenden Ausnahme abgesehen[111] – eine Zurechnung zum Schädiger nur dann stattfindet, wenn die Primärverletzung über das Ausmaß einer Bagatellverletzung hinausgegangen ist.

40 In diesem Zusammenhang hat er durchaus strenge Anforderungen gestellt:[112]

---

102 BR-Drucks 265/98 vom 8.5.1998.
103 VersR 1999, 261, 263.
104 *Geiß*, DAR 1998, 416, 421.
105 *G. Müller*, ZRP 1998, 258, 261; *dies.*, PHI 2001, 119, 121; *Bollweg*, NZV 2000, 185, 187; *Karczewski*, VersR 2001, 1070, 1072 Fn 14. Zustimmend *Medicus*, 38. VGT (2000), 121, 123 Fn 3; *Dornwald*, 38. VGT (2000), 105, 107.
106 *Macke*, DAR 2000, 506, 509.
107 DAV, NZV 2001, 339, 341.
108 *Scheffen*, ZRP 2001, 380, 381.
109 *Elsner*, zfs 2000, 233, 234; *Scheffen*, ZRP 2001, 380, 381; *Otto*, NZV 2001, 335, 339 mit Zweifeln, ob es dabei bleiben werde. Vgl. auch DAV, NZV 2001, 339, 341, der fordert, dass dies in die Erläuternden Bemerkungen aufgenommen werden solle, was nur erforderlich ist, weil Ungewissheit darüber besteht, ob die Rechtsprechung nicht doch anders verfahren werde.
110 OLG Celle VersR 1973, 717; KG DAR 1974, 297 = VersR 1975, 51; LG Ellwangen r+s 1977, 125; AG Villingen-Schweningen VersR 1976, 967; KG VersR 1978, 569; OLG Köln VersR 1999, 115.
111 Eine Ausnahme (Einstandspflicht bei psychischer Fehlverarbeitung, selbst wenn die Primärverletzung eine Bagatellverletzung ist) gilt dann, wenn die spezielle Schadensanlage des Geschädigten getroffen wird. Dazu *Grunsky*, Anm zu LM § 249 (A) BGB Nr. 114.

- Die Verletzung dürfe bloß **vorübergehend** sein, also kein Dauerschaden.
- Eine solche Verletzung müsse auch im **Alltagsleben typisch** sein und häufig auch aus anderen Gründen als einem haftpflichtig machenden Schadensfall vorkommen.
- Sie dürfe keine wesentliche Beeinträchtigung der Lebensführung zur Folge haben.
- Sowohl von der Intensität als auch von der Art der Primärverletzung dürfe diese nur ganz geringfügig sein.
- Diese dürfe den Verletzten nicht nachhaltig beeindrucken, weil dieser schon aufgrund des Zusammenlebens mit anderen Menschen daran gewöhnt sei, vergleichbaren Störungen seiner Befindlichkeit ausgesetzt zu sein.

Verneint hat der BGH eine Bagatellverletzung bei einer Schädelprellung sowie einem HWS-Schleudertrauma **41** ohne äußere Verletzungen oder Anzeichen für eine Gehirnerschütterung.[113] Bejaht hat der BGH eine Bagatellverletzung bei Kopfschmerzen an einigen Tagen sowie der Sorge um die eigene Gesundheit sowie die der Familienangehörigen.[114] Anlassfall war eine höhere Konzentration von Immissionen einer benachbarten Chemiefabrik. Das Gericht stellte fest, dass der Geruch als solcher dem Geschädigten bekannt war, neu war allein die Intensität. Übersetzt man das in die Alltagssprache, so bedeutet dies: Gestunken hat es dort schon öfter, wegen der Überdosis von 200 kg Äthylarcrylat, die emittiert wurden, aber an diesem Tag besonders heftig. Der Verletzte reagierte darauf mit dem Einbau einer gedichten Türe sowie einem Schmerzensgeldbegehren. Bei einer solchen Konstellation ging es dem BGH offensichtlich darum, keine Mimosen zu züchten.[115] Er wies deshalb darauf hin, dass das Zusammenleben der Menschen eben mit gewissen Unwägbarkeiten verbunden sei, die nach den Grundsätzen des allgemeinen Lebensrisikos hinzunehmen seien. Hervorhebenswert ist dabei die Einschränkung, dass es sich um eine Verletzung handeln müsse, die im **Alltagsleben typisch** sein müsse und **häufig** auch aus **anderen Gründen** als einem haftpflichtig machenden Schadensfall vorkomme. Bei Anlegung dieses Kriteriums verbleiben in der Tat nur ganz „veritable Minimalbeeinträchtigungen" über wie Husten, Schnupfen, leichte und vorübergehende Kopfschmerzen oder Niesreiz.[116] Bei allen anderen Verletzungen, namentlich Prellungen und Verstauchungen oder gar Gehirnerschütterungen wird man das nicht mehr behaupten können.

Bedeutsam ist auch, was der BGH in der Leitentscheidung[117] darüber hinaus ausgesprochen hat. Er schließe **42** sich nicht der vorwiegend auf rechtspolitischen und volkswirtschaftlichen Erwägungen gegründeten Ansicht an, wonach Schmerzensgeld nur bei **schweren Verletzungen** zugebilligt werden soll. Er bezieht sich dabei auf *Moog*[118] sowie *E. Lorenz*.[119] *Moog* wiederum nimmt Stellung zu den Beschlüssen des 15. VGT (1977) sowie einem Beitrag von *Düben*,[120] der die Verletzungen klassifiziert. Der 15. VGT (1977) und auch *Moog* plädieren dafür, bei Verletzungen der Gruppe 1 nach der Katalogisierung von *Düben* kein Schmerzensgeld zu gewähren. Zur Gruppe 1 zählt *Düben* ganz leichte Verletzungen wie Prellungen, Blutergüsse, Gelenkverstauchungen, die keiner Behandlung bedürfen, sowie kleine Wunden mit folgenloser Ausheilung. In die Gruppe 2 fallen solche Verletzungen, die nicht mehr ganz leicht sind wie z. B. Gelenkverstauchungen, die behandlungsbedüftig sind, Verrenkungen der Schulter und des Ellenbogengelenks ohne bleibende Folgen oder eine Gehirnerschütterung.

Der Katalog dieser Verletzungen geht deutlich über den hinaus, den der BGH als Bagatellverletzung **43** qualifiziert. *Moog*[121] umschreibt diese allgemein als Körperverletzungen und Gesundheitsbeeinträchtigungen, wie sie im **täglichen Leben** (z. B. im Haushalt und beim Sport) **immer wieder** vorkommen. Diese Formel ist deutlich weiter als die bisherige des BGH, dass es sich um eine Verletzung handeln müsse, die **im Alltagsleben typisch** sei und **häufig** auch aus anderen Gründen als einem haftpflichtig machenden Schadensfall vorkomme. Eine Gelenkverstauchung etwa ist zwar für das Alltagsleben **nicht typisch**, aber sie kommt bei Unfällen im Haushalt und Sport **immer wieder**, wenn vielleicht auch **nicht häufig** vor.

Sowohl aus der BGH-Entscheidung NJW 1992, 1043 als auch noch deutlicher aus der Stellungnahme der **44** nun Vorsitzenden Richterin am BGH *G. Müller*[122] geht hervor, dass dem BGH angesichts des Wortlauts

---

112 So im Ansatz bereits BGH NJW 1992, 1043 = NJW-RR 1992, 1182 = VersR 1992, 504 = LM § 823 (F) BGB Nr. 53; ausführlich dann in NJW 1998, 810 = VersR 1998, 201 = LM § 249 (A) Nr. 114 (*Grunsky*) = zfs 1998, 92 = MDR 1998, 159. Ähnliche Ausführungen finden sich in BGHZ 132, 341 = NJW 1996, 2425 = NZV 1996, 353 = JZ 1996, 1080 = LM § 249 (Ba) BGB Nr. 38 = MDR 1996, 886 = r+s 1996, 303 = zfs 1996, 290.
113 NJW 1998, 810.
114 NJW 1992, 1043.
115 Womöglich meint *G. Müller* (ZRP 1998, 258, 261) diesen Fall, wenn sie davon spricht, den Haftungsrichter künftig vor bizarren Auswüchsen des Schmerzensgeldverlangens schützen zu müssen.
116 *G. Müller*, ZRP 1998, 258, 261.
117 NJW 1992, 1043.
118 VersR 1978, 304, 306.
119 Immaterieller Schaden und billige Entschädigung in Geld (1981), S. 179, 184.
120 15. VGT (1977), 137 ff.
121 VersR 1978, 304, 306.
122 ZRP 1998, 258, 260.

des § 847 de lege lata kein größerer Spielraum zur Verfügung stand. Wenn nun der Gesetzgeber – unter tatkräftiger Mithilfe gerade dieses Senats – die Bagatellgrenze beim Schmerzensgeld neu formuliert, dann kann man nicht davon ausgehen, dass alles beim Alten bleiben sollte. Es ist dann plausibel, wenn *Bollweg*[123] ausspricht, dass die Formulierung „nicht geringfügiger Schaden" aus dem RE 1998 für das Schmerzensgeld nur die geringsten Bagatellverletzungen ausschließen wollte, was sich als zu niedrig erweise, um als einheitliche Schwelle Kompensationswirkung zu entfalten.[124] Auch die Erläuternden Bemerkungen des RE 2001[125] deuten in diese Richtung, heißt es doch darin, dass der Rechtsprechung die Möglichkeit an die Hand gegeben werde, die im **Einzelfall angemessene Höhe** des immateriellen Schadensersatzes **situationsgerecht neu zu überdenken**, da nach der Neufassung bei einer unerheblichen Verletzung künftig ein Ersatz für die immaterielle Schädigung nicht mehr zuzubilligen sei. Der Gesetzgeber macht damit deutlich, dass er der Rechtsprechung damit etwas geben will, was sie aufgrund der bisherigen Norm noch nicht hatte. Auch *G. Müller*[126] äußert sich eindeutig: Ginge es nur um die Fixierung der bisherigen Rechtsprechung hätte es einer Änderung nicht bedurft. Die eingangs gestellte Frage ist damit so zu beantworten, dass die Neuregelung über den status quo ante hinausgeht.[127]

3. Ansatzpunkte für die neue Bagatellschwelle
a) Die Wortfolge „unter Berücksichtigung seiner Art und Dauer nicht unerheblich"

45 Einigkeit besteht darüber, dass durch den Vorspann „unter Berücksichtigung" zum Ausdruck gebracht werden soll, dass der Schaden nicht sowohl nach Art als auch nach Dauer nicht unerheblich sein muss. Es handelt sich somit **nicht um kumulative Voraussetzungen**.[128] Vielmehr soll durch die Wortfolge „unter Berücksichtigung" zum Ausdruck gebracht werden, dass Schmerzensgeld bereits bei einer Verletzung gebührt, die zwar ihrer Art nach nicht unerheblich ist, mag sie auch von kurzer Dauer sein, also rasch abheilt, oder umgekehrt der Art nach zwar geringfügig ist, deren Beschwerden aber erst nach einiger Zeit verschwinden. Die beiden Kriterien stehen in engem Zusammenhang: Ein Weniger beim einen kann durch ein Mehr beim anderen ausgeglichen werden. Im theoretischen Modell kann man das Entstehen eines Schmerzensgeldanspruchs genau an der Stelle bestimmen, an der die Summe aus beiden den kritischen Pegelstand übersteigt.

46 Wenn darüber Einigkeit herrscht, dann hätte man der größeren Klarheit halber das Wort „und" durch das Wort „oder" ersetzen können. Für einen unbefangenen Leser erweckt nämlich der Wortlaut durchaus den Anschein, dass es sich um kumulative Voraussetzungen handelt.[129] Diesen nicht gewollten, missverständlichen Eindruck hätte man sich ersparen können!

b) Die Empfehlungen des 15. VGT (1977) und Bestrebungen nach einer europaweiten Vereinheitlichung

47 Für die Grenzziehung des nunmehr in § 253 Abs. 2 Nr. 2 ausgeschlossenen Bagatellschadens, bei dem sich schon der 15. VGT (1977) für einen Ausschluss des Schmerzensgeldes ausgesprochen hatte, könnte die Abgrenzung zwischen den Gruppen 1 und 2 der Klassifizierung von *Düben*[130] herangezogen werden. Erfasst wären damit **ganz leichte Verletzungen**,[131] nicht aber leichte Verletzungen. Zur ersten Gruppe der ganz leichten Verletzungen sind zu rechnen:
– Prellungen einschließlich Schädelprellungen
– Blutergüsse, soweit sie kein operatives Eingreifen erfordern
– Gelenkverstauchungen, die keiner Behandlung bedürfen
– Hautabschürfungen
– kleine Wunden mit folgenloser Ausheilung

48 Zur zweiten Gruppe der leichten Verletzungen, für die Schmerzensgeld gebührt, zählen:
– Gelenkverstauchungen, die behandlungsbedürftig sind, aber sonst folgenlos verheilen
– Gelenkergüsse, die nicht rezidivieren
– Weichteilwunden mit folgenloser Heilung
– Brüche der langen Röhrenknochen ohne Verschiebung mit folgenloser Ausheilung

---

123 NZV 2000, 185, 187.
124 A.A. *Freise*, VersR 2001, 539, 544, der eine Absenkung auf das ursprüngliche Niveau der Verschuldenshaftung annimmt. Dieser hält „nicht geringfügig" und „nicht unerheblich" für Synonyme.
125 RE 2001, 54 f.
126 ZRP 1998, 258, 260.
127 So auch *Deutsch*, ZRP 1998, 291, 293; *Steffen*, ZRP 1998, 147, 149; *Ch. Huber*, DAR 2000, 20, 28; *Macke*, DAR 2000, 506, 509; *Karczewski*, VersR 2001, 1070, 1072.
128 *Karczewski*, VersR 2001, 1070, 1072; *G. Müller*, PHI 2001, 119, 121.
129 *Ch. Huber*, DAR 2000, 20, 28.
130 15. VGT (1977), 137, 141 f.
131 *Düben* (15. VGT [1977], 137, 140) will selbst für diese den Begriff „Bagatellverletzung" vermeiden, weil diese der Ausgangspunkt für schwere Verletzungen sein können, wenn sie nicht entsprechend behandelt werden.

- Verrenkungen des Schulter- und Ellenbogengelenks ohne bleibende Folgen
- Schädeldachbrüche
- Hirnschaden ersten Grades (Hirnerschütterungen aller Art), der folgenlos bleibt
- Nasenbein- und isolierte Rippenbrüche

Möglicherweise ist diese Aufstellung noch verfeinerungsfähig. Auch mag sich die medizinische Erkenntnis seit damals verändert haben. Immerhin handelt es sich dabei um eine **Klassifizierung**, die im Hinblick auf die Ersatzfähigkeit **immaterieller Schäden** ausgearbeitet worden ist. Ausgeschlossen wäre dadurch jedenfalls eine Gehirnerschütterung, in Bezug auf die manche[132] die Befürchtung ausgesprochen haben, dass selbst für eine solche womöglich kein Schmerzensgeld zu gewähren sei. 49

Hinzuweisen ist auch auf eine Empfehlung der Arbeitsgruppe des Europäischen Parlament, die auf einer Tagung der Europäischen Rechtsakademie am 8. und 9.6.2000 in Trier eine Empfehlung an die Europäische Kommission, das Europäische Parlament und den Rat zur Vereinheitlichung des Schmerzensgeldes ausgearbeitet hat. Darin wird darauf verwiesen, dass eine medizinische Tabelle ausgearbeitet werde, die als Anhaltspunkt für die Bemessung des Schmerzensgeldes in den Mitgliedsstaaten herangezogen werden solle. Wenn schon die Festsetzung der **Höhe des Schmerzensgeldes** nach einheitlichen Kriterien erfolgen soll, dann sollte es um so eher möglich sein, die Schwelle zu konkretisieren, ab der überhaupt Schmerzensgeld geleistet werden soll.[133] Dass dabei bloß die Körperverletzungen und Gesundheitsbeeinträchtigungen erfasst sind, nicht aber die Beeinträchtigung der Freiheit und der sexuellen Selbstbestimmung, tut dem keinen Abbruch, weil die letzteren beiden Fälle deutlich seltener zu beurteilen sind als die ersteren beiden. 50

c) Anleihe bei § 84 AMG – und bei § 69 Abs. 2 Nr. 3 StGB

Für die letztendlich Gesetz gewordene Formulierung wurde ins Treffen geführt, dass diese identisch sei mit der Wortfolge des § 84 AMG, so dass man insoweit an eine im Haftungsrecht bereits bekannte Schwelle anknüpfen könne.[134] Diese sei auch der Garant dafür, dass damit einer besonders hohen Erheblichkeitsschwelle vorgebeugt werde.[135] *Deutsch*[136] weist zunächst darauf hin, dass es bei der Erheblichkeitsschwelle des § 84 AMG um einen Anwendungsfall der Sozialadäquanz in der Form des Grundsatzes „minima non curat praetor" handle. Damit ist nicht viel gewonnen, weil gerade offen ist, mit welchen Lappalien sich der Praetor nicht beschäftigt (hat). Gehaltvoller ist der Hinweis, dass **leichtes Unwohlsein** und **vorübergehende allergische Reaktionen** unter der Erheblichkeitsschwelle liegen.[137] Im Kommentar von *Kloesel/Cyran*[138] findet sich der Hinweis, dass eine entsprechende Formulierung sich auch in § 69 Abs. 2 Nr. 3 StGB (Entziehung der Fahrerlaubnis wegen Verkehrsunfallflucht) finde. Es wird auf den dortigen Maßstab verwiesen, dass eine Verletzung als unerheblich angesehen werde, die **keiner ärztlichen Hilfe** bedürfe. Beispielsweise angeführt werden Hautirritationen, Schweißausbrüche sowie eine leichte Magenverstimmung. 51

Die strafrechtlichen Kommentierungen sind allerdings keine brauchbare Entscheidungshilfe bei der hier zu beurteilenden Norm. Zwei aktuelle Strafrechtskommentare[139] führen keine einzige Entscheidung zum Personenschaden an. Sie nennen als unerhebliche Verletzungen Prellungen oder Schnittwunden leichter Art sowie bloße Hautabschürfungen. In Bezug auf die ärztliche Hilfe meint *Fischer*,[140] dass eine Verletzung nur dann unerheblich sei, wenn sie **keiner ärztlicher Hilfe** bedürfe. *Stree*[141] bezeichnet eine Verletzung hingegen dann als erheblich, wenn unverzüglich ärztliche Hilfe geboten ist, so dass sie auch dann noch unerheblich sein kann, wenn **ärztliche Hilfe geboten** ist, wenn auch **nicht unverzüglich**. Insgesamt scheinen diese Aussagen wenig präzise zu sein, so dass für die Festlegung der Erheblichkeitsschwelle in § 253 Abs. 2 Nr. 2 die Klassifizierung von *Düben* mehr Rechtssicherheit verspricht. 52

Die abstrakt umschriebene strafrechtliche Schwelle liegt aber deutlich unter der Gruppe 1 nach der Klassifizierung von *Düben*. Auch erscheint fraglich, ob strafrechtliche Standards – sei es auch über den Transmissionsriemen des Arzneimittelrechts – ohne weiteres ins Zivilrecht übernommen werden können. Aber auch das Arzneimittelrecht ist keine bedeutsame Hilfe bei der Auslegung. Eine Jurisabfrage zu § 84 AMG unter Einschluss der §§ 86 und 87 AMG hat keine einzige – veröffentlichte – Gerichtsentscheidung 53

---

132 *Steffen*, ZRP 1998, 147, 149; *Scheffen*, ZRP 1999, 189, 191.
133 *Düben* (15. VGT [1977], 137, 139) weist darauf hin, dass die Einordnung in die Gruppen I bis IV, also auch die in die hier interessierenden Gruppen I und II kaum Schwierigkeiten bereiten dürfte. Instruktiv ist in diesem Zusammenhang auch, dass der Vorschlag der Expertenkommission auf europäischer Ebene eine Vereinheitlichung lediglich bei Verletzungen bis zu einer Minderung der Erwerbsfähigkeit von 70% anstrebt, somit nicht bei den ganz schweren Verletzungen.
134 *Bollweg*, NZV 2000, 185, 187.
135 RE 2001, 62; *Scheffen*, ZRP 2001, 380, 381.
136 ZRP 2001, 351, 353.
137 *Deutsch*, Medizinrecht, 4. Aufl. 1999, Rn 881.
138 Arzneimittelrecht, 3. Aufl., § 84 Blatt 104 und 105.
139 Schönke/Schröder/*Stree*, StGB, 26. Aufl. 2000, § 69 Rn 37; Tröndle/Fischer, StGB, 50. Aufl. 2001, Rn 13.
140 In: Tröndle/Fischer, StGB, 50. Aufl. 2001, Rn 13.
141 In: Schönke/Schröder, StGB, 26. Aufl. 2001, § 69 Rn 37.

ausgewiesen. Die Übernahme der in § 84 AMG verwendeten Formulierung[142] trägt zwar dazu bei, dass sich die Rechtszersplitterung in Grenzen hält; für die Findung, wo die neu zu bestimmende Grenze nach § 253 Abs. 2 Nr. 2 tatsächlich verläuft, hilft dieser Verweis allerdings kaum weiter. Erwähnt sei abschließend, dass man bei dem in § 69 Abs. 2 Nr. 3 StGB gleichgestellten Sachschaden, zu dem es eine Fülle von Judikatur gibt, die Betragsgrenze von ehemals 500 EUR auf 1.000 EUR erhöht hat. M.E. sollten daraus aber für die hier interessierende Frage keine Rückschlüsse gezogen werden.

d) Keine betragliche Festlegung – weiter Spielraum für Rechtsprechung

54 Der Gesetzgeber hat bewusst darauf verzichtet, eine betragliche Grenze festzuschreiben, obwohl es an Vorschlägen nicht gemangelt hat.[143] Er hat gut daran getan, hat doch eine betragliche Festsetzung den Nachteil, dass diese früher oder später von der Inflation überrollt und obsolet wird, wenn sie nicht an einen Index gebunden wird. Erfolgversprechender ist es demgegenüber nicht am Output, dem sich ergebenden Schmerzensgeldbetrag anzusetzen, sondern am Input, der Art der Verletzung. Die vom 6. Senat vorgeschlagene und vom Gesetzgeber aufgegriffene Formulierung lässt der Rechtsprechung einen weiten Spielraum, um zu angemessenen Ergebnissen im Einzelfall zu gelangen.[144] Fast etwas resignativ formuliert *Bollweg*,[145] dass bei der nunmehrigen Formulierung die Auslegung der **maßgeblichen Schwelle** weitgehend in den **Händen der Gerichte** liege, dies aber alternativlos sei. Denn der Gesetzgeber könne nicht im Gesetz festschreiben, in welchen Fällen Schmerzensgeld zu gewähren sei und in welchen nicht. Er könne immerhin in der Begründung Auslegungshinweise geben, was er auch getan habe. Dazu ist anzumerken, dass es sehr wohl Sache des Gesetzgebers ist, die Rechtsprechung an die kürzere oder längere Leine zu nehmen. Darüber hinaus kann es auch im Interesse der Rechtsprechung liegen, leichter greifbare Anhaltspunkte als die allgemeine Billigkeit zu haben, bei welcher Bagatellverletzung ein Schmerzensgeld zu versagen sei und bei welcher nicht. Mit der Formulierung „unter Berücksichtigung seiner Art und Dauer" wird wenigstens ein grober Anhaltspunkt geliefert.

55 Wenn auch der Rechtsprechung die Möglichkeit eingeräumt worden ist, **alle Umstände des Einzelfalles** zu berücksichtigen,[146] so sollte davon maßvoll Gebrauch gemacht werden, schon um den Anreiz zur außergerichtlichen Regulierung und die Justizentlastung nicht zu gefährden. Je berechenbarer das Ergebnis (Versagung oder Gewährung von Schmerzensgeld) aufgrund von ex ante abschätzbaren Größen ist, um so eher wird die außergerichtliche Regulierung gelingen, so dass die Inanspruchnahme des Gerichts entbehrlich wird. Je mehr hingegen Besonderheiten des Einzelfalles, an die die Parteien im Zuge der Regulierung womöglich gar nicht gedacht haben, die aber dann vom Gericht als maßgeblich „entdeckt" werden, bedeutsam sind, um so größer wird der Anreiz einer der Parteien, das Begehren bzw. Angebot der anderen Partei einer gerichtlichen Überprüfung zu unterwerfen.

e) Vorstellungen des Gesetzgebers als Auslegungshilfe

56 Über die bisherige Rechtsprechung hinaus soll ein Schmerzensgeld bei oberflächlichen Weichteilverletzungen wie **Schürfwunden** und **Schnittwunden** sowie **Prellungen** ausgeschlossen sein; darüber hinaus bei leichten Verletzungen des Bewegungsapparats wie **Zerrungen** und **Stauchungen**; und schließlich auch noch bei **nicht objektivierbaren leichten HWS-Verletzungen ersten Grades**. Als Anhaltspunkt nennt der Gesetzgeber Fälle, in denen bisher ein Schmerzensgeld von 500 EUR zuerkannt worden ist.[147] Manchen ist das zu hoch,[148] andere befürchten, dass die Rechtsprechung bis 750 EUR gehen könnte.[149]

4. Beweislastverteilung

57 Es fällt auf, dass der Gesetzgeber bei der Formulierung der maßgeblichen Schwelle eine doppelte Verneinung wählt, nämlich „nicht unerheblich", und das obwohl in einer vorangehenden Etappe statt dessen das Wort „erheblich" im Gespräch war. Das Kriterium sprachlicher Eleganz kann für den Auffassungswandel wohl nicht verantwortlich gemacht werden. Es muss etwas anderes dahinterstecken. Denkbar sind zwei Gründe: Zum einen könnte „nicht unerheblich" weniger sein als „erheblich". Es könnte sein, dass damit die Schwelle umfänglich noch etwas abgesenkt werden sollte. Das soll dahingestellt bleiben. Die anderen genannten Kriterien vermögen insoweit mehr zur Klarheit beizutragen als eine solche Wortklauberei.

---

142 Dass diese nicht deckungsgleich ist (nicht unerhebliche Verletzung in § 84 AMG, Schaden, der unter Berücksichtigung von Art und Umfang nicht unerheblich ist in § 253 Abs. 2 S. 2), ist eine Sache. Eine andere ist, dass selbst dann, wenn Judikatur vorhanden wäre, die Vergleichbarkeit nicht ohne weiteres gegeben wäre, weil nach dem AMG bis zu dieser Reform gerade kein Schmerzensgeld geschuldet war, weder bei einer leichten noch bei einer schweren Verletzung.

143 *Scheffen* ZRP 1999, 189, 191: 1.000 DM; *Ch. Huber*, DAR 2000, 20, 28: 1.125 DM in Anlehnung an den Selbstbehalt für Sachschäden bei der Produkthaftung.

144 *G. Müller*, ZRP 1998, 258, 261.

145 NZV 2000, 185, 187.

146 *G. Müller*, ZRP 1998, 258, 261.

147 RE 2001, 63.

148 *Deutsch*, ZRP 2001, 351, 353.

149 *Steffen*, ZRP 1998, 147, 149; *Deutsch*, ZRP 1998, 291, 294; *Scheffen*, ZRP 1999, 189, 191.

Bedeutsamer ist der Hinweis von *Macke*,[150] dass durch diese doppelte Verneinung eine Aussage zur Beweislast erfolgen sollte. Trägt der Geschädigte nach allgemeinen Grundsätzen die Beweislast dafür, dass er eine vom Schädiger zu verantwortende Verletzung erlitten hat, so soll jedoch der Ersatzpflichtige für die Entlastung den Beweis antreten, dass diese so geringfügig ist, dass ein Schmerzensgeld ausnahmsweise nicht gebührt. In einer Non-liquet-Situation wäre somit Schmerzensgeld geschuldet. Das macht durchaus Sinn.

5. Rechtsunsicherheit in der Anfangsphase – Grund für großzügige Zulassung von Revisionen

Für die Fixierung der maßgeblichen Grenze der Bagatellschwelle stehen verschiedene Vorschläge zur Verfügung, die in ihrer Tendenz übereinstimmen, aber nicht zum punktgenau gleichen Ergebnis führen. Ob deshalb eine Prozessflut droht, wie dies *Deutsch*[151] – noch zum RE 1998 – prophezeit hat, bleibt abzuwarten. In der Tat wird die Rechtsprechung aber einige Zeit brauchen, um auszuloten, bei welchen Schäden kein Schmerzensgeld gewährt wird und ab welcher Schwelle dies der Fall ist.[152] Sollte der BGH die nun modifizierte Bagatellgrenze auch als **Mindestverletzung** für die Einstandspflicht bei **psychischer Fehlverarbeitung** heranziehen[153] – was m.E. nicht zwingend ist, weil das eine vom BGH festgelegte Grenze ist –, so wäre es wünschenswert, wenn der BGH bei der Annahme solcher Revisionen in nächster Zeit großzügig verfahren würde. Nur auf diese Weise lässt sich alsbald eine einigermaßen einheitliche Rechtsprechung herausbilden, zu der es ansonsten wegen der geringen Streitwertgrenzen erst über einen längeren Zeitraum – wenn überhaupt – kommen würde.[154] Dass es in dieser ersten Phase zu keiner spürbaren Gerichtsentlastung kommen wird,[155] trifft zu; das ist aber ein Phänomen, das für jede Neuregelung gilt.

E. Abschließende Beurteilung

I. Generelle Zielsetzung zu begrüßen

Die Ausweitung des Schmerzensgeldes auf die Vertrags- und Gefährdungshaftung wird ebenso überwiegend begrüßt[156] wie die einheitliche Bagatellschwelle unabhängig vom Haftungsgrund. Gegenüber der Einführung einer Bagatellschwelle[157] werden aber von manchen Autoren Bedenken geäußert.

II. Rechtstechnische Umsetzung geglückt

Sowohl der neue Standort (§ 253 anstelle von § 847) als auch die Wiederholung des Schmerzensgeldanspruchs in den einzelnen Gefährdungshaftungsgesetzen wird unterschiedlich beurteilt. *Deutsch*[158] bewertet die Verlagerung der Problematik vom Deliktsrecht ins Schadensrecht als geschickten Schachzug. *Medicus*[159] hätte es demgegenüber lieber gesehen, wenn es bei der Regelung in § 847 geblieben wäre. Dort geht es um die betroffenen Rechtsgüter Körper, Gesundheit und Freiheit, während man bei § 253 auch an andere denken mag, namentlich das Vermögen. Das ist gewiss eine Geschmacksfrage. Der **neue Standort** ist **gewöhnungsbedürftig**, haben doch ganze Juristengenerationen den Zuspruch von Schmerzensgeld mit § 847 assoziiert. Die Regelung in § 253 hat das Argument der Rechtslogik für sich. Es wird auf diese Weise plakativ zum Ausdruck gebracht, dass es um eine vom Haftungsgrund unabhängige Einstandspflicht für immaterielle Schäden geht.[160] Und dass dies nur für die dort genannten Rechtsgüter gilt, sagt der Gesetzgeber auch mit unüberbietbarer Deutlichkeit.

Was die Wiederholung des Schmerzensgeldanspruchs bei den einzelnen Gefährdungshaftungsgesetzen betrifft, so verweisen manche darauf, dass es sich dabei um eine **unnötige Wiederholung** handelt.[161] Unter dem Gesichtspunkt, dass der Gesetzgeber auch mit der Anzahl der Wörter so sparsam wie möglich umgehen soll, trifft diese Kritik zu. Auch hat *Freise* Recht, wenn er darauf verweist, dass bei künftigen Änderungen –

---

150 DAR 2000, 506, 509.
151 ZRP 1998, 291, 294; a.A. *Deutsch*, ZRP 2001, 351, 353.
152 *Macke*, DAR 2000, 506, 508 f.; *Otto*, NZV 2001, 335, 339.
153 So BGH NJW 1998, 810 zur bisherigen Bagatellschwelle.
154 *Steffen*, ZRP 1998, 147, 149.
155 *Karczewski*, VersR 2001, 1070, 1073.
156 *Geiß*, DAR 1998, 416, 420; *Scheffen*, ZRP 1999, 189, 190; *Elsner*, zfs 2000, 233; DAV, NZV 2001, 339, 340; kritisch aber *Deutsch* ZRP 1998, 291, 294; Es sei „nicht notwendig, das System der Schmerzensgeldhaftung im BGB nur deswegen umzustoßen, um europarechtlichen Bedenken der Einführung des Schmerzensgeldes bei der Arzneimittelhaftung für die Fallgruppe des Entwicklungsrisikos auszuweichen.".
157 *Deutsch*, ZRP 1998, 291, 293; *ders.*, ZRP 2001, 351, 354; *Macke*, DAR 2000, 506, 508
158 ZRP 2001, 351, 352.
159 38. VGT (2000), 121, 124.
160 RE 2001, 60 f.
161 *Freise*, VersR 2001, 539, 542; *Otto*, NZV 2001, 335, 339 Fn 71.

unnötigerweise – wieder ein ganzer Wust von Gesetzen betroffen sein wird. Es ist ihm durchaus zu folgen, wenn er vorschlägt, die schadensrechtlichen Vorschriften über den Umfang des Ersatzes einheitlich im BGB zu regeln und in den Gefährdungshaftungsgesetzen sich mit einem generellen Verweis zu begnügen, wie dies in § 117 BBergG geschehen ist.[162] Der Gesetzgeber kann sich bei seinem gegenteiligen Vorgehen aber immerhin auf *G. Müller*[163] berufen, die eine Regelung des Schmerzensgeldes bei den einzelnen Tatbeständen gefordert hat. Dabei ist zu bedenken, dass solche einzelgesetzlichen Erwähnungen dann bedeutsamer waren, als sich der zentrale Standort der Schmerzensgeldhaftung in § 847 befand, also im Kontext der deliktischen Verschuldenshaftung, während nun der alleinige Regelungsbereich (§ 253) das Schadensrecht ist. Sah schon der RE 1998 keine Notwendigkeit der – überflüssigen – Wiederholung in den einzelnen Gefährdungshaftungsgesetzen, so hätte dieses Argument um so mehr beim nunmehrigen Standort gegolten.

III. Bewusste Ausklammerung des allgemeinen Persönlichkeitsrechts

63 Bei der umfassenden Neuregelung des Ersatzes immaterieller Schäden überrascht, dass das allgemeine Persönlichkeitsrecht nicht miteinbezogen ist.[164] Als Begründung dafür wird angegeben, dass einerseits die neuere Rechtsprechung den Anspruch unmittelbar auf die Art. 1 und 2 GG gestützt habe[165] und andererseits die Entwicklung auf diesem Gebiet – noch – nicht abgeschlossen sei.[166] Letzteres mag durchaus zutreffen. Dies hätte aber gleichwohl für die Abrechnung fiktiver Sachschäden gegolten, was den Gesetzgeber nicht daran gehindert hat, hieran etwas zu ändern. Die Enthaltsamkeit des Gesetzgebers ist im konkreten Kontext unschädlich, weil die Rechtsprechung auch bisher einen Weg gefunden hat, um zu angemessenen Ergebnissen zu gelangen. Dazu kommt, dass der Schwerpunkt dieser Reform – von der Haftung des Gerichtssachverständigen abgesehen – hauptsächlich bei Problemen des Straßenverkehrs lag und nicht bei dem namentlich im Medienrecht bedeutsamen Schutz des allgemeinen Persönlichkeitsrechts.

IV. Vereinfachung der Regulierung bei Dauerschäden mit mittelschweren Verletzungen nur in beschränktem Maß gegeben wegen unzureichender Anhebung der Haftungshöchstbeträge bei der Gefährdungshaftung

64 Ein erklärtes Ziel der Reform ist die Vereinfachung der Schadensregulierung, die u. a. dadurch erreicht werden soll, dass der Verletzte künftig nur noch den leichter zu beweisenden Tatbestand der Gefährdungshaftung und nicht mehr den schwieriger zu führenden Beweis eines Verschuldens des Ersatzpflichtigen zu führen hat. Diese Überlegung hat – zu Recht – dazu geführt, auf eine unterschiedliche Erheblichkeitsschwelle bei der Verschuldens- und Gefährdungshaftung zu verzichten zugunsten einer einheitlichen Bagatellschwelle für beide Haftungsarten.

65 Darüber hinaus wird betont, dass die Versagung bei geringen Verletzungen dazu führen soll, dass die Schwer(st)verletzten angemessen entschädigt werden können. Gerade bei diesen wird die Rechnung nicht aufgehen, weil man die **Haftungshöchstbeträge** – so etwa die im StVG – nur unzureichend angehoben hat. So beträgt der Haftungshöchstbetrag gemäß § 12 Abs. 1 Nr. 1 StVG 600.000 EUR an Kapital oder 36.000 EUR jährlich für eine Rente. Mit diesem Betrag müssen sämtliche Schadensposten abgedeckt sein, also Heilungskosten, vermehrte Bedürfnisse, Erwerbsschaden und Schmerzensgeld. Für eine Person, die nicht bzw. nicht ausreichend sozialversichert ist, reicht dieser Betrag niemals, bewegt sich allein das Schmerzensgeld bei Querschnittslähmungen in einer Größenordnung von jedenfalls 200.000 EUR.[167] Die jährliche Rente ist somit um ein Drittel zu kürzen, womit nur noch 24.000 EUR zur Verfügung stehen. Instruktiv ist in diesem Zusammenhang eine jüngere Entscheidung des OLG Bremen,[168] die den Pflegebedarf eines Schwerverletzten auf etwas mehr als 9.000 EUR pro Monat geschätzt hat, was einen Jahresbetrag von mehr als 100.000 EUR ergibt. Und dabei ist noch kein Cent für Heilungskosten und Erwerbsschaden berücksichtigt!

66 Selbst die Berücksichtigung des Quotenvorrechts des sozialversicherten Verletzten gegenüber dem Sozialversicherungsträger gemäß § 116 Abs. 2 SGB X, also des Vorrangs des Verletzten gegenüber dem

---

[162] *Freise*, VersR 2001, 539, 543.
[163] ZRP 1998, 258, 260.
[164] *Karczewski*, VersR 2001, 1070, 1072.
[165] StRspr. seit BGHZ 35, 363 367 f. Ebenso in der Folge BGHZ 39, 124, 130 ff.; BGHZ 128, 1, 15 = VersR 1995, 305, 309; BGH LM § 823 (Ah) BGB Nr. 122; BVerfG VersR 2000, 897 = NJW 2000, 2187.
[166] RE 2001, 61; ebenso *G. Müller*, PHI 2001, 119, 121.
[167] *Scheffen* (ZRP 1999, 189, 192) beziffert den Schadensbedarf für einen Querschnittgelähmten zwischen 500.000 und 1 Mio EUR. Diese Schätzung ist m.E. durchaus zurückhaltend; eine Anhebung der Ersatzbeträge auf ein angemessenes Niveau ist darin keinesfalls berücksichtigt. *Fötschl* (VersRAI 2001, 60, 61 Fn 13 referiert eine Schwankungsbreite zwischen 125.000 und 300.000 EUR, was auf einen tendenziell noch höheren Mittelwert beim Schmerzensgeld hinausläuft).
[168] VersR 1999, 1030.

Regressrecht des Sozialversicherungsträgers bei Konkurrenz der Ansprüche um den begrenzten Deckungsfonds, ändert an dieser grundsätzlichen Einschätzung wenig. Während die Heilungskosten im Regelfall überwiegend vom Sozialversicherungsträger getragen werden, der Erwerbsschaden immerhin zu einem beträchtlichen Teil, ist es bei den vermehrten Bedürfnissen nur noch ein Bruchteil, der durch die Pflegeversicherung abgedeckt ist. Und dem Schmerzensgeld stehen niemals kongruente Sozialversicherungsleistungen gegenüber. Nicht nur wird der Sozialversicherungsträger schon bei mittelschweren Verletzungen im Regelfall Abstriche bei seinem Regress machen müssen, bei **wirklich schweren Verletzungen**, wenn diese dann auch noch voll angemessen abgegolten werden sollten, wird der Geschädigte weiterhin darauf angewiesen sein, das **Verschulden** nachzuweisen, eine Prozedur, die man ihm nach den Intentionen der Reform gerade ersparen wollte.[169]

Abschließend sei noch darauf verwiesen, dass sich dieser Befund bereits vor Inkrafttreten der Reform ergibt. Da Anpassungen der Haftungshöchstbeträge nur in größeren Zeitabschnitten vorgenommen werden – die letzte erfolgte im Jahr 1977 –, sorgen schon die Jahr für Jahr sich akkumulierenden Inflationsraten dafür, dass der Verletzte im Laufe der Zeit immer stärker darauf angewiesen sein wird, anstelle des Anspruchs aus der Gefährdungshaftung doch wieder den aus der Verschuldenshaftung zu erheben, für den dann hoffentlich beim Ersatzpflichtigen eine ausreichende Versicherungsdeckung vorhanden sein möge. Bedenkt man, dass solche Fälle schwerer Verletzungen selten sind und sich daher nur unwesentlich auf die Steigerung der Haftpflichtprämien auswirken würden, stellt dies mehr als einen Schönheitsfehler der Reform dar. 67

V. Kappung bei leichten Verletzungen festgeschrieben, bei Schwer(st)verletzungen auf Goodwill der Rechtsprechung angewiesen

In Bezug auf die Zielerreichung der Umschichtung der Mittel von den Leicht(est)verletzten zu den Schwer(st)verletzten[170] melden zahlreiche Autoren Bedenken an.[171] Keinesfalls werden die Haftpflichtversicherer von sich aus die Schadensersatzbeträge an Personen mit schweren bzw. schwersten Verletzungen erhöhen, weil sie sich bei den Bagatellverletzungen bzw. der fiktiven Schadensabrechnung etwas erspart haben.[172] Vielmehr werden sie ihren Gewinn steigern, ihren Verlust verringern, darauf hinweisen, dass durch die Ausweitung des Schmerzensgeldes auf die Gefährdungs- sowie Vertragshaftung zusätzliche Belastungen auf sie zugekommen seien oder aber sie werden darauf pochen, dass sie unbedingt ihre Rückstellungen erhöhen müssen, um gegenüber der (ausländischen) Konkurrenz gewappnet zu sein. Zu der vom Gesetzgeber gewollten Umschichtung wird es somit nur dann kommen, wenn die **Anwälte der Verletzten** entsprechend **höhere Begehren** bei den Gerichten einklagen und die Gerichte ungeachtet des Umstands, dass dies im Gesetzeswortlaut an keiner Stelle sich niedergeschlagen hat, dann noch in Erinnerung haben, weshalb die Kürzung bei der fiktiven Schadensabrechnung sowie die Erheblichkeitsschwelle beim Schmerzensgeld eingeführt wurde. 68

VI. Umschichtung von leicht Verletzten zu Schwer(st)verletzten nicht allein im Weg des Schmerzensgeldes

Erklärtes Ziel der Reform ist die Anhebung der Schmerzensgeldbeträge für Schwer(st)verletzte.[173] Es sei aber auch an dieser Stelle darauf hingewiesen, dass vor einem solchen Schritt überdacht werden sollte, ob die **Kategorie des Schmerzensgeldes** der passendste Schadensposten ist, an dem man eine Anhebung vornehmen sollte.[174] Dringlicher wäre m.E. die Anhebung der Ersatzbeträge bei den Betreuungs- und Haushaltsdienstleistungen, bei denen die vom BGH zuerkannten Beträge bestenfalls ein Deckungsbetrag sind, aber niemals eine voll angemessene Abgeltung des erforderlichen Bedarfs, der den Verletzten in die Lage versetzt, sich in der im Leben üblichen Weise angemessene Dienste zu verschaffen, ohne auf die Mildtätigkeit Dritter angewiesen zu sein.[175] Die Wirklichkeit ist von dieser wohlklingenden Formel, die sich in manchen einschlägigen Entscheidungen findet, meilenweit entfernt. 69

Die Vor- und Nachteile der Erhöhung des Schmerzensgeldes bzw. der Haushalts- und Pflegedienstleistungen seien kurz dargestellt: Das Schmerzensgeld wird regelmäßig als Kapitalbetrag gezahlt. Das hat für den Ersatzpflichtigen, typischerweise den Haftpflichtversicherer, den Vorteil, dass er insoweit die Akte bald schließen und die Regulierung abschließen kann. Für den Geschädigten hat dies den Nachteil, dass es 70

---

169 So auch die Einschätzung von *Freise*, VersR 2001, 539, 544.
170 RE 2001, 39.
171 *G. Steffen*, ZRP 1998, 147, 149; *G. Müller*, ZRP 1998, 258, 260; *Deutsch*, ZRP 1998, 291, 293 f.; *Elsner*, zfs 2000, 233, 235; *Medicus*, VGT (2000), 121, 128; *Karczewski*, VersR 2001, 1070, 1072.
172 So die Hoffnung von *Karczewski*, VersR 2001, 1070, 1072.
173 Vgl. dazu *Scheffen*, ZRP 1999, 189, 190, die angibt, zu welchem Zeitpunkt beim Schmerzensgeld welche (Schmerz-)Grenze erreicht wurde. Der bislang höchste Wert wurde zuerkannt vom LG München VersR 2001, 1124: 500.000 EUR.
174 In diesem Sinn bereits *Ch. Huber*, DAR 2000, 20, 30 f. Vgl. auch BGH VersR 1976, 967: Warnung des BGH vor einer unkontrollierten Aufblähung der Schmerzensgelder.
175 Zu dieser in Gerichtsurteilen häufig vorkommenden Formel *Ch. Huber*, Fragen der Schadensberechnung, 2. Aufl. 1995, S. 65 ff.

zu einer Spekulation mit seiner Lebenserwartung kommt. Lebt er länger, als ursprünglich angenommen, reicht das Schmerzensgeld als Äquivalent für seine nach der angenommenen Lebenserwartung bemessenen Schmerzen nicht aus. Der Verletzte trägt zudem das Veranlagungsrisiko, ist das Schmerzensgeld – wenigstens idealiter – doch so bemessen, daß auch die Erträge daraus ihm zufließen und zur Milderung seiner Unlustgefühle beitragen sollen. Ein Durchschnittsbürger ist aber in der Veranlagung so relativ hoher Beträge unerfahren. Diesen Einwänden könnte man immerhin durch eine Schmerzensgeldrente begegnen.

71 Gegenüber dem Anspruch wegen vermehrter Bedürfnisse bleibt der Nachteil, daß bei der Schmerzensgeldrente eine Valorisierung schwerer zu begründen ist. Die Mehrbedarfsrente ist demgegenüber in der Lage, sich in zeitlicher und sachlicher Hinsicht flexibel an den jeweiligen Bedarf anzupassen. Auch führt die Mehrbedarfsrente viel eher dazu, daß der für die Pflege des Verletzten erforderliche Geldbetrag an die fließt, die sich tatsächlich um ihn kümmern. Beim Schmerzensgeld, namentlich beim Kapitalbetrag, ist demgegenüber die Gefahr groß, daß dieses letztendlich Erben zufließt, die sich ein Leben lang nie um den Verletzten gekümmert haben. Dazu kommt ein letzter Aspekt: Während die Umrechnung von Schmerzen in bare Münze stets mit erheblichen Unwägbarkeiten verknüpft ist, sollten sich für die Bemessung des Vermögensschadens der vermehrten Bedürfnisse viel eher rationale Faktoren finden lassen.

§ 254 Mitverschulden

(1) [1]Hat bei der Entstehung des Schadens ein Verschulden des Beschädigten mitgewirkt, so hängt die Verpflichtung zum Ersatz sowie der Umfang des zu leistenden Ersatzes von den Umständen, insbesondere davon ab, inwieweit der Schaden vorwiegend von dem einen oder dem anderen Teil verursacht worden ist.
(2) [1]Dies gilt auch dann, wenn sich das Verschulden des Beschädigten darauf beschränkt, daß er unterlassen hat, den Schuldner auf die Gefahr eines ungewöhnlich hohen Schadens aufmerksam zu machen, die der Schuldner weder kannte noch kennen mußte, oder daß er unterlassen hat, den Schaden abzuwenden oder zu mindern. [2]Die Vorschrift des § 278 findet entsprechende Anwendung.

§ 255 Abtretung der Ersatzansprüche

[1]Wer für den Verlust einer Sache oder eines Rechts Schadensersatz zu leisten hat, ist zum Ersatz nur gegen Abtretung der Ansprüche verpflichtet, die dem Ersatzberechtigten auf Grund des Eigentums an der Sache oder auf Grund des Rechts gegen Dritte zustehen.

§ 256 Verzinsung von Aufwendungen

[1]Wer zum Ersatz von Aufwendungen verpflichtet ist, hat den aufgewendeten Betrag oder, wenn andere Gegenstände als Geld aufgewendet worden sind, den als Ersatz ihres Wertes zu zahlenden Betrag von der Zeit der Aufwendung an zu verzinsen. [2]Sind Aufwendungen auf einen Gegenstand gemacht worden, der dem Ersatzpflichtigen herauszugeben ist, so sind Zinsen für die Zeit, für welche dem Ersatzberechtigten die Nutzungen oder die Früchte des Gegenstands ohne Vergütung verbleiben, nicht zu entrichten.

§ 257 Befreiungsanspruch

[1]Wer berechtigt ist, Ersatz für Aufwendungen zu verlangen, die er für einen bestimmten Zweck macht, kann, wenn er für diesen Zweck eine Verbindlichkeit eingeht, Befreiung von der Verbindlichkeit verlangen. [2]Ist die Verbindlichkeit noch nicht fällig, so kann ihm der Ersatzpflichtige, statt ihn zu befreien, Sicherheit leisten.

§ 258 Wegnahmerecht

[1]Wer berechtigt ist, von einer Sache, die er einem anderen herauszugeben hat, eine Einrichtung wegzunehmen, hat im Fall der Wegnahme die Sache auf seine Kosten in den vorigen Stand zu setzen. [2]Erlangt der andere den Besitz der Sache, so ist er verpflichtet, die Wegnahme der Einrichtung zu gestatten; er kann die Gestattung verweigern, bis ihm für den mit der Wegnahme verbundenen Schaden Sicherheit geleistet wird.

§ 259 Umfang der Rechenschaftspflicht

(1) [1]Wer verpflichtet ist, über eine mit Einnahmen oder Ausgaben verbundene Verwaltung Rechenschaft abzulegen, hat dem Berechtigten eine die geordnete Zusammenstellung der Einnahmen oder der Ausgaben enthaltende Rechnung mitzuteilen und, soweit Belege erteilt zu werden pflegen, Belege vorzulegen.
(2) [1]Besteht Grund zu der Annahme, daß die in der Rechnung enthaltenen Angaben über die Einnahmen nicht mit der erforderlichen Sorgfalt gemacht worden sind, so hat der Verpflichtete

auf Verlangen zu Protokoll an Eides Statt zu versichern, daß er nach bestem Wissen die Einnahmen so vollständig angegeben habe, als er dazu imstande sei.
(3) ¹In Angelegenheiten von geringer Bedeutung besteht eine Verpflichtung zur Abgabe der eidesstattlichen Versicherung nicht.

§ 260 Pflichten bei Herausgabe oder Auskunft über Inbegriff von Gegenständen

(1) ¹Wer verpflichtet ist, einen Inbegriff von Gegenständen herauszugeben oder über den Bestand eines solchen Inbegriffs Auskunft zu erteilen, hat dem Berechtigten ein Verzeichnis des Bestandes vorzulegen.
(2) ¹Besteht Grund zu der Annahme, daß das Verzeichnis nicht mit der erforderlichen Sorgfalt aufgestellt worden ist, so hat der Verpflichtete auf Verlangen zu Protokoll an Eides Statt zu versichern, daß er nach bestem Wissen den Bestand so vollständig angegeben habe, als er dazu imstande sei.
(3) ¹Die Vorschrift des § 259 Abs. 3 findet Anwendung.

§ 261 Abgabe einer eidesstattlichen Versicherung

(1) ¹Die eidesstattliche Versicherung ist, sofern sie nicht vor dem Vollstreckungsgericht abzugeben ist, vor dem Amtsgericht des Ortes abzugeben, an welchem die Verpflichtung zur Rechnungslegung oder zur Vorlegung des Verzeichnisses zu erfüllen ist. ²Hat der Verpflichtete seinen Wohnsitz oder seinen Aufenthalt im Inland, so kann er die Versicherung vor dem Amtsgericht des Wohnsitzes oder des Aufenthaltsorts abgeben.
(2) ¹Das Gericht kann eine den Umständen entsprechende Änderung der eidesstattlichen Versicherung beschließen.
(3) ¹Die Kosten der Abnahme der eidesstattlichen Versicherung hat derjenige zu tragen, welcher die Abgabe der Versicherung verlangt.

§ 262 Wahlschuld; Wahlrecht

¹Werden mehrere Leistungen in der Weise geschuldet, daß nur die eine oder die andere zu bewirken ist, so steht das Wahlrecht im Zweifel dem Schuldner zu.

§ 263 Ausübung des Wahlrechts; Wirkung

(1) ¹Die Wahl erfolgt durch Erklärung gegenüber dem anderen Teil.
(2) ¹Die gewählte Leistung gilt als die von Anfang an allein geschuldete.

§ 264 Verzug der Wahlberechtigten

(1) ¹Nimmt der wahlberechtigte Schuldner die Wahl nicht vor dem Beginn der Zwangsvollstreckung vor, so kann der Gläubiger die Zwangsvollstreckung nach seiner Wahl auf die eine oder auf die andere Leistung richten; der Schuldner kann sich jedoch, solange nicht der Gläubiger die gewählte Leistung ganz oder zum Teil empfangen hat, durch eine der übrigen Leistungen von seiner Verbindlichkeit befreien.
(2) ¹Ist der wahlberechtigte Gläubiger im Verzug, so kann der Schuldner ihn unter Bestimmung einer angemessenen Frist zur Vornahme der Wahl auffordern. ²Mit dem Ablauf der Frist geht das Wahlrecht auf den Schuldner über, wenn nicht der Gläubiger rechtzeitig die Wahl vornimmt.

§ 265 Unmöglichkeit bei Wahlschuld

¹Ist eine der Leistungen von Anfang an unmöglich oder wird sie später unmöglich, so beschränkt sich das Schuldverhältnis auf die übrigen Leistungen. ²Die Beschränkung tritt nicht ein, wenn die Leistung infolge eines Umstands unmöglich wird, den der nicht wahlberechtigte Teil zu vertreten hat.

§ 266 Teilleistungen

¹Der Schuldner ist zu Teilleistungen nicht berechtigt.

§ 267 Leistung durch Dritte

(1) ¹Hat der Schuldner nicht in Person zu leisten, so kann auch ein Dritter die Leistung bewirken. ²Die Einwilligung des Schuldners ist nicht erforderlich.
(2) ¹Der Gläubiger kann die Leistung ablehnen, wenn der Schuldner widerspricht.

§ 268 Ablösungsrecht des Dritten

(1) ¹Betreibt der Gläubiger die Zwangsvollstreckung in einen dem Schuldner gehörenden Gegenstand, so ist jeder, der Gefahr läuft, durch die Zwangsvollstreckung ein Recht an dem Gegenstand zu verlieren, berechtigt, den Gläubiger zu befriedigen. ²Das gleiche Recht steht dem Besitzer einer Sache zu, wenn er Gefahr läuft, durch die Zwangsvollstreckung den Besitz zu verlieren.
(2) ¹Die Befriedigung kann auch durch Hinterlegung oder durch Aufrechnung erfolgen.
(3) ¹Soweit der Dritte den Gläubiger befriedigt, geht die Forderung auf ihn über. ²Der Übergang kann nicht zum Nachteil des Gläubigers geltend gemacht werden.

§ 269 Leistungsort

(1) ¹Ist ein Ort für die Leistung weder bestimmt noch aus den Umständen, insbesondere aus der Natur des Schuldverhältnisses, zu entnehmen, so hat die Leistung an dem Ort zu erfolgen, an welchem der Schuldner zur Zeit der Entstehung des Schuldverhältnisses seinen Wohnsitz hatte.
(2) ¹Ist die Verbindlichkeit im Gewerbebetrieb des Schuldners entstanden, so tritt, wenn der Schuldner seine gewerbliche Niederlassung an einem anderen Ort hatte, der Ort der Niederlassung an die Stelle des Wohnsitzes.
(3) ¹Aus dem Umstand allein, daß der Schuldner die Kosten der Versendung übernommen hat, ist nicht zu entnehmen, daß der Ort, nach welchem die Versendung zu erfolgen hat, der Leistungsort sein soll.

§ 270 Zahlungsort

(1) ¹Geld hat der Schuldner im Zweifel auf seine Gefahr und seine Kosten dem Gläubiger an dessen Wohnsitz zu übermitteln.
(2) ¹Ist die Forderung im Gewerbebetrieb des Gläubigers entstanden, so tritt, wenn der Gläubiger seine gewerbliche Niederlassung an einem anderen Ort hat, der Ort der Niederlassung an die Stelle des Wohnsitzes.
(3) ¹Erhöhen sich infolge einer nach der Entstehung des Schuldverhältnisses eintretenden Änderung des Wohnsitzes oder der gewerblichen Niederlassung des Gläubigers die Kosten oder die Gefahr der Übermittelung, so hat der Gläubiger im ersteren Fall die Mehrkosten, im letzteren Fall die Gefahr zu tragen.
(4) ¹Die Vorschriften über den Leistungsort bleiben unberührt.

§ 271 Leistungszeit

(1) ¹Ist eine Zeit für die Leistung weder bestimmt noch aus den Umständen zu entnehmen, so kann der Gläubiger die Leistung sofort verlangen, der Schuldner sie sofort bewirken.
(2) ¹Ist eine Zeit bestimmt, so ist im Zweifel anzunehmen, daß der Gläubiger die Leistung nicht vor dieser Zeit verlangen, der Schuldner aber sie vorher bewirken kann.

§ 272 Zwischenzinsen

¹Bezahlt der Schuldner eine unverzinsliche Schuld vor der Fälligkeit, so ist er zu einem Abzug wegen der Zwischenzinsen nicht berechtigt.

§ 273 Zurückbehaltungsrecht

(1) ¹Hat der Schuldner aus demselben rechtlichen Verhältnis, auf dem seine Verpflichtung beruht, einen fälligen Anspruch gegen den Gläubiger, so kann er, sofern nicht aus dem Schuldverhältnis sich ein anderes ergibt, die geschuldete Leistung verweigern, bis die ihm gebührende Leistung bewirkt wird (Zurückbehaltungsrecht).
(2) ¹Wer zur Herausgabe eines Gegenstands verpflichtet ist, hat das gleiche Recht, wenn ihm ein fälliger Anspruch wegen Verwendungen auf den Gegenstand oder wegen eines ihm durch diesen verursachten Schadens zusteht, es sei denn, daß er den Gegenstand durch eine vorsätzlich begangene unerlaubte Handlung erlangt hat.
(3) ¹Der Gläubiger kann die Ausübung des Zurückbehaltungsrechts durch Sicherheitsleistung abwenden. ²Die Sicherheitsleistung durch Bürgen ist ausgeschlossen.

§ 274 Wirkungen des Zurückbehaltungsrechts

(1) ¹Gegenüber der Klage des Gläubigers hat die Geltendmachung des Zurückbehaltungsrechts nur die Wirkung, daß der Schuldner zur Leistung gegen Empfang der ihm gebührenden Leistung (Erfüllung Zug um Zug) zu verurteilen ist.

(2) ¹Auf Grund einer solchen Verurteilung kann der Gläubiger seinen Anspruch ohne Bewirkung der ihm obliegenden Leistung im Weg der Zwangsvollstreckung verfolgen, wenn der Schuldner im Verzug der Annahme ist.

§ 275 Ausschluss der Leistungspflicht

(1) ¹Der Anspruch auf Leistung ist ausgeschlossen, soweit diese für den Schuldner oder für jedermann unmöglich ist.
(2) ¹Der Schuldner kann die Leistung verweigern, soweit diese einen Aufwand erfordert, der unter Beachtung des Inhalts des Schuldverhältnisses und der Gebote von Treu und Glauben in einem groben Missverhältnis zu dem Leistungsinteresse des Gläubigers steht. ²Bei der Bestimmung der dem Schuldner zuzumutenden Anstrengungen ist auch zu berücksichtigen, ob der Schuldner das Leistungshindernis zu vertreten hat.
(3) ¹Der Schuldner kann die Leistung ferner verweigern, wenn er die Leistung persönlich zu erbringen hat und sie ihm unter Abwägung des seiner Leistung entgegenstehenden Hindernisses mit dem Leistungsinteresse des Gläubigers nicht zugemutet werden kann.
(4) ¹Die Rechte des Gläubigers bestimmen sich nach den §§ 280, 283 bis 285, 311a und 326.

Literatur: Begründung zu § 275, BT-Drucks 14/6040, S. 126 ff; ausdrücklich zu § 275: *Fischer*, DB 2001, 1923; im Rahmen größerer Übersichtsbeiträge: *Canaris*, JZ 2001, 499; *ders.*, ZRP 2001, 329; *Harke*, Jb.J.ZivRWiss 2001, 29; *St. Lorenz*, JZ 2001, 742; *Stoll*, JZ 2001, 589; *Teichmann*, BB 2001, 1485; *Wilhelm*, JZ 2001, 861; grundlegend: *Canaris*, in: Schulze/Schulte-Nölke, S. 43; *Grunewald*, JZ 2001, 433; *U. Huber*, in: Ernst/Zimmermann, S. 31; *ders.*, ZIP 2000, 2137, 2273; *Motsch*, JZ 2001, 428; *Wilhelm/Deeg*, JZ 2001, 223.

Inhalt

A. Überblick 1	B. Einzelheiten zu Abs. 1 9
I. Unmöglichkeit als Problem der Befreiung von der Primärleistungspflicht 1	C. Einzelheiten zu Abs. 2 14
II. Das bisher geltende Recht 2	D. Einzelheiten zu Abs. 3 19
III. Die Unmöglichkeit im Gesetzgebungsverfahren ... 3	E. Abs. 4 21
IV. Die Unmöglichkeit im System des neuen Schuldrechts 4	F. Sonderfragen 22
V. Das Regelungskonzept des § 275 5	

A. Überblick

I. Unmöglichkeit als Problem der Befreiung von der Primärleistungspflicht

§ 275 ersetzt funktional § 275 a.F., ist aber nicht nur in der Formulierung, sondern auch in der Sache völlig neu gestaltet worden; der Gesetzgeber hat in den §§ 275, 311a, 326, 280 Abs. 1, Abs. 3 i.V.m. § 283 ein völlig **neues Konzept zur Bewältigung der Unmöglichkeit** realisiert. Im Kern geht es zunächst um eine adäquate rechtliche **Erfassung von Leistungshindernissen** seitens des Schuldners und damit im zentralen Bereich vertraglicher Verpflichtungen auch um Reichweite und Grenzen des Grundsatzes **pacta sunt servanda**: Ist für den Schuldner die Erfüllung einer Pflicht mit Schwierigkeiten verbunden, stellt sich zunächst stets die Frage, welche Erschwernisse er bewältigen muss bzw. unter welchen Voraussetzungen er von seiner Primärleistungspflicht befreit wird. Eine Entbindung von der Primärleistungspflicht kann rechtstechnisch so gestaltet sein, dass sie ohne Mitwirkung des Schuldners (ipso jure) greift, sie kann aber auch als Einrede konstruiert sein. Die Befreiung von der Primärleistungspflicht kann ersatzlos erfolgen oder eine Sekundärleistungspflicht in Form einer Schadensersatzverpflichtung auslösen. Schließlich sind im gegenseitigen Vertrag die Auswirkungen der Leistungsbefreiung auf den Gegenleistungsanspruch zu klären.¹

1

II. Das bisher geltende Recht

Das bisher geltende Lösungskonzept ergab sich aus den §§ 275, 279–282, 306–309, 323–325: Anknüpfungspunkt für eine (ipso jure) Befreiung des Schuldners von der Primärleistungspflicht war zunächst gemäß Abs. 1 a.F. die **nachträgliche Unmöglichkeit**, der gemäß Abs. 2 das **nachträgliche Unvermögen** des Schuldners gleichgestellt wurde.² Dabei beschränkte man den Anwendungsbereich des § 275 a.F. nicht auf die (seltenen) Fälle einer **Unmöglichkeit im natürlichen Wortsinne** (der geschuldete Picasso

2

---

1 Vgl. zur Problemstellung Begründung zu § 275, BT-Drucks 14/6040, S. 126 f.
2 § 275 Abs. 1 wurde allgemein so interpretiert, dass die Befreiung von der Primärleistungspflicht im Ergebnis auch bei „zu vertretender" Unmöglichkeit greifen sollte. Siehe nur Staudinger/*Löwisch*, vor § 275 Rn 7, § 275 Rn 1, 56.

verbrennt), sondern bereicherte den Begriff der Unmöglichkeit in begrenztem Umfang um **normative Elemente**. Auf diese Weise konnte man eine Befreiung von der Primärleistungspflicht auch für die Fälle bejahen, in denen die Beseitigung des Leistungshindernisses zwar theoretisch möglich war, von einem vernünftigen Gläubiger aber nicht ernsthaft erwartet werden konnte (der geschuldete Ring befindet sich auf dem Grund eines Sees, könnte aber theoretisch gesucht und gefunden werden[3]). Der Befreiung von der primären Leistungspflicht gemäß § 275 a.F. entsprach im gegenseitigen Vertrag bei vom Schuldner **nicht zu vertretender Unmöglichkeit** grundsätzlich der (automatische) Verlust des Anspruchs auf die Gegenleistung (§ 323 a.F.), es sei denn, der Gläubiger hatte die Unmöglichkeit zu vertreten oder befand sich im Annahmeverzug (§ 324 a.F.). Bei vom Schuldner **zu vertretender Unmöglichkeit** traten an die Stelle seiner Primärleistungspflicht Ansprüche des Gläubigers auf **Schadensersatz wegen Nichterfüllung**, für das einseitige Schuldverhältnis gemäß § 280 a.F., für den gegenseitigen Vertrag gemäß § 325 a.F. Im gegenseitigen Vertrag hatte der Gläubiger alternativ ein **Rücktrittsrecht**. Da nach § 306 a.F. ein auf eine unmögliche Leistung gerichteter Vertrag nichtig war, konnte bei **anfänglicher objektiver Unmöglichkeit** eine primäre Leistungspflicht des Schuldners gar nicht erst entstehen. Der Gläubiger konnte lediglich nach Maßgabe des § 307 Ersatz des negativen Interesses (höhenmäßig begrenzt durch das Erfüllungsinteresse) verlangen, wenn der Schuldner die Unmöglichkeit kannte oder kennen musste. Im Hinblick auf das nicht ausdrücklich geregelte **anfängliche Unvermögen** bestand aufgrund eines Umkehrschlusses zu § 306 a.F. Einigkeit, dass der Vertrag wirksam war und der Schuldner entsprechend § 275 a.F. von der primären Leistungspflicht frei wurde. Im Hinblick auf eine sekundäre Schadensersatzpflicht, gerichtet auf das positive Interesse, blieb streitig, ob sie entsprechend § 325 a.F. Vertretenmüssen des Schuldners voraussetzte oder ob – so die herrschende Auffassung – insoweit eine verschuldensunabhängige Garantiehaftung greifen sollte.[4]

III. Die Unmöglichkeit im Gesetzgebungsverfahren

3   Die rechtliche Erfassung der Unmöglichkeit gehört zu den **umstrittensten Schwerpunkten des Schuldrechtsmodernisierungsgesetzes**. Das skizzierte System des alten Schuldrechts war schon für die Kommission zur Überarbeitung des Schuldrechts ein zentraler Angriffspunkt:[5] Der Hauptmangel des bisher geltenden Rechtes wurde in der Heraushebung der Unmöglichkeit (neben dem Verzug) als eine der beiden Säulen des Rechts der Leistungsstörungen gesehen. Hierdurch sei insbesondere die von der h.M. angenommene Regelungslücke entstanden, die durch die im allgemeinen Schuldrecht nicht vorgesehene positive Vertragsverletzung hätte gefüllt werden müssen.[6] Der radikale Ansatz von KE und DiskE zielte deswegen darauf ab, die Unmöglichkeit als eigenständige Leistungsstörungskategorie vollständig zu eliminieren. Im Hinblick auf sekundäre Schadensersatzansprüche des Gläubigers sollte sie vollständig im allgemeinen Tatbestand der Pflichtverletzung gemäß § 280 aufgehen. Auch für die Grenzen der Leistungspflicht des Schuldners sollte sie keine Rolle mehr spielen: Nach § 275 KE und DiskE sollte der Schuldner die Leistung dann verweigern können, „soweit und solange er diese nicht mit denjenigen Anstrengungen zu erbringen vermag, zu denen er nach Inhalt und Natur des Schuldverhältnisses verpflichtet ist"; ein Ansatz, der auch jetzt noch in Abs. 2 anklingt. Der völlige Verzicht auf die Kategorie der Unmöglichkeit als Anknüpfungspunkt für eine Leistungsbefreiung des Schuldners wurde heftig kritisiert.[7] Daher wurde – als politischer Kompromiss – auf der Basis der Vorschläge der Anfang 2001 neu gebildeten „Kommission Leistungsstörungsrecht" die Unmöglichkeit in Abs. 1 als Befreiungstatbestand wieder eingeführt und auch namentlich angesprochen, „um die Sachaussagen des Gesetzes verständlich zu machen".[8] Die nun doch wieder vorgesehene **Leistungsbefreiung kraft Gesetzes** soll aber – abweichend vom bisherigen, auch normativ gefärbten Verständnis der Unmöglichkeit[9] – nur im Fall der „physischen" Unmöglichkeit greifen,[10] in dem der Schuldner überhaupt nicht, also nicht einmal theoretisch, leisten kann. Andere Leistungshindernisse sind ausschließlich am Maßstab der neuen Abs. 2 und 3 zu beurteilen, die dem Schuldner lediglich eine Einredemöglichkeit geben. Sind ihre Voraussetzungen nicht erfüllt, kommt nur noch eine Anpassung des Vertrags wegen Störung der Geschäftsgrundlage (§ 313) in Betracht.

---

3 Vgl. nur *Medicus*, SR AT, Rn 368; zu den Einzelheiten Rn 5 f.
4 Vgl. nur *Medicus*, SR AT, Rn 384, SR BT, Rn 24.
5 BMJ (Hrsg.), Abschlussbericht der Kommission zur Überarbeitung des Schuldrechts, 1992, S. 16 f., 117 ff.
6 BMJ (Hrsg.), Abschlussbericht der Kommission zur Überarbeitung des Schuldrechts, 1992, S. 117 f.; die Begründung zu § 275, BT-Drucks 14/6040, S. 127 (vgl. auch Begründung, Allgemeiner Teil, BT-Drucks 14/6040, S. 84) macht sich diese Argumentation durch fast wortgleiche Übernahme zu Eigen; vgl. auch *Canaris*, ZRP 2001, 329.
7 Siehe vor allem *U. Huber*, in: Ernst/Zimmermann, S. 31, 49 ff., 140 ff.; vgl. auch *Canaris*, in: Schulze/Schulte-Nölke, S. 43; *Wetzel*, ZRP 2001, 117, 121 f.
8 Begründung zu § 275, BT-Drucks 14/6040, S. 129.
9 Dazu ausführlich Rn 5.
10 Begründung zu § 275, BT-Drucks 14/6040, S. 128.

Titel 1. Verpflichtung zur Leistung § 275

IV. Die Unmöglichkeit im System des neuen Schuldrechts

§ 275 unterscheidet sich von § 275 a.F. also zunächst dadurch, dass die einheitliche Regelung in eine **Leistungsbefreiung kraft Gesetzes (Abs. 1)** und eine **Einredemöglichkeit (Abs. 2)** aufgefächert wird. An der Gleichstellung von objektiver und subjektiver Unmöglichkeit ändert sich nichts; die beiden Absätze des § 275 a.F. werden allerdings in Abs. 1 zusammengefasst ("... für den Schuldner und jedermann unmöglich ist"). Neu ist dagegen, dass § 275 auch für die **anfängliche (objektive und subjektive) Unmöglichkeit** gilt. Dies wird sprachlich dadurch zum Ausdruck gebracht, dass § 275 darauf abstellt, dass die Leistung unmöglich „ist" (nicht mehr „unmöglich wird"). Dies liegt in der Konsequenz der Aufhebung der §§ 306–309 a.F., mit der die Unterscheidung zwischen anfänglicher und nachträglicher Unmöglichkeit beseitigt wird; dementsprechend stellt § 311 a Abs. 1 nunmehr ausdrücklich klar, dass es der Wirksamkeit eines Vertrags nicht entgegensteht, dass der Schuldner nach Abs. 1–3 nicht zu leisten braucht und das Leistungshindernis schon bei Vertragsschluss bestand.[11] Im Übrigen verzichtet § 275 auf die – immer schon umstrittene – Verknüpfung der Leistungsbefreiung mit dem **Vertretenmüssen**. Was der Schuldner nicht leisten könne, das schulde er auch nicht, und zwar ganz unabhängig vom Grund seiner Unfähigkeit.[12] Damit erfasst § 275 nunmehr **alle Formen der Unmöglichkeit**. Das Schicksal der Gegenleistung im gegenseitigen Vertrag ergibt sich aus § 326 Abs. 1, der funktional an die Stelle des § 323 a.F. getreten ist. § 326 Abs. 1 greift aber – anders als § 323 a.F. – auch dann, wenn der Schuldner den Umstand, aufgrund dessen er gemäß § 275 nicht zu leisten braucht, zu vertreten hat. Die bisher in § 324 a.F. vorgesehenen Ausnahmen vom Wegfall der Gegenleistungspflicht gemäß § 323 finden sich mit leichten Umformulierungen und sachlichen Änderungen nunmehr in § 326 Abs. 2. Hat der Schuldner den Umstand, der gemäß § 275 zur Leistungsbefreiung führt, zu vertreten, dann kann der Gläubiger Schadensersatz statt der Leistung verlangen oder Ersatz seiner Aufwendungen gemäß § 284. Der § 280 Abs. 1, Abs. 3 i.V.m. § 283 übernimmt die Rolle der §§ 280, 325 a.F. Auch bei anfänglicher (objektiver und subjektiver) Unmöglichkeit hat der Gläubiger einen verschuldensabhängigen Anspruch auf Ersatz des positiven Interesses oder auf Aufwendungsersatz gemäß § 284, während § 307 a.F. nur Ersatz des Vertrauensschadens gewährte. § 311a Abs. 2 S. 1 enthält insoweit eine eigene Anspruchsgrundlage. Anders als im Rahmen des § 280 kommt es aber nicht darauf an, ob der Schuldner die Pflichtverletzung zu vertreten hat; entscheidend ist vielmehr allein, ob der Schuldner das Leistungshindernis i.S.v. § 275 kannte oder kennen musste.

V. Das Regelungskonzept des § 275

Das Regelungskonzept des § 275 lässt sich nur vor dem Hintergrund der Auslegung von § 275 a.F. und seiner Abgrenzung vom Institut des Wegfalls der Geschäftsgrundlage begreifen: § 275 a.F. knüpfte die Befreiung des Schuldners von der Primärleistungspflicht einheitlich an den Tatbestand der (objektiven oder subjektiven) Unmöglichkeit; dabei wurden Unmöglichkeit und Unvermögen im Gesetz nicht definiert. Auch Rechtsprechung und Schrifttum erreichten keine begriffliche Klärung, so dass über die Reichweite des § 275 in Abgrenzung zum Wegfall der Geschäftsgrundlage bis zuletzt keine Einigkeit bestand, und zwar weder terminologisch noch in der Sache.[13] Einmütig dem § 275 zugeordnet wurden nur die Konstellationen, in denen die Leistung schon nach dem **natürlichen Sprachgebrauch** unmöglich ist, weil sie tatsächlich nicht erbracht werden kann, insbesondere weil ihr Naturgesetze oder Rechtsgründe entgegenstehen (sog. physische oder juristische Unmöglichkeit): Der geschuldete Picasso ist verbrannt, steht bereits im Eigentum des Käufers (objektive Unmöglichkeit) oder kann vom Schuldner zu keinem Preis der Welt beschafft werden, weil der Eigentümer nicht veräußerungswillig ist (Unvermögen). Unterschiedlich beurteilt wurden dagegen die Fälle, in denen die Leistungserbringung zwar theoretisch möglich ist, jedoch nur unter **Überwindung erheblicher Hindernisse**. Insoweit wurde in neuerer Zeit vor allem nach dem Gewicht des Leistungshindernisses und damit nach dem Umfang des zu seiner Überwindung zu leistenden Aufwandes differenziert:[14] Zur Unmöglichkeit gezogen wurden die extremen Konstellationen, in denen die Erbringung der geschuldeten Leistung zwar nicht schlechthin ausgeschlossen ist, aber doch so große, **nahezu unüberwindliche Schwierigkeiten** bereitet, dass kein vernünftiger Mensch die Leistungserbringung versuchen würde:[15] Der geschuldete Ring fällt vor Helgoland ins Meer. Man sprach insoweit – wenig aussagekräftig – von faktischer oder praktischer Unmöglichkeit. Davon unterschieden wurden die Fälle, in denen die Schwierigkeiten der Leistungserbringung zwar geringer als bei der „faktischen" Unmöglichkeit, immerhin aber doch noch so erheblich sind, dass man Zweifel haben kann, ob ihre Überwindung dem

---

11 Begründung zu § 311a, BT-Drucks 14/6040, S. 164 ff.
12 Begründung zu § 275, BT-Drucks 14/6040, S. 127 li. Sp.
13 Siehe zum Streitstand nur Palandt/*Heinrichs*, § 275 Rn 4 ff.; *Medicus*, SR AT, Rn 368 ff.; *Schlechtriem*, SR AT, Rn 283 ff., 298 ff.; grundlegend Soergel/*Wiedemann*, § 275 Rn 16 ff., Rn 49 ff.; MüKo/*Emmerich*, § 275 Rn 10 ff., 67 ff.
14 Besonders plastisch *Medicus*, SR AT, Rn 368 ff.
15 Palandt/*Heinrichs*, § 275 Rn 8; *Medicus*, SR AT, Rn 369; a.A. *Schlechtriem*, SR AT, Rn 299.

Dauner-Lieb 247

Schuldner zugemutet werden kann.[16] Sie wurden unter dem missverständlichen Etikett der „wirtschaftlichen Unmöglichkeit" dem Institut des **Wegfalls der Geschäftsgrundlage** zugeordnet.[17] Dabei wurde deutliche Zurückhaltung gezeigt, eine übermäßige Leistungserschwerung im Sinne einer **Überschreitung der Opfergrenze** anzuerkennen. Ebenfalls nicht der Unmöglichkeit, sondern § 242 zugeordnet wurden die Fälle einer Leistungsverweigerung aus Gewissensgründen, die teilweise – wiederum missverständlich – als sittliche Unmöglichkeit bezeichnet wurden.[18]

6 An **diesen Grundsätzen**, insbesondere an der Grenzziehung zum Wegfall der Geschäftsgrundlage, soll sich trotz der vollständigen Neugestaltung und Erweiterung des § 275 in der Sache **nichts ändern**. Die sprachlich sehr weit gefassten Leistungsverweigerungsrechte der Abs. 2 und 3 zielen jedenfalls nicht – wie z.T. in der rechtspolitischen Diskussion befürchtet – auf Aufweichung des Grundsatzes pacta sunt servanda unter Zumutbarkeitsgesichtspunkten und sollen dementsprechend auch nicht die bisher streng gehandhabte Messlatte der „Opfergrenze" zugunsten des Schuldners verschieben. Es geht offensichtlich auch bei § 275 nur um „**tatbestandliche Präzisierung**".[19] Die entscheidende sachliche Änderung gegenüber § 275 a.F. soll darin liegen, dass die bisher einheitliche Regelung in eine **Leistungsbefreiung kraft Gesetzes** (Abs. 1) und **bloße Einredemöglichkeiten** (Abs. 2 und 3) aufgefächert wird. Eine Leistungsbefreiung kraft Gesetzes soll nur noch in den (bisher schon unproblematischen) Fällen greifen, in denen eine Leistungserbringung schon nach natürlichem Verständnis ausgeschlossen ist. Insoweit werden nunmehr den Kategorien der physischen, naturgesetzlichen, juristischen Unmöglichkeit die hübschen Formulierungen „echte"[20] und „objektive oder subjektive wirkliche Unmöglichkeit"[21] hinzugefügt. Damit wird die Leistungsbefreiung kraft Gesetzes um die Fälle der „normativen Unmöglichkeit" bereinigt. In den bisher der „echten" Unmöglichkeit gleichgestellten Konstellationen, in denen die Behebung des Leistungshindernisses zwar theoretisch möglich wäre, aber von keinem vernünftigen Gläubiger ernsthaft erwartet würde (sog. faktische oder praktische Unmöglichkeit), soll der Schuldner lediglich eine Einredemöglichkeit haben. Diese Konstruktion soll dem Schuldner die Möglichkeit einer „überobligationsmäßigen" Leistung offen halten.[22] Teleologisch soll aber kein Unterschied zwischen den beiden Regelungsansätzen bestehen: Die ausführliche Formulierung des Abs. 2 sei als Versuch der tatbestandlichen Präzisierung jener Fälle der Unmöglichkeit zu verstehen, die so stark mit normativen Elementen durchsetzt seien, dass sich ihre Qualifikation als Unmöglichkeit anders als in den von Abs. 1 erfassten Fällen nicht von selbst verstehe.[23] Auch vom neuen § 275 überhaupt nicht erfasst werden sollen die Fälle einer „wirtschaftlichen" Unmöglichkeit oder der „Unerschwinglichkeit" im Sinne einer Leistungserschwernis für den Schuldner; sie sollen wie bisher nach den Grundsätzen über den Wegfall der Geschäftsgrundlage zu behandeln sein. Auch Fälle der Leistungsverweigerung aus Gewissensgründen seien nicht über Abs. 3, sondern nur über § 313 oder die Anwendung von Treu und Glauben zu lösen.[24]

7 Dieser, an der bisherigen Rechtslage orientierten und daher **restriktiven Deutung des § 275** kann durchaus zugestimmt werden. Ob sie sich auch durchsetzen wird, ist aber – bei allem Respekt vor dem Willen des Gesetzgebers und den Mitgliedern der Kommission Leistungsstörungsrecht – deswegen unsicher, weil entgegen allen Beteuerungen das wirklich Gewollte im Gesetzeswortlaut kaum zum Ausdruck kommt und damit die Gefahr einer unvertretbaren, den Grundsatz pacta sunt servanda eben doch wieder auflockernden Ausweitung der (geradezu überflüssigen) Vorschrift droht. Anlässe für Missverständnisse können sich schon daraus ergeben, dass sich das Regelungskonzept des Gesetzgebers nicht deutlich im Gesetzeswortlaut widerspiegelt. Schon die Vorstellung, dass auch die Regelungen der Abs. 2 und 3 des § 275 in die Lehre von der Unmöglichkeit einzuordnen seien,[25] findet sprachlich keine Stütze im Gesetz, verwendet doch nur Abs. 1 den Begriff der Unmöglichkeit; auch die Überschrift „Ausschluss der Leistungspflicht" spricht eher dagegen, dass die Unmöglichkeit das übergreifende Leitmotiv der Norm bildet. Dementsprechend formuliert die Begründung zum Regierungsentwurf teilweise auch ganz unbefangen, dass § 275 neben der Unmöglichkeit „nunmehr auch weitere Befreiungsgründe umfasst".[26] Problematisch ist aber vor allem, dass in Abs. 2 in keiner Weise zum Ausdruck gebracht wird, dass es (nur!) um die extrem gelagerten Ausnahmefälle der sog. faktischen Unmöglichkeit (Ring auf dem Grund

---

16 Besonders plastisch *Medicus*, SR AT, Rn 370.
17 Vgl. nur Palandt/*Heinrichs*, § 275 Rn 12; grundlegend und informativ Soergel/*Wiedemann*, § 275 Rn 38; für eine Zuordnung zu § 275 MüKo/*Emmerich*, § 275 Rn 28.
18 Vgl. nur MüKo/*Emmerich*, § 275 Rn 30.
19 Vgl. *Canaris*, JZ 2001, 499, 505.
20 Begründung zu § 275, BT-Drucks 14/6040, S. 127 re. Sp.
21 Begründung zu § 275, BT-Drucks 14/6040, S. 129 re. Sp.
22 *Canaris*, JZ 2001, 499, 504.
23 *Canaris*, JZ 2001, 499, 505.
24 Begründung zu § 275, BT-Drucks 14/6040, S. 130; *Canaris*, JZ 2001, 499, 501.
25 *Canaris*, JZ 2001, 499, 505 li. Sp.
26 Begründung zu § 275, BT-Drucks 14/6040, S. 144.

des Sees) gehen soll. Für diese Fälle, in denen kein vernünftiger Gläubiger eine Behebung des Leistungshindernisses erwarten kann,[27] wäre eine derart ausführliche Formulierung der Abwägungskriterien kaum erforderlich gewesen. Auch der Hinweis, man wolle dem Schuldner mit der neu geschaffenen Einrede die Möglichkeit einer überobligationsmäßigen Erfüllung offen halten, passt überhaupt nicht, wurden die relevanten Konstellationen bisher doch gerade dadurch gekennzeichnet, „dass kein vernünftiger Mensch auch nur auf die Idee käme, den Versuch einer Leistungserbringung zu wagen".[28] Dementsprechend wurde dieses Argumentationselement bisher auch nur für die Fälle der wirtschaftlichen Unmöglichkeit fruchtbar gemacht, die weiterhin gerade nicht unter § 275 fallen sollen.[29] Vor diesem Hintergrund ist es eine Verharmlosung, die ausführliche Formulierung des Abs. 2 als Versuch einer tatbestandlichen Präzisierung[30] der ohnehin seltenen „faktischen" Unmöglichkeit zu deuten. Viel wichtiger ist es, sich bewusst zu werden, dass Abs. 2 (ebenso wie Abs. 3) als Einfallstor für eine Verschiebung der Lösungen weg von § 313 und hin zu Abs. 2 missverstanden werden kann.

Entsprechenden Überlegungen und Befürchtungen wird entgegengehalten, dass es schon deshalb keine gravierenden Abgrenzungsprobleme zwischen Abs. 2 und § 313 geben könne, weil in Abs. 2 S. 1 anders als beim Wegfall der Geschäftsgrundlage nicht der Aufwand des Schuldners und die damit in der Regel verbundene Äquivalenzstörung, sondern das **Gläubigerinteresse** den zentralen Bezugspunkt bilde.[31] Ob diese Differenzierung praktikabel ist, erscheint jedoch bereits im Rahmen des Abs. 2 zweifelhaft. Bei der Prüfung eines Missverhältnisses zwischen dem Aufwand und den Anstrengungen des Schuldners und dem Gläubigerinteresse wird man sich schwer tun, die „eigenen Interessen des Schuldners"[32] auszublenden; dies deutet sich bereits in der Formulierung „zumutbare Anstrengungen" (des Schuldners!) an (Abs. 2 S. 2). In den Fällen des Abs. 3, in denen die Leistung in der Person des Schuldners zu erbringen ist, sollen ohnehin nicht nur das Gläubigerinteresse, sondern auch auf die Leistung des Schuldners bezogene „persönliche Umstände" berücksichtigt werden und zur Unmöglichkeit führen. Dies sei geboten, weil die Leistung selbst auf die Person des Schuldners ausgerichtet sei. Solche Umstände seien also nicht nur unter dem Gesichtspunkt des Wegfalls der Geschäftsgrundlage zu berücksichtigen, sondern schon unter dem Gesichtspunkt eines Wegfalls der Primärleistungspflicht nach § 275.[33] Dass damit die Grenzen zwischen § 275 und § 313 endgültig verschwimmen, zeigt sich schon daran, dass bereits jetzt der Schulfall der Sängerin, die sich weigert aufzutreten, weil ihr Kind lebensgefährlich erkrankt ist, unterschiedlich beurteilt wird.[34] Vor diesem Hintergrund spricht viel dafür, dass man für diese Fälle entweder auf Abs. 2 und 3 oder aber auf § 313 hätte verzichten können. Man wird sich mit der Erwägung trösten müssen, dass es weniger darauf ankommt, ob ein Fall nach § 275 oder nach § 313 zu beurteilen ist, als auf die konkrete Bestimmung der „Opfergrenze". Insoweit ist wie bisher auf alle Umstände des Einzelfalls abzustellen. Entscheidend ist und bleibt als Richtschnur, dass eine Lockerung des Grundsatzes pacta sunt servanda jedenfalls nicht beabsichtigt ist.

B. Einzelheiten zu Abs. 1

Abs. 1 sieht als Rechtsfolge einen **Ausschluss des Anspruchs auf die Leistung** vor; der Schuldner wird – so die anschaulichere Formulierung des Abs. 1 a.F. – von der Verpflichtung zur Leistung frei. Diese Befreiung von der primären Leistungspflicht kraft Gesetzes greift, soweit die Leistung für den Schuldner oder für jedermann unmöglich ist; die Regelung deckt also – dem neuen Konzept des Unmöglichkeitsrechts entsprechend – **subjektive und objektive, anfängliche und nachträgliche Unmöglichkeit** gleichermaßen ab. Ist eine Leistung teilbar und liegt **Teilunmöglichkeit** vor, treten die Rechtsfolgen der Unmöglichkeit wie bisher nur hinsichtlich des unmöglichen Teils der Leistung ein („soweit").[35]

Unmöglichkeit i.S.v. Abs. 1 meint – wie sich aus einem Umkehrschluss aus Abs. 2, 3 ergeben soll – abweichend von der bisherigen Handhabung des § 275 a.F. nur noch die „**echte**",[36] „**wirkliche**"[37] **Unmöglichkeit** und erfasst damit nur noch die Fälle, in denen die Leistung überhaupt nicht erbracht werden kann.[38] Damit wird der Unmöglichkeitsbegriff von seinen normativen Anlagerungen befreit.[39] Die Konstellationen der

---

27 Begründung zu § 275, BT-Drucks 14/6040, S. 129 re. Sp.
28 Plastisch *Medicus*, SR AT, Rn 369.
29 *Medicus*, SR AT, Rn 369.
30 *Canaris*, JZ 2001, 499, 505.
31 *Canaris*, JZ 2001, 499, 505.
32 Begründung zu § 275, BT-Drucks 14/6040, S. 130 li. Sp.
33 Begründung zu § 275, BT-Drucks 14/6040, S. 130 re. Sp.
34 Begründung zu § 275, BT-Drucks 14/6040, S. 130 re. Sp.; dagegen *Canaris* (noch zum KF), JZ 2001, 499, 501 re. Sp.
35 Begründung zu § 275, BT-Drucks 14/6040, S. 128; an der Problematik der sachgerechten Bestimmung der Teilbarkeit hat sich nichts geändert; insoweit kann auf Rechtsprechung und Schrifttum zum alten Recht zurückgegriffen werden, vgl. etwa die Überblicke Palandt/*Heinrichs*, § 275 Rn 20 ff.; Soergel/*Wiedemann*, § 275 Rn 46 ff.
36 Begründung zu § 275, BT-Drucks 14/6040, S. 127 re. Sp.
37 Begründung zu § 275, BT-Drucks 14/6040, S. 129.
38 Begründung zu § 275, BT-Drucks 14/6040, S. 129.

sog. faktischen oder praktischen Unmöglichkeit, in denen die Leistung zwar theoretisch möglich ist, aber nur mit einem unverhältnismäßigen Aufwand erbracht werden kann, sind nunmehr ausschließlich nach Abs. 2 zu beurteilen.[40]

11 Damit liegt **objektive Unmöglichkeit** i.S.v. Abs. 1 dann vor, wenn der Ausführung der Leistung Hindernisse entgegenstehen, die ihren Vollzug schon denkgesetzlich unmöglich machen.[41] Erfasst wird damit zunächst die altbekannte Fallgruppe der sog. **physischen oder naturgesetzlichen Unmöglichkeit**: Das geschuldete Gemälde ist verbrannt; das geschuldete Rennpferd ist verendet; die Forderung, deren Abtretung geschuldet wird, ist erloschen.[42] Gleichzustellen sind die Fälle, in denen die Leistung aus Rechtsgründen nicht erbracht werden kann (sog. **juristische oder rechtliche Unmöglichkeit**): Die geschuldete Sache gehört bereits dem Käufer; die zu liefernde Sache ist beschlagnahmt.[43] Beim absoluten Fixgeschäft wird die Leistung wie bisher durch bloßen Zeitablauf unmöglich.[44] Ebenfalls keine Änderungen ergeben sich für die Fallgruppe der **Zweckstörung**. Versteht man unter Leistung i.S.v. Abs. 1 wie schon im Hinblick auf § 275 a.F. nicht die Leistungshandlung, sondern den Leistungserfolg, dann liegt Unmöglichkeit auch vor, wenn die Leistungshandlung weiter möglich ist, aber den Leistungserfolg nicht mehr herbeiführen kann: Das freizuschleppende Schiff ist bei Eintreffen des Bergungsschleppers von selbst freigekommen; der zu behandelnde Patient wird vor Eintreffen des Arztes gesund; die zu renovierende Kapelle ist abgebrannt.[45] Störungen im Hinblick auf den Verwendungszweck bei möglicher Herbeiführung des Leistungserfolges führen dagegen nicht zur Unmöglichkeit (das bestellte Hochzeitsessen wird wegen Flucht der Braut nicht benötigt); insoweit kann allenfalls § 313 einschlägig sein, wobei freilich auch dort das sog. Verwendungsrisiko grundsätzlich in die Sphäre des Gläubigers fällt. Bei **Gattungsschulden** liegt Unmöglichkeit dann, aber auch nur dann vor, wenn bereits eine Konkretisierung zur Stückschuld (§§ 243, 269) erfolgt ist.

12 **Subjektive Unmöglichkeit** (Unvermögen) i.S.v. Abs. 1 ist dann gegeben, wenn zwar der Schuldner selbst zur Leistung außerstande ist, sie aber von einem anderen oder unter Mitwirkung eines anderen erbracht werden könnte. Auch insoweit ist die Beschränkung des Abs. 1 auf die „echte, wirkliche" Unmöglichkeit zu beachten. Unvermögen liegt daher nur dann vor, wenn der Schuldner das Leistungshindernis nicht einmal theoretisch, also „um keinen Preis", beseitigen kann. Beschaffungs- oder Wiederbeschaffungsmöglichkeiten schließen Unvermögen von vornherein aus.[46] Beschaffungsprobleme können allenfalls eine Einredemöglichkeit gemäß Abs. 2 begründen oder eine Vertragsanpassung gemäß § 313 rechtfertigen. Damit ist der Anwendungsbereich des Unvermögens i.S.v. Abs. 1 eng begrenzt: Es geht praktisch vor allem um die Fälle einer Stückschuld, in denen der Schuldner die geschuldete Sache nicht beschaffen oder wiederbeschaffen kann, etwa weil der derzeitige Eigentümer definitiv nicht zur Veräußerung bereit ist. Bei Gattungsschulden ist ein Eingreifen des Abs. 1 dagegen kaum denkbar.

13 Ist der **persönlich** zu einer **Dienstleistung** verpflichtete Schuldner objektiv verhindert (etwa wegen Krankheit, Glatteis, Busstreik) greift Abs. 1 dann, wenn die Leistung nicht nachholbar ist.[47] Zumutbarkeitsgesichtspunkte sind ausschließlich im Rahmen des Abs. 3 zu berücksichtigen.

C. Einzelheiten zu Abs. 2

14 Abs. 2 gibt dem Schuldner ein Recht, die Leistung zu verweigern, soweit diese einen Aufwand erfordert, der in einem **groben Missverhältnis zum Leistungsinteresse des Gläubigers** steht. Diese Regelung soll – ohne dass dies im Wortlaut ausreichend deutlich wird – nur Konstellationen der sog. praktischen oder faktischen Unmöglichkeit abdecken, in denen die Behebung des Leistungshindernisses zwar theoretisch möglich wäre, aber von keinem vernünftigen Gläubiger erwartet werden kann[48] (der geschuldete Ring fällt dem Schuldner vor Helgoland versehentlich ins Meer). Nicht erfasst werden sollen dagegen die Fälle der „wirtschaftlichen" Unmöglichkeit im Sinne einer „bloßen Leistungserschwernis"; sie sollen wie bisher allein nach den Grundsätzen über den Wegfall der Geschäftsgrundlage behandelt werden.[49] Die Grenze zwischen einem „unverhältnismäßigen Aufwand"[50] i.S.v. Abs. 2 und der „bloßen Leistungserschwernis" für den Schuldner, die allenfalls im Rahmen von § 313 berücksichtigt werden kann,

---

39 Vgl. nur *Canaris*, JZ 2001, 499, 505.
40 Begründung zu § 275, BT-Drucks 14/6040, S. 129.
41 Besonders plastisch Soergel/*Wiedemann*, § 275 Rn 22.
42 Vgl. zu Einzelheiten und Grenzfällen etwa Palandt/*Heinrichs*, § 275 Rn 4 f.; Soergel/*Wiedemann*, § 275 Rn 22 ff.
43 Zu Einzelheiten und Grenzfällen vgl. etwa Palandt/*Heinrichs*, § 275 Rn 7; Soergel/*Wiedemann*, § 275 Rn 24.
44 Siehe dazu *Canaris*, Handelsrecht, 23. Aufl. 2000, S. 528.
45 Vgl. zu dieser Fallgruppe den Überblick bei *Medicus*, SR AR, Rn 450 f.; Palandt/*Heinrichs*, § 275 Rn 9 ff.
46 Begründung zu § 275, BT-Drucks 14/6040, S. 129; so schon zum bisher geltenden Recht Palandt/*Heinrichs*, § 275 Rn 13 ff.; differenzierend etwa MüKo/*Emmerich*, § 275 Rn 73 ff.
47 Vgl. zu den Einzelheiten Soergel/*Wiedemann*, § 275 Rn 25; MüKo/*Emmerich*, § 275 Rn 71 ff., auch zu der Frage, ob insoweit Unmöglichkeit oder Unvermögen anzunehmen ist.
48 Begründung zu § 275, BT-Drucks 14/6040, S. 129.
49 Begründung zu § 275, BT-Drucks 14/6040, S. 130.
50 Begründung zu § 275, BT-Drucks 14/6040, S. 130 li. Sp.

soll durch das Gläubigerinteresse markiert sein:[51] Ansatzpunkt für die Verhältnismäßigkeitsprüfung im Rahmen des Abs. 2 sei allein das Interesse des Gläubigers an der Leistung.[52] Insoweit finde Abs. 2 eine gewisse Parallele in den Vorschriften der geltenden §§ 251 Abs. 2, 633 Abs. 2 S. 3, 651c Abs. 2 S. 2, die Ausprägungen eines allgemeinen Rechtsgrundsatzes seien.[53] Abs. 2 enthalte eine **Konkretisierung des Rechtsmissbrauchsverbotes** unter Rückgriff auf das Verhältnismäßigkeitsprinzip.[54]

Mit **Aufwand** i.S.v. § 275 seien sowohl Aufwendungen in Geld als auch Tätigkeiten und ähnliche persönliche Anstrengungen erfasst; dies folge daraus, dass Abs. 2 S. 2, der für den Fall des Vertretenmüssens eine Verschärfung des Maßstabs bestimme, von „Anstrengungen" spreche.[55] Bei der **Erfassung des Gläubigerinteresses** als maßgeblichem Bezugspunkt der Verhältnismäßigkeitsprüfung wird man nicht nur einen (wertmäßig zu beziffernden) kommerziellen Nutzen zu berücksichtigen haben, sondern auch ideelle Motive (die geschuldete Briefmarke soll die Sammlung des Käufers vervollständigen). Die **konkrete Verhältnismäßigkeitsprüfung** hat unter Beachtung des „Inhalts des Schuldverhältnisses" und der „Gebote von Treu und Glauben" sowie unter Berücksichtigung eines evtl. Vertretenmüssens des Schuldners (Abs. 2 S. 2) zu erfolgen. Hat sich der Schuldner etwa verpflichtet, das Tafelsilber der Titanic zu heben, dann ergibt sich schon aus dem „Inhalt des Schuldverhältnisses", dass der Gläubiger alle Anstrengungen erwarten darf, die nach dem derzeitigen Stand der Technik auch nur denkbar sind, mögen sie auch aus der Sicht des Normalbürgers „unvernünftig" sein. Hat der Schuldner aufgrund eines schuldhaften Irrtums oder gar in Kenntnis der Rechtslage den Vertragsgegenstand an einen Dritten übereignet, so muss er diesem für den Rückerwerb in aller Regel wesentlich mehr als den Marktpreis bieten, um in den Genuss der Befreiung von seiner primären Leistungspflicht gelangen zu können.[56]

Abs. 2 S. 2 erlaubt nicht den Umkehrschluss, dass der Schuldner überhaupt keine Überanstrengung zur Überwindung des Leistungshindernisses auf sich zu nehmen braucht, wenn er es nicht zu vertreten hat. Der Schuldner müsse sich auch dann, wenn ihn kein Verschulden treffe, immerhin bemühen, den Vertragsgegenstand vom Dritten zurückzuerwerben, und diesem zumindest den Marktpreis, u.U. aber auch einen darüber liegenden Preis bieten. Auch wenn er sich in einem verschuldeten Irrtum befunden und daher die verkehrserforderliche Sorgfalt nicht außer Acht gelassen habe, beruhe doch das Leistungshindernis auf einem in seiner Sphäre liegenden Mangel. Allerdings seien von ihm grundsätzlich geringere Bemühungen und Aufwendungen zu erwarten, als wenn er das Leistungshindernis zu vertreten habe.[57]

Wie die „evidenten"[58] Schulbeispiele der faktischen oder praktischen (objektiven) Unmöglichkeit zeigen, ist Abs. 2 auf Extremfälle zugeschnitten.[59] Dieser strenge Maßstab ist auch dann zu beachten, wenn es um subjektive Leistungshindernisse geht, also um Fälle des **Unvermögens**. Kann der Schuldner die geschuldete Briefmarke vom Eigentümer erwerben, dann kommt der Befreiungstatbestand des Abs. 2 überhaupt nur ins Blickfeld, wenn der Eigentümer einen so aus dem Rahmen fallenden Preis verlangt, dass das Leistungsinteresse des Gläubigers diesen Aufwand nicht mehr rechtfertigen kann, sein Ansinnen an den Schuldner, diesen Preis zu zahlen, als rechtsmissbräuchlich anzusehen ist.[60] Besonders scharfe Maßstäbe sind gemäß Abs. 2 S. 2 anzulegen, wenn der Schuldner nach dem Inhalt des Schuldverhältnisses eine **Beschaffungspflicht** übernommen hat (er hat versprochen, die Briefmarke von dem derzeitigen Eigentümer zu besorgen). Bei marktbezogenen Geschäften, insbesondere Gattungsschulden, wird infolgedessen eine Befreiung gemäß Abs. 2 von vornherein nicht in Betracht kommen, soweit es um die Überwindung typischer Beschaffungshindernisse geht.[61]

Umgekehrt können sich freilich bei Beschaffungspflichten Grenzen der Leistungspflicht – im Vorfeld des Abs. 2! – bereits aus dem **Inhalt der entsprechenden vertraglichen Vereinbarung** ergeben. So wird der Schuldner ohne weiteres frei, wenn er sich ausdrücklich „richtige und rechtzeitige Selbstbelieferung" vorbehalten hat und er von seinem Vorlieferanten im Stich gelassen wird, mit dem er ein kongruentes

---

51 Skeptisch zur Praktikabilität bereits Rn 7.
52 Begründung zu § 275, BT-Drucks 14/6040, S. 130; *Canaris*, JZ 2001, 499, 501.
53 Begründung zu § 275, BT-Drucks 14/6040, S. 130.
54 *Canaris*, JZ 2001, 499, 505.
55 Begründung zu § 275, BT-Drucks 14/6040, S. 130 li. Sp.
56 Begründung zu § 275, BT-Drucks 14/6040, S. 131.
57 Begründung zu § 275, BT-Drucks 14/6040, S. 131.
58 *Canaris*, JZ 2001, 499, 502.
59 *Canaris*, JZ 2001, 499, 502 re. Sp.
60 Anlass zu Missverständnissen könnte die Bemerkung von *Canaris*, JZ 2001, 499, 502 geben, dass in dem Fall, in dem bei einer Stückschuld dem Schuldner der Leistungsgegenstand gestohlen worden sei, das Maß der für seine Wiederbeschaffung aufzuwendenden Bemühungen nicht sonderlich hoch anzusetzen sei, weil diese bei einem individuell bestimmten Gegenstand nur wenig Aussicht auf Erfolg zu haben pflege; auch bei der Stückschuld muss der Schuldner alle Anstrengungen unternehmen, die nicht völlig außerhalb des Erwartungshorizonts eines vernünftigen Gläubigers liegen; im Fall des Diebstahls wird man den Schuldner deshalb nur „entlasten", wenn und soweit Bemühungen von vornherein aussichtslos erscheinen.
61 Vgl. *Canaris*, JZ 2001, 499, 502.

Deckungsgeschäft abgeschlossen hat.[62] Darüber hinaus wird man eine Befreiung des Schuldners von der primären Leistungspflicht aber auch dann erwägen müssen, wenn das aufgetretene Leistungshindernis nicht mit der Eigenart der Beschaffungsschuld zusammenhängt und damit außerhalb des vom Schuldner vertraglich übernommenen Risikos liegt.[63] Es erscheint nach dem derzeitigen Diskussionsstand wenig lebensnah, in diesen Fällen im Zuge der Auslegung ein und derselben vertraglichen Vereinbarung im Hinblick auf sekundäre Schadensersatzansprüche ein Vertretenmüssen des Schuldners zu verneinen,[64] ihn aber gleichzeitig an seiner Primärleistungspflicht festzuhalten.[65] Eine ausdrückliche oder konkludente vertragliche Risikobegrenzung zugunsten des Schuldners wird sich im Regelfall immer gleichermaßen auf die primäre Leistungsverpflichtung und sekundäre Schadensersatzansprüche beziehen. Eine eventuelle Leistungsbefreiung folgt dann freilich nicht aus Abs. 2, sondern schon aus der vertraglichen Vereinbarung.

D. Einzelheiten zu Abs. 3

19 Abs. 3 trifft eine **Sonderregelung** für den Fall einer Leistung, die in der **Person des Schuldners** zu erbringen ist; sie zielt damit vor allem auf Arbeits- und Dienstverträge, soll aber im Einzelfall auch auf Werk- oder Geschäftsbesorgungsverträge anwendbar sein.[66] Die Regelung war in KE, DiskE und KF noch nicht vorgesehen, wurde im RE in Abs. 2 S. 2 angesiedelt und erst in einer späten Phase des Gesetzgebungsverfahrens in einem eigenen Abs. 3 des § 275 verselbständigt. Auch Abs. 3 gibt dem Schuldner ein Leistungsverweigerungsrecht, stellt aber – anders als Abs. 2 – bewusst auch auf die Perspektive des Schuldners ab: Es sollen nicht nur objektive, sondern auch auf die Leistung bezogene persönliche Umstände des Schuldners berücksichtigt werden und zur Unmöglichkeit führen können. Dies sei geboten, weil die Leistung selbst auf die Person des Schuldners ausgerichtet sei. Solche Umstände seien also nicht nur unter dem Gesichtspunkt des Wegfalls der Geschäftsgrundlage zu berücksichtigen, sondern auch unter dem Gesichtspunkt eines Wegfalls der Primärleistungspflicht nach § 275.[67] Als Schulbeispiel für Abs. 3 wird der Fall der Sängerin angeführt, die sich weigert aufzutreten, weil ihr Kind lebensgefährlich erkrankt ist.[68] Ebenfalls über Abs. 3 zu lösen sei der Fall des Arbeitnehmers, der seine Arbeit nicht verrichten möchte, weil er in der Türkei zum Wehrdienst einberufen worden ist und bei Nichtbefolgen des Einberufungsbefehls mit der Todesstrafe rechnen muss.[69] Weitere Beispiele für den Anwendungsbereich des neuen Abs. 3 seien während der Arbeitszeit notwendige Arztbesuche, notwendige Versorgung schwerwiegend erkrankter Angehöriger, Ladung zu Behörden und Gerichtsterminen.[70] Dagegen soll die Problematik der Leistungsverweigerung aus Gewissensgründen nicht unter Abs. 3 fallen, sondern nur über § 313 oder über die Anwendung von Treu und Glauben zu lösen sein.[71] Ob diese Differenzierung wertungsmäßig überzeugend ist, kann man bezweifeln. Eine halbwegs überzeugende Abgrenzung zwischen Abs. 3 und § 313 erscheint jedenfalls nach dem derzeitigen Diskussionsstand kaum möglich (vgl. schon die Erwägungen Rn 8). Daher erscheint die Tragfähigkeit von Konzeptionen fragwürdig, die § 275 insgesamt als klar von einer Störung der Geschäftsgrundlage zu unterscheidende, einheitliche Regelung der Unmöglichkeit verstehen möchten.[72] Für die praktische Handhabung des Abs. 3 wird es vor allem auf die Konkretisierung der Zumutbarkeitsmaßstäbe im Einzelfall ankommen. Insoweit wird man aufgrund der systematischen Stellung des Abs. 3 davon auszugehen haben, dass an die Unzumutbarkeit i.S.v. Abs. 3 entsprechend scharfe Maßstäbe anzulegen sind wie an das grobe Missverhältnis i.S.v. Abs. 2. Auch insoweit ist ein Leistungsverweigerungsrecht nur in extrem gelagerten Ausnahmefällen zu bejahen.

20 Nach Abs. 2 ist auch zu berücksichtigen, ob der Schuldner das Leistungshindernis **zu vertreten** hat. Durch die Verselbständigung des Abs. 3 ist der Bezug zu diesem Auslegungskriterium verloren gegangen. Es dürfte sich aber um einen verallgemeinerungsfähigen Rechtsgedanken handeln,[73] so dass man auch im Rahmen des Abs. 3 ein Vertretenmüssen des Schuldners mit in die Abwägung wird einbeziehen können.

---

62 Vgl. § 276 Rn 24.
63 So andeutungsweise wohl auch *Canaris*, JZ 2001, 499, 502.
64 Vgl. § 276 Rn 24.
65 So aber möglicherweise *Canaris*, JZ 2001, 499, 519 li. Sp.
66 Begründung zu § 275, BT-Drucks 14/6040, S. 130 re. Sp.
67 Begründung zu § 275, BT-Drucks 14/6040, S. 130 re. Sp.
68 A.A. *Canaris* (noch zur KF), JZ 2001, 499, 501 re. Sp.
69 BAG NJW 1983, 2782.
70 Begründung zu § 275, BT-Drucks 14/6040, S. 130 re. Sp.
71 Begründung zu § 275, BT-Drucks 14/6040, S. 130 li. Sp.
72 Ansätze bei *Canaris*, JZ 2001, 499, 504 f., allerdings noch zur KF.
73 Vgl. Stellungnahme Bundesregierung, BT-Drucks 14/6587, S. 47 zu Nr. 21.

E. Abs. 4

Abs. 1 bis 3 regeln die Grenzen der Primärleistungspflicht des Schuldners. Hat der Schuldner den Umstand, der gemäß § 275 zur Leistungsbefreiung führt, zu vertreten, kann der Gläubiger Schadensersatz statt Erfüllung oder Aufwendungsersatz verlangen. „Zur Klarstellung" verweist Abs. 4 insoweit auf die einschlägigen §§ 280, 283–285, 311a.[74] Die Regelung des § 326, auf den Abs. 4 ebenfalls Bezug nimmt, betrifft das Schicksal der Gegenleistung im gegenseitigen Vertrag. Insoweit findet sich in § 326 nunmehr die absonderliche Kumulation von automatischem Wegfall des Anspruchs auf die Gegenleistung gemäß § 326 Abs. 1 und dem Rücktrittsrecht des Gläubigers gemäß § 326 Abs. 5. 21

F. Sonderfragen

§ 275 findet auf **Geldschulden** grundsätzlich keine Anwendung; insbesondere bedeutet Zahlungsunfähigkeit kein Unvermögen i.S.v. Abs. 1. Eine entsprechende Klarstellung in § 250 KE und § 250 DiskE („besteht die Schuld nicht in einer Geldschuld ...") wurde zwar im Zuge des Gesetzgebungsverfahrens fallen gelassen. Dies soll jedoch nichts daran ändern, dass der Schuldner nach wie vor für seine finanzielle Leistungsfähigkeit uneingeschränkt einzustehen hat.[75] 22

Nach § 275 Abs. 1 RE sollte der Anspruch auf Leistung ausgeschlossen sein, soweit **und solange** diese unmöglich ist. Mit dieser Formulierung sollte auch die schwierige und umstrittene Problematik der vorübergehenden Unmöglichkeit[76] erfasst werden. Der Anspruch auf Erfüllung sollte für die Schwebezeit zwar dem Grunde nach fortbestehen, aber durch eine Einwendung gehemmt sein; entsprechend sollte auch die Verpflichtung zur Gegenleistung gemäß § 326 Abs. 1 S. 1 ausgesetzt sein.[77] Diese Konstruktion sah sich gewichtigen Bedenken ausgesetzt.[78] Deswegen hat der Gesetzgeber durch Streichung des „solange" auf eine Regelung verzichtet und die Frage wieder Rechtsprechung und Schrifttum zur Klärung überlassen. 23

Im Gegensatz zum ursprünglichen Anspruch der Reform, die (angeblich überbewertete) Unmöglichkeit als eigenständige Kategorie der Leistungsstörung ganz abzuschaffen, erfährt die Unmöglichkeit nun durch die Integration des Kaufrechts in das allgemeine Leistungsstörungsrecht eine deutliche Aufwertung durch die neue Kategorie der **„qualitativen Unmöglichkeit"**.[79] Liegt ein Mangel i.S.v. § 434 vor und ist eine Nacherfüllung i.S.v. § 439 nicht oder nicht mehr möglich (bei dem gebrauchten Kfz handelt es sich um einen Unfallwagen), dann greift bezüglich der Nacherfüllungspflicht des Käufers § 275; eventuelle Schadensersatzansprüche des Gläubigers richten sich nach §§ 280 Abs. 1, 3, 283 oder § 311a Abs. 2 (§ 437 Nr. 3). 24

§ 276 Verantwortlichkeit des Schuldners

(1) ¹Der Schuldner hat Vorsatz und Fahrlässigkeit zu vertreten, wenn eine strengere oder mildere Haftung weder bestimmt noch aus dem sonstigen Inhalt des Schuldverhältnisses, insbesondere aus der Übernahme einer Garantie oder eines Beschaffungsrisikos zu entnehmen ist. ²Die Vorschriften der §§ 827 und 828 finden entsprechende Anwendung.
(2) ¹Fahrlässig handelt, wer die im Verkehr erforderliche Sorgfalt außer Acht lässt.
(3) ¹Die Haftung wegen Vorsatzes kann dem Schuldner nicht im Voraus erlassen werden.

Literatur: Begründung zu § 276, BT-Drucks 14/6040, S. 131 f. und zur Aufhebung des § 279, BT-Drucks 14/6040, S. 132; *Canaris*, JZ 2001, 499, 518; *ders.*, DB 2001, 1814.

Inhalt

A. Das Regelungskonzept im Überblick 1	C. Ausnahmen einer strengeren oder milderen Haftung
B. Vertretenmüssen von Vorsatz und Fahrlässigkeit (Abs. 1 S. 1 Hs. 1) 6	(Abs. 1 S. 1 Hs. 2) 14
I. Verschulden 6	I. Bestimmung durch Gesetz oder Rechtsgeschäft 14
II. Vorsatz 8	II. Zum „sonstigen Inhalt des Schuldverhältnisses" 17
III. Fahrlässigkeit 9	1. Sonstiger Inhalt des Schuldverhältnisses 17
IV. Anwendungsbereich 12	2. Übernahme einer Garantie 18
V. Zum arglistigen Verschweigen im Kaufrecht 13	3. Übernahme eines Beschaffungsrisikos 22
	D. Arbeitnehmerhaftung 27
	E. Geldschulden 29

[74] Begründung zu § 275, BT-Drucks 14/6040, S. 131.
[75] Vgl. die Nachweise § 276 Rn 29.
[76] Siehe zum komplizierten Streitstand nur Palandt/*Heinrichs*, § 275 Rn 17 ff.; Soergel/*Wiedemann*, § 275 Rn 42 ff.
[77] Begründung zu § 275, BT-Drucks 14/6040, S. 128 f.
[78] Vgl. nur *Canaris*, JZ 2001, 499, 500, 508, 510. Auf Anraten des Bundesrates gestrichen; vgl. BR-Drucks 338/01, S. 13 zu Nr. 19; BT-Drucks 14/6857, S. 11.
[79] Begriff nach St. *Lorenz*, JZ 2001, 742, 743.

A. Das Regelungskonzept im Überblick

1 Regelungsgegenstand der §§ 276 bis 278 ist wie bisher die **Verantwortlichkeit des Schuldners**. Sie legen fest, was der Schuldner **zu vertreten** hat und greifen daher immer dann, wenn eine Haftungsnorm auf das Vertretenmüssen des Schuldners abstellt. Zentral ist insoweit zunächst die neue, nunmehr alle Leistungsstörungen abdeckende Schadensersatzregelung des § 280 Abs. 1 S. 2, die allerdings bezüglich des Vertretenmüssens eine Beweislastumkehr zu Lasten des Schuldners vorsieht. Zu nennen sind aber etwa auch die § 311a Abs. 2 und 286 Abs. 4. Vom Vertretenmüssen unabhängig ist dagegen nunmehr das Rücktrittsrecht des Gläubigers gemäß § 323.

2 Abs. 1 S. 1 ist insoweit unverändert geblieben, als der Schuldner grundsätzlich **Vorsatz und Fahrlässigkeit** zu vertreten hat. Der Schuldner haftet also nach wie vor für Leistungsstörungen in der Regel nur dann, wenn er die Störung **vorwerfbar** verursacht hat. Damit wird für den Bereich der Leistungsstörungen das „Bewährte"[1] bekräftigt. Dies ist dem Gesetzgeber bemerkenswerterweise eine ausführliche Begründung wert:[2] Bewirke der Schuldner die geschuldete Leistung nicht oder verletze er sonst eine vertragliche Pflicht, so kämen Rechte in Betracht, die ihn erheblich belasten könnten. Dies gelte insbesondere für den Übergang von der Primärleistungspflicht zur Sekundärleistungspflicht; vor allem eine Pflicht zum Ersatz des Nichterfüllungsschadens könne weit schwerer wiegen als die Primärleistungspflicht. Es liege daher näher, diese Rechtsfolgen an eine besondere Verantwortlichkeit des Schuldners zu knüpfen, das Vertretenmüssen, und zwar abweichend von dem im angloamerikanischen Recht geltenden System einer grundsätzlichen Garantiehaftung und von der durch Verschuldenselemente gemilderten Haftung des Art. Art. 79 CISG.[3]

3 Änderungen finden sich in Abs. 1 S. 1 im Hinblick auf die Abweichungen vom Grundsatz, dass der Schuldner Vorsatz und Fahrlässigkeit zu vertreten hat. Der knappe Wortlaut des Abs. 1 S. 1 a.F., „sofern nicht ein anderes bestimmt ist", wird durch eine sehr viel ausführlichere Formulierung ersetzt. Eine strengere oder mildere Haftung soll sich nicht nur aus einer gesetzlichen oder vertraglichen Bestimmung, sondern auch aus dem „sonstigen Inhalt des Schuldverhältnisses" ergeben können. Dadurch sollen die Ausnahmen eines abweichenden Haftungsmaßstabes stärker betont werden; diese Akzentverschiebung deutet sich auch in der neuen amtlichen Überschrift „Verantwortlichkeit" (statt wie bisher Verschulden) an. Eine Haftungsverschärfung ist aber wohl dennoch nicht beabsichtigt, sondern nur einmal mehr eine Umgestaltung und Verbesserung des dogmatischen Fundaments.[4] Dies gilt jedenfalls für die inhaltlich greifbaren Änderungen des Abs. 1 S. 1, die sich hinter den beiden „insbesondere" genannten Fallgruppen verstecken: Die „Übernahme einer Garantie" soll die Zusicherung von Eigenschaften im Kaufrecht erfassen und damit insoweit funktional den gestrichenen § 463 a.F. ersetzen (Rn 19 ff.).[5] Mit der Bezugnahme auf die „Übernahme eines Beschaffungsrisikos" soll das sachliche Anliegen des ebenfalls beseitigten § 279 a.F. aufgegriffen, verallgemeinert und einer sachgerechteren Lösung zugeführt werden (Rn 22 ff.).[6]

4 Im Übrigen beschränkt sich die Neufassung des § 276 auf **redaktionelle Umstellungen**: Abs. 1 S. 2 entspricht Abs. 1 S. 3 a.F.:[7] Durch die Verweisung auf die §§ 827, 828 wird klargestellt, dass vertragliches und deliktisches Vertretenmüssen gleichermaßen Zurechnungsfähigkeit voraussetzen (Rn 7). Abs. 2 übernimmt aus Abs. 1 S. 2 a.F. wortgleich die Legaldefinition der Fahrlässigkeit, die der Gesetzgeber in einem eigenen Absatz verselbständigen wollte.[8] Das Freizeichnungsverbot für Vorsatz ist aus Abs. 2 a.F. ohne inhaltliche Änderung in Abs. 3 verlagert worden.

5 § 276 regelt nur Haftungsvoraussetzungen und Haftungsmaßstab, enthält jedoch **keine eigenständige Anspruchsgrundlage**. Zwar wurde § 276 a.F. von einer Mindermeinung als allgemeine Haftungsanordnung und damit auch als gesetzliche Grundlage der PFV gedeutet.[9] Dieser Auffassung ist jedoch mit der Schaffung der zentralen Anspruchsgrundlage des § 280 der Boden entzogen worden: Mit der Kodifikation eines Generaltatbestandes der Pflichtverletzung will der Gesetzgeber gerade auch die PFV ausdrücklich gesetzlich verankern.[10]

---

1 Begründung zu § 276, BT-Drucks 14/6040, S. 131 re. Sp.
2 Begründung zu § 276, BT-Drucks 14/6040, S. 131.
3 Begründung zu § 276, BT-Drucks 14/6040, S. 131 re. Sp.
4 Vgl. zu diesem (zweifelhaften) Motiv, das die ganze Schuldrechtsreform wie ein roter Faden durchzieht, *Schmidt-Räntsch*, ZIP 2000, 1639, 1641.
5 Begründung zu § 276, BT-Drucks 14/6040, S. 132.
6 Begründung zur Aufhebung des § 279, BT-Drucks 14/6040, S. 132.
7 Ohne inhaltliche Konsequenzen ist die Einfügung des Wortes „entsprechend".
8 Begründung zu § 276, BT-Drucks 14/6040, S. 132.
9 MüKo/*Emmerich*, vor § 275 Rn 204; Erman/*Battes*, § 276 Rn 85, 88; *Huber*, Leistungsstörungen I, § 3 II.
10 Begründung zur Neufassung der §§ 280 bis 288, BT-Drucks 14/6040, S. 133; soweit die Kommentierungen zu PFV und c.i.c. bisher formal im Umfeld des § 276 angesiedelt wurden, werden diese nunmehr ihren Standort bei § 280 und § 311 finden.

B. Vertretenmüssen von Vorsatz und Fahrlässigkeit (Abs. 1 S. 1 Hs. 1)

I. Verschulden

Gemäß Abs. 1 S. 1 hat der Schuldner regelmäßig Vorsatz und Fahrlässigkeit zu vertreten; den Oberbegriff bildet das **Verschulden**,[11] das freilich in § 276 nicht ausdrücklich erwähnt wird. Damit hat die Schuldrechtsreform nichts daran geändert, dass im Zivilrecht das **Verschuldensprinzip** die Regel darstellt, als Gegensatz zum Verursachungsprinzip insbesondere in Form der Gefährdungshaftung. Es gilt sowohl im Leistungsstörungsrecht wie auch im Deliktsrecht. Das **rechtspolitische Anliegen** des Verschuldensprinzips ist die Sicherung der allgemeinen Handlungsfreiheit: Wer jede im Verkehr erforderliche Sorgfalt beachtet (Abs. 2), soll keine Schadensersatzpflichten zu fürchten haben.

Das Verschulden betrifft die Ebene der subjektiven Vorwerfbarkeit und setzt daher Rechtswidrigkeit voraus.[12] Sie ist im Leistungsstörungsrecht gleichbedeutend mit objektiver Pflichtwidrigkeit und ergibt sich damit ohne weiteres aus einer **Pflichtverletzung** i.S.v. § 280 Abs. 1. Der subjektive Vorwurf setzt außerdem **Zurechnungsfähigkeit** voraus. Abs. 1 S. 2 ordnet insoweit die entsprechende Anwendung der §§ 827, 828 an. Dagegen wird § 829 nicht erwähnt, über dessen entsprechende Heranziehung im Rahmen des Abs. 1 S. 3 a.F. gestritten wurde.[13] Da die Begründung diese Frage nicht anspricht, lässt das Schweigen des Gesetzgebers sowohl einen Umkehrschluss zu als auch die Deutung, die Frage solle weiterhin offen gelassen werden.

II. Vorsatz

Auch das neue Schuldrecht enthält für den Vorsatz **keine Legaldefinition**. Es ist daher vom bisherigen Verständnis auszugehen, dass er im Wissen und Wollen der nach den gesetzlichen Tatbeständen maßgeblichen Umstände besteht.[14] Nach h.M. gilt im Zivilrecht die sog. Vorsatztheorie (im Gegensatz zur Schuldtheorie von § 17 StGB): Der Vorsatz muss also im Leistungsstörungsrecht auch die Pflichtwidrigkeit, im Deliktsrecht auch die Rechtswidrigkeit umfassen. Diesem Postulat kommt allerdings deshalb auch in Zukunft kaum praktische Bedeutung zu, weil bei Unkenntnis der Pflicht eine Haftung wegen Fahrlässigkeit möglich bleibt, wenn der Handelnde die Pflicht bei ordentlicher Sorgfalt hätte erkennen können.[15]

III. Fahrlässigkeit

Im Gegensatz zum Vorsatz ist die **Fahrlässigkeit** wie bisher schon im Gesetz als Außerachtlassung der im Verkehr erforderlichen Sorgfalt definiert, und zwar nunmehr in Abs. 2. Der Eintritt des schädigenden Erfolges muss vorhersehbar und vermeidbar sein. Abweichend vom Strafrecht gilt dabei im BGB kein individueller, sondern ein auf die allgemeinen Verkehrsbedürfnisse zugeschnittener **objektiver Maßstab**.[16] Im allgemeinen Rechtsverkehr soll und muss jeder darauf vertrauen dürfen, dass der andere die für die Erfüllung seiner Pflichten nach allgemeinen Maßstäben erforderlichen Fähigkeiten und Kenntnisse besitzt. Daher wirken persönliche Eigenarten nicht entlastend, insbesondere ist der Einwand abgeschnitten, nicht die erforderliche Fachkunde für die übernommene Leistung zu besitzen; es greift insoweit der Gedanke des Übernahmeverschuldens.[17]

Erforderlich ist die Sorgfalt, die nach dem Urteil besonnener und gewissenhafter Angehöriger der in Betracht kommenden Verkehrskreise zu beachten ist, und entspricht daher nicht notwendig der üblichen Sorgfalt. Eingerissene Nachlässigkeiten und Unsitten entschuldigen nicht.[18] Für die jeweilige **Konkretisierung des Sorgfaltsmaßstabs** kommt es auf die Umstände des Einzelfalls an; auf die zum alten Recht von Rechtsprechung und Schrifttum entwickelten Fallgruppen und Grundsätze kann unverändert wie bisher zurückgegriffen werden.[19]

Dabei wird nach der Intensität der Fahrlässigkeit unterschieden zwischen **grober Fahrlässigkeit**, die vorliegt, wenn die verkehrserforderliche Sorgfalt in besonders schwerem Maße verletzt worden ist, dem Handelnden also auch in subjektiver Hinsicht ein schwerer Vorwurf zu machen ist, und **leichter (einfacher, gewöhnlicher) Fahrlässigkeit**, bei der der Maßstab ausschließlich objektiv ist.[20] Grob fahrlässig handelt

---

11 Vgl. nur Mot. I, S. 281.
12 Vgl. nur *Medicus*, SR AT, Rn 301.
13 Vgl. nur Palandt/*Heinrichs*, § 276 Rn 6.
14 Vgl. schon Mot. I, S. 280.
15 Überblick bei Palandt/*Heinrichs*, § 276 Rn 11.
16 Vgl. die Nachweise bei Palandt/*Heinrichs*, § 276 Rn 15.
17 Vgl. nur BGHZ 88, 248, 259 f.; BGH JZ 1968, 103; BGH NJW 1988, 909; weitere Nachweise bei Palandt/*Heinrichs*, § 276 Rn 15.
18 Siehe nur BGHZ 5, 319; BGHZ 23, 290.
19 Vgl. nur die Übersicht bei Palandt/*Heinrichs*, § 276 Rn 22 ff.
20 Vgl. Palandt/*Heinrichs*, § 277 Rn 2 ff.

etwa, wer unter Alkoholeinfluss ein Kfz steuert oder eine rote Ampel überfährt.[21] Die Bedeutung der Abgrenzung liegt zunächst darin, dass der Schuldner für grobe Fahrlässigkeit auch in den Fällen gesetzlicher Haftungserleichterung haftet (§§ 277, 300 Abs. 1, 521). Die grobe Fahrlässigkeit spielt auch in anderen Regelungen eine Rolle (z. B. § 932 Abs. 2, Art. 16 Abs. 2 WG, Art. 21 Abs. 2 ScheckG, § 61 VVG, Art. 34 S. 2 GG, § 46 BRRG, § 78 BBG). Die Möglichkeit einer vertraglichen Freizeichnung für grobe Fahrlässigkeit wird durch § 309 Nr. 7a (bisher § 11 Nr. 7 AGBG) begrenzt. Besonders zu erwähnen ist die neue Regelung des § 199 Abs. 1 Nr. 2.

IV. Anwendungsbereich

12 Die Legaldefinition der Fahrlässigkeit (Abs. 2), der allgemein anerkannte Begriff des Vorsatzes sowie die zu ihrer Konkretisierung entwickelten Grundsätze gelten für das gesamte Privatrecht (nicht dagegen für das Strafrecht). Die Freizeichnungsbegrenzungen gelten auch für die deliktische Haftung. § 276 greift schließlich auch entsprechend für öffentlich-rechtliche Schuldverhältnisse, soweit sich nicht aus den Besonderheiten des Öffentlichen Rechts etwas anderes ergibt.[22]

V. Zum arglistigen Verschweigen im Kaufrecht

13 Im Wege der Integration der kaufrechtlichen Gewährleistung in das allgemeine Leistungsstörungsrecht wurde § 463 a.F. gestrichen. Damit entfällt auch die spezielle Schadensersatzregelung des § 463 S. 2 a.F. für die Fälle des arglistigen Verschweigens eines Fehlers bzw. des aktiven Vorspiegelns der Fehlerfreiheit oder einer nicht vorhandenen Eigenschaft. Ein Anspruch auf Schadensersatz ergibt sich nunmehr grundsätzlich nur noch unmittelbar aus der Grundnorm des § 280 Abs. 1 i.V.m. § 276. Es liegt eine Verletzung der Pflicht vor, dem Käufer die Sache frei von Sach- und Rechtsmängeln zu verschaffen (§§ 433, 434, 241 Abs. 1).[23] Kennzeichnend für Arglist war nach bisherigem Verständnis, dass der Verkäufer die wahre Sachlage kennt und weiß oder doch mit der Möglichkeit rechnet und billigend in Kauf nimmt, dass der Vertragspartner den Fehler nicht kennt und bei Offenbarung den Vertrag nicht oder nicht mit dem vereinbarten Inhalt abgeschlossen hätte.[24] Damit liegt im Hinblick auf die Mangelhaftigkeit der geschuldeten Leistung in diesen Fällen stets Vorsatz vor. Die vor allem im Zusammenhang mit dem Problem der Wissenszurechnung diskutierte Frage, ob eine „Reduktion der Arglist auf bedingten Vorsatz" und daraus folgend ein Verzicht auf eine Schädigungsabsicht oder eine verwerfliche Gesinnung[25] tatsächlich zulässig sind,[26] hat sich damit für die Schadensersatzverpflichtung des Verkäufers erledigt. Sie bleibt freilich gemäß § 444 für die Wirksamkeit eines Gewährleistungsausschlusses sowie gemäß § 438 Abs. 3 für die Verjährung von Gewährleistungsrechten relevant. Insoweit hat auch die Rechtsprechung, die Arglist bei „Erklärungen ins Blaue hinein" bejahte,[27] ihre Bedeutung nicht verloren. Im Übrigen erscheint in den Fällen der Arglist im Hinblick auf die §§ 281, 323 eine Fristsetzung zur Nacherfüllung gemäß §§ 281 Abs. 2, 2. Alt., 323 Abs. 2 Nr. 2 entbehrlich.[28]

C. Ausnahmen einer strengeren oder milderen Haftung (Abs. 1 S. 1 Hs. 2)

I. Bestimmung durch Gesetz oder Rechtsgeschäft

14 Abweichend von der Grundregel des Abs. 1 S. 1 haftet der Schuldner zunächst dann nicht für Vorsatz und Fahrlässigkeit, wenn eine strengere oder mildere Haftung **bestimmt** ist. Mit dem Begriff „Bestimmung", den schon Abs. 1 S. 1 a.F. verwendete, wird wie bisher eine entsprechende gesetzliche oder rechtsgeschäftliche Regelung bezeichnet.[29]

15 **Fälle einer gesetzlichen Haftungsverschärfung** finden sich etwa in § 278 (Haftung für den gesetzlichen Vertreter und den Erfüllungsgehilfen) und § 287 (Schuldnerverzug). Eine **gesetzliche Haftungsmilderung** ist etwa in § 521 oder §§ 690, 708, 1664 i.V.m. § 277 angeordnet worden. Der Gedanke einer generellen Haftungsmilderung bei Gefälligkeit oder Unentgeltlichkeit analog §§ 521, 690[30] wurde vom Gesetzgeber

---

21 BGHZ 119, 147, 148.
22 Vgl. etwa § 62 S. 2 VwVfG; zu § 280 im Öffentlichen Recht *Dötsch*, NWVBl 2001, 385.
23 Daneben könnte man in dem arglistigen Verschweigen auch die Verletzung einer vorvertraglichen Informationspflicht sehen; daher wurde bisher in diesen Fällen neben dem Kaufgewährleistungsrecht auch eine Haftung aus c.i.c. diskutiert. Der Systematik des neuen Rechtes entspricht es aber, in diesen Fällen die Pflichtverletzung nur in der mangelhaften Leistung zu sehen.
24 Siehe nur BGHZ 109, 327 = NJW 1990, 995 m.w. Hinweisen auf die ständige Rechtsprechung; vgl. auch MüKo/*H.P. Westermann*, § 463 Rn 8; Soergel/*Huber*, § 476 Rn 4 f., § 463 Rn 24 f.
25 BGHZ 109, 327 = NJW 1990, 975 unter II 3c.
26 Zum Ganzen *Dauner-Lieb*, FS Kraft, 1998, 43 ff.
27 BGHZ 63, 382, 386; BGH NJW 1977, 1055; BGH NJW 1981, 864, 1441; BGH NJW 1998, 302.
28 Dazu auch §§ 281, 323; a.A. möglicherweise *St. Lorenz*, JZ 2001, 742, 743.
29 Begründung zu § 276, BT-Drucks 14/6040, S. 131 re. Sp.
30 Zum Diskussionsstand etwa Jauernig/*Vollkommer*, § 241 Rn 26; MüKo/*Kramer*, Einl. § 241 Rn 39 ff.

nicht aufgegriffen. Daher ist mit der bisher herrschenden Meinung weiterhin eine Einzelfallabwägung vorzunehmen.

Vertragliche Haftungserweiterungen sind in Individualverträgen innerhalb der Grenzen der §§ 134, 138 zulässig.[31] In AGB müssen sie sich an § 307 messen lassen; die formularmäßige Begründung einer schuldunabhängigen Haftung ist gemäß § 307 Abs. 2 Nr. 1 unwirksam.[32] Für Schadenspauschalierung und Vertragsstrafen gelten § 309 Nr. 5 und Nr. 6.[33] **Vertragliche Haftungsbeschränkungen** spielen in der Praxis eine große Rolle, sowohl in Form eines völligen Ausschlusses der Haftung unter bestimmten Voraussetzungen (z. B. für den Fall des leichten Verschuldens oder für das Verschulden von Erfüllungsgehilfen) als auch im Wege einer Begrenzung der Haftung etwa auf Höchstbeträge. Abs. 3 verbietet generell den Ausschluss für vorsätzliches Handeln des Schuldners. Für AGB ist jetzt insbesondere die Regelung des § 309 Nr. 7 zu beachten, die im Hinblick auf die Vorgabe der Richtlinie 93/13/EWG nunmehr ausdrücklich klarstellt, dass eine Haftung für Körperschäden auch bei leichter Fahrlässigkeit nicht einschränkbar ist.[34]

II. Zum „sonstigen Inhalt des Schuldverhältnisses"

1. Sonstiger Inhalt des Schuldverhältnisses

Nach der Neufassung des Abs. 1 S. 1 können sich Ausnahmen vom Grundsatz der Haftung für Vorsatz und Fahrlässigkeit auch aus dem sonstigen Inhalt des Schuldverhältnisses ergeben. Dadurch soll der Rechtsanwender außer auf „Bestimmungen" auch auf **andere Umstände** hingewiesen werden, die im Einzelfall für einen abweichenden Haftungsmaßstab sprechen können.[35] Von den beiden ausdrücklich genannten Fallgruppen abgesehen, werden diese „Umstände" und der „Inhalt des Schuldverhältnisses" nicht näher konkretisiert. In der Begründung zum neuen § 241 Abs. 2, der ebenfalls auf den Inhalt des Schuldverhältnisses Bezug nimmt, findet sich aber die Bemerkung, mit dem Inhalt sei das „konkret Geregelte" gemeint.[36] Das „konkret Geregelte" ließe sich freilich auch schon unter den Begriff der „Bestimmung" subsumieren, so dass fraglich erscheint, ob der Bezugnahme auf den „Inhalt des Schuldverhältnisses" tatsächlich eine eigenständige sachliche Bedeutung zukommt. Dies gilt um so mehr, als in den beiden ausdrücklich genannten Fallgruppen die Abweichung vom Grundsatz nunmehr ausdrücklich damit legitimiert wird, dass der Schuldner die verschuldensunabhängige Haftung für bestimmte Risiken kraft **privatautonomer Selbstbindung** übernimmt.[37] Man könnte daher auch insoweit zwanglos von einer rechtsgeschäftlichen „Bestimmung einer schärferen oder milderen Haftung" sprechen. Vor diesem Hintergrund ist davon auszugehen, dass die Ergänzung des Abs. 1 S. 1 vor allem konkretisierende und klarstellende Funktion hat.[38] Die Bezugnahme auf den Inhalt des Schuldverhältnisses bietet jedenfalls schon aus systematischen Gründen keine Grundlage dafür, im Hinblick auf die „Natur eines Schuldverhältnisses"[39] ohne rechtsgeschäftlichen Anknüpfungspunkt weitere Ausnahmen vom Grundsatz der Haftung für Vorsatz und Fahrlässigkeit zu entwickeln (zum Sonderfall der Arbeitnehmerhaftung Rn 27 ff.).

2. Übernahme einer Garantie

Ein abweichender Haftungsmaßstab kann sich „insbesondere" aus der Übernahme einer Garantie ergeben. **Hintergrund** dieser Regelung ist die Abschaffung des § 463 a.F. im Zuge der Integration des (insbesondere kaufrechtlichen) Gewährleistungsrechts in das allgemeine Leistungsstörungsrecht: Es wurde mit § 280 Abs. 1 eine allgemeine Schadensersatzregelung geschaffen, die einerseits nunmehr die Lieferung einer mangelhaften Sache abdeckt, andererseits jedoch i.V.m. § 437 Nr. 3 die Schadensersatzhaftung generell von einem Vertretenmüssen des Verkäufers abhängig macht. Dies soll nach dem Willen des Gesetzgebers jedoch nicht bedeuten, dass der Zusicherung von Eigenschaften zukünftig keine Bedeutung mehr zukäme. Die Haftung für zugesicherte Eigenschaften soll nämlich nicht abgeschafft, sondern nur an anderer, passenderer Stelle geregelt werden, nämlich im allgemeinen Leistungsstörungsrecht beim Vertretenmüssen des Schuldners. Für das Kaufrecht sei daher künftig im Rahmen von Abs. 1 S. 1 zu prüfen, ob der Schuldner eine Garantie übernommen, ob also z. B. ein Verkäufer das Vorhandensein bestimmter Eigenschaften der von ihm verkauften Sache zugesichert habe.[40]

Mit dem **Begriff** der Garantie ist damit der Sache nach in erster Linie die altbekannte Zusicherung einer Eigenschaft gemeint, die schon nach bisherigem Verständnis maßgeblich durch den Garantiewillen des

---

[31] BGHZ 115, 38, 43; 119, 152, 168.
[32] BGHZ 114, 242; 119, 168 noch zu § 9 Abs. 2 Nr. 1 AGBG.
[33] Insoweit kann auf die Kommentierungen zu § 11 Nr. 5, 6 AGBG zurückgegriffen werden.
[34] Zur richtlinienkonformen Auslegung des § 11 Nr. 7 AGBG *Hensen*, in: Ulmer/Brandtner/Hensen, § 11 Nr. 11 Rn 43.
[35] Begründung zu § 276, BT-Drucks 14/6040, S. 131 re. Sp.
[36] Begründung zur Änderung des § 241, BT-Drucks 14/6040, S. 126.
[37] In der Begründung zu § 276, BT-Drucks 14/6040, S. 132 wird mehrfach auf den „Inhalt der vertraglichen Vereinbarung" abgestellt.
[38] Vgl. die Begründung zu § 276, BT-Drucks 14/6040, S. 131.
[39] Der Hinweis auf die „Natur der Schuld", der noch in § 276 Abs. 1 S. 1 RE enthalten war, wurde zu Recht gestrichen.
[40] Begründung zu § 276, BT-Drucks 14/6040, S. 132.

Verkäufers gekennzeichnet war: Inhaltlich bedeutete die Zusicherung einer Eigenschaft die Übernahme einer Garantie für das Vorhandensein dieser Eigenschaft verbunden mit dem Versprechen, für alle Folgen ihres Fehlens ohne weiteres Verschulden einstehen zu wollen.[41] Der Wechsel von der „Zusicherung" zur „Garantie" hat also nur klarstellende Bedeutung; entsprechend angepasst wurden die Regelungen in § 442 Abs. 2 (vgl. § 460 a.F.) und § 444 (vgl. § 476 a.F.). Nicht gleichzusetzen ist die Garantie i.S.d. §§ 276, 442, 444 mit der Haltbarkeitsgarantie gemäß § 443. Deshalb steht dem Käufer im Garantiefall i.S.v. § 443 ein Schadensersatzanspruch nur zu, wenn in der Garantie i.S.v. § 443 zugleich die Zusicherung einer Eigenschaft liegt.[42]

20   Im Hinblick auf die **Konkretisierung des Garantiebegriffs** im Einzelfall kann auf die bisher zur Zusicherung von Eigenschaften entwickelten Rechtsprechungsgrundsätze zurückgegriffen werden: Danach liegt eine Zusicherung vor, wenn der Verkäufer die Gewähr für das Vorhandensein der zugesicherten Eigenschaft übernimmt und damit seine Bereitschaft zu erkennen gibt, für alle Folgen einzustehen, wenn diese Eigenschaft fehlt.[43] Stillschweigende Zusicherungen sollen grundsätzlich nur mit Zurückhaltung anzunehmen sein. Ob die Rechtsprechung an der großzügigen Handhabung der Zusicherungshaftung im Kfz-Handel festhalten wird,[44] bleibt abzuwarten. Inwieweit auch **Mangelfolgeschäden** von der Garantiehaftung abgedeckt und damit verschuldensunabhängig zu ersetzen sind, ist wie bisher von der Reichweite der Garantie abhängig zu machen, die durch Auslegung zu ermitteln ist.[45] Die Reichweite der Garantie ist auch maßgeblich dafür, ob sich der Käufer im Hinblick auf seine Rechte gemäß §§ 281, 323 zunächst einmal auf Nacherfüllung verweisen lassen muss, oder ob – im Regelfall näherliegend – von der Entbehrlichkeit der Fristsetzung auszugehen ist.[46]

21   Beim **Rechtskauf** haftete der Verkäufer bisher in Abweichung von § 306 a.F. gemäß § 437 a.F. verschuldensunabhängig für den rechtlichen Bestand der Forderung. § 437 wurde jedoch mit der Begründung aufgehoben, mit der Streichung des § 306 a.F. und der Regelung des § 311a entfalle die Notwendigkeit, die Wirksamkeit eines Kaufvertrags über ein nicht bestehendes Recht besonders zu regeln.[47] § 311a Abs. 2 sieht freilich für die Fälle der anfänglichen Unmöglichkeit eine Haftung nur bei Verschulden vor. Im Hinblick auf den Rechtskauf wird insoweit darauf verwiesen, dass der Käufer wie beim Sachkauf gemäß Abs. 1 S. 1 ausdrücklich oder stillschweigend die Garantie für den Bestand des Rechts übernehmen könne.[48] Vor diesem Hintergrund erscheint völlig offen, ob die Praxis über eine großzügige Annahme stillschweigender Garantien insoweit faktisch zur alten Rechtslage zurückkehren wird. Methodisch wäre es jedoch bedenklich, über die Fiktion eines Einstandswillens die bewusste Streichung des § 437 a.F. im Regelfall wieder auszugleichen. Ganz generell erschiene es problematisch, die in § 311a Abs. 2 bewusst vollzogene Abkehr von einer Garantiehaftung für anfängliches Unvermögen mit Hilfe einer extensiven Handhabung der Fallgruppe „Übernahme einer Garantie" zu überspielen.

3. Übernahme eines Beschaffungsrisikos

22   Eine von Vorsatz und Fahrlässigkeit unabhängige Verantwortlichkeit kann sich auch aus der Übernahme eines Beschaffungsrisikos ergeben. **Hintergrund** dieser Neuregelung ist die **Abschaffung des § 279 a.F.** Entstehungsgeschichte wie Auslegung dieser Vorschrift waren unklar und dementsprechend streitig geblieben: Ihr Normzweck ließ sich sowohl in einer Bestimmung des Umfangs der Verpflichtung bei Gattungsschulden und damit als Einschränkung des § 275 Abs. 2 a.F. verstehen; § 279 a.F. hätte damit eine Klarstellung enthalten, dass subjektive Leistungshindernisse dann nicht von der Primärleistungspflicht befreien, wenn dies dem Vertragssinn widerspricht. Im Vordergrund stand – dem Wortlaut entsprechend – allerdings die Deutung als Konkretisierung des § 276 a.F. und damit als Ausdruck der Verantwortlichkeit für den eigenen persönlichen, beruflichen oder unternehmerischen Geschäftskreis.[49]

23   In letzterem Sinne versteht die **Gesetzesbegründung** § 279 a.F. als Versuch der Umschreibung eines allgemeinen Prinzips einer verschuldensunabhängigen Haftung: Der Gattungsschuldner sollte ein bloß subjektives Unvermögen verschuldensunabhängig zu vertreten haben.[50] Dieser Ansatz wird in Übereinstimmung mit weiten Teilen des Schrifttums[51] für reformbedürftig gehalten: Einerseits sei die in § 279 a.F. angeordnete, verschuldensunabhängige Haftung in den Fällen untypischer Beschaffungshindernisse zu weit,[52] andererseits könne auch die Stückschuld Beschaffungsschuld sein.[53] Angesichts dieses Befundes

---

41 Zutreffend Begründung zu § 276, BT-Drucks 14/6040.
42 So ausdrücklich die Begründung zu § 443 BT-Drucks 14/6040, S. 238 li. Sp.
43 BGHZ 59, 158, 160; NJW 1996, 1465, 1466.
44 Siehe die Nachweise bei Palandt/*Putzo*, § 459 Rn 27 ff.
45 Vgl. BGHZ 50, 200 ff.; BGH NJW 1982, 435, 436; 1993, 2103, 2104.
46 Siehe § 281 Rn 21; § 323 Rn 15 ff.
47 Begründung zur Aufhebung des § 437, BT-Drucks 14/6040, S. 202.
48 Begründung zu § 453, BT-Drucks 14/6040, S. 242.
49 Erhellend die Analyse des Streitstandes von Soergel/*Wiedemann*, § 279 Rn 2 ff., 6.
50 Begründung zur Aufhebung des § 279, BT-Drucks 14/6040, S. 132.
51 Vgl. nur *Medicus*, SR AT, Rn 347 ff.

wird § 279 a.F. gestrichen;⁵⁴ der Gedanke einer Haftung für Beschaffungsrisiken wird in § 276 aufgegriffen und verallgemeinert.

Die neue Verankerung der Beschaffungsproblematik in Abs. 1 S. 1 hat **systematische Konsequenzen**: Zunächst ist die seit Jahrzehnten im Raum stehende Verbindung zur begrifflichen Erfassung des Unvermögens gelöst. Die Übernahme eines Beschaffungsrisikos spielt für den Bestand des Erfüllungsanspruchs und damit für die Frage eines automatischen Wegfalls der Primärleistungspflicht gemäß § 275 Abs. 1 keine Rolle.⁵⁵ Ein von der Erfüllungspflicht befreiendes Unvermögen liegt nach der insoweit eindeutigen Gesetzesbegründung – unabhängig von der Übernahme eines Beschaffungsrisikos – erst vor, wenn der Schuldner seine Leistung auch durch Beschaffung oder Wiederbeschaffung nicht erbringen kann.⁵⁶ Allerdings kann der Gedanke der Übernahme eines Beschaffungsrisikos im Hinblick auf die Grenzen des Erfüllungsanspruches i.S.v. § 275 Abs. 2 eine gewisse Bedeutung entfalten.⁵⁷ Im Übrigen bleiben im Hinblick auf den Bestand der Erfüllungspflicht die allgemeinen Grundsätze der Konkretisierung der Gattungsschuld von der Abschaffung des § 279 a.F. unberührt; geht eine gemäß §§ 243, 269 zur Stückschuld konkretisierte Gattungssache unter, dann liegt ohne weiteres und wie bisher (objektive) Unmöglichkeit i.S.v. § 275 Abs. 1 vor. Diese Einbindung der Beschaffungsproblematik in § 276 hat umgekehrt die Konsequenz, dass die verschuldensunabhängige Haftung im Rahmen aller an das Vertretenmüssen anknüpfenden Bestimmungen greifen kann und damit auch bei anderen Leistungsstörungen, etwa der Verzögerung einer Leistung gemäß § 280 Abs. 3 i.V.m. § 281⁵⁸ oder bei Verzug gemäß § 286 Abs. 4. Schließlich entfällt auch die Beschränkung des § 279 a.F. auf Gattungsschulden; grundsätzlich ist nunmehr auch bei Stückschulden die Übernahme eines Beschaffungsrisikos und damit eine verschuldensunabhängige Haftung denkbar.

Mit der Neuregelung der Übernahme eines Beschaffungsrisikos wird die privatautonome Verankerung der Verschuldenshaftung betont: Die Ergänzung des Abs. 1 S. 1 mache deutlich, worauf es im Einzelfall nur ankommen könne, nämlich auf den Inhalt einer **entsprechenden vertraglichen Vereinbarung**.⁵⁹ Dies hat unmittelbare Auswirkungen für die Frage, für welche Risiken der Schuldner konkret eine verschuldensunabhängige Einstandspflicht übernommen hat: Die **Reichweite der Risikoübernahme** ist nach den allgemeinen Grundsätzen der Rechtsgeschäftslehre durch **Auslegung** der konkreten vertraglichen Vereinbarung unter Berücksichtigung aller Umstände des Einzelfalls zu ermitteln.⁶⁰ Dabei kann grundsätzlich davon ausgegangen werden, dass der Schuldner bei marktbezogenen Geschäften seine Fähigkeit zur Überwindung typischer Beschaffungshindernisse garantieren will,⁶¹ also u. a. das Vorhandensein der nötigen Kenntnisse, geschäftlichen Verbindungen und finanziellen Mittel. Nicht von der Risikoübernahme abgedeckt sein werden dagegen regelmäßig solche Risiken, die nicht mit der Eigenart der Beschaffungsschuld zusammenhängen, wie etwa eine unvorhersehbare Krankheit des Schuldners.⁶² Wie Beschaffungsstörungen wegen Krieg oder Streik einzuordnen sind, wird von der Eigenart des jeweiligen Geschäfts abhängig zu machen sein. Klarheit und Rechtssicherheit lassen sich insoweit nur durch ausdrückliche vertragliche Regelungen erzielen. Daher behalten die im Hinblick auf § 279 a.F. entwickelten Selbstbelieferungsklauseln (z. B. „richtige und rechtzeitige Selbstbelieferung vorbehalten") und die dazu ergangene Rechtsprechung ihre Bedeutung; sie erlauben eine Freistellung des Schuldners vom Beschaffungsrisiko für den Fall, dass ihn ein Lieferant im Stich lässt, mit dem er ein kongruentes Deckungsgeschäft abgeschlossen hat.⁶³

Erhebliche, bisher nicht ausreichend wahrgenommene **Haftungsrisiken** können sich aus der Neufassung des Abs. 1 **beim Kaufvertrag** im Hinblick auf die Schadensersatzhaftung des Verkäufers gemäß §§ 280 Abs. 1, 276 bei Lieferung einer **mangelhaften Sache** ergeben.⁶⁴ Insoweit deutet sich nämlich im Schrifttum die Auffassung an, bei Gattungsschulden sei in der Regel kein Verschulden erforderlich. Es komme nicht darauf an, ob der Verkäufer den Mangel aufgrund von Fahrlässigkeit nicht kannte, sondern allein darauf, ob sich die Risikoübernahme auch auf die Fehlerfreiheit der Sache beziehe; dies werde in der Regel zu bejahen

---

52 Verwiesen wird insoweit auf RGZ 99, 1 (die Lieferung ostgalizischer Eier wird durch den Einmarsch russischer Truppen verhindert) und RGZ 57, 116 (das gattungsmäßig geschuldete Baumwollsaatenmehl Marke „Eichenlaub" verschwindet von dem zur Beschaffung vorgesehenen Markt, bleibt aber anderswo erhältlich).
53 Vgl. schon *Medicus*, SR AT, Rn 348 mit dem Beispiel, der Schuldner verspreche, ein bestimmtes Gemälde von Picasso herbeizuschaffen.
54 Begründung zur Aufhebung des § 279, BT-Drucks 14/6040, S. 132.
55 A.A. möglicherweise *Canaris*, JZ 2001, 499, 518 re. Sp. f.
56 Begründung zu § 275, BT-Drucks 14/6040, S. 129 re. Sp.
57 Vgl. § 275 Rn 17 f.
58 Vgl. zu § 279 DiskE bereits *Krebs*, DB Beil. 14/2000, S. 1, 11; *Teichmann*, DB 2001, 1485, 1490.
59 Begründung zu § 276, BT-Drucks 14/6040, S. 132 li. Sp.
60 Vgl. *Canaris*, JZ 2001, 499, 518.
61 Begründung zu § 276, BT-Drucks 14/6040, S. 132.
62 Vgl. dazu etwa *Medicus*, SR AT, Rn 349.
63 Vgl. nur BGHZ 92, 396.
64 Kritisch etwa auch *Altmeppen*, DB 2001, 1131 f.; *ders.*, DB 2001, 1821, 1822.

sein, weil er nach § 243 Abs. 1 grundsätzlich nur mit einer fehlerfreien Sache erfüllen könne.[65] Diese Ansicht könnte sich vor allem für Zwischenhändler als bedrohlich erweisen: Sie hafteten nach bisherigem Verständnis in der Regel nur im Rahmen des § 463 a.F., also bei Zusicherung bestimmter Eigenschaften. Eine Haftung aus PFV für Mangelfolgeschäden kam zwar theoretisch in Betracht, scheiterte aber meist am Verschulden, weil die h.M. (völlig zu Recht) eine allgemeine Untersuchungspflicht verneinte.[66] Über die extensive Handhabung der Übernahme eines Beschaffungsrisikos käme man grundsätzlich zu einer verschuldensunabhängigen Schadensersatzhaftung. Dies würde gegenüber der bisherigen Rechtslage eine erhebliche Haftungsverschärfung selbst dann bedeuten, wenn man diesen Ansatz auf Mangelschäden begrenzen wollte,[67] fasste die h.M. darunter doch bisher auch allgemeine Vermögensschäden, wie etwa einen Betriebsausfallschaden.[68] Diese Auffassung ist schon deshalb nicht haltbar, weil sie nicht die geringste Stütze in der Gesetzesbegründung findet; die Ausführungen zur Abschaffung des § 279 a.F. und zur Neuformulierung des § 276[69] deuten im Gegenteil darauf hin, dass keine wesentliche Änderung in der Sache beabsichtigt war. Hinzu kommt, dass sich vom natürlichen Sprachgebrauch aus der „Übernahme eines Beschaffungsrisikos" kaum auf eine Garantie für eine **ordnungsgemäße** Beschaffenheit schließen lässt. „Beschaffen" bedeutet zunächst einmal „Herbeischaffen",[70] bezieht sich also gerade nicht auf die Qualität des zu besorgenden Gegenstandes. Dementsprechend ist diese Interpretation auch mit der privatautonomen Legitimation der Abweichung vom Verschuldensprinzip nicht zu vereinbaren. Die Annahme, der Schuldner wolle mit der Übernahme des Beschaffungsrisikos auch verschuldensunabhängig für eine bestimmte Beschaffenheit einstehen, ist Fiktion. Daran ändert auch seine Verpflichtung, gemäß § 243 Abs. 1 eine fehlerfreie Sache leisten zu müssen, nichts. Verletzt er diese Pflicht, sieht er sich ohne weiteres den verschuldensunabhängigen Rechtsbehelfen des Käufers ausgesetzt: Minderung und Rücktritt. Schadensersatz muss er nach der neuen Systematik gemäß § 280 Abs. 1 dagegen nur leisten, wenn Verschulden vorliegt, es sei denn, er hat auf diese Voraussetzung verzichtet. Einen entsprechenden Willen darf man ihm jedoch nicht im Wege der Fiktion unterschieben.[71] Hinzu kommen systematische Zweifel: Die Gleichsetzung der Übernahme eines Beschaffungsrisikos mit der Abgabe einer „Garantie ordnungsgemäßer Beschaffenheit" ließe die soeben in Abs. 1 S. 1 aufgenommene „Übernahme einer Garantie" i.S. der Zusicherung einer Eigenschaft für den Gattungskauf leer laufen: Alle Beschaffenheitsangaben hätten dann von vornherein den Status einer zugesicherten Eigenschaft.[72]

D. Arbeitnehmerhaftung

27 Für die Arbeitnehmerhaftung hat das BAG den Grundsatz, dass jedes Verschulden zu uneingeschränkter Schadensersatzhaftung führt, im Wege richterlicher Rechtsfortbildung durchbrochen und ein eigenständiges arbeitsrechtliches Haftungsmodell entwickelt.[73] Im Hinblick auf die Vorstellung, dass auf Dauer ein gelegentliches, leicht fahrlässiges Fehlverhalten wohl für jedermann unvermeidlich ist („das passiert jedem einmal"), wurde die Kategorie der „leichtesten" Fahrlässigkeit erfunden, für die der Arbeitnehmer überhaupt nicht haften soll.[74] Bei mittlerer Fahrlässigkeit soll der Schaden zwischen Arbeitgeber und Arbeitnehmer unter Berücksichtigung aller Umstände des Einzelfalls geteilt werden, während es bei grober Fahrlässigkeit in der Regel (und selbstverständlich auch bei Vorsatz) bei der vollen Haftung des Arbeitnehmers bleiben soll; allerdings lässt die Rechtsprechung unter besonderen Umständen eine zumindest teilweise Schadensüberwälzung auf den Arbeitgeber auch bei grober Fahrlässigkeit zu.[75] Bei gröbster Fahrlässigkeit (eine weitere Differenzierung der Fahrlässigkeit") sollen solche Haftungserleichterungen allerdings ausscheiden.[76] Zwischenzeitlich wollte der VII. Senat des BAG die Unterscheidung zwischen leichtester und mittlerer Fahrlässigkeit beseitigen, den Arbeitnehmer also bei normaler Fahrlässigkeit von der Haftung völlig freistellen. Diese Fortentwicklung ist aber vom zuständigen XIII. Senat wieder

---

65 *Canaris*, DB 2001, 1815 f.; *ders.*, ZRP 2001, 379, 335.
66 Vgl. nur den Überblick bei Soergel/*Huber*, Anh. § 463 Rn 15 ff., insbes. Rn 17 m.w.N.
67 So andeutungsweise *Canaris*, DB 2001, 1815, 1816, Fn. 4; dies steht in bemerkenswertem Spannungsverhältnis zu dem rechtspolitischen Bestreben des Gesetzgebers, die schwierige Differenzierung zwischen Mangel- und Mangelfolgeschaden zu beseitigen, allgemeine Begründung BT-Drucks 14/6040, S. 87 f., 94.
68 Vgl. zum Streitstand Soergel/*Huber*, Anh. § 463 Rn 28.
69 BT-Drucks 14/6040, S. 131 f.
70 Vgl. nur *Medicus*, SR AT Rn 348.
71 Vor diesem Hintergrund trifft auch die Argumentation von *St. Lorenz*, JZ 2001, 742, 744 nicht zu: Da der Verkäufer im Falle einer Gattungsschuld regelmäßig ein Beschaffungsrisiko übernehme, habe er auch die Nichtnachlieferung ohne Verschulden zu vertreten und entsprechende Schäden zu ersetzen.
72 Bei entsprechenden Klauseln in AGB, wonach alle Angaben als zugesicherte Eigenschaften gelten, wurde bisher ein Verstoß gegen § 9 AGBG angenommen; Palandt/*Heinrichs*, AGBG 9, Rn 81.
73 Siehe den Überblick bei *Lieb*, Arbeitsrecht, Rn 207 ff.; *Zöllner/Loritz*, § 19 II (S. 252 ff.).
74 Vgl. die Anfänge in BAG AP Nr. 8 und 14 zu § 611 BGB Haftung des Arbeitnehmers.
75 BAG NZA 1990, 97 = EzA § 611 BGB Gefahrgeneigte Arbeit Nr. 23 (*Rieble*).
76 BAG NZA 1998, 310.

zurückgenommen worden.⁷⁷ Die Haftungsbeschränkung wurde den Arbeitnehmern zunächst nur in den Sonderfällen der sog. gefahrgeneigten Arbeit, d. h. dann zugebilligt, wenn nach der Art der Tätigkeit und den Umständen ihrer Erbringung Sorgfaltspflichtverletzungen besonders nahe lagen. Diese einschränkende Voraussetzung hat die Rechtsprechung jedoch inzwischen fallen gelassen.⁷⁸

Die Rechtsprechung des BAG soll **durch die Schuldrechtsreform nicht berührt** werden.⁷⁹ Der Gesetzgeber meint aber, dass die neu gefasste § 276 eine „bessere Absicherung dieser Judikatur" biete: Die mildere Haftung des Arbeitnehmers ließe sich ohne weiteres aus dem Inhalt des Schuldverhältnisses ableiten, so dass die Rechtsprechung nicht mehr auf den „an sich nicht recht passenden § 254" ausweichen müsse. Es bleibe der Rechtsprechung „aber unbenommen, bei der bisherigen dogmatischen Begründung der Beschränkung der Arbeitnehmerhaftung zu bleiben".⁸⁰ Entscheidend ist letztlich nur, dass sich an der bisherigen Haftungssituation im Ergebnis nichts ändern soll. Eine dogmatische Anbindung der speziellen Arbeitnehmerhaftung an den „Inhalt des Schuldverhältnisses" erscheint allerdings zweifelhaft, weil die Haftungserweiterung in den beiden Regelbeispielen privatautonom legitimiert wird, die Beschränkung der Arbeitnehmerhaftung aber gerade nicht auf einer vertraglichen Vereinbarung beruht, sondern auf höchstrichterlicher Rechtsfortbildung. Deshalb läge es näher, sie bei der Bestimmung einer milderen Haftung durch Gesetz zu verorten.

E. Geldschulden

Schon bisher bestand im Ergebnis Einigkeit darüber, dass der Schuldner für seine finanzielle Leistungsfähigkeit uneingeschränkt einzustehen hat. Dieser Grundsatz ist der geltenden Rechts- und Wirtschaftsordnung immanent, kommt in dem Prinzip der unbeschränkten Vermögenshaftung zum Ausdruck und wird verfahrensrechtlich durch das Zwangsvollstreckungs- und Insolvenzrecht verwirklicht.⁸¹ Zahlungsunfähigkeit bedeutet daher – wie bisher – nicht Unmöglichkeit i.S.v. § 275. Auf ein Vertretenmüssen kommt es ebenfalls nicht an. Ursprünglich sollte die Nichtgeltung des Verschuldensprinzips für Geldschulden durch eine zusätzliche Bezugnahme in § 276 RE auf die „Natur der Schuld" zum Ausdruck gebracht werden.⁸² Sie wurde aber im Zuge des Gesetzgebungsverfahrens wieder gestrichen, weil man Versuche befürchtete, der abstrakten Formulierung einen über das Gewollte erheblich hinausgehenden Inhalt beizulegen.⁸³

§ 277 Sorgfalt in eigenen Angelegenheiten

¹Wer nur für diejenige Sorgfalt einzustehen hat, welche er in eigenen Angelegenheiten anzuwenden pflegt, ist von der Haftung wegen grober Fahrlässigkeit nicht befreit.

§ 278 Verantwortlichkeit des Schuldners für Dritte

¹Der Schuldner hat ein Verschulden seines gesetzlichen Vertreters und der Personen, deren er sich zur Erfüllung seiner Verbindlichkeit bedient, in gleichem Umfang zu vertreten wie eigenes Verschulden. ²Die Vorschrift des § 276 Abs. 3 findet keine Anwendung.

Verantwortlichkeit des Schuldners für Dritte: In Abs. 2 a.F. wird der Verweis auf § 276 Abs. 2 „durch die Bezugnahme auf § 276 Abs. 3" ersetzt. Es handelt sich um eine redaktionelle Anpassung an den neu formulierten § 276.¹ Da sich inhaltlich durch die Schuldrechtsreform nichts geändert hat, kann auf die bisherige Rechtsprechung und Literatur verwiesen werden.

---

77 BAG NZA 1988, 579.
78 BAG GS NZA 1993, 547; vgl. auch BGH NZA 1994, 270.
79 Stellungnahme Bundesregierung BT-Drucks 14/6587, S. 48 zu Nr. 21; vgl. auch *Joussen*, NZA 2001, 745, 748.
80 Stellungnahme Bundesregierung, BT-Drucks 14/6587, S. 48 zu Nr. 21.
81 Vgl. nur Palandt/*Heinrichs*, § 279, Rn 4; vertiefend *Medicus*, AcP 188 (1988), 489, 501, 507.
82 Vgl. die Begründung zur Aufhebung des § 279, BT-Drucks 14/6040, S. 132.
83 Vgl. die Stellungnahme des Bundesrates, BT-Drucks 14/6587, S. 12 zu Nr. 24 und die Gegenäußerung der Bundesregierung, BT-Drucks 14/6587, S. 49 zu Nr. 24.
1 Begründung zur Änderung des § 278 S. 2, BT-Drucks 14/6040, S. 132.

§ 279 (aufgehoben)

§ 280 Schadensersatz wegen Pflichtverletzung

(1) ¹Verletzt der Schuldner eine Pflicht aus dem Schuldverhältnis, so kann der Gläubiger Ersatz des hierdurch entstehenden Schadens verlangen. ²Dies gilt nicht, wenn der Schuldner die Pflichtverletzung nicht zu vertreten hat.

(2) ¹Schadensersatz wegen Verzögerung der Leistung kann der Gläubiger nur unter der zusätzlichen Voraussetzung des § 286 verlangen.

(3) ¹Schadensersatz statt der Leistung kann der Gläubiger nur unter den zusätzlichen Voraussetzungen des § 281, des § 282 oder des § 283 verlangen.

Literatur: Allgemeiner Teil der Begründung, BT-Drucks 14/6040, S. 83 ff.; Begründung zu §§ 280–288, BT-Drucks 14/6040, S. 133 ff.; *Altmeppen*, DB 2001, 1131 ff., 1399 ff.; *Canaris*, JZ 2001, 499 ff.; *ders.*, DB 2001, 1815; *ders.*, ZRP 2001, 329 ff.; *Gsell*, Jb.J.ZivRWiss 2001, S. 105 ff.; *Lorenz*, JZ 2001, 742 ff.; *Schapp*, JZ 2001, 583 ff.; *Stoll*, JZ 2001, 589 ff.; *Teichmann*, BB 2001, 1485 ff.; *Wilhelm*, JZ 2001, 861 ff.; grundlegend: *Canaris*, in: Schulze/Schulte-Nölke, S. 43 ff.; *Dauner-Lieb*, in: Ernst/Zimmermann, S. 305 ff.; *U. Huber*, in: Ernst/Zimmermann, S. 31 ff.; *ders.*, ZIP 2000, 2137 ff., 2273 ff.; *Krebs*, DB Beil. 14/2000, S. 1 ff.; *Magnus*, in: Schulze/Schulte-Nölke, S. 67 ff.; *Wetzel*, ZRP 2001, 117 ff.

Inhalt

A. Das neue Leistungsstörungsrecht im Überblick ... 1	III. Grenzen der herkömmlichen Begrifflichkeit 39
I. Ausgangspunkt und Problemstellung 1	IV. Zur Notwendigkeit einer teleologischen Abgrenzung . 45
II. Das bisher geltende Recht 2	1. Ausgangspunkt 45
III. Ansatzpunkte der Schuldrechtsreformbewegung 7	2. Schadensersatz wegen Verzögerung der Leistung (Abs. 2) 46
IV. Zum Gesetzgebungsverfahren 10	3. Schadensersatz statt der Leistung bei Verzögerung und Schlechtleistung (Abs. 3 i.V.m. § 281) 49
V. Grundstrukturen des neuen Schuldrechts 13	4. Schadensersatz statt der Leistung wegen Verletzung einer Pflicht nach § 241 Abs. 2 53
1. Pflichtverletzung als zentraler Begriff des neuen Leistungsstörungsrechts 13	5. Schadensersatz statt der Leistung bei Ausschluss der Leistungspflicht (Abs. 3 i.V.m. § 283) 54
2. Integration des Gewährleistungsrechts in das Allgemeine Schuldrecht 20	V. Zusammenfassung und Ausblick 55
3. Sicherung des Vorrangs des Erfüllungsanspruchs durch Fristsetzung 24	**C. Die Einzelregelungen des § 280** 56
4. Umfassende Schadensersatzregelung/Neuregelung des Rücktritts und der Rücktrittsfolgen 27	I. Der Grundtatbestand (Abs. 1) 56
5. Kodifikation von Richterrecht 30	II. Schadensersatz wegen Verzögerung der Leistung (Abs. 2) 62
B. Das System der §§ 280 ff. 31	III. Schadensersatz statt der Leistung (Abs. 3) 63
I. Übersicht und Regelungskonzept 31	
II. Die Abgrenzungsprobleme (aus der Sicht des Gesetzgebers) 34	

A. Das neue Leistungsstörungsrecht im Überblick

I. Ausgangspunkt und Problemstellung

1 § 280 hat im bisher geltenden Recht kein Vorbild und bildet den **zentralen Baustein** des völlig neu gestalteten Leistungsstörungsrechts, das seinerseits neben den neuen Regelungsmodellen für das Kauf- und Werkvertragsrecht einerseits und das Verjährungsrecht andererseits die dritte tragende Säule des Schuldrechtsmodernisierungsgesetzes darstellt.¹ Schuldverhältnisse zielen in der Regel auf Erbringung einer Leistung (§ 241 Abs. 1) und erlöschen im statistischen Normalfall durch ordnungsgemäße Erfüllung (§ 362). Zu einer **Leistungsstörung**² kommt es, wenn der Schuldner die zu erbringende Leistung gar nicht, nicht rechtzeitig, nicht in der geschuldeten Qualität erbringt oder im Rahmen der Leistungserbringung die Interessen des Gläubigers auf andere Weise verletzt (neu: § 241 Abs. 2).³ Das Leistungsstörungsrecht hat zunächst das Schicksal der primären Leistungspflicht zu regeln: Für den Fall, dass die Leistungserbringung für den Schuldner mit Schwierigkeiten verbunden ist, muss geklärt werden, welche Erschwernisse er zu bewältigen hat bzw. unter welchen Voraussetzungen er von seiner Primärleistungspflicht befreit wird. Dem entspricht aus der Perspektive des Gläubigers die Frage, ob und wie lange er auf Erfüllung bestehen kann. Praktisch bedeutsamer ist das Folgeproblem, unter welchen Voraussetzungen an die Stelle des gestörten Primärleistungsanspruchs oder neben ihn Schadensersatzansprüche des Gläubigers treten. Eng

---

1 Instruktiv der Allgemeine Teil der Begründung, BT-Drucks 14/6040, S. 83 ff., 92 ff.
2 Grundlegend *H. Stoll*, Die Lehre von den Leistungsstörungen, 1936; *Huber*, Leistungsstörungen I, § 1 I 1.
3 Vgl. die Übersicht bei *Medicus*, SR AT, Rn 290 ff.; allgemeine Begründung, BT-Drucks 14/6040, S. 83 ff.

II. Das bisher geltende Recht

Das bisher geltende Recht knüpfte bei der Lösung der verschiedenen Probleme an die einzelnen Störungstypen an. Im Allgemeinen Schuldrecht war das **Ausbleiben der Leistung** gesetzlich geregelt, wobei nach dem Grund des Ausbleibens zwischen **Unmöglichkeit** (§§ 275, 279–282, 306–309, 323–325 a.F.) und **Verzug** (§§ 284 ff., 326 a.F.) differenziert wurde. Für die nachträgliche, vom Schuldner nicht zu vertretende Unmöglichkeit war die Befreiung des Schuldners von seiner Primärleistungspflicht und das korrespondierende Erlöschen der Gegenleistungspflicht des Gläubigers vorgesehen (§§ 275, 323 a.F.).[4] Für den Verzug ergab sich ein Anspruch des Gläubigers auf Ersatz der Verzögerungsschäden aus § 284 Abs. 1 a.F.[5] Für die Fälle der nachträglichen, zu vertretenden Unmöglichkeit und des Verzugs gewährten für gegenseitige Verträge die §§ 325, 326 a.F. alternativ einen Anspruch auf Schadensersatz wegen Nichterfüllung oder ein Rücktrittsrecht.

Die Gewährleistungsrechte wegen **mangelhafter Leistung** waren mit dem allgemeinen Leistungsstörungsrecht nur insoweit verzahnt, als es um die Haftung des Verkäufers und Werkunternehmers für Rechtsmängel ging (§§ 440 Abs. 1, 651 Abs. 1 a.F.). Im Übrigen waren die Gewährleistungsregelungen völlig eigenständig gestaltet und daher durch einen tiefen gedanklichen Graben vom Allgemeinen Schuldrecht getrennt.[6] Die Aufhebungsmöglichkeiten wegen Mängeln waren für das zentrale Kauf- und Werkvertragsrecht als Wandlungsvertrag gestaltet (§§ 462, 634 a.F.). Daneben waren Ansprüche auf Schadensersatz wegen Nichterfüllung vorgesehen (§§ 463, 635 a.F.), wobei für das Kaufrecht die Zusicherung einer Eigenschaft oder ein arglistiges Verschweigen eines Fehlers erforderlich war; eine Schadensersatzhaftung des Verkäufers bei bloßer Fahrlässigkeit war vom Gesetz überhaupt nicht vorgesehen.

Die Rechtsprechung und das ganz überwiegende Schrifttum sahen in diesem Regelungssystem – Unmöglichkeit und Verzug einerseits, Gewährleistungsrecht andererseits – wesentliche Leistungsstörungsprobleme unberücksichtigt und entwickelten „als dritte Art der Leistungsstörungen"[7] **lückenfüllend und rechtsfortbildend** das Institut der **positiven Forderungsverletzung** (PFV).[8] Die übliche Definition lautete: Eine PFV sei jede Verletzung von Pflichten aus einem Schuldverhältnis (im weiteren Sinne), die weder Unmöglichkeit noch Verzug darstelle.[9] Diese abstrahierende Formel darf freilich nicht darüber hinwegtäuschen, dass es sich gerade nicht um einen einheitlichen Störungstyp handelt, sondern um eine plakative Zusammenfassung sehr unterschiedlicher Fallgruppen:[10]

Eine zentrale Funktion der PFV lag bisher in der **Ergänzung des Gewährleistungsrechts**, insbesondere beim Kauf,[11] in den Fällen einer bloß fahrlässigen Schlechterfüllung. Unproblematisch bejaht wurden Schadensersatzansprüche des Käufers aus PFV, wenn der mangelhafte Kaufgegenstand Schäden an **anderen absoluten Rechtsgütern** verursacht hatte.[12] Beispielhaft sei nur der berühmte Fall des Verkaufs giftigen Pferdefutters genannt, das zum Tod des Pferdes des Käufers führte.[13] Die positive Forderungsverletzung diente hier dazu, das Integritätsinteresse des Käufers wegen der bekannten Schwäche des § 831 auch über einen vertraglichen Schadensersatzanspruch zu schützen, um ein Verschulden von Hilfspersonen über § 278 a.F. zurechnen zu können.[14] Das Vorliegen einer entsprechenden Lücke im Kaufrecht wurde damit begründet, die Entscheidung des Gesetzgebers gegen eine Schadensersatzhaftung des Verkäufers bei bloßer Fahrlässigkeit beziehe sich nur auf den Mangelschaden; nur insoweit enthalte das Gesetz in den §§ 459 ff. a.F. eine abschließende Regelung.[15] Schwierig und umstritten war die Abgrenzung von

---

4 Zu den Einzelheiten § 275 Rn 2.
5 Zu den Einzelheiten der bisherigen Bewältigung des Verzugs Rn 50.
6 Dies dokumentiert sich sehr deutlich auch in der Darstellung in Lehrbüchern und Kommentaren, wo eine Zusammenschau fast völlig fehlt; vgl. nur *Medicus*, SR AT, Rn 219 ff., SR BT, Rn 40 ff.
7 Begründung zur Neufassung der §§ 280–283, BT-Drucks 14/6040, S. 133.
8 Vgl. die Überblicke bei MüKo/*Emmerich*, vor § 275 Rn 218 ff.; Soergel/*Wiedemann*, vor § 275 Rn 350 ff.; Staudinger/*Löwisch*, Vorbem. zu §§ 275 ff. Rn 22; grundlegend *Picker*, AcP 183 (1983), 369 ff.; zur Frage, ob der Gesetzgeber die positive Vertragsverletzung tatsächlich vergessen hat, ablehnend *Huber*, Leistungsstörungen I, § 2 IV 2a, S. 39 f.; § 3 II 3, S. 79 ff.; aus historischer Sicht *Glöckner*, in: Falk/Monhaupt (Hrsg.), Das Bürgerliche Gesetzbuch und seine Richter, 2000, S. 155 ff.
9 Siehe nur *Medicus*, SR AT, Rn 414.
10 Siehe nur *Medicus*, SR AT, Rn 414; ausführlich *Dauner-Lieb*, in: Ernst/Zimmermann, S. 305, 309 ff.; schief daher die Überlegung in der Begründung des Regierungsentwurfes, Neufassung der §§ 280–288, BT-Drucks 14/6040, im bisher geltenden Besonderen Schuldrecht seien an vielen Stellen (etwa in den §§ 463, 480 Abs. 2, 538 Abs. 1, 635 a.F.) Schadensersatzansprüche geregelt gewesen, „die in den Anwendungsbereich der PFV zumindest hineinragen".
11 Vgl. nur Soergel/*Wiedemann*, vor § 275 Rn 409.
12 Vgl. nur Erman/*Grunewald*, vor § 459 Rn 32.
13 RGZ 66, 289.
14 Vgl. nur *Medicus*, SR AT, Rn 416.
15 Siehe etwa BGHZ 77, 215, 217; *Medicus*, SR BT, Rn 72.

Mangel- und Mangelfolgeschäden bei bloßen Vermögensschäden des Käufers. Beispielhaft sei nur der Fall der Lieferung einer mangelhaften und daher nicht einsatzfähigen Baumaschine genannt. Rechtsprechung und h.L. qualifizierten den durch die Mangelhaftigkeit verursachten Betriebsausfallschaden, also etwa den Nutzungsausfall während der Reparatur, Kosten einer vorübergehenden Ersatzanmietung und entgangenen Gewinn, kurz alle Schäden, die darin bestehen, dass dem Käufer der vorgesehene Gebrauch der Sache nicht oder nur mit Einschränkung möglich ist, als nicht ersatzfähigen Mangelschaden.[16] Ein weiterer Anwendungsschwerpunkt der positiven Vertragsverletzung betraf den Verstoß gegen Nebenpflichten. Diese Fallgruppe war freilich inhomogen. Es ging zunächst wiederum um den Schutz des anderen Teils dagegen, dass anlässlich der Erbringung der Leistung Körper oder Eigentum verletzt werden.[17] Beispielhaft sei nur der Fall genannt, dass ein seinen Auftrag korrekt ausführender Maler auf dem Weg in den von ihm zu streichenden Teil des Hauses die Eingangstür oder Einrichtungsgegenstände des Auftraggebers beschädigt. Diese Schutzpflichten stehen dem Deliktsrecht nahe und haben vor allem deshalb im Recht der Sonderverbindungen Asyl gefunden, weil man wiederum der Exkulpationsmöglichkeit des § 831 ausweichen wollte.[18] Es ging aber auch um Pflichten, die auf zweckgerichtete Durchführung des Schuldverhältnisses, also auf Vorbereitung, Herbeiführung und Sicherung des Leistungserfolges, gerichtet waren. Als Beispiel für eine solche leistungsbezogene Nebenpflicht sei nur die Pflicht genannt, dem Käufer eines etwas komplizierteren Gerätes eine verständliche Gebrauchsanweisung mitzuliefern. Die Abgrenzung zwischen leistungsbegleitender und leistungsbezogener Nebenpflicht waren (und sind) im Einzelfall schwierig: Die Pflicht, der zu liefernden Motorsäge eine verständliche Anleitung beizulegen, dient sowohl der funktionsgerechten Inbetriebnahme des Geräts als auch dem Schutz des Benutzers.

6   Weiterhin war in Rechtsprechung und Schrifttum anerkannt, dass das Institut der PFV – ebenso wie Unmöglichkeit und Verzug – im Einzelfall einen **Schadensersatzanspruch wegen Nichterfüllung oder ein Rücktrittsrecht** begründen konnte; Voraussetzung sei, so lautete die übliche Formel, dass die PFV den Vertragszweck derartig gefährde, dass dem anderen Teil nach Treu und Glauben das Festhalten am Vertrag nicht zugemutet werden könne.[19] Es ging in erster Linie um die Fälle der beharrlichen Erfüllungsverweigerung vor Fälligkeit[20] sowie um andere Konstellationen der Gefährdung der Vertrauensgrundlage durch erhebliche Unzuverlässigkeit.[21] Im Übrigen diente die positive Vertragsverletzung der Bewältigung der Schlechtleistung bei den Vertragstypen, bei denen eine ausdrückliche gesetzliche Gewährleistungsregelung fehlte (z. B. Dienstvertrag, Geschäftsbesorgungsvertrag).[22]

III. Ansatzpunkte der Schuldrechtsreformbewegung

7   Motor der Schuldrechtsreformbewegung war und ist die Formel, dass das Leistungsstörungsrecht Fragen betreffe, die zu den wichtigsten des Schuldrechts gehörten und dass es daher um so ernster zu nehmen sei, dass „nach allgemeiner Ansicht die Regeln des Bürgerlichen Gesetzbuches über das Leistungsstörungsrecht in wichtigen Teilen **nicht** als **gelungen** bezeichnet werden können".[23]

8   An der Spitze der kritischen Bestandsaufnahme stand die „Unmöglichkeit der Leistung als zentrales Merkmal des geltenden Leistungsstörungsrechts".[24] Das Leistungsstörungsrecht wähle mit der **Unmöglichkeit** einen Fall zum Ausgangspunkt, der nicht nur selten vorkomme, sondern überhaupt nur bei ganz bestimmten Schuldverhältnissen, insbesondere beim Spezieskauf, auftreten könne. Im Übrigen sei auch die rechtstechnische Bewältigung der Unmöglichkeit, insbesondere die Regelung des § 306 missglückt.[25] Wegen der sachwidrigen Konzentration auf die Unmöglichkeit habe man die praktisch viel bedeutendere **positive Vertragsverletzung** vernachlässigt, so dass eine „Ergänzung des geltenden Rechts durch Richterrecht"[26] erforderlich geworden sei. Auch der Rechtsprechung sei es freilich mit den ihr zu Gebote stehenden Mitteln nicht gelungen, die Probleme auf überzeugende Weise zu lösen. Das Nebeneinander von gesetzlich geregelten und von der Rechtsprechung rechtsfortbildend entwickelten Ansprüchen mit zum Teil ganz unterschiedlichen Verjährungsfristen führe zu schwierigen, für die Praxis nicht mehr hinnehmbaren Abgrenzungsproblemen.[27] Dies gelte vor allem auch für die „Schadensersatzansprüche bei

---

16 Besonders prägnant Soergel/*Huber*, Anh. § 463 Rn 28; vgl. etwa auch BGHZ 77, 215; Palandt/*Heinrichs*, § 276 Rn 110; a.A. Erman/*Grunewald*, vor § 459 Rn 34.
17 Vgl. nur Palandt/*Heinrichs*, § 276 Rn 117; MüKo/*Emmerich*, vor § 275 Rn 294 ff.
18 Vgl. nur *Medicus*, SR AT, Rn 416.
19 Vgl. nur den Überblick bei Palandt/*Heinrichs*, § 276 Rn 124 ff.
20 Vgl. nur Palandt/*Heinrichs*, § 276 Rn 124 f.
21 Vgl. nur BGH NJW 1969, 965; BGH NJW 1978, 260; BGH NJW-RR 1996, 949.
22 Vgl. nur Palandt/*Heinrichs*, § 276 Rn 9; Soergel/*Wiedemann*, vor § 275 Rn 441 ff.
23 Vgl. schon „Bestandsaufnahme und Mängel", BMJ (Hrsg.), Abschlussbericht, S. 16 ff.; fast wortgleich übernommen in die Begründung des Regierungsentwurfs, Allgemeiner Teil, BT-Drucks 14/6040, S. 43 ff.
24 Begründung, Allgemeiner Teil, BT-Drucks 14/6040, S. 84.
25 Begründung, Allgemeiner Teil, BT-Drucks 14/6040, S. 84; siehe auch *Canaris*, ZRP 2001, 329; zu den Einzelheiten vgl. § 275 Rn 3.
26 Begründung, Allgemeiner Teil, BT-Drucks 14/6040, S. 84.

mangelhafter Leistung"[28] mit der bis heute nicht praktikablen Abgrenzung zwischen nur im Rahmen des § 463 a.F. ersatzfähigen Mangelschäden und den auch bei bloßer Fahrlässigkeit mit Hilfe der PFV erfassten Mangelfolgeschäden.[29] Das **Gewährleistungsrecht** sei schon deshalb nicht mehr zeitgemäß, weil es „Gegenstand einer selbständigen Regelung"[30] sei, die – besonders im Kaufrecht – unverbunden neben dem allgemeinen Leistungsstörungsrecht stehe[31] und „kein Nacherfüllungsrecht des Käufers und kein Recht des Verkäufers zur zweiten Andienung" vorsehe.[32] Schließlich wird angegriffen, dass die Vorschriften über den „**gesetzlichen Rücktritt vom Vertrag**"[33] schon insoweit nicht mehr den praktischen Anforderungen entsprechen, als sie einerseits ein Verschulden des Schuldners voraussetzen und andererseits nur alternativ zum Schadensersatz wegen Nichterfüllung greifen.[34]

Aus dieser verkürzt dargestellten und auf das Leistungsstörungsrecht beschränkten Bestandsaufnahme der Schuldrechtskommission,[35] die sich der Gesetzgeber in jeder Hinsicht zu Eigen gemacht hat,[36] folgt das **zentrale rechtspolitische Anliegen** des Schuldrechtsmodernisierungsgesetzes: Es zielt bei der Neugestaltung des Leistungsstörungsrechtes nicht in erster Linie auf die Anordnung neuer Rechtsfolgen, sondern vor allem auf eine Verbesserung des dogmatischen Fundaments.[37] Es geht um Modernisierung durch Vereinheitlichung und Vereinfachung insbesondere der Rechtsfolgen.[38] Im Übrigen soll durch die Kodifikation von Richterrecht die Schere zwischen Gesetzestext und tatsächlich praktiziertem Recht geschlossen und damit ein Zuwachs an Transparenz und Rechtssicherheit erzielt werden.[39] 9

IV. Zum Gesetzgebungsverfahren

So verheißungsvoll die Perspektive von „Modernisierung, Vereinheitlichung, Vereinfachung" ist, so schwierig erscheint ihre rechtstechnische Realisierung im Detail. Dies dokumentiert eindringlich das wechselvolle Schicksal des Leistungsstörungsrechts im Gesetzgebungsverfahren, das in der Begründung des Regierungsentwurfs reichlich verharmlosend mit „Fortschreibung der Vorschläge der Schuldrechtskommission" gekennzeichnet wird.[40] Der Lösungsvorschlag der Schuldrechtskommission war im Ansatz radikal einfach: In Anlehnung an das Regelungsmodell des UN-Kaufrechts wurden die einzelnen Leistungsstörungstypen durch einen einheitlichen Grundtatbestand der Pflichtverletzung ersetzt, der den gemeinsamen Anknüpfungspunkt sowohl für die (verschuldensabhängigen) Schadensersatzansprüche des Gläubigers (§§ 280, 283 KE) als auch für sein Recht zum Rücktritt vom Vertrag (§ 323 KE) bildete. Eine Unterscheidung nach der Art der Pflichtverletzung (Haupt- oder Nebenpflicht, Leistungs- oder Schutzpflicht) oder nach der Ursache der Leistungsstörung wurde nicht mehr gemacht. Dementsprechend wurde die Unmöglichkeit als eigenständige Leistungsstörungskategorie vollständig beseitigt und durch einen allgemeinen Leistungsverweigerungstatbestand wegen Unzumutbarkeit ersetzt (§ 275 KE).[41] Der Verzug sollte nur als zusätzliche Voraussetzung neben der Pflichtverletzung für den Ersatz des Verzögerungsschadens eine gewisse Bedeutung behalten (§ 284 KE).[42] 10

Das Modell der Schuldrechtskommission wurde in Regelungswortlaut und Begründung ohne nennenswerte Änderung in den DiskE vom August 2000 übernommen. Der DiskE wurde freilich sofort seitens der Wissenschaft heftig angegriffen.[43] Ein **zentraler Angriffspunkt** war der **völlige Verzicht auf die Unmöglichkeit** als Anknüpfungspunkt für eine Leistungsbefreiung des Schuldners.[44] Daneben wurde u. a. die Zusammenfassung aller Pflichtverletzungssituationen in einheitlichen Tatbeständen wegen der damit verbundenen hohen Abstraktion kritisiert. Die angestrebte Vereinheitlichung der Leistungsstörungstatbestände 11

---

27 Begründung, Allgemeiner Teil, BT-Drucks 14/6040, S. 84.
28 Begründung, Allgemeiner Teil, BT-Drucks 14/6040, S. 87 f.
29 Begründung, Allgemeiner Teil, BT-Drucks 14/6040, S. 87 f. auch zur Abgrenzung zwischen § 635 a.F. und PFV.
30 Begründung, Allgemeiner Teil, BT-Drucks 14/6040, S. 86.
31 Begründung, Allgemeiner Teil, BT-Drucks 14/6040, S. 86 f.
32 Begründung, Allgemeiner Teil, BT-Drucks 14/6040, S. 89.
33 Begründung, Allgemeiner Teil, BT-Drucks 14/6040, S. 85.
34 Begründung, Allgemeiner Teil, BT-Drucks 14/6040, S. 85 f.; zu den Einzelheiten § 323 Rn 3.
35 BJM (Hrsg.), Abschlussbericht, S. 16 ff.
36 Begründung, Allgemeiner Teil, BT-Drucks 14/6040, S. 83 ff.
37 *Schmidt-Räntsch*, ZIP 2000, 1639, 1641.
38 Zum rechtspolitischen Konzept umfassend zuletzt *Däubler-Gmelin*, NJW 2001, 2281; *Schmidt-Räntsch*, ZIP 2000, 1639, 1641; kritisch *Dauner-Lieb*, JZ 2001, 8; *dies.*, DStR 2001, S. 1572.
39 Ausführlich zum Reformziel einer Kodifikation von Richterrecht *Dauner-Lieb*, in: Ernst/Zimmermann, S. 305 ff.
40 Vgl. nur Begründung, Allgemeiner Teil, BT-Drucks 14/6040, S. 92.
41 Zu den Einzelheiten § 275 Rn 4.
42 Zu den Grundzügen der Vorschläge der Schuldrechtskommission BMJ (Hrsg) Abschlussbericht, S. 29 ff.
43 Siehe vor allem den Tagungsband Ernst/Zimmermann, Zivilrechtswissenschaft und Schuldrechtsreform, 2001, der die von *Ernst/Zimmermann* initiierte Tagung von November 2000 in Regensburg dokumentiert; von zentraler Bedeutung war insbesondere das Referat von *U. Huber*.
44 Siehe vor allem *U. Huber*, in: Ernst/Zimmermann, S. 31, 49 ff., 140 ff.; vgl. auch *Canaris*, in: Schulze/Schulte-Nölke, S. 43; zu den Einzelheiten § 275 Rn 3.

sei in der Sache letztlich doch nicht zu erreichen, weil über die Ausnahmen in den §§ 283 Abs. 2, 323 Abs. 2 KE für die einzelnen Leistungsstörungstypen doch wieder unterschiedliche Regelungen bereitgestellt werden müssten. Es sei daher für den Rechtsanwender zweckmäßiger, wenn er die Voraussetzungen für Schadensersatz statt der Leistung und Rücktritt für die typischen Leistungsstörungssituationen unmittelbar aus den gesetzlichen Tatbeständen ablesen könne.[45]

12 Als Reaktion auf die für den Erfolg des Gesamtprojekts schwer einzuschätzenden, jedenfalls nicht ganz ungefährlichen Fundamentalangriffe gegen den DiskE setzte das BMJ schließlich die „**Kommission Leistungsstörungsrecht**" ein, die die Grundlagen für eine teilweise Wiederannäherung an das BGB a.F. erarbeitete:[46] Die Unmöglichkeit wurde als Befreiungstatbestand wieder eingeführt (§§ 275, 326).[47] Aus den ursprünglich einheitlichen Tatbeständen für einen Schadensersatz statt der Leistung (§ 283 KE) und den Rücktritt (§ 323 KE) wurden die Fälle der nichtleistungsbezogenen Nebenpflichten (§§ 282, 324) und der Unmöglichkeit (§§ 283, 326) wieder herausgelöst und tatbestandlich verselbständigt. In den zentralen Tatbeständen der §§ 281, 323 wurde die Art der Pflichtverletzung doch wieder im Hinblick auf die betroffenen Leistungsstörungstypen konkretisiert; die nicht gerade elegante Formulierung lautet nunmehr Schadensersatz wegen nicht oder nicht wie geschuldet erbrachter Leistung/Rücktritt wegen nicht oder nicht vertragsgemäß erbrachter Leistung; gemeint sind im Klartext die Verzögerung und die Schlechtleistung, vor allem in Form der Lieferung eines mangelhaften Leistungsgegenstandes. Diese Differenzierung diene lediglich der Entzerrung und damit der Verbesserung der Transparenz.[48] Die Formulierung eines Grundtatbestands der Pflichtverletzung gewährleiste auf jeden Fall ein in sich geschlossenes lückenloses Leistungsstörungsrecht, das auch die Potentiale für eine Vereinfachung nutze.[49]

V. Grundstrukturen des neuen Schuldrechts
1. Pflichtverletzung als zentraler Begriff des neuen Leistungsstörungsrechts

13 Vor dem Hintergrund der Kritik am Modell des BGB a.F. einerseits und des Gesetzgebungsverfahrens andererseits erschließen sich die Grundstrukturen des neuen Leistungsstörungsrechts:[50] Im Mittelpunkt des allgemeinen Leistungsstörungsrechts steht künftig – wie schon im Entwurf der Schuldrechtskommission – der Begriff der **Pflichtverletzung** (§ 280). Der einheitliche Grundtatbestand, auf dem die Rechte des Gläubigers wegen einer Leistungsstörung aufbauen, besteht in der Verletzung einer Pflicht.[51] Der Begriff der Pflichtverletzung soll nur das objektive Zurückbleiben hinter dem Pflichtenprogramm des Schuldverhältnisses bezeichnen; es komme nicht darauf an, ob dem Schuldner die Pflichtverletzung vorgeworfen werden könne. Ebensowenig von Bedeutung sei, auf welchen Gründen die Pflichtverletzung beruhe und welche Folgen sie habe; der Begriff der Pflichtverletzung soll **alle Leistungsstörungen** abdecken: Unmöglichkeit, Verzögerung, mangelhafte Leistung sowie die Verletzung leistungsbezogener oder leistungsbegleitender Nebenpflichten.[52]

14 Die einschneidende Umstellung von einer Anknüpfung an konkrete Leistungsstörungen auf einen allgemeinen Tatbestand der Pflichtverletzung in der Zentralnorm des § 280 wird als **Kodifikation der positiven Forderungsverletzung** verstanden.[53] Es handelt sich freilich insofern um eine untypische Kodifikation von Richterrecht, als keine speziellen Regelungen oder Regelungskomplexe geschaffen werden und dementsprechend die Bezeichnung „positive Forderungsverletzung" im Gesetzestext auch gar nicht auftaucht.[54] Es wird ganz bewusst kein „dritter Tatbestand einer Leistungsstörung" neben Verzug und Unmöglichkeit eingeführt.[55] Die positive Vertragsverletzung wird vielmehr von ihrem bisherigen Status als Instrument der Lückenfüllung zum allgemeinen Prinzip aufgewertet, das den konkreten Leistungsstörungstypen übergeordnet ist: Das neue Leistungsstörungsrecht beruhe auf einer Weiterentwicklung und Verallgemeinerung der Grundsätze über die Haftung wegen positiver Forderungsverletzung. Wenn die Rechtsprechung als positive Forderungsverletzung alle Pflichtverletzungen ansehe, die weder Unmöglichkeit noch Verzug herbeiführen, so beruhe dies auf der Erkenntnis, dass auch die Nichtleistung wegen Unmöglichkeit und

---

45 Vgl. die bemerkenswerte Rezeption der nicht nur in Publikationen, sondern vor allem auch auf Tagungen und in Gesprächsrunden geäußerten Kritik in der Begründung zu § 323, BT-Drucks 14/6040, S. 182 f. und in der Begründung zur Neufassung der §§ 280 –288, BT-Drucks 14/6040, S. 135.
46 Zu den Ergebnissen, die sich in der sog. konsolidierten Fassung (KF) niederschlagen, umfassend *Canaris*, JZ 2001, 499.
47 Zu den Einzelheiten § 275 Rn 3 f.
48 Vgl. die authentische Interpretation von *Canaris*, JZ 2001, 499, insbes. 510.
49 Begründung zur Neufassung der §§ 280–288, BT-Drucks 14/6040, S. 134.
50 Siehe die Charakterisierung durch die Verfasser des Regierungsentwurfs, Begründung, Allgemeiner Teil, BT-Drucks 14/6040, S. 92 ff.; vgl. auch *Canaris*, JZ 2001, 499.
51 Begründung, Allgemeiner Teil, BT-Drucks 14/6040, S. 92.
52 Begründung, Allgemeiner Teil, BT-Drucks 14/6040, S. 92 und Begründung zur Neufassung der §§ 280–288, BT-Drucks 14/6040, S. 133 f.
53 Begründung, Allgemeiner Teil, BT-Drucks 14/6040, S. 92.
54 Dazu ausführlich *Dauner-Lieb*, in: Ernst/Zimmermann, S. 305, 309 ff.
55 Begründung zur Neufassung der §§ 280–288, BT-Drucks 14/6040, S. 133.

Verzug Pflichtverletzungen darstellten.[56] Durch diese „Kodifikation kraft Systemwechsels" sollen sich – sozusagen als Abfallprodukt der Vereinheitlichung – die bisher von der Rechtsprechung mit Hilfe der Rechtsfigur der positiven Vertragsverletzung bewältigten Probleme quasi „von selbst" lösen.[57]

Die Anknüpfung des neuen Leistungsstörungsrechts an einen allgemeinen, übergreifenden Tatbestand entspricht dem UN-Kaufrecht.[58] Dieses verwendet freilich in Art. 45 Abs. 1, 61 Abs. 1 den Begriff der „Nichterfüllung". Auch *Huber* hatte in seinem Gutachten in Anlehnung an das EKG vorgeschlagen, den Begriff der Nichterfüllung als „Grundkategorie des Leistungsstörungsrechts" einzuführen.[59] Entsprechend umstritten war die Entscheidung für den **Begriff der Pflichtverletzung**, die der Gesetzgeber in Übereinstimmung mit dem Kommissionsentwurf getroffen hat.[60] Der Gesetzgeber sieht zwischen den Begriffen „Nichterfüllung" und „Pflichtverletzung" keinen sachlichen, sondern nur einen verbalen Unterschied.[61] Beide bezeichneten den Fall, dass der Schuldner hinter dem Pflichtprogramm des Schuldverhältnisses zurückbleibe.[62] Dieser rein objektive Inhalt des Tatbestandes der Pflichtverletzung erschließe sich vielen Rechtsanwendern nicht, weil sie mit dem Wortelement „Verletzung" einen Verschuldensvorwurf verbinden würden, der damit aber nicht verbunden sei.[63] Bei einer Rückkehr zum Begriff der Nichterfüllung könne diese Assoziation zwar vermieden werden. Sie hätte aber den schwerer wiegenden Nachteil, dass der Verzug, die Schlechtleistung und die Verletzung von Nebenpflichten schon sprachlich nicht ohne weiteres als Nichterfüllung qualifiziert werden könnten, da insoweit häufig zumindest Teile der Leistung erbracht würden. Der Begriff der Pflichtverletzung hätte im Übrigen den Vorteil, dass er an den in der deutschen Rechtssprache geläufigen Begriff der Vertragsverletzung anknüpfe; er müsse nur insoweit angepasst werden, als das allgemeine Leistungsstörungsrecht für einseitige und mehrseitige Schuldverhältnisse in gleicher Weise gelte, so dass dort nicht von Vertragsverletzung, sondern nur von der Verletzung von Pflichten aus einem Schuldverhältnis gesprochen werden könne.[64]

Die **Zentrierung** des neuen Leistungsstörungsrechts **auf den Begriff der Pflichtverletzung** wurde allerdings als Konsequenz der Weiterentwicklung des Kommissionsentwurfs im Gesetzgebungsverfahren in wichtigen Punkten **abgeschwächt**. Eine gewisse Distanzierung vom Einheitskonzept des Kommissionsentwurfs dokumentiert sich bereits darin, dass die sachliche Verklammerung der verschiedenen Rechtsfolgen einer Pflichtverletzung (Schadensersatz einerseits, Rücktritt andererseits) durch die übergeordnete Kategorie der Pflichtverletzung optisch-sprachlich zurückgenommen wurde: Anders als noch in § 323 KE wird für den Rücktritt in den §§ 323–326 die Pflichtverletzung nicht mehr erwähnt, obwohl einerseits jeder Rücktritt eine Pflichtverletzung i.S.v. § 280 voraussetzt, andererseits jede Pflichtverletzung i.S.v. § 280 umgekehrt auch von den §§ 323–326 abgedeckt ist. Diese Entkoppelung der §§ 280 ff. und §§ 323 ff. ist um so erstaunlicher, als die §§ 281, 323 inhaltlich und sprachlich weitgehend aufeinander abgestimmt sind, und zwar aus zwingenden, systematischen Gründen, erzielen doch Schadensersatz statt der Leistung und Rücktritt insoweit dieselben Wirkungen, als der Gläubiger die geschuldete Leistung endgültig zurückweist oder zurückgibt und sich damit gleichzeitig von seiner Gegenleistungspflicht befreit.

Eine gewichtigere, sachliche Herausforderung für das neue Einheitskonzept ergibt sich daraus, dass im Hinblick auf die Reichweite der primären Leistungspflicht doch wieder unmittelbar an die Kategorie der **Unmöglichkeit** angeknüpft wird: Der Anspruch auf Leistung ist ausgeschlossen, soweit diese für den Schuldner oder für jedermann unmöglich ist (§ 275 Abs. 1). Der Schadensersatzanspruch bei Unmöglichkeit der Leistung wird freilich wieder als Unterfall des Schadensersatzes wegen Pflichtverletzung begriffen (§§ 280 Abs. 1 und 3, 283).[65] Insoweit macht nun aber die Bestimmung der Pflichtverletzung gedanklich Schwierigkeiten. Die Argumentation, die Pflichtverletzung i.S.v. Abs. 1 bestehe hier „ganz einfach" (!) darin, dass die geschuldete Leistung nicht erbracht wird,[66] trägt schon deshalb nicht, weil die Leistung wegen der Unmöglichkeit gemäß § 275 eben gerade nicht oder nicht mehr geschuldet wird. Um am Leitbild eines alle Leistungsstörungen umfassenden Grundtatbestandes festhalten zu können, muss man zu Hilfsbegründungen greifen, etwa in dem Sinne, dass die Pflichtverletzung bei der Unmöglichkeit nicht in der Nichtleistung, sondern in der Nichterfüllung des Leistungsversprechens liege.[67]

---

56 Begründung, Allgemeiner Teil, BT-Drucks 14/6040, S. 92.
57 Zu den Einzelheiten *Dauner-Lieb*, in: Ernst/Zimmermann, S. 305, 309 ff.
58 Vgl. zur Orientierung des Schuldrechtsmodernisierungsgesetzes am UN-Kaufrecht Begründung, Allgemeiner Teil, BT-Drucks 14/6040, S. 86.
59 BMJ (Hrsg.), Gutachten und Vorschläge zur Überarbeitung des Schuldrechts I, S. 647, 699 ff.
60 Besonders kritisch *Schapp*, JZ 2001, 583; vgl. auch *Canaris*, JZ 2001, 499, 522.
61 Begründung, Allgemeiner Teil, BT-Drucks 14/6040, S. 92, Begründung zur Neufassung der §§ 280–288, BT-Drucks 14/6040, S. 134.
62 Begründung zur Neufassung der §§ 280–288, BT-Drucks 14/6040, S. 134.
63 Begründung zur Neufassung der §§ 280–288, BT-Drucks 14/6040, S. 134.
64 Begründung zur Neufassung der §§ 280–288, BT-Drucks 14/6040, S. 133 f.
65 Begründung, Allgemeiner Teil, BT-Drucks 14/6040, S. 92.
66 Begründung zur Neufassung der §§ 280–288, BT-Drucks 14/6040, S. 135 f.
67 *Canaris*, JZ 2001, 499, 507, allerdings mit Blick primär auf § 311 a; vgl. auch § 283 Rn 2.

18 Eine deutliche Relativierung des Modells einer Zusammenfassung in einem allgemeinen, umfassenden Begriff der Pflichtverletzung zeigt sich aber vor allem – wie bereits angedeutet – darin, dass aus den noch im Kommissionsentwurf einheitlich gefassten Tatbeständen für den Schadensersatz statt der Leistung (§ 283 KE) und den Rücktritt (§ 323 KE) die Fälle der Verletzung leistungsbegleitender Nebenpflichten (§§ 282, 324) und der Unmöglichkeit (§§ 283, 326) herausgelöst und tatbestandlich verselbständigt werden. Auch innerhalb der zentralen Tatbestände der §§ 281, 323 wird der Begriff der Pflichtverletzung durch Nennung der konkret einschlägigen Leistungsstörungen konkretisiert, allerdings in neuer, gewöhnungsbedürftiger Terminologie: Mit der Formulierung „Schadensersatz statt der Leistung wegen nicht oder nicht wie geschuldet erbrachter Leistung" und „Rücktritt wegen nicht oder nicht vertragsgemäß erbrachter Leistung" sollen ausschließlich die Fälle der Leistungsverzögerung und der Schlechtleistung, insbesondere in Form der Leistung eines mangelhaften Leistungsgegenstandes, erfasst werden.

19 Damit stellt das neue Leistungsstörungsrecht weniger eine Weiterentwicklung des Kommissionsentwurfs dar,[68] als eine **Kombination der Konzeption der Schuldrechtskommission mit dem Lösungsmodell des alten BGB**: Die verschiedenen Formen der Leistungsstörungen werden zunächst einmal in der „Pflichtverletzung" vereinheitlicht, die den allgemeinen Anknüpfungspunkt für den Grundtatbestand der Schadensersatzhaftung des § 280 und der Sache nach auch für den Rücktritt (§ 323) bildet. Innerhalb der zunächst vereinheitlichten Rechtsfolgen Schadensersatz und Rücktritt wird dann aber doch wieder zwischen den einzelnen Leistungsstörungstypen unterschieden. Dabei wird allerdings das „Näheverhältnis" der verschiedenen Leistungsstörungen zueinander anders bestimmt als im alten BGB. Während bisher ein deutlicher Graben zwischen Allgemeinem Schuldrecht und damit Verzug und Unmöglichkeit (§§ 325, 326 a.F.) einerseits und Besonderem Schuldrecht und damit Gewährleistung (insbesondere §§ 462, 463 a.F., PFV) andererseits bestand, werden nunmehr in den §§ 281 und 323 jeweils die Verzögerung und die Schlechtleistung (Lieferung eines mangelhaften Leistungsgegenstandes und Verletzung leistungsbezogener Nebenpflichten) zusammengespannt. Die naheliegende Begründung lautet insoweit, dass damit die praktisch wichtigsten Leistungsstörungen in den Vordergrund gerückt werden.[69] Dieser Ansatz ist freilich oberflächlich. Viel wichtiger ist, dass diese beiden Leistungsstörungen im Regelfall gleichermaßen noch behebbar und reparabel sind, so dass einerseits Raum für eine Nachfristsetzung zwecks Nacherfüllung bleibt, andererseits aber auch die Frage nach der Ersatzfähigkeit von Schäden auftaucht, die bis zu einer erfolgreichen Nachbesserung aufgelaufen und durch die Nachbesserung auch nicht mehr zu beheben sind.

2. Integration des Gewährleistungsrechts in das Allgemeine Schuldrecht

20 Die gemeinsame Erfassung der beiden Leistungsstörungstypen Verzögerung und Schlechtleistung in den §§ 281, 323 dokumentiert ein weiteres zentrales Strukturelement des neuen Leistungsstörungsrechts, die **Integration** der bisher im Besonderen Schuldrecht angesiedelten **Gewährleistungsregelungen** in das Allgemeine Schuldrecht und – damit korrespondierend – der fast vollständige Wegfall eines besonderen Gewährleistungsrechts beim Kauf (§§ 437, 634).[70] Sie zielt darauf ab, die Unterscheidung zwischen Sach- und Rechtsmängeln, zwischen Stückkauf und Gattungskauf sowie zwischen Kaufvertrag und Werkvertrag zu beseitigen oder beträchtlich zu verringern, und soll es zugleich ermöglichen, im Rahmen der Umgestaltung des Verjährungsrechts die Verjährung von Gewährleistungsansprüchen sachgerecht und überzeugend zu regeln.[71] Der rechtstechnische Hebel für diese Integration ist die Regelung des § 433 Abs. 1 S. 2, die den Verkäufer verpflichtet, dem Käufer die Sache frei von Sach- und Rechtsmängeln zu verschaffen, und damit die Leistung einer mangelfreien Kaufsache auch beim Stückkauf zum Gegenstand der Erfüllungspflicht macht. Damit stellt die Leistung einer mangelhaften Sache eine Pflichtverletzung i.S.v. § 280 dar, die grundsätzlich die gleichen Rechtsfolgen nach sich zieht wie die klassischen Leistungsstörungen des Allgemeinen Schuldrechts, nämlich Rücktritt und Schadensersatz.[72]

21 Dementsprechend ersetzt das Rücktrittsrecht gemäß § 323 das Wandlungsrecht gemäß §§ 462, 634 Abs. 1 S. 3 a.F. Als spezifischer Rechtsbehelf für das Kauf- und Werkvertragsrecht bleibt nur die Minderung erhalten (§§ 441, 638), die allerdings ebenfalls zu einem Gestaltungsrecht umgeformt wird. Hat ein Schuldner die Leistung einer fehlerhaften Sache zu vertreten, dann kann der Gläubiger Schadensersatz gemäß §§ 280, 281 verlangen, die insoweit die §§ 463, 635 a.F. ersetzen und den ergänzenden Rückgriff auf die PFV entbehrlich machen. Damit wird – eine **zentrale sachliche Änderung** – eine Schadensersatzhaftung des Verkäufers für den „eigentlichen Mangelschaden" schon bei bloßer Fahrlässigkeit eingeführt.[73] Im Hinblick auf die Einfügung der Käuferrechte in das allgemeine Leistungsstörungsrecht wird

---

68 So die Selbsteinschätzung der Verfasser des Regierungsentwurfs, Begründung, Allgemeiner Teil, BT-Drucks 14/6040, S. 92.
69 Begründung zu § 281, BT-Drucks 14/6040, S. 138.
70 Begründung, Allgemeiner Teil, BT-Drucks 14/6040, S. 94; Begründung zu § 437, BT-Drucks 14/6040, S. 224 ff.
71 Begründung, Allgemeiner Teil, BT-Drucks 14/6040, S. 94.
72 Vgl. zu diesen Zusammenhängen Begründung, Allgemeiner Teil, BT-Drucks 14/6040, S. 94 li. Sp.
73 Begründung zu § 437, BT-Drucks 14/6040, S. 224; Begründung, Allgemeiner Teil, BT-Drucks 14/6040, S. 94. Die problematische Unterscheidung zwischen Mangelschäden und Mangelfolgeschäden entfällt damit freilich schon deshalb nicht, weil nach den

eine besondere Schadensersatzregelung für die Fälle des Fehlens einer zugesicherten Eigenschaft oder des arglistigen Verschweigens eines Mangels für entbehrlich gehalten. § 463 a.F. soll in den §§ 280, 281 aufgehen, ohne dass damit eine sachliche Änderung der bisher geltenden Rechtslage beabsichtigt sei. Die Kategorie der Zusicherung einer Eigenschaft soll aber der Sache nach in § 276 im Wege der Ergänzung durch die „Übernahme einer Garantie" wieder aufgegriffen werden und sei daher nunmehr maßgeblich für die Frage, ob der gemäß §§ 280, 281 auf Schadensersatz in Anspruch genommene Verkäufer die Leistung der fehlerhaften Sache i.S.v. § 276 zu vertreten habe.[74]

Die Integration des Gewährleistungsrechts wurde – aus guten Gründen – nicht auf die **Verjährung** erstreckt. Für Mängelansprüche gelten besondere Verjährungsregelungen, die dementsprechend auch nach wie vor im Besonderen Schuldrecht angesiedelt sind (§§ 438, 634 a). Damit kommt es für die Verjährung eines Schadensersatzanspruches nach wie vor darauf an, ob der Schaden auf einem Mangel des Leistungsgegenstandes oder auf einer Nebenpflichtverletzung beruht. Im Gesetzgebungsverfahren war als Beleg für die Notwendigkeit einer Schuldrechtsmodernisierung immer wieder das Beispiel genannt worden, dass es absurd sei, für die Verjährung unterscheiden zu müssen, ob ein Verkäufer statt des geschuldeten Superbenzins Benzin minderer Qualität geliefert oder ob er das geschuldete Normalbenzin schuldhaft in einen Tank für Superbenzin eingefüllt habe; im Ergebnis gehe es immer um den Schaden an den Fahrzeugmotoren.[75] Mit der Reform ist diese Differenzierungsnotwendigkeit aber nun doch nicht entfallen. 22

Nicht unter die §§ 281, 323 fallen die Fälle einer **irreparablen Schlechtleistung**, in denen eine Nacherfüllung i.S.v. §§ 439, 635 ausgeschlossen ist (bei dem gekauften gebrauchten Kfz handelt es sich um einen Unfallwagen). Sie sind zwar vom Wortlaut der Regelungen abgedeckt. Da die dort vorausgesetzte Fristsetzung jedoch von vornherein sinnlos ist, werden sie den Regelungen über die Unmöglichkeit zugeordnet (daher die Bezeichnung als „qualitative Unmöglichkeit").[76] Das Rücktrittsrecht des Käufers wird dementsprechend über die §§ 437 Nr. 2, 326 Abs. 1 S. 3, 326 Abs. 5, 275, 323 konstruiert;[77] ein Schadensersatzanspruch statt der Leistung ergibt sich bei Verschulden des Verkäufers aus §§ 437 Nr. 3, 275, 280 Abs. 1, 3 i.V.m. § 283 oder – wenn der Mangel von Anfang an nicht behebbar war – aus §§ 437 Nr. 3, 275, 311 a Abs. 2.[78] Die Fallgruppe der qualitativen Unmöglichkeit zeigt besonders plastisch, in welchem Ausmaße die Integration der Gewährleistungsregelungen eine Aufwertung des Allgemeinen Schuldrechts sowie sogar der verfemten Kategorie der Unmöglichkeit bewirkt. Sie belegt im Übrigen, dass die hoch abstrakte und daher von jeher umstrittene Verweisungstechnik des alten BGB nunmehr endgültig auf die Spitze getrieben wird. 23

3. Sicherung des Vorrangs des Erfüllungsanspruchs durch Fristsetzung

Ebenfalls in den §§ 281, 323 verankert ist ein weiteres prägendes Strukturprinzip des neuen Schuldrechts, das man schlagwortartig als Sicherung des Vorrangs des Erfüllungsanspruchs durch Fristsetzung bezeichnen könnte:[79] In den von diesen Regelungen abgedeckten Fallgruppen der Verzögerung und Schlechtleistung, in denen die Leistungsstörung jedenfalls theoretisch noch behebbar ist, kann sich der Schuldner erst dann vom Vertrag lösen und/oder sekundäre Schadensersatzansprüche unter Zurückweisung oder Rückgabe der Leistung geltend machen, wenn er dem Schuldner eine letzte Chance zur vertragsgemäßen Erfüllung seiner Pflichten und damit auch zur Erlangung der Gegenleistung gegeben hat. Dementsprechend setzen die §§ 281, 323 voraus, dass der Gläubiger dem Schuldner erfolglos eine **angemessene Frist zur Leistung oder Nacherfüllung** gesetzt hat; diese Fristsetzung ist nur entbehrlich, wenn sie im Einzelfall von vornherein keinen Erfolg verspricht, etwa weil der Schuldner ohnehin die Leistung ernsthaft und endgültig verweigert (§§ 281 Abs. 2, 323 Abs. 2). 24

Das Erfordernis einer Fristsetzung galt bisher schon für den **Verzug**: Nach § 326 a.F. konnte und musste der Gläubiger dem im Verzug befindlichen Schuldner eine angemessene Nachfrist mit Ablehnungsandrohung setzen, bevor er Schadensersatz wegen Nichterfüllung verlangen oder vom Vertrag zurücktreten konnte (vgl. auch die Regelungen der §§ 283, 542 Abs. 1, 634, 635 a.F.). Dagegen kannte das Kaufrecht – abgesehen von der Regelung des Gattungskaufs in § 480 a.F. – kein Recht des Käufers auf Nacherfüllung und erst recht keine Befugnis des Verkäufers, durch Nacherfüllung die weiteren Rechtsbehelfe des Käufers abzuwenden. 25

---

eigenen Vorstellungen der Begründung des Regierungsentwurfs im Rahmen der §§ 280, 281 doch wieder zwischen einfachem Schadensersatz und Schadensersatz statt der Leistung zu unterscheiden ist; dazu gleich Rn 36.
74 Begründung, Allgemeiner Teil, BT-Drucks 14/6040, S. 94; Begründung zu § 276, BT-Drucks 14/6040, S. 132; zu den Einzelheiten § 276 Rn 18 ff.
75 BGHZ 107, 249; Begründung, Allgemeiner Teil, BT-Drucks 14/6040, S. 88.
76 *St. Lorenz*, JZ 2001, 742, 743.
77 Zu den Einzelheiten § 323 Rn 9.
78 Zu den Einzelheiten § 281 Rn 7.
79 Begründung, Allgemeiner Teil, BT-Drucks 14/6040, S. 92, 94.

26 Nunmehr wird das Modell des § 326 a.F. auf die **Leistung einer mangelhaften Sache** übertragen. Die von der Verbrauchsgüterkaufrichtlinie vorgegebene Einführung eines Rechts des Käufers auf Nacherfüllung (§ 439) wird spiegelbildlich durch ein Recht des Verkäufers zur „zweiten Andienung" ergänzt. Abweichend von der bisherigen Rechtslage ist der Käufer also nicht mehr sofort zur Wandlung oder Minderung berechtigt. Die deutliche Verschlechterung seiner Position wird damit begründet, der bisherige Rechtszustand entspreche nicht den berechtigten Verkäuferinteressen und sei auch volkswirtschaftlich nicht sinnvoll. Der Käufer einer mangelhaften Sache habe nicht primär ein Interesse an der Rückgängigmachung des Kaufs oder an der Herabsetzung des Kaufpreises. Ihm gehe es vor allem darum, eine mangelfreie Sache zu erhalten. Dieses Interesse könne in den meisten Fällen – auch beim Stückkauf – durch Nachbesserung oder Lieferung einer anderen, gleichartigen Sache befriedigt werden. Beim Gattungskauf entspreche auch die Neulieferung häufig nicht den Interessen des Käufers, weil er die Sache behalten und nur repariert haben wolle. Dem Käufer einer bereits fest installierten Maschine sei in der Regelung mit Wandlung oder Minderung nicht gedient, sondern nur mit einer Reparatur an Ort und Stelle.[80]

4. Umfassende Schadensersatzregelung/Neuregelung des Rücktritts und der Rücktrittsfolgen

27 Als Folge der Zusammenfassung aller Leistungsstörungen in der zentralen Schadensersatznorm des § 280 ergibt sich eine **umfassende Schadensersatzregelung**. Danach führt jede Pflichtverletzung zu einem Schadensersatzanspruch, es sei denn, der Schuldner habe die Pflichtverletzung nicht zu vertreten.[81] Allerdings muss im Rahmen einer Prüfung des § 280 nach Bejahung der Pflichtverletzung zwischen verschiedenen Schadensarten differenziert werden, weil Abs. 2 für den Verzögerungsschaden und Abs. 3 für den Schadensersatz statt der Leistung zusätzliche Voraussetzungen aufstellen.[82]

28 Die **zentrale Rücktrittsregelung** des § 323 ist inhaltlich auf § 281 abgestimmt, greift aber abweichend von § 326 a.F. unabhängig davon, ob der Schuldner die Verspätung oder die Schlechtleistung i.S.v. § 276 zu vertreten hat. Erst durch diese Abkoppelung von einem Vertretenmüssen des Schuldners wird die angestrebte Integration des Gewährleistungsrechts in das Allgemeine Schuldrecht, die Ersetzung der (verschuldensunabhängigen) Wandlung gemäß § 462 a.F. durch den § 323, überhaupt möglich. Grundsätzlich spielt das Gewicht der Pflichtverletzung keine Rolle; ein Rücktritt ist aber ausnahmsweise dann ausgeschlossen, wenn die Pflichtverletzung unerheblich ist (§ 323 Abs. 5). Im Unterschied zum geltenden Recht kann der Gläubiger auch dann, wenn er vom Vertrag zurückgetreten ist, nicht nur Ansprüche aus dem Rückabwicklungsschuldverhältnis, sondern auch Schadensersatzansprüche statt Erfüllung geltend machen (§ 325). Er kann also vom Vertrag zurücktreten und gleichzeitig die Mehrkosten aus einem Deckungskauf, den entgangenen Gewinn oder Ersatz der vergeblichen Aufwendungen nach Maßgabe des § 284 verlangen.[83]

29 Für die Rückgewähr bereits empfangener Leistung nach Rücktritt gemäß § 323 sehen die §§ 346 ff. eine grundlegende Neuregelung vor. Sie versucht, die zahlreichen Streitfragen des geltenden Rechtes zu vermeiden, verzichtet auf Ausschlusstatbestände und sieht für alle Störungsfälle ein grundsätzlich **einheitliches Modell der Rückabwicklung** vor.[84]

5. Kodifikation von Richterrecht

30 Prägend für das neue Schuldrecht ist schließlich die Bemühung, die sich immer weiter öffnende Schere zwischen Gesetzesrecht und Richterrecht, zwischen Gesetzestext und praktiziertem Recht, zu schließen. Das zentrale Regelwerk des Zivilrechts müsse – so schon die Aufgabenstellung des Bundesministers der Justiz an die Schuldrechtskommission[85] – Auskunft über die tatsächliche, aktuelle Rechtslage geben können. Dementsprechend finden sich im neuen Leistungsstörungsrecht Versuche, neben der PFV auch die von der Rechtsprechung entwickelten Grundsätze zur Haftung wegen culpa in contrahendo (§ 311 Abs. 2, 3), zum Wegfall der Geschäftsgrundlage (§ 313) und zur Kündigung von Dauerschuldverhältnissen aus wichtigem Grund (§ 314) gesetzlich zu verankern. Ob die formelhafte Pauschalabsegnung bestimmter Entwicklungen der Rechtsprechung einen Zuwachs an Transparenz und Rechtssicherheit bewirken wird, erscheint zweifelhaft.[86] Zu befürchten ist eher, dass die Rechtsprechung diese Art der Kodifikation als Ermutigung zu noch kühnerer richterlicher Rechtsfortbildung ansehen könnte. Dies gilt insbesondere im Hinblick auf das Institut des Wegfalls der Geschäftsgrundlage, das nunmehr kaum noch rechtssicher von den Fallgruppen der §§ 275 Abs. 2, 3 abzugrenzen ist.[87]

---

80 Begründung, Allgemeiner Teil, BT-Drucks 14/6040, S. 89.
81 Begründung, Allgemeiner Teil, BT-Drucks 14/6040, S. 93.
82 Dazu gleich ausführlich Rn 33 ff.
83 Begründung, Allgemeiner Teil, BT-Drucks 14/6040, S. 93.
84 Begründung, Allgemeiner Teil, BT-Drucks 14/6040, S. 93.
85 BMJ (Hrsg.), Abschlussbericht, S. 14.
86 Zur Merkzettelgesetzgebung *Dauner-Lieb*, in: Ernst/Zimmermann, S. 305.
87 Dazu im einzelnen § 275 Rn 5 ff.

B. Das System der §§ 280 ff.

I. Übersicht und Regelungskonzept

Zu den zentralen Anliegen des Schuldrechtsmodernisierungsgesetzes gehört die Schaffung einer „**umfassenden Schadensersatzregelung**", welche die „komplizierten gesetzlichen Vorschriften" des bisher geltenden BGB und die daneben entwickelte Rechtspraxis, namentlich die Grundsätze einer Schadensersatzhaftung aus positiver Forderungsverletzung, in einem klaren und übersichtlichen System auffängt.[88] Dabei sollten insbesondere die Unsicherheiten beseitigt werden, die sich bei der Abgrenzung von Mangelschaden und Mangelfolgeschaden ergeben haben,[89] und – die entscheidende sachliche Änderung gegenüber der bisherigen Rechtslage[90] – eine Schadensersatzhaftung des Verkäufers für den „eigentlichen Mangelschaden" bei auch nur fahrlässigem Verhalten eingeführt werden.[91]

31

Das rechtstechnische Mittel zur Realisierung dieses Konzepts bildet die Zusammenfassung aller Leistungsstörungen in der **zentralen Schadensersatznorm des § 280**. Damit kann jede Pflichtverletzung (vorbehaltlich weiterer Voraussetzungen) zu einem Schadensersatzanspruch führen, es sei denn, der Schuldner habe die Pflichtverletzung nicht zu vertreten (Abs. 1 S. 2).[92] Auf die Art der Pflichtverletzung und damit der Leistungsstörung kommt es zunächst einmal nicht an. Es ist also unerheblich, ob der Schuldner eine Haupt- oder eine Nebenpflicht, eine Leistungs- oder eine Schutzpflicht verletzt hat. Ohne Bedeutung ist auch, ob er überhaupt nicht, nicht rechtzeitig oder am falschen Ort geleistet hat, oder ob er eine ganz andere als die geschuldete Leistung oder eine Leistung erbracht hat, die nach Menge, Qualität und Art oder aus sonstigen Gründen hinter der vertraglich geschuldeten Leistung zurückbleibt.[93]

32

Der einheitliche Haftungstatbestand des Abs. 1 bildet neben § 311a Abs. 2 (Schadensersatz bei anfänglicher Unmöglichkeit) die **einzige Anspruchsgrundlage** für Ansprüche auf Schadensersatz.[94] Sie greift freilich „unmittelbar und allein" nur, „wenn es um die Haftung auf einfachen Schadensersatz wegen der Verletzung einer Pflicht aus dem Schuldverhältnis geht".[95] Für bestimmte Schäden schreiben Abs. 2 und 3 **zusätzliche Voraussetzungen** vor, die sich aus den §§ 281–286 ergeben: So muss für einen Ersatz des Verzögerungsschadens neben der Pflichtverletzung in Form der Nichterbringung einer fälligen Leistung Verzug i.S.v. § 286 vorliegen (Abs. 2). Für den „Schadensersatz statt der Leistung" richten sich die zusätzlichen Voraussetzungen nach der Art der Pflichtverletzung bzw. der Leistungsstörung (Abs. 3). Bei Leistungsverzögerung[96] und Schlechtleistung (Lieferung eines mangelhaften Leistungsgegenstandes oder Verletzung einer leistungsbezogenen Nebenpflicht) ist gemäß § 281 die erfolglose Bestimmung einer Frist zur Leistung oder zur Nacherfüllung erforderlich. In den Fällen der Teilverzögerung oder Schlechtleistung ist zusätzlich noch zwischen Schadensersatz statt der Leistung und Schadensersatz statt der ganzen Leistung zu unterscheiden (§ 281 Abs. 1 S. 2, 3). Bei der Verletzung einer leistungsbegleitenden Nebenpflicht kann Schadensersatz statt der Leistung nur ausnahmsweise dann verlangt werden, wenn dem Gläubiger die Leistung durch den Schuldner nicht mehr zuzumuten ist (§ 282). Für die Unmöglichkeit verweist Abs. 3 auf § 283.[97] An Stelle des Schadensersatzes statt der Leistung kann der Gläubiger Ersatz der Aufwendungen verlangen, die er im Vertrauen auf den Erhalt der Leistung gemacht hat und billigerweise machen durfte (§ 284). Damit kann der Gläubiger nunmehr alternativ auch gewisse Elemente des negativen Interesses, die sog. frustrierten Aufwendungen, liquidieren, die die Rechtsprechung bisher im Rahmen der §§ 325, 326, 463 a.F. nur mit Hilfe der sog. Rentabilitätsvermutung berücksichtigen konnte.[98]

33

II. Die Abgrenzungsprobleme (aus der Sicht des Gesetzgebers)

Aus dem Bauprinzip der §§ 280 ff., der Kombination einer einheitlichen Anspruchsgrundlage für Schadensersatz wegen Pflichtverletzung in Abs. 1 mit der Anordnung zusätzlicher Voraussetzungen für bestimmte Schadensarten (Abs. 2 und 3), ergibt sich die Notwendigkeit, den **einfachen Schadensersatz**

34

---

[88] Begründung, Allgemeiner Teil, BT-Drucks 14/6040, S. 93.
[89] Neufassung der §§ 280–288, BT-Drucks 14/6040, S. 133.
[90] Begründung zu § 437, BT-Drucks 14/6040, S. 224.
[91] Begründung zu § 437, BT-Drucks 14/6040, S. 224, 226.
[92] Begründung, Allgemeiner Teil, BT-Drucks 14/6040, S. 93.
[93] Begründung, Allgemeiner Teil, BT-Drucks 14/6040, S. 93.
[94] Begründung, Allgemeiner Teil, BT-Drucks 14/6040, S. 93; Begründung zur Neufassung der §§ 280–288, BT-Drucks 14/6040, S. 135.
[95] Begründung zur Neufassung der §§ 280–288, BT-Drucks 14/6040, S. 135.
[96] Die Begründung zur Neufassung der §§ 280–288, BT-Drucks 14/6040, S. 135, spricht bezeichnenderweise in diesem Zusammenhang von „Verzug", obwohl § 281 keinen Verzug voraussetzt; dies dokumentiert die gedanklichen Schwierigkeiten, die bisher einheitliche Leistungsstörung des Verzugs nunmehr in eine „einfache Verzögerung" i.S.v. §§ 280 Abs. 3, 281 und „Verzug" im technischen Sinne des § 286 aufzuspalten.
[97] Zu den Schwierigkeiten, in § 283 tatsächlich eine über die Anforderungen des § 280 Abs. 2 hinausgehende „zusätzliche Voraussetzung" zu entdecken, § 283 Rn 4.
[98] Zu den Einzelheiten § 284.

i.S.v. Abs. 1, den Ersatz des **Verzögerungsschadens** gemäß Abs. 2 i.V.m. § 286 und den **Schadensersatz statt der Leistung** i.S.v. Abs. 3 i.V.m. §§ 281–283 inhaltlich zu bestimmen und abzugrenzen. Im Rahmen dieser begrifflichen Klärung ist auch die Neuregelung des Ersatzes vergeblicher Aufwendungen i.S.v. § 284 zu berücksichtigen. Schließlich ist noch zwischen Schadensersatz statt der Leistung und Schadensersatz statt der ganzen Leistung i.S.v. § 281 Abs. 1 S. 2, 3 zu unterscheiden (vgl. auch die Parallelregelung des § 323 Abs. 5). Diesen auf der Hand liegenden Abgrenzungsfragen wurde im Gesetzgebungsverfahren erstaunlich wenig Aufmerksamkeit gewidmet.[99] Das BMJ und die Kommission Leistungsstörungsrecht gingen – wie schon die Kommission zur Überarbeitung des Schuldrechts – offensichtlich davon aus, dass man in der Sache auf altbewährte Kategorien des überkommenen Schuldrechts zurückgreifen, die Überlegungen also auf eine kosmetische Modernisierung der Begrifflichkeit beschränken könne.

35 Besonders knapp sind zunächst die Erwägungen zum **Verzögerungsschaden** ausgefallen: Eine Pflichtverletzung, die nach Abs. 1 S. 1 zum Schadensersatz verpflichte, liege auch dann vor, wenn der Schuldner in zeitlicher Hinsicht hinter den Pflichten aus dem Schuldverhältnis zurückbleibe. Bei dieser Form der Leistungsstörung sei aber eine Präzisierung notwendig. Denn nicht jede Verzögerung der Leistung rechtfertige es, den Schuldner für den daraus entstandenen Schaden haften zu lassen. Deshalb bestimme Abs. 2, dass der Verzögerungsschaden nach Abs. 1 nur zu ersetzen sei, wenn die zusätzlichen Voraussetzungen des § 286 über den Schuldnerverzug gegeben seien.[100] Es entspreche der beizubehaltenden Rechtstradition, dass Nachteile, insbesondere in Form einer Schadensersatzverpflichtung, erst im Schuldnerverzug eintreten, der neben dem Vertretenmüssen des Schuldners eine Mahnung oder einen gleichgestellten Umstand voraussetze.[101] Der Verzögerungsschaden soll damit wohl – ohne dass dies ausdrücklich gesagt würde – dem Verzugsschaden i.S.v. § 286 Abs. 1 a.F. entsprechen, der bisher vom Schadensersatz wegen Nichterfüllung i.S.v. § 326 a.F. abzugrenzen war: Ohne Nachfristsetzung waren gemäß § 286 Abs. 1 nur solche Schäden ersatzfähig, die die Erfüllungsmöglichkeit des Schuldners unberührt ließen, also neben den weiter bestehenden Leistungsanspruch treten konnten (z. B. Mehraufwendungen, die während der Verzögerung angefallen waren, wie die Kosten einer Ersatzbeschaffung für die Dauer des Verzugs oder entgangener Gewinn wegen Produktionsausfalls während des Verzugs).

36 Der **Schadensersatz statt der Leistung** i.S.v. §§ 280 Abs. 3, 281–283 soll dem herkömmlichen Schadensersatz wegen Nichterfüllung entsprechen, also dem Ersatz des positiven Interesses, wie es bisher insbesondere von den §§ 325, 326, 463 a.F. gewährt wurde.[102] Es gehe um die Situation, dass der Anspruch auf Schadensersatz an die Stelle des Anspruchs auf die Leistung trete. So sprächen im geltenden Recht die §§ 280 und 286 a.F. in dem für alle Schuldverhältnisse geltenden allgemeinen Leistungsstörungsrechts davon, dass die Leistung bzw. der noch mögliche Teil „abgelehnt" werden könne. Ebenso bestehe dann, wenn nach den bisherigen §§ 326 oder 325 Schadensersatz wegen Nichterfüllung verlangt werden könne, ein Anspruch auf die Nichtleistung nicht mehr, der Schadensersatzanspruch trete an seine Stelle. Da in diesen Fällen der Vertrag nicht mehr so, wie ursprünglich vereinbart, durchgeführt werde, müssten für diese Form des Schadensersatzanspruchs zusätzliche Voraussetzungen aufgestellt werden, die in den §§ 281–283 enthalten seien.[103] Der Wechsel in der Terminologie wird damit begründet, dass dieser Schadensersatzanspruch nicht an die Stelle der Erfüllung trete, sondern an die Stelle der primär geschuldeten Leistung, die nicht mehr verlangt werden könne.

37 Zu fragen ist, welche Schäden bei Schlechtleistung, insbesondere beim Kauf, vom Begriff des Schadensersatzes statt der Leistung erfasst werden. Die Begründung geht davon aus, dass im alten Recht unter Schadensersatz wegen Nichterfüllung i.S.v. § 463 a.F. Ersatz des Mangelschadens verstanden worden sei.[104] Dementsprechend wird nunmehr aufgrund der Gleichsetzung von Schadensersatz wegen Nichterfüllung mit „Schadensersatz statt der Leistung" (Rn 36) Schadensersatz statt der Leistung mit Ersatz des „eigentlichen Mangelschadens" gleichgesetzt. Damit werden Mangelschäden, die bisher nur bei Arglist oder Zusicherung liquidiert werden konnten, schon bei Fahrlässigkeit des Verkäufers ersetzt; dies freilich nur unter den „zusätzlichen Voraussetzungen" gemäß §§ 280 Abs. 3, 281 Abs. 1, also nach erfolgloser Bestimmung einer Frist zur Nacherfüllung. Mangelfolgeschäden, die bisher unter den Voraussetzungen der PFV ersetzt wurden, sollen demgegenüber nunmehr „einfache Schäden" i.S.v. Abs. 1 sein.[105]

---

99 Dies gilt insbes. im Verhältnis zu der liebevollen Zuwendung, die die eigentlich doch für unwichtig gehaltene Kategorie der Unmöglichkeit gefunden hat.
100 Begründung zu § 280, BT-Drucks 14/6040, S. 136.
101 Begründung zu § 286, BT-Drucks 14/6040, S. 145.
102 Begründung zu § 280, BT-Drucks 14/6040, S. 136 f. In diesem Sinne auch *Gsell*, JbJ.ZivRWiss 2001, S. 105, 106; *Däubler-Gmelin*, NJW 2001, 2281, 2284; *Krebs*, DB 2000, Beilage 14, S. 10, 11; *Heldrich*, NJW 2001, 2521, 2523; *Magnus*, in: Schulze/Schulte-Nölke, S. 67, 76; *Altmeppen*, DB 2001, 1399, 1403; *Canaris*, ZRP 2001, 329, 331, 332; *ders.*, DB 2001, 1815; wohl auch *Teichmann*, BB 2001, 1485, 1488; skeptisch *Schapp*, JZ 2001, 583, 586.
103 Begründung zu § 280, BT-Drucks 14/6040, S. 136.
104 Begründung zu § 437, BT-Drucks 14/6040, S. 224 ff.
105 Begründung zu § 437, BT-Drucks 14/6040, S. 225.

Im Hinblick auf die Auslegung der §§ 281 Abs. 1 S. 2 und 3, 323 Abs. 5 wird ebenfalls auf die Erfahrungen mit § 463 a.F. zurückgegriffen. Insoweit konnte der Käufer nach herrschender Auffassung zwischen dem sog. **kleinen Schadensersatz** und dem **großen Schadensersatz** wählen: Er konnte die Sache behalten und verlangen, so gestellt zu werden als ob gehörig erfüllt worden wäre, also Ersatz des Wertunterschiedes zwischen mangelfreier und mangelhafter Sache beanspruchen. Er konnte aber auch die Annahme der Sache gänzlich ablehnen oder die bereits angenommene Sache zur Verfügung stellen und den durch die Nichterfüllung des ganzen Vertrags entstandenen Schaden verlangen.[106] Dieses Wahlrecht bleibt auch beim Anspruch auf Schadensersatz statt der Leistung erhalten. „Großen" Schadensersatz kann der Käufer gemäß § 281 Abs. 1 S. 3 nur dann nicht verlangen, wenn die Pflichtverletzung (der Mangel) unerheblich ist. In diesem Fall ist er auf den „kleinen Schadensersatz" beschränkt, d. h. auf Ersatz des durch den Mangel verursachten Minderwerts der Kaufsache.[107]

III. Grenzen der herkömmlichen Begrifflichkeit

Die Gleichsetzung von Schadensersatz statt der Leistung mit dem althergebrachten Schadensersatz wegen Nichterfüllung einerseits und – für die Leistungsstörungskategorie der Schlechterfüllung – von Schadensersatz statt der Leistung mit Ersatz des Mangelschadens andererseits (Rn 37) erscheint auf den ersten Blick so verheißungsvoll einfach, dass sie bisher nicht ernsthaft in Frage gestellt wurde. Dies ist schon deshalb erstaunlich, weil damit die **Abgrenzung zwischen Mangelschaden und Mangelfolgeschaden**, deren Beseitigung doch zu den wesentlichen Zielen der Schuldrechtsmodernisierung zählt,[108] vom Gesetzgeber selbst wieder ins Spiel gebracht wird, und zwar diesmal im Hinblick auf die Unterscheidung zwischen einfachem Schadensersatz und Schadensersatz statt der Leistung. Warum diese Abgrenzung im Verhältnis von Abs. 1 zu Abs. 3 i.V.m. § 281 leichter sein sollte als im Verhältnis von § 463 a.F. zur positiven Vertragsverletzung ist nicht ersichtlich. Sie ist im Gegenteil – wie gleich zu zeigen sein wird (Rn 43) – dadurch noch deutlich komplexer geworden, dass nunmehr die Mangelfreiheit der Sache zur Erfüllungspflicht des Verkäufers gehört.

Die Skepsis gegenüber der inzwischen üblichen Deutung der neuen Begrifflichkeit wächst, wenn man § 463 a.F. und seine Handhabung in Rechtsprechung und Schrifttum etwas genauer in den Blick nimmt: Entsprechend dem Postulat, dass der Käufer so zu stellen ist, wie er stände, wenn die Sache bei Gefahrübergang die zugesicherte Eigenschaft gehabt oder den arglistig verschwiegenen Mangel nicht gehabt hätte,[109] wurde § 463 a.F. im Gegensatz zum Verständnis der Begründung des Regierungsentwurfs gerade nicht auf den „eigentlichen Mangelschaden" beschränkt, sondern grundsätzlich auch auf Mangelfolgeschäden erstreckt.[110] Zwar wurde die Einschränkung gemacht, dass der Mangelfolgeschaden in den „Schutzbereich" der Zusicherung fallen müsse. Insoweit bestand aber letztlich kein Unterschied zum eigentlichen Mangelschaden; auch dieser war nach § 463 a.F. nur zu ersetzen, wenn der Ersatz des Schadens dem durch Auslegung zu ermittelnden Sinn der Zusicherung entsprach.[111] Der Umfang des Schadensersatzanspruchs gemäß § 463 a.F. hing damit in keiner Weise von der Art des zu ersetzenden Schadens ab, sondern ausschließlich von der Reichweite der vom Verkäufer privatautonom übernommenen Garantie. Damit kann ein Rückgriff auf die zu § 463 a.F. entwickelten Grundsätze zur Abgrenzung von Abs. 1 und Abs. 3 i.V.m. § 281 nichts beitragen, sondern im Gegenteil nur Verwirrung stiften.

Diese seltsame Wiederbelebung der Kategorien Mangelschaden und Mangelfolgeschaden ist aber vor allem deshalb fragwürdig, weil sie unberücksichtigt lässt, dass als Konsequenz der Integration des Gewährleistungsrechts in das Allgemeine Schuldrecht die Mangelfreiheit zum Gegenstand der Erfüllungspflicht gemacht worden ist. Dadurch ergibt sich eine neue Ausgangslage für die rechtliche Einordnung solcher **Schäden**, die aufgrund der **Mangelhaftigkeit der Sache im Vermögen** des Käufers entstanden sind. Beispielhaft zu nennen ist etwa die Lieferung einer mangelhaften und daher nicht einsatzfähigen Baumaschine.[112] Rechtsprechung und h.L. qualifizierten bisher den durch die Mangelhaftigkeit verursachten Betriebsausfallschaden, also etwa den Nutzungsausfall während der Reparatur, die Kosten einer vorübergehenden Ersatzanmietung und den entgangenen Gewinn, als nicht über die positive Vertragsverletzung ersatzfähigen bloßen Mangelschaden.[113]

---

106 Überblick bei Palandt/*Putzo*, § 463 Rn 18 f.; Soergel/*Huber*, § 463 Rn 38 ff.
107 Noch nach § 281 Abs. 1, S. 3 RE sollte der Gläubiger Schadensersatz statt der ganzen Leistung nur verlangen können, wenn sein Interesse an der geschuldeten Leistung dies erforderte; vgl. dazu *Canaris*, JZ 2001, 499, 513 f.
108 Begründung zur Neufassung der §§ 280–288, BT-Drucks 14/6040, S. 133 li. Sp.
109 Siehe nur Soergel/*Huber*, § 463 Rn 38.
110 Überblick bei Palandt/*Putzo*, § 463 Rn 14 ff.; grundlegend Soergel/*Huber*, § 463 Rn 60 ff. m. umf. Nachw. der Rechtsprechung.
111 Soergel/*Huber*, § 463 Rn 60 m. umf. Nachw.
112 Begründung zu § 437, BT-Drucks 14/6040, S. 225 li. Sp., 226.
113 Siehe nur BGHZ 77, 215; Palandt/*Heinrichs*, § 276 Rn 110; grundlegend Soergel/*Huber*, Anh. § 463 Rn 28; a.A. Erman/*Grunewald*, vor § 459 Rn 34; ausführlich zu diesem Problemkreis bereits *Dauner-Lieb*, in: Ernst/Zimmermann, 305, 310 ff.

42 Wäre die Gleichsetzung von Mangelschaden und Schadensersatz statt der Leistung i.S.v. Abs. 3 i.V.m. § 281 richtig, wären derartige Schäden erst unter den zusätzlichen Voraussetzungen des § 281 und damit erst ab erfolglosem Fristablauf ersatzfähig, nicht aber für den Zeitraum bis zum Fristablauf bzw. bis zur erfolgreichen Nacherfüllung. Dies wäre schon deshalb wenig überzeugend, weil diese Schäden auch durch eine erfolgreiche Nacherfüllung nicht mehr behoben werden können; im Übrigen würde das Grundprinzip durchbrochen, dass alle Schäden ersatzfähig sind, die auf einer vom Schuldner zu vertretenden Pflichtverletzung beruhen.[114] Dementsprechend gehen die Verfasser der Begründung des Regierungsentwurfs auch ganz unbefangen davon aus, dass diese Schäden ersatzfähig sind; sie ordnen sie freilich – ohne den Widerspruch zu ihren eigenen Prämissen zu thematisieren – Abs. 1 zu.[115]

43 Dies ist systematisch ebenfalls zweifelhaft: Da nunmehr die Mangelfreiheit der Sache zum Inhalt der Erfüllungspflicht des Verkäufers gehört, liegt in der Lieferung einer mangelhaften Sache logisch immer auch eine Verzögerung der geschuldeten mangelfreien Leistung. Es läge daher nahe, diese Schäden als „Verzögerungsschäden" zu qualifizieren und sie infolgedessen den §§ 280 Abs. 2, 286 zuzuordnen, mit der Folge, dass sie zwar unabhängig von den Voraussetzungen des § 281, aber erst mit Verzug i.S.v. § 286 ersatzfähig wären.[116] Auf diese Weise würden Verzögerung und Schlechtleistung auch im Hinblick auf derartige Schadensposten einheitlich behandelt. Dies stände im Einklang mit der strukturellen Annäherung der beiden Leistungsstörungen und der entsprechenden Verkoppelung in § 281: Es wäre wertungsmäßig schwer vertretbar, dass der Verkäufer, der überhaupt nicht leistet, schadensersatzrechtlich wegen der Verzugsschwelle günstiger stände als der Verkäufer, der immerhin leistet, aber eine mangelhafte Leistung erbringt.[117]

44 Nur der Vollständigkeit halber sei erwähnt, dass es auch für die Leistungsstörungskategorie der Verzögerung problematisch erscheint, den Schadensersatz statt der Leistung gemäß § 281 ohne weiteres mit dem Schadensersatz wegen Nichterfüllung i.S.v. § 326 a.F. gleichzusetzen. Im Rahmen des § 326 a.F. konnte der Gläubiger – der klassischen Formel entsprechend – verlangen, so gestellt zu werden, als ob vertragsgemäß und damit pünktlich erfüllt worden wäre. Dementsprechend war allgemein anerkannt, dass auch der bis zum Ablauf der Nachfrist eingetretene Verzugsschaden i.S.v. § 286 Abs. 1 a.F. in den Nichterfüllungsschaden einbezogen werden konnte.[118] Dies war deshalb unproblematisch, weil die §§ 286 Abs. 1, 326 a.F. gleichermaßen Verzug voraussetzten. Im Hinblick auf die nunmehr zumindest äußerlich unterschiedlich gestalteten Tatbestände der §§ 280 Abs. 2, 286 und §§ 280 Abs. 3, 281 wird man aber möglicherweise schärfer differenzieren müssen.

IV. Zur Notwendigkeit einer teleologischen Abgrenzung
1. Ausgangspunkt

45 Vor dem Hintergrund der geschilderten Schwierigkeiten und Verwerfungen verbietet sich ein schematischer Rückgriff auf überkommene Begrifflichkeiten; der Versuch, die neuen Tatbestände mit Hilfe von schon bisher problematischen, inhomogenen Kategorien wie Mangelschaden und Mangelfolgeschaden auszufüllen, führt nicht zur Klärung, sondern zur Verwirrung. Die Abgrenzung zwischen dem „einfachen Schadensersatz"[119] i.S.v. Abs. 1, dem Schadensersatz wegen Verzögerung der Leistung i.S.v. Abs. 2 und dem Schadensersatz statt der Leistung i.S.v. Abs. 3 muss sich daher an Sinn und Zweck der „zusätzlichen Voraussetzungen" und damit an den darin zum Ausdruck kommenden neuen Strukturprinzipien[120] orientieren, und zwar unter Berücksichtigung der Eigenart der jeweils konkret zu beurteilenden Leistungsstörung.

---

114 Zu diesem Strukturprinzip Begründung, Allgemeiner Teil, BT-Drucks 14/6040, S. 93.
115 Begründung zu § 437, BT-Drucks 14/6040, S. 225.
116 So das Mitglied der „Kommission Leistungsstörungsrecht" *Dr. Lothar Haas* im persönlichen Gespräch; a.A. – allerdings weniger überzeugend – die Begründung zu § 437, BT-Drucks 14/6040, S. 225, die argumentiert, § 437 Nr. 3 verweise zwar auch auf § 280 Abs. 2, der den Ersatz von Verzögerungsschäden von den zusätzlichen Voraussetzungen des § 286 abhängig mache. Dies entfalte aber insoweit keine Wirkung, als die Pflichtverletzung darin liege, dass der Verkäufer entgegen seiner vertraglichen Verpflichtung aus § 433 Abs. 1 S. 2 eine mangelhafte Sache geliefert habe; eine Anwendung des § 286 sei insoweit in § 280 nicht vorgesehen; liefere der Verkäufer also beispielsweise schuldhaft eine mangelhafte Maschine und verzögere sich deswegen deren Inbetriebnahme, so sei der Betriebsausfallschaden unabhängig von den weiteren Voraussetzungen des Verzugs unmittelbar nach § 280 Abs. 1 zu ersetzen. Endgültig nicht nachvollziehbar ist die sich unmittelbar anschließende Überlegung, der durch eine Verzögerung der Nacherfüllung entstehe, habe der Verkäufer allerdings gemäß § 437 Nr. 3 i.V.m. § 280 Abs. 1 und 2 nur unter den zusätzlichen Voraussetzungen des § 286 zu ersetzen. Könnte der Käufer nämlich tatsächlich den Betriebsausfallschaden ohne weiteres über § 280 Abs. 1 S. 1 als „Mangelfolgeschaden" ersetzt verlangen, dann wäre davon der Schaden infolge verzögerter Nacherfüllung ohne weiteres mit umfasst; vgl. zu diesen Zusammenhängen bereits *Dauner-Lieb*, in: Ernst/Zimmermann, S. 305, 312.
117 Dazu bereits *Dauner-Lieb*, in: Ernst/Zimmermann, S. 305, 310 ff.
118 Vgl. nur Palandt/*Heinrichs*, § 326 Rn 26.
119 Begründung zu §§ 280–288, BT-Drucks 14/6040, S. 135.
120 Dazu oben Rn 13 ff.

2. Schadensersatz wegen Verzögerung der Leistung (Abs. 2)

Hinter dem Abs. 2 i.V.m. § 286 steht die Überlegung, dass die bloße Verzögerung einer Leistung für den Schuldner noch keine wesentlichen Nachteile bringen soll. Es entspreche der beizubehaltenden Rechtstradition, dass Nachteile, insbesondere in Form einer Schadensersatzverpflichtung, erst im Schuldnerverzug eintreten sollen, der neben dem Vertretenmüssen des Schuldners eine Mahnung oder einen gleichgestellten Umstand wie insbesondere eine kalendermäßige Bestimmung der Leistungszeit voraussetzt.[121]   46

Damit ergibt sich aus **der Zielsetzung des Abs. 2**, dass der Schuldner Schäden, die sich aus einer **Verspätung der geschuldeten Leistung** ergeben, stets nur unter der Voraussetzung einer besonderen Warnung soll ersetzen müssen. Damit wird deutlich, dass es in den klassischen Verzugsfällen, in denen in der neuen Terminologie des Abs. 1 die Pflichtverletzung nunmehr in der schuldhaften Nichterbringung einer fälligen und noch möglichen Leistung besteht, keinen „einfachen Schadensersatz" gibt: Alle als Folge dieser Pflichtverletzung entstandenen Schäden sind „Verspätungsschäden". Die entscheidende Frage lautet insoweit lediglich, ob sie im Einzelfall Verzögerungsschäden i.S.v. Abs. 2 sind oder ob sie als Erfüllungsersatz unter Abs. 3 fallen. Sie entspricht der altbekannten Frage nach der Abgrenzung zwischen Verzugsschaden i.S.v. § 286 Abs. 1 a.F. und dem Nichterfüllungsschaden i.S.v. § 326 Abs. 1 a.F.[122] Für die Leistungsstörungskategorie der Verzögerung (bisher: Verzug) bildet Abs. 1 damit nach der neuen Systematik zwar die einschlägige Anspruchsgrundlage für eventuelle Schadensersatzansprüche, sie hat jedoch keine unmittelbaren Rechtsfolgen, sondern entfaltet rechtliche Relevanz immer nur im Zusammenspiel mit den (insoweit missverständlich) „zusätzlichen" Voraussetzungen entweder des Abs. 2 oder des Abs. 3.   47

Geht man mit der hier entwickelten Auffassung davon aus, dass Abs. 2 wegen der strukturellen Annäherung der Leistungsstörungskategorien Verzögerung und Schlechtleistung grundsätzlich auch auf die Schlechtleistung anwendbar ist, so dass insbesondere bei Leistung einer mangelhaften Sache ein nur unter den Voraussetzungen des § 286 ersatzfähiger Verzögerungsschaden auftreten kann,[123] dann ergibt sich für Abs. 2 ein differenziertes Bild: Unter Abs. 2 fallen die Schäden, die aus der verspäteten Nutzbarkeit der geschuldeten Sache resultieren (Nutzungsausfall während der Reparatur, Kosten einer vorübergehenden Anmietung einer Ersatzmaschine, während des Verzugszeitraums entgangener Gewinn). Dagegen fallen Schäden, die durch die Mangelhaftigkeit der Sache an anderen absoluten Rechtsgütern des Käufers entstanden sind, also die klassischen Mangelfolgeschäden, selbstverständlich nicht unter Abs. 2, sondern unter Abs. 1.   48

3. Schadensersatz statt der Leistung bei Verzögerung und Schlechtleistung (Abs. 3 i.V.m. § 281)

Der systematische und praktische Schwerpunkt des Abs. 3 i.V.m. §§ 281–286 liegt bei der **Regelung des § 281**, die die Voraussetzungen eines Schadensersatzes statt der Leistung für die beiden praktisch wichtigsten Leistungsstörungstypen, die **Leistungsverzögerung und die Schlechtleistung,** normiert. Sie realisiert einmal durch die Einbeziehung der Schlechtleistung das Konzept der Integration des Gewährleistungsrechts in das allgemeine Leistungsstörungsrecht. In ihr ist aber vor allem auch das Prinzip der Sicherung des Erfüllungsanspruchs durch Fristsetzung über § 326 a.F. hinaus verallgemeinert und verankert: Soweit die Leistungsstörung noch behebbar und reparabel ist, soll der Schuldner eine faire letzte Chance bekommen, die geschuldete Leistung doch noch zu erbringen und damit auch die Gegenleistung zu verdienen.   49

Das den § 281 prägende Erfordernis der erfolglosen Fristbestimmung hat sein Vorbild in der Verzugsregelung des § 326 Abs. 1 a.F. Damit kann für den Leistungsstörungstatbestand der **Verzögerung** zur Abgrenzung zwischen Ersatz des Verzögerungsschadens i.S.v. Abs. 2 und Schadensersatz statt der Leistung i.S.v. Abs. 3 auf die Abgrenzung von § 286 Abs. 1 a.F. und § 326 Abs. 1 a.F. zurückgegriffen werden.[124] Verzögerungsschäden i.S.v. Abs. 2 sind daher nur solche Schäden, die die Erfüllungsmöglichkeit des Gläubigers unberührt lassen, also neben den weiter bestehenden Leistungsanspruch treten können; der Gläubiger ist so zu stellen, wie er bei hinzugedachter, späterer Erfüllung stände. Gemäß §§ 280 Abs. 2, 286 ersatzfähig sind daher wie bisher im Rahmen von § 286 Abs. 1 a.F. Mehraufwendungen, die durch die Verzögerung angefallen sind, wie etwa die Kosten einer Ersatzbeschaffung für die Dauer des Verzugs (z. B. Ersatzmiete eines Hauses oder einer Maschine), entgangener Gewinn wegen Produktionsausfalls (infolge der verspäteten Lieferung einer Maschine, von Ersatzteilen oder Rohstoffen). Unter Abs. 3 i.V.m. § 281 fallen dagegen die Mehrkosten eines Deckungsgeschäfts oder die Kosten einer Ersatzvornahme durch den Gläubiger.[125] Zwar sind auch sie adäquat kausal durch die Verspätung entstanden, so dass man im natürlichen Wortsinn einen Verspätungsschaden bejahen könnte. Entsprechende Maßnahmen machen   50

---

121 Begründung zu § 286, BT-Drucks 14/6040, S. 145.
122 Dazu gleich Rn 50.
123 Siehe Rn 41 ff.
124 Siehe etwa die ausführliche und besonders anschauliche Problemdarstellung bei Soergel/*Wiedemann*, § 286 Rn 10 ff., insbes. 19 ff. m. umf. Nachw.; vgl. auch Palandt/*Heinrichs*, § 286 Rn 6 ff.

jedoch ein Nachholen der Leistung durch den Schuldner sinnlos oder sogar unmöglich und ersetzen daher funktional seine Leistung. Die entsprechenden Aufwendungen des Gläubigers können daher – insoweit ist die neue Begrifflichkeit durchaus plastisch – nur als Schadensersatz statt der Leistung geltend gemacht werden, also nach Maßgabe des § 281 unter der Voraussetzung der erfolglosen Fristsetzung.

51 **Für die Schlechtleistung** ist das Erfordernis einer erfolglosen Bestimmung einer angemessenen Frist zur Nacherfüllung Ausdruck des neuen Rechts des Schuldners zur „zweiten Andienung". Dementsprechend können – nicht anders als in den Verzögerungsfällen – Schäden, deren Ersatz eine Nacherfüllung des Schuldners durch Beseitigung des Mangels oder durch Ersatzlieferung einer mangelfreien Sache sinnlos oder unmöglich machen, also die Ablehnung einer Nacherfüllung gedanklich voraussetzen, nur unter den Voraussetzungen des § 281 geltend gemacht werden. Es handelt sich neben den Schadensposten, die auch bei Verzögerung der Leistung anfallen können (insbes. den Mehrkosten eines **Deckungsgeschäfts**), um eventuelle **Reparaturkosten** und den durch die Reparatur behebbaren **Minderwert** des Leistungsgegenstandes; ihn kann der Gläubiger freilich in der Regel auch im Wege der Minderung realisieren.[126] **Finanzierungskosten**, die der Käufer aufgewendet hat, um sich den Kaufpreis zu beschaffen,[127] gehören jetzt zu § 284. Gewisse Schwierigkeiten bereitet die Einordnung eines **merkantilen Minderwertes** des Leistungsgegenstandes, der durch eine Reparatur nicht zu beheben ist. So ist es etwa denkbar, dass ein mit Öl verseuchtes Grundstück trotz Beseitigung der Rückstände dauerhaft weniger wert ist, als der Käufer nach den vertraglichen Vereinbarungen erwarten durfte. Systematisch liegt es nahe, diesen Schaden § 281 und nicht Abs. 1 zuzuordnen. Steht eine entsprechende Wertminderung bereits vor einem Nacherfüllungsversuch fest, kann man dem Käufer über § 281 Abs. 2 2. Alt. die Fristsetzung ersparen.

52 Schwierigkeiten könnte sowohl bei Leistungsverzögerung als auch bei Schlechtleistung (und auch in den seltenen Fällen der Unmöglichkeit) die Zuordnung eines **entgangenen Veräußerungsgewinns** machen. Insoweit wird man differenzieren müssen: Besteht die Chance, dass ein entsprechender Gewinn nach erfolgreicher Nacherfüllung doch noch realisiert werden kann, dann wird man eine Fristsetzung i.S.v. § 281 verlangen müssen. Steht dagegen fest, dass sich eine gewinnbringende Weiterveräußerung wegen der Verspätung oder Mangelhaftigkeit der geschuldeten Leistung bereits innerhalb der Frist des § 281 endgültig zerschlagen hat, dann wird man den entgangenen Gewinn als Verzögerungsschaden i.S.v. Abs. 2 einzuordnen haben, der neben dem Nacherfüllungsanspruch geltend gemacht werden kann.[128] Sollte sich später, nach erfolgreicher Nacherfüllung, wider Erwarten eine weitere gewinnbringende Veräußerungschance auftun, entfällt nachträglich der entsprechende Schaden, so dass der Gläubiger den entsprechenden Betrag zurückerstatten muss.

4. Schadensersatz statt der Leistung wegen Verletzung einer Pflicht nach § 241 Abs. 2

53 Nach §§ 280 Abs. 3, 282 kann der Gläubiger bei Verletzung einer leistungsbegleitenden Nebenpflicht gemäß § 241 Abs. 2 Schadensersatz statt der Leistung verlangen, wenn ihm die Leistung durch den Schuldner nicht mehr zuzumuten ist, obwohl der Schuldner seine Haupt- und Nebenleistungspflichten ordnungsgemäß erfüllen könnte. Es handelt sich um die seltenen Fälle, in denen die Nebenpflichtverletzung den Vertragszweck derartig gefährdet, dass nach Treu und Glauben vom Gläubiger ein Festhalten am Vertrag nicht erwartet werden kann.[129] Ist die (hohe) Zumutbarkeitsschwelle überschritten, kann der Gläubiger die weitere Leistung durch den Schuldner ablehnen. Für einen Schadensersatzanspruch statt der Leistung kommen vor allem die Mehrkosten eines Deckungsgeschäfts in Betracht.[130] Die durch die Verletzung der Nebenpflicht entstandenen Schäden kann der Gläubiger ohne weiteres gemäß Abs. 1 ersetzt verlangen.

5. Schadensersatz statt der Leistung bei Ausschluss der Leistungspflicht (Abs. 3 i.V.m. § 283)

54 Abs. 3 verweist schließlich auf die (praktisch seltenen) Fälle des Ausschlusses der Leistungspflicht gemäß § 275, also der Unmöglichkeit. Allerdings enthält § 283 gegenüber Abs. 1 keine echten, zusätzlichen Voraussetzungen. Man benötigt den Ausschluss des primären Leistungsanspruchs gemäß § 275 als gedankliche Brücke, um überhaupt eine Pflichtverletzung i.S.v. Abs. 1 bejahen zu können.[131] Dementsprechend kann der Gläubiger dann, wenn der Schuldner das Leistungshindernis zu vertreten hat, ohne weiteres Schadensersatz statt der Leistung geltend machen, also wie bisher im Rahmen des § 325 a.F. verlangen,

---

125 A.A. für die Ersatzvornahme möglicherweise BGHZ 87, 104, 109 in einem allerdings sehr speziell gelagerten Sonderfall; dazu kritisch Soergel/*Wiedemann*, § 286 Rn 19.
126 Begründung zu § 437, BT-Drucks 14/6040, S. 226.
127 Vgl. dazu Soergel/*Huber*, Anh. § 463 Rn 28.
128 So zu § 286 a.F. zutreffend Palandt/*Heinrichs*, Rn 11.
129 Zu den Einzelheiten § 282 Rn 2.
130 Begründung zu § 282, BT-Drucks 14/6040, S. 141.
131 Vgl. § 283 Rn 2.

so gestellt zu werden, als ob die Leistung erbracht worden wäre. Er kann also nicht nur einen über seiner Gegenleistung liegenden Wert der Sache ersetzt verlangen, sondern auch einen entgangenen Weiterveräußerungsgewinn oder die Kosten eines teureren Deckungsgeschäftes. Da in den Fällen der Unmöglichkeit die primäre Leistung definitionsgemäß nicht erbracht werden kann, tritt der Schadensersatzanspruch freilich immer an die Stelle der Leistung. Der Schadensersatz ist daher in diesen Fällen begriffsnotwendig ein Schadensersatz „statt der Leistung"; dementsprechend gibt es für die Leistungsstörungskategorie der Unmöglichkeit keinen „einfachen Schadensersatz", der ausschließlich über Abs. 1 abzuwickeln wäre.

V. Zusammenfassung und Ausblick

Eine Zusammenschau der gewonnenen Einzelerkenntnisse ergibt vor allem, dass die praktische Relevanz des „einfachen Schadensersatzes" i.S.v. Abs. 1 begrenzt ist. Unproblematisch sind von dieser neuen Kategorie die Schäden erfasst, die durch eine Schlechtleistung, insbesondere die Lieferung einer mangelhaften Sache, oder durch die Verletzung von leistungsbegleitenden Nebenpflichten gemäß § 241 Abs. 2 an anderen (absoluten) Rechtsgütern des Gläubigers entstanden sind, also die klassischen Mangelfolgeschäden und Begleitschäden, die bisher den Hauptanwendungsbereich der PFV bildeten. Abgedeckt sind auch die Konsequenzen einer Schlechtleistung bei den Vertragstypen, bei denen bisher eine gesetzliche Haftungsregelung fehlte (z. B. Dienstvertrag, Geschäftsbesorgungsvertrag).[132] Vor diesem Hintergrund kann man in der Tat in Abs. 1 eine gesetzliche Festschreibung der PFV sehen.[133] Problematisch ist für die Leistungsstörungskategorie der Schlechtleistung die Zuordnung von Schäden, die auf der mangelbedingt verspäteten Nutzbarkeit des Leistungsgegenstandes beruhen, da sie bisher ganz herrschend als (nicht über die PFV ersatzfähige) Mangelschäden angesehen wurden. Vor dem Hintergrund, dass die Mangelfreiheit der Leistung nunmehr Inhalt der Erfüllungspflicht ist und damit in der mangelhaften Leistung auch eine Verspätung der geschuldeten Leistung liegt, erscheint eine Zuordnung zu Abs. 2 deutlich sachgerechter als die von der Begründung des Regierungsentwurfs postulierte Anbindung an Abs. 1.[134] Keine eigenständige Bedeutung hat Abs. 1 für die Leistungsstörungskategorien der Verzögerung und der Unmöglichkeit. Insoweit ergibt sich also gegenüber §§ 325, 326 a.F. keine Änderung. Für alle Konstellationen eines Schadensersatzes statt der Leistung ist zu beachten, dass frustrierte Aufwendungen, die der Gläubiger in Erwartung einer vereinbarungsgemäßen Vertragsabwicklung getätigt hat und die sich wegen der Pflichtverletzung des Schuldners als nutzlos erweisen, nunmehr über § 284 ersatzfähig sind. Für einen Rückgriff auf die sog. Rentabilitätsvermutung (§ 284 Rn 1) im Rahmen der §§ 281–283 ist angesichts der ausdrücklichen Regelung des § 284 kein Raum.[135]

C. Die Einzelregelungen des § 280

I. Der Grundtatbestand (Abs. 1)

§ 280 enthält die wichtigste Norm des neuen Schuldrechts, das auf einem **einheitlichen Grundtatbestand**, der Verletzung einer Pflicht, aufbaut.[136] Die Bestimmung enthält – von der Sonderregelung des § 311 a Abs. 2 für die anfängliche Unmöglichkeit abgesehen – die **einzige Anspruchsgrundlage** für einen Schadensersatz wegen einer Leistungsstörung. Sie löst damit die §§ 280–286, 325, 326, 463, 635 a.F. sowie die lückenfüllend und rechtsfortbildend entwickelten Grundsätze über eine Haftung aus positiver Forderungsverletzung und culpa in contrahendo ab.[137]

Nach Abs. 1 S. 1 kann der Gläubiger vom Schuldner Schadensersatz verlangen, wenn dieser eine Pflicht **aus dem Schuldverhältnis** verletzt hat. Mit dem Begriff Schuldverhältnis sind in erster Linie Verträge gemeint, aber auch andere Schuldverhältnisse angesprochen. Abgedeckt ist auch die culpa in contrahendo; insoweit lässt sich aus § 311 Abs. 2 und 3 ableiten, dass auch vorvertragliche Pflichten Pflichten „aus einem Schuldverhältnis" sind. Abs. 1 S. 1 erfasst darüber hinaus einseitige Schuldverhältnisse, wie z. B. Vermächtnisansprüche (§§ 2147 ff.). Abgedeckt sind schließlich auch gesetzliche Schuldverhältnisse[138]

Abs. 1 S. 1 erfasst **alle Arten von Pflichten**, Haupt- und Nebenpflichten, Leistungs- und Schutzpflichten. Der Begriff der Pflichtverletzung bezeichnet nur das objektive Zurückbleiben hinter dem Pflichtprogramm des Schuldverhältnisses, also ein objektiv nicht dem Schuldverhältnis entsprechendes Verhalten des Schuldners. Unerheblich ist, ob der Schuldner dieses Verhalten auch zu vertreten hat; diese Frage wird

---

[132] Vgl. nur Soergel/*Wiedemann*, vor § 275 Rn 441 ff.
[133] Begründung, Allgemeiner Teil, BT-Drucks 14/6040, S. 93, 134; ob auf diese Art und Weise tatsächlich auch „Potentiale für eine Vereinfachung" genutzt werden, wird die Zukunft zeigen.
[134] Begründung zu § 437, BT-Drucks 14/6040, S. 225.
[135] A.A. *Canaris*, JZ 2001, 499, 514.
[136] Zur Pflichtverletzung als zentraler Kategorie des neuen Leistungsstörungsrechts ausführlich oben Rn 7 ff.
[137] Begründung zu § 280, BT-Drucks 14/6040, S. 135; zu den Einzelheiten der bisherigen Rechtslage Rn 2 ff.
[138] Begründung zu § 280, BT-Drucks 14/6040, S. 135.

erst im Rahmen von Abs. 1 S. 2 bedeutsam.[139] Ebensowenig von Bedeutung ist, auf welchen Gründen die Pflichtverletzung beruht und welche Folgen sie hat: Der Begriff der Pflichtverletzung deckt alle Leistungsstörungen ab, Unmöglichkeit, Verzögerung, mangelhafte Leistung sowie die Verletzung leistungsbezogener und leistungsbegleitender Nebenpflichten.[140]

59 Die strenge Folge der Schadensersatzhaftung trifft den Schuldner nur dann, wenn er die **Pflichtverletzung** i.S.d. §§ 276–278 **zu vertreten** hat (Abs. 1 S. 2). Insoweit ergeben sich erhebliche Haftungsrisiken für die Fälle der mangelhaften Leistung beim Kaufvertrag. Im Schrifttum deutet sich nämlich die Auffassung an, dass aus der Ergänzung des § 276 durch das Zurechnungskriterium der „Übernahme eines Beschaffungsrisikos" abgeleitet werden könne, dass bei Gattungsschulden in der Regel kein Verschulden bezüglich der Mangelhaftigkeit erforderlich sei.[141] Diese Auffassung ist allerdings mit der Systematik des § 276 nicht zu vereinbaren und findet auch keine Stütze in der Gesetzesbegründung; die Ausführungen zur Neuformulierung des § 276 deuten im Gegenteil darauf hin, dass keine wesentliche Änderung in der Sache beabsichtigt war.[142]

60 Aus der Fassung des Abs. 1 S. 2 ergibt sich, dass der Schuldner behaupten und beweisen muss, dass er die Pflichtverletzung nicht zu vertreten hat. Damit wird die Verteilung der **Behauptungs- und Beweislast** der §§ 282, 285 a.F. verallgemeinert. Dies ändert aber nichts daran, dass nach allgemeinen Grundsätzen zunächst der Gläubiger die (objektive) Pflichtverletzung i.S.v. Abs. 1 S. 1 zu beweisen hat. Soweit dies in den Fällen einer Verletzung von Schutzpflichten i.S.v. § 241 Abs. 2 Schwierigkeiten machen könnte, sollen dem Gläubiger allerdings unter dem Gesichtspunkt der Sphärentheorie Beweislasterleichterungen zugute kommen.[143] Im Arbeitsrecht wurde in der allerletzten Phase des Gesetzgebungsverfahrens die Sonderregelung des § 619a eingefügt.

61 Abs. 1 greift „unmittelbar und allein" nur für den einfachen Schadensersatz.[144] Von dieser Kategorie sind die Schäden erfasst, die als Konsequenz einer Schlechtleistung, insbesondere der Lieferung einer mangelhaften Sache, oder durch die Verletzung von leistungsbegleitenden Nebenpflichten gemäß § 241 Abs. 2 an anderen Rechtsgütern des Gläubigers entstanden sind. Gleichgestellt sind die Fälle, in denen der Käufer die fehlerhafte Sache an einen Dritten weiterveräußert, der Schaden beim Dritten entsteht und der Käufer deswegen dem Dritten Schadensersatz leisten muss.[145] Ebenfalls erfasst sind die Konsequenzen einer Schlechtleistung bei den Vertragstypen, bei denen bisher eine ausdrückliche gesetzliche Gewährleistungsregelung fehlte (z. B. Dienstvertrag, Geschäftsbesorgungsvertrag). Keine eigenständige Bedeutung hat Abs. 1 für die Schäden, die durch ein Ausbleiben der Leistung (Verzögerung oder Unmöglichkeit) verursacht worden sind.[146]

II. Schadensersatz wegen Verzögerung der Leistung (Abs. 2)

62 Abs. 2 betrifft nach der Konzeption des Gesetzgebers die Leistungsstörungskategorie der Leistungsverzögerung (bisher: Verzug). Die Pflichtverletzung i.S.v. Abs. 1 liegt hier in der Nichterbringung einer fälligen, noch möglichen Leistung. Liegt eine Pflichtverletzung in diesem Sinne vor, kann der Gläubiger grundsätzlich Ersatz aller durch das Ausbleiben der Leistung entstandenen Schäden verlangen, es sei denn, dass er das Ausbleiben der Leistung nicht zu vertreten hat. Abs. 2 stellt freilich für Ansprüche auf Schadensersatz wegen Verspätungen die weitere Voraussetzung des Verzugs i.S.v. § 286 auf. Schadensersatz statt der Leistung i.S.v. Abs. 3 i.V.m. § 281 kann nur nach erfolgloser Bestimmung einer angemessenen Frist zur Erfüllung verlangt werden. Die Abgrenzung zwischen Schadensersatz wegen Verzögerung der Leistung gemäß Abs. 1, Abs. 2 i.V.m. § 286 einerseits und Schadensersatz statt der Leistung gemäß Abs. 1, Abs. 3 i.V.m. § 281 andererseits entspricht der überkommenen Unterscheidung zwischen Verzugsschaden i.S.v. § 286 Abs. 1 a.F. und Schadensersatz wegen Nichterfüllung gemäß § 326 a.F., so dass auf Rechtsprechung und Schrifttum zu diesem Problemkreis wie bisher zurückgegriffen werden kann.[147] Abweichend von den Vorstellungen des Gesetzgebers fallen unter Abs. 2 i.V.m. § 286 auch Schäden, die auf einer mangelbedingt verspäteten Nutzbarkeit eines Kaufgegenstandes beruhen.[148] Konkret als Verzögerungsschäden ersatzfähig sind insbesondere Mehraufwendungen, die durch die Verzögerung angefallen sind (Ersatzmiete eines Hauses oder einer Maschine), entgangener Gewinn wegen Produktionsausfalls, aber

---

139 Begründung zu § 280, BT-Drucks 14/6040, S. 135.
140 Begründung, Allgemeiner Teil, BT-Drucks 14/6040, S. 92 und Begründung zur Neufassung der §§ 280–288, BT-Drucks 14/6040, S. 133 f.; zu den Einzelheiten Rn 7 ff., 14 ff.
141 Canaris, DB 2001, 1815 f.; ders., ZRP 2001, 379, 335.
142 Begründung zu § 276, BT-Drucks 14/6040, S. 131 f.; dazu schon § 276 Rn 22 ff.
143 Begründung zu § 280, BT-Drucks 14/6040, S. 136.
144 Begründung zur Neufassung der §§ 280–288, BT-Drucks 14/6040, S. 135.
145 Vgl. Soergel/Huber, Anh. § 463 Rn 31.
146 Zu den Einzelheiten Rn 53.
147 Zu den Einzelheiten Rn 47.
148 Zu den Einzelheiten Rn 41 ff., 48.

auch ein entgangener Veräußerungsgewinn, wenn sich eine Veräußerungschance wegen der Verspätung endgültig zerschlagen hat.[149]

III. Schadensersatz statt der Leistung (Abs. 3)

Abs. 3 ergänzt ebenso wie Abs. 2 die Anspruchsgrundlage des Abs. 1 um zusätzliche Voraussetzungen für einen Anspruch auf Schadensersatz statt der Leistung. Dabei sind diese zusätzlichen Voraussetzungen für die verschiedenen Leistungsstörungstypen unterschiedlich gestaltet. Bei Verzögerung und Schlechtleistung ist grundsätzlich eine erfolglose Bestimmung einer angemessenen Frist zur Leistung oder Nacherfüllung erforderlich. Auf diese Weise wird das neue Recht des Schuldners „zur zweiten Andienung" rechtstechnisch umgesetzt. Er soll vor der Geltendmachung eines den Leistungsanspruch ersetzenden Schadensersatzanspruchs eine weitere Gelegenheit zur Erfüllung und zur Erlangung der Gegenleistung bekommen.[150] In den Fällen der Verletzung von nichtleistungsbezogenen Nebenpflichten gemäß § 282 wird darauf abgestellt, ob die Leistung durch den Schuldner dem Gläubiger nicht mehr zumutbar ist; das Erfordernis einer Fristsetzung wäre hier sinnlos, weil die Pflichtverletzung nicht den Leistungsanspruch selbst berührt. Da eine Fristsetzung auch bei der Unmöglichkeit von vornherein sinnlos ist, wird insoweit in § 283 ebenfalls ein anderer Ansatz verfolgt.[151] Unter den Begriff des Schadensersatzes statt der Leistung fallen konkret insbesondere der (durch Nacherfüllung noch behebbare) Minderwert der Leistung, Reparaturkosten, Mehrkosten eines Deckungsgeschäfts.[152] 63

§ 281 Schadensersatz statt der Leistung wegen nicht oder nicht wie geschuldet erbrachter Leistung

(1) ¹Soweit der Schuldner die fällige Leistung nicht oder nicht wie geschuldet erbringt, kann der Gläubiger unter den Voraussetzungen des § 280 Abs. 1 Schadensersatz statt der Leistung verlangen, wenn er dem Schuldner erfolglos eine angemessene Frist zur Leistung oder Nacherfüllung bestimmt hat. ²Hat der Schuldner eine Teilleistung bewirkt, so kann der Gläubiger Schadensersatz statt der ganzen Leistung nur verlangen, wenn er an der Teilleistung kein Interesse hat. ³Hat der Schuldner die Leistung nicht wie geschuldet bewirkt, so kann der Gläubiger Schadensersatz statt der ganzen Leistung nicht verlangen, wenn die Pflichtverletzung unerheblich ist.
(2) ¹Die Fristsetzung ist entbehrlich, wenn der Schuldner die Leistung ernsthaft und endgültig verweigert oder wenn besondere Umstände vorliegen, die unter Abwägung der beiderseitigen Interessen die sofortige Geltendmachung des Schadensersatzanspruchs rechtfertigen.
(3) ¹Kommt nach der Art der Pflichtverletzung eine Fristsetzung nicht in Betracht, so tritt an deren Stelle eine Abmahnung.
(4) ¹Der Anspruch auf die Leistung ist ausgeschlossen, sobald der Gläubiger statt der Leistung Schadensersatz verlangt hat.
(5) ¹Verlangt der Gläubiger Schadensersatz statt der ganzen Leistung, so ist der Schuldner zur Rückforderung des Geleisteten nach den §§ 346 bis 348 berechtigt.

Literatur: Begründung zu Vorbem. zu den §§ 281–283, BT-Drucks 14/6040, S. 137; Begründung zu § 281, BT-Drucks 14/6040, S. 137 ff.; *Altmeppen,* DB 2001, 1131; *ders.,* DB 2001, 1821; *Canaris,* JZ 2001, 495; *ders.,* DB 2001, 1815; *ders.,* ZRP 2001, 329; *Gsell,* Jb.J.ZivRWiss. 2001, 105; *St. Lorenz,* JZ 2001, 742; *Schapp,* JZ 2001, 583; *Teichmann,* BB 2001, 1485.

Inhalt

A. Überblick 1	C. Entbehrlichkeit der Fristsetzung (Abs. 2) 19
I. Problemstellung 1	D. Abmahnung statt Fristsetzung (Abs. 3) 25
II. Das Regelungskonzept des § 281 2	E. Wegfall des Anspruchs auf die Leistung (Abs. 4) .. 26
III. § 281 im System der §§ 280 ff. 3	F. Rückabwicklung einer vom Schuldner bereits
B. Der Grundtatbestand (Abs. 1) 4	erbrachten Leistung (Abs. 5) 27
I. Nichterbringung oder nicht wie geschuldete Erbringung einer fälligen Leistung 4	G. Verantwortung des Gläubigers 28
II. Erfolglose Bestimmung einer angemessenen Frist zur Leistung oder Nacherfüllung 12	H. Schadensermittlung bei Verzögerung (Differenz- und Surrogationsmethode) 29
III. Teilverzögerung 16	

---

[149] Zu den Einzelheiten Rn 41 ff., 48.
[150] Zu den Einzelheiten Rn 49.
[151] Zu den Einzelheiten Rn 53 f.
[152] Zu den Einzelheiten Rn 49 ff.

A. Überblick

I. Problemstellung

1 Regelungsgegenstand des § 281 ist der Übergang vom Anspruch auf die Primärleistung auf einen **diese Leistung ersetzenden Schadensersatzanspruch** für die beiden praktisch bedeutsamsten Kategorien der Leistungsstörungen, nämlich für die Verspätung und für die Schlechtleistung. Die Vorschrift ersetzt damit funktional die §§ 286 Abs. 2, 326 Abs. 1 S. 1, 463, 365 a.F. und bildet neben der Grundnorm des § 280 einen weiteren zentralen Baustein in dem neuen Schadensersatzkonzept der §§ 280–285, das zwischen dem einfachen Schadensersatz i.S.v. § 280 Abs. 1, dem Verzögerungsschaden i.S.v. § 280 Abs. 2 i.V.m. § 286 und dem Schadensersatz statt der Leistung i.S.v. § 280 Abs. 3 i.V.m. §§ 281–283 differenziert.[1] Im Kern geht es bei den §§ 281–283 um die Frage, unter welchen Voraussetzungen der Gläubiger endgültig Schadensersatz statt der Primärleistung verlangen und sich damit auch von seiner Gegenleistungsverpflichtung befreien kann.[2]

II. Das Regelungskonzept des § 281

2 § 281 macht für die beiden „reparablen" Leistungsstörungen, die Verspätung und die Schlechtleistung, den Schadensersatz statt der Leistung[3] grundsätzlich davon abhängig, dass der Gläubiger dem Schuldner erfolglos eine **angemessene Frist** zur Leistung oder Nacherfüllung gesetzt hat. Für den Verzug enthielt bereits § 326 a.F. eine entsprechende Regelung. Für den Kauf wird mit der Voraussetzung der Fristsetzung in den §§ 281, 323 das neue Recht des Verkäufers zur „zweiten Andienung" rechtstechnisch umgesetzt.[4] Sie ist der Preis dafür, dass nunmehr beim Kauf der „eigentliche Mangelschaden" abweichend von § 463 a.F. bei einem auch nur fahrlässigen Verhalten des Verkäufers ersatzfähig ist.[5] Das Erfordernis der Fristsetzung zielt bei beiden Formen der Leistungsstörung darauf ab, dem Schuldner eine weitere, letzte Chance zur vertragsgemäßen Erfüllung seiner Pflichten und damit auch zur Erlangung der Gegenleistung zu geben. Dementsprechend ist eine Fristsetzung entbehrlich, wenn sie von vornherein sinnlos ist. Auf entsprechende Fallgestaltungen zielt Abs. 2. Abs. 3 betrifft insbesondere Unterlassungsverpflichtungen. Abs. 4 regelt den Wegfall des Anspruchs auf die Leistung nach Geltendmachung des Schadensersatzanspruchs. Abs. 5 ordnet die Rückabwicklung einer vom Schuldner bereits erbrachten Leistung an und betrifft daher nur die Fälle der Teilverzögerung und der Schlechtleistung. Abs. 1 S. 2 und 3 schränken die Möglichkeit eines Schadensersatzes statt der ganzen Leistung ein.

III. § 281 im System der §§ 280 ff.

3 Anspruchsgrundlage für einen Schadensersatz statt der Leistung für alle Pflichtverletzungen und damit auch für die Fälle der Verzögerung und der Schlechtleistung ist § 280 Abs. 1;[6] § 281 stellt lediglich zusätzliche Voraussetzungen i.S.v. § 280 Abs. 3 auf. Vor diesem Hintergrund hat die Verweisung des Abs. 1 S. 1 auf die „Voraussetzungen des § 280 Abs. 1"[7] keinen eigenständigen Regelungsgehalt. Für § 281 ist – nimmt man das neue Konzept beim Wort – überhaupt nur Raum, wenn man die Voraussetzungen des § 280, nämlich Pflichtverletzung und (vermutetes) Verschulden, bereits bejaht hat, wobei die Pflichtverletzung i.S.v. § 280 Abs. 1 gerade in der Leistungsverzögerung oder Schlechtleistung liegt, die denn auch den Anknüpfungspunkt für die zusätzliche Voraussetzung der erfolglosen Fristbestimmung i.S.v. Abs. 1 bildet. Vor diesem Hintergrund überzeugt die Argumentation, die Bezugnahme bringe zum Ausdruck, dass Schadensersatz statt der Leistung auch im Fall des § 281 nur geschuldet sei, wenn der Schuldner die Leistungsstörung zu vertreten habe,[8] nicht. Man ist geneigt, die Zurückverweisung auf § 280 weniger als Klarstellung denn als Indiz dafür zu deuten, dass der Gesetzgeber seiner eigenen Systematik letztlich doch nicht vollständig traut.

---

1 Zu den Einzelheiten § 280 Rn 30 ff.
2 Vorbem. zu §§ 281–283, BT-Drucks 14/6040, S. 137.
3 Zum Begriff § 280 Rn 33 ff., 44 ff., 61.
4 Vgl. dazu Begründung zu § 437, BT-Drucks 14/6040, S. 220.
5 Begründung zu § 437, BT-Drucks 14/6040, S. 224 f.
6 Siehe nur BT-Drucks 14/6040, S. 192, 135, 137, 142.
7 Entsprechende Rückverweisungen finden sich in den §§ 282, 283.
8 Begründung zu § 281, BT-Drucks 14/6040, S. 137 f.

B. Der Grundtatbestand (Abs. 1)

I. Nichterbringung oder nicht wie geschuldete Erbringung einer fälligen Leistung

Ein Anspruch auf Schadensersatz statt der Leistung gemäß § 280 Abs. 1, 3 i.V.m. § 281 setzt voraus, dass 4
der Schuldner eine fällige Leistung nicht oder nicht wie geschuldet erbracht hat. Aus der Systematik der
§§ 280–283 ergibt sich, dass unter **Nichterbringung der Leistung** wie in der parallelen Rücktrittsregelung
des § 323 nur die Verzögerung der Leistung zu verstehen ist. Vom Wortlaut abgedeckt wäre zwar auch das
auf einem Leistungshindernis i.S.v. § 275 beruhende dauernde Ausbleiben der Leistung. Sie ist jedoch in
§ 283 speziell geregelt, schon weil in diesen Fällen eine Fristsetzung mangels Nachholbarkeit der Leistung
sinnlos wäre.[9]

Schadensersatz statt der Leistung setzt in den Fällen der **Leistungsverzögerung** abweichend von 5
§ 326 a.F., aber ebenso wie in der parallelen Rücktrittsregelung des § 323, nur eine erfolglose Fristsetzung
voraus, jedoch **keinen Verzug** i.S.v. § 286. Von dieser Voraussetzung wurde bewusst mit der Begründung
abgesehen, für den Gläubiger sei in aller Regel der Grund für das Ausbleiben der Leistung zunächst nicht
erkennbar. So könne die Leistung unmöglich geworden sein, was ihn zur sofortigen Geltendmachung von
Schadensersatz statt der Leistung gemäß § 283 berechtigen würde; es könne aber auch sein, dass zugunsten
des Schuldners lediglich die Voraussetzungen der Einrede aus § 275 Abs. 2 erfüllt seien. Solange der
Schuldner diese Einrede nicht erhebe, brauche der Gläubiger die zugrunde liegenden Umstände nicht
zu kennen. Schließlich könne – in der Praxis weitaus häufiger – der Schuldner auch überhaupt keinen
Grund haben, der ihn zur Verweigerung der Leistung berechtigen würde. Hier ziele die Fassung des § 281
darauf ab, dem Gläubiger eine Möglichkeit an die Hand zu geben, mit der er in möglichst einfacher Weise
Klarheit über den Fortbestand des Leistungsanspruchs bzw. über die Substituierung des Primäranspruchs
durch einen Schadensersatzanspruch erlangen könne. Dies könne er gemäß § 281 allein durch das Setzen
einer angemessenen Frist erreichen.[10] Freilich wird man in der Bestimmung einer angemessenen Frist zur
Leistung im Regelfall auch eine (jedenfalls konkludente) Mahnung i.S.v. § 286 sehen können, so dass
dann mit den Voraussetzungen des § 281 auch die Verzugsvoraussetzungen vorliegen werden.[11]

Die **Fälligkeit** der Leistung, die wohl nur für die Fallgruppe der **Leistungsverzögerung** eine praktische 6
Rolle spielt, beurteilt sich wie bisher nach § 271. Nicht ausdrücklich angesprochen wird in den §§ 281,
323, wie sich das **Bestehen von Einreden** auf die Fälligkeit auswirkt. § 218 enthält nur für die Verjährungseinrede eine Bestimmung, nach der der Rücktritt wegen Nicht- oder Schlechtleistung unwirksam ist,
wenn der Anspruch auf Leistung oder Nacherfüllung verjährt ist und der Schuldner sich hierauf beruft.
Man wird sie jedoch nicht als abschließende Regelung, sondern im Gegenteil als Ausdruck eines allgemeinen
Prinzips verstehen müssen. Infolgedessen wird man in Übereinstimmung mit der bisherigen Handhabung
des § 284 a.F.[12] das Merkmal der Fälligkeit regelmäßig i.S.v. „fällig und einredefrei" zu verstehen haben.[13]

Mit der Formulierung „nicht wie geschuldet erbringt" meint Abs. 1 die **Schlechterfüllung**. Damit werden 7
vor allem die Fälle der **mangelhaften Leistung im Kauf- und Werkvertragsrecht** erfasst (§§ 437, 434).
Der Anspruch auf Schadensersatz statt der Leistung ersetzt insoweit die §§ 463, 635 a.F. und integriert
auf diese Weise das Gewährleistungsrecht in das Allgemeine Schuldrecht. Damit wird – eine zentrale,
auch sachlich bedeutsame Änderung – für den Kauf eine Schadensersatzhaftung des Verkäufers für den
„eigentlichen Mangelschaden" bei bloßer Fahrlässigkeit eingeführt.[14] Nach dem Wortlaut des § 281 wären
auch die Fälle der **irreparablen Schlechtleistung** (sog. qualitative Unmöglichkeit) erfasst, in denen eine
Nacherfüllung von vornherein ausgeschlossen ist. Insoweit wäre freilich eine Fristsetzung sinnlos, weil
es an der Nachholbarkeit der geschuldeten Leistung fehlt.[15] Der Anspruch auf Schadensersatz statt der
Leistung wird daher für diese Fälle rechtstechnisch über die §§ 437 Nr. 3 bzw. 634 Nr. 4, 440, 275, 280
Abs. 3 i.V.m. § 283 oder § 311 Abs. 2 konstruiert.

Im Bereich der Schlechterfüllung differenziert § 281 nicht zwischen Haupt- und Nebenpflichten. Dementsprechend ist nicht nur die Mangelhaftigkeit des Leistungsgegenstandes abgedeckt, sondern auch die 8
Verletzung von leistungsbezogenen Nebenpflichten, die bisher überwiegend mit Hilfe der PFV bewältigt
wurden.[16] Es handelt sich um Pflichten, die auf zweckgerichtete Durchführung des Schuldverhältnisses,
also auf Vorbereitung, Herbeiführung und Sicherung des Leistungserfolgs gerichtet sind. Beispielhaft sei
nur die Pflicht genannt, dem Käufer eine verständliche Gebrauchsanweisung zu liefern.[17] Insoweit kann

---

9 Begründung zu § 281, BT-Drucks 14/6040, S. 138.
10 Begründung zu § 281, BT-Drucks 14/6040, S. 138.
11 Begründung zu § 281, BT-Drucks 14/6040, S. 138; vgl. auch die Überlegungen der Begründung zu § 323, BT-Drucks 14/6040, S. 184.
12 Zu den Einzelheiten, insbes. auch zu der Sonderproblematik der §§ 273, 320, vgl. nur Palandt/*Heinrichs*, § 284 Rn 11.
13 Siehe auch BT-Drucks 14/6857, S. 46 f.
14 Begründung zu § 437, BT-Drucks 14/6040, S. 224.
15 Vgl. zur entsprechenden Problematik bei § 323 Begründung zu § 323, BT-Drucks 14/6040, S. 184.
16 Vgl. nur Palandt/*Heinrichs*, § 276 Rn 112; § 242, 27 ff.; ausführlich dazu *Dauner-Lieb*, in: Ernst/Zimmermann, S. 305, 312 ff.

die Abgrenzung zwischen leistungsbezogener Nebenpflicht, die unter § 281 fällt, und leistungsbegleitender Nebenpflicht, auf die ausschließlich § 282 anwendbar ist, im Einzelfall schwierig sein. Die Pflicht, einer zu liefernden Motorsäge eine verständliche Anleitung beizulegen, dient sowohl der funktionsgerechten Inbetriebnahme des Geräts als auch dem Schutz des Benutzers.[18] Im Zweifel wird man in solchen Grenzfällen eine Anwendung des § 281 unter Ausschluss des § 282 jedenfalls dann zu bejahen haben, wenn eine Nacherfüllung auch nur theoretisch in Betracht kommt.

9 § 281 fasst für die Leistungsverzögerung §§ 286 Abs. 2, 326 a.F. zusammen und findet damit auch auf nicht synallagmatisch verbundene Pflichten Anwendung. Damit greift die Regelung des § 281 auch dann, wenn die ausbleibende Leistung in der **Rückgewähr eines bestimmten Gegenstandes** besteht, z. B. in der Rückgabe einer Mietsache, und zwar ohne dass wie bisher gemäß § 286 Abs. 2 ein Interessewegfall geltend gemacht werden müsste. Der Schadensersatz statt Erfüllung nach erfolgloser Fristsetzung läuft dann freilich auf einen Ersatz des Wertes des zurückzugebenden Gegenstandes (gegen dessen Übereignung?), also auf eine Art „Zwangsverkauf" hinaus. Im Hinblick darauf, dass es sich um recht theoretische Fallgestaltungen handle, wird dies aber bewusst in Kauf genommen; seltene Missbrauchsfälle ließen sich mit § 242 bewältigen.[19]

10 Nach Abs. 1 S. 1 kann der Schuldner Schadensersatz statt der Leistung nur „**unter den Voraussetzungen des § 280 Abs. 1**" verlangen. Da der Anspruch selbst sich jedoch aus der Generalklausel des § 280 Abs. 1 ergibt[20] und § 281 nur zusätzliche Voraussetzungen i.S.v. § 280 Abs. 3 aufstellt, kommt § 281 – nach der neuen Systematik des § 280 ff. – ohnehin nur ins Blickfeld, wenn die Voraussetzungen des § 280 Abs. 1 bereits erfüllt sind. Die Funktion der Zurückverweisung auf § 280 Abs. 1 erschöpft sich daher in einer Klarstellung, dass Schadensersatz statt der Leistung auch bei Leistungsverzögerung und Schlechtleistung nur geschuldet ist, wenn der Schuldner die **Leistungsstörung zu vertreten hat**.[21]

11 Was der Schuldner zu vertreten hat, richtet sich nach den §§ 276–278. In den Fällen der Leistungsverzögerung wird man bei Beschaffungsschulden, insbesondere wenn sie auf eine Gattungssache gerichtet sind, in der Regel ein Vertretenmüssen aus der Übernahme eines Beschaffungsrisikos ableiten können.[22] Dagegen folgt aus der Übernahme eines Beschaffungsrisikos keine verschuldensunabhängige Haftung im Fall der Leistung einer mangelhaften Gattungssache.[23] Aus der Übernahme eines Beschaffungsrisikos kann nicht ohne weiteres darauf geschlossen werden, dass der Schuldner auch die vollständige Mangelfreiheit der von ihm zur Erfüllung ausgewählten Stücke garantieren wollte.[24] Zu beachten ist, dass § 463 a.F. in § 281 aufgegangen ist. Dementsprechend sind die Zusicherung einer Eigenschaft und das arglistige Verschweigen eines Mangels nunmehr nur noch im Rahmen des § 276 zu berücksichtigen. Hat der Verkäufer i.S.v. § 463 a.F. eine Eigenschaft zugesichert, dann liegt darin die Übernahme einer Garantie i.S.v. § 276 für das Vorhandensein dieser Eigenschaft, verbunden mit dem Versprechen, für alle Folgen ihres Fehlens ohne weiteres Verschulden einstehen zu wollen.[25] Auch im Fall des § 281 gilt die Beweislastumkehr nach § 280 Abs. 1 S. 2.[26]

II. Erfolglose Bestimmung einer angemessenen Frist zur Leistung oder Nacherfüllung

12 Der Anspruch auf Schadensersatz statt der Leistung gemäß § 280 Abs. 1, 3 i.V.m. § 281 setzt grundsätzlich die erfolglose Bestimmung einer angemessenen Frist zur Leistung oder Nacherfüllung voraus. Für den Rücktritt findet sich eine entsprechende Regelung in § 323 Abs. 1. Dem Schuldner soll eine letzte Chance zur Vertragserfüllung und damit auch zur Erlangung der Gegenleistung gegeben werden. Für die Fälle der Leistungsverzögerung ergibt sich insoweit eine Änderung der Rechtslage, als auf die **Ablehnungsandrohung** i.S.v. § 326 Abs. 1 a.F. nunmehr endgültig **verzichtet** worden ist: Die Anforderungen, die die Rechtsprechung entwickelt habe, seien sehr hoch und könnten praktisch nur von einer rechtskundig beratenen Vertragspartei wahrgenommen werden, die die feinen Formulierungsunterschiede überblicke. Dies habe zu einer Überforderung der Gläubiger geführt und sich infolgedessen als unpraktikabel erwiesen. Daher soll es nunmehr regelmäßig mit der Fristsetzung sein Bewenden haben, so dass ein Schuldner, der nicht rechtzeitig oder schlecht geleistet habe, eine solche Fristsetzung grundsätzlich und von vornherein ernst zu nehmen und nach deren Ablauf damit zu rechnen habe, dass der Gläubiger nunmehr statt der Leistung

---

17 Ob eine Verletzung dieser Pflicht auch einen Mangel i.S.v. § 434 darstellt, wie dies § 434 Abs. 2 S. 2 für die mangelhafte Montageanleitung nunmehr ausdrücklich festlegt, ist nur für die Verjährung gemäß § 438 von Bedeutung.
18 Vgl. dazu Begründung zur Änderung von § 241, BT-Drucks 14/6040, S. 125.
19 Begründung zu § 281, BT-Drucks 14/6040, S. 138 f.
20 Siehe nur BT-Drucks 14/6040, S. 92, 135, 137, 142.
21 In diesem Sinne Begründung zu § 281, BT-Drucks 14/6040, S. 137 f.
22 Zu den Einzelheiten § 276 Rn 22 ff.
23 A.A. *Canaris*, DB 2001, 1815 f.
24 Zu den Einzelheiten § 276 Rn 25.
25 Zu den Einzelheiten § 276 Rn 18 ff.
26 Begründung zu § 281, BT-Drucks 14/6040, S. 138.

Schadensersatz verlange.[27] Extrem gelagerte Sonderfälle könne man über § 242 lösen.[28] Für die Fälle der Schlechtleistung ist die Notwendigkeit, dem Gläubiger eine Chance zur „zweiten Andienung" zu geben, ohnehin neu; im Rahmen des § 281 ist sie der Preis dafür, dass der Gläubiger nunmehr – abweichend von § 463 a.F. – Ersatz des „eigentlichen Mangelschadens" bereits bei einem nur fahrlässigen Verhalten des Käufers verlangen kann.[29]

Für die Fälle der **Verzögerung** der Leistung ist die **Angemessenheit der Frist** wie bisher nach den Umständen des Einzelfalls zu beurteilen. Daher kann und muss auf die von Rechtsprechung und Schrifttum zu § 326 a.F. entwickelten Grundsätze zurückgegriffen werden:[30] Die Frist muss so lang sein, dass der Schuldner die Leistung tatsächlich erbringen kann. Allerdings muss sie dem Schuldner, der noch nichts zur Erbringung der Leistung unternommen hat, nicht ermöglichen, mit der Leistungserbringung erst zu beginnen.[31] Der Schuldner soll die Gelegenheit bekommen, die bereits in Angriff genommene Leistung zu beenden.[32] Da der Schuldner seiner ursprünglichen Verpflichtung nicht hinreichend entsprochen hat, können von ihm jetzt auch größere Anstrengungen und damit ein schnelleres Handeln erwartet werden. Für die Nachfrist bei einer Geldschuld ist zu berücksichtigen, dass der Schuldner für seine finanzielle Leistungsfähigkeit regelmäßig schlechthin einzustehen hat.[33] Eine **zu kurze Nachfrist** soll wie bisher nicht unwirksam und somit gegenstandslos sein, sondern regelmäßig eine angemessene Frist in Lauf setzen.[34] Im Hinblick auf die Fälle der **Schlechtleistung** gibt es für die Angemessenheit der Frist zur Nacherfüllung naturgemäß noch keine klaren Maßstäbe. Man wird insoweit aber fordern müssen, dass die Frist ausreichend lang bemessen ist, um dem Schuldner eine faire Chance zur Nacherfüllung zu geben. Damit wird die Länge der Frist auch insoweit von den Umständen des Einzelfalls, der Eigenart des geschuldeten Produkts, der Vertriebsstruktur des Schuldners etc. abhängen. Auch für die Schlechtleistung wird man davon ausgehen können, dass eine zu kurze Frist eine angemessene Frist in Lauf setzt. 13

Nicht ganz zweifelsfrei ist, zu welchem **Zeitpunkt** die Fristsetzung erfolgen muss. Nach § 326 a.F. konnte die Fristsetzung erst nach Verzugseintritt erfolgen; dem Gläubiger wurde jedoch allgemein gestattet, die verzugsbegründende Handlung und die Fristsetzung zu verbinden.[35] Aus § 281 ergibt sich insoweit nur die Voraussetzung, dass der Gläubiger dem Schuldner eine angemessene Frist „bestimmt hat". Der Wortlaut deckt damit auch eine vorsorgliche Fristsetzung vor Fälligkeit ab, so dass der Gedanke nicht ganz fern liegt, der Gläubiger könne sogar schon im Vertrag entsprechende Vorsorge treffen. Dies wäre freilich mit der Warnfunktion der Fristsetzung schwer vereinbar. Daher wird man eine Fristsetzung erst ab dem Zeitpunkt der Fälligkeit für zulässig halten können, möglicherweise allerdings in Form einer Kombination von Fälligkeitsbegründung (z. B. Übersendung einer Rechnung) und Fristsetzung. 14

Erfolglos ist die Fristbestimmung, wenn der Schuldner bis zum Ablauf der Frist nicht geleistet oder nacherfüllt hat. Man wird entsprechend der bisherigen Rechtslage davon ausgehen können, dass es auf die Leistungshandlung und nicht auf den Leistungserfolg ankommt.[36] Es genügt daher z. B. grundsätzlich die Absendung der Überweisung oder – beim Versendungskauf – die Übergabe zum Versand. Erbringt der Schuldner innerhalb der Frist nur einen Teil der Leistung oder eine mangelhafte Nacherfüllung, so kann der Gläubiger nach Fristablauf Schadensersatz verlangen, ohne dass er eine weitere Frist setzen müsste.[37] Eine Nacherfüllung durch den Verkäufer ist nicht erfolglos, soweit sie mit erheblichen Unannehmlichkeiten verbunden war, in der Sache aber erfolgreich gewesen ist.[38] 15

III. Teilverzögerung

Abs. 1 S. 2 regelt den Fall, dass der Schuldner einer teilbaren Leistung nicht mit der ganzen Leistung, sondern nur mit einzelnen Teilen säumig geblieben ist. Aus der Formulierung des Abs. 1 S. 1 („soweit") soll sich ergeben, dass der Schuldner Schadensersatz statt der Leistung zunächst nur für den ausgebliebenen Teil der Leistung beanspruchen kann.[39] Seien etwa statt 100 Flaschen Wein nur 90 geliefert worden, könne der Gläubiger nach Ablauf der Nachfrist als Schadensersatz statt der Leistung nur die 16

---

27 Begründung zu § 281, BT-Drucks 14/6040, S. 139.
28 Siehe zu der zunächst geplanten „weichen Ablehnungsandrohung" in § 281 Abs. 1 S. 2 RE, Begründung zu § 281, BT-Drucks 14/6040, S. 139.
29 Begründung zu § 437, BT-Drucks 14/6040, S. 224 f.
30 Begründung zu § 281, BT-Drucks 14/6040, S. 138.
31 BGH NJW 1995, 323, 857.
32 BGH NJW 1982, 1280.
33 BGH NJW 1985, 2640.
34 Begründung zu § 281, BT-Drucks 14/6040, S. 138.
35 Vgl. nur Palandt/*Heinrichs*, § 326 Rn 14; Soergel/*Wiedemann*, § 326 Rn 31.
36 Vgl. BGHZ 27, 267, 269; Soergel/*Wiedemann*, § 326 Rn 50.
37 *Canaris*, DB 2001, 1815, 1816; zweifelnd *Altmeppen*, DB 2001, 1331, 1332; *ders.*, DB 2001, 1821, 1822.
38 Zur anders gelagerten Problematik beim Rücktrittsrecht vgl. die Nachweise § 323 Rn 13.
39 Begründung zu § 281, BT-Drucks 14/6040, S. 139 f.; vgl. zum Parallelproblem beim Rücktritt Begründung zu § 323, BT-Drucks 14/6040, S. 186 f.; zu den Einzelheiten § 323 Rn 23.

Ersatzbeschaffungskosten für die ausgebliebenen 10 Flaschen beanspruchen.[40] Schadensersatz statt der ganzen Leistung kann der Gläubiger nach Abs. 1 S. 2 nur verlangen, wenn er an der Teilleistung kein Interesse hat. Dieses Kriterium fand sich bisher in den §§ 280 Abs. 2, 325 Abs. 1 S. 2, 326 Abs. 1 S. 3 a.F. Im Hinblick auf die Konkretisierung des Interessewegfalls kann daher auf die zu diesen Bestimmungen entwickelten Grundsätze zurückgegriffen werden.[41]

17 Abs. 1 S. 3 betrifft **die mangelhafte Leistung**. Insoweit wurde erst in einer späten Phase des Gesetzgebungsverfahrens noch eine wesentliche Änderung vollzogen. Noch nach § 281 Abs. 1 S. 3 RE sollte der Gläubiger Schadensersatz statt der ganzen Leistung, also den großen Schadensersatz unter Rückgabe der mangelhaften Sache, nur dann verlangen können, wenn sein Interesse an der geschuldeten Leistung dies erforderte. Sei bei einem neuen Fahrzeug etwa nur die Navigationsanlage defekt, könne der Gläubiger als Schadensersatz statt der Leistung grundsätzlich nach § 281 Abs. 1 S. 1 RE nur die Ersatzbeschaffungskosten für das defekte Navigationsgerät beanspruchen.[42] Inzwischen ist das Regel-Ausnahme-Verhältnis zu Recht in Angleichung an § 323 Abs. 5 S. 2 umgekehrt worden: Hat der Schuldner die Leistung nicht vertragsgemäß bewirkt, so kann der Gläubiger (ausnahmsweise) Schadensersatz statt der ganzen Leistung nur dann nicht verlangen, wenn die Pflichtverletzung (im Regelfall: der Mangel) unerheblich ist.[43] Das Kriterium der „Unerheblichkeit" wird man wie im Rahmen des § 323 Abs. 5 S. 2 im Sinne der Bagatellgrenze des § 459 Abs. 1 S. 2 a.F. zu interpretieren haben.[44] Bei unerheblicher Minderung des Werts oder der Tauglichkeit der Leistung kann der Gläubiger also nicht Schadensersatz statt der ganzen Leistung verlangen.

18 Unklar sind die **Ausstrahlungen des § 434 Abs. 3** auf die **Abgrenzung von Abs. 1 S. 2 und S. 3**. Bei unbefangener Betrachtungsweise ist man geneigt, die beiden Sätze als zwei ganz unterschiedliche Regelungen für zwei klar abzugrenzende Fallgruppen zu interpretieren, die teilweise Nichtleistung einerseits, die Schlechtleistung andererseits. Gemäß §§ 434 Abs. 3, 633 Abs. 2 S. 3 wird freilich die Minderleistung dem Sachmangel gleichgestellt. Dies legt die Konsequenz nahe, dass mengenmäßige Leistungsdefizite bei Kauf- und Werkvertrag nunmehr unter Abs. 1 S. 3 fallen. Schadensersatz statt der ganzen Leistung entfiele also lediglich bei Unerheblichkeit der Minderleistung; auf das Kriterium des Interessefortfalls käme es insoweit nicht an. Abs. 1 S. 2 wäre seines wichtigsten Anwendungsbereichs beraubt und hätte eine eher schmale Bedeutung.[45] Vorläufig ganz offen ist auch die im Gesetz nicht geregelte **Teilschlechtleistung** (von 60 geschuldeten und gelieferten Flaschen Wein sind 10 mit Frostschutzmittel versetzt).[46]

C. Entbehrlichkeit der Fristsetzung (Abs. 2)

19 Nach **Abs. 2 1. Hs.** ist eine Fristsetzung entbehrlich, wenn der Schuldner die Leistung nach Fälligkeit ernsthaft und endgültig verweigert (**sog. Erfüllungsverweigerung**).[47] Dies entspricht dem bisher schon für § 326 a.F. anerkannten Grundsatz, dass eine Fristsetzung nach Treu und Glauben überflüssig ist, wenn ihre Erfolglosigkeit und Sinnlosigkeit von vornherein feststeht.[48] Er wird nun für den Schadensersatz statt der Leistung in Abs. 2 1. Alt. und parallel für den Rücktritt in § 323 Abs. 2 Nr. 1 ausdrücklich gesetzlich geregelt. Die Erfüllungsverweigerung nach Fälligkeit führt auch automatisch zum Verzug (§ 286 Abs. 2 Nr. 3).

20 Im Hinblick auf die **Konkretisierung des Begriffs** der ernsthaften und endgültigen Erfüllungsverweigerung kann – parallel für Abs. 2 1. Alt. und § 323 Abs. 2 Nr. 1 – auf Rechtsprechung und Schrifttum zu § 326 a.F. zurückgegriffen werden.[49] Es sind wie bisher strenge Anforderungen zu stellen; der Schuldner muss so eindeutig zum Ausdruck bringen, er werde seinen Vertragspflichten nicht nachkommen, dass es ausgeschlossen erscheint, dass er sich von einer Nachfristsetzung umstimmen lassen könnte.[50] Es genügt daher etwa nicht, wenn der Schuldner rechtliche Zweifel äußert[51] oder unter Hinweis auf seine fehlende Leistungsfähigkeit um Stundung bittet.[52] Unklar ist im Rahmen des § 281 die Handhabung der **Erfüllungsverweigerung vor Fälligkeit**. Da sie (noch) keine fälligen Hauptpflichten betrifft, wurde bisher insoweit nicht unmittelbar auf § 326 Abs. 1 a.F. abgestellt, sondern auf die PFV unter dem Gesichtspunkt

---

40 Begründung zu § 281, BT-Drucks 14/6040, S. 139 f.
41 Vgl. nur Palandt/*Heinrichs*, § 325 Rn 26 ff.
42 Begründung zu § 281, BT-Drucks 14/6040, S. 140; das Beispiel zeigt die ganze Zweifelhaftigkeit der damaligen Konstruktion!
43 Zum Regelungskonzept des § 323 siehe Begründung zu § 323, BT-Drucks 14/6040, S. 186 f.
44 Vgl. Begründung zu § 437, BT-Drucks 14/6040, S. 231; *Haas*, BB 2001, 1313, 1316.
45 Kritisch zum Parallelproblem des Rücktritts *Canaris*, ZRP 2001, 329, 334 f.
46 Siehe dazu Begründung zu § 323, BT-Drucks 14/6040, S. 186 einerseits, *Canaris*, ZRP 2001, 329, 335 andererseits.
47 Begründung zu § 281, BT-Drucks 14/6040, S. 140; Begründung zu § 323, BT-Drucks 14/6040, S. 185.
48 Siehe nur Palandt/*Heinrichs*, § 326 Rn 20 ff.
49 Siehe nur den Überblick bei Palandt/*Heinrichs*, § 326 Rn 20 ff.
50 Vgl. nur BGHZ 104, 6, 13; MüKo/*Emmerich*, vor § 275 Rn 249.
51 BGH DB 1971, 103.
52 RGZ 66, 430, 431.

der Verletzung der Vertragstreue bzw. des vorweggenommenen Vertragsbruchs zurückgegriffen.[53] Dem grundsätzlichen Anliegen des Gesetzgebers entsprechend, die PFV zu kodifizieren, wird nun für diese Konstellationen in § 323 Abs. 3 ausdrücklich ein Rücktrittsrecht normiert. Danach kann der Gläubiger bereits vor Eintritt der Fälligkeit der Leistung zurücktreten, wenn offensichtlich ist, dass die Voraussetzungen des Rücktritts eintreten werden.[54] In § 281 ist für den Schadensersatz statt Erfüllung freilich eine entsprechende Regelung nicht aufgenommen worden. Dies könnte den Umkehrschluss nahelegen, dass ein Schadensersatz statt der Leistung bei Erfüllungsverweigerung vor Fälligkeit nicht in Betracht kommt. Genau umgekehrt spricht jedoch für eine **analoge Anwendung des § 323 Abs. 4** auf § 281, dass der Gesetzgeber die Voraussetzungen für den Schadensersatz statt der Leistung und den Rücktritt in der Sache synchron gestalten wollte[55] und sich in der Gesetzesbegründung auch keinerlei Hinweis auf einen Willen findet, in Abweichung vom bisherigen Rechtszustand zwischen Rücktritt und Schadensersatz statt der Leistung zu differenzieren.

Nach **Abs. 2 2. Hs.** ist eine Fristsetzung weiterhin dann entbehrlich, wenn besondere Umstände vorliegen, die unter Abwägung der beiderseitigen Interessen die sofortige Geltendmachung des Schadensersatzanspruchs rechtfertigen. Die Parallelregelung für den Rücktritt findet sich in § 323 Abs. 3 Nr. 3; die Verzugsbegründung ergibt sich aus § 286 Abs. 2 Nr. 4. Mit dieser als Auffangtatbestand gedachten **Generalklausel** sollen den Gerichten zusätzliche Bewertungsspielräume eröffnet werden.[56] Gedacht ist in erster Linie an die Fälle des § 326 Abs. 2 a.F.,[57] wobei die Neuregelung allerdings davon abweichend nunmehr auf das Interesse beider Vertragspartner abstellt. Beispielhaft genannt werden die bisher über § 326 Abs. 2 a.F. erfassten Fälle des verspätet gelieferten und daher für die Feldbestellung unverwendbaren Düngers, der unverkäuflichen Saisonware sowie eines Exportgeschäfts, das sich als undurchführbar erweist, weil der Käufer infolge der Leistungsverzögerung keine Importlizenz mehr bekommt.[58] Die Notwendigkeit einer Fristsetzung kann auch dann entfallen, wenn der Schuldner für das Vorhandensein einer Eigenschaft eine Garantie i.S.v. § 276 abgegeben hat. In einer solchen Garantie liegt – wie bisher in der Zusicherung gemäß § 463 a.F. – das Versprechen, für alle Folgen des Fehlens dieser Eigenschaft ohne weiteres einzustehen.[59] Dementsprechend kann der Gläubiger ohne Wenn und Aber davon ausgehen, dass diese Eigenschaft sofort vorhanden ist; er braucht sich nicht erst auf Nacherfüllungsversuche des Schuldners einzulassen.

Ob man tatsächlich ohne nähere Prüfung auf die zu § 326 Abs. 2 a.F. entwickelten Fallgruppen zurückgreifen kann, erscheint zweifelhaft. § 326 Abs. 2 a.F. setzte immerhin den Verzug des Schuldners und damit in der Regel eine Mahnung voraus.[60] Im Übrigen wird man wie bisher bei der Auslegung des § 326 a.F. an das Vorliegen des „Interessewegfalls" strenge Anforderungen stellen müssen. Keinesfalls kann ausreichen, dass das Leistungsinteresse des Gläubigers aus Gründen, die mit der Nichtleistung des Schuldners in keinem Zusammenhang stehen, entfallen ist; dementsprechend genügt die Möglichkeit eines günstigeren Deckungsgeschäftes nicht. Allerdings spricht viel dafür, Abs. 2 2. Hs. allein oder zusammen mit § 440 in den Fällen des arglistigen Verschweigens eines Mangels durch den Verkäufer anzuwenden; bei dolosem Verhalten des Schuldners kann man es dem Gläubiger kaum zumuten, sich auf eine weitere Zusammenarbeit mit dem Schuldner einzulassen.[61]

Zweifelhaft ist, ob Abs. 2 2. Alt. auch in den Fällen des **einfachen (relativen) Fixgeschäfts** i.S.v. § 361 a.F. greift. § 361 a.F. gab dem Gläubiger abweichend von § 326 Abs. 1 a.F. im Zweifel ein Rücktrittsrecht ohne die Voraussetzungen des Verzugs und damit des Verschuldens und einer Nachfristsetzung, wenn vereinbart war, dass die Leistung des einen Teils genau zu einer fest bestimmten Zeit oder innerhalb einer fest bestimmten Frist bewirkt werden sollte. Diese Regelung findet sich nun mit geringfügigen Änderungen in § 323 Abs. 2 Nr. 3 wieder. Für § 281 fehlt eine entsprechende Regelung. Daher liegt der Umkehrschluss nahe, dass es für den Schadensersatz statt der Leistung in Übereinstimmung mit der bisherigen Rechtslage bei der Notwendigkeit der Fristsetzung zu bleiben hat, so dass insoweit wie bisher schon ausnahmsweise der Gleichlauf von Schadensersatz und Rücktritt durchbrochen würde. Dennoch erscheint der Gedanke, die Fälle des relativen Fixgeschäftes doch unter die Generalklausel des Abs. 2 2. Alt. zu subsumieren, nicht ganz abwegig, weil die Gesetzesbegründung als Anwendungsbeispiel für die Generalklausel ausgerechnet just-in-time-Verträge anführt, die bisher gerade als Beispiele für relative Fixgeschäfte genannt wurden.[62]

---

53 Vgl. nur BGH NJW 1986, 843; Palandt/*Heinrichs*, § 276 Rn 124 ff. und § 326 Rn 20.
54 Begründung zu § 323, BT-Drucks 14/6040, S. 186.
55 Begründung zur Neufassung der §§ 323–326, BT-Drucks 14/6040, S. 183; vgl. dazu auch *Canaris*, JZ 2001, 499, 513.
56 Begründung zu § 323, BT-Drucks 14/6040, S. 186.
57 Begründung zu § 323, BT-Drucks 14/6040, S. 186 li. Sp.
58 Begründung zu § 323, BT-Drucks 14/6040, S. 186.
59 Siehe § 276 Rn 19.
60 Vgl. den Überblick bei Palandt/*Heinrichs*, § 326 Rn 21.
61 Für einen Vorrang der Nacherfüllung und damit die Notwendigkeit einer Fristsetzung auch bei arglistigem Verschweigen allerdings wohl *St. Lorenz*, JZ 2001, 742, 743.
62 Vgl. nur Palandt/*Heinrichs*, § 361 Rn 3; *Nagel*, BB 1991, 320.

24 Die Entbehrlichkeit der Fristsetzung kann sich schließlich auch aus den **§§ 440, 636** ergeben. Sie sehen für die Schlechtleistung bei Kauf- und Werkvertrag übereinstimmend vor, dass es der Fristsetzung „außer in den Fällen des § 281 Abs. 2 und des § 323 Abs. 2" nicht bedarf, wenn der Schuldner die Nacherfüllung verweigert oder wenn diese fehlgeschlagen oder dem Gläubiger unzumutbar ist. Überschneidungen mit Abs. 2 sind denkbar.

D. Abmahnung statt Fristsetzung (Abs. 3)

25 Bei Unterlassungspflichten wie z. B. einem Wettbewerbsverbot passt das Erfordernis der Bestimmung einer Frist zur Leistung oder Nacherfüllung nicht; dementsprechend verlangt Abs. 3 (wie § 323 Abs. 3) statt der Fristsetzung eine Abmahnung. Zu beachten ist, dass für nicht leistungsbezogene Nebenpflichten, namentlich Schutzpflichten gemäß § 241 Abs. 2, auch insoweit nur § 282 gilt.

E. Wegfall des Anspruchs auf die Leistung (Abs. 4)

26 Nach § 326 Abs. 1 S. 2 2. Hs. a.F. war nach Ablauf der Nachfrist der Anspruch auf Erfüllung ausgeschlossen; der Gläubiger musste nunmehr zwischen Schadensersatz wegen Nichterfüllung und Rücktritt wählen. Das vertragliche Austauschverhältnis verwandelte sich in ein Abwicklungsverhältnis.[63] Der Gesetzgeber des Schuldrechtsmodernisierungsgesetzes ging davon aus, dass diese Regelung unzweckmäßig sei und eine Benachteiligung des Gläubigers darstelle, weil dieser auch im Zeitpunkt des Fristablaufs noch ein berechtigtes Interesse an der Leistung haben könne. Andererseits sei es dem Schuldner nicht zuzumuten, sich über einen erheblichen Zeitraum sowohl auf die Erfüllung als auch auf eine Schadensersatzleistung einrichten zu müssen.[64] Daher bestimmt nunmehr Abs. 4, dass der Anspruch auf Leistung ausgeschlossen ist, sobald der Gläubiger statt der Leistung **Schadensersatz verlangt hat**. Dabei soll es nicht darauf ankommen, ob er tatsächlich Schadensersatz auch erhält. Entscheidend sei nur, dass er sich für eine Beanspruchung von Schadensersatz entschieden habe. Damit soll auch insoweit ein Gleichlauf mit dem Rücktrittsrecht gemäß § 323 hergestellt werden; da der Rücktritt ein Gestaltungsrecht sei, werde mit der Rücktrittserklärung gemäß § 349 das Schuldverhältnis in ein Rückabwicklungsverhältnis umgestaltet, so dass der Anspruch auf Erfüllung ausgeschlossen sei.[65] Wann ein „Verlangen von Schadensersatz" i.S.v. Abs. 4 vorliegt, hängt von den Umständen des Einzelfalls ab. Eine Klage reicht sicher aus; vorprozessuale Erklärungen müssen nach den allgemeinen Grundsätzen ausgelegt werden. Eine allgemeine Ankündigung, nach Fristablauf „weitere Rechte bis hin zum Schadensersatz" geltend zu machen, genügt sicher noch nicht.[66] Es reicht auch nicht aus, wenn der Gläubiger – möglicherweise in Verkennung der Grenzen zwischen einfachem Schadensersatz i.S.v. § 280 Abs. 1 und Schadensersatz statt Erfüllung i.S.v. § 281 – einzelne Schadensposten geltend macht, die unter § 281 fallen. Entscheidend ist, dass der Schuldner zum Ausdruck bringt, dass er statt der Leistung Schadensersatz verlangt, also die geschuldete Leistung definitiv nicht mehr haben will und daher die **Erfüllung ablehnt**.

F. Rückabwicklung einer vom Schuldner bereits erbrachten Leistung (Abs. 5)

27 Abs. 5 regelt die Rückabwicklung einer vom Schuldner bereits erbrachten Leistung und betrifft daher nur die Fälle der **Schlechtleistung** und der **Teilverzögerung**. Der Gläubiger kann insoweit in den von Abs. 1 S. 2, 3 gezogenen Grenzen Schadensersatz statt der ganzen Leistung verlangen, muss dann aber zwangsläufig dem Schuldner die bereits erbrachte Leistung zurückgewähren. Im Hinblick darauf, dass der Schadensersatz statt der ganzen Leistung mittelbar Rücktrittswirkungen erzielt, verweist Abs. 5 insoweit auf die bereits für das Rücktrittsrecht gemäß § 323 unmittelbar geltenden Regelungen über die Rückabwicklung fehlgeschlagener Verträge der §§ 346–348.[67]

G. Verantwortung des Gläubigers

28 § 323 Abs. 5 schließt für die Fälle der Leistungsverzögerung und der Schlechtleistung einen Rücktritt aus, wenn der Gläubiger für die Leistungsstörung allein oder überwiegend verantwortlich ist oder sich im Annahmeverzug befand; entsprechend sieht § 326 Abs. 2 für die Konstellationen des § 275 vor, dass der Schuldner den Anspruch auf die Gegenleistung behält. § 281 enthält keine entsprechende Regelung: Bei dem Schadensersatzanspruch statt der Leistung könne eine Mitverantwortung des Gläubigers bereits über eine **Kürzung des Anspruchs gemäß § 254** angemessen berücksichtigt werden.[68] Dieser Ansatz

---

63 Vgl. Palandt/*Heinrichs*, § 326 Rn 24.
64 Begründung zu § 281, BT-Drucks 14/6040, S. 140 f.
65 Begründung zu § 281, BT-Drucks 14/6040, S. 140.
66 Vgl. Begründung zu § 281, BT-Drucks 14/6040, S. 141.
67 Begründung zu § 281, BT-Drucks 14/6040, S. 141.
68 Begründung zu § 323, BT-Drucks 14/6040, S. 187.

greift zwar für den Annahmeverzug nicht. Ein Annahmeverzug des Gläubigers bewirkt jedoch insoweit eine Risikoverlagerung zugunsten des Schuldners, als dieser nur noch Vorsatz und grobe Fahrlässigkeit zu vertreten hat (§ 300 Abs. 1), so dass ein Anspruch gemäß §§ 280 Abs. 1, 281 bei leichter Fahrlässigkeit des Schuldners von vornherein entfällt.

H. Schadensermittlung bei Verzögerung (Differenz- und Surrogationsmethode)

Im Hinblick auf § 326 Abs. 1 S. 2 2. Hs. a.F. war problematisch, wie der Schadensersatz wegen Nichterfüllung zu berechnen ist, wenn der Gläubiger trotz seines Schadensbegehrens die von ihm geschuldete Leistung doch noch „loswerden" möchte. Als klassisches Beispiel wurde stets der Tausch genannt.[69] Im Bereich des Verzugs geht es aber auch um Fälle, in denen es sich um Sachleistungsschuldner geht, z. B. der Verkäufer eines Grundstücks, seine Leistung wider Erwarten doch nicht anderweitig verwerten kann und infolgedessen vom Käufer Schadensersatz mindestens in Höhe des vollen Kaufpreises haben möchte.[70] Insoweit war lange Zeit – wie für die Unmöglichkeit – die eingeschränkte Differenztheorie herrschend, nach der der Gläubiger ein Wahlrecht hatte: Er konnte den Schadensersatz entweder nach der Surrogationsmethode berechnen, d. h. Ersatz im Wert der ausgebliebenen Schuldnerleistung verlangen; der Schadensersatz trat als „Surrogat" an die Stelle der Primärleistungspflicht (die Pflicht zur Zahlung des Kaufpreises); der Gläubiger blieb seinerseits berechtigt und verpflichtet, seine Gegenleistung zu erbringen. Alternativ konnte er seinen Schaden aber auch nach der Differenzmethode berechnen, d. h. den Vertrag im Wege einer Gesamtabrechnung abwickeln; an die Stelle der beiderseitigen vertraglichen Leistungspflichten trat insoweit ein einseitiger Geldersatzanspruch des Gläubigers, der durch Verrechnung von vornherein auf die Wertdifferenz zwischen seinem Interesse an der Vertragserfüllung (Wert der Schuldnerleistung zuzüglich eventueller Folgevorteile) und seiner ersparten Gegenleistung gerichtet war.[71] Von diesem Wahlrecht ist der BGH in seiner neuesten Rechtsprechung jedoch abgerückt und hat den Gläubiger für den Verzug auf die Differenzmethode beschränkt: Da die Gegenleistungspflicht mit fruchtlosem Ablauf der unter Ablehnungsandrohung gesetzten Nachfrist erlösche, könne der Gläubiger das Austauschverhältnis nicht dadurch wieder herstellen, dass er dem Schuldner die Gegenleistung anbiete.[72] Dieser Rechtsprechungsänderung ist entgegengehalten worden, dass schon die erste Prämisse, dass nämlich mit Fristablauf die beiderseitigen Leistungspflichten automatisch endeten, keine Stütze in Wortlaut und Systematik hätten, und dass man – davon unabhängig – den Surrogationsschadensersatz als besondere Schadensberechnungsart verstehen könne und müsse.[73] Das Problem bleibt auch nach neuem Recht ungelöst: Im Wortlaut des Abs. 3 findet sich kein Hinweis; er ordnet nur den Ausschluss des Erfüllungsanspruchs des Gläubigers an, macht aber keine Aussage zum Schicksal seiner Gegenleistungsverpflichtung. Auch die Gesetzesbegründung schweigt. Trotz der Neuregelung des § 326 Abs. 1 S. 1, die für die Unmöglichkeit nunmehr ausdrücklich den Wegfall der Gegenleistungsverpflichtung des Gläubigers anordnet, sprechen gute Gründe dafür, dem Gläubiger sowohl bei Unmöglichkeit[74] als auch bei Leistungsverzögerung die Schadensberechnung nach der Surrogationsmethode offen zu halten.[75] Ein Zusatzargument ergibt sich nunmehr aus der systematischen Annäherung von Leistungsverweigerung und Schlechtleistung in § 281: Bei der Schlechtleistung hat der Gläubiger grundsätzlich ein Wahlrecht zwischen großem und kleinem Schadensersatz, bei dem er die Leistung behält und daher auch anteilig seine Gegenleistung erbringen muss. In den Fällen des Abs. 1 S. 3 wird er sogar zwangsweise auf den kleinen Schadensersatz beschränkt. Vor diesem Hintergrund erschiene es wenig systemgerecht, wenn man dem Gläubiger bei der Leistungsverzögerung eine Berechnungsmethode verweigern würde, die es ihm ermöglichte, seine Gegenleistung noch zu erbringen.

§ 282 Schadensersatz statt der Leistung wegen Verletzung einer Pflicht nach § 241 Abs. 2

[1]Verletzt der Schuldner eine Pflicht nach § 241 Abs. 2, kann der Gläubiger unter den Voraussetzungen des § 280 Abs. 1 Schadensersatz statt der Leistung verlangen, wenn ihm die Leistung durch den Schuldner nicht mehr zuzumuten ist.

---

69 Vgl. nur *Medicus*, SR AT, Rn 495 f.
70 Siehe die Sachverhalte BGH NJW 1994, 3351; BGH NJW 1999, 3115.
71 Ausführlich zum Streitstand *Kaiser*, NJW 2001, 2425.
72 BGH NJW 1994, 3351; ebenso BGH NJW 1999, 3115.
73 Überzeugend *Kaiser*, NJW 2001, 2425.
74 Siehe § 283 Rn 7.
75 Ausführlich *Kaiser*, NJW 2001, 2425.

A. Problemstellung und Überblick

1 § 282 betrifft den Fall, dass der Schuldner zwar seine Haupt- und Nebenleistungspflichten ordnungsgemäß erfüllt, jedoch gegen **nicht leistungsbezogene, also leistungsbegleitende Nebenpflichten** verstößt: Der seinen Auftrag korrekt ausführende Maler beschädigt auf dem Weg in den von ihm zu streichenden Teil des Hauses die Eingangstür oder andere Einrichtungsgegenstände.[1] Den aus der (unterstellt schuldhaften) Pflichtverletzung resultierenden Schaden kann der Gläubiger ohne weiteres gemäß § 280 Abs. 1 ersetzt verlangen. Problematisch ist jedoch, ob er darüber hinaus auch Schadensersatz statt der Leistung fordern kann, obwohl die geschuldete Leistung selbst vertragsgemäß erbracht wird und daher das Leistungsinteresse des Gläubigers (im Gegensatz zu seinem Integritätsinteresse) nicht berührt ist. So stellt sich in dem angeführten Beispiel die Frage, ob der über die Missgeschicke des Schuldners entsetzte Gläubiger den Schuldner nach Hause schicken, einen anderen Maler mit der Fertigstellung beauftragen und die hierfür entstehenden Mehrkosten dem ersten unsorgfältigen Maler in Rechnung stellen kann.[2] § 282 beantwortet sie nunmehr dahingehend, dass der Gläubiger bei Verletzung von **Pflichten gemäß § 241 Abs. 2 Schadensersatz statt der Leistung** verlangen kann, wenn ihm die Leistung durch den Schuldner nicht mehr zuzumuten ist. Aus dem Wortlaut des § 282 und der Systematik der §§ 280 Abs. 3, 281–283 ergibt sich, dass § 282 nicht in den Fällen der Leistungsverzögerung, der Schlechtleistung und der Unmöglichkeit greift; insoweit sind ausschließlich die §§ 281 und 283 einschlägig. Aus der Systematik der §§ 280 ff. ergibt sich weiterhin, dass § 281 keine eigenständige Anspruchsgrundlage ist, sondern eine schuldhafte Pflichtverletzung i.S.v. § 280 Abs. 1 voraussetzt und lediglich für den Schadensersatz statt der Leistung die zusätzliche Voraussetzung i.S.v. § 280 Abs. 3 aufstellt, dass die Vertragsdurchführung dem Gläubiger nicht mehr zumutbar ist. Vor diesem systematischen Hintergrund erscheint die Verweisung des § 282 auf die Voraussetzungen des § 280 Abs. 1, die sich nur auf das Erfordernis des Verschuldens beziehen kann, eher irreführend als klarstellend. Anstelle des Schadensersatzes statt der Leistung kann der Gläubiger gemäß § 284 auch Ersatz seiner Aufwendungen verlangen. Ein § 282 inhaltlich entsprechendes Rücktrittsrecht findet sich in § 324.[3]

B. Das Regelungskonzept vor dem Hintergrund des bisher geltenden Rechts

2 Die Schadensersatzregelung des § 282 hat wie das Rücktrittsrecht des § 324 im bisher geltenden BGB kein Vorbild. Allerdings war in Rechtsprechung und Schrifttum anerkannt, dass das **Institut der PFV** ebenso wie Unmöglichkeit und Verzug im Einzelfall einen Schadensersatzanspruch wegen Nichterfüllung oder ein Rücktrittsrecht begründen könne; Voraussetzung sei, so lautete die übliche Formel, dass die PFV den Vertragszweck derartig gefährde, dass dem anderen Teil nach Treu und Glauben das Festhalten am Vertrag nicht zugemutet werden könne.[4] Mit den §§ 282, 324 sollte dieser Anwendungsbereich der PFV nun ausdrücklich gesetzlich geregelt werden.[5] Diese Begründung trägt freilich im Kern nicht und könnte daher Anlass zu Missdeutungen der §§ 282, 324 geben: Ein Anspruch auf Schadensersatz wegen Nichterfüllung bzw. ein Rücktrittsrecht aus PFV wurde in erster Linie für die Fälle der beharrlichen Erfüllungsverweigerung vor Fälligkeit anerkannt.[6] Sie fallen nunmehr gerade nicht unter die §§ 282, 324, sondern sind bereits in § 323 Abs. 4 ausdrücklich geregelt, der auf die Schadensersatzregelung des § 281 entsprechend anzuwenden ist.[7] Auch den bekannten Spoilerfall, in dem der Verkäufer in einen fabrikneuen Wagen vor Fälligkeit alte Teile einbauen ließ,[8] wird man in Zukunft entsprechend § 323 Abs. 4 i.V.m. § 323 Abs. 2 Nr. 3 beurteilen müssen, zeichnete sich doch bereits vor Fälligkeit eine Schlechtleistung gemäß § 323 und eine Entbehrlichkeit der Nachfristsetzung gemäß § 323 Abs. 2 Nr. 3 ab. Es ist kein Grund ersichtlich, warum diese Erwägungen nicht auch für den Schadensersatzanspruch gemäß § 280 Abs. 1, 3 i.V.m. § 281 gelten sollten, zumal auch nach bisher geltendem Recht in den Voraussetzungen nicht zwischen Rücktritt und Schadensersatz wegen Nichterfüllung differenziert wurde. Beim Schadensersatzanspruch wegen Nichterfüllung und beim Rücktrittsrecht aus PFV ging es also vor allem um Fälle, die man mit den Stichworten „Verstoß gegen die Vertragstreue" oder „Gefährdung der Vertrauensgrundlage durch schwere Unzuverlässigkeit" kennzeichnen könnte.[9] Schutzpflichtverletzungen im traditionellen Verständnis, auf die

---

1 Begründung zu § 282, BT-Drucks 14/6040, S. 141.
2 Vgl. Begründung zu § 282, BT-Drucks 14/6040, S. 141.
3 Vgl. Begründung zu § 282, BT-Drucks 14/6040, S. 141 f.
4 Vgl. nur den Überblick bei Palandt/*Heinrichs*, § 276 Rn 124 ff.; RGZ 140, 385; BGH NJW 1969, 975; BGH NJW 1978, 260; BGH NJW-RR 1996, 949.
5 Begründung zu § 282, BT-Drucks 14/6040, S. 142.
6 Vgl. nur Palandt/*Heinrichs*, § 276 Rn 124 f.; ausführlich dazu *Dauner-Lieb*, in: Ernst/Zimmermann (Hrsg.), Zivilrechtswissenschaft und Schuldrechtsreform, 2001, S. 305, 314 f. m.w.N.
7 Siehe § 281 Rn 20.
8 BGH NJW 1978, 260.
9 Vgl. BGH NJW 1969, 975; BGH NJW 1978, 216; BGH NJW-RR 1996, 949; ausführlich dazu *Dauner-Lieb*, in: Ernst/Zimmermann (Hrsg.), Zivilrechtswissenschaft und Schuldrechtsreform, 2001, S. 314 f.

§ 241 Abs. 2 in erster Linie zugeschnitten ist[10] und auf die § 324 nunmehr ausdrücklich abstellt, spielten keine nennenswerte Rolle.[11] Umgekehrt wurde ein Schadensersatzanspruch wegen Nichterfüllung oder ein Rücktrittsrecht grundsätzlich auch in Fällen anerkannt, in denen man bei natürlichem, unbefangenem Sprachgebrauch Schwierigkeiten hat, eine Schutzpflichtverletzung zu bejahen,[12] wie etwa bei schwerer Beleidigung des Vertragspartners.[13]

C. Der Anwendungsbereich: Verletzung einer Pflicht nach § 241 Abs. 2

§ 282 knüpft an die (schuldhafte) Verletzung einer Pflicht gemäß § 241 Abs. 2 an. Diese Voraussetzung zielt vor allem auf **Abgrenzung** von Pflichtverletzungen i.S.v. § 281, also Verspätung und Schlechtleistung, bei denen Schadensersatz statt Erfüllung erst nach erfolgloser Bestimmung einer Nachfrist verlangt werden kann. Es wird also scharf unterschieden zwischen der Verletzung von **Haupt- und Nebenleistungspflichten** einerseits und **nicht leistungsbezogenen Nebenpflichten** andererseits. Die **leistungsbegleitenden Nebenpflichten**, meist schlagwortartig als Schutzpflichten bezeichnet, sind nun in § 241 Abs. 2 ausdrücklich gesetzlich angesprochen; sie sollen das Integritätsinteresse des Vertragspartners schützen, ihn also vor allem vor Körper- und Eigentumsverletzungen, aber auch vor Vermögensfehldispositionen bewahren. Demgegenüber zielen die Haupt- und Nebenleistungspflichten auf Veränderung der Güterlage und damit auf das Äquivalenzinteresse des Gläubigers.[14]

Typische und klare Anwendungsbeispiele für § 282 sind dementsprechend die Fälle einer Verletzung **absoluter Rechtsgüter** anlässlich der Leistungserbringung. Als Beispiel sei noch einmal der bereits erwähnte Maler genannt, der auf dem Weg zu seiner Wirkungsstätte die Eingangstür oder weitere Einrichtungsgegenstände des Gläubigers beschädigt. Schwierigkeiten mit der Kategorie der Schutzpflichtverletzungen hat man dagegen in den (seltenen) Konstellationen, in denen der Gläubiger zwar keinen Vermögensschaden erlitten hat, aber auf andere Weise gewichtig beeinträchtigt worden ist, z. B. durch schwere Beleidigung durch den Schuldner,[15] rassistische Bemerkungen, das Absingen unanständiger Lieder. Unabhängig davon, ob man derartige Fälle von § 241 Abs. 2 abgedeckt sieht, wird man eine Anwendbarkeit des § 282 grundsätzlich bejahen müssen: Dies entspricht der bisherigen Rechtslage, an der durch die Reform nichts geändert werden sollte;[16] im Übrigen wäre nicht einzusehen, warum ein derartiges Verhalten – die Überschreitung der Zumutbarkeitsschwelle unterstellt – ohne Sanktionen bleiben sollte.

Dagegen fallen Pflichtverletzungen in Form von Verspätung und Lieferung eines mangelhaften Leistungsgegenstandes ausschließlich unter §§ 280 Abs. 1, 3, 281. Dies gilt uneingeschränkt auch dann, wenn durch die Schlechtleistung „Mangelfolgeschäden" an anderen Rechtsgütern entstanden sind. Zwar werden hier durch die Schlechtleistung gleichzeitig auch Schutzpflichten i.S.v. § 241 Abs. 2 verletzt; dementsprechend lag hier bisher ein Anwendungsschwerpunkt der PFV. Für die Frage eines Schadensersatzanspruchs statt der Leistung kommt es jetzt jedoch allein auf § 281 an; in besonders schweren Fällen kann sich eine Entbehrlichkeit der Fristsetzung aus § 281 Abs. 2 2. Hs. ergeben. Entsprechend zu handhaben sind die Fälle, in denen der Schutz der Rechtsgüter des anderen Teils den Gegenstand der Hauptleistungspflicht bildet, wie etwa bei Bewachungs- und Beratungsverträgen.[17]

In den Anwendungsbereich des § 281 fällt schließlich die Verletzung von **Pflichten, die auf zweckgerichtete Durchführung des Schuldverhältnisses**, also auf Vorbereitung, Herbeiführung und Sicherung des Leistungserfolges gerichtet sind. Beispielhaft sei nur die Pflicht genannt, dem Käufer eine verständliche Gebrauchsanweisung zu liefern. Ob eine Verletzung dieser Pflicht auch einen Mangel i.S.v. § 434 darstellt, wie dies § 434 Abs. 2 S. 2 für die mangelhafte Montageanleitung nunmehr ausdrücklich festlegt, ist nur für die Verjährung gemäß § 438 von Bedeutung. Umgekehrt kann die Abgrenzung zwischen leistungsbezogener und leistungsbegleitender Nebenpflicht im Einzelfall schwierig sein. Die Pflicht, der zu liefernden Motorsäge eine verständliche Anleitung beizulegen, dient sowohl der funktionsgerechten Inbetriebnahme des Geräts als auch dem Schutz des Benutzers.[18] Im Zweifel wird man in solchen Fällen eine Anwendung des § 281 jedenfalls dann zu bejahen haben, wenn eine Nacherfüllung auch nur theoretisch in Betracht kommt;

---

10 Begründung zu § 241, BT-Drucks 14/6040, S. 125 f.
11 In diesen Zusammenhang einordnen könnte man noch am ehesten die Entscheidung BGH NJW-RR 1996, 949, die allerdings einen sehr speziellen gesellschaftsrechtlichen Sachverhalt betraf.
12 § 241 Abs. 2 ist zwar auf die Kategorie der Schutzpflichtverletzung zugeschnitten, erwähnt diesen Begriff selbst aber nicht; zu einer Einbeziehung auch atypischer Fälle könnte man mit Hilfe des Begriffs „Interessen des anderen Teils" kommen, der ohnehin auch immaterielle Interessen wie z. B. die Entscheidungsfreiheit abdecken soll; Begründung zur Änderung von § 241, BT-Drucks 14/6040, S. 126.
13 Vgl. RGZ 140, 379 ff.
14 Begründung zur Änderung von § 241, BT-Drucks 14/6040, S. 125 f.
15 Vgl. RGZ 140, 379 ff.
16 Vgl. Begründung zu § 282, BT-Drucks 14/6040, S. 141.
17 Vgl. dazu Begründung zur Änderung von § 241, BT-Drucks 14/6040, S. 125.
18 Vgl. dazu Begründung zur Änderung von § 241, BT-Drucks 14/6040, S. 125.

auf bereits entstandene „Folgeschäden" kommt es für die Abgrenzung zwischen § 281 und § 282 nicht an, weil sie ohnehin nach § 280 Abs. 1 zu ersetzen sind.

D. Unzumutbarkeit der Leistung durch den Schuldner

7 Der Gläubiger kann Schadensersatz statt der Leistung in den Fällen des § 282 nur dann verlangen, wenn ihm die Leistung durch den Schuldner nicht mehr zumutbar ist. Wann dies der Fall ist, stellt eine Wertungsfrage dar. Es kommt also auf alle **Umstände des Einzelfalls** an. So wird man in dem bereits mehrfach erwähnten Fall des unglücklichen Malers zu erwägen haben, wie viel in der Wohnung des Gläubigers zu Bruch gegangen sein muss, bis dieser den Profipechvogel nach Hause schicken und einen anderen, möglicherweise teureren Handwerker engagieren darf. Dabei sind die Unzumutbarkeit grundsätzlich hohe Anforderungen zu stellen. Die Begleitumstände der (für sich genommen korrekten) Leistungserbringung müssen für den Gläubiger unerträglich sein.[19] Auf das noch in § 282 RE vorgesehene Zusatzkriterium der Wesentlichkeit der Pflichtverletzung[20] ist im weiteren Gesetzgebungsverfahren verzichtet worden. Dies überzeugt schon deshalb, weil eine Unzumutbarkeit geradezu denknotwendig nur dann bejaht werden kann, wenn die Pflichtverletzung wirklich wesentlich ist. § 282 ist schon vom Wortlaut („nicht mehr zuzumuten") nicht anwendbar, wenn die Leistung durch den Schuldner bereits vollständig erbracht worden ist. Es ist dem Gläubiger in diesen Fällen zuzumuten, die Gegenleistung zu erbringen; seine Schäden kann er gemäß § 280 Abs. 1 liquidieren. Bei § 282 ist grundsätzlich keine Abmahnung erforderlich; allerdings wird man gerade bei weniger gravierenden Pflichtverletzungen des Schuldners nur dann von einer Unzumutbarkeit der weiteren Vertragsdurchführung ausgehen können, wenn der Gläubiger den Schuldner erfolglos abgemahnt hat.[21]

E. Rechtsfolge: Schadensersatz

8 §§ 280 Abs. 1, 282 geben dem Gläubiger einen Anspruch auf Schadensersatz statt der Leistung. Da die aus der Verletzung der Nebenpflichten resultierenden Folgeschäden bereits über § 280 Abs. 1 zu liquidieren sind, bleiben insoweit für § 282 vor allem die Kosten eines teureren Deckungsgeschäfts. Offen ist die Handhabung des § 282, wenn der Schuldner bereits (ordnungsgemäße) Teilleistungen erbracht hat. Man könnte hier auf den Gedanken kommen, § 282 nur auf noch zu erbringende Leistungen zu beziehen und damit einen Anspruch auf Schadensersatz statt der Leistung nur hinsichtlich der noch nicht erbrachten Leistungen zu gewähren.[22] Angesichts der ohnehin hohen Schwelle für die Unzumutbarkeit wird man dem Gläubiger jedoch grundsätzlich ein Wahlrecht einräumen müssen, ob er Schadensersatz statt des ausstehenden Leistungsteils oder statt der ganzen Leistung verlangt. Entscheidet sich der Gläubiger für Schadensersatz statt der ganzen Leistung, so wird man die bereits erbrachten Leistungen entsprechend § 281 Abs. 5 nach Rücktrittsrecht abzuwickeln haben.

§ 283 Schadensersatz statt der Leistung bei Ausschluss der Leistungspflicht

[1]Braucht der Schuldner nach § 275 Abs. 1 bis 3 nicht zu leisten, kann der Gläubiger unter den Voraussetzungen des § 280 Abs. 1 Schadensersatz statt der Leistung verlangen. [2]§ 281 Abs. 1 Satz 2 und 3 und Abs. 5 finden entsprechende Anwendung.

A. Überblick

1 Regelungsgegenstand des § 283 sind die **sekundären Schadensersatzansprüche** des Gläubigers in den Fällen, in denen seine Ansprüche auf die primäre Leistung wegen **Unmöglichkeit** i.S.v. § 275 ausgeschlossen sind. Für den gegenseitigen Vertrag ergibt sich das ipso-iure-Erlöschen seiner eigenen Gegenleistungspflicht bereits aus § 326. § 283 regelt, unter welchen Umständen er über die Lösung von seinen eigenen Verpflichtungen hinaus Ersatz der ihm durch die Nichtleistung des Schuldners entstandenen Schäden, also **Schadensersatz statt der Leistung,** verlangen kann. Die Bestimmung tritt damit funktional an die Stelle der §§ 280, 325 a.F. Sie greift wie diese nur in den Fällen nachträglicher Unmöglichkeit; soweit das Leistungshindernis, aufgrund dessen der Schuldner gemäß § 275 nicht zu leisten braucht, bereits bei Vertragsschluss vorlag, ist ausschließlich § 311a Abs. 2 anwendbar. Die Verweisung des S. 2 betrifft die Sonderprobleme der **Teilunmöglichkeit** sowie der **qualitativen Unmöglichkeit,** für die § 326 Abs. 1 2. Hs., Abs. 5 und § 326 Abs. 1 S. 2, Abs. 5 ebenfalls spezielle Regelungen enthalten. Anstelle des

---

19 Vgl. Begründung zu § 282, BT-Drucks 14/6040, S. 141.
20 Vgl. dazu Begründung zu § 282, BT-Drucks 14/6040, S. 141.
21 Begründung zu § 282, BT-Drucks 14/6040, S. 142.
22 Davon scheint im Ausgangsbeispiel auch der Gesetzgeber auszugehen, wenn er bei Begründung zu § 282, BT-Drucks 14/6040, S. 141 für das Beispiel des ungeschickten Malers nur von einem Ersatz der Mehrkosten für die „Beendigung" der Arbeiten spricht.

Schadensersatzes statt der Leistung kann der Gläubiger gemäß § 284 auch Ersatz seiner Aufwendungen verlangen.

B. § 283 im System der §§ 280 ff.

Inhaltlich deckt sich § 283 mit § 325 a.F.: Wird der Schuldner gemäß § 275 aufgrund eines Umstandes frei, den er **zu vertreten hat**, so kann der Gläubiger Schadensersatz statt der Leistung (bisher: Schadensersatz wegen Nichterfüllung) verlangen. Dieser im Kern simple Regelungsgehalt des § 283 erschließt sich freilich erst auf den zweiten Blick vor dem Hintergrund der neuen Systematik der §§ 280 ff.: Die **Anspruchsgrundlage** für einen Schadensersatz des Gläubigers bildet auch in den Fällen der nachträglichen Unmöglichkeit ausschließlich die **Generalklausel des § 280 Abs. 1**;[1] den Anknüpfungspunkt für den Schadensersatzanspruch müsste also auch insoweit eine Pflichtverletzung des Schuldners bilden. Sie kann freilich – anders als in den Fällen bloßer Leistungsverzögerung – nicht in der Nichtbringung der vertraglich vorgesehenen Leistung gesehen werden; denn von der entsprechenden Leistungsverpflichtung ist der Schuldner ja gerade gemäß § 275 befreit worden.[2] Man wird sich daher mit der kunstvollen Erwägung helfen müssen, dass die Pflichtverletzung in der Nichterfüllung des Leistungsversprechens liegt.[3] Diese Pflichtverletzung ist vom Schuldner zu vertreten, wenn er i.S.v. § 276 für das Leistungshindernis verantwortlich ist, aufgrund dessen er gemäß § 275 von der primären Leistungspflicht befreit worden ist. Das Vertretenmüssen wird gemäß § 280 Abs. 1 S. 2 vermutet, so dass sich der Schuldner entsprechend entlasten muss.[4]

Unmittelbar aus § 280 Abs. 1 lassen sich freilich nur Ansprüche auf den „einfachen" Schadensersatz ableiten.[5] Schadensersatz „statt der Leistung" kann der Gläubiger gemäß § 280 Abs. 3 nur unter zusätzlichen Voraussetzungen verlangen, die für die typischen Leistungsstörungsarten unterschiedlich gestaltet sind. Diese auf Transparenz und damit Verständlichkeit zielende Regelungstechnik[6] könnte jedoch für die Fälle der nachträglichen Unmöglichkeit zunächst zu gewissen Verständnisschwierigkeiten führen: Da dort die primäre Leistung definitionsgemäß nicht mehr erbracht werden kann, tritt der Schadensersatzanspruch immer an die Stelle der Leistung. Der Schadensersatz ist daher in den Fällen der Unmöglichkeit begriffsnotwendig ein Schadensersatz „statt der Leistung"; dementsprechend gibt es für die Leistungsstörungskategorie der Unmöglichkeit keinen „einfachen Schadensersatz", der ausschließlich über § 280 Abs. 1 abzuwickeln wäre.

Dementsprechend tut man sich schwer, in § 283 „**zusätzliche Voraussetzungen**" i.S.v. § 280 Abs. 3 zu entdecken: Die nachträgliche Unmöglichkeit, die zu einem Ausschluss des primären Leistungsanspruchs gemäß § 275 führt, bildet den notwendigen gedanklichen Anknüpfungspunkt, um überhaupt eine Pflichtverletzung i.S.v. § 280 Abs. 1 bejahen zu können. Die Zurückverweisung auf die „Voraussetzungen des § 280 Abs. 1" kann man bestenfalls als Klarstellung verstehen, „dass die Unmöglichkeit bzw. die Einrede nach § 275 Abs. 2 doch zu einem Schadensersatzanspruch führt, wenn der Schuldner sich hinsichtlich seines Vertretenmüssens nicht entlasten kann".[7] Die Notwendigkeit einer entsprechenden Klarstellung könnte freilich darauf hindeuten, dass das Konzept, die verschiedenen Leistungsstörungstypen durch die übergeordnete Kategorie der Pflichtverletzung in einer einheitlichen Anspruchsgrundlage zu verklammern, jedenfalls in den Fällen der Unmöglichkeit an seine Grenzen stößt.

C. Einzelheiten zu S. 1

Ein Schadensersatzanspruch gemäß § 280 Abs. 1, 2 i.V.m. § 283 setzt voraus, dass der Schuldner gemäß § 275 Abs. 1 bis 3 von seiner primären Leistungspflicht frei geworden ist, und zwar aufgrund von Umständen, die er i.S.v. § 276 zu vertreten hat, wobei das Vertretenmüssen gemäß § 280 Abs. 1 S. 2 vermutet wird, so dass sich der Schuldner entsprechend entlasten muss. § 283 greift nur in den Fällen, in denen das gemäß § 275 Abs. 1 bis 3 zum Ausschluss der primären Leistungspflicht führende Leistungshindernis **nach Vertragsschluss** aufgetreten ist; in den Fällen **anfänglicher** Unmöglichkeit ist ausschließlich § 311 a Abs. 2 anwendbar. Unerheblich ist die Art des Leistungsanspruchs. Anders als in den §§ 280, 325 a.F. wird in den §§ 281 ff. nicht mehr zwischen synallagmatischen und nicht synallagmatischen Ansprüchen unterschieden. § 283 greift auch in den Fällen der qualitativen Schlechterfüllung, wenn der Anspruch auf

---

1 BT-Drucks 14/6040, S. 92, 135, 142.
2 Entlarvend Begründung zu § 283, BT-Drucks 14/6040, S. 142.
3 *Canaris*, JZ 2001, 499, 507 im Hinblick auf § 311a.
4 Begründung zu § 283, BT-Drucks 14/6040, S. 142.
5 Vorbem. zur Neufassung der §§ 280–288, BT-Drucks 14/6040, S. 135.
6 Begründung zur Vorbem. zur Neufassung der §§ 280–288, BT-Drucks 14/6040, S. 135; geradezu ergreifend das Bild von *St. Lorenz*, JZ 2001, 742, die Leistungsstörungstypen seien übersichtlich nebeneinander gestellt, „geradezu wie die Perlen an einer Schnur nacheinander aufgereiht".
7 Begründung zu § 283, BT-Drucks 14/6040, S. 142.

Nacherfüllung wegen eines nach Vertragsschluss eintretenden Leistungshindernisses nach § 275 ausgeschlossen ist (§§ 437 Nr. 3, 634 Nr. 3); insoweit ergeben sich allerdings aus den Verweisungen in S. 2 Besonderheiten.[8] In den Konstellationen des § 275 Abs. 2, 3 ist es erforderlich, dass der Schuldner sich auf die ihm zustehende Einrede beruft, nur dann „braucht" er nicht zu leisten.[9] Beruft sich der Schuldner nicht auf sein Leistungsverweigerungsrecht, so ist für eine Anwendung des § 283 kein Raum. Der Gläubiger kann dem Schuldner dann allerdings eine Nachfrist zur Leistung setzen und so über § 281 zu einem Anspruch auf Schadensersatz statt der Leistung gelangen.

6 Kann der Gläubiger Schadensersatz statt der Leistung gemäß § 283 verlangen, dann ist er – wie bisher im Rahmen von § 325 a.F.[10] – so zu stellen, als ob ihm die Leistung erbracht worden wäre. Ersatzfähig ist das volle positive Interesse, also nicht nur der Marktwert der geschuldeten Leistung, sondern etwa auch ein entgangener Veräußerungsgewinn oder die Kosten eines teureren Deckungsgeschäfts.

7 Im gegenseitigen Vertrag könnten sich nach der Neugestaltung des Schuldrechts gewisse Schwierigkeiten im Hinblick auf die **Schadensermittlung** ergeben: Die h.L. gab dem Gläubiger in den Fällen des § 325 a.F. ein Wahlrecht: Er konnte nach der **Differenzmethode** vorgehen, nach der der Schaden von vornherein nur als Saldo zwischen dem Wert der Leistung zuzüglich etwaiger weiterer Schäden und der ersparten Gegenleistung des Gläubigers begriffen wird. Er konnte aber auch auf die **Surrogationsmethode** zurückgreifen, nach der an die Stelle der Leistung als Surrogat der Schadensersatz tritt, den der Gläubiger im Austausch gegen seine weiterhin zu erbringende Gegenleistung bekommt.[11] Praktische Unterschiede ergaben sich im Anwendungsbereich des § 325 nur in den seltenen Fällen des Tauschs, in denen die Gegenleistung nicht in Geld zu erbringen war (und infolgedessen eine Aufrechnung ausgeschlossen) war und der Gläubiger seine Gegenleistung weiterhin „loswerden" wollte. Nach der Schuldrechtsreform ergibt sich insofern eine neue Ausgangssituation, als nach § 326 Abs. 1 S. 1 – abweichend von § 325 a.F. – der Anspruch auf die Gegenleistung nunmehr auch in den Fällen zu vertretender Unmöglichkeit kraft Gesetzes erlischt, mit der Folge, dass der Erbringung der Gegenleistung an sich die vertragliche Grundlage entzogen ist. Daraus ließe sich die Schlussfolgerung ziehen, dass die Schadensermittlung nunmehr nur noch ausschließlich nach der Differenztheorie erfolgen kann.[12] Allerdings finden sich keinerlei Anhaltspunkte dafür, dass der Gesetzgeber von der bisherigen Handhabung abweichen wollte.[13] Es liegt daher nicht ganz fern, dem Gläubiger ein Vorgehen nach der Surrogationsmethode mit dem Argument offen zu halten, § 326 Abs. 1 S. 1 regele nur, dass der Gläubiger seine Gegenleistung nicht mehr erbringen müsse, schließe aber nicht aus, dass er dazu nach wie vor berechtigt sei. Die Situation wird dadurch noch komplizierter, dass der BGH in seiner neuesten Rechtsprechung zu § 326 a.F. für den Verzug den Gläubiger auf die Differenzmethode beschränkt hat.[14]

D. Die Verweisung des S. 2

8 S. 2 verweist zunächst auf § 281 Abs. 1 S. 2 und überträgt damit das Regelungsmodell für die Teilsäumigkeit auf die **Teilunmöglichkeit**: Ist dem Schuldner einer teilbaren Leistung nicht die ganze Leistung, sondern nur ein Teil unmöglich i.S.v. § 275 geworden, dann kann der Gläubiger Schadensersatz statt der ganzen Leistung nur verlangen, wenn er an der Teilleistung kein Interesse hat. Daraus ergibt sich gleichzeitig, dass er bei Teilausschluss der Leistungspflicht gemäß § 275 grundsätzlich Schadensersatz statt der Leistung nur bezüglich des ausgeschlossenen, also von § 275 abgedeckten Teils verlangen kann.[15]

9 Die Verweisung auf § 281 Abs. 1 S. 3 zielt auf die Fälle der **qualitativen Unmöglichkeit**, also der irreparablen Schlechtleistung: Ist die Nacherfüllung unmöglich geworden, dann kann der Schuldner – ebenso wie in der Konstellation behebbarer Mängel – gemäß § 283 Schadensersatz statt der ganzen Leistung, also den großen Schadensersatz unter Rückgabe der Sache, nur ausnahmsweise dann nicht verlangen, wenn die Pflichtverletzung, der Mangel, unerheblich ist. Wie in § 323 Abs. 5 Hs. 2 wird also die Bagatellgrenze des § 459 Abs. 1 S. 2 der Sache nach übernommen.[16] Bei unerheblicher Minderung des Werts oder der Tauglichkeit der Leistung kann der Gläubiger nur mindern (§§ 437 Nr. 1, 441 Abs. 1), nicht aber zurücktreten oder Schadensersatz statt der Leistung verlangen. Daraus folgt umgekehrt, dass der Gläubiger bei irreparabler Schlechtleistung im Regelfall Schadensersatz statt der Leistung gemäß § 283 verlangen kann.

---

8 Siehe Rn 8 ff.
9 Begründung zu § 283, BT-Drucks 14/6040, S. 142.
10 Vgl. nur Palandt/*Heinrichs*, § 325 Rn 10; *Medicus*, SR AT, Rn 388 ff., 494 ff.
11 Vgl. den Überblick über den Streitstand bei Palandt/*Heinrichs*, § 325 Rn 9 ff.; besonders plastisch *Medicus*, SR AT, Rn 494.
12 So offensichtlich *Wilhelm*, JZ 2001, 861, 868; a.A. *Canaris*, ZRP 2001, 329, 333.
13 Dementsprechend geht *Canaris*, ZRP 2001, 329, 333, ganz selbstverständlich davon aus, dass die Abwicklung sowohl nach der Differenz-, als auch nach der Surrogationsmethode möglich bleibt.
14 BGH NJW 1994, 3351; BGH NJW 1999, 3115; dazu kritisch *Kaiser*, NJW 2001, 2425.
15 Vgl. die wenig erhellende Begründung zu § 283, BT-Drucks 14/6040, S. 142.
16 Zu den Einzelheiten § 323 Rn 24.

Die Verweisung auf § 281 Abs. 5 betrifft ebenfalls (nur) die Fälle der irreparablen Schlechtleistung. Greift **10**
§ 281 Abs. 1 S. 3 nicht und verlangt der Gläubiger tatsächlich Schadensersatz statt der ganzen Leistung, so hat er dem Schuldner gemäß § 281 Abs. 5 eine von diesem bereits erbrachte Leistung nach **Rücktrittsrecht** zurückzugewähren.

Die Unklarheiten im Verhältnis von § 434 Abs. 3 zu § 281 Abs. 1 S. 2 und 3 einerseits und § 323 Abs. 5 **11**
S. 1 und 2 anderseits strahlen auch auf § 283 aus: Ordnet man **mengenmäßige Leistungsdefizite** bei Kauf- und Werkvertrag wegen § 434 Abs. 3 den §§ 281 Abs. 1 S. 3, 323 Abs. 5 S. 2 zu, dann muss man im Rahmen des § 283 entsprechend verfahren.[17]

§ 284 Ersatz vergeblicher Aufwendungen

[1]Anstelle des Schadensersatzes statt der Leistung kann der Gläubiger Ersatz der Aufwendungen verlangen, die er im Vertrauen auf den Erhalt der Leistung gemacht hat und billigerweise machen durfte, es sei denn, deren Zweck wäre auch ohne die Pflichtverletzung des Schuldners nicht erreicht worden.

Literatur: Begründung zu § 284, BT-Drucks 14/6040, S. 142 ff.; *Altmeppen*, DB 2001, 1399; *ders.*, DB 2001, 1821; *Canaris*, JZ 2001, 499; *ders.*, DB 2001, 1815; *ders.*, ZRP 2001, 329; *Schackel*, ZEuP 2001, 248; *H. Stoll*, JZ 2001, 589.

A. Regelungskonzept

§ 284 hat im bisher geltenden Recht kein Vorbild. Die neue Regelung zielt auf die Fälle, in denen **1**
Investitionen, die der Gläubiger in Erwartung einer vereinbarungsgemäßen Vertragsabwicklung getätigt hat, sich wegen einer Pflichtverletzung des Schuldners als nutzlos erweisen. Im Rahmen von Ansprüchen des Gläubigers auf Schadensersatz wegen Nichterfüllung (§§ 325, 326, 463 a.F.) wurde die Berücksichtigung solcher **frustrierter Aufwendungen** als problematisch angesehen, weil die zur Umschreibung des positiven Interesses übliche und bewährte Formel, der Gläubiger sei so zu stellen, wie er bei vereinbarungsgemäßer Vertragsabwicklung gestanden hätte,[1] nicht ohne weiteres passt: Die entsprechenden Kosten wären auch bei ordnungsgemäßer Erfüllung, also unabhängig von der Pflichtverletzung, angefallen.[2] Die Rechtsprechung behalf sich mit der sog. **Rentabilitätsvermutung**: Es wurde widerleglich vermutet, dass der enttäuschte Vertragspartner seine Aufwendungen bei ordnungsgemäßer Erfüllung des Vertrags in der Zukunft wieder „reingeholt" hätte.[3] Dieser Ansatz musste freilich von vornherein in den Fällen versagen, in denen der Gläubiger mit dem Geschäft keine wirtschaftlichen, sondern ideelle oder konsumptive Zwecke verfolgte. Dementsprechend hatte der BGH einer politischen Partei, die eine Veranstaltung nicht abhalten konnte, weil der Vermieter den Mietvertrag über die dafür vorgesehene Halle gebrochen hatte, den Ersatz ihrer nutzlos gewordenen Werbeaktivitäten versagt.[4] Diese Einschränkung soll mit der Regelung des § 284 überwunden werden: Über die Ergebnisse der Rechtsprechung hinaus soll dem Gläubiger nunmehr stets die Möglichkeit zustehen, Ersatz seiner Aufwendungen zu erlangen, also unabhängig davon, ob sie aufgrund einer vermuteten Rentabilität des Vertrags als Teil des entgangenen materiellen Ertrags des Geschäfts qualifiziert werden können. Auf diese Weise könnten Unsicherheiten in der Rentabilitätsvermutung und bei der Bewertung von Vorteilen als materiell oder immateriell vermieden werden. Außerdem erschiene es sachgerecht, diese Kosten von dem Teil tragen zu lassen, der das Scheitern des Vertrags zu vertreten hat.[5]

B. § 284 im System der §§ 280 ff.

Die **dogmatische Einordnung und Tragfähigkeit** des § 284 war im Gesetzgebungsverfahren heftig um- **2**
stritten:[6] Sie wurde als schadensersatzrechtlich inkonsistent kritisiert, weil sie im Rahmen des Ersatzes des Erfüllungsinteresses auch typische Vertrauensschäden abdecke.[7] Dem ist entgegengehalten worden, dass der Schaden nicht darin bestehe, dass der Gläubiger im Vertrauen auf die vereinbarungsgemäße Vertragsabwicklung Aufwendungen gemacht habe, sondern vielmehr darin, dass ihr Zweck durch den

---

17 Zu den Einzelheiten § 323 Rn 25, § 281 Rn 18.
1 Siehe nur Soergel/*Wiedemann*, vor § 275 Rn 28; Soergel/*Huber*, § 463 Rn 38.
2 Begründung zu § 284, BT-Drucks 14/6040, S. 142.
3 BGHZ 71, 234, 239; 99, 182, 197; 123, 96, 99; 136, 102, 104; differenzierend und möglicherweise einschränkend BGHZ 114, 193, 197 ff.
4 BGHZ 99, 182, 195 ff. = JZ 1987, 512 m. Anm. *Stoll*; dazu auch *Canaris*, JZ 2001, 499, 516. Ob sich diese Entscheidung angesichts des politisch gefärbten Sachverhalts als Ausgangspunkt zur Entwicklung allgemeiner Prinzipien oder sogar gesetzgeberischer Aktivitäten eignet, erscheint zweifelhaft.
5 Begründung zu § 284, BT-Drucks 14/6040, S. 142 f.; dazu schon *Canaris*, JZ 2001, 499, 516.
6 Siehe *Altmeppen*, DB 2001, 1399, 1403 einerseits; *Canaris*, DB 2001, 1815, 1820; *ders.*, ZRP 2001, 329, 333 anderseits; vgl. auch *Stoll*, JZ 2001, 589, 595 f.
7 *Altmeppen*, DB 2001, 1399, 1403.

Vertragsbruch des Schuldners verfehlt worden sei und damit in ihrer Frustrierung. Die Frage, ob es sich bei der Frustrierung um einen materiellen oder immateriellen Schaden handle, könne offen bleiben, weil sich der Gesetzgeber im Gegensatz zur Rechtsprechung über die Schranken des § 253 hinwegsetzen dürfe.[8] Nach Auffassung der Begründung zum Regierungsentwurf geht es freilich beim Ersatz frustrierter Aufwendungen ohnehin „nicht eigentlich um ein Schadensersatzproblem, sondern um eine Frage des Aufwendungsersatzes." Deshalb gewähre § 284 dem Gläubiger die Möglichkeit, an Stelle des **Schadensersatzes** statt der Leistung auch **Aufwendungsersatz** zu erlangen.[9] In dieser Argumentation deutet sich an, dass § 284 unter systematischen Gesichtspunkten eine eigenständige Anspruchsgrundlage darstellen könnte, auch wenn seitens des Gesetzgebers immer wieder betont wird, § 280 Abs. 1 sei neben § 311a nunmehr die einzige haftungsrechtliche Anspruchsgrundlage des Leistungsstörungsrechts.[10]

3   Nicht eindeutig zu beantworten ist die Frage, welche Pflichtverletzungen von § 284 abgedeckt sind. Bei erster Annäherung sprechen die Formulierung „an Stelle des Schadensersatzes" und die systematische Stellung der Regelung sehr deutlich dafür, dass sich der **praktische Anwendungsbereich** des § 284 auf **alle Pflichtverletzungen** erstreckt, bei denen nach Maßgabe der §§ 281, 282, 283 Schadensersatz statt der Leistung in Betracht kommt. Leise Zweifel ergeben sich aus der Bezugnahme auf das Vertrauen auf den „Erhalt der Leistung". Diese Formulierung passt unmittelbar nur für die Fälle der Nichtleistung; in den Fällen der Schlechtleistung hat der Gläubiger die Leistung jedoch „erhalten"; er ist nur in seinem Vertrauen auf ihre ordnungsgemäße Beschaffenheit frustriert worden. Bei den sonstigen Pflichtverletzungen i.S.v. § 282 beruht das Scheitern des Vertrags ohnehin auf Gründen, die außerhalb der leistungsbezogenen Pflichten liegen. Bemerkenswert ist in diesem Zusammenhang auch, dass die Begründung zum Regierungsentwurf ausdrücklich ausführt, das Problem frustrierter Aufwendungen könne sich „nur stellen, wenn der Gläubiger Schadensersatz wegen Nichterfüllung nach den bisherigen §§ 325, 326 verlangt".[11] Anhaltspunkte für einen gesetzgeberischen Willen, bestimmte Pflichtverletzungen aus dem Anwendungsbereich des § 284 auszuklammern, lassen sich freilich auch nicht feststellen.[12] Die unscharfe Gesetzesformulierung und Gesetzesbegründung ist daher eher als Beleg dafür zu werten, dass es eben schwierig, wenn nicht sogar unmöglich ist, einheitliche Regelungen zu schaffen, die den Besonderheiten aller Leistungsstörungen gleichermaßen gerecht werden.

4   Sonderfragen ergeben sich im **Mietrecht**. In § 536a ist in einer späten Phase des Gesetzgebungsverfahrens der Begriff „Schadensersatz wegen Nichterfüllung" durch den Begriff „Schadensersatz" ersetzt worden. Die wenig aussagekräftige Begründung lautet, es handle sich um eine Änderung „im Sinne der neuen Terminologie".[13] Es geht also offensichtlich nur um eine (erste) Annäherung des Mietrechts an das neue Schuldrecht; die Notwendigkeit weiterer Anpassungen müsse noch geprüft werden.[14] Derzeit gibt es aber keinen Anhaltspunkt dafür, warum ein Rückgriff auf den neuen § 284 im Mietrecht nicht möglich sein sollte.

5   Aufwendungsersatz gemäß § 284 kann „an Stelle" des Schadensersatzes statt der Leistung verlangt werden, also grundsätzlich nur **alternativ**, nicht kumulativ neben dem Schadensersatz gemäß §§ 281 bis 283.[15] Umgekehrt ist im Hinblick auf die Schadensberechnung im Rahmen der §§ 281 bis 283 angesichts der ausdrücklichen Erfassung der frustrierten Aufwendungen in § 284 wohl kein Raum für einen Rückgriff auf die Rentabilitätsvermutung.[16] Schadensersatzansprüche gemäß § 280, die nicht „statt der Leistung" i.S.d. §§ 281 bis 283 geltend gemacht werden, bleiben von einem Rückgriff auf § 284 unberührt: Muss z. B. eine politische Versammlung ausfallen, weil in der vermieteten Halle die Deckenverkleidung herabgestürzt ist, dann kann der Veranstalter nicht nur gemäß § 284 Aufwendungsersatz für die nutzlos gewordenen Werbemaßnahmen verlangen, sondern auch gemäß § 280 Abs. 1 Ersatz für seine zerstörte Lautsprecheranlage.

6   Da Aufwendungsersatz „an Stelle" des Schadensersatzes statt der Leistung verlangt werden kann, stellt sich die Frage, inwieweit die jeweiligen **Voraussetzungen des § 280 Abs. 3 i.V.m. §§ 281 bis 283** gegeben sein

---

8   *Canaris*, DB 2001, 1815, 1820; *ders.*, ZRP 2001, 329, 333; vgl. schon *ders.*, JZ 2001, 499, 516.
9   Begründung zu § 284, BT-Drucks 14/6040, S. 144.
10 Vgl. nur die Begründung zu § 280, BT-Drucks 14/6040, S. 135.
11 Begründung zu § 284, BT-Drucks 14/6040, S. 142.
12 Im Gegenteil geht die Begründung zu § 437, BT-Drucks 14/6040, S. 225 ohne weiteres davon aus, dass § 284 auch auf die mangelhafte Leistung anwendbar ist und nunmehr auch die Vertragskosten abdeckt, die bisher von § 467 S. 2 a.F. erfasst waren.
13 BT-Drucks 14/6857, S. 67 zu Nr. 121.
14 So die entwaffnende Begründung BT-Drucks 14/6857, S. 67 zu Nr. 121.
15 *Canaris*, JZ 2001, 499, 517 deutet allerdings an, dass eine Kumulierung von Schadensersatz statt der Leistung und Aufwendungsersatz in teleologischer Reduktion der Alternativitätsanordnung des § 284 zulässig sein müsse, soweit dies im Einzelfall schadensersatzrechtlich korrekt sei; dies erscheint fragwürdig, kann aber dahingestellt bleiben, weil derzeit kaum praktische Beispiele denkbar sind.
16 Zweifelhaft die Bemerkung von *Canaris*, JZ 2001, 499, 517, im Rahmen des Schadensersatzes statt der Leistung könne an der Rentabilitätsvermutung „unter Wahrung der dieser Vermutung immanenten Grenzen und des Gebots der Methodenehrlichkeit" festgehalten werden.

müssen. Angesichts der Formulierung „anstelle" könnte man zunächst auf den Gedanken kommen, dass der Gläubiger tatsächlich einen konkreten Schaden erlitten haben muss, der gemäß § 280 Abs. 3 i.V.m. §§ 281–283 ersatzfähig ist. Er ist jedoch schon deshalb zu verwerfen, weil es von den Umständen des jeweiligen Einzelfalls abhängt, welche nachteiligen Auswirkungen eine Pflichtverletzung im Vermögen des Gläubigers gehabt hat. Die Gewährung eines Anspruchs gemäß § 284 kann nicht von solchen Zufälligkeiten abhängen. § 284 ist also in dem Sinne zu verstehen, dass der Gläubiger „nach Maßgabe" oder „unter den Voraussetzungen ..." Ersatz seiner vergeblichen Aufwendungen verlangen kann. Daraus folgt, dass jedenfalls ein Vertretenmüssen erforderlich ist. Auch der Aufwendungsersatzanspruch setzt nach Maßgabe des § 276 grundsätzlich Verschulden voraus.[17] Es müssen aber auch die „zusätzlichen Voraussetzungen" i.S.d. § 280 Abs. 3 i.V.m. §§ 281 bis 283 erfüllt sein. Bei Verletzung einer sonstigen Pflicht i.S.v. § 282 kann also auch auf § 284 nur zurückgegriffen werden, wenn die Pflichtverletzung wesentlich und dem Gläubiger die Leistung durch den Schuldner nicht mehr zuzumuten ist. In den häufigeren Fällen der Nichtleistung oder Schlechtleistung setzt ein Aufwendungsersatzanspruch grundsätzlich eine erfolglose Fristbestimmung gemäß § 281 Abs. 1 voraus, sofern die Fristsetzung nicht gemäß § 281 Abs. 2 entbehrlich ist.

Das Postulat, dass in den Fällen der Nicht- und Schlechtleistung für einen Rückgriff auf § 284 die Voraussetzungen des § 281 gegeben sein müssen, lässt sich freilich nicht uneingeschränkt durchhalten: Dies belegen die zahlreichen, im Zusammenhang mit der Regelung des § 284 aber überhaupt nicht beachteten Fälle einer Lieferung mangelhaften Materials an einen Bauherrn, Bauunternehmer oder Fabrikanten, in denen der Käufer bei der Verwendung der mangelhaften Kaufsache Arbeitszeit und Material aufgewendet hatte, sich dieser Aufwand aber wegen der Mangelhaftigkeit des Kaufgegenstandes als vergeblich erwies.[18] Dieser Aufwand wurde bisher ganz unbefangen als ein über die PFV ersatzfähiger Mangelfolgeschaden qualifiziert, und zwar – weil es ja nicht um Schadensersatz wegen Nichterfüllung ging – ohne jegliche Rentabilitätserwägungen: Es handle sich um Folgeschäden, die über den Nachteil, der sich aus der Unverwendbarkeit der Sache ergebe, hinausgingen und darin bestünden, „dass der Käufer infolge seines Vertrauens auf die Mangelfreiheit der Kaufsache zusätzliche Vermögensaufwendungen erbringt, die sich als nutzlos erweisen".[19] Vor diesem Hintergrund könnte man auf den Gedanken kommen, einen vergeblichen Arbeits- und Materialaufwand des Käufers nicht nach Maßgabe der §§ 284, 281 zu beurteilen, sondern dem Anspruch auf „einfachen" Schadensersatz gemäß § 280 Abs. 1 zuzuschlagen, in dem ja heute die Kodifikation der PFV liegen soll. Insoweit verbietet sich freilich jede begrifflich-schematische Lösung. Wie bei der Abgrenzung von „einfachem Schadensersatz" vom „Schadensersatz statt der Leistung" ist in den Fällen des § 284 auf die ratio der Erforderlichkeit einer Fristbestimmung abzustellen. Der Schuldner soll eine weitere Chance bekommen, die geschuldete Leistung doch noch zu erbringen. Daher ist auch im Rahmen des § 284 zu differenzieren zwischen Aufwendungen, die eine nachträgliche Leistung oder Nacherfüllung sinnlos machen. Sie sind erst nach erfolgloser Fristbestimmung ersatzfähig. Dagegen können solche Aufwendungen ohne weiteres geltend gemacht werden, die auch nach einer verspäteten Leistung oder erfolgreichen Nacherfüllung vergeblich bleiben.[20] Hatte der Käufer von Baumaterial etwa eine Baukolonne bereitgestellt, die wegen des Mangels des Baumaterials nicht arbeiten konnte, so sind die Kosten der Baukolonne auch dann ersatzfähig, wenn der Verkäufer innerhalb einer angemessenen Frist mangelfreies Baumaterial nachliefert.[21] Entsprechendes gilt, wenn der Verkäufer das geschuldete Baumaterial zum vereinbarten Termin überhaupt nicht anliefert.[22]

Aus dem systematischen Standort des § 284 im Zusammenhang mit den für alle Schuldverhältnisse geltenden Regelungen der §§ 280 ff. ergibt sich schließlich, dass § 284 nicht nur auf gegenseitige Verträge Anwendung findet, sondern auch bei Pflichtverletzungen in **einseitigen Schuldverhältnissen** greifen kann, etwa wenn ein Vermächtnisnehmer einen Rahmen für ein ihm vermachtes Gemälde anfertigen lässt und der Erbe nun das Bild (in Kenntnis des Vermächtnisses) an einen Dritten übereignet oder zerstört.[23]

---

17 Begründung zu § 284, BT-Drucks 14/6040, S. 144.
18 Siehe nur BGH WM 1989, 575, 577; ausführlich dazu Soergel/*Huber*, § 463 Anh. Rn 32 ff.
19 Soergel/*Huber*, § 463 Anh. Rn 32.
20 Siehe § 280 Rn 49.
21 Vgl. den Sachverhalt OLG Oldenburg, JZ 1979, 398 m. Anm. *Streck*.
22 Bisher hätte man in diesen Fällen den vergeblichen Arbeitsaufwand wahrscheinlich ganz unbefangen als Verzugsschaden i.S.v. § 286 Abs. 1 a.F. angesehen.
23 *Canaris*, JZ 2001, 499, 517.

C. Einzelheiten

9 § 284 setzt voraus, dass der Gläubiger **Aufwendungen im Vertrauen auf den Erhalt der Leistung** gemacht hat. Unter Aufwendung versteht man üblicherweise die freiwillige Aufopferung von Vermögenswerten im Interesse eines anderen.[24] Diese Definition passt allerdings für die Regelung des § 284 schon deshalb nicht ohne weiteres, weil es hier regelmäßig um Investitionen des Gläubigers im Eigeninteresse geht und es deshalb am Merkmal der Fremdnützigkeit fehlt. Unter Aufwendungen i.S.v. § 284 sind daher alle Vermögensopfer zu verstehen, die der Gläubiger im Hinblick auf den Erhalt einer vereinbarungsgemäßen Leistung tätigt. Noch offen ist, ob der Gläubiger auch eine eigene Arbeitsleistung in Ansatz bringen kann. Dafür spricht zum einen, dass eine Ersatzfähigkeit der eigenen Arbeitsleistung als „Aufwendung" bei § 633 a.F. stets bejaht wurde,[25] zum anderen, dass es wertungsmäßig keinen Unterschied macht, ob der Gläubiger im Vertrauen auf die Leistung Maßnahmen in Auftrag gibt oder selbst durchführt. Soweit der Einsatz der eigenen Arbeitskraft im Rahmen des § 670 abweichend beurteilt wird,[26] hängt dies mit der Unentgeltlichkeit des Auftrags zusammen; die Argumentation kann daher nicht ohne weiteres auf § 284 übertragen werden.

10 Zu den Aufwendungen, die der Gläubiger im Vertrauen auf den Erhalt der Leistung gemacht hat, zählen zunächst die sog. **Vertragskosten**, die neben den Kosten für Übergabe, Versendung und Beurkundung auch Zölle, Fracht-, Einbau- und Montagekosten umfassen.[27] Nach bisherigem Recht waren diese Kosten vom Verkäufer bzw. Unternehmer nach §§ 467 S. 2, 634 Abs. 2 verschuldensunabhängig zu ersetzen. Das Schuldrechtsmodernisierungsgesetz ordnet sie bewusst dem Problem der frustrierten Aufwendungen des Gläubigers zu, die nunmehr allein nach § 284 – verschuldensabhängig – ersatzfähig sein sollen.[28] Zu ersetzen sind grundsätzlich aber auch alle anderen Aufwendungen, die der Gläubiger im Vertrauen auf ordnungsgemäße Leistung durch den Schuldner tätigt.[29] Zu ersetzen sind also z.B. auch Zinsen, die ein Gläubiger für ein zur Finanzierung des Geschäfts aufgenommenes Darlehen zu entrichten hatte, Folgeinvestitionen zur Verwertung des Leistungsgegenstandes (Beispiel: neuer Rahmen für ein erworbenes Bild),[30] aber auch der Bau eines Hauses auf dem erworbenen Grundstück. Nicht erfasst sind dagegen die Kosten für die Untersuchung der Ware oder die Rückabwicklung des Geschäfts, da diese Aufwendungen gerade nicht im Vertrauen auf die ordnungsgemäße Erfüllung des Vertrags erfolgen.

11 Der Aufwendungsersatz gemäß § 284 ist **nicht identisch mit einem Ersatz des Vertrauensschadens**, sondern kann dahinter zurückbleiben. So kann der Gläubiger nicht unter Berufung auf § 284 Ersatz dafür verlangen, dass er die geschuldete Leistung zwischenzeitlich bei einem Dritten günstiger hätte beziehen können, dies aber im Vertrauen auf die ordnungsgemäße Vertragserfüllung unterlassen hat.[31] Umgekehrt sieht der Gesetzgeber in § 284 aber bewusst **keine Begrenzung auf das Erfüllungsinteresse** vor, da die Aufwendungen, für die dem Gläubiger Ersatz verschafft werden sollte, nicht sachgerecht anhand des Erfüllungsinteresses bemessen werden könnten.[32] Der Gläubiger kann allerdings nur Aufwendungen ersetzt verlangen, die er „**billigerweise**" machen durfte. Damit soll freilich nur an den Gedanken eines Mitverschuldens erinnert werden, der hier besonders streng zu handhaben sei.[33] Der Gläubiger dürfe also vor allem nicht voreilig Aufwendungen machen, wenn ihm bereits Anzeichen für ein Scheitern des geschlossenen Vertrags bekannt seien.[34] Eine Begrenzung der Höhe des Aufwendungsersatzes soll dagegen nicht gemeint sein: Insbesondere sei es unschädlich, dass die Aufwendungen bei objektiver Betrachtungsweise als überflüssig oder überhöht anzusehen seien, der Gläubiger sei in der Entscheidung in eigenen Angelegenheiten frei. Daher sei es auch unbeachtlich, ob die Aufwendungen für den Schuldner vorhersehbar waren.[35] Ob dies wirklich haltbar ist, wird in der weiteren wissenschaftlichen Diskussion zu klären sein. In Extremfällen wird man mit § 242 helfen müssen.

12 Ein Aufwendungsersatzanspruch des Gläubigers ist schließlich ausgeschlossen, wenn deren Zweck auch ohne die Pflichtverletzung des Schuldners nicht erreicht worden wäre. Der Einwand der **Zweckverfehlung auch ohne Pflichtverletzung** soll verhindern, dass die Pflichtverletzung für den Schuldner zum „Glücksfall" wird, wenn er letztlich ein schlechtes Geschäft gemacht hat.[36] In der Sache handelt es sich also wohl

---

24 Vgl. nur BGHZ 59, 329, BGH NJW 1960, 1568, BGH NJW 1989, 2818; vgl. Palandt/*Heinrichs*, § 256 Rn 1.
25 Vgl. nur MüKo/*Soergel*, § 633 Rn 153; Palandt/*Sprau*, § 633 Rn 8.
26 Vgl. dazu nur Palandt/*Sprau*, § 670 Rn 3.
27 Vgl. Begründung zu § 437, BT-Drucks 14/6040, S. 225; zum alten Recht Soergel/*Huber*, § 467 Rn 107 ff.
28 Begründung zu § 284 BT-Drucks 14/6040, S. 144; dazu schon *Canaris*, JZ 2001, 499, 517 f.
29 Kritisch dazu *Altmeppen*, DB 2001, 1399, 1404; *Stoll*, JZ 2001, 589, 596.
30 Vgl. Begründung zu § 284, BT-Drucks 14/6040, S. 143; *Canaris*, JZ 2001, 499, 517.
31 Begründung zu § 284, BT-Drucks 14/6040, S. 144; *Canaris*, JZ 2001, 499, 517; vgl. auch *Altmeppen*, DB 2001, 1399, 1403.
32 Begründung zu § 284, BT-Drucks 14/6040, S. 144.
33 *Canaris*, JZ 2001, 499, 517.
34 *Canaris*, JZ 2001, 499, 516, 517.
35 *Canaris*, JZ 2001, 499, 517.
36 Begründung zu § 284, BT-Drucks 14/6040, S. 143.

um den Einwand rechtmäßigen Alternativverhaltens; die Beweislast liegt daher insoweit beim Schuldner.[37] Nach Auffassung der Begründung füge sich dies vom Ergebnis her in die bisherige Rechtsprechung zur Rentabilitätsvermutung; der Gläubiger könne Ersatz seiner Aufwendungen in den Fällen nicht verlangen, in denen nach bisheriger Rechtsprechung die Rentabilitätsvermutung als widerlegt anzusehen gewesen wäre.[38] Damit werden die alten Schwierigkeiten durch die Hintertür auch in die neue Regelung eingeführt. Entsprechend der bisherigen Rechtsprechung[39] wird man dies ablehnen und einen Anspruch auf Ersatz der Vertragskosten bereits dann als gegeben ansehen, wenn der Leistungsgegenstand die Gegenleistung zuzüglich der Vertragskosten wert ist. Verlangt der Gläubiger dagegen den Ersatz weiterer, zur Verwendung des Leistungsgegenstandes getätigter Folgeinvestitionen (z. B. Anschaffung von Mobiliar für eine Diskothek), wäre auch zu prüfen, ob sich der Diskothekenbetrieb später wie geplant „rentiert" hätte. Keine Rolle sollen derartige Erwägungen hingegen spielen, wenn der Gläubiger gar nicht zu erwerbswirtschaftlichen Zwecken gehandelt hat. Verfolge er konsumptive, spekulative, marktstrategische oder ideelle Ziele, so könne der Schuldner dem Aufwendungsersatzanspruch nicht entgegenhalten, es habe sich um ein „Verlustgeschäft" gehandelt.[40] So könne der Käufer eines Einfamilienhauses den Ersatz seiner Finanzierungskosten auch dann verlangen, wenn es nachweislich wirtschaftlich günstiger gewesen wäre, zur Miete zu wohnen; ebenso seien die Finanzierungskosten zum Erwerb eines Kunstwerks auch dann ersatzfähig, wenn der Käufer für den Leistungsgegenstand einen weit überhöhten Preis gezahlt habe.[41] Dagegen soll die Einschränkung greifen, wenn der ideelle Zweck aus anderen Gründen verfehlt worden ist, z. B. weil sich nach Bruch des Mietvertrags über eine Halle für eine Parteiveranstaltung herausstellt, dass die vorgesehene Veranstaltung ohnehin mangels Mitgliederinteresse abgesagt worden wäre.[42] Ob sich diese feinen Differenzierungen wirklich als rechtssicher und damit praktikabel erweisen, erscheint ebenso zweifelhaft wie die Frage, ob die ganz auffällige Privilegierung nicht erwerbswirtschaftlicher Zwecke rechtspolitisch wirklich gerechtfertigt ist.

§ 285 Herausgabe des Ersatzes

(1) ¹Erlangt der Schuldner infolge des Umstandes, auf Grund dessen er die Leistung nach § 275 Abs. 1 bis 3 nicht zu erbringen braucht, für den geschuldeten Gegenstand einen Ersatz oder einen Ersatzanspruch, so kann der Gläubiger Herausgabe des als Ersatz Empfangenen oder Abtretung des Ersatzanspruchs verlangen.
(2) ¹Kann der Gläubiger statt der Leistung Schadensersatz verlangen, so mindert sich dieser, wenn er von dem in Absatz 1 bestimmten Recht Gebrauch macht, um den Wert des erlangten Ersatzes oder Ersatzanspruchs.

A. Überblick

§ 285 gibt dem Gläubiger bei Ausschluss der Leistungspflicht des Schuldners gemäß § 275 als Ausgleich einen Anspruch auf das sog. **stellvertretende commodum**, das im Vermögen des Schuldners an die Stelle der geschuldeten Leistung getreten ist. Er ersetzt damit funktional § 281 a.F. Diese Regelung sollte wegen ihres offenkundigen Gerechtigkeitsgehaltes in der Sache beibehalten werden, musste jedoch an die Neukonzeption des § 275 angepasst werden.[1] In Abs. 2 wurde entsprechend der neuen Schuldrechtssystematik der Begriff „Schadensersatz wegen Nichterfüllung" durch „Schadensersatz statt der Leistung" ersetzt. Bei gegenseitigen Verträgen galt im Hinblick auf die Pflicht zur Gegenleistung bisher die Regelung des § 323 Abs. 2 a.F.; sie ist sachlich unverändert in den § 326 Abs. 3 verlagert worden.

B. Anwendungsbereich

Am Anwendungsbereich der Regelung hat sich gegenüber der bisherigen Rechtslage nichts geändert: § 285 findet also grundsätzlich auf **alle schuldrechtlichen Ansprüche** Anwendung, soweit nicht Sonderregelungen bestehen.[2] Dabei ist unerheblich, ob es sich um vertragliche oder gesetzliche Ansprüche handelt; § 285 ist insbesondere auf den Rückgewähranspruch aus § 346 Abs. 1 anzuwenden, wobei es unerheblich ist, ob der Ausschluss der Leistungspflicht vor oder erst nach Zugang der Rücktrittserklärung eingetreten ist.[3]

---

37 *Canaris*, JZ 2001, 499, 517.
38 Begründung zu § 284, BT-Drucks 14/6040, S. 144.
39 BGHZ 114, 193, 197 ff.
40 Begründung zu § 284, BT-Drucks 14/6040, S. 144; *Canaris*, JZ 2001, 499, 516 f.
41 Begründung zu § 284, BT-Drucks 14/6040, S. 144.
42 Begründung zu § 284, BT-Drucks 14/6040, S. 144; *Canaris*, JZ 2001, 499, 517.
1 Begründung zu § 285, BT-Drucks 14/6040, S. 144 f.
2 Vgl. zu § 281 a.F. BGHZ 75, 203, 206; Staudinger/*Löwisch*, § 281 Rn 6.
3 Vgl. zu § 281 a.F. BGH NJW 1983, 929, 930; zu § 285 siehe Begründung zu § 346, BT-Drucks 14/6040, S. 194.

Im Hinblick auf die z.T. streitigen Einzelheiten kann auf Rechtsprechung und Schrifttum zu § 281 a.F. zurückgegriffen werden.[4]

C. Der Anspruch auf das Surrogat

3 § 285 setzt wie § 281 a.F. eine Verpflichtung zur **Leistung eines Gegenstandes** voraus und gilt daher grundsätzlich nicht unmittelbar für Dienstverträge[5] oder Werkverträge.[6] In diesen Fällen kann sich aber ein Abtretungsanspruch oder eine Herausgabepflicht aus einer ergänzenden Vertragsauslegung ergeben.[7] Für den praktisch wichtigsten Fall, dass der Arbeitgeber verpflichtet ist, das Gehalt an einen verletzten Arbeitnehmer weiterzuzahlen, geht der etwaige Schadensersatzanspruch des Arbeitnehmers ohnehin gemäß § 6 EFZG auf den Arbeitgeber über.

4 Zentrale Voraussetzung ist der **Ausschluss der Leistungspflicht gemäß § 275 Abs. 1 oder 2**. Dabei ist unerheblich, ob der Schuldner den Ausschluss der primären Leistungspflicht zu vertreten hat oder nicht. Als Konsequenz der Neuordnung des Unmöglichkeitsrechts kann ein Anspruch auf das stellvertretende commodum auch dann gegeben sein, wenn das Leistungshindernis schon bei Vertragsschluss bestand (§ 311 a). In den Fällen des § 275 Abs. 2 „braucht" der Schuldner erst dann nicht zu leisten, wenn er sich auf sein Leistungsverweigerungsrecht berufen hat. Er ist daher nur dann zur Herausgabe des stellvertretenden commodum verpflichtet, wenn die Einrede aus § 275 tatsächlich erhebt. Das bloße Bestehen der Einredemöglichkeit reicht nicht aus. Da der Schuldner nach der Neukonzeption des § 275 selbst entscheiden kann, ob er sich auf die Befreiungsgründe des § 275 Abs. 2 beruft oder nicht, erscheint es nur konsequent, dies auch im Rahmen des § 285 zu berücksichtigen.[8] Zweifelhaft erscheint die Anwendbarkeit des § 285 in den Fällen des § 275 Abs. 3, wenn eine vom Schuldner persönlich zu erbringende Leistung wegen Unzumutbarkeit verweigert wird. Zwar verweist Abs. 1 ausdrücklich auch auf § 275 Abs. 3. Insoweit wird aber kein „Gegenstand" geschuldet, so dass überhaupt nur eine entsprechende Anwendung in Betracht kommt. Es könnte sich bei der Verweisung aber auch um ein Versehen des Gesetzgebers handeln.

5 Der Schuldner muss infolge des Umstandes, aufgrund dessen er die Leistung nicht zu erbringen braucht, für den geschuldeten Gegenstand in adäquat kausaler Weise einen **Ersatz oder Ersatzanspruch** erlangt haben. Hauptbeispiele sind wie schon bisher Ansprüche auf eine Versicherungsleistung oder Schadensersatzansprüche gegen Dritte wegen der Zerstörung oder Beschädigung des Leistungsgegenstandes.[9] Nach einer ganz h.M. zu § 281 a.F. sollte schließlich auch der vom Schuldner durch die Veräußerung des geschuldeten Gegenstands erzielte Erlös, das sog. commodum ex negotiatione, herauszugeben sein.[10] Die Neufassung des § 285 hat auf diese Streitfrage keine Auswirkungen.

6 Als **Rechtsfolge** sieht § 285 einen Anspruch auf Herausgabe des als Ersatz Empfangenen oder auf Abtretung des Ersatzanspruches vor. Insoweit ergeben sich gegenüber § 281 a.F. keine Änderungen. Im gegenseitigen Vertrag muss der Gläubiger, der den Anspruch aus Abs. 1 geltend macht, seinerseits nach Maßgabe des § 326 Abs. 3 die Gegenleistung erbringen.

§ 286 Verzug des Schuldners

(1) ¹Leistet der Schuldner auf eine Mahnung des Gläubigers nicht, die nach dem Eintritt der Fälligkeit erfolgt, so kommt er durch die Mahnung in Verzug. ²Der Mahnung stehen die Erhebung der Klage auf die Leistung sowie die Zustellung eines Mahnbescheids im Mahnverfahren gleich.

(2) ¹Der Mahnung bedarf es nicht, wenn
1. für die Leistung eine Zeit nach dem Kalender bestimmt ist,
2. der Leistung ein Ereignis vorauszugehen hat und eine angemessene Zeit für die Leistung in der Weise bestimmt ist, dass sie sich von dem Ereignis an nach dem Kalender berechnen lässt,
3. der Schuldner die Leistung ernsthaft und endgültig verweigert,
4. aus besonderen Gründen unter Abwägung der beiderseitigen Interessen der sofortige Eintritt des Verzugs gerechtfertigt ist.

---

[4] Unverändert stellt sich die auch bisher schon umstrittene Frage, ob in den Fällen der mangelhaften Erfüllung eines Kaufvertrags unter bestimmten Voraussetzungen zugunsten des Käufers auf den Rechtsgedanken des § 285 zurückgegriffen werden kann; BGH NJW 1997, 652 betraf den Sonderfall, dass der Verkäufer einer unter Gewährleistungsausschluss verkauften mangelhaften Sache gegen den Vorverkäufer einen Schadensersatzanspruch hatte; eine Verpflichtung zur Abtretung dieses Anspruchs wurde – allerdings mit unterschiedlicher Begründung – allgemein bejaht; vgl. nur *Reinicke/Tiedtke*, ZIP 1997, 1093 ff.

[5] Vgl. nur MüKo/*Emmerich*, § 281 Rn 5; Staudinger/*Löwisch*, § 281 Rn 16.

[6] Vgl. nur RGZ 97, 87, 90; Staudinger/*Löwisch*, § 281 Rn 16.

[7] Vgl. nur BGHZ 107, 325; MüKo/*Emmerich*, § 281 Rn 5; Soergel/*Wiedemann*, § 281 Rn 7.

[8] Begründung zu § 285, BT-Drucks 14/6040, S. 145.

[9] Begründung zu § 285, BT-Drucks 14/6040, S. 144; ausführlich Soergel/*Wiedemann*, § 281 Rn 27 ff.

[10] Vgl. nur BGHZ 75, 203, 205; ausführlich Soergel/*Wiedemann*, § 281 Rn 28; zweifelnd etwa *Medicus*, SR AT, Rn 387.

§ 286

(3) ¹Der Schuldner einer Entgeltforderung kommt spätestens in Verzug, wenn er nicht innerhalb von 30 Tagen nach Fälligkeit und Zugang einer Rechnung oder gleichwertigen Zahlungsaufstellung leistet; dies gilt gegenüber einem Schuldner, der Verbraucher ist, nur, wenn auf diese Folgen in der Rechnung oder Zahlungsaufstellung besonders hingewiesen worden ist. ²Wenn der Zeitpunkt des Zugangs der Rechnung oder Zahlungsaufstellung unsicher ist, kommt der Schuldner, der nicht Verbraucher ist, spätestens 30 Tage nach Fälligkeit und Empfang der Gegenleistung in Verzug.

(4) ¹Der Schuldner kommt nicht in Verzug, solange die Leistung infolge eines Umstandes unterbleibt, den er nicht zu vertreten hat.

Literatur: *Basty*, Gesetz zur Beschleunigung fälliger Zahlungen, DNotZ 2000, 260 ff.; *Bitter*, Gesetz zur „Verzögerung" fälliger Zahlungen – Kritische Anmerkungen zum neuen § 284 Abs. 3 BGB, WM 2000, 1282 ff.; *Brambring*, § 284 Abs. 3 BGB und Grundstückskaufvertrag, DNotZ 2000, 245 ff.; *Ernst*, Deutsche Gesetzgebung in Europa – am Beispiel des Verzugsrechts, ZEuP 2000, 767 ff.; *Fabis*, Das Gesetz zur Beschleunigung fälliger Zahlungen – Inhalt und Auswirkungen, ZIP 2000, 865 ff.; *Gsell*, EG-Verzugsrichtlinie und Reform der Reform des Verzugsrechts in Deutschland, ZIP 2000, 1861 ff.; *Heinrichs*, EG-Richtlinie zur Bekämpfung von Zahlungsverzug im Geschäftsverkehr und Reform des Verzugsrechts nach dem Entwurf eines Schuldrechtsmodernisierungsgesetzes, BB 2001, 157 ff.; *ders.*, Die EG-Richtlinie zur Bekämpfung von Zahlungsverzug im Geschäftsverkehr und die Reform des Verzugsrechts, in: Schulze/Schulte-Nölke (Hrsg.), Die Schuldrechtsreform vor dem Hintergrund des Gemeinschaftsrechts, 2001, 81 ff.; *Hertel*, Das Gesetz zur Beschleunigung fälliger Zahlungen und seine Folgen für die notarielle Praxis, ZNotP 2000, 130 ff.; *ders.*, Neues Verzugsrecht für Geldschulden – Folgen für die Vertragsgestaltung, ZAP Fach 2 (2000), 275 ff.; *Huber*, Das neue Recht des Zahlungsverzugs und das Prinzip der Privatautonomie, JZ 2000, 743 ff.; *ders.*, Das Gesetz zur Beschleunigung fälliger Zahlungen und die europäische Richtlinie zur Bekämpfung von Zahlungsverzug im Geschäftsverkehr, JZ 2000, 957 ff.; *Krebs*, Die EU-Richtlinie zur Bekämpfung des Zahlungsverzugs im Geschäftsverkehr – Eine Chance zur Korrektur des neuen § 284 Abs. 3 BGB, DB 2000, 1697 ff.; *ders.*, Die große Schuldrechtsreform, DB Beilage 2000, Nr. 14, 1 ff.; *Medicus*, Bemerkungen zur Neuregelung des Schuldnerverzugs, DNotZ 2000, 256 ff.; *Möllers*, Das Gesetz zur Beschleunigung fälliger Zahlungen und die Richtlinie zur Bekämpfung des Zahlungsverzugs im Geschäftsverkehr – Zugleich ein Beitrag zur Sinnhaftigkeit des Vorpreschens des deutschen Gesetzgebers, WM 2000, 2284 ff.; *Ott*, Eine Modernisierung des Schuldrechts?, FLF 2001, 106 ff.; *Pahlow*, Verzögerung statt Beschleunigung – Auslegung, Auswirkung und Korrektur des neuen § 284 III BGB, JuS 2001, 236 ff.; *Pick*, Zur neuen Verzugsregelung für Geldforderungen, ZfIR 2000, 333 ff.; *Risse*, Verzug nach 30 Tagen – Neuregelung in § 284 Abs. 3 BGB, BB 2000, 1050 ff.; *Schimmel/Buhlmann*, Gesetz zur Beschleunigung fälliger Zahlungen – Auswirkungen auf das allgemeine Schuldrecht, MDR 2000, 737 ff.; *Schmidt-Kessel*, Die Zahlungsverzugsrichtlinie und ihre Umsetzung, NJW 2001, 97 ff.; *Volmer*, Warum das Gesetz zur Beschleunigung fälliger Zahlungen fällige Zahlungen nicht beschleunigt, ZfIR 2000, 421 ff.; *Weishaupt*, Verlangsamter Schuldnerverzug durch das Gesetz zur Beschleunigung fälliger Zahlungen?, NJW 2000, 1704 ff.

Inhalt

A. Allgemeines	1
I. Gründe für die Reform	1
II. Einfluss der Zahlungsverzugsrichtlinie – Vorlage beim EuGH	3
III. Überblick über die Vorschrift – Verhältnis zu §§ 280, 287, 288	11
IV. Allgemeine Voraussetzungen des Verzuges	12
V. Anspruch auf Schadensersatz wegen Verzögerung der Leistung (§§ 280, 286)	15
1. Neue Anspruchsgrundlage	15
2. Inhalt und Umfang des Anspruchs	18
B. Verzug durch Mahnung (Abs. 1)	21
C. Entbehrlichkeit der Mahnung (Abs. 2)	25
I. Leistungszeit nach dem Kalender (Nr. 1)	26
II. Zeit für die Leistung von einem Ereignis an (Nr. 2)	27
III. Verweigerung der Leistung (Nr. 3)	37
IV. Besondere Gründe (Nr. 4)	38
D. Verzugseintritt 30 Tage nach Rechnung oder gleichwertiger Zahlungsaufstellung (Abs. 3)	39
I. Regelungszweck – Verhältnis zur Zahlungsverzugsrichtlinie	39
II. Anwendungsbereich	42
III. Rechnung und gleichwertige Zahlungsaufstellung	47
1. Verhältnis zur Mahnung	47
2. Rechnung	49
3. Gleichwertige Zahlungsaufstellung	52
IV. Zugang	56
V. 30-Tage-Frist	57
1. Fälligkeit und Fristbeginn	57
2. Berechnung der Frist	61
VI. Hinweispflicht gegenüber Verbrauchern (Abs. 3 S. 1 Hs. 2)	64
VII. Unsicherheit über den Zugang der Rechnung oder der gleichwertigen Zahlungsaufforderung (Abs. 3 S. 2)	68
E. Vertretenmüssen (Abs. 4)	72
F. Abdingbarkeit – Inhaltskontrolle	73

A. Allgemeines

I. Gründe für die Reform

Die Vorschriften über den Verzug in §§ 286 ff. (früher §§ 284 ff. a.F.) sind durch das Schuldrechtsmodernisierungsgesetz erheblich verändert worden. Zunächst ist das Verzugsrecht in die Änderungen des allgemeinen Leistungsstörungsrechts einbezogen. Der Anspruch auf Schadensersatz wegen Verzögerung der Leistung ist nun ein **Unterfall des allgemeinen Schadensersatzanspruchs wegen Pflichtverletzung**

1

aus § 280 Abs. 1. Die Anspruchsgrundlage für Verzugsschäden ist nunmehr § 280 Abs. 1, Abs. 2 a i.V.m. § 286. Das Verzugsrecht enthält deshalb keine eigene Anspruchsgrundlage für diese Schäden mehr. Der frühere § 286 a.F. ist ersatzlos weggefallen. Erhalten bleibt der eigenständige Anspruch auf Verzugszinsen aus § 288, der aber gegenüber dem früheren Recht einige Veränderungen aufweist (dazu § 288 Rn 1, 7).

2 Sowohl die Voraussetzungen als auch die Rechtsfolgen des Verzugs zeigen deutlich eine schuldnerunfreundliche Tendenz. Ziel ist – ähnlich wie schon im Gesetz zur Beschleunigung fälliger Zahlungen[1] – die **Verbesserung der Zahlungsmoral**. Änderungsbedarf des bisherigen Verzugsrechts hatte es in mehrfacher Hinsicht gegeben. Vor allem sollte die weithin als verunglückt angesehene Neuregelung des § 284 Abs. 3 a.F., die durch das **Gesetz zur Beschleunigung fälliger Zahlungen** geschaffen worden war, **korrigiert** werden.[2] Der durch diese Regelung in der Praxis herbeigeführte gesetzliche Zahlungsaufschub von 30 Tagen ist nun beseitigt. Außerdem wird die europäische **Zahlungsverzugsrichtlinie**[3] umgesetzt. Diese Richtlinie enthält zugunsten des Gläubigers einer Geldforderung im Geschäftsverkehr Mindestanforderungen an das Verzugsrecht. Dazu gehört der Eintritt des Verzugs auch ohne Mahnung und die Einführung eines erhöhten Verzugszinssatzes. Schließlich sollten einige durch die **Rechtsprechung entwickelte Grundsätze**, insbesondere zur Entbehrlichkeit der Mahnung, in das Gesetz aufgenommen werden.

II. Einfluss der Zahlungsverzugsrichtlinie – Vorlage beim EuGH

3 Bei der Auslegung der §§ 286 ff. sind die **Vorgaben und Wertungen der Zahlungsverzugsrichtlinie einzubeziehen**.[4] Diese Richtlinie ist gleichermaßen Teil der Rechtsordnung wie das BGB. Sie enthält zwar – außer im Verhältnis zum Staat – keine unmittelbar anwendbaren Rechtssätze.[5] Doch sind alle Organe der staatlichen Gewalt einschließlich der Gerichte verpflichtet, das deutsche Recht im Sinne der Richtlinie auszulegen.[6]

4 Jedes Gericht kann nach Art. 234 EGV dem **EuGH eine Frage zur Auslegung der Richtlinie zur Entscheidung vorlegen**, wenn es die Entscheidung zum Erlass seines Urteils für erforderlich hält. Das Gericht **muss vorlegen**, wenn seine Entscheidung **nicht mehr mit Rechtsmitteln angefochten** werden kann. Ausnahmen von der Vorlagepflicht lässt der EuGH nur unter engen Voraussetzungen zu, und zwar nur, wenn er die gleiche Vorlagefrage bereits beantwortet hat oder wenn ein sogenannter acte clair vorliegt. Letzteres ist nur der Fall, wenn die richtige Anwendung des Gemeinschaftsrechts derart offensichtlich ist, dass keinerlei Raum für einen vernünftigen Zweifel an der Entscheidung der gestellten Frage bleibt.[7]

5 Da der deutsche Gesetzgeber mit dem neuen Verzugsrecht eigens bezweckt, auch die Richtlinie umzusetzen, sind die **Vorgaben der Richtlinie Teil des gesetzgeberischen Willens**. Beim Konflikt zwischen dem Wortlaut des BGB und den Vorgaben der Richtlinie können deshalb auch über den Wortlaut des BGB hinaus die Wertungen der Richtlinie als Teil des deutschen Rechts anwendbar sein.[8] Da die §§ 286 ff. anders aufgebaut sind als die Richtlinie, besteht in einigen Punkten die Notwendigkeit einer richtlinienkonformen Auslegung und teilweisen Korrektur des deutschen Rechts. Auf eine Reihe von Einzelfragen ist jeweils im Gesetzeszusammenhang hingewiesen. Eine Kommentierung der Zahlungsverzugsrichtlinie findet sich in diesem Kommentar.

6 Die Zahlungsverzugsrichtlinie muss nach ihrem Art. 6 Abs. 1 (dazu dort Rn 2 ff., 5) bis zum 8.8.2002 in das deutsche Recht umgesetzt werden. Da das neue Verzugsrecht schon zum 1.1.2001 in Kraft tritt, erfüllt die Bundesrepublik diese Verpflichtung vorzeitig. Doch gilt auch **während der Übergangszeit (1.1.2002 – 7.8.2002)** das Gebot der richtlinienkonformen Auslegung ohne Einschränkungen. Denn die Umsetzungsfrist nach Art. 6 Abs. 1 Zahlungsverzugsrichtlinie bestimmt lediglich den Zeitpunkt, von dem an die Sanktionen des Gemeinschaftsrechts für Verstöße gegen die Richtlinie einsetzen. Weil aber der deutsche Gesetzgeber schon vorzeitig mit dem Ziel tätig geworden ist, die Richtlinie umzusetzen, geht sein Wille dahin, das Umsetzungsgesetz schon von seinem Erlass an richtlinienkonform auszulegen.[9]

---

1 BGBl I 2000, 330.
2 BT-Drucks 14/6040, 146 f.
3 Richtlinie 2000/35/EG des Europäischen Parlaments und des Rates vom 29.6.2000 zur Bekämpfung von Zahlungsverzug im Geschäftsverkehr, ABlEG Nr. L 200/35 (= NJW 2001, 132).
4 Überblick zur richtlinienkonformen Auslegung z.B. in den Beiträgen in: *Schulze* (Hrsg.), Auslegung europäischen Privatrechts und angeglichenen Rechts (insbesondere die Beiträge von *Brandner, Howells, Schulte-Nölke, Schulze* und *Zuleeg*); *Brechmann*, Die richtlinienkonforme Auslegung, 32 ff. und passim; *Franzen*, Privatrechtsangleichung durch die Europäische Gemeinschaft, 292 ff.; zur Auslegung des europäischen Privatrechts *Grundmann/Riesenhuber*, JuS 2001, 529 ff.
5 Gegen die sogenannte horizontale Direktwirkung von Richtlinien besonders deutlich EuGH, *Faccini Dori*, Slg. 1994, I-3325 Rz 20.
6 EuGH, *von Colson und Kamann*, Slg. 1984, 1891, Rz 26; *Marleasing*, Slg. 1990, I-4135, Rz 8; *Faccini Dori*, Slg. 1994, I-3325, Rz 25; Einzelheiten und Reichweite des Gebots zur richtlinienkonformen Auslegung sind freilich umstritten, Darstellung z.B. bei *Brechmann*, Die richtlinienkonforme Auslegung, 265 ff.; *Grundmann*, Europäisches Schuldvertragsrecht, 113 ff.; *Franzen*, Privatrechtsangleichung durch die Europäische Gemeinschaft, 358 ff.
7 EuGH, *C.I.L.F.I.T.*, Slg. 1982, 3415, Rz 16.
8 BGHZ 63, 261, 264 f.; *Grundmann*, Europäisches Schuldvertragsrecht, 116 ff.

Die Zahlungsverzugsrichtlinie ist nach ihrem Art. 6 Abs. 2 (dazu dort Rn 8 ff.) eine sogenannte **Minimumrichtlinie**. Die Mitgliedstaaten können also Vorschriften beibehalten oder erlassen, die für den Gläubiger günstiger sind als die Vorgaben der Richtlinie. Deshalb verstoßen Vorschriften des deutschen Verzugsrechts nur dann gegen die Richtlinie, wenn sie den Gläubiger schlechter stellen, als die Richtlinie vorgibt. 7

Der Normbefehl des europäischen Gesetzgebers erzwingt die **richtlinienkonforme Auslegung** des deutschen Rechts anhand der Zahlungsverzugsrichtlinie nur innerhalb ihres Anwendungsbereichs, also insbesondere nur für Zahlungsansprüche im Geschäftsverkehr. Der Anwendungsbereich der Verzugsvorschriften in §§ 286 ff. geht aber in etlichen Punkten über den Anwendungsbereich der Richtlinie hinaus. Teilweise verwendet das deutsche Recht auch aus der Richtlinie entlehnte Begriffe, um eigenständige Regelungen zu treffen. Beispielsweise erfasst der nach dem Vorbild der Richtlinie gestaltete § 286 Abs. 3 S. 1 nicht nur Forderungen im Geschäftsverkehr, sondern auch Forderungen gegenüber Verbrauchern. Abs. 3 gilt nicht nur für die von der Richtlinie vorgegebenen Ansprüche auf Verzugszinsen und Beitreibungskosten, sondern auch für alle anderen Verzugsfolgen. 8

Wie bei jeder ausweitenden Richtlinienumsetzung stellt sich deshalb die Frage, ob auch in dem nicht von der Richtlinie erfassten Extensionsbereich ein Wille des deutschen Gesetzgebers anzunehmen ist, die aus der Richtlinie entlehnten Rechtssätze und Begriffe im Lichte der Richtlinie auszulegen. Grundsätzlich gilt **auch im Extensionsbereich** das Gebot der richtlinienkonformen Auslegung, weil anderenfalls die der Richtlinie entnommenen Begriffe einen verschiedenen Inhalt hätten, je nachdem, ob der zu entscheidende Sachverhalt in den Anwendungsbereich der Richtlinie fällt oder nicht. Durch die Verwendung derselben Begriffe für den angeglichenen und den nicht angeglichenen Bereich gibt der Gesetzgeber zu erkennen, dass sie einheitlich ausgelegt werden sollen.[10] Auch bei einer nur aufgrund des nationalen gesetzgeberischen Willens erforderlichen richtlinienkonformen Auslegung ist eine **Vorlage an den EuGH** zulässig;[11] es besteht insoweit aber keine Vorlagepflicht. 9

Ausnahmen zugunsten von Verbrauchern sind in §§ 286 Abs. 3 S. 1 Hs. 2, S. 2, 288 Abs. 2 ausdrücklich geregelt. Daraus folgt im Umkehrschluss, dass alle anderen aus der Richtlinie entlehnten Begriffe gleichermaßen auf Verbraucher wie auf andere Rechtssubjekte angewendet werden sollen. Allenfalls soweit die Richtlinie zur – vom Gesetzgeber möglicherweise übersehenen – richtlinienkonformen Korrektur allgemeiner Begriffe des deutschen Zivilrechts zwingt, kann sich wegen der Wertungen in §§ 286 Abs. 3, 288 Abs. 2 diese Auslegung auf Geschäfte beschränken, an denen kein Verbraucher beteiligt ist. 10

III. Überblick über die Vorschrift – Verhältnis zu §§ 280, 287, 288

In § 286 finden sich ausschließlich Regelungen über die **Voraussetzungen**, unter denen der Schuldner in Verzug kommt. Abs. 1 beschreibt – wortgleich mit § 284 Abs. 1 a.F. – als gesetzlichen Grundfall den Verzugseintritt durch Mahnung. In Abs. 2 sind vier Fälle aufgeführt, in denen die Mahnung entbehrlich ist. Abs. 3 regelt für bestimmte Forderungen, die das Gesetz Entgeltforderungen nennt, den Eintritt des Verzuges nach einer Rechnung oder gleichwertigen Zahlungsaufforderung und dem Verstreichen einer 30-Tage-Frist. Abs. 4 übernimmt wörtlich den früheren § 285 a.F., nach dem der Schuldner nicht in Verzug kommt, solange er die Verzögerung nicht zu vertreten hat. Die **Rechtsfolgen** des Verzugs ergeben sich zum Teil aus § 280 Abs. 1 i.V.m. Abs. 2 (Schadensersatz wegen Verzögerung der Leistung), zum Teil aus §§ 287, 288 (Haftungsverschärfung, Verzugszinsen) und schließlich aus einer Reihe weiterer Bestimmungen an vielen Stellen der Rechtsordnung (z.B. §§ 289, 290, 339, 497, 498, 503, 536a, 543, 775 Abs. 1 Nr. 3 BGB; §§ 375, 376 HGB). Für den Rücktritt ist – anders als nach dem früheren § 326 a.F. – Verzug nicht mehr Voraussetzung, §§ 323 ff. 11

IV. Allgemeine Voraussetzungen des Verzuges

Soweit die **Leistungspflicht des Schuldners** nach § 275 Abs. 1, Abs. 2 oder Abs. 3 **ausgeschlossen** ist, besteht kein Verzug. Der Schuldner, der nach § 275 von seiner Leistungspflicht befreit ist, haftet, wie § 275 Abs. 4 klarstellt, nach den dort aufgezählten Vorschriften (unter denen § 286 nicht genannt ist). Für Zahlungsverpflichtungen und andere Leistungshindernisse, die durch das Fehlen finanzieller Mittel bedingt sind, gilt aber nach wie vor, dass der Schuldner für seine finanzielle Leistungsfähigkeit einzustehen hat und nicht nach § 275 von seiner Schuld befreit wird.[12] 12

---

9 Zur – soweit ersichtlich – unstreitig gebotenen richtlinienkonformen Auslegung bei vorzeitiger Umsetzung z.B. *Ehricke*, EuZW 1999, 553, 554; *Leible/Sosnitza*, NJW 1998, 2507, 2508; *Jarass*, EuR 1991, 211, 221.
10 *Brandner*, in: Schulze (Hrsg.), Auslegung europäischen Privatrechts und angeglichenen Rechts, 131, 138 ff.; *Schulze*, in: Schulze (Hrsg.), Auslegung europäischen Privatrechts und angeglichenen Rechts, 9, 18.
11 EuGH, *Leur-Bloem*, Slg. 1997, I-4160, Rz 32.
12 BT-Drucks 14/7052, 183.

13 Wie im bisherigen Recht setzt Verzug ferner einen **vollwirksamen, fälligen** und **durchsetzbaren** Anspruch des Gläubigers voraus.[13] Die bisherige Rechtsprechung und Literatur bleiben insoweit grundsätzlich anwendbar, so dass hier wegen der Einzelheiten darauf verwiesen werden kann.[14] Die **Fälligkeit** bestimmt sich, wenn keine besondere Abrede oder Bestimmung getroffen ist, nach den allgemeinen Regeln, insbesondere nach § 271. Da die Zahlungsverzugsrichtlinie ebenfalls nur für fällige Ansprüche Verzugsfolgen vorsieht, ist das Erfordernis der Fälligkeit des Anspruchs als allgemeine Verzugsvoraussetzung richtlinienkonform (zum Verhältnis von Fälligkeit und dem Beginn der 30-Tage-Frist nach Abs. 3 Rn 57 ff.).

14 Das Bestehen einer dauernden oder aufschiebenden **Einrede** schließt – wie nach h.M. im bisherigen Recht – den Verzug aus, auch ohne dass der Schuldner die Einrede erhoben hat.[15] Jedoch muss der Schuldner diese Einrede im Prozess erheben; anderenfalls muss er sich so behandeln lassen, als sei er in Verzug gekommen.[16] Das gilt auch für die Einrede des nichterfüllten Vertrages nach § 320.[17] Das bloße Bestehen eines Zurückbehaltungsrechts nach § 273 schließt hingegen den Verzug nicht aus. Denn der Gläubiger muss die Gelegenheit haben, von seiner Abwendungsbefugnis nach § 273 Abs. 3 Gebrauch zu machen. Verzug tritt deshalb nur dann nicht ein, wenn der Schuldner das Zurückbehaltungsrecht ausübt.[18] Die den Verzug ausschließende Wirkung von Einreden ist **mit der Zahlungsverzugsrichtlinie vereinbar** (dazu Art. 3 Zahlungsverzugsrichtlinie Rn 22 f.).

V. Anspruch auf Schadensersatz wegen Verzögerung der Leistung (§§ 280, 286)

1. Neue Anspruchsgrundlage

15 Durch das Schuldrechtsmodernisierungsgesetz hat sich die Anspruchsgrundlage für den Schadensersatz bei Verzug verändert (dazu auch schon Rn 1). Es besteht keine eigenständige allgemeine Anspruchsgrundlage für Verzugsschäden innerhalb des Verzugsrechts mehr; § 286 a.F. ist weggefallen. Statt dessen gewähren nun §§ 280 Abs. 1, Abs. 2, 286 einen Anspruch auf **Schadensersatz wegen Verzögerung der Leistung**. Dieser Anspruch ist ein Unterfall des allgemeinen Schadensersatzanspruchs wegen Pflichtverletzung nach § 280 Abs. 1.

16 Der **allgemeine Schadensersatzanspruch** nach § 280 Abs. 1 wird durch die §§ 280 Abs. 2, 286 für den Fall einer verspäteten Leistung näher konkretisiert und **eingeschränkt**. Die Verzögerung der Leistung ist eine Pflichtverletzung i.S.d. § 280 Abs. 1 S. 1. Gäbe es die Einschränkung in § 280 Abs. 2 nicht, könnte der Gläubiger nach § 280 Abs. 1 wegen dieser Pflichtverletzung den gesamten Schaden ersetzt verlangen, wenn der Schuldner die Pflichtverletzung zu vertreten hat. Dazu würde auch der Schaden wegen einer verspäteten Leistung gehören. Dieses Ergebnis widerspräche aber einem dem bisherigen und nunmehrigen Recht zugrunde liegenden Prinzip, nach dem die bloße Verzögerung der Leistung noch keine schwerwiegenden Folgen nach sich zieht.[19] Dies stellt § 280 Abs. 2 klar, indem ein Anspruch auf Schadensersatz wegen Verzögerung der Leistung **nur unter den zusätzlichen Voraussetzungen** des § 286 verlangt werden kann.

17 Es müssen also zunächst die **allgemeinen Voraussetzungen eines Schadensersatzanspruchs aus § 280 Abs. 1 wegen Pflichtverletzung** vorliegen (insbesondere Schuldverhältnis, Pflichtverletzung, Schaden, Kausalität, Vertretenmüssen, dazu § 280 Rn 56 ff.). Die Funktion des § 286 besteht darin, einige zusätzliche Voraussetzungen für den Schadensersatz wegen Verzögerung der Leistung aufzustellen. Zu diesen **besonderen Voraussetzungen** gehören – ähnlich wie im bisherigen Recht – die **Mahnung** oder die gleichgestellten Handlungen wie **Klageerhebung** und **Mahnbescheidszustellung** (Abs. 1), die Fälle, in denen **Verzug ohne Mahnung** eintritt (Abs. 2), oder der Verzug durch **Rechnung** oder **Zahlungsaufstellung** und Ablauf der **30-Tage-Frist** (Abs. 3).

---

[13] RGZ 168, 261, 266 (die an dieser Stelle getroffene Aussage zum Verzug wird vom Unrechtsgehalt dieser Entscheidung aus dem Jahr 1942 nicht berührt).

[14] Erman/*Battes*, § 284 Rn 13 ff.; Hk-BGB/*Schulze*, § 284 Rn 5 f.; MüKo/*Thode*, § 284 Rn 16 ff.; Palandt/*Heinrichs*, § 284 Rn 11 ff.; Soergel/*Wiedemann*, § 284 Rn 3 ff.; Staudinger/*Löwisch*, § 284 Rn 4 ff.

[15] RGZ 126, 280, 285; BGHZ 48, 249, 250; offen gelassen in BGHZ 104, 6, 11 f.; Erman/*Battes*, § 284 Rn 14; Hk-BGB/*Schulze*, § 284 Rn 5; *Huber*, Leistungsstörungen I, § 12 III; MüKo/*Thode*, § 284 Rn 19 f.; Palandt/*Heinrichs*, § 284 Rn 11; im Ergebnis ähnlich Soergel/*Wiedemann*, § 284 Rn 13 f., 15; a.A. Staudinger/*Löwisch*, § 284 Rn 12 ff.; *Gröschler*, AcP 201 (2001), 48, 74 ff.

[16] Erman/*Battes*, § 284 Rn 14; Hk-BGB/*Schulze*, § 284 Rn 5; Jauernig/*Vollkommer*, § 284 Rn 9; MüKo-*Thode*, § 284 Rn 21; Palandt-*Heinrichs*, § 284 Rn 11; *Larenz*, Schuldrecht I, § 23 I; offen gelassen in BGHZ 113, 232, 236; im Ergebnis ähnlich Staudinger-*Löwisch*, § 284 Rn 13.

[17] So die ganz h.M. RGZ 126, 280, 285; BGHZ 84, 42, 44; BGHZ 116, 224, 249; BGH NJW 1993, 2674; BGH NJW 1999, 2110; Erman/*Battes*, § 284 Rn 15; Hk-BGB/*Schulze*, § 284 Rn 5; MüKo/*Thode*, § 284 Rn 20 f.; Palandt/*Heinrichs*, § 284 Rn 12; mit abweichender Begründung auch *Gröschler*, AcP 201 (2001), 48, 77 ff.

[18] RGZ 77, 436, 438, BGH WM 1971, 1020, 1021; Erman/*Battes*, § 284 Rn 15; Hk-BGB/*Schulze*, § 284 Rn 5; Jauernig/ *Vollkommer*, § 284 Rn 11; Staudinger/*Löwisch*, § 284 Rn 17 f.; MüKo/*Thode*, § 284 Rn 22; Palandt/*Heinrichs*, § 284 Rn 12; Soergel/*Wiedemann*, § 284 Rn 17; *Larenz*, Schuldrecht I, § 23 I c; *Huber*, Leistungsstörungen I, § 13 II 1.

[19] BT-Drucks 14/6040, 145.

2. Inhalt und Umfang des Anspruchs

Der Anspruch auf Ersatz des Verzögerungsschadens tritt neben den Erfüllungsanspruch und muss deshalb vom Schadensersatz statt der Leistung (dazu § 280 Rn 47 f.) unterschieden werden. Inhalt und Umfang des Schadensersatzes **wegen Verzögerung der Leistung** aus §§ 280 Abs. 1, Abs. 2, 286 bestimmen sich nach den allgemeinen Regeln in §§ 249 ff. Im Vergleich zum bisherigen Recht bestehen dabei – abgesehen von den in Rn 19 f. genannten Besonderheiten – grundsätzlich keine Unterschiede, so dass wegen der Einzelheiten auf die bisherige Literatur und Rechtsprechung verwiesen werden kann.[20]

Eine **Abweichung von der bisherigen Rechtsprechung** könnte sich aus Art. 3 Abs. 1 lit. e Zahlungsverzugsrichtlinie ergeben. Nach dieser Bestimmung schuldet der Schuldner im Verzug auch den angemessenen Ersatz **aller** durch den Zahlungsverzug des Schuldners bedingten **Beitreibungskosten**. Daraus ergibt sich, dass die durch den Zahlungsverzug entstandenen Kosten für die Geltendmachung der Forderung in weitem Umfang einbezogen werden müssen (dazu Art. 3 Zahlungsverzugsrichtlinie Rn 32 f.). Wegen dieser Vorgabe kann sich in Einzelfällen der Umfang des Schadensersatzes über das bisher gewährte Maß hinaus erhöhen. Das gilt insbesondere für die Kosten eines **Inkassobüros**.[21] Nach bisherigem Recht ist umstritten, ob die Kosten eines Inkassobüros als Verzugsschaden ersatzfähig sind.[22] Im Licht von Art. 3 Abs. 1 lit. e Zahlungsverzugsrichtlinie ist diese Frage nun wohl zu bejahen. Umstritten ist im bisherigen Recht zudem, ob Kosten für ein Inkassobüro auch dann ersatzfähig sind, wenn sie die Gebühren übersteigen, die ein beauftragter Rechtsanwalt für die Eintreibung der Forderung erhält.[23] Die Richtlinie lässt den Mitgliedstaaten für die genaue Bestimmung von **Umfang und Höhe** der Beitreibungskosten Gestaltungsspielraum. Da die Mitgliedstaaten nach Art. 3 Abs. 1 lit. e S. 3 Zahlungsverzugsrichtlinie auch einen **Höchstbetrag** für die Beitreibungskosten festlegen können, dürfte die bisherige Rechtsprechung zur Begrenzung der ersatzfähigen Inkassokosten durch die Sätze der BRAGO richtlinienkonform sein.[24]

Die Vorgaben der Zahlungsverzugsrichtlinie für den Ersatz von Beitreibungskosten könnten überdies die Ersatzfähigkeit des **Zeit- und Verwaltungsaufwands**, den der Gläubiger zur Geltendmachung der Forderung hatte, zur Folge haben.[25] Nach dem bisherigen Recht ist der Zeitaufwand des Gläubigers für die außergerichtliche Geltendmachung, etwa für Korrespondenz oder Besuche beim Rechtsanwalt, nicht erstattungsfähig.[26] Dies gilt selbst dann, wenn dadurch Kosten für mit der Beitreibung betrautes Personal etc. entstanden sind.[27] Diese Rechtsprechung dürfte – jedenfalls im Geschäftsverkehr – nicht mit Art. 3 Abs. 1 lit. e Zahlungsverzugsrichtlinie vereinbar sein.[28]

B. Verzug durch Mahnung (Abs. 1)

Abs. 1 entspricht wörtlich dem früheren § 284 Abs. 1 a.F. Mit den Änderungen durch das Schuldrechtsmodernisierungsgesetz hat die Mahnung wieder ihre Funktion als Grundfall des Verzugseintritts zurückerhalten. Anders als der frühere § 284 Abs. 3 a.F. lässt der nunmehrige § 286 Abs. 3 auch für **Geldforderungen** wieder zu, den **Schuldner durch Mahnung in Verzug** zu setzen. In § 286 Abs. 3 ist lediglich die Möglichkeit vorgesehen, dass bei Entgeltforderungen Verzug auch unabhängig von einer Mahnung durch Zugang einer Rechnung und Ablauf der 30-Tage-Frist entstehen kann.

Für die **Anforderungen an eine wirksame Mahnung** ergeben sich keine Veränderungen zum bisherigen Recht. Es bleibt also bei der Einordnung der Mahnung als einseitige empfangsbedürftige geschäftsähnliche Handlung, auf die die Vorschriften über Rechtsgeschäfte und Willenserklärungen entsprechend anwendbar

---

20 MüKo/*Thode*, § 286 Rn 8 ff.; Hk-BGB/*Schulze*, § 286 Rn 5 ff.; Erman/*Battes*, § 286 Rn 5 ff.
21 So wohl *Schmidt-Kessel*, NJW 2001, 97, 100 (Klärung durch den EuGH erforderlich); a.A. wohl im Grundsatz *Gsell*, ZIP 2000, 1861, 1867.
22 Für die Ersatzfähigkeit z.B. OLG Köln, OLGZ 1972, 411, 412 f.; LG Bonn, NJW 1960, 2338 f.; OLG Frankfurt, NJW-RR 1990, 729 f.; OLG Oldenburg, JurBüro 1989, 1278 f.; Palandt/*Heinrichs*, § 286 Rn 9; Soergel/*Wiedemann*, § 286 Rn 27; Staudinger/*Löwisch*, § 286 Rn 46; a.A. LG Berlin, BB 1996, 290; OLG Dresden, NJW-RR 1994, 1139 ff.; *Huber*, Leistungsstörungen II, § 33 I 4.
23 Für eine Begrenzung der ersatzfähigen Kosten eines Inkassobüros durch die Sätze für Anwaltsgebühren OLG Dresden, NJW-RR 1996, 1471; NJW-RR 1994, 412; OLG Hamm, JurBüro 1991, 1534 f.; OLG Hamm, NJW-RR 1994, 412 f.; OLG Köln, OLGZ 72, 411, 412 f.; AG Stuttgart-Bad Cannstatt, JurBüro 1989, 1276 f.; AG Offenbach, JurBüro 1989, 1277 f.; MüKo/*Thode*, § 286 Rn 22; Palandt/*Heinrichs*, § 286 Rn 9; dagegen OLG Koblenz, JurBüro 1985, 295; OLG München, MDR 1988, 407; Staudinger/*Löwisch*, § 286 Rn 53.
24 *Schmidt-Kessel*, NJW 2001, 97, 100.
25 *Gsell*, ZIP 2000, 1861, 1867; *Möllers*, WM 2000, 2284, 2292; *Hänlein*, EuZW 2000, 680, 684.
26 BGH NJW 1985, 320, 324; Erman/*Battes*, § 286 Rn 10; *Huber*, Leistungsstörungen II, § 33 I 2 a; Jauernig/*Vollkommer*, § 286 Rn 7; Palandt/*Heinrichs*, § 286 Rn 8; differenzierend MüKo/*Thode*, § 286 Rn 24; a.A. Soergel/*Wiedemann*, § 286 Rn 16.
27 BGHZ 66, 112, 114; BGHZ 75, 230, 231; BGH NJW 1977, 35; so grundsätzlich auch *Huber*, Leistungsstörungen II, § 33 I 2b, anders jedoch bei ungewöhnlichem Arbeitsaufwand (ein Mitarbeiter wird für 14 Tage zur Beaufsichtigung von Reparaturarbeiten abgestellt, BGH VersR 1969, 437, 439); a.A *Weimar*, NJW 1989, 3246, 3249 f.; für den Fall eines mit dem Inkasso betrauten Unternehmens im Konzern des Gläubigers auch *Michalski*, ZIP 1994, 1501, 1505 ff.
28 So wohl auch *Gsell*, ZIP 2000, 1861, 1867; a.A. *Heinrichs*, BB 2001, 157, 164.

sind.[29] Ebenso bleibt es bei den Anforderungen an die Eindeutigkeit[30] und die Bestimmtheit der Mahnung.[31] Die Mahnung muss nach Fälligkeit erfolgen; sie kann aber gleichzeitig mit einer die Fälligkeit begründenden Handlung verbunden werden. Wie im bisherigen Recht stellt Abs. 1 S. 2 die Erhebung der **Klage** auf Leistung sowie die Zustellung eines **Mahnbescheids** der Mahnung gleich.

23 Eine **Fristsetzung** nach den neuen §§ 281, 323 wird in aller Regel **zugleich eine Mahnung** darstellen. Auf diese Weise soll das neue Verzugsrecht im Regelfall den Gleichlauf mit den anderen Folgen einer Pflichtverletzung (z.B. Schadensersatz statt der Leistung, Rücktritt) herstellen.[32]

24 Die **Zahlungsverzugsrichtlinie** lässt den in § 286 Abs. 1 zum Ausdruck gebrachten Grundsatz, dass Verzug durch Mahnung eintritt, unberührt. Sie gibt lediglich vor, dass bei Geldforderungen im Geschäftsverkehr bestimmte Ausnahmen von diesem Grundsatz vorgesehen sein müssen. Dies wird besonders deutlich in der Formulierung von Art. 3 Abs. 1 lit. b, nach dem in einer Reihe von Fällen der Zinsanspruch „automatisch" entstehen soll, „ohne dass es einer Mahnung bedarf". Diese von der Richtlinie geforderten Ausnahmen vom Erfordernis einer Mahnung berühren den Grundsatz nicht, da das bisherige und nunmehrige Recht ohnehin eine Reihe von Ausnahmen vorsehen. Die Richtlinie erforderte lediglich eine Anpassung dieser Ausnahmen (dazu Rn 27 ff., 41).

C. Entbehrlichkeit der Mahnung (Abs. 2)

25 In Abs. 2 regelt der Gesetzgeber einige der Mahnung gleichgestellte Umstände, bei deren Vorliegen auch ohne Mahnung Verzug (und die damit verbundenen Rechtsfolgen) eintreten soll. Während **Nr. 1** lediglich den **früheren § 284 Abs. 2 S. 1 a.F.** sprachlich neu fasst, enthält **Nr. 2** eine **sachliche Neuregelung**. Die **Nr. 3 und 4** sollen lediglich die **bisherige Rechtsprechung** zur Entbehrlichkeit der Mahnung oder eines Mahnungssurrogats gesetzlich regeln. Eine Änderung des geltenden Rechts ist damit nicht bezweckt.[33]

I. Leistungszeit nach dem Kalender (Nr. 1)

26 Die Entbehrlichkeit einer Mahnung nach Abs. 2 Nr. 1 für den Fall, dass für die Leistung eine Zeit nach dem Kalender bestimmt ist, gibt lediglich den früheren § 284 Abs. 2 S. 1 a.F. in etwas geänderter Formulierung wieder, ohne dass eine inhaltliche Änderung beabsichtigt ist. Die bisherigen Regeln für die nach dem Kalender bestimmte Zeit für die Leistung finden deshalb weiter Anwendung.[34]

II. Zeit für die Leistung von einem Ereignis an (Nr. 2)

27 Der frühere § 284 Abs. 2 S. 2 a.F. sah lediglich bei einer „Kündigung" vor, dass durch kalendermäßige Berechnung von der Kündigung an Verzug eintreten konnte. Nach dem alten Recht trat deshalb bei einer Klausel wie „Rückgabe drei Wochen nach Kündigung" ohne Mahnung Verzug ein,[35] während bei einer Vereinbarung wie „Lieferung 14 Arbeitstage nach Abruf" eine Mahnung erforderlich war.[36] In Abs. 2 Nr. 2 ist gegenüber dem früheren § 284 Abs. 2 S. 2 a.F. die Beschränkung auf die „Kündigung" weggefallen.[37] Er reicht nun aus, dass ein **Ereignis** zum Ausgangspunkt einer kalendermäßigen Berechnung genommen wird. In Betracht kommen vor allem die **Lieferung** oder der **Zugang einer Rechnung**,[38] also z.B. Klauseln wie „Bezahlung 2 Wochen nach Rechnung" oder „Zahlung 7 Tage nach Fertigstellung". Insoweit tritt also eine sachliche Änderung des geltenden Rechts ein.[39] Der Zugang einer Rechnung oder einer gleichwertigen Zahlungsaufstellung kann aber bei Entgeltforderungen auch nach Abs. 3 zum Verzug führen. Der Unterschied liegt darin, dass nach Abs. 2 Nr. 2 die Zeit zwischen Zugang der Rechnung und dem Eintritt des Verzuges anders bestimmt sein kann als durch die feste gesetzliche 30-Tage-Frist des Abs. 3.

---

29 BGHZ 47, 352, 357; BGH NJW 1987, 1546, 1547; Palandt/*Heinrichs*, Einf. v. § 104 Rn 6; Staudinger/*Löwisch*, § 284 Rn 42; *Huber*, Leistungsstörungen I, § 17 I 2; *Larenz*, Schuldrecht I, § 23 I a.

30 Erman/*Battes*, § 284 Rn 22; Hk-BGB/*Schulze*, § 284 Rn 7; MüKo/*Thode*, § 284 Rn 41; Palandt/*Heinrichs*, § 284 Rn 17; Soergel/*Wiedemann*, § 284 Rn 23.

31 Erman/*Battes*, § 284 Rn 22; Hk-BGB/*Schulze*, § 284 Rn 7; Jauernig/*Vollkommer*, § 284 Rn 15; MüKo/*Thode*, § 284 Rn 41; Palandt/*Heinrichs*, § 284 Rn 17.

32 BT-Drucks 14/6040, 145.

33 BT-Drucks 14/6040, 146.

34 Darstellungen z.B. bei Staudinger/*Löwisch*, § 284 Rn 63 ff.; Erman/*Battes*, § 284 Rn 32; Hk-BGB/*Schulze*, § 284 Rn 13 f.; Jauernig/*Vollkommer*, § 284 Rn 24; MüKo/*Thode*, § 284 Rn 49; Palandt/*Heinrichs*, § 284 Rn 21.

35 Palandt/*Heinrichs*, § 284 Rn 22; Staudinger/*Löwisch*, § 284 Rn 6.

36 RGZ 103, 33; Erman/*Battes*, § 284 Rn 33; Hk-BGB/*Schulze*, § 284 Rn 13; MüKo/*Thode*, § 284 Rn 49; Palandt/*Heinrichs*, § 284 Rn 21; Soergel/*Wiedemann*, § 284 Rn 37.

37 Kritisch zu dieser Ausweitung *Huber*, JZ 2000, 957, 965; *ders.*, Leistungsstörungen I, § 18 I 3; zustimmend z.B. *Heinrichs*, BB 2001, 157, 161.

38 BT-Drucks 14/6040, 145.

39 Insbesondere von RGZ 60, 84; RGZ 103, 33.

Auch **Ereignisse, die dem Vertrag fern stehen**, können im Rahmen von Abs. 2 Nr. 2 verzugsbegründend wirken. Beispiele sind etwa die Verabschiedung eines Gesetzes, der Abschluss eines (anderen) Vertrages, eine Ernennung einer Person, ein Naturereignis u.v.a.m. **28**

Die **Zeit für die Leistung** kann **durch Gesetz, durch Urteil** oder insbesondere **durch Vertrag „bestimmt"** sein.[40] Eine einseitige Bestimmung durch nur eine Partei genügt – wie im bisherigen Recht[41] – nicht. Vertraglich vereinbarte Zahlungsfristen unterliegen der Inhaltskontrolle nach §§ 305 ff. oder § 138, in die, vor allem wenn die Frist länger als 30 Tage ist, zugunsten des Gläubigers die Vorgaben von Art. 3 Abs. 3 der Zahlungsverzugsrichtlinie einfließen (dazu Art. 3 Zahlungsverzugsrichtlinie Rn 35ff.). **29**

Abs. 2 Nr. 2 dient auch der Umsetzung von Art. 3 Abs. 1 lit. a **Zahlungsverzugsrichtlinie**, so dass bei der Auslegung der Vorgaben der Richtlinie mit einzubeziehen sind. Nach Art. 3 Abs. 1 lit. a der Richtlinie sind Zinsen ab dem Tag zu zahlen, der auf den vertraglich festgelegten Zahlungstermin oder das vertraglich festgesetzte Ende der Zahlungsfrist folgt. Dass der Zahlungstermin oder die Zahlungsfrist anhand des Kalenders festgelegt sein müssen, verlangt die Richtlinie gerade nicht.[42] Als Zahlungstermin kommt ohne weiteres auch ein bloßes **Ereignis** (ohne Frist) in Betracht (z.B. ein Abruf). Ebenso wenig muss eine Frist anhand des Kalenders zu berechnen sein (dazu Art. 3 Zahlungsverzugsrichtlinie Rn 5 f.[43] Die Richtlinie ist deshalb in § 286 Abs. 2 Nr. 2 nicht ausreichend umgesetzt.[44] **30**

Beispielsweise lässt sich eine in **Stunden** bemessene Frist nicht nach dem Kalender berechnen, fällt aber unter Art. 3 Abs. 1 lit. a der Richtlinie. Der § 286 Abs. 2 Nr. 2 ist deshalb in richtlinienkonformer Auslegung auf die in Stunden bemessene Frist **analog** anzuwenden, so dass Verzug mit Ablauf der Frist ohne Mahnung eintritt. Bei einer in Stunden bemessenen Frist wird überdies in der Regel vereinbart sein, dass die Verzugsfolgen nach dem Rechtsgedanken von § 187 Abs. 1 nicht erst am nächsten Tag, sondern mit Beginn der nächsten vollen Stunde eintreten sollen. **31**

Abs. 2 Nr. 2 fordert weiterhin, dass die Zeitbestimmung **angemessen** ist. Mit diesem Erfordernis soll ausweislich der Regierungsbegründung verhindert werden, dass die Zeitspanne, nach der von dem Ereignis an Verzug eintritt, zu kurz bemessen oder gar auf Null reduziert wird.[45] Beispiele sind etwa Klauseln wie „Zahlung auf Abruf", „Zahlung bei Lieferung" oder „Zahlung eine Stunde nach Lieferung". Eine Prüfung der Angemessenheit der Frist im Rahmen des Verzugsrechts ist aber – entgegen der Auffassung der Gesetzesbegründung – **entbehrlich und verstößt gegen die Zahlungsverzugsrichtlinie**. Die Parteien können grundsätzlich derartige Abreden mit verzugsbegründender Wirkung treffen, die aber – selbstverständlich – den allgemeinen Grenzen der Vertragsfreiheit (z.B. §§ 138, 305 ff.) unterliegen. **32**

Der Verstoß gegen die Zahlungsverzugsrichtlinie ergibt sich daraus, dass ihr Art. 3 Abs. 1 lit. a eine besondere Prüfung der Angemessenheit einer Zahlungsfrist gerade nicht vorsieht. Eine eigenständige Angemessenheitsprüfung, die anderen Maßstäben folgt als die allgemeine Inhaltskontrolle von Verträgen, ist deshalb mit der Richtlinie unvereinbar. Auch außerhalb des Anwendungsbereichs der Zahlungsverzugsrichtlinie ist dieses Erfordernis sachwidrig und lediglich als – überflüssiger – Hinweis auf die Möglichkeit einer Inhaltskontrolle von Vereinbarungen über die Leistungszeit anzusehen. In **richtlinienkonformer Auslegung von Abs. 2 Nr. 2** können deshalb – insbesondere im Geschäftsverkehr – auch **sehr kurze Zeitbestimmungen verzugsbegründend** wirken; ebenso vertragliche Vereinbarungen, die die Fälligkeit **ohne jegliche Frist** vom Eintritt eines Ereignisses abhängig machen. Ob diese richtlinienkonforme Korrektur von Abs. 2 Nr. 2 auch **außerhalb des Anwendungsbereichs** der Zahlungsverzugsrichtlinie, insbesondere bei **Verbrauchergeschäften**, angemessen ist, kann jedoch mit guten Gründen bezweifelt werden.[46] Bei Rechtsgeschäften mit Verbrauchern dürften zu kurze Zahlungsfristen mit automatischer Verzugsfolge überdies regelmäßig gegen § 307 Abs. 2 Nr. 1 i.V.m. der Wertung aus § 309 Nr. 4 verstoßen. **33**

In der **Regierungsbegründung** zu Abs. 2 Nr. 2 wird die Abweichung von Art. 3 Abs. 1 lit. a Zahlungsverzugsrichtlinie auch damit gerechtfertigt, dass das deutsche Verzugsrecht ohnehin dispositiv sei. Der von der Zahlungsverzugsrichtlinie vorausgesetzte Vorrang vertraglicher Vereinbarungen sei damit gewahrt.[47] Diese Auffassung **verkennt den Umsetzungsbefehl** der Zahlungsverzugsrichtlinie. Die Richtlinie schreibt den **34**

---

40 BT-Drucks 14/6040, 146; MüKo/*Thode*, § 284 Rn 49 Fn 212.
41 LG Paderborn, MDR 1983, 225; Hk-BGB/*Schulze*, § 284 Rn 13; Palandt/*Heinrichs*, § 284 Rn 21; Soergel/*Wiedemann*, § 284 Rn 35; Staudinger/*Löwisch*, § 284 Rn 64; a.A. aber *Fahl*, JZ 1995, 341, 343 ff.
42 *Huber*, JZ 2000, 957, 959 f., 964 f.; *Möllers*, WM 2000, 2284, 2295.
43 Dort auch näher zum Meinungsstand.
44 A.A. *Heinrichs*, BB 2001, 157, 158 f.; *ders.*, in: Schulze/Schulte-Nölke (Hrsg.), Die Schuldrechtsreform vor dem Hintergrund des Gemeinschaftsrechts, 81, 84 f., 91 f. (der Gemeinschaftsgesetzgeber lasse den Mitgliedstaaten einen breiten Spielraum bei der Regelung der Verzugsvoraussetzungen; die deutsche Regelung diene der Klarheit und Transparenz); offen gelassen bei *Krebs*, DB-Beilage 14/2000, 7.
45 BT-Drucks 14/6040, 146.
46 Kritisch zur Anwendbarkeit von § 286 Abs. 2 Nr. 2 BGB auf Verbrauchergeschäfte z.B. *Gsell*, ZIP 2000, 1861, 1868; ähnlich *Huber*, JZ 2000, 957, 961, der die Vorgabe in Art. 3 Abs. 1 lit. a Zahlungsverzugsrichtlinie für den Privatverkehr für zu streng hält.
47 So, schon mit Bezug zu § 284 BGB a.F., BT-Drucks 14/6040, 82.

Mitgliedstaaten vor, ihr dispositives Recht nach den Richtlinienvorgaben zu gestalten (dazu Art. 3 Zahlungsverzugsrichtlinie Rn 35). Die Mitgliedstaaten können deshalb nicht mit dem Hinweis, die Parteien könnten etwas Abweichendes vereinbaren, auf eine Umsetzung verzichten. Die Richtlinie sieht vor, dass nach dem dispositiven Gesetzesrecht eine vertragliche Fälligkeitsvereinbarung der Parteien verzugsbegründende Wirkung haben muss, ohne Rücksicht darauf, ob die Parteien diese Wirkung mitbedacht und gewollt haben. Überdies enthalten Fälligkeitsvereinbarungen der Parteien grundsätzlich lediglich eine Regelung darüber, von welchem Zeitpunkt an der Gläubiger die geschuldete Leistung verlangen kann. Es liegt eher fern, in Fälligkeitsvereinbarungen regelmäßig eine Abrede darüber hineinzulesen, dass schon mit Fälligkeit auch die Verzugsfolgen eintreten sollen.[48]

35 Jedoch sind Vereinbarungen, die eine Leistung nach einem Ereignis mit sehr kurzer oder fehlender Frist vorsehen, daraufhin auszulegen, ob lediglich eine bloße Fälligkeitsvereinbarung vorliegt, die keine verzugsbegründende Wirkung haben soll. Die Vorgaben der Zahlungsverzugsrichtlinie und der (richtlinienkonform korrigierte) § 286 Abs. 2 Nr. 2 sind **dispositives Recht**. Die Parteien können vereinbaren, dass die verzugsbegründende Wirkung von Abs. 2 Nr. 2 entfällt. Eine derartige Vereinbarung ist insbesondere dann anzunehmen, wenn dem Schuldner wegen der fehlenden oder zu kurzen Frist eine rechtzeitige Leistung nicht oder nur unter großen Schwierigkeiten möglich ist. Das in Abs. 2 Nr. 2 geregelte – an sich überflüssige – Erfordernis der Angemessenheit hat deshalb auch insoweit Bedeutung, als es auf diese Notwendigkeit einer Auslegung von Vereinbarungen über den Leistungszeitpunkt hinweist. Bei dieser Auslegung ist jedoch zu bedenken, dass nach Art. 3 Abs. 1 lit. a Zahlungsverzugsrichtlinie und nach dem Rechtsgedanken von § 187 Abs. 1 die Verzinsung und andere Verzugsfolgen erst am Tag nach dem Leistungstermin einsetzen, so dass jedenfalls eine kurze Zeit zur Leistung immer bleibt.

36 Für die Praxis ergibt sich daraus eine nicht unerhebliche Unsicherheit, da zu befürchten steht, dass die Gerichte eine Angemessenheitskontrolle von vertraglichen Zeitbestimmungen i.S.d. Abs. 2 Nr. 2 vornehmen werden. Es empfiehlt sich daher vorsorglich, **nicht zu kurze Zeitspannen** vorzusehen und – da das Verzugsrecht dispositiv ist – klarzustellen, ob die Regelung über den Leistungszeitpunkt den Verzug herbeiführen soll (zu den Grenzen der Vertragsfreiheit, insbesondere bei AGB, Rn 73 ff.).

III. Verweigerung der Leistung (Nr. 3)

37 Mit dieser neuen Vorschrift soll das bislang auf § 242 gestützte Fallrecht zur Entbehrlichkeit der Mahnung bei einer ernsthaften und endgültigen Leistungsverweigerung kodifiziert werden.[49] Bei der Auslegung von Abs. 2 Nr. 3 sind auch die zukünftige Rechtsprechung und Literatur zu den Parallelbestimmungen §§ 281 Abs. 2 und 323 Abs. 2 Nr. 1 zur Entbehrlichkeit einer Fristsetzung heranzuziehen (dazu §§ 281 Rn 19 ff., 323 Rn 15 ff.). Auf diese Weise wird jedenfalls im Regelfall erreicht, dass die unterschiedlichen Rechtsfolgen einer Pflichtverletzung (z.B. Schadensersatz statt der Leistung, Rücktritt und Verzugsfolgen) entweder durch dieselbe Handlung (z.B. ein Schreiben, das Fristsetzung und Mahnung zugleich ist, dazu Rn 23) oder durch dieselben sonstigen Umstände (z.B. Fristsetzung/Mahnung entbehrlich) herbeigeführt werden.[50]

IV. Besondere Gründe (Nr. 4)

38 Auch die Neuregelung in Abs. 2 Nr. 4, nach der aus besonderen Gründen unter Abwägung der beiderseitigen Interessen der Parteien der Verzug ohne Mahnung eintreten kann, soll lediglich generalklauselartig **die bisherige Rechtsprechung zur Entbehrlichkeit der Mahnung** erfassen.[51] Wie bei Nr. 3 bestehen auch hier Parallelregelungen in §§ 281 Abs. 2 und 323 Abs. 2 Nr. 3. Die bislang im Rahmen von Treu und Glauben (§ 242) erörterte Frage ist also nun im Verzugsrecht anzusiedeln. Unter Nr. 4 fallen beispielsweise ein die Mahnung verhinderndes Verhalten des Schuldners,[52] ihrer Natur nach **besonders eilige Leistungen**[53] (Schulfall: Reparatur eines Wasserrohrbruchs), spontan zu erfüllende Aufklärungs- und Warnungspflichten,[54] ein vertraglicher **Verzicht auf eine Mahnung**[55] sowie Ansprüche gegen den

---

48 So auch *Gsell*, ZIP 2000, 1861, 1863 f.; a.A. (zu § 284 Abs. 3 BGB a.F.) *Huber*, JZ 2000, 743, 752 ff.
49 Beispielsweise RGZ 67, 313, 317; BGHZ 2, 310, 312 = NJW 1951, 918; BGHZ 65, 372, 377 = NJW 1976, 517, 518; BGH NJW 1983, 1729, 1730; BGH NJW 1991, 1822, 1823 f.; Erman/*Battes*, § 284 Rn 35; Hk-BGB/*Schulze*, § 284 Rn 15; *Huber*, Leistungsstörungen I, § 18 II 5; MüKo/*Thode*, § 284 Rn 53; Palandt/*Heinrichs*, § 284 Rn 35; Soergel/*Wiedemann*, § 284 Rn 42; Staudinger/*Löwisch*, § 284 Rn 75–77.
50 So anscheinend auch die Intention der Entwurfsbegründung, BT-Drucks 14/6040, 145, 146.
51 BT-Drucks 14/6040, 146.
52 OLG Köln, NJW-RR 1999, 4 f. (zu § 1613 Abs. 1).
53 BGH NJW 1963, 1823 f.
54 BT-Drucks 14/6040, 146.
55 Überblick z.B. bei Erman/*Battes*, § 284 Rn 36; Hk-BGB/*Schulze*, § 284 Rn 17; MüKo/*Thode*, § 284 Rn 52; Palandt/*Heinrichs*, § 284 Rn 30.

bösgläubigen Schuldner (§ 819) aus ungerechtfertigter Bereicherung[56] oder aus **unerlaubter Handlung** auf Herausgabe einer deliktisch erlangten Sache (fur semper in mora).[57] Die im Schrifttum geäußerte Kritik an Nr. 4, es handele sich um eine nicht subsumierbare Billigkeitsklausel,[58] trifft zwar an sich zu. Versteht man aber insbesondere die Nr. 4 lediglich als einen im Gesetz verankerten Merkposten für die bisherige Rechtsprechung, schadet eine derartige Generalklausel jedenfalls nicht.

D. Verzugseintritt 30 Tage nach Rechnung oder gleichwertiger Zahlungsaufstellung (Abs. 3)

I. Regelungszweck – Verhältnis zur Zahlungsverzugsrichtlinie

Abs. 3 modifiziert – auch als Reaktion auf die heftige Kritik[59] – den früheren § 284 Abs. 3 a.F. und dient zugleich der Umsetzung von Art. 3 Abs. 1 lit. b Zahlungsverzugsrichtlinie. Der § 284 Abs. 3 a.F. war durch das „Gesetz zur Beschleunigung fälliger Zahlungen" vom 30.3.2000 eingeführt worden und bestimmte, dass der Schuldner einer **Geldforderung** abweichend von § 284 Abs. 1 und 2 a.F. 30 Tage nach Fälligkeit und Zugang einer Rechnung oder gleichwertigen Zahlungsaufforderung in Verzug kam. Durch die Ausgestaltung des § 284 Abs. 3 a.F. als Sonderregelung im Verhältnis zu § 284 Abs. 1 und 2 a.F. nahm die Vorschrift dem Gläubiger einer Geldforderung die Möglichkeit, den Schuldner durch Mahnung nach Fälligkeit in Verzug zu setzen. Damit wurde de facto dem Schuldner vom Gesetzgeber ein dreißigtägiger Zahlungsaufschub eingeräumt.[60] Abweichend vom Zweck und vom Namen des Änderungsgesetzes führte das Gesetz zur Beschleunigung fälliger Zahlungen damit in vielen Fällen zu einer Verzögerung von Zahlungen.[61] Vorschläge, diese sinnwidrige Folge im Wege der Auslegung oder teleologischen Reduktion zu korrigieren,[62] hatten sich nicht durchgesetzt.

39

Mit dem nunmehrigen Abs. 3 hat der Gesetzgeber die Kritik aufgegriffen[63] und die Vorschrift als eine im Verhältnis zu **Abs. 1 und 2 lediglich ergänzende Regelung** ausgestaltet. Abs. 3 hat den Zweck, die Herbeiführung des Verzugs zu vereinfachen. Nach der alten Rechtslage, vor der Einführung des § 284 Abs. 3 a.F., kam der Schuldner einer fälligen Geldforderung, der eine Rechnung erhalten hatte, nicht schon dadurch in Verzug, dass er diese Rechnung nicht bezahlte. Vielmehr war zusätzlich noch eine Mahnung erforderlich. Die **Rechtsstellung des Gläubigers** einer Entgeltforderung ist dahin **verbessert** worden, dass er nach Rechnungsstellung nicht mehr mahnen muss, um Ansprüche aus Verzug zu erhalten.[64] Er hat nun die **Wahl**, ob er die **Frist** abwartet, nach deren Ablauf ohne eine Mahnung Verzug eintritt, **oder** ob er durch **Mahnung** den Verzug – möglicherweise früher – herbeiführen will.

40

Abs. 3 dient außerdem der **Umsetzung** von Art. 3 Abs. 1 lit. b Nr. i – iv **Zahlungsverzugsrichtlinie**. In Art. 3 Abs. 1 lit. b Nr. i schreibt die Richtlinie vor, dass der Schuldner einer Entgeltforderung – „automatisch" und ohne dass es einer Mahnung bedarf – 30 Tage nach dem Eingang der Rechnung oder einer gleichwertigen Zahlungsaufforderung zur Zinszahlung verpflichtet ist (dazu auch die Kommentierung zu Art. 3 Zahlungsverzugsrichtlinie Rn 9 ff.). Der deutsche Gesetzgeber geht mit Abs. 3 aber **weit über die Vorgaben der Zahlungsverzugsrichtlinie hinaus**. Während die Richtlinie nur den Zahlungsverzug im **Geschäftsverkehr** (dazu Art. 1, 2 Zahlungsverzugsrichtlinie Rn 1 ff.) betrifft, erstreckt Abs. 3 den persönlichen Anwendungsbereich auch auf **Verbrauchergeschäfte** aus (jedoch mit der Besserstellung in Abs. 3 S. 1 Hs. 2). Auch auf der Rechtsfolgenseite geht Abs. 3 über die Vorgaben der Richtlinie hinaus. Während Art. 3 Abs. 1 lit. b der Richtlinie an den Ablauf der 30-Tage-Frist lediglich die Verpflichtung zur Zinszahlung und zum Ersatz von Beitreibungskosten knüpft, führt § 286 Abs. 3 dazu, dass sämtliche Verzugsfolgen, also auch etwa die Verpflichtung zum Schadensersatz nach §§ 280 Abs. 1, Abs. 2, 286 sowie die Haftungsverschärfung nach § 287, nach Ablauf der 30-Tage-Frist eintreten.

41

---

[56] RGZ 93, 271, 272; MüKo/*Thode*, § 284 Rn 55.
[57] Erman/*Battes*, § 284 Rn 37; Hk-BGB/*Schulze*, § 284 Rn 15; MüKo/*Thode*, § 284 Rn 55; Palandt/*Heinrichs*, § 284 Rn 23; Soergel/*Wiedemann*, § 284 Rn 39.
[58] *Krebs*, DB-Beilage Nr. 14/2000, 7.
[59] Beispielsweise *Ernst*, ZEuP 2000, 767; *Gsell*, ZIP 2000, 1861; *Hänlein*, EuZW 2000, 680; *Huber*, JZ 2000, 957; *Krebs*, DB 2000, 1697; *Heinrichs*, BB 2001, 157, 159; *ders.*, in: Schulze/Schulte-Nölke (Hrsg.), Die Schuldrechtsreform vor dem Hintergrund des Gemeinschaftsrechts, 81, 89.
[60] *Krebs*, DB 2000, 1697, 1697; *Huber*, JZ 2000, 957, 964.
[61] Palandt/*Heinrichs*, § 284 Rn 26.
[62] So u.a. Staudinger/*Löwisch*, § 284 Rn 79 ff.; Hk-BGB/*Schulze*, § 284 Rn 19; *Basty*, DNotZ 2000, 260, 261 f.; *Fabis*, ZIP 2000, 865, 868; *Kissel*, NJW 2001, 108 ff.
[63] BT-Drucks 14/6040, 146 f.
[64] BT-Drucks 14/6040, 146.

II. Anwendungsbereich

42 Abs. 3 gilt nur für **Entgeltforderungen**. Nach dem Regierungsentwurf sollten noch alle Arten von Forderungen erfasst werden. Mit dieser Eingrenzung ist der sachliche Anwendungsbereich von Abs. 3 an den Anwendungsbereich der Zahlungsverzugsrichtlinie angepasst worden, die nur für Zahlungen gilt, die als Entgelt zu leisten sind (dazu Art. 1, 2 Zahlungsverzugsrichtlinie Rn 13 ff., 17 ff.). Der für die Gesetzessprache des BGB neue Begriff der „Entgeltforderung" soll dies zum Ausdruck bringen. Er enthält zwei Abgrenzungen. Zum einen werden **nur Forderungen, die auf Zahlung von Geld** gehen, erfasst. Zum anderen muss es sich um ein **Entgelt**, also um eine Gegenleistung aufgrund eines Vertrages handeln.

43 Die **Beschränkung auf Geldforderungen** ist dem Gesetzeswortlaut nicht ganz eindeutig zu entnehmen. Dem Wortsinn nach könnte ein Entgelt auch in einer Sachleistung wie z.B. in der Lieferung von Rohstoffen anstelle einer Kaufpreiszahlung bestehen. Für diese Auslegung spricht auch der Vergleich mit § 284 Abs. 3 a.F. (der ausdrücklich nur „Geldforderungen" erfasste) sowie § 288 Abs. 1 („Geldschuld"). Jedoch ergibt sich aus dem Begriffspaar „Rechnung oder gleichwertige **Zahlungsaufstellung**" (anstelle von „Forderungsaufstellung" wie noch im Entwurf), dass nur Geldforderungen gemeint sind. Zudem hat die Bundesregierung diese Änderung damit begründet, dass Abs. 3 auf die Zahlungsverzugsrichtlinie zurückgehe. Die Richtlinie gilt aber nur für Geldforderungen (dazu Art. 1, 2 Zahlungsverzugsrichtlinie Rn 13, 15). Auch in § 288 Abs. 2 bezieht sich der Begriff Entgeltforderung, wie sich aus dem Zusammenhang mit § 288 Abs. 1 ergibt, nur auf Geldforderungen (dazu § 288 Rn 7).

44 Für die Auslegung des Begriffs **Entgelt** kann auf die Zahlungsverzugsrichtlinie zurückgegriffen werden, da der deutsche Gesetzgeber den von der Richtlinie vorgegebenen Anwendungsbereich insoweit im Wesentlichen übernommen hat. Die Richtlinie enthält in Art. 1 und Art. 2 Nr. 1 sowie in Erwägungsgrund 13 eine Reihe von Anhaltspunkten (dazu auch Art. 1, 2 Rn 17 ff.). Nach Art. 2 Nr. 1 Zahlungsverzugsrichtlinie ist das Entgelt die Gegenleistung für die Lieferung von Gütern oder Dienstleistungen. Die Verpflichtung zur Entgeltzahlung wird in der Regel **aufgrund eines Vertrages** entstanden sein. Wegen der Einbeziehung der öffentlichen Hand verlangt die Richtlinie aber, die Anwendung auf alle reziproken Austauschverhältnisse mit vertragsähnlicher Funktion auszudehnen, auch wenn etwa eine Einkleidung in Formen des öffentlichen Recht gewählt wurde.

45 Entgeltforderungen sind also **Zahlungsansprüche**, die **als Gegenleistung** für die vom Gläubiger angebotenen (und in der Regel erbrachten) **Leistungen** geschuldet werden. **Beispiele** sind etwa Kaufpreis-, Dienstlohn- oder Werklohnansprüche, Miete, Pacht, Ansprüche auf Leasingraten (auch beim Finanzierungsleasing), auf Kreditzinsen (nicht aber auf Rückzahlung des Kredits, dazu Rn 46), auf Maklerlohn, auf Provisionen aus Kommissions- oder Speditionsgeschäften oder auf Verwahrungsvergütung etc. Über den Anwendungsbereich der Richtlinie hinaus, der auf Geschäfte über bewegliche Sachen beschränkt ist (dazu Art. 1, 2 Rn 16), erfasst § 286 Abs. 3 auch Entgelte aus Grundstücksgeschäften. **Nicht unter Abs. 3** fallen etwa Ansprüche auf Schadensersatz (aus Vertrag oder Delikt), Unterhalt, Pflichtteil, Sachversicherungen, ferner wechsel- oder scheckrechtliche Ansprüche. Da aber die Hingabe von Wechseln oder Schecks im Zweifel nur erfüllungshalber erfolgt,[65] bleibt die ursprüngliche Geldforderung bestehen, auf die Abs. 3 anwendbar sein kann. Jedoch wird in der Annahme eines Wechsels durch den Gläubiger in der Regel eine Stundung liegen.

46 Nicht anwendbar ist Abs. 3 auf Rückzahlungsansprüche aus verzinslichen **Kreditverträgen**, obwohl es sich um Zahlungsansprüche aus einem entgeltlichen Vertrag handelt. Die Besonderheit derartiger Verträge liegt darin, dass nicht nur das Entgelt (Zinsen und Gebühren), sondern auch die vertragscharakteristische Leistung in einer Geldzahlung besteht. Die Rückzahlung eines Darlehens steht aber nicht im Gegenseitigkeitsverhältnis zu erbrachten Leistungen.[66] Auch die Auszahlung des Kreditbetrages ist schwerlich als Entgelt für eine Leistung anzusehen, da der Kreditnehmer das Geld nicht auf Dauer behalten darf. Ebensowenig wie Rückzahlungsansprüche aus Darlehen fallen Ansprüche aus einem **Bürgschaftsvertrag** unter Abs. 3. Schwierige Abgrenzungsfragen zwischen Entgeltforderungen und anderen Zahlungsansprüchen stellen sich beispielsweise bei **Sparverträgen** oder bei **Kapitallebensversicherungen**. Zinsen aus Sparverträgen wären nach diesem Muster als Entgelt anzusehen, nicht aber die Ansprüche der Bank auf Einzahlung von Sparraten oder der Anspruch des Sparers auf Rückzahlung des Guthabens. Bei Kapitallebensversicherungen wären die Gebühren des Versicherungsunternehmens Entgelt, nicht aber sein Anspruch auf Leistung der Beiträge; zweifelhaft ist z.B. die Einordnung des Anspruchs des Versicherungsnehmers auf Auszahlung der Überschussbeteiligung.

---

65 Überblick zur Rechtsprechung bei Staudinger/*Olzen*, § 364 Rn 51 ff.
66 Palandt/*Putzo*, vor § 607 Rn 6.

III. Rechnung und gleichwertige Zahlungsaufstellung
1. Verhältnis zur Mahnung

Als Anknüpfungspunkt für die 30-Tage-Frist bestimmt Abs. 3 S. 1 den Zugang einer **Rechnung** oder **gleichwertigen Zahlungsaufstellung**. Der Begriff Rechnung kommt auch in § 284 Abs. 3 a.F. sowie in Art. 3 lit. b Zahlungsverzugsrichtlinie vor; hingegen heißt es dort nicht Zahlungs**aufstellung**, sondern **Zahlungsaufforderung**. Bei der Auslegung ist aber unabhängig von der Wortlautabweichung die Richtlinie heranzuziehen (dazu Art. 3 Zahlungsverzugsrichtlinie Rn 13). Da Rechnung und Zahlungsaufstellung verzugsbegründend wirken und insoweit funktional die Mahnung nach Abs. 1 ersetzen, sind einige Grundsätze übertragbar. Sowohl die Rechnung als auch die gleichwertige Zahlungsaufstellung sind geschäftsähnliche Handlungen.[67] Auf sie finden daher die Vorschriften über Rechtsgeschäfte entsprechende Anwendung. Ebenso gelten die an die Mahnung gestellten Bestimmtheitserfordernisse[68] sowie die Regeln über die „**Zuviel-**" und „**Zuwenigmahnung**".[69] Anders als eine Mahnung (die vor Fälligkeit wirkungslos ist) können Rechnung oder gleichwertige Zahlungsaufstellung auch schon vor der Fälligkeit der Forderung zugehen.[70] Das ergibt sich aus Art. 3 Abs. 1 lit. b Nr. iii Zahlungsverzugsrichtlinie (zum Beginn der 30-Tage-Frist bei vorzeitiger Rechnung Rn 57, 59).

47

Wegen des unterschiedlichen Verzugseintritts bei Mahnung und Zahlungsaufstellung ist eine Abgrenzung zwischen diesen beiden Begriffen notwendig.[71] Nach der Regierungsbegründung wurde der Begriff (Zahlungs-)„Aufstellung" anstelle von „Aufforderung" gewählt, um die **Abgrenzung zur Mahnung** deutlicher zu machen.[72] Während eine Mahnung i.S.d. Abs. 1 eine „Leistungsaufforderung" enthalte, soll für Abs. 3 eine Mitteilung des Gläubigers an den Schuldner ausreichen, die in ihrer Funktion einer Rechnung entspricht. Zur Funktion der Rechnung wird an anderer Stelle gesagt, dass sie vor allem die Überprüfung durch den Schuldner ermöglichen soll.[73] Zwar könne die (Zahlungs-)Aufstellung auch mit der Mahnung zusammenfallen. Jedoch seien die Anforderungen geringer, so dass Abs. 3 zur Anwendung komme, wenn der Gläubiger dem Schuldner lediglich seine Forderung mitgeteilt habe, ohne dass darin bereits eine Mahnung im Sinne von Abs. 1 liege. Nach den Vorstellungen der Gesetzesverfasser unterscheiden sich Rechnung und gleichwertige Zahlungsaufstellung von der Mahnung also vor allem in der Intensität der Aufforderung. Eine Mahnung hat stärkeren Aufforderungscharakter, während Rechnung und Zahlungsaufstellung lediglich Mitteilungscharakter zu haben brauchen. Die vom deutschen Recht an Rechnung und Zahlungsaufstellung gestellten Anforderungen sind deshalb etwas geringer als in der Richtlinie (in der es Zahlungsaufforderung heißt). Eine fehlerhafte Umsetzung liegt darin nicht, weil das deutsche Recht in diesem Punkt für den Gläubiger günstiger und deshalb nach Art. 6 Abs. 2 Zahlungsverzugsrichtlinie zulässig ist.

48

2. Rechnung

Unter **Rechnung** (ein im BGB vor der Einführung des § 284 Abs. 3 a.F. nur in anderem Sinne verwendeter Begriff[74]) ist eine textliche Fixierung der Entgeltforderung zu verstehen, die der Gläubiger vom Schuldner beansprucht.[75] Sie muss klar erkennen lassen, welche Geldforderung in welcher Höhe als Entgelt für welche Leistung der Gläubiger verlangt.[76] Da es sowohl dem deutschen Recht als auch der Zahlungsverzugsrichtlinie auf die Beschleunigung von Zahlungen ankommt, dürfen nicht zu hohe Anforderungen gestellt werden. Eine Aufgliederung in einzelne Posten, Aufwand, Material etc. verlangt Abs. 3 nicht.[77] Insbesondere

49

---

67 Hk-BGB/*Schulze*, § 284 Rn 18; MüKo/*Thode*, § 284 Rn 70; Palandt/*Heinrichs*, § 284 Rn 27; Staudinger/*Löwisch*, § 284 Rn 96; *Pahlow*, JuS 2001, 236, 238.
68 *Schimmel/Buhlmann*, MDR 2000, 737, 738 f.
69 *Schimmel/Buhlmann*, MDR 2000, 737, 739; Überblick bei Hk-BGB/*Schulze*, § 284 Rn 10.
70 *Gsell*, ZIP 2000, 1861, 1865; *Fabis*, ZIP 2000, 865, 868; *Huber*, JZ 2000, 743, 744; Palandt/*Heinrichs*, § 284 Rn 26; BT-Drucks 14/2752, 11 (zu § 284 Abs. 3 BGB a.F.).
71 *Heinrichs*, BB 2001, 157, 161.
72 BT-Drucks 14/6040, 147.
73 BT-Drucks 14/6040, 146.
74 Der Begriff der Rechnung in z.B. §§ 259 Abs. 1, Abs. 2, 1667 Abs. 1, 1840 ff., 1890 S. 2 BGB wird im Zusammenhang mit einer Rechnungslegung im Sinne einer „Rechenschaftslegung" gebraucht. Damit ist also nicht eine Erklärung des Gläubigers über die Höhe einer Forderung gemeint, sondern eine Rechenschaftslegung des Schuldners. Diese Vorschriften lassen sich daher nicht zur Interpretation des § 284 Abs. 3 heranziehen; ebenso wenig die umsatzsteuerliche Legaldefinition der Rechnung in § 14 Abs. 4 UStG, a.A. zum letzteren aber *Pahlow*, JuS 2001, 236, 238.
75 Staudinger/*Löwisch*, § 284 Rn 91.
76 In den Gesetzesmaterialien heißt es z.B. die Rechnung solle dem Schuldner ermöglichen, „hinreichend deutlich zu entnehmen, was geleistet werden soll"; Rechtsausschuss des Deutschen Bundestages, BT-Drucks 14/2752, 11.
77 Anders wohl Palandt/*Heinrichs*, § 284 Rn 28 („gegliederte Aufstellung"); Hk-BGB/*Schulze*, § 284 Rn 18 („ggf. aufgrund einer Aufgliederung von Einzelpositionen").

müssen Rechnungen nicht den aus der Baurechtspraxis bekannten hohen Anforderungen an die Prüffähigkeit entsprechen (§§ 14, 16 VOB/B, § 8 HOAI) oder gar Aufwandsnachweise beigefügt sein.[78] Eine Formulierung wie „DM 1.500,00 für Malerarbeiten am 14.9. in Ihrem Hause" reicht aus.

50 Soweit der Gläubiger vertraglich oder gesetzlich (z.B. §§ 14, 16 VOB/B, § 14 UStG) zur Erteilung einer detaillierten Rechnung verpflichtet ist, kann der Schuldner dies mit einem Zurückbehaltungsrecht aus § 273 durchsetzen. Wenn er sich auf das Zurückbehaltungsrecht beruft, ist die Forderung nicht einredefrei und der Schuldner kann nicht in Verzug kommen (dazu Rn 14). Allein deshalb empfiehlt es sich in der Praxis, die Berechnungsparameter, insbesondere Mengen, Zeiträume, Werteinheiten etc. in der Rechnung aufzuschlüsseln.

51 An die **Form der Rechnung** sind keine hohen Anforderungen zu stellen. Ihr Zweck (Mitteilung, Überprüfung) erfordert lediglich eine **textliche Fixierung** dahin, dass **Schriftzeichen** verwendet werden und diese für den Schuldner **speicher- und reproduzierbar** sind. Zwar versteht der allgemeine Sprachgebrauch unter einer Rechnung im Regelfall ein Schriftstück.[79] Die Schriftform nach § 126 oder die Textform nach § 126b müssen aber nicht gewahrt sein; insbesondere bedarf es keiner Unterschrift.[80] Funktional äquivalent zur schriftlichen Rechnung sind elektronische Übermittlungsformen wie Fax und E-Mail.[81] Eine **mündliche Mitteilung** – anders als bei der Mahnung nach Abs. 1 – reicht aber nicht.

3. Gleichwertige Zahlungsaufstellung

52 Die gleichwertige Zahlungsaufstellung hat lediglich eine **Auffangfunktion** gegenüber der Rechnung und soll klarstellen, dass ein weiter Kreis von Mitteilungen an den Schuldner über die beanspruchte Zahlung die Folgen des Abs. 3 auslösen kann. Der Begriff „Zahlungsaufstellung" wird durch Abs. 3 neu in das BGB eingefügt (früher in § 284 Abs. 3 a.F.: „Zahlungsaufforderung"; ebenso in Art. 3 Abs. 1 lit. b Zahlungsverzugsrichtlinie).[82] Die bisher als Beispiele zu § 284 Abs. 3 a.F. genannten Fälle (wie etwa das Beanspruchen von Unterhalt oder Schadensersatz) können nicht mehr übertragen werden, da der neue § 286 Abs. 3 nur für Entgeltforderungen gilt. Die praktische Bedeutung der Zahlungsaufstellung dürfte gering sein. **Gleichwertig** mit einer Rechnung ist die Zahlungsaufstellung, wenn aus ihr in gleicher Weise wie aus einer Rechnung der beanspruchte Entgeltbetrag ersichtlich ist.[83] Als Zahlungsaufstellung reicht deshalb eine Mitteilung des Gläubigers an den Schuldner aus, die in ihrer Funktion einer Rechnung entspricht. Ist die Zahlungsaufstellung zugleich eine Mahnung, so hat Abs. 3 keine eigenständige Bedeutung, da bereits nach Abs. 1 Verzug eintritt.[84]

53 Beispiele für eine gleichwertige Zahlungsaufstellung sind etwa ein **Anwaltsschreiben**, in dem eine Entgeltforderung des Mandanten erstmalig geltend gemacht wird (das aber zugleich eine Mahnung nach Abs. 1 sein kann), eine **Fälligkeitsmitteilung** oder ein Text, der nicht in der üblichen Form einer Rechnung, sondern eingeflochten in andere Aussagen die Forderung geltend macht. Als Zahlungsaufstellung ist auch eine **von einem Dritten**, z.B. einem **Notar**, stammende Mitteilung anzusehen, dass die vereinbarten Voraussetzungen vorliegen und das Entgelt nun fällig ist.[85] Eine **mündliche Mitteilung** ist nicht gleichwertig mit einer Rechnung und deshalb **keine taugliche Zahlungsaufstellung**.[86]

54 Die Anforderungen an die Bestimmtheit entsprechen denen der Rechnung.[87] Eine unbezifferte Zahlungsaufstellung ist grundsätzlich nicht ausreichend. Soweit jedoch der Gläubiger seine Entgeltforderung nicht beziffern kann, weil der Schuldner einer Auskunftspflicht (z.B. über Umsatzzahlen) nicht nachkommt, kann ausnahmsweise auch eine Zahlungsaufstellung ohne Angabe des Gesamtbetrages verzugsbegründend wirken, wenn der Schuldner die Höhe ermitteln kann.[88]

55 Als eine Art gesetzlichen Fall der Zahlungsaufstellung stellt § 357 Abs. 1 S. 2 – ähnlich wie schon im früheren § 361 a Abs. 2 S. 2 a.F. – einen **Widerruf oder eine Rückgabeerklärung eines Verbrauchers** nach §§ 355 ff. einer ausdrücklichen Zahlungsaufstellung gleich. Zugunsten eines Verbrauchers, der einen Vertrag nach § 355 widerruft oder ein Rückgaberecht nach § 356 ausübt, beginnt deshalb die 30-Tage-Frist schon mit dem Zugang des Widerrufs oder der Rückgabeerklärung. Auch ohne ausdrückliche

---

[78] A.A. wohl *Schimmel/Buhlmann*, MDR 2000, 737, 738.
[79] *Schimmel/Buhlmann*, MDR 2000, 737, 739; *Pahlow*, JuS 2001, 236, 238.
[80] Palandt/*Heinrichs*, § 284 Rn 28; *Schimmel/Buhlmann*, MDR 2000, 737, 739.
[81] Staudinger/*Löwisch*, § 284 Rn 92; a.A. Palandt/*Heinrichs*, § 284 Rn 28.
[82] Der in § 305 Abs. 2 S. 1 InsO verwendete Begriff der Forderungsaufstellung ist nicht übertragbar.
[83] Ähnlich zur „Zahlungsaufforderung" Staudinger/*Löwisch*, § 284 Rn 93.
[84] BT-Drucks 14/6040, 147.
[85] So die regelmäßige Praxis bei Grundstücksverkäufen, Staudinger/*Löwisch*, § 284 Rn 94; Palandt/*Heinrichs*, § 284 Rn 29; *Basty*, DNotZ, 260, 262 f.
[86] A.A. aber Pahlow, JuS 2001, 236, 238.
[87] *Schimmel/Buhlmann*, MDR 2000, 737, 739.
[88] So zum früheren Recht für die – von nunmehrigen Abs. 3 nicht mehr erfassten – Ansprüche auf Pflichtteil, Abfindung oder Auseinandersetzungsguthaben, Palandt/*Heinrichs*, § 284 Rn 29.

Titel 1. Verpflichtung zur Leistung § 286

Zahlungsaufstellung kommt der Unternehmer deshalb mit seiner Rückzahlungsverpflichtung nach Ablauf der 30-Tage-Frist in Verzug.

IV. Zugang

Die 30-Tage-Frist beginnt erst mit dem **Zugang** der Rechnung oder gleichwertigen Zahlungsaufstellung 56 beim Schuldner. Damit verweist Abs. 3 auf §§ 130 ff. Diese Vorschriften regeln zwar ihrem Wortlaut nach nur den Zugang von Willenserklärungen. Sie sind aber auf geschäftsähnliche Handlungen wie die Rechnung entsprechend anwendbar (dazu Rn 47).[89] Jedoch gilt auch für den Zugang das Gebot richtlinienkonformer Auslegung. Nach Art. 3 Abs. 1 lit. b Nr. i. und ii Zahlungsverzugsrichtlinie beginnt die Frist mit dem Zeitpunkt des **Eingangs** der Rechnung oder gleichwertigen Zahlungsaufforderung. Dieser Begriff ist wegen der einseitigen Schutzrichtung der Richtlinie zu Lasten des Schuldners in diesem Sinne auszulegen. Deshalb trägt das Risiko von Hindernissen für die Möglichkeit zur Kenntnisnahme weitestgehend der Schuldner. Bei der Anwendung von Abs. 3 ist folglich zu prüfen, ob die für den **Zugang** (§ 130) entwickelten Wertungen im **Anwendungsbereich der Richtlinie** einer **Korrektur** bedürfen. Beispielsweise ist zweifelhaft, ob die bisherige Rechtsprechung für den Fall, dass der Empfänger fahrlässig **keine Empfangsvorkehrungen getroffen** hat, aufrechterhalten werden kann. Nach bisherigem Recht muss der Absender dann durch einen erneuten Versuch für den Zugang sorgen (die Erklärung gilt aber als schon beim ersten Zugangsversuch zugegangen). Ohne erneutes Tätigwerden ist nach bisherigem Recht die Erklärung nicht zugegangen.[90] Im Anwendungsbereich der Zahlungsverzugsrichtlinie spricht mehr dafür, dass die 30-Tage-Frist nach Abs. 3 auch beginnt, wenn kein zweiter Zugangsversuch erfolgt. Aus Abs. 3 S. 3 und aus § 288 Abs. 2 lässt sich aber die Wertung des deutschen Gesetzgebers entnehmen, dass die schuldnerunfreundliche Tendenz des neuen Verzugsrechts **Verbraucher** nicht mit voller Härte treffen soll. Deshalb sollte außerhalb des Anwendungsbereichs der Zahlungsverzugsrichtlinie, also insbesondere gegenüber Verbrauchern, eine richtlinienkonforme Korrektur der Zugangsregeln zu Lasten des Schuldners unterbleiben.

V. 30-Tage-Frist

1. Fälligkeit und Fristbeginn

Die 30-Tage-Frist beginnt – abgesehen vom Sonderfall des Abs. 3 S. 2 – mit dem Zugang (dazu Rn 56) 57 der Rechnung oder gleichwertigen Zahlungsaufstellung. Abs. 3 S. 1 setzt für den Fristbeginn außerdem die **Fälligkeit** der Geldforderungen voraus. Dieses Erfordernis **verstößt in bestimmten Fällen gegen die Zahlungsverzugsrichtlinie** und bedarf dann der richtlinienkonformen Korrektur. Die Zahlungsverzugsrichtlinie setzt zwar in mehreren Bestimmungen die Fälligkeit der Forderung voraus,[91] erwähnt aber in dem hier maßgeblichen Art. 3 Abs. 1 lit. b Nr. i dieses Erfordernis gerade nicht. Die Zahlungsverzugsrichtlinie gibt in Art. 3 Abs. 1 lit. b Nr. i also vor, dass die 30-Tage-Frist in bestimmten Fällen auch schon vor Fälligkeit beginnen muss (wenn nicht die Ausnahmen von Nr. iii und Nr. iv vorliegen); dazu Art. 3 Zahlungsverzugsrichtlinie Rn 10.

Grundsätzlich tritt die **Fälligkeit unabhängig von der Rechnungsstellung** ein.[92] Wird die Forderung 58 erst nach dem Zugang der Rechnung oder Zahlungsaufstellung fällig, so beginnt nach Abs. 3 die **Frist erst von der Fälligkeit an**. Eine vertragliche Vereinbarung über die Fälligkeit kann also den Fristbeginn hinausschieben. Doch spielt Abs. 3 bei einer vertraglichen Vereinbarung über den Fälligkeitszeitpunkt in aller Regel keine Rolle, da dann schon nach § 286 Abs. 2 Nr. 1 oder Nr. 2 Verzug eintritt. Die Umsetzung von Art. 3 Abs. 1 **lit. b** Zahlungsverzugsrichtlinie wird damit ohnehin nicht beeinträchtigt, da lit. b gerade nur für die Fälle gilt, in denen ein Zahlungstermin oder eine Zahlungsfrist nicht vertraglich festgelegt ist.[93] Nicht richtig umgesetzt ist Art. 3 Abs. 1 lit. b Zahlungsverzugsrichtlinie jedoch für den Fall eines 59 gesetzlich oder durch Urteil bestimmten Fälligkeitszeitpunkts, wenn die **Rechnung oder die gleichwertige Zahlungsaufstellung vor Fälligkeit** zugeht.[94] In diesem Fall **beginnt** nach der Richtlinie **die Frist**

---

89 Erman/*Palm*, Einl. § 104 Rn 6 ; Palandt/*Heinrichs*, § 130 Rn 3; Staudinger/*Löwisch*, § 284 Rn 96.
90 BGHZ 137, 206, 208 f.
91 So *Heinrichs*, in: Schulze/Schulte-Nölke (Hrsg.), Die Schuldrechtsreform vor dem Hintergrund des Gemeinschaftsrechts, 81, 92; vgl. z.B. Art. 3 Abs. 1 lit. b Nr. iv (Fristbeginn erst mit Abnahme) oder Art. 3 Abs. 1 lit. d (Zahlungsverzug nur, wenn Gläubiger seine Verpflichtungen erfüllt hat).
92 BGHZ 79, 176, 178; *Pahlow*, JuS 2001, 236, 237; Ausnahmen aber bei abweichender Regelung wie z.B. in BGH NJW 1982, 573, 574 (Anspruch des Vermieters auf Nebenkostennachzahlung); BGH NJW 1982, 930, 931 (Nachforderungsanspruch von Versorgungsunternehmen).
93 Missverständlich daher BT-Drucks 14/6040, 147, wo es heißt, dass der in § 286 Abs. 3 vorgesehene Fristbeginn erst mit der Fälligkeit den in Art. 3 Abs. 1 lit. a Zahlungsverzugsrichtlinie vorgesehenen Vorrang einer vertraglichen Verpflichtung sichere.
94 So wohl auch (zum Entwurf) *Gsell*, ZIP 2000, 1861, 1865; zweifelnd zur Richtlinienkonformität des Fälligkeitserfordernisses in Abs. 3 auch *Schmidt-Kessel*, NJW 2001, 97, 99; *Krebs*, DB 2000, 1697, 1700; a.A. *Heinrichs*, in: Schulze/Schulte-Nölke (Hrsg.), Die Schuldrechtsreform vor dem Hintergrund des Gemeinschaftsrechts, 86, Fn 27; *ders.*, BB 2001, 157, 162.

schon mit dem Zugang. Dies ergibt sich insbesondere aus dem Beschleunigungszweck der Richtlinie. Denn die Rechnung oder die gleichwertige Zahlungsaufstellung hat die Funktion, dass der Schuldner der Forderung gewahr wird und ihre Berechtigung prüfen kann. Diese Prüfung kann er auch schon vor der Fälligkeit vornehmen. Jedoch ist der Richtlinie die Wertung zu entnehmen, dass der Anspruch auf Zinsen wegen Zahlungsverzugs nicht vor der Fälligkeit der Forderung einsetzen soll.[95] Daher endet die Frist nicht vor der Fälligkeit der Forderung (dazu Art. 3 Zahlungsverzugsrichtlinie Rn 10). Nach dem Rechtsgedanken von Art. 3 Abs. 1 lit. a Zahlungsverzugsrichtlinie tritt in diesem Fall erst **am Tag nach dem Fälligkeitszeitpunkt** Zahlungsverzug ein. Abs. 3 ist deshalb richtlinienkonform dahin auszulegen, dass bei einem gesetzlich (oder z.B. durch Urteil) festgelegten Fälligkeitszeitpunkt die Frist auch schon vor Fälligkeit der Forderung mit Zugang der Rechnung zu laufen beginnt, aber nicht vor dem Eintritt der Fälligkeit endet.[96] Da nach dem Willen des deutschen Gesetzgebers Abs. 3 (mit der Einschränkung in Abs. 3 S. 1 Hs. 2) auch gegenüber Verbrauchern gelten soll, erstreckt sich diese richtlinienkonforme Auslegung über den Anwendungsbereich der Zahlungsverzugsrichtlinie hinaus auch auf Forderungen gegen Verbraucher.

60 Art. 3 Abs. 1 lit. b Nr. iv Zahlungsverzugsrichtlinie erlaubt es den Mitgliedstaaten, den Lauf der 30-Tage-Frist vom Abschluss eines **Abnahme- oder Überprüfungsverfahrens** abhängig zu machen (dazu Art. 3, Rn 19). Der in § 286 Abs. 3 vorgesehene Beginn der Frist von der Fälligkeit an ist deshalb richtlinienkonform, auch wenn die Fälligkeit des Anspruchs wie nach §§ 641 Abs. 1, 641 a erst mit Abnahme oder Fertigstellungsbescheinigung eintritt. Auch eine vertragliche Vereinbarung, nach der die Fälligkeit von einer Abnahme abhängt, kann einen späteren Fristbeginn zur Folge haben. Die vertragliche Vereinbarung eines Abnahmeverfahrens wird in der Regel als eine die Fälligkeit hinausschiebende Stundung der Forderung für die Dauer des Abnahme- und Überprüfungsverfahrens auszulegen sein.[97] Jedoch unterliegen derartige Abreden der Inhaltskontrolle auch nach den Vorgaben von Art. 3 Abs. 3 Zahlungsverzugsrichtlinie.

2. Berechnung der Frist

61 Beginn, Länge und Ende der Frist sind nach §§ 187 Abs. 1, 188 Abs. 1, 193 zu berechnen. Nach § 187 Abs. 1 beginnt die Frist am Tag nach dem Zugang der Rechnung oder der gleichwertigen Forderungsaufstellung (bzw. am Tag nach der Lieferung, wenn z.B. die Rechnung vor der Lieferung zugegangen ist). Die Frist ist in Tagen bemessen und deshalb von einer Monatsfrist zu unterscheiden; die 30 Tage sind auszuzählen.[98]

62 Eine Notwendigkeit zur **richtlinienkonformen Auslegung** des deutschen Rechts in Hinblick auf Art. 3 Abs. 1 lit. b Nr. i – iv Zahlungsverzugsrichtlinie besteht in aller Regel nicht. Es können deshalb – abgesehen von einem Sonderfall[99] – allein die deutschen Fristbestimmungen angewendet werden. Zwar enthält das Gemeinschaftsrecht in der EG-Verordnung 1182/71 zur Festlegung der Regeln für die Fristen, Daten und Termine[100] (EG-FristenVO, dazu Art. 3 Zahlungsverzugsrichtlinie Rn 15) eine eigene Vorschrift zur Berechnung der Fristen nach Art. 3 Abs. 1 lit. b Zahlungsverzugsrichtlinie. Die Ergebnisse der Fristberechnung nach §§ 187 ff. sind aber in aller Regel mit dem Gemeinschaftsrecht vereinbar.

63 Der **Fristbeginn** nach § 187 ist **konform mit** Art. 3 Abs. 1 lit. b **Zahlungsverzugsrichtlinie** i.V.m. Art. 3 Abs. 1 Unterabs. 2 EG-Verordnung 1182/71 zur Festlegung der Regeln für die Fristen, Daten und Termine[101] (EG-FristenVO). Die für das **Fristende** nach §§ 188 Abs. 1, 193 erzielten Ergebnisse stimmen meist mit den Vorgaben aus Art. 3 Abs. 1 lit. b i.V.m. Art. 3 Abs. 2 bis Abs. 4 EG-FristenVO überein. Jedoch sind nach Art. 3 Abs. 3 EG-FristenVO bei der Berechnung des Fristendes die Feiertage zu berücksichtigen, die als solche in dem Mitgliedstaat vorgesehen sind, in dem eine Handlung vorgenommen werden soll (Art. 2 Abs. 1 EG-FristenVO). Bei einer grenzüberschreitenden Zahlung kann diese Vorschrift so verstanden werden, dass ein Feiertag sowohl im Mitgliedstaat des Gläubigers als auch des Schuldners zu berücksichtigen ist, da bei einer Überweisung an beiden Orten Handlungen vorgenommen werden müssen. Nach § 193 ist aber nur ein Feiertag am Leistungsort (also i.d.R. beim Schuldner, §§ 269, 270 Abs. 4) maßgeblich. Doch führt § 193 im Vergleich zur Art. 3 Abs. 3 EG-FristenVO zu einer Verkürzung der Frist, die als für den Gläubiger günstige Abweichung nach Art. 6 Abs. 2 Zahlungsverzugsrichtlinie zulässig ist. Sollte aber doch der Fall eintreten, dass das deutsche Recht eine Verlängerung der Fristen zur Folge hat, sind die §§ 187, 188, 193 richtlinienkonform auszulegen.

---

95 *Heinrichs*, in: Schulze/Schulte-Nölke (Hrsg.), Die Schuldrechtsreform vor dem Hintergrund des Gemeinschaftsrechts, 86.
96 Anders – zu § 284 Abs. 3 BGB a.F. – *Schimmel/Buhlmann*, MDR 2000, 737, 739 f.
97 BT-Drucks 14/6040, 148.
98 Palandt/*Heinrichs*, § 284 Rn 26.
99 Wenn die versprochene Dienstleistung genau in der letzten Minute eines Tages endet und der Anspruch auf die Gegenleistung deshalb nach § 614 BGB („nach der Leistung") erst am folgenden Tag fällig wird, ist nach § 187 Abs. 1 BGB dieser Tag nicht mitzurechnen, wohl aber nach Art. 3 Abs. 1 lit. b Nr. iii Zahlungsverzugsrichtlinie; Beispiel von *Gsell*, ZIP 2000, 1681, 1685.
100 ABl. 1971 C 124/1.
101 ABl. 1971 C 124/1.

VI. Hinweispflicht gegenüber Verbrauchern (Abs. 3 S. 1 Hs. 2)

Die schuldnerunfreundliche Verschärfung des Verzugsrechts gilt grundsätzlich auch gegenüber Verbrauchern (§ 13). Auch deren Zahlungsmoral soll verbessert werden. Doch sieht Abs. 3 S. 1 Hs. 2 zum Schutz von Verbrauchern vor, dass die in Abs. 3 S. 1 geregelten Folgen gegenüber einem Verbraucher nur dann eintreten sollen, wenn dieser in der Rechnung oder Zahlungsaufstellung besonders darauf hingewiesen worden ist. Im Vergleich zu § 284 Abs. 3 a.F., der keine derartige **Hinweispflicht** vorsah, liegt darin eine **Verbesserung der Rechtsstellung von Verbrauchern**. 64

Die Anforderungen an den Hinweis sind gesetzgeberisches Neuland, so dass die Auslegung mit Unsicherheiten behaftet ist. Den erforderlichen **Inhalt des Hinweises** bezeichnet das Gesetz nur mit den Worten „auf diese Folgen". Bei wörtlicher Auslegung würde deshalb ein Hinweis darauf, **dass Verzug eintreten kann**, ausreichen. Doch ergibt sich sowohl aus dem verbraucherschützenden Zweck als auch aus dem sprachlichen Zusammenhang, dass nicht nur auf die Folge (Verzug), sondern auch auf die **Voraussetzungen**, unter denen diese Folge eintritt, hinzuweisen ist. Da außerdem auch ein „durchschnittlich informierter, aufmerksamer und verständiger Durchschnittsverbraucher"[102] nicht unbedingt die volle Bedeutung des Rechtsbegriffs „Verzug" erfassen wird, muss überdies auch auf **die wesentlichen Verzugsfolgen** hingewiesen werden. Die genaue Formulierung ist vom konkreten Fall abhängig. 65

Der Verbraucher muss **in der Rechnung oder Zahlungsaufstellung** auf die Folgen der Nichtleistung innerhalb der 30 Tage **besonders hingewiesen** worden sein. Daraus folgt, dass ein Nachschieben des Hinweises nicht möglich ist. Ein genereller Hinweis, etwa in Allgemeinen Geschäftsbedingungen, ist unzulässig. Auch darf der Hinweis nicht versteckt werden. In der Geschäftspraxis empfiehlt sich daher ein deutlich hervorgehobener, sprachlich klar formulierter Hinweis. 66

Auch **nach einem Hinweis** gemäß Abs. 3 S. 1 Hs. 2 kann Verzug noch durch **Mahnung nach Abs. 1** herbeigeführt werden. Da aber der Hinweis beim Verbraucher die Erwartung wecken kann, er komme nicht vor dem Ablauf der 30-Tage-Frist in Verzug, bestehen **höhere Anforderungen** an die Mahnung. Der Gläubiger muss deshalb die Mahnung in einer Weise erklären, dass der Verbraucher die geänderte Rechtslage (sofortiger Verzugseintritt) erkennen kann. Anderenfalls ist die Mahnung wegen widersprüchlichen Verhaltens des Gläubiges (§ 242) unwirksam. 67

VII. Unsicherheit über den Zugang der Rechnung oder der gleichwertigen Zahlungsaufforderung (Abs. 3 S. 2)

Die Sonderregel in Abs. 3 S. 2 setzt Art. 3 Abs. 1 lit. b Nr. ii Zahlungsverzugsrichtlinie um. Die Vorschrift wurde erst im Rechtsausschuss des Bundestages aufgrund der Stellungnahme des Bundesrats eingefügt.[103] Der Regierungsentwurf sah noch vor, Art. 3 Abs. 1 lit. b Nr. ii Zahlungsverzugsrichtlinie wegen seiner Unklarheiten und mit Rücksicht auf die verbreitete rechtspolitische Kritik an dieser Vorschrift (dazu Art. 3 Zahlungsverzugsrichtlinie Rn 17) nicht ausdrücklich umzusetzen.[104] Abs. 3 S. 2 geht aber über Art. 3 Abs. 1 lit. b Nr. ii Zahlungsverzugsrichtlinie insoweit hinaus, dass nicht nur die Unsicherheit über das „Wann" des Zugangs (so wohl die Richtlinie, dazu dort, Art. 3 Rn 16), sondern auch über das „Ob" erfasst werden soll.[105] Gegenüber einem **Verbraucher** gilt Abs. 3 S. 2 nicht. 68

Für die meisten Fälle hat die Vorschrift die Wirkung einer **gesetzlichen Vermutung**, dass die **Rechnung gleichzeitig mit dem Empfang der Gegenleistung** zugegangen ist.[106] Wenn der Zugang der Rechnung überhaupt streitig geblieben ist, führt Abs. 3 S. 2 dazu, dass die 30-Tage-Frist mit dem Empfang der Gegenleistung beginnt.[107] Ebenso liegt es, wenn nur der Zugangszeitpunkt streitig ist, aber der Zugang auch vor dem Empfang der Gegenleistung stattgefunden haben kann. So verstanden, dient die Vorschrift dem Beschleunigungszweck der Richtlinie. Das Bestreiten des Zugangs soll sich nicht lohnen. 69

---

102 So das vom EuGH formulierte Verbraucherleitbild, das – neben dem Wettbewerbsrecht – auch die Auslegung von § 13 BGB prägt, EuGH, *Gut Springenheide*, Urteil vom 16.7.1998, Slg. 1998, I-4657; *Lifting-Creme*, Urteil vom 13.1.2000, Slg. 2000, I-117; zusammenfassender Überblick bei MüKo/*Micklitz*, vor § 13, 14 Rn 58 ff., 79 ff.
103 BT-Drucks 14/7052, 186 f.
104 BT-Drucks 14/6040, 147; gegen die Umsetzung z.B. *Heinrichs*, in: Schulze/Schulte-Nölke (Hrsg.), Die Schuldrechtsreform vor dem Hintergrund des Gemeinschaftsrechts, 87; *Krebs*, DB 2000, 1697, 1700; für eine ausdrückliche Umsetzung z.B. *Schmidt-Kessel*, NJW 2001, 97, 99 f.
105 BT-Drucks 14/7052, 187.
106 *Heinrichs*, in: Schulze/Schulte-Nölke (Hrsg.), Die Schuldrechtsreform vor dem Hintergrund des Gemeinschaftsrechts, 87; *ders.*, BB 2001, 157, 159; *Huber*, JZ 2000, 957, 959, Fn. 21 a; ähnlich auch *Hänlein*, EuZW 2000, 680, 683 (Anscheinsbeweis oder Beweislastumkehr zugunsten des Gläubigers); *Schmidt-Kessel*, NJW 2001, 97, 99 f. (Beweislastumkehr).
107 BT-Drucks 14/7052, 187.

70 Die heftige rechtspolitische Kritik an Art. 3 Abs. 1 lit. b Nr. ii Zahlungsverzugsrichtlinie[108] betrifft vor allem den Fall, in dem feststeht, dass die **Rechnung nach Empfang der Gegenleistung** zugegangen ist, aber der genaue Zeitpunkt streitig bleibt (z.B. Empfang der Gegenleistung am 1.4., der Gläubiger behauptet den Zugang der Rechnung am 10.4., der Schuldner am 20.4.). Die bei wörtlicher Auslegung von Art. 3 Abs. 1 lit. b Nr. ii Zahlungsverzugsrichtlinie und § 286 Abs. 3 S. 2 eintretende Rechtsfolge, Beginn der 30-Tage-Frist am 2.4., wäre befremdlich. Der Gläubiger erhielte mehr, als ihm auf der Grundlage seiner Behauptung zusteht. Daher soll Abs. 3 S. 2 in derartigen Fällen nicht zur Anwendung kommen.[109] Rechtstechnisch kann dieses Ergebnis durch eine teleologische Reduktion von Abs. 3 S. 2 dahin erreicht werden, dass der Schuldner den Gegenbeweis für den vom Gläubiger behaupteten Zugangszeitpunkt führen muss.[110] Misslingt dieser Beweis, so gilt zugunsten des Gläubigers seine Behauptung (im Beispiel also Zugang am 10.4.) als richtig.

71 Aus der Sicht des Schuldners ergeben sich daraus folgende **Handlungsstrategien**. Zunächst ist im Geschäftsbetrieb dafür Sorge zu tragen, dass der Zugangszeitpunkt insbesondere von hohen Rechnungen bewiesen werden kann (Eingangsjournal, evtl. nach dem Vier-Augen-Prinzip, Aufbewahren des Poststempels). Rechtspolitisch bedenklich an Abs. 3 S. 2 ist vor allem, dass der Gläubiger gleichsam dazu eingeladen wird, die Rechnungen zurückzudatieren und der Schuldner sich dagegen nur schlecht wehren kann. Eine schwerwiegende Belastung des Schuldners liegt in Abs. 3 S. 2 aber letztlich nicht, da der Gläubiger einer fälligen Forderung es nach Abs. 1 ohnehin stets in der Hand hat, den Schuldner durch Mahnung sofort und noch vor dem Ablauf der 30-Tage-Frist in Verzug zu setzen. Abs. 3 S. 2 hat deshalb vor allem die Wirkung, den Geschäftsbetrieb des Gläubigers zu entlasten.[111] Auch bei fehlender Mahnung und fehlendem Zugangsnachweis für die Rechnung gerät der Schuldner der Entgeltforderung in der Regel spätestens 30 Tage nach dem Empfang der Gegenleistung automatisch in Verzug, es sei denn, der Schuldner kann einen späteren Zugang der Rechnung beweisen.

E. Vertretenmüssen (Abs. 4)

72 Verzug setzt – wie bisher in § 285 a.F. – voraus, dass der Schuldner die Verzögerung zu vertreten hat. Dabei trägt der Schuldner die Behauptungs- und Beweislast für das Fehlen dieser Voraussetzung. Für den Anspruch auf Schadensersatz wegen Verzögerung der Leistung (§ 280 Abs. 1, Abs. 2, 286) ergibt sich diese Voraussetzung bereits aus § 280 Abs. 1. Da § 286 aber auch die Voraussetzungen für die anderen Verzugsfolgen (Haftungsverschärfung, Verzugszinsen, §§ 287, 288) regelt, bedarf es dieser nochmaligen Regelung des Vertretenmüssens.[112]

F. Abdingbarkeit – Inhaltskontrolle

73 Die §§ 286 ff. sind **dispositives Recht** und können deshalb grundsätzlich durch Individualvertrag oder AGB abbedungen werden. Bei AGB sind jedoch die in §§ 305 ff. gesteckten Grenzen zu beachten. Einschlägig sind u.a. die Klauselverbote in § 308 Nr. 1, 2, § 309 Nr. 4, 5 lit. a, 7 lit. b sowie § 307 Abs. 1 und 2.

74 Art. 3 Abs. 3 bis 5 Zahlungsverzugsrichtlinie schreibt den Mitgliedstaaten vor, eine **Inhaltskontrolle** von Vereinbarungen über den Zahlungstermin oder die Folgen eines Zahlungsverzugs vorzusehen (dazu Art. 3 Zahlungsverzugsrichtlinie Rn 35 ff.). Derartige Vereinbarungen sind unzulässig, wenn sie bei Prüfung aller Umstände des Falles, einschließlich der guten Handelspraxis und der Art der Ware, als **grob nachteilig** für den Gläubiger anzusehen sind. Die Inhaltskontrolle ist nicht auf AGB beschränkt, sondern erfasst auch **Individualvereinbarungen**.[113]

75 Die Vorgaben der Richtlinie zur Inhaltskontrolle sind nicht ausdrücklich in das deutsche Recht umgesetzt worden.[114] Daher findet eine Inhaltskontrolle von Vereinbarungen über Zahlungstermine oder die Folgen des Zahlungsverzugs nur nach den allgemeinen Vorschriften statt. Vertragliche Bestimmungen in **AGB** unterliegen somit der Inhaltskontrolle nach **§§ 305 ff.** Um den von der Zahlungsverzugsrichtlinie

---

108 *Gsell*, ZIP 2000, 1861, 1865; *Krebs*, DB 2000, 1697, 1700; *Heinrichs*, in: Schulze/Schulte-Nölke (Hrsg.), Die Schuldrechtsreform vor dem Hintergrund des Gemeinschaftsrechts, 86, 92 („sinnwidrige Regelung, die zu offensichtlich abwegigen Ergebnissen führt"); moderater *Hänlein*, EuZW 2000, 680, 682 f.; die Regelung verteidigend *Schulte-Braucks*, NJW 2001, 103, 105 (auch Fn 38).
109 BT-Drucks 14/7052, 187.
110 Ähnlich *Huber*, JZ 2000, 957, 959 Fn 21 a; *Gsell*, ZIP 2000, 1861, 1865; *Krebs*, DB 2000, 1697, 1700; *Heinrichs*, in: Schulze/Schulte-Nölke (Hrsg.), Die Schuldrechtsreform vor dem Hintergrund des Gemeinschaftsrechts, 86, 92.
111 *Schulte-Braucks*, NJW 2001, 103, 105 (Fn 38) begründet Art. 3 Abs. 1 lit. b Nr. ii auch damit, dass ohne diese Regelung der Gläubiger sämtliche Rechnungen als Einschreiben mit Rückschein verschicken müsste, was ihm nicht zugemutet werden könne.
112 BT-Drucks 14/6040, 148.
113 *Gsell*, ZIP 2000, 1861, 1871; *Heinrichs*, BB 2001, 157, 159; *Hänlein*, EuZW 2000, 680, 684.
114 Für die Notwendigkeit einer ausdrücklichen Umsetzung *Heinrichs*, BB 2001, 157, 162.

vorgegebenen Gläubigerschutz zu gewährleisten, sind dabei die **Maßstäbe aus Art. 3 Abs. 3** und aus Erwägungsgrund 19 der Richtlinie heranzuziehen.[115]

Wenn **individualvertraglich Klauseln** vereinbart werden, die für den Gläubiger grob nachteilig sind, bleibt nur eine Inhaltskontrolle anhand der Generalklauseln **§§ 138, 242**. Diese Vorschriften sind dabei ebenfalls richtlinienkonform auszulegen.[116] Auf Rechtsfolgenseite ist ferner eine richtlinienkonforme Einschränkung von § 139 erforderlich.[117] Da die Richtlinie vorsieht, dass an die Stelle unzulässiger Klauseln dispositives Gesetzesrecht tritt, darf man im Anwendungsbereich der Richtlinie künftig nicht mehr über § 139 zur Gesamtnichtigkeit des Vertrages gelangen. 76

Klauseln, durch die der Gläubiger begünstigt wird, werden durch die Richtlinie nicht beeinträchtigt. Entsprechende Klauseln gehen auch nach Art. 3 Abs. 1 lit. a und lit. d Zahlungsverzugsrichtlinie den gesetzlichen Bestimmungen vor. Gleichwohl unterliegen AGB, die für den Schuldner ungünstig sind, weil sie etwa trotz einer kurzen Zahlungsfrist sehr hohe Verzugszinsen vorsehen, einer Kontrolle nach §§ 305 ff.[118] 77

§ 287 Verantwortlichkeit während des Verzugs

¹Der Schuldner hat während des Verzugs jede Fahrlässigkeit zu vertreten. ²Er haftet wegen der Leistung auch für Zufall, es sei denn, dass der Schaden auch bei rechtzeitiger Leistung eingetreten sein würde.

A. Verhältnis zum früheren Recht

S. 1 entspricht wörtlich dem früheren § 287 S. 1 a.F. Der frühere § 287 S. 2 a.F. sah seinem Wortlaut nach die Haftung für Zufall nur im Fall der Unmöglichkeit vor. Im neuen S. 2 ist nunmehr die Beschränkung auf die Unmöglichkeit entfallen. Der Schuldner im Verzug haftet auch bei anderen Leistungsstörungen für Zufall. Dies soll durch die Formulierung „wegen der Leistung" zum Ausdruck gebracht werden. Der Zweck der Vorschrift hat sich nicht verändert. Sie dient der Verlagerung von Risiken auf die Seite der säumigen Vertragspartei nicht zuletzt aufgrund der Erwägung, dass bei rechtzeitiger Leistung die in der Sphäre des Schuldners bestehenden Gefahren sich nicht mehr auf die Leistung ausgewirkt hätten.[1] Die Vorschrift regelt – wie bisher – als weitere Rechtsfolge des Schuldnerverzugs (neben §§ 280, 286 und § 288) eine Verschärfung der Haftung des Schuldners für zwei Fälle, zum einen die Haftung für jede Fahrlässigkeit (S. 1), zum anderen die Haftung für Zufall (S. 2). 1

B. Haftung für jede Fahrlässigkeit (S. 1)

Soweit der Schuldner nach z.B. §§ 277, 346 Abs. 3 S. 1 Nr. 3, 521, 599, 690, 708 oder aufgrund einer Vereinbarung an sich nur für grobe oder individuelle Fahrlässigkeit haftet, bestimmt S. 1, dass er im Verzug trotz der Haftungserleichterung für jede Fahrlässigkeit haftet. In der Regierungsbegründung ist klargestellt, dass S. 1 nicht nur dann gilt, wenn der Schuldner etwas Bestimmtes herauszugeben hat, sondern auch z.B. bei Dienstleistungspflichten.[2] Da der Schuldner aber nach S. 2 „wegen der Leistung" auch für Zufall haftet, bleibt nur ein sehr **schmaler eigenständiger Anwendungsbereich**. S. 1 hat nur für solche Schäden Bedeutung, die nicht auf einer Verletzung der eigentlichen Leistungspflicht beruhen (insbesondere also für Verletzungen von Schutzpflichten).[3] 2

C. Haftung für Zufall (S. 2)

Durch die Änderung von S. 2 („wegen der Leistung" statt früher „Unmöglichkeit", Rn 1) sollte im Gesetz klargestellt werden, dass z.B. auch Beschädigungen des Leistungsgegenstandes unter S. 2 fallen. Damit ist jedoch keine sachliche Änderung verbunden, da auch schon im früheren Recht die Verschlechterung und die vorübergehende Unmöglichkeit unter § 287 S. 2 a.F. fielen.[4] Die verschuldensunabhängige Haftung soll aber **nur bei den eigentlichen Leistungspflichten** eingreifen. Diese Einschränkung ist in S. 2 mit 3

---

115 *Schmidt-Kessel*, NJW 2001, 97, 101 bezweifelt, dass eine Kontrolle gem. § 9 AGBG den Anforderungen an eine Richtlinienumsetzung genügt, da das reichhaltige Abwägungsmaterial aus der Richtlinie „mit keiner Silbe" gewürdigt wird; *Gsell*, ZIP 2000, 1861, 1871 und *Huber*, JZ 2000, 957, 959 halten die Kontrolle über § 9 AGBG hingegen für ausreichend.
116 *Gsell*, ZIP 2000, 1861, 1872; *Huber*, JZ 2000, 957, 959.
117 *Gsell*, ZIP 2000, 1861, 1872.
118 *Hänlein*, EuZW 2000, 680, 685; *Heinrichs*, BB 2001, 157, 162.
 1 BT-Drucks 14/6040, 148.
 2 BT-Drucks 14/6040, 148.
 3 Beispiel bei Erman/*Battes*, § 287 Rn 1; Jauernig/*Vollkommer*, § 287 Rn 1.
 4 Erman/*Battes*, § 287 Rn 3; Hk-BGB/*Schulze*, § 287 Rn 4; Palandt/*Heinrichs*, § 287 Rn 2; Staudinger/*Löwisch*, § 287 Rn 10.

der neuen Formulierung „wegen der Leistung" zum Ausdruck gebracht. Insbesondere für **Schutzpflichten** zugunsten der nicht vom Schuldverhältnis berührten Rechtsgüter des Gläubigers soll es bei der verschuldensabhängigen Haftung bleiben (auf die aber S. 1 anwendbar ist).

4 Von dieser Änderung abgesehen, bleiben die bisherige Rechtsprechung und Literatur zu § 287 S. 2 a.F. anwendbar. S. 2 gilt also nur für solche Zufallsereignisse, die nicht durch den Verzug adäquat kausal herbeigeführt worden sind. Die adäquat kausalen Verzugsfolgen sind schon nach allgemeinen Grundsätzen des Schadensersatzes aus §§ 280, 286 ersatzfähig.[5] Nach § 287 S. 2 Hs. 2 scheidet die Haftung für Zufall aus, wenn das Schadensereignis bei hypothetischer Betrachtung auch bei rechtzeitiger Leistung eingetreten wäre.

§ 288 Verzugszinsen

(1) [1]Eine Geldschuld ist während des Verzugs zu verzinsen. [2]Der Verzugszinssatz beträgt für das Jahr fünf Prozentpunkte über dem Basiszinssatz.

(2) [1]Bei Rechtsgeschäften, an denen ein Verbraucher nicht beteiligt ist, beträgt der Zinssatz für Entgeltforderungen acht Prozentpunkte über dem Basiszinssatz.

(3) [1]Der Gläubiger kann aus einem anderen Rechtsgrund höhere Zinsen verlangen.

(4) [1]Die Geltendmachung eines weiteren Schadens ist nicht ausgeschlossen.

A. Verhältnis zum früheren Recht – Normzweck

1 Die neugefasste Bestimmung setzt eine Tendenz fort, die schon mit dem Gesetz zur Beschleunigung fälliger Zahlungen begonnen hatte. Durch dieses Gesetz war der frühere gesetzliche Zinssatz von 4 % (bei Handelsgeschäften 5 %) auf 5 Prozentpunkte über den Basiszinssatz (dazu § 247 Rn 6) angehoben worden. Abs. 1 belässt es grundsätzlich bei diesem erhöhten gesetzlichen Zinssatz. Neu ist jedoch Abs. 2, der noch **höhere Verzugszinsen** (8 Prozentpunkte über dem Basiszinssatz) für Entgeltforderungen aus Rechtsgeschäften, an denen ein Verbraucher nicht beteiligt ist, vorsieht. Sachlich unverändert bleiben dagegen die früher in § 288 Abs. 1 S. 2 und Abs. 2 a.F. geregelten Vorschriften. Sie finden sich nun mit etwas abweichendem Wortlaut in Abs. 3 und unverändert in Abs. 4. Unberührt von der Schuldrechtsmodernisierung sind ebenfalls die Ansprüche auf **Fälligkeitszinsen** nach § 353 HGB oder nach Art. 78 UN-Kaufrecht geblieben. Die Höhe von **Prozesszinsen** nach § 291 ist an die Veränderung des § 288 Abs. 1, Abs. 2 angepasst worden, § 291 S. 2.

2 Die abermalige Erhöhung des Zinssatzes für Verzugszinsen in Abs. 2 ist durch die **Zahlungsverzugsrichtlinie** vorgegeben (dazu § 286 Rn 2 ff.). Zweck ist die Verbesserung der Zahlungsmoral im Geschäftsverkehr. Zum einen soll der Verzugszins die typischerweise entstehenden finanziellen Schäden beim Gläubiger decken (und dabei die beim Schuldner anfallenden Vorteile abschöpfen). Zum anderen hat insbesondere der erhöhte Verzugszins im Geschäftsverkehr auch eine pönale Funktion.[1] Zwar verfolgt die Richtlinie vor allem den Schutz kleinerer und mittlerer Unternehmen gegen Zahlungsverzögerungen durch Großunternehmen und die öffentliche Hand (dazu vor Art. 1, 2 Zahlungsverzugsrichtlinie Rn 1, 6 f.). Diese Schutzrichtung ist aber weder in der Richtlinie noch im deutschen Recht zum Ausdruck gekommen. Der höhere Zinssatz gilt auch zu Lasten von Kleinunternehmen.[2]

B. Anspruch auf Verzugszinsen (Abs. 1 S. 1)

3 Abs. 1 S. 1 gewährt einen besonderen Anspruch auf Verzugszinsen bei Geldschulden, dessen Höhe im Folgenden gesetzlich geregelt ist. Dieser Anspruch ist kein Unterfall des allgemeinen Schadensersatzanspruchs wegen Verzögerung der Leistung aus §§ 280 Abs. 1, Abs. 2, 286. Vielmehr ist § 288 Abs. 1 S. 1 auch nach der Reform eine **eigenständige Anspruchsgrundlage**, deren Voraussetzungen unabhängig von den allgemeinen Voraussetzungen für den Schadensersatz wegen Verzögerung der Leistung geregelt sind. Auf diese Weise gewährleistet Abs. 1 S. 1 dem Gläubiger bei Verzug unabhängig vom Nachweis eines Schadens und der Kausalität eine Verzinsung. Durch diese Vereinfachung erhält der Gläubiger einen gesetzlich festgelegten Mindestschaden ersetzt. Gleichzeitig wird der wirtschaftliche Anreiz verringert, durch Zahlungsverzögerung einen unfreiwilligen „Gläubigerkredit" anstelle eines möglicherweise teureren Bankkredits in Anspruch zu nehmen.

---

5 Palandt/*Heinrichs*, § 287 Rn 2; Erman/*Battes*, § 287 Rn 2.
1 *Schimmel*/*Buhlmann*, MDR 2000, 737, 738; kritisch dazu *Kieninger*, WM 1998, 2213, 2216 f.
2 Kritik bei *Huber*, JZ 2000, 957, 965: Die „Großen" entziehen sich den Wirkungen durch eigene AGB, die „Kleinen" werden benachteiligt.

Tatbestandsvoraussetzungen für den Anspruch auf Verzugszinsen sind der Verzug nach § 286 sowie das Vorliegen einer Geldschuld. Der Begriff der Geldschuld bleibt unverändert, alle Arten von Geldschulden sind erfasst.³ Abs. 1 S. 1 gilt auch für Geldschulden, die nicht Entgeltforderungen i.S.v. Abs. 2 sind. Die Zinshöhe ergibt sich aus Abs. 1 S. 2 oder aus Abs. 2. Der Gläubiger muss nicht nachweisen, dass ein Schaden in dieser Höhe entstanden ist. Er kann aber nach Abs. 3 und Abs. 4 höhere Zinsen und weitere Schäden geltend machen. Der Schuldner hat hingegen nicht die Möglichkeit, einen niedrigeren Schaden des Gläubigers nachzuweisen und damit den Zinssatz zu verringern. Der **Nachweis eines geringeren Schadens ist abgeschnitten**. Eine dahingehende Vorschrift sah zwar der Diskussionsentwurf in § 285 Abs. 1 S. 1 vor. Sie wurde aber wieder fallen gelassen, weil man befürchtete, dass sie sich einseitig zu Lasten insbesondere von Verbrauchern auswirken könnte.⁴ **4**

Abs. 1 S. 2 regelt die **Höhe der Verzugszinsen** für alle Fälle, die nicht unter Abs. 2 fallen. Im Umkehrschluss aus Abs. 2 erfasst Abs. 1 S. 2 damit alle Geldforderungen aus einem gesetzlichen Schuldverhältnis, ferner alle Geldforderungen aus Rechtsgeschäften, an denen mindestens ein Verbraucher (als Gläubiger oder als Schuldner) beteiligt ist. Unter Abs. 1 S. 2 fallen außerdem auch die Geldforderungen aus Rechtsgeschäften, an denen kein Verbraucher beteiligt ist, die aber nicht Entgeltforderungen i.S.v. Abs. 2 sind. **5**

Der Verzugszinssatz beträgt nach Abs. 1 S. 2 nach wie vor **5 Prozentpunkte** über dem Basiszinssatz. Dieser ergibt sich aber nun nicht mehr aus dem Diskontsatz-Überleitungs-Gesetz, sondern aus dem neuen § 247 (dort Rn 6). Eine Ausnahme sieht § 497 Abs. 1 bei einem grundpfandrechtlich gesicherten Verbraucherdarlehensvertrag vor. In diesem Fall beträgt der Verzugszinssatz nur **2,5 Prozentpunkte** über dem Basiszinssatz. Wie bisher ist die Zinshöhe variabel. Sie passt sich automatisch an Veränderungen des Basiszinssatzes an.⁵ Der **Klageantrag** kann also z.B. lauten: „... nebst Zinsen in Höhe von 5 Prozentpunkten über dem jeweiligen Basiszinssatz seit dem ..."⁶ **6**

C. Zinshöhe für den Geschäftsverkehr (Abs. 2)

Für bestimmte Geldforderungen sieht Abs. 2 den deutlich höheren Verzugszinssatz von **8 Prozentpunkten** über dem Basiszinssatz vor. Dieser hohe Zinssatz ist ohne Vorbild im bisherigen deutschen Recht. Die Zinserhöhung wurde erforderlich, weil die Zahlungsverzugsrichtlinie für Geldforderungen im Geschäftsverkehr einen Mindestzinssatz vorgibt, der über den in § 288 Abs. 1 geregelten Zinssatz von 5 Prozentpunkten über dem Basiszinssatz hinausgeht (zu den Einzelheiten Art. 3 Zahlungsverzugsrichtlinie Rn 25 ff.). Der **sachliche Anwendungsbereich** von Abs. 2 umfasst **Geldschulden,** die als **Entgelt** (dazu § 286 Rn 42 ff.) aus einem **Rechtsgeschäft** geschuldet werden. Diese Abgrenzungen sind richtlinienkonform (dazu Art. 1, 2 Zahlungsverzugsrichtlinie Rn 13 ff., 17 ff.). Außerdem gilt Abs. 2 nur für Forderungen aus Rechtsgeschäften, an denen kein Verbraucher (§ 13) beteiligt ist. Anders als nach dem früheren § 352 HGB a.F. wird damit nicht nur ein höherer Zinssatz für Kaufleute eingeführt, sondern für den gesamten Rechtsverkehr unter Nichtverbrauchern. Eine Sonderregel für Kaufleute besteht deshalb nicht mehr. Auf diese Weise wird ein wesentlich größerer Kreis von Personen in den Anwendungsbereich einbezogen. Diese Ausweitung wurde durch Art. 1 und Art. 2 Nr. 1 Zahlungsverzugsrichtlinie vorgegeben, die für den „Geschäftsverkehr" anwendbar ist. Abs. 2 erfasst also auch alle nichtkaufmännischen **Unternehmen**, insbesondere die **freien Berufe**, Kleingewerbetreibende und auch die nebenberufliche selbständige Tätigkeit, Idealvereine und die gesamte **öffentliche Hand**. **7**

D. Höhere Zinsen (Abs. 3), höherer Schaden (Abs. 4)

Abs. 3 und Abs. 4 bezwecken keine Änderung des bisherigen Rechts. Abs. 3 ist lediglich umformuliert worden. Höhere Zinsen als nach den festgelegten Sätzen können sich nur aus vertraglicher Vereinbarung ergeben, da alle anderen gesetzlich bestimmten Zinssätze gleich oder niedriger liegen. Als höherer Schaden im Sinne von Abs. 4 kommt vor allem der Verlust von Anlagezinsen oder die Aufwendung von Kreditzinsen in Betracht.⁷ **8**

---

3 Überblick z.B. bei Palandt/*Heinrichs*, § 245 Rn 12 ff., § 288 Rn 3; Staudinger/*Löwisch*, § 288 Rn 6 ff.
4 BT-Drucks 14/6040, 148.
5 Zum früheren Recht Erman/*Battes*, § 288 Rn 1; Hk-BGB/*Schulze*, § 288 Rn 1; MüKo/*Thode*, § 288 Rn 1; Palandt/*Heinrichs*, § 288 Rn 4; Staudinger/*Löwisch*, § 288 Rn 12.
6 *Schimmel/Buhlmann*, MDR 2000, 737, 738.
7 Überblick bei Staudinger/*Löwisch*, § 288 Rn 26 ff.

Anhang: Zinssätze (berechnet für die Zeit vor dem In-Kraft-Treten der §§ 288, 497)

Datum	Basiszinssatz	Zinssatz nach § 288 Abs. 1 S. 2	Zinssatz nach § 288 Abs. 2	Zinssatz nach § 497 Abs. 1
1.5.1999	1,95 %	6,95 %	9,95 %	4,45 %
1.1.2000	2,68 %	7,68 %	10,68 %	5,18 %
1.5.2000	3,42 %	8,42 %	11,42 %	5,92 %
1.9.2000	4,26 %	9,26 %	12,26 %	6,76 %
1.9.2001	3,62 %	8,62 %	11,62 %	6,12 %

§ 289 Zinseszinsverbot

¹Von Zinsen sind Verzugszinsen nicht zu entrichten. ²Das Recht des Gläubigers auf Ersatz des durch den Verzug entstehenden Schadens bleibt unberührt.

§ 290 Verzinsung des Wertersatzes

¹Ist der Schuldner zum Ersatz des Wertes eines Gegenstands verpflichtet, der während des Verzugs untergegangen ist oder aus einem während des Verzugs eingetretenen Grund nicht herausgegeben werden kann, so kann der Gläubiger Zinsen des zu ersetzenden Betrags von dem Zeitpunkt an verlangen, welcher der Bestimmung des Wertes zugrunde gelegt wird. ²Das gleiche gilt, wenn der Schuldner zum Ersatz der Minderung des Wertes eines während des Verzugs verschlechterten Gegenstands verpflichtet ist.

§ 291 Prozesszinsen

¹Eine Geldschuld hat der Schuldner von dem Eintritt der Rechtshängigkeit an zu verzinsen, auch wenn er nicht im Verzug ist; wird die Schuld erst später fällig, so ist sie von der Fälligkeit an zu verzinsen. ²Die Vorschriften des § 288 Abs. 1 Satz 2, Abs. 2, Abs. 3 und des § 289 Satz 1 finden entsprechende Anwendung.

A. Einführung

1 Der Text des § 291 a.F. war seit 1900 unverändert. Sein Inhalt wandelte sich allerdings durch das Inkrafttreten des Gesetzes zur Beschleunigung fälliger Zahlungen am 1.5.2000,[1] weil der in Bezug genommene § 288 Abs. 1 a.F. durch dieses Gesetz novelliert wurde. Durch das Schuldrechtsmodernisierungsgesetz musste § 291 a.F. nunmehr auch redaktionell angepasst werden. Denn die Verweisungsnorm des § 288 a.F. wurde wegen der Umsetzung der EG-Verzugsrichtlinie[2] erneut und diesmal auch in ihrer Struktur verändert.

B. Normzweck und Bedeutung

2 Die Vorschrift hat die Funktion eines Auffangtatbestands. Nach ihr ist eine fällige Geldforderung ab Eintritt der Rechtshängigkeit auch dann zu verzinsen, wenn sich der Schuldner zu diesem Zeitpunkt nicht in Verzug befindet. Die Verzinsungspflicht als Folge der Rechtshängigkeit soll zum Ausdruck bringen, dass ein Schuldner auf eigene Gefahr handelt, wenn er es auf eine richterliche Entscheidung ankommen lässt.[3] Die Bedeutung der Vorschrift in der Praxis ist gering, weil sich der Zinsanspruch regelmäßig bereits aus der Verzugszinsenregelung des § 288 ergibt.[4] Denn nach § 286 Abs. 1 S. 2 stehen Klageerhebung und Zustellung eines Mahnbescheides einer Mahnung gleich. Allein auf § 291 beruht die Zinspflicht mangels Verzuges daher nur, wenn der Schuldner, etwa wegen eines entschuldbaren Rechtsirrtums, die Leistungsverzögerung nicht zu vertreten hat (§ 286 Abs. 4) oder wenn die Forderung bei Klageerhebung noch nicht fällig ist (S. 1 Hs. 2).

---

1 Gesetz v. 30.3.2000 (BGBl I S. 330).
2 Richtlinie 2000/35/EG des Europäischen Parlaments und des Rats v. 29.6.2000 zur Bekämpfung von Zahlungsverzug im Geschäftsverkehr, ABlEG Nr. L 200 v. 8.8.2000, S. 35.
3 Vgl. Protokolle bei *Mugdan*, Bd. II, S. 535.
4 Dies gilt auch für die Anwendung des § 291 aufgrund einer Verweisung nach §§ 819, 818 Abs. 4; ebenso Erman/*Westermann*, § 819 Rn 9; übersehen von *Toussaint*, JA 2001, 142 und 144.

Titel 1. Verpflichtung zur Leistung § 292

C. Voraussetzungen

Es muss sich nach **S. 1** um eine Geldschuld handeln, deren Rechtsgrund gleichgültig ist. Die Geldschuld muss weiter durch eine Leistungsklage rechtshängig geworden sein, wobei sich der Eintritt der Rechtshängigkeit nach den allgemeinen Vorschriften der ZPO bestimmt. Schließlich muss die Geldschuld fällig und durchsetzbar sein. Bei späterem Eintritt der Fälligkeit beginnt die Zinspflicht nach S. 1 Hs. 2 erst von diesem Zeitpunkt an.

D. Rechtsfolgen

Der Gläubiger konnte nach § 291 S. 2 a.F. mit § 288 Abs. 1 S. 1 a.F. Prozesszinsen verlangen, und zwar bis zum 1.5.2000 in Höhe von 4% p.a. und seitdem in Höhe von 5 Prozentpunkten über dem jeweiligen Basiszinssatz (§ 247 Rn 1). Hieran hat sich durch das Inkrafttreten des Schuldrechtsmodernisierungsgesetzes grundsätzlich nichts geändert, allerdings ergibt sich dies nunmehr aus S. 2 mit § 288 Abs. 1 S. 2. Etwas anderes gilt freilich dann, wenn eine Geldschuld aus einem Rechtsgeschäft eingeklagt wird, an dem kein Verbraucher beteiligt ist. In diesem Fall ist der Zinssatz nach S. 2 mit § 288 Abs. 2 um 3 Prozentpunkte höher, der Schuldner muss also Prozesszinsen in Höhe von 8 Prozentpunkten über dem jeweiligen Basiszinssatz entrichten. Unverändert gilt schließlich nach S. 2 mit § 289 S. 1, dass auf Zinsen keine Prozesszinsen zu entrichten sind.

E. Kritik und Stellungnahme

In der Literatur hat man § 291 a.F. kritisiert. Die drastische Erhöhung des Prozesszinssatzes von 4% p.a. auf 5 Prozentpunkte über dem Basiszinssatz sei nicht gerechtfertigt. Der Gesetzgeber habe diese mittelbare Folge der Änderung des Verzugszinssatzes weder bedacht noch gewollt.[5] Soweit sich diese Ansicht gegen die stark gestiegene Höhe der Prozesszinsen wendet, trifft sie auf § 291 erst recht zu, weil nunmehr durch den Verweis auf den neuen § 288 Abs. 2 im Geschäftsverkehr sogar Prozesszinsen in Höhe von 8 Prozentpunkten über dem Basiszinssatz geschuldet werden. Gleichwohl lässt sich ihr **formeller Kritikpunkt**, der Gesetzgeber habe die Prozesszinsen nicht erhöhen wollen, gegen § 291 nicht mehr erheben. Man muss vielmehr davon ausgehen, dass der Gesetzgeber die ausdrückliche redaktionelle Anpassung des § 291 an § 288 in Kenntnis von dessen Inhalt vorgenommen hat und ihm die Folge der Anpassung für die Höhe der Prozesszinsen bekannt war.

Die gegen die Anpassung des § 291 durch das Schuldrechtsmodernisierungsgesetz vorgetragene **inhaltliche Kritik**[6] trifft hingegen völlig zu. Originäre Bedeutung haben Prozesszinsen vor allem für solche Schuldner, die aufgrund eines entschuldbaren Rechtsirrtums das Risiko eines Prozesses auf sich nehmen. In einem solchen Fall erscheint es noch heute richtig, den „Risikozuschlag"[7] des Schuldners so festzusetzen wie der Gesetzgeber des Jahres 1900, nämlich mit dem gesetzlichen Zinssatz des § 246 in Höhe von 4 % p.a. Demgegenüber ist die **Bestrafung dieser Schuldner** mit Zinsen in Höhe des jetzt sehr scharfen Verzugszinssatzes **völlig unangemessen**.[8] Es ist nicht zu rechtfertigen, dass ein Unternehmer, der eine Geschäftsforderung mit guten Gründen bestreitet, vor dem LG und dem OLG Recht bekommt und erst vom BGH eines Besseren belehrt wird, außer der Klageforderung und allen Prozesskosten auch noch Prozesszinsen seit Klageerhebung, also in der Regel für fünf bis zehn Jahre, entrichten muss, und zwar in der prohibitiven Höhe von z.Zt. 11,62% p.a.[9] Hier sollte man dringend Abhilfe schaffen.

§ 292 Haftung bei Herausgabepflicht

(1) ¹Hat der Schuldner einen bestimmten Gegenstand herauszugeben, so bestimmt sich von dem Eintritt der Rechtshängigkeit an der Anspruch des Gläubigers auf Schadensersatz wegen Verschlechterung, Untergangs oder einer aus einem anderen Grund eintretenden Unmöglichkeit der Herausgabe nach den Vorschriften, welche für das Verhältnis zwischen dem Eigentümer und dem Besitzer von dem Eintritt der Rechtshängigkeit des Eigentumsanspruchs an gelten, soweit nicht aus dem Schuldverhältnis oder dem Verzug des Schuldners sich zugunsten des Gläubigers ein anderes ergibt.

(2) ¹Das gleiche gilt von dem Anspruch des Gläubigers auf Herausgabe oder Vergütung von Nutzungen und von dem Anspruch des Schuldners auf Ersatz von Verwendungen.

---

[5] *Krüger*, NJW 2000, 2407 f. mit zutreffendem Hinweis auf die Gesetzgebungsmaterialien. Hiergegen *Treber*, NZA 2001, 187, 189 sowie – ohne Begründung – Palandt/*Heinrichs*, § 291 Rn 6.
[6] *Ernst/Gsell*, ZIP 2001, 1389, 1392.
[7] So MüKo/*Thode*, § 291 Rn 1 m. w. N.
[8] A.A. aber *Treber*, NZA 2001, 187, 189.
[9] Stand 1.10.2001. Aktuelle Zinssätze sind abrufbar unter www.bundesbank.de.

Titel 2. Verzug des Gläubigers

§ 293 Annahmeverzug
¹Der Gläubiger kommt in Verzug, wenn er die ihm angebotene Leistung nicht annimmt.

§ 294 Tatsächliches Angebot
¹Die Leistung muß dem Gläubiger so, wie sie zu bewirken ist, tatsächlich angeboten werden.

§ 295 Wörtliches Angebot
¹Ein wörtliches Angebot des Schuldners genügt, wenn der Gläubiger ihm erklärt hat, daß er die Leistung nicht annehmen werde, oder wenn zur Bewirkung der Leistung eine Handlung des Gläubigers erforderlich ist, insbesondere wenn der Gläubiger die geschuldete Sache abzuholen hat. ²Dem Angebot der Leistung steht die Aufforderung an den Gläubiger gleich, die erforderliche Handlung vorzunehmen.

§ 296 Entbehrlichkeit des Angebots
¹Ist für die von dem Gläubiger vorzunehmende Handlung eine Zeit nach dem Kalender bestimmt, so bedarf es des Angebots nur, wenn der Gläubiger die Handlung rechtzeitig vornimmt. ²Das Gleiche gilt, wenn der Handlung ein Ereignis vorauszugehen hat und eine angemessene Zeit für die Handlung in der Weise bestimmt ist, dass sie sich von dem Ereignis an nach dem Kalender berechnen lässt.

A. Überblick

1   Die Regelungen des **Gläubigerverzugs** (§§ 293 ff., 324 Abs. 2, 615 a.F.) sind von der Schuldrechtsreform im Wesentlichen unberührt geblieben. In den §§ 293 bis 304 ist nur S. 2 der Neufassung des § 286 Abs. 2 Nr. 2 entsprechend redaktionell angepasst worden.[1] § 326 Abs. 2 übernimmt mit leichten Umformulierungen die Regelung des § 324 Abs. 2 a.F. (Übergang der Preisgefahr auf den säumigen Gläubiger).[2] Eine ins Gewicht fallende Änderung der bisherigen Rechtslage enthält nur § 323 Abs. 5, der den Gedanken des § 324 Abs. 2 a.F. über die Fälle der Unmöglichkeit hinaus für andere Formen der Pflichtverletzung verallgemeinert.[3] Schließlich ist die Regelung des § 615 durch eine Verweisung auf das „Betriebsrisiko" ergänzt worden (S. 3).

B. Redaktionelle Anpassung des S. 2

2   Der Annahmeverzug setzt grundsätzlich ein tatsächliches oder zumindest ein wörtliches Angebot voraus (§§ 293 ff.). Nach S. 1 ist ein Angebot aber dann ausnahmsweise entbehrlich, wenn für die erforderliche Mitwirkungshandlung des Gläubigers eine Zeit nach dem Kalender bestimmt ist. Das Gleiche galt gemäß S. 2 a.F., wenn der Handlung eine Kündigung vorauszugehen hatte und die Zeit für die Handlung in der Weise bestimmt war, dass sie sich ab Kündigung nach dem Kalender berechnen ließ. Diese Regelung war das „Spiegelbild"[4] zur Regelung des § 284 Abs. 2 a.F., der insoweit einen Verzugseintritt ohne Mahnung vorsah. Nachdem § 286 Abs. 2 Nr. 2, der § 284 Abs. 2 a.F. ersetzt hat, nunmehr einen Verzugseintritt ohne Mahnung auch dann vorsieht, wenn der Leistung ein Ereignis vorauszugehen hat und eine angemessene Zeit für die Leistung in der Weise bestimmt ist, dass sie sich von dem **Ereignis an nach dem Kalender** berechnen lässt, war S. 2 in gleicher Weise zu erweitern. Entsprechend wurde auch hier die „Kündigung" durch „Ereignis" ersetzt. Der bisher ausdrücklich geregelte Fall, dass der Mitwirkungshandlung eine Kündigung vorauszugehen hat und die Zeit für die Handlung in der Weise bestimmt ist, dass sie sich von der Kündigung an nach dem Kalender berechnen lässt, ist nunmehr von der allgemeinen Regelung des S. 2 mit erfasst.[5] Auf die problematische Rechtsprechung des BAG zum Annahmeverzug des Arbeitgebers bei unwirksamer Kündigung, nach der ein Angebot des Arbeitnehmers gemäß § 296 grundsätzlich entbehrlich ist,[6] hat die Neufassung des S. 2 keinen Einfluss.

---

1 Begründung zur Neufassung des § 296, BT-Drucks 14/6040, S. 149.
2 Begründung zu § 326, BT-Drucks 14/6040, S. 189.
3 Begründung zu § 326, BT-Drucks 14/6040, S. 187.
4 Begründung zur Neufassung des § 296, BT-Drucks 14/6040, S. 149.
5 Begründung zu § 286, BT-Drucks 14/6040, S. 145.
6 BAG NZA 1985, 119, 778 = AP Nr. 34, 35 zu § 615 BGB (*Konzen*); BAG NZA 1995, 213; kritisch zu diesem Problemkreis *Lieb*, Arbeitsrecht, Rn 154 ff.

§ 297 Unvermögen des Schuldners

¹Der Gläubiger kommt nicht in Verzug, wenn der Schuldner zur Zeit des Angebots oder im Fall des § 296 zu der für die Handlung des Gläubigers bestimmten Zeit außerstande ist, die Leistung zu bewirken.

§ 298 Zug-um-Zug-Leistungen

¹Ist der Schuldner nur gegen eine Leistung des Gläubigers zu leisten verpflichtet, so kommt der Gläubiger in Verzug, wenn er zwar die angebotene Leistung anzunehmen bereit ist, die verlangte Gegenleistung aber nicht anbietet.

§ 299 Vorübergehende Annahmeverhinderung

¹Ist die Leistungszeit nicht bestimmt oder ist der Schuldner berechtigt, vor der bestimmten Zeit zu leisten, so kommt der Gläubiger nicht dadurch in Verzug, daß er vorübergehend an der Annahme der angebotenen Leistung verhindert ist, es sei denn, daß der Schuldner ihm die Leistung eine angemessene Zeit vorher angekündigt hat.

§ 300 Wirkungen des Gläubigerverzugs

(1) ¹Der Schuldner hat während des Verzugs des Gläubigers nur Vorsatz und grobe Fahrlässigkeit zu vertreten.
(2) ¹Wird eine nur der Gattung nach bestimmte Sache geschuldet, so geht die Gefahr mit dem Zeitpunkt auf den Gläubiger über, in welchem er dadurch in Verzug kommt, daß er die angebotene Sache nicht annimmt.

§ 301 Wegfall der Verzinsung

¹Von einer verzinslichen Geldschuld hat der Schuldner während des Verzugs des Gläubigers Zinsen nicht zu entrichten.

§ 302 Nutzungen

¹Hat der Schuldner die Nutzungen eines Gegenstands herauszugeben oder zu ersetzen, so beschränkt sich seine Verpflichtung während des Verzugs des Gläubigers auf die Nutzungen, welche er zieht.

§ 303 Recht zur Besitzaufgabe

¹Ist der Schuldner zur Herausgabe eines Grundstücks oder eines eingetragenen Schiffs oder Schiffsbauwerks verpflichtet, so kann er nach dem Eintritt des Verzugs des Gläubigers den Besitz aufgeben. ²Das Aufgeben muß dem Gläubiger vorher angedroht werden, es sei denn, daß die Androhung untunlich ist.

§ 304 Ersatz von Mehraufwendungen

¹Der Schuldner kann im Fall des Verzugs des Gläubigers Ersatz der Mehraufwendungen verlangen, die er für das erfolglose Angebot sowie für die Aufbewahrung und Erhaltung des geschuldeten Gegenstands machen mußte.

Abschnitt 2. Gestaltung rechtsgeschäftlicher Schuldverhältnisse durch Allgemeine Geschäftsbedingungen

Vorbemerkung zu §§ 305 ff.

Literatur: *Brüggemeier/Reich,* Europäisierung des BGB durch große Schuldrechtsreform?, BB 2001, 213; *Dörner,* Die Integration des Verbraucherrechts in das BGB, in: Schulze/Schulte-Nölke (Hrsg.), Die Schuldrechtsreform vor dem Hintergrund des Gemeinschaftsrechts, 2001, S. 177; *Grundmann,* EG-Richtlinie und nationales Privatrecht – Umsetzung und Bedeutung der umgesetzten Richtlinie im nationalen Recht, JZ 1996, 274; *Hommelhoff,* Zivilrecht unter dem Einfluß europäischer Rechtsangleichung, AcP 192 (1992), 71; *Kesseler,* Der Kauf gebrauchter Waren nach dem Diskussionsentwurf eines Schuldrechtsmodernisierungsgesetzes, ZRP 2001, 70; *Lutter,* Die Auslegung angeglichenen Rechts, JZ 1992, 593; *Pfeiffer,* Die Integration von „Nebengesetzen" in das BGB, in: Ernst/Zimmermann (Hrsg.), Zivilrechtswissenschaft und Schuldrechtsreform, 2001, S. 481; *Pick,* Zum Stand der Schuldrechtsmodernisierung, ZIP 2001, 1173; *Hennrichs,* Die Bedeutung der EG-Bilanzrichtlinie für das deutsche Handelsbilanzrecht, ZGR 1997, 66; *Ulmer,* Das AGB-Gesetz: ein eigenständiges Kodifikationswerk, JZ 2001, 491; *Ulmer,* Integration des AGB-Gesetzes in das BGB?, in: Schulze/Schulte-Nölke (Hrsg.), Die Schuldrechtsreform vor dem Hintergrund des Gemeinschaftsrechts, 2001, S. 215; *Wolf/Pfeiffer,* Der richtige Standort des AGB-Rechts innerhalb des BGB, ZRP 2001, 303.

Inhalt

A. Überblick 1	C. Zur Auslegung des neu geordneten Rechts 18
I. Systematische Verortung der Vorschriften über AGB im Allgemeinen Schuldrecht 1	D. Anwendungsbereich 20
II. Inhaltliche Neuerungen 10	E. Entwicklungsgeschichte zur endgültigen Fassung .. 21
B. System der Neuordnung 14	F. Übergangsvorschriften 22

A. Überblick

I. Systematische Verortung der Vorschriften über AGB im Allgemeinen Schuldrecht

1 Die §§ 305 – 310 regeln das **materielle Recht der Allgemeinen Geschäftsbedingungen** (AGB), das bislang sondergesetzlich im AGBG normiert war. Demgegenüber nicht in das BGB eingestellt wurde der verfahrensrechtliche Teil des alten AGBG. Er bleibt nach wie vor Gegenstand eines Sondergesetzes, nämlich des Gesetzes über Unterlassungsklagen bei Verbraucherrechts- und anderen Verstößen – UKlaG (Art. 3 des Gesetzes zur Modernisierung des Schuldrechts).

2 Bei der Neuordnung des AGB-Rechts im Zuge der Schuldrechtsmodernisierung stellten sich dem Gesetzgeber aus rechtssystematischer Sicht verschiedene Alternativen:
– **Integration** der materiellen AGB-Regelungen in das BGB oder weiterhin AGBG als Sondergesetz;
– wenn Integration in das BGB: **Zusammenfassung** an einem Ort oder Zergliederung und Verteilung auf unterschiedliche Bereiche der Bücher des BGB;
– wenn zusammenfassende Integration an einem Ort: **Verortung im Allgemeinen Schuldrecht** oder im Allgemeinen Teil.

3 Der Gesetzgeber entschied sich für eine **zusammenfassende Integration** des materiell-rechtlichen Teils der AGB-Vorschriften **in das Allgemeine Schuldrecht**. Für die Grundentscheidung, die materiellen AGB-Regelungen in das BGB zu integrieren, waren mehrere Erwägungen bestimmend:[1]
– Die Regelungstechnik, privatrechtliche Sondergesetze neben das BGB zu stellen, berge die Gefahr „erheblicher Intransparenz". Umgekehrt sei mit einer Integration der AGB-Regelungen in das BGB ein „Fortschritt an Transparenz und Verständlichkeit" verbunden.
– Das materielle Recht der AGB sei „Teil des allgemeinen Privatrechts" und inhaltlich mit dem BGB so eng verwoben, dass man beide Bereiche nicht trennen könne.
– Die sondergesetzliche Lösung berge die „Gefahr, dass sich unterschiedliche Auslegungsgrundsätze, Begrifflichkeiten und Wertungsmaßstäbe entwickeln". Demgegenüber müsse sichergestellt werden, dass das AGB-Recht den gleichen Prinzipien folge wie das BGB selbst.
– Schließlich erlange das BGB erst durch die Integration auch des AGB-Rechts „wieder den Rang einer **zivilrechtlichen Gesamtkodifikation**".

---

1 Vgl. BT-Drucks 14/6040, 91 f., 97, 149 f.

Durch die Zusammenfassung der materiellen AGB-Regelungen in einem eigenen Abschnitt („**en-bloc-Lösung**") will der Gesetzgeber zum einen deren Bedeutung hervorheben. Zum anderen soll möglichst an das in der Praxis bewährte System des bisherigen AGB-Gesetzes angeknüpft werden, um der Rechtspraxis den Übergang auf das neue Recht zu erleichtern. Dem in der Literatur vereinzelt unterbreiteten Vorschlag, die Regelung aufzuspalten und einzelne AGB-Vorschriften an jeweils systematisch passender Stelle einzuordnen,[2] wurde deshalb nicht gefolgt.

Die Verortung der AGB-Regelungen im **Allgemeinen Schuldrecht** (statt im Allgemeinen Teil) schließlich wurde damit begründet, dass das AGB-Recht „seinen Ursprung eben dort (sc. im Schuldrecht) hat" und schuldrechtliche Vertragsbestimmungen den „in der Praxis ganz überwiegenden Anwendungsbereich" der AGB-Vorschriften ausmachten.

Rechtspolitische Kritik. Die Integration der materiell-rechtlichen AGB-Vorschriften in das BGB und dort in das Allgemeine Schuldrecht hat im Gesetzgebungsverfahren Kritik erfahren.[3] In der Tat sind die skizzierten Erwägungen des Gesetzgebers von nur eingeschränkter Überzeugungskraft. Dass die AGB-Regelungen inhaltlich mit dem BGB untrennbar verwoben seien und es „zusammenzuführen" gelte, „was zusammen gehört",[4] ist sachlich und sprachlich überzogen. Auch kann man kaum ernstlich anführen, das bisherige Nebeneinander von BGB und AGBG habe nennenswert zu Intransparenz und/oder zu Wertungswidersprüchlichkeiten geführt. Mängel der Rechtsanwendung sind, wie *Ulmer* mit Recht eingewandt hat, bisher von keiner Seite spezifiziert worden.[5] Ebenso wenig hängt der „Rang" des BGB als Gesamtkodifikation davon ab, ob die materiell-rechtlichen AGB-Vorschriften integriert sind oder sich erst in einem Sondergesetz finden. All das ist nicht wirklich zwingend (allerdings: auch nicht wirklich schädlich).

Andererseits dürfte die teilweise geäußerte Besorgnis ebenfalls unbegründet sein, durch Integration der AGB-Inhaltskontrolle in das BGB werde das **Leitbild der Vertragsfreiheit** und der Privatautonomie verwässert, weil ein Übergreifen der Wertungen der §§ 307 ff. bei der richterlichen Kontrolle von Individualverträgen zu erwarten sei.[6] Einbruchstellen einer richterlichen Inhaltskontrolle von Verträgen finden sich mit §§ 138, 157, 242, 315 schon bislang im BGB. Ein weiterreichendes Übergreifen der AGB-Inhaltskontrolle auf Individualverträge lässt sich allein aus der gesetzessystematischen Neuordnung nicht ableiten. Jedenfalls wäre einer Vermischung von AGB-Recht und allgemeinem Vertragsrecht nachdrücklich zu widersprechen.[7] Die einzelnen Klauselverbote der §§ 308, 309 (früher §§ 10, 11 AGBG) finden ihre Rechtfertigung in den Besonderheiten der AGB.[8] Das allgemeine Vertragsrecht des BGB ist nach wie vor durch den Grundsatz der Privatautonomie geprägt. Daran hat sich durch die gesetzliche Umgliederung der AGB-Vorschriften nichts geändert (s. auch Rn 18). – Insgesamt sprechen daher zwar keine zwingenden Gründe für eine Integration der Vorschriften über AGB in das BGB, andererseits ist eine solche Neuordnung aber auch zwingenden Einwänden ausgesetzt.

Hat man sich für eine Eingliederung der AGB-Bestimmungen in das BGB entschieden, ist die gewählte **en-bloc-Regelung** der alternativ denkbaren „Splitting-Lösung" allerdings in der Tat allemal vorzuziehen.[9] Dass einzelne AGB-Vorschriften gesetzessystematisch unterschiedliche Berührungspunkte haben, zwingt nicht dazu, die Einheitlichkeit und Struktur des bisherigen AGB-Rechts, die sich bewährt hat, zu zerreißen. Eine Aufspaltung hätte zu kaum lösbaren systematischen Schwierigkeiten geführt.[10] Demgegenüber erleichtert es die Umstellung auf das neue Recht, dass die gewöhnte Struktur des bisherigen AGB-Gesetzes weitgehend erhalten geblieben ist.[11]

Als besonders **problematisch** verbleibt die **Verortung der AGB-Vorschriften im Allgemeinen Schuldrecht** statt – wie richtiger[12] – im Allgemeinen Teil des BGB. Zwar ist es zutreffend, dass AGB zu Schuldverträgen den Hauptanwendungsfall von AGB darstellen. Es gibt aber durchaus praktisch bedeutsame AGB auch zu anderen Gebieten, vor allem zu sachenrechtlichen Verträgen (z. B. Klauseln zu Sicherungsgeschäften) oder zu Gegenständen des Allgemeinen Teils (z. B. Vollmachts-, Zugangs- oder Schriftformklauseln).[13] Die Zuordnung des AGB-Rechts zum Allgemeinen Schuldrecht könnte zu dem

---

2 Vgl. *Pfeiffer*, in: Ernst/Zimmermann, S. 481, 502 ff.; ferner Diskussionsbeitrag von *Wolf*, JZ 2001, 498. Als denkbar erwogen, letztlich aber verworfen wird eine „Punkt-für-Punkt-Lösung" auch von *Dörner*, in: Schulze/Schulte-Nölke, S. 177, 181.
3 Vgl. vor allem *Ulmer*, in: Schulze/Schulte-Nölke, S. 215, 220 f.; *ders.*, JZ 2001, 491 ff.
4 BT-Drucks 14/6040, 150.
5 *Ulmer*, in: Schulze/Schulte-Nölke, S. 215, 217.
6 Eine dahin gehende Gefahr sieht auch *Ulmer*, JZ 2001, 491, 496, der zugleich (ebd. 493) sich aber mit Nachdruck gegen eine Ausstrahlungswirkung der §§ 307 – 309 auf das allgemeine Vertragsrecht ausspricht.
7 So mit Recht *Ulmer*, JZ 2001, 491, 493.
8 Vgl. *Brandner*, in: Ulmer/Brandner/Hensen, § 9 Rn 59.
9 So auch *Dörner*, in: Schulze/Schulte-Nölke, S. 177, 181; *Ulmer*, in: Schulze/Schulte-Nölke, S. 215, 221; *ders.*, JZ 2001, 491, 493 f.
10 Instruktiv *Ulmer*, JZ 2001, 491, 494.
11 So im Ansatz auch *Brüggemeier/Reich*, BB 2001, 213, 214.
12 Z.B. *Dörner*, in: Schulze/Schulte-Nölke, S. 177, 180; *Pfeiffer*, in: Ernst/Zimmermann, S. 481, 502.

(Fehl-)Schluss verleiten, nicht-schuldrechtliche AGB sollten künftig vom Anwendungsbereich der Vorschriften ausgenommen sein.[14] Die Gesetzesbegründung stellt indessen klar, dass eine solche **Verengung des Anwendungsbereichs der AGB-Vorschriften nicht bezweckt** ist.[15] Durch die systematische Verortung im Schuldrecht soll nur der Schwerpunkt des Anwendungsbereichs betont werden. Bei der gebotenen (historisch-)teleologischen Auslegung (s. auch Rn 18) sind die §§ 305 ff. daher (ebenso wie bislang das AGBG) auch auf nicht-schuldrechtliche AGB (direkt) anwendbar. Das bestätigen §§ 305 und 310 (s. Rn 20). Die Besorgnis, aufgrund der Einfügung der AGB-Vorschriften „an falscher Stelle" sei eine Inhaltskontrolle von nicht-schuldvertraglichen AGB „nicht mehr mit hinreichender Sicherheit gewährleistet" und „allenfalls noch durch eine Analogie" zu erreichen,[16] erscheint deshalb unbegründet. Immerhin spricht für die Zuordnung der AGB-Vorschriften zum Allgemeinen Schuldrecht in der Tat die Entwicklungsgeschichte. Denn vor Inkrafttreten des alten AGBG verortete die Rechtsprechung die Inhaltskontrolle von AGB bei § 242.[17]

II. Inhaltliche Neuerungen

10 Die Neuordnung des AGB-Rechts im Zuge der Modernisierung des Schuldrechts ist in erster Linie eine gesetzessystematische mit dem Ziel, das bisherige Sonder-(AGB-)Gesetz in das BGB zu integrieren und dadurch die „Kodifikationsidee" zu stärken (Rn 3 ff.). Eine **inhaltliche Neuregelung** ist damit grundsätzlich **nicht bezweckt** (s. auch Rn 18).[18]

11 Die behutsamen **inhaltlichen Änderungen** sind im Wesentlichen Folge der Modifikationen des sonstigen Schuldrechts oder notwendige Anpassungen an die Klauselrichtlinie (Richtlinie 93/13/EWG). Die Änderungen betreffen vor allem § 309 (früher § 11 AGBG). Hier hervorzuheben sind folgende Klauselverbote: Pauschalierungen von Schadenersatzansprüchen (§ 309 Nr. 5), Haftungsausschluss bei Verletzung von Leben, Körper und Gesundheit (§ 309 Nr. 7), sonstige Haftungsausschlüsse bei Pflichtverletzung (§ 309 Nr. 8, früher § 11 Nr. 8 bis 10 AGBG), dort vor allem lit. a (Lösungsrechte vom Vertrag) und lit. b ff (Erleichterungen der Verjährung). Zu erwähnen ist außerdem die nunmehr explizite Regelung des bislang allein von Rechtsprechung und Lehre entwickelten sog. Transparenzgebots in § 307 Abs. 1 S. 2. Ausgedünnt wurden schließlich die Einbeziehungserleichterungen des alten § 23 Abs. 2, 3 AGBG (s. jetzt § 305a).

12 Obwohl das AGB-Recht damit im Ganzen eher behutsam neu geordnet worden ist (s. auch Rn 18), besteht für die Praxis **Bedarf, bisher verwendete AGB zu überprüfen** und ggf. anzupassen. Der Anpassungsdruck resultiert vor allem aus den Änderungen der Klauselverbote ohne Wertungsmöglichkeit (§ 309, früher § 11 AGBG) und des sonstigen Schuldrechts, vor allem des Kaufrechts und des Rechts der Leistungsstörungen. Hier sind die jeweiligen neuen Vorschriften daraufhin zu untersuchen, ob und wieweit sie noch Spielraum für eine Abänderung oder Ergänzung durch AGB belassen. Tendenziell wird der Spielraum bei AGB, die gegenüber Verbrauchern verwendet werden sollen, dabei enger. Vor allem das **Verbrauchsgüterkaufrecht** und damit der wichtige Bereich des **Handels** mit Verbrauchern ist nunmehr weitgehend zwingend normiert (vgl. vor allem § 475; s. auch § 307 Rn 3 und § 309 Rn 2).

13 **Revisionsbedürftig** sind beispielsweise folgende Standardklauseln:
- **Gefahrübergangsklauseln** (z. B.: „Die Gefahr geht auf den Besteller über, sobald die Ware an die Deutsche Post übergeben worden ist."): Diese sind künftig bei einem Verbrauchsgüterkauf (§ 474 Abs. 1) unwirksam wegen § 474 Abs. 2 i.V.m. § 475 Abs. 1 (hier zwingend Gefahrübergang erst gem. der Regel des § 446, d. h. mit Übergabe).
- Klauseln, welche die **Art der Nacherfüllung in das freie Ermessen des Verwenders stellen** (z. B.: „Ist die Kaufsache mangelhaft, ist der Verkäufer nach eigener Wahl zur Mängelbeseitigung oder zur Ersatzlieferung berechtigt."): Bei einem Verbrauchsgüterkauf steht das Wahlrecht künftig zwingend dem Käufer zu (§§ 439 Abs. 1, 475 Abs. 1); möglich ist die Beschränkung des Anspruchs auf eine Art der Nacherfüllung nach Maßgabe des § 439 Abs. 3. – Nacherfüllungsklauseln, die zugleich Aussagen zum **Minderungs- oder Lösungsrecht** vom Vertrag treffen (häufig wegen § 11 Nr. 10 lit. b AGBG a.F.), sind ggf. außerdem an §§ 437, 439, 440 (S. 2!), 441 anzupassen. Bei der Formulierung ist darauf zu achten, „dass Gewährleistungsklauseln den Käufer nicht von der Geltendmachung bestehender

---

13 *Pfeiffer*, in: Ernst/Zimmermann, S. 481, 502.
14 Vgl. die Besorgnis von *M. Wolf* und *Pfeiffer*, 6 Thesen zu Schuldrechtsreform und AGB-Gesetz, dort unter Tz. 2 f.; *Wolf/Pfeiffer*, ZRP 2001, 303 ff.
15 BT-Drucks 14/6040, 149; besonders deutlich BT-Drucks 14/7052, 187. Das konzediert denn auch *Pfeiffer*, in: Ernst/Zimmermann, S. 481, 502.
16 So *M. Wolf* und *Pfeiffer*, 6 Thesen zu Schuldrechtsreform und AGB-Gesetz, dort unter Tz. 2 f.
17 Vgl. BGHZ 22, 90; *Medicus*, Bürgerliches Recht, Rn 67.
18 BT-Drucks 14/6040, 150; *Ulmer*, JZ 2001, 491.

Rechte abhalten dürfen".[19] Daher sollte die Klausel erkennen lassen, unter welchen Voraussetzungen der Kunde vom Vertrag zurücktreten oder mindern kann.

- **Schadenspauschalierungsklauseln**: Gem. § 309 Nr. 5 lit. b) sind künftig Klauseln unwirksam, die dem anderen Vertragsteil nicht ausdrücklich den Nachweis gestatten, dass ein Schaden oder eine Wertminderung nicht oder wesentlich niedriger als die Pauschale entstanden ist. Die Vorschrift gilt vermittels §§ 307 Abs. 1 S. 1, 310 Abs. 1 S. 2 auch im Rechtsverkehr zwischen Unternehmen (§ 309 Rn 8).
- **Verjährungsklauseln:** Bei Verbrauchsgüterkaufverträgen verjähren die Ansprüche des Käufers nunmehr zwingend grundsätzlich erst nach zwei Jahren, bei gebrauchten Sachen ist eine Frist von mindestens einem Jahr zu gewähren (gerechnet jeweils ab dem gesetzlichen Verjährungsbeginn, § 475 Abs. 2).
- **(Schadenersatz-)Freizeichnungsklauseln** sind auch im Bereich des Verbrauchsgüterkaufs nicht von vornherein unzulässig (s. § 475 Abs. 3). Anpassungsbedarf kann sich hier aber vor allem aus § 309 Nr. 7 ergeben. Weit gefasste Freizeichnungsklauseln sind im Hinblick auf das Transparenzgebot (§ 307 Abs. 1 S. 2) und das Verbot einer geltungserhaltenden Reduktion (§ 306 Rn 3) ggf. zu präzisieren (s. auch § 307 Rn 16 und § 309 Rn 12).
- **Gewährleistungsausschluss bei gewerblichem Handel mit gebrauchten Sachen gegenüber Verbrauchern:** Eine bedeutsame Änderung ergibt sich für den Bereich des gewerblichen Gebrauchtwarenhandels mit Verbrauchern (z. B. Verkauf eines Gebrauchtwagens vom Händler).[20] Hier wurde bislang vielfach ein vollständiger Gewährleistungsausschluss durchgesetzt. Nach der Neuregelung des § 475 Abs. 1 sind demgegenüber künftig die Rechte des Verbrauchers bei einem Verbrauchsgüterkauf i.S.d. § 474 Abs. 1 nicht mehr abdingbar; die Verjährung kann in diesem Fall zwar abgekürzt werden, doch ist eine Mindestfrist von einem Jahr zu gewähren (§ 475 Abs. 2). Siehe auch § 309 Rn 24.
- Ferner können **redaktionelle Anpassungen** an die teilweise neue **Terminologie** des Gesetzes notwendig werden (z. B. bei Klauseln, die noch von der „Haftung für zugesicherte Eigenschaften", von „Wandelung" u.ä. sprechen).
- Endlich entsteht in manchen Fragen **neuer Klauselbedarf**. Hier erwähnenswert erscheint vor allem die Vorschrift des § 478 Abs. 4, nach der in **Verträgen zwischen Unternehmen** für den Rückgriff ein insgesamt „gleichwertiger Ausgleich" vorgesehen werden kann.[21]

B. System der Neuordnung

Das **System der Neuordnung** lehnt sich an die vertraute **Struktur des bisherigen AGBG** an. Eingangsnorm und folglich stets zuerst zu prüfen ist wie bisher (§ 1 AGBG) die Vorschrift über die **Definition der AGB** (§ 305 Abs. 1; für Verbraucherverträge ist ergänzend § 310 Abs. 3 zu beachten, bisher § 24a AGBG). Erst wenn die dort vorausgesetzten Kriterien erfüllt sind, werden die weiteren Vorschriften der §§ 305 ff. anwendbar. § 305 Abs. 1 stellt folglich das „Einfallstor" für eine AGB-Prüfung dar. Über die **Einbeziehung** der AGB in den Vertrag entscheiden sodann § 305 Abs. 2 und 3 (früher § 2 AGBG) und für besondere Fälle § 305a (früher § 23 Abs. 2 AGBG). Der **Vorrang der Individualabrede** (früher § 4 AGBG) ist nunmehr in § 305b bestimmt; die bisherigen §§ 3 und 5 AGBG (**Überraschende Klauseln** und **Unklarheitenregel**) werden in § 305c zusammengefasst. Die **Rechtsfolgen** bei Nichteinbeziehung und Unwirksamkeit (bisher § 6 AGBG) regelt nunmehr § 306.

Die Zentralvorschrift über die **Inhaltskontrolle** von AGB (früher § 9 AGBG) ist § 307 Abs. 1 und 2. Der frühere § 8 AGBG, der die Schranken der Inhaltskontrolle festlegt, ist nun § 307 Abs. 3. Die einzelnen Klauselverbote normieren §§ 308 (Klauselverbote mit Wertungsmöglichkeit) und 309 (ohne Wertungsmöglichkeit); gegenüber den bisherigen §§ 10, 11 AGBG sind einzelne Verbote inhaltlich geändert und präzisiert. § 310 endlich trifft Sondervorschriften zum **Anwendungsbereich** (früher §§ 23, 24, 24a AGBG), u. a. über Verbraucherverträge (§ 310 Abs. 3) und betreffend Verträge auf den Gebieten des Arbeits-, Erb-, Familien- und Gesellschaftsrechts (§ 310 Abs. 4).

Die nachstehende **Synopse** zeigt die Entsprechungen. Da für Verbraucherverträge die Vorgaben der sog. Klauselrichtlinie (Richtlinie 93/13/EWG) zu beachten sind (s. auch Rn 19), sind die korrespondierenden Artikel der Richtlinie ebenfalls nachgewiesen. – Bei der Rechtsanwendung ist zu beachten, dass die Regelungen der §§ 305 – 310 inhaltlich teilweise von den Vorschriften des AGBG abweichen. Siehe hierzu im Einzelnen bei den jeweiligen Vorschriften.

---

19 *Pfeiffer*, in: Ernst/Zimmermann, S. 481, 518.
20 Vgl. dazu auch *Kesseler*, ZRP 2001, 70 f.
21 BT-Drucks 14/6040, 249.

17 Synopse: BGB – AGBG – Klauselrichtlinie

§§ ... BGB	§§ ... AGBG	Art. ... der Klauselrichtlinie
305 Abs. 1	1	3 Abs. 2
305 Abs. 2	2 Abs. 1	
305 Abs. 3	2 Abs. 2	
305a Nr. 1	23 Abs. 2 Nr. 1	
305a Nr. 2	23 Abs. 2 Nr. 1a und 1b	
305b	4	
305c Abs. 1	3	
305c Abs. 2	5	5 S. 2
306	6	6
306a	7	8
307 Abs. 1 S. 1	9 Abs. 1	3 Abs. 1, 4 Abs. 1
307 Abs. 1 S. 2		4 Abs. 2 a.E., 5 S. 1
307 Abs. 2	9 Abs. 2	
307 Abs. 3	8	4 Abs. 2
308	10	3 Abs. 3 i.V.m. Anhang[22]
309, und zwar:	11, und zwar:	3 Abs. 3 i.V.m. Anhang
309 Nr. 1 – 6	11 Nr. 1 – 6	
309 Nr. 7	11 Nr. 7, 23 Abs. 2 Nr. 3	vgl. 3 Abs. 3 i.V.m. Anhang Nr. 1a
309 Nr. 8	11 Nr. 8 – 11, 23 Abs. 2 Nr. 3	vgl. 3 Abs. 3 i.V.m. Anhang Nr. 1b
309 Nr. 9 – 13	11 Nr. 12 – 16, 23 Abs. 2 Nr. 6	vgl. 3 Abs. 3 i.V.m. Anhang Nr. 1h
310 Abs. 1	24	1 Abs. 1
310 Abs. 2	23 Abs. 2 Nr. 2	
310 Abs. 3	24a	3 Abs. 2, 4 Abs. 1
310 Abs. 4	23 Abs. 1	Erwägungsgründe vor Art. 1

C. Zur Auslegung des neu geordneten Rechts

18 Bei der Auslegung des neu geordneten Rechts der AGB ist zu beachten, dass der Gesetzgeber zwar die materiell-rechtlichen Vorschriften des bisherigen AGBG in das BGB eingliedern, die Vorschriften dabei inhaltlich aber nicht grundlegend neu gestalten, sondern im Gegenteil im Wesentlichen beibehalten wollte (**Grundsatz der schonenden Neuordnung**, s. Rn 10). Es handelt sich bei der Integration des AGB-Rechts im Zuge der Modernisierung des Schuldrechts mithin zwar um eine systematische **Neuordnung**, aber **nicht** um eine inhaltliche **Neuregelung** der AGB-Bestimmungen (gesetzesformale Umgliederung bei weitgehender inhaltlicher Kontinuität). Die Neuordnung rechtfertigt daher keine (zu) weitgehenden Folgerungen. Namentlich ist mit der Integration der Vorschriften in das BGB weder eine Ausweitung noch eine Einschränkung des bisherigen Anwendungsbereichs (vgl. bereits Rn 9) noch eine prinzipielle Änderung der Klauselkontrolle bezweckt. Ebenso würde die Neuordnung überbetont, wollte man aus der Eingliederung der AGB-Kontrolle in das BGB eine Legitimation zu weit reichender Inhaltskontrolle nun auch von Nicht-AGB ableiten (vgl. Rn 7). All das ist nicht bezweckt.

---

22 Zu diesem Zusammenhang s. Palandt/*Heinrichs*, § 24a AGBG Rn 24 ff.

Im Übrigen ist auch für das neu geordnete Recht zu beachten, dass bei der Kontrolle von Klauseln in **Verbraucherverträgen** die Vorgaben der Europäischen **Klauselrichtlinie** (Richtlinie 93/13/EWG über missbräuchliche Klauseln in Verbraucherverträgen) zu berücksichtigen sind. Im Anwendungsbereich der Richtlinie ist das nationale Recht **richtlinienkonform auszulegen**.[23] Das schließt die Pflicht ein, Fragen zur Auslegung der Richtlinie nach Maßgabe des Art. 234 EGV dem EuGH vorzulegen. Eine Vorlagepflicht besteht aber nur, soweit Verbraucherverträge streitgegenständlich sind, nicht auch bei Verträgen zwischen Unternehmen oder bei reinen Privatgeschäften.[24] Bei der Abgrenzung der Normbereiche (autonome nationale Rechtsanwendung einerseits oder europäisch geprägte Auslegung andererseits) ist außerdem zu beachten, dass der EuGH allein für die Auslegung des Gemeinschaftsrechts zuständig ist (vgl. Art. 220, 234 EGV). Fragen der Subsumtion sind daher ebenso wenig vorzulegen,[25] sondern in autonomer nationaler Rechtsanwendung zu beantworten, wie Fragen zu Wertungskriterien des innerstaatlichen Rechts.[26] Demgegenüber ist es Sache des EuGH, die normative Reichweite der Generalklausel (Art. 3 Abs. 1 der Richtlinie), die Beurteilungskriterien des Art. 4 Abs. 1 der Richtlinie sowie die Ausstrahlungswirkung des Klauselanhangs zu bestimmen. Soweit diese Fragen in einem nationalen Rechtsstreit über Klauseln in einem Verbrauchervertrag entscheidungserheblich werden, ist gem. Art. 234 EGV vorzulegen.

D. Anwendungsbereich

Das materielle Recht der AGB hat nunmehr im Zweiten Abschnitt des Allgemeinen Schuldrechts einen prominenten Standort gefunden. Wie bereits ausgeführt (Rn 9), ist mit dieser systematischen Verortung allerdings **keine Verengung des Anwendungsbereichs** der AGB-Vorschriften bezweckt. **Auch nichtschuldvertragliche AGB** unterfallen wie bisher den Vorschriften über AGB, soweit das Gesetz nicht besondere Ausnahmen bestimmt. Das ergibt sich deutlich aus der Definitionsnorm des § 305, aus § 310 sowie aus den Gesetzgebungsmaterialien. § 305 erfasst alle Arten von AGB, unabhängig von ihrem Inhalt und Gegenstand (s. § 305 Rn 3). In § 310 ist sodann im Einzelnen bestimmt, worauf die Vorschriften über AGB nicht anzuwenden sind. Der Allgemeine Teil des Bürgerlichen Rechts und das Sachenrecht – um zwei wichtige Bereiche nicht-schuldvertraglicher AGB zu nennen – sind dort nicht als Ausnahmebereiche genannt.[27] Zu der hier vertretenen Rechtsanwendung bedarf es auch keiner Analogie. Die (direkte) Einschlägigkeit der §§ 305 ff. für grundsätzlich alle AGB folgt vielmehr bereits aus einer entsprechenden (historisch-)teleologischen Auslegung.

E. Entwicklungsgeschichte zur endgültigen Fassung

Auch die Vorschriften über AGB wurden im Verlauf des Gesetzgebungsverfahrens vom DiskE zur endgültigen Fassung **mehrfach geändert**. Letzte Modifikationen erfuhren die Regelungen durch den Rechtsausschuss. So wurde erst hiernach das Privileg für Bausparbedingungen (früher § 23 Abs. 3 AGBG, § 305a Nr. 1 RE) gestrichen und das Transparenzgebot von § 307 Abs. 2 Nr. 3 RE in § 307 Abs. 1 S. 2 umgestellt. Ebenso wurden noch nach der Stellungnahme des Rechtsausschusses einzelne Klauselverbote des § 309 sowie der Anwendungsbereich der AGB-Vorschriften (§ 310) modifiziert. Bei der Auswertung der **Gesetzgebungsmaterialien** sind vor allem zu würdigen:
– BT-Drucks 14/6040 (Gesetzesentwurf der Bundesregierung)
– BR-Drucks 338/01 (Stellungnahme des Bundesrates)
– BT-Drucks 14/6857 (Gegenäußerung der Bundesregierung) und
– BT-Drucks 14/7052 (Beschlussempfehlung des Rechtsausschusses).

---

[23] Vgl. z. B. EuGH Slg. 1984, 1891, 1909 (Tz. 26); 1987, 3969, 3986 (Tz. 12); 1988, 4635, 4652, 4662 (Tz. 39); EuGH EuZW 1997, 318, 320 (Tz. 41). Ferner BVerfGE 75, 223, 237. Aus der Literatur z. B. *Grundmann*, JZ 1996, 274, 281 f.; *Hommelhoff*, AcP 192 (1992), 71, 95 ff.; *Lutter*, JZ 1992, 593, 604 ff.; eingehend *Brechmann*, Die richtlinienkonforme Auslegung, 1994; *Hennrichs*, Wahlrechte im Bilanzrecht der Kapitalgesellschaften, 1999, S. 84 ff.
[24] Zutr. Palandt/*Heinrichs*, Einf. v § 1 AGBG Rn 7, § 24a Rn 19; zur Möglichkeit einer solchen gespaltenen Vorlagepflicht je nach Streitgegenstand s. auch *Hennrichs*, ZGR 1997, 66, 76 f. (am Beispiel des Bilanzrechts).
[25] Vgl. EuGH Slg. 1982, 1331, 1332.
[26] Ähnlich Palandt/*Heinrichs*, § 24a AGBG Rn 21 f.
[27] So mit Recht der Bericht des Rechtsausschusses, BT-Drucks 14/7052, 187.

F. Übergangsvorschriften

22 Das neugeordnete AGB-Recht (§§ 305 ff.) gilt für Schuldverhältnisse, die nach dem 31.12.2001 entstanden sind. Für vor dem 1.1.2002 entstandene Schuldverhältnisse verbleibt es zunächst bei der Anwendbarkeit des AGBG a.F. Bei Dauerschuldverhältnissen gilt eine Übergangsfrist bis 31.12.2002; vom 1.1.2003 an gilt auch für Dauerschuldverhältnisse das neu geordnete Recht (s. Art. 229 § 5 EGBGB i.d.F. des Gesetzesentwurfs zur Modernisierung des Schuldrechts, Beschlussempfehlung Rechtsausschuss).

§ 305 Einbeziehung Allgemeiner Geschäftsbedingungen in den Vertrag

(1) ¹Allgemeine Geschäftsbedingungen sind alle für eine Vielzahl von Verträgen vorformulierten Vertragsbedingungen, die eine Vertragspartei (Verwender) der anderen Vertragspartei bei Abschluss eines Vertrags stellt. ²Gleichgültig ist, ob die Bestimmungen einen äußerlich gesonderten Bestandteil des Vertrags bilden oder in die Vertragsurkunde selbst aufgenommen werden, welchen Umfang sie haben, in welcher Schriftart sie verfasst sind und welche Form der Vertrag hat. ³Allgemeine Geschäftsbedingungen liegen nicht vor, soweit die Vertragsbedingungen zwischen den Vertragsparteien im Einzelnen ausgehandelt sind.
(2) ¹Allgemeine Geschäftsbedingungen werden nur dann Bestandteil eines Vertrags, wenn der Verwender bei Vertragsschluss
1. die andere Vertragspartei ausdrücklich oder, wenn ein ausdrücklicher Hinweis wegen der Art des Vertragsschlusses nur unter unverhältnismäßigen Schwierigkeiten möglich ist, durch deutlich sichtbaren Aushang am Ort des Vertragsschlusses auf sie hinweist und
2. der anderen Vertragspartei die Möglichkeit verschafft, in zumutbarer Weise, die auch eine für den Verwender erkennbare körperliche Behinderung der anderen Vertragspartei angemessen berücksichtigt, von ihrem Inhalt Kenntnis zu nehmen,
und wenn die andere Vertragspartei mit ihrer Geltung einverstanden ist.
(3) ¹Die Vertragsparteien können für eine bestimmte Art von Rechtsgeschäften die Geltung bestimmter Allgemeiner Geschäftsbedingungen unter Beachtung der in Absatz 2 bezeichneten Erfordernisse im Voraus vereinbaren.

Literatur: *Dörner/Hoffmann*, Der Abschluss von Versicherungsverträgen nach § 5 a VVG, NJW 1996, 153; *de Lousanoff*, Die Wirksamkeit des Eigentumsvorbehaltes bei kollidierenden Allgemeinen Geschäftsbedingungen, NJW 1982, 1727; *ders.*, Neues zur Wirksamkeit des Eigentumsvorbehaltes bei kollidierenden Allgemeinen Geschäftsbedingungen, NJW 1985, 2921; *Eckert/Nebel*, Abwehrklausel in Einkaufsbedingungen, verlängerter Eigentumsvorbehalt und Globalzession, WM 1988, 1545; *Wackerbarth*, Unternehmer, Verbraucher und die Rechtfertigung der Inhaltskontrolle vorformulierter Verträge, AcP 200 (2000), 45.

A. Übersicht

1 Die Vorschrift enthält die **Eingangsnorm** zur Anwendung der Bestimmungen über AGB (zum System der Neuordnung s. vor §§ 305 ff. Rn 14 f.). **Abs. 1 definiert** den Begriff der Allgemeinen Geschäftsbedingungen. Die Vorschrift übernimmt die bisherige Regelung des § 1 AGBG wortgetreu und fasst nur die bislang zwei Absätze zu einem Absatz zusammen. Inhaltlich ergeben sich insoweit keine Änderungen, so dass voll auf die bisherigen Erkenntnisse zu § 1 AGBG zurückgegriffen werden kann.

2 Abs. 2 regelt die **Einbeziehung** von AGB (vormals § 2 Abs. 1 AGBG). Auch diese Regelung entspricht inhaltlich im Wesentlichen dem alten Recht. Neu ist, dass der Verwender nunmehr erkennbare körperliche Behinderungen der anderen Vertragspartei angemessen berücksichtigen muss, soweit es darum geht, diesem die Möglichkeit der Kenntnisnahme zu verschaffen (Abs. 2 Nr. 2). Ergänzend zu Abs. 2 ist § 305 a zu beachten (s. dort). **Abs. 3** ermöglicht eine Rahmenvereinbarung im Sinne einer im Voraus getroffenen Vereinbarung über die Geltung bestimmter AGB für eine bestimmte Art künftiger Geschäfte. Die Vorschrift entspricht inhaltsgleich dem bisherigen § 2 Abs. 2 AGBG.

B. Begriff der AGB

3 Zum Begriff der AGB ergeben sich inhaltlich **keine Änderungen** gegenüber dem alten Recht. Erfasst werden nach wie vor **alle Arten** von für eine Vielzahl von Verträgen vorformulierten Vertragsbedingungen. Auf den Inhalt der klauselmäßigen Regelungen kommt es nicht an. Ebenso ist es für den Begriff der AGB unerheblich, ob der Verwender selbst, sein Interessenverband oder ein Dritter (z. B. ein Rechtsanwalt[1]) die Bedingungen aufgesetzt hat (zum Merkmal des „Stellens" s. aber Rn 4). AGB können sowohl Änderungen oder Ergänzungen einer gesetzlichen Regelung als auch bloße Wiederholungen des Gesetzestextes (sog.

---

[1] Vgl. BGHZ 118, 229, 239; Palandt/*Heinrichs*, § 1 AGBG Rn 8; *Ulmer*, in: Ulmer/Brandner/Hensen, § 1 Rn 32a.

deklaratorische Klauseln) und leistungsbestimmende Bedingungen zum Gegenstand haben. Weiterhin ist nicht entscheidend, ob die Klauseln sich auf Hauptleistungspflichten (z. B. Honorarvereinbarungen mit Ärzten) oder Nebenleistungspflichten beziehen.[2] Praktische Bedeutung erlangt die Differenzierung zwischen abändernden und ergänzenden Klauseln einerseits und deklaratorischen oder leistungsbestimmenden Klauseln andererseits erst im Hinblick auf den Umfang der Inhaltskontrolle nach § 307 (dort Abs. 3). Gemäß dem Schutzweck der §§ 305 ff. werden auch Klauseln erfasst, die Bestimmungen zu einseitigen Rechtsgeschäften des Kunden treffen.[3] Die äußerliche Gestaltung der Klauseln ist unerheblich (**Abs. 1 S. 2**). So gelten die Vorschriften über AGB nicht etwa nur für außerhalb des eigentlichen Vertragstextes (z. B. auf der Rückseite) aufgesetzte Bedingungen, sondern auch für ganze Formularverträge, bei denen die notwendigen Individualangaben in einen vorgedruckten Text eingefügt werden. Auch ganz kurze Texte können AGB sein (z. B. ein Anschlag „Haftung ausgeschlossen").[4] Endlich ist nicht entscheidend, ob die Klauseln Schuldverträge betreffen. Das ist zwar praktisch zumeist der Fall, aber nicht Begriffsmerkmal. Die §§ 305 ff. gelten **auch für nicht-schuldvertragliche Vertragsbedingungen** wie beispielsweise Bestimmungen zu vorvertraglichen Beziehungen[5] (z. B. Regelungen über den Vertragsschluss[6]) oder zu Verträgen mit sachenrechtlichem Inhalt (vgl. bereits vor §§ 305 ff. Rn 20).

Die Klauseln müssen grundsätzlich für eine **Vielzahl** von Verträgen vorformuliert und vom Verwender der anderen Vertragspartei **gestellt** sein (Abs. 2 S. 1). Durch das Merkmal des „Stellens" werden vor allem sog. **Drittbedingungen** ausgeklammert; Vertragsbedingungen, die nicht auf Veranlassung oder im Auftrag des Vertragspartners, sondern von einem neutralen Dritten eigenständig (insbes. von einem Notar im Rahmen seiner Amtspflichten) vorformuliert wurden, unterliegen danach grundsätzlich keiner AGB-Kontrolle. – Wie bislang § 1 AGBG im Kontext mit § 24 a AGBG zu lesen war, so ist nun freilich § 310 Abs. 3 zu beachten. Bei **Standard-Verbraucherverträgen** gelten danach AGB als vom Unternehmer gestellt, auch wenn sie tatsächlich von einem Dritten (z. B. Notar, Makler, Architekt) in den Vertrag eingeführt worden sind (§ 310 Abs. 3 Nr. 1). Ausgenommen sind insoweit nur Klauseln, die durch den Verbraucher in den Vertrag eingeführt wurden (was der Verwender beweisen muss). Darüber hinaus sind selbst bei Klauseln zu **Einzel-Verbraucherverträgen** die maßgeblichen Vorschriften über die AGB-Kontrolle anwendbar (§ 310 Abs. 3 Nr. 2), vor allem §§ 307 bis 309.

Keine AGB sind im Einzelnen individuell ausgehandelte Vereinbarungen (**Abs. 1 S. 3**); solche **Individualvereinbarungen** gehen zudem den AGB vor (§ 305b). „**Aushandeln**" erfordert nach h.M. mehr als ein bloßes „Verhandeln".[7] Der Verwender muss seine AGB inhaltlich ernsthaft zur Disposition stellen und der Kunde muss die reale Möglichkeit haben, den Inhalt der Bedingungen zu beeinflussen.[8] Hierzu genügen bloße Belehrungen des Verwenders über Bedeutung und Tragweite der AGB nicht. Ebenso wenig ist es ausreichend, dass pauschal über das gesamte Klauselwerk verhandelt wird[9] oder der Formulartext zu einer Auswahl zwischen verschiedenen Alternativen, zu Änderungen oder Streichungen auffordert. Untauglich ist gem. § 309 Nr. 12 lit. b ferner eine Klausel, nach der die Bedingungen frei ausgehandelt seien.[10] – Sind einzelne Klauseln ausgehandelt, ändert das nichts daran, dass die übrigen AGB bleiben (arg. „soweit").[11] – Wird ein gedrucktes Formular verwendet, besteht die Prima-facie-Vermutung, dass es sich um AGB handelt. Macht der Verwender geltend, die Vertragsbedingungen seien individuell ausgehandelt, trifft ihn hierfür die **Beweislast**.[12]

C. Einbeziehung in den Vertrag

Abs. 2 entspricht inhaltlich im Wesentlichen dem alten Recht (§ 2 Abs. 1 AGBG). Da AGB (mangels Rechtsetzungskompetenz der Verwender) keine Rechtsnormen sind,[13] beruht ihre Geltung stets auf **rechtsgeschäftlicher Einbeziehung** in den Vertrag (sog. Einbeziehungsvereinbarung als Teil des jeweiligen Vertrags[14]). Hierzu müssen nach wie vor grundsätzlich (Erleichterungen s. § 305a, Bereichsausnahme für den unternehmerischen Rechtsverkehr, § 310 Abs. 1, Rn 14) drei Voraussetzungen kumulativ erfüllt sein:

---

[2] *Ulmer*, in: Ulmer/Brandner/Hensen, § 1 Rn 7.
[3] Palandt/*Heinrichs*, § 1 AGBG Rn 4.
[4] *Medicus*, Bürgerliches Recht, Rn 68. Vgl. auch BGH NJW 1996, 2574: Hinweisschild in Supermarkt betreffend Taschenkontrollen.
[5] BGH NJW 1996, 2574, 2575.
[6] BGHZ 104, 95, 99; LG München NJW-RR 1992, 244, 244.
[7] Vgl. BGHZ 104, 232, 236; BGH NJW 1991, 1679; BGH WM 1995, 1455, 1456; Palandt/*Heinrichs*, § 1 AGBG Rn 18; krit. mit beachtlichen Argumenten *Wackerbarth*, AcP 200 (2000), 45, 82 ff.
[8] BGHZ 85, 305, 308; 104, 232, 236; BGH NJW 2000, 1110, 1111 f.; Palandt/*Heinrichs*, § 1 AGBG Rn 17 f.; *Ulmer*, in: FS Heinrichs, 1998, S. 555, 562 f.; *ders.*, in: Ulmer/Brandner/Hensen, § 1 Rn 51.
[9] *Wackerbarth*, AcP 200 (2000), 45, 82, 84.
[10] Vgl. auch BGH NJW 1977, 624, 625; *Wackerbarth*, AcP 200 (2000), 45, 84 f.
[11] BGHZ 97, 212, 215; Palandt/*Heinrichs*, § 1 AGBG Rn 19.
[12] Palandt/*Heinrichs*, § 1 AGBG Rn 20.
[13] BGHZ 9, 1, 3; 17, 1, 2; Palandt/*Heinrichs*, § 1 AGBG Rn 1.
[14] Palandt/*Heinrichs*, § 2 AGBG Rn 1.

(1) ausdrücklicher oder jedenfalls deutlich sichtbarer Hinweis
(2) Möglichkeit der Kenntnisnahme für die andere Vertragspartei und
(3) Einverständnis der anderen Vertragspartei mit der Geltung der AGB (das auch konkludent erklärt werden kann).

7 Die genannten Voraussetzungen müssen **bei Vertragsschluss** erfüllt sein; spätere Hinweise genügen nicht – und mögen sie noch so deutlich sein.[15] Namentlich reicht der Hinweis auf der Rückseite von Empfangsbescheinigungen, einem Fahr- oder Flugschein regelmäßig nicht aus, da die Aushändigung als Erfüllungshandlung grundsätzlich dem bereits erfolgten Vertragsschluss nachfolgt.[16] Zwar ist es denkbar, dass die Parteien AGB im Wege der Vertragsänderung (§ 311 Abs. 1 BGB) noch nachträglich einbeziehen. Allein aus einem Schweigen des Kunden auf nach Vertragsschluss in Bezug genommene AGB kann aber nicht auf das erforderliche Einverständnis (Rn 7) geschlossen werden.[17] – Für **Versicherungsbedingungen** normiert § 5 a Abs. 1 VVG ein Privileg, das sich vor dem Hintergrund der dort ebenfalls eingeräumten besonderen Widerrufsmöglichkeit rechtfertigt (auch § 305 a Rn 8).[18]

8 Neu in Abs. 2 Nr. 2 aufgenommen ist eine Ergänzung zur Einbeziehung von AGB gegenüber **körperlich behinderten Menschen**. Die Vorschrift dient aus sozialstaatlichen Gründen dem Schutz dieser besonders schutzbedürftigen Bevölkerungsgruppe. Durch die Ergänzung soll sichergestellt werden, dass das Erfordernis, der anderen Vertragspartei die Möglichkeit zu verschaffen, von den AGB Kenntnis zu nehmen, nicht allein nach objektiven Kriterien (Denkfigur eines „durchschnittlichen" Kunden) erfolgt, wenn für den Verwender erkennbar ist, dass der andere Teil körperlich gehandikapt ist. Bei einer solchen Sachlage entspricht es dem Gebot der Fairness, der erkennbaren Behinderung des Kunden beim Vertragsschluss in zumutbarer Weise Rechnung zu tragen und ihr gegenüber nicht einfach die Augen zu verschließen. Die Regelung soll ausweislich der Gesetzesbegründung „lediglich eine klarstellende Ergänzung" sein,[19] also nur das ausdrücklich festschreiben, was richtigerweise ohnehin schon gilt. Tatsächlich wird in der bisherigen Praxis ein entsprechender Grundsatz wohl eher nicht befolgt.[20] Dem Anliegen des Gesetzes ist aus rechtspolitischer Sicht zuzustimmen. Die Bundesregierung hat in ihrer Gegenäußerung zur Stellungnahme des Bundesrates (vgl. Drucks 338/01) an der Notwendigkeit der Ergänzung besonders im Recht der AGB mit Recht festgehalten. Durch das Kriterium „für den Verwender erkennbar" ist klargestellt, dass dem Verwender nichts Unzumutbares abverlangt wird.

9 Eine **erkennbare** Behinderung ist vor allem gegeben, wenn der andere Teil auf seine Behinderung ausdrücklich aufmerksam macht. Sonst sind die Umstände des Einzelfalls maßgebend. Erkennbarkeit für den Verwender genügt, (positive) Kenntnis ist nicht erforderlich. Vorausgesetzt wird andererseits eine körperliche Behinderung des anderen Teils, die besondere Maßnahmen zur Möglichkeit der Kenntnisnahme erforderlich macht. Hierzu wird man nicht schon jede Sehbeeinträchtigung zählen können. Von dem Verwender kann vernünftigerweise nicht verlangt werden, seine AGB in unterschiedlichen Schriftgrößen abgestimmt auf die spezielle Sehkraft der jeweiligen Kunden bereitzuhalten.[21] Andererseits sollte bei der textlichen Gestaltung der AGB schon auf die Lesebedürfnisse auch älterer oder eben gar (seh-)behinderter Menschen Rücksicht genommen werden, wenn diese zum Kreis der potentiellen Kunden zählen.

10 Angesprochen in Abs. 2 Nr. 2 ist eine für den Verwender erkennbare **körperliche Behinderung**. Gedacht ist hierbei vor allem an Sehbehinderte.[22] Ebenfalls hier einzuordnen sein dürfte allerdings auch Analphabetismus. Demgegenüber lösen **geistige Behinderungen** in diesem Zusammenhang keine besonderen Obliegenheiten des Verwenders aus.[23] Das ist folgerichtig, weil es bei Abs. 2 nur um die Möglichkeit der Kenntniserlangung der AGB geht, nicht dagegen um die verstandesmäßige Bewältigung des Geschriebenen. Ob der Kunde das Klauselwerk versteht, spielt deshalb für die Einbeziehung der AGB keine Rolle. Die inhaltliche Verständlichkeit der AGB sicherzustellen, ist nicht Aufgabe des Abs. 2 Nr. 2,[24] sondern des Transparenzgebots (§ 307 Abs. 1 S. 2). Im Übrigen sorgt die Rechtsordnung durch Betreuung und Vertretung dafür, dass in ihrer geistigen Wahrnehmungsfähigkeit beeinträchtigte Menschen am Rechtsverkehr

---

15 *Ulmer*, in: Ulmer/Brandner/Hensen, § 2 Rn 55.
16 BGH NJW 1984, 801, 802; *Ulmer*, in: Ulmer/Brandner/Hensen, § 2 Rn 34; *Wolf*, in: Wolf/Horn/Lindacher, § 2 Rn 16; a.A. zum Teil Staudinger/*Schlosser*, § 2 AGBG Rn 13, 19; einschränkend auch MüKo/*Basedow*, § 2 AGBG Rn 11.
17 Z.B. Palandt/*Heinrichs*, § 2 AGBG Rn 6, 19; *Brox*, Allgemeiner Teil, Rn 204d.
18 Vgl. dazu *Dörner/Hoffmann*, NJW 1996, 153 m.w.N.
19 So BT-Drucks 14/6040, 150.
20 S. auch Palandt/*Heinrichs*, § 2 AGBG Rn 13, nach dem der Verwender auf den Durchschnittskunden abstellen kann und für Blinde keine besondere Form der AGB vorhalten müsse.
21 So auch BT-Drucks 14/6040, 150.
22 BT-Drucks 14/6040, 150.
23 Vgl. auch BT-Drucks 14/6040, 151: „... müssen AGB wie bisher nicht auf die konkreten mentalen Erkenntnismöglichkeiten des Einzelnen zugeschnitten sein."
24 A.A. zum alten Recht Palandt/*Heinrichs*, § 2 AGBG Rn 14, nach dem das Transparenzgebot auch bei § 2 Abs. 1 Nr. 2 AGBG a.F. verortet sein sollte. Der Gesetzgeber hat es nunmehr allerdings – in der Sache auch richtig – bei § 307 Abs. 1 S. 2 eingeordnet.

teilnehmen können. – Ebenfalls nicht von Abs. 2 Nr. 2 erfasst ist das Problem der Verwendung deutschsprachiger AGB gegenüber **Ausländern**. Nach h.M. soll der Verwender grundsätzlich nicht verpflichtet sein, Übersetzungen seiner AGB bereit zu halten, wenn die Vertragsverhandlungen in deutscher Sprache geführt werden, der Vertrag in Deutschland geschlossen wird und deutschem Recht unterliegt.[25] Abs. 2 Nr. 2 ändert daran unmittelbar nichts, weil die Vorschrift eben nur Obliegenheiten bei erkennbarer körperlicher Behinderung des anderen Teils betrifft. Die soziale Schutzwürdigkeit von körperlich Behinderten einerseits und ausländischen Vertragspartnern andererseits ist ebenfalls nicht ohne weiteres vergleichbar, so dass auch eine analoge Ausdehnung der Vorschrift ausscheiden dürfte.

Ist die körperliche Behinderung des anderen Vertragsteils für den Verwender erkennbar, hat er dies bei seinen Obliegenheiten, dem Kunden die Möglichkeit zur Kenntnisnahme der AGB zu verschaffen, **angemessen** zu berücksichtigen. In der Regel wird dies einschließen, dem Kunden die AGB in **elektronischer** oder **akustischer Form** (Tonbandkassetten) oder in **Blinden-Schrift** zugänglich zu machen.[26] – Die Beweislast für das Vorliegen der Einbeziehungsvoraussetzungen obliegt wie bisher demjenigen, der sich darauf beruft, dass die AGB Vertragsbestandteil geworden sind, regelmäßig also dem Verwender. 11

Die Erfordernisse des Abs. 2 gelten auch für nachträgliche **Änderungen der AGB**.[27] Der Verwender muss deshalb auch insoweit ausdrücklich auf die neuen Bedingungen aufmerksam und dem Kunden die Neufassung zugänglich machen. Dabei sind die Neuerungen, besonders wenn sie zum Nachteil des Kunden geändert werden, hervorzuheben (z. B. durch Fettdruck, synoptische Gegenüberstellung u.ä.).[28] Setzt der Kunde danach das Vertragsverhältnis widerspruchslos fort, liegt hierin sein konkludentes Einverständnis zur Einbeziehung der geänderten AGB (auf dessen Zugang der Verwender verzichtet, vgl. §§ 151, 311 Abs. 1 BGB), wenn er auf diese Bedeutung seines Verhaltens besonders hingewiesen worden ist (vgl. z. B. Nr. 1 Abs. 2 AGB-Banken).[29] In den Grenzen des § 308 Nr. 5 (bislang § 10 Nr. 5 AGBG) sind auch Einverständnisfiktionen zulässig. Demgegenüber regelmäßig unzulässig sind Klauseln, durch die der Verwender sich eine Änderung der Bedingungen ohne Einverständnis des Kunden (**einseitige Änderungsklauseln**) vorbehält.[30] 12

Gem. § 310 Abs. 1 findet Abs. 2 (und 3) wie bisher keine Anwendung auf AGB, die gegenüber einem **Unternehmer** (§ 14) verwendet werden. Das entspricht § 24 AGBG a.F. Zu betonen ist allerdings, dass AGB auch zwischen Unternehmen nicht „von selbst" gelten (keine Rechtsnormen!). Vielmehr ist stets eine rechtsgeschäftliche Einbeziehung in den Vertrag erforderlich (Rn 6 Ziff. (3)). Im unternehmerischen Rechtsverkehr genügt es mithin, ist es andererseits aber auch erforderlich, dass die Parteien sich irgendwie konkludent über die Einbeziehung der AGB einigen.[31] Das ist durch Auslegung festzustellen (§§ 133, 157). Ausreichend ist i.d.R., dass der Verwender erkennbar (nicht notwendig ausdrücklich oder durch deutlich sichtbaren Aushang, wie gem. Abs. 2 Nr. 1) auf seine AGB verweist und der unternehmerische Vertragspartner deren Geltung nicht widerspricht.[32] Sind AGB insgesamt (z. B. die ADS) oder einzelne Klauseln (in einzelnen Branchen denkbar für Schiedsabreden oder Eigentumsvorbehaltsklauseln) zu einem **Handelsbrauch** erstarkt, werden sie gem. § 346 HGB im kaufmännischen Verkehr ohne Weiteres Vertragsinhalt.[33] 13

Verweisen beide Parteien auf jeweils ihre, **einander widersprechenden AGB**, hielt die frühere Rechtsprechung den zeitlich letzten Verweis für maßgeblich (vgl. § 150 Abs. 2), da der andere durch den Vollzug des Leistungsaustausches schlüssig den „letzten" AGB zugestimmt habe (Theorie des letzten Wortes). Dies läuft allerdings auf eine unzulässige Willensfiktion hinaus, was insbesondere dann deutlich wird, wenn beide Parteien in ihren AGB Abwehrklauseln verwenden.[34] Andererseits wäre es nicht sachgerecht, den Vertrag wegen Dissenses als unwirksam anzusehen (vgl. §§ 154, 155), wenn die Parteien den Vertrag trotz der sich widersprechenden AGB durchführen und damit ihren Abschlusswillen dokumentieren.[35] Nach nunmehr h.M.[36] gilt daher bei dem nicht ausgetragenen Streit um widersprechende AGB folgende Lösung: 14

---

25 Vgl. Palandt/*Heinrichs*, § 2 AGBG Rn 15 m.w.N. (einschränkend aber für Verbraucherverträge *ders.*, ebd., § 24 a AGBG Rn 23). Siehe aber auch z. B. *Brox*, Allgemeiner Teil, Rn 204 f.: Verwender muss sich erbieten, eine Übersetzung vornehmen zu lassen.
26 BT-Drucks 14/6040, 150; a.A. noch Palandt/*Heinrichs*, § 2 AGBG Rn 13.
27 Palandt/*Heinrichs*, § 2 AGBG Rn 20; *Ulmer*, in: Ulmer/Brandner/Hensen, § 2 Rn 64.
28 *Ulmer*, in: Ulmer/Brandner/Hensen, § 2 Rn 64.
29 Möglicherweise weitergehend Palandt/*Heinrichs*, § 2 AGBG Rn 20 (konkludentes Einverständnis bei Vertragsfortführung ohne Widerspruch, auch wenn der Kunde auf diese Folge nicht besonders hingewiesen worden ist); vgl. auch *Ulmer*, in: Ulmer/Brandner/Hensen, § 2 Rn 64.
30 Vgl. BGHZ 136, 394, 401 f.; BGH NJW 1999, 1865, 1866; Palandt/*Heinrichs*, § 2 AGBG Rn 20; *Ulmer*, in: Ulmer/Brandner/Hensen, § 2 Rn 65.
31 BGHZ 117, 190, 194; OLG Dresden NJW-RR 1999, 846, 847; Palandt/*Heinrichs*, § 2 AGBG Rn 22 ff.
32 BGHZ 117, 190, 194; Palandt/*Heinrichs*, § 2 AGBG Rn 24 mit weiteren Einzelheiten.
33 Palandt/*Heinrichs*, § 2 AGBG Rn 30.
34 BGH NJW 1985, 1838, 1839 f.
35 Palandt/*Heinrichs*, § 2 AGBG Rn 27; Staudinger/*Schlosser*, § 2 AGBG Rn 82; *Ulmer*, in: Ulmer/Brandner/Hensen, § 2 Rn 98 f.
36 BGH NJW 1991, 1604, 1606; 2633, 2634 f.; Ulmer, in: Ulmer/Brandner/Hensen, § 2 Rn 98 ff., 102 f.; *Medicus*, Bürgerliches Recht, Rn 75; zum Ganzen *Eckert/Nebel*, WM 1988, 1545, 1548.

Die jeweiligen AGB werden nur, aber immerhin insoweit Vertragsbestandteil, wie sie sich decken. An die Stelle der sich widersprechenden Regelungen treten die dispositiven gesetzlichen Vorschriften (§ 306 Abs. 2). Zu beachten ist allerdings, dass ein **Eigentumsvorbehalt** nach h.M.[37] trotz einer Abwehrklausel in den Einkaufs-AGB sich jedenfalls dinglich durchsetzt, wenn der Käufer die Sache in Kenntnis des Vorbehalts widerspruchslos annimmt. Bei dieser Sachlage erfolgt die sachenrechtliche Übertragung des Eigentums, die von dem schuldrechtlichen Verkauf ja abstrakt ist, nur unter der aufschiebenden Bedingung vollständiger Kaufpreiszahlung (§§ 929, 158 Abs. 1). Zugleich kann darin eine stillschweigende Abänderung des Kaufvertrags liegen.[38]

§ 305a Einbeziehung in besonderen Fällen

[1]**Auch ohne Einhaltung der in § 305 Abs. 2 Nr. 1 und 2 bezeichneten Erfordernisse werden einbezogen, wenn die andere Vertragpartei mit ihrer Geltung einverstanden ist,**
1. **die mit Genehmigung der zuständigen Verkehrsbehörde oder auf Grund von internationalen Übereinkommen erlassenen Tarife und Ausführungsbestimmungen der Eisenbahnen und die nach Maßgabe des Personenbeförderungsgesetzes genehmigten Beförderungsbedingungen der Straßenbahnen, Obusse und Kraftfahrzeuge im Linienverkehr in den Beförderungsvertrag,**
2. **die im Amtsblatt der Regulierungsbehörde für Telekommunikation und Post veröffentlichten und in den Geschäftsstellen des Verwenders bereitgehaltenen Allgemeinen Geschäftsbedingungen**
   a) **in Beförderungsverträge, die außerhalb von Geschäftsräumen durch den Einwurf von Postsendungen in Briefkästen abgeschlossen werden,**
   b) **in Verträge über Telekommunikations-, Informations- und andere Dienstleistungen, die unmittelbar durch Einsatz von Fernkommunikationsmitteln und während der Erbringung einer Telekommunikationsdienstleistung in einem Mal erbracht werden, wenn die Allgemeinen Geschäftsbedingungen der anderen Vertragspartei nur unter unverhältnismäßigen Schwierigkeiten vor dem Vertragsschluss zugänglich gemacht werden können.**

Literatur: *Pfeiffer*, Die Integration von „Nebengesetzen" in das BGB, in: Ernst/Zimmermann (Hrsg.), Zivilrechtswissenschaft und Schuldrechtsreform, 2001, S. 481.

Inhalt

A. Überblick 1	II. AGB bei bestimmten Beförderungsverträgen über Postsendungen (Nr. 2 lit. a) 4
B. Die einzelnen noch privilegierten Bereiche 3	III. AGB bei bestimmten Telekommunikationsdienstleistungen (Nr. 2 lit. b) 6
I. Beförderungsbedingungen der Eisenbahnen, Straßenbahnen und Kraftfahrzeuge im Linienverkehr (Nr. 1) . 3	C. Entfallene Privilegierungen 8

A. Überblick

1 Die Vorschrift ergänzt die **Einbeziehungsregeln** des § 305 Abs. 2 (früher § 2 Abs. 1 AGBG) und normiert für manche Bereiche **Erleichterungen**. Vorgängervorschrift ist § 23 Abs. 2 Nr. 1, 1a, 1b und Abs. 3 AGBG. Gegenüber dem alten Recht wird der Katalog der privilegierten Bereiche allerdings ausgedünnt (Rn 8) und damit im Gegenzug der Grundsatz des § 305 Abs. 2 gestärkt.[1] Beförderungsverträge über Postsendungen und Telekommunikationsdienstleistungen sind künftig nur noch eingeschränkt, nämlich nur noch bei bestimmter Art des Vertragsschlusses, privilegiert. Ganz entfallen ist die Begünstigung für Versicherungs- und Bausparbedingungen sowie für Vertragsbedingungen der Kapitalanlagegesellschaften (früher § 23 Abs. 3 AGBG).

2 Die (noch) erfassten Bereiche werden insoweit **privilegiert**, als die dort verwendeten AGB auch ohne besonderen Hinweis und ohne die Möglichkeit, in zumutbarer Weise bei Vertragsschluss von den Bedingungen Kenntnis zu nehmen, einbezogen werden. Dispensiert wird also von den Einbeziehungsvoraussetzungen des § 305 Abs. 2 Nr. 1 und 2 (s. § 305 Rn 6 Ziff. 1 und 2). Demgegenüber bleibt es auch für die privilegierten Bereiche beim sog. **Konsensualprinzip** des § 305 Abs. 2, letzter Hs. Vorausgesetzt wird also hier ebenfalls, dass der andere Vertragsteil mit der Geltung der AGB einverstanden ist (s. § 305 Rn 6 Ziff. 3). Das ist zwingend, denn die Geltung von AGB beruht stets auf rechtsgeschäftlicher Einbeziehung in den Vertrag, weil AGB (mangels Rechtsetzungskompetenz des Verwender) keine Rechtsnormen sind

---

[37] BGH NJW 1982, 1749 f.; 1985, 1838; *de Lousanoff*, NJW 1982, 1727 ff.; *ders.*, NJW 1985, 2921 ff.; *Ulmer*, in: Ulmer/Brandner/Hensen, § 2 Rn 107; *Habersack*, Examens-Repetitorium Sachenrecht, Rn 239.
[38] *Jauernig*, § 929 Rn 34; *Emmerich*, Schuldrecht BT, § 6 Rn 3; *Habersack* (Fn. 37), Rn 240.
[1] BT-Drucks 14/6040, 151; ferner Gegenäußerung der Bundesregierung vom 9.8.2001 zur Stellungnahme des Bundesrates, S. 27.

(§ 305 Rn 6). Auf Kritik des Bundesrates[2] ist das Konsensualprinzip nunmehr im Wortlaut der Vorschrift klargestellt.

B. Die einzelnen noch privilegierten Bereiche

I. Beförderungsbedingungen der Eisenbahnen, Straßenbahnen und Kraftfahrzeuge im Linienverkehr (Nr. 1)

Nr. 1 betrifft Beförderungstarife und -bedingungen im Eisenbahn und Linienverkehr. Die Vorschrift entspricht vollinhaltlich § 23 Abs. 2 Nr. 1 AGBG a.F. Privilegiert sind nur Vertragsbedingungen, die von Beförderungsunternehmen mit behördlicher Genehmigung oder aufgrund internationaler Übereinkommen für die jeweils privatrechtlichen Beförderungsverträge festgelegt worden sind. Diese Ausnahmen finden ihre Rechtfertigung in den praktischen Schwierigkeiten, die bei strenger Geltung des § 305 Abs. 2 eintreten würden, sowie darin, dass die jeweiligen AGB in amtlichen Blättern veröffentlich werden.

II. AGB bei bestimmten Beförderungsverträgen über Postsendungen (Nr. 2 lit. a)

Nr. 2 lit. a greift die bisherige Begünstigung für AGB der Deutschen Post AG gem. § 23 Abs. 2 Nr. 1 b AGBG a.F. auf. Das alte Recht wird aus Gründen der Gleichbehandlung mit Unternehmen anderer Branchen aber nur eingeschränkt fortgeführt.[3] Privilegiert sind die fraglichen AGB nun nicht mehr schlechthin für sämtliche Beförderungsleistungen über Postsendungen, sondern nur noch bezogen auf **bestimmte Beförderungsverträge**. Vielfach werden Beförderungsverträge mit der Deutschen Post AG nicht in deren Geschäftsstellen, sondern dergestalt abgeschlossen, dass der Kunde die Postsendung in einen dafür aufgestellten Briefkasten einwirft. Hier käme der von § 305 Abs. 2 geforderte ausdrückliche Hinweis oder Aushang der AGB nur durch Aufdruck der Bedingungen auf den Briefkästen oder durch Anhängen an dieselben in Betracht. Das wäre wenig praktisch.[4] Daher stellt Nr. 2 lit. a – nur (!) – für die **auf diese Art abgeschlossenen** Beförderungsverträge von den Erfordernissen des § 305 Abs. 2 frei. Für alle übrigen Beförderungsverträge über Postsendungen, namentlich für die in den Geschäftsräumen des jeweiligen Anbieters abgeschlossenen Verträge, gilt dagegen künftig uneingeschränkt § 305 Abs. 2. Damit trägt der Gesetzgeber der Überlegung Rechnung, dass dem Kunden das Amtsblatt der Regulierungsbehörde im Regelfall nicht zur Verfügung steht, ihm hier aber ebenso wie bei anderen Dienstleistungen die AGB grundsätzlich transparent gemacht werden sollen. Daher soll von den Erfordernissen des § 305 Abs. 2 nur noch in solchen Fällen freigestellt werden, bei denen deren Einhaltung aus praktischen Gründen nicht oder nur noch unter unzumutbaren Schwierigkeiten möglich wäre. Die Obliegenheiten des Verwenders differieren mithin nach der Art des Vertragsschlusses.

Die Regelung betrifft derzeit praktisch allein die Deutsche Post AG. Sie ist aber im Hinblick auf die Liberalisierung des Postmarktes bewusst offen formuliert und gilt ebenso für andere private Postdienstleister, sollten diese künftig Briefkästen aufstellen.[5]

III. AGB bei bestimmten Telekommunikationsdienstleistungen (Nr. 2 lit. b)

Nr. 2 lit. b trifft eine dem Buchst. a entsprechende Regelung für AGB bei Telekommunikationsdienstleistungen. Auch diese sind abweichend von dem Vorläufer, § 23 Abs. 1 Nr. 1 a AGBG, künftig nicht mehr schlechthin, sondern nur noch bezogen auf solche Verträge privilegiert, bei denen wegen der **Art des Vertragsschlusses** die Erfordernisse des § 305 Abs. 2 nur unter unverhältnismäßigen Schwierigkeiten eingehalten werden könnten. Erfasst werden vor allem **Vertragsschlüsse im sog. offenen Call-by-Call-Verfahren** sowie **Verträge über sog. Mehrwert- und Informationsdienste**, die während der Dauer einer Telefonverbindung ein Mal erbracht werden (z. B. **0190-Verbindungen**, **Telefonauskunft**, vgl. bisher § 3 Abs. 2 S. 3 FernAbsG). Hier ist aufgrund des nur telefonischen und nur einmaligen Kontakts und der sofortigen Abwicklung der Dienstleistung eine vorherige Kenntnisverschaffung der AGB aus praktischen Gründen kaum sinnvoll und entspricht zumeist auch nicht dem Interesse des Kunden, dem vielmehr an einer schnellen Abwicklung der Dienstleistung gelegen ist.[6] **Nicht privilegiert** sind demgegenüber telefonische Verträge über Dienstleistungen, die nicht „in einem Mal", sondern erst nach Beendigung der Telefonverbindung erfüllt werden (wie telefonische Bestellungen von Waren u.ä.). – Zum Merkmal „durch Einsatz von Fernkommunikationsmitteln" siehe § 312b Abs. 2 (entspricht § 1 Abs. 2 FernAbsG).

Änderungen bestehender AGB richten sich künftig auch für Unternehmen der Telekommunikationsbranche nach den allgemeinen Regeln des § 305 Abs. 2 (§ 305 Rn 12). Die bisherige Sondervorschrift

---

2 BR-Drucks 338/01, 24.
3 BT-Drucks 14/6040, 152.
4 BT-Drucks 14/6040, 152 f.
5 BT-Drucks 14/6040, 153.
6 BT-Drucks 14/6040, 153; *Pfeiffer*, in: Ernst/Zimmermann, S. 481, 509 m.w.N.

des § 28 Abs. 3 TelekommunikationskundenschutzVO ist in die neu geordneten AGB-Vorschriften nicht übernommen worden.[7]

G. Entfallene Privilegierungen

8 Gestrichen wurden die bislang geltenden Privilegien für Bausparbedingungen, Versicherungsbedingungen und Kapitalanlagegesellschaften (früher § 23 Abs. 3 AGBG). Dabei war die Ausnahme für genehmigte **Versicherungsbedingungen (AVB)** schon nach altem Recht seit längerem überholt, da die Genehmigungspflicht insoweit durch die Liberalisierung des Versicherungsmarktes aufgrund des Dritten Durchführungsgesetzes/EWG mit Wirkung vom 29.7.1994 an ohnehin entfallen war. Durch Streichung des entsprechenden gesetzlichen Ausnahmetatbestands wird nur das nachvollzogen, was bereits vorher galt.[8] Bei der Einbeziehung von AVB bleibt aber nach wie vor die Sonderregelung des **§ 5 a VVG** beachtlich, die eine nachträgliche Einbeziehung von AVB ermöglicht, wenn der Versicherungsnehmer nicht binnen zwei Wochen nach Übersendung der Unterlagen widerspricht (s. auch § 305 Rn 7).

9 Das Privileg für **Bausparbedingungen** wurde erst aufgrund der Stellungnahme des Bundesrates und der Empfehlung des Rechtsausschusses gestrichen. Zu Recht wurde geltend gemacht, dass die Ausnahme für Bausparkassen nicht zu rechtfertigen ist. Bausparverträge und -darlehen unterscheiden sich in der Frage der Einbeziehung von AGB nicht von anderen Darlehensverträgen. Zwar bedürfen Bausparbedingungen (anders als sonstige Darlehensbedingungen) einer staatlichen Genehmigung (§ 9 BausparkassenG). Warum deshalb aber der Kunde nicht auf die Bedingungen hingewiesen und ihm keine Möglichkeit gegeben werden solle, von ihrem Inhalt Kenntnis zu nehmen, sei nicht erkennbar. Zwar ist die Frage bei dem Abschluss von Bausparverträgen weitgehend theoretisch, weil die Bausparbedingungen dem Bausparer ohnehin überlassen werden. Relevant bleiben die Einbeziehungsvoraussetzungen aber für spätere Änderungen der Bedingungen (vgl. dazu § 305 Rn 12). Hier können Bausparkassen ebenso verfahren wie alle anderen Unternehmen, und sie sollen auch rechtlich ebenso behandelt werden.

10 Die Vertragsbedingungen einer **Kapitalanlagegesellschaft** betreffend ihr Rechtsverhältnis mit dem Anteilsinhaber sind gem. § 19 Abs. 1 S. 2 KAGG dem Verkaufsprospekt einzufügen; der Prospekt ist dem Erwerber eines Anteilsscheins vor Vertragsabschluss kostenlos zur Verfügung zu stellen (§ 19 Abs. 1 S. 1 KAGG). Änderungen der Bedingungen sind im Rechenschaftsbericht oder Halbjahresbericht (§ 24 a KAGG) bekannt zu machen und dürfen erst drei Monate nach der Bekanntmachung „in Kraft treten" (§ 15 Abs. 3 a KAGG). Die Berichte sind den Anteilsinhabern auf Verlangen ebenfalls kostenlos zur Verfügung zu stellen (§ 24 a Abs. 3 S. 2 KAGG). Damit sind die Erfordernisse des Abs. 2 miterfüllt, so dass der Wegfall des § 23 Abs. 3 AGBG a.F. für Kapitalanlagegesellschaften „kein praktisches Problem darstellen" wird.[9] Allerdings unterliegen auch Vertragsbedingungen einer Kapitalanlagegesellschaft dem Konsensualprinzip (Rn 2), d. h. sie treten entgegen dem missverständlichen Wortlaut des § 15 Abs. 3 a KAGG nicht etwa ex lege in Kraft, sondern sie gelten ebenso wie andere AGB nur kraft rechtsgeschäftlicher Einbeziehung aufgrund Einverständnisses des Anteilsinhabers, für dessen Erklärung die allgemeinen Regeln gelten.[10]

§ 305b Vorrang der Individualabrede

[1]Individuelle Vertragsabreden haben Vorrang vor Allgemeinen Geschäftsbedingungen.

1 Die Vorschrift entspricht wörtlich dem bisherigen § 4 AGBG. Ihre **Grundaussage** versteht sich von selbst: Hier wie sonst gehen spezielle Abreden den allgemeinen vor.[1] Das entspricht dem Willen der Vertragsparteien, die mit einer individuellen Vereinbarung eben diese in Geltung setzen wollen. Systematisch ist § 305b der Inhaltskontrolle nach §§ 307 ff. vorgelagert. Der Inhaltskontrolle bedarf eine Klausel erst und nur, wenn ihr nicht ohnehin eine individuelle Abrede vorgeht.[2]

2 Individuelle Abreden gehen auch dann vor, wenn sie erst nach Vertragsschluss gefasst werden. Gleichgültig ist ferner, ob es sich um eine mündliche oder schriftliche Individualabrede handelt. Selbst stillschweigende individuelle Vereinbarungen kommen in Betracht.[3] Allerdings ist es an der anderen Vertragspartei, eine individuelle mündliche Abrede darzutun und ggf. zu beweisen.

---

7 BT-Drucks 14/6040, 152.
8 BT-Drucks 14/6040, 151; Palandt/*Heinrichs*, § 2 AGBG Rn 18 a und § 23 AGBG Rn 10.
9 BT-Drucks 14/6857, 52.
10 Vgl. *Beckmann*, in: Beckmann/Scholtz, Handbuch für das gesamte Investmentwesen, Bd. 1, Loseblatt (Stand 10/2001), § 15 Rn 19 f.
1 Vgl. MüKo/*Basedow*, § 4 AGBG Rn 1; *Ulmer*, in: Ulmer/Brandner/Hensen, § 4 Rn 1.
2 Soergel/*Stein*, § 4 AGBG Rn 4; a.A. *Ulmer*, in: Ulmer/Brandner/Hensen, § 4 Rn 2 a (gegenüber der Inhaltskontrolle trete § 4 AGBG im Grundsatz zurück).
3 BGH NJW 1986, 1807; Palandt/*Heinrichs*, §§ 4, 5 AGBG Rn 2.

Schriftformklauseln, nach denen mündliche Abreden unwirksam oder nur insoweit wirksam sein sollen, als sie vom Verwender schriftlich bestätigt werden, ändern am Vorrang der individuell getroffenen (auch mündlichen) Vereinbarung nichts.[4] Denn mit einer solchen Abrede ist zugleich insoweit die Schriftformklausel (stillschweigend) abbedungen;[5] formularmäßige Klauseln können die höherwertige individuelle Abrede nicht außer Kraft setzen. Bedeutung kann die Klausel aber für die Vertretungsmacht der beim Vertragsschluss eingeschalteten Hilfspersonen des Verwenders behalten. Werden mündliche Zusagen durch einen Vertreter des Verwenders abgegeben, dessen Vertretungsmacht im Hinblick auf mündliche Abreden wirksam eingeschränkt worden ist, so muss der Verwender diese Zusagen nur gegen sich gelten lassen, wenn die Grundsätze der Duldungs- oder Anscheinsvollmacht eingreifen.[6] Voraussetzung für die Einschränkung der Vertretungsmacht ist allerdings ein sich auf die Einschränkung beziehender deutlich sichtbarer Hinweis im Vertragstext.[7]   3

§ 305c Überraschende und mehrdeutige Klauseln

(1) [1]Bestimmungen in Allgemeinen Geschäftsbedingungen, die nach den Umständen, insbesondere nach dem äußeren Erscheinungsbild des Vertrags, so ungewöhnlich sind, dass der Vertragspartner des Verwenders mit ihnen nicht zu rechnen braucht, werden nicht Vertragsbestandteil.
(2) [1]Zweifel bei der Auslegung Allgemeiner Geschäftsbedingungen gehen zu Lasten des Verwenders.

Literatur: *L. Raiser*, Das Recht der Allgemeinen Geschäftsbedingungen, 1961 (unv. Nachdruck der Ausgabe von 1935); *Schlechtriem*, Die sogenannte Unklarheitenregel des § 5 AGBG, in: Recht im Spannungsverhältnis von Theorie und Praxis, FS Heinrichs, 1998, S. 503.

Abs. 1 entspricht wörtlich § 3 AGBG a.F., Abs. 2 übernimmt wortgleich den bisherigen § 5 AGBG. Die Vorschriften gelten auch im kaufmännischen Verkehr (s. § 310 Abs. 1).[1] – Der **Ausschluss überraschender Klauseln (Abs. 1)** ist folgerichtig. Da AGB keine Rechtsnormen sind, beruht ihre Geltung stets auf **rechtsgeschäftlicher Einbeziehung** in den Vertrag (§ 305 Rn 6). Auf überraschende Klauseln bezieht sich das notwendige Einverständnis der anderen Vertragspartei aber nicht,[2] und der Verwender darf mit einem solchen Einverständnis redlicherweise auch gar nicht rechnen.   1

AGB-Klauseln können aus unterschiedlichen Gründen als **überraschend** zu werten sein. Insbesondere kann dies durch ein erhebliches Abweichen vom Leitbild des dispositiven Rechts oder durch einen Widerspruch zu bisherigen Vertragsverhandlungen der Fall sein.[3] Der Kunde braucht ferner dann nicht mit der entsprechenden Klausel zu rechnen, wenn ihr ein Überrumpelungs- oder Übertölpelungseffekt[4] innewohnt. Ob eine Klausel überraschend ist, beurteilt sich nach den Erkenntnismöglichkeiten des im betreffenden Geschäftskreis typischerweise zu erwartenden Kunden.[5]   2

Die sog. **Unklarheitenregel** des Abs. 2 ist von dem Grundgedanken geprägt, dass es Sache des Verwenders ist, sich zweifelsfrei auszudrücken, da er die Vorteile der Vertragsgestaltung für sich in Anspruch nimmt.[6] Daher sollen verbleibende Auslegungszweifel zu seinen Lasten gehen. Für **Verbraucherverträge** beruht die Unklarheitenregel des Abs. 2 auf Art. 5 S. 2 der Klausel-Richtlinie (Richtlinie 93/13/EWG).[7] – Abs. 2 ist entsprechend seiner systematischen Stellung kein Mittel der Inhaltskontrolle,[8] sondern eine Auslegungsregel. Die materielle **Transparenzkontrolle** setzt erst bei § 307 Abs. 1 S. 2 ein. Allerdings **ergänzen** sich beide Vorschriften: Zunächst ist die Klausel auszulegen (zur Auslegung von AGB siehe Rn 5). Verbleiben danach mindestens zwei Verständnisalternativen, kommt Abs. 2 zum Zuge (Rn 4). Dabei ist die Unklarheitenregel sodann zunächst umgekehrt anzuwenden,[9] d. h. in einem ersten Prüfungsschritt ist von der (scheinbar) kundenfeindlichsten Auslegung auszugehen und die so verstandene Klausel der Inhaltskontrolle einschließlich der Transparenzkontrolle gem. §§ 307 – 309 zu unterziehen. Ergibt sich hierbei, dass die Klausel unwirksam ist, hat es damit sein Bewenden (und es zeigt sich, dass die vermeintlich kundenfeindliche Auslegung bei Lichte besehen doch kundenfreundlich, nämlich zur Unwirksamkeit der   3

---

4 BGH NJW-RR 1995, 179, 180; MüKo/*Basedow*, § 4 AGBG Rn 11; Erman/*Hefermehl/Werner*, § 4 AGBG Rn 14.
5 *Brox*, Allgemeiner Teil, Rn 204l.
6 *Ulmer*, in: Ulmer/Brandner/Hensen, § 4 Rn 34.
7 *Lindacher*, in: Wolf/Horn/Lindacher, § 4 Rn 44; *Ulmer*, in: Ulmer/Brandner/Hensen, § 4 Rn 35.
1 BGH NJW-RR 1988, 113, 114.
2 *Brox*, Allgemeiner Teil, Rn 204j.
3 Palandt/*Heinrichs*, § 3 AGBG Rn 2.
4 BGH NJW 1990, 576, 577; LG Düsseldorf NJW 1995, 3062, 3063.
5 Erman/*Hefermehl/Werner*, § 3 AGBG Rn 7; Palandt/*Heinrichs*, § 3 AGBG Rn 3.
6 *Ulmer*, in: Ulmer/Brandner/Hensen, § 5 Rn 1.
7 Die Vorschrift hat in ihrer deutschen Fassung folgenden Wortlaut: „Bei Zweifeln über die Bedeutung einer Klausel gilt die für den Verbraucher günstigste Auslegung."
8 Palandt/*Heinrichs*, §§ 4, 5 AGBG Rn 8; vgl. auch *L. Raiser*, Das Recht der Allgemeinen Geschäftsbedingungen, S. 269 f. m.w.N.
9 Instruktiv Palandt/*Heinrichs*, §§ 4, 5 AGBG Rn 9 m.w.N.

Klausel führend ist). Erweist sich die Klausel dagegen in diesem ersten Prüfungsschritt als inhaltlich wirksam, ist die Unklarheitenregel „direkt" anzuwenden, d. h. es gilt die für den Verwender ungünstigere Auslegungsalternative.

4 Abs. 2 setzt voraus, dass **Zweifel bei der Auslegung** einer Klausel bestehen, dass also die Klausel tatsächlich unklar ist. Es genügt nicht, dass überhaupt Streit über die Auslegung einer Klausel besteht.[10] Voraussetzung ist vielmehr, dass die Klausel noch **nach Auslegung mehrdeutig** ist. Erst wenn auch nach Ausschöpfung der Auslegungsmethoden ein Zweifel verbleibt, d. h. mindestens zwei Auslegungsalternativen rechtlich vertretbar sind, kommt Abs. 2 zur Geltung und gilt die für den Verwender ungünstigere Auslegungsalternative.[11]

5 Für die **Auslegung von AGB** sind grundsätzlich[12] nicht die Verständnismöglichkeiten des konkreten Erklärungsempfängers,[13] sondern die eines gedachten durchschnittlichen Kunden des betreffenden Geschäftskreises maßgebend (**objektivierter Beurteilungsmaßstab**).[14] So sind beispielsweise Versicherungsbedingungen so auszulegen, wie ein durchschnittlicher Versicherungsnehmer ohne besondere versicherungsrechtliche Vorkenntnisse bei verständiger Würdigung und aufmerksamer Durchsicht die Klausel verstehen durfte.[15]

6 Abs. 2 steht einer **ergänzenden Vertragsauslegung** (s. auch § 306 Rn 2) nicht entgegen. Die Unklarheitenregel ist bei einer vorhandenen, aber mehrdeutigen Klausel anzuwenden. Demgegenüber kommt eine ergänzende Vertragsauslegung zum Zuge, wenn eine Klausel fehlt und der Vertrag lückenhaft ist.

7 Der Unklarheitenregel des Abs. 2 nahe steht das von der Rechtsprechung entwickelte **Restriktionsprinzip**, nach dem für den Kunden ungünstige Klauseln (vor allem **Freizeichnungsklauseln**) eng auszulegen sind.[16]

§ 306 Rechtsfolgen bei Nichteinbeziehung und Unwirksamkeit

(1) ¹Sind Allgemeine Geschäftsbedingungen ganz oder teilweise nicht Vertragsbestandteil geworden oder unwirksam, so bleibt der Vertrag im Übrigen wirksam.
(2) ¹Soweit die Bestimmungen nicht Vertragsbestandteil geworden oder unwirksam sind, richtet sich der Inhalt des Vertrags nach den gesetzlichen Vorschriften.
(3) ¹Der Vertrag ist unwirksam, wenn das Festhalten an ihm auch unter Berücksichtigung der nach Absatz 2 vorgesehenen Änderung eine unzumutbare Härte für eine Vertragspartei darstellen würde.

Literatur: *Hager*, Die gesetzeskonforme Aufrechterhaltung übermäßiger Vertragspflichten – BGHZ 89, 316 und 90, 69, JuS 1985, 264.

1 Die Vorschrift übernimmt den bisherigen § 6 AGBG wortgleich. Abs. 1 bestimmt für AGB in Abweichung von § 139, dass bei Unwirksamkeit einzelner Klauseln der **Vertrag im Übrigen wirksam** bleibt. Grund hierfür ist die besondere Schutzbedürftigkeit des Verwendungsgegners, der in der Regel an einer Aufrechterhaltung des Vertrages interessiert ist. Nach überwiegender Auffassung[1] ist Abs. 1 nicht einschlägig, wenn ein offener Dissens i. S. d. § 154 über die Einbeziehung von AGB besteht.

2 Soweit AGB nicht in den Vertrag einbezogen wurden oder unwirksam sind, treten gem. **Abs. 2** an die Stelle der unwirksamen oder nicht einbezogenen Klausel die **dispositiven gesetzlichen Bestimmungen**. Der Begriff der gesetzlichen Vorschriften umfasst auch ungeschriebene Rechtsgrundsätze.[2] Sind passende Rechtsnormen für eine Vertragsergänzung nicht vorhanden, ist im Wege einer **ergänzenden Vertragsauslegung** zu fragen, welche Regelung die Vertragsparteien bei sachgerechter Abwägung der gegenseitigen Interessen in Kenntnis der Unwirksamkeit (Nichteinbeziehung) der Klausel getroffen hätten.[3] Hierbei ist zu beachten, dass es nicht Ziel des Abs. 2 ist, das Vertragsgefüge einseitig zugunsten des Kunden zu verschieben.[4]

---

10 BGH BB 1984, 1511, 1512; MüKo/*Basedow*, § 5 AGBG Rn 12; Palandt/*Heinrichs*, §§ 4, 5 AGBG Rn 8; *Brox*, Allgemeiner Teil, Rn 204m; krit. *Schlechtriem*, in: FS Heinrichs, 1998, S. 505.
11 Vgl. BGHZ 112, 65, 68 f.; BGH NJW 1997, 3434, 1435; vgl. ferner Palandt/*Heinrichs*, §§ 4, 5 AGBG Rn 8 f.
12 Legen die Parteien eine Klausel übereinstimmend in einem besonderen Sinne aus, soll dieser maßgebend sein, ebenso, wenn der Vertragspartner die Regelung aufgrund besonderer Umstände des Einzelfalles abweichend von ihrem objektiven Erklärungswert verstehen durfte; doch fehlen solche einzelfallbezogenen Umstände zumeist, vgl. Palandt/*Heinrichs*, §§ 4, 5 AGBG Rn 6 m.w.N.
13 Bereits BGH NJW 1956, 1915.
14 BGH NJW 1961, 212, 213; *Brox*, Allgemeiner Teil, Rn 204k.
15 BGHZ 123, 83, 85; BGH VersR 1982, 841, 842; BGH NJW-RR 1999, 1473.
16 Vgl. BGH NJW 1975, 1315, 1316; Palandt/*Heinrichs*, §§ 4, 5 AGBG Rn 12; *Brox*, Allgemeiner Teil, Rn 204m.
 1 *Lindacher*, in: Wolf/Horn/Lindacher, § 6 Rn 2; *Ulmer*, in: Ulmer/Brandner/Hensen, § 6 Rn 8; a.A. MüKo/*Basedow*, § 6 AGBG Rn 7.
 2 BGH NJW 1996, 2092, 2093.
 3 Z.B. BGHZ 137, 153, 157.
 4 Vgl. BGH NJW 1999, 3195, 3196.

Grundsätzlich **unzulässig** ist nach h.M.[5] eine **geltungserhaltende Reduktion**, d. h. eine Rückführung einer 3 unangemessenen Klausel auf ihren gerade noch zulässigen Inhalt. Das entspricht dem Schutzzweck der AGB-Vorschriften. Müsste der Verwender äußerstenfalls befürchten, dass die von ihm verwendeten AGB auf den gerade noch zulässigen Inhalt zurückgeführt werden, bestünde kein Risiko und entsprechend auch kein Anreiz, sich möglichst um inhaltlich angemessene AGB zu bemühen. – Wegen unzulässiger Umgehung (§ 306a) und auf Grund Intransparenz (§ 307 Abs. 1 S. 2) unwirksam sind auch sog. **salvatorische Klauseln**, wonach im Falle der Unwirksamkeit einzelner Klauseln nicht das dispositive Gesetzesrecht, sondern eine Regelung maßgebend sein soll, die der unwirksamen Klausel wirtschaftlich am besten entspricht.[6]

Abs. 3 bestimmt, dass **ausnahmsweise Gesamtnichtigkeit** des Vertrages eintritt, wenn es einer der 4 Vertragsparteien nicht zuzumuten ist, am Vertrag festzuhalten. Das ist nach der gesetzlichen Intention nur in Ausnahmefällen anzunehmen,[7] zumal auf Seiten des Verwenders, da er das Risiko einer Nichteinbeziehung der AGB trägt.[8] Die Grenze der Unzumutbarkeit ist erst überschritten, wenn das Vertragsgleichgewicht durch den Wegfall der AGB erheblich verändert wird.[9] Für den Kunden wird die Nichtgeltung einer Klausel regelmäßig von Vorteil sein, so dass eine unzumutbare Belastung aus seiner Sicht regelmäßig ausscheidet (denkbar, wenn durch den Wegfall der Klausel eine erhebliche Rechtsunsicherheit entsteht).[10] Ebenso kann Gesamtnichtigkeit des Vertrags anzunehmen sein, wenn infolge der Unwirksamkeit einer oder mehrerer Klauseln eine Vertragslücke verbleibt, die weder sinnvoll durch das dispositive Recht noch im Wege der ergänzenden Vertragsauslegung geschlossen werden kann (z. B. weil vielfältige Gestaltungsmöglichkeiten in Betracht kommen). – Ist der Vertrag ausnahmsweise insgesamt nichtig, steht dem Kunden regelmäßig ein **Schadensersatzanspruch** aufgrund vorvertraglicher Pflichtverletzung zu (§§ 280 Abs. 1, 311 Abs. 2).[11]

§ 306a Umgehungsverbot

[1]**Die Vorschriften dieses Abschnitts finden auch Anwendung, wenn sie durch anderweitige Gestaltungen umgangen werden.**

Die Vorschrift entspricht wortgleich dem bisherigen § 7 AGBG. Die AGB-Vorschriften sind zwingendes 1 Recht. Eine Umgehung ist anzunehmen, wenn eine vom Gesetz verbotene Regelung bei gleicher Interessenlage durch eine andere rechtliche Gestaltung erreicht werden soll, die objektiv nur den Sinn haben kann, das gesetzliche Verbot zu unterlaufen.[1] Umgehungsabsicht ist nicht erforderlich.[2]

§ 307 Inhaltskontrolle

(1) [1]Bestimmungen in Allgemeinen Geschäftsbedingungen sind unwirksam, wenn sie den Vertragspartner des Verwenders entgegen den Geboten von Treu und Glauben unangemessen benachteiligen. [2]Eine unangemessene Benachteiligung kann sich auch daraus ergeben, dass die Bestimmung nicht klar und verständlich ist.
(2) [1]Eine unangemessene Benachteiligung ist im Zweifel anzunehmen, wenn eine Bestimmung
1. mit wesentlichen Grundgedanken der gesetzlichen Regelung, von der abgewichen wird, nicht zu vereinbaren ist, oder
2. wesentliche Rechte oder Pflichten, die sich aus der Natur des Vertrags ergeben, so einschränkt, dass die Erreichung des Vertragszwecks gefährdet ist.
(3) [1]Die Absätze 1 und 2 sowie die §§ 308 und 309 gelten nur für Bestimmungen in Allgemeinen Geschäftsbedingungen, durch die von Rechtsvorschriften abweichende oder diese ergänzende Regelungen vereinbart werden. [2]Andere Bestimmungen können nach Absatz 1 Satz 2 in Verbindung mit Absatz 1 Satz 1 unwirksam sein.

Literatur: *Börner*, Die „Heilung" von AGB durch die Berücksichtigung vertragsabschlussbegleitender Umstände nach § 24 a Nr. 3 AGBG, JZ 1997, 595; *Canaris*, Die Problematik der AGB-Kontrolle von Postenpreisen für Buchungsvorgänge

---

5 BGHZ 107, 273, 277; 127, 35, 47; BGH NJW 2000, 1110, 1113; *H. Schmidt*, in: Ulmer/Brandner/Hensen, § 6 Rn 14; *Lindacher*, in: Wolf/Horn/Lindacher, § 6 Rn 31; *Medicus*, Bürgerliches Recht, Rn 69; a.A. z. B. MüKo/*Basedow*, § 6 AGBG Rn 13; Staudinger/*Schlosser* § 6 AGBG Rn 17 a f.; *Hager*, JuS 1985, 264, 267 ff.
6 OLG Celle WM 1994, 885, 893; Palandt/*Heinrichs*, § 6 AGBG Rn 7.
7 BGH NJW 1996, 2092, 2094; *Lindacher*, in: Wolf/Horn/Lindacher, § 6 Rn 60.
8 Palandt/*Heinrichs*, § 6 AGBG Rn 8.
9 BGH WM 1996, 2018, 2020; *Lindacher*, in: Wolf/Horn/Lindacher, § 6 Rn 62; Erman/*Hefermehl*/*Werner*, § 6 AGBG Rn 22.
10 Erman/*Hefermehl*/*Werner*, § 6 AGBG Rn 22.
11 Palandt/*Heinrichs*, § 6 AGBG Rn 10.
1 Vgl. Palandt/*Heinrichs*, § 7 AGBG Rn 2.
2 Soergel/*Stein*, § 7 AGBG Rn 3; MüKo/*Basedow*, § 7 AGBG Rn 4; Erman/*Hefermehl*/*Werner*, § 7 AGBG Rn 2.

auf Girokonten, WM 1996, 237; *Dauner-Lieb,* Die geplante Schuldrechtsmodernisierung – Durchbruch oder Schnellschuss?, JZ 2001, 8; *Hennrichs,* Treupflichten im Aktienrecht – zugleich Überlegungen zur Konkretisierung der Generalklausel des § 242 BGB sowie zur Eigenhaftung des Stimmrechtsvertreters, AcP 195 (1995), 221; *Horn,* Die richterliche Kontrolle von Entgeltklauseln nach dem AGB-Gesetz am Beispiel der Kreditwirtschaft, WM 1997, Sonderbeilage 1; *Kesseler,* Der Kauf gebrauchter Waren nach dem Diskussionsentwurf eines Schuldrechtsmodernisierungsgesetzes, ZRP 2001, 70; *Kieninger,* Inhaltskontrolle der AVB einer Arbeitslosigkeitsversicherung, VersR 1998, 1071; *Pfeiffer,* Die Integration von „Nebengesetzen" in das BGB, in: Ernst/Zimmermann (Hrsg.), Zivilrechtswissenschaft und Schuldrechtsreform, 2001, S. 481; *Rellermeyer,* Objektive Bezugsgrößen für die Bewertung von Kreditsicherheiten – Ist das Wirksamkeitserfordernis des Bundesgerichtshofs erfüllbar?, WM 1994, 1053; *Schünemann,* Allgemeine Versicherungsbedingungen – „Leistungsbeschreibungen" oder inhaltskontrollierte Vertragskonditionen?, VersR 2000, 144; *Staudinger,* Das Transparenzgebot im AGB-Gesetz: Klar und verständlich? – Zu den Grundsätzen der Richtlinientransformation, WM 1999, 1546; *Ulmer,* Zur Anpassung des AGB-Gesetzes an die EG-Richtlinie über missbräuchliche Klauseln in Verbraucherverträgen, EuZW 1993, 337; *Ulmer,* Das AGB-Gesetz: ein eigenständiges Kodifikationswerk, JZ 2001, 491; *Westermann, H.P.,* Das neue Kaufrecht einschließlich des Verbrauchsgüterkaufs, JZ 2001, 530.

Inhalt

A. Übersicht 1	2. Vertragszweckgefährdende Klauseln (Abs. 2 Nr. 2) 15
B. Inhaltskontrolle (Abs. 1 und 2) 4	3. Insbesondere: Freizeichnungsklauseln 16
I. Generalklausel (Abs. 1 S. 1) 4	**C. Schranken der Inhaltskontrolle (Abs. 3)** 17
II. Transparenzgebot (Abs. 1 S. 2) 6	I. Deklaratorische und leistungsbestimmende Klauseln 18
III. Die Regelbeispiele des Abs. 2 10	II. Transparenzkontrolle 20
1. Unvereinbarkeit mit wesentlichen Grundgedanken der gesetzlichen Regelung (Abs. 2 Nr. 1) 10	

A. Übersicht

1 Die Vorschrift ist die **Zentralnorm zur Inhaltskontrolle** von AGB. Sie entspricht in ihrem Abs. 1 S. 1 und Abs. 2 dem früheren § 9 AGBG. Abs. 3 nimmt den bisherigen § 8 AGBG auf. Abs. 1 S. 2 regelt neu nunmehr explizit das sog. Transparenzgebot, das bislang im Gesetz nicht ausdrücklich normiert, freilich von Rechtsprechung und h.L. schon seit längerem anerkannt war.

2 Wie bisher ist **zuerst zu prüfen**, ob eine Klausel überhaupt der Inhaltskontrolle unterfällt. Das bestimmt sich nach **Abs. 3**, der sachlich dem bisherigen § 8 AGBG entspricht. **Sodann** ist – gemäß der allgemeinen methodischen Erkenntnis, das Besondere vor dem Allgemeinen zu erörtern – zunächst **§ 309**, dann **§ 308** und **erst hiernach Abs. 1 und 2** zu berücksichtigen. Die besonderen Klauselverbote der §§ 308, 309 sind schrittweise Konkretisierungen der Generalnorm des Abs. 1. Die allgemeine Inhaltskontrolle nach Abs. 1 und 2 ist mithin rechtstechnisch Auffangtatbestand;[1] praktisch liegt hier allerdings ein Schwerpunkt der Klauselkontrolle.[2] Unterfällt eine Klausel an sich einem der besonderen Verbote der §§ 308, 309 und ist sie hiernach nicht zu beanstanden, kann sie aus besonderen, von den jeweiligen konkreteren Klauselverboten nicht erfassten Gründen gleichwohl nach Abs. 1 und 2 unwirksam sein.[3] Im **unternehmerischen Rechtsverkehr** bleibt überhaupt nur die allgemeine Inhaltskontrolle nach Abs. 1 und 2, die aber Wertungen der §§ 308, 309 aufnehmen kann (§ 310 Abs. 1 S. 2).

3 Die Inhaltskontrolle nach den §§ 307 – 309 kommt nur zum Zuge, soweit die gesetzlichen Vorschriften, von denen abgewichen werden soll, nicht ohnehin **zwingend** sind.[4] Das Gewährleistungsrecht der **Verbrauchsgüterkaufverträge** ist jetzt aufgrund der Vorgaben der Verbrauchsgüterkauf-Richtlinie weitgehend zwingend (s. vor allem § 475). Dadurch erleidet die Inhaltskontrolle von AGB gegenüber dem alten Recht insoweit einen gewissen Bedeutungsverlust. Die „Steuerung der Vertragsgerechtigkeit", die bislang vor allem durch §§ 9 und 11 Nr. 10, 11 AGBG geleistet wurde, wird verstärkt wieder in das materielle Kaufrecht des BGB zurückverlagert (zu dem sich daraus ergebenden Bedarf, bislang verwendete AGB zu überprüfen, s. vor §§ 305 ff. Rn 12).[5] Für die anderen Bereiche (Verträge zwischen Unternehmen und unter Privaten) bleibt die Inhaltskontrolle von AGB demgegenüber im Wesentlichen unverändert bedeutsam.[6] Allerdings geht auch insoweit zwingendes Recht vor, s. vor allem §§ 444, 478 Abs. 4.

---

1 Staudinger/*Coester,* § 9 AGBG Rn 10; Palandt/*Heinrichs,* Vorbem. v. § 8 AGBG Rn 1, § 9 AGBG Rn 1; Erman/*Hefermehl/Werner,* § 9 AGBG Rn 3.
2 Palandt/*Heinrichs,* § 9 AGBG Rn 1.
3 BGHZ 100, 373, 375; BGH NJW 1997, 739 f.; Palandt/*Heinrichs,* § 9 AGBG Rn 1; *Wolf,* in: Wolf/Horn/Lindacher, AGBG, Vor §§ 10, 11 Rn 11.
4 Vgl. auch Palandt/*Heinrichs,* § 9 AGBG Rn 19.
5 BT-Drucks 14/6040, 80.
6 *H. P. Westermann,* JZ 2001, 530, 531.

B. Inhaltskontrolle (Abs. 1 und 2)

I. Generalklausel (Abs. 1 S. 1)

Die **Generalklausel** zur Inhaltskontrolle von AGB (**Abs. 1 S. 1**, früher § 9 Abs. 1 AGBG) bleibt dem Wortlaut nach unverändert. Das Verbot unangemessener Benachteiligung beruht auf dem **Gedanken der Vertragsgerechtigkeit**.[7] Erforderlich ist eine umfassende **Interessenabwägung** mit dem Ziel, die widerstreitenden Interessen in einen angemessenen Ausgleich zu bringen. Anzustellen ist eine **überindividuelle** (generalisierende) **Betrachtungsweise**.[8] Das ist – auch wenn AGB keine Rechtsnormen sind (§ 305 Rn 6) – wegen ihres abstrakt generellen Charakters gerechtfertigt und gilt grundsätzlich nicht nur für den Verbandsprozess, sondern auch im Rahmen des Individualprozesses. Bei **Verbraucherverträgen** ist europarechtliche Grundlage der AGB-Kontrolle Art. 3 Abs. 1 der Klausel-Richtlinie.[9] Für den Beurteilungsmaßstab bestimmt Art. 4 Abs. 1 der Richtlinie, dass bei Verbraucherverträgen auch konkret individuelle Umstände mit zu berücksichtigen sind (umgesetzt in § 310 Abs. 3 Nr. 3).[10] **Gegenstand der Kontrolle** ist der durch Auslegung zu ermittelnde Inhalt der Klausel,[11] d. h. die Auslegung geht der Inhaltskontrolle vor.

Festzustellen ist zunächst das durch die Klausel beeinträchtigte Interesse des anderen Vertragspartners. Dieses ist gegen das Interesse des Verwenders, dem die Klausel dient, **abzuwägen**.[12] Hierbei sind die betroffenen Interessen zunächst daraufhin zu prüfen, ob sie rechtlich geschützt sind.[13] Nicht jedes geltend gemachte und vielleicht subjektiv verständliche Interesse steht auch unter dem Schutz der Rechtsordnung. Hierzu sind die Wertungen der gesetzlichen Vorschriften, von denen abgewichen wird, herauszuarbeiten. Auf Seiten des Verwenders ist vor allem sein Rationalisierungsinteresse (Vereinfachung der Arbeitsabläufe) zu berücksichtigen.[14] Als **unangemessen** ist eine Benachteiligung des anderen Vertragsteils anzusehen, bei der durch die Vertragsgestaltung das Gleichgewicht der Rechte und Pflichten der Vertragspartner erheblich gestört[15] und die vertragliche Risikoverteilung zu Lasten des Verwendungsgegners erheblich beeinträchtigt wird.[16] Bei der Beurteilung ist der Art der Güter oder Leistungen, die Gegenstand des Vertrags sind, Rechnung zu tragen (vgl. Art. 4 Abs. 1 der Klausel-Richtlinie und deren Erwägungsgründe). Unterschiedliche Fallgestaltungen (z. B. gebrauchte oder neue Sachen) können hierbei unterschiedliche Ergebnisse rechtfertigen. Bei der Angemessenheitsprüfung ist eine **Gesamtwürdigung** anzustellen. Zu berücksichtigen ist der gesamte Vertragsinhalt (vgl. Art. 4 Abs. 1 der Klausel-Richtlinie). Daher können Nachteile, die durch eine Klausel für den Verwendungsgegner begründet werden, durch anderweitige vertragliche Regelungen ausgeglichen werden, wenn die entsprechenden Regelungen sachlich aufeinander bezogen sind und zueinander in einem Wechselverhältnis stehen.[17] Eine solche Kompensationswirkung billigt die Rspr. vor allem der VOB/B zu, die als „einigermaßen ausgewogenes" Gesamtgefüge bewertet wird (ein Gedanke, der auch in § 308 Nr. 5 Hs. 2 zum Ausdruck kommt).[18] **Maßgeblicher Zeitpunkt für die Beurteilung** ist der Vertragsschluss.[19] Nachträgliche Änderungen der tatsächlichen Lage führen nicht zur Unwirksamkeit einer Klausel nach Abs. 1. – Auf die bislang erzielten Erkenntnisse kann Bezug genommen werden. Die zu § 9 AGBG entwickelte **Kasuistik** bleibt auch nach der Neuordnung der AGB-Vorschriften einschlägig.

---

7 Soergel/*Stein*, § 9 AGBG Rn 6; *Brandner*, in: Ulmer/Brandner/Hensen, § 9 Rn 70.
8 BGH NJW 1996, 2155, 2156; BGHZ 105, 24, 31; Palandt/*Heinrichs*, § 9 AGBG Rn 4.
9 Die Vorschrift hat in der deutschen Fassung folgenden Wortlaut: „Eine Vertragsklausel, die nicht im Einzelnen ausgehandelt wurde, ist als missbräuchlich anzusehen, wenn sie entgegen dem Gebot von Treu und Glauben zum Nachteil des Verbrauchers ein erhebliches und ungerechtfertigtes Missverhältnis der vertraglichen Rechte und Pflichten der Vertragspartner verursacht."
10 Art. 4 Abs. 1 der Klausel-Richtlinie lautet in seiner deutschen Fassung: „Die Missbräuchlichkeit einer Vertragsklausel wird unbeschadet des Artikels 7 unter Berücksichtigung der Art der Güter oder Dienstleistungen, die Gegenstand des Vertrages sind, aller den Vertragsabschluß begleitenden Umstände sowie aller anderen Klauseln desselben Vertrages oder eines anderen Vertrages, von dem die Klausel abhängt, zum Zeitpunkt des Vertragsabschlusses beurteilt."
11 Palandt/*Heinrichs*, § 9 AGBG Rn 3.
12 Vgl. BGHZ 106, 259, 266; 136, 27, 30 f.
13 Zu Struktur und Rationalität der Abwägung s. *Hennrichs*, AcP 195 (1995), 221, 248 ff. m.w.N.
14 Palandt/*Heinrichs*, § 9 AGBG Rn 8.
15 *Brandner*, in: Ulmer/Brandner/Hensen, § 9 Rn 71.
16 BGH VersR 1997, 319, 320.
17 Staudinger/*Coester*, § 9 AGBG Rn 32; *Wolf*, in: Wolf/Horn/Lindacher, § 9 Rn 132; *Brandner*, in: Ulmer/Brandner/Hensen, § 9 Rn 85.
18 BGHZ 86, 135, 141.
19 *Wolf*, in: Wolf/Horn/Lindacher, § 9 Rn 55; Palandt/*Heinrichs*, § 9 AGBG Rn 2.

II. Transparenzgebot (Abs. 1 S. 2)

6 Die jetzt ausdrückliche gesetzliche Regelung des sog. Transparenzgebots (Abs. 1 S. 2) trägt den Vorgaben der **Klausel-Richtlinie** (Richtlinie 93/13/EWG, dort Art. 4 Abs. 2 und Art. 5 S. 1[20]) und der neueren Rspr. des EuGH Rechnung. Wie der EuGH jüngst judiziert hat, sind die Mitgliedstaaten bei der Wahl von Form und Mitteln der Umsetzung einer Richtlinie (vgl. Art. 249 Abs. 3 EGV) nicht völlig frei. Vielmehr muss die Umsetzung aus Gründen der Rechtssicherheit in klarer und eindeutiger Form erfolgen.[21] Das kann eine explizite gesetzliche Vorschrift erfordern. Dem entsprach das AGBG nicht.[22] Zwar war es im Grundsatz auch nach altem Recht weithin anerkannt, dass AGB möglichst klar und verständlich abzufassen sind und dass eine etwaige Intransparenz zur Unwirksamkeit der Klausel nach § 9 Abs. 1 AGBG führen kann.[23] Das Transparenzgebot ergab sich aber nicht unmittelbar aus dem Gesetzeswortlaut, sondern wurde von Rspr. und h.L. im Wege der richtlinienkonformen Auslegung aus § 9 AGBG abgeleitet. Durch die Regelung in Abs. 1 S. 2 soll diese Rechtsentwicklung nunmehr auch im Gesetzeswortlaut zum Ausdruck gebracht werden. **Sachlich** sind **keine Änderungen** bezweckt.[24] Die von Rechtsprechung und Lehre entwickelten Erkenntnisse wirken fort.

7 Die Vorschrift war noch im RE zunächst als Abs. 2 Nr. 3 eingeordnet. Ihren jetzigen Standort als Abs. 1 S. 2 erhielt die Bestimmung erst durch den Rechtsausschuss. Durch diese systematische Einordnung bei Abs. 1 (statt bei Abs. 2) soll klargestellt werden, dass Intransparenz zu einer unangemessenen Benachteiligung führen kann, dies aber nicht „im Zweifel" anzunehmen ist.[25] Damit verbleibt den Gerichten wie nach altem Recht ein Wertungsspielraum. – Das (materielle) Transparenzgebot des Abs. 1 S. 2 und die **Unklarheitenregel** des § 305c Abs. 2 **ergänzen** sich[26] (§ 305c Rn 3).

8 Inhaltlich statuiert das Transparenzgebot die Obliegenheit des Verwenders, die Rechte und Pflichten der Vertragspartner möglichst **klar und verständlich** zu regeln.[27] Jegliche Irreführung des anderen Teils ist zu vermeiden. „Klar und verständlich" bedeutet allerdings nicht „einfach" oder „auch bei flüchtiger Betrachtung ohne weiteres einsichtig". Bei der Beurteilung ist nicht auf den flüchtigen, sondern auf einen gedachten **sorgfältigen Teilnehmer** am Wirtschaftsverkehr abzustellen.[28] Das ist vor allem bei der Transparenzbeurteilung von sog. **rechtsgeprägten AGB** (vor allem AVB, aber auch andere Klauseln betreffend Finanzdienstleistungen) zu beachten, denen ein gewisses Maß an Schwierigkeit eigen ist. Auch die formale Gestaltung der AGB kann relevant sein. Wird die rechtliche Stellung des Vertragspartners lediglich an unvermuteter, schwer auffindbarer Stelle geregelt, kann dies die Intransparenz der Regelung zur Folge haben. Die Anforderungen dürfen allerdings nicht überspannt werden. Gefordert ist nichts Unmögliches und nichts Unzumutbares.[29] So kann von dem Verwender vernünftigerweise nicht verlangt werden, jede Klausel mit einer Erklärung zu versehen und gleichsam einen AGB-Kommentar mitzuliefern.[30] Ebenso wenig verlangt das Transparenzgebot, interne Kalkulationen offen zu legen, die einem im Vertragstext genannten Wert zugrunde liegen.[31] Abs. 1 S. 2 verbietet auch nicht, unbestimmte Rechtsbegriffe zu verwenden. Etwas anderes gilt allerdings, wenn die vom Gesetzgeber verwendete Terminologie für Laien unverständlich ist (z. B. die Begriffe „Wandelung" und „Minderung"[32]). Zu berücksichtigen ist auch der Gegenstand der AGB (Art des Produkts oder der Leistung des Verwenders).

9 **Intransparente Klauseln** sind gem. Abs. 1 S. 2 i.V.m. S. 1 per se, d. h. allein wegen ihrer Intransparenz **unwirksam**. Dass die Klausel den anderen Teil darüber hinaus noch sachlich benachteiligt, ist nicht erforderlich.[33] Das entspricht der Rspr. zum alten Recht[34] und kommt nunmehr auch im Gesetzeswortlaut zum Ausdruck. In Übereinstimmung mit den Vorgaben der Klausel-Richtlinie (dort Art. 4 Abs. 2[35])

---

20 Die Vorschriften haben in ihrer deutschen Fassung folgenden Wortlaut: Art. 4 Abs. 2: „Die Beurteilung der Missbräuchlichkeit der Klauseln betrifft weder den Hauptgegenstand des Vertrages noch die Angemessenheit zwischen dem Preis bzw. dem Entgelt und den Dienstleistungen bzw. den Gütern, die die Gegenleistung darstellen, *sofern diese Klauseln klar und verständlich abgefasst sind*" (Hervorhebung nicht im Original). – Art. 5 S. 1: „Sind alle dem Verbraucher in Verträgen unterbreiteten Klauseln oder einige dieser Klauseln schriftlich niedergelegt, so müssen sie stets klar und verständlich abgefasst sein."
21 EuGH EuZW 2001, 437 m. Anm. *Leible*.
22 *Staudinger*, WM 1999, 1546.
23 Grundlegend BGHZ 106, 42, 49; ferner BGHZ 108, 52, 57; 115, 177, 185; *Brandner*, in: Ulmer/Brandner/Hensen, § 9 Rn 87; *Ulmer*, EuZW 1993, 337, 344.
24 BT-Drucks 14/6040, 153.
25 Vgl. Beschlussempfehlung des Rechtsausschusses zu § 307, BT-Drucks 14/7052, 188.
26 Vgl. auch Art. 5 der Klausel-Richtlinie, wo in Satz 1 das Transparenzgebot und in Satz 2 die Unklarheitenregel normiert ist.
27 BGH NJW 1996, 455, 456; 1996, 2092, 2093; 2000, 515, 519.
28 Palandt/*Heinrichs*, § 9 AGBG Rn 16b.
29 BGH NJW 1998, 3114; 3116; Palandt/*Heinrichs*, § 9 AGBG Rn 16a.
30 BGH NJW 1996, 2092, 2093; *Rellermeyer*, WM 1994, 1053, 1056 f.
31 BGH NJW 1997, 3166.
32 BGH NJW 1982, 331, 333.
33 BT-Drucks 14/6040, 154.
34 BGHZ 112, 115, 121 f.; 136, 394, 401 f.; a.A. *Wolf*, in: Wolf/Horn/Lindacher, § 9 Rn 146; Staudinger/*Coester*, § 9 AGBG Rn 124; Erman/*Hefermehl/Werner*, § 9 AGBG Rn 19.

und der schon bisher h.M.[36] wird außerdem klargestellt, dass **auch preisbestimmende und leistungsbeschreibende Klauseln** der **Transparenzkontrolle** unterliegen (**Abs. 3 S. 2**, s. auch Rn 20).[37] Solche AGB müssen die wirtschaftlichen Belastungen und Nachteile klar und verständlich erkennen lassen.[38] Diese Reichweite der Transparenzkontrolle ist sachgerecht, weil es gerade bei preisbestimmenden und leistungsbeschreibenden Klauseln, die keiner weiteren Inhaltskontrolle unterliegen, wichtig ist, dass sie zumindest transparent abgefasst sind, damit der andere Vertragsteil eine eigenverantwortliche Entscheidung (informierte Auswahl unter den verschiedenen Angeboten) treffen kann.[39] Die oft schwierige Abgrenzung von Preis- und Preisnebenabreden (Rn 18) kann daher für die Transparenzkontrolle dahinstehen.

III. Die Regelbeispiele des Abs. 2
1. Unvereinbarkeit mit wesentlichen Grundgedanken der gesetzlichen Regelung (Abs. 2 Nr. 1)

Die in Abs. 2 aufgelisteten Tatbestände sind **Regelbeispiele** (Zweifelsregeln). Sie konkretisieren die Generalnorm des Abs. 1 S. 1.[40] „Im Zweifel" bedeutet nicht stets, d. h. im Einzelfall kann trotz Vorliegens der Voraussetzungen des Abs. 2 aufgrund der Gesamtwürdigung (Rn 5) eine unangemessene Benachteiligung zu verneinen sein.

Abs. 2 Nr. 1 betrifft Klauseln, die mit wesentlichen Grundgedanken der gesetzlichen Regelung nicht zu vereinbaren sind. Die Vorschrift entspricht wörtlich dem bisherigen § 9 Abs. 2 Nr. 1 AGBG. **Gesetzliche Regelung** i.d.S. ist jede Rechtsnorm (Art. 2 EGBGB) und umfasst auch ungeschriebene Rechtsgrundsätze und Gewohnheitsrecht.[41] AGB-fest sind dabei nur Vorschriften mit **Leitbildfunktion**, während von Zweckmäßigkeitsvorschriften auch in AGB abgewichen werden kann.[42] In der Literatur wird sachlich im Wesentlichen entsprechend zwischen gesetzlichen Regelungen, die einem wesentlichen Schutzbedürfnis des Verwendungsgegners dienen, und bloßen Ordnungsvorschriften unterschieden.[43]

Abs. 2 Nr. 1 gilt auch im **unternehmerischen Rechtsverkehr** (§ 310 Abs. 1). Daraus wird die **Besorgnis** abgeleitet, die Änderungen des Schuldrechts, vor allem die Stärkung der Rechte des Käufers und des Werkbestellers, könnten mittelbar, nämlich eben vermittels der Klauselkontrolle nach Abs. 2 Nr. 1, auch die Gestaltungsfreiheit zwischen Unternehmen beeinträchtigen. Befürchtet wird vor allem, die in § 475 für den Verbrauchsgüterkauf als zwingend aufgeführten Vorschriften könnten künftig allgemein, d. h. auch wenn gar kein Verbrauchervertrag vorliegt, als die gesetzlichen Regelungen bewertet werden, die das Leitbild des Kaufs bestimmen.[44]

Harm Peter Westermann hat hierzu indessen mit Recht bemerkt, dass es nicht das Ergebnis der Reform des Verbrauchsgüterkaufrechts sein darf, die Gestaltungsfreiheit für den Kauf zwischen Unternehmen oder unter „Privaten" stärker als nach bisherigem Recht einzuschränken.[45] Richtigerweise kann aus den Sondervorschriften für den Verbrauchsgüterkauf nichts für die „**Leitbilddiskussion**" zum allgemeinen Kaufrecht oder gar für den unternehmerischen Rechtsverkehr abgeleitet werden. Namentlich § 475 ist insoweit unergiebig. Vielmehr wird man zwischen den „Grundgedanken der gesetzlichen Regelung" für Verbrauchsgüterkaufverträge einerseits und denen für Verträge zwischen Unternehmen und unter Privaten andererseits unterscheiden müssen. Die Einheitlichkeit des Kaufrechts muss dort ihre Grenze finden, wo sie zu nicht sachgerechten Ergebnissen führen würde. Es wäre aber ganz sachwidrig, wegen der Neuregelung des Verbrauchsgüterkaufs auch die Vertragsfreiheit für den unternehmerischen Bereich einzuengen. Die Differenzierung zwischen Kauf, Verbrauchsgüterkauf und unternehmerischem Kauf ist in der Systematik der §§ 433 ff. sowie auch in den §§ 305 ff. selbst angelegt.[46] So sind die Vorschriften über den Verbrauchsgüterkauf im Untertitel 3 bewusst getrennt von den „Allgemeinen Vorschriften" (Bezeichnung des Untertitel 1) über den Kaufvertrag eingeordnet. Auch teleologisch ist eine Vermischung der Wertungen des Verbrauchsgüterkaufrechts mit denen für den Kauf zwischen Unternehmen oder unter

---

35 Zum Wortlaut der Richtlinie siehe oben Fn. 20.
36 OLG Celle NJW-RR 1995, 1133; OLG Stuttgart VersR 1999, 832, 833; LG Köln WM 2001, 1946, 1947; LG Berlin NJW 1991, 1554, 1555; *Ulmer*, in: Ulmer/Brandner/Hensen, § 8 Rn 8a; *Brandner*, in: Ulmer/Brandner/Hensen, § 9 Rn 87; Staudinger/*Coester*, § 8 AGBG Rn 15; Palandt/*Heinrichs*, § 8 AGBG Rn 1a; *Wolf*, in: Wolf/Horn/Lindacher, § 9 Rn 143. S. auch BGH NJW 1999, 2279 f.; offen lassend zuletzt aber BGH VersR 2001, 841, 843.
37 BT-Drucks 14/6040, 154.
38 BGH VersR 2001, 841, 844.
39 Vgl. Staudinger/*Coester*, § 8 AGBG Rn 15; *Börner*, JZ 1997, 595, 597 f.
40 Palandt/*Heinrichs*, § 9 AGBG Rn 1, 18.
41 BGHZ 89, 206, 211; 100, 158, 163; 121, 13, 18.
42 BGHZ 41, 151, 154; 54, 106, 110 f.; 89, 206, 211; 115, 38, 42; BGH NJW 1992, 1628, 1629.
43 *Wolf*, in: Wolf/Horn/Lindacher, § 9 Rn 72; Palandt/*Heinrichs*, § 9 AGBG Rn 20.
44 Paradigmatisch ist die Stellungnahme des Bundesrates zu § 310 RE, s. BT-Drucks 14/6857, 17. Besorgnis auch schon bei *H.P. Westermann*, JZ 2001, 530 f., 535 f. und bei *Ernst*, JZ 2001, 542; ferner *Dauner-Lieb*, JZ 2001, 8, 13.
45 *H.P. Westermann*, JZ 2001, 530, 535 f.
46 Im Ergebnis so auch die Gegenäußerung der Bundesregierung, BT-Drucks 14/6857, 54.

Privaten nicht gerechtfertigt. Die Vorschriften über den Verbrauchsgüterkauf sind deshalb weitgehend zwingend, weil der Verbraucher im Verhältnis zum Unternehmer als besonders schutzbedürftig angesehen wird. Die Interessenlage bei einem Kauf zwischen Unternehmen ist grundlegend anders, ebenso bei einem Kauf unter Privaten. Dass den **Besonderheiten des Handelsrechtsverkehrs** auch **bei der AGB-Kontrolle Rechnung zu tragen** ist, bestätigt im Übrigen § 310 Abs. 1 S. 2 Hs. 2.[47]

14 **Hinweis zur Vertragsgestaltung: Zulässig** bleibt es, die geschuldete Beschaffenheit der Kaufsache zu regeln (**Bestimmung der „Soll-Beschaffenheit"**, § 434 Abs. 1 S. 1).[48] Die Praxis wird daher künftig schon bei der Beschreibung dessen, was geschuldet ist, den Pflichtenkreis des Verwenders und damit das Gewährleistungsrisiko zu begrenzen versuchen. Darin wird man grundsätzlich auch keinen sog. verhüllten Haftungsausschluss sehen können, für den nach verbreiteter Meinung die gleichen Wirksamkeitsgrenzen wie für eine normale Freizeichnungsklausel (dazu Rn 16) gelten sollen.[49] Denn aus § 434 Abs. 1 S. 1 ergibt sich, dass es zuerst Sache der Parteien ist, die Beschaffenheit der Kaufsache zu vereinbaren.[50] – Untauglich sind freilich ganz allgemein gehaltene Klauseln wie „Der Kaufgegenstand wird so geschuldet, wie er steht und liegt."[51] Ebenso dürfte es an § 475 Abs. 1 i.V.m. § 434 Abs. 1 S. 3 und/oder an §§ 305b, 305c Abs. 1, 307 Abs. 2 Nr. 1 scheitern, formularvertraglich die Beachtlichkeit von Werbeaussagen gänzlich auszublenden.

2. Vertragszweckgefährdende Klauseln (Abs. 2 Nr. 2)

15 Abs. 2 Nr. 2 ist darauf gerichtet, den Entzug oder die Einschränkung solcher **wesentlichen Rechtspositionen** des Verwendungsgegners zu verhindern, um derentwillen die vertragliche Verbindung eingegangen wurde[52] und auf deren Erfüllung der andere Teil vertraut und auch vertrauen darf.[53] Beispiele sind Preisänderungsvorbehalte[54] und Modifizierungen der Hauptleistungspflichten.[55] Aus Nr. 2 ergibt sich ferner und vor allem der Grundsatz, dass die Haftung für die Verletzung sog. **Kardinalpflichten** nicht wirksam durch AGB ausgeschlossen werden kann (und zwar auch nicht für einfache Fahrlässigkeit).[56] Allerdings ist der Rechtsbegriff der „wesentlichen Rechte oder Pflichten" weiter als der von der Rspr. früher entwickelte Bereich der Kardinalpflichten. Nr. 2 kann auch eingreifen, wenn **Neben- oder Schutzpflichten** des Verwenders ausgeschlossen werden, die für den anderen Vertragsteil von grundlegender Bedeutung sind.[57]

3. Insbesondere: Freizeichnungsklauseln

16 Freizeichnungsklauseln sind AGB, durch die der Verwender seine nach den gesetzlichen Bestimmungen an sich eintretende **Schadenersatzhaftung** ausschließen oder begrenzen will. Die Zulässigkeit solcher Klauseln[58] ist zunächst am **zwingenden Recht** zu messen (vgl. Rn 3). Grenzen normieren hier namentlich § 202 Abs. 1 (keine Verjährungserleichterung bei Vorsatz), § 276 Abs. 3 (früher § 276 Abs. 2, kein Haftungsausschluss bei Vorsatz) und § 444 (Mängelhaftung bei Arglist und Garantie). Bei einem **Verbrauchsgüterkauf** sind zwar das Nacherfüllungsrecht des Käufers sowie das Rücktritts- und Minderungsrecht wegen eines Mangels (vgl. § 437 Nr. 1 und 2) zwingend (§ 475 Abs. 1 und 2), nicht dagegen die Schadenersatzhaftung (§ 475 Abs. 3). Für Schadenersatzklauseln in Verbrauchsgüterkaufverträgen ergeben sich damit aus § 475 keine über die allgemeinen Regeln hinausgehenden Schranken. – Weitere Grenzen für Freizeichnungsklauseln normieren **§ 309 Nr. 7** (Unwirksamkeit einer Freizeichnung bei Verletzung von Leben, Körper, Gesundheit und bei grobem Verschulden) und **§ 309 Nr. 8 lit. b** (insbes. Doppelbuchst. ff. – Erleichterung der Verjährung); s. näher dort. Zu beachten ist schließlich § **307 Abs. 1 und 2**. Hiernach ist namentlich unwirksam, die Haftung für die Verletzung von **Kardinalpflichten** (Rn 15) oder bei **besonderer Vertrauensstellung** des Verwenders auszuschließen.[59] Auch von der Einhaltung der üblichen Verkehrspflichten kann sich der Verwender nicht wirksam befreien.[60] – Bei der **Formulierung** von Freizeichnungsklauseln ist besondere Sorgfalt erforderlich. Umfassende Freizeichnungen, die auch Fälle mit umfassen, bei denen die Haftung nicht wirksam ausgeschlossen oder begrenzt werden kann, sind wegen

---

47 Ebenso zum bisherigen Recht Palandt/*Heinrichs*, § 9 AGBG Rn 33.
48 Zutr. *H.P. Westermann*, JZ 2001, 530, 536.
49 Vgl. aber Palandt/*Heinrichs*, § 9 AGBG Rn 37.
50 Vgl. BT-Drucks 14/6040, 212.
51 Insoweit richtig *Kesseler*, ZRP 2001, 70, 71.
52 BGH NJW 1985, 914, 916; *Brandner*, in: Ulmer/Brandner/Hensen, § 9 Rn 143.
53 BGHZ 103, 316, 324; Palandt/*Heinrichs*, § 9 AGBG Rn 27.
54 BGH NJW 1994, 1060, 1063.
55 BGH NJW 1987, 1931, 1933.
56 Palandt/*Heinrichs*, § 9 AGBG Rn 25, 27, 29 m.w.N.
57 BGH NJW 1985, 914, 916; *Brandner*, in: Ulmer/Brandner/Hensen, § 9 Rn 144.
58 Zum alten Recht z. B. Palandt/*Heinrichs*, § 9 AGBG Rn 36 ff.
59 Vgl. Palandt/*Heinrichs*, § 9 AGBG Rn 41 ff.
60 Vgl. *Deutsch/Ahrens*, Deliktsrecht, 4. Aufl. 2002, Rn 173 f.

des Verbots der geltungserhaltenden Reduktion (§ 306 Rn 3) insgesamt unwirksam (s. auch § 309 Rn 12, 19, 24).[61]

C. Schranken der Inhaltskontrolle (Abs. 3)

Abs. 3 tritt an die Stelle des bisherigen § 8 AGBG und normiert die Schranken der Inhaltskontrolle. Die gesetzessystematische Umstellung (bislang § 8 **vor** § 9 AGBG, jetzt Abs. 3 **nach** Abs. 1 und 2) soll betonen, dass im Grundsatz **alle** Klauseln der Inhaltskontrolle unterliegen und hiervon nur ausnahmsweise abzusehen ist.[62] 17

I. Deklaratorische und leistungsbestimmende Klauseln

Gem. **Abs. 3 S. 1** unterliegen keiner Inhaltskontrolle (wohl aber der Transparenzkontrolle, s. Rn 9 und 20) zum einen sog. **deklaratorische Klauseln**, die eine gesetzliche Regelung nur wiederholen. Das versteht sich im Grunde von selbst, weil eine Inhaltskontrolle bei solchen Klauseln funktionslos wäre.[63] Aus Gründen der Vertragsfreiheit sind ferner Abreden über den unmittelbaren Gegenstand der Hauptleistung (sog. **leistungsbestimmende Klauseln**) und über das für eine vertragliche (Sonder-)Leistung zu erbringende Entgelt (sog. **Preisklauseln**) kontrollfrei.[64] Das entspricht Art. 4 Abs. 2 der Klausel-Richtlinie. Hiernach keiner Inhaltskontrolle unterliegen beispielsweise Baubeschreibungen, Zuteilungsbedingungen einer Bausparkasse,[65] Garantiebedingungen, die den Umfang der Garantie definieren,[66] und Risikobeschreibungen in AVB, soweit sie den Kernbereich des versicherten Risikos umschreiben.[67] Dagegen sind Klauseln, die das Leistungsversprechen einschränken oder modifizieren, gem. §§ 307–309 zu prüfen.[68] Dies wurde beispielsweise bejaht für klauselmäßige Zugangsbeschränkungen im Rahmen eines Online-Banking-Vertrages,[69] für AVB, die das Deckungsversprechen einschränken[70] u.ä. Ebenfalls nicht kontrollfrei sind sog. **Preisnebenabreden**, d. h. Klauseln, die sich nur mittelbar auf den Preis auswirken oder die ein Entgelt für die Erfüllung gesetzlicher Pflichten betreffen.[71] Die Abgrenzung zwischen kontrollfreien unmittelbaren Preisbestimmungen und der Inhaltskontrolle unterliegenden Preisnebenabreden kann im Einzelfall schwierig sein. Die Rechtsprechung tendiert im Zweifel zur Inhaltskontrolle.[72] Für die Transparenzkontrolle ist die Abgrenzung wegen Abs. 3 S. 2 (Rn 9 und Rn 20) unerheblich. 18

„**Rechtsvorschriften**" i. S. d. Abs. 3, von denen Abweichungen oder Ergänzungen die AGB-Kontrolle auslösen, sind alle Rechtsnormen.[73] Damit werden grundsätzlich auch sog. Auslegungs- oder **Zweifelsregeln** erfasst (wie z. B. § 632 Abs. 3).[74] Allerdings setzen solche Vorschriften die prinzipielle Zulässigkeit von Abweichungen voraus (denn sie sollen ja nur „im Zweifel" eingreifen, d. h. wenn die Parteien nichts Abweichendes bestimmt haben), so dass hier allein in der Abweichung noch keine unangemessene Benachteiligung gesehen werden kann.[75] Für Vergütungsklauseln bzgl. eines **Kostenanschlags** (§ 632 Abs. 3) folgt daraus, dass diese jedenfalls nicht per se unwirksam sind (im Ergebnis wie hier *Raab*, § 632 Rn 11).[76] Auch unterliegt die **Angemessenheit der Höhe des Entgelts** für den Kosten(vor)anschlag gem. Abs. 3 keiner Inhaltskontrolle, denn insoweit handelt es sich um eine kontrollfreie Preisbestimmung (Rn 18). Zu beachten sind allerdings selbstverständlich die allgemeinen Einbeziehungsvoraussetzungen des § 305 Abs. 2 und des § 305c Abs. 1. Daher dürfte es sich empfehlen, die Vergütungsklausel nicht in die allgemeinen auftragsbezogenen AGB aufzunehmen, sondern Sonderbedingungen für die Erstellung und Vergütung gerade des Kostenanschlags zu verwenden. 19

---

61 Palandt/*Heinrichs*, § 9 AGBG Rn 49.
62 BT-Drucks 14/6040, 154. Krit. zu dieser Umstellung *Pfeiffer*, in: Ernst/Zimmermann, S. 481, 503 f.; *Ulmer*, JZ 2001, 491, 492.
63 BGHZ 91, 55, 67; BGH VersR 2001 841, 843.
64 Vgl. BGHZ 100, 157, 173; 106, 42, 46; 116, 117, 119; NJW 1993, 2369; 1999, 864; BGH VersR 2001, 841, 843.
65 Vgl. Palandt/*Heinrichs*, § 8 AGBG Rn 2.
66 OLG Nürnberg NJW 1997, 2186; Palandt/*Heinrichs*, § 8 AGBG Rn 2.
67 OLG Hamburg VersR 1998, 627; *Kieninger*, VersR 1998, 1071; krit. *Schünemann*, VersR 2000, 144 f.
68 BGH NJW 2001, 751, 752; BGH NJW 1999, 2279 f.; *Brandner*, in: Ulmer/Brandner/Hensen, § 8 Rn 10.
69 BGH NJW 2001, 751, 752.
70 Vgl. BGHZ 120, 223; 123, 83; 127, 35, 41; BGH NJW 1993, 1134; 1999, 2279.
71 Vgl. BGHZ 106, 46; 106, 263; 116, 119; 124, 256; BGH WM 1998, 1623; 1999, 1271; *Brandner*, in: Ulmer/Brandner/Hensen, § 8 Rn 21; Palandt/*Heinrichs*, § 8 AGBG Rn 4 ff.
72 Z.B. BGH NJW 1991, 1953; 1992, 1751; 1994, 318; 1999, 2276 f.; 2000, 651; krit. *Canaris*, WM 1996, 237; *Horn*, WM 1997 Sonderbeil. 1, S. 4-6.
73 Palandt/*Heinrichs*, § 8 AGBG Rn 7; *Wolf*, in: Wolf/Horn/Lindacher, § 8 Rn 5.
74 *Wolf*, in: Wolf/Horn/Lindacher, § 8 Rn 5, § 9 Rn 67.
75 Vgl. auch Palandt/*Heinrichs*, § 9 AGBG Rn 21.
76 Unklar und möglicherweise anders BT-Drucks 14/6040, 260.

II. Transparenzkontrolle

20 Abs. 3 S. 2 stellt entsprechend den Vorgaben der Klausel-Richtlinie klar, dass auch leistungsbestimmende und deklaratorische Klauseln der **Transparenzkontrolle** unterliegen (s. Rn 9). Zwar betrifft die Klausel-Richtlinie an sich nur Verbraucherverträge. Die angeordnete Reichweite der Transparenzkontrolle ist aber allgemein, d. h. auch für Klauseln gegenüber Unternehmen oder unter Privaten sachgerecht. Abs. 3 S. 2 ist deshalb nicht als Sondervorschrift nur für Verbraucherverträge eingeordnet (vgl. § 310 Abs. 3), sondern gilt allgemein. Darin kommt zugleich zum Ausdruck, dass die Transparenzkontrolle ein eigenständiger Prüfungsschritt bei der Inhaltskontrolle ist.[77]

§ 308 Klauselverbote mit Wertungsmöglichkeit

[1]In Allgemeinen Geschäftsbedingungen ist insbesondere unwirksam
1. (Annahme- und Leistungsfrist)
eine Bestimmung, durch die sich der Verwender unangemessen lange oder nicht hinreichend bestimmte Fristen für die Annahme oder Ablehnung eines Angebots oder die Erbringung einer Leistung vorbehält; ausgenommen hiervon ist der Vorbehalt, erst nach Ablauf der Widerrufs- oder Rückgabefrist nach § 355 Abs. 1 und 2 und § 356 zu leisten;
2. (Nachfrist)
eine Bestimmung, durch die sich der Verwender für die von ihm zu bewirkende Leistung abweichend von Rechtsvorschriften eine unangemessen lange oder nicht hinreichend bestimmte Nachfrist vorbehält;
3. (Rücktrittsvorbehalt)
die Vereinbarung eines Rechts des Verwenders, sich ohne sachlich gerechtfertigten und im Vertrag angegebenen Grund von seiner Leistungspflicht zu lösen; dies gilt nicht für Dauerschuldverhältnisse;
4. (Änderungsvorbehalt)
die Vereinbarung eines Rechts des Verwenders, die versprochene Leistung zu ändern oder von ihr abzuweichen, wenn nicht die Vereinbarung der Änderung oder Abweichung unter Berücksichtigung der Interessen des Verwenders für den anderen Vertragsteil zumutbar ist;
5. (Fingierte Erklärungen)
eine Bestimmung, wonach eine Erklärung des Vertragspartners des Verwenders bei Vornahme oder Unterlassung einer bestimmten Handlung als von ihm abgegeben oder nicht abgegeben gilt, es sei denn, dass
    a) dem Vertragspartner eine angemessene Frist zur Abgabe einer ausdrücklichen Erklärung eingeräumt ist und
    b) der Verwender sich verpflichtet, den Vertragspartner bei Beginn der Frist auf die vorgesehene Bedeutung seines Verhaltens besonders hinzuweisen;
dies gilt nicht für Verträge, in die Teil B der Verdingungsordnung für Bauleistungen insgesamt einbezogen ist;
6. (Fiktion des Zugangs)
eine Bestimmung, die vorsieht, dass eine Erklärung des Verwenders von besonderer Bedeutung dem anderen Vertragsteil als zugegangen gilt;
7. (Abwicklung von Verträgen)
eine Bestimmung, nach der der Verwender für den Fall, dass eine Vertragspartei vom Vertrag zurücktritt oder den Vertrag kündigt,
    a) eine unangemessen hohe Vergütung für die Nutzung oder den Gebrauch einer Sache oder eines Rechts oder für erbrachte Leistungen oder
    b) einen unangemessen hohen Ersatz von Aufwendungen verlangen kann;
8. (Nichtverfügbarkeit der Leistung)
die nach Nummer 3 zulässige Vereinbarung eines Vorbehalts des Verwenders, sich von der Verpflichtung zur Erfüllung des Vertrags bei Nichtverfügbarkeit der Leistung zu lösen, wenn sich der Verwender nicht verpflichtet,
    a) den Vertragspartner unverzüglich über die Nichtverfügbarkeit zu informieren und
    b) Gegenleistungen des Vertragspartners unverzüglich zu erstatten.

---

77 Vgl. BT-Drucks 14/6040, 153 unter Hinweis auf *Brandner*, in: Ulmer/Brandner/Hensen, § 8 Rn 8a, 45.

§ 308

A. Überblick

Die Vorschrift entspricht im Wesentlichen dem **Vorläufer** des § 10 AGBG. Die einzelnen Klauselverbote wurden nur sprachlich an das neue Schuldrecht angepasst. So sind die Verweise in Nr. 1 und 2 aktualisiert worden. In **Nr. 5** wurde die bislang in § 23 Abs. 2 Nr. 5 AGBG enthaltene Ausnahme zugunsten der Verdingungsordnung für Bauleistungen (VOB) eingearbeitet und zugleich präzisiert. Dadurch soll die Zuordnung erleichtert und der Entwicklung der Rspr. Rechnung getragen werden. 1

Die in § 308 normierten Klauselverbote bezeichnet das Gesetz als solche „**mit Wertungsmöglichkeit**" (s. die Paragraphenüberschrift), weil sie unbestimmte Rechtsbegriffe verwenden und die Feststellung der Unwirksamkeit deshalb eine richterliche Wertung erfordert.[1] Bei der rechtlichen Beurteilung ist i.d.R. zunächst § 309 als die konkretere Vorschrift zu prüfen (s. auch § 307 Rn 2). 2

§ 308 findet (unmittelbar) keine Anwendung auf AGB, die gegenüber einem **Unternehmer**, einer juristischen Person des öffentlichen Rechts oder einem öffentlich-rechtlichen Sondervermögen verwendet werden (§ 310 Abs. 1 S. 1). Hier ist nur die allgemeine Inhaltskontrolle nach § 307 eröffnet. Allerdings können dabei die Wertungen der §§ 308, 309 berücksichtigt werden (vgl. § 310 Abs. 1 S. 2),[2] so dass die einzelnen besonderen Klauselverbote mittelbar doch auch auf den unternehmerischen Rechtsverkehr ausstrahlen (Indizwirkung).[3] Hierbei sind andererseits ebenso die Gewohnheiten und Gebräuche des Handelsverkehrs zu berücksichtigen (vgl. § 310 Abs. 1 S. 2, letzter Hs.). 3

Die von Rspr. und h.L. zu § 10 AGBG erzielten Erkenntnisse sind auch nach der Neuordnung der AGB-Vorschriften beachtlich. Im Folgenden werden nur die Änderungen gegenüber dem bisherigen Recht behandelt.[4] 4

B. Unangemessen lange oder unbestimmte Nachfrist (Nr. 2)

Nr. 2 entspricht sachlich dem bisherigen § 10 Nr. 2 AGBG. Allerdings wird nun nicht mehr § 326 BGB in Bezug genommen (der im Zuge der Modernisierung des Schuldrechts entfallen ist), sondern allgemein „Rechtsvorschriften", die eine Nachfrist bestimmen.[5] Solche sind die §§ 281 Abs. 1, 323 Abs. 1 und 637 Abs. 1. 5

C. Fingierte Erklärungen (Nr. 5)

Nr. 5 entspricht sachlich dem bisherigen § 10 Nr. 5 i.V.m. § 23 Abs. 2 Nr. 5 AGBG. Das Klauselverbot sichert den Grundsatz, dass Schweigen nicht als Willenserklärung zu bewerten ist. Die Vorschrift erfasst nur **Erklärungsfiktionen**. Klauseln, die nicht an eine Erklärung des Kunden anknüpfen, sondern bewirken, dass eine **Tatsache** als gegeben oder nicht gegeben betrachtet werden soll (Tatsachenfiktionen), fallen nicht unter Nr. 5.[6] Ebenso betrifft das Klauselverbot nur Bestimmungen zu Erklärungen des Verwendungsgegners im Stadium der Vertragsdurchführung (arg. „Erklärung **des Vertragspartners**"). Die Bedeutung des Schweigens auf ein Vertragsangebot kann nicht durch AGB geregelt werden, sondern bestimmt sich allein nach den allgemeinen Regeln über den Vertragsschluss.[7] 6

Die Fiktion von Erklärungen durch AGB ist nur zulässig, wenn die in lit. a und b normierten Ausnahmevoraussetzungen **kumulativ** eingehalten werden. Erforderlich ist zum einen, dass dem Kunden eine angemessen lange Frist zur Abgabe einer ausdrücklichen Erklärung eingeräumt wird. Die Frist ist großzügig zu bemessen (mind. ein bis zwei Wochen; für die Genehmigung einer Kontokorrentabrechnung wird eine Frist von vier Wochen als angemessen erachtet.[8]) Weiterhin muss der Verwender in den AGB verpflichten, den Kunden bei Beginn der Frist auf die besondere Bedeutung seines Schweigens hinzuweisen (vgl. z. B. Nr. 1 Abs. 2 AGB-Banken). Diese Verpflichtung muss gemäß dem Wortlaut der Nr. 5 schon in den AGB enthalten sein. Dass der Hinweis später tatsächlich erfolgt, genügt allein nicht[9] (ist andererseits aber zusätzlich erforderlich). Dadurch soll dem anderen Vertragsteil bereits frühzeitig die Möglichkeit verschafft werden, von der Klausel Kenntnis zu nehmen, zudem soll der Verwender 7

---

1 Palandt/*Heinrichs*, § 10 AGBG Rn 1.
2 Vgl. *Horn*, in: Wolf/Horn/Lindacher, § 24 Rn 13 zur ähnlichen Vorgängerregel in § 24 S. 2 AGBG.
3 Vgl. BGHZ 90, 273, 276 f.; 103, 316, 328; *Brandner*, in: Ulmer/Brandner/Hensen, § 24 Rn 19; Palandt/*Heinrichs*, § 9 AGBG Rn 32, 34 f.; *Horn*, in: Wolf/Horn/Lindacher, § 24 Rn 13.
4 Eine eingehende Kommentierung der einzelnen Klauselverbote bleibt einer späteren Bearbeitung vorbehalten.
5 BT-Drucks 14/6040, 154.
6 *Schmidt*, in: Ulmer/Brandner/Hensen, § 10 Nr. 5 Rn 11; nach Staudinger/*Coester-Waltjen*, § 10 Nr. 5 AGBG Rn 5 fallen auch Beweislastverschiebungen unter § 308 Nr. 5, wobei § 308 Nr. 5 lex specialis gegenüber § 309 Nr. 12 sein soll (zweifelhaft).
7 Vgl. Palandt/*Heinrichs*, § 10 AGBG Rn 26; Erman/*Hefermehl/Werner*, § 10 Nr. 5 Rn 1, 4; Staudinger/*Coester-Waltjen*, § 10 Nr. 5 AGBG Rn 4.
8 LG Frankfurt a.M. VersR 1998, 1238, 1239.
9 Staudinger/*Coester-Waltjen*, § 10 Nr. 5 AGBG Rn 14; *Graf von Westphalen*, in: Löwe/Graf von Westphalen/Trinkner, § 10 Nr. 5 Rn 18; Palandt/*Heinrichs*, § 10 AGBG Rn 27.

disziplinert werden. Andererseits wird die Erklärung des Vertragspartners selbstverständlich nur fingiert, wenn der entsprechende Hinweis auf die Bedeutung seines Schweigens später auch tatsächlich gegeben wird.[10] Die **Verpflichtung** zum besonderen Hinweis in den AGB **und** der **tatsächliche Hinweis** müssen zusammen kommen. Der Hinweis hat in einer Form zu erfolgen, die unter normalen Umständen eine Kenntnisnahme durch den Kunden erwarten lässt.[11]

8 **Hs. 2** ordnet die bislang in § 23 Abs. 2 Nr. 5 AGBG enthaltene Ausnahme zugunsten der **VOB/B** nun direkt bei Nr. 5 als dem „passenden" Klauselverbot ein. Dadurch soll die Zuordnung für den Rechtsanwender erleichtert werden.[12] Zugleich wird im Gesetzeswortlaut klargestellt, dass die Ausnahme nur eingreift, wenn die VOB/B **insgesamt** in den Vertrag einbezogen ist. Das entspricht schon bisher der h.M.[13] „Insgesamt" bedeutet dabei „ohne ins Gewicht fallende Einschränkung". Die Privilegierung versteht sich **dynamisch**, d. h. erfasst wird die VOB/B in ihrer jeweils zum Zeitpunkt des Vertragsschlusses maßgebenden Fassung.[14] Darin kommt das Zutrauen des Gesetzgebers zum Ausdruck, dass die VOB/B stets einen insgesamt angemessenen Interessenausgleich zwischen den Beteiligten gewährleistet.

§ 309 Klauselverbote ohne Wertungsmöglichkeit

¹Auch soweit eine Abweichung von den gesetzlichen Vorschriften zulässig ist, ist in Allgemeinen Geschäftsbedingungen unwirksam
1. (Kurzfristige Preiserhöhungen)
   eine Bestimmung, welche die Erhöhung des Entgelts für Waren oder Leistungen vorsieht, die innerhalb von vier Monaten nach Vertragsschluss geliefert oder erbracht werden sollen; dies gilt nicht bei Waren oder Leistungen, die im Rahmen von Dauerschuldverhältnissen geliefert oder erbracht werden;
2. (Leistungsverweigerungsrechte)
   eine Bestimmung, durch die
   a) das Leistungsverweigerungsrecht, das dem Vertragspartner des Verwenders nach § 320 zusteht, ausgeschlossen oder eingeschränkt wird oder
   b) ein dem Vertragspartner des Verwenders zustehendes Zurückbehaltungsrecht, soweit es auf demselben Vertragsverhältnis beruht, ausgeschlossen oder eingeschränkt, insbesondere von der Anerkennung von Mängeln durch den Verwender abhängig gemacht wird;
3. (Aufrechnungsverbot)
   eine Bestimmung, durch die dem Vertragspartner des Verwenders die Befugnis genommen wird, mit einer unbestrittenen oder rechtskräftig festgestellten Forderung aufzurechnen;
4. (Mahnung, Fristsetzung)
   eine Bestimmung, durch die der Verwender von der gesetzlichen Obliegenheit freigestellt wird, den anderen Vertragsteil zu mahnen oder ihm eine Frist für die Leistung oder Nacherfüllung zu setzen;
5. (Pauschalierung von Schadensersatzansprüchen)
   die Vereinbarung eines pauschalierten Anspruchs des Verwenders auf Schadensersatz oder Ersatz einer Wertminderung, wenn
   a) die Pauschale den in den geregelten Fällen nach dem gewöhnlichen Lauf der Dinge zu erwartenden Schaden oder die gewöhnlich eintretende Wertminderung übersteigt, oder
   b) dem anderen Vertragsteil nicht ausdrücklich der Nachweis gestattet wird, ein Schaden oder eine Wertminderung sei überhaupt nicht entstanden oder wesentlich niedriger als die Pauschale;
6. (Vertragsstrafe)
   eine Bestimmung, durch die dem Verwender für den Fall der Nichtabnahme oder verspäteten Abnahme der Leistung, des Zahlungsverzugs oder für den Fall, dass der andere Vertragsteil sich vom Vertrag löst, Zahlung einer Vertragsstrafe versprochen wird;
7. (Haftungsausschluss bei Verletzung von Leben, Körper, Gesundheit und bei grobem Verschulden)
   a) (Verletzung von Leben, Körper, Gesundheit)
      ein Ausschluss oder eine Begrenzung der Haftung für Schäden aus der Verletzung des Lebens, des Körpers oder der Gesundheit, die auf einer fahrlässigen Pflichtverletzung des Verwenders oder einer vorsätzlichen oder fahrlässigen Pflichtverletzung eines gesetzlichen Vertreters oder Erfüllungsgehilfen des Verwenders beruhen;

---

10 Palandt/*Heinrichs*, § 10 AGBG Rn 27.
11 BGH NJW 1985, 617, 619.
12 BT-Drucks 14/6040, 154.
13 BGHZ 96, 129, 133; 100, 391, 399 und öfter.
14 BT-Drucks 14/6040, 154.

b) (Grobes Verschulden)
ein Ausschluss oder eine Begrenzung der Haftung für sonstige Schäden, die auf einer grob fahrlässigen Pflichtverletzung des Verwenders oder auf einer vorsätzlichen oder grob fahrlässigen Pflichtverletzung eines gesetzlichen Vertreters oder Erfüllungsgehilfen des Verwenders beruhen;
die Buchstaben a und b gelten nicht für Haftungsbeschränkungen in den nach Maßgabe des Personenbeförderungsgesetzes genehmigten Beförderungsbedingungen und Tarifvorschriften der Straßenbahnen, Obusse und Kraftfahrzeuge im Linienverkehr, soweit sie nicht zum Nachteil des Fahrgastes von der Verordnung über die Allgemeinen Beförderungsbedingungen für den Straßenbahn- und Obusverkehr sowie den Linienverkehr mit Kraftfahrzeugen vom 27. Februar 1970 abweichen; Buchstabe b gilt nicht für Haftungsbeschränkungen für staatlich genehmigte Lotterie- oder Ausspielverträge;

8. (Sonstige Haftungsausschlüsse bei Pflichtverletzung)
   a) (Ausschluss des Rechts, sich vom Vertrag zu lösen)
   eine Bestimmung, die bei einer vom Verwender zu vertretenden, nicht in einem Mangel der Kaufsache oder des Werks bestehenden Pflichtverletzung das Recht des anderen Vertragsteils, sich vom Vertrag zu lösen, ausschließt oder einschränkt; dies gilt nicht für die in der Nummer 7 bezeichneten Beförderungsbedingungen und Tarifvorschriften unter den dort genannten Voraussetzungen;
   b) (Mängel)
   eine Bestimmung, durch die bei Verträgen über Lieferungen neu hergestellter Sachen und über Werkleistungen
      aa) (Ausschluss und Verweisung auf Dritte)
      die Ansprüche gegen den Verwender wegen eines Mangels insgesamt oder bezüglich einzelner Teile ausgeschlossen, auf die Einräumung von Ansprüchen gegen Dritte beschränkt oder von der vorherigen gerichtlichen Inanspruchnahme Dritter abhängig gemacht werden;
      bb) (Beschränkung auf Nacherfüllung)
      die Ansprüche gegen den Verwender insgesamt oder bezüglich einzelner Teile auf ein Recht auf Nacherfüllung beschränkt werden, sofern dem anderen Vertragsteil nicht ausdrücklich das Recht vorbehalten wird, bei Fehlschlagen der Nacherfüllung zu mindern oder, wenn nicht eine Bauleistung Gegenstand der Mängelhaftung ist, nach seiner Wahl vom Vertrag zurückzutreten;
      cc) (Aufwendungen bei Nacherfüllung)
      die Verpflichtung des Verwenders ausgeschlossen oder beschränkt wird, die zum Zwecke der Nacherfüllung erforderlichen Aufwendungen, insbesondere Transport-, Wege-, Arbeits- und Materialkosten, zu tragen;
      dd) (Vorenthalten der Nacherfüllung)
      der Verwender die Nacherfüllung von der vorherigen Zahlung des vollständigen Entgelts oder eines unter Berücksichtigung des Mangels unverhältnismäßig hohen Teils des Entgelts abhängig macht;
      ee) (Ausschlussfrist für Mängelanzeige)
      der Verwender dem anderen Vertragsteil für die Anzeige nicht offensichtlicher Mängel eine Ausschlussfrist setzt, die kürzer ist als die nach dem Doppelbuchstaben ff zulässige Frist;
      ff) (Erleichterung der Verjährung)
      die Verjährung von Ansprüchen gegen den Verwender wegen eines Mangels in den Fällen des § 438 Abs. 1 Nr. 2 und des § 634a Abs. 1 Nr. 2 erleichtert oder in den sonstigen Fällen eine weniger als ein Jahr betragende Verjährungsfrist ab dem gesetzlichen Verjährungsbeginn erreicht wird; dies gilt nicht für Verträge, in die Teil B der Verdingungsordnung für Bauleistungen insgesamt einbezogen ist;

9. (Laufzeit bei Dauerschuldverhältnissen)
   bei einem Vertragsverhältnis, das die regelmäßige Lieferung von Waren oder die regelmäßige Erbringung von Dienst- oder Werkleistungen durch den Verwender zum Gegenstand hat,
   a) eine den anderen Vertragsteil länger als zwei Jahre bindende Laufzeit des Vertrags,
   b) eine den anderen Vertragsteil bindende stillschweigende Verlängerung des Vertragsverhältnisses um jeweils mehr als ein Jahr, oder
   c) zu Lasten des anderen Vertragsteils eine längere Kündigungsfrist als drei Monate vor Ablauf der zunächst vorgesehenen oder stillschweigend verlängerten Vertragsdauer;
   dies gilt nicht für Verträge über die Lieferung als zusammengehörig verkaufter Sachen, für Versicherungsverträge sowie für Verträge zwischen den Inhabern urheberrechtlicher Rechte und

Ansprüche und Verwertungsgesellschaften im Sinne des Gesetzes über die Wahrnehmung von Urheberrechten und verwandten Schutzrechten;

10. (Wechsel des Vertragspartners)
eine Bestimmung, wonach bei Kauf-, Dienst- oder Werkverträgen ein Dritter anstelle des Verwenders in die sich aus dem Vertrag ergebenden Rechte und Pflichten eintritt oder eintreten kann, es sei denn, in der Bestimmung wird
   a) der Dritte namentlich bezeichnet, oder
   b) dem anderen Vertragsteil das Recht eingeräumt, sich vom Vertrag zu lösen;

11. (Haftung des Abschlussvertreters)
eine Bestimmung, durch die der Verwender einem Vertreter, der den Vertrag für den anderen Vertragsteil abschließt,
   a) ohne hierauf gerichtete ausdrückliche und gesonderte Erklärung eine eigene Haftung oder Einstandspflicht, oder
   b) im Falle vollmachtsloser Vertretung eine über § 179 hinausgehende Haftung
auferlegt;

12. (Beweislast)
eine Bestimmung, durch die der Verwender die Beweislast zum Nachteil des anderen Vertragsteils ändert, insbesondere indem er
   a) diesem die Beweislast für Umstände auferlegt, die im Verantwortungsbereich des Verwenders liegen, oder
   b) den anderen Vertragsteil bestimmte Tatsachen bestätigen lässt;
Buchstabe b gilt nicht für Empfangsbekenntnisse, die gesondert unterschrieben oder mit einer gesonderten qualifizierten elektronischen Signatur versehen sind;

13. (Form von Anzeigen und Erklärungen)
eine Bestimmung, durch die Anzeigen oder Erklärungen, die dem Verwender oder einem Dritten gegenüber abzugeben sind, an eine strengere Form als die Schriftform oder an besondere Zugangserfordernisse gebunden werden.

Literatur: *Heinrichs*, Die Entwicklung des Rechts der Allgemeinen Geschäftsbedingungen im Jahre 1997, NJW 1998, 1447; *Pfeiffer*, Die Integration von „Nebengesetzen" in das BGB, in: Ernst/Zimmermann (Hrsg.), Zivilrechtswissenschaft und Schuldrechtsreform, 2001, S. 481.

Inhalt

A. Überblick 1	1. Ausschluss des Rechts, sich vom Vertrag zu lösen (Nr. 8 lit. a) 15
B. Zu einzelnen Klauselverboten 5	2. Mängel (Nr. 8 lit. b) 22
I. Mahnung, Fristsetzung (Nr. 4) 6	a) System und Anwendungsbereich 22
II. Pauschalierung von Schadensersatzansprüchen (Nr. 5) 8	b) Die einzelnen Klauselverbote 26
III. Haftungsausschluss bei Verletzung von Leben, Körper, Gesundheit und bei grobem Verschulden (Nr. 7) 9	
IV. Sonstige Haftungsausschlüsse bei Pflichtverletzung (Nr. 8) 15	V. Laufzeit bei Dauerschuldverhältnissen (Nr. 9) 37

A. Überblick

1 Die Vorschrift entspricht in weiten Teilen dem **Vorläufer** des § 11 AGBG. Das gilt uneingeschränkt für die bisherigen Klauselverbote des § 11 Nr. 1 bis 5 lit. a und 6 (entsprechen Nr. 1 bis 6 n.F.) sowie Nr. 12 bis 16 AGBG a.F. (entsprechen Nr. 9 bis 13). Demgegenüber wurden die bisherigen § 11 Nr. 5 lit. b (jetzt ebenfalls Nr. 5 lit. b) und vor allem § 11 Nr. 7 bis 10 AGBG a.F. (jetzt Nr. 7 und 8) **sachlich modifiziert**. Der Systematik des neuen Leistungsstörungsrechts (vgl. § 280) entsprechend ist der „Basisbegriff" des Klauselverbots gem. Nr. 8 nunmehr die **Pflichtverletzung**. Da hierunter nach der Neukonzeption des Kaufrechts künftig auch die Lieferung einer mangelhaften Sache fällt, sind die Klauselverbote zur Mängelgewährleistung (bisher § 11 Nr. 10 AGBG a.F.) bei Nr. 8 lit. b eingeordnet.[1] Keine Entsprechung in § 309 mehr hat der bisherige § 11 Nr. 11 AGBG. Dass die Haftung für **zugesicherte Eigenschaften** nicht ausgeschlossen werden kann, ergibt sich nunmehr aus § 444 (s. dort). Die nachstehende Tabelle stellt die jeweiligen Nummern gegenüber:

---

[1] BT-Drucks 14/6040, 155.

Tabelle: Gegenüberstellung § 309 BGB n.F. – § 11 AGBG a.F.

BGB n.F. § 309 Nr.	AGBG a.F. § 11 Nr.	Bemerkungen
1	1	wörtlich übereinstimmend
2	2	wörtlich übereinstimmend
3	3	wörtlich übereinstimmend
4	4	sachlich übereinstimmend
5 lit. a	5 lit. a	wörtlich übereinstimmend
5 lit. b	5 lit. b	geändert
6	6	wörtlich übereinstimmend
7	7	geändert
8 lit. a	8, 9	geändert
8 lit. b	10	geändert
9	12, § 23 Abs. 2 Nr. 6	sachlich übereinstimmend
10	13	wörtlich übereinstimmend
11	14	wörtlich übereinstimmend
12	15	sachlich übereinstimmend
13	16	wörtlich übereinstimmend

Die Inhaltskontrolle nach § 309 **Nr. 8 lit. b** betreffend **Mängel** (bisher § 11 Nr. 10 AGBG a.F. – Gewährleistung) erleidet einen erheblichen **Bedeutungsverlust** (s. auch § 307 Rn 3).[2] Für den praktisch wichtigen Bereich der **Verbrauchsgüterkaufverträge** sind die Rechte des Käufers auf Nacherfüllung, Rücktritt (bisher Wandelung) und Minderung (§ 437) jetzt gemäß den Vorgaben der Verbrauchsgüterkauf-Richtlinie ohnehin zwingend (§§ 475, 651; s. außerdem §§ 474 Abs. 2, 444 u. a.) und daher weder durch Individualvereinbarung noch erst recht durch AGB abdingbar. Dadurch wird die „Steuerung der Vertragsgerechtigkeit", die bislang vor allem durch § 11 Nr. 10 und 11 AGBG geleistet wurde, verstärkt wieder in das materielle Kaufrecht des BGB zurückverlagert.[3] Im Rechtsverkehr zwischen **Unternehmen** findet § 309 gem. § 310 Abs. 1 aber unmittelbar keine Anwendung. Für Nr. 8 lit. b verbleibt damit nur der relativ schmale Anwendungsbereich der Kaufverträge über neue Sachen **zwischen Privaten** und der **Bauverträge**, wobei für Letztere die wichtige Vorschrift der (Nr. 8) lit. b bb aber wiederum nur eingeschränkt gilt. Bedeutung behält die Regelung allerdings insoweit, als die Wertungen der einzelnen Klauselverbote auf Verträge zwischen Unternehmen im Rahmen der allgemeinen Inhaltskontrolle nach § 307 „ausstrahlen" (**Ausstrahlungswirkung** oder „Indizwirkung", s. dazu § 310 Abs. 1 S. 2 und § 308 Rn 3).[4] **2**

Die in § 309 normierten Klauselverbote bezeichnet das Gesetz als solche „**ohne Wertungsmöglichkeit**" (s. Paragraphenüberschrift), weil im Gegensatz zu § 308 keine (besser: weniger[5]) unbestimmte Rechtsbegriffe verwendet werden. Bei der Inhaltskontrolle ist i.d.R. zuerst § 309 als die konkretere Vorschrift, erst danach § 308 und sodann § 307 zu prüfen (s. auch § 307 Rn 2). Zur Klauselkontrolle bei Verträgen gegenüber **Unternehmen** s. § 310 Abs. 1 und § 308 Rn 3. **3**

Der **Einleitungssatz** der Vorschrift versteht sich ausweislich der Gesetzesbegründung „lediglich als Klarstellung des Grundsatzes, dass die Inhaltskontrolle lediglich bei dispositivem Recht eingreifen kann".[6] Das ist indessen selbstverständlich und hätte keiner gesetzlichen Regelung bedurft. Zudem ist die „Klarstellung" bei § 309 falsch verortet, weil der in Bezug genommene Grundsatz für die AGB-Inhaltskontrolle allgemein gilt, d. h. auch bei §§ 307 und 308, nicht nur bei § 309. **4**

---

2 *Pfeiffer*, in: Ernst/Zimmermann, S. 481, 515 f.
3 BT-Drucks 14/6040, 80.
4 Vgl. BT-Drucks 14/6040, 157 f.; *Pfeiffer*, in: Ernst/Zimmermann, S. 481, 516.
5 S. nämlich Nr. 5 lit. b („wesentlich") und Nr. 8 lit. b dd („unverhältnismäßig hohen"), vgl. auch Palandt/*Heinrichs*, § 11 AGBG Rn 1.
6 BT-Drucks 14/6040, 154 f.

B. Zu einzelnen Klauselverboten

5 Erläutert werden – wie bei § 308 – nur die Änderungen gegenüber dem alten Recht.

I. Mahnung, Fristsetzung (Nr. 4)

6 Nr. 4 entspricht sachlich dem bisherigen § 11 Nr. 4 AGBG. Das Klauselverbot sichert zum einen den in § 286 normierten Grundsatz, dass Verzug erst nach Mahnung eintritt. Zudem werden gesetzliche Fristen für die Leistung oder Nacherfüllung klauselfest (vgl. §§ 250, 281, 321, 323 u. a.). Im Gegensatz zu § 11 Nr. 4 AGBG a.F. spricht das Gesetz jetzt nicht mehr von „Nachfrist", weil das neue Leistungsstörungsrecht eine solche nicht mehr kennt, sondern allgemein von „Frist für die Leistung oder Nacherfüllung". Inhaltliche Neuerungen ergeben sich daraus nicht.[7]

7 Wie bisher[8] kann der Verwender wegen Nr. 4 formularvertraglich kein von einer Fristsetzung unabhängiges Rücktrittsrecht für den Fall erheblicher **Verschlechterung der Vermögenslage** des Kunden vorsehen. Immerhin gewährt § 321 Abs. 2 S. 2 bei dieser Sachlage zwecks Vermeidung eines Schwebezustandes flankierend zur sog. Unsicherheitseinrede (§ 321 Abs. 1) nunmehr schon kraft Gesetzes ein Rücktrittsrecht.[9] Dieses folgt aber ebenfalls dem Fristmodell,[10] d. h. der Rücktritt ist erst nach dem fruchtlosen Ablauf einer angemessenen Frist möglich. Diese Frist ist gem. Nr. 4 klauselfest. – Zum Kündigungsrecht des **Darlehensgebers** wegen Vermögensverschlechterung des Darlehensnehmers s. § 490 Abs. 1.

II. Pauschalierung von Schadensersatzansprüchen (Nr. 5)

8 Nr. 5 lit. a entspricht dem bisherigen § 11 Nr. 5 lit. a AGBG a.F. **Nr. 5 lit. b** ist dagegen **neu gefasst**. Nach der Vorgängervorschrift (§ 11 Nr. 5 lit. b AGBG a.F.) waren Klauseln zur Pauschalierung von Schadensersatzansprüchen unwirksam, wenn dem Kunden der Nachweis eines wesentlich geringeren oder fehlenden Schadens „abgeschnitten" wurde. Diese Formulierung hatte zu manchen Zweifeln Anlass geboten und damit zu erheblicher Rechtsunsicherheit geführt.[11] Nr. 5 lit. b n.F. kehrt die Formulierung nun um: Eine Schadenspauschalierung ist künftig stets unwirksam, wenn dem anderen Vertragsteil nicht **ausdrücklich** der Nachweis gestattet wird, ein Schaden oder eine Wertminderung sei gar nicht oder nur in wesentlich niedrigerer Höhe eingetreten. Damit wird das Klauselverbot zwar einerseits zu Lasten des Verwenders verschärft, andererseits aber wesentlich klarer gefasst. – Das Klauselverbot gilt vermittels §§ 307 Abs. 1 S. 1, 310 Abs. 1 S. 2 auch im Rechtsverkehr **zwischen Unternehmen**. Der mit der Neufassung bezweckte Zuwachs an Rechtssicherheit trägt auch und gerade für den Handelsverkehr.[12]

III. Haftungsausschluss bei Verletzung von Leben, Körper, Gesundheit und bei grobem Verschulden (Nr. 7)

9 Nr. 7 ist ebenfalls **neu** gefasst. Das Klauselverbot betrifft – zusammen mit Nr. 8 und mit § 307 – die Zulässigkeit von **Freizeichnungsklauseln**. Die Vorschrift differenziert nach der **Art der Schäden**: Nr. 7 **lit. a** bestimmt, dass die Haftung für Schäden aus der Verletzung des Lebens, des Körpers oder der Gesundheit auch für leichte Fahrlässigkeit formularmäßig nicht wirksam ausgeschlossen oder begrenzt werden kann. Das entspricht den Vorgaben der Klausel-Richtlinie (dort Art. 3 Abs. 3 i.V.m. Anhang Nr. 1 lit. a)[13] und war im Wege der richtlinienkonformen Auslegung des § 9 AGBG a.F. schon bislang weitgehend anerkannt.[14] Erfasst werden nicht etwa nur Ansprüche wegen unerlaubter Handlungen (§§ 823 ff.), sondern allgemein wegen **Pflichtverletzungen**, die entsprechende Schäden zur Folge haben. Das Klauselverbot schützt mithin auch vertragliche und vorvertragliche Schadensersatzansprüche wegen Pflichtverletzung, soweit eine Verletzung des Lebens, des Körpers oder der Gesundheit bewirkt wird, unabhängig davon, auf welche Art der Pflichtverletzung (z. B. Nichtleistung, Zu-spät-Leistung, Schlechtleistung, culpa in contrahendo) und auf welche Grundlage die Ansprüche gestützt werden.[15]

10 Nr. 7 lit. a erwähnt die fahrlässige Pflichtverletzung des Verwenders sowie die vorsätzliche oder fahrlässige Pflichtverletzung eines gesetzlichen Vertreters oder Erfüllungsgehilfen. Dieser Gesetzeswortlaut könnte zu dem Fehlschluss verleiten, die Haftung für **Vorsatz des Verwenders** könne ausgeschlossen oder begrenzt

---

[7] BT-Drucks 14/6040, 155.
[8] Vgl. BGH NJW 1983, 1320, 1322; 1988, 258.
[9] Vgl. BT-Drucks 14/6040, 178 ff.
[10] BT-Drucks 14/6040, 180.
[11] Nachweise bei BT-Drucks 14/6040, 155; vgl. ferner *Heinrichs*, NJW 1998, 1447, 1461; *Hensen*, in: Ulmer/Brandner/Hensen, § 11 Nr. 5 Rn 20.
[12] Zur Anwendbarkeit schon der Vorgängervorschrift auf Unternehmerverträge vgl. *Hensen*, in: Ulmer/Brandner/Hensen, § 11 Nr. 5 Rn 27 m.w.N.
[13] Vgl. BT-Drucks 14/6040, 156.
[14] Vgl. *Hensen*, in: Ulmer/Brandner/Hensen, § 11 Nr. 7 Rn 43.
[15] So schon bisher z. B. *Hensen*, in: Ulmer/Brandner/Hensen, § 11 Nr. 7 Rn 9; Palandt/*Heinrichs*, § 11 AGBG Rn 35.

werden. Eine solche Schlussfolgerung wäre aber ebenso offenbar unsinnig wie unrichtig. Dass die Haftung wegen Vorsatzes dem Schuldner nicht im Voraus erlassen werden kann, ergibt sich (schon) aus § 276 Abs. 3. Gemeint ist mit der umständlichen Gesetzesformulierung, dass die Haftung für Schäden aus der Verletzung von Leben, Körper oder Gesundheit insgesamt nicht ausgeschlossen oder begrenzt werden kann, d. h. auch nicht bei nur einfach fahrlässiger Pflichtverletzung und auch nicht bei nur zurechenbarem fremden Verschulden (§ 278).

Unwirksam ist insoweit nicht nur ein vollständiger Haftungsausschluss, sondern auch jede **Haftungsbegrenzung**.[16] Als solche Begrenzung der Haftung sind auch Verkürzungen der Verjährungsfristen anzusehen.[17] Da Nr. 7 außerdem allgemein jede Pflichtverletzung umfasst, sind die Klauselverbote der Nr. 7 und der Nr. 8 lit. b ff insoweit nebeneinander anwendbar (s. auch Rn 36). **11**

Hinweis für die Vertragsgestaltung: Allgemein gehaltene Freizeichnungsklauseln sind zu überprüfen. Es sollte klargestellt werden, dass die Haftung für Schäden aus der Verletzung des Lebens, des Körpers oder der Gesundheit unberührt bleibt, d. h. nicht begrenzt wird. Anderenfalls droht die Klausel wegen des Verbots der geltungserhaltenden Reduktion (§ 306 Rn 3) insgesamt als unwirksam beurteilt zu werden.[18] **12**

Für sonstige Schäden (Nr. 7 **lit. b**) ist eine Freizeichnungsklausel erst unwirksam, wenn sie die Haftung auch für **grobes Verschulden** (Vorsatz und grobe Fahrlässigkeit) ausschließt. Das Klauselverbot entspricht im Wesentlichen dem § 11 Nr. 7 AGBG a.F. Allerdings wird nunmehr nicht mehr an eine „Vertragsverletzung", sondern allgemein an jede „Pflichtverletzung" angeknüpft. Von dem Klauselverbot umfasst sind daher zum einen Schadenersatzansprüche wegen aller Arten von Pflichtverletzungen im Stadium der Vertragsdurchführung und der Vertragsanbahnung (§ 311 Abs. 2), zum anderen nunmehr auch unmittelbar Ansprüche wegen unerlaubter Handlungen (für die § 11 Nr. 7 AGBG a.F. nach bislang h.M. nur, aber immerhin analog anzuwenden war.[19]) Anders als nach § 11 Nr. 7 Hs. 2 AGBG a.F. ist das Verschulden bei den Vertragsverhandlungen nun nicht mehr gesondert erwähnt, da die Haftung wegen c.i.c. künftig ohne weiteres unter den allgemeinen Tatbestand der Pflichtverletzung (§ 280) i.V.m. §§ 241 Abs. 2, 311 Abs. 2 fällt.[20] **13**

Nr. 7, 2. und 3. Teilsatz entsprechen den bisherigen § 23 Abs. 2 Nr. 3, 4 AGBG a.F. Die dort normierten **Ausnahmen** von Nr. 7, 1. Teilsatz, werden nunmehr aus Gründen der besseren Übersichtlichkeit direkt bei dem betroffenen Klauselverbot eingeordnet.[21] – Die Privilegierung der **Beförderungsbedingungen** und der Tarifvorschriften des Linienverkehrs (Nr. 7, **2. Teilsatz**) gilt sowohl gegenüber dem Klauselverbot des Nr. 7 lit. a als auch gegenüber lit. b. Da die fraglichen Bedingungen „auf bindenden Rechtsvorschriften" beruhen, sind sie vom Anwendungsbereich der Klausel-Richtlinie ausgenommen (dort. Art. 1 Abs. 2), so dass die Richtlinie der Ausnahme nicht entgegensteht. Demgegenüber bezieht Nr. 7, **3. Teilsatz** (Haftungsprivileg für staatlich genehmigte **Lotterie- und Ausspielverträge**) sich nur auf Nr. 7 lit. b. Hintergrund dieser Einschränkung ist, dass die Klausel-Richtlinie ein entsprechendes Privileg nicht kennt und eine Ausdehnung auf Körperschäden daher richtlinienwidrig wäre.[22] Zudem dürften die von lit. a erfassten Schäden bei Lotterie- und Ausspielverträgen kaum praktisch werden. – Das Haftungsprivileg des 3. Teilsatzes will der Gefahr entgegenwirken, dass ein Kunde und ein Angestellter (Erfüllungsgehilfe) des Verwenders kollusiv zum Nachteil des Verwenders oder der anderen Mitspieler zusammenwirken.[23] Der Wortlaut des alten § 23 Abs. 2 Nr. 4 AGBG ging über diese Zielsetzung hinaus. Nr. 7, 3. Teilsatz a.E. will nunmehr klarstellen, dass das Haftungsprivileg entsprechend seinem Zweck nur gilt, soweit die Haftungsbeschränkungen dem Schutz des Verwenders und der Mitspieler vor betrügerischen Manipulationen dienen. **14**

IV. Sonstige Haftungsausschlüsse bei Pflichtverletzung (Nr. 8)
1. Ausschluss des Rechts, sich vom Vertrag zu lösen (Nr. 8 lit. a)

Nr. 8 lit. a tritt an die Stelle der bislang in § 11 Nr. 8 und 9 AGBG a.F. enthaltenen Klauselverbote (betreffend [Teil-]Verzug und [Teil-]Unmöglichkeit). Die bisherige Regelung wird allerdings sachlich modifiziert. So betrifft das Klauselverbot auf der Tatbestandsseite nun nicht mehr nur die Leistungsstörungsarten des (Teil-)Verzugs und der (Teil-)Unmöglichkeit, sondern allgemein eine vom Verwender zu vertretende Pflichtverletzung; ausgenommen sind allerdings Mängel, für die lit. b gilt (anders noch der RE, s. Rn 16). Andererseits werden nur noch Klauseln erfasst, die das Recht des anderen Vertragsteils ausschließen oder **15**

---

16 Das war bislang noch nicht abschließend geklärt, vgl. *Pfeiffer*, in: Ernst/Zimmermann, S. 481, 515, Fn. 138 m.w.N.
17 Vgl. Palandt/*Heinrichs*, § 11 AGBG Rn 37 m.w.N.
18 Vgl. auch Palandt/*Heinrichs*, § 9 AGBG Rn 49.
19 Vgl. BGHZ 100, 157, 184; Palandt/*Heinrichs*, § 11 AGBG Rn 35.
20 BT-Drucks 14/6040, 156.
21 BT-Drucks 14/6040, 156.
22 Vgl. die Stellungnahme des Bundesrates Nr. 46, BT-Drucks 14/6857, 16 (wo allerdings offenbar auch das Privileg für Beförderungsbedingungen gem. Nr. 7, 2. Teilsatz – früher § 23 Abs. 2 Nr. 3 AGBG – fälschlich als mit der Klausel-Richtlinie unvereinbar angesehen wird). Ferner bereits *Ulmer*, in: Ulmer/Brandner/Hensen, § 23 Rn 42 f.
23 Vgl. Palandt/*Heinrichs*, § 23 AGBG Rn 8; BT-Drucks 14/6040, 156.

16 Nach Nr. 8 lit. a i.d.F. des **RE** sollte das Klauselverbot allgemein jede Pflichtverletzung (einschließlich Mängel) und auch Schadensersatzfreizeichnungsklauseln erfassen.[24] Das hätte, worauf der Bundesrat in seiner Stellungnahme mit Recht hingewiesen hat,[25] zur Folge gehabt, dass auch die bisher weithin üblichen Klauseln über einen **Gewährleistungsausschluss** beim **Verkauf gebrauchter Gegenstände** unter Privaten (privater Gebrauchtwagen-Handel!) nicht mehr zulässig gewesen wären (weil nach der Neukonzeption des Kaufrechts nunmehr die Lieferung einer mangelhaften Sache auch beim Spezieskauf eine Pflichtverletzung darstellt). Eine so weitreichende Einschränkung der Vertragsfreiheit wäre aber weder durch die Verbrauchsgüterkauf-Richtlinie (die für Geschäfte unter Privaten gar nicht gilt) noch durch die Klausel-Richtlinie veranlasst noch sonst sachgerecht gewesen. Die jetzt Gesetz gewordene Fassung des Klauselverbots gem. Nr. 8 lit. a trägt der Kritik des Bundesrates Rechnung.[26] Damit können die Freizeichnungsklauseln in den Formularen beispielsweise der Automobil-Clubs oder der Versicherer zum **Gebrauchtwagenverkauf** unter Privaten auch nach neuem Recht im Wesentlichen unverändert bleiben (lit. b erfasst wie bisher nur Mängel beim Verkauf neu hergestellter Sachen, vgl. dort Einleitungssatz und Rn 24). Zu beachten sind aber das Klauselverbot gem. Nr. 7 (s. Rn 9 ff., vor allem Rn 12), das aus § 307 Abs. 2 Nr. 2 abgeleitete Verbot des Ausschlusses der Haftung für die Verletzung von sog. Kardinalpflichten (vgl. § 307 Rn 15)[27] sowie § 444.

17 Als Verkauf unter Privaten (und nicht als Verbrauchervertrag i. S.d. § 310 Abs. 3 mit der Folge des § 475 Abs. 2!) wird man es i.d.R. auch beurteilen können, wenn ein **bislang betrieblich genutztes (Geschäfts-)Kfz** durch den Unternehmer (z. B. Handwerker, Arzt) als Gebrauchtwagen an einen privaten Käufer veräußert wird. Im Regelfall wird hier nämlich der Veräußerung eine Entnahme des Geschäftswagens aus dem Betriebsvermögen vorausgehen, so dass das Kfz Privatvermögen wird und der Unternehmer nicht in Ausübung seiner unternehmerischen Tätigkeit (vgl. § 14), sondern privat veräußert. In solchen Fällen wäre es im Übrigen auch ganz sachwidrig, den Unternehmer, der i.d.R. ein „Kfz-Laie" sein wird, mit dem Risiko eines gewerblichen Kfz-Händlers zu belegen.

18 Nr. 8 lit. a zielt darauf ab, dem Kunden bei vorformulierten Verträgen das Recht zu erhalten, sich vom Vertrag zu lösen, wenn der Verwender seine Pflichten verletzt und er dies zu vertreten hat. Gesichert sind einerseits **alle Lösungsrechte**, die auf eine vom Verwender zu vertretenden Pflichtverletzung beruhen, gleichgültig auf welche gesetzliche Vorschrift das Lösungsrecht gestützt wird (vgl. auch Art. 3 Abs. 3 i.V.m. Anhang Nr. 1 lit. b der Klausel-Richtlinie). Entsprechend der schon bisher h.M.[28] ist damit auch ein aus positiver Vertragsverletzung folgendes Lösungsrecht vom Vertrag mit umfasst.[29] Klauselfest sind die Lösungsrechte vom Vertrag andererseits aber nur insoweit, wie sie auf einer vom Verwender **zu vertretenden Pflichtverletzung** beruhen. Wo das Gesetz darüber hinaus auch von einem Vertretenmüssen des Verwenders unabhängige Lösungsrechte gewährt (s. §§ 321 Abs. 2 und 323 Abs. 1), können diese in AGB ausgeschlossen oder eingeschränkt werden, wenn dem Kunden das Lösungsrecht bei vom Verwender zu vertretender Pflichtverletzung verbleibt.

19 **Hinweis zur Vertragsgestaltung:** Wegen des Verbots der geltungserhaltenden Reduktion (§ 306 Rn 3) sollte bei Klauseln, die Kündigungs-, Rücktritts- oder andere Lösungsrechte des Kunden ausschließen oder einschränken, klargestellt werden, dass die Lösungsrechte bei vom Verwender zu vertretender Pflichtverletzung unberührt bleiben.

20 Die bislang in § 11 Nr. 9 AGBG a.F. enthaltene besondere Regelung für den Fall der Teilunmöglichkeit und des Teilverzugs ist entfallen. Ein gesondertes Klauselverbot erübrigt sich, da Nr. 8 lit. a diese Fälle wegen § 323 Abs. 4 Satz 1 mit umfasst.

21 **Ausgenommen** vom Klauselverbot sind wie bei Nr. 7 die dort bezeichneten **Beförderungsbedingungen** (Nr. 8 **lit. a, 2. Teilsatz**). Das entspricht § 23 Abs. 2 Nr. 3 AGBG a.F. und ist aus Gründen der Rechtsklarheit nunmehr ebenfalls direkt bei dem betroffenen Klauselverbot eingeordnet.

---

24 Vgl. BT-Drucks 14/6040, 10, 157.
25 Vgl. BT-Drucks 14/6857, 16 (Nr. 48). Außerdem *Pfeiffer*, in: Ernst/Zimmermann, S. 481, 513 ff.
26 Vgl. BT-Drucks 14/6857, 53.
27 Vgl. BT-Drucks 14/6857, 53.
28 *Wolf*, in: Wolf/Horn/Lindacher, § 11 Nr. 8 Rn 6; *Hensen*, in: Ulmer/Brandner/Hensen, § 11 Nr. 8 Rn 11; OLG Oldenburg NJW-RR 1992, 1527; a.A. MüKo/*Basedow*, § 11 Nr. 8 AGBG Rn 5; Soergel/*Stein*, § 11 AGBG Rn 78; und bis zur 59. Aufl. auch Palandt/*Heinrichs*, § 11 AGBG Rn 40.
29 BT-Drucks 14/6040, 157.

2. Mängel (Nr. 8 lit. b)

a) System und Anwendungsbereich

S. zunächst Rn 1 und 2. – Nr. 8 lit. b tritt an die Stelle des bisherigen § 11 Nr. 10 AGBG a.F. Dabei werden die bisherigen Buchstaben zu Doppelbuchstaben, d. h. § 11 Nr. 10 **lit. a** AGBG a.F. wird zu Nr. 8 lit. b **aa** n.F. u.s.w. Die einzelnen Klauselverbote werden sprachlich an das neue Schuldrecht angepasst (so ist z. B. nicht mehr von Nachbesserung, sondern von Nacherfüllung die Rede). Sachlich bleiben sie im Wesentlichen unverändert.[30] Auch sachlich modifiziert wird dagegen die Vorschrift zur Erleichterung der Verjährung (Nr. 8 lit. b ff, früher § 11 Nr. 10 lit. f AGBG a.F.).

Nr. 8 lit. b betrifft gem. der Klammerüberschrift und dem Einleitungssatz **Mängel** bei Verträgen über Lieferungen **neu hergestellter Sachen** und über **Werkleistungen**. Der Begriff Mangel umfasst **Sach- und Rechtsmängel**.[31] Den Sachmängeln stehen die **Falsch- und Zuweniglieferung** gem. § 434 Abs. 3 künftig gleich. Diese Gleichstellung gilt auch für die Klauselverbote der Nr. 8 lit. b.[32] – **Sache** i. S. der ersten Alternative ist weit zu verstehen. Erfasst sind nicht nur körperliche Gegenstände (§ 90), sondern alle denkbaren Kaufgegenstände, beispielsweise auch Software oder Know-how.[33] Ob eine Sache **neu** ist, ist unter Beachtung der Verkehrsanschauung zu beurteilen.[34] Eine Sache ist nicht mehr neu, wenn sie in Gebrauch genommen worden ist,[35] wie beispielsweise ein **Vorführwagen**, mit dem häufiger Probefahrten durchgeführt wurden; ebenso allgemein ein Kfz, das bereits auf einen anderen Halter zugelassen war.[36] Demgegenüber sind Sonderangebote oder Waren im Schlussverkauf durchaus als neu zu beurteilen.[37]

Der **Verkauf gebrauchter Sachen** unterfällt wie bisher nicht Nr. 8 lit. b. Hier ist mithin namentlich eine Erleichterung der Verjährung nicht an Doppelbuchst. ff gebunden. Selbst ein vollständiger Gewährleistungsausschluss wird insoweit als zulässig beurteilt und ist in der Praxis z. B. beim Verkauf von gebrauchten Immobilien und Gebrauchtwagen auch weithin üblich.[38] Zu beachten sind aber § 475 (Abs. 2 Alt. 2!) für den Verbrauchsgüterkauf über gebrauchte bewegliche Sachen sowie § 444, ferner Nr. 7 und § 307 Abs. 2 Nr. 2 (s. auch Rn 16). – Nach bislang h.M.[39] brauchen diese Fälle, in denen die Haftung des Verkäufers trotz des Gewährleistungsausschlusses unberührt bleibt, in der Freizeichnungsklausel nicht im Einzelnen aufgeführt zu werden. Ob daran angesichts des Transparenzgebots (§ 307 Abs. 1 S. 2) und des grundsätzlichen Verbots der geltungserhaltenden Reduktion (vgl. § 306 Rn 3) festgehalten werden kann, erscheint zweifelhaft.

Nr. 8 lit. b erfasst des Weiteren Verträge über **Werkleistungen**. Durch die neue Gesetzesformulierung „**Werk**leistungen" (statt wie bisher gem. § 11 Nr. 10 AGBG a.F. allgemein „Leistungen"[40]) wird klargestellt, dass andere Leistungen, beispielsweise im Rahmen von Miet-, Pacht- und Leasingverträgen, nicht den Klauselverboten der Vorschrift unterfallen. Andererseits sind Werkleistungen umfassend erfasst. Namentlich ist es bei Werkleistungen unerheblich, ob sie die Herstellung einer neuen oder die Bearbeitung einer gebrauchten Sache zum Gegenstand haben. Sachlich ergeben sich insoweit keine Änderungen gegenüber dem bisherigen Recht.

b) Die einzelnen Klauselverbote

aa) Doppelbuchst. **aa** wendet sich gegen den vollständigen Ausschluss der Mängelansprüche (1. Alt.) und gegen die „ersetzende" (2. Alt.) oder „verzögernde" (3. Alt.) Verweisung auf Dritte. Das Klauselverbot entspricht sachlich dem bisherigen § 11 Nr. 10 lit. a AGBG a.F. – „**Teile**" i. S. der Vorschrift sind zum einen reale Teile der Sache oder Werkleistung, darüber hinaus aber auch bestimmte Arten oder Ursachen von Mängeln (unzulässig ist daher z. B. die Beschränkung der Gewährleistung auf Mängel, für deren Beseitigung der Verwender Ersatz verlangen kann).[41] – Gem. der 1. Alt. ist zum einen der vollständige Ausschluss jeglicher Gewährleistung unwirksam. Wie sich aus Doppelbuchst. bb (und außerdem aus lit. a) ableiten lässt, soll dem Kunden ferner mindestens das Recht auf Lösung vom Kaufvertrag verbleiben. Eine Beschränkung der Ansprüche des Kunden auf Minderung unter Ausschluss des Rücktrittsrechts ist daher unwirksam. Umgekehrt kann das Minderungsrecht demgegenüber ausgeschlossen werden, wenn dem

---

30 BT-Drucks 14/6040, 158.
31 Vgl. BT-Drucks 14/6040, 158.
32 Vgl. BT-Drucks 14/6040, 158 (betreffend Nr. 8 lit. b ee); *Pfeiffer*, in: Ernst/Zimmermann, S. 481, 517 f.
33 Palandt/*Heinrichs*, § 11 AGBG Rn 47.
34 Erman/*Hefermehl/Werner*, § 11 Nr. 10 AGBG Rn 3; Palandt/*Heinrichs*, § 11 AGBG Rn 47a.
35 *Hensen*, in: Ulmer/Brandner/Hensen, § 11 Nr. 10 Rn 6.
36 Vgl. *Hensen*, in: Ulmer/Brandner/Hensen, § 11 Nr. 10 Rn 6; letzteres allerdings str.
37 Staudinger/*Coester-Waltjen*, § 11 Nr. 10 AGBG Rn 21; Erman/*Hefermehl/Werner*, § 11 Nr. 10 AGBG Rn 3; *Hensen*, in: Ulmer/Brandner/Hensen, § 11 Nr. 10 Rn 6.
38 Vgl. Palandt/*Heinrichs*, § 11 AGBG Rn 72.
39 Vgl. BGH NJW 1993, 657 f.; Palandt/*Heinrichs*, § 11 AGBG Rn 72.
40 Zu dem durch diese allgemeine Formulierung bewirkten Auslegungszweifel vgl. z. B. *Hensen*, in: Ulmer/Brandner/Hensen, AGBG, § 11 Nr. 10 Rn 4.
41 Palandt/*Heinrichs*, § 11 AGBG Rn 54.

Kunden das Rücktrittsrecht verbleibt.[42] – Das Klauselverbot wird weithin auch für den **unternehmerischen Rechtsverkehr** als verbindlich angesehen.[43] Namentlich ist ein vollständiger Ausschluss der Mängelansprüche (1. Alt.) auch in AGB zwischen Unternehmen unwirksam, ebenso die „ersetzende" Verweisung auf Dritte (2. Alt.). Demgegenüber werden Klauseln im unternehmerischen Rechtsverkehr akzeptiert, die eine vorherige gerichtliche Inanspruchnahme eines Dritten verlangen (3. Alt.).[44]

27 **bb) Doppelbuchst. bb** entspricht dem bisherigen § 11 Nr. 10 lit. b AGBG a.F. Die Vorschrift ist nur redaktionell angepasst. Statt von „Herabsetzung der Vergütung" ist nun inhaltsgleich von „mindern" die Rede; ersetzt wurde außerdem die bisherige Wendung „Recht auf Nachbesserung oder Ersatzlieferung" durch „Recht auf Nacherfüllung". §§ 439, 635 kennen zwei Arten von Nacherfüllung (Beseitigung des Mangels oder Ersatzlieferung/-herstellung), zwischen denen der Käufer/Besteller grundsätzlich frei wählen kann (Einschränkungen aber gem. §§ 275 Abs. 2 und 3, 439 Abs. 3, 635 Abs. 3). Wie bisher ist es zulässig, die Ansprüche **entweder** auf Nachbesserung **oder** auf Ersatzlieferung zu beschränken.[45] Dafür sprechen der Wortlaut der Vorschrift („**ein** Recht auf Nacherfüllung"), die Entstehungsgeschichte (danach soll Nr. 8 lit. b bb nur redaktionell angepasst, nicht aber sachlich geändert werden) und der Gesetzeszweck. Entscheidend ist nämlich, dass dem anderen Vertragsteil das Recht verbleibt und ausdrücklich vorbehalten wird, bei Fehlschlagen der (verbleibenden Art der) Nacherfüllung zu mindern oder vom Vertrag zurückzutreten. Für Verbrauchsgüterkaufverträge ist § 439 ohnehin zwingend (§§ 475 Abs. 1, 651 Abs. 1). – Bei Verträgen über **Bauleistungen** ist es weiterhin zulässig, die Rechte des Verwendungsgegners nach Fehlschlagen der Nacherfüllung auf eine Minderung zu beschränken („wenn nicht ..."-Einschub).

28 **cc) Doppelbuchst. cc** sichert die Wertentscheidung des BGB ab, nach der die Kosten einer Nacherfüllung dem Verkäufer oder Unternehmer zur Last fallen (vgl. §§ 439 Abs. 2, 635 Abs. 2).[46] Die Vorschrift entspricht dem bisherigen § 11 Nr. 10 lit. c AGBG a.F.

29 **dd) Doppelbuchst. dd** entspricht dem bisherigen § 11 Nr. 10 lit. d AGBG a.F. Unwirksam sind danach AGB, die eine Nacherfüllung durch den Verwender von der vorherigen **vollständigen** Zahlung des Entgelts oder eines unter Berücksichtigung des Mangels **unverhältnismäßig hohen Teils** des Entgelts abhängig machen. Klauseln, die eine verhältnismäßige Vorleistung bestimmen, sind zulässig. Obergrenze ist der Wert der mangelhaften Leistung.[47] – Betroffen ist nur die Nacherfüllungspflicht (vgl. §§ 439 Abs. 1, 635 Abs. 1), nicht die „erste" Hauptleistungspflicht, die in den Grenzen des § 307 auch formularvertraglich von einer Vorleistung des Kunden abhängig gemacht werden kann. Hat der Kunde den Kaufpreis oder die Vergütung von vornherein im Voraus zu leisten, ist Nr. 8 lit. b dd unanwendbar.[48] Solche Vorleistungsklauseln werden als zulässig beurteilt, wenn für die Vorleistung ein sachlicher Grund besteht und keine zwingenden Interessen des Kunden entgegenstehen (z. B. bei Nachnahmesendungen und Mietverträgen, nicht dagegen bei Kaufverträgen über Möbel und Elektrogeräte).[49]

30 **ee) Doppelbuchst. ee** entspricht dem bisherigen § 11 Nr. 10 lit. e AGBG a.F. Unwirksam sind danach Klauseln, die dem anderen Vertragsteil für die Anzeige **nicht offensichtlicher Mängel** eine Ausschlussfrist setzen, die **kürzer ist als die nach dem Doppelbuchst. ff** zulässige Frist. Damit ist klargestellt, dass klauselmäßige Ausschlussfristen nicht schlechthin unzulässig sind. Vielmehr ist zunächst zwischen offensichtlichen und nicht offensichtlichen Mängeln zu differenzieren. **Offensichtliche Mängel** sind nicht Regelungsgegenstand der Nr. 8 lit. b ee, sondern des § 307. Für sie können auch kurze Ausschlussfristen bestimmt werden. Fristen, die kürzer als zwei Wochen sind (gerechnet ab Lieferung), werden allerdings gem. § 307 Abs. 1 als unangemessene Benachteiligung beurteilt.[50] Offensichtlich ist ein Mangel dann, wenn er derart offen zutage tritt, dass er auch für einen nicht kaufmännischen Kunden ohne besondere Aufmerksamkeit auffällig ist.[51] Bloße Erkennbarkeit reicht nicht aus.[52] Ebenso wenig wird ein nicht offensichtlicher Mangel dadurch offensichtlich, dass ihn der Kunde tatsächlich erkannt hat.[53] Klauseln, die ohne Differenzierung nur auf einen vom Kunden erkannten Mangel abstellen, werden als unwirksam angesehen.[54] – Auch betreffend **nicht offensichtliche Mängel** kann in AGB eine Ausschlussfrist zur

---

[42] Vgl. OLG München NJW 1994, 1661; OLG Karlsruhe ZIP 1983, 1091; a.A. Soergel/*Stein*, § 11 AGBG Rn 97, 108; Erman/*Hefermehl/Werner*, § 11 Nr. 10 AGBG Rn 9.
[43] Vgl. Palandt/*Heinrichs*, § 11 AGBG Rn 55 m.w.N.
[44] Palandt/*Heinrichs*, a.a.O.
[45] *Pfeiffer*, in: Ernst/Zimmermann, S. 481, 516 f.
[46] *Hensen*, in: Ulmer/Brandner/Hensen, § 11 Nr. 10 Rn 62.
[47] Palandt/*Heinrichs*, § 11 AGBG Rn 64.
[48] *Hensen*, in: Ulmer/Brandner/Hensen, § 11 Nr. 10 Rn 63; MüKo/*Basedow*, § 11 Nr. 10 AGBG Rn 54.
[49] Vgl. Palandt/*Heinrichs*, § 11 AGBG Rn 11 a m.w.N.
[50] Palandt/*Heinrichs*, § 11 AGBG Rn 66; s. auch MüKo/*Basedow*, § 11 Nr. 10 AGBG Rn 61 (eine Woche).
[51] *Hensen*, in: Ulmer/Brandner/Hensen, § 11 Nr. 10 Rn 71; MüKo/*Basedow*, § 11 Nr. 10 AGBG Rn 60.
[52] Palandt/*Heinrichs*, § 11 AGBG Rn 66; MüKo/*Basedow*, § 11 Nr. 10 AGBG Rn 60; *Graf von Westphalen*, in: Löwe/Graf von Westphalen/Trinkner, § 11 Nr. 10 e Rn 4.
[53] OLG Köln NJW 1986, 2579, 2581; Erman/*Hefermehl/Werner*, § 11 Nr. 10 AGBG Rn 38.
[54] BGH NJW 1985, 855, 858; Palandt/*Heinrichs*, § 11 AGBG Rn 66.

Mängelanzeige bestimmt werden, doch darf die Frist nicht kürzer sein als ein Jahr, bei Bauwerken und Baustoffen, die zur Mangelhaftigkeit eines Bauwerks geführt haben (Nr. 8 lit. b ee i.V.m. lit. b ff i.V.m. §§ 634 a Abs. 1 Nr. 1, 438 Abs. 1 Nr. 2), fünf Jahre, beginnend jeweils mit Ablieferung der Sache (§ 438 Abs. 2) oder der Abnahme (§ 634 a Abs. 2).

ff) Doppelbuchst. ff hat einen Vorläufer in § 11 Nr. 10 lit. f AGBG a.F. Gegenüber dem früheren Recht wurde das Klauselverbot allerdings **sachlich geändert**. Während bisher eine formularvertragliche Verkürzung der gesetzlichen Gewährleistungsfristen schlechthin unwirksam war, trifft Nr. 8 lit. b ff nunmehr eine differenzierte Regelung (s. Rn 32 f.). – Das Klauselverbot knüpft an § 202 Abs. 1 an, wonach die Verjährung grundsätzlich erleichtert werden kann, soweit nicht eine Haftung für Vorsatz in Rede steht. Die **Bedeutung** des Klauselverbots ist allerdings beschränkt (s. Rn 2). Für den wichtigen Bereich der **Verbrauchsgüterkaufverträge** sind die Verjährungsfristen des § 438 nämlich nunmehr grundsätzlich ohnehin zwingend; nur für den Verbrauchsgüterverkauf **gebrauchter Sachen** ist eine Abkürzung der Verjährungsfrist zulässig, aber auch insoweit nur bis zu einer Untergrenze von einem Jahr (§ 475 Abs. 2). Für Erleichterungen der Verjährung durch AGB ist von vornherein nur in dem dadurch abgesteckten Rahmen Raum. – Die Vorschrift der Nr. 8 lit. b ff bezieht sich allgemein auf „Ansprüche gegen den Verwender wegen eines Mangels". Erfasst sind damit alle Ansprüche, die unmittelbar aus der Mangelhaftigkeit der Sache erwachsen,[55] unabhängig von der gesetzlichen Grundlage. 31

Nach Nr. 8 lit. b ff ist zu unterscheiden zwischen (1) Ansprüchen wegen eines Mangels eines Bauwerks oder eines Baustoffs, der die Mangelhaftigkeit eines Bauwerks verursacht hat (Fälle des §§ 438 Abs. 1 Nr. 2, 634 a Abs. 1 Nr. 2), und (2) allen sonstigen Fällen. – Zu (1): Bei **Bauwerken** und den genannten Baustoffen ist eine **Erleichterung der Verjährung durch AGB grundsätzlich unzulässig** (Nr. 8 lit. b ff, 1. Teilsatz, 1. Alt.). Die gesetzlichen Fristen sind hier mithin einer formularvertraglichen Abkürzung prinzipiell entzogen. Ausgenommen von dem Klauselverbot und damit privilegiert sind allerdings (wie bei § 308 Nr. 5 lit. b) Verträge, in die die **VOB/B** insgesamt, d. h. ohne ins Gewicht fallende Einschränkung, einbezogen ist (Nr. 8 lit. b ff, 2. Teilsatz, s. § 308 Rn 8). 32

Zu (2): Für alle **sonstigen Fälle** ist zwar eine formularvertragliche Erleichterung der Verjährung nach neuem Recht nicht mehr gänzlich ausgeschlossen, wohl aber **nach unten begrenzt** (Nr. 8 lit. b ff, 1. Teilsatz, 2. Alt.). Eine mindestens einjährige Verjährungsfrist soll dem anderen Vertragsteil erhalten bleiben. Die Änderung gegenüber dem bisherigen umfassenden Klauselverbot des § 11 Nr. 10 lit. f AGBG a.F. trägt den ebenfalls geänderten Verjährungsregeln für Kauf- und Werkverträge Rechnung. Da die Regelverjährungsfrist insoweit von bislang sechs Monaten (§§ 477, 638 a.F.) auf jetzt zwei Jahre verlängert wurde (§§ 438, 654 a n.F.), hielt es der Reformgesetzgeber nicht mehr für angemessen, eine formularvertragliche Erleichterung der Verjährung ganz auszuschließen.[56] Andererseits sollte zum Schutz des anderen Vertragsteils eine Untergrenze festgelegt werden. Hier hat der Gesetzgeber sich (wie bei § 475 Abs. 2) für eine Frist von einem Jahr entschieden. Das dürfte im Regelfall auch für den Rechtsverkehr zwischen **Unternehmen** als angemessen zu beurteilen sein.[57] 33

Durch die Gesetzesformulierung „**Erleichterung** der Verjährung" soll unterstrichen werden, dass nicht nur eine Verkürzung der Verjährungsfrist umfasst ist (so bisher der Wortlaut des § 11 Nr. 10 lit. f AGBG a.F.), sondern allgemein jede Regelung, durch die – und sei es auch nur mittelbar – eine kürzere Frist erreicht wird.[58] Unwirksam sind danach auch Klauseln, die z. B. durch Vorverlegung des Fristbeginns (vgl. §§ 199 ff.) oder durch Abweichungen von gesetzlichen Hemmungsgründen (vgl. §§ 203 ff.) zu einer Erleichterung der Verjährung führen. Nicht unter Nr. 8 lit. b ff, sondern unter lit. b ee und § 307 fallen Ausschlussfristen für eine Mängelanzeige. Soweit hiernach für offensichtliche Mängel auch kurze Ausschlussfristen bestimmt werden können (s. Rn 30), verstößt eine damit bewirkte mittelbare Verkürzung der Verjährungsfrist nicht gegen lit. b ff.[59] 34

Weitergehende Einschränkungen der Klauselfreiheit können sich aus § 307 Abs. 1 und 2 ergeben. Das betrifft vor allem die Fälle des § 438 Abs. 1 Nr. 1 (30-jährige Verjährungsfrist bei Mängeln, die in einem dinglichen und im Grundbuch eingetragenen Recht Dritter bestehen). Hier dürfte die Verkürzung der 30-jährigen Frist auf die Jahresfrist der Nr. 8 lit. b ff regelmäßig als unangemessen zu beurteilen sein.[60] 35

Nr. 8 lit. b ff und Nr. 7 sind **nebeneinander** anwendbar.[61] In einer Verkürzung der Verjährungsfristen liegt **zugleich** eine **Haftungsbegrenzung** i.S.d. Nr. 7 (s. Rn 11). Demgegenüber besteht zwischen Nr. 8 lit. b 36

---

55 Vgl. BT-Drucks 14/6040, 159. So auch schon bisher Staudinger/*Schlosser*, § 11 Nr. 10 AGBG Rn 82; *Hensen*, in: Ulmer/Brandner/Hensen, § 11 Nr. 10 Rn 78.
56 BT-Drucks 14/6040, 159.
57 Vgl. auch *Pfeiffer*, in: Ernst/Zimmermann, S. 481, 519, der allerdings insoweit „angesichts des Angewiesenseins des Unternehmensverkehrs auf schnelle Abwicklung zur Vorsicht" mahnt.
58 Vgl. bereits BGHZ 122, 241; BGH NJW-RR 1987, 144, 145 f.
59 So schon bisher *Hensen*, in: Ulmer/Brandner/Hensen, § 11 Nr. 10 f Rn 80; vgl. auch BT-Drucks 14/6040, 159.
60 BT-Drucks 14/6040, 159.
61 Vgl. BT-Drucks 14/6040, 159.

ff und lit. a kein Konkurrenzverhältnis.[62] Der Verjährung unterliegen wie bisher nur Ansprüche (§ 194 Abs. 1), nicht auch Gestaltungsrechte (vgl. auch § 438 Abs. 1, 4 und 5 i.V.m. § 218).

V. Laufzeit bei Dauerschuldverhältnissen (Nr. 9)

37 Nr. 9 entspricht dem bisherigen § 11 Nr. 12 AGBG. Angefügt wurden jedoch die bislang in § 23 Abs. 2 Nr. 6 AGBG enthaltenen Ausnahmen.

§ 310 Anwendungsbereich

(1) ¹§ 305 Abs. 2 und 3 und die §§ 308 und 309 finden keine Anwendung auf Allgemeine Geschäftsbedingungen, die gegenüber einem Unternehmer, einer juristischen Person des öffentlichen Rechts oder einem öffentlich-rechtlichen Sondervermögen verwendet werden. ²§ 307 Abs. 1 und 2 findet in den Fällen des Satzes 1 auch insoweit Anwendung, als dies zur Unwirksamkeit von in den §§ 308 und 309 genannten Vertragsbestimmungen führt; auf die im Handelsverkehr geltenden Gewohnheiten und Gebräuche ist angemessen Rücksicht zu nehmen.
(2) ¹Die §§ 308 und 309 finden keine Anwendung auf Verträge der Elektrizitäts-, Gas-, Fernwärme- und Wasserversorgungsunternehmen über die Versorgung von Sonderabnehmern mit elektrischer Energie, Gas, Fernwärme und Wasser aus dem Versorgungsnetz, soweit die Versorgungsbedingungen nicht zum Nachteil der Abnehmer von Verordnungen über Allgemeine Bedingungen für die Versorgung von Tarifkunden mit elektrischer Energie, Gas, Fernwärme und Wasser abweichen. ²Satz 1 gilt entsprechend für Verträge über die Entsorgung von Abwasser.
(3) ¹Bei Verträgen zwischen einem Unternehmer und einem Verbraucher (Verbraucherverträge) finden die Vorschriften dieses Abschnitts mit folgenden Maßgaben Anwendung:
1. Allgemeine Geschäftsbedingungen gelten als vom Unternehmer gestellt, es sei denn, dass sie durch den Verbraucher in den Vertrag eingeführt wurden;
2. § 305c Abs. 2 und die §§ 306 und 307 bis 309 dieses Gesetzes sowie Artikel 29 a des Einführungsgesetzes zum Bürgerlichen Gesetzbuche finden auf vorformulierte Vertragsbedingungen auch dann Anwendung, wenn diese nur zur einmaligen Verwendung bestimmt sind und soweit der Verbraucher auf Grund der Vorformulierung auf ihren Inhalt keinen Einfluss nehmen konnte;
3. bei der Beurteilung der unangemessenen Benachteiligung nach § 307 Abs. 1 und 2 sind auch die den Vertragsschluss begleitenden Umstände zu berücksichtigen.
(4) ¹Dieser Abschnitt findet keine Anwendung bei Verträgen auf dem Gebiet des Erb-, Familien- und Gesellschaftsrechts sowie auf Tarifverträge, Betriebs- und Dienstvereinbarungen. ²Bei der Anwendung auf Arbeitsverträge sind die im Arbeitsrecht geltenden Besonderheiten angemessen zu berücksichtigen; § 305 Abs. 2 und 3 ist nicht anzuwenden. ³Tarifverträge, Betriebs- und Dienstvereinbarungen stehen Rechtsvorschriften im Sinne von § 307 Abs. 3 gleich.

Literatur: *Borges*, Die Inhaltskontrolle von Verbraucherverträgen, 2000; *Brambring*, Notariell beurkundete Verbraucherverträge von der Belehrungs- zur Vertragsgestaltungspflicht des Notars, in: Recht im Spannungsverhältnis von Theorie und Praxis, FS Heinrichs, 1998, S. 39; *Bunte*, Die EG-Richtlinie über mißbräuchliche Klauseln in Verbraucherverträgen und ihre Umsetzung durch das Gesetz zur Änderung des AGB-Gesetzes, DB 1996, 1389; *Coester-Waltjen*, Inhaltskontrolle von „einfachen Geschäftsbedingungen" in Verbraucherverträgen, FS Medicus, 1999, S. 63; *Drygala*, Anwendbarkeit des AGB-Gesetzes auch auf Gesellschaftsverträge – eine Nebenwirkung der Richtlinie über mißbräuchliche Klauseln in Verbraucherverträgen?, ZIP 1997, 968; *Heinrichs*, Umsetzung der EG-Richtlinie über mißbräuchliche Klauseln in Verbraucherverträgen durch Auslegung – Erweiterung des Anwendungsbereichs der Inhaltskontrolle, NJW 1995, 153; *Klaas*, Zur EG-Richtlinie über mißbräuchliche Klauseln in Verbraucherverträgen. „Stellen" von AGB, insbesondere Inhaltskontrollen notarieller Verbraucherverträge?, in: FS Brandner, 1996, S. 247; *Locher*, Begriffsbestimmung und Schutzzweck nach dem AGB-Gesetz, JuS 1997, 389; *Michalski*, Die Berücksichtigung von vertragsabschlußbegleitenden Umständen nach § 24 a Nr. 3 AGB-Gesetz, DB 1999, 677; *Ulmer*, Das AGB-Gesetz: ein eigenständiges Kodifikationswerk, JZ 2001, 491; *Ulmer*, Notarielle Verbraucherverträge und § 24 a AGBG – Verbraucherschutz contra Rechtssicherheit?, in: Recht im Spannungsverhältnis von Theorie und Praxis, FS Heinrichs, 1998, S. 555; *Graf von Westphalen*, Die Novelle zum AGB-Gesetz, BB 1996, 2101; *Wolf*, Die Vorformulierung als Voraussetzung der Inhaltskontrolle, in: FS Brandner, 1996, S. 299.

---

62 A.A. offenbar BT-Drucks 14/6040, 159, wo unzutreffend von einem Rücktritts„anspruch" die Rede ist; richtigerweise ist der Rücktritt ein Gestaltungsrecht, kein Anspruch.

§ 310

Inhalt

A. Überblick 1	IV. AGB-Vorschriften bei Einzel-Verbraucherverträgen (Nr. 2) 10
B. Unternehmerischer Rechtsverkehr (Abs. 1) 2	V. Beurteilungsmaßstab bei der Inhaltskontrolle (Nr. 3) .. 14
C. Versorgungsbedingungen (Abs. 2) 5	E. Verträge auf den Gebieten des Arbeits-, Erb-, Familien- und Gesellschaftsrechts (Abs. 4) 16
D. Verbraucherverträge (Abs. 3) 6	I. Verträge auf dem Gebiet des Arbeitsrechts 17
I. Begriff des Verbrauchervertrags 7	II. Gesellschaftsverträge 20
II. Standard- und Einzel-Verbraucherverträge 8	
III. Drittbedingungen bei Standard-Verbraucherverträgen (Nr. 1) 9	

A. Überblick

Die Vorschrift regelt den sachlichen und persönlichen Anwendungsbereich des materiellen AGB-Rechts. **1** Vorläufer sind die §§ 23 – 24 a AGBG a.F.[1] Im Einzelnen ergeben sich folgende Entsprechungen: **Abs. 1** stimmt sachlich mit dem bisherigen § 24 AGBG überein. **Abs. 2** übernimmt den alten § 23 Abs. 2 Nr. 3 AGBG. Gegenüber dem bisherigen Recht wurde die Vorschrift allerdings insoweit ergänzt, als nunmehr auch die Bereiche der Versorgung mit Wasser und Fernwärme sowie die Entsorgung ausdrücklich einbezogen sind.[2] **Abs. 3** normiert Sondervorschriften für Verbraucherverträge gem. den Vorgaben der Klausel-Richtlinie. Vorläufer ist § 24 a AGBG a.F. **Abs. 4** entspricht im Wesentlichen dem bisherigen § 23 Abs. 1 AGBG. Aus dem Bereich des **Arbeitsrechts** sind künftig aber nur noch die arbeitsrechtlichen Kollektivvereinbarungen (Tarifverträge, Betriebs- und Dienstvereinbarungen) dem Anwendungsbereich der AGB-Vorschriften generell entzogen. Arbeitsverträge werden dagegen nunmehr grundsätzlich einbezogen, wobei allerdings „die im Arbeitsrecht geltenden Besonderheiten angemessen" berücksichtigt werden sollen. Damit sanktioniert der Gesetzgeber eine Rspr. des BAG, die auf der Grundlage der §§ 242, 315 BGB a.F. schon seit längerem eine dem AGBG a.F. ähnliche Einbeziehungs- und Inhaltskontrolle bei Arbeitsverträgen entwickelt hat.

B. Unternehmerischer Rechtsverkehr (Abs. 1)

Werden AGB gegenüber einem Unternehmer, einer juristischen Person des öffentlichen Rechts oder einem **2** öffentlich-rechtlichen Sondervermögen verwendet, gelten Erleichterungen hinsichtlich der Einbeziehung der Vertragsbedingungen in den Vertrag und Sondervorschriften für die Inhaltskontrolle. – Der **Unternehmerbegriff** ist in § 14 legaldefiniert. Erforderlich ist eine gewerbliche oder selbständige berufliche Tätigkeit **und** ein Bezug des Vertrags zu dieser Tätigkeit („in Ausübung" der unternehmerischen Tätigkeit, § 14). Kauft der Unternehmer „privat", d. h. ohne Bezug zu seiner unternehmerischen Tätigkeit, ist Abs. 1 nicht anwendbar (s.a. § 13).

Die **Einbeziehung** von AGB, die gegenüber einem Unternehmer verwendet werden, ist insoweit erleichtert, **3** als gem. Abs. 1 die Vorschriften des § 305 Abs. 2 und 3 keine Anwendung finden. Entbehrlich ist danach vor allem ein ausdrücklicher Hinweis oder ein deutlich sichtbarer Aushang. Andererseits gelten AGB auch zwischen Unternehmen nicht etwa „von selbst" (denn AGB sind keine Rechtsnormen, sondern eben **Vertrags**bedingungen), sondern nur auf Grund einer rechtsgeschäftlichen Einbeziehung in den Vertrag (vgl. § 305 Rn 6). Abs. 1 stellt also nicht etwa vom Erfordernis einer Einbeziehungsvereinbarung überhaupt, sondern nur von den qualifizierten Voraussetzungen frei, die § 305 Abs. 2 und 3 an diese knüpft. Für die Einbeziehung von AGB im unternehmerischen Rechtsverkehr gelten daher die allgemeinen Regeln der Rechtsgeschäftslehre. Genügend, andererseits aber auch erforderlich zur Geltung der AGB ist danach hier **jede stillschweigend erklärte Einbeziehungsvereinbarung** (näher § 305 Rn 13 f.).

Für die **Inhaltskontrolle** von AGB, die gegenüber einem Unternehmer verwendet werden, gilt unmittelbar **4** allein § 307; die besonderen Klauselverbote der §§ 308 und 309 sind hier direkt nicht anwendbar (Abs. 1 S. 1). Allerdings können die **Wertungen** und Rechtsgedanken dieser einzelnen Klauselverbote durchaus in die allgemeine Inhaltskontrolle gem. § 307 Abs. 1 und 2 einfließen (mittelbare oder **Indizwirkung** der besonderen Klauselverbote auch im unternehmerischen Rechtsverkehr, Abs. 1 S. 2, 1. Teilsatz). Bei der erforderlichen Abwägung (vgl. § 307 Rn 5) sind andererseits die im Handelsverkehr geltenden Gewohnheiten und Gebräuche angemessen zu berücksichtigen (Abs. 1 S. 2, 2. Teilsatz). Hieran wird zugleich deutlich, dass die Wertungen des neuen **Verbrauchs**güterkaufrechts nicht unbesehen auf den unternehmerischen Rechtsverkehr übertragen werden dürfen. Selbst wenn man wegen der Änderungen des Kauf- und Werkvertragsrechts insoweit ein verändertes „Leitbild" i. S.d. § 307 Abs. 2 Nr. 1 ausmachen

---

[1] Krit. zu dieser „Komprimierung der heterogenen Vorschriften der §§ 23 Abs. 1, 24 und 24 a AGBG (a.F.) „.... in dem neuen § 310" *Ulmer*, JZ 2001, 491 f.
[2] Früher wurde insoweit eine planwidrige Unvollständigkeit des Gesetzes (Lücke) angenommen, vgl. *Ulmer*, in: Ulmer/Brandner/Hensen, § 23 Rn 39.

C. Versorgungsbedingungen (Abs. 2)

5 Abs. 2 entspricht dem bisherigen § 23 Abs. 2 Nr. 3 AGBG. Die Vorschrift wird von dem Gedanken getragen, dass Sonderabnehmer keinen stärkeren Schutz benötigen als Tarifabnehmer. Damit anerkennt der Gesetzgeber das „Bedürfnis für eine Parallelgestaltung der Vertragsbedingungen der Versorgungsunternehmen gegenüber Verbrauchern als Tarifkunden und Verbrauchern als Sonderabnehmern".[3] Zur Ausweitung auf Verträge über Fernwärme und Wasser sowie Entsorgung s. Rn 1. Die Ausnahme ist mit der Klausel-Richtlinie vereinbar (s. dort Art. 1 Abs. 2).

D. Verbraucherverträge (Abs. 3)

6 Abs. 3 übernimmt den bisherigen § 24 a AGBG und normiert ergänzende Vorschriften für Verbraucherverträge. Die Ergänzungen sollen den Vorgaben der **Klausel-Richtlinie** Rechnung tragen.[4] Diese unterwirft in Verträgen zwischen Gewerbetreibenden und Verbrauchern grundsätzlich **alle** „Vertragsklausel(n), die nicht im Einzelnen ausgehandelt" wurden, der Inhaltskontrolle (Art. 3 Abs. 1 der Richtlinie). Eine Vertragsklausel ist dabei gem. Art. 3 Abs. 2 der Richtlinie „immer dann als nicht im Einzelnen ausgehandelt zu betrachten, wenn sie im Voraus abgefasst wurde und der Verbraucher deshalb, insbesondere im Rahmen eines vorformulierten Standardvertrags, keinen Einfluss auf ihren Inhalt nehmen konnte."

I. Begriff des Verbrauchervertrags

7 **Verbrauchervertrag** (jetzt durch Klammerzusatz legaldefiniert) ist **jeder** Vertrag zwischen einem Unternehmer i. S.d. § 14 und einem Verbraucher i. S.d. § 13. Gleichgültig ist, ob der Vertrag die Lieferung einer neuen oder einer gebrauchten Sache, einer Mobilie oder einer Immobilie zum Gegenstand hat. Das ist gegenüber der Klausel-Richtlinie eine Erweiterung (denn diese spricht in den Erwägungsgründen stets nur von Verträgen über den Verkauf von Waren und über Dienstleistungen), aber gem. Art. 8 der Richtlinie zulässig.[5] Erforderlich ist freilich jeweils ein Bezug zur selbständigen beruflichen oder privaten Sphäre (vgl. §§ 13, 14). Verkauft ein Unternehmer nicht „in Ausübung seiner gewerblichen oder selbständigen beruflichen Tätigkeit" (vgl. § 14), sondern privat, liegt kein Verbrauchervertrag i. S.d. Abs. 3 vor (vgl. auch § 309 Rn 17 für den praktisch wichtigen Fall des privaten Verkaufs eines bislang betrieblich genutzten Geschäftswagens).

II. Standard- und Einzel-Verbraucherverträge

8 Abs. 3 unterscheidet sodann zwischen **Standard**-Verbraucherverträgen (Nr. 1) und **Einzel**-Verbraucherverträgen (Nr. 2).[6] Erstere sind dadurch gekennzeichnet, dass bei ihnen „Allgemeine Geschäftsbedingungen" (so der Wortlaut der Nr. 1) verwendet werden, d. h. **für eine Vielzahl von Verträgen** vorformulierte Vertragsbedingungen. Demgegenüber erfasst Nr. 2 vorformulierte Vertragsbedingungen auch dann, wenn sie **nur zur einmaligen Verwendung bestimmt** sind. Die damit notwendige **Abgrenzung** zwischen Standard- und Einzel-Verbraucherverträgen kann im Einzelfall schwierig sein. Problematisch ist vor allem, ob das Vielzahl-Kriterium (mit der Folge eines Standard-Verbrauchervertrags) schon dann erfüllt ist, wenn ein Notar oder Rechtsanwalt für den Entwurf eines Vertrages, der an sich nur ein einzelnes Geschäft betrifft, interne „Vielzahl-Vorformulierungen" wie **Muster** oder **Textbausteine** verwendet. Entgegen einer verbreiteten Meinung[7] ist die Frage zu verneinen.[8] Ein Einzelvertrag wird nicht deshalb zu einem Standardvertrag, weil der Notar/Rechtsanwalt **interne** Muster verwendet, die er zur Standardisierung seiner Arbeitsabläufe entwickelt hat. In einem solchen Fall ist mithin nicht Abs. 3 Nr. 1, sondern Nr. 2 einschlägig.

III. Drittbedingungen bei Standard-Verbraucherverträgen (Nr. 1)

9 Abs. 3 **Nr. 1** greift das Merkmal „vom Verwender **gestellt**" des § 305 Abs. 1 S. 1 auf (vgl. bereits § 305 Rn 4) und begründet für **Standard**-Verbraucherverträge (s. Rn 8) insoweit eine Vermutung zu Lasten des Unternehmers. Hier **gelten** AGB als vom Unternehmer gestellt, es sei denn, dass sie durch den Verbraucher

---

3 Vgl. BT-Drucks 14/6040, 160.
4 Dazu *Wolf*, in: Wolf/Horn/Lindacher, Art. 3 Richtlinie Rn 14 ff.
5 Palandt/*Heinrichs*, § 24 a AGBG Rn 7.
6 *Ulmer*, in: FS Heinrichs, 1998, S. 555 f., 558.
7 Namentlich Palandt/*Heinrichs*, § 24 a AGBG Rn 8; *Brambring*, in: FS Heinrichs, 1998, S. 39, 45; Staudinger/*Schlosser*, § 24 a AGBG Rn 41.
8 Überzeugend *Ulmer*, in: FS Heinrichs, 1998, S. 555, 560 ff.

in den Vertrag eingeführt wurden. Daher unterfallen insoweit auch sog. **Drittbedingungen** der Inhaltskontrolle, beispielsweise von einem **Notar** aufgesetzte Standard-Verbraucherverträge.⁹ Ausgenommen sind nur Klauseln, die durch den Verbraucher in den Vertrag eingeführt werden, z. B. durch Verwendung eines ADAC-Formulars im Rahmen eines Autokaufs.¹⁰ – Nr. 1 ändert nichts an § 305 Abs. 1 S. 3. Soweit die Bedingungen im Einzelnen ausgehandelt wurden, liegen mithin keine AGB vor. Das entspricht Art. 3 der Klausel-Richtlinie. Allerdings reicht die bloß theoretische Möglichkeit, auf die Klausel Einfluss zu nehmen, nicht aus.¹¹ Die **Beweislast** für das Vorliegen einer Individualvereinbarung und für eine Einbeziehung der Bedingungen auf Initiative des Verbrauchers trägt der Unternehmer (Art. 3 Abs. 2 S. 3 Klausel-Richtlinie).

IV. AGB-Vorschriften bei Einzel-Verbraucherverträgen (Nr. 2)

Abs. 3 **Nr. 2** betrifft **vorformulierte Einzel-Verbraucherverträge** (s. Rn 8), d. h. Klauseln in Verbraucherverträgen, die nicht „für eine Vielzahl von Verträgen", sondern nur zur **einmaligen Verwendung** bestimmt sind. Bei diesen handelt es sich an sich nicht um AGB, weil es an dem „Vielzahl-Merkmal" des § 305 Abs. 1 S. 1 fehlt. Gleichwohl sollen auch für solche vorformulierten Einzel-Verbraucherverträge wesentliche Vorschriften über AGB Anwendung finden, weil der Verbraucher wegen der Vorformulierung auch hier auf den Inhalt der Vertragsbedingungen keinen Einfluss nehmen konnte. 10

Die Bedeutung der Vorschrift ist im Einzelnen allerdings nach wie vor umstritten. Die Meinungsverschiedenheiten betreffen vor allem die Frage, ob bei Nr. 2 ebenso wie bei Nr. 1 auch die sog. **Drittklauseln** einbezogen sind. Die h.M.¹² bejaht das in der Tat mit der weitreichenden Folge, dass selbst **notarielle Einzel-Verbraucherverträge**, die vom Notar nicht auf Veranlassung oder im Auftrag eines der Vertragspartner, sondern **eigenständig** im Rahmen seiner Amtspflichten vorformuliert werden, der AGB-Kontrolle unterliegen sollen. Begründet wird diese deutliche Ausweitung des Anwendungsbereichs der AGB-Vorschriften mit Art. 3 der Klausel-Richtlinie, wonach allein entscheidend sei, dass die Vertragsbedingungen nicht im Einzelnen ausgehandelt wurden; ob die Klausel vom Verwender gestellt oder von einem Dritten in den Vertrag eingeführt werden, sei nach der Richtlinie mithin unerheblich, ebenso ob die Klausel für eine Vielzahl von Verträgen oder nur zur einmaligen Verwendung bestimmt ist. 11

Dem ist so nicht zuzustimmen.¹³ Abs. 3 differenziert in Nr. 1 und 2 deutlich zwischen Standard-Verbraucherverträgen einerseits (bei denen Drittklauseln in der Tat einbezogen sein sollen, s. Rn 9) und vorformulierten Einzel-Verbraucherverträgen andererseits. Im auffälligen Gegensatz zu Nr. 1 fehlt bei Nr. 2 die fragliche Fiktion („gelten als vom Unternehmer gestellt"). Hätte der Gesetzgeber Drittklauseln bei Nr. 2 ebenso wie bei Nr. 1 erfassen wollen, hätte es nahegelegen, dies durch einen zusätzlichen Halbsatz (etwa: „Nr. 1 gilt entsprechend") klarzustellen. Eine solche Regelung fehlt aber. Endlich ist es auch teleologisch sachgerecht, Drittbedingungen, die vom Unternehmer nicht veranlasst, sondern von einem neutralen Dritten vorformuliert worden sind, bei Einzelverträgen grundsätzlich außer Betracht zu lassen. Das allgemeine Vertragsrecht des BGB ist nach wie vor durch den Grundsatz der Privatautonomie geprägt¹⁴ (s. bereits zu §§ 305 ff. Rn 7). Einzel-Verträge in die AGB-Kontrolle einzubeziehen, ist nach der Konzeption des Bürgerlichen Vertrags- und des AGB-Rechts an sich systemfremd. Diese Ausweitung ist auf das durch die Richtlinie veranlasste Mindestmaß zu beschränken. Für ein allgemeines Übergreifen der AGB-Kontrolle auf notarielle Verträge besteht aber auch nach der Richtlinie keinerlei Anlass. Denn die Richtlinie betrifft nur Verbraucherverträge über **Waren** und **Dienstleistungen** (vgl. Rn 7); nur insoweit normiert sie verbindliche Vorgaben. Der praktisch wichtige Bereich der **notariellen Immobiliengeschäfte** liegt damit von vornherein **außerhalb des Anwendungsbereichs der Richtlinie**. Eine erweiternde richtlinienkonforme Auslegung des nationalen Rechts kommt daher jedenfalls insoweit nicht in Betracht (vgl. vor §§ 305 ff. Rn 19).¹⁵ 12

Zu Nr. 2 ist weiter umstritten, welche Bedeutung dem Merkmal der **Einflussmöglichkeit** zukommt (Nr. 2 letzter Teilsatz) und welche Anforderungen insoweit zu stellen sind. Der im Gesetz gewählte Wortlaut lehnt sich an Art. 3 Abs. 2 S. 1 der Klausel-Richtlinie an (s. Rn 6) und weicht von § 305 Abs. 1 S. 3 („Aushandeln") ab. Trotz der unterschiedlichen Gesetzesformulierung nimmt die h.M. an, zwischen den Regelungen bestehe sachlich kein Unterschied, die Einflussmöglichkeit i. S. d. Abs. 3 Nr. 2 entspreche sachlich dem Aushandeln i. S. d. § 305 Abs. 1 S. 3.¹⁶ Die dort entwickelte strenge Auslegung, nach 13

---

9 Z.B. Staudinger/*Schlosser*, § 24 a AGBG Rn 41; *Brambring*, in: FS Heinrichs, 1998, S. 39, 45; *v. Westphalen*, BB 1996, 2101 f.
10 Palandt/*Heinrichs*, § 11 AGBG Rn 9; *Bunte*, DB 1996, 1389, 1391.
11 *Bunte*, DB 1996, 1389, 1391.
12 Palandt/*Heinrichs*, § 24 a AGBG Rn 12; Staudinger/*Schlosser*, § 24 a AGBG Rn 47; Erman/*Werner*, § 24 a AGBG Rn 34; *Bunte*, DB 1996, 1389, 1391.
13 Grundlegend *Ulmer*, in: FS Heinrichs, 1998, S. 555 ff., insbes. S. 565 ff.
14 So mit Recht *Ulmer*, JZ 2001, 491, 493.
15 Zutreffend *Ulmer*, in: FS Heinrichs, 1998, S. 555, 568 f.
16 Vgl. Palandt/*Heinrichs*, § 24 a AGBG Rn 13; Erman/*Werner*, § 24 a AGBG Rn 35; wohl auch *v. Westphalen*, BB 1996, 2101, 2103 f.

der namentlich ein bloßes Verhandeln nicht genügen soll (vgl. § 305 Rn 5), wird daher auf Abs. 3 Nr. 2 ohne weiteres übertragen. Dem ist wiederum nicht vorbehaltlos zuzustimmen.[17] Das Merkmal der Einflussmöglichkeit i. S.d. Abs. 3 Nr. 2 ist europarechtlich geprägt, da es auf Verbraucherverträge bezogen ist und damit in den Anwendungsbereich der Klausel-Richtlinie fällt. Dagegen kann das allgemeine Kriterium des Aushandelns i. S.d. § 305 Abs. 1 S. 3 in autonomer nationaler Auslegung bestimmt werden.[18] Beide Auslegungen **können** daher **auseinanderfallen**. Sollte, wofür manches spricht, das Merkmal „Einfluss nehmen **konnte**" i. S.d. Art. 3 Abs. 2 S. 1 der Klausel-Richtlinie weniger streng auszulegen sein als das „Aushandeln" i. S.d. h.M. zu § 305 Abs. 1 S. 3,[19] so spräche nichts dagegen, bei Abs. 3 Nr. 2 den großzügigeren Maßstab zugrunde zu legen, gleichwohl aber für § 305 Abs. 1 S. 3 bei der bisherigen Auslegung zu bleiben. Wie die Klausel-Richtlinie auszulegen ist, muss letztlich der EuGH entscheiden. – Die **Beweislast** für die Voraussetzungen der Nr. 2 obliegt nach h.M. dem Verbraucher.[20] Das ist mit Art. 3 Abs. 2 S. 3 der Klausel-Richtlinie vereinbar. Die dort normierte Beweislastregel betrifft nur **Standard**verträge,[21] zu denen die Einzel-Verbraucherverträge, die Nr. 2 erfasst, gerade nicht zählen.

V. Beurteilungsmaßstab bei der Inhaltskontrolle (Nr. 3)

14 **Nr. 3** setzt Art. 4 Abs. 1 der Klausel-Richtlinie um. Danach sind bei Verbraucherverträgen im Rahmen der Inhaltskontrolle nach § 307 Abs. 1 und 2 auch die den Vertragsschluss **begleitenden Umstände** zu berücksichtigen. Das bedeutet gegenüber der sonst anzustellenden generalisierend-**überindividuellen** Betrachtungsweise (vgl. § 307 Rn 4) keinen grundsätzlichen Konzeptionswechsel. Vielmehr ist hier wie dort von einer solchen überindividuellen Betrachtung auszugehen. Allerdings wird dieser Prüfungsmaßstab bei Verbraucherverträgen **ergänzt**, indem hier **auch konkret-individuelle Umstände** mit zu berücksichtigen sind.[22] Diese „Kombinationslösung" entspricht der Klausel-Richtlinie, wie deren Art. 7 Abs. 2 und ihr Anhang zeigen.[23] – Die Mitberücksichtigung der begleitenden Umstände kann sich in **beide Richtungen** auswirken. Begleitumstände, die Bedenken gegen eine Klausel verstärken können, sind beispielsweise das Ausnutzen einer Überrumpelungssituation oder eine besondere geschäftliche Unerfahrenheit des Verbrauchers.[24] Umgekehrt soll die Mitberücksichtigung der Begleitumstände auch einmal dazu führen können, dass eine an sich unangemessene Klausel noch als wirksam anzusehen ist,[25] z. B. wenn es sich bei dem Verbraucher um einen besonders geschäftserfahrenen Kunden handelt.

15 Art. 3 Abs. 3 i.V.m. **Anhang der Klausel-Richtlinie** listet einzelne unangemessene Klauseln auf. Die Liste ist, obwohl „weich" formuliert, für die Mitgliedstaaten insoweit verbindlich, als auch die Anhangs-Klauselverbote durchgesetzt werden müssen und ein Verstoß hiergegen im Zweifel zur Unwirksamkeit der Klausel führt.[26] Andererseits ist die Liste nicht erschöpfend, sondern kann von den Mitgliedstaaten – entsprechend dem Minimalcharakter der Harmonisierung durch die Richtlinie (vgl. dort Art. 8) – ergänzt oder restriktiver formuliert werden (vgl. Erwägungsgründe der Klausel-Richtlinie).[27]

E. Verträge auf den Gebieten des Arbeits-, Erb-, Familien- und Gesellschaftsrechts (Abs. 4)

16 Abs. 4 entspricht weitgehend dem bisherigen § 23 Abs. 1 AGBG. Die Ausnahmen sind mit der Klausel-Richtlinie vereinbar (vgl. deren Erwägungsgrund 10).

---

17 Mit Recht krit. *Ulmer*, in: FS Heinrichs, 1998, S. 555, 569 f.; ferner *ders.*, in: Ulmer/Brandner/Hensen, § 24 a Rn 47; *Klaas*, in: FS Brandner, 1996, S. 247, 254 f.
18 *Ulmer*, in: FS Heinrichs, 1998, S. 555, 564 f.
19 So z. B. *Klaas*, in: FS Brandner, 1996, S. 247, 254 f.; vgl. ferner *Ulmer*, in: Ulmer/Brandner/Hensen, § 24 a Rn 47; wohl auch *Coester-Waltjen*, FS Medicus, 1999, S. 63, 69 f.; a.A. *Wolf*, in: Wolf/Horn/Lindacher, Art. 3 Richtlinie Rn 21 (die für § 1 Abs. 2 AGBG a.F. entwickelten Maßstäbe können auch bei der autonomen Auslegung des Art. 3 der Richtlinie herangezogen werden).
20 Palandt/*Heinrichs*, § 24 a AGBG Rn 13; *Horn*, in: Wolf/Horn/Lindacher, § 24 a Rn 37; *Coester-Waltjen*, FS Medicus, 1999, S. 63, 70.
21 Vgl. *Wolf*, in: Wolf/Horn/Lindacher, Art. 3 Richtlinie Rn 14, 30; *Wolf*, in: FS Brandner, 1996, S. 299, 301; *Heinrichs*, NJW 1995, 153, 155.
22 Palandt/*Heinrichs*, § 24 a AGBG Rn 15; *Borges*, Die Inhaltskontrolle von Verbraucherverträgen, 2000, 28. Vgl. ferner *Michalski*, DB 1999, 677 f.; *Locher*, JuS 1997, 389, 391; *Horn*, in: Wolf/Horn/Lindacher, § 24 a Rn 46.
23 Palandt/*Heinrichs*, § 24 a AGBG Rn 15.
24 Vgl. Palandt/*Heinrichs*, § 24 a AGBG Rn 17; Staudinger/*Schlosser*, § 24 a AGBG Rn 55.
25 *Horn*, in: Wolf/Horn/Lindacher, § 24 a Rn 53; Palandt/*Heinrichs*, § 24 a AGBG Rn 17; a.A. Staudinger/*Schlosser*, § 24 a AGBG Rn 53.
26 Vgl. EuGH EuZW 2000, 506, 508; BT-Drucks 14/6040, 156; ferner *Wolf*, in: Wolf/Horn/Lindacher, Art. 3 Richtlinie Rn 32 m.w.N.
27 Vgl. *Ulmer*, in: Ulmer/Brandner/Hensen, § 24 a Rn 55.

§ 310

I. Verträge auf dem Gebiet des Arbeitsrechts

Differenziert geregelt ist jetzt allerdings die früher umfassend formulierte Bereichsausnahme zu Gunsten des **Arbeitsrechts**. Ausgenommen vom Anwendungsbereich der §§ 305 – 309 sind gem. **Abs. 4 S. 1** nur noch die **arbeitsrechtlichen Kollektivvereinbarungen** (Tarifverträge, Betriebs- und Dienstvereinbarungen), weil diese von den Tarifparteien ausgehandelt sind und in das System der Tarifautonomie nicht eingegriffen werden soll. Demgegenüber sind **Arbeitsverträge** künftig grundsätzlich den AGB-Vorschriften unterstellt (**S. 2**). Diese Neuregelung geht zurück auf eine Anregung des Bundesrates[28] und soll dafür sorgen, dass das Schutzniveau der Inhaltskontrolle im Arbeitsrecht nicht hinter demjenigen des allgemeinen Zivilrechts zurückbleibt.[29] Damit wird zugleich die Rspr. des BAG bestätigt, die auf der Grundlage der §§ 242, 315 insoweit schon bislang eine den Vorschriften des alten AGBG ganz ähnliche Inhaltskontrolle etabliert hat.[30] Für Arbeitsverträge nicht anzuwenden sind allerdings § 305 Abs. 2 und 3 (Abs. 4 S. 2 Hs. 2), weil insoweit arbeitsrechtliche Spezialvorschriften eingreifen (vgl. § 2 des Nachweisgesetzes vom 20.7.1995, BGBl. I S. 946).

17

Gem. **Abs. 4 S. 2, 1. Teilsatz** sind bei der Inhaltskontrolle von Arbeitsverträgen „die im Arbeitsrecht geltenden Besonderheiten angemessen zu berücksichtigen". Ausweislich der Gegenäußerung der Bundesregierung zur Stellungnahme des Bundesrates sollen vor allem die besonderen Klauselverbote des § 309 auf Arbeitsverträge nicht zwingend uneingeschränkt zur Anwendung kommen.[31] Die Regelung ist wenig glücklich. Der Inhalt des Vorbehalts bleibt dunkel (was genau sind „die im Arbeitsrecht geltenden Besonderheiten"?!). Zudem ist der Vorbehalt bei § 309 systemfremd, weil die dort normierten Klauselverbote sich eigentlich gerade dadurch von § 308 abheben (sollen), dass sie keine (besser: weniger) Wertungsmöglichkeiten eröffnen (vgl. § 309 Rn 3), eben diese vermittels Abs. 4 S. 2 für Arbeitsverträge aber dann doch Einzug halten. Für die Praxis dürfte sich letztlich wenig ändern.

18

Gem. **Abs. 4 S. 3** stehen Tarifverträge, Betriebs- und Dienstvereinbarungen den Rechtsvorschriften i. S.d. § 307 Abs. 3 gleich. Daraus folgt, dass arbeitsvertragliche Regelungen, die entsprechende Kollektivvereinbarungen nur wiederholen, nicht der Inhaltskontrolle unterliegen (wohl aber der Transparenzkontrolle, vgl. § 307 Rn 9, 20). Damit sichert S. 3 die unter dem Schutz des Art. 9 Abs. 3 GG stehenden Kollektivvereinbarungen gegen eine mittelbare gerichtliche Inhaltskontrolle. – Die Ausweitung der AGB-rechtlichen Inhaltskontrolle auf dem Gebiet des Arbeitsrechts findet verfahrensrechtlich keine Entsprechung. Im **Unterlassungsklagengesetz**, das den verfahrensrechtlichen Teil des bisherigen AGBG aufnimmt, ist das Arbeitsrecht (weiterhin) ausgenommen (vgl. § 15 UKlaG).[32]

19

II. Gesellschaftsverträge

Gesellschaftsverträge werden im Regelfall zwischen „gleich starken" Partnern persönlich ausgehandelt, so dass der Schutzzweck der AGB-Vorschriften hier grundsätzlich nicht einschlägig ist.[33] Nach verbreiteter Meinung sollen dagegen Verträge zum Erwerb einer gesellschaftsrechtlichen Beteiligung, die keine unternehmerischen Befugnisse vermittelt und nur zur Vermögensanlage gehalten wird, gleichwohl und trotz Abs. 4 S. 1 der AGB-Kontrolle unterliegen.[34] Dem ist nicht zu folgen.[35] Soweit es hier um sog. **Publikumsgesellschaften** in der Rechtsform einer KG oder einer GbR geht, unterliegen deren Verträge nach der Rechtsprechung ohnehin einer auf §§ 242, 315 gestützten richterlichen Inhaltskontrolle.[36] Für eine weitergehende Kontrolle nach §§ 305 ff. ist insoweit kein Bedürfnis zu erkennen. Im Übrigen sind die genannten Kriterien (keine unternehmerischen Befugnisse, Beteiligung nur zur Vermögensanlage) so weit gefasst, dass sie auch Sachverhalte erfassen würden, bei denen eine AGB-Kontrolle der Gesellschaftsverträge noch weniger angemessen ist (z. B. Familiengesellschaften).

20

---

28 BR-Drucks 338/01, 28.
29 BT-Drucks 14/6857, 54.
30 Vgl. etwa BAG NJW 1996, 2117 f.; zusammenfassend und instruktiv *Preis*, Arbeitsrecht, 1999, § 25 IV und V m.w.N.; ferner z. B. Palandt/*Heinrichs*, § 23 AGBG Rn 1.
31 Vgl. BT-Drucks 14/6857, 54.
32 Vgl. die Beschlussempfehlung des Rechtsausschusses zu § 310, BT-Drucks 14/7052, 189 f.
33 Vgl. *Horn*, in: Wolf/Horn/Lindacher, § 23 Rn 70.
34 Palandt/*Heinrichs*, § 23 AGBG Rn 3.
35 Krit. auch *Drygala*, ZIP 1997, 968, 970.
36 Vgl. BGHZ 64, 238, 242; 84, 11, 13 f.; *K. Schmidt*, Gesellschaftsrecht, 3. Aufl. 1997, § 5 III 4, § 57 IV.

Abschnitt 3. Schuldverhältnisse aus Verträgen
Titel 1. Begründung, Inhalt und Beendigung
Untertitel 1. Begründung

§ 311 Rechtsgeschäftliche und rechtsgeschäftsähnliche Schuldverhältnisse

(1) ¹Zur Begründung eines Schuldverhältnisses durch Rechtsgeschäft sowie zur Änderung des Inhalts eines Schuldverhältnisses ist ein Vertrag zwischen den Beteiligten erforderlich, soweit nicht das Gesetz ein anderes vorschreibt.

(2) ¹Ein Schuldverhältnis mit Pflichten nach § 241 Abs. 2 entsteht auch durch
1. die Aufnahme von Vertragsverhandlungen,
2. die Anbahnung eines Vertrags, bei welcher der eine Teil im Hinblick auf eine etwaige rechtsgeschäftliche Beziehung dem anderen Teil die Möglichkeit zur Einwirkung auf seine Rechte, Rechtsgüter und Interessen gewährt oder ihm diese anvertraut, oder
3. ähnliche geschäftliche Kontakte.

(3) ¹Ein Schuldverhältnis mit Pflichten nach § 241 Abs. 2 kann auch zu Personen entstehen, die nicht selbst Vertragspartei werden sollen. ²Ein solches Schuldverhältnis entsteht insbesondere, wenn der Dritte in besonderem Maße Vertrauen für sich in Anspruch nimmt und dadurch die Vertragsverhandlungen oder den Vertragsschluss erheblich beeinflusst.

Literatur: *Breidenbach*, Die Voraussetzungen von Informationspflichten bei Vertragsschluss, 1989; *Canaris*, JZ 1965, 475 ff.; *ders.*, Die Vertrauenshaftung im deutschen Privatrecht, 1971; *ders.*, Täterschaft und Teilnahme bei der culpa in contrahendo, FS Giger, 1989, 91 ff.; *ders.*, JZ 1995, 414 ff.; *ders.*, Die Vertrauenshaftung im Lichte der Rechtsprechung des Bundesgerichtshofs, Festgabe 50 Jahre BGH, 2000 Band I, S. 129 ff.; *Grigoleit*, Vorvertragliche Informationshaftung, 1997; *Horn*, JuS 1995, 377 ff.; *St. Lorenz*, Der Schutz vor dem unerwünschten Vertrag, 1997; *Medicus*, Verschulden bei Vertragsverhandlungen, in: BMJ (Hrsg.), Gutachten und Vorschläge zur Überarbeitung des Schuldrechts, Band I 1981, S. 479 ff.; *Neuner*, JZ 1999, 126 ff.; *Krebs*, Sonderverbindung und außerdeliktische Schutzpflichten, 2000; *Stoffels*, Gesetzlich nicht geregelte Schuldverträge, 2001; *Hans Stoll*, Haftungsfolgen fehlerhafter Erklärung beim Vertragsschluss, FS Riesenfeld, 1983, 275 ff.; *M. Weber*, AcP 192 (1992), 390 ff.; *A. Wiegand*, Die Sachwalterhaftung als richterliche Rechtsfortbildung, 1991.

Inhalt

A. Grundlagen 1	II. Generelle Rechtsfolgen 22
I. Inhalt und Zweck der Norm 1	1. Entstehung eines Schuldverhältnisses 22
II. Rechtspolitische Bewertung der Neuregelungen 4	2. Entstehung von Schutz- und Treuepflichten 23
B. Abs. 1 und das Vertragsprinzip 6	III. Schutzgegenstand und Pflichtenumfang 24
I. Grundsatz 6	1. Allgemeines 24
1. Vertragsprinzip 6	2. Schutz absoluter Rechte (Verkehrssicherungspflichten) 25
2. Abschlussfreiheit 7	3. Schutz des reinen Vermögens und des reinen Dispositionsinteresses 26
3. Inhaltliche Gestaltungsfreiheit 8	a) Schutz des reinen Vermögens 26
II. Vertragsprinzip und einseitige Rechtsgeschäfte 9	b) Schutz des reinen Dispositionsinteresses 27
1. Grundlagen 9	4. Culpa in contrahendo und gescheiterter Vertrag .. 28
2. Einseitige Begründung eines Rechtsgeschäfts 10	5. Informationspflichtverletzung und nicht erwartungsgerechter Vertrag 29
III. Grenzen der Vertragsfreiheit 11	a) Grundlagen 29
1. Abschlussfreiheit 11	b) Vorsatzprinzip 30
2. Inhaltliche Gestaltungsfreiheit 12	c) Aufklärungspflichten 31
C. Ungeregelte Vertragstypen 13	d) Verhältnis zum allgemeinen Gewährleistungsrecht 32
I. Grundproblematik 13	aa) Bisheriges Konkurrenzverhältnis 32
II. Die Bestimmung des dispositiven Rechts in den verschiedenen Grundtypen 14	bb) Vorrang des Gewährleistungsrechtes vor der c.i.c. 33
1. Atypischer Vertrag 14	cc) Reichweite des Gewährleistungsrechts 34
2. Typengemischter Vertrag 15	dd) Konsequenzen 35
3. Vertrag sui generis 16	IV. Sorgfaltsmaßstab und Rechtsfolgen 36
D. Die culpa in contrahendo gemäß Abs. 2 Nr. 1 und Nr. 2 17	1. Sorgfaltsmaßstab 36
I. Die Entstehung des vorvertraglichen Verhältnisses der c.i.c 17	2. Zurechnung von Hilfspersonen 37
1. Grundlagen 17	3. Anspruchsgrundlagen 38
2. Aufnahme von Vertragsverhandlungen .. 18	4. Rechtsfolgen 39
3. Vertragsanbahnung 19	a) Negatives Interesse 40
4. Einwirkungsmöglichkeiten 20	
5. Vertragsanbahnung durch unbestellte Leistung ... 21	

b)	Positives Vertragserfüllungsinteresse	41	
c)	Rückabwicklung eines geschlossenen Vertrags	42	
d)	Minderungsrecht	43	
e)	Schmerzensgeld	44	
5. Verjährung		45	

E. Ähnliche geschäftliche Kontakte i.S.v. Abs. 2 Nr. 3 . 46
F. Die vorvertragliche Dritthaftung gemäß Abs. 3 47
I. Die Grundregel des Satzes 1 47
II. Inanspruchnahme besonderen Vertrauens gemäß Satz 2 48
   1. Bedeutung der Regelung 48
   2. Inanspruchnahme besonderen Vertrauens 49
   3. Erhebliche Beeinflussung der Vertragsverhandlungen oder des Vertragsschlusses 50
III. Nicht geregelte Fälle vorvertraglicher Dritthaftung . . . 51
   1. Culpa in contrahendo mit Schutzwirkung für Dritte 52
   2. Eigenhaftung wegen besonderen persönlichen Eigeninteresses 53
   3. Sachwalterhaftung und Gutachterhaftung 54
   4. Weitere Haftungsfiguren der Dritthaftung im Bereich der c.i.c. 55
IV. Generalkonzept Dritthaftungen 56

A. Grundlagen

I. Inhalt und Zweck der Norm

Abs. 1 der Regelung übernimmt § 305 BGB a.F. Diese Regelung ist Ausdruck des sog. **Vertragsprinzips** (vgl. Rn 6). Danach erfordern Abschluss und Änderung eines Rechtsgeschäfts grundsätzlich einen Vertrag. Vertragsschluss und Vertragsänderung werden vom Grundsatz der Privatautonomie bestimmt. Auf diese Weise wird zugleich die **Vertragsfreiheit** sowohl als **Abschlussfreiheit** (vgl. Rn 7) als auch als **inhaltliche Gestaltungsfreiheit** (vgl. Rn 8) verbürgt. Abs. 1 stellt zugleich eine Art Einleitung für die rechtsgeschäftlichen und die „rechtsgeschäftsähnlichen" Schuldverhältnisse dar. **1**

Im neuen **Abs. 2 Nr. 1 und Nr. 2** wird im Anschluss an einen Vorschlag der Schuldrechtskommission[1] die Existenz einer Sonderverbindung (eines Schuldverhältnisses im weiteren Sinne) der **c.i.c.** mit **Schutzpflichten** gemäß § 241 Abs. 2 kodifiziert, ohne dass freilich der Begriff c.i.c. verwendet wurde. Nr. 1 und Nr. 2 betreffen dabei die zwei Grundformen der Begründung eines vorvertraglichen c.i.c.-Verhältnisses (Vertragsverhandlungen, Vertragsanbahnung mit besonderen Einwirkungsmöglichkeiten). Die Regelung beruht auf den Vorschlägen[2] der Kommission Leistungsstörungsrecht[3]. Eine materielle **Änderung** ist bezüglich des nunmehrigen Schutzes des reinen Dispositionsinteresses beabsichtigt (vgl. Rn 27). Eine erhebliche Einengung des Anwendungsbereiches der c.i.c. könnte durch eine mögliche Ausdehnung des Gewährleistungsrechts hervorgerufen werden (vgl. Rn 32). Wichtig ist auch die geänderte Verjährung (vgl. Rn 45). **Abs. 2 Nr. 3** führt die Kategorie der ähnlichen geschäftlichen Kontakte ein; auch sie geht auf einen Vorschlag der Kommission Leistungsstörungsrecht zurück[4]. Mit ihr können insbesondere die Scheckauskunft und ähnliche Auskunftsfälle bewältigt werden (Rn 46). **2**

Abs. 3 statuiert die Existenz von **Dritthaftungen** (Direkthaftungen gegenüber Dritten) im vorvertraglichen Bereich; auch diese Regelung basiert auf einem Vorschlag der Kommission Leistungsstörungsrecht[5]. Während S. 1 die generelle Existenz eines vorvertraglichen Schuldverhältnisses mit Pflichten gegenüber Dritten nach § 241 Abs. 2 anerkennt, konkretisiert S. 2 dies beispielhaft mit der **Haftung wegen besonderen Vertrauens** (Sachwalterhaftung, vgl. Rn 48 ff.). Der Zweck der Neuregelungen in Abs. 2 und Abs. 3 besteht darin, langjährig in Literatur und Rechtsprechung anerkannte Institute dem Grunde nach zu kodifizieren.[6] Dabei soll die Rechtsprechung die weitere Entwicklung bestimmen können. Die Kodifizierung erfolgte auch im Hinblick auf die bessere Einbringung deutscher Rechtsvorstellungen in das sich anbahnende europäische Schuldrecht.[7] **3**

II. Rechtspolitische Bewertung der Neuregelungen

Die Kodifizierung zentraler Rechtsgrundsätze wie der c.i.c. und der Direkthaftung gegenüber Dritten ist grundsätzlich zu begrüßen. Es ist ein zentraler Bestandteil der Kodifikationsidee, dass sich die wesentlichen Rechtsgrundsätze der Rechtsordnung aus dem Gesetz entnehmen lassen. Zu Recht sieht der Gesetzgeber **4**

---

[1] Abschlussbericht der Kommission zur Überarbeitung des Schuldrechts 1992, S. 142, Vorschlag für § 305 Abs. 2: „Ein Schuldverhältnis mit Pflichten nach § 241 Abs. 2 kann bereits durch die Anbahnung eines Vertrages entstehen." Wortgleich § 305 Abs. 1 S. 2 DiskE.
[2] Vgl. § 311 KF S. 23 f.
[3] Die Kommission Leistungsstörungsrecht wurde von dem Bundesministerium der Justiz im Herbst 2000 nach Vorstellung des Diskussionsentwurfs eines Schuldrechtsmodernisierungsgesetzes eingesetzt. Ihr gehörten an: MD a.D. *Prof. Dr. Walter Rolland* (Vorsitzender), Notar *Prof. h.c. Dr. Günther Brambring*, *Prof. Dr. Dr. h.c. mult. Claus-Wilhelm Canaris*, *Prof. Dr. Wolfgang Däubler*, *Prof. Dr. Wolfgang Ernst*, *Prof. Dr. Barbara Grunewald*, LMR *Dr. Lothar Haas*; POLG a.D. *Prof. Dr. h.c. Helmut Heinrichs*; *Prof. Dr. Andreas Heldrich*; *Prof. Dr. Horst Konzen*; *Prof. Dr. Dr. h.c. Dieter Medicus*; *Prof. Dr. Dr. Peter H. Schlechtriem*, *Prof. Dr. Arndt Teichmann*, *Prof. Dr. Harm Peter Westermann* (nach *Teichmann*, BB 2001, 1485 Fn 81).
[4] Vgl. § 311 Abs. 2 Nr. 3 KF.
[5] Vgl. *Canaris*, JZ 2001, 499, 519 f.
[6] RE Begründung BT-Drucks 14/6040, S. 162, 163.
[7] Vgl. RE Begründung BT-Drucks 14/6040, S. 162.

im Hinblick auf das **europäische Schuldrecht** einen besonderen **Kodifizierungsbedarf**.[8] Gleichwohl befriedigen die neuen Regelungen nicht. Abs. 2 und Abs. 3 wirken deplatziert. Sie konkretisieren § 241 Abs. 2 und hätten daher auch im Anschluss an diese Regelung eingefügt werden müssen. So aber werden die Regelungen über Sonderverbindungen und Schutzpflichten auseinander gerissen.

5 Abs. 2 Nr. 3 sprengt den Bereich der c.i.c. (vgl. Rn 46). Auch die **Dritthaftungen** gemäß Abs. 3 lassen sich nicht auf den Bereich der c.i.c. beschränken. Die **c.i.c.**-Regelung in Abs. 2 ist auf ein Minimum reduziert; sie gleicht fast nur einem Merkposten[9]. Eine Konkretisierung der Pflichten fehlt. Lediglich zur Frage des Schutzes **deliktisch geschützter Rechtsgüter**,[10] des **reinen Vermögens** (vgl. Rn 26) und des **reinen Dispositionsinteresses**[11] lässt sich der Regelung eine Entscheidung entnehmen. Hingegen fehlen Ausführungen zu den auf den Leistungserfolg bezogenen **Informationsschutzpflichten**, obwohl diese in einem schwierigen Konkurrenzverhältnis zu den Gewährleistungspflichten stehen[12]. Entschieden ist dagegen der grundsätzlich außerdeliktische Charakter der c.i.c. und der Dritthaftung[13]. Wie schon bei § 241 Abs. 2 wird auch an dieser Stelle auf die tradierte und präzise Bezeichnung – hier der c.i.c. – verzichtet. Dies ist hier umso weniger verständlich, als sich die deutsche Rechtswissenschaft – allen voran *Rudolf von Jhering*[14] – und die deutsche Rechtsprechung[15] auch international im besonderen Maße um dieses Rechtsinstitut verdient gemacht haben, und zwar auch international unter seinem Namen „culpa in contrahendo". Die sehr bedeutende, alle Sonderverbindungen betreffende Problematik der **Dritthaftung** (Direkthaftung gegenüber Dritten) wird in einer Weise kodifiziert, die kaum über die Rechtsprechung des Rechtsgerichtes hinausgeht (vgl. Rn 49 ff.). Weder erfolgt der Versuch einer Gesamtregelung, noch enthält die ihrem Wortlaut nach zu weit geratene Regelung in Abs. 3 S. 2 Aussagen zum Verhältnis zu anderen mit dem Problem der Dritthaftung verbundenen Haftungskonstruktionen wie z.B. dem Vertrag mit Schutzwirkung zu Gunsten Dritter. Auch wird nicht erkennbar, dass die Dritthaftung kein Spezialproblem des vorvertraglichen Verhältnisses ist.

B. Abs. 1 und das Vertragsprinzip

I. Grundsatz

1. Vertragsprinzip

6 Abs. 1 bringt das so genannte Vertragsprinzip zum Ausdruck.[16] Er stellt die **Grundnorm** für alle, insbesondere alle vertraglichen Rechtsgeschäfte dar. Danach ist für die Begründung und Änderung eines Rechtsgeschäfts ein Vertrag ausreichend, aber grundsätzlich auch erforderlich. Immanent ist dem Vertragsprinzip der Grundsatz der **Vertragsfreiheit**[17] als ein Teil der **Privatautonomie**. Die Vertragsfreiheit untergliedert sich in **Abschlussfreiheit** (Rn 7) und **inhaltliche Gestaltungsfreiheit** (Rn 8).

2. Abschlussfreiheit

7 Die Abschlussfreiheit umfasst sowohl die **positive Abschlussfreiheit**, d.h. das Recht, Verträge abschließen zu dürfen, als auch die **negative Abschlussfreiheit**, d.h. die Freiheit, ein Rechtsgeschäft nicht abzuschließen.[18] Die negative Abschlussfreiheit kommt ansatzweise dadurch zum Ausdruck, dass es gemäß Abs. 1 grundsätzlich überhaupt eines Vertrages bedarf. Negative wie auch positive Abschlussfreiheit werden aber vor allem durch **Art. 2 Abs. 1 GG** verbürgt. Auf Art. 2. Abs. 1 GG und der negativen Abschlussfreiheit basieren auch das **Verbot des Vertrages zu Lasten Dritter**[19] und das Zurückweisungsrecht des begünstigten Dritten beim Vertrag zu Gunsten Dritter gemäß § 333.[20] Dass es zur Begründung von Rechten und Pflichten grundsätzlich eines Vertrages **zwischen den Beteiligten** bedarf, ist unmittelbarer Inhalt des Abs. 1.

---

8 Vgl. RE Begründung BT-Drucks 14/6040, S. 162.
9 Kritisch *U. Huber*, in: Ernst/Zimmermann (Hrsg.), Zivilrechtswissenschaft und Schuldrechtsreform, 2001, S. 159; *Dauner-Lieb*, a.a.O. S. 328 „Merkzettel"; *Schapp*, JZ 2001, 583, 589.
10 Vgl. die Formulierung „Recht, Rechtsgüter" näher Rn 25.
11 Vgl. das Schutzgut „Interessen" RE Begründung zu § 241 Abs. 2., BT-Drucks 14/6040, S. 126 li. Sp., *Canaris*, JZ 2001, S. 499, 519 mit Fn 182 als Initiator dieser Regelung; *Teichmann*, BB 2001, 1485, 1491; näher Rn 27.
12 Rn 29 ff.
13 Vgl. demgegenüber den deliktischen Gesetzesvorschlag von *von Bar*, Gutachten und Vorschläge, Band II, 1981, S. 1761, 1771 ff.
14 *Von Jhering*, JherJb 4 (1861), 1 ff.
15 Grundlegend RGZ 78, 239 ff. – Linoleumrollen-Fall (1911); zur folgenden Entwicklung *Krebs*, Sonderverbindung und außerdeliktische Schutzpflichten, 2000, S. 10 ff.
16 Soergel/*Wolf*, § 305 Rn 1, 4; MüKo/*Thode*, § 305 Rn 1.
17 Vgl. auch Art. 1.102 Lando-Kommission.
18 MüKo/*Thode*, § 305 Rn 3; Soergel/*Wolf*, § 305 Rn 3.
19 Soergel/*Wolf*, § 305 Rn 9; *Gernhuber*, Schuldverhältnis, 1989, § 20 I 7; MüKo/*Thode*, § 305 Rn 5.
20 Soergel/*Hadding*, § 333 Rn 1 ff.; MüKo/*Thode*, § 305 Rn 5.

3. Inhaltliche Gestaltungsfreiheit

Für eine freiheitliche Marktwirtschaft im Kern unverzichtbar ist der Grundsatz der **inhaltlichen Gestaltungsfreiheit**.[21] Sie lässt sich dem Abs. 1 nicht unmittelbar entnehmen, wird aber jedenfalls durch Art. 2 Abs. 1 GG gewährleistet. Die inhaltliche Gestaltungsfreiheit ist insbesondere bei Rechtsgeschäften zwischen Unternehmen unerlässlich, damit sich das ökonomische Potenzial innerhalb der **Marktwirtschaft** voll entfalten kann. Sie ermöglicht die Dynamik des Marktes und die Fähigkeit zur ökonomischen Optimierung rechtsgeschäftlicher Vorgänge. Bei strukturellem Gleichgewicht der Vertragspartner erfordert der Grundsatz der **Vertragsgerechtigkeit** nur sehr weite, primär durch § 138 markierte Grenzen der inhaltlichen Gestaltungsfreiheit. Die inhaltliche Gestaltungsfreiheit entspricht schließlich dem Grundsatz der **Eigenverantwortlichkeit** des Rechtssubjekts, der ebenfalls unerlässlich zur Erreichung ökonomischer Effizienz ist. Besteht allerdings eine **strukturelle Ungleichgewichtslage**, bedarf die inhaltliche Gestaltungsfreiheit der Einschränkung (vgl. Rn 12). Auf der inhaltlichen Gestaltungsfreiheit basieren der grundsätzliche **Verzicht** des deutschen Vertragsrechts auf einen **Form- oder Typenzwang** sowie die grundsätzliche **Dispositivität** vertragsrechtlicher Normen.

8

II. Vertragsprinzip und einseitige Rechtsgeschäfte

1. Grundlagen

Gemäß Abs. 1 ist zur **Begründung** und Änderung eines Schuldverhältnisses grundsätzlich ein Vertrag zwischen den Beteiligten erforderlich. Der Begriff der **Änderung** ist **weit** zu verstehen; er umfasst auch die **Ergänzung**[22] und die **Aufhebung**[23] eines Schuldverhältnisses. Die Begrenzung von Abweichungen vom Vertragsprinzip auf gesetzliche Regelungen („soweit nicht das Gesetz ein anderes vorschreibt") schließt die rechtsfortbildende Einführung einseitiger Vertragsverhältnisse und Änderungen nicht aus.[24] Auch rechtsgeschäftlich begründete Abweichungen sind möglich. Das **Vertragsprinzip**, d.h. die notwendige Zweiseitigkeit von Rechtsverhältnissen, basiert auf der negativen Vertragsfreiheit. Daher werden einseitige Rechtsgeschäfte insbesondere dann zugelassen, wenn ein **besonderes Bedürfnis** für eine einseitige Gestaltung besteht und die **negative Vertragsfreiheit** im Ergebnis dennoch gewahrt bleibt (vgl. die Beispiele Rn 10). Im Falle der Änderung oder Aufhebung eines Rechtsgeschäfts rechtfertigen sich die Durchbrechungen des Vertragsprinzips in aller Regel mit der zuvor in Anspruch genommenen Vertragsfreiheit (vertraglich vereinbarte Abweichungen oder gesetzliche Abweichungen zur Bewältigung von Störungen des Rechtsgeschäfts).

9

2. Einseitige Begründung eines Rechtsgeschäfts

Ausnahmen vom Vertragsprinzip sind bei Begründung eines Rechtsverhältnisses selten. **Rechtsgeschäftsähnliche Verhältnisse**, zu denen nach der neuen amtlichen Überschrift auch die c.i.c.-Verhältnisse des Abs. 2 gehören, fallen nicht in den unmittelbaren Anwendungsbereich des Vertragsprinzips. Ihre Ähnlichkeit zeigt sich jedoch u.a. bei der Begründung des Verhältnisses, das eine beidseitige freiwillige Rechtskreisöffnung erfordert.[25]

10

Echte **Ausnahmen** vom Vertragsprinzip stellen bei der Begründung des Rechtsgeschäfts hingegen die sog. **einseitigen Rechtsgeschäfte** dar. Bei ihnen bindet sich (zunächst) nur die eine Seite, während die andere lediglich berechtigt, nicht aber verpflichtet wird. Um die Gegenseite (den Begünstigten) zu binden, ist auch in diesen Fällen deren Einverständnis und damit letztlich eine Art „Vertragsschluss" erforderlich. Zu den einseitigen Rechtsgeschäften zählen die **Auslobung**,[26] das **Vermächtnis**,[27] die **Erbeinsetzung**,[28] das **Stiftungsgeschäft**[29] gem. §§ 80, 82 und die **Gesamtzusage**[30] im Arbeitsrecht, weil bei ihr die Bindung des Arbeitgebers an seine Zusage unabhängig von der individuellen Annahme durch den einzelnen Arbeitnehmer ist und die Bindung insbesondere auch für später in das Unternehmen eingetretene Arbeitnehmer gilt. Einseitige Rechtsgeschäfte stellen ferner die **Schuldverschreibung auf den Inhaber**[31] und die generelle, nicht

---

21 Näher *Dylla-Krebs*, Schranken der Inhaltskontrolle Allgemeiner Geschäftsbedingungen, 1990, S. 154 ff.
22 Vgl. Soergel/*Wolf*, § 305 Rn 39.
23 Vgl. Staudinger/*Löwisch*, § 305 Rn 46; Soergel/*Wolf*, § 305 Rn 13, 37; MüKo/*Thode*, § 305 Rn 2.
24 Soergel/*Wolf*, § 305 Rn 12.
25 Grundlegend *Frost*, „Vorvertragliche" und „vertragliche" Schutzpflichten, 1981, S. 49 ff., 64 ff.
26 Motive II, S. 175; MüKo/*Thode*, § 305 Rn 48.
27 Vgl. Palandt/*Heinrichs*, vor § 305 Rn 4; Staudinger/*Löwisch*, § 305 Rn 15 (atypisch weil Erbrecht).
28 Staudinger/*Löwisch*, § 305 Rn 15.
29 Motive II, S. 175; vgl. Staudinger/*Löwisch*, § 305 Rn 15 (atypisch, weil kein echtes Schuldverhältnis betreffend).
30 Vgl. *Hilger*, Das betriebliche Ruhegeld, 1959, S. 58 ff.; für die Erklärung als Vertrag dagegen Soergel/*Wolf*, § 305 Rn 11; Staudinger/*Löwisch*, § 305 Rn 16.
31 Vgl. Motive II, S. 175; MüKo/*Thode*, § 305 Rn 48; a.A. Soergel/*Wolf*, § 305 Rn 11 unter Berufung auf den Begebungsvertrag, der jedoch nichts an der ohne Begebungsvertrag wirksam begründeten einseitigen Verpflichtung ändert.

gesetzlich geregelte Möglichkeit dar, einseitig der Gegenseite ein **Optionsrecht**[32] einzuräumen. Schließlich kann – ähnlich einer Gesamtzusage – eine **harte Patronatserklärung** eine einseitige Verbindlichkeit begründen, wenn sie sich in öffentlicher Form an alle Gläubiger oder einen bestimmten Gläubigerkreis einer Tochtergesellschaft richtet.[33] Häufiger treten einseitige Rechtsgeschäfte bei der Änderung oder Aufhebung eines Rechtsgeschäfts auf. Grundlage sind hierfür **vertragliche oder gesetzliche Bestimmungs- oder Gestaltungsrechte** wie z.B. das Leistungsbestimmungsrecht gem. § 315, die Anfechtung, der Rücktritt, die Kündigung, die Aufrechnung und die Minderung. Eine Änderung kann auch gänzlich auf Gesetz beruhen wie z.B. der Vertragsübergang gemäß § 613a.

III. Grenzen der Vertragsfreiheit
1. Abschlussfreiheit

11 Die **positive** Vertragsabschlussfreiheit ist den geringsten Einschränkungen unterworfen. Die Voraussetzungen der Rechtsfähigkeit und Geschäftsfähigkeit, Form- und Genehmigungserfordernisse sowie das Nichteingreifen von Verbotsgesetzen richten sich nicht gegen die positive Vertragsabschlussfreiheit als solche, sondern führen lediglich im Ergebnis zu geringfügigen Beschränkungen. Die **negative** Vertragsabschlussfreiheit wird insbesondere im Interesse der Allgemeinheit mit der Versorgung wichtiger Güter oder Leistungen durch einen gesetzlichen Kontrahierungszwang eingeschränkt.[34] In Analogie zu den gesetzlichen Regelungen werden weitere Kontrahierungszwänge wie z.B. ein Recht auf Führung eines Girokontos diskutiert.[35] Daneben bejaht die Rechtsprechung für Unternehmen mit einer Monopolstellung einen ursprünglich mit § 826 gerechtfertigten Kontrahierungszwang.[36] In Sondersituationen wie einer Verdachtskündigung kann auch nach Treu und Glauben aus einem vorausgegangenen Schuldverhältnis eine Pflicht zum Vertragsschluss folgen. Im Übrigen steht die negative Vertragsabschlussfreiheit unter dem Vorbehalt des Rechtsmissbrauchs.[37]

2. Inhaltliche Gestaltungsfreiheit

12 Die inhaltliche Gestaltungsfreiheit unterliegt den intensivsten Begrenzungen. Bei **struktureller Ungleichgewichtslage** zwischen den Vertragsparteien wird sie empfindlich eingeschränkt. Bezieht sich die Ungleichgewichtslage allerdings nur auf den Informationsstand bei Vertragsschluss, rechtfertigt dies keine generelle Einschränkung der inhaltlichen Gestaltungsfreiheit. Vielmehr wird die Ungleichgewichtslage in diesen Fällen durch **Informationspflichten** kompensiert.[38] Im Verhältnis zwischen Unternehmer und Verbraucher bzw. Arbeitgeber und Arbeitnehmer[39] reicht dies jedoch nicht aus. Hier wird die inhaltliche Gestaltungsfreiheit durch eine intensive **AGB-Kontrolle** gem. den § 307 ff. und die Einführung **zwingenden**[40] oder **tarifdispositiven**[41] **Rechts** beschränkt. Selbst in diesen Fällen bleibt jedoch die inhaltliche Gestaltungsfreiheit in ihrem Kern, der Festlegung von **Preis und Leistung**, bis zur Sittenwidrigkeitsgrenze erhalten.[42]

C. Ungeregelte Vertragstypen
I. Grundproblematik

13 Vertragsprinzip (Rn 6) und Vertragsfreiheit (Rn 11 f.) sind Ursache der Unvollständigkeit und grundsätzlichen Dispositivität des Vertragsrechts. Schließen die Parteien einen Vertrag, der keinem geregelten

---

32 Vgl. OLG Düsseldorf BB 1979, 962; MüKo/*Thode*, § 305 Rn 49; a.A. Soergel/*Wolf*, § 305 Rn 11.
33 Wie hier *U.H. Schneider*, ZIP 1989, 619, 624; *Klaus Müller*, ZGR 1977, 1, 29 f.; für andere Deutungen vgl. *Habersack*, ZIP 1996, 257 ff. (Vertragsschluss); gegen jeglichen rechtsgeschäftlichen Charakter von Patronatserklärungen Larenz/*Canaris*, Schuldrecht II/2, § 60 V 2d, S. 84.
34 Näher *F. Bydlinski*, AcP 180 (1980) 37 ff.; *Gernhuber*, Schuldverhältnis, 1989, § 7 II; MüKo/*Kramer*, vor § 145 Rn 10, 14.
35 Bejahend *Reifner*, ZBB 1995, 246 ff., ablehnend *Simon*, ZIP 1987, 1234 ff.
36 Vgl. RGZ 48, 114, 127 ff.; RGZ 148, 326, 334; RGZ 155, 257, 284 ff.; näher MüKo/*Kramer*, vor § 145 Rn 12.
37 Die EG-Richtlinien 2000/43/EG zur Gleichbehandlung ohne Unterschied der Rasse oder ethnischer Herkunft und die parallele arbeitsrechtliche Richtlinie 2000/78/EG erfordern nationale Regelungen zur Bekämpfung der Diskriminierung. Dies wird sich auch auf die Vertragsabschlussfreiheit auswirken; vgl. jetzt schon § 611a, der allerdings nur Schadensersatz als Sanktion vorsieht; für Kontrahierungszwang bei rassischer Diskriminierung z.B. MüKo/*Kramer*, vor § 145 Rn 14 Fn 82; Staudinger/*Bork*, vor § 145 Rn 24.
38 Vgl. für Fernabsatzverträge § 312c, für Verbraucherkredite § 503 und generell die InformationsVO.
39 Beachte jetzt § 310 Abs. 4.
40 Vgl. § 475 für den Verbrauchsgüterkauf.
41 Vgl. § 622 Abs. 4; § 13 BauIG; § 4 Abs. 4 EntgeltforzahlungsG.
42 Zur Kontrollfreiheit von Preis und Leistung bei AGB vgl. Art. 4 Abs. 2 Klauselrichtlinie. In § 307 Abs. 3 ist dieser Grundsatz kaum erkennbar, aber allgemein anerkannt, vgl. zum bisherigen § 8 AGB-Gesetz: BGH NJW 1988, 1726; NJW 1989, 222; NJW 1992, 688; NJW 1994, 318. *Brandner*, in: Ulmer/Brandner/Hensen, AGB-Gesetz, 9. Auflage 2001, § 8 Rn 8 ff.

Vertragstyp entspricht,[43] so stellt sich die Frage, welches **dispositive Recht** anwendbar ist. Diese Frage ist von entscheidender Bedeutung sowohl für die Lückenfüllung des individuellen Vertrags als auch für den Maßstab der AGB-Inhaltskontrolle gemäß § 307 Abs. 2.[44] Zu unterscheiden sind **drei Arten ungeregelter Verträge**: **Atypische Verträge** im engeren Sinne[45] sind Verträge, die zwar im Wesentlichen mit einem geregelten Vertragstyp übereinstimmen, sich aber doch zumindest in einem wesentlichen Punkt von diesem Vertragstyp unterscheiden (z.B. Unternehmenskaufvertrag). **Typengemischte Verträge**[46] lassen sich als untrennbare Kombination mehrerer geregelter Vertragstypen beschreiben (z.B. Gastwirtsvertrag). **Verträge sui generis**[47] sind zwar möglicherweise **markttypische Verträge**, d.h. sie werden in einer Vielzahl von Fällen praktiziert und haben große wirtschaftliche Bedeutung (z.B. Franchising oder Leasing). Sie sind jedoch von den gesetzlich geregelten Vertragstypen so verschieden, dass sie als völlig eigenständiger Vertragstyp erscheinen.

II. Die Bestimmung des dispositiven Rechts in den verschiedenen Grundtypen
1. Atypischer Vertrag

Liegt ein atypischer Vertrag im engeren Sinne[48] vor, der im Wesentlichen einem geregelten Vertragstyp entspricht und nur einige, wenn auch wichtige Besonderheiten aufweist, so bestimmt sich das dispositive Recht primär nach dem zu Grunde liegenden **normierten Vertragstyp** unter **Modifizierung** hinsichtlich der atypischen Gestaltungsteile.[49] Dies entspricht der Regelungstechnik des Gesetzgebers z.B. bei Spezialformen des Kaufes wie dem Rechtskauf, dem Kauf auf Probe oder dem Tausch und bietet den Vorteil, dass das anwendbare Recht im Wesentlichen gesetzlich normiert ist. Die Lösung ist damit rechts- und planungssicher. Sachlich angemessen ist sie allerdings nur bei weitgehender Ähnlichkeit zwischen dem ungeregelten atypischen und dem geregelten typischen Vertrag.

14

2. Typengemischter Vertrag

Bei einem typengemischten Vertrag,[50] der die Leistungen mehrerer geregelter Vertragstypen untrennbar miteinander kombiniert, bestimmt sich das dispositive Recht, vereinfacht dargestellt, grundsätzlich aus einer Kombination der Regelwerke der geregelten Vertragstypen (**Kombinationsmethode**,)[51] die allerdings für bestimmte Fragen modifiziert werden muss. Insbesondere in der Rechtsprechung findet sich dagegen der Versuch, möglichst alle neuen Verträge durch **analoge Anwendungen** zu erfassen.[52] Die früher vertretene **Absorptionsmethode**,[53] nach der sich immer ein Vertragstyp durchsetzt, berücksichtigt die Interessenlage im typengemischten Vertrag nicht angemessen und wird daher heute nicht mehr vertreten. Vorteil der Kombinationsmethode ist u.a., dass sie eine weitgehende Orientierung am Recht der geregelten Vertragstypen ermöglicht. **Probleme** bereiten allerdings die z.T. erheblichen **Überschneidungen** der miteinander kombinierten **Vertragstypen**. Hier bedarf es der rechtsfortbildenden Bestimmung des Rechts, das für den typengemischten Vertrag angemessen ist. Dabei kann sowohl auf den Normzweck des gesamten Vertrages[54] als auch auf den für die betreffende Rechtsfolge dominierenden Vertragsteil abgestellt werden.[55] Für die Bewältigung eines ungeregelten Vertragstyps ist diese Methode daher verglichen mit den atypischen Verträgen weniger rechtssicher. Dafür vermag sie aber stärker den Besonderheiten der typengemischten Verträge gerecht zu werden. Klassische Anwendungsfälle dieser Kombinationsmethode

15

---

43 Zusammenstellung der verschiedenen Vertragstypen z.B. bei MüKo/*Thode*, § 305 Rn 57 ff.; umfassend zu diesem Problemkreis nunmehr Stoffels, Gesetzlich nicht geregelte Schuldverträge, 2001.
44 Vgl. dazu *Stoffels*, Gesetzlich nicht geregelte Schuldverträge, 2001, S. 415 ff.
45 Andere benutzen diesen Begriff für alle Verträge, die von den gesetzlich geregelten Typen abweichen, vgl. MüKo/*Thode*, § 305 Rn 57; Staudinger/*Löwisch*, § 305 Rn 21; von *Stoffels*, Gesetzlich nicht geregelte Schuldverträge, 2001, S. 629 werden diese Verträge als modifizierte gesetzestypische Verträge bezeichnet.
46 MüKo/*Thode*, § 305 Rn 66 ff.; Staudinger/*Löwisch*, § 305 Rn 24 ff.
47 Auch dieser Begriff wird teilweise als Synonym für alle nicht geregelten Vertragstypen verwendet, vgl. MüKo/*Thode*, § 305 Rn 57; *Stoffels*, Gesetzlich nicht geregelte Schuldverträge, 2001, S. 13, und öfter verwendet hierfür die Bezeichnung „typenfremde Verträge".
48 Vgl. die hier vorgenommene Unterteilung in Rn 13.
49 Zum dahinter stehenden Institut der rechtsfolgenmodifizierenden Analogie vgl. *Canaris*, Die Feststellung von Lücken im Gesetz, 2. Aufl. 1983, S. 149 ff.; *Larenz*, Methodenlehre, 6. Aufl. 1991, S. 355.
50 Für Unterteilung dieser Verträge in verschiedene Kategorien vgl. Staudinger/*Löwisch*, § 305 Rn 28 ff.
51 Als Begründer gilt *Rümelin*, Dienst- und Werkvertrag, 1905, S. 320 ff.; vgl. Soergel/*Wolf*, § 305 Rn 31 ff.; MüKo/*Thode*, § 305 Rn 67; Staudinger/*Löwisch*, § 305 Rn 26.
52 Näher *Stoffels*, Gesetzlich nicht geregelte Schuldverträge, 2001, S. 146 ff.
53 Grundlegend *Lothmar*, Der Arbeitsvertrag, Band 1, 1902, 176 ff., 686 ff.; ablehnend z.B. Staudinger/*Löwisch*, § 305 Rn 25.
54 So insbesondere bei der so genannten Typenverschmelzung.
55 Vgl. BAG NJW 1969, 1190; BGHZ 63, 306, 307.

sind Gastwirtsvertrag, Bewerbungsvertrag, Krankenhausaufnahmevertrag und die zahnprothetische Heilbehandlung.[56] Die herrschende Meinung tendiert dazu praktisch jeden neuen Vertragstyp als typengemischten Vertrag einzuordnen,[57] um so gesetzliche Regelungen als Bezugspunkte zu gewinnen.

3. Vertrag sui generis

16 Der Vertragstyp sui generis[58] ist so weit von den geregelten Vertragstypen entfernt, dass eine weitgehende Anlehnung an einen oder eine Kombination mehrerer geregelter Vertragstypen nicht zu interessengerechten Ergebnissen führen würde, obwohl auch dieser Vertrag Funktionen übernimmt, die jeweils auch andere Vertragstypen haben. Hier bleibt nur der rechtsunsichere, aber interessengerechte Weg, durch **Rechtsfortbildung extra legem** das angemessene dispositive Recht zu ermitteln.[59] Sofern in hinreichend großer Zahl **Vertragsabschlüsse** in **struktureller Gleichgewichtslage** vorliegen, können die dort angewandten Regelungen grundsätzlich als angemessenes dispositives Recht für den betreffenden ungeregelten Vertragstyp angesehen werden.[60] Anderenfalls ist in erster Linie auf die objektive Interessenlage abzustellen, wobei von den **übereinstimmenden Vertragszwecken** des neuen Vertragstyps auszugehen ist,[61] Die **rechtsfortbildende Schaffung neuen dispositiven Rechts**[62] für einen neuen Vertragstyp sui generis ist sehr schwierig[63] und führt zunächst zu rechtsunsicheren Ergebnissen. Wohl deshalb wird die Methode nur angewandt, wenn keiner der geregelten Vertragstypen einen näheren Bezug zum ungeregelten Vertragstyp aufweist (z.B. Franchising.[64]) Bietet sich auch nur entfernt ein **geregelter Vertragstyp** als **Vergleichsgrundlage** an, wird zuweilen selbst bei wertungsmäßig erkennbar unangemessenem Ergebnis auf diesen Vertragstyp zurückgegriffen. Musterbeispiel ist insoweit der **Leasing**-Vertrag, für den die Rechtsprechung[65] das Mietvertragsrecht zu Grunde legt, obwohl dies z.B. die Finanzierungsfunktion des Leasing ebenso außer Acht lässt wie die – zumindest im unternehmerischen Bereich übliche – Auswahl des Lieferanten durch den Leasingnehmer.[66] Diese Rechtsprechung hat ihren Grund in den Schwierigkeiten, extra legem ein neues dispositives Recht für einen Vertrag sui generis zu entwerfen,[67] und der Befürchtung, ohne Anlehnung an Gesetzesrecht keine effektive Inhaltskontrolle durchführen zu können. Gleichwohl stellt allein die offene Rechtsfortbildung den interessengerechten Weg dar, der folglich auch in Zukunft beschritten werden sollte.[68]

D. Die culpa in contrahendo gemäß Abs. 2 Nr. 1 und Nr. 2

I. Die Entstehung des vorvertraglichen Verhältnisses der c.i.c

1. Grundlagen

17 Abs. 2 Nr. 1 und Nr. 2 regeln erstmals gesetzlich die Entstehung der vorvertraglichen Sonderverbindung der c.i.c. Damit entfällt die Notwendigkeit, sich für die Rechtfertigung der c.i.c. auf Gewohnheitsrecht zu berufen.[69] Die Trennung in **zwei Entstehungsgründe** – Aufnahme von Vertragsverhandlungen (Nr. 1) und die Vertragsanbahnung mit Einwirkungsmöglichkeiten auf die Rechtsgüter der Gegenseite (Nr. 2) – ist weniger durch die Natur der c.i.c. bedingt als Ausdruck der rivalisierenden Begründungsansätze für Sonderverbindungen. Den **vertrauensschutzbezogenen Ansätzen**[70] entspricht die in **Nr. 1** geregelte **Vertragsverhandlung** als Beginn des vorvertraglichen Verhältnisses.[71] Den mit den Einwirkungsmöglichkeiten verbundenen Ansätzen eines **qualifizierten sozialen bzw. geschäftlichen Kontaktes**[72] entsprechen

---

56 Vgl. näher MüKo/*Thode*, § 305 Rn 68.
57 Vgl. *Stoffels*, Gesetzlich nicht geregelte Schuldverträge, 2001, S. 34 ff., der allerdings die primär normorientierte Rechtsfindung auf andere Weise einschränken will (vgl. S. 177 ff.).
58 Zu den hier vorgenommenen und alternativen Unterscheidungen siehe Rn 13.
59 Zur Kodifizierung durch Richterrecht vgl. Staudinger/*Löwisch*, § 305 Rn 22.
60 Vgl. *Stoffels*, Gesetzlich nicht geregelte Schuldverträge, 2001, S. 299 ff.
61 Vgl. auch § 307 Abs. 2 Nr. 2: Natur des Vertrags, § 276 Abs. 1 S. 1: Inhalt des Schuldverhältnisses; *Stoffels*, Gesetzlich nicht geregelte Schuldverträge, 2001, S. 192 ff.
62 Für eine Aufgabenteilung zwischen ergänzender Vertragsauslegung und richterlicher Vertragsrechtsfortbildung *Stoffels*, Gesetzlich nicht geregelte Schuldverträge, 2001, S. 270 ff., 325 ff.
63 Vgl. *Stoffels*, Gesetzlich nicht geregelte Schuldverträge, 2001, S. 631, „Hyperkomplexität der Materie".
64 Näher *Gitter*, Gebrauchsüberlassungsverträge, 1988, § 14.
65 Vgl. BGHZ 71, 196 ff.; BGHZ 106, 304 ff.; BGHZ 2 107, 123, 127.
66 Vgl. hierzu *Canaris*, AcP 190 (1990), 410 ff.; *Lieb*, DB 1988, 2495 ff.
67 Zur Flucht in den Wegfall der Geschäftsgrundlage vgl. kritisch *Canaris*, AcP 190 (1990), 410, 417 ff.; § 313 Rn 17 f.
68 Zu ähnlichen Ergebnissen kommt *Stoffels*, Gesetzlich nicht geregelte Schuldverträge, 2001, S. 270 ff., der allerdings der ergänzenden Vertragsauslegung einen sehr breiten Anwendungsbereich einräumt.
69 Für Einordnung als Gewohnheitsrecht *Larenz*, Schuldrecht I, § 9 I; Staudinger/*Löwisch*, vor § 275 Rn 38.
70 Vgl. *Krebs*, in. Dauner-Lieb u.a., Das neue Schuldrecht, § 3 Rn 15.
71 Vgl. RE Begründung BT-Drucks 14/6040, S. 163 mit Verweis auf BGH NJW 1981, 1035: c.i.c als vertragsähnliches Vertrauensverhältnis.
72 Vgl. *Krebs*, in: Dauner-Lieb u.a. (Hrsg.), Das neue Schuldrecht, § 3 B.

die in **Nr. 2** angesprochenen **Einwirkungsmöglichkeiten** im Rahmen des geschäftlichen Kontaktes als Grundlage des vorvertraglichen Pflichtenverhältnisses. Objektiv betrachtet ist Nr. 1 nur ein Spezialfall von Nr. 2 und daher eigentlich obsolet. Denn auch die Vertragsverhandlungen stellen einen Fall der Vertragsanbahnung dar und verschaffen dem Betroffenen sonst nicht gegebene Einwirkungsmöglichkeiten auf die Güter und Interessen der Gegenseite; sie könnten daher auch unter Nr. 2 subsumiert werden. Der Regierungsentwurf[73] wollte mit Nr. 2 allerdings lediglich Fälle erfassen, in denen keine Verhandlungen stattgefunden haben. Nr. 1 hat nur insofern eigenständige Bedeutung, als es im Rahmen der Vertragsverhandlungen Schädigungsmöglichkeiten und dementsprechend Pflichten gibt, die nur hier bestehen. Umgekehrt bestehen bei einer Vertragsanbahnung, die noch nicht zu Verhandlungen geführt hat, im Wesentlichen nur deliktsähnliche Schutzpflichten (vgl. Rn 20, 25). Insoweit enthalten Abs. 2 Nr. 1 und Nr. 2 auch eine allerdings nur grobe Andeutung der unterschiedlichen Pflichten, die mit dem c.i.c.-Verhältnis verbunden sind.

2. Aufnahme von Vertragsverhandlungen

Eine Aufnahme von Vertragsverhandlungen gemäß Nr. 1 setzt keine Willenserklärung voraus. Auch die zunächst noch **unverbindlichen Gespräche** über einen zukünftigen Vertragsabschluss sind Vertragsverhandlungen, denn schon hier ist ein gegenseitiges Vertrauen wünschenswert und bestehen erste für Verhandlungen typische Einschränkungsmöglichkeiten auf die Rechtsgüter der Gegenseite. Zweifel bestehen, wenn lediglich Gespräche stattgefunden haben, in denen mögliche zukünftige Vertragsgegenstände erst ausgelotet werden. Zu denken ist etwa an **Vorgespräche** hinsichtlich gemeinsamer wirtschaftlicher Interessen, in deren Verlauf festgestellt werden soll, ob die Interessenüberschneidung überhaupt Verhandlungen über konkrete Verträge rechtfertigt. Soweit im Rahmen solcher Gespräche Informationen ausgetauscht werden oder aufgrund persönlicher Gespräche Einwirkungsmöglichkeiten auf Personen oder Sachen bestehen, liegt zumindest ein Anwendungsfall des Abs. 2 Nr. 2 vor, so dass die praktische Bedeutung dieser Frage gering ist. Der Regierungsentwurf sieht hier allerdings einen Bedarf für eine Anwendung des Abs. 2 Nr. 3.[74] Eine weite Interpretation des Abs. 2 Nr. 1 könnte deshalb zu befürworten sein, weil die Pflichten im Zusammenhang mit dem gegenseitigen **Informationsaustausch** typische Verhandlungspflichten sind. Die bloße Zusendung eines Angebotes sprengt in jedem Fall den Begriff der Vertragsverhandlung nach Abs. 2 Nr. 1. Hier wird jedoch wiederum ein Fall des Abs. 2 Nr. 2 vorliegen.

3. Vertragsanbahnung

Die Vertragsanbahnung mit ihren Einwirkungsmöglichkeiten gemäß Abs. 2 Nr. 2 stellt die umfassende Form der Begründung eines vorvertraglichen Verhältnisses dar. Auch wenn der historische Gesetzgeber dies nicht beabsichtigt hat,[75] erfasst sie objektiv zugleich den Fall des Abs. 2 Nr. 1.[76] Die **Anbahnung eines Vertrages** ist im Hinblick auf eine etwaige rechtsgeschäftliche Beziehung **weit auszulegen**. Nicht erforderlich ist, dass bereits ein konkreter Vertragsschluss über einen konkreten Gegenstand oder eine konkrete Leistung ins Auge gefasst ist. Auch die **unverbindliche Information** über Angebote der Gegenseite z.B. durch einen Kaufhausbummel reicht aus.[77] Dies gilt selbst dann, wenn z.B. mangels Zahlungsmitteln ein sofortiger Vertragsabschluss ausgeschlossen sein sollte. Ein Grenzfall liegt vor, wenn Personen in einem Ladenlokal z.B. Schutz vor einem Regenschauer suchen:[78] Sobald sie den Eingangsbereich verlassen und tiefer in den Laden hineingehen, kommen Vertragsabschlüsse grundsätzlich in Betracht, weshalb auch eine Vertragsanbahnung vorliegt. Eindeutig nicht erfasst wird hingegen der Fall, dass Personen zur Ausübung krimineller Handlungen ein Ladenlokal aufsuchen.[79] Auch die Aufnahme von Gesprächen im Vorfeld konkreter Vertragsverhandlungen fällt hinsichtlich der Anbahnung eines Vertrages unter Nr. 2,[80] vorausgesetzt, es bestehen die entsprechenden Einwirkungsmöglichkeiten. Gleiches gilt für die einseitige Übermittlung eines Angebots. Eines Rückgriffs auf Abs. 2 Nr. 3 bedarf es nicht.[81] Wie bisher reichen auch künftig einfache soziale Kontakte für eine Vertragsanbahnung nicht aus.[82]

---

73 Vgl. RE Begründung BT-Drucks 14/6040, S. 163.
74 Vgl. RE Begründung BT-Drucks 14/6040, S. 163.
75 Vgl. RE Begründung BT-Drucks 14/6040, S. 163.
76 Zu den Gründen für dieses Verhältnis vgl. Rn 17.
77 Vgl. BGHZ 66, 51 ff. (Gemüseblatt-Fall) mit der zusätzlichen Besonderheit des Drittschutzes zu Gunsten der begleitenden Person; siehe auch *Canaris*, JZ 2001, 499, 520.
78 Generell gegen Erfassung dieser Fälle BGH NJW 1962, 31; BGHZ 66, 51, 54 f.; *Canaris*, JZ 2001, 499, 520.
79 MüKo/*Emmerich*, vor § 275 Rn 73; Staudinger/*Löwisch*, vor § 275 Rn 57.
80 Zu Nr. 1 vgl. Rn 18.
81 A.A. RE BT-Drucks 14/6040, S. 163.
82 Vgl. *Canaris*, JZ 2001 499, 520.

4. Einwirkungsmöglichkeiten

20 Die Einwirkungsmöglichkeit ist das zweite Tatbestandsmerkmal des Abs. 2 Nr. 2. Die Formulierung, wonach „der eine Teil ... dem anderen Teil ... **gewährt**", ist irreführend. Aus ihr könnte man i.V.m. dem Tatbestandsmerkmal „anvertraut" schließen, dass eine bewusste, vielleicht sogar rechtsgeschäftsähnliche Handlung notwendig sei. Es reicht jedoch aus, wenn mit der Vertragsanbahnung automatisch **Einwirkungsmöglichkeiten** verbunden sind. Dies belegen die Warenhausfälle.[83] An die Einwirkungsmöglichkeiten dürfen keine hohen Anforderungen gestellt werden. Sie müssen nicht in jedem Fall über die Einwirkungsmöglichkeiten im deliktisch geschützten Jedermanns-Bereich hinausgehen. Entgegen bestehender Kritik[84] hat sich der Gesetzgeber ausweislich der Begriffe „Rechte", „Rechtsgüter", primär gegen eine deliktische Lösung dieses Bereichs entschieden. Zudem ist das Merkmal der **„besonderen" Rücksicht** in § 241 Abs. 2, das eine einschränkende Wirkung hätte haben können, bewusst fallen gelassen worden.[85] Die Möglichkeit des **Anvertrauens** ist daher mehr eine sprachliche „Verbeugung" gegenüber *Canaris*[86] in seiner Stellung als Mitglied der Kommission Leistungsstörungsrecht;[87] die Fälle des Anvertrauens stellen lediglich Spezialfälle bestehender Einwirkungsmöglichkeiten dar.[88]

5. Vertragsanbahnung durch unbestellte Leistung

21 Sendet ein Unternehmer an einen Verbraucher unbestellt Waren bzw. erbringt er unbestellte Leistungen, ist die Spezialität des § 241a zu beachten. Sie schließt gemäß § 241a Abs. 1 grundsätzlich die Entstehung eines vorvertraglichen Schuldverhältnisses aus, soweit es sich nicht gemäß § 241a Abs. 2 um eine irrtümliche Leistung handelt und der Empfänger dies zumindest erkennen kann, oder eine Ersatzlieferung im Sinne des § 241a Abs. 3 vorliegt.[89] In den sonstigen Fällen einer unbestellten Leistungserbringung zwischen Unternehmern oder zwischen Verbrauchern entsteht durch die Zusendung ein vorvertragliches Vertragsanbahnungsverhältnis.[90]

II. Generelle Rechtsfolgen

1. Entstehung eines Schuldverhältnisses

22 Rechtsfolge der Aufnahme von Vertragsverhandlungen gemäß Abs. 2 Nr. 1 sowie der Vertragsanbahnung gemäß Abs. 2 Nr. 2 ist die Entstehung eines Schuldverhältnisses im Sinne von § 241 Abs. 2. Der Begriff des **Schuldverhältnisses** wird hier in einem sehr **weiten Sinne** verwendet, entspricht also letztlich dem Begriff der **Sonderverbindung**. Der Begriff der Sonderverbindung ist allerdings vorzugswürdig. Zum einen ist er schon lange gebräuchlich für die Gesamtheit der Verhältnisse, in denen Schutzpflichten und Treuepflichten bestehen und § 278 BGB Anwendung findet. Vor allem aber ist er präziser und vermeidet die ansonsten notwendige Unterscheidung zwischen Schuldverhältnissen im engeren Sinne gem. § 241 Abs. 1 und solchen im weiteren Sinne, die sowohl die Verhältnisse des § 241 Abs. 1 als auch die des § 241 Abs. 2 umfassen.[91]

2. Entstehung von Schutz- und Treuepflichten

23 Gem. § 241 Abs. 2 „**kann**" das vorvertragliche Verhältnis zur Rücksichtnahme verpflichten. Richtigerweise wird man jedoch gerade für die c.i.c. sagen müssen, dass hier **generell** Rücksichtnahmepflichten, also **Schutzpflichten** bestehen.[92] Die Existenz von Treuepflichten gem. § 242 und die Anwendung des § 278 für diesen Bereich folgt aus der Stellung des § 241 Abs. 2 an der Spitze des allgemeinen Schuldrechts.

---

[83] RGZ 78, 239 f.; BGH NJW 1962, 31, 31; BGHZ 65, 51 ff.
[84] *Von Bar*, Verkehrspflichten, 1980, S. 212 f.; *Bohrer*, Zur Haftung des Dispositionsgaranten, 1980, S. 138 ff.; *Medicus*, in: BMJ (Hrsg.), Gutachten und Vorschläge, Bd. I 1981, S. 479, 491 ff.; *U. Huber*, FS von Caemmerer, 1978, S. 435, 452; *Brüggemeier*, BB 2001, 213, 215.
[85] RE Begründung zu § 241 Abs. 2, BT-Drucks 14/6040, S. 125; näher § 241 Rn 5.
[86] Zu seinem besonderen Ansatz bei einer Anvertrauenshaftung vgl. *Canaris*, Vertrauenshaftung, 1971, S. 530 ff.; kritisch hierzu *Frost*, „Vorvertragliche" und „vertragliche" Schutzpflichten, 1981, S. 82 f.
[87] Die Kommission Leistungsstörungsrecht wurde von dem Bundesministerium der Justiz im Herbst 2000 nach Vorstellung des Diskussionsentwurfs eines Schuldrechtsmodernisierungsgesetzes eingesetzt. Ihr gehörten an: MD a.D. Prof. Dr. Walter Rolland (Vorsitzender), Notar Prof. h.c. Dr. Günther Brambring, Prof. Dr. Dr. h.c. mult. Claus-Wilhelm Canaris, Prof. Dr. Wolfgang Däubler, Prof. Dr. Wolfgang Ernst, Prof. Dr. Barbara Grunewald; LMR Dr. Lothar Haas; POLG a.D. Prof. Dr. h.c. Helmut Heinrichs; Prof. Dr. Andreas Heldrich; Prof. Dr. Horst Konzen; Prof. Dr. Dr. h.c. Dieter Medicus; Prof. Dr. Peter H. Schlechtriem, Prof. Dr. Arndt Teichmann, Prof. Dr. Harm Peter Westermann (nach *Teichmann*, BB 2001, 1485 Fn 81).
[88] Vgl. *Canaris*, Vertrauenshaftung, 1971, S. 540 f. und sein Beispiel der Gastwirtshaftung, bei der besonders intensive Einwirkungsmöglichkeiten aufgrund Anvertrauens vorliegen.
[89] Vgl. näher § 241a Rn 6, 30.
[90] Vgl. § 241a Rn 30.
[91] Näher *Krebs*, Sonderverbindung und außerdeliktische Schutzpflichten, 2000, S. 573.
[92] Vgl. Soergel/*Wiedemann*, vor § 275 Rn 105 ff.; MüKo/*Emmerich*, vor § 275 Rn 52 ff.

III. Schutzgegenstand und Pflichtenumfang

1. Allgemeines

Abs. 2 Nr. 2 umschreibt den Schutzgegenstand mit „**Rechte, Rechtsgüter und Interessen**". Dies entspricht dem generellen Schutzumfang des § 241 Abs. 2. In **Abs. 2 Nr. 1** bedurfte es daher keiner Aussage zum Schutzgegenstand. Trotz der rechtspolitischen Kritik der Befürworter deliktsrechtlicher Lösungen[93] werden bei der c.i.c. also grundsätzlich die **absoluten Rechte** im Sinne des **§ 823 Abs. 1** geschützt. Gleiches gilt für das **reine Vermögen** (näher Rn 26). Dies könnte bereits aus dem Tatbestandsmerkmal „Rechtsgüter" folgen, ergibt sich aber erst recht aus dem weiten Begriff der „**Interessen**", der sogar das nicht **vermögensrechtliche reine Dispositionsinteresse** erfasst.[94] Mit dem Schutz des reinen Dispositionsinteresses entscheidet sich der Gesetzgeber gegen die bisherige Rechtsprechung,[95] die für eine Haftung aus c.i.c. einen Vermögensschaden verlangte, und für eine im Vordringen begriffene Meinung.[96]

2. Schutz absoluter Rechte (Verkehrssicherungspflichten)

Die vorvertraglichen Pflichten umfassen ausweislich § 311 Abs. 2 i.V.m. § 241 Abs. 2 den Schutz der Rechte und Rechtsgüter und damit die gem. § 823 Abs. 1 deliktisch besonders geschützten absoluten Rechte. Dieser Teil der c.i.c.-Pflichten ist rechtspolitisch seit langem umstritten, da verbreitet[97] angenommen wird, er beruhe nur auf speziellen Schwächen des deutschen Deliktsrechts (z.B. § 831 BGB), die es zu beseitigen gelte. Dies trifft im Ergebnis nicht zu.[98] Es besteht kein Grund, absolute Rechte vorvertraglich schwächer als die sonstigen Rechtsgüter zu schützen. De lege lata ist der vorvertragliche außerdeliktische Schutz absoluter Rechte auch nicht auf die Fälle besonders intensiver Gefährdungen zu beschränken, wie sie z.B. in den in Abs. 2 Nr. 2 erwähnten Anvertrauens-Fällen regelmäßig bestehen. Gerade um eine solche Auslegung zu vermeiden, hat der Gesetzgeber[99] die ursprünglich für § 241 Abs. 2 vorgesehene Umschreibung der Rücksichtnahme als eine „besondere" gestrichen.[100] Die Verletzung einer **deliktischen Verkehrssicherungspflicht** stellt daher **grundsätzlich zugleich** die Verletzung einer vorvertraglichen Pflicht dar.[101] Aber auch soweit keine deliktischen Verkehrssicherungspflichten bestehen, kommen aufgrund der vorvertraglichen Einwirkungs- und Schadensverhinderungsmöglichkeiten c.i.c.-Schutzpflichten zu Gunsten absoluter Rechte in Betracht (z.B. auch Schutz vor Schädigungshandlungen Dritter).

3. Schutz des reinen Vermögens und des reinen Dispositionsinteresses

a) Schutz des reinen Vermögens

Der Bestandsschutz auch des reinen Vermögens gehört zu den wichtigsten Charakteristika des c.i.c.-Verhältnisses. Damit über den Schutz auch des reinen Vermögens keine Unsicherheiten bestehen, hat der Gesetzgeber den ursprünglich in § 241 Abs. 2 genannten Schutzbereich Rechte, Rechtsgüter um den Begriff der **Interessen** erweitert und eine entsprechende Formulierung auch in § 311 Abs. 2 Nr. 2 aufgenommen. Geschützt wird das reine Vermögen z.B. durch eine Haftung für die schädigende Weitergabe oder Verwendung vertraulicher oder rechtswidrig erlangter **Informationen**. Auch andere Lücken des deliktischen Schutzes werden geschlossen. So fällt z.B. die **Beschädigung/Vernichtung von Daten** nicht unter § 823 Abs. 1, stellt aber hier einen ersatzfähigen reinen Vermögensschaden dar. Auch sonstige Pflichtverletzungen vor Vertragsschluss wie die Nichteinhaltung eines vorvertraglichen Termins und andere Fälle der sorgfaltswidrigen Verursachung **unnützer Vertragskosten** stellen einen ersatzfähigen reinen Vermögensschaden dar, wobei allerdings manchmal zweifelhaft sein kann, ob die verletzte Pflicht eine Rücksichtnahmepflicht gemäß § 241 Abs. 2 oder eine Leistungstreuepflicht im Sinne des § 242 ist. Dies ist allerdings in der Regel auch nur von theoretischem Interesse. **Spezialfälle** des Schutzes reinen Vermögens sind die Fälle der c.i.c. bei gescheitertem Vertragsschluss (vgl. Rn 28) und die besonders problematischen Fälle des nicht erwartungsgerechten Vertrages (vgl. Rn 29 ff.).

---

93 *Von Bar*, Verkehrspflichten, 1980, S. 212 ff.; *Bohrer*, Zur Haftung des Dispositionsgaranten, 1980, S. 138 ff.; *Medicus*, in: BMJ (Hrsg.), Gutachten und Vorschläge, Bd. I 1981, S. 479, 491 ff.; *U. Huber*, FS von Caemmerer, 1978, S. 435, 452; *Brüggemeier*, BB 2001, 213, 215.
94 Vgl. RE BT-Drucks 14/6040, S. 126 li. Sp.; *Canaris*, JZ 2001, 499, 519 als Initiator der Regelung; vgl. auch *Teichmann*, BB 2001, 1485, 1492, der ebenfalls Mitglied der Kommission Leistungsstörungsrecht war; näher Rn 27.
95 Vgl. BGH NJW 1998, 302, 304; BGH NJW 1998, 898, BGH NJW 1979, 1983, 1984.
96 Vgl. *St. Lorenz*, Der Schutz zu dem unerwünschten Vertrag, 1997, S. 97 ff.; *Grigoleit*, Vorvertragliche Informationshaftung, 1997; *Fleischer*, AcP 200 (2000), 91 ff.; Soergel/*Wiedemann*, vor § 275 Rn 105; *Medicus*, Bürgerliches Recht, Rn 150.
97 *Von Bar*, Verkehrspflichten, 1980, S. 212 ff.; *Bohrer*, Zur Haftung des Dispositionsgaranten, 1980, S. 138 ff.; *Medicus*, in: BMJ (Hrsg.), Gutachten und Vorschläge, Bd. I 1981, S. 479, 491 ff.; *U. Huber*, FS von Caemmerer, 1978, S. 435, 452.
98 Näher *Krebs*, Sonderverbindung und außerdeliktische Schutzpflichten, 2000, S. 592 ff.
99 RE Begründung zu § 241 Abs. 2, BT-Drucks 14/6040, S. 125.
100 Näher hierzu RE Begründung BT-Drucks 14/6040, S. 125 und § 241 Rn 5.
101 Vgl. nur RGZ 78, 239 ff. (Linoleumrollen-Fall); BGH NJW 1962, 31, 32 (Bananenschalen-Fall); BGHZ 66, 51 ff. (Gemüseblatt-Fall); Soergel/*Wiedemann*, vor § 275 Rn 123; MüKo/*Emmerich*, vor § 275 Rn 54.

b) Schutz des reinen Dispositionsinteresses

27 Bisher war umstritten, ob auch das reine Dispositionsinteresse durch die c.i.c. geschützt wird oder ob dies ein Bereich ist, der nur von § 123 erfasst wird.[102] Dieser Streit betrifft die Fälle, in denen eine Informationspflichtverletzung zu einem nicht erwartungsgerechten Vertrag führt.[103] Entgegen der bisherigen Rechtsprechung[104] ist es **Wille des historischen Gesetzgebers**, dass nunmehr auch das reine Dispositionsinteresse geschützt wird.[105] Da dies auch im denkbar weiten Wortlaut „**Interessen**" in § 241 Abs. 2 und in § 311 Abs. 2 Nr. 2 zum Ausdruck kommt, ist der Wille des historischen Gesetzgebers zu akzeptieren. Somit ist jetzt auch das reine Dispositionsinteresse geschützt. Die praktischen Auswirkungen dieser Änderung sind freilich gering, da die Rechtsprechung auf Grund eines subjektiven Vermögensschadensbegriffs bisher in aller Regel einen Vermögensschaden bejaht hat.[106] Ob auch noch weitere nicht vermögensrechtliche Interessen geschützt werden, ist noch offen.

4. Culpa in contrahendo und gescheiterter Vertrag

28 Einen reinen Vermögensschaden besonderer Art betreffen die Fälle, in denen der Vertragsschluss auf Grund vorvertraglicher Pflichtverletzung scheitert. Soweit **Spezialregelungen** wie § 122 oder § 311 a eingreifen, sind diese vorrangig. Im Übrigen stellt der **Abbruch von Vertragsverhandlungen** auf Grund der negativen Vertragsabschlussfreiheit beider Parteien grundsätzlich keine vorvertragliche Pflichtverletzung dar.[107] Pflichtwidrigkeit kann nur, aber immerhin in Ausnahmefällen bestehen; diese bedürfen der besonderen Begründung.

Pflichtwidrig ist hiernach der Eintritt in Vertragsverhandlungen, wenn von **vornherein** klar ist, dass es nicht zum **Vertragsschluss** kommen wird und die Gegenseite hierüber nicht aufgeklärt wird.[108] Dies gilt jedenfalls, wenn der Gegenseite in Folge der Vertragsverhandlungen vergebliche Aufwendungen in mehr als nur unerheblichem Umfang entstehen können. Unter diesen Umständen ist es auch pflichtwidrig, der Gegenseite verspätet oder gar nicht mitzuteilen, dass **kein Interesse mehr** an einem **Vertragsschluss** besteht.[109] Eine Pflichtverletzung stellt es auch dar, wenn der aufklärungsbedürftigen Gegenseite die Notwendigkeit einer **Genehmigung**[110] oder der Einhaltung bestimmter **Formen**[111] nicht mitgeteilt wird.[112] In diesen Fällen wird zum Teil eine Haftung auf das **positive Vertragserfüllungsinteresse** bejaht,[113] womit freilich im Ergebnis die Formbedürftigkeit aufgehoben wird. Auch der fehlende Hinweis auf sonstige **Gefahren**, die den angestrebten Vertragszweck vereiteln können, stellt eine Pflichtverletzung dar.[114]

5. Informationspflichtverletzung und nicht erwartungsgerechter Vertrag
a) Grundlagen

29 Ein wesentlicher Anwendungsbereich der c.i.c. sind die Informationspflichtverletzungen,[115] die zu einem nicht erwartungsgerechten Vertrag führen. Auch diese sind trotz des Verweises auf die sprachlich nicht ganz glückliche Formulierung „Rücksichtnahmepflichten" in § 241 Abs. 2 erfasst.[116] Dies folgt zumindest dem Schutz auch der Interessen, womit sogar das reine Dispositionsinteresse erfasst wird. Die Informationspflichten kollidieren mit der traditionellen **Eigenverantwortlichkeit** der Parteien (Caveat-emptor-Prinzip). Dies ist auch Anlass für die Diskussion des sog. Vorsatzerfordernisses bei der Pflichtverletzung und das **Konkurrenzverhältnis** zu § 123. Sowohl hinsichtlich der Beendigung des nicht erwartungsgerechten Vertrages wie auch eines minderungsartigen Schadensersatzes besteht auch ein Konkurrenzproblem zu den Gewährleistungsregeln (vgl. Rn 32 ff.).

---

102 Vgl. nur gegen den Schutz des reinen Dispositionsinteresses *Schubert*, AcP 168 (1968), 470, 506 ff.; MüKo/*Emmerich*, vor § 275 Rn 183; *Lieb*, FS 600 Jahre Universität zu Köln, 1988, S. 252, 259, 262; *ders.*, in: FS Medicus, 1999, 337 ff.; befürwortet z.B. Soergel/*Wiedemann*, vor § 275 Rn 105; *Medicus*, Bürgerliches Recht, Rn 150.
103 Vgl. Rn 29 ff.
104 BGH NJW 1998, 302, 304; BGH NJW 1998, 898, 899; allerdings offen gelassen BGH NJW 2001, 436, 438.
105 RE Begründung zu § 241 Abs. 2 BT-Drucks 14/6040, S. 126 li. Sp.; *Canaris*, JZ 2001, 499, 519 mit Fn 182.
106 Vgl. BGH NJW 1998, 302, 304.
107 MüKo/*Emmerich*, vor § 275 Rn 146; Soergel/*Wiedemann*, vor § 275 Rn 128.
108 Vgl. OLG Stuttgart BB 1989, 1982; OLG Koblenz BB 1492, 2178; MüKo/*Emmerich*, vor § 275 Rn 147; Soergel/*Wiedemann*, vor § 275 Rn 128, 135.
109 BGH NJW 1979, 915; BGH JZ 1984, 745; Soergel/*Wiedemann*, vor § 275 Rn 135.
110 BGHZ 14, 1; BGHZ 23, 222, 226 f.; BGHZ 67, 34, 35 ff.; BGH NJW 1999, 3335; Soergel/*Wiedemann*, vor § 275 Rn 147; MüKo/*Emmerich*, vor § 275 Rn 83.
111 RGZ 153, 59, 61; BGHZ 16, 334, 336; BHGZ 48, 396, 399, BGHZ 85, 315, 319; Soergel/*Wiedemann*, vor § 275 Rn 146; MüKo/*Emmerich*, vor § 275 Rn 81f.
112 Ob es sich um eine Schutzpflichtverletzung oder die Verletzung einer Leistungstreuepflicht handelt, mag offen bleiben.
113 Vgl. Soergel/*Wiedemann*, vor § 275 Rn 191f., 193 f. jeweils mit umfassenden Nachweisen.
114 Vgl. Soergel/*Wiedemann*, vor § 275 Rn 147 und MüKo/*Emmerich*, vor § 275 Rn 85 ff. m.w.N.
115 Vgl. BGHZ 61, 118,122; BGHZ 64, 46, 51; BGHZ 111, 314, 317; BGHZ 123, 311, 313 f.
116 *Teichmann*, BB 2001, 1485, 1492. Die Zweifel an der Erfassung dieser Pflichten betrafen in der Regel den Entwurf vor Einführung des Schutzgutes „Interesse".

b) Vorsatzprinzip

§ 123 und § 463 S. 2 BGB a.F. enthalten nur eine Regelung für vorsätzliche Informationspflichtverletzungen. Hieraus ist z.T. auf die Existenz eines generellen Vorsatzerfordernisses geschlossen worden.[117] Nunmehr folgt aus § 437 Nr. 3 i.V.m. § 276 Abs. 1 S. 1 der regelmäßige Sorgfaltsmaßstab der einfachen Fahrlässigkeit für den kaufvertraglichen Schadensersatz. Eine Beschränkung der c.i.c. auf vorsätzliche Informationspflichtverletzungen lässt sich jedenfalls heute nicht mehr rechtfertigen. Angemessen ist vielmehr generell der Sorgfaltsmaßstab der einfachen **Fahrlässigkeit**, wie er bisher schon von der Rechtsprechung[118] praktiziert wird.[119]

30

c) Aufklärungspflichten

Vom generellen Sorgfaltsmaßstab zu unterscheiden sind die Anforderungen an eine Aufklärungspflicht. Besteht ein **generelles Informationsgefälle**, wie z.B. zwischen Anlageberater und Kunden, ist auch eine Haftung für unterlassene Aufklärung bei fahrlässig unterlassener **Informationsbeschaffung** zumutbar. Ohne ein generelles Informationsgefälle sind hingegen **Kenntnis** des Informationspflichtigen und ein Aufklärungsbedarf der Gegenseite (**individuelles Informationsgefälle**) sowie die Zumutbarkeit der Information für den Aufklärungspflichtigen Voraussetzung für die Bejahung einer Informationspflicht.[120]

31

d) Verhältnis zum allgemeinen Gewährleistungsrecht
aa) Bisheriges Konkurrenzverhältnis

Die leistungsbezogenen vorvertraglichen Pflichten stehen im **Konkurrenzverhältnis** zu den allgemeinen Gewährleistungsregeln. Auf Grund der Mängel des bisherigen Gewährleistungsrechts wurde die c.i.c. in immer größerem Maße zu einem **parallelen Gewährleistungsrecht** herausgebildet.[121] Dennoch sollte etwa bei falschen Angaben zur Beschaffenheit des Kaufgegenstandes – und damit im unmittelbaren Anwendungsbereich des Gewährleistungsrechts – eine c.i.c.-Haftung wegen Informationspflichtverletzungen, abgesehen von vorsätzlichem Verhalten, nicht in Betracht kommen.[122] Dies wurde mit der auf den Vorsatz beschränkten Schadensersatzhaftung des § 463 BGB a.F. gerechtfertigt.[123]

32

bb) Vorrang des Gewährleistungsrechtes vor der c.i.c.

Nunmehr haftet der Verkäufer nicht nur bei Vorsatz, sondern grundsätzlich auch bei Fahrlässigkeit auf Schadensersatz (§ 437 Nr. 3 i.V.m. § 276 Abs. 1 S. 1). Hätte nur das Vorsatzerfordernis des § 463 BGB a.F. einer völligen Parallelität von c.i.c. und Gewährleistungsrecht entgegengestanden, so könnte jetzt eine **Ausdehnung** der **c.i.c.** erwogen werden. Das Gewährleistungsrecht mit seinen höchst differenzierten und abgestuften (z.B. Vorrang der Nacherfüllung) Rechtsbehelfen und einer spezifischen Verjährung ist jedoch eine komplexe gesetzgeberische Entscheidung zur Bewältigung der Interessenkonflikte bei einem Abweichen der Ist- von der Soll-Beschaffenheit. Dieses System darf nicht durch die c.i.c. unterlaufen werden. Soweit der Anwendungsbereich des **Gewährleistungsrechts** reicht, kann daher eine **parallele c.i.c.-Informationshaftung nicht mehr gerechtfertigt** werden.[124] Hierfür besteht auch kein Bedürfnis, da die bisherigen Schwächen der kaufrechtlichen Gewährleistung (vor allem die Verjährung gemäß § 477 BGB a.F.) beseitigt worden sind.

33

cc) Reichweite des Gewährleistungsrechts

Bei dieser Ausgangslage sollte der zukünftige Umfang der leistungsbezogenen vorvertraglichen Pflichten gemäß § 311 Abs. 2 i.V.m. § 241 Abs. 2 von der **zukünftigen Interpretation** des **Gewährleistungsrechts** abhängen. Schon bisher hätte angesichts eines primär **subjektiven Fehlerbegriffs** die Möglichkeit bestanden, den Fehlerbegriff auszuweiten. Dies ist wegen Mängeln des Gewährleistungsrechts wie z.B. der sechsmonatigen Verjährungsfrist oder Problemen beim Unternehmenskauf nicht geschehen. Vielmehr wurde, um einen Fehler zu bejahen, verlangt, dass die Eigenschaft der Sache mit einer gewissen Dauer anhaftet.[125] Beziehungen der Sache zur Umwelt stellen bisher nur dann einen Fehler dar, wenn sie in der

34

---

117 Zum Streit um das Vorsatzerfordernis zuletzt umfassend *Fleischer*, AcP 200 (2000), 91 ff.
118 Vgl. BGH NJW 1998, 302 ff.
119 Der RE Begründung BT-Drucks 14/6040, S. 161 ff. sieht dies in seiner Begründung als so selbstverständlich an, dass dies bei Aufzählung der Streitfragen zu den Informationsschutzpflichten übergangen wird.
120 Näher zu den Aufklärungspflichten *Breidenbach*, Die Voraussetzungen von Informationspflichten bei Vertragsschluss, 1989, S. 82 ff.; MüKo/*Emmerich*, vor § 275 Rn 77 ff.; Soergel/*Wiedemann*, vor § 275 Rn 153 ff.
121 Vgl. *Canaris*, AcP 200 (2000), 273, 305 ff.; MüKo/*Emmerich*, vor § 275 Rn 100.
122 Vgl. BGHZ 136, 102, 109 f. (Mietrecht); RGZ 135, 339, 346 ff.; BGHZ 60, 319, 321 ff. (Kaufrecht); BGHZ 140, 111, 115; BGHZ 114, 263, 266.
123 Vgl. Staudinger/*Löwisch*, vor § 275 Rn 86; Palandt/*Heinrichs*, § 276 Rn 80.
124 Für Sperrwirkung bisher auch MüKo/*Lieb*, HGB, Anh. § 25 Rn 62.
125 Vgl. BGHZ 111, 75; BGH NJW 1992, 2564.

Beschaffenheit selbst ihren Grund hatten.[126] Auf diese Weise wurden z.B. die für den Unternehmenskauf zentralen Bilanzkennziffern der einfachen Mängelhaftung entzogen.[127]

Die Situation hat sich jetzt insoweit gewandelt, als der Gesetzgeber aufgrund einer Reihe von Änderungen (Verjährung, Erweiterung des Schadensersatzes etc.) z.B. für den Unternehmenskauf zu erkennen gegeben hat, dass der **Anwendungsbereich** der **Kaufgewährleistung ausgedehnt** werden könne.[128] Dies entspricht der grundsätzlichen **Tendenz** zahlreicher Einzelregelungen. Hierzu zählen die Einstandspflicht für Werbeaussagen gem. § 434 Abs. 1 S. 3, die Einstandspflicht für fehlerhafte Montageanleitungen gem. § 434 Abs. 2, die weitgehende Gleichbehandlung von Sach- und Rechtskauf gem. § 453 sowie die Gleichstellung von Fehler und aliud gem. § 434 Abs. 3. Auf die bisherige Voraussetzung des „Anhaftens" könnte daher verzichtet werden, da z.B. auch eine Montageanleitung nicht der Sache anhaftet. Besonders zu beachten ist **Art. 2 Abs. 2 a Verbrauchsgüterkauf-Richtlinie**. Danach wird die **einseitig vom Verkäufer gegebene Beschreibung** zum Bestandteil des Gewährleistungsrechts. Bei entsprechender richtlinienkonformer Auslegung des deutschen Gewährleistungsrechts bedarf es folglich keiner Beschaffenheitsvereinbarung mehr. Dadurch erweitert sich die Möglichkeit der Zuordnung einer Informationspflichtverletzung zum Gewährleistungsrecht. Ausweislich des § 463 S. 2 BGB a.F. lässt sich auch die **unterlassene Aufklärung** über die Beschaffenheit generell dem **Vertragsrecht** zuordnen, so dass praktisch die Gesamtheit der betreffenden Informationspflichtverletzungen mit dem Vertragsrecht der §§ 434 ff. bewältigt werden könnte.

dd) Konsequenzen

35 Verzichtet man auf das Anhaften und lässt man die einseitige Information ohne Beschaffenheitsvereinbarung für die Gewährleistung ausreichen, so würden die **c.i.c.-Informationspflichtverletzungen** in den Fällen, in denen es zum Vertragsschluss kommt, weitestgehend **zurückgedrängt**, wenn man weiter von einer Vorrangigkeit der vertraglichen Regeln ausgeht. Durch eine solche Zurückdrängung der c.i.c. würden Wertungswidersprüche vermieden und das Gewährleistungsrecht im weiteren Sinne vereinfacht. Wie weit die Rechtsprechung diese wünschenswerte Veränderung durchführt, ist nicht vorhersehbar. Die **Praxis** sollte sich jedoch **insbesondere** beim **Unternehmenskauf** auf eine Zurückdrängung der c.i.c. und eine Ausweitung der Gewährleistung einstellen, da bei dieser der historische Gesetzgeber ausdrücklich einen entsprechenden Willen geäußert hat.[129]

IV. Sorgfaltsmaßstab und Rechtsfolgen

1. Sorgfaltsmaßstab

36 Genereller Sorgfaltsmaßstab ist die einfache Fahrlässigkeit (§ 276 Abs. 1. S. 1).[130] Dies gilt auch für die Informationspflichtverletzungen, die zu einem nicht erwartungsgerechten Vertrag führen (vgl. Rn 29 ff.), soweit diese Fälle nach neuem Recht überhaupt Teil der c.i.c. sind (vgl. Rn 32 ff., 35). Eine Übertragung des **nach Vertragsschluss geltenden Verschuldensmaßstabes** auf den vorvertraglichen Bereich setzt voraus, dass dieser überhaupt Schutzpflichtverletzungen erfasst[131] und auch keine Besonderheiten bestehen, die einen anderen Sorgfaltsmaßstab vor Vertragsschluss rechtfertigen. **Generell** ist zu beachten, dass die Rücksichtnahmepflichten (Schutzpflichten) der **Förderung des Leistungszwecks** und der **Bewältigung der spezifischen Einwirkungsmöglichkeiten** dienen.[132] Der Sorgfaltsmaßstab muss sich an dieser Zielsetzung orientieren. Gemäß § 346 Abs. 2 i.V.m. Abs. 3 Nr. 3 hat der Verbraucher bei einem gesetzlichen Rücktrittsrecht auch nach Kenntnis vom Rücktrittsrecht nur die eigenübliche Sorgfalt zu vertreten. Auch wenn diese Regelung rechtspolitisch zweifelhaft ist,[133] ist sie als gesetzgeberische Entscheidung zu respektieren. Dies könnte darauf hindeuten, dass **Verbraucher** im Verhältnis zum **Unternehmer** generell auch vorvertraglich nur den Sorgfaltsmaßstab der **eigenüblichen Sorgfalt** einhalten müssen. Vorvertraglich erscheint ein abgemilderter Sorgfaltsmaßstab eher angemessen. Der gewünschte Geschäftsabschluss wird gefördert, wenn der Verbraucher nur den sonst im Privatleben an eingehaltenen Sorgfaltsmaßstab erfüllen muss. Die Nichtinanspruchnahme der Verbraucher, zumindest in leichter Fahrlässigkeit, entspricht auch der Praxis, ist also nicht unzumutbar. Im Ergebnis wird dies für die Probefahrt bereits praktiziert.[134] Die

---

126 Vgl. MüKo/*Westermann*, § 459 a.F. Rn 8 f.; Erman/*Grunewald*, § 459 a.F. Rn 3 f.; Hk-BGB/*Schulze*, § 459a.F. Rn 10.
127 RGZ 67, 86, 87; BGH NJW 1970, 653, 655; BGH WM 1974, 51; BGH NJW 1990, 1658.
128 Vgl. für den Unternehmenskauf RE Begründung BT-Drucks 14/6040, S. 242; Gewährleistung zukünftig über §§ 453 Abs. 1, 434, 437 analog.
129 Vgl. RE Begründung BT-Drucks 14/6040, S. 242; Gewährleistung zukünftig gemäß §§ 453 Abs. 1, 434, 437 analog; für das bisherige Recht bereits MüKo/*Lieb*, HGB, Anh. § 25 Rn 77 ff.
130 Vgl. BGH WM 1986, 1032, 1034; Soergel/*Wiedemann*, vor § 275 Rn 176.
131 Für generelle Übertragbarkeit *Canaris*, JZ 1965, 475, 481; für differenzierende Lösung nach Normzweck und verletztem Gut die h.M. BGHZ 93, 23, 27 f. – Kartoffelpülpe; OLG Celle VersR 1995, 547 f.; *Thiele*, JZ 1967, 69 ff.; *Schlechtriem*, VersR 1973, 581, 585; näher *Krebs*, Sonderverbindung und außerdeliktische Schutzpflichten, 2000, S. 515 ff.
132 *Krebs*, Sonderverbindung und außerdeliktische Schutzpflichten, 2000, S. 510 ff.
133 *Krebs*, DB 2000 Beilage 14 S. 13.
134 Vgl. BGH NJW 1972, 1363; BGH NJW 1979, 634; vgl. auch BGH NJW 1979, 759.

verschärfte Haftung bei Übernahme einer **Garantie** oder eines Beschaffungsrisikos gemäß § 276 Abs. 1 S. 1 dagegen ist generell nicht für Schutzpflichten angemessen und gilt daher auch nicht im vorvertraglichen Bereich. Nicht geklärt ist, ob es beim **Abbruch von Vertragsverhandlungen** überhaupt eines Verschuldens bedarf.[135] Grundsätzlich besteht im Rahmen der c.i.c. kein Bedürfnis, vom Verschuldenserfordernis abzugehen.[136]

2. Zurechnung von Hilfspersonen

Die Zurechnung von Hilfspersonen erfolgt gemäß § 278. Dies folgt jetzt aus der gesetzlichen Einordnung der c.i.c. in § 241 Abs. 2. Erfasst ist das Verhalten eines Vertreters grundsätzlich wohl auch bei bloßer Überschreitung der Vertretungsmacht,[137] bei Genehmigung des Geschäftes eines Vertreters ohne Vertretungsmacht auch dessen vorvertragliches Verhalten.[138] Der Bundesgerichtshof[139] will in Anlehnung an § 123 Abs. 2 auch das Verhalten von Verhandlungsführern und Verhandlungsgehilfen sowie sonstigen Vertrauenspersonen des Geschäftsherrn letzterem zurechnen, was insbesondere bei Überschreitung ihres Auftrages relevant wird.[140]

37

3. Anspruchsgrundlagen

Weder § 311 Abs. 2 noch der in Bezug genommene § 241 Abs. 2 beinhalten eine Anspruchsgrundlage für vorvertragliche Pflichtverletzungen. Grundsätzliche **Anspruchsgrundlage** ist vielmehr **§ 280 Abs. 1**. Das für diesen Anspruch notwendige Schuldverhältnis (die Sonderverbindung) ist gemäß § 311 Abs. 2 i.V.m. § 241 Abs. 2 das vorvertragliche Verhältnis. Die Verhaltenspflicht ist jeweils gesondert zu begründen (§ 241 Abs. 2: „kann"; zur Konkretisierung vgl. Rn 24 ff.). Gemäß **§ 324** (vgl. auch § 309 Nr. 8) kann eine Schutzpflichtverletzung gemäß § 241 Abs. 2 zu einem **Rücktrittsrecht** führen. Wird eine vorvertragliche Schutzpflichtverletzung oder deren gravierende Auswirkung erst nach Vertragsschluss entdeckt,[141] kann auch aus der vorvertraglichen Schutzpflichtverletzung ein Rücktrittsanspruch erwachsen. Gleiches gilt auch für den **Schadensersatzanspruch statt Leistung** gemäß **§ 282**, wenn nach der vorvertraglichen Pflichtverletzung ein Vertrag geschlossen wurde. Nutzt z.B. ein Vertragspartner eine vorvertraglich erlangte vertrauliche Information schon vorvertraglich zu einer vorsätzlichen Schädigung der Gegenseite und wird anschließend in Unkenntnis dessen ein Vertrag geschlossen, so kann der Geschädigte den vorvertraglichen Schaden gemäß § 280 Abs. 1 liquidieren, gemäß § 324 vom geschlossenen Vertrag zurücktreten und gemäß § 282 den entgangenen Gewinn aus dem Vertrag verlangen.

38

4. Rechtsfolgen

Die Rechtsfolgen bestimmen sich durch die Anspruchsgrundlagen, das geschützte Interesse und die allgemeinen Regeln zum Schadensersatzumfang der § 249 ff. Während die Rechtsfolgen der §§ 324 bzw. 282 in der Regel unproblematisch sind, bedarf es zu § 280 Abs. 1 näherer Ausführungen.

39

a) Negatives Interesse

Bei Verletzung eines absoluten Rechts im Sinne des § 823 Abs. 1 oder eines **sonstigen vorhandenen Vermögenswertes** wird diese Vermögenseinbuße gemäß § 280 Abs. 1 i.V.m. § 249 S. 1 ersetzt. Im Verhältnis zum positiven Interesse am Vertragsschluss und der anschließenden Erfüllung lässt sich dies als negatives Interesse bezeichnen.[142] Führt eine Pflichtverletzung zu unnötigen **Aufwendungen** einer Seite, so sind diese Aufwendungen unabhängig davon, ob der Vertrag letztlich zu Stande kommt, ersatzfähig. Auch dies ist ein Fall des Ersatzes des negativen Interesses, welches weiterhin den Regelfall bildet.[143]

40

b) Positives Vertragserfüllungsinteresse

Führt eine vorvertragliche Pflichtverletzung dazu, dass ein **sonst behebbares Vertragshindernis** nicht mehr behoben werden kann, so ist der Schaden dann, wenn der Vertrag sonst durchgeführt worden wäre, nicht nur in den nutzlosen Aufwendungen, sondern in dem positiven Erfüllungsinteresse zu sehen.[144] Wird über die **Formbedürftigkeit** nicht aufgeklärt oder gar der Eindruck der formlosen Gültigkeit erweckt

41

---

135 Dagegen z.B. BGH WM 1969, 595; BGH WM 1974, 508; dafür BGH NJW-RR 1989, 647; BGH WM 1996, 738.
136 Ähnlich MüKo/*Emmerich*, vor § 275 Rn 151; für rechtsfortbildende verschuldensunabhängige Haftung außerhalb der c.i.c. *Canaris*, in: FS 50 Jahre BGH, 2000, S. 129, 180 ff.
137 Vgl. BGHZ 6, 330, 334; BGHZ 92, 164, 175; BGH NJW 1986, 2939, 2940; *Canaris*, JZ 1980, 332, 334 (differenzierend); Soergel/*Wiedemann*, vor § 275 Rn 177.
138 BGH NJW 1955, 297.
139 BGH JZ 1990, 340, 341 (*Medicus*); ansatzweise schon BGH WM 1986, 1032, 1034.
140 Vgl. dazu differenzierend Soergel/*Wiedemann*, vor § 275 Rn 179.
141 Bei Vertragsschluss in Kenntnis des Ausmaßes der Schutzpflichtverletzung dürfte das Festhalten am Vertrag zumutbar sein.
142 Begrifflich anders Soergel/*Wiedemann*, vor § 275 Rn 182.
143 *Canaris*, DB 2001, 1815, 1817.
144 RGZ 62, 284, 385; 91, 30, 33; 103, 154, 160; vgl. Soergel/*Wiedemann*, vor § 275 Rn 60 f.

und scheitert der Vertragsschluss an der Form, so kollidiert ein Schadensersatzanspruch auf das positive Erfüllungsinteresse jedenfalls dann mit der Formvorschrift, wenn diese wie z.B. bei § 313 die Gegenseite schützen soll. Grundsätzlich geht in diesen Fällen der Schadensersatz daher nur auf das negative Interesse. Dies gilt nicht, wenn das Verhalten des Schädigers darüber hinaus im Sinne des § 242 rechtsmissbräuchlich ist. Dann kann aus dem Gesichtspunkt des Rechtsmissbrauchs auch das positive Interesse gewährt werden.[145]

c) Rückabwicklung eines geschlossenen Vertrags

42 Führt eine vorvertragliche Informationspflichtverletzung zu einem nicht erwartungsgerechten Vertrag und ist – nach hiesiger Sicht ausnahmsweise – das Gewährleistungsrecht nicht vorrangig, so ist unabhängig davon, ob ein Vermögensschaden durch den Vertragsschluss entsteht oder nur die Dispositionsfreiheit[146] verletzt wird, die Rückabwicklung des Vertrages die Folge der Vertragsverletzung. Auch hier handelt es sich um den Ersatz des negativen Interesses.

d) Minderungsrecht

43 Soweit das Gewährleistungsrecht nicht vorrangig ist und sich nachweisen lässt, dass bei ordnungsgemäßer Information der Vertrag zu günstigeren Konditionen geschlossen worden wäre, ist dieser an das Institut der Minderung erinnernde Schaden ersatzfähig.[147] Problematisch ist, ob auch ohne diese **konkrete Kausalität** eine Minderung bei einem nicht erwartungsgerechten Vertrag angemessene Rechtsfolge sein kann. Die Rechtsprechung,[148] die die c.i.c. bisher verbreitet als Ersatzgewährleistungsrecht benutzt, gibt unter Berufung auf die Beweisschwierigkeiten ein **generelles Minderungsrecht**. Uneinigkeit besteht möglicherweise in der Rechtsprechung, ob ein Minderungsrecht entsprechend der kaufvertraglichen Minderung[149] oder nur die Differenz zwischen wahrem Wert und Kaufpreis[150] zu gewähren ist. Während ein Teil der Lehre[151] der Rechtsprechung folgt, auch wenn teilweise der Rechtsgedanke des § 251 – die Unzumutbarkeit der Rückabwicklung als alleiniger Rechtsbehelf – herangezogen wird,[152] lehnt ein anderer Teil[153] die Minderung ohne besonderen Kausalitätsnachweis ab. Der Gesetzgeber des Schuldrechtsmodernisierungsgesetzes[154] hat das Problem gesehen, jedoch bewusst keine Entscheidung getroffen. **Stellungnahme:** Die Minderung ist weder als Beweiserleichterung noch in Anlehnung an § 251 zu rechtfertigen. Der wertungsmäßige Grund für die bisher praktizierte Änderung ist die Verwendung der c.i.c. als Ersatzgewährleistungsrecht zur Kompensierung von Schutzlücken des Gewährleistungsrechts. Nach der Neuordnung des Gewährleistungsrechts ist hierfür kein Raum (vgl. Rn 33 f.). Somit lässt sich auch eine **generelle c.i.c.-Minderung nicht rechtfertigen**.

e) Schmerzensgeld

44 Wird durch die Schutzpflichtverletzung eines der Rechtsgüter Körper, Gesundheit, Freiheit, sexuelle Selbstbestimmung[155] nicht unwesentlich verletzt, soll nach dem für das Jahr 2002 geplanten § 253 Abs. 2 ein Schmerzensgeldanspruch auch im außerdeliktischen Bereich, also auch bei Schutzpflichtverletzung gewährt werden.[156]

5. Verjährung

45 Eine entscheidende Änderung für die c.i.c. liegt in der Änderung der Regelverjährung in § 195, verbunden mit dem neuen Verjährungsbeginn in § 199. Danach beträgt die regelmäßige Verjährungsfrist drei Jahre ab Ende des Jahres, in dem der Gläubiger ohne grobe Fahrlässigkeit von dem entstandenen Anspruch hätte Kenntnis erlangen müssen. Diese Frist kann sich bei später entstehenden Ansprüchen oder bei Verletzung von Leben, Körper, Gesundheit oder Freiheit auf bis zu 30 Jahre und bei fehlender Erkennbarkeit im Übrigen auf zehn Jahr verlängern. Damit verkürzt sich die c.i.c.-Verjährung erheblich. Sie ist aber dennoch

---

[145] BGHZ 16, 334, 336; 48, 396, 399, OLG Frankfurt MDR 1998, 957, 958; Soergel/*Wiedemann*, vor § 175 Rn 146; *Larenz*, Schuldrecht I, § 10 III S. 145.
[146] Zum Schutze der Dispositionsfreiheit vgl. Rn 27.
[147] Vgl. *St. Lorenz*, NJW 1999, 1001, 1002 unter Berufung auf BGH NJW 1998, 2900 und die dortigen Kausalitätsüberlegungen.
[148] Vgl. BGHZ 69, 53, 58; BGH NJW 1989, 1793, 1794; BGHZ 114, 87; BGH NJW 1994, 663.
[149] So wohl BGHZ 69, 53, 58 f.; BGH NJW-RR 1988, 10, 11.
[150] Vgl. BGH WM 1988, 1700, 1702.
[151] Vgl. insbesondere *Canaris*, AcP 200 (2000), 315 ff. in Abkehr von *Canaris*, ZGR 1982, 420 ff.; *Hans Stoll*, in: FS Riesenfeld, 1983, 275 ff., 285; Soergel/*Wiedemann*, vor § 275 Rn 97; MüKo/*Emmerich*, vor § 275 Rn 190 f.
[152] So insbesondere *Canaris*, AcP 200 (2000), 315 ff.
[153] Vgl. *Grigoleit*, vorvertragliche Informationshaftung, 1997, S. 184 ff.; *Paefgen*, Haftung für mangelhafte Aufklärung aus culpa in contrahendo, 1999, S. 79 f.; *Tiedtge*, JZ 1989, 569 ff.; *Lieb*, FS 600 Jahre Universität zu Köln, 1988, 251 ff., 270; *St. Lorenz*, NJW 1999, 1001, 1002.
[154] RE Begründung BT-Drucks 14/6040, S. 162 f.
[155] Eine Erweiterung um das Persönlichkeitsrecht wird diskutiert.
[156] Vgl. RE, Zweites Gesetz zur Änderung schadensersatzrechtlicher Vorschriften vom 24.9.2001.

deutlich länger als die Verjährung von kaufrechtlichen Gewährleistungsansprüchen, die gemäß § 438 Abs. 1 Nr. 3 i.V.m. Abs. 2 regelmäßig zwei Jahre ab Ablieferung beträgt. Die regelmäßige Verjährungsfrist des § 195 gilt bei Kaufverträgen allerdings bei Arglist (§ 438 Abs. 3). Sollte entgegen der Grundtendenz des Gesetzgebers (vgl. Rn 34) die c.i.c. weiter als Ersatzgewährleistungsrecht gebraucht werden, so sollte für die c.i.c. im Überschneidungsbereich wenigstens die Verjährungsregelung des § 438 angewendet werden. Nach der Neuordnung der kaufrechtlichen Verjährungsfristen besteht keine Grund § 124 auf die Fälle einer Vertragsaufhebung aufgrund c.i.c. anzuwenden.[157]

E. Ähnliche geschäftliche Kontakte i.S.v. Abs. 2 Nr. 3

Unklarheit besteht darüber, welche Verhältnisse von Abs. 2 Nr. 3 erfasst werden. Der RE[158] hatte Kontakte im **Vorfeld der Vertragsanbahnung** im Blick. Doch müsste man für eine solche Auslegung den Begriff der Vertragsanbahnung gemäß Abs. 2 Nr. 2 unnötig eng auslegen. *Canaris* hält die Regelung für „etwas dunkel"; sie sei eine mögliche Auffangregelung für **etwaige Lücken bei Nr. 1 und Nr. 2**.[159] Für die Erfassung von Fällen der bisherigen Kategorie der „c.i.c. mit Schutzwirkung zu Gunsten Dritter", wie dem Gemüseblatt-Fall,[160] ist Abs. 2 Nr. 3 nicht der richtige Ort, weil die Direkthaftung gegenüber Dritten (Dritthaftung) erst Inhalt des Abs. 3 ist.[161] An Anwendungsfällen verbleiben mithin die von *Canaris*[162] angesprochenen Gefälligkeitsverhältnisse mit rechtsgeschäftlichem Charakter ohne Leistungspflicht. Insbesondere die Fälle der **Scheckauskunft** durch die bezogenen Bank[163] oder – verallgemeinert – **Auskunftsfälle**, die für den **Empfänger** von **wesentlicher wirtschaftlicher Bedeutung** sind,[164] wobei die Auskünfte **im Rahmen beruflicher Tätigkeit**[165] gegeben werden, könnten auf diese Weise trotz § 675 Abs. 2 ohne die bisherige fiktive Bejahung[166] eines Auskunftsvertrages gelöst werden.[167] Nicht erfasst sind hiermit Auskünfte oder Gutachten, die gegenüber Dritten Verwendung finden (bezüglich der Dritthaftung näher Rn 53).

46

F. Die vorvertragliche Dritthaftung gemäß Abs. 3

I. Die Grundregel des Satzes 1

Auf Grund der in § 241 Abs. 1 angedeuteten Relativität der Schuldverhältnisse[168] findet eine Haftung grundsätzlich nur gegenüber Personen statt, zu denen der Haftende in einem Schuldverhältnis i.S.v. § 241 (Sonderverbindung) steht. Gleichwohl werden seit langem Fälle einer vorvertraglichen Dritthaftung anerkannt.[169] Mit Abs. 3 S. 1 erwähnt nun erstmals das Gesetz die allgemeine Kategorie der Dritt- oder Direkthaftung gegenüber Dritten, d.h. die Möglichkeit der Entstehung eines Schutzpflichtverhältnisses gegenüber Dritten, die nicht selbst Vertragsparteien werden sollen. Die Regelung bezieht sich unmittelbar nur auf vorvertragliche Verhältnisse. Doch kann die Regelung als **mittelbare Anerkennung** der generellen **Existenz** von **Dritthaftungen** gewertet werden. Aus der Formulierung „kann" ist zu schließen, dass die Direkthaftung bzw. direkte Schutzpflichten der besonderen Rechtfertigung bedürfen.[170] Es besteht kein grundsätzlicher Unterschied zwischen einer Dritthaftung bei einem vorvertraglichen Verhältnis und der bei einer sonstigen Sonderverbindung, insbesondere einem Vertrag. Die isolierte Regelung für die c.i.c. ist daher verallgemeinerungsfähig.

47

---

157 A.A. *Grigoleit*, in: Schulze/Schulte-Nölke (Hrsg.), 2001, S. 269, 279 zum bisherigen Rechtsstand; *ders.*, Vorvertragliche Informationshaftung, 1997, S. 157 ff.
158 RE Begründung BT-Drucks 14/6040, S. 163.
159 *Canaris*, JZ 2001, 499, 520.
160 Vgl. BGHZ 66, 51, 58.
161 Im Ergebnis eher für Abs. 3 als Abs. 2 Nr. 3 *Canaris*, JZ 2001, 499, 520; gegen die Rechtfertigung einer Dritthaftung mit Abs. 2 Nr. 3 auch RE Begründung BT-Drucks 14/6040, S. 163.
162 *Canaris*, JZ 2001, 499, 520.
163 Vgl. BGHZ 49, 167, 169; BGHZ 61, 176 ff.; BGHZ 110, 263 ff.
164 Vgl. RGZ 52, 365, 367; BGHZ 27, 73, 75; BGHZ 74, 103, 106; BGH NJW 1992, 2081, 2082.
165 Zu diesem Merkmal schon Motive II, 555; näher *Jost*, Vertragslose Auskunfts- und Beratungshaftung, 1991, S. 20 ff.
166 Für diese Lösung BGHZ 27, 371, 375; BGHZ 49, 167, 169; BGHZ 61, 176 ff.; BGHZ 110, 263 ff.
167 Vgl. BGH ZIP 1998, 1434, 1435.
168 Vgl. *Gernhuber*, Das Schuldverhältnis, 1989, § 93 II–V; Staudinger/*J. Schmidt*, Einl. Rn 433 ff. zu § 241.
169 Grundlegend RGZ 120, 249 ff.; vgl. umfassend hierzu *Krebs*, Sonderverbindung und außerdeliktische Schutzpflichten, 2000, S. 275 ff.
170 Zum Ausnahmecharakter und zur Begründungsbedürftigkeit *Canaris*, in: FG 50 Jahre BGH, 2000, S. 129, 183 f., *Krebs*, Sonderverbindung und außerdeliktische Schutzpflichten, 2000, S. 276 ff.

II. Inanspruchnahme besonderen Vertrauens gemäß Satz 2
1. Bedeutung der Regelung

48 S. 2 regelt **beispielhaft** („insbesondere") die Entstehung unmittelbarer Schutzpflichten bei Inanspruchnahme besonderen Vertrauens. Die Eigenhaftung im Falle der Inanspruchnahme besonderen Vertrauens entspricht der bisherigen ständigen Rechtsprechung.[171] Allerdings werden unter diesem **Oberbegriff** höchst **unterschiedliche Fallgruppen** zusammengefasst: die Haftung beruflicher Sachwalter[172] ebenso wie die Hintermannhaftung bei Prospekten[173] oder die eigentliche Haftung wegen besonderen persönlichen Vertrauens.[174] Nach dem allerdings problematischen Willen der Gesetzesverfasser[175] soll S. 2 sowohl die klassischen Fälle der Inanspruchnahme besonderen persönlichen Vertrauens in eine Person erfassen als auch die Sachwalterhaftung, die auf einem eher generellen Vertrauen in die Sachkunde oder Neutralität gründet. Abs. 3 S. 2 könnte bei entsprechender weiter Auslegung daher die **vollständige Erfassung aller vertrauensrechtlichen Dritthaftungen** ermöglichen.[176] Eine solche Auslegung erscheint jedoch **bedenklich** (vgl. Rn 49).

2. Inanspruchnahme besonderen Vertrauens

49 Im Mittelpunkt der Regelung steht, dass eine Person „**in besonderem Maße** Vertrauen für sich in Anspruch nimmt". Dieses Tatbestandsmerkmal könnte **eng**, nämlich in dem Sinne ausgelegt werden, dass sich das Vertrauen unmittelbar auf eine Person beziehen muss. Die Gesetzesverfasser[177] beabsichtigten hingegen eine **weite Auslegung** dergestalt, dass auch das eher abstrakte Vertrauen in die fachlichen Fähigkeiten und Neutralität eines Sachwalters (Sachverständigen, Wirtschaftsprüfers, Steuerberaters oder Anwalts sowie die sog. Hintermannhaftung bei Prospekten) mit erfasst werden könnte. **Gegen** diese **weite Auslegung** spricht, dass durch sie eine hinsichtlich ihres Umfangs problematische Haftung gesetzlich festgeschrieben würde, ohne dass bislang die haftungsbeschränkenden Kriterien gefunden worden wären, die zur Erhaltung der notwendigen Handlungsfreiheit unverzichtbar sind. *Canaris*[178] bewertet die Norm daher als „freilich reichlich weit geraten". Die weite Auslegung würde dazu führen, dass nicht mehr die Haftung, sondern das ausnahmsweise Entfallen der Haftung begründungsbedürftig wäre. Dies folgt aus der Formulierung „entsteht", die folglich – anders als die §§ 241 Abs. 2, 311 Abs. 2, Abs. 3 – die Haftung nicht nur als mögliche, sondern als zwingende Folge ansieht, wenn die Tatbestandsvoraussetzungen erfüllt sind. Dies ließe sich mit einer freiheitlichen Wirtschaftsordnung nicht in Einklang bringen. Sie erfordert vielmehr, dass der Tatbestand der Haftung und nicht der Wegfall der Haftung begründet wird. Im Übrigen hat der Gesetzgeber bei der Schuldrechtsmodernisierung, und insbesondere bei den Schutzpflichten und der c.i.c. sonst nur gesicherte Minimalstandards fixiert. In diesem Sinne sollte auch S. 2 zu verstehen sein. **Vorzugswürdig** ist daher die **enge Auslegung** der Norm. Erfasst werden von S. 2 daher nur die **klassischen Fälle** der Inanspruchnahme eines **besonderen (persönlichen) Vertrauens**, d.h. die Fälle, in denen der Vertreter oder Sachwalter für sich selbst als Person und nicht nur als Mitglied einer besonderen Berufsgruppe oder seiner Funktion als Sachverständiger Vertrauen in Anspruch genommen hat.[179] In den verbleibenden Fällen ist eine Dritthaftung zwar möglich (Abs. 3 S. 2 „insbesondere"), bedarf aber der besonderen Rechtfertigung (Abs. 3 S. 1 „kann").

Nicht erfasst werden von S. 2 schließlich Fälle, in denen zwar ein hohes Maß an persönlichem Vertrauen besteht, z.B. auf Grund freundschaftlicher oder verwandtschaftlicher Beziehungen, derjenige, dem vertraut wird, dieses Vertrauen aber nicht „**für sich**" in Anspruch nimmt, d.h. sich in den Verhandlungen nicht auf die Vertrauensbeziehung beruft oder sie in anderer Weise ausnutzt. Dies folgt aus dem Wortlaut der Norm („für sich").

---

171 Vgl. RGZ 159, 33, 55; BGHZ 56, 81, 84; BGHZ 70, 37, 344 f.; BGHZ 71, 284, 287; BGHZ 74, 103, 111; BGHZ 77, 172, 176; BGHZ 79, 337, 341; BGH NJW 2001, 360, 363.
172 Vgl. BGHZ 71, 284, 288 f.; BGHZ 74, 103, 109 f.; BGHZ 111, 314, 319 f.; BGH NRW 1992, 2148, 2149.
173 Vgl. BGHZ 79, 337, 341; BGHZ 83, 222, 227; BGHZ 115, 213, 227; BGHZ 123, 107, 109; zum Ganzen näher Canaris, FG 50 Jahre BGH, 129, 187 ff.; *Krebs*, Sonderverbindung und außerdeliktische Schutzpflichten, 2000, S. 381 ff., 386 f.
174 Vgl. BGHZ 70, 337; WM 1981, 877; BGH NJW-RR 1988, 615; BGH NJW 1990, 389; umfassend Soergel/*Wiedemann*, vor § 275 Rn 288 a.
175 RE Begründung BT-Drucks 14/6040, S. 163.
176 So *Canaris*, JZ 2001, 499, 520.
177 Vgl. RE Begründung BT-Drucks 14/6040, S. 163. „Die Vorschrift soll der Rechtsprechung aufzeigen, dass diese Fälle auch auf diesem Wege zu lösen sind."; *Canaris*, JZ 2001, 499, 520.
178 Vgl. auch seinen Versuch einer Eingrenzung für Sachverständige (ZHR 163 (1999), 234 ff.) und seine differenzierten Rechtfertigungen und Voraussetzungen für die einzelnen Fallgruppen (FS 50 Jahre BGH, 2000, S. 183 ff.).
179 BHHZ 56, 81, 85; BGHZ 63, 382, 384; BGHZ 271, 284, 288; BGH NJW 1990, 389 f.; BGH NJW 1997, 1233.

3. Erhebliche Beeinflussung der Vertragsverhandlungen oder des Vertragsschlusses

Das Tatbestandsmerkmal, wonach „dadurch Vertragsverhandlungen oder der Vertragsschluss erheblich beeinflusst" werden müssen, betrifft nicht die Kausalität der Pflichtwidrigkeit – diese wird in Abs. 3 S. 2 nicht angesprochen –, sondern die **Kausalität des besonderen Vertrauens für das Verhandlungsergebnis**. In den Begriffen des allgemeinen Vertrauensschutzprinzips von *Canaris*[180] ausgedrückt, handelt es sich um die erforderliche **Vertrauensdisposition** des Vertrauenden. Wird ein besonderes Vertrauen in Anspruch genommen, geschieht dies in aller Regel dadurch, dass die Person, in die vertraut wird, selbst Äußerungen abgibt oder Äußerungen Anderer ihr zuzurechnen sind. Grundsätzlich **zu vermuten** ist, dass eine tatsächliche Beeinflussung des Verhandlungsergebnisses durch die Äußerungen stattgefunden hat. Eine Ausnahme hiervon ist gegebenenfalls darzulegen und zu beweisen. Erfasst man – entgegen der hiesiger Auffassung, aber entsprechend dem Willen des historischen Gesetzgebers – neben den Fällen der Inanspruchnahme persönlichen Vertrauens auch die Fälle eines abstrakten Vertrauens in die fachlichen Fähigkeiten oder die Neutralität eines Sachwalters etc. oder gar Fälle der Hintermannhaftung (Rn 48 f.), wäre das Tatbestandsmerkmal der „erheblichen Beeinflussung der Vertragsverhandlungen oder des Vertragsschlusses" dahin zu interpretieren, dass der Sachwalter bzw. Hintermann durch sein Verhalten das Verhandlungsergebnis beeinflusst hat.

III. Nicht geregelte Fälle vorvertraglicher Dritthaftung

Der Gesetzgeber hat die vorvertragliche Dritthaftung nicht umfassend geregelt. Selbst bei weiter Interpretation des Abs. 3 S. 2 bestehen die bisherigen Fallgruppen fort, da Abs. 3 S. 2 ausweislich seines Wortlauts („insbesondere") keine exklusive Stellung einnimmt.

1. Culpa in contrahendo mit Schutzwirkung für Dritte

Zu den fortbestehenden Fallgruppen gehört vor allem die der c.i.c. mit Schutzwirkung für Dritte, die neben dem Schutz von **Begleitpersonen bei der Vertragsanbahnung**[181] auch zur Begründung der **Sachverständigenhaftung** gegenüber dem Geschäftspartner[182] des Auftraggebers herangezogen wird. Diese Ausdehnung des Instituts des Vertrags mit Schutzwirkung zu Gunsten Dritter wird insbesondere wegen der für das Institut **atypischen Interessendivergenz** zwischen dem Gläubiger (Auftraggeber des Sachverständigen) und dem zu schützenden Dritten (Geschäftspartner des Auftraggebers) in Bezug auf die Leistung des Schuldners (Gutachters) kritisiert.[183] Richtig ist, dass das Institut des Vertrags mit Schutzwirkung zu Gunsten Dritter heute durch eine sehr starke Ausdehnung konturenlos geworden ist und daher zumindest einer Neuordnung bedarf.[184] So lange aber ein Konsens hinsichtlich der allgemeinen Systematik und Rechtfertigung der Dritthaftung (Direkthaftung gegenüber Dritten) nicht besteht, sieht die Rechtsprechung keinen Anlass, von einer problematischen Begründung zu einer anderen zu wechseln. Jetzt könnte dies freilich anders werden, da Abs. 3 S. 2 den scheinbaren Vorzug einer gesetzlichen Anknüpfung bietet.

2. Eigenhaftung wegen besonderen persönlichen Eigeninteresses

Man hat erwogen und aus gutem Grund davon Abstand genommen, Abs. 3 auch auf die Eigenhaftung wegen besonderen persönlichen Eigeninteresses zu erstrecken.[185] Diese Haftung, die früher in sehr weit gehendem Maße zu Lasten von Gesellschafter-Geschäftsführern bejaht worden ist,[186] ist mittlerweile stark zurückgedrängt worden.[187] Gesicherte Anwendungsfälle stellen nunmehr nur noch die Fälle eines **wirtschaftlichen Rollentausches** zwischen Vertreter und Vertretenen dar (sog. procurator in rem suam).[188] In diesen Fällen ist nicht wie üblich der Vertretene, sondern der Vertreter alleiniger Nutznießer des Geschäfts.[189] Ob in einem eng begrenzten Bereich weitere Anwendungsfälle bestehen, ist umstritten.[190]

---

180 Grundlegend *Canaris*, Vertrauenshaftung, 1971, S. 491 ff.
181 Grundlegend der Gemüseblatt-Fall: BGHZ 66, 51, 58.
182 Vgl. BGHZ 127, 378, 384 f.; BGH NJW 1998, 1059, 1061.
183 Vgl. *Canaris*, JZ 1995, 441 ff.; *ders.*, ZHR 163 (1999) 234 ff.
184 Vgl. auch *Neuner*, JZ 1999, 126 ff; *Krebs*, Sonderverbindung und außerdeliktische Schutzpflichten, 2000, S. 429 f., 432, 437 f.
185 Vgl. *Canaris*, JZ 2001, 499, 520.
186 Vgl. BGH NJW 1983, 676 f.; BGH DB 1984, 1136; BGH 287, 27, 33 f; stark einschränkend BGH NJW 1994, 2220; BGH GmbH-Rdsch 1995, 446.
187 Vgl. BGH NJW 1994, 2220; BGH GmbH-Rdsch 1995, 446.
188 Vgl. den Ausgangsfall RGZ 120, 249, 253: Wirtschaftlicher Grundstückseigentümer veräußert im Namen des noch Bucheigentümers.
189 Beispiel: Der Gebrauchtwagenhändler tritt formal als Vertreter des Einlieferers auf; das Geschäft hat für diesen jedoch keinerlei Bedeutung oder Auswirkung (Vgl. BGHZ G 3, 382 ff.).
190 Vgl. BGH NJW 1986, 586, 587: Vertretertätigkeit, die unmittelbar auf Beseitigung eines sonst vom Vertreter zu ersetzenden Schadens zielt; Absicht des Vertreters, sich die Leistung rechtswidrig selbst zuzueignen; die dritte Fallgruppe (unbeschränkte Sicherheiten des Vertreters) wurde von BGH NJW 1994, 2220 aufgegeben.

3. Sachwalterhaftung und Gutachterhaftung

54 Die Sachwalterhaftung im engeren Sinne, also die Haftung von Sachverständigen, Rechtsanwälten, Steuerberatern, Wirtschaftsprüfern, Banken als Personen, die sich in einem Prospekt als Prüfperson benennen lassen, aber auch die Haftung der Gutachter, deren Gutachten in Vertragsverhandlungen Verwendung finden, wird in der Rechtsprechung teilweise als **c.i.c.- Sachwalterhaftung**[191] und teilweise mit dem Institut des Vertrages mit **Schutzwirkung zugunsten Dritter** erklärt.[192] Hier wurden diese Fälle nicht in Abs. 3 S. 2 eingeordnet, weil es sich nicht um Fälle eines besonderen persönlichen Vertrauens handelt (vgl. Rn 49) und diese Fälle weiterhin einer Haftungslegitimation bedürfen, was sonst entbehrlich wäre. Ob man diese Haftungen überhaupt als **c.i.c.-Dritthaftungen i.S.d. Abs. 3 S. 1** einordnen kann, ist **fraglich**, weil es zwar meist um Fälle des Vertragsschlusses geht, jedoch insbesondere die Gutachterhaftung auch bei einer unterlassenen Kündigung oder ähnlichen Vorgängen relevant werden kann und die vorvertragliche Wirkung insgesamt kein Wesensmerkmal dieser Haftungen ist. Wichtiger ist der **Rechtfertigungsgrund** für diese Haftungen und die Haftungsvoraussetzungen. Es handelt sich entweder um eine Haftung wegen **gesetzlich zugewiesener neutraler Vertrauensstellung** (so bei Wirtschaftsprüfern in Pflichtprüfungsfällen). In diesem Falle kann der Pflichtige nicht selbst seine Verantwortlichkeit gegenüber dem Dritten beeinflussen. Hier muss die Rechtsordnung objektiv die Zumutbarkeit der Haftung, z.B. durch Beschränkung des Kreises der Geschützten oder Haftungshöchstgrenzen,[193] sicherstellen. Die große Mehrheit der Fälle der Gutachter- und Prospektsachwalterfälle lässt sich hingegen als Fälle einer **freiwillig in Anspruch genommenen neutralen Vertrauensstellung** erklären. Wird klargestellt, dass kein neutrales Gutachten vorliegt, kommt eine Haftung nicht in Betracht. Zudem muss der drohende Haftungsumfang, also z.B. die mögliche Verwendung des Gutachtens, vorher erkennbar sein.[194] In diesem Haftungsansatz gehen die Berufshaftungsansätze mit auf.

4. Weitere Haftungsfiguren der Dritthaftung im Bereich der c.i.c.

55 Es verbleiben weitere Haftungsfiguren der Dritthaftung im Bereich der c.i.c., die sich bisher nicht haben durchsetzen können. Hierzu zählen die Eigenhaftung des **GmbH-Geschäftsführers** bei **fehlender Aufklärung über die Unternehmenskrise**[195] sowie eine Eigenhaftung des Geschäftsführers bei fehlender Aufklärung über eine **erhebliche materielle Unterkapitalisierung**.[196]

IV. Generalkonzept Dritthaftungen

56 Ein nicht auf den vorvertraglichen Bereich begrenztes Generalkonzept für die Dritthaftung (Direkthaftung gegenüber Dritten) hat von der grundsätzlichen **Relativität** des **Schuldverhältnisses**[197] auszugehen. Diese Relativität ist funktionsgerecht, so lange der Haftungsausgleich in der Sonderverbindungskette „**Schädiger – Zwischenperson – geschädigter Dritter**" die berechtigten Interessen des Geschädigten, der Zwischenperson und der Allgemeinheit grundsätzlich befriedigt. Die Haftungskette kann jedoch **strukturelle Funktionsdefizite** aufweisen mit der Folge, dass eine Dritthaftung (Direkthaftung) geboten ist.

Nach hiesiger Auffassung kommt eine Dritthaftung grundsätzlich dann in Betracht, wenn der geschädigte **Dritte** durch Handlungen des Schuldners **gläubigergleich**, d.h. sonderverbindungsspezifisch **gefährdet** wird und die Haftungskette ein **Funktionsdefizit** aufweist. Sieben mögliche Funktionsdefizite sind denkbar; sie lassen sich in vier Gruppen zusammenfassen:[198] (1) die Fälle des **sonst fehlenden Schadensausgleichs**,[199] (2) die Fälle des **besonderen Präventionsbedürfnisses**,[200] (3) die Fälle der **besonderen Vertrauensstellung** des Schädigers[201] und (4) die Fälle der **fehlenden Haftung des Schädigers trotz Pflichtverletzung**.[202]

---

191 Vgl. BGHZ 71, 284, 288 f.; BGHZ 74, 103, 109 f.; BGHZ 111, 314, 319 f.
192 Vgl. BGHZ 127, 378, 384 f.; BGH NJW 1998, 1059, 1061; vgl. auch Rn 51.
193 Vgl. § 323 Abs. 2 HGB, der von der Rechtsprechung (BGH NJW 1998, 1948) auf Dritthaftungsfälle übertragen wird.
194 Näher hierzu *Krebs*, Sonderverbindung und außerdeliktische Schutzpflichten, 2000, S. 387 ff.
195 Vgl. *Scholz/K. Schmidt*, GmbHG, § 64 Rn 55, 59 f.; ähnlich *Flume*, ZIP 1999, 337 f.; *Altmeppen/Wilhelm*, NJW 1999, 680; ablehnend BGHZ 126, 181, 189; vgl. allerdings auch BGH NJW 1990, 197 f., wo bei einem Unternehmenssanierer sehr geringe Anforderungen an ein persönliches Vertrauen gestellt wurden.
196 Vgl. *Canaris*, FS Giger, 1989, 91, 119 ff.
197 Vgl. *Gernhuber*, Das Schuldverhältnis, 1989, § 93 II – V; *Staudinger/J. Schmidt*, Einl. Rn 433 ff. zu § 241.
198 Vgl. ausführlich *Krebs*, Sonderverbindung und außerdeliktische Haftung, 2000, S. 339 ff., 436 f.
199 Z.B. bei Haftungsprivilegierung in der unmittelbaren Sonderverbindung gemäß §§ 104 ff. SGB VII, die unbeabsichtigt zu Gunsten des Schädigers wirkt.
200 Z.B. bei existenzgefährdenden Schäden.
201 Wegen gesetzlich zugewiesener (z.B. Abschlussprüfer, § 323 HGB; Handelsmakler, § 98 HGB) oder persönlich in Anspruch genommener Vertrauensstellung.
202 Vgl. z.B. BGH NJW 1965, 1955 ff. (Testaments-Fall).

Weitere Haftungsvoraussetzungen sind die **Zumutbarkeit** der Haftung und das **Fehlen** einer vorzugswürdigen **alternativen Problembewältigung** z.B. durch unmittelbare Bereinigung des Funktionsdefizits der Haftungskette.[203] Der Vorteil dieses Gesamtkonzepts läge in der klaren funktionellen Abgrenzung der einzelnen Haftungen. Auf der einen Seite würde der Haftungsumfang übersichtlich und begrenzt. Auf der anderen Seite würden die berechtigten Interessen insbesondere des geschädigten Dritten gewahrt.[204]

§ 311a Leistungshindernis bei Vertragsschluss

(1) ¹Der Wirksamkeit eines Vertrags steht es nicht entgegen, dass der Schuldner nach § 275 Abs. 1 bis 3 nicht zu leisten braucht und das Leistungshindernis schon bei Vertragsschluss vorliegt.
(2) ¹Der Gläubiger kann nach seiner Wahl Schadensersatz statt der Leistung oder Ersatz seiner Aufwendungen in dem in § 284 bestimmten Umfang verlangen. ²Dies gilt nicht, wenn der Schuldner das Leistungshindernis bei Vertragsschluss nicht kannte und seine Unkenntnis auch nicht zu vertreten hat. ³§ 281 Abs. 1 Satz 2 und 3 und Abs. 5 finden entsprechende Anwendung.

Literatur: Begründung zu § 311a, BT-Drucks 14/6040, S. 164 ff.; *Altmeppen*, DB 2001, 1399; *ders.*, DB 2001, 1821; *Canaris*, in: Schulze/Schulte-Nölke, Die Schuldrechtsreform vor dem Hintergrund des Gemeinschaftsrechts, 43; *ders.*, JZ 2001, 499; *ders.*, DB 2001, 1815; *ders.*, ZRP 2001, 329; *Grunewald*, JZ 2001, 432; *Motsch*, JZ 2001, 428.

A. Das Regelungskonzept im Überblick

Regelungsgegenstand des § 311a sind Leistungshindernisse, die bereits bei Vertragsschluss vorliegen, 1 also die **anfängliche Unmöglichkeit** und das **anfängliche Unvermögen**. § 311a ersetzt funktional die aufgehobenen §§ 306–309 a.F. und bildet einen zentralen Baustein in dem völlig neuen Konzept zur Bewältigung der Unmöglichkeit (§§ 275, 311a, 326, 280 Abs. 1, Abs. 3 i.V.m. § 283).[1]

Nach **bisher geltendem Recht** wurden anfängliche objektive Unmöglichkeit und anfängliches Unvermö- 2 gen unterschiedlich behandelt. Nach § 306 a.F. war ein auf eine (objektiv) unmögliche Leistung gerichteter Vertrag nichtig, so dass eine primäre Leistungspflicht gar nicht entstehen konnte. Der Schuldner war aber nach § 307 a.F. zum Ersatz des Vertrauensschadens verpflichtet, wenn er die Unmöglichkeit kannte oder kennen musste. Der Anspruch des Gläubigers auf Ersatz des negativen Interesses war höhenmäßig durch das positive Interesse begrenzt und entfiel, wenn der Gläubiger seinerseits die Unmöglichkeit kannte oder kennen musste. Im Umkehrschluß aus den §§ 306, 275 Abs. 2 a.F. wurde allgemein für das nicht ausdrücklich gesetzlich geregelte, anfängliche Unvermögen gefolgert, dass der Vertrag wirksam war, der Schuldner jedoch von der primären Leistungspflicht entsprechend § 275 Abs. 2 a.F. frei wurde. Auch eine sekundäre Schadensersatzpflicht des Schuldners entsprechend § 325 a.F., gerichtet auf das positive Interesse, war im Grundsatz anerkannt.[2] Streitig blieb zuletzt, ob diese Schadensersatzpflicht wie bei nachträglicher Unmöglichkeit Vertretenmüssen voraussetzte. Neben einer uneingeschränkten Anwendung des § 276[3] wurde auch eine Haftung nur für die „Zulänglichkeit des eigenen Geschäftskreises" angenommen.[4] Die wohl h.M. ging jedoch von einer verschuldensunabhängigen Garantiehaftung aus; der Schuldner übernehme durch sein Leistungsversprechen die unbedingte Einstandspflicht für sein persönliches Leistungsvermögen im Zeitpunkt des Vertragsschlusses.[5]

Die nach bisher geltendem Recht notwendige Differenzierung zwischen objektiver und subjektiver, 3 anfänglicher und nachträglicher Unmöglichkeit gehörte von Anfang an zu den zentralen Angriffspunkten der Schuldrechtsreformbewegung.[6] Trotz des sehr wechselhaften Schicksals der Unmöglichkeit während des Gesetzgebungsverfahrens[7] hat sich insoweit am **Ziel der Vereinheitlichung und Vereinfachung** nichts geändert.

Der Beitrag des Abs. 1 besteht in der ausdrücklichen **Einbeziehung der anfänglichen objektiven Un-** 4 **möglichkeit** in das neue einheitliche Konzept des § 275. Es wird klargestellt, dass es – abweichend von § 306 a.F. – der Wirksamkeit des Vertrags nicht entgegensteht, dass das (objektiv nicht zu behebende)

---

203 Vgl. näher *Krebs*, Sonderverbindung und außerdeliktische Haftung, 2000, S. 358 ff.
204 Für ein alternatives Generalkonzept vgl. *Canaris*, in: FS Giger, 1989, S. 91 ff. mit seinem dem Strafrecht entlehnten Taterrschafts-konzept; für fallgruppenspezifische Rechtsfortbildungen A. *Wiegand*, Die „Sachwalterhaftung" als richterliche Rechtsfortbildung, 1991; umfassend zu den bisherigen Lösungsvorschlägen *Krebs*, Sonderverbindung und außerdeliktische Schutzpflichten, 2000, S. 310 ff.
1 Vgl. zu den Einzelheiten § 295 Rn 1 ff.
2 Vgl. nur Palandt/*Heinrichs*, § 306 Rn 9 f.; *Medicus*, SR AT, Rn 384.
3 Vgl. nur MüKo/*Emmerich*, vor § 275 Rn 17; *Wagner*, JZ 1998, 482, 492.
4 *Larenz*, Schuldrecht I, § 8 II, S. 101 ff.
5 Vgl. etwa *Huber*, Leistungsstörungen I, § 22 II, S. 531 ff.; Staudinger/*Löwisch*, § 306 Rn 49; Palandt/*Heinrichs*, § 306 Rn 9.
6 BMJ (Hrsg.), Abschlußbericht der Kommission zur Überarbeitung des Schuldrechts, 1992, S. 16 f.
7 Vgl. zu den Einzelheiten § 375 Rn 3.

Leistungshindernis schon im Zeitpunkt des Vertragsschlusses vorliegt. Für das anfängliche Unvermögen ergibt sich dies bereits aus der Formulierung des § 275 Abs. 1 („unmöglich ist"). Damit richtet sich die Frage nach einer **Befreiung von der primären Leistungspflicht** nunmehr für alle Erscheinungsformen der Unmöglichkeit und vergleichbarer Leistungshindernisse nach § 275, der für alle Anwendungsfälle einen wirksamen Vertrag voraussetzt.

5   Im Hinblick auf **sekundäre Schadensersatzansprüche** des Gläubigers bewirkt Abs. 2 S. 1 insoweit eine Gleichstellung von anfänglicher und nachträglicher Unmöglichkeit, als der Gläubiger nun auch in den Fällen anfänglicher Leistungshindernisse im Gleichlauf mit §§ 280 Abs. 3, 283 Schadensersatz statt der Leistung oder Ersatz seiner Aufwendungen nach Maßgabe des § 284 verlangen kann. Diese Ausdehnung der Haftung auf das positive Interesse auch auf die anfängliche objektive Unmöglichkeit wird vor allem damit begründet, dass der genaue Zeitpunkt des Eintritts der Unmöglichkeit (vor oder nach Vertragsschluß) vom Zufall abhänge und häufig auch schwer beweisbar sei.[8] Der Schuldner haftet gemäß § 311a Abs. 2 nicht, wenn er das Leistungshindernis bei Vertragsschluß kannte oder kennen musste. Abs. 2 macht also die Haftung des Schuldners bei anfänglichen Leistungshindernissen (wie § 280 Abs. 1) von einem vermuteten Verschulden abhängig. Die damit verbundene, bewusste Aufgabe der Garantiehaftung des Schuldners bei anfänglichem Unvermögen wird darauf gestützt, dass sich das Verschuldensprinzip auch insoweit durch höhere, rechtsethische Überzeugungskraft und Flexibilität auszeichne;[9] die These, dass dem Vertrag ein Garantieversprechen innewohne, sei eine petitio principii.[10] Im Übrigen sei auch insoweit eine Ungleichbehandlung von anfänglichem und nachträglichem Unvermögen nicht zu rechtfertigen.[11]

6   Das Prinzip der Gleichbehandlung von Leistungshindernissen, die bereits bei Vertragsabschluß vorlagen, und solchen, die erst nach Vertragsschluß auftraten, wird freilich im Hinblick auf den **Anknüpfungspunkt für das Vertretenmüssen** des Schuldners durchbrochen: Abs. 2 S. 2 knüpft nicht an den Umstand an, auf dem das Leistungshindernis beruht, sondern stellt (entsprechend § 306 a.F.) darauf ab, ob der Schuldner das Leistungshindernis kannte oder kennen musste. Dies wird damit begründet, dass das Pflichtenprogramm des Schuldners vor Vertragsschluß ein anderes sei als nach Vertragsschluß; vorher gehe es im Wesentlichen um Informationspflichten, nachher dagegen um Pflichten bezüglich des Leistungsgegenstandes selbst.[12] Daraus folge, dass es sich bei Abs. 2 um eine eigenständige Anspruchsgrundlage handle und nicht um einen Unterfall des allgemeinen Pflichtverletzungstatbestandes gemäß § 280 Abs. 1.[13] Damit wird freilich einem zentralen Begründungselement der neuen Konzeption der Boden entzogen: Das Problem, dass es häufig vom Zufall abhängt und auch schwer beweisbar ist, ob ein Leistungshindernis vor oder nach Vertragsschluß eingetreten ist, wird nicht gelöst,[14] sondern in die Ebene des Pflichtenprogramms und damit des Vertretenmüssens verschoben. Das mit großem Argumentationsaufwand entwickelte Postulat einer Vereinheitlichung der verschiedenen Unmöglichkeitstatbestände kann letztlich doch nicht verwirklicht werden.

7   Die **praktische Bedeutung** des § 311a wird deutlich höher sein als die der Regelungen der §§ 306–309 a.F. sowie der (stets überschätzten) Problematik der Haftung bei anfänglichem Unvermögen: Nach Abschaffung des § 437 a.F. beurteilt sich die Einstandspflicht des Verkäufers beim **Rechtskauf** nunmehr zunächst nach § 311a; er haftet für den rechtlichen Bestand einer Forderung bei Vertragsschluß nur noch verschuldensabhängig.[15] Im Übrigen erfährt die anfängliche Unmöglichkeit i.S.v. § 311a eine deutliche Aufwertung dadurch, dass Abs. 2 auch die Fälle einer mangelhaften Leistung abdeckt, in denen eine Nacherfüllung von vornherein unmöglich ist (sog. qualitative Unmöglichkeit, §§ 434, 437 Nr. 1, 439 Abs. 3, 437 Nr. 3, 311a).[16]

B. Einzelheiten zu Abs. 1

8   Nach § 311a steht es der **Wirksamkeit eines Vertrages** nicht entgegen, dass die Leistung für den Schuldner oder für jedermann schon vor Vertragsschluß unmöglich i. S.d. § 275 Abs. 1–3 ist. Diese Bestimmung dient der **Klarstellung**. Sie wurde für zweckmäßig gehalten, weil sich die Abkehr von § 306 a.F. nicht von selbst verstehe und die neue Rechtslage aus dem Gesetz ausdrücklich hervorgehen solle.[17] Die Anordnung der Wirksamkeit ändert nichts daran, dass eine Primärleistungspflicht des Schuldners von vornherein nicht

---

8   Begründung zu § 311a, BT-Drucks 14/6040, S. 164 li. Sp.; *Grunewald*, JZ 2001, 433, 434; *Canaris*, ZRP 2001, 329, 331.
9   Begründung zu § 311a, BT-Drucks 14/6040, S. 165.
10   *Canaris*, JZ 2001, 499, 506; *ders.*, DB 2001, 1815, 1818.
11   *Grunewald*, JZ 2001, 433, 435.
12   Begründung zu § 311a, BT-Drucks 14/6040, S. 165; *Canaris*, JZ 2001, 499, 507.
13   Begründung zu § 311a, BT-Drucks 14/6040, S. 166.
14   Siehe nur Begründung zu § 311a, BT-Drucks 14/6040, S. 164 li. Sp.
15   Begründung zur Aufhebung des § 437, BT-Drucks 14/6040, S. 202; Begründung zu § 453, BT-Drucks 14/6040, S. 242; zur Annahme einer vertraglichen Garantie vgl. § 276 Rn 21.
16   Vgl. zu den Einzelheiten § 275 Rn 24.
17   Begründung zu § 311a, BT-Drucks 14/6040, S. 164; *Canaris*, JZ 2001, 499, 505.

entsteht und in den Fällen des § 275 Abs. 1 schon denklogisch gar nicht entstehen kann („impossibilium nulla est obligatio").[18] Abs. 1 bezieht sich dementsprechend auch ausdrücklich darauf, dass der Schuldner nach § 275 Abs. 1–3 „nicht zu leisten braucht". Der wirksame Vertrag bildet lediglich die Grundlage für einen etwaigen Surrogationsanspruch gemäß § 285 und vor allem für Ersatzansprüche gemäß Abs. 2.

Gerade im Hinblick auf die Abgrenzung von Abs. 2 zu § 280 Abs. 1, 3 i.V.m. § 283 könnte die Formulierung „nicht zu leisten braucht" freilich in den Fällen des § 275 Abs. 2 und 3 Schwierigkeiten machen: Der Schuldner „braucht" insoweit nämlich erst dann nicht zu leisten, wenn er sein Leistungsverweigerungsrecht tatsächlich geltend gemacht, also die Einrede erhoben hat.[19] Es ist jedoch undenkbar, dass eine Einigung zustande kommt, obwohl der Schuldner bereits erklärt hat, nicht leisten zu müssen und zu wollen. Bei wortgetreuer Auslegung hätte Abs. 2 in den Fällen des § 275 Abs. 2, 3 überhaupt keine Bedeutung. Man wird daher schon aus systematischen Gründen für die Anwendung des Abs. 2 ausreichen lassen müssen, dass bei Vertragsschluß die tatsächlichen Umstände vorliegen, aus denen sich ein Leistungsverweigerungsrecht des Schuldners ergibt, auch wenn die Einrede des § 275 Abs. 2, 3 erst nach Vertragsschluß erhoben worden ist.

Abs. 1 schließt nicht aus, dass der Vertrag aus **anderen als den von § 275 abgedeckten Gründen unwirksam** ist. Verstößt ein Vertrag etwa gegen ein Verbotsgesetz oder gegen die guten Sitten, so ändert Abs. 1 nichts an seiner Nichtigkeit gemäß §§ 134, 138.[20] Freilich ist für den Verstoß gegen § 134 mit der Aufhebung des § 306 a.F. auch die Anspruchsgrundlage des § 309 a.F. entfallen. Dies soll aber im Ergebnis keine Bedeutung haben, weil an die Stelle des Anspruchs aus § 309 nunmehr der Anspruch aus c.i.c. (§§ 241 Abs. 2, 280) trete.[21]

Offen geblieben ist die Einordnung von Verträgen, die eine **„unsinnige" Leistung** zum Gegenstand haben, wie die Erfindung eines perpetuum mobile, die Lösung von Partnerschaftsproblemen auf parapsychologischer Grundlage oder das Auffinden von Wasseradern oder Erdstrahlen mit Hilfe von Wünschelruten. Eine Sonderregelung wurde wegen der Exzentrizität solcher Fallgestaltungen nicht für angebracht gehalten.[22] Im Raum steht die Annahme eines ungeschriebenen Rechtssatzes des Inhalts, dass solche Verpflichtungen kein möglicher Gegenstand rechtlicher Regelung und also unwirksam sind.[23] Daraus würden sich aber lediglich neue, kaum sinnvoll zu bewältigende Abgrenzungsprobleme ergeben. Außerdem sollte man grundsätzlich den Parteien die Entscheidung darüber überlassen, ob ein Vertrag sinnvoll ist oder nicht.[24] Soweit ein Anspruch auf das positive Interesse gemäß Abs. 2 in derartigen Fällen unbillig wäre, könnte dies bei der Bestimmung des Schadensumfangs berücksichtigt werden.[25]

C. Einzelheiten zum Schadensersatzanspruch gemäß Abs. 2

Abs. 2 enthält eine **eigenständige Anspruchsgrundlage**.[26] Dies ist darauf zurückzuführen, dass der Gesetzgeber das Pflichtenprogramm des Schuldners vor Vertragsschluß anders gestaltet sieht als nach Vertragsschluß: Vorher gehe es im Wesentlichen um Informationspflichten, nachher dagegen um Pflichten bezüglich des Leistungsgegenstandes selbst. Deshalb werde die Schadensersatzpflicht für anfängliche Unmöglichkeit nicht als bloßer Unterfall eines allgemeinen Tatbestands der Pflichtverletzung behandelt wie noch im DiskE, sondern auf eigenständigen Anspruchsvoraussetzungen aufgebaut, die der Eigentümlichkeit dieser Konstellation als Informations- und Irrtumsproblematik Rechnung tragen.[27] Der eigenständige Charakter des § 311 Abs. 2 wird mittelbar dadurch bestätigt, dass – anders als in den §§ 281 bis 283 – nicht auf § 280 Bezug genommen wird.[28]

Auf der **Tatbestandsseite** setzt der Schadensersatzanspruch gemäß Abs. 2 neben einem Befreiungstatbestand gemäß § 275 Abs. 1–3 **Verschulden** voraus. Die Aufgabe der Garantiehaftung für die Fälle des anfänglichen Unvermögens wird mit der höheren rechtsethischen Überzeugungskraft und größeren Flexibilität des Verschuldensprinzips begründet (vgl. schon Rn 5).[29] Als Anknüpfungspunkt für das Vertretenmüssen stellt Abs. 2 nicht auf den Umstand ab, der zu der Leistungsbefreiung des Schuldners gemäß § 275 Abs. 1 führt, sondern darauf, ob der Schuldner das Leistungshindernis kannte oder kennen musste. Auf diese Weise soll der Eigenart der Schadensersatzpflicht für anfängliche Unmöglichkeit als Informations-

---

18 Siehe dazu *Canaris*, JZ 2001, 499, 506.
19 Begründung zu § 326, BT-Drucks 14/6040, S. 188 re. Sp.
20 Begründung zu § 311a, BT-Drucks 14/6040, S. 165; *Canaris*, JZ 2001, 499, 506.
21 Begründung zu § 311a, BT-Drucks 14/6040, S. 165; *Canaris*, JZ 2001, 499, 506.
22 Begründung zu § 311a, BT-Drucks 14/6040, S. 164; *Canaris*, JZ 2001, 499, 505.
23 Andeutungsweise *Canaris*, JZ 2001, 499, 505.
24 *Grunewald*, JZ 2001, 432, 434; ähnlich *Motsch*, JZ 2001, 428, 429; vgl. schon *Medicus*, SR AT, Rn 366.
25 So wohl auch *Canaris*, JZ 2001, 499, 506.
26 Begründung zu § 311a, BT-Drucks 14/6040, S. 165; *Canaris*, JZ 2001, 499, 507.
27 *Canaris*, JZ 2001, 499, 507; Begründung zu § 311a, BT-Drucks 14/6040, S. 165.
28 Begründung zu § 311a, BT-Drucks 14/6040, S. 166.
29 Begründung zu § 311a, BT-Drucks 14/6040, S. 165; *Canaris*, JZ 2001, 499, 506.

und Irrtumsproblematik Rechnung getragen werden (vgl. dazu schon Rn 6). Die Beweislast bezüglich des Vertretenmüssens wird in Abs. 2 S. 2 wie in § 280 Abs. 1 S. 2 umgekehrt. Dies entspreche dem allgemeinen Prinzip, wonach bei Schadensersatzansprüchen aus Schuldverhältnissen grundsätzlich vermutet werden könne, dass der Schuldner den Grund für die aus seinem Bereich stammende Störung zu vertreten habe.[30] Die Regelung des § 307 Abs. 1 S. 2, dass eine Ersatzpflicht nicht eintritt, wenn der Gläubiger seinerseits die Unmöglichkeit kannte oder kennen musste, ist ersatzlos entfallen. Offensichtlich soll an ihre Stelle nunmehr – abweichend von der bisherigen Rechtslage[31] – eine Abwägung gemäß § 254 treten.[32]

14 Als **Rechtsfolge** gewährt Abs. 2 einen Anspruch auf Schadensersatz statt der Leistung, also auf das **positive Interesse**. Eine entsprechende ausdrückliche Anordnung wurde – zu recht – für erforderlich gehalten, weil sich aus der Verletzung vorvertraglicher Informationspflichten, auf die Abs. 2 gestützt wird, nach den allgemeinen Regeln des Schadensersatzrechts grundsätzlich nur ein Anspruch auf das negative Interesse abgeleitet werden kann:[33] Bei Vergewisserung des Schuldners über die eigene Leistungsfähigkeit und korrekter Aufklärung des Vertragspartners wäre der Vertrag gar nicht erst zustande gekommen. Legitimiert wird das für angemessen gehaltene Ergebnis mit der Erwägung, der Anspruch auf das positive Interesse folge aus der Nichterfüllung des – nach Abs. 1 wirksamen – Leistungsversprechens und nicht etwa aus der Verletzung der – nach § 275 ausgeschlossenen – Leistungspflicht.[34]

15 Alternativ erhält der Gläubiger einen **Anspruch auf Aufwendungsersatz nach Maßgabe von § 284**. Dies entspricht dem Bestreben, die anfängliche Unmöglichkeit hinsichtlich der Rechtsfolgen genauso zu behandeln wie die nachträgliche.[35] Der Anspruch auf Aufwendungsersatz gemäß § 284 deckt nicht den vollen Vertrauensschaden ab: Ist dem Gläubiger etwa wegen seines Vertrauens auf den Vertrag, dessen Erfüllung sich als unmöglich erwiesen hat, ein anderes, lukrativeres Geschäft entgangen, so ist der daraus folgende Verlust nicht gemäß § 284 ersatzfähig. Große Unterschiede zu § 307 a.F. werden sich dennoch nicht ergeben, weil der Anspruch auf Ersatz des negativen Interesses dort höhenmäßig durch das positive Interesse begrenzt war.

D. Das Verhältnis von Abs. 2 zum Irrtumsrecht

16 Im Verhältnis von Abs. 2 zum Irrtumsrecht ist zunächst im Ergebnis unstreitig, dass sich der Schuldner einer Haftung gemäß Abs. 2 auf das **positive Interesse** nicht mit der Begründung durch Anfechtung entziehen kann, das Leistungshindernis sei ihm unbekannt gewesen und stelle eine verkehrswesentliche Eigenschaft i.S.v. § 119 Abs. 2 dar. Im Zuge des Gesetzgebungsverfahrens ist eine entsprechende Klarstellung zwar erwogen worden.[36] Man hat auf sie aber letztlich verzichtet, weil nach allgemeiner Auffassung eine Anfechtung durch den Schuldner ohnehin unzulässig sei, wenn sie nur das Ziel haben könne, sich etwaigen Schadensersatz- oder Gewährleistungsansprüchen zu entziehen.[37]

17 Unklar ist dagegen die Problematik einer **entsprechenden Anwendung des § 122** zugunsten des Gläubigers. Ein Anspruch auf Schadensersatz statt der Leistung oder auf Aufwendungsersatz gemäß Abs. 2 scheidet aus, wenn der Schuldner seine Unkenntnis vom Leistungshindernis nicht zu vertreten hat. Vor diesem Hintergrund wird vorgeschlagen, dem Gläubiger einen Anspruch entsprechend § 122, gerichtet auf das negative Interesse, zuzubilligen. Eine solche Analogie zu § 122 sei unumgänglich und als Rechtsfortbildung praeter legem auch zulässig, weil sonst ein unerträglicher Wertungswiderspruch zum Regelungsmodell der §§ 119 Abs. 2, 122 bliebe: Wegen eines bloßen Motivirrtums, der in der Regel einen Eigenschaftsirrtum i.S.v. § 119 Abs. 2 darstelle oder einem solchen doch zumindest stark ähnele, käme der Schuldner gemäß §§ 275, 311a ersatzlos frei, obwohl nach den Grundprinzipien des Irrtumsrechts eine solche Entlastung nun einmal nur um den Preis einer verschuldensunabhängigen Haftung auf das negative Interesse zu haben sei.[38] Die Entwurfsbegründung zeigt – möglicherweise als Verbeugung vor einer zentralen Figur der Kommission Leistungsstörungsrecht – deutliche Sympathie für diese Auffassung.[39] Es handele sich um einen gangbaren Lösungsansatz, der nicht gesetzlich festgeschrieben werden solle, weil dazu auch die Regelung des § 119 Abs. 2 überprüft werden müsste, was den Rahmen des Gesetzgebungsverfahrens sprengen würde. Diese Frage solle daher der Rechtsprechung überlassen bleiben, die sie i.S.v. *Canaris* lösen könne.[40]

---

30 Begründung zu § 311a, BT-Drucks 14/6040, S. 166; *Canaris*, JZ 2001, 499, 507.
31 Vgl. nur Palandt/*Heinrichs*, § 307 Rn 4.
32 Vgl. die Andeutung in Begründung zu § 311a, BT-Drucks 14/6040, S. 165.
33 Zutreffend *Canaris*, JZ 2001, 499, 507; Begründung zu § 311a, BT-Drucks 14/6040, S. 165.
34 Begründung zu § 311a, BT-Drucks 14/6040, S. 165; *Canaris*, JZ 2001, 499, 507; dagegen insbes. *Altmeppen*, DB 2001, 1399, 1400 ff.; *ders.*, DB 2001, 1821, 1823.
35 Begründung zu § 311a, BT-Drucks 14/6040, S. 165.
36 Siehe den Vorschlag von *Canaris*, in: Schulze/Schulte-Nölke (Hrsg.), S. 43, 61 ff.
37 Begründung zu § 311a, BT-Drucks 14/6040, S. 165; vgl. auch *Canaris*, JZ 2001, 499, 506.
38 *Canaris*, JZ 2001, 499, 507 f.; *ders.*, in: Schulze/Schulte-Nölke, S. 43, 64.
39 Begründung zu § 311a, BT-Drucks 14/6040, S. 166.
40 Begründung zu § 311a, BT-Drucks 14/6040, S. 166 li. Sp.

Für eine **Analogie zu § 122** fehlt es in dem neu gestalteten System des Unmöglichkeitsrecht an einer Regelungslücke: Nach Abs. 2 setzt sowohl der Anspruch auf Schadensersatz statt der Leistung als auch der Anspruch auf Aufwendungsersatz gemäß § 284 ein Verschulden voraus. Der Anspruch auf Aufwendungsersatz umfasst aber wesentliche Elemente des Vertrauensschadens des Gläubigers.[41] Damit enthält Abs. 2 bereits eine Teilregelung hinsichtlich des negativen Interesses. Mit einer Anwendung des § 122 neben Abs. 2 unterliefe man sowohl das Verschuldenserfordernis, als auch insbesondere die sich aus § 284 ergebenden Beschränkungen beim Ersatz des negativen Interesses. Im Übrigen würde man im Hinblick auf einen Ersatz des Vertrauensschadens die so heftig bekämpfte Garantiehaftung wieder einführen und auf diese Weise das Postulat einer Gleichbehandlung zwischen anfänglichen und nachträglichen Leistungshindernissen ein weiteres Mal durchbrechen. An diesem Befund können auch die Ausführungen in der Entwurfsbegründung nichts ändern. Es erscheint schon zweifelhaft, ob der Gesetzgeber auf diesem Weg die für eine Analogie erforderliche, nach der Systematik des Gesetzes nicht bestehende Lücke „aufreißen" kann. Schon angesichts der Übereilung des Gesetzgebungsverfahrens spricht viel dafür, systematischen Erwägungen in Zukunft Vorrang vor einem Rückgriff auf den „Willen des Gesetzgebers" zu geben. Im Übrigen ist es der Glaubwürdigkeit des auf „Vereinfachung und Transparenz" angelegten Schuldrechtsmodernisierungsgesetzes nicht gerade zuträglich, wenn es zentrale Haftungsprobleme bewußt offenläßt. Im Übrigen sind naheliegende praktische Konsequenzen einer Analogie zu § 122 noch nicht ausreichend überdacht. Die §§ 275, 311a erfassen auch die Fälle der Schlechtleistung, in denen eine Nacherfüllung von Anfang an unmöglich ist (vgl. Rn 8). Eine entsprechende Anwendung des § 122 neben Abs. 2 könnte daher darauf hinauslaufen, dass ein Zwischenhändler, der ein aufgrund eines Konstruktionsfehlers irreparables mangelhaftes Produkt verkauft, einer verschuldensunabhängigen Garantiehaftung auf das negative Interesse unterworfen wäre.

E. Die Verweisungen gemäß Abs. 2 S. 3

Für den Fall, dass sich das anfängliche Leistungshindernis nur auf einen Teil der Leistung bezieht, verweist Abs. 2 S. 3 auf § 281 Abs. 2 S. 3. Der Gläubiger kann also Schadensersatz statt der ganzen Leistung nur verlangen, wenn er an der **Teilleistung** kein Interesse hat. Der Verweis auf § 281 Abs. 2 S. 4 betrifft die Konstellation des von Anfang an unbehebbaren Mangels der geschuldeten Leistung und damit der bereits bei Vertragsschluß vorliegenden **Unmöglichkeit der Nachbesserung**. Man wird sie so verstehen müssen, dass auch im Rahmen des Abs. 2 ein Schadensersatz statt der ganzen Leistung dann ausgeschlossen ist, wenn der Mangel des Leistungsgegenstandes unerheblich ist. Auch die Verweisung auf § 281 Abs. 5 zielt auf die Fälle, in denen die geschuldete Leistung bereits bei Vertragsschluß einen unbehebbaren Mangel aufweist. Wählt der Gläubiger hier im Rahmen des Abs. 2 Schadensersatz statt der Leistung in Form des großen Schadensersatzes, dann hat er die Leistung nach Maßgabe des Rücktrittsrechts zurück zu gewähren.

§ 311b Verträge über Grundstücke, das Vermögen und den Nachlass

(1) ¹**Ein Vertrag, durch den sich der eine Teil verpflichtet, das Eigentum an einem Grundstück zu übertragen oder zu erwerben, bedarf der notariellen Beurkundung.** ²**Ein ohne Beachtung dieser Form geschlossener Vertrag wird seinem ganzen Inhalt nach gültig, wenn die Auflassung und die Eintragung in das Grundbuch erfolgen.**
(2) ¹**Ein Vertrag, durch den sich der eine Teil verpflichtet, sein künftiges Vermögen oder einen Bruchteil seines künftigen Vermögens zu übertragen oder mit einem Nießbrauch zu belasten, ist nichtig.**
(3) ¹**Ein Vertrag, durch den sich der eine Teil verpflichtet, sein gegenwärtiges Vermögen oder einen Bruchteil seines gegenwärtigen Vermögens zu übertragen oder mit einem Nießbrauch zu belasten, bedarf der notariellen Beurkundung.**
(4) ¹**Ein Vertrag über den Nachlass eines noch lebenden Dritten ist nichtig.** ²**Das Gleiche gilt von einem Vertrag über den Pflichtteil oder ein Vermächtnis aus dem Nachlass eines noch lebenden Dritten.**
(5) ¹**Absatz 4 gilt nicht für einen Vertrag, der unter künftigen gesetzlichen Erben über den gesetzlichen Erbteil oder den Pflichtteil eines von ihnen geschlossen wird.** ²**Ein solcher Vertrag bedarf der notariellen Beurkundung.**

---

[41] Vgl. Begründung zu § 311a, BT-Drucks 14/6040, S. 165 re. Sp.; *Canaris*, JZ 2001, 499, 507 re. Sp.

Inhalt

A. Überblick 1	I. Regelungsgehalt 17
B. Form der Verpflichtung zur Veräußerung oder zum Erwerb eines Grundstücks (Abs. 1) 2	II. Anwendungsbereich 18
I. Regelungsgehalt 2	III. Voraussetzungen 19
II. Anwendungsbereich 3	IV. Rechtsfolge 21
III. Der Formzwang (S. 1) 6	D. Vertrag über das gegenwärtige Vermögen (Abs. 3) . 22
IV. Formmangel (S. 2) 12	E. Vertrag über den Nachlass eines noch lebenden Dritten (Abs. 4 und 5) 26
V. Heilung des Formmangels (S. 2) 14	I. Regelungsgehalt 26
C. Vertrag über künftiges Vermögen (Abs. 2) 17	II. Anwendungsbereich des Verbots 27
	III. Verträge unter künftigen gesetzlichen Erben 31

A. Überblick

1 § 311b fasst – unter wörtlicher Übernahme – die bisherigen Regelungsgehalte von § 310 a.F. (Vertrag über künftiges Vermögen), § 311 a.F. (Vertrag über gegenwärtiges Vermögen), § 312 a.F. (Vertrag über den Nachlass eines lebenden Dritten) sowie § 313 a.F. (Form der Verpflichtung zur Veräußerung oder zum Erwerb eines Grundstücks) wie folgt zu einer **einheitlichen Vorschrift** zusammen, ohne dass sich daraus inhaltliche Änderungen ergeben:
– Abs. 1 entspricht § 313 a.F.
– Abs. 2 entspricht § 310 a.F.
– Abs. 3 entspricht § 311 a.F.
– Abs. 4 entspricht § 312 Abs. 1 a.F. und
– Abs. 5 entspricht § 312 Abs. 2 a.F.

B. Form der Verpflichtung zur Veräußerung oder zum Erwerb eines Grundstücks (Abs. 1)

Literatur: *Bernard*, Formbedürftige Rechtsgeschäfte, 1979; *Einsele*, Formerfordernisse bei mehraktigen Rechtsgeschäften, DNotZ 1996, 835; *Häsemeyer*, Die gesetzliche Form der Rechtsgeschäfte, 1971; *Heckschen*, Die Formbedürftigkeit mittelbarer Grundstücksgeschäfte, 1987; *Korte*, Handbuch der Beurkundung von Grundstücksgeschäften, 1990; *Pohlmann*, Die Heilung formnichtiger Verpflichtungsgeschäfte durch Erfüllung, 1992; *Reinicke*, Rechtsfolgen formwidrig abgeschlossener Verträge, 1969; *Wolf*, Rechtsgeschäfte im Vorfeld von Grundstücksübertragungen, DNotZ 1995, 179; *Zeller*, Die Formbedürftigkeit nachträglicher Änderungen von Kaufverträgen, 1985.

I. Regelungsgehalt

2 Ein Vertrag, durch den sich der eine Teil verpflichtet, das Eigentum an einem Grundstück zu übertragen oder zu erwerben, bedarf nach **Abs. 1 S. 1** der notariellen Beurkundung. Ein ohne Beachtung dieser Form geschlossener Vertrag wird seinem ganzen Inhalt nach gültig, wenn die Auflassung und die Eintragung in das Grundbuch erfolgen (**Abs. 1 S. 2**). Der **Beurkundungszwang** verfolgt den Zweck, die beiden Vertragspartner auf dessen Bedeutung hinzuweisen und vor dem Eingehen übereilter Verpflichtungen zu schützen (**Warnfunktion**). Weiterhin soll die Norm den Beweis über die getroffene Vereinbarung sichern (**Beweisfunktion**), die Gültigkeit des Rechtsgeschäfts gewährleisten (**Gültigkeitsgewähr**) und eine sachgerechte notarielle Beratung der Parteien (§ 17 BeurkG) sicherstellen (**Beratungsfunktion**).[1] Da diese gesetzgeberischen Zielsetzungen im Tatbestand des Abs. 1 keinen Niederschlag gefunden haben, gelangt die Regelung auch zur Anwendung, wenn im konkreten Einzelfall eine Schutzbedürftigkeit der Parteien nicht besteht.[2]

II. Anwendungsbereich

3 Abs. 1 S. 1 erfasst in sachlicher Hinsicht nur den schuldrechtlichen Vertrag – öffentlich-rechtliche Verträge dann, wenn Sonderbestimmungen (z. B. §§ 110 Abs. 2, 159 Abs. 2 S. 2, 167 Abs. 3 S. 2 BauGB) dem nicht entgegenstehen.[3] Der Vertrag muss sich gegenständlich auf ein Grundstück, einen Miteigentumsanteil oder eine Auflassungsanwartschaft beziehen, wobei sich die Verpflichtung nicht nur oder speziell auf das Grundstück zu beziehen braucht.[4]

---

1 BGHZ 87, 150, 153; Palandt/*Heinrichs*, § 313 BGB Rn 2.
2 BGH NJW 1994, 3347.
3 BGHZ 61, 359, 365; BVerwGE 70, 247, 255.
4 Formbedürftig ist z. B. auch die Verpflichtung zur Veräußerung eines Handelsgeschäfts, zu dem ein Grundstück gehört (so BGH MDR 1979, 469), nicht jedoch der Verkauf von Personengesellschaftsanteilen (selbst wenn das Gesellschaftsvermögen im Wesentlichen aus Grundstücken besteht: BGHZ 86, 367, 370 – umstritten, vgl. auch *Reinelt*, NJW 1992, 2052 zum geschlossenen Immobilienfonds).

In entsprechender Anwendung gilt Abs. 1 S. 1 nach § 11 Abs. 2 ErbbauVO auch für das Erbbaurecht,[5] nach § 4 Abs. 3 WEG für das Sondereigentum und nach § 62 f Abs. 2 Zweites WoBauG für den Wohnbesitz.[6] **4**

Erfasst werden örtlich alle im Inland belegenen Grundstücke bei inländischem Vertragsstatut (Art. 11 Abs. 1 und 4, 28 Abs. 3 EGBGB). Im Falle eines Vertragsabschlusses im Ausland reicht nach Art. 11 Abs. 1 2. Alt. EGBGB Wahrung der Ortsform aus. **5**

III. Der Formzwang (S. 1)

Der Formzwang nach Abs. 1 S. 1 erfasst den schuldrechtlichen Vertrag (Rn 3), wenn zumindest eine Partei die Verpflichtung zur Übertragung oder zum Erwerb eines Grundstücks übernimmt. **Nicht** erfasst werden hingegen (mit der Folge Formfreiheit) einseitige auf Grundstücksverträge bezogene Rechtsgeschäfte (z. B. die Veräußerungs- oder Erwerbsvollmacht nach § 167 Abs. 2, die Genehmigung oder Zustimmung nach § 182 Abs. 2[7] oder die Ausübung von Gestaltungs- bzw. Ankaufsrechten[8]), schuldrechtliche Verfügungsverträge (etwa die Abtretung von Auflassungsansprüchen[9] oder der Anspruch aus einem ausgeübten Vorkaufsrecht[10]) bzw. der Verzicht auf einen Eigentumsverschaffungsanspruch.[11] **6**

Die vertraglich übernommene Veräußerungs- und/oder Erwerbspflicht (**nicht** eine Verpflichtung zur Belastung des Grundstücks bzw. eine Verpflichtung, **nicht** [oder nicht an eine bestimmte Person][12] zu veräußern oder zu erwerben) als Haupt- oder Nebenpflicht eines Vertrags muss (zumindest mittelbar)[13] darauf gerichtet sein, die bestehenden Eigentumsverhältnisse an einem Grundstück zu ändern. Eine übernommene abhängige Verpflichtung unterfällt Abs. 1 S. 1 dann, wenn den Verpflichteten eine eigene Veräußerungs- oder Erwerbspflicht trifft bzw. der Veräußerer oder der Erwerber in seiner Entscheidungsfreiheit beeinträchtigt wird.[14] **7**

Die Beurkundungspflicht nach den §§ 311b Abs. 1 S. 1, 128, § 9 BeurkG umfasst nicht lediglich die Erwerbs- oder Veräußerungsverpflichtung, sondern den gesamten Vertrag[15] mit allen Haupt- und Nebenabreden, aus denen sich nach dem Parteiwillen das schuldrechtliche Gesamtveräußerungsgeschäft zusammensetzt.[16] Allerdings ist eine Auslegung nach den §§ 133, 157 unter Berücksichtigung von außerhalb der Urkunde liegenden Umständen möglich.[17] **8**

Im Falle eines **zusammengesetzten (gekoppelten) Vertrags**, d. h. mehreren Verträgen zwischen den gleichen Parteien, die nach dem Parteiwillen lediglich Bestandteile eines einheitlichen Gesamtvertrages bilden, so dass sämtliche Geschäfte miteinander „stehen und fallen" sollen,[18] erfasst der Formzwang alle mit dem Grundstücksveräußerungs- bzw. -erwerbsgeschäft im rechtlichen Zusammenhang stehenden Vereinbarungen und Rechtsgeschäfte.[19] Dies gilt auch dann, wenn die Einzelvereinbarungen separat hätten formfrei abgeschlossen werden können.[20] **9**

Formzwang besteht auch bei einer **Vertragsaufhebung** hinsichtlich der Rückkaufvereinbarung nach vollzogenem Kaufvertrag, da diese für den Verkäufer eine Erwerbspflicht begründet.[21] Nach Auflassung und dem vom Auflassungsempfänger gestellten Eintragungsantrag beim Grundbuchamt nach § 13 GBO bzw. nach Eintragung einer Auflassungsvormerkung (§ 883) ist eine Vertragsaufhebung formbedürftig.[22] **10**

---

5 Nicht jedoch für eine nachträgliche Erhöhung der Erbbauzinsen: BGH NJW 1986, 933.
6 Dazu *Brambring*, NJW 1976, 1442.
7 BGHZ 125, 218, 220.
8 BGH NJW-RR 1996, 1167; dazu näher *Wolf*, DNotZ 1995, 184.
9 BGHZ 89, 41, 46.
10 RGZ 155, 172, 176.
11 BGHZ 103, 175, 179.
12 Dazu BGHZ 103, 235, 238.
13 BGH NJW 1992, 3228: Eine mittelbare Bindung des Verpflichteten reicht aus, z. B. die Abhängigkeit von einer Bedingung (OLG Celle NJW 1977, 52), etwa von einem Vorvertrag (BGHZ 97, 147, 154), einem persönlichen oder dinglichen Vorkaufsrecht (BGH NJW-RR 1991, 206), einem Optionsrecht (etwa eines Kaufanwärtervertrags: BGH NJW 1987, 1069), einer Reservierungsvereinbarung (BGHZ 103, 235, 239) bzw. einer Ausbietungsgarantie (BGHZ 110, 319, 321).
14 BGH NJW 1996, 2504; Jauernig/*Vollkommer*, § 313 BGB Rn 14 – z. B. Schuldübernahme der Grundstücksveräußerungs- oder Abnahmepflicht (RGZ 103, 154, 156); Bürgschaft nur, wenn wesentlicher Bestandteil des Veräußerungsvertrags (BGH NJW 1962, 586); grundstücksbezogenes Vertragsstrafeversprechen, ein uneigentliches Strafgedinge für den Fall der Nichtveräußerung bzw. des Nichterwerbs eines Grundstücks (BGHZ 76, 43, 47).
15 BGH NJW 1974, 271.
16 BGHZ 116, 251, 254; 89, 41, 43; 85, 3115, 317.
17 BGHZ 87, 150, 154.
18 BGHZ 112, 376, 378; 101, 393, 396; Jauernig/*Vollkommer*, § 305 BGB Rn 27.
19 BGHZ 104, 18, 22.
20 BGH NJW 1984, 613; 1986, 854.
21 BGHZ 104, 276, 277; dazu näher *Eckardt*, JZ 1996, 934.
22 BGHZ 83, 395, 399 – umstritten, a.A. BGH NJW 1993, 3325; vgl. zudem *Müller-Michaelis*, NJW 1994, 2743.

11 Hingegen ist eine Vertragsaufhebung vor erklärter Auflassung formfrei – selbst dann, wenn zugunsten des Erwerbers eine Auflassungsvormerkung eingetragen ist.[23] Formbedürftig ist auch eine die formbedürftige Ursprungsvereinbarung modifizierende Vertragsänderung, die bis zur Auflassung getroffen wird,[24] es sei denn, die Vereinbarung dient lediglich der Vertragsabwicklung oder Vertragsdurchführung und ändert nicht den wesentlichen Vertragsinhalt.[25]

IV. Formmangel (S. 2)

12 Der Formmangel begründet eine nach Abs. 1 S. 2 heilbare Nichtigkeit (§ 125) des – im Zweifelsfall (§ 139 1. Hs.) – gesamten Vertrags, die von Amts wegen zu beachten ist – selbst wenn die Parteien auf den Einwand der Formnichtigkeit verzichtet haben sollten.[26] Allein in Ausnahmefällen kann eine Berufung auf den Formmangel unter dem Gesichtspunkt eines Verstoßes gegen Treu und Glauben nach § 242 ausgeschlossen sein.

13 Der Formmangel kann auf einer (überhaupt) fehlenden oder nicht formgerechten Beurkundung, einer unvollständigen (d. h. nur teilweisen) Beurkundung[27] oder einer unrichtigen Beurkundung[28] beruhen.

V. Heilung des Formmangels (S. 2)

14 Der Formzwang erfährt durch Abs. 1 S. 2 eine Einschränkung dadurch, dass ein ohne Beobachtung der Form (d. h. notarielle Beurkundung) geschlossener Vertrag seinem ganzen Inhalt nach gültig wird, wenn die Auflassung und Eintragung ins Grundbuch erfolgt. Die Regelung bezweckt im Interesse der Rechtssicherheit eine Aufrechterhaltung sachenrechtlich abgeschlossener Verhältnisse[29] mit der Folge, dass das Grundbuchamt eine Eintragung wegen Formmangels des schuldrechtlichen Verpflichtungsvertrags nicht verweigern darf.[30]

15 Voraussetzung für die Heilung ist, dass bei fortbestehender Willensübereinstimmung der Parteien des formwidrig abgeschlossenen Grundstücksveräußerungsvertrags[31] eine wirksame Auflassung (§ 925), d. h. eine Einigung i. S. von § 873 zwischen Veräußerer und Erwerber bei gleichzeitiger Anwesenheit beider Teile vor einer zuständigen Stelle, mit (vollzogener) Eintragung (des veräußerten Grundstücks)[32] im Grundbuch erfolgt.

16 Eine zusammen mit dem schuldrechtlichen Verpflichtungsvertrag in einer Urkunde erklärte Auflassung begründet (wegen ihrer rechtlichen Selbständigkeit) nicht ihre Formungültigkeit,[33] ebensowenig wie eine mitbeurkundete Auflassungsvollmacht.[34] Liegen die genannten Voraussetzungen vor, tritt die Heilung des wegen Formmangels nichtigen schuldrechtlichen Vertrags (d. h. des gesamten Vertrags einschließlich aller Änderungs- und Nebenvereinbarungen)[35] mit dem Zeitpunkt der erfolgten Auflassung und Eintragung ein. Verjährungsbeginn der vertraglichen Ansprüche ist der Zeitpunkt der Heilung.[36] Eine Rückwirkung sieht das Gesetz nicht vor.[37] Obgleich Abs. 1 S. 2 keinen Anwendungsfall des § 141 Abs. 1 darstellt,[38] führt eine entsprechende Anwendung von § 141 Abs. 2 im Verhältnis zwischen Veräußerer und Erwerber zu einem vergleichbaren Ergebnis. Eine zuvor eingetragene Auflassungsvormerkung ist ohne Wirkung.[39] Die Heilungswirkung erfasst nur Formmängel, nicht jedoch auch sonstige Mängel.[40]

---

[23] BGHZ 103, 175, 179; 89, 41, 44.
[24] BGHZ 66, 270, 271; 56, 159, 163.
[25] So BGH WM 1995, 441; BGH NJW 1988, 3263; *Hagen*, DNotZ 1984, 277; a.A. MüKo/*Kanzleiter*, § 313 BGB Rn 55 f.
[26] BGH NJW 1969, 1169.
[27] Die Wirksamkeit des beurkundeten Teils richtet sich nach § 139 BGB (BGH NJW 1989, 899); war den Vertragsparteien die Nichtigkeit des nicht beurkundeten Teils bekannt, bleibt der beurkundete Teil wirksam (BGHZ 45, 376, 379).
[28] Wobei zwischen bewusst und unbewusst unrichtiger Beurkundung (insbesondere des Kaufpreises) zu unterscheiden ist: Im ersten Fall tritt Nichtigkeit des beurkundeten Vertrags als Scheingeschäft nach § 117 Abs. 1 ein. Der eigentlich (hinsichtlich der Kaufpreishöhe) gewollte Vertrag (§ 117 Abs. 2 – das verdeckte Geschäft) ist wegen Formmangels nach § 125 S. 1 nichtig (BGHZ 89, 41, 43; 54, 56, 62). Im zweiten Fall (unbewusst unrichtige Beurkundung) liegt bei übereinstimmendem Parteiwillen nach den Grundsätzen der falsa demonstratio non nocet ein gültiger Vertag mit dem gewollten Inhalt vor (OLG Düsseldorf NJW-RR 1995, 784). Eine Besonderheit gilt für Grundstücksveräußerungen im Beitrittsgebiet, die als Scheingeschäfte nicht ordnungsgemäß beurkundet wurden: Hier kann eine Geltendmachung des Formmangels durch das VermG ausgeschlossen sein oder gegen § 242 verstoßen (BGHZ 124, 321; 122, 204).
[29] BGHZ 127, 129, 137; 124, 321, 323.
[30] OLG Oldenburg DNotZ 1985, 713.
[31] BGHZ 127, 129, 137.
[32] Keine Heilung bei Fehleintragung: so RGZ 61, 264, 265; 60, 338, 340.
[33] RGZ 104, 102, 104.
[34] Einschränkend: BGH NJW-RR 1989, 1100; 1988, 351.
[35] BGHZ 59, 269, 272.
[36] RGZ 134, 83, 87.
[37] BGHZ 82, 398, 406; 54, 56, 63; a.A. *Larenz*, Schuldrecht AT § 5.
[38] BGHZ 32, 11, 13.
[39] BGHZ 54, 56, 64.

C. Vertrag über künftiges Vermögen (Abs. 2)

I. Regelungsgehalt

Nach Abs. 2 ist ein Vertrag, durch den sich der eine Teil verpflichtet, sein künftiges Vermögen oder einen Bruchteil seines künftigen Vermögens zu übertragen oder mit einem Nießbrauch zu belasten, nichtig. Abs. 2 ist als Ausprägung des § 138 Abs. 1 selbständiger Nichtigkeitsgrund[41] und schützt die freie Persönlichkeit des Vertragsschließenden vor einer übermäßigen Beeinträchtigung seiner wirtschaftlichen Bewegungsfreiheit,[42] indem er sich seiner Vermögensfähigkeit begibt und dadurch jede Motivation für eine Erwerbstätigkeit verliert.[43] Das Verbot der Verfügung über einen Bruchteil des zukünftigen Vermögens soll praktische Schwierigkeiten vermeiden.[44]

II. Anwendungsbereich

Abs. 2 erfasst schuldrechtliche Verpflichtungsverträge und ist entsprechend auch auf einseitige schuldrechtliche Verpflichtungen anwendbar. **Nicht** erfasst werden familien- (z. B. §§ 1408 ff.) und erbrechtliche Verträge (§§ 1941, 2274 ff.) sowie dingliche Verfügungen (da eine Verfügung über das gesamte künftige Vermögen oder einen Bruchteil davon bereits gegen den Bestimmtheitsgrundsatz verstößt). Bei einer Verschmelzung oder Vermögensübertragung von juristischen Personen ist § 311b Abs. 2 nach den §§ 4 Abs. 1 S. 2, 176 UmwG **nicht** anwendbar.[45] Erfasst werden grundsätzlich also auch juristische Personen, soweit keine Sondervorschriften (gesetzliche Ausnahmevorschriften) wie z. B. das UmwG Geltung beansprucht.[46]

III. Voraussetzungen

Voraussetzung ist ein Verpflichtungsvertrag (unabhängig von einer Verpflichtung zur Gegenleistung und seiner Art – bspw. ein Kaufvertrag oder eine Schenkung, aber auch ein Leibrentenversprechen oder ein Gesellschaftsvertrag), dessen Gegenstand das gesamte (oder ein Bruchteil, d. h. eine Quote) des künftigen Vermögens des Versprechenden (nicht eines Dritten)[47] ist. Als **Vermögen** sind nach Abs. 2 (ebenso wie gemäß Abs. 3) allein die Aktiva zu verstehen.[48] Wird nur über einen einzelnen Vermögensgegenstand verfügt, findet Abs. 2 keine Anwendung.[49]

Daher erfasst Abs. 2 auch nicht eine Verpflichtung zur Abtretung aller künftigen Geschäftsforderungen,[50] ebensowenig wie die Abtretung des künftigen pfändbaren Arbeitseinkommens.[51] Das Verbot des Abs. 2 greift auch bei einer entsprechenden Verpflichtung zur Bestellung eines Nießbrauchs bzw. zur Sicherungsübereignung,[52] nicht jedoch bei einer Verpflichtung zur Verpfändung oder zur Übertragung der Verwaltung an einen Treuhänder.[53]

IV. Rechtsfolge

Das gesetzliche Verbot des Abs. 2 ordnet als Rechtsfolge eines entsprechenden Vertrags über das künftige Vermögen die **Nichtigkeit** des Vertrags mit der Folge an, dass bei Wirksamkeit des Erfüllungsgeschäfts das Geleistete (sofern § 814 nicht entgegensteht) nach § 812 kondiziert werden kann. Soll das Vermögen erst mit dem Todesfall des Schuldners übergehen, kommt ggf. eine Umdeutung (§ 140) der Vereinbarung in einen Erbvertrag in Betracht.[54]

---

40 BGHZ 124, 321, 323.
41 A.A. *Mayer-Maly*, AcP 194 (1994), 155.
42 *Becker*, in: FS für Pleyer, 1986, S. 491.
43 Motive II, S. 186.
44 Motive II, S. 187.
45 Palandt/*Heinrichs*, § 310 BGB Rn 2.
46 RGZ 169, 65, 83.
47 RGZ 79, 282, 285 – zu § 311 BGB a.F. (dazu Rn 22 ff.).
48 RGZ 79, 282, 285; 69, 285; 69, 416, 420.
49 BGH WM 1976, 744.
50 So Palandt/*Heinrichs*, § 310 BGB Rn 4; Staudinger/*Wufka*, § 310 BGB Rn 11; a.A. RGZ 67, 166, 168.
51 BGHZ 107, 92; BGH NJW 1991, 2018.
52 So Palandt/*Heinrichs*, § 310 BGB Rn 5.
53 RGZ 72, 116, 118 zu § 311 BGB a.F.
54 BGHZ 8, 23, 34.

D. Vertrag über das gegenwärtige Vermögen (Abs. 3)

22 Nach Abs. 3 bedarf ein Vertrag, durch den sich der eine Teil verpflichtet, sein gegenwärtiges Vermögen oder einen Bruchteil seines gegenwärtigen Vermögens zu übertragen oder mit einem Nießbrauch zu belasten, zwecks Übereilungsschutzes und einer Sicherung der Fachberatung wegen der besonderen Gefährlichkeit und Tragweite der übernommenen Verpflichtung[55] (Warnfunktion) der notariellen Beurkundung (§ 128, § 17 BeurkG).

23 Abs. 3 entspricht hinsichtlich seiner tatbestandlichen Voraussetzungen und der Rechtsfolgen **grundsätzlich** der Regelung des Abs. 2 (Rn 17 ff.) mit der Besonderheit, dass der schuldrechtliche Verpflichtungsvertrag sich auf das gegenwärtige Vermögen bzw. einen Bruchteil desselben beziehen muss. **Besonderheiten** bestehen aber insoweit: Abs. 3 gelangt **nicht** zur Anwendung, wenn im Vertrag die zu übertragenden Gegenstände einzeln oder unter einer Sammelbezeichnung aufgelistet sind, selbst dann nicht, wenn diese Gegenstände praktisch das gesamte Vermögen ausmachen.[56] Allein entscheidend ist die Zielrichtung des Vertrags nach dem Willen der Parteien. Soll mit diesem das gesamte Vermögen in Bausch und Bogen übertragen werden?[57] Ist dies der Fall – etwa auch dann, wenn einzelne Gegenstände von verhältnismäßig untergeordneter Bedeutung ausgenommen werden – ist ein Vertrag über das gegenwärtige Vermögen anzunehmen.[58]

24 Abs. 3 gelangt hingegen nicht zur Anwendung, wenn ein **Sondervermögen** (z. B. ein Unternehmen[59] oder das Vermögen einer OHG[60]) zum Gegenstand des schuldrechtlichen Verpflichtungsgeschäfts gemacht wird.

25 Soll das gegenwärtige Vermögen im Rahmen eines Schenkungsversprechens **unentgeltlich** übertragen werden, bedarf nicht nur das Schenkungsversprechen (§ 518), sondern der gesamte Vertrag der notariellen Beurkundung, da der Vollzug der Schenkung nur den Mangel der Form nach § 518 Abs. 1 heilt, nicht jedoch den Formmangel des Abs. 3.[61] Dies gilt gleichermaßen, sofern die Formbedürftigkeit aus Abs. 1 resultiert.

E. Vertrag über den Nachlass eines noch lebenden Dritten (Abs. 4 und 5)

Literatur: *Daniels*, Verträge mit Bezug auf den Nachlass eines noch lebenden Dritten, 1973.

I. Regelungsgehalt

26 Nach Abs. 4 ordnet der Gesetzgeber aus sittlichen und wirtschaftlichen Erwägungen[62] (aufgrund der sittlichen Verwerflichkeit und Anstößigkeit einer Spekulation mit dem Tod des Dritten)[63] die Nichtigkeitsfolge hinsichtlich eines Vertrags über den Nachlass (oder einen Bruchteil desselben)[64] eines noch lebenden Dritten an. Dies gilt gleichermaßen für einen Vertrag über den Pflichtteil oder ein Vermächtnis (sowie Erbersatzansprüche)[65] aus dem Nachlass eines noch lebenden Dritten. Zweck der Norm ist auch die Verhinderung gefährlicher Geschäfte unter Ausbeutung des Leichtsinns und die Verhinderung einer Vermögensverschleuderung.[66]

II. Anwendungsbereich des Verbots

27 Die Nichtigkeitsfolge des Abs. 4 erfasst (wie im Falle der Parallelregelungen des Abs. 2 und 3, siehe Rn 17 ff. bzw. 22 ff.) entsprechende schuldrechtliche Verträge[67] (und zwar **nicht** beschränkt wie in den Parallelregelungen) auf Übertragung bzw. Nießbrauchbestellung – z. B. Verpflichtungen zur Erbschaftsannahme oder Erbschaftsausschlagung, Nichtgeltendmachung des Pflichtteils oder Unterlassung einer Testamentsanfechtung,[68] weiterhin Abfindungsvereinbarungen zwischen Schlusserben eines Berliner Testaments.[69]

---

55 Motive II, S. 188; RGZ 94, 314; BGHZ 25, 1, 5.
56 So RGZ 69, 416, 420; BGHZ 25, 1, 4; BGH ZIP 1990, 1544.
57 RGZ 69, 416, 420; 94, 314, 315; Palandt/*Heinrichs*, § 311 BGB Rn 4; Staudinger/*Wufka*, § 311 BGB Rn 13.
58 RGZ 137, 324, 349.
59 RG Gruch 63, 88.
60 RG JW 1910, 242.
61 So OLG Marienwerder, OLGE 17, 376.
62 Motive II, S. 182; BGHZ 37, 319, 323.
63 Palandt/*Heinrichs*, § 312 BGB Rn 1.
64 BGHZ 26, 320, 324.
65 Palandt/*Heinrichs*, § 312 BGB Rn 2: arg. § 1934b Abs. 2.
66 BGHZ 104, 279, 281; BGH NJW 1995, 448; vgl. zudem *Limmer*, DNotZ 1998, 927.
67 BGHZ 37, 319, 324.
68 Staudinger/*Wufka*, § 312 BGB Rn 2.
69 BGHZ 37, 319, 323, wobei ggf. aber eine Umdeutung in einen Erbverzichtsvertrag in Betracht kommen kann – BGH NJW 1974, 43.

Zulässig sind stattdessen Verträge über einzelne Nachlassgegenstände[70] bzw. eine Verpflichtung, aus dem Nachlass eine Rente zu zahlen.[71] 28

Verfügungen über den Nachlass eines noch lebenden Dritten sind gleichermaßen nichtig.[72] 29

Verträge, die der Erblasser selbst schließt, unterfallen **nicht** Abs. 4. Für sie gelten vielmehr die erbrechtlichen Vorgaben der §§ 1941, 2274 ff. (Erbvertrag), §§ 2346 ff. (Erbverzichtsvertrag) bzw. §§ 1934d und 1934e (Vertrag über den vorzeitigen Erbausgleich). 30

III. Verträge unter künftigen gesetzlichen Erben

Nach **Abs. 5 S. 1** gilt Abs. 4 nicht für einen Vertrag, der unter künftigen gesetzlichen Erben über den gesetzlichen Erbteil oder den Pflichtteil eines von ihnen geschlossen wird, wobei ein entsprechender Vertrag der notariellen Beurkundung bedarf. Die Regelung ermöglicht damit eine **vorgezogene Erbauseinandersetzung** zwischen den im Zeitpunkt des Vertragsabschlusses ausmachbaren künftigen Erben i. S. der §§ 1924 ff.[73] 31

Ein entsprechender Erbschaftsvertrag[74] muss den gesetzlichen Erbteil bzw. den Pflichtteil erfassen, wobei die Judikatur auch Verträge über testamentarische Erbteile und Vermächtnisse für zulässig erachtet, sofern diese auf die Höhe des gesetzlichen Erbteils begrenzt sind.[75] 32

Ein entsprechender Vertrag ist formbedürftig (**Abs. 5 S. 2**), auch dann, wenn der Erblasser selbst dem Vertrag ausdrücklich zugestimmt haben sollte.[76] Ein entsprechender Erbschaftsvertrag begründet zunächst lediglich schuldrechtliche Wirkungen, d. h. der Vollzug erfolgt erst nach dem Erbfall.[77] Etwas anderes gilt nur für den Pflichtteilsanspruch. Dieser kann als künftige Forderung auch schon vor dem Erbfall abgetreten werden.[78] 33

§ 311c Erstreckung auf Zubehör

¹**Verpflichtet sich jemand zur Veräußerung oder Belastung einer Sache, so erstreckt sich diese Verpflichtung im Zweifel auch auf das Zubehör der Sache.**

§ 311c entspricht wörtlich § 314 a.F. Nach dieser **Auslegungsregel**[1] erstreckt sich bei einer Verpflichtung zur Veräußerung oder Belastung einer Sache (§ 90) die Verpflichtung (unabhängig davon, ob der Verpflichtete Eigentümer des Zubehörs ist)[2] im Zweifel auch auf das Zubehör der Sache (§§ 97, 98). Der Gegenbeweis, dass die Verpflichtung das Zubehör nicht umfasst, bleibt möglich.[3] Für die Zubehöreigenschaft ist grundsätzlich auf den Zeitpunkt des Vertragsabschlusses abzustellen. 1

Die Norm erfasst schuldrechtliche Verpflichtungen aus Vertrag (Kauf, Tausch bzw. Schenkung)[4] oder auch aus einseitigem Rechtsgeschäft. 2

Für die Praxis erscheint eine Inventarliste ratsam, auch wenn dies zur Formwahrung nicht erforderlich ist.[5] 3

Da § 311c keine dingliche Wirkung entfaltet, vgl. näher § 926 für die Grundstücksübereignung, § 1031 für den Nießbrauch und § 2164 für das Vermächtnis. 4

§ 311c soll einen allgemeinen Erfahrungssatz um Ausdruck bringen, weshalb die Regelung **analogiefähig** und damit bei wirtschaftlicher Einheit mit dem veräußerten Gegenstand auch auf Rechte entsprechend anwendbar sein soll.[6] 5

---

70 OGH NJW 1949, 623; vgl. zudem *Kaufhold*, ZEV 1996, 459.
71 BGHZ 26, 320, 325.
72 BGHZ 37, 319, 324.
73 BGH NJW 1956, 1151.
74 BGH NJW 1995, 448.
75 So BGHZ 104, 279: Der Erbschaftsvertrag ist nicht deshalb unwirksam, weil der Verpflichtete den – gleich hohen – Erbteil aufgrund einer Verfügung von Todes wegen erlangt (Abweichung von RGZ 98, 330).
76 BGH NJW 1995, 448.
77 BGHZ 104, 279, 280.
78 Palandt/*Heinrichs*, § 312 BGB Rn 7.
1 So Palandt/*Heinrichs*, § 314 BGB Rn 1 – die Norm begründet keinen ergänzenden Rechtssatz.
2 OLG Düsseldorf MDR 1993, 144.
3 AG Esslingen NJW-RR 1987, 750.
4 Auf Gebrauchsüberlassungsverträge – wie Miete oder Pacht – findet § 311c entsprechende Anwendung, so BGHZ 65, 86, 88 zu § 314 BGB a.F.
5 BGH NJW 2000, 354.
6 Ablehnend allerdings *Kohler*, DNotZ 1991, 364; *Uhlig*, DNotZ 1991, 670; offen gelassen von BGHZ 111, 110, 116 (Rübenlieferungsrecht).

vor §§ 312 ff. Abschnitt 3. Schuldverhältnisse aus Verträgen

Untertitel 2. Besondere Vertriebsformen

Vorbemerkung zu §§ 312 ff.

1 Der Untertitel 2 integriert als **Besondere Vertriebsformen** das Gesetz über den Widerruf von Haustürgeschäften und ähnlichen Geschäften a.F. (**Haustürwiderrufsgesetz – HTWG**) vom 16. Januar 1986[1] i.d.F. der Bekanntmachung vom 29. Juni 2000,[2] das durch Art. 6 Nr. 5 SchuldrechtsModG aufgehoben wurde, sowie das Fernabsatzgesetz a.F. (**FernAbsG**) vom 27. Juni 2000,[3] das durch Art. 6 Nr. 7 SchuldrechtsModG aufgehoben wurde, in das BGB[4] und regelt die Besonderheiten des Vertragsabschlusses im elektronischen Geschäftsverkehr in Umsetzung der Art. 10 f. der Richtlinie 2000/31/EG des Europäischen Parlaments und des Rates vom 8. Juni 2000 über bestimmte rechtliche Aspekte der Dienste der Informationsgesellschaft, insbesondere des elektronischen Geschäftsverkehrs im Binnenmarkt (**Richtlinie über den elektronischen Geschäftsverkehr – E-Commerce-Richtlinie** [nachstehend **ECRL**]). Rechtsgrundlage sind
- für **Haustürgeschäfte** die §§ 312 und 312a
- für **Fernabsatzverträge** die §§ 312b bis 312d sowie
- für **Verträge im elektronischen Geschäftsverkehr** § 312e.

Die Umgehungsverbote des § 5 HTWG a.F. und des § 5 FernAbsG a.F. werden in § 312f zusammengeführt und einheitlich gefasst.

2 Der Gesetzgeber verfolgt mit dieser Neuregelung drei unterschiedliche **Ziele**:
- Erleichterung der praktischen Arbeit des Rechtsanwenders durch eine Zusammenführung von parallel gelagerten Regelungsmaterien, die sich früher teils im BGB, teils in Sondergesetzen wiederfanden. Allerdings geht der Gesetzgeber fehl, wenn er glaubt, dass der Rechtsanwender nunmehr „die Regelungen zum Vertragsschluss wie Informationspflichten und Widerrufsrecht wieder dort (findet), wo er sie – vermuten darf: im BGB".[5] Das BGB ist umfänglich – warum sollte der Rechtsanwender „Regelungen zum Vertragsschluss wie Informationspflichten" unbedingt im allgemeinen Schuldrecht vermuten?
- Die Integration soll (prophylaktisch) früheren Ansätzen einer „organisatorischen Desintegration" infolge einer Ausbildung dogmatischer Reservate in Sondergesetzen mit korrespondierenden Separatlösungsansätzen und eigenwilligen Begriffsbildungen sowie einem entsprechenden Verständnis begegnen. Damit können Wertungswidersprüche zwischen BGB und Sondergesetzen vermieden werden. Der Systematisierungsprozess wurde bereits mit Erlass des FernAbsG a.F. eingeleitet.[6] Dieser setzt sich nunmehr durch die Integration der Sondergesetze in das BGB nur fort.
- Klarstellung einer Ausstrahlungswirkung der besonderen Vertriebsformen auf alle Schuldverhältnisse, die außerhalb des Ladengeschäfts (d. h. fester Verkaufs- und Geschäftsräume) angebahnt und abgeschlossen werden, wobei die Zusammenfassung in einem Untertitel auch auf Querverbindungen zwischen den Anwendungsbereichen (z.B. Fernabsatzverträgen im elektronischen Geschäftsverkehr) hinweist.

3 Der Gesetzgeber hat davon abgesehen, trotz der Gemeinsamkeit des Vertragsabschlusses außerhalb der Geschäftsräume, Fernabsatzverträge, Haustürgeschäfte und Verträge im elektronischen Geschäftsverkehr unter den Oberbegriff **Verträge im Direktvertrieb** zusammenzufassen. Damit hätte eine noch weitergehende Vereinheitlichung des Anwendungsbereichs, der Informationspflichten und der Widerrufsrechte mit einem Gewinn an Systematisierung und Transparenz (auch für Mischfälle) erreicht werden können.[7]

---

1 BGBl I S. 122.
2 BGBl I S. 956.
3 BGBl I S. 897.
4 Dazu näher auch *Pfeiffer*, Die Integration von „Nebengesetzen" in das BGB, in: Ernst/Zimmermann, Zivilrechtswissenschaft und Schuldrechtsreform 2000, S. 481; *Krebs*, Die große Schuldrechtsreform, Beilage Nr. 14 zu BB 2000, S. 26 f.; *Honsell*, Einige Bemerkungen zum Diskussionsentwurf eines Schuldrechtsmodernisierungsgesetzes, JZ 2001, 18, 19; *Roth*, Europäischer Verbraucherschutz und BGB, JZ 2001, 475; *Wetzel*, Das Schuldrechtsmodernisierungsgesetz – Der große Wurf zum 1.1.2002?, ZRP 2001, 117, 125 f.
5 BMJ-RegE, S. 383.
6 Dazu *Ring*, FernAbsG, I (Einleitung) Rn 30.
7 Die entsprechende Forderung nach einer Vereinheitlichung war in der Literatur vor allem von *Micklitz* (in: Micklitz/Reich, Die Fernabsatzrichtlinie im deutschen Recht, 1998, S. 53; *ders.*, in: Schulze/Schulte-Nölke, S. 203 ff. und 218 ff.) bereits im Kontext mit der Verabschiedung des Fernabsatzgesetzes gefordert worden. Der Gesetzgeber konnte aus Zeitgründen jedoch lediglich ein Vereinheitlichung des Widerrufsrechts und seiner Modalitäten im Gesetz regeln, dazu *Rott*, VuR 2001, 88; *Schmidt-Räntsch*, VuR 2000, 427, 430 ff.

Voraussetzung einer entsprechenden Wirkung der Vereinheitlichung wäre jedoch gewesen, dass die Anwendungsbereiche der drei genannten Vertragsformen weitgehend in Übereinstimmung hätten gebracht werden können. Die den Regelungsmaterien zugrunde liegenden EG-Richtlinien, nämlich die Richtlinie 97/7/EG des Europäischen Parlaments und des Rates über den Verbraucherschutz bei Vertragsabschlüssen im Fernabsatz vom 20. Mai 1997[8] (FARL), die Richtlinie 85/577/EWG des Rates vom 20. Dezember 1985 betreffend den Verbraucherschutz im Falle von außerhalb von Geschäftsräumen geschlossenen Verträgen[9] sowie die Richtlinie 2000/31/EG des Europäischen Parlaments und des Rates vom 8. Juni 2000 über bestimmte rechtliche Aspekte der Dienste der Informationsgesellschaft, insbesondere des elektronischen Geschäftsverkehrs, im Binnenmarkt[10] (ECRL), sind jedoch nicht aufeinander abgestimmt. Eine Konformität der Gesetzesregelungen hätte daher im Anwendungsbereich keine tel quel, sondern eine überobligatorische Umsetzung erfordert – was nach Ansicht des Gesetzgebers derzeit nicht erreichbar ist.[11]

Deshalb wurde im Kontext mit der Integration in das BGB lediglich eine weitere Annäherung und Vereinheitlichung verfolgt. **Keine Regelung im Untertitel 2** haben folgende Materien erfahren: 4
- Die Vorschriften zum Widerrufs- und Rückgaberecht (§§ 361a und 361b a.F.), die sich in den §§ 355 ff. (mit den Widerrufsfristen, Belehrungserfordernissen und Bestimmungen zu verbundenen [finanzierten] Geschäften sowie den Rechtsfolgen des Widerrufs und der Rückgabe) finden. § 312 Abs. 1 S. 1 und 2 verweisen für das Haustürgeschäft und § 312d Abs. 1 S. 1 und 2 für den Fernabsatzvertrag auf § 355 (Widerrufsrecht bei Verbraucherverträgen) bzw. § 356 (Rückgaberecht bei Verbraucherverträgen).
- Die bei Fernabsatzverträgen und Verträgen im elektronischen Geschäftsverkehr vom Unternehmer zu beachtenden Informationspflichten finden sich in den §§ 1 bzw. 3 der Verordnung über Informationspflichten nach Bürgerlichem Recht – übrigens eine „Auslagerung", die der gesetzgeberischen Intention nach Integration widerspricht (Rn 2), die der Gesetzgeber damit zu rechtfertigen versucht, der Gesetzestext im BGB werde damit übersichtlicher.[12]
- Die Übergangsvorschriften des § 6 FernAbsG a.F. und des § 9 HaustürWG a.F. werden durch die allgemeine Überleitungsvorschrift des Art. 229 § 4 EGBGB ersetzt.

§ 312 Widerrufsrecht bei Haustürgeschäften

(1) ¹Bei einem Vertrag zwischen einem Unternehmer und einem Verbraucher, der eine entgeltliche Leistung zum Gegenstand hat und zu dessen Abschluss der Verbraucher
1. durch mündliche Verhandlungen an seinem Arbeitsplatz oder im Bereich einer Privatwohnung,
2. anlässlich einer vom Unternehmer oder von einem Dritten zumindest auch im Interesse des Unternehmers durchgeführten Freizeitveranstaltung oder
3. im Anschluss an ein überraschendes Ansprechen in Verkehrsmitteln oder im Bereich öffentlich zugänglicher Verkehrsflächen

bestimmt worden ist (Haustürgeschäft), steht dem Verbraucher ein Widerrufsrecht gemäß § 355 zu. ²Dem Verbraucher kann anstelle des Widerrufsrechts ein Rückgaberecht nach § 356 eingeräumt werden, wenn zwischen dem Verbraucher und dem Unternehmer im Zusammenhang mit diesem oder einem späteren Geschäft auch eine ständige Verbindung aufrechterhalten werden soll.
(2) ¹Die erforderliche Belehrung über das Widerrufs- oder Rückgaberecht muss auf die Rechtsfolgen des § 357 Abs. 1 und 3 hinweisen.
(3) ¹Das Widerrufs- oder Rückgaberecht besteht unbeschadet anderer Vorschriften nicht bei Versicherungsverträgen oder wenn
1. im Fall von Absatz 1 Nr. 1 die mündlichen Verhandlungen, auf denen der Abschluss des Vertrags beruht, auf vorhergehende Bestellung des Verbrauchers geführt worden sind oder
2. die Leistung bei Abschluss der Verhandlungen sofort erbracht und bezahlt wird und das Entgelt 40 Euro nicht übersteigt oder
3. die Willenserklärung des Verbrauchers von einem Notar beurkundet worden ist.

Literatur: *Fischer/Maschunski*, Haustürwiderrufsgesetz, 2. Aufl. 1995; Kommentierungen des HTWG in: Erman, Handkommentar zum Bürgerlichen Gesetzbuch (Bearbeiter: Saenger), 10. Aufl. 2000; in: Münchener Kommentar zum Bürgerlichen Gesetzbuch (Bearbeiter: *Ulmer*), 2. Aufl. 1995; in: *Palandt*, Bürgerliches Gesetzbuch (Bearbeiter: *Putzo*), 60. Aufl. 2001; in: *Staudinger*, Kommentar zum Bürgerlichen Gesetzbuch (Bearbeiter: *Werner*), 13. Aufl. 1997; *Baldus-Becker*, Haustürgeschäfte und richtlinienkonforme Auslegung, ZEuP 1997, 874; *Cichom*, Zur Anwendbarkeit des HWiG auf im Internet geschlossene Verträge, CR 1998, 773; *de Riese*, Zur Anwendbarkeit des HausTWG

---

8 ABl. EG Nr. L 144, S. 19.
9 ABl. EG Nr. L 372, S. 31.
10 Abl. EG Nr. L 178 vom 17. Juli 2000, S. 1.
11 BMJ-RegE, S. 384.
12 BMJ-RegE, S. 385.

auf Hausbesuche zur Mieterhöhung, ZMR 1994, 449; *Frings*, Bürgschaftsvermittlung durch den Ehepartner beim Haustürgeschäft, ZIP 1996, 1193; *Gaul*, Zum Begriff der vorhergehenden Bestellung im Haustürwiderrufsgesetz, NJW 1987, 2852; *Gilles*, Das Gesetz über den Widerruf von Haustürgeschäften und ähnlichen Geschäften, NJW 1986, 1131; *Goller*, Das neue Gesetz über den Widerruf von Haustürgeschäften und ähnlichen Geschäften, GewArch 1986, 73; *Gramlich-Zerres*, Umgehungsverbote im Verbraucherschutz – zur Auslegung des § 5 Abs. 1 HWiG, ZIP 1998, 1299; *v. Hippel*, Besserer Schutz des Verbrauchers bei Haustürgeschäften?, BB 1983, 2024; *Jung*, Bedeutung und dogmatische Erfassung des Widerrufsrechts bei „Haustürgeschäften", ZRP 1981, 137; *Klein*, Zur Anwendbarkeit des Haustürwiderrufsgesetzes auf Bürgschaften, DZWiR 1996, 230; *Klingsporn*, Die Bürgschaft als „Haustürgeschäft", WM 1993, 829; *Knauth*, Das Gesetz über den Widerruf von Haustürgeschäften und ähnlichen Geschäften, WM 1986, 509; *ders.*, Die Bedeutung des Gesetzes über den Widerruf von Haustürgeschäften und ähnlichen Geschäften für die Kreditwirtschaft, WM 1987, 517; *Löwe*, Schutz gegen Überrumpelung beim Vertragsabschluss, BB 1986, 821; *Martis*, Aktuelle Entwicklungen im Recht der Haustürwiderrufsgeschäfte, MDR 1999, 198; *Michalski*, Das Haustürwiderrufsgesetz, Jura 1996, 169; *Pfeiffer*, Haustürwiderrufsgesetz und Bürgschaft, ZBB 1992, 1; *Reinicke-Tiedtke*, Schutz des Bürgen durch das Haustürwiderrufsgesetz, ZIP 1998, 893; *Sack*, Die wettbewerbliche Relevanz der Widerrufsbelehrung i.S.d. Abzahlungsgesetzes und des Haustürgeschäftewiderrufsgesetzes, BB 1987, 1048; *Schlaus*, Rechtsfragen der Haustürgeschäfte unter besonderer Berücksichtigung der Kredit- und Wertpapiergeschäfte, ZHR 151 (1987), 180; *Teske*, Das neue Gesetz über den Widerruf von Haustürgeschäften und ähnlichen Geschäften, ZIP 1986, 624; *ders.*, Erste Zweifelsfragen bei der Anwendung des neuen Haustürwiderrufsgesetzes, NJW 1987, 1186; *Ulmer*, Direktvertrieb und Haustürwiderrufsgesetz, WRP 1986, 445.

Inhalt

A. Überblick	1
B. Wegfall von § 2 HTWG a.F.	5
C. Haustürgeschäft (Abs. 1 S. 1)	8
I. Einleitung	8
II. Entgeltliche Leistung	10
III. Situationsbedingte Umstände	11
1. Überblick	11
2. Arbeitsplatz und Privatwohnung (Nr. 1)	12
3. Freizeitveranstaltungen (Nr. 2)	16
4. Öffentliche Verkehrsmittel und öffentliche Verkehrswege (Nr. 3)	17
D. Widerrufsrecht (Abs. 1 S. 1)	18
E. Rückgaberecht (Abs. 1 S. 2)	19
F. Ausschluss des Widerrufs- oder Rückgaberechts (Abs. 3)	20
I. Einleitung	20
II. Vorhergehende Bestellung (Hs. 2 Nr. 1)	21
III. Vollzogene Kleingeschäfte (Hs. 2 Nr. 2)	22
IV. Notarielle Beurkundung (Hs. 2 Nr. 3)	23
G. Erforderliche Belehrung (Abs. 2)	24

A. Überblick

1 Die Regelungen über Haustürgeschäfte in den §§ 312 und 312a bezwecken den **Schutz des Verbrauchers** (§ 13; vor allem den Schutz wenig geschäftserfahrener Personen aus sozial schwächeren Schichten) gegen Gefahren, die aus dem Direktvertrieb resultieren.[1] Die Normen verschaffen dem Verbraucher die Möglichkeit, sich von einem in Folge übereilter Entschließung (durch Überrumpelung und ohne ausreichende Überlegung) geschlossenen Vertrag wieder zu lösen.[2] Bei der Auslegung von § 312 ist die Richtlinie 85/577/EWG des Rates vom 20. Dezember 1985 betreffend den Verbraucherschutz im Falle von außerhalb von Geschäftsräumen geschlossenen Verträgen[3] ergänzend unter Berücksichtigung von Wortlaut und Zweck der Richtlinie heranzuziehen.[4]

2 § 312 entspricht in seinen Absätzen 1 und 2 der Altregelung des § 1 HTWG, wobei lediglich der Eingangssatz präzisiert und um eine Legaldefinition der Haustürgeschäfte ergänzt worden ist. Eine Anpassung ist in Abs. 1 S. 1 Nr. 2 durch die Ersetzung des Terminus „andere Vertragspartei" durch „Unternehmer" (§ 14) als einheitliche Terminologie für alle Verbraucherverträge und in Abs. 1 S. 1 und 2 durch eine Verweisänderung auf die §§ 355, 356 BGB (anstelle der §§ 361a und 361b a.F.) erfolgt.

3 Die amtliche Überschrift des § 312 (Widerrufsrecht bei Haustürgeschäften) ist unvollständig, da Abs. 1 S. 2 dem Verbraucher anstelle des Widerrufsrechts nach S. 1 unter bestimmten Voraussetzungen (Rn 19) **auch** ein **Rückgaberecht** nach § 356 einräumt.

4 § 6 HTWG a.F. findet mit seiner Ausnahmeregelung für **Versicherungsverträge** Eingang in Abs. 3 Hs. 1, der ansonsten wörtlich mit § 1 Abs. 2 HTWG a.F. übereinstimmt.

---

1 Palandt/*Putzo*, Einf. HTWG Rn 2.
2 BGH NJW 1992, 1889 m.w.N.
3 ABl. EG Nr. L 372, S. 31.
4 BGH NJW 1994, 2759; dazu auch *Roth*, ZIP 1996, 1285; zudem EuGH NJW 2000, 2571; eine Vorlage an den EuGH zur Vorabentscheidung nach Art. 234 EGV ist auch durch die Instanzgerichte statthaft: Palandt/*Putzo*, Einf. HTWG Rn 2.

B. Wegfall von § 2 HTWG a.F.

Die Regelung des § 2 HTWG a.F. (Ende der Widerrufsfrist) ist ersatzlos entfallen. Der Gesetzgeber[5] erachtete die Altregelung in zweierlei Hinsicht als nicht mehr sachgerecht: Sie führte im Falle einer unterbliebenen Belehrung zu einem zu schnellen Abschneiden des Widerrufsrechts des Verbrauchers, da letzterer – nicht belehrt – regelmäßig alsbald nach der Warenlieferung auch den Kaufpreis beglichen und dadurch schon nach Ablauf eines Monats seines Widerrufsrechts verlustig ging. § 2 HTWG a.F. stellte damit keine ausreichende Sanktionierung für eine unterlassene Belehrung durch den Unternehmer dar – schon gar nicht für den Fall, dass dieser die Belehrung bewusst unterließ –, was auch zu europarechtlichen Bedenken hinsichtlich der Zulässigkeit der Norm geführt hatte. Die Altregelung konnte andererseits auch zur Folge haben, dass bei fehlender bzw. nicht ordnungsgemäßer Belehrung durch den Unternehmer das Widerrufsrecht des Verbrauchers überhaupt (oder jedenfalls auf absehbare Zeit) nicht erlosch (z. B. dann, wenn der Verbraucher zwar die Ware erhalten, diese aber – aus welchen Gründen auch immer – nicht bezahlt hatte). Es ist aber nicht einzusehen, dass ein zahlungsunwilliger Verbraucher für seine Zahlungsunwilligkeit auch noch mit einem nicht erlöschenden Widerrufsrecht belohnt wird.[6]

Dies hat den Gesetzgeber (auch im Interesse einer Vereinheitlichung der Fristen für das Erlöschen der aus Verbraucherverträgen folgenden Widerrufsrechte bei unterbliebener Belehrung) veranlasst, in § 355 Abs. 3 S. 1 für entsprechende Fälle eine einheitliche Frist (für das Erlöschen des Widerrufsrechts) von sechs Monaten nach Vertragsschluss vorzugeben. Damit soll ein angemessener Ausgleich der widerlaufenden Interessen bei unterbliebener oder nicht ordnungsgemäßer Widerrufsbelehrung erreicht werden. Zum einen wird sich der Verbraucher regelmäßig ohnehin noch innerhalb dieses Zeitrahmens nach Vertragsschluss (bzw. Warenlieferung) vom Vertrag lösen wollen. Zum anderen kann der Unternehmer nach Ablauf der für ihn überschaubaren Sechs-Monats-Frist darauf vertrauen, dass es zu keiner Vertragsrückabwicklung mehr kommt.

Eine Verkürzung der Frist kam nicht in Betracht, weil sie vereinheitlicht auch für das Widerrufsrecht des Darlehensnehmers bei Verbraucherdarlehensverträgen nach § 495 Abs. 1 gilt (wo gegenüber dem alten Recht eine Halbierung der Frist und damit die Grenze des Hinnehmbaren erreicht worden ist).[7]

C. Haustürgeschäft (Abs. 1 S. 1)

I. Einleitung

Ein Haustürgeschäft ist nach der **Legaldefinition** des **Abs. 1 S. 1** dann anzunehmen, wenn der Vertrag zwischen einem Unternehmer (§ 14) und einem Verbraucher (§ 13) eine **entgeltliche Leistung** zum Gegenstand hat **und** der Verbraucher zu dessen Abschluss nach den äußeren Umständen der Nr. 1 bis 3 (**situationsbedingte Voraussetzungen**) bestimmt worden ist.

Unerheblich ist, wer das Vertragsangebot oder die Annahme erklärt hat. Handelt für den Verbraucher ein **Vertreter**, so kommt es hinsichtlich der äußeren Umstände des Abs. 1 S. 1 Nr. 1 bis 3 auf dessen Person an.[8] Strittig ist allerdings, ob die Erteilung einer Vollmacht für ein Haustürgeschäft widerrufen kann.[9] Im Vertretungsfall muss der Unternehmer nicht annehmen, dass der Verbraucher nicht belehrt worden ist.[10] Bedeutsam für das Haustürgeschäft ist, dass beim Vertragsschluss die Überraschungswirkung noch fortdauert[11] bzw. der Verbraucher in seiner Entschließungsfreiheit (noch) beeinträchtigt wird.[12]

II. Entgeltliche Leistung

Der Vertrag über eine entgeltliche Leistung (unabhängig davon, wie diese selbst im Vertrag bezeichnet wird)[13] ist regelmäßig (wenngleich nicht notwendigerweise) ein gegenseitiger Vertrag, z. B. ein Kaufvertrag,[14] ein Werk- bzw. Werklieferungsvertrag, ein Geschäftsbesorgungsvertrag,[15] ein Partnerschaftsvermittlungsvertrag,[16] ein Bauherren- bzw. Erwerbsmodellvertrag,[17] (zwischenzeitlich[18] auch) eine Bürgschaft[19]

---

5 BT-Drucks 14/6040, S. 167 re. Sp.
6 BT-Drucks 14/6040, S. 167 re. Sp.
7 BT-Drucks 14/6040, S. 168 li. Sp.
8 BGH NJW 2000, 2269 m.w.N.
9 BGH NJW 2000, 2269.
10 BGH NJW 2000, 2277.
11 *Löwe*, BB 1986, 821, 824; Palandt/*Putzo*, § 1 HTWG Rn 4.
12 BGH NJW 1994, 262.
13 Als Gebühr, Honorar, Preis oder Beitrag, so MüKo/*Ulmer*, § 1 HTWG Rn 8.
14 Sofern es sich dabei nicht zugleich um ein Verbraucherdarlehensgeschäft (§ 491) handelt, dazu näher § 312a.
15 OLG Köln, NJW-RR 1989, 1339.
16 OLG Stuttgart, NJW-RR 1990, 1136.
17 Dazu näher *Gallois*, BB 1990, 2062.
18 Anders die anfängliche Judikatur: etwa BGHZ 113, 287 und BGH NJW 1991, 2905 – kritisch dazu *Klingsporn*, NJW 1991, 2229; *Probst*, JR 1992, 133; *Schanbacher*, NJW 1991, 3263; *Wassermann*, JuS 1992, 908.

(sofern der Bürge in der Erwartung bürgt, ihm oder einem bestimmten Dritten entstehe daraus irgendein Vorteil bzw. – so der EuGH[20] – wenn der Bürge oder der Hauptschuldner Verbraucher ist)[21] bzw. die Verpflichtung über die Bestellung[22] einer Sicherungsgrundschuld.[23]

III. Situationsbedingte Umstände
1. Überblick

11 Die in Abs. 1 S. 1 Nr. 1 bis 3 **enumerativ** aufgelisteten situationsbedingten Umstände umfassen lediglich die typischen, für den Verbraucherschutz erforderlichen Fälle,[24] für die nach allgemeinen Grundsätzen der Verbraucher die Darlegungs- und ggf. die Beweislast trägt.[25] Eine entsprechende Anwendung der Umstände ist ausgeschlossen, da der Gesetzgeber eine deutliche Begrenzung wünschte[26].

2. Arbeitsplatz und Privatwohnung (Nr. 1)

12 Der Verbraucher muss nach Abs. 1 S. 1 Nr. 1 zum Vertragsschluss durch mündliche Verhandlungen (Rn 13) am Arbeitsplatz des Verbrauchers bzw. im Bereich einer Privatwohnung (Rn 15) bestimmt worden sein. Dabei kommt es entscheidend auf den **Ort** an.[27] Aus welchem Anlass der Besuch stattgefunden hat, ist nicht maßgeblich.[28]

13 Die mündliche(n) Verhandlung(en) zwischen Verbraucher und Unternehmer (wobei für diesen Vertretung statthaft ist)[29] beginnen bereits im Zeitpunkt der Ansprache des Verbrauchers mit dem Ziel des Vertragsabschlusses.[30] Da die Verhandlung(en) (mit-)ursächlich[31] für den Vertragsabschluss (d. h. die Abgabe der Willenserklärung durch den Verbraucher) sein müssen, kommt ein Haustürgeschäft bei **bereits bestehender Geschäftsverbindung** nicht in Betracht.[32]

14 Nach h.M.[33] reichen **telefonische Verhandlungen** bzw. ein Vertragsabschluss des Verbrauchers **allein auf der Grundlage von Werbung** nicht aus. Wo der Verbraucher letztlich seine Willenserklärung abgibt[34] und ob dies in Abwesenheit des Unternehmers (oder dessen Vertreters) geschieht,[35] spielt keine Rolle.

15 Als **Arbeitsplatz** des Verbrauchers kommt (wegen der Möglichkeit einer überraschenden Einflussnahme) extensiv jeder Ort im Betriebsgebäude oder -gelände in Betracht.[36] Der Begriff der **Privatwohnung** (nicht notwendig jene des Verbrauchers[37], z. B. auch jene des Unternehmers, nicht jedoch dessen Geschäftsräume)[38] umfasst (auch bei Mehrfamilienhäusern) den Hausflur, den Garten sowie Abschlüsse an der Haustür.

---

19 BGH NJW 1993, 1595 – kritisch *Wenzel*, NJW 1993, 2781; zudem OLG Köln, NJW-RR 1994, 1538. Andererseits lehnte der BGH (NJW 1998, 2356 – dazu kritisch *Drexl*, JZ 1998, 1046 und *Kulke*, JR 1999, 485) die Anwendung des HTWG auf die Bürgschaft dann ab, wenn die Hauptschuld im Rahmen einer Erwerbstätigkeit eingegangenen wurde oder der Hauptschuldner sich – auch als Verbraucher – nicht im Rahmen eines Haustürgeschäftes verpflichtet hatte. Andererseits sprachen sich *Reinicke/Tiedtke* (ZIP 1998, 893) und *Lorenz* (NJW 1998, 2939) für eine Anwendung des HTWG auf die Bürgschaft auch dann aus, wenn der Hauptschuldner nicht den Schutz des HTWG genoss.
20 EuGH NJW 1998, 1295 – kritisch *Pfeiffer*, ZIP 1998, 1136; *Reinicke/Tiedtke*, DB 1998, 2001; *Auer*, ZBB 1999, 161.
21 Dazu näher *Klingsporn*, WM 1993, 829.
22 Nicht jedoch die bloße Bestellung: OLG Koblenz, NJW-RR 1999, 1178.
23 BGH NJW 1996, 55; OLG Hamm, WM 1999, 73; a.A. *Auer*, ZBB 1999, 161, 165.
24 Palandt/*Putzo*, § 1 HTWG Rn 9.
25 So OLG Hamm, NJW 1994, 2159.
26 Palandt/*Putzo*, § 1 HTWG Rn 9.
27 Palandt/*Putzo*, § 1 HTWG Rn 10.
28 BGH NJW 1999, 385.
29 Ein Tätigwerden des Ehegatten oder naher Angehöriger des Verbrauchers in dessen Wohnung auf Veranlassung des Unternehmers soll jedoch nicht ausreichen (so BGH NJW 1993, 1594; BGH NJW 1996, 191; a.A. hingegen *Frings*, ZIP 1996, 1193), falls er nicht allgemein werbend für den Unternehmer tätig wird: so BGH NJW 1996, 3414. Zum Tätigwerden eines Nachbarn: KG NJW 1996, 1480.
30 BGHZ 131, 385.
31 BGH NJW 1996, 926 – etwa zusammen mit Werbegeschenken oder Warenproben: Palandt/*Putzo*, § 1 HTWG Rn 10.
32 OLG Hamm, NJW 1994, 2159.
33 BGH NJW 1996, 929 m.w.N.; a.A. *Klingsporn*, NJW 1997, 1546.
34 BGH NJW 1996, 926.
35 BGH NJW 1996, 3416.
36 Streitig ist die Weitererstreckung auch auf den Arbeitsplatz von freiberuflich Tätigen: so OLG Düsseldorf BB 1999, 1784; Erman/*Saenger*, § 1 HTWG Rn 30; Palandt/*Putzo*, § 1 HTWG Rn 11; *Pfeiffer/Dauck*, NJW 1996, 2077; *Marties*, MDR 1999, 198; a.A. MüKo/*Ulmer*, § 1 HTGW Rn 21. Der BGH (NJW 1994, 2759) konnte die Beantwortung dieser Frage offen lassen.
37 Ggf. jene eines Dritten, in die dieser den Vertreter des Unternehmers bestellt hat – OLG Hamm, NJW-RR 1991, 121.
38 Palandt/*Putzo*, § 1 HTWG Rn 12: da gerade auch die sog. Party-Verkäufe erfasst werden sollen.

3. Freizeitveranstaltungen (Nr. 2)

Der Verbraucher muss nach Abs. 1 S. 1 Nr. 2 anlässlich einer vom Unternehmer oder von einem Dritten zumindest auch im Interesse des Unternehmers durchgeführten Freizeitveranstaltung[39] zum Vertragsabschluss bestimmt worden sein. Unter einer **Freizeitveranstaltung** ist nach h.M.[40] eine gewerbliche oder gewerblich motivierte Veranstaltung (vor allem außerhalb der Geschäftslokale)[41] zu verstehen, deren Gesamtbild von einem Freizeiterlebnis ausgeht, das der Geselligkeit, Erholung und Unterhaltung der Teilnehmer dient und bei dem das Freizeitangebot und die Verkaufsveranstaltung so miteinander verbunden sind, dass der Verbraucher in eine freizeitlich unbeschwerte Stimmung versetzt wird und den Verkaufszweck der Veranstaltung nicht unmittelbar erkennt. Wenngleich der tatsächliche Ablauf maßgeblich ist,[42] kann eine Vorabankündigung, es handele sich um eine Verkaufsveranstaltung, die Freizeitveranstaltung im Einzelfall ausschließen.[43] Im Interesse des Unternehmers wird die Freizeitveranstaltung bereits dann durchgeführt, wenn ein Dritter weiß, dass der Unternehmer Werbung und Verkaufstätigkeit entfaltet.[44] Die Bestimmung zum Vertragsabschluss erfolgt dann **anlässlich** der Freizeitveranstaltung, wenn ein zeitlicher, räumlicher oder sachlicher Bezug zur Willenserklärung des Verbrauchers besteht, z. B. beim Fortwirken einer Stimmungslage.[45]

4. Öffentliche Verkehrsmittel und öffentliche Verkehrswege (Nr. 3)

Unter **öffentlichen Verkehrsmitteln** sind allgemein (und nicht lediglich für bestimmte Gruppen) zugängige Verkehrsmittel wie Bahn, Bus, Flugzeug oder Schiff zu verstehen.[46] **Öffentlich**, d. h. allgemein zugängige **Verkehrswege**, sind Straßen und Plätze, öffentliche Parks, Bahnsteige, Flughäfen oder Autobahnrastplätze und Parkplätze[47]. „Im Anschluss an ein überraschendes Ansprechen" ist allein zeitlich zu verstehen und schließt, da auf die subjektive Erwartungshaltung abgestellt wird, solche Verkehrsmittel aus, in denen typischerweise Dienstleistungs- oder Warenangebote erfolgen.[48]

D. Widerrufsrecht (Abs. 1 S. 1)

Abs. 1 S. 1 räumt dem Verbraucher (bzw. dessen Ehegatten infolge von § 1357)[49] im Verbraucherschutzinteresse ein gesetzliches Widerrufsrecht nach Maßgabe der Voraussetzungen des § 355 ein (wobei die frühere Besonderheit des § 2 HTWG a.F. – Erlöschen des Widerrufsrechts bei unterlassener Belehrung erst einen Monat nach beidseitig erfolgter Leistungserbringung, vgl. Rn 5 ff., entfallen ist), durch das der Direktvertrieb aber weder diskriminiert noch behindert werden soll.[50] Das Widerrufsrecht des Verbrauchers ist nach § 312 f S. 1 unabdingbar.

E. Rückgaberecht (Abs. 1 S. 2)

Anstelle des Widerrufsrechts nach Abs. 1 S. 1 (Rn 18) kann dem Verbraucher gemäß Abs. 1 S. 2 auch ein Rückgaberecht nach Maßgabe der Voraussetzungen des § 356 eingeräumt werden. Dies setzt voraus, dass zwischen Verbraucher und Unternehmer im Zusammenhang mit diesem oder einem späteren (Haustür-)Geschäft auch eine ständige Verbindung aufrechterhalten werden soll.[51]

---

39 Z.B. eine kostenlose Weinverkostung mit Abendessen (LG Braunschweig NJW-RR 1989, 1147); eine Gewinnabholungsveranstaltung (OLG Karlsruhe NJW-RR 1997, 432); Filmvorführungen (LG Hanau NJW 1995, 1100); eine Kaffeebewirtung (OLG Stuttgart NJW-RR 1989, 1144). Nicht hingegen Verbraucherverkaufsausstellungen (etwa die GRÜNE WOCHE – KG NJW-RR 1990, 1338); a.A. OLG Dresden NJW-RR 1997, 1345. Vgl. zudem *Huff*, VuR 1988, 396.
40 Vgl. etwa BGH NJW 1992, 1889; Palandt/*Putzo*, § 1 HTWG Rn 13.
41 OLG Frankfurt/M. NJW-RR 1990, 374; nicht aber notwendigerweise außerhalb der Geschäftsräume des Verkäufers: so OLG Celle OLGZ 91, 485. Nach Ansicht des BGH (NJW-RR 1991, 1524) sind Verkaufsveranstaltungen auch in den Geschäftsräumen des Unternehmers oder eines Dritten möglich.
42 So Palandt/*Putzo*, § 1 HTWG Rn 13.
43 BGH NJW 1990, 1338.
44 BGH NJW-RR 1991, 1524.
45 OLG Saarbrücken NJW 1995, 141. Für den Anscheinsbeweis einer entsprechenden Kausalität bei engem Bezug: *Wassermann*, JuS 1990, 549, 551.
46 Nicht Mitfahrer im PKW – streitig, so aber MüKo/*Ulmer*, § 1 HTWG Rn 27; Palandt/*Putzo*, § 1 HTWG Rn 17.
47 Nicht jedoch private Sport-, Park- oder Campingplätze: *Knauth*, WM 1986, 509, 516; Palandt/*Putzo*, § 1 HTWG Rn 17.
48 So MüKo/*Ulmer*, § 1 HTWG Rn 27; gleichermaßen werden Verkaufsveranstaltungen (KG NJW 1990, 1138, 1140) oder Märkte (Palandt/*Putzo*, § 1 HTWG Rn 17) nicht erfasst.
49 *Cubolla/Pützhoven*, FamRZ 1996, 1124.
50 Palandt/*Putzo*, § 1 HTWG Rn 1.
51 Damit soll den Erfordernissen und Gepflogenheiten des Versandhandels entsprochen werden: Palandt/*Putzo*, § 1 HTWG Rn 19.

F. Ausschluss des Widerrufs- oder Rückgaberechts (Abs. 3)

I. Einleitung

20 Das Widerrufs- oder Rückgaberecht besteht zum einen – als Neuerung des Schuldrechtsmodernisierungsgesetzes – **nicht** bei Versicherungsverträgen i. S. des VVG (**Abs. 3 Hs. 1**). Zum anderen gemäß **Abs. 3 Hs. 2 Nr. 1 bis 3** (der inhaltlich § 1 Abs. 2 Nr. 1 bis 3 HTWG a.F. folgt) **nicht** bei vorhergehender Bestellung (Rn 21), vollzogenen Kleingeschäften (Rn 22) bzw. bei notarieller Beurkundung (Rn 23), da in diesen Fällen nach Auffassung des Gesetzgebers kein Schutzbedürfnis für den Verbraucher besteht.[52] Den Unternehmer trifft die Darlegungs- und ggf. (im Bestreitensfalle) auch die Beweislast für das Vorliegen dieser Voraussetzungen.[53] Der Ausschluss des Widerrufs- oder des Rückgaberechts in den in Abs. 3 normierten Fällen besteht **unbeschadet anderer Vorschriften**. Damit wird redaktionell klargestellt, dass sich ein Ausschluss des Widerrufs- oder Rückgaberechts auch aus anderen Vorschriften, z. B. aus § 312a, ergeben kann.[54]

II. Vorhergehende Bestellung (Hs. 2 Nr. 1)

21 Der Ausschluss nach Abs. 3 Hs. 2 Nr. 1 bezieht sich (nur)[55] auf Vertragsabschlüsse am Arbeitsplatz bzw. in der Privatwohnung (Abs. 1 S. 1 Nr. 1), sofern die mündlichen Verhandlungen, auf denen der Vertragsabschluss beruht, auf eine vorhergehende Bestellung des Verbrauchers hin geführt worden sind. Eine vorherige Bestellung als geschäftsähnliche Handlung (nicht als Willenserklärung)[56] ist dann anzunehmen, wenn der Verbraucher den Unternehmer ausdrücklich durch schriftliche Aufforderung, mündlich, telefonisch oder ggf. auch stillschweigend[57] mit einem konkreten[58] Vertragsangebot[59] (von sich aus oder auf Nachfrage des Unternehmers) an den Arbeitsplatz oder in eine Wohnung zu von ihm gewünschten Vertragsverhandlungen bestellt hat[60] (zeitlich vor Aufnahme der Verhandlungen liegende Bestellung).[61] In diesem Fall wird der Verbraucher nicht mehr mit einem überraschenden Angebot konfrontiert. Etwas anderes gilt bei einer (unverlangten) telefonischen Kontaktaufnahme des Unternehmers[62], sofern sie zu anderen Zwecken erbeten wurde[63] bzw. nach vorangegangenem unbestellten Besuch.[64]

III. Vollzogene Kleingeschäfte (Hs. 2 Nr. 2)

22 Der Ausschluss nach Abs. 3 Hs. 2 Nr. 2, wenn die Leistung bei Verhandlungsabschluss sofort erbracht und bezahlt wird und das Entgelt den Betrag von 40 Euro (als absolute, der Rechtssicherheit dienende Wertgrenze)[65] nicht übersteigt, setzt voraus, dass beide Vertragsparteien vollständig und im unmittelbaren Anschluss an den Vertragsabschluss vollständig erfüllen, wobei eine Spaltung des Gesamtgeschäfts in Einzelgeschäfte (jeweils unter 40 Euro) gegen das Umgehungsverbot nach § 312 f S. 2 verstößt.[66]

IV. Notarielle Beurkundung (Hs. 2 Nr. 3)

23 Der Ausschluss nach Abs. 3 Hs. 2 Nr. 3, wenn die Willenserklärung des Verbrauchers durch einen Notar beurkundet worden ist, setzt die Beachtung des BeurkG voraus.[67] Für diesen Fall entfällt nämlich wegen der Belehrungspflicht nach § 17 BeurkG (selbst wenn der Vertrag vorab in der spezifischen Haustürsituation

---

52 Palandt/*Putzo*, § 1 HTWG Rn 20.
53 OLG München WM 1991, 523.
54 Beschlussempfehlung und Bericht des Rechtsausschusses, BT-Drucks 14/7052, S. 191.
55 Nicht auf Vertragsabschlüsse im Rahmen von Freizeitveranstaltungen (§ 312 Abs. 1 S. 1 Nr. 2) bzw. solche bei unerwartetem Ansprechen in Verkehrsmitteln oder im Bereich öffentlich zugänglicher Verkehrsflächen – so OLG Koblenz, NJW-RR 1991, 1020.
56 MüKo/*Ulmer*, § 1 HTWG Rn 18.
57 Falls eindeutig erklärt – so Palandt/*Putzo*, § 1 HTWG Rn 21 (aber nicht bloßes Schweigen auf einen angekündigten Besuch – OLG Stuttgart NJW-RR 1989, 956).
58 D.h. hinreichend gegenständlich bestimmt: LG Hamburg NJW-RR 1988. 824.
59 Dies ist nicht der Fall, wenn der Verbraucher lediglich auf eine Werbeantwortkarte mit versprochenem Werbegeschenk reagiert (OLG Dresden NJW-RR 1996, 758) bzw. auf eine Zeitungsanzeige telefonisch nachfragt (LG Arnsberg NJW-RR 1992, 692). Bei Bauhandwerkern kommt es auf die Umstände des Einzelfalles an, ob der Schutzzweck des § 312 Abs. 1 vorliegt (BGHZ 110, 308).
60 BGHZ 109, 127 m.w.N. – nicht zu einer bloßen Warenpräsentation oder Information; auch nicht zu einem Kostenvoranschlag (OLG Stuttgart NJW 1988, 1986).
61 OLG Bamberg BB 1988, 1072.
62 BGHZ 109, 127.
63 Palandt/*Putzo*, § 1 HTWG Rn 23.
64 OLG Stuttgart NJW-RR 1990, 1014.
65 Palandt/*Putzo*, § 1 HTWG Rn 25.
66 So zutreffend Soergel/*Wolf*, § 1 HTWG Rn 38 zu § 5 HTWG a.F.
67 OLG Stuttgart WM 1999, 2308.

ausgehandelt wurde)[68] ohne Rücksicht auf den zeitlichen Zusammenhang der Überraschungseffekt als Gesetzeszweck. Eine Anwendung des Abs. 3 Hs. 2 Nr. 3 auf Bauherren- oder Erwerbermodelle wird abgelehnt.[69]

G. Erforderliche Belehrung (Abs. 2)

Nach Abs. 2 muss die erforderliche Belehrung über das Widerrufs- oder Rückgaberecht auf die Rechtsfolgen des § 357 Abs. 1 und 3 hinweisen, d. h. darauf, dass auf das Widerrufs- und das Rückgaberecht, soweit nicht ein anderes bestimmt ist, die Vorschriften über den gesetzlichen Rücktritt entsprechende Anwendung finden, wobei die in § 286 Abs. 3 bestimmte Frist mit der Widerrufs- oder Rückgabeerklärung des Verbrauchers beginnt (§ 357 Abs. 1); der Verbraucher abweichend von § 346 Abs. 2 S. 1 Nr. 3 Wertersatz für eine durch die bestimmungsgemäße Ingebrauchnahme der Sache entstandene Verschlechterung zu leisten hat, wenn er spätestens bei Vertragsschluss in Textform (§ 126b) auf diese Rechtsfolge und eine Möglichkeit hingewiesen worden ist, sie zu vermeiden (§ 357 Abs. 3). Der Hinweis muss sich auch darauf erstrecken, dass ein Wertersatzanspruch nicht besteht, wenn die Verschlechterung ausschließlich auf die Prüfung der Sache zurückzuführen ist. Ein weiterer Hinweis ist darauf erforderlich, dass § 346 Abs. 3 S. 1 Nr. 3 keine Anwendung findet, wenn der Verbraucher über sein Widerrufsrecht ordnungsgemäß belehrt worden ist oder hiervon anderweitig Kenntnis erlangt hat.

24

Abs. 2 gewährleistet einen Gleichlauf zwischen den Belehrungspflichten über die Rechtsfolgen des Widerrufs bei Fernabsatzverträgen (§ 312d) und Haustürgeschäften, was nach Ansicht des Gesetzgebers[70] vor allem bei Dienstleistungsverträgen zum Schutz des Verbrauchers erforderlich ist. § 357 Abs. 1 S. 1 i.V.m. § 346 Abs. 2 bestimmt nämlich, dass der Verbraucher im Falle eines Widerrufs einen Anspruch auf Wertersatz in Höhe der vertraglich bestimmten Gegenleistung hat, sofern die Rückgewähr bzw. die Herausgabe nach der Natur des Erlangten ausgeschlossen ist, was bei Dienstleistungen, die der Unternehmer gegenüber dem Verbraucher erbringt, in aller Regel der Fall sein wird. Der Verbraucher kann daher im Falle von Dienstleistungen, die vor Ablauf der Widerrufsfrist erbracht worden sind, zwar den Vertrag widerrufen. Er muss aber – was sachgerecht erscheint – dem Unternehmer nach § 357 Abs. 1 S. 1 i.V.m. § 346 Abs. 2 die vereinbarte Vergütung als „Wertersatz" bezahlen, da er ja mit der Leistung auch einen Vorteil erhalten hat, den es auszugleichen gilt.

25

Da in der Parallelsituation des Fernabsatzvertrages des § 312d Abs. 3 die Regelung des § 312c Abs. 2 i.V.m. § 1 Abs. 3 Nr. 1 InfVO vorsieht, dass der Unternehmer den Verbraucher auf diese Rechtsfolge vor Vertragserfüllung hingewiesen haben muss, wurde im Rahmen des Gesetzgebungsverfahrens für die vergleichbare Situation bei Haustürgeschäften Abs. 2 angeregt, damit der Verbraucher auch bei dieser besonderen Vertriebsform vorher weiß, was auf ihn zukommt. Der Unternehmer muss den Verbraucher also (ebenso wie bei Fernabsatzverträgen) auch bei Haustürgeschäften über die entsprechende Rechtsfolge und die sonstigen Rechtsfolgen des Widerrufs belehren.

26

§ 312a Verhältnis zu anderen Vorschriften

¹Unterfällt ein Haustürgeschäft zugleich den Regelungen über Verbraucherdarlehensverträge oder Finanzierungshilfen (§§ 491 bis 504) oder über TeilzeitWohnrechteverträge (§§ 481 bis 487), oder erfüllt ein Haustürgeschäft zugleich die Voraussetzungen eines Geschäfts nach § 11 oder § 15h des Gesetzes über den Vertrieb ausländischer Investmentanteile und über die Besteuerung der Erträge aus ausländischen Investmentanteilen, nach § 23 des Gesetzes über Kapitalanlagegesellschaften oder nach § 4 des Gesetzes zum Schutz der Teilnehmer am Fernunterricht, so finden nur die Vorschriften über diese Geschäfte Anwendung.

Mit dieser Gesetzesfassung hat der Gesetzgeber eine Prüfbitte des Bundesrats[1] der Sache nach aufgegriffen und zudem die Absätze 1 und 2 in § 312 a BGB-RE zusammengefasst. § 312 a BGB-RE hatte folgenden Wortlaut:

1

> § 312 a BGB-RE Verhältnis zu anderen Vorschriften
>
> (1) Erfüllt ein Haustürgeschäft zugleich die Voraussetzungen eines Geschäfts nach § 11 des Gesetzes über den Vertrieb ausländischer Investmentanteile und über die Besteuerung der Erträge aus ausländischen Investmentanteilen, nach § 23 des Gesetzes über Kapitalanlagegesellschaften oder nach § 4 des Gesetzes zum Schutz der Teilnehmer am Fernunterricht, so finden nur die Vorschriften dieser Gesetze Anwendung.

---

68 MüKo/*Ulmer*, § 1 HTWG Rn 48; Palandt/*Putzo*, § 1 HTWG Rn 26; a.A. OLG Stuttgart BB 1999, 1453; dazu auch *Frings*, BB 1999, 2366.
69 So Palandt/*Putzo*, § 1 HTWG Rn 26; *Stüsser*, NJW 1999, 1586, 1589.
70 Beschlussempfehlung und Bericht des Rechtsausschusses, BT-Drucks 14/7052, S. 190 f.
1 BR-Drucks 338/01 – zu Nr. 54 – zu Artikel 1 Abs. 1 Nr. 13 (§ 312 a Abs. 2 BGB).

(2) Erfüllt ein Haustürgeschäft zugleich die Voraussetzungen eines Verbraucherdarlehens- oder eines Teilzeit-Wohnrechtevertrags, so finden in Bezug auf das Widerrufsrecht nur die für solche Verträge geltenden Vorschriften Anwendung.

2 § 312 a BGB-RE entsprach damit inhaltlich § 5 Abs. 2 und 3 HTWG a.F., die folgenden Wortlaut hatten:

§ 5 HTWG

(1) ...

(2) Erfüllt ein Geschäft im Sinne des § 1 Abs. 1 zugleich die Voraussetzungen eines Geschäfts nach dem Verbraucherkreditgesetz, nach § 11 des Gesetzes über den Vertrieb ausländischer Investmentanteile und über die Besteuerung der Erträge aus ausländischen Investmentanteilen, nach § 23 des Gesetzes über Kapitalanlagegesellschaften oder nach § 4 des Gesetzes zum Schutz der Teilnehmer am Fernunterricht, so sind nur die Vorschriften dieses Gesetzes anzuwenden.

(3) Erfüllt ein Geschäft im Sinne des § 1 Abs. 1 zugleich die Voraussetzungen eines Geschäfts nach dem Teilzeit-Wohnrechtegesetz, so sind in Bezug auf das Widerrufsrecht nur die Vorschriften des Teilzeit-Wohnrechtegesetzes anzuwenden.

(4) ...

3 Eine vollständige wörtliche Übernahme schied aus, da bei einem Teil der in § 5 Abs. 2 und 3 HTWG a.F. angesprochenen Vorschriften (bereits) eine Integration in das BGB stattgefunden hat.[2] Der Bundesrat hatte eine Neufassung von § 312 a Abs. 2 BGB-RE wie folgt vorgeschlagen:

(2) Unterfällt ein Haustürgeschäft den Regelungen über den Verbraucherdarlehensvertrag oder den Teilzeit-Wohnrechtevertrag, so findet statt des Widerrufs- oder Rückgaberechts nach § 312 nur das für solche Verträge geltende Widerrufsrecht Anwendung.

4 § 312 a normiert in der nunmehr Gesetz gewordenen Fassung einen Vorrang der dort genannten Sonderregelungen für Verbraucherdarlehensverträge oder Finanzierungshilfen (§§ 491 bis 504), Teilzeit-Wohnrechteverträge (§§ 481 bis 487), den Kauf ausländischer Investmentanteile und Anteilen an Kapitalanlagegesellschaften sowie Fernunterrichtsverträge (§ 4 FernUSG), die gleichermaßen ein Widerrufsrecht gewähren: Im Anwendungsbereich dieser Geschäfte wird § 312 mit seinen Rechtsfolgen verdrängt.[3]

5 **Ziel** ist es, der Ausnahmeregelung nur in solchen Fällen Geltung zu verschaffen, in denen die Vorschriften der Sonderregelungen eine abschließende Regelung treffen. § 312 a Abs. 2 BGB-RE wich im Hinblick auf das Verhältnis zum **Verbraucherdarlehen** von § 5 Abs. 2 und 3 HTWG a.F. ab, weil im HTWG früher geregelt war, dass bei einem Geschäft nach dem VerbrKrG a.F. die Vorschriften des HTWG a.F. (in Gänze) Anwendung finden sollten. Nach § 312 a Abs. 2 BGB-RE sollten nur noch die Vorschriften über den Widerruf vorrangig sein. Da sich aber die Vorschriften über Haustürgeschäfte auf die Einräumung eines Widerrufs- oder Rückgaberechts beschränken, besteht insoweit letztlich kein Unterschied.

6 **Aber**[4] – problematisch ist, was in den Fällen des § 491 Abs. 2 und 3 zu gelten hat. In den Fällen von § 491 Abs. 2 müssen die Vorschriften über das Haustürgeschäft (wie bisher) anwendbar bleiben.[5] Die Anwendbarkeit der Vorschriften über Haustürgeschäfte in den Fällen von § 491 Abs. 3 (entsprechend § 3 Abs. 2 VerbrKrG a.F.) ist jedoch zweifelhaft,[6] was auch ein entsprechendes Vorabentscheidungsverfahren, das derzeit dem EuGH vorliegt,[7] belegt. Nach der EuGH-Entscheidung wird ggf. noch eine entsprechende Klarstellung Eingang in das Gesetz finden müssen.

7 Vor diesem Hintergrund war es unzureichend, in § 312 a Abs. 2 BGB-RE allein auf das Vorliegen der Voraussetzungen eines Verbraucherdarlehens abzustellen, da dies noch nicht einmal eine Aussage darüber traf, was in den Fällen des § 491 Abs. 2 zu gelten hat. Die Neufassung des § 312 a (Zusammenführung von § 312 a Abs. 1 und 2 BGB-RE) trägt dem Rechnung.

8 Soweit im letzten Halbsatz des § 312 a ein Anwendungsvorrang der „**Vorschriften über diese Geschäfte**" vor denjenigen über Haustürgeschäfte bestimmt wird, so bezieht sich dies allein auf die Anwendung der materiell-rechtlichen Vorschriften. Dies bedeutet, dass prozessuale Vorschriften (wie z.B. § 29c ZPO infolge Art. 5 Abs. 3 Nr. 1 SchuldrechtsModG) nicht erfasst werden, womit der Gerichtsstand des § 29c ZPO für alle Haustürgeschäfte gilt, unabhängig davon, ob diese zugleich den Regelungen über Verbraucherdarlehensverträge oder Finanzierungshilfen bzw. über Teilzeit-Wohnrechteverträge unterfallen.

---

2 BT-Drucks 14/6040, S. 168 li. Sp.
3 H.M., vgl. etwa Palandt/*Putzo*, § 5 HTWG Rn 5; a.A. *Hoffmann*, ZIP 1999, 1584, der sich für eine Anwendbarkeit der §§ 1 und 2 Abs. 1 HTWG a.F. nach Ablauf des Widerrufsrechts aus dem Verbraucherkreditgesetz aussprach.
4 So der Änderungswunsch des Bundesrats – BR-Drucks 338/01 – zu Nr. 54 – zu Art. 1 Abs. 1 Nr. 13 (§ 312 a Abs. 2 BGB).
5 Palandt/*Heinrichs*, § 5 HTWG Rn 5.
6 Vgl. Palandt/*Putzo*, § 5 HTWG Rn 5; nicht anwendbar sei das HTWG, soweit wegen § 3 Abs. 2 VerbrKrG nur einzelne Bestimmungen des Verbraucherkreditgesetzes nicht gelten, insbesondere bei Realkrediten nach § 3 Abs. 2 Nr. 2 VerbrKrG: OLG München WM 1999, 728; WM 2000, 1336 – dazu *Bruchner*, ZflR 2000, 677; *Schönfelder*, WM 1999, 1495; *Stüssner*, NJW 1999, 1586, 1589.
7 BGH NJW 2000, 521; dazu *Habersack*, WM 2000, 981.

Es ist nämlich kein Grund ersichtlich, warum dem Verbraucher, der z.B. einen Verbraucherdarlehensvertrag „an der Haustür" abgeschlossen hat, nicht auch der Gerichtsstand des § 29c ZPO zugute kommen soll. Des Weiteren trägt es auch zur Rechtsvereinheitlichung und zur Vereinfachung für die Gerichte bei, wenn Haustürgeschäfte jedenfalls im Hinblick auf die Frage des Gerichtsstandes eine Gleichbehandlung erfahren.[8]

Ein Hinweis auf das Verhältnis von Haustürgeschäft zu Fernabsatzvertrag war in § 312 a entbehrlich, da ein Haustürgeschäft keinen Fernabsatz darstellen kann.[9]   9

§ 312b Fernabsatzverträge

(1) [1]Fernabsatzverträge sind Verträge über die Lieferung von Waren oder über die Erbringung von Dienstleistungen, die zwischen einem Unternehmer und einem Verbraucher unter ausschließlicher Verwendung von Fernkommunikationsmitteln abgeschlossen werden, es sei denn, dass der Vertragsschluss nicht im Rahmen eines für den Fernabsatz organisierten Vertriebs- oder Dienstleistungssystems erfolgt.

(2) [1]Fernkommunikationsmittel sind Kommunikationsmittel, die zur Anbahnung oder zum Abschluss eines Vertrags zwischen einem Verbraucher und einem Unternehmer ohne gleichzeitige körperliche Anwesenheit der Vertragsparteien eingesetzt werden können, insbesondere Briefe, Kataloge, Telefonanrufe, Telekopien, E-Mails sowie Rundfunk, Tele- und Mediendienste.

(3) [1]Die Vorschriften über Fernabsatzverträge finden keine Anwendung auf Verträge
1. über Fernunterricht (§ 1 des Fernunterrichtsschutzgesetzes),
2. über die Teilzeitnutzung von Wohngebäuden (§ 481),
3. über Finanzgeschäfte, insbesondere Bankgeschäfte, Finanz- und Wertpapierdienstleistungen und Versicherungen sowie deren Vermittlung, ausgenommen Darlehensvermittlungsverträge,
4. über die Veräußerung von Grundstücken und grundstücksgleichen Rechten, die Begründung, Veräußerung und Aufhebung von dinglichen Rechten an Grundstücken und grundstücksgleichen Rechten sowie über die Errichtung von Bauwerken,
5. über die Lieferung von Lebensmitteln, Getränken oder sonstigen Haushaltsgegenständen des täglichen Bedarfs, die am Wohnsitz, am Aufenthaltsort oder am Arbeitsplatz eines Verbrauchers von Unternehmern im Rahmen häufiger und regelmäßiger Fahrten geliefert werden,
6. über die Erbringung von Dienstleistungen in den Bereichen Unterbringung, Beförderung, Lieferung von Speisen und Getränken sowie Freizeitgestaltung, wenn sich der Unternehmer bei Vertragsschluss verpflichtet, die Dienstleistungen zu einem bestimmten Zeitpunkt oder innerhalb eines genau angegebenen Zeitraums zu erbringen,
7. die geschlossen werden
   a) unter Verwendung von Warenautomaten oder automatisierten Geschäftsräumen oder
   b) mit Betreibern von Telekommunikationsmitteln auf Grund der Benutzung von öffentlichen Fernsprechern, soweit sie deren Benutzung zum Gegenstand haben.

Literatur: *Berner/Rath/Sengpiel*, Fernabsatzrecht, 2001; *Bülow/Artz*, Fernabsatzverträge und Strukturen eines Verbraucherprivatrechts im BGB, NJW 2000, 2049; *Fuchs*, Das Fernabsatzgesetz im neuen System des Verbraucherschutzrechts, ZIP 2000, 1273; *Gaertner/Giersch*, Das neue Fernabsatzgesetz, DB 2000, 1601; *Härting*, Referentenentwurf für neues Fernabsatzgesetz, CR 1999, 507; *ders.*, Verbraucherwerbung nach dem Fernabsatzgesetz, CR 2000, 691; *ders.*, Erstkontakt mit dem Verbraucher nach dem Fernabsatzgesetz, DB 2000, 2312; *ders.*, Das Widerrufsrecht des Verbrauchers nach § 3 FernAbsG, VuR 2001, 11; *Härting/Schirmbacher*, Fernabsatzgesetz – Ein Überblick über den Anwendungsbereich, die Systematik und die wichtigsten Regelungen, MDR 2000, 917; *Hensen*, Das Fernabsatzgesetz oder: Man könnte heulen, ZIP 2000, 1151; *Kamanabrou*, Die Umsetzung der Fernabsatzrichtlinie, WM 2000, 1417; *Lorenz*, Im BGB viel Neues: Die Umsetzung der Fernabsatzrichtlinie, JuS 2000, 833; *Meder*, Die Haftung im belegloseen Fernabsatz-Kreditkartengeschäft, NJW 2000, 2076; *Meents*, Ausgewählte Probleme des Fernabsatzgesetzes bei Rechtsgeschäften im Internet, CR 2000, 610; *Micklitz*, Fernabsatz und E-Commerce im Schuldrechtsmodernisierungsgesetz, EuZW 2001, 133; *Neises*, Konsequenzen für Immobilienmakler aus dem Fernabsatzgesetz, NZM 2000, 899; *Piepenbrock/Schmitz*, Fernabsatzgesetz: Neuer Rechtsrahmen für E-Commerce, K&R 2000, 378; *Riehm*, Das Gesetz über Fernabsatzverträge und andere Fragen des Verbraucherrechts, Jura 2000, 505; *Ring*, Fernabsatzgesetz, Kommentar, 2000; *Roth*, Das Fernabsatzgesetz, JZ 2000, 1017; *Rott*, Widerruf und Rückabwicklung nach der Umsetzung der Fernabsatzrichtlinie und dem Entwurf eines Schuldrechtsmodernisierungsgesetzes, VuR 2001, 78; *Schmidt-Räntsch*, Zum Gesetz über Fernabsatzverträge und andere Fragen des Verbraucherrechts sowie zur Umstellung von Vorschriften auf den Euro, VuR 2000, 427; *ders.*, Das Gesetz über Fernabsatzverträge und andere Fragen des Verbraucherrechts, DRiZ 2000, 434; *Tonner*, Das Fernabsatzgesetz – oder System statt „Flickenteppich", BB 2000, 1413; *Wegner*, Das Fernabsatzgesetz und andere neue Verbraucherschutzvorschriften, NJW

---

[8] Beschlussempfehlung und Bericht des Rechtsausschusses, BT-Drucks 14/7052, 191.
[9] *Fuchs*, ZIP 2000, 1273, 1287.

2000, 407; *Wendehorst*, Das neue Gesetz über Fernabsatzverträge und andere Fragen des Verbraucherrechts, DStR 2000, 1311; *dies.*, Kommentierung des FernAbsG, in: MüKo, 3. Aufl. 2001; *Wilmer/Hahn*, Fernabsatzrecht, 2001.

Inhalt

A. Überblick 1	4. Finanzgeschäfte (Nr. 3) 49
B. Die Fernabsatzrichtlinie (FARL) 3	5. Bau-, Kauf- und andere Immobilienverträge (Immobiliengeschäfte) (Nr. 4) 55
I. Gegenstand der Fernabsatzrichtlinie 3	6. Verträge über die Lieferung von Lebensmitteln, Getränken oder sonstigen Haushaltsgegenständen des täglichen Bedarfs (Nr. 5) 58
II. Ausgangslage 6	
III. Etappen des Fernabsatzgeschäfts 9	
IV. Überblick über die Fernabsatzrichtlinie 11	7. Verträge über die Erbringung von Dienstleistungen in den Bereichen Unterbringung, Beförderung, Lieferung von Speisen und Getränken sowie Freizeitgestaltung (Nr. 6) 61
C. Sachlicher Anwendungsbereich (Abs. 1) 19	
I. Fernabsatzvertrag 19	
II. Fernkommunikationsmittel (Abs. 2) 24	
III. Gegenstand des Fernabsatzvertrages 30	8. Automatenverträge (Nr. 7 lit. a) 62
1. Verträge im Fernabsatz 30	9. Benutzungsverträge an öffentlichen Fernsprechern (Nr. 7 lit. b) 63
2. Struktur des Unternehmens (für den Fernabsatz organisiertes Vertriebs- und Dienstleistungssystem) 32	
3. Beweislasterleichterung 36	10. Verträge, die im Wege einer Versteigerung geschlossen werden (§ 1 Abs. 3 Nr. 7 lit. c FernAbsG-RegE) 64
4. Mischfälle 38	
IV. Bereichsausnahmen vom sachlichen Anwendungsbereich (Abs. 3) 39	a) Regelung des RegE 64
	b) Internetversteigerungen 65
1. Überblick 39	c) Echte Versteigerung versus als „Versteigerung" deklarierter Verkauf gegen Höchstgebot 66
2. Fernunterrichtsverträge (Nr. 1) 42	
3. Teilzeit-Wohnrechteverträge (Nr. 2) 45	D. Persönlicher Anwendungsbereich 68

A. Überblick

1 Mit § 312b, der den sachlichen Anwendungsbereich der Regelungen über Fernabsatzverträge normiert, hat der Gesetzgeber im Wesentlichen § 1 FernAbsG a.F. übernommen. Es trifft jedoch nicht zu, dass eine wörtliche Übernahme mit bloß redaktioneller Änderung der Einleitung des ersten Satzes erfolgt ist, wie dies im Regierungsentwurf[1] ausgeführt wird. Vielmehr finden nach Abs. 3 Nr. 3 die Vorschriften über Fernabsatzverträge nunmehr auch auf Darlehensvermittlungsverträge nach den §§ 655 a ff. (als Gegenausnahme zur Ausnahme) – wie ausdrücklich festgestellt wird – Anwendung.[2] Im Übrigen ist das Günstigkeitsprinzip des § 1 Abs. 4 FernAbsG a.F.[3] entfallen. Der Bundesrat[4] hatte darum gebeten, im weiteren Gesetzgebungsverfahren zu prüfen, ob und in welchem Umfang § 1 Abs. 4 FernAbsG a.F. gleichwohl in § 312b BGB-RE übernommen werden müsste.[5] Auf die Prüfbitte hat die Bundesregierung festgestellt, dass § 1 Abs. 4 FernAbsG a.F., der das Günstigkeitsprinzip absichern sollte, überflüssig sei, da in Ansehung von Informationspflichten das Günstigkeitsprinzip bereits durch § 312c Abs. 4 (entsprechend § 2 Abs. 4 FernAbsG a.F.)[6] abgesichert sei.[7]

2 § 312b (§ 1 FernAbsG a.F.) normiert in sprachlich gestraffter und redaktionell verbesserter Umsetzung der Vorgaben der FARL[8] den **sachlichen Anwendungsbereich** des Gesetzes und trifft dabei **drei Regelungen**:
– eine Definition des Begriffs „Fernabsatzvertrag" (**Abs. 1**; § 1 Abs. 1 FernAbsG a.F.; siehe Rn 19 ff.);
– eine Konkretisierung der Fernkommunikationsmittel (**Abs. 2**; § 1 Abs. 2 FernAbsG a.F.; siehe Rn 24 ff.) sowie
– einen Anwendungsausschlusskatalog (**Abs. 3**; § 1 Abs. 3 FernAbsG a.F.; siehe Rn 39 ff.).

---

1 BMJ-RegE, S. 387.
2 Die klarstellende Änderung des § 312b Abs. 3 Nr. 3 entspricht dem Änderungsantrag des Bundesrates in seiner Stellungnahme zu Nr. 56, dem die Bundesregierung in ihrer Gegenäußerung zugestimmt hatte – Beschlussempfehlung und Bericht des Rechtsausschusses, BT-Drucks 14/7052, S. 191.
3 Dazu *Ring*, § 1 FernAbsG Rn 71 ff.
4 BR-Drucks 338/01 zu Art. 1 Abs. 1 Nr. 13 (§ 312b BGB).
5 Allerdings mit der unrichtigen Argumentation, dass die Begründung zu § 312b BGB-RE behaupte, mit § 312b BGB-RE sei § 1 FernAbsG wörtlich übernommen worden, womit auch dessen Absatz 4 gemeint sei (vgl. dazu aber die Begründung des BMJ-RegE, S. 387). „Da dieser jedoch fehlt, ist offen, ob es sich hierbei um ein redaktionelles Versehen handelt oder sachliche Gründe für die Streichung maßgebend sind. Diese wären darzulegen" – BR-Drucks 338/01 zu Art. 1 Abs. 1 Nr. 13 (§ 312b BGB).
6 Ansonsten sind keine Fälle ersichtlich, in denen das Widerrufsrecht für Fernabsatzverträge mit anderen Widerrufsrechten konkurriert (so dass das Günstigkeitsprinzip hier eingreifen könnte) – so bereits Palandt/*Heinrichs*, § 1 FernAbsG Rn 15 ff.
7 Gegenäußerung der Bundesregierung – zu Nr. 55 – zu Art. 1 Abs. 1 Nr. 13 (§ 312b BGB).
8 Palandt/*Heinrichs*, § 1 FernAbsG Rn 1.

B. Die Fernabsatzrichtlinie (FARL)

Literatur: *Arnold*, Verbraucherschutz im Internet, CR 1997, 526; *Artz*, Hürden auf dem Weg zu einem Fernabsatzgesetz, VuR 1999, 393; *ders.*, Wirklich kein Umsetzungsbedarf bei Art. 7 Abs. 1 der Fernabsatzrichtlinie?, VuR 1999, 249; *Bermanseder*, Verbraucherschutz beim Teleshopping, MMR 1998, 342; *Bodewig*, Die neue europäische Richtlinie zum Fernabsatz, DZWiR 1997, 447; *Borges*, Verbraucherschutz beim Internet-Shopping, ZIP 1999, 130; *Bülow*, Fernabsatzrichtlinie und Verbraucherkreditgesetz, DZWiR 1998, 89; *ders.*, Unsinniges im Fernabsatz, ZIP 1999, 1293; *Freitag/Leible*, Von den Schwierigkeiten der Umsetzung kollisionsrechtlicher Richtlinienbestimmungen, ZIP 1999, 1296; *Freund*, Der Vorschlag einer EU-Richtlinie über den Verbraucherschutz bei Vertragsabschlüssen im Fernabsatz, FS für Horn, 1997, 228; *Gößmann*, Electronic commerce – Die EU-Fernabsatzrichtlinie und ihre Auswirkungen auf den Handel über neue Medien, MMR 1998, 88; *Glöckner*, „Cold calling" und europäische Richtlinie zum Fernabsatz – ein trojanisches Pferd im deutschen Lauterkeitsrecht, GRUR Int. 2000, 29; *Härting*, Referentenentwurf für ein neues Fernabsatzgesetz, CR 1999, 507; *Heinrichs*, Das Widerrufsrecht nach der Richtlinie 97/7/EG über den Verbraucherschutz bei Vertragsabschlüssen im Fernabsatz, in: FS für Medicus, 1999, S. 177; *Kronke*, Electronic commerce und Europäisches Verbrauchervertrags-IPR, RIW 1996, 985; *Martinek*, Verbraucherschutz im Fernabsatz – Lesehilfe mit Merkpunkten zur neuen EU-Richtlinie, NJW 1998, 20; *Micklitz*, Die Fernabsatzrichtlinie 97/7/EG, ZEuP 1999, 875; *Micklitz/Reich*, Die Fernabsatzrichtlinie im deutschen Recht, 1998; *dies.*, Umsetzung EG-Fernabsatzrichtlinie, BB 1999, 2093; *Präve*, Der Vorschlag für eine EG-Fernabsatz-Richtlinie aus der rechtlichen Sicht, VersR 1993, 1066; *Roth/Schulze*, Verbraucherschutz im Electronic Commerce, RIW 1999, 924; *Reich*, Die Neue Richtlinie 97/7/EG über den Verbraucherschutz bei Vertragsabschlüssen im Fernabsatz, EuZW 1997, 581; *Rott*, Informationspflichten in Fernabsatzverträgen als Paradigma für die Sprachenproblematik im Vertragsrecht, ZVglRWiss. 98 (1999), 382; *Staudinger*, Art. 29a EGBGB des Referentenentwurfs zum Fernabsatzgesetz, IPRax 1999, 414; *Thorn*, Verbraucherschutz bei Verträgen im Fernabsatz, IPRax 1999, 1; *Vehslage*, Entwurf eines Fernabsatzgesetzes, DuD 1999, 639; *Waldenberger*, Alles schwebend unwirksam – Distanzgeschäfte nach dem Referentenentwurf eines Fernabsatzgesetzes, K&R 1999, 345; *Willingmann*, Auf dem Weg zu einem einheitlichen Vertriebsrecht für Waren und Dienstleistungen in der Europäischen Union? – Die Richtlinie über den Verbraucherschutz bei Vertragsabschlüssen im Fernabsatz (97/7/EG), VuR 1998, 395; *Ziem*, Spamming, Zulässigkeit nach § 1 UWG, Fernabsatzrichtlinie und E-Commerce-Richtlinienentwurf, MMR 2000, 129.

I. Gegenstand der Fernabsatzrichtlinie

Das Europäische Parlament und der Rat der Europäischen Union haben am 20. Mai 1997 die **Richtlinie 97/7/EG über den Verbraucherschutz bei Vertragsabschlüssen im Fernabsatz**[9] als grundlegendes EG-Vertriebsgesetz[10] erlassen (fortan: **Fernabsatzrichtlinie – FARL**).[11] Vorausgegangen war eine Diskussion des Problemkomplexes im ersten EWG-Verbraucherschutzprogramm 1975[12] und ein Grünbuch für Vertragsabschlüsse im Fernabsatz 1992.[13] Die FARL wird ergänzt durch die (nicht bindende) Empfehlung 92/295/EWG der Kommission vom 7. April 1992 über die Verhaltenscodices zum Verbraucherschutz bei Vertragsabschlüssen im Fernabsatz.[14] Berufsvereinigungen von Lieferern sind aufgefordert, sich diese zu geben.

Gegenstand der FARL ist nach deren Art. 1 die Angleichung der Rechts- und Verwaltungsvorschriften der Mitgliedstaaten über Vertragsabschlüsse im Fernabsatz zwischen Verbrauchern und Lieferanten. Dies hat Folgendes zur Konsequenz: Entspricht das nationale Recht des Heimatstaats eines Unternehmens in einem EG-Mitgliedstaat dem Standard der FARL, so kann dasselbe EG-weit sein Vertragssystem nach Maßgabe des Heimatrechts organisieren.[15]

Gleichwohl ist der Richtlinie weniger eine Harmonisierungs- denn eine Marktaufschließungsfunktion beizumessen,[16] darüber hinaus aber auch eine Innovationsfunktion angesichts der rasanten Fortentwicklung

---

9 ABl. Nr. L 144 vom 4. Juni 1997, S. 19.
10 So *Reich*, EuZW 1997, 581.
11 Vgl. im Übrigen die E-Commerce-Richtlinie, die das Funktionieren des elektronischen Geschäftsverkehrs im Binnenmarkt sichern soll – dazu noch näher: vor § 312e Rn 1 ff.; vgl. zudem *Bender/Sommer*, RIW 2000, 260; *Buchner*, EWS 2000, 147; *Derleder/Pallas*, ZIP 1999, 1285; *Hoppmann*, VersR 1999, 673; *König/Müller/Trafkowski*, EWS 2000, 97, 100 f.; *Waldenberger*, EuZW 1999, 296.
12 Erwägungspunkte 5 bis 7 der Präambel, ABl. EG 1975 Nr. C 92/1.
13 KOM (92) 11, ABl. EG 1992 Nr. C 156/14.
14 ABl. EG 1992 Nr. L 156, S. 21.
15 Dies bedeutet, dass Art. 14 S. 1 FARL, der strengere nationale Regelungen zugunsten des Verbrauchers gestattet, diesem Unternehmen im Zuge einer Fernabsatzmaßnahme in einem anderen Mitgliedstaat (der strengere Vorschriften zum Verbraucherschutz aufgestellt hat) *nicht* soll entgegengehalten werden können – z.B. mit der Folge, dass es dem ausländischen Unternehmen grundsätzlich (etwas anderes gilt, wenn der Verbraucher dies abgelehnt hat) nicht verwehrt sein soll, den Produktvertrieb via unaufgeforderter Telefonanrufe zu betreiben (Art. 10 FARL): Strittig, so aber *Grundmann*, Europäisches Schuldvertragsrecht, 1999, S. 224, 228; a.A. *Ring*, FernAbsG, Art. 10 FARL Rn 7 ff. Etwas anderes gilt (ohnehin) nach Art. 14 S. 2 FARL für den Arzneimittelvertrieb.
16 So *Grundmann*, Europäisches Schuldvertragsrecht, 1999, S. 224, 225: „Behinderungen durch unterschiedliche Verbraucherschutzniveaus sollen erst gar nicht entstehen (Prävention)."

der technischen Möglichkeiten im Fernkommunikationsbereich. Dem Verbraucher werden bei Fernabsatzverträgen bestimmte Informationen sowie das Recht eingeräumt, ohne Angabe von Gründen den Vertrag binnen sieben Werktagen zu widerrufen.

II. Ausgangslage

6   Die FARL will den Verbraucher **vor irreführenden und aggressiven Verkaufsmethoden im Fernabsatz schützen**. Die **Vertriebsform Fernabsatz** erfasst dabei neben dem klassischen Versand- oder Kataloghandel (d.h. dem traditionellen Distanzgeschäft) in der modernen Informationsgesellschaft auch die wachsende Zahl der unter Einsatz des Fernsehens und neuer Kommunikationstechnologien (auch grenzüberschreitend) elektronisch gestützten Verbraucherkäufe. Probleme für den Verbraucher im Rahmen des Fernabsatzes entstehen dadurch, dass sich Anbieter und Verbraucher bei dieser Vertriebsform eines Telemarketing-Systems physisch nicht mehr begegnen. Der Verbraucher kann die Ware oder Dienstleistung vor Vertragsabschluss nicht in Augenschein nehmen. Zum anderen begründet aber auch die Schnelligkeit und Flüchtigkeit der Fernkommunikation Probleme für den Verbraucher.

7   Im Hinblick auf den Europäischen Binnenmarkt sind einheitliche europäische Schutzstandards notwendig.[17] Gleichwohl erfasst die FARL neben dem **grenzüberschreitenden** natürlich auch den **nationalen Fernabsatz**.[18]

8   Als **Informationstechnologien** des Fernabsatzes können z.B. die folgenden in Betracht kommen: für die **Darbietung von Angeboten** seitens des Unternehmers: Telefon (Telefonhandel), Heimcomputer (Internet), Presse, Rundfunk oder Fernsehen; für die **Auftragserteilung** seitens des Verbrauchers kommen alle technischen Medien mit Dialogführung in Betracht, etwa Telefon, Telefax bzw. Computer.

III. Etappen des Fernabsatzgeschäfts

9   Der europäische Gesetzgeber nimmt für den Abschluss eines Fernabsatzgeschäfts drei Etappen an, die von der Anbahnung bis zur Erfüllung des Vertrags ein Kontinuum bilden: Der Verbraucher erlangt per Telekommunikationstechnik (Informationstechnologie) ein (regelmäßig unverbindliches – bloße Werbemaßnahme oder invitatio ad offerendum) Waren- bzw. Dienstleistungsangebot (schriftlich, bildlich, mündlich) mit den wesentlichen Angaben. Der Verbraucher erteilt – auf dieser Grundlage – per Telekommunikationstechnik seine Bestellung. Der Unternehmer leistet zu einem späteren Zeitpunkt.[19]

10   Da bei beiderseitiger Nutzung der Telekommunikationstechnik im Rahmen des Fernabsatzes Verbraucher und Unternehmer sich physisch nicht mehr gleichzeitig begegnen (Rn 6), können besondere Probleme und Risiken auftreten, denen durch die FARL begegnet werden soll (**Problem der fehlenden physischen Präsenz der Vertragsparteien beim Vertragsabschluss**).

IV. Überblick über die Fernabsatzrichtlinie

11   Die FARL[20] erfasst alle Verträge über Waren oder Dienstleistungen, die im Rahmen eines für den **Fernabsatz organisierten Vertriebs- bzw. Dienstleistungssystems** des Anbieters mit dem Verbraucher geschlossen werden. Das Vertriebs-/Dienstleistungssystem erfasst z.B. Vertragsabschlüsse durch Telefon, Brief, Fax, Kataloge, E-Mail oder Online. Neben dem **klassischen Fernabsatzgeschäft** (etwa in Form von Katalogbestellungen) unterfällt der FARL auch ein Großteil des **elektronischen Geschäftsverkehrs**, etwa Teleshopping, Videotext, Internet oder andere Online-Medien, sofern diese für den Abschluss eines entsprechenden (Fernabsatz-)Vertrages eingesetzt werden.

12   Gänzlich **ausgenommen** von der FARL bleiben nach Art. 3 Abs. 1 Finanzdienstleistungen,[21] Bau- und Immobilienverträge bzw. Verträge, die unter Verwendung (traditioneller) Warenautomaten geschlossen werden.

13   Vom **Anwendungsbereich bestimmter Vorgaben** der Richtlinie (etwa der Art. 4, 5, 6 und 7 Abs. 1 FARL) bleiben weitere Vertragstypen nach Maßgabe von Art. 3 Abs. 2 FARL ausgenommen.

---

17 *Martinek*, NJW 1998, 207.
18 So zutreffend *Micklitz*, in: Micklitz/Reich, Die Fernabsatzrichtlinie im deutschen Recht, 1998, S. 2; a.A. *Larenz/Wolf*, Bürgerliches Recht, Allgemeiner Teil, 7. Aufl. 1997, § 30 Rn 61.
19 RegE, BT-Drucks 14/2658, S. 15 re. Sp.
20 Richtlinie 97/7/EG des Europäischen Parlaments und des Rates über den Verbraucherschutz bei Vertragsabschlüssen im Fernabsatz vom 20. Mai 1997 (ABl. EG Nr. L 144, S. 19).
21 Vgl. dazu nämlich den gesonderten Richtlinienvorschlag der Kommission (KOM [1998] 468) vom 14. Oktober 1998 eines Vorschlags für eine Richtlinie des Europäischen Parlaments und des Rates über den Fernabsatz von Finanzdienstleistungen an Verbraucher und zur Änderung der Richtlinie 90/618/EG und der Richtlinien 97/7/EG und 98/27/EG, abgedruckt in WM 1999, 1477 (vgl. zudem BR-Drucks 987/98). Zudem den nochmals geänderten entsprechenden Vorschlag – ABl. EG Nr. C 177 vom 27. Juni 2000, S. 21.

Der **Regelungsgehalt der FARL** ist unterschiedlich. Zum einen das **traditionelle Instrumentarium des Verbraucherschutzrechts,** nämlich **Informationspflichten** des Anbieters (Art. 4 FARL): Der Anbieter muss den Verbraucher vor Vertragsschluss ausreichend informieren über die Identität des Lieferanten, den Preis, wesentliche Eigenschaften der Ware oder Dienstleistung, die Lieferkosten, die Einzelheiten der Zahlung sowie das Bestehen eines Widerrufsrechts. Dieser Informationskern ist nach Art. 5 FARL spätestens bei Lieferung schriftlich oder auf einem für den Verbraucher verfügbaren dauerhaften Datenträger zu wiederholen, falls diese Form nicht schon bei der ursprünglichen Information gewahrt wurde. 14

Herzstück der Richtlinie ist jedoch das **Widerrufsrecht des Verbrauchers** (Art. 6 FARL): Der Vertragsschluss über eine Distanz mittels Fernkommunikationsmittel kann innerhalb von sieben Werktagen widerrufen werden. 15

Weitere Regelungsaspekte sind die folgenden: **Fristbeginn** ist der Zeitpunkt des Eingangs der Ware beim Verbraucher bzw. der Vertragsschluss bei Dienstleistungen. Die Frist **verlängert** sich auf maximal **drei Monate**, falls der Lieferer seine Informationspflichten nicht erfüllt hat. Der Verbraucher darf nur mit den Rücksendekosten belastet werden. Geleistete Zahlungen sind (bei der Rückabwicklung) innerhalb von 30 Tagen zu erstatten. Und verbundene Kreditverträge sind gleichermaßen widerrufbar. 16

Neben den beiden vorab genannten traditionellen Elementen bestehen aber auch vertragsrechtliche Regelungen zur Erfüllung (Art. 7 FARL): Bestellungen des Verbrauchers sind vom Anbieter (mangels anderweitiger Vereinbarung) spätestens nach 30 Tagen auszuführen; haftungsrechtliche Vorschriften (im Falle von Zahlungskarten nach Art. 8 FARL): Schutz des Verbrauchers vor den Risiken einer betrügerischen Verwendung seiner Zahlungskarte (Stornierungsrecht). Vorgaben, die das Recht des unlauteren Wettbewerbs (Art. 9 FARL) betreffen: Der Verbraucher soll vor bestimmten belästigenden Methoden des Direktmarketings (etwa vor der Zusendung unbestellter Waren und Dienstleistungen sowie einer unaufgeforderten Werbung) geschützt werden. Die Verwendung von Voice-Mail-Systemen und des Telefax bedarf der vorherigen Zustimmung des Verbrauchers (Art. 10 FARL). 17

Zivilprozessuale Durchsetzungsmöglichkeiten (Verbandsklagebefugnis nach Art. 11 FARL): Verbraucherverbände und Berufsverbände mit berechtigtem Interesse können die Einhaltung der nach Maßgabe der Richtlinie erlassenen Bestimmungen (d.h. sowohl Fälle richtlinienwidriger Geschäftspraktiken als auch Fälle richtlinienwidriger Geschäftsbedingungen) vor Gericht einklagen. Regelungen über Unabdingbarkeit und Konkurrenzen: Die Verbraucherrechte nach der FARL können nicht vertraglich abbedungen werden (Art. 12 Abs. 1 FARL). Der Verbraucherschutz darf nicht durch die Wahl des Rechts eines Drittlandes verdrängt werden (Art. 12 Abs. 2 FARL). Allerdings steht es den Mitgliedstaaten frei, ein höheres Schutzniveau für die Verbraucher zu schaffen, indem sie strengere Bestimmungen als in der Richtlinie vorsehen. Insoweit setzt die Richtlinie nur Mindeststandards (Art. 14 FARL). 18

C. Sachlicher Anwendungsbereich (Abs. 1)

I. Fernabsatzvertrag

Der sachliche Anwendungsbereich von Fernabsatzverträgen wird nunmehr in **Abs. 1** umschrieben. Der Schlüsselbegriff des **Fernabsatzvertrags**, der allerdings keinen neuen Vertragstyp begründet, erfährt vom Gesetzgeber folgende **Legaldefinition**: alle Verträge über die Lieferung von Waren oder die Erbringung von Dienstleistungen, die zwischen einem **Unternehmer** und einem **Verbraucher** unter **ausschließlicher** Verwendung von **Fernkommunikationsmitteln** abgeschlossen werden, es sei denn, dass der Vertragsabschluss nicht im Rahmen eines für den Fernabsatz organisierten Vertriebs- oder Dienstleistungssystems erfolgt. Der Fernabsatzvertrag knüpft damit allein an die Art und Weise seines Abschlusses und nicht an einen bestimmten Vertragsinhalt an. 19

Das Vorliegen eines Fernabsatzvertrags setzt also zweierlei voraus: eine bestimmte **Vertragsabschlusstechnik** (d.h. die Verwendung von Fernkommunikationsmitteln) sowie ein **bestimmtes Vertriebssystem** (das auf Fernabsatz angelegt ist). 20

Die bloße Verwendung von Fernkommunikationsmitteln allein für den Abschluss eines Vertrags (sog. **Distanzvertrag**) reicht somit für die Anwendbarkeit der Vorschriften über Fernabsatzverträge noch nicht aus. Zusätzlich muss hinzukommen, dass der Unternehmer den entsprechenden Vertrag im Rahmen eines für den Fernabsatz organisierten Vertriebs- oder Dienstleistungssystems geschlossen hat. 21

§ 312b folgt – fast wörtlich – der entsprechenden Definition in Art. 1 FARL (Gegenstand) und Art. 2 Nr. 1 FARL (Definitionen). 22

> **Art. 1 FARL (Gegenstand)**
> Gegenstand dieser Richtlinie ist die Angleichung der Rechts- und Verwaltungsvorschriften der Mitgliedstaaten über Vertragsabschlüsse im Fernabsatz zwischen Verbrauchern und Lieferanten.

Art. 2 FARL (Definitionen)

Im Sinne dieser Richtlinie bezeichnet der Ausdruck

1. „Vertragsabschluss im Fernabsatz" jeden zwischen einem Lieferer und einem Verbraucher geschlossenen, eine Ware oder eine Dienstleistung betreffenden Vertrag, der im Rahmen eines für den Fernabsatz organisierten Vertriebs- bzw. Dienstleistungssystems des Lieferers geschlossen wird, wobei dieser für den Vertrag bis zu dessen Abschluss einschließlich des Vertragsabschlusses selbst ausschließlich eine oder mehrere Fernkommunikationstechniken verwendet;

2. – 5. (...)

23 Allein in der Begrifflichkeit des Unternehmers in § 312b deutet sich zur FARL, die die Terminologie „Lieferer" verwendet, ein – allerdings nur sprachlicher, nicht hingegen inhaltlicher – Unterschied zwischen Gesetz und Richtlinie an. Die besondere Modalität des Vertragsabschlusses, die ausschließliche Verwendung von Fernkommunikationsmitteln, begründet die Anwendbarkeit der verbraucherschutzrechtlichen Regelungen über Verträge im Fernabsatz.

II. Fernkommunikationsmittel (Abs. 2)

24 **Fernabsatz** ist eine Vertriebsform, die ausschließlich auf Fernkommunikationsmittel gestützt wird.[22] Der Begriff des **Fernkommunikationsmittels** hat eine **Legaldefinition** in **Abs. 2** erfahren. Allein und ausschließlich die auf den Einsatz entsprechender Fernkommunikationsmittel gestützten Vertriebstechniken unterfallen dem Fernabsatz und damit auch den §§ 312b ff.; andere Vertriebstechniken, etwa Vertreterbesuche oder eine Vermittlung durch Dritte (die im Verhältnis zum Verbraucher nicht ausschließlich Fernkommunikationsmittel nutzen) hingegen nicht.

25 Nach der (von *Lorenz*[23] als „unnötig" qualifizierten) Legaldefinition des Abs. 2 versteht man unter **Fernkommunikationsmittel** solche (d.h. alle) Kommunikationsmittel, die zur Anbahnung oder zum Abschluss eines Vertrags zwischen einem Verbraucher und einem Unternehmer ohne gleichzeitige körperliche Anwesenheit der Vertragsparteien eingesetzt werden können, insbesondere Briefe, Kataloge, Telefonanrufe, Telekopien, E-Mails sowie Rundfunk, Tele- und Mediendienste. Dem entspricht im Wesentlichen die Begriffsdefinition der **Fernkommunikationstechnik** in Art. 2 Nr. 4 FARL:

Art. 2 FARL (Definitionen)

Im Sinne dieser Richtlinie bezeichnet der Ausdruck

1. – 3. (...)

4. „Fernkommunikationstechnik" jedes Kommunikationsmittel, das zum Abschluss eines Vertrages zwischen einem Verbraucher und einem Lieferer ohne gleichzeitige körperliche Anwesenheit der Vertragsparteien eingesetzt werden kann. Eine beispielhafte Liste der Techniken im Sinne dieser Richtlinie ist in Anhang I enthalten;

5. (...)

26 Entsprechend **Anhang I FARL** werden – allerdings nicht erschöpfend, sondern nur beispielhaft – als „**Kommunikationstechniken nach Artikel 2 Nummer 4**" die folgenden verstanden: Drucksachen ohne Anschrift, Drucksachen mit Anschrift, vorgefertigte Standardbriefe, Pressewerbung mit Bestellscheinen, Kataloge, telefonische Kommunikation mit Personen als Gesprächspartner, telefonische Kommunikation mit Automaten als Gesprächspartner (Voice-Mail-System, Audiotext), Hörfunk, Bildtelefon, Videotext (Mikrocomputer, Fernsehbildschirm) mit Tastatur oder Kontaktbildschirm, elektronische Post, Fernkopie (Telefax) oder Fernsehen (Teleshopping).

27 Einen entsprechenden besonderen Anhang zu § 312b hat der Gesetzgeber nicht für notwendig erachtet. Vielmehr benennt Abs. 2 im Gesetzestext selbst kürzer, aber ohne faktischen Unterschied zum Anhang I der FARL, beispielhaft einige typische Fernkommunikationstechniken: „Briefe, Kataloge, Telefonanrufe, Telefaxe, E-Mails sowie Rundfunk, Tele- und Mediendienste." Infolge der abstrakt gehaltenen Fassung der Legaldefinition unterfallen dem Begriff „Fernkommunikationsmittel" also sehr umfassend **alle** entsprechenden Kommunikationsmittel, alte (z.B. Kataloge, Briefe oder Telefonate) wie neue (z.B. E-Mails, Telekopien oder Tele- und Mediendienste).

28 **Zusammengefasst** können damit als **Fernkommunikationsmittel** alle Kommunikationsmittel verstanden werden, die einen **Vertragsabschluss** unter physisch Abwesenden (d.h. ohne gleichzeitige körperliche Anwesenheit der Vertragsparteien) ermöglichen[24] oder aber, die wie etwa Rundfunk und Mediendienste, zumindest bei der **Anbahnung** eines solchen Vertragsabschlusses unter physisch Abwesenden über andere Fernkommunikationsmittel eingesetzt werden.

---

[22] RegE, BT-Drucks 14/2658, S. 31.
[23] JuS 2000, 833, 838 zu § 1 Abs. 2 FernAbsG a.F.
[24] RegE, BT-Drucks 14/2658, S. 31 li. Sp.

Keine Regelung – weder in der FARL noch in § 312b – hat hingegen die Frage des **Zustandekommens des Fernabsatzvertrages** mittels Angebot und Annahme erfahren. Dies hat zur Folge, dass die Regelung des § 147 Abs. 1 S. 2 unberührt bleibt. Daraus folgt, dass telefonische Vertragsabschlüsse nach deutschem Recht als solche unter Anwesenden anzusehen sind, obgleich sie **auch** unter § 312b fallen können. Neben § 147 Abs. 1 S. 2 findet auch § 151 (Grundsätze über eine konkludente Annahme von Willenserklärungen) auf den Fernabsatz Anwendung. So liegt etwa ein Vertragsabschluss im Fernabsatz unter Berücksichtigung des § 151 dann vor, wenn ein Unternehmer das telefonische Angebot des Verbrauchers durch die Zusendung der bestellten Ware annimmt.[25] Der Vertragsabschluss muss aber unter **ausschließlicher** Verwendung von Fernkommunikationsmitteln erfolgen. Voraussetzung ist also, dass sowohl das Vertragsangebot (§ 145) als auch die Annahme (§§ 146 ff.) durch Fernkommunikationsmittel erfolgen müssen. 29

III. Gegenstand des Fernabsatzvertrages
1. Verträge im Fernabsatz

Der Fernabsatzvertrag[26] umfasst die Lieferung von Waren sowie die Erbringung von Dienstleistungen. Unter den Dienstleistungsbegriff können grundsätzlich (zu den Ausnahmen siehe noch Rn 39 ff.) sowohl Dienst- (§§ 611 ff.), Werk- (§§ 631 ff.) als auch Geschäftsbesorgungsverträge aller Art (§§ 675 ff.) subsumiert werden,[27] sofern diese Verträge in **sachlicher Hinsicht** in der besonderen Vertriebsform „Fernabsatz" vermarktet werden. Dem entspricht – fast wörtlich – die Vorgabe in Art. 2 Nr. 1 FARL. 30

Unabdingbare Voraussetzung für jedes Fernabsatzgeschäft ist jedoch, dass alle vertragsrelevanten Handlungen bis zum Abschluss des Vertrags ausschließlich unter Verwendung von Fernkommunikationsmitteln erfolgen. Dies schließt einen **direkten persönlichen Kontakt** zwischen den Parteien selbst und unter Einschluss ihrer Vertreter und Gehilfen (d.h. Vertreterbesuche oder Vertragsabschlüsse im Geschäftslokal bzw. im Anschluss an eine Geschäftsanbahnung, die dort stattgefunden hat) aus. 31

2. Struktur des Unternehmens (für den Fernabsatz organisiertes Vertriebs- und Dienstleistungssystem)

Der Gesetzgeber hat die Anwendung des § 312b ausdrücklich auf Verträge beschränkt, die **im Rahmen eines** entsprechenden für den Fernabsatz organisierten **Vertriebs- und Dienstleistungssystems geschlossen werden**. Das Gesetz stellt im Hinblick auf seine Anwendung nicht primär auf einen konkret im Fernabsatz abgeschlossenen Vertrag, sondern auf die „Struktur des anbietenden Unternehmens" ab.[28] Ein entsprechendes Vertriebssystem setzt voraus, „dass der Unternehmer in personeller und sachlicher Ausstattung innerhalb seines Betriebes die organisatorischen Voraussetzungen geschaffen hat, die notwendig sind, um regelmäßig im Fernabsatz zu tätigende Geschäfte zu bewältigen",[29] was nicht notwendig einen großen sachlichen oder personellen Aufwand voraussetzt.[30] 32

Werden im Hinblick auf die Vertragsanbahnung bzw. den Vertragsabschluss eines im Prinzip auf stationären Handel ausgelegten Unternehmens hingegen nur zufällig oder gelegentlich Fernkommunikationsmittel eingesetzt, so fallen entsprechende Verträge aus dem Anwendungsbereich des § 312b heraus.[31] Lässt ein Anbieter seine Geschäfte regelmäßig in einem Ladengeschäft zustande kommen oder wickelt er sie dort zumeist ab, unterfallen diese § 312b auch dann **nicht**, wenn er gelegentlich einmal auch einen Vertragsabschluss telefonisch, durch Telefax oder per E-Mail tätigt. Der **gelegentliche Vertragsabschluss im Fernabsatz** mittels Fernkommunikationsmittel als **nicht** organisierte Vertriebsform (mit der Konsequenz einer Nichtanwendbarkeit der Regelungen über Verträge im Fernabsatz) „wäre besser in den Gesetzestext mit aufgenommen worden. Das Merkmal des nicht organisierten Vertragssystems ist daher eng auszulegen".[32] 33

Erforderlich ist allerdings andererseits auch **nicht**, dass der konkret in Rede stehende Unternehmer sein **gesamtes Vertriebsgeschäft** im Fernabsatz abwickelt, d.h. sich ausschließlich dieser Vertriebsform bedient. Dies ist für den Systemcharakter nicht erforderlich. Es ist durchaus möglich, dass ein Unternehmer seine Produkte oder Dienstleistungen sowohl in klassischen Vertriebsformen (etwa „über die Theke") als auch im Fernabsatz vertreibt. Das Unternehmen unterfällt für diesen Fall **nur** hinsichtlich des Vertriebswegs 34

---

25 Beispiel nach RegE, BT-Drucks 14/2658, S. 31 li. Sp.
26 Das Gesetz erfasst den Fernabsatz*vertrag*, mithin nicht lediglich bloße Werbe- und Informationsmaßnahmen des Unternehmers (die nicht im Zusammenhang mit einer Vertragsanbahnung oder einem Vertragsabschluss stehen) – so zutreffend *Reich*, EuZW 1997, 581, 582 f.; *Waldenberger*, in: Hoeren/Sieber, Handbuch Multimedia-Recht, 1999, Kapitel 13.4 Rn 111. Dabei können jedoch Probleme einer Abgrenzung zwischen einer beachtlichen invitatio ad offerendum und unbeachtlichen reinen Werbemaßnahmen auftreten: *Fuchs*, ZIP 2000, 1273, 1275.
27 RegE, BT-Drucks 14/2658, S. 30 re. Sp.
28 *Bülow/Artz*, NJW 2000, 2049, 2053.
29 RegE, BT-Drucks 14/2658, S. 30 re. Sp.
30 *Lorenz*, JuS 2000, 833, 838: „So ist etwa die Unterhaltung einer homepage im Internet mit Bestellmöglichkeit via E-Mail oder Telefon ohne weiteres ausreichend."
31 So bereits *Reich*, EuZW 1997, 581, 583 hinsichtlich der Fernabsatzrichtlinie.
32 *Tonner*, BB 2000, 1413, 1416.

Fernabsatz dem § 312b. Der Gesetzgeber selbst schildert einen weiteren Beispielsfall: „Der sachliche Anwendungsbereich der Fernabsatzregelungen ist z.B. nicht schon dann eröffnet, wenn der Inhaber eines bestimmten Geschäfts ausnahmsweise eine telefonische Bestellung entgegennimmt und die Ware dem Kunden nicht in seinem Ladenlokal übergibt, sondern ausnahmsweise per Post versendet."[33]

35 Der Rechtsprechung wird es vorbehalten bleiben, zu konkretisieren, wann im Einzelfall ein über die bloß gelegentliche Versendung von Waren (d.h. Nichtanwendung der Vorschriften über Fernabsatzverträge) hinausgehender entsprechender Vertrieb anzunehmen ist. Dies dürfte sicherlich im Falle einer systematischen Werbung mit dem Angebot einer telefonischen Bestellung und Zusendung von Waren vorliegen. Die Abgrenzungsprobleme dürften jedoch nicht unerheblich werden: Was zeichnet eine ausreichende Absatzorganisation aus? Bzw., wann ist die Schwelle zum professionell agierenden Fernabsatzanbieter überschritten?[34]

3. Beweislasterleichterung

36 Im Unterschied zur FARL muss nach Abs. 1 nicht positiv festgestellt werden, ob ein konkreter Vertrag im Rahmen eines für den Fernabsatz eingerichteten Vertriebssystems abgeschlossen wurde oder nicht. Vielmehr sieht die Regelung vor, dass ein Vertrag, der unter **ausschließlicher** Verwendung von Fernkommunikationsmitteln zustande gekommen ist, **immer** § 312b unterfällt (**Beweiserleichterung**): Wird ein Vertrag unter ausschließlicher Verwendung eines Fernkommunikationsmittels geschlossen, spricht die **gesetzliche Vermutung** für das Vorliegen eines Fernabsatzsystems.

37 Etwas anderes gilt dann, wenn dem Unternehmer der Gegenbeweis gelingt, dass er über kein für den Fernabsatz eingerichtetes Vertriebssystem verfügt, der konkret in Rede stehende Vertrag vielmehr nur ausnahmsweise mit einem Fernabsatzmittel abgeschlossen wurde. Dies folgt bereits aus der Gesetzesformulierung („es sei denn"). Dadurch werden Rechtsunsicherheiten über die Erfüllung dieses Tatbestandsmerkmals für den Verbraucher weitgehend ausgeschlossen.[35] Damit muss nicht in jedem konkreten Falle überprüft werden, ob es sich um einen Vertrag handelt, der innerhalb des Fernabsatzsystems zustande gekommen ist.[36]

4. Mischfälle

38 *Bülow*[37] weist zutreffend auf das Problem der Behandlung von **Mischfällen** hin, wobei sich die Frage stelle, ob das Informations- und weitergehende Schutzbedürfnis des Verbrauchers dadurch entfallen könne, dass es im Vorfeld des Distanzgeschäftes einen Vertreterbesuch gegeben hat: „Vor irreführenden, die Situation des Fernabsatzes ausnutzenden Verkaufspraktiken ist der Kunde in einem solchen Fall nicht geschützt. Ebenso wenig ist sichergestellt, dass ihm die Möglichkeit eingeräumt wurde, bei Vertragsabschluss die Ware in Augenschein zu nehmen. Daher besteht in Fällen, in welchen der Unternehmer nicht ausschließlich im Fernabsatz aktiv ist, die Gefahr eines Defizits an Schutz in Vertragskonstellationen, in denen dieser an sich geboten wäre."[38]

IV. Bereichsausnahmen vom sachlichen Anwendungsbereich (Abs. 3)

1. Überblick

39 Die Vorschriften über Fernabsatzverträge erfassen nach **Abs. 3** jedoch **nicht alle** Kauf-, Dienst-, Werk- bzw. Geschäftsbesorgungsverträge, die zwischen Unternehmern und Verbrauchern im Fernabsatz angebahnt und abgeschlossen werden (**Bereichsausnahmen**). Dies entspricht den Vorgaben des Art. 3 FARL (Ausnahmen).

> **Art. 3 FARL (Ausnahmen)**
> (1) Diese Richtlinie gilt nicht für Verträge, die
> – in einer nicht erschöpfenden Liste in Anhang II angeführte Finanzdienstleistungen betreffen;
> – unter Verwendung von Warenautomaten oder automatisierten Geschäftsräumen geschlossen werden;
> – mit Betreibern von Telekommunikationsmitteln aufgrund der Benutzung von öffentlichen Fernsprechern geschlossen werden;
> – für den Bau und den Verkauf von Immobilien geschlossen werden oder die sonstige Rechte an Immobilien mit Ausnahme der Vermietung betreffen;
> – bei einer Versteigerung geschlossen werden.
> (2) Die Artikel 4, 5 und 6 sowie Artikel 7 Absatz 1 gelten nicht für

---

33 RegE, BT-Drucks 14/2658, S. 30 re. Sp.
34 *Bülow/Artz*, NJW 2000, 2049, 2053.
35 *Fuchs*, ZIP 2000, 1273, 1275.
36 Regierungsentwurf, BT-Drucks 14/2658, S. 31.
37 *Bülow/Artz*, NJW 2000, 2049, 2054.
38 *Bülow/Artz*, NJW 2000, 2049, 2054.

- Verträge über die Lieferung von Lebensmitteln, Getränken oder sonstigen Haushaltsgegenständen des täglichen Bedarfs, die am Wohnsitz, am Aufenthaltsort oder am Arbeitsplatz eines Verbrauchers von Händlern im Rahmen häufiger und regelmäßiger Fahrten geliefert werden;
- Verträge über die Erbringung von Dienstleistungen in den Bereichen Unterbringung, Beförderung, Lieferung von Speisen und Getränken sowie Freizeitgestaltung, wenn sich der Lieferer bei Vertragsabschluss verpflichtet, die Dienstleistungen zu einem bestimmten Zeitpunkt oder innerhalb eines genau angegebenen Zeitraums zu erbringen; ausnahmsweise kann der Lieferer sich bei Freizeitveranstaltungen unter freiem Himmel das Recht vorbehalten, Artikel 7 Absatz 2 unter besonderen Umständen nicht anzuwenden.

Abs. 3 hat diese Ausnahmen vom sachlichen Anwendungsbereich weitgehend wörtlich übernommen (und dabei auch die wenig präzisen Formulierungen in den Nr. 3, 5 und 6). Über diesen Ausnahmebereich hinaus hat der Gesetzgeber jedoch auch eine Anzahl weiterer Vertragstypen vom Anwendungsbereich der Vorschriften über Fernabsatzverträge ausgenommen, die in Deutschland bereits vor In-Kraft-Treten des FernAbsG a.F. in Spezialgesetzen eine abschließende und richtlinienkonforme Regelung erfahren hatten. Diese Spezialgesetze räumten auch früher schon den Verbrauchern einen vergleichbaren Schutz ein.[39] Beide Ausnahmebereiche sind in Abs. 3 zusammengefasst worden. 40

Während die FARL in ihrem Art. 3 zwischen zweierlei Ausnahmebereichen unterscheidet, nämlich in Abs. 1 normierten Verträgen, auf die die Richtlinie überhaupt keine Anwendung findet, und Verträgen nach Abs. 2, auf die lediglich die Art. 4 (Vorherige Unterrichtung), Art. 5 (Schriftliche Bestätigung der Informationen), Art. 6 (Widerrufsrecht) und Art. 7 Abs. 1 FARL (Erfüllung des Vertrags) keine Anwendung finden, war eine solche Differenzierung in Abs. 3 des § 312b nicht erforderlich, da hier **nur** die Regelungen des Art. 4, 5 und 6 FARL umgesetzt werden. Auf diese bezieht sich ja gerade auch Art. 3 Abs. 2 FARL. Die sonstigen Vorgaben der FARL werden durch allgemeine, für alle Verträge geltende Vorschriften umgesetzt. Diese sind daher auch auf die in Art. 3 Abs. 2 FARL genannten Verträge grundsätzlich anwendbar.[40] Im Folgenden soll nunmehr auf die einzelnen von Abs. 3 ausgenommenen Vertragstypen näher eingegangen werden. 41

2. Fernunterrichtsverträge (Nr. 1)

Die Vorschriften über Fernabsatzverträge finden nach Abs. 3 Nr. 1 keine Anwendung auf Verträge über Fernunterricht i.S.v. § 1 des Gesetzes zum Schutz der Teilnehmer am Fernunterricht (FernUSG) vom 24. August 1976,[41] die bereits im FernUSG eine spezialgesetzliche Regelung erfahren haben. 42

Fernunterrichtsverträge sind Verträge über Dienstleistungen in Gestalt des Fernunterrichts (entgeltliche Vermittlung von Fähigkeiten und Kenntnissen), bei denen der Lernende und der Lehrende überwiegend räumlich voneinander getrennt sind und letzterer (oder sein Beauftragter) den Lernerfolg überwacht (§ 1 Abs. 1 FernUSG). Das FernUSG sieht bereits spezielle Formvorschriften (gemäß § 3 Abs. 1 FernUSG bedarf die auf den Vertragsschluss gerichtete Willenserklärung des Teilnehmers der schriftlichen Form), Informationspflichten (§ 3 FernUSG – weitgehend deckungsgleich mit Art. 4 und Art. 5 FARL) sowie Widerrufsrechte (§ 4 FernUSG [zweiwöchiges bzw. sechsmonatiges Widerrufsrecht] – geht [grundsätzlich zugunsten des Verbrauchers] über die Regelung des Art. 6 FARL hinaus) vor. Der Fernunterricht kann – muss aber nicht in jedem Falle – über den Vermarktungsweg des Fernabsatzes erfolgen. Insoweit liegt – trotz der ähnlich strukturierten Schutzmechanismen – nur eine teilweise Deckung der beiden Regelungsmaterien (FernUSG einerseits, §§ 312b ff. andererseits) vor. 43

Der Gesetzgeber[42] empfand es nicht als angemessen, die Regelungen des FernUSG in das FernAbsG a.F. zu übernehmen, da die besonderen Schutzmechanismen im FernUSG – insbesondere die **behördliche Überwachung** (etwa nach § 12 [Zulassung von Fernlehrgängen] bzw. § 13 FernUSG [Zulassung berufsbildender Fernlehrgänge]) – für eine Generalisierung wenig geeignet seien. Auf die behördliche Überwachung kann jedoch für den Fernunterricht keineswegs verzichtet werden. Aus diesem Grunde bleibt das FernUSG als eigenständiges Gesetz weiter erhalten. Die Umsetzung der FARL für Fernunterrichtsverträge sieht der Gesetzgeber[43] als bereits durch das FernUSG geschehen an. Vor diesem Hintergrund bedurfte die Erstreckung der FARL auf Fernunterrichtsverträge lediglich kleinerer Anpassungen des FernUSG an den Stand der FARL,[44] womit das FernUSG Bestandteil der Umsetzung der FARL ist. Dies hat gesetzestechnisch dazu geführt, Fernunterrichtsverträge gänzlich aus dem Anwendungsbereich der Regelungen über Fernabsatzverträge herauszunehmen (Bereichsausnahme). 44

---

39 RegE, BT-Drucks 14/2658, S. 31 re. Sp.
40 RegE, BT-Drucks 14/2658, S. 31 re. Sp. zu Abs. 3.
41 BGBl I S. 2525.
42 RegE, BT-Drucks 14/2658, S. 31 re. Sp.
43 RegE, BT-Drucks 14/2658, S. 31 rs. Sp.
44 Etwa die Aufgabe des bislang in § 4 Abs. 1 S. 1 FernUSG normierten Schriftformerfordernisses im Falle des Widerrufs, da dieser für den Verbraucher ungünstiger ist als das früher im Fernabsatzgesetz geregelte formlose Widerrufsrecht.

3. Teilzeit-Wohnrechteverträge (Nr. 2)

45 Nach Abs. 3 Nr. 2 finden die Vorschriften über Fernabsatzverträge generell auch keine Anwendung auf Verträge über die Teilnutzung von Wohngebäuden i.S.v. § 481 (früher § 1 TzWrG), die bereits eine spezialgesetzliche Regelung erfahren haben. Diese Ausnahme basiert auf Art. 13 Abs. 1 FARL (Gemeinschaftsbestimmungen). Nach dessen Abs. 1 gelten die Bestimmungen der FARL nur, soweit es im Rahmen von Rechtsvorschriften der Gemeinschaft „keine besonderen Bestimmungen" gibt, die bestimmte Vertragstypen im Fernabsatz umfassend regeln. Eine solche Spezialvorschrift existiert in Gestalt der Richtlinie 94/47/EG des Europäischen Parlaments und des Rates vom 26. Oktober 1994 zum Schutz der Erwerber im Hinblick auf bestimmte Aspekte von Verträgen über den Erwerb von Teilnutzungsrechten an Immobilien[45] (Time-Sharing-Richtlinie). Letztere ist durch § 481 (früher: Gesetz über die Veräußerung von Teilzeitnutzungsrechten an Wohngebäuden [Teilzeit-Wohnrechtegesetz – TzWrG] vom 20. Dezember 1996)[46] in das deutsche Recht transformiert worden.

46 Die Time-Sharing-Richtlinie regelt den Handel mit Teilnutzungsrechten an Immobilien. Sie normiert – vergleichbar der FARL – Informations- und Widerrufsrechte. Die FARL regelt teilweise zwar auch den Handel mit Teilnutzungsrechten an Immobilien mit, allerdings nur, soweit dieser im Fernhandel abgewickelt wird und nicht als Immobiliengeschäft Art. 3 Abs. 1 vierter Spiegelstrich FARL unterfällt, der in Abs. 3 Nr. 4 (Rn 55 ff.) umgesetzt wird. Im Übrigen war insoweit Art. 13 Abs. 2 FARL zu berücksichtigen. Danach sind für den Fall, dass spezifische Rechtsvorschriften der Gemeinschaft Bestimmungen enthalten, die nur gewisse Aspekte der Lieferung von Waren oder der Erbringung von Dienstleistungen regeln, diese – und nicht die Bestimmungen der FARL – für diese bestimmten Aspekte der Verträge im Fernabsatz anzuwenden. Dies bedeutet, dass die Regelungen der FARL auch dann verdrängt werden, wenn die Time-Sharing-Richtlinie spezifische Vorschriften für bestimmte Aspekte enthält.

47 Der Gesetzgeber ist davon ausgegangen, dass diese Vorgabe auch für die jeweiligen nationalen Umsetzungen gilt. Sie betreffen den gesamten Regelungsbereich der §§ 312b ff.[47] Die Vorgabe erfasst das Widerrufsrecht nach Art. 5 Time-Sharing-Richtlinie. Dieses ist insoweit spezieller als Art. 6 FARL; kreditfinanzierte Verträge nach Art. 7 Time-Sharing-Richtlinie (wortgleich mit Art. 6 Abs. 4 FARL); Formvorschriften, Informationspflichten und Anzahlungsverbote nach Art. 3, 4, 6 und dem Anhang der Time-Sharing-Richtlinie: Diese entsprechen weitgehend den Vorgaben der FARL in ihrem Art. 4, 5 und 7, womit letztere nach dem Spezialitätsgrundsatz auch dann verdrängt werden, soweit sie in ihrer Schutzwirkung über die FARL hinausgehen. Das Schriftformerfordernis für den Abschluss eines Vertrages über den Erwerb eines Teilzeit-Wohnrechts nach § 484 Abs. 1 S. 1 bedarf keiner Einschränkung hinsichtlich mittels Telekommunikation abgeschlossener Fernabsatzverträge (die auch unter § 481 fallen), da der Schriftform in der genannten Regelung nicht nur Beweisfunktion, sondern auch eine Warnfunktion zukommt. Sie soll den Verbraucher vor Übereilung schützen. Der Gesetzgeber vertritt die Auffassung, dass diese Funktionen zwar auch beim Einsatz elektronischer Kommunikationsmittel durch geeignete technische Vorkehrungen gewährleistet werden können[48] – „Die Öffnung verbraucherschützender Formvorschriften für moderne Kommunikationsformen setzt voraus, dass die im Interesse eines wirksamen Übereilungsschutzes und zur Realisierung einer Warnfunktion erforderlichen technischen Vorkehrungen vom Gesetzgeber als Voraussetzungen für die Einhaltung einer elektronischen Form näher umschrieben werden"[49] –, wobei die Frage, wo und in welcher Form entsprechende Regelungen geschaffen werden können, offen bleiben konnte. Die FARL trifft nämlich weder Regelungen über das Zustandekommen von Verträgen noch über deren Form. Daraus folgt, dass das Schriftformerfordernis in § 484 Abs. 1 S. 1 im Verbraucherschutzinteresse beibehalten werden kann, was – als weitergehende Schutzmaßnahme i.S.v. Art. 14 FARL (Mindestklauseln) – statthaft ist. Art. 14 S. 1 FARL bestimmt nämlich, dass die Mitgliedstaaten in dem unter die FARL fallenden Bereich mit dem EGV in Einklang stehende strengere Bestimmungen erlassen oder aufrechterhalten können, um ein höheres Schutzniveau für die Verbraucher sicherzustellen.

48 Nachdem die Time-Sharing-Richtlinie bereits früher vollständig durch das TzWrG a.F. umgesetzt worden war, sah der Gesetzgeber insoweit im Hinblick auf die FARL keinen zusätzlichen Umsetzungsbedarf mehr. Damit können Time-Sharing-Verträge – in gesetzestechnischer Hinsicht mit klarstellendem Charakter – aus dem Anwendungsbereich der §§ 312b ff. gänzlich herausgenommen werden, um diese Regelungsmaterie auch nicht mit einer unübersichtlichen Kumulation von Rechten und Pflichten zu belasten.[50]

---

45 ABl. EG Nr. L 280, S. 83.
46 BGBl I S. 2154.
47 So RegE, BT-Drucks 14/2658, S. 32 li. Sp.
48 RegE, BT-Drucks 14/2658, S. 32 li. Sp.
49 RegE, BT-Drucks 14/2658, S. 32 li. Sp., unter Bezugnahme auf die Enquete-Kommission des Bundestages, „Zukunft der Medien in Wirtschaft und Gesellschaft – Deutschlands Weg in die Informationsgesellschaft", Fünfter Zwischenbericht zum Thema „Verbraucherschutz in der Informationsgesellschaft", BT-Drucks 13/11003, S. 17.
50 RegE, BT-Drucks 14/2658, S. 32 re. Sp.

4. Finanzgeschäfte (Nr. 3)

Nach Abs. 3 Nr. 3 finden die Vorschriften über Fernabsatzverträge auch **keine Anwendung** auf Verträge über **Finanzgeschäfte**, insbesondere Bankgeschäfte, Finanz- und Wertpapierdienstleistungen und Versicherungen sowie deren Vermittlung[51] mit einer gegenüber § 1 Abs. 3 Nr. 3 FernAbsG a.F. bedeutsamen Ausnahme: Ausgenommen bleiben Darlehensvermittlungsverträge i. S. der §§ 655 a ff. Abs. 3 Nr. 3 soll bewirken, dass die Vorschriften über Fernabsatzverträge (insbesondere die Unterrichtungspflichten nach § 312c und das Widerrufsrecht gemäß § 312d) **auch** für Darlehensvermittlungsverträge gelten, sofern diese nur „im Fernabsatz" abgeschlossen werden (Gegenausnahme). 49

Der Gesetzgeber hat den genannten Bereich mit dem Begriff **Finanzgeschäft** und nicht (wie in Art. 3 Abs. 1 FARL erfolgt) mit dem Terminus „Finanzdienstleistung" belegt, da der Begriff der „Finanzdienstleistung" in § 1 Abs. 1a des Gesetzes über das Kreditwesen i.d.F. vom 22. Januar 1996 (KWG)[52] bereits belegt ist und lediglich einen Ausschnitt der von der Richtlinie ausgenommenen Finanzdienstleistungen (d.h. in einem abweichenden und engeren Sinne) erfasst.[53] Die Aufzählung hat lediglich beispielhaften Charakter und orientiert sich an der gleichermaßen nicht erschöpfenden **Liste in Anhang II der FARL** (Finanzdienstleistungen nach Art. 3 Abs. 1 FARL): Wertpapierdienstleistungen, Versicherungs- und Rückversicherungsgeschäfte, Bankdienstleistungen, Tätigkeiten im Zusammenhang mit Versorgungsfonds sowie Dienstleistungen im Zusammenhang mit Termin- oder Optionsgeschäften. Diese Dienstleistungen umfassen insbesondere Wertpapierdienstleistungen gemäß dem Anhang der Richtlinie 93/22/EWG,[54] Dienstleistungen von Wertpapierfirmen für gemeinsame Anlagen, Dienstleistungen im Zusammenhang mit den Tätigkeiten, die im Anhang zur Richtlinie 89/646/EWG[55] genannt sind und für die die gegenseitige Anerkennung gilt, sowie Versicherungs- und Rückversicherungsgeschäfte gemäß Art. 1 der Richtlinie 73/239/EWG,[56] dem Anhang der Richtlinie 79/267/EWG,[57] der Richtlinie 64/225/EWG[58] und den Richtlinien 92/49/EWG[59] und 92/96/EWG.[60] 50

Der Ausnahmebereich nach Abs. 3 Nr. 3 erfasst auch Lebensversicherungs- und Nichtlebensversicherungsverträge, das Einlagengeschäft (d.h. Sparverträge oder Festgeldverträge u.ä.) sowie andere Bankgeschäfte und Wertpapierdienstleistungen. Der Ausschluss erstreckt sich nicht nur auf die genannten Vertragstypen selbst, sondern – wie das Gesetz dies ausdrücklich klarstellt – auch bereits auf deren **Vermittlung**. 51

Der Grund für die Herausnahme von Verträgen über Finanzgeschäfte ist darin zu sehen, dass sie Gegenstand einer **speziellen Richtlinie** werden sollen.[61] Durch einen Verweis auf dieses Vorhaben entzieht sich der nationale Gesetzgeber einer Debatte darüber, warum er nicht unter Rückgriff auf das Mindeststandardprinzip auf die Bereichsausnahme verzichtet hat.[62] 52

Das deutsche Recht schützte auch früher schon den Verbraucher bei Verbraucherkreditverträgen, Versicherungsverträgen und beim Erwerb von Investmentanteilen durch Informationspflichten und Widerrufsrechte. Diese verbraucherschutzrechtlichen Vorgaben gelten allerdings für **alle** Vertriebsformen und nicht nur für den Fernabsatz. 53

Der Gesetzgeber hat also Finanzgeschäfte generell vom Anwendungsbereich ausgenommen. Damit erübrigt sich in § 312b auch eine weitere ausdrückliche Regelung der Konkurrenz zum Versicherungsvertragsgesetz, zum Gesetz über den Vertrieb ausländischer Investmentanteile und über die Besteuerung der Erträge aus ausländischen Investmentanteilen sowie zum Gesetz über Kapitalanlagegesellschaften. Diese Regelungen enthalten auch Informationspflichten und Widerrufsrechte, die den Kundenschutzvorschriften der FARL gleichwertig sind.[63] 54

---

51 Diese Bereichsausnahme war bereits im Vorfeld der FARL heftig umstritten, vgl. etwa *Micklitz/Reich*, Die Fernabsatzrichtlinie im deutschen Recht, 1998, Rn 21.
52 BGBl I S. 65.
53 RegE, BT-Drucks 14/2658, S. 32 re. Sp.
54 ABl. Nr. L 141 vom 11. Juni 1993, S. 27.
55 ABl. Nr. L 386 vom 30. Dezember 1989, S. 1. Richtlinie, zuletzt geändert durch die Richtlinie 92/30/EWG (ABl. Nr. L 110 vom 28. April 1992, S. 52).
56 ABl. Nr. L 228 vom 16. August 1973, S. 3. Richtlinie, zuletzt geändert durch Richtlinie 92/49/EWG (ABl. Nr. L 228 vom 11. August 1992, S. 1).
57 ABl. Nr. L 63 vom 13. März 1979, S. 1. Richtlinie, zuletzt geändert durch Richtlinie 90/619/EWG (ABl. Nr. L 330 vom 29. November 1990, S. 50).
58 ABl. Nr. L 56 vom 4. April 1964, S. 878/64. Richtlinie, geändert durch Beitrittsakte von 1973.
59 ABl. Nr. L 228 vom 11. August 1992, S. 1.
60 ABl. Nr. L 360 vom 9. Dezember 1992, S. 1.
61 Vgl. dazu näher den entsprechenden Richtlinienvorschlag der Kommission (KOM [1998] 468) vom 14. Oktober 1998 eines Vorschlags für eine Richtlinie des Europäischen Parlaments und des Rates über den Fernabsatz von Finanzdienstleistungen an Verbraucher und zur Änderung der Richtlinie 90/619/EWG des Rates und der Richtlinien 97/7/EG und 98/27/EG, abgedruckt in WM 1999, 1477 (vgl. zudem BR-Drucks 987/98). Dazu *Riesenhuber*, WM 1999, 1441; vgl. im Übrigen den geänderten Kommissionsvorschlag KOM (1999) 385, ABl. EG Nr. C 177 E vom 27. Juni 2000, S. 21.
62 *Tonner*, BB 2000, 1413, 1416.
63 RegE, BT-Drucks 14/2658, S. 32 re. Sp.

5. Bau-, Kauf- und andere Immobilienverträge (Immobiliengeschäfte) (Nr. 4)

55 Die Regelungen über Fernabsatzverträge finden nach Abs. 3 Nr. 4 keine Anwendung auf Verträge über die Veräußerung von Grundstücken und grundstücksgleichen Rechten,[64] die Begründung, Veräußerung und Aufhebung von dinglichen Rechten an Grundstücken und grundstücksgleichen Rechten sowie über die Errichtung von Bauwerken (mithin Bau-, Kauf- und andere Verträge über Immobilien). Dieser in Art. 3 Abs. 1 vierter Spiegelstrich FARL angelegte Anwendungsausschluss liegt darin begründet, dass entsprechende Verträge regelmäßig in das nationale Eigentums- und Sachenrecht der Mitgliedstaaten eingebettet sind und eine entsprechende Harmonisierung auf Europäischer Ebene nicht angestrebt wird, wie Art. 295 EGV belegt. Danach lässt der EGV die Eigentumsordnung in den verschiedenen Mitgliedstaaten unberührt. Darüber hinaus unterliegen entsprechende Verträge i.d.R. bereits nach nationalem Recht allgemeinen Form- und Schutzvorschriften. Dies belegen etwa im deutschen Recht die Vorgaben für den Eigentumsübergang an Grundstücken in den §§ 873, 925. Diese Regelungen schließen entweder einen Vertragsabschluss im Rahmen des Fernabsatzes aus oder machen einen zusätzlichen Schutz durch Informationspflichten (bzw. Widerrufsrechte) überflüssig.[65]

56 Der Gesetzgeber ist der Formulierung „Immobilie", wie sie im Art. 3 Abs. 1 vierter Spiegelstrich FARL verwendet wird, **nicht** gefolgt, da diese Begrifflichkeit in der deutschen Rechtssprache als unüblich angesehen wird. Die in Abs. 3 Nr. 4 gewählte Fassung orientiert sich am sachenrechtlichen Sprachgebrauch in Deutschland.[66]

57 Dem Gesetzgeber erschien es, zur Vermeidung von Missverständnissen, im Übrigen auch zweckmäßig, entgegen der Terminologie der FARL („Verkauf von Grundstücken") den der deutschen Gesetzesterminologie eher entsprechenden Begriff der „Veräußerung von Grundstücken" zu verwenden.[67]

6. Verträge über die Lieferung von Lebensmitteln, Getränken oder sonstigen Haushaltsgegenständen des täglichen Bedarfs (Nr. 5)

58 Nach Abs. 3 Nr. 5 (in Umsetzung von Art. 3 Abs. 2 erster Spiegelstrich FARL, der entsprechende Verträge – zumindest teilweise – vom Anwendungsbereich der Richtlinie ausnimmt) finden die Vorschriften über Fernabsatzverträge weiterhin keine Anwendung auf Verträge über die Lieferung von Lebensmitteln, Getränken oder sonstigen Haushaltsgegenständen des täglichen Bedarfs, die am Wohnsitz, am Aufenthaltsort oder am Arbeitsplatz eines Verbrauchers von Unternehmern im Rahmen häufiger und regelmäßiger Fahrten geliefert werden. Der Grund für diese Ausnahme liegt darin begründet, dass bei entsprechenden **Hauslieferungsverträgen** regelmäßig keine Informationen erforderlich sind und im Übrigen ein Widerrufsrecht meist auch nicht zweckmäßig wäre.[68]

59 Während die FARL entsprechende Verträge nicht gänzlich von ihrem Anwendungsbereich ausnimmt (sondern **nur** von der Anwendung der Art. 4 bis 6 und 7 Abs. 1, während die übrigen Vorschriften – vor allem auch die Art. 8 bis 10 FARL – gelten sollen), hat der deutsche Gesetzgeber sich bereits bei der Transformation im FernAbsG a.F. (ebenso wie nunmehr in Abs. 3 Nr. 5) für einen gänzlichen Ausschluss entschieden. Der damit erfolgte Ausschluss weiterer Richtlinienvorgaben wird dadurch aufgefangen, dass die entsprechenden Vorgaben der FARL durch bereits vorhandene oder neue allgemeine Vorschriften umgesetzt werden, die ohnehin für alle Verträge gelten. Insoweit war es möglich, den gesamten Vertragskomplex **in Gänze** aus dem Anwendungsbereich der §§ 312b ff. herauszunehmen.[69] Dadurch ergeben sich nach Ansicht des Gesetzgebers keine Vollzugsdefizite, da die Möglichkeiten der Unterlassungsklage nach dem Gesetz über Unterlassungsklagen bei Verbraucherrechts- und anderen Verstößen (Unterlassungsklagengesetz – UKlaG [infolge Art. 3 SchuldrechtsModG]) bzw. § 13 UWG „schon jetzt auch für Verträge der in Nummer 5 bezeichneten Art gelten".[70]

60 Der Gesetzgeber hat hingegen von einer Präzisierung des Abs. 3 Nr. 5 abgesehen, da er zur Überzeugung gelangt ist, dass eine solche EG-rechtlich bedenklich wäre und praktisch auch kein Bedarf für eine gesetzliche Präzisierung bestehe.[71] Praktische Relevanz erlangt Abs. 3 Nr. 5 bei Lebensmittelhändlern, die eine Belieferung ihrer Kunden auch auf der Grundlage von Internet- oder Telefonbestellungen

---

64 *Lorenz* (JuS 2000, 833, 839) weist zutreffend darauf hin, dass diese wohl bereits auch schon deshalb aus dem Anwendungsbereich des FernAbsG fallen, weil es sich nicht um „Waren", mithin bewegliche Sachen (entsprechend der früheren Legaldefinition in § 1 Abs. 2 Nr. 1 HGB a.F.), handelt.
65 RegE, BT-Drucks 14/2658, S. 33 li. Sp.
66 RegE, BT-Drucks 14/2658, S. 33 li. Sp.
67 Rechtsausschuss, BT-Drucks 14/3195, S. 30 li. Sp. – redaktionelle Änderung gegenüber dem RegE, BT-Drucks 14/2658.
68 RegE, BT-Drucks 14/2658, S. 33 li. Sp.
69 Dies gilt auch für Art. 7 Abs. 2 und 3 S. 1, 2 und 4 FARL. Die Regelung des Art. 7 Abs. 3 S. 3 FARL ist mangels Widerrufsrechts in diesen Fällen ohnehin nicht einschlägig.
70 RegE, BT-Drucks 14/2658, S. 33 li. Sp.
71 Rechtsausschuss, BT-Drucks 14/3195, S. 30 li. Sp.

anbieten wollen. Der Rechtsausschuss des Deutschen Bundestages[72] hielt es aber für eindeutig und keineswegs klärungsbedürftig, dass dies eine Form des Fernabsatzes darstellt – auch dann, wenn der Unternehmer neben dieser Vertriebsform zusätzlich einen „normalen" Verkauf im Ladengeschäft betreibt, weil Fernabsatz auch dann anzunehmen ist, wenn der Unternehmer **neben** einem „Face-to-Face-Angebot" auch ein Angebot mit Fernkommunikationsmitteln bereithält (Rn 34): Verträge, die auf dem zweiten Weg geschlossen werden, unterliegen grundsätzlich den §§ 312b ff. Sie können allerdings nach Maßgabe von Abs. 3 Nr. 5 aus dem Anwendungsbereich herausgenommen sein. Voraussetzung dafür ist, dass die Belieferung im Rahmen häufiger und regelmäßiger Fahrten erfolgt. Dafür kann es nicht darauf ankommen, ob der einzelne Verbraucher ein solches Angebot häufiger oder weniger häufig wahrnimmt. Entscheidend muss die Ausgestaltung des Angebots sein. Die Ausnahme liegt daher z.B. vor, wenn sich der Verbraucher vom Bäcker jeden Morgen seine Brötchen oder vom Milchgeschäft seine Milch liefern lässt. Die Ausnahme könnte auch greifen, wenn sich ein Verbraucher jede Woche seinen Wocheneinkauf an Lebensmitteln vom Lebensmittelhändler vorbeibringen lässt.[73]

7. Verträge über die Erbringung von Dienstleistungen in den Bereichen Unterbringung, Beförderung, Lieferung von Speisen und Getränken sowie Freizeitgestaltung (Nr. 6)

Auch auf Verträge über die Erbringung von Dienstleistungen in den Bereichen Unterbringung, Beförderung, Lieferung von Speisen und Getränken sowie Freizeitgestaltung finden die Vorschriften über Fernabsatzverträge nach Abs. 3 Nr. 6 dann keine Anwendung, wenn sich der Unternehmer bei Vertragsabschluss verpflichtet, die Dienstleistungen zu einem bestimmten Zeitpunkt oder innerhalb eines genau angegebenen Zeitraums zu erbringen. Damit setzt das Gesetz die Vorgaben der FARL in ihrem Art. 3 Abs. 2 zweiter Spiegelstrich um, die einen Anwendungsausschluss in wesentlichen Teilen vorsieht. Der Ausschluss hinsichtlich dieser vorrangig touristischen Dienstleistungen liegt darin begründet, dass der Unternehmer sich bei Vertragsabschluss verpflichtet, die Dienstleistungen zu einem bestimmten Zeitpunkt bzw. innerhalb eines genau eingegrenzten Zeitraums zu erbringen. Der Ausschluss ist in diesem Falle deshalb gerechtfertigt, weil weder die in der FARL vorgesehenen Informationspflichten noch das Widerrufsrecht zweckmäßig sind – der Verbraucher wird bei solchen Verträgen (zumindest teilweise) durch die Pauschalreiserichtlinie 90/314/EWG[74] sowie deren Umsetzung in das deutsche Recht (in den §§ 651 a ff. und durch die §§ 4 bis 9 InformationspflichtenVO [ehemals Verordnung über die Informationspflichten von Reiseveranstaltern vom 14. November 1994[75]]) geschützt.[76] Abs. 3 Nr. 6 erfasst also auch **Pauschalreisen**, obgleich diese eigentlich mehr als die bloße additive Erbringung von Unterkunft und Beförderung beinhalten.[77]

8. Automatenverträge (Nr. 7 lit. a)

Abs. 3 Nr. 7 lit. a nimmt (wie die FARL) Verträge, die unter Verwendung von Warenautomaten oder automatisierten Geschäftsräumen geschlossen werden – mithin Automatenverträge im Sinne von Art. 3 Abs. 1 zweiter Spiegelstrich FARL – vom Anwendungsbereich der §§ 312b ff. aus. Dies liegt darin begründet, dass bei entsprechenden Verträgen zum einen Informationspflichten nur rudimentär, zum anderen ein Widerrufsrecht gar nicht durchführbar sind.[78]

9. Benutzungsverträge an öffentlichen Fernsprechern (Nr. 7 lit. b)

In Übereinstimmung mit Art. 3 Abs. 1 dritter Spiegelstrich FARL nimmt Abs. 3 Nr. 7 lit. b auch Verträge vom Anwendungsbereich aus, die mit Betreibern von Telekommunikationsmitteln aufgrund der Benutzung von öffentlichen Fernsprechern geschlossen werden, soweit sie deren Benutzung zum Gegenstand haben. Der Ausschluss liegt darin begründet, dass entsprechende Verträge – ähnlich wie Automatenverträge (Rn 62) – regelmäßig von beiden Vertragspartnern sofort erfüllt werden (**sofortiger Leistungsaustausch**). Aus diesem Grunde sind detaillierte Informationspflichten und Widerrufsrechte überflüssig: „Die Regelung wird nicht bei allen Fernkommunikationsanbietern, sondern nur bei Telekommunikationsanbietern relevant, weshalb auch nur diese erwähnt werden."[79] Weder das Widerrufsrecht noch die Informationsrechte können bei dieser Geschäftsform sinnvoll durchgeführt werden.

---

72 BT-Drucks 14/3195, S. 30 li. Sp.
73 Rechtsausschuss, BT-Drucks 14/3195, S. 30 li. Sp.
74 Richtlinie über Pauschalreisen des Rates der EG vom 13. Juni 1990. Dazu näher *Eckert*, DB 1994, 1069; *Führich*, NJW 1994, 2446.
75 BGBl I S. 3436.
76 RegE, BT-Drucks 14/2658, S. 33 re. Sp.
77 *Tonner*, BB 2000, 1413, 1416 unter Bezugnahme auf *Micklitz/Reich*, Die Fernabsatzrichtlinie im deutschen Recht, 1998, Rn 28.
78 RegE, BT-Drucks 14/2658, S. 33 re. Sp.
79 RegE, BT-Drucks 14/2658, S. 33 re. Sp.

10. Verträge, die im Wege einer Versteigerung geschlossen werden (§ 1 Abs. 3 Nr. 7 lit. c FernAbsG-RegE)

a) Regelung des RegE

64 § 1 Abs. 3 Nr. 7 lit. c des Regierungsentwurfs zum Fernabsatzgesetz a.F. nahm ursprünglich auch Verträge vom Anwendungsbereich des FernAbsG aus, die im Wege einer Versteigerung geschlossen werden. Erfasst werden sollten davon sowohl Verträge infolge einer gerichtlichen Versteigerung als auch solche im Rahmen einer öffentlichen Privatversteigerung.

b) Internetversteigerungen

65 Die Ausnahme wurde damit begründet, dass Versteigerungen im Rahmen des Fernabsatzes – etwa **Internetversteigerungen** – durch die Vorgaben des FernAbsG ansonsten unangemessen behindert würden, etwa wenn dem Verbraucher ein gesetzliches Widerrufsrecht eingeräumt würde. „Diese Überlegungen gelten aber nur für Verträge, bei welchen der Abschluss im unmittelbaren Anschluss an die Abgabe der Gebote durch virtuellen Zuschlag erfolgt. Soll das höchste Gebot hingegen später angenommen werden, handelt es sich um einen Vertragsschluss unter Abwesenden, der vom Fernabsatzgesetz erfasst wird."[80] Der Gesetzgeber ist dem letztlich jedoch **nicht** gefolgt: Versteigerungen werden – was nach der FARL durchaus zulässig gewesen wäre – nicht vollständig aus dem Anwendungsbereich der Vorschriften über Fernabsatzverträge ausgeschlossen. Ein entsprechender Ausschluss würde zwar deutlich weniger weit reichen, als dies meist angenommen wird. Insbesondere sind nämlich z.B. die meisten sog. Internetversteigerungen[81] keine „Versteigerungen" im Rechtssinne.[82] § 156 definiert eine „**Versteigerung**" im Rechtssinne als Vertragsabschluss, bei dem das Angebot durch ein Gebot des anderen Teils und die Annahme desselben durch den Zuschlag erfolgt. Behält sich der andere Teil, wie dies bei Internetversteigerungen[83] oftmals geschieht, aber die Annahme trotz Zuschlags noch vor, liegt daher keine „Versteigerung" im Rechtssinne vor. Vielmehr ist diese Konstellation in rechtlicher Hinsicht als ein **Kaufvertrag gegen Höchstgebot** zu qualifizieren. Dieser unterliegt ohnehin in vollem Umfang den Vorschriften über Fernabsatzverträge.[84]

c) Echte Versteigerung versus als „Versteigerung" deklarierter Verkauf gegen Höchstgebot

66 Der Gesetzgeber[85] war **nicht** der Auffassung, dass echte Versteigerungen im Fernabsatz (d.h. solche via Internet bzw. auch in anderen Fernkommunikationsformen) vollständig den Vorschriften über Fernabsatzverträge unterworfen werden sollten: Problematisch wäre insbesondere das Widerrufsrecht, das solche Versteigerungen unmöglich machen würde. Wesensmerkmal einer jeden Versteigerung ist die Endgültigkeit des Zuschlags. Dies muss auch bei einer Versteigerung im Fernabsatz erhalten bleiben.

67 Auf der anderen Seite zeigt es sich aber in der Praxis, dass Kunden in aller Regel keine Klarheit darüber haben, an welcher Art von Versteigerung – echte Versteigerung oder als „Versteigerung" deklarierter (Ver-)Kauf gegen Höchstgebot (Rn 65) – sie teilnehmen. Letztere Form einer „Versteigerung" birgt die Gefahr in sich, dass der Kunde das erhöhte Risiko trägt, am Ende die „ersteigerte" Ware dann ggf. doch nicht zu erhalten.[86] Vor diesem Hintergrund trifft das Gesetz eine **vermittelnde Lösung**: „Es sollen in diesen Fällen zwar nicht das Widerrufsrecht, wohl aber die Informationspflichten gelten."[87] Dies wird dadurch erreicht, dass die ursprünglich vorgesehene Ausnahmeregelung für Versteigerungen in § 1 Abs. 3 Nr. 7 lit. c FernAbsG-RegE entfiel. Anstelle einer Ausnahmeregelung erfolgt in **§ 312d Abs. 4 Nr. 5** (§ 3 Abs. 2 Nr. 5 FernAbsG a.F.) für **echte Versteigerungen** eine Ausnahme vom Widerrufsrecht, was im Einklang mit den Vorgaben der FARL steht, da diese es sogar ermöglichen würde, Versteigerungen gar nicht den Vorschriften über Fernabsatzverträge zu unterwerfen.[88]

D. Persönlicher Anwendungsbereich

68 Der persönliche Anwendungsbereich der Vorschriften über Fernabsatzverträge setzt einen Vertragsabschluss zwischen einem **Unternehmer** (§ 14) und einem **Verbraucher** (§ 13) voraus. Die §§ 312b ff. erfassen also ihrem Wortlaut nach zwar nur Verträge zwischen Unternehmern und Verbrauchern. Damit ist allerdings nicht ausgeschlossen, dass die gesetzlichen Vorgaben (zumindest teilweise) aber auch auf

---

80 RegE, BT-Drucks 14/2658, S. 33 re. Sp.
81 Dazu *Gaul*, WM 2000, 1783; *Rüfner*, JZ 2000, 715.
82 Rechtsausschuss, BT-Drucks 14/3195, S. 30 li. Sp.
83 Dazu näher *Willner*, NJW-CoR 2000, 94; vgl. auch LG Münster, NJW-CoR 2000, 167; Vgl. zudem OLG Hamm, Urt. v. 14.12.2000 (2 U 58/00).
84 Rechtsausschuss, BT-Drucks 14/3195, S. 30 re. Sp.
85 Rechtsausschuss, BT-Drucks 14/3195, S. 30 re. Sp.
86 Rechtsausschuss, BT-Drucks 14/3195, S. 30 re. Sp.
87 Rechtsausschuss, BT-Drucks 14/3195, S. 30 re. Sp.
88 Rechtsausschuss, BT-Drucks 14/3195, S. 30 re. Sp.

Geschäfte mit gewerblichen Abnehmern ausstrahlen (**Ausstrahlungswirkung**).[89] Dies liegt darin begründet, dass es für den Unternehmer vor Vertragsabschluss im Rahmen der Vertragsanbahnung meist nicht erkennbar ist, ob er mit dem von ihm eingesetzten Fernkommunikationsmittel als potentiellen Vertragspartner nur Verbraucher oder aber auch gewerbliche Abnehmer (d.h. Unternehmer) erreicht mit der Folge, dass wegen der oft nicht trennbaren Kundenkreise, die angesprochen werden, es im Interesse eines einheitlichen Vertriebssystems ratsam sein kann, alle Vorgaben der §§ 312b ff. vorsorglich und einheitlich für **alle Kunden** in die Vertragswerke aufzunehmen.

§ 312c Unterrichtung des Verbrauchers bei Fernabsatzverträgen

(1) ¹Der Unternehmer hat den Verbraucher rechtzeitig vor Abschluss eines Fernabsatzvertrags in einer dem eingesetzten Fernkommunikationsmittel entsprechenden Weise klar und verständlich zu informieren über
1. die Einzelheiten des Vertrags, für die dies in der Rechtsverordnung nach Artikel 240 des Einführungsgesetzes zum Bürgerlichen Gesetzbuche bestimmt ist, und
2. den geschäftlichen Zweck des Vertrags.

²Bei Telefongesprächen muss der Unternehmer seine Identität und den geschäftlichen Zweck des Vertrags bereits zu Beginn des Gesprächs ausdrücklich offenlegen.
(2) ¹Der Unternehmer hat dem Verbraucher die in der Rechtsverordnung nach Artikel 240 des Einführungsgesetzes zum Bürgerlichen Gesetzbuche bestimmten Informationen in dem dort bestimmten Umfang und der dort bestimmten Art und Weise alsbald, spätestens bis zur vollständigen Erfüllung des Vertrags, bei Waren spätestens bei Lieferung an den Verbraucher, in Textform mitzuteilen.
(3) ¹Absatz 2 gilt nicht für Dienstleistungen, die unmittelbar durch Einsatz von Fernkommunikationsmitteln erbracht werden, sofern diese Leistungen in einem Mal erfolgen und über den Betreiber der Fernkommunikationsmittel abgerechnet werden. ²Der Verbraucher muss sich in diesem Fall aber über die Anschrift der Niederlassung des Unternehmers informieren können, bei der er Beanstandungen vorbringen kann.
(4) ¹Weitergehende Einschränkungen bei der Verwendung von Fernkommunikationsmitteln und weitergehende Informationspflichten auf Grund anderer Vorschriften bleiben unberührt.

Inhalt

A. Überblick 1	**C. Nachvertragliche Informationspflichten (Abs. 2)** ... 28
B. Offenlegungsvorbehalt und Transparenzgebot (Abs. 1) 2	I. Überblick 28
I. Einleitung 2	II. Die Pflichten im Einzelnen 30
II. Vorvertragliche Offenlegungsverpflichtung (Informationspflicht) (Abs. 1 S. 1 Nr. 1) 4	III. Bestätigung der Information 33
1. Keine tatsächliche Kenntnisnahme erforderlich ... 4	1. Überblick 33
2. Inhalt 5	2. Form der Information 40
3. Zeitpunkt 11	a) Textform 40
4. Transparenzgebot: Klarheit und Verständlichkeit der Information 14	b) Form des Mediums 46
a) Einleitung 14	c) Keine Möglichkeit nachträglicher Veränderung ... 54
b) Transparenzgebot und Fremdsprache ... 15	d) Lesbarkeitserfordernis 60
c) Transparenzgebot im Fernabsatzvertrag und Allgemeine Geschäftsbedingungen 18	e) Dauer der Zugriffsmöglichkeit 61
5. Verzicht auf das Lauterkeits- und das Geschäftsfähigkeitserfordernis 20	f) Beweislast 62
a) Einleitung 20	3. Informationspflichten und Prozess 63
b) Lauterkeitserfordernis 21	IV. Zusätzliche Informationen (sog. nachvertragliche Informationspflichten im Einzelnen) 64
c) Erfordernis der Geschäftsfähigkeit 22	**D. Besonderheiten bei der Erbringung von Dienstleistungen unter Einsatz von Fernkommunikationsmitteln (Abs. 3)** 66
d) Fazit 23	**E. Weitergehende Verwendungseinschränkungen und Informationspflichten (Abs. 4)** 68
III. Der „geschäftliche Zweck" (Abs. 1 S. 1 Nr. 2) ... 24	**F. Rechtsfolgen bei Verstößen gegen die Informationspflichten** 69
IV. Vorverlegung der Informationspflichten bei telefonischer Kontaktaufnahme (Abs. 1 S. 2) 26	

---

[89] *Fuchs*, ZIP 2000, 1273, 1275 unter Bezugnahme auf *Reich*, in: Micklitz/Reich, Die Fernabsatzrichtlinie im deutschen Recht, 1998, S. 61.

A. Überblick

1 § 312c fasst § 2 FernAbsG a.F. (ohne inhaltliche Änderung) redaktionell neu, da die früher in § 2 Abs. 2 und 3 FernAbsG normierten Informationspflichten des Unternehmers in § 1 Abs. 1 und 2 der Verordnung über Informationspflichten nach Bürgerlichem Recht (InformationspflichtenVO) ausgelagert wurden. Die Differenzierung zwischen vorvertraglichen Informationspflichten (**Abs. 1**) und nach Vertragsabschluss bestehenden Unterrichtungspflichten (**Abs. 2**) kommt mit der Neuformulierung deutlicher zum Ausdruck. Die Regelung fasst die Vorgaben der Art. 4 FARL (Vorherige Unterrichtung) und Art. 5 FARL (Schriftliche Bestätigung der Informationen) in einer Vorschrift zusammen.

> Art. 4 FARL (Vorherige Unterrichtung)
> (1) Der Verbraucher muss rechtzeitig vor Abschluss eines Vertrags im Fernabsatz über folgende Informationen verfügen:
> a) Identität des Lieferers und im Fall von Verträgen, bei denen eine Vorauszahlung erforderlich ist, seine Anschrift;
> b) wesentliche Eigenschaften der Ware oder Dienstleistung;
> c) Preis der Ware oder Dienstleistung einschließlich aller Steuern;
> d) gegebenenfalls Lieferkosten;
> e) Einzelheiten hinsichtlich der Zahlung und der Lieferung oder Erfüllung;
> f) Bestehen eines Widerrufsrechts, außer in den in Artikel 6 Absatz 3 genannten Fällen;
> g) Kosten für den Einsatz der Fernkommunikationstechnik, sofern nicht nach dem Grundtarif berechnet;
> h) Gültigkeitsdauer des Angebots oder des Preises;
> i) gegebenenfalls Mindestlaufzeit des Vertrags über die Lieferung von Waren oder Erbringung von Dienstleistungen, wenn dieser eine dauernde oder regelmäßig wiederkehrende Leistung zum Inhalt hat.
> (2) Die Informationen nach Absatz 1, deren kommerzieller Zweck unzweideutig erkennbar sein muss, müssen klar und verständlich auf jedwede der verwendeten Fernkommunikationstechnik angepasste Weise erteilt werden; dabei sind insbesondere die Grundsätze der Lauterkeit bei Handelsgeschäften sowie des Schutzes solcher Personen, die nach den Gesetzen der einzelnen Mitgliedstaaten nicht geschäftsfähig sind (wie zum Beispiel Minderjährige), zu beachten.
> (3) Bei Telefongesprächen mit Verbrauchern ist darüber hinaus zu Beginn des Gesprächs die Identität des Lieferers und der kommerzielle Zweck des Gesprächs ausdrücklich offen zu legen.
>
> Art. 5 FARL (Schriftliche Bestätigung der Informationen)
> (1) Der Verbraucher muss eine Bestätigung der Informationen gemäß Artikel 4 Absatz 1 Buchstaben a) bis f) rechtzeitig während der Erfüllung des Vertrags, bei nicht zur Lieferung an Dritte bestimmten Waren spätestens zum Zeitpunkt der Lieferung, schriftlich oder auf einem anderen für ihn verfügbaren dauerhaften Datenträger erhalten, soweit ihm diese Informationen nicht bereits vor Vertragsabschluss schriftlich oder auf einem anderen für ihn verfügbaren dauerhaften Datenträger erteilt wurden.
> Auf jeden Fall ist folgendes zu übermitteln:
> – schriftliche Informationen über die Bedingungen und Einzelheiten der Ausübung des Widerrufsrechts im Sinne des Artikels 6, einschließlich der in Artikel 6 Absatz 3 erster Spiegelstrich genannten Fälle;
> – die geographische Anschrift der Niederlassung des Lieferers, bei der der Verbraucher seine Beanstandungen vorbringen kann;
> – Informationen über Kundendienst und geltende Garantiebedingungen;
> – die Kündigungsbedingungen bei unbestimmter Vertragsdauer bzw. einer mehr als einjährigen Vertragsdauer.
> (2) Absatz 1 ist nicht anwendbar auf Dienstleistungen, die unmittelbar durch Einsatz einer Fernkommunikationstechnik erbracht werden, sofern diese Leistungen in einem Mal erfolgen und über den Betreiber der Kommunikationstechnik abgerechnet werden. Allerdings muss der Verbraucher in jedem Fall die Möglichkeit haben, die geographische Anschrift der Niederlassung des Lieferers zu erfahren, bei der er seine Beanstandungen vorbringen kann.

B. Offenlegungsvorbehalt und Transparenzgebot (Abs. 1)

I. Einleitung

2 In Abs. 1 werden in Umsetzung von Art. 4 FARL[1] in sprachlich gestraffter Form der Offenlegungsvorbehalt des § 2 Abs. 1 FernAbsG a.F. sowie das Transparenzgebot nach § 2 Abs. 2 FernAbsG a.F. („in einer dem eingesetzten Fernkommunikationsmittel entsprechenden Weise klar und verständlich") zusammengeführt: Der Unternehmer muss den Verbraucher rechtzeitig vor Abschluss des Fernabsatzvertrags klar und verständlich sowie in einer dem Fernkommunikationsmittel entsprechenden Weise (mithin telefonisch, per E-Mail oder postalisch)[2] über folgende Punkte informieren: die Einzelheiten des Vertrags (für die dies in

---
1 Richtlinie 97/7/EG.
2 BMJ-RegE, S. 387.

der auf der Grundlage von Art. 240 EGBGB erlassenen InformationspflichtenVO bestimmt ist) sowie den geschäftlichen Zweck (kommerziellen Charakter) des Vertrags.

Abs. 1 regelt nicht die Frage, ob und wann der Einsatz von Fernkommunikationsmitteln – etwa für eine unerbetene Werbung – überhaupt zulässig ist.[3] D.h. die Regelung steht unter dem Vorbehalt der Zulässigkeit des Einsatzes eines Fernkommunikationsmittels für die Anbahnung bzw. den Abschluss eines Fernabsatzvertrages. Das Problem, ob ein Fernkommunikationsmittel in rechtlich zulässiger Weise zu Werbezwecken nutzbar gemacht werden darf, richtet sich nach den einschlägigen wettbewerbsrechtlichen Vorschriften (etwa dem UWG). Offen zu legen ist also erst dann, wenn eine werbemäßige Nutzung des Fernkommunikationsmittels überhaupt statthaft ist, wozu die §§ 312b ff. selbst keine Aussage treffen.[4]

II. Vorvertragliche Offenlegungsverpflichtung (Informationspflicht) (Abs. 1 S. 1 Nr. 1)

1. Keine tatsächliche Kenntnisnahme erforderlich

Abs. 1 S. 1 Nr. 1 normiert die sog. **vorvertragliche Informationsverpflichtung** des Unternehmers. Der Unternehmer hat dem Verbraucher die entsprechenden Informationen nach der InformationspflichtenVO zur Verfügung zu stellen. Dies ist ausreichend, aber auch erforderlich,[5] d.h. auf eine **tatsächliche Kenntnisnahme** durch den Verbraucher kommt es **nicht** an.[6] Dies hat zur Folge, dass es im **Internet** genügt, dass der Unternehmer auf seiner Web-Site entsprechende Informationen vorhält, die der Verbraucher vor Bestellabgabe mühelos zur Kenntnis nehmen kann. Daher mag es auch zwar – aus Gründen der Beweissicherung – zweckmäßig sein, den Verbraucher per Mausklick die Kenntnisnahme der Information bestätigen zu lassen.[7] Materiell-rechtlich ist dies jedoch nicht erforderlich. Es reicht ein ausdrücklicher Hinweis auf die Informationsbereitstellung sowie die Möglichkeit zumutbarer Kenntnisnahme aus, mithin das Vorliegen der Voraussetzungen, die für eine Einbeziehung von AGB nach § 305 Abs. 2 auch erforderlich sind.[8]

2. Inhalt

Der Verbraucher muss **rechtzeitig** (Rn 11 ff.) vom Unternehmer vor Abschluss eines Fernabsatzvertrages in einer dem eingesetzten Fernkommunikationsmittel entsprechenden Weise[9] klar und verständlich über einige Aspekte, die vor allem, wenn auch nicht nur, die essentialia negotii eines Vertrags betreffen, informiert werden.

Die in Abs. 1 S. 1 Nr. 1 gewählte Formulierung „**die Einzelheiten des Vertrags, für die dies** in der Rechtsverordnung nach Artikel 240 des Einführungsgesetzes zum Bürgerlichen Gesetzbuche **bestimmt ist**" stellt klar, dass der Unternehmer den Verbraucher vorvertraglich nicht über sämtliche in der InformationspflichtenVO enthaltenen Vertragseinzelheiten informieren muss, sondern nur über diejenigen, die in § 1 Abs. 1 dieser Verordnung ausdrücklich bestimmt sind.

Der Unternehmer muss den Verbraucher nach § 1 Abs. 1 InformationspflichtenVO vor Abschluss eines Fernabsatzvertrags mindestens informieren über seine Identität, seine Anschrift, wesentliche Merkmale der Ware oder Dienstleistung sowie darüber, wie der Vertrag zustande kommt, die Mindestlaufzeit des Vertrags, wenn dieser eine dauernde oder regelmäßig wiederkehrende Leistung zum Inhalt hat, einen Vorbehalt, eine in Qualität und Preis gleichwertige Leistung (Ware oder Dienstleistung) zu erbringen, und einen Vorbehalt, die versprochene Leistung im Fall ihrer Nichtverfügbarkeit nicht zu erbringen, den Preis der Ware oder Dienstleistung einschließlich aller Steuern und sonstiger Preisbestandteile, ggf. zusätzlich anfallende Liefer- und Versandkosten, Einzelheiten hinsichtlich der Zahlung und der Lieferung oder Erfüllung, das Bestehen eines Widerrufs- oder Rückgaberechts, Kosten, die dem Verbraucher durch die Nutzung der Fernkommunikationsmittel entstehen, sofern sie über die üblichen Grundtarife, mit denen der Verbraucher rechnen muss, hinausgehen und die Gültigkeitsdauer befristeter Angebote, insbesondere hinsichtlich des Preises.

Die vorvertragliche Informationspflicht wird durch die Kontaktaufnahme via Fernkommunikationsmittel ausgelöst (d.h. sie entsteht bereits im Stadium der Vertragsanbahnung),[10] unabhängig davon, von wem diese ausgeht.

---

3 RegE. BT-Drucks 14/2658, S. 33 re. Sp.
4 Begründung RegE, BT-Drucks 14/2658, S. 37 f.
5 Der Verbraucher muss über die Informationen verfügen – so Art. 4 Abs. 1 FARL.
6 *Meents*, Verbraucherschutz bei Rechtsgeschäften im Internet, 1998, S. 188 f.
7 In diesem Sinne *Arnold*, CR 1997, 526, 530.
8 So *Fuchs*, ZIP 2000, 1273, 1277.
9 Das ursprünglich im Regierungsentwurf verwendete Wort „angepasste", das im deutschen Legislativsprachgebrauch ungewöhnlich ist, wurde vom Gesetzgeber durch das Wort „entsprechende" ersetzt: Rechtsausschuss, BT-Drucks 14/3195, S. 31 li. Sp.
10 „Der Vertragsschluss wird als Kontinuum begriffen von der ersten rechtsgeschäftlichen Kontaktaufnahme bis zur Durchführung des Vertrags", so *Fuchs*, ZIP 2000, 1273, 1276 unter Bezugnahme auf *Reich*, EuZW 1997, 581, 582.

9 Der Informationskatalog des § 2 Abs. 2 Nr. 1 bis 10 FernAbsG a.F. hinsichtlich der **vorvertraglichen Informationspflichten**, der im Wesentlichen wörtlich – allerdings mit einigen redaktionellen Straffungen – Art. 4 Abs. 1 sowie (den noch verbleibenden Teil von) Art. 4 Abs. 2 FARL zusammenfasste, ist aus dem BGB in die (nach Art. 240 EGBGB erlassene) InformationspflichtenVO „ausgelagert" worden. Ziel ist eine bessere Lesbarkeit des Gesetzes.[11]

10 Die Informationspflichten nach der InformationspflichtenVO entsprechen im Einzelnen den Vorgaben in Art. 4 Abs. 1 lit. a bis i FARL.[12] „Die einzelnen Informationselemente sprechen für sich."[13] Sie spezifizieren den Hauptgegenstand des Vertrags und sollen in eindeutiger Weise den Vertragspartner des Verbrauchers erkennbar werden lassen.[14] Auf die Besonderheiten wird im Kontext mit der InformationspflichtenVO näher eingegangen (siehe die Ausführungen zu § 1 Abs. 1 InformationspflichtenVO).

3. Zeitpunkt

11 Die aufgelisteten Informationen müssen dem Verbraucher „rechtzeitig" vor dem Vertragsschluss zur Verfügung gestellt werden. Der Terminus „**rechtzeitig**" wird weder in der FARL noch in den §§ 312b ff. näher definiert. Vielmehr überlässt Abs. 1 S. 1 die Bestimmung des Zeitpunktes, der als „**rechtzeitige Information**" gelten kann, der Auslegung durch die Judikatur. Der Gesetzgeber ging davon aus, dass sich keine konkretisierende, d.h. für alle Einzelumstände passende Bestimmung der Rechtzeitigkeit finden lässt.[15]

12 Die Regelung will sicherstellen, dass der Verbraucher die übermittelten Informationen zur Kenntnis nehmen und auf dieser Grundlage eine informierte Entscheidung treffen kann. Dies setzt aber voraus, dass eine Ausübung von Druck seitens des Unternehmers auf den Verbraucher, in dem ersterer etwa die Gültigkeitsdauer seines Angebots so kurz bemisst[16] und dem Verbraucher die notwendigen Informationen erst so spät übermittelt, dass diesem keine „angemessene Zeit" für eine freie Entscheidungsfindung verbleibt, verhindert wird.

13 Die Informationsübermittlung darf zwar einerseits nicht mit dem Vertragsabschluss selbst zusammenfallen. Andererseits kann es aber – je nach den Umständen des konkreten Einzelfalles – auch ausreichend sein, wenn die Informationen den Verbraucher erst unmittelbar (kurz) vor Vertragsabschluss erreichen, falls dies im Hinblick auf den Umfang der Informationen sowie die Bedeutung des Geschäfts für den Verbraucher noch angemessen ist. Der Gesetzgeber erachtet in der Regel das Kriterium der „Rechtzeitigkeit" dann als gewahrt, wenn die Information in Werbeprospekten, Katalogen oder auf Internet-Web-Seiten enthalten sind, aufgrund derer der Verbraucher sich zu einer Bestellung entschließt.[17] Mindestfristen für eine Überlegungszeit sind wegen fehlender Praktikabilität und Erforderlichkeit abzulehnen.[18]

4. Transparenzgebot: Klarheit und Verständlichkeit der Information
a) Einleitung

14 Abs. 1 S. 1 statuiert in seinem Einleitungssatz neben dem Gebot der „Rechtzeitigkeit" (Rn 11 ff.) zugleich auch jenes der **Transparenz**. Unter Heranziehung der Vorgabe in Art. 4 Abs. 2 Hs. 1 FARL („Die Informationen ... müssen klar und verständlich ... erteilt werden") wird Klarheit und Verständlichkeit der Information gefordert. Klarheit und Verständlichkeit müssen sich – in Anlehnung an Art. 4 Abs. 2 FARL – nach den Möglichkeiten der verwendeten Fernkommunikationsmittel („in einer dem eingesetzten Fernkommunikationsmittel entsprechenden Weise") richten. Die nähere Interpretation dessen, was unter Klarheit und Verständlichkeit im Einzelnen zu verstehen ist, überlässt der Gesetzgeber wiederum bewusst der Rechtspraxis.[19] Besonderheiten hinsichtlich der technischen Möglichkeiten des eingesetzten Kommunikationsmittels können sich z.B. bei der Verwendung des Telefons ergeben, da der Verbraucher hier nicht so detailliert informiert werden kann wie etwa bei der Verwendung schriftlich fixierter Informationsträger.

---

11 Entsprechend dem Vorbild des Reiserechts (§ 651 a Abs. 5 i.V.m. der Verordnung über Informationspflichten von Reiseveranstaltern a.F.) bzw. des Überweisungsrechts (§ 675 a Abs. 2 i.V.m. der Verordnung über Kundeninformationspflichten a.F.): BMJ-RegE, S. 387.
12 Kritisch zum Umfang der Informationspflichten *Härting*, CR 1999, 507, 508 f.
13 RegE, BT-Drucks 14/2658, S. 37 re. Sp.
14 *Fuchs*, ZIP 2000, 1273, 1276; *Reich*, EuZW 1997, 581, 584.
15 RegE, BT-Drucks 14/2658, S. 37 re. Sp.
16 Z.B. blinkender Icon im Internet „Dieses Angebot gilt nur noch 2 Minuten": *Fuchs*, ZIP 2000, 1273, 1277.
17 RegE, BT-Drucks 14/2658, S. 38 li. Sp.
18 So zutreffend *Fuchs*, ZIP 2000, 1273, 1277: „Welche Zeitspanne zwischen der Kenntnisnahme der Information ... und der Abgabe der Bestellung vergangen ist, lässt sich in der Praxis gar nicht überprüfen. Außerdem wäre die Festlegung einer bestimmten (Mindest-)Überlegungsfrist ... eine Bevormundung des Verbrauchers und unverhältnismäßige Einschränkung der Privatautonomie. Sie ist auch deshalb strikt abzulehnen, weil die Richtlinie durch Schaffung eines verlässlichen Rechtsrahmens die Verwendung moderner Fernkommunikationstechniken im Binnenmarkt fördern will und viele Dienste gerade darauf angelegt sind, sofort genutzt zu werden (z.B. im Bereich der Telekommunikation)". Anderer Ansicht ist *Micklitz*, in: Micklitz/Reich, Die Fernabsatzrichtlinie im deutschen Recht, 1998, S. 21.
19 BT-Drucks 14/3591, S. 31.

b) Transparenzgebot und Fremdsprache

Das Erfordernis der Klarheit und Verständlichkeit hat ggf. zur Konsequenz, dass dem Transparenzgebot auch dann entsprochen sein kann, wenn die Information **nicht** in deutscher Sprache erfolgt.[20] So kann etwa im Falle englischsprachiger Internet-Angebote (Englisch als Lingua franca des Internet) eine entsprechende Information wegen des speziellen Kundenkreises durchaus transparent sein, weil der angesprochene Verbraucher der englischen Sprache mächtig und damit für ihn die Information verständlich ist. Voraussetzung dafür ist aber, dass der Unternehmer davon ausgeht und damit rechnen kann, dass die notwendigen Informationen von dem von ihm angesprochenen Kundenkreis verstanden werden. Den Unternehmer trifft also die Verpflichtung, sorgfältig zu prüfen, ob und in welchem Umfang er sich Fremdsprachen bedienen kann.[21] Dies wird dann meist aber doch zur Konsequenz haben, dass Geschäftsbedingungen und umfangreichere Leistungsbeschreibungen in deutscher Sprache zu erfolgen haben,[22] so der Unternehmer vor allem auf den deutschen Markt fixiert ist.

15

Regelmäßig dürfte die Sprache am Wohnsitz bzw. am gewöhnlichen Aufenthaltsort des Verbrauchers die für die Fernkommunikation maßgebliche Verkehrssprache sein.[23] Bei bloßer Verwendung der deutschen Sprache können im grenzüberschreitenden Geschäftsverkehr für **ausländische Verbraucher** Probleme auftreten. Dem kann nur wie folgt begegnet werden:

16

Vom Leistungsangebot her wird sichergestellt, dass allein mit Verbrauchern in Deutschland Verträge abgeschlossen werden. Oder es erfolgt ein Hinweis auf der Internet-Web-Site, dass Leistungen nur an Kunden mit Wohnsitz oder gewöhnlichem Aufenthalt in Deutschland erbracht werden.

Andererseits besteht durchaus die Möglichkeit, worauf *Fuchs*[24] hinweist, dass die Judikatur künftig auch im Kontext Fernabsatz in Anlehnung an ihre Judikatur zu den Allgemeinen Geschäftsbedingungen auf die sog. **Verhandlungssprache**[25] abstellt. Dies hätte zur Konsequenz, dass der Verbraucher, der sich auf einen Vertragsschluss in einer für ihn fremden Sprache einlässt, als nicht schutzwürdig angesehen wird. Er muss es akzeptieren, dass die gesetzlich geforderten Informationen eben nur in der Fremdsprache parat sind.[26]

17

c) Transparenzgebot im Fernabsatzvertrag und Allgemeine Geschäftsbedingungen

Auch die §§ 305 ff. (AGBG a.F.) statuieren ein Transparenzgebot als tragendes Prinzip. Es findet in § 305 Abs. 2 Nr. 1 (§ 2 Abs. 1 Nr. 2 AGBG a.F. – AGB müssen für den Kunden verständlich sein),[27] in § 305c Abs. 1 (§ 3 AGBG a.F. – Überraschende Klauseln), in der Unklarheitenregel des § 305c Abs. 2 (§ 5 AGBG a.F.) und in einigen Klauselverboten der §§ 308 und 309 (§§ 10 und 11 AGBG a.F.)[28] seinen Ausdruck und ist zugleich Maßstab der Inhaltskontrolle.[29] Dieses Transparenzgebot findet letztlich in Art. 5 der Richtlinie 93/13/EWG seine Grundlage.[30] Es verpflichtet den Verwender, seine AGB so zu gestalten, dass der rechtsunkundige Durchschnittsbürger in der Lage ist, die ihn benachteiligende Wirkung einer Klausel ohne die Einholung von Rechtsrat zu erkennen.[31]

18

---

20 Hinsichtlich des Verhältnisses von Sprache und Transparenz überlässt der Erwägungsgrund 8 der FARL die Regelungsbefugnis den Mitgliedstaaten.
21 Z.B. wird der Unternehmer „nicht damit rechnen können, dass ein deutscher Durchschnittsverbraucher Geschäftsbedingungen oder umfangreichere Leistungsbeschreibungen ohne Weiteres in Englisch oder in anderen Sprachen verstehen kann. Es wird sich deshalb meist empfehlen, derartige Texte in deutscher Fassung bereit zu halten" – RegE, BT-Drucks 14/2658, S. 38 li. und re. Sp.
22 BT-Drucks 14/2658, S. 38.
23 *Fuchs*, ZIP 2000, 1273, 1277 unter Bezugnahme auf *Reich*, EuZW 1997, 581, 584.
24 ZIP 2000, 1273, 1278.
25 Dazu näher *Lindacher*, in: Wolf/Horn/Lindacher, Anhang § 2 AGBG Rn 39 ff.; *Schmidt*, in: Ulmer/Brandner/Hensen, Anhang § 2 AGBG Rn 17 ff.
26 Voraussetzung dafür ist allerdings, so *Fuchs* (ZIP 2000, 1273, 1278), dass die Informationsübermittlung „auch als oder im Rahmen von AGB erfolgen kann. Die Gesetzesbegründung geht davon aus, dass die Anforderungen an die Transparenz nach § 2 Abs. 2 FernAbsG je nach den Umständen des Einzelfalls über das AGB-rechtliche Transparenzgebot hinausgehen könnten." Dazu näher RegE, BT-Drucks 14/2658, S. 38. Im Übrigen ist zu berücksichtigen, dass die allgemeinen Vorschriften über die Einbeziehung und Wirksamkeit von AGB unberührt bleiben, weshalb *Micklitz* (in: Micklitz/Reich, Die Fernabsatzrichtlinie im deutschen Recht, 1998, S. 20) Bedenken gegen eine Integration der dem Verbraucher zu übermittelnden Informationen in AGB äußert. Zum einen dürften zwingend mitzuteilende Informationen nicht unter sonstigen AGB versteckt werden – zumindest sei die Belehrung über das Widerrufsrecht optisch von den übrigen Allgemeinen Geschäftsbedingungen abzugrenzen. Zum anderen seien die Informationsrechte des Verbrauchers subjektive Rechte im Sinne des Gemeinschaftsrechts. Dies schließe eine Umsetzung in AGB aus. Kritisch zum letzteren Argument *Fuchs*, a.a.O.: Eine von den übrigen AGB getrennte Darstellung der gemäß § 2 Abs. 2 FernAbsG zu übermittelnden Informationen sei nicht erforderlich, auch wenn die Anforderungen an eine transparente und unmissverständliche Gestaltung der AGB durch das Fernabsatzgesetz tendenziell noch höher geschraubt würden.
27 OLG Schleswig, NJW 1995, 2858; Palandt/*Heinrichs*, § 2 AGBG Rn 14; *Lindacher*, in: Wolf/Horn/Lindacher, § 2 AGBG Rn 27.
28 Etwa in § 308 Nr. 1 (Annahme- und Leistungsfrist), Nr. 2 (Nachfrist) und Nr. 3 BGB (Rücktrittsvorbehalt).
29 Palandt/*Heinrichs*, § 9 AGBG Rn 15.
30 *Heinrichs*, FS für Trinkner, 1995, S. 157.
31 BGHZ 106, 49.

19 Das Transparenzgebot nach Abs. 1 S. 1 kann – nach den Umständen des konkret in Rede stehenden Einzelfalles – über das Transparenzgebot der gerade dargestellten §§ 305 ff. hinausgehen. Zwar sind Überschneidungen möglich, wenn die für Fernabsatzverträge erforderlichen Informationen dessen Vorgaben genügen und zugleich als oder im Rahmen von AGB dem Verbraucher übermittelt werden. Doch gehen die Informationspflichten nach Abs. 1 S. 1 Nr. 1 i.V.m. § 1 Abs. 1 InformationspflichtenVO über die allgemeinen vertragsrechtlichen Grundsätze und über die Vorgaben der §§ 305 ff. hinaus. Auf der anderen Seite hat der Gesetzgeber im Hinblick auf das alte FernAbsG darauf hingewiesen, dass durch dessen § 2 Abs. 2 „weder die Vorschriften über die Einbeziehung und Wirksamkeit von Allgemeinen Geschäftsbedingungen nach dem AGB-Gesetz noch sonstige Formvorschriften des Bürgerlichen Rechts" berührt werden, „die für den Vertragsabschluss mittels Fernkommunikationsmittel auch weiterhin zunächst unverändert neben den Regelungen des Fernabsatzgesetzes Anwendung finden und eingehalten werden müssen."[32] Entsprechendes muss für das der Verhältnis der §§ 312b ff. zu den §§ 305 ff. gelten.

5. Verzicht auf das Lauterkeits- und das Geschäftsfähigkeitserfordernis

a) Einleitung

20 Der Gesetzgeber[33] hat bewusst davon abgesehen, die Vorgaben von Art. 4 Abs. 2 Hs. 2 FARL in das deutsche Recht zu transformieren.

> **Art. 4 FARL (Vorherige Unterrichtung)**
> (1) ...
> (2) ...; dabei sind insbesondere die Grundsätze der Lauterkeit bei Handelsgeschäften sowie des Schutzes solcher Personen, die nach den Gesetzen der einzelnen Mitgliedstaaten nicht geschäftsfähig sind (wie zum Beispiel Minderjährige), zu beachten.

b) Lauterkeitserfordernis

21 Der Verzicht auf eine besondere Umsetzung des Lauterkeitserfordernisses war deshalb möglich, weil Informationen, die der Lauterkeit bei Handelsgeschäften widersprechen, in der Regel als unlauterer Wettbewerb nach § 1 UWG zu qualifizieren sind.

c) Erfordernis der Geschäftsfähigkeit

22 Im Hinblick auf geschäftsunfähige bzw. in der Geschäftsfähigkeit beschränkte Personen wird deren Schutz nach deutschem Recht nicht durch formale Anforderungen an die diesem Personenkreis zu erteilenden Informationen sichergestellt. Vielmehr ist der Schutz dieser Personengruppe in Deutschland dergestalt erweitert, dass Rechtsgeschäften von Geschäftsunfähigen bzw. beschränkt Geschäftsfähigen keine oder nur eine stark eingeschränkte Wirksamkeit zukommt: Die Willenserklärung eines Geschäftsunfähigen ist nach § 105 Abs. 1 nichtig. Der beschränkt Geschäftsfähige bedarf zu einer Willenserklärung, durch die er nicht lediglich einen rechtlichen Vorteil erlangt, der Einwilligung seines gesetzlichen Vertreters (§ 107). Schließt der Minderjährige einen Vertrag ohne die erforderliche Einwilligung des gesetzlichen Vertreters, so hängt die Wirksamkeit des Vertrags nach § 108 Abs. 1 von der (nachträglichen) Genehmigung (§ 184 Abs. 1) des Vertreters ab.

d) Fazit

23 Dies bedeutet zusammengefasst, dass das deutsche Recht strengere Kriterien anlegt als die Richtlinienvorgabe, was nach Art. 14 FARL statthaft ist. Aus diesem Grunde war es entbehrlich, „besondere Anforderungen an die Form und den Inhalt der zu erteilenden Informationen zu stellen".[34]

III. Der „geschäftliche Zweck" (Abs. 1 S. 1 Nr. 2)

24 Statt „geschäftlicher Zweck" (§ 2 Abs. 1 S. 1 FernAbsG a.F.) sprach § 312c Abs. 1 S. 1 Nr. 2 sowie S. 2 BGB-RE zunächst von „gewerblichem Zweck" in Entsprechung der Terminologie des Art. 4 Abs. 3 FARL („kommerzieller Zweck"). Damit sollte das Gewollte deutlicher herausgestellt werden, dass es um die Offenlegung der Gewinnerzielungsabsicht des Unternehmers geht.[35] Im Rahmen des Gesetzgebungsverfahrens[36] wurde davon allerdings wieder Abstand genommen. Es bleibt bei der Terminologie „geschäftlicher Zweck" in Abs. 1 S. 1 Nr. 2 und S. 2. Der Bundesrat hatte gegen eine Änderung der Altformulierung (von § 2 FernAbsG) grundsätzliche Erwägungen der Rechtskontinuität eingewendet: Inhaltliche Änderungen des FernAbsG, das erst zum 30. Juni 2000 in Kraft getreten ist, sollten – soweit sie nicht unbedingt notwendig

---

32 RegE, BT-Drucks 14/2658, S. 38 re. Sp.
33 RegE, BT-Drucks 14/2658, S. 38 re. Sp.
34 RegE, BT-Drucks 14/2658, S. 38 re. Sp.
35 BMJ-RegE, S. 388.
36 BR-Drucks 338/01 – zu Art. 1 Abs. 1 Nr. 13 (§ 312c Abs. 1 S. 1 Nr. 2, S. 2 BGB).

sind – vermieden werden. Eine Änderung der Terminologie in „gewerblicher Zweck" sei aber auch sachlich falsch und führe dazu, dass die FARL unzureichend umgesetzt werde: Die FARL erfasst nach ihrem Art. 1 alle Verträge zwischen Verbrauchern und Lieferern. Unter Lieferer ist jede natürliche oder juristische Person zu verstehen, die im Rahmen ihrer gewerblichen oder beruflichen Tätigkeit handelt (so Art. 2 Nr. 3 FARL). Unter einem „kommerziellen Zweck" im Sinne von Art. 4 Abs. 2 FARL kann daher keineswegs nur ein gewerblicher Zweck verstanden werden. Hierdurch würden nämlich berufliche Tätigkeiten, die nicht gewerblicher Natur sind, nicht erfasst, obgleich sie der FARL unterfallen (z.B. selbständige Tätigkeiten). Die Bundesregierung hat diesem Änderungsvorschlag zugestimmt.[37] Die Bezeichnung „geschäftlicher Zweck" bleibt somit auch in Abs. 1 S. 1 Nr. 2 und S. 2 erhalten.

Der **geschäftliche Zweck** der Fernkommunikation muss für den Verbraucher unzweideutig erkennbar sein (sog. **Offenlegungsvorbehalt**).[38] Die Notwendigkeit einer Erkennbarkeit der **Identität des Unternehmers** resultiert aus § 1 Abs. 1 Nr. 1 InformationspflichtenVO (§ 2 Abs. 1 FernAbsG a.F.). Damit schließt die Regelung unlautere Vertragsanbahnungsmethoden aus, z.B. dadurch, dass der Unternehmer unter dem Vorwand eines „Interviews" oder der Durchführung einer „Meinungsumfrage" sich dem Verbraucher nähert und sich dessen Vertrauen erschleicht. 25

IV. Vorverlegung der Informationspflichten bei telefonischer Kontaktaufnahme (Abs. 1 S. 2)

Abs. 1 S. 2 verpflichtet (entsprechend § 2 Abs. 1 S. 2 FernAbsG a.F.) den Unternehmer, gegenüber dem Verbraucher bei einer telefonischen Vertragsanbahnung bereits bei Gesprächsbeginn (Kontaktaufnahme) seine Identität und den geschäftlichen Zweck des Vertrags, auf dessen Abschluss die telefonische Kontaktaufnahme gerichtet ist, offen zu legen. Damit übernimmt die Regelung des Abs. 1 S. 2 Vorgaben von (Teilen) des) Art. 4 Abs. 2 FARL (der kommerzielle Zweck der erteilten Information nach Art. 4 Abs. 1 FARL muss für den Verbraucher unzweideutig erkennbar sein) sowie Art. 4 Abs. 3 FARL (bei Telefongesprächen mit Verbrauchern ist zu Beginn des Gesprächs die Identität des Lieferers und der kommerzielle Zweck des Gesprächs ausdrücklich offen zu legen). 26

Auf diese Weise erfolgt bei einer telefonischen Vertragsanbahnung eine (teilweise) zeitliche Vorverlagerung der Informationspflichten des Unternehmers nach Abs. 1 S. 1. Dieser muss bereits zu Beginn seines Telefonats auf Identität und gewerbliche Zielrichtung des Vertrags hinweisen und beides ausdrücklich offen legen. Ein Zuwarten hinsichtlich dieser Informationen bis kurz vor Vertragsabschluss ist nicht statthaft. 27

C. Nachvertragliche Informationspflichten (Abs. 2)

I. Überblick

Die Verpflichtung des Unternehmers zu nachträglichen Informationen normiert (entsprechend § 2 Abs. 3 FernAbsG a.F.) Abs. 2 – allerdings ohne den Katalog der Informationspflichten (§ 2 Abs. 3 S. 2 FernAbsG a.F.) wiederzugeben. Auch diese sind (geändert und ergänzt) in die InformationspflichtenVO integriert und damit „ausgelagert" worden. 28

Der Unternehmer hat dem Verbraucher die in der Rechtsverordnung nach Art. 240 EGBGB bestimmten Informationen (gemäß § 1 Abs. 2 und 3 InformationspflichtenVO) in dem dort bestimmten Umfang und der dort bestimmten Art und Weise alsbald, spätestens bis zur vollständigen Erfüllung des Vertrags, bei Waren spätestens bei Lieferung an den Verbraucher, in Textform (§ 126b) mitzuteilen. 29

II. Die Pflichten im Einzelnen

Der Unternehmer wird nach Abs. 2 zu zweierlei verpflichtet: Er hat dem Verbraucher (sofern er dies nicht bereits schon vor Vertragsschluss getan hat) einige der vor Vertragsabschluss erteilten Informationen (nämlich jene nach § 1 Abs. 1 Nr. 1 bis 9 der InformationspflichtenVO), mithin seine Identität, seine Anschrift, wesentliche Merkmale der Ware oder Dienstleistung (auch, wie der Vertrag zustande kommt), die Mindestlaufzeit des Vertrags, wenn dieser eine dauernde oder regelmäßig wiederkehrende Leistung zum Inhalt hat, einen Vorbehalt, eine in Qualität und Preis gleichwertige Leistung (Ware oder Dienstleistung) zu erbringen, und einen Vorbehalt, die versprochene Leistung im Falle ihrer Nichtverfügbarkeit nicht zu erbringen, den Preis der Ware oder Dienstleistung einschließlich aller Steuern und sonstiger Preisbestandteile, gegebenenfalls zusätzlich anfallender Liefer- und Versandkosten, Einzelheiten hinsichtlich der Zahlung und der Lieferung oder Erfüllung, das Bestehen eines Widerrufs- oder Rückgaberechts, alsbald (spätestens bis zur vollständigen Erfüllung des Vertrags, bei Waren spätestens bei Lieferung an den Verbraucher) 30

---
37 Gegenäußerung - zu Nr. 57 - zu Art. 1 Abs. 1 Nr. 13 (§ 312c Abs. 1 S. 1 Nr. 2, S. 2 BGB).
38 Die §§ 312b ff. lassen die Frage, ob derartige Vertragsanbahnungsmethoden überhaupt wettbewerbsrechtlich zulässig sind (Verstoß gegen die „guten Sitten" im Wettbewerb nach § 1 UWG im Falle unerbetener Telefon-, Telefax- oder E-Mail-Werbung), ausdrücklich offen. Dazu näher *Ring*, Art. 10 FARL Rn 7 ff.

in Textform (§ 126b) mitzuteilen. Die Einschränkung auf die Informationen nach § 1 Abs. 1 bis 9 der InformationspflichtenVO resultiert daraus, dass die Verordnung nach ihrem § 1 Abs. 2 den Unternehmer nur verpflichtet diese Informationen mitzuteilen.

31 Der Unternehmer muss dem Verbraucher **im Übrigen** auch weitere Informationen alsbald nach Vertragsabschluss in Textform (§ 126b) mitteilen. Dabei handelt es sich um solche (zusätzlichen) Informationen, die er vorvertraglich nach Abs. 1 noch nicht geben musste. Diese Zusatzinformationen sind in § 1 Abs. 3 InformationspflichtenVO (in wörtlicher Übernahme des § 2 Abs. 3 FernAbsG a.F.) geregelt, nämlich Informationen über die Bedingungen, Einzelheiten der Ausübung und Rechtsfolgen des Widerrufs- oder Rückgaberechts sowie über den Ausschluss des Widerrufs- oder Rückgaberechts, die Anschrift der Niederlassung des Unternehmers, bei der der Verbraucher Beanstandungen vorbringen kann sowie eine ladungsfähige Anschrift des Unternehmers und bei juristischen Personen, Personenvereinigungen oder -gruppen auch den Namen eines Vertretungsberechtigten, Informationen über Kundendienst und geltende Gewährleistungs- und Garantiebedingungen sowie die Kündigungsbedingungen bei Verträgen, die ein Dauerschuldverhältnis betreffen und für eine längere Zeit als ein Jahr oder für unbestimmte Zeit geschlossen werden.

32 Allein auch nur aus der InformationspflichtenVO folgt das sehr wichtige Erfordernis, dass auf diese zusätzlichen Informationen „in einer hervorgehobenen und deutlich gestalteten Form" (vgl. Einleitungssatz) aufmerksam gemacht werden muss.

III. Bestätigung der Information
1. Überblick

33 Abs. 2 (entsprechend § 2 Abs. 3 FernAbsG a.F.) setzt – mit einigen redaktionellen Straffungen und konkretisierenden Klarstellungen – im Wesentlichen wörtlich Art. 5 FARL (Rn 1) um. Die Art. 4 und 5 FARL verpflichten den Unternehmer zwar grundsätzlich, dem Verbraucher **vor** Vertragsschluss alle notwendigen Informationen zu erteilen. Diese Vorgabe relativiert die FARL jedoch zugleich wieder, indem sie konstatiert, dass dies nur in einer „dem eingesetzten Fernkommunikationsmittel angepassten Weise" zu erfolgen hat. Diese Einschränkung trägt dem Umstand Rechnung, dass bereits in rein tatsächlicher Hinsicht eine Informationsübermittlung nicht bei allen Fernkommunikationsmitteln in gleicher Weise möglich ist.[39] Die Unterschiedlichkeit der Medien hat denn auch den Richtliniengeber zu einer Regelung veranlasst, nach der Informationen, die wegen des eingesetzten Fernkommunikationsmittels vor Vertragsschluss nicht zugeleitet werden **können**, auch vor Vertragsschluss nicht zugeleitet werden **müssen**.

34 Damit dem Verbraucher kein Informationsnachteil entsteht, ist der Unternehmer jedoch verpflichtet, alle Informationen in jedem Falle nach Vertragsabschluss dem Verbraucher zur Verfügung zu stellen, womit eventuelle Informationsdefizite beim Verbraucher jedenfalls nachträglich kompensiert werden. „Die Zeit bis zur Information des Verbrauchers soll sich naturgemäß nicht allzu lang hinziehen, damit er über alle Informationen verfügt, wenn er entscheidet, ob er den Vertrag widerruft oder nicht."[40]

35 Abs. 2 i.V.m. § 1 Abs. 2 InformationspflichtenVO (in Anlehnung an Art. 5 Abs. 1 erster Unterabsatz FARL, der zugleich eine redaktionelle Straffung erfährt) verpflichtet daher den Unternehmer, dem Verbraucher **alsbald**, spätestens bis zur vollständigen Erfüllung des Vertrags, bei Waren spätestens bei Lieferung an den Verbraucher, die in § 1 Abs. 1 Nr. 1 bis 9 InformationspflichtenVO bestimmten Informationen in dem dort bestimmten Umfang und in der dort bestimmten Art und Weise in Textform (§ 126b) mitzuteilen.

36 Der Gesetzgeber[41] war der Auffassung, dass die ursprünglich im Regierungsentwurf verwendete Formulierung – „unmittelbar nach Vertragsschluss" – den Bedürfnissen der Praxis nicht voll gerecht werde: Beispielsweise bei telefonischer Anzeigenannahme könnte diesem Erfordernis nicht entsprochen werden. „Hier werden die erforderlichen – nicht allzu umfangreichen – Informationen auf dem Datenträger im Lastschriftverfahren an den Verbraucher übermittelt. Dafür ist aber eine größere zeitliche Flexibilität vonnöten."[42]

37 Gleichermaßen hat der Gesetzgeber davon Abstand genommen, die entsprechende Formulierung aus der FARL – „rechtzeitig während der Erfüllung des Vertrags" – zu übernehmen. Auch sie löst die Anwendungsschwierigkeiten nicht. Die letztendlich gewählte Formulierung – „alsbald, spätestens bis zur vollständigen Erfüllung des Vertrags" – bringt am deutlichsten zum Ausdruck, dass die Informationen dem Verbraucher **alsbald** (mit einem abschließenden spätesten Bezugszeitpunkt) weitergegeben werden müssen.

---

39 „So können beispielsweise dem Verbraucher im Briefverkehr durchaus Geschäftsbedingungen zugesendet, ihm diese Geschäftsbedingungen aber bei telefonischem Abschluss kaum vorgelesen werde. Allerdings können auch am Telefon Informationen über den Unternehmer vermittelt werden, indem man etwa Ansagegeräte einsetzt" – Rechtsausschuss, BT-Drucks 14/3195, S. 31 li. Sp.
40 Rechtsausschuss, BT-Drucks 14/3195, S. 31 li. Sp.
41 Rechtsausschuss, BT-Drucks 14/3195, S. 31 li. Sp.
42 Rechtsausschuss, BT-Drucks 14/3195, S. 31 li. Sp.

Die Verpflichtung, nach Abs. 2 sicherzustellen, dass dem Verbraucher die notwendigen Informationen **38** zu einem bestimmten Zeitpunkt zur Verfügung stehen, besteht unabhängig davon, ob die Leistung dem Verbraucher selbst oder einem Dritten gegenüber erbracht wird. In jedem Fall muss diese Bestätigung für den Verbraucher in Textform (§ 126b) mitgeteilt werden.

Im Unterschied zu Art. 5 FARL verwendet das deutsche Recht in Abs. 2 nicht den Terminus „**Bestätigung**". **39** Dies liegt darin begründet, dass im deutschen Recht diese Begrifflichkeit in § 141 bzw. § 144 (Bestätigung eines nichtigen bzw. eines anfechtbaren Rechtsgeschäfts) bereits belegt ist, und zwar nur für eine rechtsgeschäftliche Handlung, mit der ein Rechtsgeschäft nachträglich Wirksamkeit erlangt. Der Gesetzgeber sah im Übrigen auch keine Notwendigkeit, den genannten Terminus aufzugreifen, da es nach Art. 5 Abs. 1 erster Unterabsatz FARL ausreichend ist, wenn der Verbraucher nach Vertragsabschluss und spätestens bei der Lieferung der Ware bzw. vor der Erbringung der Dienstleistung die Informationen erhält. Ausreichend aber auch erforderlich ist somit nur, dass der Unternehmer dem Verbraucher die erforderlichen Angaben in entsprechender Form alsbald, spätestens bis zur vollständigen Erfüllung des Vertrags, zur Verfügung stellt, sofern dies nicht bereits schon vor bzw. bei Vertragsabschluss geschehen ist. Der Begriff „spätestens" bringt zum Ausdruck, dass die Verbraucherinformation auch schon vor dem Vertragsabschluss erfolgen kann. Die Verbraucherinformation kann singulär, aber auch im Zusammenhang mit anderen Mitteilungen des Unternehmers (etwa verbunden mit einer Rechnungsstellung) erfolgen.

2. Form der Information

a) Textform

Nach der entsprechenden Vorgabe der FARL hat der Unternehmer dem Verbraucher nach Abs. 2 die **40** gemäß § 1 Abs. 1 Nr. 1 bis 9 InformationspflichtenVO bestimmten Informationen, die (**vor** Vertragsabschluss) zu erteilen sind, in **Textform** (§ 126b) (nachträglich) alsbald zu bestätigen (so § 1 Abs. 2 InformationspflichtenVO). Der Gesetzgeber erachtete es im Kontext mit dem FernAbsG a.F. als ausreichend, wenn der Unternehmer verpflichtet wird, die Informationen dem Verbraucher auf einem **dauerhaften Datenträger**[43] (als funktionelles Äquivalent für die Schriftform im elektronischen Zeitalter,[44] sofern er Beweisfunktion hat) „zur Verfügung zu stellen".[45] Damit war er nicht der sprachlich etwas weitergehenden Formulierung des Regierungsentwurfs – „der Unternehmer hat sicherzustellen, dass die Informationen ... zur Verfügung stehen" – gefolgt. Diese Formulierung hätte nämlich das Missverständnis begründen können, als habe der Unternehmer außer dem Risiko, dass die übermittelten Informationen nicht ankommen, auch noch eine besondere Organisationsverantwortung zu tragen, was nicht intendiert ist.[46]

Der Gesetzgeber folgte im Kontext mit dem alten FernAbsG dem Petitum des Bundesrats,[47] die Definition **41** des „dauerhaften Datenträgers" nicht im Fernabsatzgesetz selbst (vorgesehen in § 2 Abs. 4 des Regierungsentwurfs), sondern in § 361 a Abs. 3 S. 1 a.F. einzustellen. Dies sollte im Rahmen der Schuldrechtsreform zunächst eine Entsprechung durch die Neuregelung des § 360 BGB-RegE finden: „Dort wird der Begriff an zentraler Stelle verwandt. Der Regelungstechnik des Bürgerlichen Gesetzbuchs entspricht es in der Tat eher, solche Schlüsselbegriffe dort zu definieren und nicht auf Definitionen in Nebengesetzen zurückzugreifen."[48] Die Regelung des § 360 BGB-RegE wurde jedoch im Laufe des Gesetzgebungsverfahrens aufgegeben (dazu § 360 BGB-RegE Rn 1). Die in Abs. 2 nunmehr erfolgte Formulierung – „**in Textform mitzuteilen**" – ist eine Anpassung an das Gesetz zur Anpassung der Formvorschriften des Privatrechts und anderer Vorschriften an den modernen Rechtsgeschäftsverkehr vom 13. Juli 2001,[49] das mit dem neuen § 126b die „Textform" eingeführt hat.

Die **Textform** hat nämlich dieselbe Zielrichtung wie der „dauerhafte Datenträger" (i.S.v. § 361 a Abs. 3 **42** S. 1 a.F., respektive § 360 BGB-RegE). Die Textform führt nach dem Gesetz gewordenen Vorschlag des Vermittlungsausschusses[50] in Verbindung mit der Zugangsvorschrift des § 130 zu denselben Ergebnissen wie eine Verwendung der Terminologie „dauerhafter Datenträger". Vor diesem Hintergrund hat der Gesetzgeber im Interesse einer einheitlichen Begrifflichkeit den Begriff des „dauerhaften Datenträgers" aufgegeben und durch jenen der „Textform" ersetzt.[51] Dies schließt es somit aber nicht aus, die im Kontext mit dem Begriff des „dauerhaften Datenträgers" diskutierten Problempunkte auch im Zusammenhang mit der „Textform" zu erörtern (dazu Rn 46 ff.).

---

[43] Legaldefinition in § 361 a Abs. 3 S. 1 BGB a.F.
[44] Tonner, BB 2000, 1413, 1417.
[45] Rechtsausschuss, BT-Drucks 14/3195, S. 31 re. Sp.
[46] Rechtsausschuss, BT-Drucks 14/3195, S. 31 re. Sp.
[47] Prüfbitte, BT-Drucks 14/2920, S. 5. Dazu die Gegenäußerung der Bundesregierung, BT-Drucks 14/2920, S. 15.
[48] Rechtsausschuss, BT-Drucks 14/3195, S. 31 re. Sp.
[49] BGBl I S. 1542.
[50] BT-Drucks 14/6353.
[51] Beschlussempfehlung und Bericht des Rechtsausschusses, BT-Drucks 14/7052, S. 191.

43 Die Aufgabe der Begrifflichkeit „dauerhafter Datenträger" und seine Ersetzung durch den Terminus „Textform" erforderte des Weiteren auch eine Änderung des Verbs „zur Verfügung stellen" durch das im BGB in vergleichbarem Zusammenhang gebrauchte (z.B. in den §§ 170 ff., 510) Verb „mitteilen".

44 Der Gesetzgeber ist der Auffassung, dass damit – entgegen geäußerter Befürchtungen von Unternehmerseite – keine Verschärfung der bisherigen Informationspflichten einhergeht:[52] Zwar ist nach § 126b ein ausdrücklicher Hinweis auf die Person des Erklärenden und ein Kenntlichmachen des Abschlusses der Erklärung erforderlich, doch folgt daraus nicht, dass der Unternehmer seinen Informationspflichten nach § 312c in Zukunft nur noch durch persönlich unterschriebene Erklärungen nachkommen kann. Es reicht vielmehr – wie bisher auch – aus, dass für den Verbraucher aus dem „Informationsdokument" selbst erkennbar ist, **von wem die Informationen stammen** und **wo das Dokument endet**.

45 Hinsichtlich der **Angaben zur Herkunft** der Informationen reicht es aus, wenn der Unternehmer auf dem Dokument seinen Namen (bzw. bei juristischen Personen die Firma) oder auch nur das dem Verbraucher bekannte Logo angibt. Weitergehende Konkretisierungen (etwa wer innerhalb des Unternehmens, z.B. welche Abteilung, welcher Mitarbeiter usw., die Information abgegeben hat) sind **nicht** erforderlich. Die **Kenntlichmachung des Informationsabschlusses** steht dem Unternehmer weitgehend frei. § 126b sieht nur vor, dass der Abschluss z.B. durch Nachbildung der Namensunterschrift „oder anders" erkennbar gemacht wird. Eine entsprechende andere Möglichkeit der Kenntlichmachung liegt typischerweise in einem bereits bislang schon gebräuchlichen Hinweis wie „Die Erklärung ist ohne Unterschrift gültig" oder „Diese Erklärung ist nicht unterschrieben". Als weitere Möglichkeit kommt eine bloße Namensnennung (z.B. „X-GmbH" bzw. „gez. Y") oder auch nur der Hinweis „Ende der Erklärung" in Betracht, da eine entsprechende Kenntlichmachung dem Unternehmen ohne weiteres zumutbar ist.[53]

b) Form des Mediums

46 Die Informationsübermittlung in Textform setzt nicht voraus, dass der Inhalt dem Schriftformerfordernis des § 126 genügt, was zweierlei voraussetzen würde: eine schriftliche Fixierung auf Papier und zusätzlich eine eigenhändige Namensunterschrift durch den Aussteller. Letztere hat für den Informationswert jedoch keine Bedeutung. Aus diesem Grund reicht (z.B. für den Fernabsatz) ein **Schriftstück** aus, das die für den Verbraucher notwendigen Informationen enthält. Erforderlich ist eine schriftliche Fixierung, nicht jedoch auch noch eine eigenständige Namensunterschrift.[54]

47 Die Verwendung der Begrifflichkeit „Textform" erfasst umfassend (neben Schriftstücken) alle für die Übermittlung von Informationen geeigneten Medien, sofern diese nur zweierlei sicherstellen, nämlich dass die Informationen dem Verbraucher in einer lesbaren Form zugehen **und** dass sie diesem für eine angemessene Zeit in einer inhaltlich unveränderten Wiedergabe zur Verfügung stehen.

48 Neben einer (schriftlich fixierten) Urkunde kommen damit auch weitere „dauerhafte Datenträger", die die notwendigen Verbraucherinformationen enthalten können, in Betracht – d.h. solche, bei denen die Übermittlung durch ein **anderes Medium** erfolgt. Der Gesetzgeber hat das Medium bewusst nicht näher bestimmt.[55]

Voraussetzung dafür ist aber, dass dieses **andere Medium** den Zugang zu den Informationen in einer für den Verbraucher **lesbaren Form** sicherstellt. Lesbarkeit bedeutet nicht Maschinenlesbarkeit, sondern Schriftzeichen-Lesbarkeit.[56] Lesbare Form setzt voraus, dass dem Verbraucher in angemessener Zeit die Möglichkeit eröffnet wird, eine inhaltlich unveränderte Form der Informationen zu erlangen. Außer einer (schriftlichen) Urkundenform können somit auch **elektronische Medien**, wie etwa Diskette, E-Mail oder CD-ROM dem Erfordernis eines entsprechenden Datenträgers genügen. **Mündliche Erklärungen** mögen zwar technisch auf einem dauerhaften Datenträger speicherbar sein (z.B. auf einem Anrufbeantworter, auf Voice-Mail-Boxen oder soundfiles) – ihnen fehlt jedoch die „lesbare Form".

49 Textform fordert **nicht** die **körperliche Übergabe** eines dauerhaften Datenträgers. Notwendig ist nur der **Zugang** („mitzuteilen") der Information beim Verbraucher[57] im Sinne von § 130.[58]

50 Neben einer körperlichen Übergabe der gerade genannten elektronischen Medien ist bei einem Fernabsatzvertrag via **Internet**, um unangemessene Behinderungen des elektronischen Geschäftsverkehrs zu vermeiden, daher insbesondere auch an diese besondere Vertriebsform angepasste Informationsübermittlungen zu denken – etwa Informationen per **E-Mail** oder in einer vergleichbaren Weise durch **Datenfernübertragung**. Hier wäre es wenig sinnvoll, vom Unternehmer zu verlangen, dem Verbraucher auch noch ein

---

[52] Beschlussempfehlung und Bericht des Rechtsausschusses, BT-Drucks 14/7052, S. 191.
[53] Beschlussempfehlung und Bericht des Rechtsausschusses, BT-Drucks 14/7052, S. 191.
[54] RegE, BT-Drucks 14/2658, S. 40 li. Sp. – zu § 361 a Abs. 3 S. 1 BGB a.F.
[55] RegE, BT-Drucks 14/2658, S. 40 – zu § 361 a Abs. 3 S. 1 BGB a.F.
[56] So RegE, BT-Drucks 14/2658, S. 41 – zu § 361 a Abs. 3 S. 1 BGB a.F.
[57] So RegE, BT-Drucks 14/2658, S. 40 – zu § 361 a Abs. 3 S. 1 BGB a.F.
[58] Zur Problematik des Zugangs von Willenserklärungen im Internet näher *Koch*, Internet-Recht, 1998, S. 135 ff.; *Ultsch*, NJW 1997, 3007, 3008.

Schriftstück, eine Diskette oder eine CD-ROM zuzuschicken. Der Gesetzgeber hat die Übermittlungsform als solche sinnvollerweise nicht geregelt. Die moderne Informationsübermittlung setzt aber des Weiteren voraus, dass sichergestellt ist, dass die Informationen dem Verbraucher in einer ausreichenden **dauerhaften Form** zugehen. Dies kann im Falle von E-Mails dadurch gewährleistet werden, dass die Informationen auf einem Server beim Online-Provider des Verbrauchers ankommen, auf den der Verbraucher durch einen Abruf seiner E-Mails auch regelmäßig zugreift. Damit ist die Information zugegangen.

Etwas anderes gilt dann, wenn die Informationen lediglich auf der **Web-Site** des Unternehmers bereitgestellt sind. Damit wird noch kein Zugang begründet. Der Gesetzgeber[59] geht aber davon aus, dass ein Abruf durch Herunterladen (Downloaden) der Informationen aus dem World Wide Web (WWW) des Internets den Zugang begründen kann, der auch dem Erfordernis der **Dauerhaftigkeit** genügen kann, falls der Verbraucher die dabei erlangten Informationen bei sich auf seiner Festplatte, einer CD-ROM oder einer Diskette abgespeichert bzw. einen Ausdruck gefertigt hat. 51

Ein **Zugang** kann auch für den Fall **nicht** angenommen werden, dass ein Unternehmer auf seiner Homepage Verbraucher dazu auffordert, sich die Informationen auf jeden Fall herunterzuladen: Dies reicht auf Grund der klaren Gesetzesregelung „mitzuteilen" – ohne den konkreten Einzelnachweis, dass dies tatsächlich geschehen ist – für einen Zugang **nicht** aus,[60] obgleich es gute Gründe dafür geben mag, eine eindeutige und unmissverständliche Aufforderung des Unternehmers, die Informationen herunterzuladen oder auszudrucken, als hinreichend anzusehen.[61] Die bloße Möglichkeit zumutbarer Kenntnisnahme (wie vergleichsweise nach § 305 Abs. 2 Nr. 2 bezüglich der Einbeziehung von AGB in einen Vertrag) genügt jedenfalls nicht.[62] 52

Die **erforderliche Dauerhaftigkeit** kann z.B. bei flüchtigen Speichermedien (etwa dem Arbeitsspeicher eines Computers, der beim Abschalten gelöscht wird) fehlen. Hingegen ist die bloß begrenzte technische Lebensdauer von Disketten, Festplatten und anderen Speichermedien **unschädlich**. Die Informationen müssen dem Verbraucher aber für eine den Erfordernissen des Rechtsgeschäfts entsprechende Zeit zur Verfügung stehen. 53

c) Keine Möglichkeit nachträglicher Veränderung

Im Falle der vorab dargestellten **modernen Kommunikationsmedien** ist sicherzustellen, dass der Unternehmer die abgegebenen Informationen **nicht mehr nachträglich verändern kann**. Die Möglichkeit einer nachträglichen Veränderung durch den Unternehmer – wie etwa im Falle, dass eine Information nicht individuell per E-Mail übermittelt wird, sondern der Unternehmer sie nur zum Abruf im WWW des Internets, d.h. auf seinem Server, bereithält[63] – muss ausgeschlossen werden, d.h. die Wiedergabe der Informationen gegenüber dem Verbraucher muss inhaltlich unverändert möglich sein. 54

In diesem Zusammenhang kommt es nicht darauf an, ob die Informationen auf dem Datenträger **überhaupt** nicht mehr geändert werden können. Allein entscheidend ist, dass zumindest der Unternehmer die Informationen nicht mehr nachträglich verändern kann. Diesem darf kein physischer oder Online-Zugriff mehr auf das Medium zustehen, auf dem die Daten abgespeichert sind. Dieser **Ausschluss des Zugriffs** kann bei sog. „Readonly"-Medien (wie z.B. CD-ROM), daneben aber auch ggf. (im konkreten Einzelfall) bei überschreibbaren Medien (wie etwa Disketten oder Festplatten) der Fall sein.[64] 55

Im vorab genannten Beispiel (Rn 58) bloßen Vorhaltens einer Information im Internet stellt der Unternehmer **nicht** sicher, dass der Verbraucher sich die Informationen auch tatsächlich herunterlädt. In diesem Falle ist weiterhin nicht gewährleistet, dass die Informationen auf der Homepage des Unternehmers auch noch nach Vertragsabschluss weiterhin unverändert dem Verbraucher zur Verfügung stehen.[65] 56

Zusammengefasst lässt sich sagen, dass das Textformerfordernis (§ 126b) technikoffen formuliert ist. Bei strikter Orientierung am Schutzzweck der Norm im Verbraucherschutzinteresse werden moderne Kommunikationsmedien zur Übermittlung der notwendigen Informationen an den Verbraucher nicht ausgeschlossen, sofern diese dem Erfordernis der Dauerhaftigkeit genügen und sichergestellt ist, dass die Informationen nicht mehr nachträglich verändert werden können. 57

---

59 RegE, BT-Drucks 14/2658, S. 40 re. Sp. – zu § 361 a Abs. 3 S. 1 BGB a.F.
60 RegE, BT-Drucks 14/2658, S. 40 f. – zu § 361 a Abs. 3 S. 1 BGB a.F.
61 *Fuchs*, ZIP 2000, 1273, 1279 unter Bezugnahme auf *Waldenberger*, K&R 1999, 345, 348, der vorschlägt, Abspeicherung oder Ausdruck der Informationen zur Bedingung des Vertragsabschlusses zwischen Unternehmer und Verbraucher zu machen.
62 Deshalb erscheint „es in der Praxis ratsam, die zum Download bereitgestellten Informationen dem Verbraucher nochmals z.B. per E-Mail oder in anderer Form zu senden", so *Fuchs*, ZIP 2000, 1273, 1279.
63 Dadurch wird nämlich nicht ausreichend sichergestellt, dass der Verbraucher die Daten tatsächlich herunterlädt bzw. die Informationen auf der Unternehmer-Homepage auch noch nach Vertragsschluss unverändert zur Verfügung stehen – so *Fuchs*, ZIP 2000. 1273, 1278.
64 RegE, BT-Drucks 14/2658, S. 41 li. Sp. – zu § 361 a Abs. 3 S. 1 BGB a.F.
65 RegE, BT-Drucks 14/2658, S. 40 re. Sp. – zu § 361 a Abs. 3 S. 1 BGB a.F.

58 Ausreichend, aber auch erforderlich ist, dass die Informationen dem Verbraucher in einer Urkunde oder in einer anderen lesbaren Form mitgeteilt werden (**Erfordernis des Zugangs der Informationen**). Der Gesetzgeber hat aber die Übermittlung der Informationen als solche nicht näher ausgestaltet. Insoweit gilt folgendes: Notwendig ist ein **Zugang in lesbarer Form**. „Zugang" rekurriert auf § 130. Erforderlich ist also, dass die Informationen den Verbraucher – welches zulässige Übermittlungsmedium der Unternehmer im jeweiligen Fall auch immer nutzen sollte – tatsächlich erreichen können (**Möglichkeit eines tatsächlichen Zugangs**).

59 Im Hinblick auf den **Zeitpunkt des Zugangs** sollen die allgemeinen Grundsätze gelten[66] – auch für Informationsangebote im WWW. Dies bedeutet im letzteren Falle, dass das bloße Bereithalten von Informationen auf dem Unternehmer-Server allein nicht ausreicht. Der Zeitpunkt des Zugangs liegt bei diesen Medien erst dann vor, wenn der Verbraucher sich die Informationen tatsächlich auf seine Festplatte heruntergeladen bzw. ausgedruckt hat. Die Beweispflicht dafür (mithin für den notwendigen Zugang der Information) trägt der Unternehmer. Die bloße Aufforderung des Unternehmers gegenüber dem Verbraucher, letzterer möge sich die Informationen herunterladen, reicht ohne konkreten Einzelnachweis nicht aus.

d) Lesbarkeitserfordernis

60 Weiterhin ist erforderlich, dass die Informationen für den Verbraucher auch unter Berücksichtigung von dessen konkreten Möglichkeiten lesbar sind (**Lesbarkeitserfordernis**). Dabei ist auf die konkreten Möglichkeiten des Verbrauchers abzustellen.[67] Der Unternehmer genügt daher diesem Erfordernis z.B. dann nicht, wenn er dem Verbraucher elektronische Informationen in Datei-Formaten übermittelt, die dieser mittels seiner Computerprogramme nicht lesen bzw. nicht problemlos konvertieren kann. Dies gilt gleichermaßen etwa für den Fall, dass der Unternehmer dem Verbraucher eine CD-ROM mit Informationen zugehen lässt, auf die der Verbraucher keinen Zugriff nehmen kann, weil er keinen Computer mit CD-ROM-Laufwerk hat.[68] Doch weist *Fuchs*[69] zutreffend darauf hin, dass es dem Unternehmer weder zumutbar noch möglich ist, konkrete Nachforschungen hinsichtlich der EDV-Ausstattung seiner Kunden anzustellen: „Daher muss es ausreichen, dass sich der Unternehmer eines gängigen, im Markt verbreiteten Mediums oder Programms bedient, jedenfalls wenn der Unternehmer vorab klarstellt, welcher Form der Informationsübermittlung er sich grundsätzlich gegenüber seinen Kunden bedient, und dem Verbraucher zusätzlich die Option einräumt, im Einzelfall eine andere Form, zum Beispiel schriftliche Mitteilung zu wählen."[70]

e) Dauer der Zugriffsmöglichkeit

61 Auch die **Dauer der Zugriffsmöglichkeit** ist bedeutsam. „Dauerhaft" kann keineswegs mit „ewig" gleichgesetzt werden. Vielmehr kann darunter lediglich ein **angemessener Zeitraum** zu verstehen sein, der nach dem konkreten Rechtsgeschäft zu bestimmen ist. Damit kann die Zeitspanne bei kurzfristig abzuwickelnden Rechtsgeschäften kurz, bei solchen mit längerer Abwicklungsdauer hingegen länger sein. Dem Verbraucher müssen die notwendigen Informationen also für eine entsprechend dem **Erfordernisses des Rechtsgeschäfts entsprechende Zeit** zur Verfügung stehen. Diesem Erfordernis genügen auch Disketten, Festplatten sowie andere digitale Datenträger, deren Lebensdauer zeitlich begrenzt ist. Unzureichend sind jedoch flüchtige Speichermedien, wie z.B. der Arbeitsspeicher eines Computers, der beim Abschalten gelöscht wird.

f) Beweislast

62 Nach § 360 S. 2 RegE sollte den Unternehmer, der die Übermittlung der Informationen sicherzustellen hat (etwa im Falle einer gerichtlichen Auseinandersetzung mit dem Verbraucher) auch die **Beweislast** für den Informations- oder Erklärungsinhalt treffen. Durch den Wegfall des § 360 S. 2 RegE (Rn 44) soll die Beweislast für den Informations- und Erklärungsinhalt nach Ansicht des Gesetzgebers aus **allgemeinen Beweisgrundsätzen** folgen. Daraus folgt z.B., dass der Unternehmer beim Herunterladen von Informationen aus dem WWW zu beweisen hat, dass der Verbraucher die Informationen nicht nur auf seinen Arbeitsspeicher geladen (was im Hinblick auf die erforderliche Dauer der Zugriffsmöglichkeit unzureichend wäre, vgl. dazu Rn 61), sondern auf der Festplatte gespeichert bzw. einen Ausdruck gefertigt hat. Vor diesem Hintergrund ist der Unternehmer gut beraten (um sich nicht dem Risiko der Sechs-Monats-Widerrufsfrist nach § 355 Abs. 3 S. 1 auszusetzen), Vorkehrungen zu treffen, die es ihm erlauben,

---

[66] RegE, BT-Drucks 14/2658, S. 40 re. Sp. unter Bezugnahme auf *Ultsch*, NJW 1997, 3007, 3008.
[67] RegE, BT-Drucks 14/2658, S. 41 – zu § 361 a Abs. 3 S. 1 BGB a.F.
[68] RegE, BT-Drucks 14/2658, S. 41 li. Sp. – zu § 361 a Abs. 3 S. 1 BGB a.F.
[69] ZIP 2000, 1273, 1279.
[70] *Fuchs*, ZIP 2000, 1273, 1279: „Denn auch nach Auffassung des Gesetzgebers soll der Fernabsatz, insbesondere der elektronische Geschäftsverkehr, nicht durch formale Informationsanforderungen stärker belastet werden, als dies zum Schutze des Verbrauchers unbedingt notwendig ist" – unter Bezugnahme auf RegE, BT-Drucks 14/2658, S. 40.

den Nachweis (Beweislast!) zu führen, dass der (aus Verbraucherschutzgründen notwendige) Zugang der Informationen beim Verbraucher erfolgt ist. Der Unternehmer hat es in der Hand, Verfahren einzusetzen, die ihm die Beweisführung über den Zeitpunkt der Informationsübermittlung und die eindeutige Identifizierung des übermittelten Informationsinhalts erlauben. Dies gilt sinngemäß für Erklärungen des Verbrauchers gegenüber dem Unternehmer.

3. Informationspflichten und Prozess

Der Verbraucher kann im Rahmen eines Gerichtsprozesses leicht in eine ihm ungünstige Lage geraten, falls der Unternehmer den vom Verbraucher vorgetragenen Inhalt der Informationen bestreitet. Insoweit gilt Folgendes: Der Unternehmer hat, wie bereits ausgeführt (Rn 62), die Übermittlung der Informationen sicherzustellen. Insoweit ist es auch angemessen, ihm (nach allgemeinen Grundsätzen) die Beweislast für den Informations- oder den Erklärungsinhalt aufzuerlegen.[71] Der Gesetzgeber[72] hat die Ansicht vertreten, dass der Unternehmer Verfahren einsetzen kann, „die nicht nur eine eindeutige Bestimmung des Zeitpunktes der Übermittlung, sondern auch eine eindeutige Identifizierung des übermittelten Inhalts der Information ermöglichen". 63

IV. Zusätzliche Informationen (sog. nachvertragliche Informationspflichten im Einzelnen)

Dem Verbraucher sind nach Abs. 2 (entsprechend § 2 Abs. 3 S. 2 Nr. 1 bis 4 FernAbsG a.F.) i.V.m. § 1 Abs. 3 InformationspflichtenVO, die auf Art. 5 Abs. 1 zweiter Unterabs. FARL zurückgehen, folgende weiteren Informationen (deren Aufzählung im Wesentlichen wörtlich der Richtlinie folgt) in **Textform** (§ 126b) und in einer **hervorgehobenen** und **deutlich gestalteten** Form mitzuteilen (sog. **nachvertragliche Informationspflichten**): Informationen über die Bedingungen, Einzelheiten der Ausübung und Rechtsfolgen des Widerrufs- oder Rückgaberechts sowie über den Ausschluss des Widerrufs- oder Rückgaberechts (Nr. 1); die Anschrift der Niederlassung des Unternehmers, bei der der Verbraucher Beanstandungen vorbringen kann, sowie eine ladungsfähige Anschrift des Unternehmers und bei juristischen Personen, Personenvereinigungen oder -gruppen auch den Namen eines Vertretungsberechtigten (Nr. 2); Informationen über Kundendienst und geltende Gewährleistungs- und Garantiebedingungen (Nr. 3); die Kündigungsbedingungen bei Verträgen, die ein Dauerschuldverhältnis betreffen und für eine längere Zeit als ein Jahr oder für unbestimmte Zeit geschlossen werden (Nr. 4). 64

In **zeitlicher Hinsicht** müssen die zusätzlichen Informationen dem Verbraucher nach Abs. 2 alsbald, spätestens bis zur vollständigen Erfüllung des Vertrags, bei Waren spätestens bei Lieferung an den Verbraucher, vorliegen. 65

D. Besonderheiten bei der Erbringung von Dienstleistungen unter Einsatz von Fernkommunikationsmitteln (Abs. 3)

Die die Vorgaben von Art. 5 Abs. 2 FARL umsetzende Verpflichtung nach Abs. 2, die vorvertraglichen Informationspflichten nach § 312c Abs. 1 Nr. 1 i.V.m. § 1 Abs. 2 InformationspflichtenVO und die weiteren Informationen (nachvertragliche Informationspflichten) nach § 1 Abs. 3 InformationspflichtenVO in der dort bestimmten Art und Weise alsbald (spätestens bis zur vollständigen Erfüllung des Vertrags, bei Waren spätestens bei der Lieferung an den Verbraucher) in Textform (§ 126b) mitzuteilen, gilt nach Abs. 3 S. 1 **nicht** für **Dienstleistungen**, die unmittelbar unter Einsatz von Fernkommunikationsmitteln erbracht werden, sofern diese Leistungen in einem Mal erfolgen und über den Betreiber der Fernkommunikationsmittel abgerechnet werden. Dabei geht es etwa um **telefonische Ansagedienste**.[73] Bei Vorliegen der beiden genannten gesetzlichen Voraussetzungen brauchen die Informationen dem Verbraucher also **nicht** in **Textform** (§ 126b) mitgeteilt zu werden. Eine nachvertragliche Informationspflicht des Unternehmers entfällt. 66

Aber: Auch im zuletzt genannten Fall muss der Verbraucher nach Abs. 3 S. 2 (der wörtlich dem Art. 5 Abs. 2 S. 2 FARL entspricht) die Möglichkeit haben, sich über die Anschrift der Niederlassung des Unternehmers informieren zu können, bei der er Beanstandungen vorbringen kann. Damit entspricht Abs. 3 S. 2 der Regelung des § 2 Abs. 3 S. 3 und 4 FernAbsG a.F. (wobei lediglich die Verweisung auf die vorangehenden Sätze durch einen Verweis auf Abs. 2 angepasst wurde). 67

---

[71] RegE, BT-Drucks 14/2658, S. 41 re. Sp.
[72] RegE, BT-Drucks 14/2658, S. 41 re. Sp.
[73] *Micklitz*, in: Micklitz/Reich, Die Fernabsatzrichtlinie im deutschen Recht, 1998, S. 23.

E. Weitergehende Verwendungseinschränkungen und Informationspflichten (Abs. 4)

68 Abs. 4 macht deutlich, dass nach dem Willen des Gesetzgebers[74] weitergehende Informationspflichten auf Grund anderer Vorschriften von den Vorgaben der §§ 312b ff. unberührt bleiben. Nach Abs. 4, der den bisherigen Regelungsgehalt von § 2 Abs. 1 S. 3 und Abs. 4 FernAbsG a.F. zusammenfasst, bleiben sowohl weitergehende Einschränkungen bei der Verwendung von Fernkommunikationsmitteln als auch weitergehende Informationspflichten aufgrund anderer Vorschriften (etwa dem TDG oder anderer medienrechtlicher Vorschriften des Landesrechts bei Fernabsatzmethoden, die sich ferngestützter Techniken bedienen) unberührt. Entsprechende weitergehende Einschränkungen und Informationspflichten können sich insbesondere aus § 312e beim Vertragsschluss im elektronischen Geschäftsverkehr ergeben.

F. Rechtsfolgen bei Verstößen gegen die Informationspflichten

69 Ein Verstoß gegen die Informationspflichten des § 312c führt **nicht** die **Nichtigkeit** des Rechtsgeschäfts herbei. Eine Verletzung begründet vielmehr nur eine **Verlängerung der Widerrufsfrist** nach § 355 Abs. 3 S. 1 auf bis zu **sechs Monate** (früher: vier Monate). Diese beginnt, abweichend von § 355 Abs. 2 S. 1, nach § 312d Abs. 2 Hs. 1 nämlich nicht vor der Erfüllung der Informationspflichten nach Abs. 2, bei Waren nicht vor dem Tag ihres Eingangs beim Empfänger, bei der wiederkehrenden Lieferung gleichartiger Waren nicht vor dem Tag des Eingangs der ersten Teillieferung und bei Dienstleistungen nicht vor dem Tag des Vertragsschlusses.

70 Darüber hinaus kann ein systematischer Verstoß gegen die Informationspflichten des § 312c ggf. auch eine **Verletzung von § 1 UWG** darstellen. Im Übrigen bestimmt das Unterlassungsklagegesetz, dass derjenige, der Vorschriften zuwiderhandelt, die dem Schutz der Verbraucher dienen (Verbraucherschutzgesetze), wozu u.a. auch die Vorschriften über Fernabsatzverträge zu zählen sind, im Interesse des Verbraucherschutzes auf Unterlassung in Anspruch genommen werden kann.

71 Damit wird deutlich, dass Verstöße gegen die Informationspflichten keine allzu gravierenden Rechtsfolgen (Sanktionen) nach sich ziehen. Insbesondere die Verletzung vorvertraglicher Informationspflichten bleibt sogar sanktionslos. Diesem auf Kritik[75] gestoßenen Rechtszustand mit herkömmlichen Mitteln des Privatrechts zu begegnen, hilft wenig weiter.[76]

§ 312d Widerrufs- und Rückgaberecht bei Fernabsatzverträgen

(1) ¹**Dem Verbraucher steht bei einem Fernabsatzvertrag ein Widerrufsrecht nach § 355 zu.** ²**Anstelle des Widerrufsrechts kann dem Verbraucher bei Verträgen über die Lieferung von Waren ein Rückgaberecht nach § 356 eingeräumt werden.**

(2) ¹**Die Widerrufsfrist beginnt abweichend von § 355 Abs. 2 Satz 1 nicht vor Erfüllung der Informationspflichten gemäß § 312c Abs. 2, bei der Lieferung von Waren nicht vor dem Tag ihres Eingangs beim Empfänger, bei der wiederkehrenden Lieferung gleichartiger Waren nicht vor dem Tag des Eingangs der ersten Teillieferung und bei Dienstleistungen nicht vor dem Tag des Vertragsschlusses; § 355 Abs. 2 Satz 2 findet keine Anwendung.**

(3) ¹**Das Widerrufsrecht erlischt bei einer Dienstleistung auch, wenn der Unternehmer mit der Ausführung der Dienstleistung mit ausdrücklicher Zustimmung des Verbrauchers vor Ende der Widerrufsfrist begonnen hat oder der Verbraucher diese selbst veranlasst hat.**

(4) ¹**Das Widerrufsrecht besteht, soweit nicht ein anderes bestimmt ist, nicht bei Fernabsatzverträgen**
1. **zur Lieferung von Waren, die nach Kundenspezifikation angefertigt werden oder eindeutig auf die persönlichen Bedürfnisse zugeschnitten sind oder die auf Grund ihrer Beschaffenheit nicht für eine Rücksendung geeignet sind oder schnell verderben können oder deren Verfalldatum überschritten würde,**
2. **zur Lieferung von Audio- oder Videoaufzeichnungen oder von Software, sofern die gelieferten Datenträger vom Verbraucher entsiegelt worden sind,**
3. **zur Lieferung von Zeitungen, Zeitschriften und Illustrierten,**
4. **zur Erbringung von Wett- und Lotterie-Dienstleistungen oder**
5. **die in der Form von Versteigerungen (§ 156) geschlossen werden.**

---

[74] RegE, BT-Drucks 14/2658, S. 41 re. Sp.
[75] *Meents*, Verbraucherschutz bei Rechtsgeschäften im Internet, 1998, S. 195 ff.
[76] Dazu näher *Ring*, § 2 FernAbsG Rn 189 ff.

Inhalt

A. Einleitung	1	**D. Der Widerruf**	18
B. Das Widerrufs- und Rückgaberecht	2	I. Verweis auf § 355	18
C. Das rechtliche Konstrukt „Widerruf"	4	II. Fristwahrung und Form des Widerrufs	19
I. Wirkung	4	III. Fristbeginn	20
II. Das Widerrufs- als Rücktrittsrecht	6	IV. Erlöschen des Widerrufsrechts bei Dienstleistungen	26
III. Konstruktionsvarianten des Widerrufs	8	V. Beweislastregel	35
IV. Konstruktion des Gesetzgebers	10	VI. Ausnahmen vom Widerrufsrecht (Abs. 4)	36
1. Einführung	10	**E. Rückgaberecht statt Widerrufsrecht (Abs. 1 S. 2)**	47
2. Schaffung eines einheitlichen verbraucherschutzrechtlichen Widerrufsrechts	12	I. Ersetzung des gesetzlichen Widerrufsrechts durch ein Rückgaberecht	47
3. Harmonisierung von Verbraucherschutzrichtlinien auf europäischer Ebene	14	II. Konsequenzen für den Verbraucher	49
		III. Das auf das Rückgaberecht anwendbare Recht	52
4. Verbraucherschutzrechtliche Verweisvorschriften	15	**F. Finanzierte Verträge**	53

A. Einleitung

§ 312d (entsprechend § 3 Abs. 1 FernAbsG a.F.) statuiert u.a. das **gesetzliche Widerrufsrecht** des Verbrauchers, das bei Fernabsatzverträgen nach Maßgabe von Art. 6 FARL umzusetzen war. **1**

Art. 6 FARL (Widerrufsrecht)
(1) Der Verbraucher kann jeden Vertragsabschluss im Fernabsatz innerhalb einer Frist von mindestens sieben Werktagen ohne Angabe von Gründen und ohne Strafzahlung widerrufen. Die einzigen Kosten, die dem Verbraucher infolge der Ausübung seines Widerrufsrechts auferlegt werden können, sind die unmittelbaren Kosten der Rücksendung der Waren.
Die Frist für die Wahrnehmung dieses Rechts beginnt
– bei Waren mit dem Tag ihres Eingangs beim Verbraucher, wenn die Verpflichtungen im Sinne des Artikels 5 erfüllt sind;
– bei Dienstleistungen mit dem Tag des Vertragsabschlusses oder dem Tag, an dem die Verpflichtungen im Sinne des Artikels 5 erfüllt sind, wenn dies nach Vertragsabschluss der Fall ist, sofern damit nicht die nachstehend genannte Dreimonatsfrist überschritten wird.
Falls der Lieferer die Bedingungen im Sinne des Artikels 5 nicht erfüllt hat, beträgt die Frist drei Monate. Diese Frist beginnt
– bei Waren mit dem Tag ihres Eingangs beim Verbraucher;
– bei Dienstleistungen mit dem Tag des Vertragsabschlusses.
Werden innerhalb dieser Dreimonatsfrist die Informationen gemäß Artikel 5 übermittelt, so beginnt die Frist von sieben Werktagen gemäß Unterabsatz 1 mit diesem Zeitpunkt.
(2) Übt der Verbraucher das Recht auf Widerruf gemäß diesem Artikel aus, so hat der Lieferer die vom Verbraucher geleisteten Zahlungen kostenlos zu erstatten. Die einzigen Kosten, die dem Verbraucher infolge der Ausübung seines Widerrufsrechts auferlegt werden können, sind die unmittelbaren Kosten der Rücksendung der Ware. Die Erstattung hat sobald wie möglich, in jedem Fall jedoch binnen 30 Tagen zu erfolgen
(3) Sofern die Parteien nichts anderes vereinbart haben, kann der Verbraucher das in Absatz 1 vorgesehene Widerrufsrecht nicht ausüben bei
– Verträgen zur Erbringung von Dienstleistungen, deren Ausführung mit Zustimmung des Verbrauchers vor Ende der Frist von sieben Werktagen gemäß Absatz 1 begonnen hat;
– Verträgen zur Lieferung von Waren oder Erbringung von Dienstleistungen, deren Preis von der Entwicklung der Sätze auf den Finanzmärkten, auf die der Lieferer keinen Einfluss hat, abhängt;
– Verträgen zur Lieferung von Waren, die nach Kundenspezifikation angefertigt werden oder eindeutig auf die persönlichen Bedürfnisse zugeschnitten sind oder die aufgrund ihrer Beschaffenheit nicht für eine Rücksendung geeignet sind oder schnell verderben können oder deren Verfallsdatum überschritten würde;
– Verträgen zur Lieferung von Audio- oder Videoaufzeichnungen oder Software, die vom Verbraucher entsiegelt worden sind;
– Verträgen zur Lieferung von Zeitungen, Zeitschriften und Illustrierten;
– Verträgen zur Erbringung von Wett- und Lotterie-Dienstleistungen.
(4) Die Mitgliedstaaten sehen in ihren Rechtsvorschriften folgendes vor:
– Wenn der Preis einer Ware oder einer Dienstleistung vollständig oder zum Teil durch einen vom Lieferer gewährten Kredit finanziert wird, oder
– wenn dieser Preis vollständig oder zum Teil durch einen Kredit finanziert wird, der dem Verbraucher von einem Dritten aufgrund einer Vereinbarung zwischen dem Dritten und dem Lieferer gewährt wird, wird der Kreditvertrag entschädigungsfrei aufgelöst, falls der Verbraucher von seinem Widerrufsrecht gemäß Absatz 1 Gebrauch macht. Die Mitgliedstaaten legen die Einzelheiten der Auflösung des Kreditvertrags fest.

B. Das Widerrufs- und Rückgaberecht

2 Dem Verbraucher steht (entsprechend § 3 Abs. 1 S. 1 FernAbsG a.F.) im Rahmen eines Fernabsatzvertrags nach **Abs. 1 S. 1** ein Widerrufsrecht nach Maßgabe von § 355 (Widerrufsrecht bei Verbraucherverträgen) zu. Bei Fernabsatzverträgen über die Lieferung von Waren kann dem Verbraucher gemäß **Abs. 1 S. 2** (entsprechend § 3 Abs. 3 S. 1 FernAbsG a.F.) anstelle des Widerrufsrechts (nach S. 1) auch ein Rückgaberecht nach Maßgabe von § 356 (Rückgaberecht bei Verbraucherverträgen) eingeräumt werden.

3 Durch das Zusammenführen und Voranstellen von Widerrufs- und Rückgaberecht in Abs. 1 will der Gesetzgeber deutlich machen, „dass sich die Folgeabsätze sowohl auf das Widerrufs- als auch auf ein eventuelles Rückgaberecht beziehen"[1] – eine Intention, der man allein bei systematischer, nicht jedoch grammatikalischer Interpretation von Abs. 2 bis 4 des § 312d (die Rede ist ausschließlich von „Widerrufs"recht bzw. „Widerrufs"frist) folgen kann. Handwerklich geschickt ist dies jedenfalls nicht.

C. Das rechtliche Konstrukt „Widerruf"

I. Wirkung

4 Die Einführung eines Widerrufsrechts stellt den Kern der FARL dar. Unter **Widerruf** versteht die FARL (Art. 6 Abs. 1 erster Unterabs. S. 1) das Recht des Verbrauchers, sich von einem Fernabsatzvertrag innerhalb einer Frist von sieben Werktagen ohne Begründung (d.h. ohne Angabe von Gründen für diesen Schritt) und ohne Strafzahlung wieder zu lösen. Da die Richtlinie den Begriff mit keiner „eindeutigen konstruktiven Vorgabe" verbunden hat, sah sich der bundesdeutsche Gesetzgeber dazu aufgerufen, den Terminus „Widerruf" selbst im Rahmen der Umsetzung auszuformen.[2]

5 Allein aus dem Erwägungsgrund 14 zur FARL wird etwas Näheres über das Regelungsziel erkennbar, welche Zielsetzung der Richtliniengeber mit dem Widerrufsrecht verfolgt:[3] Da der Verbraucher in der Praxis beim Fernabsatz keine Möglichkeit hat, vor Vertragsabschluss das Erzeugnis zu sehen (bzw. die Qualität einer Dienstleistung im Einzelnen zur Kenntnis zu nehmen), soll ihm die Möglichkeit einer nachträglichen Prüfung eröffnet werden, in deren Anschluss er innerhalb kurzer Zeit darüber zu entscheiden hat, ob er sie behalten (nutzen) oder zurückgeben (von einer Nutzung absehen) will.[4]

II. Das Widerrufs- als Rücktrittsrecht

6 Das Widerrufsrecht nach dem Verständnis der FARL will also dem Verbraucher konzeptionell die Möglichkeit eröffnen, sich von einem einmal wirksam abgeschlossenen Vertrag (der bereits Erfüllungsansprüche gewährt), wieder zu lösen.[5] Obgleich die FARL (ebenso wie der geänderte Richtlinienentwurf für Finanzdienstleistungen im Fernabsatz[6] die Begrifflichkeit „Widerrufsrecht" verwendet, die damit erstmalig als Terminus des europäischen Sekundärrechts in Erscheinung tritt, handelt es sich **der Sache nach** also nach wie vor ein **Rücktrittsrecht**, mithin ein Recht, einen wirksam zu Stande gekommenen Vertrag wieder auflösen zu können,[7] wie dies auch bisher schon in der Terminologie der einschlägigen Verbraucherschutzrichtlinien (die die Begrifflichkeit „Rücktritt" ausdrücklich verwenden) der Fall war (vgl. etwa Art. 5 Abs. 1 Haustürgeschäfterichtlinie[8] sowie Art. 5 Abs. 1 der Time-Sharing-Richtlinie[9]).

Die Verbraucherkreditrichtlinie[10] statuiert hingegen selbst kein Rücktrittsrecht. Vielmehr war ein solches in § 7 VerbrKrG a.F. vorgesehen, der insoweit (zulässigerweise nach Art. 15 FARL) über die Vorgaben der Verbraucherkreditrichtlinie hinausging. Das Verbraucherkreditgesetz statuierte zugunsten des Verbrauchers nämlich einen höheren Schutzstandard.

---

1 BMJ-RegE, S. 390.
2 RegE, BT-Drucks 14/2658, S. 41 re. Sp.
3 Dazu auch *Bülow*, ZIP 1999, 1293, 1294.
4 Bei Dienstleistungen, die auch sonst nicht zunächst ausprobiert und in natura zurückgegeben werden können, geht es um die Einräumung einer Bedenkfrist mit anschließender Entscheidungsfindung, ob eine Inanspruchnahme der Leistung erfolgen soll oder nicht, so *Fuchs*, ZIP 2000, 1273, 1281.
5 So *Bülow*, ZIP 1999, 1293, 1295; *Fuchs*, ZIP 2000, 1273, 1281; *Reich*, EuZW 1997, 581, 585; *Schmidtmann*, DuD 1997, 636, 637 f.; *Waldenberger*, K&R 1999, 345, 349.
6 ABl. EG Nr. C 177 E vom 27. Juni 2000, S. 21.
7 *Fuchs*, ZIP 2000, 1273, 1281.
8 Richtlinie 85/577/EWG des Rates vom 20. Dezember 1985 betreffend den Verbraucherschutz im Falle von außerhalb von Wohnräumen geschlossenen Verträgen (ABl. EG Nr. L 372 vom 31. Dezember 1985, S. 31).
9 Richtlinie 94/47/EG des Europäischen Parlaments und des Rates vom 26. Oktober 1994 zum Schutz der Erwerber im Hinblick auf bestimmte Aspekte von Verträgen über den Erwerb von Teilzeitnutzungsrechten an Immobilien (ABl. EG Nr. L 280 vom 29. Oktober 1994, S. 83).
10 Richtlinie 87/102/EWG des Rates vom 22. Dezember 1986 zur Angleichung der Rechts- und Verwaltungsvorschriften der Mitgliedstaaten über den Verbraucherkredit (ABl. EG Nr. L 42 vom 12. Februar 1987, S. 48).

Ein Rückgriff auf eine bereits im deutschen Recht bestehende Begriffsbestimmung scheidet aus, da die Terminologie „Widerruf"[11] in den verschiedensten Regelungen mit unterschiedlichem Inhalt verwendet wird:[12] in § 168 Abs. 2 als einseitige Rücknahme eines einseitigen Rechtsgeschäfts, in § 671 Abs. 1 als ein der Kündigung vergleichbarer Aufhebungsakt.

III. Konstruktionsvarianten des Widerrufs

In Verbraucherschutzvorschriften folgte die Begrifflichkeit „Widerruf" **früher** zwei unterschiedlichen Konstruktionsvarianten: einerseits schwebende **Unwirksamkeit** des Vertrags, solange die Widerrufsfrist noch läuft (in § 1 Abs. 1 HTWG a.F., § 7 Abs. 1 VerbrKrG a.F. bzw. § 5 TzWRG a.F.). Die Erklärung des Verbrauchers erlangte in den vor In-Kraft-Treten des FernAbsG geltenden Fassungen der genannten Verbraucherschutzgesetze erst nach ungenutztem Ablauf der Widerrufsfrist Wirksamkeit, weshalb der Vertrag zunächst schwebend unwirksam war und keine Vertragspartei Erfüllungsansprüche aus ihm ableiten konnte.[13] Andererseits schwebende **Wirksamkeit** des Vertrags während der Frist für die Ausübung des Widerrufsrechts im FernUSG.

Aus den beiden Konstruktionsvarianten resultiert kein Unterschied im Hinblick auf die **Rechtsfolgen** des Widerrufs: Diese bestehen im Wesentlichen in der Rückabwicklung des Vertrags (nach dem Modell der §§ 3 und 4 HTWG a.F., die wiederum auf das BGB-Rücktrittsrecht verwiesen – allerdings mit unterschiedlich weit ausgestalteten Ausnahmen zugunsten des Verbrauchers).

IV. Konstruktion des Gesetzgebers

1. Einführung

Der Gesetzgeber hat nach anfänglicher Kritik[14] davon Abstand genommen, das Widerrufsrecht für Fernabsatzverträge in unterschiedlicher Weise den beiden Konstruktionsmustern[15] (Rn 8) lediglich anzupassen,[16] da ein solches Modell die Verbraucherschutzgesetze nur um eine weitere (zusätzliche) konstruktive Variante „bereichert" hätte. Es hätte jedoch keine praktischen Auswirkungen gehabt, da die Rechtsfolgen in jedem Falle ohnehin entsprechend der §§ 3 und 4 Haustürwiderrufsgesetz a.F. hätten geregelt werden müssen.

Der Gesetzgeber fand hingegen das Argument, es solle die **Chance einer Vereinheitlichung** des unübersichtlichen Verbraucherschutzrechts genutzt werden, überzeugend. Auf die Dauer dient es dem Verbraucher nicht, dass in den unterschiedlichen europäischen wie nationalen Verbraucherschutzvorschriften für vergleichbare Widerrufsrechte unterschiedliche Fristen und unterschiedliche Fristberechnungen normiert sind. Vor diesem Hintergrund hat der Gesetzgeber sich für folgende Lösung entschieden: Vereinheitlichung des **Verbraucherschutzrechts zumindest auf nationaler Ebene** – schwebende Wirksamkeit des Verbrauchervertrags bis zum Widerruf.

2. Schaffung eines einheitlichen verbraucherschutzrechtlichen Widerrufsrechts

Nach dem Modell des FernUSG ist **ein einheitliches verbraucherschutzrechtliches Widerrufsrecht** im Rücktrittsrecht des BGB in allgemeiner Form normiert worden, und zwar in § 355 (§ 361 a a.F.) (Widerrufsrecht bei Verbraucherverträgen). Die Neuregelung ist hinsichtlich ihrer Rechtsfolgen als (zugunsten des Verbrauchers) modifiziertes **Rücktrittsrecht** ausgestaltet. Der Standort im BGB wurde deshalb gewählt, weil die Verbraucherschutzgesetze nahezu einheitliche Rücktrittsfolgen mit **Ausnahmen** zugunsten des Verbrauchers vorsehen. Diese Ausnahmen sind nunmehr mit der Umsetzung der Vorschläge der

---

11 Zur Rechtsnatur und den Erscheinungsformen der Widerrufsrechte *Fuchs*, AcP 196 (1996), 313, 318 ff., 323 ff.
12 Dazu näher *Gernhuber*, WM 1998, 1797.
13 So die h.M. – etwa BGHZ 113, 222, 225; 119, 283, 298; MüKo/*Ulmer*, § 7 VerbrKrG Rn 12; a.A. hingegen *Hadding*, in: FS für Brandner, 1996, S. 207, 211; *Jauernig*, vor § 145 BGB Rn 21: Der Vertrag ist vorläufig wirksam, das Widerrufsrecht stellt einen rücktrittsähnlichen Rechtsbehelf dar.
14 Vgl. etwa *Bülow*, ZIP 1999, 1293; *Heinrichs*, FS für Medicus, 1999, S. 177: Das Widerrufsrecht müsse bzw. solle als Rücktrittsrecht ausgestaltet werden, weil der Beginn der Widerrufsfrist bei Lieferung liege und dem Verbraucher ein Rückzahlungsanspruch für bereits geleistete Zahlungen eingeräumt werden müsse. Dies sei nur möglich, wenn der Vertrag wirksam sei. Der Gesetzgeber (RegE, BT-Drucks 14/2638, S. 42 li. Sp.) hält dies hingegen *nicht* für zwingend: Es werde bereits durch das geltende Recht (d.h. das TzWrG und das FernUSG) widerlegt, die ein entsprechendes Widerrufsrecht schon beinhalten mit der Folge einer schwebenden Unwirksamkeit/Wirksamkeit. Im Übrigen könne ein Rücktrittsrecht als solches nicht die erforderliche Vorleistungspflicht beider Beteiligter begründen. Eine Vorleistung in Erwartung des Vertrages ist dem BGB (arg. § 812 Abs. 1 S. 2 – condictio ob rem) nicht fremd. Mithin sei der Gesetzgeber konstruktiv *nicht* festgelegt.
15 D. h. Fernunterrichtsverträge nach dem Muster des FernUSG, Teilzeit-Wohnrechteverträge nach dem Muster des TzWrG a.F. und alle sonstigen Fernabsatzverträge nach dem mehrheitlich gebräuchlichen Muster des HTWG a.F.
16 RegE, BT-Drucks 14/2638, S. 42 li. Sp. Vorgesehen war im Regierungsentwurf zum FernAbsG, dass die auf den Abschluss eines Fernabsatzvertrages gerichtete Willenserklärung des Verbrauchers erst wirksam werden sollte, wenn dieser sie nicht binnen einer Frist von sieben Werktagen widerruft (Widerrufsrecht, was die Wirksamkeit des Vertrags erst nicht eintreten ließe – RefE, BT-Drucks 14/2658, S. 99).

Schuldrechtskommission aus dem Jahre 1991 im Zuge der Transformation der Richtlinie 99/44/EG (zu bestimmten Aspekten des Verbrauchsgüterkaufs und der Garantien für Verbrauchsgüter)[17] vom 25. Mai 1999[18] (weitgehend) **entfallen**.[19]

13 Zielsetzung des § 355 ist eine Harmonisierung des nationalen Verbraucherschutzrechts durch eine Zusammenführung der unterschiedlich langen Fristen des Widerrufs auf eine Länge von **zwei Wochen** und eine Vereinheitlichung der Regelungen über die Fristbemessung und der Rechtsfolgen des Widerrufs (in § 357).[20]

3. Harmonisierung von Verbraucherschutzrichtlinien auf europäischer Ebene

14 Die Europäische Kommission überprüft seit längerem, ob angesichts der unterschiedlich geregelten Fristen und Fristberechnungen für vergleichbare Widerrufsrechte in den einzelnen europäischen wie nationalen Verbraucherschutzvorschriften nicht eine **Harmonisierung** der Berechnungsmethode für die Bedenkzeit in den Verbraucherschutzrichtlinien (insbesondere in der Haustürgeschäfterichtlinie) möglich und geboten erscheint.[21] So sieht etwa die Haustürgeschäfterichtlinie 85/577/EWG eine Frist von sieben Tagen, die Time-Sharing-Richtlinie 94/47/EG zehn Tage bzw. die (im vorliegenden Kontext allein interessierende) Fernabsatzrichtlinie 97/7/EG sieben Werktage vor. „Eine solche Harmonisierung wird mit der zu erwartenden Verabschiedung der Richtlinie über den Fernabsatz von Finanzdienstleistungen zwingend, die ein Widerrufsrecht von mindestens zwei Wochen vorsieht[22] – („mindestens 14 und höchstens 30 Tage", Art. 4 Abs. 1 Rili-E). Diese Unterschiede sind den Interessen eines effektiven Verbraucherschutzes auf Dauer nicht dienlich.

4. Verbraucherschutzrechtliche Verweisvorschriften

15 Das Widerrufsrecht nach § 355 gilt nicht eo ipso. Voraussetzung dafür, dass es zur Anwendung gelangt, ist nämlich, dass es im BGB oder in einem anderen Gesetz für anwendbar erklärt wird. Eine dieser spezialgesetzlichen Sonderregelungen stellt Abs. 1 S. 1 dar. Weitere Verweisvorschriften sind § 495 (entsprechend § 7 Abs. 1 S. 1 VerbrKrG a.F.), § 312 Abs. 1 S. 1 (entsprechend § 1 Abs. 1 S. 1 HTWG a.F.), § 485 (entsprechend § 5 Abs. 1 TzWrG a.F.), § 503 (Rücktrittsrecht bei Teilzahlungsgeschäften) sowie § 4 Abs. 1 S. 1 FernUSG.

16 Im Falle einer Verweisung auf § 355 (bzw. auch auf das Rückgaberecht bei Verbraucherverträgen nach § 356, siehe Rn 17 und 47 ff.) wird generell auf den **Grundtatbestand** verwiesen,[23] wohingegen die (verbraucherschutzrechtlichen) Sonderregelungen ggf. von der in Bezug genommenen Norm abweichende oder ergänzende Vorgaben treffen können.

17 **Daneben** wird dem Verbraucher für den Fall von Warenlieferungsverträgen mit Abs. 1 S. 2 die Möglichkeit eröffnet, anstelle des Widerrufsrechts ggf. von einem uneingeschränkten Rückgaberecht Gebrauch machen zu können. § 356 wird aufgrund folgender Vorschriften für anwendbar erklärt: § 312 Abs. 1 S. 2 (entsprechend § 1 Abs. 1 S. 2 HTWG a.F.) bzw. § 503 (Rückgaberecht bei Finanzierungshilfen).

D. Der Widerruf

I. Verweis auf § 355

18 Abs. 1 S. 1 räumt dem Verbraucher nach § 355 ein Widerrufsrecht ein. Die Neuregelung des § 355 über den Widerruf gelangt nur dann zur Anwendung, wenn einem Verbraucher nach dem BGB oder einem anderen Gesetz (ausdrücklich) ein Widerrufsrecht eingeräumt wird. Zu diesem Zweck verweist Abs. 1 S. 1 auf § 355. Dies hat zur Folge, dass der Verbraucher auch bei Fernabsatzverträgen nach § 355 Abs. 1 S. 2 Hs. 1 mit einer Frist von **zwei Wochen** sein Widerrufsrecht ausüben kann. Damit erweitert der Gesetzgeber leicht die Fristvorgabe der FARL, die sieben Werktage (d.h. abhängig von der Zahl der Feiertage: etwa neun bis vierzehn Kalendertage) vorgibt. Da die Zahl der Feiertage (einheitlich nach Bundesrecht, verschieden nach Landesrecht) in Deutschland in den einzelnen Bundesländern differiert, hätte sich eine Fristberechnung in Anlehnung an die FARL in der Praxis schwierig gestaltet. Ggf. wäre eine Norm erforderlich gewesen, die festgelegt hätte, welche Feiertage im deutschen Recht für die Fristberechnung eigentlich maßgeblich sind.

---

17 Dazu Ernst/Gsell, ZIP 2000, 1410.
18 ABl. EG Nr. L 171, S. 12.
19 RegE, BT-Drucks 14/2658, S. 42 re. Sp.
20 RegE, BT-Drucks 14/2658, S. 42 rs. Sp.
21 Erklärung des Rates und des Parlaments zu Art. 6 Abs. 1 FARL 97/7/EG (ABl. EG Nr. L 144, S. 28).
22 RegE, BT-Drucks 14/2658, S. 42 re. Sp.
23 Dazu näher RegE, BT-Drucks 14/2658, S. 47.

II. Fristwahrung und Form des Widerrufs

Zur **Wahrung der Frist** genügt aufgrund des Verweises auf § 355 Abs. 1 S. 2 Hs. 2 die rechtzeitige Absendung des Widerrufs. Eine spezielle **Form** ist für den Widerruf nach der FARL **nicht** vorgesehen. Erwägungsgrund 14 der FARL bestimmt lediglich, dass es Sache der Mitgliedstaaten ist, weitere Bedingungen und Einzelheiten der Ausübung des Widerrufsrechts festzulegen. Von dieser Möglichkeit wird durch den Verweis auf § 355 Abs. 1 S. 2 Hs. 1 Gebrauch gemacht: Der Widerruf muss im Interesse einer erleichterten technischen Abwicklung und zur Stärkung des Verbraucherschutzes (i.S.v. Art. 14 FARL) in Textform (§ 126b) oder durch Rücksendung der Sache gegenüber dem Unternehmer erfolgen.

19

III. Fristbeginn

Die Widerrufsfrist beginnt grundsätzlich mit der **Belehrung über das Widerrufsrecht.** So bestimmt § 355 Abs. 2 S. 1, dass die Frist mit dem Zeitpunkt beginnt, zu dem dem Verbraucher eine deutlich gestaltete Belehrung über sein Widerrufsrecht, die ihm entsprechend den Erfordernissen des eingesetzten Kommunikationsmittels seine Rechte deutlich macht, in Textform (§ 126b) mitgeteilt worden ist, die auch Namen und Anschrift desjenigen, gegenüber dem der Widerruf zu erklären ist, und einen Hinweis auf den Fristbeginn sowie die Regelung von § 355 Abs. 1 S. 2 enthält, mithin dass der Widerspruch keiner Begründung bedarf, in Textform oder durch Rücksendung der Sache innerhalb von zwei Wochen (wobei zur Fristwahrung die rechtzeitige Absendung genügt) gegenüber dem Unternehmer zu erklären ist.

20

Die FARL bestimmt zudem, dass der Lauf der Frist nicht vor der Erteilung der notwendigen Informationen an den Verbraucher (Erfüllung der Informationspflichten) beginnen darf. Aus diesem Grunde regelt **Abs. 2 Hs. 1** (entsprechend § 3 Abs. 1 S. 2 Hs. 1 FernAbsG a.F. – der Art. 6 Abs. 1 Unterabs. 2 und 4 FARL in redaktionell gestraffter Form zusammengefasst hat) bei bloßer Anpassung der Verweisung auf § 355 Abs. 2, dass die Widerspruchsfrist – abweichend von § 355 Abs. 2 S. 1 – nicht vor Erfüllung der Informationspflichten nach § 312c Abs. 2, bei der Lieferung von Waren nicht vor dem Tag ihres Eingangs beim Empfänger, bei der wiederkehrenden Lieferung gleichartiger Waren nicht vor dem Tag des Eingangs der ersten Teillieferung und bei Dienstleistungen nicht vor dem Tag des Vertragsschlusses beginnt.

21

§ 3 Abs. 1 S. 2 Hs. 2 FernAbsG a.F. („Die Widerrufsbelehrung bedarf keiner Unterzeichnung durch den Verbraucher und kann diesem auch auf einem dauerhaften Datenträger zur Verfügung gestellt werden") hat der Gesetzgeber durch die Regelung des **Abs. 2 Hs. 2** ersetzt, wonach § 355 Abs. 2 S. 2 keine Anwendung findet, d.h. die Belehrung braucht vom Verbraucher nicht unterschrieben oder mit einer elektronischen Signatur versehen zu werden.

22

Der Bundesrat hatte darum gebeten, im weiteren Gesetzgebungsverfahren in geeigneter Form klarzustellen, dass neben der Erfüllung der sich aus § 312c Abs. 1 und 2 i.V.m. der InformationspflichtenVO ergebenden Pflichten „eine gesonderte Belehrung über das Widerrufsrecht nach § 355 Abs. 2 S. 1 BGB-E für das Anlaufen der Widerrufsfrist nach § 312d Abs. 2 BGB-E erforderlich ist".[24] Die Bundesregierung hat dem widersprochen, da sich das Verhältnis der Belehrung über das Widerrufsrecht zu den Informationspflichten anders darstellt:[25] Das Recht der Fernabsatzverträge sieht **zwei verschiedene Pflichten** vor, nämlich eine Pflicht zur Belehrung über das Widerrufsrecht nach § 355 und eine Pflicht zur Information über die Einzelheiten des Widerrufsrechts nach § 312c. Beide Pflichten verfolgen eine teilweise identische, aber nicht völlig deckungsgleiche Zielsetzung. Zielsetzung sowohl von § 355 als auch von § 312c Abs. 1 i.V.m. § 1 Abs. 1 Nr. 9 InformationspflichtenVO ist es, dem Verbraucher bewusst zu machen, dass er ein Widerrufs- (bzw. Rückgabe-)recht für den konkreten Vertrag hat. § 312c Abs. 2 i.V.m. § 1 Abs. 3 Nr. 1 InformationspflichtenVO will aber darüber hinaus erreichen, dass dem Verbraucher diese Informationen **vor** Abschluss des Vertrags zur Verfügung stehen und er auch die genauen Einzelheiten der Ausübung in einer Form mitgeteilt bekommt, die ihm später erlaubt, diese Informationen nachzulesen.

23

Die §§ 355 und 312c verlangen jedoch vom Unternehmer nicht, dass er Belehrung und Information über das Widerrufsrecht in zwei getrennten Akten durchführt. Vielmehr kann er beides verbinden. Allein entscheidend ist nur, dass der Unternehmer beide Pflichten im Ergebnis erfüllt. Wie er dies im Einzelfall tut, steht dem Unternehmer frei.

24

Insgesamt betrachtet entspricht Abs. 2 nunmehr dem Regelungsgehalt des § 3 Abs. 1 S. 2 FernAbsG a.F. Aus gesetzgeberischer Sicht ist es nicht erforderlich, die Widerrufsfrist auch dann nicht beginnen zu lassen, wenn der Unternehmer seine vorvertraglichen Informationspflichten zwar nicht erfüllt hat, die Informationen aber dem Verbraucher nach Vertragsschluss (wie dies § 312c Abs. 2 i.V.m. § 1 Abs. 2 InformationspflichtenVO anordnet) in Textform (§ 126b) zur Verfügung gestellt hat.[26] In einer entsprechenden Konstellation verfügt der Verbraucher nämlich jedenfalls nach Vertragsschluss über die für ihn notwendigen Informationen. Der Lauf der Widerrufsfrist muss also nicht weiter hinausgeschoben werden.

25

---

24 BR-Drucks 338/01 – zu Artikel 1 Abs. 1 Nr. 13 (§ 312d Abs. 2 BGB).
25 Gegenäußerung der Bundesregierung – zu Nr. 59 – zu Artikel 1 Abs. 1 Nr. 13 (§ 312d Abs. 2 BGB).
26 Beschlussempfehlung und Bericht des Rechtsausschusses – BT-Drucks 14/7052, S. 191 f.

Erfüllt der Unternehmer hingegen auch seine nachvertragliche Informationspflicht nicht, resultiert daraus ohnehin schon die Sanktion des Abs. 2. Aus diesem Grunde war der zunächst in § 312d Abs. 2 BGB-RegE enthaltene zusätzliche Verweis auf § 312c Abs. 1 entbehrlich und konnte entfallen.[27]

IV. Erlöschen des Widerrufsrechts bei Dienstleistungen

26 Das Widerrufsrecht erlischt gemäß § 355 Abs. 3 S. 1 in Umsetzung von Art. 6 Abs. 1 Unterabs. 3 FARL (der die Frist über das Erlöschen des Widerrufsrechts im Falle einer unterlassenen Belehrung durch den Unternehmer vereinheitlicht) spätestens **sechs Monate** nach Vertragsschluss, wobei der Fristbeginn bei der Lieferung von Waren (entsprechend Art. 6 Abs. 1 Unterabs. 3 S. 2 FARL) nicht vor dem Tag ihres Eingangs beim Empfänger einsetzt (§ 355 Abs. 3 S. 2). Vor diesem Hintergrund hatte § 312d Abs. 3 BGB-RE zunächst folgende Fassung:

> **§ 312 d BGB-RE Widerrufs- und Rückgaberecht bei Fernabsatzverträgen**
> (1) – (2) ...
> (3) Das Widerrufsrecht erlischt bei einer Dienstleistung abweichend von § 355 Abs. 3, wenn der Unternehmer mit der Ausführung der Dienstleistung mit ausdrücklicher Zustimmung des Verbrauchers vor Ende der Widerrufsfrist begonnen hat oder der Verbraucher diese selbst veranlasst hat.
> (4) ...

27 Der Bundesrat hatte darum gebeten, im weiteren Gesetzgebungsverfahren zu prüfen, ob die Verweisung in § 312d Abs. 3 BGB-RE auf § 355 Abs. 3 dadurch erweitert werden kann, dass auch auf § 355 Abs. 1 S. 2 verwiesen wird, da der bloße Verweis auf § 355 Abs. 3 suggerieren könnte, dass bei Vorliegen der Voraussetzungen des Abs. 3 lediglich die Sechs-Monats-Frist des § 355 Abs. 3 erlöschen soll, nicht aber auch die Widerrufsfrist von zwei Wochen nach § 355 Abs. 1 S. 2.[28] Die Bundesregierung teilt in ihrer Gegenäußerung die Auffassung des Bundesrats:[29] Das Widerrufsrecht bei Dienstleistungen, die im Fernabsatz vereinbart werden, soll nicht nur nach Ablauf der in § 355 Abs. 3 bestimmten Frist, sondern ggf. auch schon sofort erlöschen, z.B. dann, wenn die Dienstleistung mit Zustimmung des Verbrauchers sofort erbracht oder von ihm selbst veranlasst wird. Dies ist der Regelungsgegenstand des Abs. 3.

28 Damit das dergestalt Gewollte hinreichend deutlich zum Ausdruck kommt, wurde der Verweis auf § 355 Abs. 3 in § 312d Abs. 3 durch das Wort „auch" ersetzt. Damit wird einerseits klargestellt, dass das Widerrufsrecht sowohl vor Ablauf der Zwei-Wochen-Frist des § 355 Abs. 1 S. 2 als auch der Sechs-Monats-Frist des § 355 Abs. 3 erlischt, wenn der Unternehmer mit der Ausführung der Dienstleistung mit ausdrücklicher Zustimmung des Verbrauchers begonnen oder der Verbraucher die Ausführung selbst veranlasst hat. Die Einfügung des Worts „auch" vermeidet zudem den Trugschluss, als gälte § 355 Abs. 3 bei Dienstleistungen im Fernabsatz nicht.

29 Nach Abs. 3, der in verkürzter Form § 3 Abs. 1 S. 3 FernAbsG a.F. entspricht,[30] erlischt das Widerrufsrecht bei Dienstleistungen (in Umsetzung des Art. 6 Abs. 3 erster Spiegelstrich FARL) demnach **auch** (d.h. abweichend von § 355 Abs. 3), wenn der Unternehmer mit der Ausführung der Dienstleistung mit ausdrücklicher Zustimmung des Verbrauchers vor Ende der Widerrufsfrist begonnen hat oder der Verbraucher diese selbst veranlasst hat.[31] Dafür kann ein konkludentes Verhalten ausreichen.[32] Hingegen wird eine Zustimmung des Verbrauchers zur vorzeitigen Dienstleistungserbringung mittels vorformulierter Erklärung, die der Unternehmer einer Kundenbestellung beilegt, für unzulässig erachtet. Daher dürfte eine entsprechende AGB-Klausel die Inhaltskontrolle nach § 307 grundsätzlich nicht passieren.[33]

30 Damit sind die Sonderfristen des alten Fernabsatzgesetzes für die Lieferung von Waren (§ 3 Abs. 1 S. 3 Nr. 1 FernAbsG a.F.) sowie Dienstleistungen generell (§ 3 Abs. 1 S. 3 Nr. 2 lit. a FernAbsG a.F.) entfallen. Im Übrigen wurde die Frist von vier Monaten (in den beiden vorgenannten Regelungen) auf sechs Monate (in § 355 Abs. 3 S. 1) verlängert.

31 Neu aufgenommen wurde in Abs. 3 klarstellend, dass das Erlöschen des Widerrufsrechts nur eintritt, wenn mit der Ausführung der Dienstleistung mit „**ausdrücklicher**" Zustimmung des Verbrauchers begonnen wurde. Einer Prüfbitte des Bundesrats, in Abs. 3 im Passus „ausdrücklicher Zustimmung des Verbrauchers" das Wort „ausdrücklicher" wieder zu streichen[34] (da keine Veranlassung zur Verschärfung der Vorschrift

---

27 Beschlussempfehlung und Bericht des Rechtsausschusses – BT-Drucks 14/7052, S. 192.
28 BR-Drucks 338/01 – zu Artikel 1 Abs. 1 Nr. 13 (§ 312d Abs. 3 BGB).
29 Gegenäußerung der Bundesregierung – zu Nr. 60 – zu Artikel 1 Abs. 1 Nr. 13 (§ 312d Abs. 3 BGB).
30 RegE BMJ, S. 390.
31 Der Verbraucher hat die Dienstleistung z.B. durch ein Online-Download selbst verursacht bzw. im Telekommunikationsbereich durch die Wahl von Service-Nummern oder im Call-by-Call-Verfahren durch die Wahl einer Anbieter-Kennziffer.
32 *Fuchs*, ZIP 2000, 1273, 1284.
33 *Fuchs*, ZIP 2000, 1273, 1283 unter Bezugnahme auf die Parallelproblematik eines Verzichts auf das Widerrufsrecht nach § 7 VerbrKrG a.F.; dazu *ders.*, AcP 196 (1996), 313, 355 ff.
34 BR-Drucks 338/01 – zu Artikel 1 Abs. 1 Nr. 13 (§ 312d Abs. 3 BGB).

gegenüber § 3 Abs. 1 S. 3 Nr. 2 lit. b FernAbsG a.F. bestehe und auch die FARL keine ausdrückliche Zustimmung fordere, weshalb eine konkludente Zustimmung – wie bisher[35] – ausreichen müsse), wurde im Gesetzgebungsverfahren nicht entsprochen:[36] Der Verbraucherschutz in Abs. 3 erfordert eine „ausdrückliche Zustimmung", da unter den Voraussetzungen dieser Norm der Verbraucher sein Widerrufsrecht unabhängig davon verliert, ob er hierüber hinreichend belehrt worden ist oder der Unternehmer seinen übrigen Informationspflichten nachgekommen ist. Diese, den Verbraucher erheblich benachteiligende Rechtsfolge ist nur dann akzeptabel, wenn sich der Verbraucher **ausdrücklich** mit der Durchführung der Dienstleistung vor Ablauf der Widerrufsfrist einverstanden erklärt hat. Ansonsten besteht die Gefahr, dass der Verbraucher allein dadurch, dass er der sofortigen Durchführung der Dienstleistung nicht widerspricht, sondern den Unternehmer „gewähren" lässt, sein Widerrufsrecht verliert, was nicht hinnehmbar ist, da das Widerrufsrecht auch dann erlischt, wenn der Verbraucher von dieser Rechtsfolge nichts gewusst hat.

Der Gesetzgeber[37] war (im Kontext mit dem FernAbsG) noch der Auffassung, dass das Widerrufsrecht nicht in drei (wie dies der Regierungsentwurf in Anlehnung an die FARL vorgesehen hatte), sondern erst in **vier Monaten** erlöschen soll. Der ursprüngliche Regierungsentwurf hatte nicht in hinreichendem Umfang Art. 6 Abs. 1 letzter Satz FARL (drei Monate plus sieben Werktage) berücksichtigt: „Danach behält der Verbraucher sein Widerrufsrecht ungeschmälert, wenn er die Informationen zwar nicht vor oder alsbald während der Erfüllung, aber vor Ablauf der Drei-Monats-Frist erhält. Dies ließ es angezeigt erscheinen, die Erlöschensfrist um einen Monat zu verlängern."[38] Bei nachgeholten Informationen, die kurz vor Ablauf der Drei-Monats-Frist erfolgen, müsse dem Verbraucher noch die volle Grundfrist für den Widerruf zur Verfügung stehen.[39] Diese Überlegung muss gleichermaßen nunmehr für die **einheitliche Sechs-Monats-Frist** gelten. 32

Im Zusammenhang mit dem Erlöschen des Widerrufsrechts ist der Gesetzgeber der Ansicht, dass kein sachlicher Grund ersichtlich sei, dem Verbraucher sein Widerrufsrecht vor der vollständigen Erfüllung des gesamten Vertrages abzuschneiden, wenn der Unternehmer (hartnäckig) seine Informationspflichten verletzt.[40] Bei einer rechtzeitigen (bzw. zumindest nachträglichen) Erfüllung der gesetzlichen Informationspflichten durch den Unternehmer nach § 312c Abs. 2 (entsprechend § 3 Abs. 1 S. 2 FernAbsG a.F.) greift zu dessen Gunsten die kurze zweiwöchige Widerrufsfrist nach § 355 Abs. 1 S. 2 Hs. 1 ein (entsprechend § 3 Abs. 1 S. 1 FernAbsG i.V.m. § 361 a Abs. 1 S. 2 a.F.). 33

Probleme mit den unterschiedlichen Fristen im Zusammenhang mit dem Erlöschen des Widerrufsrechts können bei **gemischten oder gekoppelten Verträgen** auftreten, bei denen sowohl eine Warenlieferung als auch eine Dienstleistung zu erbringen ist. In diesem Kontext dürfte – sofern sich die Leistungen nicht unterscheiden lassen[41] – nach allgemeinen Grundsätzen auf den Schwerpunkt der Leistung abzustellen sein. 34

V. Beweislastregel

Ist streitig, ob bzw. zu welchem Zeitpunkt der Verbraucher die ihm nach § 312c Abs. 2 (Art. 5 FARL) zu erteilenden Informationen in Textform (§ 126b) mitgeteilt hat, gelangt die Beweislastregelung des § 355 Abs. 2 S. 4 (entsprechend § 3 Abs. 1 S. 1 FernAbsG i.V.m. § 361 a Abs. 1 S. 6 a.F.) zur Anwendung: „Ist der Fristbeginn streitig, so trifft die Beweislast den Unternehmer." Die Frage der Beweislast ist in der FARL nicht zwingend geregelt worden. Deshalb stand es der Bundesrepublik nach Art. 11 Abs. 3 FARL) frei, die Beweislast dem Unternehmer aufzuerlegen (oder es aber auch bei den allgemeinen Beweislastgrundsätzen zu belassen). Der Gesetzgeber hat sich für Ersteres entschieden, da es für den Verbraucher in aller Regel kaum möglich sein dürfte, den (Negativ-)Beweis dafür zu führen, dass er die notwendigen Informationen vom Unternehmer nicht erhalten hat: „Vielmehr ist es angemessen, dem Unternehmer die Beweislast dafür aufzubürden, dass der Verbraucher wie ... vorgesehen, informiert worden ist."[42] Der Gesetzgeber sah keine sachliche Notwendigkeit, im Zusammenhang mit Fernabsatzverträgen hinter diesen Standard 35

---

35 Vgl. etwa Palandt/*Heinrichs*, § 3 FernAbsG Rn 6: Die Zustimmung des Verbrauchers im Rahmen von § 3 Abs. 1 S. 3 Nr. 2 lit. b FernAbsG sei als geschäftsähnliche Handlung zu qualifizieren und könne daher auch konkludent erklärt werden.
36 Gegenäußerung der Bundesregierung – zu Artikel 1 Abs. 1 Nr. 13 (§ 312d Abs. 3 BGB).
37 Rechtsausschuss, BT-Drucks 14/3195, S. 31 re. Sp.
38 Rechtsausschuss, BT-Drucks 14/3195, S. 31 re. Sp.
39 *Tonner* (BB 2000, 1413, 1417) weist darauf hin, dass es sinnvoll gewesen wäre, „wenn die in der Time-Sharing-Richtlinie ähnlich geregelte Frist (drei Monate plus 10 Tage, ebenso § 5 Abs. 4 TzWrG: „... spätestens jedoch drei Monate nachdem ...") ebenfalls auf vier Monate nach oben aufgerundet worden wäre, um Wertungswidersprüche zu vermeiden. Der Gesetzgeber wird bei der Umsetzung der Richtlinie über Fernabsätze bei Finanzdienstleistungen darauf zurückkommen können".
40 RegE, BT-Drucks 14/2658, S. 43 re. Sp.
41 Was aber etwa beim Kauf eines Handys verbunden mit dem Abschluss eines Netzkartenvertrags der Fall ist, wobei – ggf. unter Berücksichtigung von § 139 – der Verbraucher sein Widerrufsrecht jeweils getrennt unter Berücksichtigung der jeweiligen Frist geltend machen kann: *Fuchs*, ZIP 2000, 1273, 1283, Fn. 94.
42 RegE, BT-Drucks 14/2658, S. 43 re. Sp.

zurückzugehen.[43] Im Übrigen verbleibt es jedoch bei den allgemeinen Beweislastgrundsätzen des deutschen Rechts.

VI. Ausnahmen vom Widerrufsrecht (Abs. 4)

36 Abs. 4 normiert (entsprechend § 3 Abs. 2 FernAbsG a.F.) Ausnahmen vom Widerrufsrecht. Allein die im FernAbsG a.F. enthaltene Formulierung „mangels anderer Vereinbarung und unbeschadet anderer gesetzlicher Bestimmungen" wurde durch einen Halbsatz dem sonstigen Sprachgebrauch des BGB angepasst: „soweit nicht ein anderes bestimmt ist".

37 **Ausnahmen vom grundsätzlichen Widerrufsrecht** des Abs. 1 S. 1 sind in Abs. 4 für Konstellationen normiert, in denen die Ausübung des Widerrufsrechts zu schwer erträglichen Ergebnissen führen würde, beispielsweise weil die vom Unternehmer schon erbrachte Leistung nicht ohne erheblichen Wertverlust zurückerstattet werden könnte. Nach Abs. 4 besteht das Widerrufsrecht „**soweit nicht ein anderes bestimmt ist**", d.h. mangels anderer Vereinbarung und unbeschadet anderer gesetzlicher Bestimmungen, **nicht** bei Fernabsatzverträgen: zur Lieferung von Waren, die nach Kundenspezifikation angefertigt werden oder eindeutig auf die persönlichen Bedürfnisse zugeschnitten sind oder die aufgrund ihrer Beschaffenheit nicht für eine Rücksendung geeignet sind oder schnell verderben können oder deren Verfalldatum überschritten würde (**Nr. 1**); zur Lieferung von Audio- oder Videoaufzeichnungen oder von Software, sofern die gelieferten Datenträger vom Verbraucher entsiegelt worden sind (**Nr. 2**);[44] zur Lieferung von Zeitungen, Zeitschriften und Illustrierten (**Nr. 3**);[45] zur Erbringung von Wett- und Lotterie-Dienstleistungen (**Nr. 4**)[46] oder die in der Form von Versteigerungen (§ 156) geschlossen werden (**Nr. 5**). In den genannten Fällen wäre die Einräumung eines Widerrufsrechts wegen der Eigenschaften der Ware bzw. der Dienstleistung entweder nicht sinnvoll oder unangemessen.[47] So nimmt der Gesetzgeber etwa hinsichtlich der Ausnahme in Abs. 4 Nr. 1 auf eine fehlende anderweitige Absetzbarkeit der Ware für den Unternehmer Rücksicht.[48] Die „(Un-)Geeignetheit" für eine Rücksendung stellt darauf ab, ob eine solche derart gewährleistet werden kann, dass der Verbraucher nicht dennoch weiter von der Leistung profitieren kann.[49]

38 Trotz der für das Widerrufsrecht selbst gemachten Ausnahme in den genannten Fällen bleiben die sonstigen Vorgaben der §§ 312b ff. jedoch uneingeschränkt bestehen – etwa der Schutz des Verbrauchers durch vorvertragliche Informationspflichten.

39 Die Regelung des Abs. 4 entspricht zum Teil wortgleich den Vorgaben des Art. 6 Abs. 3 FARL, der die Ausnahmen vom Widerrufsrecht statuiert. Art. 6 Abs. 3 erster Spiegelstrich FARL („Verträgen zur Erbringung von Dienstleistungen, deren Ausführung mit Zustimmung des Verbrauchers vor Ende der Frist von sieben Werktagen ... begonnen hat") wurde **nicht** im Kontext des Abs. 4 (Ausnahmen vom Widerrufsrecht), sondern bereits in Abs. 3 (Rn 31) im Zusammenhang mit dem Erlöschen des Widerrufsrechts ins deutsche Recht umgesetzt.

40 Der Gesetzgeber hat auch die Vorgabe in Art. 6 Abs. 3 zweiter Spiegelstrich FARL („Verträgen zur Lieferung von Waren oder Erbringung von Dienstleistungen, deren Preis von der Entwicklung der Sätze auf den Finanzmärkten, auf die der Lieferer keinen Einfluss hat, abhängt") **nicht** umgesetzt. Diese Ausnahme in der FARL basiert auf der Überlegung des Richtliniengebers, dass die Richtlinie zunächst auch Finanzdienstleistungen regeln sollte. Im Richtlinienentwurf waren entsprechende Regelungen auch enthalten, die erst in einem sehr viel späteren Stadium vom Anwendungsbereich der FARL wieder ausgenommen wurden. Da die FARL in ihrer verbindlichen Fassung allein Waren und sonstige Dienstleistungen erfasst, macht die Vorgabe des Art. 6 Abs. 3 zweiter Spiegelstrich FARL keinen Sinn mehr, da es unter dem nunmehrigen Regelungsgehalt keine Leistungen gibt, deren Beschaffung oder Erbringung nicht eine grundsätzlich ausgenommene Finanzdienstleistung darstellt, deren Preis aber dennoch von der Entwicklung der Finanzmärkte abhängt.[50] Aus diesem Grunde konnte von einer Transformation dieser Richtlinienregelung ins nationale Recht Abstand genommen werden.

---

43 RegE, BT-Drucks 14/2658, S. 43 re. Sp.
44 Hier steht ein Schutz vor Raubkopien im Vordergrund.
45 *Lorenz* (JuS 2000, 833, 840) weist zutreffend darauf hin, dass bei Abonnements regelmäßig ein Widerrufsrecht gemäß §§ 2, 7 VerbKrG a.F. zum Tragen kommen dürfte.
46 Die Regelung zielt auf einen Schutz vor Spekulationen mit einem Widerrufsrecht.
47 So *Gößmann*, MMR 1998, 88, 90; *Härting*, CR 1999, 507, 510.
48 *Lorenz*, JuS 2000, 833, 839.
49 *Lorenz*, JuS 2000, 833, 840 unter Bezugnahme auf RegE, BT-Drucks 14/2658, S. 44: „.... eine Rücksendung also *rückstandsfrei* möglich ist", was dann nicht der Fall ist, „wenn es dem Verbraucher möglich ist, sich innerhalb der Widerrufsfrist den Wert der Leistung vollständig zuzuführen." „Beim *Online-Bezug von Software* oder digitalisierten Audio- und Videoaufzeichnungen ohne Lieferung eines Datenträgers (z.B. beim Download über Internet) entfällt das Widerrufsrecht ebenso wie beim Bezug von Software auf unversiegeltem Datenträger nach § 3 II Nr. 1 FernAbsG, weil es sich um eine Ware handelt, die aufgrund ihrer Beschaffenheit nicht für eine Rücksendung geeignet ist. Eine *Rücksendung* der als Kopie bezogenen Software ist sinnlos und gewährleistet insbesondere nicht, dass die Software *rückstandslos* zurückgegeben werden kann" – *Lorenz*, JuS 2000, 833, 840.
50 RegE, BT-Drucks 14/2658, S. 44 li. Sp.

Titel 1. Begründung, Inhalt und Beendigung §312d

Der Gesetzgeber hat die weiteren in der FARL normierten Fälle, in denen Verträgen ein spekulatives Moment (Wette, Lotterie) innewohnt (Art. 6 Abs. 3 sechster Spiegelstrich FARL in § 312d Abs. 4 Nr. 4) bzw. in denen die Ware nach einer Benutzung oder ansonsten wertlos geworden ist (und aus diesem Grund ein Widerrufsrecht für den Unternehmer unzumutbar ist – Art. 6 Abs. 3 dritter Spiegelstrich FARL in § 312d Abs. 4 Nr. 1; Art. 6 Abs. 3 vierter Spiegelstrich FARL in § 312d Abs. 4 Nr. 2; Art. 6 Abs. 3 fünfter Spiegelstrich FARL in § 312d Abs. 4 Nr. 3), wörtlich in den **Ausnahmekatalog** des Abs. 4 übernommen. 41

Hierbei ist allerdings noch auf folgende **Besonderheiten** hinzuweisen: Trotz des Ausschlusses eines Widerrufsrechts nach **Abs. 4 Nr. 3** kann bei der Lieferung von Zeitungen, Zeitschriften und Illustrierten (**Zeitschriftenabonnement**) ein Widerrufsrecht gleichwohl nach Maßgabe der §§ 503, 495 bestehen. 42

Der Ausschluss des Widerrufsrechts im Falle des **Abs. 4 Nr. 2** für **Software** und **andere Multimedia-Anwendungen** greift nur dann ein, wenn diese auf einem Datenträger geliefert werden und dieser versiegelt ist. Im Falle eines Online-Angebots von Software oder anderen Multimedia-Anwendungen gilt hingegen Folgendes: Ein Widerrufsrecht besteht grundsätzlich nicht, da es sich um eine Ware handelt, die wegen ihrer Beschaffenheit für eine Rücksendung ungeeignet ist. Dann entfällt das Widerrufsrecht nach Übermittlung gemäß **Abs. 4 Nr. 1**. Oder es handelt sich um eine Dienstleistung, bei der das Widerrufsrecht mit der Übermittlung nach Abs. 3 entfallen kann (weil die Online-Übermittlung auf Veranlassung des Verbrauchers erfolgt ist). Für den Fall des Online-Angebots besteht nämlich keine vergleichbare Möglichkeit, dem Verbraucher eine Rückgabemöglichkeit bis zur Entsiegelung gesetzlich einzuräumen, „ohne das berechtigte Interesse des Unternehmers zu verletzen, eine unberechtigte Nutzung der Software oder vergleichbarer Werke zu verhindern".[51] 43

Anwendungsfall der genannten Ausnahmen können auch wissenschaftliche oder literarische Werke sein, sofern sie als Dateien vertrieben werden, da auch in diesem Falle eine „rückstandslose Rückgabe" ausgeschlossen ist.[52] 44

Der Gesetzgeber hat in **Abs. 4 Nr. 5** eine zusätzliche Ausnahme für **echte Versteigerungen** (zum Problem einer Internet-Auktion als „Verkauf gegen Höchstgebot" siehe bereits § 312b Rn 65 ff.) aufgenommen. Unerheblich ist, ob es sich um eine öffentliche oder um eine private Versteigerung handelt. Entscheidend ist nur, dass unmittelbar im Anschluss an die Abgabe des Gebots der Vertragsschluss durch Zuschlag (§ 156) erfolgt. Die Ausnahme liegt darin begründet, dass der Gesetzgeber im Kontext mit § 312b Abs. 3 davon abgesehen hat, echte Versteigerungen im Fernabsatz (d.h. via Internet bzw. auch in einer anderen Form der Fernkommunikation) gänzlich vom Anwendungsbereich der Regelungen über Fernabsatzverträge freizustellen. Die gesetzliche Regelung folgt mit Abs. 4 Nr. 5 einer **vermittelnden Lösung**: Streichen der Ausnahme für Versteigerungen in § 1 Abs. 3 Nr. 7 lit. c FernAbsG-E – statt dessen Schaffung einer **Ausnahme vom Widerrufsrecht** in Abs. 4 für echte Versteigerungen, da ansonsten das Widerrufsrecht solche Versteigerungen unmöglich machen würde. „Die Endgültigkeit des Zuschlags ist das Wesensmerkmal einer Versteigerung, das auch bei einer Versteigerung im Fernabsatz erhalten bleiben muss".[53] 45

Internet-Auktionen, die nicht als Versteigerungen im Rechtssinne qualifizierbar sind (sondern als „Verkauf gegen Höchstgebot"), können grundsätzlich den §§ 312b ff. unterfallen. Zu berücksichtigen bleibt allerdings, dass oftmals der persönliche Anwendungsbereich der Regelungen über Fernabsatzverträge nicht erfüllt sein dürfte – dann nämlich, falls der Vertrag zwischen einem meist nicht professionellen Veräußerer und einem Verbraucher als Bieter zustande kommt.[54] 46

E. Rückgaberecht statt Widerrufsrecht (Abs. 1 S. 2)

I. Ersetzung des gesetzlichen Widerrufsrechts durch ein Rückgaberecht

Abs. 1 S. 2 (entsprechend § 3 Abs. 3 S. 1 FernAbsG a.F.) räumt dem Verbraucher auch beim **Fernabsatzvertrag über die Lieferung von Waren**[55] ein Rückgaberecht nach § 356 (entsprechend § 361b a.F.) ein. Nach Abs. 1 S. 1 kann dem Verbraucher **anstelle** des Widerrufsrechts nach Abs. 1 S. 1 ein **Rückgaberecht** gemäß § 356 eingeräumt werden. Gemäß § 357 Abs. 1 S. 1 finden sowohl auf das Rückgabe- als auch auf das Widerrufsrecht – soweit nicht ein anderes bestimmt ist – die Vorschriften über den gesetzlichen Rücktritt (§§ 346 ff.) entsprechende Anwendung. 47

---

51 RegE, BT-Drucks 14/2658, S. 44 li. Sp.
52 RegE, BT-Drucks 14/2658, S. 44 li. Sp. Ebenso wie in anderen Fällen, etwa bei Heizöl: „Heizöl muss den hierfür festgelegten DIN-Normen genügen, um als Heizöl vertrieben werden zu können. Durch die Vermischung mit im Tank des Kunden vorhandenem Heizöl kann es – je nach dessen Zustand – nach der DIN-Norm erforderlichen Voraussetzungen verlieren. Es ist zudem auch so, dass die DIN-Normen nur die Grundstandards festlegen, im Handel aber zusätzliche Qualitätsstandards eingeführt sind, die mit der Vermischung mit dem Heizöl im Tank des Kunden ebenfalls nicht mehr einzuhalten sind. Deshalb kann der Widerrufsausschluss auch bei Heizöl gelten."
53 Rechtsausschuss, BT-Drucks 14/3195, S. 30 re. Sp.
54 *Lorenz*, JuS 2000, 833, 840.
55 Da im Gegensatz zum Widerruf eine Rückgabe nur bei Verträgen über die Lieferung von Waren, nicht aber bei Verträgen über die Erbringung von Dienstleistungen denkbar ist – BT-Drucks 14/2920, S. 5 li. Sp.

48 Die Regelung des Abs. 1 S. 2 hat folgende Bedeutung: Der Gesetzgeber ordnet kraft Gesetzes in Abs. 1 S. 1 ein Widerrufsrecht an. Dieses ist jedoch insoweit **dispositiv**, als der Unternehmer nach § 356 durch vertragliche Vereinbarung im Fernabsatzvertrag auch ein Rückgaberecht zugrunde legen kann. Für diesen Fall ersetzt das Rückgaberecht das gesetzliche Widerrufsrecht.

II. Konsequenzen für den Verbraucher

49 Ist im Vertrag das gesetzliche Widerrufsrecht durch das Rückgaberecht ersetzt worden, hat dies für den Verbraucher folgende Konsequenzen: Er kann – bei einer entsprechenden Vertragsgestaltung – nicht mehr (wie im Falle des Widerrufsrechts) in einfacher Weise durch bloße Erklärung gegenüber dem Unternehmer den Rücktritt vom Vertrag (etwa per Brief oder Fax) erklären, um sich dadurch vom Vertrag zu lösen. Nur noch die **Rücksendung der Sache** (bzw. wenn diese nicht als Paket versandt werden kann, ein bloßes Rücknahmeverlangen) führt zu einer Lösung des Verbrauchers vom Vertrag.

50 Der Gesetzgeber hat mit der Einführung eines Rückgaberechts anstelle des Widerrufsrechts (im Falle einer vertraglichen Übereinkunft) von der Möglichkeit Gebrauch gemacht, die der Erwägungsgrund 14 der FARL den Mitgliedstaaten eröffnet. Es handelt sich um eine Bedingung und Einzelheit der Ausübung des Widerrufsrechts. „In der Festlegung auf das Rücksendeverfahren liegt eine gewisse Erschwerung der Geltendmachung des eingeräumten Widerrufsrechts, die aber nicht richtlinienwidrig ist. Sie ist nur geringfügig, weil der Verbraucher die Sache im Falle eines Widerrufs ohnehin zurückgeben muss und die Rücksendung selbst problemlos veranlasst werden kann."[56]

51 Der Gesetzgeber sieht die geringfügigen Erschwernisse für den Verbraucher auch durch eine Verbesserung seiner Rechtsstellung gegenüber dem Standard der FARL als vollständig kompensiert an:[57] Durch die verlängerte Frist für die Rechtsausübung von zwei Wochen (§ 355 Abs. 1 S. 2) und durch die Übertragung der Kosten für eine Rücksendung und des Gefahrenrisikos auf den Unternehmer (obgleich die FARL für den Widerruf auch eine Kostenbelastung des Verbrauchers zulassen würde) – nach § 357 Abs. 2 S. 2 – trägt der Unternehmer Kosten und Gefahr der Rücksendung. Im Übrigen dient die Regelung dem Schutz des Verbrauchers, um dessen Willen auch das Widerrufsrecht nicht durch formlose Erklärung, sondern nur in Textform (§ 126b) oder durch Rücksendung ausgeübt werden kann.[58]

III. Das auf das Rückgaberecht anwendbare Recht

52 Nach § 357 Abs. 1 S. 1 finden auf das Rückgaberecht einheitlich dieselben Regelungen wie auf den Widerruf Anwendung: Es gelten, soweit nicht ein anderes bestimmt ist, die Vorschriften über den gesetzlichen Rücktritt (§§ 346 ff.) entsprechend.

F. Finanzierte Verträge

53 § 4 FernAbsG a.F., der den finanzierten Vertrag (mithin die Verknüpfung von Fernabsatzvertrag und Darlehensvertrag zu einer „wirtschaftlichen Einheit") regelte, ist in § 358 (Verbundene Verträge) aufgegangen. § 358 regelt einheitlich alle Fälle der verbundenen finanzierten Verbrauchergeschäfte.

Vorbemerkung zu § 312e

Literatur: *Bender/Sommer*, E-Commerce-Richtlinie: Auswirkungen auf den elektronischen Geschäftsverkehr in Deutschland, RIW 2000, 260; *Borges*, Verbraucherschutz beim Internet-Shopping, ZIP 1999, 130; *Buchner*, E-Commerce und effektiver Rechtsschutz – oder: Wer folgt wem wohin?, EWS 2000, 147; *Eckert*, Teleshopping – Vertragsrechtliche Aspekte eines neuen Marketingkonzepts, DB 1994, 717; *Grigoleit*, Rechtsfolgenspezifische Analyse „besonderer" Informationspflichten am Beispiel der Reformpläne für den E-Commerce, WM 2001, 597; *Hoeren/Sieber*, Handbuch Multimedia-Recht, 1999; *Hübner*, Herausforderungen an einen europäischen Rechtsrahmen für E-Commerce, EuZW 2001, 225; *Kröger/Gemmy*, Handbuch zum Internetrecht, 2000; *Lehmann* (Hrsg.), Rechtsgeschäfte im Netz – Electronic Commerce, 1999; *Meents*, Verbraucherschutz bei Rechtsgeschäften im Internet, 1998; *Pernice*, Informationspflichten im Internet nach Teledienstegesetz, Mediendienste-Staatsvertrag, Fernabsatzgesetz, 2000; *Schneider*, Zur Umsetzung der E-Commerce-Richtlinie im Regierungsentwurf zur Schuldrechtsmodernisierung, K&R 2001, 344; *Spindler* (Hrsg.), Vertragsrecht der Internet-Provider, 2000; *Waldenberger*, Electronic Commerce: Der Richtlinienvorschlag der EG-Kommission, EuZW 1999, 296.

---

56 RegE, BT-Drucks 14/2658, S. 44 re. Sp.
57 RegE, BT-Drucks 14/2658, S. 44 re. Sp.
58 RegE, BT-Drucks 14/2658, S. 44 re. Sp.

§ 312e,[1] der die Pflichten des Unternehmers im **elektronischen Geschäftsverkehr** regelt, setzt die Art. 10 und 11 der Richtlinie 2000/31/EG des Europäischen Parlaments und des Rates vom 8. Juni 2000 über bestimmte rechtliche Aspekte der Dienste der Informationsgesellschaft, insbesondere des Elektronischen Geschäftsverkehrs, im Binnenmarkt (**Richtlinie über den elektronischen Geschäftsverkehr – E-Commerce-Richtlinie [ECRL]**)[2] um. Die ECRL gibt in ihrem Art. 9 Abs. 1 den Mitgliedstaaten auf, dafür Sorge zu tragen, dass ihre nationalen Rechtsvorschriften den Abschluss elektronischer Verträge nicht behindern. Dies gilt insbesondere für Formerfordernisse.[3] Art. 10 ECRL (Informationspflichten) und Art. 11 ECRL (Abgabe einer Bestellung) haben folgenden Wortlaut:

Art. 10 ECRL (Informationspflichten)

(1) Zusätzlich zu den sonstigen Informationspflichten aufgrund des Gemeinschaftsrechts stellen die Mitgliedstaaten sicher, dass – außer im Fall abweichender Vereinbarungen zwischen Parteien, die nicht Verbraucher sind – vom Diensteanbieter zumindest folgende Informationen klar, verständlich und unzweideutig erteilt werden, bevor der Nutzer des Dienstes die Bestellung abgibt:

a) die einzelnen technischen Schritte, die zu einem Vertragsabschluss führen;
b) Angaben dazu, ob der Vertragstext nach Vertragsabschluss vom Diensteanbieter gespeichert wird und ob er zugänglich sein wird;
c) die technischen Mittel zur Erkennung und Korrektur von Eingabefehlern vor Abgabe der Bestellung;
d) die für den Vertragsabschluss zur Verfügung stehenden Sprachen.

(2) Die Mitgliedstaaten stellen sicher, dass – außer im Fall abweichender Vereinbarungen zwischen Parteien, die nicht Verbraucher sind – der Diensteanbieter alle einschlägigen Verhaltenskodizes angibt, denen er sich unterwirft, einschließlich Informationen darüber, wie diese Kodizes auf elektronischem Wege zugänglich sind.

(3) Die Vertragsbestimmungen und die allgemeinen Geschäftsbedingungen müssen dem Nutzer so zur Verfügung gestellt werden, dass er sie speichern und reproduzieren kann.

(4) Die Absätze 1 und 2 gelten nicht für Verträge, die ausschließlich durch den Austausch von elektronischer Post oder durch damit vergleichbare individuelle Kommunikation geschlossen werden.

Art. 11 ECRL (Abgabe einer Bestellung)

(1) Die Mitgliedstaaten stellen sicher, dass – außer im Falle abweichender Vereinbarungen zwischen Parteien, die nicht Verbraucher sind – im Fall einer Bestellung durch einen Nutzer auf elektronischem Wege folgende Grundsätze gelten:
– der Diensteanbieter hat den Eingang der Bestellung des Nutzers unverzüglich auf elektronischem Wege zu bestätigen;
– Bestellung und Empfangsbestätigung gelten als eingegangen, wenn die Parteien, für die sie bestimmt sind, sie abrufen können.

(2) Die Mitgliedstaaten stellen sicher, dass – außer im Fall abweichender Vereinbarungen zwischen Parteien, die nicht Verbraucher sind – der Diensteanbieter dem Nutzer angemessene, wirksame und zugängliche technische Mittel zur Verfügung stellt, mit denen er Eingabefehler vor Abgabe der Bestellung erkennen und korrigieren kann.

(3) Absatz 1 erster Gedankenstrich und Absatz 2 gelten nicht für Verträge, die ausschließlich durch den Austausch von elektronischer Post oder durch vergleichbare individuelle Kommunikation geschlossen werden.

Die Art. 10 und 11 ECRL legen dem Unternehmer, der Waren oder Dienste unter Nutzung der dort geregelten elektronischen Medien anbietet (primär geht es dabei um den Einsatz des Internets), eine Reihe von Informationspflichten sowie die Verpflichtung, den Eingang von Bestellungen unverzüglich zu bestätigen, auf. Der Kunde muss Eingabefehler vor Abgabe seiner Bestellung erkennen und berichtigen können. Weiterhin hat der Unternehmer dem Kunden die Vertragsbedingungen und die AGB so zur Verfügung zu stellen, dass letzterer sie speichern und reproduzieren kann. Die Vorgaben der Art. 10 Abs. 1 und 11 ECRL gelten für Verträge mit Verbrauchern immer – im Übrigen dann, wenn keine abweichende Vereinbarung getroffen wird.[4] Die Art. 10 und 11 ECRL regeln also das eigentliche Procedere des Vertragsabschlusses im elektronischen Geschäftsverkehr.

Im Übrigen wird die ECRL durch das Gesetz über rechtliche Rahmenbedingungen für den elektronischen Geschäftsverkehr (**Elektronischer Geschäftsverkehr-Gesetz**)[5] und das **Gesetz zur Anpassung der**

---

1 Vgl. zudem § 305b DiskE-BGB, der durch § 312e erhebliche Änderungen erfahren hat. Zu § 305b DiskE-BGB näher *Brüggemeier/Reich*, BB 2001, 213; *Grigoleit*, WM 2001, 597; *Härting*, CR 2001, 271, 274 f.; *Krebs*, DB-Beilage zu Heft 14/2000; *Micklitz*, EuZW 2001, 133.
2 ABl. Nr. L 178 vom 17. Juli 2000, S. 1.
3 So Erwägungsgrund 34 zur ECRL.
4 *Vomhof*, Handbuch Multimedia-Recht, 13.6 Rn 119.
5 BR-Drucks 136/01.

Formvorschriften des Privatrechts und anderer Vorschriften an den modernen Rechtsgeschäftsverkehr[6] in Verbindung mit der Neufassung des Signaturgesetzes[7] umgesetzt (werden).

4 Die ECRL schafft die wesentlichen wirtschafts- und zivilrechtlichen Rahmenbedingungen für den elektronischen Geschäftsverkehr (Internet und andere neue Informations- und Kommunikationsdienste) und Rechtssicherheit für die Anbieter sowie effektiven Schutz der „Kunden", die als Verbraucher und Unternehmer auf elektronischem Weg angebotene Waren und Dienstleistungen elektronisch „bestellen".

5 Die Richtlinie erfasst ihrem **Anwendungsbereich** nach nicht Rundfunk sowie Telekommunikation und stellt auch keine Anforderungen an die Waren als solche, an deren Lieferung oder an Dienste, die nicht auf elektronischem Weg erbracht werden.

6 Der ECRL kommt hinsichtlich der „Dienste der Informationsgesellschaft" gemeinschaftsrechtsergänzende Funktion zu. Im Übrigen lässt sie das Schutzniveau für den Verbraucherschutz (wie er aus den Gemeinschaftsrechtsakten und deren Transformation in die nationalen Rechtsordnungen resultiert) unberührt.

7 **Dienste der Informationsgesellschaft** i.S.d. ECRL bezeichnet nach deren Art. 2 lit. a Dienste i.S.v. Art. 1 Nr. 2 der Richtlinie 98/34/EG, d.h. jede in der Regel gegen Entgelt elektronisch im Fernabsatz und auf individuellen Abruf eines Empfängers erbrachte Dienstleistung. Nach dieser Definition bezeichnet der Ausdruck „**im Fernabsatz erbrachte Dienstleistung**" eine Dienstleistung, die ohne gleichzeitige physische Anwesenheit der Vertragsparteien erbracht wird.

8 „**Elektronisch erbrachte Dienstleistung**" bezeichnet eine Dienstleistung, die mittels Geräten für die elektronische Verarbeitung (einschließlich digitaler Kompression) und Speicherung von Daten am Ausgangspunkt gesendet und am Endpunkt empfangen wird und die vollständig über Draht, über Funk, auf optischem oder anderem elektromagnetischem Wege gesendet, weitergeleitet und empfangen wird.

9 Eine „**auf individuellen Abruf eines Empfängers erbrachte Dienstleistung**" ist eine solche, die durch die Übertragung von Daten auf individuelle Anforderung erbracht wird.

10 Eine Beispielsliste der **nicht** unter diese Definition fallenden Dienste findet sich in Anhang V. Die Richtlinie 98/34/EG findet keine Anwendung auf Hörfunkdienste und Fernsehdienste gemäß Art. 1 lit. a der Richtlinie 89/552/EWG. Die Beispielsliste in Anhang V der nicht unter Art. 1 Nr. 2 Unterabs. 2 fallenden Dienste umfasst folgende:
   – Nicht „**im Fernabsatz**" erbrachte Dienste" (i.S.v. Diensten, bei deren Erbringung der Erbringer und der Empfänger gleichzeitig physisch anwesend sind, selbst wenn dabei elektronische Geräte benutzt werden) sind z.B. die Untersuchung oder Behandlung in der Praxis eines Arztes mit Hilfe elektronischer Geräte, aber in Anwesenheit des Patienten, die Konsultation eines elektronischen Katalogs in einem Geschäft in Anwesenheit des Kunden, die Buchung eines Flugtickets über ein Computernetz, wenn sie in einem Reisebüro in Anwesenheit des Kunden vorgenommen wird oder die Bereitstellung elektronischer Spiele in einer Spielhalle in Anwesenheit des Benutzers.
   – Nicht „**elektronisch erbrachte Dienste**" sind etwa Dienste, die zwar mit elektronischen Geräten, aber in materieller Form erbracht werden, z.B. Geldausgabe- oder Fahrkartenautomaten, der Zugang zu gebührenpflichtigen Straßennetzen, Parkplätzen usw., auch wenn elektronische Geräte bei der Ein- und/oder Ausfahrt den Zugang kontrollieren und/oder die korrekte Gebührenentrichtung gewährleisten, Offline-Dienste (wie der Vertrieb von CD-ROMs oder Software auf Disketten), Dienste, die nicht über elektronische Verarbeitungs- und Speicherungssysteme erbracht werden (wie Sprachtelefondienste, Telefax-/Telexdienste, über Sprachtelefon oder Telefax erbrachte Dienste, medizinische Beratung per Telefon/Telefax, anwaltliche Beratung per Telefon/Telefax oder Direktmarketing per Telefon/Telefax).
   – Nicht „**auf individuellen Abruf eines Empfängers**" erbrachte Dienste" (i.S.v. Diensten, die im Wege einer Übertragung von Daten ohne individuellen Abruf gleichzeitig für eine unbegrenzte Zahl von einzelnen Empfängern erbracht werden – Punkt-zu-Mehrpunkt-Übertragung) sind z.B. Fernsehdienste (einschließlich zeitversetzter Video-Abrufe) nach Art. 1 lit. a der Richtlinie 89/552/EWG, Hörfunkdienste oder Teletext über Fernsehsignal.

11 Die ECRL erfasst damit weite Bereiche wirtschaftlicher Tätigkeiten unter Herausnahme des Bereichs Rundfunk und Telekommunikation im elektronischen Rechts- und Geschäftsverkehr, die bislang dem Anwendungsbereich des § 2 des Teledienstegesetzes (TDG) und § 2 Abs. 2 Nr. 4 des Mediendienste-Staatsvertrages (MDStV) – soweit es sich um Mediendienste handelt – unterfallen (aber nur Angebote und Dienstleistungen), die auf Abruf im Fernabsatz und in elektronischer Form erbracht werden.

12 § 312e greift also auf die Begriffsdefinitionen des Tele- und Mediendienstes im TDG sowie im MDStV zurück, ohne eine eigenständige Definition der „Dienste der Informationsgesellschaft" zu geben, um einen **Definitionsgleichlauf** bei der Umsetzung der ECRL zu gewährleisten. Folge ist, dass über § 312e **keine**

---

[6] BT-Drucks 14/6353 – BGBl I S. 1542.
[7] Gesetz über Rahmenbedingungen für elektronische Signaturen (Signaturgesetz – SigG) als Art. 1 des Gesetzes über Rahmenbedingungen für elektronische Signaturen und zur Änderung weiterer Vorschriften vom 16. Mai 2001 (BGBl I S. 876), dazu *Roßnagel*, NJW 2001, 1817.

Ausweitung des Anwendungsbereichs der Richtlinie erfolgt – wenngleich das TDG und der MDStV insoweit über den Anwendungsbereich der ECRL hinausgehen, als sie sich nicht nur auf wirtschaftlich ausgerichtete Informations- und Kommunikationsdienste des elektronischen Geschäftsverkehrs beschränken, sondern (neben elektronischen Abrufdiensten im Fernabsatz) auch elektronische Verteildienste erfassen. Der Gleichklang wird aber dadurch gewahrt, dass solche von der ECRL nicht erfassten Dienste von § 312e Abs. 1 dadurch ausgeschlossen werden, als die Norm nur Pflichtenvorgaben für „Unternehmer" trifft (die Norm also auf eine geschäftsmäßige Ausrichtung zielt), die sich zum Zwecke des Abschlusses eines Vertrags eines Tele- oder Mediendienstes bedienen.

§ 312e Pflichten im elektronischen Geschäftsverkehr

(1) ¹Bedient sich ein Unternehmer zum Zwecke des Abschlusses eines Vertrags über die Lieferung von Waren oder über die Erbringung von Dienstleistungen eines Tele- oder Mediendienstes (Vertrag im elektronischen Geschäftsverkehr), hat er dem Kunden
1. angemessene, wirksame und zugängliche technische Mittel zur Verfügung zu stellen, mit deren Hilfe der Kunde Eingabefehler vor Abgabe seiner Bestellung erkennen und berichtigen kann,
2. die in der Rechtsverordnung nach Artikel 241 des Einführungsgesetzes zum Bürgerlichen Gesetzbuche bestimmten Informationen rechtzeitig vor Abgabe von dessen Bestellung klar und verständlich mitzuteilen,
3. den Zugang von dessen Bestellung unverzüglich auf elektronischem Wege zu bestätigen und
4. die Möglichkeit zu verschaffen, die Vertragsbestimmungen einschließlich der Allgemeinen Geschäftsbedingungen bei Vertragsschluss abzurufen und in wiedergabefähiger Form zu speichern.

²Bestellung und Empfangsbestätigung im Sinne von Satz 1 Nr. 3 gelten als zugegangen, wenn die Parteien, für die sie bestimmt sind, sie unter gewöhnlichen Umständen abrufen können.

(2) ¹Absatz 1 Satz 1 Nr. 1 bis 3 findet keine Anwendung, wenn der Vertrag ausschließlich durch individuelle Kommunikation geschlossen wird. ²Absatz 1 Satz 1 Nr. 1 bis 3 und Satz 2 findet keine Anwendung, wenn zwischen Vertragsparteien, die nicht Verbraucher sind, etwas anderes vereinbart wird.

(3) ¹Weitergehende Informationspflichten auf Grund anderer Vorschriften bleiben unberührt. ²Steht dem Kunden ein Widerrufsrecht gemäß § 355 zu, beginnt die Widerrufsfrist abweichend von § 355 Abs. 2 Satz 1 nicht vor Erfüllung der in Absatz 1 Satz 1 geregelten Pflichten.

Inhalt

A. Einführung 1	D. Zugangsfiktion (Abs. 1 S. 2) 27
B. Anwendungsbereich der Norm 6	E. Einschränkung des Anwendungsbereichs (Abs. 2) . 31
I. Vertrag im elektronischen Geschäftsverkehr 6	I. Überblick 31
II. Die Vertragspartner 7	II. Vertragsabschluss durch individuelle Kommunikation (Abs. 2 S. 1) 33
III. Tele- und Mediendienste 9	III. Anderweitige Vereinbarung zwischen Vertragsparteien, die nicht Verbraucher sind (Abs. 2 S. 2) ... 35
IV. Vertragsabschluss unter Einsatz elektronischer Kommunikationsmittel 13	F. Vertragliche Abdingbarkeit des Abs. 1? 37
V. Die individuelle Abrufbarkeit des Tele- oder Mediendienstes 15	G. Weitergehende Informationspflichten (Abs. 3) ... 39
C. Pflichten des Unternehmers (Abs. 1 S. 1) 16	H. Zusätzliche Sanktionen bei einem Pflichtenverstoß . 41
I. Die Vorgaben der E-Commerce-Richtlinie 16	I. Überblick 41
II. Die Pflichten nach Abs. 1 S. 1 17	II. Nichtigkeitsfolge? 44
1. Eingabefehler (Nr. 1) 18	III. Irrtumsanfechtung 45
2. Informationspflichten (Nr. 2) 21	IV. Haftung aus culpa in contrahendo (§§ 311 Abs. 2, 241 Abs. 2) 47
3. Zugangsbestätigung (Nr. 3) 23	V. Anspruch des Kunden auf nachträgliche Unterrichtung 48
4. Möglichkeit des Abrufs und der Speicherung der Vertragsbedingungen einschließlich der AGB (Nr. 4) 24	VI. Möglichkeit der Unterlassungsklage 49

A. Einführung

Abs. 1 normiert den **Anwendungsbereich** der Norm. Mit Abs. 1 i.V.m. § 3 InformationspflichtenVO werden in sprachlich gestraffter Form die Vorgaben des Art. 10 Abs. 1 bis 3 ECRL (Informationspflichten) sowie des Art. 11 Abs. 1 und 2 ECRL (Abgabe einer Bestellung) in das deutsche Recht umgesetzt. In rechtssystematischer Sicht folgt Abs. 1 der Regelung in § 312c: Im BGB selbst wird lediglich die allgemeine Verpflichtung des Unternehmers zur Unterrichtung des Kunden normiert, wohingegen die Informationspflichten im Einzelnen sich in der InformationspflichtenVO wiederfinden.

2   Eine **Einschränkung des Anwendungsbereichs** der Norm trifft **Abs. 2 S. 1** (Rn 33 f.), der im Übrigen in **S. 2** auch festlegt, inwieweit die Pflichten nach Abs. 1 S. 1 Nr. 1 bis 3 und S. 2 auf vertraglicher Basis abdingbar sind (Rn 35 f.). **Abs. 3** stellt – lediglich deklaratorisch – fest, dass weitergehende Informationspflichten aufgrund anderer Vorschriften (z.B. im Zusammenhang mit Fernabsatzverträgen) unberührt bleiben (Rn 39 f.).

3   § 312e trifft keine eigenständige **Definition** des Begriffs „**Dienste der Informationsgesellschaft**" (dazu bereits vor § 312e Rn 7 ff.). Damit ist aber keine über den Anwendungsbereich der ECRL hinausgehende Umsetzung beabsichtigt: § 312e normiert nur Regelungen für Unternehmer, die sich zwecks Abschlusses eines Vertrags eines **Tele- oder Mediendienstes** bedienen. Damit wird eine gewerbsmäßige Ausrichtung vorausgesetzt.[1] Die Regelung erfasst damit **nicht** den Fall, dass der Unternehmer sich nur eines **bloßen elektronischen Verteildienstes** bedient (ein Fall, der auch von der ECRL nicht erfasst werden wird, wohl aber vom TDG und MDStV, die diesbezüglich über den Anwendungsbereich der Richtlinie hinausgehen), was auch durch die Formulierung „zum Zwecke des Abschlusses eines Vertrags" belegt wird. Den Tele- und Mediendienst muss der Kunde also auch elektronisch zum Zwecke einer Bestellung individuell abrufen können. § 312e hält sich somit im Anwendungsbereich der ECRL und führt den Anwendungsbereich (entgegen der Weiterungen, die im TDG bzw. im MDStV erfolgt sind) auf das Maß zurück, auf das sich die Richtlinie bezieht.

4   Die ECRL normiert – wie die Teilzeit-Wohnrechte- sowie die Fernabsatzrichtlinie – Informationspflichten (Rn 21 f.). Der Anwendungsbereich der Informationspflichten bei der ECRL ist jedoch gegenüber den beiden anderen genannten Richtlinien, die als Adressaten nur den Verbraucher vorsehen, **weiter** gefasst: Er umfasst **auch** das Verhältnis **zu** anderen **Unternehmern**. Trotz dieses Unterschieds besteht jedoch eine enge Verknüpfung zwischen den sich aus der ECRL und der FARL ergebenden Verpflichtungen: Regelmäßig wird ein im elektronischen Geschäftsverkehr zwischen einem Unternehmer und einem Verbraucher zustande gekommener Vertrag nämlich zugleich auch als Fernabsatzvertrag i.S.v. § 312b zu qualifizieren sein.

5   ECRL, FARL und Haustürgeschäfterichtlinie knüpfen horizontal an eine besondere Vertragsabschluss-Situation an, nämlich an eine solche außerhalb der Geschäftsräume, unabhängig davon, welcher spezifische Vertragstyp dabei jeweils zugrunde liegt. Vor diesem Hintergrund hat der Gesetzgeber sich dafür entschieden, neben dem Haustürgeschäft und dem Fernabsatzvertrag auch die Verträge im elektronischen Geschäftsverkehr im allgemeinen Teil des Schuldrechts als **besondere Vertriebsformen** zu regeln.[2]

B. Anwendungsbereich der Norm

I. Vertrag im elektronischen Geschäftsverkehr

6   § 312e hat einen **Vertrag im elektronischen Geschäftsverkehr** zur Voraussetzung. Ein solcher liegt dann vor, wenn ein Unternehmer zum Zwecke des Abschlusses eines Vertrags über die Lieferung von Waren oder über die Erbringung von Dienstleistungen sich eines Tele- oder Mediendienstes bedient.

II. Die Vertragspartner

7   Vertragspartner ist auf der Anbieterseite der sich des Tele- oder Mediendienstes bedienende Unternehmer (§ 14). Der zukünftige Vertragspartner (d.h. sein im Gesetz als **Kunde** bezeichneter Gegenüber) muss hingegen nicht notwendigerweise Verbraucher i.S.v. § 13 sein.

8   Der Gesetzgeber hat die noch in § 312e BGB-RegE parallel verwendete Begrifflichkeit des „Empfängers" zugunsten des Begriffs des „Kunden" aufgegeben, da sie zu Missverständnissen darüber führen konnte, ob der Begriff auf den Empfang des Tele- oder Mediendienstes oder den Empfang einer Willenserklärung seitens des Unternehmers zurückgeht.[3] Die alleinige Verwendung des Terminus „Kunde" vermeidet solche Missverständnisse. Demhingegen wurde im Gesetzgebungsverfahren von der Überlegung wieder Abstand genommen, den Begriff des „Kunden" durch jenen des „Nutzers" zu ersetzen, den die ECRL verwendet, weil das BGB in einem vergleichbaren Fall, nämlich in § 675 a (der gleichermaßen auf das EG-Recht zurückgeht), auch den Terminus „Kunde" verwendet. Ein weiterer Begriff sollte nicht in das BGB Eingang halten.[4]

---

1 BT-Drucks 14/6040, S. 170 li. Sp.
2 BT-Drucks 14/6040, S. 170 re. Sp.
3 Beschlussempfehlung und Bericht des Rechtsausschusses – BT-Drucks 14/7052, S. 192.
4 Beschlussempfehlung und Bericht des Rechtsausschusses – BT-Drucks 14/7052, S. 192.

III. Tele- und Mediendienste

Eine Definition des Begriffs „**Teledienst**" trifft § 2 TDG: Teledienste sind elektronische Informations- und Kommunikationsdienste, die für eine individuelle Nutzung von kombinierbaren Daten (wie Zeichen, Bilder oder Töne) bestimmt sind und denen eine Übermittlung mittels Telekommunikation zugrunde liegt, z.B. Angebote zur Information und Kommunikation (wie Datendienste zur Verbreitung von Informationen über Waren- und Dienstleistungsangebote – § 2 Abs. 2 Nr. 2 TDG), Angebote zur Internetnutzung (§ 2 Abs. 2 Nr. 3 TDG) oder Angebote von Waren und Dienstleistungen in elektronisch abrufbaren Datenbanken mit interaktivem Zugang und unmittelbarer Bestellmöglichkeit (§ 2 Abs. 2 Nr. 5 TDG).

Unter **Mediendienste** versteht man gemäß § 2 MDStV Informations- und Kommunikationsdienste in Text, Ton oder Bild (mit Ausnahme des Rundfunks), die sich an die Allgemeinheit richten und unter Benutzung elektromagnetischer Schwingungen ohne Verbindungsleistung oder längs oder mittels eines Leiters verbreitet werden.

Unter Berücksichtigung von Sinn und Zweck des § 312e sowie im Lichte der ECRL erfolgt eine **inhaltliche Reduktion** der Begrifflichkeiten **Tele- und Mediendienste** (Rn 3): § 312e erfasst nur solche Tele- und Mediendienste, die der Nutzer bzw. Empfänger individuell elektronisch und zum Zwecke einer Bestellung abrufen kann. **Ausgeschlossen** bleiben damit bloße Verteildienste, mithin solche Tele- und Mediendienste, die im Rahmen einer Datenübertragung ohne individuelle Anforderung gleichzeitig für eine unbegrenzte Zahl von Nutzern erbracht werden. Die inhaltliche Reduktion resultiert zum einen aus der im Gesetz verwendeten Terminologie („Bedient sich ein Unternehmer **zum Zwecke** des Abschlusses eines Vertrags ..."). Zum anderen liegt sie aber auch immanent der Gesamtregelung des § 312e zugrunde: Die Norm knüpft an eine Vertragsanbahnungs- bzw. Vertragsabschlusssituation zwischen Unternehmer (Anbieter) und Kunden (Empfänger) an und legt dabei ersterem bestimmte Informationspflichten auf. Diese Situation setzt aber voraus, dass der Kunde, mithin der künftige Vertragspartner des Unternehmers, den Tele- oder Mediendienst, dessen sich der Unternehmer zum Absatz seiner Waren und Dienstleistungen bedient, „elektronisch individuell abrufen kann und dies auch tut".[5]

Dem entspricht die Begrifflichkeit **Dienste der Informationsgesellschaft** in Art. 1 Nr. 2 der Richtlinie 98/34/EG vom 22. Juni über ein Informationsverfahren auf dem Gebiet der Normen und technischen Vorschriften[6] sowie Art. 2 der Richtlinie über den rechtlichen Schutz von zugangskontrollierten Diensten und von Zugangskontrolldiensten (Richtlinie 98/48/EG vom 20. Juli 1998).[7] Beide Regelungen definieren als „Dienst in der Informationsgesellschaft" jede in der Regel gegen Entgelt elektronisch im Fernabsatz und „auf individuellen Abruf" des Empfängers erbrachte Dienstleistung.

IV. Vertragsabschluss unter Einsatz elektronischer Kommunikationsmittel

Die Notwendigkeit eines Vertragsabschlusses unter Einsatz elektronischer Kommunikationsmittel im Hinblick auf eine Anwendbarkeit des § 312e schließt etwa die Verwendung folgender Medien aus: Briefe und Telefonverkehr.

Die Durchführung des Vertrags selbst muss jedoch nicht unbedingt auch auf elektronischem Wege (d.h. online) erfolgen. Ausreichend aber auch erforderlich ist, dass der **Vertrags(ab)schluss** selbst unter Einsatz elektronischer Mittel erfolgt. Die Erbringung der vom Unternehmer geschuldeten Leistung kann hingegen durchaus auch offline erfolgen, z.B. im Rahmen des tradierten Versandhandels.[8]

V. Die individuelle Abrufbarkeit des Tele- oder Mediendienstes

Die aufgrund der inhaltlichen Reduktion erforderliche **individuelle Abrufbarkeit** des Tele- oder Mediendienstes zum Zwecke der Abgabe einer Bestellung (Rn 11) schließt – anders als bei Fernabsatzverträgen – solche elektronischen Medien aus, die Angebote an eine unbestimmte Zahl von Empfängern richten, z.B. das Fernsehen, den Hörfunk oder den Teletext.

C. Pflichten des Unternehmers (Abs. 1 S. 1)

I. Die Vorgaben der E-Commerce-Richtlinie

Abs. 1 S. 1 normiert in seinen Nr. 1 bis 4 in Umsetzung der ECRL einen Katalog von Pflichten, die der Unternehmer im Kontext mit dem Abschluss eines Vertrags im elektronischen Geschäftsverkehr zu beachten hat. Wie bereits dargelegt, verpflichtet Art. 10 ECRL (vor § 312e Rn 1) den Unternehmer, den künftigen Vertragspartner (mithin den Empfänger der Warenlieferung bzw. der Dienstleistungserbringung,

---

[5] BT-Drucks 14/6040, S. 171 li. Sp.
[6] ABl. Nr. L 204 vom 21. Juli 1998, S. 37.
[7] ABl. Nr. L 217 vom 5. August 1998, S. 18.
[8] BT-Drucks 14/6040, S. 171 li. Sp.

den das Gesetz mit der Begrifflichkeit „Kunde" belegt) **vor Vertragsabschluss** über die technischen Modalitäten des Vertragsschlusses sowie die vom Anbieter beachteten Verhaltenskodizes aufzuklären (vorvertragliche Informationspflichten). So verpflichtet **Art. 10 Abs. 1 lit. a bis d ECRL** zwingend zur Angabe folgender Mindestinformationen: die einzelnen technischen Schritte, die zu einem Vertragsschluss führen; Angaben dazu, ob der Vertragstext nach Vertragsabschluss vom Diensteanbieter gespeichert wird und ob er zugänglich sein wird; die technischen Mittel zur Erkennung und Korrektur von Eingabefehlern vor Abgabe der Bestellung sowie die für den Vertragsabschluss zur Verfügung stehenden Sprachen. **Art. 10 Abs. 2 ECRL** erweitert die Informationspflichten auf die Angabe aller einschlägigen Verhaltenskodizes, denen sich der Unternehmer unterwirft, und die Möglichkeiten, wie diese Kodizes auf elektronischem Wege zugänglich sind.

II. Die Pflichten nach Abs. 1 S. 1

17 Der Katalog der Nr. 1 bis 4 des Abs. 1 S. 1 ist hinsichtlich der einzelnen vom Unternehmer zu beachtenden Pflichten **zeitlich geordnet**.[9] Normiert sind folgende Komplexe:

1. Eingabefehler (Nr. 1)

18 Nr. 1 setzt – im Wesentlichen in wörtlicher Übernahme – den Regelungsgehalt des Art. 11 Abs. 2 ECRL um: Der Unternehmer hat dem Kunden angemessene, wirksame und zugängliche technische Mittel zur Verfügung zu stellen, mit deren Hilfe der Kunde Eingabefehler vor Abgabe seiner Bestellung erkennen und berichtigen kann. Damit beschränkt die Regelung die Verpflichtung zur Mitteilung von Korrekturangaben auf die Vertragserklärung des Empfängers. „Ob die Erklärung, die sich äußerlich als Vertragserklärung ausnimmt, eine solche ist, kann aber gerade für den Laien (oft) nicht erkennbar sein."[10] Vor diesem Hintergrund wird die Bestellung unabhängig davon angesprochen, ob sie die Vertragserklärung ist oder (noch) nicht[11] (sondern z.B. „nur" eine invitatio ad offerendum).

19 In zeitlicher Hinsicht greift diese Verpflichtung bereits zum Zeitpunkt der **bloßen Eröffnung einer Bestellmöglichkeit** durch den Unternehmer ein. Er muss also z.B. dieser Pflicht bereits schon dann genügen, wenn er seinen Warenkatalog ins Internet stellt und mit einem elektronisch abrufbaren Bestellformular versieht.

20 Die Verpflichtung nach Nr. 1 ist eng verknüpft mit der Informationsverpflichtung des § 3 Nr. 3 InformationspflichtenVO, wonach der Unternehmer bei Verträgen im elektronischen Geschäftsverkehr nach Abs. 1 S. 1 den Kunden auch darüber zu informieren hat, **wie** er mit den ihm gemäß Nr. 1 zur Verfügung gestellten Mitteln Eingabefehler vor Abgabe der Bestellung erkennen und berichtigen kann.

2. Informationspflichten (Nr. 2)

21 Nach Nr. 2 hat der Unternehmer den Kunden rechtzeitig **vor** Abgabe von dessen Bestellung klar und verständlich die in der Rechtsverordnung nach Art. 241 EGBGB (Verordnung über Informationspflichten nach Bürgerlichem Recht) bestimmten, den Vertrag im elektronischen Geschäftsverkehr betreffenden Informationen zu erteilen (**vorvertragliche Informationspflichten**). Damit nimmt Nr. 2 Bezug auf § 3 Nr. 1 bis 5 InformationspflichtenVO, mit denen die Regelungen des Art. 10 Abs. 1 und 2 ECRL im Wesentlichen wörtlich umgesetzt werden.

22 Der Gesetzgeber hat auch hier wieder die generelle Informationsverpflichtung des Unternehmers im BGB selbst (in Abs. 1 S. 1 Nr. 2) normiert, wohingegen der den Umfang der Informationspflichten im Einzelnen regelnde Pflichtenkatalog „im Interesse einer besseren Lesbarkeit"[12] in die InformationspflichtenVO „ausgelagert" wurde. Folgende **Kundeninformationen** hat der Unternehmer nach **§ 3 Nr. 1 bis 5 InformationspflichtenVO** (vor Vertragsabschluss) zu geben:
- solche über die einzelnen technischen Schritte, die zu einem Vertragsschluss führen (§ 3 Nr. 1 – entsprechend Art. 10 Abs. 1 lit. a ECRL),
- ob der Vertragstext nach dem Vertragsschluss von dem Unternehmer gespeichert wird und ob er dem Kunden zugänglich ist (§ 3 Nr. 2 – entsprechend Art. 10 Abs. 1 lit. b ECRL),
- wie er mit den gemäß § 312e Abs. 1 S. 1 Nr. 1 des Bürgerlichen Gesetzbuchs zur Verfügung gestellten Mitteln Eingabefehler vor Abgabe der Bestellung erkennen und berichtigen kann (§ 3 Nr. 3 – entsprechend Art. 10 Abs. 1 lit. c ECRL, vgl. dazu bereits Rn 20),
- die für den Vertragsschluss zur Verfügung stehenden Sprachen (§ 3 Nr. 4 – entsprechend Art. 10 Abs. 1 lit. d ECRL) und

---

9 BT-Drucks 14/6040, S. 171 re. Sp.
10 Beschlussempfehlung und Bericht des Rechtsausschusses – BT-Drucks 14/7052, S. 192.
11 *Schneider*, K&R 2001, 344, 345 f.
12 BT-Drucks 14/6040, S. 171 re. Sp.

– sämtliche einschlägigen Verhaltenskodizes, denen sich der Unternehmer unterwirft, sowie die Möglichkeit eines elektronischen Zugangs zu diesen Regelwerken (§ 3 Nr. 5 – entsprechend Art. 10 Abs. 2 ECRL). „Einschlägige Verhaltenskodizes" sind bestimmte Verhaltensregelwerke, denen sich der Unternehmer (meist zu Werbezwecken) unabhängig von einem Vertragsabschluss mit einem einzelnen Kunden freiwillig unterwirft, „um damit im Wettbewerb eine besondere Unternehmens- und/oder Produktqualität dokumentieren zu können".[13]

3. Zugangsbestätigung (Nr. 3)

Nach Nr. 3 hat der Unternehmer dem Kunden – in Umsetzung von Art. 11 Abs. 1 erster Spiegelstrich ECRL – den Zugang von dessen Bestellung unverzüglich (entsprechend § 121 Abs. 1 S. 1) auf elektronischem Wege zu bestätigen. Dabei wurde die in der Richtlinie verwendete Begrifflichkeit des „Eingangs" an die Terminologie in § 130 angepasst und durch das Wort „Zugang" ersetzt.[14]

23

4. Möglichkeit des Abrufs und der Speicherung der Vertragsbedingungen einschließlich der AGB (Nr. 4)

§ 312e Abs. 1 S. 1 Nr. 4 BGB-RE hatte zunächst folgenden Wortlaut:

24

> § 312 e BGB-RE Pflichten im elektronischen Geschäftsverkehr
>
> (1) Bedient sich ein Unternehmer zum Zwecke des Abschlusses eines Vertrages über die Lieferung von Waren oder über die Erbringung von Dienstleistungen eines Tele- oder Mediendienstes (Vertrag im elektronischen Geschäftsverkehr), hat er dem Empfänger (Kunden)
> 1. – 3 (...)
> 4. die Möglichkeit zu verschaffen, die Vertragsbestimmungen einschließlich der einbezogenen Allgemeinen Geschäftsbedingungen alsbald, spätestens bis zur vollständigen Erfüllung des Vertrags, bei Waren spätestens bei Lieferung an den Kunden abzurufen und in wiedergabefähiger Form zu speichern.
> (...)

Der Bundesrat hatte darum gebeten, im weiteren Gesetzgebungsverfahren den Zeitpunkt zu überprüfen, zu dem dem Kunden die Vertragsbestimmungen einschließlich der AGB so zur Verfügung gestellt werden müssen, dass er sie speichern und reproduzieren kann.[15] Dem ist der Gesetzgeber mit der Neufassung wie nachstehend gefolgt: Der Unternehmer muss dem Kunden nach Nr. 4 in Umsetzung von Art. 11 Abs. 3 ECRL die Möglichkeit verschaffen, die Vertragsbestimmungen einschließlich der AGB bei Vertragsschluss abzurufen und in wiedergabefähiger Form zu speichern. Zu den „**Vertragsbestimmungen**" i.S.v. Nr. 4 zählen nicht sämtliche, unter Umständen auch nach § 312c zu erteilenden Informationen, sondern nur der eigentliche Vertragstext und die AGB. Diese sollen aber dem Kunden (Verbraucher) auch bereits schon bei Vertragsschluss speicherbar zur Verfügung stehen.[16]

Da die ECRL keine Regelung hinsichtlich des Zeitpunkts trifft, wann der Unternehmer seiner Verpflichtung nachzukommen hat, hatte der Gesetzgeber in § 312e Abs. 1 S. 1 Nr. 4 BGB-RE auf den Regelungsgehalt der Parallelnorm über Fernabsatzverträge (§ 312c Abs. 2) zurückgegriffen. Dieser Zeitpunkt – nach dem die Informationen über die Vertragsbedingungen und AGB alsbald, spätestens bis zur vollständigen Erfüllung des Vertrages, bei Waren spätestens bei Lieferung erfüllt sein müssen – wurde aber als zu spät erachtet. Aus dem Zusammenhang der Richtlinie ergibt sich nämlich, dass die notwendigen Informationen – zumindest im Regelfall – **beim Vertragsschluss** zur Verfügung stehen sollen, was auch dem Schutzzweck der Norm entspricht. Die Erfüllung dieser Verpflichtung ist im elektronischen Geschäftsverkehr technisch regelmäßig auch bereits schon beim Vertragsschluss möglich und dem Unternehmer zumutbar. Insoweit unterscheiden sich der äußere Ablauf und der Vertragsschluss im elektronischen Geschäftsverkehr auch von § 312c Abs. 2 bei Fernabsatzgeschäften. Wird der Vertrag z.B. telefonisch im Fernabsatz abgeschlossen, werden die vom Unternehmer in Textform (§ 126b) mitzuteilenden Informationen naturgemäß erst zu einem späteren Zeitpunkt erfolgen. Anders beim elektronischen Geschäftsverkehr: Hier können die geforderten Informationen technisch ohne weiteres schon bei Vertragsschluss dem Kunden zur Verfügung gestellt werden, so dass dieser sie in wiedergabefähiger Form speichern kann. Vor diesem Hintergrund stellt Nr. 4 konsequent auch auf den **Zeitpunkt des Vertragsschlusses** ab.

25

Durch die Verwendung des Zusatzes „**einschließlich der einbezogenen Allgemeinen Geschäftsbedingungen**" wird klargestellt, dass die Einbeziehungsvoraussetzungen von AGB in einen Vertrag nach § 305 Abs. 2 durch das neue Regelwerk im elektronischen Geschäftsverkehr nicht berührt werden sollen. AGB werden auch bei Vertragsabschlüssen im elektronischen Geschäftsverkehr nur dann Vertragsbestandteil,

26

---

13 BT-Drucks 14/6040, S. 171 re. Sp.
14 BT-Drucks 14/6040, S. 172 li. Sp.
15 Stellungnahme des Bundesrates Nr. 64.
16 Beschlussempfehlung und Bericht des Rechtsausschusses – BT-Drucks 14/7052, S. 192.

wenn der Unternehmer den Kunden bereits vor Vertragsschluss auf sie hingewiesen und ihm die Möglichkeit verschafft hat, in zumutbarer Weise von ihrem Inhalt Kenntnis zu nehmen.[17] Dies geschieht – entsprechend den Besonderheiten des elektronischen Geschäftsverkehrs – dadurch, dass der Unternehmer dem Kunden die Möglichkeiten aufweist, wie die Vertragsbedingungen abgerufen (d.h. heruntergeladen) und (in wiedergabefähiger Form) gespeichert werden können. Der Gesetzgeber ist der Auffassung, dass sich die Erfordernisse des § 305 Abs. 2 hinsichtlich der Einbeziehung von AGB und die Verpflichtung des Unternehmers nach Nr. 4 (bis auf den Zeitpunkt der Kenntnisnahmemöglichkeit) beim Vertragsschluss im elektronischen Geschäftsverkehr entsprechen dürften, wobei allerdings die Regelung der Nr. 4 insoweit über die Einbeziehungsvoraussetzungen des § 305 Abs. 2 hinausgeht, „als sie die nicht abdingbare Verpflichtung aufstellt, die Vertragsbedingungen **auch Unternehmern** durch die Möglichkeit des Abrufs zur Verfügung zu stellen".[18]

D. Zugangsfiktion (Abs. 1 S. 2)

27 Bestellung und Empfangsbestätigung i.S.v. Abs. 1 S. 1 Nr. 3 **gelten** (gesetzliche Fiktion) als zugegangen, wenn die Parteien, für die sie bestimmt sind, sie unter gewöhnlichen Umständen abrufen können – so der Wortlaut des Abs. 1 S. 2, der Art. 11 Abs. 1 zweiter Spiegelstrich ECRL unter im Wesentlichen wörtlicher Übernahme des Richtlinientextes umsetzt. Entsprechend der Rechtsprechung zum Zugang von Willenserklärungen[19] wird die Zugangsfiktion in Ergänzung des Richtlinientextes insoweit ergänzt, als sie an die weitere Voraussetzung gekoppelt wird, dass die Parteien Bestellung wie Empfangsbestätigung „unter gewöhnlichen Umständen" abrufen können.[20]

28 Der Bundesrat hatte darum gebeten, im weiteren Gesetzgebungsverfahren zu prüfen, ob in Abs. 1 der Satz 2 gestrichen werden sollte:[21] Der wörtlich übernommene Text in Art. 11 Abs. 1 zweiter Spiegelstrich ECRL spricht nämlich lediglich vom „Eingang" der genannten Erklärungen, **nicht** von deren „Zugang". Der Begriff des „Eingangs" wird in der Richtlinie jedoch nicht näher definiert. Die Richtlinie enthält andererseits aber auch keine Einschränkung dahin, dass der „Eingang" erst erfolgt ist, wenn die Erklärung „unter gewöhnlichen Umständen" abgerufen werden kann. Vor diesem Hintergrund war der Bundesrat der Auffassung, dass als Regelung des Zugangs Abs. 1 S. 2 überflüssig oder doch zumindest systematisch an falscher Stelle plaziert sei: Als nähere Bestimmung über den Zugang elektronischer Willenserklärungen könnte der Regelungsgehalt – entsprechend verallgemeinert – als neuer Absatz 4 des § 130 eingestellt werden, was jedoch wegen der ohnehin schon geltenden und anerkannten Definition des „Zugangs" nach § 130 Abs. 1 verzichtbar sei[22] – weshalb fraglich sei, ob eine Umsetzung der Bestimmung des Art. 11 Abs. 1 zweiter Spiegelstrich ECRL überhaupt geboten sei.

29 Die Bundesregierung[23] hielt hingegen daran fest, dass Satz 2 in Abs. 1 zur Richtlinienumsetzung – jedenfalls zur Klarstellung – erforderlich ist und auch nicht in § 130 eingestellt werden sollte: Ein Verzicht auf eine ausdrückliche Regelung zur Umsetzung von Art. 11 Abs. 1 zweiter Spiegelstrich ECRL käme nur in Betracht, wenn eine gefestigte Rechtsprechung zur Frage des Zugangs elektronischer Willenserklärungen und Informationen bestünde. Nach deutschem Recht ist zwar anerkannt, dass eine Willenserklärung unter Abwesenden i.S.v. § 130 dann als zugegangen **gilt**, wenn sie dergestalt in den Machtbereich des Empfängers gelangt ist, dass dieser unter normalen Umständen die Möglichkeit einer Kenntnisnahme hat. Dies gilt jedoch nur für Willenserklärungen und geschäftsähnliche Erklärungen, nicht aber für den Zugang von Informationen. Um solche geht es aber in der einschlägigen Richtlinienbestimmung auch. Ungeklärt nach deutschem Recht ist die Frage, **ob Zugang auch bereits mit der Möglichkeit des Abrufs angenommen werden kann**.

30 Daher könnte eine Regelung in § 130 nur dann in Betracht kommen, wenn es sich dabei um eine Bestimmung handelt, die generell zur Anwendung kommen kann. Dies ist allerdings nicht der Fall. Die im vorliegenden Kontext angestrebte Regelung ist auf elektronische Willenserklärungen im elektronischen Geschäftsverkehr zugeschnitten. Sie ist somit in dem Regelungskontext vorzusehen, wo sie am ehesten erwartet werden kann. Dies ist § 312e, weil für den Rechtsanwender einfacher und übersichtlicher. Ein Blick auf § 312e reicht aus, um sich über die Besonderheiten bei Verträgen im elektronischen Geschäftsverkehr zu informieren. Der Rechtsanwender wird regelmäßig nicht auf den Gedanken kommen, dass sich eine weitere Sonderregelung zu Verträgen im elektronischen Geschäftsverkehr an anderer Stelle im BGB findet. Zu berücksichtigen ist im Übrigen, dass § 130 (jedenfalls in seinem Abs. 1) dispositives Recht darstellt, die Richtlinienvorgabe in Art. 11 Abs. 1 zweiter Spiegelstrich ECRL zur Zugangsfiktion

---

17 BT-Drucks 14/6040, S. 172 li. Sp.
18 BT-Drucks 14/6040, S. 172 li. Sp.
19 BGHZ 67, 271; BGH NJW 1980, 990.
20 BT-Drucks 14/6040, S. 172 li. Sp.
21 BR-Drucks 338/01 – zu Artikel 1 Abs. 1 Nr. 13 (§ 312e Abs. 1 S. 2 BGB).
22 Vgl. Entwurfsbegründung, S. 397.
23 Gegenäußerung der Bundesregierung – zu Nr. 63 – zu Artikel 1 Abs. 1 Nr. 13 (§ 312e Abs. 1 S. 2 BGB).

hingegen bei Verträgen im elektronischen Geschäftsverkehr zu Lasten des Verbrauchers nicht abdingbar ist. Vor diesem Hintergrund ist es gesetzestechnisch und systematisch richtig, die Zugangsfiktion in Abs. 1 S. 2 einer (eigenständigen) Regelung zuzuführen.

E. Einschränkung des Anwendungsbereichs (Abs. 2)

I. Überblick

Die Verpflichtungen des Unternehmers nach Abs. 1 S. 1 Nr. 1 bis 3 bzw. Abs. 1 S. 2 können nach Abs. 2 unter zwei Voraussetzungen eingeschränkt werden: Bei Vertragsabschluss durch individuelle Kommunikation (S. 1, siehe Rn 33 f.) findet Abs. 1 S. 1 Nr. 1 bis 3 keine Anwendung. Bei anderweitiger Vereinbarung zwischen Vertragsparteien, die nicht Verbraucher sind (S. 2, siehe Rn 35 f.), finden Abs. 1 S. 1 Nr. 1 bis 3 **und** Abs. 1 S. 2 keine Anwendung.

§ 312e Abs. 2 BGB-RE hatte ursprünglich folgenden Wortlaut:

> § 312 e BGB-RE Pflichten im elektronischen Geschäftsverkehr
> (1) ...
> (2) Absatz 1 Satz 1 Nr. 1 bis 3 findet keine Anwendung, wenn der Vertrag
> 1. ausschließlich durch individuelle Kommunikation geschlossen wird oder
> 2. zwischen Unternehmern etwas anderes vereinbart wird.
> (3) ...

Der Bundesrat hatte jedoch darum gebeten, im weiteren Gesetzgebungsverfahren zu prüfen, ob in § 312e Abs. 2 Nr. 2 BGB-RE statt der Bezeichnung „Unternehmer" der Wortlaut der ECRL übernommen werden kann,[24] was bei der Bundesregierung auf Zustimmung gestoßen ist.[25] „Parteien, die nicht Verbraucher sind" i. S. der ECRL ist nämlich nicht deckungsgleich mit dem ursprünglich verwendeten Unternehmerbegriff i.S.v. § 14, der nicht vollumfänglich den Gegenbegriff zum Verbraucher (§ 13) darstellt: Es sind nämlich durchaus Personen (oder Personenvereinigungen) denkbar, die weder als Verbraucher noch als Unternehmer qualifiziert werden können – z.B. Idealvereine, gemeinnützige Stiftungen oder öffentliche Einrichtungen, deren Leistungsbeziehungen ausschließlich öffentlich-rechtlich ausgestaltet sind. Die neue Formulierung „Personen, die nicht Verbraucher sind" ist somit weiter als die ursprünglich verwendete Begrifflichkeit des „Unternehmers".

II. Vertragsabschluss durch individuelle Kommunikation (Abs. 2 S. 1)

Abs. 2 S. 1 schränkt den Anwendungsbereich des Abs. 1 S. 1 Nr. 1 bis 3 für den Fall ein, dass der Vertrag ausschließlich durch **individuelle Kommunikation** geschlossen wird, womit er die Regelung des Art. 10 Abs. 4 und Art. 11 Abs. 3 ECRL aufgreift.

> Art. 10 ECRL
> (1) – (3) ...
> (4) Die Absätze 1 und 2 (*des Art. 10 der E-commerce-Richtlinie – umgesetzt durch § 312e Abs. 1 S. 1 Nr. 1 BGB*) gelten nicht für Verträge, die ausschließlich durch den Austausch von elektronischer Post oder durch damit vergleichbare individuelle Kommunikation geschlossen werden.

> Art. 11 ECRL
> (1) – (2) ...
> (3) Absatz 1 erster Gedankenstrich und Absatz 2 (*des Art. 11 der E-Commerce-Richtlinie – umgesetzt durch § 312e Abs. 1 S. 1 Nr. 2 und 3 BGB*) gelten nicht für Verträge, die ausschließlich durch den Austausch von elektronischer Post oder durch vergleichbare individuelle Kommunikation geschlossen werden.

Dies bedeutet, dass im Rahmen von Vertragsabschlüssen, bei denen der Unternehmer mit den jeweiligen Kunden direkt (durch den Austausch individueller [elektronischer] Kommunikation) Kontakt aufnimmt, wie z.B. durch die elektronische Übersendung eines Verkaufsangebots via E-Mail an die E-Mail-Adresse des Kunden, der Unternehmer nicht den Verpflichtungen des Abs. 1 S. 1 Nr. 1 bis 3 unterworfen ist.

Diese Einschränkung des Anwendungsbereichs des Abs. 1 liegt darin begründet, dass entsprechende Vertragsabschlüsse solchen per Post bzw. am Telefon ähneln. Sie weisen jedenfalls nicht die spezifischen Besonderheiten des Online-Einkaufs auf, bei denen der Unternehmer sich typischerweise durch Verwendung eines elektronischen Kommunikationsdienstes an eine unbegrenzte Zahl nicht individualisierter Kunden wendet, indem er etwa seinen Verkaufskatalog ins Internet stellt.[26]

---

24 BR-Drucks 338/01 – zu Artikel 1 Abs. 1 Nr. 13 (§ 312e Abs. 2 Nr. 2 BGB).
25 Gegenäußerung der Bundesregierung – zu Nr. 64 – zu Artikel 1 Abs. 1 Nr. 13 (§ 312e Abs. 2 Nr. 2 BGB).
26 BT-Drucks 14/6040, S. 172 re. Sp.

III. Anderweitige Vereinbarung zwischen Vertragsparteien, die nicht Verbraucher sind (Abs. 2 S. 2)

35 Eine weitere Einschränkung des Anwendungsbereichs erfährt Abs. 1 S. 1 Nr. 1 bis 3 – darüber hinaus (im Unterschied zu Abs. 2 S. 1) aber auch Abs. 1 S. 2 – durch Abs. 2 S. 2 für den Fall, dass **zwischen Vertragsparteien, die nicht Verbraucher sind**, etwas anderes vereinbart wird. Die Regelung übernimmt dem Wortlaut nach die einschlägigen Einschränkungen in Art. 10 Abs. 1 und 2 sowie Art. 11 Abs. 1 und 2 ECRL: Die entsprechenden Verpflichtungen gelten, „außer im Fall abweichender Vereinbarungen zwischen Parteien, die nicht Verbraucher sind". Dies bedeutet, dass die in Abs. 1 S. 2 geregelte Zugangsvermutung bei Verträgen zwischen Parteien, die nicht Verbraucher sind, in Übereinstimmung mit Art. 11 Abs. 1 ECRL abdingbar ist.[27] Eine **anderweitige Vereinbarung** i.S.v. Abs. 2 S. 2 kann sowohl in einem individuell vereinbarten Vertrag als auch für eine Vielzahl von Verträgen im Voraus getroffen werden, wobei das Gesetz keine Festlegung des Unternehmers auf eine bestimmte Variante vorgibt. „Der häufigste Fall wird voraussichtlich der Fall sein, dass sich der Anbieterunternehmer mit dem Vertragspartner **generell** über das Verfahren beim Abschluss von Verträgen im elektronischen Geschäftsverkehr verständigt",[28] wobei die abweichende Vereinbarung Gegenstand einer entsprechenden Rahmenvereinbarung wäre.

36 Anders ist die Situation beim individuell vereinbarten Vertrag. Hier müssen sich die Beteiligten wegen einer individuell zu treffenden abweichenden Vereinbarung zunächst über die Vertragsprozedur einigen und alsdann den eigentlichen Vertragsabschluss vornehmen.[29]

F. Vertragliche Abdingbarkeit des Abs. 1?

37 **Abs. 1 S. 1** ist hinsichtlich seiner Nr. 4 (Rn 24 ff.), d.h. der Verpflichtung des Unternehmers, dem Kunden die Vertragsbedingungen (einschließlich der einbezogenen AGB) in speicherbarer Form zur Verfügung zu stellen, **unabdingbar**. Weiterhin ist auch **Abs. 1 S. 2** (gesetzliche Zugangsfiktion) – für Vertragsparteien, die Verbraucher sind (vgl. Abs. 2 S. 2) – **nicht abdingbar**. Die Unabdingbarkeit beider Vorgaben resultiert aus der ECRL.

38 Im Übrigen ist auch § 312f S. 1 zu beachten, wonach von den Vorschriften des Untertitels 2 (Besondere Vertriebsformen) – soweit nicht ein anderes bestimmt ist – nicht zum Nachteil des Kunden (sofern dieser Verbraucher ist) abgewichen werden darf. Damit ist für den Fall, dass der Kunde Verbraucher i.S.d. § 13 ist, grundsätzlich jede Abweichung von § 312e unzulässig.

G. Weitergehende Informationspflichten (Abs. 3)

39 Weitergehende Informationspflichten aufgrund anderer Vorschriften – so die bloß deklaratorische Feststellung des **Abs. 3 S. 1** – bleiben unberührt. Gemeint sind damit vor allem die Vorschriften über Fernabsatzverträge (§§ 312b ff.). Da der Online-Vertrieb dadurch gekennzeichnet ist, dass Unternehmer und Kunde miteinander ausschließlich im Wege des Fernabsatzes kommunizieren (Fernkommunikationsmittel) und die Produkte über das Internet angeboten werden (das Vertriebssystem also so aufgebaut ist, dass die Verträge im Fernabsatz abgeschlossen und abgewickelt werden können), sind im Rahmen des Vertragsabschlusses im elektronischen Geschäftsverkehr also, wenn der Kunde Verbraucher ist, auch die (weitergehenden) Informationspflichten des § 312c zu berücksichtigen.

40 Folge ist regelmäßig, dass dem Verbraucher bei **Verbraucherverträgen im elektronischen Geschäftsverkehr** (sofern es sich dabei nicht um Verträge über Finanzdienstleistungen handelt) ein **Widerrufsrecht** nach den §§ 312d, 355 zusteht. Für diesen Fall (Widerrufsrecht des Kunden nach § 355) bestimmt **Abs. 3 S. 2** – der dem Kunden allerdings **kein selbständiges Widerrufsrecht** gewährt! –, dass die Widerrufsfrist, abweichend von § 355 Abs. 2 S. 1, nicht vor Erfüllung der in Abs. 1 S. 1 geregelten (weitergehenden) Informations-)Pflichten beginnt. Abs. 3 S. 2 entspricht der Parallelregelung des § 312d Abs. 2 für Fernabsatzverträge. Der Gesetzgeber[30] ist der Auffassung, dass kein Grund ersichtlich sei, warum der Lauf der Widerrufsfrist bei einem im elektronischen Geschäftsverkehr geschlossenen Fernabsatzvertrag nur von der Erfüllung der Informationspflichten nach § 312c Abs. 1 und 2 abhängig sein soll, nicht hingegen aber auch von den in diesen Fällen vom Unternehmer gleichermaßen zu beachtenden Pflichten des Abs. 1. Vielmehr trifft den Unternehmer in solchen Fällen von Verbraucherverträgen im elektronischen Geschäftsverkehr gleichermaßen die Sanktion eines hinausgeschobenen Fristbeginns.

---

27 Beschlussempfehlung und Bericht des Rechtsausschusses – BT-Drucks 14/7052, S. 192.
28 BT-Drucks 14/6040, S. 172 re. Sp.
29 BT-Drucks 14/6040, S. 172 re. Sp.
30 BT-Drucks 14/6040, S. 173 li. Sp.

H. Zusätzliche Sanktionen bei einem Pflichtenverstoß

I. Überblick

Abs. 3 S. 2 (hinausgeschobener Fristbeginn, vgl. Rn 40) schließt zusätzliche Sanktionen bei einem Verstoß gegen die Pflichten nach Abs. 1 S. 1 **nicht** aus. Der Gesetzgeber hat vielmehr davon abgesehen, die sich aus einem Pflichtenverstoß des Unternehmers ggf. zusätzlich ergebenden Rechtsfolgen „statisch" in Abs. 3 zu regeln, da der Pflichtenkatalog des Abs. 1 S. 1 von einer solch unterschiedlichen Art und Gewichtung ist, „dass die Bestimmung ein und derselben Rechtsfolge wie zum Beispiel die Einräumung eines Widerrufsrechts oder die Nichtigkeit des Vertrags nicht sachgerecht wäre".[31] Ein Antrag Sachsens, im weiteren Gesetzgebungsverfahren zu prüfen, ob § 312e Abs. 3 S. 2 BGB-RE gestrichen werden kann,[32] fand bereits im Bundesrat keine Unterstützung.

Dies bedeutet, dass sich die Rechtsfolgen (weitere Sanktionen eines Pflichtenverstoßes gegen Abs. 1 S. 1) ansonsten nach dem differenzierten und effektiven Sanktionssystem der allgemeinen schuldrechtlichen Bestimmungen für den Fall einer Verletzung vorvertraglicher Informationspflichten bzw. sonstiger vertraglicher Pflichten ergeben.

Zwar begründet ein Verstoß gegen die Pflichten des § 312e – wie dargelegt (Rn 40) – kein (eigenständiges) Widerrufsrecht nach § 355. Dennoch sieht Abs. 3 S. 2 einen von § 355 Abs. 2 S. 1 abweichenden Fristbeginn für ein Widerrufsrecht vor, wenn dem Kunden ein Widerrufsrecht nach § 355 (aufgrund einer anderen gesetzlichen Regelung) zusteht, z.B. wenn einem Kunden (d.h. einem Verbraucher) nach den Vorschriften über den Fernabsatz ein Widerrufsrecht nach § 355 (über § 312d Abs. 1 S. 1) eingeräumt wird. Dann beginnt die Frist für das Widerrufsrecht erst bei zusätzlicher Erfüllung der Pflichten nach § 312e, wenn der Vertrag **auch** im elektronischen Geschäftsverkehr geschlossen wurde. Eine solche Ausgestaltung des Fristbeginns begründet (worauf der Antrag Sachsens im Bundesrat abzielte) in Fällen von Vertragsabschlüssen im elektronischen Geschäftsverkehr, in denen ein aus anderen Verbraucherschutzvorschriften resultierendes Widerrufsrecht nach § 355 besteht, aber **mittelbar** auch ein Widerrufsrecht für Verletzungen der Pflichten nach § 312e: Wenn im vorgenannten Beispielsfall nämlich der Unternehmer zwar seinen Pflichten nach den Vorschriften über Fernabsatzverträge, nicht jedoch den Pflichten aus § 312e nachkommt, beginnt die Widerrufsfrist des § 355 nicht zu laufen. Der Kunde könnte daher den Vertrag widerrufen, obwohl der Unternehmer „nur" seine Pflichten nach § 312e nicht erfüllt hat.

II. Nichtigkeitsfolge?

Die Verletzung einer oder mehrerer Vorgaben des Abs. 1 S. 1 führt **nicht** zur **Nichtigkeit** des Vertrags[33] als schärfster Sanktion des Zivilrechts, da diese Rechtsfolge weder dem gesetzgeberischen Willen noch dem Zweck der Vorschrift entspricht.[34] Abs. 1 S. 1 zielt auf einen Schutz des Kunden. Führte eine Nichtbeachtung der Informations- und Verhaltenspflichten durch den Unternehmer zur Nichtigkeit des Vertrags, hätte der Kunde noch nicht einmal einen durchsetzbaren Anspruch auf nachträgliche Information. Dies wäre das Gegenteil der gesetzgeberischen Intention. Der Gesetzgeber hat überlegt, dies ausdrücklich klarzustellen, dann aber davon abgesehen, da eine entsprechende Klarstellung „eine an sich klare Rechtslage ungewollt in Zweifel ziehen und auch Unklarheiten hinsichtlich der anderen möglichen Folgen begründen" würde.[35]

III. Irrtumsanfechtung

Eine Nicht-Information bzw. ein Nicht-Vorhalten von Korrekturmechanismen kann in extrem gelagerten Fällen zur Konsequenz haben, dass dem Kunden gar nicht bewusst war, dass er überhaupt eine rechtsgeschäftliche Erklärung abgegeben hat. Folge ist, dass ein Verhalten des Kunden nicht als rechtsverbindliche Willenserklärung qualifiziert werden kann. Der Kunde ist gegenüber dem Unternehmer keine rechtsgeschäftliche Verpflichtung eingegangen.

Im „Normal"fall wird eine entsprechende Pflichtverletzung jedoch beim Kunden allenfalls einen **Erklärungsirrtum** verursachen (der Erklärende möchte eine Erklärung dieses Inhalts überhaupt nicht abgeben – er hat also nicht erklärt, was er erklären wollte,[36] der den Kunden zur Irrtumsanfechtung nach § 119 Abs. 1 2. Fall berechtigt. Der infolge der Anfechtung dem Unternehmer als Erklärungsgegner eigentlich dann zustehende Anspruch auf Ersatz des Vertrauensschadens wäre aber als widersprüchliches Verhalten zu qualifizieren, was seinen Anspruch nach § 242 ausschließt.[37]

---

31 BT-Drucks 14/6040, S. 173 li. Sp.
32 BR-Drucks 338/01 – abgelehnter Antrag Sachsens: zu Artikel 1 Abs. 1 Nr. 13 (§ 312e Abs. 3 S. 2 BGB).
33 So auch *Grigoleit*, WM 2001, 597, 600.
34 BT-Drucks 14/6040, S. 173 li. Sp.
35 BT-Drucks 14/6040, S. 173 li. Sp.
36 Hk-BGB/*Dörner*, § 119 BGB Rn 6: Der objektive Sinngehalt der Erklärung korrespondiert nicht mit dem Willen des Erklärenden, weil bei der Vornahme einer Erklärungshandlung ein Fehler aufgetreten ist.

IV. Haftung aus culpa in contrahendo (§§ 311 Abs. 2, 241 Abs. 2)

47 Ein Verstoß gegen Abs. 1 S. 1 kann eine Verletzung der Schutz- und Rücksichtnahmepflichten gegenüber dem Kunden begründen, der im Schadensfalle eine Haftung aus culpa in contrahendo (§§ 311 Abs. 2, 241 Abs. 2 i.V.m. § 280) auslöst. Folge ist, dass der Unternehmer dem Kunden dessen Schaden zu ersetzen hat, was ggf. zur Rückabwicklung des Vertrags (§ 249) bzw. zur Anpassung des abgeschlossenen Vertrags[38] führen kann. Eine entsprechende Haftung setzt jedoch in jedem Falle voraus, dass die Pflichtverletzung des Unternehmers für den Abschluss bzw. den für den Kunden ungünstigen Abschluss des Vertrags **ursächlich** war. Dies bedeutet, dass bei einer nicht-ursächlichen Pflichtverletzung, etwa eines Versäumnisses des Unternehmers, den Kunden über die für den Vertragsschluss zur Verfügung stehenden (aber nicht genutzten) Sprachen, Verhaltenskodizes (denen sich der Unternehmer unterworfen hat) bzw. die Speicherbarkeit des Vertragstextes nach Vertragsschluss zu informieren, ein entsprechender Anspruch des Kunden ausgeschlossen ist.

V. Anspruch des Kunden auf nachträgliche Unterrichtung

48 Bei einer vorangegangenen Informationspflichtverletzung seitens des Unternehmers hat der Kunde auf der Grundlage des abgeschlossenen Vertrages aber in jedem Falle einen Anspruch auf nachträgliche Erfüllung der Informationspflichten (z.B. der Verhaltenskodizes, denen sich der Unternehmer unterworfen hat, vgl. Rn 22) – jedenfalls dann, wenn diese zu diesem späteren Zeitpunkt noch sinnvollerweise beansprucht werden können – bzw. auf Zurverfügungstellung der Vertragsbedingungen (einschließlich der AGB) in wiedergabefähiger Form.

VI. Möglichkeit der Unterlassungsklage

49 Verstößen gegen die Pflichten des Unternehmers nach Abs. 1 kann mit einer Unterlassungsklage nach **§ 13 UWG** (eine systematische Missachtung von Informationspflichten verschafft dem Unternehmer einen gesetzeswidrigen und damit zugleich unlauteren formalen Wettbewerbsvorsprung nach § 1 UWG) bzw. **§ 2 Abs. 1 S. 1 i.V.m. Abs. 2 Nr. 2 Unterlassungsklagegesetz** (Nichteinhaltung einer entsprechenden Verpflichtung begründet bei Verbraucherverträgen im elektronischen Geschäftsverkehr einen Verstoß gegen ein Verbraucherschutzgesetz) begegnet werden.

§ 312f Abweichende Vereinbarungen

[1]**Von den Vorschriften dieses Untertitels darf, soweit nicht ein anderes bestimmt ist, nicht zum Nachteil des Verbrauchers oder Kunden abgewichen werden.** [2]**Die Vorschriften dieses Untertitels finden, soweit nicht ein anderes bestimmt ist, auch Anwendung, wenn sie durch anderweitige Gestaltungen umgangen werden.**

1 § 312f regelt in Zusammenfassung der bisherigen Abweichungs- und Umgehungsverbote des § 5 FernAbsG a.F. sowie des § 5 HTWG a.F. zweierlei: den Grundsatz der Unabdingbarkeit in **S. 1** (Rn 2) sowie ein Umgehungsverbot in **S. 2** (Rn 3).

2 Nach dem **Grundsatz der Unabdingbarkeit** in **S. 1** darf von den Vorschriften des Untertitels 2 (Besondere Vertriebsformen) – soweit nicht ein anderes bestimmt ist – nicht zum Nachteil des Verbrauchers oder Kunden abgewichen werden. Damit ist weder ein Verzicht auf die Rechte noch eine vertragliche Einschränkung derselben statthaft. Auch Abweichungen von § 312e (über die dort zugelassene Abdingbarkeit in Abs. 2 hinaus) sind damit unzulässig.[1] Auf diese Weise werden die Regelungen über die besonderen Vertriebsformen für **partiell zwingend** erklärt – Abweichungen sind nur zu Gunsten des Verbrauchers oder Kunden statthaft. Dies bedeutet, dass S. 1 kein Verbot dahingehend ausspricht, dass der Unternehmer mit dem Verbraucher oder Kunden für letzteren günstigere Regelungen abschließt.

3 Die Vorschriften über besondere Vertriebsformen finden nach **S. 2** – soweit nicht ein anderes bestimmt ist – auch dann Anwendung, wenn sie durch anderweitige Gestaltungen umgangen werden. Ein **Umgehungsverbot** ist deshalb notwendig, weil der zwingende Charakter der Vorschriften (Rn 2) nur erreicht werden kann, wenn es auch auf Verträge, Gestaltungen und Vertragspraktiken anzuwenden ist, die die gesetzlichen Regelungen umgehen sollen.

---

37 BT-Drucks 14/6040, S. 173 re. Sp.: „Es ist erwogen worden, dies klarzustellen. Davon ist aber abgesehen worden, weil dies keiner Erklärung bedarf."
38 Palandt/*Heinrichs*, § 276 BGB Rn 102.
1 BT-Drucks 14/6040, S. 174 li. Sp.

Untertitel 3. Anpassung und Beendigung von Verträgen

§ 313 Störung der Geschäftsgrundlage

(1) ¹Haben sich Umstände, die zur Grundlage des Vertrags geworden sind, nach Vertragsschluss schwerwiegend verändert und hätten die Parteien den Vertrag nicht oder mit anderem Inhalt geschlossen, wenn sie diese Veränderung vorausgesehen hätten, so kann Anpassung des Vertrags verlangt werden, soweit einem Teil unter Berücksichtigung aller Umstände des Einzelfalles, insbesondere der vertraglichen oder gesetzlichen Risikoverteilung, das Festhalten am unveränderten Vertrag nicht zugemutet werden kann.

(2) ¹Einer Veränderung der Umstände steht es gleich, wenn wesentliche Vorstellungen, die zur Grundlage des Vertrags geworden sind, sich als falsch herausstellen.

(3) ¹Ist eine Anpassung des Vertrags nicht möglich oder einem Teil nicht zumutbar, so kann der benachteiligte Teil vom Vertrag zurücktreten. ²An die Stelle des Rücktrittsrechts tritt für Dauerschuldverhältnisse das Recht zur Kündigung.

Literatur: *Chiotellis*, Rechtsfolgenbestimmung bei Geschäftsgrundlagenstörungen in Schuldverträgen, 1981; *Haarmann*, Wegfall der Geschäftsgrundlage bei Dauerrechtsverhältnissen, 1979; *Horn*, Vertragsdauer, in: Gutachten und Vorschläge zur Überarbeitung des Schuldrechts, Bd. I, 1981, S. 551; *Köhler*, Die Lehre von der Geschäftsgrundlage als Lehre von der Risikobefreiung, in: Festgabe 50 Jahre BGH, Bd. 1, 2000, S. 295; *ders.*, Grundprobleme der Lehre von der Geschäftsgrundlage, JA 1979, 498; *Larenz*, Geschäftsgrundlage und Vertragserfüllung, 3. Aufl. 1963; *Oertmann*, Die Geschäftsgrundlage, 1921.

Inhalt

A. Allgemeines 1	2. Änderung der Umstände (Abs. 1) 30
I. Regelungsinhalt, Normzweck und Bedeutung 1	3. Zeitpunkt 31
II. Entstehungsgeschichte 4	4. Erheblichkeitsschwelle 32
III. Änderungen durch die Neuregelung 5	IV. Festhalten am Vertrag nicht zumutbar 33
IV. Rechtsvergleich 6	1. Zumutbarkeit als Tatbestandsvoraussetzung 33
V. Rechtspolitische Bewertung 7	2. Materielle Anforderungen 34
B. Abgrenzung zu anderen Rechtsinstituten 8	a) Risikoverteilung 35
I. Grundsatz 8	b) Vorhersehbarkeit 36
II. Gesetzliche Sonderregeln 9	c) Zurechenbarkeit 37
III. Vertragsinhalt 10	d) Sonstige Interessen und Wertungen, Gesamtabwägung 38
IV. Anfechtung 11	
V. Unmöglichkeit 12	V. Fallgruppen 39
1. Zweckstörung 13	1. Subjektive Fehlvorstellungen (Abs. 2) 40
2. Wirtschaftliche Unmöglichkeit 14	a) Irrtumsfälle 41
3. Persönliche Leistungshindernisse 16	b) Zweckstörung 42
VI. Gewährleistung 17	c) Sonstige Erwartungen 43
VII. Kündigung aus wichtigem Grund 19	2. Äquivalenzstörung 44
VIII. Zweckverfehlungskondiktion 20	a) Entwertung der Gegenleistung 45
C. Tatbestand 21	b) Leistungserschwerung 48
I. „Vertrag" (Anwendungsbereich) 22	3. Große Geschäftsgrundlage 49
II. Begriff der Geschäftsgrundlage 23	4. Änderung der Rechtslage, hoheitliche Eingriffe .. 50
1. Subjektiver Begriff der Rspr. 24	**D. Rechtsfolgen** 52
2. Trennung von objektiver und subjektiver Geschäftsgrundlage 25	I. Grundsatz, Allgemeines 52
	II. Anpassung 53
3. Vereinigungsformel 26	1. Rechtsnatur 53
4. Negative Bestimmung, sonstige Ansätze 27	2. Mitwirkung der Parteien 54
5. Stellungnahme 28	3. Kriterien zur Anpassung, mögliche Ergebnisse ... 55
III. Störung 29	III. Aufhebung 56
1. Fehlvorstellungen (Abs. 2) 29	IV. Prozessuales, Verjährung 57

A. Allgemeines

I. Regelungsinhalt, Normzweck und Bedeutung

Der neu geschaffene § 313 **kodifiziert** das **richterrechtliche Institut** des Wegfalls (der Störung) der Geschäftsgrundlage. Die Regelung betrifft Fälle, in denen nach Vertragsschluss ein Umstand eintritt oder bekannt oder bewusst wird, welcher die unveränderte Durchführung des Vertrags ungerecht erscheinen lässt. Die benachteiligte Partei wird daran interessiert sein, den für sie ungünstigen Vertrag zu ändern oder

1

davon loszukommen (**Anpassungs- oder Beendigungsinteresse**). Die Gegenseite wird auf unveränderter Erfüllung der versprochenen Leistung bestehen, wenn ihr die Veränderung vorteilhaft oder egal ist (**Bestands- bzw. Erfüllungsinteresse**), bzw. sie wird gegenüber einer Aufhebung des Vertrags unter Umständen eine Anpassung vorziehen.[1]

2 § 313 schränkt den Grundsatz der **Vertragstreue** („pacta sunt servanda") im Interesse der **Vertragsgerechtigkeit** ein,[2] indem er ein Anpassungs- oder Aufhebungsrecht einräumt, wo Vertrag oder Gesetz ansonsten keine zumutbare Regelung bereithalten. Zentraler Gesichtspunkt ist dabei die **Risikozuweisung**,[3] genauer die Frage, wer das Risiko des Eintritts der störenden Umstände zu tragen hat (z.B. das Beschaffungs-, das Verwendungsrisiko oder das Risiko der Geldentwertung), bzw. ob die bei unveränderter Durchführung benachteiligte Partei das Risiko der geänderten Umstände allein tragen muss oder (zumindest teilweise) davon zu entlasten ist.

3 Die Norm ist eine **Ausnahmevorschrift**.[4] Grundsätzlich genießt die unbedingte Vertragstreue den Vorrang. Das gebieten Selbstverantwortung der Vertragsparteien und die für die Wirtschaft, aber auch für Private notwendige Planungssicherheit. Im Wortlaut des § 313 kommt dies im Erfordernis der „schwerwiegenden" Änderung zum Ausdruck. Aber auch aus der Risikoverteilung folgt der Ausnahmecharakter des Institutes, da im Regelfall jede Partei das Änderungsrisiko selbst zu tragen hat. Gleiches gilt für schon bei Vertragsschluss vorhandene Umstände, die nicht Vertragsinhalt geworden sind. Die Partei, die auf sie Wert legt, hätte sie zum Vertragsinhalt machen können. Der Ausnahmecharakter der Störung der Geschäftsgrundlage gebietet eine **restriktive Interpretation** der generalklauselartigen Norm. Aus der erfolgten Kodifikation darf nicht geschlossen werden, dass die Störung der Geschäftsgrundlage in Zukunft generell häufiger als nach bisherigem Recht zu bejahen ist.

II. Entstehungsgeschichte

4 Historische Wurzeln des Instituts zur Störung der Geschäftsgrundlage sind die gemeinrechtliche Lehre der **clausula rebus sic stantibus**[5] und *Windscheids* **Lehre von der Voraussetzung**.[6] Beide Vorläufer wurden aus Gründen der Verkehrssicherheit und wegen der unklaren Abgrenzung zu unbeachtlichen Motiven nicht als allgemeine Rechtsinstitute in das **BGB von 1900** aufgenommen.[7] Gleichwohl wurde eine Reihe von Einzelaspekten geänderter Umstände geregelt, vgl. §§ 321, 519, 528, 530, 610 (jetzt § 490), 626, 723, 775. Das **Reichsgericht** entschied zunächst, dass aus diesen Einzelregelungen kein allgemeiner Grundsatz der clausula rebus sic stantibus folgt.[8] Der 1. Weltkrieg, die Revolution und vor allem die **Hyperinflation** bedrohten im Falle eines strikten Festhaltens an der Vertragsbindung die wirtschaftliche Existenz von Millionen Bürgern und Unternehmern. Da der Gesetzgeber sich dieser Problematik zunächst verweigerte,[9] sah das RG sich veranlasst, Abhilfe durch Aufhebung oder Abänderung von Verträgen zu gewähren. Dabei stützte es sich anfangs auf den Gesichtspunkt der wirtschaftlichen Unmöglichkeit[10] und auf die clausula-Lehre.[11] Ab 1922 griff das RG *Oertmanns* Lehre von der **Geschäftsgrundlage**[12] auf und löste damit die kriegs- und inflationsbedingten Störungen.[13] Auch nachdem sich die allgemeinen Verhältnisse stabilisiert hatten, verwendete das RG die Geschäftsgrundlage weiter.[14] Der Bundesgerichtshof übernahm die Geschäftsgrundlagenlehre in ständiger Rechtsprechung.[15] In der Literatur vor der Schuldrechtsmodernisierung

---

1 Zu den beteiligten Interessen *Horn*, Gutachten I, 1981, S. 629.
2 Nach BGH NJW 1958, 1772; 1976, 565, 566; 1977, 2262 f.; *Horn*, Gutachten I, 1981, S. 578, 630 ist die Geschäftsgrundlagenlehre eine „Durchbrechung" des Prinzips der Vertragsbindung. Dagegen für immanente Begrenzung der nur im Rahmen von Treu und Glauben geltenden Vertragsbindung *Ulmer*, AcP 174 (1974), 167, 184; *Medicus*, FS Flume I, 1978, S. 629, 631 f.; *Köhler*, FG 50 Jahre BGH, 2000, S. 295, 299.
3 BGHZ 74, 370, 373; NJW 1992, 2690, 2691; *Medicus*, FS Flume I, 1978, 629, 630; *Horn*, Gutachten I, S. 551, 578. Was die Risikozuweisung betrifft, kritisch gegenüber der Gesetzesformulierung *Huber*, in: Ernst/Zimmermann (Hrsg.), Zivilrechtswissenschaft und Schuldrechtsreform, 2001, S. 31, 38; allein auf die Risikozuweisung als Kriterium stellen ab *Köhler*, FG 50 Jahre BGH I, 2000, S. 295, 300; Soergel/*Teichmann*, § 242 Rn 201aE, 214; s. dazu Rn 35.
4 BGHZ 82, 227, 233; Begr. RegE BT-Drucks 14/6040, 174, 176; *Horn*, Gutachten I, S. 578; Soergel/*Teichmann*, § 242 Rn 202, 214.
5 Zur clausula *Kegel*, Gutachten zum 40. DJT, 1953, S. 135, 139 ff. (140 aE); *Pfaff*, FS Unger, 1898, S. 221 ff.
6 *Windscheid*, Die Lehre des römischen Rechts von der Voraussetzung, 1850; *ders.*, AcP 78 (1892), 161; dagegen *Lenel*, AcP 74 (1889), 213; 79 (1892), 49: die Voraussetzung sei als „Mittelding zwischen Motiv und Bedingung" aus Gründen des Verkehrsschutzes nicht anzuerkennen.
7 Motive I, 249; II, 199, 314 f., 843; Protokolle I, 631 f.; I, 47 ff., 690 f.
8 RGZ 50, 255, 257, bis heute allg. M.
9 Zum Verhältnis von Rechtsprechung und Gesetzgeber in dieser Frage *Rüthers*, Die unbegrenzte Auslegung, 1968, S. 64 ff.
10 RGZ 94, 45, 47; 102, 272, 273 (Unmöglichkeit wegen Überschreitens der „Opfergrenze").
11 RGZ 100, 129, 130; anders aber noch 99, 258, 259.
12 *Oertmann*, Die Geschäftsgrundlage, 1921.
13 RGZ 103, 328, 332; 107, 78, 87 ff., 90 – Aufwertungsrspr.; RGZ 106, 422, 424; 107, 19, 21; 111, 156, 157.
14 RG 168, 121, 126 a. E.
15 BGHZ 25, 390, 392; 89, 226, 231; 128, 230, 236 m.w.N.; NJW 2001, 2259, 2260.

wurde die Geschäftsgrundlagenlehre überwiegend anerkannt, teils aber auf wenige Restfälle einzugrenzen versucht und teils sogar ganz abgelehnt.[16] § 313 beruht auf dem Entwurf der **Schuldrechtskommission** von 1992.[17] Der Gesetzgeber will damit nur die von der Rechtsprechung entwickelten Leitlinien kodifizieren und so ein bewährtes Rechtsinstitut wegen dessen erheblicher Bedeutung im Gesetz verankern.[18]

III. Änderungen durch die Neuregelung

Im Bereich der **Rechtsfolgen** schafft der Umstand, dass Abs. 1 S. 1 nun einen Anspruch auf Anpassung vorsieht, gegenüber der bisher h.M., wonach die Anpassung automatisch kraft Gesetzes erfolgen sollte, einen konstruktiven Unterschied. Abweichend von der bisherigen Rechtslage muss eine Störung der Geschäftsgrundlage geltend gemacht werden (Rn 53). Das dürfte aber nicht zu abweichenden Ergebnissen führen. Die Rückabwicklung nach Vertragsaufhebung erfolgt in Zukunft nach den §§ 346 ff. **Im Übrigen** muss und sollte die Kodifizierung **nicht** zu Änderungen führen. Möglich sind solche Änderungen gleichwohl. Die Kodifizierung birgt die **Gefahr** in sich, dass der Wegfall der Geschäftsgrundlage nicht mehr als Ausnahmeinstrument angesehen wird.[19] Daneben sind Änderungen im Bereich der Abgrenzung zu den anderen Rechtsinstituten möglich (vgl. Rn 8 ff.).

5

IV. Rechtsvergleich

Normen oder Rechtsinstitute, die das Geschäftsgrundlagenproblem regeln, finden sich auch in anderen Rechtsordnungen.[20] Italien hat in den Art. 1467 ff. Codice civile eine Regelung getroffen, die die Fälle des gestörten Gleichgewichts von Leistung und Gegenleistung erfasst.[21] Die dortige Rspr. sieht darin den Ausdruck eines allgemeinen Prinzips der „presupposizione" (d.h. Voraussetzung), wonach die Durchführung eines Vertrags davon abhängt, ob dessen objektiver Zweck (causa) noch verwirklicht werden kann.[22] Ausdrückliche gesetzliche Regelungen gibt es ferner z.B. in Gestalt von Art. 6:258 des niederländischen Nieuw Burgerlijk Wetboek,[23] Art. 388 des griechischen Zivilgesetzbuchs[24] und Art. 437 des portugiesischen Código civil.[25] In anderen Ländern wird das Problem vergleichbar der deutschen Situation vor der Schuldrechtsmodernisierung ohne ausdrückliche Normierung von der Rspr. berücksichtigt, so etwa in Österreich und der Schweiz.[26] Im Bereich des common law werden für die Fälle von Leistungserschwernis (dazu Rn 48) und Zweckstörung (Rn 42) vergleichbare Ergebnisse über die Rechtsinstitute „frustration of contract" (England) bzw. „impracticability of performance" und „frustration of purpose" (Vereinigte Staaten) erzielt.[27] Eine Sonderstellung nimmt Frankreich ein, dessen Zivilgerichte im Allgemeinen keine Beschränkung der Vertragsbindung durch veränderte Umstände zulassen. Abhilfe für den Schuldner gibt es regelmäßig nur bei höherer Gewalt.[28] Die internationalen bzw. europäischen Vertragsrechtsprinzipien enthalten ausdrückliche Regelungen des Geschäftsgrundlagenproblems, die aber nur auf den Fall der Äquivalenzstörung ausgerichtet sind, siehe Art. 6.2.2 f. der Unidroit Principles of International Commercial Contracts bzw. Art. 6:111 der Principles of European Contract Law (Lando). Die CISG enthält mit Art. 79 CISG nur eine Haftungsbefreiung für Leistungshindernisse, deren Überwindung vom Schuldner vernünftigerweise nicht erwartet werden kann.[29] In der Vertragspraxis des internationalen Wirtschaftsverkehrs finden sich sog. „hardship clauses" für massive Erschwernis oder Entwertung vertraglicher Leistungen.[30]

6

---

16 Zum Meinungsstand vgl. Staudinger/*J. Schmidt* § , 242 Rn 945 ff., 953 ff.; Soergel/*Teichmann*, § 242 Rn 208 ff.; MüKo/*Roth*, § 242 Rn 600 ff.; *Köhler*, JA 1979, 498, 499.
17 Abschlussbericht Schuldrechtskommission, 1992, S. 146 ff. Die aktuelle Textversion stammt aus der Konsolidierten Fassung vom März 2001. Zur Begründung der Änderung gegenüber dem Entwurf der Schuldrechtskommission s. dort Anm. 1 zu § 313 KF. Zu früheren Ansätzen einer Kodifizierung s. Staudinger/*J. Schmidt*, § 242 Rn 973 ff.
18 Begr. RegE BT-Drucks 14/6040, 93, 175; Abschlussbericht Schuldrechtskommission, 1992, S. 148.
19 Gegen Änderungen Begr. RegE BT-Drucks. 14/6040, 176. Sehr kritisch gegenüber der Kodifizierung *Flume*, ZIP 1994, 1497, 1498; *Huber*, in: Ernst/Zimmermann (Hrsg.), Zivilrechtswissenschaft und Schuldrechtsreform, 2001, S. 31, 38, 106 f.
20 Umfangreiche rechtsvergleichende Darstellungen bei *Zweigert/Kötz*, Einführung in die Rechtsvergleichung, 3. Aufl. 1996, § 37; Staudinger/*J. Schmidt*, § 242 Rn 985 ff.; *Abas*, Rebus sic stantibus, 1993.
21 S. dazu *Kindler*, Einführung in das italienische Recht, 1993, Rn 44 f.; vgl. mit WGG bei *Asam*, Instrumente des Inflationsausgleichs im it. und dt. Privatrecht, 1984, S. 302 ff.
22 Cian/Trabucchi/*Zaccaria*, Commentario breve al codice civile, Art. 1353 Anm. VIII 1.
23 Text bei Staudinger/*J. Schmidt*, § 242 Rn 988.
24 Text bei *Kegel*, Gutachten zum 40. DJT, 1953, S. 135, 235.
25 Text bei *Abas*, Rebus sic stantibus, 1993, S. 233.
26 Für die Schweiz s. *Zweigert/Kötz*, Einführung in die Rechtsvergleichung § 37 II, V; für Österreich *Rummel*, Komm. zum ABGB § 901 Rn 4 ff.
27 S. dazu *Zweigert/Kötz*, Einführung in die Rechtsvergleichung § 37 IV; *Reimann*, Einführung in das US-amerikanische Privatrecht, 1997, § 15; *Hay*, US-amerikanisches Privatrecht, 2000, Rn 288f., 27. Für die USA s. ferner §§ 261 ff. der Restatements of the Law of Contracts (2nd, 1981) und §§ 2 – 614 ff. Uniform Commercial Code.
28 Zu Frankreich Näheres bei *Ferid/Sonnenberger*, Das franz. Zivilrecht, Bd. 1/1, 1994, 1 F 754 ff.; *Zweigert/Kötz*, Einführung in die Rechtsvergleichung, § 37 III.
29 S. dazu *Schlechtriem*, Internationales UN-Kaufrecht, Rn 291.

V. Rechtspolitische Bewertung

7 Dass der Gesetzgeber sich entschieden hat, die Lehre von der Geschäftsgrundlage ins BGB aufzunehmen, ist zunächst einmal grundsätzlich begrüßenswert. Alle wesentlichen Rechtsinstitute sollten im Gesetz enthalten sein.[31] Der beabsichtigten Annäherung an internationale Standards hätte aber eine Begrenzung auf Äquivalenzstörungen besser entsprochen (vgl. Rn 44 ff.). Die gewählte Formulierung ist zudem sehr vage. Das birgt die Gefahr, dass allein aufgrund der Kodifizierung das Rechtsinstitut der Geschäftsgrundlagenstörung intensiver als bislang angewendet werden wird. Ob die Rechtsprechung dieser Gefahr erliegt, wird die Zukunft zeigen. Wie im Folgenden ausgeführt, kann (und sollte) die Gesetzesformulierung so ausgelegt werden, dass die tatbestandlichen Anforderungen an einen Wegfall oder ein Fehlen der Geschäftsgrundlage gegenüber der bisherigen Rechtsprechungspraxis nicht abzusenken sind.

B. Abgrenzung zu anderen Rechtsinstituten

I. Grundsatz

8 Da die Geschäftsgrundlagenstörung nunmehr kodifiziert ist, gewinnt die Frage der Abgrenzung zu anderen Rechtsinstituten an Interesse, zumal das Gesetz auf eine nähere Begriffsbestimmung verzichtet. § 313 ist unverändert nur anwendbar, wenn das Abweichen der Umstände vom Plan der Parteien **nicht im Vertrag geregelt** ist und sich auch **keine konkretere gesetzliche Regelung** findet.[32]

II. Gesetzliche Sonderregeln

9 Gegenüber den gesetzlichen Sonderregeln für Geschäftsgrundlagenprobleme in den §§ 306 – 309 a.F., 314, 321, 490, 519, 527, 528, 530, 543, 569, 593, 594e, 605, 626, 650, 651 j, 723, 775 Abs. 1 Nr. 1 und 2, 779, 1301, 1612a, 2077, 2079, Art. 79 CISG, § 16, 17 BetrAVG, § 12 ArbEG, § 41 a VVG, § 36 UrhG, § 32 Abs. 2 DM-BilanzG, § 29 UStG, § 60 VwVfG, § 59 SGB X ist § 313 **subsidiär**, d.h. § 313 ist in deren Anwendungsbereich nicht anwendbar, wohl aber soweit (nicht abschließende) Sonderregeln vom Tatbestand oder der geforderten Rechtsfolge her nicht eingreifen.[33]

III. Vertragsinhalt

10 Der **Vertragsinhalt** ist **nicht Geschäftsgrundlage**.[34] Lässt sich durch (gegebenenfalls ergänzende) **Auslegung** eine Lösung für die veränderten Umstände finden, besteht kein Raum und kein Bedürfnis für die Anwendung des § 313.[35] Vor nachträglicher Anpassung hat der Parteiwille Vorrang. Der **Übergang** von **normativer ergänzender Auslegung** und Anpassung über die **Geschäftsgrundlage** ist allerdings fließend und die Abgrenzung der Rechtsprechung in Zweifelsfällen oft willkürlich.[36] Eine Auslegung kann jedenfalls nicht gegen den tatsächlichen Willen der Parteien erfolgen.[37] Wo der tatsächliche, zutage getretene Wille keine Ansatzpunkte zur Problemlösung, insbesondere zur Bestimmung der Rechtsfolgen bei mehreren Möglichkeiten, erkennen lässt, kann nicht mehr von Auslegung nach dem Parteiwillen gesprochen werden, dann ist der Weg über § 313 zu beschreiten.[38] Die vorrangige ergänzende Vertragsauslegung kommt nur in Betracht, wenn die Parteien für das Problem eine vertragliche Regelung gewollt haben. Ist ein Rechtsgeschäft in sich widersprüchlich und kann der Widerspruch durch Auslegung nicht beseitigt werden (**Perplexität**), ist das Rechtsgeschäft nichtig und eine Anpassung kann nicht erfolgen[39] (ohne Geschäft keine Grundlage, vgl. Rn 22).

---

30 S. dazu *Horn*, Gutachten I, S. 623 f.; *ders.* (Hrsg.), Adaption and Renegotiation of Contracts in International Trade and Finance, 1985, S. 173 ff.

31 Vgl. Abschlussbericht Schuldrechtskommission, 1992, S. 148; Begr. RegE BT-Drucks 14/6040, 175.

32 *Chiotellis*, Rechtsfolgenbestimmung, 1981, S. 24 f. spricht von einer „doppelten Lücke"; ebenso *Medicus*, Allgemeiner Teil Rn 862; kritisch gegenüber dem Bild der doppelten Lücke *Köhler*, FG 50 Jahre BGH I, 2000, S. 295, 301.

33 BGHZ 40, 334, 336; WM 1977, 730, 735; 1995, 2140, 2143; BAG MDR 1988, 804, 805 („gesetzl. Regelung ist dann abschließend, wenn durch Anpassung der Zweck des Gesetzes vereitelt würde"); BayObLGZ 89, 479, 481; Jauernig/*Vollkommer*, § 242 Rn 71; MüKo/*Roth*, § 242 Rn 664 f.

34 BGH ZIP 1991, 1599, 1600; MüKo/*Roth*, § 242 Rn 660, 678; Jauernig/*Vollkommer*, § 242 Rn 72.

35 Vgl. BGHZ 81, 135, 143; 90, 69, 74; NJW 1983, 2034, 2036; MüKo/*Roth*, § 242 Rn 678. Als Beispielfall für vorrangige Auslegung s. den gemeinsamen Irrtum über den Umrechnungskurs (Rubelfall) bei *Flume*, Allgemeiner Teil II § 26 4 a; *Medicus*, Bürgerliches Recht, Rn 154; dazu a.A. RGZ 105, 406 f. (Lösung über § 119 I); vgl. auch OLG Köln NJW-RR 191, 1266 (WGG).

36 MüKo/*Roth*, § 242 Rn 678 f. Als Beispiele vgl. BGHZ 126, 226, 242 („Anpassung" einer gesellschaftsvertraglichen Abfindung nach „§§ 157, 1600, 242" durch „ergänzende Vertragsauslegung") sowie RGZ 163, 324 (Dollarklausel, Lösung über WGG) und BGH DB 1972, 1527 (Roggenpreisklausel, Lösung über § 157). – Für ein einheitliches Rechtsinstitut zur Lückenfüllung daher *Nicklisch*, BB 1980, 949; dagegen *Littbarski*, JZ 1981, 8. Vgl. auch *Flume*, Allgemeiner Teil II § 26 7, der die Geschäftsgrundlage zugunsten der Auslegung weitgehend zurückdrängen will, sowie *Medicus*, FS Flume I, 1978, 629, 634 f.

37 BGH NJW 1995, 1212 f.

38 BGH NJW 1982, 2236, 2237; 1990, 1723, 1725; *Larenz*, Geschäftsgrundlage, S. 159 f.; vgl. auch *Köhler*, FG 50 Jahre BGH I, S. 295, 304.

39 *Medicus*, Bürgerliches Recht, Rn 155 gegen BGHZ 47, 376, 381.

IV. Anfechtung

Die §§ 119 Abs. 1 und 2, 123, 2078 f. gehen dem § 313 vor.[40] Ein gemeinschaftlicher Irrtum über Umstände, die für die Willensbildung wesentlich sind, ist aber auch ein Fall des ursprünglichen Fehlens der Geschäftsgrundlage,[41] nunmehr geregelt in Abs. 2. (zur subjektiven Geschäftsgrundlage vgl. Rn 24, 28). In den streitigen Fällen gemeinsamer, von § 119 erfasster Irrtümer geht trotz des neuen Abs. 2 gleichwohl die Anfechtung vor.[42] Wortlaut und bloße Existenz des Abs. 2 entscheiden diesen Streit nicht zugunsten einer Anwendung von § 313;[43] denn Abs. 2 verbleibt mit den Fällen, die nicht von den Irrtumsvorschriften erfasst werden, ein eigenständiger Anwendungsbereich. Für die Anfechtung spricht, dass genau wie beim einseitigen Irrtum die belastete Seite entscheiden kann, ob sie am Vertrag festhalten oder ihn mit der Folge des § 122 anfechten will. Die andere Seite hat demgegenüber oft kein Interesse an der Aufhebung. Sollten Folgen aus §§ 121, 122 beim gemeinsamen Irrtum unangemessen sein, sind diese über die Anwendung der §§ 121 Abs. 1, 122 Abs. 2 in den Griff zu bekommen. Außerdem ist jeder zunächst selbst dafür verantwortlich, negative Folgen seiner Irrtümer zu korrigieren.[44] Auch der Gesichtspunkt der angestrebten europäischen Rechtsangleichung spricht für einen **Vorrang des Irrtumsrechts**.[45]

V. Unmöglichkeit

§ 275 setzt der primären Verpflichtung des Schuldners eine Grenze. Wird dieser wegen Unmöglichkeit von seiner Leistungspflicht frei, bleibt nichts, was anzupassen wäre. Daher **geht § 275** dem **§ 313 vor**.[46] Abgrenzungsprobleme gibt es vor allem in den Fällen der Zweckstörung und der Leistungserschwerung. Halten die Parteien eine dauernde, anfängliche Unmöglichkeit für nur vorübergehend, ist (angesichts der Abschaffung des § 306a.F.) § 275 Abs. 1 einschlägig.[47]

1. Zweckstörung

Fälle der Unmöglichkeit liegen vor, wenn mit der Leistung ein bestimmter Zweck erreicht werden soll und dieser Zweck Vertragsinhalt ist,[48] wenn die Fälle, in denen der Leistungserfolg ohne Mitwirken des Schuldners schon eingetreten ist (**Zweckerreichung**) oder wegen Wegfall des Leistungssubstrats nicht mehr erreicht werden kann (**Zweckfortfall**).[49] Für § 313 verbleiben die Fälle, in denen der Gläubiger kein Interesse mehr an der noch möglichen Leistung hat, weil er den von ihm verfolgten Zweck, insbesondere die weitere Verwendung der Leistung, nicht mehr verwirklichen kann (**Zweckstörung**).[50] Näher hierzu Rn 42.

2. Wirtschaftliche Unmöglichkeit

Bei der **Leistungserschwerung** ist in den Fällen der sog. „**wirtschaftlichen Unmöglichkeit**" zum neuen **§ 275 Abs. 2 abzugrenzen**. Getreu dem obigen Grundsatz (vgl. oben Rn 12) geht auch § 275 Abs. 2 im Rahmen seines Anwendungsbereichs dem § 313 vor. **§ 275 Abs. 2** soll nach den **Gesetzesmaterialien** nur die Fälle der sog. **faktischen Unmöglichkeit** und **nicht** die Fälle der „**wirtschaftlichen Unmöglichkeit**", der Leistungserschwernis bzw. Unerschwinglichkeit oder übermäßigen Beschaffungsschwierigkeiten erfassen. Letztere seien nach § 313 zu lösen.[51] Diese Abgrenzung soll sich daraus ergeben, dass gemäß § 275

---

40 *Medicus*, Bürgerliches Recht, Rn 162; *Hübner*, Allgemeiner Teil Rn 1101.
41 BGHZ 25, 390, 392; NJW 1972, 153; 1976, 566
42 So zum bisherigen Recht *Stötter*, AcP 166 (1966), 149, 175 f.; *ders.*, JZ 1967, 147, 150; *Medicus*, Bürgerliches Recht Rn 162; *Hübner*, Allgemeiner Teil Rn 1101; MüKo/*Kramer*, § 119 Rn 135; *Köhler/Fritzsche*, JuS 1990, 16, 20 zum Leibl-Fall (BGH NJW 1988, 2597; dort Prüfung von § 119 Abs. 2). Dagegen für Fehlen der Geschäftsgrundlage OLG Hamm JZ 1979, 266, 267; *Larenz/Wolf*, Allgemeiner Teil § 38 Rn 5; MüKo/*Roth*, § 242 Rn 687; im Ergebnis ebenso *Enneccerus/Nipperdey*, § 177 VI (für Aufhebungsrecht aus § 242).
43 Offenbar anders beabsichtigt von Begr. RegE BT-Drucks 14/6040, 176; Abschlussbericht Schuldrechtskommission, 1992, S. 151.
44 *Medicus*, Bürgerliches Recht, Rn 162.
45 Vgl. Art. 3.4 ff., insb. 3.5 I Unidroit Principles of International Commercial Contracts (1994) sowie Art. 4:103 Principles of European Contract Law (2000, Lando-Kommission), wo die Irrtumsregeln die Fälle des Fehlens der subjektiven Geschäftsgrundlage mitumfassen.
46 Begr. RegE BT-Drucks 14/6040, 176; BGH NJW-RR 1995, 854. Anders noch für den Vorrang der Geschäftsgrundlage als „Spezialregel" des Vertragsrechts vor der Unmöglichkeit, soweit eine Anpassung möglich ist, Schuldrechtskommission, Abschlussbericht, S. 151 sub 6; DiskE S. 407.
47 BGHZ 47, 52 löste den Fall über das Fehlen der Geschäftsgrundlage.
48 OLG Hamm WM 1972, 1323; Jauernig/*Vollkommer*, § 242 Rn 75; Staudinger/*Löwisch*, § 275 Rn 14.
49 MüKo/*Emmerich*, vor § 275 Rn 37 ff.; Staudinger/*Löwisch*, § 275 Rn 9 ff.; *Medicus*, Schuldrecht I, Rn 450f.
50 Begr. RegE BT-Drucks 14/6040, 174; Staudinger/*Löwisch*, § 275 Rn 15 ff.
51 Begr. RegE BT-Drucks 14/6040, 129 f.; *Canaris*, JZ 2001, 499, 501; entspricht der bisher h.M. für das Verhältnis von Unmöglichkeit und Geschäftsgrundlage, RGZ 103, 3, 4; 168, 65, 73; BGH NJW 1994, 515, 516 = JZ 1994, 625, 626 mit krit. Anm. *Hübner/Beckmann*; NJW 1972, 1702, 1703; Palandt/*Heinrichs*, § 275 Rn 8 u. 12, § 279 Rn 8; Staudinger/*Löwisch*, § 275 Rn 6 u. 7, § 279 Rn 24; *Medicus*, Schuldrecht I, Rn 369 f.; *Huber*, Leistungsstörungen I, S. 118 f.; *ders.*, in: Ernst/Zimmermann (Hrsg.), Zivilrechtswissenschaft und Schuldrechtsreform, 2001, S. 31, 56 f., 79 f.; a.A. MüKo/*Emmerich*, vor § 275 Rn 24 ff.,

Abs. 2 S. 1 allein im Verhältnis zum Interesse des Gläubigers zu bestimmen ist, ob der vom Schuldner zu betreibende Aufwand grob übermäßig und damit nicht geschuldet ist, während Interessen des Schuldners wie die erzielte Gegenleistung und sonstige persönliche Interessen und Hinderungsgründe nur über § 313 berücksichtigt werden können.[52] **Faktische Unmöglichkeit** liegt danach vor, wenn der Schuldner das Leistungshindernis zwar theoretisch überwinden kann,[53] die Leistung aber von keinem Gläubiger vernünftigerweise gefordert werden kann und von keinem vernünftigen Schuldner versucht wird, da der Aufwand im Verhältnis zum möglichen Resultat wirtschaftlich völlig sinnlos ist.[54] Bei **wirtschaftlicher Unmöglichkeit** kann demgegenüber die Leistung dem Schuldner nach Treu und Glauben wegen Überschreitens der „Opfergrenze" nicht mehr zugemutet werden.[55]

15 Dem ist entgegenzuhalten, dass der alleinige Bezug auf das Gläubigerinteresse keinen qualitativen Unterschied zur wirtschaftlichen Unmöglichkeit schafft. Auch § 275 Abs. 2 S. 1 spricht von Treu und Glauben und setzt das Gläubigerinteresse mit dem vom Schuldner (!) zu betreibenden Aufwand in Beziehung.[56] Ersichtlich ist allenfalls eine **graduelle Abstufung** von zumutbaren und folglich zu überwindenden Erschwernissen, nicht mehr zumutbaren Erschwernissen und solchen Erschwernissen, die so groß sind, dass sie ohne Abwägung mit weiteren Umständen einen Leistungsversuch eindeutig völlig unvernünftig erscheinen lassen. Es erscheint **möglich, alle Fälle der unzumutbaren Leistungserschwernis** unter § 275 Abs. 2 S. 1 zu subsumieren.[57] Für die bisher herrschende Behandlung von faktischer und wirtschaftlicher Unmöglichkeit spricht jedoch, dass sie für die **wirtschaftliche Unmöglichkeit** mit der flexiblen Rechtsfolge der Anpassung nach § 313 eine **interessengerechtere Lösung** anbietet,[58] während bei der faktischen Unmöglichkeit kein Bedarf danach besteht, da die Leistung ohnehin sinnlos ist.[59] Wenn man § 275 Abs. 2 für vertragliche Schuldverhältnisse derart auf faktische Unmöglichkeit begrenzt, ist man allerdings im Ergebnis wieder bei der heftig kritisierten Konzeption der Schuldrechtskommission (Fn 46) vom Vorrang der Geschäftsgrundlage. Ob die Rspr. dem folgt oder verstärkt auf § 275 Abs. 2 zurückgreift und diesem auch im Vertragsrecht einen eigenen, sinnvollen Anwendungsbereich einräumt, bleibt abzuwarten. **Denkbar** wäre auch, § 275 Abs. 2 in den Fällen anzuwenden, wo die unzumutbar schwere Pflicht nicht im Synallagma steht oder sonst erbracht wird, um eine andere Leistung oder einen sonstigen Zweck zu erzielen.[60] Zur Leistungserschwerung ferner Rn 48.

3. Persönliche Leistungshindernisse

16 Für Leistungshindernisse bei persönlich zu erbringenden Leistungen schafft **§ 275 Abs. 3** eine Sonderregel. Danach wird der Schuldner frei, wenn eine solche **Leistungspflicht** für ihn **nicht zumutbar** ist. In die Abwägung zur Zumutbarkeit ist im Gegensatz zu § 275 Abs. 2 ausdrücklich auch das **Interesse des Schuldners** einzubeziehen.[61] Dann könnte man eigentlich so gut wie alle Geschäftsgrundlagenfälle, zumindest alle Fälle von Leistungserschwerung bei persönlich zu erbringenden Leistungen über § 275 Abs. 3 lösen. Die Begründung des Regierungsentwurfs[62] spricht aber nur von der Berücksichtigung „persönlicher Umstände" und führt als Beispiele nur **nichtwirtschaftliche Leistungshindernisse** an wie die Sängerin, die wegen ihres kranken Kindes nicht auftreten will, den ausländischen Arbeitnehmer, der in seiner Heimat zum Wehrdienst einberufen wird,[63] notwendige Arztbesuche oder Ladungen zu Behörden und Gerichten. Im Verhältnis zu § 313 und im Vergleich zu § 275 Abs. 2 stellt sich daher die Frage, ob § 275

---

§ 275 Rn 28 f. Soergel/*Wiedemann*, § 275 Rn 40 nimmt Unmöglichkeit an bei Verlust der „Identität" mit der geschuldeten Leistung.
52 Begr. RegE BT-Drucks 14/6040, 130; *Canaris*, JZ 2001, 499, 501 f.
53 Nach der Begr. RegE BT-Drucks 14/6040, 129 erfasst § 275 I nur physische und rechtliche Unmöglichkeit.
54 Begr. RegE BT-Drucks 14/6040, 130; *Canaris*, JZ 2001, 499, 501; *Medicus*, Schuldrecht I, Rn 369; Staudinger/*Löwisch*, § 275 Rn 6.
55 Staudinger/*Löwisch*, § 275 Rn 7; Palandt/*Heinrichs*, § 275 Rn 12.
56 Vgl. *Stoll*, JZ 2001, 589, 591 in Fn 15; *Fischer*, DB 2001, 1923, 1924 f.
57 *Stoll*, JZ 2001, 589, 591 in Fn 15; *Fischer*, DB 2001, 1923, 1924 f.; ausdrücklich dagegen *Canaris*, JZ 2001, 499, 502 (für § 275 II 1 KF).
58 *Medicus*, Schuldrecht I, Rn 370, 448 f.; vgl. BGH JZ 1978, 235 f., wo bei Unzumutbarkeit Anpassung in Frage gekommen wäre; a.A. *Ernst*, JZ 1994, 801, 802; MüKo/*Emmerich*, vor § 275 Rn 24 ff.; *Fischer*, DB 2001, 1923, 1924 f. unter Bezug auf die Einredekonstruktion von *Krückmann*, AcP 101 (1907), 1, 56, 63.
59 Mit *Fischer*, DB 2001, 1923, 1925 ist dann allerdings zu sagen, dass die Einredekonstruktion des § 275 II bei einer völlig sinnlosen Leistung keinen Sinn macht. Für § 275 II als Einrede bleiben jedoch die Fälle unzumutbarer, aber möglicher Leistung in gesetzlichen Schuldverhältnissen außerhalb des Anwendungsbereichs des § 313 (vgl. BGHZ 62, 388, 390 f. – Überbau).
60 Vgl. *Fischer*, DB 2001, 1923, 1925; vgl. auch BGH ZIP 1990, 1483, 1484 („Muldenkipper", Vermieter wird von Pflicht zur Wiederherstellung der beschädigten Mietsache wg. Überschreitens der Opfergrenze gem. § 275 a.F. frei) oder BGHZ 62, 388, 390 f. (Überbau) bzw. NJW 1988, 699, 700 (Auftrag, in beiden Fällen Aufwand für den Schuldner nach dem Rechtsgedanken der §§ 251 Abs. 2, 633 Abs. 2 S. 2 a.F. unzumutbar).
61 Begr. RegE BT-Drucks 14/6040, 130.
62 BT-Drucks 14/6040, 130.
63 BAG NJW 1983, 2782, 2784.

Abs. 3 auch für rein wirtschaftliche Leistungshindernisse oder richtigerweise **nur** für **personenbezogene Hindernisse** gelten und damit Vorrang vor § 313 haben soll.

VI. Gewährleistung

Das **gesetzliche Gewährleistungsrecht** geht in seinem Anwendungsbereich dem § 313 vor.[64] Das gilt auch, wenn im Einzelfall (wegen Verjährung, Ausschluss etc.) kein Gewährleistungsanspruch besteht.[65] Vorrang hat insbesondere der subjektive Fehlerbegriff, welcher auf die vereinbarte, d.h. regelmäßig auf die übereinstimmend vorausgesetzte Beschaffenheit abstellt und dem neuen § 434 Abs. 1 S. 1 ausdrücklich zugrunde liegt. So ist § 434 anwendbar, wenn die Parteien irrigerweise annehmen, das verkaufte Grundstück sei Bauland,[66] oder wenn das Grundstück wegen Altlasten nicht bebaubar ist.[67] Geschäftsgrundlagenfälle sind dagegen Fehlvorstellungen bezüglich zukünftiger Eigenschaften (z.B. zukünftige Bebaubarkeit)[68] bzw. solche, die keine Sachmängel betreffen.[69]

Besondere Probleme wirft das Verhältnis von Gewährleistung und Störung der Geschäftsgrundlage auf, wenn die **Gewährleistung nicht gesetzlich geregelt** ist. So soll die Geschäftsgrundlage beim **Finanzierungsleasing** im Zusammenhang mit Sachmängeln des Leasinggutes Anwendung finden. Nach der Rechtsprechung fällt die Geschäftsgrundlage des Leasingvertrags ex tunc weg, wenn der Kaufvertrag zwischen Leasinggeber und Lieferant im Rahmen der üblicherweise vereinbarten Abtretung[70] der Gewährleistungsrechte auf Betreiben des Leasingnehmers gewandelt wurde.[71] Vorgeschlagen wurde auch, zur Lösung des Problems der **Gewährleistung beim Unternehmenskauf** das Institut der Geschäftsgrundlagenstörung zu verwenden.[72] Mit dem flexiblen Instrument des § 313 lassen sich im Einzelfall interessengerechte Lösungen unkodifizierter Gewährleistungsfälle erzielen. Abgesehen von grundsätzlichen dogmatischen Bedenken, die Mangelfreiheit als Geschäftsgrundlage anzusehen,[73] ist die analoge Anwendung bestehender und die **rechtsfortbildende Entwicklung neuer Gewährleistungsregeln**[74] mit klaren Risikoverteilungsregeln bei mangelhafter Leistung gegenüber der unscharfen Billigkeitsregel des § 313 aber **vorzugswürdig**.

VII. Kündigung aus wichtigem Grund

Die Kündigung aus wichtigem Grund verdrängt den § 313, wenn ein Dauerschuldverhältnis für die Zukunft aufgehoben werden soll (siehe Abs. 3 S. 2).[75] Dabei setzen beide Institute voraus, dass die weitere Vertragserfüllung unzumutbar ist, die Anforderungen an die Unzumutbarkeit sind bei der Kündigung aber geringer.[76] Nach Abs. 3 S. 1 ist eine Kündigung ausgeschlossen, wenn die Störung durch zumutbare Anpassung beseitigt werden kann.[77]

VIII. Zweckverfehlungskondiktion

Das Verhältnis der Geschäftsgrundlagenstörung zur Zweckverfehlungskondiktion aus § 812 Abs. 1 S. 2 2. Alt. ist bislang streitig. Als vertraglicher Rechtsbehelf geht § 313 einer Rückabwicklung nach Bereicherungsrecht vor.[78] Das wird durch die Kodifizierung unterstrichen. Zudem ist § 313 wegen seiner flexibleren Rechtsfolge interessengerechter. Hätten die Parteien für das Scheitern ihres Zwecks dagegen eine starre

---

64 Vgl. BGHZ 98, 100, 103; NJW 1992, 1384, 1385.
65 Zur Verjährung RGZ 135, 339, 346. Zum vertraglichen Ausschluss der §§ 459 ff. a.F. BGHZ 98, 100, 103; OLG Hamm JZ 1979, 266, 267; a.A. (WGG anwendbar) OLG Karlsruhe JZ 1971, 295; *Liebs*, JZ 1979, 441.
66 Vgl. BGHZ 60, 319; BGHZ 117, 159, 163 f.; JZ 1977, 177; LM § 242 Bb Nr. 83.
67 Vgl. LG Bochum NJW-RR 1989, 915 (danach WGG möglich, wenn Bebaubarkeit bei Gefahrübergang gegeben und erst später wegfällt).
68 BGH JZ 1977, 177; *Johlen*, NJW 1979, 1531, 1533.
69 LG Dortmund NJW-RR 1989, 469 (Reihenmittelhaus wird wegen Nichtbebauung des Endgrundstücks zum Endhaus).
70 Künftig Übertragung des neuen Rücktrittsrechts aus § 437 Nr. 2 gemäß § 413, vgl. Palandt/*Heinrichs*, § 413 Rn 7.
71 BGHZ 68, 118, 126; BGHZ 114, 57, 61 mit zust. Anm. *Tiedtke*, JZ 1991, 907; im Ergebnis zustimmend, aber Lösung über § 323 MüKo/*Habersack*, Leasing Rn 68 ff., 84 f. m.w.N.; a.A. *Canaris*, AcP 190 (1990), 410, 417 ff.; Larenz/*Canaris*, Schuldrecht II/2 § 66 IV 2; *Lieb*, DB 1988, 2495.
72 *Canaris*, ZGR 1982, 395, 402 ff.; *ders.*, Handelsrecht § 8 Rn 15 ff., 33 ff.; dagegen MüKo-HGB/*Lieb*, Anh. § 25 Rn 69 ff. mit Überblick über den Meinungsstand Rn 53 ff., 55 ff.; *K. Schmidt*, Handelsrecht § 6 II 3; Begr. RegE BT-Drucks 14/6040, 242 geht davon aus, dass die Gewährleistung beim Unternehmenskauf für die Zukunft über die §§ 453 I, 434, 437 analog geregelt ist; vgl. auch § 311 Rn 34 f.
73 Vgl. MüKo-HGB/*Lieb*, Anh. § 25 Rn 71 (nach der Nichterfüllungstheorie – vgl. jetzt § 434 I 1 – ist die Beschaffenheitsvereinbarung bereits Vertragsinhalt). *H. Lange*, FS Gieseke, 1958, S. 21, 27, sieht dagegen in der Gewährleistung einen Spezialfall des WGG.
74 Für den Leasingvertrag vgl. Art. 8, 10 – 12 des Unidroit-Abkommens über das int. Finanzierungsleasing (1988).
75 Vgl. BGHZ 101, 143, 150; 133, 363, 369; *Haarmann*, Wegfall der Geschäftsgrundlage bei Dauerrechtsverhältnissen, 1979, S. 130 ff.
76 BGHZ 133, 316, 320 f. – Altunterwerfung I; vgl. *Haarmann*, a.a.O., S. 128 f. Vgl. auch BGH NJW 2000, 1714, 1716; ZIP 2000, 1530, 1533, wo der BGH bei Mietverträgen eine „Kündigung nach den Grundsätzen über das WGG" prüft.
77 Begr. RegE BT-Drucks 14/6040, 177; vgl. BGH NJW 1958, 785; 1991, 1478, 1480 – Salome.

Rückforderungsregelung gewollt, hätten sie auch eine Bedingung oder einen Widerrufsvorbehalt vereinbaren können[79] anstelle einer Zweckvereinbarung, die konstruktiv kaum von konkludenter Bedingung einerseits und Motiv andererseits abzugrenzen ist.[80]

C. Tatbestand

21 § 313 gibt das Recht, von der unveränderten Durchführung des Vertrags abzuweichen, wenn Umstände bzw. Vorstellungen, die zur Geschäftsgrundlage geworden sind (Rn 23 ff.), sich schwer wiegend ändern bzw. sich als falsch erweisen (Rn 29 ff.) und die unveränderte Durchführung des Vertrags dadurch nicht (mehr) zumutbar ist (Rn 33 ff.).

I. „Vertrag" (Anwendungsbereich)

22 Seinem Wortlaut nach gilt § 313 für „Verträge". Kernanwendungsbereich sind gegenseitige Austauschverträge des Schuldrechts.[81] Daher wurde die neue Vorschrift auch im dritten Abschnitt statt im ersten bei § 242 oder gar im ersten Buch angesiedelt.[82] Eine Änderung des Anwendungsbereichs ergibt sich daraus nicht. § 313 gilt (vorbehaltlich des Vorrangs von § 779) auch für Vergleiche,[83] Gesellschaftsverträge,[84] unvollkommen zweiseitige und einseitig verpflichtende Verträge wie Schenkung,[85] Darlehen,[86] Bürgschaft[87] oder Ruhegeldvereinbarung[88] sowie sachen-, familien-[89] und erbrechtliche[90] Verträge. Erforderlich ist, dass ein Vertrag zu Stande gekommen ist,[91] welcher grundsätzlich noch nicht vollständig erfüllt ist oder sein darf.[92] Nach Erfüllung kann eine Störung nur noch ausnahmsweise berücksichtigt werden (Rn 52). Für öffentlichrechtliche Verträge gelten die Sonderregeln des § 60 VwVfG oder § 59 SGB X. Für einseitige Rechtsgeschäfte wie z.B. Kündigung oder Verfügung von Todes wegen bleibt die entsprechende Anwendbarkeit streitig.[93] Auf gesetzliche Ansprüche und Schuldverhältnisse ist § 313 nicht anwendbar.[94]

II. Begriff der Geschäftsgrundlage

23 Auf die Frage, welche Umstände oder Vorstellungen „zur **Grundlage des Vertrags**" geworden sind, gibt die Formulierung des § 313 keine Antwort. Vor der Schuldrechtsmodernisierung gab es verschiedene Ansätze zu einer Begriffsbestimmung. Der Gesetzgeber hat auf eine Klärung bewusst verzichtet, ebenso auf Regelbeispiele.[95]

1. Subjektiver Begriff der Rspr.

24 Geschäftsgrundlage sind nach der bisherigen Rspr. die nicht zum Vertragsinhalt erhobenen, aber bei Vertragsschluss zutage getretenen **gemeinschaftlichen Vorstellungen** beider Vertragsparteien oder die dem Geschäftsgegner **erkennbaren und** von ihm **nicht beanstandeten Vorstellungen** einer Partei vom Vorhandensein, künftigen Eintritt oder Fortbestand gewisser Umstände, auf denen der Geschäftswille der Parteien aufbaut.[96]

---

78 Vgl. BGH NJW 1975, 776; 1992, 2690, 2691; BAG NJW 1987, 918, 919; OLG Oldenburg NJW 1994, 1539; MüKo/*Lieb*, § 812 Rn 166, 175. Bisher a.A. OLG Köln NJW 1994, 1540, 1541; *Liebs*, JZ 1978, 697, 701 f.; *Erman/Westermann*, § 812 Rn 51f.; MüKo/*Roth*, § 242 Rn 684; vgl. auch BGH NJW 1966, 448, 449; 1984, 233
79 MüKo/*Lieb*, § 812 Rn 166.
80 Vgl. *Medicus*, Schuldrecht II Rn 651, der von einem „unkontrollierbaren Einbruch in die Rechtsgeschäftslehre" spricht.
81 Vgl. etwa BGH NJW 1993, 850.
82 Begr. RegE BT-Drucks 14/6040, 175; Abschlussbericht Schuldrechtskommission, 1992, S. 150.
83 BGH NJW 1984, 1746, 1747; MüKo/*Roth*, § 242 Rn 666; für Prozessvergleich BGH NJW 1995, 1345, 1346; OLG Köln NJW 1994, 3236, 3237.
84 BGHZ 10, 44, 51; 62, 20, 24.
85 BGHZ 112, 256, 261; NJW 1972, 247, 248.
86 BGHZ 7, 239, 243; 15, 27, 34.
87 BGH NJW 1994, 2146, 2147; OLG Karlsruhe ZIP 1997, 587.
88 BAG NJW 1973, 959 (jetzt: § 16 BetrAVG); BGHZ 61, 31, 35 f.
89 BGHZ 116, 167, 169 f.; 129, 259, 263, 265.
90 BGHZ 134, 152, 156 ff. zum Erbverzichtsvertrag; einschränkend BGH NJW 1999, 789.
91 BGH NJW 1956, 1275; LM § 242 Bb Nr. 56.
92 BGH NJW 1983, 2143; 1996, 990, 992.
93 Dagegen (zur Vfg. von Todes wg.) BGH NJW 1993, 850; OLG Düsseldorf ZEV 1996, 466 mit zust. Anm. *Medicus*; für die Kündigung offen gelassen von BAG NJW 1992, 2173, 2175; für Anwendbarkeit MüKo/*Roth*, § 242 Rn 6674 f.; Staudinger/*J. Schmidt*, § 242 Rn 1111; offenbar auch Abschlussbericht Schuldrechtskommission, 1992, S. 150 sub 2.
94 Vgl. BGH NJW 1956, 1275; BGHZ 62, 388, 390 f.; *Erman/Werner*, § 242 Rn 171.
95 Begr. RegE BT-Drucks 14/6040, 93, 176.
96 BGH NJW 1953, 1585; BGHZ 25, 390, 392; 89, 226, 231; 131, 209, 214; 133, 281, 293; RGZ 103, 329, 332; 168, 121, 126 f.

2. Trennung von objektiver und subjektiver Geschäftsgrundlage

In der Literatur wird vielfach zwischen objektiver und subjektiver Geschäftsgrundlage unterschieden. **Objektive Geschäftsgrundlage** ist danach jeder Umstand, dessen Vorhandensein oder Fortdauer objektiv erforderlich ist, damit der Vertrag im Sinne der Intentionen beider Parteien noch als sinnvolle Regelung bestehen kann,[97] **subjektive** demgegenüber die gemeinsamen Vorstellungen beider Parteien, von denen sie sich bei Vertragsschluss in der Weise haben leiten lassen, dass sie bei Kenntnis der Unrichtigkeit oder Zweifelhaftigkeit der Vorstellungen den Vertrag nicht oder nicht so abgeschlossen hätten.[98]

25

3. Vereinigungsformel

Andere wollen die objektiven und subjektiven Elemente in einer Formel vereinigen. Danach ist ein für die Willensbildung erheblicher Umstand dann Geschäftsgrundlage, wenn die grundlegende Bedeutung des Umstandes für den Vertragsschluss für die Gegenseite erkennbar war, nur die Gewissheit hinsichtlich des Vorhandenseins, der Fortdauer oder des Eintritts des fraglichen Umstands die Partei, die auf ihn Wert legt, davon abgehalten hat, im Vertrag Vorsorge zu treffen und der Gegner sich darauf redlicherweise hätte einlassen müssen. Wenn die Parteien sich bezüglich der fraglichen Umstände überhaupt gar keine Vorstellungen gemacht haben, muss deren grundlegende Bedeutung sich aus dem allgemeinen Vertragszweck ergeben und nur das Fehlen der Vorstellung verständlich machen, dass nichts geregelt wurde.[99]

26

4. Negative Bestimmung, sonstige Ansätze

Vertreten wird ferner, dass das Wort Geschäftsgrundlage ein unzutreffendes, letztlich nicht bestimmbares positives Bild suggeriert. Kennzeichnend für die Geschäftsgrundlagenfälle soll vielmehr sein, dass negative äußere Umstände auf das vertragliche Programm des Leistungsaustausches oder der Kooperation einwirken und diese Störung weder durch den Vertrag noch durch konkretere gesetzliche Bestimmungen geregelt wird.[100] Sonstige Ansichten, wonach ein inhaltlich zusammenhängendes, eigenständiges Rechtsinstitut gar nicht existieren bzw. zumindest für andere Fälle als grundlegende Umstürze der sozialen Ordnung (große Geschäftsgrundlage) entbehrlich sein sollte,[101] sind durch § 313 obsolet geworden.

27

5. Stellungnahme

Gegen alle oben vorgestellten allgemeinen Begriffsbestimmungen lassen sich Gegenargumente finden. Keine liefert eine Formel, unter die trennscharf subsumiert werden kann. Der **subjektive Begriff** grenzt nicht zuverlässig zu einseitigen, von der Gegenseite erkannten Motiven ab. Oft sind gar keine Vorstellungen zu unverhofft geänderten Umständen vorhanden.[102] Mit Bezug auf diese Fälle wird der Rspr. vorgeworfen, sie arbeite unausgesprochen mit einem objektiven Ansatz, der nur hinter dem subjektiven, „normativ zu verstehenden" Begriff versteckt werde.[103] Gegen die Trennung in einen **objektiven und subjektiven Tatbestand** lässt sich einwenden, dass sich beide Tatbestände nicht scharf voneinander abgrenzen lassen.[104] Fraglich ist z.B., ob die zukünftige Bebaubarkeit eines Grundstücks zur objektiven oder subjektiven Geschäftsgrundlage zu rechnen ist. Die **Vereinigungsformel** liefert eher eine Beschreibung des Phänomens als eine subsumptionsfähige Formel. Dem „**negativen Begriff**" ist vorzuwerfen, dass er zur notwendigen Präzisierung des Tatbestandes von § 313 nichts beiträgt. In den dargelegten Ansätzen sind aber auch **Elemente** enthalten, die jeweils für sich **überzeugen** können. Dem subjektiven Begriff etwa ist zuzugestehen, dass das BGB der Verwirklichung des Parteiwillens eine herausragende Bedeutung beimisst und **subjektive Vorstellungen** daher **vorrangig** vor einem objektiven Vertragszweck zu berücksichtigen sind. Erkennbar ist aber auch, dass es **objektive Fälle** gibt, wo subjektive Vorstellungen fehlen. Insofern verfolgt die

28

---

97 *Larenz*, Geschäftsgrundlage, S. 185; *ders.*, Schuldrecht I § 21 II; *Wieacker*, FS Wilburg, 1965, S. 229, 241 ff. – Für einen rein objektiven Ansatz zuvor schon u.a. *Locher*, AcP 121 (1923), 1, 71 f.: „Geschäftsgrundlage sind die zur Erreichung des Geschäftszwecks mit den Geschäftsmitteln notwendigen Umstände."

98 *Larenz*, Geschäftsgrundlage, S. 184; *ders.*, Allgemeiner Teil (7. Aufl.) § 20 III; *Wieacker*, FS Wilburg, 1965, S. 229, 241 ff.

99 *Enneccerus/Lehmann*, Schuldverhältnisse, § 41 II 4 S. 179; *Hübner*, Allgemeiner Teil, Rn 1112 f.; *Soergel/Siebert/Knopp* (10. Aufl.) § 242 Rn 387.

100 *Horn*, Gutachten I S. 578; *Soergel/Teichmann*, § 242 Rn 221; vgl. auch *Köhler*, FG 50 Jahre BGH I, 2000, S. 295, 300, der allein darauf abstellt, dass durch geänderte Umstände die Grenze der Risikozuweisung überschritten wird. Schon *Locher*, AcP 123 (1921), 1, 6 ff. spricht von einem „Bild der GG".

101 *Beuthien*, Zweckerreichung und Zweckstörung, 1969, S. 53 ff., 65; *Koller*, Risikozurechnung, 1979, S. 368 ff.; *Flume*, Allgemeiner Teil II § 26 S. 525 ff.; *Littbarski*, JZ 1981, 8, 13; *Fikentscher*, Die Geschäftsgrundlage als Frage des Vertragsrisikos, 1971, S. 38 ff., 47.

102 Vgl. dazu etwa BGHZ 133, 281, 293 zu „Vorstellungen über den Fortbestand der DDR". Pure Fiktion ist regelmäßig die Vorstellung der Parteien, es gebe keinen Krieg, keine Revolution oder ähnliches. Zur Äquivalenz als gemeinsamer Vorstellung Rn 44.

103 *Larenz*, Schuldrecht I § 21 II S. 324; in diesem Sinne auch die Schuldrechtskommission, Abschlussbericht, 1992, S. 151: die Formulierung in Abs. 1 stelle „mehr auf objektive Merkmale" ab, bringe damit aber die Ergebnisse der Rspr. „zutreffender zum Ausdruck".

104 *Horn*, Gutachten I, S. 577; *Medicus*, Allgemeiner Teil Rn 860; *Wolf*, in: Larenz/Wolf, Allgemeiner Teil (8. Aufl.), der die zuvor von *Larenz* vertretene Trennung aufgegeben hat. Einwand wird selbst von *Larenz*, Geschäftsgrundlage, S. 171, eingestanden.

Vereinigungsformel einen zutreffenden Ansatz. Ob die Rspr. bei ihrem subjektiven Begriff bleibt oder – wie vom Gesetzgeber durch Abs. 1 angeregt – einen objektiven Begriff oder die Vereinigungsformel annimmt bzw. ganz auf die Begriffsbestimmung verzichtet, bleibt abzuwarten. Bezeichnenderweise führte bereits der OGH für die britische Zone aus, dass die von Rspr. und Lehre entwickelten Formeln nicht entscheidend seien. Es komme vielmehr darauf an, ob nach Abwägung aller Umstände des Einzelfalls nach Treu und Glauben ein Festhalten am Vertrag unzumutbar sei.[105]

III. Störung

1. Fehlvorstellungen (Abs. 2)

29 Die Umstände, welche die Geschäftsgrundlage bilden, müssen von der Realität abweichen. Nach dem oben Ausgeführten (Rn 28) ist diesbezüglich zunächst an konkrete Vorstellungen der Parteien anzuknüpfen. Abs. 2 setzt voraus, dass die tatsächlichen Umstände anders sind oder sich anders entwickeln, als von den Parteien (subjektiv) vorausgesetzt oder erwartet.

2. Änderung der Umstände (Abs. 1)

30 Abs. 1 spricht von geänderten Umständen und knüpft damit an objektive Veränderungen an, die sich nach Vertragsschluss ereignen oder zutage treten. Die Regelung in zwei Absätzen zwingt nicht zu einer strikten Differenzierung von Fällen subjektiver und objektiver Geschäftsgrundlage, die sich auch gar nicht klar durchführen ließe (vgl. Rn 28). Abs. 2 hat vor allem klarstellende Funktion.[106] Entscheidend ist letztlich, dass das (subjektive oder objektive) Vertragsprogramm gestört wird, indem ein relevanter Umstand wegfällt, sich ändert, ungewollt eintritt, von Anfang an fehlt oder entgegen den Vorstellungen der Parteien ausbleibt.

3. Zeitpunkt

31 Ob die Störung **nach oder vor Vertragsschluss** eintritt, ist **unerheblich**. Abs. 2 spricht keinen Zeitpunkt an. Die Vorstellungen können schon immer falsch gewesen sein. Sie können auch erst durch Ereignisse nach Vertragsschluss von der Realität abweichen. Abs. 1 spricht zwar von Änderungen „nach Vertragsschluss". Das schließt Änderungen ein, die sich zuvor ereignen und nach Vertragsschluss zutage treten. Dass es für objektive Fälle auf den Zeitpunkt der Änderung ankommen soll, wäre nicht sachgerecht und geht aus der Gesetzesbegründung nicht hervor.[107] Den Parteien unbekannte und daher von ihnen nicht bedachte Ereignisse vor Vertragsschluss können das Vertragsprogramm ebensogut stören. Haben die Parteien die Verhältnisse nicht gekannt, weil sie sich nicht hinreichend erkundigt haben, kann dieser Umstand bei der Zumutbarkeit berücksichtigt werden. Vergleichend ist anzumerken, dass man § 60 VwVfG trotz entsprechender Einschränkung im Text („seit Abschluss der Vertrages") auch (analog) auf das Fehlen der Geschäftsgrundlage anwendet[108] und nach Art. 6.2.2 a 2. Alt. der Unidroit Principles „hardship" auch dann vorliegt, wenn die störenden Ereignisse schon eingetreten sind, aber erst später bekannt werden.[109]

4. Erheblichkeitsschwelle

32 Nicht jedes Abweichen von Geschäftsgrundlage und Wirklichkeit ist relevant. Es muss eine „**schwerwiegende**" Änderung vorliegen (Abs. 1) bzw. müssen „**wesentliche**" Vorstellungen betroffen sein (Abs. 2). Derart erheblich ist das Abweichen, wenn bei wertender Betrachtung aus der Perspektive eines verständigen Beobachters anzunehmen ist, dass zumindest eine Partei den Vertrag nicht oder mit anderem Inhalt geschlossen hätte, wenn sie die tatsächlichen Umstände gekannt hätte (vgl. Abs. 1).[110]

IV. Festhalten am Vertrag nicht zumutbar

1. Zumutbarkeit als Tatbestandsvoraussetzung

33 Nach der Formulierung von Abs. 1 kann die benachteiligte Partei nur dann ein Abgehen vom geschlossenen Vertrag verlangen, wenn das unveränderte Festhalten ihr nicht zugemutet werden kann. In der bisherigen Rspr. erscheint diese Zumutbarkeitsfrage als weiteres Tatbestandsmerkmal neben der schwerwiegenden Änderung.[111] Das gilt auch für § 313. Es gibt zwar Überschneidungen und teilweise identische Erwägungen

---

105 OGHZ 1, 62, 68.
106 Vgl. Begr. RegE BT-Drucks 14/6040, 176: Abs. 2 bezweckt die eindeutige Zuordnung der str. Fälle gemeinsamen Motivirrtums und einseitiger falscher Vorstellungen. Vgl. ferner zu § 60 VwVfG, wo eine Entsprechung zu Abs. 2 fehlt, die dortige Formulierung „Verhältnisse" aber alle Fälle erfasst, *Kopp/Ramsauer*, VwVfG § 60 Rn 8 ff., 11.
107 Vgl. Begr. RegE BT-Drucks 14/6040, 174: „nachträglich eingetretene oder bekannt gewordene Umstände". Für Gleichbehandlung von WGG und FGG schon bisher BGHZ 25, 390, 392 f.; NJW 1976, 565, 566; 1986, 1348, 1349 (allerdings immer zu Fällen, die jetzt Abs. 2 zugeordnet werden können); MüKo/*Roth*, § 242 Rn 624; a.A. Staudinger/*J. Schmidt*, § 242 Rn 1037 ff.
108 *Kopp/Ramsauer*, VwVfG § 60 Rn 11.
109 Anders aber die Formulierung in Art. 6:111 der Lando-Prinzipien.
110 So bisher schon Palandt/*Heinrichs*, § 242 Rn 125 a. E.; vgl. auch *Larenz*, Geschäftsgrundlage, S. 184 für den subj. Tatbestand.

bei normativen Elementen im Geschäftsgrundlagenbegriff,[112] bei der Wesentlichkeit der Änderung, der Zumutbarkeit als Tatbestandsmerkmal sowie als Kriterium zur Rechtsfolgenbestimmung. Gleichwohl ist es sinnvoll und im Gesetz in Abs. 1 und 3 angelegt, diese Erwägungen auf den verschiedenen Stufen jeweils für sich anzustellen. Der Begriff der Geschäftsgrundlage und dessen Elemente sind bislang noch nicht mit völliger Trennschärfe ausdifferenziert (vgl. Rn 23 ff.).[113] Das macht es notwendig, im Tatbestand nach der erheblichen Störung auf einer zweiten, letztlich entscheidenden[114] Stufe normative Erwägungen anzustellen und dort umfassend abzuwägen, ob überhaupt eine Korrektur des Vertrags angebracht ist. Auf der Rechtsfolgenebene ist dann zu fragen, welche Korrektur die Durchführung einerseits wieder zumutbar macht, andererseits der Gegenseite zugemutet werden kann.

2. Materielle Anforderungen

Die Schwelle der Zumutbarkeit ist nach der bisherigen Rspr. erst dann überschritten, wenn das Festhalten am Vertrag zu untragbaren, mit Recht und Gerechtigkeit nicht mehr zu vereinbarenden Ergebnissen führt.[115] Diese Formulierung ist unscharf und nicht subsumtionsfähig,[116] macht aber deutlich, dass aufgrund des **Ausnahmecharakters** des Rechtsinstituts ein Abweichen vom Vertrag nur ganz ausnahmsweise in Frage kommt. In § 313 hat diese Formel keinen Niederschlag gefunden.[117] Aus den Gesetzgebungsmaterialien ergibt sich aber, dass „die strengen Anforderungen, die bisher an den Wegfall der Geschäftsgrundlage gestellt werden, unverändert aufrechterhalten" werden sollen.[118] Bei zutreffender Auslegung führt die neue Vorschrift denn auch nicht zu einem Absenken der Anforderungen. Zur konkreten **Bestimmung der Zumutbarkeitsgrenze** sind alle Umstände des Einzelfalles heranzuziehen und die beteiligten Interessen (Rn 1) umfassend gegeneinander abzuwägen. Die Grenze hängt daher u.a. von der Art des Vertrags, der Art der aufgetretenen Störung, der typischen Risikoverteilung und der allgemeinen Lage der Parteien ab. Folgende Kriterien sind bei der Abwägung besonders zu berücksichtigen: 34

a) Risikoverteilung

Bereits durch den Gesetzeswortlaut hervorgehoben sind vertragliche und gesetzliche Risikoverteilung. Wer das Risiko, dass grundlegende Vorstellungen und Erwartungen mit der Wirklichkeit nicht übereinstimmen, ausdrücklich oder konkludent im Wege der **Vereinbarung** übernimmt, muss sich grundsätzlich daran festhalten lassen (z.B. Vereinbarung eines Festpreises).[119] Haben die Parteien trotz erkannten Änderungsrisikos keine Regelung getroffen, kann das bedeuten, dass der Nachteil den treffen soll, auf dessen Seite er fällt.[120] Auch durch die Vereinbarung einer (erhöhten) Gegenleistung als „Risikoprämie" kann die Übernahme des Störungsrisikos abgegolten sein. Wer einen Nachteil erleidet, weil sich ein **typisches Vertragsrisiko** verwirklicht, muss diesen tragen. Typische Risiken sind entweder in der Eigenart des Vertrags angelegt, so vor allem bei **Geschäften mit spekulativem Charakter**, oder ergeben sich aus den Grundgedanken der **allgemeinen gesetzlichen Risikoverteilung**. Solche typischen Vertragsrisiken sind die Bonität des Hauptschuldners bei der Bürgschaft,[121] die noch fehlende Patentierung einer gekauften Erfindung,[122] die spätere Bebaubarkeit beim Kauf von Bauerwartungsland[123] oder die Lebenserwartung beim Rentenvertrag. Aus der allgemeinen gesetzlichen Risikoverteilung ist u.a. zu entnehmen, dass regelmäßig der Schuldner das Beschaffungs- oder Herstellungsrisiko, der Gläubiger das Verwendungsrisiko, der Geldleistungsgläubiger das Risiko der Geldentwertung und der Geldschuldner das der Finanzierung trägt. Eine Risikozuweisung, die auf einem typischen Risiko des Vertrags beruht, gilt allerdings nur, solange die Störung noch typisch und das entsprechende Risiko noch nicht eindeutig überschritten ist.[124] 35

---

111 Vgl. BGHZ 2, 176, 188 f.; 84, 1, 9; 133, 281, 195. Bislang anders *Ulmer*, AcP 174 (1974), 167, 184 (Zumutbarkeit nur bei der Auswahl der Rechtsfolgen zu berücksichtigen) sowie MüKo/*Roth*, § 242 Rn 642f. (als einheitliche Erwägung nicht von der grundsätzlichen Risikozuordnung und von der Bestimmung der Rechtsfolgen trennen). – Kritisch gegenüber dem Begriff der Unzumutbarkeit als solchem *Larenz*, Geschäftsgrundlage, S. 111 f., 117 f. sowie Staudinger/*J. Schmidt*, § 242 Rn 1234. S. auch *Köhler*, FG 50 Jahre BGH I, S. 295, 300, der für die bisherige Rechtslage Geschäftsgrundlagenbegriff und Zumutbarkeit durch den Gesichtspunkt der „vertraglichen Risikozuweisung" ersetzen will.
112 Vgl. etwa *Medicus*, Bürgerliches Recht, Rn 165b mit Rn 166.
113 Vgl. *Köhler*, FG 50 Jahre BGH I, S. 295, 298.
114 Vgl. bereits OGHZ 1, 62, 68. Im Ergebnis letztlich ebenso MüKo/*Roth*, § 242 Rn 639 ff.; *Köhler*, FG 50 Jahre BGH I, S. 295, 300 ff.
115 OGHZ 1, 62, 68; BGHZ 2, 176, 188 f.; 84, 1, 9; 133, 281, 195.
116 Vgl. *Köhler*, FG 50 Jahre BGH I, S. 295, 299; Staudinger/*J. Schmidt*, § 242 Rn 1234.
117 S. die Kritik von *Huber*, in: Ernst/Zimmermann (Hrsg.), Zivilrechtswissenschaft und Schuldrechtsreform, 2001, S. 31, 38.
118 Begr. RegE BT-Drucks 14/6040, 176.
119 RGZ 100, 134, 136; BGHZ 129, 236, 253; NJW 1969, 233; *Fikentscher*, Geschäftsgrundlage, 1971, S. 48, 75; s. auch *Köhler*, FG 50 Jahre BGH I, S. 295, 302 f. Zur Grenze der Bindung siehe Rn 45 ff.
120 MüKo/*Roth*, § 242 Rn 632.
121 BGHZ 104, 240, 242 m.w.N.
122 BGHZ 83, 283, 288 f.
123 BGHZ 74, 370, 373 ff.
124 BGHZ 77, 194, 198 f. – Erbbauzins; NJW 1991, 1478, 1479 – Salome.

b) Vorhersehbarkeit

36 Zu berücksichtigen ist auch, ob eine Änderung vorhersehbar war. Wer die Störung bei Vertragsschluss erkennen konnte, von dem kann erwartet werden, dass er im Vertrag (z.B. durch eine Anpassungs- oder Rücktrittsklausel) Vorsorge trifft.[125] Lässt er sich dennoch quasi sehenden Auges auf ein Risiko ein, kann er hinterher nicht sagen, es wäre ungerecht, wenn sich dieses verwirklicht.[126] Bei vorhersehbaren Änderungen ist § 313 aber nicht grds. ausgeschlossen.[127] Offensichtliche Risiken können konkludent vertraglich übernommen sein, umgekehrt kann man für typische Risiken (wie Beschaffung oder Inflation) nur insoweit von einer Übernahme ausgehen, wie sie **objektiv vorhersehbar** sind.[128] Regelmäßig nicht vorhersehbar sind Störungen, die auf Änderungen der Rechtslage oder std. Rspr. oder hoheitliche Eingriffe zurückzuführen sind, sowie Kriege, Revolutionen, Katastrophen etc.

c) Zurechenbarkeit

37 Wem die Störung selbst zuzurechnen ist, d.h. wer sie schuldhaft oder zumindest freiverantwortlich handelnd herbeiführt, kann nachher aus deren Auswirkungen grundsätzlich keine Rechte herleiten.[129] Entsprechendes gilt für den Benachteiligten, der nur deshalb betroffen wird, weil er sich im Verzug befindet (vgl. den Rechtsgedanken des § 287 S. 2).

d) Sonstige Interessen und Wertungen, Gesamtabwägung

38 Keiner der soeben genannten Gesichtspunkte führt in jedem Fall zum Ausschluss des Tatbestandes von § 313.[130] Sie sind miteinander und mit den übrigen Interessen der Parteien sowie sonstigen Interessen und Wertungsgesichtspunkten abzustimmen. So fließen z.B. noch das öffentliche Interesse am **Nominalprinzip**[131] sowie der **Versorgungscharakter** von Unterhalts- oder Ruhegehaltsverträgen (s.u. Rn 46), ferner die wirtschaftliche und sonstige Lage der Parteien[132] (z.B. der Aspekt der **Existenzbedrohung** durch nicht vorhersehbare Störungen) in die Abwägung ein. § 313 ist allerdings kein materiell-rechtlicher Schuldnerschutz. Wer sich wirksam über den Rahmen seiner Leistungsfähigkeit hinaus verpflichtet, ist auf den Schutz im Vollstreckungs- und Insolvenzrecht zu verweisen.

V. Fallgruppen

39 Im Rahmen des soeben beschriebenen Tatbestandes lassen sich folgende Fallgruppen ausmachen und bezüglich der jeweiligen Voraussetzungen genauer beschreiben. Angesichts der generalklauselartigen Weite der Vorschrift ist die Einteilung nicht abschließend zu verstehen.

1. Subjektive Fehlvorstellungen (Abs. 2)

40 Bei den subjektiven Vorstellungen nach Abs. 2 liegt die besondere Schwierigkeit darin, berücksichtigungsfähige Vorstellungen von nicht berücksichtigungsfähigen Motiven zu trennen. Um zur „Grundlage des Vertrags" und damit für beide (bzw. alle) Seiten relevant zu werden, muss eine Vorstellung **beiden Seiten** „zugerechnet" werden können.[133] Das ist zum einen der Fall, wenn Vorstellungen und Erwartungen von beiden Seiten als wesentlich (Rn 32) geteilt werden. Zum anderen sollen nach der Begr. RegE auch einseitige Vorstellungen erfasst werden, die die Gegenseite „ohne eigene Vorstellungen" hingenommen hat.[134] Das kann aber **nicht** bedeuten, dass Vorstellungen, die nur die **Motivation** und das Interesse **einer Seite** betreffen (z.B. die beabsichtigte Verwendung beim Kauf von Aussteuer oder Geschenken für die scheiternde Hochzeit), für § 313 relevant werden, wenn sie bloß der Gegenseite offen gelegt werden und diese nicht widerspricht. **Einseitige Vorstellungen** z.B. über die Verwendbarkeit des Leistungsgegenstands, über erwartete Reaktionen der Gegenseite oder Dritter auf die Leistung, über andere subjektive Zwecke des Leistenden oder über Finanzierungsmöglichkeiten werden nur dann Geschäftsgrundlage, wenn es ungerecht wäre, das Scheitern der Vorstellung nur einer Seite zur Last fallen zu lassen. Dazu muss die Vorstellung

---

[125] BGHZ 74, 370, 373 ff.
[126] BGH WM 1965, 843, 845 – Dollarbaukontrakt; *Ulmer* AcP 174 (1974), 167, 185 ff.; vgl. auch BGH WM 1972, 656 f.
[127] Vgl. BGHZ 2, 176, 188; a.A. *Larenz*, Geschäftsgrundlage, S. 107.
[128] BGHZ 77, 194, 198 f. – Erbbauzins; NJW 1991, 1478, 1479 – Salome. Differenzierend zwischen einzelnen Risiken Soergel/*Teichmann*, § 242 Rn 238 ff.: Einschränkung wg. Vorhersehbarkeit soll nicht gelten für Irrtümer, wo es nach allg. Grundsätzen nicht auf Vermeidbarkeit ankommt, ebenso grds. nicht für das Zahlungsrisiko.
[129] BGH NJW-RR 1993, 880, 881; ZIP 1993, 234, 237; s. auch einerseits BGH NJW 1992, 427, 428 sub 5 (Verantwortung für Scheitern der Ehe irrelevant); andererseits BGHZ 129, 297, 310 (wg. eigener Ehelichkeitsanfechtungsklage kein Berufen auf Fest. der Nichtehelichk. mögl.).
[130] So bereits BGHZ 2, 176, 188.
[131] Vgl. BGH NJW 1959, 2203, 2204; MüKo/*Roth*, § 242 Rn 241.
[132] OGHZ 1, 62, 71.
[133] MüKo/*Roth*, § 242 Rn 772, 623; *Larenz/Wolf*, Allgemeiner Teil Rn 25 ff.
[134] BT-Drucks 14/6040, 176.

Titel 1. Begründung, Inhalt und Beendigung § 313

als wesentlich erkannt oder zumindest erkennbar sein, und die **Gegenseite muss** von den betreffenden Umständen selbst **profitieren**, diese **beeinflussen** können oder sonst daran **partizipieren**.

a) Irrtumsfälle

Demzufolge gehen gemäß Abs. 2 wesentliche Vorstellungen fehl, wenn die Parteien gemeinsam über Umstände irren, die für ihre Willensbildung wesentlich sind, d.h. beim **gemeinsamen Motivirrtum**. Zur Abgrenzung zur Irrtumsanfechtung vgl. Rn 11. Der Irrtum kann sowohl tatsächliche Umstände als auch die Rechtslage betreffen[135] (zu Vorstellungen über die Beschaffenheit des Leistungsgegenstandes vgl. Rn 17 f.). Ein **Kalkulationsirrtum** kann zu einem Anpassungsanspruch führen, wenn er auf einem gemeinsamen Fehler aller Beteiligten, z.B. auf einer gemeinsam als maßgeblich anerkannten Berechnungsgrundlage, beruht[136] und sonst, wenn das Vertrauen der Gegenseite in den Bestand der Erklärung nicht schutzwürdig ist, weil der Irrtum erkennbar war und den Erklärenden nicht unerheblich belastet.[137] Zum Irrtum über den Umrechnungskurs s. Fn 35.   41

b) Zweckstörung

Eine weitere wichtige Gruppe gescheiterter Vorstellungen bilden die Fälle der Zweckstörung.[138] Dort will der Gläubiger mit der Leistung einen bestimmten Zweck erreichen, insbesondere die Leistung in einem bestimmten Sinne verwenden. Trotz an sich noch möglicher Leistung kann er dies nicht mehr (zur Abgrenzung zur Unmöglichkeit s. Rn 12 ff.). Schuldrechtskommission[139] und Begr. RegE[140] ordnen diese Fälle im Anschluss an die Rspr.[141] für den Fall, dass der Zweck nicht Vertragsinhalt geworden ist, § 313 zu (str.).[142] Auch wenn man dem folgt, trägt der Gläubiger das **Risiko der Verwendbarkeit** einer vertragsgemäßen Leistung im Grundsatz ganz allein.[143] Wenn der Zweck der Gegenseite bekannt oder gar im Vertrag erwähnt ist, ändert das zunächst einmal nichts.[144] Die notwendige Zurechnung zur Gegenseite erfordert die Verbindung zum Zweck dergestalt, dass sie erkennbar aus der Zweckbestimmung Gewinn zieht, für die Realisierung des Zwecks mitverantwortlich ist oder dass es sonst ungerecht wäre, die Nachteile der Störung allein beim Gläubiger zu belassen. Eine solche Verbindung liegt vor, wenn der Zweck die Leistung erst verkäuflich macht oder in den Preis einfließt, z.B. beim Krönungszugfall.[145] Auf Anpassung hat der BGH z.B. entschieden, als gekaufte und zu errichtende Fertighäuser auf dem vom Verkäufer vermittelten Grundstück nicht genehmigungsfähig waren,[146] sowie im Automatenfall, wo die übereinstimmende falsche Erwartung, der Käufer von Spielautomaten werde damit am geplanten Aufstellungsort gute Erträge erzielen, als „Platzwert" in den Kaufpreis eingeflossen ist.[147] Allein zu Lasten des Erwerbers fällt die gescheiterte Verwendung dagegen z.B. beim Kauf von Bauerwartungsland, wenn dieses kein Bauland wird.[148] Das Scheitern der gemeinsamen Erwartung von Vermieter und Mieter, das neu errichtete Einkaufszentrum, in dem das gemietete Ladenlokal liegt, werde gut besucht, voll vermietet und ein wirtschaftlicher Erfolg sein, führt nicht zu Rechten des Mieters aus § 313, außer der Vermieter übernimmt nach den Gesamtumständen ausnahmsweise die Mitverantwortung für das unternehmerische Risiko der einzelnen Ladenbesitzer.[149] Umgekehrt müsste der Mieter bei unerwartet großem Erfolg auch nicht mehr bezahlen.   42

---

135 OLG Nürnberg NJW 1996, 1479 f. (Umsatzsteuerpflicht); BGHZ 99, 333, 337 (Sittenwidrigkeit eines abgelösten Kredits); BGH NJW 1987, 918 (Arbeitnehmereigenschaft einer Partei); BGH NJW 1986, 1348, 1349 (Verjährung von Forderungen im Rahmen eines Vergleichs).
136 BGH NJW 1995, 1425, 1428.
137 BGH NJW 1998, 3192, 3194; OLG Düsseldorf NJW-RR 1996, 1419, 1420; zum Ganzen MüKo/*Roth*, § 242 Rn 776 ff.
138 Im Anschluss an *Larenz*, Geschäftsgrundlage, S. 91 ff., 184 f., werden diese Fälle traditionell der objektiven Geschäftsgrundlage zugerechnet. Dem vereitelten Zweck entspricht aber regelmäßig eine konkrete Vorstellung zumindest einer Partei. Für die Zuordnung zu den subjektiven Fällen daher schon *Köhler*, JA 1979, 498, 501, 503.
139 Abschlussbericht S. 148.
140 BT-Drucks 14/6040, 174.
141 BGH MDR 1953, 282, 283; JZ 1966, 409; LM § 242 Bb Nr. 51; BGHZ 74, 370, 373 ff.; ebenso Staudinger/*Löwisch*, § 275 Rn 15, 18 ff.
142 Nach a.A sind die Fälle weitgehend über Unmöglichkeits- oder Gewährleistungsrecht zu lösen, *Beuthien*, Zweckerreichung, 1969, S. 145 ff.; *Esser/Schmidt*, Schuldrecht Bd. 1/2 § 24 S. 36; *Huber*, JuS 972, 57, 64 f.; ders., Gutachten I, S. 750; vgl. auch MüKo/ *Emmerich*, vor § 275 Rn 45.
143 Vgl. BGHZ 74, 370, 374; NJW 2000, 1714, 1716.
144 BGH NJW-RR 1992, 182.
145 *Krell v. Henry* 1903 LR 2 KB 740. S. dazu *Zweigert/Kötz*, Einführung in die Rechtsvergleichung, S. 529 mit der auch für § 313 beachtenswerten Differenzierung zum Fall *Herne Bay Steamboat v. Hutton* 1903 LR 2 KB 683 – Flottenparade. Vgl. auch Staudinger/*Löwisch*, § 275 Rn 18 ff.
146 JZ 1966, 409, 409.
147 LM § 242 Bb Nr. 51.
148 BGHZ 74, 370, 373 ff.; Ausnahme bei KG NJW-RR 1998, 663, 665, wo das Scheitern dem Verkäufer zuzurechnen ist; zu den Konsequenzen verweigerter Baugenehmigungen für Kauf- und Werkverträge *Miersch*, JuS 2001, 1083.
149 BGH ZIP 2000, 1530, 1532; NJW 2000, 1714, 1716.

c) Sonstige Erwartungen

43 Gescheiterte Erwartungen können der Gegenseite ferner zuzurechnen sein, wenn sie als Empfänger von einer (teilweise) unentgeltlichen Zuwendung von dem offensichtlich mit der Leistung verbundenen Zweck profitiert.[150] Bei einer Schenkung kann daher die Geschäftsgrundlage wegfallen, wenn die erwartete Erbeinsetzung ausbleibt oder aufgehoben wird.[151] Bei den sogenannten **ehebezogenen Zuwendungen** ist der Fortbestand der Ehe Geschäftsgrundlage. Nach deren Scheitern sind sie rückabzuwickeln, allerdings nur sofern nicht die vorrangigen Regeln des gesetzlichen Güterstandes eingreifen.[152] Kriterien für Bestehen und Umfang des Rückforderungsanspruchs sind Dauer der Ehe,[153] Alter der Parteien, Art und Umfang der Zuwendung, bewirkte und noch vorhandene Vermögensmehrung sowie die allgemeine wirtschaftliche Lage.[154] Entsprechendes gilt für Zuwendungen unter Verlobten nach Scheitern der späteren Ehe[155] und für Zuwendungen von Eltern an Eheleute bzw. Schwiegerkinder.[156] **Wettbewerbsrechtliche Unterwerfungserklärungen** werden aus der Sicht des Verpflichteten zwecklos und unzumutbar belastend, wenn das betreffende Verhalten nach einer Änderung des Gesetzes oder der Rspr. nicht mehr als wettbewerbswidrig anzusehen ist[157] oder der Berechtigte wegen Wegfalls seiner Klagebefugnis bzw. Aktivlegitimation (§ 13 Abs. 2 Nr. 2 UWG n.F.) ohne die Erklärung nicht mehr gegen den Verpflichteten vorgehen kann.[158] Subjektive Geschäftsgrundlage kann ferner die Vorstellung sein, dass ein **anderer Vertrag** wirksam zu Stande gekommen und ungehindert durchführbar ist.[159] Zur Verknüpfung von Leasingvertrag und Kauf des Leasinggutes s. aber Rn 18.

2. Äquivalenzstörung

44 Von Äquivalenzstörung spricht man, wenn die **Gleichwertigkeit** von **Leistung** und **Gegenleistung** gestört ist, weil die Leistung schwerer bzw. kostenintensiver oder die Gegenleistung weniger wert ist als im Vertrag zugrunde gelegt. Der Rspr. zufolge gehört die „Vorstellung" der Gleichwertigkeit bei gegenseitigen Verträgen zur Geschäftsgrundlage, selbst wenn sie bei den Verhandlungen nicht besonders zum Ausdruck gekommen ist.[160] Dagegen lässt sich zwar einwenden, dass es der einzelnen Partei regelmäßig nicht um ein gleichwertiges, sondern um ein für sich vorteilhaftes Geschäft gehen dürfte.[161] Das konkret ausgehandelte Verhältnis von Leistung und Gegenleistung, d.h. die Äquivalenz, ist nach dem Gedanken der Privatautonomie aber für den geschlossenen Vertrag Maßstab der individuellen Vertragsgerechtigkeit. Wird die Äquivalenz schwer wiegend gestört in einem Maß, das über die normalen Vertragsrisiken wie Preis- und Leistungsgefahr hinausgeht, wird diese **Vertragsgerechtigkeit** beeinträchtigt und der Vertrag ist zu korrigieren.

a) Entwertung der Gegenleistung

45 Jeder Gläubiger muss das Risiko, für seine Leistung eine angemessene Gegenleistung zu erhalten, selbst tragen. Der Geldleistungsgläubiger trägt deshalb das Risiko der üblichen und vorhersehbaren **Geldentwertung**. Wegen des Nominalprinzips kann es i.d.R. keine auf Wertsicherung gerichteten Anpassungsansprüche geben.[162] Bei Verträgen mit sehr langer Laufzeit ist ferner zu berücksichtigen, dass die Parteien damit rechnen mussten, dass das Gleichgewicht sich verschiebt. Ein Anpassungsverlangen bei Verträgen ohne Anpassungs- oder Wertsicherungsregel ist daher erst dann berechtigt, wenn die Inflation so unvorhersehbare, gravierende Ausmaße annimmt, dass die Grenze des übernommenen typischen Risikos überschritten wird und das Interesse des Benachteiligten nicht mehr annähernd gewahrt ist bzw. von einer

---

150 MüKo/*Roth*, § 242 Rn 781 ff.
151 BGH NJW 1977, 950.
152 BGHZ 127, 48, 51 ff.; 128, 126, 133; BGH NJW 1997, 2747, (std. Rspr.); zum Ganzen *Kleinle*, FamRZ 1997, 1383; *Seif*, FamRZ 2000, 1193, 1197; BGHZ 115, 132, 135 ff.: WGG auch im gesetzl. Güterstand, wenn zur Korrektur untragbarer Ergebnisse geboten.
153 Vgl. BGH NJW 1999, 353, 355: „Für den Zeitraum, in dem die Ehe Bestand gehabt hat, ist der Zweck der Zuwendung erreicht."
154 BGHZ 84, 361, 368.
155 BGHZ 115, 261, 264 f. Für nichteheliche Lebenspartner vgl. BGHZ 112, 259, 261 ff., 263 (hält entspr. Rückabwicklung offenbar für möglich); MüKo/*Roth*, § 242 Rn 787; s. aber BGH NJW 1997, 3371, 3372: Partner können pers. u. wirt. Leistungen nicht gegeneinander aufrechnen (für Lösung über WGG aber offenbar die Vorinstanz OLG Oldenburg).
156 Vgl. BGHZ 129, 259, 263 ff. mit Anm. *Tiedtke*, JZ 1996, 201; BGH FamRZ 1998, 669; NJW 1999, 353, 355.
157 OLG Düsseldorf WRP 1995, 223, 225; OLG Köln WRP 1984, 433 und München BB 1984, 629, 630 (Rechtsgrundlage für Verstoß in beiden Fällen vom BVerfG für nichtig erklärt); in diesem Sinne wohl auch BGH NJW 1983, 2143 f. – Vertragsstrafrückzahlung; *Baumbach/Hefermehl*, UWG, Einl. Rn 295a; *Köhler/Piper*, UWG, vor § 13 Rn 224, sowie umfassend zu Fehlen und Wegfall des Wettbewerbsverstoßes Rn 220 ff.
158 BGHZ 133, 316, 319 ff. – Altunterwerfung I, wonach dieser Fall nunmehr aber grds. über § 314 zu lösen wäre; s. dazu aber die Kritik von *Köhler*, FG 50 Jahre BGH I, S. 295, 309 ff., 313 mit These 4.; zu Fehlen und Wegfall der Klagebefugnis umfassend *Köhler/Piper*, UWG, vor § 13 Rn 219.
159 BGH DNotZ 1970, 540 f.; OLG Hamm NJW 1975, 1520, 1521.
160 BGH NJW 1962, 250, 251.
161 *Esser/Schmidt*, Schuldrecht Bd. 1/2, § 24 I 2 a.
162 BGHZ 61, 31, 38; 79, 187, 194.

wirklichen Gegenleistung nicht mehr die Rede sein kann.[163] Das erfordert nicht unbedingt eine Inflation im Ausmaß der 20er Jahre. So ist nach std. Rspr. bei Erbbaurechtsverträgen ohne Anpassungsklauseln der Zins bei einer Entwertung um 60 % über 30 Jahre im Zweifel anzupassen.[164] Entsprechendes soll für Pacht- und Mietzinsen gelten.[165] Auf der anderen Seite hat der BGH eine Anpassung abgelehnt bei einer Entwertung von Erbbauzinsen um über 50 % in 25 Jahren,[166] bei einer entsprechenden Entwertung bei einem langfristigen Mietvertrag[167] sowie in den Kaliabbaufällen, wo das um die Jahrhundertwende vereinbarte Entgelt für die Kaliförderung bis 1959 bzw. 1965 ca. 2/3 seines Wertes verloren hatte.[168]

Für **Unterhalts-** und **andere Verträge mit Versorgungscharakter** kann – gerade wegen des Versorgungsbedürfnisses – schon bei wesentlich geringerer Geldentwertung Anpassung verlangt werden.[169] Dort fällt die Geschäftsgrundlage schon bei jeder erheblichen Änderung der Verhältnisse, die für die Unterhaltsbemessung maßgeblich sind, weg. Eine starre Grenze, ab der anzupassen ist, gibt es nicht.[170] Bei einer Entwertung von 10 % für Unterhaltsverträge[171] bzw. 40 % für Altersrentenvereinbarungen[172] ist jedenfalls regelmäßig von einem Korrekturbedürfnis auszugehen.   46

Für die Entwertung der **Sachleistung** gilt Entsprechendes. Der Gläubiger muss das Risiko tragen, dass die erworbene Sache ihren Preis wert ist und bleibt. Überschritten ist dieses Risiko z.B., wenn eine kurz vor Einführung der Niederlassungsfreiheit gekaufte Apothekenkonzession durch diese Rechtsänderung völlig wertlos wird.[173]   47

b) Leistungserschwerung

Das vertragliche Gleichgewicht kann auch dadurch gestört werden, dass Umstände eintreten, die es einer Seite erschweren, die von ihr geschuldete Leistung zu erbringen. Dieses „Aufwandrisiko" muss der Schuldner selbst tragen.[174] Der **Sachleistungsschuldner** bleibt trotz gestiegener Herstellungskosten, Witterungsschwierigkeiten, Problemen bei der Beschaffung von Produktionsmitteln usw. an sein Leistungsversprechen gebunden, selbst wenn ein vereinbarter Festpreis nicht mehr kostendeckend sein sollte.[175] Der **Geldleistungsschuldner** kann grundsätzlich nicht geltend machen, dass seine Finanzierung unerwartete Probleme bereitet.[176] Anpassung der Leistungspflicht oder Erhöhung der Gegenleistung kann aber ausnahmsweise verlangt werden, wenn die Äquivalenz so massiv beeinträchtigt wird, dass es „unzumutbar" wird, den Schuldner weiter am Vertrag festzuhalten, insbesondere wenn **die Störung nicht vorhersehbar** war und **nicht in die Risiko- und Einflusssphäre des Schuldners fällt**.[177] Hierunter fallen die Fälle der sog. wirtschaftlichen Unmöglichkeit. **Beispiele** für korrekturbedürftige Störungen sind nach der bisherigen Rspr. um 60 % gestiegene Herstellungskosten,[178] Mehrkosten beim Bau, die auf unvorhersehbaren Problemen mit dem Baugrund oder auf unzureichenden Angaben des Bestellers beruhen,[179] ein Brand im Fertigungsbetrieb[180] oder andere unvorhersehbare Beschaffungsschwierigkeiten wie z.B. die eines Kfz-Vertragshändlers, wenn das verkaufte Sondermodell überraschend direkt vom Hersteller und nicht über das Händlernetz vertrieben wird.[181] Auch die Folgen eines Arbeitskampfs können die noch mögliche Leistung erheblich erschweren.[182] Zur Abgrenzung zu § 275 Abs. 2, insbesondere wenn nicht synallagmatische Pflichten massiv erschwert sind und daher das Äquivalenzverhältnis nicht betroffen ist, siehe Rn 14.   48

---

163 BGHZ 77, 194, 198 f.; 90, 227, 228; RGZ 107, 78, 87 ff., 91 f. – Hypothekenaufwertung; *Larenz*, Geschäftsgrundlage, S. 171 f.
164 BGHZ 90, 227, 229; 119, 220, 222 m.w.N. Bei Anpassungsklauseln gem. §§ 9, 9 a ErbbauVO gelten andere Maßstäbe, BGH NJW 1992, 2088 f.: Anpassung jedenfalls ab 20 % Wertverlust.
165 BGH NJW-RR 1999, 237, 237.
166 BGHZ 86, 167, 171; NJW 1976, 846 f.
167 BGH NJW 1976, 142, 143; für langfristige Lieferverträge s. BGH BB 1977, 1574 (Fernwärmevertrag).
168 BGH NJW 1959, 2203, 2204 (Wartegeld); 1966, 105, 106.
169 BGHZ 61, 31, 35 ff.; 105, 243, 245 (vgl. über Unterhaltsschadensrente § 844 II); Begr. RegE BT-Drucks 14/6040, 174 a. E. Zum umgekehrten Fall der Reduzierung wegen weggefallener Leistungsfähigkeit OLG Bamberg FamRZ 1998, 830. – Beim Unterhaltsverzicht ist dagegen ein Berufen auf veränderte Umstände nur sehr eingeschränkt möglich, BGH NJW 1992, 3164, 3165 f.; OLG Düsseldorf FamRZ 1984, 171, 172 f.; ähnlich beim Abfindungsvergleich, BGH NJW 1984, 115; 1991, 1535. Anders auch beim Kauf von Rentenbasis, wo nicht der Versorgungszweck der Rente, sondern das Austauschverhältnis des Kaufs im Vordergrund steht, OLG Düsseldorf NJW 1972, 1137, 1138.
170 BGH NJW 1986, 2054, 2055.
171 Vgl. BGH NJW 1986, 2054, 2055 sowie zu § 323 ZPO BGH NJW 1992, 1621, 1622; OLG Düsseldorf NJW-RR 1994, 520.
172 BAG NJW 1973, 959; BGHZ 61, 31, 39. S. dazu jetzt aber § 16 BetrAVG.
173 BGH NJW 1960, 91 LS = LM § 242 Bb Nr. 33.
174 *Willoweit*, JuS 1988, 833.
175 RGZ 100, 134, 136; BGHZ 129, 236, 253; NJW 1969, 233; *Fikentscher*, Geschäftsgrundlage, 1971, S. 48, 75; s. auch *Köhler*, FG 50 Jahre BGH I, S. 295, 302 f.
176 BGH NJW 1983, 1489, 1490.
177 BGH BB 1956, 254.
178 Vgl. RGZ 102, 272, 273, 275 f.
179 BGH NJW 1969, 233.
180 RGZ 57, 116, 118.
181 BGH NJW 1994, 515, 516 – Porsche 959.

3. Große Geschäftsgrundlage

49 Unter dem Wegfall der „großen" Geschäftsgrundlage versteht man Störungen durch Kriege, Revolutionen, Naturkatastrophen, Hyperinflation etc., welche das allgemeine soziale Gefüge nachhaltig erschüttern. Dadurch bewirkte Äquivalenz- und Zweckstörungen folgen den oben dargelegten Grundsätzen, wobei das **Risiko** solcher **unkalkulierbaren Ereignisse** normalerweise **keiner Seite zugewiesen** ist.[183] Die große Geschäftsgrundlage bildet keine eigenständige Fallgruppe. Zu Recht wird die Bedeutung einer Trennung in kleine und große Geschäftsgrundlage daher angezweifelt.[184]

4. Änderung der Rechtslage, hoheitliche Eingriffe

50 Änderungen der Gesetzeslage oder der Rspr. sowie hoheitliche Eingriffe können das Vertragsprogramm erheblich stören, insbesondere in das Äquivalenzverhältnis eingreifen oder von den Parteien verfolgte Zwecke stören. Derartige Änderungen bilden ebenso wie die große Geschäftsgrundlage **keine eigenständige Fallgruppe**. Sie sind typischerweise nicht vorhersehbar und **keiner Seite** als deren Risiko **zuzurechnen**. Ist die Änderung des rechtlichen Rahmens erheblich und führt sie zur Unzumutbarkeit, ist ein betroffener Vertrag zu korrigieren. § 313 kann aber nicht eingreifen, wenn das Gesetz selbst seine Auswirkung auf bestehende Verträge regelt oder eine Anpassung dem Zweck der Rechtsänderung zuwiderlaufen würde.[185] **Beispiele** für einen Wegfall der Geschäftsgrundlage infolge einer Änderung von Gesetz oder Rspr. sind die Fälle der wettbewerbsrechtlichen Unterwerfungserklärungen (Rn 43), die Einführung der Niederlassungsfreiheit für Apotheken (Rn 47) oder der Wegfall der Liquidationsbefugnis eines Chefarztes, welche bei Vertragsschluss als Nebeneinnahme vorausgesetzt werden.[186] Die Aufhebung des Tarifzwangs im Güterkraftverkehr führte dagegen nicht zum Wegfall der Grundlage betroffener Speditionsverträge.[187] Änderungen des **Steuerrechts** sind, da sie nicht ungewöhnlich und daher kalkulierbar sind, regelmäßig nicht zu berücksichtigen, es sei denn, die Erwartung einer unveränderten Steuerrechtslage ist bei den Verhandlungen klar zutage getreten und beiden Seiten zurechenbar.[188] Streitig ist, ob mit der Steuerfreiheit für Sozialpfandbriefe auch die Geschäftsgrundlage weggefallen ist.[189] Für Umsatzsteuererhöhungen ist § 29 UStG lex specialis. Wegen der umfassenden und raschen Änderung des DDR-Rechts- und Wirtschaftssystems machte die **Wiederherstellung der deutschen Einheit** eine Anpassung zahlreicher Altverträge notwendig.[190] Die **Einführung des Euro** oder die Einrichtung des Basiszinssatzes der Bundesbank anstelle von Diskont- und Lombardsatz führt wegen gesetzlich angeordneter Vertragskontinuität nicht zum Wegfall der Geschäftsgrundlage.[191]

51 Durch das **Gesetz zur Schuldrechtsmodernisierung** dürfte für bestehende Verträge die **Geschäftsgrundlage nicht entfallen**. Parteien können zwar per Individualvereinbarung oder in AGB Regelungen z.B. zu Verzugszinsen oder Verjährung getroffen haben, die jetzt nicht mehr zulässig sind oder bei denen sich im Vergleich von neuem und alten Recht Vor- und Nachteile für die Parteien verschieben. Nachträgliche Vertragslücken sind jedoch per ergänzender Auslegung oder über dispositives Gesetzesrecht zu schließen.[192] Anpassung nach § 313 kann nur verlangt werden, wenn ein Festhalten am unveränderten Vertrag nicht zumutbar ist. Das neue Schuldrecht soll einen angemessenen Ausgleich zwischen den Interessen der Parteien schaffen. Was der Gesetzgeber für interessengerecht hält, ist generell zumutbar. Das gilt zum einen im Hinblick auf Verjährungsregeln für einen zumutbaren Zeitraum zur Rechtsverfolgung. Zum anderen sind größtenteils Regelungen zu Leistungsstörungen betroffen und nicht die Primärpflichten als solche. Unter diesem Gesichtspunkt spricht gegen eine unzumutbare Störung zu Lasten des Schuldners, dass ihm im Zweifel die ordnungsgemäße Erfüllung zuzumuten gewesen wäre.

---

182 Zu den Auswirkungen eines Arbeitskampfes auf vertragliche Verpflichtungen gegenüber Dritten MünchArbR/*Otto*, § 290 Rn 90 ff.; *Löwisch*, AcP 174 (1974), 202, 231.
183 *Esser/Schmidt*, Schuldrecht Bd. 1/2, § 24 II; Palandt/*Heinrichs*, § 242 Rn 148.
184 *Medicus*, Allgemeiner Teil, Rn 859, *Horn*, Gutachten I, S. 577.
185 Vgl. BAG MDR 1988, 804, 805; MüKo/*Roth*, § 242 Rn 727 sowie u. Fn 191.
186 BAG NJW 1980, 1912, 1914 f.; BAG NJW 1989, 1562, 1563; 1991, 1562, 1563 f.
187 BGH WM 2000, 1198, 1201 f.
188 Palandt/*Heinrichs*, § 242 Rn 143, 150; MüKo/*Roth*, § 242 Rn 728; vgl. OLG Hamburg MDR 1955, 226 f.; LG Dresden NJW-RR 1997, 242.
189 Dafür OLG Köln DB 1995, 421, 422 f.; dagegen OLG München NJW-RR 1999, 557, 558 f.; *Beyer* DB 1995, 1062. Vgl. auch die Diskussion um den Wegfall der Geschäftsgrundlage durch das „630-Mark-G", dagegen *Fleischmann*, DStR 1999, 1034, 1197; dafür *Wüst*, DStR 1999, 1195.
190 Vgl. *Görk*, Deutsche Einheit und WGG, 1995; *Schachtschneider*, Sozialistische Schulden nach der Revolution, 1996; *Grün*, JZ 1994, 763; Palandt/*Heinrichs* (59. Aufl.), § 242 Rn 152a; MüKo/*Roth*, § 242 Rn 730 ff.
191 Art. 3 VO Nr. 1103/97 (EG); § 4 Diskont-Überleitungs-Gesetz.
192 BGH WM 2000, 1198, 1201 f.; für AGB s. § 306.

D. Rechtsfolgen

I. Grundsatz, Allgemeines

Die unzumutbaren Nachteile können behoben werden, indem man den Vertrag an die tatsächlichen Umstände anpasst oder aufhebt und gegebenenfalls rückabwickelt. Dabei geht die **Anpassung** grundsätzlich **vor**, **Aufhebung** kann nur verlangt werden, wenn der Vertrag nicht angepasst werden kann oder ein Festhalten am Vertrag trotzdem unzumutbar bleibt (Abs. 3 S. 1).[193] Ist der **Vertrag bereits erfüllt**, ist eine Störung der Geschäftsgrundlage grundsätzlich unerheblich.[194] Ausnahmsweise ist der Vertrag dennoch anzupassen bzw. kann aufgehoben werden, wenn z.B. gemeinsame Vorstellungen i.S.v. Abs. 2 von Anfang an falsch waren oder ein Festhalten am Vertrag unzumutbar ist, weil ein Vertragszweck, der erst nach der Erfüllung verwirklicht werden sollte, vereitelt wird.[195] Ist ein Vertrag teilweise erfüllt, beschränkt sich die Berücksichtigung der Geschäftsgrundlagenstörung i.d.R. auf den noch nicht abgewickelten Teil.[196] Die Rechte aus § 313 können auch vom oder gegen den **Rechtsnachfolger** geltend gemacht werden.[197] Beim **Vertrag zugunsten Dritter** können Ansprüche aus dem angepassten Vertrag unmittelbar vom Dritten geltend gemacht werden.[198]

52

II. Anpassung

1. Rechtsnatur

Die Anpassung ist in Abs. 1 abweichend von der bisher h.M. als **Anspruch** ausgestaltet. Bisher wurde überwiegend angenommen, die Anpassung erfolge automatisch kraft Gesetzes, der Richter gestalte den Vertrag nicht um, sondern stelle nur den geänderten Vertragsinhalt fest.[199] Nach anderer Ansicht sollte dem Benachteiligten ein Anspruch auf Abänderung zustehen, den dieser geltend machen müsse. Der Richter gestalte den Vertrag dann dem Anspruch entsprechend um, falls die Gegenseite nicht einwillige.[200] Aufgrund der nun vom Gesetzgeber gewählten Anspruchskonstruktion muss derjenige, der Rechte aus der Störung der Geschäftsgrundlage herleiten will, sein Änderungsverlangen geltend machen. Entsprechend der **Herstellungstheorie** zur bisherigen kaufrechtlichen Wandelung[201] kann aber das Ergebnis der Anpassung unmittelbar verlangt werden, d.h. der Benachteiligte kann direkt auf angepasste Leistung klagen.[202] Im Ergebnis führt das zu keiner ersichtlichen Änderung gegenüber der bisher herrschenden „automatischen" Lösung, wonach der Benachteiligte ebenfalls einen entsprechenden Antrag stellen und dazu Tatsachen vortragen musste.

53

2. Mitwirkung der Parteien

Dem Anpassungsanspruch ist **keine Neuverhandlungspflicht** oder Obliegenheit vorgeschaltet.[203] Es mag sinnvoll sein, wenn die Parteien zunächst versuchen, die Störung ihres Vertrags auf dem Verhandlungswege zu überwinden.[204] Dennoch macht eine Pflicht oder Obliegenheit zu Verhandlungen keinen Sinn. Konstruktives Verhandeln kann nicht erzwungen werden,[205] geeignete Sanktionen, um derartige Verhandlungen durchzusetzen, stehen nicht zur Verfügung. Ein Rechtsnachteil in Form einer „**Beschränkung der Anpassungskompetenz**" dergestalt, dass derjenige, der Anpassung verlangt, bei einem eigenen Verstoß gegen die Neuverhandlungsobliegenheit damit (vorübergehend) eingeschränkt oder ausgeschlossen ist,[206] lässt sich mit dem Wortlaut des § 313 nur schwer vereinbaren, wo von einer Einschränkung keine Rede ist. Ferner

54

---

193 Für die bisherige Rechtslage BGHZ 47, 48, 51 f.; NJW 1976, 565, 567; 1984, 1746, 1747; 1991, 1478, 1480. *Horn*, Gutachten I, S. 579 (bei Fn 147) spricht diesbezüglich von „Einigkeit", die Schuldrechtskommission, Abschlussbericht, S. 148, und die Begr. RegE BT-Drucks 14/6040, 175 von „allgemeiner Auffassung".
194 BGH NJW 1984, 2143; BGHZ 131, 209, 216 m.w.N.; a.A. Soergel/*Teichmann*, § 242 Rn 264; *Medicus*, Allgemeiner Teil Rn 872 für grds. Berücksichtigung ab dem Zeitpunkt der Änderung.
195 Für die subj. GG BGHZ 74, 370, 374; 25, 390, 393 f.; für den Vertragszweck BGHZ 134, 152, 57 f.; allg. Jauernig/*Vollkommer*, § 242 Rn 79.
196 BGHZ 58, 355, 363; BAG NJW 1987, 918, 919.
197 BGHZ 40, 334, 336 (Erbfall); BGH WM 1978, 1354, 1355 (Sonderrechtsnachfolge).
198 BGH NJW 1972, 152, 153 (Dritte verlangen Aufwertung der Leistung).
199 BGH NJW 1972, 152, 153; BGHZ 133, 281, 296; Palandt/*Heinrichs*, § 242 Rn 130; MüKo/*Roth*, § 242 Rn 651.
200 *Medicus*, FS Flume I, 1978, S. 629, 642 f. unter Berufung auf BGH JZ 1952, 145 – Volkswagensparer (mit diesbzgl. abl. Anm. *Kegel* S. 148) und LM § 242 Bb Nr. 18; *Esser/Schmidt*, Schuldrecht Bd. 1/2 § 24 III.
201 Zu den Wandelungstheorien und deren Begründung s. *Reinicke/Tiedtke*, Kaufrecht Rn 355 ff.; Soergel/*Huber*, § 462 Rn 48 ff.
202 So zuvor schon BGHZ 91, 32, 36; anders *Kopp/Ramsauer*, VwVfG § 60 Rn 13f., der für § 60 VwVfG eine Lösung entspr. der bisherigen MM (Fn 200) vorsieht, wonach der Richter das Einverständnis mit dem Änderungsverlangen nach § 894 ZPO ersetzt.
203 So aber für die bisherige Rechtslage *Horn*, AcP 181 (1981), 255; *ders.*, NJW 1985, 1118; *Fecht*, Neuverhandlungspflichten, 1988; *Nelle*, Neuverhandlungspflichten, 1993; *Eidenmüller*, ZIP 1995, 1063; vgl. auch Art. 6.2.3 Unidroit Principles. – Dagegen *Martinek*, AcP 198 (1998), 329, 363 ff.
204 Vgl. *Eidenmüller*, ZIP 1995, 1063, 1066; *Horn*, AcP 181 (1981), 255, 277.
205 MüKo/*Roth*, § 242 Rn 653 a. E.
206 Vgl. *Eidenmüller*, ZIP 1995, 1063, 1071.

kann gegenüber der Gefahr der Verschleppung durch Verhandlungen ein Interesse an zügiger Anpassung bestehen.[207] Vor einem überraschend geltend gemachten Anpassungsverlangen ist die Gegenseite durch die allgemeine Regel des § 93 ZPO ausreichend geschützt.[208]

Problematischer ist der umgekehrte Fall. Dazu hatte der BGH – ohne auf Verhandlungspflichten abzustellen – entschieden, dass derjenige, der berechtigterweise Anpassung verlangt, auch zurücktreten oder kündigen kann, wenn die **Gegenseite** ihre **Mitwirkung** an der Anpassung **verweigert**.[209] Diese Aussage passt in ihrer Allgemeinheit weder zum Ausnahmecharakter des § 313 noch zum Vorrang der Anpassung. Oft wird darüber gestritten, ob eine relevante Störung vorliegt und angepasst werden muss. Dabei darf das grundsätzliche Interesse der Gegenseite an unveränderter Erfüllung nicht übersehen werden (Rn 1). Erwägenswert ist ein solches zusätzliches Rücktrittsrecht daher allenfalls unter dem Gesichtspunkt entfallener Zumutbarkeit der Anpassung (Abs. 3 S. 1 2. Alt.), wenn die Gegenseite missbräuchlich ein Anpassungsverlangen verschleppt oder zu vereiteln sucht. Auch die Art der Ablehnung kann das notwendige Vertrauensverhältnis zerstören. Vor zusätzlichen Nachteilen, die drohen könnten, wenn der Vertrag weiter durchgeführt wird, bevor die Frage der Anpassung geklärt ist,[210] kann die benachteiligte Seite sich durch ein Leistungsverweigerungsrecht, gestützt auf den Anspruch auf Anpassung, schützen.

3. Kriterien zur Anpassung, mögliche Ergebnisse

55 Ziel der Anpassung ist es, unter weitest möglicher Erhaltung des ursprünglichen Vertrags die Unzumutbarkeit für die benachteiligte Partei zu beseitigen. Daher darf der Eingriff in den Vertrag nicht weiter gehen, als **erforderlich** ist, um die **Zumutbarkeit wiederherzustellen**.[211] Wie der Vertrag so „umgestaltet" werden kann, dass seine Erfüllung wieder zumutbar wird, hängt vom konkreten Einzelfall ab, d.h. von der Art der Störung, der Art des Vertrags, der in Vertrag und Gesetz grundsätzlich angelegten **Risikoverteilung** sowie der konkreten Situation der Parteien. Alle beteiligten Interessen sind umfassend gegeneinander abzuwägen.[212] Zu berücksichtigen ist insbesondere, inwieweit der Gegenseite zugemutet werden kann, vom ursprünglichen Vertrag abzugehen.

Inhaltlich kann die Anpassung z.B. auf Ermäßigung der Leistung, auf Stundung oder Gewährung von Ratenzahlung oder auf Erhöhung der Gegenleistung (so in den Fällen gestörter Äquivalenz bzw. Leistungserschwernis) gerichtet sein. In den Fällen gescheiterter Erwartungen und Vertragszwecke bleibt oft nur die Aufhebung. In Frage kommen aber auch Ausgleichsansprüche, Aufwendungsersatz, hälftige Teilung von Schäden,[213] ausnahmsweise auch die inhaltliche Modifikation der Leistung. Dauerverträge sind in der Regel nur für die Zukunft anzupassen (vgl. Rn 19).[214]

III. Aufhebung

56 Der Vertrag kann nur aufgelöst werden, wenn seine weitere Durchführung in jedem Fall unzumutbar ist. Für die interessierte Gegenseite ist zu diesem Punkt zu bedenken, dass sie u.U. das Aufhebungsbedürfnis durch ein passendes eigenes Angebot zur Anpassung oder Umgestaltung beseitigen und so die komplette Aufhebung des Vertrags verhindern kann. Nach Abs. 3 löst sich der Vertrag nicht automatisch auf, sondern erfordert eine entsprechende **Gestaltungserklärung** in Gestalt des Rücktritts[215] bzw. für Dauerschuldverhältnisse der Kündigung[216] oder für Handelsgesellschaften gar der Auflösungsklage.[217] Zum Verhältnis zu § 314 siehe dort sowie Rn 19. Die Rückabwicklung erfolgt nach dem neuen gesetzlichen Rücktrittsrecht der §§ 346 ff.[218] In den Fällen, in denen der Gläubiger kein berechtigtes Interesse daran hat, den Moment zu erfahren, ab dem der Schuldner nicht mehr gebunden ist, hat letzterer auch ohne Gestaltungserklärung das Recht, die Leistung zu verweigern.[219]

---

207 *Köhler*, FG 50 Jahre BGH I, S. 295, 324 f.
208 *Köhler*, FG 50 Jahre BGH I, S. 295, 324 f.
209 BGH NJW 1969, 233, 234; ablehnend *Köhler*, FG 50 Jahre BGH I, S. 295, 324 f.; Soergel/*Teichmann*, § 242 Rn 268.
210 Argument des BGH NJW 1969, 233, 234.
211 OGHZ 1, 62, 69; BGH JZ 1952, 145, 146 – Volkswagensparer; vgl. auch *Köhler*, FG 50 Jahre BGH I, S. 295, 308 f. mit These 3, der den Eingriff am Prinzip der Verhältnismäßigkeit messen will, wobei er allerdings statt auf die Zumutbarkeit auf die vertragliche Risikozuweisung abstellt.
212 BGH JZ 1952, 145, 146 – Volkswagensparer; BayObLG NJW-RR 1989, 1296; vgl. Rn 33.
213 BGH NJW 1984, 1746, 1747; 1990, 572, 573.
214 BGH NJW 1983, 2143, 2144. Zum Zeitpunkt des Eintritts der Rechtsfolge bei Dauerschuldverhältnissen eingehend *Köhler*, FS Steindorff, 1990, S. 611.
215 So schon bisher BGHZ 101, 143, 150; NJW 1993, 1641, 1642; bisher a.A. MüKo/*Roth*, § 242 Rn 654.
216 BGHZ 133, 316, 327 f.; NJW 2000, 1714, 1716.
217 BGHZ 10, 44, 51.
218 Bisher str., für Abwicklung über §§ 812 ff. BGHZ 109, 139, 144; für §§ 346 ff. Soergel/*Teichmann*, § 242 Rn 271.
219 *Köhler*, FG 50 Jahre BGH I, S. 295, 309 ff., 313 mit These 4. S. dazu BGHZ 133, 316, 329 ff. – Altunterwerfung I (Einwand rechtsmissbräuchlichen Verhaltens); 132, 328, 340; NJW-RR 1996, 1262.

IV. Prozessuales, Verjährung

Abweichend von der alten Rechtslage ist eine Störung der Geschäftsgrundlage nicht mehr von Amts wegen zu berücksichtigen. Wer daraus Rechte ableiten will, muss sich darauf berufen (vgl. Rn 53). Für die Rolle des Richters folgt aus der Anspruchskonstruktion, dass er rechtsfindend den Inhalt des Anpassungsanspruchs ermitteln muss.[220] Gleichwohl trägt die Bestimmung der Rechtsfolgen gerade wegen der flexiblen Korrekturmöglichkeiten auch gestaltende Züge, sie ist eine „wertende" Entscheidung.[221] Dem Richter obliegen daher besondere Hinweis- und Erörterungspflichten aus § 139 ZPO.[222] Er muss darauf hinwirken, dass sachdienliche Anträge gestellt werden.[223] Neben dem unmittelbaren Anspruch auf die angepasste Leistung ist eine Klage auf Zustimmung zur Anpassung mangels Rechtsschutzbedürfnisses i.d.R. unzulässig.[224] Wer sich auf § 313 berufen will, trägt die Darlegungs- und Beweislast für die Umstände, aus denen sich Störung und Unzumutbarkeit ergeben.

57

Der Anspruch auf Anpassung **verjährt** gemäß §§ 195, 199 regelmäßig in drei Jahren ab Ende des Jahres, in dem der Berechtigte Kenntnis der relevanten Umstände erlangt oder hätte erlangen müssen. Nach drei Jahren kann der Anspruch allerdings schon **verwirkt** oder die Voraussetzungen können entfallen sein, denn wer sich in einer unzumutbaren Lage befindet, wird sich kaum drei Jahre Zeit lassen können. Die Gegenseite muss zudem wissen, ob sie noch mit weiterer Durchführung rechnen kann. Der Aspekt der Verwirkung gilt auch für das Rücktrittsrecht. Für den Fall, dass der benachteiligte Schuldner erst längere Zeit nach der Störung in Anspruch genommen wird, kann er sein Recht aus § 313 nach dem Rechtsgedanken der §§ 438 Abs. 4, 441 Abs. 5 (entspr. 478 a.F.) immer noch einredeweise geltend machen.

58

§ 314 Kündigung von Dauerschuldverhältnissen aus wichtigem Grund

(1) ¹Dauerschuldverhältnisse kann jeder Vertragsteil aus wichtigem Grund ohne Einhaltung einer Kündigungsfrist kündigen. ²Ein wichtiger Grund liegt vor, wenn dem kündigenden Teil unter Berücksichtigung aller Umstände des Einzelfalls und unter Abwägung der beiderseitigen Interessen die Fortsetzung des Vertragsverhältnisses bis zur vereinbarten Beendigung oder bis zum Ablauf einer Kündigungsfrist nicht zugemutet werden kann.

(2) ¹Besteht der wichtige Grund in der Verletzung einer Pflicht aus dem Vertrag, ist die Kündigung erst nach erfolglosem Ablauf einer zur Abhilfe bestimmten Frist oder nach erfolgloser Abmahnung zulässig. ²§ 323 Abs. 2 findet entsprechende Anwendung.

(3) ¹Der Berechtigte kann nur innerhalb einer angemessenen Frist kündigen, nachdem er vom Kündigungsgrund Kenntnis erlangt hat.

(4) ¹Die Berechtigung, Schadensersatz zu verlangen, wird durch die Kündigung nicht ausgeschlossen.

Literatur: *Horn*, Vertragsdauer, in: BMJ (Hrsg.), Gutachten und Vorschläge zur Überarbeitung des Schuldrechts Band I, 1981, S. 551 ff.; *Michalski*, Zur Rechtsnatur des Dauerschuldverhältnisses, JA 1979, 401 ff.; *Oetker*, Das Dauerschuldverhältnis und seine Beendigung, Tübingen 1994.

Inhalt

A. Grundlagen 1	2. Anforderungen an die Abmahnung 21
B. Tatbestand 3	3. Entbehrlichkeit der Abmahnung 22
I. Dauerschuldverhältnis 3	V. Kündigungserklärung 23
1. Begriff 3	1. Grundlagen 23
2. Anerkannte Dauerschuldverhältnisse 4	2. Kündigungserklärungsfrist 24
3. Problemfälle 5	VI. Rechtsfolgen 25
II. Spezialregelungen 10	1. Wirkung ex nunc 25
III. Wichtiger Grund 11	2. Fristlosigkeit 26
1. Generelle Konkretisierung 11	3. Umdeutung unwirksamer Kündigungen 27
2. Verdachtskündigung 15	VII. Dispositivität 28
3. Maßgeblicher Zeitpunkt 16	VIII. Konkurrenzen 29
IV. Abhilfefrist/Abmahnung 17	IX. Darlegungs- und Beweislast 30
1. Funktion der Abmahnung 17	

---

220 A.A. (rechtsgestaltender Eingriff in den Vertrag) bisher für Anspruchslösung *Medicus*, FS Flume I, 1978, S. 629, 642 f.; *Esser/Schmidt*, Schuldrecht Bd. 1/2 § 24 III.
221 MüKo/*Roth*, § 242 Rn 655.
222 So schon bisher BGH WM 1969, 335, 337.
223 BGH NJW 1978, 695.
224 Zur bisherigen Rechtslage BGHZ 91, 36; vgl. aber zur Wandelung im alten Kaufrecht BGH NJW 1997, 3164, 3165; Soergel/*Huber*, § 462 Rn 40.

A. Grundlagen

1 § 314 normiert den in Rechtsprechung[1] und Schrifttum[2] anerkannten Rechtsgrundsatz der Kündigung aus wichtigem Grund (außerordentliche Kündigung) bei Dauerschuldverhältnissen. Anwendbar ist diese Vorschrift auf alle ab dem 1.1.2001 geschlossenen Dauerschuldverhältnisse und gemäß Art. 229 § 5 EGBGB auf alte Dauerschuldverhältnisse ab dem 1.1.2003. Als dogmatische Grundlage wurde **bisher** eine **Gesamtanalogie** zu §§ 626, 723 herangezogen.[3] Teilweise wurde der Rechtsgrundsatz auch aus § 242 abgeleitet.[4]

Aus Gründen der Vollständigkeit des Gesetzesrechts wurde die außerordentliche Kündigung von Dauerschuldverhältnissen im Rahmen der Überarbeitung des Leistungsstörungsrechts kodifiziert.[5] Eine Änderung der bisherigen Rechtsprechung bezweckt der Gesetzgeber damit nicht.[6] Die Kodifizierung ist grundsätzlich zu begrüßen, da alle wesentlichen Rechtsinstitute schon aus Gründen der Rechtsklarheit und Rechtssicherheit gesetzlich geregelt sein sollten.

2 Eine wirksame Kündigung eines Dauerschuldverhältnisses aus wichtigem Grund hat folgende **Voraussetzungen**: Es muss ein Dauerschuldverhältnis bestehen (Rn 3 ff.), auf das **keine Sonderregelung** (Rn 10) anwendbar ist. Des Weiteren muss ein **wichtiger Grund** vorliegen (Rn 11 ff.). Besteht der wichtige Grund in der Verletzung einer vertraglichen Pflicht, muss eine **erfolglose Abmahnung** erfolgt sein bzw. die gesetzte Abhilfefrist muss erfolglos verstrichen sein (Rn 17 ff.). Insbesondere unter den Voraussetzungen des § 323 Abs. 2 sind diese Maßnahmen entbehrlich (Rn 22). Die **Kündigung** muss innerhalb einer **angemessenen Frist nach Kenntnis** des wichtigen Grundes erklärt worden sein (Rn 23).

Rechtsfolge ist grundsätzlich die **fristlose Beendigung** des Dauerschuldverhältnisses (Rn 25 ff.). Die bis zur Ausübung der Kündigung erbrachten Leistungen werden grundsätzlich nicht berührt, es erfolgt **keine Rückabwicklung**. Gemäß Abs. 4 bleibt das Recht Schadensersatz zu fordern unberührt.

B. Tatbestand

I. Dauerschuldverhältnis

1. Begriff

3 Die erste gründliche Analyse des Dauerschuldverhältnisses wurde von *Otto von Gierke* schon 1914 durchgeführt.[7] Das Gesetz verwendet den Begriff heute in § 308 Nr. 3, § 309 Nr. 1 und 9, § 108 InsO und Art. 229 § 5 EGBGB. Unter Berufung auf mögliche Abgrenzungsschwierigkeiten und mögliche künftige Entwicklungen hat der Gesetzgeber auf eine Definition des Dauerschuldverhältnisses verzichtet.[8]

Ein **Dauerschuldverhältnis** wird herkömmlich als ein Schuldverhältnis **definiert**, das sich nicht in einmaligen Erfüllungshandlungen erschöpft, sondern eine Verpflichtung zu einem fortlaufenden Tun, Unterlassen oder Verhalten begründet.[9] Der Umfang der zu erbringenden Leistung ist abhängig von der Zeitdauer des Schuldverhältnisses. Dadurch entstehen ständig neue Erfüllungs-, Neben- und Schutzpflichten.[10] Bei dieser ständigen Pflichtenanspannung ist oft ein persönliches Vertrauensverhältnis für die Vertragserfüllung von besonderer Bedeutung.[11] **Speziell für die Kündigung** ist deren **Wirkung** nur für zukünftig fällige Leistungen von großer Bedeutung. Nur wenn diese Wirkung angemessen ist, sollte ein Schuldverhältnis als Dauerschuldverhältnis im Rahmen des § 314 angesehen werden (**teleologische Begriffsbestimmung**).

---

1 RGZ 65, 37, 38; 128, 1, 16; 160, 361, 366; BGH NJW 1951, 836; BGHZ 50, 312, 315; BGH NJW 1989, 1482, 1483; NJW 1991, 1828, 1829.
2 *Fikentscher*, Schuldrecht, S. 40; *Medicus*, Schuldrecht AT, Rn 874; *Larenz*, Schuldrecht AT 1, § 2 VI; MüKo/*Kramer*, vor § 241 Rn 90; Jauernig/*Vollkommer*, § 242 Rn 98; Soergel/*Wolf*, § 305 Rn 20; Staudinger/*J. Schmidt*, § 242 Rn 1385.
3 RGZ 128, 16; 150, 199; BGHZ 9, 157, 161; 29, 171; 41, 104, 108; 50, 312, 314; BGH NJW 1999, 177; MüKo/*Kramer*, vor § 241 Rn 214.
4 RGZ 169, 203, 206; BGHZ 9, 157, 161; BGH NJW 1989, 1482, 1483; BGH NJW-RR 1991, 1266, 1267; Staudinger/*J. Schmidt*, § 242 Rn 1385; Erman/*Jendrek*, § 554a Rn 10; *Schwerdtner*, Jura 1985, 207, 208.
5 RegE Begründung BT-Drucks 14/6040, 177.
6 RegE Begründung BT-Drucks 14/6040, 177.
7 Dauernde Schuldverhältnisse, JherJb 64 (1914), 355.
8 BT-Drucks 14/6040, 177.
9 MüKo/*Kramer*, vor § 241 Rn 95; Soergel/*Teichmann*, § 241 Rn 6; *Michalski*, JA 1979, 401, 402; krit. Staudinger/*J. Schmidt*, Einl. zu §§ 241 ff. Rn 356; zweifelnd auch *Esser/Schmidt*, SchuldR I 1, § 15 II, der nicht auf den Vertragstyp abstellt, sondern als entscheidendes Kriterium die lebensmäßige Ausgestaltung des Rechtsgeschäfts ansieht, die von den Parteiinteressen abhängig sei; ausführlich *Oetker*, Dauerschuldverhältnisse, S. 134 ff.
10 *Michalski*, JA 1979, 401, 402.
11 *Medicus*, Schuldrecht AT, Rn 14.

2. Anerkannte Dauerschuldverhältnisse

Zu den gesetzlich **normierten Dauerschuldverhältnissen** zählen u.a. Miete, Pacht, Leihe, Darlehen,[12] Dienstvertrag,[13] Verwahrung, Gesellschaftsvertrag, Versicherungsvertrag, Girovertrag[14] und Tarifverträge.[15] Daneben existieren auch **nicht normierte** Dauerschuldverhältnisse[16] wie Leasing,[17] Factoring,[18] Franchising,[19] Lizenzvertrag, Projektsteuerungsvertrag,[20] Belegarztvertrag[21] und auch wettbewerbsrechtliche Unterlassungsverträge.[22] Des Weiteren ist der Rahmenvertrag ein Dauerschuldverhältnis.[23] Aus konkursrechtlichen Gründen wurde für die alte Konkursordnung bei Versorgungsverträgen die Rechtsfigur des **Wiederkehrschuldverhältnisses** entwickelt, um solche Vertragsverhältnisse aus dem Anwendungsbereich der Dauerschuldverhältnisse herauszunehmen.[24] Selbst wenn diese Rechtsfigur generell bestehen sollte,[25] stellt eine Kündigung – wegen der ausgeschlossenen Rückabwicklung – die einzige sinnvolle Beendigungsmöglichkeit dar. Daher sind auch Wiederkehrschuldverhältnisse **Dauerschuldverhältnisse** i.S.d. § 314 nach der hier verwendeten teleologischen Begriffsbestimmung.

4

Ferner können auch Vertragstypen wie Kauf, Werkvertrag, Bürgschaft und Maklervertrag, die an sich kein Dauerschuldverhältnis darstellen, aufgrund vertraglicher Vereinbarung als ein solches ausgestaltet werden.[26]

3. Problemfälle

Problematisch ist, ob auch der sog. Ratenlieferungsvertrag, der sog. Sukzessivlieferungsvertrag und der sog. Langzeitvertrag Dauerschuldverhältnisse sind.

5

a) Bei einem **Ratenlieferungsvertrag** ist die Gesamtmenge der Leistung von Anfang an festgelegt, sie wird nur in mehreren Teilen (Raten) geleistet.[27] Der Leistungsumfang ist also von der Dauer des Schuldverhältnisses unabhängig. Die Beschränkung der Kündigung für die Zukunft ist wegen der Einheitlichkeit[28] der Lieferungen nicht angemessen. Der Ratenlieferungsvertrag stellt **kein Dauerschuldverhältnis** dar.[29]

6

b) Auch bei einem **Sukzessivlieferungsvertrag** werden die vereinbarten Leistungen in Zeitabschnitten erbracht. Erforderlich ist, dass die Leistungen auf einer einheitlichen vertraglichen Grundlage basieren.[30] Hinsichtlich des Begriffs des Sukzessivlieferungsvertrags bestehen unterschiedliche Auffassungen: Versteht man den Sukzessivlieferungsvertrag **im weiten Sinn**, gliedert er sich in zwei Unterformen: in den **Ratenvertrag** („echter Sukzessivlieferungsvertrag"), der kein Dauerschuldverhältnis darstellt (Rn 6); und in den **Dauerlieferungsvertrag**.[31] Wichtigstes Kriterium eines Dauerlieferungsvertrags ist, dass die zu liefernde Menge nicht von vornherein vereinbart wurde. Bei einem Dauerlieferungsvertrag richtet sich der Umfang der zu erbringenden Leistung nach dem Bedarf des Vertragspartners (z.B. Bierlieferungsvertrag, Verträge über Strom, Wasser und Gas).[32] Zu den Dauerlieferungsverträgen zählen auch die „Just-in-time-Vereinbarungen".[33] Der andere Vertragspartner hat auf Anforderung ständig lieferbereit zu sein.[34] Ein solcher Vertrag wird als ein echtes Dauerschuldverhältnis angesehen, da sich die zu liefernde Menge im

7

---

12 BGH DB 1980, 1163, 1164; BGH NJW 1986, 1928; näher: *Oetker*, Dauerschuldverhältnis, S. 148 ff.
13 *Oetker*, Dauerschuldverhältnis, S. 152 ff.; Palandt/*Heinrichs*, Einl. v § 241 Rn 17; nicht bei der Beschränkung auf Einzelleistungen (BGH NJW 1989, 1479).
14 OLG Köln NJW-RR 1992, 1522.
15 BAG NZA 1997, 830; 1998, 1008, 1009.
16 Vgl. näher: *Oetker*, Dauerschuldverhältnis, S. 173 ff.
17 Soergel/*Teichmann*, § 241 Rn 6; *Oetker*, Dauerschuldverhältnis, S. 174.
18 BGH NJW 1980, 44; Staudinger/*J. Schmidt*, Einl. zu §§ 241 ff. Rn 300.
19 BGH NJW 1999, 1177, 1178; BGHZ 133, 316, 320; *Weltrich*, Franchising, S. 58.
20 BGH NJW 2000, 202.
21 BGH NJW 1972, 1128.
22 BGHZ 133, 316; 320; Palandt/*Heinrichs*, Einl. v § 241 Rn 17.
23 BGH WM 2000, 1198, 1201.
24 Vgl. näher: RGZ 148, 326, 330, 332; *Larenz*, Schuldrecht AT 1, § 2 VI Fn 45; MüKo/*Kramer*, Einl. § 241 Rn 97; Kuhn/ *Uhlenbruch*, KO, § 17 Rn 27; Kilger/*K. Schmidt*, KO/VerglO/GesO, § 17 KO 3 a.
25 Dafür: *Fikentscher*, Schuldrecht, Rn 37; *Michalski*, JA 1979, 401, 408; dagegen: *Oetker*, Dauerschuldverhältnis, S. 125 ff.; *Larenz*, Schuldrecht AT 1, § 2 VI Fn 45; *Medicus*, Schuldrecht AT, Rn 13; Soergel/*Teichmann*, § 241 Rn 7; offen gelassen: BGHZ 83, 359, 362.
26 MüKo/*Kramer*, Einl. § 241 Rn 97; Palandt/*Heinrichs*, Einl. v § 241 Rn 17 bzw. 20; *Gernhuber*, Das Schuldverhältnis, S. 382.
27 *Larenz*, Schuldrecht AT 1, § 2 VI; nach *Musielak*, JuS 1977, 96, 97 f. gehört der Ratenlieferungsvertrag auch zu den Dauerschuldverhältnissen.
28 *Oetker*, Dauerschuldverhältnis, S. 121 f.
29 Soergel/*Wolf*, § 303 Rn 21; Soergel/*Teichmann*, § 241 Rn 7; *Michalski*, JA 1979, 401, 402; *Larenz*, Schuldrecht AT 1, § 2 VI.
30 *Oetker*, Dauerschuldverhältnis, S. 128.
31 Erman/*Hefermehl*, § 145 Rn 44; Palandt/*Putzo*, Einl. v § 241 Rn 17.
32 *Medicus*, Schuldrecht AT, Rn 12, 13; MüKo/*Emmerich*, vor § 275 Rn 329; *Oetker*, Dauerschuldverhältnis, S. 175.
33 MüKo/*Emmerich*, vor § 275 Rn 329; *Oetker*, Dauerschuldverhältnis, S. 175 f.
34 MüKo/*Emmerich*, vor § 275 Rn 329; *Oetker*, Dauerschuldverhältnis, S. 175.

Laufe der Zeit (sukzessive) erhöht.[35] Auch wenn die Menge für einen bestimmten Zeitraum festgelegt wurde (z.B. pro Monat), liegt ein Dauerschuldverhältnis vor, da keine Gesamtmenge von vornherein feststeht.[36]

Nach **engerer Ansicht** gehören zu den Sukzessivlieferungsverträgen nur solche, bei denen die Menge der Gesamtleistung im Voraus fest bestimmt ist, also die „echten Sukzessivlieferungsverträge".[37] Diese begründen kein Dauerschuldverhältnis.[38]

Andere, die den Begriff des Sukzessivlieferungsvertrags auch enger fassen, verstehen darunter Verträge, bei denen die Gesamtmenge der zu erbringenden Leistung bei Vertragsschluss noch offen ist,[39] also die erwähnten Dauerlieferungsverträge. Diese stellen Dauerschuldverhältnisse dar.[40] Trotz der unterschiedlichen Definitionen des Sukzessivlieferungsvertrags werden materiell-rechtlich dennoch dieselben Fallgruppen zu den Dauerschuldverhältnissen gezählt.

8 c) Bei **Langzeitverträgen** handelt es sich um eine auf lange Sicht angelegte Kooperation, die eine sehr komplexe Vertragsbeziehung darstellt. Als Beispiele werden Franchiseverträge oder solche über den Bau einer Industrieanlage oder eines Flughafens genannt.[41] In Anbetracht der langen Zeitdauer könnte es möglich sein, auch auf diesen Vertrag die Regeln der Dauerschuldverhältnisse anzuwenden. Entsprechend der teleologischen Begriffsbildung (Rn 3) kommt es darauf an, ob die Kündigung mit ihrer ex nunc Wirkung der richtige Rechtsbehelf ist oder ob der Rücktritt vorzugswürdig ist.

9 d) In einigen **einfachen Schuldverhältnissen**, wie dem Werk- und Reisevertrag, sieht das Gesetz auch die Möglichkeit einer Kündigung (§§ 649, 651e) vor. In diesen Fällen könnte auch eine entsprechende Anwendbarkeit der **Kündigung** aus wichtigem Grund möglich sein. Dies wird im Verhältnis zu § 649 allgemein anerkannt, insbesondere wenn ein Vertretenmüssen des Unternehmers vorliegt.[42] **Problematisch** ist dies hinsichtlich der **Rechtsfolge**, da auch bei der Kündigung aus wichtigem Grund die schon erbrachten und dem Besteller verbleibenden Teilleistungen grundsätzlich vergütet werden.[43] Der Besteller erhält zwar das Werk, das für ihn aber oftmals wegen der Unvollständigkeit wertlos sein wird.[44] Kann er den Nachweis führen, dass das Werk für ihn nicht brauchbar ist, soll der Vergütungsanspruch des Unternehmers nach Treu und Glauben entfallen.[45] Dies entspricht § 307 Abs. 4 KE für Dauerschuldverhältnisse, dessen Normgehalt aber nicht in § 314 aufgenommen wurde. Danach sollte sich im Falle des Interessenwegfalls die Kündigung auf schon erbrachte Leistungen erstrecken. Gegen eine Lösung nach Treu und Glauben bestehen insbesondere bei fehlendem Verschulden Bedenken. Im Reisevertragsrecht normiert § 651e einen Spezialfall der Kündigung aus wichtigem Grund. Daher ist ein Rückgriff auf das allgemeine Kündigungsrecht aus wichtigem Grund entbehrlich.

II. Spezialregelungen

10 Eine Kündigung nach § 314 scheidet aus, soweit eine speziellere Norm die Kündigung aus wichtigem Grund bei einzelnen Dauerschuldverhältnissen regelt.[46] Die praktisch bedeutsamsten Spezialregelungen der außerordentlichen Kündigung stellen **§§ 543, 569** für die Miete, **§ 626** für den Dienstvertrag, § 89a HGB für den Handelsvertretervertrag und **§ 723** für die Gesellschaft sowie die Auflösungsklage nach **§ 133 HGB** dar. Ein **Rückgriff auf § 314** verbietet sich nur dann, wenn die speziellere Norm abschließend ist.[47] Mit der Neuregelung des Mietrechts wurde auch die außerordentliche Kündigung aus wichtigem Grund umfassend neu geregelt. § 543 Abs. 1 entspricht weitestgehend der Fassung des § 314 Abs. 1. Eine Konkretisierung wichtiger Gründe erfolgt in § 543 Abs. 2 und in § 569 für die Wohnraummiete. Insbesondere wegen der generalklauselartigen Fassung, die nun nicht mehr ein Verschulden der anderen Vertragspartei zwingend

---

35 Palandt/*Putzo*, Einl. vor § 241 Rn 17.
36 *Medicus*, Schuldrecht AT, Rn 11; im Ergebnis so auch *Oetker*, Dauerschuldverhältnisse, S. 175.
37 MüKo/*Emmerich*, Vor § 275 Rn 328.
38 MüKo/*Emmerich*, Vor § 275 Rn 332.
39 Soergel/*Teichmann*, § 241 Rn 6; Soergel/*Wolf*, § 305 Rn 22; *Medicus*, Schuldrecht AT, Rn 12.
40 Da nur einmalige Teilleistungen nach Ablauf verschiedener Zeitabschnitte erbracht würden und nicht die Leistung innerhalb einer bestimmten Zeit erbracht werden müsse, liege kein Dauerschuldverhältnis vor; dennoch seien die Regeln für Dauerschuldverhältnisse auf einen Sukzessivlieferungsvertrag anwendbar, Soergel/*Wolf*, § 305 Rn 22.
41 MüKo/*Kramer*, § 241 Rn 104.
42 BGH NJW 1999, 3554, 3556; BGH NJW 1996, 1751; BGH NJW 1993, 1972, 1973; BGH NJW-RR 1996, 1108; vgl. auch *B. Schmidt*, NJW 1995, 1313 ff.; Soergel/*Teichmann*, § 649 Rn 5; Erman/*Seiler*, § 649 Rn 11; Staudinger/*Peters*, § 649 Rn 1, 10, 32 ff.
43 BGH NJW 1993, 1972; 1995, 1837.
44 Beruht die Wertlosigkeit auf einem Mangel, steht ihm ein Nachbesserungsanspruch zu BGH NJW 1993, 1972, 1973; BGH NJW-RR 1988, 208, 209.
45 BGHZ 136, 33, 39; BGH NJW 1993, 1972, 1973; Erman/*Seiler*, § 649 Rn 11.
46 BT-Drucks 14/6040, 177; *Horn*, Gutachten I, S. 627, 628; *Esser/Schmidt*, Schuldrecht AT 1, § 20 IV.
47 *Horn*, Gutachten I, S. 627.

voraussetzt,⁴⁸ wird ein Rückgriff auf die Kündigung nach § 314 nicht mehr gerechtfertigt sein.⁴⁹ Auch im Verhältnis zu **§ 626** findet § 314 grundsätzlich keine Anwendung, da die 2-Wochen-Frist des § 626 Abs. 2 sonst umgangen werden könnte. Außerdem ist § 626 selbst als Generalklausel gefasst, so dass es eines Rückgriffs nicht bedarf. Eine andere Frage ist aber, ob die Wertungen des § 314, insbesondere die Abmahnung und Fristsetzung sowie deren Entbehrlichkeit nach § 323 Abs. 2, nicht doch die Auslegung des § 626 beeinflussen. Auch § 723 und § 89a HGB sind generalklauselartig gefasst. Den Wertungen des § 314 könnte damit auch hier allenfalls Ausstrahlungswirkung zukommen.

III. Wichtiger Grund

1. Generelle Konkretisierung

a) Nach der in Abs. 1 gegebenen Definition liegt ein wichtiger Grund vor, wenn dem kündigenden Teil unter Berücksichtigung aller Umstände des Einzelfalls und unter Abwägung der beiderseitigen Interessen die Fortsetzung des Vertragsverhältnisses bis zur vereinbarten Beendigung oder bis zum Ablauf einer Kündigungsfrist nicht zugemutet werden kann. Im Rahmen einer **Prognoseentscheidung** müssen also die Gründe, die die Auflösung des Dauerschuldverhältnisses rechtfertigen, für die Zukunft Gewicht haben.⁵⁰ Damit die Möglichkeit erhalten bleiben soll, die Besonderheiten der jeweiligen Vertragstypen zu berücksichtigen, hat der Gesetzgeber auf eine Normierung absoluter Kündigungsgründe verzichtet.⁵¹ Dennoch sollten zumindest die **Gründe nach § 323**, bei deren Vorliegen ein Rücktritt vom einfachen Schuldverhältnis ohne Fristsetzung möglich ist, generell auch eine außerordentliche Kündigung eines Dauerschuldverhältnisses rechtfertigen. Denn die Folgen des Rücktritts sind aufgrund seiner Wirkung für erbrachte Leistungen gravierender. Besteht aufgrund eines **Wegfalls der Geschäftsgrundlage** ein Anspruch auf Beendigung des Dauerschuldverhältnisses (**§ 313 Abs. 3**), wird regelmäßig die Kündigung aus wichtigem Grund möglich sein. Obwohl die Abwägung der Zumutbarkeit der Fortsetzung des Dauerschuldverhältnisses immer einzelfallabhängig vorzunehmen ist, lassen sich **typische wichtige Gründe** konkretisieren.

11

b) Ist der **Vertragszweck** objektiv nicht mehr zu erreichen, muss für die Parteien die Möglichkeit bestehen, sich zu trennen. Dies gilt insbesondere, wenn eine ordentliche Kündigung nicht möglich ist.⁵² Kein wichtiger Grund liegt vor, wenn die Ausführung des Vertrags unmöglich geworden ist.⁵³ Kann der Vertragszweck nur mit einem unverhältnismäßigen wirtschaftlichen Aufwand erzielt werden, wird auch darin ein wichtiger Grund zu sehen sein.⁵⁴ Auch kann die Gefährdung des Erreichens des Vertragszwecks einen wichtigen Grund darstellen.⁵⁵ Eine solche Gefährdung liegt vor, wenn gegen vertragliche Verhaltenspflichten verstoßen wurde⁵⁶ und auch eine Abmahnung erfolglos geblieben ist. Des Weiteren können **Zahlungsrückstände** einer Partei zur Gefährdung des Vertragszwecks führen.⁵⁷ Ein einmaliges Ausbleiben der Zahlung wird allerdings noch nicht zur Annahme eines wichtigen Grundes führen. Das Gesetz kennt nur im Mietrecht eine feste Grenze von 2 Monaten (§ 543 Abs. 2). Mit Rücksicht auf die unterschiedlichen Anforderungen der einzelnen Vertragstypen ist diese Grenze nicht verallgemeinerungsfähig, sondern kann nur als ein grober Anhaltspunkt verstanden werden. Zumindest im Wiederholungsfall, wie auch bei einer Eigengefährdung bzw. Existenzgefährdung der anderen Partei liegt ein Kündigungsgrund vor.

12

c) **Einige Dauerschuldverhältnisse** wie z.B. Gesellschaftsverhältnisse, Dienst- und Arbeitsverhältnisse erfordern eine **intensive vertrauensvolle Zusammenarbeit**.⁵⁸ Wird diese persönliche Zusammenarbeit gestört und ist eine Klärung der Lage nicht absehbar, muss eine außerordentliche Kündigung möglich sein.⁵⁹ Bei anderen Dauerschuldverhältnissen, wie Pacht, Darlehens- oder Energielieferungsverträgen, ist ein persönliches Zusammenarbeiten der Vertragsparteien nicht essenziell. Treten in diesen Verhältnissen Störungen der Vertrauensgrundlage auf, stellt dies allein in der Regel keinen wichtigen Grund dar. Hat die Zerrüttung des Vertrauensverhältnisses keinen Einfluss auf den wirtschaftlichen Erfolg des Schuldverhältnisses, ist zur Vermeidung der Zerschlagung wirtschaftlicher Werte bei der Annahme eines

13

---

48 So § 554a a.F.
49 Damit hat sich der Streit, ob eine Kündigung aus wichtigem Grund neben § 554a a.F. mangels Verschulden möglich ist, erledigt. Dazu: BGHZ 50, 312, 315; BGH NJW 1988, 204, 206; 1996, 714; Erman/*Jendrek*, § 554a Rn 10; *Schwerdtner*, Jura 1985, 207, 209; Staudinger/*Emmerich*, § 554b Rn 1; LG Berlin WuM 1986, 251; MüKo/*Voelskow*, § 554a Rn 5.
50 Erman/*Belling*, § 626 Rn 32.
51 RegE Begründung BT-Drucks 14/4060, S. 178.
52 MüKo/*Ulmer*, § 723 Rn 25; *Baumbach/Hopt*, § 133 Rn 10; MüKo/*Schwerdtner*, § 626 Rn 61; LAG Hamm DB 1988, 715, 716.
53 MüKo/*Schwerdtner*, § 626 Rn 147; Jauernig/*Schlechtriem*, § 626 Rn 14; Staudinger/*Preis*, § 626 Rn 232.
54 BGHZ 41, 104, 108.
55 BGHZ 45, 372; BGH NJW 1981, 1666, 1667; MüKo/*Ulmer*, § 723 Rn 25; bei Verletzung von Hauptpflichten BAG BB 1997, 601 f.; BAG NJW 1994, 1894.
56 Erman/Belling, § 626 Rn 38.
57 BGH NJW-RR 1991, 242; Erman/*Jendrek*, § 554a Rn 8 m.w.N.
58 Staudinger/*J. Schmidt*, § 242 Rn 1403.
59 MüKo/*Ulmer*, § 723 Rn 22; *Baumbach/Hopt*, § 133 Rn 10; Erman/*J. Schmidt*, § 242 Rn 1183.

wichtigen Grundes Zurückhaltung geboten.⁶⁰ Grundsätzlich ist aber auch in Dauerschuldverhältnissen, die kein Vertrauen für die Durchführung des Vertrags voraussetzen, bei schwersten Verstößen von einem wichtigen Grund auszugehen.

Das Festhalten am Vertrag kann für eine Partei zu erheblichen ökonomischen Nachteilen führen. Dies ist beispielsweise der Fall, wenn es aus Gründen des Arbeitsplatzwechsels erforderlich ist, einen Zeitmietvertrag vorzeitig zu beenden, der Vermieter aber auf ein Festhalten am Vertrag oder der Zahlung einer Abfindung besteht.⁶¹ Werden die Interessen der anderen Partei z.B. durch die Präsentation geeigneter Nachmieter gewährleistet, könnte die **Gefahr des bedeutenden wirtschaftlichen Nachteils** ein wichtiger Grund sein. Bei der Gewährung von Nutzungsrechten wird die **Gefährdung des Nutzungsgegenstandes** stets einen wichtigen Grund darstellen.⁶²

14 d) Für alle Dauerschuldverhältnisse gilt, dass die **Begehung vorsätzlicher Straftaten gegen den Vertragspartner** oder die ihm nahe stehenden Personen und Mitarbeiter, nahezu immer ein wichtiger Grund ist.⁶³ Bei Straftaten, die sich nicht gegen den Vertragspartner richten, ist immer zu beachten, wie sie sich auf den Vertragszweck auswirken.⁶⁴

Aufgrund der notwendigen Abwägung des Beendigungsinteresses des einen Vertragspartners mit dem Fortführungsinteresse des anderen Teils, stellen **Umstände**, die allein **aus dem Risikobereich des Kündigenden** stammen, keinen wichtigen Grund dar.⁶⁵ Ein **Verschulden** ist **nicht erforderlich**. Ein solches begründet weder allein einen wichtigen Grund noch schließt ein Verschulden des Kündigenden das Recht zur Kündigung aus.⁶⁶ Liegen **mehrere Sachverhalte** vor, die einzeln betrachtet jeweils keinen wichtigen Grund darstellen, können sie dennoch zusammen einen solchen begründen.⁶⁷

2. Verdachtskündigung

15 Eine Störung der Vertrauensgrundlage kann auch auf einem **begründeten Verdacht** des Vorliegens eines wichtigen Grundes basieren.⁶⁸ Jedoch reicht allein das Entstehen eines Verdachts noch nicht zur Bejahung eines wichtigen Grundes. Zunächst ist der Versuch zu unternehmen, den Verdacht aufzuklären. Die **Aufklärung** muss hinsichtlich der einzusetzenden Mittel und der aufzuwendenden Zeit zumutbar sein. Gelingt eine Aufklärung nicht, kann in dem Verdacht ein wichtiger Grund zu sehen sein, wenn wie bei Straftaten die **Vertrauensgrundlage** durch diesen **nachhaltig beeinträchtigt** ist. Stellt sich im Nachhinein der Verdacht als unbegründet heraus, stellt sich die Frage der Auswirkung auf die Kündigung. Das **nachträgliche Wegfallen eines Kündigungsgrundes** hat grundsätzlich keine Auswirkungen auf die Wirksamkeit der Kündigung.⁶⁹ Es kann aber nach Treu und Glauben im Einzelfall geboten sein, das Dauerschuldverhältnis wieder aufzunehmen.⁷⁰ Ist das notwendige Vertrauensverhältnis der Parteien jedoch zerrüttet, ist eine Wiederaufnahme unzumutbar.⁷¹ Hat der Kündigende dieses Vertrauensverhältnis vorsätzlich zerstört, wird dem Gekündigten Schadensersatz zu gewähren sein.

3. Maßgeblicher Zeitpunkt

16 Der wichtige Grund muss im **Zeitpunkt** der Aussprache der **Kündigungserklärung** (Rn 23) vorliegen. Alle Gründe, die bei der Kündigung vorliegen, sind zu beachten. Entsteht ein **Umstand nach** Ausspruch der **Kündigung**, kann dieser nur eine erneute Kündigung rechtfertigen. Gründe, die vor dem Ausspruch der Kündigung bereits entstanden waren, können vom Kündigenden **nachgeschoben** werden, auch wenn sie ihm unbekannt waren.⁷² Oft wird der Kündigende, aus taktischen Gründen, versuchen, seine Position während des Prozesses zu verstärken. Bei Erhalt der Kündigung darf nicht darauf vertraut werden, dass nicht noch andere Argumente herangezogen werden. Eine Schranke bildet jedoch das treuwidrige Zurückhalten von Kündigungsgründen. Entscheidet auf der Seite des Kündigenden ein Gremium, können nur solche Gründe nachträglich geltend gemacht werden, mit deren Nachschieben die Mitglieder des Gremiums rechnen mussten.⁷³

---

60 Ebenroth/Boujong/Joost/*Lorz*, § 133 Rn 6; einschr. MüKo/*Schwerdtner*, § 626 Rn 77.
61 MüKo/*Schwerdtner*, § 626 Rn 74.
62 Vgl. näher Staudinger/*J. Schmidt*, § 242 Rn 1421 ff.
63 MüKo/*Schwerdtner*, § 626 Rn 122, 126; Ebenroth/Boujong/Joost/*Lorz*, § 133 Rn 14; Jauernig/*Schlechtriem*, § 626 Rn 7.
64 Ebenroth/Boujong/Joost/*Lorz*, § 133 Rn 14; MüKo/*Schwerdtner*, § 626 Rn 122.
65 BGHZ 136, 164; BGH NJW 1991, 1829; 1996, 714.
66 BGH NJW 1986, 3135; BGH DB 1972, 2054; 1969, 1403; 1972, 2054, 2055.
67 MüKo/*Schwerdtner*, § 626 Rn 48.
68 BGH NJW 1990, 41, 42; Ebenroth/Boujong/Joost/*Lorz*, § 133 Rn 13.
69 Staudinger/*Preis*, § 626 Rn 71; Erman/*Belling*, § 626 Rn 35.
70 BAG NZA 1997, 1340, 1343; Staudinger/*Preis*, § 626 Rn 72; *Belling*, RdA 1996, 223, 238.
71 Erman/*Belling*, § 626 Rn 35.
72 BAG NJW 1998, 101, 102; Soergel/*Wiedemann*, vor § 275 Rn 78; vgl. näher Staudinger/*Preis*, § 626 Rn 66 ff.
73 BGHZ 27, 220, 225; MüKo/*Ulmer*, § 723 Rn 19.

IV. Abhilfefrist / Abmahnung

1. Funktion der Abmahnung

Bildet eine Vertragspflichtverletzung den Grund der Kündigung, ist eine solche nur möglich, wenn **gemäß Abs. 2** eine erfolglose Abhilfefrist gesetzt oder eine Abmahnung ausgesprochen wurde. Insbesondere die **Funktion der Abmahnung** wird unterschiedlich beurteilt. Entwickelt wurde das Erfordernis der Abmahnung im Bereich des Arbeitsrechts aus Gründen der Schutzbedürftigkeit abhängig Beschäftigter.[74] Dort hat sie eine **Warn- und Ankündigungsfunktion**. Dem Vertragspartner sollen die Folgen seines vertragswidrigen Verhaltens vor Augen geführt werden.[75] Ziel der Abmahnung ist eine Verhaltensänderung des Vertragspartners.[76] Auch er soll die Möglichkeit bekommen, sich wieder vertragskonform zu verhalten, ihm wird also eine **zweite Chance** eingeräumt.[77] Der Funktion der Abmahnung liegt im Rahmen von Leitungsorganen bei **Gesellschaften** ein anderes Verständnis zugrunde. Dort wird sie lediglich als **Hinweis auf ein vertragswidriges Verhalten** angesehen.[78] Da Organe ihre Pflichten und die Folgen vertragswidrigem Verhaltens kennen, sei in diesen Rechtsverhältnissen eine Abmahnung regelmäßig entbehrlich.[79] Dieses Verständnis ist schon deshalb problematisch, weil nicht jedes vertragswidrige Verhalten einen Anlass für eine Kündigung aus wichtigem Grund bildet.

17

Richtigerweise hat die **Abmahnung** einerseits **Warnfunktion** und gibt dem Abgemahnten zugleich eine **zweite Chance**, wie auch mit dem Setzen einer Abhilfefrist dem Vertragspartner deutlich gemacht wird, dass sein Verhalten nicht gebilligt wird (Kündigung als **ultima ratio**).[80]

18

Des Weiteren hat die **Abmahnung** auch den Zweck, eine sichere **Prognosegrundlage** für die Beurteilung der Rechtfertigung einer möglicherweise nachfolgenden Kündigung zu schaffen.[81] Eine wiederholte Vertragsverletzung berechtigt gerade die Negativprognose der Wiederholungsgefahr.[82] Oftmals wird eine Pflichtverletzung erst dadurch erheblich und für den anderen Vertragsteil eine Fortsetzung des Dauerschuldverhältnisses unzumutbar, wenn ein Verhalten trotz Abmahnung fortgesetzt wird.[83]

19

Auch dem Setzen einer **Abhilfefrist** kommt eine Warnfunktion zu.[84] Bevor in die Rechtsposition des Vertragspartners eingegriffen wird, soll er die Möglichkeit erhalten, seine Leistung innerhalb einer Nachfrist zu erbringen.[85] Nicht zuletzt wegen eines einheitlichen Verständnisses des Abs. 2 und der Parallelität der Regelungen für Rücktritt und Kündigung, kommt dem Abs. 2 eine Warn- und Ankündigungsfunktion zu.

20

2. Anforderungen an die Abmahnung

Aus dem **Inhalt** der Abmahnung müssen für den Vertragspartner in hinreichend deutlicher Art und Weise die Beanstandungen erkennbar gemacht werden.[86] Außerdem muss ein klarer – nicht unbedingt ausdrücklicher – Hinweis gegeben werden, dass im Wiederholungsfall bzw. bei erfolglosem Verstreichen der Abhilfefrist der Inhalt oder Bestand des Vertragsverhältnisses gefährdet ist.[87] Eine **Regelausschlussfrist**, innerhalb derer eine **Abmahnung** ausgesprochen werden muss, besteht nicht.[88] Dennoch sollte sie, wie die Kündigungserklärung, innerhalb einer angemessenen Frist ausgesprochen werden, da sonst der Eindruck erweckt wird, das Fehlverhalten werde gebilligt. Grundsätzlich besteht auch keine Frist für die **Dauer der Wirkung** einer **Abmahnung**. Einen Anhaltspunkt bietet ein Zeitraum von zwei Jahren, der im Arbeitsrecht[89] angenommen wird. Dennoch wird auf den Einzelfall abzustellen sein.[90]

21

3. Entbehrlichkeit der Abmahnung

Unter den Voraussetzungen des § 323 Abs. 2 ist nach Abs. 2 Satz 2 das Setzen einer Abhilfefrist bzw. eine Abmahnung **entbehrlich**.[91] Da Ziel dieser Maßnahmen eine Verhaltensänderung ist, wird die Entbehrlichkeit nach Nr. 3 insbesondere dann gegeben sein, wenn objektiv eine Verhaltensänderung nicht möglich ist

22

---

74 BAG DB 2001, 1997, 1998; BGH NJW 2000, 1638.
75 Soergel/*Wiedemann*, Vor § 275 Rn 86; Erman/*Belling*, § 626 Rn 46.
76 Staudinger/*Preis*, § 626 Rn 112.
77 MüKo/*Ulmer*, § 723 Rn 22.
78 BGH, Urt. v. 10.9.2001 – II ZR 14/00 – n.v.; BGH NJW 2000, 1638, 1639.
79 BGH, Urt. v. 10.9.2001 – II ZR 14/00 – n.v.; BGH NJW 2000, 1638, 1639.
80 BGH NJW 1978, 947, 948.
81 Erman/*Belling*, § 626 Rn 47; MüKo/*Schwerdtner*, vor § 620 Rn 256.
82 Staudinger/*Preis*, § 626 Rn 109.
83 BGH NJW 1992, 496, 497; MüKo/*Voelskow*, § 554a Rn 8; Erman/*Jendrek*, § 554a Rn 6.
84 BGHZ 74, 202; BGH NJW 1986, 843; Jauernig/*Vollkommer*, § 326 Rn 8.
85 Erman/*Belling*, § 626 Rn 46.
86 Staudinger/*Preis*, § 626 Rn 112; Palandt/*Putzo*, Vorbem v § 620 Rn 41.
87 MüKo/*Schwerdtner*, § 626 Rn 39; MüKo/*Emmerich*, vor § 275 Rn 342; Palandt/*Putzo*, Vorbem v § 620 Rn 41.
88 Staudinger/*Preis*, § 626 Rn 111; Palandt/*Putzo*, Vorbem v § 620 Rn 41; Erman/*Belling*, § 626 Rn 48.
89 Palandt/*Putzo*, Vorbem v § 620 Rn 41; Hunold, NZA-RR 2000, 169, 174.
90 Staudinger/*Preis*, § 626 Rn 111.
91 Vgl. die Kommentierung zu § 323 Abs. 2.

oder nicht erwartet werden kann.[92] Dies ist beispielsweise der Fall bei einer nachhaltigen Zerrüttung des Vertrauensverhältnisses oder der Gewaltanwendung gegenüber dem Vertragspartner.[93] Auch in den Fällen, in denen der Wegfall der Geschäftsgrundlage den wichtigen Grund bildet, wird eine Abmahnung oder das Setzen einer Abhilfefrist regelmäßig entbehrlich sein.

V. Kündigungserklärung
1. Grundlagen

23 Die Kündigungserklärung ist eine einseitige, empfangsbedürftige und grundsätzlich formfreie[94] Willenserklärung.[95] Als Gestaltungsrecht ist sie **bedingungsfeindlich**,[96] damit die Parteien über die Beendigung des Vertrags nicht im ungewissen sind.[97] Die Kündigung kann nur dann mit einer Bedingung verbunden werden, wenn die Klarheit und Bestimmtheit der Kündigung dadurch nicht beeinträchtigt wird.[98] Dies ist der Fall, wenn der Bedingungseintritt vom Willen des Gekündigten abhängt[99] oder der Kündigungsempfänger zustimmt.[100] Die Kündigung kann ausdrücklich oder **stillschweigend** erklärt werden. Unbedingt erforderlich ist, dass der entsprechende Wille zur außerordentlichen Kündigung hinreichend klar und zweifelsfrei ausgedrückt worden ist.[101] Die Verwendung des Begriffs „Kündigung" sowie die Angabe der Kündigungsgründe ist nicht erforderlich.[102] **Kündigungsberechtigt** ist der Vertragspartner oder die von ihm bevollmächtigte Person. Die §§ 164 ff. finden Anwendung. Zu beachten ist auch die Möglichkeit der Zurückweisung der Kündigung nach § 180.[103] Da das Kündigungsrecht grundsätzlich nicht abspaltbar und übertragbar ist,[104] ist eine Vollmachtserteilung zur Kündigung nur in widerruflicher Form möglich. Sind auf der Empfängerseite der Kündigung mehrer Kündigungsgegner vorhanden, muss die Kündigung an alle gerichtet werden.[105]

2. Kündigungserklärungsfrist

24 Nach Abs. 3 hat die Kündigung innerhalb einer **angemessenen Frist** seit Kenntnis des Kündigungsgrundes zu erfolgen. Auf der einen Seite soll der Vertragspartner Klarheit darüber erhalten, ob von der Kündigungsmöglichkeit Gebrauch gemacht wird und auf der anderen Seite kann nach einiger Zeit nicht mehr angenommen werden, dass tatsächlich eine Unzumutbarkeit der Vertragsfortsetzung besteht.[106] Aufgrund der Vielgestaltigkeit der unterschiedlichen Dauerschuldverhältnisse wurde auf eine bestimmte Kündigungsfrist verzichtet.[107] Damit ist insbesondere die zweiwöchige Frist nach § 626 Abs. 2 nicht verallgemeinerungsfähig. Beispielsweise wurde eine zweimonatige Frist bei der Kündigung eines Vertragshändlers als angemessen angesehen; bei der eines Handelsvertreters aber schon für zu lang erachtet.[108] Für die angemessene Frist sind die Interessen des Kündigenden (Gewicht der Entscheidung, organisatorischer Aufwand) gegen das Interesse des zu Kündigenden an alsbaldiger Klärung abzuwägen. Ein Anhaltspunkt kann die übliche ordentliche Kündigungsfrist sein. Je länger diese dort ist, je länger darf die Frist bis zur Kündigung aus wichtigem Grund sein.

Die **Frist beginnt** mit der positiven Kenntnis des Kündigungsberechtigten von dem wichtigen Grund.[109]

---

92 Staudinger/*Preis*, § 626 Rn 111; Staudinger/*J. Schmidt*, § 242 Rn 1390; Ebenroth/Boujong/Joost/*Löwisch*, HGB, § 89a Rn 16.
93 Soergel/*Wiedemann*, vor § 275 Rn 86.
94 Anders nur bei Vorliegen gesetzlicher oder vertraglicher Formvorschriften.
95 *Medicus*, Schuldrecht AT, Rn 566; *Esser/Schmidt*, Schuldrecht AT 1, § 20 II.
96 BGHZ 97, 264, 267; *Esser/Schmidt*, Schuldrecht AT 1, § 20 II; Soergel/*Wiedemann*, vor § 275 Rn 78.
97 *Esser/Schmidt*, Schuldrecht AT 1, § 20 II.
98 MüKo/*Schwerdtner*, vor § 620 Rn 66; *Esser/Schmidt*, Schuldrecht AT, 1 § 20 II.
99 BAG NJW 1968, 2078.
100 *Esser/Schmidt*, Schuldrecht AT 1, § 20 II.
101 MüKo/*Schwerdtner*, vor § 620 Rn 86; Staudinger/*Preis*, § 626 Rn 248; Palandt/*Putzo*, § 626 Rn 20.
102 MüKo/*Ulmer*, § 723 Rn 9; *Esser/Schmidt*, Schuldrecht AT 1, § 20 II; Palandt/*Putzo*, Vorbem v § 620 Rn 32.
103 Näher *Lohr*, MDR 2000, 620.
104 *Esser/Schmidt*, Schuldrecht AT 1, § 20 II: MüKo/*Schwerdtner*, vor § 620 Rn 67.
105 *Esser/Schmidt*, Schuldrecht AT 1, § 20 II.
106 BT-Drucks 14/6040 S. 178.
107 BT-Drucks 14/6040 S. 178.
108 BGH NJW 1994, 722.
109 Baumbach/*Hopt*, § 59 Rn 131; BGH NJW 1993, 463, 464, wonach es nicht ausreicht, wenn lediglich ein nicht zur Kündigung berechtigtes Organ Kenntnis erlangt; BAG NJW 1978, 723, 724.

VI. Rechtsfolgen
1. Wirkung ex nunc
Die Kündigung **beendet** das Dauerschuldverhältnis **für die Zukunft**.[110] Dabei bleibt der bisherige Leistungsaustausch unberührt, es findet keine Rückabwicklung statt.[111] Die bis zur Kündigung fällig gewordenen und noch nicht erfüllten Leistungspflichten bleiben aber bestehen.[112] Die Schuldrechtskommission wollte dem Kündigenden, soweit er an bereits **erbrachten** fälligen **Leistungen** des Gekündigten kein Interesse mehr hat, eine Erstreckung der Kündigungswirkung auf diese schon erbrachten Leistungen erlauben.[113] Der Gesetzgeber hat dies nicht übernommen. Der Kündigungsberechtigte muss dies bei seiner Kündigungserklärung berücksichtigen, soweit sich nicht im Einzelfall ein Schadensersatzanspruch des Kündigenden hinsichtlich dieser nunmehr wertlosen Leistungen bejahen lässt, oder man wie im Werkvertragsrecht dem Kündigenden nach Treu und Glauben hilft (Rn 9). Hat ein Vertragsteil schon für die Zeit nach dem Wirksamwerden der Kündigung vorgeleistet, müssen diese **Vorleistungen** grundsätzlich nach §§ 812 ff. ausgeglichen werden.[114] Dies gilt unabhängig davon, ob es sich um eine freiwillige Vorleistung handelt oder eine Pflicht zu dieser besteht.[115]

2. Fristlosigkeit
Die Kündigung wirkt nach dem Gesetz **fristlos**. Dies ist **nur im Regelfall angemessen**.[116] Insbesondere dann, wenn eine ordentliche Kündigung ausgeschlossen ist und die **Kündigung aus wichtigem Grund** daher die **einzige Kündigungsart** ist und der Kündigungsgrund selbst keine sofortige Beendigung erfordert, kann entweder im Interesse beider Vertragspartner oder mit Rücksichtnahme auf die Interessen des zu Kündigenden eine Kündigungsfrist (soziale Auslauffrist) geboten sein.[117] Ist die Fristlosigkeit für einen ganzen ungeregelten Vertragstyp generell unangemessen, ist dies im Wege der teleologischen Reduktion bei Einzelfallgesichtspunkten dagegen in Anwendung der Treuepflicht (vgl. § 242 Rn 12 ff., 19 ff.) zu rechtfertigen. Ist eine Auslauffrist geboten, so wird die Kündigung aus wichtigem Grund mit dem Ablauf dieser wirksam. Dabei muss sich aus der Kündigungserklärung zweifelsfrei ergeben, dass es sich um eine Kündigung aus wichtigem Grund mit einer sozialen Auslauffrist handelt.[118]

3. Umdeutung unwirksamer Kündigungen
Die **Umdeutung** einer unwirksamen außerordentlichen Kündigung in eine ordentliche Kündigung ist nach § 140 möglich, wenn für den Kündigungsgegner eindeutig erkennbar ist, dass das Dauerschuldverhältnis auf jeden Fall beendet werden soll.[119] Stellt sich aber heraus, dass der angenommene wichtige Grund jeder Grundlage entbehrt, wird in der Regel nicht anzunehmen sein, dass der Kündigende das Schuldverhältnis unter allen Umständen auflösen will.[120]

VII. Dispositivität
Eine den §§ 569 Abs. 5, 723 Abs. 3 und § 89a Abs. 1 S. 2 HGB vergleichbare Regelung, nach der das Recht zur Kündigung aus wichtigem Grund weder ausgeschlossen noch beschränkt werden darf, sieht § 314 nicht vor. Dennoch ist die **Möglichkeit der Kündigung** von Dauerschuldverhältnissen in ihrem **Kern zwingendes Recht**.[121] Eine Vereinbarung, auf das Recht zur Kündigung zu verzichten ist unzulässig und damit nichtig.[122] Auch keine Einschränkung durch Allgemeine Geschäftsbedingungen ist nicht zulässig.[123] Im kaufmännischen Verkehr wird ein berechtigtes Interesse bestehen, einige **wichtige Gründe** in Allgemeinen Geschäftsbedingungen zu **präzisieren**. Solange dadurch das Recht zur Kündigung aus wichtigem Grund nicht nennenswert eingeschränkt wird, bestehen dagegen keine Bedenken. Jedoch ist in den Fällen, in denen die Unzumutbarkeit gerade aus dem Verhältnis zwischen den Parteien resultiert, das Ausnehmen einiger Umstände aus dem Bereich des wichtigen Grundes möglich.[124] Diese Vereinbarungen

---

110 Palandt/*Heinrichs*, Einf. v § 346 Rn 8; Sorgel/*Wiedemann*, vor § 275 Rn 87.
111 Soergel/*Wiedemann*, vor § 275 Rn 87; Palandt/*Heinrichs*, Einf. v § 346 Rn 8.
112 *Esser/Schmidt*, Schuldrecht AT 1, § 20 III; MüKo/*Janßen*, vor § 346.
113 § 307 Abs. 4 KE, dazu Abschlussbericht der Schuldrechtskommission, 1992, S. 156.
114 *Esser/Schmidt*, Schuldrecht AT 1, § 20 III; so auch MüKo/*Janßen*, vor § 346 Rn 25, der § 628 Abs. 1 S. 3 analog heranzieht.
115 Vgl. den Rechtsgedanken des § 628 Abs. 1 S. 3.
116 Für eine bloße Regelfallbedeutung daher *Horn*, Gutachten, S. 573, 639; *Krebs*, DB 2000, Beilage 14, S. 14.
117 Vgl. näher Staudinger/*Preis*, § 626 Rn 251f.; *Horn*, Gutachten, S. 573, 639; *Oetker*, Dauerschuldverhältnis, S. 267.
118 MüKo/*Schwerdtner*, § 626 Rn 32; Staudinger/*Preis*, § 626 Rn 252.
119 BGH NJW 1981, 976, 977; Erman/*Jendrek*, § 564 Rn 19; *Esser/Schmidt*, Schuldrecht AT 1, § 20 IV; MüKo/*Ulmer*, § 723 Rn 10.
120 BGH NJW 1988, 581.
121 *Schwerdtner*, Jura 1985, 207, 208; Abschlussbericht der Kommission zur Überarbeitung des Schuldrechts, 1992, S. 152; *Oetker*, Dauerschuldverhältnis, S. 566.
122 *Oetker*, Dauerschuldverhältnis, S. 568.
123 BGH NJW 1986, 3134 (Bestimmung, unter welchen Umständen keine Kündigung aus wichtigem Grund in Betracht kommt; Abschlussbericht der Kommission zur Überarbeitung des Schuldrechts, 1992, S. 152.
124 Staudinger/*Kessler*, § 723 Rn 72; *Oetker*, Dauerschuldverhältnis, S. 572.

beschreiben die Risikoverteilung und finden damit, als widerlegliche Vermutung, Berücksichtigung bei der Wichtigkeit der Vertragsstörung im Rahmen der Interessenabwägung.[125] Auch eine **indirekte Beschränkung des Kündigungsrechts**, z.B. durch Vertragsstrafen oder Abfindungsregeln, ist grundsätzlich unzulässig.[126] Grundsätzlich zulässig sind Vereinbarungen, wonach bestimmte Ereignisse immer einen wichtigen Grund bilden sollen.[127] Dies gilt jedoch nicht für die Fälle, in denen der zu Kündigende insbesondere aufgrund struktureller Ungleichgewichtslage besonders schutzbedürftig ist. Hier ist eine Ausweitung der Kündigung aus wichtigem Grund allenfalls in sehr engen Grenzen möglich.[128]

VIII. Konkurrenzen

29 Die Kündigung aus wichtigem Grund schließt gemäß Abs. 4 einen Anspruch auf Schadensersatz nicht aus. § 313 Abs. 3 klärt das Verhältnis zum Wegfall der Geschäftsgrundlage. Eine Kündigung des Dauerschuldverhältnisses kommt bei einem Wegfall der Geschäftsgrundlage nur in Betracht, wenn eine zumutbare Anpassung des Vertrags nicht möglich ist.

IX. Darlegungs- und Beweislast

30 Der Kündigende trägt die Beweislast für die tatsächlichen Voraussetzungen seines Kündigungsgrundes. Lediglich dann, wenn der Pflichtverstoß in einer falschen Verdächtigung oder üblen Nachrede liegt, muss der Kündigungsgegner die Richtigkeit seiner Behauptung beweisen oder aber beweisen, dass er in Wahrnehmung berechtigter Interessen gehandelt hat.[129]

Untertitel 4. Einseitige Leistungsbestimmungsrechte

§ 315 Bestimmung der Leistung durch eine Partei

(1) ¹Soll die Leistung durch einen der Vertragschließenden bestimmt werden, so ist im Zweifel anzunehmen, daß die Bestimmung nach billigem Ermessen zu treffen ist.
(2) ¹Die Bestimmung erfolgt durch Erklärung gegenüber dem anderen Teil.
(3) ¹Soll die Bestimmung nach billigem Ermessen erfolgen, so ist die getroffene Bestimmung für den anderen Teil nur verbindlich, wenn sie der Billigkeit entspricht. ²Entspricht sie nicht der Billigkeit, so wird die Bestimmung durch Urteil getroffen; das gleiche gilt, wenn die Bestimmung verzögert wird.

§ 316 Bestimmung der Gegenleistung

¹Ist der Umfang der für eine Leistung versprochenen Gegenleistung nicht bestimmt, so steht die Bestimmung im Zweifel demjenigen Teil zu, welcher die Gegenleistung zu fordern hat.

§ 317 Bestimmung der Leistung durch einen Dritten

(1) ¹Ist die Bestimmung der Leistung einem Dritten überlassen, so ist im Zweifel anzunehmen, daß sie nach billigem Ermessen zu treffen ist.
(2) ¹Soll die Bestimmung durch mehrere Dritte erfolgen, so ist im Zweifel Übereinstimmung aller erforderlich; soll eine Summe bestimmt werden, so ist, wenn verschiedene Summen bestimmt werden, im Zweifel die Durchschnittssumme maßgebend.

§ 318 Anfechtung der Bestimmung

(1) ¹Die einem Dritten überlassene Bestimmung der Leistung erfolgt durch Erklärung gegenüber einem der Vertragschließenden.
(2) ¹Die Anfechtung der getroffenen Bestimmung wegen Irrtums, Drohung oder arglistiger Täuschung steht nur den Vertragschließenden zu; Anfechtungsgegner ist der andere Teil. ²Die Anfechtung muß unverzüglich erfolgen, nachdem der Anfechtungsberechtigte von dem Anfechtungsgrund Kenntnis erlangt hat. ³Sie ist ausgeschlossen, wenn dreißig Jahre verstrichen sind, nachdem die Bestimmung getroffen worden ist.

---

125 *Oetker*, Dauerschuldverhältnis, S. 573, 574; in diesem Sinne auch Ebenroth/Boujong/Joost/*Lorz*, § 133 Rn 42; MüKo/*Schwerdtner*, § 626 Rn 68; MüKo/*Ulmer*, § 723 Rn 55.
126 Staudinger/*Keßler*, § 723 Rn 72; *Baumbach/Hopt*, § 159 Rn 131; MüKo/*Ulmer*, § 723 Rn 55; näher zu Abfindungsklauseln: *K. Schmidt*, Gesellschaftsrecht, § 50 IV.
127 BGH NJW-RR, 1988, 1381; Staudinger/*Keßler*, § 723 Rn 74; Erman/*Westermann*, § 723 Rn 22; Baumbach/*Hopt*, § 133 Rn 18; MüKo/*Ulmer*, § 723 Rn 55; Ebenroth/Boujong/Joost/*Löwisch*, HGB, § 89a Rn 28.
128 Vgl. *Preis/Stoffels*, ZHR 160 (1996), 468 ff., 471.
129 Erman/*Jendrek*, § 554b Rn 12; MüKo/*Voelskow*, § 554a Rn 20; Staudinger/*Preis*, § 626 Rn 295 ff.

§ 319 Unwirksamkeit der Bestimmung; Ersetzung

(1) ¹Soll der Dritte die Leistung nach billigem Ermessen bestimmen, so ist die getroffene Bestimmung für die Vertragschließenden nicht verbindlich, wenn sie offenbar unbillig ist. ²Die Bestimmung erfolgt in diesem Fall durch Urteil; das gleiche gilt, wenn der Dritte die Bestimmung nicht treffen kann oder will oder wenn er sie verzögert.
(2) ¹Soll der Dritte die Bestimmung nach freiem Belieben treffen, so ist der Vertrag unwirksam, wenn der Dritte die Bestimmung nicht treffen kann oder will oder wenn er sie verzögert.

Titel 2. Gegenseitiger Vertrag

§ 320 Einrede des nichterfüllten Vertrags

(1) ¹Wer aus einem gegenseitigen Vertrag verpflichtet ist, kann die ihm obliegende Leistung bis zur Bewirkung der Gegenleistung verweigern, es sei denn, daß er vorzuleisten verpflichtet ist. ²Hat die Leistung an mehrere zu erfolgen, so kann dem einzelnen der ihm gebührende Teil bis zur Bewirkung der ganzen Gegenleistung verweigert werden. ³Die Vorschrift des § 273 Abs. 3 findet keine Anwendung.
(2) ¹Ist von der einen Seite teilweise geleistet worden, so kann die Gegenleistung insoweit nicht verweigert werden, als die Verweigerung nach den Umständen, insbesondere wegen verhältnismäßiger Geringfügigkeit des rückständigen Teils, gegen Treu und Glauben verstoßen würde.

§ 321 Unsicherheitseinrede

(1) ¹Wer aus einem gegenseitigen Vertrag vorzuleisten verpflichtet ist, kann die ihm obliegende Leistung verweigern, wenn nach Abschluss des Vertrags erkennbar wird, dass sein Anspruch auf die Gegenleistung durch mangelnde Leistungsfähigkeit des anderen Teils gefährdet wird. ²Das Leistungsverweigerungsrecht entfällt, wenn die Gegenleistung bewirkt oder Sicherheit für sie geleistet wird.
(2) ¹Der Vorleistungspflichtige kann eine angemessene Frist bestimmen, in welcher der andere Teil Zug um Zug gegen die Leistung nach seiner Wahl die Gegenleistung zu bewirken oder Sicherheit zu leisten hat. ²Nach erfolglosem Ablauf der Frist kann der Vorleistungspflichtige vom Vertrag zurücktreten. ³§ 323 findet entsprechende Anwendung.

A. Überblick

Nach § 321 a.F. konnte der Vorleistungspflichtige, wenn nach dem Abschluss des Vertrags in den Vermögensverhältnissen des anderen Teils eine wesentliche Verschlechterung eintrat, durch der der Anspruch auf die Gegenleistung gefährdet wurde, die ihm obliegende Leistung verweigern, bis die Gegenleistung bewirkt oder Sicherheit für sie geleistet wurde. Diese sog. **Unsicherheitseinrede** wird durch das Schuldrechtsmodernisierungsgesetz im Sinne der an der bisherigen Regelung geübten Kritik **inhaltlich neu gestaltet**:[1] Zunächst wird die Beschränkung auf erst nach Vertragsabschluss eintretende Gefährdungen aufgegeben. Abgedeckt sind nunmehr auch solche Fälle, in denen die Gefährdung bereits bei Vertragsschluss vorlag, der Vorleistungspflichtige dies aber nicht wusste und auch nicht wissen konnte. Weiterhin muss die Gefährdung der Gegenleistung nicht mehr auf einer Verschlechterung der Vermögensverhältnisse des anderen Teils beruhen; die mangelnde Leistungsfähigkeit kann auch auf andere, nicht in der Person des Vorleistungsberechtigten liegende Ursachen zurückgehen. Für den Fall, dass der Vertrag infolge der Erhebung der Einrede in einen Schwebezustand geraten ist, wird in Abs. 2 schließlich nunmehr ausdrücklich das Rücktrittsrecht des Vorleistungsverpflichteten kodifiziert, das von der Rechtsprechung bisher aus § 242 abgeleitet wurde.[2]

B. Voraussetzungen

§ 321 gilt nur für **gegenseitige Verträge**, bei denen die eine Partei (aus Gesetz oder Vertrag) eine **Vorleistungspflicht** trifft. Abweichend von § 321 a.F. wird nicht mehr eine Verschlechterung der Vermögensverhältnisse des anderen Teils vorausgesetzt, sondern nur noch eine **mangelnde Leistungsfähigkeit**. Diese Erweiterung des Anwendungsbereichs der Unsicherheitseinrede beruht auf der Überlegung, dass auch sonstige drohende Leistungshindernisse für den Vorleistungspflichtigen ein Risiko bedeuten können, das ein Eingreifen des § 321 rechtfertigt (z.B. Export- oder Importverbote, Kriegsereignisse, Zusammenbrüche

---

[1] Begründung zur Neufassung des § 321, BT-Drucks 14/6040, S. 178 ff.
[2] BGHZ 11, 80, 85; 112, 287, 289.

von Zulieferern, krankheitsbedingte Ausfälle von Mitarbeitern).[3] Die Verschlechterung der Vermögensverhältnisse wird freilich weiterhin der Hauptanwendungsbereich der Unsicherheitseinrede bleiben. Von Bedeutung sind insoweit wie bisher insbesondere Zahlungseinstellung und Überschuldung,[4] Zwangsvollstreckungsmaßnahmen,[5] die Hingabe ungedeckter Schecks[6] oder die Zerschlagung einer begründeten Aussicht auf Kreditgewährung.[7]

3 Aus der mangelhaften Leistungsfähigkeit des anderen Teils muss eine **Gefährdung des Anspruchs auf die Gegenleistung** resultieren. Sie soll auch dann zu bejahen sein, wenn zwar nicht das Ausbleiben der Leistung selbst droht, wohl aber eine vertragswidrige Beschaffenheit von einigem Gewicht.[8] Damit sind grundsätzlich auch die Fälle der Schlechtleistung abgedeckt. Voraussetzung sei allerdings unverändert, dass die Gefährdung der Gegenleistung auch tatsächlich bestehe; es genüge nicht, dass der Vorleistungsberechtigte in zurechenbarer Weise den Anschein einer Gefährdung der Gegenleistung gesetzt habe. Das Risiko, eine Leistungsgefährdung zu Unrecht anzunehmen, müsse beim Vorleistungspflichtigen bleiben; verweigere er die Vorleistung aufgrund falscher Annahmen, begehe er selbst eine Pflichtverletzung.[9] Wie bisher ist eine Anspruchsgefährdung zu verneinen, wenn andere Sicherheiten für den Gegenanspruch bestehen.[10] Gleiches wird in der Regel auch bei Eröffnung des Insolvenzverfahrens gelten; wählt der Insolvenzverwalter nach § 103 InsO Erfüllung, ist die Gegenforderung des Vorleistungspflichtigen als Masseforderung zu bedienen, so dass eine Anspruchsgefährdung nur bei Masseunzulänglichkeit in Betracht kommt.[11]

4 Voraussetzung ist weiterhin, dass die Gefährdung des Anspruchs auf die Gegenleistung erst **nach Vertragsschluss erkennbar** wird. Mit dieser Formulierung werden abweichend vom bisherigen Recht einerseits grundsätzlich Gefährdungen einbezogen, die bereits bei Vertragsschluss bestanden, andererseits das Einrederecht auf solche anfänglichen Risiken beschränkt, die der Vorleistungspflichtige bei einer gebotenen Überprüfung der Leistungsfähigkeit des Vorleistungsberechtigten nicht erkennen konnte.

C. Rechtsfolgen

5 Abs. 1 S. 1 gibt dem Vorleistungspflichtigen wie schon bisher eine **dilatorische Einrede**. Abs. 1 S. 2 lässt dieses Leistungsverweigerungsrecht entfallen, wenn die Gegenleistung bewirkt oder Sicherheit für sie geleistet wird. Mit dieser Verselbständigung der Einschränkung in einem eigenen Satz ist keine sachliche Änderung verbunden.

6 Abs. 2 zielt auf die Fälle, in denen der andere Teil auf die Erhebung der Einrede nicht reagiert, also weder die Gegenleistung erbringt, noch Sicherheit für sie leistet. Zur Verhinderung eines Schwebezustands wird in Abs. 2 nunmehr ein Rücktrittsrecht **des Vorleistungspflichtigen** kodifiziert, das die Rechtsprechung bisher aus § 242 abgeleitet hatte.[12] Im Hinblick auf die Angemessenheit der Frist und die Entbehrlichkeit einer Fristsetzung im Einzelfall verweist Abs. 2 S. 2 auf § 323.

7 Aus Abs. 2 ergibt sich **kein Anspruch auf die Gegenleistung** oder auf Sicherheitsleistung Zug um Zug gegen die vom Vorleistungsverpflichtenden zu bewirkende Leistung.[13] Dies hat zur Konsequenz, dass der Vorleistungspflichtige auch nicht über § 281 vorgehen und Schadensersatz statt der Leistung verlangen kann, wenn der Vorleistungsberechtigte weder die Leistung noch die Sicherheitsleistung erbringt. Im übrigen hat § 321 als spezialgesetzliche Ausprägung einer Störung der Geschäftsgrundlage[14] grundsätzlich Vorrang vor § 313. Im Anwendungsbereich des § 321 ist auch der Rückgriff auf eine Irrtumsanfechtung gemäß § 119 Abs. 2 gesperrt: Die Neuformulierung zielt gerade darauf ab, den Vorleistungspflichtigen nur von solchen anfänglichen Risiken zu entlasten, die für ihn bei Vertragsschluss noch nicht erkennbar waren.[15] Diese Wertung würde unterlaufen, wenn dem Vorleistungspflichtigen unabhängig von der Erkennbarkeit der mangelnden Leistungsfähigkeit eine Irrtumsanfechtung nach § 119 Abs. 2 möglich bliebe. Eine Anfechtung gemäß § 119 Abs. 2 ist dem Vorleistungspflichtigen aber auch deshalb zu verweigern, weil er sonst die Voraussetzungen des Rücktrittsrechts gemäß Abs. 2, namentlich die Bestimmung einer angemessenen Frist, unterlaufen und sich sofort vom Vertrag lösen könnte.

---

3 Begründung zur Neufassung des § 321, BT-Drucks 14/6040, S. 179.
4 Vgl. nur MüKo/*Emmerich*, § 321 Rn 13.
5 Vgl. nur BGH NJW 1964, 99, 100.
6 Vgl. nur BGH NJW 1985, 2696.
7 Vgl. nur BGH NJW 1964, 99, 100.
8 Begründung zur Neufassung des § 321, BT-Drucks 14/6040, S. 179.
9 Begründung zur Neufassung des § 321, BT-Drucks 14/6040, S. 179.
10 RGZ 53, 244, 246; MüKo/*Emmerich*, § 321 Rn 17.
11 Vgl. MüKo/*Emmerich*, § 321 Rn 13; Soergel/*Wiedemann*, § 321 Rn 21 f.
12 BGHZ 11, 80, 85; 112, 287, 289; MüKo/*Emmerich*, § 321 Rn 30; Soergel/*Wiedemann*, § 321 Rn 42.
13 So ausdrücklich Begründung zur Neufassung des § 321, BT-Drucks 14/6040, S. 180.
14 Vgl. nur MüKo/*Emmerich*, § 321 Rn 3; Soergel/*Wiedemann*, § 321 Rn 2 ff.
15 Begründung zur Neufassung des § 321, BT-Drucks 14/6040, S. 179.

§ 322 Verurteilung zur Leistung Zug-um-Zug

(1) ¹Erhebt aus einem gegenseitigen Vertrag der eine Teil Klage auf die ihm geschuldete Leistung, so hat die Geltendmachung des dem anderen Teil zustehenden Rechts, die Leistung bis zur Bewirkung der Gegenleistung zu verweigern, nur die Wirkung, daß der andere Teil zur Erfüllung Zug um Zug zu verurteilen ist.
(2) ¹Hat der klagende Teil vorzuleisten, so kann er, wenn der andere Teil im Verzug der Annahme ist, auf Leistung nach Empfang der Gegenleistung klagen.
(3) ¹Auf die Zwangsvollstreckung findet die Vorschrift des § 274 Abs. 2 Anwendung.

§ 323 Rücktritt wegen nicht oder nicht vertragsgemäß erbrachter Leistung

(1) ¹Erbringt bei einem gegenseitigen Vertrag der Schuldner eine fällige Leistung nicht oder nicht vertragsgemäß, so kann der Gläubiger, wenn er dem Schuldner erfolglos eine angemessene Frist zur Leistung oder Nacherfüllung bestimmt hat, vom Vertrag zurücktreten.
(2) ¹Die Fristsetzung ist entbehrlich, wenn
1. der Schuldner die Leistung ernsthaft und endgültig verweigert,
2. der Schuldner die Leistung zu einem im Vertrag bestimmten Termin oder innerhalb einer bestimmten Frist nicht bewirkt und der Gläubiger im Vertrag den Fortbestand seines Leistungsinteresses an die Rechtzeitigkeit der Leistung gebunden hat oder
3. besondere Umstände vorliegen, die unter Abwägung der beiderseitigen Interessen den sofortigen Rücktritt rechtfertigen.
(3) ¹Kommt nach der Art der Pflichtverletzung eine Fristsetzung nicht in Betracht, so tritt an deren Stelle eine Abmahnung.
(4) ¹Der Gläubiger kann bereits vor dem Eintritt der Fälligkeit der Leistung zurücktreten, wenn offensichtlich ist, dass die Voraussetzungen des Rücktritts eintreten werden.
(5) ¹Hat der Schuldner eine Teilleistung bewirkt, so kann der Gläubiger vom ganzen Vertrag nur zurücktreten, wenn er an der Teilleistung kein Interesse hat. ²Hat der Schuldner die Leistung nicht vertragsgemäß bewirkt, so kann der Gläubiger vom Vertrag nicht zurücktreten, wenn die Pflichtverletzung unerheblich ist.
(6) ¹Der Rücktritt ist ausgeschlossen, wenn der Gläubiger für den Umstand, der ihn zum Rücktritt berechtigen würde, allein oder weit überwiegend verantwortlich ist oder wenn der vom Schuldner nicht zu vertretende Umstand zu einer Zeit eintritt, zu welcher der Gläubiger im Verzug der Annahme ist.

Literatur: Begründung zur Neufassung der §§ 323–326, BT-Drucks 14/6040, S. 180 ff.; *Canaris*, JZ 2001, 499; *Teichmann*, BB 2001, 1485.

Inhalt

A. Überblick 1	II. Erfolglose Bestimmung einer angemessenen Frist zur Erfüllung oder Nacherfüllung 10
I. Rücktritt als Problem der Vertragsaufhebung im Fall der Leistungsstörung 1	III. Rücktrittsrecht 14
II. Das bisher geltende Recht 2	C. Entbehrlichkeit der Fristsetzung (Abs. 2) 15
III. Der Rücktritt im Gesetzgebungsverfahren 3	D. Abmahnung statt Fristsetzung (Abs. 3) 21
IV. Der Rücktritt im System des neuen Schuldrechts 4	E. Rücktritt vor Fälligkeit (Abs. 4) 22
V. Das Regelungskonzept des § 323 5	F. Grenzen des Rücktrittsrechts (Abs. 5) 23
B. Der Grundtatbestand des Rücktrittsrechts (Abs. 1) .. 6	G. Ausschluß des Rücktritts bei Verantwortung des Gläubigers (Abs. 6) 26
I. Nichterbringung oder nicht vertragsgemäße Erbringung einer fälligen Leistung 6	

A. Überblick

I. Rücktritt als Problem der Vertragsaufhebung im Fall der Leistungsstörung

Regelungsgegenstand des § 323 ist der Rücktritt wegen nicht oder nicht vertragsgemäß erbrachter Leistung. Die Vorschrift ersetzt funktional das Rücktrittsrecht wegen Verzugs gemäß § 326 a.F. und das Wandlungsrecht gemäß §§ 462, 634 Abs. 1 S. 3 a.F. und bildet damit den zentralen Baustein in dem **völlig neuartigen Rücktrittskonzept** der §§ 323–326. Im Kern geht es um die Frage, unter welchen Voraussetzungen sich der Gläubiger von einem gegenseitigen Vertrag und damit auch von seiner eigenen Gegenleistungsverpflichtung lösen kann, wenn die Abwicklung des Vertrags durch eine Pflichtverletzung (bisher: Leistungsstörung) beeinträchtigt ist.[1]

---
[1] Vgl. zum rechtspolitischen Ausgangspunkt die Begründung zu § 323, BT-Drucks 14/6040, S. 180.

II. Das bisher geltende Recht

2 Das bisher geltende Recht kannte **keine einheitliche Regelung** des Rechtsbehelfs „Rücktritt wegen Pflichtverletzung", sondern regelte in Voraussetzungen, Folgen und rechtstechnischer Umsetzung unterschiedlich ausgestaltete Fälle der Vertragsaufhebung. Die Regelungen für Unmöglichkeit und Verzug (§§ 306, 323, 325, 326) ergänzte die Rechtsprechung durch ein auf positive Vertragsverletzung gestütztes Rücktrittsrecht wegen ernsthafter Erfüllungsverweigerung vor Fälligkeit und gravierender Verletzung von Nebenpflichten. Durch einen tiefen gedanklichen Graben von den Regelungen des allgemeinen Leistungsstörungsrechts getrennt, fanden sich im Besonderen Schuldrecht die Aufhebungsmöglichkeiten wegen Mängeln, die für das zentrale Kauf- und Werkvertragsrecht als Wandlungsvertrag gestaltet waren.[2]

III. Der Rücktritt im Gesetzgebungsverfahren

3 Es war von Anfang an ein zentrales Anliegen der Schuldrechtsreformbewegung, die verschiedenen Formen der Vertragsaufhebung wegen Leistungsstörungen zusammenzufassen, sie in ihren Voraussetzungen und Rechtsfolgen zu vereinheitlichen und dabei auch das Gewährleistungsrecht in das Allgemeine Schuldrecht zu integrieren.[3] Dementsprechend wurde parallel zur Regelung des Schadensersatzes wegen Pflichtverletzung in § 280 in § 323 KE und DiskE ein **einheitlicher Tatbestand für die Vertragsauflösung** von gegenseitigen Verträgen vorgeschlagen, der gleichermaßen die in §§ 325, 326 a.F. geregelten Fälle, die bisher als Wandlung gestaltete Auflösung von Verträgen wegen Mängeln eines Leistungsgegenstandes sowie den von der Rechtsprechung ergänzend entwickelten Rücktritt wegen positiver Forderungsverletzung abdeckte.[4] Im Zuge der Diskussion des DiskE wurde die Zusammenfassung aller Rücktrittssituationen in einer Norm wegen der damit verbundenen hohen Abstraktion heftig kritisiert. Die angestrebte Vereinheitlichung der Leistungsstörungstatbestände sei in der Sache letztlich doch nicht zu erreichen, weil über die Ausnahmen der Abs. 2 und 3 für die einzelnen Leistungsstörungen doch wieder unterschiedliche Regelungen bereitgestellt werden müssten. Es sei für den Rechtsanwender daher zweckmäßiger, wenn er die Voraussetzungen des Rücktritts für die typischen Leistungsstörungssituationen unmittelbar aus den gesetzlichen Rücktrittstatbeständen ablesen könne.[5] Diesem Anliegen wurden im weiteren Gesetzgebungsverfahren auf der Grundlage der Arbeiten der „Kommission Leistungsstörungsrecht"[6] dadurch Rechnung getragen, dass aus dem ursprünglich einheitlichen Rücktrittstatbestand die Fälle der nichtleistungsbezogenen Nebenpflichtverletzung und der Unmöglichkeit herausgelöst und in den §§ 324, 326 tatbestandlich verselbständigt wurden. Diese tatbestandliche Differenzierung sollte lediglich der Entzerrung und damit der Verbesserung der Transparenz dienen;[7] der starke Vereinheitlichungseffekt bleibe in der Sache erhalten.[8]

IV. Der Rücktritt im System des neuen Schuldrechts

4 Die zentrale Regelung des neuen Rücktrittsrechts bildet der schon durch seinen Umfang herausgehobene § 323. Er erfasst die beiden praktisch wichtigsten Leistungsstörungen, die Verspätung[9] und die Schlechtleistung (mangelhafte Leistung oder Verletzung einer leistungsbezogenen Nebenpflicht).[10] Die (nur in seltenen Extremfällen zu bejahenden) Voraussetzungen eines Rücktritts wegen einer nichtleistungsbezogenen Nebenpflicht regelt § 324. Gegenstand des § 326 sind schließlich die Fälle der Unmöglichkeit, also der Befreiung des Gläubigers von der Primärleistungspflicht gemäß § 275: Als Konsequenz der Rehabilitierung der Unmöglichkeit als eigenständiger Kategorie des Leistungsstörungsrechts[11] sieht § 326 in erster Linie ein ipso-iure-Erlöschen der Verpflichtung zur Erbringung der Gegenleistung vor. Kumulativ gibt § 326 Abs. 5 dem Gläubiger aber auch ein Rücktrittsrecht. Die §§ 323–326 greifen **verschuldensunabhängig**;[12] für den Rücktritt kommt es also abweichend von den §§ 325, 326 a.F. generell nicht mehr darauf an, ob der vertragsbrüchige Teil die Pflichtverletzung (Leistungsstörung) zu vertreten hat. Erst durch diese Abkoppelung vom Vertretenmüssen des Schuldners wird die angestrebte Integration der verschuldensunabhängigen Wandlung in das Allgemeine Schuldrecht überhaupt möglich. Ein weiteres, zentrales Merkmal der neuen Konzeption ist schließlich die **Beseitigung der Alternativität von Rücktritt und Schadensersatz**; gemäß § 325 wird das Recht, bei einem gegenseitigen Vertrag Schadensersatz zu verlangen, durch den Rücktritt nicht ausgeschlossen.[13] Dementsprechend sind die Voraussetzungen für den

---

2 Siehe die kritische Analyse des bisher geltenden Rechts in der Begründung zu § 323, BT-Drucks 14/6040, S. 180 ff.
3 BMJ (Hrsg.), Abschlussbericht der Kommission zur Überarbeitung des Schuldrechts, 1992, S. 19 ff.
4 BMJ (Hrsg.), Abschlussbericht der Kommission zur Überarbeitung des Schuldrechts, 1992, S. 162 ff.
5 Begründung zu § 323, BT-Drucks 14/6040, S. 182 f.
6 Vgl. die authentische Interpretation von *Canaris*, JZ 2001, 499, 509 f.
7 *Canaris*, JZ 2001, 499, 510 li.sp.
8 Begründung zu § 323, BT-Drucks 14/6040, S. 183.
9 Nunmehr ist zwischen Verzug i.S.d. § 286 und bloßer Verspätung i.S.v. §§ 281, 323 zu unterscheiden.
10 Irreparable Mängel fallen freilich unter die §§ 275, 326.
11 Siehe dazu § 275 Rn 3.
12 *Canaris*, JZ 2001, 499, 522 sieht darin den größten, durch die Schuldrechtsreform bewirkten Fortschritt.

Rücktritt gemäß § 323 und den Schadensersatz statt der Leistung gemäß § 281 im wesentlichen aufeinander abgestimmt, also inhaltlich und sprachlich angeglichen worden;[14] es musste verhindert werden, dass die Anforderungen der §§ 281–283 durch Rücktritt unterlaufen werden.[15] Optisch zurückgenommen wurde die sachliche Verklammerung zwischen den §§ 280 ff. und den §§ 323 ff. durch die übergeordnete Kategorie der Pflichtverletzung.[16] Anders als in § 323 KE und DiskE wird in den §§ 323–326 die Pflichtverletzung nicht erwähnt, obwohl einerseits jeder Rücktritt eine Pflichtverletzung i.S.d. § 280 voraussetzt, andererseits jede Pflichtverletzung i.S.v. § 280 umgekehrt auch von den §§ 323–326 abgedeckt ist.

V. Das Regelungskonzept des § 323

§ 323 macht für die Fälle der Verspätung und der Schlechtleistung den Rücktritt grundsätzlich davon abhängig, dass der Gläubiger dem Schuldner erfolglos eine **angemessene Frist** zur Leistung oder Nacherfüllung gesetzt hat. Für den Verzug enthielt bereits § 326 a.F. eine entsprechende Regelung. Für den Kauf wird mit der Voraussetzung der Fristsetzung das neue Recht des Verkäufers zur „zweiten Andienung" rechtstechnisch umgesetzt.[17] Dieses Erfordernis zielt also bei beiden Formen der Leistungsstörung darauf ab, dem Schuldner eine weitere, letzte Chance zur vertragsgemäßen Erfüllung seiner Pflichten und damit auch zur Erlangung der Gegenleistung zu geben. Dementsprechend ist eine Fristsetzung entbehrlich, wenn sie von vornherein sinnlos ist. Auf entsprechende Fallgestaltungen zielen die Abs. 2 und 4 des § 323. Abs. 3 betrifft insbesondere Unterlassungsverpflichtungen. Abs. 5 zielt auf die Teilleistung und auf unerhebliche Mängel. Einen Ausschluss des Rücktritts bei Verantwortlichkeit des Gläubigers sieht Abs. 6 vor.

B. Der Grundtatbestand des Rücktrittsrechts (Abs. 1)
I. Nichterbringung oder nicht vertragsgemäße Erbringung einer fälligen Leistung

Der Rücktritt gemäß § 323 setzt voraus, dass der Schuldner bei einem gegenseitigen Vertrag eine fällige Leistung nicht oder nicht vertragsgemäß erbracht hat. Aus der Systematik der §§ 323–326 ergibt sich, dass unter **Nichterbringung der Leistung** wie in der parallelen Schadensersatznorm des § 281 nur die **Verzögerung** der Leistung zu verstehen ist. Vom Wortlaut wäre zwar auch das auf einem Leistungshindernis i.S.v. § 275 beruhende, dauernde Ausbleiben der Leistung erfasst. Sie ist jedoch im § 326 speziell geregelt, schon weil in diesen Fällen eine Fristsetzung mangels Nachholbarkeit der Leistung ohnehin sinnlos wäre.[18]

Ein Rücktritt setzt in den Fällen der Leistungsverzögerung abweichend von § 326 a.F. ebenso wie die parallele Schadensersatzregelung des § 281 Abs. 1 nur eine erfolglose Fristsetzung voraus, jedoch **keinen Verzug** i.S.v. § 286. In der Bestimmung einer angemessenen Frist zur Leistung wird man freilich im Regelfall auch eine (jedenfalls konkludente) Mahnung i.S.v. § 286 sehen können, so dass mit den Voraussetzungen des Rücktritts – abgesehen vom Verschulden – auch die Verzugsvoraussetzungen vorliegen werden.[19]

Die **Fälligkeit** der Leistung, die wohl nur für die Fallgruppe der **Leistungsverzögerung** eine praktische Rolle spielt, beurteilt sich wie bisher nach § 271. Nicht ausdrücklich angesprochen wird in den §§ 323, 281, wie sich das **Bestehen von Einreden** auf die Fälligkeit auswirkt. § 218 enthält nur für die Verjährungseinrede eine Bestimmung, nach der der Rücktritt wegen Nicht- oder Schlechtleistung unwirksam ist, wenn der Anspruch auf Leistung oder Nacherfüllung verjährt ist, und der Schuldner sich hierauf beruft. Man wird sie jedoch nicht als abschließende Regelung, sondern im Gegenteil als Ausdruck eines allgemeinen Prinzips verstehen müssen. Infolgedessen wird man in Übereinstimmung mit der bisherigen Handhabung des § 284 a.F.[20] das Merkmal der Fälligkeit regelmäßig i.S.v. „fällig und einredefrei" zu verstehen haben.[21]

Mit der Formulierung „erbringt ... der Schuldner ... nicht vertragsgemäß" meint Abs. 1 die **Schlechtleistung**. Damit werden vor allem die Fälle der **mangelhaften Leistung im Kauf- und Werkvertragsrecht** erfasst (§§ 437, 634). Das Rücktrittsrecht ersetzt insoweit die Wandlung und integriert damit das Gewährleistungsrecht in das allgemeine Leistungsstörungsrecht. Nach dem Wortlaut des § 323 wären auch die Fälle der irreparablen Schlechtleistung erfasst, in denen eine Nacherfüllung von vornherein ausgeschlossen ist. Insoweit wäre freilich eine Fristsetzung sinnlos, weil es an der Nachholbarkeit der geschuldeten Leistung

---

13 Siehe dazu *Canaris*, JZ 2001, 499, 514.
14 Begründung zu § 323, BT-Drucks 14/6040, S. 183.
15 Vgl. *Canaris*, JZ 2001, 499, 513, 514.
16 Vgl. zu den Motiven *Canaris*, JZ 2001, 522 f.
17 Vgl. dazu Begründung zu § 437, BT-Drucks 14/6040, S. 220.
18 Begründung zu § 323, BT-Drucks 14/6040, S. 183 f.
19 Vgl. auch die Überlegungen der Begründung zu § 323, BT-Drucks 14/6040, S. 184.
20 Vgl. zu den Einzelheiten, insbes. auch zu der Sonderproblematik der §§ 273, 320, nur Palandt/*Heinrichs*, § 284 Rn 11.
21 Siehe auch BT-Drucks 14/6857, S. 46 f.

fehlt.²² Das Rücktrittsrecht des Gläubigers wird daher rechtstechnisch über die §§ 437 Nr. 2 bzw. 634 Nr. 4, 440, 326 Abs. 3 S. 3, 326 Abs. 5, 275 konstruiert, wobei § 326 Abs. 5 dann seinerseits wieder mit der Maßgabe auf § 323 verweist, dass eine Fristsetzung entbehrlich ist (!). Im übrigen erfasst die Schlechtleistung i.S.d. § 323 nicht nur die Fälle der Mangelhaftigkeit des Leistungsgegenstandes, sondern auch die Verletzung von leistungsbezogenen Nebenpflichten.

II. Erfolglose Bestimmung einer angemessenen Frist zur Erfüllung oder Nacherfüllung

10 Der Rücktritt gemäß § 323 setzt grundsätzlich die erfolglose Bestimmung einer angemessenen Frist zur Leistung oder Nacherfüllung voraus. Dem Schuldner soll eine **letzte Chance zur Vertragserfüllung** und zur Erlangung der Gegenleistung gegeben werden. Für die Fälle der Leistungsverzögerung ergibt sich insoweit eine Änderung der Rechtslage, als auf die Ablehnungsandrohung i.S.v. § 326 Abs. 1 a.F. nunmehr endgültig verzichtet worden ist. Da eine Fristsetzung dem Schuldner in der Regel ausreichend deutlich mache, dass die weitere Nichterfüllung der vertraglichen Pflichten Konsequenzen haben werde, müsse der Schuldner regelmäßig auch mit einem Rücktritt rechnen; extrem gelagerte Sonderfälle könne man über § 242 lösen.²³ Für die Fälle der Schlechtleistung ist die Notwendigkeit, dem Gläubiger eine Chance zur „zweiten Andienung" zu geben, ohnehin neu und bedeutet – jedenfalls für die Bargeschäfte des täglichen Lebens – eine deutliche Verschlechterung gegenüber der bisherigen Rechtslage.

11 Für die Fälle der **Verzögerung** der Leistung ist die **Angemessenheit der Frist** wie bisher nach den Umständen des Einzelfalls zu beurteilen. Daher kann auf die von Rechtsprechung und Schrifttum zu § 326 a.F. entwickelten Grundsätze zurückgegriffen werden:²⁴ Die Frist muss so lang sein, dass der Schuldner die Leistung tatsächlich erbringen kann. Allerdings muss sie dem Schuldner, der noch nichts zur Erbringung der Leistung unternommen hat, nicht ermöglichen, mit der Leistungserbringung erst zu beginnen.²⁵ Der Schuldner soll die Gelegenheit bekommen, die bereits in Angriff genommene Leistung zu beenden.²⁶ Da der Schuldner seiner ursprünglichen Leistungspflicht nicht hinreichend entsprochen hat, können von ihm jetzt auch größere Anstrengungen und damit ein schnelleres Handeln erwartet werden. Für die Nachfrist bei einer Geldschuld ist zu berücksichtigen, dass der Schuldner für seine finanzielle Leistungsfähigkeit regelmäßig schlechthin einzustehen hat.²⁷ Eine **zu kurze Nachfrist** soll wie bisher nicht unwirksam und damit gegenstandslos sein, sondern regelmäßig die angemessene Frist in Lauf setzen.²⁸ Im Hinblick auf die Fälle der **Schlechtleistung** gibt es für die Angemessenheit der Nachfrist naturgemäß noch keine klaren Maßstäbe. Man wird insoweit aber fordern müssen, dass die Frist ausreichend lang bemessen ist, um dem Schuldner eine faire Chance zur Nacherfüllung zu geben. Damit wird die Länge der Frist auch insoweit von den Umständen des Einzelfalls, der Eigenart des geschuldeten Produkts, der Vertriebsstruktur des Schuldners etc. abhängen. Auch für die Schlechtleistung wird man davon ausgehen können, dass eine zu kurze Frist eine angemessene Frist in Lauf setzt.

12 Nicht ganz zweifelsfrei ist, zu welchem **Zeitpunkt** die Fristsetzung erfolgen muss. Nach § 326 a.F. konnte die Fristsetzung erst nach Verzugseintritt erfolgen; dem Gläubiger wurde jedoch allgemein gestattet, die verzugsbegründende Handlung und die Fristsetzung zu verbinden.²⁹ Aus § 323 ergibt sich insoweit nur die Voraussetzung, dass der Gläubiger dem Schuldner eine angemessene Frist „bestimmt hat". Der Wortlaut deckt daher auch eine vorsorgliche Fristsetzung vor Fälligkeit ab, so dass der Gedanke nicht ganz fern liegt, der Gläubiger könne sogar schon im Verzug entsprechende Vorsorge treffen. Dies wäre freilich mit der Warnfunktion der Fristsetzung unvereinbar. Daher wird man eine Fristsetzung erst mit dem Zeitpunkt der Fälligkeit für zulässig halten können; möglicherweise allerdings in Form einer Kombination von Fälligkeitsbegründung (z.B. durch Übersendung einer Rechnung) und Fristsetzung.

13 Erfolglos ist die Fristbestimmung, wenn der Schuldner bis zum Ablauf der Frist nicht geleistet oder nacherfüllt hat. Entsprechend der bisherigen Rechtslage wird man davon ausgehen können, dass es auf die Leistungshandlung und nicht auf den Leistungserfolg ankommt.³⁰ Erbringt der Schuldner innerhalb der Frist nur einen Teil der Leistung oder eine mangelhafte Nacherfüllung, so kann der Gläubiger nach Fristablauf Schadensersatz verlangen, ohne dass er eine weitere Frist setzen müsste.³¹ Eine Nacherfüllung

---

22 Begründung zu § 323, BT-Drucks 14/6040, S. 184.
23 Siehe zu der zunächst geplanten „weichen Ablehnungsandrohung" Begründung zu § 281, BT-Drucks 14/6040, S. 139.
24 Begründung zu § 281, BT-Drucks 14/6040, S. 138.
25 BGH NJW 1995, 323, 857.
26 BGH NJW 1982, 1280.
27 BGH NJW 1985, 2640.
28 Begründung zu § 281, BT-Drucks 14/6040, S. 138.
29 Vgl. nur Palandt/*Heinrichs*, § 326 Rn 14; Soergel/*Wiedemann*, § 326 Rn 31.
30 Vgl. zum bisher geltenden Recht, BGHZ 12, 267, 269; Soergel/*Wiedemann*, § 326 Rn 50.
31 *Canaris*, DB 2001, 1815, 1816; zweifelnd *Altmeppen*, DB 2001, 331, 332; *ders.*, DB 2001, 1821, 1822.

durch den Verkäufer ist nicht erfolglos, soweit sie mit erheblichen Unannehmlichkeiten verbunden war, in der Sache aber erfolgreich gewesen ist.[32]

III. Rücktrittsrecht

Nach Ablauf der Frist kann der Gläubiger vom Vertrag zurücktreten. Abweichend von § 326 Abs. 1 S. 2 2. Hs. a.F. führt das fruchtlose Verstreichen der Frist für sich genommen noch nicht zum Wegfall des Leistungsanspruchs des Gläubigers. Nach § 323 ist es dem Gläubiger unbenommen, weiterhin Erfüllung zu verlangen. Der Anspruch auf Leistung erlischt erst mit der gestaltenden Wirkung der Rücktrittserklärung, die das Schuldverhältnis in ein Rückgewährschuldverhältnis umwandelt.[33] Dem Charakter des Rücktritts als Gestaltungsrecht entsprechend soll der Käufer an den erklärten Rücktritt gebunden sein und daher nach der Rücktrittserklärung nicht zur Minderung übergehen können. Vor einer übereilten (falschen) Entscheidung werde der Käufer dadurch geschützt, dass der Rücktritt erst nach Ablauf der dem Käufer zur Nacherfüllung gesetzten Frist erklärt werden könne.[34]

C. Entbehrlichkeit der Fristsetzung (Abs. 2)

Nach **Abs. 2 Nr. 1** ist eine Fristsetzung entbehrlich, wenn der Schuldner die Leistung nach Fälligkeit ernsthaft und endgültig verweigert (**sog. Erfüllungsverweigerung**).[35] Dies entspricht dem bisher schon für § 326 a.F. anerkannten Grundsatz, dass eine Fristsetzung nach Treu und Glauben überflüssig ist, wenn ihre Erfolglosigkeit und Sinnlosigkeit von vornherein feststeht.[36] Er wird nun für den Rücktritt in Abs. 2 Nr. 1 und parallel für den Schadensersatz statt der Leistung in § 281 Abs. 2, 1. Alt. ausdrücklich gesetzlich geregelt. Die Erfüllungsverweigerung nach Fälligkeit führt auch automatisch zum Verzug (§ 286 Abs. 2 Nr. 3). Die Erfüllungsverweigerung vor Fälligkeit ist gesondert in Abs. 4 geregelt.

Im Hinblick auf die **Konkretisierung des Begriffs** der ernsthaften und endgültigen Erfüllungsverweigerung kann und muss auf Rechtsprechung und Schrifttum zu § 326 a.F. zurückgegriffen werden.[37] Es sind wie bisher strenge Anforderungen zu stellen; der Schuldner muss so eindeutig zum Ausdruck bringen, er werde seinen Vertragspflichten nicht nachkommen, dass es ausgeschlossen erscheint, dass er sich von einer Nachfristsetzung umstimmen lassen könnte.[38] Es genügt daher etwa nicht, wenn der Schuldner rechtliche Zweifel äußert[39] oder unter Hinweis auf seine fehlende Leistungsfähigkeit um Stundung bittet.[40]

Abs. 2 Nr. 2 regelt den Fall des **einfachen (relativen) Fixgeschäfts** und ersetzt damit die Bestimmung des § 361 a.F., die dem Gläubiger abweichend von § 326 Abs. 1 a.F. im Zweifel ein Rücktrittsrecht ohne die Voraussetzungen des Verzugs und damit des Verschuldens sowie einer Nachfristsetzung gab, wenn vereinbart war, dass die Leistung des einen Teils genau zu einer fest bestimmten Zeit oder innerhalb einer fest bestimmten Frist bewirkt werden soll.[41] Abweichend von § 361 a.F. wird in § 323 nicht nur eine Auslegungsregel formuliert, sondern ein gesetzliches Rücktrittsrecht wegen Pflichtverletzung durch Terminüberschreitung; diese Abweichung wird freilich als geringfügig angesehen, da auch das sofortige Rücktrittsrecht aus Abs. 2 Nr. 2 jedenfalls in Individualvereinbarungen abdingbar sei.[42] Die bisher gebräuchliche Formel, es komme darauf an, dass der Vertrag mit Einhaltung der Lieferfrist „stehen oder fallen" solle,[43] wird mit der Entwurf mit der Formulierung festschreiben, dass „der andere Teil im Vertrag den Fortbestand seines Erfüllungsinteresse an die Rechtzeitigkeit der Erfüllung gebunden hat".[44] Vor diesem Hintergrund wird man wie bisher davon ausgehen können, dass Klauseln wie „fix", „genau", „präzis", „prompt", „spätestens" i.V.m. einer bestimmten Leistungszeit auf einen entsprechenden Lieferwillen hindeuten.[45] Zu beachten ist, dass § 376 HGB (sachlich und terminologisch) von der Neugestaltung des Schuldrechts unberührt geblieben ist, so dass für den Fixhandelskauf nach wie vor eine Sonderregelung existiert.

---

32 Vgl. aber im Hinblick auf Art. 3 Abs. 5 dritter Spiegelstrich der Verbrauchsgüterkaufrichtlinie *Gsell*, JZ 2001, 65, 70; *Roth*, JZ 2001, 475, 489.
33 Siehe Begründung zu § 323, BT-Drucks 14/6040, S. 185.
34 Begründung zu § 437, BT-Drucks 14/6040, S. 221.
35 Begründung zu § 323, BT-Drucks 14/6040, S. 185.
36 Siehe nur Palandt/*Heinrichs*, § 326 Rn 20 ff.
37 Siehe nur den Überblick bei Palandt/*Heinrichs*, § 326 Rn 20 ff.
38 Vgl. nur BGHZ 104, 6, 13; MüKo/*Emmerich*, vor § 275 Rn 249.
39 BGH DB 1971, 103.
40 RGZ 66, 430, 431.
41 Vgl. die plastische und knappe Übersicht bei *Canaris*, Handelsrecht, 23. Aufl. 2000, § 31 Rn 6 ff.
42 Begründung zu § 323, BT-Drucks 14/6040, S. 185.
43 Siehe nur RGZ 51, 347, 348; BGHZ 110, 88, 96.
44 Begründung zu § 323, BT-Drucks 14/6040, S. 185 f.
45 Vgl. den Überblick bei Palandt/*Heinrichs*, § 361 Rn 2.

18 Nach **Abs. 2 Nr. 3** ist eine Fristsetzung schließlich dann entbehrlich, wenn besondere Umstände vorliegen, die unter Abwägung der beiderseitigen Interessen den sofortigen Rücktritt rechtfertigen. Die Parallelregelung für den Schadensersatz statt der Leistung findet sich in § 281 Abs. 2 2. Alt.; die Verzugsbegründung ergibt sich aus § 286 Abs. 2 Nr. 4. Mit dieser als Auffangtatbestand gedachten **Generalklausel** sollen den Gerichten zusätzliche Bewertungsspielräume eröffnet werden.[46] Gedacht ist in erster Linie an die Fälle des § 326 Abs. 2 a.F.,[47] wobei die Neuregelung allerdings davon abweichend nunmehr auf das Interesse beider Vertragspartner abstellt. Beispielhaft genannt werden die bisher über § 326 Abs. 2 a.F. erfassten Fälle des verspätet gelieferten und daher für die Feldbestellung unverwendbaren Düngers, der unverkäuflichen Saisonware sowie eines Exportgeschäfts, das sich als undurchführbar erweist, weil der Käufer infolge der Leistungsverzögerung keine Importlizenz mehr bekommt.[48]

19 Ob man tatsächlich ohne nähere Prüfung auf die zu § 326 Abs. 2 a.F. entwickelten Fallgruppen zurückgreifen kann, erscheint zweifelhaft. § 326 Abs. 2 a.F. setzte immerhin den Verzug des Schuldners und damit in der Regel eine Mahnung voraus.[49] Im übrigen wird man wie bisher bei der Auslegung des § 326 a.F. an das Vorliegen des „Interessewegfalls" **strenge Anforderungen** stellen müssen; keinesfalls kann ausreichen, dass das Leistungsinteresse des Gläubigers aus Gründen, die mit der Nichtleistung des Schuldners in keinem Zusammenhang stehen, entfallen ist; dementsprechend genügt die Möglichkeit eines günstigeren Deckungsgeschäftes nicht. Allerdings spricht viel dafür, Abs. 2 Nr. 3 allein oder zusammen mit § 440 in den Fällen des arglistigen Verschweigens eines Mangels durch den Verkäufer anzuwenden; bei dolosem Verhalten des Schuldners kann man es dem Gläubiger kaum zumuten, sich auf eine weitere Zusammenarbeit mit dem Schuldner einzulassen.[50] Die Notwendigkeit einer Fristsetzung kann auch dann entfallen, wenn der Schuldner für das Vorhandensein einer Eigenschaft eine Garantie i.S.v. § 276 abgegeben hat. In einer solchen Garantie liegt – wie bisher in der Zusicherung gemäß § 463 a.F. – das Versprechen, für alle Folgen des Fehlens dieser Eigenschaft ohne weiteres einzustehen.[51] Dementsprechend kann der Gläubiger ohne wenn und aber davon ausgehen, dass diese Eigenschaft sofort vorhanden ist; er braucht sich nicht erst auf Nacherfüllungsversuche des Schuldners einzulassen.

20 Die Entbehrlichkeit der Fristsetzung kann sich schließlich auch aus den **§§ 440, 636** ergeben. Sie sehen für die Schlechtleistung bei Kauf- und Werkvertrag übereinstimmend vor, dass es der Fristsetzung „außer in den Fällen des § 323 Abs. 2" nicht bedarf, wenn der Schuldner die Nacherfüllung verweigert oder wenn diese fehlgeschlagen oder dem Gläubiger unzumutbar ist. Überschneidungen mit Abs. 2 Nr. 1, 3 sind denkbar. Darüber hinaus wird man aber für den Verbraucherkauf erwägen müssen, ob man dem Käufer im Mangelfall nicht ganz generell den Rücktritt auch ohne Fristsetzung gestatten muss, wenn der Verkäufer nicht innerhalb einer angemessenen Frist für Abhilfe gesorgt hat. Dafür spricht schon, dass der Verbraucher, der bisher jedenfalls bei Bargeschäften im Regelfall sofort wandeln konnte, noch nicht in dem Sinne auf die neue Rechtslage eingestellt ist, dass er sein Nacherfüllungsbegehren mit einer formalen Fristsetzung verbindet oder sogar auf ein Nacherfüllungsangebot des Verkäufers geistesgegenwärtig mit einer Fristsetzung reagiert. Dementsprechend macht auch Art. 3 Abs. 5 zweiter Spiegelstrich der Verbrauchsgüterkaufrichtlinie das Rücktrittsrecht des Käufers gerade nicht von einer vorherigen Fristsetzung abhängig.[52] In diesem Zusammenhang wird zwar in der Begründung des Regierungsentwurfs argumentiert, auch nach der Richtlinie werde vom Käufer erwartet, dass er seinen Nacherfüllungsanspruch gegenüber dem Käufer anmelde und sich dabei zwischen den beiden Arten der Nacherfüllung entscheide; der Käufer müsse entscheiden, wann eine „angemessene" Frist abgelaufen sei, weil davon abhänge, ob er zur nächsten Stufe der Mängelrechte übergehen, also zurücktreten oder mindern könne.[53] Dies ändert freilich nichts daran, dass der Käufer nach Ablauf einer angemessenen Nachfrist – wohl richtlinienwidrig – nicht zurücktreten könnte, wenn er bei seinem Nacherfüllungsverlangen keine Frist gesetzt hat. Man wird sich hier – im Wege der richtlinienkonformen Auslegung – in der Weise helfen müssen, dass man nach angemessener Frist von einem „Fehlschlagen" der Nacherfüllung i.S.d. § 440 ausgeht.[54]

---

[46] Begründung zu § 323, BT-Drucks 14/6040, S. 186.
[47] Begründung zu § 323, BT-Drucks 14/6040, S. 186 li. Sp.
[48] Begründung zu § 323, BT-Drucks 14/6040, S. 186.
[49] Vgl. den Überblick bei Palandt/*Heinrichs*, § 326 Rn 21.
[50] Für einen Vorrang der Nacherfüllung und damit die Notwendigkeit einer Fristsetzung allerdings auch in diesen Fällen *Lorenz*, JZ 2001, 742, 743.
[51] Siehe § 276 Rn 19.
[52] Siehe dazu *Ernst/Gsell*, ZIP 2000, 1410, 1418; *Gsell*, JZ 2001, 65, 67 f.; *Knütel*, NJW 2001, 2519.
[53] Begründung zu § 437, BT-Drucks 14/6040, S. 222.
[54] Vgl. die Andeutungen in der Begründung zu § 437, BT-Drucks 14/6040, S. 222.

D. Abmahnung statt Fristsetzung (Abs. 3)

Bei Unterlassungspflichten wie z.B. einem Wettbewerbsverbot passt das Erfordernis der Bestimmung einer Frist zur Leistung oder Nacherfüllung nicht; dementsprechend verlangt Abs. 3 (wie § 281 Abs. 3) statt der Fristsetzung eine Abmahnung. Zu beachten ist, dass für nicht leistungsbezogene Nebenpflichten, namentlich Schutzpflichten gemäß § 241 Abs. 2, auch insoweit nur § 282 gilt. 21

E. Rücktritt vor Fälligkeit (Abs. 4)

Abs. 4 regelt die **Erfüllungsverweigerung vor Fälligkeit**. Da sie (noch) keine fälligen Hauptpflichten betrifft, wurde bisher insoweit nicht unmittelbar auf § 326 Abs. 1 a.F. abgestellt, sondern auf die PFV unter dem Gesichtspunkt der Verletzung der Vertragstreue bzw. des vorweggenommenen Vertragsbruchs zurückgegriffen.[55] Dem grundsätzlichen Anliegen des Gesetzgebers entsprechend, die PFV zu kodifizieren, wird nun für diese Fälle in Abs. 4 ausdrücklich ein Rücktrittsrecht normiert. Danach kann der Gläubiger bereits vor Eintritt der Fälligkeit der Leistung zurücktreten, wenn offensichtlich ist, dass die Voraussetzungen des Rücktritts eintreten werden.[56] In § 281 ist – möglicherweise versehentlich – eine entsprechende Regelung nicht aufgenommen worden.[57] 22

F. Grenzen des Rücktrittsrechts (Abs. 5)

Abs. 5 S. 1 regelt den Fall, dass der Schuldner einer teilbaren Leistung nicht mit der ganzen Leistung, sondern nur mit einzelnen Teilen säumig geblieben ist. Nach Auffassung des Gesetzgebers sei die Alternative, den Vertrag ganz aufzuheben oder ganz durchzuführen, häufig nicht sachgerecht; oft sei es sinnvoller, die Lösung vom Vertrag auf die gestörten Teile zu beschränken. Bei Sukzessivlieferungsverträgen sei eine entsprechende Beschränkung des Rücktrittsrechts anerkannte Regel.[58] Dementsprechend sieht Abs. 5 S. 1 vor, dass der Gläubiger vom ganzen Vertrag nur zurücktreten kann, wenn er an der **Teilleistung kein Interesse** hat. Daraus ergibt sich mittelbar, dass bei **Teilstörungen** grundsätzlich auch nur ein **Teilrücktritt** möglich ist. Diese Regelung entspricht §§ 280 Abs. 2, 325 Abs. 1 S. 2, 326 Abs. 1 S. 3 a.F. Im Hinblick auf die Konkretisierung des Interessewegfalls kann daher auf die zu diesen Bestimmungen entwickelten Grundsätze zurückgegriffen werden.[59] 23

Abs. 5 S. 2 betrifft die **mangelhafte Leistung**: Hat der Schuldner die Leistung nicht vertragsgemäß bewirkt, so kann der Gläubiger vom Vertrag nicht zurücktreten, wenn die Pflichtverletzung unerheblich ist.[60] Die Pflichtverletzung bezeichnet den Mangel der Sache. Das Kriterium der „Unerheblichkeit" soll der Bagatellgrenze des § 459 Abs. 1 S. 2 a.F. entsprechen.[61] Bei unerheblicher Minderung des Werts oder der Tauglichkeit der Leistung kann der Gläubiger also (wie bisher) nicht zurücktreten. Er hat aber nunmehr immerhin die Möglichkeit der Minderung (§§ 437 Nr. 1, 441 Abs. 1).[62] Aus der Begrenzung des Rücktrittsrechts in Abs. 5 S. 2 folgt umgekehrt, dass der Gläubiger bei Schlechtleistung nach erfolgloser Fristsetzung im Regelfall vom ganzen Vertrag zurücktreten kann. Das Regel-Ausnahme-Verhältnis ist also genau umgekehrt wie in Abs. 5 S. 1. 24

Unklar sind die **Ausstrahlungen des § 434 Abs. 3** auf die Handhabung des Abs. 5. Bei unbefangener Betrachtungsweise ist man geneigt, Abs. 5 zwei unterschiedliche Regelungen für zwei klar abzugrenzende Fallgruppen zu entnehmen, die teilweise Nichtleistung einerseits, die Schlechtleistung andererseits. Gemäß §§ 434 Abs. 3, 633 Abs. 2 S. 3 wird jetzt freilich die Minderleistung dem Sachmangel gleichgestellt. Dies legt die Konsequenz nahe, dass mengenmäßige Leistungsdefizite bei Kauf- und Werkvertrag unter Abs. 5 S. 2 fallen. Das Rücktrittsrecht entfiele also lediglich bei Unerheblichkeit der Minderleistung; auf das Kriterium des Interessefortfalls käme es nicht an. Abs. 5 S. 1 wäre seines wichtigsten Anwendungsbereichs beraubt und hätte eine eher schmale Bedeutung.[63] Vorläufig ganz offen ist auch die im Gesetz nicht geregelte **Teilschlechtleistung** (von 60 geschuldeten und gelieferten Flaschen Wein sind 10 mit Frostschutzmittel versetzt).[64] 25

---

55 Vgl. nur BGH NJW 1986, 843; Palandt/*Heinrichs*, § 276 Rn 124 ff. und § 326 Rn 20.
56 Begründung zu § 323, BT-Drucks 14/6040, S. 186.
57 Dazu § 281, Rn 20.
58 Begründung zu § 323, BT-Drucks 14/6040, S. 186.
59 Vgl. nur Palandt/*Heinrichs*, § 325 Rn 26 ff.
60 Zum Regelungskonzept siehe Begründung zu § 323, BT-Drucks 14/6040, S. 186 f.
61 Begründung zu § 437, BT-Drucks 14/6040, S. 231; *Haas*, BB 2001, 1313, 1316.
62 Begründung zu § 437, BT-Drucks 14/6040, S. 231.
63 Sehr kritisch dazu *Canaris*, ZRP 2001, 329, 334 f.
64 Siehe dazu Begründung zu § 323, BT-Drucks 14/6040, S. 186 einerseits, *Canaris*, ZRP 2001, 329, 335 andererseits.

G. Ausschluß des Rücktritts bei Verantwortung des Gläubigers (Abs. 6)

26 Der Rücktrittsausschluss des Abs. 6 betrifft die Fälle einer **Verantwortung des Gläubigers für die Leistungsstörung**. Der Gläubiger bleibt an den Vertrag und damit an seine Gegenleistungspflicht gebunden, wenn er für den Umstand, der ihn zum Rücktritt berechtigen würde (Nicht- oder Schlechtleistung) allein oder überwiegend verantwortlich ist, oder wenn der vom Schuldner nicht zu vertretende Umstand zu einer Zeit eintritt, in der der Gläubiger im Verzug der Annahme ist. Damit werden die Regelungen des § 324 a.F., die mit kleineren Änderungen in den § 326 Abs. 2 übernommen worden sind, über die Fälle der Unmöglichkeit hinaus verallgemeinert. Die Gläubigerverantwortung soll auch dann, wenn die Nichtleistung des Schuldners auf anderen Umständen beruht als den in § 275 genannten, nicht unberücksichtigt bleiben. Beim Schadensersatzanspruch statt der Leistung könne die Mitverantwortung des Gläubigers über eine Kürzung des Anspruchs gemäß § 254 berücksichtigt werden. Beim Gestaltungsrecht „Rücktritt" bleibe nur die Möglichkeit, das Rücktrittsrecht insgesamt auszuschließen und den Gläubiger so am Vertrag und der Verpflichtung zur Gegenleistung festzuhalten.[65] Im Hinblick auf die Einzelheiten der Regelung ergeben sich gegenüber § 326 Abs. 2 keine Besonderheiten, so dass auf die entsprechenden Erläuterungen verwiesen werden kann.[66] Zu beachten ist auch im Rahmen des Abs. 6 2. Alt., dass der Rücktrittsausschlussgrund des Annahmeverzuges nur dann greift, wenn der Schuldner die Leistungsstörung nicht zu vertreten hat, insoweit also das neue Prinzip der Unabhängigkeit des Rücktritts von einem Vertretenmüssen des Schuldners durchbrochen wird.

§ 324 Rücktritt wegen Verletzung einer Pflicht nach § 241 Abs. 2

¹Verletzt der Schuldner bei einem gegenseitigen Vertrag eine Pflicht nach § 241 Abs. 2, so kann der Gläubiger zurücktreten, wenn ihm ein Festhalten am Vertrag nicht mehr zuzumuten ist.

A. Problemstellung und Überblick

1 § 324 betrifft den Fall, dass der Schuldner zwar seine Haupt- und Nebenleistungspflichten ordnungsgemäß erfüllt, jedoch gegen **nicht leistungsbezogene, also leistungsbegleitende Nebenpflichten** verstößt.[1] Als Schulbeispiel wird der Fall genannt, dass der seinen Auftrag korrekt ausführende Maler auf dem Weg in den von ihm zu streichenden Teil der Wohnung die Eingangstür oder Einrichtungsgegenstände beschädigt.[2] Den aus der Pflichtverletzung resultierenden Schaden kann der Gläubiger ohne weiteres gemäß § 280 Abs. 1 ersetzt verlangen. Fraglich ist jedoch, ob er sich darüber hinaus auch vom Vertrag lösen kann, obwohl die geschuldete Leistung selbst vertragsgemäß erbracht wird und daher das eigentliche Leistungsinteresse des Gläubigers (im Gegensatz zu seinem Integritätsinteresse) nicht berührt ist. § 324 beantwortet sie nunmehr dahingehend, dass der Gläubiger bei Verletzung von **Pflichten gemäß § 241 Abs. 2** ein **Rücktrittsrecht** hat, wenn ihm ein Festhalten am Vertrag nicht mehr zuzumuten ist. Aus dem Wortlaut des § 324 und der Systematik der §§ 323–326 ergibt sich, dass § 324 nicht in den Fällen der Leistungsverzögerung, der Schlechtleistung und der Unmöglichkeit greift; insoweit sind ausschließlich die §§ 323 und 326 einschlägig. Eine § 324 entsprechende Regelung für Ansprüche auf Schadensersatz statt der Leistung findet sich in § 282.[3]

B. Das Regelungskonzept im Verhältnis zum bisher geltenden Recht

2 Das Rücktrittsrecht des § 324 hat wie die Schadensersatzregelung des § 282 im bisher geltenden BGB kein Vorbild. Allerdings war in Rechtsprechung und Schrifttum anerkannt, dass das **Institut der PFV** ebenso wie Unmöglichkeit und Verzug im Einzelfall ein Rücktrittsrecht oder einen Schadensersatzanspruch wegen Nichterfüllung des ganzen Vertrags begründen konnte. Voraussetzung sei, so lautete die übliche Formel, dass die PFV den Vertragszweck derartig gefährde, dass dem anderen Teil nach Treu und Glauben das Festhalten am Vertrag nicht mehr zugemutet werden könne.[4] Mit den §§ 324, 282 soll dieser Anwendungsbereich der PFV ausdrücklich gesetzlich geregelt werden.[5]

3 Diese Begründung trägt freilich im Kern nicht und könnte daher Anlass zu Missdeutungen der §§ 324, 282 geben: Ein Rücktrittsrecht bzw. ein Anspruch auf Schadensersatz wegen Nichterfüllung aus PFV wurde

---

65 Siehe zum ganzen Begründung zu § 323, BT-Drucks 14/6040, S. 187; vgl. auch *Canaris*, JZ 2001, 499, 510.
66 Siehe § 326 Rn 8 ff.
1 Begründung zu § 324, BT-Drucks 14/6040, S. 187.
2 Begründung zu § 282, BT-Drucks 14/6040, S. 141.
3 Begründung zu § 282, BT-Drucks 14/6040, S. 141 f.
4 Vgl. nur Palandt/*Heinrichs*, § 276 Rn 124 ff.; RGZ 140, 385; BGH NJW 1969, 975; BGH NJW 1978, 260; BGH NJW-RR 1996, 949.
5 Begründung zu § 282, BT-Drucks 14/6040, S. 142.

in erster Linie für die Fälle der beharrlichen Erfüllungsverweigerung vor Fälligkeit bejaht.[6] Sie fallen aber nunmehr gerade nicht unter die §§ 324, 282, sondern sind bereits in § 323 Abs. 4 geregelt, der auf die Schadensersatzregelung des § 281 Abs. 2 Hs. 2 entsprechend anzuwenden ist.[7] Auch den bekannten Spoilerfall, in dem der Verkäufer in einen fabrikneuen Wagen vor Fälligkeit alte Teile einbauen ließ,[8] wird man in Zukunft entsprechend § 323 Abs. 4 i.V.m. § 323 Abs. 2 Nr. 3 beurteilen müssen, zeichnete sich doch bereits vor Fälligkeit eine Schlechtleistung gemäß § 323 Abs. 1 und damit eine Entbehrlichkeit der Nachfristsetzung gemäß § 323 Abs. 2 Nr. 3 ab. Es ging also beim Rücktrittsrecht und beim Schadensersatzanspruch wegen Nichterfüllung aus PFV um Fälle, die man mit den Stichworten „Verstoß gegen die Vertragstreue" oder „Gefährdung der Vertrauensgrundlage durch schwere Unzuverlässigkeit" kennzeichnen könnte.[9] Schutzpflichtverletzungen im traditionellen Verständnis, auf die § 241 Abs. 2 in erster Linie zugeschnitten ist,[10] auf den seinerseits § 324 abstellt, spielten keine nennenswerte Rolle.[11] Umgekehrt wurde ein Rücktrittsrecht oder ein Schadensersatzanspruch wegen Nichterfüllung auch in Fällen anerkannt, in denen man bei natürlichem, unbefangenem Sprachgebrauch Schwierigkeiten hat, eine Schutzpflichtverletzung zu bejahen, wie etwa bei schwerer Beleidigung des Vertragspartners.[12] Vor diesem Hintergrund ist gegenüber einem Rückgriff auf Argumentationsversatzstücke zum bisher geltenden Recht Zurückhaltung geboten; die §§ 323, 282 müssen aus sich selbst heraus nach Wortlaut, systematischer Stellung und ratio gedeutet werden.

C. Der Anwendungsbereich: Verletzung einer Pflicht nach § 241 Abs. 2

§ 324 knüpft an die Verletzung einer Pflicht gemäß § 241 Abs. 2 an. Diese Voraussetzung zielt auf **Abgrenzung** von Pflichtverletzungen i.S.v. § 323, also Verspätung und Schlechtleistung, bei denen ein Rücktritt erst nach erfolgloser Bestimmung einer Nachfrist möglich ist. Es wird also scharf zwischen der Verletzung von **Haupt- und Nebenleistungspflichten** einerseits und **nicht leistungsbezogenen, nur leistungsbegleitenden Nebenpflichten** andererseits unterschieden. Diese leistungsbegleitenden Nebenpflichten, meist schlagwortartig als Schutzpflichten bezeichnet,[13] sind nun in § 241 Abs. 2 ausdrücklich gesetzlich verankert worden. Sie sollen das Integritätsinteresse des Vertragspartners schützen, ihn also insbesondere vor Körper- und Eigentumsverletzungen, aber auch vor Vermögensfehldispositionen bewahren. Demgegenüber zielen die Haupt- und Nebenleistungspflichten auf Veränderung der Güterlage und damit das Äquivalenzinteresse des Gläubigers.[14]

Typische und klare Anwendungsbeispiele für § 324 sind die Fälle einer **Verletzung absoluter Rechtsgüter** anlässlich der Leistungserbringung. Als Beispiel sei noch einmal der bereits erwähnte Maler genannt, der auf dem Weg zu seiner Wirkungsstätte die Eingangstür des Gläubigers beschädigt. Schwierigkeiten mit der Kategorie der Schutzpflichtverletzung könnten sich dagegen in den (seltenen) Konstellationen ergeben, in denen der Gläubiger zwar keinen Vermögensschaden erlitten hat, aber auf andere Weise beeinträchtigt worden ist, z.B. durch schwere Beleidigungen,[15] rassistische Bemerkungen, das Absingen unsittlicher, unanständiger Lieder. Unabhängig davon, ob man derartige Fälle von § 241 Abs. 2 abgedeckt sieht,[16] wird man die Anwendung von § 324 grundsätzlich bejahen: Dies entspricht der bisherigen Rechtslage, an der durch die Schuldrechtsreform nichts geändert werden sollte.[17] Im übrigen ist kein Grund ersichtlich, warum man derartige Vorfälle prinzipiell ohne Sanktion lassen sollte; das Zumutbarkeitskriterium erlaubt eine vernünftige Aussonderung von Bagatellfällen.

Dagegen fallen Pflichtverletzungen in Form von Verspätung und Lieferung eines mangelhaften Leistungsgegenstandes ausschließlich unter § 323. Dies gilt ungeschränkt auch dann, wenn durch die Schlechtleistung „Mangelfolgeschäden" an anderen Rechtsgütern entstanden sind. Zwar werden hier durch die Schlechtleistung gleichzeitig auch Schutzpflichten i.S.v. § 241 Abs. 2 verletzt; dementsprechend lag hier

---

6 Siehe nur Palandt/*Heinrichs*, § 276 Rn 124; BGH NJW 1986, 843.
7 Zu den Einzelheiten § 281 Rn 20; § 281 Abs. 2 regelt nur die Erfüllungsverweigerung nach Fälligkeit.
8 BGH NJW 1978, 260.
9 Vgl. insbes. BGH NJW 1969, 975; BGH NJW 1978, 260; BGH NJW-RR 1996, 949; dazu bereits *Dauner-Lieb*, in: Ernst/Zimmermann (Hrsg.), Zivilrechtswissenschaft und Schuldrechtsreform 2000, S. 305, 314 f.
10 Siehe Begründung zur Änderung des § 241, BT-Drucks 14/6040, S. 125.
11 In diesen Zusammenhang einordnen könnte man vielleicht am ehesten noch die Entscheidung BGH NJW-RR 1996, 949, die freilich einen gesellschaftsrechtlichen Sachverhalt betraf.
12 Vgl. RGZ 140, 379 ff.
13 Siehe Begründung zur Änderung von § 241, BT-Drucks 14/6040, S. 125.
14 Begründung zur Änderung von § 241, BT-Drucks 14/6040, S. 125 f.
15 Vgl. RGZ 140, 379 ff.; dazu Palandt/*Heinrichs*, § 276 Rn 125.
16 § 241 Abs. 2 ist zwar auf die Lehre von den Schutzpflichten zugeschnitten, verwendet den Begriff aber selbst nicht; eine weite Auslegung, die auch untypische Fälle erfasst, könnte über den Begriff des Interesses erreicht werden, der auch „immaterielle Interessen", wie z.B. die Entscheidungsfreiheit, umfassen soll; in diesem Sinne die Begründung zur Änderung von § 241, BT-Drucks 14/6040, S. 126.
17 Begründung zu § 282, BT-Drucks 14/6040, S. 142.

bisher ein Anwendungsschwerpunkt der PFV.[18] Für die Frage des Rücktritts kommt es jetzt insoweit jedoch allein auf § 323 an; in besonders krassen Fällen (der defekte Dampftopf löst einen Brand aus, der das ganze Haus zerstört) lässt sich die Entbehrlichkeit einer Fristsetzung zur Nacherfüllung (der nunmehr obdachlose Käufer braucht keinen Dampftopf mehr) aus § 323 Abs. 2 Nr. 3 ableiten. Entsprechend zu handhaben sind die Fälle, in denen der Schutz der Rechtsgüter des anderen Teils die Hauptleistungspflicht bildet, wie dies etwa bei Bewachungs- und Beratungsverträgen der Fall ist.[19]

7   In den Anwendungsbereich des § 323 fällt schließlich die Verletzung von Pflichten, die auf zweckgerichtete Durchführung des Schuldverhältnisses, also Vorbereitung, Herbeiführung und Sicherung des Leistungserfolgs, gerichtet sind. Beispielhaft sei nur die Pflicht genannt, dem Käufer eine verständliche Gebrauchsanweisung zu liefern.[20] Insoweit kann die Abgrenzung zwischen leistungsbezogener und leistungsbegleitender Nebenpflicht im Einzelfall schwierig sein: Die Pflicht, der zu liefernden Motorsäge eine verständliche Anleitung beizufügen, dient sowohl der funktionsgerechten Inbetriebnahme des Geräts als auch dem Schutz des Benutzers.[21] Im Zweifel wird man sich jedenfalls dann für die Anwendung des § 323 zu entscheiden haben, wenn eine Nacherfüllung auch nur in Betracht kommt; auf einen bereits eingetretenen „Folgeschaden" kommt es dagegen für die Abgrenzung zwischen § 324 und § 323 nicht an, weil dieser ohnehin nach § 280 Abs. 1 zu ersetzen ist.

D. Unzumutbarkeit eines Festhaltens am Vertrag

8   Ein Rücktritt gemäß § 324 setzt weiterhin voraus, dass dem Gläubiger das Festhalten am Vertrag wegen der Pflichtverletzung nicht mehr zuzumuten ist. Wann dies der Fall ist, stellt eine Wertungsfrage dar. Es kommt also auf alle **Umstände des Einzelfalls** an. So wird man in dem bereits mehrfach zitierten Beispiel des unaufmerksamen Malers fragen müssen, ob bereits eine Beschädigung der Eingangstür ausreicht (eher nein) oder ob die erforderliche Rücktrittsschwelle jedenfalls dann erreicht wird, wenn er auch noch die kostbare chinesische Lieblingsvase zerstört hat. Jedenfalls sind an die Unzumutbarkeit hohe Anforderungen zu stellen; die Begleitumstände der (für sich genommen korrekten) Leistungserbringung müssen für den Gläubiger unerträglich sein.[22] Auf das noch im Regierungsentwurf vorgesehene Kriterium der **Wesentlichkeit** der Pflichtverletzung[23] ist im Zuge des weiteren Gesetzgebungsverfahrens verzichtet worden. Dies überzeugt, setzt doch die Unzumutbarkeit eines Festhaltens am Vertrag eine wesentliche Pflichtverletzung geradezu denknotwendig voraus. § 324 verlangt ebenso wenig wie § 323, dass der Schuldner die Pflichtverletzung zu vertreten hat. Ein Verschulden des Schuldners kann aber mittelbar für die Beurteilung der Zumutbarkeit von Bedeutung sein; kann man dem Schuldner keinen Vorwurf machen, wird man umgekehrt dem Gläubiger eher zumuten müssen, sich am Vertrag festhalten zu lassen.

9   § 324 macht den Rücktritt nicht von einer vorherigen Fristsetzung oder **Abmahnung** abhängig. Freilich wird man bei weniger gravierenden Pflichtverletzungen des Schuldners nur dann von einer Unzumutbarkeit der weiteren Vertragsdurchführung ausgehen können, wenn der Gläubiger den Schuldner erfolglos abgemahnt hat.

10 Die noch in § 324 S. 2 RE enthaltene Bezugnahme auf § 323 Abs. 6, der einen Rücktritt bei **Verantwortlichkeit des Gläubigers** ausschließt, ist im Zuge des weiteren Gesetzgebungsverfahrens gestrichen worden. Dass der Gläubiger die Pflichtverletzung (auch) zu vertreten habe, könne erforderlichenfalls im Rahmen der Prüfung der Zumutbarkeit berücksichtigt werden. Dagegen soll es für die Folgen einer Verletzung nichtleistungsbezogener Nebenpflichten regelmäßig ohne Bedeutung sein, ob sich der Gläubiger im Annahmeverzug befand.

---

18 Siehe dazu ausführlich *Dauner-Lieb*, in: Ernst/Zimmermann (Hrsg.), Zivilrechtswissenschaft und Schuldrechtsreform 2000, S. 305, 310 ff.
19 Vgl. Begründung zur Änderung des § 241, BT-Drucks 14/6040, S. 125.
20 Ob eine entsprechende Pflichtverletzung schon einen Mangel i.S.v. § 434 darstellt, wie dies § 434 Abs. 2 S. 2 für die mangelhafte Montageanleitung nunmehr ausdrücklich festlegt, ist nur für die Verjährung gem. § 438 von Bedeutung.
21 Vgl. Begründung zur Änderung des § 241, BT-Drucks 14/6040, S. 125.
22 Begründung zu § 282, BT-Drucks 14/6040, S. 141.
23 Begründung zu § 282, BT-Drucks 14/6040, S. 141 f.

§ 325 Schadensersatz und Rücktritt

¹**Das Recht, bei einem gegenseitigen Vertrag Schadensersatz zu verlangen, wird durch den Rücktritt nicht ausgeschlossen.**

A. Überblick

§ 325 stellt klar, dass mit der Neugestaltung des Leistungsstörungsrechts die seit jeher als unbefriedigend empfundene **Alternativität von Rücktritt und Schadensersatz** beseitigt wird.[1] Bisher musste der Gläubiger im Rahmen der §§ 325, 326 a.F., aber auch beim Fehlen zugesicherter Eigenschaften i.S.v. § 463 a.F. oder bei Werkmängeln zwischen Aufhebung des Vertrags (Rücktritt, Wandlung) und Schadensersatz wählen. Diese Alternativität wurde zwar mit Hilfe verschiedener Konstruktionen abgemildert.[2] Schwierigkeiten bereiteten aber immer wieder die Fälle, in denen der Gläubiger voreilig den Rücktritt erklärt hatte, ohne zu bedenken, dass er noch eine Reihe von Schäden liquidieren wollte. Da der Übergang vom Rücktritt zum Schadensersatz wegen der rechtsgestaltenden Wirkung des Rücktritts überwiegend für ausgeschlossen gehalten wurde,[3] konnte die Rechtsprechung insoweit nur helfen, indem sie Rücktrittserklärungen großzügig als Schadensersatzverlangen deutete.[4] Solche Hilfskonstruktionen sind nunmehr entbehrlich. Der Gläubiger kann Rücktrittserklärung und Schadensersatzverlangen gefahrlos kombinieren. Als Vorbedingung für diese „Liberalisierung" sind die Voraussetzungen für den Schadensersatz statt der Leistung gemäß §§ 281–283 und den Rücktritt gemäß §§ 323 f., 326 inhaltlich angeglichen und aufeinander abgestimmt worden.

1

B. Praktische Bedeutung

Praktische Bedeutung hat § 325 zunächst für die Fälle, in denen der Gläubiger seine Gegenleistung bereits erbracht hat. Hier hilft dem Gläubiger ein Vorgehen allein nach § 281 nicht weiter, weil diese Regelung keine Rückforderungsmöglichkeit vorsieht. Anders als nach der bisherigen Rechtslage verliert der Gläubiger durch seinen Rücktritt seinen Schadensersatzanspruch nicht mehr, sondern kann trotz des Rücktritts neben der Rückgewähr einer eigenen Leistung auch noch etwa die Mehrkosten aus einem Deckungsgeschäft, entgangenen Gewinn oder Aufwendungsersatz gemäß § 284 verlangen.[5] Da § 325 im Hinblick auf die Art des Schadensersatzes keine Einschränkung enthält, ist die Regelung auch auf solche Schadensersatzansprüche zu beziehen, die nicht auf Schadensersatz statt der Leistung i.S.d. §§ 281–284 gerichtet sind. Dementsprechend hindert ein Rücktritt den Gläubiger zunächst nicht daran, Ersatz des bis zum Rücktritt aufgelaufenen Verzögerungsschadens i.S.v. § 280 Abs. 2 i.V.m. § 286 zu verlangen. Dies entspricht der älteren Rechtsprechung zum Verhältnis von § 286 Abs. 1 a.F. zum Rücktritt.[6] Dementsprechend kann der Gläubiger auch nach der Erklärung des Rücktritts die bereits angefallenen Verzugszinsen verlangen, da es sich dabei lediglich um einen pauschalierten Mindestverzögerungsschaden handelt. Unabhängig von einem Rücktritt können schließlich Ansprüche nach § 280 Abs. 1 auf Ersatz von Schäden geltend gemacht werden, die auf eine Schlechtleistung oder die Verletzung von leistungsbegleitenden Nebenpflichten i.S.v. § 241 Abs. 2 zurückzuführen sind. Schon nach bisherigem Recht wurde nicht bezweifelt, dass Ansprüche aus positiver Vertragsverletzung trotz eines Rücktritts vom Vertrag geltend gemacht werden können.

2

§ 326 Befreiung von der Gegenleistung und Rücktritt beim Ausschluss der Leistungspflicht

(1) ¹**Braucht der Schuldner nach § 275 Abs. 1 bis 3 nicht zu leisten, entfällt der Anspruch auf die Gegenleistung; bei einer Teilleistung findet § 441 Abs. 3 entsprechende Anwendung.** ²**Satz 1 gilt nicht, wenn der Schuldner im Fall der nicht vertragsgemäßen Leistung die Nacherfüllung nach § 275 Abs. 1 bis 3 nicht zu erbringen braucht.**
(2) ¹**Ist der Gläubiger für den Umstand, auf Grund dessen der Schuldner nach § 275 Abs. 1 bis 3 nicht zu leisten braucht, allein oder weit überwiegend verantwortlich oder tritt dieser vom Schuldner nicht zu vertretende Umstand zu einer Zeit ein, zu welcher der Gläubiger im Verzug der Annahme ist, so behält der Schuldner den Anspruch auf die Gegenleistung.** ²**Er muss sich jedoch dasjenige**

---

1 Begründung, Allgemeiner Teil, BT-Drucks 14/6040, S. 85 f., 93; zum Entwurf der Schuldrechtskommission und seine Weiterentwicklung im Zuge des Gesetzgebungsverfahrens Begründung zur Neufassung der §§ 323–326, BT-Drucks 14/6040, S. 183; Begründung zu § 325, BT-Drucks 14/6040, S. 187; vgl. auch *Canaris*, JZ 2001, 499, 514.
2 Zu den Einzelheiten Begründung zu § 325, BT-Drucks 14/6040, S. 187 f.
3 Siehe nur Palandt/*Heinrichs*, § 325 Rn 8, 25.
4 Vgl. BGH NJW 1988, 78.
5 Begründung, Allgemeiner Teil, BT-Drucks 14/6040, S. 93.
6 BGHZ 88, 46, 48 ff.; die spätere Einschränkung dieser Rechtsprechung für das vertragliche Rücktrittsrecht (BGH NJW 1990, 2068, 2069; 1998, 3268, 3269; dazu Staudinger/*Kaiser*, vor § 346 Rn 55 ff.) überzeugt nicht und war wegen der Besonderheit des Sachverhalts ohnehin nicht verallgemeinerungsfähig.

anrechnen lassen, was er infolge der Befreiung von der Leistung erspart oder durch anderweitige Verwendung seiner Arbeitskraft erwirbt oder zu erwerben böswillig unterlässt.
(3) ¹Verlangt der Gläubiger nach § 285 Herausgabe des für den geschuldeten Gegenstand erlangten Ersatzes oder Abtretung des Ersatzanspruchs, so bleibt er zur Gegenleistung verpflichtet. ²Diese mindert sich jedoch nach Maßgabe des § 441 Abs. 3 insoweit, als der Wert des Ersatzes oder des Ersatzanspruchs hinter dem Wert der geschuldeten Leistung zurückbleibt.
(4) ¹Soweit die nach dieser Vorschrift nicht geschuldete Gegenleistung bewirkt ist, kann das Geleistete nach den §§ 346 bis 348 zurückgefordert werden.
(5) ¹Braucht der Schuldner nach § 275 Abs. 1 bis 3 nicht zu leisten, kann der Gläubiger zurücktreten; auf den Rücktritt findet § 323 mit der Maßgabe entsprechende Anwendung, dass die Fristsetzung entbehrlich ist.

A. Überblick

1   Regelungsgegenstand des § 326 ist das **Schicksal der Gegenleistung** im gegenseitigen Vertrag in den Fällen, in denen die Primärleistungspflicht des Schuldners gemäß § 275 Abs. 1–3 ausgeschlossen ist. In dem neuen Konzept zur Bewältigung der **Unmöglichkeit** ersetzt § 326 zunächst funktional die §§ 323, 324 a.F.[1] Abs. 1 S. 1 1. Hs. tritt an die Stelle des § 323 Abs. 1 S. 1 1. Hs. a.F.; braucht der Gläubiger gemäß § 275 Abs. 1–3 nicht zu leisten, entfällt auch sein Anspruch auf die Gegenleistung. Diese Regelung ist wie in § 275 – aber abweichend von § 323 a.F. – unabhängig davon anwendbar, ob der Schuldner die Unmöglichkeit zu vertreten hat oder nicht.[2] Abs. 2 übernimmt mit kleineren Änderungen § 324 a.F.; Abs. 3 regelt das Verhältnis zu § 285 und entspricht inhaltlich § 323 Abs. 2 a.F.; Abs. 4 ersetzt funktional § 323 Abs. 3 a.F. und enthält insoweit eine gewichtige Änderung, als eine bereits erfolgte Gegenleistung nicht mehr entsprechend § 323 a.F. nach Bereicherungsrecht, sondern gemäß §§ 346–348 rückabzuwickeln ist.

2   Die bisher in § 323 Abs. 1 2. Hs. a.F. angesprochene Problematik der **Teilunmöglichkeit**[3] wird im Hinblick auf den entsprechenden anteiligen Wegfall des Anspruchs auf die Gegenleistung nunmehr ausdrücklich in Abs. 1 2. Hs. erfasst. Hat der Gläubiger wegen der teilweisen Befreiung des Schuldners von der Primärleistungspflicht an der ganzen Leistung kein Interesse mehr, ergibt sich ein Rücktrittsrecht bezüglich des ganzen Vertrages möglicherweise – ganz klar ist dies leider nicht – aus Abs. 5 i.V.m. § 323 Abs. 4 S. 1.

3   Endgültig unübersichtlich wird § 326 durch die völlig missglückte Erfassung der neuen Kategorie der „**qualitativen Unmöglichkeit**":[4] Ist bei nicht vertragsgemäßer (in der Regel also mangelhafter) Leistung eine Nacherfüllung nicht oder nicht mehr möglich, so greift insoweit nunmehr § 275. Für diese Konstellation ordnet Abs. 1 S. 2 an, dass Abs. 1 S. 1 nicht gilt. Dies bedeutet, dass die Gegenleistung nicht anteilig kraft Gesetzes entfällt. Der Gläubiger kann und muss (!) gemäß §§ 437 Nr. 2, 326 Abs. 5, 323 Abs. 4 S. 2 zurücktreten oder mindern.[5]

B. Der Wegfall des Anspruchs auf die Gegenleistung (Abs. 1)

4   Nach Abs. 1 S. 1 1. Hs. entfällt der Anspruch auf die Gegenleistung, wenn der Schuldner nach § 275 Abs. 1–3 nicht zu leisten braucht. KE und DiskE hatten eine entsprechende Regelung nicht vorgesehen, sondern das Sachproblem dem allgemeinen Tatbestand des § 323 unterstellt.[6] Das dem § 323 Abs. 1 S. 1 1. Hs. a.F. entsprechende **ipso-iure-Erlöschen** des Anspruchs auf die Gegenleistung ist erst im Zuge der Rehabilitierung der Unmöglichkeit als eigenständiger Leistungsstörungskategorie[7] wieder eingeführt worden: Zum einen konnte man sich der Einsicht nicht verschließen, dass ein Rücktritt des Gläubigers offenkundig sinnlos ist, wenn dieser keine Entscheidungsalternative hat, weil er wegen der Unmöglichkeit ohnehin nicht am Vertrag festhalten kann. Vor allem aber erkannte man, dass die Notwendigkeit eines Rücktritts bei Teilunmöglichkeit im Rahmen von Dauerschuldverhältnissen zu untragbaren Konsequenzen führen kann[8] und zwar auch und gerade bei zu vertretender Unmöglichkeit z.B. bei einem schuldhaften Fernbleiben des Arbeitnehmers von der Arbeit.[9]

---

1 Begründung zu § 326, BT-Drucks 14/6040, S. 188 f.; vgl. auch *Canaris*, JZ 2001, 499, 508 f.
2 Allerdings greift § 326 Abs. 2 S. 1 2. Alt. nur, wenn der Schuldner die Unmöglichkeit nicht zu vertreten hat.
3 Vgl. schon § 275 Rn 9, § 311a Rn 7.
4 Siehe dazu § 275 Rn 24, § 311a Rn 7.
5 Zu den Einzelheiten Rn 7, 15 ff.
6 Siehe zur Argumentation im Einzelnen BMJ (Hrsg.), Abschlussbericht der Kommission zur Überarbeitung des Schuldrechts, 1992, S. 162 ff.
7 Siehe zur Unmöglichkeit im Gesetzgebungsverfahren § 275 Rn 3.
8 Vgl. *Huber*, ZIP 2000, 2277.
9 Zu den Einzelheiten der Erwägungen *Canaris*, JZ 2001, 499, 508; *ders.*, in: Schulze/Schulte-Nölke, S. 43, 55.

Ein Wegfall der Gegenleistungspflicht gemäß Abs. 1 S. 1 1. Alt. setzt voraus, dass die **Leistungspflicht** 5
des Schuldners **gemäß § 275 Abs. 1–3** entfallen ist. Unerheblich ist, ob das Leistungshindernis schon
bei Vertragsschluss vorlag oder erst später eingetreten ist. Ein Vertretenmüssen des Schuldners spielt
ebenfalls keine Rolle. In den Fällen des § 275 Abs. 2 und 3 ist – im Hinblick auf die eigentümliche
Asymmetrie zwischen Einredemöglichkeit im Hinblick auf die primäre Leistungspflicht einerseits und
dem automatischen Erlöschen des Anspruchs auf die Gegenleistung andererseits[10] – erforderlich, dass der
Schuldner die ihm aufgrund der Leistungserschwerung zustehende Einrede auch tatsächlich erhoben hat.
Dies ergibt sich aus der Formulierung „nicht zu leisten braucht". Erhebt der Schuldner die Einrede nicht,
bleibt er zur Leistung verpflichtet und auch die Gegenleistungspflicht bleibt bestehen. Dies entspricht dem
§ 275 zugrunde liegenden Konzept, dass dem Schuldner in den Fällen des § 275 Abs. 2, 3 die Möglichkeit
einer „überobligationsmäßigen" Leistung offen gehalten werden soll.[11]

Abs. 1 S. 1 gilt auch für die Fälle der **Teilunmöglichkeit**,[12] wenn sich das Leistungshindernis also 6
nur auf einen Teil der geschuldeten Leistung bezieht. Der Gläubiger wird entsprechend teilweise frei;
Abs. 1 2. Hs. behandelt diesen Fall ähnlich wie die Minderung beim Kauf und verweist deshalb für die
Berechnung des Umfangs, in dem der Gläubiger nach Abs. 1 S. 1 teilweise von der Gegenleistung frei
wird, auf die Vorschriften über die Berechnung der Minderung in § 441 Abs. 3.[13] Dies entspricht § 323
Abs. 1 2. Hs. a.F.[14] Der Regierungsentwurf enthielt in Abs. 1 S. 2 2. Hs. RE noch eine Regelung, dass der
Gläubiger im Fall der Teilunmöglichkeit vom ganzen Vertrag zurücktreten kann, wenn er an der bewirkten
Teilleistung kein Interesse hat. Sie ist im Zuge des weiteren Gesetzgebungsverfahrens gestrichen worden;
möglicherweise lässt sich ein entsprechendes Rücktrittsrecht jetzt aber aus Abs. 5 i.V.m. § 323 Abs. 4 S. 1
ableiten.[15]

Abs. 1 S. 2 zielt auf die Fälle der **irreparablen Schlechtleistung oder qualitativen Unmöglichkeit**,[16] in 7
denen der Schuldner die Nacherfüllung nach § 275 Abs. 1–3 nicht zu erbringen braucht. Es wird nunmehr –
anders als noch in Abs. 1 S. 3 RE – ausdrücklich klargestellt, dass die irreparable Schlechtleistung keine
„Teilunmöglichkeit" i.S.d. Abs. 1 S. 1 darstellt, die automatisch zu einer anteiligen Reduzierung der
Gegenleistung kraft Gesetzes führen würde. Verhindert werden soll eine „Minderung kraft Gesetzes". Sie
sei nicht damit zu vereinbaren, dass im Kauf- und Werkvertragsrecht die Minderung als Gestaltungsrecht
konstruiert sei und nur an Stelle des Rücktritts ausgeübt werden könne; im übrigen könne es für die Rechte
des Käufers keinen Unterschied machen, ob eine Nacherfüllung deswegen fehlschlage, weil der Verkäufer
aus Nachlässigkeit eine ordnungsgemäße Reparatur des verkauften Wagens nicht erreiche oder ob das
Ausbleiben des Leistungserfolges daran liege, dass eine Reparatur von vornherein nicht möglich sei.[17] Der
Gläubiger muss also nach Maßgabe des Abs. 5 zurücktreten oder mindern.

C. Ausnahmen vom Wegfall des Anspruchs auf die Gegenleistung (Abs. 2)

Abs. 2 übernimmt mit gewissen Änderungen § 324 a.F.[18] Abs. 2 S. 1 fasst die beiden Ausnahmen vom 8
Wegfall des Anspruchs auf die Gegenleistung gemäß Abs. 1 S. 1, die **Verantwortlichkeit des Gläubigers**
für den Ausschluss der Leistungspflicht und den **Annahmeverzug**, zusammen. Abs. 2 S. 2 übernimmt
ohne Änderung die Regelung des § 324 Abs. 1 S. 2 a.F., die nunmehr beide Tatbestände des § 324 a.F.
abdeckt. Eine den Rechtsgedanken des Abs. 2 S. 1 verallgemeinernde Regelung findet sich nunmehr auch
als Ausschluß des Rücktritts in § 323 Abs. 5.

Während § 324 Abs. 1 S. 1 a.F. darauf abstellte, ob der Gläubiger die Unmöglichkeit zu vertreten hat, 9
erhält Abs. 2 S. 1 1. Alt. dem Schuldner den Anspruch auf die Gegenleistung dann, wenn der Gläubiger
für den Umstand, aufgrund dessen der Schuldner nach § 275 Abs. 1–3 nicht zu leisten braucht, **allein
oder überwiegend verantwortlich** ist. Mit der Formulierung „weit überwiegende Verantwortlichkeit"
soll der Grad der Mitverantwortung des Gläubigers umschrieben werden, bei dem nach § 254 auch ein
Schadensersatzanspruch des Gläubigers gegen den Schuldner ausgeschlossen wäre.[19] Ein Verschulden von
Hilfspersonen ist dem Gläubiger wie bisher gemäß § 278 zuzurechnen.[20] In den Fällen eines Ausschlusses

---

10 Es ist offensichtlich nicht Aufgabe des Gesetzgebers, sich mit solchen Kleinigkeiten abzugeben, *Canaris*, JZ 2001, 499, 509 Fn. 100.
11 Siehe § 275 Rn 6.
12 Vgl. § 275 Rn 9.
13 Die Reichweite aller Spezialregelungen für die Teilleistung hängt davon ab, welche Ausstrahlungen § 434 Abs. 3 hat; vgl. dazu unten Rn 16 und § 323 Rn 25.
14 Vgl. zur Behandlung der Teilunmöglichkeit Begründung zu § 326, BT-Drucks 14/6040, S. 188.
15 Zu den Einzelheiten Rn 15 ff.
16 Vgl. *St. Lorenz*, JZ 2001, 742, 743; siehe zu den Einzelheiten § 275 Rn 24, § 311a Rn 7.
17 Begründung zu § 326, BT-Drucks 14/6040, S. 189; dies ist sicher richtig, wirft aber die Frage auf, ob die systemverliebte Zuordnung der irreparablen Schlechtleistung zur Unmöglichkeit, die zu aberwitzigen Verweisungsketten führt (Fn. 3), wirklich nötig war.
18 Begründung zu § 326, BT-Drucks 14/6040, S. 189.
19 Vgl. Begründung zu § 323, BT-Drucks 14/6040, S. 187.

der Leistungspflicht gemäß § 275 Abs. 2 und 3 ist die Verantwortlichkeit des Gläubigers auf die Umstände zu beziehen, die den Schuldner zur Leistungsverweigerung berechtigen. Es versteht sich von selbst, dass der Gläubiger den Anspruch auf die Gegenleistung nicht mit dem Argument abwehren kann, es liege allein in der Entscheidung und damit auch in der Verantwortung des Schuldners, ob er von seiner Einredemöglichkeit Gebrauch mache oder nicht.

10 Keine Klärung bringt die Neufassung des Abs. 2 S. 1 1. Alt. in der Frage, was der Gläubiger **im Einzelnen zu verantworten** hat. Insoweit kann und muss auf Rechtsprechung und Schrifttum zu § 324 Abs. 1 a.F. zurückgegriffen werden.[21] Eine Verantwortungszuweisung nach Risikosphären lässt sich Abs. 2 S. 1 1. Alt. ebenso wenig entnehmen wie § 324 Abs. 1 a.F.[22] Auch an dem unhandlichen Problem der von beiden Seiten zu vertretenden Unmöglichkeit hat die Schuldrechtsreform nichts geändert, so dass auch insoweit auf den Diskussionsstand zum bisher geltenden Recht verwiesen werden muss.[23] In sachlicher Übereinstimmung mit § 324 Abs. 2 a.F. behält der Schuldner gemäß Abs. 1 S. 1 2. Alt. den Anspruch auf die Gegenleistung auch dann, wenn der Umstand, aufgrund dessen der Schuldner nach § 275 Abs. 1–3 nicht zu leisten braucht, zu einer Zeit eintritt, zu welcher der Gläubiger im Verzug der Annahme ist. Dies gilt allerdings nur – diese Einschränkung könnte man angesichts der grundsätzlich verschuldensunabhängigen Konzeption des § 275 einerseits und der §§ 323, 326 andererseits leicht übersehen –, wenn der Schuldner diesen Umstand nicht zu vertreten hat. Insoweit ist zu beachten, dass der Schuldner während des Annahmeverzugs nur Vorsatz und grobe Fahrlässigkeit zu vertreten hat (§ 300 Abs. 1), so dass ihm auch bei leicht fahrlässig verursachter Unmöglichkeit der Anspruch auf die Gegenleistung erhalten bleibt.

11 Durch die Neugestaltung der Ausnahmen vom Wegfall des Anspruchs auf die Gegenleistung unberührt geblieben sind die Vorschriften, die bisher schon über § 324 a.F. hinaus dem Schuldner trotz einer von keiner Seite zu vertretenden Unmöglichkeit den Anspruch auf die Gegenleistung erhielten, wie etwa die §§ 446, 447 a.F., deren Regelungen nunmehr in den **§§ 446, 447 i.V.m. § 474 Abs. 2** neu gestaltet worden sind. Ihre Anwendung bleibt von einem Rücktritt des Gläubigers gemäß Abs. 5 unberührt.[24]

D. Das Verhältnis zu § 285 (Abs. 3)

12 Abs. 3 entspricht inhaltlich § 323 Abs. 2 a.F.:[25] Verlangt der Gläubiger nach § 285 das **stellvertretende commodum**, bleibt er zur Gegenleistung verpflichtet. Wie bisher ist der Gläubiger seinerseits nicht verpflichtet, das stellvertretende commodum statt der Leistung zu akzeptieren, sondern hat ein Wahlrecht.[26] Hat das Surrogat einen geringeren Wert als die ursprünglich geschuldete Leistung, ist die zu erbringende Gegenleistung nach Maßgabe der für die Minderung beim Kauf geltenden Berechnungsvorschrift des § 441 Abs. 3 herabzusetzen. Wie bisher hat es keine Auswirkungen auf die Höhe der zu erbringenden Gegenleistung, wenn das Surrogat im Wert über der ursprünglich geschuldeten Leistung liegt.[27]

E. Rückabwicklung einer bereits erfolgten Gegenleistung (Abs. 4)

13 Abs. 4 ersetzt funktional § 323 Abs. 3 a.F., verweist aber anders als die alte Regelung nicht auf das Bereicherungsrecht, sondern auf das **Rücktrittsrecht (§§ 346–348)**, das generell besser auf die Rückabwicklung fehlgeschlagener Verträge zugeschnitten sei.[28] Auch wenn das Erfordernis des Rücktritts in den Fällen des § 326 grundsätzlich überflüssig, ja sinnwidrig erschiene, sei kein tragfähiger Grund dafür ersichtlich, nun auch das Rückabwicklungsverhältnis anders als in den Fällen des Rücktritts auszugestalten. Dies gelte auch dann, wenn der Schuldner die Unmöglichkeit nicht zu vertreten habe; denn zum einen sei der Rücktritt nunmehr generell vom Erfordernis des Vertretenmüssens unabhängig, zum anderen stelle auch die nicht zu vertretende Unmöglichkeit oft immerhin eine Störung dar, die sich in der Sphäre des Schuldners ereigne.[29]

14 Zwar sei gleichwohl nicht ausgeschlossen, dass die **Rücktrittsregeln** als solche für einzelne Konstellationen **nicht angemessen** differenzierend ausgestaltet seien, in denen der Schuldner den Ausschluss der Leistungspflicht nicht zu vertreten habe.[30] Zu denken sei etwa an die Fälle, dass der Arbeitnehmer sein Entgelt als Vorleistung erhalten habe, ihm die Arbeitsleistung jedoch unmöglich werde.[31] Gelöst

---

20 Vgl. nur Palandt/*Heinrichs*, § 324 Rn 4.
21 Vgl. nur Soergel/*Wiedemann*, § 324 Rn 8 ff.
22 Vgl. zu diesem Problembereich insbes. Soergel/*Wiedemann*, § 324 Rn 13 ff.; MüKo/*Emmerich*, § 324 Rn 11 ff.
23 Vgl. nur Palandt/*Heinrichs*, Vorb. § 323 Rn 4 ff.; Soergel/*Wiedemann*, vor § 323 Rn 150 ff.; MüKo/*Emmerich*, § 324 Rn 34 ff.; *Faust*, JuS 2001, 133; *Looschelders*, JuS 1999, 949.
24 Dazu noch Rn 18.
25 Begründung zu § 326, BT-Drucks 14/6040, S. 189.
26 Zu den Einzelheiten Soergel/*Wiedemann*, § 323 Rn 46; MüKo/*Emmerich*, § 323 Rn 27.
27 Siehe nur Palandt/*Heinrichs*, § 323 Rn 7; Soergel/*Wiedemann*, § 323 Rn 47; MüKo/*Emmerich*, § 323 Rn 29.
28 Begründung zu § 326, BT-Drucks 14/6040, S. 139.
29 *Canaris*, JZ 2001, 499, 509.
30 *Canaris*, JZ 2001, 499, 509 re. Sp.
31 Vgl. dazu *Löwisch*, NZA 2001, 465, 467; *Joussen*, NZA 2001, 750, 755.

werden sollen derartige Probleme über § 242[32] oder über eine teleologische Reduktion des Abs. 4, die dann zwangsläufig zur Anwendung des (wegen § 818 Abs. 3) milderen Bereicherungsrechts führe.[33]

F. Rücktritt beim Ausschluss der Leistung (Abs. 5)

Abs. 5 regelt laut amtlicher Überschrift den „Rücktritt beim Ausschluss der Leistungspflicht". Die Bestimmung ist erst in der letzten Phase des Gesetzgebungsverfahrens in den § 326 aufgenommen worden. Sie zielt – ohne dass dies im Wortlaut auch nur angedeutet würde – auf ganz **unterschiedliche Problemkonstellationen**, nämlich die **irreparable Schlechtleistung**, die **Teilunmöglichkeit** sowie – dies erklärt die ganz allgemeine Formulierung der Regelung – **Beweisprobleme**, wenn der Gläubiger den genauen Grund für die Nichtleistung des Schuldners (Unmöglichkeit oder bloße Verzögerung) nicht kennt. 15

Gesetzgebungsgeschichtlich geht es primär um die Fälle der **irreparablen Schlechtleistung** (siehe schon Rn 3), in denen die Nacherfüllung nicht oder nicht mehr möglich ist. Insoweit lautete Abs. 1 S. 3 RE: „Hat der Schuldner die Leistung nicht vertragsgemäß bewirkt, so findet § 323 mit der Maßgabe entsprechende Anwendung, dass die Fristsetzung entbehrlich ist." Damit sollte einerseits zum Ausdruck gebracht werden, dass eine Minderung kraft Gesetzes in Form einer automatischen, anteiligen Herabsetzung der Gegenleistung ausgeschlossen, also eine Gestaltungserklärung erforderlich ist, andererseits sollte klargestellt werden, dass die erforderliche Gestaltungserklärung (Rücktritt oder Minderung) keiner Fristsetzung bedarf, weil sie angesichts der Unmöglichkeit der Nachbesserung ohnehin sinnlos wäre.[34] „Um die Gedankenfolge des § 326 klarer zum Ausdruck zu bringen", wurde diese nur eingeweihten Kennern der Schuldrechtsreformszene zugängliche Regelung in Abs. 5 verselbständigt. In Abs. 1 S. 2 wurde ergänzend erstmals ausdrücklich klargestellt, dass der Wegfall der Gegenleistungspflicht kraft Gesetzes nicht für die Fälle der unmöglichen Nacherfüllung gilt.[35] Im Zuge der Neuformulierung des Abs. 5 wurde freilich (zu den Gründen sogleich Rn 18) der sprachliche Bezug zur Schlechtleistung aufgegeben und eine allgemeine, alle Fälle der Unmöglichkeit abdeckende Fassung gewählt. Missverständlich für die Fälle der irreparablen Schlechtleistung ist auch die Formulierung, dass der Gläubiger zurücktreten „kann": Will er Konsequenzen aus der Schlechtleistung und der Unmöglichkeit der Nacherfüllung ziehen, dann „muss" er eine Gestaltungserklärung abgeben; erwähnt wird – dem allgemeinen Ansatz entsprechend – nur der Rücktritt, die unkompliziertere Möglichkeit der Minderung erschließt sich erst aus der Zusammenschau mit den §§ 437 Nr. 2, 441 S. 1: Der Gläubiger kann mindern, weil er zurücktreten kann. Minderung und Rücktritt setzen gemäß Abs. 5 S. 2 keine Fristsetzung voraus, weil sie offensichtlich sinnlos wäre. Aus dem Verweis auf § 323 ist aber abzuleiten, dass ein Rücktritt vom Vertrag gemäß § 323 Abs. 5 S. 2 ausgeschlossen ist, wenn die Pflichtverletzung (im Regelfall: der Mangel) unerheblich ist. 16

Angesichts der allgemeinen Formulierung des § 323 Abs. 5 wird man diese Regelung auch auf die Fälle der **Teilunmöglichkeit** beziehen können und müssen. Abs. 1 S. 2 ordnet nur den anteiligen Wegfall der Gegenleistungspflicht an (Rn 2). Die noch in § 326 Abs. 1 S. 2 RE enthaltene Regelung, dass der Schuldner vom ganzen Vertrag zurücktreten kann, wenn er an der bewirkten Leistung kein Interesse hat, ist inzwischen ersatzlos entfallen. Dies ändert aber nichts daran, dass es Fälle geben kann, in denen der Gläubiger wegen der teilweisen Befreiung des Schuldners von der Primärleistungspflicht an der ganzen Leistung kein Interesse mehr hat und daher zurücktreten können muss.[36] Der RE hielt eine entsprechende eigenständige Regelung noch für erforderlich, weil § 323 Abs. 5 S. 1 die Möglichkeit der Leistung voraussetze. Jetzt schlägt jedoch Abs. 5 2. Hs. eine Brücke zu einer entsprechenden Anwendung des § 323, so dass die Rücktrittsmöglichkeiten des Gläubigers nunmehr ohne weiteres nach § 323 Abs. 5 S. 1 beurteilt werden können. Der praktische Anwendungsbereich einer entsprechenden Rücktrittsmöglichkeit hängt davon ab, welche Ausstrahlungen § 434 Abs. 3 auf die Handhabung des § 323 Abs. 5 hat.[37] 17

Abs. 5 deckt seinem Wortlaut nach alle Fälle ab, in denen der Schuldner nach § 275 Abs. 1–3 nicht zu leisten braucht. Er greift also auch in den **Normalfällen des Abs. 1 S. 1**, in denen der Anspruch des Schuldners auf die Gegenleistung schon kraft Gesetzes ausgeschlossen ist. Das absonderliche Nebeneinander soll dann von Bedeutung sein, wenn der Gläubiger den genauen Grund für die Nichtleistung des Schuldners nicht kennt. Setze der Gläubiger dann nach § 323 Abs. 1 eine angemessene Nachfrist, könne er nach deren Ablauf zurücktreten, auch wenn die Nichtleistung auf Unmöglichkeit beruhen sollte. Bei fortbestehender Ungewissheit über die Möglichkeit der Leistung könne dann in der Praxis regelmäßig offen bleiben, ob sich der Rücktrittsgrund aus § 323 Abs. 1 oder § 326 Abs. 5 ergebe.[38] Ob diese Argumentation trägt, erscheint zumindest zweifelhaft: Der Gläubiger könnte bei Nichterfüllung einer fälligen Leistung 18

---

32 *Joussen*, NZA 2001, 750, 755.
33 *Canaris*, JZ 2001, 495, 509.
34 Begründung zu § 326, BT-Drucks 14/6040, S. 189.
35 Siehe bereits Rn 7.
36 Begründung zu § 326, BT-Drucks 14/6040, S. 188.
37 Siehe dazu § 323 Rn 25.
38 Begründung zu § 326, BT-Drucks 14/7052, S. 193.

ohnehin nach § 281 vorgehen. Beruft sich der Schuldner dann auf § 275, kann der Gläubiger, der an der primären Leistung nicht mehr interessiert ist, die Gegenleistung gemäß Abs. 1 S. 1 verweigern und zwar auch dann, wenn er die Voraussetzungen des § 275 nicht für erfüllt hält. Äußert sich der Schuldner nicht zu den Gründen für das Ausbleiben der Leistung, kann der Gläubiger unmittelbar nach den §§ 281, 323 vorgehen.[39] Auch für das ergänzende Rücktrittsrecht gelten die Wertungen des Abs. 2; ein Rücktritt lässt daher insbesondere den Anspruch des Schuldners auf die Gegenleistung in den Fällen der §§ 445, 446 i.V.m. § 474 Abs. 2 unberührt.

§ 327 (aufgehoben)

Titel 3. Versprechen der Leistung an einen Dritten

§ 328 Vertrag zugunsten Dritter

(1) ¹Durch Vertrag kann eine Leistung an einen Dritten mit der Wirkung bedungen werden, daß der Dritte unmittelbar das Recht erwirbt, die Leistung zu fordern.
(2) ¹In Ermangelung einer besonderen Bestimmung ist aus den Umständen, insbesondere aus dem Zweck des Vertrags, zu entnehmen, ob der Dritte das Recht erwerben, ob das Recht des Dritten sofort oder nur unter gewissen Voraussetzungen entstehen und ob den Vertragschließenden die Befugnis vorbehalten sein soll, das Recht des Dritten ohne dessen Zustimmung aufzuheben oder zu ändern.

§ 329 Auslegungsregel bei Erfüllungsübernahme

¹Verpflichtet sich in einem Vertrag der eine Teil zur Befriedigung eines Gläubigers des anderen Teils, ohne die Schuld zu übernehmen, so ist im Zweifel nicht anzunehmen, daß der Gläubiger unmittelbar das Recht erwerben soll, die Befriedigung von ihm zu fordern.

§ 330 Auslegung bei Lebensversicherungs- oder Leibrentenvertrag

¹Wird in einem Lebensversicherungs- oder einem Leibrentenvertrag die Zahlung der Versicherungssumme oder der Leibrente an einen Dritten bedungen, so ist im Zweifel anzunehmen, daß der Dritte unmittelbar das Recht erwerben soll, die Leistung zu fordern. ²Das gleiche gilt, wenn bei einer unentgeltlichen Zuwendung dem Bedachten eine Leistung an einen Dritten auferlegt oder bei einer Vermögens- oder Gutsübernahme von dem Übernehmer eine Leistung an einen Dritten zum Zweck der Abfindung versprochen wird.

§ 331 Leistung nach Todesfall

(1) ¹Soll die Leistung an den Dritten nach dem Tod desjenigen erfolgen, welchem sie versprochen wird, so erwirbt der Dritte das Recht auf die Leistung im Zweifel mit dem Tod des Versprechensempfängers.
(2) ¹Stirbt der Versprechensempfänger vor der Geburt des Dritten, so kann das Versprechen, an den Dritten zu leisten, nur dann noch aufgehoben oder geändert werden, wenn die Befugnis dazu vorbehalten worden ist.

§ 332 Änderung durch Verfügung von Todes wegen bei Vorbehalt

¹Hat sich der Versprechensempfänger die Befugnis vorbehalten, ohne Zustimmung des Versprechenden an die Stelle des in dem Vertrag bezeichneten Dritten einen anderen zu setzen, so kann dies im Zweifel auch in einer Verfügung von Todes wegen geschehen.

§ 333 Zurückweisung des Rechts durch den Dritten

¹Weist der Dritte das aus dem Vertrag erworbene Recht dem Versprechenden gegenüber zurück, so gilt das Recht als nicht erworben.

§ 334 Einwendungen des Schuldners gegenüber dem Dritten

¹Einwendungen aus dem Vertrag stehen dem Versprechenden auch gegenüber dem Dritten zu.

§ 335 Forderungsrecht des Versprechensempfängers

¹Der Versprechensempfänger kann, sofern nicht ein anderer Wille der Vertragschließenden anzunehmen ist, die Leistung an den Dritten auch dann fordern, wenn diesem das Recht auf die Leistung zusteht.

---

39 So ausdrücklich auch Begründung zu § 281, BT-Drucks 14/6040.

Titel 4. Draufgabe, Vertragsstrafe

§ 336 Auslegung der Draufgabe

(1) ¹Wird bei der Eingehung eines Vertrags etwas als Draufgabe gegeben, so gilt dies als Zeichen des Abschlusses des Vertrags.
(2) ¹Die Draufgabe gilt im Zweifel nicht als Reugeld.

§ 337 Anrechnung oder Rückgabe der Draufgabe

(1) ¹Die Draufgabe ist im Zweifel auf die von dem Geber geschuldete Leistung anzurechnen oder, wenn dies nicht geschehen kann, bei der Erfüllung des Vertrags zurückzugeben.
(2) ¹Wird der Vertrag wieder aufgehoben, so ist die Draufgabe zurückzugeben.

§ 338 Draufgabe bei zu vertretender Unmöglichkeit der Leistung

¹Wird die von dem Geber geschuldete Leistung infolge eines Umstands, den er zu vertreten hat, unmöglich oder verschuldet der Geber die Wiederaufhebung des Vertrags, so ist der Empfänger berechtigt, die Draufgabe zu behalten. ²Verlangt der Empfänger Schadensersatz wegen Nichterfüllung, so ist die Draufgabe im Zweifel anzurechnen oder, wenn dies nicht geschehen kann, bei der Leistung des Schadensersatzes zurückzugeben.

§ 339 Verwirkung der Vertragsstrafe

¹Verspricht der Schuldner dem Gläubiger für den Fall, daß er seine Verbindlichkeit nicht oder nicht in gehöriger Weise erfüllt, die Zahlung einer Geldsumme als Strafe, so ist die Strafe verwirkt, wenn er in Verzug kommt. ²Besteht die geschuldete Leistung in einem Unterlassen, so tritt die Verwirkung mit der Zuwiderhandlung ein.

§ 340 Strafversprechen für Nichterfüllung

(1) ¹Hat der Schuldner die Strafe für den Fall versprochen, daß er seine Verbindlichkeit nicht erfüllt, so kann der Gläubiger die verwirkte Strafe statt der Erfüllung verlangen. ²Erklärt der Gläubiger dem Schuldner, daß er die Strafe verlange, so ist der Anspruch auf Erfüllung ausgeschlossen.
(2) ¹Steht dem Gläubiger ein Anspruch auf Schadensersatz wegen Nichterfüllung zu, so kann er die verwirkte Strafe als Mindestbetrag des Schadens verlangen. ²Die Geltendmachung eines weiteren Schadens ist nicht ausgeschlossen.

§ 341 Strafversprechen für nicht gehörige Erfüllung

(1) ¹Hat der Schuldner die Strafe für den Fall versprochen, daß er seine Verbindlichkeit nicht in gehöriger Weise, insbesondere nicht zu der bestimmten Zeit, erfüllt, so kann der Gläubiger die verwirkte Strafe neben der Erfüllung verlangen.
(2) ¹Steht dem Gläubiger ein Anspruch auf Schadensersatz wegen der nicht gehörigen Erfüllung zu, so finden die Vorschriften des § 340 Abs. 2 Anwendung.
(3) ¹Nimmt der Gläubiger die Erfüllung an, so kann er die Strafe nur verlangen, wenn er sich das Recht dazu bei der Annahme vorbehält.

§ 342 Andere als Geldstrafe

¹Wird als Strafe eine andere Leistung als die Zahlung einer Geldsumme versprochen, so finden die Vorschriften der §§ 339 bis 341 Anwendung; der Anspruch auf Schadensersatz ist ausgeschlossen, wenn der Gläubiger die Strafe verlangt.

§ 343 Herabsetzung der Strafe

(1) ¹Ist eine verwirkte Strafe unverhältnismäßig hoch, so kann sie auf Antrag des Schuldners durch Urteil auf den angemessenen Betrag herabgesetzt werden. ²Bei der Beurteilung der Angemessenheit ist jedes berechtigte Interesse des Gläubigers, nicht bloß das Vermögensinteresse, in Betracht zu ziehen. ³Nach der Entrichtung der Strafe ist die Herabsetzung ausgeschlossen.
(2) ¹Das gleiche gilt auch außer den Fällen der §§ 339, 342, wenn jemand eine Strafe für den Fall verspricht, daß er eine Handlung vornimmt oder unterläßt.

§ 344 Unwirksames Strafversprechen

¹Erklärt das Gesetz das Versprechen einer Leistung für unwirksam, so ist auch die für den Fall der Nichterfüllung des Versprechens getroffene Vereinbarung einer Strafe unwirksam, selbst wenn die Parteien die Unwirksamkeit des Versprechens gekannt haben.

§ 345 Beweislast

¹Bestreitet der Schuldner die Verwirkung der Strafe, weil er seine Verbindlichkeit erfüllt habe, so hat er die Erfüllung zu beweisen, sofern nicht die geschuldete Leistung in einem Unterlassen besteht.

Titel 5. Rücktritt; Widerrufs- und Rückgaberecht bei Verbraucherverträgen

Untertitel 1. Rücktritt

Vorbemerkung zu §§ 346 ff.

A. Der Begriff des Rücktritts

1 I. Unter Rücktritt versteht man die Rückgängigmachung eines Vertrages durch eine **einseitige empfangsbedürftige Willenserklärung**.[1] Grundlage ist eine vertragliche Vereinbarung oder eine gesetzliche Regelung.[2] Dies ist nunmehr in § 346 Abs. 1 geregelt; die Technik der Verweisung – etwa wie in § 467 S. 1 a.F. – ist damit entfallen.

2 II. Das Rücktrittsrecht ist ein **Gestaltungsrecht** und unterliegt als solches nicht der Verjährung. § 194 Abs. 1 setzt einen Anspruch voraus. Jedoch kann das Rücktrittsrecht verwirkt werden;[3] außerdem kann der Gegner nach § 350 eine Frist setzen, nach deren Ablauf das Rücktrittsrecht erlischt.

3 III. Rücktrittsvorbehalte können **gegen gesetzliche Vorschriften** verstoßen. Das folgt für die Eheschließung aus dem Grundsatz des § 1311 S. 2; im Mietrecht ist es etwa in § 572 Abs. 1 geregelt.

4 IV. Das Schicksal des Rücktrittsrechts nach einer **Zession** ist in hohem Maße umstritten. Die wohl h.M. plädiert dafür, dass es beim Zedenten verbleibt,[4] es sei denn, es wird ausdrücklich abgetreten.[5] Andere fordern zusätzlich die Zustimmung des Zessionars[6] oder halten den Zessionar für rücktrittsberechtigt, allerdings nur mit Zustimmung des Zedenten.[7] Schließlich ist man der Ansicht, dass Zedent und Zessionar den Rücktritt nur gemeinsam erklären können.[8]

B. Abgrenzung zu anderen Gestaltungsrechten und -möglichkeiten

5 I. Die **Kündigung** beendet das Vertragsverhältnis ebenfalls, aber nur für die Zukunft. Die bereits erbrachten Leistungen sind daher nicht zurückzugewähren;[9] die §§ 346 ff. gelten nicht. Bei **Dauerschuldverhältnissen** übernimmt die Kündigung die Funktion des Rücktritts, da die Rückabwicklung des vorangegangenen Leistungsaustausches unmöglich oder doch jedenfalls schwierig wäre. Im Fall eines Sukzessivlieferungsvertrags betrifft der Rücktritt nur die noch nicht gelieferten Gegenstände,[10] kommt also einer Kündigung im Ergebnis gleich.[11] Bei einseitigen Vorleistungen lässt sich an eine Rückabwicklung in Analogie zu § 628 Abs. 1 S. 3 denken.[12]

6 II. Besonderheiten gelten für das **Kündigungsrecht des § 651e**. Es begründet ein Rückgewährschuldverhältnis,[13] auf das § 346 Anwendung findet und das nicht lediglich nach Bereicherungsrecht abgewickelt wird;[14] zum Teil sprach man von einer modifizierten Wandelung.[15] Im Gegensatz zu § 465 a.F. bedurfte es allerdings keines Einverständnisses des Reiseveranstalters. Nach der Novelle lässt sich die Kündigung zwar durchaus als gesetzliches Rücktrittsrecht auffassen. Jedoch bestehen eine Reihe von Besonderheiten.

---

1 Palandt/*Heinrichs*, Einführung vor § 346 Rn 1; Erman/*H. P. Westermann*, Vorb. zu §§ 346 ff. Rn 1; vgl. § 349 Rn 7.
2 Vgl. § 346 Rn 1 und 11.
3 Palandt/*Heinrichs*, Einführung vor § 346 Rn 1.
4 BGH NJW 1985, 2640, 2641 f.; Staudinger/*Busche*, § 413 Rn 13; *Nörr/Scheyhing/Pöggeler*, Sukzessionen, 2. Aufl. 1999, § 4 IV 3c.
5 BGH NJW 1973, 1793, 1794; 1985, 2640, 2641; Staudinger/*Busche*, § 413 Rn 13; *Nörr/Scheyhing/Pöggeler*, § 4 IV 3 c.
6 Erman/*H. P. Westermann*, § 398 Rn 28; *Larenz*, Schuldrecht I, § 34 I.
7 MüKo/*Emmerich*, § 325 Rn 34; MüKo/*Roth*, § 398 Rn 99.
8 *Gernhuber*, in: FS Raiser, 1974, S. 95.
9 RGZ 90, 328, 330; BGHZ 73, 350, 354; Palandt/*Heinrichs*, Einführung vor § 346 Rn 8.
10 BGH WM 1979, 674; NJW 1981, 679, 680.
11 MüKo/*Janßen*, vor § 346 Rn 25.
12 MüKo/*Janßen*, vor § 346 Rn 25.
13 BGHZ 85, 50, 59.
14 BGHZ 85, 50, 59; Palandt/*Heinrichs*, Einführung vor § 346 Rn 8; Palandt/*Sprau*, § 651e Rn 5 (ähnl. § 346 a.F.); Soergel/*Hadding*, vor § 346 Rn 12; a.A. ohne Begründung MüKo/*Janßen*, vor § 346 Rn 25.
15 Erman/*Seiler*, § 651e Rn 1; MüKo/*Tonner*, § 651e Rn 1; Soergel/*Eckert*, § 651e Rn 3; Staudinger/*Schwerdtner*, 12. Aufl. Stand Juli 1982, § 651e Rn 2.

| Titel 5. Rücktritt; Widerrufs- und Rückgaberecht bei Verbraucherverträgen | **vor §§ 346 ff.** |

So verweist § 651e Abs. 3 S. 2 auf § 441 Abs. 3. Damit kann jedenfalls nicht der (verunglückte) § 346 Abs. 2 S. 2 als Bewertungsmaßstab herangezogen werden.

III. Die **Anfechtung** nach § 142 Abs. 1 vernichtet das Geschäft mit Rückwirkung. Die Abwicklung erfolgt über die §§ 812 ff., nicht jedoch über die §§ 346 ff.[16] Daneben kann Schadensersatz nach § 122 Abs. 1 geschuldet sein. Die Anfechtung ist auch nach Erklärung des Rücktritts möglich[17] und entzieht den §§ 346 ff. die Basis; ein nach der Anfechtung erfolgter Rücktritt ist umgekehrt ohne Rechtswirkung. 7

IV. Mit dem Eintritt der **auflösenden Bedingung** endet nach § 158 Abs. 2 die Wirkung des Rechtsgeschäfts; die Bedingung kann auch in dinglichen Verträgen vorgesehen sein, soweit nicht Vorschriften wie § 925 Abs. 2 entgegenstehen.[18] Ist nach § 159 eine Ersatzpflicht zu bejahen, so richtet sich diese in erster Linie nach der Parteivereinbarung.[19] Ob daneben § 812 Abs. 1 S. 2 anzuwenden ist, ist strittig;[20] die Rücktrittsregeln scheiden jedenfalls aus.[21] Auch bei befristeten Verträgen sind die §§ 346 ff. nicht einschlägig. 8

V. Der **Widerruf** hat unterschiedliche Rechtsfolgen. Die Willenserklärung wird trotz Zugang nicht wirksam, wenn nach § 130 Abs. 1 S. 2 vorher oder gleichzeitig ein Widerruf erfolgt. Bei schwebend unwirksamen Verträgen ist unter den Voraussetzungen der §§ 109, 178 der Widerruf möglich. In all diesen Fällen kommt es nicht zum Vertragsschluss, so dass die Anwendung der Rücktrittsregeln von vornherein ausscheidet. Dasselbe gilt für den Widerruf der Anweisung nach § 790. Wird eine Schenkung widerrufen, so führt dies nach § 531 Abs. 2 zu Bereicherungsansprüchen; die Widerrufsmöglichkeit der §§ 610, 671 Abs. 1 sind der Sache nach Kündigungsmöglichkeiten.[22] 9

VI. Schon § 361a Abs. 1 S. 1 a.F. hatte das **Widerrufsrecht in Verbraucherverträgen** grundlegend umgestaltet; die Regelung wird nun von § 355 Abs. 1 S. 1 übernommen. Der Vertragsschluss richtet sich nach den allgemeinen Regeln. Doch steht dem Verbraucher die Befugnis zu, sich wieder vom Vertrag zu lösen. Es handelt sich also um einen schwebend wirksamen Vertrag, der vom Verbraucher einseitig aufgelöst werden kann.[23] Nach § 357 Abs. 1 S. 1 finden die Vorschriften über den gesetzlichen Rücktritt entsprechende Anwendung. Die Parallele zum Rücktritt wurde durch die Aufnahme der §§ 361a, 361b a.F. in die Rücktrittsregeln unterstrichen; der Gesetzgeber der Novelle hat noch die weitere Unterteilung in zwei Untertitel vorgenommen. In § 357 sind Modifikationen zu den §§ 346 ff. vorgesehen. Höchst problematisch ist **§ 357 Abs. 3** und die darin vorgesehene Wertersatzpflicht des Verbrauchers. Der ursprüngliche Vorschlag des RE war wohl **europarechtswidrig**;[24] es ist nicht ersichtlich, dass die geringfügige Änderung im Text, der im Wesentlichen eine Verschlechterung statt der ursprünglich vorgesehenen Wertminderung fordert, daran etwas geändert hat.[25] Jedenfalls stellt die Norm den Verbraucherschutz gerade bei Gütern, deren Ingebrauchnahme zu Wertverlusten führt, weitgehend auf den Kopf.[26] 10

VII. Enthält ein **gerichtlicher Vergleich** einen **Widerrufsvorbehalt**, so ist durch Auslegung zu ermitteln, was gewollt ist.[27] Die Rechtsprechung des Bundesgerichtshofs und die h.M. nehmen im Regelfall an, dass eine aufschiebende Bedingung nach § 158 Abs. 1 den Intentionen der Parteien entspricht.[28] Es kommt aber auch ein Rücktrittsrecht[29] oder eine auflösende Bedingung nach § 158 Abs. 2 in Betracht.[30] Für die Rechtsprechung spricht der Umstand, dass die Parteien vor Ablauf der Widerrufsfrist die Leistungen nicht sollen verlangen können.[31] Sie stößt an ihre Grenzen, wenn in dem Vergleich eine Auflassung 11

---

16 RGZ 101, 389, 390.
17 OLG München NJW 1953, 424; OLG Hamburg MDR 1966, 49; Staudinger/*Kaiser*, Vorbem. zu §§ 346 ff. Rn 116.
18 MüKo/*Janßen*, vor § 346 Rn 26.
19 BGH LM Nr. 1 zu § 159 BGB unter II 1.
20 Bejahend BGH LM Nr. 1 zu § 159 BGB unter II 2; verneinend Staudinger/*Kaiser*, Vorbem. zu §§ 346 ff. Rn 114.
21 BGH LM Nr. 1 zu § 159 BGB unter II 2.
22 MüKo/*Janßen*, vor § 346 Rn 28.
23 MüKo/*Ulmer*, § 361a Rn 70; skeptisch zur Bezeichnung Palandt/*Heinrichs*, § 361a Rn 28.
24 Stellungnahme des Bundesrats, BT-Drucks 14/6857, 23 (Nr 76); J. Hager, in: Ernst/Zimmermann, S. 447 f.; a.A. Begründung des RE, BT-Drucks 14/6040, 199.
25 Bedenklich, letztendlich aber für gemeinschaftsrechtlich vertretbar hält die Regelung *Rott*, in: Micklitz/Pfeiffer/Tonner/Willingmann, S. 284.
26 *J. Hager*, in: Ernst/Zimmermann, S. 448 f.
27 Vgl. die Übersicht bei BGHZ 88, 364, 366 ff.; BVerwG NJW 1993, 2193.
28 BGHZ 46, 277, 279 f.; 88, 364, 367 f.; BGH NJW-RR 1989, 1214, 1215; BVerwG NJW 1993, 2193; MüKo-ZPO/*Wolfsteiner*, Zivilprozeßordnung, 2. Aufl. 2000, § 794 Rn 58; Stein/Jonas/*Münzberg*, Zivilprozessordnung, 21. Aufl. 1995, § 794 Rn 61 a; der Sache nach auch BVerwG NJW 1995, 2179, 2180.
29 Vgl. die Darstellung bei Stein/Jonas/*Münzberg*, § 794 Rn 61.
30 So wohl *Lüke*, JuS 1973, 47.
31 BGHZ 88, 364, 367 f.

vorgenommen wird. Dann kollidiert die Bedingung mit § 925 Abs. 2;[32] der schuldrechtliche Teil des Vergleichs kann allerdings wirksam sein.[33] Doch auch wenn man in der Klausel statt der aufschiebenden Bedingung die Einräumung eines Gestaltungsrechts sähe, das auch den dinglichen Vertrag erfassen sollte, wäre der Vergleich insoweit nichtig.[34] Da also nur ein rein schuldrechtliches Geschäft bedingt abgeschlossen werden kann, kann man es bei der h.M. belassen.

12   VIII. Der **Umtauschvorbehalt** ist in der Regel kein Rücktrittsrecht, sondern die Vereinbarung einer Ersetzungsbefugnis.[35] Dass die §§ 346 ff. nicht anwendbar sind, hat vor allem zur Folge, dass der Käufer sich nicht gänzlich vom Vertrag lösen kann, sondern einen anderen Gegenstand abnehmen muss und daher den Kaufpreis nicht zurückfordern kann.

13   IX. Bei **Aufhebungsverträgen** hängt es in erster Linie von der Vereinbarung der Parteien ab, ob der bisher erfolgte Leistungsaustausch rückabgewickelt werden soll.[36] Bei Dauerschuldverhältnissen wird eher eine Beendigung nur für die Zukunft gewollt sein, während bei einem auf eine einmalige Leistung gerichteten Vertrag, dessen Leistungen noch nicht ausgetauscht sind, eine Aufhebung mit Rückwirkung näher liegt.[37] Wenn eine rückwirkende Aufhebung vereinbart ist, so deutet das nicht vorrangig auf eine bereicherungsrechtliche Abwicklung hin, sondern eröffnet den Weg über §§ 346 ff., die einen Wegfall der Hauptleistungspflicht von Anfang an zu erfassen vermögen.[38] Dass die Wirkungen des Rücktritts nur dort angemessen seien, wo die Parteien von Anfang an mit ihm hätten rechnen müssen,[39] überzeugt nicht. Zum einen können sich die Parteien anders verständigen, zum anderen ist – etwa beim gesetzlichen Rücktritt – das Recht zum Rücktritt den Parteien nicht stets von vornherein bekannt. Allenfalls ließe sich über eine Privilegierung in Analogie zu § 346 Abs. 3 S. 1 Nr. 3 denken. Ohnehin geht es nicht an, dem anderen Teil die Verschlechterung zu verschweigen, die Vertragsaufhebung zu vereinbaren und dann den Partner vor vollendete Tatsachen zu stellen. Zumindest ist der Aufhebungsvertrag dann wegen arglistiger Täuschung durch Verschweigen einer offenbarungspflichtigen Tatsache anfechtbar.

14   X. Der **beiderseitige Rücktritt** ist nach h.M. keine Vertragsaufhebung;[40] fehle das Rücktrittsrecht auf beiden Seiten, so bestehe der Vertrag fort.[41] Das ist in dieser Apodiktik jedenfalls dann nicht richtig, wenn beide Seiten den Rücktritt erklären, obgleich kein Recht dazu besteht, aber klar wird, dass beide den Vertrag nicht mehr durchführen wollen. Die h.M. überzeugt nur für den Fall, in dem jede Partei ein eigenes Recht bejaht, dasjenige des Gegners negiert und an den vom Gegner angeblich verschuldeten Rücktritt weitere Ansprüche knüpft. Wollen dagegen die Partner übereinstimmend zurücktreten, kann der Richter sie nicht an den Vertrag binden.

15   XI. Die Sonderbehandlung der Wandelung durch § 465 a.F., der einen Vertrag voraussetzte, ist durch die Neufassung beseitigt. Auch der **Wegfall der Geschäftsgrundlage** ist – in Abweichung zur bisherigen Rechtsprechung und h.M.[42] – in § 313 Abs. 3 S. 1 als Rücktrittsrecht ausgestaltet.

C. Der Anwendungsbereich

16   I. Das Rücktrittsrecht kann sich im Ausgangspunkt **nur auf den obligatorischen Vertrag** beziehen.[43] Das ist zwar kein zwingender Schluss, weil auch die dingliche Einigung einen Vertrag bedeutet. Indes ordnet § 346 Abs. 1 als Rechtsfolge die Rückgabe der empfangenen Leistungen an – und das macht auf der dinglichen Ebene keinen Sinn. Teleologisch lässt sich die h.M. absichern; eine dingliche Rechtslage, deren Weiterexistenz in das freie Belieben einer Partei gestellt ist, könnte einen unnötigen Unsicherheitsfaktor in den Rechtsverkehr bringen. Eine derartige Unsicherheit kann zwar auch das Ergebnis eines Anfechtungsrechts sein. Doch sind auf der dinglichen Ebene die Anfechtungsgründe deutlich weniger – § 119 ist meist nicht einschlägig; die Anfechtungsmöglichkeit nach § 123 Abs. 1 ist nach § 124 Abs. 1 zeitlich befristet.

---

32 BGH NJW 1988, 415, 416; Palandt/*Bassenge*, § 925 Rn 19; MüKo/*Kanzleiter*, Münchner Kommentar zum Bürgerlichen Gesetzbuch, 3. Aufl. 1997, § 925 Rn 25; Staudinger/*Pfeifer*, 1995, § 925 Rn 94; a.A. aber BVerwG NJW 1995, 2179, 2180, da der Zweck des § 925 Abs. 2 BGB nicht tangiert sei; dem Grundbuchrichter könne nachgewiesen werden, dass vom Widerrufsrecht kein Gebrauch gemacht worden sei.
33 BGH NJW 1988, 415, 416.
34 Soergel/*Stürner*, Bürgerliches Gesetzbuch, 12. Aufl. 1989, § 925 Rn 39.
35 Palandt/*Heinrichs*, Einführung vor § 346 Rn 12; MüKo/*Janßen*, vor § 346 Rn 34.
36 BGH NJW 1978, 2198; Erman/*H. P. Westermann*, § 397 Rn 3; *Gernhuber*, Die Erfüllung und ihre Surrogate, 2. Aufl. 1994, § 17, 4.
37 BGH NJW 1978, 2198.
38 BGH NJW-RR 1996, 336, 337; Palandt/*Heinrichs*, § 305 Rn 7; MüKo/*Thode*, § 305 Rn 46; *Larenz*, Schuldrecht I, § 19 II b = S. 272 f.; *Gernhuber*, § 17, 4; a.A. Erman/*H. P. Westermann*, § 397 Rn 3; MüKo/*Schlüter*, § 397 Rn 18; wohl auch *Heck*, Schuldrecht, 1929, § 58, 7 = S. 175.
39 Erman/*H. P. Westermann*, § 397 Rn 3; auch *Gernhuber*, § 17, 4 und *Heck*, § 58, 7 tendieren in diese Richtung.
40 RG JW 1914, 865, 866; Erman/*H. P. Westermann*, Vorb. zu § 346 Rn 3; MüKo/*Janßen*, vor § 346 Rn 33.
41 RG JW 1914, 865, 866.
42 Vgl. z.B. RGZ 130, 119, 123; BGHZ 109, 139, 144; BGH NJW 1994, 576, 578; Soergel/*Hadding*, vor § 346 Rn 10.
43 RGZ 54, 340, 341; KG NJW-RR 1997, 1259, 1261; Palandt/*Heinrichs*, Einführung vor § 346 Rn 4; Erman/*H. P. Westermann*, Vorb. zu § 346 Rn 10; MüKo/*Janßen*, vor § 346 Rn 36.

Allerdings soll nach h.M. derselbe Effekt, wie ihn ein Rücktritt vom dinglichen Geschäft hätte, dadurch erzielt werden können, dass das dingliche Geschäft unter der auflösenden Bedingung der Ausübung des Rücktritts vom schuldrechtlichen Geschäft steht.[44] Dieser Weg ist bei der Übertragung von Grundstücken versperrt;[45] allerdings kann der durch die Ausübung des Rücktrittsrechts aufschiebend bedingte Rückgewähranspruch aus § 346 Abs. 1 durch eine Vormerkung gesichert werden.[46] Ist die Bedingung zulässig, so wirkt sie mit ihrem Eintritt.[47] Sieht die Abrede der Parteien ein Rücktrittsrecht vom dinglichen Vertrag vor, so kann dies als auflösende Bedingung im beschriebenen Sinn interpretiert werden.[48]

II. Da § 346 Abs. 1 **vertragliche und gesetzliche Rücktrittsrechte** alternativ nennt, sind beide **gleichgestellt**, sieht man von den Privilegierungen in den §§ 346 Abs. 3 S. 1 Nr. 3, 347 Abs. 1 S. 2 ab. Die zum alten Recht umstrittene Frage, was genau die etwa in § 467 S. 1 a.F. angeordnete entsprechende Anwendung an Modifikationen bringe,[49] hat damit ihren Stellenwert verloren. Dasselbe muss für die bislang h.M. gelten, die die §§ 346 ff. a.F. nicht anwenden wollte, wenn das Gesetz zwar den Rücktritt erlaubte, aber für die Rückabwicklung nicht auf die §§ 346 ff. verwies.[50] Begründet wurde das regelmäßig damit, die scharfe Haftung des § 347 a.F. sei in solchen Fällen nicht gerechtfertigt.[51]

III. Das Problem stellt sich nunmehr unter dem Aspekt **der Konkurrenz zwischen den §§ 346 ff. und den gesetzlichen Spezialregelungen**. Die Begründung des Regierungsentwurfs bemerkt dazu lapidar, dass Sonderregelungen, soweit sie wie in §§ 651i, 1298 ff., 2293 ff., §§ 16 ff. VVG bestünden, den §§ 346 ff. vorgingen.[52] Das ist so nicht durchweg überzeugend. Zwar wird man in der Tat die Regeln des Verlöbnisses und des Erbvertrags – auch was den Rücktritt und seine Folgen angeht – für abschließend ansehen können. Durchaus zweifelhaft ist das schon beim Versicherungsvertrag, etwa für die Frage, ob Wertersatz zu leisten ist, wenn die Versicherung eine Naturalleistung erbracht hat, diese vor dem Rücktritt durch die Versicherung untergeht; das kann etwa nach § 11 Abs. 1 AGlB der Fall sein. Die bisher h.M. wollte hier § 346 S. 2 a.F. entsprechend anwenden.[53] Das war wenig einleuchtend, da § 346 S. 2 a.F. gerade unkörperliche Leistungen im Auge hatte, die ihrer Natur nach nicht zurückgegeben werden konnten.[54] Nach der Neufassung ist der Rückgriff auf die §§ 346 ff. jedenfalls dort möglich, wo die Spezialvorschriften keine Regelungen enthalten; bei der Glasversicherung ist dann nach Untergang und Rücktritt Wertersatz nach § 346 Abs. 2 S. 1 Nr. 3 geschuldet. Schon vor der Novelle war die h.M. der Auffassung, dass der Hinweis auf die §§ 346 ff. a.F. in § 651i versehentlich unterblieben sei[55] und die Normen analog herangezogen werden müssten.[56] § 13a Abs. 3 S. 1 UWG regelt Besonderheiten des Rücktritts nur für bewegliche Sachen; ansonsten verbleibt es bei der Anwendung der §§ 346 ff.[57]

§ 346 Wirkungen des Rücktritts

(1) ¹Hat sich eine Vertragspartei vertraglich den Rücktritt vorbehalten oder steht ihr ein gesetzliches Rücktrittsrecht zu, so sind im Fall des Rücktritts die empfangenen Leistungen zurückzugewähren und die gezogenen Nutzungen herauszugeben.
(2) ¹Statt der Rückgewähr hat der Schuldner Wertersatz zu leisten, soweit
1. die Rückgewähr oder die Herausgabe nach der Natur des Erlangten ausgeschlossen ist,
2. er den empfangenen Gegenstand verbraucht, veräußert, belastet, verarbeitet oder umgestaltet hat,

---

44 RGZ 54, 340, 341; KG NJW-RR 1997, 1259, 1261; Erman/*H. P. Westermann*, Vorb. vor § 346 Rn 10; MüKo/*Janßen*, vor § 346 Rn 36.
45 RGZ 54, 340, 341; Erman/*H. P. Westermann*, Vorb. vor § 346 Rn 10; MüKo/*Janßen*, vor § 346 Rn 36.
46 BGHZ 134, 182, 184f., 187f.; BGH NJW 2001, 2883, 2884; OLG Zweibrücken OLGZ 1981, 167, 170; MüKo/*Janßen*, vor § 346 Rn 36.
47 Erman/*H. P. Westermann*, Vorb. vor § 346 Rn 10.
48 KG NJW-RR 1997, 1259, 1261; Erman/*H. P. Westermann*, Vorb. vor § 346 Rn 10; wohl auch RGZ 54, 340, 341.
49 Vgl. dazu z.B. Palandt/*Heinrichs*, Einführung vor § 346 Rn 6.
50 RGZ 116, 377, 379 f.; RG JW 1928, 57, 58; BGHZ 6, 227, 230; Palandt/*Heinrichs*, Einführung vor § 346 Rn 6; Erman/*H.P. Westermann*, Vorb. vor § 346 Rn 11; MüKo/*Janßen*, vor § 346 Rn 14; Soergel/*Hadding*, vor § 346 Rn 10; a.A. Staudinger/*Kaiser*, Vorbem. zu §§ 346 ff. Rn 80.
51 BGHZ 6, 227, 230; Soergel/*Hadding*, vor § 346 Rn 10.
52 Begründung des RE, BT-Drucks 14/6040, 194.
53 Bruck/*Möller*, VVG, 8. Aufl. 1961, § 20 Anm. 19; BK/*Voit*, Berliner Kommentar zum Versicherungsvertragsgesetz, 1999, § 20 VVG Rn 19.
54 Vgl. z.B. § 346 Rn 30; Palandt/*Heinrichs*, § 346 Rn 4.
55 Erman/*Seiler*, § 651i Rn 5; BGB-RGRK/*Recken*, 12. Aufl. Stand 1991, § 651i Rn 19; Staudinger/*Schwerdtner*, 12. Aufl. Stand Juli 1982, § 651i Rn 13.
56 Palandt/*Sprau*, § 651i Rn 1; Erman/*Seiler*, § 651i Rn 5; Staudinger/*Kaiser*, Vorbem. zu §§ 346 ff. Rn 96; *Larenz*, VersR 1980, 689, 691 (für direkte Anwendung); a.A. MüKo/*Janßen*, vor § 346 Rn 15.
57 MüKo/*Janßen*, vor § 346 Rn 15; Baumbach/*Hefermehl*, Wettbewerbsrecht, 22. Aufl. 2001, § 13a UWG Rn 28 m.w.N.

3. der empfangene Gegenstand sich verschlechtert hat oder untergegangen ist; jedoch bleibt die durch die bestimmungsgemäße Ingebrauchnahme entstandene Verschlechterung außer Betracht.
²Ist im Vertrag eine Gegenleistung bestimmt, ist sie bei der Berechnung des Wertersatzes zugrunde zu legen.
(3) ¹Die Pflicht zum Wertersatz entfällt,
1. wenn sich der zum Rücktritt berechtigende Mangel erst während der Verarbeitung oder Umgestaltung des Gegenstandes gezeigt hat,
2. soweit der Gläubiger die Verschlechterung oder den Untergang zu vertreten hat oder der Schaden bei ihm gleichfalls eingetreten wäre,
3. wenn im Fall eines gesetzlichen Rücktrittsrechts die Verschlechterung oder der Untergang beim Berechtigten eingetreten ist, obwohl dieser diejenige Sorgfalt beobachtet hat, die er in eigenen Angelegenheiten anzuwenden pflegt.
²Eine verbleibende Bereicherung ist herauszugeben.
(4) ¹Der Gläubiger kann wegen Verletzung einer Pflicht aus Absatz 1 nach Maßgabe der §§ 280 bis 283 Schadensersatz verlangen.

Inhalt

A. Die Voraussetzungen des Rücktritts 1	C. Der Wertersatz als Kernstück der Reform 26
I. Vertragliche Rücktrittsrechte 1	I. Die bisherige Rechtslage 26
II. Gesetzliche Rücktrittsrechte 11	II. Die Neuregelung 27
B. Die Rechtsfolgen 13	D. Die Fallgruppen 28
I. Die Umwandlung in ein Rückgewährschuldverhältnis . 13	I. Der Ausschluss der Rückgabe 28
II. Die dogmatische Einordnung 14	II. Die anderweitige Verwertung der Sache 32
III. Die Parteien des Rückgewährschuldverhältnisses ... 15	III. Die Verschlechterung der Sache 36
IV. Die Rückgewährpflicht 17	IV. Die Höhe des Wertersatzes 39
V. Der Inhalt des Anspruchs 20	E. Der Ausschluss und die Beschränkung des Wertersatzes 42
VI. Die Ansprüche bei Verletzung der Rückgabepflicht (§§ 346 Abs. 4, 285 Abs.1) 21	I. Die Entdeckung des Mangels bei der Verarbeitung 43
VII. Die Nutzungsherausgabe 22	II. Die zufällige oder vom Gläubiger zu vertretende Verschlechterung 44
VIII. Die Kosten der Rückgewähr 23	III. Die Beobachtung der Sorgfalt in eigenen Angelegenheiten 48
IX. Der Erfüllungsort 24	IV. Die analoge Anwendung 55
X. Sonstige Abwicklungsmodalitäten 25	V. Die Herausgabe der Bereicherung 56

A. Die Voraussetzungen des Rücktritts

I. Vertragliche Rücktrittsrechte

1 Wie schon die Vorgängerregelung, so ist auch die Neufassung des § 346 Abs. 1 zumindest nicht völlig korrekt formuliert. Erforderlich ist nämlich eine **vertragliche Vereinbarung**;[1] sie kann auch in einem Nachtragsvertrag enthalten sein.[2] Ein einseitiger Rücktrittsvorbehalt genügt nicht. Allenfalls kann im Wege der Auslegung eine entsprechende Übereinstimmung ermittelt werden; es gelten insoweit die normalen Regeln der §§ 133, 157.[3]

2 1. Ein Rücktrittsrecht wurde aufgrund der **Auslegung des Vertrages** angenommen bei einer Rücknahmegarantie, wenn eine bestimmte Einsparung nach einer Heizungsumstellung nicht erreicht wurde,[4] oder wenn ein Ferienhaus, an dem ein Teilnutzungsrecht erworben wurde, nicht gefalle[5] sowie bei einem Rückverkaufsrecht in einem Eigenhändlervertrag.[6]

3 2. Namentlich im **Handelsrecht** gibt es eine Reihe von Klauseln, deren Einbeziehung in den Vertrag die Vereinbarung eines Rücktrittsrechts bedeuten kann. Doch muss der Inhalt jeweils ermittelt werden. So ist regelmäßig ein Lösungsrecht, das in der Sache nichts anderes als ein Rücktrittsrecht meint, gewollt, wenn vereinbart wird, bei höherer Gewalt oder ähnlichem bestehe keine Bindung, und das entsprechende Ereignis eintritt.[7] Allerdings muss die zum Rücktritt berechtigte Partei diesen **alsbald** erklären und kann nicht längere Zeit zuwarten und dann erst zurücktreten.[8] Auch Arbeitskampfklauseln können solche

---

1 Palandt/*Heinrichs*, § 346 Rn 1; MüKo/*Janßen*, § 346 Rn 2.
2 Erman/*H. P. Westermann*, § 346 Rn 1.
3 Palandt/*Heinrichs*, § 346 Rn 1; Erman/*H. P. Westermann*, § 346 Rn 1.
4 BGH NJW 1981, 2403, 2404 (wahlweise aufschiebende Bedingung).
5 LG Hamburg NJW-RR 1991, 823.
6 BGH NJW 1972, 1191, 1193: Keine analoge Anwendung des § 498 Abs. 2 a.F.
7 So i.E. RGZ 87, 92, 93; 88, 143, 144; MüKo/*Janßen*, § 346 Rn 5.
8 RGZ 88, 143, 144; 91, 108, 109.

Rücktrittsrechte beinhalten,[9] was aber nicht ohne weiteres bedeutet, dass sie in AGB auch wirksam vereinbart werden können; dagegen spricht, dass sie auch den Fall der Verzögerung umfassen.[10] Beim **Vorbehalt der Lieferungsmöglichkeit** ist zu differenzieren. Ist eine Selbstbelieferungsklausel vereinbart, so muss der Verkäufer seinerseits einen inhaltlich abgestimmten Deckungskauf[11] mit einem sorgfältig ausgewählten Partner[12] abschließen. Die Kongruenz ist nach objektiven Kriterien zu beurteilen.[13] Der Verkäufer wird also nur frei, wenn er von seinem Partner im Stich gelassen wird.[14] Das muss indes selbst bei Gattungskäufen nicht aufgrund höherer Gewalt geschehen;[15] die Nichtbelieferung kann auch auf Verschulden des Vormannes basieren.[16] Bei der Klausel „Lieferungsmöglichkeit vorbehalten" muss der Verkäufer alle zumutbaren Anstrengungen unternehmen, um die Ware zu beschaffen;[17] erst wenn das misslingt, kann er sich durch Rücktritt vom Vertrag lösen. Verschiedene Bedeutung kann die **Klausel „freibleibend"** haben. Regelmäßig enthält sie die Aufforderung, ein Angebot abzugeben.[18] Doch ist der Auffordernde gehalten, sich unverzüglich nach Eingang des Angebots zu äußern; schweigt er, so ist er gebunden.[19] Soll der Vertrag dagegen geschlossen werden und die Klausel ein Rücktrittsrecht begründen, so setzt das voraus, dass der Antragende mit der nötigen Deutlichkeit und Bestimmtheit darauf hinweist;[20] auch dann kann der Rücktritt nur aus dem Grund erklärt werden, der zur Vereinbarung der Klausel führte.[21]

3. Von der Vereinbarung bestimmter ein Rücktrittsrecht eröffnender Klauseln ist die Frage zu unterscheiden, ob es ein solches Recht kraft **Handelsbrauchs** gibt. Die Fälle sind ausgesprochen selten. Der BGH hat bei der **Buchung von Hotelzimmern** einen entsprechenden Handelsbrauch für möglich erachtet,[22] unter den Instanzgerichten ist die Frage umstritten.[23] Beim Kauf von Software wird ein Rücktrittsrecht des Bestellers kraft Handelsbrauchs abgelehnt.[24] Es gibt ferner keinen Handelsbrauch, der das Versicherungsunternehmen zum Rücktritt von einer Vereinbarung über die Bestandspflege gegenüber einem Versicherungsmakler berechtigt, wenn der Makler die Verwaltung und die Betreuung im Einvernehmen mit dem Versicherungsnehmer fortsetzt.[25] Zu beachten ist, dass das Bestehen eines Handelsbrauchs keine Rechtsfrage, sondern eine Tatfrage ist.[26]

4. Grundsätzlich können Rücktrittsklauseln auch in Allgemeinen Geschäftsbedingungen vereinbart werden. Doch ist als Grenze § 308 Nr. 3 zu beachten. Die Norm wird auf jedes Lösungsrecht angewendet und nicht auf Rücktritt oder Kündigung beschränkt.[27] Der Grund muss sachlich gerechtfertigt und im Vertrag angegeben sein.

a) Die sachliche Rechtfertigung kann sich aus dem **vorvertraglichen Verhalten** des Kunden ergeben. Dazu zählen die falsche Angabe über seine Kreditwürdigkeit,[28] nicht dagegen sonstige falsche Angaben über die Person, die auf die Durchführung des Vertrages regelmäßig keinen Einfluss haben.[29] Sachlich gerechtfertigt ist ein Rücktrittsgrund auch dann nicht, wenn er sich auf solche Umstände erstreckt, deren Vorliegen der Verwender bei gebotener Sorgfalt hätte erkennen können; dann ist sein Interesse an der Lösung vom Vertrag nicht schutzwürdig.[30] Strittig ist, ob auch die nur **fehlende objektive Kreditwürdigkeit** als Rücktrittsgrund in Allgemeinen Geschäftsbedingungen vereinbart werden kann.[31] Der Streit dreht sich im Wesentlichen darum, ob angesichts der engeren Voraussetzungen des § 321 der Verwender ein schutzwürdiges Interesse

---

9 BGH NJW 1985, 855, 857 unter II 3 a.
10 Vgl. dazu unten § 346 Rn 6 und 8 f.
11 BGH WM 1990, 107, 108; NJW 1995, 1959, 1960.
12 BGHZ 92, 396, 402 f.
13 BGHZ 92, 396, 401.
14 BGHZ 49, 388, 394; 92, 396, 401; 124, 351, 358 f.; BGH NJW 1995, 1959, 1960; NJW-RR 1992, 611 f.; LM Nr. 12 zu § 346 (Ea) HGB unter III.
15 BGHZ 49, 388, 391 ff.; BGH NJW 1995, 1959, 1960.
16 BGH NJW 1995, 1959, 1960.
17 BGHZ 124, 351, 359; BGH NJW 1958, 1628, 1629; LM Nr. 12 zu § 346 (Ea) HGB unter III.
18 RGZ 105, 8, 12; Soergel/*Huber*, § 433 Anh. II Rn 70.
19 RGZ 102, 227, 229 f.; RG JW 1921, 393; 1923, 118; WarnR 17 (1925) Nr. 14; Soergel/*Wolf*, § 145 Rn 10, 11, 12; Soergel/*Huber*, § 433 Anh. II Rn 70.
20 RGZ 102, 227, 228; BGHZ 24, 39, 45.
21 RG JW 1921, 625: Rücktritt wegen kriegsbedingter Erschwerungen der Leistung. Eine völlige Freiheit, ob und zu welchem Preis erbracht werden soll, verstößt gegen § 138; vgl. RGZ 104, 306, 307.
22 BGH NJW 1977, 385, 386 f.; ebenso i.E. OLG Frankfurt NJW-RR 1986, 1229, das von einem stillschweigend vereinbarten Rücktrittsrecht ausgeht.
23 Bejahend OLG Frankfurt NJW-RR 1986, 911, 912; AG Dortmund NJW-RR 2001, 1499; verneinend OLG München NJW-RR 1990, 698, 699; nunmehr auch OLG Frankfurt NJW-RR 2001, 1498, 1499 unter Aufgabe der früheren Rechtsprechung.
24 OLG Köln NJW-RR 1998, 926; MüKo/*K. Schmidt*, HGB, § 346 Rn 31.
25 OLG Frankfurt VersR 1995, 92, 94.
26 BGH NJW 1966, 502, 503; 1977, 385, 386.
27 BGH NJW 1992, 1628, 1629.
28 BGH NJW 1985, 320, 325 unter XI 2b.
29 BGH NJW 1985, 320, 325 unter XI 2 a; 1985, 2271, 2272.
30 BGHZ 99, 182, 193 f.

am Lösungsrecht hat[32] oder ob dessen Tatbestandsmerkmale und die Anforderung an die Aufmerksamkeit bei der Auswahl des Vertragspartners umgangen werden.[33] Die Antwort hat sich an der Wertung der §§ 321, 323 zu orientieren. Das bedeutet, dass ein Lösungsrecht des Verwenders nicht in Betracht kommt, solange der Partner bereit ist, Sicherheiten zu stellen, bzw. die Frist des § 323 Abs. 1 nicht gesetzt und auch nicht ausnahmsweise nach § 323 Abs. 2, Abs. 4 entbehrlich ist.[34] Dagegen darf der Verwender das Leistungsverweigerungsrecht des § 321 auch auf den Fall ausdehnen, dass die Kreditunwürdigkeit des Kunden bei Vertragsschluss schon bestand, dem Verwender aber noch nicht bekannt war,[35] ohne dass dem Verwender dabei ein Vorwurf zu machen ist.

7 b) Weitere sachliche Gründe in der Person des Kunden **sind Verstöße gegen wesentliche Vertragspflichten oder Obliegenheiten**. Beispiel dafür ist der unsorgfältige Umgang mit der unter Eigentumsvorbehalt gelieferten Sache,[36] die grundlose Erfüllungsverweigerung[37] oder der Verstoß gegen das Verbot, die Sache weiter zu veräußern.[38] Vor allem bei Umsatzgeschäften, die auf eine rasche zeitliche Erledigung angelegt sind, kann ein Rücktrittsrecht für den Fall vorgesehen sein, dass der Kunde die in Auftrag gegebene Sache nicht innerhalb einer bestimmten Frist abholt; im konkreten Fall waren es 4 1/2 Monate bei dem Auftrag, einen Ersatzschlüssel anzufertigen.[39] Kleinere Vertragsverletzungen genügen dagegen nicht.[40]

8 c) Stammen die Rücktrittsgründe nicht aus der Sphäre des Kunden, so bedarf es einer intensiven **Interessenabwägung**. Das vorformulierte Rücktrittsrecht muss durch ein überwiegendes oder zumindest anerkennenswertes Interesse auf Seiten des Klauselverwenders gerechtfertigt sein.[41] Auch hier bildet das Recht der Leistungsstörungen die Richtschnur. Ein Rücktrittsrecht ist daher möglich bei einer vom Verwender nicht zu vertretenden Unmöglichkeit, soweit nicht die Risikoverteilung des Vertrages dagegen spricht.[42] Eine bloße Leistungsverzögerung genügt dagegen nicht.[43] Der Rücktrittsvorbehalt bei einer selbst erheblichen Verteuerung ist nicht wirksam, weil er nicht die zur Leistungsverweigerung notwendige Opfergrenze erreicht.[44] Hat der Verwender die Unmöglichkeit zu vertreten, so darf er sich nicht durch den Rücktritt der Haftung entziehen; eine entsprechende Klausel ist nichtig.[45] Bei Gattungsschulden gilt wegen § 276 Abs. 1 S. 1 dasselbe; eine eingeschränkte Gattungsschuld kann nur individualvertraglich vereinbart werden.[46] Selbstbelieferungsklauseln sind nur in dem oben skizzierten eingeschränkten Maße gültig.[47]

9 d) **Der Grund muss im Vertrag genannt werden**, um dem Kunden jedenfalls bei der Vertragsabwicklung die Kenntnis zu ermöglichen.[48] Der Durchschnittskunde muss ohne Schwierigkeiten feststellen können, wann sich der Verwender vom Vertrag lösen darf.[49] Der Rücktrittsvorbehalt eines Flugunternehmens, „wenn die Umstände es erfordern", genügt dazu nicht,[50] ganz abgesehen davon, dass darin kein sachlich gerechtfertigter Grund liegt. Dasselbe gilt für den Grund „Erkrankung oder erhebliche Störung im Geschäftsbereich beim Verkäufer oder seinen Lieferanten",[51] „Betriebsstörungen jeder Art" oder gar „sonstige Umstände irgendwelcher Art, wenn sie sich ohne Verschulden des Verkäufers ereignen".[52] Auch ein Rücktritt für den Fall, dass der Kunde den Vertrag nicht erfüllt, ist unbestimmt.[53] Dagegen wird die Nennung von höherer Gewalt, Streik und Rohstoffmangel als ausreichend angesehen;[54] dasselbe hat für Rechtsbegriffe wie Unmöglichkeit zu gelten, namentlich wenn sie durch Begriffe wie Selbstbelieferung

---

31 Bejahend OLG Koblenz ZIP 1981, 510, 512; Palandt/*Heinrichs*, § 10 AGBG Rn 17; verneinend OLG Hamm BB 1983, 1304, 1305 f.
32 So OLG Koblenz ZIP 1981, 510, 512.
33 So OLG Hamm BB 1983, 1304, 1305.
34 *H. Schmidt*, in: Ulmer/Brandner/Hensen, § 10 Nr. 3 Rn 15.
35 *H. Schmidt*, in: Ulmer/Brandner/Hensen, § 10 Nr. 3 Rn 15.
36 BGH NJW 1985, 320, 325 unter XII 2.
37 *Wolf*, in: Wolf/Horn/Lindacher, § 10 Nr. 3 Rn 33.
38 BGH NJW 1982, 178, 180 f.
39 BGH NJW 1992, 1628, 1629.
40 OLG Hamm BB 1983, 1304, 1305 f.; Staudinger/*Coester-Waltjen*, AGBG, 1998, § 10 Nr. 3, Rn 17.
41 BGHZ 99, 182, 193; BGH NJW 1983, 1320, 1321 unter II 3 a; OLG Koblenz NJW-RR 1989, 1459, 1460; *Wolf*, in: Wolf/Horn/Lindacher, § 10 Nr. 3 Rn 14, 17.
42 *Wolf*, in: Wolf/Horn/Lindacher, § 10 Nr. 3 Rn 28 ff.
43 BGH NJW 1983, 1320, 1321 unter II 3 a; 1985, 855, 857 unter II 4 a; OLG Koblenz NJW-RR 1989, 1459, 1460.
44 BGH NJW 1983, 1320, 1321 unter II 3a.
45 *Wolf*, in: Wolf/Horn/Lindacher, § 10 Nr. 3 Rn 20.
46 *Wolf*, in: Wolf/Horn/Lindacher, § 10 Nr. 3 Rn 21 f.
47 Vgl. oben § 346 Rn 3.
48 *Wolf*, in: Wolf/Horn/Lindacher, § 10 Nr. 3 Rn 41; Staudinger/*Coester-Waltjen*, AGBG, § 10 Nr. 3 Rn 1.
49 BGH NJW 1983, 1320, 1321 unter II 3 b; OLG Koblenz NJW-RR 1989, 1459, 1460.
50 BGHZ 86, 284, 296.
51 OLG Hamm BB 1983, 1304, 1305.
52 BGH NJW 1983, 1320, 1321 unter II 3b.
53 OLG Hamm NJW-RR 1987, 311, 312.
54 OLG Koblenz NW-RR 1989, 1459, 1460.

vorbehalten, Liefermöglichkeit oder Ähnliches näher umschrieben sind.[55] Auch können derartige Klauseln natürlich ausgelegt werden; Naturkatastrophen etwa sind von Kriegsklauseln mit umfasst.[56] Dagegen soll der Fall der Aussperrung von einer Streikklausel nicht gedeckt sein.[57]

e) § 308 Nr. 3 gilt seinem Wortlaut nach nicht für Dauerschuldverhältnisse. Darunter sind alle Schuldverhältnisse zu verstehen, bei denen über längere Zeit hinweg ein dauerndes Verhalten geschuldet wird,[58] wozu Miete, Pacht, Leihe und Verwahrung zählen, aber auch Versicherungs-, Darlehens- und Geschäftsbesorgungsverträge. Gleich stehen dem Sukzessivlieferungsverträge und Wiederkehrschuldverhältnisse.[59] Die Ausnahme aus der Kontrolle durch § 308 Nr. 3 ergibt sich schon aus § 307 Abs. 3 S. 1; beim Dauerschuldverhältnis legt letztendlich erst der Zeitpunkt der Vertragsbeendigung aufgrund der Kündigung den Umfang der Leistungspflicht fest.[60] § 308 Nr. 3 will also nur die Beendigung einer zeitlich offenen Leistung zulassen.[61] Daraus ergibt sich indes auch die Beschränkung der Ausnahme. Ein Kündigungsrecht ist nach § 308 Nr. 3 nichtig, wenn es für die Zeit vor der Überlassung etwa der Mietsache vorbehalten ist;[62] dasselbe gilt, wenn das Dauerschuldverhältnis für eine bestimmte Zeit eingegangen ist.[63]

II. Gesetzliche Rücktrittsrechte

1. Gesetzliche Rücktrittsrechte sind jetzt vertraglichen gleichgestellt. Solche Rechte finden sich in den §§ 323 Abs. 1, 324, 326 Abs. 5, desgleichen in den §§ 437 Nr. 2, 439 Abs. 4, 634 Nr. 3, wobei die §§ 440, 636 Besonderheiten für die Fristsetzung vorsehen. Bei teilweiser Unmöglichkeit wird nach § 326 Abs. 4 rückabgewickelt. Bei Minderung nehmen die §§ 441 Abs. 4, 634 Abs. 4 auf die §§ 346 Abs. 1, 347 Abs. 1 in Bezug, wenn der Käufer bzw. Besteller mehr als die geminderte Vergütung bezahlt hatte. Die §§ 355, 356 regeln das Widerrufs- bzw. Rückgaberecht und verweisen in den Rechtsfolgen gemäß § 357 Abs. 1 S. 1 auf die §§ 346 ff. Derartige Widerrufsrechte finden sich z.B. in den §§ 312 Abs. 1, 312d Abs. 1, 485 Abs. 1, 495 Abs. 1, 499, 500, 501, 505 Abs. 1. § 503 Abs. 1 regelt das Recht zur Rückgabe. Schließlich ist im § 313 Abs. 3 S. 1 ein Widerrufsrecht vorgesehen, wenn eine Anpassung des Vertrages trotz Wegfalls der Geschäftsgrundlage nicht möglich oder dem anderen Teil nicht zumutbar ist.

2. Wegen der Gleichsetzung des gesetzlichen mit dem vertraglichen Rücktrittsrecht erübrigen sich nähere Abgrenzungen. Schon bisher gingen ja die beiden Arten ineinander über. Ein Rücktrittsrecht kann, wegen § 309 Nr. 4 allerdings nur individualvertraglich,[64] für den Fall vereinbart werden, dass der Käufer nicht rechtzeitig bezahlt[65] oder eine gewisse Frist verstrichen ist.[66] In einem notariellen Vertrag kann vorgesehen werden, dass der Verkäufer nach Verzug des Käufers und vergeblicher Nachfristsetzung zurücktreten kann; dies wurde vom BGH als vertragliches Rücktrittsrecht angesehen.[67] Ein Rücktrittsrecht liegt ferner vor, wenn es vereinbart ist für den Fall, dass die Verkehrsanbindung eines Mietobjekts nicht zustande kommt,[68] dass die vereinbarte Brennstoffeinsparung bei einem neuen Brenner nicht erreicht wird[69] oder ein Schiff nicht rechtzeitig kommt.[70] Nach § 7 Abs. 1 S. 1 MaBV kann sich der Bauträger ein vertragliches Rücktrittsrecht einräumen lassen, das an die Nichtzahlung durch den Schuldner geknüpft ist; Voraussetzung ist allerdings die Stellung von Sicherheiten nach § 2 Abs. 1 S. 1 MaBV.[71] In all diesen Fällen ist die Frage, ob es sich um ein vertragliches oder ein vertraglich modifiziertes gesetzliches Rücktrittsrecht handelt, wenig sinnvoll. Das hat Rückwirkungen auf die Interpretation der §§ 346 Abs. 3 S. 1 Nr. 3, 347 Abs. 1 S. 2.[72]

---

55 *Wolf*, in: Wolf/Horn/Lindacher, § 10 Nr. 3 Rn 44.
56 *Wolf*, in: Wolf/Horn/Lindacher, § 10 Nr. 3 Rn 44.
57 *Brandner*, in: Ulmer/Brandner/Hensen, Anh. §§ 9–11 Rn 102.
58 Staudinger/*Coester-Waltjen*, AGBG, § 10 Nr. 3 Rn 29.
59 *H. Schmidt*, in: Ulmer/Brandner/Hensen, § 10 Nr. 3 Rn 13.
60 *Wolf*, in: Wolf/Horn/Lindacher, § 10 Nr. 3 Rn 11; *Pfeiffer/Schinkels*, in: Micklitz/Pfeiffer/Tonner/Willingmann, S. 179.
61 *Wolf*, in: Wolf/Horn/Lindacher, § 10 Nr. 3 Rn 11.
62 BGHZ 99, 182, 193; *Wolf*, in: Wolf/Horn/Lindacher, § 10 Nr. 3 Rn 11; *H. Schmitt*, in: Ulmer/Brandner/Hensen § 10 Nr. 3 Rn 17; Staudinger/*Coester-Waltjen*, AGBG, § 10 Nr. 3 Rn 29.
63 *Wolf*, in: Wolf/Horn/Lindacher, § 10 Nr. 3 Rn 11.
64 BGH NJW 1983, 1320, 1322.
65 RGZ 107, 106, 108; BGB BB 1967, 777.
66 BGH BB 1969, 383.
67 BGH NJW 1990, 2068, 2069.
68 BGHZ 123, 96, 100.
69 BGH NJW 1981, 2403, 2404.
70 RGZ 117, 354, 356.
71 BGH NJW 1985, 438.
72 Vgl. dazu unten § 346 Rn 49; § 347 Rn 4.

B. Die Rechtsfolgen
I. Die Umwandlung in ein Rückgewährschuldverhältnis

13 Durch den Rücktritt wandelt sich das Schuldverhältnis in ein Rückgewährschuldverhältnis um.[73] Noch ausstehende Leistungen brauchen nicht mehr erbracht zu werden,[74] da die vertraglichen Pflichten der Parteien **erlöschen**;[75] die bereits bewirkten Leistungen müssen zurückgewährt werden.[76] Auch eine Schadensersatzpflicht wegen Vorenthaltung von Nutzungen infolge der verzögerten Tilgung der Ursprungsschuld besteht nach dem Rücktritt nicht mehr. Denn sonst würden dem Gläubiger Ansprüche eingeräumt, die ihm nach Rücktrittsrecht nicht gebühren, die er also bei rechtzeitiger Leistung nach § 346 Abs. 1 herausgeben müsste.[77] Ob das Rücktrittsrecht auf Vertrag oder Gesetz beruht, spielt dabei keine Rolle.[78] Die Rechtsprechung des Reichsgerichts hatte noch angenommen, das Schuldverhältnis erlösche rückwirkend;[79] an seine Stelle träten konditionsrechtliche[80] Ansprüche auf Rückgewähr der empfangenen Leistungen.[81] Davon hat sich die neuere Rechtsprechung inzwischen aber distanziert.[82]

II. Die dogmatische Einordnung

14 Dogmatisch, aber auch im praktischen Ergebnis von erheblichem Interesse ist die Frage, ob der Rückgewähranspruch vor der Erklärung bereits als bedingter Anspruch besteht. Der Bundesgerichtshof hat das für den vergleichbaren Fall eines durch Nichtleistung dreier Kaufpreisraten aufschiebend bedingten (Rück-)Übereignungsanspruchs bejaht.[83] Auch die Anwendung des § 285 Abs. 1[84] setzt einen – wenn auch noch bedingten – Anspruch voraus. Dieser Anspruch begründet bereits gegenseitige Treuepflichten.[85] Das hat zur Konsequenz, dass auch schon vor der Rücktrittserklärung und vor der Kenntnis des Rücktrittsgrundes liegende Beeinträchtigungen pflichtwidrig sein können. Wegen der Wertersatzpflicht des § 346 Abs. 2 spielt diese Frage zunächst regelmäßig keine Rolle. Sie wird aber virulent, wenn es etwa wie im Fall des § 346 Abs. 3 S. 1 Nr. 3 um die Verletzung der Sorgfalt in eigenen Angelegenheiten geht. Vor der Kenntnis kann man allerdings vom Verschulden im technischen Sinn mangels Erkennbarkeit der Pflicht zur Rückgabe nicht sprechen.[86] Damit geht es um untechnisches Verschulden als **Verschulden gegen sich selbst**.[87]

III. Die Parteien des Rückgewährschuldverhältnisses

15 1. Parteien des Anspruchs sind grundsätzlich die jeweiligen Vertragspartner. Das ist unproblematisch, wenn es um ein Zweipersonenverhältnis geht, gilt aber auch, wenn auf Bitten etwa des Käufers die **Sache an einen Dritten ausgeliefert** wurde. Bei beweglichen Sachen folgt das schon daraus, dass die Übereignung auch dann zwischen dem Erstverkäufer und dem Erstkäufer stattfindet, wenn der Erstverkäufer die Sache auf Bitten des Erstkäufers an einen Dritten übergibt.[88] Damit ist die empfangene Leistung eben das Eigentum. Bei der weisungsgemäßen Direktübereignung im Grundstücksverkehr hilft wie im Bereicherungsrecht die Als-ob-Betrachtung.[89] Es ist also auch nach § 346 Abs. 1 **über Eck abzuwickeln**. Die Argumente sind wie im Bereicherungsrecht das Risiko der Insolvenz, der Erhalt der Zug-um-Zug-Rückabwicklung und das Freihalten von Einwendungen aus dem Verhältnis zu Dritten.[90] Auch nach einer **Zession** bleibt der Zedent Vertragspartner und hat deshalb im Fall des Rücktritts die an den

---

73 BGHZ 88, 46, 48; BGH NJW 1998, 3268 f.; WM 1981, 792, 794; Palandt/*Heinrichs*, Einführung vor § 346 Rn 2; MüKo/*Janßen*, § 346 Rn 10; Soergel/*Hadding*, § 346 Rn 5; Staudinger/*Kaiser*, Vorbem. zu §§ 346 ff. Rn 53.
74 BGH NJW 1990, 2068, 2069; 1994, 1161, 1162; 1998, 3268 f.; Palandt/*Heinrichs*, Einführung vor § 346 Rn 2.
75 Begründung des RE, BT-Drucks 14/6040, 194; *Kaiser*, JZ 2001, 1058.
76 BGH NJW 1998, 3268 f.
77 BGH NJW 1998, 3268, 3269.
78 BGH NJW 1990, 2068, 2069; Palandt/*Heinrichs*, Einführung vor § 346 Rn 2.
79 RGZ 50, 255, 266; 75, 199, 201.
80 RGZ 50, 255, 266 f.
81 RGZ 50, 255, 267; 75, 199, 201; offen gelassen noch von BGHZ 88, 46, 48.
82 BGH NJW 1998, 3268 f.
83 BGHZ 99, 385, 388.
84 Vgl. dazu unten § 346 Rn 21.
85 BGHZ 90, 302, 308; BGH LM Nr. 11 zu § 158 BGB unter 1; MüKo/*H. P. Westermann*, § 158 Rn 39.
86 MüKo/*Grundmann*, § 276 Rn 68; Soergel/*Wolf*, § 376 Rn 99.
87 MüKo/*Janßen*, § 351 Rn 5; Staudinger/*Otto*, 2001, § 327 Rn 16 m.w.N.; *Medicus*, Schuldrecht I, Allgemeiner Teil, 12. Aufl. 2000, Rn 559; wohl auch *Kohler*, JZ 2001, 333 f.; a.A. Staudinger/*Kaiser*, § 351 Rn 22.
88 Vgl. zuletzt BGH NJW 1999, 425; ferner BGH NJW 1973, 141 f.; 1982, 2371, 2372; 1986, 1166, 1167; *J. Hager*, ZIP 1993, 1449; a.A. BGH NJW-RR 1993, 369.
89 *J. Hager*, in: Festgabe 50 Jahre Bundesgerichtshof, 2000, S. 789.
90 *J. Hager*, in: Festgabe 50 Jahre Bundesgerichtshof, S. 800 f.

Zessionar vom Schuldner erbrachten Leistungen zurückzuerstatten.[91] Ob der an den Schuldner geleistete Gegenstand an den Zessionar zurückzugeben ist, hängt davon ab, ob dieser Anspruch mit abgetreten ist.[92]

2. Beim **Finanzierungsleasing** stehen dem Leasinggeber nach h.M. auch nach Abtretung seiner Rechte aus § 437, namentlich des Rücktrittsrechts nach § 437 Nr. 1 F. 2, nach wie vor die Ansprüche auf Rückzahlung des Kaufpreises nach Erklärung des Rücktritts zu.[93] Dies sei sachgerecht, um den Leasingnehmer nicht dem Risiko auszusetzen, dass der Verkäufer insolvent werde.[94] Doch ist das – gerade angesichts der verlängerten Gewährleistungsfristen des § 438 – nicht unproblematisch, wenn etwa der Leasingnehmer bereits einen Teil der Leasingraten entrichtet hat und angesichts der Insolvenz des Leasinggebers Gefahr läuft, leer auszugehen.

IV. Die Rückgewährpflicht

Der Anspruch ist auf Rückgabe der konkret geleisteten Sachen und Rückübertragung der konkret übertragenen Rechte gerichtet.[95] Er ist darauf beschränkt, was aufgrund des Vertrages geleistet wurde.[96]

1. **Strittig** ist die Rechtslage, wenn die Schuld oder ein Teil durch eine **Leistung an Erfüllungs statt** getilgt, beispielsweise ein **gebrauchtes Kfz** in Zahlung gegeben wird und dann der Rücktritt vom gesamten Vertrag erfolgt. Nach Rechtsprechung und h.M. kann der Rücktrittsschuldner diesen Gegenstand zurückgeben; er ist nicht etwa verpflichtet, den Wert zu ersetzen.[97] Sobald die Verpflichtung zur Kaufpreiszahlung durch den Rücktritt entfalle, gehe auch die Ersetzungsbefugnis ins Leere und wandle sich nicht etwa in einen Befreiungsanspruch. Beim Rücktritt seien demgemäß die konkret ausgetauschten und nicht etwa die ursprünglich geschuldeten Leistungen rückabzuwickeln. Das ist nach Auffassung der Rechtsprechung auch **interessengerecht**, weil der Vorteil, das alte Auto in Zahlung geben zu können, nur im Zusammenhang mit dem Hauptvertrag eingeräumt worden sei und dieser Vertrag jetzt aufgelöst sei.[98] Ist das Auto bereits veräußert, so folgt aus der Verrechnungsabrede, dass nunmehr der Erlös an die Stelle der Sache tritt,[99] und zwar – entgegen der wohl missglückten Abgrenzung des BGH[100] – nicht nur im Agenturvertrag, sondern generell.[101] Umstritten ist, ob die Höhe durch den Mindestverkaufspreis fixiert ist, so dass der Verkäufer den Mehrerlös behalten kann, einen Verlust aber zu tragen hat.[102] Doch dürfte sich dies mit Hilfe der Interpretation des konkreten Vertrages klären lassen. Hat das in Zahlung gegebene Fahrzeug inzwischen an Wert verloren, so ist nach § 346 Abs. 2 S. 1 Nr. 3 Wertersatz zu leisten,[103] soweit nicht eine der Privilegierungen des § 346 Abs. 3 S. 1 eingreift, was allerdings schwer vorstellbar ist.

2. **Geld** ist als Wert zu erstatten,[104] soweit nicht ausnahmsweise, wie bei Sammlermünzen, die konkrete Sache Vertragsgegenstand war. Werden **Wertpapiere** an Erfüllungs statt geleistet, so soll nach älterer Rechtsprechung das Risiko des Wertverlusts den Schuldner des Rückgewähranspruchs treffen;[105] die Gegenmeinung erlegt es dem Gläubiger auf.[106] Hält man sich an die Wertung des § 346 Abs. 2 S. 1 Nr. 3, so wird man den schicksalhaften Wertverlust zu Lasten des Schuldners gehen lassen müssen, soweit nicht ausnahmsweise § 346 Abs. 3 S. 1 Nr. 3 in seiner korrigierenden Interpretation eingreift.[107] Entscheidend ist ferner, was dem Gläubiger des ursprünglichen Vertrags und Schuldner des Rückgewährverhältnisses zugeflossen ist. Das bedeutet zweierlei. Auch wenn – etwa beim Wechseldiskont – der Aufwand des Schuldners wegen des inzwischen eingetretenen Geldwertverlusts geringer gewesen sein sollte als der Zufluss beim Gläubiger, so ist dieser Zufluss zurückzuerstatten.[108] Dasselbe gilt für die auf

---

91 Staudinger/*Kaiser*, § 346 Rn 32.
92 MüKo/*Janßen*, § 346 Rn 15; Staudinger/*Kaiser*, Vorbem zu § 346 Rn 49; *dies.*, § 346 Rn 32.
93 BGHZ 68, 118, 125; 81, 298, 309 f.; BGH WM 1992, 1609, 1611; MüKo/*Janßen*, § 346 Rn 15; MüKo/*Habersack*, Münchener Kommentar zum Bürgerlichen Gesetzbuch, Bd. 3, 3. Aufl. 1995, Leasing Rn 70 f.
94 MüKo/*Janßen*, § 346 Rn 15; MüKo/*Habersack*, Leasing Rn 71.
95 Palandt/*Heinrichs*, § 346 Rn 4; MüKo/*Janßen*, § 346 Rn 12.
96 BGHZ 97, 264, 265 f.
97 BGHZ 89, 126, 132 ff.; BGH NJW 1980, 2190, 2191 (Agenturvertrag); OLG München NJW-RR 1992, 1148; Erman/*H.P. Westermann*, § 346 Rn 9; MüKo/*Janßen*, § 346 Rn 12; Staudinger/*Kaiser*, § 346 Rn 30; a.A. OLG Karlsruhe NJW 1965, 111 f.
98 BGHZ 89, 126, 133 f.; 128, 111, 116.
99 BGH NJW 1980, 2190, 2191 f.; Staudinger/*Kaiser*, § 346 Rn 30.
100 BGHZ 89, 126, 135.
101 Staudinger/*Kaiser*, § 346 Rn 30.
102 So Staudinger/*Kaiser*, § 346 Rn 30; a.A. MüKo/*Janßen*, § 346 Rn 12.
103 Siehe dazu unten § 346 Rn 36 ff.; a.A. OLG München NJW-RR 1992, 1148; Erman/*H. P. Westermann*, § 346 Rn 9 jeweils zur Rechtslage vor der Novelle.
104 Palandt/*Heinrichs*, § 346 Rn 4; Staudinger/*Kaiser*, § 346 Rn 28.
105 KG OLGE 40, 289 f.; *Leser*, Der Rücktritt vom Vertrag, 1975, S. 169 f.; ebenso für inzwischen wertlose Banknoten RGZ 108, 279, 281.
106 Erman/*H. P. Westermann*, § 346 Rn 9; MüKo/*Janßen*, § 346 Rn 12; Soergel/*Hadding*, § 346 Rn 6; Staudinger/*Kaiser* § 346 Rn 30.
107 Vgl. dazu unten § 346 Rn 49 f.
108 RG JW 1927, 677, 678.

den Kaufpreis aufgeschlagene **Umsatzsteuer**.[109] Auf der anderen Seite ist nur der um den **Skontoabzug** geminderte Betrag zurückzugewähren.[110]

V. Der Inhalt des Anspruchs

20 **Umstritten** ist der **Inhalt der Rückgewährpflicht**. Aus der Formulierung, die empfangene Leistung sei zurückzugeben, schließt die Rechtsprechung, der Rückgewährschuldner habe den Rückgewährgläubiger lediglich in die Lage zu versetzen, über die Sache verfügen zu können.[111] Näher liegt es, wie stets bei derartigen Pflichten einen Anspruch auf Rückgabe anzunehmen.[112] So ist bei der Parallele der Leistungskondiktion wohl weitgehend unstritig, dass der Gläubiger einen derartigen Anspruch hat. Auf der anderen Seite beurteilt man unterschiedlich, ob der Schuldner einen **Anspruch** darauf hat, dass der **Gläubiger die Sache zurücknimmt**. Bei Rücktritt aufgrund einer Pflichtverletzung, etwa aufgrund der Lieferung einer mangelhaften Sache, wird das in Analogie zu § 433 Abs. 2 weitgehend bejaht[113] – teilweise allerdings mit der Einschränkung, das gelte jedenfalls, wenn der Schuldner ein besonderes Interesse an der Rückgabe habe.[114] Auch beim vertraglichen Rücktritt nimmt die h.M. ein Recht des Schuldners an, die Sache zurückgeben zu dürfen.[115] Die Mindermeinung sieht die Interessen des Rückgewährschuldners nicht als gefährdet an, da der Gläubiger in Annahmeverzug komme; das und die Möglichkeit des Selbsthilfeverkaufs bzw. der Besitzaufgabe nach § 303 genügten für den Schutz des Schuldners.[116] Der **Streit** dreht sich im Wesentlichen darum, ob der Gläubiger durch die Nichtannahme auch in Schuldnerverzug kommt. Ein Bedürfnis dafür dürfte kaum zu leugnen sein, da nur so der Schuldner entgangenen Gewinn etwa wegen der Belegung eines anderweitig nutzbaren Raums durch das zurückzugebende Gut geltend machen kann; § 304 gibt darauf keinen Anspruch.[117] Das gilt umso mehr, als man sich beim Rücktritt vom Verkauf eines Grundstücks dieses Grundstücks nicht durch Selbsthilfeverkauf entledigen kann.[118] Die Aufgabe nach § 303 ist im Hinblick auf die verbleibende Verkehrspflicht problematisch.[119]

VI. Die Ansprüche bei Verletzung der Rückgabepflicht (§§ 346 Abs. 4, 285 Abs. 1)

21 Der Inhalt des Anspruchs bestimmt sich, wie auch § 346 Abs. 4 durch den Verweis auf die §§ 280–283 für den Fall der Pflichtverletzung klarstellt, nach den allgemeinen Vorschriften. Der Anspruch namentlich auf Herausgabe von **Nutzungen** kann also nicht durch Entreicherung entfallen.[120] Auch **sonstige Kosten** des Rückgewährschuldners können nicht anspruchsmindernd über § 818 Abs. 3 abgesetzt werden.[121] Neben dem **Schadensersatz** nach den §§ 280–283 wendet die ganz h.M. **§ 285** an.[122] Das gilt unabhängig davon, ob die Weiterveräußerung, die die Rückgabe unmöglich machte, vor oder nach der Rücktrittserklärung erfolgte.[123] § 285 ist auch für bedingte Verpflichtungen anwendbar.[124]

VII. Die Nutzungsherausgabe

22 Nach § 346 Abs. 1 sind die gezogenen Nutzungen zu ersetzen. Die Norm tritt insoweit an die Stelle von § 347 S. 2 a.F. i.V.m. § 987; es geht um Nutzungen, soweit sie nicht Hauptpflicht des Vertrages sind.[125] Die Nutzungen können regelmäßig als solche nicht herausgegeben werden; daher ist Wertersatz

---

109 BGH LM Nr. 9 zu § 467 BGB unter II 2a cc; Staudinger/*Kaiser*, § 346 Rn 28.
110 AG Freiburg MDR 1988, 494; Palandt/*Heinrichs*, § 346 Rn 4; Staudinger/*Kaiser*, § 347 Rn 74.
111 RGZ 55, 105, 112; BGHZ 87, 104, 110.
112 Staudinger/*Kaiser*, § 346 Rn 35.
113 BGH LM Nr. 2 zu § 351 BGB Bl. 2; OLG Nürnberg NJW 1974, 2237, 2239; Palandt/*Putzo*, § 467 Rn 19; Erman/*Grunewald*, § 467 Rn 11; MüKo/*H. P. Westermann*, § 467 Rn 11; Soergel/*Huber*, § 467 Rn 126; Muscheler, AcP 187 (1987), 387; wohl auch OLG Koblenz MDR 1986, 316, 317.
114 BGHZ 87, 104, 109; BGH NJW-RR 1989, 650, 651 (Mitwirkung bei der Rückauflassung); Palandt/*Heinrichs*, § 346 Rn 3; a.A. im Werkvertragsrecht OLG Hamm NJW 1978, 1060; abgelehnt von BGHZ 87, 104, 109.
115 MüKo/*Janßen*, § 346 Rn 11; Soergel/*Hadding*, § 346 Rn 6; a.A. *Muscheler*, AcP 187 (1987), 386 f.
116 Staudinger/*Kaiser*, § 346 Rn 48.
117 MüKo/*Janßen*, § 346 Rn 11; § 354 Abs. 1 HGB gibt einem Kaufmann einen Anspruch auf Ersatz der Lagerkosten, BGH NJW 1996, 1464, 1465; Palandt/*Heinrichs*, § 304 Rn 2.
118 BGH NJW-RR 1989, 650, 651.
119 Staudinger/*Honsell*, § 467 Rn 36.
120 RG Gruchot 56, 113, 114; BGH NJW 1980, 1631, 1632; OLG München NJW-RR 1992, 1081, 1082; Staudinger/*Kaiser*, § 346 Rn 22.
121 BGHZ 77, 310, 320; 85, 50, 59; Palandt/*Heinrichs*, § 346 Rn 3.
122 BGH NJW 1983, 929, 930; MüKo/*Janßen*, § 347 Rn 7; Soergel/*Hadding*, § 347 Rn 2; Staudinger/*Kaiser*, § 347 Rn 39, 71; Begründung der RE, BT-Drucks 14/6040, 194.
123 BGH NJW 1983, 929, 930; Staudinger/*Kaiser*, § 347 Rn 71.
124 BGHZ 99, 385, 388 f.
125 Vgl. § 346 Rn 30.

geschuldet.[126] Er kann nach § 287 ZPO geschätzt werden.[127] Zugrunde zu legen ist der **Bruttokaufpreis**;[128] er wird regelmäßig mit dem Wert übereinstimmen.[129] Dieser Preis wird durch **die voraussichtliche Lebenserwartung des Gegenstands geteilt und mit der tatsächlichen Nutzungsdauer multipliziert**.[130] Als Faustformel kann gelten, dass bei Dieselfahrzeugen 0,5% des Kaufpreises pro 1000 km geschuldet sind,[131] bei Pkw zwischen 0,5% und 0,7%.[132] Ein Teil der Rechtsprechung legt die fiktive Miete zugrunde[133] bzw. berechnet eine degressive Abschreibung.[134] Jedoch liegt der Vergleich mit der Miete bei Sachen, die endgültig beim Erwerber bleiben sollen, fern.[135] Auch geht es nicht – wie bei der degressiven Abschreibung – um den Wertverlust, sondern um gezogene Nutzungen; sie sind in erster Linie zeitabhängig. Die ortsübliche Miete ist dagegen mangels anderer Anhaltspunkte bei Rückgabe eines Grundstücks[136] und eines Gewerbebetriebs[137] geschuldet. Bei mangelhaften Sachen ist nicht der vertragliche, sondern der anhand des geringeren Werts geminderte Preis zugrunde zu legen.[138]

VIII. Die Kosten der Rückgewähr

Die Aufwendungen für die Rückgewähr fallen dem Schuldner zur Last.[139] Allerdings sind die Leistungen am Erfüllungsort zu erfüllen, so dass i.E. die Transportkosten von diesem Ort weg den Rücktrittsgläubiger treffen.[140] Holt der Gläubiger die zurückzugewährenden Sachen nicht am Erfüllungsort ab, so gerät er nach Rechtsprechung und h.M. in Schuldnerverzug und haftet unter dem Aspekt der §§ 280 Abs. 1, 2, 286, 288.[141]

23

IX. Der Erfüllungsort

Der Erfüllungsort ist beim vertraglichen Rücktritt zunächst anhand der Parteiabrede zu klären. Das kann dazu führen, dass die Sache vom Gläubiger abzuholen ist.[142] Bei einem freien Rücktrittsrecht wird in der Regel der Wohnsitz des Rücktrittsgegners Erfüllungsort sein.[143] Strittig ist dagegen die **Wirkung des § 269 Abs. 1**. Die wohl h.M. nimmt an, der vertraglich bestimmte Erfüllungsort gelte auch für die Rückabwicklung;[144] im Zweifel sei das der Wohnsitz des Leistungs-, nicht des Rückgewährschuldners.[145] Die Mindermeinung wendet dagegen § 269 Abs. 1 im Rückgewährschuldverhältnis an, mit der Konsequenz, dass der Wohnsitz des Rückgewährschuldners Erfüllungsort ist.[146] Beim gesetzlichen Rücktrittsrecht ist der Erfüllungsort nach h.M. dort, wo sich die Sache dem Vertrag entsprechend befindet.[147] Das ist nach dem typischen Parteiwillen der Wohnort des Schuldners.[148] Die Mindermeinung will jedenfalls für den

24

---

126 RGZ 93, 281, 283; BGHZ 39, 186, 187; Staudinger/*Kaiser*, § 347 Rn 61.
127 BGHZ 115, 47, 49; BGH WM 1978, 1208, 1209; OLG Koblenz NJW-RR 1992, 688, 690; OLG Hamm NJW-RR 1994, 375.
128 BGHZ 115, 47, 51 f.; MüKo/*Janßen*, § 347 Rn 23.
129 MüKo/*Janßen*, § 347 Rn 23.
130 BGHZ 115, 47, 54; BGH NJW 1995, 2159, 2161; 1996, 250, 252; NJW-RR 1995, 364, 365; WM 1984, 1098, 1100; OLG Saarbrücken NJW-RR 1990, 493; OLG Koblenz NJW-RR 1992, 688, 690; 1995, 760, 761; OLG Köln NJW-RR 1999, 774, 775; Palandt/*Heinrichs*, § 347 Rn 9; MüKo/*Janßen*, § 347 Rn 23; Staudinger/*Kaiser*, § 347 Rn 62.
131 OLG Stuttgart DAR 1998, 393, 394; Palandt/*Heinrichs*, § 397 Rn 9.
132 Für 0,5% OLG Koblenz NJW-RR 1999, 702; für 0,67% OLG München NJW 1987, 3012, 3013; OLG Hamm NJW-RR 1988, 1140; 1994, 375; OLG Braunschweig NJW-RR 1998, 1586; Überblick über ältere Rechtsprechung, die 1% annahm, bei BGHZ 88, 31 ff.; das Gericht selbst lässt die Frage dort offen.
133 OLG Hamm NJW-RR 1992, 113.
134 OLG Celle NZV 1991, 230, 231 m.w.N.
135 BGHZ 115, 47, 54.
136 BGHZ 87, 296, 301 f.; BGH NJW 1992, 892; MüKo/*Janßen*, § 347 Rn 23; Staudinger/*Kaiser*, § 347 Rn 67.
137 BGH JR 1954, 460; Staudinger/*Kaiser*, § 347 Rn 68; ebenso BGH WM 1978, 1208, 1209 für Maschinen, von deren Verkauf der Verkäufer zurückgetreten war.
138 OLG Köln VersR 1993, 109 f.; NJW-RR 1999, 774, 775; Palandt/*Heinrichs*, § 347 Rn 9; MüKo/*Janßen*, § 347 Rn 23; Staudinger/*Kaiser*, § 347 Rn 62; der Sache nach auch OLG Düsseldorf NJW-RR 1999, 278; OLG Koblenz NJW-RR 1999, 702; möglicherweise übersehen in BGHZ 115, 47, 54; OLG Koblenz NJW-RR 1992, 688, 690.
139 OLG Karlsruhe MDR 1970, 587; MüKo/*Janßen*, § 346 Rn 13; Staudinger/*Kaiser*, § 346 Rn 40.
140 Staudinger/*Kaiser*, § 346 Rn 50.
141 BGHZ 87, 104, 111; MüKo/*Janßen*, § 346 Rn 13; MüKo/*H. P. Westermann*, § 467 Rn 10; i.E. auch *Rupp/Fleischmann*, NJW 1984, 220, die im konkreten Fall wegen anderweitiger Zweckerreichung die Unmöglichkeitsregeln anwenden; *Bayer*, NJW 1984, 2930, der den Nichtlieferungsschaden gibt; kritisch *Roussos*, BB 1986, 14 ff.; *Muscheler*, AcP 187 (1987), 360 ff.
142 Staudinger/*Kaiser*, § 346 Rn 36.
143 Staudinger/*Kaiser*, § 346 Rn 37.
144 OLG Karlsruhe MDR 1970, 587; OLG Nürnberg NJW 1974, 2237; OLG Hamm MDR 1982, 141; MüKo/*Janßen*, § 346 Rn 17; vgl. auch § 346 Rn 20 zum Inhalt der Rückgewährpflicht.
145 MüKo/*Janßen*, § 346 Rn 17.
146 Staudinger/*Kaiser*, § 346 Rn 38.
147 RGZ 50, 270, 272; 55, 105, 112 f.; 57, 12, 15; BGHZ 87, 104, 109; BGH MDR 1962, 399, 400; Palandt/*Heinrichs*, § 269 Rn 16; MüKo/*Janßen*, § 346 Rn 17; Staudinger/*Kaiser*, § 346 Rn 39.
148 Staudinger/*Kaiser*, § 346 Rn 39.

Gerichtsstand denjenigen Ort annehmen, an dem die Kaufpreisschuld zu erfüllen ist;[149] in der Regel ist das sachlich kein Unterschied.

X. Sonstige Abwicklungsmodalitäten

25 Für die übrigen Abwicklungsmodalitäten gelten die normalen Regeln. Die **Verjährung** richtet sich nach dem rückabzuwickelnden Vertrag.[150] Diese h.M. führte regelmäßig zu einer Verkürzung der Verjährungsfrist, insbesondere in den Fällen, in denen nach § 196 a.F. eine kürzere Frist für die vertragliche Leistung vorgesehen war. Der Zweck der Norm sei erfüllt; die in dieser Vorschrift genannten Personen sollten ihre Ansprüche in kurzen Fristen geltend machen.[151] Heute ist die Lage geradewegs umgekehrt. Angesichts der Regelverjährung nach § 195 gilt auch für die Rückgewähransprüche die dreijährige Frist. Eine längere Frist ist jedoch etwa bei § 196 für den Anspruch auf Übereignung von Grundstücken vorgesehen. Man wird das Argument der bislang h.M. allerdings auch hier – wenn auch mit umgekehrten Vorzeichen – anwenden können; dem Rückgewährgläubiger soll nach dem Rücktritt von einem Kaufvertrag über ein Grundstück die längere Frist des § 196 zur Verfügung stehen.

C. Der Wertersatz als Kernstück der Reform
I. Die bisherige Rechtslage

26 Die wichtigste Änderung der Novelle ergibt sich aus § 346 Abs. 2 und 3. Nach dem bisherigen Recht kam es zunächst auf die Frage an, ob die vom Rücktrittsberechtigten zurückzugebende Sache wesentlich verschlechtert, untergegangen oder die Herausgabe ansonsten unmöglich war. Traf das zu, so war als nächstes das Verschulden des Rücktrittsberechtigten zu prüfen. Um dieses Verschulden und seine Differenzierungen drehte sich in den Wesentlichen der Streit. War es zu verneinen, so blieb der Rücktritt möglich. Traf den Rücktrittsberechtigten dagegen ein Verschuldensvorwurf, so war nach § 351 a.F. der Rücktritt ausgeschlossen. War die Sache dagegen nur unwesentlich verschlechtert oder der Gegenstand untergegangen, den der Rücktrittsgegner erhalten hatte, so blieb der Rücktritt möglich. Ob Schadensersatz zu leisten war, hing von § 347 S. 1 a.F. i.V.m. den §§ 989 ff. ab. Diese Regelung hatte zur Konsequenz, dass die Gefahr zurücksprang, und zwar immer dann, wenn den Rückgewährschuldner an der – wie auch immer gearteten – Verschlechterung kein Verschulden traf. Er konnte dann nach § 350 a.F. zurücktreten und brauchte keinen Schadensersatz zu leisten, weil der verschuldensabhängige § 347 S. 1 a.F. i.V.m. §§ 989 ff. nicht erfüllt war. Griff dagegen § 351 a.F. ein, so war der Rücktritt ausgeschlossen. Das bedeutete zudem, dass derjenige, der sich ein vertragliches Rücktrittsrecht etwa in einem Tauschvertrag vorbehalten hatte, seine Sache nicht zurückbekam, wenn er den Untergang des ihm übertragenen Gegenstandes verschuldet hatte; er konnte nicht etwa seine Sache gegen Ersatz des Wertes des untergegangenen Gegenstands zurückfordern.

II. Die Neuregelung

27 Diese Regelungstechnik dreht die Novelle um. An die Stelle der untergegangenen Sache tritt nach § 346 Abs. 2 S. 1 der **Anspruch auf Ersatz des Wertes**, der nach § 346 Abs. 3 S. 1 in einigen Fällen wieder ausgeschlossen ist. Damit sind einige Neuerungen verbunden. So ist der Rücktritt – so denn ein Recht dazu besteht – stets möglich. Rücktrittsberechtigter und Rücktrittsgegner werden gleichbehandelt; es wird verhindert, dass der Rücktritt wegen des Untergangs der Sache ausgeschlossen ist.[152] Ferner entfällt die Unterscheidung, ob die Sache kurz vor oder kurz nach der Rücktrittserklärung untergegangen ist.[153] Es spielt keine Rolle mehr, ob die Sache teilweise oder zur Gänze zerstört ist.[154] Und schließlich kommt es auf ein irgendwie geartetes Verschulden bzw. auf eine Obliegenheitsverletzung nicht mehr an. § 346 Abs. 2, 3 ist damit das Ergebnis einer Gefahrtragungsregel; die Norm greift auch ein, wenn den Schuldner kein Vorwurf trifft.[155]

---

149 Staudinger/*Honsell*, 1995, § 465 Rn 25.
150 BGHZ 58, 121, 122 f.; 86, 313, 319 f.; MüKo/*Janßen*, § 346 Rn 18; Soergel/*Hadding*, § 346 Rn 8; Staudinger/*Kaiser*, § 346 Rn 41.
151 MüKo/*Janßen*, § 346 Rn 18.
152 *St. Lorenz*, in: Schulze/Schulte-Nölke, S. 343; *J. Hager*, in: Ernst/Zimmermann, S. 440.
153 *St. Lorenz*, in: Schulze/Schulte-Nölke, S. 343.
154 *St. Lorenz*, in: Schulze/Schulte-Nölke, S. 343; *J. Hager*, in: Ernst/Zimmermann, S. 440.
155 Begründung des RE, BT-Drucks 14/6040, 195.

D. Die Fallgruppen

I. Der Ausschluss der Rückgabe

§ 346 Abs. 2 S. 1 Nr. 1 knüpft nach der Begründung an § 346 S. 2 a.F. an und will ihn zu einem allgemeinen Prinzip erweitern.[156] **28**

1. Das bedeutet, dass nicht nur für geleistete Dienste und für die Überlassung einer Sache Wertersatz zu leisten ist, sondern auch in sonstigen Fällen, in denen die Rückgewähr der **Leistung ihrer Natur nach unmöglich** ist.[157] Es war schon zum früheren Recht anerkannt, dass § 346 S. 2 a.F. insoweit einen allgemeinen Rechtsgedanken enthielt.[158] Hauptanwendungsfall der analogen Anwendung sind Werkverträge über Bauwerke,[159] aber auch Verträge, die unkörperliche Werke wie Konzerte, Reisen u.ä. betreffen.[160] Hat sich der Schuldner an eine Unterlassungspflicht gehalten, etwa ein Wettbewerbsverbot beachtet, so hat er seine Pflicht erfüllt. Soweit wegen der Natur der Unterlassungspflicht als Dauerschuldverhältnis nicht ohnehin nur eine Kündigung in Betracht kommt, greift § 346 Abs. 2 S. 1 Nr. 1 ein.[161] **29**

2. Schon im früheren Recht stellte sich die Frage der Konkurrenz zur Wertersatzpflicht nach § 347 S. 2 a.F. Dieses Problem taucht nunmehr wieder auf, soweit es um die Frage der Abgrenzung zur Herausgabe gezogener **Nutzungen** nach § 346 Abs. 1 bzw. nicht gezogener Nutzung nach § 347 Abs. 1 S. 1 geht. Die zu § 346 S. 2 a.F. herrschende Meinung wandte die Norm nur an, wenn **die Hauptleistungen des Vertrages nicht in Natur zurückgewährt werden konnten**; ansonsten bestimmte sich die Nutzungsvergütung nach § 347 S. 2 a.F. i.V.m. § 987.[162] Dieser Grundsatz hat auch für das neue Recht zu gelten. Ansonsten drohte die Gefahr, dass die Voraussetzungen des § 347 Abs. 1 S. 1 – namentlich der Verstoß gegen die Regeln einer ordnungsgemäßen Wirtschaft – umgangen würden. Außerdem ist – wie bei § 346 S. 2 a.F. – die vereinbarte Gegenleistung, von der nach § 346 Abs. 2 S. 2 auszugehen ist, nur dann ein sinnvoller Ansatzpunkt, wenn die unkörperliche Leistung als solche Vertragsgegenstand ist. Dogmatisch lässt sich aus dem Wortlaut des § 346 Abs. 2 S. 1 ableiten, der davon spricht, der Schuldner habe statt der Rückgewähr Wertersatz zu leisten. Zurückzugeben sind aber beim Rücktritt nur die empfangenen Leistungen, wie sich aus § 346 Abs. 1 ergibt. § 346 Abs. 2 S. 1 Nr. 1 greift also nur ein, wenn die Nutzungen zu leisten waren. Dass die intendierte, ohnehin nicht näher erläuterte Erweiterung zu einem allgemeinen Prinzip nicht stattfindet, kann hingenommen werden. **30**

3. Demnach ist die Nutzung nach Rücktritt wegen eines **Mangels des gelieferten Kraftfahrzeugs** nach § 346 Abs. 1, allenfalls nach § 347 Abs. 1 S. 1 zu ersetzen.[163] Lässt der Verkäufer eines Grundstücks Stallgebäude abreißen, damit das Grundstück bebaut werden kann, so sind nach einem Rücktritt die **Aufwendungen für den Abriss** nur auszugleichen, wenn diese Werkleistung Gegenstand eines eigenen Vertrages war, nicht jedoch, wenn ein Gesamtkaufpreis für das bebaubare Grundstück vereinbart war.[164] Ein **fehlerhaftes Gutachten** kann im Rahmen der Rückabwicklung zurückgegeben werden, ohne dass die geleistete Arbeit nach § 346 Abs. 2 S. 1 Nr. 1 zu kompensieren wäre.[165] Das Gegenargument der Literatur, dies sei bei Ausführungen zweifelhaft, die nach der Rückgabe nicht aus dem Kopf des Auftraggebers verschwänden,[166] übersieht, dass insoweit § 346 Abs. 1 einschlägig sein kann. Die Erfüllung von Unterlassungspflichten, etwa von Wettbewerbsverboten, betrifft dagegen eine Hauptleistungspflicht. Bei Rücktritt ist Wertersatz nach § 346 Abs. 2 S. 1 Nr. 1 geschuldet.[167] **31**

II. Die anderweitige Verwertung der Sache

§ 346 Abs. 2 S. 1 Nr. 2 soll nach der Begründung des RE die §§ 352, 353 a.F. ersetzen, aber den Ausschlusstatbestand in eine Wertersatzpflicht umwandeln und sie auf den Rücktrittsgegner erstrecken.[168] **32**

---

156 Begründung des RE, BT-Drucks 14/6040, 195 f.
157 Palandt/*Heinrichs*, § 346 Rn 4; Erman/*H. P. Westermann*, § 346 Rn 8; MüKo/*Janßen*, § 346 Rn 22; Soergel/*Hadding*, § 346 Rn 7; BGB-RGRK/*Ballhaus*, § 346 Rn 21; Staudinger/*Kaiser*, § 346 Rn 51; *Leser*, Der Rücktritt vom Vertrag, 1975, S. 170.
158 BGB-RGRK/*Ballhaus*, § 346 Rn 21.
159 Erman/*Seiler*, § 634 Rn 18; MüKo/*Janßen*, § 346 Rn 22; Staudinger/*Kaiser*, § 346 Rn 51; anders *Kaiser*, Die Rückabwicklung gegenseitiger Verträge wegen Nicht- und Schlechterfüllung nach BGB, 2000, S. 120 ff.; *dies.*, JZ 2001, 1059.
160 MüKo/*Janßen*, § 346 Rn 22; Staudinger/*Kaiser*, § 346 Rn 51.
161 MüKo/*Janßen*, § 346 Rn 22; Staudinger/*Kaiser*, § 346 Rn 51; *Kaiser*, JZ 2001, 1059; es geht auch hier um eine Hauptleistungspflicht; vgl. sogleich unter § 346 Rn 30.
162 BGH NJW 1998, 3355, 3357; OLG Köln OLGZ 1980, 210, 211; Palandt/*Heinrichs*, § 346 Rn 4; MüKo/*Janßen*, § 346 Rn 21; Soergel/*Hadding*, § 346 Rn 7; Staudinger/*Kaiser*, § 346 Rn 53; der Sache nach auch BGH NJW 1998, 1079, 1080 f.
163 Vgl. oben § 346 Rn 22.
164 BGH NJW 1998, 1079, 1080 f.; der BGH berücksichtigt die Kosten jedoch im Rahmen des Schadensersatzes nach § 326 Abs. 1 a.F.
165 BGH NJW 1998, 3355, 3357.
166 MüKo/*Janßen*, § 346 Rn 22.
167 MüKo/*Janßen*, § 346 Rn 22; Staudinger/*Kaiser*, § 346 Rn 51.
168 Begründung des RE, BT-Drucks 14/6040, 195.

Das ist in mehrfacher Hinsicht zumindest schief. Die Veräußerung ohne die Möglichkeit, den Gegenstand zurückzuerwerben, wurde unter § 351 a.F. subsumiert.[169] Und § 353 a.F. erweiterte den Personenkreis, dessen Verhalten sich der Rücktrittsberechtigte über § 351 S. 2 a.F. hinaus zurechnen lassen musste.[170] Da indes in Nr. 2 wie in Nr. 3 – der ausweislich der Begründung des RE an die Stelle u.a. des § 351 S. 1 a.F. treten soll[171] – Wertersatz vorgesehen ist, und da es auf das Verschulden des Rücktrittsberechtigten bzw. die Zurechnung fremden Verhaltens regelmäßig nicht mehr ankommt, hat die Fehleinschätzung wohl keine Konsequenz.

33 1. **Verbrauch** lässt sich in Anlehnung an § 92 definieren; der bestimmungsgemäße Gebrauch ist der Verbrauch bzw. die Veräußerung. Dazu gehören Lebensmittel, auch zum Verzehr vorgesehene Tiere.[172] Dagegen fällt die allmähliche Abnutzung nicht unter diesen Begriff,[173] wie sich auch im Umkehrschluss zu § 346 Abs. 2 S. 1 Nr. 3 Halbs. 2 ergibt. Verbrauch und **Gebrauch** gleich zu behandeln und auch bei Verbrauch den Wertersatz auszuschließen,[174] ist schon wegen § 346 Abs. 2 S. 1 Nr. 3 Halbs. 2 nicht möglich; es ist aber auch nicht nötig. Zeigt sich der Fehler erst beim Verbrauch, kann man § 346 Abs. 3 S. 1 Nr. 1 analog anwenden und so den Käufer schützen.[175]

34 2. Mit **Veräußerung und Belastung** sind jeweils die dinglichen Verträge gemeint. Daher fällt die Herausgabe einer gekauften, dem Eigentümer aber gestohlenen Sache nicht unter die Nr. 2. Denn da der redliche Erwerb des Käufers jedenfalls an § 935 Abs. 1 gescheitert war, liegt keine Veräußerung oder Belastung der Sache vor, die den Wertersatz gegenüber dem Verkäufer begründen könnte. Die Norm ist einschlägig bei Übereignung[176] sowie bei dinglicher Belastung der Sache. Hierher gehört auch der Verlust der Sache durch die **Zwangsversteigerung**[177] oder die dingliche Belastung durch eine Zwangshypothek. Der frühere Streit, ob ein derartiger Rechtsverlust verschuldet sein musste oder ob er nach § 279 a.F. stets zu vertreten war,[178] spielt nach der Neuregelung, die ja nicht auf die Ursache der Veräußerung oder Belastung abstellt, keine Rolle mehr. Umgekehrt ist umstritten, ob man die Chance in Rechnung zu stellen hat, dass der Verpflichtete den zurückzugebenden Gegenstand wieder erwirbt, die dingliche Belastung ablöst oder dass er gar einen Anspruch gegen seinen Käufer bzw. Gläubiger auf Rückübereignung der Sache oder Freistellung von der dinglichen Last hat. Nach der früheren Rechtslage war die Rückgabe dem Betreffenden dann nicht unmöglich.[179] Man wird auch im Rahmen des § 346 Abs. 2 S. 1 Nr. 2 vom Vorrang der Rückgabepflicht auszugehen und einen Anspruch zum Wertersatz nur dort zu bejahen haben, wo eine Rückgabe der Sache selbst ausscheidet.[180]

35 3. § 352 a.F. wurde mit dem Verbot des widersprüchlichen Verhaltens erklärt. Da § 346 Abs. 2 S. 1 Nr. 2 nunmehr auch zu Lasten des Anspruchsgegners wirkt, trifft diese Einordnung nicht mehr durchgängig zu. Die Wertersatzpflicht in Nr. 2 folgt nach neuen Recht daraus, dass die Rückgabe der Sache nicht mehr möglich ist bzw. jedenfalls nach dem Rechtsgedanken des § 951 Abs. 1 S. 2 nicht die Wiederherstellung des früheren Zustands gefordert werden kann. Kann der Prozess der Verarbeitung bzw. Umgestaltung nicht mehr rückgängig gemacht werden, wäre dem Gläubiger mit der Rückgabe des Gegenstands oft auch nicht gedient. Wie im alten Recht ist Nr. 1 vorrangig, wenn die Verarbeitung Hauptleistungspflicht eines Werkvertrags war.[181] Der Begriff der **Verarbeitung und Umgestaltung** ist wie in § 950 Abs. 1 S. 1 zu interpretieren. Das Handeln muss vom menschlichen Willen gesteuert sein, so dass Naturvorgänge nicht darunter fallen. Dagegen ist Geschäftsfähigkeit ebenso wenig Voraussetzung wie das Bewusstsein, sich rechtlich relevant zu verhalten. Entscheidend ist das Ergebnis, nicht die Art der Tätigkeit.[182] Während § 352 a.F. das Entstehen einer **Sache anderer Art** voraussetzte, ist dieses Erfordernis in Nr. 2 nicht mehr ausdrücklich enthalten. Vom Gesetzeszweck her wird man dies indes zu fordern haben; nicht jede auch unbedeutende Änderung darf die Verpflichtung zur Rückgewähr in eine Wertersatzpflicht umändern. Daher genügt eine **Reparatur**, mag sie auch noch so umfangreich sein, nicht;[183] insofern ist die differenzierte

---

169 RGZ 56, 258, 261 unter ausdrücklicher Ablehnung der These, den Fall unter § 353 a.F. zu fassen.
170 MüKo/*Janßen*, § 353 Rn 1; Staudinger/*Kaiser*, § 353 Rn 1.
171 Begründung des RE, BT-Drucks 14/6040, 195.
172 Vgl. RGZ 79, 246, 248.
173 Palandt/*Heinrichs*, § 92 Rn 6; MüKo/*Holch*, § 92 Rn 3.
174 So indes die Vorschlag von *Kaiser*, JZ 2001, 1062.
175 Vgl. § 346 Rn 43. Das Problem, dass sich der Fehler zeigt, nachdem der Gegner wegen Zahlungsverzugs des Käufers zurückgetreten ist und § 346 Abs. 3 S. 1 Nr. 3 BGB nicht zugunsten des Käufers wirkt (so der Fall bei *Kaiser*, JZ 2001, 1062), kann auch bei der Verarbeitung auftreten und ist daher im Rahmen des § 346 Abs. 3 S. 1 Nr. 1 BGB ohnehin zu lösen.
176 RGZ 50, 188, 190.
177 RGZ 56, 258, 261; 56, 267, 270; 59, 92, 93.
178 Verneinend RGZ 59, 92, 93; MüKo/*Janßen*, § 351 Rn 11; bejahend Staudinger/*Kaiser*, § 351 Rn 55.
179 RGZ 50, 188, 190 mit Hinw. auf Prot. 6, S. 166; 54, 219, 224; ebenso für § 347 S. 1 BGB a.F. BGH NJW-RR 1993, 626, 627; für § 325 a.F. BGH NJW 1992, 3224, 3225; WM 1973, 1202.
180 So i.E. auch *Kaiser*, JZ 2001, 1062.
181 Staudinger/*Kaiser*, § 352 Rn 3; vgl. schon oben § 346 Rn 30.
182 Staudinger/*Wiegand*, 13. Bearb. 1995, § 950 Rn 8.
183 MüKo/*Janßen*, § 352 Rn 1; Staudinger/*Kaiser*, § 352 Rn 2.

Regelung in § 347 Abs. 2 zumindest vorrangig.[184] Auch eine **Verschlechterung** fällt nicht unter die Nr. 2; dies zeigt schon Nr. 3. Bei Inhaltsänderungen eines dinglichen Rechts gilt jedoch Nr. 2 entsprechend.[185] Das neue Recht fordert **kein Verschulden** desjenigen, der zum Wertersatz verpflichtet ist, sondern regelt nur die Gefahrtragung. Daher kommt es auch bei einer Verarbeitung durch Dritte nicht mehr darauf an, ob diese Erfüllungsgehilfen sind,[186] noch auch nur darauf, ob der Rückgewährschuldner die Verarbeitung oder Umgestaltung angeordnet hatte.[187]

III. Die Verschlechterung der Sache

§ 346 Abs. 2 S. 1 Nr. 3 sieht Wertersatz bei Verschlechterung und Untergang vor. Die Norm ist als **Auffangvorschrift** zu verstehen und kommt dann in Betracht, wenn nicht schon Nr. 1 oder Nr. 2 eingreifen.

1. **Untergang** ist die vollständige Vernichtung der Sachsubstanz,[188] **Verschlechterung** bedeutet eine nachhaltige Beeinträchtigung der Substanz oder Funktionstüchtigkeit.[189] Da die Wertersatzpflicht nicht vom Verschulden abhängt, ist der frühere Streit, ob es dem schuldhaften Untergang gleich steht, wenn die zufällig untergegangene Sache nicht versichert gewesen ist,[190] obsolet. Desgleichen kommt es nicht darauf an, ob die Verschlechterung wesentlich war. Im Gegensatz zum alten Recht ist die anderweitige Unmöglichkeit, namentlich der Fall des Unvermögens, nicht geregelt. Ein Teil wird allerdings durch den Tatbestand der Veräußerung und Belastung in Nr. 2 aufgefangen.[191] Doch bleiben **Fallgestaltungen wie das Verlieren des Gegenstandes, der Diebstahl, die Enteignung oder die Unmöglichkeit der Rückholung** des Gegenstandes aus einem anderen Land infolge der dort eingetretenen politischen Veränderungen.[192] Man hat insoweit § 346 Abs. 2 S. 1 Nr. 3 entsprechend anzuwenden, was mit der Struktur des § 346 Abs. 2 S. 1 als Gefahrtragungsregel[193] zusammen passt. Der Gesetzgeber hat die Fälle offensichtlich übersehen. Die für die Analogie notwendige **planwidrige Lücke** liegt damit vor.

2. Die durch den **bestimmungsgemäßen Gebrauch** eintretende **Wertminderung** ist nicht zu ersetzen. Der RE verweist darauf, dass der Rückgewährgläubiger ja seinerseits die gezogenen Nutzungen erhalte. Soweit der Verkäufer die eingetretene Wertminderung nicht in vollem Umfang ersetzt bekomme, rechtfertige sich das aus dem Gedanken, dass er entweder durch die Lieferung einer mangelhaften Sache die Ursache für den Rücktritt gesetzt oder sich durch Vereinbarung eines vertraglichen Rücktrittsrechts auf das Risiko der Rückabwicklung eingelassen habe.[194] Damit hat die Begründung auch zu einer zu § 361a Abs. 2 S. 6 Halbs. 2 a.F. bzw. zu den Vorgängervorschriften bestehenden Kontroverse Stellung genommen. Die h.M. hatte die Norm auf jede Wertminderung bezogen,[195] die Mindermeinung dagegen nur auf Verträge, in denen die Nutzungsüberlassung Hauptpflicht des Vertrages war.[196] Zum einen spricht die Begründung von einem Kfz., wobei ganz offensichtlich der Fall eines Kaufs zugrunde gelegt wird. Zum anderen zeigt die systematische Stellung in Nr. 3 – und eben nicht in Nr. 1 –, dass das Prinzip in allen Verträgen gelten soll. Es kommt hinzu, dass eine Wertminderung der Sache durch ihre Inanspruchnahme in Verträgen, in denen die Nutzungsmöglichkeit Hauptleistungspflicht ist, eher selten ist; in Frage kommen Mietverträge, in denen das Risiko des Wertverlusts nach der gesetzlichen Regelung ohnehin den Vermieter trifft. Der Umstand, dass die Sache nicht mehr neu oder neuwertig ist, bleibt also – wie es bisher schon der h.M. entspricht – für den Wertersatz außer Betracht.[197] In Anlehnung an § 993 Abs. 1 Halbs. 1 kann man die Ziehung von Übermaßfrüchten als eine Ingebrauchnahme ansehen, die nicht mehr bestimmungsgemäß ist. Gleiches gilt, wenn das gekaufte Kfz vor dem Rücktritt bei Wettrennen eingesetzt wird.

IV. Die Höhe des Wertersatzes

1. Nach **§ 346 Abs. 2 S. 2** ist die im Vertrag bestimmte Gegenleistung bei der Berechnung des Wertersatzes zugrunde zu legen. In § 346 S. 2 a.F. war eine entsprechende Regelung enthalten gewesen, allerdings beschränkt auf den Fall, dass die Dienste oder sonstigen Leistungen, deren Rückgabe ihrer Natur nach

---

184 MüKo/*Janßen*, § 352 Rn 1.
185 Staudinger/*Kaiser*, § 352 Rn 2.
186 So zum alten Recht indes MüKo/*Janßen*, § 352 Rn 1; a.A. Staudinger/*Kaiser*, § 352 Rn 4.
187 So zum alten Recht indes Staudinger/*Kaiser*, § 352 Rn 4.
188 Staudinger/*Kaiser*, § 351 Rn 7.
189 Staudinger/*Kaiser*, § 351 Rn 8.
190 Vgl. den Überblick zum Streitstand bei Staudinger/*Kaiser*, § 351 Rn 7. Allerdings ist dann kein Wertersatz geschuldet; vgl. OLG Dresden OLG-NL 2000, 265 f.
191 Vgl. oben § 346 Rn 34.
192 Vgl. die Fälle bei Staudinger/*Kaiser*, § 351 Rn 11.
193 Vgl. oben § 346 Rn 27.
194 Begründung des RE, BT-Drucks 14/6040, 193 f.
195 Palandt/*Heinrichs*, § 361a Rn 35; wohl auch *St. Lorenz*, JuS 2000, 837.
196 MüKo/*Ulmer*, § 361a Rn 73, 89.
197 Staudinger/*Werner*, § 3 HTWG Rn 55; *Kaiser*, JZ 2001, 1061.

unmöglich ist, Hauptleistungspflichten waren.[198] Für § 346 Abs. 2 S. 1 Nr. 1 passt daher die Regelung[199] – indes auch hier nur mit der Einschränkung, dass der Rücktritt nicht wegen einer Pflichtverletzung erfolgt.[200]

40 2. Dagegen ist die **vertraglich vereinbarte Gegenleistung** als Maßstab für den Wertersatz in einer Reihe von Fällen ganz offensichtlich verfehlt. Man nehme den Fall des Rücktritts nach Lieferung einer mangelhaften Sache, wenn sich die Sache verschlechtert hatte, ohne dass dies eine Folge des Mangels war. Hier müsste der Käufer den Preis der teilweise mangelhaften Sache bezahlen, wenn er zurücktritt. Auf diese Ungereimtheit war bereits gegenüber dem Abschlussbericht der Schuldrechtskommission hingewiesen worden.[201] Gleichwohl hatte der DiskE vorgesehen, dass die im Vertrag bestimmte Gegenleistung an die Stelle des Wertersatzes treten solle. Trotz der Wiederholung der Kritik[202] blieben die KF und der RE dabei. Die erste Stellungnahme des Bundesrats wies erneut auf die wenig überzeugende Lösung hin und schlug die jetzige Fassung vor.[203] Die Gegenäußerung der Bundesregierung stimmte dem ohne Begründung zu.[204] Gewonnen ist damit allerdings nicht viel. Der **Wortlaut ist irreführend**, da bei mangelhaften Sachen die Gegenleistung gerade nicht zugrunde zu legen ist.

41 3. Bei der Anwendung des § 346 Abs. 2 S. 2 ist daher ein **differenzierender Maßstab** zugrunde zu legen. Die Gegenleistung zu entrichten ist im Ansatz nur bei der **Lieferung von mangelfreien Gegenständen** die richtige Lösung. Die Höhe kann nach § 287 Abs. 1 ZPO geschätzt werden.[205] Bei Fehlen einer Entgeltabrede ist der Wert im Zeitpunkt der Leistung zu ersetzen.[206] Hat die Leistung keinen Wert, ist auch kein Ersatz geschuldet.[207] Abreden der Parteien sind möglich; bei AGB ist § 308 Nr. 7a die Grenze. Auf der anderen Seite ist zu untersuchen, ob die Partner die Norm nicht **konkludent abbedungen** haben.[208] So dürfte es etwa liegen, wenn der Käufer den höheren Preis akzeptiert hat, um die Sache prüfen zu können und ihm das Rücktrittsrecht die Möglichkeit geben sollte, sich vom Vertrag wieder zu lösen. Dann dürfte der Verkehrswert der korrekte Maßstab sein.[209] Nur mehr Grundlage ist § 346 Abs. 2 S. 2 bei der **Lieferung mangelhafter Sachen**. Dann ist nur der Wert zum Zeitpunkt der Lieferung zu ersetzen; man kann allenfalls § 441 Abs. 3 anwenden, um die Proportion zwischen Restwert und Wertersatz gemessen am Verhältnis des Wertes und des Kaufpreises zu wahren.

E. Der Ausschluss und die Beschränkung des Wertersatzes

42 § 346 Abs. 3 S. 1 beschränkt die Pflicht zum Wertersatz in einigen Fällen oder schließt sie zur Gänze aus. Das Gesetz greift insoweit auf Fallgruppen zurück, die auch im bisherigen Recht anerkannt waren. Die Funktion der Vorschrift ist allerdings – verglichen mit dem früheren Rechtszustand – teilweise eine andere. War früher nach § 350 a.F. der Rücktritt trotz des Untergangs möglich bzw. war nach § 347 S. 1 a.F. mangels Verschuldens kein Schadensersatz zu zahlen, so geht es heute durchweg um den Ausschluss bzw. die Beschränkung des Wertersatzes.

I. Die Entdeckung des Mangels bei der Verarbeitung

43 § 346 Abs. 3 S. 1 Nr. 1 ersetzt die Ausnahmeregelung des § 467 S. 1 Halbs. 2 a.F. Der Mangel muss sich bei der Verarbeitung oder Umgestaltung gezeigt haben; erst recht ist der Wertersatz ausgeschlossen, wenn das erst nachher der Fall war.[210] Dasselbe gilt, wenn sich der Mangel bei der nach § 377 HGB notwendigen Untersuchung[211] oder bei einer Verbindung mit einer anderen Sache zutage tritt.[212] Dagegen steht eine Umgestaltung nach Entdeckung des Mangels der Pflicht zum Wertersatz nicht entgegen.[213] Dies ist bereits ein Hinweis darauf, dass die **Kenntnis des Rücktrittsberechtigten** auch in anderen Fällen eine Rolle spielt.[214] Unklar und umstritten ist allerdings, ab wann der Mangel bekannt ist. Nach der Rechtsprechung

---

198 Vgl. oben § 346 Rn 30.
199 *J. Hager*, in: Ernst/Zimmermann, S. 451; *Kaiser*, JZ 2001, 1059.
200 *Kaiser*, JZ 2001, 1059; i.E. auch RG Gruchot 56, 113, 115.
201 *Kohler*, WM 1993, 54 f.
202 *J. Hager*, in: Ernst/Zimmermann, S. 450 f.
203 Stellungnahme des Bundesrates, BT-Drucks 14/6857, 22.
204 Gegenäußerung der Bundesregierung, BT-Drucks 14/6857, 57.
205 RGZ 138, 28, 33; Staudinger/*Kaiser*, § 346 Rn 58.
206 Palandt/*Heinrichs*, § 346 Rn 4; MüKo/*Janßen*, § 346 Rn 21; Soergel/*Hadding*, § 346 Rn 7; a.A. Staudinger/*Kaiser*, § 346 Rn 58: Wert zum Zeitpunkt der Rückgabe.
207 RG Gruchot 56, 113, 115; MüKo/*Janßen*, § 346 Rn 21; Staudinger/*Kaiser*, § 346 Rn 58, 59.
208 Staudinger/*Kaiser*, § 346 Rn 60.
209 *Kaiser*, JZ 2001, 1059.
210 Soergel/*Huber*, § 467 Rn 65.
211 Soergel/*Huber*, § 467 Rn 65 mit Fn. 39; Staudinger/*Honsell*, § 467 Rn 11.
212 Soergel/*Huber*, § 467 Rn 68.
213 Soergel/*Huber*, § 467 Rn 70; Staudinger/*Honsell*, § 467 Rn 11.
214 *Kaiser*, JZ 2001, 1061; vgl. genauer unten § 346 Rn 50.

hat der Verarbeitende bei Auftreten von ernsten Schwierigkeiten bei der Montage diese sofort abzubrechen, um zu verhindern, dass eine größere Anzahl von Werkstücken durch die Fortsetzung beschädigt wird.[215] Damit verschwimmt die Grenze zur fahrlässigen Unkenntnis. Nach der Literatur schadet daher nur positive Kenntnis vom Mangel.[216] In Analogie zu § 346 Abs. 3 S. 1 Nr. 1 sind die Fälle zu behandeln, in denen sich der Fehler erst beim **bestimmungsgemäßen Verbrauch** zeigt.[217] Das gilt etwa im Schulbeispiel der tropfenden oder maßlos rußenden Kerzen,[218] aber auch für den Fall, dass der Gast im Restaurant eine Schnecke im Salat entdeckt und er daraufhin das Lokal verlässt, ohne das Menü verzehrt zu haben;[219] hat er einen Teil gegessen, so ist nach § 346 Abs. 1 die Nutzung zu ersetzen.[220] Die Gegenansicht, die Verschulden im Sinn des § 351 S. 1 a.F. bejahte[221] und daher nach neuem Recht zum Wertersatz kommen müsste, übersieht, dass bei Gütern, die zur Verarbeitung bestimmt sind, Sonderregeln gelten; das kann auch beim Verbrauch so sein, wenn er infolge des Fehlers abgebrochen werden muss – etwa weil die rußenden Kerzen das Mobiliar des Käufers in Mitleidenschaft zu ziehen drohen.

II. Die zufällige oder vom Gläubiger zu vertretende Verschlechterung

§ 346 Abs. 3 S. 1 Nr. 2 knüpft an Fälle an, die im Rahmen des § 350 a.F. den Rücktritt nicht ausschlossen. **44**

1. Zufall im Sinn dieser Norm wurde allgemein angenommen, wenn der **Untergang auf dem Sachmangel** **45** **beruhte**.[222] Diesen Fehler hatte der Verkäufer nach dem Wortlaut des § 462 a.F. stets zu vertreten. Doch verwendet die neue Gesetzesfassung diesen Begriff in den §§ 434 f. nicht mehr,[223] so dass der Untergang infolge des Mangels – orientierte man sich nur am Wortlaut – nicht vom Gläubiger zu vertreten wäre. Das ist natürlich nicht gemeint.[224] Die **Interpretation** muss also dazu führen, auf den durch die Novelle gerade abgeschafften Gesetzestext zu rekurrieren, um bei einem Untergang durch den Sachmangel den Anspruch auf Wertersatz ausschließen zu können.

2. Zufall im Sinn des § 350 a.F. wurde ferner bejaht, wenn der **Untergang auf einer vom Rücktrittsgegner** **46** **zu vertretenden Handlung beruhte**.[225] Dieser Begriff des Vertretenmüssens geht allerdings wohl weniger weit; zum alten Recht zog man die Parallele zum Begriff des Vertretenmüssens in § 324 Abs. 1 S. 1 a.F.[226] Das war ein verglichen mit dem Vertretenmüssen des § 462 a.F. jedenfalls engerer Begriff. Regelmäßig war damit keine Garantiehaftung verbunden; die Sphärentheorie kennt das BGB nur in besonders geregelten Ausnahmefällen.[227] Die Zusammenfassung beider Fälle unter dem Terminus des Vertretenmüssens ändert an der **doppelten Funktion des Begriffs** wohl nichts. Ist der Untergang Folge des Mangels, gibt es keinen Wertersatz; ansonsten ist der Begriff des Vertretenmüssens des Gläubigers wie in § 326 Abs. 2 (§ 324 Abs. 1 a.F.) zu verstehen.[228] Das schließt es natürlich im Einzelfall nicht aus, dass der Gläubiger vertraglich eine Garantie übernommen hat, obwohl schwer vorstellbar ist, wie dies geschehen könnte.[229]

3. Der zweite Fall des § 346 Abs. 3 S. 1 Nr. 2 ist jedenfalls derjenige des **echten Zufalls**, der schon nach **47** bisher h.M. nicht zu Lasten des Rücktrittsberechtigten ging, also nach § 350 a.F. den Rücktritt trotz des Untergangs erlaubte.[230] Der Berechtigte konnte also auch dann zurücktreten, wenn das gekaufte Haus vom Unwetter zerstört worden war[231] oder der gekaufte Wagen von der Polizei beschlagnahmt worden war;[232]

---

215 BGH NJW 1981, 222, 223 (im Rahmen der Verschuldensprüfung nach § 351 a.F.).
216 Soergel/*Huber*, § 467 Rn 65; Staudinger/*Honsell*, § 467 Rn 11.
217 Soergel/*Huber*, § 467 Rn 69; *Jauch*, JuS 1990, 707; a.A. Erman/*Grunewald*, § 467 Rn 5.
218 *Glaß*, Gefahrtragung und Haftung beim gesetzlichen Rücktritt, 1959, S. 55 f.; *Kaiser*, JZ 2001, 1062; vgl. auch oben § 346 Rn 33.
219 Soergel/*Huber*, § 467 Rn 69 in Analogie zu § 467 S. 1 Halbs. 2 BGB a.F.; *Jauch*, JuS 1990, 707; ebenso i.E. unter dem Aspekt des fehlenden Verschuldens nach § 351 a.F. Jauernig/*Vollkommer*, Bürgerliches Gesetzbuch, 9. Aufl. 1999, § 351 Rn 6; Soergel/*Hadding*, § 351 Rn 6; Staudinger/*Kaiser*, § 351 Rn 49; *Freckmann*, NJW 1987, 3113; *ders.*, NJW 1988, 1252; *Schopp*, JA 1987, 473; *Ramrath*, AcP 189 (1989), 571; *Rauser*, Jura 1990, 434; ohne dogmatische Begründung AG Burgwedel NJW 1986, 2647; für ein Kündigungsrecht *Canaris*, JuS 1970, 220; *Teichmann*, JA 1987, 67.
220 Staudinger/*Kaiser*, § 351 Rn 49.
221 Erman/*Grunewald*, § 440 Rn 6; 467 Nr. 5; *E. Wolf*, NJW 1987, 821; *ders.*, NJW 1988, 1251 f.
222 Palandt/*Heinrichs*, § 350 Rn 3; Erman/*H. P. Westermann*, § 350 Rn 2; Erman/*Grunewald*, § 467 Rn 3; Soergel/*Huber*, § 467 Rn 63; *Huber*, JZ 1987, 654; Staudinger/*Kaiser*, § 350 Rn 13; Staudinger/*Honsell*, § 467 Rn 9; *Honsell*, MDR 1970, 719; *ders.*, NJW 1973, 350, 351; *Larenz*, Schuldrecht I, § 26 b 1 = S. 409 f.; *Wieling*, JuS 1973, 399; *v. Caemmerer*, in: FS Larenz I, S. 628.
223 *J. Hager*, in: Ernst/Zimmermann, S. 440; *Kaiser*, JZ 2001, 1060.
224 Nach der Begründung des RE, BT-Drucks 14/6040, 196 knüpft § 346 Abs. 3 S. 1 Nr. 2 an das bisher geltende Recht an.
225 Soergel/*Hadding*, § 350 Rn 3; Staudinger/*Kaiser*, § 350 Rn 14; Staudinger/*Honsell*, § 467 Rn 9; *Larenz*, Schuldrecht I, § 26 b 1 = S. 410; *Wieling*, JuS 1973, 379.
226 Soergel/*Hadding*, § 350 Rn 3.
227 BGHZ 136, 116, 118.
228 Vgl. zu den Einzelheiten z.B. MüKo/*Emmerich*, § 324 Rn 18 ff.
229 Die in der Begründung des RE, BT-Drucks 14/6040, 196 genannte Entscheidung BGHZ 78, 216 betraf einen anderen Fall. Der verkaufte Mähdrescher war infolge des Mangels untergegangen. Die Frage, ob der Einsatz schweren Dreschguts durch den Käufer eine Rolle gespielt habe, verneint der BGH, da der Verkäufer die Garantie für die uneingeschränkte Einsatzfähigkeit übernommen habe (BGHZ 78, 216, 220). Es ging also um die Frage, inwieweit der Untergang (allein) auf den Mangel zurückzuführen war.
230 Erman/*H. P. Westermann*, § 350 Rn 2; Erman/*Grunewald*, § 440 Rn 6; Soergel/*Huber*, § 467 Rn 61; *Huber*, JZ 1987, 654; Staudinger/*Kaiser*, § 467 Rn 15; Staudinger/*Honsell*, § 467 Rn 9; wohl auch BGH NJW 1997, 3164, 3165 (Beschlagnahme).

er braucht nach neuem Recht auch keinen Wertersatz zu leisten. Die bisher h.M. wandte § 350 a.F. auch in sonstigen Fällen höherer Gewalt an.[233] Aus diesem Blickwinkel wird die Novelle kritisiert.[234] Doch ist die Unterscheidung zwischen höherer Gewalt und Zufall schwierig; man riskiere so erneut wenig überzeugende Abgrenzungsversuche. Es macht eben den Charakter einer Gefahrtragungsregel aus, dass sie alle diese Fälle abdeckt.

III. Die Beobachtung der Sorgfalt in eigenen Angelegenheiten

48 § 346 Abs. 3 S. 1 Nr. 3 privilegiert schließlich denjenigen, der von einem gesetzlichen Rücktrittsrecht Gebrauch macht; er haftet nur für die Beobachtung der Sorgfalt, die er in eigenen Angelegenheiten anzuwenden pflegt.

49 1. Die Norm ist in ihrer rein **einseitigen Ausrichtung am gesetzlichen Rücktrittsrecht** verfehlt. Die Begründung nennt als Argument für die Regelung, das Zurückspringen der Gefahr sei sachgerecht, wenn der Käufer bzw. Besteller aufgrund eines gesetzlichen Rücktrittsrechts vom Vertrag zurücktrete; der Rücktritt erfolge ja gerade deswegen, weil der Verkäufer bzw. Werkunternehmer nicht vollständig erfüllt habe. Wer nicht ordnungsgemäß geleistet habe, dürfe nicht darauf vertrauen, dass der Gefahrübergang auf den anderen Teil ein endgültiger sei.[235] Das ist aus mehreren Gründen **nicht überzeugend**. Zum einen ist der Unterschied zwischen einem gesetzlichen und einem vertraglichen Rücktrittsrecht vielfach nicht einmal theoretisch zu ziehen.[236] Die Vereinbarung eines Rücktrittsrechts für den Fall der **nicht rechtzeitigen Lieferung** nach § 323 Abs. 2 Nr. 2 ist dafür ein beredtes Beispiel. Die Vorschrift ist an die Stelle des § 361 a.F. getreten, den die ganz h.M. als Auslegungsregel verstand,[237] also als den Fall eines vertraglichen Rücktrittsrechts. Der Gesetzgeber fasst § 323 Abs. 2 Nr. 2, ohne dass sich am Regelungsgehalt gegenüber § 361 a.F. etwas geändert hätte, nunmehr als gesetzliches Rücktrittsrecht auf, nicht ohne hinzuzufügen, dass die Abweichung von der bisherigen Regelung gering sein dürfte.[238] Dann fehlt allerdings ein Grund für die Privilegierung nur des Rücktritts aufgrund eines gesetzlichen Rücktrittsrechts.[239] Dasselbe gilt für das Rücktrittsrecht aufgrund eines **Eigentumsvorbehalts**, das nach früherem Recht als vertragliches,[240] jetzt als gesetzliches Rücktrittsrecht[241] verstanden wird. Zum anderen trifft die These der Begründung nicht durchweg zu; auch der Rücktritt wegen **Wegfalls der Geschäftsgrundlage** nach § 313 Abs. 3 S. 1 ist ein gesetzliches Rücktrittsrecht. Für den Normalfall indes besteht nicht der geringste Grund dafür, denjenigen, dem in § 313 Abs. 3 S. 1 per Gesetz ein Rücktrittsrecht eingeräumt ist, auch noch durch § 346 Abs. 3 S. 1 Nr. 3 zu privilegieren, wenn die Sache bei ihm verschlechtert wurde oder gar untergegangen ist.[242] Man hat daher § 346 Abs. 3 S. 1 Nr. 3 **unter teleologischen Gesichtspunkten zu korrigieren**. Hat der Gläubiger des Rückgewähranspruchs die Ursache zum Rücktritt durch eine – auch nur objektive – Pflichtverletzung gesetzt, so haftet sein Gegner privilegiert.[243] Ob der Rücktritt auf Gesetz oder Vertrag beruht, also etwa die Fristsetzung angesichts des § 323 Abs. 2 Nr. 2 überflüssig ist, oder ob der Schuldner eine vertragliche Garantie übernommen hat, spielt keine Rolle.

50 2. Auf der anderen Seite fällt auf, dass die **Kenntnis des Berechtigten** keine Rolle spielen soll. Auch das überzeugt nicht. Denn es ist ein Unterschied, ob jemand den Mangel nicht kennt und daher mit einer Rückabwicklung weder rechnet noch zu rechnen braucht, oder ob er vom Rücktrittsgrund weiß. Ab diesem Zeitpunkt besteht für eine Privilegierung kein Anlass mehr; der Rückgewährschuldner haftet wie derjenige Schuldner bei vertraglichem Rücktrittsrecht, der mit der Ausübung rechnen muss.[244] Einen Anhaltspunkt enthält übrigens das Gesetz selbst in § 346 Abs. 3 S. 1 Nr. 1. Wer den Mangel kennt, gleichwohl verarbeitet, haftet auf Wertersatz.[245] Dieser Gedanke lässt sich verallgemeinern. Wer Kenntnis vom Rücktrittsrecht hat,

---

231 Staudinger/*Kaiser*, § 350 Rn 15.
232 BGH NJW 1997, 3164, 3165.
233 Erman/*Grunewald*, § 440 Rn 6; Soergel/*Huber*, § 467 Rn 61; Staudinger/*Honsell*, § 467 Rn 8; *v. Caemmerer*, in: FS Larenz I, S. 634.
234 *Kaiser*, JZ 2001, 1060.
235 Begründung des RE, BT-Drucks 14/6040, 196.
236 Vgl. oben § 346 Rn 12.
237 MüKo/*Janßen*, § 361 Rn 5; Soergel/*Hadding*, § 361 Rn 3; Staudinger/*Kaiser*, § 361 Rn 1.
238 Begründung des RE, BT-Drucks 14/6040, 185.
239 So auch *Kaiser*, JZ 2001, 1065.
240 BGH NJW 1984, 2937; Palandt/*Heinrichs*, Einführung vor § 346 Rn 5; Palandt/*Putzo*, § 455 Rn 26; MüKo/*Janßen*, § 346 Rn 8; Staudinger/*Kaiser*, § 346 Rn 6; Staudinger/*Honsell*, § 455 Rn 30.
241 Begründung des RE, BT-Drucks 14/6040, 241, die den Eigentumsvorbehalt jetzt unter die gesetzliche Regelung des § 323 Abs. 2 BGB subsumiert.
242 *J. Hager*, in: Ernst/Zimmermann, S. 441.
243 I.E. ähnl. wohl *St. Lorenz*, in: Schulze/Schulte-Nölke, S. 345 Fn 58, der bei einer vertraglichen Modifikation des Fristsetzungserfordernisses auch eine Anwendung des Privilegs § 346 Abs. 3 S. 1 Nr. 3 BGB oder eine konkludente Vereinbarung des Privilegs zwischen den Parteien erwägt.
244 *Krebs*, DB 2000 Beil. 14, S. 13; *Kohler*, JZ 2001, 326 f; *Willingmann/Hirse*, VuR 2001, 106.
245 Vgl. oben § 346 Rn 43.

bedarf der Privilegierung nicht mehr. Man kommt daher zu derselben Differenzierung, wie sie das frühere Recht charakterisiert hatte.[246]

3. Der Wortlaut des § 346 Abs. 3 S. 1 Nr. 3 spricht nur von Verschlechterung und Untergang. Das ist zu eng. Es gibt keinen Grund, die Norm auf diese Fälle zu beschränken. Der Gesetzgeber wollte generell den Rücktrittsberechtigten durch die Nr. 3 privilegieren.[247] Daher ist die Vorschrift auch in den Fällen der **Veräußerung, des Verbrauchs, der Belastung und sonstiger Unmöglichkeit der Herausgabe anzuwenden**.[248]

4. Ein Verstoß gegen die **Sorgfalt in den eigenen Angelegenheiten** ist zu bejahen, wenn der Empfänger die Sache einfach wegwirft,[249] es sei denn, die Sache ist wegen des Mangels wertlos;[250] dann dürfte allerdings regelmäßig schon § 346 Abs. 3 S. 1 Nr. 2 einschlägig sein und den Anspruch auf Wertersatz ausschließen. Verschulden im Sinn des § 346 Abs. 3 S. 1 Nr. 3 liegt ferner vor, wenn eine Melk- und Kühlanlage ohne Vorkehrungen gegen bakterielle Verschmutzung und Korrosion stillgelegt wird,[251] wenn Stoff durch Klebebänder markiert und dabei ruiniert wird,[252] wenn Vieh auf hochwassergefährdete Weiden getrieben wird und dort ertrinkt oder wenn ein Fahrrad gestohlen wird, weil es nicht hinreichend gesichert ist;[253] anders ist es dagegen, wenn das Fahrrad ordnungsgemäß abgesperrt war.[254] Wesentlich schwieriger ist zu beurteilen, ob die Veräußerung eines Gegenstandes ohne Rückkaufsrecht ein Verschulden darstellt;[255] die Rechtsprechung stellt auf die Umstände des Einzelfalls ab.[256] Gerade, aber nicht nur bei Gütern, die zur Weiterveräußerung bestimmt sind, lässt sich indes von Verschulden nicht ohne weiteres sprechen. Den Käufer einer gestohlenen Sache, die dieser dem Eigentümer zurückgibt, trifft kein Verschuldensvorwurf.[257] Das ergibt sich auch aus der Wertung des § 346 Abs. 3 S. 1 Nr. 2; mag auch die Sache nicht untergegangen sein, so ist sie dem Rücktrittsberechtigten doch wegen der nicht ordnungsgemäßen Leistung entzogen worden, ohne dass er dies mit Aussicht auf Erfolg hätte verhindern können.

5. Gegenüber der früheren Rechtslage ergibt sich eine Änderung in den Fällen, in denen der Käufer eines **mangelhaften Kfz** dieses auch nach der Erklärung des Rücktritts weiter benutzt; der Bundesgerichtshof würdigte dies unter dem Aspekt der **unzulässigen Rechtsausübung**.[258] Diese wurde regelmäßig verneint, soweit der Käufer den Rahmen des Üblichen in der Nutzung nicht überschritt,[259] weil der Verkäufer umgekehrt Wertersatz für die Nutzung beanspruchen konnte,[260] im Extremfall aber bejaht, wenn der Käufer das Kfz übermäßig abnutzte.[261] Eine Prüfung unter diesem Aspekt ist jetzt nicht mehr notwendig oder auch nur angezeigt. Führt eine **übermäßige Nutzung** zum entsprechenden Wertverlust, so entfällt das Privileg des § 346 Abs. 3 S. 1 Nr. 3 aus zwei Gründen. Zum einen geht es um eine übermäßige Nutzung, die § 346 Abs. 2 S. 1 Nr. 3 nicht erlaubt,[262] zum anderen ist der Rückgewährschuldner, der den Rücktrittsgrund kennt, nach § 346 Abs. 3 S. 1 Nr. 3 in seiner restriktiven Interpretation nicht schutzwürdig.

6. Der Verschuldensmaßstab kann nach den üblichen Regeln modifiziert sein. Befindet sich der Rückgewährgläubiger im **Annahmeverzug**, so ist die Haftung des Schuldners nach § 300 Abs. 1 auf Vorsatz und grobe Fahrlässigkeit beschränkt.[263] Der früher geübten Kritik, vor Vollzug der Wandelung könne sich der Gläubiger der Rückgewährung nicht im Annahmeverzug befinden,[264] ist durch die Novelle der Boden entzogen. **Grobe Fahrlässigkeit** ist gegeben, wenn die erhaltene Sache weggeworfen wird[265] oder ein Motorrad drei Jahre ohne Schutz gegen Wind und Wetter ins Freie gestellt wird.[266] Der früher auf § 279 a.F. zurückgeführte Grundsatz, dass man für die **finanzielle Leistungsfähigkeit** einzustehen habe,

---

246 Vgl. oben § 346 Rn 26.
247 Begründung des RE, BT-Drucks 14/6040, 196.
248 *Kaiser*, JZ 2001, 1062.
249 BGHZ 115, 286, 299; Palandt/*Heinrichs*, § 351 Rn 4; Staudinger/*Kaiser*, § 351 Rn 50; *Huber*, ZIP 1993, 900.
250 *Huber*, ZIP 1993, 900.
251 BGH NJW-RR 1993, 626, 628 (im Rahmen des § 347 S. 1 a.F.); Staudinger/*Kaiser*, § 351 Rn 58.
252 OLG Hamm NJW-RR 2000, 1722, 1723.
253 Staudinger/*Kaiser*, § 351 Rn 58.
254 LG Augsburg NJW 1978, 2034.
255 Bejahend Palandt/*Heinrichs*, § 351 Rn 4; MüKo/*Janßen*, § 351 Rn 11.
256 RGZ 56, 258, 261; BGH NJW 1988, 406, 409.
257 BGHZ 5, 337, 340 f.; Palandt/*Heinrichs*, § 351 Rn 4; MüKo/*Janßen*, § 351 Rn 13; Staudinger/*Kaiser*, § 351 Rn 57.
258 BGH NJW 1984, 1525, 1526; 1992, 170, 171; 1994, 1004, 1005; dagegen bejahte das Reichsgericht grundsätzlich Verschulden; vgl. RGZ 145, 79, 83 f.
259 BGH NJW 1992, 170, 171; 1994, 1004, 1005; 1998, 3197, 3199.
260 BGH NJW 1958, 1773, 1774; 1984, 1525, 1527; 1992, 170, 171; 1994, 1004, 1005; 1998, 3197, 3199.
261 OLG Frankfurt NJW-RR 1994, 120.
262 Vgl. oben § 346 Rn 38.
263 RGZ 56, 267, 270; 145, 79, 84; BGH LM Nr. 2 zu § 351 BGB Bl. 2; Palandt/*Heinrichs*, § 351 Rn 5; vgl. auch BGHZ 115, 286, 289.
264 Staudinger/*Kaiser*, § 351 Rn 40.
265 So in der Tendenz BGH 115, 286, 299.
266 OLG Hamm OLG Rp 1993, 98 f. (Ls).

ist nicht mehr kodifiziert, da er sich von selbst verstehe.[267] Ob er zum Tragen kommt, wenn die Sache im Wege der **Zwangsversteigerung** verwertet wird, ist streitig. Die h.M. bejaht Verschulden,[268] während das Reichsgericht wegen § 353 Abs. 2 a.F. auch hier den Einzelfall entscheiden ließ.[269] Macht man Ernst mit dem Maßstab des § 346 Abs. 3 S. 1 Nr. 3, so ist ein Verstoß gegen die Sorgfalt in eigenen Angelegenheiten jedenfalls vor Kenntnis des Rücktrittsgrundes nicht pauschal zu bejahen.

IV. Die analoge Anwendung

55 § 346 Abs. 3 S. 1 ist im Hinblick auf den **Schutzzweck des jeweils zum Rücktrittsrecht führenden Gesetzes lückenhaft.** Im Rahmen des § 13 Abs. 2 VerbrKrG, der jetzt in § 503 Abs. 2 aufgegangen ist, war zwar umstritten, nach welchem Maßstab der Verbraucher Schadensersatz zu leisten hatte, wenn sich die gekaufte Sache verschlechtert hatte und es dann zum Rücktritt des Unternehmers kam. Zum Teil befürwortete man einen differenzierten Maßstab; bis zur Kenntnis vom Rücktrittsrecht des Unternehmers sollte der Verbraucher nur bei Verschulden gegen sich selbst haften, nach Kenntnis gemäß § 276 Abs. 1 a.F.[270] Die h.M. befürwortete die Verantwortung des Verbrauchers nach § 276 Abs. 1 a.F. ab Empfang der Sache.[271] Außer Streit stand aber, dass der **Verbraucher bei einem unverschuldeten Untergang der Sache nicht haftete**; das war angesichts von § 13 Abs. 2 S. 1 VerbrKrG, der auf die §§ 347 S. 1 a.F., 989 verwies, selbstverständlich; § 989 setzt das Verschulden im Tatbestand voraus. § 503 Abs. 2 soll keine inhaltlichen Änderungen bringen.[272] Um dieses vom Gesetzgeber selbst gesteckte Ziel erreichen zu können, gibt es zwei Wege. Entweder wendet man § 346 Abs. 2 aufgrund einer teleologischen Reduktion nicht an, weil die Wertersatzpflicht des Verbrauchers bei zufälligem Untergang des Gegenstands dem Schutzzweck der §§ 491 ff. widerspräche. Oder man zieht einen Analogieschluss zu § 346 Abs. 3 S. 1 Nr. 3 und erweitert das dort vorgesehene Privileg auch auf den Verbraucher nach Rücktritt des Unternehmers; dafür spricht immerhin, dass die Norm ebenfalls dem Schutzzweck des Gesetzes Rechnung trägt. Ohne dass der gewählte Lösungsweg eine Rolle spielt, zeigt das Problem exemplarisch, dass man bei Rücktrittsfolgen jeweils auch den Schutzzweck der Norm zu beachten hat, in die das Rücktrittsrecht eingebettet war.

V. Die Herausgabe der Bereicherung

56 Nach § 346 Abs. 3 S. 2 ist die verbleibende Bereicherung herauszugeben. Nach der Begründung ist die Vorschrift eine **Rechtsfolgenverweisung** auf §§ 812 ff.[273] Nicht recht klar ist, wie sich der Hinweis auf die verbleibende Bereicherung zu den allgemeinen Regeln verhält; die Entreicherungseinrede des § 818 Abs. 3 ist nach den normalen Regeln etwa nach § 819 Abs. 1 ab dem Zeitpunkt ausgeschlossen, da der Schuldner den Mangel des rechtlichen Grundes kennt. Dass § 346 Abs. 3 S. 2 in dieser Hinsicht eine Sonderregelung bringt, die die Berufung auf die Entreicherungseinrede nicht ausschlösse, wäre ungewöhnlich und sachlich auch nicht zu rechtfertigen. Wer weiß, dass er zur Herausgabe verpflichtet ist, haftet nach den allgemeinen Regeln.

57 Zu den **Folgeansprüchen** siehe Rn 21.

§ 347 Nutzungen und Verwendungen nach Rücktritt

(1) ¹**Zieht der Schuldner Nutzungen entgegen den Regeln einer ordnungsmäßigen Wirtschaft nicht, obwohl ihm das möglich gewesen wäre, so ist er dem Gläubiger zum Wertersatz verpflichtet.** ²Im Fall eines gesetzlichen Rücktrittsrechts hat der Berechtigte hinsichtlich der Nutzungen nur für diejenige Sorgfalt einzustehen, die er in eigenen Angelegenheiten anzuwenden pflegt.
(2) ¹**Gibt der Schuldner den Gegenstand zurück, leistet er Wertersatz oder ist seine Wertersatzpflicht gemäß § 346 Abs. 3 Nr. 1 oder 2 ausgeschlossen, so sind ihm notwendige Verwendungen zu ersetzen.** ²**Andere Aufwendungen sind zu ersetzen, soweit der Gläubiger durch diese bereichert wird.**

---

[267] Begründung des RE, BT-Drucks 14/6040, 132.
[268] Palandt/*Heinrichs*, § 351 Rn 4; MüKo/*Janßen*, § 351 Rn 11.
[269] RGZ 50, 188, 190; 56, 267, 270; 59, 92, 93.
[270] Staudinger/*Kessal-Wulf*, § 13 VerbrKrG Rn 52; für mildere Haftung bis zur Rücktrittserklärung MüKo/*Habersack*, § 13 VerbrKrG Rn 17.
[271] Erman/*Saenger*, § 13 VerbrKrG, Rn 11; *Münstermann/Hannes*, Verbraucherkreditgesetz, 1991, Rn 719; *Emmerich*, in: v. Westphalen/Emmerich/v. Rottenburg, Verbraucherkreditgesetz, 2. Aufl. 1996, § 13 Rn 32.
[272] Begründung des RE, BT-Drucks 14/6040, 257 f.
[273] Begründung des RE, BT-Drucks 14/6040, 196.

Titel 5. Rücktritt; Widerrufs- und Rückgaberecht bei Verbraucherverträgen § 347

Inhalt

A. Die Intention der Neuregelung 1
B. Der Ersatz nicht gezogener Nutzungen 2
   I. Der Begriff der Nutzungen 2
   II. Das Erfordernis des Verschuldens 3
   III. Das Privileg beim Rücktritt aufgrund einer Pflichtverletzung 4
   IV. Der Wegfall der Verzinsungspflicht 5

C. Der Ersatz von Verwendungen 6
   I. Die Voraussetzungen 6
   II. Der Begriff der Verwendungen 7
   III. Die Notwendigkeit der Verwendungen 8
   IV. Die Änderungen zum früheren Recht 9
   V. Nützliche Aufwendungen 10
   VI. Der abschließende Charakter 11

A. Die Intention der Neuregelung

Im bisherigen Recht waren die Ansprüche auf Herausgabe oder Ersatz von Nutzungen sowie die Gegenansprüche auf Ersatz von Verwendungen durch die Verweisung auf die Normen des Eigentümer-Besitzer-Verhältnisses nach Eintritt der Rechtshängigkeit geregelt. Vor Kenntnis vom Rücktrittsgrund haftete der zum Rücktritt Berechtigte nach h.M. allerdings nur nach Bereicherungsrecht.[1] Der Gesetzgeber sah darin drei Mängel. Die Verweisung auf das Eigentümer-Besitzer-Verhältnis sei wenig transparent. Es sei nicht einzusehen, dass der Rückgewährschuldner für nützliche Verwendungen auch dann keinen Ersatz bekomme, wenn der andere Teil noch bereichert sei. Schließlich erschwere der bis in § 347 S. 2 a.F. hineinwirkende Streit um die Auslegung des § 327 S. 2 a.F. die Rechtsanwendung.[2]

B. Der Ersatz nicht gezogener Nutzungen

I. Der Begriff der Nutzungen

Der Wortlaut unterscheidet sich von § 987 Abs. 2, ohne dass erkennbar wäre, ob der Gesetzgeber eine abweichende Regelung hat treffen wollen und worin eine eventuelle Differenz bestehen soll. Für den **Begriff der Nutzungen** gilt die Definition des § 100. Was unter den Regeln einer **ordnungsgemäßen Wirtschaft** zu verstehen ist, ist umstritten, ohne dass daraus große Unterschiede resultieren. Ein Teil der Lehre versteht den Begriff objektiv,[3] beschränkt aber den Wertersatz wegen nicht gezogener Nutzungen auf solche, die dem vertragsmäßigen Gebrauch entsprochen hätten.[4] Die Gegenansicht stellt auf den Zweck ab, zu dem die Sache gekauft war;[5] zugrunde zu legen seien dabei die Vorstellungen des Käufers über die Sache.[6] Trotz des unterschiedlichen Ausgangspunkts besteht in der Sache weitgehend Einigkeit. Gekaufte Betten müssen nicht täglich benutzt werden.[7] Nicht im Rahmen einer ordnungsgemäßen Wirtschaft liegt eine Nutzung, die mit Gefahren verbunden ist oder hohe Investitionen erfordert, wenn ein kurzfristiges Rücktrittsrecht besteht.[8] Dasselbe gilt, wenn die Nutzung nach dem Vertrag gar nicht gestattet war.[9] Abzulehnen ist die Auffassung, ein gekauftes **Auto** müsse täglich gefahren werden;[10] natürlich darf es der Käufer in die Garage stellen.[11] Dagegen widerspricht es in der Regel dem Zweck der objektiv verstandenen ordnungsgemäßen Wirtschaft, fälligen Mietzins nicht einzuziehen,[12] Mietverträge nicht zu verlängern oder landwirtschaftliche Flächen brach liegen zu lassen, wenn sie nicht zur Renaturierung erworben worden waren.[13] Keine Rolle spielt es dagegen, ob der Rückgewährgläubiger die Nutzung hätte ziehen können.[14]

---

1 BGH NJW 1992, 1965; OLG Köln OLGZ 1980, 210, 211; OLG Hamm NJW-RR 1988, 1140; 1992, 113; OLG Celle NZV 1991, 230; OLG München NJW-RR 1992, 1081, 1082; Palandt/*Heinrichs*, § 347 Rn 9; MüKo/*Janßen*, § 347 Rn 24; Soergel/*Wiedemann*, § 327 Rn 29; Soergel/*Hadding*, § 346 Rn 10; a.A. Staudinger/*Kaiser*, § 347 Rn 55.
2 Begründung des RE, BT-Drucks 14/6040, 197.
3 Staudinger/*Kaiser*, § 347 Rn 77; *Kaiser*, JZ 2001, 1067; Staudinger/*Gursky*, Kommentar zum Bürgerlichen Gesetz mit Einführungsgesetz und Nebengesetzen, 13. Aufl. 1999, § 987 Rn 33.
4 *Kaiser*, Die Rückabwicklung gegenseitiger Verträge wegen Nicht- und Schlechterfüllung nach BGB, 2000, S. 368; *dies*., JZ 2001, 1067.
5 Erman/*Grunewald*, § 467 Rn 16; Soergel/*Huber*, § 467 Rn 173; wohl auch MüKo/*Janßen*, § 347 Rn 22.
6 Erman/*Grunewald*, § 467 Rn 16.
7 Staudinger/*Kaiser*, § 347 Rn 77.
8 MüKo/*Janßen*, § 347 Rn 22.
9 So für die Parallelproblematik des § 987 Abs. 2 BGH LM Nr. 7 zu § 987 BGB unter III 1.
10 LG Mainz NJW-RR 1986, 350 (mindestens 55 km pro Tag).
11 Erman/*Grunewald*, § 467 Rn 16; Soergel/*Huber*, § 467 Rn 174 mit Fn. 46; Staudinger/*Kaiser*, § 347 Rn 77; *Kaiser*, JZ 2001, 1067.
12 Soergel/*Huber*, § 467 Rn 173.
13 Staudinger/*Kaiser*, § 347 Rn 77 m. Hinw. auf BGH NJW-RR 1993, 626, 628; vgl. auch *dies*., § 347 Rn 78; *Kaiser*, JZ 2001, 1067.
14 So zu § 987 Abs. 2 BGB BGHZ 39, 186, 187; Palandt/*Bassenge*, § 987 Rn 8; MüKo/*Medicus*, Münchener Kommentar zum Bürgerlichen Gesetzbuch, 3. Aufl. 1997, § 987 Rn 21; Staudinger/*Gursky*, § 987 Rn 32.

II. Das Erfordernis des Verschuldens

3 Der Gesetzgeber versteht das **Erfordernis des Verschuldens** im technischen Sinne.[15] Das entspricht der h.M. im Rahmen des § 987 Abs. 2.[16] Schwierigkeiten entstehen, solange das Rücktrittsrecht dem Betroffenen nicht bekannt ist. Es wäre konsequent, Verschulden zu verneinen und den Anspruch abzulehnen.[17] § 347 Abs. 1 S. 2 will aber ausweislich der Begründung die frühere auf einer Analogie zu § 327 S. 2 a.F. basierende Ansicht nicht mehr akzeptieren.[18] Weil Verschulden allerdings zumindest die Erkennbarkeit der Pflicht fordert,[19] kann es im hier interessierenden Zusammenhang dann wiederum nur um untechnisches Verschulden gehen. Gerät der Rückgewährgläubiger in Annahmeverzug, so greift § 302 ein.

III. Das Privileg beim Rücktritt aufgrund einer Pflichtverletzung

4 § 347 Abs. 1 S. 2 privilegiert den Schuldner, dem ein gesetzliches Rücktrittsrecht zur Seite steht. Wie bei § 346 Abs. 3 S. 1 Nr. 3 ist die Norm verunglückt.[20] Sie ist **entsprechend anzuwenden** bei vertraglichen Rücktrittsrechten, die an eine Pflichtverletzung des anderen Teils anknüpfen. Sie ist **nicht** anzuwenden bei gesetzlichen Rücktrittsrechten, bei denen – wie etwa bei § 313 Abs. 3 S. 1 – die Pflichtverletzung des Rücktrittsgegners regelmäßig fehlt; dasselbe gilt ab Kenntnis des Rücktrittsberechtigten.[21]

IV. Der Wegfall der Verzinsungspflicht

5 § 347 S. 3 a.F. ist ersatzlos gestrichen. Die Begründung verweist darauf, der Schuldner sei – gerade bei kleineren Beträgen – nicht in der Lage, für das empfangene Geld eine **Verzinsung** in Höhe des gesetzlichen Zinssatzes zu erzielen. Es sei daher interessengerecht, auf eine besondere Zinspflicht zu verzichten und nach § 347 Abs. 1 S. 1 darauf abzustellen, welche Verzinsung nach den Regeln einer ordnungsgemäßen Wirtschaft dem Schuldner als Nutzung zu erzielen möglich gewesen wäre.[22]

C. Der Ersatz von Verwendungen

I. Die Voraussetzungen

6 Nach § 347 Abs. 2 S. 1 sind die notwendigen Verwendungen zu ersetzen. **Voraussetzung** ist die Rückgabe der Sache oder die Leistung von Wertersatz durch den Rückgewährschuldner, soweit nicht seine Pflicht zum Wertersatz nach § 346 Abs. 3 S. 1 Nr. 1 oder 2 ausgeschlossen ist. Der durch § 346 Abs. 3 S. 1 Nr. 3 Privilegierte hat also zunächst keinen Anspruch auf Ersatz von Verwendungen.[23] Doch kann sich ein Anspruch aus § 347 Abs. 2 S. 2 ergeben, wenn die Aufwendungen diejenigen Nutzungen erst ermöglicht haben, die jetzt nach § 346 Abs. 1 herauszugeben sind, oder die Aufwendungen trotz partieller Beschädigung der Sache deren Restwert noch erhöhen.[24]

II. Der Begriff der Verwendungen

7 Der **Begriff der Verwendungen** ist identisch mit demjenigen in § 994. Es geht also um Aufwendungen, die der Sache zugute kommen sollen, d. h. Maßnahmen, die der Erhaltung, Wiederherstellung oder Verbesserung der Sache dienen.[25] Strittig ist, ob auch **sachändernde Aufwendungen** unter den Verwendungsbegriff fallen. Der BGH verneint dies; die Maßnahmen müssten darauf abzielen, den Bestand der Sache zu erhalten, wiederherzustellen oder zu verbessern.[26] Allerdings könne auch die Bebauung eines Grundstücks dazu gehören, wenn sie der Verbesserung ohne Zustandsänderung diene.[27] Die Lehre erstreckt den Verwendungsbegriff auch auf sachändernde Aufwendungen.[28] Jedenfalls kann der Verwendungsbegriff durch den Vertrag modifiziert werden, wenn Aufwendungen dort vorgesehen sind.[29]

---

15 Begründung des RE, BT-Drucks 14/6040, 197; so auch schon BGH NJW 1984, 2937, 2938.
16 Palandt/*Bassenge*, § 987 Rn 8; MüKo/*Medicus*, § 987 Rn 21.
17 MüKo/*Janßen*, § 347 Rn 28 für das Recht der Wandelung; dasselbe nimmt man zum Teil im Rahmen des § 987 Abs. 2 bei fehlender Kenntnis des Besitzers von der Rechtshängigkeit an; Palandt/*Bassenge*, § 987 Rn 8; a.A. Staudinger/*Gursky*, § 987 Rn 33.
18 Begründung des RE, BT-Drucks 14/6040, 197; skeptisch *Kohler*, JZ 2001, 335.
19 MüKo/*Grundmann*, § 276 Rn 68; Soergel/*M. Wolf*, § 276 Rn 99; vgl. auch § 346 Rn 14.
20 *J. Hager*, in: Ernst/Zimmermann, S. 452; *Kaiser*, JZ 2001, 1067.
21 Vgl. dazu oben § 346 Rn 49 f.
22 Begründung des RE, BT-Drucks 14/6040, 197.
23 *Kaiser*, JZ 2001, 1068 mit Hinweis darauf, dass sich eine Begründung weder im Abschlussbericht der Schuldrechtskommission noch im RE findet.
24 *Kaiser*, JZ 2001, 1068.
25 BGHZ 10, 171, 177; 41, 156, 160; 41, 341, 345; 87, 104, 106; 109, 179, 182 f.; 131, 220, 222 f.; MüKo/*Janßen*, § 347 Rn 29.
26 BGHZ 41, 157, 160 f.
27 BGHZ 10, 171, 177; 41, 157, 160; 41, 341, 346.
28 MüKo/*Medicus*, § 994 Rn 10; Staudinger/*Gursky*, Vorbem. zu §§ 994–1003 Rn 8.
29 MüKo/*Janßen*, § 347 Rn 30; Staudinger/*Kaiser*, § 347 Rn 86; *Kaiser*, JZ 2001, 1068.

III. Die Notwendigkeit der Verwendungen

Notwendig sind Verwendungen, die zur Erhaltung oder ordnungsgemäßen Bewirtschaftung der Sache 8 erforderlich sind.[30] Dazu gehören Verwendungen, die die Sache in ihrer Existenz erhalten,[31] die Kosten von Reparaturen,[32] der Unterbringung und Lagerung,[33] die Aufwendungen für das Einstellen von Kraftfahrzeugen[34] und die Fütterung von Tieren.[35] Hierher gehören auch Mietzahlungen, die notwendig sind, die zurückzugewährenden Gegenstände zu erhalten[36] sowie Treibstoffe und sonstige Verbrauchsmaterialien.[37]

IV. Die Änderungen zum früheren Recht

Im Rahmen des § 347 S. 2 a.F. wurde auch § 994 Abs. 1 S. 2 angewandt, also der Ersatz der Verwendungen 9 abgelehnt, soweit die Nutzungen dem Rücktrittsschuldner verblieben.[38] Nach der Novelle trifft – folgt man der Begründung des Regierungsentwurfs – der Rechtsgedanke des **§ 994 Abs. 1 S. 2 nicht mehr zu**, da der Rückgewährschuldner die **Nutzungen** herausgeben oder vergüten müsse. Zudem komme ein besonderer Ersatz von Verwendungen nicht in Betracht, wenn diese bereits bei der Nutzungsentschädigung als Minderungsposten berücksichtigt worden seien.[39] Nach altem Recht waren auch notwendige Verwendungen wegen der Fiktion der Rechtshängigkeit nur unter den weiteren Voraussetzungen des § 994 Abs. 2 zu ersetzen.[40] Gemäß dem Wortlaut der Neufassung ist auch bei notwendigen Verwendungen ein entgegenstehender Wille des Rückgewährgläubigers selbst dann unbeachtlich, wenn er dem Verwendenden bekannt sein sollte.[41]

V. Nützliche Aufwendungen

Für **nützliche Verwendungen** gab es bislang nach dem Wortlaut des § 996 keinen Ersatz. Ein Teil der Lehre 10 wollte dem beim Rücktritt aufgrund eines gesetzlichen Rücktrittsrechts vor Kenntnis durch die Anwendung von Bereicherungsrecht[42] oder durch eine Analogie zu § 994 Abs. 1, 996 abhelfen;[43] das wurde von der h.M. abgelehnt.[44] Der Gesetzgeber hat sich jetzt für eine Ausgleichsregel auch bei sonstigen Aufwendungen entschieden, soweit der andere Teil bereichert sei. Diese im bislang geltenden Recht fehlende Regelung sei sachgerecht.[45] Nach dem Wortlaut ist der Begriff jetzt weiter als derjenige der Verwendungen, müsste also auch Fälle umfassen, in denen die **Sache in ihrem Wesen verändert** wird. Da zudem – anders als bei § 994 Abs. 2 – der Filter des wirklichen oder mutmaßlichen Willens fehlt, stellt sich in aller Schärfe das **Problem der aufgedrängten Bereicherung**.[46]

VI. Der abschließende Charakter

Der Gesetzgeber hat § 347 Abs. 2 S. 2 in doppelter Hinsicht als **abschließend** verstanden. Es gibt daneben 11 keine anderen Ansprüche. Auch soweit der Rückgewährschuldner Wertersatz statt der Rückgewähr zu leisten hat, scheidet ein Anspruch nach der Begründung des RE ebenfalls aus.[47]

---

30 BGHZ 64, 333, 339; 131, 220, 223.
31 Staudinger/*Kaiser*, § 347 Rn 84.
32 MüKo/*Janßen*, § 347 Rn 30; Staudinger/*Kaiser*, § 347 Rn 89.
33 OLG Oldenburg NJW-RR 1995, 150, 151 (im konkreten Fall allerdings abl.); Staudinger/*Kaiser*, § 347 Rn 84.
34 BGH NJW 1978, 1256, 1257; OLG Hamburg VersR 1981, 138, 139; a.A. Staudinger/*Kaiser*, § 347 Rn 84 (nur soweit ein Abstellen im Freien zu einer Wertminderung des Wagens führt).
35 OLG München NJW-RR 1992, 1081, 1082.
36 BGH NJW 1978, 1256.
37 Staudinger/*Kaiser*, § 347 Rn 85.
38 OLG München NJW-RR 1992, 1081, 1082; ferner Palandt/*Heinrichs*, § 347 Rn 5; MüKo/*Janßen*, § 347 Rn 29 jeweils unter Berufung auf BGHZ 44, 237, 239 (Abzahlungskauf); a.A. Staudinger/*Kaiser*, § 347 Rn 96.
39 Begründung des RE, BT-Drucks 14/6040, 197.
40 Staudinger/*Kaiser*, § 347 Rn 93; *Kohler*, JZ 2001, 335.
41 J. *Hager*, in: Ernst/Zimmermann, S. 452.
42 Palandt/*Heinrichs*, § 347 Rn 10; Soergel/*Hadding*, § 347 Rn 10.
43 Larenz/*Canaris*, Lehrbuch des Schuldrechts, Bd. 2, Besonderer Teil, 2. Halbbd., 13. Aufl. 1994, § 69 III e; *Muscheler*, AcP 187 (1987), 358.
44 MüKo/*Janßen*, § 347 Rn 31; Staudinger/*Kaiser*, § 347 Rn 92.
45 Begründung des RE, BT-Drucks 14/6040, 197.
46 J. *Hager*, in: Ernst/Zimmermann, S. 452.
47 Begründung des RE, BT-Drucks 14/6040, 197.

§ 348 Erfüllung Zug-um-Zug

¹Die sich aus dem Rücktritt ergebenden Verpflichtungen der Parteien sind Zug um Zug zu erfüllen. ²Die Vorschriften der §§ 320, 322 finden entsprechende Anwendung.

A. Die Bedeutung der Norm

1 Die Bedeutung des § 348 ist noch nicht voll geklärt. Trotz der Zug um Zug-Abwicklung und der Verweisung auf die §§ 320, 322 begründet das durch den Rücktritt entstandene Abwicklungsverhältnis **kein Abhängigkeitsverhältnis des gegenseitiges Vertrages**.[1] Doch begreift ein Teil der Lehre § 348 S. 2 als Rechtsgrundverweisung; wenn es um den Rücktritt von einem nicht synallagmatischen Vertrag gehe, seien die §§ 273 f. anzuwenden.[2] Doch sind nach der ausdrücklichen Anordnung des § 274 Abs. 1 die Leistungen bei Geltendmachung eines Zurückbehaltungsrechts Zug um Zug abzuwickeln, so dass die Unterschiede zu § 320 Abs. 1 verschwinden. Auch dass § 273 Abs. 3 gemäß § 320 Abs. 1 S. 3 nicht anwendbar ist,[3] spricht nicht für, sondern gegen die Mindermeinung. Es besteht kein Anlass, die Rückgabeverpflichtung im Ergebnis durch eine Sicherheitsleistung abwenden zu können.

B. Die Anwendung bei Untergang oder Verschlechterung der Sache

2 Schon nach bisher herrschender Meinung waren die §§ 323 bis 326 a.F. nicht anwendbar.[4] Nach der Novelle ist die Gegenansicht[5] jedenfalls nicht mehr vertretbar, soweit es um den Untergang vor der Rücktrittserklärung geht. Dann ist nach § 346 Abs. 2 S. 1 Nr. 3 Halbs. 1 Wertersatz geschuldet, die noch existierende Leistung ist zurückzugeben. Schwieriger ist die Frage, wenn der zurückzugebende Gegenstand erst nach der Rücktrittserklärung sich verschlechtert hat oder untergegangen ist. Der Wortlaut des § 348 S. 2 wie auch des § 346 Abs. 2 S. 1 Nr. 3 Halbs. 1 spricht gegen die Anwendung des § 326 Abs. 1 S. 1 (§ 323 Abs. 1 a.F.), da auf diese Norm nicht verwiesen wird und die Anordnung von Wertersatz nicht danach differenziert, wann die Verschlechterung eingetreten ist. Daher sollte man es bei der bisher herrschenden Meinung, die § 326 Abs. 1 (§ 323 Abs. 1 a.F.) nicht anwenden wollte, belassen.[6] Die Gegenauffassung zog den Analogieschluss zu § 326 Abs. 1 S. 1 (§ 323 Abs. 1 a.F.).[7] Auch ihr ist mit der Wertersatzpflicht der Boden entzogen. Da der Schuldner der untergegangenen Sache im Regelfall Ersatz zu leisten hat, ist für einen Wegfall der Rückgewährpflicht seines Partners kein Anlass.

C. Der Regelungsumfang

3 § 348 gilt nicht nur für die Rückgewährpflicht nach § 346 Abs. 1, sondern auch für die Wertersatzleistung oder für Herausgabepflichten aufgrund einer verbleibenden Bereicherung. Die Norm regelt die Modalitäten der Abwicklung auch für Ansprüche aus § 347.[8] Auch Sekundäransprüche aus dem Rückgewährverhältnis fallen unter die Norm,[9] nicht dagegen Ansprüche aus dem ursprünglichen Vertrag, etwa wegen Schuldnerverzugs oder wegen der §§ 280 Abs. 1, Abs. 3, 282.[10] Ob der **Anspruch auf Reugeld** Zug um Zug abzuwickeln ist, ist strittig. Zum Teil wird das verneint, weil das Reugeld für die Berechtigung, zurücktreten zu dürfen, geschuldet sei und damit außerhalb des Rückgewährverhältnisses stehe; der Anspruch könne dem Rückgewährbegehren des Zurücktretenden nur nach § 273 entgegengehalten werden.[11] Die herrschende Meinung betrachtet den Anspruch auf Reugeld dagegen als eine Verpflichtung, die sich aus dem Rücktritt ergebe und wendet die §§ 348 S. 2, 320 an;[12] für sie spricht, dass für ein Eingreifen des § 273 Abs. 3 wenig Bedürfnis zu erkennen und der Ausschluss durch § 320 Abs. 1 S. 3 vorzuziehen ist.

---

1 Palandt/*Heinrichs*, § 348 Rn 1; MüKo/*Janßen*, § 348 Rn 2.
2 *Medicus*, Bürgerliches Recht, 18. Aufl. 1999, Rn 223; kritisch auch *Walter*, Kaufrecht, 1987, § 5 II 6 a dd.
3 So die h.M.; vgl. z.B. MüKo/*Janßen*, § 348 Rn 2.
4 Palandt/*Heinrichs*, § 348 Rn 1; MüKo/*Janßen*, § 348 Rn 2.
5 *E. Wolf*, AcP 153 (1954), 142 f.; *Wieling*, JuS 1973, 398.
6 Palandt/*Heinrichs*, § 348 Rn 1; MüKo/*Janßen*, § 348 Rn 6; BGB-RGRK/*Ballhaus*, § 348 Rn 3; Staudinger/*Kaiser*, § 348 Rn 3.
7 *Larenz*, Schuldrecht I, § 26 b 3; *Walter*, § 5 II 6 a dd.
8 MüKo/*Janßen*, § 348 Rn 1; Staudinger/*Kaiser*, § 348 Rn 2.
9 Staudinger/*Kaiser*, § 348 Rn 2.
10 Staudinger/*Kaiser*, § 348 Rn 2.
11 Staudinger/*Kaiser*, § 359 Rn 16.
12 *Gernhuber*, Das Schuldverhältnis, 1989, § 33 4. = S. 754; *Planck/Siber*, Kommentar zum BGB, Recht der Schuldverhältnisse, AT, 4. Aufl. 1914, § 359 Anm. 1.

D. Keine automatische Saldierung

Die beiden Forderungen stehen sich selbständig gegenüber.[13] Strittig ist, ob, wie bei der im Rahmen des § 325a.F. angewandten Differenztheorie, automatisch saldiert wird. Das ist der Standpunkt der Mindermeinung.[14] Die herrschende Meinung lehnt das ab.[15] Zwar ist grundsätzlich eine **Aufrechnung möglich**.[16] Doch sind Beschränkungen zu beachten – etwa § 393 bei einer Forderung aus vorsätzlicher unerlaubter Handlung. Auch § 390 kann die Aufrechnung verhindern, wenn dem einen Teil ein Zurückbehaltungsrecht zusteht.[17] Unterschiede ergeben sich ferner bei § 19 Abs. 3 GKG, wenn die Forderungen beiderseits bestritten sind.[18] Um diese ausdifferenzierten Voraussetzungen nicht außer Kraft zu setzen, ist der herrschenden Meinung zu folgen und die Anwendung der Differenztheorie abzulehnen.

E. Die Anwendung bei titulierten Ansprüchen

In Analogie zu § 371 kann nach der Erfüllung der Schuld auch der Vollstreckungstitel herausverlangt werden;[19] dasselbe gilt, wenn über die Forderung eine vollstreckbare Urkunde ausgestellt ist, diese Pflicht aber durch Rücktritt entfallen ist, Erfüllung also nicht mehr verlangt werden kann.[20] Auch hier ist indes – anders als nach der restriktiven Rechtsprechung, die bei Rückgabe von **Schuldscheinen** usw. Zurückbehaltungsrechte wegen anderweitiger Forderungen aus dem zugrunde liegenden Rechtsverhältnis nicht akzeptiert[21] – § 348 anzuwenden. Der Titel ist also nur Zug um Zug gegen Rückgabe der Leistungen herauszugeben. Demgemäß sind eine zugunsten der anderen Partei bewilligte **Vormerkung** oder in ihrem Interesse eingetragene **Grundschulden** zu löschen.[22] Das Leistungsverweigerungsrecht der §§ 348 S. 2, 320 besteht auch gegenüber dem Anspruch auf Herausgabe eines **Wechsels** nach Rücktritt.[23]

F. Die Abdingbarkeit von § 348

§ 348 ist im Grundsatz **dispositiv**,[24] wenngleich die Vereinbarung, § 326 Abs. 1 S. 1 (§ 323 Abs. 1 a.F.) anzuwenden,[25] nach der Novelle keine Rolle mehr spielen dürfte. Bei der Verwendung von **Allgemeinen Geschäftsbedingungen** steht allerdings § 309 Nr. 2a entgegen.[26]

§ 349 Erklärung des Rücktritts

[1]**Der Rücktritt erfolgt durch Erklärung gegenüber dem anderen Teil.**

A. Die Auslegung der Erklärung

Das Rücktrittsrecht ist ein Gestaltungsrecht.[1] Die Erklärung ist eine einseitige **empfangsbedürftige Willenserklärung**.[2] Für sie gelten die üblichen Regeln über das Rechtsgeschäft. Nach der alten Rechtslage schlossen sich Rücktritt und Schadensersatz aus.[3] Das führte zu schwierigen Interpretationsproblemen, wenn voreilig der Rücktritt erklärt worden war, der Berechtigte nunmehr aber auf Schadensersatzforderungen übergehen wollte. § 325 erlaubt nun beides nebeneinander; die Interpretationsprobleme dürften damit weitgehend verschwinden.

---

13 BGHZ 115, 47, 56; MüKo/*Janßen*, § 348 Rn 2.
14 OLG Hamm MDR 1982, 141; Soergel/*Hadding*, § 348 Rn 2.
15 BGHZ 115, 47, 56; MüKo/*Janßen*, § 348 Rn 2; Staudinger/*Kaiser*, § 348 Rn 4.
16 BGHZ 115, 47, 56; BGH LM Nr. 5 zu § 377 HGB unter I.
17 BGH LM Nr. 5 zu § 377 HGB unter I.
18 BGHZ 115, 47, 56; MüKo/*Janßen*, § 348 Rn 2.
19 BGHZ 127, 146, 148; MüKo/*Wenzel*, § 371 Rn 8.
20 BGH NJW 1994, 1161, 1162.
21 BGH NJW 1958, 2112; LM Nr. 4 zu § 59 ZPO unter IV.
22 BGH NJW 1994, 1161, 1162 f.
23 RGZ 75, 199, 202; dort Einrede gegenüber der Einrede des Rücktritts bei einer Klage aus dem Wechsel; BGH NJW 1994, 1161, 1163; dort zum Leistungsverweigerungsrecht gegenüber dem Anspruch auf Herausgabe eines Vollstreckungstitels.
24 MüKo/*Janßen*, § 348 Rn 7; BGB-RGRK/*Ballhaus*, § 348 Rn 2; Staudinger/*Kaiser*, § 348 Rn 5.
25 MüKo/*Janßen*, § 348 Rn 7
26 Palandt/*Heinrichs*, § 348 Rn 1; Staudinger/*Kaiser*, § 348 Rn 5; *Wolf*, in: Wolf/Horn/Lindacher, § 11 Nr. 2 Rn 4; so auch schon für die Rechtslage vor dem In-Kraft-Treten des AGBG BGHZ 63, 238, 239 f.; BGH NJW 1980, 1631, 1632 f.; BGB-RGRK/*Ballhaus*, § 348 Rn 2.
1 Palandt/*Heinrichs*, § 349 Rn 1.
2 Palandt/*Heinrichs*, § 349 Rn 1; MüKo/*Janßen*, § 349 Rn 1.
3 BGHZ 88, 46, 48; BGH NJW 1982, 1279; 1988, 2287; 1995, 449, 450; NJW-RR 1988, 1100.

B. Die Frage der Bedingungsfeindlichkeit

2 Grundsätzlich ist der Rücktritt nach h.M. bedingungsfeindlich, da damit Unsicherheit geschaffen würde; Gestaltungsrechte haben die Rechtslage eindeutig zu klären.[4] Doch wird diese These zunehmend in Zweifel gezogen.[5] Jedenfalls werden auch von der h.M. Ausnahmen zugelassen. Zum einen können echte **Rechtsbedingungen** vorgesehen sein,[6] etwa die Bedingung, der Vertrag müsse wirksam geschlossen sein.[7] Zum anderen sind Bedingungen zulässig, deren Eintritt allein **vom Willen des Erklärungsempfängers** abhängt,[8] etwa wenn die Fristsetzung mit dem durch den fruchtlosen Ablauf der Frist bedingt erklärten Rücktritt verbunden wird.[9] Und schließlich kann eine Bedingung gesetzt werden, wenn der andere Teil damit **einverstanden** ist;[10] dieses Einverständnis kann schon vorab erklärt werden.[11] Sehr strittig ist, ob über die anerkannten Fallgruppen hinaus Ausnahmen zulässig sind. Die Rechtsprechung bejaht das, wenn für den Rücktrittsgegner keine unzumutbare Ungewissheit über den neuen Rechtszustand eintritt;[12] das sei etwa der Fall, wenn der Rücktritt für den Fall des **Zuschlags an den schon bekannten Meistbietenden** erklärt werde.[13] In der Lehre wird diese Linie überwiegend abgelehnt. Denn der Zuschlag müsse wegen der §§ 81 Abs. 2, Abs. 3, 83 ZVG nicht notwendig dem Meistbietenden erteilt werden; die Rechtsprechung mache die Wirksamkeit von einer Zumutbarkeitsprüfung abhängig, die im Einzelfall nicht prognostizierbar sei.[14] Zulässig ist nach h.M. aber eine aufschiebende Befristung.[15]

C. Die Form

3 Die Rücktrittserklärung ist grundsätzlich **formfrei**.[16] Das stellt § 456 Abs. 1 S. 2 für den Fall des Wiederkaufs ausdrücklich klar. **Formbedürftig** ist aber der Vorbehalt des Rücktritts, wenn der Vertrag selbst – etwa nach § 311b Abs. 1 – der Form bedarf;[17] formbedürftig sind ferner der Widerruf nach § 355 Abs. 1 S. 2 und das Rückgaberecht nach § 356 Abs. 2 S. 2 i.V.m. § 355 Abs. 1 S. 2. Beim Erbvertrag gibt es Sondervorschriften in den §§ 2296 Abs. 2 S. 2, 2297 S. 1. Ein Formerfordernis für die Rücktrittserklärung kann auch durch eine **entsprechende vertragliche Abrede** vereinbart werden. Aus § 309 Nr. 13 ergibt sich, dass dies grundsätzlich auch in AGB geschehen kann, allerdings keine strengere Form als die Schriftform verlangt werden darf.[18] Wird die zulässig vereinbarte Form nicht erfüllt, ist die Rücktrittserklärung nach § 125 S. 2 nichtig. Allerdings kann in der widerspruchslosen Entgegennahme der Erklärung die stillschweigende Vertragsänderung liegen, auf das Schriftformerfordernis zu verzichten. Dies mündet in das allgemeine Problem, wann eine derartige konkludente Aufhebung angenommen werden darf.[19]

D. Das Problem der Begründungspflicht

4 Ein Rücktrittsgrund braucht **nicht genannt** zu werden.[20] Davon machte die zum früheren Recht h.M. eine Ausnahme, wenn ein Rücktritt wegen positiver Vertragsverletzung zur Debatte stand. Die Gründe für die Unzumutbarkeit der Vertragsfortsetzung seien zu nennen;[21] andere Gründe dürften nicht nachgeschoben werden.[22] Dem ist jedenfalls für das neue Recht nicht zu folgen.[23] Ohnehin lief die h.M. auf eine Begründungspflicht und das Verbot des Nachschiebens von Gründen hinaus, für die es weder Anhaltspunkte im Gesetz noch ein besonderes Schutzbedürfnis gab.[24] Der Schuldner ist durch das Erfordernis der Fristsetzung nach § 281 Abs. 1 bzw. der Abmahnung nach § 281 Abs. 3 hinreichend geschützt.

---

4 BGHZ 97, 264, 266 f.; BAG NJW 1980, 2543, 2544 (für die Kündigung); 1995, 1981, 1982 (für die Zustimmung zu einer Kündigung); Staudinger/*Kaiser*, § 349 Rn 24.
5 Erman/*H. P. Westermann*, § 349 Rn 2; MüKo/*H. P. Westermann*, § 158 Rn 28.
6 BGHZ 97, 264, 267; 99, 237, 239 (Vaterschaftsanerkenntnis für den Fall, dass die fehlende Abstammung des Kindes vom Ehemann der Mutter rechtskräftig festgestellt wird); Staudinger/*Kaiser*, § 349 Rn 25.
7 Staudinger/*Kaiser*, § 349 Rn 25.
8 BGHZ 97, 264, 267; Staudinger/*Kaiser*, § 349 Rn 25.
9 OLG Hamm NJW 1987, 2089, 2090; Staudinger/*Kaiser*, § 349 Rn 25; so i.E. auch BGH NJW 1982, 1279, 1280.
10 Staudinger/*Kaiser*, § 349 Rn 25.
11 RGZ 91, 307, 308 f. (für die Kündigung).
12 BGHZ 97, 264, 267; Palandt/*Heinrichs*, § 349 Rn 1; Erman/*H. P. Westermann*, § 349 Rn 1.
13 BGHZ 97, 264, 269.
14 Staudinger/*Kaiser*, § 349 Rn 27; abl. zur Linie der Rechtsprechung auch MüKo/*Janßen*, § 349 Rn 2.
15 Staudinger/*Kaiser*, § 349 Rn 28; *Medicus*, Allgemeiner Teil des BGB, 7. Aufl. 1997, Rn 850 (für die Kündigung).
16 Erman/*H. P. Westermann*, § 349 Rn 1; MüKo/*Janßen*, § 349 Rn 2; Staudinger/*Kaiser*, § 349 Rn 8.
17 Staudinger/*Kaiser*, § 349 Rn 8.
18 BGH NJW-RR 1989, 625, 626.
19 Vgl. hierzu z.B. Palandt/*Heinrichs*, § 125 Rn 14.
20 BGHZ 99, 182, 192; Palandt/*Heinrichs*, § 349 Rn 1; Staudinger/*Kaiser*, § 349 Rn 11.
21 BGHZ 11, 80, 86; MüKo/*Emmerich*, vor § 275 Rn 293.
22 MüKo/*Emmerich*, vor § 275 Rn 293.
23 Auch zum alten Recht schon abl. Staudinger/*Kaiser*, § 349 Rn 11.
24 Staudinger/*Kaiser*, § 349 Rn 11.

E. Die Widerruflichkeit der Rücktrittserklärung

Sehr **strittig** ist die Frage, ob die Rücktrittserklärung **widerrufbar** ist. Im früheren Recht konnte es zu misslichen Ergebnissen kommen, wenn der Rücktritt erfolgte, der Zurücktretende aber nicht wusste, dass die beim Gegner befindliche Sache ohne dessen Verschulden im Sinn der §§ 347 S. 1, 351 S. 1 a.F. untergegangen oder verschlechtert war. Dann musste die von ihm erhaltene Leistung zurückgegeben werden, er selbst erhielt aber weder seine Leistung zurück noch Schadensersatz. Nach neuem Recht trägt der jeweilige **Rückgewährschuldner die Gefahr des Untergangs**. Der Zurücktretende bekommt also Wertersatz nach § 346 Abs. 2 S. 1. Davon gibt es Ausnahmen nur in § 346 Abs. 3 S. 1. Doch privilegieren Nr. 1 und Nr. 3 nur den Rücktrittsberechtigten und nicht seinen Gegner. Nr. 2 knüpft an das Vertretenmüssen des Rückgewährgläubigers an. Es bleibt der Fall des echten Zufalls, der zum Untergang auch beim Rückgewährgläubiger geführt hätte; das gekaufte Wochenendhaus wird durch ein Unwetter zerstört.[25] Wenn in dem zugrunde liegenden Vertrag ein Rücktrittsrecht bestehen sollte, dürfte es regelmäßig ein beiderseitiges sein. Dann kann also auch der Empfänger der untergegangenen Sache zurücktreten, ohne zum Wertersatz verpflichtet zu sein. Der früher strittige Fall kommt also kaum noch vor. Nur wenn ein einseitiges Rücktrittsrecht besteht, die Sache wegfällt und § 346 Abs. 3 S. 1 Nr. 2 Fall 2 die Wertersatzpflicht ausschließt, kann das Problem wieder auftauchen.[26]

F. Der Erklärungsgegner

Erklärungsgegner ist der andere Teil, also der Vertragspartner.[27] Auf beiden Seiten können **Boten und Stellvertreter** eingeschaltet werden. Doch muss die Erklärung bei der Einschaltung von Dritten als Boten, wenn auch nicht unmittelbar, so doch zielgerichtet an den Empfänger gesandt sein. Sie kann Umwege nehmen, doch darf der Weg über den Dritten nicht mehr oder weniger zufällig sein.[28] Die Möglichkeit, den Rücktritt an Dritte als Vertreter des Partners zu richten, kann sich auch aus dem Gesetz ergeben. Die **Prozessvollmacht des Anwalts** erstreckt sich nach § 81 ZPO auch auf die Entgegennahme der Rücktrittserklärung.[29] Die Auslegung eines Prozessvergleiches kann ferner ergeben, dass etwa der Rücktritt fristgerecht gegenüber der anderen Partei,[30] aber auch[31] oder nur gegenüber dem **Gericht** erklärt werden kann.[32]

G. Verzicht und Verwirkung

Natürlich kann der Rücktrittsberechtigte auf seine Befugnis verzichten;[33] ob das Verhalten so zu interpretieren ist, entscheidet sich anhand der allgemeinen Auslegungsregeln.[34] Derjenige, der wegen Verspätung einer Leistung ein Rücktrittsrecht hat, dann die Leistung gleichwohl annimmt, verzichtet nach Lage des Falls auf sein Rücktrittsrecht.[35] Die frühere Rechtsprechung nahm an, dass das gesetzliche, aber auch das vertragliche Rücktrittsrecht jedenfalls im kaufmännischen Bereich in angemessener Frist ausgeübt werden müsse; warte der Berechtigte in illoyaler Weise lange mit dem Rücktritt, so könne auf einen Verzicht geschlossen werden.[36] Dem ist in dieser Pauschalität nicht zu folgen. Es kann gesetzliche Schranken geben. Ein Beispiel dafür ist § 13a Abs. 2 UWG.[37] Auch ist natürlich die Verjährung nach § 438 Abs. 1 Nr. 3 zu beachten. Wo solche gesetzlichen oder vertraglichen Beschränkungen fehlen, ist das **Rücktrittsrecht zeitlich nicht beschränkt**;[38] allerdings kann nach § 350 eine Frist gesetzt werden.[39] Das Rücktrittsrecht kann nach den üblichen Regeln jedoch verwirkt werden, wenn der Berechtigte die Erklärung ungebührlich lange verzögert.[40] Mit seinem eigenen Verhalten in Widerspruch setzt sich schließlich derjenige, der zurücktritt, die empfangene Leistung aber ganz oder teilweise endgültig behalten will.[41] Dasselbe galt nach

---

25 Beispiel nach Staudinger/*Kaiser*, § 350 Rn 15.
26 Einzelheiten bei Staudinger/*Kaiser*, § 349 Rn 29–35.
27 MüKo/*Janßen*, § 349 Rn 3; Staudinger/*Kaiser*, § 349 Rn 5.
28 BGH NJW 1979, 2032, 2033.
29 RGZ 50, 138, 143 f.
30 RGZ 161, 253, 254 f.; BGH LM Nr. 2 zu § 130 BGB Bl. 2.
31 OLG Düsseldorf NJW-RR 1987, 255, 256.
32 BAG NZA 1992, 134, 135; OLG Köln NJW 1990, 1369; OLG München NJW 1992, 3042 f.; die Vereinbarung, der Widerruf müsse zu den Gerichtsakten erfolgen, genügt hierfür aber nicht; BGH LM Nr. 2 zu § 130 BGB Bl. 2.
33 BGH NJW 1958, 1773; LM Nr. 2 zu § 326 (J) BGB; MüKo/*Janßen*, § 355 Rn 3.
34 BGH NJW 1958, 1773; MüKo/*Janßen*, § 355 Rn 3.
35 BGH WM 1979, 422; ähnl. BGH BB 1969, 383 unter dem Gesichtspunkt der Verwirkung.
36 RGZ 107, 106, 109; BGH NJW 1958, 1773; 1960, 2331; Palandt/*Heinrichs*, § 355 Rn 2; Erman/*H. P. Westermann*, § 346 Rn 3; MüKo/*Janßen*, § 355 Rn 3; Soergel/*Hadding*, § 346 Rn 2; ähnl. RGZ 88, 143, 146; 91, 108, 109.
37 Staudinger/*Kaiser*, § 349 Rn 12.
38 BGH NJW-RR 1989, 624; Palandt/*Heinrichs*, § 349 Rn 1; Staudinger/*Kaiser*, § 349 Rn 12.
39 BGH NJW-RR 1989, 625; Palandt/*Heinrichs*, § 349 Rn 1; Staudinger/*Kaiser*, § 349 Rn 12.
40 BGH NJW 1960, 2331; Palandt/*Heinrichs*, § 349 Rn 1; BGB-RGRK/*Ballhaus*, § 346 Rn 6; Staudinger/*Kaiser*, § 349 Rn 14.
41 BGH NJW 1972, 155; Palandt/*Heinrichs*, § 349 Rn 1.

früherem Recht, wenn der Wandelungsberechtigte die Wandelung erklärte, nachdem der Mangel beseitigt war.[42] Dieser Fall ist jetzt anders zu lösen. Der Rücktritt ist nach den §§ 437 Nr. 2, 323 Abs. 1 erst nach erfolglosem Ablauf der gesetzten Frist möglich. Danach braucht sich der Rücktrittsberechtigte aber **keine Nachbesserungsversuche mehr** gefallen zu lassen.

§ 350 Erlöschen des Rücktrittsrechts nach Fristsetzung

[1]Ist für die Ausübung des vertraglichen Rücktrittsrechts eine Frist nicht vereinbart, so kann dem Berechtigten von dem anderen Teil für die Ausübung eine angemessene Frist bestimmt werden. [2]Das Rücktrittsrecht erlischt, wenn nicht der Rücktritt vor dem Ablauf der Frist erklärt wird.

A. Der Anwendungsbereich

1 Die Norm entspricht im Ansatz § 355 a.F., beschränkt sich aber nach dem Willen des Gesetzgebers auf **vertragliche Rücktrittsrechte**.[1] Das bedeutet eine sachliche Änderung; im Rahmen des § 327 S. 1 a.F. war § 355 a.F. nach h.M. ebenso anwendbar wie bei § 636 Abs. 1 S. 1 Halbs. 2 a.F. und beim Anspruch auf Schadensersatz wegen Wegfall des Interesses nach den §§ 280 Abs. 2 S. 2, 286 Abs. 2 S. 2 a.F.[2] Bei der Wandelung sah § 466 a.F. eine Sondervorschrift vor.[3] Die im BGB-KE zur Überarbeitung des Schuldrechts geplante Regelung in § 323 Abs. 5 des Vorschlags bzw. der wortgleiche § 323 Abs. 5 KF, die die Möglichkeit der Fristsetzung des Schuldners gegenüber dem Gläubiger zur Ausübung des Rücktrittsrechts vorsah und nach deren Ablauf der Rücktritt von einer erneuten Fristsetzung durch den Gläubiger abhängig sein sollte,[4] ist nicht Gesetz geworden. Eine Begründung dafür gibt es im Gesetzentwurf nicht. Die pauschale Beschränkung auf das vertragliche Rücktrittsrecht ist **rechtspolitisch wenig überzeugend**.[5] Zum einen ist die Unterscheidung zum gesetzlichen Rücktrittsrecht fließend.[6] Zum anderen ist nicht recht plausibel, warum die Norm etwa beim Wegfall der Geschäftsgrundlage nicht dem Gegner des nach § 313 Abs. 3 S. 1 zum Rücktritt Berechtigten zur Seite stehen soll. Man kann im Fall des § 323 die fehlende Möglichkeit des Schuldners, dem Gläubiger eine Frist für die Ausübung des Rücktritts setzen zu können, noch damit begründen, dass der Gläubiger die Wahl zwischen Leistung, Rücktritt und Schadensersatz bis zum Eintritt der Verjährung haben soll. In anderen Fällen, etwa beim § 313 Abs. 3 S. 1 wird man indes letztendlich nur dadurch abhelfen können, dass man die Norm analog anwendet. Trotz der ausdrücklichen Erwägungen der Begründung hat der Gesetzgeber die Notwendigkeit, auch beim gesetzlichen Rücktrittsrecht die Schwebelage beenden zu können, offensichtlich übersehen. Jedenfalls gilt § 350 bei einem Kauf mit Umtauschrecht.[7]

B. Die Voraussetzungen

2 Das vertragliche Rücktrittsrecht unterliegt als Gestaltungsrecht nicht der Verjährung.[8] Deshalb will § 350 dem Gegner die Möglichkeit geben, sich durch die Fristsetzung zu vergewissern, ob denn der Rücktrittsberechtigte von seinem Recht Gebrauch machen will.[9] **Voraussetzung** ist, dass keine Frist vereinbart ist[10] und dass die Vorschrift des § 350 nicht abbedungen ist – was im Zweifel dann anzunehmen ist, wenn das Rücktrittsrecht der Partei in deren freiem Belieben steht.[11] Der Rücktrittsgrund muss bereits eingetreten sein;[12] das ist wichtig namentlich bei aufschiebend bedingten Rücktrittsrechten.[13] Dass der Rücktritt noch nicht erklärt sein darf,[14] folgt aus den allgemeinen Regeln.

---

42 BGHZ 90, 198, 204; MüKo/*Janßen*, § 355 Rn 4.
1 Begründung des RE, BT-Drucks 14/6040, 197.
2 Sorgel/*Hadding*, § 355 Rn 2; vgl. auch MüKo/*Janßen*, § 355 Rn 1; Staudinger/*Kaiser*, § 355 Rn 2, 12.
3 MüKo/*Janßen*, § 355 Rn 1; Soergel/*Hadding*, § 355 Rn 2; Staudinger/*Kaiser*, § 355 Rn 12.
4 Vgl. auch BGB-KE S. 171.
5 So auch *Kaiser*, JZ 2001, 1069.
6 Vgl. dazu oben § 346 Rn 12.
7 MüKo/*Janßen*, § 355 Rn 1; Soergel/*Hadding*, § 355 Rn 2; *Oertmann*, SeuffBl 71 (1906), S. 700.
8 MüKo/*Janßen*, § 355 Rn 1; Staudinger/*Kaiser*, § 355 Rn 1.
9 Palandt/*Heinrichs*, § 355 Rn 1; MüKo/*Janßen*, § 355 Rn 1; Soergel/*Hadding*, § 355 Rn 1; Staudinger/*Kaiser*, § 355 Rn 1.
10 Palandt/*Heinrichs*, § 355 Rn 1; MüKo/*Janßen*, § 355 Rn 1; Soergel/*Hadding*, § 355 Rn 1.
11 Staudinger/*Kaiser*, § 355 Rn 6.
12 BGH NJW-RR 1989, 625, 626; Palandt/*Heinrichs*, § 355 Rn 1; MüKo/*Janßen*, § 355 Rn 1; Staudinger/*Kaiser*, § 355 Rn 2.
13 RG Recht 17 (1913) Nr. 2857; OLG Hamburg JW 1902, 10; MüKo/*Janßen*, § 355 Rn 1; Soergel/*Hadding*, § 355 Rn 1.
14 Soergel/*Hadding*, § 355 Rn 1.

C. Die Frist

Die Fristsetzung ihrerseits ist eine empfangsbedürftige Willenserklärung.[15] Wird einer von **mehreren Rücktrittsberechtigten** zur Erklärung aufgefordert und erklären nicht alle den Rücktritt, so ist nach Ablauf der Frist mit dem Recht des Aufgeforderten gemäß § 351 S. 2 das Rücktrittsrecht auch der Übrigen erloschen.[16] Die **Angemessenheit der Rücktrittsfrist** bestimmt sich nach den Umständen des Einzelfalls[17] – etwa dem Umfang der Rückgewährsverpflichtung und der bereits verstrichenen Zeit.[18] Eine individuell erklärte, zu kurz bemessene Frist setzt eine angemessene in Lauf.[19] In AGB ist allerdings jedenfalls bei gesetzlichen Rücktrittsrechten die Verkürzung der Frist auf eine Woche wegen Verstoßes gegen § 309 Nr. 8 a unwirksam.[20]

D. Das Erlöschen des Rücktrittsrechts

Nach § 350 S. 2 erlischt das Rücktrittsrecht. Entscheidend ist der **Zeitpunkt des Zugangs** der Rücktrittserklärung.[21] Ein später erklärter Rücktritt ist unwirksam,[22] selbst dann, wenn der Rücktrittsgrund weiterhin besteht – also etwa der Verkäufer nach wie vor nicht liefern kann.[23] Bestehen **mehrere Rücktrittsrechte**, so bleiben die anderen unberührt.[24] Ist der Verkäufer trotz seines Rücktrittsrechts, das ihm etwa bei Lieferschwierigkeiten eingeräumt war, in der gesetzten Frist nicht zurückgetreten, so kann er von dem vertraglichen Rücktrittsrecht für den Fall des Zahlungsverzuges des Käufers später noch Gebrauch machen.[25] Auch die übrigen Rechte des Rücktrittsberechtigten – etwa ein Anspruch auf Schadensersatz – bleiben unberührt.[26]

E. Die Beweislast

Die **Beweislast** folgt den üblichen Regeln. Der Rücktrittsgegner hat zu beweisen, dass keine Frist vereinbart, dass aber eine Frist gesetzt wurde, der Rücktrittsberechtigte die rechtzeitige Erklärung des Rücktritts.[27]

§ 351 Unteilbarkeit des Rücktrittsrechts

¹Sind bei einem Vertrag auf der einen oder der anderen Seite mehrere beteiligt, so kann das Rücktrittsrecht nur von allen und gegen alle ausgeübt werden. ²Erlischt das Rücktrittsrecht für einen der Berechtigten, so erlischt es auch für die übrigen.

A. Die Struktur der Norm

Das Rücktrittsrecht kann bei einer Mehrheit von Beteiligten **nur einheitlich** ausgeübt werden, da das Rechtsverhältnis nur ganz oder gar nicht umgestaltet werden kann.[1] Das gilt für beide Seiten. Die Norm ist allerdings in sich nicht ganz konsequent. Einerseits schützt § 351 S. 1 die Entscheidungsfreiheit der übrigen Berechtigten, wenn nur einer zurücktreten will; dies geht nur bei Einverständnis aller. Andererseits wirkt nach § 351 S. 2 der Verzicht eines Rücktrittsberechtigten zu Lasten der anderen.[2] Die Norm ist gleichwohl unverändert übernommen worden, da Probleme nicht aufgetreten seien.[3] Entsprechende Vorschriften finden sich abweichend vom früheren Recht in den §§ 441 Abs. 2, 638 Abs. 2, Abweichungen von § 351 S. 2 in den §§ 461 S. 2, 472 S. 2.

---

15 Staudinger/*Kaiser*, § 355 Rn 3.
16 Staudinger/*Kaiser*, § 355 Rn 4.
17 OLG Hamburg JW 1902, 10; MüKo/*Janßen*, § 355 Rn 1; Soergel/*Hadding*, § 355 Rn 1.
18 Staudinger/*Kaiser*, § 355 Rn 5.
19 Staudinger/*Kaiser*, § 355 Rn 5.
20 BGH NJW-RR 1989, 625, 626; Palandt/*Heinrichs*, § 355 Rn 1; MüKo/*Janßen*, § 355 Rn 1; Soergel/*Hadding*, § 355 Rn 1 Fn 2.
21 Soergel/*Hadding*, § 355 Rn 1; Staudinger/*Kaiser*, § 355 Rn 7.
22 Soergel/*Hadding*, § 355 Rn 1.
23 Staudinger/*Kaiser*, § 355 Rn 8.
24 MüKo/*Janßen*, § 355 Rn 2; Soergel/*Hadding*, § 355 Rn 1.
25 Staudinger/*Kaiser*, § 355 Rn 9.
26 Staudinger/*Kaiser*, § 355 Rn 10.
27 BayObLG NJW 1967, 57; Staudinger/*Kaiser*, § 355 Rn 11; Baumgärtel/*Strieder*, § 355 Rn 1.
1 Staudinger/*Kaiser*, § 356 Rn 3.
2 Staudinger/*Kaiser*, § 356 Rn 3.
3 Begründung des RE, BT-Drucks 14/6040, 197.

B. Die betroffenen Gemeinschaften

2 Nach h.M. gilt § 351 für alle Arten von Mehrfachbeteiligungen, also für die Fälle der §§ 420, 421, 428, 432, 718, 719, 1419, 1437 Abs. 1, 2039, 2040.[4] Doch muss eine **Forderungsgemeinschaft** bestehen; mehrere selbständige Forderungsrechte genügen nicht.[5] Die Norm gilt auch, wenn auf einer Seite erst nach Vertragsschluss mehrere beteiligt worden sind, nicht jedoch, wenn ein zusätzliches Haftungssubjekt etwa nach § 25 HGB hinzugetreten ist.[6] § 351 kann auch eingreifen, wenn Verträge mit verschiedenen Partnern eine Einheit nach **§ 139** bilden. Der Rücktrittsgrund braucht dann nur gegenüber einem zu bestehen.[7] Eine vergleichbare Regelung findet sich in § 358 Abs. 1 und 2. Die Vorschrift des § 351 gilt nicht entsprechend für die Anfechtung[8] oder die Kündigung.[9]

C. Die Entstehung des Rücktrittsrechts

3 Davon zu trennen ist die Frage, ob das Rücktrittsrecht entstanden ist. Dies ist in erster Linie eine Frage der **Auslegung** des Vertrages. Demgemäß kann es genügen, wenn ein Käufer bei einem vertraglichen Rücktrittsrecht die Sache nicht so nutzen kann, wie er gewollt hatte, oder wenn bei einem Selbstbelieferungsvorbehalt einer von mehreren Verkäufern von seinem Lieferanten im Stich gelassen wird.[10] Dasselbe gilt bei der Frage, ob bei Zahlungsschwierigkeiten eines von mehreren Käufern ein Rücktrittsrecht bestehen soll.[11]

D. Die Erklärung

4 Da die Ausübung keine höchstpersönliche Erklärung ist, können sich die Beteiligten gegenseitig vertreten,[12] und zwar auch beim Empfang der Rücktrittserklärung.[13] Die Erteilung der **Vertretungsmacht** auch zur Erklärung des Rücktritts liegt regelmäßig in der Vollmacht zum Abschluss des Geschäfts.[14] Auch können die Erklärungen nacheinander abgegeben werden; der Rücktritt wird wirksam, wenn die letzte der notwendigen Erklärungen zugegangen ist.[15]

E. Die Rechtsfolge

5 Werden die Anforderungen des § 351 S. 1 nicht erfüllt, so ist der Rücktritt nicht wirksam.[16] Nach § 351 S. 2 erlischt das Rücktrittsrecht für alle Berechtigten, wenn es auch nur für einen erloschen ist. Doch muss der Betreffende insoweit **verfügungsbefugt** sein, was etwa bei gesamthänderischer Bindung nicht der Fall ist; so kann in einer Erbengemeinschaft ein Einzelner diesen Verzicht nicht wirksam erklären.[17] Das Gesetz sagt nichts über den Fall, dass das Rücktrittsrecht gegen einen Beteiligten erlischt. Die h.M. wendet hier § 351 S. 2 entsprechend an.[18]

F. Die Abdingbarkeit

6 § 351 ist nach ganz h.M. **abdingbar**.[19] Auch ohne eine ausdrückliche Erklärung wird eine solche Abdingung etwa bei einem **außergerichtlichen Sanierungsvergleich** mit einer Vielzahl von Gläubigern angenommen.[20] Auch bei einem widerruflichen gerichtlichen Vergleich kann die Auslegung ergeben, dass –

---

4 Palandt/*Heinrichs*, § 356 Rn 1; MüKo/*Janßen*, § 356 Rn 1; Staudinger/*Kaiser*, § 356 Rn 4.
5 RGZ 151, 304, 311.
6 MüKo/*Janßen*, § 356 Rn 1; Staudinger/*Kaiser*, § 356 Rn 4.
7 BGH NJW 1976, 1931, 1932 (Kaufvertrag und Bauvertrag mit unterschiedlichen Personen als Einheit gewollt); Palandt/*Heinrichs*, § 356 Rn 1; Staudinger/*Kaiser*, § 356 Rn 5, 8; anders aber wohl § 356 Rn 9.
8 RGZ 56, 423, 424.
9 RGZ 90, 328, 330.
10 Staudinger/*Kaiser*, § 356 Rn 6.
11 Staudinger/*Kaiser*, § 356 Rn 9.
12 Soergel/*Hadding*, § 356 Rn 2.
13 Soergel/*Hadding*, § 356 Rn 2.
14 Staudinger/*Kaiser*, § 356 Rn 8.
15 Staudinger/*Kaiser*, § 356 Rn 7.
16 BGHZ 97, 264, 266; BGH NJW 1988, 130, 131; Soergel/*Hadding*, § 356 Rn 2; Staudinger/*Kaiser*, § 356 Rn 11.
17 RGZ 151, 304, 312; Palandt/*Heinrichs*, § 356 Rn 2; MüKo/*Janßen*, § 356 Rn 2; Staudinger/*Kaiser*, § 356 Rn 4, 13; wohl auch RGZ 197, 238, 240.
18 MüKo/*Janßen*, § 356 Rn 2; Staudinger/*Kaiser*, § 356 Rn 15; für eine entsprechende Anwendung des § 351 S. 1 BGB Soergel/*Hadding*, § 356 Rn 3; ebenso i.E., ohne Ausführungen zur Konstruktion BGH NJW 1989, 2388; Palandt/*Heinrichs*, § 356 Rn 1.
19 RGZ 153, 395, 398; BGHZ 116, 319, 333; BGH VersR 1962, 155; OLG München NJW 1955, 1801, 1802; Palandt/*Heinrichs*, § 356 Rn 2; Staudinger/*Kaiser*, § 356 Rn 12.
20 RGZ 153, 395, 398; BGHZ 116, 319, 333; OLG München NJW 1955, 1801, 1802; Palandt/*Heinrichs*, § 356 Rn 2; nur in der Begründung anders Staudinger/*Kaiser*, § 356 Rn 12, da die Verträge nicht zu einem einheitlichen Rechtsgeschäft zusammengefasst waren.

abweichend von § 351 – jeder Beklagte alleine widerrufen kann.[21] Die Beweislast trifft den Gläubiger, der sich auf die Abdingung des § 351 S. 1 beruft.[22]

§ 352 Aufrechnung nach Nichterfüllung

[1]Der Rücktritt wegen Nichterfüllung einer Verbindlichkeit wird unwirksam, wenn der Schuldner sich von der Verbindlichkeit durch Aufrechnung befreien konnte und unverzüglich nach dem Rücktritt die Aufrechnung erklärt.

A. Der Rechtsgedanke der Norm

Die Norm trägt dem Gedanken Rechnung, dass derjenige, der zur Aufrechnung berechtigt ist, sich nicht als Schuldner zu fühlen braucht.[1] Er kann davon ausgehen, der Gläubiger werde aus der Nichterfüllung wegen der Aufrechnungslage keine Konsequenzen ziehen.[2] Gleichzeitig entscheidet die Vorschrift die Konkurrenz zweier Gestaltungsrechte – Rücktritt und Aufrechnung – zugunsten der Aufrechnung.[3] Nachdem die h.M. schon bisher § 357 a.F. analog auf den Rücktritt kraft Gesetzes angewandt hatte,[4] hat der Gesetzgeber den Text geändert. Die Vorschrift umfasst jetzt auch **gesetzliche Rücktrittsrechte**, da der zugrunde liegende Rechtsgedanke auch dort zutrifft.[5]

1

B. Der Begriff des Rücktrittsrechts wegen Nichterfüllung

Es muss ein Rücktrittsrecht wegen Nichterfüllung bestehen. Der Begriff ist **weit** zu verstehen; er umfasst auch die nicht gehörige Erfüllung,[6] also die nicht rechtzeitige, nicht vollständige und nicht ordnungsgemäße Leistung. Dazu zählen auch Rücktrittsrechte aufgrund von Verwirkungsklauseln, soweit diese nach § 354 als Rücktrittsvorbehalt zu interpretieren sind.[7] Ob das Rücktrittsrecht vom **Verschulden** des Gegners abhängt, spielt im Rahmen des § 352 keine Rolle.[8] Das liegt jedoch entgegen einer missverständlichen Formulierung nicht daran, dass die Aufrechnung nur bei Geldschulden vorkomme, für deren Nichterfüllung der Schuldner nach § 276 Abs. 1 S. 1 bzw. nach dem allgemein anerkannten Grundsatz, dass der Schuldner für seine finanzielle Leistungsfähigkeit einzustehen habe,[9] verantwortlich sei und daher die Verschuldensfrage in der Praxis irrelevant sei.[10] Nimmt etwa der Schuldner irrtümlich an, er habe einen aufrechenbaren Gegenanspruch, so kann wegen dieses Irrtums das Verschulden durchaus entfallen.[11] Dass im Rahmen des § 352 nicht nach dem Verschulden zu fragen ist, liegt vielmehr daran, dass die Norm das Rücktrittsrecht voraussetzt; besteht es mangels Verschuldens im Einzelfall nicht, kommt es auf die Aufrechnungslage nicht mehr an. Ist das Rücktrittsrecht verschuldensunabhängig, kann dagegen auch hier § 352 eingreifen.

2

C. Die Unverzüglichkeit der Rücktrittserklärung

Es muss zum Zeitpunkt der Rücktrittserklärung, also ihrem Zugang, eine Aufrechnungslage bestanden haben.[12] Die Aufrechnung löst die Rechtsfolge des § 352 nur aus, wenn sie **unverzüglich** i. S. des § 121 Abs. 1 erfolgt. Problematisch ist, ob Schriftsätze dazu geeignet sind, die Anforderung an die Unverzüglichkeit zu erfüllen. Zum Teil wird das schon deswegen abgelehnt, weil erst das Vorbringen in der mündlichen Verhandlung maßgebend sei.[13] Nach der Gegenauffassung ist die Erklärung angesichts der Notwendigkeit der Zustellung nicht mehr unverzüglich.[14] Die Aufrechnung hat daher möglichst umgehend außerhalb des Prozesses zu erfolgen.

3

---

21 BGH VersR 1962, 155.
22 Baumgärtel/*Strieder*, § 356 Rn 1.
1 Begründung des RE, BT-Drucks 14/6040, 198.
2 Palandt/*Heinrichs*, § 357 Rn 1; MüKo/*Janßen*, § 357 Rn 1.
3 Staudinger/*Kaiser*, § 357 Rn 1.
4 Palandt/*Heinrichs*, § 357 Rn 1; MüKo/*Janßen*, § 357 Rn 3; Soergel/*Hadding*, §§ 357, 358 Rn 1; Staudinger/*Kaiser*, § 357 Rn 2.
5 Begründung des RE, BT-Drucks 14/6040, 198.
6 BGH NJW 1981, 2403, 2404; WM 1981, 404, 405 (jeweils für § 358 a.F.); Palandt/*Heinrichs*, § 358 Rn 1; MüKo/*Janßen*, § 357 Rn 3; § 358 Rn 1; Soergel/*Hadding*, §§ 357, 358 Rn 1; Staudinger/*Kaiser*, § 357 Rn 3; § 358 Rn 2.
7 MüKo/*Janßen*, § 357 Rn 2.
8 Staudinger/*Kaiser*, § 357 Rn 3.
9 Begründung des RE, BT-Drucks 14/6040, 132, auch zur Begründung der Aufhebung des § 279 BGB a.F.
10 So indes MüKo/*Janßen*, § 357 Rn 2; Staudinger/*Kaiser*, § 357 Rn 3.
11 BGH NJW 1981, 1600, 1601.
12 Staudinger/*Kaiser*, § 357 Rn 4.
13 KG OLGE 2, 217 f.; Soergel/*Hadding*, §§ 357, 358 Rn 2.
14 Staudinger/*Kaiser*, § 357 Rn 5.

D. Die Rechtsfolge

4 Wird die Aufrechnung rechtzeitig erklärt, so ist der Rücktritt unwirksam.[15] Durch die Aufrechnung erlöschen nach § 389 die bislang sich gegenüber stehenden Forderungen. Wenn und soweit die Aufrechnungslage schon vor dem nach § 96 InsO relevanten Zeitpunkt bestand, hat sich durch den inzwischen erfolgten, aber unwirksamen Rücktritt nichts geändert.[16] Der rücktrittsberechtigte Gläubiger bleibt dagegen verpflichtet, die u.U. aus dem Vertrag noch resultierende Forderung seinerseits zu erfüllen.[17]

E. Die Beweislast

5 § 358 a.F. enthielt die Beweislastregel, dass der Schuldner die Erfüllung zu beweisen habe, wenn der Gläubiger wegen Nichterfüllung gestützt auf ein vertragliches Rücktrittsrecht zurücktrete. Dagegen traf den Gläubiger die Beweislast, wenn die geschuldete Leistung in einem Unterlassen bestand. Die Norm wurde als entbehrlich gestrichen, da sich diese Beweislastverteilung aus allgemeinen Regeln ergebe und selbstverständlich sei.[18] Das ist jedenfalls dann nicht selbstverständlich, wenn es um Unterlassungspflichten geht; die Beweislast obliegt dann jedoch wie bisher in Analogie zu § 345 dem Gläubiger. Die Vereinbarung des Rücktrittsrechts hat derjenige zu beweisen, der sich darauf stützt, also im Normalfall der Zurücktretende;[19] dasselbe gilt für die Voraussetzungen und die Erklärung des Rücktritts.[20] Die Beweislastverteilung ist dispositiv, wegen § 309 Nr. 12 a jedoch nicht in Allgemeinen Geschäftsbedingungen.[21]

§ 353 Rücktritt gegen Reugeld

¹Ist der Rücktritt gegen Zahlung eines Reugeldes vorbehalten, so ist der Rücktritt unwirksam, wenn das Reugeld nicht vor oder bei der Erklärung entrichtet wird und der andere Teil aus diesem Grund die Erklärung unverzüglich zurückweist. ²Die Erklärung ist jedoch wirksam, wenn das Reugeld unverzüglich nach der Zurückweisung entrichtet wird.

A. Der Zweck der Reugeldvereinbarung

1 Die Norm übernimmt die Regelung von § 359 a.F. in unveränderter Form. Sie gibt dem Rücktrittsgegner ein Druckmittel in die Hand, damit das Reugeld auch gezahlt wird. Teilweise wird davon gesprochen, die Norm sei ein Sonderfall des Synallagmas und präzisiere § 320.[1] Die Reugeldvereinbarung gibt das Recht, sich durch eine Abstandszahlung vom Vertrag lösen zu dürfen.[2] Das Reugeld soll dem Gegner einen Ausgleich dafür schaffen, dass er mit dem Rücktritt möglicherweise Nachteile erleidet.[3] Ein derartiger **Nachteil** ist aber nicht Voraussetzung; umgekehrt braucht das Reugeld nicht den gesamten Nachteil zu kompensieren. Anstelle von Geld kann auch eine andere Leistung versprochen werden.[4] Von der **Vertragsstrafe** unterscheidet sich das Reugeld im Ansatz dadurch, dass es nicht den Vertrag gegen vertragswidriges Verhalten sichern soll,[5] sondern das Recht verschafft, sich erlaubtermaßen vom Vertrag zu lösen.[6] Wenn daraus allerdings geschlossen wird, § 343 sei nicht anwendbar und eine **Herabsetzung** unmöglich,[7] so ist das wegen der Ähnlichkeit der Ergebnisse fraglich. Dasselbe gilt etwa für die Annahme, hinsichtlich der Höhe herrsche Vertragsfreiheit.[8] Selbst wenn man dem nicht folgt, wird die zur Abgrenzung notwendige Auslegung vielfach zu dem Ergebnis führen, dass trotz der Verwendung einer Reueprovision in Wirklichkeit eine Vertragsstrafe vereinbart wurde.[9] Nach einer älteren Rechtsprechung soll dies allerdings einer eindeutigen

---

15 MüKo/*Janßen*, § 357 Rn 3; Staudinger/*Kaiser*, § 357 Rn 6.
16 OLG Frankfurt Recht 1903 Nr. 1543; Soergel/*Hadding*, §§ 357, 358 Rn 2.
17 Staudinger/*Kaiser*, § 357 Rn 6.
18 Begründung des RE, BT-Drucks 14/6040, 198.
19 Erman/*H. P. Westermann*, § 358 Rn 1; Soergel/*Hadding*, §§ 357, 358 Rn 3; Staudinger/*Kaiser*, § 358 Rn 9.
20 Staudinger/*Kaiser*, § 358 Rn 9.
21 Staudinger/*Kaiser*, § 358 Rn 4.
 1 Staudinger/*Kaiser*, § 359 Rn 1.
 2 MüKo/*Janßen*, § 359 Rn 1.
 3 BGHZ 21, 370, 372; KG NJW-RR 1989, 1075, 1077; MüKo/*Janßen*, § 359 Rn 1; Soergel/*Hadding*, § 359 Rn 1; BGB-RGRK/*Ballhaus*, § 359 Rn 1; Staudinger/*Kaiser*, § 359 Rn 4.
 4 MüKo/*Janßen*, § 359 Rn 1; Staudinger/*Kaiser*, § 359 Rn 2.
 5 RG SeuffA 79 (1925) Nr. 96; OLG München NJW 1969, 1630, 1631; MüKo/*Janßen*, § 359 Rn 1; Soergel/*Hadding*, § 359 Rn 2; Staudinger/*Kaiser*, § 359 Rn 4.
 6 RG SeuffA 79 (1925) Nr. 96; KG NJW-RR 1989, 1075, 1077; Staudinger/*Kaiser*, § 359 Rn 4.
 7 KG JW 1931, 78, 79; NJW-RR 1989, 1075, 1077; Palandt/*Heinrichs*, § 359 Rn 1; MüKo/*Janßen*, § 359 Rn 1; Soergel/*Hadding*, § 359 Rn 2; Staudinger/*Kaiser*, § 359 Rn 4.
 8 Zu Recht zurückhaltend Erman/*H. P. Westermann*, § 359 Rn 1.
 9 BGH NJW 1970, 1915 f.; KG NJW 1956, 1758, 1759; OLG München NJW 1969, 1630, 1631; Erman/*H. P. Westermann*, § 359 Rn 1; MüKo/*Janßen*, § 359 Rn 1; Soergel/*Hadding*, § 359 Rn 2.

Vereinbarung bedürfen;[10] doch genügen auch hier die allgemeinen Auslegungsgrundsätze. Gemäß § 336 Abs. 2 ist die **Draufgabe** kein Reugeld; sie ist nach § 337 Abs. 1 anzurechnen bzw. zurückzugeben, nach § 337 Abs. 2 bei Aufhebung des Vertrages zurückzugeben.

B. Die Rechtsfolge

Wird das Reugeld nicht vor oder bei der Rücktrittserklärung entrichtet, so kann der andere Teil den Rücktritt aus diesem Grund zurückweisen; dies muss allerdings **unverzüglich** geschehen. Der Rücktritt ist dann unwirksam, es sei denn, das Reugeld wird nunmehr unverzüglich entrichtet; dann wird der Rücktritt nachträglich wirksam.[11] Ohne Zurückweisung ist der Rücktritt dagegen wirksam. Ob der Rücktrittsgegner in diesem Fall das Reugeld verlangen kann, ist strittig. Ein Teil der Rechtsprechung verneint das, weil angesichts der fehlenden **Zurückweisung** das Reugeld nicht geschuldet werde.[12] Die h.M. bejaht dies dagegen zu Recht; der Rücktrittsgegner verliert nur die Sicherung seines Anspruchs durch § 353, indes nicht den Anspruch selbst.[13] Der Rücktrittsgegner muss ihn anderweit durchsetzen.[14] 2

C. Die Abdingbarkeit

§ 353 ist **dispositiv**. Statt des Zurückweisungsrechts kann ein Anspruch auf das Reugeld gegeben werden; das ist regelmäßig der Fall bei **Stornogebühren**.[15] Ebenso kann die Summe bereits bei Vertragsschluss **hinterlegt** werden, verbunden mit der Vereinbarung, es solle bei einem Rücktritt vom Vertrag verfallen.[16] Trotz der Vereinbarung eines Reugeldes ist dieses **nicht geschuldet**, wenn der Rücktritt nicht aufgrund des vorbehaltenen Rechts erfolgt, sondern aus sonstigen Gründen, gar angesichts einer Pflichtverletzung des anderen Teils.[17] Dasselbe gilt bei einvernehmlicher Vertragsaufhebung.[18] Deshalb überzeugt auch eine ältere Rechtsprechung nicht, die glaubt, einer Klage auf Zahlung des Reugeldes könne nunmehr der Einwand der Anfechtung des Vertrages nicht mehr entgegengesetzt werden.[19] 3

D. Die Beweislast

Nach dem Wortlaut des § 353 scheint die **Beweislast** für die Entrichtung des Reugeldes vor oder bei der Erklärung des Rücktritts bzw. unverzüglich nach der Zurückweisung den Rücktrittsgegner zu treffen. Dem folgt die ganz h.M. nicht; sie fordert vom Rücktrittsberechtigten den Nachweis, dass er gezahlt habe.[20] Die Beweislast für das Rücktrittsrecht selbst hat ebenfalls der **Zurücktretende**[21] Gelingen ihm beide Nachweise, so sind Einwände des Rücktrittsgegners ausgeschlossen.[22] Ansonsten hat dieser zu beweisen, dass er den Rücktritt wegen fehlender Zahlung des Reugelds unverzüglich zurückgewiesen hat.[23] 4

§ 354 Verwirkungsklausel

¹Ist ein Vertrag mit dem Vorbehalt geschlossen, daß der Schuldner seiner Rechte aus dem Vertrag verlustig sein soll, wenn er seine Verbindlichkeit nicht erfüllt, so ist der Gläubiger bei dem Eintritt dieses Falles zum Rücktritt von dem Vertrag berechtigt.

---

10 KG NJW 1956, 1738, 1739; Erman/*H. P. Westermann*, § 359 Rn 1.
11 BGB-RGRK/*Ballhaus*, § 359 Rn 2.
12 OLG München NJW 1969, 1630, 1631.
13 KG NJW-RR 1989, 1075, 1077 f.; Palandt/*Heinrichs*, § 359 Rn 1; Erman/*H. P. Westermann*, § 359 Rn 1; MüKo/*Janßen*, § 359 Rn 4; Soergel/*Hadding*, § 359 Rn 5; BGB-RGRK/*Ballhaus*, § 359 Rn 4; Staudinger/*Kaiser*, § 359 Rn 15.
14 BGB-RGRK/*Ballhaus*, § 359 Rn 2.
15 Staudinger/*Kaiser*, § 359 Rn 7.
16 Staudinger/*Kaiser*, § 359 Rn 7.
17 RG JW 1913, 918, 919; LZ 1914, 1663; BGH WM 1984, 636, 638; MüKo/*Janßen*, § 359 Rn 2; Soergel/*Hadding*, § 359 Rn 3; BGB-RGRK/*Ballhaus*, § 359 Rn 2; Staudinger/*Kaiser*, § 359 Rn 10.
18 OLG Hamburg HansGZ 1927 B 202; MüKo/*Janßen*, § 359 Rn 2; Soergel/*Hadding*, § 359 Rn 3.
19 OLG Breslau Recht 1902 Nr. 1363; ebenso aber Soergel/*Hadding*, § 359 Rn 4; wie hier dagegen wohl RG JW 1913, 918, 919.
20 Palandt/*Heinrichs*, § 359 Rn 1; Erman/*H. P. Westermann*, § 359 Rn 2; MüKo/*Janßen*, § 359 Rn 5; Soergel/*Hadding*, § 359 Rn 5; BGB-RGRK/*Ballhaus*, § 359 Rn 4; Staudinger/*Kaiser*, § 359 Rn 17; Baumgärtel/*Strieder*, § 359 Rn 1.
21 MüKo/*Janßen*, § 359 Rn 4.
22 BGB-RGRK/*Ballhaus*, § 359 Rn 4.
23 MüKo/*Janßen*, § 359 Rn 4; Soergel/*Hadding*, § 359 Rn 5; BGB-RGRK/*Ballhaus*, § 359 Rn 4; Staudinger/*Kaiser*, § 359 Rn 17.

A. Der Anwendungsbereich

1 § 354 ordnet an, dass bei Vereinbarung einer Verwirkungsklausel nicht ein automatischer Rechtsverlust eintritt, sondern dem Gegner lediglich ein Rücktrittsrecht zusteht. Das hat für den Gläubiger den Vorteil, dass er vom Rücktrittsrecht keinen Gebrauch machen muss und so den Schuldner am Vertrag festhalten kann;[1] der Schuldner kann im Fall des Rücktritts seine Leistungen zurückverlangen.[2] Die Norm ist eine **Auslegungsregel** und kann durch Parteienvereinbarung abbedungen werden;[3] dann gelten die §§ 339 ff.[4] Die Parteien können auch eine auflösende Bedingung vereinbaren.[5] Die Vorschrift hat eine Parallele in § 6 Abs. 1 VVG; auf den Heimfallanspruch nach § 2 Nr. 4 ErbbVO ist die Vorschrift dagegen nicht anzuwenden.[6]

B. Die Voraussetzung

2 Voraussetzung ist, dass die Vereinbarung den **Verlust aller Rechte** vorsieht. Regelt der Vertrag nur einzelne Rechtsnachteile, so treten diese von selbst ein; es entsteht indes kein Rücktrittsrecht.[7] Allerdings liegt es dann nahe, die Vereinbarungen als **Vertragsstrafeversprechen** anzusehen und entsprechend zu behandeln.[8] Beispiele sind Ausschlussfristen,[9] die Fälligstellung in Ratenkreditverträgen[10] und Abreden über den Verfall von Raten und Anzahlungen.[11] Anzuwenden ist § 354 aber auch, wenn die Verwirkung für den Fall **nicht rechtzeitiger oder mangelhafter Leistung** vereinbart wird.[12] Umgekehrt hat der Gläubiger geringfügige Überschreitungen der Lieferfrist oder sonstige unbedeutende Verstöße nach § 242 hinzunehmen, ohne zurücktreten zu können.[13] Der Gläubiger seinerseits muss vertragstreu gewesen sein.[14]

C. Das Erfordernis des Verschuldens

3 Ob das Rücktrittsrecht aufgrund der Verwirkungsklausel **Verschulden** voraussetzt, ist grundsätzlich durch Auslegung zu ermitteln.[15] Die h.M. geht davon aus, dass dieses Erfordernis im Zweifel aber gegeben sein müsse.[16] Nach der Mindermeinung wird den Parteien damit etwas unterstellt, was sie unter Umständen gar nicht gewollt hätten; der Schuldner sei hinreichend durch die Beweislast geschützt.[17] Eine Ausnahme gelte nur, wenn die Verfallsklausel zugleich Strafcharakter habe; darüber besage indes § 354 nichts.[18] Doch dürfte die Übernahme einer Garantie eher die Ausnahme sein, so dass die h.M. den Normalfall betrifft. Die abweichende Ansicht kommt allerdings in der Tat angesichts der Verteilung der Beweislast ohnehin nicht zu abweichenden Ergebnissen; man kann es daher bei der h.M. belassen.

---

1 Mot. II 285; LG Mannheim WuM 1988, 87 f.; Palandt/*Heinrichs*, § 360 Rn 1; MüKo/*Janßen*, § 360 Rn 1; Staudinger/*Kaiser*, § 360 Rn 1.
2 MüKo/*Janßen*, § 360 Rn 1; Staudinger/*Kaiser*, § 360 Rn 1.
3 BGH NJW 1972, 1893, 1894; Erman/*H. P. Westermann*, § 360 Rn 1; MüKo/*Janßen*, § 360 Rn 2; Soergel/*Hadding*, § 360 Rn 5; BGB-RGRK/*Ballhaus*, § 360 Rn 2; ebenso i.E. Staudinger/*Kaiser*, § 360 Rn 2, derzufolge die Norm nicht abbedungen wird, sondern dann die Zweifelsregel des § 360 a.F. nicht greift.
4 BGH NJW 1972, 1893, 1894; LM Nr. 2 zu § 339 BGB; Erman/*H. P. Westermann*, § 360 Rn 1; Soergel/*Hadding*, § 360 Rn 1; Staudinger/*Kaiser*, § 380 Rn 2.
5 BGH LM Nr. 2 zu § 339 BGB; Staudinger/*Kaiser*, § 360 Rn 2.
6 Staudinger/*Kaiser*, § 360 Rn 3.
7 MüKo/*Janßen*, § 360 Rn 3.
8 BGH NJW 1960, 1568; 1968, 1625; MüKo/*Janßen*, § 360 Rn 3; Staudinger/*Kaiser*, § 360 Rn 5.
9 Staudinger/*Kaiser*, § 360 Rn 5 gegen RGZ 145, 26, 30 f.
10 BGHZ 95, 362, 371.
11 BGH NJW-RR 1993, 464, 465.
12 RGZ 92, 388, 391; BGH WM 1968, 1299, 1301; Soergel/*Hadding*, § 360 Rn 2 (Auslegung); Staudinger/*Kaiser*, § 360 Rn 6; für analoge Anwendung Palandt/*Heinrichs*, § 360 Rn 1; MüKo/*Janßen*, § 360 Rn 2.
13 RGZ 117, 354, 356; KG OLGE 22, 162; Palandt/*Heinrichs*, § 360 Rn 4; Erman/*H. P. Westermann*, § 360 Rn 3; MüKo/*Janßen*, § 360 Rn 4; Soergel/*Hadding*, § 360 Rn 2.
14 RGZ 123, 238, 241; BGH WM 1968, 1299, 1302; Erman/*H. P. Westermann*, § 360 Rn 3; MüKo/*Janßen*, § 360 Rn 4; Soergel/*Hadding*, § 360 Rn 4.
15 BGH WM 1968, 1299, 1301; Soergel/*Hadding*, § 360 Rn 3.
16 RGZ 142, 268, 275; 145, 26, 31; RG JW 1911, 805; 1923, 47 f.; BGH LM Nr. 6 zu § 273 BGB unter II 3; WM 1959, 1133, 1134; 1968, 1299, 1301; NJW 1981, 1600, 1601; Palandt/*Heinrichs*, § 360 Rn 3; Erman/*H. P. Westermann*, § 360 Rn 2; MüKo/*Janßen*, § 360 Rn 4.
17 Staudinger/*Kaiser*, § 360 Rn 8.
18 Staudinger/*Kaiser*, § 360 Rn 8.

D. Die Beweislast

Es gelten die **allgemeinen Beweislastregeln**. Der Zurücktretende hat die Vereinbarung der Verfallklausel und darüber hinaus zu beweisen, dass das Rücktrittsrecht verschuldensunabhängig sein sollte.[19] Der Schuldner hat ordnungsgemäße Erfüllung bzw. fehlendes Verschulden zu beweisen.[20]

Untertitel 2. Widerrufs- und Rückgaberecht bei Verbraucherverträgen

Vorbemerkung zu §§ 355 – 360

Die §§ 355 bis 360 (Untertitel 2: Widerrufs- und Rückgaberecht bei Verbraucherverträgen) regeln – inhaltlich im Wesentlichen in Anlehnung an die mit dem Fernabsatzgesetz als §§ 361a und 361b BGB a.F. eingefügten Vorschriften – die Grundsätze der Rückabwicklung bei Verbraucherverträgen nach Widerruf oder Rückgabe durch den Verbraucher. Diese Grundsätze können allerdings im Kontext mit der Integration spezifischer Widerrufs- oder Rückgaberegelungen in den einzelnen Verbraucherschutzvorschriften Modifikationen erfahren.

§ 355 Widerrufsrecht bei Verbraucherverträgen

(1) ¹Wird einem Verbraucher durch Gesetz ein Widerrufsrecht nach dieser Vorschrift eingeräumt, so ist er an seine auf den Abschluss des Vertrags gerichtete Willenserklärung nicht mehr gebunden, wenn er sie fristgerecht widerrufen hat. ²Der Widerruf muss keine Begründung enthalten und ist in Textform oder durch Rücksendung der Sache innerhalb von zwei Wochen gegenüber dem Unternehmer zu erklären; zur Fristwahrung genügt die rechtzeitige Absendung.

(2) ¹Die Frist beginnt mit dem Zeitpunkt, zu dem dem Verbraucher eine deutlich gestaltete Belehrung über sein Widerrufsrecht, die ihm entsprechend den Erfordernissen des eingesetzten Kommunikationsmittels seine Rechte deutlich macht, in Textform mitgeteilt worden ist, die auch Namen und Anschrift desjenigen, gegenüber dem der Widerruf zu erklären ist, und einen Hinweis auf den Fristbeginn und die Regelung des Absatzes 1 Satz 2 enthält. ²Sie ist vom Verbraucher bei anderen als notariell beurkundeten Verträgen gesondert zu unterschreiben oder mit einer qualifizierten elektronischen Signatur zu versehen. ³Ist der Vertrag schriftlich abzuschließen, so beginnt die Frist nicht zu laufen, bevor dem Verbraucher auch eine Vertragsurkunde, der schriftliche Antrag des Verbrauchers oder eine Abschrift der Vertragsurkunde oder des Antrags zur Verfügung gestellt werden. ⁴Ist der Fristbeginn streitig, so trifft die Beweislast den Unternehmer.

(3) ¹Das Widerrufsrecht erlischt spätestens sechs Monate nach Vertragsschluss. ²Bei der Lieferung von Waren beginnt die Frist nicht vor dem Tag ihres Eingangs beim Empfänger.

Literatur: *Bülow/Artz*, Fernabsatzverträge und Strukturen eines Verbraucherprivatrechts im BGB, NJW 2000, 2049; *Fuchs*, Das Fernabsatzgesetz im neuen System des Verbraucherschutzes, ZIP 2000, 1273; *ders.*, Zur Dispositibilität gesetzlicher Widerrufsrechte im Privatrecht, AcP 196 (1996), 313; *Kohler*, Das Rücktrittsrecht in der Reform, JZ 2001, 325; *Härting/Schirmbacher*, Fernabsatzgesetz, MDR 2000, 917; *Hager*, Das geplante Recht des Rücktritts und des Widerrufs, in: Zivilrechtsreform und Schuldrechtsmodernisierung, 2001, S. 429; *v. Koppenfels*, Das Widerrufsrecht bei Verbraucherverträgen im BGB – eine Untersuchung des § 355 Abs. 1 BGB-RegE, WM 2001, 1360; *Lorenz*, Im BGB viel Neues: Die Umsetzung der Fernabsatzrichtlinie, JuS 2000, 833; *Mankowski*, Zur Neuregelung der Widerrufsfrist bei Fehlen einer Belehrung im Verbraucherschutzrecht, JZ 2001, 745; *ders.*, Schwebende Wirksamkeit unter § 361a BGB, WM 2001, 802 (Teil 1) und 833 (Teil 2); *Ring*, Fernabsatzgesetz, Kommentar, §§ 361a und b BGB; *Rott*, Widerruf und Rückabwicklung nach der Umsetzung der Fernabsatzrichtlinie und dem Entwurf eines Schuldrechtsmodernisierungsgesetzes, VuR 2001, 78; *K. Schmidt*, Verbraucherschützende Widerrufsrechte als Grundlage der Vollstreckungsgegenklage nach neuem Recht – Zur Bedeutung des neuen § 361a BGB für den prozessualen Rechtsschutz des Schuldners, JuS 2000, 1096; *Tonner*, Das neue Fernabsatzgesetz, BB 2000, 1413.

---

[19] MüKo/*Janßen*, § 360 Rn 5; Staudinger/*Kaiser*, § 360 Rn 9.
[20] MüKo/*Janßen*, § 360 Rn 5; Staudinger/*Kaiser*, § 360 Rn 9.

Inhalt

A. Überblick 1
B. Das Konstrukt „Widerrufsrecht" 2
  I. Widerruf als Gestaltungsrecht 2
  II. Das Modell der schwebenden Wirksamkeit 6
  III. Das Modell der schwebenden Unwirksamkeit 8
  IV. Das Modell des § 355 12
    1. Widerrufsrecht als modifiziertes gesetzliches Rücktrittsrecht 12
    2. Abs. 1 S. 1 als Blankettnorm 15
    3. Widerrufsfrist 17
      a) Einheitliche Zwei-Wochen-Frist (Abs. 1 S. 2 Hs. 1) 17
      b) Fristwahrung (Abs. 1 S. 2 Hs. 2) 19
      c) Fristbeginn (Abs. 2 S. 1) 20
      d) Besonderheiten beim Fristbeginn 27
    4. Widerrufsbelehrung (Abs. 2) 28
  V. Form des Widerrufs (Abs. 1 S. 2 Hs. 1) 35
  VI. Beweislastregel (Abs. 2 S. 4) 40
C. Erlöschen des Widerrufsrechts (Abs. 3) 41

A. Überblick

1 Abs. 1 und 2 entsprechen § 361a Abs. 1 a.F. Letzterer wurde lediglich der besseren Übersichtlichkeit wegen in zwei Absätze aufgeteilt: § 361a Abs. 1 S. 1 und 2 a.F. entspricht Abs. 1; allein aus redaktionellen Gründen wurde in Satz 2 das Wort „erfolgen" durch „erklären" ersetzt. § 361a Abs. 1 S. 3 bis 6 a.F. entspricht Abs. 2; lediglich die Begrifflichkeit „Widerrufsempfänger" (§ 361a Abs. 1 S. 3 a.F.) wurde in Abs. 2 S. 1 redaktionell durch die Formulierung „desjenigen, gegenüber dem der Widerruf zu erklären ist" ersetzt.

B. Das Konstrukt „Widerrufsrecht"

I. Widerruf als Gestaltungsrecht

2 Das Widerrufsrecht ist ein **Gestaltungsrecht**, das seinem Inhalt nach die Rechtsmacht des Verbrauchers beinhaltet, den zunächst wirksam zustande gekommenen Verbrauchervertrag durch den Widerruf seiner Willenserklärung in ein Abwicklungsverhältnis umzugestalten. Als Gestaltungserklärung ist der Widerruf **bedingungsfeindlich**. Zulässig ist nur ein **Eventualwiderruf** für den Fall, dass die vom Verbraucher primär geltend gemachte Rechtsverteidigung (z.B. der Vertrag sei nichtig) erfolglos bleibt.[1]

3 Zur **Ausübung** des Gestaltungsrechts ist neben dem Verbraucher selbst im Falle des § 1357 auch der mithaftende Ehegatte[2] bzw. im Kontext mit § 179 der vollmachtlose Vertreter[3] befugt.

4 Das Widerrufs- als Gestaltungsrecht ist **vererblich** und kann zusammen mit den aus dem Verbrauchervertrag resultierenden Rechten und Pflichten (**nicht** jedoch isoliert) **übertragen** werden.[4]

5 Das Widerrufsrecht war vor der Einführung des § 361a a.F. (infolge von Art. 2 Nr. 3 FernAbsG a.F.) in den einzelnen verbraucherschutzrechtlichen Vorschriften nicht einheitlich ausgestaltet gewesen. Auch die einschlägigen Vorgaben des europäischen Sekundärrechts verwenden unterschiedliche Begrifflichkeiten, wie etwa Widerruf (in Art. 6 FARL) bzw. Rücktritt (in Art. 5 der Time-Sharing-Richtlinie bzw. Art. 5 der Haustürgeschäfterichtlinie). Die Vorgaben des Richtlinienrechts lassen somit den Mitgliedstaaten im Rahmen der Umsetzung der Vorgaben eine Freiheit in der Wahl des konstruktiven Modells, wie eine Loslösung vom Vertrag erfolgen kann, sofern das nationale Verbraucherschutzrecht nur das Richtlinienziel verwirklicht.[5]

II. Das Modell der schwebenden Wirksamkeit

6 Unterschiedliche Modelle einer Loslösung vom Vertrag sind denkbar: Etwa das Konstrukt einer **schwebenden Wirksamkeit** (als Rechtsbedingung, deren Eintritt bei Ausübung des Widerrufsrechts ex nunc wirkt),[6] nachgebildet der in § 158 Abs. 2 normierten auflösenden Bedingung. Dieses Modell fand sich in § 4 FernUSG a.F. verwirklicht und gilt immer noch im Hinblick auf § 23 des Gesetzes über Kapitalanlagegesellschaften (KAGG) (Widerrufsrecht von Willenserklärungen des Käufers) vom 16. April 1957 sowie § 11 des Gesetzes über den Vertrieb ausländischer Investmentanteile und über die Besteuerung der Erträge aus ausländischen Investmentanteilen (AuslInvG) (Widerrufsrecht des Käufers) vom 28. Juli 1969, verbraucherschutzrechtlichen Regelungen, die nicht auf einer Transformation von europäischem Sekundärrecht beruhen.

---

[1] Palandt/*Heinrichs*, § 361a BGB Rn 16.
[2] *Cobulla/Pützhoven*, FamRZ 1996, 1124.
[3] BGH NJW-RR 1991, 1079.
[4] Palandt/*Heinrichs*, § 361a BGB Rn 7.
[5] *Bülow/Artz*, NJW 2000, 2049, 2051.
[6] *Gernhuber*, WM 1998, 1798, 1804.

Das Konstrukt der schwebenden Wirksamkeit ist dadurch gekennzeichnet, dass der Verbraucher dann nicht mehr an seine Willenserklärung gebunden bleibt, wenn er sie wirksam widerruft. Bis zum Widerruf bleibt der Vertrag jedoch wirksam und begründet beidseitige Erfüllungsansprüche.[7]

III. Das Modell der schwebenden Unwirksamkeit

Das Konstrukt **schwebender Unwirksamkeit** geht von einem zunächst unwirksamen Vertrag aus, der weder Erfüllungs- noch Gewährleistungs- oder Schadensersatzansprüche wegen Nichterfüllung begründet, da die Willenserklärung erst dann Wirksamkeit erlangt, wenn sie nicht widerrufen wird. Nach Ablauf der Widerrufsfrist und korrespondierender Nichtausübung des Widerrufsrechts wird der Vertrag wirksam und begründet Erfüllungsansprüche.

Diesem Modell folgten **vor** Verabschiedung des FernAbsG eine ganze Anzahl verbraucherschutzrechtlicher Regelungen, etwa die Widerrufsrechte nach § 7 VerbrKrG a.F.,[8] § 1 HTWG a.F.[9] bzw. § 5 TzWrG a.F.[10]

Bülow[11] weist zutreffend darauf hin, dass der Zustand der schwebenden Unwirksamkeit nach den genannten Vorschriften sich in wesentlicher Hinsicht von der Regelung des § 108 Abs. 1 im Minderjährigenrecht unterscheidet, die ebenfalls schwebende Unwirksamkeit anordnet: „Dort tritt mit der Genehmigung des gesetzlichen Vertreters rückwirkend Wirksamkeit des Vertrags ein (§ 184 Abs. 1), hier kann die Willenserklärung erst ab dem Zeitpunkt des Fristablaufs wirksam werden."[12]

Bereits im Referentenentwurf zu Art. 2 Nr. 3 FernAbsG a.F.[13] (d.h. § 361a a.F.) war darauf hingewiesen worden, dass ein Modell „schwebende Unwirksamkeit" das Ziel der umzusetzenden FARL nicht erreichen kann. Die Intention der FARL geht dahin, dem Verbraucher einen Erfüllungsanspruch einzuräumen – so ausdrücklich Art. 7 FARL (Erfüllung des Vertrags).[14] Erst nachdem ihm nämlich die im Fernabsatz bestellte Ware geliefert wurde, kann der Verbraucher sich letztlich darüber schlüssig werden, ob er sein Widerrufsrecht ausübt oder nicht.

IV. Das Modell des § 355

1. Widerrufsrecht als modifiziertes gesetzliches Rücktrittsrecht

Abs. 1 S. 1 regelt nunmehr einheitlich für alle verbraucherschutzrechtlichen Regelungen das rechtliche Modell „Widerrufsrecht[15] als Gestaltungsrecht (Rn 2 ff. – rechtsvernichtende Einwendung) im Sinne einer **schwebenden Wirksamkeit**[16] und setzt dem „Wirrwarr"[17] der unterschiedlichsten Ansätze möglicher Ausgestaltungsformen (wie bereits schon seine Vorläuferregelung, § 361a a.F.) ein Ende. Wird einem Verbraucher durch Gesetz ein Widerrufsrecht nach Maßgabe des § 355 eingeräumt, so ist er an seine auf den Abschluss des Vertrags (mit einem Unternehmer) gerichtete Willenserklärung nicht mehr gebunden, wenn er sie fristgerecht widerruft (Widerrufsrecht als **modifiziertes gesetzliches Rücktrittsrecht** von einem zunächst wirksam geschlossenen Vertrag). Vor diesem Hintergrund verweist § 357 Abs. 1 S. 1 hinsichtlich der Rechtsfolgen des Widerrufs grundsätzlich („soweit nicht ein anderes bestimmt ist") auf die Vorschriften über den gesetzlichen Rücktritt (§§ 346 ff.), die entsprechende Anwendung finden.

Der fristgerechte Widerruf vernichtet also die auf den Abschluss eines Vertrags gerichtete Willenserklärung des Verbrauchers: Er ist an diese „nicht mehr gebunden". Bis zu diesem Zeitpunkt ist die (widerrufliche) Willenserklärung des Verbrauchers allerdings **wirksam** (schwebende Wirksamkeit),[18] wenngleich vernichtbar. „**Nicht mehr gebunden**" bedeutet, dass der Widerruf (vergleichbar § 142 Abs. 1 hinsichtlich der Anfechtung) die Willenserklärung des Verbrauchers vernichtet. Folge ist demnach das Fehlen zweier korrespondierender Willenserklärungen und damit die Unwirksamkeit des zunächst einmal wirksam abgeschlossenen Vertrages zwischen Verbraucher und Unternehmer. Abs. 1 S. 1 trifft explizit keine Aussage darüber, ob diese Nichtigkeit ex tunc oder ex nunc eintreten soll. Sowohl die Formulierung (... nicht mehr gebunden ...) als auch die Anbindung der Widerrufsfolgen an das Rücktrittsrecht in § 357 Abs. 1 S. 1 sprechen jedoch für eine bloße ex nunc-Wirkung.[19]

---

7 *Bülow/Artz*, NJW 2000, 2049, 2051.
8 Vom 17. Dezember 1990 (BGBl I S. 2840).
9 Vom 16. Januar 1986 (BGBl I S. 122).
10 Vom 20. Dezember 1996 (BGBl I S. 2154).
11 *Bülow/Artz*, NJW 2000, 2049, 2051.
12 *Bülow/Artz*, NJW 2000, 2049, 2051.
13 RegE, BT-Drucks 14/2658, S. 47 li. Sp.
14 *Bülow/Artz*, NJW 2000, 2049, 2051 unter Bezugnahme auf *Artz*, VuR 1999, 249; *Heinrichs*, FS für Medicus, 1999, S. 177, 190; *Reich/Micklitz*, BB 1999, 2093, 2094; *Waldenberger*, K&R 1999, 345, 349; a.A. *Vehslage*, DuD 1999, 633, 640.
15 Dazu *Kohler*, JZ 2001, 325, 335 – Sonderfälle: gesetzlicher Rücktritt beim Verbraucherschutz.
16 Zur schwebenden Wirksamkeit unter § 361a BGB näher *Mankowski*, WM 2001, 802 (Teil 1) und 833 (Teil 2).
17 *Kappus*, EWS 1996, 273, 277.
18 So RegE, BT-Drucks 14/2658, S. 47.
19 So zutreffend *Lorenz*, JuS 2000, 833, 835.

14 Der Gesetzgeber hat sich damit – dem Modell des FernUSG folgend – für die **schwebende Wirksamkeit** von Willenserklärungen im Kontext aller Verbraucherschutzregelungen als neue eigenständige dogmatische Kategorie des deutschen Zivilrechts entschieden.[20] Der abgeschlossene Verbrauchervertrag ist zunächst gültig mit der Folge, dass der Verbraucher gegen den Unternehmer einen Erfüllungsanspruch hat. Mit Vollendung des Vertragsabschlusstatbestandes entstehen also bereits beiderseitige Erfüllungsansprüche.[21] Im Rahmen seiner AGB kann der Unternehmer allerdings Vorsorge treffen, dass ihn seine Leistungsverpflichtung erst nach Ablauf der Widerrufsfrist trifft. Umgekehrt hat aber der Unternehmer gegen den Verbraucher grundsätzlich einen Erfüllungsanspruch. Der Verbraucher darf die Leistung jedoch wegen der ihm gesetzlich eingeräumten Überlegungszeit bis zum Ende der Widerrufsfrist verweigern. Sofern dem Verbraucher auch noch keine ordnungsgemäße Belehrung über sein Widerrufsrecht nach Abs. 2 S. 1 erteilt worden ist, kann er sein Leistungsverweigerungsrecht auch auf seinen Belehrungsanspruch stützen.[22] Mit Erlöschen des Widerrufsrechts wird die Willenserklärung des Verbrauchers (und damit auch der Vertrag) **endgültig** wirksam. Davon unberührt bleiben andere Mängel des Vertrags.[23]

2. Abs. 1 S. 1 als Blankettnorm

15 Abs. 1 S. 1 regelt nunmehr das Widerrufsrecht einheitlich für alle verbraucherschutzrechtlichen Regelungen („durch Gesetz", d.h. im BGB oder in einer anderen gesetzlichen Regelung). Die Vorschrift ist als **Blankettnorm** zu qualifizieren. Sie bestimmt das Wesen und die Voraussetzungen des Widerrufsrechts (wohingegen die Rechtsfolgen des Widerrufs in § 357 einheitlich mit jenen der Rückgabe geregelt wurden).

16 Regelungsgegenstand ist hingegen **nicht**, in welchen Fällen dem Verbraucher ein Widerrufsrecht überhaupt eingeräumt wird. Diese Frage beantworten auch weiterhin eine Reihe von verbraucherschutzrechtlichen Sondervorschriften, z.B. § 312 Abs. 1 S. 1 (für Haustürgeschäfte), § 312d Abs. 1 S. 1 (für Fernabsatzverträge), § 485 (für Teilzeit-Wohnrechteverträge), § 495 (für Verbraucherdarlehensverträge) oder § 4 Abs. 1 S. 1 FernUSG. Die genannten Sondervorschriften[24] verweisen alle auf § 355 Abs. 1 S. 1 hinsichtlich der Voraussetzungen und damit letztlich auf § 357 im Hinblick auf die Folgen des Widerrufsrechts. Aufgrund der Vertragsfreiheit können die Parteien aber auch für nicht unter § 355 fallende Verträge ein Widerrufsrecht nach dieser Norm vereinbaren.[25]

3. Widerrufsfrist

a) Einheitliche Zwei-Wochen-Frist (Abs. 1 S. 2 Hs. 1)

17 Die Widerrufsfrist beträgt nach Abs. 1 S. 2 Hs. 1 (in Anlehnung an das FernUSG) **einheitlich** für alle verbraucherschutzrechtlichen Regelungen, die auf § 355 verweisen, **zwei Wochen**. Der Gesetzgeber hat damit eine über die Vorgabe des Art. 6 Abs. 1 S. 1 FARL über die Mindestfrist von sieben Werktagen hinausgehende Regelung getroffen. Damit macht der Gesetzgeber von der allen EG-Verbraucherschutzrichtlinien immanenten Option Gebrauch, die es gestattet, den Verbraucherschutz auszudehnen.[26] Die Widerrufsfrist kann zugunsten des Verbrauchers durch Vertrag verlängert, nicht jedoch verkürzt werden. Das geschah nicht zuletzt auch aus der Überlegung heraus, praktische Schwierigkeiten bei der Fristberechnung wegen der nach Landesrecht bestehenden unterschiedlichen Feiertagsregelungen zu vermeiden.[27] Dies hat folgende Bedeutung für die einzelnen Verbraucherschutzverträge (deren Fristen früher unterschiedlich

---

20 RegE, BT-Drucks 14/2658, S. 47 li. Sp. – als „drittem Weg" und damit nicht für das Konzept schwebende Unwirksamkeit (in Anlehnung an die Altregelung des HTWG oder des VerbrKrG – dazu MüKo/*Ulmer*, § 1 HTWG Rn 6; *Fischer/Maschunsky*, § 1 HTWG Rn 282). Da die FARL den Beginn der Widerrufsfrist von der Lieferung des Kaufgegenstandes abhängig macht, muss der Erfüllungsanspruch nämlich vor Beginn der Widerrufsfrist bestehen. Daraus schlossen Teile der Literatur (*Bülow*, DZWiR 1997, 89; *Micklitz/Reich*, Die Fernabsatzrichtlinie im deutschen Recht, 1998, Rn 54), dass das Widerrufsrecht als Rücktrittsrecht i. S. der rechtlichen Begrifflichkeit des BGB aufzufassen sei. Beiden Konzepten ist der Gesetzgeber jedoch nicht gefolgt. Gleichermaßen verworfen wurde aber auch das Modell einer „personell gespaltenen schwebenden (Un-)Wirksamkeit" (dazu hinsichtlich § 7 VerbrKrG a.F. *Larenz/Wolf*, BGB, Allgemeiner Teil, § 44 Rn 55; *Wolf*, Anmerkung zu BGH LM § 535 Nr. 153).

21 *Bülow/Artz*, NJW 2000, 2049, 2052: Dadurch erübrigen sich Diskussionen zur Frage, ob der Verbraucher auf sein Widerrufsrecht verzichten kann, wenn die Widerrufsfrist mangels Widerrufsbelehrung nicht in Gang gesetzt wurde (dazu *Bülow*, § 7 VerbrKrG Rn 46; *Knütel*, AcP 185 (1985), 309, 316; MüKo/*Ulmer*, § 7 VerbrKrG Rn 26), der grundsätzliche Streit über die Verzichtbarkeit (dazu *Fuchs*, AcP 196 (1996), 314, 355; *Krämer*, ZIP 1997, 93, 96 für eine Verzichtbarkeit; a.A. *Bülow*, ZIP 1998, 945) mangels praktischer Bedeutung.

22 A.A. wie früher h. M., vgl. etwa BGHZ 109, 127, die in der Belehrung lediglich eine Obliegenheit, aber keine Rechtspflicht sah. Durch die veränderte Gesetzeskonzeption (schwebende Wirksamkeit anstatt schwebende Unwirksamkeit) ist diese Auffassung jedoch obsolet: so zutreffend Palandt/*Heinrichs*, § 361a BGB Rn 10.

23 Palandt/*Heinrichs*, § 361a BGB Rn 9.

24 Nicht hingegen § 23 KAGG (Widerrufsrecht von Willenserklärungen des Käufers) sowie § 11 AuslInvG (Widerrufsrecht des Käufers), vgl. Rn 6. Ein Verweis in § 355 in den genannten Normen findet nicht statt, da die Regelungsbereiche Gegenstand der EG-Richtlinie über Finanzdienstleistungen im Fernabsatz sein werden.

25 Palandt/*Heinrichs*, § 361a BGB Rn 5.

26 *Bülow/Artz*, NJW 2000, 2050 m.N.

27 RegE, BT-Drucks 14/2658, S. 42.

Titel 5. Rücktritt; Widerrufs- und Rückgaberecht bei Verbraucherverträgen   § 355

lang waren): Bei **Fernabsatzverträgen** kommt es zu keiner substantiellen Fristverlängerung, bei **Teilzeit-Wohnrechteverträgen** (früher 10 Kalendertage) erfolgt eine leichte Fristverlängerung und bei **Verbraucherdarlehensverträgen** sowie **Haustürgeschäften**[28] kommt es zu einer Verdopplung der Frist.[29]

Obgleich nach § 4 Abs. 1 S. 1 FernUSG (i.d.F. von Art. 5 Nr. 31 Schuldrechtsmodernisierungsgesetz) den Teilnehmern im Widerrufsrecht in § 355 eingeräumt wird, bestimmt **§ 4 Abs. 1 S. 2 FernUSG**, dass abweichend von Abs. 2 S. 1 die Widerrufsfrist nicht vor Zugang der ersten Lieferung des Fernlehrmaterials beginnt. Für finanzierte Fernunterrichtsverträge gilt § 358 entsprechend (§ 4 Abs. 1 S. 3 FernUSG). Der Gesetzgeber ist der Ansicht, dass die Erhöhung zur **Vereinheitlichung der Fristen** unvermeidlich, aber nur bedingt schwerwiegend sei.[30]   18

b) Fristwahrung (Abs. 1 S. 2 Hs. 2)

Zur Fristwahrung genügt (wie früher schon in allen Verbraucherschutzgesetzen) nach Abs. 1 S. 2 Hs. 2 die **rechtzeitige Absendung** des Widerrufs, der in verschiedener Form (Rn 35 ff.) erfolgen kann. Dies hat folgende Konsequenzen: Das Verzögerungsrisiko trägt der Unternehmer, das Zugangsrisiko hingegen – einschließlich der Beweislast im Hinblick auf einen Zugang – (wie bisher) der Verbraucher.   19

c) Fristbeginn (Abs. 2 S. 1)

Fristbeginn ist nach Abs. 2 S. 1 der Zeitpunkt, zu dem dem Verbraucher in Textform (§ 126b) eine deutlich gestaltete Belehrung über sein Widerrufsrecht (**Widerrufsbelehrung**) mitgeteilt worden ist. Die Belehrung muss dem Verbraucher entsprechend den Erfordernissen des eingesetzten Kommunikationsmittels seine Rechte deutlich machen.   20

Der Verbraucher kann aber auch schon nach Abgabe seiner Willenserklärung widerrufen, selbst wenn der Vertrag noch nicht zustande gekommen ist. Das Widerrufsrecht erlischt hingegen erst mit dem Ende der Widerrufsfrist. Zur **Fristwahrung** genügt nach Abs. 1 S. 2 Hs. 2 die rechtzeitige Absendung des Widerrufs vor Fristablauf. Doch wird der Widerruf als empfangsbedürftige Willenserklärung nach § 130 Abs. 1 erst wirksam, wenn er dem Unternehmer zugegangen ist. Allein im Falle der Rücksendung der Sache (als konkludente Willenserklärung) wird der Widerruf wegen der Gefahrtragung des Unternehmers (beachte § 357 Abs. 2 S. 2) auch wirksam, wenn die Sache während des Transports verloren geht.[31]   21

Ein von den genannten Vorgabe des Abs. 2 S. 1 **abweichender Fristbeginn** bestimmt § 312d Abs. 2 Hs. 1 (entsprechend § 3 Abs. 1 S. 2 Hs. 1 FernAbsG a.F.) in Anlehnung an die Regelungen in Art. 6 Abs. 1 S. 5 FARL: Danach beginnt die Widerrufsfrist bei **Fernabsatzverträgen** (abweichend von § 355 Abs. 2 S. 1) grundsätzlich **nicht vor** Erfüllung der Informationspflichten durch den Unternehmer nach § 312c Abs. 2, bei der **Lieferung von Waren** nicht vor dem Tag ihres Eingangs beim Empfänger, bei der **wiederkehrenden Lieferung gleichartiger Waren** (Sukzessivlieferungsverträgen)[32] nicht vor dem Tag des Eingangs der ersten Teillieferung und bei **Dienstleistungen** nicht vor dem Tag des Vertragsabschlusses.   22

Die Berechnung der Frist bestimmt sich im Einzelnen nach den §§ 187 Abs. 1, 188 Abs. 2 und 193.   23

Die **Widerrufsbelehrung** hat nach Abs. 2 S. 1 einen **notwendigen Inhalt** und muss auch den Namen und die Anschrift desjenigen, gegenüber dem der Widerruf zu erklären ist (mithin des Widerrufsempfängers, wobei eine entsprechende Angabe stets verbindlich ist, aber auch mehrere Widerrufsempfänger benannt werden können), einen Hinweis auf den Fristbeginn (weil dies nach früherer Praxis nicht immer geschah und dadurch beim Verbraucher zu Unklarheiten führte) enthalten. Dabei ist die Benennung eines Ereignisses, das die Frist in Lauf setzt, ausreichend.[33] Das konkrete Datum des Fristbeginns muss nicht unbedingt angegeben werden[34] – ebensowenig wie die Grundsätze der Fristberechnung.[35] Die Angabe „Fristbeginn ab heute" ist jedoch wegen § 187 Abs. 1 irreführend,[36] da die Formulierung beim Verbraucher den Eindruck nahe legt, bei der Fristberechnung werde dieser Tag mitgezählt. Weiterhin muss   24

---

28 *Tonner* (BB 2000, 1413, 1415) meint, dass die Fristverdopplung beim VerbrKrG a.F. und beim HTWG a.F. „erstmals seit langem eine substantielle Verbesserung des legislativen Verbraucherschutzes" darstelle, „die nicht auf eine zwingende Vorgabe aus Brüssel zurückzuführen ist".
29 *Vehslage* (ZAP 2000, 891, 896) weist darauf hin, dass im Rahmen der Anhörungen zum Gesetzentwurf der Bankenverband am 20. März 2000 Bedenken gegen eine Verdopplung der Frist bei Verbraucherkrediten erhob, da dies zu einer verzögerten Abwicklung von Verträgen führen könnte: Die Kreditinstitute würden erst nach Ablauf der Widerrufsfrist zur Auszahlung der Darlehensvaluta bereit sein. „Diesem Nachteil steht jedoch der notwendige Vorteil gegenüber, dass dem aufgrund immer vielfältigerer Angebote zunehmend schutzbedürftiger werdenden Verbraucher nun eine längere – und vor allem für alle Verträge gleich lange – Überlegungszeit zur Verfügung steht", *Vehslage*, a.a.O.
30 RegE, BT-Drucks 14/2658, S. 47 li. Sp.
31 Palandt/*Heinrichs*, § 361a BGB Rn 21.
32 Diese Regelung hinsichtlich Sukzessivlieferungsverträgen folgt zwar nicht ausdrücklich aus der FARL, steht gleichwohl aber im Einklang mit den Erwägungsgründen der Nr. 10 und 14 FARL.
33 BGHZ 126, 56.
34 So *Mögel*, NJW 2000, 103; a.A. OLG Koblenz, NJW 1994, 2099.
35 Palandt/*Heinrichs*, § 361a BGB Rn 11.
36 BGHZ 126, 56.

die Widerrufsbelehrung einen Hinweis auf die Regelung des Abs. 1 S. 2 (Angaben zu Form und Frist) enthalten, mithin auf das fehlende Erfordernis einer Begründung (d.h. auf das Recht eines beliebigen und an keine Voraussetzungen gebundenen Widerrufs), die Form der Widerrufserklärung, die Widerrufsfrist (Zwei-Wochen-Frist und Fristbeginn) sowie auf den Umstand, dass zur Fristwahrung die rechtzeitige Absendung der Widerrufserklärung ausreicht. Im Übrigen muss die Widerrufsbelehrung klarstellen, auf welchen konkreten Verbrauchervertrag sie sich bezieht. Eine Belehrung für mehrere (oder auch künftige) Verträge ist unwirksam.[37]

25 Die zur Verfügung gestellte Belehrung über das Widerrufsrecht (Erfordernis einer ordnungsgemäß vom Unternehmer erteilten Widerrufsbelehrung)[38] ist nach **Abs. 2 S. 2** bei anderen als notariell beurkundeten Verträgen vom Verbraucher gesondert zu unterschreiben oder mit einer qualifizierten elektronischen Signatur[39] zu versehen. Unter einer **qualifizierten elektronischen Signatur** sind gemäß § 2 Nr. 3 SigG elektronische Signaturen nach § 2 Nr. 2 SigG (d.h. „fortgeschrittene elektronische Signaturen i.S.v. § 2 Nr. 1 SigG – Daten in elektronischer Form, die anderen elektronischen Daten beigefügt oder logisch mit ihnen verknüpft sind und die zur Authentifizierung dienen –, die ausschließlich dem Signaturschlüssel-Inhaber zugeordnet sind, die Identifizierung des Signaturschlüssel-Inhabers ermöglichen, mit Mitteln erzeugt werden, die der Signaturschlüssel-Inhaber unter seiner alleinigen Kontrolle halten kann, und mit den Daten, auf die sie sich beziehen, so verknüpft sind, dass eine nachträgliche Veränderung der Daten erkannt werden kann) zu verstehen, die auf einem zum Zeitpunkt ihrer Erzeugung gültigen qualifizierten Zertifikat beruhen und mit einer sicheren Signaturerstellungseinheit erzeugt werden.

26 Der Fristbeginn wird also in Anlehnung an das bisherige Verbraucherschutzrecht an die Zurverfügungstellung einer Widerrufsbelehrung gekoppelt, die gesondert zu unterschreiben ist. **Besonderheiten** müssen jedoch für den Fernabsatz gelten, da das Unterschriftserfordernis den modernen Formen des Fernabsatzes nicht gerecht wird. Für den Fernabsatz reicht es aus, dass die Widerrufsbelehrung in Textform (§ 126b) mitgeteilt und bei elektronischen Übermittlungsformen auch elektronisch signiert wird.[40]

d) Besonderheiten beim Fristbeginn

27 **Besonderheiten** hinsichtlich des **Fristbeginns** gelten für folgende Verträge: Bei Fernabsatzverträgen beginnt die Frist – abweichend von Abs. 2 S. 1 – gemäß § 312d Abs. 2 Hs. 1 nicht vor Erfüllung der nach den für Fernabsatzverträge vorgeschriebenen Informationspflichten durch den Unternehmer,[41] im Übrigen bei Waren nicht vor ihrem Eingang beim Empfänger, bei wiederkehrenden Leistungen nicht vor Eingang der ersten Teillieferung und bei Dienstleistungen nicht vor dem Tag des Vertragsschlusses. Bei Fernunterrichtsverträgen beginnt die Widerrufsfrist nach § 4 Abs. 1 S. 2 FernUSG nicht vor Zugang der ersten Lieferung des Fernmaterials, um dem Verbraucher die Möglichkeit zu eröffnen, dessen Tauglichkeit (aber auch seine eigene Eignung) zu überprüfen.

4. Widerrufsbelehrung (Abs. 2)

28 Die deutlich gestaltete Widerrufsbelehrung muss dem Verbraucher in Textform (§ 126b) mitgeteilt worden sein. Eine **Mitteilung** (respektive „Zurverfügungstellung" i.S.v. § 361a Abs. 1 S. 3 a.F.) setzt voraus, dass ein Exemplar der Belehrung beim Verbraucher verbleiben muss,[42] nicht notwendigerweise aber jenes, das er unterzeichnet hat. Bei einer elektronisch übermittelten Widerrufsbelehrung (via E-Mail) ist eine Aufforderung des Unternehmers an den Verbraucher, die Belehrung auszudrucken oder elektronisch zu speichern, sowohl erforderlich als auch ausreichend.[43]

29 Einerseits bewirkt die zunächst im Regierungsentwurf zum FernAbsG allein vorgesehene Schriftform mehr als eine bloße Sicherung der Beweise und der Authentizität der Erklärung. Andererseits geht es nach Ansicht des Gesetzgebers im Kontext mit Abs. 2 S. 1 und 2 nicht um eine Sicherung des Vertragsinhalts, sondern um zweierlei: Belehrung des Verbrauchers über seine Rechte und Dokumentation dieser Belehrung. Vor diesem Hintergrund hielt es der Gesetzgeber (bereits im Kontext mit dem FernAbsG a.F.) „für richtig

---

37 Palandt/*Heinrichs*, § 361a BGB Rn 11.
38 Diese entspricht im Kern den früheren Regelungen in § 2 HTWG a.F., § 7 Abs. 2 VerbrKrG a.F., § 5 Abs. 2 TzWrG a.F. sowie § 4 Abs. 2 FernUSG a.F.
39 Die Signaturrichtlinie (Richtlinie 1999/93/EG vom 13. Dezember 1999 über gemeinschaftliche Rahmenbedingungen für elektronische Signaturen – ABl. EG Nr. L 13, S. 12) – dazu *Blaurock/Adam*, Elektronische Signatur und europäisches Privatrecht, ZEuP 2001, 93 – wurde durch das Gesetz über Rahmenbedingungen für elektronische Signaturen und zur Änderung weiterer Vorschriften vom 16. Mai 2001 (BGBl I S. 876) in das deutsche Recht transformiert. Als Art. 1 dieses Artikelgesetzes gilt das Gesetz über Rahmenbedingungen für elektronische Signaturen (Signaturgesetz – SigG). Dazu näher *Rossnagel*, Das neue Recht elektronischer Signaturen, NJW 2001, 1817.
40 Rechtsausschuss, BT-Drucks 14/3195, S. 32 re. Sp.
41 Zudem ist zu beachten, dass im FernAbsG a.F. vom Erfordernis einer (ggf. elektronischen) Unterzeichnung der Belehrung durch den Verbraucher Abstand genommen wurde. Das Erfordernis einer eigenhändigen Unterschriftsleistung des Verbrauchers hätte den Fernabsatz nur verlangsamt, so zutreffend *Lorenz*, JuS 2000, 833, 836.
42 BGH NJW 1998, 1524.
43 Palandt/*Heinrichs*, § 361a BGB Rn 15.

und unvermeidbar, einerseits elektronische Übermittlungsformen zuzulassen. Es sollte aber andererseits doch der Versuch unternommen werden, die Schwächen der dargestellten Regelungen auszugleichen. Dazu lässt sich ein bisher schon vorgesehenes Element der Belehrung nutzen. Nach bisherigem Recht genügt nicht die schlichte Belehrung. Sie muss vielmehr **deutlich gestaltet** sein. Bei elektronischen Übermittlungsformen kommt diesem Element gesteigerte Bedeutung zu, die auch im Text der Vorschrift zum Ausdruck kommen sollte."[44] Aus diesem Grunde ist gemäß Abs. 2 S. 1 die Belehrung so zu gestalten, dass sie entsprechend den Erfordernissen des jeweils eingesetzten Kommunikationsmittels **auch geeignet ist, die Aufmerksamkeit des Verbrauchers zu erregen** (**Deutlichkeitsgebot**). Bei Verwendung eines Kommunikationsmittels in Papierform muss die Belehrung drucktechnisch wie inhaltlich deutlich gestaltet sein, sich z.B. durch Farbe, große Lettern oder Fettdruck in für den Verbraucher nicht zu übersehender Weise aus dem sonstigen Vertragstext herausheben.[45] Daher hat die Rechtsprechung etwa einen Verstoß gegen das Deutlichkeitsgebot bei einem zu geringen Randabstand und der Verwendung größerer Abstände bei ansonsten gleichförmigem Schriftbild angenommen,[46] ebenso wie bei einem durchgezogenen Trennstrich (zwischen Vertragstext und Widerrufsbelehrung) bei kleineren Drucktypen.[47] Verwirrende oder ablenkende Zusätze in der Belehrung sind nicht statthaft.[48] Im Übrigen soll das Deutlichkeitsgebot auch dann verletzt sein, wenn sich in zu geringem Abstand zur Widerrufsbelehrung ein anderer Text befindet, der aufgrund seiner Gestaltung stärker als die Belehrung ins Auge fällt.[49] Der Gesetzgeber war sich dabei im Klaren, dass hierfür neue technische Mittel und Wege gefunden werden müssen. „Es wird indes zu beobachten sein, wie die Praxis dieses Element umsetzt und ob die Umsetzung den gewünschten Kompensationseffekt auslöst. Sollte dies nicht der Fall sein, müsste die jetzt gefundene Regelung einer Prüfung unterzogen und ggf. verbessert werden".[50]

Die Widerrufsbelehrung ist nach **Abs. 2 S. 2** vom Verbraucher bei anderen als notariell beurkundeten Verträgen **gesondert zu unterschreiben** oder mit einer **qualifizierten elektronischen Signatur** zu versehen. Zwar darf in diesem Zusammenhang die zu unterschreibende (signierende) Widerrufsbelehrung auf demselben Schriftstück wie der Vertrag niedergelegt sein.[51] Eine räumliche Trennung ist jedoch erforderlich, damit erkennbar bleibt, dass sich die Unterschrift (Signatur) des Verbrauchers allein auf die Widerrufsbelehrung bezieht.[52] Dies hat zur Folge, dass auch nur kurze zusätzliche Erklärungen vor der Unterschrift (Signatur) die Belehrung unwirksam machen.[53] 30

Bei **notariellen Verträgen** genügt es, wenn die Belehrung über das Widerrufsrecht in die Vertragsurkunde aufgenommen und diese Urkunde insgesamt einmal unterschrieben wird. Dann wird die Warnfunktion einer gesonderten Belehrung durch das Verlesen der Urkunde und die Belehrungspflicht des Notars ersetzt.[54] 31

Eine qualifizierte elektronische Signatur ist nur möglich, wenn die Widerrufsbelehrung durch ein elektronisches Medium (z.B. eine E-Mail) dem Verbraucher übermittelt wurde oder dieser von dem im schriftlich übermittelten Text eine elektronische Abschrift gefertigt hat.[55] 32

Im Hinblick auf die „elektronische Signatur" (Abs. 2 S. 2) ist zu beachten, dass nach der Signaturrichtlinie elektronische Signaturen mit unterschiedlich hohen Anforderungsprofilen zugelassen werden müssen mit der Folge, dass nicht alle zugelassenen Signaturen der Schriftform gleichstehen. Mit der Schriftform (§ 126) äquivalieren lediglich die sog. **qualifizierten elektronischen Signaturen**. Vor diesem Hintergrund spricht Abs. 2 S. 2 vom Erfordernis einer „qualifizierten elektronischen Signatur" i.S.v. § 2 Nr. 3 SigG (dazu Rn 25). Die qualifizierte elektronische Signatur muss auf einem qualifizierten Zertifikat eines Diensteanbieters beruhen und von einer sicheren Signaturerstellungseinheit erstellt werden.[56] Die Einzelheiten regelt das Signaturgesetz.[57] 33

Ist der Vertrag schriftlich (**schriftliche Verträge**) abzuschließen, so beginnt die Frist nicht zu laufen, bevor dem Verbraucher nach **Abs. 2 S. 3** auch eine Vertragsurkunde, der schriftliche Antrag des Verbrauchers 34

---

44 Rechtsausschuss, BT-Drucks 14/3195, S. 32 re. Sp.
45 BGH NJW-RR 1990, 368, 370; BGH NJW 1996, 1964.
46 BGH NJW 1998, 1980.
47 BGH NJW 1996, 1964. Vgl. zudem die Fälle einer unzulässigen grauen Unterlegung des Belehrungstextes (LG Gießen MDR 2000, 693), die bloße drucktechnische Hervorhebung der Überschrift „Widerrufsbelehrung" (OLG Stuttgart NJW 1992, 3245) bzw. das Erfordernis, dass nur zwei räumlich getrennte Unterschriften zu leisten sind (OLG Stuttgart NJW-RR 1995, 667).
48 OLG Stuttgart NJW 1994, 3310.
49 OLG Naumburg NJW-RR 1994, 372.
50 Rechtsausschuss, BT-Drucks 14/3195, S. 32 re. Sp.
51 OLG Stuttgart NJW 1990, 1273.
52 BGH NJW 1996, 1964.
53 OLG Stuttgart NJW-RR 1995, 114.
54 RegE, BT-Drucks 14/2658, S. 47 re. Sp.
55 Palandt/*Heinrichs*, § 361a BGB Rn 14.
56 Palandt/*Heinrichs*, § 361a BGB Rn 14.
57 Vom 16. Mai 2001 (BGBl I S. 876). Zur Signaturrichtlinie näher *Kilian*, BB 2000, 733; *Roßnagel*, NJW 1999, 1591; *ders.*, NVwZ 2000, 622; zum Signaturgesetz *Roßnagel*, NJW 2001, 1817.

oder eine Abschrift der Vertragsurkunde oder des Antrags zur Verfügung gestellt werden. Die im Regierungsentwurf noch geforderte „Aushändigung" der genannten Urkunden wurde aufgegeben und durch die Begrifflichkeit „zur Verfügung gestellt" ersetzt, da „aushändigen" zu eng ist und der Antrag auch per Post zugesandt oder anders zur Verfügung gestellt werden kann.[58]

V. Form des Widerrufs (Abs. 1 S. 2 Hs. 1)

35 Der Widerruf muss nach Abs. 1 S. 2 Hs. 1 **keine Begründung** enthalten. Erforderlich ist aber, dass der Vertrag so bezeichnet wird, dass er identifiziert werden kann. Auch der Widerrufende muss erkennbar sein. Die Verwendung der Begrifflichkeit „Widerruf" ist nicht erforderlich[59] – ausreichend, aber auch erforderlich ist eine Äußerung des Verbrauchers, aus der erkennbar wird, dass er den Vertrag nicht mehr gegen sich gelten lassen will.

36 Der Regierungsentwurf hatte zunächst hinsichtlich der **Form** des Widerrufs vorgesehen, dass dieser schriftlich, auf einem anderen dauerhaften Datenträger oder durch Rücksendung der Sache[60] (innerhalb von zwei Wochen) zu erfolgen habe. Abs. 1 S. 2 Hs. 1 wurde im Laufe des Gesetzgebungsverfahrens jedoch auf die neue Textform (§ 126b) umgestellt: „in Textform oder durch Rücksendung der Sache". Im Falle der Rücksendung (als konkludenter Willenserklärung) muss allerdings für den Unternehmer erkennbar sein, auf welchen Vertrag sich der konkludente Widerruf bezieht.[61]

37 Die Neufassung verzichtet auf die Erwähnung der Möglichkeit einer schriftlichen Erklärung. Bereits der Referentenentwurf zum FernAbsG a.F. hatte erwogen, auf die für die Ausübung des Widerrufsrechts vorgeschriebene Schriftform der Widerrufserklärung zu verzichten, da „sie sich vordergründig als technische Erschwerung der Ausübung des Widerrufsrechts darstellen könnte".[62] Gleichwohl wurde im FernAbsG noch daran festgehalten. Die Schriftform[63] liege im Verbraucherschutz begründet. Der Verbraucher könne durch eine schriftliche Dokumentation den Widerruf leichter als bei einer bloß mündlichen Äußerung beweisen. Mit dem technischen Fortschritt zeigte sich jedoch, dass ein Festhalten am Schriftformerfordernis den Verbraucher tendenziell benachteiligen würde: Andere vergleichbare beweisbedeutsame Techniken (wie etwa Fax oder E-Mail) würden dem Verbraucher verwehrt bleiben. Vor diesem Hintergrund ist eine **Lockerung des Schriftformerfordernisses** durch die Möglichkeit einer „Erklärung in Textform" erklärlich.

38 Nachdem Textform (§ 126b) nunmehr eine reguläre Form ist, brauchte der Gesetzgeber Schriftform nicht mehr (ausdrücklich) zu erwähnen, da allgemein gilt, dass niedrigere Formerfordernisse stets durch höhere Formen erfüllt werden können: „Dieser Grundsatz könnte bei der (unnötigen) Erwähnung der Schriftform in Zweifel gezogen werden."[64] Statthaft sind somit nach Abs. 1 S. 2 Hs. 1 auch weiterhin Schriftform, elektronische Formen der Erklärung (auf dauerhaftem Datenträger, etwa E-Mail oder Telefax) und (konkludente Erklärungen durch die) Rücksendung der Ware. Durch diese Lockerung wird zum einen der notwendige Schutz des Verbrauchers sichergestellt. Zum anderen wird aber auch die Freiheit des Verbrauchers bei der Wahl seiner Mittel gestärkt,[65] womit ein Widerruf per E-Mail möglich ist.[66]

39 Eine **mündliche Erklärung** genügt hingegen den Formerfordernissen **nicht** – selbst dann nicht, wenn diese letztlich auch zur Verfügung steht (etwa gespeichert auf einem Anrufbeantworter oder einer Voice-Mailbox). Dies liegt darin begründet, dass das Gesetz auch für Erklärungen des Verbrauchers „auf dauerhaftem Datenträger" Textform verlangt.[67]

VI. Beweislastregel (Abs. 2 S. 4)

40 Abs. 2 S. 4 (respektive § 361a Abs. 1 S. 6, Abs. 5 S. 2 a.F.) enthält die in allen Verbraucherschutzregelungen bereits auch früher schon vorgesehene Beweislastregelung für den Fristbeginn: Ist der Fristbeginn streitig, so trifft die Beweislast den Unternehmer. Dem entspricht die Option in Art. 11 Abs. 3 lit. a

---

58 Beschlussempfehlung und Bericht des Rechtsausschusses – BT-Drucks 14/7052, S. 194.
59 BGH NJW 1993, 128; 1996, 1964.
60 Eine konkludente Widerrufserklärung durch Rücksendung einer gelieferten Ware war im Verbraucherschutzrecht früher umstritten – *Fuchs*, ZIP 2000, 1273, 1283. Die Judikatur (BGHZ 91, 9, 15; 94, 226, 230) konnte die Frage damals allerdings offen lassen.
61 Palandt/*Heinrichs*, § 361a BGB Rn 19.
62 RegE, BT-Drucks 14/2658, S. 47 li. Sp.
63 Für die Widerrufsrechte in § 7 Abs. 1 VerbrKrG a.F., § 1 Abs. 1 HTWG a.F. bzw. § 5 Abs. 1 TzWrG wurde früher nur eine schriftliche Erklärung (d.h. eine Erklärung in verkörperter Form), nicht hingegen Schriftform (i.S.v. § 126) gefordert: MüKo/*Ulmer*, § 7 VerbrKrG Rn 45; Palandt/*Putzo*, § 2 HWTG Rn 2.
64 Beschlussempfehlung und Bericht des Rechtsausschusses – BT-Drucks 14/7052, S. 194.
65 RegE, BT-Drucks 14/2658, S. 47 li. Sp.
66 A.A. OLG Braunschweig, WM 2000, 814, 815 zu § 7 Abs. 1 VerbrKrG a.F.
67 So zutreffend *Lorenz*, JuS 2000, 833, 837: „Das schützt den Verbraucher auch vor einem in Hinblick auf dessen Rechtsfolgen u.U. voreiligen und unüberlegten Widerruf."

FARL. Dies bedeutet, dass der Unternehmer die Beweislast für jene Tatsachen trägt, aus denen er die Nichteinhaltung des Widerrufsrechts durch den Verbraucher herleiten will, vor allem für die Belehrung und ihre Ordnungsgemäßheit, die Rechtzeitigkeit der Belehrung, die Mitteilung in Textform und ggf. die Unterschrift des Verbrauchers. Hingegen trifft den Verbraucher (nach allgemeinen Grundsätzen) die Darlegungs- und ggf. Beweislast hinsichtlich des Inhalts, der Absendung und des Zugangs des Widerrufs.

C. Erlöschen des Widerrufsrechts (Abs. 3)

Die Regelung des Abs. 3 ist **neu**: Danach erlischt das Widerrufsrecht spätestens **sechs Monate** nach Vertragsschluss.[68] Bei Verträgen über die Lieferung von Waren beginnt die Frist allerdings nicht vor dem Tag ihres Eingangs beim Empfänger (**Erlöschenstatbestand**). 41

Der Bundesrat hatte darum gebeten, im weiteren Gesetzgebungsverfahren zu prüfen, ob die Regelung des Abs. 3 mit europäischem Recht vereinbar ist:[69] Bedenken bestünden, ob die Regelung mit EG-Richtlinien vereinbar sei, die **keine** entsprechenden Erlöschenstatbestände vorsehen – etwa die Richtlinie 85/577/EWG betreffend den Verbraucherschutz in Fällen von außerhalb von Geschäftsräumen geschlossenen Verträgen. Gestattet hier Art. 4 Abs. 4 der Richtlinie eine Abweichung von der Regelung des Art. 3 der Richtlinie? 42

Auch die Richtlinie 94/47/EG über den Schutz der Erwerber im Hinblick auf bestimmte Aspekte von Verträgen über den Erwerb von Teilnutzungsrechten an Immobilien enthält keinen Erlöschenstatbestand – solange nicht die Vertragsurkunde ausgehändigt wurde (so Art. 5 der Richtlinie). Dem Bundesrat erschien es auch in der Sache höchst bedenklich, wenn abweichend vom bisherigen Recht (§ 5 Abs. 2 S. 2 und Abs. 4 TzWrG a.F.) das Widerrufsrecht sechs Monate nach Vertragsschluss erlischt, noch bevor der Verbraucher eine Abschrift des Vertrages erhalten hat und sich über den Inhalt seiner Verpflichtungen unterrichten kann. 43

Der Gesetzgeber hat sich diese Bedenken nicht zu Eigen gemacht:[70] Ziel des Abs. 3 ist eine Vereinheitlichung der Regelungen zum Lauf der Widerrufsfrist bei ausgebliebener oder fehlerhafter Belehrung. Die Rechtsfolgen sollen im Interesse des Rechtsverkehrs übersichtlich(er) gestaltet werden. Da die Altregelungen für Haustürgeschäfte und für Verbraucherdarlehensverträge zum Teil deutlich länger waren als jene, die früher für Fernabsatzverträge vorgesehen war, ist eine Vereinheitlichung nur auf der Grundlage einer Frist von mindestens sechs Monaten zu erreichen, die im Übrigen auch nur für Unternehmer gilt, die ihre gesetzlichen Pflichten zur Belehrung und Information des Verbrauchers nicht einhalten. Daher sei diese leichte Fristverlängerung auch zumutbar. 44

Die Begründung **überzeugt** allerdings **nicht**. Sie geht mit keinem Wort auf die doch gewichtigen europarechtlichen Bedenken des Bundesrats ein. Die einheitliche **Sechs-Monats-Erlöschensfrist** gemäß Abs. 3, nach deren Ablauf das Widerrufsrecht des Verbrauchers erlischt (wenn dieser nicht oder nicht ordnungsgemäß vom Unternehmer über sein Widerrufsrecht belehrt worden ist), wurde vom Gesetzgeber als für den Rechtsfrieden erforderlich erachtet, da ansonsten in entsprechenden Konstellationen das Widerrufsrecht des Verbrauchers unbegrenzt bestehen bliebe.[71] 45

Fristbeginn ist nach Abs. 2 S. 1 die **ordnungsgemäße Belehrung**. Fehlt eine solche, müsste der Unternehmer ohne eine Erlöschensfrist auch noch Jahre nach Vertragsschluss mit einem Widerruf des Verbrauchers rechnen – was in Fällen einer nicht unterbliebenen, sondern bloß fehlerhaften Belehrung als unakzeptabel angesehen wurde. 46

Die **Sechs-Monats-Erlöschens-(Auslauf-)frist** kommt der dringenden Forderung nach einer Vereinheitlichung der früher unterschiedlich bemessenen Höchstfristen[72] für den Widerruf nach (§ 3 Abs. 1 S. 3 FernAbsG a.F.: vier Monate ab Vertragsschluss bzw. Lieferung der Ware; § 7 Abs. 2 VerbrKrG a.F.: ein Jahr ab Abgabe der Willenserklärung; § 2 HTWG a.F.: einen Monat nach vollständig beidseitig erbrachter Leistung; sowie § 5 Abs. 1 und Abs. 4 TzWrG a.F.: drei Monate ab Aushändigung der Vertragsurkunde). Die **einheitliche Frist** soll einen angemessenen Ausgleich des Verbraucherinteresses mit jenem des Unternehmers schaffen. Sie „führt auch in den Bereichen der Haustürgeschäfte, Fernabsatz-, Verbraucherdarlehens- und Teilzeit-Wohnrechteverträge zu sachgerechten Ergebnissen".[73] 47

Die Ausnahme bei **Warenlieferungen** in Abs. 3 S. 2 (Fristbeginn ist hier der Tag des Eingangs der Ware beim Verbraucher) resultiert zwingend aus Art. 6 Abs. 1 S. 5 und 6 FARL. 48

---

[68] Dazu näher *Mankowski*, Zur Neuregelung der Widerrufsfrist bei Fehlen einer Belehrung im Verbraucherschutzrecht, JZ 2001, 745.
[69] BR-Drucks 338/01 – zu Artikel 1 Abs. 1 Nr. 26 (§ 355 Abs. 3 BGB).
[70] Gegenäußerung der Bundesregierung – zu Nr. 73 – zu Artikel 1 Abs. 1 Nr. 26 (§ 355 Abs. 1 S. 1 BGB).
[71] BT-Drucks 14/6040, S. 198 re. Sp.
[72] Palandt/*Heinrichs*, § 361a BGB Rn 24.
[73] BT-Drucks 14/6040, S. 198 re. Sp.

§ 356 Rückgaberecht bei Verbraucherverträgen

(1) ¹Das Widerrufsrecht nach § 355 kann, soweit dies ausdrücklich durch Gesetz zugelassen ist, beim Vertragsschluss auf Grund eines Verkaufsprospekts im Vertrag durch ein uneingeschränktes Rückgaberecht ersetzt werden. ²Voraussetzung ist, dass
1. im Verkaufsprospekt eine deutlich gestaltete Belehrung über das Rückgaberecht enthalten ist,
2. der Verbraucher den Verkaufsprospekt in Abwesenheit des Unternehmers eingehend zur Kenntnis nehmen konnte und
3. dem Verbraucher das Rückgaberecht in Textform eingeräumt wird.

(2) ¹Das Rückgaberecht kann innerhalb der Widerrufsfrist, die jedoch nicht vor Erhalt der Sache beginnt, und nur durch Rücksendung der Sache oder, wenn die Sache nicht als Paket versendet werden kann, durch Rücknahmeverlangen ausgeübt werden. ²§ 355 Abs. 1 Satz 2 findet entsprechende Anwendung.

Inhalt

A. Überblick 1	1. Deutlich gestaltete Belehrung über das Rückgaberecht (Nr. 1) 11
B. Ersetzbarkeit des Widerrufsrechts durch ein Rückgaberecht (Abs. 1) 6	2. Möglichkeit der Kenntnisnahme in Abwesenheit des Unternehmers (Nr. 2) 14
I. Voraussetzungen 6	3. Einräumung des Rückgaberechts in Textform (Nr. 3) 15
II. Die gesetzliche Erlaubnis 8	
III. Vertragliche Vereinbarung im Einzelfall 9	C. Ausübung des Rückgaberechts (Abs. 2) 16
IV. Belehrung über das Rückgaberecht im Verkaufsprospekt 10	D. Dogmatische Einordnung des Rückgaberechts ... 21

A. Überblick

1 Vor der Schuldrechtsreform konnte dem Verbraucher im Falle des Katalogversandhandels als früher Form des Fernabsatzes in folgenden Gesetzen anstelle des Widerrufsrechts auch ein Rückgaberecht gewährt werden, falls dieses Recht uneingeschränkt galt und in einem Verkaufsprospekt eingeräumt worden war: in § 5 Abs. 4 S. 2 HTWG a.F. (Abschluss eines Kaufvertrags aufgrund Verkaufsprospekts) sowie in § 8 Abs. 2 VerbrKrG a.F. (Rückgaberecht bei Versandhandel).

2 Das Rückgaberecht unterscheidet sich vom Widerrufsrecht dadurch, dass ersteres grundsätzlich nach Abs. 2 S. 1 nur durch die **Rücksendung der Sache** ausgeübt werden kann – allein wenn die Sache nicht als Paket versendbar ist durch Rücknahmeverlangen. Über Abs. 2 S. 2 findet § 355 Abs. 1 S. 2 entsprechende Anwendung, d.h. die Rückgabe (in Gestalt von Rücksendung bzw. Rücknahmeverlangen) muss **keine Begründung** enthalten, das Rücknahmeverlangen ist in **Textform** (§ 126b) gegenüber dem Unternehmer zu erklären, Rücknahmeverlangen bzw. Rücksendungen sind innerhalb von **zwei Wochen** zu erklären, wobei zur Fristwahrung die rechtzeitige Absendung an den Verbraucher ausreicht.

3 Die Regelung des § 356 ist durch den 14. Erwägungsgrund der Richtlinie 97/7/EG gedeckt,[1] wonach u.a. „die Kosten, die wenn überhaupt, vom Verbraucher im Fall der Ausübung des Widerrufsrechts getragen werden, auf die unmittelbaren Kosten der **Rücksendung** der Waren begrenzt werden".

4 § 356 entspricht inhaltlich § 361b Abs. 1 und Abs. 2 S. 1, 3 und 4 a.F. Die Regelungen werden zusammengefasst und gestrafft. Die **Kostenfrage** der Rücksendung (§ 361b Abs. 2 S. 2 a.F.) sowie der Rückgabe (Teilaspekt in § 361b Abs. 2 S. 1 a.F.) hat eine einheitliche Regelung in § 357 Abs. 2 S. 2 (Rechtsfolgen des Widerrufs und der Rückgabe) erfahren.

5 Der Nachteil des Rückgaberechts (der grundsätzlichen Beschränkung auf die Rücksendung, siehe Rn 2) wird aufgewogen durch die z.B. gegenüber der FARL längere Frist (zwei Wochen anstatt sieben Tagen) und die Vorschrift des § 357 Abs. 2 S. 2, nach der die Rücksendung auf jeden Fall auf Kosten und Gefahr des Unternehmers erfolgt.[2]

B. Ersetzbarkeit des Widerrufsrechts durch ein Rückgaberecht (Abs. 1)

I. Voraussetzungen

6 Abs. 1 statuiert die Voraussetzungen eines Rückgaberechts. Das Widerrufsrecht nach § 355 kann, soweit dies ausdrücklich durch Gesetz zugelassen ist (**Erfordernis einer sondergesetzlichen Erlaubnis**, Rn 8), beim Vertragsschluss aufgrund eines Verkaufsprospekts im Vertrag nach **Abs. 1 S. 1** durch ein uneingeschränktes Rückgaberecht ersetzt werden. Dies hat nach **Abs. 1 S. 2** Folgendes zur Voraussetzung:
– Im Verkaufsprospekt muss eine deutlich gestaltete Belehrung über das Rückgaberecht enthalten sein (**Nr. 1**).

---

1 Palandt/*Heinrichs*, § 361b BGB Rn 1.
2 BT-Drucks 14/2658, S. 122 zu § 361b BGB a.F.

- Der Verbraucher konnte den Verkaufsprospekt in Abwesenheit des Unternehmers eingehend zur Kenntnis nehmen (**Nr. 2**) und
- dem Verbraucher wird das Rückgaberecht in Textform (§ 126b) eingeräumt (**Nr. 3**).

Voraussetzungen sind somit eine ausdrückliche gesetzliche Zulassung eines Rückgaberechts, die vertragliche Vereinbarung im Einzelfall sowie eine deutlich gestaltete Belehrung über das Widerrufsrecht im Verkaufsprospekt.

Von dem im Regierungsentwurf zum FernAbsG a.F. noch vorgesehenen Erfordernis – der Verkaufsprospekt müsse dem Verbraucher auf einem dauerhaften Datenträger zur Verfügung stehen (§ 361b Abs. 1 S. 2 Nr. 1 BGB-E) – hat der Gesetzgeber hingegen Abstand genommen: „Dies lässt sich zwar bei herkömmlichen Katalogsystemen oder bei CD-ROM-Katalogen durchführen. Bei den modernen Internet-Katalogen wäre dieses Erfordernis aber nur zu erfüllen, wenn dem Kunden die Möglichkeit geboten würde, den gesamten Katalog auf seine Festplatte herunterzuladen. Das erscheint aber angesichts der Kosten einer solchen Maßnahme wenig zweckmäßig und würde dazu führen, dass das Rückgaberecht bei solchen Vertriebsformen weitgehend außer Betracht bliebe. Das ist nicht zweckmäßig und auch von den einschlägigen EG-Richtlinien, insbesondere der Richtlinie über den Widerruf von Haustürgeschäften, nicht gefordert und sollte entfallen."³ 7

II. Die gesetzliche Erlaubnis

Das Erfordernis der **gesetzlichen Erlaubnis** („soweit dies ausdrücklich durch Gesetz zugelassen ist", Abs. 1 S. 1) erfasst (wie bisher) Haustürgeschäfte (§ 312 Abs. 1 S. 2, wenn zwischen dem Verbraucher und dem Unternehmer im Zusammenhang mit diesem oder einem späteren Geschäft auch eine ständige Verbindung aufrechterhalten werden soll), ferner Teilzahlungsgeschäfte nach § 503 Abs. 1, des weiteren Fernabsatzverträge (§ 312d Abs. 1 S. 2), jedoch nur soweit es um die Lieferung von Waren geht. 8

III. Vertragliche Vereinbarung im Einzelfall

Das Rückgaberecht muss aufgrund einer vertraglichen Vereinbarung in einem Einzelfall **anstelle** des Widerrufsrechts nach § 355 zwischen Unternehmer und Verbraucher Vertragsbestandteil geworden sein. 9

IV. Belehrung über das Rückgaberecht im Verkaufsprospekt

Der Vertragsschluss muss aufgrund eines **Verkaufsprospekts** erfolgen, dessen Erfordernisse in Abs. 1 S. 2 konkretisiert werden: deutlich gestaltete Belehrung über das Rückgaberecht (Nr. 1), Möglichkeit, dass der Verbraucher den Verbrauchsprospekt in Abwesenheit des Unternehmers eingehend zur Kenntnis nehmen konnte (Nr. 2), sowie Einräumung des Rückgaberechts in Textform (§ 126b) (Nr. 3). 10

1. Deutlich gestaltete Belehrung über das Rückgaberecht (Nr. 1)

Verkaufsprospekte sind zunächst einmal Kataloge oder Postwurfsendungen, aber auch Disketten oder Inserate, sofern sie alle erforderlichen Angaben enthalten. Die Ausführungen im Regierungsentwurf klären die bisherige Streitfrage, ob und inwieweit ein Verkaufsprospekt auch in anderer als gedruckter Form zur Verfügung gestellt werden kann:[4] „Mit Blick auf die technische Entwicklung soll der Verkaufsprospekt nicht mehr nur in gedruckter Form, sondern auch auf einem dauerhaften Datenträger (§ 2 Abs. 4 Fernabsatzgesetz-E) zur Verfügung gestellt werden können."[5] Dies liegt darin begründet, dass hinsichtlich der Präsentation des Angebots und der Produktbeschreibung im Internet dem Kunden die Möglichkeit eingeräumt ist, „die auf der Website des Anbieters bereitgestellten Informationen in Ruhe zu lesen, in seinen eigenen Computer zu speichern und auszudrucken".[6] Ansonsten stellt das Gesetz keinerlei Anforderungen an den Verkaufsprospekt. Allein das Rückgaberecht muss dem Verbraucher also nach Abs. 1 S. 2 Nr. 3 in Textform (§ 126b) eingeräumt werden. Dies bedeutet: Verkaufsprospekt kann auch ein **Internetkatalog** sein. Voraussetzung dafür ist nicht, dass sich der Kunde den gesamten Katalog zunächst auf seine Festplatte herunterladen muss, da der Gesetzgeber es für ausreichend erachtet hat, dass das Verkaufsprospekt vom Kunden auf der Website des Unternehmers im Internet studiert werden kann.[7] 11

---

3 Rechtsausschuss, BT-Drucks 14/3195, S. 33 re. Sp.
4 Im Hinblick auf § 8 VerbrKrG a.F. wurde noch das Vorliegen eines Druckerzeugnisses verlangt. Darstellungen auf dem Bildschirm wurden nicht als ausreichend erachtet, da sie keine sichere, dauerhafte und beim Verbraucher verbleibende Informationsgrundlage böten: So die h. M., vgl. etwa Erman/*Klingsporn/Rebmann*, § 8 VerbrKrG Rn 5; MüKo/*Ulmer*, § 8 VerbrKrG Rn 7; *Seibert*, § 8 VerbrKrG Rn 2; *Vormann*, § 8 VerbrKrG Rn 5.
5 RegE, BT-Drucks 14/2658, S. 48 li. Sp.
6 *Fuchs*, ZIP 2000, 1273, 1285 unter Bezugnahme auf *Härting*, Internet-Recht, 1999, Rn 175; *Köhler*, NJW 1998, 185, 188; *Meents*, Verbraucherschutz bei Rechtsgeschäften im Internet, 1998, S. 65 ff.
7 Rechtsausschuss, BT-Drucks 14/3195, S. 33.

12 Auf das für Haustürgeschäfte zusätzlich geforderte Kriterium (für die Einräumung eines Rückgaberechts), dass zwischen Verbraucher und Unternehmer eine **dauerhafte Geschäftsbeziehung** aufrechterhalten werden soll (§ 312 Abs. 1 S. 2), wurde in Abs. 1 S. 2 **verzichtet**, da sich diese Voraussetzung weder für Verbraucherdarlehensverträge nach § 491 noch für Fernabsatzverträge eignet. Das zusätzliche Erfordernis soll deshalb auch weiterhin **nur** für Haustürgeschäfte gelten.[8]

13 Seiner rechtlichen Natur nach ist das Verkaufsprospekt grundsätzlich bloße **invitatio ad offerendum**, es sei denn, dass ein entsprechender Bindungswille des Unternehmers erkennbar ist (dann bindendes Angebot). Das Verkaufsprospekt muss eine deutlich gestaltete **Belehrung** über das Rückgaberecht (i.S.d. § 356 Abs. 2) enthalten.

2. Möglichkeit der Kenntnisnahme in Abwesenheit des Unternehmers (Nr. 2)

14 Dem Verbraucher muss nach Abs. 1 S. 2 Nr. 2 eine eingehende Möglichkeit der Kenntnisnahme vom Verkaufsprospekt in Abwesenheit des Unternehmers eingeräumt worden sein. Eine bestimmte Zeitspanne – z.B. werden 24 Stunden vorgeschlagen – wurde vom Gesetzgeber weder festgelegt, noch ist eine entsprechende Fixierung möglich. Nach der Regelung ist es weder erforderlich, dass der Verbraucher vom Verkaufsprospekt tatsächlich Kenntnis nimmt, noch dass er diesen richtig versteht.

3. Einräumung des Rückgaberechts in Textform (Nr. 3)

15 Da das Rückgaberecht in den Verbrauchervertrag mit einbezogen werden muss, wird es nach Abs. 1 S. 2 Nr. 3 nur dann Vertragsinhalt, wenn seine Einräumung **in Textform** (§ 126b) erfolgt, d.h. entsprechend dokumentiert wird, sofern die vorbeschriebenen weiteren Voraussetzungen des Abs. 1 S. 2 Nr. 1 und 2 gleichermaßen erfüllt sind. Ansonsten wird das Rückgaberecht nicht Bestandteil des Verbrauchervertrags. Dieser hat aber auch ohne das Rückgaberecht Bestand.

C. Ausübung des Rückgaberechts (Abs. 2)

16 § 356 Abs. 2 BGB-RE hatte ursprünglich folgenden Wortlaut:

> **§ 356 BGB-RE Rückgaberecht bei Verbraucherverträgen**
> (1) ...
> (2) Das Rückgaberecht kann nur durch fristgerechte Rücksendung der Sache oder, wenn diese nicht oder nicht als Paket versandt werden kann, durch Rücknahmeverlangen in den anderen Formen des § 355 Abs. 1 Satz 2 ausgeübt werden.

Diese Fassung war seitens des Bundesrats auf Kritik gestoßen,[9] da der Gesetzentwurf – entgegen seiner Begründung – die Vorschrift des § 361b Abs. 2 S. 1, 3 und 4 a.F. nicht vollständig übernommen hatte. Es fehlten Regelungen zum Lauf der Frist, insbesondere zum Beginn vor Erhalt der Sache. Unnötig sei die Ergänzung des Falles, dass die Sache nicht versandt werden kann, da dies ein Unterfall der fehlenden Versendungsmöglichkeit durch Paket darstellt und auch nach altem Recht nicht gesondert erwähnt worden ist. Der Bundesrat schlug vor, § 355 Abs. 1 S. 2 insgesamt für entsprechend anwendbar zu erklären, damit auch für den Fall der Rücksendung geregelt wäre, dass eine Begründung nicht abgegeben zu werden braucht. An Stelle der Übersendung sollte auch dann die Möglichkeit eines Rücknahmeverlangens treten, wenn der Verbraucher die Sache (was er bisweilen erst nach Vertragsschluss erfährt) ins Ausland versenden müsste, was in der Regel einen erheblich größeren Aufwand erfordert.

> (2) ¹**Das Rückgaberecht kann innerhalb der Widerrufsfrist, die jedoch nicht vor Erhalt der Sache beginnt, durch Rücksendung der Sache ausgeübt werden oder, wenn die Sache nicht als Paket im Inland versandt werden kann, durch Rücknahmeverlangen.** ²§ 355 Abs. 1 Satz 2 findet entsprechende Anwendung.

17 Der Gesetzgeber hat dem mit der Maßgabe zugestimmt, dass der Zusatz „im Inland" gestrichen wird:[10] Ein entsprechender Zusatz führte zu einer Benachteiligung ausländischer Unternehmer, die ihre Waren und Dienstleistungen in Deutschland im Fernabsatz anbieten und die über keine Filiale im Inland verfügen, an die zurückgegebene Sachen gesandt werden können. Da der Verbraucher in diesen Fällen regelmäßig die Sache nicht selbst zurückzusenden bräuchte, führte dies zu einem erheblichen Mehraufwand auf Seiten des ausländischen Unternehmers, der den Rückversand selbst organisieren, d.h. die Sachen von jedem Verbraucher abholen lassen müsste. Ein Unternehmer mit Sitz im Inland müsste die Sache hingegen nur in Ausnahmefällen (wenn diese nicht als Paket, sondern nur mit einer Spedition versandt werden kann) selbst zurücktransportieren lassen, was zu einem – **europarechtlich unzulässigen** – Wettbewerbsvorteil des inländischen gegenüber dem ausländischen Unternehmer führte. Im Übrigen wird das Wort „nur" in Abs. 2 zur Verdeutlichung erhalten: Der Verbraucher kann das Rückgaberecht **nur ausnahmsweise** durch Rücknahmeverlangen ausüben.

---

[8] RegE, BT-Drucks 14/2658, S. 48 re. Sp.
[9] BR-Drucks 338/01 – zu Nr. 74 – zu Artikel 1 Abs. 1 Nr. 26 (§ 356 Abs. 2 BGB).
[10] Gegenäußerung der Bundesregierung – zu Nr. 74 – zu Artikel 1 Abs. 1 Nr. 26 (§ 356 Abs. 2 BGB).

Nach **Abs. 2 S. 1** kann das Rückgaberecht nur durch **Rücksendung der Sache (1. Alt.)** oder (wenn die Sache nicht als Paket versandt werden kann) durch **Rücknahmeverlangen (2. Alt.)** ausgeübt werden. Die Ausübung des Rückgaberechts erfolgt also grundsätzlich durch Rücksendung und (nur) ausnahmsweise durch Rücknahmeverlangen. Das Rückgaberecht von Sachen, die durch (Post-)Paket versandt werden können, geschieht somit durch **Rücksendung**, deren Kosten und Gefahr nach § 357 Abs. 2 S. 2 der Unternehmer zu tragen hat. Äußert der Verbraucher trotz einer Versendungsmöglichkeit durch Paket ein Rücknahmeverlangen, kommt dem keine Rechtsfolge zu: Er bleibt an den Verbrauchervertrag gebunden. 18

Die Möglichkeit einer **Abwälzung** der regelmäßigen **Kosten der Rücksendung** im Vertragswege (bei Bestellungen bis zu 40 Euro) auf den Verbraucher nach § 357 Abs. 2 S. 3 besteht bei der Ausübung des Rückgaberechts durch Rücksendung **nicht**, da § 357 Abs. 2 S. 3 dies als mögliche Konsequenz allein für den Fall des Widerrufsrechts (§ 355) vorsieht. Ein **Rücknahmeverlangen** ist nur bei nicht durch (Post-)Paket versendbaren Sachen zulässig sowie bei sonstigen Leistungen, sofern für diese nach § 312 Abs. 1 S. 2 (bei Haustürgeschäften) bzw. gemäß § 503 Abs. 1 (bei Teilzahlungsgeschäften) ein Rückgaberecht vereinbart werden kann. Dann muss das Rücknahmeverlangen in Textform (§ 126b) erklärt werden – es bedarf aber keiner Begründung (§ 356 Abs. 2 S. 2 i.V.m. § 355 Abs. 1 S. 2). 19

In zeitlicher Hinsicht ist das Rückgaberecht innerhalb der Widerrufsfrist, die jedoch nicht vor Erhalt der Sache beginnt, auszuüben. **Abs. 2 S. 2** verweist insoweit auf die Widerrufsfrist von **zwei Wochen** nach § 355 Abs. 1 S. 2 Hs. 1, deren Beginn und Berechnung sich nach Maßgabe von § 355 Abs. 2 bemisst. Zu berücksichtigen ist, dass bei Waren die Frist nicht vor Erhalt der Sache beginnt bzw. bei anderen – in Abs. 2 nicht berücksichtigten – Leistungen nicht vor deren Empfang. Zur Fristwahrung genügt nach § 356 Abs. 2 S. 2 i.V.m. § 355 Abs. 1 S. 2 Hs. 2 die rechtzeitige Absendung des Rücknahmeverlangens. 20

D. Dogmatische Einordnung des Rückgaberechts

Durch den Verweis in Abs. 1 S. 1 auf § 355 („kann ... ersetzt werden"; **Konstrukt der schwebenden Wirksamkeit**, siehe § 355 Rn 6 f.) ist die Rücksendung bzw. das Rücknahmeverlangen dahingehend zu qualifizieren, dass damit die Bindung des Verbrauchers an seine Willenserklärung endet.[11] Rücksendung wie Rücknahmeverlangen ersetzen also die Erklärung des Widerrufs in der Form des § 355 Abs. 1 S. 2. Aber inhaltlich ist das Rückgaberecht nichts anderes als das Widerrufsrecht, das seinerseits wiederum als gesetzliches Rücktrittsrecht aufzufassen ist.[12] Vgl. dazu § 355 Rn 12. Dies bedeutet, dass sich der Verbrauchervertrag nach Ausübung des Rückgaberechts in ein Rückabwicklungsverhältnis umwandelt, auf das § 357 Anwendung findet. 21

§ 357 Rechtsfolgen des Widerrufs und der Rückgabe

(1) ¹Auf das Widerrufs- und das Rückgaberecht finden, soweit nicht ein anderes bestimmt ist, die Vorschriften über den gesetzlichen Rücktritt entsprechende Anwendung. ²Die in § 286 Abs. 3 bestimmte Frist beginnt mit der Widerrufs- oder Rückgabeerklärung des Verbrauchers.

(2) ¹Der Verbraucher ist bei Ausübung des Widerrufsrechts zur Rücksendung verpflichtet, wenn die Sache durch Paket versandt werden kann. ²Kosten und Gefahr der Rücksendung trägt bei Widerruf und Rückgabe der Unternehmer. ³Wenn ein Widerrufsrecht besteht, dürfen dem Verbraucher bei einer Bestellung bis zu einem Betrag von 40 Euro die regelmäßigen Kosten der Rücksendung vertraglich auferlegt werden, es sei denn, dass die gelieferte Ware nicht der bestellten entspricht.

(3) ¹Der Verbraucher hat abweichend von § 346 Abs. 2 Satz 1 Nr. 3 Wertersatz für eine durch die bestimmungsgemäße Ingebrauchnahme der Sache entstandene Verschlechterung zu leisten, wenn er spätestens bei Vertragsschluss in Textform auf diese Rechtsfolge und eine Möglichkeit hingewiesen worden ist, sie zu vermeiden. ²Dies gilt nicht, wenn die Verschlechterung ausschließlich auf die Prüfung der Sache zurückzuführen ist. ³§ 346 Abs. 3 Satz 1 Nr. 3 findet keine Anwendung, wenn der Verbraucher über sein Widerrufsrecht ordnungsgemäß belehrt worden ist oder hiervon anderweitig Kenntnis erlangt hat.

(4) ¹Weitergehende Ansprüche bestehen nicht.

---

11 So zutreffend *Bülow/Artz*, NJW 2000, 2049, 2053.
12 *Bülow/Artz*, NJW 2000, 2049, 2053.

Inhalt

A. Überblick	1
B. Rechtsfolgen des Widerrufs	6
I. Umwandlung in ein Rückgewährschuldverhältnis	6
II. Verweis auf das Rücktrittsrecht (Abs. 1 S. 1)	10
III. Verzugsregelung (Abs. 1 S. 2)	12
IV. Abs. 1 als grundsätzlich abschließende Rückabwicklungsregelung (Abs. 4)	15
C. Rücksendepflicht und Kostentragung (Abs. 2)	16
D. Wertminderung bei bestimmungsgemäßer Ingebrauchnahme (Abs. 3)	21
I. Die Altregelung	21
II. Die Neuregelung	24
1. Überblick	24
2. Anspruch des Unternehmers auf Wertminderung auch bei bestimmungsgemäßer Ingebrauchnahme (S. 1)	26
3. Ausschluss des Wertminderungsanspruchs (S. 2) .	32
4. Einschränkung der Haftungserleichterung des § 346 Abs. 3 S. 1 Nr. 3 (S. 3)	36
III. EG-Rechtswidrigkeit der Neuregelung?	38
1. Art. 6 Abs. 2 FARL	39
2. Art. 12 Abs. 1 FARL	40
3. Konsequenzen	41
E. Ausschluss weitergehender Ansprüche (Abs. 4)	47

A. Überblick

1 Die unter §§ 355 und 356 fallenden Verträge sind bis zur Ausübung des Widerrufs- (als besonderes Rücktrittsrecht) oder Rückgaberechts **wirksam**. § 357 vereinheitlicht nunmehr die Rechtsfolgen des Widerrufs und der Rückgabe bei Verbraucherverträgen.

2 Die Rechtsfolgen nach § 357 sind **halbzwingendes Recht**, d.h. sie können durch Vertrag zugunsten des Verbrauchers geändert werden. Eine abweichende Vereinbarung (auch durch AGB) zu Ungunsten des Verbrauchers ist in keinem Falle statthaft. Die regelmäßigen Kosten der Rücksendung dürfen nach Abs. 2 S. 3 bei Bestellungen bis zu einem Betrag von 40 Euro – sofern ein Widerrufsrecht besteht – dem Verbraucher vertraglich auferlegt werden.

3 **Abs. 1**, der für das Widerrufs- und Rückgaberecht auf die **Vorschriften über das gesetzliche Rücktrittsrecht** verweist, entspricht § 361a Abs. 2 S. 1 und 2 a.F. bzw. § 361b Abs. 2 S. 2 Hs. 1 a.F.

4 **Abs. 2** regelt die Kostenfrage sowie die Gefahrtragung und entspricht § 361a Abs. 2 S. 3 a.F. bzw. § 361b Abs. 2 S. 2 Hs. 2 a.F. § 357 Abs. 2 S. 1 BGB-RE hatte ursprünglich folgenden Wortlaut:

> § 357 BGB-RE Rechtsfolgen des Widerrufs und der Rückgabe
>
> (1) ...
>
> (2) ¹Der Verbraucher ist zur Rücksendung auf Kosten und Gefahr des Unternehmers verpflichtet. (...)
>
> (3) – (4) ...

Durch § 357 Abs. 2 S. 2 (i.d.F. des Bundesratsänderungsvorschlags,[1] dem die Bundesregierung[2] inhaltlich zugestimmt hat) – „Kosten und Gefahr der Rücksendung trägt der Unternehmer" – wird klargestellt, dass die Regelung auch im Falle der Ausübung des Rückgaberechts nach § 356 gilt.

5 Der Verbraucher ist nach Abs. 2 S. 1 bei Ausübung des **Widerrufsrechts** zur Rücksendung verpflichtet, wenn die Sache durch Paket versandt werden kann. Eine Rücksendeverpflichtung gibt nur bei der Ausübung des Widerrufsrechts nach § 355 Abs. 1 S. 1 einen Sinn, weil bei einem Rückgaberecht bereits dessen Ausübung die Rücksendung verlangt. Ist dies durch Paket nicht möglich und ist deshalb ein Rücknahmeverlangen ausreichend, kann nicht in Abs. 2 S. 1 gleichwohl eine Rücksendeverpflichtung geschaffen werden. Dies wäre widersprüchlich. Auch im Falle der Ausübung des Widerrufsrechts kann eine Rücksendung verlangt werden, wenn diese durch Paket möglich ist – andernfalls entstünde ein Wertungswiderspruch zu § 356 Abs. 2.

B. Rechtsfolgen des Widerrufs

I. Umwandlung in ein Rückgewährschuldverhältnis

6 Die Abwicklung des Widerrufs und der Rückgabe erfolgt allein nach den Vorgaben des Abs. 1. Damit gelangt das **Bereicherungsrecht** (§§ 812 ff.) **nicht** zur Anwendung. „Von diesem Blickwinkel aus ist der Widerruf nichts anderes als ein in Voraussetzungen und Folgen besonders ausgestaltetes gesetzliches Widerrufsrecht."[3] Zum **verbundenen Vertrag** siehe näher § 358. Im Übrigen erfasst der Widerruf auch ergänzende Vereinbarungen, die mit dem Ursprungsvertrag ein einheitliches Rechtsgeschäft i. S. des § 139 bilden.[4]

---

[1] BR-Druck 338/01 – zu Artikel 1 Abs. 1 Nr. 26 (§ 357 Abs. 2 S. 1 BGB).

[2] Gegenäußerung der Bundesregierung – zu Nr. 75 – zu Artikel 1 Abs. 1 Nr. 26 (§ 357 Abs. 2 S. 1 BGB).

[3] *Bülow/Artz*, NJW 2000, 2049, 2052; *Lorenz*, JuS 2000, 833, 838. Deshalb meint Palandt/*Heinrichs*, § 361a BGB Rn 28, dass für eine neue dogmatische Kategorie „schwebende Wirksamkeit" (so der RegE, BT-Drucks 14/2658, S. 116, 129 zu § 361a BGB a.F.) kein Bedürfnis bestehe.

[4] So OLG Hamm NJW-RR 1999, 202.

Durch die Ausübung des Widerrufs- oder Rückgaberechts wird der Verbrauchervertrag nicht ex tunc unwirksam. Vielmehr wandelt er sich mit **ex nunc-Wirkung** in ein Abwicklungsverhältnis (**Rückgewährschuldverhältnis**) um, auf das – soweit nicht ein anderes bestimmt ist – die Vorschriften über den **gesetzlichen Rücktritt** (§§ 346 ff.) entsprechende Anwendung finden (Abs. 1 S. 1).

Die Haftung für den Untergang oder eine Beschädigung der gelieferten Ware werden damit aus den Vorschriften über das Widerrufsrecht herausgenommen und durch einen Verweis auf die neu geregelten Vorgaben des Rücktritts in § 346 ersetzt. Dabei gibt es zweierlei zu berücksichtigen: Wertersatz in Höhe der vereinbarten Gegenleistung sowie den veränderten Haftungsmaßstab bei nicht ordnungsgemäßer Belehrung.

Die grundsätzlich für anwendbar erklärten Vorschriften über den Rücktritt erfahren in Abs. 1 S. 2, Abs. 2 und 3 jedoch einige Modifikationen, die den Verbraucher gegenüber den allgemeinen Vorgaben der §§ 346 ff. (und auch gegenüber den früher geltenden verbraucherschutzrechtlichen Sondergesetzen) zum Teil privilegieren. Dies soll dem Verbraucher eine freie, nicht durch drohende finanzielle Nachteile (infolge unangenehmer Rechtsfolgen des Widerrufs) beeinflusste Entscheidung über die Ausübung des Widerrufs- oder Rückgaberechts ermöglichen.[5] Zugleich wird für alle Widerrufs- und Rückgaberechte in Verbraucherverträgen eine einheitliche Regelung hinsichtlich der Rechtsfolgen des Widerrufs und der Rückgabe festgelegt.

II. Verweis auf das Rücktrittsrecht (Abs. 1 S. 1)

Auf das Widerrufs- und Rückgaberecht finden die **Vorschriften über den gesetzlichen Rücktritt** (soweit nichts anderes bestimmt ist), d.h. die **§§ 346 ff. entsprechende Anwendung**. Wird das Widerrufs- oder Rückgaberecht ausgeübt, sind gemäß § 357 Abs. 1 S. 1 i.V.m. §§ 346, 348 zunächst einmal die bereits ausgetauschten Leistungen Zug um Zug zurückzugewähren.

Nach § 357 Abs. 1 S. 1 i.V.m. § 346 Abs. 2 S. 2 ist im Falle einer Verschlechterung oder des Untergangs des gelieferten Gegenstandes, sofern im Vertrag eine Gegenleistung bestimmt ist, diese bei der Berechnung des Wertersatzes zugrunde zu legen. Ursprünglich war im Regierungsentwurf vorgesehen, dass die Gegenleistung selbst an die Stelle des Wertersatzes treten sollte, was zur Konsequenz gehabt hätte, dass der Verbraucher trotz seines Widerrufs zur Vertragserfüllung verpflichtet gewesen wäre[6] – ein Verstoß gegen die gemeinschaftsrechtliche Vorgabe, nach der der Verbraucher aus allen seinen Verpflichtungen entlassen werden muss, zugleich auch ein Verstoß gegen Art. 6 Abs. 2 FARL, nach dem dem Verbraucher nur die unmittelbaren Kosten der Rücksendung auferlegt werden dürfen.

III. Verzugsregelung (Abs. 1 S. 2)

Eine **besondere Verzugsregelung** (in Entsprechung des Art. 7 Abs. 2 S. 3 FARL, der eine Höchstfrist von dreißig Tagen vorgibt) für die Erstattungspflicht des Unternehmers hinsichtlich geleisteter Zahlungen trifft Abs. 1 S. 2 – eine Regelung, die sich nach Ansicht des Gesetzgebers[7] zur Übernahme für alle anderen Verbraucherschutzregelungen eignet: Die in § 286 Abs. 3 bestimmte Frist[8] – nach der (abweichend von § 284 Abs. 1 und 2) der Schuldner einer Geldforderung dreißig Tage nach Fälligkeit und Zugang einer Rechnung oder einer gleichwertigen Zahlungsaufforderung in Verzug gerät – beginnt mit der Widerrufs- oder Rückgabeerklärung des Verbrauchers. Der Widerruf ersetzt mithin die Zahlungsaufforderung: Nach dreißig Tagen tritt automatisch Verzug ein.

Allerdings kann Verzug auch durch Mahnung nach Fälligkeit (§§ 284, 285) herbeigeführt werden.[9] *Lorenz*[10] weist zutreffend darauf hin, dass die Rückerstattungsforderung aber bereits schon mit dem Zugang des Widerrufs fällig wird (§ 271 Abs. 1). Nach Eintritt des Verzugs kann der Verbraucher Verzugszinsen (§ 288) sowie Verzugsschäden geltend machen.

Der Gesetzgeber war (im Kontext mit den Beratungen des FernAbsG, die zur Einführung des § 361a a.F. führten) der Auffassung, dass der Forderung nach einer vollständigen Streichung der Regelung des § 361a Abs. 2 S. 2 a.F. (respektive § 357 Abs. 1 S. 2) nicht entsprochen werden könne, da die Frist zur

---

5 So zutreffend *Fuchs*, ZIP 2000, 1273, 1283.
6 Was gerade bei Haustürgeschäften wegen der häufig fehlenden Unangemessenheit der Gegenleistung wegen des Überraschungsmoments und der mangelnden Auswahl ein Widerrufsgrund ist: *Rott*, VuR 2001, 78, 87.
7 RegE, BT-Drucks 14/2658, S. 48 re. Sp.
8 Durch das Gesetz zur Beschleunigung fälliger Zahlungen vom 30. März 2000 (BGBl I S. 330), das zum 1. Mai 2000 in Kraft getreten ist, wird für Geldforderungen der Verzugseintritt ohne Rücksicht auf eine etwaige Mahnung oder die kalendermäßige Bestimmung der Leistungszeit auf 30 Tage nach Zugang einer Rechnung oder einer gleichwertigen Zahlungsaufforderung festgelegt (verschärfte Verzugshaftung). Dazu näher *Fabis*, ZIP 2000, 865; *Huber*, JZ 2000, 743; *Jaeger/Palm*, BB 2000, 1102; *Kiesel*, NJW 2000, 1673; *Risse*, BB 2000, 1050; *Stapenhorst*, DB 2000, 909.
9 So *Kiesel*, NJW 2000, 1673, 1674; *Stapenhorst*, DB 2000, 909; vgl. dazu auch *Brambring*, DNotZ 2000, 245, 247; *Medicus*, DNotZ 2000, 256, 257.
10 JuS 2000, 633, 637 Fn 41.

Rückzahlung an den Verbraucher nicht erst mit einer Zahlungsaufforderung, sondern schon mit dem Widerruf beginnen müsse.[11]

IV. Abs. 1 als grundsätzlich abschließende Rückabwicklungsregelung (Abs. 4)

15 Abs. 4 stellt klar, dass die Rückabwicklungsregelung, wie sie in Abs. 1 getroffen wird, unter einem lex-specialis-Gesichtspunkt grundsätzlich (wie die bisherigen Sonderregelungen auch) **abschließend** ist: Weitergehende Ansprüche (etwa solche aus ungerechtfertigter Bereicherung oder ähnlichem) bestehen nicht.[12] Allerdings können in den einzelnen Verbraucherschutzvorschriften, die ein Widerrufs- oder Rückgaberecht nach den §§ 355, 356 einräumen, Sonderregelungen enthalten sein.[13] Entsprechende verbraucherschutzrechtliche Sonderregelungen finden sich z.B. in § 4 Abs. 3 FernUSG. Abweichend von § 346 Abs. 1 i.V.m. § 357 Abs. 1 ist nach 4 Abs. 3 FernUSG der Wert der Überlassung des Gebrauchs oder der Benutzung der Sachen oder der Erteilung des Unterrichts bis zur Ausübung des Widerrufs nicht zu vergüten.

C. Rücksendepflicht und Kostentragung (Abs. 2)

16 Gemäß Abs. 2 S. 2 ist der Verbraucher bei Ausübung des Widerrufsrechts zur Rücksendung auf Kosten und Gefahr des Unternehmers verpflichtet. Der Verbraucher kann also vom Unternehmer nicht verlangen, dass dieser die Ware bei ihm abholt. Die Regelung der Gefahrtragung hat zur Folge, dass der Verbraucher auch bei Untergang oder Verschlechterung der Sache von seiner Rückgewährpflicht frei wird. Damit regelt das Gesetz ausdrücklich die im Rücktrittsrecht ansonsten umstrittene Frage des Erfüllungsortes für die Rückerstattungspflicht:[14] Die Rückerstattungspflicht ist Schickschuld mit besonderer Kostentragungspflicht zu Lasten des Unternehmers.

17 Der Gesetzgeber war (im Kontext mit dem FernAbsG a.F.) zunächst der Ansicht, dass der Verbraucher **generell** zur Rücksendung der Ware verpflichtet werden könne, was als gesetzliches Leitbild auch auf Gefahr und Kosten des Unternehmers geschehen könne.[15] Im Vermittlungsausschuss[16] zwischen Bundesrat und Bundestag wurde jedoch letztlich – aufgrund einer entsprechenden Intervention des Bundesrats (der diesbezüglich Änderungswünschen des Versandbuchhandels Rechnung tragen wollte) – die Sonderregelung des § 361a Abs. 2 S. 3 Hs. 2. a.F. (respektive § 357 Abs. 2 S. 3 n.F.) ins Gesetz aufgenommen.[17] Der **Versandbuchhandel** hatte nämlich die Befürchtung geäußert, dass es bei einer ausnahmslosen Kostentragung durch den Unternehmer zu Missbräuchen kommen könnte.

18 Abs. 2 S. 2 trifft allerdings keine Regelung hinsichtlich der Frage, ob der Verbraucher vom Unternehmer einen **Kostenvorschuss** für die Rücksendung der Ware verlangen kann. *Bülow*[18] regt eine analoge Anwendung von § 669 an[19] „mit der Folge, dass der Verbraucher die Rücksendung verweigern kann, bis der Vorschuss für die Rücksendekosten vom Unternehmer an ihn gezahlt wird".[20]

19 Nach **Abs. 2 S. 3** dürfen dem Verbraucher, wenn ein Widerrufsrecht besteht, bei einer Bestellung **bis zu einem Betrag von 40 Euro** die regelmäßigen Kosten der Rücksendung vertraglich auferlegt werden. Etwas anderes gilt nur für den Fall, dass die gelieferte Ware nicht der bestellten entspricht, d.h. z.B. mangelhaft ist oder in einem aliud besteht. Für diesen Fall ist der Verbraucher auch bei einer entsprechenden Vereinbarung weder zur Rücksendung noch zur Kostentragung verpflichtet. Dabei scheidet eine entsprechende Klausel in den AGB des Unternehmers aus.[21] Abs. 2 S. 3 erfordert, dass der **Bruttopreis** unter 40 Euro liegen muss. Dies bedeutet, dass bei einer einheitlichen Bestellung mehrerer Sachen zum Preis von **mehr** als 40 Euro eine Regelung, die die Bestellung in Einzelentgelte von unter 40 Euro aufspaltet, unwirksam ist.

20 Die Möglichkeit einer Kostenabwälzung auf den Verbraucher besteht nur hinsichtlich der „regelmäßigen Kosten" mit der Folge, dass Mehrkosten durch Änderungen der gewerblichen Niederlassung bzw. solche durch die Einschaltung kostenträchtiger Abholdienste den Unternehmer treffen.[22]

---

11 Rechtsausschuss, BT-Drucks 14/3195, S. 33 li. Sp.
12 Ausgeschlossen ist hingegen nicht, dass der Verbraucher (wenngleich ohne Vorteil für ihn) auf das verbraucherschützende Widerrufsrecht verzichtet und z.B. beim Vorliegen der entsprechenden Voraussetzungen den Vertrag nach den §§ 119 ff. BGB anficht mit daraus korrespondierenden Bereicherungsansprüchen: so zutreffend *Lorenz*, JuS 2000, 833, 838.
13 RegE, BT-Drucks 14/2658, S. 47 re. Sp.
14 *Lorenz*, JuS 2000, 833, 837 unter Bezugnahme auf die Darstellung der Problematik bei *Köhler*, FS für *Heinrichs*, 1998, S. 367; *Palandt/Heinrichs*, § 269 BGB Rn 15.
15 Rechtsausschuss, BT-Drucks 14/3195, S. 33 li. Sp.
16 Beschluss des Vermittlungsausschusses vom 7. Juni 2000, BR-Drucks 237/00.
17 Rechtsausschuss, BT-Drucks 14/3195, S. 9 und S. 33.
18 *Bülow/Artz*, NJW 2000, 2049, 2052.
19 A.A. *Palandt/Heinrichs*, § 361a BGB Rn 32: Der Verbraucher habe keinen Vorschussanspruch, könne aber per Nachnahme zurücksenden.
20 *Bülow/Artz*, NJW 2000, 2049, 2052 unter Bezugnahme auf BGHZ 77, 60, 63.
21 *Palandt/Heinrichs*, § 361a BGB Rn 33.
22 *Palandt/Heinrichs*, § 361a BGB Rn 33.

D. Wertminderung bei bestimmungsgemäßer Ingebrauchnahme (Abs. 3)
I. Die Altregelung

Neu ist die Regelung des **Abs. 3** über die **Wertminderung bei bestimmungsgemäßer Ingebrauchnahme** der Sache, die nicht mehr den Vorgaben des § 361a Abs. 2 S. 4 und 5 a.F. folgt. Nach der Altregelung konnte der Verbraucher zwar (abweichend von den §§ 350 bis 352 a.F.) von seinem Widerrufs- oder Rückgaberecht auch dann Gebrauch machen, wenn die Sache durch sein Verschulden untergegangen war oder sich verschlechtert hatte. Seine Haftung war allerdings begrenzt: Er haftete nur für die Gebrauchsvorteile, nicht aber für die Abnutzung durch die bestimmungsgemäße Ingebrauchnahme. Diese Regelung verlagerte das Risiko sehr einseitig auf den Unternehmer,[23] entsprach aber wörtlich § 3 HTWG a.F. aus dem Jahre 1986, einer Norm, die gleichermaßen seit langem als ungerecht empfunden wurde.[24]

Im Kontext mit § 3 HTWG a.F. war das praktische Bedürfnis nach einer Änderung der Vorschrift allerdings geringer, weil der Unternehmer dort die Möglichkeit hatte (und bei **Haustürgeschäften** auch weiterhin haben wird, weil § 308 Nr. 1 [§ 10 Nr. 1 AGBG a.F.] einen entsprechenden AGB-Vorbehalt ausdrücklich erlaubt), seine vertraglich geschuldete Leistung (d.h. i.d.R. die Warenlieferung) erst dann zu erfüllen, wenn die Widerrufsfrist verstrichen ist und damit der Vertragsdurchführung nichts mehr im Wege steht. Damit war (und ist) bei Haustürgeschäften eine entsprechende Risikolage für den Unternehmer praktisch vermeidbar. Anders ist die Situation aber bei **Fernabsatzverträgen**, bei denen die Widerrufsfrist nach § 312a Abs. 2 S. 1 nicht vor der Lieferung der Ware zu laufen beginnt – eine Vorgabe, die wegen Art. 6 Abs. 1 S. 5 und 6 FARL zwingend und unabdingbar ist. Folge war, dass bei Fernabsatzverträgen der Unternehmer stets die durch die bestimmungsgemäße Ingebrauchnahme entstehende Wertminderung allein zu tragen hatte. Dabei kann die Wertminderung infolge des „**gebraucht statt neu**" in Einzelfällen ganz erheblich sein: Die Gesetzesbegründung verweist auf Kraftfahrzeuge, die durch die Erstzulassung einen Wertverlust von etwa 20 % erleiden.[25] Bedeutsam ist die Problematik „Wertminderung durch bestimmungsgemäße Ingebrauchnahme" auch für den gesamten **Internethandel** mit Computern, sonstigen elektronischen Geräten und Zubehör sowie Büchern und CD.

Der Gesetzgeber erachtete es in diesen Fällen als nicht gerecht, „wenn das Gesetz dem Unternehmer keine Möglichkeit bieten würde, diese Folge zu vermeiden. Andererseits ist zu berücksichtigen, dass das Widerrufs- und Rückgaberecht des Verbrauchers wesentlich erschwert, wenn nicht gar zum Teil ganz ausgeschlossen würde, wenn dem Verbraucher die Verpflichtung auferlegt würde, einen durch die bestimmungsgemäße Ingebrauchnahme der Sache entstehenden erheblichen Wertverlust tragen zu müssen. Zwischen diesen widerstreitenden Interessen ist daher ein angemessener Ausgleich zu schaffen".[26]

II. Die Neuregelung
1. Überblick

Abs. 3 ist in der Sache eine Abweichung von § 346 Abs. 2 S. 1 Nr. 3. Daraus folgt aber nicht, dass der Verbraucher, der den Vertrag widerrufen hat, bereits mit Ingebrauchnahme der Sache zum Wertersatz verpflichtet wäre und nicht mehr die Möglichkeit hätte, die Sache zurückzugeben. Nach § 346 Abs. 2 S. 1 Nr. 3 hat der Schuldner nämlich nur Wertersatz zu leisten, **soweit** sich der empfangene Gegenstand verschlechtert hat. Im Übrigen kann und muss er gemäß § 346 Abs. 1 den empfangenen Gegenstand zurückgewähren.

Abs. 3 regelt dreierlei:
– Anspruch des Unternehmers auf Wertminderung auch bei bestimmungsgemäßer Ingebrauchnahme (**S. 1**, Rn 26 ff.); den
– Ausschluss des Wertminderungsanspruchs (**S. 2**, Rn 32 ff.) sowie die
– Einschränkung der Haftungserleichterung nach § 346 Abs. 3 S. 1 Nr. 3 (**S. 3**, Rn 36 f.).

2. Anspruch des Unternehmers auf Wertminderung auch bei bestimmungsgemäßer Ingebrauchnahme (S. 1)

Nach Abs. 3 S. 1 hat der Verbraucher ausnahmsweise – und abweichend vom Grundsatz des § 346 Abs. 2 S. 1 Nr. 3 (wonach der Schuldner Wertersatz zu leisten hat, soweit der empfangene Gegenstand sich verschlechtert hat oder untergegangen ist – wenn auch die durch die bestimmungsgemäße Ingebrauchnahme

---

[23] BT-Drucks 14/6040, S. 199 li. Sp.
[24] Palandt/*Putzo*, § 3 HTWG Rn 16: „Die Regelung ist für die andere Vertragspartei sehr ungünstig, z.B. bei Kleidungsstücken und Kfz."
[25] BT-Drucks 14/6040, S. 199 li. Sp.
[26] BT-Drucks 14/6040, S. 199 re. Sp.

entstandene Verschlechterung außer Betracht bleibt) – eine durch die bestimmungsgemäße Ingebrauchnahme entstandene Wertminderung unter folgender Voraussetzung zu ersetzen: Der Verbraucher muss spätestens bei Vertragsschluss in Textform (§ 126b) auf diese Rechtsfolge (Haftung für eine Ingebrauchnahme) und eine Möglichkeit hingewiesen worden sein, sie zu vermeiden.

27 Abs. 3 S. 1 soll angesichts des hohen Risikos für den Verbraucher sicherstellen, dass dieser einen Wertersatzanspruch des Unternehmers vermeiden kann, wenn er dessen Hinweise hierzu befolgt. Der Hinweis muss daher hinreichend deutlich sein. Eine bloße Regelung in den AGB kann nicht ausreichend sein. Zudem muss jede Missverständlichkeit zu Lasten des Unternehmers gehen.[27]

28 Was der Gesetzgeber im Einzelnen mit dem Hinweis auf eine Möglichkeit, die Haftung zu vermeiden, gemeint hat, ist unklar. Bedeutet dies einen Hinweis, die Sache erst gar nicht in Gebrauch zu nehmen? Dann macht die Regelung jedoch keinen Sinn. Wäre der Verbraucher nämlich mit einem entsprechenden Hinweis (sinnvollerweise) bereits **vor Vertragsschluss** (und nicht erst vor Ingebrauchnahme) konfrontiert worden, hätte er (möglicherweise) bereits schon vom Vertragsabschluss Abstand genommen.[28]

29 Zur **Ingebrauchnahme** soll noch nicht das Auspacken oder Entsiegeln der Sache gehören, da dies schon erforderlich ist, um die Sache betrachten und begutachten zu können[29] (Prüfung der Sache nach § 357 Abs. 3 S. 2, siehe Rn 32 ff.). Die Kosten für die Wiederverpackung und die Neuauszeichnung der Sache wird der Unternehmer zu tragen haben.

30 Die mit Abs. 3 S. 1 (gegenüber dem Rücktrittsrecht) erfolgte Haftungserschwerung zu Lasten des widerrufenden Verbrauchers ist nach Auffassung des Gesetzgebers[30] dadurch gerechtfertigt, dass das Widerrufs- und Rückgaberecht des Verbrauchers nicht von einer Vertragsverletzung des Unternehmers abhängig gemacht wird. Es steht dem Verbraucher kraft Gesetzes in jedem Falle zu. Dies bedeutet, dass der Unternehmer es nicht vermeiden kann, eine „gebrauchte Sache" vom Verbraucher zurücknehmen zu müssen, obgleich er diese vertragsgemäß geliefert hatte. Hiervon unterscheidet sich die Situation beim Rücktritt nach den §§ 346 ff. grundsätzlich: Dem Schuldner wird nur dann ein (gesetzliches) Recht zum Rücktritt eingeräumt, wenn der Rücktrittsgläubiger eine Vertragsverletzung begangen und den Vertrag trotz entsprechender Aufforderung nicht vollständig erfüllt hat. In diesem Falle könne dem Rücktrittsgläubiger (der seine Pflichten nicht erfüllt hat) das Risiko einer Wertminderung der Sache infolge ordnungsgemäßer Ingebrauchnahme durch den Schuldner zugemutet werden: Er habe es nämlich (anders als der Unternehmer bei einem Verbrauchervertrag, bei dem dem Verbraucher kraft Gesetzes ein Widerrufsrecht eingeräumt wird) selbst in der Hand, die Folgen zu vermeiden.[31] Insoweit sei eine Differenzierung (Haftungsbeschränkung des Rücktrittsberechtigten nach § 346 Abs. 2 Nr. 3 versus § 357 Abs. 3 S. 1) gerechtfertigt.

31 Damit das Haftungsrisiko den Verbraucher nicht **unvorbereitet** trifft, verlangt das Gesetz in § 358 Abs. 3 S. 1 Hs. 2 eine entsprechende Information des Verbrauchers durch den Unternehmer **sowie** einen Hinweis, wie der Verbraucher die Wertminderung vermeiden kann. Es sind also **zwei Hinweise** geboten: ein Hinweis auf einen durch eine ordnungsgemäße Ingebrauchnahme auftretenden Wertverlust (ggf. in Höhe von x%, den der Verbraucher im Falle des Widerrufs bei der Rückabwicklung des Vertrags zu tragen hat) sowie einen Hinweis auf die Möglichkeit einer Vermeidung dieser Folge dadurch, dass eine Ingebrauchnahme der Sache erst nach der Entscheidung, vom Widerrufsrecht keinen Gebrauch mehr machen zu wollen, erfolgen sollte (Beispiele: Pkw-Zulassung erst nach Probefahrt auf Privatgelände. Ein Buch darf zwar zur Prüfung des Inhalts und der Fehlerfreiheit aus der Verpackung genommen und durchgeblättert werden, eine darüber hinausgehende Nutzung, so dass das Buch nicht mehr als „neu" verkauft werden kann, würde aber zu einem vom Verbraucher zu tragenden Wertverlust führen).[32]

3. Ausschluss des Wertminderungsanspruchs (S. 2)

32 Der Wertminderungsanspruch ist nach Abs. 3 S. 2 allerdings ausgeschlossen, wenn die Wertminderung „ausschließlich auf die Prüfung der Sache zurückzuführen ist". Damit formuliert Abs. 3 S. 2 eine Unterausnahme von der Ausnahme des Abs. 3 S. 1, mit dem zum Grundsatz von § 346 Abs. 2 S. 1 Nr. 2 zurückgekehrt wird. Der Ausschluss nach Abs. 3 S. 2 liegt darin begründet, dass der Unternehmer dem Verbraucher letztlich nicht auch dessen **Prüfungsrecht** nehmen darf. Die aus der bloßen Ausübung des Prüfungsrechts resultierende Wertminderung hat allein der Unternehmer zu tragen – unabhängig davon, ob dieser den Verbraucher darauf hingewiesen hat oder nicht.

33 Dies bedeutet, dass der Verbraucher für den Wertverlust, den ein Kleidungsstück allein dadurch erleidet, dass es aus der Verpackung genommen und anprobiert wird, oder den ein Buch durch das bloße Aufschlagen

---

27 *Rott*, VuR 2001, 78, 85.
28 *Rott*, VuR 2001, 78, 85.
29 *Rott*, VuR, 2001, 78, 85.
30 BT-Drucks 14/6040, S. 199 re. Sp.
31 BT-Drucks 14/6040, S. 199 re. Sp. – „Er hätte lediglich von vornherein vertragsgemäß liefern müssen oder könnte jedenfalls nacherfüllen."
32 BT-Drucks 14/6040, S. 200 li. Sp.

und ein kurzes Durchblättern erleidet, nicht aufzukommen braucht, dass er wohl aber die durch die Erstzulassung eines Pkw entstehende Wertminderung tragen müsste,[33] wenn er (entsprechend § 357 Abs. 3 S. 1) vom Unternehmer über diese Rechtsfolge und eine Möglichkeit der Vermeidung aufgeklärt worden ist,[34] da diese Wertminderung gerade nicht auf die Prüfung der Ware zurückzuführen ist, sondern allein auf der Zulassung des Fahrzeugs beruht, mithin prüfungsunabhängig ist.

Der Gesetzgeber glaubt, dass Abs. 3 S. 2 ohnehin nur klarstellende Funktion zukommt, da § 346 Abs. 2 Nr. 3 Hs. 2 (Rn 24) zur Voraussetzung hat, dass durch eine bestimmungsgemäße Ingebrauchnahme der Sache überhaupt ein Wertverlust eintritt – eine Wertminderung, die darin liegt, dass die Sache nicht mehr als „neu" verkauft werden kann. Eine solche Wertminderung tritt aber in der Regel ohnehin nicht durch die bloße Prüfung der Sache, sondern erst durch einen darüber hinausgehenden Gebrauch – oder eben bei Pkws durch die Erstzulassung – ein[35] – eine Aussage, die so (durch die Einschränkung „in der Regel") unzutreffend ist und der Realität, bspw. im Fernabsatz, nicht gerecht wird. **34**

Baden-Württemberg hatte denn auch im Bundesrat[36] (vergeblich) versucht, Abs. 3 S. 2 zu streichen – die mit Abs. 3 S. 2 erfolgte Rückkehr zum Grundsatz des § 346 Abs. 2 S. 1 Nr. 2 sei unnötig und schaffe durch den unbestimmten Rechtsbegriff der „Prüfung" nur Verwirrung. Eine klare Abgrenzung zwischen „Prüfung" und „Inbetriebnahme" (die nach Abs. 3 S. 1 ggf. zum Wertersatzanspruch führt) sei nicht möglich: „Vielmehr ist der Verbraucher umfassend und ausreichend durch (§ 357 Abs. 3) Satz 1 (BGB) geschützt. Er schuldet nur Wertersatz, wenn er sich über den Herstellerhinweis, wie er eine Wertminderung vermeiden kann, hinwegsetzt. Die Befürchtung, der Unternehmer könnte auf diese Weise selbst das Auspacken der Ware zur Ansicht mit Wertersatzansprüchen sanktionieren, ist theoretischer Natur, weil der mündige Verbraucher – und nur dieser kann maßgebend sein – dann das Paket ungeöffnet zurückschickt." **35**

4. Einschränkung der Haftungserleichterung des § 346 Abs. 3 S. 1 Nr. 3 (S. 3)

Abs. 3 S. 3 schränkt die Haftungserleichterung des § 346 Abs. 3 S. 1 Nr. 3 ein, wonach die Pflicht zum Wertersatz entfällt, wenn im Fall eines gesetzlichen Rücktrittsrechts die Verschlechterung oder der Untergang beim Verbraucher (als Berechtigtem) eingetreten ist, obwohl dieser diejenige Sorgfalt beobachtet hat, die er in eigenen Angelegenheiten anzuwenden pflegt (§ 277 – diligentia quam in suis), wenngleich eine verbleibende Bereicherung herauszugeben ist: Die Regelung des § 346 Abs. 3 S. 1 Nr. 3 findet keine Anwendung, wenn der Verbraucher über sein Widerrufsrecht belehrt worden ist oder hiervon anderweitig Kenntnis erlangt hat. Die Kenntnis vom Widerrufsrecht kann sich auch aus einer formell nicht ordnungsgemäßen Belehrung ergeben.[37] Dies bedeutet, dass in den beiden genannten Fällen der Haftungsmaßstab wieder auf die **eigenübliche Sorgfalt** zurückgeführt wird – wie dies vor der Einführung des § 361a Abs. 2 a.F. der Fall war.[38] Der Gesetzgeber hat keine Begründung für die Rücknahme der Verbesserung des ursprünglichen Verbraucherschutzes in § 361a Abs. 2 a.F. durch Abs. 3 S. 3 gegeben.[39] **36**

Der Unternehmer ist also darlegungs- und beweispflichtig dafür, dass er den Verbraucher belehrt hat oder dass dieser anderweitig Kenntnis erlangt hat. Damit kann auch § 346 Abs. 3 S. 1 Nr. 3 mit seiner Haftungserleichterung zugunsten des Verbrauchers zur Anwendung gelangen.[40] **37**

III. EG-Rechtswidrigkeit der Neuregelung?

Gegen Abs. 3 sprechen europarechtliche Bedenken[41] – und zwar sowohl im Hinblick auf Art. 6 Abs. 2 als auch Art. 12 Abs. 1 FARL. **38**

---

33 A.A. *Rott*, VuR 2001, 78, 85: Die Erstzulassung könne schwerlich als „Ingebrauchnahme" qualifiziert werden, „auch wenn sie zugegebenermaßen sinnlos ist, wenn das Kraftfahrzeug nicht anschließend tatsächlich in Gebrauch genommen wird". Vor diesem Hintergrund meint *Rott*, dass die Zulassung eines Kfz, das nicht benutzt werden soll, nur mit dem Ziel einer Schädigung des Unternehmers als sittenwidrige Schädigung i. S. des § 826 BGB anzusehen sei.
34 BT-Drucks 14/6040, S. 200 li. Sp.: „Dagegen dürfte dem Verbraucher der Wertverlust, der dadurch entsteht, dass sich der Verbraucher in den Pkw setzt, alle Instrumente ausprobiert und mit dem Pkw eine kurze Strecke auf nicht-öffentlicher Verkehrsfläche zurücklegt, in keinem Fall auferlegt werden."
35 BT-Drucks 14/6040, S. 200 li. Sp.
36 BR-Drucks 338/01 – abgelehnter Antrag Baden-Württembergs: zu Artikel 1 Abs. 1 Nr. 26 (§ 357 Abs. 3 S. 2 BGB).
37 Palandt/*Heinrichs*, § 361a BGB Rn 3.
38 *Rott*, VuR 2001, 78, 86.
39 „Abgesehen davon, dass die Auferlegung jeglicher Haftung in dem Fall, dass der Verbraucher sein Widerrufsrecht nicht kennt, ohnehin gemeinschaftswidrig ist, sollte der Gesetzgeber noch eher den jüngst eingeführten objektiven Haftungsmaßstab beibehalten", so *Rott*, VuR 2001, 78, 86.
40 BT-Drucks 14/6040, S. 200 re. Sp.
41 Ebenso *Hager*, in: Ernst/Zimmermann, Zivilrechtswissenschaft und Schuldrechtsreform, S. 427, 447 f.

1. Art. 6 Abs. 2 FARL

39 Art. 6 Abs. 2 FARL hat folgenden Wortlaut:

> **Art. 6 FARL (Widerrufsrecht)**
> (1) ...
> (2) Übt der Verbraucher das Recht auf Widerruf gemäß diesem Artikel aus, so hat der Lieferer die vom Verbraucher geleisteten Zahlungen kostenlos zu erstatten. Die einzigen Kosten, die dem Verbraucher infolge der Ausübung seines Widerrufsrechts auferlegt werden können, sind die unmittelbaren Kosten der Rücksendung der Waren. Die Erstattung hat sobald wie möglich, in jedem Fall jedoch binnen 30 Tagen zu erfolgen.
> (3)–(4) ...

Die **einzigen Kosten**, die dem Verbraucher infolge der Ausübung seines Widerrufsrechts auferlegt werden dürfen, sind demnach die Kosten der unmittelbaren Rücksendung. Wenn Art. 6 Abs. 2 FARL im Einzelnen auch Unklarheiten aufweist, stellt die Richtlinie selbst jedoch fest, dass dem Verbraucher das Recht auf Widerruf von im Fernabsatz geschlossenen Verträgen nicht erschwert bzw. dieser auf dieses Recht auch nicht verzichten kann. Im BMJ-Entwurf findet sich denn auch folgende Aussage: „ ... die Verpflichtung des Verbrauchers zum Ersatz auch eines umfangreicheren Wertverlusts durch die bestimmungsgemäße Ingebrauchnahme der Sache diesem die Ausübung seines Widerrufsrechts erschweren oder gar unmöglich machen würde." Der Gegeneinwand,[42] dem sich auch der Gesetzgeber angeschlossen hat,[43] bei Abs. 3 handele es sich nicht um Kosten, die „infolge des Widerrufs" entstehen, überzeugt nicht. Der Gesetzgeber ist der Auffassung, dass es bei Abs. 3 um die Rückabwicklung von Vorteilen und Schäden gehe, die durch die vorhergehende Benutzung entstehen – eine Frage, die von der FARL nicht geregelt werde. Er verweist vielmehr auf den Erwägungsgrund 14 zur FARL – „Es ist Sache der Mitgliedstaaten, weitere Bedingungen und Einzelheiten für den Fall der Ausübung des Widerrufsrechts festzulegen" –, was er mit der Neuregelung in Abs. 3 tue.

2. Art. 12 Abs. 1 FARL

40 *Rott*[44] weist zutreffend darauf hin, dass der Gesetzgeber dem Verbraucher mit Abs. 3 eine Art **Wahlrecht** eingeräumt hat. Der Verbraucher kann auf eine Ingebrauchnahme der Sache verzichten (mit korrespondierendem faktischen Verzicht auf sein Widerrufsrecht) oder diese in Gebrauch nehmen. Letzteres löst dann allerdings im Falle des Widerrufs einen Wertersatzanspruch des Unternehmers aus. Der faktische Verzicht auf das Widerrufsrecht verstößt jedoch gegen Art. 12 Abs. 1 FARL, der folgenden Wortlaut hat:

> **Art. 12 FARL (Unabdingbarkeit)**
> (1) **Der Verbraucher kann auf die Rechte, die ihm aufgrund der Umsetzung dieser Richtlinie in innerstaatliches Recht zustehen, nicht verzichten.**
> (2) ...

3. Konsequenzen

41 Die Regelung des Abs. 3 widerspricht den vorgenannten Vorgaben der FARL und ist damit nicht richtlinienkonform. Eine Konformität kann nur im Zuge der Anpassung der Richtlinie 85/577/EWG des Rates vom 20. Dezember 1985 betreffend den Verbraucherschutz im Falle von außerhalb von Geschäftsräumen geschlossenen Verträgen[45] an die FARL erreicht werden, die in der Erklärung zur FARL angesprochen wird.[46]

42 Bei dieser Gelegenheit sollte zugleich die Gelegenheit ergriffen werden, auch Abs. 3 S. 2 (Rn 32 ff.) einer nochmaligen Prüfung zu unterziehen: Wieso soll für eine Verschlechterung, die ausschließlich auf eine Prüfung durch den Verbraucher zurückzuführen ist, kein Wertersatz an den Unternehmer zu leisten sein?

43 Der Verbraucherschutz bspw. im Fernabsatz zielt darauf ab, den Verbraucher bei dieser besonderen Vertriebsform, bei sich Verbraucher und Unternehmer nicht mehr physisch begegnen und bei der die Entscheidung des Verbrauchers pro oder contra Vertragsabschluss allein auf den ihm vom Unternehmer auf technischem Weg übermittelten Informationen beruht, zu schützen, da der Verbraucher die Ware vor Vertragsabschluss nicht mehr in Augenschein nehmen kann. Muss ihm aber dabei auch ein Prüfrecht (mit einem ggf. damit einhergehenden Wertverlust der Sache) eingeräumt werden? Hat der Verbraucher denn beim Präsenzkauf einen derartigen Anspruch? Da dies nicht der Fall ist, stellt sich die Frage, ob eine Besserstellung des Verbrauchers beim Fernabsatz gegenüber dem Präsenzkauf allein aufgrund der Besonderheiten des für den Fernabsatz organisierten Vertriebssystems gerechtfertigt ist.

---

42 Diskussion, Ernst/Zimmermann, Zivilrechtswissenschaft und Schuldrechtsreform, S. 455, 456.
43 BT-Drucks 14/6040, S. 199 re. Sp.
44 VuR 2001, 78, 85.
45 ABl. EG Nr. L 372, S. 31.
46 Vgl. dazu *Rott*, VuR 2001, 78, 85.

In wirtschaftlichen Zusammenhängen kann dies dazu führen, dass bestimmte Produkte (z.B. elektronische Artikel, deren Prüfung durch den Verbraucher bereits eine Wertminderung der Sache mit sich bringt) für den Vertrieb im Fernabsatz zunehmend untauglich werden können, weil die damit verbundenen Kosten im Rahmen einer Mischkalkulation im Zuge eines entsprechenden (für den Fernabsatz organisierten) Vertriebssystems dieses gegenüber dem stationären Präsenzhandel als zu kostenintensiv erscheinen lässt.

Rott[47] sieht in dieser Konfliktlage für den im Fernabsatz tätigen Unternehmer lediglich drei Alternativen:
- Resignation, d.h. Verzicht auf den Fernabsatz von Produkten, die durch eine Ingebrauchnahme (Prüfung) deutlich an Wert verlieren.
- Abwälzung des Wertminderungsrisikos auf den Kunden im Rahmen eines gespaltenen Preissystems: Niedrigere Preise zugunsten solcher Kunden, die sich bereit erklären, die im Fernabsatz erworbene Ware innerhalb der ersten beiden Wochen (d.h. der Widerrufsfrist nach § 355 Abs. 1 S. 2 Hs. 1) nicht in Gebrauch zu nehmen bzw. zu prüfen. Anreizen, die nicht mit der Ausübung des Widerrufs verkoppelt werden, steht die Richtlinie 97/7/EG nämlich nicht entgegen.
- Vereinbarung zwischen Unternehmer und Verbraucher, dass letzterer die Sache während des Laufs der Widerrufsfrist nicht in Gebrauch nehmen darf,[48] was gleichermaßen richtlinienkonform sein dürfte, da „Lieferung" i.S.v. Art. 6 FARL nicht zwingend auch die Ingebrauchnahme mit umfasst[49] – was allerdings (wirtschaftlich) eine wenig erfolgreiche Marketingstrategie darstellen dürfte.

Die zuletzt genannte Überlegung schließt sich an die bereits vorgestellten Überlegungen an (Rn 43): Soll der Verbraucher im Fernabsatz gegenüber dem Verbraucher im Präsenzhandel privilegiert werden – dem i.d.R. weder eine Prüfung (der konkret gekauften Ware) noch gar eine Ingebrauchnahme gestattet wird. Er ist nach § 437, sofern die Sache mangelhaft ist, „lediglich" auf Nacherfüllung, Rücktritt oder Minderung bzw. Schadensersatz oder Ersatz vergeblicher Aufwendungen beschränkt. Auch dieser Ansatz liefe letztlich doch wieder auf ein verschleiertes Wahlrecht des Verbrauchers hinaus: Ingebrauchnahme der Sache oder faktischer Verzicht auf das Widerrufsrecht.

E. Ausschluss weitergehender Ansprüche (Abs. 4)

Nach Abs. 4 bestehen – in Übernahme von § 361a Abs. 2 S. 7 a.F. – **keine weitergehenden Ansprüche** gegen den Verbraucher (z.B. aus pVV, c.i.c., § 823 oder § 812). Allenfalls kann, auf Grund einer teleologischen Reduktion, noch ein Anspruch aus § 826 in Betracht kommen.[50]

§ 358 Verbundene Verträge

(1) ¹Hat der Verbraucher seine auf den Abschluss eines Vertrags über die Lieferung einer Ware oder die Erbringung einer anderen Leistung durch einen Unternehmer gerichtete Willenserklärung wirksam widerrufen, so ist er auch an seine auf den Abschluss eines mit diesem Vertrag verbundenen Verbraucherdarlehensvertrags gerichtete Willenserklärung nicht mehr gebunden.

(2) ¹Hat der Verbraucher seine auf den Abschluss eines Verbraucherdarlehensvertrags gerichtete Willenserklärung wirksam widerrufen, so ist er auch an seine auf den Abschluss eines mit diesem Verbraucherdarlehensvertrag verbundenen Vertrags über die Lieferung einer Ware oder die Erbringung einer anderen Leistung gerichtete Willenserklärung nicht mehr gebunden. ²Kann der Verbraucher die auf den Abschluss des verbundenen Vertrags gerichtete Willenserklärung nach Maßgabe dieses Untertitels widerrufen, gilt allein Absatz 1 und sein Widerrufsrecht aus § 495 Abs. 1 ist ausgeschlossen. ³Erklärt der Verbraucher im Fall des Satzes 2 dennoch den Widerruf des Verbraucherdarlehensvertrags, gilt dies als Widerruf des verbundenen Vertrags gegenüber dem Unternehmer gemäß Absatz 1.

(3) ¹Ein Vertrag über die Lieferung einer Ware oder die Erbringung einer anderen Leistung und ein Verbraucherdarlehensvertrag sind verbunden, wenn das Darlehen ganz oder teilweise der Finanzierung des anderen Vertrags dient und beide Verträge eine wirtschaftliche Einheit bilden. ²Eine wirtschaftliche Einheit ist insbesondere anzunehmen, wenn der Unternehmer selbst die Gegenleistung des Verbrauchers finanziert, oder im Fall der Finanzierung durch einen Dritten, wenn sich der Darlehensgeber bei der Vorbereitung oder dem Abschluss des Verbraucherdarlehensvertrags der Mitwirkung des Unternehmers bedient.

---

[47] VuR 2001, 78, 86.
[48] Tut er dies doch, macht der Verbraucher sich (in Höhe der Wertminderung) schadensersatzpflichtig, wobei bei Behalt der Ware dem Unternehmer kein Schaden entstünde, womit der Vertragsbruch folgenlos bliebe, *Rott*, VuR 2001, 78, 86.
[49] So *Rott*, VuR 2001, 78, 86; a.A. *Schmidt/Räntsch*, VuR 2000, 427, 433.
[50] Palandt/*Heinrichs*, § 361a BGB Rn 40.

(4) ¹§ 357 gilt für den verbundenen Vertrag entsprechend. ²Im Falle des Absatzes 1 sind jedoch Ansprüche auf Zahlung von Zinsen und Kosten aus der Rückabwicklung des Verbraucherdarlehensvertrags gegen den Verbraucher ausgeschlossen. ³Der Darlehensgeber tritt im Verhältnis zum Verbraucher hinsichtlich der Rechtsfolgen des Widerrufs oder der Rückgabe in die Rechte und Pflichten des Unternehmers aus dem verbundenen Vertrag ein, wenn das Darlehen dem Unternehmer bei Wirksamwerden des Widerrufs oder der Rückgabe bereits zugeflossen ist.

(5) ¹Die erforderliche Belehrung über das Widerrufs- oder Rückgaberecht muss auf die Rechtsfolgen nach Absatz 1 und Absatz 2 Satz 1 und 2 hinweisen.

A. Überblick

1 § 358 schafft (unter Fortführung der früheren Rechtslage) durch die Zusammenfassung der Vorschriften des § 9 Abs. 1 und 2 VerbrKrG a.F., § 4 FernAbsG a.F. sowie § 6 TzWrG a.F. eine einheitliche Regelung über **verbundene Verträge**.

2 Geregelt werden die Rechtsfolgen, wenn ein Vertrag über die Lieferung von Waren bzw. die Erbringung einer anderen Leistung mit einem Darlehensvertrag so verbunden ist, dass das Darlehen ganz oder teilweise der Finanzierung des anderen Vertrags dient, beide Verträge eine wirtschaftliche Einheit bilden und einer der Verträge vom Verbraucher nach Maßgabe der §§ 355, 356 widerrufen wird (**Vereinheitlichung der Rechtsfolgen des Widerrufs bei verbundenen Verbraucherverträgen**).

3 Der Gesetzgeber glaubt, damit künftig die weitere Umsetzung europäischer Verbraucherschutzrichtlinien erleichtern und systematisieren zu können, weil nunmehr bei der Umsetzung keine besonderen Vorschriften über finanzierte Verträge mehr geschaffen werden müssen. Im Rahmen des Gesetzgebungsverfahrens erfolgte eine Anpassung an die Begrifflichkeit in den §§ 491 ff., wo durchgängig vom „**Verbraucherdarlehensvertrag**" die Rede ist.

4 Der ursprüngliche Verweis in Abs. 1 („nach Maßgabe der §§ 355, 356") wurde aufgegeben, da diese Formulierung Anlass zu Missverständnissen geben könnte. Abs. 1 spricht nämlich nicht nur die §§ 355, 356, sondern auch Vorschriften, die Abweichungen hiervon bestimmen (z.B. § 312d Abs. 2 und 3 BGB, § 485 Abs. 2 bis 4 BGB bzw. § 4 Abs. 1 und 2 FernUSG), an. Der Wegfall der Bezugnahme vermeidet den Eindruck, es komme auf die nicht ausdrücklich benannten übrigen Vorschriften für die Wirksamkeit des Widerrufs nicht an. Ein Vertrag kann nur dann wirksam widerrufen werden, wenn sämtliche Voraussetzungen eingehalten werden.[1]

B. Folgen des Widerrufs des Verbrauchervertrags (Abs. 1)

5 Hat der Verbraucher seine auf den Abschluss eines Vertrags über die Lieferung einer Ware oder die Erbringung einer anderen Leistung durch einen Unternehmer gerichtete Willenserklärung wirksam widerrufen, so ist er nach Abs. 1 auch an seine auf den Abschluss eines mit diesem Vertrag verbundenen Verbraucherdarlehensvertrags gerichtete Willenserklärung nicht mehr gebunden. Die Frage, wann eine entsprechende **Verbundenheit** zwischen dem Vertrag und dem Verbraucherdarlehensvertrag anzunehmen ist, die es rechtfertigt, dass im Falle des Widerrufs des eines Vertrags auch der andere Vertrag als widerrufen gilt, beantwortet Abs. 3 (Rn 13 f.).

6 Abs. 1 normiert damit die früher in § 4 FernAbsG a.F. bzw. § 6 TzWrG a.F. geregelten Fälle, dass beim Widerruf des **finanzierten Verbrauchervertrags** sowohl dieser als auch der Darlehensvertrag rückabgewickelt werden können. Die gesetzliche Regelung des Abs. 1 bewirkt (ebenso wie Abs. 4 S. 1, nach dem sich die Rückabwicklung des verbundenen und als widerrufen geltenden Darlehensvertrags nach den Rechtsfolgen des § 357 richtet, vgl. Rn 15 ff.) einen **Rückabwicklungsgleichlauf**: Der Darlehensvertrag wird vom Widerruf des Verbrauchervertrags (sobald der finanzierte Vertrag vom Verbraucher wirksam widerrufen wurde) erfasst, ohne dass insoweit ein Widerruf erklärt werden bzw. dem Verbraucher ein Widerrufsrecht zustehen müsste.

C. Folgen des Widerrufs des Verbraucherdarlehensvertrags (Abs. 2)

7 Abs. 2 S. 1 regelt den gegenüber Abs. 1 umgekehrten (und früher in § 9 Abs. 2 und 4 VerbrKrG a.F. normierten) Fall, dass der Verbraucher den **Verbraucherdarlehensvertrag** widerrufen hat: Hat der Verbraucher seine auf den Abschluss eines Verbraucherdarlehensvertrags gerichtete Willenserklärung wirksam widerrufen, so ist er **grundsätzlich** auch an seine auf den Abschluss des mit diesem Verbraucherdarlehensvertrag verbundenen Vertrags über die Lieferung einer Ware oder die Erbringung einer anderen Leistung

---

1 Beschlussempfehlung und Bericht des Rechtsausschusses – BT-Drucks 14/7052, S. 194.

gerichteten Willenserklärung nicht mehr gebunden. D.h., der mit dem Verbraucherdarlehensvertrag verbundene Vertrag gilt in diesem Falle (mit der Rechtsfolge **Rückabwicklungsgleichlauf**, Rn 6) gleichermaßen als widerrufen.

Davon macht **Abs. 2 S. 2 Hs. 1** (entsprechend § 8 Abs. 2 VerbrKrG a.F.) eine **Ausnahme:** Dies gilt nicht, wenn die auf den Abschluss des mit dem Darlehensvertrag verbundenen Vertrags gerichtete Willenserklärung nach Maßgabe des Untertitels „Widerrufs- und Rückgaberecht bei Verbraucherverträgen" widerrufen werden kann, d.h., wenn der Verbraucher bereits den finanzierten Vertrag widerrufen kann. Hierfür gilt nach **Abs. 2 S. 2 Hs. 2** allein Abs. 1 (Rn 5 f.) und das Widerrufsrecht nach § 495 Abs. 1 ist ausgeschlossen. 8

Die (gegenüber dem Regierungsentwurf) klarer gefasste Regelung des Abs. 2 war zur Vermeidung von Missverständnissen geboten, um das Konkurrenzverhältnis zwischen den Widerrufsrechten des Verbrauchers im Hinblick auf das finanzierte Geschäft und den Verbraucherdarlehensvertrag zu verdeutlichen.[2] 9

Der Bundesrat hatte um Prüfung gebeten, ob § 358 Abs. 2 S. 2 BGB-RE eine angemessene Regelung sei.[3] Die Norm verallgemeinere die früher nur im Verhältnis zu Fernabsatzverträgen geltende Regelung in § 8 Abs. 2 VerbrKrG a.F., ohne dass die Auswirkungen dieser Generalisierung auf die ihrerseits generalisierte Regelung über verbundene Verträge dargestellt werde. Nach Auffassung der Bundesregierung[4] entspricht Abs. 2 S. 2 dem bereits nach altem Recht geltenden Grundsatz, dass bei finanzierten Verträgen das Widerrufsrecht des finanzierten Vertrags dem Widerrufsrecht des Verbraucherdarlehensvertrags **vorgeht**. Dieser Grundsatz fand sich nicht nur in § 8 Abs. 2 VerbrKrG a.F. im Hinblick auf Fernabsatzverträge, sondern auch in § 7 Abs. 4 S. 2 VerbrKrG a.F. im Hinblick auf Teilzeit-Wohnrechteverträge. 10

Dieser Grundsatz erscheint sachgerecht und wird in der vereinheitlichten Vorschrift des Abs. 2 beibehalten, da dadurch eine Konkurrenz von Widerrufsrechten (wie nach alter Rechtslage) vermieden wird. 11

Abs. 2 ist allerdings so zu interpretieren, dass der Verbraucher zu einem **doppelten Widerruf** gezwungen sein kann, wenn er den Verbraucherdarlehensvertrag widerruft, obwohl er nach der Regelung das finanzierte Geschäft widerrufen muss. Hier schafft die **Fiktion** des **Abs. 2 S. 3** Abhilfe, wonach der Widerruf des Verbraucherdarlehensvertrags als Widerruf des verbundenen Vertrags gemäß Abs. 1 **gilt**. Der Widerruf des Darlehensvertrags gilt also auch dann als Widerruf des verbundenen Vertrags, wenn die Widerrufserklärung nicht gegenüber dem Unternehmer, sondern gegenüber dem Darlehensgeber abgegeben wird und diesem zugegangen ist. Die Fiktion bewirkt also zugleich, dass der Verbraucher die Widerrufsfrist des verbundenen Vertrags auch dann einhält, wenn er den Widerruf rechtzeitig an den Darlehensgeber abgesandt hat.[5] 12

D. Verbundenheit von Verbraucher- und Darlehensvertrag (Abs. 3)

Ein Vertrag über die Lieferung einer Ware oder die Erbringung einer anderen Leistung und ein Verbraucherdarlehensvertrag sind nach **Abs. 3 S. 1** dann **verbunden**, wenn das Darlehen ganz oder teilweise der Finanzierung des anderen Vertrags dient **und** beide Verträge eine wirtschaftliche Einheit bilden. Die Definition des **verbundenen Vertrags** entspricht inhaltlich den Altregelungen des § 9 Abs. 1 VerbrKrG a.F., § 4 FernAbsG a.F. sowie § 6 TzWrG a.F., deren Regelungsgehalt in Abs. 1 zusammengefasst wird. 13

Eine **wirtschaftliche Einheit** ist nach **Abs. 3 S. 2** insbesondere anzunehmen, wenn der Unternehmer selbst die Gegenleistung des Verbrauchers finanziert, oder (im Fall der Finanzierung durch einen Dritten), wenn sich der Darlehensgeber bei der Vorbereitung oder dem Abschluss des Darlehensvertrags der Mitwirkung des Unternehmers bedient. 14

E. Rückabwicklung des verbundenen Vertrags (Abs. 4)

Die Rückabwicklung eines verbundenen Vertrags beurteilt sich nach Maßgabe von Abs. 4. Grundsätzlich gilt § 357 für den verbundenen Vertrag entsprechend (so Abs. 4 S. 1), was früher nach § 4 Abs. 1 S. 3 FernAbsG a.F. bzw. § 6 Abs. 1 S. 3 TzWrG a.F. nur für den Fall galt, dass der verbundene Vertrag ein Darlehensvertrag war. 15

Keine ausdrückliche Regelung fand sich im alten Recht allerdings hinsichtlich dieser Rechtsfolge für den umgekehrten Fall, dass der mit einem anderen Vertrag verbundene Darlehensvertrag widerrufen wird. Den Rückabwicklungsgleichlauf gewährleistet nunmehr auch für diese Konstellation die Regelung des **Abs. 4 S. 1**. 16

Es gelten jedoch folgende **Besonderheiten**: Im Falle von Abs. 1 (Folgen des Widerrufs des Verbrauchervertrags, Rn 5 f.) sind – entsprechend einer zwingenden Vorgabe der FARL in ihrem Art. 6 Abs. 4 (entschädigungsfreie Auflösung des Kreditvertrags) – Ansprüche auf Zahlung von Zinsen und Kosten aus 17

---

[2] Beschlussempfehlung und Bericht des Rechtsausschusses – BT-Drucks 14/7052, S. 194.
[3] BR-Drucks 338/01 – zu Artikel 1 Abs. 1 Nr. 26 (§ 358 Abs. 2 S. 2 BGB).
[4] Gegenäußerung der Bundesregierung – zu Nr. 81 – zu Artikel 1 Abs. 1 Nr. 26 (§ 358 Abs. 2 S. 2 BGB).
[5] Beschlussempfehlung und Bericht des Rechtsausschusses – BT-Drucks 14/7052, S. 195.

der Rückabwicklung des Verbraucherdarlehensvertrags gegen den Verbraucher ausgeschlossen (so **Abs. 4 S. 2**, der § 4 Abs. 1 S. 3 Hs. 2 FernAbsG a.F. bzw. § 6 Abs. 1 S. 3 Hs. 2 TzWrG a.F. entspricht). Der Darlehensgeber tritt im Verhältnis zum Verbraucher hinsichtlich der Rechtsfolgen des Widerrufs oder der Rückgabe in die Rechte und Pflichten des Unternehmers aus dem verbundenen Vertrag ein, wenn das Darlehen dem Unternehmer bei Wirksamwerden des Widerrufs oder der Rückgabe bereits zugeflossen ist (so **Abs. 4 S. 3**, der § 9 Abs. 2 S. 3 VerbrKrG a.F. entspricht). Der ursprünglich erfolgte Verweis im Regierungsentwurf – „im Falle des § 358 Abs. 2 BGB" (Folgen des Widerrufs des Darlehensvertrags, Rn 7 ff.) – wurde aufgegeben,[6] da Abs. 4 S. 3 zunächst nur die Regelung in § 9 Abs. 2 S. 3 VerbrKrG a.F. aufgenommen, die entsprechenden Regelungen in § 4 Abs. 2 S. 3 FernAbsG a.F. und § 6 Abs. 2 S. 3 TzWrG a.F. jedoch übersehen hatte. Daher kann die Regelung nicht auf den Fall des Abs. 2 begrenzt werden. Auch im Falle des Abs. 1 muss eine bilaterale Rückabwicklung zwischen Verbraucher und Darlehensgeber gewährleistet und es dem Verbraucher durch den Eintritt des Darlehensgebers in die Rechte und Pflichten des Verkäufers erspart werden, den Darlehensbetrag dem Darlehensgeber zunächst zu erstatten und sich seinerseits an den Verkäufer wegen der Rückzahlung des Kaufpreises halten zu müssen. Abs. 4 S. 3 leistet eine bilaterale Rückabwicklung zwischen Verbraucher und Darlehensgeber.[7] Damit erfasst Abs. 4 S. 3 **allgemein** auch sonstige mit dem Darlehensvertrag verbundene Verträge.[8] Die Norm findet nur Anwendung – worauf der Gesetzgeber[9] ausdrücklich hinweist –, wenn der Verbraucherdarlehensvertrag widerrufen wird.

F. Belehrungspflicht des Unternehmers über die Rechtsfolgen bei verbundenen Verträgen (Abs. 5)

18 Die erforderliche Belehrung des Verbrauchers durch den Unternehmer über das Widerrufs- oder Rückgaberecht muss nach Abs. 5 im Falle eines verbundenen Vertrags (entsprechend § 9 Abs. 2 S. 2 VerbrKrG a.F., § 4 Abs. 1 S. 2 FernAbsG a.F. bzw. § 6 Abs. 1 S. 2 TzWrG a.F.) auch auf die Rechtslage nach Abs. 1 (Folgen des Widerrufs bei Verbraucherverträgen, Rn 5 f.) **und** Abs. 2 S. 1 und 2 (Folgen des Widerrufs des Darlehensvertrags, Rn 7 ff.; ein Hinweis auf die Regelung des Abs. 2 S. 3 wäre hingegen für den Verbraucher irreführend und für diesen auch nicht erforderlich) hinweisen.

§ 359 Einwendungen bei verbundenen Verträgen

[1]Der Verbraucher kann die Rückzahlung des Darlehens verweigern, soweit Einwendungen aus dem verbundenen Vertrag ihn gegenüber dem Unternehmer, mit dem er den verbundenen Vertrag geschlossen hat, zur Verweigerung seiner Leistung berechtigen würden. [2]Dies gilt nicht, wenn das finanzierte Entgelt 200 Euro nicht überschreitet, sowie bei Einwendungen, die auf einer zwischen diesem Unternehmer und dem Verbraucher nach Abschluss des Verbraucherdarlehensvertrags vereinbarten Vertragsänderung beruhen. [3]Kann der Verbraucher Nacherfüllung verlangen, so kann er die Rückzahlung des Darlehens erst verweigern, wenn die Nacherfüllung fehlgeschlagen ist.

1 § 359 normiert (entsprechend und unter im Wesentlichen wörtlicher Übernahme des Regelungsgehalts des § 9 Abs. 2 und 4 VerbrKrG a.F.) im Anschluss an § 358 (Verbundene Verträge) den **Einwendungsdurchgriff bei verbundenen Verträgen** (i.S.v. § 358 Abs. 3): Der Verbraucher kann die Rückzahlung des Darlehens nach **S. 1** grundsätzlich verweigern, soweit Einwendungen aus dem verbundenen Vertrag ihn gegenüber dem Unternehmer, mit dem er den verbundenen Vertrag geschlossen hat, zur Verweigerung seiner Leistung berechtigen würden. Etwas anderes gilt nach **S. 2**, wenn das finanzierte Entgelt 200 Euro nicht überschreitet, sowie bei Einwendungen, die auf einer zwischen diesem (d.h. dem in Satz 1 bezeichneten) Unternehmer (des mit dem Darlehensvertrag verbundenen Vertrages) und dem Verbraucher nach Abschluss des Verbraucherdarlehensvertrags vereinbarten Vertragsänderung beruhen. Kann der Verbraucher Nacherfüllung verlangen, so kann er gemäß **S. 3** die Rückzahlung des Darlehens erst verweigern, wenn die Nacherfüllung fehlgeschlagen ist.

2 § 359 hat gegenüber § 9 Abs. 2 und 4 VerbrKrG a.F. lediglich eine Anpassung an die geänderte Begrifflichkeit des Kaufrechts („Nacherfüllung") erfahren.

---

6 Vgl. Stellungnahme des Bundesrats – BR-Drucks 338/01 – zu Artikel 1 Abs. 1 Nr. 26 (§ 358 Abs. 4 S. 3 BGB) – und Gegenäußerung der Bundesregierung – zu Nr. 82 – zu Artikel 1 Abs. 1 Nr. 26 (§ 358 Abs. 4 S. 3 BGB).
7 BT-Drucks 14/6040, S. 201 li. Sp.
8 Arg. Wortlaut: Die Regelung spricht statt vom „Verkäufer" vom „Unternehmer" und statt vom „Kaufvertrag" vom „verbundenen Vertrag" – BT-Drucks 14/6040, S. 201 re. Sp.
9 BT-Drucks 14/6040, S. 201 re. Sp.

§ 360 Dauerhafter Datenträger (weggefallen)

¹Informationen oder Erklärungen sind dem Verbraucher auf einem dauerhaften Datenträger zur Verfügung gestellt, wenn sie ihm in einer Urkunde oder in einer anderen lesbaren Form zugegangen sind, die dem Verbraucher für eine den Erfordernissen des Rechtsgeschäfts entsprechende Zeit die inhaltlich unveränderte Widergabe der Informationen erlaubt. ²Die Beweislast für den Informations- oder Erklärungsinhalt trifft den Unternehmer. ³Dies gilt für Erklärungen des Verbrauchers gegenüber dem Unternehmer sinngemäß.

§ 360 RegE ist im Laufe des Gesetzgebungsverfahrens entfallen. Hintergrund ist, dass durch das Gesetz zur Anpassung der Formvorschriften des Privatrechts und anderer Vorschriften an den modernen Rechtsgeschäftsverkehr vom 13. Juli 2000[1] mit „**§ 126b Textform**" als zusätzliche Form allgemein eingeführt wurde. Im Vermittlungsausschuss[2] hat § 126b jene Änderung erfahren, nach der die neue Form vollinhaltlich dem „dauerhaften Datenträger" i.S.v. § 360 RegE entspricht. Die Formulierung des § 126b („so muss die Erklärung in einer Urkunde oder auf andere zur dauerhaften Wiedergabe der Schriftzeichen geeigneten Weise abgegeben" sein) entspricht in verkürzter Form inhaltlich dem § 360 RegE (mithin § 361a Abs. 3 a.F.). 1

Auch nach § 126b ist eine Erklärung nur dann zur dauerhaften Wiedergabe geeignet, wenn sie so zugegangen ist bzw. die Information so mitgeteilt wird, dass es dem Empfänger möglich ist, ihren Inhalt **unverändert** wiederzugeben bzw. zur Kenntnis zu nehmen (z.B. wenn die Erklärung in einer Urkunde, auf einem Telefax oder auf einem elektronischem Datenträger, etwa Disketten oder CD-ROMs, enthalten ist). Eine Erklärung per E-Mail (auch wenn sie der E-Mail lediglich als Datei beigefügt ist) genügt der Textform, wenn sie auf dem Server des Online-Providers ankommt, auf den der Empfänger Zugriff hat. **Unzureichend** ist hingegen, wenn die Erklärung oder die Informationen nur über eine Homepage im Internet lesbar, abrufbar und/oder speicherbar sind, da eine entsprechend bereitgehaltene Erklärung oder Information gerade **nicht** „zur dauerhaften Wiedergabe ... abgegeben" wurde. Im zuletzt genannten Fall können die Erklärung oder Informationen nämlich noch jederzeit vom Inhaber der Homepage geändert werden, ohne dass der Kunde darauf einen Einfluss hat. Erst mit dem Herunterladen des Textes aus dem Internet und dem Ausdrucken bzw. seiner Speicherung auf Festplatte oder Diskette wird eine „dauerhafte Wiedergabe" gewährleistet. **Bloße Abrufbarkeit** erfüllt das Erfordernis der Textform im Falle des § 126b nicht – ebensowenig nach § 361a Abs. 3 a.F. (respektive § 360 BGB-RegE). Problematisch ist, dass § 126b dies (im Unterschied zu § 361a Abs. 3 a.F.) so seinem Wortlaut nach nicht ausdrücklich bestimmt. 2

Der Gesetzgeber ist der Auffassung, dass die Anforderungen an die **Dauer der Wiedergabefähigkeit** nach den Erfordernissen des jeweiligen Rechtsgeschäfts zu beurteilen sind – was sich z.B. bei langfristigen Verträgen anders darstellt als gewöhnlich bei einem auf einen einmaligen Leistungsaustausch gerichteten Vertrag. 3

Die in § 360 S. 2 BGB-RegE vorgesehene Beweislastregelung, wonach jede Partei die Beweislast für den Informations- und Erklärungsinhalt des von ihr verwendeten Datenträgers trifft, folgt nach Ansicht des Gesetzgebers bereits aus den **allgemeinen Beweisgrundsätzen**. Danach hat derjenige, der sich auf den Inhalt einer bestimmten Erklärung oder auf die Erteilung einer bestimmten Information beruft, zu beweisen, dass er diese mit dem behaupteten Inhalt sowie in der vorgeschriebenen Form abgegeben hat und dass sie dem „richtigen" Empfänger zugegangen ist. 4

§§ 361 und 361b (weggefallen)

Abschnitt 4. Erlöschen der Schuldverhältnisse
Titel 1. Erfüllung

§ 362 Erlöschen durch Leistung

(1) ¹Das Schuldverhältnis erlischt, wenn die geschuldete Leistung an den Gläubiger bewirkt wird.
(2) ¹Wird an einen Dritten zum Zweck der Erfüllung geleistet, so finden die Vorschriften des § 185 Anwendung.

[1] BGBl I S. 1542.
[2] BT-Dr 14/6353.

§ 363 Beweislast bei Annahme als Erfüllung

¹Hat der Gläubiger eine ihm als Erfüllung angebotene Leistung als Erfüllung angenommen, so trifft ihn die Beweislast, wenn er die Leistung deshalb nicht als Erfüllung gelten lassen will, weil sie eine andere als die geschuldete Leistung oder weil sie unvollständig gewesen sei.

§ 364 Annahme an Erfüllungs statt

(1) ¹Das Schuldverhältnis erlischt, wenn der Gläubiger eine andere als die geschuldete Leistung an Erfüllungs Statt annimmt.
(2) ¹Übernimmt der Schuldner zum Zweck der Befriedigung des Gläubigers diesem gegenüber eine neue Verbindlichkeit, so ist im Zweifel nicht anzunehmen, daß er die Verbindlichkeit an Erfüllungs Statt übernimmt.

§ 365 Gewährleistung bei Hingabe an Erfüllungs statt

¹Wird eine Sache, eine Forderung gegen einen Dritten oder ein anderes Recht an Erfüllungs Statt gegeben, so hat der Schuldner wegen eines Mangels im Recht oder wegen eines Mangels der Sache in gleicher Weise wie ein Verkäufer Gewähr zu leisten.

§ 366 Anrechnung der Leistung auf mehrere Forderungen

(1) ¹Ist der Schuldner dem Gläubiger aus mehreren Schuldverhältnissen zu gleichartigen Leistungen verpflichtet und reicht das von ihm Geleistete nicht zur Tilgung sämtlicher Schulden aus, so wird diejenige Schuld getilgt, welche er bei der Leistung bestimmt.
(2) ¹Trifft der Schuldner keine Bestimmung, so wird zunächst die fällige Schuld, unter mehreren fälligen Schulden diejenige, welche dem Gläubiger geringere Sicherheit bietet, unter mehreren gleich sicheren die dem Schuldner lästigere, unter mehreren gleich lästigen die ältere Schuld und bei gleichem Alter jede Schuld verhältnismäßig getilgt.

§ 367 Anrechnung auf Zinsen und Kosten

(1) ¹Hat der Schuldner außer der Hauptleistung Zinsen und Kosten zu entrichten, so wird eine zur Tilgung der ganzen Schuld nicht ausreichende Leistung zunächst auf die Kosten, dann auf die Zinsen und zuletzt auf die Hauptleistung angerechnet.
(2) ¹Bestimmt der Schuldner eine andere Anrechnung, so kann der Gläubiger die Annahme der Leistung ablehnen.

§ 368 Quittung

¹Der Gläubiger hat gegen Empfang der Leistung auf Verlangen ein schriftliches Empfangsbekenntnis (Quittung) zu erteilen. ²Hat der Schuldner ein rechtliches Interesse, daß die Quittung in anderer Form erteilt wird, so kann er die Erteilung in dieser Form verlangen.

§ 369 Kosten der Quittung

(1) ¹Die Kosten der Quittung hat der Schuldner zu tragen und vorzuschießen, sofern nicht aus dem zwischen ihm und dem Gläubiger bestehenden Rechtsverhältnis sich ein anderes ergibt.
(2) ¹Treten infolge einer Übertragung der Forderung oder im Weg der Erbfolge an die Stelle des ursprünglichen Gläubigers mehrere Gläubiger, so fallen die Mehrkosten den Gläubigern zur Last.

§ 370 Leistung an den Überbringer der Quittung

¹Der Überbringer einer Quittung gilt als ermächtigt, die Leistung zu empfangen, sofern nicht die dem Leistenden bekannten Umstände der Annahme einer solchen Ermächtigung entgegenstehen.

§ 371 Rückgabe des Schuldscheins

¹Ist über die Forderung ein Schuldschein ausgestellt worden, so kann der Schuldner neben der Quittung Rückgabe des Schuldscheins verlangen. ²Behauptet der Gläubiger, zur Rückgabe außerstande zu sein, so kann der Schuldner das öffentlich beglaubigte Anerkenntnis verlangen, daß die Schuld erloschen sei.

Titel 2. Hinterlegung

§ 372 Voraussetzungen

¹Geld, Wertpapiere und sonstige Urkunden sowie Kostbarkeiten kann der Schuldner bei einer dazu bestimmten öffentlichen Stelle für den Gläubiger hinterlegen, wenn der Gläubiger im Verzug der Annahme ist. ²Das gleiche gilt, wenn der Schuldner aus einem anderen in der Person des Gläubigers liegenden Grund oder infolge einer nicht auf Fahrlässigkeit beruhenden Ungewißheit über die Person des Gläubigers seine Verbindlichkeit nicht oder nicht mit Sicherheit erfüllen kann.

§ 373 Zug-um-Zug-Leistung

¹Ist der Schuldner nur gegen eine Leistung des Gläubigers zu leisten verpflichtet, so kann er das Recht des Gläubigers zum Empfang der hinterlegten Sache von der Bewirkung der Gegenleistung abhängig machen.

§ 374 Hinterlegungsort; Anzeigepflicht

(1) ¹Die Hinterlegung hat bei der Hinterlegungsstelle des Leistungsorts zu erfolgen; hinterlegt der Schuldner bei einer anderen Stelle, so hat er dem Gläubiger den daraus entstehenden Schaden zu ersetzen.
(2) ¹Der Schuldner hat dem Gläubiger die Hinterlegung unverzüglich anzuzeigen; im Fall der Unterlassung ist er zum Schadensersatz verpflichtet. ²Die Anzeige darf unterbleiben, wenn sie untunlich ist.

§ 375 Rückwirkung bei Postübersendung

¹Ist die hinterlegte Sache der Hinterlegungsstelle durch die Post übersendet worden, so wirkt die Hinterlegung auf die Zeit der Aufgabe der Sache zur Post zurück.

§ 376 Rücknahmerecht

(1) ¹Der Schuldner hat das Recht, die hinterlegte Sache zurückzunehmen.
(2) ¹Die Rücknahme ist ausgeschlossen:
1. wenn der Schuldner der Hinterlegungsstelle erklärt, daß er auf das Recht zur Rücknahme verzichte;
2. wenn der Gläubiger der Hinterlegungsstelle die Annahme erklärt;
3. wenn der Hinterlegungsstelle ein zwischen dem Gläubiger und dem Schuldner ergangenes rechtskräftiges Urteil vorgelegt wird, das die Hinterlegung für rechtmäßig erklärt.

§ 377 Unpfändbarkeit des Rücknahmerechts

(1) ¹Das Recht zur Rücknahme ist der Pfändung nicht unterworfen.
(2) ¹Wird über das Vermögen des Schuldners das Insolvenzverfahren eröffnet, so kann während des Insolvenzverfahrens das Recht zur Rücknahme auch nicht von dem Schuldner ausgeübt werden.

§ 378 Wirkung der Hinterlegung bei ausgeschlossener Rücknahme

¹Ist die Rücknahme der hinterlegten Sache ausgeschlossen, so wird der Schuldner durch die Hinterlegung von seiner Verbindlichkeit in gleicher Weise befreit, wie wenn er zur Zeit der Hinterlegung an den Gläubiger geleistet hätte.

§ 379 Wirkung der Hinterlegung bei nicht ausgeschlossener Rücknahme

(1) ¹Ist die Rücknahme der hinterlegten Sache nicht ausgeschlossen, so kann der Schuldner den Gläubiger auf die hinterlegte Sache verweisen.
(2) ¹Solange die Sache hinterlegt ist, trägt der Gläubiger die Gefahr und ist der Schuldner nicht verpflichtet, Zinsen zu zahlen oder Ersatz für nicht gezogene Nutzungen zu leisten.
(3) ¹Nimmt der Schuldner die hinterlegte Sache zurück, so gilt die Hinterlegung als nicht erfolgt.

§ 380 Nachweis der Empfangsberechtigung

¹Soweit nach den für die Hinterlegungsstelle geltenden Bestimmungen zum Nachweis der Empfangsberechtigung des Gläubigers eine diese Berechtigung anerkennende Erklärung des Schuldners erforderlich oder genügend ist, kann der Gläubiger von dem Schuldner die Abgabe der Erklärung unter denselben Voraussetzungen verlangen, unter denen er die Leistung zu fordern berechtigt sein würde, wenn die Hinterlegung nicht erfolgt wäre.

§ 381 Kosten der Hinterlegung

¹Die Kosten der Hinterlegung fallen dem Gläubiger zur Last, sofern nicht der Schuldner die hinterlegte Sache zurücknimmt.

§ 382 Erlöschen des Gläubigerrechts

¹Das Recht des Gläubigers auf den hinterlegten Betrag erlischt mit dem Ablauf von dreißig Jahren nach dem Empfang der Anzeige von der Hinterlegung, wenn nicht der Gläubiger sich vorher bei der Hinterlegungsstelle meldet; der Schuldner ist zur Rücknahme berechtigt, auch wenn er auf das Recht zur Rücknahme verzichtet hat.

§ 383 Versteigerung hinterlegungsunfähiger Sachen

(1) ¹Ist die geschuldete bewegliche Sache zur Hinterlegung nicht geeignet, so kann der Schuldner sie im Fall des Verzugs des Gläubigers am Leistungsort versteigern lassen und den Erlös hinterlegen. ²Das gleiche gilt in den Fällen des § 372 Satz 2, wenn der Verderb der Sache zu besorgen oder die Aufbewahrung mit unverhältnismäßigen Kosten verbunden ist.
(2) ¹Ist von der Versteigerung am Leistungsort ein angemessener Erfolg nicht zu erwarten, so ist die Sache an einem geeigneten anderen Ort zu versteigern.
(3) ¹Die Versteigerung hat durch einen für den Versteigerungsort bestellten Gerichtsvollzieher oder zu Versteigerungen befugten anderen Beamten oder öffentlich angestellten Versteigerer öffentlich zu erfolgen (öffentliche Versteigerung). ²Zeit und Ort der Versteigerung sind unter allgemeiner Bezeichnung der Sache öffentlich bekanntzumachen.
(4) ¹Die Vorschriften der Absätze 1 bis 3 gelten nicht für eingetragene Schiffe und Schiffsbauwerke.

§ 384 Androhung der Versteigerung

(1) ¹Die Versteigerung ist erst zulässig, nachdem sie dem Gläubiger angedroht worden ist; die Androhung darf unterbleiben, wenn die Sache dem Verderb ausgesetzt und mit dem Aufschub der Versteigerung Gefahr verbunden ist.
(2) ¹Der Schuldner hat den Gläubiger von der Versteigerung unverzüglich zu benachrichtigen; im Fall der Unterlassung ist er zum Schadensersatz verpflichtet.
(3) ¹Die Androhung und die Benachrichtigung dürfen unterbleiben, wenn sie untunlich sind.

§ 385 Freihändiger Verkauf

¹Hat die Sache einen Börsen- oder Marktpreis, so kann der Schuldner den Verkauf aus freier Hand durch einen zu solchen Verkäufen öffentlich ermächtigten Handelsmäkler oder durch eine zur öffentlichen Versteigerung befugte Person zum laufenden Preis bewirken.

§ 386 Kosten der Versteigerung

¹Die Kosten der Versteigerung oder des nach § 385 erfolgten Verkaufs fallen dem Gläubiger zur Last, sofern nicht der Schuldner den hinterlegten Erlös zurücknimmt.

Titel 3. Aufrechnung

§ 387 Voraussetzungen

¹Schulden zwei Personen einander Leistungen, die ihrem Gegenstand nach gleichartig sind, so kann jeder Teil seine Forderung gegen die Forderung des anderen Teils aufrechnen, sobald er die ihm gebührende Leistung fordern und die ihm obliegende Leistung bewirken kann.

§ 388 Erklärung der Aufrechnung

¹Die Aufrechnung erfolgt durch Erklärung gegenüber dem anderen Teil. ²Die Erklärung ist unwirksam, wenn sie unter einer Bedingung oder einer Zeitbestimmung abgegeben wird.

§ 389 Wirkung der Aufrechnung

¹Die Aufrechnung bewirkt, daß die Forderungen, soweit sie sich decken, als in dem Zeitpunkt erloschen gelten, in welchem sie zur Aufrechnung geeignet einander gegenübergetreten sind.

§ 390 Keine Aufrechnung mit einredebehafteter Forderung
¹Eine Forderung, der eine Einrede entgegensteht, kann nicht aufgerechnet werden.

S. 2 a.F. wurde **aufgehoben**. Die Vorschrift hatte den folgenden Wortlaut: „Die Verjährung schließt die Aufrechnung nicht aus, wenn die verjährte Forderung zu der Zeit, zu welcher sie gegen die andere Forderung aufgerechnet werden konnte, noch nicht verjährt war." Ihr Regelungsgehalt wurde in § 215 übernommen (siehe bei § 215). § 390 S. 2 a.F. wurde analog auf das Zurückbehaltungsrecht angewandt;[1] das sieht § 215 jetzt ausdrücklich vor. 1

§ 391 Aufrechnung bei Verschiedenheit der Leistungsorte
(1) ¹Die Aufrechnung wird nicht dadurch ausgeschlossen, daß für die Forderungen verschiedene Leistungs- oder Ablieferungsorte bestehen. ²Der aufrechnende Teil hat jedoch den Schaden zu ersetzen, den der andere Teil dadurch erleidet, daß er infolge der Aufrechnung die Leistung nicht an dem bestimmten Ort erhält oder bewirken kann.
(2) ¹Ist vereinbart, daß die Leistung zu einer bestimmten Zeit an einem bestimmten Ort erfolgen soll, so ist im Zweifel anzunehmen, daß die Aufrechnung einer Forderung, für die ein anderer Leistungsort besteht, ausgeschlossen sein soll.

§ 392 Aufrechnung gegen beschlagnahmte Forderung
¹Durch die Beschlagnahme einer Forderung wird die Aufrechnung einer dem Schuldner gegen den Gläubiger zustehenden Forderung nur dann ausgeschlossen, wenn der Schuldner seine Forderung nach der Beschlagnahme erworben hat oder wenn seine Forderung erst nach der Beschlagnahme und später als die in Beschlag genommene Forderung fällig geworden ist.

§ 393 Keine Aufrechnung gegen Forderung aus unerlaubter Handlung
¹Gegen eine Forderung aus einer vorsätzlich begangenen unerlaubten Handlung ist die Aufrechnung nicht zulässig.

§ 394 Keine Aufrechnung gegen unpfändbare Forderung
¹Soweit eine Forderung der Pfändung nicht unterworfen ist, findet die Aufrechnung gegen die Forderung nicht statt. ²Gegen die aus Kranken-, Hilfs- oder Sterbekassen, insbesondere aus Knappschaftskassen und Kassen der Knappschaftsvereine, zu beziehenden Hebungen können jedoch geschuldete Beiträge aufgerechnet werden.

§ 395 Aufrechnung gegen Forderungen öffentlich-rechtlicher Körperschaften
¹Gegen eine Forderung des Reichs oder eines Bundesstaats sowie gegen eine Forderung einer Gemeinde oder eines anderen Kommunalverbandes ist die Aufrechnung nur zulässig, wenn die Leistung an dieselbe Kasse zu erfolgen hat, aus der die Forderung des Aufrechnenden zu berichtigen ist.

§ 396 Mehrheit von Forderungen
(1) ¹Hat der eine oder der andere Teil mehrere zur Aufrechnung geeignete Forderungen, so kann der aufrechnende Teil die Forderungen bestimmen, die gegeneinander aufgerechnet werden sollen. ²Wird die Aufrechnung ohne eine solche Bestimmung erklärt oder widerspricht der andere Teil unverzüglich, so findet die Vorschrift des § 366 Abs. 2 entsprechende Anwendung.
(2) ¹Schuldet der aufrechnende Teil dem anderen Teil außer der Hauptleistung Zinsen und Kosten, so finden die Vorschriften des § 367 entsprechende Anwendung.

Titel 4. Erlass

§ 397 Erlassvertrag, negatives Schuldanerkenntnis
(1) ¹Das Schuldverhältnis erlischt, wenn der Gläubiger dem Schuldner durch Vertrag die Schuld erläßt.
(2) ¹Das gleiche gilt, wenn der Gläubiger durch Vertrag mit dem Schuldner anerkennt, daß das Schuldverhältnis nicht bestehe.

---

1 Zur analogen Geltung des § 390 S. 2 a.F. für Leistungsverweigerungsrechte im bisherigen Recht siehe die Nachweise bei Soergel/*Zeiss*, § 390 Rn 1; differenzierend Staudinger/*Gursky*, § 390 Rn 3 ff.

Abschnitt 5. Übertragung einer Forderung

§ 398 Abtretung

¹Eine Forderung kann von dem Gläubiger durch Vertrag mit einem anderen auf diesen übertragen werden (Abtretung). ²Mit dem Abschluß des Vertrags tritt der neue Gläubiger an die Stelle des bisherigen Gläubigers.

§ 399 Ausschluss der Abtretung bei Inhaltsänderung oder Vereinbarung

¹Eine Forderung kann nicht abgetreten werden, wenn die Leistung an einen anderen als den ursprünglichen Gläubiger nicht ohne Veränderung ihres Inhalts erfolgen kann oder wenn die Abtretung durch Vereinbarung mit dem Schuldner ausgeschlossen ist.

§ 400 Ausschluss bei unpfändbaren Forderungen

¹Eine Forderung kann nicht abgetreten werden, soweit sie der Pfändung nicht unterworfen ist.

§ 401 Übergang der Neben- und Vorzugsrechte

(1) ¹Mit der abgetretenen Forderung gehen die Hypotheken, Schiffshypotheken oder Pfandrechte, die für sie bestehen, sowie die Rechte aus einer für sie bestellten Bürgschaft auf den neuen Gläubiger über.
(2) ¹Ein mit der Forderung für den Fall der Zwangsvollstreckung oder des Insolvenzverfahrens verbundenes Vorzugsrecht kann auch der neue Gläubiger geltend machen.

§ 402 Auskunftspflicht; Urkundenauslieferung

¹Der bisherige Gläubiger ist verpflichtet, dem neuen Gläubiger die zur Geltendmachung der Forderung nötige Auskunft zu erteilen und ihm die zum Beweis der Forderung dienenden Urkunden, soweit sie sich in seinem Besitz befinden, auszuliefern.

§ 403 Pflicht zur Beurkundung

¹Der bisherige Gläubiger hat dem neuen Gläubiger auf Verlangen eine öffentlich beglaubigte Urkunde über die Abtretung auszustellen. ²Die Kosten hat der neue Gläubiger zu tragen und vorzuschießen.

§ 404 Einwendungen des Schuldners

¹Der Schuldner kann dem neuen Gläubiger die Einwendungen entgegensetzen, die zur Zeit der Abtretung der Forderung gegen den bisherigen Gläubiger begründet waren.

§ 405 Abtretung unter Urkundenvorlegung

¹Hat der Schuldner eine Urkunde über die Schuld ausgestellt, so kann er sich, wenn die Forderung unter Vorlegung der Urkunde abgetreten wird, dem neuen Gläubiger gegenüber nicht darauf berufen, daß die Eingehung oder Anerkennung des Schuldverhältnisses nur zum Schein erfolgt oder daß die Abtretung durch Vereinbarung mit dem ursprünglichen Gläubiger ausgeschlossen sei, es sei denn, daß der neue Gläubiger bei der Abtretung den Sachverhalt kannte oder kennen mußte.

§ 406 Aufrechnung gegenüber dem neuen Gläubiger

¹Der Schuldner kann eine ihm gegen den bisherigen Gläubiger zustehende Forderung auch dem neuen Gläubiger gegenüber aufrechnen, es sei denn, daß er bei dem Erwerb der Forderung von der Abtretung Kenntnis hatte oder daß die Forderung erst nach der Erlangung der Kenntnis und später als die abgetretene Forderung fällig geworden ist.

§ 407 Rechtshandlungen gegenüber dem bisherigen Gläubiger

(1) ¹Der neue Gläubiger muß eine Leistung, die der Schuldner nach der Abtretung an den bisherigen Gläubiger bewirkt, sowie jedes Rechtsgeschäft, das nach der Abtretung zwischen dem Schuldner und dem bisherigen Gläubiger in Ansehung der Forderung vorgenommen wird, gegen sich gelten lassen, es sei denn, daß der Schuldner die Abtretung bei der Leistung oder der Vornahme des Rechtsgeschäfts kennt.
(2) ¹Ist in einem nach der Abtretung zwischen dem Schuldner und dem bisherigen Gläubiger anhängig gewordenen Rechtsstreit ein rechtskräftiges Urteil über die Forderung ergangen, so muß der neue Gläubiger das Urteil gegen sich gelten lassen, es sei denn, daß der Schuldner die Abtretung bei dem Eintritt der Rechtshängigkeit gekannt hat.

§ 408 Mehrfache Abtretung

(1) ¹Wird eine abgetretene Forderung von dem bisherigen Gläubiger nochmals an einen Dritten abgetreten, so finden, wenn der Schuldner an den Dritten leistet oder wenn zwischen dem Schuldner und dem Dritten ein Rechtsgeschäft vorgenommen oder ein Rechtsstreit anhängig wird, zugunsten des Schuldners die Vorschriften des § 407 dem früheren Erwerber gegenüber entsprechende Anwendung.
(2) ¹Das gleiche gilt, wenn die bereits abgetretene Forderung durch gerichtlichen Beschluß einem Dritten überwiesen wird oder wenn der bisherige Gläubiger dem Dritten gegenüber anerkennt, daß die bereits abgetretene Forderung kraft Gesetzes auf den Dritten übergegangen sei.

§ 409 Abtretungsanzeige

(1) ¹Zeigt der Gläubiger dem Schuldner an, daß er die Forderung abgetreten habe, so muß er dem Schuldner gegenüber die angezeigte Abtretung gegen sich gelten lassen, auch wenn sie nicht erfolgt oder nicht wirksam ist. ²Der Anzeige steht es gleich, wenn der Gläubiger eine Urkunde über die Abtretung dem in der Urkunde bezeichneten neuen Gläubiger ausgestellt hat und dieser sie dem Schuldner vorlegt.
(2) ¹Die Anzeige kann nur mit Zustimmung desjenigen zurückgenommen werden, welcher als der neue Gläubiger bezeichnet worden ist.

§ 410 Aushändigung der Abtretungsurkunde

(1) ¹Der Schuldner ist dem neuen Gläubiger gegenüber zur Leistung nur gegen Aushändigung einer von dem bisherigen Gläubiger über die Abtretung ausgestellten Urkunde verpflichtet. ²Eine Kündigung oder eine Mahnung des neuen Gläubigers ist unwirksam, wenn sie ohne Vorlegung einer solchen Urkunde erfolgt und der Schuldner sie aus diesem Grund unverzüglich zurückweist.
(2) ¹Diese Vorschriften finden keine Anwendung, wenn der bisherige Gläubiger dem Schuldner die Abtretung schriftlich angezeigt hat.

§ 411 Gehaltsabtretung

¹Tritt eine Militärperson, ein Beamter, ein Geistlicher oder ein Lehrer an einer öffentlichen Unterrichtsanstalt den übertragbaren Teil des Diensteinkommens, des Wartegeldes oder des Ruhegehalts ab, so ist die auszahlende Kasse durch Aushändigung einer von dem bisherigen Gläubiger ausgestellten, öffentlich oder amtlich beglaubigten Urkunde von der Abtretung zu benachrichtigen. ²Bis zur Benachrichtigung gilt die Abtretung als der Kasse nicht bekannt.

§ 412 Gesetzlicher Forderungsübergang

¹Auf die Übertragung einer Forderung kraft Gesetzes finden die Vorschriften der §§ 399 bis 404, 406 bis 410 entsprechende Anwendung.

§ 413 Übertragung anderer Rechte

¹Die Vorschriften über die Übertragung von Forderungen finden auf die Übertragung anderer Rechte entsprechende Anwendung, soweit nicht das Gesetz ein anderes vorschreibt.

Abschnitt 6. Schuldübernahme

§ 414 Vertrag zwischen Gläubiger und Übernehmer

¹Eine Schuld kann von einem Dritten durch Vertrag mit dem Gläubiger in der Weise übernommen werden, daß der Dritte an die Stelle des bisherigen Schuldners tritt.

§ 415 Vertrag zwischen Schuldner und Übernehmer

(1) ¹Wird die Schuldübernahme von dem Dritten mit dem Schuldner vereinbart, so hängt ihre Wirksamkeit von der Genehmigung des Gläubigers ab. ²Die Genehmigung kann erst erfolgen, wenn der Schuldner oder der Dritte dem Gläubiger die Schuldübernahme mitgeteilt hat. ³Bis zur Genehmigung können die Parteien den Vertrag ändern oder aufheben.
(2) ¹Wird die Genehmigung verweigert, so gilt die Schuldübernahme als nicht erfolgt. ²Fordert der Schuldner oder der Dritte den Gläubiger unter Bestimmung einer Frist zur Erklärung über die Genehmigung auf, so kann die Genehmigung nur bis zum Ablauf der Frist erklärt werden; wird sie nicht erklärt, so gilt sie als verweigert.

(3) ¹Solange nicht der Gläubiger die Genehmigung erteilt hat, ist im Zweifel der Übernehmer dem Schuldner gegenüber verpflichtet, den Gläubiger rechtzeitig zu befriedigen. ²Das gleiche gilt, wenn der Gläubiger die Genehmigung verweigert.

§ 416 Übernahme einer Hypothekenschuld

(1) ¹Übernimmt der Erwerber eines Grundstücks durch Vertrag mit dem Veräußerer eine Schuld des Veräußerers, für die eine Hypothek an dem Grundstück besteht, so kann der Gläubiger die Schuldübernahme nur genehmigen, wenn der Veräußerer sie ihm mitteilt. ²Sind seit dem Empfang der Mitteilung sechs Monate verstrichen, so gilt die Genehmigung als erteilt, wenn nicht der Gläubiger sie dem Veräußerer gegenüber vorher verweigert hat; die Vorschrift des § 415 Abs. 2 Satz 2 findet keine Anwendung.
(2) ¹Die Mitteilung des Veräußerers kann erst erfolgen, wenn der Erwerber als Eigentümer im Grundbuch eingetragen ist. ²Sie muß schriftlich geschehen und den Hinweis enthalten, daß der Übernehmer an die Stelle des bisherigen Schuldners tritt, wenn nicht der Gläubiger die Verweigerung innerhalb der sechs Monate erklärt.
(3) ¹Der Veräußerer hat auf Verlangen des Erwerbers dem Gläubiger die Schuldübernahme mitzuteilen. ²Sobald die Erteilung oder Verweigerung der Genehmigung feststeht, hat der Veräußerer den Erwerber zu benachrichtigen.

§ 417 Einwendungen des Übernehmers

(1) ¹Der Übernehmer kann dem Gläubiger die Einwendungen entgegensetzen, welche sich aus dem Rechtsverhältnis zwischen dem Gläubiger und dem bisherigen Schuldner ergeben. ²Eine dem bisherigen Schuldner zustehende Forderung kann er nicht aufrechnen.
(2) ¹Aus dem der Schuldübernahme zugrunde liegenden Rechtsverhältnisse zwischen dem Übernehmer und dem bisherigen Schuldner kann der Übernehmer dem Gläubiger gegenüber Einwendungen nicht herleiten.

§ 418 Erlöschen von Sicherungs- und Vorzugsrechten

(1) ¹Infolge der Schuldübernahme erlöschen die für die Forderung bestellten Bürgschaften und Pfandrechte. ²Besteht für die Forderung eine Hypothek oder eine Schiffshypothek, so tritt das gleiche ein, wie wenn der Gläubiger auf die Hypothek oder die Schiffshypothek verzichtet. ³Diese Vorschriften finden keine Anwendung, wenn der Bürge oder derjenige, welchem der verhaftete Gegenstand zur Zeit der Schuldübernahme gehört, in diese einwilligt.
(2) ¹Ein mit der Forderung für den Fall des Insolvenzverfahrens verbundenes Vorzugsrecht kann nicht im Insolvenzverfahren über das Vermögen des Übernehmers geltend gemacht werden.

§ 419 (aufgehoben)

Abschnitt 7. Mehrheit von Schuldnern und Gläubigern

§ 420 Teilbare Leistung

¹Schulden mehrere eine teilbare Leistung oder haben mehrere eine teilbare Leistung zu fordern, so ist im Zweifel jeder Schuldner nur zu einem gleichen Anteil verpflichtet, jeder Gläubiger nur zu einem gleichen Anteil berechtigt.

§ 421 Gesamtschuldner

¹Schulden mehrere eine Leistung in der Weise, daß jeder die ganze Leistung zu bewirken verpflichtet, der Gläubiger aber die Leistung nur einmal zu fordern berechtigt ist (Gesamtschuldner), so kann der Gläubiger die Leistung nach seinem Belieben von jedem der Schuldner ganz oder zu einem Teil fordern. ²Bis zur Bewirkung der ganzen Leistung bleiben sämtliche Schuldner verpflichtet.

§ 422 Wirkung der Erfüllung

(1) ¹Die Erfüllung durch einen Gesamtschuldner wirkt auch für die übrigen Schuldner. ²Das gleiche gilt von der Leistung an Erfüllungs Statt, der Hinterlegung und der Aufrechnung.
(2) ¹Eine Forderung, die einem Gesamtschuldner zusteht, kann nicht von den übrigen Schuldnern aufgerechnet werden.

§ 423 Wirkung des Erlasses

¹Ein zwischen dem Gläubiger und einem Gesamtschuldner vereinbarter Erlaß wirkt auch für die übrigen Schuldner, wenn die Vertragschließenden das ganze Schuldverhältnis aufheben wollten.

§ 424 Wirkung des Gläubigerverzugs

¹Der Verzug des Gläubigers gegenüber einem Gesamtschuldner wirkt auch für die übrigen Schuldner.

§ 425 Wirkung anderer Tatsachen

(1) ¹Andere als die in den §§ 422 bis 424 bezeichneten Tatsachen wirken, soweit sich nicht aus dem Schuldverhältnis ein anderes ergibt, nur für und gegen den Gesamtschuldner, in dessen Person sie eintreten.
(2) ¹Dies gilt insbesondere von der Kündigung, dem Verzug, dem Verschulden, von der Unmöglichkeit der Leistung in der Person eines Gesamtschuldners, von der Verjährung, deren Neubeginn, Hemmung und Ablaufhemmung, von der Vereinigung der Forderung mit der Schuld und von dem rechtskräftigen Urteil.

In **Abs. 2** wurden die Wörter „Unterbrechung und Hemmung" durch die Wörter „Neubeginn, Hemmung und Ablaufhemmung" ersetzt. Sie verweisen auf die §§ 203 ff. und die entsprechenden Regelungen in anderen Normen des BGB oder anderer Gesetze. Es handelt sich um eine **redaktionelle Folgeänderung** aus der Reform des Verjährungsrechts. 1

Zur Verjährung der Ansprüche nach § **426** siehe § 195 Rn 17. 2

§ 426 Ausgleichungspflicht, Forderungsübergang

(1) ¹Die Gesamtschuldner sind im Verhältnis zueinander zu gleichen Anteilen verpflichtet, soweit nicht ein anderes bestimmt ist. ²Kann von einem Gesamtschuldner der auf ihn entfallende Beitrag nicht erlangt werden, so ist der Ausfall von den übrigen zur Ausgleichung verpflichteten Schuldnern zu tragen.
(2) ¹Soweit ein Gesamtschuldner den Gläubiger befriedigt und von den übrigen Schuldnern Ausgleichung verlangen kann, geht die Forderung des Gläubigers gegen die übrigen Schuldner auf ihn über. ²Der Übergang kann nicht zum Nachteil des Gläubigers geltend gemacht werden.

§ 427 Gemeinschaftliche vertragliche Verpflichtung

¹Verpflichten sich mehrere durch Vertrag gemeinschaftlich zu einer teilbaren Leistung, so haften sie im Zweifel als Gesamtschuldner.

§ 428 Gesamtgläubiger

¹Sind mehrere eine Leistung in der Weise zu fordern berechtigt, daß jeder die ganze Leistung fordern kann, der Schuldner aber die Leistung nur einmal zu bewirken verpflichtet ist (Gesamtgläubiger), so kann der Schuldner nach seinem Belieben an jeden der Gläubiger leisten. ²Dies gilt auch dann, wenn einer der Gläubiger bereits Klage auf die Leistung erhoben hat.

§ 429 Wirkung von Veränderungen

(1) ¹Der Verzug eines Gesamtgläubigers wirkt auch gegen die übrigen Gläubiger.
(2) ¹Vereinigen sich Forderung und Schuld in der Person eines Gesamtgläubigers, so erlöschen die Rechte der übrigen Gläubiger gegen den Schuldner.
(3) ¹Im übrigen finden die Vorschriften der §§ 422, 423, 425 entsprechende Anwendung. ²Insbesondere bleiben, wenn ein Gesamtgläubiger seine Forderung auf einen anderen überträgt, die Rechte der übrigen Gläubiger unberührt.

§ 430 Ausgleichungspflicht der Gesamtgläubiger

¹Die Gesamtgläubiger sind im Verhältnis zueinander zu gleichen Anteilen berechtigt, soweit nicht ein anderes bestimmt ist.

§ 431 Mehrere Schuldner einer unteilbaren Leistung

¹Schulden mehrere eine unteilbare Leistung, so haften sie als Gesamtschuldner.

§ 432 Mehrere Gläubiger einer unteilbaren Leistung

(1) ¹Haben mehrere eine unteilbare Leistung zu fordern, so kann, sofern sie nicht Gesamtgläubiger sind, der Schuldner nur an alle gemeinschaftlich leisten und jeder Gläubiger nur die Leistung an alle fordern. ²Jeder Gläubiger kann verlangen, daß der Schuldner die geschuldete Sache für alle Gläubiger hinterlegt oder, wenn sie sich nicht zur Hinterlegung eignet, an einen gerichtlich zu bestellenden Verwahrer abliefert.
(2) ¹Im übrigen wirkt eine Tatsache, die nur in der Person eines der Gläubiger eintritt, nicht für und gegen die übrigen Gläubiger.

Abschnitt 8. Einzelne Schuldverhältnisse

Titel 1. Kauf, Tausch

Untertitel 1. Allgemeine Vorschriften

Vorbemerkung zu §§ 433 ff.

Literatur: *Ernst/Zimmermann* (Hrsg.), Zivilrechtswissenschaft und Schuldrechtsreform, 2001; *Grundmann/Medicus/Rolland*, Europäisches Kaufgewährleistungsrecht, 2000; *Schulze/Schulte-Nölke*, Schuldrechtsreform und Gemeinschaftsrecht, 2001; Bundesministerium der Justiz (Hrsg.), Abschlussbericht der Kommission zur Überarbeitung des Schuldrechts, 1992; Verhandlungen des 60. DJT, 1994.

Inhalt

A. Anlass für die Reform des Kaufrechts ... 1	**D. Auslegungskriterien** ... 19
I. Europarecht ... 2	**E. Geltungsbereich** ... 21
II. Deutsches Recht ... 3	I. Sachlicher Geltungsbereich ... 21
B. Reformkonzept ... 7	II. Personeller Geltungsbereich ... 22
I. "Große" oder „kleine" Lösung ... 7	III. Zeitlicher Geltungsbereich ... 25
II. Reformkonzept der „großen" Lösung ... 8	**F. Typische Vor- und Nachteile des neuen Kaufrechts für Verkäufer und Käufer** ... 26
III. Handelskauf ... 9	I. Vorteile des Käufers und daraus resultierende Nachteile des Verkäufers ... 27
C. Reformschwerpunkte ... 10	
I. Kaufrechtliche Gewährleistungsregeln ... 11	II. Vorteile des Verkäufers und daraus resultierende Nachteile des Käufers ... 29
II. Leistungsstörungsrecht ... 16	
III. Weitere Änderungen ... 17	III. Gesamtbewertung ... 33

A. Anlass für die Reform des Kaufrechts

1 §§ 433 ff. sind grundlegend geändert worden. Der rechtspolitische Grund ist europa- und nationalrechtlicher Natur.

I. Europarecht

2 Die Richtlinie 1999/44/EG des europäischen Parlamentes und des Rates vom 25.5.1999 zu bestimmten Aspekten des Verbrauchsgüterkaufs und der Garantien für Verbrauchsgüter[1] musste bis zum 31.12.2001 umgesetzt werden. Sie gilt nur für Kaufverträge zwischen Unternehmen und Endverbrauchern und enthält wesentliche Vorgaben für den Sachmängelbegriff, Gewährleistungsrechte bei Sachmängeln (ohne Schadensersatzansprüche), Begrenzung der Verjährung, Anforderungen an vertragsbegleitende Garantien sowie Regelungen für den Rückgriff der betroffenen Unternehmen in der Lieferkette. Die Richtlinie erstrebt einen Beitrag zur Harmonisierung des europäischen Kaufrechts für Endverbraucher.[2]

---
[1] ABlEG Nr. L 171/12.
[2] RL 1999/44/EG, Erwägungsgründe 1–6, ABlEG Nr. L 171/12.

II. Deutsches Recht

Nationalrechtlich erfolgte bereits seit langem eine rechtspolitische Kritik der §§ 433 ff. in Rechtswissenschaft[3] und Praxis, wobei insbesondere letztere sich nicht selten dazu genötigt sah, im Hinblick auf die Regeln für die juristische Methodenlehre Korrekturen am Rande (oder jenseits) des Zulässigen vorzunehmen, um sachgerechte Ergebnisse zu erzielen.[4] Wesentliche Kritikpunkte waren: Für den Spezieskauf fehlte eine Pflicht des Verkäufers, die verkaufte Sache in einem mangelfreien Zustand zu liefern. Jedenfalls nach Gefahrübergang verfügte der Käufer nur über die Möglichkeit einer Wandlung mit Rücktrittsfolgen, Minderung des Kaufpreises (§§ 462, 465, 467 a.F.) oder des Schadensersatzes bei Vorliegen der besonderen Voraussetzungen des § 463 a.F. Die Reichweite des Fehlerbegriffes war unklar hinsichtlich einer objektiven oder subjektiven Ausrichtung nach dem Parteiwillen;[5] besonders kontrovers wurde die Einbeziehung von Lieferungen von zu geringer Menge[6] oder von Kaufgegenständen in einer gänzlich anderen als der vereinbarten Qualität (Aliud-Lieferung)[7] diskutiert.[8] Die Haftung für Sach- und für Rechtsmängel war grundlegend unterschiedlich ausgestaltet, da für Rechtsmängel eine verschuldensunabhängige Garantiehaftung nach den Regelungen des Leistungsstörungsrechts bestand (§§ 434, 437, 440, 320 ff. a.F.). Die Abgrenzung zwischen Sach- und Rechtsmängeln vor dem Hintergrund der gravierenden Rechtsfolgen bereitete vielfach Schwierigkeiten; die in der Rechtsprechung des BGH entwickelten Ergebnisse waren in ihrer Differenziertheit kaum nachvollziehbar und hinsichtlich zukünftiger Fälle praktisch nicht prognostizierbar.[9] Die Haftung des Verkäufers auf Schadensersatz bei mangelhafter Lieferung trat, anders als nach §§ 325, 326 a.F., nicht bei jedem schuldhaften Verhalten ein, sondern beschränkte sich auf Fälle arglistiger Täuschung oder Nichteinhaltung zugesicherter Eigenschaften. Demgegenüber galt für Mangelfolgeschäden das Rechtsinstitut der positiven Vertragsverletzung wie für jede andere Form der Schlechterfüllung eines Vertrages jenseits von Unmöglichkeit und Verzug. Insoweit haftete der Verkäufer für jede Form des Verschuldens nach §§ 276, 278. Dabei stellte sich die Folgefrage, inwieweit die restriktive Haftung aus § 463 a.F. auch für Mangelfolgeschäden über die fehlerhafte Lieferung hinaus galt, die in dem Vermögen des Käufers eintraten. Trotz vielfältiger Bemühungen zur Abgrenzung von Mangel- und Mangelfolgeschäden und einer ausufernden Kasuistik in der höchstrichterlichen Rechtsprechung gelang es letztlich nicht, hierzu überzeugende und Rechtssicherheit liefernde Kriterien zu entwickeln.[10]

Die Gewährleistungsfrist für Mobilien von 6 Monaten seit Übergabe des Kaufgegenstandes (§ 477 Abs. 1 a.F.) wurde zu Recht als viel zu kurz empfunden.[11] Nicht selten war diese Frist bereits abgelaufen, bevor der Käufer überhaupt Kenntnis von der Mangelhaftigkeit der Kaufsache erlangen konnte. In der Praxis führte der beschriebene Zustand dazu, dass aufgrund vertraglicher Vereinbarungen, insbesondere Allgemeiner Geschäftsbedingungen des Verkäufers, in weitem Umfang von §§ 433 ff. abgewichen wurde (in den durch §§ 9 ff. AGBG a.F. gesetzten Grenzen).[12] Die Rechtspraxis und das Kaufrecht des BGB deckten sich somit nicht mehr.

---

3 Vgl. insbesondere den Abschlussbericht der Schuldrechtsreformkommission, BMJ (Hrsg.), 1992; ferner die Verhandlungen des 60. DJT 1994, Teil K (Abteilung Zivilrecht); Beschlüsse abgedruckt in NJW 1994, 3075; vgl. ferner die Feststellung von *Huber*, Leistungsstörungen, in: BMJ (Hrsg.), Gutachten und Vorschläge zur Überarbeitung des Schuldrechts, Band I, 1981, S. 647, 763, 771, der die Regelung der Sachmängelhaftung beim Kauf als die „sicherlich schwächste Stelle des Leistungsstörungsrechts überhaupt, übrigens auch die Stelle, an der es der Rechtsprechung am wenigsten gelungen ist und gelingen konnte, die Fehler des Gesetzgebers auszugleichen" würdigt.

4 Die Gesetzesbegründung verweist hier exemplarisch auf die Beispiele der Abgrenzung von Aliud-Lieferung und Lieferung fehlerhafter Ware sowie der Abgrenzung von Sach- und Rechtsmängeln sowie auf das durch die Kategorien „Mangel- und Mangelfolgeschaden" und die Frage nach der Anwendbarkeit der positiven Forderungsverletzung geprägte, „verworrene Bild" der Schadensersatzhaftung des Verkäufers bei mangelhafter Lieferung, Begründung zum Regierungsentwurf eines Gesetzes zur Modernisierung des Schuldrechts (im Folgenden als BegrRE zitiert), BT-Drucks 14/6040, 86 ff. Der RE wurde zunächst von den Fraktionen von SPD und Grünen, später unter bloßer Verweisung hierauf von der BReg (BT-Drucks 14/6857) in den Bundestag eingebracht. Im Folgenden wird die BT-Drucks 14/6040 als RegE zitiert.

5 Zum Streitstand Palandt/*Putzo*, § 459 Rn 8; Soergel/*Huber*, vor § 459 Rn 39 ff.; Staudinger/*Honsell*, § 459 Rn 18 ff.

6 Staudinger/*Honsell*, § 459 Rn 42 m.w.N.

7 Zum Problem der Aliud-Lieferung Staudinger/*Honsell*, § 459 Rn 25 ff., 44, 50; vgl. ferner aus neuerer Zeit die Entscheidung BGH NJW 1997, 1914 sowie hierzu *Martinek*, EWiR 1997, 833; *Emmerich*, JuS 1997, 1042.

8 BegrRE, BT-Drucks 14/6040 Rn 211.

9 Zu den Abgrenzungsschwierigkeiten zwischen den beiden Mangeltypen allein im Bereich des Grundstückskaufes siehe etwa die Entscheidungen BGH NJW 1979, 2200; BGH NJW 1983, 275; BGH WM 1970, 162; vgl. ferner die Nachweise bei Staudinger/*Honsell*, § 459 Rn 70 ff.

10 BegrRE, BT-Drucks 14/6040, 87; zur Abgrenzungsproblematik: Palandt/*Putzo*, § 459 Rn. 6; Staudinger/*Honsell*, Vorbem. zu §§ 459 ff. Rn 78 ff.

11 Staudinger/*Honsell*, § 477 Rn 3; der Vorschlag der Schuldrechtsreformkommission sah für alle Vertragsansprüche eine dreijährige Verjährungsfrist vor (bei Bauwerken fünf Jahre), Abschlussbericht, S. 42 ff., 283 ff.

12 Zur verbreiteten Etablierung etwa eines Nachbesserungsrechts des Verkäufers durch AGB siehe BegrRE, BT-Drucks 14/6040, 89.

5 Auch international wich das deutsche Kaufrecht aufgrund der beschriebenen Mängel grundlegend von den Regelungen des UN-Kaufrechts (CISG) ab, mit allen Nachteilen für den grenzüberschreitenden Warenverkehr.[13]

6 Schließlich wurde auch das Leistungsstörungsrecht im Allgemeinen Teil des Schuldrechts als überarbeitungsbedürftig empfunden. Wegen der Schnittstellen mit der Mängelhaftung nach dem Kaufrecht, insbesondere der rechtspolitisch angestrebten weitgehenden Rückführung in das Leistungsstörungsrecht, hatte auch dies Auswirkungen auf die Kaufrechtsreform. Gerade die grundlegende Abweichung des Kaufrechts vom Leistungsstörungsrecht wurde als Mangel empfunden.

B. Reformkonzept

I. „Große" oder „kleine" Lösung

7 Europarechtlich hätte die Möglichkeit bestanden, die Richtlinie über den Verbrauchsgüterkauf, beschränkt auf ihren Geltungsbereich, also für Kaufverträge zwischen Unternehmern und Endverbrauchern (vgl. § 474) umzusetzen.[14] Dies hätte jedoch wesentliche Nachteile gehabt: Einmal wäre eine Zersplitterung des Kaufrechts eingetreten, indem die Normen für Verbrauchsgütergeschäfte und für andere Kaufverträge zwischen Unternehmen oder zwischen Privatpersonen grundlegend voneinander abgewichen wären. Entsprechendes hätte für alle Immobiliarkaufverträge gegolten, da die Richtlinie insoweit nicht gilt. Auch der gesamte Komplex der Schadensersatzhaftung im Falle mangelhafter Lieferung wird durch die Richtlinie nicht vorgegeben und hätte damit dem nationalen Gesetzgeber zur „isolierten" Disposition gestanden. Zum anderen wäre der Regress des Endverkäufers gegenüber seinem Vorlieferanten aufgrund von Gewährleistungsrechten des Endverbrauchers erheblich verkompliziert, wenn für die jeweiligen Kaufverträge unterschiedliche Kaufrechtssysteme gälten.

II. Reformkonzept der „großen" Lösung

8 In dieser Situation hat der Gesetzgeber sich für eine „große Lösung"[15] entschieden. Sie übernimmt wesentliche Regelungen der Richtlinie in der nationalrechtlichen Umsetzung für alle Kaufverträge (§§ 433 ff.). Insoweit wird die Richtlinie aus europarechtlicher Sicht „übererfüllt". Soweit sie Spielraum lässt, orientieren die kaufrechtlichen Normen sich in weitem Umfang an dem Beispiel des CISG,[16] darüber hinaus auch – jedoch nicht uneingeschränkt – an den Empfehlungen der deutschen Schuldrechtskommission.[17] Nur dort, wo spezifische Aspekte des Verbrauchsgüterkaufs in Umsetzung der Richtlinie einer eigenständigen Regelung bedürfen, die für sonstige Kaufverträge nicht passt, geschieht dies in §§ 474 ff. Mit diesem Konzept wird ein weitgehend harmonisiertes Kaufrecht für alle Kaufvertragstypen und eine Angleichung deutschen Rechts an internationalrechtliche Gepflogenheiten ebenso erreicht wie eine Berücksichtigung der langjährigen Kritik an den angesprochenen Mängeln der §§ 433 ff. alten Rechts.

III. Handelskauf

9 Die Sonderregelung des § 377 HGB bleibt grundsätzlich unberührt (vgl. auch § 478 Abs. 6). Dies gilt nicht nur für die gesamte Käuferkette vom Produzenten bis zum Endverkäufer, sondern auch für den Regress vom Endverkäufer „rückwärts" bis zum Produzenten anlässlich der vom Verbraucher ausgeübten Rechte aus §§ 437 ff. § 378 HGB[18] mit der Begründung einer Obliegenheit zur Rüge von Aliud-Lieferungen nach § 377 Abs. 2 HGB (mit Ausnahme der Fälle offensichtlicher und erheblicher Abweichung der gelieferten von der bestellten Ware) wird ersatzlos aufgehoben. Nachdem § 434 Abs. 3 Aliud-Lieferungen umfassend in den Fehlerbegriff einbezogen hat, wäre es ein ungereimtes Ergebnis, für den Handelskauf davon

---

13 BegrRE, BT-Drucks 14/6040, 89; eine Gegenüberstellung der den Verkäufer einer mängelbehafteten Sache treffenden Rechtsfolgen u.a. nach deutschem und UN-Kaufrecht bietet *Mischke* BB 1997, 1494 ff.

14 Die denkbaren Alternativen sind mit den schlagwortartigen Begriffen einer „kleinen" und „großen" Lösung bedacht worden. *Schlechtriem* weist in diesem Zusammenhang zu Recht darauf hin, dass die vielfach als „kleine Lösung" beschriebene, insbesondere von *Ernst/Gsell*, ZIP 2000, 1410 ff.; *dies.*, ZIP 2000, 1462 (Textentwurf); *dies.*, ZIP 2000, 1812 (in Erwiderung auf *Schmidt-Räntsch*, ZIP 2000, 1639) vertretene Auffassung im Grunde eher eine mittlere Lösung ist, während die „kleinste" denkbare Lösung in dem Erlass eines Verbrauchsgüterkaufsgesetzes außerhalb des BGB bestanden hätte (auch als „Eins-zu-Eins-Umsetzung" bezeichnet), *Schlechtriem*, in: Ernst/Zimmermann, Zivilrechtswissenschaft und Schuldrechtsreform, 2001, S. 205. Vgl. ferner *Dauner-Lieb*, JZ 2001, 8 f., 15; *Zimmer*, in: Ernst/Zimmermann, Zivilrechtswissenschaft und Schuldrechtsreform, 2001, S. 191, 204.

15 BegrRE, BT-Drucks 14/6040, 79; *Schmidt-Räntsch*, ZIP 2000, 1639, 1643 ff.

16 Zu den Bezügen sowohl der Verbrauchsgüterrichtlinie als auch des (dem jetzigen Regierungsentwurf vorausgehenden) „Diskussionsentwurfs" zum Einheitlichen UN-Kaufrecht vgl. *Schlechtriem*, in: Ernst/Zimmermann, Zivilrechtswissenschaft und Schuldrechtsreform, 2001, S. 205, 209 ff.

17 Abschlussbericht der Schuldrechtsreformkommission, BMJ (Hrsg.), 1992.

18 Zu der im RE anfänglich vorgeschlagenen Modifikation des § 378 RE siehe die Kommentierung zu § 478.

abzuweichen.[19] Darüber hinaus hätten sich unnötige Probleme in Regressfällen ergeben. Alle übrigen Normen des Handelskaufes nach §§ 373 ff. HGB bleiben unverändert.

C. Reformschwerpunkte

Die Neuregelung der §§ 433 ff. weist folgende Schwerpunkte auf, die nahezu alle im Bereich der Mängelhaftung liegen.

I. Kaufrechtliche Gewährleistungsregeln

Dem Käufer wird ein Recht auf mangelfreie Lieferung, definiert als Fehlen von Sach- und Rechtsmängeln, zugestanden (§ 433 Abs. 1 S. 2). Sach- und Rechtsmängel werden in §§ 434, 435 detailliert definiert. Die Mangelfreiheit ist Bestandteil des Erfüllungsanspruches; vor Gefahrübergang bedeutet ein Versuch des Verkäufers zur Lieferung eines mangelhaften Kaufgegenstandes eine teilweise Nichterfüllung mit der Konsequenz, dass der Käufer das Lieferangebot vertragskonform zurückweisen kann (§§ 266, 320), ohne in Gläubigerverzug zu kommen (§ 294). Nach Übergabe hat der Käufer einen Nacherfüllungsanspruch, nach seiner Wahl gerichtet auf Beseitigung des Mangels oder Lieferung einer mangelfreien Sache (§ 439 Abs. 1). Die daraus resultierenden Aufwendungen gehen zulasten des Verkäufers (§ 439 Abs. 2). Mit dem Nacherfüllungsanspruch des Käufers korrespondiert ein Recht des Verkäufers zur zweiten Andienung, bevor der Käufer weitergehende Rechte geltend machen kann (§§ 437 Nr. 2 und 3, 280 Abs. 3, 281 Abs. 1, 323 Abs. 1, 441 Abs. 1). Entbehrlich ist der Versuch einer „vorgeschalteten Nacherfüllung" lediglich in gesetzlich besonders geregelten Fällen (§§ 275 Abs. 1-3, 281 Abs. 2, 323 Abs. 2, 440). Der Verkäufer kann die von dem Käufer gewählte Form der Nacherfüllung ablehnen, wenn sie für ihn mit unverhältnismäßigen Kosten verbunden ist (§ 439 Abs. 3). Dadurch wird das Wahlrecht des Käufers nach § 439 Abs. 1 zwischen den Varianten der Nacherfüllung relativiert.

Jenseits der beschriebenen Besonderheiten des Nachbesserungsanspruches des Käufers bzw. soweit die Hürde einer korrespondierenden Befugnis des Verkäufers zur Mängelbeseitigung genommen ist, verfügt der Käufer wie früher über die Möglichkeit, sich von dem Kaufvertrag zu lösen, den Kaufpreis zu mindern oder Schadensersatz zu verlangen (§ 437 Nr. 2 und 3). An die Stelle der früheren Wandlung tritt der Rücktritt vom Vertrag (§§ 437 Nr. 2, 323 ff.), ohne dass damit wesentliche inhaltliche Änderungen verbunden wären. Rücktritt und Minderung sind einseitige Gestaltungsrechte des Käufers, die den Kaufvertrag unmittelbar in ein Rückgewährschuldverhältnis umändern (§§ 323 ff.) oder den Kaufpreis herabsetzen (§ 441 Abs. 3). Die vielfältigen Schwierigkeiten mit dem in § 465 a.F. eröffneten bloßen Anspruch des Käufers gegen den Verkäufer auf Wandlung oder Minderung sowie die in Rechtsprechung und Literatur entwickelten Modelle[20] zur Überwindung daraus resultierender inakzeptabler Mängel erübrigen sich damit. Auf Schadensersatz haftet der Verkäufer nunmehr für alle Fälle einer schuldhaft (§§ 276, 278) erbrachten mangelhaften Lieferung; eine Beschränkung auf Fälle arglistiger Täuschung oder der Nichteinhaltung zugesicherter Eigenschaften wie in § 463 a.F. findet nicht mehr statt. Daraus resultiert zugleich eine prinzipielle Gleichbehandlung der Haftung für Mangel- und für Mangelfolgeschäden, so dass insoweit die besonderen Abgrenzungsprobleme des alten Rechts nicht mehr bestehen.

Gleichwohl taucht die Thematik in einzelnen Bereichen doch wieder auf, so zum Beispiel bei der Frage, ob Schadensersatz sofort (§ 280 Abs. 1) oder erst bei Erfüllung zusätzlicher Voraussetzungen (§ 280 Abs. 3) wie insbesondere dem erfolglosen Ablauf einer Nacherfüllungsfrist verlangt werden kann. Insoweit ist auch nach dem neuen Recht zu differenzieren zwischen Situationen, in denen es um den Ersatz des „eigentlichen Mangelschadens" geht, und solchen, in denen der Schaden über den den Mangel begründenden Nachteil der verkauften Sache hinausgeht und in denen eine Fristsetzung sinnlos ist, weil der – bereits eingetretene – Schaden durch eine Nachbesserung ohnehin nicht mehr korrigierbar ist.[21]

Infolge der Gleichbehandlung von Sach- und Rechtsmängeln (§ 433 Abs. 1 S. 2), definiert in §§ 434, 435, ergeben sich die daraus resultierenden Abgrenzungsprobleme mit gravierend unterschiedlichen Konsequenzen prinzipiell nicht mehr.

Schließlich wird die Verjährung von Ansprüchen wegen mangelhafter Lieferung in § 438 grundlegend neu geordnet, insbesondere die unzureichende sechsmonatige Verjährungsfrist geändert. Grundsätzlich gilt gem. § 438 Abs. 1 Nr. 3 eine zweijährige Verjährungsfrist. Für Kaufverträge über Bauwerke und Sachen, die entsprechend ihrer üblichen Verwendungsweise in einem Bauwerk verwendet worden sind und dessen Mangelhaftigkeit verursacht haben, gilt eine Frist von 5 Jahren (§ 438 Abs. 1 Nr. 2). Im Falle von Rechtsmängeln mit der Konsequenz dinglicher Herausgabeansprüche beträgt die Frist 30 Jahre (§ 438 Abs. 1 Nr. 1 Buchst. a).[22] Für Fälle arglistiger Täuschung wird die Verjährungsfrist auf 3 Jahre verlängert

---

19 BegrRE, BT-Drucks 14/6040, 216.
20 Vgl. den Überblick über die Konstruktionen der „Vertrags-" und „Herstellungstheorie" sowie der vermittelnden Lösungen („Theorie des richterlichen Gestaltungsakts"; „gemischte Theorie") bei Palandt/*Putzo*, § 465 Rn 2 ff.
21 Hierzu ausführlich die Kommentierung zu § 437.

(§ 438 Abs. 3), indem auf die regelmäßige Verjährungsfrist von 3 Jahren (§ 195) verwiesen wird. Die in § 438 Abs. 1 genannten Regelungen gelten für alle Ansprüche aus mangelhafter Lieferung, also für den Nacherfüllungsanspruch, die Möglichkeit zu Rücktritt und Minderung sowie den Schadensersatzanspruch für Mangel- und Mangelfolgeschäden (§§ 438 Abs. 1, 437 Nr. 1 und 3). Da Rücktritt und Minderung als Gestaltungsrechte nicht unmittelbar den verjährungsrechtlichen Regelungen unterliegen (§ 194 Abs. 1), ordnen § 438 Abs. 4 und 5 i.V.m. § 218 Abs. 1 die Unwirksamkeit von Rücktritt und Minderung an, wenn der Anspruch auf Nacherfüllung verjährt ist und der Schuldner sich darauf beruft. Dies entspricht im Ergebnis der Geltendmachung einer Verjährungseinrede nach § 214 Abs. 1.

II. Leistungsstörungsrecht

16 Anders als §§ 459 ff. a.F. enthalten §§ 437 ff. nur noch begrenzt eigenständige kaufrechtliche Regelungen, während im Übrigen das Leistungsstörungsrecht (§§ 280 ff., 323 ff.) gilt. Dort, wo §§ 437 ff. besondere Vorgaben machen, z.B. in § 440, verdrängen und modifizieren diese nach dem Spezialitätsgrundsatz die generellen Vorgaben in §§ 280 ff., 323 ff. Die Überführung der Mängelhaftung in das Leistungsstörungsrecht ist ein wesentliches Anliegen der Schuldrechtsreform.[23] Für die Anwendung des Kaufrechts hat dies zur Konsequenz, dass Auslegungsfragen zu §§ 280 ff., 323 ff. auch das Kaufvertragsrecht betreffen. Bei der Rechtsanwendung ist das Zusammenspiel beider Bereiche besonders zu beachten. Unabhängig davon wirken sich Neuregelungen des Allgemeinen Teils des Schuldrechts auch und gerade für das Kaufvertragsrecht aus. Dies gilt für die Kodifizierung der früheren positiven Forderungsverletzung, die nunmehr durch § 280 Abs. 1 erfasst wird, für die gesetzliche Regelung der culpa in contrahendo[24] (§§ 311 Abs. 2, 241 Abs. 2, 280) sowie die entgegen § 306 a.F. angeordnete Wirksamkeit des Vertrages auch in Fällen ursprünglicher objektiver Unmöglichkeit (§ 311a Abs. 1), mit der Konsequenz von Schadensersatz- und Aufwendungsersatzansprüchen des Käufers gegen den Verkäufer bei gleichwohl abgeschlossenen Kaufverträgen (§§ 311a Abs. 2, 284).

III. Weitere Änderungen

17 Über die genannten Grundlinien hinaus weist die Kaufrechtsreform auch in vielen Details wichtige Änderungen auf, z.B. hinsichtlich der Einbeziehung nicht eingehaltener Qualitätszusagen in der Werbung sowie von fehlerhaften Montageanleitungen in den Sachmangelbegriff (§ 434 Abs. 1 S. 3 und Abs. 2 S. 2), durch eine erstmalige Kodifizierung einer Garantiezusage durch Verkäufer oder Dritte (§ 443), die Beseitigung des sofortigen Rücktrittsrechts in Fällen eines vereinbarten Eigentumsvorbehalts und Zahlungsverzuges des Käufers (§§ 449 Abs. 1), darüber hinaus im Bereich des Verbrauchsgüterkaufs eine Umkehr der Beweislast für in den ersten 6 Monaten nach Gefahrübergang aufgetretene Mängel (§ 476), zusätzliche Mindestanforderungen an Garantiezusagen über diejenigen in § 443 hinaus (§ 477) sowie besondere Regelungen des Rückgriffs von Unternehmern im Rahmen der Lieferkette bei Sachmängeln (§§ 478, 479). Auch im Übrigen wurden Änderungen vorgenommen, z.T. redaktioneller Art.

18 Andere Regelungen sind uneingeschränkt oder weitgehend beibehalten worden. Dies gilt für die Grundpflichten aus dem Kaufvertrag jenseits des Rechts des Käufers auf mangelfreie Lieferung (§ 433 Abs. 1 S. 1 und Abs. 2), für die Gefahrtragung (§§ 446, 447, weitgehend identisch mit §§ 446, 447 a.F.), wobei § 447 bei Verbrauchsgüterkaufverträgen jedoch ausdrücklich keine Anwendung findet, vgl. § 474 Abs. 2, für den gesamten Bereich besonderer Arten des Kaufs (§§ 454 ff. = §§ 495 ff. a.F.) sowie für die Sonderregelungen der §§ 449 ff. (vgl. §§ 455 ff. a.F.).

D. Auslegungskriterien

19 Für die Interpretation des neuen Kaufrechts gelten – wie für alle Gesetze – die allgemein anerkannten Regeln der juristischen Methodenlehre. Ausschlaggebend sind Wortlaut, Gesetzesmaterialien (Historie), systematischer Zusammenhang sowie Sinn und Zweck der Norm.[25] Soweit die §§ 474 ff. die Verbrauchsgüterkaufrichtlinie umsetzen, tritt das Gebot europarechtskonformer Auslegung hinzu.[26] Die Richtlinie ist somit trotz unmittelbarer Adressierung allein an die Staaten der EU insoweit weiter von Bedeutung.

20 Da der Gesetzgeber die Richtlinie weitgehend auch in §§ 433 ff. für alle Kaufverträge umsetzt und somit „übererfüllt", kann sie auch hier als Erkenntnisquelle herangezogen werden. Sie wird gleichsam zur nationalrechtlichen Gesetzesmaterialie und hat dabei einen Stellenwert, der den nationalen Gesetzesmaterialien

---

22 Dasselbe gilt gem. § 438 Abs. 1 Nr. 1 Buchst. b) für Scheinbelastungen im Grundbuch, die gem. § 435 S. 2 Rechtsmängeln gleichstehen.
23 BegrRE, BT-Drucks 14/6040, 86 f.
24 Kritische Würdigung des im Zuge des Reformvorhabens unternommenen Versuchs einer „Kodifikation von Richterrecht" bei *Dauner-Lieb*, in: Ernst/Zimmermann, Zivilrechtswissenschaft und Schuldrechtsreform, 2001, S. 305 ff.
25 Vgl. statt vieler *Pawlowski*, Methodenlehre für Juristen, 3. Aufl. 1999, Rn 60 ff.
26 EuGH, NJW 1994, 921; BGH, NJW 1993, 1595.

vergleichbar ist. Während dies eindeutig und unstreitig ist, geht der EuGH in seiner – jedoch nicht immer einheitlichen – Rechtsprechung noch weiter. Zur Vermeidung widersprüchlicher Interpretationen bei freiwilliger und verpflichtender Umsetzung von Richtlinien misst er der Richtlinie eine einheitliche, strikte Bedeutung für solche Fälle zu. Daraus folgt das Gebot europarechtskonformer Auslegung auch bei freiwilliger, übererfüllter Umsetzung.[27] Man mag dies mit guten Gründen kritisieren,[28] die Rechtspraxis hat jedoch die Vorgaben des EuGH zu beachten.

E. Geltungsbereich

I. Sachlicher Geltungsbereich

§§ 433 ff. gelten für alle Kaufverträge, für Mobilien[29] und Immobilien gleichermaßen. Infolge des Anspruchs auf Mangelfreiheit einschließlich des Nacherfüllungsanspruches (§§ 433 Abs. 1 S. 2, 439) ist die bisherige differenzierte Regelung zwischen Spezies- und Gattungskaufverträgen (§§ 480 ff. a.F.) entfallen. §§ 433 ff. gelten insoweit für beide Vertragstypen, ohne dass dies besonders erwähnt wird und wegen der Gleichbehandlung noch erwähnt werden müsste. §§ 243 Abs. 2, 300 Abs. 2 bleiben unberührt. § 433 Abs. 1 S. 2 beschränkt sich auf den Sachkauf, wobei der Sachbegriff des § 90 gilt. Der Rechtskauf wird damit nicht unmittelbar erfasst, über § 453 jedoch den Regelungen für den Sachkauf unterworfen. Dabei erfasst die Norm auch sonstige Vertragsgegenstände (§ 453 Abs. 1), was die bisherigen Sonderregelungen für kaufähnliche Verträge (§§ 445, 493 a.F.) entbehrlich macht. § 452 erstreckt die Geltung des besonderen Kaufrechts für Immobilien (§§ 435 S. 2, 436, 442 Abs. 2, 448 Abs. 2) auch auf den Schiffskauf.

21

Infolge besonderer Verweisung gilt das Kaufrecht auch für Tauschverträge (§ 480, entsprechend § 515 a.F.), hinsichtlich des Teilaspekts der Rechtsmängelhaftung auch für das Schenkungsrecht (§ 523 Abs. 2 S. 2) sowie für Werkverträge, die die Lieferung einer noch herzustellenden oder zu erzeugenden beweglichen Sache zum Gegenstand haben (§ 651).[30] Auch diese Verträge werden daher von den grundlegenden Änderungen des Kaufrechts erfasst.

II. Personeller Geltungsbereich

Speziell für den Verbrauchsgüterkauf, also für Kaufverträge zwischen Unternehmern als Verkäufern und Endverbrauchern (§§ 13, 14) als Käufern über bewegliche Sachen, gelten die Sonderregelungen der §§ 474 ff., die zugleich auch den Rückgriff zwischen Unternehmen innerhalb der Lieferkette erfassen (§§ 478, 479).

22

§§ 474 ff. verdrängen §§ 433 ff. nicht, sondern enthalten ergänzende Sonderregelungen sowie Normen, die generell gültiges Kaufrecht modifizieren (§§ 474 Abs. 2, 475).

23

Demgegenüber erfüllen Kaufverträge zwischen Unternehmen als Käufern und Verbrauchern als Verkäufern sowie Verträge, die sich auf Immobilien oder Rechte beziehen, den Verbrauchsgüterkauf-Begriff des § 474 Abs. 1 nicht und unterliegen somit allein §§ 433 ff. Kraft Sonderregelung in § 474 Abs. 1 S. 2 gelten die Normen für den Verbrauchsgüterkauf nicht für gebrauchte Sachen, die in einer öffentlichen Versteigerung verkauft werden, an der der Verbraucher persönlich teilnehmen kann. Damit will das Gesetz dem besonderen Charakter solcher Verkaufsveranstaltungen Rechnung tragen und deren Abwicklung nicht unnötig erschweren.

24

III. Zeitlicher Geltungsbereich

Wie die gesamte Schuldrechtsreform, so gelten auch §§ 433 ff. in der Neufassung für alle Kaufverträge, die ab dem 1.1.2002 abgeschlossen werden. Dies erfasst auch solche Verträge, bei denen ein verbindliches Angebot einer Vertragspartei vor dem 1.1.2002 erfolgte (vgl. § 145), die Annahme jedoch erst danach. Für Altverträge, die bis zum 31.12.2001 wirksam abgeschlossen wurden, bestimmt Art. 229 § 4 Abs. 1 EGBGB

25

---

27 *Habersack/Mayer*, JZ 1999, 913 mit Auswertung der EuGH-Rechtsprechung; *Roth*, in: Grundmann/Medicus/Rolland, Europäisches Kaufgewährleistungsrecht, 2000, S. 113 ff., 123 f.
28 *Habersack/Mayer*, a.a.O.
29 Auch eingetragene Schiffe werden als bewegliche Sachen unmittelbar von §§ 433 ff. erfasst. Insbesondere mit Rücksicht auf die auch hier zu vollziehende Eintragung ins Schiffsregister werden allerdings durch die Vorschrift des § 452 die den Grundstückskauf betreffenden Vorschriften für entsprechend anwendbar erklärt. Das aber macht den Schiffskauf nicht zum Immobiliarkauf, so dass auch eingetragene Schiffe grundsätzlich Gegenstand eines Verbrauchsgüterkaufes gem. § 474 sein können. Die Gesetzessystematik an dieser Stelle erscheint allerdings unnötig verwirrend. Insbesondere die Nähe zu § 453 und eine gewisse Parallelität der Formulierung erweckt – auf den ersten Blick – den Eindruck, als wenn eingetragene Schiffe erst kraft der besonderen Anordnung in § 452 den §§ 433 ff. unterlägen.
30 Nach § 651 Abs. 1 S. 2 sind allerdings, wenn es sich bei den herzustellenden Sachen um nicht vertretbare Sachen handelt, auch die §§ 643, 645, 649 und 650 mit der Maßgabe anzuwenden, dass an die Stelle der Abnahme der nach den §§ 446 und 447 maßgebliche Zeitpunkt tritt. Mit dieser Regelung wird einer Anregung des Bundesrates Rechnung getragen, vgl. BT-Drucks. 14/6857, 38, 68. Durch sie soll berücksichtigt werden, dass das Kaufrecht nicht auf Fallgestaltungen ausgerichtet ist, bei denen sich die Umstände während der Herstellung der Sache verändern.

die Fortgeltung des alten BGB, also der §§ 433 ff. a.F. Dies dient der Vermeidung einer Rückwirkung mit allen daraus resultierenden vertrags- und verfassungsrechtlichen Problemen. Dieser Rechtszustand führt für eine längere Übergangszeit zu einer Parallelität von altem und neuem Kaufrecht. Bei Rechtsstreitigkeiten aus bis zum 31.12.2001 abgeschlossenen Verträgen hat die Rechtsprechung somit noch für viele Jahre §§ 433 ff. a.F. anzuwenden.

F. Typische Vor- und Nachteile des neuen Kaufrechts für Verkäufer und Käufer

26 Die Reform wirft die Frage auf, welche Vor- und Nachteile das novellierte Kaufrecht für die Vertragsparteien hat. In der Anpassung von §§ 433 ff. an die schon zuvor durch vertragliche Vereinbarungen und Allgemeine Geschäftsbedingungen bestehende Vertragspraxis sowie auch an internationale Gepflogenheiten lassen sich Vorteile für beide Vertragsparteien sehen. Hierzu gehört z.B. die Gleichbehandlung von Sach- und Rechtsmängeln mit der Überwindung von Abgrenzungsschwierigkeiten zwischen beiden Mangeltypen und daraus resultierender größerer Rechtssicherheit. Auch die Unterscheidung von Mangel- und Mangelfolgeschaden verliert – jenseits der §§ 280 Abs. 1, 282 – weitgehend an Bedeutung und damit an Problematik. Darüber hinaus gibt es jedoch Konsequenzen der Kaufrechtsreform, die sich typischerweise vor- oder nachteilhaft für den Verkäufer oder den Käufer auswirken.

I. Vorteile des Käufers und daraus resultierende Nachteile des Verkäufers

27 Günstig für den Käufer ist regelmäßig das Nachbesserungsrecht im Falle mangelhafter Lieferung als Konsequenz des Anspruches auf Mangelfreiheit (§§ 433 Abs. 1 S. 2, 439). Er erweitert dessen Befugnisse gegenüber §§ 459 a.F. und gibt ihm die Möglichkeit zur Durchsetzung seines Vertragsziels (Erhalt einer mangelfreien Sache). Dabei ist das Wahlrecht des Käufers zwischen Mangelbeseitigung und Neulieferung (§ 439 Abs. 1) vorteilhaft und für den Verkäufer vielfach mit Nachteilen verbunden, die jedoch durch das Leistungsverweigerungsrecht, welches dem Verkäufer bei einer mit unverhältnismäßigen Kosten verbundenen Käuferentscheidung gewährt wird, relativiert werden (§ 439 Abs. 3). Mit dem Nacherfüllungsanspruch erreicht der Verkäufer die Durchsetzbarkeit seines Vertragszieles sowie der aus § 433 Abs. 1 S. 2 resultierenden Rechtsposition. Die Umwandlung der Befugnisse auf Lösung vom Vertrag und auf Minderung des Kaufpreises in Gestaltungsrechte (§§ 437 Nr. 2, 323 Abs. 1, 441 Abs. 1) anstelle eines bloßen Anspruches gegen den Verkäufer auf Zustimmung zu Wandlung und Minderung (§ 465 a.F.) ist gleichfalls für den Käufer vorteilhaft, was sich jedoch wegen der in der Judikatur entwickelten erheblichen Hilfen zur Überwindung der umständlichen Rechtsverwirklichung[31] infolge des § 465 a.F. nur begrenzt auswirkt.

28 Von großer Bedeutung für den Käufer ist die Erweiterung des Schadensersatzanspruches auf alle Fälle schuldhafter mangelhafter Lieferung (§§ 437 Nr. 3, 280, 281) anstelle einer Anspruchsbegrenzung in § 463 a.F., wonach der Verkäufer nur für arglistige Täuschung oder das Fehlen zugesicherter Eigenschaften auf Schadensersatz haftete. Daraus resultiert zugleich eine prinzipielle Gleichbehandlung des Schadensersatzanspruches bei Mangel- und bei Mangelfolgeschäden und die Überwindung der kaum nachvollziehbaren Abgrenzungskriterien nach dem alten Recht. Die damit verbundene Rechtssicherheit ist zwar prinzipiell für beide Vertragsparteien vorteilhaft, erleichtert aber insbesondere dem Käufer die Verwirklichung seiner Rechte. Dies gilt auch für die Gleichbehandlung von Sach- und Rechtsmängeln (§§ 433 Abs. 1 S. 2, 434, 435, 437). Die Erweiterung des Sachmangelbegriffes auf die Nichteinhaltung von Qualitätsbeschreibungen in der Werbung und auf fehlerhafte Montageeinleitungen (§ 434 Abs. 1 S. 3 und Abs. 2) begünstigt den Käufer ebenso wie die Umkehr der Beweislast bei innerhalb von 6 Monaten seit Gefahrübergang aufgetretenen Sachmängeln im Zusammenhang mit Verbrauchsgüterkaufverträgen (§ 476). Schließlich ist für den Käufer die Verlängerung der Gewährleistungsfrist in § 438 gegenüber § 477 a.F. von besonderer Bedeutung. Nicht unerwähnt bleiben dürfen weiterhin die Ausstrahlungswirkungen, die das neue Recht für die Inhaltskontrolle Allgemeiner Geschäftsbedingungen nach §§ 307 ff. hat.[32] Positiv für den Käufer ist schließlich die Kodifizierung der Garantieansprüche (§§ 443, 477).

II. Vorteile des Verkäufers und daraus resultierende Nachteile des Käufers

29 Auch der Verkäufer hat Rechtsvorteile erfahren. Hierzu zählt einmal die prinzipielle Beseitigung einer generellen Garantiehaftung für Rechtsmängel und die insoweit angeordnete Gleichbehandlung mit der Sachmängelhaftung (§§ 434 Abs. 1 S. 2, 435, 437) einschließlich einer Schadensersatzpflicht grundsätzlich nur bei Verschulden des Verkäufers (§§ 276, 278). Sie wird jedoch dadurch relativiert, dass insoweit – ebenso wie bei dem Rechtskauf (§ 453) – die verschuldensunabhängige Garantiehaftung des § 276 Abs. 1 durch Übernahme einer Garantie oder des Beschaffungsrisikos seitens des Verkäufers beachtet werden

---

31 Dazu bereits oben Fn. 20.
32 Hierzu v. *Westphalen*, DB 2001, 799, 801 ff.

muss. Dies wirkt sich auch wegen der neu begründeten Gültigkeit von (Kauf-)Verträgen mit einer bereits ursprünglich objektiv unmöglichen Leistungspflicht zusätzlich aus (§ 311a Abs. 1 entgegen § 306 a.F.), wobei solche Fälle allerdings in der Praxis eher selten vorkommen.

Ein besonderer Vorteil für den Verkäufer ist das Recht der zweiten Andienung zur Beseitigung des Mangels (§§ 437, 439, 280 Abs. 3, 281 Abs. 1, 323 Abs. 1). Es gibt dem Verkäufer die Möglichkeit, den Mangel in einer angemessenen Frist durch Mangelbeseitigung oder Neulieferung auszugleichen und auf diese Weise die über den Nacherfüllungsanspruch des Käufers hinausgehenden weitergehenden Befugnisse auf Rücktritt, Minderung und Schadensersatz zu vermeiden. Demgegenüber hatte der Käufer nach altem Recht die Möglichkeit, im Falle von Mängeln sofort den Kaufpreis zu mindern oder sich von dem Vertrag zu distanzieren, bei Vorliegen der Voraussetzungen des § 463 a.F. auch Schadensersatz wegen Nichterfüllung zu verlangen. Dem Käufer wird nunmehr zugemutet, vor Ausübung dieser Befugnisse zunächst das erfolgreiche Bemühen des Verkäufers auf Mangelbeseitigung in einer angemessenen Frist abzuwarten. Allerdings wird dieser Nachteil des Käufers dadurch relativiert, dass in einer Reihe von Fällen (§§ 281 Abs. 2, 282, 323 Abs. 2, 440) eine Fristsetzung zur Mangelbeseitigung nicht erforderlich ist. Die Befugnis des Verkäufers zur zweiten Andienung entfällt hier, mit der Folge, dass die Rechte des Käufers zur Ausübung von Rücktritt, Minderung oder Forderung von Schadensersatz unmittelbar bestehen. Dies gilt ebenfalls bei Unmöglichkeit oder Unzumutbarkeit der Nacherfüllung nach § 275 Abs. 1 bis 3. 30

Der in § 281 Abs. 1 S. 3 enthaltene Ausschluss des „großen Schadensersatzes" für den Fall unerheblicher Pflichtverletzungen weicht bei genauerer Betrachtung nicht gravierend von der bisherigen Rechtslage ab. Zwar stand die Entscheidung zwischen großem und kleinen Schadensersatz im Rahmen von § 463 a.F. (bzw. zwischen Differenz- und Surrogationstheorie im Rahmen von § 325 a.F.) im spezialgesetzlich nicht eingeschränkten Ermessen des Gläubigers/Käufers,[33] die Geltendmachung des großen Schadensersatzes war aber durch § 242 eingeschränkt.[34] Damit sind im Wesentlichen dieselben Konstellationen erfasst worden, wie sie auch § 281 Abs. 1 S. 3 in der nunmehrigen Gesetzesfassung im Auge hat. 31

In seiner Funktion als Letztverkäufer geben §§ 478, 479 dem Verkäufer Vorteile, indem ihm der Rückgriff gegen seinen Vorlieferanten erleichtert wird. Entsprechendes gilt für alle weiteren Stufen der Käuferkette bis zum Produzenten. 32

III. Gesamtbewertung

Insgesamt überwiegen die Vorteile für den Käufer diejenigen für den Verkäufer, was dem Grundanliegen der Verbrauchsgüterkaufrichtlinie wie auch den nationalrechtlichen Motiven für die Kaufrechtsreform entspricht.[35] 33

§ 433 Vertragstypische Pflichten beim Kaufvertrag

(1) ¹Durch den Kaufvertrag wird der Verkäufer einer Sache verpflichtet, dem Käufer die Sache zu übergeben und das Eigentum an der Sache zu verschaffen. ²Der Verkäufer hat dem Käufer die Sache frei von Sach- und Rechtsmängeln zu verschaffen.
(2) ¹Der Käufer ist verpflichtet, dem Verkäufer den vereinbarten Kaufpreis zu zahlen und die gekaufte Sache abzunehmen.

Inhalt

A. Regelungsgehalt 1	II. Garantieansprüche 6
I. Grundpflichten 2	III. Verbrauchsgüterkauf 7
II. Pflicht zur mangelfreien Lieferung 3	**D. Geltung des Kaufvertragsrechts** 8
B. Mangelbegriff 4	**E. Abgrenzung des Kaufvertrages zu anderen**
C. Rechtsfolgen mangelhafter Lieferung 5	**Vertragstypen** 10
I. Mängelgewährleistungsrechte 5	

---

[33] Von der herrschenden Meinung (vgl. nur BGH NJW 1959, 620; BB 1960, 152) zurückgewiesen wurde insbesondere die Forderung einer Mindermeinung, die Wahl des großen Schadensersatzanspruches solle nur dann möglich sein, wenn der Käufer den Interessewegfall nachweise, vgl. *Fikentscher*, Schuldrecht, 9. Aufl. 1997, Rn 719. Eine der früheren Mindermeinung entsprechende Regelung war in dem Regierungsentwurf ursprünglich vorgesehen, ist aber im Laufe des Gesetzgebungsverfahrens auf Anregung des Bundesrates, vgl. BT-Drucks 14/6857, 12 gegen den Widerstand der Bundesregierung, vgl. BT-Drucks 14/6857, 49 in Befolgung der Beschlussempfehlung des Rechtsausschusses, vgl. BT-Drucks 14/7052, 185, zugunsten der jetzigen Fassung des § 281 Abs. 1 S. 3 aufgegeben worden.
[34] BGHZ 27, 217; Staudinger/*Honsell*, § 463 Rn 62.
[35] Das Grundanliegen einer Besserstellung des Verbrauchers verdeutlichen etwa die Erwägungsgründe 1, 2, 5, 10, 11, 24 der Verbrauchsgüterkaufrichtlinie, ABlEG Nr. L 171/12; im Abschlußbericht der Schuldrechtskommission, BMJ (Hrsg.), 1992, S. 40 wird insoweit eine „gewisse Verstärkung" der Rechtsstellung des Käufers konstatiert.

A. Regelungsgehalt

1 § 433 enthält die wesentlichen Rechte und Pflichten von Verkäufer und Käufer.

I. Grundpflichten

2 Die Pflicht des Verkäufers, die Sache zu übergeben und das Eigentum an der Sache zu verschaffen (Abs. 1 S. 1) sowie die Pflicht des Käufers zur Zahlung des Kaufpreises (Abs. 2) entsprechen uneingeschränkt Abs. 1 S. 1 und Abs. 2 a.F. Der früher in Abs. 1 S. 2 geregelte Rechtskauf findet sich hier nicht mehr, da er eigenständig in § 453 geregelt wird.

II. Pflicht zur mangelfreien Lieferung

3 Grundlegend neu ist die Pflicht des Verkäufers, dem Käufer die Kaufsache frei von Sach- und Rechtsmängeln zu verschaffen (Abs. 1 S. 2). Sie ist Bestandteil der Leistungspflicht mit den daraus resultierenden Konsequenzen aus §§ 266, 294, 320 vor Gefahrübergang und aus §§ 437 ff. nach Gefahrübergang (§§ 446, 447, 474 Abs. 2). Infolge dieser Pflicht ist die Unterscheidung zwischen Spezies- und Gattungskaufverträgen ersatzlos entfallen, die das alte Recht prägte (§§ 433, 459 ff., 480 a.F.). Allerdings bleiben die für den Gattungskauf spezifischen Regelungen der §§ 243 Abs. 2, 300 Abs. 2 in Kraft.

B. Mangelbegriff

4 Sach- und Rechtsmängel werden – anders als im früheren Recht – gleich behandelt (§§ 433 Abs. 1 S. 2, 437 ff.). Der Begriff des Sachmangels wird umfassend in § 434, derjenige des Rechtsmangels in § 435 definiert. Darüber hinaus sind Garantiezusagen sowie die Übernahme von Beschaffungsrisiken seitens des Verkäufers nach § 276 Abs. 1 zu beachten.

C. Rechtsfolgen mangelhafter Lieferung

I. Mängelgewährleistungsrechte

5 Liefert der Verkäufer nur mangelhaft, stellt dies keine ordnungsgemäße Vertragserfüllung dar. Der Käufer kann somit die mangelhafte Sache zurückweisen und die Zahlung des Kaufpreises ablehnen (§§ 266, 320). Er kommt dadurch nicht in Annahmeverzug (§ 294). Aus der Pflicht des Verkäufers zur mangelfreien Lieferung folgt zugleich als rechtspolitisch logische Konsequenz der Nacherfüllungsanspruch des Käufers nach § 439 Abs. 1. Er ist, spezialgesetzlich geregelt, Bestandteil des Erfüllungsanspruches; die Rechtslage entspricht insoweit derjenigen im Miet- und Werkvertragsrecht bei mangelhafter Leistung[1] (§§ 535, 536; 631, 633 ff.). Dem Nacherfüllungsanspruch des Käufers korrespondiert das Recht des Verkäufers zur zweiten Andienung im Sinne der Fehlerbeseitigung, bevor der Käufer die weitergehenden Rechte auf Rücktritt, Minderung oder Schadensersatz (§§ 437 Nr. 2 und 3, 280 ff., 323 ff., 441) geltend machen kann.[2] Nur dann, wenn die aus §§ 280 Abs. 3, 281, 323 Abs. 2, 440 und aus § 275 resultierenden Vorgaben eine Entbehrlichkeit der Nacherfüllungsfrist ergeben, entfällt ein Recht des Verkäufers zur zweiten Andienung. Dann kann der Käufer unmittelbar zurücktreten, den Kaufpreis mindern oder – bei Verschulden des Verkäufers – Schadensersatz verlangen.

II. Garantieansprüche

6 In Fällen einer Garantieübernahme des Verkäufers oder eines Dritten bestehen, unabhängig von den zuvor beschriebenen Rechten, die aus der Garantiezusage resultierenden Rechte des Käufers (§ 443). Sie sind nur bezüglich der Rechtsfolge, nicht aber inhaltlich geregelt, da die Übernahme und Ausgestaltung einer Garantie im freien Ermessen des Garantiegebers steht und sich damit einer gesetzlichen Reglementierung entzieht.

III. Verbrauchsgüterkauf

7 Für den Verbrauchsgüterkauf sind §§ 474 ff. zusätzlich zu beachten. Von Bedeutung sind insoweit insbesondere die zwingende Geltung der aus einer mangelhaften Lieferung resultierenden Rechte des Käufers (§ 475 Abs. 1) einschließlich der Verjährungsregelung (§ 475 Abs. 2), die Beweislastumkehr (§ 476) und die besonderen Anforderungen an Garantien (§ 477). Hinzu treten Sonderregeln für den Regress des Verkäufers gegenüber seinem Vorlieferanten, über die gesamte Lieferkette bis hin zum Produzenten (§§ 478, 479).

---

[1] BGH NJW 1976, 143; NJW-RR 1988, 310; 1992, 1078.
[2] Einzelheiten hierzu in der Kommentierung zu § 437.

D. Geltung des Kaufvertragsrechts

Die §§ 433 ff. gelten für alle Kaufverträge über Mobilien und Immobilien, über Rechte und sonstige Kaufgegenstände wie Unternehmen (§ 453). Aufgrund ausdrücklicher Verweisung bestimmt § 480 die Anwendung auf Tauschverträge und § 651 auf die dort beschriebenen Werkverträge. Auch das Schenkungsrecht verweist für die Rechtsmängelhaftung partiell auf das Kaufrecht (§ 523 Abs. 2 S. 2). 8

Kaufverträge über neu zu errichtende Häuser (genauer: über entsprechende Hausgrundstücke, vgl. §§ 93, 94) und Eigentumswohnungen unterstellt der BGH[3] bezüglich der Mängelhaftung dem Werkvertragsrecht. Auch wenn die Judikatur maßgeblich durch die unzureichenden Gewährleistungsrechte im alten Kaufrecht motiviert war, bleibt sie nach dessen Verbesserung gültig. Dies folgt aus verbleibenden Unterschieden zwischen Kauf- und Werkvertragsrecht, insbesondere auch bezüglich des eigenständigen Rechts des Bestellers auf Selbstvornahme nach § 637, welches im Kaufrecht fehlt. Im Übrigen dient die BGH-Rechtsprechung auch der Vermeidung von Ungleichbehandlungen je nachdem, ob der Käufer vor, während oder nach der Errichtung des Bauwerkes kauft. Daraus resultierende Differenzierungen bezüglich der Mängelrechte sind nicht überzeugend. 9

E. Abgrenzung des Kaufvertrages zu anderen Vertragstypen

Die Abgrenzung des Kaufvertrages zu anderen Vertragstypen richtet sich grundsätzlich nach den bereits für das alte Kaufrecht gültigen Regelungen, hat jedoch einige Modifizierungen erfahren. Aus der Definition des Sachmangels in § 434 Abs. 2 für Fälle einer fehlerhaften Montage oder Montageanleitung ergibt sich mittelbar, dass ein Kaufvertrag mit seitens des Verkäufers übernommener Montage insgesamt als Kaufvertrag und nicht als gemischter Kauf-/Werkvertrag zu qualifizieren ist. Für Werkverträge über herzustellende oder zu erzeugende bewegliche Sachen ordnet § 651 erstmals die uneingeschränkte Geltung des Kaufvertragsrechts an. Sie sind daher Werkverträge mit Geltung des Kaufrechts. Genau umgekehrt sind die zuvor erwähnten Verträge über den Kauf neuer Häuser/Eigentumswohnungen nach Fertigstellung Kaufverträge mit Geltung der werkvertraglichen Gewährleistung. 10

Tauschverträge bleiben – wie bisher in § 515 a.F. – in § 480 eigenständig geregelt, werden jedoch den kaufrechtlichen Regelungen unterworfen. Alle hier erfolgten Änderungen wirken sich somit unmittelbar auch auf das Recht der Tauschverträge aus. Entsprechendes gilt für gemischte Kauf-/Tauschverträge, bei denen neben dem Tausch von Sachen eine Partei zum Wertausgleich noch Geld zahlt. 11

§ 434 Sachmangel

(1) ¹Die Sache ist frei von Sachmängeln, wenn sie bei Gefahrübergang die vereinbarte Beschaffenheit hat. ²Soweit die Beschaffenheit nicht vereinbart ist, ist die Sache frei von Sachmängeln,
1. wenn sie sich für die nach dem Vertrag vorausgesetzte Verwendung eignet, sonst
2. wenn sie sich für die gewöhnliche Verwendung eignet und eine Beschaffenheit aufweist, die bei Sachen der gleichen Art üblich ist und die der Käufer nach der Art der Sache erwarten kann.
³Zu der Beschaffenheit nach Satz 2 Nr. 2 gehören auch Eigenschaften, die der Käufer nach den öffentlichen Äußerungen des Verkäufers, des Herstellers (§ 4 Abs. 1 und 2 des Produkthaftungsgesetzes) oder seines Gehilfen insbesondere in der Werbung oder bei der Kennzeichnung über bestimmte Eigenschaften der Sache erwarten kann, es sei denn, dass der Verkäufer die Äußerung nicht kannte und auch nicht kennen musste, dass sie im Zeitpunkt des Vertragsschlusses in gleichwertiger Weise berichtigt war oder dass sie die Kaufentscheidung nicht beeinflussen konnte.
(2) ¹Ein Sachmangel ist auch dann gegeben, wenn die vereinbarte Montage durch den Verkäufer oder dessen Erfüllungsgehilfen unsachgemäß durchgeführt worden ist. ²Ein Sachmangel liegt bei einer zur Montage bestimmten Sache ferner vor, wenn die Montageanleitung mangelhaft ist, es sei denn, die Sache ist fehlerfrei montiert worden.
(3) ¹Einem Sachmangel steht es gleich, wenn der Verkäufer eine andere Sache oder eine zu geringe Menge liefert.

Inhalt

A. Regelungsgehalt 1	II. Beschaffenheitsanforderungen für eine vertragsgemäße Nutzung 7
I. Geltungsbereich 1	III. Maßgeblicher Zeitpunkt 8
II. Systematik 2	C. Objektiver Fehlerbegriff 9
B. Subjektiver Fehlerbegriff 6	I. Beschaffenheitsanforderungen für eine gewöhnliche Verwendung 9
I. Vereinbarte Beschaffenheit 6	

---

3 BGHZ 87, 116; 101, 352; 108, 158; kritisch dazu *Kanzleiter*, DNotZ 1987, 653.

II. Aussagen in der Werbung 10	III. Betriebsanleitungen 19
1. Personelle Zurechnung 11	E. Aliud-Lieferung 20
2. Sachliche Anforderungen 12	F. Keine Geringfügigkeitsklausel 21
3. Haftungsausschluss 14	G. Besonderheiten für den Verbraucherkauf ... 22
D. Fehlerhafte Montageanleitung 16	H. Beweislast 23
I. Geltungsbereich 17	
II. Fehlerhafte Montage durch den Käufer ... 18	

A. Regelungsgehalt

I. Geltungsbereich

1 Obwohl nicht nur für den Verbrauchsgüterkauf anwendbar, geht die Neufassung des Sachmangelbegriffs[1] auf Art. 2 Abs. 1 der Verbrauchsgüterkaufrichtlinie zurück.[2] Die Definition des Sachmangels in § 434 gilt überall dort, wo die Mangelfreiheit oder die Mangelhaftigkeit der verkauften Sache mit daraus resultierenden Rechtsfolgen in Rede steht (§§ 433 Abs. 1 S. 2, 437 ff., 475 ff.). Während der Sachmangel die stofflichen und funktionellen Eigenschaften der Kaufsache betrifft, bezieht sich der in § 435 geregelte Rechtsmangel auf die Freiheit von mit dem Kaufvertrag nicht vereinbaren Rechten Dritter.

II. Systematik

2 Der Sachmangel wird in einem gestuften System definiert, wobei vorrangig die vereinbarte Beschaffenheit ist (Abs. 1 S. 1).[3] Fehlt eine solche Vereinbarung, ist die nach dem Vertrag vorausgesetzte, jedoch nicht zum Vertragsgegenstand erhobene Beschaffenheit maßgeblich (Abs. 1 S. 2 Nr. 1). Ist eine Erhebung der Beschaffenheit zur Voraussetzung des Vertrags nicht gegeben, kommt es entscheidend auf die Eignung für eine gewöhnliche Verwendung an, die üblich ist und die der Käufer erwarten kann (Abs. 1 S. 2 Nr. 2). Die Systematik zeigt, dass vorrangig der subjektive und subsidiär der objektive Fehlerbegriff zur Anwendung kommen.[4] Während dies mit dem geltenden Recht übereinstimmt, enthalten die Absätze 1 S. 3, 2 und 3 Neuregelungen.

3 Für die Feststellung eines Mangels sind auch Qualitäts- und Quantitätsabweichungen gegenüber Äußerungen des Verkäufers, des Herstellers oder seiner Gehilfen in der Werbung ausschlaggebend, die jedoch zum Schutze des Verkäufers vor einer übertriebenen Mängelhaftung in Fällen seiner nicht schuldhaften Unkenntnis ebenso irrelevant sind wie bei mangelnder Beeinflussung der Kaufentscheidung.

4 Abs. 2 erfasst eine fehlerhafte Montage durch den Verkäufer oder dessen Erfüllungsgehilfen (§ 278). Erfolgt diese bereits vor Gefahrübergang (§§ 446, 447), liegt bereits ein Sachmangel nach Abs. 1 vor. Abs. 2 betrifft somit die Fälle, in denen der Verkäufer aufgrund vertraglicher Nebenabrede oder Kulanz die im Bausatz gelieferte Kaufsache nach Gefahrübergang fehlerhaft montiert. Ferner gilt die Regelung, wenn die mangelhafte Montage durch den Käufer selbst erfolgt und die Ursache in einer fehlerhaften Montageanleitung liegt. Gelingt es dem Käufer trotz fehlerhafter Anleitung, die Sache fehlerfrei zusammenzusetzen, scheidet ein Mangel aus (Abs. 2 S. 2 Hs. 2).

5 Schließlich stellt Abs. 3 klar, dass auch die Lieferung einer anderen Sache oder einer zu geringen Menge einen Sachmangel darstellt. Damit wird eine alte Streitfrage in Rechtsprechung und Literatur im Sinne des erweiterten Anwendungsbereichs des Sachmangelbegriffs und damit der Sachmängelhaftung geklärt.

B. Subjektiver Fehlerbegriff

I. Vereinbarte Beschaffenheit

6 Vorrangig kommt es für die Mangelfreiheit der Sache auf die vereinbarte, also vertraglich abgesprochene Beschaffenheit an.[5] Liegt eine solche vor, ist allein diese ausschlaggebend; dies gilt auch dann, wenn die vertraglich abgesprochene Beschaffenheit sich deutlich von objektiven Kriterien (vgl. Abs. 1 S. 2 Nr. 2) abhebt. Es spielt keine Rolle, ob der Qualitätsstandard gegenüber üblichen Anforderungen angehoben oder abgesenkt wird. Der subjektive Fehlerbegriff des Abs. 1 S. 1 ist Ausfluss der Privatautonomie im Zivilrecht. Die Beweislast für eine vertragliche Vereinbarung bei überdurchschnittlicher Beschaffenheitsvereinbarung trägt der Käufer, bei unterdurchschnittlicher der Verkäufer.

---

1 Siehe hierzu *Westermann*, JZ 2001, 530, 532; *Zimmer*, in: Ernst/Zimmermann, Zivilrechtswissenschaft und Schuldrechtsreform, S. 191, 197; *Haas*, BB 2001, 1313, 1315; *Jorden/Lehmann*, JZ 2001, 952.
2 BegrRE, BT-Drucks 14/6040, 211.
3 Z.T. werden Zweifel daran geäußert, ob Abs. 1 S. 1 nicht rechtswidrig zu Lasten des Käufers hinter der Richtlinie zurückbleibt, weil diese nur von einer bloßen „Beschreibung" durch den Verkäufer statt von einer Beschaffenheitsvereinbarung spricht, vgl. *Westermann*, JZ 2001, 530, 532. Die Gesetzesbegründung geht davon aus, dass Beschreibungen durch den Verkäufer stets zu Beschaffenheitsvereinbarungen werden, BegrRE, BT-Drucks 14/6040, 212.
4 BegrRE, BT-Drucks 14/6040, 211.
5 Siehe *Tonner*, VuR 2001, 87, 88; *Zimmer*, in: Ernst/Zimmermann, Zivilrechtswissenschaft und Schuldrechtsreform, S. 191, 197.

II. Beschaffenheitsanforderungen für eine vertragsgemäße Nutzung

Dasselbe gilt, wenn die Beschaffenheit zwar nicht vereinbart wurde, jedoch die nach dem Vertrag vorausgesetzte Verwendung nicht möglich ist. Damit werden Fälle subjektiver Beschaffenheitsanforderungen erfasst, die nicht die Wirkung vertraglicher Verbindlichkeit erreichen, jedoch für den Verkäufer erkennbar bestanden und damit von ihm berücksichtigt werden mussten. Fehlt es an einer solchen Erkennbarkeit, sei es aufgrund des konkreten Vertragsgesprächs, sei es aufgrund vorangegangener Geschäftsbeziehungen, kommt ein Sachmangel nach Abs. 1 S. 2 Nr. 1 nicht in Betracht. Im Verhältnis zu Abs. 1 S. 1 fungiert die Regel zugleich als Auffangtatbestand für Fälle, in denen die vertragliche Vereinbarung nicht nachweisbar ist, jedoch die Anforderungen des Käufers für den Verkäufer erkennbar waren und dies belegbar ist. Sind die letztgenannten Voraussetzungen erfüllt, spielt der Aspekt einer darüber hinausgehenden Einbeziehung in der Vertragsabsprache wegen identischer Rechtsfolgen keine Rolle mehr. Zivilprozessrechtlich fehlt es insoweit an der Beweiserheblichkeit.

III. Maßgeblicher Zeitpunkt

Maßgeblicher Zeitpunkt ist derjenige des Gefahrübergangs nach §§ 446, 447. Daraus folgt, dass Sachmängel zwischen Vertragsabschluss (erst recht davor) bis zum Gefahrübergang irrelevant sind, wenn sie zum Zeitpunkt des Gefahrübergangs beseitigt sind. Mängel, die erst nach Gefahrübergang eintreten, sind nur dann Sachmängel, wenn die Mangelursache bereits bei Gefahrübergang bestand und sich erst danach konkretisiert. Anderenfalls kommt nur ein Garantiefall (§ 443) in Betracht.

C. Objektiver Fehlerbegriff

I. Beschaffenheitsanforderungen für eine gewöhnliche Verwendung

Bei Fehlen der beschriebenen subjektiven Voraussetzungen kommt es auf die Eignung der Kaufsache für eine gewöhnliche Verwendung an, orientiert am Maßstab der Üblichkeit und der daraus resultierenden berechtigten Erwartungen des Käufers. Der Maßstab der Üblichkeit stellt auf normale, durchschnittliche Anforderungen des Marktes, also auftypisierte Käufer ab und schließt übertriebene Qualitätsanforderungen ebenso aus wie eine unterdurchschnittliche Beschaffenheit. Maßstab sind vergleichbare Sachen, weshalb neue und gebrauchte Sachen ebenso wenig vergleichbar sind wie Durchschnittsware und hochqualitative Gegenstände (z.B. Billiggarderobe im Vergleich zu Designerkleidung).[6] Genügt Durchschnittsware den Anforderungen des Käufers nicht, muss er dies deutlich machen und damit einen erhöhten Qualitätsstandard nach Abs. 1 S. 1 oder S. 2 Nr. 1 erreichen. Vergleichbares gilt für eine Bewertung der Kaufsache als mangelfrei trotz Unterschreitung des normalen Qualitätsstandards. Dies setzt entsprechende Hinweise des Verkäufers voraus.

II. Aussagen in der Werbung

Abs. 1 S. 3 schützt den Käufer vor der Nichteinhaltung von in öffentlichen Äußerungen, insbesondere in der Werbung beschriebenen Eigenschaften. Die daraus resultierende Erweiterung des Fehlerbegriffs dient dem Verbraucherschutz und bedeutet dogmatisch das Betreten von Neuland.

1. Personelle Zurechnung

Soweit der Verkäufer solche Äußerungen macht, haftet er nach Abs. 1 S. 3 auch dann, wenn sie nicht in die Vertragsgespräche Eingang finden. Wenn Hersteller, Importeure oder Vorlieferanten, definiert nach dem Maßstab des § 4 Abs. 1 und 2 Produkthaftungsgesetz, solche Aussagen machen, bedeutet Abs. 1 S. 3 eine besondere Einbeziehung von Drittverhalten aus der Sicht des Verkäufers in seine Mängelgewährleistung. Dies liegt dogmatisch auf einer vergleichbaren Linie wie sonstige Zurechnungsnormen für Drittverhalten nach §§ 166, 278, allerdings auf gesetzlicher Grundlage.[7]

2. Sachliche Anforderungen

Der Sache nach ist Voraussetzung, dass bestimmte Eigenschaften in der Werbung oder in öffentlichen Äußerungen gekennzeichnet werden; allgemeine und undifferenzierte Qualitätsanpreisungen genügen hierfür nicht. Beispiel: Der Verkäufer haftet für Werbeaussagen hinsichtlich der Tragkraft von Sackkarren bis zu 100 kg, wenn diese nicht erreicht wird, aber nicht für pauschale Aussagen bezüglich „in der Praxis bestens bewährter Sackkarren mit hoher Tragkraft".

---

[6] Zum Kauf gebrauchter Sachen nach neuem Recht *Kesseler*, ZRP 2001, 70 f.; *Westermann*, JZ 2001, 530, 535; siehe ferner BegrRE, BT-Drucks 14/6040, 214.

[7] Die Vorschrift macht den Hersteller oder Vorlieferanten damit aber noch nicht zu einem Erfüllungsgehilfen des Verkäufers, so zu Recht *Westermann*, JZ 2001, 530, 533.

13 Die entscheidenden Äußerungen müssen öffentlich oder in der Werbung, also mit Zugänglichkeit für den Markt und damit für die Informationsbeschaffung seitens des Käufers gemacht werden. Qualitätsbeschreibungen, die sich allein in der vorgelagerten Lieferkette vollziehen und den Käufer nicht erreichen, genügen nicht.

3. Haftungsausschluss

14 Zum Schutz des Verkäufers vor einer grenzenlosen Haftung scheidet eine Zurechnung des Drittverhaltens aus, wenn er diese Äußerung weder kannte noch kennen musste. Dies kommt nur für Äußerungen in Betracht, die weder er selbst noch ein Gehilfe gemacht haben; letzterer ist der Sphäre des Verkäufers zuzuordnen. Den Verkäufer entlastet nur eine nicht fahrlässige Unkenntnis bezüglich derartiger Aussagen von Hersteller, Importeur oder Großhändler. Ihm schadet jede Form von Fahrlässigkeit,[8] also auch leichte Fahrlässigkeit, da Abs. 1 S. 3 keine Einschränkung der Verantwortlichkeit für Werbeaussagen unter Ausklammerung leichter Fahrlässigkeit kennt. Grundsätzlich ist der Verkäufer verpflichtet, einschlägige und für ihn ohne weiteres zugängliche Werbemaßnahmen im Fernsehen und Radio, der Tagespresse sowie in für seinen Verkaufsgegenstand einschlägigen Fachpublikationen zu verfolgen. Eine darüber hinausgehende Obliegenheit, auch entferntere Äußerungen, insbesondere im Ausland oder in einer fremden Sprache zu erfassen, trifft den Verkäufer nicht.

15 Das Gesetz entlastet den Verkäufer weiterhin dann, wenn die Äußerung zum Zeitpunkt des Vertragsschlusses in gleichwertiger Weise berichtigt worden war. Der Gesetzentwurf verzichtete ursprünglich auf die Aufnahme dieser in der Richtlinie erwähnten[9] Entlastungsmöglichkeit mit der Begründung, sie gelte ohnehin nur für die Fälle, in denen die Werbeaussage aufgrund der Berichtigung keinen Einfluss mehr auf die Kaufentscheidung gehabt haben oder der Verkäufer hiervon jedenfalls ausgehen könne.[10] Andererseits ist nicht zu verkennen, dass die Richtlinie ebenso wie jetzt das Gesetz beide Entlastungsmöglichkeiten nebeneinander aufführt. Der Bundesrat regte die ausdrückliche Aufnahme der zusätzlichen Entlastungsmöglichkeit „im Interesse einer ausgewogenen Regelung" an, die Bundesregierung akzeptierte dies, solange beide Äußerungen vergleichbar effizient seien.[11] Dies spricht dafür, dass die Berichtigung in gleichwertiger Weise allein schon zur Entlastung des Verkäufers führt, unabhängig von einer konkreten Kenntnis des Käufers. Allerdings ist nicht zu verkennen, dass der Käufer im Vergleich zum Verkäufer schlechter gestellt wird, wenn ihm der Nachweis abgeschnitten ist, er habe von der Berichtigung keine Kenntnis nehmen können.[12] Das Tatbestandsmerkmal „gleichwertig" verlangt, dass die Berichtigung dort erfolgt, wo auch die werbliche Anpreisung geschah. Damit wird die Einheitlichkeit des Informationsflusses gewährleistet. Die Darlegungs- und Beweislast dafür, dass seine Unkenntnis der Werbeaussagen nicht auf Fahrlässigkeit beruhte, obliegt aufgrund des Regel-Ausnahme-Prinzips dem Verkäufer.

D. Fehlerhafte Montageanleitung

16 Die sog. IKEA-Klausel[13] in Abs. 2 geht auf Art. 2 Abs. 5 der Verbrauchsgüterkaufrichtlinie zurück und trägt dem Umstand Rechnung, dass viele Kaufsachen zur Eigenmontage durch den Käufer bestimmt sind.

I. Geltungsbereich

17 Sind einzelne Bestandteile der zu montierenden Sache fehlerhaft, fällt dies bereits unter Abs. 1. Hat der Verkäufer oder einer seiner Mitarbeiter die Sache fehlerhaft vor Gefahrübergang zusammengesetzt, liegt gleichfalls ein Sachmangel nach Abs. 1 vor. Entsprechendes gilt bei fehlerhafter Montage durch einen Vorlieferanten. Zur Anwendung bleiben somit zwei Fälle: Einmal die Montage durch den Verkäufer oder einen Erfüllungsgehilfen nach Gefahrübergang, sei es aufgrund einer Kulanz, sei es aufgrund einer vertraglichen Nebenabsprache (Abs. 2 S. 1). Zum anderen ist die Sache mangelhaft, wenn die Montageanleitung mangelhaft ist und trotz Fehlerfreiheit der einzelnen Elemente der Kaufsache zu einem Fehler beim Zusammenbau durch den Käufer führt. Dies trägt dem wirtschaftlichen Umstand Rechnung, dass die Montageanleitung Annex der Kaufsache ist. Ebenso wie Gehilfen der Sphäre des Verkäufers zuzuordnen sind, gilt Abs. 2 S. 2 auch bei Tätigkeit Dritter mit Zustimmung des Käufers. Ist die Sache trotz Fehlerhaftigkeit der Montageanleitung fehlerfrei zusammengesetzt worden, wirkt sich der Mangel nicht aus, da das Ziel des Kaufvertrags, nämlich Besitz und Eigentum bezüglich einer fehlerfreien Kaufsache (§ 433 Abs. 1 S. 2), erreicht wurde. Ein Sachmangel scheidet somit aus, wobei allerdings

---

[8] „Kennen müssen" schließt nach der Legaldefinition des § 122 Abs. 2 fahrlässige Unkenntnis ein.
[9] Art. 2 Abs. 4 zweiter Spiegelstrich.
[10] BegrRE, BT-Drucks 14/6040, 215.
[11] BT-Drucks 14, 6857, 25, 59.
[12] Problematisch könnte dies z.B. sein, wenn der Käufer sich auf eine lokale Zeitungsanzeige beruft, die später in gleicher Weise berichtigt wurde, während der Käufer urlaubsabwesend war.
[13] *Ernst/Gsell*, ZIP 2000, 1410, 1415; *Westermann*, JZ 2001, 530, 533.

der Verkäufer die Darlegungs- und Beweislast für die Fehlerfreiheit der montierten Kaufsache trägt (zu Beweislastfragen siehe Rn 23). Diese Regelung trägt dem Umstand Rechnung, dass die Montageanleitung keine eigenständige, isolierte Bedeutung hat, sondern lediglich dem fehlerfreien Zusammenbau dient und sich hierin erschöpft.

II. Fehlerhafte Montage durch den Käufer

Nicht im Gesetz geregelt ist der Fall, dass die Montageanleitung fehlerhaft ist und darüber hinaus dem Käufer oder seinem Gehilfen darauf nicht basierende Montagefehler unterlaufen. Führen die Fehler der Montageanleitung zu einer fehlerhaften Montage, trifft die Verantwortung dafür aufgrund des Regel-Ausnahme-Prinzips in Abs. 2 allein den Verkäufer. Denn er wird von den Folgen einer fehlerhaften Montageanleitung nach dem klaren Wortlaut des Abs. 2 S. 2 Hs. 2 nur entlastet, wenn es zu einem fehlerfreien Zusammenbau durch den Käufer kommt. Sachlich im Zusammenhang stehende Doppelmängel von Anleitung und Montage gehen zu Lasten des Verkäufers. Betreffen die Montagefehler Bereiche, die von der Fehlerhaftigkeit der Anleitung nicht erfasst werden, fällt dies in die Verantwortung des Käufers. Ist die Montageanleitung für einen Bereich fehlerhaft, wo dem Käufer gleichwohl ein fehlerfreier Zusammenbau gelingt, und unterläuft dem Käufer ein Fehler dort, wo die Anleitung korrekt ist, fällt dies in seinen Risikobereich und bedeutet keinen Sachmangel.

18

III. Betriebsanleitungen

Montageanleitungen gleichzustellen sind die im Gesetz nicht erwähnten Betriebsanleitungen. Sind sie fehlerhaft und entsteht durch Beachtung seitens des Käufers ein Mangel, steht dies einem Mangel bei Gefahrübergang gleich. Zwar war die Kaufsache zu diesem Zeitpunkt fehlerfrei, infolge der fehlerhaften Betriebsanleitung der spätere Mangel jedoch bereits angelegt.

19

E. Aliud-Lieferung

Abs. 3 stellt klar, dass Lieferungen einer gänzlich anderen Sache oder einer zu geringen Menge einen Mangel darstellen. Damit wird ein alter Rechtsstreit in Rechtsprechung und Literatur zugunsten eines extensiv interpretierten Fehlerbegriffs entschieden.[14] Voraussetzung ist allerdings, dass der Verkäufer mit Erfüllungswillen handelt.[15] Werden z.B. im Versandhandel Pakete vertauscht und erhält der Käufer für ihn erkennbar aufgrund einer Verwechslung statt einer Bohr- eine Schleifmaschine, stellt dies keine fehlerhafte Lieferung dar.[16] Eine Prüfobliegenheit der Kaufsache als vertragsgerecht, § 377 HGB vergleichbar, trifft den Käufer nach Abs. 3 nicht. Der Gesetzgeber hat bewusst darauf verzichtet.[17] Auch für Handelskaufverträge ist die besondere Prüf- und Rügeobliegenheit in Fällen der Aliud-Lieferung oder bei Mengenabweichungen nach § 378 HGB a.F. ersatzlos gestrichen worden.

20

F. Keine Geringfügigkeitsklausel

Ein Mangel liegt unter den Voraussetzungen der Abs. 1 bis 3 auch bei nur geringfügigen Defiziten vor. Die den Fehler ausschließende Bagatellklausel des § 459 Abs. 1 S. 2 a.F. ist ersatzlos gestrichen worden. Allerdings gilt sie für den Rücktritt nach §§ 437 Nr. 2, 323 Abs. 5 S. 2 indirekt weiter, wonach der Rücktritt bei unerheblichen Pflichtverletzungen, hier also bei unerheblichen Mängeln, ausgeschlossen ist. Eine entsprechende Beschränkung der Rechte des Käufers gibt es für die Nacherfüllung, Minderung und für den kleinen Schadensersatzanspruch[18] nicht.[19] Dies ist sachgerecht. Geringfügige Mängel zum Anlass eines Rücktritts oder für ein Verlangen von Schadensersatz statt der Primärleistung zu nehmen, stellt eine Überreaktion des Käufers dar. Jedoch ändert die Geringfügigkeit des Mangels nichts daran, dass der Verkäufer seine Pflicht aus § 433 Abs. 1 S. 2 verletzt und der Käufer darauf reagieren können muss.

21

---

14 Im ursprünglichen Diskussionsentwurf sollte ebenso wie im Abschlussbericht der Schuldrechtskommission 1991 Gewährleistungsrecht nur bei Genehmigungsfähigkeit im Sinne von § 378 HGB zur Anwendung kommen, vgl. BMJ, (Hrsg.), Abschlussbericht der Kommission zur Überarbeitung des Schuldrechts, S. 199; s. a. *Zimmer*, in: Ernst/Zimmermann, Zivilrechtswissenschaft und Schuldrechtsreform, S. 191, 193; *Haas*, BB 2001, 1313, 1315. Dies ist fallengelassen worden.
15 Vgl. BegrRE, BT-Drucks 14/6040, 216.
16 Dies übersieht *Wilhelm*, JZ 2001, 861, 868.
17 Vgl. BegrRE, BT-Drucks 14/6040, 216; im Diskussionsentwurf noch vorhanden, siehe *Zimmer*, in: Ernst/Zimmermann, Zivilrechtswissenschaft und Schuldrechtsreform, S. 191, 202.
18 Bei Bagatellmängeln schließt § 281 Abs. 1 S. 3 den großen Schadensersatzanspruch (statt der Leistung) aus.
19 *Haas*, BB 2001, 1313, 1315. Ausweislich der Begründung wäre die Beibehaltung einer Bagatellgrenze zum einen auf Schwierigkeiten aufgrund des einheitlichen Mangelbegriffs gestoßen, zum anderen der Erfüllungsanspruch des Käufers „von vornherein entwertet" worden, BegrRE, BT-Drucks 14/6040, 217.

G. Besonderheiten für den Verbraucherkauf

22 § 434 gilt grundsätzlich auch für den Verbraucherkauf, insbesondere auch für den Rückgriff in der Lieferantenkette (§§ 478, 479). Insoweit besteht ein einheitlicher Mangelbegriff. Abweichungen sind jedoch möglich, wenn ein Vorlieferant eine mangelhafte Sache einem Weiterverkäufer gegen Preisnachlass überlässt und der Weiterverkäufer diesen Mangel in dem nachgeschalteten Kaufvertrag nicht offenlegt. Hier liegt nur in letzterem, nicht aber in ersterem Fall ein Mangel vor (vgl. § 442). Weitere Differenzen im Mangelbegriff können sich ergeben, wenn der Weiterverkäufer als Durchschnittsware bezogene Gegenstände als besondere Qualitätsware weiterverkauft. Dies zeigt, dass der Fehlerbegriff für jeden Kaufvertrag eigenständig geprüft werden muss und nicht unbesehen aus einer Rechtsbeziehung in eine andere übertragen werden darf.

H. Beweislast

23 Die Beweislast für die Mangelfreiheit trifft bis zum Gefahrübergang den Verkäufer, nach Gefahrübergang (§§ 446, 447, 474 Abs. 2) muss der Käufer behauptete Mängel beweisen. Für den Verbrauchsgüterkauf gilt die Beweislastumkehr des § 476, die sich auch auf den Rückgriff im Rahmen der Lieferkette erstreckt (§ 478 Abs. 2 und Abs. 5). Für die besondere subjektive Beschaffenheitsanforderung nach Abs. 1 S. 1 und S. 2 Nr. 1 trägt die Beweislast der Käufer. Der Verkäufer ist beweispflichtig für die Fehlerfreiheit einer Montage trotz fehlerhafter Montageanleitung (Abs. 2 S. 2 Hs. 2),[20] wobei der Käufer jedoch eine Mitwirkungslast (Vorzeigen der Sache) hat. Für Garantiefälle besteht die besondere Beweislastregel des § 443 Abs. 2.

§ 435 Rechtsmangel

¹Die Sache ist frei von Rechtsmängeln, wenn Dritte in Bezug auf die Sache keine oder nur die im Kaufvertrag übernommenen Rechte gegen den Käufer geltend machen können. ²Einem Rechtsmangel steht es gleich, wenn im Grundbuch ein Recht eingetragen ist, das nicht besteht.

A. Geltungsbereich

1 § 435 konkretisiert den Rechtsmangel nach § 433 Abs. 1 S. 2. Die durch Rechtsmängel ausgelösten Rechtsfolgen entsprechen denjenigen für Sachmängel (§§ 433 Abs. 1 S. 2, 437 ff.), wobei jedoch hinsichtlich der Schadensersatzhaftung des Verkäufers bei Rechtsmängeln vielfach Beschaffenheitszusagen nach § 276 besonders zu beachten sind.[1] Grenzfälle zwischen Sach- und Rechtsmängeln haben – anders als in dem alten Kaufrecht – wegen identischer Rechtsfolgen keine besondere Bedeutung mehr. Steht fest, dass ein Mangel jedenfalls ein Sach- oder Rechtsmangel ist, kann in der Rechtspraxis eine filigrane Abgrenzung im Einzelfall dahingestellt bleiben.[2] Allerdings führen Rechtsmängel nach wie vor unabhängig davon zu Gewährleistungsansprüchen, ob sie die Verwendung des Kaufgegenstands zum gewünschten Zweck beeinträchtigen oder nicht.[3]

B. Rechtstradition

2 Die Norm steht in der Rechtstradition der §§ 434, 435 Abs. 1 a.F., wobei sich die Rechtsfolgen für alle Mangelfälle aus §§ 437 ff. ergeben und besondere Regeln für Rechtsmängel in §§ 434, 437, 440 a.F. entfallen sind. Aus systematischen Gründen findet sich § 435 a.F. nunmehr in § 452. Öffentlich-rechtliche Lasten, die jeden Grundstückseigentümer treffen, stellen keinen Rechtsmangel dar (§ 436 Abs. 2). Hinsichtlich sonstiger öffentlich-rechtlicher Beschränkungen enthält sich der Gesetzgeber weiterhin ausdrücklich einer Entscheidung.[4]

C. Sachliche Anforderungen

3 Die unberechtigte Geltendmachung von Rechten hinsichtlich der verkauften Sache ist grundsätzlich kein Rechtsmangel.[5] Eine Ausnahme besteht nur, wenn im Grundbuch rechtsgrundlos ein Recht eingetragen ist (S. 2). Die Norm beruht rechtspolitisch auf der Gefahr eines Rechtsverlusts in Folge gutgläubigen Erwerbs (vgl. §§ 891–893). Fremder Besitz ohne ein Recht zum Besitz stellt keinen Rechtsmangel dar, da der

---

20 *Westermann*, JZ 2001, 530, 534.
1 Vgl. *Zimmer*, in: Ernst/Zimmermann, Zivilrechtswissenschaft und Schuldrechtsreform, S. 191, 194.
2 Vgl. statt vieler nur die Beispiele bei Jauernig/*Vollkommer*, § 435 Rn 4.
3 Eine der Sachmängelhaftung vergleichbare Einschränkung war ausweislich der Begründung erwogen, aber später wieder verworfen worden, vgl. BegrRE, BT-Drucks 14/6040, 218.
4 BegrRE, BT-Drucks 14/6040, 217.
5 BegrRE, BT-Drucks 14/6040, 217.

Besitz nur eine tatsächliche Sachherrschaft zum Inhalt hat (§ 854 Abs. 1) und die Pflicht des Verkäufers zur Besitzverschaffung bereits aus § 433 Abs. 1 S. 1 folgt.

§ 436 Öffentliche Lasten von Grundstücken

(1) ¹Soweit nicht anders vereinbart, ist der Verkäufer eines Grundstücks verpflichtet, Erschließungsbeiträge und sonstige Anliegerbeiträge für die Maßnahmen zu tragen, die bis zum Tage des Vertragsschlusses bautechnisch begonnen sind, unabhängig vom Zeitpunkt des Entstehens der Beitragsschuld.
(2) ¹Der Verkäufer eines Grundstücks haftet nicht für die Freiheit des Grundstücks von anderen öffentlichen Abgaben und von anderen öffentlichen Lasten, die zur Eintragung in das Grundbuch nicht geeignet sind.

A. Regelungsbereich

§ 436 weist zwei völlig unterschiedliche Regelungsgegenstände auf. Abs. 2 stellt klar, dass öffentlich-rechtliche Abgaben und Lasten keine Rechtsmängel nach § 435 bilden und damit nicht zu einer daraus resultierenden Haftung des Verkäufers führen. Dies entspricht § 436 a.F. und ist in der Sache selbstverständlich, weil hoheitlich auferlegte Abgaben und Lasten alle Grundstückseigentümer gleichermaßen treffen, der Parteidisposition entzogen sind und damit keinen Rechtsmangel darstellen, sondern eine Konkretisierung der Sozialpflichtigkeit des Eigentums (Art. 14 Abs. 1 S. 2 und Abs. 2 GG) zum Gegenstand haben. 1

Abs. 1 verteilt die Belastungen aus Erschließungsbeiträgen und sonstigen Anliegerbeiträgen zwischen Verkäufer und Käufer. Die Regelung gehört inhaltlich in den Sachzusammenhang des Gefahr- und Lastenübergangs nach § 446, wenn auch in grundstücksspezifischer Form. Systematisch wäre sie besser in § 446 aufgenommen worden, weil sie mit einer Begrenzung der Rechtsmängelhaftung wie im Falle des Abs. 2 nichts zu tun hat. 2

B. Zuordnung von Beitragslasten

Abs. 1 ordnet die Belastung aus Erschließungsbeiträgen und sonstigen Anliegerbeiträgen umfassend dem Verkäufer zu, soweit die Maßnahmen bautechnisch zum Zeitpunkt des Kaufvertragsschlusses bereits begonnen wurden. Dies gilt unabhängig davon, zu welchem Zeitpunkt abgabenrechtlich die Beitragsschuld entsteht, und erfasst somit auch Fälle, in denen die Beiträge erst nach Eigentumsübergang auf den Käufer erhoben werden. Die Regelung entspricht verbreiteter notarieller Praxis. Aufgrund der Privatautonomie sind Abweichungen und Präzisierungen zur Feinabstimmung der Lastenverteilung möglich (sowohl zeitlich als auch gegenständlich).[1] Fehlen sie, greift Abs. 1 ein. 3

Die Regelung ist wegen der z.T. erheblichen Höhe solcher Beiträge von großer praktischer Bedeutung.[2] Sie basiert auf der Überlegung, dass im Innenverhältnis zwischen den Vertragsparteien der Verkäufer besser als der Käufer die zu erwartenden öffentlich-rechtlichen Belastungen für Erschließungs- und Anliegerbeiträge beurteilen und in den geforderten Kaufpreis einkalkulieren kann. 4

Unter „bautechnischem Beginn" ist der tatsächliche Anfang mit den baulichen Maßnahmen vor Ort zu verstehen. Auf den vorgelagerten Beschluss der Kommunen zur Durchführung der Maßnahmen nach Kommunalrecht kommt es ebenso wenig an wie auf den Abschluss des Projektes oder aber die Ausfertigung der Beitragsbescheide. Die aus Abs. 1 resultierende Last trifft den Verkäufer voll; eine Quotierung zwischen Verkäufer und Käufer findet nicht statt. Auch insoweit sind jedoch abweichende Abreden möglich.[3] 5

§ 437 Rechte des Käufers bei Mängeln

¹Ist die Sache mangelhaft, kann der Käufer, wenn die Voraussetzungen der folgenden Vorschriften vorliegen und soweit nicht ein anderes bestimmt ist,
1. nach § 439 Nacherfüllung verlangen,
2. nach den §§ 440, 323 und 326 Abs. 5 von dem Vertrag zurücktreten oder nach § 441 den Kaufpreis mindern und
3. nach den §§ 440, 280, 281, 283 und 311a Schadensersatz oder nach § 284 Ersatz vergeblicher Aufwendungen verlangen.

---

1 Vgl. *Nieder*, NJW 1984, 2662 zum alten Recht.
2 Ausweislich der amtlichen Begründung soll die Neufassung eine interessengerechte Lösung gerade in den Fällen schaffen, in denen die Parteien die Beitragsfrage bei Vertragsschluss nicht bedacht haben, BegrRE, BT-Drucks 14/6040, 214.
3 Vgl. hierzu *Haas*, BB 2001, 1313, 1315.

Inhalt

A. Regelungsgehalt	1	2. Ausschluss der Leistungspflicht nach § 275	9
I. Rechtsgrundverweisung	1	3. Kaufrechtliche Sonderregelungen nach §§ 439 Abs. 3, 440	11
II. Geltungsbereich	2	4. Abschließende Regelung des § 437	14
III. Haftungsausschlüsse	3	C. Typisierung der Käuferrechte	16
B. **Verhältnis der Käuferrechte zueinander**	4	D. Konsequenzen ausgeübter Rechte	20
I. Vorrang des Nachbesserungsanspruches	4	E. Schadensersatzansprüche des Käufers bei schuldhafter Schlechterfüllung während der Nachbesserungsphase?	24
1. Fristsetzung des Käufers zur Nachbesserung	5		
2. Nachbesserungsrecht des Verkäufers	6		
II. Rechte des Käufers aus Nr. 2 und 3 ohne Vorrang des Nachbesserungsanspruches	7	F. Konkurrenzen	26
1. Entbehrlichkeit einer Fristsetzung nach §§ 281 Abs. 2, 323 Abs. 2	8		

A. Regelungsgehalt

I. Rechtsgrundverweisung

1 § 437 gibt einen Überblick über die Rechte, die dem Käufer bei Lieferung einer mangelhaften Kaufsache zustehen. Die Norm erfasst Sach- wie Rechtsmängel (§§ 434, 435) gleichermaßen. Sie bildet keine Anspruchsgrundlage, sondern lediglich eine Übersicht über die Rechte des Käufers im Sinne einer Rechtsgrundverweisung. Die Rechtsgrundlagen für die jeweiligen Rechtsfolgen sind die in Nr. 1–3 genannten Normen. Kaufrechtlich beinhaltet § 437 eine abschließende Regelung, die weitergehende kaufrechtliche Befugnisse des Käufers, z.B. § 637 vergleichbar, ausschließt. Weitere, über § 437 hinausgehende Rechte stehen dem Käufer ggf. nach allgemeinen Regeln zu, soweit diese neben §§ 437 ff. anwendbar sind. Dies ist ein Konkurrenzproblem (dazu Rn 26).

II. Geltungsbereich

2 §§ 437 ff. finden überall dort Anwendung, wo Kaufrecht gilt (§§ 433, 453, 480, 651). Abweichende Sonderregelungen mit einer Einschränkung der Mängelhaftung, wie sie §§ 481 ff. a.F. für den Viehkauf[1] kannten, bestehen nicht mehr. Nach eingehender Prüfung erachtete der Gesetzgeber die Regelung für überholt, in der Differenzierung zwischen verschiedenen Tierarten sachlich nicht begründbar und im Übrigen auch dem Stand der Tiermedizin nicht gerecht werdend.[2]

III. Haftungsausschlüsse

3 Generelle Haftungsausschlüsse ergeben sich infolge Kenntnis oder grob fahrlässiger Unkenntnis des Käufers von der Mangelhaftigkeit (§ 442 Abs. 1). Ein Haftungsausschluss kann ferner vertraglich vereinbart werden, wobei freilich die Grenzen des § 444, der §§ 305 ff. (in Ersetzung des früheren AGBG) sowie insbesondere des § 475 für Verbrauchsgüterkaufverträge zu beachten sind. Keinen Haftungsausschluss, aber ein Leistungsverweigerungsrecht bilden die Fälle der Verjährung des § 438 i.V.m. §§ 214 Abs. 1, 218 Abs. 1.

B. Verhältnis der Käuferrechte zueinander

I. Vorrang des Nachbesserungsanspruches

4 Die §§ 437 Nr. 1, 439 einerseits und die §§ 437 Nr. 3, 280 ff., 311 a anderseits gewähren dem Käufer Ansprüche gegen den Verkäufer entsprechend der Anspruchsdefinition in § 194 Abs. 1. Rücktritt und Minderung haben, anders als die Wandlung[3] und Minderung nach §§ 462, 465 a.F., keine Ansprüche auf vertragliche Anpassung in Bezug auf den Ausgangs-Kaufvertrag mehr zum Gegenstand, sondern beinhalten Gestaltungsrechte (§§ 323 Abs. 1, 441 Abs. 1 S. 1).[4]

1. Fristsetzung des Käufers zur Nachbesserung

5 Der Text des § 437 vermittelt zunächst den Eindruck, als ob diese Rechte gleichrangig nebeneinander zur Disposition des Käufers stünden, wenn die Kaufsache mangelhaft i.S.d. §§ 434, 435 ist. Dem ist indes nicht so, was die während des Gesetzgebungsverfahrens auf Wunsch des Bundesrates[5] eingefügte

---

[1] Nach § 482 a.F. bestand eine Haftung nur für bestimmte, sich innerhalb sog. „Gewährfristen" zeigender, in der Viehmängelverordnung vom 27.3.1899 festgelegter „Hauptmängel", wobei die Variante der Minderung gem. § 487 ausgeschlossen war.
[2] BegrRE, BT-Drucks 14/6040, 205, 206 mit detaillierter, überzeugender Begründung.
[3] Die früheren vertragsspezifischen Gewährleistungsrechte werden damit soweit als möglich sowohl in der Sache als auch in der Terminologie („Rücktritt" statt „Wandlung") in das allgemeine Leistungsstörungsrecht eingefügt.
[4] BegrRE, BT-Drucks 14/6040, 221, 223.
[5] BT-Drucks 14/6857, 25.

Passage „soweit die Voraussetzungen der folgenden Vorschriften vorliegen und nichts anderes bestimmt ist" verdeutlichen soll. Der infolge der Mangelhaftigkeit gegebene Nacherfüllungsanspruch des § 439 Abs. 1 ist die logische Konsequenz der Pflicht des Verkäufers zu einer mangelfreien Lieferung (§ 433 Abs. 1 S. 2) und gegenüber den weiteren Rechten des Käufers der vorrangige Anspruch.[6] Dies folgt daraus, dass der Anspruch auf Schadensersatz statt der Leistung (§§ 437 Nr. 3, 280 Abs. 1 und 3, 281 Abs. 1) grundsätzlich nur besteht, wenn der Käufer dem Verkäufer erfolglos eine angemessene Frist zur Nacherfüllung gesetzt hat. Entsprechendes bestimmt § 323 Abs. 1 bezüglich des Rücktrittsrechts.[7] Da § 441 Abs. 1 S. 1 das Recht der Minderung unter denselben Voraussetzungen wie das Rücktrittsrecht gewährt, gilt § 323 Abs. 1 für die Minderung entsprechend.[8] Lediglich Schadensersatzansprüche wegen Verletzung von Nebenpflichten des Verkäufers, die nicht in einem sachlichen Zusammenhang mit der mangelhaften Lieferung bestehen, sind von einer Fristsetzung nicht abhängig (§ 280 Abs. 1). Dies gilt sogar dann, wenn die Intensität der Nebenpflichtverletzung das Recht auf Schadensersatz statt der Leistung begründet (§ 282), da insoweit eine Fristsetzung, § 281 Abs. 1 vergleichbar, nicht erforderlich ist.[9] Demgegenüber hängt der auf der Rechtsfolgenseite als Alternative zum Schadensersatzanspruch vorgesehene Anspruch auf Aufwendungsersatz nach § 284 ebenfalls von einer Fristsetzung nach § 281 Abs. 1 ab.

2. Nachbesserungsrecht des Verkäufers

Aus den genannten Regelungen ergibt sich, dass § 439 Abs. 1 nicht nur einen Rechtsanspruch des Käufers gegen den Verkäufer auf Nachbesserung, sondern auch reziprok ein Recht der zweiten Andienung des Verkäufers zur Beseitigung des Mangels begründet, bevor der Verkäufer weitergehenden Ansprüchen und Rechten des Käufers ausgesetzt ist.[10] Gerade in dieser grundlegenden Änderung der Regelung gegenüber §§ 459 ff. a.F. liegt – in Übereinstimmung mit der Verbrauchsgüterkaufrichtlinie[11] – eine entscheidende Neuausrichtung des Kaufrechts. Mit der Wahrnehmung des Nachbesserungsrechts suspendiert der Verkäufer die weitergehenden Befugnisse des Käufers aus Nr. 2, 3 für den Zeitraum, der ihm als angemessene Frist für die Fehlerbeseitigung nach § 439 Abs. 1 zur Verfügung steht.

II. Rechte des Käufers aus Nr. 2 und 3 ohne Vorrang des Nachbesserungsanspruches

Die beschriebene Rechtslage gilt jedoch nicht uneingeschränkt, wie sich aus einer Vielzahl von Normen ergibt, die insgesamt bei Vorliegen der dortigen Voraussetzungen ein unmittelbares Recht des Käufers zu einem Vorgehen nach Nr. 2 und 3 begründen.

1. Entbehrlichkeit einer Fristsetzung nach §§ 281 Abs. 2, 323 Abs. 2

Bereits § 281 Abs. 2 macht eine Fristsetzung als Voraussetzung des Schadensersatzanspruches statt der Leistung entbehrlich, wenn der Schuldner die Leistung ernsthaft und endgültig verweigert oder besondere Umstände vorliegen, die unter Abwägung der beiderseitigen Interessen die sofortige Geltendmachung des Schadensersatzanspruches rechtfertigen. Rechtspolitisch vergleichbar gestattet § 323 Abs. 2 Nr. 1–3 den sofortigen Rücktritt ohne Fristsetzung.

2. Ausschluss der Leistungspflicht nach § 275

Darüber hinaus ist eine Fristsetzung nicht erforderlich, wenn die Erfüllung des Nachbesserungsanspruches nach § 275 ausgeschlossen ist. Dies gilt gemäß § 275 Abs. 1 bei Unmöglichkeit, unabhängig davon, ob diese seitens des Verkäufers verschuldet ist oder nicht (Verschulden löst lediglich Schadensersatzansprüche nach § 280 aus). Kann z.B. bei einem Spezieskauf die Sache nicht repariert werden und kommt ein Nachlieferungsanspruch infolge des Spezieskaufs ohnehin nicht in Betracht,[12] scheidet eine Fristsetzung für eine Nachlieferung nach § 275 Abs. 1 aus. Darüber hinaus gibt § 275 Abs. 2 dem Verkäufer ein Leistungsverweigerungsrecht, wenn die Erfüllung des Nachbesserungsanspruches aus § 439 für den Verkäufer in einem groben Missverhältnis zu dem Leistungsinteresse des Käufers steht. Dabei sind die weiteren Voraussetzungen des § 275 Abs. 2 S. 1 sowie die zusätzlichen Modifikationen des S. 2 zu beachten. Hat der Schuldner die Leistung persönlich zu erbringen, begründet § 275 Abs. 3 in Anknüpfung an Zumutbarkeitsaspekte ein weiteres Leistungsverweigerungsrecht.

---

6 Sehr deutlich *Lorenz*, JZ 2001, 742, 743; vgl. auch *Westermann*, JZ 2001, 530, 537; *Zimmer*, in: Ernst/Zimmermann, Zivilrechtswissenschaft und Schuldrechtsreform, S. 200; kritisch *Dauner-Lieb*, JZ 2001, 1, 13; *Tonner*, VuR 2001, 87, 90.
7 Dass sich diese Rechtslage aus den kaufrechtlichen Vorschriften nur sehr mittelbar ergibt, hebt auch *Hoffmann*, ZRP 2001, 347, 349, hervor.
8 *Hoffmann*, ZRP 2001, 347, 350.
9 So ausdrücklich BegrRE, BT-Drucks 14/6040, 141.
10 *Lorenz*, JZ 2001, 742, 743.
11 Art. 3 Abs. 3 S. 1 und S. 2 der Verbrauchsgüterkauf-Richtlinie.
12 *Lorenz*, JZ 2001, 742, 743; *Haas*, BB 2001, 1313, 1315.

10 Da § 439 Abs. 1 mit der Fehlerbeseitigung und der Neulieferung zwei Varianten des Nachbesserungsanspruchs gewährt, müssen die Voraussetzungen des § 275 für beide Formen erfüllt sein, wenn wegen dieser Norm sofortige Befugnisse des Käufers aus Nr. 2 und 3 gegeben sein sollen.

3. Kaufrechtliche Sonderregelungen nach §§ 439 Abs. 3, 440

11 Schließlich enthalten §§ 439 Abs. 3, 440 spezifische kaufrechtliche Vorgaben, die gleichfalls eine Fristsetzung überflüssig machen können. § 439 Abs. 3 gibt dem Verkäufer das Recht, die von dem Käufer gewählte Form der Nacherfüllung abzulehnen, wenn sie nur mit unverhältnismäßigen Kosten möglich ist. Liegen die Gründe für den Ausschluss nur einer Form des Nachlieferungsanspruches vor, konkretisiert dieser sich auf die verbleibende Variante.

12 Liegen diese Voraussetzungen für eine Variante der Nacherfüllung nach § 439 Abs. 1 vor und greifen für die andere Form der Nacherfüllung nach § 439 Abs. 1 gleichfalls Ausschlussgründe für Fristsetzungen nach §§ 275 Abs. 1 und 2, 281 Abs. 2, 323 Abs. 2 ein, bestehen die in Nr. 2 und 3 erwähnten Befugnisse des Käufers sofort. Dabei ist jedoch zu beachten, dass § 439 Abs. 3 Nacherfüllungsansprüche nicht kraft Gesetzes ausschließt, sondern dem Verkäufer ein bloßes Leistungsverweigerungsrecht gewährt, auf das er sich berufen muss. Schließlich enthält § 440 eine Sonderregelung zugunsten des Käufers, die ein unmittelbares Recht auf Rücktritt, Minderung oder Schadensersatz ohne Fristsetzung für einen Nacherfüllungsanspruch begründet. Hierzu zählen neben einer Berufung des Verkäufers auf die Unverhältnismäßigkeit beider Formen der Nacherfüllung nach § 439 Abs. 3 auch die Fälle einer fehlgeschlagenen oder dem Käufer nicht zumutbaren Nacherfüllung. Hat sich der Käufer für eine Variante der Nacherfüllung entschieden und ist der Versuch des Verkäufers insoweit gescheitert, kann der Käufer gleichfalls sofort aus Nr. 2, 3 vorgehen. Insoweit besteht folglich nicht noch ein zweites Nachbesserungsrecht des Verkäufers für die von dem Käufer nicht gewählte Art. Dies folgt aus dem Wortlaut des § 440 S. 1, der das Fehlschlagen der Nacherfüllung auf die dem Käufer zustehende Art der Nacherfüllung bezieht, und aus dem Schutz der Entscheidungsbefugnis des Käufers für die konkrete Form der Nacherfüllung nach § 439 Abs. 1.[13]

13 Insgesamt wird somit deutlich, dass der grundsätzliche Vorrang des Nacherfüllungsanspruches aus § 439 Abs. 1 gegenüber den sonstigen Befugnissen des Käufers aus Nr. 2 und 3 durch eine Vielzahl von Ausnahmen relativiert wird. Dabei ist wegen der zweifachen Art der Nacherfüllung stets zu prüfen, ob die geschilderten Voraussetzungen für beide Varianten vorliegen. Greifen sie nur für eine Form der Nacherfüllung ein, bleibt die andere möglich und ist somit gegenüber den Rechten des Käufers auf Rücktritt, Minderung und Schadensersatz vorrangig. Etwas anderes gilt für die Fälle fehlgeschlagener Nacherfüllung (§ 440 S. 1).

4. Abschließende Regelung des § 437

14 Die Aufzählung der Käuferrechte in § 437 anlässlich einer mangelhaften Lieferung des Verkäufers ist abschließend. Dort nicht genannte Befugnisse stehen dem Käufer nicht zu und können auch nicht durch Analogie zu anderen Normen begründet werden. Dies ist insbesondere für das Fehlen eines Selbsthilferechts des Käufers zur Fehlerbeseitigung, verbunden mit einem Aufwendungsersatzanspruch, praktisch. Solche Befugnisse gibt § 637 dem Besteller nach Ablauf einer angemessenen Frist für den Werkunternehmer zur Fehlerbeseitigung. Da das Kaufrecht in §§ 437 ff. dem Käufer vergleichbare Rechte nicht einräumt, sondern dessen Möglichkeiten in § 437 deutlich erkennbar abschließend aufzählt, kommt mangels Regelungslücke eine Analogie zu § 637 nicht in Betracht. Man kann das Ergebnis rechtspolitisch hinterfragen.[14] Denn wenn schon der Werkunternehmer, der das Werk selbst erstellt, bei Fehlerhaftigkeit und Fristablauf zur Mangelbeseitigung eine Selbstvornahme des Bestellers dulden muss, scheint eine solche Rechtsfolge erst recht für den Käufer zu passen, da der Verkäufer den verkauften Gegenstand regelmäßig nicht erstellt hat und ihm daher ferner steht als der Werkunternehmer. Gleichwohl hat der Gesetzgeber – ohne Diskussion – anders entschieden.

15 Aufwendungsersatzansprüche kennt das Kaufrecht daher nur für den Sonderfall des Regresses in der Käuferkette nach § 478 Abs. 2, ferner im Schadensersatzrecht nach der generell gültigen Norm des § 284 sowie schließlich nach §§ 280, 249 S. 2 zur Fixierung des Schadensumfangs. Letzteres ist indessen kein Aufwendungs-, sondern ein Schadensersatzanspruch, wobei der Käufer den Aufwand zur Mangelbeseitigung als Grundlage für die Schadensermittlung nimmt.

---

13 Ebenso *Jorden/Lehmann*, JZ 2001, 952, 960.
14 In diese Richtung auch *Tonner*, VuR 2001, 87, 90.

C. Typisierung der Käuferrechte

Die Käuferrechte aus § 437 lassen sich wie folgt typisieren: Der Nacherfüllungsanspruch ist eine besondere Form des Erfüllungsanspruches zur Mängelbeseitigung in Übereinstimmung mit § 433 Abs. 1 S. 2. Als Erfüllungsanspruch ist er verschuldensunabhängig.[15] Auch Rücktritt und Minderung sind verschuldensunabhängige Gestaltungsrechte. Die Verschuldensunabhängigkeit dieser Rechte entspricht der Rechtslage zu §§ 462, 465, 467 a.F. Nur dort, wo der Fehlerbegriff selbst Verschuldenselemente enthält, so in § 434 Abs. 1 S. 3, spielt dieses auch für Rücktritt und Minderung als Voraussetzung der Ausübung eine Rolle.

Gestaltungsrechte bedürfen der Ausübung; die damit verbundenen Rechtsfolgen treten nicht kraft Gesetzes ein. Das Rücktrittsrecht kennt einen spezifischen Ausschlussgrund für Fehler mit Bagatellqualität (§ 323 Abs. 5 S. 2). Vergleichbares gilt für den großen Schadensersatzanspruch gem. § 281 Abs. 1 S. 3.

Schadensersatzansprüche nach §§ 280 ff., 311 a Abs. 2 setzen ein Verschulden des Verkäufers nach §§ 276, 278 voraus. Dabei ist jedoch zu beachten, dass der Verkäufer neben Vorsatz und Fahrlässigkeit auch für die Übernahme einer Garantie oder eines Beschaffungsrisikos verantwortlich ist (§ 276 Abs. 1 S. 1 a.E.). Der Schadensumfang richtet sich nach §§ 249 ff.

Ein Sonderfall des Ersatzanspruches ist mit § 284 (Aufwendungsersatzanspruch) geschaffen worden. Hierdurch soll die Möglichkeit des Ersatzes vergeblicher Aufwendungen zugunsten des Gläubigers erweitert werden. Angesichts des Umstands, dass die betreffenden Aufwendungen an sich nicht durch die Pflichtverletzung des Schuldners verursacht worden sind, konnte ein Ersatz nach bisherigem Recht in weitem Umfang nur über gewisse Hilfskonstruktionen (Stichworte „Mindestschaden" und „Rentabilitätsvermutung")[16] im Rahmen von §§ 325, 326 a.F. realisiert werden.[17] Anders als nach der früheren Rechtslage kommt es nicht mehr auf die Rentabilität der Aufwendung an[18]; das Gesetz akzeptiert vielmehr die vom Gläubiger mit den Aufwendungen „billigerweise" verfolgte Zwecksetzung und schließt nur für den Fall, dass diese auch ohne die Pflichtverletzung des Schuldners nicht erreicht worden wäre, den Ersatzanspruch aus. Indem Nr. 3 den Aufwendungsersatzanspruch nach § 284 nur als Alternative zum Schadensersatzanspruch gewährt, werden die dort geltenden Voraussetzungen (erfolgloser Ablauf oder Entbehrlichkeit der Nacherfüllungsfrist, § 281 Abs. 1, 2, Verschulden gem. § 280 Abs. 1) auch bezüglich des Aufwendungsersatzanspruches für maßgeblich erklärt.

D. Konsequenzen ausgeübter Rechte

Ein erfolgreich geltend gemachter Nacherfüllungsanspruch des Käufers führt zum Erlöschen der Leistungspflicht des Verkäufers (§§ 433 Abs. 1 S. 1 und 2, 439 Abs. 1, 362). Dies gilt auch dann, wenn die Nacherfüllung nach Ablauf der angemessenen Frist erfolgt, solange der Verkäufer zuvor keine der nachstehend beschriebenen anderen Entscheidungen getroffen hat. Der Umstand verspäteter Leistung ändert an der Erfüllungswirkung nichts.

Rücktritt und Minderung führen als Gestaltungsrechte unmittelbar und einseitig zu einer Änderung der Rechtsbeziehung. Der Rücktritt begründet ein Rückgewährschuldverhältnis (§§ 323 Abs. 1, 346 ff.), die Minderung hat die einseitige Herabsetzung des Kaufpreises durch den Käufer zur Konsequenz (§ 441 Abs. 3).

Schadensersatzansprüche statt der Leistung führen vom Zeitpunkt des Verlangens zu einem Ausschluss des Erfüllungsanspruches (§ 281 Abs. 4). Schadensersatz wegen Verletzung vorvertraglicher oder vertraglicher Nebenpflichten lässt hingegen den Erfüllungsanspruch unberührt. Hier kann der Anspruch auf Erfüllung aus § 433 Abs. 1 mit einem Schadensersatzanspruch kombiniert werden, solange der Käufer nicht nach § 282 wegen Unzumutbarkeit des Festhaltens an der Vertragserfüllung Schadensersatz statt der Leistung verlangt. Ebenso schließen Ansprüche auf Ersatz des Verzugsschadens (§ 280 Abs. 1 und 2, 286) den Erfüllungsanspruch nicht aus, solange der Käufer nicht aus Anlass des Verzuges unter Beachtung des § 281 Abs. 1 und 2 Schadensersatz statt der Leistung verlangt. Entsprechendes gilt für die Kombination von Minderung und Schadensersatz für Mangelfolgeschäden (§§ 441, 280).

Schließlich ist von besonderer Bedeutung, dass anders als im früheren Recht (§ 326 Abs. 1 a.F.) der Anspruch auf Schadensersatz mit der Möglichkeit zum Rücktritt kombiniert werden kann (§ 325).

---

15 *Haas*, BB 2001, 1313, 1315.
16 BGHZ 57, 80; 71, 238; 114, 196; vgl. ferner Palandt/*Heinrichs*, § 325 Rn 15 m.w.N.
17 BegrRE, BT-Drucks 14/6040, 142 ff.
18 BegrRE, BT-Drucks 14/6040, 144.

E. Schadensersatzansprüche des Käufers bei schuldhafter Schlechterfüllung während der Nachbesserungsphase?

24 Ein besonderes, im Gesetz nicht klar geregeltes Problem besteht hinsichtlich der Reichweite von Schadensersatzansprüchen des Käufers gegen den Verkäufer während der Nachbesserungsphase. Liefert der Verkäufer schuldhaft eine mangelhafte Sache, liegt grundsätzlich ein Fall des § 280 Abs. 1 vor. Damit gilt das Fristerfordernis der §§ 280 Abs. 3, 281 Abs. 1 und 2, einschließlich der beschriebenen Durchbrechungsmöglichkeiten (§ 281 Abs. 2). Insoweit handelt es sich um eine abschließende Regelung, die einen Schadensersatzanspruch wegen des Nachbesserungsrechts des Verkäufers in der Nachbesserungsphase ausschließt. Ebenso eindeutig ist, dass alle diejenigen Schadensersatzansprüche nicht suspendiert sind, die ohnehin nicht von einem erfolglosen Nachbesserungsversuch abhängen. Dies betrifft – von Fällen des § 275 abgesehen – Schäden, die der Verkäufer durch die mangelhafte Leistung am sonstigen Vermögen oder an der körperlichen Unversehrtheit des Käufers und der in dessen Schutzinteresse einbezogenen Personen verursacht hat. Insoweit hat die alte Unterscheidung zwischen Mangelschäden und Mangelfolgeschäden immer noch Bedeutung.

25 Schließlich bleiben solche Fälle übrig, wo die mangelhafte Lieferung einen weiteren, „fehlernahen" Vermögensschaden des Käufers zur Folge hat, z.B. einen Produktionsausfall wegen einer fehlerhaft gelieferten Maschine. In der Sache handelt es sich dabei um einen typischen Verzugsschaden, da die nicht termingemäße fehlerfreie Lieferung den Vermögensschaden auslöst.[19] Er ist folglich nur unter den Voraussetzungen der §§ 280 Abs. 2, 286 erstattungsfähig. Der Verzug des Verkäufers kann bereits nach den Voraussetzungen des § 286 hinsichtlich der Erbringung der Leistung aus § 433 Abs. 1 S. 1 und 2 bestehen. Befindet sich der Verkäufer ohnehin im Verzug und löst dies bereits bei einer verspäteten mangelfreien Leistung einen Schadensersatzanspruch aus §§ 280 Abs. 1 und 2, 286 aus, gilt dies erst recht bei einer verspäteten mangelhaften Leistung. Leistet der Verkäufer noch vor Eintritt des Verzuges mangelhaft, befindet er sich aber aufgrund einer Terminvereinbarung nach § 286 Abs. 2 Nr. 1 zu einem späteren Zeitpunkt im Verzug, gilt dies hinsichtlich der Mangelfreiheit der Leistung von diesem Zeitpunkt ab (§ 433 Abs. 1 S. 2). Ist für die Hauptleistungspflicht aus § 433 Abs. 1 ein Verzug des Käufers nicht begründet, besteht gleichwohl die Möglichkeit, mit dem Nacherfüllungsanspruch des Käufers aus § 439 Abs. 1 eigenständig in Verzug zu kommen. Dabei liegt in der Geltendmachung des Fehlers seitens des Käufers regelmäßig eine Mahnung mit verzugsbegründender Wirkung (§ 286 Abs. 1).[20] Etwas anderes gilt nur dann, wenn dies ausdrücklich klargestellt wird oder sich aus den besonderen Umständen des Falles ergibt. Aus alledem folgt, dass § 280 Abs. 1 unmittelbar keine Rechtsgrundlage für einen Schadensersatzanspruch in der Nachbesserungsphase eröffnet. Vielmehr setzt dies Verzug voraus. Liegt er vor, steht das Nachlieferungsrecht des Verkäufers einer Schadensersatzpflicht aus §§ 280 Abs. 1, 2, 286 nicht entgegen.

F. Konkurrenzen

26 Wie im alten Kaufrecht stellt sich die Frage nach dem Verhältnis der §§ 437 ff. zu anderen Regelungen, die tatbestandlich infolge des Mangels erfüllt sein könnten. Eine Irrtumsanfechtung nach § 119 Abs. 2 nach Gefahrübergang ist ausgeschlossen, weil sie das Nacherfüllungsrecht des Verkäufers unterlaufen würde. Die bereits zu §§ 459 ff. a.F. vertretene Rechtsauffassung[21] erfährt insoweit ein zusätzliches Argument. Vor Gefahrübergang kommt eine Anfechtungsbefugnis des Käufers gleichfalls nicht in Betracht, da er erst mit Gefahrübergang ein Recht auf Mangelfreiheit hat. Eine Anfechtung nach § 123 Abs. 2 bleibt jederzeit möglich.[22] Die BGH-Rechtsprechung zur Anwendbarkeit des Deliktsrechts (§§ 823 ff.) in Fällen „weiterfressender Mängel"[23] bleibt weiterhin gültig. Zwar war sie u.a. durch die Mängel des alten Kaufrechts motiviert,[24] gleichwohl jedoch rechtssystematisch aus dem Deliktsrecht heraus eigenständig entwickelt[25] und im Übrigen im Hinblick auf die Anwendbarkeit von § 847, die eigenständige Verjährungsregel des § 852 sowie die stete Rechtsfolge des Schadensersatzes unterschiedlich ausgestaltet.[26]

27 § 311a Abs. 2 gilt für den Normalfall einer mangelhaften Lieferung nicht, wohl aber für Fälle, in denen der Kaufvertrag überhaupt nicht erfüllt werden kann. Vertragliche Nebenpflichtverletzungen ohne Bezugspunkt zu dem Mangel sind jederzeit nach § 280 Abs. 1 geltend zu machen.[27] Schließlich bleibt die

---

19 Vgl. auch *Dauner-Lieb*, in: Ernst/Zimmermann, Zivilrechtswissenschaft und Schuldrechtsreform, S. 305, 311.
20 So auch BegrRE, BT-Drucks 14/6040, 225.
21 Zum Meinungsstand siehe *Medicus*, Bürgerliches Recht, 18. Aufl. 1999, Rn 344 m.w.N.
22 So bereits nach altem Recht allgemeine Meinung, vgl. Palandt/*Putzo*, Vorbem. vor § 459 Rn 8 m.w.N.
23 BGHZ 67, 359 ff.; BGH NJW 1978, 2241 ff.; BGHZ 86, 256 ff.; BGH NJW 1983, 812 ff.
24 *Foerste*, ZRP 2001, 342, 343; *v. Westphalen*, DB 2001, 799, 802.
25 Kritisch hierzu *Rengier*, JZ 1977, 346, 347 in Anmerkung zu BGH JZ 1977, 342.
26 Nach der Regierungsbegründung soll die Entscheidung über die Fortführung der Judikatur zum „weiterfressenden Mangel" der Rechtsprechung überlassen werden, die dortigen Ausführungen lassen aber eine gewisse Sympathie für die Beibehaltung dieser Rechtsprechungspraxis erkennen, vgl. BT-Drucks 14/6040, 229.

Herstellerhaftung nach dem Produkthaftungs- und Deliktsrecht ebenso unberührt wie aus Garantiezusagen (§ 443).

§ 438 Verjährung der Mängelansprüche

(1) ¹Die in § 437 Nr. 1 und 3 bezeichneten Ansprüche verjähren
1. in 30 Jahren, wenn der Mangel
   a) in einem dinglichen Recht eines Dritten, auf Grund dessen Herausgabe der Kaufsache verlangt werden kann, oder
   b) in einem sonstigen Recht, das im Grundbuch eingetragen ist,
   besteht,
2. in fünf Jahren
   a) bei einem Bauwerk und
   b) bei einer Sache, die entsprechend ihrer üblichen Verwendungsweise für ein Bauwerk verwendet worden ist und dessen Mangelhaftigkeit verursacht hat, und
3. im Übrigen in zwei Jahren.

(2) ¹Die Verjährung beginnt bei Grundstücken mit der Übergabe, im Übrigen mit der Ablieferung der Sache.

(3) ¹Abweichend von Absatz 1 Nr. 2 und 3 und Absatz 2 verjähren die Ansprüche in der regelmäßigen Verjährungsfrist, wenn der Verkäufer den Mangel arglistig verschwiegen hat. ²Im Fall des Absatzes 1 Nr. 2 tritt die Verjährung jedoch nicht vor Ablauf der dort bestimmten Frist ein.

(4) ¹Für das in § 437 bezeichnete Rücktrittsrecht gilt § 218. ²Der Käufer kann trotz einer Unwirksamkeit des Rücktritts nach § 218 Abs. 1 die Zahlung des Kaufpreises insoweit verweigern, als er auf Grund des Rücktritts dazu berechtigt sein würde. ³Macht er von diesem Recht Gebrauch, kann der Verkäufer vom Vertrag zurücktreten.

(5) ¹Auf das in § 437 bezeichnete Minderungsrecht finden § 218 und Absatz 4 Satz 2 entsprechende Anwendung.

Inhalt

A. Regelungsgegenstand 1	IV. Rücktrittsrecht des Verkäufers nach Ausübung des Leistungsverweigerungsrechts 7
B. Ergänzende Regeln 3	
C. Wirkung 4	D. Geltungsbereich 10
I. Leistungsverweigerungsrecht gegenüber Ansprüchen des Käufers 4	I. Grundsatz 10
II. Unwirksamkeit von Rücktritt und Minderung 5	II. Konsequenzen für die Aliud-Lieferung 11
III. Leistungsverweigerungsrecht des Käufers trotz „Verjährung" des Rücktrittsrechts 6	III. Angleichung von Kauf- und Werkvertragsrecht 12

A. Regelungsgegenstand

§ 438 enthält in grundlegender Abweichung von § 477 a.F. eine Neugestaltung der Verjährung. Sie weist folgende Schwerpunkte auf: Die regelmäßige Verjährungsfrist beträgt 2 Jahre (Abs. 1 Nr. 3). Obwohl der Nachbesserungsanspruch ein Erfüllungsanspruch ist (§ 433 Abs. 1 S. 2), wird insoweit die regelmäßige Verjährungsfrist von 3 Jahren (§ 195) unterschritten. Abs. 1 Nr. 2 b) dient der Harmonisierung mit der bei einem mangelhaften Bauwerk geltenden fünfjährigen Verjährungsfrist des Werkvertragsrechts in § 634a Abs. 1 Nr. 2.[1] Auch die Regelung des Abs. 1 Nr. 2 a) dient der Nivellierung (jedenfalls) der verjährungsrechtlichen Unterschiede zwischen Kauf- und Werkvertragsrecht (ausführlicher hierzu unten bei Teil D). Die Regelung in Abs. 1 Nr. 1 gewährleistet einen Fristengleichlauf mit der 30-jährigen Verjährungsfrist des § 197 Abs. 1 Nr. 1 für dingliche Herausgabeansprüche in Fällen, in denen der Rechtsmangel (§ 434) einen dinglichen Herausgabeanspruch eines Dritten bzgl. der Kaufsache begründet. Dieselbe Frist gilt, wenn der Mangel in einer „Buchbelastung" besteht,[2] Abs. 1 Nr. 1 b).

1

---

27 Der an die Verletzung einer nicht leistungspflichtbezogenen Nebenpflicht anknüpfende § 282 betrifft nur die Frage, unter welchen Voraussetzungen Schadensersatz statt der Leistung verlangt werden kann.

1 Hierdurch soll gewährleistet werden, dass der Bauhandwerker, der infolge der Verwendung mangelhafter Baumaterialien ein mangelhaftes Werk erstellt und von seinem Besteller gem. § 634a Abs. 1 Nr. 2 fünf Jahre lang in Anspruch genommen werden kann, in seinen Regressmöglichkeiten gegenüber dem Lieferanten des Baumaterials nicht wegen kürzerer kaufrechtlicher Verjährungsfristen eingeschränkt wird, vgl. BegrRE, BT-Drucks. 14/6040, 227. Dass auf diese Weise ein vollständiger („effektiver") Gleichlauf der Fristen des § 438 Abs. 1 Nr. 2 b) und § 634a Abs. 1 Nr. 2 aufgrund unterschiedlichen Verjährungsbeginns (die nach § 634a Abs. 2 maßgebliche Abnahme des Werkes wird dem Verjährungsbeginn des kaufrechtlichen Anspruches regelmäßig zeitlich nachfolgen) nicht erreicht werden kann, ist nach dem ausdrücklichen Willen des Gesetzgebers in Kauf zu nehmen, vgl. BegrRE, BT-Drucks 14/6040, 227.

2 Dieser Mangel wird als einer fehlenden Eigentumsverschaffung „annähernd vergleichbar" empfunden, vgl. Beschlussempfehlung des Rechtsausschusses des Bundestages vom 9.10.2001, BT-Drucks 14/7052, 196.

2   Verschweigt der Verkäufer einen Mangel arglistig, gilt die regelmäßige 3-jährige Verjährungsfrist des § 195 (Abs. 3).³ Durch Abs. 3 S. 2 wird sichergestellt, dass die Verjährungsdauer im Falle der Arglist die mit Ablieferung gem. Abs. 2 beginnende fünfjährige Verjährungsfrist bei Haftung für Baumaterialien niemals unterschreitet.⁴ Der Lauf der Verjährungsfrist beginnt nach § 438 Abs. 2 mit Grundstücksübergabe bzw. Ablieferung der Sache. Da Schadens- und Aufwendungsersatzansprüche in der Regel erst nach Ablauf einer Nacherfüllungsfrist entstehen, hat der Bundesrat die berechtigte Frage aufgeworfen, ob die Verjährungsfrist bereits vor Entstehung des Anspruchs beginnen solle.⁵ Die Bundesregierung hat dies bejaht.⁶

B. Ergänzende Regeln

3   Soweit in § 438 nichts Abweichendes bestimmt ist, gelten die allgemeinen Regeln der §§ 194 ff., insbesondere bzgl. Hemmung und Neubeginn der Verjährung (§§ 203 ff.). Abweichende Regeln gegenüber §§ 194 ff. sind nicht nur die speziellen kaufrechtlichen Fristen, sondern auch die Vorgaben für den Beginn der Verjährungsfrist in § 438 Abs. 2 gegenüber §§ 199, 200. Darüber hinaus enthält das Kaufrecht selbst außerhalb des § 438 einige zusätzliche Regeln in § 475 Abs. 2 hinsichtlich einer vertraglichen Verkürzung der Verjährungsfristen. Während eine im Voraus getroffene vertragliche Verjährungserleichterung in § 202 nur für den Sonderfall einer Haftung wegen Vorsatzes ausgeschlossen und somit (Umkehrschluss) in allen anderen Fällen zulässig ist, schränkt § 475 Abs. 2 die Privatautonomie im Rahmen des Verbrauchsgüterkaufs ein. Dies betrifft allerdings gem. § 475 Abs. 3 nicht den Anspruch auf Schadensersatz gem. § 437 Nr. 3, da die Verbrauchsgüterkaufrichtlinie insoweit keine Vorgaben enthält. Schließlich sieht § 479 wegen des Zusammenspiels der mangelbedingten Rechte des Letztkäufers mit der gesamten Lieferkette verjährungsrechtliche Sonderregeln für Rückgriffsansprüche vor, insbesondere eine Ablaufhemmung nach § 479 Abs. 2.⁷

C. Wirkung

I. Leistungsverweigerungsrecht gegenüber Ansprüchen des Käufers

4   Entsprechend einer langjährigen Rechtstradition begründet die Verjährung eines Anspruches nur ein Leistungsverweigerungsrecht (§ 214 Abs. 1), nicht aber das Erlöschen des Anspruches.

II. Unwirksamkeit von Rücktritt und Minderung

5   Da Rücktritt und Minderung als Gestaltungsrechte nicht zu den verjährbaren Ansprüchen zählen (§ 194 Abs. 1), begründet § 218 Abs. 1, von § 438 Abs. 4 S. 1 noch einmal klargestellt, eine eigenständige „Verjährungswirkung" für den Rücktritt, welche gem. Abs. 5 ebenso für das Minderungsrecht gilt: Rücktritt und Minderung sind unwirksam, wenn der Anspruch nach Abs. 1 verjährt ist und sich der Verkäufer darauf – dem Einredeerfordernis des § 214 Abs. 1 vergleichbar – beruft.

III. Leistungsverweigerungsrecht des Käufers trotz „Verjährung" des Rücktrittsrechts

6   Schließlich gibt Abs. 4 S. 2 dem Käufer die Befugnis, die Zahlung des Kaufpreises insoweit zu verweigern, als er aufgrund des Rücktritts dazu berechtigt sein würde. Dies betrifft die Fälle, in denen zwar der Rücktritt nach § 218 nach Ablauf der für den Nacherfüllungsanspruch regelmäßig geltenden Zweijahresfrist (Abs. 1 Nr. 3) nicht mehr möglich ist, der der regelmäßigen Verjährung gem. § 195 unterliegende Kaufpreiszahlungsanspruch des Verkäufers allerdings erst ein Jahr später verjährt. Im wirtschaftlichen Ergebnis bedeutet Abs. 4 insoweit eine – dem § 478 a.F. vergleichbare⁸ – Prolongation der Rücktrittsmöglichkeit. Abs. 5 erweitert diese Regelung auf „verjährte" Minderungsrechte, so dass der Käufer die Zahlung des Teils des Kaufpreises ablehnen kann, den er aufgrund rechtzeitiger Ausnutzung des Minderungsrechts nicht mehr geschuldet hätte (§ 441 Abs. 3).

---

3 Diese beginnt infolge der expliziten Abweichung des § 438 Abs. 3 von § 438 Abs. 2 gem. § 199 Abs. 1 Nr. 1 mit dem Schluss des Jahres, in dem der Anspruch entstanden ist und der Gläubiger von den den Anspruch begründenden Umständen oder der Person des Schuldners Kenntnis erlangt oder ohne grobe Fahrlässigkeit erlangen müsste.
4 Damit wird der gegen die Vorläuferregelung des § 438 RE seitens der Literatur und in der Stellungnahme des Bundesrates erhobenen Kritik Rechnung getragen, vgl. BT-Drucks 14/6847.
5 BT-Drucks 14/6857.
6 BT-Drucks 14/6857, 47
7 Vgl. hierzu auch *Ernst/Gsell*, ZIP 2001, 1389, 1399.
8 BegrRE, BT-Drucks 14/6040, 230.

IV. Rücktrittsrecht des Verkäufers nach Ausübung des Leistungsverweigerungsrechts

Um einen einseitigen Rechtszustand zulasten des Verkäufers zu vermeiden, der nach § 433 Abs. 1 weiter lieferpflichtig wäre und seinen Zahlungsanspruch aus § 433 Abs. 2 wegen § 438 Abs. 4 S. 2 nicht durchsetzen könnte, löst die Wahrnehmung des Leistungsverweigerungsrechts durch den Käufer die Befugnis des Verkäufers zum Rücktritt aus (Abs. 4 S. 3). Auf diese Weise kann das Vertragsverhältnis endgültig und umfassend aufgelöst werden (§§ 323 ff., 346 ff.). Dies geschieht allein durch die käuferseitige Ausnutzung des Abs. 4 S. 2 nicht, weil dem Käufer hier nur ein Leistungsverweigerungsrecht (§§ 273, 320, 1000 vergleichbar), nicht aber ein Rücktrittsrecht eingeräumt wird. Das Leistungsverweigerungsrecht des Käufers lässt das Vertragsverhältnis aus § 433 im Gegensatz zu dem Rücktrittsrecht bestehen. Insoweit ist die Rechtsposition des Käufers infolge „Verjährung" des Rücktrittsrechts nach §§ 438 Abs. 4 S. 1, 218 schwächer als für die Zeit des Bestehens des Rücktrittsrechts. Erst der Verkäufer kann daher infolge Ausnutzung des Leistungsverweigerungsrechts des Käufers das Vertragsverhältnis durch Rücktritt beenden bzw. zur Rückabwicklung bringen. Im Ergebnis wechselt damit das ursprünglich als Gewährleistungsrecht allein dem Käufer zustehende Rücktrittsrecht (§ 437 Nr. 2) auf den mangelhaft liefernden Verkäufer über (Abs. 4 S. 3), obwohl er der Veranlasser der Vertragsstörung ist (§ 433 Abs. 1 S. 2). Die rechtspolitische Rechtfertigung hierfür liegt in dem Zusammenspiel von „Verjährenlassen" des Rücktrittsrechts durch den Käufer, einem gleichwohl wahrgenommenen Leistungsverweigerungsrecht durch ihn und der darauf basierenden Möglichkeit zur endgültigen Beendigung des Kaufvertrages für den Verkäufer.

Für die Minderung gilt Abs. 4 S. 3 nicht, da Abs. 5 nur Abs. 4 S. 2 in Bezug nimmt. Der Käufer kann zwar die Zahlung des von der Minderung betroffenen Kaufpreisteils verweigern. Eine Befugnis des Verkäufers zum Rücktritt folgt daraus selbstverständlich nicht, da der Vertrag auch nach anteiliger Verweigerung der Kaufpreiszahlung durch den Käufer noch seinen Sinn macht und daher – anders als bei Abs. 4 S. 3 – bestehen bleiben muss.

Aus Abs. 5 i.V.m. Abs. 4 S. 1 folgt, dass das Leistungsverweigerungsrecht des Käufers nur in dem Umfang besteht, in dem der Käufer vor Eintritt der „Verjährung" des Minderungsrechts zur Kaufpreisminderung (§ 441 Abs. 3) befugt war. Für den Kaufpreisrest bleibt der Käufer uneingeschränkt zur Zahlung verpflichtet.

D. Geltungsbereich

I. Grundsatz

§ 438 gilt für alle Ansprüche[9] sowie Gestaltungsrechte anlässlich einer mangelhaften Lieferung. Dabei ist es gleichgültig, ob es sich um einen Sach- oder um einen Rechtsmangel handelt. Die Verjährungsregelungen der Abs. 1 bis 3 gelten für alle Rechte, die dem Käufer nach § 437 aus einer mangelhaften Lieferung erwachsen. Da §§ 437 Nr. 3, 280 nicht mehr zwischen Mangel- und Mangelfolgeschäden unterscheiden, gilt § 438 auch für Schadensersatzansprüche wegen Mangelfolgeschäden.[10] Die jetzige Regelung entspricht insoweit der unter Geltung des alten Rechts bestehenden Rechtsprechungspraxis, welche die kurze Verjährungsfrist des § 477 a.F. – anders als bei § 638 a.F. – auch auf den den Mangelfolgeschaden betreffenden pVV-Anspruch erstreckt hat[11].

II. Konsequenzen für die Aliud-Lieferung

Grundlegende Auswirkungen hat die Erstreckung des Sachmangelbegriffes auf Aliud-Lieferungen in § 434 Abs. 3. Dies führt zur Anwendung der zweijährigen Verjährungsfrist in Abs. 1 Nr. 3, während die h.M. nach altem Recht solche Vorgänge nicht dem Bereich der Mängelhaftung, sondern der Nichterfüllung zuordnete.[12] Damit blieb der Erfüllungsanspruch in Fällen der Aliud-Leistung mit der Geltung des § 196 a.F. bestehen. Wegen der deutlichen Verlängerung der Gewährleistungsfrist in Abs. 1 Nr. 3 ist diese Änderung jedoch trotz der dreijährigen Verjährungsfrist für den Erfüllungsanspruch aus § 433 Abs. 1 für den Käufer akzeptabel.

---

9 Die in der Literatur geäußerten Bedenken gegen eine Unterwerfung der Verschuldenshaftung nach § 280 unter die besondere (auch i.R. des § 438 immer noch kurze) „gewährleistungsrechtliche" Verjährung des § 438 (vgl. etwa *Zimmermann/Leenen/Mansel/Ernst*, JZ 2001, 684, 689; *Eidenmüller*, JZ 2001, 283, 285) sind vom Gesetzgeber nicht aufgenommen worden, vgl. BegrRE, BT-Drucks 14/6040, 228: „Es wäre nicht sinnvoll, die aus der Mangelhaftigkeit einer Sache herrührenden Ansprüche einem unterschiedlichen Verjährungsregime zu unterwerfen."

10 Der Vorschlag von *Canaris* (ZRP 2001, 329, 335) Mangelfolgeschäden dem allgemeinen Verjährungsrecht zu unterwerfen, ist damit zu Recht nicht aufgegriffen worden. Eine derart differenzierende Regelung hätte die leidigen Abgrenzungsprobleme zwischen Mangel- und Mangelfolgeschaden gewährleistungsrechtlich neu belebt.

11 Vgl. BGHZ 77, 215; 88, 130; vgl. *Medicus*, BürgR Rn 363; Staudinger/*Honsell*, § 477 Rn 22. Ablehnend demgegenüber *Diederichsen*, AcP 165 (1965), 155; *Hoche* in FS für H. Lange, 1970, S. 241.

12 Vgl. nur Staudinger/*Honsell*, § 477 Rn 11.

III. Angleichung von Kauf- und Werkvertragsrecht

12 Mit der bereits erwähnten Regelung des Abs. 1 Nr. 2 a) wird an eine Rechtsprechung des BGH angeknüpft, welche beim Verkauf von Hausgrundstücken und Eigentumswohnungen auf Sachmängelansprüche des Verkäufers nicht Kaufvertragsrecht, sondern Werkvertragsrecht anwendete.[13] Motiviert war diese Praxis durch die Erwägung, dass die kaufrechtlichen Gewährleistungsvorschriften – insbesondere im Hinblick auf Verjährung und Fehlen eines Nacherfüllungsanspruches – unzulänglich erschienen und willkürliche, nur dem Zeitpunkt des Kaufes (vor, während oder nach Errichtung der Immobilie) geschuldete Differenzierungen bei der rechtlichen Behandlung vermieden werden sollten. Der Regierungsentwurf hatte einen Vorschlag der Schuldrechtskommission, der beschriebenen Problemsituation bei der Gestaltung der kaufrechtlichen Verjährungsvorschriften Rechnung zu tragen,[14] zunächst verworfen und es für vorzugswürdig gehalten, die sachgerechte Lösung solcher Fallkonstellationen auch künftig der Rechtsprechung zu überlassen,[15] und dies mit der Sachgerechtigkeit bestimmter Aspekte des Werkvertragsrechts (Wahlrecht bzgl. Nacherfüllung durch Mängelbeseitigung oder Neuherstellung nicht beim Käufer, sondern beim Unternehmer; Selbstvornahmerecht des Bestellers) begründet. Nachdem sich der Bundesrat in seiner Stellungnahme demgegenüber erneut für eine Lösung im Sinne des Schuldrechtskommissionsvorschlages[16] ausgesprochen hat, hat sich auch die Bundesregierung in ihrer Gegenäußerung dafür entschieden, der Problematik durch entsprechende Kodifikation der Verjährungsvorschrift des § 438 Rechnung zu tragen. Die Frage, ob hinsichtlich des Fristbeginns an die Fertigstellung des Bauwerkes[17] oder die Übergabe anzuknüpfen ist, wurde dabei im letztgenannten Sinn entschieden.

13 Trotz der in Abs. 1 Nr. 2 b) erfolgten Lösung des Verjährungsproblems sollte an der eingangs beschriebenen Rechtsprechungspraxis betreffend den „Kauf" neuer Häuser festgehalten werden. Hierfür spricht, dass die isolierte Lösung des Verjährungsproblems hinter der Rechtsprechung des BGH zurückbleibt.[18] Trotz jetzt verminderter Bedeutung der Thematik votiert der Gesichtspunkt einer Gleichbehandlung aller „Käufer" unabhängig vom Zeitpunkt des Erwerbs für eine Fortgeltung der BGH-Judikatur. Hinzu kommt das allein für Werkverträge gültige Recht des Bestellers, nach erfolglosem Ablauf der Frist zur Mängelbeseitigung den Fehler selbst auf Kosten des Unternehmers (Aufwendungsersatzanspruch!) beseitigen (lassen) zu können und hierfür einen Vorschuss zu verlangen (§ 637 Abs. 1, 3). Da der Käufer über eine solche Befugnis im Rahmen des abschließenden Kataloges seiner Rechte in § 437 nicht verfügt, spricht auch dies dafür, in den angesprochenen Fällen bei Anwendung des Werkvertragsrechts zu bleiben. „Kaufverträge" über neu herzustellende Häuser oder Eigentumswohnungen sind damit auch für das neue Recht als Werkverträge zu qualifizieren, so dass insoweit § 634a gilt.

§ 439 Nacherfüllung

(1) ¹Der Käufer kann als Nacherfüllung nach seiner Wahl die Beseitigung des Mangels oder die Lieferung einer mangelfreien Sache verlangen.
(2) ¹Der Verkäufer hat die zum Zweck der Nacherfüllung erforderlichen Aufwendungen, insbesondere Transport-, Wege-, Arbeits- und Materialkosten zu tragen.
(3) ¹Der Verkäufer kann die vom Käufer gewählte Art der Nacherfüllung unbeschadet des § 275 Abs. 2 und 3 verweigern, wenn sie nur mit unverhältnismäßigen Kosten möglich ist. ²Dabei sind insbesondere der Wert der Sache in mangelfreiem Zustand, die Bedeutung des Mangels und die Frage zu berücksichtigen, ob auf die andere Art der Nacherfüllung ohne erhebliche Nachteile für den Käufer zurückgegriffen werden könnte. ³Der Anspruch des Käufers beschränkt sich in diesem Fall auf die andere Art der Nacherfüllung; das Recht des Verkäufers, auch diese unter den Voraussetzungen des Satzes 1 zu verweigern, bleibt unberührt.
(4) ¹Liefert der Verkäufer zum Zweck der Nacherfüllung eine mangelfreie Sache, so kann er vom Käufer Rückgewähr der mangelhaften Sache nach Maßgabe der §§ 346 bis 348 verlangen.

---

13 BGHZ 68, 372; BGH NJW 1987, 2373 m.w.N.
14 § 195 Abs. 2 S. 2 KE sah vor, dass die Verjährung wegen eines Mangels des Bauwerkes frühestens 5 Jahre nach der Fertigstellung des Bauwerkes eintreten sollte.
15 BegrRE, BT-Drucks 14/6040, 230.
16 Durch die Beschränkung auf „neu hergestellte" Bauwerke leicht abgewandelt, vgl. BT-Drucks 14/6857, 26.
17 So der Vorschlag von Schuldrechtskommission und Bundesrat (mit der Zielsetzung, die Verjährung nicht weiter als unbedingt notwendig herauszuschieben), BT-Drucks 14/6857, 59.
18 Vgl. BegrRE, BT-Drucks 14/6040, 229. Dagegen votiert allerdings ein Passus in der Gegenäußerung der Bundesregierung zur Bundesratsstellungnahme, wonach davon ausgegangen wird, dass die Rechtsprechung die Verträge ohne verjährungsrechtliche Nachteile auf Seiten des Erwerbers „als Kaufverträge" behandeln könne, und in welchem auf die evtl. Vorzüge einer Anwendung von Werkvertragsrecht nicht mehr eingegangen wird, siehe BT-Drucks 14/6857, 59.

Inhalt

A.	Regelungsgegenstand		1
B.	Voraussetzungen		4
	I. Sach- oder Rechtsmangel		4
	II. Fehlen eines Ausschlussgrundes		5
C.	Leistungsverweigerungsrecht des Verkäufers		6
	I. Rechtsqualität		6
	II. Voraussetzungen		7
	III. Abgrenzung zu § 440		9
	IV. Dispositives Recht		10
D.	Fristsetzung aus §§ 281 Abs. 1, 323 Abs. 1		11
E.	Kosten		12
	I. Kostenzuordnung		12
	II. Aufwendungsersatzansprüche		13
F.	Rückgewähranspruch		15
	I. Hauptsache		15
	II. Nutzungsersatz		16

A. Regelungsgegenstand

Abs. 1 gibt dem Käufer – in konsequenter Umsetzung der Pflicht des Verkäufers zur mangelfreien Lieferung nach § 433 Abs. 1 S. 2 – einen Anspruch auf Nacherfüllung.[1] Hierfür bestehen zwei Varianten, nämlich Beseitigung des Mangels oder Lieferung einer mangelfreien Sache. Die Entscheidung zwischen diesen beiden Varianten liegt grundsätzlich bei dem Käufer.[2] Insoweit handelt es sich um eine Wahlschuld mit einer von § 262 abweichenden Entscheidungsbefugnis zugunsten des Gläubigers anstelle des Schuldners. Mit der Ausübung des Wahlrechts gilt die gewollte Form der Nacherfüllung nach § 263 Abs. 2 als von Anfang an geschuldet und der Nacherfüllungsanspruch aus Abs. 1 wird entsprechend konkretisiert. Das Wahlrecht des Käufers besteht jedoch nicht uneingeschränkt, sondern unterliegt verschiedenen Grenzen. Diese ergeben sich einmal aus dem allgemeinen Schuldrecht in § 275 Abs. 1, 2 und 3, darüber hinaus insbesondere aus Abs. 3. Zum Schutz des Verkäufers vor unverhältnismäßigen Kosten kann er die von dem Käufer gewählte Art der Nacherfüllung verweigern. Der Verkäufer muss sein Leistungsverweigerungsrecht – ausdrücklich oder konkludent – ausüben; das bloße Vorliegen seiner objektiven Voraussetzungen genügt nicht.[3] Für die Bestimmung des Leistungsverweigerungsrechts gibt Abs. 3 S. 2 sehr differenzierte Kriterien vor. 1

Abs. 3 S. 3 ordnet die – ohnehin selbstverständliche – Rechtsfolge an, dass das Verweigerungsrecht jeweils konkret für die einzelne Variante des Nacherfüllungsanspruches zu prüfen ist. Daraus ergeben sich weder für den Verkäufer noch für den Käufer positive oder negative Konsequenzen bezüglich der anderen Variante. Ist ihre Erfüllung möglich und nicht nach Abs. 3 unzumutbar, bleibt der Verkäufer zur Vornahme verpflichtet und zugleich zur Abwehr weitergehender Rechte des Käufers aus § 437 Nr. 2 und 3 während einer angemessenen Frist zur Nacherfüllung berechtigt. Aus einem bereits für eine Variante wahrgenommenen Leistungsverweigerungsrecht erwachsen für den Verkäufer keine Begrenzungen, auch die andere Variante bei Vorliegen der Voraussetzungen des Abs. 3 abzulehnen. 2

Entscheidet sich der Käufer nach Lieferung einer mangelhaften Sache für den Anspruch auf Lieferung einer neuen Sache, bestimmt Abs. 4 zur Vermeidung einer sachwidrigen Begünstigung des Käufers dessen Pflicht zur Rückgewähr der mangelhaften Sache nach Rücktrittsrecht. Schließlich ordnet Abs. 2 in Übereinstimmung mit der Verbrauchsgüterkaufrichtlinie[4] und in Rechtskontinuität zu § 476a a.F.[5] an, dass die Kosten der Nacherfüllung dem Verkäufer zur Last fallen. 3

B. Voraussetzungen

I. Sach- oder Rechtsmangel

Voraussetzung des Nacherfüllungsanspruches ist das Vorliegen eines Mangels bei Gefahrübergang, ohne dass es auf die Differenzierung nach Sach- oder Rechtsmängeln ankommt. Es gelten die Definitionen in §§ 434, 435. Für Sachmängel bei Verbrauchsgüterkaufverträgen greift die Beweislastumkehr des § 476 ein. Liegen die Voraussetzungen des § 438 vor, kann der Verkäufer die Erfüllung des Anspruches ablehnen. Dies hat allerdings zur Konsequenz, dass auch der Käufer die Zahlung des Kaufpreises nach §§ 438 Abs. 4 S. 2, 218 Abs. 1, 438 Abs. 5 verweigern kann. 4

---

1 Damit wird zugleich der Grundsatz „pacta sunt servanda" gestärkt, weil sich der Käufer nun nicht mehr gleichsam „aus Anlass" eines Sachmangels von einem Vertrag lösen kann, den er u.U. aus anderen Gründen bereut, vgl. *Lorenz*, JZ 2001, 742, 743. Zu einem solchen noch aufgrund der „alten" Rechtslage zu beurteilenden Fall jüngst BGH LM BGB § 459 Nr. 143 m. Anm. *Ernst*.
2 Für den Verbrauchsgüterkauf ist dies durch Art. 3 Abs. 2 (konkretisiert durch Erwägungsgrund 10) der Verbrauchsgüterkaufrichtlinie vorgeschrieben. Der deutsche Gesetzgeber hat im Interesse der Einheitlichkeit des gesamten Kaufrechts dafür entschieden, das Wahlrecht immer dem Käufer zuzuordnen, vgl. *Haas*, BB 2001, 1313, 1315; kritisch *Zimmer*, in: Ernst/Zimmermann, Zivilrechtswissenschaft und Schuldrechtsreform, 191, 199.
3 BegrRE, BT-Drucks 14/6040, 234.
4 Art. 3 Abs. 2 S. 1, Abs. 4 RL.
5 Die Regelung des § 439 Abs. 2 ist – entsprechend der neuen Rechtslage – auf die Nacherfüllung ausgedehnt und verzichtet auf die komplizierte Regelung für den Fall, dass die Sache an einen anderen Ort verbracht worden ist.

II. Fehlen eines Ausschlussgrundes

5 Voraussetzung ist weiterhin, dass kein Ausschlussgrund für den Nacherfüllungsanspruch aus §§ 275 Abs. 1, 275 Abs. 2 und 3, 439 Abs. 3, 440 besteht. Mit der Wahl einer Variante des Nacherfüllungsanspruches erlischt zugleich die andere Variante (§ 263 Abs. 2); mit dessen Erfüllung erlischt der Anspruch insgesamt (§ 362 Abs. 1). Soweit der Ausschlussgrund oder ein zulässigerweise erhobenes Leistungsverweigerungsrecht sich nur auf eine Variante des Nacherfüllungsanspruches beziehen, bleibt die andere Variante uneingeschränkt bestehen – mit allen Konsequenzen auch bzgl. der Hierarchie der Käufer-Befugnisse nach §§ 437 Nr. 2 und 3, 281 Abs. 1 und 2, 323 Abs. 1 und 2.

C. Leistungsverweigerungsrecht des Verkäufers

I. Rechtsqualität

6 Abs. 3 gibt dem Verkäufer ein bloßes Leistungsverweigerungsrecht; aus der Norm folgt kein gesetzlicher Ausschlussgrund für einen Nacherfüllungsanspruch. Somit muss sich der Verkäufer auf die Voraussetzungen ausdrücklich berufen.

II. Voraussetzungen

7 Die Grundaussage enthält Abs. 3 S. 1, wonach unverhältnismäßige Kosten ausschlaggebend sind. Für deren nähere Bestimmung geben Abs. 3 S. 2 und 3 zusätzliche Entscheidungshilfen. Rechtspolitisch handelt es sich insoweit um eine spezialgesetzliche, auf niedrigerem Niveau angesiedelte Ausprägung des Schikaneverbotes (§ 226),[6] wodurch das Entscheidungsrecht des Käufers zwischen beiden Varianten relativiert wird.

8 Für die Unverhältnismäßigkeit der Kosten ist eine Aufwand-Nutzen-Betrachtung durchzuführen, insbesondere im Vergleich zu der anderen Variante der Nacherfüllung nach Abs. 1. So kann in manchen Fällen der Aufwand für die Fehlerbeseitigung, sofern letztere überhaupt möglich ist (§ 275 Abs. 1), deutlich höher sein als für eine Neubeschaffung. Dies gilt insbesondere für Billigartikel.[7] Ein schutzwürdiges Interesse des Käufers an einer Fehlerbeseitigung besteht hier regelmäßig nicht. In anderen Fällen, z.B. bei sehr hochwertigen Kaufgegenständen kann die Situation umgekehrt sein. Hier vermag der Verkäufer die Forderung des Käufers auf Neulieferung abzulehnen, wenn der Mangel mit deutlich geringerem Aufwand (z.B. wegen hoher Transportkosten für die Anlieferung der neuen und das Wegschaffen der fehlerhaften Sache) und für den Käufer gleichwertig beseitigt werden kann. Ähnlich ist die Situation, wenn der Beschaffungsaufwand für eine neue Sache wegen ausgelaufener Produktion besonders hoch ist. Die Frage, ob der Verkäufer eine Reparaturwerkstatt hat oder nicht, ist kein ausschlaggebender Gesichtspunkt,[8] da Reparaturleistungen auf dem Markt zugekauft werden können.

III. Abgrenzung zu § 440

9 Von dem Leistungsverweigerungsrecht des Abs. 3 ist der Ausschlussgrund des § 440 für eine Nachfristsetzung bezüglich des Nacherfüllungsanspruches zu unterscheiden. Abs. 3 schützt den Verkäufer, § 440 den Käufer und erfasst Fälle fehlgeschlagener oder für den Käufer unzumutbarer Nacherfüllung. Daraus erwächst ein Ablehnungs- oder Annahmeverweigerungsrecht hinsichtlich der Nacherfüllung, mit der Konsequenz, sofort aus § 437 Nr. 2, 3 vorgehen zu können.

IV. Dispositives Recht

10 Die gesetzlichen Vorgaben der §§ 439, 440 können abbedungen werden, wobei für den Verbrauchsgüterkauf § 475 Abs. 1 zu beachten ist. Abweichende Vereinbarungen können die Position gegenüber §§ 439, 440 durch strengere oder mildere Voraussetzungen verbessern oder verschlechtern. Insbesondere ist es möglich, das Wahlrecht des Käufers zwischen beiden Formen der Nacherfüllung auf den Verkäufer zu verlagern. Geschieht dies in Allgemeinen Geschäftsbedingungen, gelten §§ 305 ff.

---

6 Dieses in § 439 Abs. 3 enthaltene Leistungsverweigerungsrecht stellt sich damit auch als kaufrechtsspezifische, auf niedrigerer Schwelle angesiedelte Konkretisierung des bereits in § 275 Abs. 2 enthaltenen Rechtsgedankens dar. Denn das in § 275 Abs. 2 enthaltene Leistungsverweigerungsrecht soll nach der Regierungsbegründung nur in „besonders gelagerten Ausnahmefällen", die wertungsmäßig der Unmöglichkeit in § 275 Abs. 1 nahekommen", einschlägig sein, vgl. BegrRE, BT-Drucks 14/6040, 232.

7 *Haas*, BB 2001, 1313, 1315.

8 So BegrRE, BT-Drucks 14/6040, 232, auf Einwand des Bundesrates (BT-Drucks 14/6857, 27) jedoch später relativiert, vgl. BT-Drucks 13/6857, 61; kritisch auch *Haas*, BB 2001, 1313, 1316.

D. Fristsetzung aus §§ 281 Abs. 1, 323 Abs. 1

Aus §§ 281 Abs. 1, 323 Abs. 1 folgt das Erfordernis einer Fristsetzung seitens des Käufers gegenüber dem Verkäufer, bevor er nach erfolglosem Ablauf der Frist weitergehende Rechte aus § 437 Nr. 2 und 3 geltend machen kann. Eine nicht angemessene Fristsetzung setzt den Lauf einer angemessenen Frist in Gang und ist somit nicht unwirksam.[9] Der Anspruch aus Abs. 1 selbst setzt keine Fristsetzung voraus, sondern besteht kraft Gesetzes allein aufgrund mangelhafter Lieferung seitens des Verkäufers.

E. Kosten

I. Kostenzuordnung

Abs. 2 bestimmt, dass der Verkäufer alle Aufwendungen zur Nacherfüllung, insbesondere Transport-, Wege-, Arbeits- und Materialkosten zu tragen hat. Eine Begrenzung ergibt sich nur daraus, dass Abs. 3 unter den dortigen Voraussetzungen ein Leistungsverweigerungsrecht regelt. Greift die Norm für beide Nachbesserungsvarianten oder scheitern beide aus anderen Rechtsgründen, läuft die Pflicht des Verkäufers zur Kostentragung nach Abs. 2 leer. Allerdings treffen den Verkäufer dann die wesentlich weitergehenden wirtschaftlichen Konsequenzen der Befugnisse des Käufers aus § 437 Nr. 2 und 3.

II. Aufwendungsersatzansprüche

Abs. 2 ist keine Anspruchsgrundlage des Verkäufers gegen den Käufer, sondern eine Klarstellung der Kostenzuordnung. Sie schließt – in konsequenter Umsetzung des § 433 Abs. 1 S. 2 – jede rechtliche Konstruktion einer Kostenverlagerung auf den Käufer nach allgemeinen schuldrechtlichen Grundsätzen, z.B. nach §§ 670, 812 aus. In Käuferketten ergibt sich aus § 478 Abs. 2 für den Rückgriff beim Vorlieferanten eine Anspruchsgrundlage zur Abwälzung der aus Abs. 2 resultierenden Belastung des Verkäufers.

Eine Befugnis des Käufers, die Beseitigung des Mangels nach erfolglosem Ablauf einer angemessenen Frist eigenständig vorzunehmen und hierfür Aufwendungsersatz von dem Verkäufer zu verlangen, besteht nicht. Eine dem § 637 im Werkvertragsrecht vergleichbare Norm kennt das Kaufrecht nicht; mangels Regelungslücke im Kaufrecht scheidet eine analoge Anwendung des § 637 aus – eine rechtspolitisch vor dem Hintergrund des Anspruches des Käufers aus §§ 433 Abs. 1 S. 2, 439 wenig überzeugende Situation.[10]

F. Rückgewähranspruch

I. Hauptsache

Die Rückgewährpflicht des Käufers nach Abs. 4 soll verhindern, dass er in Fällen der Neulieferung sowohl die neue als auch die mangelhafte Sache behält. Der Gesetzgeber will damit der Gefahr einer seines Erachtens sonst nicht eindeutigen Rückgewährpflicht, z.B. aus § 812 Abs. 1 begegnen. Daher erklärt Abs. 4 das Rücktrittsrecht der §§ 346–348 für entsprechend anwendbar. Eine direkte Anwendung scheidet aus, weil der Käufer bei Geltendmachung seines Nachlieferungsanspruches aus Abs. 1 gerade nicht vom Kaufvertrag zurücktritt und wegen des Vorranges der Nacherfüllung auch nicht zurücktreten kann (vgl. § 437 Nr. 2).

II. Nutzungsersatz

Zu Unrecht vertritt die amtliche Begründung die Auffassung, der Käufer müsse dem Verkäufer auch nach § 346 Abs. 1 Nutzungsersatz für den Gebrauch der mangelhaften Sache leisten.[11] Insoweit kann die Verweisung auf § 346 Abs. 1 und § 439 Abs. 4 jedoch nicht greifen, da dem Käufer auch die Nutzung einer von Anfang an mangelfreien Sache zugestanden hätte, die durch die Kaufpreiszahlung abgedeckt gewesen wäre.[12] Durch die infolge der gesetzlichen Regelung des § 433 Abs. 1 S. 2 vertragswidrige Lieferung einer mangelhaften Sache hat der Verkäufer dem Käufer die Nutzung des fehlerfreien Kaufgegenstandes vorenthalten. Folglich passt die rücktrittsrechtliche Pflicht zur Nutzungserstattung hier nicht und kann dem Zweck der Verweisungsregelung in Abs. 4 nicht entnommen werden (teleologische Reduktion).

---

9 Dies entspricht der bisherigen Handhabung des Fristsetzungserfordernisses i.R. von § 326, vgl. BegrRE, BT-Drucks 14/6040, 138.
10 So i.E. auch *Tonner*, VuR 2001, 87, 90.
11 BegrRE, BT-Drucks 14/6040, 233.
12 In diesem Sinne auch *Hoffmann*, ZRP 2001, 337, 349, der insoweit die Richtlinienkonformität des Verweises in § 439 Abs. 4 auf §§ 346 ff. verneint und die Argumentation mit Erwägungsgrund 15 der RL angesichts dessen sich aus dem Zusammenhang ergebender unmittelbarer Bedeutung nur für den Rücktritt selbst für nicht tragfähig erachtet; a.A. *Westermann*, JZ 2001, 530, 537.

§ 440 Besondere Bestimmungen für Rücktritt und Schadensersatz

¹Außer in den Fällen des § 281 Abs. 2 und des § 323 Abs. 2 bedarf es der Fristsetzung auch dann nicht, wenn der Verkäufer beide Arten der Nacherfüllung gemäß § 439 Abs. 3 verweigert oder wenn die dem Käufer zustehende Art der Nacherfüllung fehlgeschlagen oder ihm unzumutbar ist. ²Eine Nachbesserung gilt nach dem erfolglosen zweiten Versuch als fehlgeschlagen, wenn sich nicht insbesondere aus der Art der Sache oder des Mangels oder den sonstigen Umständen etwas anderes ergibt.

Inhalt

A.	Regelungsgehalt	1	II. Fehlschlagen der Nacherfüllung	6
B.	Rechtswirkung	2	III. Unzumutbarkeit	8
C.	Voraussetzungen	3	D. Dispositives Recht	10
	I. Umfassende Ausübung des Leistungsverweigerungsrechts nach § 439 Abs. 3	4	E. Anwendungsbereich	11

A. Regelungsgehalt

1 § 440 bildet keine Anspruchsgrundlage; vielmehr ergeben sich die materiellrechtlichen Kompetenzen des Käufers zum Rücktritt und auf Schadensersatz nach § 437 Nr. 2 i.V.m. §§ 323, 326, 346 einerseits und nach § 437 Nr. 3 i.V.m. §§ 280, 281, 283, 311a, 284 andererseits. Grundsätzlich gibt das Kaufrecht dem Käufer in Fällen eines Sach- oder Rechtsmangels (§§ 434, 435) einen Nachbesserungsanspruch (§ 439 Abs. 1) und dem Verkäufer korrespondierend ein Nachbesserungsrecht, das vor Ablauf einer angemessenen Frist zur Nachbesserung die sofortige Ausübung der in § 437 Nr. 2 und 3 geregelten Befugnisse durch den Käufer ausschließt. Allerdings gibt es eine Vielzahl von an anderer Stelle beschriebenen Einschränkungen des Nachbesserungsrechts des Verkäufers aufgrund der §§ 275 Abs. 1, 2 und 3, 281 Abs. 2, 323 Abs. 2, 439 Abs. 3. Aus den genannten Normen ergibt sich entweder bei Vorliegen der dortigen Voraussetzungen eine Reduzierung des Nachbesserungsanspruches des Käufers auf eine der beiden Nachbesserungsvarianten des § 439 Abs. 1 oder, falls die Tatbestandsvoraussetzungen für beide Alternativen des § 439 Abs. 1 vorliegen, die sofortige Befugnis, zurückzutreten, zu mindern oder Schadensersatz zu verlangen. Ergänzend stellt § 440 auf die besondere Interessenlage des Käufers ab, während § 439 Abs. 3 dem Verkäufer ein Leistungsverweigerungsrecht gegen die seitens des Käufers gewählte Form der Nacherfüllung gibt.

B. Rechtswirkung

2 Aus S. 1 erfolgt die Überflüssigkeit einer Fristsetzung, jenseits und unabhängig von den in §§ 281 Abs. 2, 323 Abs. 2 und 439 Abs. 3 geregelten Fällen. Liegen die Voraussetzungen des S. 1 vor, konkretisiert durch S. 2, kann der Käufer somit sofort die in § 437 S. 2 und 3 geregelten Befugnisse wahrnehmen. Grundsätzlich stehen die verschiedenen Fälle der Überflüssigkeit einer Fristsetzung in §§ 281 Abs. 2, 323 Abs. 2, 440 wegen ihrer tatbestandlichen Ausgestaltung in einem Verhältnis der Alternativität. Dies schließt es jedoch nicht aus, dass sich der Käufer parallel auf mehrere Normen beruft, um die für ihn günstige Rechtsfolge der §§ 437 Nr. 2 und 3 gleichsam auf mehrfach abgesicherter Grundlage erreichen zu können. Der Wortlauf des S. 1 ist insoweit irritierend, als er den Eindruck einer abschließenden Regelung für Fälle mit nicht erforderlicher Fristsetzung erweckt. Zu den dort erwähnten Normen treten jedoch auch die Fälle des § 275 Abs. 1, 2 und 3 sowie vertraglich vereinbarte Ausschlüsse einer erforderlichen Frist zur Nachbesserung hinzu. Dort, wo weitergehende Rechtsansprüche des Käufers ohnehin unabhängig von Fristsetzungen bestehen, wie z.B. bei Anwendung des § 280 Abs. 1 auf Fälle der früheren pVV sowie des § 311a Abs. 2 (frühere c.i.c.), ist die Norm bedeutungslos.

C. Voraussetzungen

3 § 440 regelt drei verschiedene Fallgruppen, wobei für eine Fallgruppe eine nähere Konkretisierung in S. 2 erfolgt.

I. Umfassende Ausübung des Leistungsverweigerungsrechts nach § 439 Abs. 3

4 Verweigert der Verkäufer zu Recht beide Arten der Nacherfüllung des § 439 Abs. 1, steht dem Käufer ein entsprechender Anspruch nicht zu. Letztlich handelt es sich in S. 1 Alt. 1 um eine Klarstellung, die sich auch sonst aus der Funktion des Nachbesserungsrechts ergäbe. Dies folgt daraus, dass eine Fristsetzung auf Nacherfüllung sinnlos wäre und der Käufer sofort seine Befugnisse aus § 437 Nr. 2 und 3 wahrnehmen kann. Der Begriff der „Verweigerung" ist in allen Normen deckungsgleich.

5 Dabei erhebt sich die Frage, ob der Verkäufer die Nacherfüllung zu Recht, also nach den Voraussetzungen des § 439 Abs. 3 verweigern muss oder aber ob es genügt, dass er die Nacherfüllung überhaupt ablehnt.

Für den ersten Standpunkt spricht der in § 440 ausgesprochene Verweis auf § 439 Abs. 3, also auch auf die dortigen Voraussetzungen. Der Sinn und Zweck der Norm steht einer solchen Auffassung jedoch entgegen. Das Recht der zweiten Andienung schützt den Verkäufer davor, sofort trotz Möglichkeit der Nachlieferung mit Rücktritt, Minderung oder Schadensersatzforderungen des Käufers konfrontiert zu werden. Begibt sich der Verkäufer dieses Schutzes, indem er jede Form der Nacherfüllung oder die bereits zu Recht durch den Käufer gewählte Form unbegründet ablehnt, kann konsequenterweise der Käufer sofort seine weitergehenden Rechte aus § 437 Nr. 2, 3 geltend machen. Dics folgt im Übrigen auch aus §§ 281 Abs. 2, 323 Abs. 2 Nr. 1, die auf Fälle unbegründeter Inanspruchnahme des § 439 Abs. 3 ohne weiteres anwendbar sind. Allerdings bleibt es dem Käufer unbenommen, statt eines Vorgehens nach § 437 Nr. 2, 3 den Nacherfüllungsanspruch aus § 439 Abs. 1 bei unbegründeter Berufung des Verkäufers auf § 439 Abs. 3 weiter geltend zu machen und ggf. gerichtlich durchzusetzen.

II. Fehlschlagen der Nacherfüllung

Ist die Nacherfüllung fehlgeschlagen, verliert der Verkäufer seine Nachbesserungsbefugnis. Es wäre ein **6** ungereimtes Ergebnis, wenn der Käufer immer neue erfolglose Bemühungen des Verkäufers akzeptieren müsste. Fehlschlagen bedeutet scheitern. Dieser Begriff wird aus § 11 Nr. 10 b AGBG a.F. übernommen, wo er durch Rechtsprechung und Literatur hinreichend konkretisiert worden ist.[1] S. 2 stellt klar, dass nach dem erfolglosen zweiten Versuch grundsätzlich ein Fehlschlagen der Nachbesserung vorliegt. Der zweimalige erfolglose Versuch bezieht sich auf die Nachbesserung, so dass unter Einbeziehung des ersten Versuchs einer fehlerfreien Lieferung insgesamt drei „Fehlversuche" einer fehlerfreien Lieferung vorliegen. In der Sache handelt es sich insoweit um eine Beweiserleichterung zugunsten des Käufers, abgestellt auf den Durchschnittsfall.[2] Aus der Art der Kaufsache, der Art des Mangels und dem Verhalten des Verkäufers kann sich Abweichendes ergeben, und zwar im Sinne einer Über- oder Unterschreitung von zwei Nachbesserungsversuchen. Für einfach zu behebende Mängel in Fällen, in denen der Käufer auf zügige Mangelbeseitigung angewiesen ist, steht dem Verkäufer nur ein Versuch zur Verfügung. Bei hochkomplexen Anlagen, bei denen nur noch ein geringfügiger Mangel nach dem zweiten Nachbesserungsversuch verbleibt und der Käufer eine kurzfristige Beseitigung durch den Verkäufer erreichen kann, kann dem Käufer u.U. auch mehr zuzumuten sein. Letztlich entscheiden alle Umstände des Einzelfalles. Dabei kommt es nicht etwa allein auf das Verhalten des Verkäufers, sondern auch auf die Eigenart der Sache und die Art des Mangels an, wie sich aus der kumulativen Aufzählung aller Kriterien in S. 2 ergibt. Aus der differenzierten Verwendung der Begriffe Nacherfüllung und Nachbesserung in den Sätzen 1 und 2 folgt, dass die Nachbesserung in S. 2 nur die Mangelbeseitigung, nicht aber die Lieferung einer mangelfreien Sache betrifft. Damit ist die Norm keine abschließende, sondern eine teilkonkretisierende Ergänzung zu S. 1.

Darüber hinaus ergibt sich aus dem Zusammenspiel der §§ 439 Abs. 1, 440 S. 2, dass auch auf der Ebene **7** des S. 2 das Wahlrecht des Käufers für die Art der Nacherfüllung zu beachten ist. Entscheidet er sich für eine Neulieferung und scheitert diese nicht an § 439 Abs. 3, ist folglich für die Anwendung von S. 2 kein Raum.[3] Damit ist allerdings nicht ausgesagt, dass ein Fehlschlagen im Falle der Nachlieferung ausgeschlossen ist. Hierfür gelten vielmehr die allgemein im Rahmen des AGB-Rechts entwickelten Grundsätze.[4]

III. Unzumutbarkeit

Die Unzumutbarkeit der Nacherfüllung ist nach dem eindeutigen Wortlaut aus der Sphäre des Käufers zu **8** beurteilen; darin liegt ein gravierender Unterschied zu § 275 Abs. 2. Wie sonst, so entscheiden auch hier alle Umstände des Einzelfalles. Der Käufer soll nicht an Nachbesserungsversuchen des Verkäufers unter temporärer Ausklammerung seiner Rechte aus § 437 Nr. 2 und 3 festgehalten werden, wenn dies aufgrund einer Gesamtabwägung aller Umstände des Falles schlechterdings ungerechtfertigt ist. Dabei genügt allein der Umstand eines Fehlers nach §§ 434, 435 nicht, weil sonst das Gefüge von Nacherfüllungsanspruch des Käufers, Nachbesserungsrecht des Verkäufers und vorübergehend dispensierter weitergehender Befugnisse des Käufers aus § 437 Nr. 2, 3 unterlaufen würde. Für die Interpretation ist zu beachten, dass Zumutbarkeitsaspekte nicht die bereits in §§ 281 Abs. 2, 323 Abs. 2 geregelten Fälle erfassen sollen, da sonst eine unsinnige Doppelregelung vorliegen würde. Insoweit hat § 440 somit die Funktion eines

---

1 Der in § 11 Nr. 10 b AGBG a.F. gebrauchte Begriff des Fehlschlagens umfasst insoweit allerdings auch gewisse Fallgruppen, bei denen die Fristsetzung entbehrlich machende Wirkung sich nach dem neuen Recht schon aus anderen Vorschriften, z.B. dem § 323 Abs. 2, ergibt, vgl. BegrRE, BT-Drucks 14/6040, 233 sowie *Haas*, BB 2001, 1313, 1316. In diesen Fällen ist auf die einschlägigen Spezialnormen zurückzugreifen.
2 BegrRE, BT-Drucks 14/6040, 234.
3 Ebenso *Jorden/Lehmann*, JZ 2001, 952, 960.
4 So ist etwa nach *Hensen*, in: Ulmer/Brandner/Hensen, AGBG, § 11 Nr. 10 b Rn 46 davon auszugehen, dass im Falle neu hergestellter Gattungssachen eine Ersatzlieferung regelmäßig schon dann fehlgeschlagen ist, wenn die erste als Ersatz gelieferte Sache wiederum mangelhaft ist; ebenso Palandt/*Putzo*, Vorbem. vor § 459 Rn 29.

Auffangtatbestandes. Sie greift immer dann ein, wenn das Vertrauen des Käufers in eine sachgerechte Vertragserfüllung des Verkäufers nachhaltig gestört ist.

9 Insoweit ist das Verhalten des Verkäufers bei den Vertragsverhandlungen oder danach bei Vertragserfüllung ausschlaggebend. Beleidigungen anlässlich der Nachbesserung oder Beeinträchtigungen der Vermögens- und Integritätsinteressen aufgrund der Art, wie der Verkäufer seiner Pflicht nachkommt, braucht der Käufer nicht zu dulden. In allen Fällen arglistiger Täuschung des Verkäufers ist dem Käufer grundsätzlich eine Nacherfüllung nicht zumutbar.[5] Damit wird nicht etwa auf Umwegen die aufgehobene besondere Haftung des Verkäufers nach § 463 a.F. wieder eingeführt, sondern einer an vielen Stellen im Gesetz enthaltenen Wertung Rechnung getragen (vgl. §§ 442 Abs. 1 S. 2, 444, 438 Abs. 3, 202 Abs. 1, 123 Abs. 1, 823 Abs. 2 i.V.m. § 263 StGB, § 826). Insbesondere der Umstand, dass der Verkäufer durch sein Verhalten gegenüber dem Käufer einen Straftatbestand verletzt hat, ist ausschlaggebend.

D. Dispositives Recht

10 § 440 kann durch Vertragsabsprache geändert, z.B. verschärft, konkretisiert oder gänzlich abbedungen werden. Für Verbrauchsgüterkaufverträge ist § 475 Abs. 1 zu beachten, bei Regelung durch Allgemeine Geschäftsbedingungen gelten §§ 305 ff.

E. Anwendungsbereich

11 § 440 gilt für alle unter § 433 fallenden Verträge. Eine Sonderregelung für Alltagsgeschäfte besteht nicht; hier ist jedoch die Schwelle der Unzumutbarkeit vielfach schneller als bei Verträgen von grundlegender wirtschaftlicher Bedeutung erreicht.[6]

§ 441 Minderung

(1) ¹Statt zurückzutreten, kann der Käufer den Kaufpreis durch Erklärung gegenüber dem Verkäufer mindern. ²Der Ausschlussgrund des § 323 Abs. 5 Satz 2 findet keine Anwendung.
(2) ¹Sind auf der Seite des Käufers oder auf der Seite des Verkäufers mehrere beteiligt, so kann die Minderung nur von allen oder gegen alle erklärt werden.
(3) ¹Bei der Minderung ist der Kaufpreis in dem Verhältnis herabzusetzen, in welchem zur Zeit des Vertragsschlusses der Wert der Sache in mangelfreiem Zustand zu dem wirklichen Wert gestanden haben würde. ²Die Minderung ist, soweit erforderlich, durch Schätzung zu ermitteln.
(4) ¹Hat der Käufer mehr als den geminderten Kaufpreis gezahlt, so ist der Mehrbetrag vom Verkäufer zu erstatten. ²§ 346 Abs. 1 und § 347 Abs. 1 finden entsprechende Anwendung.

A. Regelungsgehalt

1 Auch das neue Kaufrecht kennt, entsprechend der langjährigen kaufrechtlichen Tradition, ein Minderungsrecht. Es ist, ebenso wie das Rücktrittsrecht, nicht mehr als Anspruch, sondern als Gestaltungsrecht des Käufers geregelt (Abs. 1 S. 1). Die im alten Recht aus §§ 462, 465 a.F. abzuleitende Konstruktion eines vertraglichen Anpassungsanspruchs sowie die Bemühungen in Rechtsprechung und Literatur, dies zur Erzielung sachgerechter Ergebnisse zu überwinden,[1] sind damit überholt. Die Minderung ändert die vertragliche Vereinbarung des Kaufpreises unmittelbar und einseitig zugunsten des Käufers (Abs. 3). Hinsichtlich der Voraussetzungen und nicht minderungsspezifischer Wirkungen lehnt sich das Recht der Minderung eng an das Rücktrittsrecht an. Der Käufer kann nur dann mindern, wenn er auch zurücktreten könnte.[2] Anders als für das Rücktrittsrecht (§ 323 Abs. 5 S. 2) gilt die Befugnis zur Minderung allerdings auch bei geringfügigen Mängeln (Abs. 1 S. 2).

2 Hat der Käufer schon gezahlt und übt er erst nachträglich (§ 442!) das Minderungsrecht aus, steht ihm ein Rückforderungsanspruch hinsichtlich des Differenzbetrages zu (Abs. 4 S. 1).

3 Die spezifischen verjährungsrechtlichen Aspekte als Konsequenz des Gestaltungsrechts übernimmt das Recht der Minderung gleichfalls aus dem Rücktrittsrecht; die diesbezügliche Grundaussage ist in Abs. 5 des die Verjährungsproblematik regelnden § 438 enthalten.

4 Auch das Recht der Minderung unterliegt der Hierarchie der Käuferbefugnisse aus § 437 und damit dem Vorrang des Nacherfüllungsrechtes zugunsten des Verkäufers einschließlich der insoweit gültigen Durchbrechungen (vgl. § 437 Rn 4 ff.).

---

5 Ebenso *Lorenz*, JZ 2001, 742, 743.
6 Vgl. hierzu BegrRE, BT-Drucks 14/6040, 234.
1 Vgl. den Überblick über die Konstruktionen der „Vertrags-" und „Herstellungstheorie" sowie der vermittelnden Lösungen („Theorie des richterlichen Gestaltungsakts"; „gemischte Theorie") bei Palandt/*Putzo*, § 465 Rn 2 ff.
2 Vgl. auch BegrRE, BT-Drucks 14/6040, 235.

B. Voraussetzungen

Voraussetzungen des Minderungsrechts sind ein gültiger Kaufvertrag, ein Mangel nach §§ 434, 435 (der auch „unerheblich" sein darf, vgl. Abs. 1 S. 2) unter Beachtung der Beweislastregel des § 476, ohne dass es auf Verschulden des Käufers ankommt, sowie schließlich die Beachtung der Hierarchie der Käuferbefugnisse in dem bereits beschriebenen Umfang. Bei Beteiligung mehrerer kann das Gestaltungsrecht, der rücktrittsrechtlichen Regelung des § 356 a.F. nachempfunden,[3] nur einheitlich erklärt werden (Abs. 2).

C. Maßstab

Für die Durchführung der Minderung ist der Kaufpreis in dem Verhältnis herabzusetzen, in welchem zur Zeit des Vertragsschlusses der Wert der Sache in mangelfreiem Zustand zu dem wirklichen Wert gestanden haben würde. Dies entspricht der bisherigen Regelung des § 472 Abs. 1 a.F.[4] Die dazu entwickelten Kriterien haben weiterhin Gültigkeit. Dies ist besonders hervorzuheben, weil der Regierungsentwurf im Dienste einer angeblichen Vereinfachung zunächst einen neuartigen Modus der Minderungsberechnung vorgesehen hatte, der nicht auf eine ratierliche Herabsetzung des Kaufpreises im Verhältnis zum objektiven Wert der Sache abzielte, sondern in wenig klarer Weise[5] eine Minderung im Wege eines Subtraktionsverfahrens anordnete. Dessen konkrete Ausgestaltung hätte dazu geführt, dass dem Käufer die Vorteile eines besonders günstigen Kaufes bei Wahl der Minderung entzogen worden wären – eine rechtspolitisch unhaltbare und auch europarechtswidrige, weil das Minderungsrecht der Richtlinie (Art. 3 Abs. 2, 5) unterlaufende Regelung.[6] Die jetzige Fassung trägt der hiergegen erhobenen Kritik[7] Rechnung.

D. Wirkung

Eine rechtswirksame Minderung verändert den Kaufpreis nach Abs. 3 einseitig und unmittelbar; daraus resultiert ein entsprechend reduzierter Anspruch des Verkäufers aus § 433 Abs. 2. Hat der Käufer schon den gesamten Kaufpreis gezahlt, steht ihm hinsichtlich des Mehrbetrages ein Rückforderungsanspruch nach Abs. 4 S. 1 zu. Dabei handelt es sich um eine eigenständige Anspruchsgrundlage; die rücktrittsrechtlichen Vorschriften des § 346 Abs. 1 und des § 347 Abs. 1 finden aber ergänzend Anwendung.[8] Ihre direkte Anwendung scheitert daran, dass der Käufer bei Minderung gerade nicht zurücktritt.

Auch nach Verjährung (§ 438) steht dem Käufer gegenüber dem Zahlungsanspruch des Verkäufers (§ 433 Abs. 2) ein Leistungsverweigerungsrecht in dem Umfang zu, in dem er zur Kaufpreisminderung berechtigt ist (§§ 441 Abs. 3, 438 Abs. 5).

Hat der Verkäufer schuldhaft eine mangelhafte Sache geliefert, steht dem Käufer neben der Minderung ein Anspruch auf Schadensersatz für etwaige Mangelfolgeschäden zu. Diese für den Rücktritt ausdrücklich in § 325 vorgesehene Kombinierbarkeit der beiden Rechte gilt auch für das Verhältnis von Schadensersatz und Minderung. Dies folgt aus der prinzipiell parallelen Behandlung beider Gestaltungsrechte in §§ 437 Nr. 2, 438 Abs. 5 sowie auch daraus, dass unter dem Aspekt rechtlicher Logik nichts für einen Ausschluss des Schadensersatzanspruchs nach Minderung spricht. Allerdings kann der Käufer wirtschaftlich den Minderungswert auch als Schadensposten im Rahmen eines einheitlichen Schadensersatzanspruches geltend machen. Prozessrechtlich liegt der Wert einer Kombinationsmöglichkeit von Minderung und Schadensersatz in der Verschuldensunabhängigkeit der Minderung bei etwaigen Beweisproblemen bezüglich des Verschuldens des Verkäufers.

§ 442 Kenntnis des Käufers

(1) ¹Die Rechte des Käufers wegen eines Mangels sind ausgeschlossen, wenn er bei Vertragsschluss den Mangel kennt. ²Ist dem Käufer ein Mangel infolge grober Fahrlässigkeit unbekannt geblieben, kann der Käufer Rechte wegen dieses Mangels nur geltend machen, wenn der Verkäufer den Mangel arglistig verschwiegen oder eine Garantie für die Beschaffenheit der Sache übernommen hat.
(2) ¹Ein im Grundbuch eingetragenes Recht hat der Verkäufer zu beseitigen, auch wenn es der Käufer kennt.

---

[3] BegrRE, BT-Drucks 14/6040, 235.
[4] Vgl. hierzu die Darstellung bei Palandt/*Putzo*, § 472 Rn 7 ff.
[5] Vgl. *Gaier*, ZRP 2001, 336, 337 zu den verschiedenen denkbaren „Lesarten" der Entwurfsfassung; vgl. ferner *Honsell*, JZ 2001, 278, 281 sowie *Krebs*, DB-Beilage Nr. 14 zu Heft 48/2000, 19.
[6] § 441 Abs. 3 in der Fassung des Regierungsentwurfes lautete: Durch die Minderung wird der Kaufpreis um den Betrag herabgesetzt, um den der Mangel den Wert der Sache, gemessen am Kaufpreis, mindert.
[7] Vgl. *Canaris*, ZRP 2001, 329, 335; *Wilhelm*, JZ 2001, 861, 868; *Ernst/Gsell*, ZIP 2000, 1410, 1418; *Gaier*, ZRP 2001, 336, 337, *Honsell*, JZ 2001, 278, 281; *Krebs*, DB-Beilage Nr. 14 zu Heft 48/2000, 19.
[8] BegrRE, BT-Drucks 14/6040, 236.

A. Grundgedanke des Haftungsausschlusses

1 Die Norm fasst §§ 439, 460 a.F. mit Modifizierungen zusammen. Kenntnis des Käufers oder grob fahrlässige Unkenntnis von Sach- oder Rechtsmängeln (§§ 434, 435) bei Vertragsabschluss führen zum Verlust aller an sich auf der Mangelhaftigkeit basierenden Rechte (§§ 437 ff.). Nur bei Vorliegen der Voraussetzungen des Abs. 1 S. 2 schadet grob fahrlässige Unkenntnis dem Käufer nicht. Die Norm ist insoweit eine spezialgesetzliche Ausprägung des Verbotes widersprüchlichen Verhaltens.

B. Subjektive Voraussetzungen

2 Kenntnis des Mangels führt ohne Einschränkung zum Verlust der Rechte des Käufers wegen dieses Mangels. Auch grob fahrlässige Unkenntnis schadet dem Käufer grundsätzlich. Dies folgt zwar nicht aus Abs. 1 S. 1, jedoch aus einem Umkehrschluss zu dessen S. 2. Wenn dort für den Sonderfall der arglistigen Täuschung oder einer Beschaffenheitsgarantie des Verkäufers eine grob fahrlässige Unkenntnis als unschädlich bezeichnet wird, zeigt dies, dass in allen anderen Fällen auch grobe Fahrlässigkeit des Käufers Gewährleistungsansprüche ausschließt.[1]

3 Die Beschaffenheitsgarantie i.S.d. § 442 ist von der Garantie i.S.d. § 443 zu unterscheiden. Sie entspricht inhaltlich dem, was nach altem Recht unter Zusicherung einer Eigenschaft zu verstehen war[2] und definiert u.a. den Umfang des Vertretenmüssens in § 276. Übernimmt der Verkäufer eine Garantie i.S.d. § 442, ist damit bei Mangelhaftigkeit der Sache ein Verschulden i.S.d. § 276 gegeben. Als Anwendungsbereich des § 443 bleiben dagegen Garantien, die über die Gewährleistung hinausgehende Rechte gewähren, Drittgarantien sowie Haltbarkeitsgarantien.[3]

4 Bei Vorliegen der Voraussetzungen des Abs. 1 S. 2 schadet selbst eine grobe Fahrlässigkeit des Käufers nicht, weil sie durch die wesentlich intensivere Verantwortlichkeit des Verkäufers für den Zustand der Kaufsache überkompensiert wird. Dies entspricht der Rechtspraxis zu § 254 Abs. 1.[4]

C. Im Grundbuch eingetragene Rechte als Mangel

5 Liegt der Rechtsmangel in einem im Grundbuch eingetragenen Recht, hat der Verkäufer dies unabhängig von der Kenntnis und erst recht einer grob fahrlässigen Unkenntnis des Käufers zu beseitigen. Die Sonderregelung trägt dem besonderen Stellenwert grundbuchlich abgesicherter Rechte zulasten des Käufers Rechnung und entspricht dem regelmäßigen Parteiwillen. Ferner trägt sie dem Umstand Rechnung, dass dem Kaufvertrag widersprechende grundbuchlich abgesicherte Rechte vielfach in der Phase zwischen dem Abschluss des Kaufvertrages und der Umschreibung der erworbenen Rechte im Grundbuch gelöscht werden sollen, soweit der Käufer sie nicht ohnehin wie im Falle einer Hypothek unter Anrechnung auf den Kaufpreis übernimmt. Im Vergleich zum § 439 Abs. 2 a.F. stellt § 442 Abs. 2 eine Verbesserung der Käuferposition dar, weil § 442 umfassend alle im Grundbuch eingetragenen Rechte erfasst, also auch z.B. auch Dienstbarkeiten, Reallasten und Vorkaufsrechte.[5]

D. Grob fahrlässige Unkenntnis des Käufers

6 Auf die grob fahrlässige Unkenntnis des Käufers bzgl. der Mangelhaftigkeit kommt es bei arglistigem Verschweigen des Mangels oder Übernahme einer Garantie seitens des Verkäufers nicht an. Für die Anforderungen an das Verhalten des Verkäufers gelten dieselben Kriterien wie für §§ 438 Abs. 3, 463 Abs. 1 a.F.

7 Der Käufer handelt grob fahrlässig, wenn sich ihm das Bestehen eines Mangels bei Abschluss des Kaufvertrages aufdrängt, dieser also ohne eine detailliertere, Fachkenntnisse voraussetzende Überprüfung erkennbar ist. Dies ist ausgeschlossen in allen Fällen des Gattungskaufes, wo der Käufer nach Katalog oder Muster kauft. Auch in Fällen des Spezieskaufs trifft den Käufer grundsätzlich keine Untersuchungspflicht. Ist der Kaufgegenstand jedoch bei Abschluss des Kaufvertrages vorhanden und bereits für einen Laien erkennbar mangelhaft, ist das Übersehen des Fehlers als grob fahrlässig zu bewerten. Bei Kaufverträgen zwischen Fachleuten ist die Untersuchungspflicht je nach Art der Kaufsache intensiviert. Besondere

---

1 Insoweit setzt die Norm Art. 2 Abs. 3 der Kaufrechtsrichtlinie um. Nach *Honsell* (JZ 2001, 278, 279) soll die Richtlinie anders als § 460 a.F. Ansprüche des Käufers schon bei einfach fahrlässiger Unkenntnis ausschließen. Dies überdehnt den Richtlinienwortlaut („vernünftigerweise nicht in Unkenntnis"); wie hier *Ernst/Gsell*, ZIP 2000, 1410, 1416; *Hoffmann*, ZRP 2001, 347, 348; BegrRE, BT-Drucks 14/6040, 236. Zudem gestattet die Richtlinie nach Art. 8 Abs. 2 den Mitgliedstaaten Abweichungen zugunsten der Verbraucher.
2 BegrRE, BT-Drucks 14/6040, 236; 14/6857, 61. Die Formulierung wurde im Gesetzgebungsverfahren mehrfach geändert, im Ergebnis sollte eine Harmonisierung mit dem Wortlaut des § 276 erreicht werden.
3 Siehe dazu im Einzelnen die Erläuterungen zu § 443.
4 BGHZ 98, 158; BGH NJW 1980, 1519; 1992, 311.
5 BegrRE, BT-Drucks 14/6040, 237.

Erfahrungen und Kenntnisse bzgl. der Erkennbarkeit von Fehlern muss ein Käufer nutzen. Er kann sich insoweit nicht auf die Warte eines Laien zurückziehen.

Rechtspolitisch verfolgt die Norm den Zweck, dem Käufer den Einwand abzuschneiden, er habe einen Mangel nicht gesehen, der ohne weiteres erkennbar war. Insofern bedeutet Abs. 1 S. 2 in den rechtspraktischen Auswirkungen zugleich für Fälle grober Fahrlässigkeit eine Art Beweiserleichterung bzgl. der positiven Kenntnis des Mangels nach Abs. 1 S. 1, die der Verkäufer beweisen muss. Steht jedenfalls eine grob fahrlässige Unkenntnis des Käufers mit Ausnahme der in Abs. 1 S. 2 geregelten Fälle fest, kann die weitere Frage einer positiven Kenntnis dahingestellt bleiben.

E. Maßgeblicher Zeitpunkt

Maßgeblicher Zeitpunkt ist der Abschluss des Kaufvertrages, nicht des dinglichen Erfüllungsgeschäftes. Zwischen beiden Zeitpunkten erhaltene Informationen über den Mangel schränken die Rechte des Käufers nicht ein. Auf den Zeitpunkt des Gefahrüberganges (§§ 446, 447) kommt es im Rahmen des § 442 nicht an. Allerdings kann in der Annahme einer fehlerhaften Sache ein ausdrücklicher oder konkludenter Verzicht des Käufers auf seine Rechte aus §§ 437 ff. liegen, insbesondere bei geringfügigen Mängeln. In solchen Fällen scheidet dann gleichfalls eine Mängelhaftung des Verkäufers aus, obwohl die Voraussetzungen des Abs. 1 zu dem maßgeblichen Zeitpunkt des Gefahrübergangs nicht vorlagen.

§ 443 Beschaffenheits- und Haltbarkeitsgarantie

(1) ¹Übernimmt der Verkäufer oder ein Dritter eine Garantie für die Beschaffenheit der Sache oder dafür, dass die Sache für eine bestimmte Dauer eine bestimmte Beschaffenheit behält (Haltbarkeitsgarantie), so stehen dem Käufer im Garantiefall unbeschadet der gesetzlichen Ansprüche die Rechte aus der Garantie zu den in der Garantieerklärung und der einschlägigen Werbung angegebenen Bedingungen gegenüber demjenigen zu, der die Garantie eingeräumt hat.
(2) ¹Soweit eine Haltbarkeitsgarantie übernommen worden ist, wird vermutet, dass ein während ihrer Geltungsdauer auftretender Sachmangel die Rechte aus der Garantie begründet.

Inhalt

A. Abgrenzung der Garantie zur Mängelgewährleistung 1	C. Inhalt der Garantiezusage 4
B. Dogmatische Ableitung des Garantieanspruchs 2	D. Vermutungsregel des Abs. 2 5
I. Zusage des Verkäufers 2	E. Konkurrenzen 6
II. Zusagen Dritter 3	

A. Abgrenzung der Garantie zur Mängelgewährleistung

Die Garantieerklärung für eine bestimmte Haltbarkeit oder Beschaffenheit ist von der Sachmängelhaftung deutlich zu unterscheiden. Sachmängel sind Fehler bei Gefahrübergang (§ 434 Abs. 1 S. 1), während die Garantie sich auf die Haltbarkeit und Funktionsfähigkeit des Kaufgegenstandes nach Gefahrübergang bezieht. Sachmängel haben Rechte des benachteiligten Käufers allein gegen den Verkäufer als Vertragspartner zur Folge. Garantiezusagen können neben dem Verkäufer auch durch Dritte, insbesondere durch den Hersteller, Importeur oder Vorlieferanten gegeben werden. Sachmängel sind in § 434 konkret definiert und lösen gesetzlich detailliert umschriebene Konsequenzen aus (§§ 437 ff.). Garantiezusagen werden freiwillig gegeben; Inhalt und Reichweite unterliegen der Privatautonomie. Daher verzichtet § 443 auf eine Beschreibung des Garantieinhalts. Gewährt wird nur ein gesetzlich fixierter Anspruch aus der Garantie als vertraglicher Erfüllungsanspruch. Lediglich für den Verbraucherkauf stellt § 477 Abs. 1 hinsichtlich Verständlichkeit und des Verhältnisses zu den Gewährleistungsansprüchen sowie Abs. 2 hinsichtlich der Fixierung der Garantieerklärung Mindestanforderungen auf. Europarechtlich setzt § 443 den Art. 6 der Verbrauchsgüterrichtlinie um.

B. Dogmatische Ableitung des Garantieanspruchs

I. Zusage des Verkäufers

Werden Garantiezusagen durch den Verkäufer gegeben, handelt es sich um einen Bestandteil des Kaufvertrags, der insoweit über die §§ 437 ff. hinaus geht. Rechtsansprüche des Käufers gegen den Verkäufer anlässlich der Garantie sind vertragsrechtlicher Natur, wenn auch gesetzlich in § 443 fixiert.

II. Zusagen Dritter

3 Übernimmt ein Dritter eine Garantie,[1] fehlt es an einer direkten Vertragsbeziehung des Käufers zu ihm. Dies veranlasste die Rechtsprechung bis zur Schuldrechtsreform, einen Garantievertrag zwischen dem Dritten und dem Käufer zu konstruieren, bei dem der Garantiegeber auf den Zugang der Annahme verzichtete.[2] Diese Ableitung ist infolge des Abs. 1 nun überflüssig. In der Sache handelt es sich um einen gesetzlichen Anspruch des Käufers, ausgelöst durch den mit dem Verkäufer abgeschlossenen Kaufvertrag auf der einen Seite und die Garantiezusage des Garantiegebers auf der anderen Seite. Die Norm hat insoweit kaufrechtliche Elemente ebenso wie solche des allgemeinen Schuldrechts. Regelmäßig ergibt sich im Wege der Auslegung (§§ 133, 157), dass die Wirksamkeit der Garantiezusage von der Wirksamkeit des Kaufvertrages abhängt.

C. Inhalt der Garantiezusage

4 Gegenstand, Inhalt und Reichweite der Garantie unterliegen der Disposition des Garantiegebers. Er entscheidet frei darüber. Abs. 1 beschränkt sich auf die Konstruktion eines eigenständigen Anspruchs sowie die Klarstellung, dass dieser unabhängig von der kaufrechtlichen Mängelhaftung (§§ 437 ff.) besteht.[3] Die Garantiezusage bezieht sich auf den Kaufgegenstand und bestimmt die zeitliche Geltungsdauer. Inhaltlich kann sie z.B. eine unentgeltliche Nachbesserung, eine Nachbesserung mit unentgeltlich bezogenen Ersatzteilen und bloßer Bezahlung des Arbeitslohns, ein Umtauschrecht gegen Rückzahlung des Kaufpreises oder eine vollständige Neulieferung der Kaufsache zum Gegenstand haben. Vielfach werden Verschleißteile von der Garantiezusage ausgenommen (so insbesondere in der Automobilindustrie). Ist die Qualitätseinbuße auf ein Fehlverhalten des Käufers zurückzuführen, sind Ansprüche aus der Garantiezusage regelmäßig ausgeschlossen. Dabei ist allerdings die Vermutung des Abs. 2 zu beachten. Entsprechendes gilt bei Beschädigung oder Zerstörung durch Dritte. Hinsichtlich der formalen Anforderungen an die Garantieerklärung stellt § 477 für den Verbraucherkauf strengere Anforderungen auf.

D. Vermutungsregel des Abs. 2

5 Häufig ist streitig, ob ein Garantiefall vorliegt oder aufgrund fehlerhaften Verhaltens des Käufers bzw. eines Dritten ausgeschlossen ist. Nach allgemeinen Grundsätzen liegt die Darlegungs- und Beweislast für die Garantievoraussetzungen beim Käufer. Allerdings hat die Rechtsprechung insoweit bereits teilweise Beweiserleichterungen zugunsten des Käufers entwickelt.[4] Diese werden jetzt durch Abs. 2 gesetzlich fixiert. Er enthält zugunsten des Käufers eine widerlegliche Vermutung bezüglich des Vorliegens eines Garantiefalls. Ihn trifft nur die Beweislast bezüglich des Abschlusses eines Kaufvertrags, der Garantiezusage, des Auftretens eines Mangels gemäß Regelungsgehalt der Garantie sowie des Einhaltens der Garantiefrist. Liegen diese Voraussetzungen vor, soll nicht der Käufer beweisen müssen, dass ein Garantiefall besteht. Vielmehr trifft den Garantiegeber als Folge der Vermutung des Abs. 2 die Darlegungs- und Beweislast für dessen Fehlen. Dabei vermag allein der Beweis technisch einwandfreier Herstellung den Garantiegeber nicht zu entlasten.[5] Dies folgt rechtspolitisch aus dem Wesen der Garantie. Zugleich liegt die Regelung auf einer Linie mit der Beweislastverteilung für Sachmängel im Rahmen von Verbrauchsgüterkäufen nach § 476.

E. Konkurrenzen

6 Abs. 1 gibt einen Erfüllungsanspruch aus der Garantiezusage. Lässt sich feststellen, dass der Mangel bereits bei Gefahrübergang bestand (auch unter Berücksichtigung der Beweislastregel des § 476), können Ansprüche aus Garantiezusagen und Gewährleistungsansprüche in Anspruchskonkurrenz stehen.[6] Ist der Garantiegeber nicht der Verkäufer, haften beide als Gesamtschuldner (§§ 421 ff.). Daneben kommen andere Ansprüche gegen den Hersteller aus Produkthaftungsrecht sowie Deliktsrecht (§ 823 Abs. 1) in Betracht. Deliktsrechtliche Ansprüche bestehen u.U. seitens des Käufers gegen den Verkäufer aufgrund der Judikatur

---

1 Häufig dadurch, dass er dem Produkt eine Garantiekarte beilegt.
2 BGHZ 78, 373; 104, 185. Mitunter wurde auch ein Vertrag zwischen Verkäufer und Vorlieferanten zugunsten des Endkunden angenommen, s. BGH NJW 79, 2036, oder eine Vertretung/Botenschaft des Verkäufers für den Garantiegeber, s. MüKo/*Westermann*, § 459 Rn 98; Staudinger/*Honsell*, § 459 Rn 178 ff. zur Herstellergarantie, jeweils m.w.N. Maßgeblich sind stets die Umstände des Einzelfalls.
3 Vgl. *Tonner*, VuR 2001, 87, 93.
4 Siehe dazu MüKo/*Westermann*, § 459 Rn 100 m.w.N; *Reinking*, DAR 2001, 8, 15; BGH DAR 1996, 361; DAR 1995, 111; BegrRE, BT-Drucks 14/6040, 237.
5 BegrRE, BT-Drucks 14/6040, 239.
6 Insofern gilt das Gleiche wie für die Rechtslage nach altem Recht, s. dazu MüKo/*Westermann*, § 459 Rn 98; etwas zurückhaltender Staudinger/*Honsell*, § 459 Rn 172 „Garantievertrag und Gewährleistungsansprüche brauchen sich nicht auszuschließen".

zu den Fällen „weiterfressender Mängel".⁷ Hat der Verkäufer den Käufer arglistig getäuscht, greifen zusätzlich § 823 Abs. 2 i.V.m. § 263 StGB sowie § 826 ein.

§ 444 Haftungsausschluss

¹Auf eine Vereinbarung, durch welche die Rechte des Käufers wegen eines Mangels ausgeschlossen oder beschränkt werden, kann sich der Verkäufer nicht berufen, wenn er den Mangel arglistig verschwiegen oder eine Garantie für die Beschaffenheit der Sache übernommen hat.

§ 444 fasst die bisherigen §§ 443, 476 a.F. ohne inhaltliche Änderung zusammen.¹ Eine vergleichbare Regelung findet sich für den Sonderfall öffentlicher Versteigerungen in § 445. Die Formulierung, der Verkäufer könne sich auf die Vereinbarung „nicht berufen", soll nach der Begründung des Regierungsentwurfs lediglich verdeutlichen, dass der Vertrag als solcher bestehen bleibt.² Es handelt sich somit um eine partielle Unwirksamkeitsregel mit einer Aufrechterhaltung des Vertrags im Übrigen als Sonderregel gegenüber § 139. Die Beschaffenheitsgarantie ist im Sinne des § 276 Abs. 1 S. 1 zu verstehen. 1

§ 445 Haftungsbegrenzung bei öffentlichen Versteigerungen

¹Wird eine Sache auf Grund eines Pfandrechts in einer öffentlichen Versteigerung unter der Bezeichnung als Pfand verkauft, so stehen dem Käufer Rechte wegen eines Mangels nur zu, wenn der Verkäufer den Mangel arglistig verschwiegen oder eine Garantie für die Beschaffenheit der Sache übernommen hat.

A. Rechtstradition

§ 445 greift den Rechtsgedanken des § 461 a.F. auf. Im ursprünglichen Regierungsentwurf war die Vorschrift nicht mehr enthalten. Die Bundesregierung nahm später einen Vorschlag des Bundesrats, entsprechend Art. 1 Abs. 3 der Verbrauchsgüterkaufrichtlinie den Erwerb gebrauchter Güter in dem Verbraucher zugänglichen Versteigerungen (§ 474 Abs. 1 S. 2) vom Verbrauchsgüterkaufrecht auszunehmen, auch für die Beibehaltung einer § 461 a.F. vergleichbaren Haftungsbeschränkung in § 445 zum Anlass.¹

B. Regelungsgehalt

§ 445 setzt eine öffentliche Versteigerung aufgrund eines Pfandrechts unter der Bezeichnung als Pfand voraus. Bei freihändigen Pfandverkäufen oder Verkäufen durch Gerichtsvollzieher nach § 383 Abs. 3 greift die Norm folglich nicht.² § 445 entscheidet eine Streitfrage in der Literatur zu § 461 a.F. zugunsten des Käufers, indem er im Wege einer Rückausnahme den Verkäufer doch haften lässt, wenn dieser einen Mangel arglistig verschwiegen oder eine Beschaffenheitsgarantie gegeben hat. Der Wortlaut des § 461 a.F. enthielt diese Rückausnahme nicht, so dass sie allenfalls aus dem Sinn der Norm geschlossen werden konnte. Der Verkäufer des Pfandes soll entlastet werden, weil seine Sachherrschaft über die verpfändete Sache typischerweise im Vergleich zu sonstiger Verkäufer gelockerter und seine Kenntnis der Sache eingeschränkter sind. Eine uneingeschränkte Haftung ist ihm aber zumutbar, wenn er den Mangel kennt oder freiwillig eine Beschaffenheit garantiert. Diese sachgerechte Erwägung ist nun in § 445 kodifiziert. 2

§ 445 findet nach § 474 Abs. 2 keine Anwendung bei Verbrauchsgüterkäufen, d. h. der Verkäufer haftet in diesen Fällen uneingeschränkt.³ Wird aufgrund eines Pfandrechts aber öffentlich zugänglich eine gebrauchte Sache versteigert, so findet nach § 474 Abs. 1 S. 2 das Verbrauchsgüterkaufrecht einschließlich des § 474 Abs. 2 keine Anwendung mit der Folge, dass § 445 nicht ausgeschlossen ist. In diesen Fällen kommt demnach ein Haftungsausschluss in Betracht. 3

---

7 Hierzu Staudinger/*Honsell*, § 459 Rn 68 m.w.N.; MüKo/*Westermann*, § 463 Rn 42 ff. Zur Fortgeltung nach neuem Recht zweifelnd v. *Westphalen*, DB 2000, 799, 803.
1 BegrRE, BT-Drucks 14/6040, 240.
2 BegrRE, BT-Drucks 14/6040, 240. Rechtsdogmatisch trägt die Formulierung bei genauer Betrachtung aber eher zur Verwirrung als zur Klarstellung bei, siehe die Ausführungen zu § 475.
1 Siehe die Stellungnahme des Bundesrats und die Gegenäußerung der Bundesregierung, BT-Drucks 14/6857, 30, 62.
2 Insofern ändert sich die Rechtslage nicht, vgl. MüKo/*Westermann*, § 461 Rn 1 m.w.N.
3 Die Verbrauchsgüterkaufrichtlinie lässt keine dem § 445 entsprechende Ausnahme zu.

§ 446 Gefahr- und Lastenübergang

¹Mit der Übergabe der verkauften Sache geht die Gefahr des zufälligen Untergangs und der zufälligen Verschlechterung auf den Käufer über. ²Von der Übergabe an gebühren dem Käufer die Nutzungen und trägt er die Lasten der Sache. ³Der Übergabe steht es gleich, wenn der Käufer im Verzug der Annahme ist.

A. Regelungsgehalt

I. Gefahrtragung

1 § 446 entspricht – mit Modifizierungen – § 446 Abs. 1 a.F. Grundsätzlich trifft die Gefahr zufälligen Unterganges oder zufälliger Verschlechterung in der Zeit zwischen Vertragsabschluss und Vertragserfüllung den Verkäufer. Er wird zwar in derartigen Fällen von der Leistungspflicht nach § 275 Abs. 1 befreit und unterliegt mangels Verschuldens auch keiner Schadenersatzpflicht (§ 280), verliert jedoch zugleich nach § 326 Abs. 1 S. 1 in Übereinstimmung mit § 323 Abs. 1 a.F. den Anspruch auf den Kaufpreis. Erfolgt zugleich mit der Übergabe der verkauften Sache die Eigentumsübertragung, geht die Gefahr ohnehin als Ausfluss des mit dem Eigentum verbundenen Risikos auf den Käufer als Neu-Eigentümer über. § 446 betrifft, in sachlicher Übereinstimmung mit § 446 Abs. 1 a.F., den Zeitraum zwischen Abschluss des Kaufvertrages und der darauf basierenden Übergabe der Kaufsache vor der Eigentumsübertragung. Mit der Übergabe verliert der Verkäufer die faktische Einflussmöglichkeit auf die Sache, die nun allein der Käufer mit der daraus resultierenden Risikoübernahme hat. Nach S. 3 steht es der Übergabe gleich, wenn der Käufer im Verzug der Annahme ist (§§ 293 ff.). Diese Regelung ist systematisch in § 446 gegenüber § 446 Abs. 1 a.F. neu, entspricht jedoch inhaltlich § 324 Abs. 2 a.F. Sie steht im sachlichen Zusammenhang mit der Gefahrtragungsregelung nach § 300 Abs. 2.

II. Nutzungen und Lasten

2 Mit der Übergabe der Sache hat der Käufer den faktischen Zugriff auf diese. Damit gebühren ihm nach ausdrücklicher Regelung des S. 2 die Nutzungen (§ 100) als Vorteil; als Nachteil trägt er die Lasten wie z.B. den Erhaltungsaufwand oder etwaige Steuern, z.B. die KfZ-Steuer im Innenverhältnis Käufer/Verkäufer. Damit wird im wirtschaftlichen Ergebnis die wirtschaftliche Wirkung der vollständigen Erfüllung des Kaufvertrages vorverlegt.

B. Keine Sonderregelungen für Immobilien

3 Die Sonderregelung des § 446 Abs. 2 a.F. für Immobilien wurde – ohne Angabe von Gründen – ersatzlos gestrichen. Damit gilt auch insoweit die Neufassung des § 446. Die praktische Bedeutung für unbebaute Grundstücke ist gering; mit der Übergabe von Hausgrundstücken trägt jedoch auch vor Eigentumsumschreibung nunmehr der Käufer nach S. 1 das Risiko für zufällige Beeinträchtigungen wie Blitzschlag, Überschwemmungen oder Erdbeben. Ebenfalls muss er im Innenverhältnis zum Verkäufer kommunale Abgaben und Versicherungsansprüche übernehmen. Ausnahmen gelten allerdings für Beiträge im Sinne des § 436 Abs. 1.[1]

C. Geltungsbereich

4 Die Norm gilt uneingeschränkt auch für den Verbrauchsgüterkauf, wie § 474 Abs. 2 zeigt. Denn anders als die Gefahrtragungsregel des § 447 ist diejenige des § 446 von der Geltung für den Verbrauchsgüterkauf nicht ausgenommen. Aus § 453 folgt die Geltung für den Rechtskauf, soweit dieser mit der Übergabe der Sache verbunden ist. Der Schiffskauf fällt ohnehin direkt unter § 433 und wird über § 452 nur bzgl. u.a. der §§ 436, 447 Abs. 2 dem Kaufrecht für Immobilien unterstellt. Die Norm ist dispositiv und kann durch abweichende Parteiabsprachen geändert werden.[2]

D. Rechtsfolgen

5 Die Rechtsfolgen entsprechen § 446 a.F. Trotz zufälligen Untergangs oder Verschlechterung der Kaufsache und noch nicht erfolgter Erfüllung des Kaufvertrages muss der Käufer entgegen § 326 Abs. 1 S. 1 den vollständigen Kaufpreis bezahlen. Dies gilt auch für schuldhafte Eingriffe Dritter. Insoweit gelten für die schadenersatzrechtliche Abwicklung nach h.M. die Grundsätze der Drittschadensliquidation, nach einer Mindermeinung bleibt der Gefahrübergang in Fällen der obligatorischen Gefahrentlastung des Verkäufers/Käufers für den Schadensersatzanspruch des Verkäufers aus § 823 gegen Dritte ohnehin außer Betracht.[3]

---

1 Siehe die Kommentierung zu § 436.
2 Auch in AGB, *Haas*, BB 2001, 1313, 1319.
3 Dazu *Büdenbender*, NJW 2000, 986 und *Oetker*, JuS 2001, 833 – beide mit zahlreichen Nachweisen.

§ 447 Gefahrübergang beim Versendungskauf

(1) ¹Versendet der Verkäufer auf Verlangen des Käufers die verkaufte Sache nach einem anderen Ort als dem Erfüllungsort, so geht die Gefahr auf den Käufer über, sobald der Verkäufer die Sache dem Spediteur, dem Frachtführer oder der sonst zur Ausführung der Versendung bestimmten Person oder Anstalt ausgeliefert hat.
(2) ¹Hat der Käufer eine besondere Anweisung über die Art der Versendung erteilt und weicht der Verkäufer ohne dringenden Grund von der Anweisung ab, so ist der Verkäufer dem Käufer für den daraus entstehenden Schaden verantwortlich.

A. Regelungsgehalt

1 Die Vorschrift entspricht uneingeschränkt § 447 a.F. Sie begründet neben § 446 einen weiteren Fall des Gefahrübergangs; die für § 446 dargestellten Konsequenzen gelten auch hier. Für den Verbrauchsgüterkauf gilt die Norm nach ausdrücklicher Vorgabe des § 474 Abs. 2 nicht.

B. Gesetzesgeschichte

2 Die im ursprünglichen „Diskussionsentwurf" als Vorläufer des Regierungsentwurfs gestrichene Vorschrift hat der Gesetzgeber letztlich doch beibehalten.[1] Obwohl der Gesetzgeber die vielfältigen Streitfragen gesehen hat, die bereits zu § 447 a.F. bestanden, hat er davon Abstand genommen, insoweit in § 447 Klärungen vorzunehmen. Damit gelten die alten Auslegungsprobleme unverändert weiter – ein unbefriedigendes Ergebnis. Betroffen ist z.B. die Thematik, ob die Norm auch bei Transport durch den Verkäufer oder seine Mitarbeiter gilt,[2] ob sie nur Versendungen an andere Orte jenseits des Erfüllungsortes[3] erfasst und in welchem Zusammenhang die Weisung des Käufers zu dem abgeschlossenen Kaufvertrag steht. Die Haltung des Gesetzgebers ist umso weniger verständlich, als die bestehende Rechtsunsicherheit zu § 447 a.F. ihn, zusätzlich zu anderen Überlegungen, veranlasst hat, die Geltung für den Verbrauchsgüterkauf auszuschließen (§ 474 Abs. 2).[4]

§ 448 Kosten der Übergabe und vergleichbare Kosten

(1) ¹Der Verkäufer trägt die Kosten der Übergabe der Sache, der Käufer die Kosten der Abnahme und der Versendung der Sache nach einem anderen Ort als dem Erfüllungsort.
(2) ¹Der Käufer eines Grundstücks trägt die Kosten der Beurkundung des Kaufvertrags und der Auflassung, der Eintragung ins Grundbuch und der zu der Eintragung erforderlichen Erklärungen.

A. Regelungsgehalt

1 Die Norm fasst §§ 448 Abs. 1, 449 a.F. ohne inhaltliche Veränderung zusammen.[1] Das in § 448 Abs. 1 a.F. noch zusätzlich enthaltene Messen und Wägen wurde mangels praktischer Bedeutung gestrichen. Die den Rechtskauf betreffenden Kosten der Begründung und Übertragung des Rechts, ursprünglich in § 448 Abs. 2 a.F. geregelt, werden jetzt systematisch zutreffend in § 453 Abs. 2 erfasst und dem Verkäufer zugeordnet.

2 Abs. 2 betrifft nur Kaufverträge über Grundstücke. Der Verkauf von Rechten an Grundstücken fällt unter § 453, mit der Konsequenz, dass nach dessen Abs. 2 die daraus resultierenden Kosten dem Verkäufer und nicht wie im Falle des § 448 Abs. 2 dem Käufer zur Last fallen. Der Kauf eingetragener Schiffe wird nicht unmittelbar von Abs. 2 erfasst, unterliegt jedoch über § 452 auch der Regelung des Abs. 2.

B. Dispositives Recht

3 Die Kostenverteilung ist nicht zwingend, sondern unterliegt der Disposition der Vertragsparteien. Die Regelung des § 448, insbesondere auch dessen Abs. 2, entspricht jedoch einer verbreiteten Praxis.

---

1 Siehe dazu *Zimmer*, in: Ernst/Zimmermann, Zivilrechtswissenschaft und Schuldrechtsreform, S. 191, 203. Begründet wird dies mit einem Bedürfnis für die Regelung insbesondere im Verkehr zwischen Unternehmen und einer parallelen Regelung im UN-Kaufrecht, s. BegrRE, BT-Drucks 14/6040, 240.
2 Vgl. z.B. Jauernig/*Vollkommer*, § 447 Rn 11 m.w.N.
3 Ort im Sinne einer Gebietskörperschaft.
4 Siehe die gesetzgeberischen Erwägungen zur Unanwendbarkeit des § 447 bei Verbrauchsgüterkäufen, BegrRE, BT-Drucks 14/6040, 244.

1 BegrRE, BT-Drucks 14/6040, 203, 241.

§ 449 Eigentumsvorbehalt

(1) ¹Hat sich der Verkäufer einer beweglichen Sache das Eigentum bis zur Zahlung des Kaufpreises vorbehalten, so ist im Zweifel anzunehmen, dass das Eigentum unter der aufschiebenden Bedingung vollständiger Zahlung des Kaufpreises übertragen wird (Eigentumsvorbehalt).
(2) ¹Auf Grund des Eigentumsvorbehalts kann der Verkäufer die Sache nur herausverlangen, wenn er vom Vertrag zurückgetreten ist.
(3) ¹Die Vereinbarung eines Eigentumsvorbehalts ist nichtig, soweit der Eigentumsübergang davon abhängig gemacht wird, dass der Käufer Forderungen eines Dritten, insbesondere eines mit dem Verkäufer verbundenen Unternehmens, erfüllt.

A. Regelungsgehalt

1 § 449 übernimmt – mit einer wichtigen **Änderung** bzgl. der Rücktrittsbefugnis des Verkäufers – uneingeschränkt § 455 a.F. Es handelt sich um eine schuldrechtliche Auslegungsregel für Kaufverträge mit Eigentumsvorbehalt, die auch auf die dingliche Vertragserfüllung nach §§ 362 Abs. 1, 929 ausstrahlt. Rechtssystematisch handelt es sich um eine Sonderregelung zu §§ 133, 157.

2 Die zu § 455 a.F. entwickelten Kriterien der Auslegung gelten für die von der Änderung nicht betroffenen Fragen weiter. Auch die Nichtigkeitsregelung des Abs. 3 entspricht uneingeschränkt § 455 Abs. 2 a.F.

B. Rücktrittsbefugnis des Verkäufers

I. Herausgabeanspruch des Verkäufers erst nach Rücktritt

3 § 449 Abs. 2 enthält zwei wesentliche Neuregelungen. Das Gesetz stellt ausdrücklich klar, dass trotz Eigentumsvorbehalts eine Befugnis des Verkäufers zur Herausgabe der Sache nur gegeben ist, wenn er vom Vertrag zurücktritt. Hat der Verkäufer vorgeleistet und seine Ware aus der Hand gegeben, so muss er sie somit dem Käufer belassen, solange der Kaufvertrag wirksam ist. Solange der Kaufvertrag besteht, resultiert daraus die Pflicht des Verkäufers zur Übergabe der Kaufsache aus § 433 Abs. 1 S. 1, so dass ein auf dem Eigentumsvorbehalt basierendes Rückgabeverlangen hierzu im Widerspruch steht. Erst mit Ausübung des Rücktrittsrechts entsteht ein Rückgewährschuldverhältnis aus §§ 323, 346 ff., so dass der Verkäufer nach § 346 Abs. 1 die Kaufsache zurückverlangen kann. Diese Rechtslage entspricht zwar im Ergebnis der Interpretation des bisherigen Kaufrechts durch den BGH;[1] sie wird jedoch in Abs. 2 nunmehr gesetzlich festgeschrieben und damit der Disposition durch die Rechtsprechung entzogen.

II. Kein generelles sofortiges Rücktrittsrecht

4 Eine inhaltliche Neugestaltung folgt aus der uneingeschränkten Inbezugnahme des Rücktrittsrechts in §§ 323 ff. durch Abs. 2. Daraus resultiert die grundsätzliche Notwendigkeit für den Verkäufer nach § 323 Abs. 1, dem Käufer eine angemessene Frist zur Zahlung des Kaufpreises zu setzen. Erst nach deren erfolglosem Ablauf kann er zurücktreten. Nur bei Vorliegen eines der Tatbestände des § 323 Abs. 2 Nr. 1–3 ist eine derartige Fristsetzung entbehrlich. Dem gegenüber sah die Auslegungsregel in § 455 Abs. 1 a.F. vor, dass der Vorbehaltsverkäufer im Zweifel zum sofortigen Rücktritt bei Zahlungsverzug des Käufers befugt war und damit das Erfordernis einer Fristsetzung nach § 326 Abs. 1 a.F. nicht bestand.[2] Für eine solche Privilegierung des Vorbehaltsverkäufers sieht der Gesetzgeber keinen hinreichenden Grund, zumal er durch die Änderung nicht wesentlich belastet ist und im Übrigen unter den Voraussetzungen des § 323 Abs. 2 ohnehin auch ohne Fristsetzung zurücktreten kann.[3] Die Regelung wurde in vergleichbarer Weise schon von der Schuldrechtsreformkommission 1991 vorgeschlagen.[4]

C. Abweichende Vereinbarungen

5 § 449 ist eine bloße Auslegungsregel. Abweichende Vereinbarungen der Vertragsparteien sind möglich. Zulässig ist es daher insbesondere, einen Rücktritt des Verkäufers bei Verzug des Käufers mit der Kaufpreiszahlung auch ohne Fristsetzung und unabhängig von den Voraussetzungen des § 323 Abs. 2 in Übereinstimmung mit § 455 a.F. vorzusehen. Dies gilt auch für den Verbrauchsgüterkauf, da das Verbot abweichender Vereinbarungen in § 475 Abs. 1 Eigentumsvorbehalte nach § 449 nicht erfasst. Infolge der Auslegungsregel des § 449 Abs. 2 ist nunmehr jedoch anders als nach § 455 a.F. eine besondere Abrede mit der Begründung eines Rechts des Verkäufers zum sofortigen Rücktritt erforderlich. Insofern hat § 449 Abs. 2 das Regel-Ausnahme-Prinzip der alten Auslegungsregel des § 455 a.F. umgekehrt. Jetzt ist nur nach Absprache möglich, was zuvor als Regel mit Ausnahmemöglichkeit vorgegeben war.[5]

---

1 BGHZ 54, 214.
2 BGH NJW-RR 1995, 365 m.w.N.
3 BegrRE, BT-Drucks 14/6040, 241.
4 Abschlussbericht der Kommission, S. 238.

§ 450 Ausgeschlossene Käufer bei bestimmten Verkäufen

(1) ¹Bei einem Verkauf im Wege der Zwangsvollstreckung dürfen der mit der Vornahme oder Leitung des Verkaufs Beauftragte und die von ihm zugezogenen Gehilfen einschließlich des Protokollführers den zu verkaufenden Gegenstand weder für sich persönlich oder durch einen anderen noch als Vertreter eines anderen kaufen.
(2) ¹Absatz 1 gilt auch bei einem Verkauf außerhalb der Zwangsvollstreckung, wenn der Auftrag zu dem Verkauf auf Grund einer gesetzlichen Vorschrift erteilt worden ist, die den Auftraggeber ermächtigt, den Gegenstand für Rechnung eines anderen verkaufen zu lassen, insbesondere in den Fällen des Pfandverkaufs und des in den §§ 383 und 385 zugelassenen Verkaufs, sowie bei einem Verkauf aus einer Insolvenzmasse.

§ 451 Kauf durch ausgeschlossenen Käufer

(1) ¹Die Wirksamkeit eines dem § 450 zuwider erfolgten Kaufs und der Übertragung des gekauften Gegenstandes hängt von der Zustimmung der bei dem Verkauf als Schuldner, Eigentümer oder Gläubiger Beteiligten ab. ²Fordert der Käufer einen Beteiligten zur Erklärung über die Genehmigung auf, so findet § 177 Abs. 2 entsprechende Anwendung.
(2) ¹Wird infolge der Verweigerung der Genehmigung ein neuer Verkauf vorgenommen, so hat der frühere Käufer für die Kosten des neuen Verkaufs sowie für einen Mindererlös aufzukommen.

§§ 450 und 451 entsprechen uneingeschränkt den §§ 456–458 a.F. Die Regelungen waren nach dem Regierungsentwurf noch über §§ 449–451 verteilt und wurden während des Gesetzgebungsverfahrens aus gesetzestechnischen Gründen wegen Einfügung des im Regierungsentwurf nicht enthaltenen § 445 in §§ 450, 451 zusammengefasst, ohne dass damit inhaltliche Änderungen verbunden wären.¹ Die Normen wurden trotz geringer praktischer Bedeutung aufrecht erhalten, um für den Fall einer Aufhebung den unzutreffenden Eindruck einer von §§ 455–458 a.F. abweichenden Rechtslage zu vermeiden.² Abgesehen von der Anpassung an die Paragrafen-Reihenfolge wurden lediglich die Titel der §§ 450, 451 gegenüber §§ 457, 458 a.F. geändert und dem Regelungsgehalt der Normen besser angepasst.

§ 452 Schiffskauf

¹Die Vorschriften dieses Untertitels über den Kauf von Grundstücken finden auf den Kauf von eingetragenen Schiffen und Schiffsbauwerken entsprechende Anwendung.

A. Grundsatz

§ 452 erklärt die in Untertitel 1 (§§ 433–453) enthaltenen, den Grundstückskauf betreffenden Vorschriften im Hinblick auf den Kauf von eingetragenen Schiffen und Schiffsbauwerken für entsprechend anwendbar, obwohl es sich bei diesen um bewegliche Sachen handelt. Dies liegt auf einer Linie mit der sachenrechtlichen Behandlung eingetragener Schiffe durch das Gesetz über Rechte an eingetragenen Schiffen und Schiffsbauwerken (SchiffsRechteG),¹ durch welches eine weitgehende Annäherung an die Grundsätze des Liegenschaftsrechts vollzogen wurde. Parallelen bestehen insbesondere im Hinblick auf die für See- und Binnenschiffe ab einer gewissen Größe zwingend vorgeschriebene Eintragung² in die dem Grundbuch vergleichbaren Schiffsregister,³ die damit verbundene Publizität (vgl. § 15 SchiffsRechteG) und den Schutz des Vertrauens eines Erwerbers auf den Inhalt des Schiffsregisters (§§ 16, 17 SchiffsRechteG)⁴. Hervorzuheben ist in diesem Zusammenhang auch die Möglichkeit der Bestellung einer Schiffshypothek (§§ 8, 24 ff. SchiffsRechteG).⁵ Nicht eingetragene Schiffe fallen allein unter §§ 433 ff.

---

5 Den Vorschlag von *Brüggemeier/Reich* (BB 2001, 212, 215) auch einen verlängerten Eigentumsvorbehalt im Unternehmensverkehr gesetzlich zu regeln, hat der Gesetzgeber nicht aufgenommen.
1 BegrRE, BT-Drucks 14/6040, 241.
2 BegrRE, BT-Drucks 14/6040, 241.
1 SchiffsRechteG vom 15.11.1940 (RGBl I S. 1499), ergänzt durch das formelle Schiffsachenrecht der Schiffsregisterordnung i.d.F. vom 26.5.1994 (BGBl I S. 1133).
2 Schiffsbauwerke werden nur auf Antrag eingetragen.
3 Seeschiffsregister, Binnenschiffsregister, Schiffsbauwerkregister.
4 Dieser an die Eintragung im Schiffsregister anknüpfende Schutz des öffentlichen Glaubens gilt sowohl im Hinblick auf die Übereignung von Seeschiffen als auch von Binnenschiffen, obwohl für die Übereignung von Seeschiffen (anders bei Binnenschiffen, § 3 Abs. 1 SchiffsRechteG!) die Eintragung in das Seeschiffsregister nicht erforderlich ist, § 2 Abs. 1 SchiffsRechteG.
5 Gem. § 8 Abs. 1 S. 3 SchiffsRechteG nur als streng akzessorische Sicherungshypothek möglich.

B. Auswirkungen

2 § 452 nimmt damit die §§ 435 S. 2, 436, 442 Abs. 2, 448 Abs. 2 in Bezug;[6] inhaltliche Änderungen für den Schiffskauf gegenüber dem geltenden Recht (§§ 435 Abs. 2, 449 Abs. 2 a.F.) werden dabei durch die Neuregelung des § 452 im Ergebnis nicht bewirkt.

3 Da Schiffe (eingetragene wie nicht eingetragene) bewegliche Sachen sind, gelten für sie die Sonderregeln für den Verbrauchsgüterkauf nach §§ 474 ff. uneingeschränkt.

§ 453 Rechtskauf

(1) ¹Die Vorschriften über den Kauf von Sachen finden auf den Kauf von Rechten und sonstigen Gegenständen entsprechende Anwendung.
(2) ¹Der Verkäufer trägt die Kosten der Begründung und Übertragung des Rechts.
(3) ¹Ist ein Recht verkauft, das zum Besitz einer Sache berechtigt, so ist der Verkäufer verpflichtet, dem Käufer die Sache frei von Sach- und Rechtsmängeln zu übergeben.

Inhalt

A. Systematische Regelung des Rechtskaufs 1	I. Grundsatz 4
B. Erfasste Vertragsgegenstände 2	II. Mängelhaftung des Verkäufers 6
I. Begriff des Rechtskaufs 2	III. Mängelhaftung beim Rechtskauf mit Besitzrecht
II. Sonstige Gegenstände 3	des Käufers an der Sache 9
C. Rechtsfolgen 4	IV. Kostenverteilung 10

A. Systematische Regelung des Rechtskaufs

1 Der Gesetzgeber hat sich um eine verbesserte Systematik des Kaufrechts gegenüber §§ 433 ff. a.F. bemüht.[1] Anstelle in das Kaufrecht für Sachen verstreut eingebundenen Regelungen für den Rechtskauf enthalten §§ 433 ff. nunmehr als geschlossener Normenkomplex Einzelheiten des Sachkaufs (Mobilien und Immobilien), ohne den Rechtskauf zu erfassen. Auch §§ 433 Abs. 1 S. 2, 435, 436 betreffen nicht den Rechtskauf, sondern den Fragenkomplex rechtlicher Mängel in Bezug auf eine verkaufte Sache. Der Rechtskauf wird erst in § 453 erfasst. Dabei ordnet Abs. 1 die entsprechende Anwendung des Sachkaufrechts auch auf den Rechtskauf an und erweitert diese Aussage für den Kauf „sonstiger Gegenstände". Abs. 3 präzisiert die Pflichten des Rechts-Verkäufers für Rechte, die zum Besitz einer Sache berechtigen, im Sinne einer Pflicht zur Übergabe frei von Sach- und Rechtsmängeln. Damit wird die Rechtslage an Kaufverträge über Sachen, auf die sich das verkaufte Recht bezieht, angeglichen (§ 433 Abs. 1 S. 2). Für die Kosten der Begründung und Übertragung des Rechts enthält Abs. 2 eine eigenständige Regelung mit ausschließlicher Belastung des Verkäufers und geht insoweit als Spezialregelung den §§ 453 Abs. 1, 448 vor.

B. Erfasste Vertragsgegenstände

I. Begriff des Rechtskaufs

2 Der Begriff des Rechtskaufs entspricht uneingeschränkt dem früheren Recht. Erfasst werden alle Rechte, unabhängig davon, ob sie obligatorischer oder dinglicher Natur sind, wo sich ihr gesetzlicher Standort befindet und welche inhaltliche Ausrichtung sie haben, solange sie nur veräußerlich sind. Dies liegt in der Kontinuität des § 437 a.F.

II. Sonstige Gegenstände

3 Das alte Kaufrecht enthielt Vorschriften über kaufähnliche Verträge in §§ 445, 493 a.F., in denen die Geltung des Kaufrechts angeordnet wurde. Diese Normen sind ersatzlos gestrichen worden, weil der Gesetzgeber sie für überflüssig hielt. Gleichwohl sah sich der Gesetzgeber veranlasst, die Geltung des Kaufrechts in Abs. 1 auch für solche Vertragsgegenstände klarzustellen, die nicht unmittelbar als Sache nach §§ 433 Abs. 1 S. 1, 90 qualifiziert werden können. Hierbei handelt es sich um Unternehmen oder Unternehmensteile, um freiberufliche Praxen von Ärzten, Steuerberatern, Rechtsanwälten, aber auch um den Verkauf von Erfindungen, Know-how, Software oder Werbeideen sowie schließlich von Strom, Gas, Fernwärme oder Wasser in leitungsgebundener Form.[2] Damit soll im Sinne eines kaufrechtlichen Auffangtatbestandes in Abs. 1 eine Lücke für den Geltungsanspruch der §§ 433 ff. als Folge der neuen

---

[6] Dem Umstand, dass die BegrRE, BT-Drucks 14/6040, 241 insoweit explizit nur die §§ 436, 448 Abs. 2 (= 447 Abs. 2 RE) erwähnt, kommt keine Bedeutung etwa in dem Sinne zu, dass der Verweisungsumfang beschränkt sein sollte.
[1] BegrRE, BT-Drucks 14/6040, 242.
[2] Vgl. die Aufzählung in der BegrRE, BT-Drucks 14/6040, 242; s. auch bei Jauernig/*Vollkommer*, § 433 Rn. 26.

C. Rechtsfolgen
I. Grundsatz

Soweit Abs. 2 und 3 keine Sonderregelung enthalten, gelten für den Kauf von Rechten und sonstigen Gegenständen §§ 433 ff., also auch die Regeln über die Mängelhaftung, die Garantie und die Gefahrtragung. Allerdings muss aufgrund der in Abs. 1 ausgesprochenen „entsprechenden Anwendung" des Kaufrechts jeweils geprüft werden, inwieweit die kaufrechtsspezifische Norm auch auf den Kauf von Rechten oder sonstigen Gegenständen unmittelbar passt oder eine Modifizierung erfordert. Die Befugnis des Rechtsanwenders hierzu folgt aus der Vorgabe der „entsprechenden", d. h. nicht uneingeschränkten Anwendung. Dies korrespondiert dem Rechtsverständnis an zahlreichen anderen Stellen, wo Normenkomplexe für entsprechend anwendbar erklärt werden. Insoweit kommt es auf die Eigenart des jeweils verkauften Rechts oder der sonstigen Gegenstände an, so dass einheitliche Aussagen für alle durch Abs. 1 angesprochenen Bereiche nicht getroffen werden können. Die Vielzahl der Rechte und ihre differenzierte inhaltliche Ausgestaltung verbietet insofern pauschale Aussagen.

Auch die Geltung des Kaufrechts für sonstige Gegenstände unterliegt zahlreichen Grenzen. So ändert die Zuordnung von Stromlieferungsverträgen zum Kaufrecht nichts daran, dass die Mängelhaftung des Verkäufers im Sinne von Nachbesserungsrechten sowie die Befugnisse des Käufers zum Rücktritt nicht passen, weil Stromlieferungen als absolute Fixgeschäfte weder nachgebessert noch rückabgewickelt werden können. Auch die Normen über den Gefahrübergang oder den Eigentumsvorbehalt (§§ 446, 447, 449) sind nicht anwendbar.

II. Mängelhaftung des Verkäufers

Das alte Kaufrecht war durch grundlegende Unterschiede in der Mängelhaftung für den Sachkauf (§§ 459 ff.) und für den Rechtskauf (§§ 434, 437, 440 und 320 ff.) gekennzeichnet. Dieser Unterschied wird nunmehr beseitigt. Aus Abs. 1 folgt, dass der Käufer von Rechten im Falle von Mängeln dieselben Rechte wie der Sachkäufer hat, wobei für den Rechtskauf, von den Sonderfällen des Abs. 2 abgesehen, allein Rechtsmängel in Betracht kommen. Das Recht des Rechtskäufers auf Nacherfüllung (§§ 437 Nr. 1, 439) bedeutet hier, die Beseitigung von im Widerspruch zu dem Rechtskauf stehenden Rechten Dritter verlangen zu können. Für die Befugnisse zum Rücktritt, zur Minderung oder zum Schadensersatz gelten die für den Sachkauf getroffenen Aussagen uneingeschränkt.

Auch die Regelung der Verjährung nach § 438 ist anwendbar, wobei allerdings die Feststellung des Beginns der Verjährung (§ 438 Abs. 2) wegen der Anknüpfung an die Übergabe Schwierigkeiten bereitet. Dort, wo der Rechtskauf mit dem Recht zum Besitz der Sache verbunden ist, ist ebenfalls auf die Übergabe abzustellen. Dies folgt aus dem Rechtsgedanken des Abs. 3, der in derartigen Fällen den Rechtskauf eng an den Sachkauf anlehnt. In anderen Fällen gibt es für den Rechtskauf eine dem Sachkauf vergleichbare Unterscheidung zwischen der Übergabe der Sache und deren Übereignung nicht. Folglich muss hier auf die Übertragung des Rechts (in mangelhafter Form) als Verjährungsbeginn nach § 438 Abs. 2 abgestellt werden. Dabei ist jedoch ein wichtiger Unterschied nicht zu übersehen: Mit der Übergabe der Sache ist der Käufer in der Lage, deren Sachmängelfreiheit nach § 434 zu prüfen. Für Rechtsmängel gilt dies nicht uneingeschränkt. Im Ergebnis ändert dies jedoch nichts daran, dass allein auf die Übertragung abzustellen ist. Dies folgt daraus, dass § 438 Abs. 2 auch für Fälle des Rechtsmangels gilt, deren Überprüfung der Käufer allein aufgrund der Übergabe der Sache nicht problemfrei feststellen kann. Die Sonderregelungen des § 438 Abs. 1 S. 1 und Abs. 3 gelten auch für den Rechtskauf, während § 438 Abs. 1 Nr. 2 für den Rechtskauf keine Anwendungsmöglichkeit hat, da es dort auf die Verwendung einer Sache für ein Bauwerk ankommt.

Von grundlegender Bedeutung ist, dass Sach- und Rechtskauf in §§ 433 ff., 453 hinsichtlich der Mängelhaftung nach der Schuldrechtsreform gleichbehandelt werden. Die frühere Differenzierung nach eigenständiger kaufrechtlicher Mängelhaftung für Sachen (§§ 459 ff.) in Abkopplung zu dem Leistungsstörungsrecht des allgemeinen Schuldrechts und die Haftung für Rechtsmängel gerade nach diesem Leistungsstörungsrecht ist nunmehr aufgehoben. Mängel bei dem Sach- und Rechtskauf unterliegen infolge der §§ 437 Nr. 2 und 3, 453 Abs. 1 nunmehr einheitlich dem allgemeinen Leistungsstörungsrecht, modifiziert um kaufrechtliche Sonderregelungen in §§ 439–441, 453 Abs. 1 und 3.

III. Mängelhaftung beim Rechtskauf mit Besitzrecht des Käufers an der Sache

9 Eine Sonderregelung besteht, wenn das verkaufte Recht zum Besitz der Sache berechtigt. In derartigen Fällen handelt es sich zwar um einen Rechtskauf nach Abs. 1, der jedoch aus Sicht des Käufers maßgeblich durch das Recht zum Besitz der Sache geprägt wird. Deshalb ist es sachgerecht, den Verkäufer nicht nur für Rechtsmängel haften zu lassen, wie es sich bereits aus §§ 453 Abs. 1, 433 Abs. 1 S. 2, 435, 437 ff. ergeben würde, sondern zugleich die Pflicht zur Übergabe der Sache frei von Sachmängeln zu statuieren. Damit unterliegt der Verkäufer den aus §§ 433 Abs. 1 S. 2, 434, 437 ff. unterliegenden Anforderungen, insbesondere auch einem Nacherfüllungsanspruch nach § 439. Die für die Sachmängelhaftung geltenden Regeln des Sachkaufs gelten insoweit auch für den Rechtskauf, soweit das Recht zum Besitz der Sache berechtigt. Dies entspricht einer – noch nicht konsolidierten – Rechtsprechung des BGH,[3] die in der Literatur weitgehende Anerkennung bisher allerdings aufgrund rechtlicher Besonderheiten nur für Erbbaurechte gefunden hatte.[4]

IV. Kostenverteilung

10 Abs. 2 weist alle Kosten für die Begründung oder Übertragung des Rechts dem Verkäufer zu. Damit weicht die Norm von der differenzierten Kostenverteilung des § 446 ab. Sie ist jedoch dispositiv und damit anderen Regelungen der Vertragsparteien zugänglich.

Untertitel 2. Besondere Arten des Kaufs

Kapitel 1. Kauf auf Probe

§ 454 Zustandekommen des Kaufvertrags

(1) ¹Bei einem Kauf auf Probe oder auf Besichtigung steht die Billigung des gekauften Gegenstandes im Belieben des Käufers. ²Der Kauf ist im Zweifel unter der aufschiebenden Bedingung der Billigung geschlossen.
(2) ¹Der Verkäufer ist verpflichtet, dem Käufer die Untersuchung des Gegenstandes zu gestatten.

§ 455 Billigungsfrist

¹Die Billigung eines auf Probe oder auf Besichtigung gekauften Gegenstandes kann nur innerhalb der vereinbarten Frist und in Ermangelung einer solchen nur bis zum Ablauf einer dem Käufer von dem Verkäufer bestimmten angemessenen Frist erklärt werden. ²War die Sache dem Käufer zum Zwecke der Probe oder der Besichtigung übergeben, so gilt sein Schweigen als Billigung.

Kapitel 2. Wiederkauf

§ 456 Zustandekommen des Wiederkaufs

(1) ¹Hat sich der Verkäufer in dem Kaufvertrag das Recht des Wiederkaufs vorbehalten, so kommt der Wiederkauf mit der Erklärung des Verkäufers gegenüber dem Käufer, dass er das Wiederkaufsrecht ausübe, zustande. ²Die Erklärung bedarf nicht der für den Kaufvertrag bestimmten Form.
(2) ¹Der Preis, zu welchem verkauft worden ist, gilt im Zweifel auch für den Wiederkauf.

§ 457 Haftung des Wiederverkäufers

(1) ¹Der Wiederverkäufer ist verpflichtet, dem Wiederkäufer den gekauften Gegenstand nebst Zubehör herauszugeben.

---

3 Der BGH erklärt in NJW 1986, 1605 beim Kauf von zum Besitz der Sache berechtigenden Rechten die §§ 459 ff. grundsätzlich für analog anwendbar.
4 Bei anderen beschränkten dinglichen Rechten sollte etwa nach Soergel/*Huber*, § 459 Rn 1; MüKo/*Westermann*, vor § 459 Rn 3, Sachmängelgewährleistungsrecht nicht zur Anwendung kommen.

(2) ¹Hat der Wiederverkäufer vor der Ausübung des Wiederkaufsrechts eine Verschlechterung, den Untergang oder eine aus einem anderen Grund eingetretene Unmöglichkeit der Herausgabe des gekauften Gegenstandes verschuldet oder den Gegenstand wesentlich verändert, so ist er für den daraus entstehenden Schaden verantwortlich. ²Ist der Gegenstand ohne Verschulden des Wiederverkäufers verschlechtert oder ist er nur unwesentlich verändert, so kann der Wiederkäufer Minderung des Kaufpreises nicht verlangen.

§ 458 Beseitigung von Rechten Dritter
¹Hat der Wiederverkäufer vor der Ausübung des Wiederkaufsrechts über den gekauften Gegenstand verfügt, so ist er verpflichtet, die dadurch begründeten Rechte Dritter zu beseitigen. ²Einer Verfügung des Wiederverkäufers steht eine Verfügung gleich, die im Wege der Zwangsvollstreckung oder der Arrestvollziehung oder durch den Insolvenzverwalter erfolgt.

§ 459 Ersatz von Verwendungen
¹Der Wiederverkäufer kann für Verwendungen, die er auf den gekauften Gegenstand vor dem Wiederkauf gemacht hat, insoweit Ersatz verlangen, als der Wert des Gegenstandes durch die Verwendungen erhöht ist. ²Eine Einrichtung, mit der er die herauszugebende Sache versehen hat, kann er wegnehmen.

§ 460 Wiederkauf zum Schätzungswert
¹Ist als Wiederkaufpreis der Schätzungswert vereinbart, den der gekaufte Gegenstand zur Zeit des Wiederkaufs hat, so ist der Wiederverkäufer für eine Verschlechterung, den Untergang oder die aus einem anderen Grund eingetretene Unmöglichkeit der Herausgabe des Gegenstandes nicht verantwortlich, der Wiederkäufer zum Ersatz von Verwendungen nicht verpflichtet.

§ 461 Mehrere Wiederkaufsberechtigte
¹Steht das Wiederkaufsrecht mehreren gemeinschaftlich zu, so kann es nur im Ganzen ausgeübt werden. ²Ist es für einen der Berechtigten erloschen oder übt einer von ihnen sein Recht nicht aus, so sind die übrigen berechtigt, das Wiederkaufsrecht im Ganzen auszuüben.

§ 462 Ausschlussfrist
¹Das Wiederkaufsrecht kann bei Grundstücken nur bis zum Ablauf von 30, bei anderen Gegenständen nur bis zum Ablauf von drei Jahren nach der Vereinbarung des Vorbehalts ausgeübt werden. ²Ist für die Ausübung eine Frist bestimmt, so tritt diese an die Stelle der gesetzlichen Frist.

Kapitel 3. Vorkauf

§ 463 Voraussetzungen der Ausübung
¹Wer in Ansehung eines Gegenstandes zum Vorkauf berechtigt ist, kann das Vorkaufsrecht ausüben, sobald der Verpflichtete mit einem Dritten einen Kaufvertrag über den Gegenstand geschlossen hat.

§ 464 Ausübung des Vorkaufrechts
(1) ¹Die Ausübung des Vorkaufsrechts erfolgt durch Erklärung gegenüber dem Verpflichteten. ²Die Erklärung bedarf nicht der für den Kaufvertrag bestimmten Form.
(2) ¹Mit der Ausübung des Vorkaufsrechts kommt der Kauf zwischen dem Berechtigten und dem Verpflichteten unter den Bestimmungen zustande, welche der Verpflichtete mit dem Dritten vereinbart hat.

§ 465 Unwirksame Vereinbarungen
¹Eine Vereinbarung des Verpflichteten mit dem Dritten, durch welche der Kauf von der Nichtausübung des Vorkaufsrechts abhängig gemacht oder dem Verpflichteten für den Fall der Ausübung des Vorkaufsrechts der Rücktritt vorbehalten wird, ist dem Vorkaufsberechtigten gegenüber unwirksam.

§ 466 Nebenleistungen
¹Hat sich der Dritte in dem Vertrag zu einer Nebenleistung verpflichtet, die der Vorkaufsberechtigte zu bewirken außerstande ist, so hat der Vorkaufsberechtigte statt der Nebenleistung ihren Wert zu entrichten. ²Lässt sich die Nebenleistung nicht in Geld schätzen, so ist die Ausübung des Vorkaufsrechts ausgeschlossen; die Vereinbarung der Nebenleistung kommt jedoch nicht in Betracht, wenn der Vertrag mit dem Dritten auch ohne sie geschlossen sein würde.

§ 467 Gesamtpreis

¹Hat der Dritte den Gegenstand, auf den sich das Vorkaufsrecht bezieht, mit anderen Gegenständen zu einem Gesamtpreis gekauft, so hat der Vorkaufsberechtigte einen verhältnismäßigen Teil des Gesamtpreises zu entrichten. ²Der Verpflichtete kann verlangen, dass der Vorkauf auf alle Sachen erstreckt wird, die nicht ohne Nachteil für ihn getrennt werden können.

§ 468 Stundung des Kaufpreises

(1) ¹Ist dem Dritten in dem Vertrag der Kaufpreis gestundet worden, so kann der Vorkaufsberechtigte die Stundung nur in Anspruch nehmen, wenn er für den gestundeten Betrag Sicherheit leistet.
(2) ¹Ist ein Grundstück Gegenstand des Vorkaufs, so bedarf es der Sicherheitsleistung insoweit nicht, als für den gestundeten Kaufpreis die Bestellung einer Hypothek an dem Grundstück vereinbart oder in Anrechnung auf den Kaufpreis eine Schuld, für die eine Hypothek an dem Grundstück besteht, übernommen worden ist. ²Entsprechendes gilt, wenn ein eingetragenes Schiff oder Schiffsbauwerk Gegenstand des Vorkaufs ist.

§ 469 Mitteilungspflicht, Ausübungsfrist

(1) ¹Der Verpflichtete hat dem Vorkaufsberechtigten den Inhalt des mit dem Dritten geschlossenen Vertrags unverzüglich mitzuteilen. ²Die Mitteilung des Verpflichteten wird durch die Mitteilung des Dritten ersetzt.
(2) ¹Das Vorkaufsrecht kann bei Grundstücken nur bis zum Ablauf von zwei Monaten, bei anderen Gegenständen nur bis zum Ablauf einer Woche nach dem Empfang der Mitteilung ausgeübt werden. ²Ist für die Ausübung eine Frist bestimmt, so tritt diese an die Stelle der gesetzlichen Frist.

§ 470 Verkauf an gesetzlichen Erben

¹Das Vorkaufsrecht erstreckt sich im Zweifel nicht auf einen Verkauf, der mit Rücksicht auf ein künftiges Erbrecht an einen gesetzlichen Erben erfolgt.

§ 471 Verkauf bei Zwangsvollstreckung oder Insolvenz

¹Das Vorkaufsrecht ist ausgeschlossen, wenn der Verkauf im Wege der Zwangsvollstreckung oder aus einer Insolvenzmasse erfolgt.

§ 472 Mehrere Vorkaufsberechtigte

¹Steht das Vorkaufsrecht mehreren gemeinschaftlich zu, so kann es nur im Ganzen ausgeübt werden. ²Ist es für einen der Berechtigten erloschen oder übt einer von ihnen sein Recht nicht aus, so sind die übrigen berechtigt, das Vorkaufsrecht im Ganzen auszuüben.

§ 473 Unübertragbarkeit

¹Das Vorkaufsrecht ist nicht übertragbar und geht nicht auf die Erben des Berechtigten über, sofern nicht ein anderes bestimmt ist. ²Ist das Recht auf eine bestimmte Zeit beschränkt, so ist es im Zweifel vererblich.

1 Die §§ 454 bis 473 betreffen den Kauf auf Probe, den Wiederkauf und den Vorkauf. Sie entsprechen – von wenigen redaktionellen Änderungen abgesehen – uneingeschränkt den §§ 495 bis 514 a.F. § 494 (Kauf nach Probe) ist entfallen; der Gesetzgeber geht davon aus, dass die einschlägigen Fallgruppen von § 434 Abs. 1 erfasst sind.[1]

Untertitel 3. Verbrauchsgüterkauf

§ 474 Begriff des Verbrauchsgüterkaufs

(1) ¹Kauft ein Verbraucher von einem Unternehmer eine bewegliche Sache (Verbrauchsgüterkauf), gelten ergänzend die folgenden Vorschriften. ²Dies gilt nicht für gebrauchte Sachen, die in einer öffentlichen Versteigerung verkauft werden, an der der Verbraucher persönlich teilnehmen kann.
(2) ¹Die §§ 445 und 447 finden auf die in diesem Untertitel geregelten Kaufverträge keine Anwendung.

---

1 BegrRE, BT-Drucks 14/6040, 207.

Titel 1. Kauf, Tausch § 474

Inhalt

A. Regelungsgegenstand	1	II. Gefahrtragung	7
I. Personell	2	III. Einschränkung der Vertragsfreiheit	8
II. Sachlich	3	IV. Beweislasterleichterung; Garantiezusagen	9
B. Reichweite der Sonderregeln	4	V. Regressregelungen in Käuferketten	10
C. Überblick über die Sonderregelungen	6	D. Zusammenspiel des allgemeinen Kaufrechts mit Sonderregelungen	11
I. Haftungsbeschränkung	6		

A. Regelungsgegenstand

Die §§ 474 ff. begründen für den Verbrauchsgüterkauf Sonderregelungen. Damit wird insbesondere die Richtlinie über den Verbrauchsgüterkauf umgesetzt, soweit nicht bereits in §§ 433 ff. geschehen. **1**

I. Personell

Personell betroffen sind Kaufverträge zwischen Unternehmern und Verbrauchern, definiert nach §§ 13 und 14. Verträge zwischen Unternehmern oder zwischen Verbrauchern fallen nicht unter Abs. 1. Ausgenommen sind weiter Kaufverträge mit „verkehrter" Rollenverteilung, wo Verbraucher als Verkäufer und Unternehmer als Käufer auftreten. **2**

II. Sachlich

Sachlich betroffen sind nur Kaufverträge über bewegliche Sachen. Dabei ergibt sich aus §§ 474 Abs. 1 S. 2, 475 Abs. 2, dass auch gebrauchte Sachen grundsätzlich erfasst werden, wenn auch mit z.T. abweichenden Vorgaben. Nur wenn gebrauchte Sachen in einer öffentlichen Versteigerung mit Teilnahmemöglichkeit des Verbrauchers selbst veräußert werden, gelten die §§ 474 ff. kraft Sonderregelung in Abs. 1 S. 2 nicht. Dem gegenüber unterfallen Verträge über Immobilien, Rechte und sonstige Gegenstände einschließlich der Strom- und Fernwärmelieferungsverträge nicht den §§ 474 ff.[1] Gas und Wasser sind nach Art. 1 Abs. 2 der Verbrauchsgüterkaufrichtlinie (nur) dann von ihrem Anwendungsbereich ausgeschlossen, wenn sie nicht in einem begrenzten Volumen oder in einer bestimmten Menge (Flaschen, Fässer, Container, Tankwagen) abgefüllt sind. Die Bundesregierung geht davon aus, dass auch Verträge über die leitungsgebundene Versorgung mit Gas und Wasser den §§ 474 ff. unterfallen, nicht aber Stromlieferungsverträge.[2] Dieser Standpunkt ist wenig sachgerecht, insbesondere hinsichtlich der Differenzierung zwischen Strom und Gas. Beides weist zahlreiche Gemeinsamkeiten bzgl. der Leitungsgebundenheit der Energieversorgung auf, unterliegt einheitlich dem EnWG sowie für Tarifkunden den weitestgehend parallelen Regelungen der AVBEltV, AVBGasV.[3] Bereits durch die dortige Vorgabe allgemeiner Versorgungsbedingungen in Rechtsverordnungen wird Verbraucherschutzrecht seitens des Staates als Spezialrecht geschaffen, das §§ 433 ff. verdrängt und ein eigenständiges Energievertragsrecht kodifiziert. Im übrigen passen die spezifischen Elemente der §§ 474 ff., z.B. §§ 475, 476, 477 für die leitungsgebundene Energieversorgung nicht, weil Nachfrage und Verbrauch von Energie stets zeitlich zusammenfallen. Folglich gelten §§ 474 ff. nicht für Energielieferverträge über Strom, Gas und Fernwärme. **3**

B. Reichweite der Sonderregeln

Die Sonderregeln der §§ 474 ff. für den Verbrauchsgüterkauf sind begrenzt. Dies ist darauf zurückzuführen, dass der Gesetzgeber die Vorgaben der Verbrauchsgüterkaufrichtlinie bereits umfassend zur Vermeidung eines gespaltenen Kaufrechts in §§ 433 ff. erfüllt hat.[4] Dies reduziert die Reichweite der Sonderregelungen in §§ 474 ff. Sie beschränken sich auf zusätzliche Vorgaben, die nicht für alle Kaufverträge, insbesondere nicht solche zwischen Unternehmen passen und erfüllen damit die durch §§ 433 ff. noch nicht abgearbeiteten Anforderungen der Richtlinie. **4**

Eine Ausnahme vom Geltungsbereich des Verbrauchsgüterkaufs enthält Abs. 1 S. 2. Die Herausnahme der genannten Versteigerungen aus dem Verbrauchsgüterrecht ist durch Art. 1 Abs. 3 der Verbrauchsgüterkaufrichtlinie legitimiert und soll dem Umstand Rechnung tragen, dass eine Prüfung der versteigerten **5**

---

[1] Strom fehlt als Energieträger die in § 90 vorausgesetzte Körperlichkeit, ebenso Fernwärme, selbst wenn sie durch Wasser vermittelt wird, s. Staudinger/*Dilcher*, § 90 Rn 11. Anders für Fernwärme die BegrRE, BT-Drucks 14/6040, 243, wo Fernwärme als ein Aggregatzustand von Wasser eingeordnet wird. Dies verkennt aber, dass Gegenstand des Vertrags nicht die Wasser-, sondern die Wärmeversorgung ist.
[2] Vgl. BegrRE, BT-Drucks 14/6040, 243. Die Bundesregierung hat eine vom Bundesrat vorgeschlagenen Herausnahme von Gas- und Wasserlieferverträgen aus dem Anwendungsbereich der §§ 474 ff. ausdrücklich abgelehnt, s. BT-Drucks 14/6857, 62.
[3] BGBl I 1979 S. 684 bzw. 676. Vgl. zum Energievertragsrecht *Büdenbender*, Energierecht 1982, Rn 892 ff.
[4] Z.T. werden Befürchtungen geäußert, die damit gewählte „große Lösung" könne auch für Nicht-Verbraucherkäufe ein detaillierteres Leitbild schaffen, von dem gemäß § 307 Abs. 1, Abs. 2 Nr. 1 BGB jedenfalls in AGB nicht abgewichen werden dürfe; s. *Westermann*, JZ 2001, 530, 535; *Ernst*, JZ 2001, 542 (Diskussionsbericht).

Sachen dem Versteigerer häufig kaum zuzumuten ist. Sie geht auf eine Initiative des Bundesrats zurück.[5] Im Umkehrschluss folgt daraus gleichzeitig, dass außerhalb des Abs. 1 S. 2 auch gebrauchte Verbrauchsgüter erfasst sind.[6]

C. Überblick über die Sonderregelungen

I. Haftungsbeschränkung

6 Eine erste Sonderregelung enthält Abs. 2. Die Nichtanwendbarkeit des § 445 bei Verbraucherkäufen folgt daraus, dass die Richtlinie eine derartige Haftungsbeschränkung bei Verbraucherkäufen nicht gestattet.[7]

II. Gefahrtragung

7 § 447 mit der Vorgabe des Gefahrübergangs beim Versendungskauf findet nach Abs. 2 ebenfalls keine Anwendung. Dem gegenüber bleibt die Regelung des § 446 unberührt.[8] Dies hat zur Folge, dass beim Verbrauchsgüterkauf die Gefahr auch im Versendungsfalle erst mit Besitzerlangung des Käufers auf diesen übergeht. § 447 findet keine Anwendung, weil der Verkäufer mit der Entscheidung über Art und Weg der Beförderung und die Auswahl des Transporteurs die mit dem Versendungskauf verbundenen Gefahren maßgeblich steuern kann. Im übrigen entspricht es der Verkehrsauffassung, dass die Versendung einer Ware in den Risikobereich des Verkäufers fällt.[9] In der Rechtspraxis hat bereits im alten Recht der Verkäufer in derartigen Fällen die mit der Verlagerung der Gefahr bei Versendungskäufen verbundenen Rechtsfolgen selten durchgesetzt.

III. Einschränkungen der Vertragsfreiheit

8 Weitere Sonderregelungen für den Verbrauchsgüterkauf betreffen in §§ 475–477 Einschränkungen der Vertragsfreiheit. Die §§ 475–477 verbessern die Rechtsstellung des Verbrauchers. Dies geschieht, indem abweichende Vereinbarungen gegenüber §§ 433 ff. zulasten des Verbrauchers in den Grenzen des § 475 Abs. 1 und 2 für unwirksam erklärt werden. Insoweit wird das Verbrauchsgüterkaufrecht partiell zum zwingenden Recht.

IV. Beweislasterleichterung; Garantiezusagen

9 § 476 begründet eine für den Käufer sehr vorteilhafte Umkehr der Beweislast, wenn sich ein Sachmangel innerhalb von 6 Monaten seit Gefahrübergang zeigt. In derartigen Fällen wird vermutet, dass die Sache bereits bei Gefahrübergang mangelhaft war, es sei denn, dass diese Vermutung mit der Art der Sache oder des Mangels unvereinbar ist. Damit wird die an sich den Käufer treffende Beweislast für die Mangelhaftigkeit der Sache auf den Verkäufer verlagert. Die praktische Bedeutung zeigt sich insbesondere in Fällen, in denen nachträglich schwer feststellbar ist, ob die Sache bei Gefahrübergang schon mit Mängeln behaftet war. Sie nimmt dem Verkäufer die Möglichkeit, sich auf Fehlverhalten des Käufers zu berufen, ohne dies beweisen zu können. Schließlich werden die in § 443 allgemein geregelten Garantien in § 477 bzgl. sprachlicher Ausgestaltung und Dokumentation besonderen Anforderungen unterworfen (Abs. 1 und 2), ohne dass ein Verstoß dagegen die Wirksamkeit der Garantieverpflichtung berührt (Abs. 3).

V. Regressregelungen in Käuferketten

10 Die §§ 478, 479 setzen Art. 4 der Verbrauchsgüterkaufrichtlinie um, indem Sonderregelungen für den Rückgriff des Verkäufers und auch seiner Vertragspartner in Lieferketten geregelt werden.[10] Dies gilt sowohl für die Art, wie Mängelansprüche vor dem Hintergrund der seitens des Käufers getroffenen Entscheidung nach §§ 437 ff. rückabgewickelt werden (§ 478 Abs. 1), die Konsequenzen der Beweislastumkehr (§§ 478 Abs. 3, 476) als auch die Modifizierung der Verjährungsregelung (§ 479). Dabei gelten die besonderen Rückgriffsregelungen nicht nur im Verhältnis des Verkäufers zu seinem Lieferanten, sondern auch seitens des Lieferanten „rückwärts in der gesamten Lieferkette" (§§ 478 Abs. 5, 479 Abs. 3).

---

5 Siehe BT-Drucks 14/6857, 31. Der Bundesrat führte z.B. öffentliche Versteigerungen von Fundsachen durch Verkehrsbetriebe an.
6 *Haas*, BB 2001, 1313, 1319; zum Kauf gebrauchter Waren noch anhand des DiskE vgl. *Kessler*, ZRP 2001, 70 ff.
7 Auch § 445 ist erst im Gesetzgebungsverfahren eingefügt worden, s. BT-Drucks 14/6857, 62.
8 Im ursprünglichen „Diskussionsentwurf" war § 447 a.F. ganz gestrichen, also auch für Nicht-Verbraucherkäufe. Er wurde aber bereits in der nachfolgenden „konsolidierten Fassung" wieder eingefügt; s. hierzu *Westermann*, JZ 2001, 530, 536; *Zimmer*, in: Ernst/Zimmermann, Zivilrechtswissenschaft und Schuldrechtsreform, S. 203.
9 Die Begründung zum Entwurf geht eingehend auf die Aspekte ein, die hier für die Geltung des § 446 und die Unanwendbarkeit des § 447 sprechen, s. BegrRE, BT-Drucks 14/6040, 244.
10 Zum Regress siehe *Haas*, BB 2000, 1313, 1320; *Ernst/Gsell*, ZIP 2000, 1410, 1421; noch zum DiskE *Hoffmann*, ZRP 2001, 347, 350.

Rechtspolitisch werden damit zwei Ziele erreicht: Einmal soll die zivilrechtliche Verantwortung für den Mangel im wirtschaftlichen Ergebnis dort liegen, wo die Ursache hierfür gesetzt wurde. Zum anderen kommt die Erleichterung von Regressen des jeweiligen Verkäufers in der Lieferkette gegenüber seinem Lieferanten auch dem Verbraucher zugute. Die Bereitschaft des Letztverkäufers, die Ansprüche seines Käufers aus §§ 433 Abs. 1, 437 ff. zu erfüllen, steigt, wenn der Verkäufer effiziente Möglichkeiten des Rückgriffs hat. Insoweit ist der sachliche Zusammenhang zwischen dem Regress und dem Schutz des Verbrauchers gegeben, wie es dem gesetzessystematischen Standort in Art. 4 der Richtlinie und in §§ 478, 479 entspricht.

D. Zusammenspiel des allgemeinen Kaufrechts mit Sonderregelungen

Für den Verbrauchsgüterkauf (Abs. 1) gelten somit §§ 433 ff., sofern sie nicht infolge der §§ 474 Abs. 2 spezialgesetzlich außer Kraft gesetzt werden. Letzteres gilt für § 447 (Abs. 2) und für von §§ 433–435, 437, 439 abweichende Regelungen,[11] wobei insoweit ein spezialgesetzliches Umgehungsverbot als Sonderregelung zu § 134 statuiert wird (§ 475 Abs. 1 S. 3). Verschlechterungen der Verjährungsregelung in § 438 unter Einbeziehung der §§ 199 ff. zulasten des Verbrauchers sind nur unter Beachtung der Vorgaben des § 475 Abs. 2 wirksam. Additiv zu den Aussagen in § 434 ist die Regelung der Beweislastumkehr in § 476 sowie zur Regelung der Garantie in § 443 durch § 477.

Verträge zwischen Unternehmern werden nicht durch den Begriff des Verbrauchsgüterkaufs erfasst (Abs. 1), aufgrund der dargestellten Zusammenhänge jedoch gleichwohl einer spezifischen verbrauchsgüterkaufrechtlichen Regressregelung unterworfen. Sie knüpft grundsätzlich an die Vertragsbeziehung zwischen dem jeweiligen Verkäufer und Käufer in der Lieferkette an (§§ 478 Abs. 5, 479 Abs. 3), stellt jedoch für das insoweit geltende Kaufrecht der §§ 433 ff., § 377 HGB (§ 478 Abs. 6) zusätzlich Voraussetzungen im Sinne einer Erleichterung des Rückgriffs auf. Allein für den Aufwendungsersatzanspruch des § 478 Abs. 2 wird ein eigenständiger Anspruch begründet, der zwar seine rechtspolitische Ursache in dem abgeschlossenen Kaufvertrag zwischen den unternehmerisch tätigen Verkäufern und Käufern findet, jedoch einen selbstständigen Anspruchsgrund und nicht nur eine bloße Modifizierung ohnehin bestehender Gewährleistungsansprüche bildet.

§ 475 Abweichende Vereinbarungen

(1) ¹Auf eine vor Mitteilung eines Mangels an den Unternehmer getroffene Vereinbarung, die zum Nachteil des Verbrauchers von den §§ 433 bis 435, 437, 439 bis 443, sowie von den Vorschriften dieses Untertitels abweicht, kann der Unternehmer sich nicht berufen. ²Die in Satz 1 bezeichneten Vorschriften finden auch Anwendung, wenn sie durch anderweitige Gestaltungen umgangen werden.
(2) ¹Die Verjährung der in § 437 bezeichneten Ansprüche kann vor Mitteilung eines Mangels an den Unternehmer nicht durch Rechtsgeschäft erleichtert werden, wenn die Vereinbarung zu einer Verjährungsfrist ab dem gesetzlichen Verjährungsbeginn von weniger als zwei Jahren, bei gebrauchten Sachen von weniger als einem Jahr führt.
(3) ¹Die Absätze 1 und 2 gelten unbeschadet der §§ 307 bis 309 nicht für den Ausschluss oder die Beschränkung des Anspruchs auf Schadensersatz.

Inhalt

A. Regelungsgehalt	1	III. Sonderfragen der Mängelhaftung	5
I. Ausgangspunkt: Dispositives Kaufrecht	1	**C. Verjährung**	7
II. Einschränkungen der Vertragsfreiheit	2	I. Generelle kaufrechtliche Ausgangslage	7
B. Abweichungen	3	II. Einschränkungen des Gewährleistungsausschlusses	8
I. Begriff	3	**D. Rechtsfolgen bei Verstößen**	10
II. Umgehungsverbot	4		

A. Regelungsgehalt

I. Ausgangspunkt: Dispositives Kaufrecht

Das Kaufrecht ist grundsätzlich dispositiv und ermöglicht daher abweichende Regelungen der Parteien im Rahmen der Vertragsfreiheit. Lediglich § 444 nimmt dem Verkäufer die Möglichkeit, sich auf eine Vereinbarung hinsichtlich Ausschluss oder Beschränkung der Mängelhaftung zu berufen, wenn er den Mangel arglistig verschwiegen oder eine Garantie für die Beschaffenheit der Sache übernommen hat. Im Zusammenhang mit Zwangsvollstreckungsmaßnahmen schränken §§ 450, 451 nicht die inhaltliche Gestaltungsfreiheit, sondern die Handlungsfreiheit zum Abschluss von Verträgen ein.

---

11 Grundsätzlich sind diese Regelungen außerhalb des Verbrauchsgüterkaufs dispositiv.

II. Einschränkungen der Vertragsfreiheit

2 Zum Schutz des Verbrauchers erklärt § 475 in dem hier geregelten Umfang eine Verkürzung von Verbraucherrechten für unwirksam.[1] Insoweit sind die Käuferrechte somit zwingend. Die §§ 444, 475 Abs. 1 und 478 Abs. 4 ordnen an, dass sich der Verkäufer auf dort genannte Regelungen „nicht berufen" könne.[2] Im wirtschaftlichen Ergebnis ist dies nichts anderes als eine partielle Nichtigkeitsregel unter Aufrechterhaltung des Kaufvertrags (entgegen § 139) im übrigen. Die Unwirksamkeit abweichender vertraglicher Vereinbarungen betrifft gegenständlich einmal die spezifischen Regelungen für den Verbrauchsgüterkauf (§§ 474 Abs. 2, 475 Abs. 2, 476, 477), darüber hinaus Vereinbarungen zum Nachteil des Verbrauchers, welche Abweichungen von den gesetzlichen Vorgaben in §§ 433–435, 437, 439–443 enthalten (Abs. 1 S. 1).

B. Abweichungen

I. Begriff

3 Eine Abweichung von den nicht zur Disposition der Vertragsparteien gestellten gesetzlichen Regelungen liegt immer dann vor, wenn die dortige Rechtsfolge zulasten des Verbrauchers gänzlich ausgeschlossen wird. Darüber hinaus werden jedoch auch Einschränkungen oder Erschwernisse für die Rechtsverfolgung erfasst. Hierzu gehören Beschränkungen von für den Verbraucher vorteilhaften Rechtsfolgen in sachlicher oder zeitlicher Hinsicht, ungünstige Beweislastregelungen, mit der Durchsetzung von Ansprüchen verbundene Kostenübernahmen oder Pönalen. Derartige Beschränkungen können unmittelbar durch Reduzierung positiver Rechtsfolgen erfolgen, aber auch versteckt durch Absprache von Fiktionen. Vereinbaren die Parteien z.B., dass in Fällen des Versendungskaufes mit der Übergabe der Sache an den Spediteur die Übergabe an den Käufer als geschehen gilt, so liegt darin eine unzulässige Abweichung von §§ 474 Abs. 2, 446, weil die Regelung des Gefahrübergangs beim Versendungskauf durch Fiktion der Übergabe erreicht werden soll.

II. Umgehungsverbot

4 Dieses an sich schon selbstverständliche Ergebnis bringt Abs. 1 S. 3 nochmals besonders zum Ausdruck, indem auch „anderweitige Gestaltungen", also Umgehungsgeschäfte für unzulässig erklärt werden. Dies entspricht bereits dem Rechtsverständnis zu § 134. Der Begriff der „anderweitigen Gestaltung" ist umfassend zu verstehen. Es kommt allein auf die wirtschaftliche Gleichwertigkeit des angestrebten mit dem gesetzlich untersagten Ergebnis an. Auf welche – noch so kreative – Weise die Parteien dies erreichen (Umformulierung, Fiktion, Ausschluss oder Erschwernis von Rechten durch Abreden über einzelne Tatbestandsmerkmale, Pönalen (offen oder verdeckt) bei Ausübung von Verbraucherschutzrechten) ist unerheblich. Eine derartige Umgehung liegt auch vor, wenn der Beginn der Verjährung zulasten des Verbrauchers gegenüber § 438 Abs. 2 rückdatiert wird (Beispiel: Übergabe der Sache am 1.6.; Vereinbarung, dass die Übergabe der Sache als am 1.4. bewirkt gilt).

III. Sonderfragen der Mängelhaftung

5 Nach § 474 Abs. 1 S. 2 findet das Verbrauchsgüterkaufrecht auch auf gebrauchte Sachen Anwendung, sofern diese nicht mit Teilnahmemöglichkeit für den Verbraucher öffentlich versteigert werden. Der Verkäufer kann seine Haftung auch bei gebrauchten Sachen demnach allenfalls hinsichtlich der Schadensersatzpflicht einschränken (Abs. 3). Für die Verjährung gilt die Sonderregel des Abs. 2 a.E. Eine bei Gebrauchtwaren häufig legitime weitergehende Beschränkung ist in erster Linie über eine detaillierte Beschaffenheitsvereinbarung zu erreichen, die als Ausprägung, nicht als Abweichung von § 434 Abs. 1 S. 1 anzusehen ist.[3]

---

1 Die Vorschrift setzt Art. 7 Abs. 1 der Verbrauchsgüterkaufrichtlinie um. Zur rechtlichen Bewertung der zulasten des Verkäufers ausgeschlossenen Möglichkeit der „Berufung" auf Haftungsausschlüsse vgl. Kapitel D und Fn. 196.

2 Durch diese textliche Fassung soll nach dem Rechtsausschuss des Bundestags einerseits klargestellt werden, dass der Kaufvertrag mit seinen sonstigen Pflichten wirksam bleibt, ferner ein sprachlicher Gleichlauf mit § 444 erreicht werden, vgl. Beschlussempfehlung des Rechtsausschusses, BT-Drucks 14/7052, 199. Tatsächlich muss man sagen, dass die vorgenommene redaktionelle Änderung die Rechtslage eher verdunkelt als verdeutlicht. Soweit die Ausführungen des Rechtsausschusses daraufhin deuten, dass die jetzige Textfassung in bewusster Abgrenzung zu § 476 a.F. und der dort geregelten Nichtigkeitsfolge gewählt wurde, so würde man § 475 wohl als spezialgesetzlichen Fall einer Rechtsausübungssperre verstehen müssen. Art. 3 RL schreibt nur die Nacherfüllung, Minderung und Vertragsauflösung vor, nimmt aber zu darüber hinausgehenden Schadensersatzansprüchen keine Stellung.

3 Ebenso *Haas*, BB 2001, 1313, 1319, der auf die nunmehr stark eingeschränkte Möglichkeit zur Haftungsbegrenzung beim Gebrauchtwagenkauf hinweist; s. auch *Westermann*, JZ 2001, 530, 536, *ders.*, in: Grundmann/Medicus/Rolland, S. 264. Eingehend zum Kauf gebrauchter Sachen noch nach dem Stand des DiskE *Kesseler*, ZRP 2001, 70, der zutreffend darauf hinweist, dass grundsätzlich von einer gebrauchten Sache keine neuwertige Beschaffenheit erwartet werden kann. Die Grenzziehung zwischen vage gehaltener Beschaffenheitsvereinbarung und Haftungsbeschränkung ist dabei nicht immer leicht zu ziehen, wie *Schlechtriem*, in: Ernst/Zimmermann, Zivilrechtswissenschaft und Schuldrechtsreform, S. 222, zutreffend bemerkt.

Anspruchseinschränkungen zu Lasten des Käufers aufgrund von Mängeln werden nicht umfassend, sondern in Abs. 1 S. 1 nur hinsichtlich des Fehlerbegriffes, des Nachbesserungsanspruches, der Rechte auf Rücktritt und Minderung sowie aus Garantien unter Berücksichtigung der Haftungsgrenzen infolge Kenntnis des Käufers oder Haftungsausschlusses für unwirksam erklärt. Abs. 3 stellt ausdrücklich klar, dass der Schadensersatzanspruch nach §§ 437 Nr. 3, 440, 280 ff. davon nicht betroffen ist. Das erklärt sich daraus, dass die Richtlinie Schadensersatzansprüche nicht regelt, sondern deren Ausgestaltung dem nationalen Gesetzgeber überlässt.[4] Sie verfolgt insoweit Mindestsicherungen des Verbrauchers, die durch den Nachbesserungsanspruch sowie die Befugnisse zu Rücktritt und Minderung gesichert werden, welche in Abs. 1 S. 1 und 2 gegen abweichende Regelungen geschützt sind. Im Sinne der Chancengleichheit in- und ausländischer Anbieter auf den zunehmend international werdenden Märkten wollte der deutsche Gesetzgeber die Richtlinie nicht übererfüllen. Allerdings wird in Abs. 3 klargestellt, dass der Schutz der §§ 307–309 anlässlich der Verwendung allgemeiner Geschäftsbedingungen unberührt bleibt. Dies verlangt indes eine Einzelfallprüfung und bedeutet nicht, dass Schadensersatzansprüche grundsätzlich nicht durch AGB ausgeschlossen werden dürften, etwa weil der Schadensersatzanspruch zum Leitbild des Kaufvertrags i.S.d. § 307 Abs. 2 Nr. 2 gehöre.[5] 6

C. Verjährung

I. Generelle kaufrechtliche Ausgangslage

Eine Sonderregelung gilt nach Abs. 2 für Absprachen hinsichtlich der Verjährung. § 202 gestattet grundsätzlich Regelungen zur Erleichterung der Verjährung mit Ausnahme von Fällen einer Haftung wegen Vorsatzes, die nicht im Voraus durch Rechtsgeschäft erleichtert werden kann. Für Fälle arglistiger Täuschung oder von Garantiezusagen für bestimmte Eigenschaften erklärt bereits § 444 einen Haftungsausschluss des Verkäufers für unwirksam. Ohne Abs. 2 wären somit Verjährungsabsprachen zulasten des Verbrauchers möglich. 7

II. Einschränkungen des Gewährleistungsausschlusses

§ 475 erklärt derartige Abreden nicht global für unwirksam, sondern nur insoweit, als sie **vor** Mitteilung eines Mangels an den Verkäufer erfolgen.[6] Dies betrifft insbesondere Abreden bei Abschluss des Kaufvertrages. **Nach** Mitteilung des Mangels sind hingegen diesbezügliche Abreden frei vereinbar. Damit will der Gesetzgeber eine flexible Mängelabwicklung zwischen den Parteien erleichtern. 8

Vor Mitteilung des Mangels werden Verjährungserleichterungen nicht generell für unzulässig erklärt, sondern an zeitliche Voraussetzungen geknüpft. Eine Verjährungsfrist von weniger als zwei Jahren ist unzulässig. Aus der Sonderregelung für gebrauchte Sachen in Abs. 2 mit einer Untergrenze von einem Jahr folgt im Wege des Umkehrschlusses, dass die Zweijahresfrist sich nur auf den Verkauf neuer Sachen bezieht. Gegenüber der regelmäßigen Verjährungsfrist im Rahmen der Mängelhaftung in § 438 Abs. 1 Nr. 3 von zwei Jahren bedeutet Abs. 2 folglich keine Erleichterung. Zulässig ist es jedoch, die Verjährungsdauer in den Fällen des § 438 Abs. 1 Nr. 2 von 5 auf 2 Jahre zu verkürzen, was wichtig ist für den privat errichteten Hausbau, soweit zu diesem Zwecke gekaufte bewegliche Sachen betroffen sind. Auch die 30jährige Verjährungsfrist des § 438 Abs. 1 Nr. 1 kann abgekürzt werden, da diese Norm in Abs. 2 nicht erwähnt ist und die Haftung des Unternehmers nach Abs. 1 auch Rechtsmängel betrifft. Darüber hinaus sind Änderungen hinsichtlich des Beginns der Verjährungsfrist gegenüber § 438 Abs. 2 oder §§ 199 ff. möglich. Die dreijährige Verjährungsfrist für Fälle arglistigen Verschweigens eines Mangels nach § 438 Abs. 3 ist schon durch § 444 gegen abweichende Vereinbarungen gesichert und bedarf daher keiner zusätzlichen Absicherung durch Abs. 2. 9

D. Rechtsfolgen bei Verstößen

Auf abweichende Vereinbarungen, die gegen Vorgaben des Abs. 1 verstoßen, kann sich der Verkäufer nicht berufen. Dabei handelt es sich um eine textlich wie dogmatisch wenig geglückte partielle Nichtigkeitsregel, die sich auch in § 444 findet. Sie gibt nicht etwa nur dem Käufer eine Einrede gegenüber der Inanspruchnahme der Haftungserleichterung durch den Verkäufer, sondern versagt letzterem kraft Gesetzes die „Berufung darauf". Dies aber bedeutet nichts anderes als die Unwirksamkeit der Gewährleistungseinschränkung unter voller Aufrechterhaltung des Kaufvertrags im übrigen, also unter Ausschluss einer Anwendung von § 139. Nichts anderes gilt für Verjährungsvereinbarungen jenseits des durch Abs. 2 zugelassenen Rahmens, obwohl dort eine ausdrückliche Anordnung der Unwirksamkeit fehlt. Wenn das Gesetz jedoch in Abs. 2 die Zulässigkeit von Verjährungsabreden mit erleichternder Wirkung auf die dortigen Fälle beschränkt, 10

---

[4] *Haas*, BB 2001, 1313, 1319; BegrRE, BT-Drucks 14/6040, 244.
[5] So die Befürchtungen bei *Westermann*, JZ 2001, 530, 536; *Ernst*, JZ 2001, 542 (Diskussionsbericht).
[6] Damit trägt der Gesetzgeber Art. 7 Abs. 1 der Verbrauchsgüterkaufrichtlinie Rechnung.

ergibt sich daraus im Wege des Umkehrschlusses das Verbot von Regelungen in allen anderen Fällen, was bereits nach § 134 zur Nichtigkeitsfolge führt. Auch Umgehungsabreden sind unwirksam, sei es aufgrund spezialgesetzlicher Anordnung in Abs. 1 S. 2 für den dort geregelten Bereich, sei es infolge der zu § 134 entwickelten Rechtsgrundsätze.

§ 476 Beweislastumkehr

¹Zeigt sich innerhalb von sechs Monaten seit Gefahrübergang ein Sachmangel, so wird vermutet, dass die Sache bereits bei Gefahrübergang mangelhaft war, es sei denn, diese Vermutung ist mit der Art der Sache oder des Mangels unvereinbar.

Inhalt

A. Regelungsgegenstand ... 1	C. Sachliche Voraussetzungen ... 8
I. Betroffene Beweiserleichterung ... 1	I. Sachmangel ... 8
II. Abgrenzung zur Beweiserleichterung in Garantiefällen ... 4	II. Fristbeginn mit Gefahrübergang ... 9
	III. Auftreten des Mangels in zeitlicher Hinsicht ... 11
B. Geltungsbereich ... 5	D. Ausschluss der Beweislastumkehr ... 13
I. Verbrauchsgüterkaufverträge ... 6	I. Verhältnis der Halbsätze 1 und 2 ... 13
II. Beschränkung auf Sachmängel ... 7	II. Beispiele für Halbsatz 2 ... 14

A. Regelungsgegenstand

I. Betroffene Beweiserleichterung

1 § 476 enthält, die Vermutung aus Art. 5 Abs. 3 Verbrauchsgüterkaufrichtlinie[1] umsetzend, eine wichtige Beweislastregel im Rahmen des Verbrauchsgüterkaufs. Grundsätzlich trägt der Käufer nach allgemeinen Grundsätzen des Beweisrechts die Darlegungs- und Beweislast dafür, dass alle tatsächlichen Voraussetzungen für das Bestehen eines Gewährleistungsanspruches vorliegen.[2] Dies gilt unabhängig davon, welchen mangelbedingten Anspruch bzw. welches Gestaltungsrecht der Käufer im einzelnen aus dem Katalog der Befugnisse gemäß § 437 auswählt. Neben den allgemeinen Grundsätzen des Beweisrechts lässt sich insoweit auch der Rechtsgedanke des § 363 heranziehen, der freilich unmittelbar nur eine Beweislastregelung bei Annahme einer anderen als der geschuldeten Leistung als Erfüllung betrifft.

2 Dieses Prinzip führt allerdings zu Beweisschwierigkeiten für den Käufer, da der Verkäufer eine unsachgemäße Behandlung des Kaufgegenstandes durch den Käufer vortragen kann, was wegen des tatsächlichen Umgangs des Käufers mit der Sache nach deren Übergabe vielfach nur schwer zu entkräften ist. Vor diesem Hintergrund ist die Beweislastregel des § 476 zu verstehen, die die Vermutung eines bereits bei Gefahrübergang vorhandenen Mangels zugunsten des Käufers begründet. Dabei ist diese Vermutung nicht nur zeitlich auf Mängelauftritte in 6 Monaten seit Gefahrübergang beschränkt, sondern darüber hinaus ausgeschlossen, wenn sie mit der Art der Sache oder des Mangels nicht vereinbar ist. Die Norm enthält keine Fiktion der Fehlerhaftigkeit der Sache bereits bei Gefahrübergang, sondern eine widerlegbare Vermutung. Soweit ihre Voraussetzungen bestehen, kann der Verkäufer die Vermutung durch einen geeigneten Sachvortrag erschüttern.

3 § 476 enthält eine Beweislastumkehr nur hinsichtlich des Bestehens eines Mangels bei Gefahrübergang, nicht aber hinsichtlich aller sonstigen Voraussetzungen für die in § 437 geregelten Käufer-Befugnisse. Der Abschluss eines wirksamen Kaufvertrages, die gegenwärtige Mangelhaftigkeit des Kaufgegenstandes sowie das Auftreten dieses Mangels innerhalb einer Frist von 6 Monaten fallen uneingeschränkt in die Darlegungs- und Beweislast des Käufers.

II. Abgrenzung zur Beweiserleichterung in Garantiefällen

4 § 476 ist streng von einer weiteren Beweiserleichterung in § 443 Abs. 2 für Garantiefälle zu unterscheiden. Sie betrifft während der Geltungsdauer von Haltbarkeitsgarantieerklärungen[3] aufgetretene Sachmängel und begründet die Vermutung, dass insoweit ein Garantiefall besteht. Während § 476 nur für den Verbrauchsgüterkauf gilt, erfasst § 443 Abs. 2 alle (Haltbarkeits-)Garantiefälle mit Sachmängeln. § 476 betrifft nur eine Rechtsvoraussetzung aus dem Katalog der Befugnisse des Käufers aus § 437, wohingegen § 443 Abs. 2 die Rechtsfolge der Garantieerklärung nach deren gegebenem Gehalt (§§ 133, 157) insgesamt – entkräftbar – regelt. § 476 gehört zum Recht der Mängelgewährleistung, § 443 betrifft die davon rechtlich streng zu

---

[1] ABlEG 1999 Nr. L 171/12. Der Umstand, dass die Richtlinie für den Zeitpunkt der Vertragswidrigkeit auf die Lieferung abstellt, hindert den nationalen Gesetzgeber nicht daran, den Zeitpunkt des Gefahrübergangs zum Anknüpfungspunkt zu wählen, vgl. dazu BegrRE, BT-Drucks 14/6040, 245 sowie *Gsell*, JZ 2001, 65, 73.

[2] Vgl. Palandt/*Putzo*, § 459 Rn 51; vgl. auch BegrRE, BT-Drucks 14/6040, 245.

[3] Begriff legaldefiniert in § 443 Abs. 1.

unterscheidende, gleichwohl wirtschaftlich über den Sachmangelbegriff (§ 434) damit zusammenhängende Garantieerklärung als Grundlage eines Leistungsanspruchs.

B. Geltungsbereich

§ 476 unterliegt verschiedenen Restriktionen hinsichtlich des Geltungsbereiches. 5

I. Verbrauchsgüterkaufverträge

Die Vorschrift gilt allein für Verbrauchsgüterkaufverträge. Dies ergibt sich zwar nicht aus dem Wortlaut, 6 jedoch aus der systematischen Stellung der Norm in dem Untertitel 3 „Verbrauchsgüterkauf". Folglich müssen alle Voraussetzungen des § 474 Abs. 1 vorliegen. Soweit dies nicht der Fall ist, handelt es sich um einen „normalen" Kaufvertrag nach § 433, für den die Beweislasterleichterung des § 476 nicht eingreift.[4]

II. Beschränkung auf Sachmängel

Der eindeutige Wortlaut des § 476 beschränkt die Geltung der Norm auf Sachmängel und schließt damit 7 Rechtsmängel aus. Leidet eine bewegliche Sache an einem Rechtsmangel nach § 435, sind die diesbezüglichen tatsächlichen Voraussetzungen seitens des Käufers darzulegen und zu beweisen. Der rechtspolitische Grund für die Beschränkung auf Sachmängel liegt in der bereits angesprochenen, vielfach bestehenden Beweisnot für den Käufer, die für Rechtsmängel in dieser Form wegen deren regelmäßiger Unabhängigkeit von tatsächlichen Einflüssen sowie bei meist ohnehin unstreitigen tatsächlichen Voraussetzungen nicht gegeben ist. Im Rahmen des § 476 besteht somit weiterhin im Einzelfall die Notwendigkeit einer Abgrenzung von Sach- und Rechtsmängeln, die für §§ 437 ff. vielfach infolge identischer Rechtsfolgen dahingestellt bleiben kann (§§ 433 Abs. 1 S. 2, 434, 435, 437 ff.).

C. Sachliche Voraussetzungen

I. Sachmangel

Voraussetzung ist zunächst das Auftreten eines Sachmangels. Insoweit gilt uneingeschränkt die gesetzliche 8 Definition des § 434 mit den dort im einzelnen beschriebenen Varianten.

II. Fristbeginn mit Gefahrübergang

Der Sachmangel muss sich innerhalb einer Frist von 6 Monaten seit Gefahrübergang zeigen. Für den 9 Gefahrübergang kommt allein § 446 in Betracht, da der die Fälle des Versendungskaufs regelnde § 447 auf Verbrauchsgüterkaufverträge gemäß § 474 Abs. 2 keine Anwendung findet. Regelmäßiger Anlass für den Gefahrübergang nach § 446 S. 1 ist die Übergabe der Sache von dem Verkäufer an den Käufer. Mit der Übergabe ist die Erlangung der tatsächlichen Sachherrschaft (§ 854) verbunden und damit die Gelegenheit für den Käufer, infolge Nutzung der Sache (vgl. auch § 446 S. 2) deren Fehlerfreiheit oder Mangelhaftigkeit festzustellen.

Statt der Übergabe kommt auch ein Annahmeverzug des Käufers als Grund für den Gefahrübergang nach 10 § 446 S. 3 in Betracht. Mit dem Annahmeverzug überträgt das Gesetz dem Käufer die Verantwortung für die Sache. Dies muss Konsequenzen für den Beginn des Zeitraumes haben, für den eine Beweislastumkehr gilt. Anderenfalls könnte der Käufer durch einen gezielt herbei geführten Annahmeverzug den Fristlauf zum Nachteil des Verkäufers beliebig herauszögern. Solange während des Annahmeverzuges eine Übergabe nicht stattgefunden hat, hat der Käufer keine Möglichkeit zu einer genauen Überprüfung des Kaufgegenstandes. Gleichwohl beginnt die 6-Monatsfrist des § 476 zu laufen, mit der Konsequenz, dass bei einer noch in dem 6-Monatszeitraum erfolgenden Übergabe die dem Käufer verbleibende Zeit einer genauen Überprüfung entsprechend reduziert wird.[5] Die Überprüfungsmöglichkeit entfällt völlig, wenn die Übergabe erst 6 Monate oder später nach Eintritt des Annahmeverzuges eintritt. Auch in solchen Fällen greift gleichwohl die Beweislastumkehr des § 476 ein, wenn sich der Mangel an der in der Einflusssphäre des Verkäufers verbleibenden Sache zeigt.[6] Hier hätte allerdings auch im Rahmen des § 476 der Verkäufer die Darlegungs- und Beweislast dafür, dass die Sache bei Beginn des Annahmeverzuges fehlerfrei war und erst danach unter Berücksichtigung des Gefahrübergangs nach § 300 Abs. 2 eine Verschlechterung erfahren hat.[7] Die wesentliche praktische Bedeutung des § 446 S. 3 für § 476 liegt jedoch darin, in Fällen der noch vor Ablauf

---

[4] Zum spezifisch verbraucherschützenden Charakter der Norm siehe BegrRE, BT-Drucks 14/6040, 245.
[5] Kritisch *Gsell*, JZ 2001, 65, 74.
[6] Allerdings wird dies dem Käufer in den seltensten Fällen zur Kenntnis gelangen.
[7] Durch das Angebot einer mangelhaften Sache kann der Verkäufer den Käufer nicht in Annahmeverzug setzen, Palandt/*Heinrichs*, § 294 Rn 4; vgl. hierzu auch *Gsell*, JZ 2001, 65, 74.

der 6-Monatsfrist erfolgenden Übergabe eine entsprechende Verkürzung der Prüfungsmöglichkeiten des Kaufgegenstandes durch den Käufer mit der Wohltat der Beweislastumkehr zu bewirken.

III. Auftreten des Mangels in zeitlicher Hinsicht

11 § 476 verlangt weiter, dass sich der Mangel in dem 6-Monatszeitraum seit Gefahrübergang „zeigt". Dies bedeutet, dass der Fehler erkennbar ist, also bereits optisch oder infolge Gebrauchs deutlich wird. Mängel, die erst nach Ablauf von 6 Monaten seit Gefahrübergang auftreten, lösen die Beweislastumkehr nicht aus, auch wenn sie bereits verborgen in der Sache angelegt waren.

12 § 476 verlangt nicht, dass der Käufer den aufgetretenen Mangel innerhalb von 6 Monaten seit Gefahrübergang dem Verkäufer anzeigt. Dieses ist bei einem Auftreten des Mangels kurz vor Ablauf der 6-Monatsfrist ohnehin kaum möglich, gilt aber auch für alle anderen Fälle. Allerdings trägt der Käufer die Beweislast für die tatsächlichen Voraussetzungen der Beweislastumkehr, also auch für das Auftreten des Mangels in der 6-Monatsfrist. Dieser Beweislast kann er leicht entsprechen, wenn er bei früh auftretenden Mängeln den Käufer noch innerhalb der 6-Monatsfrist entsprechend unterrichtet und ihm den Mangel belegt, insbesondere durch Vorlage der Kaufsache. Geschieht dies nicht, muss der Käufer bei Bestreiten seitens des Verkäufers das Auftreten des Mangels in der 6-Monatsfrist darlegen und beweisen, um sich auf § 476 stützen zu können.

D. Ausschluss der Beweislastumkehr

I. Verhältnis der Halbsätze 1 und 2

13 Hs. 2 schließt die Beweislastumkehr aus, wenn sie mit der Art der Sache oder des Mangels unvereinbar ist. Da der Ausschluss der Beweislastumkehr zu ihrem Eingreifen bei Vorliegen der Voraussetzungen von Hs. 1 in einem Regel-Ausnahme-Prinzip steht, trägt der Verkäufer die Darlegungs- und Beweislast für die tatsächlichen Voraussetzungen der Ausnahmeregelung in Hs. 2. Dies darf nicht mit einer Entkräftung der Vermutung für das Bestehen eines Sachmangels bei Gefahrübergang verwechselt werden. Hs. 2 ist eine gesetzliche Ausnahme von der Beweislastregel. Liegt sie vor, greift die Beweislastumkehr nicht ein und es verbleibt damit bei der Beweislast des Käufers für das Vorliegen eines Mangels bei Gefahrübergang. Greift die Vermutung des Hs. 1 hingegen ein, hat der Verkäufer nach allgemeinen Grundsätzen die Möglichkeit, sie zu entkräften, indem er darlegt, dass die Sache bei Gefahrübergang eben nicht mangelhaft war. Dies ist eine auf Tatsachen gestützte Widerlegung im Einzelfall, nicht aber die Inanspruchnahme der Ausnahmeregel von Hs. 2.

II. Beispiele für Halbsatz 2

14 Als Beispiel für die Unvereinbarkeit der Vermutung mit der Art des Kaufgegenstandes bezeichnet die amtliche Begründung Kaufverträge über gebrauchte Sachen.[8] Bei ihnen besteht bereits wegen des sehr unterschiedlichen Grades der Abnutzung kein Erfahrungssatz, wie er Hs. 1 zugrunde liegt. Darüber hinaus betrifft die Ausnahme alle Verbrauchsgegenstände mit kurzfristiger Nutzung wie Lebensmittel, Schnittblumen oder Gegenstände mit Verschleißcharakter (Garderobe, Autoreifen).

15 Mit der Art des Mangels unvereinbar ist die Beweislastumkehr häufig in Fällen des Tierkaufs,[9] weil wegen der Ungewissheit über den Zeitraum zwischen Infektion und Ausbruch der Krankheit deren Anlage bei Kauf des Tieres nicht typisch ist. Weiter zählen hierzu klassische Umgangs- und Bedienungsfehler des Käufers, z.B. abgerissene Knöpfe oder deutliche Kratzer auf der Oberfläche des Kaufgegenstands. Sind solche Fehler auf den ersten Blick erkennbar, spricht dies dafür, dass der Käufer sie bei Übergang der Gefahr sofort beanstandet hätte und folglich das spätere Auftreten unter Hs. 2 fällt.

§ 477 Sonderbestimmungen für Garantien

(1) ¹Eine Garantieerklärung (§ 443) muss einfach und verständlich abgefasst sein. ²Sie muss enthalten
1. den Hinweis auf die gesetzlichen Rechte des Verbrauchers sowie darauf, dass sie durch die Garantie nicht eingeschränkt werden und
2. den Inhalt der Garantie und alle wesentlichen Angaben, die für die Geltendmachung der Garantie erforderlich sind, insbesondere die Dauer und den räumlichen Geltungsbereich des Garantieschutzes sowie Namen und Anschrift des Garantiegebers.

(2) ¹Der Verbraucher kann verlangen, dass ihm die Garantieerklärung in Textform mitgeteilt wird.

---

8 BegrRE, BT-Drucks 14/6040, 245.
9 Vgl. auch hier BegrRE, BT-Drucks 14/6040, 245.

(3) ¹**Die Wirksamkeit der Garantieverpflichtung wird nicht dadurch berührt, dass eine der vorstehenden Anforderungen nicht erfüllt wird.**

Inhalt

A. Regelungsgehalt 1	2. Inhalt der Garantie 7
B. Formelle Vorgaben 3	III. Dokumentationserfordernisse 8
I. Verständlichkeit 3	
1. Sprache 4	C. Rechtsfolgen bei Verstößen 9
2. Stil 5	I. Wirksamkeit des Vertrages 9
II. Informationspflichten 6	II. Folgen für die Auslegung 10
1. Verhältnis Gewährleistungsrechte/ Garantien 6	III. UWG 11

A. Regelungsgehalt

§ 477 enthält formelle Voraussetzungen für Garantien nach § 443, die zugunsten des Käufers in Verbrauchsgüterkaufverträgen abgegeben werden. Sie betreffen die Verständlichkeit (Abs. 1 S. 1), gewisse Mindestinformationen (Abs. 1 S. 2 Nr. 1 und 2) sowie deren Übermittlung in Textform auf Verlangen des Verbrauchers (Abs. 2). Zugleich stellt Abs. 3 als Sonderregelung zu § 139 klar, dass Verstöße gegen die genannten Vorgaben die Wirksamkeit der Garantieverpflichtung unberührt lassen. Diese Bestimmungen entsprechen Art. 6 der Verbrauchsgüterkaufrichtlinie.¹ **1**

Materiellrechtliche Vorgaben enthält § 477 nicht. Insoweit gilt uneingeschränkt § 443 auch für den Verbrauchsgüterkauf. Der Verbraucher erfährt somit im Falle von zu seinen Gunsten abgegebenen Garantien keine inhaltliche Verbesserung gegenüber sonstigen Käufern, sondern nur eine formelle Begünstigung. **2**

B. Formelle Vorgaben

I. Verständlichkeit

Die Sprache von Garantieerklärungen muss verständlich sein; das zusätzlich geforderte Tatbestandsmerkmal „einfach" ist um der Verständlichkeit willen aufgenommen worden, zumal es auch in Art. 6 der Verbrauchsgüterkaufrichtlinie gesondert erwähnt wird. **3**

1. Sprache

Art. 6 Abs. 4 der Richtlinie gestattet den Mitgliedstaaten, die Verwendung von einer oder mehreren Amtsprachen der EG vorzuschreiben. Hierfür sah der deutsche Gesetzgeber keinen Bedarf. Im Regelfall erfordert die Verständlichkeit der Garantieerklärung die Verwendung der deutschen Sprache. Die amtliche Begründung zieht für bestimmte Güter je nach Adressatenkreis in Betracht, auch Garantien in anderen Sprachen ausreichen zu lassen.² **4**

2. Stil

Maßgeblich ist stets, dass ein durchschnittlicher Verbraucher Voraussetzungen, Inhalt und Reichweite der Garantieerklärung verstehen kann. Dies verbietet eine verklausulierte Ausdrucksweise mit zahlreichen Fremdwörtern und übertriebener juristischer Begrifflichkeit. **5**

II. Informationspflichten

1. Verhältnis Gewährleistungsrechte/Garantien

Die Informationspflichten des Garantiegebers betreffen einmal das Verhältnis der Garantie nach § 443 zu den Gewährleistungsrechten der §§ 437 ff. Beides wird von Verbrauchern vielfach verwechselt. Um daraus resultierenden Rechtsirrtümern zulasten des Verbrauchers vorzubeugen, hat der Garantiegeber ihn auf die von der Garantie abzugrenzenden Rechte aus §§ 437 ff. hinzuweisen sowie deren Unabhängigkeit von der Garantiezusage hervorzuheben.³ **6**

---

1 ABlEG 1999 L 171/12, 15. Zur Verbrauchergarantie vgl. *Ernst/Gsell*, ZIP 1410, 1414.
2 BegrRE, BT-Drucks. 14/6040, 246. Die Begründung führt etwa „einfach gehaltene Teilgarantien in englischer Sprache für PC" an.
3 Der BGH hat in BGHZ 104, 82 einen Garantiegeber, der den Unterschied zur gesetzlichen Gewährleistung nicht hinreichend deutlich machte, bereits nach dem alten AGBG zur Unterlassung der weiteren Verwendung verurteilt.

2. Inhalt der Garantie

7 Die weiteren Informationspflichten betreffen den Inhalt der Garantiezusage. Hierfür gibt weder § 443 noch § 477 eine materiellrechtliche Vorgabe. Vielmehr liegt die Ausgestaltung auch für Verbrauchsgüterkaufverträge im Ermessen des Garantiegebers, wie dies für die Garantiezusage insgesamt gilt. Dasjenige, was an Garantieerklärung gegeben wird, muss dem Verbraucher jedoch klar beschrieben werden. Hierzu zählen der Inhalt, die Dauer, der räumliche Geltungsbereich des Garantieschutzes sowie Name und Anschrift des Garantiegebers zum Zwecke der Verwirklichung etwaiger Rechte aus der Garantieerklärung. Zur inhaltlichen Beschreibung gehört insbesondere die Klarstellung, ob es sich um eine Beschaffenheits- oder Haltbarkeitsgarantie handelt, welche Aspekte die Garantie umfasst, welche Sachverhalte ausgenommen sind und welche Folgen eine Garantie begründet (Umtausch, Rückgabe gegen Kaufpreiserstattung, Nachbesserung, etwaige Beteiligung des Käufers an den Kosten). Für die nicht erwähnten speziellen Aspekte, die gleichwohl als „wesentliche Angaben" der Garantieerklärung anzusehen sind, kommt es maßgeblich darauf an, ob deren Kenntnis für die Ermittlung eines Anspruches aus der Garantieerklärung und seiner Durchsetzung von Bedeutung ist.

III. Dokumentationserfordernisse

8 Nach Abs. 2 kann der Verbraucher verlangen, dass ihm die Garantieerklärung in Textform mitgeteilt wird. Der Regierungsentwurf sah Schriftform oder alternativ einen dauerhaften Datenträger vor.[4] Mit der Einfügung der „Textform" wird die Norm an § 126b angepasst. Die Textform verlangt eine in lesbaren Schriftzeichen fixierte Erklärung, wobei anders als bei der Schriftform keine Unterschrift des Erklärenden, sondern lediglich ein erkennbarer Abschluss der Erklärung verlangt wird. Die Textform wird nicht nur bei Erklärungen auf Papier, sondern auch bei solchen auf elektronischen Datenträgern erfüllt,[5] also auch bei Disketten oder CD-ROM. Auch E-Mails genügen der Textform, wenn sie auf einem Server bei einem Online-Provider ankommen, auf den der Empfänger zugreifen kann. Ob die Garantieerklärung auch dann der Textform genügt, wenn sie vom Empfänger zwar zur Kenntnis genommen, aber – ggf. auch in elektronischer Form – nicht dauerhaft von ihm aufbewahrt werden kann, z.B. weil sie lediglich auf der Homepage des Garantiegebers enthalten ist, ist bereits nach § 126b zweifelhaft, weil auch die Textform einen – wenn auch deutlich abgeschwächten – Dokumentationszweck erfüllt.[6] Zumindest verlangt Art. 6 Abs. 3 der Verbrauchsgüterkaufrichtlinie eine Garantieerklärung entweder in schriftlicher Form oder auf einem dauerhaften Datenträger, der dem Verbraucher zugänglich ist und ihm zur Verfügung steht, was bei einer jederzeit vom Garantiegeber abänderbaren Homepage nicht der Fall ist. Dies gilt im Wege europarechtskonformer Auslegung auch für Abs. 2.

C. Rechtsfolgen bei Verstößen

I. Wirksamkeit des Vertrages

9 Abs. 3 stellt klar, dass Verstöße gegen die Vorgaben der Abs. 1 und 2 die Wirksamkeit der Garantieverpflichtung unberührt lassen. Damit soll dem rechtlichen Risiko entgegen gewirkt werden, das bei einer Anwendung des § 139 gegeben wäre. Rechtspolitisch ist das Ergebnis ohne Alternative, da die Verletzung formeller Vorgaben seitens des Garantiegebers nicht zur Folge haben kann, dass seine Garantieverpflichtung insgesamt zulasten des Verbrauchers erlischt.

II. Folgen für die Auslegung

10 Über § 477 hinaus ist – wie bereits angesprochen – die globale Vorgabe einfacher und verständlicher Ausgestaltung (Abs. 1 S. 1) für die Auslegung der Garantieerklärung nach §§ 133, 157 von Bedeutung. Unklarheiten, die aus einer Missachtung des Abs. 1 S. 1 resultieren, gehen folglich zulasten des Garantiegebers und zugunsten des Verbrauchers. Die Anwendung der §§ 133, 157 auf Garantieerklärungen zugunsten von Verbrauchern hat die formellen Vorgaben des § 477 mit zu beachten. Im Ergebnis nähert sich die Rechtslage damit derjenigen an, wie sie für den Verwender allgemeiner Geschäftsbedingungen in § 305c Abs. 2 besteht.[7] Von solchen wird regelmäßig auszugehen sein, wenn die Garantieerklärung in Form standardisierter Garantiekarten dem Produkt beigelegt wird.

---

4 Die ursprüngliche Form lehnte sich stärker an Art. 6 Abs. 3 der Verbrauchsgüterkaufrichtlinie an, vgl. BegrRE, BT-Drucks 14/6040, 246.

5 Vgl. die amtl. Begründung zum „Gesetz über die Anpassung der Formvorschriften des Privatrechts und anderer Vorschriften an den modernen Rechtsgeschäftsverkehr", BT-Drucks 14/4987, 12.

6 Die amtliche Begründung zu § 126b rechnet anscheinend auch diesen Fall zur Textform, verneint aber im Regelfall den Zugang, s. BT-Drucks 14/4987, 20. Der Rechtsausschuss des Bundestags geht ebenfalls davon aus, dass eine Garantieerklärung in Textform nur dann zugegangen ist, wenn sie den Empfänger auf einem dauerhaften Datenträger erreicht, so dass die Anpassung an § 126b im Ergebnis nichts ändere, s. Beschlussempfehlung des Rechtsausschusses vom 25.9.2001, BT-Drucks 14/7052, 199.

7 Ebenso BegrRE, BT-Drucks 14/6040, 246.

III. UWG

Garantien, die über die gesetzliche Gewährleistung hinausgehen, werden häufig als Marketinginstrument im Wettbewerb eingesetzt. Erfüllen sie in diesem Fall nicht die gesetzlichen Anforderungen des § 477, so können sie irreführende Werbemaßnahmen im Sinne des § 3 UWG darstellen sowie ggf. sittenwidrig im Sinne des § 1 UWG sein.[8] Der Verstoß gegen die Verbraucherschutzvorschrift des § 477 zieht weiterhin einen Unterlassungsanspruch nach § 2 Abs. 1 S. 1 des Unterlassungsklagengesetzes nach sich. Geschieht dies – wie regelmäßig – in AGB, so käme nach § 1 UKlaG ein solcher Anspruch nur bei Unwirksamkeit der Bestimmung in Betracht, was § 477 Abs. 3 gerade ausschließt. Da das UKlaG aber den Verbraucherschutz nicht einschränken, sondern stärken will, ist auch in diesem Fall aufgrund einer teleologischen Interpretation ein Unterlassungsanspruch gegeben.

11

§ 478 Rückgriff des Unternehmers

(1) ¹Wenn der Unternehmer die verkaufte neu hergestellte Sache als Folge ihrer Mangelhaftigkeit zurücknehmen musste oder der Verbraucher den Kaufpreis gemindert hat, bedarf es für die in § 437 bezeichneten Rechte des Unternehmers gegen den Unternehmer, der ihm die Sache verkauft hatte (Lieferant), wegen des vom Verbraucher geltend gemachten Mangels einer sonst erforderlichen Fristsetzung nicht.
(2) ¹Der Unternehmer kann beim Verkauf einer neu hergestellten Sache von seinem Lieferanten Ersatz der Aufwendungen verlangen, die der Unternehmer im Verhältnis zum Verbraucher nach § 439 Abs. 2 zu tragen hatte, wenn der vom Verbraucher geltend gemachte Mangel bereits beim Übergang der Gefahr auf den Unternehmer vorhanden war.
(3) ¹In den Fällen der Absätze 1 und 2 findet § 476 mit der Maßgabe Anwendung, dass die Frist mit dem Übergang der Gefahr auf den Verbraucher beginnt.
(4) ¹Auf eine vor Mitteilung eines Mangels an den Lieferanten getroffene Vereinbarung, die zum Nachteil des Unternehmers von den §§ 433 bis 435, 437, 439 bis 443 sowie von den Absätzen 1 bis 3 und von § 479 abweicht, kann sich der Lieferant nicht berufen, wenn dem Rückgriffsgläubiger kein gleichwertiger Ausgleich eingeräumt wird. ²Satz 1 gilt unbeschadet des § 307 nicht für den Ausschluss oder die Beschränkung des Anspruchs auf Schadensersatz. ³Die in Satz 1 bezeichneten Vorschriften finden auch Anwendung, wenn sie durch anderweitige Gestaltungen umgangen werden.
(5) ¹Die Absätze 1 bis 4 finden auf die Ansprüche des Lieferanten und der übrigen Käufer in der Lieferkette gegen die jeweiligen Verkäufer entsprechende Anwendung, wenn die Schuldner Unternehmer sind.
(6) ¹§ 377 des Handelsgesetzbuchs bleibt unberührt.

Inhalt

A. Regelungsgegenstand 1	a) Minderung nach § 441 28
I. Zusammenhang von Verbraucherschutz und	b) Kleiner Schadensersatzanspruch 29
Unternehmerrückgriff 1	II. Einschränkungen des Anwendungsbereiches des
II. Regresskonzepte in § 478 4	Abs. 1 32
1. Eigenständiger Rückgriffsanspruch 5	1. Kulanz im Verhältnis Verkäufer/Verbraucher . 32
2. Modifizierung generell gültigen Kaufrechts .. 6	2. Zu vertretende Verletzung der Nacherfüllungs-
B. Aufwendungsersatzanspruch nach Abs. 2 7	pflicht durch Letztverkäufer 33
I. Mängelgewährleistungspflicht 8	3. Mängelgewährleistungssituation im Verhältnis
1. Verhältnis Verkäufer/Verbraucher 8	Vorlieferant/Verkäufer 34
2. Verhältnis Vorlieferant/Verkäufer 9	III. Erfasste Mängelgewährleistungsrechte des Letzt-
II. Aufwendungsbegriff 11	verkäufers 35
1. Kriterien 11	D. Beweislasterleichterung des Abs. 3 40
2. Zusammenspiel mit §§ 437 ff. 12	E. Einschränkungen der Vertragsfreiheit nach Abs. 4 42
3. Abwicklungsalternativen 16	I. Grundsatz 42
III. Natur des Anspruches 19	II. Pauschale Ausgleichsregelungen 43
C. Regress nach Abs. 1 20	III. Rechtswirkung 44
I. Anwendungsbereich 21	F. Lieferketten 46
1. Rücknahme 22	I. Geltung der Regressregeln 46
a) Unproblematische Fälle 22	II. Beachtung der jeweiligen Gewährleistungslage ... 47
b) Bedeutung des § 439 Abs. 4 23	III. Geltung für alle Fälle ohne Ansatz ab dem
2. Minderung 28	Verbraucher 49

---

[8] Vgl. BegrRE, BT-Drucks 14/6040, 247.

A. Regelungsgegenstand
I. Zusammenhang von Verbraucherschutz und Unternehmerrückgriff

1 § 478 setzt Art. 4 der Verbrauchsgüterkaufrichtlinie um, welcher die Möglichkeit eines Regresses vorgibt. Da § 478 ausschließlich Rechtsbeziehungen zwischen Unternehmen in der Lieferkette bis hin zum Produzenten (Abs. 5) betrifft, stellt sich die Frage nach dem sachlichen Zusammenhang mit dem Verbrauchsgüterkauf, der dem Schutz des Verbrauchers dient. Die Rückgriffsmöglichkeit stellt sicher, dass die wirtschaftlichen Folgen einer mangelhaften Lieferung bei dem Verursacher des Mangels landen und leistet so einen Beitrag zur Vertragsgerechtigkeit.[1] Darüber hinaus dient sie mittelbar auch dem Endverbraucher, da die Bereitschaft seines Verkäufers zur Erfüllung der Käuferrechte aus §§ 437 ff. steigt, wenn der Letztverkäufer seinerseits bei seinem Vorlieferanten Regress nehmen kann.

2 Wie umfassend dieses rechtspolitische Anliegen verfolgt wird, verdeutlicht Abs. 4, der abweichenden Regelungen zum Nachteil des jeweiligen Lieferanten die Durchsetzbarkeit versagt, wenn dem Rückgriffsgläubiger kein gleichwertiger Ausgleich eingeräumt wird. Darin liegt eine erhebliche Einschränkung der Vertragsautonomie zwischen Parteien, die beide Unternehmer nach § 14 sind. Die Rechtfertigung hierfür ist allein in der mittelbaren Auswirkung auf den Verbraucherschutz zu sehen, nicht aber in einem isolierten, eigenständigen Schutz der als Käufer fungierenden Unternehmer. Letzteren kann § 478 schon rechtssystematisch als Bestandteil der Regelungen des Verbrauchsgüterkaufes nicht leisten.[2] § 478 steht in einem engen sachlichen Zusammenhang mit § 479, der auch in verjährungsrechtlicher Hinsicht den Regress in der gesamten Lieferkette vor dem Hintergrund der grundsätzlich jeweils bilateral gültigen zweijährigen Verjährungsfrist (§ 479 Abs. 2) sicherstellt.

3 Betroffen sind nur Kaufverträge über neue Sachen, wie Abs. 1 und 2 deutlich zum Ausdruck bringen. Der maßgebliche Grund liegt darin, dass geschlossene Vertriebssysteme für gebrauchte Sachen mit der Möglichkeit eines durchgehenden Rückgriffs in der Praxis nicht bestehen und damit ein Bedarf für Sonderregelungen entfällt.[3]

II. Regresskonzepte in § 478

4 Rechtspolitisch sind verschiedene Regressmodelle denkbar.

1. Eigenständiger Rückgriffsanspruch

5 Einmal besteht die Möglichkeit, dem jeweiligen Verkäufer für die Inanspruchnahme durch seinen Käufer außerhalb des Kaufvertrages mit seinem Vorlieferanten einen gesetzlichen Rückgriffsanspruch zu geben.[4] Dieses Konzept verfolgt Abs. 2 mit dem dort geregelten Aufwendungsersatzanspruch für den Fall, dass der Letztverkäufer von seinem Käufer im Wege des Nachlieferungsanspruches nach § 439 Abs. 1 in Anspruch genommen wird. Da der Letztverkäufer gemäß § 439 Abs. 2 den hieraus resultierenden Aufwand zu tragen hat, kann er ihn nach Abs. 2 auf seinen Vorlieferanten verlagern. Insoweit handelt es sich um eine eigenständige Anspruchsgrundlage im Rahmen der Regresssystematik des § 478.[5] Dabei stellt sich jedoch die später (vgl. Rn 12, 23) noch zu vertiefende Frage, ob Abs. 2 eine abschließende, allein aus sich heraus zu interpretierende Norm darstellt. Als Auslegungsalternative besteht die Möglichkeit, dass Abs. 2 unter dem Aspekt systematischer Auslegung noch der Abstimmung mit den Verkäuferrechten des Vorlieferanten aus §§ 437 ff., 439 Abs. 1 bedarf.

2. Modifizierung generell gültigen Kaufrechts

6 Einen gänzlich anderen Weg geht Abs. 1 für die Fälle, in denen der Letztverkäufer die Sache wegen ihrer Mangelhaftigkeit auf Verlangen des Käufers zurücknehmen musste oder er sich einer Minderung des Käufers ausgesetzt sieht. Für solche Fälle gibt Abs. 1 keine eigenständige Anspruchsgrundlage, sondern führt den Regress des Letztverkäufers gegenüber seinem Vorlieferanten im Rahmen des Kaufvertrages und der dort angesiedelten Mängelhaftung nach §§ 437 ff. durch. Allerdings verschafft Abs. 1 dem Letztverkäufer insoweit für seine Rechte aus § 437 Nr. 2, 3 Erleichterung, als dieser die an sich erforderliche, aus §§ 281 Abs. 1, 323 Abs. 1 resultierende Fristsetzung zur Ermöglichung des Nachlieferungsrechts des

---

1 BegrRE, BT-Drucks 14/6040, 247.
2 Dies übersieht BegrRE, BT-Drucks 14/6040, 249, wo § 478 Abs. 4 als besondere Schutznorm für Einzelhändler herausgestellt wird.
3 So BegrRE, BT-Drucks 14/6040, 248; kritisch gegenüber dieser – in der Richtlinie nicht vorgesehenen – Beschränkung der Rückgriffsmöglichkeiten auf neu hergestellte Sachen demgegenüber *Ernst/Gsell*, ZIP 2001, 1389, 1402. In der Tat wird man von einer Europarechtskonformität der Regelung nur ausgehen können, wenn bereits die allgemeinen Gewährleistungsvorschriften einen hinreichend effektiven Regress im Sinne der Richtlinie ermöglichen. Zur verjährungsrechtlichen Parallelproblematik vgl. § 479 Rn 3.
4 Zu den denkbaren Gestaltungsmöglichkeiten siehe auch *Ernst/Gsell*, ZIP 2001, 1389, 1394.
5 *Ernst/Gsell*, ZIP 2001, 1389, 1394.

Vorlieferanten gegenüber dem Letztverkäufer für entbehrlich erklärt.[6] Insgesamt weist die Norm folglich ein Mischsystem zur Lösung der Regressproblematik auf.[7]

B. Aufwendungsersatzanspruch nach Abs. 2

Obwohl als zweiter Absatz des § 478 geregelt, ist der dortige Aufwendungsersatzanspruch die logisch vorrangige Norm. Denn sie setzt bei dem primären Anspruch des Käufers auf Mängelbeseitigung an und erklärt den Aufwand, der dem Letztverkäufer hierfür im Verhältnis zu seinem Käufer nach § 439 Abs. 2 entsteht, in Relation zu seinem Vorlieferanten für erstattungsfähig.[8] Rechtssystematisch lässt sich Abs. 2 als die „Aufwertung" der bilateralen Kostenzuordnungsregel des § 439 Abs. 2 zur Anspruchsgrundlage auf entsprechende Kostenerstattung in Regressfällen verstehen. 7

I. Mängelgewährleistungspflicht
1. Verhältnis Verkäufer/Verbraucher

Ein Aufwendungsersatzanspruch kommt nur in Betracht, wenn der Verkäufer im Verhältnis zu seinem Käufer zur Nachlieferung verpflichtet war. Dies folgt aus der Formulierung, dass der Verkäufer die Aufwendungen „zu tragen hatte". Dies setzt das Vorliegen aller Voraussetzungen für eine Nachlieferungspflicht voraus, insbesondere muss ein Fehler bestehen. Kulanzmaßnahmen sind daher nicht regressfähig.[9] Hierzu zählen auch Fälle verjährter Mängelgewährleistungsrechte, in denen der Verkäufer sich nicht auf die Verjährung beruft (§§ 438, 214). 8

2. Verhältnis Vorlieferant/Verkäufer

Dabei ist weiter Voraussetzung, dass eine Mängelgewährleistung auch im Verhältnis zwischen Vorlieferant und Verkäufer besteht. Hatte der Vorlieferant die Fehlerhaftigkeit gegenüber dem Verkäufer als seinem Käufer offen gelegt, z.B. gegen Preisnachlass, scheidet eine Haftung nach § 442 und damit auch ein Regress des Letztverkäufers nach Abs. 2 aus.[10] Dies folgt trotz fehlender ausdrücklicher Erwähnung in Abs. 2 aus dessen Funktion als Regressnorm. 9

Dasselbe gilt, wenn der Letztverkäufer seiner Prüf- und Rügeobliegenheit nach § 377 HGB nicht nachgekommen ist, da die Norm nach Abs. 6 unberührt bleibt. Verstößt der Letztverkäufer in seiner Eigenschaft als Käufer hiergegen, verliert er mit Ausnahme der Fälle nicht erkennbarer oder arglistig verschwiegener Mängel (§ 377 Abs. 2 und 5 HGB) seine Mängelgewährleistungsrechte aus dem Kaufvertrag und somit konsequenterweise auch die Regressmöglichkeit aus Abs. 2. Die Möglichkeit des Vorlieferanten, sich auf Verjährung zu berufen, richtet sich nach § 479. 10

II. Aufwendungsbegriff
1. Kriterien

Mit dem Begriff der „Aufwendungen" soll der bei dem Letztverkäufer entstehende Reparaturaufwand für die Nachbesserung sowie der Aufwand für eine Ersatzlieferung, je nachdem, für welche Variante sich der Verbraucher nach § 439 Abs. 1 entscheidet, erfasst werden. Der Aufwendungsbegriff des Abs. 2 unterscheidet sich von dem in §§ 256, 670 vorausgesetzten insoweit, als in jenen Tatbeständen Aufwendungen als „freiwillige Vermögensopfer" verstanden werden. Von Freiwilligkeit der Kostenübernahme kann jedoch im Rahmen des Abs. 2 insofern nicht gesprochen werden, als § 439 für den Verkäufer die rechtliche Verpflichtung zur Kostentragung gegenüber dem Endverbraucher begründet. Abgesehen davon sind die Begriffe identisch, insbesondere in dem Gegensatz zu dem Schadensbegriff, der durch unfreiwillige Vermögensopfer gekennzeichnet ist. 11

2. Zusammenspiel mit §§ 437 ff.

Dabei stellt sich allerdings ein Auslegungsproblem von großer praktischer Bedeutung. Der Wortlaut des Abs. 2 vermittelt den Eindruck, als könne der Letztverkäufer alle Aufwendungen nach seiner freien Entscheidung von dem Vorlieferanten erstattet verlangen, solange er sie nur im Verhältnis zu dem Verbraucher zu tragen hatte.[11] Dies ist jedoch aufgrund des Zusammenwirkens von Abs. 2 mit §§ 437 ff. im Verhältnis 12

---

6 Zum Konzept vgl. auch BegrRE, BT-Drucks 14/6040, 247.
7 *Ernst/Gsell*, ZIP 2001, 1389, 1394.
8 Kritisch gegenüber der Beschränkung des eigenständigen Rückgriffsanspruches aus § 478 Abs. 2 auf den Fall der Nacherfüllung *Ernst/Gsell*, ZIP 2001, 1389, 1395 f.
9 BegrRE, BT-Drucks 13/6040, 249.
10 BegrRE, BT-Drucks 14/6040, 248.
11 So *Ernst/Gsell*, ZIP 2001, 1389, 1395.

Vorlieferant/Verkäufer nicht eindeutig. Besorgt sich z.B. der Letztverkäufer bei Entscheidung des Verbrauchers für eine Neulieferung nach § 439 Abs. 1 die neu zu liefernde Sache auf dem Markt, insbesondere von einem Konkurrenten des Vorlieferanten, ist zu beachten, dass im Verhältnis zwischen dem Vorlieferanten und dem Letztverkäufer gleichfalls ein Kaufvertrag besteht, dessen Mängelgewährleistungssystem durch Abs. 2 nicht völlig außer Kraft gesetzt wird. Dies zeigt bereits der Umstand, dass Haftungsausschlüsse nach § 442 oder nach § 377 HGB einen Regress des Verkäufers gegen seinen Vorlieferanten ausschließen, auch wenn dies im Tatbestand des Abs. 2 nicht erwähnt wird (vgl. Rn 9). Nach § 439 Abs. 1 ist es das Recht des Vorlieferanten, dem Letztverkäufer die neue Sache zu liefern, die im Ergebnis der Verbraucher verlangt. Diese vertragliche Bindung kann der Letztverkäufer nicht dadurch unterlaufen, dass er sich die Sache nach seinem eigenen Ermessen trotz des bestehenden Kaufvertrages mit dem Vorlieferanten auf dem Markt besorgt. Bei der Zulässigkeit eines solchen Vorgehens würde er seinen Vorlieferanten mit der Handelsspanne belasten, die der Wettbewerber des Vorlieferanten bei der Lieferung an den Letztverkäufer hat.

13   Eine Ersatzbeschaffung von einem Konkurrenten des Vorlieferanten, deren Kosten jenem gem. Abs. 2 in Rechnung gestellt werden könnten, kommt daher nur dann in Betracht, wenn eine dem Vorlieferanten gesetzte Nacherfüllungsfrist[12] erfolglos abgelaufen oder aber von vornherein, z.B. wegen Unmöglichkeit oder Erfüllungsverweigerung, entbehrlich ist. In diesem Fall entsteht bei Verschulden des Vorlieferanten eine Anspruchskonkurrenz zwischen dem Schadensersatzanspruch gem. §§ 280, 437 Nr. 3 und dem Anspruch aus Abs. 2. Folglich ist Abs. 2 aufgrund systematischer Auslegung in dem beschriebenen Sinne restriktiv zu interpretieren. Nichts anderes gilt, wenn der Verbraucher sich für eine Nachbesserung entscheidet und der Verkäufer diese mangels eigener „Reparaturabteilung" auf dem Markt einkaufen will. Auch hier muss er seinem Verkäufer (dem Vorlieferanten) Gelegenheit zur Mangelbeseitigung geben.

14   Diese grundsätzliche Bindung des Letztverkäufers an seine vertraglichen Pflichten im Verhältnis zum Vorlieferanten findet ihre Grenze dort, wo ihre Einhaltung mit den im Verhältnis Verbraucher – Letztverkäufer gültigen Normen in Konflikt geriete. Beträgt, um im Beispiel zu bleiben, die dem Letztverkäufer von dem Verbraucher zur Nacherfüllung angemessener Weise gesetzte Frist eine Woche, wirkt sich dies dahin gehend aus, dass dem Vorlieferanten die Chance gegeben werden muss, das ihm im Verhältnis zu seinem Käufer, dem Letztverkäufer, zustehende Recht zur zweiten Andienung dadurch wahrzunehmen, dass er innerhalb dieser Frist bei dem Verbraucher als Dritter nach § 267[13] nachbessert bzw. nachliefert. Das Nacherfüllungsrecht des Vorlieferanten ist dabei also an den durch die Vertragsbeziehung Verbraucher – Letztverkäufer geschaffenen zeitlichen Rahmen gebunden. Erst, wenn feststeht, dass die Wahrnehmung des Nacherfüllungsrechts des Vorlieferanten nicht (mehr) in der vom Verbraucher (gegenüber) dem Letztverkäufer gesetzten Frist erfolgen kann, entsteht ein Recht des Letztverkäufers zur Fremdbeschaffung mit der daran anknüpfenden Möglichkeit des Abs. 2 zur Kostenüberwälzung auf den Vorlieferanten. Abs. 2 ist bei diesem Verständnis keine Norm, die die Rechte und Pflichten des zugleich in der Käuferposition befindlichen Letztverkäufers aus §§ 437 ff. generell außer Geltung setzt. Ihre Anwendung darf nicht dazu führen, Rechte des Vorlieferanten, deren Ausübung mit den gewährleistungsrechtlichen Vorgaben aus dem Verhältnis Letztverkäufer – Verbraucher kompatibel wäre, auszuhebeln. Den berechtigten Interessen des Verkäufers gegenüber dem Verbraucher wird durch die angesprochenen Fristerfordernisse Rechnung getragen.

15   Zu klären bleibt nun noch, in welchem Verhältnis das Recht des Letztverkäufers, den Nacherfüllungsanspruch des Verbrauchers mit vorhandenen eigenen Ressourcen zu erfüllen, einerseits und andererseits das Recht des Vorlieferanten zur zweiten Andienung gegenüber seinem Abnehmer zueinander stehen. Verfügen beispielsweise sowohl Letztverkäufer als auch Vorlieferant über eine Reparaturwerkstatt, könnte erwogen werden, ob der Letztverkäufer verpflichtet sei, dem Vorlieferanten die Gelegenheit zur Erfüllung seines Rechts zur zweiten Andienung durch Reparatur beim Käufer zu geben. Eine derartige Verpflichtung ist jedoch abzulehnen, da auch der Letztverkäufer aufgrund der Vetragsbeziehung zum Verbraucher ein eigenes Recht zur zweiten Andienung hat, welches durch die Entstehung einer Regresssituation nicht beseitigt wird.

3. Abwicklungsalternativen

16   Anknüpfend an die Ausführungen in Rn 12 ergeben sich für den vom Verbraucher auf Nachlieferung in Anspruch genommenen Letztverkäufer folgende Regressmodalitäten: Soweit dies mit der im Verhältnis Verbraucher – Letztverkäufer geltenden Nacherfüllungsfrist in Einklang gebracht werden kann, erfolgt der Rückgriff des Letztverkäufers gegenüber seinem Vorlieferanten schlicht und einfach durch Inanspruchnahme des ihm in diesem Vertragsverhältnis aus § 439 Abs. 1 zustehenden Nacherfüllungsrechts. In diesem Fall besteht für eine spezialgesetzliche Regressnorm kein Bedarf, weil dem Verkäufer infolge Nacherfüllung durch den Vorlieferanten insoweit kein Aufwand entsteht.

---

12 Die Notwendigkeit einer angemessenen Frist versteht sich von selbst, wird aber auch in § 323 Abs. 1 deutlich.
13 Natürlich kann die Nacherfüllung durch Nachlieferung auch gegenüber dem Letztverkäufer erfolgen, sie muss sich dann aber in einer kürzeren Frist, die eine Weiterleitung der Sache an den Verbraucher noch gestattet, vollziehen.

Je nach Absprache von Letztverkäufer und Vorlieferant mag letzterer seiner Nacherfüllungspflicht entweder dadurch nachkommen, dass er eine fehlerfreie Sache an seinen Abnehmer, den Letztverkäufer, und dieser die Sache dann seinerseits an den Verbraucher liefert, oder dadurch, dass er direkt bei dem Verbraucher nachbessert bzw. nachliefert. Im letztgenannten Fall stellt sich die Lieferung durch den Vorlieferanten für den Verbraucher als Drittleistung gem. § 267 dar. Gleichzeitig liegt in der Leistungsbewirkung gegenüber dem Verbraucher als Dritten die Erfüllung der dem Vorlieferanten gegenüber seinem Käufer (= Letztverkäufer) obliegenden Nacherfüllungspflicht nach §§ 439 Abs. 1, 362 Abs. 2. Mit erfolgreicher Nacherfüllung durch den Vorlieferanten wird sowohl der Nachlieferungsanspruch des Verkäufers gegen den Vorlieferanten als auch derjenige des Verbrauchers gegen den Verkäufer (§§ 362 Abs. 1 und 2, 267) erfüllt. Lässt sich die „Hintereinanderschaltung" der Nacherfüllungsansprüche von Verbraucher einerseits und Letztverkäufer andererseits in dieser Weise erfolgreich realisieren, so kann es zur Entstehung eines Aufwendungsersatzanspruches des Letztverkäufers gem. Abs. 2 allenfalls insoweit kommen, als Kosten für Verpackung, für den Transport der Sache vom Letztverkäufer hin zum Verbraucher o.ä. entstehen. Abgesehen hiervon hat Abs. 2 in dieser Konstellation keinen Anwendungsbereich, da es an vom Letztverkäufer verauslagten „Aufwendungen" fehlt.

Der Überwälzung gem. Abs. 2 zugängliche Aufwendungen entstehen damit nur, wenn der Letztverkäufer selbst bei dem Verbraucher nachbessert, wenn er aus einem bei ihm im Lager noch vorrätigen Bestand an den Verbraucher nachliefert, sein Vorlieferant indessen zu einer entsprechenden Nachlieferung außerstande ist, oder aber, wenn der Letztverkäufer, um seiner Nacherfüllungsfrist im Verhältnis zum Verbraucher fristgemäß nachkommen zu können, auf eine Fremdbeschaffung bzw. anderweitige Vergabe der Nachbesserungsleistung angewiesen ist. Hier greift Abs. 2.

III. Natur des Anspruches

Abs. 2 begründet einen verschuldensunabhängigen Aufwendungsersatzanspruch.[14] Daneben kann ein Schadensersatzanspruch nach §§ 437 Nr. 3, 280 bei schuldhafter mangelhafter Lieferung durch den Vorlieferanten bestehen, der zu dem Aufwendungsersatzanspruch nach Abs. 2 in Anspruchskonkurrenz steht und alle adäquat-kausalen Vermögenseinbußen umfasst.

C. Regress nach Abs. 1

Abs. 1 gewährt dem Letztverkäufer, anders als Abs. 2, keine eigenständige Anspruchsgrundlage, sondern lediglich eine Erleichterung für die Durchsetzung seiner Mängelgewährleistungsrechte gegenüber dem Vorlieferanten.[15] An sich bestehende Erfordernisse der Fristsetzung als Voraussetzung für die Durchsetzung der Ansprüche/Rechte aus § 437 Nr. 2 und 3 sind aufgrund der Sonderregelung des Abs. 1 bei Vorliegen der dortigen Voraussetzungen entbehrlich. Rechtspolitischer Hintergrund sind Rückwirkungen aus der Mangelabwicklung im Verhältnis Verkäufer/Verbraucher auf das Verhältnis Vorlieferant/Verkäufer.

I. Anwendungsbereich

Abs. 1 gilt nicht für alle Fälle der Inanspruchnahme von Gewährleistungsrechten des Letztverkäufers, sondern nach ausdrücklicher Regelung nur für diejenigen Fälle, in denen er die Kaufsache von seinem Käufer zurücknehmen musste oder letzterer den Kaufpreis gemindert hat.[16] Der Grund für diese Begrenzung ergibt sich daraus, dass in diesen Fällen nach §§ 437 Nr. 2 und 3, 280, 281, 323 Abs. 1 und 2 grundsätzlich die Notwendigkeit einer vorherigen Fristsetzung zur Erfüllung des Nachlieferungsanspruches besteht. Da es für den Nachlieferungsanspruch selbst eine solche Fristabhängigkeit nach § 439 Abs. 1 nicht gibt, wird er von Abs. 1 mangels Bedürfnis für eine Erleichterung nicht erfasst. Im Übrigen greift insoweit die Sonderregelung des Abs. 2. Die Rechtsfolge des Abs. 1, den Letztverkäufer von sonst gem. §§ 281 Abs. 1, 323 Abs. 1 i.V.m. § 437 Nr. 2 und 3 einschlägigen Nachfristsetzungserfordernissen freizustellen, kann nur bei Bestehen eines solchen Erfordernisses eingreifen. Fehlt es daran bereits, weil § 281 Abs. 2, 323 Abs. 2 eingreifen, besteht bereits nach allgemeinen Regeln des Kaufrechts kein Nachlieferungsrecht des Vorlieferanten, so dass Abs. 1 nicht mehr von einer diesbezüglichen Frist dispensieren kann. Im Hinblick auf den Nacherfüllungsanspruch selbst geht dieser in Abs. 1 angeordnete Dispens, wie bereits dargelegt, ins Leere, denn der Nacherfüllungsanspruch des Käufers ist, anders als die Ansprüche und Rechte in § 437 Nr. 2 und 3 nicht an den erfolglosen Ablauf einer Frist (der Nacherfüllungsfrist) geknüpft, sondern besteht sofort.

---

14 BegrRE, BT-Drucks 14/4060, 248 f.
15 BegrRE, BT-Drucks 14/6040, 248.
16 Kritisch zu dieser die Gewährleistung in Form des „kleinen Schadensersatzes" und der Nachbesserung ausnehmenden Regelung des § 478 Abs. 1 *Ernst/Gsell*, ZIP 2001, 1389, 1398.

1. Rücknahme
a) Unproblematische Fälle

22 Zur Rücknahme der mangelhaften Sache kommt es einmal, wenn der Verbraucher sein Rücktrittsrecht nach §§ 437 Nr. 2, 323 ff. ausübt. Daneben erfasst die Norm Fälle des großen Schadensersatzes nach §§ 437 Nr. 3, 280, 281 Abs. 1 S. 3, da der Käufer hier die Schadensberechnung unter Rückgabe der mangelhaften Sache vornimmt.[17]

b) Bedeutung des § 439 Abs. 4

23 Zu einer Rücknahme kann es ferner kommen, wenn der Verbraucher sein Wahlrecht nach § 439 Abs. 1 zugunsten einer Neulieferung ausübt und der Verkäufer daher die mangelhafte Sache nach § 439 Abs. 4 zurücknimmt. Entgegen der Annahme der Regierungsbegründung, die eine den § 439 Abs. 4 auslösende Nachlieferung in den Erläuterungen zu Abs. 1 ausdrücklich aufführt,[18] fällt diese Fallkonstellation nicht in den Anwendungsbereich des Abs. 1, weil Abs. 1 und 2 in einem Verhältnis der Exklusivität stehen und die Folgen der Nachlieferung durch den Verkäufer zu Lasten des Vorlieferanten allein unter Abs. 2 fallen. Die Rückgabepflicht des Endverbrauchers nach § 439 Abs. 4 ist insoweit keine eigenständige, dem Rücktritt vergleichbare Regelung, sondern schlichte Folge der Erfüllung des Nachlieferungsanspruches, um eine Bereicherung des Verbrauchers zu vermeiden.

24 Die Interessenlage, welche besteht, wenn im Verhältnis Verbraucher/Endverkäufer eine Nachlieferung tatsächlich unternommen wird, unterscheidet sich im Übrigen grundlegend von jener, die besteht, wenn der Käufer mindert, zurücktritt oder Schadensersatz verlangt.

25 Im zuerst genannten Fall ist die Möglichkeit, dass der Vorlieferant die Leistungsstörung im Vertrag zwischen Letztverkäufer und Verbraucher durch die von ihm zu leistende Nacherfüllung beseitigt bzw. deren Beseitigung unterstützt, grundsätzlich gegeben. Tritt der Verbraucher dagegen zurück, mindert er oder verlangt er Schadensersatz, so kann auch der Vorlieferant die Leistungsstörung in der Vertragsbeziehung Letztverkäufer/Verbraucher nicht mehr durch Nacherfüllung beseitigen.

26 Unter Zugrundelegung dieser Erwägungen wird deutlich, dass Abs. 1 nur in denjenigen Situationen zur Anwendung gelangt, in denen – ausnahmsweise – der Verbraucher zurücktreten oder großen Schadensersatz verlangen oder mindern kann, ohne den erfolglosen Ablauf einer Nacherfüllungsfrist abwarten zu müssen. Nur hier ist der Letztverkäufer vor einem Fortbestand des Nachlieferungsrechts seines Vorlieferanten schutzwürdig.

27 In der Situation hingegen, wo im Verhältnis Letztverkäufer/Verbraucher die Nachlieferungsfrist zugunsten des Letztverkäufers noch besteht und von diesem (durch Nutzung vorhandener eigener Mittel) erfolgreich (mit der Folge des § 439 Abs. 4) genutzt werden kann, besteht keine Veranlassung, den Letztverkäufer im Verhältnis zum Vorlieferanten von der Einhaltung einer Nacherfüllungsfrist zu dispensieren. Erst recht gilt dies, wenn der Letztverkäufer nicht über eigene Vorräte/Ressourcen verfügt, die ihm die Erfüllung des Nacherfüllungsanspruches ermöglichen, sondern auf eine Fremdbeschaffung angewiesen ist, die er aber nach dem oben Gesagten zunächst mit Hilfe seines Vorlieferanten versuchen muss.

2. Minderung
a) Minderung nach § 441

28 Die in Abs. 1 weiter erwähnte Minderung betrifft zunächst die Fälle, in denen der Verbraucher direkt nach §§ 437 Nr. 2, 441 vorgeht.

b) Kleiner Schadensersatzanspruch

29 Nichts anderes kann bei Forderung des kleinen Schadensersatzes aus §§ 437 Nr. 3, 280 gelten. Zwar ist dieser Fall in Abs. 1 nicht direkt geregelt. Auch Abs. 2 erfasst ihn nicht; insoweit besteht eine Regelungslücke.

30 Wirtschaftlich ist er dem Fall der Minderung jedoch insoweit vergleichbar, als der Käufer in beiden Fällen die fehlerhafte Sache behält und sich wegen der daraus resultierenden Nachteile schadlos hält. Bei der Minderung beschränkt sich dies auf die nach § 441 Abs. 3 berechnete Wertdifferenz, bei dem kleinen Schadensersatz kommen alle adäquat kausal verursachten, im Schutzbereich der Norm liegenden Schäden hinzu. Die ökonomische Vergleichbarkeit von Minderung und kleinem Schadensersatz im Hinblick darauf, dass der Käufer in beiden Fällen die mangelhafte Sache behält, rechtfertigt die Gleichbehandlung. Darüber hinaus entfällt in diesen Fällen eine Nachbesserung, und häufig wird ein Verschulden auch beim Vorlieferanten liegen. Da der Wortlaut des Abs. 1 Fälle des kleinen Schadensersatzes eindeutig nicht erfasst und auch kein anderer Absatz einschlägig ist, handelt es sich methodisch um eine analoge Anwendung von Abs. 1.

---

[17] Ebenso BegrRE, BT-Drucks 14/6040, 247.
[18] BegrRE, BT-Drucks 14/6040, 247.

Auch in den Fällen der Minderung und des kleinen Schadensersatzes gelangt Abs. 1 nur dann zur Anwendung, wenn der Verbraucher diese Rechte geltend machen kann, ohne den vorherigen Ablauf einer Nacherfüllungsfrist abwarten zu müssen. **31**

II. Einschränkungen des Anwendungsbereiches des Abs. 1
1. Kulanz im Verhältnis Verkäufer/Verbraucher

Der erleichterte Rückgriff nach Abs. 1 greift nur ein, wenn der Letztverkäufer zur Rücknahme der Kaufsache oder zur Akzeptanz der Minderung verpflichtet war. Bezüglich der Rücknahme wird dies durch das Tatbestandsmerkmal „zurücknehmen musste" ausgedrückt;[19] nichts anderes gilt für die Minderung.[20] Kommt der Letztverkäufer insoweit aus Kulanz dem Verbraucher entgegen, ohne rechtlich hierzu nach §§ 437 ff. verpflichtet zu sein, scheidet eine Regressmöglichkeit über Abs. 1 ebenso aus, wie dies hinsichtlich des Aufwendungsersatzanspruches nach Abs. 2 gilt (vgl. Rn 8). Dasselbe gilt bei Erfüllung der Ansprüche aus § 437 Nr. 2, 3 trotz Verjährung (§§ 438, 214). **32**

2. Zu vertretende Verletzung der Nacherfüllungspflicht durch Letztverkäufer

Der in Abs. 1 angeordnete Verzicht auf das Fristsetzungserfordernis im Verhältnis Letztverkäufer/Vorlieferant entbehrt einer sachlichen Rechtfertigung ferner dann, wenn die Entstehung der Regresssituation in die Verantwortungssphäre des Letztverkäufers fällt. Aus diesem Grund tritt die Rechtsfolge des Abs. 1 auch dann nicht ein, wenn die Möglichkeit des Verbrauchers zurückzutreten, zu mindern oder Schadensersatz (klein oder groß) zu verlangen dadurch begründet worden ist, dass der Letztverkäufer seiner Nacherfüllungspflicht in zu vertretender Weise nicht nachgekommen ist. Denn davon, dass der Letztverkäufer die Sache als Folge ihrer Mangelhaftigkeit zurücknehmen[21] musste, kann nicht die Rede sein, wenn er seiner Pflicht aus § 433 Abs. 1 S. 2 durch Nacherfüllung hätte nachkommen können und er dies versäumt. In dieser Situation besteht daher für die Rechtswohltat des Abs. 1 keine Veranlassung. Insofern gilt die in Rn 22, 29 getroffene Feststellung, dass auch die Fälle, in denen der Verbraucher erfolgreich (großen oder kleinen) Schadensersatz geltend macht, zur Anwendbarkeit des Abs. 1 führen, nicht uneingeschränkt. Eine schuldhafte Nichterfüllung der Nacherfüllungspflicht wirkt sich auch hier zu Lasten des Letztverkäufers aus. **33**

3. Mängelgewährleistungssituation im Verhältnis Vorlieferant/Verkäufer

Da Abs. 1 die Mängelgewährleistung im Verhältnis Vorlieferant/Verkäufer voraussetzt und lediglich modifiziert, folgt daraus das Erfordernis entsprechender Ansprüche des Verkäufers gegen den Vorlieferanten überhaupt. Bestehen sie nicht, z.B. wegen Eingreifens des § 442 oder wegen Nichtbeachtung des § 377 HGB (Abs. 5), scheidet ein Regress nach Abs. 1 aus. Dies entspricht im Ergebnis der Rechtslage zu Abs. 2 (vgl. Rn 9). Die Möglichkeit des Vorlieferanten, sich auf Verjährung zu berufen, bestimmt sich nach § 479. **34**

III. Erfasste Mängelgewährleistungsrechte des Letztverkäufers

Liegen die genannten Voraussetzungen im Verhältnis Letztverkäufer/Verbraucher vor, befreit Abs. 1 für das Verhältnis Vorlieferant/Letztverkäufer hinsichtlich aller Mängelgewährleistungsrechte des Letztverkäufers von dem an sich gegebenen Fristerfordernis. Betroffen sind somit Rücktritt, Minderung und Schadensersatz nach § 437 Nr. 2 und 3. Hat der Verbraucher gemindert, kann der Letztverkäufer diese Minderung auf seinem Bezugspreis im Kaufvertrag mit dem Vorlieferanten „durchreichen", ohne eine Frist zur Nachlieferung für den Vorlieferanten setzen zu müssen. **35**

Der Umfang richtet sich jedoch nicht nach dem Minderungsbetrag im Verhältnis Verkäufer/Verbraucher, sondern nach § 441 Abs. 3 im Verhältnis Vorlieferant/Verkäufer. Daraus folgt, dass der anteilige Verlust der Handelsspanne des Verkäufers nicht zu Lasten des Vorlieferanten geht; letzteres ermöglicht nur ein Schadensersatzanspruch nach §§ 437 Nr. 3, 280. **36**

Hat der Verbraucher den Kaufgegenstand aufgrund wirksamen Rücktritts unter Beachtung der Voraussetzungen aus §§ 437 Nr. 2, 323 ff. seinem Letztverkäufer zurückgegeben, kann dieser seinerseits von dem Kaufvertrag mit dem Vorlieferanten zurücktreten und die mangelhafte Sache so an ihn durchreichen. Entsprechendes gilt für den großen Schadensersatzanspruch (§§ 437 Nr. 3, 280 Abs. 1 S. 3, 281 Abs. 1 S. 3). **37**

Rechtspolitisch wird infolge des Abs. 1 der an sich auch im Verhältnis Vorlieferant/Letztverkäufer gegebene Vorrang der Nacherfüllung des Kaufvertrages bei Lieferung einer mangelhaften Sache (§ 439 Abs. 1) für die genannten Konstellationen aufgegeben. Dies gilt auch dann, wenn eine solche Nacherfüllung **38**

---

19 Vgl. BegrRE, BT-Drucks 14/6040, 248.
20 Der Umstand, dass der Gesetzgeber sich hier nicht um einen völligen Gleichlauf der Formulierung etwa in der Form, dass der „Unternehmer die Minderung durch den Verbraucher hinnehmen musste" bemüht hat, ist ohne Bedeutung.
21 Bzw. sich die Minderung gefallen lassen „musste".

durchaus Sinn machen würde, z.B. die Lieferung einer zweiten mangelfreien Sache, die der Letztverkäufer ohne weiteres an einen Dritten verkaufen könnte.[22]

39 Der Klarstellung halber sei angemerkt, dass die durch Abs. 1 bewirkte Nivellierung der in §§ 437 i.V.m. 281 Abs. 1, 323 Abs. 1 begründeten Hierarchie der Käuferrechte selbstverständlich das Recht des Letztverkäufers, von seinem Vorlieferanten Nacherfüllung zu verlangen, wenn ihm dies vorteilhaft erscheint, unberührt lässt.[23] Abs. 1 soll nur eine Rechtserweiterung zugunsten des Letztverkäufers, nicht aber eine Einschränkung seiner Rechte bewirken.

D. Beweislasterleichterung des Abs. 3

40 Für die Mängelgewährleistungsrechte des Verbrauchers im Verhältnis zu seinem Verkäufer gilt die Beweislastumkehr des § 476. Abs. 3 erweitert dessen Wirkung auch auf die Regresstatbestände der Abs. 1 und 2. Dabei wird § 476 für die Beziehung zwischen dem Vorlieferanten und dem Letztverkäufer insoweit modifiziert, als der Fristbeginn nach § 476 mit dem Übergang der Gefahr auf den Verbraucher in dessen Verhältnis zu dem Letztverkäufer beginnt. Damit ist für das Verhältnis Vorlieferant/Verkäufer insoweit die Drittbeziehung Verkäufer/Verbraucher ausschlaggebend. Ohne diese Sonderregelung würde die Frist des § 476 bei der durch Abs. 3 verfügten entsprechenden Anwendung auf den Kaufvertrag Vorlieferant/Letztverkäufer mit der Ablieferung der Sache an den Letztverkäufer in Gang gesetzt und wäre u.U. bei Geltendmachung von Verbraucherrechten bereits abgelaufen. Dies wäre etwa der Fall, wenn der Kaufgegenstand später als 6 Monate nach Erhalt durch den Letztverkäufer weiterveräußert wurde oder wenn die Lagerfrist bei diesem sowie die Zeit ab Gefahrübergang auf den Verbraucher zur Zeit der Mängelrüge durch den Verbraucher zusammen 6 Monate überschreiten.

41 Damit wird im wirtschaftlichen Ergebnis die Beweislastumkehr aus § 476 auf die Vertragsbeziehung zwischen dem Vorlieferanten und dem Letztverkäufer uneingeschränkt erstreckt. Dies wird rechtspolitisch damit gerechtfertigt, dass der Letztverkäufer infolge der Vermutung des § 476 vielfach nicht in der Lage sei, im Verhältnis zu seinem Vorlieferanten den Nachweis zu erbringen, dass der Mangel schon bei der Lieferung an ihn vorlag.[24]

E. Einschränkungen der Vertragsfreiheit nach Abs. 4

I. Grundsatz

42 Grundsätzlich besteht im Verhältnis zwischen dem Vorlieferanten und dem Letztverkäufer Vertragsfreiheit, die eine Abweichung von §§ 433 ff. hinsichtlich der Haftung des Vorlieferanten gegenüber dem Letztverkäufer gestattet. Diese Vertragsfreiheit wird durch Abs. 4 in enger Anlehnung an § 475 Abs. 1 eingeschränkt.[25] Die betroffenen Abweichungen von den gesetzlichen Vorgaben sind in beiden Tatbeständen identisch. Der Lieferant kann sich auf derartige zu seinen Gunsten getroffene Abweichungen nicht berufen, wenn dem Rückgriffsgläubiger, also dem Letztverkäufer, kein gleichwertiger Ausgleich eingeräumt wird (Abs. 4 S. 1). Dies gilt, vorbehaltlich der Geltung des § 307, nicht für den Ausschluss oder die Beschränkung des Anspruches auf Schadensersatz – auch dies entspricht der Regelung in § 475 Abs. 3 und findet seinen Grund darin, dass die Verbrauchsgüterkaufrichtlinie Schadensersatzansprüche nicht regelt.

II. Pauschale Ausgleichsregelungen

43 Abs. 4 S. 1 schließt nicht jede Abweichung zum Nachteil des Letztverkäufers von §§ 433 bis 435, 437, 439 bis 443 aus, sondern nur solche, die nicht zumindest einen gleichwertigen Ausgleich erfahren. Damit werden pauschale Regresssysteme zugelassen, wenn sie zwar nicht unter Beachtung aller Details, jedoch insgesamt einen sachgerechten Ausgleich für die Wirkung der Abweichung von den genannten Käuferschutznormen zum Gegenstand haben.[26] Hierzu zählen z.B. Rabattsysteme für den Kaufpreis zum globalen Ausgleich ausgeschlossener Mängelgewährleistungsrechte, die unentgeltliche Mitlieferung von zusätzlichen Kaufgegenständen über die vertraglich vereinbarte Menge hinaus, die Einräumung großzügiger Zahlungsziele oder auch ein Pauschalausgleich für alle mangelhaften Lieferungen jeweils am Ende einer Lieferperiode. Voraussetzung ist jeweils, dass damit ein pauschalierter Ausgleich von Käuferrechten aus §§ 437 ff. erstrebt wird und dies auch quantitativ zumindest global erreicht wird. Demgegenüber ist Abs. 4 nicht erfüllt, wenn der Ausschluss der Mängelgewährleistungsrechte und der dafür gewährte Vorteil in einem völlig

---

22 Kritisch daher *Ernst/Gsell*, ZIP 2001, 1389, 1398.
23 Das Festhalten am Nacherfüllungsrecht mag insbesondere dann von Vorteil sein, wenn eine zwischenzeitliche Preissteigerung eingetreten ist und der Letztverkäufer profitabel an einen neuen Käufer weiterverkaufen könnte.
24 BegrRE, BT-Drucks 14/6040, 248.
25 Zur rechtspolitischen Berechtigung vgl. Rn 2.
26 BegrRE, BT-Drucks 14/6040, 248; ähnlich *Haas*, BB 2001, 1315, 1320.

unangemessenen Verhältnis stehen (z.B. Preisnachlass von 2% für Ausschussware im Umfang von 10% des Liefervolumens) oder wenn die Vorteile gar nichts mit der mangelhaften Lieferung zu tun haben. Letzteres ist der Fall, wenn der Preisnachlass Ausdruck intensiven Preiswettbewerbs zugunsten von Einzelhändlern ist; er lässt sich nicht in einen Pauschalausgleich für ausgeschlossene Rechte aus §§ 437 ff. umfunktionieren.

III. Rechtswirkung

Liegen die genannten Voraussetzungen nicht vor, sind die vereinbarten Abweichungen nach dem Gesetzestext nicht etwa „unwirksam"; vielmehr wird dem Lieferanten die Berufung darauf versagt. Dies entspricht der gesetzlichen Ausgestaltung in §§ 444, 475 Abs. 1 und bedeutet im Ergebnis nichts anderes als eine partielle Nichtigkeitsregelung, die sicherstellen soll, dass der Vertrag im Übrigen entgegen § 139 wirksam bleibt. **44**

Zusätzlich enthält Abs. 4 S. 2 ein spezialgesetzliches Umgehungsverbot, indem S. 1 auch dann für anwendbar erklärt wird, wenn die dort im Ergebnis untersagte Regelung durch eine anderweitige Gestaltung umgangen wird. Dies folgt letztlich schon aus den Rechtsgrundsätzen zu § 134. **45**

F. Lieferketten

I. Geltung der Regressregeln

Abs. 1 bis 4 unter Einbeziehung von Abs. 6 betreffen unmittelbar das Verhältnis des Letztverkäufers zu seinem Vorlieferanten. Die dortige rechtspolitische Bewertung gilt auch für vorgelagerte Handelsstufen. Diese Aussage lässt sich bis zum Produzenten fortsetzen. Vor diesem Hintergrund erklärt Abs. 5 die Regelungen bezüglich des Verhältnisses Vorlieferant/Letztverkäufer auch für alle Kaufverträge in der Lieferkette bis hin zum Produzenten für entsprechend anwendbar, wenn die jeweiligen Schuldner Unternehmer sind (was regelmäßig der Fall ist). Auf diese Weise wird sichergestellt, dass gewährte Erleichterungen für einen verbesserten Regress letztlich bis zu der Stelle führen, wo die Verursachung des Mangels erfolgt ist.[27] **46**

II. Beachtung der jeweiligen Gewährleistungslage

Auch insoweit ist zu betonen, dass für das jeweils bilaterale Vertragsverhältnis zu prüfen ist, ob überhaupt eine Mängelhaftung des dort als Verkäufer fungierenden Unternehmers besteht oder ob diese nicht nach § 442 oder nach Abs. 6 i.V.m. § 377 HGB ausgeschlossen ist. Auch die Möglichkeiten zur Erhebung der Verjährungseinrede sind zu beachten (§§ 438, 214, 218). **47**

Im Übrigen gelten alle Erleichterungen für einen Regress, also nicht nur diejenigen in Abs. 1 und 2, sondern auch die entsprechende Anwendbarkeit der Beweislastregel des § 476 über Abs. 3 und 5 sowie schließlich die Begrenzung der Privatautonomie des Abs. 4. **48**

III. Geltung für Fälle ohne Absatz an den Verbraucher

Abs. 5 erfasst unmittelbar nur die Fälle, in denen es zu einer Veräußerung der Sache an den Letztverbraucher kommt. Dies folgt aus der systematischen Stellung im Zusammenhang mit dem Verbrauchsgüterkauf. Damit stellt sich die Frage nach der Rechtslage in den Fällen, wo die Sache wegen ihrer Mangelhaftigkeit bei einem Unternehmer als Käufer „hängenbleibt". Zwar ist hier noch nicht einmal mittelbar der Verbraucherschutz betroffen. § 478 ist jedoch zugleich auch Ausdruck einer „Regresslogik", die Konsequenzen aus einer Käuferentscheidung nach §§ 437 ff. auf vorgelagerte Handelsstufen regelt. Die spezifische Situation des jeweiligen Käufers gegenüber seinem Verkäufer aufgrund der Wahrnehmung der Rechte des nächsten Käufers in der Lieferkette aus § 437 Nr. 2, 3 wird zum Schutze des Erstkäufers berücksichtigt. Insoweit passt die Norm für die hier angesprochenen Fälle gleichfalls; sie ist analog anzuwenden. **49**

§ 479 Verjährung von Rückgriffsansprüchen

(1) ¹Die in § 478 Abs. 2 bestimmten Aufwendungsersatzansprüche verjähren in zwei Jahren ab Ablieferung der Sache.
(2) ¹Die Verjährung der in den §§ 437 und 478 Abs. 2 bestimmten Ansprüche des Unternehmers gegen seinen Lieferanten wegen des Mangels einer an einen Verbraucher verkauften neu hergestellten Sache tritt frühestens zwei Monate nach dem Zeitpunkt ein, in dem der Unternehmer die Ansprüche des Verbrauchers erfüllt hat. ²Diese Ablaufhemmung endet spätestens fünf Jahre nach dem Zeitpunkt, in dem der Lieferant die Sache dem Unternehmer abgeliefert hat.

---

27 BegrRE, BT-Drucks 14/6040, 249.

(3) ¹Die vorstehenden Absätze finden auf die Ansprüche des Lieferanten und der übrigen Käufer in der Lieferkette gegen die jeweiligen Verkäufer entsprechende Anwendung, wenn die Schuldner Unternehmer sind.

A. Regelungsgegenstand

1 § 479 passt die Verjährung von Rückgriffsansprüchen der spezifischen Situation an, die im Verhältnis Vorlieferant/Verkäufer aufgrund der Geltendmachung der Käuferrechte gegen den Letztverkäufer besteht. Macht der Käufer seine Rechte aus den §§ 437 ff. deutlich vor Ablauf der Verjährungsfrist (§ 438) geltend, bestehen hinsichtlich des Rückgriffs regelmäßig keine Probleme, auch über mehrere Vertragsverhältnisse in Lieferketten hinweg. Anders ist die Situation, wenn der Käufer seine Rechte erst kurz vor Ablauf der Verjährungsfrist ausübt. Je nachdem, wie lange die Kaufsache bei dem Letztverkäufer bereits lagerte, kann die Verjährungsfrist aus seinem Kaufvertrag mit dem Vorlieferanten bereits abgelaufen sein, wenn der Endverkäufer wegen der Geltendmachung der Rechte seines Käufers aus §§ 437 ff. bei seinem Vorlieferanten Regress nimmt. § 479 trägt dieser Situation durch eine Modifizierung des § 438 Rechnung, um den Rückgriff des Letztverkäufers gegen seinen Vorlieferanten sowie entsprechende weitere Ansprüche in der Lieferkette gegen Vor-Vorlieferanten (Abs. 3) nicht an einer Verjährung scheitern zu lassen.

B. Modalitäten der Verjährung in Regressfällen

I. Grundsatz

2 Abs. 1 legt fest, dass Aufwendungsersatzansprüche nach § 478 Abs. 2 anlässlich der Lieferung einer mangelhaften Sache zwei Jahre nach Ablieferung der Sache verjähren. Dies betrifft das Verhältnis des Endverkäufers zu seinem Vorlieferanten.¹ Dabei bezieht sich der Begriff der „Ablieferung" auf die jeweilige Übergabe der Sache in dem Lieferverhältnis, um dessen Anspruchsverjährung es geht (§ 478 Abs. 5). Dies entspricht der Verjährungsfrist des § 438 Abs. 1 Nr. 3 für bewegliche Sachen. Auf die Ablieferung seitens des Letztverkäufers an den Letztkäufer kommt es nicht an. Sie spielt nur für die Verjährung von Ansprüchen aus dem „Letzt-Kaufvertrag" eine Rolle (§ 438 Abs. 1 Nr. 3), nicht aber strahlt sie auf die anderen Kaufverträge in der Lieferkette aus und verdrängt die dortige konkrete Verjährungsregelung (ebenfalls nach § 438 Abs. 1 Nr. 3) nicht, abhängig von der Ablieferung der Sache in dem jeweiligen bilateralen Vertragsverhältnis.

II. Ablaufhemmung

3 Um die Gefahr eines Rückgriffsausschlusses wegen Verjährung auszuschließen, verlängert § 479 nicht die jeweilige Verjährungsfrist pauschal, sondern es hemmt Abs. 2 deren Ablauf.² Danach tritt die Verjährung – allerdings nur für neue Sachen³ – frühestens zwei Monate nach dem Zeitpunkt ein, in dem der Unternehmer die Ansprüche des Verbrauchers erfüllt hat.⁴ Lief zu diesem Zeitpunkt – wegen rechtzeitiger Geltendmachung der Käuferrechte – noch eine längere Restfrist für die Verjährung, gilt diese. Abs. 2 S. 1 hat somit allein die Funktion, eine an sich eingetretene Verjährung durch Prolongation der Ablaufhemmung zu verhindern, nicht aber die „Basis-Verjährung" zu verkürzen. Insoweit handelt es sich um eine Sonderregelung zu §§ 203 ff. Dem Letztverkäufer bleiben somit in solchen Fällen nach seiner Inanspruchnahme für den Regress gegen den Vorlieferanten zwei Monate Zeit. Läuft die „Grund-Verjährungsfrist" für die Mängelgewährleistung aus dem Kaufvertrag des Vorlieferanten mit dem Endverkäufer erst später ab, steht dem Letztverkäufer eine entsprechend längere Frist bis Ablauf der zwei Jahre zur Geltendmachung seiner Ansprüche zur Verfügung.

4 Da sich aus der Ablaufhemmung im wirtschaftlichen Ergebnis eine deutliche Prolongation der Verjährungsfrist bei mehrgliedrigen Lieferketten ergeben kann, legt Abs. 2 S. 2 insoweit eine Höchstfrist von fünf Jahren für die Ablaufhemmung fest. Diese bemisst sich nach der Ablieferung der Sache seitens des Vorlieferanten an den Letztverkäufer, so dass über die Zwei-Jahresfrist des § 438 Abs. 2 hinaus längstens noch weitere drei Jahre für den Regress zur Verfügung stehen.

---

1 § 479 Abs. 3 erstreckt die Regelung auf weitere Aufwendungsersatzansprüche entlang der Lieferkette, s. BegrRE, BT-Drucks 14/6040, 249. Naturgemäß ist die Verjährungsfrist jeweils für jede Lieferbeziehung innerhalb der Lieferkette zu bestimmen.
2 S. *Haas*, BB 2001, 1313, 1320.
3 Wie *Ernst/Gsell* (ZIP 2001, 1389, 1402) zutreffend bemerken, enthält Art. 4 der Verbrauchsgüterkaufrichtlinie anders als §§ 478, 479 keine Begrenzung auf neu hergestellte Sachen. Soweit nicht § 474 Abs. 1 S. 2 einschlägig ist, ist die Beschränkung somit nur dann europarechtskonform, wenn bereits die allgemeinen Gewährleistungsvorschriften einen hinreichend effektiven Rückgriff bei gebrauchten Sachen ermöglichen. Die Begründung hebt die Bedeutung der Ablaufhemmung als effektiven Regress i.S.d. Art. 4 RL deutlich hervor, so dass der ungehemmte Verjährungsablauf bei gebrauchten Sachen einen effektiven Regress verhindern kann; vgl. BegrRE, BT-Drucks 14/6040, 250. Zu Art. 4 RL siehe auch *Roth*, in: Grundmann/Medicus/Rolland, S. 120.
4 Kritisch *Ernst/Gsell* (ZIP 2001, 1389, 1400), weil mit dem Abstellen auf die Erfüllung der Gewährleistungsansprüche dem Verkäufer im Verhältnis zu seinem Lieferanten eine verzögerte Gewährleistung gegenüber dem Käufer zugute komme.

Beispiel: Der Vorlieferant verkauft und übergibt dem Endverkäufer am 1.2.2002 eine mangelhafte Sache. 5
Der Endverkäufer verkauft diese am 1.8.2003 an den Letztverbraucher weiter. Am 1.10.2004 verlangt der Endverbraucher Mangelbeseitigung nach § 439 Abs. 1, welche der Endverkäufer am 15.10.2004 vornimmt. Der Anspruch des Käufers ist mangels Ablauf der zweijährigen Verjährungsfrist (§ 438 Abs. 1 Nr. 3, Abs. 2 (= 1.8.2005)) im Verhältnis Endverkäufer/Verbraucher zu erfüllen. Als Ausgleich steht dem Endverkäufer gegen seinen Vorlieferanten ein Aufwendungsersatzanspruch nach § 478 Abs. 2 als Regress zu. Dieser Anspruch wäre an sich nach Abs. 1 verjährt, da zur Zeit der Behebung des Mangel durch den Letztverkäufer bereits mehr als 2 Jahre nach der Ablieferung der Sache vom Vorlieferanten an den Endverkäufer vergangen sind (§§ 438 Abs. 1 Nr. 3, Abs. 2, 214 Abs. 1: Endtermin = 1.2.2004). Infolge der Ablaufhemmung nach Abs. 2 tritt die Verjährung jedoch erst am 15.12.2004 ein (§§ 187 Abs. 1, 188 Abs. 2). Letzter Termin für das Ende der Ablaufhemmung ist der 1.2.2005 infolge der 5-Jahres-Frist nach Abs. 2 S. 2. Hätte der Endverkäufer schon am 10.8.2003 den Mangel beseitigt, endete die Verjährungsfrist nicht am 10.10.2003, sondern unverändert am 1.2.2004 (Abs. 2 Nr. 1 S. 1 „frühestens").

Untertitel 4. Tausch

§ 480 Tausch
¹Auf den Tausch finden die Vorschriften über den Kauf entsprechende Anwendung.

Die Anwendung kaufrechtlicher Normen auf den Tauschvertrag entspricht wörtlich § 515 a.F. Formal betrachtet scheint sich für Tauschverträge durch die Schuldrechtsreform nichts geändert zu haben. Infolge der umfassenden Verweisung auf das Kaufrecht gelten jedoch alle grundlegenden Änderungen des Kaufrechts, insbesondere bezüglich der Mängelhaftung, auch für den Tauschvertrag. Da bei Tauschverträgen beide Vertragsparteien eine dem Verkäufer vergleichbare Stellung bezüglich der Übereignung und Übergabe der Tauschsachen haben, treffen beide die aus §§ 433 Abs. 1 S. 1, 437 ff. resultierenden Pflichten. 1

§§ 474 ff. spielen für den Tauschvertrag regelmäßig keine Rolle, da in der Praxis auf beiden Seiten überwiegend Privatpersonen tätig werden. Ist ein Vertragspartner Unternehmer, greifen die §§ 474 ff. ein. Die wirtschaftlich bedeutsame Inzahlunggabe von Gebrauchtwagen anlässlich eines Neuwagenkaufs stellt im Regelfall keinen Tauschvertrag, sondern einen Kaufvertrag über den Neuwagen, verbunden mit einer Ersetzungsbefugnis des Käufers hinsichtlich der Kaufpreiszahlung durch Übereignung und Übergabe des gebrauchten Pkw dar.[1] Sie fällt daher nicht unter § 480. Im übrigen entspricht es weit verbreiteter Praxis, dass der Verkäufer den gebrauchten Pkw nicht in eigenem, sondern im Namen des Käufers weiterveräußert (Kommissionsgeschäft). 2

Titel 2. Teilzeit-Wohnrechteverträge

Vorbemerkung zu §§ 481 ff.

Mit Titel 2 wird das **Gesetz über die Veräußerung von Teilzeitnutzungsrechten an Wohngebäuden (Teilzeit-Wohnrechtegesetz – TzWrG)** in das Bürgerliche Gesetzbuch eingefügt. Dabei finden die bisherigen §§ 1 bis 3, 5, 7 und 9 TzWrG in den §§ 481 ff. ihre Entsprechung. § 4 TzWrG findet Eingang in § 2 der Informationspflichtenverordnung, deren Grundlage Artikel 242 EGBGB werden soll. Der bisherige § 6 TzWrG geht in § 358 auf und der bisherige § 11 TzWrG wird in Artikel 229 § 4 EGBGB berücksichtigt. 1

Da die im Teilzeit-Wohnrechtegesetz geregelten Verträge als **Rechtskauf** im Sinne des bisherigen § 453 anzusehen sind, welche durch die Übertragung des betreffenden Wohnrechts und die Erfüllung des Kaufpreises erfüllt werden, wird das bisherige Teilzeit-Wohnrechtegesetz als Titel 2 nach den Vorschriften über den Kauf eingestellt. Dabei ist nicht verkannt worden, dass es unterschiedliche Ausgestaltungsformen des „verkauften" Wohnrechts gibt. Dieses kann schuldrechtlich, und dabei nicht nur kauf-, sondern auch mietrechtlich, gesellschaftsrechtlich, dinglich oder auch als Treuhandmodell ausgestaltet werden. Grundmodell der Teilzeitwohnrechte ist allerdings der Erwerb eines Wohnrechts für mindestens drei Jahre gegen Zahlung eines Gesamtpreises und somit der Rechtsnatur nach ein Rechtskauf. 2

---

1 BGHZ 89, 133; zu abweichenden, i.d.R. steuerlich motivierten Konstruktionen eines Vermittlungsvertrages s. BGH NJW 1982, 1699.

3 Für die **Integration** der Teilzeit-Wohnrechteverträge in das Bürgerliche Gesetzbuch spricht nach Darstellung des Gesetzgebers neben dem Systematisierungs- und Gesamtkodifizierungsgedanken auch der Umstand, dass es sich um eine äußerst komplexe und für den Verbraucher ohnehin kaum überschaubare Materie handelt und durch die Regelung in einem Sondergesetz dem Verbraucher bereits das Finden der gesetzlichen Regelung erschwert werde. Zudem bestehe durch die Auslagerung die Gefahr, dass die Regelungen über Teilzeit-Wohnrechteverträge von den zivilrechtlichen Grundprinzipien abgekoppelt werden und sich so zu einer Sondermaterie entwickeln, welche dem Verbraucher nicht mehr zugänglich sei.

§ 481 Begriff des Teilzeit-Wohnrechtevertrags

(1) [1]Teilzeit-Wohnrechteverträge sind Verträge, durch die ein Unternehmer einem Verbraucher gegen Zahlung eines Gesamtpreises das Recht verschafft oder zu verschaffen verspricht, für die Dauer von mindestens drei Jahren ein Wohngebäude jeweils für einen bestimmten oder zu bestimmenden Zeitraum des Jahres zu Erholungs- oder Wohnzwecken zu nutzen. [2]Das Recht kann ein dingliches oder anderes Recht sein und insbesondere auch durch eine Mitgliedschaft in einem Verein oder einen Anteil an einer Gesellschaft eingeräumt werden.
(2) [1]Das Recht kann auch darin bestehen, die Nutzung eines Wohngebäudes jeweils aus einem Bestand von Wohngebäuden zu wählen.
(3) [1]Einem Wohngebäude steht ein Teil eines Wohngebäudes gleich.

Literatur: Literatur *Eckert*, Time-Sharing-Verträge nach dem neuen Teilzeit-Wohnrechtegesetz, ZIR 1997, 2; *Hildenbrand/Kappus/Mäsch*, Time-Sharing und Teilzeit-Wohnrechtegesetz, 1997; *Hildenbrand*, Time-sharing-Verträge in der Rechtspraxis, NJW 1994, 1992; *ders.*, Time-sharing-Verträge in der Rechtspraxis II 1994–1996, NJW 1996, 3249; *Jäckel*, Referentenentwurf zur Umsetzung der EG-Richtlinie über den Erwerb von Teilzweitnutzungsrechten an Immobilien, VuR 1995, 265; *Kappus*, EU-Time-sharing-Richtlinie und deutsche Umsetzungsgesetzgebung, EWS 1996, 273; *Lindner*, Zweiter Referentenentwurf zur Umsetzung der EG-Richtlinie 94/47/EG über den Erwerb von Teilzeitnutzungsrechten an Immobilien, VuR 1996, 26; *Mäsch*, Die Time-sharing-Richtlinie, EuzW 1995, 8; *Martinek*, Das neue Teilzeit-Wohnrechtegesetz – mißratener Verbraucherschutz bei Time-sharing-Verträgen, NJW 1997, 1393; *Schober*, Internationales Time-sharing von Wohnungen – Moderne Entwicklungen beim Eigentum an Ferienwohnungen, DB 1985, 1513; *Schomerus*, Time-sharing-Verträge in Spanien im Lichte der EG-Richtlinie über den Erwerb von Teilnutzungsrechten an Immobilien, NJW 1995, 359; *ders.*, Gerichtliche Durchsetzung von Rückzahlungsansprüchen aus Time-sharing-Verträgen in Spanien, NJW 1996, 3239; *Tonner*, Das Recht des Time-sharing an Ferienimmobilien, 1997.

1 § 481 entspricht dem bisherigen § 1 TzWrG. Die Einleitung der Vorschrift wird lediglich mit redaktionellen Änderungen an ihre Stellung im Bürgerlichen Gesetzbuch angepasst. In die Vorschrift wird eine Kurzbezeichnung der Verträge eingefügt. Inhaltliche Änderungen ergeben sich nicht.

2 Seit 1.1.1997 hat das **Teilzeit-Wohnrechtegesetz**[1] (TzWrG) Verträge über die Teilzeitnutzung von Wohngebäuden geregelt. Das sog. **Time-Sharing-Gesetz** setzte die **EU-Time-Sharing-Richtlinie 94/47/EG** vom 26.10.1994[2] um und wurde als Verbraucherschutzgesetz konzipiert. Im Gegensatz zu der Pauschalreiserichtlinie ist die Umsetzung durch den Gesetzgeber fristgerecht vor der Umsetzungsfrist zum 29.4.1997[3] erfolgt. Der Gesetzgeber hat vornehmlich die zwingenden Mindestvorgaben umgesetzt.[4] Von der in Art. 11 der Richtlinie eingeräumten Möglichkeit, über den Mindeststandard hinausgehende gesetzliche Regelungen zu kodifizieren, ist nur zu einem geringen Teil Gebrauch gemacht worden.

3 Bei der **Auslegung** des Teilzeit-Wohnrechtegesetzes sind Wortlaut und Zweck der EU-Richtlinie zu berücksichtigen[5].

4 Als bedeutsame Einschränkung der Erwerberrechte gegenüber der Rechtslage vor dem 1.1.1997 war die Beschränkung des Widerrufsrechts in § 5 TzWrG auf die dort genannten Fristen gegenüber dem vormals möglichen Widerruf nach § 1 HausTWG anzusehen. In den Altfällen konnte der Erwerber selbst noch nach Jahren den Widerruf erklären, weil § 2 Abs. 1 S. 4 HausTWG bei unterlassener Belehrung den Widerruf erst einen Monat nach beiderseits vollständiger Erfüllung der Vertragsleistung präkludiert, der Time-Sharing-Anbieter selbst aber seine Vertragsleistung erst durch Zur-Verfügung-Stellung des Ferienobjektes im letzten Vertragsjahr erfüllt.

5 Dem internationalen Verbraucherschutz diente zunächst § 8 TzWrG, der in Auslandsfällen unter bestimmten Voraussetzungen das deutsche Teilzeit-Wohnrechtegesetz für anwendbar erklärte. § 8 TzWrG wurde durch das Fernabsatzgesetz (FernabsG) aufgehoben und seit dem 30.6.2000 durch einen neu in das Einführungsgesetz zum Bürgerlichen Gesetzbuch (EGBGB) eingefügten Art. 29 a ersetzt.[6]

---

1 BGBl 1996 I S. 2154.
2 Abl. EG Nr. L 280, 82.
3 30 Monate nach der Veröffentlichung im Amtsblatt der EG.
4 BT-Drucks 13/4185.
5 EuGH NJW 2000, 2571.

§ 1 Abs. 2 TzWrG ist bereits sprachlich **mit Wirkung zum 30.6.2000 geändert** worden durch Einfügung der Begriffe Unternehmer und Verbraucher statt Veräußerer und Erwerber.[7] Mit § 481 Abs. 1 erfolgt eine weitere sprachliche Änderung.

Geregelt werden in § 481 Verträge über die entgeltlichen Nutzung von Wohnraum auf die Dauer von mindestens 3 Jahren für einen bestimmten oder noch zu bestimmenden Zeitraum eines Jahres zu Erholungs- oder Wohnzwecken. Der **Teilzeit-Wohnrechtevertrag** ist demnach als **Rechtskauf** nach § 453 zu qualifizieren, welcher durch Übertragung des Rechtes und Zahlung des Entgeltes erfüllt wird. Der persönliche Anwendungsbereich erstreckt sich auf Unternehmer nach § 14 und Verbraucher nach § 13.

§ 482 Prospektpflicht bei Teilzeit-Wohnrechteverträgen

(1) ¹Wer als Unternehmer den Abschluss von Teilzeit-Wohnrechteverträgen anbietet, hat jedem Verbraucher, der Interesse bekundet, einen Prospekt auszuhändigen.
(2) ¹Der in Absatz 1 bezeichnete Prospekt muss eine allgemeine Beschreibung des Wohngebäudes oder des Bestandes von Wohngebäuden sowie die in der Rechtsverordnung nach Artikel 242 des Einführungsgesetzes zum Bürgerlichen Gesetzbuch bestimmten Angaben enthalten.
(3) ¹Der Unternehmer kann vor Vertragsschluss eine Änderung gegenüber den im Prospekt enthaltenen Angaben vornehmen, soweit dies auf Grund von Umständen erforderlich wird, auf die er keinen Einfluss nehmen konnte.
(4) ¹In jeder Werbung für den Abschluss von Teilzeit-Wohnrechteverträgen ist anzugeben, dass der Prospekt erhältlich ist und wo er angefordert werden kann.

§ 482 entspricht in seiner Funktion dem bisherigen **§ 2 TzWrG**. Mit der Vorschrift werden **vorvertragliche Informationspflichten** des Unternehmers begründet. Eine **Pflichtverletzung** kann neben der Verlängerung der Widerrufsfrist nach § 485 Schadensersatzansprüche begründen.

Abs. 1 gibt § 2 Abs. 1 S. 1 TzWrG in verkürzter Form wieder. Diese Verkürzung ist möglich durch die Definition des Verbrauchers und des Unternehmers in den §§ 13 und 14 und die Einführung des Kurzbegriffs der Teilzeit-Wohnrechteverträge in § 481 Abs. 1 S. 1. Die Sätze 2 bis 4 des bisher geltenden § 2 Abs. 1 TzWrG gehen in dem aus Vereinfachungsgründen geschaffenen § 483 über die Vertrags- und Prospektsprache auf.

Abs. 2 entspricht dem bisherigen § 2 Abs. 2 TzWrG. Statt der Verweisung auf eine dem bisherigen § 4 TzWrG entsprechende Vorschrift wird auf die Informationspflichtenverordnung nach Artikel 242 des Einführungsgesetzes zum Bürgerlichen Gesetzbuch verwiesen, in welcher der Informationspflichtenkatalog des bisherigen § 4 aufgeht.

§ 483 Vertrags- und Prospektsprache bei Teilzeit-Wohnrechteverträgen

(1) ¹Der Vertrag ist in der Amtssprache oder, wenn es dort mehrere Amtssprachen gibt, in der vom Verbraucher gewählten Amtssprache des Mitgliedstaats der Europäischen Union oder des Vertragsstaats des Übereinkommens über den Europäischen Wirtschaftsraum abzufassen, in dem der Verbraucher seinen Wohnsitz hat. ²Ist der Verbraucher Angehöriger eines anderen Mitgliedstaats, so kann er statt der Sprache seines Wohnsitzstaats auch die oder eine der Amtssprachen des Staats, dem er angehört, wählen. ³Die Sätze 1 und 2 gelten auch für den Prospekt.
(2) ¹Ist der Vertrag vor einem deutschen Notar zu beurkunden, so gelten die §§ 5 und 16 des Beurkundungsgesetzes mit der Maßgabe, dass dem Verbraucher eine beglaubigte Übersetzung des Vertrags in der von ihm nach Absatz 1 gewählten Sprache auszuhändigen ist.
(3) ¹Teilzeit-Wohnrechteverträge, die Absatz 1 Satz 1 und 2 oder Absatz 2 nicht entsprechen, sind nichtig.

Abs. 1 entspricht den bisherigen § 2 Abs. 1 S. 2 bis 4 und § 3 Abs. 1 S. 2 bis 4 TzWrG, welche ohne inhaltliche Änderung in sprachlich geraffter Form zusammengefasst worden sind. **Abs. 2** entspricht dem bisherigen § 3 Abs. 2 S. 1 TzWrG. **Abs. 3** entspricht dem bisherigen § 3 Abs. 1 S. 5 und Abs. 2 S. 2 TzWrG, wonach bei Verstößen gegen die vorgeschriebene Vertragssprache § 125 entsprechende Anwendung finden soll. Aus Vereinfachungsgründen wird die Rechtsfolge des § 125, die Nichtigkeit des Vertrags, direkt in das Gesetz geschrieben. Eine inhaltliche Änderung erfolgt dadurch nicht. § 3 Abs. 1 S. 1, § 3 Abs. 3 und Abs. 4 TzWRG werden nunmehr in **§ 484** geregelt.

---

[6] BGBl 2000 I S. 897.
[7] BGBl 2000 I S. 897.

§ 484 Schriftform bei Teilzeit-Wohnrechteverträgen

(1) ¹Der Teilzeit-Wohnrechtevertrag bedarf der schriftlichen Form, soweit nicht in anderen Vorschriften eine strengere Form vorgeschrieben ist. ²Der Abschluss des Vertrags in elektronischer Form ist ausgeschlossen. ³Die in dem in § 482 bezeichneten, dem Verbraucher ausgehändigten Prospekt enthaltenen Angaben werden Inhalt des Vertrags, soweit die Parteien nicht ausdrücklich und unter Hinweis auf die Abweichung vom Prospekt eine abweichende Vereinbarung treffen. ⁴Solche Änderungen müssen dem Verbraucher vor Abschluss des Vertrags mitgeteilt werden. ⁵Unbeschadet der Geltung der Prospektangaben gemäß Satz 2 muss die Vertragsurkunde die in der in § 482 Abs. 2 bezeichneten Rechtsverordnung bestimmten Angaben enthalten.

(2) ¹Der Unternehmer hat dem Verbraucher eine Vertragsurkunde oder Abschrift der Vertragsurkunde auszuhändigen. ²Er hat ihm ferner, wenn die Vertragssprache und die Sprache des Staates, in dem das Wohngebäude belegen ist, verschieden sind, eine beglaubigte Übersetzung des Vertrags in der oder einer zu den Amtssprachen der Europäischen Union oder des Übereinkommens über den Europäischen Wirtschaftsraum zählenden Sprache des Staates auszuhändigen, in dem das Wohngebäude belegen ist. ³Die Pflicht zur Aushändigung einer beglaubigten Übersetzung entfällt, wenn sich das Nutzungsrecht auf einen Bestand von Wohngebäuden bezieht, die in verschiedenen Staaten belegen sind.

1 **Abs. 1** entspricht den bisherigen § 3 Abs. 1 S. 1 und 2 und Abs. 3 TzWrG. Der Verweis auf § 125 kann entfallen, da sich dessen Geltung und die Rechtsfolge der Nichtigkeit bei einem Verstoß gegen die in Abs. 1 S. 1 angeordnete Schriftform aus der Systematik des Gesetzes selbst ergibt. **Abs. 2** entspricht dem bisherigen § 3 Abs. 4 TzWrG.

§ 485 Widerrufsrecht bei Teilzeit-Wohnrechteverträgen

(1) ¹Dem Verbraucher steht bei einem Teilzeit-Wohnrechtevertrag ein Widerrufsrecht nach § 355 zu.

(2) ¹Die erforderliche Belehrung über das Widerrufsrecht muss auch die Kosten angeben, die der Verbraucher im Fall des Widerrufs gemäß Absatz 5 Satz 2 zu erstatten hat.

(3) ¹Ist dem Verbraucher der in § 482 bezeichnete Prospekt vor Vertragsschluss nicht oder nicht in der dort vorgeschriebenen Sprache ausgehändigt worden, so beträgt die Frist zur Ausübung des Widerrufsrechts abweichend von § 355 Abs. 1 Satz 2 einen Monat.

(4) ¹Fehlt im Vertrag eine der Angaben, die in der in § 482 Abs. 2 bezeichneten Rechtsverordnung bestimmt werden, so beginnt die Frist zur Ausübung des Widerrufsrechts erst, wenn dem Verbraucher diese Angabe schriftlich mitgeteilt wird.

(5) ¹Eine Vergütung für geleistete Dienste sowie für die Überlassung der Nutzung von Wohngebäuden ist abweichend von § 357 Abs. 1 und 3 ausgeschlossen. ²Bedurfte der Vertrag der notariellen Beurkundung, so hat der Verbraucher dem Unternehmer die Kosten der Beurkundung zu erstatten, wenn dies im Vertrag ausdrücklich bestimmt ist. ³In den Fällen der Absätze 3 und 4 entfällt die Verpflichtung zur Erstattung von Kosten; der Verbraucher kann vom Unternehmer Ersatz der Kosten des Vertrags verlangen.

1 **Abs. 1** entspricht dem bisherigen § 5 Abs. 1 TzWrG. Lediglich die Verweisung auf § 355 wird angepasst. **Abs. 2** gibt den Inhalt des bisherigen § 5 Abs. 2 S. 1 TzWrG wieder. Die Verweisungen werden angepasst. Der bisherige § 5 Abs. 2 S. 2 TzWrG mit einer Widerrufsfrist von 3 Monaten entfällt, da nunmehr in § 355 Abs. 3 eine einheitliche Erlöschensfrist von **sechs Monaten nach Vertragsabschluss** geregelt ist. **Abs. 3** beinhaltet die Regelungen des bisherigen § 5 Abs. 3 TzWrG. **Abs. 4** entspricht dem bisherigen § 5 Abs. 4 TzWrG. Es wird mit der Neuregelung lediglich auf die sich aus der Informationspflichtenverordnung ergebenden erforderlichen Angaben verwiesen. Der bisherige letzte Halbsatz des § 5 Abs. 4 („spätestens jedoch ...") entfällt wiederum wegen der Schaffung einer einheitlichen Frist in § 355 Abs. 3. **Abs. 5** entspricht wörtlich dem bisherigen § 5 Abs. 5 TzWrG. Lediglich die Verweisung wird angepasst.

2 § 5 TzWrG wurde bereits mit Gesetz vom 27.6.2000 neu gefasst[1] und gewährt dem Verbraucher ein besonders ausgestaltetes Rücktrittsrecht, welches darauf gerichtet ist, den wirksamen Vertrag durch Beseitigung der Willenserklärung des Verbrauchers in ein Abwicklungsverhältnis umzuwandeln.

2 Das Widerrufsrecht nach Abs. 1 ist entsprechend **§ 355 Abs. 1 S. 2** innerhalb von 2 Wochen auszuüben, bei einer fehlenden oder nicht ordnungsgemäßen Widerrufsbelehrung gemäß **Abs. 3** innerhalb von **einem Monat**.

3 Auf **Veranlassung des Bundesrates** wurde im weiteren Gesetzgebungsverfahren geprüft, ob für den **Beginn der Widerrufsfrist** nach Abs. 4 alle in der Verordnung nach § 482 Abs. 2 geforderten Angaben im Vertrag enthalten sein müssen oder ob die Widerrufsfrist schon dann zu laufen beginnen kann,

---
1 BGBl 2000 I S. 897.

wenn lediglich die in Artikel 5 der Richtlinie 94/47/EG geforderten Angaben in der Vertragsurkunde enthalten sind. Hintergrund war, dass die Vorschrift des § 5 Abs. 4 TzWrG für den Beginn des Laufes der Widerrufsfrist verlangt hat, dass lediglich die dort konkret in Bezug genommenen Angaben des § 4 TzWrG im Vertrag enthalten sein müssen, was den Vorgaben in Artikel 5 Nr. 1, Spiegelstrich 2 und 3 der Richtlinie 94/47/EG entspreche. Die Vorschrift des § 485 Abs. 4 gehe allerdings darüber hinaus, indem sie für den Beginn der Widerrufsfrist fordert, dass sämtliche in der Verordnung genannte Angaben erfolgt sein müssen. Die mit § 485 Abs. 4 verbundene Verschärfung für den Anlauf der Widerspruchsfrist erschien dem Bundesrat auch im Interesse des Verbraucherschutzes nicht erforderlich, da es sich bei den verzichtbaren Angaben um Informationen von geringer Bedeutung handele.

Die **Prüfung durch die Bundesregierung** hat ergeben, dass die vorgeschlagene **Regelung des Abs. 4 beizubehalten** sei, auch wenn sie über die Vorgaben der Richtlinie 94/47/EG hinausgehe und eine Verschärfung gegenüber dem geltenden Recht darstelle. Es sei sachgerecht, den Beginn der Widerrufsfrist in jedem Fall eines Verstoßes gegen die in § 482 Abs. 2 i.V.m. § 2 der Verordnung über Informationspflichten nach Bürgerlichem Recht bestimmten Informationspflichten hinauszuschieben. Zwar sei zutreffend, dass nicht alle der in § 2 der Verordnung über Informationspflichten nach Bürgerlichem Recht genannten Angaben von derselben Wertigkeit und Bedeutung für den Verbraucher sind, der Unternehmer sei indessen gemäß § 482 Abs. 2 verpflichtet, sämtliche dieser Angaben in seinen Prospekt aufzunehmen. Diese Pflicht, welche sich auf alle in § 2 der Verordnung über Informationspflichten nach Bürgerlichem Recht enthaltene Angaben unabhängig von deren Wertigkeit erstrecke, würde nach Auffassung der Bundesregierung entwertet, wenn nur das Fehlen bestimmter Angaben durch ein Hinausschieben des Beginns der Widerrufsfrist sanktioniert würde. Da ein Unternehmer, der nicht sämtliche in § 2 der Verordnung Informationspflichten nach Bürgerlichem Recht enthaltene Angaben in seinen Prospekt aufnimmt, gegen zwingendes Recht verstoße, sei ihm auch das Hinausschieben des Fristbeginns zuzumuten. Dies gelte umso mehr, als das Widerrufsrecht des Verbrauchers gemäß der vereinheitlichten Frist des § 355 Abs. 3 zukünftig auch im Bereich der Teilzeit-Wohnrechteverträge spätestens sechs Monate nach Vertragsschluss erlösche, was für den Unternehmer gegenüber dem geltenden § 5 TzWrG eine Verbesserung bedeute, da das Widerrufsrecht danach erst nach Aushändigung einer Vertragsurkunde erlöschen konnte. Angesichts dieser Verbesserung für den Unternehmer sei die in Abs. 4 gegenüber dem geltenden Recht vorgenommene Verschärfung gerechtfertigt. Schließlich erleichtere die vorgeschlagene Regelung des Abs. 4 auch die Rechtsanwendung, da zukünftig jeder Verstoß gegen § 482 Abs. 2 mit § 2 der Verordnung über Informationspflichten nach Bürgerlichem Recht in den Rechtsfolgen gleich behandelt werde.

Die Regelung des Bundesregierung ist im Interesse des Verbraucherschutzes zu begrüßen. Werden Informationspflichten verletzt, ist es angemessen, die Widerrufsfrist unabhängig von der Wertigkeit der Information auszuweiten, da diese für den Verbraucher auch subjektiv geprägt sein kann.

§ 486 Anzahlungsverbot bei Teilzeit-Wohnrechteverträgen

¹Der Unternehmer darf Zahlungen des Verbrauchers vor Ablauf der Widerrufsfrist nicht fordern oder annehmen. ²Für den Verbraucher günstigere Vorschriften bleiben unberührt.

§ 486 entspricht dem bisherigen **§ 7 TzWrG**. Das Anzahlungsverbot wird dabei **auf die gesamte Widerrufsfrist ausgedehnt**. Es besteht nicht mehr nur in den ersten 10 Tagen, was bisher die Wirkungen des Verbots beeinträchtigt hatte. Die Frist des § 7 TzWrG von 10 Tagen war offenbar ohnehin anzupassen, nachdem die Widerrufsfrist nach § 5 Abs. 1 TzWrG, § 361 a Abs. 1 S. 2 a.F. mit 2 Wochen bestimmt wurde.

§ 486 soll eine freie Willensentfaltung des Verbrauchers sichern, da dieser im Falle einer Anzahlung vor Ablauf der Widerrufsfrist eine freiwillige Rückzahlung des Unternehmers befürchten und somit die Ausübung des Widerrufsrechtes zurückstellen könnte.

§ 487 Abweichende Vereinbarungen

¹Von den Vorschriften dieses Untertitels darf nicht zum Nachteil des Verbrauchers abgewichen werden. ²Die Vorschriften dieses Untertitels finden, soweit nicht ein anderes bestimmt ist, auch Anwendung, wenn sie durch anderweitige Gestaltungen umgangen werden.

§ 487 entspricht dem bisherigen **§ 9 TzWrG**. Der Wortlaut wird den Parallelbestimmungen in den §§ 312f, 506 und 655e angepasst. § 487 beinhaltet ein **Umgehungsverbot**. Die Umgehung muß nur objektiv vorliegen. Eine Umgehungsabsicht ist nicht erforderlich.

Titel 3. Darlehensvertrag; Finanzierungshilfen und Ratenlieferungsverträge zwischen einem Unternehmer und einem Verbraucher

Vorbemerkung zu §§ 488 ff.

Literatur: *Artz*, Neues Verbraucherkreditrecht im BGB, Jb.J.ZivRWiss. 2001, Das neue Schuldrecht, S. 227 ff.; *Bülow*, Kreditvertrag und Verbraucherkreditrecht im BGB, in: Schulze/Schulte-Nölke (Hrsg.), Die Schuldrechtsreform vor dem Hintergrund des Gemeinschaftsrechts, 2001, S. 153 ff.; *Köndgen*, Modernisierung des Darlehensrechts: eine Fehlanzeige, in: Ernst/Zimmermann (Hrsg.), Zivilrechtswissenschaft und Schuldrechtsreform, 2001, S. 457 ff.; *ders.*, Darlehen, Kredit und finanzierte Geschäfte nach neuem Schuldrecht – Fortschritt oder Rückschritt?, WM 2001, 1637 ff.; *Reifner*, Schuldrechtsmodernisierungsgesetz und Verbraucherschutz bei Finanzdienstleistungen, ZBB 2001, 193 ff.

A. Überblick

1 Mit § 488 beginnt der durch das Schuldrechtsmodernisierungsgesetz neu geschaffene Titel „Darlehensvertrag; Finanzierungshilfen und Ratenlieferungsverträge zwischen einem Unternehmer und einem Verbraucher" (§§ 488–507). Diese nach Form und Umfang zweifelhafte Überschrift geht auf den Rechtsausschuss zurück, der meinte, bereits aus ihr müsse ersichtlich sein, dass (nur) die Vorschriften über Finanzierungshilfen und Ratenlieferungsverträge nur solche Verträge zwischen einem Verbraucher und einem Unternehmen betreffen.[1]

2 In diesem Titel sind, vergröbert gesprochen, die alten Vorschriften des BGB über das Darlehen (§§ 607–610 a.F.) und das in das BGB integrierte Verbraucherkreditgesetz aufgegangen. Freilich mit zwei Besonderheiten: Zum einen erfasst dieser Titel nur das jetzt einfach „Darlehen" genannte Gelddarlehen. Soweit die §§ 607 ff. a.F. zugleich auch das Sachdarlehen regelten ("... oder andere vertretbare Sachen"), haben sie jetzt im neuen Titel „Sachdarlehensvertrag" (§§ 607–609) Platz gefunden. Zum anderen ist der bislang in den §§ 15–17 VerbrKrG normierte „Kreditvermittlungsvertrag" nun unter dem Begriff „Darlehensvermittlungsvertrag" in den §§ 655a – e als Unterfall des Maklervertrages geregelt.

B. Entwicklung

3 Der Gesetzgeber verfolgte mit der Neuregelung zwei Ziele: die Ersetzung der nach seiner Einschätzung völlig überholten §§ 607 ff. a.F. durch ein modernes Darlehensvertragsrecht und die Integration des Verbraucherkreditrechts in das BGB, um zu verhindern, dass sich diese Materie noch weiter vom allgemeinen Darlehensvertragsrecht entfernt.[2]

4 Der **Diskussionsentwurf** fasste zu diesem Zweck die §§ 607 ff. a.F. und das gesamte Verbraucherkreditgesetz zu einem Titel „Kreditvertrag, Kreditvermittlungsvertrag" mit den Untertiteln „Allgemeine Vorschriften",[3] „Verbraucherkreditvertrag"[4] und „Kreditvermittlungsvertrag"[5] zusammen. Der „**Kreditvertrag**" war danach der neue Zentralbegriff, der den Begriff des Darlehens ersetzte. Hierin lag nicht nur eine ärgerliche „Verwirrung der Grundbegrifflichkeiten",[6] vielmehr war das Konzept des Diskussionsentwurfes von vornherein zum Scheitern verurteilt. Denn nach Art. 1 Abs. 2 lit. c und Art. 2 Abs. 1 lit. c der Verbraucherkreditrichtlinie[7] und dem darauf beruhenden § 1 Abs. 2 VerbrKrG ist das **entgeltliche Darlehen**[8] ein Unterfall des Kreditvertrages. Kein Begriff kann indes Oberbegriff und Unterfall zugleich sein. § 490 Abs. 1 DiskE, der mit „Kreditvertrag" in Satz 1 und Satz 2 den Unterfall, also das Darlehen alter Begrifflichkeit, und in Satz 3 den Oberbegriff, also den Kreditvertrag des § 1 Abs. 2 VerbrKrG meinte, ist daher ein Musterbeispiel

---

1 BT-Drucks 14/7052, 53 (Text) und 200 (Begründung).
2 BT-Drucks 14/6040, 251 f. Ähnlich die Begründung des DiskE, S. 540 und 544 f.
3 §§ 490–492 DiskE, die dem § 1 Abs. 2 VerbrKrG und den §§ 608–610 a.F. entsprechen.
4 §§ 493–504 DiskE, die den §§ 1 Abs. 1, 3–14 VerbrKrG entsprechen. Die nicht zu den Kreditverträgen gehörenden Vertragsformen des § 2 VerbrKrG wurden „wegen ihres Sachzusammenhanges" unter dem neuen Begriff Ratenlieferungsverträge im Kaufrecht, und zwar in § 452 DiskE geregelt; so die Begründung zum DiskE, S. 531. Vgl. auch a.a.O., S. 545, wo widersprüchlich und missverständlich von „Ratenkauf" gesprochen wird.
5 §§ 505–508 DiskE, die den §§ 15–17 VerbrKrG entsprechen.
6 *Köndgen*, in: Ernst/Zimmermann, S. 457, 469.
7 Richtlinie 87/102/EWG des Rates v. 22.12.1986 zur Angleichung der Rechts- und Verwaltungsvorschriften der Mitgliedstaaten über den Verbraucherkredit, ABlEG Nr. L 42 v. 12.2.1987, S. 48 mit Änderungsrichtlinien 90/88/EWG v. 22.2.1990, ABlEG Nr. L 61 v. 14.3.1990, S. 14 und 98/7/EG v. 16.2.1998, ABlEG Nr. L 101 v. 1.4.1998, S. 17.
8 Auf das Erfordernis der Entgeltlichkeit und die Folgen, die das diesbezügliche Missverständnis der Verfasser des DiskE hatte, weist *Bülow*, in: Schulze/Schulte-Nölke, S. 153, 157 f. eindrücklich hin.

einer völlig verunglückten Norm und wurde im Schrifttum zu Recht auf das Schärfste kritisiert.[9] Heftig abgelehnt wurde auch, dass der Diskussionsentwurf das Sachdarlehen nicht mehr regelte, und zwar ohne dass in seiner Begründung hierzu auch nur ein Wort verloren wurde.[10] Generell warf man den §§ 490 ff. DiskE vor, trotz der meist wörtlichen Übernahme gerade der Vorschriften des Verbraucherkreditgesetzes das damals geltende Recht erheblich zu ändern, ohne dass dies im Text oder in der Begründung hinreichend als gewollt zum Ausdruck käme.[11]

Wohl aufgrund dieser Kritik an Grundsatz und Detail hat sich die **Gesetz** gewordene Fassung in vielen Punkten weit vom Diskussionsentwurf entfernt, wobei die meisten Änderungen bereits in der konsolidierten Fassung des Diskussionsentwurfes v. 6.3.2001 enthalten sind. Zum einen blieb das Sachdarlehen als gesetzlicher Vertragstyp erhalten. Zum anderen und vor allem wurde der Zentralbegriff des Diskussionsentwurfs „**Kreditvertrag**" aufgegeben.[12] Soweit § 490 DiskE ihn als Oberbegriff für Darlehen, Zahlungsaufschub und sonstige Finanzierungshilfe verwendete, wurde er nicht ersetzt. Soweit er den Unterbegriff Darlehen bezeichnete, trat an seine Stelle der Begriff „**Darlehensvertrag**".

Diese Preisgabe der Spitze der Begriffshierarchie hat natürlich auch Konsequenzen für den **Aufbau des Gesetzes**. Das allgemeine Darlehen ist nun zusammen mit dem Verbraucherdarlehen in einem Untertitel „Darlehensvertrag" (§§ 488–498) geregelt, während im Untertitel „Finanzierungshilfen zwischen einem Unternehmer und einem Verbraucher" (§§ 499–504) der Zahlungsaufschub, das Finanzierungsleasing und insbesondere die Teilzahlungsgeschäfte (früher meist: Ratenzahlungsgeschäfte) zusammengeführt sind. Der dritte Untertitel (§ 505) hat die früher in § 2 VerbrKrG geregelten Vertragsformen mit langfristiger Erwerbsverpflichtung zum Gegenstand. Diese nicht zu den Kreditverträgen gehörenden Verträge, die noch von § 452 DiskE in das Kaufrecht eingestellt wurden, sind jetzt unter der Überschrift „Ratenlieferungsverträge" in § 505 geregelt. Der vierte und letzte Untertitel erklärt in § 506 die Vorschriften über den Verbraucherdarlehensvertrag für zwingend und regelt in § 507 die Anwendung eben dieser Vorschriften auf Existenzgründer. Der neue Standort des Sachdarlehens und des Darlehensvermittlungsvertrages wurde bereits genannt (Rn 2).

C. Bewertung

Ob die neuen Vorschriften im (Verbraucher-)Darlehensrecht einen Fortschritt gegenüber dem alten Recht darstellen, ist fraglich. Groß ist der Fortschritt jedenfalls auch nach Ansicht der Gesetzesverfasser nicht, die ständig – wenn auch nicht immer zu Recht – betonen, dass sich im Vergleich zum alten Rechtszustand kaum Änderungen ergeben würden.[13] Von den drei Grundanliegen, die dem Schuldrechtsmodernisierungsgesetz die politisch gewollte Schubkraft verliehen haben,[14] treffen zwei nicht zu. Es mussten weder gemeinschaftsrechtliche Richtlinien umgesetzt werden, noch lagen Vorschläge der Kommission zur Überarbeitung des Schuldrechts in der Schublade. Es bleibt daher nur das gesetzgeberische Motiv, die schuldrechtlichen Sondergesetze in das BGB zu integrieren, um so die Einheit des Schuldrechts zu gewährleisten, das BGB als zentrale Kodifikation hervorzuheben und den Sondergesetzen durch die Integration den ihnen gebührenden zentralen Rang einzuräumen. Ob diese Einschätzung richtig ist oder in die Irre führt, wird man erst mit einigem zeitlichen Abstand und vor dem Hintergrund der dann gemachten praktischen Erfahrungen endgültig beurteilen können.[15]

Schon jetzt lässt sich aber zweierlei sagen. Zum einen trifft die Aussage in der Begründung des Regierungsentwurfs nicht zu, eine Änderung der gesetzlichen Regelung sei dringend erforderlich, um ein zeitgemäßes Darlehensvertragsrecht im BGB zu schaffen.[16] Zwar waren die §§ 607 ff. a.F. ein Anachronismus, aber sie haben in der Praxis wenig gestört.[17] Außerdem widerspricht diese Behauptung der an anderer Stelle der Begründung getroffenen Feststellung, weder durch die Integration des Verbraucherkreditgesetzes noch durch die Neuregelung des allgemeinen Darlehensrechtes ergäben sich größere inhaltliche Änderungen.[18]

---

9 So von *Köndgen*, in: Ernst/Zimmermann, S. 457, 469 f.; *Bülow*, in: Schulze/Schulte-Nölke, S. 153, 154 f. und *Artz*, Jb.J.ZivRWiss. 2001, S. 227, 234 f.
10 Vgl. *Bülow*, in: Schulze/Schulte-Nölke, S. 153, 157 und *Artz*, Jb.J.ZivRWiss. 2001, S. 227, 232 f.; dagegen hält *Köndgen*, in: Ernst/Zimmermann, S. 457, 469 f. die Beibehaltung des Sachdarlehens eher für eine Geschmacksfrage. Vgl. aber auch den Diskussionsbericht zu seinem Referat, a.a.O., S. 480.
11 Ausführlich hierzu *Bülow*, in: Schulze/Schulte-Nölke, S. 153, 157 ff.; *Artz*, Jb.J.ZivRWiss. 2001, S. 227, 236.
12 BT-Drucks 14/6040, 252. Siehe auch *Pick*, ZIP 2001, 1173, 1177: „Der bisherige Begriff des Verbraucherkredits wird zerlegt." Kritisch dem RE, der im Vergleich mit dem DiskE „das Kind mit dem Bade ausgeschüttet habe", *Köndgen*, WM 2001,1637, 1641; sehr kritisch *Reifner*, ZBB 2001, 193, 195 f.
13 BT-Drucks 14/6040, 253 (Vorbemerkung zu Titel 3) und passim (zu den einzelnen Vorschriften).
14 Hierzu und zum Folgenden s. BT-Drucks 14/6040, 79.
15 Kritisch *Artz*, Jb.J.ZivRWiss. 2001, S. 227, 228 ff.; grundsätzlich ablehnend *Reifner*, ZBB 2001, 193, 194 ff., der dem Schuldrechtsmodernisierungsgesetz die Zersplitterung des Finanzdienstleistungsrechts vorwirft und ein Artikelgesetz zu den Finanzdienstleistungen befürwortet.
16 BT-Drucks 14/6040, 252.
17 *Köndgen*, in: Ernst/Zimmermann, S. 457, 468; ähnlich *Bülow*, in: Schulze/Schulte-Nölke, S. 153, 156.

Entweder ist eine Reform dringend erforderlich, dann muss sie auch zu tiefgreifenden Änderungen führen, oder sie verursacht kaum Änderungen, dann ist sie weitgehend überflüssig.

9 Zum anderen ist indes nicht zu verkennen, dass der durch den Wegfall des Begriffes „Kreditvertrag" veränderte Gesetzesaufbau (Rn 6) positive Auswirkungen auf die „Lesbarkeit" der Vorschriften hat, wenn man sie mit den entsprechenden Regeln des Verbraucherkreditgesetzes vergleicht. Insbesondere die eigenständige Heraushebung der für die Praxis besonders wichtigen Gruppe der Teilzahlungsgeschäfte in den §§ 501–504 hat die Transparenz der gesetzlichen Regelung gegenüber dem alten Recht deutlich erhöht.[19]

Untertitel 1. Darlehensvertrag

§ 488 Vertragstypische Pflichten beim Darlehensvertrag

(1) [1]**Durch den Darlehensvertrag wird der Darlehensgeber verpflichtet, dem Darlehensnehmer einen Geldbetrag in der vereinbarten Höhe zur Verfügung zu stellen.** [2]**Der Darlehensnehmer ist verpflichtet, einen geschuldeten Zins zu zahlen und bei Fälligkeit das zur Verfügung gestellte Darlehen zurückzuerstatten.**
(2) [1]**Die vereinbarten Zinsen sind, soweit nicht ein anderes bestimmt ist, nach dem Ablauf je eines Jahres und, wenn das Darlehen vor dem Ablauf eines Jahres zurückzuerstatten ist, bei der Rückerstattung zu entrichten.**
(3) [1]**Ist für die Rückerstattung des Darlehens eine Zeit nicht bestimmt, so hängt die Fälligkeit davon ab, dass der Darlehensgeber oder der Darlehensnehmer kündigt.** [2]**Die Kündigungsfrist beträgt drei Monate.** [3]**Sind Zinsen nicht geschuldet, so ist der Darlehensnehmer auch ohne Kündigung zur Rückerstattung berechtigt.**

Literatur: *Mülbert*, Das verzinsliche Darlehen, AcP 192 (1992), 447 ff. Siehe auch die Literaturangaben vor §§ 488 ff.

Inhalt

A. Überblick	1	I. Definition des Darlehensvertrages (Abs. 1)	4
B. Allgemeines	2	II. Zeitpunkt der Zinszahlung (Abs. 2)	7
C. Inhalt	4	III. Fälligkeit des Rückzahlungsanspruchs (Abs. 3)	8

A. Überblick

1 § 488 entspricht den §§ 607–609 a.F. sowie § 1 Abs. 2 VerbrKrG, soweit er von Darlehen handelt. Der bisherige Sprachgebrauch des Gesetzes, das mit Darlehen sowohl den Vertrag als auch seinen Gegenstand, den überlassenen Geldbetrag, bezeichnete, wird aufgegeben. Mit Darlehen meint das Gesetz nur noch den Geldbetrag, während es ansonsten von Darlehensvertrag spricht.[1]

B. Allgemeines

2 Anders als § 607 Abs. 1 a.F., dessen Wortlaut noch Anklänge an die alte römische Realvertragskonstruktion aufwies,[2] ist der Text des Abs. 1 wie im BGB bei gegenseitigen Verträgen üblich in der Weise aufgebaut, dass die Hauptpflichten der Parteien geregelt werden. Die vom historischen Gesetzgeber des Jahres 1896 noch bewusst offengehaltene Frage, ob das Darlehen ein Real- oder ein Konsensualvertrag ist,[3] wurde also jetzt im Sinne der **Konsensualvertragstheorie** entschieden, und damit genau so, wie sie von der h.L. seit langem entschieden worden war.[4] Der Darlehensvertrag kommt demnach nicht anders als etwa der Kaufvertrag durch zwei übereinstimmende Willenserklärungen zustande.

3 Wohl deshalb erschien den Gesetzesverfassern § 607 Abs. 2 a.F. über das **Vereinbarungsdarlehen** überflüssig. Die dieser Vorschrift zugrunde liegende Vorstellung ist nämlich nur vom Boden der Realvertragstheorie aus verständlich.[5] § 607 Abs. 2 a.F. wurde abgeschafft, ohne dass dies oder der Begriff „Vereinbarungsdarlehen" in der Begründung auch nur erwähnt wurde. Dies ist überraschend, denn der Anwendungsbereich des Vereinbarungsdarlehens ist etwa im Erbrecht durchaus von praktischer Relevanz.[6] Andererseits ergab sich die Zulässigkeit solcher Darlehen schon bisher allein aus den allgemeinen Grundsätzen des

---

18 BT-Drucks 14/6040, 253.
19 Vgl. etwa § 502 Abs. 1 mit § 4 Abs. 1 S. 4 Nr. 2 und S. 5 VerbrKrG.
1 BT-Drucks 14/6040, 253.
2 Siehe hierzu *Köndgen*, in: Ernst/Zimmermann, S. 457, 471.
3 Motive bei *Mugdan*, Bd. II, S. 169 f.; eingehend hierzu *Mülbert*, AcP 192 (1992), 447, 485 ff.; a.A. zu Unrecht die Begründung des Regierungsentwurfs BT-Drucks 14/6040, 252.
4 Vgl. statt aller Staudinger/*Hopt/Mülbert*, § 607 Rn 14; MüKo/*Westermann*, Vor § 607 Rn 7 ff., jeweils m.w.N.
5 Motive bei *Mugdan*, Bd. II, S. 173. Näher hierzu Staudinger/*Hopt/Mülbert*, § 607 Rn 408.

§ 305 a.F. (jetzt: § 311 Abs. 1), während § 607 Abs. 2 a.F. hierüber nichts aussagte.[7] Der Wegfall des § 607 Abs. 2 a.F. ändert daher an der Rechtslage nichts.

C. Inhalt

I. Definition des Darlehensvertrages (Abs. 1)

Abs. 1 enthält eine an § 1 Abs. 2 VerbrKrG angelehnte Definition des Darlehensvertrages. Nach dessen S. 1 ist der Darlehensgeber verpflichtet, „dem Darlehensnehmer einen Geldbetrag in der vereinbarten Höhe zur Verfügung zu stellen". Die Begründung führt hierzu aus, mit dem Begriff „einen Geldbetrag" werde verdeutlicht, dass der Darlehensgeber nicht bestimmte Geldstücke oder -scheine überlassen müsse, sondern ihn nur eine **Wertverschaffungspflicht** treffe.[8] Der Kritik an § 490 DiskE, die einen entsprechenden Auslegungshinweis vermisste,[9] ist damit Genüge getan. Soweit darüber hinaus die Formulierung „zur Verfügung zu stellen" kritisiert und die ausdrückliche Formulierung der Eigentumsverschaffungspflicht des Darlehensgebers an der Darlehensvaluta gefordert wird,[10] erscheint dies entbehrlich. Buchstabe und Geist der Vorschrift erfassen eindeutig sowohl diese Übereignungspflicht beim Bardarlehen als auch die Pflicht, Buchgeld in der vereinbarten Höhe aus dem Vermögen des Darlehensgebers endgültig auszuscheiden und dem Vermögen des Darlehensnehmers endgültig zuzuführen.[11]

Abs. 1 S. 2 verpflichtet den Darlehensnehmer einmal, „einen **geschuldeten Zins** zu zahlen". Anders als nach § 607 a.F. ist das zu den gegenseitigen Verträgen gehörende **verzinsliche Darlehen** also jetzt der gesetzliche Regelfall. Freilich stellt der Wortlaut zugleich klar, dass es selbstverständlich auch weiterhin das unentgeltliche zinslose Darlehen gibt.[12] Zweitens muss der Darlehensnehmer „bei Fälligkeit das zur Verfügung gestellte Darlehen zurückerstatten". Diese Formulierung stellt klar, dass die **Rückzahlungspflicht** – bei Bardarlehen – nicht die Rückgabe genau der erhaltenen Geldmünzen und -scheine erfordert, sondern selbstverständlich nur die Zahlung eines entsprechenden Geldbetrages.

Soweit die Verbindung der Rückzahlungspflicht mit der Pflicht zur Zahlung von Zinsen als sinnentstellend gerügt wird,[13] ist diese Kritik unberechtigt. Richtig ist zwar, dass nur die Zinszahlungspflicht eine **Hauptpflicht** ist, die mit der Darlehenshingabe im Synallagma steht.[14] Demgegenüber ist die Rückzahlungspflicht gesetzlich normierte **Nebenpflicht**.[15] Andererseits ist der Gesetzgeber aber nicht gehalten, die Rückzahlungspflicht ebenso wie die Rückgabepflicht des Mieters getrennt von den Hauptpflichten zu regeln, zumal diese Trennung im Mietrecht nicht auf tiefer dogmatischer Einsicht beruht,[16] sondern auf eher banalen Zweckmäßigkeitserwägungen.[17] Beispiel ist die Abnahmepflicht des Käufers. Sie ist gleichfalls Nebenpflicht,[18] aber zusammen mit der Hauptpflicht, Zahlung des vereinbarten Kaufpreises, in der Grundnorm des § 433 Abs. 2 geregelt.

II. Zeitpunkt der Zinszahlung (Abs. 2)

Abs. 2 bestimmt den Zeitpunkt der Zinszahlung. Die Vorschrift entspricht fast wörtlich dem § 608 a.F. und hat keine Änderung der Rechtslage zur Folge.[19] Ihre praktische Bedeutung ist gering, da sie lediglich eingreift, wenn im Darlehensvertrag der Zahlungszeitpunkt nicht eindeutig festgelegt wurde, was indes nahezu immer der Fall ist.[20] Nur wo die Parteien, etwa bei einem Verwandtendarlehen, diese Fälligkeit der Zinsen nicht geregelt haben, bestimmt Abs. 2, dass die Zinsen abweichend von § 271 Abs. 1 nachträglich zu zahlen sind, und zwar bei einem Darlehen mit mehrjähriger Laufzeit nach Ablauf je eines Jahres, bei einem Darlehen mit einer Laufzeit unter einem Jahr bei der Rückerstattung.

---

6 Siehe etwa MüKo/*Westermann*, § 607 Rn 44.
7 Motive bei *Mugdan*, Bd. II, S. 173. Vgl. auch Staudinger/*Hopt/Mülbert*, § 607 Rn 408.
8 So die Begründung BT-Drucks 14/6040, 253.
9 *Bülow*, in: Schulze/Schulte-Nölke, S. 153, 156.
10 *Bülow*, in: Schulze/Schulte-Nölke, S. 153, 156.
11 Staudinger/*Hopt/Mülbert*, § 607 Rn 1 ff. und 340 f.; zu anderen Formen des bargeldlosen Verkehrs vgl. die Begründung BT-Drucks 14/6040, 253.
12 BT-Drucks 14/6040, 253 zu § 488 RE, der noch von einem „vereinbarten" Zins sprach. Der Wechsel ist nur eine redaktionelle Klarstellung; BT-Drucks 14/7052, 200.
13 *Reifner*, ZBB 2001, 193, 195.
14 Staudinger/*Hopt/Mülbert*, § 607 Rn 18.
15 RGZ (GS) 161, 52, 56; Staudinger/*Hopt/Mülbert*, § 607 Rn 17 und 22.
16 So aber wohl *Reifner*, ZBB 2001, 193, 195.
17 Motive bei *Mugdan*, Bd. II, S. 207 mit 205.
18 Vgl. Palandt/*Putzo*, § 433 Rn 36; MüKo/*Westermann*, § 433 Rn 77; Erman/*Grunewald*, § 433 Rn 43; a.A. aber Soergel/*Huber*, § 433 Rn 4 und 274 f.
19 BT-Drucks 14/6040, 253.
20 MüKo/*Westermann*, § 608 Rn 14; Staudinger/*Hopt/Mülbert*, § 608 Rn 38.

III. Fälligkeit des Rückzahlungsanspruchs (Abs. 3)

8 Abs. 3 regelt die Fälligkeit des Rückzahlungsanspruchs des Darlehensgebers. Die Vorschrift tritt an die Stelle des § 609 a.F.; die hierdurch hervorgerufenen sachlichen Änderungen sind marginal. Bedeutung hat die Vorschrift für sogenannte **Kündigungsdarlehen** ohne feste Laufzeit, während bei sogenannten Festdarlehen die Rückzahlung grundsätzlich mit dem Ablauf der vereinbarten Laufzeit fällig wird.[21] Ist der Rückzahlungszeitpunkt nicht von Anfang an vertraglich fixiert, so bestimmt **S. 1** fast wortgleich mit § 609 Abs. 1 a.F., dass der Rückzahlungsanspruch erst nach einer Kündigung durch eine der beiden Vertragsparteien fällig wird.

9 Die **Kündigungsfrist** richtet sich in erster Linie nach dem Vertrag. Ist darin nichts bestimmt, so beträgt sie jetzt nach **S. 2 einheitlich drei Monate**, während § 609 Abs. 2 a.F. für die Kleinstdarlehen von bis zu 200 EUR noch eine Frist von einem Monat vorgesehen hatte. Diese Unterscheidung, die in der Praxis keine Rolle spielte,[22] wurde zu Recht aufgegeben. Die Frage, ob der dreimonatigen Kündigungsfrist des Abs. 3 S. 2 eine **Leitbildfunktion** zukommt, was insbesondere im Hinblick auf die Inhaltskontrolle (§ 307 Abs. 2 Nr. 1) des fristlosen ordentlichen Kündigungsrechtes nach Nr. 19 Abs. 2 der AGB-Banken von Bedeutung wäre, ist umstritten, dürfte aber zu bejahen sein.[23]

10 S. 3 enthält eine mit § 609 Abs. 3 a.F. nahezu identische Sondervorschrift für zinslose Darlehen. Wichtig ist, was ihr im **Umkehrschluss** zu entnehmen ist, dass nämlich für **verzinsliche Darlehen** die Auslegungsregel des § 271 Abs. 2 nicht gilt. Der Darlehensnehmer darf also das Darlehen nicht vorzeitig zurückzahlen.[24]

11 Die unmittelbare Bedeutung der Vorschrift ist demgegenüber – ebenso wie die des zinslosen Darlehens insgesamt – gering. Wer ein unbefristetes **zinsloses Darlehen** erhalten hat, kann dieses nach Abs. 3 S. 3 jederzeit auch ohne vorherige Kündigung zurückzahlen. Bei einem befristeten Festdarlehen greift S. 3 an sich nicht ein, weil er nur eine Ausnahme von der Kündigungspflicht des S. 1 enthält, die ihrerseits nur für unbefristete Darlehen gilt. Andererseits gibt es für befristete zinslose Darlehen keine Sachgründe dafür, von § 271 Abs. 2 abzuweichen. Auch wer ein befristetes zinsloses Darlehen erhalten hat, kann dieses also jederzeit zurückzahlen.[25]

§ 489 Ordentliches Kündigungsrecht des Darlehensnehmers

(1) ¹Der Darlehensnehmer kann einen Darlehensvertrag, bei dem für einen bestimmten Zeitraum ein fester Zinssatz vereinbart ist, ganz oder teilweise kündigen,
1. wenn die Zinsbindung vor der für die Rückzahlung bestimmten Zeit endet und keine neue Vereinbarung über den Zinssatz getroffen ist, unter Einhaltung einer Kündigungsfrist von einem Monat frühestens für den Ablauf des Tages, an dem die Zinsbindung endet; ist eine Anpassung des Zinssatzes in bestimmten Zeiträumen bis zu einem Jahr vereinbart, so kann der Darlehensnehmer jeweils nur für den Ablauf des Tages, an dem die Zinsbindung endet, kündigen;
2. wenn das Darlehen einem Verbraucher gewährt und nicht durch ein Grund- oder Schiffspfandrecht gesichert ist, nach Ablauf von sechs Monaten nach dem vollständigen Empfang unter Einhaltung einer Kündigungsfrist von drei Monaten;
3. in jedem Fall nach Ablauf von zehn Jahren nach dem vollständigen Empfang unter Einhaltung einer Kündigungsfrist von sechs Monaten; wird nach dem Empfang des Darlehens eine neue Vereinbarung über die Zeit der Rückzahlung oder den Zinssatz getroffen, so tritt der Zeitpunkt dieser Vereinbarung an die Stelle des Zeitpunkts der Auszahlung.
(2) ¹Der Darlehensnehmer kann einen Darlehensvertrag mit veränderlichem Zinssatz jederzeit unter Einhaltung einer Kündigungsfrist von drei Monaten kündigen.
(3) ¹Eine Kündigung des Darlehensnehmers nach Absatz 1 oder Absatz 2 gilt als nicht erfolgt, wenn er den geschuldeten Betrag nicht binnen zwei Wochen nach Wirksamwerden der Kündigung zurückzahlt.
(4) ¹Das Kündigungsrecht des Darlehensnehmers nach den Absätzen 1 und 2 kann nicht durch Vertrag ausgeschlossen oder erschwert werden. ²Dies gilt nicht bei Darlehen an den Bund, ein Sondervermögen des Bundes, ein Land, eine Gemeinde, einen Gemeindeverband, die Europäischen Gemeinschaften oder ausländische Gebietskörperschaften.

---

21 MüKo/*Westermann*, § 609 Rn 3 und 5.
22 BT-Drucks 14/6040, 253.
23 Wie hier *Köndgen*, NJW 2000, 468, 475; a.A. aber die h.M., etwa OLG Köln WM 1999, 1004, 1005; *Horn*, in: Wolf/Horn/Lindacher, § 23 AGBG Rn 770.
24 BGHZ 42, 302, 305; 64, 278, 284. Ebenso *Canaris*, ZIP 1987, 1, 4 f. Im Ergebnis anders liegen die Dinge hingegen bei Darlehen eines Verbrauchers, und zwar wegen des auf Art. 8 VerbrKr-RL beruhenden Kündigungsrechtes nach § 489 Abs. 1 Nr. 2 BGB. Vgl. auch die Regelung des § 504 für Verbraucher-Teilzahlungsgeschäfte (§ 504 Rn 2).
25 Im Ergebnis ebenso Protokolle bei *Mugdan*, Bd. II, S. 762. Eingehend Staudinger/*Hopt/Mülbert*, § 609 Rn 55.

§ 489

Literatur: *Hopt/Mülbert*, Die Darlehenskündigung nach § 609a BGB – Eine Bilanz der ersten drei Jahre, WM 1990 SB Nr. 3, S. 3 ff. Siehe auch die Literaturangaben vor §§ 488 ff.

Inhalt

A. Überblick 1	b) Verbraucher 10
I. Allgemeines 1	2. Rechtsfolgen 15
II. Gesetzesaufbau 2	III. Mehr als zehnjährige Zinsbindung (Nr. 3) 16
III. Normzweck 3	1. Voraussetzungen 16
B. Darlehen mit Festzinsvereinbarung (Abs. 1) 4	2. Rechtsfolgen 16
I. Auslaufende Zinsbindung (Nr. 1) 5	C. Darlehen mit variablem Zinssatz (Abs. 2) 18
1. Voraussetzungen 5	I. Voraussetzungen 18
2. Rechtsfolgen 6	II. Rechtsfolgen 20
3. Periodische Zinsanpassung (Hs. 2) 7	D. Fiktion unterbliebener Kündigung (Abs. 3) 21
II. Darlehen an Verbraucher (Nr. 2) 8	E. Unabdingbarkeit (Abs. 4) 23
1. Voraussetzungen 8	
a) Keine grundpfandrechtliche Sicherung 8	

A. Überblick

I. Allgemeines

Das abdingbare ordentliche Kündigungsrecht des § 488 Abs. 3 ist für beide Vertragsparteien gleich ausgestaltet. Weitergehend gibt der mit § 609a a.F. fast wortgleiche § 489 für den Darlehensnehmer zusätzliche Möglichkeiten, den Darlehensvertrag ordentlich zu kündigen, und zwar nach Abs. 4 grundsätzlich zwingend. Diese Möglichkeiten bestehen auch dann, wenn für die Rückzahlung ein fester Zeitpunkt bestimmt ist. § 489 ist damit eine weitere[1] Ausnahme von dem Grundsatz, dass auf bestimmte Zeit eingegangene (Dauer-)Schuldverhältnisse nicht ordentlich gekündigt werden können.[2]

II. Gesetzesaufbau

Abs. 1 betrifft nur Darlehen mit Festzinsvereinbarung, und zwar in Nr. 1 solche mit vor der Darlehenslaufzeit endender Zinsbindung, in Nr. 2 Darlehen an Verbraucher und in Nr. 3 besonders langfristige Darlehen. **Abs. 2** betrifft Darlehen mit veränderlichem Zinssatz. **Abs. 3** fingiert eine ausgesprochene Kündigung unter bestimmten Umständen als nicht erfolgt. **Abs. 4** schließlich erklärt die Kündigungsrechte aus Abs. 1 und 2 für unabdingbar.

III. Normzweck

§ 489 ist, wie sich insbesondere seinem Abs. 4 entnehmen lässt, eine **generelle Schuldnerschutznorm**, schützt also nicht nur die Verbraucher.[3] Während die Kündigungsrechte nach Abs. 1 Nr. 1 und nach Abs. 2 dem Darlehensnehmer mit Hilfe des „Druckmittels" eines zwingenden Kündigungsrechtes die Möglichkeit geben sollen, marktgerechte Vertragsbedingungen auszuhandeln, schützt ihn das Kündigungsrecht des Abs. 1 Nr. 3 ganz allgemein vor übermäßig langer Bindung. Lediglich Abs. 1 Nr. 2 ist eine echte Verbraucherschutzbestimmung, schützt also den Darlehensnehmer nur, soweit er Verbraucher ist.

B. Darlehen mit Festzinsvereinbarung (Abs. 1)

Abs. 1 betrifft nur Darlehen mit einer Festzinsvereinbarung. Im Darlehensvertrag muss also für einen bestimmten Zeitraum, der kürzer als die Laufzeit des Darlehens sein kann, ein Zinssatz so vereinbart sein, dass er sich als bestimmter Prozentsatz des überlassenen Kapitals ausdrücken lässt.[4] Trifft diese Voraussetzung zu, so kann der Darlehensnehmer den Darlehensvertrag ganz oder teilweise[5] kündigen, wenn einer der drei folgenden Fälle vorliegt.

I. Auslaufende Zinsbindung (Nr. 1)

1. Voraussetzungen

Nach Nr. 1 Hs. 1 besteht ein Kündigungsrecht, wenn die Zinsbindung vor der Darlehenslaufzeit endet und die Parteien noch keine neue Vereinbarung über die Zinshöhe getroffen haben.

---

[1] Eine andere Ausnahme ist § 8 Abs. 3 VVG; hierzu *Pröls*, in: Prölss/Martin, VVG, 26. Aufl. 1998, § 8 Rn 33.
[2] Vgl. etwa §§ 542 und 544 zur Miete und §§ 620 bis 623 zum Dienstvertrag.
[3] So etwa Soergel/*Häuser*, § 609a Rn 5; unklar Palandt/*Putzo*, § 609a Rn 1.
[4] *Hopt/Mülbert*, WM 1990 SB Nr. 3, S. 5.
[5] Zur Teilkündigung vgl. BGH NJW 1999, 2269 f.

2. Rechtsfolgen

6 Der Darlehensnehmer kann das Darlehen mit einer Kündigungsfrist von einem Monat kündigen. Frühester Kündigungszeitpunkt ist der Tag des Ablaufs der Zinsbindung.

3. Periodische Zinsanpassung (Hs. 2)

7 Ein Sonderfall ist in Hs. 2 geregelt. Ist im Darlehensvertrag im Voraus eine periodische Zinsanpassung in Zeiträumen von bis zu einem Jahr vereinbart, so kann der Schuldner das Darlehen nur zum Ende des jeweiligen Abschnitts mit einer Kündigungsfrist von einem Monat kündigen. Sind die Festzinsperioden länger, so verbleibt es bei Hs. 1. Zur Vereinbarung des jeweiligen Basiszinssatzes unten Rn 19.

II. Darlehen an Verbraucher (Nr. 2)

1. Voraussetzungen

a) Keine grundpfandrechtliche Sicherung

8 Nach Abs. 1 Nr. 2 kann ein festverzinsliches Darlehen auch schon vor Ablauf der Zinsbindung gekündigt werden, wenn es einem Verbraucher gewährt wurde und nicht grund- oder schiffspfandrechtlich gesichert ist. Eine solche, das Kündigungsrecht ausschließende, grundpfandrechtliche Sicherung ist nicht erst dann anzunehmen, wenn das Recht in das Grundbuch eingetragen ist, sondern bereits wenn die Bestellung eines vollwertigen Grundpfandrechtes vereinbart wurde.[6]

9 Gegen die Vorgängernorm, § 609a Abs. 1 Nr. 2 a.F., wurden vor dem Hintergrund des Art. 8 VerbrKr-RL Bedenken gegen die **Richtlinienkonformität** erhoben, und zwar wegen des Ausschlusses schiffspfandrechtlich gesicherter Darlehen.[7] Die Herausnahme von grundpfandrechtlich gesicherten Darlehen ist nach Art. 2 Abs. 3 VerbrKr-RL jedenfalls zulässig. Es spricht viel dafür, Art. 2 Abs. 3 VerbrKr-RL auf Schiffspfandrechte erweiternd auszulegen.[8] Der Streit dürfte geringe Bedeutung haben, da Verbraucher wohl selten zur Sicherung ihres Darlehens ein Schiffspfandrecht bestellen.

b) Verbraucher

10 Das Darlehen muss ferner einem Verbraucher i.S.d. § 13 gewährt worden sein. Hingegen ist die Person des Darlehensgebers für das Kündigungsrecht nach Nr. 2 unerheblich. Es besteht auch, wenn der Darlehensgeber nicht als Unternehmer gem. § 14, sondern als „Privatperson" tätig wurde; ein in der Praxis seltener, aber immerhin etwa unter Verwandten durchaus vorkommender Fall.[9] Das für das Kündigungsrecht ausreichende „Darlehen an einen Verbraucher" ist also u.U. **kein Verbraucherdarlehensvertrag** i.S. der §§ 491 ff. Der Anwendungsbereich des Abs. 1 Nr. 2 ist weiter, weil nach der Legaldefinition des § 491 Abs. 1 bei Verbraucherdarlehensverträgen der Darlehensgeber stets ein Unternehmer sein muss.

11 Andererseits ist der Anwendungsbereich der §§ 491 ff. insoweit größer, als diese Vorschriften nach § 507 auch für **Existenzgründer** gelten, wenn der Darlehensbetrag 50.000 EUR nicht übersteigt. Ein Kündigungsrecht nach Abs. 2 Nr. 2 besteht in diesem Fall hingegen nicht, weil Existenzgründer keine Verbraucher sind.[10]

12 In einem anderen Punkt hat das Schuldrechtsmodernisierungsgesetz hingegen Deckungsgleichheit zwischen dem Darlehenskündigungsrecht für Verbraucher und dem Verbraucherkreditrecht hergestellt. Gemeint sind Darlehen an **Arbeitnehmer**. Nimmt ein Arbeitnehmer ein Darlehen auf, etwa um einen PKW zu finanzieren, den er für die Fahrt zum Arbeitsplatz benötigt, so war dies nach alter Rechtslage zwar ein Verbraucherkredit i.S.d. § 1 Abs. 2 VerbrKrG und ist heute ein Verbraucherdarlehensvertrag i.S.d. § 491 Abs. 1. Hingegen stand dem Arbeitnehmer in diesem Fall das Kündigungsrecht nach § 609a Abs. 1 Nr. 2 a.F. nicht zu, weil nach dessen Wortlaut die Kündigung bereits ausgeschlossen war, wenn das einer natürlichen Person gewährte Darlehen für deren „berufliche Zwecke" bestimmt war.[11] Indem Abs. 1 Nr. 2 nun darauf abstellt, ob das Darlehen einem Verbraucher i.S.d. § 13 gewährt wurde, ist das Kündigungsrecht nach dieser Vorschrift nur noch dann ausgeschlossen, wenn mit dem Darlehen gewerbliche oder „selbständige berufliche Zwecke" verfolgt wurden. Diese von der Literatur zu Recht geforderte Anpassung[12] wurde vom Gesetzgeber bewusst vorgenommen, weil sie die Rechtsanwendung erleichtere und unter Schutzzweckgesichtspunkten geboten sei.[13]

---

6 Vgl. BT-Drucks 10/4741, 23; OLG Stuttgart WM 1999, 1007, 1008 f. m.w.N.; ebenso *Hopt/Mülbert*, WM 1990 SB Nr. 3, S. 8, 13 f.
7 MüKo/*Habersack*, § 14 VerbrKrG Rn 4.
8 *Bülow*, § 14 VerbrKrG Rn 12.
9 MüKo/*Westermann*, § 609a Rn 21.
10 Anders noch der Regierungsentwurf in seiner ursprünglichen Fassung gem. § 491 Abs. 1 RE mit § 489 Abs. 1 Nr. 2 RE (BT-Drucks 14/6040, 26); hierzu *Artz*, Jb.J.ZivRWiss, 2001, S. 227, 246 f. Gründe für die Änderung sind den Materialien nicht zu entnehmen.
11 Soergel/*Häuser*, § 609a Rn 13.
12 *Bülow*, in: Schulze/Schulte-Nölke, S. 153, 164 f.

Weniger klar als nach § 609a Abs. 1 Nr. 2 a.F. sind jetzt die sog. **Mischfälle** geregelt. Ein solcher Fall liegt etwa vor, wenn ein selbständiger Gewerbetreibender mit einem Darlehen den Kauf eines PKW finanziert, den er teils beruflich, teils privat nutzt. Nach alter Rechtslage konnte er das Darlehen nach § 609a Abs. 1 Nr. 2 a.F. nur dann nicht kündigen, wenn die berufliche Nutzung überwog. Der Begriff des Verbrauchers in Abs. 1 Nr. 2 und § 13 regelt den Mischfall demgegenüber nicht ausdrücklich. Zunehmend wird hier vertreten, bereits eine teilweise gewerbliche Nutzung nehme dem Geschäft den Charakter eines Verbrauchervertrages.[14] Dem ist zuzustimmen. Im Beispielsfall entfällt also das Kündigungsrecht des selbständigen Gewerbetreibenden, auch wenn die private Nutzung des PKW überwiegt.

Geändert hat sich durch das Schuldrechtsmodernisierungsgesetz auch die **Beweislast**. Nach § 609a Abs. 2 Nr. 2 a.F. musste der Darlehensgeber nachweisen, dass das einer natürlichen Person gewährte Darlehen ganz oder überwiegend für gewerbliche oder berufliche Zwecke bestimmt war.[15] Demgegenüber ist nach Abs. 1 Nr. 2 der Darlehensnehmer dafür beweispflichtig, dass er Verbraucher i.S.d. § 13 ist, also das Darlehen weder einer gewerblichen noch einer selbständigen beruflichen Tätigkeit zugerechnet werden kann.[16] Diese Änderung ist konsequent, weil für eine beweisrechtliche Sonderstellung gerade des Kündigungsrechtes nach Abs. 1 Nr. 2 gegenüber den sonstigen Verbraucherschutzbestimmungen keine Sachgründe existieren.

2. Rechtsfolgen

Der Verbraucher kann das Darlehen sechs Monate nach dem vollständigen Empfang mit einer Kündigungsfrist von drei Monaten kündigen. Die Darlehensmindestlaufzeit beträgt damit faktisch neun Monate.[17]

III. Mehr als zehnjährige Zinsbindung (Nr. 3)

1. Voraussetzungen

Nach Abs. 1 Nr. 3 Hs.1 können alle Darlehensverträge mit einer Festzinsvereinbarung gekündigt werden, wenn seit dem vollständigen Empfang des Darlehens mindestens zehn Jahre verstrichen sind. Dieses Kündigungsrecht ist nur bei mehr als zehnjähriger Zinsbindung und bei noch bestehender Zinsbindung im Zeitpunkt der Kündigung von Interesse,[18] weil bei abgelaufener Zinsbindung das Kündigungsrecht nach Nr. 1 eingreift. Eine Besonderheit gilt bei Vorliegen einer **Prolongationsvereinbarung** (Hs. 2). Haben die Parteien nach dem Empfang des Darlehens eine neue Vereinbarung über die Restlaufzeit oder die Zinshöhe getroffen, so beginnt mit dem Abschluss dieser Änderungsvereinbarung eine neue Zehnjahresfrist zu laufen.

2. Rechtsfolgen

Die Kündigung des Darlehensnehmers kann nach Ablauf von zehn Jahren erfolgen, und zwar mit einer Kündigungsfrist von sechs Monaten. Faktisch ist damit eine Laufzeit von zehneinhalb Jahren garantiert.[19] Eine bereits vor Ablauf von zehn Jahren ausgesprochene Kündigung wird nach zehn Jahren und sechs Monaten nur wirksam, wenn ein entsprechender Wille des Kündigenden anzunehmen ist.[20]

C. Darlehen mit variablem Zinssatz (Abs. 2)

I. Voraussetzungen

Das Kündigungsrecht nach Abs. 2 gilt für alle Darlehensverträge mit veränderlichem Zinssatz. In Abgrenzung zu Abs. 1 sind das alle Darlehensverträge, bei deren Abschluss nicht einmal für einen Teil der Laufzeit ein fester Zinssatz vereinbart wurde und bei denen deshalb jederzeit eine Änderung der Zinshöhe eintreten kann.[21] Dies sind einmal Verträge mit **Zinsgleitklauseln**, wenn diese auf Zinssätze Bezug nehmen, die sich jederzeit ändern können. Dies sind zum anderen Verträge mit **Zinsänderungsklauseln**, die dem Darlehensgeber die jederzeitige einseitige Anpassung des vertraglichen Zinssatzes ermöglichen. Bei diesen Verträgen existiert zwar zunächst ein fester Vertragszins. Es fehlt aber eine Festzinsvereinbarung für einen bestimmten Zeitraum.[22] Ist hingegen für eine bestimmte Zeit ein Zinssatz fest vereinbart und erst danach

---

13 So die Gegenäußerung der Bundesregierung zur Stellungnahme des Bundesrates BT-Drucks 14/6857, 64.
14 *Ulmer*, in: Ulmer/Brandner/Hensen, § 24a AGBG Rn 26; *Wolf*, in: Wolf/Horn/Lindacher, RiLi Art. 2 Rn 8; a.A. *Lwowski*, in: Lwowski/Peters/Gößmann, S. 49.
15 *MüKo/Westermann*, § 609a Rn 26.
16 Palandt/*Heinrichs*, § 13 Rn 3; *Bülow*, § 1 VerbrKrG Rn 45.
17 *Hopt/Mülbert*, WM 1990 SB Nr. 3, S. 15; Palandt/*Putzo*, § 609a Rn 12; insoweit kritisch zur Vereinbarkeit der Vorgängernorm des § 489 Abs. 1 Nr. 2 BGB mit Art. 8 VerbrKr-RL Staudinger/*Kessal-Wulf*, § 14 VerbrKrG Rn 6.
18 Erman/*Werner*, § 609a Rn 5.
19 *Hopt/Mülbert*, WM 1990 SB Nr. 3, S. 17.
20 Staudinger/*Hopt/Mülbert*, § 609a Rn 41 mit § 609 Rn 26.
21 BT-Drucks 10/4741, 23.
22 *Hopt/Mülbert*, WM 1990 SB Nr. 3, S. 17.

eine Änderung vorgesehen, so richtet sich das Kündigungsrecht des Darlehensnehmers ausschließlich nach Abs. 1.[23]

19 Fraglich ist, was gilt, wenn eine Zinsgleitklausel auf den jeweiligen **Basiszinssatz** (§ 247) Bezug nimmt. Der Vorgänger des Basiszinssatzes, der Diskontsatz der Deutschen Bundesbank, wurde zwar allgemein und völlig zu Recht als ein Zinssatz angesehen, der sich jederzeit ändern kann[24] und daher unter Abs. 2 fallen würde. Denn der Zeitpunkt einer Änderung des Diskontsatzes hing allein von den Beschlüssen der Deutschen Bundesbank ab und erfolgte manchmal im Abstand weniger Wochen.[25] Dies gilt aber für den Basiszinssatz des § 247 nicht.[26] Denn dieser kann sich nach § 247 Abs. 1 S. 2 nur zum ersten Januar und zum ersten Juli eines jeden Jahres verändern. Eine an den Basiszinssatz gekoppelte Zinsvereinbarung ist also jeweils für mindestens sechs Monate fest. Ein Darlehensvertrag dessen Zinsgleitklausel auf den Basiszinssatz Bezug nimmt, fällt daher **nicht unter Abs. 2**, sondern unter Abs. 1.

II. Rechtsfolgen

20 Der Darlehensnehmer kann den Darlehensvertrag mit veränderlichem Zinssatz „jederzeit" kündigen, aber nicht vor dem vollständigen Empfang des Darlehens. Dies ist zwar streitig, ergibt sich aber insbesondere aus Abs. 3 der Vorschrift.[27] Anders als bei der Kündigungsmöglichkeit nach Abs. 1 ist eine Teilkündigung nicht möglich. Die Kündigungsfrist beträgt drei Monate.

D. Fiktion unterbliebener Kündigung (Abs. 3)

21 Nach **Abs. 3** gilt eine Kündigung nach den Abs. 1 und 2 als nicht erfolgt, wenn der Darlehensnehmer den **geschuldeten Betrag** nicht innerhalb von zwei Wochen nach Zugang seiner Kündigungserklärung beim Darlehensgeber **vollständig zurückgezahlt** hat. Diese Vorschrift, die weitgehend der des § 495 Abs. 2 für den Fall des Widerrufs des Verbraucherdarlehensvertrages entspricht, soll einen Missbrauch des Kündigungsrechtes verhindern. Der Darlehensnehmer könnte anderenfalls den Vertrag kündigen, das Darlehen behalten und nur den Verzugszins entrichten, der vielfach unter dem im Darlehensvertrag vereinbarten Zinssatz liegt.[28] Er stünde damit besser als bei Fortbestand des Vertrages, obwohl er die Leistung, also das Kapital und seine Nutzungsmöglichkeit, behielte.[29] Daher fingiert Abs. 3 für den Fall der nicht rechtzeitigen Rückzahlung das Ausbleiben der Kündigung mit der Folge, dass der Darlehensvertrag weiterhin besteht und der Darlehensnehmer den vereinbarten Vertragszins entrichten muss.

22 War das von dem Darlehensnehmer vorzeitig gekündigte Darlehen über die gesamte Laufzeit in gleich großen Raten aus Tilgung, Zins und Kosten zurückzuzahlen, so enthält die Restschuld im Zeitpunkt der Kündigung auch Zinsanteile, die bei staffelmäßiger Berechnung erst für die Zeit nach Wirksamwerden der Kündigung angefallen wären. Aufgrund einer typisierten Auslegung des Darlehensvertrages gilt daher auch ohne ausdrückliche gesetzliche Regelung,[30] dass der Darlehensgeber die Restschuld des Darlehensnehmers abzinsen muss.[31] Erst die Differenz ist der „geschuldete Betrag" i.S.d. § 489 Abs. 3.

E. Unabdingbarkeit (Abs. 4)

23 Das von den Abs. 1 und 2 eingeräumte Kündigungsrecht des Darlehensnehmers ist nach **Abs. 4 S. 1 zwingendes Recht**. Vereinbarungen, die es ausschließen oder erschweren, sind daher nichtig (§ 134).[32] Hingegen sind Erleichterungen des Kündigungsrechtes ohne weiteres zulässig, etwa die Verkürzung der Kündigungsfristen oder Mindestlaufzeiten.

24 S. 2 enthält eine **Ausnahme** von der Unabdingbarkeit. Danach können bei Darlehen an Gebietskörperschaften des In- und Auslandes sowie an die EG die Kündigungsrechte dieser juristischen Personen des öffentlichen Rechtes ausgeschlossen werden. Die sehr enge Fassung der Ausnahmebestimmung, die gegenüber § 609 Abs. 4 S. 2 a.F. nur um die ausländischen Gebietskörperschaften und um die EG erweitert

---

23 BT-Drucks 10/4741, 23.
24 MüKo/*Westermann*, § 609a Rn 15; Staudinger/*Hopt/Mülbert*, § 609a Rn 42; Erman/*Werner*, § 609a Rn 3.
25 Die Zinssätze und ihre Änderungstermine sind abgedruckt in Palandt/*Heinrichs*, Anh. zu § 288.
26 A.A. Palandt/*Putzo*, § 609a Rn 14 (noch zum Basiszinssatz nach DÜG; hierzu § 247 Rn 4).
27 So zutreffend MüKo/*Westermann*, § 609a Rn 34; ebenso bereits vor Einfügung des Abs. 3 in den nahezu wortgleichen § 609a a.F. *Hopt/Mülbert*, WM 1990 SB Nr. 3, S. 17; a.A. *Kollhosser/Schweitzer*, JA 1987, 345, 349.
28 Vgl. BT-Drucks 11/5462, 30.
29 Erman/*Werner*, § 609a Rn 2.
30 Zur gesetzlichen Sonderregelung des § 498 Abs. 2 beim Verbraucherdarlehensvertrag siehe § 498 Rn 10; vgl. auch § 504 S. 1 für die vorzeitige Zahlung bei Teilzahlungsgeschäften.
31 *Bülow*, Art. 2 Änderung des BGB (zu § 609 a.F.) Rn 14 mit § 12 VerbrKrG Rn 45 ff. (auch zur anzuwendenden finanzmathematischen Methode); Staudinger/*Hopt/Mülbert*, § 609 Rn 5–7.
32 Ein Beispiel hierfür ist insbesondere die Vereinbarung einer Vorfälligkeitsentschädigung, vgl. BT-Drucks 10/4741, 23. Näher zu den verbotenen Vereinbarungen *Hopt/Mülbert*, WM 1990 SB Nr. 3, S. 18.

wurde, ist im Schrifttum zu Recht kritisiert worden. Die Zehnjahresfrist als Obergrenze für eine langfristige Verschuldung zu festen Zinsen ist gegenüber professionellen Kreditparteien eine bedenkliche Überregulierung.[33]

§ 490 Außerordentliches Kündigungsrecht

(1) ¹Wenn in den Vermögensverhältnissen des Darlehensnehmers oder in der Werthaltigkeit einer für das Darlehen gestellten Sicherheit eine wesentliche Verschlechterung eintritt oder einzutreten droht, durch die die Rückerstattung des Darlehens, auch unter Verwertung der Sicherheit, gefährdet wird, kann der Darlehensgeber den Darlehensvertrag vor Auszahlung des Darlehens im Zweifel stets, nach Auszahlung nur in der Regel fristlos kündigen.
(2) ¹Der Darlehensnehmer kann einen Darlehensvertrag, bei dem für einen bestimmten Zeitraum ein fester Zinssatz vereinbart und das Darlehen durch ein Grund- oder Schiffspfandrecht gesichert ist, unter Einhaltung der Fristen des § 489 Abs. 1 Nr. 2 vorzeitig kündigen, wenn seine berechtigten Interessen dies gebieten. ²Ein solches Interesse liegt insbesondere vor, wenn der Darlehensnehmer ein Bedürfnis nach einer anderweitigen Verwertung der zur Sicherung des Darlehens beliehenen Sache hat. ³Der Darlehensnehmer hat dem Darlehensgeber denjenigen Schaden zu ersetzen, der diesem aus der vorzeitigen Kündigung entsteht (Vorfälligkeitsentschädigung).
(3) ¹Die Vorschriften der §§ 313 und 314 bleiben unberührt.

Literatur: *Guttenberg*, Vorzeitige Darlehensablösung bei Festzinskredit – BGHZ 136, 161, JuS 1999, 1058 ff.; *von Heymann/Rösler*, Berechnung von Vorfälligkeits- und Nichtabnahmeentschädigung, ZIP 2001, 441 ff.; *Köndgen*, Die Entwicklung des Bankkreditrechts in den Jahren 1991–1993, NJW 1994, 1508 ff.; *ders.*, Die Entwicklung des Bankkreditrechts in den Jahren 1995–1999, NJW 2000, 468 ff.; *ders.*, Darlehen, Kredit und finanzierte Geschäfte nach neuem Schuldrecht – Fortschritt oder Rückschritt?, WM 2001, 1637 ff.; *Mankowski/Knöfel*, Das außerordentliche Kündigungsrecht in § 490 Abs. 2 des Regierungsentwurfs zur Schuldrechtsreform – eine gelungene Konstruktion?, ZBB 2001, 335 ff.; *Marburger*, Vorzeitige Darlehensablösung gegen Vorfälligkeitsentschädigung, ZBB 1998, 30 ff.; *Rösler/ Wimmer*, Zahlungsverpflichtungen und Zahlungsströme bei vorzeitiger Beendigung von Darlehensverträgen, WM 2000, 164 ff. Siehe auch die Literaturangaben vor §§ 488 ff.

Inhalt

A. Überblick	1	I. Hintergrund	9
B. Gefährdung des Rückzahlungsanspruchs (Abs. 1)	2	II. Voraussetzungen	12
I. Voraussetzungen	2	III. Rechtsfolgen	13
II. Rechtsfolgen	6		
C. Berechtigtes Interesse an vorzeitiger Kündigung (Abs. 2)	9	D. Keine abschließende Regelung (Abs. 3)	17

A. Überblick

Abs. 1 ersetzt das Widerrufsrecht nach § 610a.F. und gibt dem Darlehensgeber ein außerordentliches Kündigungsrecht, wenn sein Rückzahlungsanspruch insbesondere wegen einer Verschlechterung der Vermögensverhältnisse des Darlehensnehmers gefährdet ist. Das in **Abs. 2** normierte Kündigungsrecht des Darlehensnehmers wurde durch das Schuldrechtsmodernisierungsgesetz neu geschaffen. Es ermöglicht dem Darlehensnehmer, einen Darlehensvertrag mit Festzinsvereinbarung und grundpfandrechtlicher Sicherung unter bestimmten Voraussetzungen vorzeitig zu kündigen. **Abs. 3** schließlich stellt nur klar, dass § 490 das außerordentliche Kündigungsrecht nicht abschließend regelt.

1

B. Gefährdung des Rückzahlungsanspruchs (Abs. 1)

I. Voraussetzungen

Das Kündigungsrecht des Darlehensgebers setzt voraus, dass sein Rückzahlungsanspruch durch eine wesentliche **Verschlechterung der Vermögensverhältnisse** des Darlehensnehmers oder der Werthaltigkeit einer für das Darlehen gestellten Sicherheit gefährdet wird. Allein die Verschlechterung der Vermögensverhältnisse des Darlehensnehmers reicht also ebenso wenig wie der **Wertverlust einer Sicherheit**. Hinzu kommen muss in jedem Fall die hierdurch verursachte Gefährdung des Rückzahlungsanspruchs, und zwar „auch unter Verwertung der Sicherheit". Wegen dieser **Wechselwirkung** besteht also bei fortbestehender Werthaltigkeit der Sicherheit trotz einer Verschlechterung der Vermögensverhältnisse des Darlehensnehmers in der Regel kein Kündigungsrecht.[1]

2

---

33 *Köndgen*, WM 2001, 1637, 1642; *ders.*, in: Ernst/Zimmermann, S. 457, 473 (zu § 491 DiskE).
1 So die Gegenäußerung der BReg BT-Drucks 14/6857, 64. Anders noch § 490 Abs. 1 RE; hierzu BT-Drucks 14/6040, 254.

3 Erforderlich ist weiter, dass die Verschlechterung der Vermögensverhältnisse oder der Werthaltigkeit der Sicherheit **nach Vertragsschluss** eintritt. Liegt hingegen der den Rückzahlungsanspruch gefährdende Umstand schon vorher vor und wird er dem Darlehensgeber lediglich erst nach Abschluss des Vertrages bekannt, so hat der Darlehensgeber kein Kündigungsrecht nach Abs. 1. In Betracht kommt allerdings eine Anfechtung des Darlehensvertrages nach § 119 Abs. 2.[2]

4 Aus der Formulierung „oder einzutreten droht" wird klar, dass das Kündigungsrecht bereits dann entsteht, wenn sich die Verschlechterung der Vermögensverhältnisse des Darlehensnehmers und die daraus folgende Gefährdung der Darlehensrückzahlung deutlich abzeichnen.[3] Hierin liegt eine begrüßenswerte Klarstellung gegenüber § 610 a.F.

5 Eine weitere Veränderung gegenüber § 610 a.F. ergibt sich aus der Rechtsfolgenanordnung des Abs. 1. Das Kündigungsrecht des Darlehensgebers besteht nicht nur, wenn der den Rückzahlungsanspruch gefährdende Umstand vor der Darlehensvalutierung eintritt, sondern auch dann, wenn dies erst **nach der Auszahlung** des Darlehens geschieht. Demgegenüber erfasste § 610 a.F. nur die Vermögensverschlechterung vor der Auszahlung, während die Verschlechterung nach der Auszahlung bis zum Inkrafttreten des Schuldrechtsmodernisierungsgesetzes allein mit Hilfe der Grundsätze über den Wegfall der Geschäftsgrundlage (§ 313) gelöst wurde.[4]

II. Rechtsfolgen

6 Liegen die Voraussetzungen vor, so kann der Darlehensgeber das Darlehen **fristlos kündigen**. Hierin liegt eine begrüßenswerte Änderung gegenüber § 610 a.F., der als Rechtsfolge das Institut des Widerrufs vorsah. Denn die Kündigung passt besser zum modernen Verständnis des Darlehens, das die gesetzliche Neuregelung beeinflusst hat und nach der das verzinsliche Darlehen ein gegenseitiger (Konsensual-)Vertrag und ein Dauerschuldverhältnis ist.[5]

7 **Vor der Valutierung** kann der Darlehensgeber den Darlehensvertrag **stets** fristlos kündigen. Ihm ist nämlich eine Auszahlung des Darlehens nicht zuzumuten, wenn er weiß, dass er es vom Darlehensnehmer höchstwahrscheinlich nicht mehr zurückerhalten wird.[6] Dies gilt freilich nur „**im Zweifel**". Das Kündigungsrecht ist also lediglich das Ergebnis einer Vertragsauslegung und entfällt, wenn die Parteien ausdrücklich oder stillschweigend etwas anderes vereinbart haben.

8 **Nach der Valutierung** besteht das Kündigungsrecht des Darlehensgebers „**nur in der Regel**". Diese Differenzierung zu den Fällen vor der Auszahlung des Darlehens, die in § 492 DiskE noch nicht enthalten war,[7] entspricht der bislang geübten Praxis bei Anwendung der Regeln über den Wegfall der Geschäftsgrundlage (§ 313).[8] Durch sie wird klargestellt, dass nach der Darlehensvalutierung eine Gesamtwürdigung erforderlich ist, die auch die Belange des Schuldners berücksichtigen muss. Es kann dem Darlehensgeber nämlich im Einzelfall durchaus zuzumuten sein, das bereits ausgezahlte Darlehen beim Darlehensnehmer zu belassen, etwa wenn diesem so die ratenweise Rückzahlung möglich ist, während er bei einer sofortigen Rückzahlungsverpflichtung insolvent würde, oder wenn die Verschlechterung der Vermögensverhältnisse nur vorübergehender Natur ist.[9]

C. Berechtigtes Interesse an vorzeitiger Kündigung (Abs. 2)

I. Hintergrund

9 Mit Abs. 2 wird – so die Begründung – „die Rechtsprechung des BGH ... kodifiziert", und zwar so, „dass sich aus der Kodifikation keine Änderung der geltenden Rechtslage, sondern nur eine größere Rechtsklarheit und Rechtssicherheit für den Rechtsanwender" ergebe.[10] Die Tatsache, dass der Gesetzgeber diese Norm geschaffen hat, ist überraschend. Denn die nun **kodifizierte Rechtsprechung** ist noch jung und in ihren dogmatischen Grundlagen völlig ungesichert. Der BGH hatte im Jahre 1997 in zwei Urteilen entschieden, dass ein Darlehensnehmer, der seinen Darlehensvertrag wegen langfristiger Zinsbindung und grundpfandrechtlicher Sicherung ordentlich erst nach Ablauf der zehnjährigen Frist des § 489 Abs. 1 Nr. 3[11] kündigen kann, einen Anspruch auf vorzeitige Darlehensablösung gegen Zahlung

---

2 Soergel/*Häuser*, § 610 Rn 7; MüKo/*Westermann*, § 610 Rn 5.
3 So die Begründung BT-Drucks 14/6040, 254.
4 *Köndgen*, NJW 1994, 1508, 1514 f.; Staudinger/*Hopt/Mülbert*, § 610 Rn 12 f.
5 Im Ergebnis wie hier *Köndgen*, WM 2001, 1637, 1642; ders., in: Ernst/Zimmermann, S. 457, 471; vgl. auch ders., NJW 1994, 1508, 1514 f.
6 So die Begründung BT-Drucks 14/6040, 254.
7 Zutreffende Kritik hieran bei *Köndgen*, in: Ernst/Zimmermann, S. 457, 472.
8 MüKo/*Westermann*, § 610 Rn 13.
9 BT-Drucks 14/6040, 254.
10 BT-Drucks 14/6040, 254.
11 Damals § 609a Abs. 1 Nr. 3 a.F.

einer Vorfälligkeitsentschädigung hat, wenn sein berechtigtes Interesse, insbesondere die Erhaltung seiner wirtschaftlichen Handlungsfreiheit, dies erfordere.[12] Demgegenüber hatte die bis dahin überwiegende Ansicht in Rechtsprechung und Literatur dem Grundsatz der Vertragstreue den Vorrang eingeräumt und einen entsprechenden Anspruch verneint, so dass die Modalitäten des Aufhebungsvertrages bis zur Grenze der Sittenwidrigkeit der freien Parteivereinbarung unterlagen.[13]

Die beiden Urteile des BGH sind im Ergebnis und vor allem in der dogmatischen Herleitung auf das Heftigste und mit guten Gründen angegriffen worden.[14] Sie nun **voreilig in Gesetzesform zu gießen**, ist gefährlich. Denn dass sich – so die Begründung[15] – die Rechtslage dadurch nicht ändere, ist schon deshalb unrichtig, weil die Rechtsprechung, auch die des BGH, das Recht nur findet, es aber nicht setzt. Urteile können daher falsch sein. In der Vergangenheit wurde denn auch wiederholt selbst eine jahrzehnte alte BGH-Rechtsprechung von heute auf morgen geändert, manchmal offen, manchmal auch verdeckt.[16] Demgegenüber versteinert das in Gesetzesform gegossene Urteil zu Recht, und kann als solches nicht mehr falsch oder richtig sein, sondern nur noch gut oder schlecht. 10

Hinzu kommt: Die Gesetzesverfasser haben die **Rechtsprechung des BGH missverstanden**. Die Begründung spricht nämlich davon, der BGH habe dem Darlehensnehmer unter den genannten Umständen einen „Anspruch auf vorzeitige Vertragsauflösung" eingeräumt; an dessen Stelle sei jetzt in Abs. 2 ein Kündigungsrecht gesetzt worden, weil dies der Gesetzessystematik bei Dauerschuldverhältnissen entspreche.[17] Der BGH spricht aber in den beiden Urteilen von einem „Anspruch auf Modifizierung des Vertragsinhalts".[18] Es geht also nicht um Vertragsauflösung, sondern um Vertragsänderung, und sie ist selbstverständlich auch bei Dauerschuldverhältnissen möglich. 11

II. Voraussetzungen

Nach Abs. 2 hat das außerordentliche Kündigungsrecht des Darlehensnehmers nur eine Voraussetzung: Die **berechtigten Interessen** des Darlehensnehmers müssen es **gebieten,** dass er den Darlehensvertrag vorzeitig kündigen kann. Ein solcher Fall liegt insbesondere vor, wenn der Darlehensnehmer ein **Bedürfnis** nach einer **anderweitigen Verwertung** seines zur Sicherung des Darlehens beliehenen Grundstücks oder Schiffes hat. Hierbei kommt es auf den Beweggrund nicht an. Private Gründe wie Ehescheidung, Krankheit, Arbeitslosigkeit, Überschuldung und Umzug sind ebenso denkbar wie die Wahrnehmung einer günstigen Verkaufsgelegenheit[19] oder der nichterfüllte Wunsch des Darlehensnehmers nach Aufstockung eines Geschäftskredits.[20] Ausgeschlossen ist das Kündigungsrecht freilich, wenn der Darlehensnehmer sein Darlehen nur deshalb vorzeitig zurückzahlen will, weil er die Gelegenheit zu zinsgünstiger Umschuldung nutzen möchte.[21] Vorbehaltlich weiterer richterlicher Konkretisierung lässt sich schon jetzt sagen, dass das Merkmal „berechtigtes Interesse" eine sehr niedrige Schwelle für das außerordentliche Kündigungsrecht ist.[22] 12

III. Rechtsfolgen

Liegt die genannte Voraussetzung vor, so kann der Darlehensnehmer den Darlehensvertrag „unter Einhaltung der Fristen des § 489 Abs. 1 Nr. 2" vorzeitig kündigen, also frühestens sechs Monate nach dem vollständigen Empfang des Darlehens und unter Einhaltung einer Kündigungsfrist von drei Monaten. Die **Mindestlaufzeit** beträgt demnach faktisch nur neun Monate. 13

Allerdings muss der Darlehensnehmer dem Darlehensgeber eine **Vorfälligkeitsentschädigung** zahlen. Dieser Begriff ist jetzt in Abs. 2 gesetzlich definiert. Der Darlehensnehmer muss demnach dem Darlehensgeber den Schaden ersetzen, der diesem aus der vorzeitigen Kündigung entsteht. Wie die Vorfälligkeitsentschädigung hingegen zu berechnen ist, kann man dem Gesetz nicht entnehmen. Die Begründung meint, die Berechnungsgrundsätze seien einer Kodifikation nicht zugänglich und sollten daher weiterhin 14

---

12 BGHZ 136, 161, 166 f. = ZIP 1997, 1641, 1643 m. Anm. *Köndgen,* ZIP 1997, 1645 f.; BGH ZIP 1997, 1646, 1647.
13 Nachweise in BGHZ 136, 161, 165.
14 *Köndgen,* in: Ernst/Zimmermann, S. 457, 467 und 475 f.; *ders.,* WM 2001, 1637, 1643; *ders.,* NJW 2000, 468, 480 f.; *ders.,* ZIP 1997, 1645 f.; *Medicus,* EWiR 1997, 921 f.; *Marburger,* ZBB 1998, 30 ff.
15 BT-Drucks 14/6040, 254.
16 Man denke nur an die – verschleierte – Aufgabe der Doppelverpflichtungstheorie im Recht der GbR durch BGHZ 142, 315; hierzu *Reiff,* NZG 2000, 281, *ders.,* VersR 1999, 1427.
17 BT-Drucks 14/6040, 255.
18 So ausdrücklich BGHZ 136, 161, 166; unklar BGH ZIP 1997, 1646, 1647. Eingehend und zutreffend *Guttenberg,* JuS 1999, 1058, 1059.
19 BGHZ 136, 161, 166 f.; Nachweise zu instanzgerichtlichen Folgeurteilen bei *Köndgen,* NJW 2000, 468, 481.
20 BGH ZIP 1997, 1646.
21 *Von Heymann/Rösler,* ZIP 2001, 441, 443.
22 *Köndgen,* in: Ernst/Zimmermann, S. 453, 476 zur Rechtsprechung des BGH.

15 Hierzu hat der BGH verschiedene Kalkulationsmodelle zur Wahl gestellt, wobei im Grundsatz dasselbe gelte wie für die Berechnung der Nichtabnahmeentschädigung.[24] Danach kann der Darlehensgeber sowohl einen Zinsmargen- als auch einen fiktiven Zinsverschlechterungsschaden geltend machen, jeweils abgezinst auf den Zeitpunkt der Vorfälligkeitsentschädigung in Höhe des aktiven Wiederanlagezinses. Der **Zinsmargenschaden** ist dabei der entgangene Nettogewinn aus dem vorzeitig abgelösten Darlehen, wobei eine Schadenspauschalierung gemäß § 252 zulässig ist.[25] Wenn das vorzeitig zurückerhaltene Darlehenskapital für die Restlaufzeit des abgelösten Darlehens nur zu einem niedrigeren als dem Vertragszins wieder ausleihbar ist, liegt daneben ein **Zinsverschlechterungsschaden** vor. Er errechnet sich aus der Differenz zwischen Vertrags- und Wiederausleihzins, wobei eine Bank hierfür auf den Zinssatz einer laufzeitkongruenten Wiederanlage in sicheren[26] Kapitalmarkttiteln abstellen kann, allerdings nur für den Zeitraum der rechtlich geschützten Zinserwartung, also für maximal zehneinhalb Jahre (§ 489 Abs. 1 Nr. 3). Der errechnete Schaden ist schließlich um eine Risikoprämie zu vermindern.[27] Für die komplizierten Einzelheiten ist auf die Entscheidungen des BGH[28] und die weiterführende Literatur zu verweisen.[29]

16 Nach § 490 RE bestand zwischen der außerordentlichen Kündigung und der Vorfälligkeitsentschädigung eine „konditionale Verknüpfung". Die Kündigung wurde erst wirksam, wenn der Darlehensnehmer dem Darlehensgeber den objektiv zu berechnenden Vorfälligkeitsschaden ersetzte.[30] Dies war bedenklich,[31] weil Gestaltungsrechte wie die Kündigung grundsätzlich bedingungsfeindlich sein sollten, um unerwünschte Schwebezustände zu vermeiden.[32] Ein solcher **Schwebezustand** wäre etwa eingetreten, wenn der Darlehensnehmer nur eine zu geringe Vorfälligkeitsentschädigung gezahlt hätte. Besser hätte man nach dem Vorbild der §§ 489 Abs. 3, 495 Abs. 2 das Ausbleiben der Kündigung für den Fall fingiert, dass der Darlehensnehmer die Vorfälligkeitsentschädigung nicht binnen zwei Wochen nach Wirksamwerden der Kündigung an den Darlehensgeber gezahlt hat.[33] Stattdessen wurde der Schutz des Darlehensgebers durch den schließlich Gesetz gewordenen Text verringert. Die Kündigung des Darlehensnehmers ist danach **auf jeden Fall wirksam**. Der Darlehensgeber hat lediglich einen – gesetzlichen – Anspruch auf Zahlung der Vorfälligkeitsentschädigung.[34] Wird er vom Darlehensnehmer auf Freigabe der Sicherheit in Anspruch genommen, so hat er wegen dieses Zahlungsanspruchs ein Zurückbehaltungsrecht nach §§ 273, 274.

D. Keine abschließende Regelung (Abs. 3)

17 Abs. 3 weist darauf hin, dass die §§ 313 und 314, also die Vorschriften über die „Störung der Geschäftsgrundlage" und die „Kündigung von Dauerschuldverhältnissen aus wichtigem Grund" unberührt bleiben. Hierdurch wird klargestellt, dass das in Abs. 1 und 2 normierte außerordentliche Kündigungsrecht keine abschließende Regelung darstellt, sondern sich weitere Vertragslösungsmöglichkeiten aus anderen geschriebenen oder ungeschriebenen Rechtssätzen ergeben können.[35] Diese Klarstellung ist nützlich. Denn wie gesehen gibt es insbesondere nach der Auszahlung des Darlehens Fälle, in denen das Kündigungsrecht nach Abs. 1 nicht eingreift, weil es den Darlehensnehmer unverhältnismäßig belasten würde (Rn 8). Hier ermöglicht u.U. § 313 mit seinen flexiblen Rechtsfolgen ein sachgerechtes Ergebnis.

18 Für verzinsliche Darlehen, die zu den gegenseitigen Verträgen gehören, ist hier auch die **Unsicherheitseinrede** des § 321 zu nennen. Für § 321 a.F. war unbestritten, dass er neben § 610 a.F. Anwendung finden konnte.[36] Für das Verhältnis des § 490 Abs. 1 zu § 321 dürfte nichts anderes gelten.

---

23 BT-Drucks 14/6040, 255.
24 BGHZ 136, 161, 168; hierzu zuletzt BGH ZIP 2001, 20 ff.; *Rösler/Wimmer*, WM 2000, 164, 166.
25 BGHZ 136, 161, 168. Im Hypothekenbankenbereich ist bei Nichtabnahmeentschädigungen ein Satz von 0,5% anerkannt, *Rösler/Wimmer*, WM 2000, 164, 172 m.w.N.
26 Hierzu gehören nach neuerer Rspr. auch Hypothekenpfandbriefe, die mit der Sicherheit von Kapitalmarkttiteln öffentlicher Schuldner vergleichbar sind, BGH ZIP 2001, 20, 23.
27 Die instanzgerichtliche Rspr. geht von Abschlägen zwischen 0,014% und 0,06% aus; Nachweise bei BGH ZIP 2001, 20, 24. Zum ersparten und zum zusätzlichen Verwaltungsaufwand BGHZ 136, 161, 171; BGH ZIP 2001, 20, 24 m.w.N.
28 BGHZ 136, 161, 168 ff.; BGH ZIP 1997, 1646, 1648; zum Annuitätendarlehen BGH ZIP 2001, 20 ff.; Nachweise auf weitere instanzgerichtliche Urteile bei *Köndgen*, NJW 2000, 468, 481.
29 *Von Heymann/Rösler*, ZIP 2001, 441, 445 ff.; *Rösler/Wimmer*, WM 2000, 164, 169 ff.; *Guttenberg*, JuS 1999, 1058, 1061; *Marburger*, ZBB 1998, 30, 32 f.
30 BT-Drucks 14/6040, 255.
31 Ähnlich *Köndgen*, WM 2001, 1637, 1644; *Mankowski/Knöfel*, ZBB 2001, 335, 337 ff.
32 Vgl. § 388 S. 2 und hierzu *Leipold*, BGB I, Rn 959; Palandt/*Heinrichs*, Einf. v. § 158 Rn 13; BAG NJW 1995, 1982.
33 Vgl. auch den Normvorschlag von *Mankowski/Knöfel*, ZBB 2001, 335, 352.
34 BT-Drucks 14/7052, 200.
35 BT-Drucks 14/6040, 255.
36 Staudinger/*Hopt/Mülbert*, § 610 Rn 11; Soergel/*Häuser*, § 610 Rn 1.

§ 321 ist in zweifacher Hinsicht weiter als § 490 Abs. 1. Nach ihm muss zum einen die Gefährdung des Gegenanspruchs nicht auf der Vermögensverschlechterung des Schuldners beruhen, vielmehr reicht jede „**mangelnde Leistungsfähigkeit**" aus. Außerdem kann die Leistungsfähigkeit schon vor Abschluss des Vertrages gefehlt haben; es genügt, wenn der Mangel für den Vorleistungspflichtigen erst **nach Vertragsschluss erkennbar** wird. 19

Die Rechtsfolge des § 321 Abs. 1 ist weniger weitreichend als die des § 490, weil er nur ein **Leistungsverweigerungsrecht** gibt, das entfällt, wenn die Gegenleistung bewirkt oder Sicherheit für sie geleistet wird. Für das Darlehen kommt die Unsicherheitseinrede des § 321 also anders als die Kündigung nach § 490 nur in Betracht, solange es **nicht valutiert** ist. Nach § 321 Abs. 2 hat der Vorleistungspflichtige allerdings nach Fristsetzung ein **Rücktrittsrecht**. Diese Rechtsfolge passt auch für den Darlehensvertrag als Dauerschuldverhältnis, weil er noch nicht in Vollzug gesetzt ist, so lange das Darlehen nicht ausgezahlt wurde. 20

§ 491 Verbraucherdarlehensvertrag

(1) ¹Für entgeltliche Darlehensverträge zwischen einem Unternehmer als Darlehensgeber und einem Verbraucher als Darlehensnehmer (Verbraucherdarlehensvertrag) gelten vorbehaltlich der Absätze 2 und 3 ergänzend die folgenden Vorschriften.

(2) ¹Die folgenden Vorschriften finden keine Anwendung auf Verbraucherdarlehensverträge,
1. bei denen das auszuzahlende Darlehen (Nettodarlehensbetrag) 200 Euro nicht übersteigt;
2. die ein Arbeitgeber mit seinem Arbeitnehmer zu Zinsen abschließt, die unter den marktüblichen Sätzen liegen;
3. die im Rahmen der Förderung des Wohnungswesens und des Städtebaus auf Grund öffentlich-rechtlicher Bewilligungsbescheide oder auf Grund von Zuwendungen aus öffentlichen Haushalten unmittelbar zwischen der die Fördermittel vergebenden öffentlich-rechtlichen Anstalt und dem Darlehensnehmer zu Zinssätzen abgeschlossen werden, die unter den marktüblichen Sätzen liegen.

(3) ¹Keine Anwendung finden ferner
1. die §§ 358, 359, §§ 492 Abs. 1 Satz 5 Nr. 2, §§ 495, 497 Abs. 2 und 3 und § 498 auf Verbraucherdarlehensverträge, bei denen die Gewährung des Darlehens von der Sicherung durch ein Grundpfandrecht abhängig gemacht wird und zu Bedingungen erfolgt, die für grundpfandrechtlich abgesicherte Darlehensverträge und deren Zwischenfinanzierung üblich sind; der Sicherung durch ein Grundpfandrecht steht es gleich, wenn von einer solchen Sicherung gemäß § 7 Abs. 3 bis 5 des Gesetzes über Bausparkassen abgesehen wird.
2. § 358 Abs. 2, 4 und 5 und die §§ 492 bis 495 auf Verbraucherdarlehensverträge, die in ein nach den Vorschriften der Zivilprozessordnung errichtetes gerichtliches Protokoll aufgenommen oder notariell beurkundet sind, wenn das Protokoll oder die notarielle Urkunde den Jahreszins, die bei Abschluss des Vertrags in Rechnung gestellten Kosten des Darlehens sowie die Voraussetzungen enthält, unter denen der Jahreszins oder die Kosten geändert werden können;
3. § 358 Abs. 2, 4 und 5 und § 359 auf Verbraucherdarlehensverträge, die der Finanzierung des Erwerbs von Wertpapieren, Devisen, Derivaten oder Edelmetallen dienen.

A. Überblick

Abs. 1 definiert in Anlehnung an § 1 Abs. 1 und 2 VerbrKrG den Verbraucherdarlehensvertrag. Für ihn gelten die besonderen Vorschriften der §§ 492 ff., deren Inhalt vor dem Schuldrechtsmodernisierungsgesetz nicht im BGB, sondern im Verbraucherkreditgesetz geregelt war. Da das Gesetz unter „Darlehen" nur das Gelddarlehen versteht (vor §§ 488 ff. Rn 2), fällt das in den §§ 607–609 geregelte **Sachdarlehen** nicht unter die besonderen Schutzbestimmungen der §§ 492 ff. Hierin liegt, wenn auch in einem Bereich von relativ geringer Relevanz, ein Zurückdrängen des Verbraucherschutzes. Denn nach bisherigem Recht unterlag auch das Sachdarlehen dem Schutz des Verbraucherkreditgesetzes, wenn die Voraussetzungen von dessen § 1 im Übrigen erfüllt waren.[1] **Abs. 2** enthält die bislang in § 3 Abs. 1 VerbrKrG geregelten unbeschränkten Ausnahmetatbestände, bei deren Vorliegen die §§ 492 ff. insgesamt keine Anwendung finden. **Abs. 3** schließlich regelt beschränkte Ausnahmetatbestände, die früher in § 3 Abs. 2 VerbrKrG zu finden waren und die die Anwendung nur einiger, im Einzelnen aufgeführter Vorschriften ausschließen. 1

---

[1] *Bülow*, § 1 VerbrKrG Rn 99; MüKo/*Ulmer*, § 1 VerbrKrG Rn 52; eingehend Staudinger/*Kessal-Wulf*, § 1 VerbrKrG Rn 50; a.A. *Wagner-Wieduwilt*, in: Bruchner/Ott/Wagner-Wieduwilt, § 1 VerbrKrG Rn 40.

B. Verbraucherdarlehensvertrag (Abs. 1)

2 Ein Darlehensvertrag ist nach Abs. 1 ein Verbraucherdarlehensvertrag, wenn drei Voraussetzungen kumulativ erfüllt sind. Es muss sich erstens um einen **entgeltlichen Darlehensvertrag** handeln. Zinslose Darlehen können daher grundsätzlich keine Verbraucherdarlehensverträge sein.[2] Etwas anderes mag nur gelten, wenn das Darlehen zwar als solches zinslos ist, aber etwa eine „Bearbeitungsgebühr" erhoben wird. Hier wäre auch bei geringem Umfang der Gebühr[3] ein Entgelt anzunehmen, vgl. § 506 S. 2. Zweitens muss der Darlehensgeber ein **Unternehmer** sein. Er muss also den Darlehensvertrag in Ausübung seiner gewerblichen oder selbständigen beruflichen Tätigkeit geschlossen haben (§ 14). Darlehensnehmer muss schließlich ein **Verbraucher** sein, also eine natürliche Person,[4] die den Darlehensvertrag allein zu privaten Zwecken abschließt (§ 13). Für die **Mischfälle**, also die teils gewerbliche, teils private Nutzung, gilt das zu § 489 Abs. 1 Nr. 2 Gesagte (§ 489 Rn 13). Erweitert wird der Anwendungsbereich freilich durch § 507 für **Existenzgründerdarlehen**.

3 Nach § 13 trifft die **Beweislast** hinsichtlich seiner Verbrauchereigenschaft den Darlehensnehmer und nicht den Darlehensgeber.[5] Dies gilt nunmehr auch entsprechend, wenn der Darlehensnehmer Existenzgründer ist (§ 507 Rn 7).

4 Als **Rechtsfolge** ordnet Abs. 1 an, dass für Verbraucherdarlehensverträge ergänzend zu den §§ 488 bis 490 die §§ 492 ff. gelten, es sei denn, aus den Ausnahmetatbeständen der Absätze 2 und 3 würde etwas anderes folgen.

C. Mitverpflichtung Dritter

5 Sind bei einem Darlehensvertrag mehrere natürliche Personen Darlehensnehmer, die als **Gesamtschuldner** (§ 421) haften, so unterfallen nur diejenigen nicht dem besonderen Schutz der §§ 491 ff., die den Darlehensvertrag nicht allein zu privaten Zwecken abschließen.[6] Tritt eine natürliche Person einem Darlehensvertrag als Schuldner bei und ist der **Schuldbeitritt** für sie ein Verbrauchergeschäft nach § 13, so sind auf diesen Schuldbeitritt die Vorschriften der §§ 491 ff. entsprechend anzuwenden.[7] Dasselbe gilt für die befreiende **Schuldübernahme** nach §§ 414, 415.[8] Demgegenüber sind die Vorschriften über den Verbraucherdarlehensvertrag nicht entsprechend anzuwenden, wenn ein Verbraucher für die Schuld eines Dritten (aus einem Verbraucherdarlehensvertrag) eine **Bürgschaft** übernimmt.[9]

D. Unbeschränkte Ausnahmen (Abs. 2)

6 Die §§ 492 ff. finden insgesamt auf einen Verbraucherdarlehensvertrag keine Anwendung, wenn eine der drei unbeschränkten Ausnahmen des Abs. 2 Nr. 1–3 eingreift. Dies gilt nach **Nr. 1** (bislang: § 3 Abs. 1 Nr. 1 VerbrKrG) für **Bagatelldarlehen**, bei denen der auszuzahlende Betrag (Nettodarlehensbetrag) 200 EUR nicht übersteigt. Unanwendbar sind die §§ 492 ff. nach **Nr. 2** (bislang: § 3 Abs. 1 Nr. 4 VerbrKrG) auch auf **Arbeitgeberdarlehen**, deren Zinsen unter den marktüblichen Darlehenszinsen liegen. Keine Anwendung finden sie schließlich nach **Nr. 3** (bislang: § 3 Abs. 1 Nr. 5 VerbrKrG) auf **Förderdarlehen**, deren Zinsen unter dem Marktzins liegen.

E. Beschränkte Ausnahmen (Abs. 3)

7 Auf die in Abs. 3 Nr. 1–3 genannten Verträge sind die darin jeweils aufgeführten Vorschriften unanwendbar. Die anderen Vorschriften der §§ 492 ff. sind hingegen anzuwenden. **Nr. 1** (bislang: § 3 Abs. 2 Nr. 2 VerbrKrG) betrifft **Realdarlehen**. Für sie sind solche Vorschriften ausgenommen, die auf grundpfandrechtlich gesicherte Darlehen zu üblichen Bedingungen nicht passen, also das Widerrufsrecht nach § 495, die §§ 358, 359 über verbundene Verträge sowie § 498 über die Gesamtfälligstellung. Die Sonderregelung für Verzugszinsen ergibt sich aus § 497 Abs. 1 S. 2.

---

2 *Bülow*, in: Schulze/Schulte-Nölke S. 153, 155 und 157 f.
3 OLG Köln ZIP 1994, 776 (zu einem Zahlungsaufschub durch Ratenzahlung).
4 Zur Frage eines personenrechtlichen Zusammenschlusses (etwa: GbR) auf Darlehensnehmerseite MüKo/*Ulmer*, § 1 VerbrKrG Rn 18–20; Staudinger/*Kessal-Wulf*, § 1 VerbrKrG Rn 24–29.
5 Vgl. Palandt/*Heinrichs*, § 13 Rn 3. Anders noch § 1 Abs. 1 VerbrKrG in der bis zum 30.9.2000 geltenden Fassung.
6 So die herrschende Einzelbetrachtung; BGH ZIP 2000, 1493, 1496 f. (zu einem Finanzierungsleasingvertrag); Staudinger/*Kessal-Wulf*, § 1 VerbrKrG Rn 20.
7 So die erneut ganz herrschende Ansicht von der Einzelbetrachtung; BGHZ 133, 71, 76 ff.; BGH ZIP 2000, 1523 f.; eingehend Staudinger/*Kessal-Wulf*, § 1 VerbrKrG Rn 21 m.w.N. auch zur Gegenansicht.
8 Staudinger/*Kessal-Wulf*, § 1 VerbrKrG Rn 22.
9 So zu Recht die h.M.; MüKo/*Ulmer*, § 1 VerbrKrG Rn 37; eingehend und m.w.N. Staudinger/*Kessal-Wulf*, § 1 VerbrKrG Rn 23; a.A. *Bülow*, § 1 VerbrKrG Rn 109 ff.; *v. Westphalen*, in: Westphalen/Emmerich/Rottenburg, § 1 VerbrKrG Rn 80 f.; aus der VerbrKr-RL ergibt sich nichts anderes, EuGH ZIP 2000, 574 ff.

Nr. 2 (bislang: § 3 Abs. 2 Nr. 3 VerbrKrG) betrifft **gerichtlich protokollierte oder notariell beurkundete Darlehensverträge**, die bestimmte zusätzliche Voraussetzungen erfüllen. Hier entfällt insbesondere die Formvorschrift und das Widerrufsrecht (§§ 492–495). Unanwendbar sind auch die mit dem Widerrufsrecht zusammenhängenden Vorschriften des § 358 Abs. 2, 4 und 5, nicht aber § 358 Abs. 1 und 3.[10]

Nr. 3 (bislang § 3 Abs. 2 Nr. 4 VerbrKrG) erklärt für Darlehen zur Finanzierung von **Spekulationsgeschäften** die Vorschriften über verbundene Geschäfte insoweit für unanwendbar, als sie das Spekulationsgeschäft betreffen. Der Darlehensvertrag kann also widerrufen werden, das Spekulationsgeschäft bleibt auf jeden Fall wirksam. Hierdurch soll verhindert werden, dass der Verbraucher auf Kosten der Bank spekulieren kann.

§ 492 Schriftform, Vertragsinhalt

(1) ¹Verbraucherdarlehensverträge sind, soweit nicht eine strengere Form vorgeschrieben ist, schriftlich abzuschließen. ²Der Abschluss des Vertrags in elektronischer Form ist ausgeschlossen. ³Der Schriftform ist genügt, wenn Antrag und Annahme durch die Vertragsparteien jeweils getrennt schriftlich erklärt werden. ⁴Die Erklärung des Darlehensgebers bedarf keiner Unterzeichnung, wenn sie mit Hilfe einer automatischen Einrichtung erstellt wird. ⁵Die vom Darlehensnehmer zu unterzeichnende Vertragserklärung muss angeben
1. den Nettodarlehensbetrag, gegebenenfalls die Höchstgrenze des Darlehens;
2. den Gesamtbetrag aller vom Darlehensnehmer zur Tilgung des Darlehens sowie zur Zahlung der Zinsen und sonstigen Kosten zu entrichtenden Teilzahlungen, wenn der Gesamtbetrag bei Abschluss des Verbraucherdarlehensvertrags für die gesamte Laufzeit der Höhe nach feststeht. Ferner ist bei Darlehen mit veränderlichen Bedingungen, die in Teilzahlungen getilgt werden, ein Gesamtbetrag auf der Grundlage der bei Abschluss des Vertrags maßgeblichen Darlehensbedingungen anzugeben. Kein Gesamtbetrag ist anzugeben bei Darlehen, bei denen die Inanspruchnahme bis zu einer Höchstgrenze freigestellt ist;
3. die Art und Weise der Rückzahlung des Darlehens oder, wenn eine Vereinbarung hierüber nicht vorgesehen ist, die Regelung der Vertragsbeendigung;
4. den Zinssatz und alle sonstigen Kosten des Darlehens, die, soweit ihre Höhe bekannt ist, im Einzelnen zu bezeichnen, im Übrigen dem Grunde nach anzugeben sind, einschließlich etwaiger vom Darlehensnehmer zu tragender Vermittlungskosten;
5. den effektiven Jahreszins oder, wenn eine Änderung des Zinssatzes oder anderer preisbestimmender Faktoren vorbehalten ist, den anfänglichen effektiven Jahreszins; zusammen mit dem anfänglichen effektiven Jahreszins ist auch anzugeben, unter welchen Voraussetzungen preisbestimmende Faktoren geändert werden können und auf welchen Zeitraum Belastungen, die sich aus einer nicht vollständigen Auszahlung oder aus einem Zuschlag zu dem Darlehen ergeben, bei der Berechnung des effektiven Jahreszinses verrechnet werden;
6. die Kosten einer Restschuld- oder sonstigen Versicherung, die im Zusammenhang mit dem Verbraucherdarlehensvertrag abgeschlossen wird;
7. zu bestellende Sicherheiten.

(2) ¹**Effektiver Jahreszins** ist die in einem Prozentsatz des Nettodarlehensbetrags anzugebende Gesamtbelastung pro Jahr. ²Die Berechnung des effektiven und des anfänglichen effektiven Jahreszinses richtet sich nach § 6 der Verordnung zur Regelung der Preisangaben.

(3) ¹Der Darlehensgeber hat dem Darlehensnehmer eine Abschrift der Vertragserklärungen zur Verfügung zu stellen.

(4) ¹Die Absätze 1 und 2 gelten auch für die Vollmacht, die ein Darlehensnehmer zum Abschluss eines Verbraucherdarlehensvertrags erteilt. ²Satz 1 gilt nicht für die Prozessvollmacht und eine Vollmacht, die notariell beurkundet ist.

A. Überblick

Abs. 1 bis 3 entsprechen weitgehend dem bisherigen § 4 VerbrKrG.[1] **Abs. 1** statuiert die Schriftform und die Angaben, die in der Vertragsurkunde enthalten sein müssen. **Abs. 2** definiert den effektiven Jahreszins und **Abs. 3** bestimmt, dass dem Verbraucher eine Abschrift des Vertrages zur Verfügung zu stellen ist. Der neue, auf den Rechtsausschuss zurückgehende **Abs. 4** bestimmt im Gegensatz zum bislang geltenden Recht, dass die Abs. 1 und 2 auch für die Vollmacht zum Abschluss eines Verbraucherdarlehensvertrages gelten.

---

10 Hierzu BT-Drucks 14/6857, 33 und 65.
1 § 4 Abs. 1 S. 5 Nr. 2 und S. 6 VerbrKrG sind in § 502 aufgegangen; BT-Drucks 14/6040, 255. Vgl. auch Art. 4 VerbrKr-RL.

B. Schriftform (Abs. 1 S. 1–4)

2 Nach Abs. 1 S. 1 bedarf ein Verbraucherdarlehensvertrag der schriftlichen Form (§ 126). Die Einschränkung „soweit nicht eine strengere Form vorgeschrieben ist" war in § 4 Abs. 1 S. 1 VerbrKrG noch nicht enthalten. Nach der ausdrücklichen Bestimmung des **S. 2** genügt – entgegen dem Grundsatz des § 126 Abs. 3 – die **elektronische Form** (§ 126 a) **nicht**.

3 Aus Praktikabilitätsgründen[2] ist die Schriftform freilich in zwei Details erleichtert. Anders als nach § 126 Abs. 2 genügt es gem. **S. 3**, wenn Antrag und Annahme in getrennten Urkunden erfolgen. Entgegen § 126 Abs. 1 bestimmt **S. 4**, dass der Darlehensgeber seine Erklärung nicht eigenhändig unterzeichnen muss, wenn er sie mit Hilfe automatischer Einrichtungen erstellt.

C. Pflichtangaben (Abs. 1 S. 5 Nr. 1–7)

4 In nahezu wörtlicher Übereinstimmung mit § 4 Abs. 1 S. 4 Nr. 1 a–g VerbrKrG bestimmt Abs. 1 S. 5 in den Nr. 1–7 die Angaben, die in der vom Verbraucher zu unterzeichnenden Vertragserklärung enthalten sein müssen. Dies ist nach **Nr. 1** der **Nettodarlehensbetrag**, gem. der Legaldefinition des § 491 Abs. 2 Nr. 1 also der auszuzahlende Darlehensbetrag. Stellt es der Darlehensgeber dem Darlehensnehmer frei, das Darlehen bis zu einer Höchstgrenze in Anspruch zu nehmen, so ist statt des Nettodarlehensbetrages die **Höchstgrenze des Darlehens** anzugeben.

5 Steht bei Vertragsschluss bereits der **Gesamtbetrag der Teilzahlungen** fest, die der Verbraucher zur Erfüllung seiner Verpflichtungen aus dem Darlehensvertrag zu entrichten hat, so ist nach **Nr. 2 S. 1** auch dieser Betrag anzugeben. Bei Ratendarlehen mit veränderlichen Bedingungen ist nach **Nr. 2 S. 2** ein **fiktiver Gesamtbetrag** anzugeben, und zwar auf der Grundlage der Anfangskonditionen. Ist die Inanspruchnahme des Darlehens hingegen bis zu einer bestimmten Höchstgrenze freigestellt, so **entfällt** nach **Nr. 2 S. 3** die Pflicht zur Angabe eines Gesamtbetrages.

6 Nach **Nr. 3** müssen ferner die Vereinbarungen über die **Art und Weise der Rückzahlung** des Darlehens angegeben werden, bei Teilzahlungen insbesondere Betrag, Anzahl und Fälligkeit der Tilgungsraten.[3] Fehlt es wie beispielsweise bei Kontokorrentkrediten an einer solchen Vereinbarung, so ist die **Regelung der Vertragsbeendigung** anzugeben, also etwa Fristablauf, Kündigungs- oder Rücktrittsrecht.

7 **Nr. 4** verlangt Angaben über den vereinbarten **Zinssatz**[4] und die **sonstigen Darlehenskosten**.[5] Ist die Höhe dieser Kosten bei Vertragsschluss noch nicht bestimmt, so genügt die Angabe dem Grunde nach.[6]

8 Um dem Verbraucher den Preisvergleich zu ermöglichen, muss nach **Nr. 5** ferner der in Abs. 2 gesetzlich definierte **effektive Jahreszins** angegeben werden. Bei Darlehensverträgen mit variablen Konditionen ist der **anfängliche effektive Jahreszins** anzugeben, außerdem alle **Voraussetzungen sämtlicher vorbehaltenen Änderungen** preisbestimmender Faktoren sowie der Zeitpunkt der frühest möglichen Änderung[7] und schließlich der Verrechnungszeitraum bei Vereinbarung einer nicht vollständigen Auszahlung (**Disagio, Damnum**) oder eines Zuschlags zu dem Darlehen (**Agio**).[8]

9 Anzugeben sind nach **Nr. 6** ferner die Kosten einer **Restschuldversicherung**, und zwar nach dem eindeutigen Wortlaut unabhängig davon, ob sie nach § 6 Abs. 3 Nr. 5 PAngV in die Berechnung des effektiven Jahreszinses einfließen oder nicht,[9] sowie die Kosten einer sonstigen Versicherung, deren Abschluss für den Darlehensvertrag kausal war.[10]

10 Nach **Nr. 7** sind schließlich in die Vertragserklärung des Verbrauchers die von ihm zu **bestellenden Sicherheiten** aufzunehmen, also die schuldrechtlichen Verpflichtungen.

---

2 Hierzu BT-Drucks 12/4526, 13 = ZIP 1993, 476, 478.
3 Ebenso OLG Karlsruhe WM 1999, 222 f.; Artz, EWiR 1999, 619 f. und MüKo/*Ulmer*, § 4 VerbrKrG Rn 37.
4 Hierzu vgl. MüKo/*Ulmer*, § 4 VerbrKrG Rn 40 einerseits, der unter Zinsen alle laufzeitabhängigen Kosten subsumiert, und *Bülow*, § 4 VerbrKrG Rn 81 andererseits, nach dem der Nominalzinssatz anzugeben ist.
5 Hierzu MüKo/*Ulmer*, § 4 VerbrKrG Rn 41 und *Bülow*, § 4 VerbrKrG Rn 82.
6 *Bülow*, § 4 VerbrKrG Rn 85.
7 Hierzu MüKo/*Ulmer*, § 4 VerbrKrG Rn 44.
8 Vgl. hierzu MüKo/*Ulmer*, § 4 VerbrKrG Rn 45.
9 Wie hier *Bülow*, § 4 VerbrKrG Rn 106; a.A. MüKo/*Ulmer*, § 4 VerbrKrG Rn 51, der obligatorische Restschuldversicherungen, deren Kosten bereits in die Berechnung des effektiven Jahreszinses einfließen, ausnehmen will.
10 Vgl. *Bülow*, § 4 VerbrKrG Rn 108.

D. Effektiver Jahreszins (Abs. 2)

Abs. 2 ist mit § 4 Abs. 2 VerbrKrG nahezu identisch. In seinem S. 1 wird der effektive Jahreszins als „die in einem Prozentsatz des Nettodarlehensbetrags anzugebende Gesamtbelastung pro Jahr" definiert. S. 2 verweist zur Berechnung des effektiven und des anfänglichen effektiven Jahreszinses auf § 6 PAngV.[11]

E. Zur-Verfügung-Stellen einer Abschrift (Abs. 3)

In Abs. 3 wird bestimmt, dass der Darlehensgeber dem Verbraucher eine Abschrift der Vertragserklärungen zur Verfügung zu stellen hat. § 4 Abs. 3 VerbrKrG und noch § 492 Abs. 3 RE verlangten insoweit die „Aushändigung". Dies erschien dem Rechtsausschuss zu eng, da es Sache des Darlehensgebers sei, ob er die Abschrift persönlich aushändige oder per Post übersende.[12]

Der Verbraucher hat auf die Überlassung der Abschrift einen sofort fälligen **klagbaren Anspruch**.[13] Die Erfüllung dieses Anspruchs ist zwar **keine Wirksamkeitsvoraussetzung** des Darlehensvertrages. Nach § 355 Abs. 2 S. 3 beginnt indes die zweiwöchige **Widerrufsfrist** des § 355 Abs. 1 nicht zu laufen, bevor dem Verbraucher vom Darlehensgeber „eine Vertragsurkunde, der schriftliche Antrag des Verbrauchers oder eine Abschrift der Vertragsurkunde oder des Antrags zur Verfügung gestellt" wurde. Die **Beweislast** für den Fristbeginn trifft nach § 355 Abs. 2 S. 4 den Darlehensgeber.

F. Vollmacht (Abs. 4)

Der **neue Abs. 4** hat in § 4 VerbrKrG keine Parallele und war im RE noch nicht enthalten. Er geht auf den Rechtsausschuss zurück. **S. 1** bestimmt in Abweichung von § 167 Abs. 2, dass die Abs. 1 und 2, also das **Schriftformerfordernis**, die **erforderlichen Pflichtangaben** und die Berechnung des effektiven Jahreszinses, auch für eine Vollmacht gelten, die der Darlehensnehmer zum Abschluss eines Verbraucherdarlehensvertrages erteilt. Dies gilt nach **S. 2** nicht für Prozessvollmachten und notariell beurkundete Vollmachten. Der Gesetzgeber wendet sich mit dieser Bestimmung ausdrücklich **gegen die h.M. zum bislang geltenden Recht**, wonach eine Vollmacht zum Abschluss eines Verbraucherkreditvertrages in der Vollmachtsurkunde weder die Pflichtangaben des § 4 Abs. 1 S. 5 VerbrKrG enthalten müsse[14] noch überhaupt dem Schriftformgebot unterliege.[15]

Durch den neuen Abs. 4 soll verhindert werden, dass der von Abs. 1 bezweckte Verbraucherschutz in Vertretungsfällen leer läuft.[16] Der Gesetzgeber lässt daher das nach seiner Ansicht nur geringe Bedürfnis nach einer Stellvertretung bei Verbraucherdarlehensverträgen gegenüber dem Verbraucherschutz zurücktreten. Die neue Regelung hat zur Folge, dass – vorbehaltlich der Ausnahme des S. 2 – die Stellvertretung nahezu völlig ausgeschlossen ist und Verbraucherdarlehensverträge grundsätzlich nur noch höchstpersönlich abgeschlossen werden können.[17]

Die Vorschrift des Abs. 4 S. 1 gilt nach S. 2 nicht für **notariell beurkundete Vollmachten** und **Prozessvollmachten**. Der Sache nach werden diese Vollmachten freilich nur vom Erfordernis der Pflichtangaben befreit. Denn notariell beurkundete Vollmachten wahren gem. § 126 Abs. 4 stets die Schriftform und Prozessvollmachen können zwar formlos wirksam erteilt werden, liegen aber wegen § 80 Abs. 1 ZPO in aller Regel schriftlich vor.[18] Die **Ausnahmebestimmung** des S. 2 erklärt sich daraus, dass Prozesse nicht mehr sinnvoll geführt und Vermögensverwaltungen nicht mehr effektiv durchgeführt werden könnten, wenn Prozessvollmachten und notariell beurkundete Vollmachten nicht zum Abschluss von Verbraucherdarlehensverträgen ermächtigen würden.[19]

Eine besondere Übergangsregelung für „**Altvollmachten**", die bis zum 31.12.2001 erteilt wurden, existiert nicht. Die Wirksamkeit einer bis zu diesem Zeitpunkt formlos erteilten Vollmacht wird durch Abs. 4 nicht berührt. Ein Vertreter kann also auch nach Inkrafttreten des Schuldrechtsmodernisierungsgesetzes am 1.1.2002 aufgrund einer vor diesem Zeitpunkt erteilten formlosen Vollmacht einen wirksamen Verbraucherdarlehensvertrag im Namen des vertretenen Verbrauchers abschließen.[20]

---

11 PreisangabenVO i.d.F.v. 28.7.2000 (BGBl I S. 1238). Zu den – komplizierten – Einzelheiten eingehend und mit Beispielsrechnungen *Bülow*, § 4 VerbrKrG Rn 92–100.
12 BT-Drucks 14/7052, 201; nach Art. 4 Abs. 1 S. 2 VerbrKr-RL muss der Verbraucher eine Ausfertigung des schriftlichen Vertrages erhalten.
13 BT-Drucks 11/5462, 20.
14 BGH ZIP 2001, 911, 913 und ZIP 2001, 1669, 1670 ff., jeweils m.w.N.; a.A. *Bülow*, § 4 VerbrKrG Rn 37.
15 Siehe die Nachweise in BGH ZIP 2001, 911, 912. Der BGH hatte diese Frage in den beiden Urteilen ZIP 2001, 911 und ZIP 2001, 1669 nicht zu entscheiden, weil die Vollmachten jeweils notariell beurkundet waren und daher nach § 126 Abs. 4 dem Schriftformgebot genügten.
16 Hierzu und zum Folgenden BT-Drucks 14/7052, 201.
17 Vgl. hierzu BGH ZIP 2001, 911, 913.
18 Zöller/*Vollkommer*, § 80 Rn 5 und 8.
19 BT-Drucks 14/7052, 201. Die beiden im Jahre 2001 ergangenen BGH-Entscheidungen ZIP 2001, 911 und ZIP 2001, 1669 entsprechen damit im Ergebnis auch dem neuen Recht, weil in beiden Fällen notariell beurkundete Vollmachten vorlagen.

§ 493 Überziehungskredit

(1) ¹Die Bestimmungen des § 492 gelten nicht für Verbraucherdarlehensverträge, bei denen ein Kreditinstitut einem Darlehensnehmer das Recht einräumt, sein laufendes Konto in bestimmter Höhe zu überziehen, wenn außer den Zinsen für das in Anspruch genommene Darlehen keine weiteren Kosten in Rechnung gestellt werden und die Zinsen nicht in kürzeren Perioden als drei Monaten belastet werden. ²Das Kreditinstitut hat den Darlehensnehmer vor der Inanspruchnahme eines solchen Darlehens zu unterrichten über
1. die Höchstgrenze des Darlehens;
2. den zum Zeitpunkt der Unterrichtung geltenden Jahreszins;
3. die Bedingungen, unter denen der Zinssatz geändert werden kann;
4. die Regelung der Vertragsbeendigung.

³Die Vertragsbedingungen nach Satz 2 Nr. 1 bis 4 sind dem Darlehensnehmer spätestens nach der ersten Inanspruchnahme des Darlehens zu bestätigen. ⁴Ferner ist der Darlehensnehmer während der Inanspruchnahme des Darlehens über jede Änderung des Jahreszinses zu unterrichten. ⁵Die Bestätigung nach Satz 3 und die Unterrichtung nach Satz 4 haben in Textform zu erfolgen; es genügt, wenn sie auf einem Kontoauszug erfolgen.

(2) ¹Duldet das Kreditinstitut die Überziehung eines laufenden Kontos und wird das Konto länger als drei Monate überzogen, so hat das Kreditinstitut den Darlehensnehmer über den Jahreszins, die Kosten sowie die diesbezüglichen Änderungen zu unterrichten; dies kann in Form eines Ausdrucks auf einem Kontoauszug erfolgen.

Inhalt

A. Allgemeines 1	1. Formfreiheit (S. 1) 5
B. Persönlicher Anwendungsbereich 3	2. Unterrichtungspflichten (S. 2 und 4) 6
C. Vereinbarter Überziehungskredit (Abs. 1) 4	3. Form (S. 3 und 5) 7
I. Voraussetzungen (S. 1) 4	
II. Rechtsfolgen 5	D. Geduldeter Überziehungskredit (Abs. 2) 9

A. Allgemeines

1 § 493 entspricht nahezu wörtlich § 5 VerbrKrG.[1] Der aus dem VerbrKrG bekannte Begriff des „Kredits" wurde zwar in der Norm, nicht aber in der amtlichen Überschrift aufgegeben.[2] Inhaltlich ergeben sich hierdurch keine Änderungen, weil bereits unter § 5 VerbrKrG nur das Darlehen fiel.[3]

2 § 493 stellt Überziehungskredite auf einem Gehalts- oder ähnlichen Konto von den strengen Formvorschriften des § 492 frei, um diese beliebte und weit verbreitete unbürokratische Kreditform nicht unnötig einzuschränken.[4] An die Stelle der Schriftform und der Pflichtangaben treten die in § 493 genannten Unterrichtungspflichten.

B. Persönlicher Anwendungsbereich

3 Gegenüber § 491 ist der persönliche Anwendungsbereich der Ausnahmevorschrift des § 493 eingeschränkt. Ihr können nur solche Verbraucherdarlehensverträge unterfallen, bei denen der Darlehensgeber ein **Kreditinstitut** ist.[5]

C. Vereinbarter Überziehungskredit (Abs. 1)

I. Voraussetzungen (S. 1)

4 Der Darlehensnehmer muss bei dem Kreditinstitut ein **laufendes Konto** unterhalten, also ein der Abwicklung des Zahlungsverkehrs dienendes Kontokorrentkonto.[6] Erforderlich ist weiter, dass das Kreditinstitut dem Verbraucher das Recht einräumt, dieses Konto in bestimmter Höhe zu überziehen. Dem Verbraucher muss also ein **Kreditrahmen** mit einer **Höchstgrenze** eingeräumt worden sein.[7] Außerdem darf das Kreditinstitut dem Verbraucher für das Inanspruchnehmen des Kredits nur Zinsen in Rechnung stellen, also unabhängig von der Bezeichnung nur laufzeitabhängige Entgelte. Weitere Kosten, etwa Bearbeitungsgebühren,

---

20 BT-Drucks 14/7052, 201.
1 Vgl. auch Art. 2 Abs. 1 lit. e und Art. 6 VerbrKr-RL.
2 Vgl. BT-Drucks 14/6040, 255. Insofern unzutreffend die Begr. zum RE BT-Drucks 14/6040, 252. Vgl. auch die Überschrift des § 778.
3 Vgl. MüKo/*Ulmer*, § 5 VerbrKrG Rn 3.
4 BT-Drucks 11/5462, 20 f.
5 Zum Begriff des Kreditinstitutes eingehend Staudinger/*Kessal-Wulf*, § 5 VerbrKrG Rn 4 und 5.
6 Palandt/*Putzo*, § 5 VerbrKrG Rn 4; eingehend zum Begriff des laufenden Kontos Staudinger/*Kessal-Wulf*, § 5 VerbrKrG Rn 10–15.
7 MüKo/*Ulmer*, § 5 VerbrKrG Rn 14.

dürfen hingegen nicht erhoben werden. Keine Kosten in diesem Sinn sind normale Kontoführungsgebühren, da sie die Kosten der Abwicklung des Zahlungsverkehrs abdecken. Schließlich dürfen die Zinsen dem Verbraucher nicht kürzer als vierteljährlich belastet werden. Hierdurch wird die Zinseszinswirkung von § 355 Abs. 1 letzter Hs. HGB beschränkt,[8] so dass der nominale Zinssatz dem effektiven Jahreszins sehr nahe kommt.[9]

II. Rechtsfolgen

1. Formfreiheit (S. 1)

Liegen die genannten Voraussetzungen eines vereinbarten Überziehungskredites vor, so gelten nach **S. 1** die Bestimmungen des § 492 nicht. Die genannten Verbraucherdarlehensverträge können daher formlos geschlossen werden.[10]

2. Unterrichtungspflichten (S. 2 und 4)

Nach **S. 2** treffen das Kreditinstitut bestimmte Unterrichtungspflichten, die es gegenüber dem Darlehensnehmer vor der Inanspruchnahme des Darlehens, also vor der ersten Überziehung, erfüllen muss. Mitzuteilen sind folgende Vertragsbedingungen: die in einem bestimmten Geldbetrag ausgedrückte Höchstgrenze des Darlehens, der nominelle Jahreszinssatz, die Bedingungen für seine Änderung und schließlich die Regelung der Vertragsbeendigung. Weitergehend ordnet **S. 4** an, dass der Darlehensnehmer über jede Änderung des Jahreszinssatzes zu unterrichten ist, freilich nur während der Inanspruchnahme des Darlehens.

3. Form (S. 3 und 5)

Die Unterrichtung des S. 2 kann zunächst **formlos** erfolgen,[11] spätestens nach der ersten Inanspruchnahme müssen die Vertragsbedingungen dem Verbraucher jedoch gem. S. 3 bestätigt werden, und zwar nach **S. 5** in **Textform** gem. § 126b. Die von S. 4 vorgeschriebene Unterrichtung über die Änderung des Jahreszinssatzes bedarf nach S. 5 ebenfalls der Textform.

In beiden Fällen genügt es wegen S. 5 letzter Hs. freilich, wenn die Informationen auf einem **Kontoauszug** erfolgen. Diese Vorschrift soll sicherstellen, dass die bis zum 1.8.2001 von § 5 VerbrKrG gewährte Möglichkeit, die Informationspflicht durch Mitteilung auf einem Kontoauszug zu erfüllen, auch in Zukunft möglich bleibt, ohne dass die Kontoauszüge wegen der Anforderungen des § 126b an die Textform Vermerke darüber erhalten müssen, wo die betreffenden Erklärungen enden.[12]

D. Geduldeter Überziehungskredit (Abs. 2)

Überzieht der Verbraucher sein laufendes Konto, ohne dass ihm ein Überziehungskredit (in dieser Höhe) eingeräumt wurde, so kann dies einmal eigenmächtig, also ohne Duldung des Kreditinstituts geschehen, etwa durch Auszahlung von Bargeld am Automaten.[13] Solche **eigenmächtigen Überziehungen** verletzen den Girovertrag und fallen grundsätzlich nicht unter Abs. 2.[14]

Eine unter Abs. 2 fallende **geduldete Überziehung** liegt vor, wenn die Bank in ihrer Entscheidung frei ist, ob die Überziehung erfolgt oder nicht, etwa bei Einlösung nicht garantierter Schecks. Der Sache nach liegt hier eine **konkludente Einigung** zwischen Bank und Verbraucher über die Einräumung eines oder die Erhöhung des bereits eingeräumten Überziehungskredites vor, wobei diese Einigung aber zeitlich **nach der Inanspruchnahme** der Überziehung erfolgt.[15] Liegt eine nur geduldete Überziehung im Sinn von Abs. 2 vor, so treffen die Bank wesentlich **geringere Informationspflichten** als bei einem vereinbarten Überziehungskredit nach Abs. 1. Sachlich muss die Bank nur Angaben über den Jahreszins, über sonstige Kosten der Überziehung und über die diesbezüglichen Änderungen machen. Zudem besteht diese Unterrichtungspflicht erst, wenn die geduldete Überziehung länger als drei Monate andauert. Die Unterrichtung kann wie nach Abs. 1 auf einem **Kontoauszug** erfolgen; anderenfalls wird man trotz des unklaren Wortlauts ebenfalls wie nach Abs. 1 **Textform** verlangen müssen.[16]

---

8 Vgl. MüKo/*Ulmer*, § 5 VerbrKrG Rn 15.
9 BT-Drucks 11/5462, 20 f.
10 Ebenso MüKo/*Ulmer*, § 5 VerbrKrG Rn 10.
11 MüKo/*Ulmer*, § 5 VerbrKrG Rn 23.
12 BT-Drucks 14/7052, 201.
13 Mit dem Wegfall der Garantie am 1.1.2002 entfiel die Möglichkeit eigenmächtiger Überziehung durch Eurocheques.
14 MüKo/*Ulmer*, § 5 VerbrKrG Rn 29 und 30, der zu Recht darauf hinweist, dass in dem Verzicht der Bank auf eine unverzügliche Rückzahlung die nachträgliche Duldung der Überziehung liegen kann, so dass § 493 Abs. 2 eingreifen könnte.
15 MüKo/*Ulmer*, § 5 VerbrKrG Rn 32.
16 Ebenso zur Schriftlichkeit nach der alten Rechtslage des § 5 Abs. 2 VerbrKrG *Bülow*, § 5 VerbrKrG Rn 45.

§ 494 Rechtsfolgen von Formmängeln

(1) ¹Der Verbraucherdarlehensvertrag und die auf Abschluss eines solchen Vertrags vom Verbraucher erteilte Vollmacht sind nichtig, wenn die Schriftform insgesamt nicht eingehalten ist oder wenn eine der in § 492 Abs. 1 Satz 5 Nr. 1 bis 6 vorgeschriebenen Angaben fehlt.
(2) ¹Ungeachtet eines Mangels nach Absatz 1 wird der Verbraucherdarlehensvertrag gültig, soweit der Darlehensnehmer das Darlehen empfängt oder in Anspruch nimmt. ²Jedoch ermäßigt sich der dem Verbraucherdarlehensvertrag zugrunde gelegte Zinssatz (§ 492 Abs. 1 Satz 5 Nr. 4) auf den gesetzlichen Zinssatz, wenn seine Angabe, die Angabe des effektiven oder anfänglichen effektiven Jahreszinses (§ 492 Abs. 1 Satz 5 Nr. 5) oder die Angabe des Gesamtbetrags (§ 492 Abs. 1 Satz 5 Nr. 2) fehlt. ³Nicht angegebene Kosten werden vom Darlehensnehmer nicht geschuldet. ⁴Vereinbarte Teilzahlungen sind unter Berücksichtigung der verminderten Zinsen oder Kosten neu zu berechnen. ⁵Ist nicht angegeben, unter welchen Voraussetzungen preisbestimmende Faktoren geändert werden können, so entfällt die Möglichkeit, diese zum Nachteil des Darlehensnehmers zu ändern. ⁶Sicherheiten können bei fehlenden Angaben hierüber nicht gefordert werden; dies gilt nicht, wenn der Nettodarlehensbetrag 50 000 Euro übersteigt.
(3) ¹Ist der effektive oder der anfängliche effektive Jahreszins zu niedrig angegeben, so vermindert sich der dem Verbraucherdarlehensvertrag zugrunde gelegte Zinssatz um den Prozentsatz, um den der effektive oder anfängliche effektive Jahreszins zu niedrig angegeben ist.

Inhalt

A. Allgemeines 1	1. Heilung der (Form-)Nichtigkeit nach Abs. 1 6
B. Nichtigkeit (Abs. 1) 2	2. Widerrufsrecht 7
I. Darlehensvertrag 2	3. Sanktion durch inhaltliche Modifikation 8
II. Vollmacht 3	a) Gesetzlicher Zinssatz 8
C. Heilung (Abs. 2) 4	b) Sonstige Modifikationen 10
I. Allgemeines 4	IV. Keine Heilung der Vollmacht 14
II. Voraussetzungen 5	**D. Unrichtige Angabe des effektiven Jahreszinses**
III. Wirkungen 6	**(Abs. 3)** 16

A. Allgemeines

1 § 494 sanktioniert Verstöße gegen die (Form-)Vorschriften des § 492. Er entspricht weitgehend § 6 VerbrKrG. Soweit sich diese Vorschrift freilich wie insbesondere ihr Abs. 3 auf Teilzahlungsgeschäfte bezog, ist sie in § 502 aufgegangen. Neu und Folge des ebenfalls neuen § 492 Abs. 4 ist die Erwähnung der vom Verbraucher erteilten Vollmacht in Abs. 1.

B. Nichtigkeit (Abs. 1)

I. Darlehensvertrag

2 Abs. 1 ist lex specialis zu §§ 125 und 139. Er erklärt solche Verbraucherdarlehensverträge für nichtig, die gegen das Schriftformgebot des § 492 Abs. 1 S. 1 verstoßen bzw. eine der in S. 5 Nr. 1–6 vorgeschriebenen Angaben nicht enthalten. Das Fehlen der Angabe über die vom Verbraucher zu bestellenden Sicherheiten (§ 492 Abs. 1 S. 5 Nr. 7) führt also nicht zur Nichtigkeit des Vertrages.

II. Vollmacht

3 Eine vom Verbraucher erteilte Vollmacht zum Abschluss eines Verbraucherdarlehensvertrages, die entgegen § 492 Abs. 4 S. 1 nicht schriftlich erteilt wurde oder die erforderlichen Pflichtangaben des § 492 Abs. 1 S. 5 Nr. 1–6 in der Vollmachtsurkunde nicht enthält, ist nach Abs. 1 ebenfalls nichtig. Erneut hat also nur das Fehlen der vom Darlehensnehmer zu bestellenden Sicherheiten (§ 492 Abs. 1 S. 5 Nr. 7) nicht die Nichtigkeit zur Folge. Die Nichtigkeit der Vollmacht ist nicht nach § 494 Abs. 2 heilbar (Rn 14 f.).

C. Heilung (Abs. 2)

I. Allgemeines

4 Ein grundsätzlich nach Abs. 1 nichtiger Verbraucherdarlehensvertrag wird nach Abs. 2 S. 1 gültig, wenn und soweit der Darlehensnehmer das Darlehen empfängt oder in Anspruch nimmt.[1] Wird ein Darlehen also beispielsweise zu fünfzig Prozent ausgezahlt, so beschränkt sich die Heilung auf diesen Umfang; spätere Auszahlungen erweitern den Umfang der Heilung entsprechend.

---

1 Zur dogmatischen Einordnung der Heilung überzeugend und eingehend MüKo/*Ulmer*, § 6 VerbrKrG Rn 15.

II. Voraussetzungen

Die Heilung des Verbraucherdarlehensvertrages setzt voraus, dass der Darlehensnehmer das Darlehen 5
entweder empfangen oder in Anspruch genommen hat. **Empfang des Darlehens** ist die Auszahlung der
Darlehensvaluta durch den Darlehensgeber. Sie kann bar oder durch Überweisung bzw. Gutschrift vorgenommen werden und an den Darlehensnehmer oder auf dessen Veranlassung an einen Dritten erfolgen.[2]
Eine insbesondere bei Dispositions- und Rahmenkrediten denkbare **Inanspruchnahme des Darlehens**
liegt vor, wenn der Darlehensnehmer wirksam über das Darlehen verfügt, also etwa Überweisungen zu
Lasten des Darlehenskontos tätigt.[3]

III. Wirkungen

1. Heilung der (Form-)Nichtigkeit nach Abs. 1

Wenn und soweit die genannten Voraussetzungen vorliegen, „wird der Verbraucherdarlehensvertrag gültig", 6
bei vollständiger Auszahlung oder Inanspruchnahme des Darlehens also „voll gültig". Geheilt wird freilich
nur die (Form-)Nichtigkeit nach Abs. 1, andere Nichtigkeitsgründe wie Sittenwidrigkeit oder Anfechtung
bleiben unberührt.

2. Widerrufsrecht

Unberührt von der Heilung nach Abs. 2 bleibt auch das Widerrufsrecht des Darlehensnehmers aus §§ 495, 7
355. Rechtsfolge der Heilung ist also nur die schwebende Wirksamkeit des Vertrages (§ 495 Rn 2), die
durch Widerruf beseitigt werden kann.[4] Der Schwebezustand endet erst, wenn die Widerrufsfrist abgelaufen
ist, ohne dass ein Widerruf erfolgte.[5]

3. Sanktion durch inhaltliche Modifikation

a) Gesetzlicher Zinssatz

Trotz der Heilung des Verbraucherdarlehensvertrages werden die Verstöße des Darlehensgebers gegen 8
seine Informationspflichten aus § 492 Abs. 1 S. 5 Nr. 1–7 sanktioniert. Fehlen die Angaben über den
vertraglichen (Nominal-)Zins (§ 492 Abs. 1 S. 5 Nr. 4), den effektiven oder anfänglichen effektiven
Jahreszins (§ 492 Abs. 1 S. 5 Nr. 5) oder den Gesamtbetrag (§ 492 Abs. 1 S. 5 Nr. 2), so ermäßigt sich
nach S. 2 der vertragliche Zins „auf den **gesetzlichen Zinssatz**". Dies bedeutet grundsätzlich nach **§ 246**
vier Prozent Zinsen je Jahr.

Fraglich ist, ob ausnahmsweise der gesetzliche Zinssatz von fünf Prozent je Jahr nach **§ 352 Abs. 1 HGB** 9
eingreift, und zwar dann, wenn es sich bei dem „Verbraucherdarlehensvertrag" um ein **beiderseitiges
Handelsgeschäft** handelt. Dies kann nur bei Existenzgründern der Fall sein, auf die nach § 507 die
§§ 491 ff. entsprechende Anwendung finden. Das Eingreifen des Zinssatzes in Höhe von fünf Prozent
je Jahr in diesen Fällen wurde zur alten Rechtslage nach § 6 Abs. 2 S. 2 VerbrKrG einhellig und zu Recht
bejaht.[6] Gleichwohl ist für Abs. 2 S. 2 anders zu entscheiden. Insoweit liegt ein **Redaktionsversehen** vor,
weil der Gesetzgeber auf Anregung des Bundesrates in allen Vorschriften des 3. Titels (§§ 488–507), in
denen auf den gesetzlichen Zinssatz verwiesen wird, zur „Vereinheitlichung" den Klammerzusatz „(§ 246)"
hinzufügen wollte.[7] Bei Abs. 2 S. 2 unterblieb dies aber ebenso wie in § 502 Abs. 3 S. 3. Sachgründe hierfür
wurden nicht genannt und sind auch nicht ersichtlich. Die Vorschriften wurden offensichtlich übersehen.
Der gesetzliche Zinssatz des Abs. 2 S. 2 ist also ausnahmslos der des § 246, was auch nach dem Zweck
der Vorschrift richtig erscheint.[8]

b) Sonstige Modifikationen

Enthält der geheilte Verbraucherdarlehensvertrag keine Angaben über die sonstigen Kosten des Darlehens 10
(§ 492 Abs. 1 S. 5 Nr. 4) bzw. die Kosten einer (Restschuld-)Versicherung (§ 492 Abs. 1 S. 5 Nr. 6), so
muss der Darlehensnehmer nach S. 3 diese Kosten nicht bezahlen.

Soweit sich der Zinssatz nach S. 2 ermäßigt bzw. Kosten nach S. 3 nicht geschuldet sind, muss der 11
Darlehensgeber im Fall der ratenweisen Rückzahlung nach S. 4 die vom Darlehensnehmer geschuldeten
Teilzahlungen neu berechnen.

---

2 Eingehend hierzu Staudinger/*Kessal-Wulf*, § 6 VerbrKrG Rn 20.
3 Vgl. hierzu MüKo/*Ulmer*, § 6 VerbrKrG Rn 21.
4 *Bülow*, § 6 VerbrKrG Rn 20 und 23; Staudinger/*Kessal-Wulf*, § 6 VerbrKrG Rn 19.
5 Die Widerrufsfrist gem. § 355 Abs. 1 S. 2 fängt erst ab dem Moment der Heilung an zu laufen; vgl. Staudinger/*Kessal-Wulf*,
 § 6 VerbrKrG Rn 19; MüKo/*Ulmer*, § 6 VerbrKrG Rn 6; *Bülow*, § 6 Rn 20; a.A. *Ott*, in: Bruchner/Ott/Wagner-Wiedewilt, § 6
 VerbrKrG Rn 44 f.
6 Statt aller MüKo/*Ulmer*, § 6 VerbrKrG Rn 23.
7 §§ 497 Abs. 2 S. 2, 504 S. 2; BT-Drucks 14/6857, 34.
8 Vgl. auch § 507 Rn 5.

12 Fehlen die Voraussetzungen der Änderungen preisbestimmender Faktoren (§ 492 Abs. 1 S. 5 Nr. 5), so kann der Darlehensgeber diese nach S. 5 nicht zum Nachteil des Darlehensnehmers ändern. Die anfänglichen Konditionen werden also festgeschrieben. Freilich ist der Darlehensgeber im Fall einer **Zinsanpassungsklausel** verpflichtet, Zinssenkungen aufgrund dieser Klausel vorzunehmen, weil sie sich zu Gunsten des Darlehensnehmers auswirken.[9]

13 Fehlen schließlich Angaben über zu bestellende **Sicherheiten**, so muss der Darlehensnehmer nach S. 6 Hs. 1 diese Sicherheiten nicht bestellen; dies gilt nach Hs. 2 nicht, wenn der Nettodarlehensbetrag (§ 491 Abs. 2 Nr. 1) 50.000 EUR übersteigt.

IV. Keine Heilung der Vollmacht

14 Abs. 2 erwähnt die vom Verbraucher erteilte Vollmacht nicht. Eine nach Abs. 1 (form-)nichtige Erteilung einer Vollmacht wird also nicht nach Abs. 2 dadurch geheilt, dass der Darlehensbetrag ausgezahlt oder in Anspruch genommen wird. Dies wird damit begründet, dass anderenfalls der durch § 492 Abs. 4 gewährte Verbraucherschutz umgangen werden könnte.[10] Denn dann würde die Vollmacht wirksam werden, wenn sich der Vertreter als Empfangsbote den Betrag auszahlen ließe.

15 Eine eigenständige Vorschrift darüber, wie die (form-)nichtige Erteilung einer Vollmacht geheilt werden kann, fehlt. Geheilt werden kann daher nur das vom Vertreter ohne Vertretungsmacht vorgenommene Geschäft. Der von einem Vertreter mit (form-)nichtiger Vollmacht abgeschlossene Darlehensvertrag wird nach §§ 177 Abs. 1, 182 Abs. 1, 184 Abs. 1 rückwirkend wirksam, wenn der Darlehensnehmer selbst den Darlehensbetrag erhält und damit zumindest konkludent den Vertragsschluss durch den Vertreter ohne Vertretungsmacht genehmigt.

D. Unrichtige Angabe des effektiven Jahreszinses (Abs. 3)

16 Nur das Fehlen, nicht die Fehlerhaftigkeit der Pflichtangaben wird nach Abs. 1 und 2 sanktioniert.[11] Nach Abs. 3 werden falsche Angaben dann geahndet, wenn sie den effektiven oder den anfänglichen effektiven Jahreszins betreffen. Wird dieser Wert zu niedrig angegeben, so vermindert sich nach Abs. 3 der vertragliche Nominalzinssatz um den „Prozentsatz", um den der effektive oder anfängliche effektive Jahreszins zu niedrig angegeben ist. Gemeint ist hier freilich keine **Verminderung** um einen relativen Prozentsatz, sondern um die entsprechende **Anzahl von (absoluten) „Prozentpunkten"**.[12] Wurde also der effektive Jahreszins eines mit acht Prozent je Jahr nominal verzinslichen Darlehens mit zehn Prozent angegeben, beträgt er aber in Wahrheit elfeinhalb Prozent, so vermindert sich der Nominalzins um eineinhalb Prozentpunkte auf sechseinhalb Prozent je Jahr.[13] Unterste Grenze ist freilich eine Verzinsung mit null.[14]

§ 495 Widerrufsrecht

(1) ¹Dem Darlehensnehmer steht bei einem Verbraucherdarlehensvertrag ein Widerrufsrecht nach § 355 zu.
(2) ¹Hat der Darlehensnehmer das Darlehen empfangen, gilt der Widerruf als nicht erfolgt, wenn er das Darlehen nicht binnen zwei Wochen entweder nach Erklärung des Widerrufs oder nach Auszahlung des Darlehens zurückzahlt. ²Dies gilt nicht im Fall des § 358 Abs. 2. ³**Die erforderliche Belehrung über das Widerrufsrecht muss auf die Rechtsfolge nach Satz 1 hinweisen.**
(3) ¹Die Absätze 1 und 2 finden keine Anwendung auf die in § 493 Abs. 1 Satz 1 genannten Verbraucherdarlehensverträge, wenn der Darlehensnehmer nach dem Vertrag das Darlehen jederzeit ohne Einhaltung einer Kündigungsfrist und ohne zusätzliche Kosten zurückzahlen kann.

---

9 MüKo/*Ulmer*, § 6 VerbrKrG Rn 27.
10 Hierzu und zum Folgenden BT-Drucks 14/7052, 202.
11 Staudinger/*Kessal-Wulf*, § 6 VerbrKrG Rn 9.
12 So die Formulierung des § 288 Abs. 1 und 2.
13 *Bülow*, § 6 VerbrKrG Rn 71; MüKo/*Ulmer*, § 6 VerbrKrG Rn 43; Staudinger/*Kessal-Wulf*, § 6 VerbrKrG Rn 45 ff. m.w.N. auch zur Gegenansicht. Rechtspolitische Kritik übt *Bülow*, in: Schulze/Schulte-Nölke, S. 153, 163 f.
14 Ähnlich *Bülow*, § 6 VerbrKrG Rn 72 und Erman/*Rebmann*, § 6 VerbrKrG Rn 18, die die Grenze aber erst beim Nettodarlehensbetrag ziehen; weitergehend MüKo/*Ulmer*, § 6 VerbrKrG Rn 44 und Staudinger/*Kessal-Wulf*, § 6 VerbrKrG Rn 48, die als untersten Wert schon den gesetzlichen Zinssatz von 4% annehmen.

Titel 3. Darlehensvertrag; Finanzierungshilfen und Ratenlieferungsverträge § 495

Inhalt

A. Allgemeines	1	II. Verbundene Verträge (S. 2)	8
B. Widerrufsrecht (Abs. 1)	2	III. Belehrungspflicht (S. 3)	9
C. Fiktion unterbliebenen Widerrufs (Abs. 2)	5		
I. Fiktion (S. 1)	5	D. Überziehungskredite (Abs. 3)	10

A. Allgemeines

§ 495 entspricht weitgehend dem § 7 VerbrKrG.[1] Er gewährt dem Darlehensnehmer ein von der VerbrKr- **1**
RL nicht verlangtes[2] Widerrufsrecht nach § 355 und ist damit das „**Kernstück des Verbraucherschutzes**"[3] der §§ 491 ff. Der Darlehensnehmer hat danach eine – regelmäßig auf 14 Tage befristete – Möglichkeit, den Vertrag zu beseitigen. Der Sache nach wird ihm eine **Überlegungsfrist** eingeräumt, und zwar wegen der großen wirtschaftlichen Bedeutung und der schwierigen Materie der Verbraucherdarlehensverträge.[4]

B. Widerrufsrecht (Abs. 1)

Abs. 1 entspricht § 7 Abs. 1 S. 1 VerbrKrG und ordnet lapidar an, dass der Darlehensnehmer eines **2**
Verbraucherdarlehensvertrages ein Widerrufsrecht nach § 355 hat. Der Verbraucher ist also nach § 355 Abs. 1 S. 1 nicht mehr an seine auf den Abschluss des Darlehensvertrages gerichtete Willenserklärung gebunden, sobald er sie innerhalb der zweiwöchigen Widerrufsfrist des § 355 Abs. 1 S. 2 widerrufen hat. Der von Abs. 1 eingeräumte Widerruf nach § 355 Abs. 1 hat eine **schwebende Wirksamkeit** des Verbraucherdarlehensvertrages zur Folge.[5] Der Darlehensvertrag ist zunächst wirksam und bleibt es auch, wenn die Widerrufsfrist ungenutzt verstreicht. Widerruft der Darlehensnehmer fristgerecht, so wird der Vertrag endgültig unwirksam. Während des Schwebezustandes kann von beiden Seiten Vertragserfüllung verlangt werden.[6]

Die zweiwöchige Widerrufsfrist beginnt gem. § 355 Abs. 2 erst nach einer qualifizierten **Belehrung** des **3**
Darlehensnehmers durch den Darlehensgeber.[7] Das Widerrufsrecht des Darlehensnehmers erlischt nach § 355 Abs. 3 indes auch ohne Belehrung spätestens **sechs Monate** nach Vertragsschluss. Hierin liegt gegenüber dem bislang geltenden Recht eine **einschneidende Änderung** zu Lasten des Darlehensnehmers, weil nach § 7 Abs. 2 VerbrKrG das Widerrufsrecht im Fall fehlender Belehrung erst spätestens ein Jahr nach Abgabe der Willenserklärung des Verbrauchers erlosch.

Diese Änderung wird damit begründet, dass die **Vereinheitlichung** der bislang in den einzelnen Ver- **4**
braucherschutzgesetzen unterschiedlich geregelten **Höchstfristen** für den Widerruf dringend geboten sei. Diese Begründung ist freilich nicht bedenkenfrei, weil die Widerrufsrechte unterschiedliche Gründe haben. Während etwa das Widerrufsrecht beim Haustürgeschäft nach § 312 Abs. 1 der besonderen „Überrumpelungssituation" Rechnung tragen soll, wird dem Verbraucher der Widerruf des Darlehensvertrages wegen der besonderen wirtschaftlichen Bedeutung und inhaltlichen Schwierigkeit dieser Verträge eingeräumt.[8]

C. Fiktion unterbliebenen Widerrufs (Abs. 2)

I. Fiktion (S. 1)

Widerruft der Darlehensnehmer den Darlehensvertrag erst, nachdem er das Darlehen empfangen hat, so gilt **5**
nach Abs. 2 S. 1 der Widerruf als nicht erfolgt, wenn er das Darlehen nicht innerhalb von zwei Wochen zurückzahlt. Diese Regelung, die § 7 Abs. 3 VerbrKrG entspricht, soll es dem Darlehensgeber ermöglichen, das Darlehen alsbald nach Vertragsschluss auszuzahlen, ohne den Ablauf der Widerrufsfrist abwarten zu müssen.[9]

Voraussetzung ist also einmal der **Empfang des Darlehens** (§ 494 Rn 5), und zwar **nach erfolgtem** **6**
Widerruf.[10] Vorausgesetzt wird weiter, dass der Darlehensnehmer „das Darlehen", also den ihm tatsächlich

---

1 Soweit dessen Inhalt nicht in den §§ 355 Abs. 3, 358, 359 und 503 Abs. 1 aufgegangen ist; BT-Drucks 14/6040, 255 f.
2 Vgl. Staudinger/*Kessal-Wulf*, § 7 VerbrKrG Rn 2.
3 Palandt/*Putzo*, § 7 VerbrKrG Rn 2; ähnlich MüKo/*Ulmer*, § 7 VerbrKrG Rn 2.
4 Vgl. BT-Drucks 11/5462, 21.
5 Ebenso der Widerruf nach § 7 VerbrKrG in der ab 1.10.2000 geltenden Fassung i.V.m. § 361a a.F.; Staudinger/*Kessal-Wulf*, § 7 VerbrKrG Rn 4; *Bülow*, § 7 VerbrKrG Rn 21.
6 *Bülow*, § 7 VerbrKrG Rn 22 f.; Staudinger/*Kessal-Wulf*, § 7 VerbrKrG Rn 5.
7 Zu den Einzelheiten vgl. die Kommentierung zu § 355 Abs. 2.
8 So dezidiert noch die Begründung zu § 7 VerbrKrG BT-Drucks 11/5462, 21. Vgl. hierzu auch die eingehende, freilich sehr scharfe Kritik von *Artz*, Jb.J.ZivRWiss. 2001, 227, 248 f. Vgl. im Übrigen auch die Kommentierung zu § 355 Abs. 3.
9 BT-Drucks 11/5462, 22.
10 Dies ist auch dann der Fall, wenn der Widerruf zwar vor Auszahlung des Darlehens abgesandt wurde, aber erst danach zuging; MüKo/*Ulmer*, § 7 VerbrKrG Rn 52; eingehend auch zu anderen Fallkonstellationen *Bülow*, § 7 VerbrKrG Rn 161 ff.

zugeflossenen **Nettodarlehensbetrag** (§ 491 Abs. 2 Nr. 1)[11] nicht rechtzeitig zurückgezahlt hat. Die Frist hierfür beträgt zwei Wochen und beginnt regelmäßig mit der Erklärung des Widerrufs.[12]

7 Als **Rechtsfolge** ordnet Abs. 1 S. 1 an, dass der Widerruf als nicht erfolgt „gilt". Konsequenz dieser Fiktion, die weitgehend der des § 489 Abs. 3 entspricht, ist im unstreitigen Ergebnis[13] die Unwirksamkeit des Widerrufs. Der Verbraucherdarlehensvertrag ist also grundsätzlich voll wirksam.

II. Verbundene Verträge (S. 2)

8 Nach S. 2 gilt die Fiktion von S. 1 nicht im Fall des § 358 Abs. 2, also wenn bei einem verbundenen Vertrag der Verbraucher den Darlehensvertrag wirksam widerrufen hat. Diese Ausnahme, die früher in § 9 Abs. 2 S. 3 VerbrKrG enthalten war, rechtfertigt sich daraus, dass der Darlehensgeber das Darlehen in diesen Fällen regelmäßig dem Verkäufer und nicht dem Darlehensnehmer auszahlt, so dass der Darlehensnehmer zur Rückzahlung häufig gar nicht in der Lage ist.[14] Aus Sicht des Darlehensgebers ist die Ausnahmevorschrift meist unbedenklich, weil er durch die Sicherungsübereignung des gekauften Gegenstandes abgesichert ist.

III. Belehrungspflicht (S. 3)

9 S. 3 verpflichtet den Darlehensgeber, in der nach § 355 Abs. 2 erforderlichen Belehrung über das Widerrufsrecht auf die Rechtsfolge nach S. 1 hinzuweisen. Diese Regelung, die der des § 7 Abs. 2 VerbrKrG entspricht, war im RE noch nicht enthalten und wurde zu Recht auf Anregung des Bundesrates eingefügt, um zu verhindern, dass der Verbraucher sein Widerrufsrecht versehentlich dadurch verliert, dass sich die Rückzahlung des Darlehens verzögert.[15]

D. Überziehungskredite (Abs. 3)

10 In Abs. 3 ist eine bislang in § 7 Abs. 4 VerbrKrG enthaltene Ausnahme geregelt. Danach finden die Abs. 1 und 2 auf die **vereinbarten Überziehungskredite** i.S.d. § 493 Abs. 1 S. 1 keine Anwendung, wenn der Verbraucher nach dem Vertrag das Darlehen jederzeit ohne Einhaltung einer Kündigungsfrist und ohne zusätzliche Kosten zurückzahlen kann. In diesem Fall besteht für ein Widerrufsrecht kein praktisches Bedürfnis.

11 Nach dem Wortlaut betrifft die Ausnahmevorschrift nur die vereinbarten Überziehungskredite des § 493 Abs. 1 S. 1. Sinn und Zweck der Vorschrift treffen aber auch für die **geduldeten Überziehungskredite** nach § 493 Abs. 2 zu. Die Ausnahmevorschrift des Abs. 3 ist daher **analog** auch auf diese Überziehungskredite anzuwenden.[16]

§ 496 Einwendungsverzicht, Wechsel- und Scheckverbot

(1) ¹**Eine Vereinbarung, durch die der Darlehensnehmer auf das Recht verzichtet, Einwendungen, die ihm gegenüber dem Darlehensgeber zustehen, gemäß § 404 einem Abtretungsgläubiger entgegenzusetzen oder eine ihm gegen den Darlehensgeber zustehende Forderung gemäß § 406 auch dem Abtretungsgläubiger gegenüber aufzurechnen, ist unwirksam.**
(2) ¹**Der Darlehensnehmer darf nicht verpflichtet werden, für die Ansprüche des Darlehensgebers aus dem Verbraucherdarlehensvertrag eine Wechselverbindlichkeit einzugehen.** ²**Der Darlehensgeber darf vom Darlehensnehmer zur Sicherung seiner Ansprüche aus dem Verbraucherdarlehensvertrag einen Scheck nicht entgegennehmen.** ³**Der Darlehensnehmer kann vom Darlehensgeber jederzeit die Herausgabe eines Wechsels oder Schecks, der entgegen Satz 1 oder 2 begeben worden ist, verlangen.** ⁴**Der Darlehensgeber haftet für jeden Schaden, der dem Darlehensnehmer aus einer solchen Wechsel- oder Scheckbegebung entsteht.**

---

11 MüKo/*Ulmer*, § 7 VerbrKrG Rn 53.
12 Die Auszahlung des Darlehens kommt als Fristbeginn nur in Betracht, wenn dies für den Darlehensnehmer günstiger ist. Dies ist nur der Fall, wenn das Darlehen nach Abgabe, aber vor Zugang des Widerrufs ausbezahlt wurde; *Bülow*, § 7 VerbrKrG Rn 166.
13 MüKo/*Ulmer*, § 7 VerbrKrG Rn 58; dort auch Nachweise zum Streit über die dogmatische Begründung.
14 MüKo/*Habersack*, § 7 VerbrKrG Rn 59; Staudinger/*Kessal-Wulf*, § 9 VerbrKrG Rn 55.
15 BT-Drucks 14/6857, 33 f. (Stellungnahme des BR) und 65 (Gegenäußerung der BReg).
16 Ebenso zu § 7 VerbrKrG MüKo/*Ulmer*, § 7 VerbrKrG Rn 74; Staudinger/*Kessal-Wulf*, § 7 VerbrKrG Rn 12.

A. Einwendungsverzicht (Abs. 1)

Der Schutz, den die §§ 404, 406 dem Schuldner im Fall der Abtretung oder des gesetzlichen Forderungsübergangs (§ 412) gewähren, kann vertraglich abbedungen werden. Abs. 1, der nahezu wörtlich mit § 10 Abs. 1 VerbrKrG übereinstimmt und der den Anforderungen des Art. 9 VerbrKr-RL Rechnung trägt, macht diese Schuldnerschutzvorschriften für Verbraucherdarlehensverträge zu zwingendem Recht. Er schützt so den Darlehensnehmer vor dem Verlust seiner Einwendungen.[1] Ohne diesen Schutz müsste der Verbraucher im Fall der Abbedingung der Schuldnerschutzbestimmungen seine Verpflichtungen aus dem Darlehensvertrag gegenüber dem neuen Gläubiger erfüllen und könnte seine Ansprüche auf Schadensersatz und Rückgewähr nur gegen den Darlehensgeber als seinen alten Gläubiger geltend machen.

Hält man die Regelung des § 407 nicht ohnehin für zwingend,[2] so wird man insoweit wegen des hohen Gerechtigkeitsgehaltes, der § 407 innewohnt, Abs. 1 analog anzuwenden haben.[3]

B. Wechsel- und Scheckverbot (Abs. 2)

I. Allgemeines

Bei der Begebung eines Wechsels oder Schecks für die Verpflichtungen aus dem Verbraucherdarlehensvertrag drohen dem Darlehensnehmer bestimmte Gefahren. Einmal kann er im **Verhältnis zu Dritten** seine persönlichen Einwendungen nach Art. 17 WechselG, Art. 22 ScheckG verlieren, wenn das Wertpapier übertragen wird. Im Verhältnis zum Darlehensgeber hätte er im **Urkundenprozess** nur eingeschränkte Verteidigungsmöglichkeiten. Schließlich ist die Begebung des Wertpapiers ganz allgemein mit einer **Umkehr der Darlegungs- und Beweislast** für die Einwendungen verbunden.[4]

Abs. 2, der sich nahezu wörtlich mit § 10 Abs. 2 VerbrKrG deckt und über die Anforderungen des Art. 10 der VerbrKr-RL weit hinausgeht,[5] schützt den Verbraucher vor diesen Gefahren. Hierbei ist zwischen Wechseln und Schecks zu unterscheiden. Auf abstrakte Schuldversprechen (§ 780) und Schuldanerkenntnisse (§ 781) ist Abs. 2 wegen des identischen Schutzzwecks analog anzuwenden.[6]

II. Wechsel (S. 1)

Abs. 2 S. 1 enthält ein **generelles Verbot**, den Darlehensnehmer zu verpflichten, für die Ansprüche des Darlehensgebers aus dem Verbraucherdarlehensvertrag eine Wechselverbindlichkeit einzugehen. Das Verbot gilt auch bei einer „freiwilligen" Wechselbegebung, die der Verbraucher von sich aus anbietet.[7]

III. Scheck (S. 2)

Abs. 2 S. 2 enthält kein generelles Scheckverbot, sondern verbietet es dem Darlehensgeber nur, zur **Sicherung** seiner Ansprüche aus dem Verbraucherdarlehensvertrag einen Scheck entgegenzunehmen. Die unterschiedliche Reichweite der Verbote von S. 1 und 2 resultiert daraus, dass die Funktion des Schecks als Zahlungsmittel erhalten bleiben soll. Der Darlehensgeber darf daher Schecks entgegennehmen, die der Darlehensnehmer zur **Erfüllung** seiner fälligen Zahlungsverpflichtung begibt. Eine verbotene Sicherung liegt hingegen vor, wenn der Darlehensnehmer den Scheck vor Fälligkeit begibt oder den Scheck gar vordatiert (Art. 28, 29 ScheckG).[8]

IV. Rechtsfolgen (S. 3 und 4)

Wird entgegen S. 1 oder S. 2 eine Wertpapierverbindlichkeit begründet, so sind nach § 134 nur die Verpflichtung zur Eingehung der Verbindlichkeit und die Sicherungsabrede nichtig. Die abstrakte Wechsel- bzw. Scheckverbindlichkeit selbst ist hingegen wirksam. Zum Schutz des Darlehensnehmers ordnet S. 3 an, dass er vom Darlehensgeber jederzeit die **Herausgabe** des verbotswidrig begebenen Wechsels oder Schecks verlangen kann.[9] Darüber hinaus hat der Darlehensgeber dem Darlehensnehmer jeden Schaden zu ersetzen, der diesem durch die verbotswidrige Wechsel- oder Scheckbegebung entsteht. Ein solcher Schaden kommt insbesondere in Betracht, wenn der Darlehensnehmer von einem Zweiterwerber

---

1 MüKo/*Habersack*, § 10 VerbrKrG Rn 5; Staudinger/*Kessal-Wulf*, § 10 VerbrKrG Rn 3.
2 So aber *Bülow*, § 10 VerbrKrG Rn 6.
3 Vgl. MüKo/*Habersack*, § 10 VerbrKrG Rn 7 (für §§ 407–409 BGB).
4 Zu den genannten Gefahren eingehend Staudinger/*Kessal-Wulf*, § 10 VerbrKrG Rn 13.
5 MüKo/*Habersack*, § 10 VerbrKrG Rn 4.
6 So zu Recht die h.M.; Staudinger/*Kessal-Wulf*, § 10 VerbrKrG Rn 28 m.w.N.; a.A. *Bülow*, § 10 VerbrKrG Rn 10.
7 So mit überzeugender Begründung MüKo/*Habersack*, § 10 VerbrKrG Rn 14 m.w.N.; a.A. *Bülow*, § 10 VerbrKrG Rn 13.
8 Hierzu MüKo/*Habersack*, § 10 VerbrKrG Rn 21; Staudinger/*Kessal-Wulf*, § 10 VerbrKrG Rn 26.
9 Ohne diese Vorschrift bestünde dieser Anspruch jedenfalls aus § 812 Abs. 1 S. 1 Alt. 1; vgl. MüKo/*Habersack*, § 10 VerbrKrG Rn 24.

wertpapierrechtlich in Anspruch genommen wurde. In diesem Fall kann der Darlehensnehmer gestützt auf den **verschuldensunabhängigen Garantieanspruch** des S. 4 beim Darlehensgeber Regress nehmen.[10]

§ 497 Behandlung der Verzugszinsen, Anrechnung von Teilleistungen

(1) ¹Soweit der Darlehensnehmer mit Zahlungen, die er auf Grund des Verbraucherdarlehensvertrags schuldet, in Verzug kommt, hat er den geschuldeten Betrag gemäß § 288 Abs. 1 zu verzinsen, es sei denn, es handelt sich um einen grundpfandrechtlich gesicherten Verbraucherdarlehensvertrag gemäß § 491 Abs. 3 Nr. 1. ²Bei diesen Verträgen beträgt der Verzugszinssatz für das Jahr zweieinhalb Prozentpunkte über dem Basiszinssatz. ³Im Einzelfall kann der Darlehensgeber einen höheren oder der Darlehensnehmer einen niedrigeren Schaden nachweisen.

(2) ¹Die nach Eintritt des Verzugs anfallenden Zinsen sind auf einem gesonderten Konto zu verbuchen und dürfen nicht in ein Kontokorrent mit dem geschuldeten Betrag oder anderen Forderungen des Darlehensgebers eingestellt werden. ²Hinsichtlich dieser Zinsen gilt § 289 Satz 2 mit der Maßgabe, dass der Darlehensgeber Schadensersatz nur bis zur Höhe des gesetzlichen Zinssatzes (§ 246) verlangen kann.

(3) ¹Zahlungen des Darlehensnehmers, die zur Tilgung der gesamten fälligen Schuld nicht ausreichen, werden abweichend von § 367 Abs. 1 zunächst auf die Kosten der Rechtsverfolgung, dann auf den übrigen geschuldeten Betrag (Absatz 1) und zuletzt auf die Zinsen (Absatz 2) angerechnet. ²Der Darlehensgeber darf Teilzahlungen nicht zurückweisen. ³Die Verjährung der Ansprüche auf Darlehensrückerstattung und Zinsen ist vom Eintritt des Verzugs nach Absatz 1 an bis zu ihrer Feststellung in einer in § 197 Abs. 1 Nr. 3 bis 5 bezeichneten Art gehemmt, jedoch nicht länger als zehn Jahre von ihrer Entstehung an. ⁴Auf die Ansprüche auf Zinsen findet § 197 Abs. 2 keine Anwendung. ⁵Die Sätze 1 bis 4 finden keine Anwendung, soweit Zahlungen auf Vollstreckungstitel geleistet werden, deren Hauptforderung auf Zinsen lautet.

Literatur: *Bülow*, Kreditvertrag und Verbraucherkreditrecht im BGB, in: Schulze/Schulte-Nölke (Hrsg.), Die Schuldrechtsreform vor dem Hintergrund des Gemeinschaftsrechts, Tübingen 2001, S. 153 ff.; *Köndgen*, Darlehen, Kredit und finanzierte Geschäfte nach neuem Schuldrecht – Fortschritt oder Rückschritt?, WM 2001, 1637 ff.; *Reifner*, Schuldrechtsmodernisierungsgesetz und Verbraucherschutz bei Finanzdienstleistungen, ZBB 2001, 193 ff.

Inhalt

A. Überblick 1	**C. Behandlung der Verzugszinsen (Abs. 2)** 7
B. Verzugszinsenhöhe (Abs. 1) 3	**D. Teilleistungen (Abs. 3)** 9
I. Standarddarlehen (S. 1) 3	I. Anrechnung (S. 1 und 2) 9
II. Realdarlehen (S. 2) 4	II. Verjährung (S. 3 und 4) 10
III. Konkreter Schadensnachweis (S. 3) 6	III. Isolierte Zinstitel (S. 5) 11

A. Überblick

1 § 497 entspricht in weiten Teilen § 11 VerbrKrG. Die Vorschrift ist eine Reaktion auf die Problematik des „**modernen Schuldturms**" und soll dessen Ursachen beseitigen, soweit sie im materiellen Recht liegen.[1] Geändert wird durch sie insbesondere das allgemeine Recht des Verzugsschadens (Abs. 1 und 2) und der Anrechnungsreihenfolge für Teilleistungen (Abs. 3).

2 Die VerbrKr-RL enthält insoweit keine Vorgaben. Es handelt sich bei § 497 also um eine nach Art. 15 VerbrKr-RL zulässige weitergehende Vorschrift.

B. Verzugszinsenhöhe (Abs. 1)

I. Standarddarlehen (S. 1)

3 Nach § 11 Abs. 1 Hs. 1 VerbrKrG hatte der Verbraucher im Verzug den geschuldeten Betrag mit fünf Prozent über dem jeweiligen Basiszinssatz zu verzinsen. Dasselbe ordnet § 288 Abs. 1 ganz allgemein für den Schuldnerverzug an.[2] Eine dem § 11 Abs. 1 Hs. 1 VerbrKrG entsprechende Regelung scheint daher auf den ersten Blick in den §§ 491 ff. überflüssig zu sein. Dementsprechend enthielten weder der DiskE in § 501 noch die KF in § 494 eine entsprechende Regelung.[3] Das Fehlen einer solchen Regelung ist namentlich von *Bülow* scharf angegriffen worden. § 11 Abs. 1 VerbrKrG habe nicht nur die Verzugszinsenhöhe geregelt.

---

10 Staudinger/*Kessal-Wulf*, § 10 VerbrKrG Rn 36; zum Regressprozess *Bülow*, § 10 VerbrKrG Rn 20.
1 Hierzu BT-Drucks 11/5462, 13 und 25.
2 In der Sache ebenso bereits § 288 Abs. 1 S. 1 a.F. seit 1.5.2000.
3 Die Begründung des DiskE S. 548 hielt eine solche Regelung für „obsolet".

Vielmehr habe diese Vorschrift mit Hilfe des Begriffes „geschuldeter Betrag", der in der Regel auch einen Zinsanteil enthalte, das Zinseszinsverbot des § 289 aufgehoben. Dies wiederum habe bewirkt, dass auch diese Zinseszinsen unter die Zinsermäßigung des § 11 Abs. 2 VerbrKrG gefallen seien.[4] Der RE trug dieser Kritik im Ergebnis und in der Begründung Rechnung und fügte § 497 Abs. 1 S. 1 RE ein, der bis auf redaktionelle Änderungen dem Abs. 1 S. 1 entspricht.[5] Abs. 1 S. 1 Hs. 1 bestimmt demgemäß lapidar, dass der Darlehensnehmer den vertraglich geschuldeten Betrag nach § 288 Abs. 1 zu verzinsen hat. Dies gilt nach Hs. 2 nicht, wenn es sich um ein grundpfandrechtlich gesichertes Darlehen gem. § 491 Abs. 3 Nr. 1 handelt. Diese Ausnahme entspricht dem bislang geltenden Recht gem. § 11 Abs. 1 VerbrKrG i.V.m. § 3 Abs. 2 Nr. 2 VerbrKrG.

II. Realdarlehen (S. 2)

Für diese Realdarlehen enthielt das Verbraucherkreditgesetz keine Sonderregelungen für die Verzinsung nach Verzugseintritt. Insoweit galten vielmehr die allgemeinen Regeln. Das hat sich durch Abs. 1 S. 2 geändert. Diese Vorschrift, eine der wenigen echten Neuregelungen im Verbraucherdarlehensrecht, bestimmt für Realdarlehen den Verzugszinssatz je Jahr mit zweieinhalb Prozentpunkten über dem Basiszinssatz. Die unterschiedliche Höhe des Verzugszinssatzes wird damit begründet, dass die Refinanzierungskosten bei Hypothekenkrediten erheblich geringer seien als bei Standarddarlehen.[6]

4

Der Regelung des Abs. 1 S. 2 wird man zustimmen können.[7] Unrichtig ist es aber, wenn die Begründung zum RE meint, der Darlehensgeber eines Hypothekendarlehens sei vor Inkrafttreten des Schuldrechtsmodernisierungsgesetzes auf einen festen gesetzlichen Zinssatz von vier Prozent verwiesen gewesen.[8] Vielmehr galt für die Zeit ab dem 1.5.2000 die Neufassung des § 288 Abs. 1 S. 1 a.F., so dass die allgemeinen Regeln, die auch für Realkreditverträge mit Verbrauchern galten, bereits einen Verzugszinssatz von fünf Prozent über dem Basiszinssatz bestimmten.[9] Die Neuregelung des Abs. 1 S. 2 enthält für Realdarlehensgeber also keine Verbesserung gegenüber dem geltenden Recht, sondern eine zu Recht vorgenommene Verschlechterung.

5

III. Konkreter Schadensnachweis (S. 3)

Abs. 1 S. 3 entspricht § 11 Abs. 1 Hs. 2 VerbrKrG. Danach kann einmal der Darlehensgeber – ebenso wie nach § 288 Abs. 4 jeder Gläubiger eines sich im Verzug befindlichen Schuldners – konkret nachweisen, dass sein Schaden höher ist als die Pauschale der S. 1 von fünf Prozent (Standarddarlehen) bzw. zweieinhalb Prozent (Realdarlehen) über dem Basiszinssatz.[10] S. 3 bestimmt andererseits auch, dass der Darlehensnehmer den Nachweis erbringen kann, dass der Schaden des Darlehensgebers geringer ist als die Pauschale nach S. 1. Diese Möglichkeit ist eine eigenständige Regelung des Verbraucherdarlehensrechtes, sie steht dem im Verzug befindlichen Schuldner nach § 288 nicht offen. Freilich wird dem Darlehensnehmer der Nachweis eines geringeren Schadens gegenüber einem Kreditinstitut in der Praxis kaum gelingen; bei sonstigen Darlehensgebern ist er hingegen denkbar.[11]

6

C. Behandlung der Verzugszinsen (Abs. 2)

Abs. 2 entspricht nahezu wörtlich § 11 Abs. 2 VerbrKrG. S. 1 schreibt vor, dass nach Verzugseintritt anfallende „Zinsen" zwingend auf einem **gesonderten Konto** zu verbuchen sind. Die getrennte Verbuchung soll Zinseszinseffekte nach § 355 HGB verhindern.[12] Der **Begriff „Zinsen"** in S. 1 ist weit zu verstehen; gemeint sind alle Verzugsschadensposten, seien sie pauschaliert oder konkret nachgewiesen.[13]

7

Das in § 289 S. 1 enthaltene Zinseszinsverbot für Verzugszinsen schützt den Schuldner kaum, weil der Gläubiger die Verzinsung ausgebliebener Verzugszinsen im Wege des **Schadensersatzes nach § 289 S. 2**

8

---

4 *Bülow*, in: Schulze/Schulte-Nölke, S. 153, 159 f.
5 Hierzu BT-Drucks 14/6040, 256. Relikt dieser späten Aufnahme des Abs. 1 in den § 497 BGB ist die amtliche Überschrift, die wie die des § 501 DiskE nur von der Behandlung der Verzugszinsen (Abs. 2) spricht, nicht aber auch von der Verzugszinsenhöhe (Abs. 1).
6 BT-Drucks 14/6040, 256.
7 Ebenso *Köndgen*, WM 2001, 1637, 1645; scharf ablehnend dagegen *Reifner*, ZBB 2001, 193, 199, der kritisiert, dass die Verzugszinsen bei den derzeitigen Marktzinsen höher seien als die vertraglich geschuldeten Zinsen.
8 BT-Drucks 14/6040, 256 („weiterhin"); anders zu Recht noch die Begründung des DiskE S. 546 zu § 493 DiskE mit S. 334 f. (zu § 285 DiskE).
9 Wie hier Staudinger/*Kessal-Wulf*, § 11 VerbrKrG Rn 3 mit Rn 2 a.E.
10 Zu diesem Nachweis, für den Beweiserleichterungen nicht eingreifen, vgl. MüKo/*Habersack*, § 11 VerbrKrG Rn 18 ff.; Soergel/*Häuser*, § 11 VerbrKrG Rn 15 f.
11 Soergel/*Häuser*, § 11 VerbrKrG Rn 17; zum Wegfall eines Mindestzinses durch die seit dem 1.5.2000 geltende Fassung des § 288 BGB a.F. vgl. Staudinger/*Kessal-Wulf*, § 11 VerbrKrG Rn 17 a.E.
12 Vgl. BT-Drucks 11/5462, 27.
13 MüKo/*Habersack*, § 11 VerbrKrG Rn 25.

verlangen kann.[14] Für den Bereich des Verbraucherdarlehensvertrages schränkt S. 2 diese Möglichkeit zum Schutze des Verbrauchers deutlich ein. Danach kann der Darlehensgeber Schadensersatz nach § 289 S. 2 **„nur bis zur Höhe des gesetzlichen Zinssatzes** (§ 246) verlangen". Durch den Klammerzusatz wird der gesetzliche Zinssatz des § 352 Abs. 1 HGB auch für Existenzgründer kategorisch ausgeschlossen.[15] Will der Darlehensgeber den Anspruch aus S. 2 geltend machen, so muss er diesen gesondert mahnen und einen Schaden in mindestens dieser Höhe nachweisen.[16]

D. Teilleistungen (Abs. 3)

I. Anrechnung (S. 1 und 2)

9 Reicht die Leistung des Darlehensnehmers zur Tilgung der ganzen Forderung aus geschuldetem Betrag (Abs. 1), Zinsen (Abs. 2) und Rechtsverfolgungskosten nicht aus, so würde nach § 367 Abs. 1 die Leistung des Schuldners zunächst auf die Kosten, dann auf die Zinsen und erst zuletzt auf die Hauptleistung angerechnet. Damit die Zahlungen des Verbrauchers an den Darlehensgeber die Darlehensschuld spürbar mindern, ändert Abs. 3 S. 1, der § 11 Abs. 3 S. 1 VerbrKrG entspricht, die **Anrechnungsreihenfolge** des § 367 Abs. 1. Der Darlehensnehmer leistet demnach zunächst auf die Kosten der Rechtsverfolgung, sodann auf den von ihm geschuldeten Betrag (Abs. 1) und erst zuletzt auf die Verzugszinsen (Abs. 2).[17] Zusammen mit der niedrigeren Verzinsung des Verzugsschadens nach Abs. 2 S. 2 wird so eine spürbare Entlastung des Verbrauchers erreicht. Damit der Darlehensgeber diesen Entlastungseffekt nicht vereiteln kann, bestimmt S. 2 in Abweichung von § 266, dass der Verbraucher zu **Teilleistungen** berechtigt ist und der Darlehensgeber diese nicht zurückweisen darf.

II. Verjährung (S. 3 und 4)

10 Als Ausgleich für die entgegen § 367 Abs. 1 geänderte Anrechnungsreihenfolge bestimmte § 11 Abs. 3 S. 3 VerbrKrG, dass auf die Zinsansprüche (Abs. 2) die §§ 197 und 218 Abs. 2 a.F. keine Anwendung finden, so dass insoweit die regelmäßige Verjährungsfrist von 30 Jahren nach § 195 a.F. eingriff.[18] Hierdurch sollte verhindert werden, dass der Darlehensgeber allein wegen der Zinsen die Verjährungsunterbrechung etwa durch Klageerhebung betrieb.[19] Nach § 195 beträgt seit dem 1.1.2002 die regelmäßige Verjährungsfrist drei Jahre. Der RE hatte in § 497 Abs. 3 S. 3 nur bestimmt, dass § 197 Abs. 2 auf Zinsansprüche keine Anwendung finde.[20] Hierdurch wurde sichergestellt, dass **titulierte Zinsansprüche** erst in dreißig Jahren verjähren. Auf Anregung des Bundesrates hin, dass **auch nicht titulierte Zinsforderungen** und auch der **geschuldete Betrag** (Abs. 1) einer längeren Verjährung unterliegen müssten, wurde S. 3 neu in das Gesetz aufgenommen;[21] § 497 Abs. 3 S. 3 RE wurde S. 4. Nach S. 3 ist die **Verjährung** der Ansprüche auf Darlehensrückerstattung und Zinsen vom Verzugseintritt nach Abs. 1 an bis zu ihrer Titulierung gem. § 197 Abs. 1 Nr. 3–5 **gehemmt**, längstens jedoch für zehn Jahre seit ihrer Entstehung.

III. Isolierte Zinstitel (S. 5)

11 Zahlt der Darlehensnehmer auf Vollstreckungstitel des Darlehensgebers, deren Hauptforderung auf Zinsen lautet, so finden nach S. 5 die S. 1–4 keine Anwendung. Diese umstrittene[22] Vorschrift, die § 11 Abs. 3 S. 4 VerbrKrG entspricht, hat zur Folge, dass es bei einer Leistung auf isolierte Zinstitel bei der Tilgungsverrechnung des § 367 und bei der regelmäßigen Verjährung nach § 197 Abs. 2 bleibt.

---

14 Vgl. BT-Drucks 11/5462, 26.
15 Anders die Rechtslage nach § 11 Abs. 2 S. 2 VerbrKrG; eingehend und richtig hierzu Staudinger/*Kessal-Wulf*, § 11 VerbrKrG Rn 28; vgl. auch § 494 Rn 9.
16 MüKo/*Habersack*, § 11 VerbrKrG Rn 29.
17 Zu den Begriffen „geschuldeter Betrag, Rechtsverfolgungskosten und Zinsen" *Bülow*, § 11 VerbrKrG Rn 63 ff.
18 Vgl. BT-Drucks 11/5462, 27.
19 BT-Drucks 14/6857, 65 f.
20 § 501 DiskE enthielt überhaupt keine Regelung zur Verjährung; eingehende und zutreffende Kritik hieran übt *Bülow*, in: Schulze/Schulte-Nölke, S. 153, 160 f.; entgegengesetzt die rechtspolitische Kritik am RE bei *Reifner*, ZBB 2001, 193, 196 ff.
21 BT-Drucks 14/6857, 34 und 66; 14/7052, 202.
22 Kritik an der Vorgängervorschrift bei MüKo/*Habersack*, § 11 VerbrKrG Rn 40 ff. und Staudinger/*Kessal-Wulf*, § 11 VerbrKrG Rn 37.

§ 498 Gesamtfälligstellung bei Teilzahlungsdarlehen

(1) ¹Wegen Zahlungsverzugs des Darlehensnehmers kann der Darlehensgeber den Verbraucherdarlehensvertrag bei einem Darlehen, das in Teilzahlungen zu tilgen ist, nur kündigen, wenn
1. der Darlehensnehmer mit mindestens zwei aufeinander folgenden Teilzahlungen ganz oder teilweise und mindestens 10 Prozent, bei einer Laufzeit des Verbraucherdarlehensvertrags über drei Jahre mit 5 Prozent des Nennbetrags des Darlehens oder des Teilzahlungspreises in Verzug ist und
2. der Darlehensgeber dem Darlehensnehmer erfolglos eine zweiwöchige Frist zur Zahlung des rückständigen Betrags mit der Erklärung gesetzt hat, dass er bei Nichtzahlung innerhalb der Frist die gesamte Restschuld verlange.

²Der Darlehensgeber soll dem Darlehensnehmer spätestens mit der Fristsetzung ein Gespräch über die Möglichkeiten einer einverständlichen Regelung anbieten.

(2) ¹Kündigt der Darlehensgeber den Verbraucherdarlehensvertrag, so vermindert sich die Restschuld um die Zinsen und sonstigen laufzeitabhängigen Kosten des Darlehens, die bei staffelmäßiger Berechnung auf die Zeit nach Wirksamwerden der Kündigung entfallen.

Inhalt

A. Einführung 1	1. Qualifizierter Ratenverzug 3
B. Kündigung 2	2. Fristsetzung mit Kündigungsandrohung 6
I. Allgemeines 2	3. Gesprächsangebot 8
II. Voraussetzungen (Abs. 1) 3	III. Kündigungsfolgen (Abs. 2) 9

A. Einführung

§ 498 bezweckt den Schutz des Darlehensnehmers, indem er in **Abs. 1** für die verzugsbedingte Kündigung bestimmte qualifizierte Voraussetzungen aufstellt und in **Abs. 2** die Gutschrift nicht verbrauchter Darlehenskosten vorschreibt. Die Bestimmung entspricht dem bisherigen § 12 VerbrKrG, der seinerseits eine von der Richtlinie nicht verlangte, weitergehende Vorschrift i.S.d. Art. 15 VerbrKr-RL ist.   1

B. Kündigung

I. Allgemeines

Wie aus Abs. 1 Nr. 1 der Vorschrift folgt, ist § 498 nur auf solche Verbraucherdarlehen anzuwenden, die in **mindestens drei Ratenzahlungen** zu tilgen sind.¹ Außerdem macht § 498 deutlich, dass zur Fälligstellung der Darlehensrestschuld im Verzugsfall eine **Kündigungserklärung** erforderlich ist. Automatisch wirkende **Verfallklauseln** sind daher unwirksam (§ 506 S. 1).²   2

II. Voraussetzungen (Abs. 1)

1. Qualifizierter Ratenverzug

Damit die Kündigung wirksam ist, müssen die in Abs. 1 S. 1 genannten Voraussetzungen **kumulativ** vorliegen. Zunächst muss sich der Darlehensnehmer in einem qualifizierten Ratenverzug befinden. Er muss gem. S. 1 Nr. 1 mit **zwei aufeinanderfolgenden Raten** ganz oder teilweise in Verzug (§ 286) sein. Der Verbraucher kann dieses Kündigungsrecht nicht dadurch vereiteln, dass er nur auf jede zweite Rate leistet. Denn in der Teilzahlungsabrede des Darlehensvertrages liegt eine Verrechnungsabrede, von der der Verbraucher nicht einseitig abweichen kann und nach der auf die jeweils älteste noch offene Rate gezahlt wird.³   3

Außerdem muss die **Rückstandshöhe** zehn Prozent des Darlehensnennbetrages ausmachen (bei Darlehen mit einer Laufzeit von mehr als drei Jahren fünf Prozent). Der sonst im BGB nicht verwendete Begriff **Nennbetrag des Darlehens** ergibt sich aus dem Nettodarlehensbetrag (§ 491 Abs. 2 Nr. 1) zuzüglich der laufzeitunabhängigen Einmalkosten, etwa Bearbeitungsgebühren und Vermittlungskosten, soweit sie mitkreditiert wurden. Der Darlehensnennbetrag liegt damit zwischen dem Nettodarlehensbetrag und dem Gesamtbetrag (§ 492 Abs. 1 S. 5 Nr. 2).⁴   4

---
1 MüKo/*Habersack*, § 12 VerbrKrG Rn 4 f.; der zu Recht die entsprechende Anwendbarkeit auf Versicherungsdarlehen bejaht.
2 MüKo/*Habersack*, § 12 VerbrKrG Rn 8; Staudinger/*Kessal-Wulf*, § 12 VerbrKrG Rn 7.
3 Staudinger/*Kessal-Wulf*, § 12 VerbrKrG Rn 11.
4 *Bülow*, § 12 VerbrKrG Rn 24.

5 Das zum Darlehensnennbetrag alternative Tatbestandsmerkmal „**Teilzahlungspreis**" hat bei einer unmittelbaren Anwendung der Vorschrift **keinen Anwendungsbereich**, weil es beim Darlehensvertrag keinen Teilzahlungspreis gibt. Das Merkmal Teilzahlungspreis kommt daher nur bei der vom Gesetz angeordneten entsprechenden Anwendung des § 498 auf einen Zahlungsaufschub und eine sonstige Finanzierungshilfe (§ 499 Abs. 1)[5] zum Zuge, insbesondere bei Finanzierungsleasingverträgen (§ 500)[6] und Teilzahlungsgeschäften (§ 501).[7] Die Aufnahme des Merkmals in den Text des § 498 erscheint daher normtechnisch wenig glücklich, zumal der Teilzahlungspreis erst in § 502 Abs. 1 Nr. 2 definiert wird. Danach ist der Teilzahlungspreis der Gesamtbetrag aus Anzahlung und allen vom Verbraucher zu entrichtenden Teilzahlungen einschließlich Zinsen und sonstiger Kosten. Der Teilzahlungspreis entspricht daher wirtschaftlich nicht dem Nennbetrag des Darlehens, sondern dem Gesamtbetrag (§ 492 Abs. 1 S. 5 Nr. 2).[8]

2. Fristsetzung mit Kündigungsandrohung

6 Nach S. 1 Nr. 2 muss der Darlehensgeber dem Darlehensnehmer vor der Kündigung außerdem eine **zweiwöchige Nachfrist** gesetzt haben, verbunden mit der Erklärung, er werde bei Nichtzahlung des rückständigen Betrages die gesamte Restschuld verlangen. Hierdurch gewährt der Darlehensgeber dem Verbraucher eine letzte Chance zur Rettung des Darlehens.[9] Der **rückständige Betrag**, den der Verbraucher nach § 497 Abs. 1 und 2 schuldet, muss in der Erklärung **konkret beziffert** sein; wird ein zu hoher Betrag genannt, so ist die Fristsetzung unwirksam.[10]

7 Zahlt der Darlehensnehmer innerhalb der Nachfrist, so entfallen die Kündigungsvoraussetzungen. Das Teilzahlungsdarlehen wird unverändert fortgeführt. Bleibt hingegen auch nur ein geringer Rückstand offen, so bleibt das Kündigungsrecht erhalten.[11]

3. Gesprächsangebot

8 Nach Abs. 1 S. 2 soll der Darlehensgeber dem Darlehensnehmer spätestens bei der Fristsetzung ein Gespräch über die Möglichkeiten einer einverständlichen Regelung anbieten. Das Gesprächsangebot ist **keine Tatbestandsvoraussetzung** der Kündigung;[12] wohl aber kann ein Verstoß gegen diese Vorschrift Schadensersatzpflichten auslösen.[13]

III. Kündigungsfolgen (Abs. 2)

9 Kündigt der Darlehensgeber das Darlehen wirksam, so fällt die Teilzahlungsabrede weg und es wird die gesamte nach Abs. 2 zu bestimmende **Restschuld fällig**. Die Weiterzahlung des Vertragszinses kann der Darlehensgeber nicht mehr verlangen. Gerät der Darlehensnehmer auch mit der Rückzahlung der Restschuld in Verzug, so ist diese nach § 497 Abs. 1 zu verzinsen.

10 Nach Abs. 2 tritt kraft Gesetzes eine **Abzinsung** der Restschuld durch die **Gutschrift nicht verbrauchter Darlehenskosten** ein.[14] Die Restschuld ist also um die künftigen, im Voraus berechneten Zinsen zu vermindern. Alle laufzeitabhängigen Kosten und Vertragszinsen, die bei staffelmäßiger Berechnung auf die Zeit nach der Kündigung des Darlehens entfallen, sind zu Gunsten des Verbrauchers von der Restschuld abzuziehen. Einmalige laufzeitunabhängige Leistungen sind nicht zu erstatten.[15]

---

[5] Staudinger/*Kessal-Wulf*, § 12 VerbrKrG Rn 4.
[6] *Bülow*, § 12 VerbrKrG Rn 27; Staudinger/*Kessal-Wulf*, § 12 VerbrKrG Rn 15.
[7] *Bülow*, § 12 VerbrKrG Rn 23; Soergel/*Häuser*, § 12 VerbrKrG Rn 9.
[8] *Bülow*, § 12 VerbrKrG Rn 24; Staudinger/*Kessal-Wulf*, § 12 VerbrKrG Rn 13.
[9] BT-Drucks 11/5462, 27.
[10] MüKo/*Habersack*, § 12 VerbrKrG Rn 16; Staudinger/*Kessal-Wulf*, § 12 VerbrKrG Rn 19.
[11] MüKo/*Habersack*, § 12 VerbrKrG Rn 18; Staudinger/*Kessal-Wulf*, § 12 VerbrKrG Rn 22; a.A. *Bülow*, § 12 VerbrKrG Rn 37.
[12] BT-Drucks 11/5462, 27.
[13] Staudinger/*Kessal-Wulf*, § 12 VerbrKrG Rn 9 m.w.N.; a.A. *Gößmann*, in: Lwowski/Peters/Gößmann, S. 234.
[14] Bislang: § 12 Abs. 2 VerbrKrG, der seinerseits in Übereinstimmung mit der damaligen Praxis normiert wurde, BT-Drucks 11/5462, 27; vgl. auch § 489 Rn 22.
[15] BT-Drucks 11/5462, 27; eingehend zur Abzinsung *Bülow*, § 12 VerbrKrG Rn 45 ff.; Staudinger/*Kessal-Wulf*, § 12 VerbrKrG Rn 27 ff.

Untertitel 2. Finanzierungshilfen zwischen einem Unternehmer und einem Verbraucher

§ 499 Zahlungsaufschub, sonstige Finanzierungshilfe

(1) ¹Die Vorschriften der §§ 358, 359 und 492 Abs. 1 bis 3 und der §§ 494 bis 498 finden vorbehaltlich der Absätze 2 und 3 entsprechende Anwendung auf Verträge, durch die ein Unternehmer einem Verbraucher einen entgeltlichen Zahlungsaufschub von mehr als drei Monaten oder eine sonstige entgeltliche Finanzierungshilfe gewährt.
(2) ¹Für Finanzierungsleasingverträge und Verträge, die die Lieferung einer bestimmten Sache oder die Erbringung einer bestimmten anderen Leistung gegen Teilzahlungen zum Gegenstand haben (Teilzahlungsgeschäfte), gelten vorbehaltlich des Absatzes 3 die in den §§ 500 bis 504 geregelten Besonderheiten.
(3) ¹Die Vorschriften dieses Untertitels finden in dem in § 491 Abs. 2 und 3 bestimmten Umfang keine Anwendung. ²Bei einem Teilzahlungsgeschäft tritt an die Stelle des in § 491 Abs. 2 Nr. 1 genannten Nettodarlehensbetrags der Barzahlungspreis.

Inhalt

A. Vorbemerkung 1	D. Finanzierungsleasing und Teilzahlungsgeschäfte (Abs. 2) 7
B. Überblick 2	E. Bereichsausnahmen (Abs. 3) 10
C. Grundsatz (Abs. 1) 3	I. Unbeschränkte Ausnahmen (§ 491 Abs. 2) 11
	II. Teilausnahmen (§ 491 Abs. 3) 13

A. Vorbemerkung

Das Verbraucherkreditgesetz galt nach seinen § 1 Abs. 1 und 2 für sämtliche entgeltliche Kreditverträge zwischen einem Unternehmer und einem Verbraucher. Ein entgeltlicher Kredit in diesem Sinn war neben dem Darlehen auch der Zahlungsaufschub sowie die sonstige Finanzierungshilfe. Das BGB hat den Oberbegriff des Kreditvertrages aufgegeben (siehe vor §§ 488 ff. Rn 5). Aus systematischen Gründen und um die Übersichtlichkeit zu verbessern, wurde in den §§ 491–498 nur der Verbraucherdarlehensvertrag als Sonderfall des (Geld-)Darlehens (§§ 488–490) geregelt. Die Anwendung der bislang im Verbraucherkreditgesetz enthaltenen Verbraucherschutzrechte auf die übrigen Verbraucherkreditverträge wird durch die §§ 499–504 sichergestellt, nach denen die Vorschriften über das Verbraucherdarlehen mit gewissen Modifikationen entsprechend anzuwenden sind.[1]

B. Überblick

Die „Basisnorm" für die sonstigen Verbraucherkredite ist § 499 Abs. 1.[2] Er erklärt die meisten Vorschriften über Verbraucherdarlehen für anwendbar. **Abs. 2** bestimmt, dass für Finanzierungsleasingverträge und für Teilzahlungsgeschäfte bestimmte, in den §§ 500–504 geregelte Besonderheiten gelten. **Abs. 3** schließlich stellt klar, dass der Anwendungsbereich der Sondervorschriften denselben Ausnahmen unterliegt wie beim Verbraucherdarlehen.

C. Grundsatz (Abs. 1)

In Abs. 1 ist der Grundsatz bestimmt, dass auf Verbraucherverträge, die einen entgeltlichen Zahlungsaufschub oder eine sonstige entgeltliche Finanzierungshilfe zum Gegenstand haben, die Vorschriften über den **Verbraucherdarlehensvertrag entsprechend** anzuwenden sind. Ausgenommen ist nur § 493 für **Überziehungskredite**[3] und § 492 Abs. 4.[4] Die **Vollmacht** zum Abschluss eines sonstigen Kreditvertrages, etwa einer nachträglichen Stundung, bedarf also nicht der Form des § 492 Abs. 1.

Der Begriff „**Zahlungsaufschub**" war dem deutschen Zivilrecht noch vor 15 Jahren unbekannt. Er entstammt Art. 1 Abs. 2 lit. c VerbrKr-RL, wurde in § 1 Abs. 2 VerbrKrG übernommen und fand so Eingang in § 499.[5] Ein Zahlungsaufschub liegt vor, wenn zu Gunsten des Verbrauchers vertraglich

---
1 BT-Drucks 14/6040, 256.
2 BT-Drucks 14/6040, 256.
3 Bereits die Regelung des Überziehungskredites in § 5 VerbrKrG galt nur für Darlehen, nicht für Fälle des Zahlungsaufschubs oder sonstiger Finanzierungshilfen; MüKo/*Ulmer*, § 5 VerbrKrG Rn 3.
4 Hierzu BT-Drucks 14/7052, 202 f.
5 Hierzu MüKo/*Ulmer*, § 1 VerbrKrG Rn 66.

von der Leistungszeitbestimmung des dispositiven Rechtes, insbesondere des § 271, abgewichen wird.[6] Voraussetzung ist freilich, dass der entgeltliche Zahlungsaufschub **mehr als drei Monate** beträgt; eine Einschränkung, die bislang in § 3 Abs. 1 Nr. 3 VerbrKrG geregelt war.

5 Wichtigste Erscheinungsform des Zahlungsaufschubs ist das **Teilzahlungsgeschäft**[7] als Unterfall der Stundung. Die **Stundung** kann anfänglich im Vertrag oder nachträglich vereinbart werden. Ihr gleichgestellt ist das pactum de non petendo.[8] Kein Zahlungsaufschub, sondern nur eine systembedingte zeitliche Verschiebung liegt hingegen bei einem **Kreditkartengeschäft** vor. Diese Verschiebung erreicht zudem in aller Regel nicht die Dreimonatsgrenze. Schließlich fehlt es bei Kreditkartengeschäften regelmäßig an der Entgeltlichkeit.[9]

6 Der Begriff „**sonstige Finanzierungshilfe**" war dem deutschen Zivilrecht früher ebenfalls unbekannt. Auch er beruht auf Art. 1 Abs. 2 lit. c VerbrKr-RL und fand über § 1 Abs. 2 VerbrKrG Eingang in das BGB. Unter diesen Begriff, dem eine **Auffangfunktion** zukommt,[10] fallen vor allem **Finanzierungsleasingverträge**,[11] aber auch das Hersteller- bzw. Händlerleasing und der Mietkauf.[12]

D. Finanzierungsleasing und Teilzahlungsgeschäfte (Abs. 2)

7 Der Grundsatz des Abs. 1 wird von Abs. 2 sehr stark relativiert. Denn für Finanzierungsleasingverträge, den wichtigsten Fall der „sonstigen Finanzierungshilfe", und für Teilzahlungsgeschäfte, den wichtigsten Fall des „Zahlungsaufschubs", gilt nicht die generelle Verweisung nach Abs. 1. Vielmehr werden die auf diese entgeltlichen Verbraucherverträge[13] anzuwendenden Normen aus dem Verbraucherdarlehensrecht in § 500 bzw. in § 501 eigens aufgeführt. Für Teilzahlungsgeschäfte gelten zudem die §§ 502–504.

8 Der Begriff „**Finanzierungsleasingvertrag**" ist wie bislang nicht gesetzlich definiert. Er ist dadurch gekennzeichnet, dass der Leasingnehmer nicht nur für eine bestimmte Dauer Leasingraten als Entgelt für die Gebrauchsüberlassung zahlen muss, sondern dass er darüber hinaus für die Amortisation der vom Leasinggeber vorfinanzierten Anschaffungskosten einzustehen hat. Ein Erwerbsrecht des Leasingnehmers ist hingegen nicht erforderlich.[14]

9 Ein **Teilzahlungsgeschäft** ist nach der neuen Legaldefinition des Abs. 2 ein Vertrag, der die **Lieferung einer bestimmten Sache** oder die Erbringung einer bestimmten Leistung gegen Teilzahlungen zum Gegenstand hat. Inhaltlich entspricht diese Definition dem bisherigen § 4 Abs. 1 S. 5 Nr. 2 VerbrKrG.[15] Zu dieser Vorschrift des Verbraucherkreditgesetzes war anerkannt, dass es im Hinblick auf den Normzweck trotz der Worte „gegen Teilzahlungen" unerheblich sei, ob die spätere **Zahlung auf einmal** oder in Raten erfolgen solle; entscheidend sei allein, dass ein Vertrag über die Lieferung von Sachen oder die Erbringung von anderen Leistungen unter Hinausschiebung des Zahlungstermins vorliege.[16] Dem ist auch für Abs. 2 zuzustimmen. Es reicht also **jeder entgeltliche Zahlungsaufschub** im Zusammenhang mit einem solchen (Lieferungs-)Vertrag aus.

E. Bereichsausnahmen (Abs. 3)

10 Nach Abs. 3 gelten die Ausnahmen des § 491 Abs. 2 und 3 auch für den Zahlungsaufschub und die sonstige Finanzierungshilfe. Der im RE noch nicht enthaltene[17] S. 2 bestimmt, dass bei einem Teilzahlungsgeschäft der „**Barzahlungspreis**" den „Nettodarlehensbetrag" ersetzt. Beim Finanzierungsleasingvertrag ist „Barzahlungspreis" i.d.S. der **Anschaffungspreis**, den der Leasingnehmer bei eigenem Erwerb gegen Barzahlung an den Lieferanten der Leasingsache hätte entrichten müssen.[18]

---

6 Staudinger/*Kessal-Wulf*, § 1 VerbrKrG Rn 63.
7 BT-Drucks 14/6040, 256.
8 Staudinger/*Kessal-Wulf*, § 1 VerbrKrG Rn 72.
9 Zum Ganzen eingehend MüKo/*Ulmer*, § 1 VerbrKrG Rn 77 ff.; Staudinger/*Kessal-Wulf*, § 1 VerbrKrG Rn 73 ff.; *Bruchner*, in: Bruchner/Ott/Wagner-Wieduwilt, § 3 VerbrKrG Rn 23 ff.
10 Erman/*Rebmann*, § 1 VerbrKrG Rn 27, *Wagner-Wieduwilt*, in: Bruchner/Ott/Wagner-Wieduwilt, § 1 VerbrKrG Rn 63.
11 BT-Drucks 14/6040, 256.
12 MüKo/*Ulmer*, § 1 VerbrKrG Rn 86 ff.
13 Hierzu BT-Drucks 14/6040, 257.
14 BT-Drucks 11/8274, 20 f.; eingehend *Larenz/Canaris*, Schuldrecht BT, Bd. II/2, § 66, S. 99 ff. und *Canaris* ZIP 1993, 401 ff. Vgl. auch § 500 Rn 5 f.
15 BT-Drucks 14/6040, 257.
16 *Bülow*, § 4 VerbrKrG Rn 28; Erman/*Rebmann*, § 4 VerbrKrG Rn 8 (Redaktionsfehler); MüKo/*Ulmer*, § 4 VerbrKrG Rn 28; Staudinger/*Kessal-Wulf*, § 4 VerbrKrG Rn 29.
17 Scharfe Kritik hieran übt *Artz*, Jb.J.ZivRWiss 2001, 227, 243.
18 Staudinger/*Kessal-Wulf*, § 3 VerbrKrG Rn 30 mit Rn 10; ähnlich *Bülow*, § 3 VerbrKrG Rn 37; a.A. *v. Westphalen*, in: Westphalen/Emmerich/Rottenburg, § 3 VerbrKrG Rn 33.

I. Unbeschränkte Ausnahmen (§ 491 Abs. 2)

Nach Abs. 3 i.V.m. § 491 Abs. 2 Nr. 1 finden die Sondervorschriften auf **Bagatellkredite** keine Anwendung. Dies sind Teilzahlungsgeschäfte mit einem Barzahlungspreis, der 200 EUR nicht übersteigt.

Auch die Ausnahme des § 491 Abs. 2 Nr. 2 (**Arbeitgeberdarlehen**) ist bei einem Zahlungsaufschub bzw. einer sonstigen Finanzierungshilfe entsprechend anwendbar.[19] Nicht einmal theoretisch denkbar ist hingegen die entsprechende Anwendung des § 491 Abs. 2 Nr. 3 (**Förderdarlehen**), weil es keinen Zahlungsaufschub und keine sonstige Finanzierungshilfe zur Förderung des Wohnungs- und Städtebaus kraft öffentlicher Bewilligung gibt.

II. Teilausnahmen (§ 491 Abs. 3)

Die entsprechende Anwendung der Teilausnahme des § 491 Abs. 3 Nr. 1 (**Realdarlehen**) auf den Zahlungsaufschub in Form eines Teilzahlungsgeschäftes bzw. die sonstige Finanzierungshilfe in Form eines Leasinggeschäftes ist zwar vorstellbar,[20] wenn die für Realdarlehen üblichen Bedingungen verwendet werden, aber wohl kaum praktisch. Ebenso hat § 491 Abs. 3 Nr. 3 (**Spekulationsgeschäft**) jenseits des Verbraucherdarlehensvertrages wohl keinen Anwendungsbereich.[21] Hingegen dürfte die entsprechende Anwendung des § 491 Abs. 3 Nr. 2 (**notariell beurkundet** bzw. **gerichtlich protokolliert**) in der Praxis durchaus vorkommen.[22]

§ 500 Finanzierungsleasingverträge

[1]Auf Finanzierungsleasingverträge zwischen einem Unternehmer und einem Verbraucher finden lediglich die Vorschriften der §§ 358, 359, 492 Abs. 1 Satz 1 bis 4, § 492 Abs. 2 und 3 und § 495 Abs. 1 sowie der §§ 496 bis 498 entsprechende Anwendung.

A. Verweisungskatalog

§ 500 bestimmt positiv, welche Vorschriften aus dem Verbraucherdarlehensrecht auf **Finanzierungsleasingverträge** (§ 499 Rn 8) entsprechende Anwendung finden. Er entspricht weitgehend dem bisherigen § 3 Abs. 2 Nr. 1 VerbrKrG, der allerdings negativ die Vorschriften des VerbrKrG benannte, die nicht anwendbar sein sollten.[1] Entsprechend anwendbar sind danach die Vorschriften über verbundene Verträge (§§ 358, 359), das Schriftformerfordernis einschließlich der Definition des effektiven Jahreszinses und des Überlassens einer Abschrift (§ 492 Abs. 1 S. 1 – 4, Abs. 2 und 3), das Widerrufsrecht (§ 495 Abs. 1), den Einwendungsverzicht sowie das Wechsel- und Scheckverbot (§ 496), die Höhe und Berechnung der Verzugszinsen sowie die Anrechnung von Teilleistungen (§ 497) und schließlich die Gesamtfälligstellung wegen Zahlungsverzugs mit Teilzahlungen (§ 498).

Wie bisher ist der Katalog der erforderlichen **Pflichtangaben** (§ 492 Abs. 1 S. 5) ausgeschlossen. Ein Finanzierungsleasingvertrag bedarf also zwar der Schriftform, nicht aber der zusätzlichen Pflichtangaben. Ebenfalls wie bisher nicht anzuwenden ist die Bestimmung über die **Rechtsfolgen von Formmängeln** (§ 494). Da es also an der Heilungsmöglichkeit des § 494 Abs. 2 fehlt, führt der Verstoß gegen die Schriftform zur unheilbaren Nichtigkeit des Finanzierungsleasingvertrages nach § 125 S. 1.[2] Ebenfalls wie nach bisherigem Recht finden weder die in § 503 Abs. 2 S. 4 und 5[3] geregelte **Rücktrittsfiktion** noch die in § 504[4] enthaltene Regelung über die **vorzeitige Zahlung** auf Finanzierungsleasingverträge entsprechende Anwendung.

Die Regelungen des § 493[5] und des § 495 Abs. 2 und 3[6] sind eindeutig auf Darlehen zugeschnitten, so dass sich ihr Ausschluss bereits nach bisherigem Recht aus der Natur der Sache ergab.[7] Das in § 503 Abs. 2 S. 1–3[8] geregelte **Rücktrittsrecht** bei Teilzahlungsgeschäften war zwar nach bisherigem Recht auf Finanzierungsleasingverträge scheinbar anwendbar, lief aber – sofern diese in Vollzug gesetzt waren –

---

19 Vgl. MüKo/*Ulmer*, § 3 VerbrKrG Rn 15; Staudinger/*Kessal-Wulf*, § 3 VerbrKrG Rn 17.
20 *Bülow*, § 3 VerbrKrG Rn 79.
21 *Bülow*, § 3 VerbrKrG Rn 113 ff.
22 *Bülow*, § 3 VerbrKrG Rn 103.
1 BT-Drucks 14/6040, 257.
2 BGH ZIP 1999, 1169, 1172 f.; *Bülow*, § 3 VerbrKrG Rn 74; a.A. Ott, in: Bruchner/Ott/Wagner-Wiedwilt, § 3 VerbrKrG Rn 67, wonach die Heilungsmöglichkeit analog anwendbar sei.
3 Bisher: § 13 Abs. 3 VerbrKrG.
4 Bisher: § 14 VerbrKrG.
5 Bislang: § 5 VerbrKrG.
6 Bislang: § 7 Abs. 3 und 4 VerbrKrG.
7 BT-Drucks 14/6040, 257.
8 Bislang: § 13 Abs. 1 und 2 VerbrKrG.

in Wahrheit leer, weil es sich bei einem Leasingvertrag um ein Dauerschuldverhältnis handelt, bei dem ein Rücktritt nach Vollzug ausgeschlossen ist.[9] Dem trägt § 500 jetzt explizit Rechnung, indem der Verweis auf § 503 Abs. 2 unterbleibt. Anders als nach altem Recht ist damit auch für die nicht in Vollzug gesetzten Leasingverträge das Rücktrittsrecht ausgeschlossen. Gründe hierfür sind den Materialien nicht zu entnehmen.

4 Eine wirklich neue Entscheidung musste der Gesetzgeber nur im Fall des § 492 Abs. 4 treffen. Indem er diese Norm nicht in den Katalog des § 500 aufnahm, bestimmte er, dass die **Formvorschrift für Vollmachten** nur bei Verbraucherdarlehensverträgen gelten soll.[10]

B. Richtlinienkonforme Auslegung

5 Art. 2 Abs. 1 lit. b VerbrKr-RL bestimmt, dass die Richtlinie keine Anwendung auf Mietverträge findet, „es sei denn, diese sehen vor, dass das Eigentum letzten Endes auf den Mieter übergeht". Aufgrund dieser Bestimmung hat man zu der Bereichsausnahme für Finanzierungsleasingverträge gem. § 3 Abs. 2 Nr. 1 VerbrKrG zu Recht vertreten, dass der Anwendungsbereich der Ausnahme entgegen ihrem Wortlaut im Wege der richtlinienkonformen Auslegung eingeschränkt werden muss.[11] Die Einschränkung betrifft Finanzierungsleasingverträge, die darauf gerichtet sind, die Leasingsache ihrer Substanz nach dauerhaft auf den Leasingnehmer zu übertragen. Wesentliches Indiz hierfür ist ein **vertragliches Erwerbs- oder Behaltensrecht des Leasingnehmers**; dem steht gleich, wenn nach den bei Vertragsschluss erkennbaren Umständen die Leasingsache für den Leasingnehmer während der Vertragszeit jeden Gebrauchswert verliert (Wertverzehr der Leasingsache während der Festmietzeit).[12]

6 Aus demselben Grund ist § 500 ebenfalls richtlinienkonform auszulegen.[13] Auf **Finanzierungsleasingverträge mit Erwerbsrecht** müssen daher entgegen dem Wortlaut des § 500 auch diejenigen in der Verweisungsnorm nicht aufgeführten Vorschriften der §§ 492 ff. angewendet werden, die auf der Verbraucherkreditrichtlinie beruhen. Dies sind der **Katalog der Pflichtangaben** des § 502 Abs. 1[14] (Art. 4 Abs. 2 VerbrKr-RL), die **Rücktrittsfiktion** des § 503 Abs. 2 S. 4 und 5 (Art. 7 S. 2 VerbrKr-RL) und die Regelung über die **vorzeitige Zahlung** in § 504 (Art. 8 VerbrKr-RL). Methodisch muss man hierzu diese Leasingverträge insoweit als „Teilzahlungsgeschäfte" anzusehen. Hingegen sind die anderen nicht in § 500 genannten Vorschriften auch auf die Finanzierungsleasingverträge mit Erwerbsrecht des Leasingnehmers nicht anzuwenden.

§ 501 Teilzahlungsgeschäfte

¹**Auf Teilzahlungsgeschäfte zwischen einem Unternehmer und einem Verbraucher finden lediglich die Vorschriften der §§ 358, 359, 492 Abs. 1 Satz 1 bis 4, § 492 Abs. 2 und 3, § 495 Abs. 1 sowie der §§ 496 bis 498 entsprechende Anwendung.** ²**Im Übrigen gelten die folgenden Vorschriften.**

1 Sonderregelungen (S. 2): Das Verbraucherkreditgesetz enthielt eine Reihe von Vorschriften, die nur für **Teilzahlungsgeschäfte** (§ 499 Rn 9) galten.[1] Der Inhalt dieser Vorschriften ist in den eigenständigen, nur für Teilzahlungsgeschäfte geltenden Sonderregelungen der §§ 502–504 aufgegangen.[2] Hierauf weist S. 2 hin.

2 Anwendbare Vorschriften (S. 1): Einige Vorschriften des Verbraucherkreditgesetzes galten nicht für Teilzahlungsgeschäfte.[3] Sie sind von der Verweisung des S. 1 ausgeschlossen. S. 1 bestimmt nunmehr positiv diejenigen Vorschriften der §§ 492 ff., die auf Teilzahlungsgeschäfte entsprechend anwendbar sind.[4] Es sind dieselben, auf die § 500 für Finanzierungsleasingverträge verweist (§ 500 Rn 1).

---

9 BT-Drucks 14/6040, 257 unter Hinweis auf MüKo/*Habersack*, § 13 VerbrKrG Rn 8; ebenso Staudinger/*Kessal-Wulf*, § 13 VerbrKrG Rn 3; weitergehend *Bülow*, § 13 VerbrKrG Rn 9.
10 BT-Drucks 14/7052, 202 f. (zu § 499).
11 BGH ZIP 2001, 1992, 1995. Eingehend schon vorher Staudinger/*Kessal-Wulf*, § 3 VerbrKrG Rn 29; ähnlich *Bülow*, § 3 VerbrKrG Rn 68 f.; MüKo/*Ulmer*, § 3 VerbrKrG Rn 25.
12 Vgl. BGHZ 94, 195, 202 ff. (zum Leasingvertrag als verdecktes Abzahlungsgeschäft).
13 Vgl. auch *Bülow*, in: Schulze/Schulte-Nölke, S. 153, 163 (zum DiskE).
14 Nicht der des § 492 Abs. 1 S. 5; vgl. zum alten Recht Staudinger/*Kessal-Wulf*, § 3 VerbrKrG Rn 30.
1 Hierzu gehörten insbesondere § 4 Abs. 1 S. 5 Nr. 2 und S. 6, § 6 Abs. 3, § 6 Abs. 4 Alt. 2, § 7 Abs. 1 S. 2, § 8 Abs. 2, § 13 und § 14 VerbrKrG.
2 BT-Drucks 14/6040, 257.
3 Dies waren insbesondere § 4 Abs. 1 S. 5 Nr. 1, § 5, § 6 Abs. 2 und Abs. 4 Alt. 1 sowie § 7 Abs. 3 und 4 VerbrKrG.
4 BT-Drucks 14/6040, 257.

§ 502 Erforderliche Angaben, Rechtsfolgen von Formmängeln bei Teilzahlungsgeschäften

(1) ¹Die vom Verbraucher zu unterzeichnende Vertragserklärung muss bei Teilzahlungsgeschäften angeben
1. den Barzahlungspreis;
2. den Teilzahlungspreis (Gesamtbetrag von Anzahlung und allen vom Verbraucher zu entrichtenden Teilzahlungen einschließlich Zinsen und sonstiger Kosten);
3. Betrag, Zahl und Fälligkeit der einzelnen Teilzahlungen;
4. den effektiven Jahreszins;
5. die Kosten einer Versicherung, die im Zusammenhang mit dem Teilzahlungsgeschäft abgeschlossen wird;
6. die Vereinbarung eines Eigentumsvorbehalts oder einer anderen zu bestellenden Sicherheit.

²Der Angabe eines Barzahlungspreises und eines effektiven Jahreszinses bedarf es nicht, wenn der Unternehmer nur gegen Teilzahlungen Sachen liefert oder Leistungen erbringt.

(2) ¹Die Erfordernisse des Absatzes 1, des § 492 Abs. 1 Satz 1 bis 4 und des § 492 Abs. 3 gelten nicht für Teilzahlungsgeschäfte im Fernabsatz, wenn die in Absatz 1 Satz 1 Nr. 1 bis 5 bezeichneten Angaben mit Ausnahme des Betrags der einzelnen Teilzahlungen dem Verbraucher so rechtzeitig in Textform mitgeteilt sind, dass er die Angaben vor dem Abschluss des Vertrags eingehend zur Kenntnis nehmen kann.

(3) ¹Das Teilzahlungsgeschäft ist nichtig, wenn die Schriftform des § 492 Abs. 1 Satz 1 bis 4 nicht eingehalten ist oder wenn eine der im Absatz 1 Satz 1 Nr. 1 bis 5 vorgeschriebenen Angaben fehlt. ²Ungeachtet eines Mangels nach Satz 1 wird das Teilzahlungsgeschäft gültig, wenn dem Verbraucher die Sache übergeben oder die Leistung erbracht wird. ³Jedoch ist der Barzahlungspreis höchstens mit dem gesetzlichen Zinssatz zu verzinsen, wenn die Angabe des Teilzahlungspreises oder des effektiven Jahreszinses fehlt. ⁴Ist ein Barzahlungspreis nicht genannt, so gilt im Zweifel der Marktpreis als Barzahlungspreis. ⁵Die Bestellung von Sicherheiten kann bei fehlenden Angaben hierüber nicht gefordert werden. ⁶Ist der effektive oder der anfängliche effektive Jahreszins zu niedrig angegeben, so vermindert sich der Teilzahlungspreis um den Prozentsatz, um den der effektive oder anfängliche effektive Jahreszins zu niedrig angegeben ist.

Inhalt

A. Pflichtangaben (Abs. 1) 1	**C. Nichtigkeit und Heilung (Abs. 3)** 9
I. Katalog (S. 1) 1	I. Nichtigkeit (S. 1) 9
II. Ausnahme (S. 2) 3	II. Heilung (S. 2–6) 10
B. Privilegierung des Fernabsatzes (Abs. 2) 5	1. Voraussetzungen 10
I. Vereinbarkeit mit VerbrKr-RL 5	2. Rechtsfolge 11
II. Voraussetzungen 7	3. Sanktionen durch inhaltliche Modifikation 12
III. Rechtsfolgen 8	

A. Pflichtangaben (Abs. 1)

I. Katalog (S. 1)

Abs. 1 S. 1 regelt, welche Pflichtangaben die vom Verbraucher zu unterzeichnende Vertragserklärung bei **1** einem **Teilzahlungsgeschäft** (§ 499 Rn 9) haben muss. Die Vorschrift entspricht bis auf „redaktionelle Anpassungen" dem bisherigen § 4 Abs. 1 S. 5 Nr. 2 und S. 6 VerbrKrG.[1] Der in ihr enthaltene Katalog von Pflichtangaben ähnelt dem, der für Verbraucherdarlehensverträge maßgeblich ist (§ 492 Abs. 1 S. 5).

An die Stelle des Nettodarlehensbetrages tritt nach Nr. 1 der **Barzahlungspreis**, also der „Preis, den der **2** Käufer zu entrichten hätte, wenn spätestens bei Übergabe der Sache der Preis in voller Höhe fällig wäre".[2] Statt des Gesamtbetrages aller vom Darlehensnehmer zu entrichtenden Teilzahlungen ist bei Teilzahlungsgeschäften nach Nr. 2 der dort definierte **Teilzahlungspreis** anzugeben. Dies ist der vom Verbraucher zu entrichtende Gesamtbetrag, bestehend aus der Anzahlung und aus allen Teilzahlungen einschließlich Zinsen und Kosten. Anzugeben ist nach Nr. 3 statt der Art und Weise der Rückzahlung des Darlehens **Betrag, Zahl und Fälligkeit der einzelnen Teilzahlungen**. Angegeben werden müssen weiter nach Nr. 4 ebenso wie bei Verbraucherdarlehensverträgen der in § 492 Abs. 2 definierte **effektive Jahreszins**. Anders als bei Verbraucherdarlehensverträgen (§ 492 Abs. 1 S. 5 Nr. 5) muss bei Teilzahlungsgeschäften der **anfängliche effektive Jahreszins** nicht angegeben werden. Dies beruht darauf, dass **variable Teilzahlungskonditionen** in der Praxis sehr selten vorkommen. Wo dies doch geschieht, gilt § 492 Abs. 1 S. 5 Nr. 5 analog;[3]

---

[1] BT-Drucks 14/6040, 257.
[2] So unter Rückgriff auf die Legaldefinition des alten § 1 a Abs. 1 S. 3 AbzG die zu § 4 VerbrKrG einhellige Ansicht; statt aller Erman/*Rebmann*, § 4 VerbrKrG Rn 21.

eine Folgerung, die auch durch Abs. 3 S. 6 bestätigt wird. Schließlich sind nach Nr. 5 die **Kosten einer Versicherung** anzugeben, die im Zusammenhang mit dem Teilzahlungsgeschäft abgeschlossen wird, und nach Nr. 6 die **Vereinbarung eines Eigentumsvorbehalts** oder einer anderen zu bestellenden Sicherheit.

II. Ausnahme (S. 2)

3 S. 2 stellt den Unternehmer, der **ausschließlich Teilzahlungsgeschäfte** tätigt, von den Angaben des Barzahlungspreises und des effektiven Jahreszinses frei. Die Ausnahme rechtfertigt sich daraus, dass diese Unternehmer ihre Preiskalkulation ausschließlich auf Teilzahlung abstellen. Daher wäre ein angegebener Barzahlungspreis fiktiv und für den Verbraucher ohne Informationsgehalt. Dasselbe gilt für die Angabe des effektiven Jahreszinses.[4]

4 Die **Beweislast** dafür, dass er – den konkreten Gegenstand – ausschließlich gegen Teilzahlungen leistet, trifft den Unternehmer. Besondere praktische Bedeutung erlangt die Ausnahmebestimmung für die **Finanzierungsleasingverträge mit Erwerbsrecht** des Leasingnehmers, für die in richtlinienkonformer Auslegung die Freistellung des § 500 von den Pflichtangaben des Abs. 1 nicht gilt (§ 500 Rn 6).[5]

B. Privilegierung des Fernabsatzes (Abs. 2)

I. Vereinbarkeit mit VerbrKr-RL

5 Abs. 2 entspricht § 8 Abs. 1 VerbrKrG und privilegiert im Hinblick auf die erforderliche Form solche Teilzahlungsgeschäfte, die im Fernabsatz getätigt werden. Damit wird von Art. 4 Abs. 1 und 2 VerbrKr-RL abgewichen, wonach Kreditverträge der Schriftform bedürfen, bestimmte Pflichtangaben enthalten müssen und wonach der Verbraucher eine Ausfertigung des Vertrages zu erhalten hat. Art. 13 Abs. 2 Fernabsatzrichtlinie erklärt die Bestimmungen anderer Richtlinien, die nur gewisse Aspekte der Lieferung von Waren oder der Erbringung von Dienstleistungen regeln, für vorrangig gegenüber der Fernabsatzrichtlinie. Dies bedeutet im Verhältnis zur Verbraucherkreditrichtlinie, dass zwar das Widerrufsrecht des Art. 6 Fernabsatzrichtlinie für im Fernabsatz vertriebene Kreditverträge gilt, weil die Verbraucherkreditrichtlinie das Widerrufsrecht nicht zwingend vorschreibt.[6] Für die Frage der Form ist aber Art. 4 Abs. 1 und 2 VerbrKr-RL maßgeblich und nicht Art. 4 und 5 der Fernabsatzrichtlinie, denn insoweit geht die speziellere Vorschrift der Verbraucherkreditrichtlinie nach Art. 13 Abs. 2 Fernabsatzrichtlinie vor.[7]

6 Die mithin offene Frage, ob § 8 Abs. 1 VerbrKrG und damit auch Abs. 2 im Verhältnis zur VerbrKr-RL **richtlinienkonform** ist, wurde auch vom Gesetzgeber gesehen und mit dem nicht zweifelsfreien Hinweis auf eine Protokollerklärung des Rates und der Kommission bejaht.[8]

II. Voraussetzungen

7 Voraussetzung der Privilegierung ist einmal, dass es sich bei dem Teilzahlungsgeschäft (§ 499 Rn 9) um einen **Fernabsatzvertrag** (§ 312b) handelt. Voraussetzung ist weiter, dass die Pflichtangaben des Abs. 1 mit Ausnahme der Nr. 6 (Eigentumsvorbehalt und andere Sicherheiten) dem Verbraucher vor Abschluss des Vertrages mitgeteilt wurden. Ausgenommen ist der Betrag der einzelnen Teilzahlung, damit der Unternehmer die Möglichkeit hat, eine unterschiedliche Anzahl von Raten zur Wahl zu stellen.[9] Die Mitteilung muss in **Textform** (§ 126b) erfolgen, und zwar so rechtzeitig, dass der Verbraucher die Angaben vor Vertragsschluss **eingehend zur Kenntnis** nehmen kann.

III. Rechtsfolgen

8 Greift das Privileg ein, so ist das Fernabsatzgeschäft von dem Schriftformerfordernis des § 492 Abs. 1 S. 1 bis 4 ebenso befreit wie von den Pflichtangaben des Abs. 1. Schließlich muss der Unternehmer entgegen § 492 Abs. 3 dem Verbraucher auch keine Abschrift der Vertragserklärungen zur Verfügung stellen.

---

3 Ebenso zu § 4 Abs. 1 S. 5 Nr. 2d VerbrKrG Erman/*Rebmann*, § 4 VerbrKrG Rn 23; MüKo/*Ulmer*, § 4 VerbrKrG Rn 65; Soergel/*Häuser*, § 4 VerbrKrG Rn 66; im Ergebnis auch *Bülow*, § 4 VerbrKrG Rn 132 mit unzutreffendem Hinweis auf OLG Stuttgart ZIP 1993, 1466, wo im Leitsatz zwar das Wort „anfänglich" steht, aber keine variablen Konditionen vereinbart waren.
4 Hierzu BT-Drucks 11/5462, 20; Erman/*Rebmann*, § 4 VerbrKrG Rn 24.
5 Vgl. zum alten Recht *Bülow*, § 4 VerbrKrG Rn 125; MüKo/*Ulmer*, § 4 VerbrKrG Rn 69.
6 *Reich*, EuZW 1997, 581, 589; vgl. BT-Drucks 14/2658, 35 (zur Konkurrenz zwischen FernAbsG und VerbrKrG).
7 Staudinger/*Kessal-Wulf*, § 8 VerbrKrG Rn 3; wohl auch *Reich*, EuZW 1997, 581, 589; zur grundsätzlichen Möglichkeit (!) des nationalen Gesetzgebers, die Anwendung beider Regelungen nebeneinander anzuordnen, vgl. BT-Drucks 14/2658, 34; missverstanden von MüKo/*Wendehorst*, § 1 FernAbsG Rn 117.
8 BT-Drucks 14/2658, 58 f. (zu § 8 VerbrKrG); BT-Drucks 11/2462, 22 (zum Versandhandelsprivileg des § 8 VerbrKrG a.F.); zustimmend *Bülow*, § 8 VerbrKrG Rn 5; MüKo/*Ulmer*, § 8 VerbrKrG Rn 3; mit eingehender Begründung a.A. Staudinger/*Kessal-Wulf*, § 8 VerbrKrG Rn 3.
9 *Bülow*, § 8 VerbrKrG Rn 11.

C. Nichtigkeit und Heilung (Abs. 3)
I. Nichtigkeit (S. 1)

Abs. 3 S. 1 entspricht § 6 Abs. 1 VerbrKrG und ähnelt § 494 Abs. 1 für Verbraucherdarlehensverträge. Er bestimmt, dass ein Teilzahlungsgeschäft nichtig ist, wenn die Schriftformerfordernisse des § 492 Abs. 1 S. 1–4 nicht eingehalten wurden oder eine der in Abs. 1 Nr. 1–5 vorgeschriebenen Pflichtangaben fehlt. Das Fehlen der Angabe über die Vereinbarung eines Eigentumsvorbehaltes bzw. einer anderen Sicherheit macht das Teilzahlungsgeschäft also nicht nichtig.

II. Heilung (S. 2–6)
1. Voraussetzungen

S. 2 enthält wie bisher § 6 Abs. 3 und 4 VerbrKrG und ähnlich wie § 494 Abs. 2 und 3 für Verbraucherdarlehensverträge eine Heilungsvorschrift. Ein nach S. 1 grundsätzlich nichtiges Teilzahlungsgeschäft wird nach S. 2 gültig, wenn dem Verbraucher die **Sache übergeben** oder die **Leistung erbracht** wird. Entscheidend ist, dass der Verbraucher durch die Entgegennahme der Sache oder Leistung erneut seinen (Kauf-)Vertragsentschluss zum Ausdruck bringt.[10]

2. Rechtsfolge

Liegen die genannten Voraussetzungen vor, so „wird das Teilzahlungsgeschäft gültig". Geheilt wird freilich nur die (Form-)Nichtigkeit nach S. 1, andere Nichtigkeitsgründe bleiben unberührt. Unberührt bleibt auch das Widerrufsrecht nach §§ 501, 495 Abs. 1; es gilt insoweit das zum Verbraucherdarlehensvertrag Gesagte (§ 494 Rn 6 f).

3. Sanktionen durch inhaltliche Modifikation

Ähnlich wie beim Verbraucherdarlehensvertrag werden die Verstöße des Unternehmers gegen seine Informationspflichten aus Abs. 1 durch inhaltliche Modifikationen sanktioniert. Fehlt die Angabe des Teilzahlungspreises oder des effektiven Jahreszinses, so ist nach S. 3 der Barzahlungspreis höchstens mit dem **gesetzlichen Zinssatz** zu verzinsen. Dies bedeutet ohne Ausnahme die Maßgeblichkeit des Zinssatzes von vier Prozent je Jahr nach § 246 (§ 494 Rn 9). Wurde ein Barzahlungspreis nicht genannt, etwa weil er nach Abs. 1 S. 2 nicht angegeben werden musste, so ist nach S. 4 der **Marktpreis** als Barzahlungspreis zu Grunde zu legen. Jeder Partei steht es freilich frei, nachzuweisen, dass ein vom Marktpreis abweichender Barzahlungspreis vereinbart wurde.[11] Fehlen Angaben über zu bestellende Sicherheiten, so muss der Verbraucher diese Sicherheiten nach S. 5 nicht bestellen. Wird schließlich der effektive oder der anfängliche[12] effektive Jahreszins zu niedrig angegeben, so vermindert sich nach S. 6 der Teilzahlungspreis um den Prozentsatz, um den der effektive oder anfängliche effektive Jahreszins zu niedrig angegeben ist. Für diese **Senkung des Teilzahlungspreises** gilt das zu § 494 Abs. 3 Gesagte weitgehend entsprechend (§ 494 Rn 16). Beträgt also der Teilzahlungspreis 1.000 EUR und wurde der effektive Jahreszins mit acht Prozent angegeben, obwohl er zehn Prozent beträgt, so wird der Teilzahlungspreis um zwei Prozent auf 980 EUR gekürzt. Freilich darf der **Barzahlungspreis** nicht unterschritten werden, weil selbst eine falsche Angabe bei einem Teilzahlungsgeschäft den Verbraucher nicht besser stellen darf als im Falle eines Bargeschäfts.[13]

§ 503 Rückgaberecht, Rücktritt bei Teilzahlungsgeschäften

(1) ¹Anstelle des dem Verbraucher gemäß § 495 Abs. 1 zustehenden Widerrufsrechts kann dem Verbraucher ein Rückgaberecht nach § 356 eingeräumt werden.
(2) ¹Der Unternehmer kann von einem Teilzahlungsgeschäft wegen Zahlungsverzugs des Verbrauchers nur unter den in § 498 Abs. 1 bezeichneten Voraussetzungen zurücktreten. ²Der Verbraucher hat dem Unternehmer auch die infolge des Vertrags gemachten Aufwendungen zu ersetzen. ³Bei der Bemessung der Vergütung von Nutzungen einer zurückzugewährenden Sache ist auf die inzwischen eingetretene Wertminderung Rücksicht zu nehmen. ⁴Nimmt der Unternehmer die auf Grund des Teilzahlungsgeschäfts gelieferte Sache wieder an sich, gilt dies als Ausübung des Rücktrittsrechts, es sei denn, der Unternehmer einigt sich mit dem Verbraucher, diesem den gewöhnlichen Verkaufswert der Sache im Zeitpunkt der Wegnahme zu vergüten. ⁵Satz 4 gilt entsprechend, wenn ein Vertrag

---
10 *Bülow*, § 6 VerbrKrG Rn 56; eingehend zu den Voraussetzungen Staudinger/*Kessal-Wulf*, § 6 VerbrKrG Rn 24 ff.
11 *Bülow*, § 6 VerbrKrG Rn 66.
12 Zur Pflicht, den anfänglichen effektiven Jahreszins anzugeben, siehe Rn 2.
13 *Bülow*, § 6 VerbrKrG Rn 73; Erman/*Rebmann*, § 6 VerbrKrG Rn 19; weitergehend MüKo/*Ulmer*, § 6 VerbrKrG Rn 45 und Staudinger/*Kessal-Wulf*, § 6 VerbrKrG Rn 50, die die untere Grenze bereits bei dem mit den gesetzlichen Zinssatz verzinsten Barzahlungspreis annehmen.

über die Lieferung einer Sache mit einem Verbraucherdarlehensvertrag verbunden ist (§ 358 Abs. 2) und wenn der Darlehensgeber die Sache an sich nimmt; im Fall des Rücktritts bestimmt sich das Rechtsverhältnis zwischen dem Darlehensgeber und dem Verbraucher nach den Sätzen 2 und 3.

Inhalt

A. Rückgaberecht (Abs. 1)	1	II. Rechtsfolgen	5
B. Rücktritt wegen Zahlungsverzugs (Abs. 2)	4	III. Rücktrittsvermutung	6
I. Voraussetzungen	4	IV. Verbundene Verträge	10

A. Rückgaberecht (Abs. 1)

1 Bei einem Teilzahlungsgeschäft (§ 499 Rn 9) steht dem Verbraucher nach §§ 501 S. 1, 495 Abs. 1 grundsätzlich ein Widerrufsrecht gem. § 355 zu. Abs. 1 bestimmt, dass der Unternehmer dem Verbraucher stattdessen ein **Rückgaberecht** nach § 356 einräumen kann. Diese Vorschrift, die § 7 Abs. 1 S. 2 VerbrKrG[1] entspricht, macht also das zwingende (§ 506 S. 1) gesetzliche Widerrufsrecht in gewissem Umfang abdingbar, indem sie seine Ersetzung durch das Rückgaberecht, also durch ein spezielles **vertraglich vereinbartes Rücktrittsrecht**[2] zulässt.

2 Voraussetzung für das Rückgaberecht ist nach Abs. 1 nur, dass es sich um ein Teilzahlungsgeschäft handelt. Die weiteren Voraussetzungen ergeben sich aus § 356 Abs. 1.[3] Danach muss das Teilzahlungsgeschäft **aufgrund eines Verkaufsprospektes** abgeschlossen wurde. Erforderlich ist also **Kausalität** zwischen dem Prospekt und der Abgabe der Willenserklärung des Verbrauchers.[4] Verkaufsprospekt i.d.S. sind Druckerzeugnisse, aber auch sonstige Datenträger, wie insbesondere CD-ROM oder Internetkataloge.[5] Das im Vertrag eingeräumte Rückgaberecht muss weiter „**uneingeschränkt**" sein. Die Ausübung des Rückgaberechts darf also im Prospekt an keine weiteren als die gesetzlichen Voraussetzungen geknüpft werden.[6] Vorausgesetzt wird nach § 356 Abs. 1 S. 2 weiter, dass der Verkaufsprospekt eine deutlich gestaltete Belehrung über das Rückgaberecht enthält, der Verbraucher den Prospekt in Abwesenheit des Unternehmers eingehend zur Kenntnis nehmen konnte und dass dem Verbraucher das Rückgaberecht in Textform (§ 126b) eingeräumt wird.[7]

3 Aus § 356 Abs. 2 ergibt sich, dass das Rückgaberecht nur innerhalb der Widerrufsfrist ausgeübt werden kann. Die Frist beginnt nicht vor Erhalt der Sache. Der Verbraucher hat die Sache grundsätzlich zurückzusenden; nur wenn die Versendung als Paket nicht möglich ist, genügt sein Rücknahmeverlangen, und zwar in Textform (§ 126b). Die Rechtsfolgen der Rückgabe ergeben sich aus § 357.

B. Rücktritt wegen Zahlungsverzugs (Abs. 2)

I. Voraussetzungen

4 Gerät der Verbraucher mit seinen Verbindlichkeiten aus dem Teilzahlungsgeschäft in Zahlungsrückstand, so kann der Unternehmer nach §§ 501 S. 1, 498 Abs. 1 den Vertrag **kündigen** und nach erfolglosem Ablauf der gesetzten Nachfrist die gesamte nach Maßgabe des § 498 Abs. 2 geminderte Restschuld verlangen. Stattdessen kann der Unternehmer aber auch nach Abs. 2 S. 1[8] von dem Teilzahlungsgeschäft **zurücktreten**. Er hat also ein **Wahlrecht** zwischen Kündigung und Rücktritt.[9] Das Rücktrittsrecht besteht freilich ebenfalls „nur unter den in § 498 Abs. 1 bezeichneten Voraussetzungen". Der Verbraucher muss sich also in einem **qualifizierten Ratenverzug** befinden (§ 498 Rn 3 f.). An die Stelle der in § 498 Abs. 1 genannten Fristsetzung mit Kündigungsandrohung tritt allerdings die **Fristsetzung mit Rücktrittsandrohung**.[10]

---

1 Vor dem 1.10.2000 gab es nach § 8 Abs. 2 VerbrKrG a.F. das Rückgaberecht nur im Versandhandel.
2 Zur dogmatischen Einordnung des Rückgaberechts wie hier MüKo/*Ulmer*, § 361b Rn 13; Staudinger/*Kessal-Wulf*, § 7 VerbrKrG Rn 78; a.A. *Bülow/Artz*, NJW 2000, 2049, 2053 und *Bülow*, § 7 VerbrKrG Rn 32 f., die es – in Anbetracht der Erforderlichkeit einer vertraglichen Vereinbarung (vgl. § 356 Abs. 1) nicht recht verständlich – als gesetzliches Rücktrittsrecht einordnen.
3 Vgl. hierzu und zum Folgenden die Kommentierung zu §§ 356 und 357.
4 MüKo/*Ulmer*, § 361b Rn 10.
5 BT-Drucks 14/2658, 48 (Begründung zu § 361b); 14/3195, 33 (Rechtsausschuss zu § 361b); MüKo/*Ulmer*, § 361b Rn 9.
6 Eingehend zum freien Rückgaberecht Staudinger/*Kessal-Wulf*, § 7 VerbrKrG Rn 81.
7 Vgl. Rechtsausschuss BT-Drucks 14/3195, 33 zur Neufassung des § 361b a.F.; zur Ersetzung des dauerhaften Datenträgers in § 356 Abs. 2 Nr. 3 RE durch die Textform vgl. Rechtsausschuss BT-Drucks 14/7052, 36 (Text) und 191 (Begründung zu § 312c) sowie 195 (Begründung zum Wegfall des § 360 RE).
8 Bislang § 13 Abs. 1 VerbrKrG, der Art. 7 VerbrKr-RL umsetzt.
9 Staudinger/*Kessal-Wulf*, § 13 VerbrKrG Rn 5.
10 Staudinger/*Kessal-Wulf*, § 13 VerbrKrG Rn 5.

II. Rechtsfolgen

Die **Wirkungen des Rücktritts** ergeben sich grundsätzlich aus § 346.[11] Daneben bestimmt Abs. 2 S. 2,[12] dass der Verbraucher dem Unternehmer auch die aufgrund des Vertrages gemachten Aufwendungen zu ersetzen hat, also die **vertragsspezifischen Kosten**, die in einem **kausalen** Zusammenhang mit dem konkreten Vertrag stehen und nicht ohne ihn angefallen wären.[13] Abs. 2 S. 3[14] bestimmt, dass bei der Bemessung der Vergütung von Nutzungen der zurückzugewährenden Sache auf die inzwischen eingetretene **Wertminderung** Rücksicht zu nehmen ist. Der Anspruch des Unternehmers erhöht sich danach um einen Entwertungszuschlag, wenn die Sache stärker abgenutzt wurde, als dies üblicherweise bei einer Vermietung erwartet werden kann.[15]

III. Rücktrittsvermutung

Die **Erklärung des Rücktritts** ist formfrei, sie kann auch konkludent erfolgen. Für den besonders häufigen Fall der Rücknahme der gelieferten Sache durch den Unternehmer, der häufig noch Eigentümer der Sache ist,[16] enthält S. 4[17] die **unwiderlegliche Vermutung**, dass darin die Erklärung des Rücktritts liegt. Dies gilt freilich nur für die **berechtigte Wiederansichnahme**, also nur, wenn das Rücktrittsrecht nach Abs. 2 i.V.m. § 498 Abs. 1 wirklich besteht.[18] Durch die unwiderlegliche Vermutung wird der Verbraucher davor geschützt, den Besitz der Sache zu verlieren und gleichwohl weiter das vertragliche Entgelt für sie zu schulden.[19]

Voraussetzung der Rücktrittsvermutung ist, dass der Unternehmer die gelieferte Sache an sich genommen hat. **Ansichnehmen** bedeutet, dass der Unternehmer dem Verbraucher die Nutzung der Sache entzieht und diese in ihrem wirtschaftlichen Wert sich selbst zuführt. Ansichnehmen liegt danach etwa vor, wenn der Unternehmer die Sache „zur Sicherung" seiner Ansprüche zurücknimmt,[20] wenn die Wegnahme der sicherungsübereigneten Sache zum Zwecke der Verwertung erfolgt[21] oder wenn der Unternehmer Klage auf Herausgabe der Sache erhebt.[22]

Die unwiderlegliche Vermutung greift nach der **Ausnahmebestimmung** des S. 4 Hs. 2 nicht ein, wenn sich die Parteien – bei Abschluss des Vertrages oder später – darüber geeinigt haben, dass der Unternehmer dem Verbraucher den **gewöhnlichen Verkaufswert** der Sache (§ 813 Abs. 1 S. 1 ZPO)[23] im Zeitpunkt der Wegnahme vergütet. Zu ersetzen ist also der Wert, den die Sache in dem Zeitpunkt hat, in dem der Verbraucher den Besitz verliert.

Rechtsfolge der Ausnahme ist, dass der (Kauf-)Vertrag aufrecht erhalten bleibt. Die (Kaufpreis-)Forderung wird um die bislang gezahlten Raten und den geschätzten gewöhnlichen Verkaufswert vermindert.

IV. Verbundene Verträge

Ist ein Vertrag über die Lieferung einer Sache mit einem Verbraucherdarlehensvertrag i.S.d. **§ 358 Abs. 3** verbunden, so hat der Verkäufer typischerweise die Vergütung schon erhalten, und zwar vom finanzierenden Darlehensgeber. Gerät der Verbraucher mit der Rückzahlung des Darlehens in Verzug, so kann der Verkäufer nicht vom Vertrag zurücktreten, weil ihm gegenüber der Verbraucher nicht in Verzug ist.[24] Der **Darlehensgeber** kann in diesem Fall am Darlehensvertrag festhalten und seinen Verzugsschaden nach § 497 liquidieren. Er kann stattdessen auch den Darlehensvertrag nach § 498 kündigen und die Restschuld fällig stellen. In beiden Fällen behält der Verbraucher die gelieferte Sache. Der Darlehensgeber könnte nun aber auch die **Sache an sich nehmen**, woran er insbesondere ein Interesse hat, wenn zur Sicherung der Forderungen aus dem Darlehensvertrag eine **Sicherungsübereignung** der Sache an ihn stattgefunden hat. S. 5 Hs. 1 bestimmt für diesen Fall, dass die Rücktrittsvermutung des S. 4 Hs. 1 und die Ausnahme hierzu

---

11 Vgl. hierzu die Kommentierung zu § 346.
12 Bislang: § 13 Abs. 2 S. 2 VerbrKrG.
13 Staudinger/*Kessal-Wulf*, § 13 VerbrKrG Rn 59; Einzelfälle in Rn 60 ff.
14 Bisher: § 13 Abs. 2 S. 3 VerbrKrG.
15 *Bülow*, § 13 VerbrKrG Rn 25.
16 Zum Eigentumsvorbehalt vgl. § 502 Abs. 1 Nr. 6.
17 Bislang: § 13 Abs. 3 S. 1 VerbrKrG.
18 BT-Drucks 11/5462, 28; OLG Köln WM 1998, 381; OLG Oldenburg NJW-RR 1996, 564; Erman/*Saenger*, § 13 VerbrKrG Rn 64; *Bülow*, § 13 VerbrKrG Rn 37; Staudinger/*Kessal-Wulf*, § 13 VerbrKrG Rn 9; a.A. MüKo/*Habersack*, § 13 VerbrKrG Rn 47; *Karollus*, JuS 1993, 820, 824.
19 Palandt/*Putzo*, § 13 VerbrKrG Rn 8; BGH ZIP 2001, 1992, 1994; BGHZ 15, 171, 173 (zu § 5 AbzG); abweichend Erman/*Saenger*, § 13 VerbrKrG Rn 66.
20 RGZ 96, 296, 297 (zu § 5 AbzG).
21 BGHZ 57, 112, 113 ff. (zu § 5 AbzG).
22 RGZ 144, 62, 64 (zu § 5 AbzG); mehr Kasuistik m.w.N. bei Erman/*Saenger*, § 13 VerbrKrG Rn 68 ff.
23 BT-Drucks 11/5462, 28; OLG Stuttgart NJW-RR 1996, 563.
24 *Bülow*, § 13 VerbrKrG Rn 50 mit Hinweis auf Ausnahmekonstellationen.

nach S. 4 Hs. 2 entsprechend gilt, wenn der Darlehensgeber die Sache an sich nimmt. Tut er dies, so wird er also Partei des Rückabwicklungsverhältnisses mit dem Verbraucher. Für diesen Fall bestimmt S. 5 Hs. 2, dass für das Verhältnis zwischen Darlehensgeber und Verbraucher die S. 2 und 3 gelten. Der Verbraucher muss also dem Darlehensgeber die vertragsspezifischen Kosten ersetzen und bei der Nutzungsvergütung einen Entwertungszuschlag leisten (Rn 5). Dies gilt nicht, wenn sich Darlehensgeber und Verbraucher über den gewöhnlichen Verkaufswert nach Maßgabe von S. 4 Hs. 2 einigen. In diesem Fall wird der gewöhnliche Verkaufswert von der Restschuld abgezogen.[25]

11 Der Verweis in S. 5 auf **§ 358 Abs. 2** ist ein **Redaktionsversehen**. Verwiesen wird auf die Definition des verbundenen Vertrages in § 358 Abs. 3. Denn ausweislich der Begründung entspricht Abs. 2 der Regelung des § 13 VerbrKrG, und in dessen Abs. 3 S. 2 wird auf § 9 Abs. 1 VerbrKrG verwiesen, der seinerseits dem § 358 Abs. 3 entspricht.[26]

§ 504 Vorzeitige Zahlung bei Teilzahlungsgeschäften

¹Erfüllt der Verbraucher vorzeitig seine Verbindlichkeiten aus dem Teilzahlungsgeschäft, so vermindert sich der Teilzahlungspreis um die Zinsen und sonstigen laufzeitabhängigen Kosten, die bei gestaffelter Berechnung auf die Zeit nach der vorzeitigen Erfüllung entfallen. ²Ist ein Barzahlungspreis gemäß § 502 Abs. 1 Satz 2 nicht anzugeben, so ist der gesetzliche Zinssatz (§ 246) zugrunde zu legen. ³Zinsen und sonstige laufzeitabhängige Kosten kann der Unternehmer jedoch für die ersten neun Monate der ursprünglich vorgesehenen Laufzeit auch dann verlangen, wenn der Verbraucher seine Verbindlichkeiten vor Ablauf dieses Zeitraums erfüllt.

A. Allgemeines

1 Nach Art. 8 S. 1 VerbrKr-RL hat der Verbraucher das Recht, seine Verbindlichkeiten aus dem Kreditvertrag vorzeitig zu erfüllen. Nach S. 2 kann er in diesem Fall eine angemessene Ermäßigung der Gesamtkosten des Kredits verlangen. Für (Geld-)Darlehensverträge eines Verbrauchers ist diese Bestimmung durch § 489 Abs. 1 Nr. 2 umgesetzt.[1] Danach kann ein Verbraucher ein nicht durch ein Grund- oder Schiffspfandrecht gesichertes Darlehen sechs Monate nach dem vollständigen Empfang unter Einhaltung einer Kündigungsfrist von drei Monaten kündigen. Der von ihm geschuldete Betrag ist dann laufzeitabhängig abzuzinsen (§ 489 Rn 22). Für Teilzahlungsgeschäfte (§ 499 Rn 9) wird Art. 8 VerbrKr-RL durch § 504 umgesetzt.[2]

B. Vorzeitige Zahlung

I. Unabdingbares Recht

2 Vor dem Hintergrund des Art. 8 S. 1 VerbrKr-RL wird deutlich, dass S. 1 nicht nur, wie sein Wortlaut vermuten lassen könnte, die Rechtsfolgen einer vorzeitigen Zahlung des Verbrauchers regelt. Vielmehr ist dieser Bestimmung das gem. § 506 S. 1 unabdingbare Recht des Verbrauchers zu entnehmen, seine Verbindlichkeiten aus dem Teilzahlungsgeschäft vorzeitig zu erfüllen.[3] Unzulässig sind Vereinbarungen, die dieses Recht an zusätzliche Bedingungen knüpfen. So ist insbesondere die Vereinbarung einer **Vorfälligkeitsentschädigung** (§ 490 Abs. 2) unwirksam.[4]

II. Rechtsfolgen

3 Macht der Verbraucher von seinem Recht Gebrauch, so vermindert sich nach S. 1 der Teilzahlungspreis um die Zinsen und sonstigen laufzeitabhängigen Kosten, die bei gestaffelter Berechnung auf die Zeit nach der vorzeitigen Erfüllung entfallen. Diese **Abzinsungsregelung** entspricht der des § 498 Abs. 2 für die Kündigung eines Teilzahlungsdarlehens durch den Darlehensgeber.

4 Bei einem Teilzahlungsgeschäft, bei dem der Unternehmer den Barzahlungspreis und den effektiven Jahreszins nicht angeben muss, weil er **nur gegen Teilzahlungen leistet** (§ 502 Abs. 1 S. 2), würde die Abzinsung des Teilzahlungspreises Schwierigkeiten bereiten. Daher ist nach S. 2 für diesen Fall im Rahmen der Abzinsung gem. S. 1 davon auszugehen, dass in den Teilzahlungspreis der **gesetzliche Zinssatz** von

---

25 *Bülow*, § 13 VerbrKrG Rn 52.
26 BT-Drucks 14/6040, 257 f. (zu § 503) mit 200 f. (zu § 358); richtig war noch der Verweis in § 500 Abs. 2 KF auf § 358 Abs. 3 KF und in § 503 Abs. 3 DiskE auf § 499 Abs. 1 DiskE.
1 Vgl. BT-Drucks 11/5462, 28.
2 Bislang: § 14 VerbrKrG.
3 So unter Bezug auf BT-Drucks 11/5462, 28 die einhellige Ansicht zu § 14 VerbrKrG; statt aller Erman/*Saenger*, § 14 VerbrKrG Rn 1 und 2. Anders hingegen die Regelung beim allgemeinen Darlehen; vgl. § 488 Abs. 3 S. 3 im Umkehrschluss (§ 488 Rn 10).
4 Erman/*Saenger*, § 14 VerbrKrG Rn 7; MüKo/*Habersack*, § 15 VerbrKrG Rn 16.

vier Prozent je Jahr (§ 246) einkalkuliert ist.[5] Zinsen und andere laufzeitabhängige Kosten für die **ersten neun Monate** sollen dem Unternehmer nach S. 3 aber in jedem Fall zustehen.[6] Hierdurch wird auch die Gleichbehandlung mit Gelddarlehen erreicht, die nach § 489 Abs. 1 Nr. 2 eine faktische Mindestlaufzeit von ebenfalls neun Monaten haben.[7]

Untertitel 3. Ratenlieferungsverträge zwischen einem Unternehmer und einem Verbraucher

§ 505 Ratenlieferungsverträge

(1) [1]Dem Verbraucher steht vorbehaltlich des Satzes 2 bei Verträgen mit einem Unternehmer, in denen die Willlenserklärung des Verbrauchers auf den Abschluss eines Vertrags gerichtet ist, der
1. die Lieferung mehrerer als zusammengehörend verkaufter Sachen in Teilleistungen zum Gegenstand hat und bei dem das Entgelt für die Gesamtheit der Sachen in Teilzahlungen zu entrichten ist, oder
2. die regelmäßige Lieferung von Sachen gleicher Art zum Gegenstand hat, oder
3. die Verpflichtung zum wiederkehrenden Erwerb oder Bezug von Sachen zum Gegenstand hat, ein Widerrufsrecht gemäß § 355 zu. [2]Dies gilt nicht in dem in § 491 Abs. 2 und 3 bestimmten Umfang. [3]Dem in § 491 Abs. 2 Nr. 1 genannten Nettodarlehensbetrag entspricht die Summe aller vom Verbraucher bis zum frühestmöglichen Kündigungszeitpunkt zu entrichtenden Teilzahlungen.
(2) [1]Der Ratenlieferungsvertrag nach Absatz 1 bedarf der schriftlichen Form. [2]Satz 1 gilt nicht, wenn dem Verbraucher die Möglichkeit verschafft wird, die Vertragsbestimmungen einschließlich der Allgemeinen Geschäftsbedingungen bei Vertragsschluss abzurufen und in wiedergabefähiger Form zu speichern. [3]Der Unternehmer hat dem Verbraucher den Vertragsinhalt in Textform mitzuteilen.

Inhalt

A. Allgemeines 1	III. Ausnahmen (Abs. 1 S. 2 und 3) 13
I. VerbrKr-RL 1	1. Allgemeines 13
II. Normzweck 2	2. Bagatellgrenze 14
III. Entwicklung 3	3. Sonstige Grenzen 15
B. Voraussetzungen 4	**C. Rechtsfolgen** 17
I. Verbrauchervertrag 4	I. Widerrufsrecht 17
II. Ratenlieferungsvertrag 5	II. Rückgaberecht? 18
1. Allgemeines 5	III. Form (Abs. 2) 20
2. Teillieferungsverträge (Nr. 1) 7	1. Schriftform (S. 1) 20
3. Sukzessivlieferungsverträge (Nr. 2) 9	2. Ausnahme (S. 2) 21
4. Wiederkehrender Erwerb oder Bezug (Nr. 3) 11	3. Mitteilung in Textform (S. 3) 22

A. Allgemeines

I. VerbrKr-RL

Die VerbrKr-RL findet nach Art. 1 nur auf Kreditverträge Anwendung. Sie enthält also keine Bestimmungen über die in § 505 geregelten (Verbraucher-)Ratenlieferungsverträge. Art. 15 VerbrKr-RL stellt aber klar, dass es sich bei dem Schutz der Richtlinie nur um einen Mindeststandard handelt. Die Mitgliedstaaten dürfen also auch solche Verbraucherverträge, die keine Kreditverträge sind, ganz oder teilweise wie Kreditverträge behandeln. Dies hat Deutschland für die sog. Ratenlieferungsverträge mit § 505 getan. Diese Verträge unterscheiden sich von den zu den Kreditverträgen i.S.d. Art. 1 VerbrKr-RL gehörenden Teilzahlungsgeschäften der §§ 501–504 vor allem dadurch, dass es an der Vorleistung des Verkäufers und der Kreditierung der Gegenleistung des Käufers fehlt.[1]

1

---

5 BT-Drucks 11/5462, 29, wo dies als „angemessener Kompromiss" bezeichnet wird; MüKo/*Habersack*, § 14 VerbrKrG Rn 13.
6 Die Frist beginnt regelmäßig mit der Übergabe der Sache; *Bülow*, § 14 VerbrKrG Rn 25; kritisch zur Vereinbarkeit der Vorgängernorm von S. 3 mit Art. 8 VerbrKr-RL Staudinger/*Kessal-Wulf*, § 14 VerbrKrG Rn 12.
7 Hierzu BT-Drucks 11/5462, 29.
1 Staudinger/*Kessal-Wulf*, § 2 VerbrKrG Rn 1.

II. Normzweck

2 Grund der Regelung ist die **Schutzbedürftigkeit des Verbrauchers**. Sie ist bei den Ratenlieferungsverträgen mit ihrer langfristigen Bindung und dauerhaften finanziellen Verpflichtung mit der bei Kreditverträgen vergleichbar. Der Verbraucher ist beim Ratenlieferungsvertrag der Gefahr eines unüberlegten Vertragsschlusses ausgesetzt, dessen Belastung er nicht voll überschaut, weil sie sich nach Art, Dauer und Höhe erst in der Zukunft realisiert.[2]

III. Entwicklung

3 Die Ratenlieferungsverträge wurden erstmals 1974 in **§ 1c AbzG** geregelt. Die darin auf solche Verträge für entsprechend anwendbar erklärten Vorschriften des AbzG bedeuteten, dass Ratenlieferungsverträge der Schriftform bedurften, dem Käufer eine Abschrift des Vertrages auszuhändigen war und er ein Widerrufsrecht hatte, das im Versandhandel durch ein Rückgaberecht ersetzt werden konnte. Im Rahmen der Ersetzung des AbzG durch das VerbrKrG sollte diese Regelung zunächst wegfallen, wurde aber auf Drängen des Bundesrates als **§ 2 VerbrKrG** ohne wesentliche Änderungen in das neue Gesetz übernommen.[3] Seit der am 1.10.2000 in Kraft getretenen Änderung der §§ 2 und 7 VerbrKrG konnte bei Ratenlieferungsverträgen – wie bei den Teilzahlungsgeschäften – das Widerrufsrecht durch ein Rückgaberecht nach § 361b a.F. ersetzt werden.[4] Der **DiskE** regelte die Ratenlieferungsverträge in § 452, also im Kaufrecht. Inhaltliche Änderungen zu § 2 VerbrKrG waren damit nicht verbunden.[5] Im **RE** wurden die Ratenlieferungsverträge dann als eigener Untertitel in § 505 erfasst und damit wieder in einem gemeinsamen Titel mit dem Darlehensvertrag und den Finanzierungshilfen.

B. Voraussetzungen

I. Verbrauchervertrag

4 Die in § 505 geregelten Ratenlieferungsverträge müssen Verbraucherverträge sein. Der Käufer muss grundsätzlich Verbraucher sein, also eine natürliche Person, die das Geschäft zu privaten Zwecken abschließt (§ 13).[6] Nach § 507 kann auf Käuferseite freilich auch ein Existenzgründer stehen (§ 507 Rn 2 f.). Der Verkäufer muss eine Person sein, für die der Vertragsschluss zu ihrem Unternehmen gehört (§ 14).

II. Ratenlieferungsvertrag

1. Allgemeines

5 Die in Abs. 1 S. 1 Nr. 1–3 vorgenommene Aufzählung ist abschließend. Doch ist deswegen weder eine analoge Anwendung ausgeschlossen noch eine restriktive Auslegung geboten.[7]

6 Nach seinem Wortlaut gilt § 505 nur für Verträge über die Lieferung oder den Erwerb von „**Sachen**". Dies schließt indes eine analoge Anwendung auf solche Verträge nicht aus, die die regelmäßige Erbringung von Leistungen gleicher Art oder die Verpflichtung zur wiederkehrenden Abnahme bestimmter Leistungen zum Gegenstand haben.[8]

2. Teillieferungsverträge (Nr. 1)

7 Zu den Ratenlieferungsverträgen i.S.d. § 505 gehören nach Abs. 1 S. 1 Nr. 1 einmal die Teillieferungsverträge. Für sie ist kennzeichnend der Verkauf mehrerer Sachen als zusammengehörend, die Lieferung dieser Sachen durch den Unternehmer in Teilleistungen und die Entrichtung des Entgelts durch den Verbraucher in Teilzahlungen. Anders als beim einfachen Abzahlungskauf erfüllt also nicht nur der Käufer, sondern auch der Verkäufer seine Hauptpflicht in mehreren Raten.

8 **Beispiele** sind Verträge über die Lieferung eines mehrbändigen Lexikons[9] bzw. einer Buchreihe,[10] wobei das Entgelt für jeden Einzelband nach dessen Lieferung fällig wird, oder die Lieferung von Sprachkursmaterial, das aus Buch, Box und Kassetten besteht.[11]

---

2 BGHZ 67, 389, 392 f. (zu § 1c AbzG); Erman/*Saenger*, § 2 VerbrKrG Rn 2.
3 BT-Drucks 11/5462, 35 (BR-Vorschlag) und 41 (Zustimmung der BReg); BT-Drucks 11/8274, 5 und 21 (Normtext und Begründung des Rechtsausschusses).
4 Hierzu BT-Drucks 14/2658, 58; Staudinger/*Kessal-Wulf*, § 2 VerbrKrG Rn 29 f.
5 So die Begründung zum DiskE S. 530.
6 Zu den Mischfällen siehe § 489 Rn 13.
7 Vgl. zum insoweit nahezu wortgleichen § 2 VerbrKrG *Bülow*, § 2 VerbrKrG Rn 5; MüKo/*Ulmer*, § 2 VerbrKrG Rn 4; zurückhaltender Staudinger/*Kessal-Wulf*, § 2 VerbrKrG Rn 7; a.A. Ott, in: Bruckner/Ott/Wagner-Wieduwilt, § 2 VerbrKrG Rn 9.
8 Erman/*Saenger*, § 2 VerbrKrG Rn 4.
9 Vgl. BT-Drucks 7/1398, 5.
10 BGH ZIP 1993, 926.
11 BGH NJW-RR 1990, 1011.

3. Sukzessivlieferungsverträge (Nr. 2)

Ratenlieferungsverträge i.S.d. § 505 sind nach dessen Abs. 1 S. 1 Nr. 2 auch die Sukzessivlieferungsverträge. Sie haben die regelmäßige Lieferung von Sachen gleicher Art zum Gegenstand. Regelmäßigkeit verlangt Lieferung zu festen periodischen Terminen.[12] Die gelieferten Sachen müssen nicht gleich sein; gleicher Art sind sie, wenn sie der selben Gattung angehören. Weil der Verbraucher indes bei diesen Verträgen dann nicht schutzbedürftig ist, wenn das von ihm geschuldete Entgelt auf einmal fällig ist, fällt dieser Vertrag nach einhelliger Ansicht entgegen dem Wortlaut nur dann unter § 505, wenn – wie bei Nr. 1 – das Entgelt des Verbrauchers in Teilzahlungen erbracht werden muss.[13]

Beispiele für Sukzessivlieferungsverträge nach Nr. 2 sind Abonnement-Verträge über Zeitungen bzw. Zeitschriften[14] und ein Vertrag über die Lieferung von Aussteuersortimenten für Bett- und Haushaltswäsche.[15] Auf einen Pay-TV-Vertrag ist Nr. 2 analog anzuwenden.[16]

4. Wiederkehrender Erwerb oder Bezug (Nr. 3)

Nach dem Auffangtatbestand des Abs. 1 S. 1 Nr. 3 fallen schließlich auch solche Verträge unter § 505, die die Verpflichtung zum wiederkehrenden Erwerb oder Bezug von Sachen zum Gegenstand haben, ohne dass von vornherein die Lieferung bestimmter Sachen vereinbart wird. Vielmehr besteht eine Erwerbs- oder Bestellpflicht. Wie Nr. 2 (Rn 9) ist auch die Nr. 3 entgegen ihrem Wortlaut nur erfüllt, wenn die Entrichtung des Entgelts durch den Verbraucher in Teilzahlungen zu erfolgen hat.[17]

Beispiele für Nr. 3 sind die Mitgliedschaft des Verbrauchers in einem Buchclub oder in einem Schallplattenring.[18] Hierher gehören auch Bierlieferungs- und sonstige Getränkebezugsverträge, insbesondere von Gastwirten mit Brauereien oder anderen Getränkelieferanten.[19] Schließlich fallen auch Franchisingverträge unter Nr. 3, soweit sie zum wiederkehrenden Bezug von Waren verpflichten.[20] Nicht anwendbar ist die Vorschrift hingegen auf Verträge über die Lieferung leitungsgebundener Energie bzw. leitungsgebundenen Wassers.[21]

III. Ausnahmen (Abs. 1 S. 2 und 3)

1. Allgemeines

§ 2 VerbrKrG, der für die jetzt in § 505 geregelten Ratenlieferungsverträge die entsprechende Anwendung bestimmter Vorschriften des VerbrKrG über Kreditverträge anordnete, verwies nach seinem Wortlaut nicht auf die damals in § 3 Abs. 1 und 2 VerbrKrG und heute in § 491 Abs. 2 und 3 geregelten Ausnahmebestimmungen. Die überwiegende Ansicht zum bislang geltenden Recht ging daher davon aus, dass Ratenlieferungsverträge auch dann der Schriftform unterlagen und widerrufen werden konnten, wenn sie bestimmte (Größen-)Merkmale aufwiesen, die bei Kreditverträgen die völlige oder teilweise Freistellung vom Verbraucherkreditgesetz bedeuteten.[22] Hier ist eine **grundlegende Rechtsänderung** eingetreten. Nach Abs. 1 S. 2 gilt S. 1 „nicht in dem in § 491 Abs. 2 und 3 bestimmten Umfang". Die in **§ 491 Abs. 2 und 3** für Verbraucherdarlehensverträge normierten Ausnahmebestimmungen gelten also für Ratenlieferungsverträge **entsprechend**. Liegen sie vor, so fällt ein Verbraucherratenlieferungsvertrag nicht unter § 505.

2. Bagatellgrenze

Die wichtigste Ausnahme ist die Bagatellgrenze des § 491 Abs. 2 Nr. 1. Danach finden die §§ 492 ff. auf solche Verbraucherdarlehensverträge keine Anwendung, bei denen der Nettodarlehensbetrag 200 EUR nicht übersteigt. Der im RE noch nicht enthaltene[23] § 505 Abs. 1 S. 3 stellt insoweit klar, dass dem Nettodarlehensbetrag der Betrag entspricht, der sich aus der Summe aller bis zum Zeitpunkt der ersten möglichen Kündigung vom Verbraucher zu entrichtenden Teilzahlungen ergibt.[24] Ein Ratenlieferungsvertrag zwischen

---

12 Wie hier *Bülow*, § 2 VerbrKrG Rn 14; MüKo/*Ulmer*, § 2 VerbrKrG Rn 21; a.A. Staudinger/*Kessal-Wulf*, § 2 VerbrKrG Rn 16; *Ott*, in: Bruchner/Ott/Wagner-Wieduwilt, § 2 VerbrKrG Rn 21.
13 Statt aller Staudinger/*Kessal-Wulf*, § 2 VerbrKrG Rn 14; a.A. allerdings BT-Drucks 7/1398, 5.
14 BGH ZIP 1986, 1277; ZIP 1990, 1227.
15 BGHZ 67, 389.
16 *Mankowski*, EWiR 2000, 597 f.; Staudinger/*Kessal-Wulf*, § 2 VerbrKrG Rn 18.
17 Staudinger/*Kessal-Wulf*, § 2 VerbrKrG Rn 19.
18 Staudinger/*Kessal-Wulf*, § 2 VerbrKrG Rn 19.
19 BGH NJW 1997, 933; BGHZ 129, 371; BGHZ 109, 314.
20 BGHZ 128, 156.
21 Staudinger/*Kessal-Wulf*, § 2 VerbrKrG Rn 20; *Bülow*, § 2 VerbrKrG Rn 28; vgl. auch Art. 1 Abs. 2 lit. c Unterabs. 2 VerbrKr-RL.
22 Staudinger/*Kessal-Wulf*, § 2 VerbrKrG Rn 4; *Bülow*, § 2 VerbrKrG Rn 16; *Ott*, in: Bruchner/Ott/Wagner-Wieduwilt, § 2 VerbrKrG Rn 2; a.A. MüKo/*Ulmer*, § 2 VerbrKrG Rn 10.
23 Kritik hieran bei *Artz*, Jb.J.ZivRWiss 2001, S. 227, 244 f.
24 S. 3 wurde vom Rechtsausschuss eingefügt, BT-Drucks 14/7052, 62 (Text) und 203 (Begründung); er entspricht einem Vorschlag des Bundesverbandes der Verbraucherzentralen, Nachweis bei *Artz*, Jb.J.ZivRWiss 2001, S. 227, 245.

einem Unternehmer und einem Verbraucher fällt also unter § 505, wenn der Verbraucher insgesamt mehr als 200 EUR zahlen muss, obwohl er den Ratenlieferungsvertrag zum ersten möglichen Termin kündigt.

3. Sonstige Grenzen

15 Weitere Klarstellungen für die entsprechende Anwendung der Ausnahmen des § 491 Abs. 2 und 3 auf Ratenlieferungsverträge enthält § 505 nicht. Der Gesetzgeber hat darauf verzichtet, weil er meinte, diese Grenzen wären für Ratenlieferungsverträge nicht relevant.[25] Dem ist bezüglich der in § 491 Abs. 2 Nr. 2 und 3 genannten Ausnahmen für Arbeitgeber- und Förderdarlehen ebenso zuzustimmen wie bezüglich der in § 491 Abs. 3 Nr. 1 und 3 genannten Realdarlehen und Spekulationsgeschäfte. Anders ist es hingegen mit der Ausnahme des § 491 Abs. 3 Nr. 2 für **notariell beurkundete oder gerichtlich protokollierte Verträge**. Zum bislang geltenden Recht, wonach die Ausnahmebestimmungen auf Ratenlieferungsverträge nicht anwendbar waren (Rn 13), hatten die Gerichte wiederholt Sachverhalte zu entscheiden, bei denen Ratenlieferungsverträge notariell beurkundet waren.[26]

16 Die **entsprechende Anwendung** dieser Vorschrift auf Ratenlieferungsverträge bereitet große **Schwierigkeiten**. Fraglich ist, welche Angaben der notariell beurkundete Vertrag oder das gerichtliche Protokoll enthalten muss, damit die Ausnahme eingreift. Der in § 492 Abs. 3 Nr. 2 genannte **Jahreszins** entfällt, weil es bei Ratenlieferungsverträgen, denen die Kreditierungsfunktion fehlt, nichts Vergleichbares gibt. Die in der Vorschrift gleichfalls genannten **Kosten des Darlehens** könnten bei Ratenlieferungsverträgen eine Entsprechung haben. Zu denken ist etwa bei einer Buchgemeinschaft an den unabhängig vom einzelnen Betrag für das Buch zu entrichtenden Jahresmitgliedsbeitrag. Auch die **Angabe über die Voraussetzungen möglicher Änderungen** des Jahreszinses oder der Kosten könnte in Ratenlieferungsverträgen mit variablen Konditionen eine Entsprechung haben, und zwar in der Möglichkeit, die Preise für die zu liefernden Waren zu erhöhen. Wird also ein solcher Ratenlieferungsvertrag notariell beurkundet oder gerichtlich protokolliert, so fällt er nur dann nicht unter § 505, wenn der notarielle Vertrag oder das gerichtliche Protokoll Angaben über diese genannten Kosten bzw. Änderungsvoraussetzungen enthält.

C. Rechtsfolgen

I. Widerrufsrecht

17 Liegt ein Ratenlieferungsvertrag i.S.d. § 505 vor, so hat der Verbraucher nach Abs. 1 S. 1 ein Widerrufsrecht gem. § 355. Es gilt insoweit das zu § 495 Abs. 1 Gesagte entsprechend.[27]

II. Rückgaberecht?

18 § 505 enthält keinen Hinweis auf die Ersetzung des Widerrufsrechtes nach § 355 durch ein Rückgaberecht nach § 356. Da § 356 Abs. 1 insoweit eine **ausdrückliche Zulassung** durch das Gesetz verlangt, scheint – entgegen dem bis zum 1.1.2002 geltenden Recht – nach dem **Wortlaut** des § 505 bei Ratenlieferungsverträgen die Ersetzung des Widerrufsrechts durch ein Rückgaberecht nicht mehr möglich. Dieses Ergebnis der Wortlautauslegung ist indes nicht hinnehmbar. Wie gesehen (Rn 3) konnte bis zum 1.1.2002 nach §§ 2, 7 Abs. 1 S. 2 VerbrKrG bei den Ratenlieferungsverträgen wie bei den Teilzahlungsgeschäften das Widerrufsrecht des Verbrauchers durch ein freies Rückgaberecht ersetzt werden. Daran wollte der Gesetzgeber nichts ändern.[28]

19 Der Ausschluss des Rückgaberechts wäre auch **wertungswidersprüchlich**. Nach § 503 Abs. 1 kann bei den Teilzahlungsgeschäften das Widerrufsrecht des Verbrauchers durch ein Rückgaberecht ersetzt werden. Bei den wegen des Fehlens der Kreditierungsfunktion weniger gefährlichen Ratenlieferungsverträgen[29] die Ersetzung des Widerrufsrechtes durch das Rückgaberecht nicht zuzulassen, erscheint daher unangemessen. Nach allem ist daher davon auszugehen, dass es sich insoweit um ein **Redaktionsversehen** handelt. Auch bei Ratenlieferungsverträgen kann also das Widerrufsrecht durch ein Rückgaberecht ersetzt werden.

---

25 BT-Drucks 14/7052, 203.
26 BGHZ 97, 127 (Getränkebezugsverpflichtung im Grundstückskaufvertrag); BGH NJW-RR 1992, 593; vgl. auch Staudinger/Kessal-Wulf, § 2 VerbrKrG Rn 23.
27 § 495 Rn 2 ff.; vgl. im Übrigen die Kommentierung zu § 355.
28 BT-Drucks 14/6040, 258, wonach lediglich die Diktion und die Verweisungen angepasst werden sollten; so auch im Ergebnis noch der DiskE, dessen § 452 auf das Widerrufsrecht und das Rückgaberecht (§ 497 Abs. 1 S. 2 DiskE) verwies.
29 Vgl. zur geringeren Gefährlichkeit BT-Drucks 14/6857, 35 (Stellungnahme des BR) und 66 (Zustimmung der BReg) zum neuen § 505 Abs. 2 S. 2.

III. Form (Abs. 2)

1. Schriftform (S. 1)

Nach Abs. 2 S. 1 bedarf der Ratenlieferungsvertrag der Schriftform (§ 126). Weil – anders als nach § 492 Abs. 1 S. 2 für Verbraucherdarlehensverträge – der Abschluss in elektronischer Form nicht ausgeschlossen ist, können Ratenlieferungsverträge nach dem Grundsatz des § 126 Abs. 3 in **elektronischer Form** (**§ 126a**) geschlossen werden.[30]

20

2. Ausnahme (S. 2)

Nach der im RE noch nicht enthaltenen Ausnahmevorschrift des S. 2 gilt S. 1 nicht, wenn der Verbraucher die Möglichkeit hat, „die Vertragsbestimmungen einschließlich der AGB bei Vertragsschluss abzurufen und in wiedergabefähiger Form zu speichern". Die Vorschrift geht auf den Bundesrat zurück, der es für wertungswidersprüchlich hielt, dass bei den gefährlicheren Teilzahlungsgeschäften nach § 502 Abs. 2 bei einem Fernabsatz Ausnahmen von dem Schriftformerfordernis möglich seien.[31] Der nunmehr eingefügte S. 2 entspricht funktional dieser Vorschrift und in der Formulierung der Vorschrift des § 312e Abs. 1 S. 1 Nr. 4.[32] Er ist offensichtlich vor allem für Vertragsabschlüsse über das Internet gedacht. Es muss aber ausreichen, wenn dem Verbraucher die Vertragsbestimmungen vorher schriftlich oder in Textform zugesandt werden.

21

3. Mitteilung in Textform (S. 3)

Nach S. 3 hat der Unternehmer dem Verbraucher nach Vertragsschluss den Vertragsinhalt in Textform mitzuteilen. Diese Vorschrift entspricht funktional der des § 492 Abs. 3, wonach dem Darlehensnehmer eine Abschrift des Vertrages zur Verfügung zu stellen ist. Für die weniger gefährlichen Ratenlieferungsverträge reicht die Mitteilung des Inhaltes in Textform (§ 126b).

22

Untertitel 4. Unabdingbarkeit, Anwendung auf Existenzgründer

§ 506 Abweichende Vereinbarungen

[1]Von den Vorschriften der §§ 491 bis 505 darf nicht zum Nachteil des Verbrauchers abgewichen werden. [2]Diese Vorschriften finden auch Anwendung, wenn sie durch anderweitige Gestaltungen umgangen werden.

A. Halbzwingendes Recht (S. 1)

S. 1 entspricht § 18 S. 1 VerbrKrG.[1] Er erklärt ein für den Verbraucher nachteiliges Abweichen von den §§ 491 bis 505 für unzulässig.[2] Darunter fällt insbesondere der Ausschluss des Widerrufsrechts nach § 495 Abs. 1.[3] Den Verbraucher begünstigende Abweichungen sind dagegen zulässig. S. 1, der offenbar in der KF vergessen worden war,[4] ist entgegen der Begründung des RE[5] **nicht inhaltsgleich mit seiner Vorgängernorm**. Vielmehr sind danach alle nachteiligen Abweichungen unzulässig, während § 18 S. 1 VerbrKrG von abweichenden „Vereinbarungen" sprach. Die zu § 18 S. 1 VerbrKrG geführte Diskussion,[6] ob auch der **einseitige Verzicht** unter das Unabdingbarkeitsgebot fällt, ist also obsolet.[7] Insofern ist die amtliche Überschrift zu eng gefasst. Die Frage, ob eine nachteilige Abweichung für den Verbraucher vorliegt, ist nach allg. M. jeweils im Hinblick auf die **einzelne Klausel** und nicht i.R. einer Gesamtabwägung zu beurteilen.[8]

1

---

30 Hierzu BT-Drucks 14/6040, 258.
31 BT-Drucks 14/6857, 34 f.
32 BT-Drucks 14/6857, 66.
1 § 18 S. 1 VerbrKrG hatte Art. 14 Abs. 1 VerbrKr-RL umgesetzt.
2 Ähnliche Regelungen finden sich in §§ 312f S. 1, 487 S. 1, 558 Abs. 6, 651m S. 1, 655e Abs. 1 S. 1, § 14 ProdHaftG und § 10 FernUSG.
3 Weitere Anwendungsfälle bei *Bülow*, § 18 VerbrKrG Rn 7.
4 Zutreffend *Artz*, Jb.J.ZivRWiss. 2001, S. 227, 247.
5 BT-Drucks 14/6040, 258.
6 Ausführlich *Bülow*, § 18 VerbrKrG Rn 8 ff.; MüKo/*Habersack*, § 18 VerbrKrG Rn 4; Staudinger/*Kessal-Wulf*, § 18 VerbrKrG Rn 4.
7 Vgl. *Artz*, Jb.J.ZivRWiss. 2001, S. 227, 247; siehe auch Art. 14 Abs. 1 VerbrKr-RL, der eine Differenzierung zwischen Vereinbarung und Verzicht nicht kennt.
8 Siehe nur MüKo/*Habersack*, § 18 VerbrKrG Rn 3; Staudinger/*Kessal-Wulf*, § 18 VerbrKrG Rn 3; jeweils m.w.N.

2 Auch hinsichtlich der **Rechtsfolgen** weicht der Wortlaut des S. 1 von § 18 S. 1 VerbrKrG ab. Nach § 18 S. 1 VerbrKrG war die benachteiligende Vereinbarung unwirksam. Nunmehr „darf" nicht von den verbraucherschützenden Vorschriften abgewichen werden. Bei einem Verstoß liegt daher Nichtigkeit nach § 134 (ggf. i.V.m. § 139) vor, zumal nach den Materialien keine inhaltliche Änderung beabsichtigt war und außerdem zweifelhaft wäre, ob eine andere Rechtsfolge den Anforderungen des Art. 14 Abs. 1 VerbrKr-RL genügen würde.

B. Umgehungsverbot (S. 2)

3 Das Umgehungsverbot nach S. 2 ist wortgleich mit § 18 S. 2 VerbrKrG.[9] Hiermit soll insbesondere die Aufspaltung eines Kreditvertrages in mehrere Einzelverträge unterhalb der Bagatellgrenze des § 491 Abs. 2 Nr. 1 bzw. unterhalb der Grenze für Existenzgründerkreditverträge des § 507 erfasst werden.[10] Ferner sollen so Kettenkredite mit einer Laufzeit von unter drei Monaten verhindert werden, vgl. § 499 Abs. 1. S. 2, der Art. 14 Abs. 2 VerbrKr-RL umsetzt, ist nur **deklaratorisch**.[11] Er ermächtigt bei einer Umgehungsgefahr zu einer ohnehin zulässigen teleologischen Reduktion und Analogie.[12] Allerdings ist S. 2 auf den **sachlichen Anwendungsbereich** begrenzt, so dass beispielsweise die Kreditaufnahme durch eine Ein-Mann-GmbH auch dann nicht unter das Umgehungsverbot fällt, wenn der Kredit privaten Zwecken des Gesellschafters dient.[13] Eine **Umgehungsabsicht** ist nicht erforderlich.[14]

§ 507 Anwendung auf Existenzgründer

¹Die §§ 491 bis 506 gelten auch für natürliche Personen, die sich ein Darlehen, einen Zahlungsaufschub oder eine sonstige Finanzierungshilfe für die Aufnahme einer gewerblichen oder selbständigen beruflichen Tätigkeit gewähren lassen oder zu diesem Zweck einen Ratenlieferungsvertrag schließen, es sei denn, der Nettodarlehensbetrag oder Barzahlungspreis übersteigt 50.000 Euro.

Literatur: *Artz*, Neues Verbraucherkreditrecht im BGB, Jb.J.ZivRWiss. 2001, Das neue Schuldrecht, S. 227 ff.; *Bülow*, Kreditvertrag und Verbraucherkreditrecht im BGB, in: Schulze/Schulte-Nölke (Hrsg.), Die Schuldrechtsreform vor dem Hintergrund des Gemeinschaftsrechts, 2001, S. 153 ff.

A. Entwicklung

1 Die Vorschriften des Verbraucherkreditgesetzes waren auf Verbraucher i.S.d. § 13 anwendbar. Nach § 1 Abs. 1 S. 2 und § 3 Abs. 1 Nr. 2 VerbrKrG galten freilich Existenzgründer als Verbraucher i.S.d. Gesetzes. Der **RE** hatte in § 491 Abs. 1 S. 2 RE bestimmt: „Verbraucher im Sinne dieses Titels ist über § 13 hinaus auch, wer sich ein Darlehen für die Aufnahme einer gewerblichen oder selbständigen Tätigkeit gewähren lässt (Existenzgründer)".[1] Da der Titel die §§ 488–506 RE umfasste, hätten dadurch auch Existenzgründer ein Kündigungsrecht nach § 489 Abs. 1 Nr. 2 gehabt.[2] Ob diese Änderung gegenüber dem geltenden Recht gewollt gewesen wäre, ist den Materialien nicht zu entnehmen. Um „Aufweichungen" des Verbraucherbegriffs (§ 13) zu vermeiden, wurde die Frage der Existenzgründer auf Anregung des Bundesrates[3] in einer eigenen Vorschrift geregelt und in den 4. Untertitel eingestellt.[4] Nunmehr gelten die Vorschriften des Verbraucherkreditrechts (§§ 491–506) für Existenzgründer entsprechend. Diese haben damit kein Kündigungsrecht nach § 489 Abs. 1 Nr. 2.[5]

---

9 Gleiche Regelungen finden sich in §§ 306a, 312f S. 2, 487 S. 2, 655e Abs. 1 S. 2 und § 8 FernUSG.
10 Vgl. BT-Drucks 11/5462, 30; siehe auch Art. 14 Abs. 2 VerbrKr-RL.
11 Zutreffend MüKo/*Habersack*, § 18 VerbrKrG Rn 7.
12 Vgl. MüKo/*Habersack*, § 18 VerbrKrG Rn 7 f.; Staudinger/*Kessal-Wulf*, § 18 VerbrKrG Rn 7 f.; a.A. *Bülow*, § 18 VerbrKrG Rn 20, der dies als Frage der Auslegung behandelt; jeweils m.w.N.
13 Zutreffend MüKo/*Habersack*, § 18 VerbrKrG Rn 14; *Bülow*, § 18 VerbrKrG Rn 27; Staudinger/*Kessal-Wulf*, § 18 VerbrKrG Rn 10; a.A. Palandt/*Putzo*, § 18 VerbrKrG Rn 2; Soergel/*Häuser*, § 18 VerbrKrG Rn 4.
14 *Bülow*, § 18 VerbrKrG Rn 20; Staudinger/*Kessal-Wulf*, § 18 VerbrKrG Rn 7; MüKo/*Habersack*, § 18 VerbrKrG Rn 9.
1 Hierzu BT-Drucks 14/6040, 255.
2 Vgl. *Artz*, Jb.J.ZivRWiss. 2001, 227, 246 f. zu § 491 Abs. 1. S. 2 RE. Anders noch § 488 KF, wonach nur die „nachfolgenden Vorschriften" auf Existenzgründer anwendbar sein sollten.
3 BT-Drucks 14/6857, 32 f.
4 BT-Drucks 14/6857, 64 f. Die Klammerdefinition wurde nachträglich aufgegeben, weil sie bei Verweisungen auf die Vorschrift zu Missverständnissen führe, BT-Drucks 14/7052, 203.
5 So auch nach § 609a Abs. 1 Nr. 2 a.F. Vgl. aber die Forderung nach Einbeziehung von Existenzgründern in das Kündigungsrecht nach § 489 von *Bülow*, in: Schulze/Schulte-Nölke, S. 153, 165 zum DiskE.

B. Existenzgründer

Durch § 507 wird der persönliche Anwendungsbereich der §§ 491–506 auf Verbraucherseite um den Existenzgründer erweitert.[6] Grund ist die vergleichbare Schutzbedürftigkeit beider Personengruppen.[7] Nach der Legaldefinition ist **Existenzgründer**, wer sich als natürliche Person ein Darlehen (§ 488), einen Zahlungsaufschub oder eine sonstige Finanzierungshilfe (§ 499) für die Aufnahme einer gewerblichen oder selbständigen beruflichen Tätigkeit gewähren lässt oder zu diesem Zweck einen Ratenlieferungsvertrag (§ 505) schließt. Ausgenommen sind **Großkredite** über 50.000 EUR.

§ 507 umfasst auch **Ratenlieferungsverträge** (§ 505).[8] Fraglich ist, ob die **Höchstbetragsgrenze** von 50.000 EUR auf diese Verträge ebenfalls Anwendung findet. Zum Verbraucherkreditgesetz wurde die Frage von der überwiegenden Ansicht verneint, weil der Wortlaut des § 3 Abs. 1 Nr. 2 VerbrKrG den § 2 VerbrKrG nicht erfasste.[9] Das Gleiche scheint für § 507 zu gelten, da für die Höchstbetragsgrenze nur auf den Nettodarlehensbetrag oder den Barzahlungspreis Bezug genommen wird. Ein solcher fehlt beim Ratenlieferungsvertrag. Etwas anderes ergibt sich jedoch durch eine entsprechende Anwendung von § 505 Abs. 1 S. 3. Danach entspricht der Nettodarlehensbetrag der Summe aller vom Verbraucher bis zum frühestmöglichen Kündigungszeitpunkt zu entrichtenden Teilzahlungen. Die Vorschriften des Verbraucherkreditrechts sind also auf die Ratenlieferungsverträge mit Existenzgründern **entgegen der früheren Rechtslage** nicht mehr anwendbar, wenn die Summe aller vom Existenzgründer bis zum frühestmöglichen Kündigungszeitpunkt zu entrichtenden Teilzahlungen 50.000 EUR übersteigt.[10]

C. Aufnahme unternehmerischer Tätigkeit

Ein Vertrag über eine der genannten Kreditformen muss der **Aufnahme** einer gewerblichen oder selbständigen Tätigkeit dienen. Dies ist der Fall, wenn er in einer Phase vereinbart wurde, in der der Existenzgründer seine unternehmerische Tätigkeit vorbereitet. Solange die Gründungsphase andauert, handelt er als Existenzgründer i.S.d. § 507. Entscheidend ist folglich, wodurch dieser Zeitraum beendet wird. Die Frage ist keiner verallgemeinerungsfähigen Aussage zugänglich, so dass im **Einzelfall** zu entscheiden ist.[11] Zur Beurteilung sind dabei sichtbare Indizien heranzuziehen.[12] Als Beendigung der „Aufnahme" gelten die Durchführung von Werbemaßnahmen, das Anbieten der Ware oder Dienstleistung sowie die tatsächliche Eröffnung des Ladenlokals.[13] Dagegen ist eine Beendigung der Gründungsphase noch nicht durch Vorbereitungshandlungen wie die Anmietung von Geschäftsräumen gegeben. Der Geschäftsbeginn i.S.d. § 123 Abs. 2 HGB und das Ende der Aufnahme der unternehmerischen Tätigkeit können daher auseinander fallen.[14] Ebenso ist weder die Eintragung ins Handelsregister noch die Erteilung einer öffentlich-rechtlichen Konzession entscheidend.[15]

D. Sonderfälle

Umstritten ist die Behandlung von **zusätzlichen** und **wiederholten Existenzgründungen**.[16] Der BGH wendet auf beide Fälle Verbraucherkreditrecht an.[17] Im Falle der Aufnahme einer weiteren Tätigkeit sei nur erforderlich, dass das neue Gewerbe von dem bereits bestehenden **klar abgrenzbar** sei. Es dürfe sich nicht nur um eine **Betriebserweiterung** handeln. Diese rein am Wortlaut orientierten Entscheidungen sind in der Literatur zu Recht auf Kritik gestoßen.[18] Der Normzweck des § 507 erfordert hier entgegen seinem Wortlaut eine teleologische Reduktion. Wer bereits gewerbliche Erfahrung gesammelt hat, ist nicht mehr mit einem unerfahrenen Verbraucher vergleichbar und daher kein „Existenzgründer" i.S.d. § 507.[19] Etwas anderes kann in Extremsituationen gelten, z.B. wenn jemand nach jahrzehntelanger Abstinenz wieder unternehmerisch tätig wird.

---

6 Dadurch geht der nationale Gesetzgeber über Art. 1 Abs. 2 VerbrKr-RL hinaus.
7 Vgl. BT-Drucks 11/5462, 32 und 41; BT-Drucks 11/8274, 20.
8 Vgl. BT-Drucks 14/7052, 203.
9 BGHZ 128, 156, 164; Palandt/*Putzo*, § 3 VerbrKrG Rn 3; *Bülow*, § 2 VerbrKrG Rn 16; dagegen die analoge Anwendbarkeit bejahend MüKo/*Ulmer*, § 2 VerbrKrG Rn 10.
10 So auch BT-Drucks 14/7052, 203 zu § 505.
11 Im Ergebnis so auch *Artz*, Der Verbraucher, S. 208; vgl. auch MüKo/*Ulmer*, § 1 VerbrKrG Rn 26, wonach entscheidend sei, ob der Kredit den Existenzgründer in die Lage versetzt, sich durch Gründung eines Unternehmens selbständig zu machen.
12 Vgl. Staudinger/*Kessal-Wulf*, § 1 VerbrKrG Rn 40; *Bülow*, § 1 VerbrKrG Rn 42.
13 Vgl. MüKo/*Ulmer*, § 1 VerbrKrG Rn 26; *Bülow*, § 1 VerbrKrG Rn 42; Staudinger/*Kessal-Wulf*, § 1 VerbrKrG Rn 40; *Artz*, Der Verbraucher, S. 208 f.
14 Vgl. *Bülow*, § 1 VerbrKrG Rn 42.
15 Staudinger/*Kessal-Wulf*, § 1 VerbrKrG Rn 40.
16 Ausführlich hierzu *Artz*, Der Verbraucher, S. 212 ff.
17 Zum Aufbau eines weiteren Gewerbes BGHZ 128, 156 ff.; BGH ZIP 2000, 670, 671; zur Wiederaufnahme eines Gewerbebetriebs BGH ZIP 1998, 62, 63 f.
18 *Bülow*, § 1 VerbrKrG Rn 41; Staudinger/*Kessal-Wulf*, § 1 VerbrKrG Rn 41; *Artz*, Der Verbraucher, S. 218 ff. m.w.N.; dem BGH folgend MüKo/*Ulmer*, § 3 VerbrKrG Rn 9; Palandt/*Putzo*, § 3 VerbrKrG Rn 3.

6 Für die **Mischfälle**, also für teils gewerbliche, teils private Zwecke (einschließlich der Existenzgründung), gilt das zu § 489 Abs. 1 Nr. 2 Gesagte entsprechend (§ 489 Rn 13).

E. Beweislast

7 Aufgrund der bewussten[20] Rechtsänderung trifft die **Beweislast** nach § 507 nicht mehr wie nach § 1 Abs. 1 S. 2 VerbrKrG den Unternehmer, sondern den **Existenzgründer**. Er muss beweisen, dass der Kredit zur Aufnahme seiner gewerblichen oder selbständigen beruflichen Tätigkeit bestimmt war. Damit findet jetzt auch im Verbraucherkreditrecht der allgemeine Grundsatz uneingeschränkt Anwendung, dass jeder, der sich auf den Schutz einer Norm beruft, die Beweislast für das Vorliegen ihrer Voraussetzungen trägt.[21] Der Grundsatz des Verbraucherkreditgesetzes, wonach das Gesetz „im Zweifel" anzuwenden ist,[22] wurde damit aufgegeben. Die Beweislast für das Vorliegen eines **Großkredits** obliegt hingegen dem Unternehmer („es sei denn").

§§ 508–515 (weggefallen)

Titel 4. Schenkung

§ 516 Begriff der Schenkung

(1) ¹Eine Zuwendung, durch die jemand aus seinem Vermögen einen anderen bereichert, ist Schenkung, wenn beide Teile darüber einig sind, daß die Zuwendung unentgeltlich erfolgt.
(2) ¹Ist die Zuwendung ohne den Willen des anderen erfolgt, so kann ihn der Zuwendende unter Bestimmung einer angemessenen Frist zur Erklärung über die Annahme auffordern. ²Nach dem Ablauf der Frist gilt die Schenkung als angenommen, wenn nicht der andere sie vorher abgelehnt hat. ³Im Fall der Ablehnung kann die Herausgabe des Zugewendeten nach den Vorschriften über die Herausgabe einer ungerechtfertigten Bereicherung gefordert werden.

§ 517 Unterlassen eines Vermögenserwerbs

¹Eine Schenkung liegt nicht vor, wenn jemand zum Vorteil eines anderen einen Vermögenserwerb unterläßt oder auf ein angefallenes, noch nicht endgültig erworbenes Recht verzichtet oder eine Erbschaft oder ein Vermächtnis ausschlägt.

§ 518 Form des Schenkungsversprechens

(1) ¹Zur Gültigkeit eines Vertrags, durch den eine Leistung schenkweise versprochen wird, ist die notarielle Beurkundung des Versprechens erforderlich. ²Das gleiche gilt, wenn ein Schuldversprechen oder ein Schuldanerkenntnis der in den §§ 780, 781 bezeichneten Art schenkweise erteilt wird, von dem Versprechen oder der Anerkennungserklärung.
(2) ¹Der Mangel der Form wird durch die Bewirkung der versprochenen Leistung geheilt.

§ 519 Einrede des Notbedarfs

(1) ¹Der Schenker ist berechtigt, die Erfüllung eines schenkweise erteilten Versprechens zu verweigern, soweit er bei Berücksichtigung seiner sonstigen Verpflichtungen außerstande ist, das Versprechen zu erfüllen, ohne daß sein angemessener Unterhalt oder die Erfüllung der ihm kraft Gesetzes obliegenden Unterhaltspflichten gefährdet wird.
(2) ¹Treffen die Ansprüche mehrerer Beschenkten zusammen, so geht der früher entstandene Anspruch vor.

§ 520 Erlöschen eines Rentenversprechens

¹Verspricht der Schenker eine in wiederkehrenden Leistungen bestehende Unterstützung, so erlischt die Verbindlichkeit mit seinem Tod, sofern nicht aus dem Versprechen sich ein anderes ergibt.

---

19 Ähnlich *Bülow*, § 1 VerbrKrG Rn 41; Staudinger/*Kessal-Wulf*, § 1 VerbrKrG Rn 41; nur für den Fall der Wiederaufnahme a.A. *Artz*, Der Verbraucher, S. 220 f. Hingegen ist es konsequent, von dem unerfahrenen Existenzgründer nur 4 % Zinsen nach § 246 zu verlangen, auch wenn er bereits Kaufmann ist; vgl. § 494 Rn 9.
20 BT-Drucks 14/6857, 33 und 65. Anders noch der RE; hierzu *Bülow*, in: Schulze/Schulte-Nölke, S. 153, 161; *Artz*, Jb.J.ZivRWiss. 2001, 227, 240 f.
21 Vgl. BT-Drucks 14/6857, 65, wonach es bei diesem Grundsatz „bleibt".
22 Vgl. BT-Drucks 11/5462, 17. Hierzu *Bülow*, in: Schulze/Schulte-Nölke, S. 153, 161 f.

§ 521 Haftung des Schenkers

¹Der Schenker hat nur Vorsatz und grobe Fahrlässigkeit zu vertreten.

§ 522 Keine Verzugszinsen

¹Zur Entrichtung von Verzugszinsen ist der Schenker nicht verpflichtet.

§ 523 Haftung für Rechtsmängel

(1) ¹Verschweigt der Schenker arglistig einen Mangel im Recht, so ist er verpflichtet, dem Beschenkten den daraus entstehenden Schaden zu ersetzen.
(2) ¹Hatte der Schenker die Leistung eines Gegenstands versprochen, den er erst erwerben sollte, so kann der Beschenkte wegen eines Mangels im Recht Schadensersatz wegen Nichterfüllung verlangen, wenn der Mangel dem Schenker bei dem Erwerb der Sache bekannt gewesen oder infolge grober Fahrlässigkeit unbekannt geblieben ist. ²Die für die Haftung des Verkäufers für Rechtsmängel geltenden Vorschriften des § 433 Abs. 1 und der §§ 435, 436, 444, 452, 453 finden entsprechende Anwendung.

§ 524 Haftung für Sachmängel

(1) ¹Verschweigt der Schenker arglistig einen Fehler der verschenkten Sache, so ist er verpflichtet, dem Beschenkten den daraus entstehenden Schaden zu ersetzen.
(2) ¹Hatte der Schenker die Leistung einer nur der Gattung nach bestimmten Sache versprochen, die er erst erwerben sollte, so kann der Beschenkte, wenn die geleistete Sache fehlerhaft und der Mangel dem Schenker bei dem Erwerb der Sache bekannt gewesen oder infolge grober Fahrlässigkeit unbekannt geblieben ist, verlangen, daß ihm anstelle der fehlerhaften Sache eine fehlerfreie geliefert wird. ²Hat der Schenker den Fehler arglistig verschwiegen, so kann der Beschenkte statt der Lieferung einer fehlerfreien Sache Schadensersatz wegen Nichterfüllung verlangen. ³Auf diese Ansprüche finden die für die Gewährleistung wegen Fehler einer verkauften Sache geltenden Vorschriften entsprechende Anwendung.

§ 525 Schenkung unter Auflage

(1) ¹Wer eine Schenkung unter einer Auflage macht, kann die Vollziehung der Auflage verlangen, wenn er seinerseits geleistet hat.
(2) ¹Liegt die Vollziehung der Auflage im öffentlichen Interesse, so kann nach dem Tod des Schenkers auch die zuständige Behörde die Vollziehung verlangen.

§ 526 Verweigerung der Vollziehung der Auflage

¹Soweit infolge eines Mangels im Recht oder eines Mangels der verschenkten Sache der Wert der Zuwendung die Höhe der zur Vollziehung der Auflage erforderlichen Aufwendungen nicht erreicht, ist der Beschenkte berechtigt, die Vollziehung der Auflage zu verweigern, bis der durch den Mangel entstandene Fehlbetrag ausgeglichen wird. ²Vollzieht der Beschenkte die Auflage ohne Kenntnis des Mangels, so kann er von dem Schenker Ersatz der durch die Vollziehung verursachten Aufwendungen insoweit verlangen, als sie infolge des Mangels den Wert der Zuwendung übersteigen.

§ 527 Nichtvollziehung der Auflage

(1) ¹Unterbleibt die Vollziehung der Auflage, so kann der Schenker die Herausgabe des Geschenkes unter den für das Rücktrittsrecht bei gegenseitigen Verträgen bestimmten Voraussetzungen nach den Vorschriften über die Herausgabe einer ungerechtfertigten Bereicherung insoweit fordern, als das Geschenk zur Vollziehung der Auflage hätte verwendet werden müssen.
(2) ¹Der Anspruch ist ausgeschlossen, wenn ein Dritter berechtigt ist, die Vollziehung der Auflage zu verlangen.

§ 528 Rückforderung wegen Verarmung des Schenkers

(1) ¹Soweit der Schenker nach der Vollziehung der Schenkung außerstande ist, seinen angemessenen Unterhalt zu bestreiten und die ihm seinen Verwandten, seinem Ehegatten, seinem Lebenspartner oder seinem früheren Ehegatten oder Lebenspartner gegenüber gesetzlich obliegende Unterhaltspflicht zu erfüllen, kann er von dem Beschenkten die Herausgabe des Geschenkes nach den Vorschriften über die Herausgabe einer ungerechtfertigten Bereicherung fordern. ²Der Beschenkte kann die Herausgabe durch Zahlung des für den Unterhalt erforderlichen Betrags abwenden. ³Auf die Verpflichtung des Beschenkten finden die Vorschriften des § 760 sowie die für die Unterhaltspflicht der Verwandten geltende Vorschrift des § 1613 und im Fall des Todes des Schenkers auch die Vorschriften des § 1615 entsprechende Anwendung.

(2) ¹Unter mehreren Beschenkten haftet der früher Beschenkte nur insoweit, als der später Beschenkte nicht verpflichtet ist.

§ 529 Ausschluss des Rückforderungsanspruches

(1) ¹Der Anspruch auf Herausgabe des Geschenkes ist ausgeschlossen, wenn der Schenker seine Bedürftigkeit vorsätzlich oder durch grobe Fahrlässigkeit herbeigeführt hat oder wenn zur Zeit des Eintritts seiner Bedürftigkeit seit der Leistung des geschenkten Gegenstands zehn Jahre verstrichen sind.
(2) ¹Das gleiche gilt, soweit der Beschenkte bei Berücksichtigung seiner sonstigen Verpflichtungen außerstande ist, das Geschenk herauszugeben, ohne daß sein standesmäßiger Unterhalt oder die Erfüllung der ihm kraft Gesetzes obliegenden Unterhaltspflichten gefährdet wird.

§ 530 Widerruf der Schenkung

(1) ¹Eine Schenkung kann widerrufen werden, wenn sich der Beschenkte durch eine schwere Verfehlung gegen den Schenker oder einen nahen Angehörigen des Schenkers groben Undankes schuldig macht.
(2) ¹Dem Erben des Schenkers steht das Recht des Widerrufs nur zu, wenn der Beschenkte vorsätzlich und widerrechtlich den Schenker getötet oder am Widerruf gehindert hat.

§ 531 Widerrufserklärung

(1) ¹Der Widerruf erfolgt durch Erklärung gegenüber dem Beschenkten.
(2) ¹Ist die Schenkung widerrufen, so kann die Herausgabe des Geschenkes nach den Vorschriften über die Herausgabe einer ungerechtfertigten Bereicherung gefordert werden.

§ 532 Ausschluss des Widerrufs

¹Der Widerruf ist ausgeschlossen, wenn der Schenker dem Beschenkten verziehen hat oder wenn seit dem Zeitpunkt, in welchem der Widerrufsberechtigte von dem Eintritt der Voraussetzungen seines Rechts Kenntnis erlangt hat, ein Jahr verstrichen ist. ²Nach dem Tod des Beschenkten ist der Widerruf nicht mehr zulässig.

§ 533 Verzicht auf Widerrufsrecht

¹Auf das Widerrufsrecht kann erst verzichtet werden, wenn der Undank dem Widerrufsberechtigten bekannt geworden ist.

§ 534 Pflicht- und Anstandsschenkungen

¹Schenkungen, durch die einer sittlichen Pflicht oder einer auf den Anstand zu nehmenden Rücksicht entsprochen wird, unterliegen nicht der Rückforderung und dem Widerruf.

Titel 5. Mietvertrag, Pachtvertrag

Vorbemerkung zu §§ 535 ff.

A. Das neue Mietrecht – Entstehung und Kritik

1 Mit dem **Gesetz zur Neugliederung, Vereinfachung und Reform des Mietrechts** (**Mietrechtsreformgesetz**) vom 19.6.2001[1] hat der Gesetzgeber das Mietrecht **neu gegliedert** und zugleich das bisher in verschiedenen Gesetzen kodifizierte private **Wohnraummietrecht im BGB zusammengefasst**. Die Neuerungen orientieren sich an Plänen zu einer bereits für das Jahr 1997 geplanten Reform des Mietrechts[2] und reagieren auf zunehmende Kritik in jüngerer Zeit (zu weiteren Änderungen vgl. Rn 11 ff.).[3]

---

1 BGBl I S. 1142. Vgl. hierzu die Materialien BT-Drucks 14/4553 (Gesetzentwurf BReg nebst Stellungnahme BR und Gegenäußerung BReg) und BT-Drucks 14/5663 (Rechtsausschuss).
2 Vgl. Bund-Länder-Arbeitsgruppe „Mietrechtsvereinfachung", Bericht zur Neugliederung und Vereinfachung des Mietrechts mit Textvorschlägen, 1997, sowie zur Entstehung des Gesetzes etwa *Börstinghaus*, Sonderbeilage zu NJW Heft 25/2001, 3; *Grundmann*, NJW 2001, 2497; *Simon*, NZM 2001, 2 sowie die Stellungnahmen im Rechtsausschuss, abgedruckt in: NZM 2001, Heft 4 bis 8.
3 Vgl. etwa *Meincke*, Bereinigung, in: FS Pleyer, S. 555; *Sonnenschein*, ZMR 1996, 109; *Zeimes*, Reform des Mietrechts, 2000/2001.

Titel 5. Mietvertrag, Pachtvertrag   **vor §§ 535 ff.**

Ziel des Gesetzgebers ist ein ausgewogener **Interessenausgleich** zwischen den Mietern und Vermietern, wobei zugleich die sozial-, wohnungs-, wirtschafts- und umweltpolitische Bedeutung des privaten Mietrechts berücksichtigt sowie insb. das **Wohnraummietrecht** übersichtlicher und verständlicher werden sollen. Auch sollen Rechtssicherheit und Rechtsfrieden vermehrt, die Zahl der **Mietprozesse** verringert sowie **Mobilität**, umweltbewusstes Verhalten durch **Energiesparanreize** sowie der Mietwohnungsbau gefördert werden.[4]   2

Zustimmung hierzu findet sich etwa in der Aussage, das Mietrecht werde gerechter und zeitgemäßer.[5] **Eingewandt** wird etwa, das neue Mietrecht beinhalte fatale Irrwege,[6] strebe ein Verlassen der sozialen Ausgewogenheit an und nehme investitionsfeindliche Impulse bewusst in Kauf.[7] Hinzu kommt, dass wichtige Fragen, etwa bei den Schönheitsreparaturen, nicht beantwortet werden und zugleich neue Regelungen, etwa betreffend den sog. qualifizierten Mietspiegel, schon jetzt stark umstritten sind.   3

Was die **Systematik** anbelangt, erleichtern zwar die Unterteilung in Allgemeine Vorschriften, Vorschriften betreffend Wohnraummietverhältnisse und Mietverhältnisse über andere Sachen sowie der weitgehend chronologische Aufbau die Orientierung. Gleichwohl verdeutlicht der Blick etwa auf die (verstreuten) Kündigungsvorschriften bei Wohnraum (§§ 542 f., 568 f., 573 ff., 575a), dass trotz der täglichen Relevanz eine Orientierung ohne entsprechende Vorbildung bzw. Beratung kaum möglich ist.   4

B. Systematik und Aufbau

Die **Systematik** des Gesetzes ist **neu**. Nachdem im Mietrecht zuletzt, auch aufgrund zahlreicher nachträglicher Ergänzungen, eine Systematik nicht mehr zu erkennen war, sind die Vorschriften über den Mietvertrag nunmehr in   5
- Untertitel 1: Allgemeine Vorschriften für Mietverhältnisse (§§ 535 bis 548)
- Untertitel 2: Mietverhältnisse über Wohnraum (§§ 549 bis 577a) und
- Untertitel 3: Mietverhältnisse über andere Sachen (§§ 578 bis 580a)

unterteilt. Dabei wird im Untertitel 2 das **Wohnraummietrecht** in das BGB **zurückgeführt**, gesondert geregelt und zugleich betont. Pacht und Landpacht folgen als Untertitel 4 und Untertitel 5 nach.

Der **Aufbau** der gesetzlichen Vorschriften lässt sich dahin gehend skizzieren, dass der Untertitel 1 „Allgemeine Vorschriften für Mietverhältnisse" nunmehr mit Inhalt und Pflichten des Mietvertrages, Gewährleistung, Beendigung des Mietvertrages oder Rückgabepflicht **Kernpunkte** regelt, die grds. für jedes Mietverhältnis gelten und in sich nochmals **chronologisch** geordnet sind.   6

Die beiden sich anschließenden Untertitel 2 und 3 enthalten **Sondervorschriften** für die in ihnen behandelten Mietverhältnisse. Untertitel 2 „**Mietverhältnisse über Wohnraum**" gliedert sich insoweit in   7
- Kapitel 1: Allgemeine Vorschriften (§§ 549 bis 555)
- Kapitel 2: Die Miete (§§ 556 bis 561)
- Kapitel 3: Pfandrecht des Mieters (§§ 562 bis 562d)
- Kapitel 4: Wechsel der Vertragsparteien (§§ 563 bis 567b)
- Kapitel 5: Beendigung des Mietverhältnisses (§§ 568 bis 576b) und
- Kapitel 6: Besonderheiten bei der Bildung von Wohnungseigentum an vermieteten Wohnungen (§§ 577 und 577a).

Untertitel 3 „**Mietverhältnisse über andere Sachen**" (Grundstücke, Räume, die keine Wohnräume sind inkl. Gewerberäume, bewegliche Sachen, eingetragene Schiffe) nimmt primär auf die Allgemeinen Vorschriften sowie auf einen Teil der Vorschriften betreffend Mietverhältnisse über Wohnraum Bezug und enthält kaum mehr eigene Regelungen.

C. Die Änderungen im Einzelnen

Sprachlich werden zwecks Einheitlichkeit und Anpassung an den Sprachgebrauch insb.   8
- „Miete" durch „**Mietvertrag**"
- „Vertragsteil", „Teil des Mietverhältnisses" oder „Vertragspartner" durch „**Vertragspartei**"
- „Mietzins" durch „**Miete**"
- „vermietete Sache", „gemietete Sache" bzw. „Sache" durch „**Mietsache**"
- „vertragsmäßig" durch „**vertragsgemäß**"
- „Verwendungen" durch „**Aufwendungen**" (vgl. insoweit noch § 536a Rn 3 f.) oder
- „Hausstand" durch „**Haushalt**"

ersetzt.

---

[4] Vgl. BT-Drucks 14/4553, 1, 34; 14/5663, 1, 75.
[5] Vgl. *Rips*, in: Das Mieterlexikon, Vorwort.
[6] Vgl. *Emmerich*, NZM 2001, 777, 783.
[7] Vgl. BT-Drucks 14/5663, 59.

9 **Inhaltlich** ändern sich insb. die Regelungen für Wohnraum betreffend **Betriebskosten** bzw. **Mieterhöhung** (§§ 556 ff.), **Kündigungsfristen** (§ 573c) und **Zeitmietvertrag** (§ 575), die Erweiterung der Rechte von **Behinderten** (§ 554a), **Modernisierungen** (§§ 559 ff.) sowie die Rechtsfolgen im Falle der **Umwandlung in Eigentumswohnungen** (§ 577f.). Zudem kommt der **Definition der einzelnen Kündigungsarten** (vgl. § 542 Rn 3) und der **Gleichstellung** von **Lebenspartnern i.S.d. LPartG** sowie **Lebensgemeinschaften** (vgl. § 563 Rn 3 ff.) besonderes Gewicht zu.

10 **Daneben** ist etwa Art. 5 Mietrechtsreformgesetz hervorzuheben, wo in § 5 WiStG die bisherige Unterscheidung zwischen Alt- und Neubauten bei Ordnungswidrigkeiten wegen Mietpreisüberhöhung gestrichen wird. Und Art. 3 enthält Änderungen der **ZPO**, die insb. Widersprüche zwischen der Räumungsfrist und dem vertraglich bestimmten Zeitpunkt der Beendigung vermeiden sollen.

D. Weitere Änderungen, In-Kraft-Treten und Übergangsvorschriften

11 Das **Gesetz zur Modernisierung des Schuldrechts** – jünger als das Mietrechtsreformgesetz – geht demgegenüber auf das Mietrecht nur ganz am Rande ein. Der Gesetzgeber geht davon aus, dass Kauf- und Werkvertragsrecht einerseits und Mietrecht andererseits **von** ihrem **Wesen** her **verschieden** sind.[8] Eine vollständige Angleichung der mietrechtlichen Vorschriften an das Kauf- und Werkvertragsrecht sei nicht sinnvoll. Infolgedessen werden nur **Überschriften** und **Verweisungen** geändert und die Begriffe „Fehler" durch „**Mangel**" und „Schadensersatz wegen Nichterfüllung" durch „**Schadensersatz**" ersetzt. Eine inhaltliche Angleichung oder nähere Auseinandersetzung unterbleibt.[9]

12 Das **Gesetz zur Beendigung der Diskriminierung gleichgeschlechtlicher Gemeinschaften: Lebenspartnerschaften** vom 16.2.2001[10] ermöglicht mit dem Gesetz über die Eingetragene Lebenspartnerschaft (Lebenspartnerschaftsgesetz – LPartG) die Begründung von **Lebenspartnerschaften** von zwei Personen desselben Geschlechts. Diese gelten gem. § 11 LPartG als Familienangehörige, was auch im Mietrecht zum Tragen kommt.[11] Und das **Gesetz zur Anpassung der Formvorschriften des Privatrechts und anderer Vorschriften an den modernen Rechtsgeschäftsverkehr (Formvorschriften Anpassungsgesetz)** vom 13.7.2001[12] verzichtet neben Änderungen in den §§ 126, 126a (vgl. vor § 126 ff.) für die neue „Textform" (§ 126b) insb. auf eine eigenhändige Unterschrift, was das Mietrecht z.B. in den §§ 554 Abs. 3 S. 1, 556a Abs. 2 S. 1, 558a Abs. 1 übernimmt.[13]

13 Hinsichtlich des **In-Kraft-Tretens** ist zu unterscheiden. Das **Mietrechtsreformgesetz** ist am **1.9.2001** in Kraft getreten. Es ist grds. **auch** auf solche Verträge anzuwenden, die bereits **vor dem 1.9.2001** abgeschlossen worden sind. Jedoch ergibt sich aus Art. 229 § 3 EGBGB, Art. 232 § 2 EGBGB und § 24 EGZPO für bestimmte rechtshängige Verfahren und bestimmte Inhalte bestehender Verträge ein **Übergangsrecht**.[14] **Im Übrigen** sind die Änderungen des Gesetzes zur Beendigung der Diskriminierung gleichgeschlechtlicher Gemeinschaften: Lebenspartnerschaften sowie des Formvorschriften Anpassungsgesetzes am 1.8.2001 in Kraft getreten. Die Änderungen des Schuldrechtsreformgesetzes folgen am 1.1.2002.

Untertitel 1. Allgemeine Vorschriften für Mietverhältnisse

§ 535 Inhalt und Hauptpflichten des Mietvertrages

(1) ¹Durch den Mietvertrag wird der Vermieter verpflichtet, dem Mieter den Gebrauch der Mietsache während der Mietzeit zu gewähren. ²Der Vermieter hat die Mietsache dem Mieter in einem zum vertragsgemäßen Gebrauch geeigneten Zustand zu überlassen und sie während der Mietzeit in diesem Zustand zu erhalten. ³Er hat die auf der Mietsache ruhenden Lasten zu tragen.

(2) ¹Der Mieter ist verpflichtet, dem Vermieter die vereinbarte Miete zu entrichten.

---

8 Vgl. BT-Drucks 14/6857, 35, 66 f.; 14/7052, 63, 203 sowie auch BT-Drucks 14/6040, 165.
9 Das Zweite Gesetz zur Änderung schadensersatzrechtlicher Vorschriften wird u.a. Änderungen des § 249 und des § 253 beinhalten; diese können zwar auch im Rahmen eines Mietverhältnisses zum Tragen kommen, stehen hier jedoch nicht im Vordergrund.
10 Vgl. BGBl I, 266. Zwar sind Normenkontrollverfahren gegen das Gesetz eingeleitet. Jedoch hat das BVerfG die Anträge auf Erlass einstweiliger Anordnungen gegen das In-Kraft-Treten am 18.7.2001 abgelehnt; vgl. NJW 2001, 2457.
11 Vgl. hierzu etwa auch *Meyer*, NZM 2001, 829.
12 Vgl. BGBl I, 1542.
13 Das Gesetz zur Reform des Zivilprozesses (Zivilprozessreformgesetz) vom 27.6.2001 (In-Kraft-Treten: 1.1.2002) erweitert in den §§ 511, 543 ZPO die Wege zu Berufung und Revision und schafft im Gegenzug den Rechtsentscheid gem. § 541 ZPO a.F. ab. Zugleich eröffnen § 119 Abs. 3 bis 6 GVG dem Landesgesetzgeber die Möglichkeit zu bestimmen, dass die Oberlandesgerichte über das Bisherige hinaus für alle Berufungen und Beschwerden gegen bestimmte amtsgerichtliche Entscheidungen zuständig sind; vgl. BGBl I, 1887. Allgemein zu den Auswirkungen der ZPO-Reform auf den Mietprozess *Hinz*, NZM 2001, 601.
14 Vgl. hierzu BT-Drucks 14/4553, 75 ff., 14/5663, 84 sowie etwa *Bösche*, WuM 2001, 367; *Jansen*, NJW 2001, 3151.

Titel 5. Mietvertrag, Pachtvertrag § 536

Literatur: *Blank/Börsinghaus*, Miete, 2000; *dies.*, Neues Mietrecht (Zusatzband), 2001; *Börstinghaus/Eisenschmid*, Arbeitskommentar Neues Mietrecht, 2001; Deutscher Mieterbund (Hrsg.), Das Mieterlexikon, 2001; *Grundmann*, Mietrechtsreformgesetz, 2001; *Haas*, Das neue Mietrecht – Mietrechtsreformgesetz, 2001; *Hannemann/Wiegner* (Hrsg.), Münchener Anwaltshandbuch Wohnraummietrecht, 2001; *Hinz/Ormanschick/Riecke/Scheff*, Das neue Mietrecht, 2001; *Lützenkirchen*, Neue Mietrechtspraxis, 2001; *Slomian*, Mietrecht, 2001.

§ 535 eröffnet den **Untertitel 1** und verbindet die bisherigen Regelungen der §§ 535 BGB a.F. (Wesen des Mietvertrages) und 536 BGB a.F. (Pflichten des Vermieters) sowie des § 546 BGB a.F. (Lasten der Mietsache). So sollen Inhalt und Grundpflichten des Mietvertrages zusammengefasst und sprachlich angepasst werden. 1

In **Abs. 1 S. 1** ist wie bisher die Pflicht des Vermieters aller Mietverhältnisse zur **Überlassung** der Mietsache geregelt. Diese erstreckt sich auf die Mietzeit insgesamt und wird zudem durch Nebenpflichten (Schutzpflichten, Verkehrssicherungspflichten etc.) ergänzt. 2

Der Abschluss des Mietvertrages erfolgt durch **Einigung** von Vermieter und Mieter über die **wesentlichen Punkte** des Vertrages,[1] wobei **nur Sachen**, nicht Rechte erfasst werden und die **Form** sich bei Wohnraum, Grundstücken und sonstigen Räumen nach den §§ 550, 578 richtet. 3

Abs. 2 enthält die Pflicht des Mieters zur **Zahlung der Miete**. Der Begriff der **Miete** umfasst grds. auch die „Nebenkosten", soweit diese auf den Mieter überwälzt sind (vgl. Rn 20). **Ab dem 1.1.2002** wird der Zahlungsverkehr in **EUR** abgewickelt.[2] Zu Mieterhöhungen bei Wohnraum vgl. §§ 557 ff. 4

Abs. 1 S. 2 beschreibt die Pflicht des Vermieters zur **Überlassung** und **Erhaltung** näher und entspricht § 536 BGB a.F. Hiernach ist der Vermieter weiterhin grds. zu Instandhaltung und Instandsetzung verpflichtet, eine Pflicht, die bei Wohnraum nur beschränkt abbedungen werden kann. 5

Unklar: Was insoweit **Schönheitsreparaturen** anbelangt, sieht der Gesetzgeber ausdrücklich von einer Regelung ab und **umgeht** damit viele Probleme. „Maler- und Tapezierarbeiten" seien Aufgabe des Vermieters, eine Aufgabe, die jedoch wie bisher durch **Individual- wie Formularvereinbarung** auf den Mieter übertragen werden könne, was durch die Grundsätze der höchstrichterlichen Rspr. wiedergegeben werde.[3] 6

Abs. 1 S. 3 enthält die grundsätzliche Pflicht des Vermieters zur Tragung der (öffentlichen wie privaten) **Lasten der Mietsache**, wie sie vorher in § 546 BGB a.F. geregelt war. Die Vorschrift ist im Grundsatz abdingbar, was insb. im Hinblick auf die Betriebskosten Relevanz erlangt (vgl. § 556 Rn 1 ff.). 7

§ 536 Mietminderung bei Sach- und Rechtsmängeln

(1) ¹Hat die Mietsache zur Zeit der Überlassung an den Mieter einen Mangel, der ihre Tauglichkeit zum vertragsgemäßen Gebrauch aufhebt, oder entsteht während der Mietzeit ein solcher Mangel, so ist der Mieter für die Zeit, in der die Tauglichkeit aufgehoben ist, von der Entrichtung der Miete befreit. ²Für die Zeit, während der die Tauglichkeit gemindert ist, hat er nur eine angemessen herabgesetzte Miete zu entrichten. ³Eine unerhebliche Minderung der Tauglichkeit bleibt außer Betracht.
(2) ¹Absatz 1 Satz 1 und 2 gilt auch, wenn eine zugesicherte Eigenschaft fehlt oder später wegfällt.
(3) ¹Wird dem Mieter der vertragsgemäße Gebrauch der Mietsache durch das Recht eines Dritten ganz oder zum Teil entzogen, so gelten die Absätze 1 und 2 entsprechend.
(4) ¹Bei einem Mietverhältnis über Wohnraum ist eine zum Nachteil des Mieters abweichende Vereinbarung unwirksam.

§ 536 enthält die **Zentralnorm des Gewährleistungsrechts**, entspricht weitgehend § 537 BGB a.F. und schließt § 541 BGB a.F. mit ein. Da die Schuldrechtsreform bewusst davon abgesehen hat, die Änderungen bei Kauf- und Werkvertrag auch für das Mietrecht zu übernehmen (vor §§ 535 ff. Rn 11), bleibt es im Grundsatz bei der bisherigen Regelung. 1

Abs. 1 entspricht im Wesentlichen § 537 Abs. 1 BGB a.F. und enthält die **Befreiung von der Miete** kraft Gesetzes, wenn und solange die Mietsache bei der Überlassung einen Mangel aufweist, der ihre Tauglichkeit zum vertragsgemäßen Gebrauch aufhebt, oder während der Mietzeit ein solcher Mangel entsteht (**S. 1**). 2

---

1 Vgl. etwa BGH NJW-RR 2000, 382 f.
2 Vgl. hierzu etwa *Börstinghaus*, NZM 2001, 511.
3 Vgl. BT-Drucks 14/4553, 1, 40; 14/5663, 75 f. sowie hierzu etwa *Hinz*, NZM 2001, 264, 274 ff.; *Langenberg*, NZM 2001, 69, 72 ff.; *ders.*, NZM 2001, 212, 217 ff.

3 **Unklar**: Bei Störungen **vor**, teils auch nach **Überlassung**, war die Rechtslage bereits bisher unklar.[1] Weder die Mietrechtsreform noch die Schuldrechtsreform (vor §§ 535 ff. Rn 11) befasst sich hiermit. Es kommen daher weiterhin auch Pflichtverletzung, Verzug oder Unmöglichkeit (nun: §§ 275, 280 ff., 286 ff., 311a, 323 ff.), Anfechtung, Störung der Geschäftsgrundlage (nun: § 313) oder c.i.c. (nun insb.: § 311 Abs. 2) in Betracht.

4 Ist die **Tauglichkeit nur gemindert**, wird die Miete ebenfalls gemindert (**S. 2**). **Neu**: Durch die Streichung des Verweises auf die §§ 472, 473 BGB a.F. soll der Weg zu **geschätzten Prozentsätzen** eröffnet werden.[2] Dass hier grds. auch die „Nebenkosten" einzubeziehen sind, liegt beim Begriff „Miete" nahe.[3] Eine unerhebliche Minderung kommt hier weiterhin nicht in Betracht (**S. 3**).

5 Mängel sind zum einen **Sachmängel**, die vorliegen, wenn die Tauglichkeit zum vertraglich vereinbarten Gebrauch aufgehoben oder gemindert ist (subjektiver Begriff).[4] Zum anderen gehört hierher gem. **Abs. 3** der Entzug aufgrund von **Rechtsmängeln** (vgl. § 541 BGB a.F.). An der Relevanz **zugesicherter Eigenschaften** hält der Gesetzgeber hier in **Abs. 2**, anders als im Kaufrecht, ausdrücklich fest.[5]

6 **Neben der Minderung** steht dem Mieter insb. der Anspruch auf Beseitigung des Mangels sowie ggf. die Einrede des nichterfüllten Vertrages gem. § 320 zu.[6] **Abs. 4** enthält wie § 537 Abs. 3 BGB a.F. den Hinweis auf die **Unabdingbarkeit** zum Nachteil des Mieters bei Wohnraum. Zum **Ausschluss der Mietminderung** vgl. §§ 536b und 536d sowie §§ 326 Abs. 2, 293 ff.

§ 536a Schadens- und Aufwendungsersatzanspruch des Mieters wegen eines Mangels

(1) ¹Ist ein Mangel im Sinne des § 536 bei Vertragsschluss vorhanden oder entsteht ein solcher Mangel später wegen eines Umstandes, den der Vermieter zu vertreten hat, oder kommt der Vermieter mit der Beseitigung eines Mangels in Verzug, so kann der Mieter unbeschadet der Rechte aus § 536 Schadensersatz verlangen.

(2) ¹Der Mieter kann den Mangel selbst beseitigen und Ersatz der erforderlichen Aufwendungen verlangen, wenn
1. der Vermieter mit der Beseitigung des Mangels in Verzug ist oder
2. die umgehende Beseitigung des Mangels zur Erhaltung oder Wiederherstellung des Bestands der Mietsache notwendig ist.

1 Der **neue § 536a** fasst den Schadensersatzanspruch und die unterschiedlichen Aufwendungsersatzansprüche des Mieters wegen eines Mangels der Mietsache zusammen und wird zudem durch **§ 539** ergänzt.

2 **Abs. 1** regelt, wie § 538 Abs. 1 BGB a.F., den **Schadensersatzanspruch**. Es bleibt bei der **Garantiehaftung** für anfängliche und der **Verschuldenshaftung** für nachträgliche Mängel. Da der Gesetzgeber sich nicht weiter äußert,[1] dürfte es trotz geänderter Terminologie[2] bei der bisherigen Rechtslage bleiben. Daneben stehen weiterhin die Fälle des **Verzugs** (vgl. §§ 286 ff.) mit der Beseitigung eines Mangels.

3 **Abs. 2** nimmt den **Aufwendungsersatzanspruch** nach § 538 Abs. 2 BGB a.F. und den bisher in § 547 Abs. 1 S. 1 BGB a.F. geregelten Verwendungsersatzanspruch auf. **Neu**: Das Verhältnis der beiden Tatbestände im bisherigen Recht war problematisch und hat zu vielfältigen Abgrenzungsschwierigkeiten geführt, weshalb sie nunmehr unter dem Begriff der Aufwendungen zusammengefasst werden.

4 Gem. **Abs. 2 Nr. 1** kann der Mieter bei **Verzug** des Vermieters weiterhin die Mängel selbst **beseitigen** und Ersatz der erforderlichen Aufwendungen verlangen. Nach **Abs. 2 Nr. 2** besteht ein Aufwendungsersatzanspruch bei notwendiger **umgehender Beseitigung**. Der Unterschied liegt darin, dass es um Notmaßnahmen geht, die keinen Aufschub dulden und daher eine Mahnung nicht erfordern.[3] Zur Verjährung vgl. § 548.

---

1 Vgl. zum alten Recht etwa Palandt/*Weidenkaff*, § 537 Rn 5 ff.; Emmerich/Sonnenschein/*Emmerich*, Vorbem. § 537 Rn 1 ff.
2 Vgl. BT-Drucks 14/4553, 40.
3 Zu den Standpunkten nach altem Recht vgl. etwa Hinz u.a., S. 49 f., 59.
4 Die Ersetzung des Begriffs „Fehler" durch Mangel knüpft an die Neubestimmung des Mangels und den damit einhergehenden Wegfall des Begriffs des Fehlers in § 434 (vgl. BT-Drucks 14/6040, 210 ff.) an und soll vorliegend (wohl nur) der Vereinheitlichung der Begrifflichkeiten dienen; vgl. BT-Drucks 14/6857, 35, 66 f.; 14/7052, 63, 203.
5 Vgl. BT-Drucks 14/ 4553, 40; 14/6857, 35, 66 f.; 14/7052, 63, 203. Der Wegfall des § 537 Abs. 2 S. 2 BGB a.F. (Zusicherung der Größe bei Vermietung eines Grundstücks) soll der Klarstellung dienen, da nicht in jeder Größenangabe automatisch eine Zusicherung liege.
6 **Neu**: Die Einrede des nichterfüllten Vertrages dürfte insoweit entfallen, als der Mieter gem. den §§ 556b Abs. 1, 579 Abs. 2 vorleistungspflichtig ist (umstr.); vgl. hierzu auch § 556b sowie zum alten Recht etwa Palandt/*Weidenkaff*, § 537 Rn 24; Emmerich/Sonnenschein/*Emmerich*, § 537 Rn 29 ff.

1 Vgl. BT-Drucks 14/4553, 41; 14/6040, 165; 14/6857, 35, 66 f.; 14/7052, 63, 203 sowie bereits vor §§ 535 ff. Rn 11.
2 Die Änderung in „Schadensersatz" anstelle von „Schadensersatz wegen Nichterfüllung" knüpft an den Wegfall des Begriffs „Schadensersatz wegen Nichterfüllung" (vgl. BT-Drucks 14/6040, 135 ff.) an und dient (wohl nur) der Vereinheitlichung der Begrifflichkeiten.
3 Vgl. BT-Drucks 14/4553, 41. § 547 Abs. 1 S. 2 BGB a.F. ist mangels praktischer Relevanz entfallen.

§ 536b Kenntnis des Mieters vom Mangel bei Vertragsschluss oder Annahme

¹Kennt der Mieter bei Vertragsschluss den Mangel der Mietsache, so stehen ihm die Rechte aus den §§ 536 und 536a nicht zu. ²Ist ihm der Mangel infolge grober Fahrlässigkeit unbekannt geblieben, so stehen ihm diese Rechte nur zu, wenn der Vermieter den Mangel arglistig verschwiegen hat. ³Nimmt der Mieter eine mangelhafte Sache an, obwohl er den Mangel kennt, so kann er die Rechte aus den §§ 536 und 536a nur geltend machen, wenn er sich seine Rechte bei der Annahme vorbehält.

§ 536b enthält einen **Gewährleistungsausschluss** für Sach- und Rechtsmängel und geht auf § 539 BGB a.F. zurück; eingearbeitet ist auch der für die Rechtsmängelhaftung bisher in § 541 BGB a.F. enthaltene Verweis auf § 539 S. 1 BGB a.F. **1**

Gem. **S. 1 und 2** besteht der Gewährleistungsausschluss **bei Vertragsschluss** sowohl für den Sach- als auch den Rechtsmangel bei **Kenntnis des Mieters** vom Mangel oder **grob fahrlässiger Unkenntnis**, sofern der Vermieter den Mangel nicht arglistig verschwiegen hat. Für Rechtsmängel führte bislang nur die positive Kenntnis des Mieters zum Gewährleistungsausschluss. **Neu**: Diese Unterscheidung entfällt nunmehr. **2**

Nach **S. 3** muss sich der Mieter bei Sach- und Rechtsmängeln, die er **bei Annahme der Mietsache** kennt, seine Rechte ausdrücklich vorbehalten, um diese später geltend machen zu können. Auf diese Weise wird die bisherige Verweisung auf § 464 BGB a.F. ersetzt und zugleich der Rechtsmangel mitumfasst. Behält der Mieter sich seine Rechte nicht vor, entfällt die Gewährleistung, nicht aber der Anspruch aus § 535 Abs. 1.[1] **3**

Erkennt der Mieter einen Mangel erst **nach Vertragsschluss und Annahme** oder entsteht ein Mangel später und zahlt der Mieter trotz Kenntnis die Miete **vorbehaltlos** in voller Höhe weiter, waren die Rechtsfolgen bisher umstritten. **Neu**: Der Gesetzgeber will nun (nur noch) § 536c (vgl. dort) sowie daneben § 814 oder § 242 angewandt wissen[2] mit der Folge, dass der Mieter jedenfalls für die Zukunft mindern kann.[3] **4**

§ 536c Während der Mietzeit auftretende Mängel; Mängelanzeige durch den Mieter

(1) ¹Zeigt sich im Laufe der Mietzeit ein Mangel der Mietsache oder wird eine Maßnahme zum Schutz der Mietsache gegen eine nicht vorhergesehene Gefahr erforderlich, so hat der Mieter dies dem Vermieter unverzüglich anzuzeigen. ²Das Gleiche gilt, wenn ein Dritter sich ein Recht an der Sache anmaßt.

(2) ¹Unterlässt der Mieter die Anzeige, so ist er dem Vermieter zum Ersatz des daraus entstehenden Schadens verpflichtet. ²Soweit der Vermieter infolge der Unterlassung der Anzeige nicht Abhilfe schaffen konnte, ist der Mieter nicht berechtigt,
1. die in § 536 bestimmten Rechte geltend zu machen,
2. nach § 536a Abs. 1 Schadensersatz zu verlangen oder
3. ohne Bestimmung einer angemessenen Frist zur Abhilfe nach § 543 Abs. 3 Satz 1 zu kündigen.

§ 536c knüpft an § 545 Abs. 1 BGB a.F. an. **Abs. 1 S. 1 und 2** regeln die **Anzeigepflicht** des Mieters. Dem Vermieter soll auf diese Weise die Möglichkeit gegeben werden, seinen Pflichten nachzukommen. **1**

Bei **nicht unverzüglicher Anzeige** enthält **Abs. 2 S. 1** die Pflicht des Mieters zum **Schadensersatz**. Anspruchsberechtigter ist allein der Vermieter, nicht etwa ein Mitmieter. Daneben kommt es gem. **S. 2** hinsichtlich Minderung, Schadensersatz und Kündigung zum **Gewährleistungsausschluss**. Das Selbstbeseitigungsrecht des § 536a Abs. 2 bleibt bestehen. **2**

Von der Normierung eines Verschuldenserfordernisses auf Seiten des Mieters sieht der Gesetzgeber ausdrücklich ab.[1] Ab welchem Verschuldensgrad die Anzeigepflicht des Mieters entsteht, bleibt damit freilich offen.[2] **3**

---

1 Krit. demgegenüber *Eckert*, NZM 2001, 409, 412.
2 Vgl. BT-Drucks 14/4553, 41 f.
3 Vgl. hierzu etwa *Eckert*, NZM 2001, 409, 412 (krit.); *Hinz u.a.*, S. 52 ff.; *Kurz*, ZMR 2001, 589; *Langenberg*, NZM 2001, 212, 213 (zust.); *Wichert*, ZMR 2001, 262.
1 Vgl. BT-Drucks 14/4553, 42.
2 Vgl. zum alten Recht etwa BGHZ 68, 281, 284 ff. = NJW 1977, 1236; Emmerich/Sonnenschein/*Emmerich*, § 545 Rn 4.

§ 536d Vertraglicher Ausschluss von Rechten des Mieters wegen eines Mangels

¹Auf eine Vereinbarung, durch die die Rechte des Mieters wegen eines Mangels der Mietsache ausgeschlossen oder beschränkt werden, kann sich der Vermieter nicht berufen, wenn er den Mangel arglistig verschwiegen hat.

1 § 536d knüpft an § 540 BGB a.F. an. Im Grundsatz können Vermieter und Mieter die Ansprüche des Mieters bei Sach- oder Rechtsmängeln auch weiterhin **vertraglich ausschließen** (für Wohnraum vgl. jedoch § 536 Abs. 4). § 536d schließt diese Möglichkeit für den Fall der **Arglist des Vermieters** aus. Aus ihrer Natur ergibt sich die Unabdingbarkeit der Vorschrift. **Neu:** Anders als in § 540 BGB a.F. wird jedoch **nicht mehr die Nichtigkeit** eines Gewährleistungsausschlusses, der trotz Arglist des Vermieters vereinbart wurde, angeordnet. Vielmehr kann der Vermieter sich (nur) nicht auf die Vereinbarung berufen.

§ 537 Entrichtung der Miete bei persönlicher Verhinderung des Mieters

(1) ¹Der Mieter wird von der Entrichtung der Miete nicht dadurch befreit, dass er durch einen in seiner Person liegenden Grund an der Ausübung seines Gebrauchsrechts gehindert wird. ²Der Vermieter muss sich jedoch den Wert der ersparten Aufwendungen sowie derjenigen Vorteile anrechnen lassen, die er aus einer anderweitigen Verwertung des Gebrauchs erlangt.
(2) ¹Solange der Vermieter infolge der Überlassung des Gebrauchs an einen Dritten außerstande ist, dem Mieter den Gebrauch zu gewähren, ist der Mieter zur Entrichtung der Miete nicht verpflichtet.

1 § 537 entspricht, in zwei Absätze aufgeteilt und sprachlich geringfügig geändert, § 552 BGB a.F. Ihm liegt der Gedanke zugrunde, dass den Mieter im Rahmen des Mietvertrages im Grundsatz das **Verwendungsrisiko** trifft.

2 Als in der **Person des Mieters liegende Gründe** gem. **Abs. 1 S. 1** kommen insb. die Konstellationen in Betracht, in denen der Mieter die Sache nicht entgegennimmt oder diese nach Überlassung vorzeitig zurückgibt, weil Krankheit oder Tod (vgl. auch §§ 563 ff., 580), Versetzung, Freiheitsstrafe oder behördliche Verbote, die ihren Grund in der Person des Mieters haben, ihn am Gebrauch hindern.[1]

3 In diesen Fällen ist der Mieter bzw. sein Erbe grds. zur **Zahlung der Miete** verpflichtet. Der Vermieter muss sich jedoch gem. **S. 2** den Wert der ersparten Aufwendungen sowie die genannten Vorteile **anrechnen** lassen. **Unklar**: Unter welchen Voraussetzungen der Mieter einen Anspruch auf Stellung eines **Ersatzmieters** und Entlassung aus dem Mietvertrag hat, bleibt weiter offen.[2]

4 Abs. 2 entspricht § 552 S. 3 BGB a.F. Liegen schließlich die Gründe nicht im Bereich des Mieters, sondern in **objektiven Umständen**, kommen nunmehr auch die §§ 275, 280 ff., 311a, 313, 323 ff. in Betracht (vgl. auch § 536 Rn 3).[3]

§ 538 Abnutzung der Mietsache durch vertragsgemäßen Gebrauch

¹Veränderungen oder Verschlechterungen der Mietsache, die durch den vertragsgemäßen Gebrauch herbeigeführt werden, hat der Mieter nicht zu vertreten.

1 § 538 übernimmt § 548 BGB a.F. Hiernach treffen den Mieter mangels abweichender Vereinbarungen keine Rechtsfolgen insb. bei **Verschleißschäden** (Verschmutzung, Bohrlöcher etc.), welche während der Pachtzeit anfallen. Denn der Vermieter erhält durch den Pachtzins ein entsprechendes Äquivalent.[1] **Demgegenüber** kann der Mieter etwa in Fällen defizitärer Heizung bzw. Belüftung oder unsachgemäßer Handhabung von Maschinen schadensersatzpflichtig (vgl. § 280) werden. Vgl. daneben § 541 und § 543 Abs. 2 S. 1 Nr. 2.

---

1 Vgl. zum (teils umstrittenen) Anwendungsbereich nach altem Recht etwa Palandt/*Weidenkaff*, § 552 Rn 4 f.; *Blank/Börstinghaus*, Miete, § 552 Rn 2 ff.; Emmerich/Sonnenschein/*Emmerich*, § 552 Rn 7.
2 Vgl. zum alten Recht etwa Palandt/*Weidenkaff*, § 552 Rn 8 ff.
3 Vgl. zum alten Recht etwa *Blank/Börstinghaus*, Miete, § 552 Rn 5 f.; Emmerich/Sonnenschein/*Emmerich*, Vor § 537 Rn 4 ff., § 552 Rn 5 ff.
1 Vgl. zum alten Recht etwa Palandt/*Weidenkaff*, § 548 Rn 1 ff.; Emmerich/Sonnenschein/*Emmerich*, § 548 Rn 2.

Titel 5. Mietvertrag, Pachtvertrag § 541

§ 539 Ersatz sonstiger Aufwendungen und Wegnahmerecht des Mieters

(1) ¹Der Mieter kann vom Vermieter Aufwendungen auf die Mietsache, die der Vermieter ihm nicht nach § 536a Abs. 2 zu ersetzen hat, nach den Vorschriften über die Geschäftsführung ohne Auftrag ersetzt verlangen.

(2) ¹Der Mieter ist berechtigt, eine Einrichtung wegzunehmen, mit der er die Mietsache versehen hat.

§ 539 regelt den **sonstigen Aufwendungsersatzanspruch** des Mieters in den von § 536a Abs. 2 abgesehenen Fällen sowie das **Wegnahmerecht**. **1**

Abs. 1 übernimmt § 547 Abs. 2 BGB a.F. über den Ersatz sonstiger Verwendungen (vgl. bereits § 536a Rn 3). Fallen Aufwendungen nicht unter § 536a Abs. 2, kann der Mieter diese **nach den Vorschriften über die Geschäftsführung ohne Auftrag** ersetzt verlangen. Wegen der zahlreichen unterschiedlichen Fallgestaltungen hat der Gesetzgeber diese Verweisung ausdrücklich aufrecht erhalten. **2**

Der Mieter kann Aufwendungsersatz nur verlangen, wenn alle Voraussetzungen einer Geschäftsführung ohne Auftrag vorliegen, er insb. mit **Fremdgeschäftsführungswillen** gehandelt hat. Liegen die Maßnahmen demgegenüber in erster Linie im Interesse des Mieters (z.B. bei der Ausstattung von Küchen und Badezimmern, beim Einbau von Jalousien), kann er keinen Ersatz verlangen.[1] **3**

Das **Wegnahmerecht** des Abs. 2 entspricht § 547a Abs. 1 BGB a.F. Ob der Mieter **zur Wegnahme verpflichtet** ist, richtet sich nach § 546. Zu § 547a Abs. 2 und 3 BGB a.F. vgl. § 552. Zur Verjährung vgl. § 548. **4**

§ 540 Gebrauchsüberlassung an Dritte

(1) ¹Der Mieter ist ohne die Erlaubnis des Vermieters nicht berechtigt, den Gebrauch der Mietsache einem Dritten zu überlassen, insbesondere sie weiter zu vermieten. ²Verweigert der Vermieter die Erlaubnis, so kann der Mieter das Mietverhältnis außerordentlich mit der gesetzlichen Frist kündigen, sofern nicht in der Person des Dritten ein wichtiger Grund vorliegt.

(2) ¹Überlässt der Mieter den Gebrauch einem Dritten, so hat er ein dem Dritten bei dem Gebrauch zur Last fallendes Verschulden zu vertreten, auch wenn der Vermieter die Erlaubnis zur Überlassung erteilt hat.

§ 540 übernimmt § 549 Abs. 1 und 3 BGB a.F. betreffend **Gebrauchsüberlassungen an Dritte**. § 549 Abs. 2 BGB a.F., der nur für Wohnraum galt, ist entsprechend der gesetzlichen Systematik (vgl. vor §§ 535 ff. Rn 5 ff.) in Untertitel 2 in § 553 aufgenommen. **1**

Abs. 1 S. 1 enthält weiterhin das grds. Verbot der Weitervermietung oder sonstigen Unterüberlassung an Dritte. **Nächste Angehörige**, wie Ehegatte, Kinder, Enkel sowie nun wohl auch – **neu** – Lebenspartner i.S.d. LPartG (vgl. vor §§ 535 ff. Rn 12) und Bedienstete (Pflegepersonal), gelten demgegenüber hinsichtlich Mitgebrauch von Wohnraum in der Regel nicht als Dritte. Ob auch sonstige Lebensgemeinschaften nicht als Dritte zählen, erscheint angesichts § 553 zweifelhaft. Zu Weiterem bei Wohnraum vgl. § 553. **2**

Verweigert der Vermieter die Erlaubnis hinsichtlich eines Dritten, ohne dass in dessen Person ein wichtiger Grund vorliegt, kann gem. S. 2 der Mieter **kündigen**, und zwar „außerordentlich mit der gesetzlichen Frist" (vgl. § 542 Rn 3 f. sowie die §§ 573d, 575a und § 580a Abs. 4). Abs. 2 ordnet wie bisher dem Mieter das Verschulden eines Dritten zu, unabhängig davon, ob die Weitervermietung bzw. Überlassung erlaubt oder unerlaubt erfolgt ist. **3**

§ 541 Unterlassungsklage bei vertragswidrigem Gebrauch

¹Setzt der Mieter einen vertragswidrigen Gebrauch der Mietsache trotz einer Abmahnung des Vermieters fort, so kann dieser auf Unterlassung klagen.

§ 541 entspricht mit geringfügigen sprachlichen Änderungen § 550 BGB a.F. Die Vorschrift dient im Wesentlichen der Klarstellung, dass die **Unterlassungsklage** des Vermieters eine vorherige **Abmahnung** voraussetzt.[1] Als vertragswidriger Gebrauch kommen Veränderungen, Vernachlässigung, Lagern bzw. Benutzen gefährlicher Stoffe oder unbefugte Überlassung in Betracht.[2] Vgl. daneben § 543. **1**

---

1 Vgl. BT-Drucks 14/4553, 42.
1 Vgl. BT-Drucks 14/4553, 43.
2 Vgl. zum alten Recht etwa Palandt/*Weidenkaff*, § 550 Rn 6 f.

§ 542 Ende des Mietverhältnisses

(1) ¹Ist die Mietzeit nicht bestimmt, so kann jede Vertragspartei das Mietverhältnis nach den gesetzlichen Vorschriften kündigen.

(2) ¹Ein Mietverhältnis, das auf bestimmte Zeit eingegangen ist, endet mit dem Ablauf dieser Zeit, sofern es nicht
1. in den gesetzlich zugelassenen Fällen außerordentlich gekündigt oder
2. verlängert wird.

Literatur: *Emmerich*, NZM 2001, 777, 781 f.; *Grundmann*, NJW 2001, 2497, 2502 ff.; *Kinne*, ZMR 2001, 511 und 599; *Kraemer*, WuM 2001, 163; *Sonnenschein*, WuM 2000, 387.

1 § 542 ist § 564 BGB a.F. nachgebildet. Er enthält **allgemeine Grundsätze** über das Ende von Mietverhältnissen. Die Reihenfolge der Mietverhältnisse auf unbestimmte Zeit (Abs. 1) und bestimmte Zeit (Abs. 2) folgt der Relevanz in der Praxis.

2 Mietverhältnisse auf **unbestimmte Zeit** (Abs. 1), in der Praxis häufiger anzutreffen, enden grds. durch Kündigung. Dies gilt für die ordentliche wie für die außerordentliche Kündigung. Der Verweis auf die gesetzlichen Vorschriften zielt neben § 568 auf Kündigungsfristen und weitere Kündigungsvoraussetzungen (z.B. Eigenbedarf; Sonderkündigungsrecht). Mietverhältnisse auf **bestimmte Zeit** (Abs. 2) enden regelmäßig ohne Kündigung mit Zeitablauf, sofern sie nicht vorher zulässig außerordentlich gekündigt oder vertraglich verlängert werden. **Daneben** stehen weiterhin Beendigung durch Aufhebungsvertrag, Anfechtung etc.

3 Neu ist der Begriff der „**außerordentlichen Kündigung**". Er geht auf die systematische Unterscheidung zwischen außerordentlicher (befristeter oder fristloser) und ordentlicher Kündigung zurück. **Gemeint ist Folgendes:**¹ Die **ordentliche Kündigung** (§§ 573, 580a) ist das rechtliche Mittel zur „normalen" Vertragsbeendigung unter Einhaltung der allgemeinen (ordentlichen) Kündigungsfristen. Die **außerordentliche Kündigung** ist hingegen nur in den gesetzlich bestimmten Fällen, meist vor dem Hintergrund geänderter tatsächlicher Verhältnisse, zugelassen, und zwar entweder fristgebunden als **außerordentliche befristete Kündigung** oder ohne Einhaltung einer Frist als **außerordentliche fristlose** Kündigung.

4 Die bei **außerordentlichen befristeten Kündigungen** geltenden **Kündigungsfristen** und evtl. **weiteren Voraussetzungen** sind entweder in der den außerordentlichen Kündigungsgrund regelnden Vorschrift selbst („Sonderkündigungsrecht", z.B. §§ 554 Abs. 3 S. 2, 561) oder in einem eigenen Tatbestand enthalten („außerordentliche Kündigung mit der gesetzlichen Frist", §§ 573d, 575a, 580a Abs. 4), auf den in der den außerordentlichen Kündigungsgrund enthaltenden Vorschrift verwiesen wird (z.B. §§ 540 Abs. 1 S. 2, 544, 563 Abs. 4, 563a Abs. 2, 564 S. 2, 580). Die **außerordentliche fristlose Kündigung** ist in den §§ 543, 569 geregelt, die neben § 314 weiter gelten. Die wirksame Kündigung **beendet** das Mietverhältnis nach Fristablauf bzw. fristlos.

§ 543 Außerordentliche fristlose Kündigung aus wichtigem Grund

(1) ¹Jede Vertragspartei kann das Mietverhältnis aus wichtigem Grund außerordentlich fristlos kündigen. ²Ein wichtiger Grund liegt vor, wenn dem Kündigenden unter Berücksichtigung aller Umstände des Einzelfalls, insbesondere eines Verschuldens der Vertragsparteien, und unter Abwägung der beiderseitigen Interessen die Fortsetzung des Mietverhältnisses bis zum Ablauf der Kündigungsfrist oder bis zur sonstigen Beendigung des Mietverhältnisses nicht zugemutet werden kann.

(2) ¹Ein wichtiger Grund liegt insbesondere vor, wenn
1. dem Mieter der vertragsgemäße Gebrauch der Mietsache ganz oder zum Teil nicht rechtzeitig gewährt oder wieder entzogen wird,
2. der Mieter die Rechte des Vermieters dadurch in erheblichem Maße verletzt, dass er die Mietsache durch Vernachlässigung der ihm obliegenden Sorgfalt erheblich gefährdet oder sie unbefugt einem Dritten überlässt oder
3. der Mieter
   a) für zwei aufeinander folgende Termine mit der Entrichtung der Miete oder eines nicht unerheblichen Teils der Miete in Verzug ist oder
   b) in einem Zeitraum, der sich über mehr als zwei Termine erstreckt, mit der Entrichtung der Miete in Höhe eines Betrages in Verzug ist, der die Miete für zwei Monate erreicht.

---

1 Vgl. BT-Drucks 14/4553, 43.

²Im Falle des Satzes 1 Nr. 3 ist die Kündigung ausgeschlossen, wenn der Vermieter vorher befriedigt wird. ³Sie wird unwirksam, wenn sich der Mieter von seiner Schuld durch Aufrechnung befreien konnte und unverzüglich nach der Kündigung die Aufrechnung erklärt.
(3) ¹Besteht der wichtige Grund in der Verletzung einer Pflicht aus dem Mietvertrag, so ist die Kündigung erst nach erfolglosem Ablauf einer zur Abhilfe bestimmten angemessenen Frist oder nach erfolgloser Abmahnung zulässig. ²Dies gilt nicht, wenn
1. eine Frist oder Abmahnung offensichtlich keinen Erfolg verspricht,
2. die sofortige Kündigung aus besonderen Gründen unter Abwägung der beiderseitigen Interessen gerechtfertigt ist oder
3. der Mieter mit der Entrichtung der Miete im Sinne des Absatzes 2 Nr. 3 in Verzug ist.
(4) ¹Auf das dem Mieter nach Absatz 2 Nr. 1 zustehende Kündigungsrecht sind die §§ 536b und 536d entsprechend anzuwenden. ²Ist streitig, ob der Vermieter den Gebrauch der Mietsache rechtzeitig gewährt oder die Abhilfe vor Ablauf der hierzu bestimmten Frist bewirkt hat, so trifft ihn die Beweislast.

Neu: § 543 begründet das Recht zur **außerordentlichen fristlosen Kündigung** und wird auch nach Schaffung des § 314 beibehalten. Das allgemeine und unabdingbare Recht beider Parteien zur fristlosen Kündigung ersetzt das bislang aus allgemeinen Rechtssätzen hergeleitete fristlose Kündigungsrecht aus wichtigem Grund sowie die über Einzelvorschriften verstreuten speziellen Kündigungsgründe und entspricht im Wesentlichen der bisherigen Rechtslage.[1] Für **Wohnraum** vgl. ergänzend § 569. 1

Abs. 1 regelt die **Kündigung aus wichtigem Grund** im Grundsatz. **S. 1** enthält das Kündigungsrecht an sich, während **S. 2** die Voraussetzungen festlegt. Entscheidend ist, ob die Fortsetzung des Mietverhältnisses dem Kündigenden bis zu dem Zeitpunkt, zu dem ordentlich gekündigt werden kann oder bis zum Zeitablauf (vgl. § 542) zugemutet werden darf. **Abs. 2 S. 1** zählt, um die Nicht-Zumutbarkeit zu konkretisieren, die **wichtigsten Gründe** für eine fristlose Kündigung auf: 2

Nr. 1 entspricht § 542 BGB a.F. und enthält die Kündigung durch den Mieter wegen **Nichtgewährung oder Entzug** des vertragsgemäßen Gebrauchs, jedoch beschränkt durch Abs. 3 S. 1. Bei der Prüfung im Einzelfall ist das Erfordernis der Unzumutbarkeit mitzuberücksichtigen. § 542 Abs. 2 BGB a.F. (unerhebliche Hinderung oder Vorenthaltung) ist entfallen, kommt aber weiterhin in der Wertung nach Nr. 1 zum Tragen. 3

Nr. 2 knüpft an § 553 BGB a.F. zur Kündigung bei **vertragswidrigem Gebrauch** an, allerdings ebenfalls beschränkt durch Abs. 3 S. 1. Eine erhebliche Gefährdung der Mietsache kann bei gefährlichen Installationen, wiederholten Wasserschäden oder der Unterlassung von Maßnahmen gegen Frost oder Diebstahl vorliegen.[2] Daneben steht die unbefugte Überlassung an Dritte. Greift Nr. 2 nicht, kommt auch hier die Generalklausel nach Abs. 1 in Betracht. 4

Nr. 3 entspricht der allgemeinen Kündigungsregelung des § 554 Abs. 1 BGB a.F. wegen **Zahlungsverzugs** (vgl. §§ 286 ff.). Die Fälligkeit ergibt sich aus § 556b bei Wohnraum und aus § 579 bei sonstigen Sachen. Die Einbeziehung der „Nebenkosten" liegt angesichts des Begriffs „Miete" auch hier nahe. Die Sonderregelung für **Wohnraum** wird in § 569 Abs. 3 aufgenommen. Die **S. 2 und 3** schließen die Kündigungsfrist in den genannten Fällen wieder aus. 5

Die Neuregelung geht zudem davon aus, dass eine Kündigung auch erfolgen kann, wenn Störungen des Mietverhältnisses **nicht schuldhaft** erfolgen. Hier war bisher § 242 Rechtsgrundlage. Nunmehr soll der Hinweis auf die Bedeutung des Verschuldens in Abs. 1 S. 2 zum Ausdruck bringen, dass die Anforderungen an die Unzumutbarkeit bei nicht schuldhaftem Verhalten des Störers höher sind als bei einer schuldhaften Störung.[3] 6

Abs. 3 S. 1 normiert für die fristlose Kündigung grds. eine **Abmahnung** oder **Fristsetzung zur Abhilfe**. Das Erfordernis der Fristsetzung entspricht § 542 Abs. 1 S. 2 BGB a.F., der Begriff Abmahnung entstammt § 553 BGB a.F., wobei im Fall der Abmahnung keine Frist erforderlich zu sein scheint.[4] Auf Fristsetzung bzw. Abmahnung wird in **S. 2** nur **verzichtet**, wenn diese keinen Erfolg versprechen (Nr. 1), besondere Gründe vorliegen (Nr. 2) oder im Falle des Zahlungsverzugs (Nr. 3). 7

Abs. 4 S. 1 schließt das **Kündigungsrecht** wegen Nichtgewährung oder Entzug des vertragsgemäßen Gebrauchs in den Fällen des § 536b (Kenntnis vom Mangel) und des § 536d (vertraglicher Ausschluss) **aus**. Er ähnelt damit § 543 S. 1 BGB a.F., dessen S. 2 für die Wohnraummiete in etwas abgewandelter Form in § 569 Abs. 5 S. 1 übernommen wird. Die (umstrittene) Möglichkeit der Teilkündigung ist, wie auch in § 314, nicht mehr normiert.[5] Die **Beweislastregel** des **S. 2** entspricht § 542 Abs. 3 BGB a.F. 8

---

[1] Vgl. BT-Drucks 14/4553, 43 f.; 14/5663, 76; 14/6857, 35, 66 f.
[2] Vgl. zum alten Recht etwa Emmerich/Sonnenschein/*Emmerich*, § 553 Rn 9.
[3] Vgl. BT-Drucks 14/5663, 76.
[4] Krit. *Lützenkirchen* Rn 848 ff.
[5] Vgl. BT-Drucks 14/6857, 35, 67 sowie zum alten Recht etwa Emmerich/Sonnenschein/*Emmerich*, § 543 Rn 2 f.

9 Ein Kündigungsrecht aus wichtigem Grund kann bereits nach bisherigem Recht **verwirkt** werden. Der Gesetzgeber sieht von einer Regelung, dass die Kündigung innerhalb einer angemessenen Zeit seit der Kenntnis vom Kündigungsgrund zu erfolgen hat, bewusst ab. Denn eine einheitliche Frist erscheint ihm wegen der Vielgestaltigkeit der Mietverhältnisse (Wohnraum, Grundstücke, Räume inkl. Geschäftsräume, bewegliche Sachen) nicht möglich.[6]

10 Zur **Angabe von Kündigungsgründen** vgl. § 569 Abs. 4, § 573 Abs. 3 und § 573a Abs. 3. Zur **Unabdingbarkeit** vgl. § 569 Abs. 5. Der **Mieter** kann **neben der Kündigung** auch weiterhin die Rechte gem. den §§ 536 ff. geltend machen, da die Kündigung nur für die Zukunft wirkt oder **anstelle der Kündigung** (natürlich) Erfüllung verlangen. Vgl. auch § 313 sowie § 536 Rn 3.

§ 544 Vertrag über mehr als 30 Jahre

[1]Wird ein Mietvertrag für eine längere Zeit als 30 Jahre geschlossen, so kann jede Vertragspartei nach Ablauf von 30 Jahren nach Überlassung der Mietsache das Mietverhältnis außerordentlich mit der gesetzlichen Frist kündigen. [2]Die Kündigung ist unzulässig, wenn der Vertrag für die Lebenszeit des Vermieters oder des Mieters geschlossen worden ist.

1 § 544 lehnt sich an § 567 BGB a.F. an und bestimmt in S. 1 ein **außerordentliches befristetes Kündigungsrecht** (vgl. § 542 Rn 3 f. sowie die §§ 575a, 580a Abs. 4) bei Mietverträgen, die für eine längere Zeit als 30 Jahre geschlossen sind und verhindert so die Entstehung einer Erbmiete. Dabei stellt der Gesetzgeber nunmehr ausdrücklich klar, dass die Kündigung erst nach Ablauf von 30 Jahren, gerechnet ab dem Zeitpunkt der Überlassung, möglich ist.[1] S. 2 lässt eine Ausnahme für Mietverträge auf Lebenszeit zu.

§ 545 Stillschweigende Verlängerung des Mietverhältnisses

[1]Setzt der Mieter nach Ablauf der Mietzeit den Gebrauch der Mietsache fort, so verlängert sich das Mietverhältnis auf unbestimmte Zeit, sofern nicht eine Vertragspartei ihren entgegenstehenden Willen innerhalb von zwei Wochen dem anderen Teil erklärt. [2]Die Frist beginnt
1. für den Mieter mit der Fortsetzung des Gebrauchs,
2. für den Vermieter mit dem Zeitpunkt, in dem er von der Fortsetzung Kenntnis erhält.

1 § 545 übernimmt mit sprachlichen Änderungen § 568 BGB a.F. Geregelt wird die Frage, was geschieht, wenn der Mieter trotz Beendigung des Mietverhältnisses den Gebrauch der Mietsache fortsetzt.

2 Die **Fortsetzung des Gebrauchs** würde zu einem vertragslosen Zustand führen, dessen Abwicklung nach Bereicherungsrecht oder den Grundsätzen über das Eigentümer-Besitzer-Verhältnis nicht sachgerecht sein und in den meisten Fällen auch dem mutmaßlichen Willen der Vertragsparteien nicht entsprechen soll, weshalb **S. 1** grds. die **Verlängerung des Mietverhältnisses** anordnet.[1]

3 Ihren **entgegenstehenden Willen** müssen Vermieter oder Mieter innerhalb der in **S. 2** genannten Fristen erklären. **Unterbleibt der Widerspruch**, läuft das Mietverhältnis auf **unbestimmte Zeit** (vgl. § 542 Abs. 1).

§ 546 Rückgabepflicht des Mieters

(1) [1]Der Mieter ist verpflichtet, die Mietsache nach Beendigung des Mietverhältnisses zurückzugeben.

(2) [1]Hat der Mieter den Gebrauch der Mietsache einem Dritten überlassen, so kann der Vermieter die Sache nach Beendigung des Mietverhältnisses auch von dem Dritten zurückfordern.

1 § 546 übernimmt inhaltlich unverändert § 556 Abs. 1 und 3 BGB a.F. Er normiert die **Rückgabepflicht** aufgrund Vertrages. Die Sonderregelung des § 556 Abs. 2 BGB a.F. ist für Wohnraum, Grundstücke und sonstige Räume (§ 578) in § 570 eingestellt.

2 Die **Beendigung** des Mietverhältnisses ergibt sich aus § 542. Die **Rückgabe** erfolgt durch (Wieder-) Einräumung des unmittelbaren Besitzes. **Zubehör**, wie etwa Schlüssel, ist mit zurückzugeben. **Eingebrachte Gegenstände** sind entsprechend der Lage zu Beginn zu entfernen.

---

6 Vgl. BT-Drucks 14/4553, 44.
1 Vgl. BT-Drucks 14/4553, 44.
1 Vgl. BT-Drucks 14/4553, 44. Krit. demgegenüber *Eckert*, NZM 2001, 409, 414.

Prinzipiell hat der Vermieter nur Anspruch auf Rückgabe der Mietsache im **Zustand** bei Beendigung. 3
Anders verhält es sich, wenn der Mieter im Mietvertrag die Pflicht übernommen hat, den ursprünglichen
Zustand wiederherzustellen (vgl. § 535 Rn 5) oder wenn die Abnutzung nicht vertragsgemäß ist (vgl.
§ 538).

Nach **Abs. 2** besteht der Anspruch auch gegenüber einem **Dritten**, dem der Mieter die Mietsache überlassen 4
hat. Der Dritte hat gegenüber dem Vermieter grds. kein Recht zum Besitz. Anders kann es sich verhalten,
wenn der Dritte sich bei Wohnraum auf Kündigungsschutzbestimmungen berufen kann (vgl. § 565).

§ 546a Entschädigung des Vermieters bei verspäteter Rückgabe

(1) ¹Gibt der Mieter die Mietsache nach Beendigung des Mietverhältnisses nicht zurück, so kann der
Vermieter für die Dauer der Vorenthaltung als Entschädigung die vereinbarte Miete oder die Miete
verlangen, die für vergleichbare Sachen ortsüblich ist.

(2) ¹Die Geltendmachung eines weiteren Schadens ist nicht ausgeschlossen.

§ 546a enthält den bisherigen § 557 Abs. 1 BGB a.F., der in zwei Absätze aufgeteilt worden ist, und regelt 1
die **Ansprüche des Vermieters bei verspäteter Rückgabe**. Die bisher in § 557 Abs. 2 bis 4 BGB a.F.
enthaltenen Sonderregelungen für Wohnraum sind in Untertitel 2 in § 571 eingestellt.

Abs. 1 regelt den Anspruch des Vermieters auf **Mindestentschädigung** in Höhe der vereinbarten oder – 2
neu – der ortsüblichen Miete. Der Gesetzgeber schließt sich so der Rspr. des BGH an, nach der die Geltendmachung einer im Einzelfall höheren örtlichen Vergleichsmiete keiner besonderen rechtsgestaltenden
Willenserklärung des Vermieters bedurfte. Der Mieter, der etwa trotz Kündigung in der Wohnung verbleibt,
kann so nach Beendigung (vgl. § 542) **nicht darauf vertrauen**, dass er dem Vermieter dafür wie bisher
nur die vereinbarte Miete zu entrichten hat.¹

Die **ortsübliche Vergleichsmiete** bemisst sich nach dem, was für Mietsachen vergleichbarer Art, Größe, 3
Ausstattung, Beschaffenheit und Lage üblicherweise gezahlt wird (vgl. für Wohnraum §§ 558 ff.). Zugleich
ist der Anspruch nicht mehr nur auf Mietverhältnisse über Räume beschränkt, jedoch werden die praktischen Auswirkungen dieser Änderung gering sein.² **Abs. 2** entspricht § 557 Abs. 1 S. 2 BGB a.F. und stellt
klar, dass die **Geltendmachung eines weiteren Schadens** nicht ausgeschlossen ist. Hierher gehören insb.
Ansprüche wegen Schuldnerverzugs (vgl. §§ 280, 286 ff.).

§ 547 Erstattung von im Voraus entrichteter Miete

(1) ¹Ist die Miete für die Zeit nach Beendigung des Mietverhältnisses im Voraus entrichtet worden,
so hat der Vermieter sie zurückzuerstatten und ab Empfang zu verzinsen. ²Hat der Vermieter die
Beendigung des Mietverhältnisses nicht zu vertreten, so hat er das Erlangte nach den Vorschriften
über die Herausgabe einer ungerechtfertigten Bereicherung zurückzuerstatten.

(2) ¹Bei einem Mietverhältnis über Wohnraum ist eine zum Nachteil des Mieters abweichende
Vereinbarung unwirksam.

§ 547 übernimmt im Wesentlichen unverändert § 557a BGB a.F. betreffend die **Vorausentrichtung** von 1
Miete. Nach Beendigung des Mietverhältnisses (vgl. § 542) ist gem. **Abs. 1** zu unterscheiden: Regelmäßig
hat der Vermieter gem. **S. 1** die Vorauszahlungen **zurückzuerstatten** und zu **verzinsen**, womit der Verweis
auf § 347 BGB a.F. durch Klartext ersetzt ist. Hat der Vermieter die Beendigung **nicht zu vertreten**,
kommen gem. **S. 2** die §§ 812 ff. zur Anwendung. Die **Unabdingbarkeit** bei **Wohnraum** in **Abs. 2**
entspricht § 557a Abs. 2 BGB a.F.

§ 548 Verjährung der Ersatzansprüche und des Wegnahmerechts

(1) ¹Die Ersatzansprüche des Vermieters wegen Veränderungen oder Verschlechterungen der Mietsache verjähren in sechs Monaten. ²Die Verjährung beginnt mit dem Zeitpunkt, in dem er die Mietsache zurückerhält. ³Mit der Verjährung des Anspruchs des Vermieters auf Rückgabe der Mietsache
verjähren auch seine Ersatzansprüche.

(2) ¹Ansprüche des Mieters auf Ersatz von Aufwendungen oder auf Gestattung der Wegnahme einer
Einrichtung verjähren in sechs Monaten nach der Beendigung des Mietverhältnisses.

(3) (aufgehoben)

§ 548 nimmt neu gegliedert § 558 BGB a.F. auf und betrifft die **Verjährung** zwecks möglichst schneller 1
Klarstellung von Ansprüchen sowie Verfahrensstraffung.

---

1 Vgl. BT-Drucks 14/4553, 44 f.
2 Vgl. BT-Drucks 14/4553, 45.

2 **Abs. 1 S. 1** unterwirft die Ansprüche des **Vermieters** wegen **Veränderungen** oder **Verschlechterungen** der Mietsache der **kurzen Verjährung**. Hierher zählen insb. die Ansprüche des Vermieters auf Vornahme fälliger Schönheitsreparaturen sowie auf wegen ihrer Nichterfüllung begründete Schadensersatzansprüche.

3 Gem. **S. 2 beginnt** die Verjährung bereits mit **Rückgabe** der Mietsache und nicht erst, wenn sich der Erfüllungs- in einen Schadensersatzanspruch, in der Regel nach Ablauf der nach den §§ 280, 281 zu setzenden Nachfrist, umgewandelt hat.[1] **S. 3** lässt die Verjährung auch enden, wenn der Anspruch auf Rückgabe verjährt.

4 Gem. **Abs. 2** unterliegen **Aufwendungsersatz-** bzw. **Wegnahmeansprüche** (vgl. §§ 536a Abs. 2, 539) des **Mieters** ebenfalls der kurzen Verjährung Die Frist beginnt mit der Beendigung des Mietverhältnisses (vgl. § 542). **Neu**: Für die **Verjährung anderer Ansprüche** von Vermieter bzw. Mieter aus dem Mietvertrag gilt § 195.

5 **Neu**: Abs. 3 betreffend Unterbrechung bzw. **Hemmung** der Verjährung, der zum 1.9.2001 eingeführt worden war,[2] entfällt zum 1.1.2002 angesichts der neuen §§ 203, 204 Abs. 1 Nr. 7 und Abs. 2 sowie 213 wieder.[3] Dabei dürfte insb. § 203 der Kritik an der Kürze der Verjährung entgegenwirken.

Untertitel 2. Mietverhältnisse über Wohnraum

Kapitel 1. Allgemeine Vorschriften

§ 549 Auf Wohnraummietverhältnisse anwendbare Vorschriften

(1) [1]Für Mietverhältnisse über Wohnraum gelten die §§ 535 bis 548, soweit sich nicht aus den §§ 549 bis 577a etwas anderes ergibt.
(2) [1]Die Vorschriften über die Mieterhöhung (§§ 557 bis 561) und über den Mieterschutz bei Beendigung des Mietverhältnisses sowie bei der Begründung von Wohnungseigentum (§ 568 Abs. 2, §§ 573, 573a, 573d Abs. 1, §§ 574 bis 575, 575a Abs. 1 und §§ 577, 577a) gelten nicht für Mietverhältnisse über
1. Wohnraum, der nur zum vorübergehenden Gebrauch vermietet ist,
2. Wohnraum, der Teil der vom Vermieter selbst bewohnten Wohnung ist und den der Vermieter überwiegend mit Einrichtungsgegenständen auszustatten hat, sofern der Wohnraum dem Mieter nicht zum dauernden Gebrauch mit seiner Familie oder mit Personen überlassen ist, mit denen er einen auf Dauer angelegten gemeinsamen Haushalt führt,
3. Wohnraum, den eine juristische Person des öffentlichen Rechts oder ein anerkannter privater Träger der Wohlfahrtspflege angemietet hat, um ihn Personen mit dringendem Wohnungsbedarf zu überlassen, wenn sie den Mieter bei Vertragsschluss auf die Zweckbestimmung des Wohnraums und die Ausnahme von den genannten Vorschriften hingewiesen hat.
(3) [1]Für Wohnraum in einem Studenten- oder Jugendwohnheim gelten die §§ 557 bis 561 sowie die §§ 573, 573a, 573d Abs. 1 und §§ 575, 575a Abs. 1, §§ 577, 577a nicht.

Literatur: *Meincke*, Hat das Wohnraummietrecht eine Zukunft?, 1996.

1 Die §§ 549 – 577a regeln im **Untertitel 2** die „**Mietverhältnisse über Wohnraum**", unterteilt in die Kapitel 1 bis 6 (vgl. vor §§ 535 ff. Rn 5 ff.). Zu Beginn von **Kapitel 1** „Allgemeine Vorschriften" stellt § **549 Abs. 1** klar, dass die **Vorschriften von Untertitel 1** auch für Wohnraummietverhältnisse gelten, dass hier aber **vorrangig** die §§ 549 – 577a gelten.

2 **Abs. 2** enthält dann wiederum **Einschränkungen** dieses Wohnraummietrechts für die in den Nr. 1 bis 3 genannten Mietverhältnisse, und zwar insb. in Hinblick auf die Beschränkungen von Mieterhöhungen, Kündigungen und bei Veräußerungen. Die **Nr. 1 bis 3** entsprechen geringfügig erweitert § 556a Abs. 8, § 564a Abs. 3 oder § 564b Abs. 7 BGB a.F. bzw. § 10 Abs. 3 MHG a.F. Dabei können Wohnungen zur Erholung und Freizeitnutzung unter Nr. 1 fallen.[1] **Neu**: Zum „auf Dauer angelegten gemeinsamen Haushalt" in Nr. 2 vgl. § 563 Rn 6 f. **Neu**: In Nr. 3 erfolgt eine Ausdehnung auf private Einrichtungen der freien Wohlfahrtspflege.

---
1 Vgl. BT-Drucks 14/4553, 45.
2 Zum Übergang damals vgl. Art. 229 § 3 Abs. 7 EGBGB – entscheidend war der Zeitpunkt der Beantragung des selbständigen Beweissicherungsverfahrens.
3 Vgl. BT-Drucks 14/6857, 35, 67.
1 Vgl. BT-Drucks 14/4553, 46.

Abs. 3 enthält, Abs. 2 ähnlich, **Einschränkungen** des Wohnraummietrechts für Wohnraum in einem **Studenten- oder Jugendwohnheim**, und zwar ebenfalls insb. in Hinblick auf Mieterhöhung, Kündigung und Veräußerung. Jedoch gelten hier die §§ 574 bis 574c („Sozialklausel"). 3

§ 550 Form des Mietvertrags
¹Wird der Mietvertrag für längere Zeit als ein Jahr nicht in schriftlicher Form geschlossen, so gilt er für unbestimmte Zeit. ²Die Kündigung ist jedoch frühestens zum Ablauf eines Jahres nach Überlassung des Wohnraums zulässig.

§ 550 übernimmt § 566 BGB a.F. und enthält in **S. 1** grds. wie bisher[1] das **Erfordernis der Schriftform** (vgl. §§ 126, 126a).[2] **Neu**: Zugleich besagt S. 1 nunmehr ausdrücklich, dass der Mietvertrag andernfalls für **unbestimmte Zeit** (§ 542 Abs. 1) gilt und nicht nichtig ist. **S. 2** stellt klar, dass die **Kündigung** frühestens zum Ablauf eines Jahres nach Überlassung zulässig ist. Die Anwendbarkeit bei **Grundstücken** und **anderen Räumen** ergibt sich aus § 578. Zur Form bei **Mieterhöhungen** vgl. §§ 557b Abs. 3, 558a Abs. 1. 1

§ 551 Begrenzung und Anlage von Mietsicherheiten
(1) ¹Hat der Mieter dem Vermieter für die Erfüllung seiner Pflichten Sicherheit zu leisten, so darf diese vorbehaltlich des Absatzes 3 Satz 4 höchstens das Dreifache der auf einen Monat entfallenden Miete ohne die als Pauschale oder als Vorauszahlung ausgewiesenen Betriebskosten betragen.
(2) ¹Ist als Sicherheit eine Geldsumme bereitzustellen, so ist der Mieter zu drei gleichen monatlichen Teilzahlungen berechtigt. ²Die erste Teilzahlung ist zu Beginn des Mietverhältnisses fällig.
(3) ¹Der Vermieter hat eine ihm als Sicherheit überlassene Geldsumme bei einem Kreditinstitut zu dem für Spareinlagen mit dreimonatiger Kündigungsfrist üblichen Zinssatz anzulegen. ²Die Vertragsparteien können eine andere Anlageform vereinbaren. ³In beiden Fällen muss die Anlage vom Vermögen des Vermieters getrennt erfolgen und stehen die Erträge dem Mieter zu. ⁴Sie erhöhen die Sicherheit. ⁵Bei Wohnraum in einem Studenten- oder Jugendwohnheim besteht für den Vermieter keine Pflicht, die Sicherheitsleistung zu verzinsen.
(4) ¹Eine zum Nachteil des Mieters abweichende Vereinbarung ist unwirksam.

§ 551 übernimmt mit einigen Änderungen § 550b BGB a.F.[1] Gem. **Abs. 1** ist die Höhe der Mietsicherheit wie bisher auf das **Dreifache der Miete** ohne ausgewiesene Vorauszahlung bzw. Pauschale (vgl. § 556 Rn 2) begrenzt (Ausnahme: § 554a Abs. 2). **Abs. 2 S. 1 und 2** enthalten für den Regelfall der **Geldsumme** (Barkaution) die Berechtigung zur **Ratenzahlung**. Die Vereinbarung anderer Sicherheiten (vgl. § 232), insb. die Vereinbarung einer **Bürgschaft**,[2] ist möglich. 1

Abs. 3 S. 1 und 2 verpflichten den Vermieter wie bisher zur **Anlage von Geld** bei einem Kreditinstitut zu dem für Spareinlagen mit dreimonatiger Kündigungsfrist üblichen Zinssatz.[3] **Andere Anlageformen**, die die Parteien auch vereinbaren können, sind nur solche, die grds. auch Erträge abwerfen können, z.B. Zinsen oder Dividenden. Unterbleibt dann eine Verzinsung oder tritt sogar ein Verlust ein, kann der Mieter weder das eingesetzte Kapital noch eine Mindestverzinsung vom Vermieter zurückverlangen.[4] 2

Gem. **S. 3** hat der Vermieter die Sicherheit in beiden Fällen **getrennt** von seinem eigenen Vermögen anzulegen; es genügt wie bisher ein Sammelkonto.[5] **Erträge**, z.B. Zinsen oder Dividenden, stehen dem Mieter zu, sie erhöhen nach **S. 4** die Sicherheit. Die bereits bisher bestehende Ausnahme bei Wohnraum in einem **Studenten- oder Jugendwohnheim** gem. S. 5 bleibt bestehen.[6] **Abs. 4** regelt die **Unabdingbarkeit** zum Nachteil des Mieters. 3

Der **Anspruch auf Rückzahlung** der Sicherheit ergibt sich nach Beendigung aus dem Vertrag. Auf die Normierung einer **Frist** zur Rückzahlung hat der Gesetzgeber verzichtet. Es gelten daher die bisherigen Überlegungs- und Abrechnungsfristen.[7] 4

---

1 Krit. demgegenüber etwa, jedoch letztlich wohl nicht überzeugend, *Eckert*, NZM 2001, 409 ff.; *Hinz u.a.*, S. 28 ff.
2 Vgl. BT-Drucks 14/4553, 47.
1 Vgl. hierzu etwa *Kraemer*, NZM 2001, 737.
2 Vgl. BT-Drucks 14/5663, 77.
3 Zum Übergang vgl. neben vor §§ 535 ff. Rn 3 Art. 229 § 3 Abs. 8 EGBGB – betreffend Ausnahmen der Pflicht zur Verzinsung bei vor dem 1.1.1983 getroffenen Vereinbarungen.
4 Vgl. BT-Drucks 14/4553, 48.
5 Vgl. BT-Drucks 14/4553, 48.
6 Vgl. BT-Drucks 14/5663, 77; anders noch der Gesetzentwurf BT-Drucks 14/4553, 48 f.
7 Vgl. BT-Drucks 14/5663, 77 sowie zum alten Recht etwa Emmerich/Sonnenschein/*Emmerich*, § 550b Rn 12 ff.

§ 552 Abwendung des Wegnahmerechts des Mieters

(1) ¹Der Vermieter kann die Ausübung des Wegnahmerechts (§ 539 Abs. 2) durch Zahlung einer angemessenen Entschädigung abwenden, wenn nicht der Mieter ein berechtigtes Interesse an der Wegnahme hat.

(2) ¹Eine Vereinbarung, durch die das Wegnahmerecht ausgeschlossen wird, ist nur wirksam, wenn ein angemessener Ausgleich vorgesehen ist.

1 § 552 übernimmt geringfügig überarbeitet und gekürzt § 547a Abs. 2 und 3 BGB a.F. Abs. 1 enthält eine **Einschränkung des Wegnahmerechts** des Mieters (vgl. § 539 Abs. 2), indem der Vermieter die Wegnahme im Grundsatz durch Zahlung einer angemessenen Entschädigung abwenden kann.

2 **Unklar** bleibt, ob sich die **Höhe der Entschädigung** nach dem ursprünglichen Zeitwert abzüglich zwischenzeitlich eingetretenem Wertverlust und ersparter Kosten oder nach dem Wert der Einrichtung für den Vermieter bestimmt.[1] Abs. 2 regelt die Zulässigkeit **abweichender Vereinbarungen**. Für **andere Räume** vgl. § 578 Abs. 2.

§ 553 Gestattung der Gebrauchsüberlassung an Dritte

(1) ¹Entsteht für den Mieter nach Abschluss des Mietvertrags ein berechtigtes Interesse, einen Teil des Wohnraums einem Dritten zum Gebrauch zu überlassen, so kann er von dem Vermieter die Erlaubnis hierzu verlangen. ²Dies gilt nicht, wenn in der Person des Dritten ein wichtiger Grund vorliegt, der Wohnraum übermäßig belegt würde oder dem Vermieter die Überlassung aus sonstigen Gründen nicht zugemutet werden kann.

(2) ¹Ist dem Vermieter die Überlassung nur bei einer angemessenen Erhöhung der Miete zuzumuten, so kann er die Erlaubnis davon abhängig machen, dass der Mieter sich mit einer solchen Erhöhung einverstanden erklärt.

(3) ¹Eine zum Nachteil des Mieters abweichende Vereinbarung ist unwirksam.

1 § 553 entspricht mit geringen sprachlichen und aufbaumäßigen Änderungen § 549 Abs. 2 BGB a.F.

2 Die **Gebrauchsüberlassung an Dritte** ist grds. (vgl. § 540) ausgeschlossen. Nach **Abs. 1 S. 1** kann jedoch wie bisher ein **Anspruch auf Erlaubnis** der Überlassung bestehen, wenn **nach Vertragsschluss** ein **berechtigtes Interesse** entsteht. Dieses Interesse wird vor allem dann gegeben sein, wenn es um die Aufnahme von Personen zum Zwecke der Bildung oder Fortführung eines „auf Dauer angelegten gemeinsamen Haushalts" geht.

3 Dabei spielt es keine Rolle, ob es sich um eine **hetero- oder homosexuelle Gemeinschaft** handelt. Denn nach der Wertentscheidung des Gesetzgebers ist zukünftig auch der „auf Dauer angelegte gemeinsame Haushalt" mietrechtlich besonders zu schützen. Diese Wertentscheidung, die insb. beim Wechsel der Vertragsparteien zum Ausdruck kommt (vgl. § 563 Rn 6 f.), ist auch im Rahmen der Prüfung des Erlaubnisanspruchs des Mieters mit zu berücksichtigen.[1]

4 **Daneben** kommen das nachträgliche **Interesse**, Eltern, Geschwister oder Freunde aufnehmen zu wollen, eine Verkleinerung der Familie oder eine nachträgliche Verringerung des Einkommens in Betracht.[2] Mögliche **Ausschlussgründe** aus Sicht des Vermieters nennt **S. 2**. Hier sind insb. erwartete Störungen zu erwähnen.[3] Die übermäßige Belegung bemisst sich nach dem Verhältnis der Personenzahl zur Fläche der Wohnung bzw. der Zahl der Räume.

5 Nach **Abs. 2** kann der Vermieter die Erlaubnis unter den genannten Voraussetzungen davon abhängig machen, dass der Mieter sich mit einer angemessenen **Erhöhung der Miete** einverstanden erklärt. Die Angemessenheit bemisst sich nach wohl h. M. nach dem Entgelt für die zusätzliche Abnutzung.[4] **Abs. 3** bestimmt die **Unabdingbarkeit** zum Nachteil des Mieters.

---

1 Vgl. zum alten Recht etwa Emmerich/Sonnenschein/*Emmerich*, § 547a Rn 8.
1 Vgl. BT-Drucks 14/4553, 49.
2 Vgl. zu den diesbezüglichen Abgrenzungen im alten Recht etwa Emmerich/Sonnenschein/*Emmerich*, § 549 Rn 22.
3 Vgl. etwa *Lützenkirchen* Rn 524.
4 Vgl. zum alten Recht etwa Bub/Treier/*Kraemer*, III Rn 1024 f.

§ 554 Duldung von Erhaltungs- und Modernisierungsmaßnahmen

(1) ¹Der Mieter hat Maßnahmen zu dulden, die zur Erhaltung der Mietsache erforderlich sind.

(2) ¹Maßnahmen zur Verbesserung der Mietsache, zur Einsparung von Energie oder Wasser oder zur Schaffung neuen Wohnraums hat der Mieter zu dulden. ²Dies gilt nicht, wenn die Maßnahme für ihn, seine Familie oder einen anderen Angehörigen seines Haushalts eine Härte bedeuten würde, die auch unter Würdigung der berechtigten Interessen des Vermieters und anderer Mieter in dem Gebäude nicht zu rechtfertigen ist. ³Dabei sind insbesondere die vorzunehmenden Arbeiten, die baulichen Folgen, vorausgegangene Aufwendungen des Mieters und die zu erwartende Mieterhöhung zu berücksichtigen. ⁴Die zu erwartende Mieterhöhung ist nicht als Härte anzusehen, wenn die Mietsache lediglich in einen Zustand versetzt wird, wie er allgemein üblich ist.

(3) ¹Bei Maßnahmen nach Absatz 2 Satz 1 hat der Vermieter dem Mieter spätestens drei Monate vor Beginn der Maßnahme deren Art sowie voraussichtlichen Umfang und Beginn, voraussichtliche Dauer und die zu erwartende Mieterhöhung in Textform mitzuteilen. ²Der Mieter ist berechtigt, bis zum Ablauf des Monats, der auf den Zugang der Mitteilung folgt, außerordentlich zum Ablauf des nächsten Monats zu kündigen. ³Diese Vorschriften gelten nicht bei Maßnahmen, die nur mit einer unerheblichen Einwirkung auf die vermieteten Räume verbunden sind und nur zu einer unerheblichen Mieterhöhung führen.

(4) ¹Aufwendungen, die der Mieter infolge einer Maßnahme nach Absatz 1 oder 2 Satz 1 machen musste, hat der Vermieter in angemessenem Umfang zu ersetzen. ²Auf Verlangen hat er Vorschuss zu leisten.

(5) ¹Eine zum Nachteil des Mieters von den Absätzen 2 bis 4 abweichende Vereinbarung ist unwirksam.

§ 554 übernimmt im Wesentlichen die §§ 541a und 541b BGB a.F. **Abs. 1** enthält die **Duldungspflicht** betreffend **Erhaltungsmaßnahmen**.[1] — 1

Abs. 2 S. 1 erfasst Verbesserungen, Einsparungen von Energie oder Wasser oder Schaffung neuen Wohnraums (**Modernisierungsmaßnahmen**). **Neu** sind die Maßnahmen zur Einsparung aller Arten von **Energie** anstatt bisher nur Heizenergie. Damit zählen z.B. auch Maßnahmen zur Einsparung von Strom (drehzahlgeregelte Umwälzpumpen, Ventilatoren und Aufzugsmotoren oder Energiesparlampen) hierher.[2] — 2

S. 2 bis 4 enthalten eine **Härteklausel**, wobei der Personenkreis erweitert wird. **Teils neu**: Neben dem Mieter und seiner Familie, wozu nunmehr auch Lebenspartner i.S.d. LPartG zählen (vgl. vor §§ 535 ff. Rn 12), gehören hierher Personen, die mit dem Mieter einen „auf Dauer angelegten gemeinsamen Haushalt" führen (vgl. § 563 Rn 6 f.) oder andere „Angehörige seines Haushalts", z.B. Pflegekinder oder Kinder des Lebenspartners.[3] — 3

Neu: In **Abs. 3 S. 1** wird die **Mitteilungsfrist für Modernisierungsmaßnahmen** von zwei auf **drei Monate** verlängert. Durch die Einfügung des Wortes „spätestens" wird klargestellt, dass auch frühere Mitteilungen, soweit sie den inhaltlichen Anforderungen genügen, wirksam sein können. Durch die Verlängerung soll ein Gleichlauf mit dem **Sonderkündigungsrecht** (vgl. § 542 Rn 3 f.) nach **S. 2** hergestellt werden. — 4

Zugleich werden die Anforderungen an den **Inhalt** vor dem Hintergrund der strenge Maßstäbe anlegenden Rspr. abgesenkt. **Neu**: Der Vermieter muss nur noch den voraussichtlichen Umfang und Beginn und die voraussichtliche Dauer der Maßnahme mitteilen. Das Merkmal „**voraussichtlich**" bezieht sich dabei auf Umfang, Beginn und Dauer.[4] Die Erklärung bedarf der **Textform** (§ 126b). **S. 3** enthält Einschränkungen. — 5

Abs. 4 entspricht § 541b Abs. 3 BGB a.F., **ergänzt um** den Aufwendungsersatz bei Erhaltungsmaßnahmen.[5] **Abs. 5** erklärt die **Abs. 2 bis 4** für zum Nachteil des Mieters **unabdingbar**. Hinsichtlich **anderer Räume** vgl. § 578 Abs. 2. Zur Möglichkeit der **Mieterhöhung** vgl. §§ 559 ff. Zum **Übergang** vgl. Art. 229 § 3 Abs. 1 Nr. 6 EGBGB – entscheidend ist der Zeitpunkt des Zugangs der Mitteilung beim Mieter. — 6

---

1 Vgl. hierzu etwa *Hanke*, NZM 2001, 74.
2 Vgl. BT-Drucks 14/4553, 49.
3 Vgl. BT-Drucks 14/4553, 49.
4 Vgl. BT-Drucks 14/4553, 49 f.
5 Vgl. BT-Drucks 14/4553, 49.

§ 554a Barrierefreiheit

(1) ¹Der Mieter kann vom Vermieter die Zustimmung zu baulichen Veränderungen oder sonstigen Einrichtungen verlangen, die für eine behindertengerechte Nutzung der Mietsache oder den Zugang zu ihr erforderlich sind, wenn er ein berechtigtes Interesse daran hat. ²Der Vermieter kann seine Zustimmung verweigern, wenn sein Interesse an der unveränderten Erhaltung der Mietsache oder des Gebäudes das Interesse des Mieters an einer behindertengerechten Nutzung der Mietsache überwiegt. ³Dabei sind auch die berechtigten Interessen anderer Mieter in dem Gebäude zu berücksichtigen.

(2) ¹Der Vermieter kann seine Zustimmung von der Leistung einer angemessenen zusätzlichen Sicherheit für die Wiederherstellung des ursprünglichen Zustandes abhängig machen. ²§ 551 Abs. 3 und 4 gilt entsprechend.

(3) ¹Eine zum Nachteil des Mieters von Absatz 1 abweichende Vereinbarung ist unwirksam.

1 § 554a ist neu und nachträglich dem Gesetzentwurf hinzugefügt worden. Anknüpfend an die Entscheidung des **BVerfG** vom 28.3.2000[1] geht es um diejenigen Fälle, in denen **Umbauten** innerhalb der Wohnung erforderlich sind, damit ein behinderter Mensch sie problemlos nutzen und sich darin bewegen kann, wie etwa der Einbau einer behindertengerechten Nasszelle oder die Verbreiterung von Türen. Daneben können bauliche Veränderungen außerhalb der Wohnung notwendig sein.[2]

2 Abs. 1 S. 1 bis 3 bestimmt, anknüpfend an den Grundsatz, dass bauliche Veränderungen durch den Mieter der Zustimmung des Vermieters bedürfen, wann die **Zustimmung des Vermieters** zu erfolgen hat, wobei neben den Interessen von Mieter und Vermieter auch die Interessen der anderen Mitmieter angemessen zu berücksichtigen sind.

3 In die **Abwägung** sind alle generell und im konkreten Einzelfall erheblichen Umstände einzustellen, wie z.B. Art, Dauer, Schwere der Behinderung, Umfang und Erforderlichkeit der Maßnahme, Dauer der Bauzeit, Möglichkeit des Rückbaus, bauordnungsrechtliche Genehmigungsfähigkeit, Beeinträchtigungen der Mitmieter während der Bauzeit, Einschränkungen durch die Maßnahme selbst sowie mögliche Haftungsrisiken des Vermieters etwa aufgrund der ihm obliegenden Verkehrssicherungspflicht. **Daneben** kann berücksichtigt werden, ob durch Auflagen an den Mieter, etwa betreffend den Abschluss einer Haftpflichtversicherung, mögliche Nachteile für den Vermieter gemildert werden können, so dass dies insgesamt zur Zulässigkeit der Umbaumaßnahme führt.

4 Der Begriff „**behindert**" bzw. „**behindertengerecht**" ist nicht an § 3 SchwbG gebunden, sondern soll jede erhebliche und dauerhafte Einschränkung der Bewegungsfähigkeit erfassen, prinzipiell **unabhängig davon**, ob sie bereits bei Vertragsschluss vorhanden ist oder erst im Laufe des Mietverhältnisses entsteht.[3] Erfasst werden sollen **auch diejenigen Personen**, die der Mieter berechtigterweise in seine Wohnung aufgenommen hat, ohne dass sie selbst Mietvertragspartei sind (vgl. §§ 540, 553).

5 Erfasst werden **Umbauten** innerhalb der gemieteten Wohnung sowie außerhalb. Der Begriff der sonstigen Einrichtungen stellt ein Auffangmerkmal für weitere Maßnahmen dar, die keine baulichen Veränderungen darstellen. Bei **Auszug** ist der Mieter grds. verpflichtet, den ursprünglichen Zustand wiederherzustellen und etwaige Schäden zu beseitigen (vgl. § 546 Rn 2 f.). Dem dient nach **Abs. 2** die (zusätzliche) **Sicherheit**. **Abs. 3** normiert die **Unabdingbarkeit** von Abs. 1 zum Nachteil des Mieters. Die Unabdingbarkeit bei der Sicherheit ergibt sich aus Abs. 2 i.V.m. § 551 Abs. 4. Zum In-Kraft-Treten vgl. vor §§ 535 ff. Rn 13.

§ 555 Unwirksamkeit einer Vertragsstrafe

¹Eine Vereinbarung, durch die sich der Vermieter eine Vertragsstrafe vom Mieter versprechen lässt, ist unwirksam.

1 **§ 555** übernimmt § 550a BGB a.F. mit dem **Verbot von Vertragsstrafen** (vgl. §§ 339 ff.) bei **Wohnraum**. **Unklar** bleibt hier die Abgrenzung zu Pauschalisierungen von Schadensersatzansprüchen.[1]

---

1 Vgl. NZM 2000, 539 – „Treppenlift-Entscheidung".
2 Vgl. hierzu und zum Folgenden BT-Drucks 14/5663, 78 f.
3 Vgl. demgegenüber § 553 Abs. 1. Das Vorliegen bereits bei Vertragsschluss dürfte jedoch in die Abwägung der Interessen einfließen können.
1 Vgl. zum alten Recht etwa Emmerich/Sonnenschein/*Emmerich*, § 550a Rn 4 f.

Kapitel 2. Die Miete

Unterkapitel 1. Vereinbarungen über die Miete

§ 556 Vereinbarungen über Betriebskosten

(1) ¹Die Vertragsparteien können vereinbaren, dass der Mieter Betriebskosten im Sinne des § 19 Abs. 2 des Wohnraumförderungsgesetzes trägt. ²Bis zum Erlass der Verordnung nach § 19 Abs. 2 Satz 2 des Wohnraumförderungsgesetzes ist hinsichtlich der Betriebskosten nach Satz 1 § 27 der Zweiten Berechnungsverordnung anzuwenden.
(2) ¹Die Vertragsparteien können vorbehaltlich anderweitiger Vorschriften vereinbaren, dass Betriebskosten als Pauschale oder als Vorauszahlung ausgewiesen werden. ²Vorauszahlungen für Betriebskosten dürfen nur in angemessener Höhe vereinbart werden.
(3) ¹Über die Vorauszahlungen für Betriebskosten ist jährlich abzurechnen; dabei ist der Grundsatz der Wirtschaftlichkeit zu beachten. ²Die Abrechnung ist dem Mieter spätestens bis zum Ablauf des zwölften Monats nach Ende des Abrechnungszeitraums mitzuteilen. ³Nach Ablauf dieser Frist ist die Geltendmachung einer Nachforderung durch den Vermieter ausgeschlossen, es sei denn, der Vermieter hat die verspätete Geltendmachung nicht zu vertreten. ⁴Der Vermieter ist zu Teilabrechnungen nicht verpflichtet. ⁵Einwendungen gegen die Abrechnung hat der Mieter dem Vermieter spätestens bis zum Ablauf des zwölften Monats nach Zugang der Abrechnung mitzuteilen. ⁶Nach Ablauf dieser Frist kann der Mieter Einwendungen nicht mehr geltend machen, es sei denn, der Mieter hat die verspätete Geltendmachung nicht zu vertreten.
(4) ¹Eine zum Nachteil des Mieters von Absatz 1, Absatz 2 Satz 2 oder Absatz 3 abweichende Vereinbarung ist unwirksam.

Literatur: *Gellwitzki*, WuM 2001, 373; *Grundmann*, NJW 2001, 2497, 2499 f.; *Hinz*, ZMR 2001, 331; *Langenberg*, NZM 2001, 783; *v. Seldeneck*, NZM 2001, 64.

Das **Kapitel 2 „Miete"** beginnt mit **Unterkapitel 1 „Vereinbarungen über die Miete"**. § 556 Abs. 1 ist **neu**, ergänzt § 535 Abs. 2 und besagt, dass die Parteien **vereinbaren können**, dass der Mieter die **Betriebskosten** gesondert trägt. Nur wenn die Parteien dies vereinbart haben, sei es als **Nettomiete** mit Betriebskostenvorauszahlung oder -pauschale oder als **Teilinklusivmiete**, trägt der Mieter die Betriebskosten bzw. einen Teil der Betriebskosten gesondert. Haben Vermieter und Mieter **keine Vereinbarung** getroffen, was in der Praxis die Ausnahme ist, sind die Betriebskosten durch die Miete abgegolten (**Bruttomiete**).[1] **1**

Vereinbarungen über die Abgeltung müssen sich neben der Heizkostenverordnung an § 27 II. BV **2** orientieren, d.h. Betriebskosten sind nur solche, die in **Anlage 3 zu § 27 II. BV** aufgezählt sind. **Abs. 2 S. 1** nennt für die Abgeltung Pauschale oder Vorauszahlung. Bei einer **Vorauszahlung** wird eine Abrechnung vorgenommen, während bei einer **Pauschale** eine spätere Abrechnung über die Betriebskosten grds. nicht erfolgt.[2] Von der Vereinbarung einer Bruttomiete unterscheidet sich die Pauschale dadurch, dass die Betriebskosten getrennt von der Grundmiete betragsmäßig gesondert ausgewiesen sind. **S. 2** entspricht § 4 Abs. 1 S. 1 MHG a.F.

Abs. 3 betrifft die Abrechnung von **Vorauszahlungen**. Nach **S. 1** hat, wie schon nach § 4 Abs. 1 S. 2 **3** MHG a.F., eine jährliche Abrechnung zu erfolgen. Dabei soll der Hinweis auf den Grundsatz der Wirtschaftlichkeit nur die bisherige Rechtslage klarstellen.[3] Gem. **S. 2** muss der Vermieter dem Mieter die Abrechnung **spätestens zwölf Monate** nach dem Ende der Abrechnungsperiode mitteilen. **Neu** ist die **Ausschlussfrist** in **S. 3**. Geht dem Mieter die Abrechnung nicht fristgerecht zu, kann der Vermieter eine Nachzahlung nur verlangen, wenn er die Verspätung nicht zu vertreten hat;[4] zu Teilabrechnungen ist der Vermieter insoweit gem. **S. 4** nicht verpflichtet.

Gem. **S. 5 und 6** hat der Mieter **Einwendungen** spätestens bis zum Ablauf des zwölften Monats nach **4** Zugang der Abrechnung mitzuteilen. **Neu**: Nach Ablauf dieser Frist scheiden Einwendungen auch hier grds. aus. Im Falle **überzahlter Betriebskosten** kann der Mieter den Betrag notfalls gerichtlich einklagen. Fehlt es bereits an der Abrechnung, muss der Mieter zunächst auf Rechnungslegung klagen. **Abs. 4** normiert die **Unabdingbarkeit** der Abs. 1, Abs. 2 S. 2 oder Abs. 3 zum Nachteil des Mieters. Somit bleiben andere Gestaltungen (z.B. Bruttomiete) möglich.[5] Zum **Übergang** vgl. Art. 229 § 3 Abs. 9 EGBGB – entscheidend insb. für die Anwendung der Ausschlussfristen ist der Zeitpunkt des Endes des Abrechnungszeitraums.

---

1 Vgl. BT-Drucks 14/4553, 37.
2 Vgl. BT-Drucks 14/4553, 50. Zu möglichen Ausnahmen vgl. § 560 Abs. 1 bis 3.
3 Zu Beispielen vgl. etwa *Lützenkirchen*, Rn 133 ff.
4 Zu Fällen des Nicht-Vertreten-Müssens vgl. etwa *Börstinghaus/Eisenschmid*, S. 207 f.
5 Vgl. BT-Drucks 14/4553, 50; 14/5663, 79.

§ 556a Abrechnungsmaßstab für Betriebskosten

(1) ¹Haben die Vertragsparteien nichts anderes vereinbart, sind die Betriebskosten vorbehaltlich anderweitiger Vorschriften nach dem Anteil der Wohnfläche umzulegen. ²Betriebskosten, die von einem erfassten Verbrauch oder einer erfassten Verursachung durch die Mieter abhängen, sind nach einem Maßstab umzulegen, der dem unterschiedlichen Verbrauch oder der unterschiedlichen Verursachung Rechnung trägt.

(2) ¹Haben die Vertragsparteien etwas anderes vereinbart, kann der Vermieter durch Erklärung in Textform bestimmen, dass die Betriebskosten zukünftig abweichend von der getroffenen Vereinbarung ganz oder teilweise nach einem Maßstab umgelegt werden dürfen, der dem erfassten unterschiedlichen Verbrauch oder der erfassten unterschiedlichen Verursachung Rechnung trägt. ²Die Erklärung ist nur vor Beginn eines Abrechnungszeitraums zulässig. ³Sind die Kosten bislang in der Miete enthalten, so ist diese entsprechend herabzusetzen.

(3) ¹Eine zum Nachteil des Mieters von Absatz 2 abweichende Vereinbarung ist unwirksam.

1 § 556a Abs. 1 legt nunmehr, **fehlen vertragliche Vereinbarungen** und von Fällen des § 242 abgesehen, den **Umlagemaßstab** gesetzlich fest. Nach **S. 1** ist dies, da am leichtesten handhabbar, grds. der **Flächenmaßstab**. Nach **S. 2** ist der Vermieter demgegenüber verpflichtet, **verbrauchsabhängig** abzurechnen, falls der Verbrauch erfasst wird; der Mieter hat aber keinen Anspruch auf Einbau von Geräten zur Gebrauchserfassung, z.B. (Kalt-)Wasseruhren.¹

2 **Neu**: Abs. 2 S. 1 gibt dem Vermieter die Möglichkeit, durch **einseitige Erklärung** in **Textform** (§ 126b) eine verbrauchsabhängige Abrechnung aller verbrauchs- oder verursachungsabhängig erfassten Betriebskosten einzuführen und geht damit über § 4 Abs. 5 S. 1 Nr. 1 MHG a.F. hinaus. **Dies gilt**, wenn die Parteien zur Umlegung der Betriebskosten bisher einen anderen Abrechnungsmaßstab vertraglich vereinbart hatten sowie dann, wenn bisher gar keine (Bruttomiete) oder nur eine teilweise (Teilinklusivmiete) Umlage der Betriebskosten oder eine Betriebskostenpauschale vereinbart war.

3 Gem. S. 2 und 3 ist die Erklärung **nur vor Beginn** eines Abrechnungszeitraums zulässig und die Miete entsprechend **herabzusetzen**. Die bisher nach § 4 Abs. 5 S. 1 Nr. 2 MHG a.F. bestehende Möglichkeit der einseitigen Umstellung auf eine **Direktabrechnung** wurde gestrichen, bleibt jedoch im Rahmen von Vereinbarungen möglich. **Abs. 3** regelt die **Unabdingbarkeit** von Abs. 2 zum Nachteil des Mieters. Zum **Übergang** vgl. Art. 229 § 3 Abs. 9 und Abs. 1 Nr. 4 EGBGB – entscheidend ist hinsichtlich Abs. 1 das Ende des Abrechnungszeitraums und hinsichtlich des Wegfalls von § 4 Abs. 5 S. 1 Nr. 2 MHG a.F. der Zeitpunkt des Zugangs der Abrechnungserklärung.

§ 556b Fälligkeit der Miete, Aufrechnungs- und Zurückbehaltungsrecht

(1) ¹Die Miete ist zu Beginn, spätestens bis zum dritten Werktag der einzelnen Zeitabschnitte zu entrichten, nach denen sie bemessen ist.

(2) ¹Der Mieter kann entgegen einer vertraglichen Bestimmung gegen eine Mietforderung mit einer Forderung aufgrund der §§ 536a, 539 oder aus ungerechtfertigter Bereicherung wegen zu viel gezahlter Miete aufrechnen oder wegen einer solchen Forderung ein Zurückbehaltungsrecht ausüben, wenn er seine Absicht dem Vermieter mindestens einen Monat vor der Fälligkeit der Miete in Textform angezeigt hat. ²Eine zum Nachteil des Mieters abweichende Vereinbarung ist unwirksam.

1 **Neu**: § 556b Abs. 1 verlegt die **Fälligkeit** der Miete für Wohnraum abweichend von § 551 BGB a.F. auf den Beginn der Mietzeit oder der vereinbarten Zeitabschnitte. Der Praxis folgend ist dabei der dritte Werktag der vereinbarten Zeitabschnitte entscheidend. **Abweichende Vereinbarungen** bleiben möglich.

2 Abs. 2 übernimmt § 552a BGB a.F. Nach S. 1 kann der Mieter mit Schadens- und Aufwendungsersatzansprüchen (§ 536a), nunmehr auch sonstigen Aufwendungsersatzansprüchen (§ 539) sowie Ansprüchen aus ungerechtfertigter Bereicherung wegen zu viel gezahlter Miete **einschränkungslos** (vgl. S. 2) **aufrechnen** oder ein **Zurückbehaltungsrecht** geltend machen.¹

3 Aufrechnung bzw. Zurückbehaltungsrecht entgegen der vertraglichen Vereinbarung sind dem Vermieter mindestens **einen Monat** vor der Fälligkeit in **Textform** (§ 126b) anzuzeigen. Für **andere Mietverhältnisse** gilt § 579. Zum **Übergang** vgl. Art. 229 § 3 Abs. 1 Nr. 7 EGBGB – bei Vertragsschluss bis zum 1.9.2001 gilt § 551 BGB a.F.

---

1 Vgl. BT-Drucks 14/4553, 51 f.
1 Zur Vorleistungspflicht und hieraus folgenden Ansprüchen aus ungerechtfertigter Bereicherung vgl. BT-Drucks 14/4553, 52, aber auch etwa *Börstinghaus/Eisenschmid*, S. 232 ff.; *Hinz u.a.*, S. 70 f.

Unterkapitel 2. Regelungen über die Miethöhe

§ 557 Mieterhöhungen nach Vereinbarung oder Gesetz

(1) ¹Während des Mietverhältnisses können die Parteien eine Erhöhung der Miete vereinbaren.
(2) ¹Künftige Änderungen der Miethöhe können die Vertragsparteien als Staffelmiete nach § 557a oder als Indexmiete nach § 557b vereinbaren.
(3) ¹Im Übrigen kann der Vermieter Mieterhöhungen nur nach Maßgabe der §§ 558 bis 560 verlangen, soweit nicht eine Erhöhung durch Vereinbarung ausgeschlossen ist oder sich der Ausschluss aus den Umständen ergibt.
(4) ¹Eine zum Nachteil des Mieters abweichende Vereinbarung ist unwirksam.

Literatur: *Eisenschmid*, NZM 2001, 11; *Emmerich*, NZM 2001, 690; *ders.* NZM 2001, 777, 779 f.; *Grundmann*, NJW 2001, 2497, 2501 f.; *Haber*, NZM 2001, 305, 306 ff.; *Hinz*, NZM 2001, 264, 268 ff.; *Weitemeyer*, NZM 2001, 563.

Unterkapitel 2 beginnt mit § 557, der Regelungen über die Miethöhe enthält und damit das bisherige MHG ersetzt. Dabei werden zu Beginn **Möglichkeiten**, die Miete zu erhöhen, genannt. Später folgen Erhöhungen wegen Modernisierungen (§§ 559 ff.) bzw. Betriebskostenanpassungen (§ 560f.). Für **andere Mietverhältnisse** vgl. (nur) § 4 PrKV. **1**

§ 557 Abs. 1 und (2) betreffen die **Mieterhöhungen kraft Parteivereinbarung**. Nach **Abs. 1** können die Vertragsparteien **durch Vertragsänderung** die Miete während des Mietverhältnisses erhöhen. Dies entspricht § 10 Abs. 1 2. Hs. MHG a.F. Es folgen in **Abs. 2** die Vereinbarungen über Mieterhöhungen in Form von **Staffelmiete** und **Indexmiete**, bisher §§ 10 Abs. 2 und 10a MHG a.F. **2**

Abs. 3 enthält den bisher in § 1 S. 2 MHG a.F. geregelten **Anspruch des Vermieters** auf Mieterhöhung im Rahmen des **Vergleichsmietensystems**. Dieser **Anspruch besteht nicht**, wenn die Parteien die Erhöhung durch Vereinbarung **ausgeschlossen** haben oder sich der Ausschluss aus den **Umständen** ergibt, wobei die Antwort auf die Frage nach dem Vorliegen eines konkludenten Ausschlusses **unklar** bleibt.[1] **3**

Abs. 4 normiert die **Unabdingbarkeit** zum Nachteil des Mieters. Ausnahmen enthält § 549 Abs. 2 und 3 (früher: § 10 Abs. 3 Nr. 2 bis 4 MHG a.F.).[2] Zum **Übergang** vgl. Art. 229 § 3 Abs. 1 Nr. 2 EGBGB – entscheidend ist hiernach der Zeitpunkt des Zugangs des Erhöhungsverlangens bzw. der Erhöhungserklärung. Vor **zu hohen Mieten** schützt § 5 WiStG. **4**

§ 557a Staffelmiete

(1) ¹Die Miete kann für bestimmte Zeiträume in unterschiedlicher Höhe schriftlich vereinbart werden; in der Vereinbarung ist die jeweilige Miete oder die jeweilige Erhöhung in einem Geldbetrag auszuweisen (Staffelmiete).
(2) ¹Die Miete muss jeweils mindestens ein Jahr unverändert bleiben. ²Während der Laufzeit einer Staffelmiete ist eine Erhöhung nach den §§ 558 bis 559b ausgeschlossen.
(3) ¹Das Kündigungsrecht des Mieters kann für höchstens vier Jahre seit Abschluss der Staffelmietvereinbarung ausgeschlossen werden. ²Die Kündigung ist frühestens zum Ablauf dieses Zeitraums zulässig.
(4) ¹Eine zum Nachteil des Mieters abweichende Vereinbarung ist unwirksam.

§ 557a lehnt sich an § 10 Abs. 2 MHG a.F. an, weist jedoch einige Änderungen auf. **Abs. 1** enthält eine **Begriffsbestimmung** sowie die **Voraussetzungen** der Staffelmiete. Die Erhöhung muss jeweils **betragsmäßig** in EUR ausgewiesen sein. **Neu**: Die bisherige Beschränkung auf zehn Jahre ist entfallen (vgl. jedoch Abs. 3). **1**

Abs. 2 entspricht § 10 Abs. 2 S. 3 und 4 MHG a.F. und bestimmt, dass die Miete jeweils mindestens **ein Jahr unverändert** bleiben muss (**S. 1**), und dass während der Laufzeit der Staffelmiete eine Erhöhung aufgrund Vergleichsmietenverfahren (§ 558) oder Modernisierung (§ 559), nicht aber hinsichtlich Betriebskosten (§ 560), ausgeschlossen ist (**S. 2**). Die Erhöhung tritt jeweils **automatisch** ein. **2**

Nach **Abs. 3 S. 1** kann der **Mieter** sich **nach vier Jahren** vom Vertrag lösen, was § 10 Abs. 2 S. 6 MHG a.F. entspricht. Es gilt dann die **Form** des § 568 Abs. 1 und die **Kündigungsfrist** des § 573c.[1] Der **Zeitraum beginnt** mit dem Abschluss der Staffelmietvereinbarung. Die Kündigung kann bereits **zum** **3**

---

[1] Vgl. etwa *Blank/Börstinghaus*, Neues Mietrecht, § 557 Rn 13 ff.; *Hinz u.a.*, S. 90.
[2] § 10 Abs. 3 Nr. 1 MHG a.F. (preisgebundener Wohnraum) entfällt, da die Anwendbarkeit von Spezialvorschriften sich unmittelbar aus diesen ergibt.
[1] Vgl. BT-Drucks 14/4553, 53.

Ablauf des Vierjahreszeitraums erfolgen (S. 2). **Abs. 4** ordnet nunmehr ausdrücklich die **Unabdingbarkeit** zum Nachteil des Mieters an.

§ 557b Indexmiete

(1) ¹**Die Vertragsparteien können schriftlich vereinbaren, dass die Miete durch den vom Statistischen Bundesamt ermittelten Preisindex für die Lebenshaltung aller privaten Haushalte in Deutschland bestimmt wird (Indexmiete).**

(2) ¹Während der Geltung einer Indexmiete muss die Miete, von Erhöhungen nach den §§ 559 bis 560 abgesehen, jeweils mindestens ein Jahr unverändert bleiben. ²Eine Erhöhung nach § 559 kann nur verlangt werden, soweit der Vermieter bauliche Maßnahmen aufgrund von Umständen durchgeführt hat, die er nicht zu vertreten hat. ³Eine Erhöhung nach § 558 ist ausgeschlossen.

(3) ¹Eine Änderung der Miete nach Absatz 1 muss durch Erklärung in Textform geltend gemacht werden. ²Dabei sind die eingetretene Änderung des Preisindexes sowie die jeweilige Miete oder die Erhöhung in einem Geldbetrag anzugeben. ³Die geänderte Miete ist mit Beginn des übernächsten Monats nach dem Zugang der Erklärung zu entrichten.

(4) ¹Eine zum Nachteil des Mieters abweichende Vereinbarung ist unwirksam.

1 § 557b knüpft mit einigen inhaltlichen Änderungen an § 10a MHG a.F. an. **Neu**: Nach **Abs. 1** ist als schriftlich zu vereinbarender Index nur noch der Preisindex für die **Lebenshaltungskosten aller privaten Haushalte in Deutschland** zugelassen.

2 **Neu**: Eine Mindestlaufzeit für die Indexmiete gibt es nicht mehr. Wie die Staffelmiete (§ 557a) ist auch die Indexmiete zukünftig **zeitlich unbegrenzt** zulässig. Nach dem Wegfall des Genehmigungserfordernisses im Jahre 1999 steht so Gestaltungsspielraum offen.

3 **Abs. 2 S. 1 bis 3** entspricht geringfügig sprachlich geändert § 10a Abs. 2 MHG a.F. Hiernach muss die Miete grds. jeweils **mindestens ein Jahr unverändert** bleiben. Erhöhungen aufgrund **Modernisierung** (§ 559) oder **Betriebskostenanstieg** (§ 560) sind beschränkt zulässig. Ein **Vergleichsmietenverfahren** (§ 558) scheidet aus.

4 **Abs. 3 S. 1 und 2** übernimmt im Wesentlichen § 10a Abs. 3 MHG a.F. und normiert die **Formalia** der Erhöhung. Hiernach sind im Interesse des Mieters nicht nur die eingetretene Indexänderung, sondern auch die geänderte Miete oder der Erhöhungsbetrag anzugeben. Für diese Erklärung genügt die **Textform** (§ 126b).

5 Die Erhöhung greift nach **S. 3** mit dem **Beginn des übernächsten Monats** nach dem Zugang der Erklärung. **Abs. 4** normiert die **Unabdingbarkeit** zum Nachteil des Mieters. Zwar wird die Indexklausel primär für Mietsteigerungen verwandt, sie kommt jedoch **auch bei Mietsenkungen** zum Tragen.[1]

§ 558 Mieterhöhung bis zur ortsüblichen Vergleichsmiete

(1) ¹Der Vermieter kann die Zustimmung zu einer Erhöhung der Miete bis zur ortsüblichen Vergleichsmiete verlangen, wenn die Miete in dem Zeitpunkt, zu dem die Erhöhung eintreten soll, seit 15 Monaten unverändert ist. ²Das Mieterhöhungsverlangen kann frühestens ein Jahr nach der letzten Mieterhöhung geltend gemacht werden. ³Erhöhungen nach den §§ 559 bis 560 werden nicht berücksichtigt.

(2) ¹Die ortsübliche Vergleichsmiete wird gebildet aus den üblichen Entgelten, die in der Gemeinde oder einer vergleichbaren Gemeinde für Wohnraum vergleichbarer Art, Größe, Ausstattung, Beschaffenheit und Lage in den letzten vier Jahren vereinbart oder, von Erhöhungen nach § 560 abgesehen, geändert worden sind. ²Ausgenommen ist Wohnraum, bei dem die Miethöhe durch Gesetz oder im Zusammenhang mit einer Förderzusage festgelegt worden ist.

(3) ¹Bei Erhöhungen nach Absatz 1 darf sich die Miete innerhalb von drei Jahren, von Erhöhungen nach den §§ 559 bis 560 abgesehen, nicht um mehr als 20 vom Hundert erhöhen (Kappungsgrenze).

(4) ¹Die Kappungsgrenze gilt nicht,
1. wenn eine Verpflichtung des Mieters zur Ausgleichszahlung nach den Vorschriften über den Abbau der Fehlsubventionierung im Wohnungswesen wegen des Wegfalls der öffentlichen Bindung erloschen ist und
2. soweit die Erhöhung den Betrag der zuletzt zu entrichtenden Ausgleichszahlung nicht übersteigt.

²Der Vermieter kann vom Mieter frühestens vier Monate vor dem Wegfall der öffentlichen Bindung verlangen, ihm innerhalb eines Monats über die Verpflichtung zur Ausgleichszahlung und über deren Höhe Auskunft zu erteilen. ³Satz 1 gilt entsprechend, wenn die Verpflichtung des Mieters zur

---

1 Vgl. BT-Drucks 14/4553, 53.

Leistung einer Ausgleichszahlung nach den §§ 34 bis 37 des Wohnraumförderungsgesetzes und den hierzu ergangenen landesrechtlichen Vorschriften wegen Wegfalls der Mietbindung erloschen ist.
(5) ¹Von dem Jahresbetrag, der sich bei einer Erhöhung auf die ortsübliche Vergleichsmiete ergäbe, sind Drittmittel im Sinne des § 559a abzuziehen, im Falle des § 559a Abs. 1 mit 11 vom Hundert des Zuschusses.
(6) ¹Eine zum Nachteil des Mieters abweichende Vereinbarung ist unwirksam.

§ 558 ist die zentrale Vorschrift für Mieterhöhungen des Vermieters im Rahmen des **Vergleichsmietensystems** und § 2 MHG a.F. nachgebildet. Einzelheiten enthalten die §§ 558a bis 558e. **1**

Abs. 1 S. 1 bestimmt, dass der Vermieter einen **Anspruch auf Zustimmung** zur Mieterhöhung bis zur ortsüblichen Vergleichsmiete hat, sofern die Miete zum Zeitpunkt des Eintritts der Mieterhöhung, von Erhöhungen aufgrund Modernisierungen (§ 559) oder Betriebskostenanstieg (§ 560) abgesehen (**S. 3**), mindestens 15 Monate unverändert geblieben ist. Das Mieterhöhungsverlangen kann **frühestens ein Jahr** nach der letzten Mieterhöhung geltend gemacht werden (**S. 2**). Gemeinsam mit der Frist nach § 558b Abs. 1 ergeben sich **mindestens 15 Monate**. **2**

Abs. 2 S. 1 übernimmt die **Definition der ortsüblichen Vergleichsmiete** aus § 2 Abs. 1 Nr. 2 MHG a.F. Nach **S. 2** fließt die Miete von Wohnraum, dessen Miethöhe durch Gesetz oder im Zusammenhang mit einer Förderzusage festgelegt worden ist, **nicht in die ortsübliche Vergleichsmiete** ein. **Neu:** Für die **Ermittlung der Wohnwertmerkmale** soll im Rahmen der Merkmale „Ausstattung" und „Beschaffenheit" nunmehr auch der energetische Zustand (Energieversorgung, Wärmedämmung) Bedeutung erlangen.[1] Vgl. zudem § 558a. **3**

Neu: **Abs. 3** regelt die **Kappungsgrenze**, die von 30% **auf 20% abgesenkt** ist. So soll ein rascher Anstieg solcher Mieten, die bislang erheblich unterhalb der ortsüblichen Vergleichsmiete lagen, verhindert werden. **Abs. 4** betrifft die Fälle des Wegfalls einer öffentlichen Bindung und entspricht § 2 Abs. 1a MHG a.F. **Abs. 5** enthält die bisher in § 2 Abs. 1 S. 2 MHG a.F. geregelte Anrechnung von Drittmitteln.[2] **Abs. 6** regelt wie bisher die **Unabdingbarkeit** zum Nachteil des Mieters. Zum **Übergang** vgl. Art. 229 § 3 Abs. 1 Nr. 2 EGBGB – entscheidend ist hiernach der Zeitpunkt des Zugangs des Erhöhungsverlangens. **4**

§ 558a Form und Begründung der Mieterhöhung

(1) ¹Das Mieterhöhungsverlangen nach § 558 ist dem Mieter in Textform zu erklären und zu begründen.
(2) ¹Zur Begründung kann insbesondere Bezug genommen werden auf
1. einen Mietspiegel (§§ 558c, 558d),
2. eine Auskunft aus einer Mietdatenbank (§ 558e),
3. ein mit Gründen versehenes Gutachten eines öffentlich bestellten und vereidigten Sachverständigen,
4. entsprechende Entgelte für einzelne vergleichbare Wohnungen; hierbei genügt die Benennung von drei Wohnungen.

(3) ¹Enthält ein qualifizierter Mietspiegel (§ 558d Abs. 1), bei dem die Vorschrift des § 558d Abs. 2 eingehalten ist, Angaben für die Wohnung, so hat der Vermieter in seinem Mieterhöhungsverlangen diese Angaben auch dann mitzuteilen, wenn er die Mieterhöhung auf ein anderes Begründungsmittel nach Absatz 2 stützt.
(4) ¹Bei der Bezugnahme auf einen Mietspiegel, der Spannen enthält, reicht es aus, wenn die verlangte Miete innerhalb der Spanne liegt. ²Ist in dem Zeitpunkt, in dem der Vermieter seine Erklärung abgibt, kein Mietspiegel vorhanden, bei dem § 558c Abs. 3 oder § 558d Abs. 2 eingehalten ist, so kann auch ein anderer, insbesondere ein veralteter Mietspiegel oder ein Mietspiegel einer vergleichbaren Gemeinde verwendet werden.
(5) ¹Eine zum Nachteil des Mieters abweichende Vereinbarung ist unwirksam.

§ 558a legt in Anlehnung an § 2 Abs. 2 MHG a.F. fest, welche **formalen Anforderungen** an ein wirksames Mieterhöhungsverlangen, insb. an die Begründung zu stellen sind. Die Wirksamkeit des Verlangens ist Voraussetzung für die Mieterhöhung. Ob die geforderte Mieterhöhung berechtigt ist, wird im Streitfall gem. § 558b geprüft. **1**

Abs. 1 formuliert das **Textformerfordernis** (§ 126b) und die **Begründungspflicht**. **Abs. 2** führt die primären **Begründungsmittel** für ein Mieterhöhungsverlangen auf. **Neu** sind in **Nr. 1 und 2** der qualifizierte Mietspiegel (vgl. §§ 558c, 558d) und die Mietdatenbank (§ 558e). Hinsichtlich des Gutachtens in **Nr. 3** und der Begründung mit drei Vergleichswohnungen in **Nr. 4** bleibt es grds. bei der bisherigen Rechtslage. **2**

---
1 Vgl. BT-Drucks 14/4553, 54.
2 Zur Berechnung nach den Abs. 3 bis 5 vgl. etwa *Börstinghaus/Eisenschmid*, S. 273 ff.; *Lützenkirchen* Rn 216 ff.

3 **Neu**: Existiert ein **qualifizierter Mietspiegel**, schreibt **Abs. 3** vor, dass der Vermieter dessen Angaben auch dann mitzuteilen hat, wenn er sich auf ein anderes Begründungsmittel nach Abs. 2 stützt. Denn in einem späteren Erhöhungsrechtsstreit begründet der qualifizierte Mietspiegel die (widerlegliche) **Vermutung** (§ 292 ZPO), dass er die ortsübliche Vergleichsmiete wiedergibt (vgl. § 558d Rn 3).

4 Gem. **Abs. 4 S. 1** ist es ausreichend, wenn bei einem **Mietspiegel mit Spannen** die verlangte Miete innerhalb der Spanne liegt. Hier bedarf es unabhängig davon, ob der Mittelwert oder ein Wert am oberen oder am unteren Rand gewählt wird, keiner besonderen Begründung.[1]

5 S. 2 entspricht inhaltlich § 2 Abs. 6 MHG a.F. und regelt, dass, ist **kein vorschriftsmäßiger Mietspiegel vorhanden**, auch ein veralteter oder vergleichbarer Mitspiegel verwandt werden kann.[2] **Abs. 5** regelt wie bisher die **Unabdingbarkeit** zum Nachteil des Mieters.

§ 558b Zustimmung zur Mieterhöhung

(1) ¹Soweit der Mieter der Mieterhöhung zustimmt, schuldet er die erhöhte Miete mit Beginn des dritten Kalendermonats nach dem Zugang des Erhöhungsverlangens.

(2) ¹Soweit der Mieter der Mieterhöhung nicht bis zum Ablauf des zweiten Kalendermonats nach dem Zugang des Verlangens zustimmt, kann der Vermieter auf Erteilung der Zustimmung klagen. ²Die Klage muss innerhalb von drei weiteren Monaten erhoben werden.

(3) ¹Ist der Klage ein Erhöhungsverlangen vorausgegangen, das den Anforderungen des § 558a nicht entspricht, so kann es der Vermieter im Rechtsstreit nachholen oder die Mängel des Erhöhungsverlangens beheben. ²Dem Mieter steht auch in diesem Fall die Zustimmungsfrist nach Absatz 2 Satz 1 zu.

(4) ¹Eine zum Nachteil des Mieters abweichende Vereinbarung ist unwirksam.

1 § 558b übernimmt im Wesentlichen § 2 Abs. 3 und 4 MHG a.F. Er regelt zum einen die **Rechtsfolgen bei Zustimmung** des Mieters zur Mieterhöhung und enthält zum anderen Regelungen betreffend den **Mieterhöhungsprozess**.

2 Abs. 1 ordnet an, dass, kommt es zur **Zustimmung des Mieters**, der Mieter die erhöhte Miete **ab dem dritten Monat** nach Zugang des Erhöhungsverlangens schuldet (vgl. früher: § 2 Abs. 4 MHG a.F.). Hinsichtlich der Fälligkeit gilt dabei § 556b. Der Begriff „soweit" bringt jeweils zum Ausdruck, dass Teilzustimmungen möglich sind.[1] Das Schriftformerfordernis des § 550 dürfte auch hier zu beachten sein.

3 Abs. 2 regelt das Verfahren für den Fall, dass der **Mieter nicht zustimmt**. Danach steht dem Mieter gem. S. 1 nach Zugang des Erhöhungsverlangens eine zweimonatige Überlegungsfrist zu. Stimmt er innerhalb dieser Frist nicht zu, so kann der Vermieter nach Fristablauf gem. S. 2 binnen einer Frist von weiteren – **neu** – drei (bisher: zwei) Monaten **Klage auf Zustimmung** zur Mieterhöhung erheben. Eine nach Ablauf der Dreimonatsfrist erhobene Klage ist unzulässig mit der Folge, dass der Vermieter grds. ein neues Erhöhungsverlangen stellen muss, mit dem auch die Überlegungs- und Klagefristen neu laufen.[2]

4 Abs. 3 enthält die **Nachholungsmöglichkeiten** des Vermieters im Rahmen der Klage. Ist **kein Erhöhungsverlangen** vorausgegangen, wird die Klage abgewiesen. Ist das **Erhöhungsverlangen formunwirksam**, kann der Vermieter ein vollständig neues Verlangen stellen (**S. 1, 1. Alt.**) oder einzelne Mängel des Verlangens nachbessern (**S. 1, 2. Alt.**). Macht der Vermieter von diesen Möglichkeiten Gebrauch, steht dem Mieter auch hier gem. **S. 2** die **Zweimonatsfrist** nach Abs. 2 S. 1 zu. Erkennt der Mieter danach im Rechtsstreit sofort an, kommen die **Kostenregelungen** der §§ 93, 91a ZPO zum Tragen. **Abs. 4** regelt wie bisher die **Unabdingbarkeit** zum Nachteil des Mieters.

§ 558c Mietspiegel

(1) ¹Ein Mietspiegel ist eine Übersicht über die ortsübliche Vergleichsmiete, soweit die Übersicht von der Gemeinde oder von Interessenvertretern der Vermieter und der Mieter gemeinsam erstellt oder anerkannt worden ist.

(2) ¹Mietspiegel können für das Gebiet einer Gemeinde oder mehrerer Gemeinden oder für Teile von Gemeinden erstellt werden.

(3) ¹Mietspiegel sollen im Abstand von zwei Jahren der Marktentwicklung angepasst werden.

---

1 Vgl. BT-Drucks 14/4553, 55.
2 Krit. *Börstinghaus/Eisenschmid*, S. 290 f.
1 Vgl. BT-Drucks 14/5663, 80.
2 Vgl. BT-Drucks 14/4553, 54.

(4) ¹Gemeinden sollen Mietspiegel erstellen, wenn hierfür ein Bedürfnis besteht und dies mit einem vertretbaren Aufwand möglich ist. ²Die Mietspiegel und ihre Änderungen sollen veröffentlicht werden.
(5) ¹Die Bundesregierung wird ermächtigt, durch Rechtsverordnung mit Zustimmung des Bundesrates Vorschriften über den näheren Inhalt und das Verfahren zur Aufstellung und Anpassung von Mietspiegeln zu erlassen.

§ 558c entspricht im Wesentlichen § 2 Abs. 5 MHG a.F. und enthält **Allgemeine Regelungen** für alle Arten von Mietspiegeln. **Abs. 1** beinhaltet die **Definition des Mietspiegels**, wobei der Gesetzgeber hier unter Miete die Nettomiete versteht.[1] **1**

Abs. 2 regelt, **für welche Gebiete** Mietspiegel erstellt werden können, wobei **neu** die Möglichkeit von Mietspiegeln für Gemeindeteile ist. Nach **Abs. 3** sollen Mietspiegel wie bisher **im Abstand von zwei Jahren** aktualisiert werden, wobei der Ersteller in der Wahl der Fortschreibungskriterien grds. frei ist. **2**

Eine **Pflicht** zur Erstellung von Mietspiegeln besteht ebensowenig[2] wie eine Pflicht zur Aktualisierung einmal erstellter Mietspiegel (Ausnahme: § 558d Abs. 2). **Abs. 4 und 5** übernehmen § 2 Abs. 5 S. 1 und 5 bzw. § 2 Abs. 5 S. 4 MHG a.F. **3**

§ 558d Qualifizierter Mietspiegel

(1) ¹Ein qualifizierter Mietspiegel ist ein Mietspiegel, der nach anerkannten wissenschaftlichen Grundsätzen erstellt und von der Gemeinde oder von Interessenvertretern der Vermieter und der Mieter anerkannt worden ist.
(2) ¹Der qualifizierte Mietspiegel ist im Abstand von zwei Jahren der Marktentwicklung anzupassen. ²Dabei kann eine Stichprobe oder die Entwicklung des vom Statistischen Bundesamtes[1] ermittelten Preisindexes für die Lebenshaltung aller privaten Haushalte in Deutschland zugrunde gelegt werden. ³Nach vier Jahren ist der qualifizierte Mietspiegel neu zu erstellen.
(3) ¹Ist die Vorschrift des Absatzes 2 eingehalten, so wird vermutet, dass die im qualifizierten Mietspiegel bezeichneten Entgelte die ortsübliche Vergleichsmiete wiedergeben.

§ 558d ist **neu**, knüpft an § 558c an und regelt die **zusätzlichen Voraussetzungen** für den **qualifizierten Mietspiegel**. Der qualifizierte Mietspiegel unterscheidet sich vom einfachen Mietspiegel vermeintlich[2] durch die erhöhte Gewähr der Richtigkeit und Aktualität sowie durch die Akzeptanz, wie sie in der Art der Erstellung sowie der Anerkennung durch die Gemeinde oder durch die Interessenvertreter von Mieter- und Vermieterseite zum Ausdruck kommt. **1**

Abs. 1 fordert für die Erstellung die Zugrundelegung anerkannter **wissenschaftlicher Grundsätze**, ohne dass diese jedoch näher beschrieben werden,[3] sowie die **Anerkennung** von der Gemeinde **oder** von Interessenvertretern der Vermieter und der Mieter. **Abs. 2 S. 1** begründet die **Pflicht**, einen einmal erstellten qualifizierten Mietspiegel nach zwei Jahren zu aktualisieren. Die Art der Aktualisierung beschreibt **S. 2**. Kommt es **nicht zur Aktualisierung** bzw. zur **Neuerstellung** nach vier Jahren gem. **S. 3**, steht der qualifizierte einem einfachen Mietspiegel gleich.[4] **2**

Neu ist zudem die **Vermutungswirkung** gem. **Abs. 3**: Der Vermieter hat die Möglichkeit, sein Erhöhungsverlangen auf andere Begründungsmittel zu stützen, namentlich wenn er der Auffassung ist, dass der qualifizierte Mietspiegel für die konkrete Wohnung nicht die ortsübliche Vergleichsmiete wiedergibt und er eine höhere Miete geltend machen will.[5] Dann jedoch hat er die Vermutungswirkung (§ 292 ZPO) des qualifizierten Mietspiegels zu widerlegen, was auch angesichts der Mitteilungspflicht des § 558a Abs. 3 regelmäßig zu nachhaltigen Auseinandersetzungen führen wird. **3**

Zum **Übergang** vgl. Art 229 § 3 Abs. 5 EGBGB – ob die Vorschriften für qualifizierte Mietspiegel im Falle bereits bestehender Mietspiegel zur Anwendung kommen, hängt grds. von deren Art und Veröffentlichung ab; im Übrigen kommt es auch hier grds. auf den Zeitpunkt des Zugangs des Mieterhöhungsverlangens an. **4**

---

1 Vgl. BT-Drucks 14/4553, 56. Das Bundesministerium für Verkehr, Bau und Wohnungswesen gibt hierzu auch „Hinweise zur Erstellung von Mietspiegeln" heraus.
2 Vgl. BT-Drucks 14/4553, 57.
1 Hier dürfte ein Versehen („Bundesamtes") des Gesetzgebers vorliegen.
2 Zur Kritik vgl. etwa *Emmerich*, NZM 2001, 777, 780.
3 Vgl. BT-Drucks 14/4553, 57; 14/5663, 80.
4 Vgl. BT-Drucks 14/4553, 57.
5 Vgl. BT-Drucks 14/4553, 55.

§ 558e Mietdatenbank

¹Eine Mietdatenbank ist eine zur Ermittlung der ortsüblichen Vergleichsmiete fortlaufend geführte Sammlung von Mieten, die von der Gemeinde oder von Interessenvertretern der Vermieter und der Mieter gemeinsam geführt oder anerkannt wird und aus der Auskünfte gegeben werden, die für einzelne Wohnungen einen Schluss auf die ortsübliche Vergleichsmiete zulassen.

1 § 558e ist **neu** und lässt die **Mietdatenbank** als Begründungmittel (vgl. § 558a Abs. 2 Nr. 2) zu. Unter Mietdatenbank wird eine **fortlaufend geführte Sammlung** von Mieten verstanden. Damit auf die ortsübliche Vergleichsmiete geschlossen werden kann, sind bei der Auswahl von Mietdaten aus der Mietdatenbank für eine bestimmte Wohnung die gesetzlichen Vorgaben zur Ermittlung der ortsüblichen Vergleichsmiete (vgl. § 558 Abs. 2) einzuhalten. Auf diese Weise wird der **Entwicklung der Informationstechnik** Rechnung getragen, die es ermöglicht, große Mengen von Daten zu speichern, zu verarbeiten und aufzubereiten. Allerdings ist die Mietdatenbank bisher kaum verbreitet.

§ 559 Mieterhöhung bei Modernisierung

(1) ¹Hat der Vermieter bauliche Maßnahmen durchgeführt, die den Gebrauchswert der Mietsache nachhaltig erhöhen, die allgemeinen Wohnverhältnisse auf Dauer verbessern oder nachhaltig Einsparungen von Energie oder Wasser bewirken (Modernisierung), oder hat er andere bauliche Maßnahmen aufgrund von Umständen durchgeführt, die er nicht zu vertreten hat, so kann er die jährliche Miete um 11 vom Hundert der für die Wohnung aufgewendeten Kosten erhöhen.
(2) ¹Sind die baulichen Maßnahmen für mehrere Wohnungen durchgeführt worden, so sind die Kosten angemessen auf die einzelnen Wohnungen aufzuteilen.
(3) ¹Eine zum Nachteil des Mieters abweichende Vereinbarung ist unwirksam.

1 § 559 betrifft die **Mieterhöhung bei Modernisierung** und entspricht gemeinsam mit den Folgevorschriften § 3 MHG a.F. § 559 gleichsam voraus geht § 554, der die Zulässigkeit von Modernisierungen regelt.

2 Abs. 1 entspricht § 3 Abs. 1 S. 1 MHG a.F. Der Vermieter kann die Kosten bestimmter baulicher Modernisierungsmaßnahmen auf dem Wege der Mieterhöhung **auf den Mieter umlegen**. Dabei wird der Anwendungsbereich des § 559 dem § 554 angepasst und um Maßnahmen zur Einsparung aller Arten von Energie **erweitert**. Der Vermieter kann wie bisher **11%** der für die Wohnung aufgewendeten Kosten auf die jährliche Miete umlegen.

3 Die Mieterhöhung wird durch **rechtsgestaltende Erklärung** herbeigeführt. **Abs. 2** entspricht § 3 Abs. 1 S. 2 MHG a.F. Abs. 3 regelt wie bisher die **Unabdingbarkeit** zum Nachteil des Mieters. Zum **Übergang** vgl. Art. 229 § 3 Abs. 1 Nr. 2 EGBGB – entscheidend ist der Zeitpunkt des Zugangs bzw. der Erhöhungserklärung.

§ 559a Anrechnung von Drittmitteln

(1) ¹Kosten, die vom Mieter oder für diesen von einem Dritten übernommen oder die mit Zuschüssen aus öffentlichen Haushalten gedeckt werden, gehören nicht zu den aufgewendeten Kosten im Sinne des § 559.
(2) ¹Werden die Kosten für die baulichen Maßnahmen ganz oder teilweise durch zinsverbilligte oder zinslose Darlehen aus öffentlichen Haushalten gedeckt, so verringert sich der Erhöhungsbetrag nach § 559 um den Jahresbetrag der Zinsermäßigung. ²Dieser wird errechnet aus dem Unterschied zwischen dem ermäßigten Zinssatz und dem marktüblichen Zinssatz für den Ursprungsbetrag des Darlehens. ³Maßgebend ist der marktübliche Zinssatz für erstrangige Hypotheken zum Zeitpunkt der Beendigung der Maßnahmen. ⁴Werden Zuschüsse oder Darlehen zur Deckung von laufenden Aufwendungen gewährt, so verringert sich der Erhöhungsbetrag um den Jahresbetrag des Zuschusses oder Darlehens.
(3) ¹Ein Mieterdarlehen, eine Mietvorauszahlung oder eine von einem Dritten für den Mieter erbrachte Leistung für die baulichen Maßnahmen stehen einem Darlehen aus öffentlichen Haushalten gleich. ²Mittel der Finanzierungsinstitute des Bundes oder eines Landes gelten als Mittel aus öffentlichen Haushalten.
(4) ¹Kann nicht festgestellt werden, in welcher Höhe Zuschüsse oder Darlehen für die einzelnen Wohnungen gewährt worden sind, so sind sie nach dem Verhältnis der für die einzelnen Wohnungen aufgewendeten Kosten aufzuteilen.
(5) ¹Eine zum Nachteil des Mieters abweichende Vereinbarung ist unwirksam.

§ 559a übernimmt inhaltlich unverändert § 3 Abs. 1 S. 3 bis 7 MHG a.F. Hiernach sollen **Zuschüsse oder Darlehen**, die der Vermieter für die Modernisierung von anderer Seite erhält, **keine Auswirkungen** auf die Mieterhöhung wegen Modernisierungen haben. 1

§ 559b Geltendmachung der Erhöhung, Wirkung der Erhöhungserklärung

(1) ¹Die Mieterhöhung nach § 559 ist dem Mieter in Textform zu erklären. ²Die Erklärung ist nur wirksam, wenn in ihr die Erhöhung aufgrund der entstandenen Kosten berechnet und entsprechend den Voraussetzungen der §§ 559 und 559a erläutert wird.

(2) ¹Der Mieter schuldet die erhöhte Miete mit Beginn des dritten Monats nach dem Zugang der Erklärung. ²Die Frist verlängert sich um sechs Monate, wenn der Vermieter dem Mieter die zu erwartende Erhöhung der Miete nicht nach § 554 Abs. 3 Satz 1 mitgeteilt hat oder wenn die tatsächliche Mieterhöhung mehr als 10 vom Hundert höher ist als die mitgeteilte.

(3) ¹Eine zum Nachteil des Mieters abweichende Vereinbarung ist unwirksam.

§ 559b entspricht § 3 Abs. 3 und 4 MHG a.F. und regelt das **Mieterhöhungsverfahren**. Abs. 1 S. 1 schreibt hier die **Textform** (§ 126b) sowie **S. 2** die **Berechnung und Erläuterung** vor. Dass eine Mitteilung gem. § 554 Abs. 3 vorliegt, ist zumindest dann nicht Voraussetzung, wenn der Mieter die Maßnahme geduldet hat (aber: Abs. 2 S. 2).[1] 1

Nach **Abs. 2 S. 1** schuldet der Mieter die erhöhte Miete – **neu** – mit **Beginn des dritten Monats** (früher: zwei) nach dem Zugang der Erklärung, so dass sich gemeinsam mit der Frist des § 554 Abs. 3 sechs Monate ergeben. **S. 2** ordnet an, dass die genannten Mängel der Mitteilung zu einer **Verzögerung** der Mieterhöhung **um sechs Monate** führen. 2

Ohne Bedeutung bleibt es, wenn die Modernisierungsmitteilung aus anderen Gründen nicht § 554 Abs. 3 entspricht oder der Mieter aus Härtegründen i.S.d. § 554 Abs. 2 S. 2 nicht zur Duldung der Durchführung der Maßnahmen verpflichtet gewesen wäre.[2] Abs. 3 regelt die **Unabdingbarkeit** zum Nachteil des Mieters. 3

§ 560 Veränderungen von Betriebskosten

(1) ¹Bei einer Betriebskostenpauschale ist der Vermieter berechtigt, Erhöhungen der Betriebskosten durch Erklärung in Textform anteilig auf den Mieter umzulegen, soweit dies im Mietvertrag vereinbart ist. ²Die Erklärung ist nur wirksam, wenn in ihr der Grund für die Umlage bezeichnet und erläutert wird.

(2) ¹Der Mieter schuldet den auf ihn entfallenden Teil der Umlage mit Beginn des auf die Erklärung folgenden übernächsten Monats. ²Soweit die Erklärung darauf beruht, dass sich die Betriebskosten rückwirkend erhöht haben, wirkt sie auf den Zeitpunkt der Erhöhung der Betriebskosten, höchstens jedoch auf den Beginn des der Erklärung vorausgehenden Kalenderjahres zurück, sofern der Vermieter die Erklärung innerhalb von drei Monaten nach Kenntnis von der Erhöhung abgibt.

(3) ¹Ermäßigen sich die Betriebskosten, so ist eine Betriebskostenpauschale vom Zeitpunkt der Ermäßigung an entsprechend herabzusetzen. ²Die Ermäßigung ist dem Mieter unverzüglich mitzuteilen.

(4) ¹Sind Betriebskostenvorauszahlungen vereinbart worden, so kann jede Vertragspartei nach einer Abrechnung durch Erklärung in Textform eine Anpassung auf eine angemessene Höhe vornehmen.

(5) ¹Bei Veränderungen von Betriebskosten ist der Grundsatz der Wirtschaftlichkeit zu beachten.

(6) ¹Eine zum Nachteil des Mieters abweichende Vereinbarung ist unwirksam.

§ 560 geht auf § 4 Abs. 2 bis 4 MHG a.F. zurück, betrifft **Veränderungen bei den Betriebskosten** und schließt insofern an § 556 an. Die Abs. 1 bis 3 betreffen Betriebskostenpauschalen, Abs. 4 Betriebskostenvorauszahlungen (vgl. § 556 Rn 2). 1

Nach **Abs. 1 S. 1** kann der Vermieter in Fällen der **Betriebskostenpauschale** Betriebskostenerhöhungen durch Erklärung in **Textform** (§ 126b) anteilig auf den Mieter umlegen, soweit dies **im Mietvertrag vereinbart** ist. Die Möglichkeit besteht nicht bei Bruttomietverträgen.[1] Gem. S. 2 ist die Erhöhung nur wirksam, wenn der Grund für die Umlage **bezeichnet** und **erläutert** wird. 2

Abs. 2 S. 1 bestimmt, dass **unabhängig** davon, ob die Erhöhungserklärung vor oder nach dem 15. des Monats abgegeben wurde, die Erhöhung einheitlich mit **Beginn des übernächsten Monats** eintritt, der auf die Erklärung folgt. Nach **S. 2** bleiben auch **rückwirkende Erhöhungen** möglich. Abs. 3 enthält die Pflicht des Vermieters zur **Herabsetzung** im Falle von Betriebskostenermäßigungen. 3

---
1 Vgl. BT-Drucks 14/4553, 58 f.
2 Vgl. BT-Drucks 14/4553, 58 f.
1 Vgl. BT-Drucks 14/4553, 59.

4 **Neu** ist **Abs. 4**. Bei **Betriebskostenvorauszahlungen** können nunmehr beide Vertragsparteien durch Erklärung in **Textform** (§ 126b) eine angemessene **Anpassung** der Vorauszahlung verlangen. Die Regelung korrespondiert mit § 556 Abs. 2 S. 2. Sind die Parteien unterschiedlicher Auffassung, wird die Berechtigung im Rahmen der Zahlungsklage des Vermieters überprüft.[2]

5 **Abs. 5** weist den Vermieter, wie bereits § 556 Abs. 3 S. 1, auf den **Grundsatz der Wirtschaftlichkeit** hin.[3] **Abs. 6** regelt die **Unabdingbarkeit** zum Nachteil des Mieters. Zum **Übergang** vgl. Art. 229 § 3 Abs. 1 Nr. 3 EGBGB – entscheidend ist hiernach der Zeitpunkt des Zugangs der Erklärung; Art. 229 § 3 Abs. 4 EGBGB klärt die Anwendbarkeit von Abs. 1, 2, 5, 6 und 3 bei Altverträgen.

§ 561 Sonderkündigungsrecht des Mieters nach Mieterhöhung

(1) [1]Macht der Vermieter eine Mieterhöhung nach § 558 oder § 559 geltend, so kann der Mieter bis zum Ablauf des zweiten Monats nach dem Zugang der Erklärung des Vermieters das Mietverhältnis außerordentlich zum Ablauf des übernächsten Monats kündigen. [2]Kündigt der Mieter, so tritt die Mieterhöhung nicht ein.
(2) [1]Eine zum Nachteil des Mieters abweichende Vereinbarung ist unwirksam.

1 § 561 knüpft an § 9 Abs. 1 MHG a.F. an, betrifft das (Sonder-)**Kündigungsrecht des Mieters** im Falle von Mieterhöhungen nach § 558 (ortsübliche Vergleichsmiete) oder § 559 (Modernisierung), wobei zwecks Erleichterung insb. die Erklärungszeiträume und Kündigungsfristen vereinheitlicht werden.

2 Gem. **Abs. 1 S. 1** entsteht das **außerordentliche befristete Kündigungsrecht** (vgl. § 542 Rn 3 f.), wenn der Vermieter die Mieterhöhung geltend macht. Ob das Erhöhungsverlangen wirksam ist, ist ohne Bedeutung.[1] **Neu**: Die **Überlegungsfrist** für den Mieter wird einheitlich auf zwei, höchstens drei Monate festgelegt. Die **Kündigungsfrist** beträgt einheitlich zwei Monate. Zur **Form** vgl. § 568 Abs. 1. Nach **S. 2** tritt bei Kündigung die **Mieterhöhung nicht ein**.

3 Das **Mietverhältnis endet** mit Ablauf des übernächsten Monats. Damit ist der Ablauf des zweiten Monats ab Ende der Frist, bis zu der die Kündigung spätestens erklärt werden kann, gemeint, also nicht ab Kündigungserklärung.[2] **Abs. 2** regelt wie bisher die **Unabdingbarkeit** zum Nachteil des Mieters.[3] Zum **Übergang** vgl. Art. 229 § 3 Nr. 1 EGBGB – entscheidend ist der Zeitpunkt des Zugangs der Kündigungserklärung.

Kapitel 3. Pfandrecht des Vermieters

§ 562 Umfang des Vermieterpfandrechts

(1) [1]Der Vermieter hat für seine Forderungen aus dem Mietverhältnis ein Pfandrecht an den eingebrachten Sachen des Mieters. [2]Es erstreckt sich nicht auf die Sachen, die der Pfändung nicht unterliegen.
(2) [1]Für künftige Entschädigungsforderungen und für die Miete für eine spätere Zeit als das laufende und das folgende Mietjahr kann das Pfandrecht nicht geltend gemacht werden.

1 Kapitel 3 regelt das **Pfandrecht des Vermieters**. Die §§ 562 bis 562d sind dabei im Wesentlichen unverändert aus den §§ 559 bis 563 BGB a.F. übernommen worden. Überlegungen, das Pfandrecht bei Wohnraum mangels Relevanz entfallen zu lassen, ist der Gesetzgeber mit der Begründung der Appellwirkung für säumige Mieter nicht gefolgt.[1]

2 § 562 entspricht § 559 BGB a.F. **Abs. 1 S. 1** regelt den **gegenständlichen Umfang** des Vermieterpfandrechts. Erfasst werden **eingebrachte Sachen des Mieters** sowie Inhaberpapiere, Wechsel oder Schecks. Gem. § 1257 finden die Vorschriften über das durch **Rechtsgeschäft bestellte Pfandrecht** entspr. Anwendung.

3 **S. 2** berücksichtigt die **Pfändungsfreiheit** (vgl. § 811 ZPO). **Abs. 2** begrenzt die Sicherungswirkung des Pfandrechts in **zeitlicher Hinsicht**, indem es die Geltendmachung für die genannten zukünftigen Forderungen ausschließt. Für Mietverhältnisse über **Grundstücke und andere Räume** vgl. § 578.

---

2 Vgl. BT-Drucks 14/5663, 81.
3 Vgl. BT-Drucks 14/5663, 81.
1 Vgl. BT-Drucks 14/4553, 59.
2 Vgl. BT-Drucks 14/4553, 60.
3 Der bisherige § 9 Abs. 2 MHG a.F. ist aus systematischen Gründen in § 569 Abs. 3 Nr. 3 eingestellt.
1 Vgl. BT-Drucks 14/4553, 60. Krit. *Börstinghaus/Eisenschmid*, S. 384 f.

§ 562a Erlöschen des Vermieterpfandrechts

¹Das Pfandrecht des Vermieters erlischt mit der Entfernung der Sachen von dem Grundstück, außer wenn diese ohne Wissen oder unter Widerspruch des Vermieters erfolgt. ²Der Vermieter kann nicht widersprechen, wenn sie den gewöhnlichen Lebensverhältnissen entspricht oder wenn die zurückbleibenden Sachen zur Sicherung des Vermieters offenbar ausreichen.

§ 562a entspricht mit leichten sprachlichen Änderungen § 560 BGB a.F. und behandelt in **S. 1 und 2** die **1** Frage, unter welchen Voraussetzungen die **Entfernung von Sachen** zulässig ist, womit die Entfernung neben die Erlöschensgründe des Pfandrechts durch Rechtsgeschäft tritt. **Unklar** bleibt, ob die Entfernung aus den gemieteten Räumen genügt oder auch die Entfernung vom Vermietergrundstück erforderlich ist oder wie sich die nur vorübergehende Entfernung auswirkt (z.B. Pkw).¹

§ 562b Selbsthilferecht, Herausgabeanspruch

(1) ¹Der Vermieter darf die Entfernung der Sachen, die seinem Pfandrecht unterliegen, auch ohne Anrufen des Gerichts verhindern, soweit er berechtigt ist, der Entfernung zu widersprechen. ²Wenn der Mieter auszieht, darf der Vermieter diese Sachen in seinen Besitz nehmen.

(2) ¹Sind die Sachen ohne Wissen oder unter Widerspruch des Vermieters entfernt worden, so kann er die Herausgabe zum Zwecke der Zurückschaffung auf das Grundstück und, wenn der Mieter ausgezogen ist, die Überlassung des Besitzes verlangen. ²Das Pfandrecht erlischt mit dem Ablauf eines Monats, nachdem der Vermieter von der Entfernung der Sachen Kenntnis erlangt hat, wenn er diesen Anspruch nicht vorher gerichtlich geltend gemacht hat.

§ 562b übernimmt mit kleineren sprachlichen Änderungen § 561 BGB a.F. Nach **Abs. 1** steht dem **1** Vermieter ein **Selbsthilferecht** zu. Gem. S. 1 darf er die **Entfernung** von Pfandgegenständen **verhindern**, wenn er berechtigt ist, dieser zu widersprechen (vgl. § 562a). S. 2 normiert das Recht zur **Inbesitznahme** bei **Auszug des Mieters**.

Abs. 2 S. 1 normiert darüber hinaus einen **Herausgabeanspruch** für den Vermieter, wenn die Entfernung **2** bereits vollzogen oder der Mieter ausgezogen ist. Dabei ist das Pfandrecht gem. S. 2 auf **einen Monat** nach Kenntniserlangung durch den Vermieter **befristet**, es sei denn, er hat den Anspruch vorher gerichtlich geltend gemacht.

§ 562c Abwendung des Pfandrechts durch Sicherheitsleistung

¹Der Mieter kann die Geltendmachung des Pfandrechts des Vermieters durch Sicherheitsleistung abwenden. ²Er kann jede einzelne Sache dadurch von dem Pfandrecht befreien, dass er in Höhe ihres Wertes Sicherheit leistet.

§ 562c entspricht in zwei Sätze aufgeteilt § 562 BGB a.F. Nach **S. 1 und 2** kann der Mieter das **Erlöschen des Pfandrechts** durch **Sicherheitsleistung** (§§ 232 ff.) herbeiführen, und zwar entweder durch Sicherheitsleistung insgesamt oder in Hinblick auf einzelne Sachen.

§ 562d Pfändung durch Dritte

¹Wird eine Sache, die dem Pfandrecht des Vermieters unterliegt, für einen anderen Gläubiger gepfändet, so kann diesem gegenüber das Pfandrecht nicht wegen der Miete für eine frühere Zeit als das letzte Jahr vor der Pfändung geltend gemacht werden.

§ 562d entspricht, sprachlich umgestellt, § 563 BGB a.F. Während § 562 Abs. 2 das Vermieterpfandrecht **1** für die Zukunft beschränkt, normiert § 562d eine **Beschränkung für die Vergangenheit**. Soweit die Miete für eine **längere Zeit als ein Jahr** vor der Pfändung durch den Dritten zurückliegt, kann sie diesem nicht entgegengehalten werden. Hinsichtlich der **anderen Forderungen** aus dem Mietverhältnis kann der Vermieter aus § **805 ZPO** klagen.

---

1 Vgl. zum alten Recht etwa Emmerich/Sonnenschein/*Emmerich*, § 560 Rn 2 ff.

Kapitel 4. Wechsel der Vertragsparteien

§ 563 Eintrittsrecht bei Tod des Mieters

(1) ¹Der Ehegatte, der mit dem Mieter einen gemeinsamen Haushalt führt, tritt mit dem Tod des Mieters in das Mietverhältnis ein. ²Dasselbe gilt für den Lebenspartner.

(2) ¹Leben in dem gemeinsamen Haushalt Kinder des Mieters, treten diese mit dem Tod des Mieters in das Mietverhältnis ein, wenn nicht der Ehegatte eintritt. ²Der Eintritt des Lebenspartners bleibt vom Eintritt der Kinder des Mieters unberührt. ³Andere Familienangehörige, die mit dem Mieter einen gemeinsamen Haushalt führen, treten mit dem Tod des Mieters in das Mietverhältnis ein, wenn nicht der Ehegatte oder der Lebenspartner eintritt. ⁴Dasselbe gilt für Personen, die mit dem Mieter einen auf Dauer angelegten gemeinsamen Haushalt führen.

(3) ¹Erklären eingetretene Personen im Sinne des Absatzes 1 oder 2 innerhalb eines Monats, nachdem sie vom Tod des Mieters Kenntnis erlangt haben, dem Vermieter, dass sie das Mietverhältnis nicht fortsetzen wollen, gilt der Eintritt als nicht erfolgt. ²Für geschäftsunfähige oder in der Geschäftsfähigkeit beschränkte Personen gilt § 210 entsprechend. ³Sind mehrere Personen in das Mietverhältnis eingetreten, so kann jeder die Erklärung für sich abgeben.

(4) ¹Der Vermieter kann das Mietverhältnis innerhalb eines Monats, nachdem er von dem endgültigen Eintritt in das Mietverhältnis Kenntnis erlangt hat, außerordentlich mit der gesetzlichen Frist kündigen, wenn in der Person des Eingetretenen ein wichtiger Grund vorliegt.

(5) ¹Eine abweichende Vereinbarung zum Nachteil des Mieters oder solcher Personen, die nach Absatz 1 oder 2 eintrittsberechtigt sind, ist unwirksam.

Literatur: *Gather*, NZM 2001, 57, 59 ff.; *Meyer*, NZM 2001, 829, 830.

1 Im **Kapitel 4** „Wechsel der Vertragsparteien" erfasst der Gesetzgeber jene Fälle, in denen es während der Mietzeit zu einem Wechsel auf der Mieter- oder der Vermieterseite kommt. Hierher gehören insb. der Fall des Todes des Mieters (§§ 563 bis 564), aber auch die Konstellationen der gewerblichen Weitervermietung (§ 565) und des Verkaufs bzw. der Belastung der Wohnung (§§ 566 bis 567b).

2 Im Falle des **Todes des Mieters** geht das Mietverhältnis gem. **§ 1922** im Grundsatz auf dem Weg der Gesamtrechtsnachfolge auf die Erben über. Die §§ 563 bis 564 treffen insoweit jedoch, anknüpfend an die §§ 569 bis 569b BGB a.F., besondere Regelungen. In den Fällen des § 563 und des § 563a ist unter bestimmten Voraussetzungen eine **Sonderrechtsnachfolge** in das Mietverhältnis über Wohnraum zulässig, und zwar für Personen, die in enger Verbindung mit dem Mieter bzw. der Wohnung stehen und ohne dass sie zugleich Erben werden müssen. Findet eine Sonderrechtsnachfolge nicht statt, bleibt es gem. § 564 bei der Fortsetzung mit den Erben.[1]

3 § 563 enthält das bisher in § 569a BGB a.F. geregelte so genannte **Eintrittsrecht**.[2] Dabei übernimmt § 563 **Abs. 1 S. 1** im Grundsatz das **Eintrittsrecht des Ehegatten** aus § 569a Abs. 1 S. 1 BGB a.F. Der Eintritt erfolgt unabhängig davon, ob der Ehegatte Erbe wird. Erforderlich ist ein gemeinsamer Haushalt in den Mieträumen. **S. 2** ergänzt dies nunmehr ausdrücklich auch für den **Lebenspartner** i.S.d. LPartG (vgl. vor §§ 535 ff. Rn 12). **Abs. 2** nennt **weitere Eintrittsberechtigte** und regelt deren **Verhältnis** zueinander.

4 S. 1 normiert insoweit nunmehr ausdrücklich das Eintrittsrecht von im Haushalt lebenden **Kindern des Mieters**. Tritt der **Ehegatte** ein, entfällt das Eintrittsrecht des Kindes („Ehegattenprivileg"). S. 2 stellt klar, dass der Eintritt des **Lebenspartners** vom Eintritt der **Kinder des Mieters** unberührt bleibt. Haben also die Kinder und Lebenspartner des Mieters gemeinsam im Haushalt gelebt, treten sie **gemeinsam** in das Mietverhältnis ein.

5 S. 3 begründet entsprechend § 569a Abs. 2 S. 1 und 2 BGB a.F. das Eintrittsrecht **anderer Familienangehöriger** als Kinder, die mit dem Mieter bislang in der Wohnung einen „**gemeinsamen Haushalt**" führen. Diese treten in das Mietverhältnis ein, wenn nicht der Ehegatte oder Lebenspartner des Mieters eintritt. In diesen Fällen werden also der Ehegatte und der Lebenspartner, nicht aber die Kinder, durch Einräumung eines vorrangigen Eintrittsrechts privilegiert.

6 S. 4 regelt dementsprechend das Eintrittsrecht von **Personen**, die mit dem Mieter einen „**auf Dauer angelegten gemeinsamen Haushalt**" führen. Beim auf Dauer angelegten gemeinsamen Haushalt sind wegen der hieraus resultierenden Folgen **hohe Anforderungen an die Beziehung** zu stellen. Denn diese Personen sind den Familienangehörigen nach S. 3 gleichgestellt und treten ggf. neben diesen in das Mietverhältnis ein. Dabei übernimmt der Gesetzgeber die vom BGH für die so genannte nichteheliche Lebensgemeinschaft entwickelten Kriterien:

---
1 Vgl. BT-Drucks 14/4553, 60.
2 Streng genommen ist es kein Eintritts"recht", sondern ein automatischer Eintritt; vgl. BT-Drucks 14/4553, 61.

Dies bedeutet, dass zwischen den Partnern eine **Lebensgemeinschaft** bestehen muss, die auf Dauer angelegt ist, **keine weiteren Bindungen gleicher Art** zulässt und sich durch innere Bindungen auszeichnet, die ein gegenseitiges Füreinandereinstehen begründen und über eine reine Wohn- und Wirtschaftsgemeinschaft hinausgehen. Sowohl die hetero- als auch die homosexuelle Partnerschaft wie auch das dauerhafte Zusammenleben alter Menschen, die ihr gegenseitiges Füreinandereinstehen z.B. durch gegenseitige Vollmachten dokumentieren, können grds. diese Kriterien erfüllen.[3]

Abs. 3 S. 1 entspricht § 569a Abs. 1 S. 2 und Abs. 2 S. 3 BGB a.F., wonach dem **Eingetretenen** eine **einmonatige Überlegungsfrist** zusteht. Im Falle der Nichtfortsetzungserklärung gilt der **Eintritt als nicht erfolgt**. Bei Geschäftsunfähigkeit bzw. beschränkter Geschäftsfähigkeit des Eingetretenen gilt nach **S. 2** § 210 (Ablaufhemmung) entsprechend. Gem. **S. 3** kann es bei **mehreren Eingetretenen** zur Fortsetzung mit nur einzelnen von ihnen kommen.

Abs. 4 lehnt sich an § 569a Abs. 5 BGB a.F. an und gewährt dem **Vermieter** eine **einmonatige Überlegungsfrist**, innerhalb derer er sich entscheiden kann, ob er das Mietverhältnis mit dem Eingetretenen **aus wichtigem Grund** kündigen will. Die Frist beginnt, nachdem der Vermieter Kenntnis vom Tod des Mieters und davon erlangt hat, dass der Eintritt endgültig ist. **Unklar** ist die Rechtslage, wenn der wichtige Grund (nur) gegenüber einem von mehreren Eingetretenen besteht.

Macht der Vermieter vom Kündigungsrecht Gebrauch, kommt es zur **außerordentlichen befristeten Kündigung**; vgl. §§ 573d und 575a sowie § 542 Rn 3 f. **Abs. 5** regelt die **Unabdingbarkeit** zum Nachteil des Mieters wie bisher. Zum **Übergang** vgl. Art. 229 § 3 Abs. 1 Nr. 5 EGBGB – entscheidend ist der Zeitpunkt des Todes des Mieters bzw. im Falle der Vermieterkündigung der Zeitpunkt des Zugangs der Kündigungserklärung.

§ 563a Fortsetzung mit überlebenden Mietern

(1) [1]Sind mehrere Personen im Sinne des § 563 gemeinsam Mieter, so wird das Mietverhältnis beim Tod eines Mieters mit den überlebenden Mietern fortgesetzt.

(2) [1]Die überlebenden Mieter können das Mietverhältnis innerhalb eines Monats, nachdem sie vom Tod des Mieters Kenntnis erlangt haben, außerordentlich mit der gesetzlichen Frist kündigen.

(3) [1]Eine abweichende Vereinbarung zum Nachteil der Mieter ist unwirksam.

§ 563a enthält das bisher in § 569b BGB a.F. geregelte so genannte **Fortsetzungsrecht** und betrifft den Fall, dass neben dem verstorbenen Mieter noch **weitere Personen i.S.d. § 563** Mieter des Mietvertrages waren. Mit diesen Personen erfolgt die Fortsetzung zunächst ohne Weiteres. **Abs. 1** bestimmt darüber hinaus auch hier unabhängig von der Erbfolge eine **Sonderrechtsnachfolge**.

Nach **Abs. 2** besteht wie bisher das Recht der Mitmieter zur **außerordentlichen befristeten Kündigung**; vgl. §§ 573d und 575a sowie § 542 Rn 3 f. Die Mieter können das Kündigungsrecht **nur gemeinsam** ausüben.[1] **Unklar** ist, wie es sich verhält, wenn neben die überlebenden Mieter Personen gem. § 563 treten.[2] **Abs. 3** normiert auch hier die **Unabdingbarkeit** zum Nachteil des Mieters.

§ 563b Haftung bei Eintritt oder Fortsetzung

(1) [1]Die Personen, die nach § 563 in das Mietverhältnis eingetreten sind oder mit denen es nach § 563a fortgesetzt wird, haften neben dem Erben für die bis zum Tod des Mieters entstandenen Verbindlichkeiten als Gesamtschuldner. [2]Im Verhältnis zu diesen Personen haftet der Erbe allein, soweit nichts anderes bestimmt ist.

(2) [1]Hat der Mieter die Miete für einen nach seinem Tod liegenden Zeitraum im Voraus entrichtet, sind die Personen, die nach § 563 in das Mietverhältnis eingetreten sind oder mit denen es nach § 563a fortgesetzt wird, verpflichtet, dem Erben dasjenige herauszugeben, was sie infolge der Vorausentrichtung der Miete ersparen oder erlangen.

(3) [1]Der Vermieter kann, falls der verstorbene Mieter keine Sicherheit geleistet hat, von den Personen, die nach § 563 in das Mietverhältnis eingetreten sind oder mit denen es nach § 563a fortgesetzt wird, nach Maßgabe des § 551 eine Sicherheitsleistung verlangen.

§ 563b entspricht im Wesentlichen § 569a Abs. 2 S. 5, Abs. 3 und 4 sowie § 569b S. 2 BGB a.F. und regelt **Rechtsfolgen** im Falle des Eintritts nach § 563 oder der Fortsetzung nach § 563a.

---

3 Vgl. BT-Drucks 14/4553, 61; 14/5663, 81. Demgegenüber krit. etwa *Sprau*, NZM 2001, 220, 222; *Haber*, NZM 2001, 305, 316 f.
1 Vgl. BT-Drucks 14/4553, 62.
2 Vgl. hierzu etwa *Sonnenschein*, WuM 2000, 387, 405.

2 Nach **Abs. 1 S. 1 haften** die **Eintretenden** bzw. **Fortsetzenden** neben dem Erben für die Verbindlichkeiten des verstorbenen Mieters. Nach **S. 2** haftet im **Innenverhältnis** der Erbe allein, es sei denn, es ist etwas anderes bestimmt; dies kann etwa der Fall sein, wenn der Mieter zu Lebzeiten diesbezügliche Vereinbarungen mit den eintritts- oder fortsetzungsberechtigten Personen oder dem Erben getroffen hat.

3 Abs. 2 normiert die Folgen **im Voraus entrichteter Miete** und verpflichtet Eintretende bzw. Fortsetzende im Grundsatz zur Herausgabe an die Erben. **Neu** ist **Abs. 3**. Er gibt dem Vermieter einen Anspruch auf **Sicherheitsleistung** (vgl. § 551) und trägt so den durch Eintritt oder Fortsetzung geänderten wirtschaftlichen Verhältnissen Rechnung.

§ 564 Fortsetzung des Mietverhältnisses mit dem Erben, außerordentliche Kündigung

¹Treten beim Tod des Mieters keine Personen im Sinne des § 563 in das Mietverhältnis ein oder wird es nicht mit ihnen nach § 563a fortgesetzt, so wird es mit dem Erben fortgesetzt. ²In diesem Fall ist sowohl der Erbe als auch der Vermieter berechtigt, das Mietverhältnis innerhalb eines Monats außerordentlich mit der gesetzlichen Frist zu kündigen, nachdem sie vom Tod des Mieters und davon Kenntnis erlangt haben, dass ein Eintritt in das Mietverhältnis oder dessen Fortsetzung nicht erfolgt sind.

1 § 564 übernimmt weitgehend § 569a Abs. 6 und § 569 BGB a.F. **S. 1** stellt dabei nochmals klar, dass das Eintritts- und Fortsetzungsrecht einer Fortsetzung des Mietverhältnisses mit **dem Erben vorgeht** (vgl. § 563 Rn 2). Nur für den Fall, dass weder Eintritt noch Fortsetzung vorliegen – dies kann der Fall sein, weil die Voraussetzungen der §§ 563, 563a nicht vorliegen oder weil die Berechtigten nicht mieten wollen – wird das Mietverhältnis **mit dem Erben** weitergeführt.

2 S. 2 enthält für die Nachfolge des Erben in das Mietverhältnis für Vermieter und Erben wie bisher ein **außerordentliches befristetes Kündigungsrecht**, wobei das Erfordernis eines berechtigten Interesses des Vermieters (hier ausnahmsweise) entfällt; vgl. §§ 573d und 575a sowie § 542 Rn 3 f. Zur Ausübung des Kündigungsrechts steht Vermieter wie Erben eine **Überlegungsfrist** von einem Monat ab dem genannten Zeitpunkt zu. Zur Miete **anderer Sachen** vgl. § 580.

§ 565 Gewerbliche Weitervermietung

(1) ¹Soll der Mieter nach dem Mietvertrag den gemieteten Wohnraum gewerblich einem Dritten zu Wohnzwecken weitervermieten, so tritt der Vermieter bei der Beendigung des Mietverhältnisses in die Rechte und Pflichten aus dem Mietverhältnis zwischen dem Mieter und dem Dritten ein. ²Schließt der Vermieter erneut einen Mietvertrag zur gewerblichen Weitervermietung ab, so tritt der Mieter anstelle der bisherigen Vertragspartei in die Rechte und Pflichten aus dem Mietverhältnis mit dem Dritten ein.

(2) ¹Die §§ 566a bis 566e gelten entsprechend.

(3) ¹Eine zum Nachteil des Dritten abweichende Vereinbarung ist unwirksam.

1 § 565 übernimmt mit bloßen sprachlichen und redaktionellen Änderungen § 549a BGB a.F. Es geht um den Bestandsschutz des Untermieters (= Dritter) bei **gewerblicher Weitervermietung**.

2 Abs. 1 S. 1 gründet den **Schutz des Dritten** dabei darauf, dass im Falle der Kündigung der Vermieter in den (Unter-)Mietvertrag eintritt. Im Falle der Einschaltung eines neuen gewerblichen Zwischenvermieters tritt nach **S. 2** der Neue in den Mietvertrag ein. Dabei greift § 565 **nur** in Fällen der **gewerblichen Weitervermietung** in Hinblick auf **Wohnraum**. **Unklar** bleibt, ob der Dritte darüber hinaus in anderen Fällen Bestandsschutz genießt oder ob in jenen Fällen § 546 Abs. 2 greift.[1]

3 Abs. 2 verweist auf die §§ 566a bis 566e, die die **Rechtsfolgen des Eintritts** des Vermieters bzw. Mieters im Einzelnen regeln und den §§ 572 bis 576 BGB a.F. entsprechen. **Abs. 3** regelt wie bisher die **Unabdingbarkeit** zum Nachteil des Dritten.

---

[1] Vgl. zum alten Recht etwa Emmerich/Sonnenschein/*Emmerich*, § 549a Rn 4 ff.

§ 566 Kauf bricht nicht Miete

(1) ¹Wird der vermietete Wohnraum nach der Überlassung an den Mieter von dem Vermieter an einen Dritten veräußert, so tritt der Erwerber anstelle des Vermieters in die sich während der Dauer seines Eigentums aus dem Mietverhältnis ergebenden Rechte und Pflichten ein.

(2) ¹Erfüllt der Erwerber die Pflichten nicht, so haftet der Vermieter für den von dem Erwerber zu ersetzenden Schaden wie ein Bürge, der auf die Einrede der Vorausklage verzichtet hat. ²Erlangt der Mieter von dem Übergang des Eigentums durch Mitteilung des Vermieters Kenntnis, so wird der Vermieter von der Haftung befreit, wenn nicht der Mieter das Mietverhältnis zum ersten Termin kündigt, zu dem die Kündigung zulässig ist.

§ 566 übernimmt mit geringfügigen sprachlichen Änderungen § 571 BGB a.F. Für **Grundstücke** und **andere Räume** vgl. § 578 Abs. 1. 1

Abs. 1 normiert den **Wechsel der Vertragsparteien** zum Schutz des Mieters. **Veräußert** der Vermieter den **überlassenen** Wohnraum an einen Dritten, erlangt der Erwerber die Stellung der Vertragspartei des Mieters, er tritt in die sich aus dem Mietverhältnis ergebenden Rechte und Pflichten ein.[1] 2

Für den Fall der Veräußerung von **Wohnungseigentum** schließt der Gesetzgeber sich dabei der Rspr. des BGH an, nach der allein der Erwerber des Sondereigentums zum Vertragspartner wird. Die Tatsache, dass Gemeinschaftseigentum mitvermietet ist, ändert hieran nichts, führt insb. nicht zu einer Vervielfältigung der Vermieterstellung.[2] 3

Abs. 2 begründet die **Haftung des (bisherigen) Vermieters**, der kraft Gesetzes auf dem Mietvertrag ausscheidet. Nach **S. 1** haftet der Vermieter für Pflichtverletzungen des Erwerbers wie ein Bürge, der auf die Einrede der Vorausklage verzichtet hat. Jedoch kann der Vermieter sich hiervon gem. **S. 2** durch Mitteilung weitgehend befreien. 4

§ 566a Mietsicherheit

¹Hat der Mieter des veräußerten Wohnraums dem Vermieter für die Erfüllung seiner Pflichten Sicherheit geleistet, so tritt der Erwerber in die dadurch begründeten Rechte und Pflichten ein. ²Kann bei Beendigung des Mietverhältnisses der Mieter die Sicherheit von dem Erwerber nicht erlangen, so ist der Vermieter weiterhin zur Rückgewähr verpflichtet.

Die §§ 566a bis 566e entsprechen weitgehend den §§ 572 bis 576 BGB a.F. und regeln anknüpfend an § 566 besondere **Rechtsfolgen im Verhältnis** von Mieter, (bisherigem) Vermieter und Erwerber. Zur **entsprechenden Anwendbarkeit** vgl. insb. § 565 Abs. 2 und § 578. 1

§ 566a S. 1 entspricht zum Teil § 572 BGB a.F. und regelt, dass der Erwerber (auch) in die **Rechte und Pflichten** eintritt, die dadurch entstehen, dass der Mieter eine **Sicherheit** geleistet hatte. Hierunter fallen bei einer Barkaution (vgl. § 551) nicht nur die Sicherheit selbst, sondern auch die Zinsen. 2

Neu: Der Mieter kann nunmehr (nach Vertragsende) die geleistete Sicherheit vom Erwerber unabhängig davon zurückverlangen, ob dieser die Sicherheit beim Eigentumswechsel tatsächlich erhalten hat. Der (bisherige) Vermieter haftet gem. **S. 2** subsidiär weiter.[1] Eine **Übergangsregelung** fehlt. 3

§ 566b Vorausverfügung über die Miete

(1) ¹Hat der Vermieter vor dem Übergang des Eigentums über die Miete verfügt, die auf die Zeit der Berechtigung des Erwerbers entfällt, so ist die Verfügung wirksam, so weit sie sich auf die Miete für den zur Zeit des Eigentumsübergangs laufenden Kalendermonat bezieht. ²Geht das Eigentum nach dem 15. Tag des Monats über, so ist die Verfügung auch wirksam, soweit sie sich auf die Miete für den folgenden Kalendermonat bezieht.

(2) ¹Eine Verfügung über die Miete für eine spätere Zeit muss der Erwerber gegen sich gelten lassen, wenn er sie zur Zeit des Übergangs des Eigentums kennt.

§ 566b übernimmt unverändert und lediglich geringfügig überarbeitet § 573 BGB a.F. Gem. **Abs. 1 bzw. 2** muss sich der in den Mietvertrag eintretende Erwerber **Vorausverfügungen** über die Miete seitens des (bisherigen) Vermieters (insb. Abtretung) nur zeitlich begrenzt entgegenhalten lassen, es sei denn, dass er die Verfügung zur Zeit des Eigentumsübergangs kennt. 1

---

1 Zu den zahlreichen Fragen, was die Voraussetzungen des § 566 Abs. 1 anbelangt, nach altem Recht vgl. etwa Emmerich/Sonnenschein/*Emmerich*, § 571 Rn 7 ff.
2 Vgl. BT-Drucks 14/4553, 63.
1 Vgl. BT-Drucks 14/4553, 63; 14/5663, 81.

§ 566c Vereinbarung zwischen Mieter und Vermieter über die Miete

¹Ein Rechtsgeschäft, das zwischen dem Mieter und dem Vermieter über die Mietforderung vorgenommen wird, insbesondere die Entrichtung der Miete, ist dem Erwerber gegenüber wirksam, soweit es sich nicht auf die Miete für eine spätere Zeit als den Kalendermonat bezieht, in welchem der Mieter von dem Übergang des Eigentums Kenntnis erlangt. ²Erlangt der Mieter die Kenntnis nach dem 15. Tag des Monats, so ist das Rechtsgeschäft auch wirksam, soweit es sich auf die Miete für den folgenden Kalendermonat bezieht. ³Ein Rechtsgeschäft, das nach dem Übergang des Eigentums vorgenommen wird, ist jedoch unwirksam, wenn der Mieter bei der Vornahme des Rechtsgeschäfts von dem Übergang des Eigentums Kenntnis hat.

1 § **566c** übernimmt inhaltlich unverändert § 574 BGB a.F. Hiernach muss sich der in den Mietvertrag eintretende Erwerber **Vereinbarungen** zwischen (bisherigem) Vermieter und Mieter über die Mietforderung (z.B. Stundung oder Erlass) ebenfalls (vgl. § 566b) nur zeitlich begrenzt entgegenhalten lassen. Zeitlich stellt dabei hier, ähnlich § 407, die **Kenntnis des Mieters** vom Übergang des Eigentums die entscheidende Zäsur dar.

§ 566d Aufrechnung durch den Mieter

¹Soweit die Entrichtung der Miete an den Vermieter nach § 566c dem Erwerber gegenüber wirksam ist, kann der Mieter gegen die Mietforderung des Erwerbers eine ihm gegen den Vermieter zustehende Forderung aufrechnen. ²Die Aufrechnung ist ausgeschlossen, wenn der Mieter die Gegenforderung erworben hat, nachdem er von dem Übergang des Eigentums Kenntnis erlangt hat, oder wenn die Gegenforderung erst nach der Erlangung der Kenntnis und später als die Miete fällig geworden ist.

1 § **566d** entspricht inhaltlich unverändert § 575 BGB a.F. Gem. **S. 1** ist im Rahmen des § 566c eine **Aufrechnung** des Mieters gegenüber dem Erwerber mit einer Forderung gegen den (bisherigen) Vermieter, ähnlich § 406, auch dann möglich, wenn der Mieter im Zeitpunkt der Aufrechnung den Übergang kennt. Handelt es sich um einen der beiden in **S. 2** genannten Ausnahmefälle, **scheidet** die **Aufrechnung** demgegenüber **aus**.

§ 566e Mitteilung des Eigentumsübergangs durch den Vermieter

(1) ¹Teilt der Vermieter dem Mieter mit, dass er das Eigentum an dem vermieteten Wohnraum auf einen Dritten übertragen hat, so muss er in Ansehung der Mietforderung dem Mieter gegenüber die mitgeteilte Übertragung gegen sich gelten lassen, auch wenn sie nicht erfolgt oder nicht wirksam ist.

(2) ¹Die Mitteilung kann nur mit Zustimmung desjenigen zurückgenommen werden, der als der neue Eigentümer bezeichnet worden ist.

1 § **566e** entspricht inhaltlich unverändert § 576 BGB a.F. und schützt den Mieter, ähnlich § 409, vor falschen **Mitteilungen des Vermieters**. Nach **Abs. 1** kann der Mieter so insb. mit befreiender Wirkung an den Erwerber zahlen, und zwar (auch) dann, wenn dieser das Eigentum in Wirklichkeit nicht erworben hat. **Abs. 2** regelt die Voraussetzungen der Rücknahme einer falschen Mitteilung.

§ 567 Belastung des Wohnraums durch den Vermieter

¹Wird der vermietete Wohnraum nach der Überlassung an den Mieter von dem Vermieter mit dem Recht eines Dritten belastet, so sind die §§ 566 bis 566e entsprechend anzuwenden, wenn durch die Ausübung des Rechts dem Mieter der vertragsgemäße Gebrauch entzogen wird. ²Wird der Mieter durch die Ausübung des Rechts in dem vertragsgemäßen Gebrauch beschränkt, so ist der Dritte dem Mieter gegenüber verpflichtet, die Ausübung zu unterlassen, soweit sie den vertragsgemäßen Gebrauch beeinträchtigen würde.

1 Die §§ 567, 567a und 567b übernehmen inhaltlich unverändert die §§ 577 bis 579 BGB a.F. § **567** entspricht § 577 BGB a.F. und legt die Auswirkungen der nachträglichen **Bestellung von Belastungen** auf das Mietverhältnis fest. Wird dem Mieter der vertragsgemäße Gebrauch **entzogen** (z.B. beim Nießbrauch), kommen gem. **S. 1**, der Veräußerung vergleichbar, die §§ 566 bis 566e zur Anwendung. Wird der vertragsgemäße Gebrauch (nur) beschränkt (z.B. bei der Dienstbarkeit), hat der Mieter gegen den Dritten gem. **S. 2** einen Unterlassungsanspruch.

§ 567a Veräußerung oder Belastung vor der Überlassung des Wohnraums

¹Hat vor der Überlassung des vermieteten Wohnraums an den Mieter der Vermieter den Wohnraum an einen Dritten veräußert oder mit einem Recht belastet, durch dessen Ausübung der vertragsgemäße Gebrauch dem Mieter entzogen oder beschränkt wird, so gilt das Gleiche wie in den Fällen des § 566 Abs. 1 und des § 567, wenn der Erwerber dem Vermieter gegenüber die Erfüllung der sich aus dem Mietverhältnis ergebenden Pflichten übernommen hat.

§ 567a entspricht § 578 BGB a.F. § 566 greift nur ein, wenn die Übertragung nach Vertragsschluss und **1** Überlassung erfolgt. § 567a eröffnet dem Vermieter zudem die Möglichkeit, in den Fällen, in denen die **Übertragung** oder **Belastung vorher** erfolgt ist, Schadensersatzansprüchen des Mieters zu entgehen, indem der Erwerber (auch hier) in den Mietvertrag eintritt. Voraussetzung ist, dass der Erwerber dem Vermieter gegenüber die Erfüllung der Pflichten aus dem Mietverhältnis übernommen hat.

§ 567b Weiterveräußerung oder Belastung durch Erwerber

¹Wird der vermietete Wohnraum von dem Erwerber weiterveräußert oder belastet, so sind § 566 Abs. 1 und die §§ 566a bis 567a entsprechend anzuwenden. ²Erfüllt der neue Erwerber die sich aus dem Mietverhältnis ergebenden Pflichten nicht, so haftet der Vermieter dem Mieter nach § 566 Abs. 2.

§ 567b übernimmt § 579 BGB a.F. und regelt die Fälle, in denen der **Erwerber seinerseits** den Wohnraum **1** **weiterveräußert** oder **belastet**.

Kapitel 5. Beendigung des Mietverhältnisses
Unterkapitel 1. Allgemeine Vorschriften

§ 568 Form und Inhalt der Kündigung
(1) ¹Die Kündigung des Mietverhältnisses bedarf der schriftlichen Form.
(2) ¹Der Vermieter soll den Mieter auf die Möglichkeit, die Form und die Frist des Widerspruchs nach den §§ 574 bis 574b rechtzeitig hinweisen.

Literatur: *Emmerich,* NZM 2001, 777, 781 f.; *Kraemer,* NZM 2001, 553; *Sonnenschein,* WuM 2000, 387.

Kapitel 5 „Beendigung des Mietverhältnisses" behandelt in **Unterkapitel 1** zunächst „**Allgemeine** **1** **Vorschriften**" und beginnt mit § 568, der weitgehend § 564a BGB a.F. entspricht.
Gem. **Abs. 1** bedarf die **Kündigung** wie bisher zwingend der **schriftlichen Form** (§§ 126, 126 a), **2** und zwar für Vermieter wie Mieter. **Neu**: Das Erfordernis der Angabe der **Kündigungsgründe** im Kündigungsschreiben ist demgegenüber nunmehr (nur noch) in § 569 Abs. 4, § 573 Abs. 3 und § 573a Abs. 3 normiert.
Gem. **Abs. 2** soll der Vermieter den Mieter auf Möglichkeit, Form und Frist des **Widerspruchs** nach den **3** §§ 574 bis 574b („Sozialklausel") rechtzeitig **hinweisen**. Zu den **Rechtsfolgen** bei Verstoß vgl. § 574b Abs. 2 S. 2.

§ 569 Außerordentliche fristlose Kündigung aus wichtigem Grund
(1) ¹Ein wichtiger Grund im Sinne des § 543 Abs. 1 liegt für den Mieter auch vor, wenn der gemietete Wohnraum so beschaffen ist, dass seine Benutzung mit einer erheblichen Gefährdung der Gesundheit verbunden ist. ²Dies gilt auch, wenn der Mieter die Gefahr bringende Beschaffenheit bei Vertragsschluss gekannt oder darauf verzichtet hat, die ihm wegen dieser Beschaffenheit zustehenden Rechte geltend zu machen.
(2) ¹Ein wichtiger Grund im Sinne des § 543 Abs. 1 liegt ferner vor, wenn eine Vertragspartei den Hausfrieden nachhaltig stört, so dass dem Kündigenden unter Berücksichtigung aller Umstände des Einzelfalls, insbesondere eines Verschuldens der Vertragsparteien, und unter Abwägung der beiderseitigen Interessen die Fortsetzung des Mietverhältnisses bis zum Ablauf der Kündigungsfrist oder bis zur sonstigen Beendigung des Mietverhältnisses nicht zugemutet werden kann.
(3) ¹Ergänzend zu § 543 Abs. 2 Satz 1 Nr. 3 gilt:

1. Im Falle des § 543 Abs. 2 Satz 1 Nr. 3 Buchstabe a ist der rückständige Teil der Miete nur dann als nicht unerheblich anzusehen, wenn er die Miete für einen Monat übersteigt. Dies gilt nicht, wenn der Wohnraum nur zum vorübergehenden Gebrauch vermietet ist.
2. Die Kündigung wird auch dann unwirksam, wenn der Vermieter spätestens bis zum Ablauf von zwei Monaten nach Eintritt der Rechtshängigkeit des Räumungsanspruchs hinsichtlich der fälligen Miete und der fälligen Entschädigung nach § 546a Abs. 1 befriedigt wird oder sich eine öffentliche Stelle zur Befriedigung verpflichtet. Dies gilt nicht, wenn der Kündigung vor nicht länger als zwei Jahren bereits eine nach Satz 1 unwirksam gewordene Kündigung vorausgegangen ist.
3. Ist der Mieter rechtskräftig zur Zahlung einer erhöhten Miete nach den §§ 558 bis 560 verurteilt worden, so kann der Vermieter das Mietverhältnis wegen Zahlungsverzugs des Mieters nicht vor Ablauf von zwei Monaten nach rechtskräftiger Verurteilung kündigen, wenn nicht die Voraussetzungen der außerordentlichen fristlosen Kündigung schon wegen der bisher geschuldeten Miete erfüllt sind.

(4) ¹Der zur Kündigung führende wichtige Grund ist in dem Kündigungsschreiben anzugeben.

(5) ¹Eine Vereinbarung, die zum Nachteil des Mieters von den Absätzen 1 bis 3 dieser Vorschrift oder von § 543 abweicht, ist unwirksam. ²Ferner ist eine Vereinbarung unwirksam, nach der der Vermieter berechtigt sein soll, aus anderen als den im Gesetz zugelassenen Gründen außerordentlich fristlos zu kündigen.

1 § 569 ergänzt § 543 und enthält, anknüpfend an die §§ 544, 554a, 554 Abs. 2 BGB a.F. sowie § 9 Abs. 2 MHG a.F., Regelungen zum (besonders strikten) **außerordentlichen fristlosen Kündigungsrecht** aus wichtigem Grund; vgl. § 542 Rn 3 f. und § 543. Inhaltliche Änderungen finden sich nur am Rande. Zur Anwendbarkeit bei **Grundstücken** und **anderen Räumen** vgl. § 578.

2 Abs. 1 S. 1 entspricht § 544 BGB a.F. und regelt die außerordentliche fristlose Kündigung des Mieters wegen **Gesundheitsgefährdung**. Voraussetzung ist, dass die Benutzung der Räume mit einer erheblichen Gefährdung der Gesundheit des Mieters oder der anderen geschützten Personen verbunden ist.[1] Gem. **S. 2** gilt dies auch bei **Kenntnis** oder **Verzicht** des Mieters.

3 Abs. 2 beruht auf § 554a BGB a.F. und benennt nunmehr ausdrücklich die **Störung des Hausfriedens**. Dabei muss die Fortsetzung des Mietverhältnisses unter Abwägung aller Umstände des Einzelfalls, insbesondere des Verschuldens, **unzumutbar** sein. Jedoch kann Unzumutbarkeit im Einzelfall auch bei einer nicht schuldhaften nachhaltigen Störung des Hausfriedens gegeben sein (vgl. § 543 Rn 6).[2] **Beachte:** Für die sonstigen bisher nach § 554a BGB a.F. behandelten Fälle kommt nun § 543 Abs. 1 in Betracht.

4 Abs. 3 nimmt § 554 Abs. 2 BGB a.F. auf und regelt die Kündigung wegen **Zahlungsverzuges**. Hier spezifiziert **Nr. 1** § 543 Abs. 2 S. 1 Nr. 3 a. **Neu: Nr. 2 S. 1** verlängert die **Schonfrist** für die Nachholung der Zahlung der rückständigen Miete und der fälligen Entschädigung nunmehr um einen Monat auf **zwei Monate** nach Eintritt der Rechtshängigkeit des Räumungsrechtsstreits. In **S. 2** bleibt es aber dabei, dass eine Nachholung **nur einmal** innerhalb einer Frist von zwei Jahren möglich ist.

5 Nr. 3 übernimmt § 9 Abs. 2 MHG a.F. und **beschränkt die Kündigungsmöglichkeit** des Vermieters bei Zahlungsrückständen auf Grund von Mieterhöhungen nach den §§ 558 (ortsübliche Vergleichsmiete), 559 (Modernisierung) und 560 (Veränderungen der Betriebskosten) in den ersten zwei Monaten nach der rechtskräftigen Verurteilung, es sei denn, die Kündigungsvoraussetzungen sind schon wegen der bisher geschuldeten Miete erfüllt.

6 Abs. 4 bestimmt nunmehr, dass der **wichtige Grund anzugeben** ist. **Beachte:** An die Begründung dürfen keine zu hohen und übertrieben formalistischen Anforderungen gestellt werden. Der Mieter oder Vermieter soll lediglich erkennen können, welcher Umstand zur fristlosen Kündigung geführt hat.[3] **Abs. 5** enthält Regelungen betreffend die **Unabdingbarkeit** zum Nachteil des Mieters. Zum **Übergang** vgl. Art. 229 § 3 Abs. 1 Nr. 1 EGBGB – entscheidend ist der Zeitpunkt des Zugangs der Kündigungserklärung.

---

1 Vgl. etwa die Beispiele zum alten Recht bei Bub/Treier/*Grapentin* IV Rn 154 ff.; Emmerich/Sonnenschein/*Emmerich*, § 544 Rn 4 ff.
2 Vgl. BT-Drucks 14/5663, 81 f.
3 Vgl. BT-Drucks 14/5663, 82.

§ 570 Ausschluss des Zurückbehaltungsrechts
¹Dem Mieter steht kein Zurückbehaltungsrecht gegen den Rückgabeanspruch des Vermieters zu.

§ 570 übernimmt § 556 Abs. 2 BGB a.F. und schließt das **Zurückbehaltungsrecht** des Mieters nach § 273 aus. Der Mieter kann also dem Rückgabeanspruch des Vermieters gem. § 546 nicht etwa Schadens- oder Aufwendungsersatzansprüche entgegenhalten. Zur Anwendbarkeit bei **Grundstücken** und **anderen Räumen** vgl. § 578. **1**

§ 571 Weiterer Schadensersatz bei verspäteter Rückgabe von Wohnraum
(1) ¹Gibt der Mieter den gemieteten Wohnraum nach Beendigung des Mietverhältnisses nicht zurück, so kann der Vermieter einen weiteren Schaden im Sinne des § 546a Abs. 2 nur geltend machen, wenn die Rückgabe infolge von Umständen unterblieben ist, die der Mieter zu vertreten hat. ²Der Schaden ist nur insoweit zu ersetzen, als die Billigkeit eine Schadloshaltung erfordert. ³Dies gilt nicht, wenn der Mieter gekündigt hat.
(2) ¹Wird dem Mieter nach § 721 oder § 794a der Zivilprozessordnung eine Räumungsfrist gewährt, so ist er für die Zeit von der Beendigung des Mietverhältnisses bis zum Ablauf der Räumungsfrist zum Ersatz eines weiteren Schadens nicht verpflichtet.
(3) ¹Eine zum Nachteil des Mieters abweichende Vereinbarung ist unwirksam.

§ 571 entspricht § 557 Abs. 2 und 3 BGB a.F. Indem er den **weiteren Schadensersatz bei verspäteter Rückgabe** von Wohnraum einschränkt, enthält er Sonderregelungen zu § 546a. **1**

§ 572 Vereinbartes Rücktrittsrecht; Mietverhältnis unter auflösender Bedingung
(1) ¹Auf eine Vereinbarung, nach der der Vermieter berechtigt sein soll, nach Überlassung des Wohnraums an den Mieter vom Vertrag zurückzutreten, kann der Vermieter sich nicht berufen.
(2) ¹Ferner kann der Vermieter sich nicht auf eine Vereinbarung berufen, nach der das Mietverhältnis zum Nachteil des Mieters auflösend bedingt ist.

§ 572 fasst die §§ 570a und 565a Abs. 2 BGB a.F. zusammen. **Abs. 1** legt fest, dass der **Vermieter** sich nicht auf eine **Vereinbarung** berufen kann, aufgrund derer er **nach der Überlassung** des Wohnraums zum Rücktritt berechtigt sein soll. Auf diese Weise kann der Kündigungsschutz nicht umgangen werden. Zugleich wird klargestellt, dass der Vertrag **im Übrigen wirksam** ist.¹ **Abs. 2** trifft eine vergleichbare Regelung für ein Mietverhältnis, das zum Nachteil des **Mieters** unter einer **auflösenden Bedingung** geschlossen worden ist. **1**

Unterkapitel 2. Mietverhältnisse auf unbestimmte Zeit

§ 573 Ordentliche Kündigung des Vermieters
(1) ¹Der Vermieter kann nur kündigen, wenn er ein berechtigtes Interesse an der Beendigung des Mietverhältnisses hat. ²Die Kündigung zum Zwecke der Mieterhöhung ist ausgeschlossen.
(2) ¹Ein berechtigtes Interesse des Vermieters an der Beendigung des Mietverhältnisses liegt insbesondere vor, wenn
1. der Mieter seine vertraglichen Pflichten schuldhaft nicht unerheblich verletzt hat,
2. der Vermieter die Räume als Wohnung für sich, seine Familienangehörigen oder Angehörige seines Haushalts benötigt oder
3. der Vermieter durch die Fortsetzung des Mietverhältnisses an einer angemessenen wirtschaftlichen Verwertung des Grundstücks gehindert und dadurch erhebliche Nachteile erleiden würde; die Möglichkeit, durch eine anderweitige Vermietung als Wohnraum eine höhere Miete zu erzielen, bleibt außer Betracht; der Vermieter kann sich auch nicht darauf berufen, dass er die Mieträume im Zusammenhang mit einer beabsichtigten oder nach Überlassung an den Mieter erfolgten Begründung von Wohnungseigentum veräußern will.
(3) ¹Die Gründe für ein berechtigtes Interesse des Vermieters sind in dem Kündigungsschreiben anzugeben. ²Andere Gründe werden nur berücksichtigt, soweit sie nachträglich entstanden sind.
(4) ¹Eine zum Nachteil des Mieters abweichende Vereinbarung ist unwirksam.

1 Vgl. BT-Drucks 14/4553, 64 f.

Literatur: *Haber,* NZM 2001, 305, 317 ff.; *Kinne,* ZMR 2001, 511 und 599; *Kotzian-Rumpf,* NZM 2001, 209.

1. **Unterkapitel 2 „Mietverhältnisse auf unbestimmte Zeit"** beginnt in § 573 mit der Normierung der **ordentlichen Vermieterkündigung.** § 573 geht auf § 564b BGB a.F. zurück und beinhaltet, weitgehend unverändert, den Kündigungsschutz des Mieters im Wohnraummietrecht als Ausdruck des sozialen Mietrechts.

2. Nach **Abs. 1** bedarf der **Vermieter** grds. eines **berechtigten Interesses,** um kündigen zu können. S. 1 übernimmt § 564b Abs. 1 BGB a.F., S. 2 schließt an § 1 S. 1 MHG a.F. an. Dabei findet dieser Schutz im Rahmen der §§ 573d Abs. 1 und 575a Abs. 1 grds. **auch bei außerordentlichen Kündigungen** Anwendung.

3. **Abs. 2** zählt wie bisher drei einzelne **Kündigungsgründe** beispielhaft auf und entspricht mit geringen sprachlichen Änderungen § 564b Abs. 2 Nr. 1 bis 3 BGB a.F. Gem. **Nr. 1** zählen hierher zunächst schuldhafte, nicht unerhebliche **Vertragsverletzungen seitens des Mieters.** Weitgehend **unklar** bleibt weiterhin die Frage der Konkurrenzen zur außerordentlichen fristlosen Kündigungen (vgl. § 569).[1]

4. **Nr. 2** übernimmt den Kündigungsgrund **Eigenbedarf** aus § 564b Abs. 2 Nr. 2 BGB a.F. Das berechtigte Interesse kann beim Vermieter, aber auch bei den Familienangehörigen oder **Angehörigen seines Haushalts** (vgl. § 554 Rn 3 sowie § 563 Rn 6 f.) bestehen. **Familienangehörige,** zu denen auch der Lebenspartner i.S.d. LPartG zählt (vgl. vor §§ 535 ff. Rn 12), brauchen wie bisher nicht im Haushalt des Mieters gelebt zu haben.[2]

5. **Nr. 3** entspricht, geringfügig sprachlich geändert, § 564b Abs. 2 Nr. 3 BGB a.F. und berechtigt den Vermieter zur Kündigung bei Hinderung **angemessener wirtschaftlicher Verwertung.** Hierher gehören insb. die Fälle, in denen der Vermieter durch den Mietvertrag am Verkauf gehindert ist, vorausgesetzt, der Vermieter würde so **erhebliche Nachteile** erleiden und es liegt keiner der genannten Ausschlussgründe vor.

6. **Abs. 3** ist **neu gefasst.** Die **Angabe von Kündigungsgründen** ist nach **S. 1** wie bisher Voraussetzung der Vermieterkündigung. Die Angabe soll es dem Mieter ermöglichen, sich frühzeitig Klarheit über seine Rechtsstellung zu verschaffen. **Beachte:** Auch hier (vgl. § 569 Rn 6) sind zu hohe formale Anforderungen unangebracht.[3] **S. 2** verhindert das **Nachschieben** von Kündigungsgründen.

7. **Abs. 4** enthält wie bisher die **Unabdingbarkeit** zum Nachteil des Mieters. Die **Teilkündigung** ist nunmehr in § 573b geregelt.

§ 573a Erleichterte Kündigung des Vermieters

(1) ¹Ein Mietverhältnis über eine Wohnung in einem vom Vermieter selbst bewohnten Gebäude mit nicht mehr als zwei Wohnungen kann der Vermieter auch kündigen, ohne dass es eines berechtigten Interesses im Sinne des § 573 bedarf. ²Die Kündigungsfrist verlängert sich in diesem Fall um drei Monate.

(2) ¹Absatz 1 gilt entsprechend für Wohnraum innerhalb der vom Vermieter selbst bewohnten Wohnung, sofern der Wohnraum nicht nach § 549 Abs. 2 Nr. 2 vom Mieterschutz ausgenommen ist.

(3) ¹In dem Kündigungsschreiben ist anzugeben, dass die Kündigung auf die Voraussetzungen des Absatzes 1 oder 2 gestützt wird.

(4) ¹Eine zum Nachteil des Mieters abweichende Vereinbarung ist unwirksam.

1. § 573a übernimmt mit einigen Änderungen § 564b Abs. 4 BGB a.F. und enthält eine Sonderregelung für die **erleichterte Vermieterkündigung** von so genannten **Einliegerwohnungen** bei Mietverträgen auf unbestimmte Zeit. Die Formulierung „Gebäude" hat dabei das Wort „Wohngebäude" ersetzt, um zum Ausdruck zu bringen, dass die Vorschrift auch dann zum Tragen kommt, wenn das Gebäude **daneben gewerblich** genutzt wird.[1]

2. Die **Sozialklausel** (§§ 574 bis 574c) gilt auch weiterhin mit der Folge, dass der Mieter in jenen Fällen eine Fortsetzung des Mietverhältnisses verlangen kann. Im Falle der Kündigung verlängert sich die **Kündigungsfrist** (vgl. § 573c) um drei Monate. **Beachte:** Die bisherige Regelung für Dreifamilienhäuser entfällt; zum Übergang vgl. Art. 229 § 3 Abs. 2 EGBGB – bei bestehenden Mietverhältnissen existiert die bisherige Regelung insoweit bis zum 31.8.2006 fort.

---

1 Vgl. zum alten Recht etwa Emmerich/Sonnenschein/*Emmerich* Miete, § 564b Rn 21.
2 Vgl. BT-Drucks 14/4553, 65. Die bisher in § 564b Abs. 2 S. 1 Nr. 2 S. 2 bis 4 BGB a.F. enthaltene Kündigungssperrfrist bei der Umwandlung der vermieteten Wohnung in Wohnungseigentum geht in § 577a auf.
3 Vgl. BT-Drucks 14/4553, 66.
1 Vgl. BT-Drucks 14/4553, 66.

§ 573b Teilkündigung des Vermieters

(1) ¹Der Vermieter kann nicht zum Wohnen bestimmte Nebenräume oder Teile eines Grundstücks ohne ein berechtigtes Interesse im Sinne des § 573 kündigen, wenn er die Kündigung auf diese Räume oder Grundstücksteile beschränkt und sie dazu verwenden will,
1. Wohnraum zum Zwecke der Vermietung zu schaffen oder
2. den neu zu schaffenden und den vorhandenen Wohnraum mit Nebenräumen oder Grundstücksteilen auszustatten.

(2) ¹Die Kündigung ist spätestens am dritten Werktag eines Kalendermonats zum Ablauf des übernächsten Monats zulässig.
(3) ¹Verzögert sich der Beginn der Bauarbeiten, so kann der Mieter eine Verlängerung des Mietverhältnisses um einen entsprechenden Zeitraum verlangen.
(4) ¹Der Mieter kann eine angemessene Senkung der Miete verlangen.
(5) ¹Eine zum Nachteil des Mieters abweichende Vereinbarung ist unwirksam.

§ 573b geht auf § 564b Abs. 2 Nr. 4 BGB a.F. zurück und regelt inhaltlich unverändert die **Teilkündigung** von nicht zum Wohnen bestimmten **Nebenräumen und Grundstücksteilen** bei Wohnraummietverträgen auf unbestimmte Zeit. **Abs. 1** erlaubt die Kündigung **ohne berechtigtes Interesse**, wenn die Voraussetzungen der **Nr. 1** (Schaffung von Wohnraum) oder der **Nr. 2** (Ausstattung von Wohnraum mit Nebenräumen oder Grundstücksteilen) vorliegen.

Abs. 2 enthält die **Kündigungsfrist**. Eine Begründung ist nicht erforderlich. Der **Mieter** kann gem. **Abs. 4** wie bisher eine angemessene **Senkung der Miete** und im Falle von Verzögerungen gem. **Abs. 3** eine entsprechende **Verlängerung des Mietverhältnisses** verlangen. **Abs. 5** regelt die **Unabdingbarkeit** zum Nachteil des Mieters. Die **Sozialklausel** und das Widerspruchsrecht des Mieters (§§ 574 bis 574c) gelten auch hier weiterhin.

§ 573c Fristen der ordentlichen Kündigung

(1) ¹Die Kündigung ist spätestens am dritten Werktag eines Kalendermonats zum Ablauf des übernächsten Monats zulässig. ²Die Kündigungsfrist für den Vermieter verlängert sich nach fünf und acht Jahren seit der Überlassung des Wohnraums um jeweils drei Monate.
(2) ¹Bei Wohnraum, der nur zum vorübergehenden Gebrauch vermietet worden ist, kann eine kürzere Kündigungsfrist vereinbart werden.
(3) ¹Bei Wohnraum nach § 549 Abs. 2 Nr. 2 ist die Kündigung spätestens am 15. eines Monats zum Ablauf dieses Monats zulässig.
(4) ¹Eine zum Nachteil des Mieters von Absatz 1 oder 3 abweichende Vereinbarung ist unwirksam.

§ 573c knüpft an § 565 Abs. 2 und 3 BGB a.F. an und enthält die **Fristen für die ordentliche Kündigung** von Wohnraummietverhältnissen auf unbestimmte Zeit (zu Form und Inhalt vgl. § 568). **Neu**: Der **Gleichlauf** der Fristen für Vermieter und Mieter ist **aufgegeben**. Zu Mietverhältnissen über **andere Sachen** vgl. § 580a.

Nach **Abs. 1** sind die Kündigungsfristen im Falle der **Vermieterkündigung** bis zu neun Monaten, bisher i.d.R. zwölf, seit der Überlassung gestaffelt. Die Kündigungsfrist im Falle der **Mieterkündigung** ist demgegenüber **verkürzt** und beläuft sich auf nur noch **drei Monate**. Auf diese Weise soll dem Interesse des Mieters an einer kurzfristigen Aufgabe der Wohnung aufgrund Arbeitsplatzwechsels oder bei Umzug in ein Alters- oder Pflegeheim Rechnung getragen werden.[1]

Abs. 2 (bisher: § 565 Abs. 2 S. 3 BGB a.F.) und **Abs. 3** (bisher: § 565 Abs. 3 BGB a.F.) enthalten Sonderregelungen für die genannten Mietverhältnisse. **Abs. 4** normiert die **Unabdingbarkeit** zum Nachteil des Mieters, jedoch dürfte ein **Kündigungsausschluss** für eine bestimmte Zeit auch weiterhin zulässig sein (vgl. § 575 Rn 2 f.). Zum **Übergang** vgl. Art. 229 § 3 Abs. 1 Nr. 1 EGBGB – entscheidend ist der Zeitpunkt des Zugangs der Kündigungserklärung – sowie auch Art. 229 § 3 Abs. 10 EGBGB.[2]

---

[1] Vgl. BT.-Drucks 14/5663, 82 f. Die verkürzten Kündigungsfristen des § 570 BGB a.F. können vor diesem Hintergrund entfallen.
[2] § 565 Abs. 2 S. 4 BGB a.F. entfällt.

§ 573d Außerordentliche Kündigung mit gesetzlicher Frist

(1) ¹Kann ein Mietverhältnis außerordentlich mit der gesetzlichen Frist gekündigt werden, so gelten mit Ausnahme der Kündigung gegenüber Erben des Mieters nach § 564 die §§ 573 und 573a entsprechend.

(2) ¹Die Kündigung ist spätestens am dritten Werktag eines Kalendermonats zum Ablauf des übernächsten Monats zulässig, bei Wohnraum nach § 549 Abs. 2 Nr. 2 spätestens am 15. eines Monats zum Ablauf dieses Monats (gesetzliche Frist). ²§ 573a Abs. 1 Satz 2 findet keine Anwendung.

(3) ¹Eine zum Nachteil des Mieters abweichende Vereinbarung ist unwirksam.

1 § 573d ist **neu** und enthält Regelungen für die **außerordentliche Kündigung mit gesetzlicher Frist** (vgl. etwa §§ 540 Abs. 1 S. 2, 544, 563 Abs. 4, 563a Abs. 2, 564). **Demgegenüber** gelten für die außerordentliche befristete Kündigung von (Wohnraum-)Mietverhältnissen auf bestimmte Zeit § 575a, für die außerordentliche befristete Kündigung von Mietverhältnissen über andere Sachen § 580a Abs. 4 und für die fristlose Kündigung die §§ 543 und 569 (vgl. bereits § 542 Rn 3 f.).

2 **Abs. 1** stellt durch den Verweis auf die §§ 573, 573a klar, dass der Vermieter bei Wohnraummietverhältnissen auf unbestimmte Zeit auch bei der außerordentlichen Kündigung mit gesetzlicher Frist grds. **nur dann kündigen** kann, wenn er ein **berechtigtes Interesse** an der Kündigung hat. Eine **Ausnahme** bilden die Konstellationen des § 573a sowie die Fälle des § 564.

3 **Abs. 2 S. 1** normiert, angelehnt an § 565 Abs. 5 BGB a.F., eine **Kündigungsfrist von drei Monaten**. Kürzer ist die Frist in den Fällen des § 549 Abs. 2 Nr. 2. Gem. **S. 2** kommt in den Konstellationen des § 573a die verlängerte Frist des § 573a Abs. 1 S. 2 nicht zur Anwendung. **Abs. 3** stellt die **Unabdingbarkeit** zum Nachteil des Mieters klar. Die „**Sozialklausel**" (§§ 574 bis 574c) gilt auch hier, so dass der Mieter in jenen Fällen eine Fortsetzung des Mietverhältnisses verlangen kann.¹

§ 574 Widerspruch des Mieters gegen die Kündigung

(1) ¹Der Mieter kann der Kündigung des Vermieters widersprechen und von ihm die Fortsetzung des Mietverhältnisses verlangen, wenn die Beendigung des Mietverhältnisses für den Mieter, seine Familie oder einen anderen Angehörigen seines Haushalts eine Härte bedeuten würde, die auch unter Würdigung der berechtigten Interessen des Vermieters nicht zu rechtfertigen ist. ²Dies gilt nicht, wenn ein Grund vorliegt, der den Vermieter zur außerordentlichen fristlosen Kündigung berechtigt.

(2) ¹Eine Härte liegt auch vor, wenn angemessener Ersatzwohnraum zu zumutbaren Bedingungen nicht beschafft werden kann.

(3) ¹Bei der Würdigung der berechtigten Interessen des Vermieters werden nur die in dem Kündigungsschreiben nach § 573 Abs. 3 angegebenen Gründe berücksichtigt, außer wenn die Gründe nachträglich entstanden sind.

(4) ¹Eine zum Nachteil des Mieters abweichende Vereinbarung ist unwirksam.

1 Die **§§ 574 bis 574c** treten an die Stelle der §§ 556a und 556c BGB a.F. und regeln das Recht des Mieters von Wohnraum zum **Widerspruch** gegen eine Kündigung aus **Härtegründen** („**Sozialklausel**").

2 Die **Sozialklausel** kommt bei Mietverhältnissen auf unbeschränkte Zeit, und zwar sowohl für die ordentliche Kündigung als auch für die außerordentliche befristete Kündigung (vgl. § 542 Rn 3 sowie § 573d Rn 3) zum Tragen. In Fällen des Zeitmietvertrages (vgl. § 575) greift die Sozialklausel demgegenüber grds. nicht mehr, weshalb § 556b BGB a.F. entfällt (Ausnahme: § 575a Abs. 2).¹

3 § 574 **Abs. 1** stellt den **Anwendungsbereich** der Vorschrift klar. Nach **S. 1** kann der Mieter der Vermieterkündigung **widersprechen** und Fortsetzung verlangen, wenn die Beendigung eine **Härte**² für **ihn**, seine **Familie** oder einen anderen **Angehörigen seines Haushalts** bedeuten würde (vgl. § 573 Rn 4). Gem. **Abs. 2** kann dabei auch **Mangel an Ersatzwohnraum** eine Härte begründen.

4 Gem. **Abs. 1 und 3** sind der Härte für den Mieter (nur) diejenigen berechtigten Interessen des Vermieters gegenüberzustellen, die im **Kündigungsschreiben** nach § 573 Abs. 3 angegeben sind, außer die Gründe sind nachträglich entstanden. Bedarf die Kündigung des Vermieters demgegenüber nicht des berechtigten Interesses (z.B. i.F.v. § 573a), greift auch Abs. 3 nicht und Gründe können noch angegeben werden.³

5 **Ausgeschlossen** ist das Widerspruchsrecht nach **Abs. 1 S. 2**, wenn der Vermieter zur außerordentlichen fristlosen Kündigung berechtigt ist. **Abs. 4** regelt weiterhin die **Unabdingbarkeit** zum Nachteil des Mieters.

---

1 Vgl. BT-Drucks 14/4553, 68.
1 Vgl. BT-Drucks 14/4553, 68 f.
2 Zum Begriff der Härte und zu den diesbezüglichen Abwägungen vgl. zum alten Recht etwa Bub/Treier/*Grapentin* IV Rn 107 ff.
3 Vgl. BT-Drucks 14/4553, 69.

§ 574a Fortsetzung des Mietverhältnisses nach Widerspruch

(1) ¹Im Falle des § 574 kann der Mieter verlangen, dass das Mietverhältnis so lange fortgesetzt wird, wie dies unter Berücksichtigung aller Umstände angemessen ist. ²Ist dem Vermieter nicht zuzumuten, das Mietverhältnis zu den bisherigen Vertragsbedingungen fortzusetzen, so kann der Mieter nur verlangen, dass es unter einer angemessenen Änderung der Bedingungen fortgesetzt wird.

(2) ¹Kommt keine Einigung zustande, so werden die Fortsetzung des Mietverhältnisses, deren Dauer sowie die Bedingungen, zu denen es fortgesetzt wird, durch Urteil bestimmt. ²Ist ungewiss, wann voraussichtlich die Umstände wegfallen, aufgrund deren die Beendigung des Mietverhältnisses eine Härte bedeutet, so kann bestimmt werden, dass das Mietverhältnis auf unbestimmte Zeit fortgesetzt wird.

(3) ¹Eine zum Nachteil des Mieters abweichende Vereinbarung ist unwirksam.

§ 574a übernimmt § 556a Abs. 2, 3 sowie teilweise 7 BGB a.F. und regelt die **Fortsetzung des Mietverhältnisses** nach dem Widerspruch des Mieters. **Abs. 1 S. 1 und 2** gehen insoweit von einer **Einigung** von Vermieter und Mieter aus, die, betrifft sie einen längeren Zeitraum als ein Jahr, § 550 unterfällt.[1] **1**

Abs. 2 regelt wie bisher die **Bestimmung durch Urteil** (S. 1), welches auf der Grundlage der in Abs. 1 genannten Kriterien ergeht; vgl. auch § 308a ZPO. Der Begriff der Härte (**S. 2**) bezieht sich auf die in § 574 Abs. 1 S. 1 genannten Personen. **Abs. 3** bestimmt wie bisher die **Unabdingbarkeit** zum Nachteil des Mieters. **2**

§ 574b Form und Frist des Widerspruchs

(1) ¹Der Widerspruch des Mieters gegen die Kündigung ist schriftlich zu erklären. ²Auf Verlangen des Vermieters soll der Mieter über die Gründe des Widerspruchs unverzüglich Auskunft erteilen.

(2) ¹Der Vermieter kann die Fortsetzung des Mietverhältnisses ablehnen, wenn der Mieter ihm den Widerspruch nicht spätestens zwei Monate vor der Beendigung des Mietverhältnisses erklärt hat. ²Hat der Vermieter nicht rechtzeitig vor Ablauf der Widerspruchsfrist auf die Möglichkeit des Widerspruchs sowie auf dessen Form und Frist hingewiesen, so kann der Mieter den Widerspruch noch im ersten Termin des Räumungsrechtsstreits erklären.

(3) ¹Eine zum Nachteil des Mieters abweichende Vereinbarung ist unwirksam.

§ 574b entspricht § 556a Abs. 5 und 6 BGB a.F. und bestimmt **Form** und **Frist** des Widerspruchs. Gem. **Abs. 1 S. 1** hat der Widerspruch **schriftlich** (§§ 126, 126a) zu erfolgen. Gibt der Mieter keine Gründe für den Widerspruch an, zieht dies nach **S. 2** grds. keine Folgen nach sich; vgl. aber § 93b Abs. 2 ZPO. **1**

Abs. 2 S. 1 regelt die **Widerspruchsfrist**. Hält der Mieter die Frist nicht ein, kann der Vermieter die Fortsetzung danach ablehnen. **S. 2** ermöglicht die **Nachholung** bei fehlendem Hinweis (vgl. § 568 Abs. 2). **Abs. 3** enthält wie bisher die **Unabdingbarkeit** zum Nachteil des Mieters. **2**

§ 574c Weitere Fortsetzung des Mietverhältnisses bei unvorhergesehenen Umständen

(1) ¹Ist aufgrund der §§ 574 bis 574b durch Einigung oder Urteil bestimmt worden, dass das Mietverhältnis auf bestimmte Zeit fortgesetzt wird, so kann der Mieter dessen weitere Fortsetzung nur verlangen, wenn dies durch eine wesentliche Änderung der Umstände gerechtfertigt ist oder wenn Umstände nicht eingetreten sind, deren vorgesehener Eintritt für die Zeitdauer der Fortsetzung bestimmend gewesen war.

(2) ¹Kündigt der Vermieter ein Mietverhältnis, dessen Fortsetzung auf unbestimmte Zeit durch Urteil bestimmt worden ist, so kann der Mieter der Kündigung widersprechen und vom Vermieter verlangen, das Mietverhältnis auf unbestimmte Zeit fortzusetzen. ²Haben sich die Umstände verändert, die für die Fortsetzung bestimmend gewesen waren, so kann der Mieter eine Fortsetzung des Mietverhältnisses nur nach § 574 verlangen; unerhebliche Veränderungen bleiben außer Betracht.

(3) ¹Eine zum Nachteil des Mieters abweichende Vereinbarung ist unwirksam.

§ 574c übernimmt § 556c BGB a.F. und bestimmt, dass das **Widerspruchsrecht** unter Umständen **mehrfach** nacheinander zur Anwendung kommen kann. **Abs. 1** regelt den Fall, dass das Mietverhältnis **auf bestimmte Zeit** fortgesetzt wird. Hier kann der Mieter unter den genannten Voraussetzungen (ausnahmsweise) eine **erneute Fortsetzung** verlangen. **1**

---

1 Vgl. zum alten Recht etwa Emmerich/Sonnenschein/*Emmerich*, § 556a Rn 47.

2 Abs. 2 betrifft die Konstellation der Fortsetzung durch Urteil **auf unbestimmte Zeit**. Kündigt hier der Vermieter, steht dem Mieter **ein erneutes Widerspruchsrecht** zu. Haben sich die Umstände zwischenzeitlich erheblich verändert, erfolgt die Prüfung wieder anhand § 574. **Abs. 3** stellt nunmehr die **Unabdingbarkeit** zum Nachteil des Mieters klar.

Unterkapitel 3. Mietverhältnisse auf bestimmte Zeit

§ 575 Zeitmietvertrag

(1) ¹Ein Mietverhältnis kann auf bestimmte Zeit eingegangen werden, wenn der Vermieter nach Ablauf der Mietzeit
1. die Räume als Wohnung für sich, seine Familienangehörigen oder Angehörige seines Haushalts nutzen will,
2. in zulässiger Weise die Räume beseitigen oder so wesentlich verändern oder instand setzen will, dass die Maßnahmen durch eine Fortsetzung des Mietverhältnisses erheblich erschwert würden, oder
3. die Räume an einen zur Dienstleistung Verpflichteten vermieten will
und er dem Mieter den Grund der Befristung bei Vertragsschluss schriftlich mitteilt. ²Anderenfalls gilt das Mietverhältnis als auf unbestimmte Zeit abgeschlossen.
(2) ¹Der Mieter kann vom Vermieter frühestens vier Monate vor Ablauf der Befristung verlangen, dass dieser ihm binnen eines Monats mitteilt, ob der Befristungsgrund noch besteht. ²Erfolgt die Mitteilung später, so kann der Mieter eine Verlängerung des Mietverhältnisses um den Zeitraum der Verspätung verlangen.
(3) ¹Tritt der Grund der Befristung erst später ein, so kann der Mieter eine Verlängerung des Mietverhältnisses um einen entsprechenden Zeitraum verlangen. ²Entfällt der Grund, so kann der Mieter eine Verlängerung auf unbestimmte Zeit verlangen. ³Die Beweislast für den Eintritt des Befristungsgrundes und die Dauer der Verzögerung trifft den Vermieter.
(4) ¹Eine zum Nachteil des Mieters abweichende Vereinbarung ist unwirksam.

Literatur: *Achenbach*, NZM 2001, 61; *Derleder*, NZM 2001, 649; *Feuerlein*, WuM 2001, 371; *Gather*, NZM 2001, 57; *Grundmann*, NJW 2001, 2497, 2504 f.; *Kinne*, ZMR 2001, 684.

1 Unterkapitel 3 „Mietverhältnisse auf bestimmte Zeit" regelt mit § 575 nunmehr einen „echten" **Mietvertrag auf Zeit** (Zeitmietvertrag), der nach Ablauf der vereinbarten Mietzeit tatsächlich **endet** (vgl. § 542 Abs. 2).

2 Voraussetzung für den Abschluss eines Zeitmietvertrages ist, dass einer der in § 575 Abs. 1 S. 1 Nr. 1 bis 3 genannten **Befristungsgründe** vorliegt. Darüber hinaus können die Parteien auch weiterhin einen Mietvertrag schließen und für einen vertraglich festgelegten Zeitraum das ordentliche **Kündigungsrecht beiderseits ausschließen**.

3 Soweit dies in Hinblick insb. auf § 573c Abs. 4 bezweifelt wird,[1] lässt sich diesen Zweifeln § 557a Abs. 3 sowie die entsprechende Stellungnahme des Gesetzgebers[2] entgegenhalten.[3] Der bisherige „einfache" Zeitmietvertrag des § 564c Abs. 1 BGB a.F. mit Verlängerungsoption und „Sozialklausel" ist entfallen.

4 In **Abs. 1** sind die **Voraussetzungen** festgehalten, unter denen eine Befristung möglich ist. Die Voraussetzungen entsprechen mit lediglich geringen inhaltlichen Änderungen denen des § 564c Abs. 2 S. 1 Nr. 2 BGB a.F. **Neu:** Dabei dürfen die hier ins Auge gefassten Zeitmietverträge nunmehr nicht mehr nur für fünf Jahre, sondern für **jede beliebige Zeitdauer** abgeschlossen werden.

5 Bei den **Befristungsgründen** knüpft **Nr. 1** inhaltlich an 564c Abs. 2 S. 1 Nr. 2a BGB a.F. an und regelt die avisierte **Eigennutzung**. Dabei treten auch hier neben den Mieter seine **Familienangehörigen** sowie die „**Angehörigen seines Haushalts**" (vgl. § 573 Rn 4).

6 **Nr. 2** entspricht § 564c Abs. 2 S. 1 Nr. 2b BGB a.F. Dem Vermieter soll die Planung und Durchführung **größerer Modernisierungsvorhaben** erleichtert werden. Kleinere Modernisierungsmaßnahmen, wie etwa der Austausch alter Fenster, fallen nicht hierunter.[4] **Nr. 3** entspricht weitgehend § 564c Abs. 2 S. 1 Nr. 2c BGB a.F.

---
1 Vgl. etwa *Börstinghaus/Eisenschmid*, S. 518 f., 558 f.; *Gather*, NZM 2001, 57, 58.
2 Vgl. BT-Drucks 14/4553, 69.
3 Vgl. hierzu etwa *Achenbach*, NZM 2001, 61; *Blank/Börstinghaus*, Neues Mietrecht, § 575 Rn 13 ff.; *Dercks*, NZM 2001, 826; *Derleder*, NZM 2001, 649; *Feuerlein*, WuM 2001, 371; *Grundmann*, NJW 2001, 2497, 2504 f.; *Kinne*, ZMR 2001, 684.
4 Vgl. BT-Drucks 14/4553, 70; 14/5663, 83.

Dem Mieter müssen bei Vertragsschluss wie bisher die **Gründe der Befristung schriftlich mitgeteilt** werden. Hierfür genügt es nicht, dass der Vermieter auf den Gesetzeswortlaut Bezug nimmt. Vielmehr muss er einen **konkreten Lebenssachverhalt** darlegen, der eine Unterscheidung von anderen Interessen und eine spätere Überprüfung ermöglicht.[5] Kommt der Vermieter dem nicht nach, gilt das Mietverhältnis gem. S. 2 als **auf unbestimmte Zeit** geschlossen.

Abs. 2 räumt dem Mieter frühestens vier Monate vor Ablauf der Mietzeit einen **Auskunftsanspruch** gegen den Vermieter ein, ob der Befristungsgrund noch besteht. Kommt der Vermieter dem nicht binnen eines Monats nach, kann der Mieter eine **Verlängerung** des Mietverhältnisses um den Zeitraum der Verspätung verlangen. Äußert der Vermieter sich bis zum Mietende gar nicht, kann der Mieter wohnen bleiben.[6]

Abs. 3 S. 1 gewährt dem Mieter wie bisher einen **Verlängerungsanspruch**, wenn der Eintritt des Befristungsgrundes sich verzögert. **Entfällt** er auf Dauer, hat der Mieter gem. S. 2 einen Anspruch auf Verlängerung auf unbestimmte Zeit. S. 3 regelt hier ausdrücklich, dass den Vermieter die **Beweislast** für den Eintritt des Befristungsgrundes und die Dauer der Verzögerung trifft. **Abs. 4** normiert wie bisher die **Unabdingbarkeit** zum Nachteil des Mieters. Vgl. auch §§ 721 Abs. 7, 794a Abs. 5 sowie 765a ZPO.

Ein **Wechsel der Befristungsgründe** soll unzulässig sein, was jedoch aus Sicht des Vermieters bedenklich erscheint. Zulässig ist nach dem Gesetzgeber allein eine Veränderung des Sachverhalts bei gleich bleibendem Befristungsgrund. Letzteres ist etwa der Fall, wenn anstelle der Tochter nun der Sohn des Vermieters die Wohnung nutzen oder der Vermieter statt des geplanten wesentlichen Umbaus eine allerdings ebenfalls wesentliche Instandsetzung durchführen will.[7]

Zum **Übergang** vgl. Art. 229 § 3 Abs. 3 EGBGB – entscheidend ist der Zeitpunkt des Vertragsschlusses.

§ 575a Außerordentliche Kündigung mit gesetzlicher Frist

(1) ¹Kann ein Mietverhältnis, das auf bestimmte Zeit eingegangen ist, außerordentlich mit der gesetzlichen Frist gekündigt werden, so gelten mit Ausnahme der Kündigung gegenüber Erben des Mieters nach § 564 die §§ 573 und 573a entsprechend.
(2) ¹Die §§ 574 bis 574c gelten entsprechend mit der Maßgabe, dass die Fortsetzung des Mietverhältnisses höchstens bis zum vertraglich bestimmten Zeitpunkt der Beendigung verlangt werden kann.
(3) ¹Die Kündigung ist spätestens am dritten Werktag eines Kalendermonats zum Ablauf des übernächsten Monats zulässig, bei Wohnraum nach § 549 Abs. 2 Nr. 2 spätestens am 15. eines Monats zum Ablauf dieses Monats (gesetzliche Frist). ²§ 573a Abs. 1 Satz 2 findet keine Anwendung.
(4) ¹Eine zum Nachteil des Mieters abweichende Vereinbarung ist unwirksam.

§ 575a ist **neu** und enthält besondere Regelungen für die **außerordentliche Kündigung mit gesetzlicher Frist** (vgl. bereits § 573d). Abs. 1 stellt klar, dass **auch ein Zeitmietvertrag** außerordentlich mit der gesetzlichen Frist gekündigt werden kann. Zugleich wird klargestellt, dass die Vorschriften der §§ 573, 573a betreffend das **berechtigte Interesse** des Vermieters grds. (Ausnahme: § 564) auch hier gelten.

Abs. 2 besagt, dass hier auch die §§ 574 bis 574c („**Sozialklausel**") gelten. Der Verweis ist allerdings eingeschränkt. Eine Fortsetzung kann allenfalls bis zum vereinbarten Vertragsablauf verlangt werden. Denn bei der „normalen" Beendigung aufgrund Zeitablaufs gem. § 575 kann der Mieter sich ebenfalls nicht auf die „Sozialklausel" berufen.[1]

Abs. 3 regelt die **Kündigungsfrist**. **Abs. 4** normiert die **Unabdingbarkeit** zum Nachteil des Mieters. Vgl. auch §§ 721 Abs. 7, 794a Abs. 5 sowie 765a ZPO.

Unterkapitel 4. Werkwohnungen

§ 576 Fristen der ordentlichen Kündigung bei Werkmietwohnungen

(1) ¹Ist Wohnraum mit Rücksicht auf das Bestehen eines Dienstverhältnisses vermietet, so kann der Vermieter nach Beendigung des Dienstverhältnisses abweichend von § 573c Abs. 1 Satz 2 mit folgenden Fristen kündigen:

---

5 Vgl. BT-Drucks 14/4553, 70.
6 Vgl. BT-Drucks 14/5663, 83.
7 Vgl. BT-Drucks 14/4553, 71.
1 BT-Drucks 14/4553, 71.

1. bei Wohnraum, der dem Mieter weniger als zehn Jahre überlassen war, spätestens am dritten Werktag eines Kalendermonats zum Ablauf des übernächsten Monats, wenn der Wohnraum für einen anderen zur Dienstleistung Verpflichteten benötigt wird;
2. spätestens am dritten Werktag eines Kalendermonats zum Ablauf dieses Monats, wenn das Dienstverhältnis seiner Art nach die Überlassung von Wohnraum erfordert hat, der in unmittelbarer Beziehung oder Nähe zur Arbeitsstätte steht, und der Wohnraum aus dem gleichen Grund für einen anderen zur Dienstleistung Verpflichteten benötigt wird.

(2) ¹Eine zum Nachteil des Mieters abweichende Vereinbarung ist unwirksam.

1 Unterkapitel 4 „Werkwohnungen" knüpft mit den §§ 576 bis 576b an die §§ 565b bis 565e BGB a.F. an und normiert **Sondervorschriften** für Wohnungen, die mit Rücksicht auf das **Bestehen eines Dienstverhältnisses** vermietet sind. Der Begriff der Werkwohnung erfasst sowohl die Werkmietwohnung als auch die Werkdienstwohnung.

2 § 576 greift § 565c BGB a.F. auf und bestimmt in **Abs. 1**, dass der Vermieter eines **Werkmietwohnungsvertrages auf unbestimmte Zeit** nach Beendigung des Dienstverhältnisses unter bestimmten Voraussetzungen mit **Fristen** ordentlich kündigen kann, die kürzer sind als die Fristen des § 573c. Im Übrigen bleibt es dabei, dass der Vermieter trotz Beendigung des Dienstverhältnisses grds. nur bei Vorliegen eines **berechtigten Interesses** (§ 573) ordentlich kündigen kann.¹ Zur „Sozialklausel" vgl. § 576a.

3 Nr. 1 entspricht § 565c S. 1 Nr. 1a BGB a.F. und betrifft die Kündigung bei Betriebsbedarf von Werkwohnungen mit einer Überlassungsdauer von weniger als zehn Jahren. Die Kündigungsfrist beträgt wie bisher drei Monate. **Nr. 2** übernimmt mit nur sprachlichen Änderungen § 565c S. 1 Nr. 2 BGB a.F. für die Kündigung von so genannten funktionsbedingten Werkmietwohnungen bei Betriebsbedarf.²

4 Abs. 2 enthält die **Unabdingbarkeit** zum Nachteil des Mieters. Für Mietverhältnisse über Werkwohnungen **auf bestimmte Zeit** gelten die allgemeinen Vorschriften. Zum **Übergang** vgl. Art. 229 § 3 Abs. 1 Nr. 1 EGBGB – entscheidend ist der Zeitpunkt des Zugangs der Kündigungserklärung.

§ 576a Besonderheiten des Widerspruchsrechts bei Werkmietwohnungen

(1) ¹Bei der Anwendung der §§ 574 bis 574c auf Werkmietwohnungen sind auch die Belange des Dienstberechtigten zu berücksichtigen.

(2) ¹Die §§ 574 bis 574c gelten nicht, wenn
1. der Vermieter nach § 576 Abs. 1 Nr. 2 gekündigt hat;
2. der Mieter das Dienstverhältnis gelöst hat, ohne dass ihm von dem Dienstberechtigten gesetzlich begründeter Anlass dazu gegeben war, oder der Mieter durch sein Verhalten dem Dienstberechtigten gesetzlich begründeten Anlass zur Auflösung des Dienstverhältnisses gegeben hat.

(3) ¹Eine zum Nachteil des Mieters abweichende Vereinbarung ist unwirksam.

1 § 576a geht auf § 565d BGB a.F. zurück und enthält Besonderheiten für Mieter von Werkmietwohnungen in Hinblick auf die §§ 574 bis 574c („Sozialklausel"). **Abs. 1** bestimmt wie bisher, dass hier in die **Abwägung** auch die Interessen des Vermieters als Dienstberechtigtem einfließen. **Abs. 2** enthält einen **Ausschluss des Widerspruchsrechts** in den genannten Fällen. **Abs. 3** stellt nunmehr die **Unabdingbarkeit** zum Nachteil des Mieters ausdrücklich klar.¹

§ 576b Entsprechende Geltung des Mietrechts bei Werksdienstwohnungen

(1) ¹Ist Wohnraum im Rahmen eines Dienstverhältnisses überlassen, so gelten für die Beendigung des Rechtsverhältnisses hinsichtlich des Wohnraums die Vorschriften über Mietverhältnisse entsprechend, wenn der zur Dienstleistung Verpflichtete den Wohnraum überwiegend mit Einrichtungsgegenständen ausgestattet hat oder in dem Wohnraum mit seiner Familie oder Personen lebt, mit denen er einen auf Dauer angelegten gemeinsamen Haushalt führt.

(2) ¹Eine zum Nachteil des Mieters abweichende Vereinbarung ist unwirksam.

1 § 576b übernimmt mit sprachlichen Änderungen § 565e BGB a.F. Liegen die in **Abs. 1** genannten Voraussetzungen vor, finden auch in diesen Fällen die für **Mietverhältnisse geltenden Vorschriften** Anwendung. **Neu**: Dabei berücksichtigt der Gesetzgeber nun auch hier Personen, mit denen der Dienstverpflichtete einen auf **Dauer angelegten gemeinsamen Haushalt** (vgl. § 563 Rn 6 f.) führt. **Abs. 2** normiert jetzt ausdrücklich die **Unabdingbarkeit** zum Nachteil des Mieters. Vgl. auch § 2 Abs. 1 Nr. 3a ArbGG.¹

---

1 Vgl. BT-Drucks 14/4553, 71 f.
2 § 565c S. 1 Nr. 1b BGB a.F. wurde gestrichen.
1 § 565d Abs. 2 BGB a.F. ist entfallen.
1 Vgl. hierzu BAG WuM 2000, 362.

Kapitel 6. Besonderheiten bei der Bildung von Wohnungseigentum an vermieteten Wohnungen

§ 577 Vorkaufsrecht des Mieters

(1) ¹Werden vermietete Wohnräume, an denen nach der Überlassung an den Mieter Wohnungseigentum begründet worden ist oder begründet werden soll, an einen Dritten verkauft, so ist der Mieter zum Vorkauf berechtigt. ²Dies gilt nicht, wenn der Vermieter die Wohnräume an einen Familienangehörigen oder an einen Angehörigen seines Haushalts verkauft. ³Soweit sich nicht aus den nachfolgenden Absätzen etwas anderes ergibt, finden auf das Vorkaufsrecht die Vorschriften über den Vorkauf Anwendung.
(2) ¹Die Mitteilung des Verkäufers oder des Dritten über den Inhalt des Kaufvertrags ist mit einer Unterrichtung des Mieters über sein Vorkaufsrecht zu verbinden.
(3) ¹Die Ausübung des Vorkaufsrechts erfolgt durch schriftliche Erklärung des Mieters gegenüber dem Verkäufer.
(4) ¹Stirbt der Mieter, so geht das Vorkaufsrecht auf diejenigen über, die in das Mietverhältnis nach § 563 Abs. 1 oder 2 eintreten.
(5) ¹Eine zum Nachteil des Mieters abweichende Vereinbarung ist unwirksam.

Literatur: *Drasdo*, NZM 2001, 13; *Nebeling/Bispinck*, NZM 2001, 610.

Kapitel 6 „Besonderheiten bei der Bildung von Wohnungseigentum an vermieteten Wohnungen" enthält mit den §§ 577 und 577a zwei Vorschriften zum Schutz des Mieters bei der **Veräußerung von in Wohnungseigentum umgewandelten Mietwohnungen**. 1

§ 577 übernimmt im Wesentlichen unverändert § 570b BGB a.F. und regelt das **Vorkaufsrecht des Mieters**. **Abs. 1 S. 1** begründet das Vorkaufsrecht unter den genannten Voraussetzungen. **S. 2** enthält eine **Ausnahme** vom Vorkaufsrecht zugunsten von Familienangehörigen und „Angehörigen seines Haushalts" (vgl. § 573 Rn 4). **S. 3** verweist nunmehr ausdrücklich auf die Vorschriften über das vertragliche Vorkaufsrecht (§§ 463 ff.). 2

Abs. 2 normiert die **Pflicht** des Verkäufers bzw. Dritten, dem Mieter den Inhalt des Kaufvertrages sowie die Existenz des Vorkaufsrechts unverzüglich **mitzuteilen**. Die Mitteilung setzt für den Mieter die **Frist** des § 469 in Gang. Nach **Abs. 3** bedarf es für die **Ausübung des Vorkaufsrechts** nunmehr, anders als bisher, der **schriftlichen Erklärung** des Mieters (§§ 126, 126a). 3

Abs. 4 erstreckt das Vorkaufsrecht im Falle des **Todes des Mieters** auf den Personenkreis, der nach § 563 Abs. 1 oder 2 in das Mietverhältnis eintritt. **Abs. 5** regelt wie bisher die **Unabdingbarkeit** zum Nachteil des Mieters. Zum **Übergang** vgl. Art. 229 § 3 Abs. 1 Nr. 5 EGBGB – entscheidend ist beim Tod des Mieters der Todeszeitpunkt.[1] 4

§ 577a Kündigungsbeschränkung bei Wohnungsumwandlung

(1) ¹Ist an vermieteten Wohnräumen nach der Überlassung an den Mieter Wohnungseigentum begründet und das Wohnungseigentum veräußert worden, so kann sich ein Erwerber auf berechtigte Interessen im Sinne des § 573 Abs. 2 Nr. 2 oder 3 erst nach Ablauf von drei Jahren seit der Veräußerung berufen.
(2) ¹Die Frist nach Absatz 1 beträgt bis zu zehn Jahre, wenn die ausreichende Versorgung der Bevölkerung mit Mietwohnungen zu angemessenen Bedingungen in einer Gemeinde oder einem Teil einer Gemeinde besonders gefährdet ist und diese Gebiete nach Satz 2 bestimmt sind. ²Die Landesregierungen werden ermächtigt, diese Gebiete und die Frist nach Satz 1 durch Rechtsverordnung für die Dauer von jeweils höchstens zehn Jahren zu bestimmen.
(3) ¹Eine zum Nachteil des Mieters abweichende Vereinbarung ist unwirksam.

§ 577a fasst § 564b Abs. 2 Nr. 2 S. 2 bis 4 und Nr. 3 S. 4 BGB a.F. sowie das Gesetz über eine Sozialklausel in Gebieten mit gefährdeter Wohnungsversorgung vom 22.4.1993 zusammen und befasst sich mit der Frage der **Kündbarkeit nach Umwandlung**. Dabei wird die Kombination einer bundeseinheitlichen **Mindestkündigungssperrfrist** mit einer weitergehenden **Verordnungsermächtigung** der Landesregierungen beibehalten.[1] Zum **Übergang** vgl. Art. 229 § 3 Abs. 6 EGBGB – grds. ist das alte Recht bis zum 31.8.2004 weiter anzuwenden. 1

---

1 Vgl. jedoch auch *Börstinghaus/Eisenschmid*, S. 596 (krit.).
1 Vgl. BT-Drucks 14/4553, 72 ff.; 14/5663, 83.

Untertitel 3. Mietverhältnisse über andere Sachen

§ 578 Mietverhältnisse über Grundstücke und Räume

(1) ¹Auf Mietverhältnisse über Grundstücke sind die Vorschriften der §§ 550, 562 bis 562d, 566 bis 567b sowie 570 entsprechend anzuwenden.

(2) ¹Auf Mietverhältnisse über Räume, die keine Wohnräume sind, sind die in Absatz 1 genannten Vorschriften sowie § 552 Abs. 1, § 554 Abs. 1 bis 4 und § 569 Abs. 2 entsprechend anzuwenden. ²Sind die Räume zum Aufenthalt von Menschen bestimmt, so gilt außerdem § 569 Abs. 1 entsprechend.

Literatur: *Eckert*, NZM 2001, 409.

1 Untertitel 3 „Mietverhältnisse über andere Sachen" beginnt mit § 578 betreffend Mietverhältnisse über Grundstücke und Räume. **§ 578 Abs. 1** ist **neu** (vgl. vor §§ 535 ff. Rn 5 ff.) und bestimmt, dass für **Grundstücke** neben den Vorschriften von Untertitel 1 „Allgemeine Vorschriften für Mietverhältnisse" eine Reihe von Bestimmungen von Untertitel 2 „Mietverhältnisse über Wohnraum" zur Anwendung kommen.

2 **Abs. 2** fügt für **Räume, die keine Wohnräume sind**, weitere Verweisungen hinzu, unterteilt nach Räumen allgemein (S. 1) sowie einer weiteren Ergänzung für Räume, die, wie z.B. Büros, zum Aufenthalt von Menschen bestimmt sind (S. 2). Für **Mietverhältnisse über bewegliche Sachen** gelten die Vorschriften von Untertitel 1. Im Übrigen gelten die §§ 579 bis 580a.

3 Es **fehlen** Regelungen für einzelne Bereiche, für die sich bei Mietverhältnissen über Wohnraum Vorschriften finden, wie etwa Mieterhöhung oder Mietsicherheit. Zugleich fällt die Auseinandersetzung des Gesetzgebers mit Mietverhältnissen speziell über **Geschäftsräume** angesichts ihrer Bedeutung in der Praxis sehr knapp aus.

§ 578a Mietverhältnisse über eingetragene Schiffe

(1) ¹Die Vorschriften der §§ 566, 566a, 566e bis 567b gelten im Falle der Veräußerung oder Belastung eines im Schiffsregister eingetragenen Schiffs entsprechend.

(2) ¹Eine Verfügung, die der Vermieter vor dem Übergang des Eigentums über die Miete getroffen hat, die auf die Zeit der Berechtigung des Erwerbers entfällt, ist dem Erwerber gegenüber wirksam. ²Das Gleiche gilt für ein Rechtsgeschäft, das zwischen dem Mieter und dem Vermieter über die Mietforderung vorgenommen wird, insbesondere die Entrichtung der Miete; ein Rechtsgeschäft, das nach dem Übergang des Eigentums vorgenommen wird, ist jedoch unwirksam, wenn der Mieter bei der Vornahme des Rechtsgeschäfts von dem Übergang des Eigentums Kenntnis hat. ³§ 566d gilt entsprechend.

1 § 578a übernimmt inhaltlich unverändert § 580a BGB a.F. Für Mietverhältnisse über **eingetragene Schiffe** gelten so gem. Abs. 1 neben den Regelungen von Untertitel 1 einzelne Vorschriften von Untertitel 2 sowie der §§ 579 bis 580a. Abs. 2 betrifft Verfügungen und Rechtsgeschäfte hinsichtlich der Miete und ist den §§ 566b ff. vergleichbar.

§ 579 Fälligkeit der Miete

(1) ¹Die Miete für ein Grundstück, ein im Schiffsregister eingetragenes Schiff und für bewegliche Sachen ist am Ende der Mietzeit zu entrichten. ²Ist die Miete nach Zeitabschnitten bemessen, so ist sie nach Ablauf der einzelnen Zeitabschnitte zu entrichten. ³Die Miete für ein Grundstück ist, sofern sie nicht nach kürzeren Zeitabschnitten bemessen ist, jeweils nach Ablauf eines Kalendervierteljahres am ersten Werktag des folgenden Monats zu entrichten.

(2) ¹Für Mietverhältnisse über Räume gilt § 556b Abs. 1 entsprechend.

1 § 579 regelt die **Fälligkeit** der Miete. **Abs. 1** entspricht § 551 BGB a.F., betrifft Grundstücke, eingetragene Schiffe und bewegliche Sachen und belässt es bei der grds. **nachschüssigen** Entrichtung. **Abs. 2** verweist demgegenüber für Räume auf § 556b Abs. 1, wonach die Miete prinzipiell **vorschüssig** zu zahlen ist. Abweichende Vereinbarungen bleiben zulässig.[1]

---

1 Vgl. BT-Drucks 14/4553, 74.

§ 580 Außerordentliche Kündigung bei Tod des Mieters

¹Stirbt der Mieter, so ist sowohl der Erbe als auch der Vermieter berechtigt, das Mietverhältnis innerhalb eines Monats, nachdem sie vom Tod des Mieters Kenntnis erlangt haben, außerordentlich mit der gesetzlichen Frist zu kündigen.

§ 580 übernimmt die Kündigungsregelung des § 569 Abs. 1 BGB a.F. beim **Tod des Mieters**. Wie bei § 564 gilt eine einmonatige **Überlegungsfrist**, innerhalb derer Erbe wie Vermieter **außerordentlich befristet kündigen** können (vgl. § 542 Rn 3 f. sowie § 580a Abs. 4). 1

§ 580a Kündigungsfristen

(1) ¹Bei einem Mietverhältnis über Grundstücke, über Räume, die keine Geschäftsräume sind, oder über im Schiffsregister eingetragene Schiffe ist die ordentliche Kündigung zulässig,
1. wenn die Miete nach Tagen bemessen ist, an jedem Tag zum Ablauf des folgenden Tages;
2. wenn die Miete nach Wochen bemessen ist, spätestens am ersten Werktag einer Woche zum Ablauf des folgenden Sonnabends;
3. wenn die Miete nach Monaten oder längeren Zeitabschnitten bemessen ist, spätestens am dritten Werktag eines Kalendermonats zum Ablauf des übernächsten Monats, bei einem Mietverhältnis über gewerblich genutzte unbebaute Grundstücke oder im Schiffsregister eingetragene Schiffe jedoch nur zum Ablauf eines Kalendervierteljahres.

(2) ¹Bei einem Mietverhältnis über Geschäftsräume ist die ordentliche Kündigung spätestens am dritten Werktag eines Kalendervierteljahres zum Ablauf des nächsten Kalendervierteljahres zulässig.

(3) ¹Bei einem Mietverhältnis über bewegliche Sachen ist die ordentliche Kündigung zulässig,
1. wenn die Miete nach Tagen bemessen ist, an jedem Tag zum Ablauf des folgenden Tages;
2. wenn die Miete nach längeren Zeitabschnitten bemessen ist, spätestens am dritten Tag vor dem Tag, mit dessen Ablauf das Mietverhältnis enden soll.

(4) ¹Absatz 1 Nr. 3, Absatz 2 und 3 Nr. 2 sind auch anzuwenden, wenn ein Mietverhältnis außerordentlich mit der gesetzlichen Frist gekündigt werden kann.

§ 580a entspricht mit lediglich sprachlichen Änderungen § 565 Abs. 1, Abs. 1a sowie Abs. 4 und 5 BGB a.F. und regelt die **Kündigungsfristen**. 1

Die **Abs. 1 bis 4** sind **einerseits** nach Mietverhältnissen über Grundstücke, Räume (die keine Wohn- und Geschäftsräume sind), eingetragene Schiffe, Geschäftsräume und bewegliche Sachen sowie **andererseits** nach ordentlichen Kündigungen und außerordentlichen befristeten Kündigungen (vgl. § 542 Rn 3 f.) unterteilt. 2

Beachte: Für Mietverhältnisse über **Geschäftsräume** wird in Abs. 4 ausdrücklich klargestellt, dass für die **außerordentliche befristete Kündigung** die Frist des Abs. 2 gilt. 3

Untertitel 4. Pachtvertrag

§ 581 Vertragstypische Pflichten beim Pachtvertrag

(1) ¹Durch den Pachtvertrag wird der Verpächter verpflichtet, dem Pächter den Gebrauch des verpachteten Gegenstands und den Genuß der Früchte, soweit sie nach den Regeln einer ordnungsgemäßen Wirtschaft als Ertrag anzusehen sind, während der Pachtzeit zu gewähren. ²Der Pächter ist verpflichtet, dem Verpächter die vereinbarte Pacht zu entrichten.

(2) ¹Auf den Pachtvertrag mit Ausnahme des Landpachtvertrags sind, soweit sich nicht aus den §§ 582 bis 584b etwas anderes ergibt, die Vorschriften über den Mietvertrag entsprechend anzuwenden.

Der **Pachtvertrag** findet nunmehr in **Untertitel 4** seinen Platz (vgl. vor §§ 535 ff. Rn 5). Die Änderung der Überschrift in „Pachtvertrag" war wegen der parallel zum Mietrecht auch im Pacht- und Landpachtrecht vorgenommenen Ersetzung des Begriffs „Pachtzins" durch „Pacht" erforderlich. 1

Daneben betreffen die Änderungen meist **sprachliche Anpassungen**, wie sie insb. durch die neu eingeführte Bezeichnung der verschiedenen Kündigungsrechte (vgl. § 542 Rn 3 f.) bedingt sind. Außerdem wurden die **Verweisungen** auf die Vorschriften des Mietrechts entsprechend der geänderten Paragraphenfolge angepasst. 2

Klein-Blenkers

§ 582 Erhaltung des Inventars

(1) ¹Wird ein Grundstück mit Inventar verpachtet, so obliegt dem Pächter die Erhaltung der einzelnen Inventarstücke.
(2) ¹Der Verpächter ist verpflichtet, Inventarstücke zu ersetzen, die infolge eines vom Pächter nicht zu vertretenden Umstands in Abgang kommen. ²Der Pächter hat jedoch den gewöhnlichen Abgang der zum Inventar gehörenden Tiere insoweit zu ersetzen, als dies einer ordnungsmäßigen Wirtschaft entspricht.

§ 582a Inventarübernahme zum Schätzwert

(1) ¹Übernimmt der Pächter eines Grundstücks das Inventar zum Schätzwert mit der Verpflichtung, es bei Beendigung des Pachtverhältnisses zum Schätzwert zurückzugewähren, so trägt er die Gefahr des zufälligen Untergangs und der zufälligen Verschlechterung des Inventars. ²Innerhalb der Grenzen einer ordnungsmäßigen Wirtschaft kann er über die einzelnen Inventarstücke verfügen.
(2) ¹Der Pächter hat das Inventar in dem Zustand zu erhalten und in dem Umfang laufend zu ersetzen, der den Regeln einer ordnungsmäßigen Wirtschaft entspricht. ²Die von ihm angeschafften Stücke werden mit der Einverleibung in das Inventar Eigentum des Verpächters.
(3) ¹Bei Beendigung des Pachtverhältnisses hat der Pächter das vorhandene Inventar dem Verpächter zurückzugewähren. ²Der Verpächter kann die Übernahme derjenigen von dem Pächter angeschafften Inventarstücke ablehnen, welche nach den Regeln einer ordnungsmäßigen Wirtschaft für das Grundstück überflüssig oder zu wertvoll sind; mit der Ablehnung geht das Eigentum an den abgelehnten Stücken auf den Pächter über. ³Besteht zwischen dem Gesamtschätzwert des übernommenen und dem des zurückzugewährenden Inventars ein Unterschied, so ist dieser in Geld auszugleichen. ⁴Den Schätzwerten sind die Preise im Zeitpunkt der Beendigung des Pachtverhältnisses zugrunde zu legen.

1 Vgl. § 581 Rn 1 f.

§ 583 Pächterpfandrecht am Inventar

(1) ¹Dem Pächter eines Grundstücks steht für die Forderungen gegen den Verpächter, die sich auf das mitgepachtete Inventar beziehen, ein Pfandrecht an den in seinen Besitz gelangten Inventarstücken zu.
(2) ¹Der Verpächter kann die Geltendmachung des Pfandrechts des Pächters durch Sicherheitsleistung abwenden. ²Er kann jedes einzelne Inventarstück dadurch von dem Pfandrecht befreien, daß er in Höhe des Wertes Sicherheit leistet.

§ 583a Verfügungsbeschränkungen bei Inventar

¹Vertragsbestimmungen, die den Pächter eines Betriebs verpflichten, nicht oder nicht ohne Einwilligung des Verpächters über Inventarstücke zu verfügen oder Inventar an den Verpächter zu veräußern, sind nur wirksam, wenn sich der Verpächter verpflichtet, das Inventar bei der Beendigung des Pachtverhältnisses zum Schätzwert zu erwerben.

§ 584 Kündigungsfrist

(1) ¹Ist bei dem Pachtverhältnis über ein Grundstück oder ein Recht die Pachtzeit nicht bestimmt, so ist die Kündigung nur für den Schluß eines Pachtjahres zulässig; sie hat spätestens am dritten Werktag des halben Jahres zu erfolgen, mit dessen Ablauf die Pacht enden soll.
(2) ¹Dies gilt auch, wenn das Pachtverhältnis außerordentlich mit der gesetzlichen Frist gekündigt werden kann.

1 Vgl. § 581 Rn 1 f. Zum Begriff der außerordentlichen Kündigung mit der gesetzlichen Frist vgl. § 542 Rn 3 f.

§ 584a Ausschluss bestimmter mietrechtlicher Kündigungsrechte

(1) ¹Dem Pächter steht das in § 540 Abs. 1 bestimmte Kündigungsrecht nicht zu.
(2) ¹Der Verpächter ist nicht berechtigt, das Pachtverhältnis nach § 580 zu kündigen.

Vgl. § 581 Rn 1 f.   1

§ 584b Verspätete Rückgabe

¹Gibt der Pächter den gepachteten Gegenstand nach der Beendigung des Pachtverhältnisses nicht zurück, so kann der Verpächter für die Dauer der Vorenthaltung als Entschädigung die vereinbarte Pacht nach dem Verhältnis verlangen, in dem die Nutzungen, die der Pächter während dieser Zeit gezogen hat oder hätte ziehen können, zu den Nutzungen des ganzen Pachtjahres stehen. ²Die Geltendmachung eines weiteren Schadens ist nicht ausgeschlossen.

Vgl. § 581 Rn 1 f.   1

Untertitel 5. Landpachtvertrag

§ 585 Begriff des Landpachtvertrags

(1) ¹Durch den Landpachtvertrag wird ein Grundstück mit den seiner Bewirtschaftung dienenden Wohn- oder Wirtschaftsgebäuden (Betrieb) oder ein Grundstück ohne solche Gebäude überwiegend zur Landwirtschaft verpachtet. ²Landwirtschaft sind die Bodenbewirtschaftung und die mit der Bodennutzung verbundene Tierhaltung, um pflanzliche oder tierische Erzeugnisse zu gewinnen, sowie die gartenbauliche Erzeugung.
(2) ¹Für Landpachtverträge gelten § 581 Abs. 1 und die §§ 582 bis 583a sowie die nachfolgenden besonderen Vorschriften.
(3) ¹Die Vorschriften über Landpachtverträge gelten auch für Pachtverhältnisse über forstwirtschaftliche Grundstücke, wenn die Grundstücke zur Nutzung in einem überwiegend landwirtschaftlichen Betrieb verpachtet werden.

Hinsichtlich der Änderungen des **Landpachtvertrages**, der nunmehr in **Untertitel 5** seinen Platz findet, gilt das zum Pachtvertrag Gesagte entsprechend (vgl. § 581 Rn 1 f.).   1

§ 585a Form des Landpachtvertrages

¹Wird der Landpachtvertrag für längere Zeit als zwei Jahre nicht in schriftlicher Form geschlossen, so gilt er für unbestimmte Zeit.

§ 585b Beschreibung der Pachtsache

(1) ¹Der Verpächter und der Pächter sollen bei Beginn des Pachtverhältnisses gemeinsam eine Beschreibung der Pachtsache anfertigen, in der ihr Umfang sowie der Zustand, in dem sie sich bei der Überlassung befindet, festgestellt werden. ²Dies gilt für die Beendigung des Pachtverhältnisses entsprechend. ³Die Beschreibung soll mit der Angabe des Tages der Anfertigung versehen werden und ist von beiden Teilen zu unterschreiben.
(2) ¹Weigert sich ein Vertragsteil, bei der Anfertigung einer Beschreibung mitzuwirken, oder ergeben sich bei der Anfertigung Meinungsverschiedenheiten tatsächlicher Art, so kann jeder Vertragsteil verlangen, daß eine Beschreibung durch einen Sachverständigen angefertigt wird, es sei denn, daß seit der Überlassung der Pachtsache mehr als neun Monate oder seit der Beendigung des Pachtverhältnisses mehr als drei Monate verstrichen sind; der Sachverständige wird auf Antrag durch das Landwirtschaftsgericht ernannt. ²Die insoweit entstehenden Kosten trägt jeder Vertragsteil zur Hälfte.
(3) ¹Ist eine Beschreibung der genannten Art angefertigt, so wird im Verhältnis der Vertragsteile zueinander vermutet, daß sie richtig ist.

Vgl. § 585 und § 581 Rn 1 f.   1

§ 586 Vertragstypische Pflichten beim Landpachtvertrag

(1) ¹Der Verpächter hat die Pachtsache dem Pächter in einem zu der vertragsmäßigen Nutzung geeigneten Zustand zu überlassen und sie während der Pachtzeit in diesem Zustand zu erhalten. ²Der Pächter hat jedoch die gewöhnlichen Ausbesserungen der Pachtsache, insbesondere die der Wohn- und Wirtschaftsgebäude, der Wege, Gräben, Dränungen und Einfriedigungen, auf seine Kosten durchzuführen. ³Er ist zur ordnungsmäßigen Bewirtschaftung der Pachtsache verpflichtet.
(2) ¹Für die Haftung des Verpächters für Sach- und Rechtsmängel der Pachtsache sowie für die Rechte und Pflichten des Pächters wegen solcher Mängel gelten die Vorschriften des § 536 Abs. 1 bis 3 und der §§ 536a bis 536d entsprechend.

§ 586a Lasten der Pachtsache

¹Der Verpächter hat die auf der Pachtsache ruhenden Lasten zu tragen.

1 Vgl. § 585 und § 581 Rn 1 f.

§ 587 Fälligkeit der Pacht; Entrichtung der Pacht bei persönlicher Verhinderung des Pächters

(1) ¹Die Pacht ist am Ende der Pachtzeit zu entrichten. ²Ist die Pacht nach Zeitabschnitten bemessen, so ist sie am ersten Werktag nach dem Ablauf der einzelnen Zeitabschnitte zu entrichten.
(2) ¹Der Pächter wird von der Entrichtung der Pacht nicht dadurch befreit, dass er durch einen in seiner Person liegenden Grund an der Ausübung des ihm zustehenden Nutzungsrechts verhindert ist. ²§ 537 Abs. 1 Satz 2 und Abs. 2 gilt entsprechend.

1 Vgl. § 585 und § 581 Rn 1 f.

§ 588 Maßnahmen zur Erhaltung oder Verbesserung

(1) ¹Der Pächter hat Einwirkungen auf die Pachtsache zu dulden, die zu ihrer Erhaltung erforderlich sind.
(2) ¹Maßnahmen zur Verbesserung der Pachtsache hat der Pächter zu dulden, es sei denn, daß die Maßnahme für ihn eine Härte bedeuten würde, die auch unter Würdigung der berechtigten Interessen des Verpächters nicht zu rechtfertigen ist. ²Der Verpächter hat die dem Pächter durch die Maßnahme entstandenen Aufwendungen und entgangenen Erträge in einem den Umständen nach angemessenen Umfang zu ersetzen. ³Auf Verlangen hat der Verpächter Vorschuß zu leisten.
(3) ¹Soweit der Pächter infolge von Maßnahmen nach Absatz 2 Satz 1 höhere Erträge erzielt oder bei ordnungsmäßiger Bewirtschaftung erzielen könnte, kann der Verpächter verlangen, daß der Pächter in eine angemessene Erhöhung der Pacht einwilligt, es sei denn, daß dem Pächter eine Erhöhung des Pachtzinses nach den Verhältnissen des Betriebs nicht zugemutet werden kann.
(4) ¹Über Streitigkeiten nach den Absätzen 1 und 2 entscheidet auf Antrag das Landwirtschaftsgericht. ²Verweigert der Pächter in den Fällen des Absatzes 3 seine Einwilligung, so kann sie das Landwirtschaftsgericht auf Antrag des Verpächters ersetzen.

1 Vgl. § 585 und § 581 Rn 1 f.

§ 589 Nutzungsüberlassung an Dritte

(1) ¹Der Pächter ist ohne Erlaubnis des Verpächters nicht berechtigt,
1. die Nutzung der Pachtsache einem Dritten zu überlassen, insbesondere die Sache weiter zu verpachten,
2. die Pachtsache ganz oder teilweise einem landwirtschaftlichen Zusammenschluß zum Zweck der gemeinsamen Nutzung zu überlassen.
(2) ¹Überläßt der Pächter die Nutzung der Pachtsache einem Dritten, so hat er ein Verschulden, das dem Dritten bei der Nutzung zur Last fällt, zu vertreten, auch wenn der Verpächter die Erlaubnis zur Überlassung erteilt hat.

§ 590 Änderung der landwirtschaftlichen Bestimmung oder der bisherigen Nutzung

(1) ¹Der Pächter darf die landwirtschaftliche Bestimmung der Pachtsache nur mit vorheriger Erlaubnis des Verpächters ändern.

(2) ¹Zur Änderung der bisherigen Nutzung der Pachtsache ist die vorherige Erlaubnis des Verpächters nur dann erforderlich, wenn durch die Änderung die Art der Nutzung über die Pachtzeit hinaus beeinflußt wird. ²Der Pächter darf Gebäude nur mit vorheriger Erlaubnis des Verpächters errichten. ³Verweigert der Verpächter die Erlaubnis, so kann sie auf Antrag des Pächters durch das Landwirtschaftsgericht ersetzt werden, soweit die Änderung zur Erhaltung oder nachhaltigen Verbesserung der Rentabilität des Betriebs geeignet erscheint und dem Verpächter bei Berücksichtigung seiner berechtigten Interessen zugemutet werden kann. ⁴Dies gilt nicht, wenn der Pachtvertrag gekündigt ist oder das Pachtverhältnis in weniger als drei Jahren endet. ⁵Das Landwirtschaftsgericht kann die Erlaubnis unter Bedingungen und Auflagen ersetzen, insbesondere eine Sicherheitsleistung anordnen sowie Art und Umfang der Sicherheit bestimmen. ⁶Ist die Veranlassung für die Sicherheitsleistung weggefallen, so entscheidet auf Antrag das Landwirtschaftsgericht über die Rückgabe der Sicherheit; § 109 der Zivilprozeßordnung gilt entsprechend.
(3) ¹Hat der Pächter das nach § 582a zum Schätzwert übernommene Inventar im Zusammenhang mit einer Änderung der Nutzung der Pachtsache wesentlich vermindert, so kann der Verpächter schon während der Pachtzeit einen Geldausgleich in entsprechender Anwendung des § 582a Abs. 3 verlangen, es sei denn, daß der Erlös der veräußerten Inventarstücke zu einer zur Höhe des Erlöses in angemessenem Verhältnis stehenden Verbesserung der Pachtsache nach § 591 verwendet worden ist.

§ 590a Vertragswidriger Gebrauch

¹Macht der Pächter von der Pachtsache einen vertragswidrigen Gebrauch und setzt er den Gebrauch ungeachtet einer Abmahnung des Verpächters fort, so kann der Verpächter auf Unterlassung klagen.

§ 590b Notwendige Verwendungen

¹Der Verpächter ist verpflichtet, dem Pächter die notwendigen Verwendungen auf die Pachtsache zu ersetzen.

§ 591 Wertverbessernde Verwendungen

(1) ¹Andere als notwendige Verwendungen, denen der Verpächter zugestimmt hat, hat er dem Pächter bei Beendigung des Pachtverhältnisses zu ersetzen, soweit die Verwendungen den Wert der Pachtsache über die Pachtzeit hinaus erhöhen (Mehrwert).
(2) ¹Weigert sich der Verpächter, den Verwendungen zuzustimmen, so kann die Zustimmung auf Antrag des Pächters durch das Landwirtschaftsgericht ersetzt werden, soweit die Verwendungen zur Erhaltung oder nachhaltigen Verbesserung der Rentabilität des Betriebs geeignet sind und dem Verpächter bei Berücksichtigung seiner berechtigten Interessen zugemutet werden können. ²Dies gilt nicht, wenn der Pachtvertrag gekündigt ist oder das Pachtverhältnis in weniger als drei Jahren endet. ³Das Landwirtschaftsgericht kann die Zustimmung unter Bedingungen und Auflagen ersetzen.
(3) ¹Das Landwirtschaftsgericht kann auf Antrag auch über den Mehrwert Bestimmung treffen und ihn festsetzen. ²Es kann bestimmen, daß der Verpächter den Mehrwert nur in Teilbeträgen zu ersetzen hat, und kann Bedingungen für die Bewilligung solcher Teilzahlungen festsetzen. ³Ist dem Verpächter ein Ersatz des Mehrwerts bei Beendigung des Pachtverhältnisses auch in Teilbeträgen nicht zuzumuten, so kann der Pächter nur verlangen, daß das Pachtverhältnis zu den bisherigen Bedingungen so lange fortgesetzt wird, bis der Mehrwert der Pachtsache abgegolten ist. ⁴Kommt keine Einigung zustande, so entscheidet auf Antrag das Landwirtschaftsgericht über eine Fortsetzung des Pachtverhältnisses.

§ 591a Wegnahme von Einrichtungen

¹Der Pächter ist berechtigt, eine Einrichtung, mit der er die Sache versehen hat, wegzunehmen. ²Der Verpächter kann die Ausübung des Wegnahmerechts durch Zahlung einer angemessenen Entschädigung abwenden, es sei denn, daß der Pächter ein berechtigtes Interesse an der Wegnahme hat. ³Eine Vereinbarung, durch die das Wegnahmerecht des Pächters ausgeschlossen wird, ist nur wirksam, wenn ein angemessener Ausgleich vorgesehen ist.

§ 591b Verjährung von Ersatzansprüchen

(1) ¹Die Ersatzansprüche des Verpächters wegen Veränderung oder Verschlechterung der verpachteten Sache sowie die Ansprüche des Pächters auf Ersatz von Verwendungen oder auf Gestattung der Wegnahme einer Einrichtung verjähren in sechs Monaten.
(2) ¹Die Verjährung der Ersatzansprüche des Verpächters beginnt mit dem Zeitpunkt, in welchem er die Sache zurückerhält. ²Die Verjährung der Ansprüche des Pächters beginnt mit der Beendigung des Pachtverhältnisses.
(3) ¹Mit der Verjährung des Anspruchs des Verpächters auf Rückgabe der Sache verjähren auch die Ersatzansprüche des Verpächters.

§ 592 Verpächterpfandrecht

¹Der Verpächter hat für seine Forderungen aus dem Pachtverhältnis ein Pfandrecht an den eingebrachten Sachen des Pächters sowie an den Früchten der Pachtsache. ²Für künftige Entschädigungsforderungen kann das Pfandrecht nicht geltend gemacht werden. ³Mit Ausnahme der in § 811 Abs. 1 Nr. 4 der Zivilprozeßordnung genannten Sachen erstreckt sich das Pfandrecht nicht auf Sachen, die der Pfändung nicht unterworfen sind. ⁴Die Vorschriften der §§ 562a bis 562c gelten entsprechend.

1 Vgl. § 585 und § 581 Rn 1 f.

§ 593 Änderung von Landpachtverträgen

(1) ¹Haben sich nach Abschluß des Pachtvertrags die Verhältnisse, die für die Festsetzung der Vertragsleistungen maßgebend waren, nachhaltig so geändert, daß die gegenseitigen Verpflichtungen in ein grobes Mißverhältnis zueinander geraten sind, so kann jeder Vertragsteil eine Änderung des Vertrags mit Ausnahme der Pachtdauer verlangen. ²Verbessert oder verschlechtert sich infolge der Bewirtschaftung der Pachtsache durch den Pächter deren Ertrag, so kann, soweit nichts anderes vereinbart ist, eine Änderung der Pacht nicht verlangt werden.
(2) ¹Eine Änderung kann frühestens zwei Jahre nach Beginn des Pachtverhältnisses oder nach dem Wirksamwerden der letzten Änderung der Vertragsleistungen verlangt werden. ²Dies gilt nicht, wenn verwüstende Naturereignisse, gegen die ein Versicherungsschutz nicht üblich ist, das Verhältnis der Vertragsleistungen grundlegend und nachhaltig verändert haben.
(3) ¹Die Änderung kann nicht für eine frühere Zeit als für das Pachtjahr verlangt werden, in dem das Änderungsverlangen erklärt wird.
(4) ¹Weigert sich ein Vertragsteil, in eine Änderung des Vertrags einzuwilligen, so kann der andere Teil die Entscheidung des Landwirtschaftsgerichts beantragen.
(5) ¹Auf das Recht, eine Änderung des Vertrags nach den Absätzen 1 bis 4 zu verlangen, kann nicht verzichtet werden. ²Eine Vereinbarung, daß einem Vertragsteil besondere Nachteile oder Vorteile erwachsen sollen, wenn er die Rechte nach den Absätzen 1 bis 4 ausübt oder nicht ausübt, ist unwirksam.

1 Vgl. § 585 und § 581 Rn 1 f. § 593 bleibt zudem neben der nunmehrigen allgemeinen Vorschrift des § 313 bestehen.

§ 593a Betriebsübergabe

¹Wird bei der Übergabe eines Betriebs im Weg der vorweggenommenen Erbfolge ein zugepachtetes Grundstück, das der Landwirtschaft dient, mit übergeben, so tritt der Übernehmer anstelle des Pächters in den Pachtvertrag ein. ²Der Verpächter ist von der Betriebsübergabe jedoch unverzüglich zu benachrichtigen. ³Ist die ordnungsmäßige Bewirtschaftung der Pachtsache durch den Übernehmer nicht gewährleistet, so ist der Verpächter berechtigt, das Pachtverhältnis außerordentlich mit der gesetzlichen Frist zu kündigen.

1 Vgl. § 585 und § 581 Rn 1 f. Zum Begriff der außerordentlichen Kündigung mit der gesetzlichen Frist vgl. zudem § 542 Rn 3 f. sowie § 594a Abs. 2.

§ 593b Veräußerung oder Belastung des verpachteten Grundstücks

¹Wird das verpachtete Grundstück veräußert oder mit dem Recht eines Dritten belastet, so gelten die §§ 571 bis 579 entsprechend.

Vgl. § 585 und § 581 Rn 1 f. **1**

§ 594 Ende und Verlängerung des Pachtverhältnisses

¹Das Pachtverhältnis endet mit dem Ablauf der Zeit, für die es eingegangen ist. ²Es verlängert sich bei Pachtverträgen, die auf mindestens drei Jahre geschlossen worden sind, auf unbestimmte Zeit, wenn auf die Anfrage eines Vertragsteils, ob der andere Teil zur Fortsetzung des Pachtverhältnisses bereit ist, dieser nicht binnen einer Frist von drei Monaten die Fortsetzung ablehnt. ³Die Anfrage und die Ablehnung bedürfen der schriftlichen Form. ⁴Die Anfrage ist ohne Wirkung, wenn in ihr nicht auf die Folge der Nichtbeachtung ausdrücklich hingewiesen wird und wenn sie nicht innerhalb des drittletzten Pachtjahres gestellt wird.

§ 594a Kündigungsfristen

(1) ¹Ist die Pachtzeit nicht bestimmt, so kann jeder Vertragsteil das Pachtverhältnis spätestens am dritten Werktag eines Pachtjahres für den Schluß des nächsten Pachtjahres kündigen. ²Im Zweifel gilt das Kalenderjahr als Pachtjahr. ³Die Vereinbarung einer kürzeren Frist bedarf der Schriftform.
(2) ¹Für die Fälle, in denen das Pachtverhältnis außerordentlich mit der gesetzlichen Frist vorzeitig gekündigt werden kann, ist die Kündigung nur für den Schluß eines Pachtjahres zulässig; sie hat spätestens am dritten Werktag des halben Jahres zu erfolgen, mit dessen Ablauf die Pacht enden soll.

Vgl. § 585 und § 581 Rn 1 f. Zum Begriff der außerordentlichen Kündigung mit der gesetzlichen Frist vgl. **1**
§ 542 Rn 3 f.

§ 594b Vertrag über mehr als 30 Jahre

¹Wird ein Pachtvertrag für eine längere Zeit als dreißig Jahre geschlossen, so kann nach dreißig Jahren jeder Vertragsteil das Pachtverhältnis spätestens am dritten Werktag eines Pachtjahres für den Schluß des nächsten Pachtjahres kündigen. ²Die Kündigung ist nicht zulässig, wenn der Vertrag für die Lebenszeit des Verpächters oder des Pächters geschlossen ist.

§ 594c Kündigung bei Berufsunfähigkeit des Pächters

¹Ist der Pächter berufsunfähig im Sinn der Vorschriften der gesetzlichen Rentenversicherung geworden, so kann er das Pachtverhältnis außerordentlich mit der gesetzlichen Frist kündigen, wenn der Verpächter der Überlassung der Pachtsache zur Nutzung an einen Dritten, der eine ordnungsmäßige Bewirtschaftung gewährleistet, widerspricht. ²Eine abweichende Vereinbarung ist unwirksam.

Vgl. § 585 und § 581 Rn 1 f. Zum Begriff der außerordentlichen Kündigung mit der gesetzlichen Frist vgl. **1**
zudem § 542 Rn 3 f. sowie § 594a Abs. 2.

§ 594d Tod des Pächters

(1) ¹Stirbt der Pächter, so sind sowohl seine Erben als auch der Verpächter innerhalb eines Monats, nachdem sie vom Tod des Pächters Kenntnis erlangt haben, berechtigt, das Pachtverhältnis mit einer Frist von sechs Monaten zum Ende eines Kalendervierteljahres zu kündigen.
(2) ¹Die Erben können der Kündigung des Verpächters widersprechen und die Fortsetzung des Pachtverhältnisses verlangen, wenn die ordnungsmäßige Bewirtschaftung der Pachtsache durch sie oder durch einen von ihnen beauftragten Miterben oder Dritten gewährleistet erscheint. ²Der Verpächter kann die Fortsetzung des Pachtverhältnisses ablehnen, wenn die Erben den Widerspruch nicht spätestens drei Monate vor Ablauf des Pachtverhältnisses erklärt und die Umstände mitgeteilt haben, nach denen die weitere ordnungsmäßige Bewirtschaftung der Pachtsache gewährleistet erscheint. ³Die Widerspruchserklärung und die Mitteilung bedürfen der schriftlichen Form. ⁴Kommt keine Einigung zustande, so entscheidet auf Antrag das Landwirtschaftsgericht.
(3) ¹Gegenüber einer Kündigung des Verpächters nach Absatz 1 ist ein Fortsetzungsverlangen des Erben nach § 595 ausgeschlossen.

1   Vgl. § 585 und § 581 Rn 1 f. Zudem wird in § 594d Abs. 1 das **Kündigungsrecht** von Erbe und Verpächter bei Tod des Pächters entsprechend den mietrechtlichen Regelungen (vgl. §§ 564, 580) **umgestaltet**. Das bedeutet, dass zukünftig Erbe wie Verpächter eine **einmonatige Überlegensfrist** zusteht.

§ 594e Außerordentliche fristlose Kündigung aus wichtigem Grund

(1) ¹Die außerordentliche fristlose Kündigung des Pachtverhältnisses ist in entsprechender Anwendung der §§ 543, 569 Abs. 1 und 2 zulässig.

(2) ¹Abweichend von § 543 Abs. 2 Nr. 3 Buchstabe a und b liegt ein wichtiger Grund insbesondere vor, wenn der Pächter mit der Entrichtung der Pacht oder eines nicht unerheblichen Teils der Pacht länger als drei Monate in Verzug ist. ²Ist die Pacht nach Zeitabschnitten von weniger als einem Jahr bemessen, so ist die Kündigung erst zulässig, wenn der Pächter für zwei aufeinander folgende Termine mit der Entrichtung der Pacht oder eines nicht unerheblichen Teils der Pacht in Verzug ist.

1   Vgl. § 585 und § 581 Rn 1 f. Zum Begriff der außerordentlichen fristlosen Kündigung vgl. neben den §§ 543 und 569 auch § 542 Rn 3 f.

§ 594f Schriftform der Kündigung

¹Die Kündigung bedarf der schriftlichen Form.

§ 595 Fortsetzung des Pachtverhältnisses

(1) ¹Der Pächter kann vom Verpächter die Fortsetzung des Pachtverhältnisses verlangen, wenn
1. bei einem Betriebspachtverhältnis der Betrieb seine wirtschaftliche Lebensgrundlage bildet,
2. bei dem Pachtverhältnis über ein Grundstück der Pächter auf dieses Grundstück zur Aufrechterhaltung seines Betriebs, der seine wirtschaftliche Lebensgrundlage bildet, angewiesen ist

und die vertragsmäßige Beendigung des Pachtverhältnisses für den Pächter oder seine Familie eine Härte bedeuten würde, die auch unter Würdigung der berechtigten Interessen des Verpächters nicht zu rechtfertigen ist. ²Die Fortsetzung kann unter diesen Voraussetzungen wiederholt verlangt werden.

(2) ¹Im Fall des Absatzes 1 kann der Pächter verlangen, daß das Pachtverhältnis so lange fortgesetzt wird, wie dies unter Berücksichtigung aller Umstände angemessen ist. ²Ist dem Verpächter nicht zuzumuten, das Pachtverhältnis nach den bisher geltenden Vertragsbedingungen fortzusetzen, so kann der Pächter nur verlangen, daß es unter einer angemessenen Änderung der Bedingungen fortgesetzt wird.

(3) ¹Der Pächter kann die Fortsetzung des Pachtverhältnisses nicht verlangen, wenn
1. er das Pachtverhältnis gekündigt hat;
2. der Verpächter zur außerordentlichen fristlosen Kündigung oder im Falle des § 593a zur außerordentlichen Kündigung mit der gesetzlichen Frist berechtigt ist;
3. die Laufzeit des Vertrags bei einem Pachtverhältnis über einen Betrieb, der Zupachtung von Grundstücken, durch die ein Betrieb entsteht, oder bei einem Pachtverhältnis über Moor- und Ödland, das vom Pächter kultiviert worden ist, auf mindestens achtzehn Jahre, bei der Pacht anderer Grundstücke auf mindestens zwölf Jahre vereinbart ist;
4. der Verpächter die nur vorübergehend verpachtete Sache in eigene Nutzung nehmen oder zur Erfüllung gesetzlicher oder sonstiger öffentlicher Aufgaben verwenden will.

(4) ¹Die Erklärung des Pächters, mit der er die Fortsetzung des Pachtverhältnisses verlangt, bedarf der schriftlichen Form. ²Auf Verlangen des Verpächters soll der Pächter über die Gründe des Fortsetzungsverlangens unverzüglich Auskunft erteilen.

(5) ¹Der Verpächter kann die Fortsetzung des Pachtverhältnisses ablehnen, wenn der Pächter die Fortsetzung nicht mindestens ein Jahr vor Beendigung des Pachtverhältnisses vom Verpächter verlangt oder auf eine Anfrage des Verpächters nach § 594 die Fortsetzung abgelehnt hat. ²Ist eine zwölfmonatige oder kürzere Kündigungsfrist vereinbart, so genügt es, wenn das Verlangen innerhalb eines Monats nach Zugang der Kündigung erklärt wird.

(6) ¹Kommt keine Einigung zustande, so entscheidet auf Antrag das Landwirtschaftsgericht über eine Fortsetzung und über die Dauer des Pachtverhältnisses sowie über die Bedingungen, zu denen es fortgesetzt wird. ²Das Gericht kann die Fortsetzung des Pachtverhältnisses jedoch nur bis zu einem Zeitpunkt anordnen, der die in Absatz 3 Nr. 3 genannten Fristen, ausgehend vom Beginn des laufenden Pachtverhältnisses, nicht übersteigt. ³Die Fortsetzung kann auch auf einen Teil der Pachtsache beschränkt werden.

(7) ¹Der Pächter hat den Antrag auf gerichtliche Entscheidung spätestens neun Monate vor Beendigung des Pachtverhältnisses und im Fall einer zwölfmonatigen oder kürzeren Kündigungsfrist zwei Monate nach Zugang der Kündigung bei dem Landwirtschaftsgericht zu stellen. ²Das Gericht kann den Antrag nachträglich zulassen, wenn es zur Vermeidung einer unbilligen Härte geboten erscheint und der Pachtvertrag noch nicht abgelaufen ist.
(8) ¹Auf das Recht, die Verlängerung eines Pachtverhältnisses nach den Absätzen 1 bis 7 zu verlangen, kann nur verzichtet werden, wenn der Verzicht zur Beilegung eines Pachtstreits vor Gericht oder vor einer berufsständischen Pachtschlichtungsstelle erklärt wird. ²Eine Vereinbarung, daß einem Vertragsteil besondere Nachteile oder besondere Vorteile erwachsen sollen, wenn er die Rechte nach den Absätzen 1 bis 7 ausübt oder nicht ausübt, ist unwirksam.

Vgl. § 585 und § 581 Rn 1 f. Zur außerordentlichen Kündigung vgl. § 594e, § 593a und § 542 Rn 3 f. **1**

§ 595a Vorzeitige Kündigung von Landpachtverträgen

(1) ¹Soweit die Vertragsteile zur außerordentlichen Kündigung eines Landpachtverhältnisses mit der gesetzlichen Frist berechtigt sind, steht ihnen dieses Recht auch nach Verlängerung des Landpachtverhältnisses oder Änderung des Landpachtvertrags zu.
(2) ¹Auf Antrag eines Vertragsteils kann das Landwirtschaftsgericht Anordnungen über die Abwicklung eines vorzeitig beendeten oder eines teilweise beendeten Landpachtvertrags treffen. ²Wird die Verlängerung eines Landpachtvertrags auf einen Teil der Pachtsache beschränkt, kann das Landwirtschaftsgericht die Pacht für diesen Teil festsetzen.
(3) ¹Der Inhalt von Anordnungen des Landwirtschaftsgerichts gilt unter den Vertragsteilen als Vertragsinhalt. ²Über Streitigkeiten, die diesen Vertragsinhalt betreffen, entscheidet auf Antrag das Landwirtschaftsgericht.

Vgl. § 585 und § 581 Rn 1 f. **1**

§ 596 Rückgabe der Pachtsache

(1) ¹Der Pächter ist verpflichtet, die Pachtsache nach Beendigung des Pachtverhältnisses in dem Zustand zurückzugeben, der einer bis zur Rückgabe fortgesetzten ordnungsmäßigen Bewirtschaftung entspricht.
(2) ¹Dem Pächter steht wegen seiner Ansprüche gegen den Verpächter ein Zurückbehaltungsrecht am Grundstück nicht zu.
(3) ¹Hat der Pächter die Nutzung der Pachtsache einem Dritten überlassen, so kann der Verpächter die Sache nach Beendigung des Pachtverhältnisses auch von dem Dritten zurückfordern.

§ 596a Ersatzpflicht bei vorzeitigem Pachtende

(1) ¹Endet das Pachtverhältnis im Lauf eines Pachtjahres, so hat der Verpächter dem Pächter den Wert der noch nicht getrennten, jedoch nach den Regeln einer ordnungsmäßigen Bewirtschaftung vor dem Ende des Pachtjahres zu trennenden Früchte zu ersetzen. ²Dabei ist das Ernterisiko angemessen zu berücksichtigen.
(2) ¹Läßt sich der in Absatz 1 bezeichnete Wert aus jahreszeitlich bedingten Gründen nicht feststellen, so hat der Verpächter dem Pächter die Aufwendungen auf diese Früchte insoweit zu ersetzen, als sie einer ordnungsmäßigen Bewirtschaftung entsprechen.
(3) ¹Absatz 1 gilt auch für das zum Einschlag vorgesehene, aber noch nicht eingeschlagene Holz. ²Hat der Pächter mehr Holz eingeschlagen, als bei ordnungsmäßiger Nutzung zulässig war, so hat er dem Verpächter den Wert der die normale Nutzung übersteigenden Holzmenge zu ersetzen. ³Die Geltendmachung eines weiteren Schadens ist nicht ausgeschlossen.

§ 596b Rücklassungspflicht

(1) ¹Der Pächter eines Betriebs hat von den bei Beendigung des Pachtverhältnisses vorhandenen landwirtschaftlichen Erzeugnissen so viel zurückzulassen, wie zur Fortführung der Wirtschaft bis zur nächsten Ernte nötig ist, auch wenn er bei Beginn des Pachtverhältnisses solche Erzeugnisse nicht übernommen hat.
(2) ¹Soweit der Pächter nach Absatz 1 Erzeugnisse in größerer Menge oder besserer Beschaffenheit zurückzulassen verpflichtet ist, als er bei Beginn des Pachtverhältnisses übernommen hat, kann er vom Verpächter Ersatz des Wertes verlangen.

Vgl. § 585 und § 581 Rn 1 f. **1**

§ 597 Verspätete Rückgabe

¹Gibt der Pächter die Pachtsache nach Beendigung des Pachtverhältnisses nicht zurück, so kann der Verpächter für die Dauer der Vorenthaltung als Entschädigung die vereinbarte Pacht verlangen. ²Die Geltendmachung eines weiteren Schadens ist nicht ausgeschlossen.

1 Vgl. § 585 und § 581 Rn 1 f.

Titel 6. Leihe

§ 598 Vertragstypische Pflichten bei der Leihe

¹Durch den Leihvertrag wird der Verleiher einer Sache verpflichtet, dem Entleiher den Gebrauch der Sache unentgeltlich zu gestatten.

§ 599 Haftung des Verleihers

¹Der Verleiher hat nur Vorsatz und grobe Fahrlässigkeit zu vertreten.

§ 600 Mängelhaftung

¹Verschweigt der Verleiher arglistig einen Mangel im Recht oder einen Fehler der verliehenen Sache, so ist er verpflichtet, dem Entleiher den daraus entstehenden Schaden zu ersetzen.

§ 601 Verwendungsersatz

(1) ¹Der Entleiher hat die gewöhnlichen Kosten der Erhaltung der geliehenen Sache, bei der Leihe eines Tieres insbesondere die Fütterungskosten, zu tragen.
(2) ¹Die Verpflichtung des Verleihers zum Ersatz anderer Verwendungen bestimmt sich nach den Vorschriften über die Geschäftsführung ohne Auftrag. ²Der Entleiher ist berechtigt, eine Einrichtung, mit der er die Sache versehen hat, wegzunehmen.

§ 602 Abnutzung der Sache

¹Veränderungen oder Verschlechterungen der geliehenen Sache, die durch den vertragsmäßigen Gebrauch herbeigeführt werden, hat der Entleiher nicht zu vertreten.

§ 603 Vertragsmäßiger Gebrauch

¹Der Entleiher darf von der geliehenen Sache keinen anderen als den vertragsmäßigen Gebrauch machen. ²Er ist ohne die Erlaubnis des Verleihers nicht berechtigt, den Gebrauch der Sache einem Dritten zu überlassen.

§ 604 Rückgabepflicht

(1) ¹Der Entleiher ist verpflichtet, die geliehene Sache nach dem Ablauf der für die Leihe bestimmten Zeit zurückzugeben.
(2) ¹Ist eine Zeit nicht bestimmt, so ist die Sache zurückzugeben, nachdem der Entleiher den sich aus dem Zweck der Leihe ergebenden Gebrauch gemacht hat. ²Der Verleiher kann die Sache schon vorher zurückfordern, wenn so viel Zeit verstrichen ist, daß der Entleiher den Gebrauch hätte machen können.
(3) ¹Ist die Dauer der Leihe weder bestimmt noch aus dem Zweck zu entnehmen, so kann der Verleiher die Sache jederzeit zurückfordern.
(4) ¹Überläßt der Entleiher den Gebrauch der Sache einem Dritten, so kann der Verleiher sie nach der Beendigung der Leihe auch von dem Dritten zurückfordern.
(5) ¹Die Verjährung des Anspruchs auf Rückgabe der Sache beginnt mit der Beendigung der Leihe.

Abs. 5 ist neu. Er regelt den Beginn der Verjährung des vertraglichen Anspruchs des Verleihers gegen den Entleiher auf Rückgabe der geliehenen Sache. Es gilt die Frist des § 195. Maßgeblich ist der Zeitpunkt der Beendigung der Leihe.

Die Leihe ist **beendet**
- bei der Leihe auf bestimmte Zeit mit dem Zeitablauf (Abs. 1);
- bei der Leihe auf unbestimmte Zeit mit der Erreichung des vereinbarten Zwecks, der mit der Leihe beabsichtigt war, und zuvor, wenn ausreichend Zeit verstrichen ist, innerhalb derer der Entleiher den Zweck der Leihe hätte erreichen können (Abs. 3);
- bei der Leihe auf unbestimmte Zeit und zu einem nicht genau bestimmten Zweck mit der Rückforderung der verliehenen Sache durch den Verleiher (Abs. 3).

Die Regelung des **Abs. 5** (und des vergleichbaren § 695 BGB bei der Hinterlegung, siehe bei § 695) wurde nach Ansicht des Gesetzgebers infolge der Absenkung der Regelverjährungsfrist von dreißig auf drei Jahre (§ 195 Rn 7 f.) **erforderlich**.[1]

Nach **bisherigem und neuem Recht** (zum neuen Recht siehe § 199 Rn 23 f.) entstehen die Ansprüche, die erst auf ein jederzeit zulässiges Verlangen des Gläubigers hin zu erfüllen sind (**verhaltene Ansprüche**), sofort, nicht erst mit Zugang der Gläubigererklärung. Bei der Leihe entstehen sie daher bereits mit dem Abschluss des Leihvertrags und der Hingabe der Sache,[2] denn die Hingabe ist Tatbestandsmerkmal des Rückforderungsanspruchs. Während dies nach bisherigem Recht wegen der dreißigjährigen Verjährungsfrist für derartige Ansprüche nicht zu Unzuträglichkeiten führte, hätte die Abkürzung dieser Frist auf drei Jahre zur Folge, dass auf unbestimmte Zeit verliehene Sachen nach Ablauf der drei Jahre nicht mehr zurückverlangt werden könnten. Aus diesem Grunde[3] wurde § 604 a.F. um den neuen Abs. 5 ergänzt, nach welchem der vertragliche Anspruch auf Rückgewähr erst zu verjähren beginnt, wenn er geltend gemacht wird. Damit **verdrängt** Abs. 5 den § 199.

§ 605 Kündigungsrecht

¹Der Verleiher kann die Leihe kündigen:
1. wenn er infolge eines nicht vorhergesehenen Umstands der verliehenen Sache bedarf;
2. wenn der Entleiher einen vertragswidrigen Gebrauch von der Sache macht, insbesondere unbefugt den Gebrauch einem Dritten überläßt, oder die Sache durch Vernachlässigung der ihm obliegenden Sorgfalt erheblich gefährdet;
3. wenn der Entleiher stirbt.

§ 606 Kurze Verjährung

¹Die Ersatzansprüche des Verleihers wegen Veränderungen oder Verschlechterungen der verliehenen Sache sowie die Ansprüche des Entleihers auf Ersatz von Verwendungen oder auf Gestattung der Wegnahme einer Einrichtung verjähren in sechs Monaten. ²Die Vorschriften des § 548 Abs. 1 Satz 2 und 3, Abs. 2 finden entsprechende Anwendung.

Es handelt sich um redaktionelle Folgeänderungen, bedingt durch Anpassungen der bestehenden Verweisungen an die durch die Neuordnung des Mietrechts geänderte Paragraphenfolge der mietrechtlichen Vorschriften.

Titel 7. Sachdarlehensvertrag

§ 607 Vertragstypische Pflichten beim Sachdarlehensvertrag

(1) ¹Durch den Sachdarlehensvertrag wird der Darlehensgeber verpflichtet, dem Darlehensnehmer eine vereinbarte vertretbare Sache zu überlassen. ²Der Darlehensnehmer ist zur Zahlung eines Darlehensentgelts und bei Fälligkeit zur Rückerstattung von Sachen von gleicher Art, Güte und Menge verpflichtet.
(2) ¹Die Vorschriften dieses Titels finden keine Anwendung auf die Überlassung von Geld.

Literatur: *Artz*, Neues Verbraucherkreditrecht im BGB, Jb.J.ZivRWiss. 2001, Das neue Schuldrecht, S. 227 ff.

---

1 BT-Drucks 14/6040, 258.
2 Zum bisherigen Recht siehe BGH NJW-RR 1988, 902, 904; BGH NJW-RR 2000, 647; Erman/*Hefermehl*, § 198 Rn 4; MüKo/*Grothe*, § 198 Rn 2; Palandt/*Heinrichs*, § 198 Rn 1; Soergel/*Niedenführ*, § 198 Rn 8.
3 Siehe BT-Drucks 14/6040, 258.

1 Der DiskE hatte das Sachdarlehen gar nicht mehr geregelt (vor §§ 488 ff. Rn 4). Erst in der KF wurde es in den Entwurf aufgenommen. Nunmehr regelt das BGB das Sachdarlehen in den §§ 607 – 609, freilich nur in seinen Grundzügen.[1]

2 In Anlehnung an § 488 Abs. 1 beschreibt § 607 die Hauptpflichten der Vertragsparteien. Der Sachdarlehensvertrag ist wie der (Geld-)Darlehensvertrag ein **Konsensualvertrag** (§ 488 Rn 2). Das Gesetz geht als Regelfall von einem entgeltlichen Sachdarlehen aus, also von einem gegenseitigen Vertrag (§ 488 Rn 5). Der Darlehensgeber schuldet nach Abs. 1 S. 1 die Überlassung der in der Vereinbarung bezeichneten vertretbaren Sache. Als **Gegenleistung** hat der Darlehensnehmer nach Abs. 1 S. 2 das vereinbarte Entgelt zu zahlen. Außerdem hat er Sachen gleicher Art, Güte und Menge bei Fälligkeit zurückzuerstatten. Die Verwendung des Singulars in Abs. 1 S. 1 einerseits und des Plurals in Abs. 1 S. 2 andererseits ist sprachlich verunglückt. Abs. 1 a.F. war insoweit sehr viel klarer und eleganter.

3 Nach dem Wortlaut des Abs. 1 ist das **unentgeltliche Sachdarlehen** – beispielsweise unter Nachbarn – scheinbar nicht mehr erfasst.[2] Es spricht jedoch alles dafür, dass der künftig vom Grundmodell der Entgeltlichkeit ausgehende Gesetzgeber das unentgeltliche Sachdarlehen nicht bewusst ausgeschlossen hat.[3] Dies zeigt auch § 609, der von „ein" Entgelt spricht und nicht von „das" Entgelt.

4 Abs. 2 stellt nochmals den Anwendungsbereich klar, indem er die §§ 607 ff. auf Gelddarlehen für nicht anwendbar erklärt. Die Vorschriften des (Geld-)Darlehens sind also nicht lex specialis zu den Sachdarlehensvorschriften, sondern stehen gleichrangig neben ihnen. Die Gefahr eines Rückgriffs auf die §§ 607 ff. wäre ohnehin gering, da das Gelddarlehen wesentlich detaillierter ausgestaltet ist.

§ 608 Kündigung

(1) ¹Ist für die Rückerstattung der überlassenen Sache eine Zeit nicht bestimmt, hängt die Fälligkeit davon ab, dass der Darlehensgeber oder der Darlehensnehmer kündigt.

(2) ¹Ein auf unbestimmte Zeit abgeschlossener Sachdarlehensvertrag kann, soweit nicht ein anderes vereinbart ist, jederzeit vom Darlehensgeber oder Darlehensnehmer ganz oder teilweise gekündigt werden.

1 Abs. 1 entspricht dem § 609 Abs. 1 a.F. Die Bezeichnung „Darlehen" wurde zu „der überlassenen Sache", aus Gläubiger und Schuldner wurden wie in den §§ 488 ff. Darlehensgeber und -nehmer. Inhaltliche Änderungen waren damit nicht beabsichtigt.[1] Abs. 1 macht die Fälligkeit eines auf unbestimmte Zeit gewährten Sachdarlehens von der Kündigung einer Partei abhängig. Nach **Abs. 2** haben, sofern die Parteivereinbarungen nicht etwas anderes vorsehen, beide Seiten ein jederzeitiges **fristloses ordentliches Kündigungsrecht**. Dies kontrastiert mit der Regelung des § 488 Abs. 3, wonach die Kündigungsfrist bei Gelddarlehen drei Monate beträgt. Begründet wurde die Abweichung damit, die Praxis wolle bei Sachdarlehen schnelle Rückgabemöglichkeiten.[2] Für den Darlehensnehmer mag dies zutreffen. Warum der Darlehensgeber indes ebenfalls jederzeit ganz oder zum Teil kündigen kann, erschließt sich daraus nicht. Gerade bei den vom Gesetzgeber angenommenen Hauptanwendungsfällen der Wertpapierleihe und der Überlassung von Mehrweg-Verpackungen erscheint diese Regelung äußerst fragwürdig.

§ 609 Entgelt

¹Ein Entgelt hat der Darlehensnehmer spätestens bei Rückerstattung der überlassenen Sache zu bezahlen.

1 Diese Norm stellt die Konsequenz der Hinwendung zum entgeltlichen Darlehen als Regeltypus dar. Sie ist an § 608 a.F. angelehnt und nennt lediglich den **spätesten Fälligkeitszeitpunkt** für das vereinbarte Entgelt. Die Möglichkeit anderweitiger Vereinbarungen bleibt unberührt.[1]

2 Sprachlich ist die Norm insoweit verunglückt, als sie von der Rückerstattung „der" überlassenen Sache spricht. Gemeint ist trotz des Singulars selbstverständlich die Erfüllung der in § 607 Abs. 1 S. 2 normierten Rückerstattungspflicht (§ 607 Rn 2).

§ 610 (aufgehoben)

---

1 Zu den Gründen BT-Drucks 14/6040, 259.
2 Vgl. *Artz*, Jb.J.ZivRWiss. 2001, S. 227, 238.
3 Zweifelnd *Artz*, Jb.J.ZivRWiss. 2001, S. 227, 238.
1 BT-Drucks 14/6040, 259; die Begründung verweist dort fälschlicherweise auf § 608 Abs. 1 a.F.
2 BT-Drucks 14/6040, 259.
1 BT-Drucks 14/6040, 259.

Titel 8. Dienstvertrag

§ 611 Vertragstypische Pflichten beim Dienstvertrag

(1) ¹Durch den Dienstvertrag wird derjenige, welcher Dienste zusagt, zur Leistung der versprochenen Dienste, der andere Teil zur Gewährung der vereinbarten Vergütung verpflichtet.
(2) ¹Gegenstand des Dienstvertrags können Dienste jeder Art sein.

§ 611a Geschlechtsbezogene Benachteiligung

(1) ¹Der Arbeitgeber darf einen Arbeitnehmer bei einer Vereinbarung oder Maßnahme, insbesondere bei der Begründung des Arbeitsverhältnisses, beim beruflichen Aufstieg, bei einer Weisung oder einer Kündigung, nicht wegen seines Geschlechts benachteiligen. ²Eine unterschiedliche Behandlung wegen des Geschlechts ist jedoch zulässig, soweit eine Vereinbarung oder eine Maßnahme die Art der vom Arbeitnehmer auszuübenden Tätigkeit zum Gegenstand hat und ein bestimmtes Geschlecht unverzichtbare Voraussetzung für diese Tätigkeit ist. ³Wenn im Streitfall der Arbeitnehmer Tatsachen glaubhaft macht, die eine Benachteiligung wegen des Geschlechts vermuten lassen, trägt der Arbeitgeber die Beweislast dafür, daß nicht auf das Geschlecht bezogene, sachliche Gründe eine unterschiedliche Behandlung rechtfertigen oder das Geschlecht unverzichtbare Voraussetzung für die auszuübende Tätigkeit ist.
(2) ¹Verstößt der Arbeitgeber gegen das in Absatz 1 geregelte Benachteiligungsverbot bei der Begründung eines Arbeitsverhältnisses, so kann der hierdurch benachteiligte Bewerber eine angemessene Entschädigung in Geld verlangen; ein Anspruch auf Begründung eines Arbeitsverhältnisses besteht nicht.
(3) ¹Wäre der Bewerber auch bei benachteiligungsfreier Auswahl nicht eingestellt worden, so hat der Arbeitgeber eine angemessene Entschädigung in Höhe von höchstens drei Monatsverdiensten zu leisten. ²Als Monatsverdienst gilt, was dem Bewerber bei regelmäßiger Arbeitszeit in dem Monat, in dem das Arbeitsverhältnis hätte begründet werden sollen, an Geld- und Sachbezügen zugestanden hätte.
(4) ¹Ein Anspruch nach den Absätzen 2 und 3 muß innerhalb einer Frist, die mit Zugang der Ablehnung der Bewerbung beginnt, schriftlich geltend gemacht werden. ²Die Länge der Frist bemißt sich nach einer für die Geltendmachung von Schadenersatzansprüchen im angestrebten Arbeitsverhältnis vorgesehenen Ausschlußfrist; sie beträgt mindestens zwei Monate. ³Ist eine solche Frist für das angestrebte Arbeitsverhältnis nicht bestimmt, so beträgt die Frist sechs Monate.
(5) ¹Die Absätze 2 bis 4 gelten beim beruflichen Aufstieg entsprechend, wenn auf den Aufstieg kein Anspruch besteht.

§ 611b Arbeitsplatzausschreibung

¹Der Arbeitgeber darf einen Arbeitsplatz weder öffentlich noch innerhalb des Betriebs nur für Männer oder nur für Frauen ausschreiben, es sei denn, daß ein Fall des § 611a Abs. 1 Satz 2 vorliegt.

§ 612 Vergütung

(1) ¹Eine Vergütung gilt als stillschweigend vereinbart, wenn die Dienstleistung den Umständen nach nur gegen eine Vergütung zu erwarten ist.
(2) ¹Ist die Höhe der Vergütung nicht bestimmt, so ist bei dem Bestehen einer Taxe die taxmäßige Vergütung, in Ermangelung einer Taxe die übliche Vergütung als vereinbart anzusehen.
(3) ¹Bei einem Arbeitsverhältnis darf für gleiche oder für gleichwertige Arbeit nicht wegen des Geschlechts des Arbeitnehmers eine geringere Vergütung vereinbart werden als bei einem Arbeitnehmer des anderen Geschlechts. ²Die Vereinbarung einer geringeren Vergütung wird nicht dadurch gerechtfertigt, daß wegen des Geschlechts des Arbeitnehmers besondere Schutzvorschriften gelten.
³§ 611a Abs. 1 Satz 3 ist entsprechend anzuwenden.

§ 612a Maßregelungsverbot

¹Der Arbeitgeber darf einen Arbeitnehmer bei einer Vereinbarung oder einer Maßnahme nicht benachteiligen, weil der Arbeitnehmer in zulässiger Weise seine Rechte ausübt.

§ 613 Unübertragbarkeit

¹Der zur Dienstleistung Verpflichtete hat die Dienste im Zweifel in Person zu leisten. ²Der Anspruch auf die Dienste ist im Zweifel nicht übertragbar.

§ 613a Rechte und Pflichten bei Betriebsübergang

(1) ¹Geht ein Betrieb oder Betriebsteil durch Rechtsgeschäft auf einen anderen Inhaber über, so tritt dieser in die Rechte und Pflichten aus den im Zeitpunkt des Übergangs bestehenden Arbeitsverhältnissen ein. ²Sind diese Rechte und Pflichten durch Rechtsnormen eines Tarifvertrags oder durch eine Betriebsvereinbarung geregelt, so werden sie Inhalt des Arbeitsverhältnisses zwischen dem neuen Inhaber und dem Arbeitnehmer und dürfen nicht vor Ablauf eines Jahres nach dem Zeitpunkt des Übergangs zum Nachteil des Arbeitnehmers geändert werden. ³Satz 2 gilt nicht, wenn die Rechte und Pflichten bei dem neuen Inhaber durch Rechtsnormen eines anderen Tarifvertrags oder durch eine andere Betriebsvereinbarung geregelt werden. ⁴Vor Ablauf der Frist nach Satz 2 können die Rechte und Pflichten geändert werden, wenn der Tarifvertrag oder die Betriebsvereinbarung nicht mehr gilt oder bei fehlender beiderseitiger Tarifgebundenheit im Geltungsbereich eines anderen Tarifvertrags dessen Anwendung zwischen dem neuen Inhaber und dem Arbeitnehmer vereinbart wird.
(2) ¹Der bisherige Arbeitgeber haftet neben dem neuen Inhaber für Verpflichtungen nach Absatz 1, soweit sie vor dem Zeitpunkt des Übergangs entstanden sind und vor Ablauf von einem Jahr nach diesem Zeitpunkt fällig werden, als Gesamtschuldner. ²Werden solche Verpflichtungen nach dem Zeitpunkt des Übergangs fällig, so haftet der bisherige Arbeitgeber für sie jedoch nur in dem Umfang, der dem im Zeitpunkt des Übergangs abgelaufenen Teil ihres Bemessungszeitraums entspricht.
(3) ¹Absatz 2 gilt nicht, wenn eine juristische Person oder eine Personenhandelsgesellschaft durch Umwandlung erlischt.
(4) ¹Die Kündigung des Arbeitsverhältnisses eines Arbeitnehmers durch den bisherigen Arbeitgeber oder durch den neuen Inhaber wegen des Übergangs eines Betriebs oder eines Betriebsteils ist unwirksam. ²Das Recht zur Kündigung des Arbeitsverhältnisses aus anderen Gründen bleibt unberührt.

§ 614 Fälligkeit der Vergütung

¹Die Vergütung ist nach der Leistung der Dienste zu entrichten. Ist die Vergütung nach Zeitabschnitten bemessen, so ist sie nach dem Ablauf der einzelnen Zeitabschnitte zu entrichten.

§ 615 Vergütung bei Annahmeverzug und bei Betriebsrisiko

¹Kommt der Dienstberechtigte mit der Annahme der Dienste in Verzug, so kann der Verpflichtete für die infolge des Verzugs nicht geleisteten Dienste die vereinbarte Vergütung verlangen, ohne zur Nachleistung verpflichtet zu sein. ²Er muß sich jedoch den Wert desjenigen anrechnen lassen, was er infolge des Unterbleibens der Dienstleistung erspart oder durch anderweitige Verwendung seiner Dienste erwirbt oder zu erwerben böswillig unterläßt. ³Die Sätze 1 und 2 gelten entsprechend in den Fällen, in denen der Arbeitgeber das Risiko des Arbeitsausfalls trägt.

1 Die Sätze 1 und 2 enthalten wie bisher eine **Sonderregelung der Rechtsfolgen des Annahmeverzugs** im Dienst- und damit Arbeitsvertragsrecht; die tatbestandlichen **Voraussetzungen** ergeben sich – vorbehaltlich arbeitsrechtlicher Modifizierungen durch die Rechtsprechung[1] – aus den gleichermaßen auch für § 615 geltenden §§ 293 ff. Diese Sonderregelung war erforderlich, weil sich die Rechtsfolgen des Annahmeverzugs auf Haftungsmilderungen bezüglich der dort fortbestehenden Leistungspflicht des Schuldners (§ 300 Abs. 1), auf die Gefahrtragung (§ 300 Abs. 2) und auf die Gewährung eines Aufwendungsersatzanspruchs (§ 304) beschränken. Dies genügte deswegen, weil der Gesetzgeber im Rahmen der §§ 293 ff. jedenfalls für den Regelfall von der Nachholbarkeit der vergeblich angebotenen Leistung ausging. Genau dies ist bei Dienst- und Arbeitsverträgen jedoch nicht der Fall, weil hier nach vergeblichem Angebot alsbald Unmöglichkeit (sog. Annahmeunmöglichkeit) eintritt:[2] Da der Schuldner die Leistung in aller Regel (nur) zu einem bestimmten Zeitpunkt bzw. für einen bestimmten Zeitraum schuldet, entfällt die beim Annahmeverzug sonst vorausgesetzte Nachholbarkeit (sog. Fixschuldcharakter von Dienst- und Arbeitsleistungen). Aus diesem Grunde musste das Gesetz über die sonst nur gegebenen Rechtsfolgen des Annahmeverzugs hinaus anordnen, dass der Schuldner („der Verpflichtete") – vorbehaltlich S. 2 – seinen Vergütungsanspruch behält, die Vergütung also auch für den Zeitraum verlangen kann, in dem sich der

---

1 Vgl. dazu Erfurter Kommentar/*Preis*, § 615 Rn 27 ff., 51 ff.; *Lieb*, Schwerpunkte Arbeitsrecht, Rn 154 ff.; *Zöllner/Loritz*, Arbeitsrecht, § 18 IV 1b (S. 237).
2 Dazu nur Erfurter Kommentar/*Preis*, § 615 Rn 7.

Gläubiger („der Dienstberechtigte") in Annahmeverzug befindet. Darin liegt eine gewisse Durchbrechung des Grundsatzes „ohne Arbeit kein Lohn"; sie wird durch den Annahmeverzug und das darauf beruhende Unmöglichwerden der Leistung des Schuldners gerechtfertigt. Zur Nachholung der Leistungen, die er an sich während des Annahmeverzugs hätte erbringen müssen, ist der Schuldner konsequenterweise nicht verpflichtet.[3]

Das Schuldrechtsmodernisierungsgesetz hat an der bisherigen Regelung von S. 1 und 2 ebensowenig etwas geändert wie an den Voraussetzungen des Annahmeverzugs gemäß §§ 293 ff. (mit Ausnahme einer minimalen Korrektur im Text des § 296). Es ist jedoch im späteren Verlauf des Gesetzgebungsverfahrens mit wenig konsistenter Begründung[4] die zusätzliche Regelung des S. 3 geschaffen worden, der als (Teil-)**Kodifikationder sog. arbeitsrechtlichen Betriebsrisikolehre** zu verstehen ist. Dies ist ein weiterer Fall der überaus problematischen „Merkzettel-Gesetzgebung",[5] die darin besteht, dass sich der Gesetzgeber (ganz ähnlich wie bei c.i.c., pFV und Wegfall der Geschäftsgrundlage) darauf beschränkt, ein Rechtsinstitut als solches im Gesetzestext anklingen zu lassen, jede genauere Ausformung aber ebenso unterlässt wie eine differenzierte Rechtsfolgenregelung. Der Fall des neuen S. 3 ist deswegen aber noch problematischer, weil er auf praeter legem richterrechtlich entwickelte Rechtssätze verweist, ohne diese selbst auszuformen. Dies bedarf genauerer Analyse:

S. 3 verweist pauschal auf die Regelung in S. 1 und 2. Daraus ergibt sich zunächst die altbekannte Frage, ob es sich dabei um eine **Rechtsgrund- oder** aber nur um eine **Rechtsfolgenverweisung** handelt. Sinnvoll ist deswegen allein letzteres, weil sich die Voraussetzungen, die Tatbestandsmerkmale, für die Anwendung von S. 1 und 2 insoweit offensichtlich nicht aus dem Gesetz selbst, sondern aus den Rechtsgrundsätzen der Betriebsrisikolehre ergeben sollen: S. 3 ordnet damit die Verpflichtung des Arbeitgebers zur Fortzahlung der Vergütung (nur) für diejenigen Fälle an, in denen dies nach der Betriebsrisikolehre der Fall ist. Eine eigene gesetzgeberische Entscheidung der Frage, in **welchen** Fällen der Arbeitgeber das Risiko des Arbeitsausfalls zu tragen hat, enthält das Gesetz damit nicht und will/kann infolgedessen darauf auch keinen Einfluss nehmen. Die §§ 293 ff. könnten allerdings dann von Bedeutung sein, wenn die Erhaltung des Lohnanspruchs nach den Grundsätzen der Betriebsrisikolehre voraussetzen würde, dass der einzelne Arbeitnehmer seine Arbeitskraft dem Arbeitgeber jeweils in Annahmeverzug begründender Weise anbietet. Dies ist offensichtlich selbst von denjenigen, die schon bisher die Anwendung des § 615 befürwortet haben, nicht verlangt worden und wohl auch mit der kollektiven Natur des Geschehens (Verwirklichung des Betriebsrisikos gegenüber der ganzen Belegschaft oder jedenfalls doch von Teilen der Belegschaft) kaum zu vereinbaren. Es wäre daher Förmelei, jeweils im Einzelfall die Voraussetzungen des Annahmeverzugs zu verlangen.

Zu fragen ist weiter, ob sich die gesetzliche Rechtsfolgenanordnung auf diejenigen Fälle beschränkt, in denen nach dem **gegenwärtigen** Stand der Betriebsrisikolehre ein Lohnfortzahlungsanspruch der betroffenen Arbeitnehmer gegen den Arbeitgeber besteht, ob also der insoweit gegenwärtig erreichte Rechtszustand festgeschrieben werden soll, oder ob es sich um eine Art von **dynamischer** Verweisung handelt, die auch eventuelle Weiterentwicklungen (Ausdehnungen oder Einschränkungen der Lohnfortzahlungspflicht bei der Verwirklichung von Betriebsrisiken) umfassen kann. Die Begründung sagt dazu zunächst nur, dass sichergestellt werden sollte, dass der Arbeitgeber auch nach In-Kraft-Treten des Schuldrechtsmodernisierungsgesetzes „weiterhin" zur Lohnfortzahlung verpflichtet ist. Dies deutet auf den status quo hin. Dann heißt es aber weiter, dass die Rechtsprechung diesen Grundsatz (der Lohnfortzahlung) wie bisher konkretisieren und den Besonderheiten der denkbaren Fallgestaltungen Rechnung tragen solle. Daraus wird man ableiten müssen, dass der Weiterentwicklung der Rechtsprechung keine Grenzen gesetzt werden sollten. Es liegt damit in der Tat eine (methodisch insbesondere im Hinblick auf das Verhältnis von Gesetzes- und Richterrecht höchst zweifelhafte) dynamische Verweisung vor.

Gesetzessystematisch wirft die Neuregelung die Frage auf, ob der Gesetzgeber damit sozusagen „en passant" den jahrzehntelangen Streit um die richtige Einordnung der Lohnfortzahlungspflicht des Arbeitgebers entscheiden wollte: Die einleitend hervorgehobene Tatsache, dass infolge des Annahmeverzugs bezüglich der Arbeitsleistung alsbald Unmöglichkeit eintritt, hatte im alten Recht zu der Frage geführt, ob darauf § 323 a.F. mit der Folge anzuwenden gewesen wäre, dass auch der Anspruch (des Arbeitnehmers) auf die Gegenleistung, der Lohnanspruch also, entfällt. Dies wurde zwar in Fortentwicklung der Betriebsrisikolehre früh verneint; offen blieb aber, ob die im Ergebnis unstreitige Lohnfortzahlungspflicht aus S. 1 abgeleitet werden konnte oder aber – so vor allem die Rechtsprechung[6] – eine rechtsfortbildend zu schließende Gesetzeslücke vorlag. Im Hinblick darauf, dass der Gesetzgeber nunmehr die Geltung des S. 1 auf die Fälle der Betriebsrisikolehre durch den neuen S. 3 ausdrücklich anordnet, wird man wohl davon ausgehen müssen, dass er sich (freilich ohne Problembewusstsein; die Begründung bleibt insoweit ganz an der

---

3 Zum Verständnis des § 615 generell: MüKo/*Schaub*, § 615 Rn 3 ff.; Soergel/*Kraft*, § 615 Rn 1 ff.
4 BT Drucks 14/6857, S. 47 f. zu Nr. 21.
5 *Dauner-Lieb*, in: Ernst/Zimmermann, S. 305, 328.
6 Siehe nur die Grundsatzentscheidungen BAG AP Nr. 2, 3 zu § 615 BGB Betriebsrisikolehre.

Oberfläche) für diejenige (in der Wissenschaft ohnehin im Vordringen begriffene)[7] Auffassung entschieden hat, die den Lohnfortzahlungsanspruch aus der Grundentscheidung des S. 1 ableiten will.

6 Der **gegenwärtige Stand der Betriebsrisikolehre**[8] braucht hier nicht im Einzelnen dargelegt zu werden. Hingewiesen sei aber darauf, dass in den praktisch besonders wichtigen Fällen der Verteilung des Arbeitsausfallrisikos, das (in Gestalt von Betriebs- und Wirtschaftsrisiko) auf Arbeitskämpfen (Streik und Aussperrung gleichermaßen) beruht, ein Lohnfortzahlungsanspruch der durch Arbeitskampffolgen betroffenen Arbeitnehmer trotz wechselnder Begründung im Ergebnis nach allgemeiner Auffassung verneint wurde.[9] Insoweit handelt es sich daher gerade nicht um „Fälle, in denen der Arbeitgeber das Risiko des Arbeitsausfalls trägt" (S. 3). Daran ändert die Neuregelung nichts. Auch irgendwelche Direktiven für eine Weiterentwicklung können ihr nicht entnommen werden.

§ 616 Vorübergehende Verhinderung

[1]**Der zur Dienstleistung Verpflichtete wird des Anspruchs auf die Vergütung nicht dadurch verlustig, daß er für eine verhältnismäßig nicht erhebliche Zeit durch einen in seiner Person liegenden Grund ohne sein Verschulden an der Dienstleistung verhindert wird.** [2]**Er muß sich jedoch den Betrag anrechnen lassen, welcher ihm für die Zeit der Verhinderung aus einer auf Grund gesetzlicher Verpflichtung bestehenden Kranken- oder Unfallversicherung zukommt.**

§ 617 Pflicht zur Krankenfürsorge

(1) [1]Ist bei einem dauernden Dienstverhältnis, welches die Erwerbstätigkeit des Verpflichteten vollständig oder hauptsächlich in Anspruch nimmt, der Verpflichtete in die häusliche Gemeinschaft aufgenommen, so hat der Dienstberechtigte ihm im Fall der Erkrankung die erforderliche Verpflegung und ärztliche Behandlung bis zur Dauer von sechs Wochen, jedoch nicht über die Beendigung des Dienstverhältnisses hinaus, zu gewähren, sofern nicht die Erkrankung von dem Verpflichteten vorsätzlich oder durch grobe Fahrlässigkeit herbeigeführt worden ist. [2]Die Verpflegung und ärztliche Behandlung kann durch Aufnahme des Verpflichteten in eine Krankenanstalt gewährt werden. [3]Die Kosten können auf die für die Zeit der Erkrankung geschuldete Vergütung angerechnet werden. [4]Wird das Dienstverhältnis wegen der Erkrankung von dem Dienstberechtigten nach § 626 gekündigt, so bleibt die dadurch herbeigeführte Beendigung des Dienstverhältnisses außer Betracht.
(2) [1]Die Verpflichtung des Dienstberechtigten tritt nicht ein, wenn für die Verpflegung und ärztliche Behandlung durch eine Versicherung oder durch eine Einrichtung der öffentlichen Krankenpflege Vorsorge getroffen ist.

§ 618 Pflicht zu Schutzmaßnahmen

(1) [1]Der Dienstberechtigte hat Räume, Vorrichtungen oder Gerätschaften, die er zur Verrichtung der Dienste zu beschaffen hat, so einzurichten und zu unterhalten und Dienstleistungen, die unter seiner Anordnung oder seiner Leitung vorzunehmen sind, so zu regeln, daß der Verpflichtete gegen Gefahr für Leben und Gesundheit soweit geschützt ist, als die Natur der Dienstleistung es gestattet.
(2) [1]Ist der Verpflichtete in die häusliche Gemeinschaft aufgenommen, so hat der Dienstberechtigte in Ansehung des Wohn- und Schlafraums, der Verpflegung sowie der Arbeits- und Erholungszeit diejenigen Einrichtungen und Anordnungen zu treffen, welche mit Rücksicht auf die Gesundheit, die Sittlichkeit und die Religion des Verpflichteten erforderlich sind.
(3) [1]Erfüllt der Dienstberechtigte die ihm in Ansehung des Lebens und der Gesundheit des Verpflichteten obliegenden Verpflichtungen nicht, so finden auf seine Verpflichtung zum Schadensersatz die für unerlaubten Handlungen geltenden Vorschriften der §§ 842 bis 846 entsprechende Anwendung.

§ 619 Unabdingbarkeit der Fürsorgepflichten

[1]Die dem Dienstberechtigten nach den §§ 617, 618 obliegenden Verpflichtungen können nicht im voraus durch Vertrag aufgehoben oder beschränkt werden.

§ 619a Beweislast bei Haftung des Arbeitnehmers

[1]Abweichend von § 280 Abs. 1 hat der Arbeitnehmer dem Arbeitgeber Ersatz für den aus der Verletzung einer Pflicht aus dem Arbeitsverhältnis entstehenden Schaden nur zu leisten, wenn er die Pflichtverletzung zu vertreten hat.

---

7 Grundlegend *Picker*, JZ 1979, 285; 1985, 693; zum Ganzen Staudinger/*Richardi*, § 615 Rn 193 ff., 200 ff.
8 Zum Stand der Betriebsrisikolehre nur Zöllner/*Loritz*, § 18 V 1 (S. 239 ff.); *Lieb*, a.a.O., Rn 160 ff.; MüKo/*Schaub*, § 615 Rn 109 ff.; Erfurter Kommentar/*Preis*, § 615 Rn 126 ff.
9 Zur Arbeitskampfrisikolehre Zöllner/*Loritz*, a.a.O., § 18 V 2 (S. 241 ff.); *Lieb*, a.a.O., Rn 670 ff.; *Löwisch*, Arbeitskampf- und Schlichtungsrecht, S. 215 ff.

Das Schuldrechtsmodernisierungsgesetz hat der neuen schadensersatzrechtlichen Generalnorm des § 280 Abs. 1 S. 1 in S. 2 eine ebenso umfassende Beweislastregelung zu Lasten des Schuldners hinzugefügt: Es wird generell vermutet, dass der Schuldner eine von ihm begangene Pflichtverletzung auch zu vertreten hat. Dies hat im arbeitsrechtlichen Schrifttum zu Befürchtungen geführt, die insbesondere von der Rechtsprechung des BAG[1] geprägte Beweislastverteilung könne zum Nachteil der Arbeitnehmer verändert werden.[2] Dem hat der Gesetzgeber sozusagen in letzter Minute Rechnung getragen: Aus der jetzt gewählten Formulierung des § 619a ergibt sich, dass sich die Beweislast bezüglich Pflichtverletzungen des Arbeitnehmers nach allgemeinen Grundsätzen richten soll.[3] Die von § 280 Abs. 1 S. 2 verfügte Umkehr der Beweislast kommt demnach bei Pflichtverletzungen des Arbeitnehmers nicht zur Anwendung. Darin erschöpft sich der Regelungsgehalt der neuen Vorschrift; insbesondere stellt sie keine eigenständige Anspruchsgrundlage dar; Anspruchsgrundlage für Schadensersatzansprüche auch bei arbeitsrechtlichen Pflichtverletzungen ist und bleibt vielmehr § 280 Abs. 1 S. 1.

Die allgemeinen Regelungen bezüglich der Beweislastverteilung führen in der Regel zur Beweislast des Arbeitgebers. Soweit die Rechtsprechung in Würdigung arbeitsrechtlicher Besonderheiten insbesondere Systeme abgestufter Darlegungslast entwickelt hat,[4] werden diese durch die Neuregelung nicht berührt; sie gehören vielmehr insoweit zu den allgemeinen Grundsätzen.

Die Beweislast bei Ansprüchen des Arbeitnehmers gegen den Arbeitgeber folgt allgemeinen Regeln; sie wird von § 619 nicht berührt.

§ 620 Beendigung des Dienstverhältnisses

(1) ¹Das Dienstverhältnis endet mit dem Ablauf der Zeit, für die es eingegangen ist.
(2) ¹Ist die Dauer des Dienstverhältnisses weder bestimmt noch aus der Beschaffenheit oder dem Zweck der Dienste zu entnehmen, so kann jeder Teil das Dienstverhältnis nach Maßgabe der §§ 621 bis 623 kündigen.
(3) ¹Für Arbeitsverträge, die auf bestimmte Zeit abgeschlossen werden, gilt das Teilzeit- und Befristungsgesetz.

§ 621 Kündigungsfristen bei Dienstverhältnissen

¹Bei einem Dienstverhältnis, das kein Arbeitsverhältnis im Sinn des § 622 ist, ist die Kündigung zulässig,
1. wenn die Vergütung nach Tagen bemessen ist, an jedem Tag für den Ablauf des folgenden Tages;
2. wenn die Vergütung nach Wochen bemessen ist, spätestens am ersten Werktag einer Woche für den Ablauf des folgenden Sonnabends;
3. wenn die Vergütung nach Monaten bemessen ist, spätestens am fünfzehnten eines Monats für den Schluß des Kalendermonats;
4. wenn die Vergütung nach Vierteljahren oder längeren Zeitabschnitten bemessen ist, unter Einhaltung einer Kündigungsfrist von sechs Wochen für den Schluß eines Kalendervierteljahres;
5. wenn die Vergütung nicht nach Zeitabschnitten bemessen ist, jederzeit; bei einem die Erwerbstätigkeit des Verpflichteten vollständig oder hauptsächlich in Anspruch nehmenden Dienstverhältnis ist jedoch eine Kündigungsfrist von zwei Wochen einzuhalten.

§ 622 Kündigungsfristen bei Arbeitsverhältnissen

(1) ¹Das Arbeitsverhältnis eines Arbeiters oder eines Angestellten (Arbeitnehmers) kann mit einer Frist von vier Wochen zum Fünfzehnten oder zum Ende eines Kalendermonats gekündigt werden.
(2) ¹Für eine Kündigung durch den Arbeitgeber beträgt die Kündigungsfrist, wenn das Arbeitsverhältnis in dem Betrieb oder Unternehmen
1. zwei Jahre bestanden hat, einen Monat zum Ende eines Kalendermonats,
2. fünf Jahre bestanden hat, zwei Monate zum Ende eines Kalendermonats,
3. acht Jahre bestanden hat, drei Monate zum Ende eines Kalendermonats,
4. zehn Jahre bestanden hat, vier Monate zum Ende eines Kalendermonats,
5. zwölf Jahre bestanden hat, fünf Monate zum Ende eines Kalendermonats,
6. fünfzehn Jahre bestanden hat, sechs Monate zum Ende eines Kalendermonats,
7. zwanzig Jahre bestanden hat, sieben Monate zum Ende eines Kalendermonats.
²Bei der Berechnung der Beschäftigungsdauer werden Zeiten, die vor der Vollendung des fünfundzwanzigsten Lebensjahres des Arbeitnehmers liegen, nicht berücksichtigt.

---

[1] BAG NJW 1999, 1049, 1052 (zur sog. Mankohaftung).
[2] *Löwisch*, NZA 2001, 465, 466.
[3] Siehe BT-Drucks 14/7052, S. 204 zu Nr. 36 b.
[4] BAG NJW 1999, 1049, 1052 li. Sp.

(3) ¹Während einer vereinbarten Probezeit, längstens für die Dauer von sechs Monaten, kann das Arbeitsverhältnis mit einer Frist von zwei Wochen gekündigt werden.
(4) ¹Von den Absätzen 1 bis 3 abweichende Regelungen können durch Tarifvertrag vereinbart werden. ²Im Geltungsbereich eines solchen Tarifvertrages gelten die abweichenden tarifvertraglichen Bestimmungen zwischen nichttarifgebundenen Arbeitgebern und Arbeitnehmern, wenn ihre Anwendung zwischen ihnen vereinbart ist.
(5) ¹Einzelvertraglich kann eine kürzere als die in Absatz 1 genannte Kündigungsfrist nur vereinbart werden,
1. wenn ein Arbeitnehmer zur vorübergehenden Aushilfe eingestellt ist; dies gilt nicht, wenn das Arbeitsverhältnis über die Zeit von drei Monaten hinaus fortgesetzt wird;
2. wenn der Arbeitgeber in der Regel nicht mehr als zwanzig Arbeitnehmer ausschließlich der zu ihrer Berufsbildung Beschäftigten beschäftigt und die Kündigungsfrist vier Wochen nicht unterschreitet. Bei der Feststellung der Zahl der beschäftigten Arbeitnehmer sind teilzeitbeschäftigte Arbeitnehmer mit einer regelmäßigen wöchentlichen Arbeitszeit von nicht mehr als 20 Stunden mit 0,5 und nicht mehr als 30 Stunden mit 0,75 zu berücksichtigen.
²Die einzelvertragliche Vereinbarung längerer als der in den Absätzen 1 bis 3 genannten Kündigungsfristen bleibt hiervon unberührt.
(6) ¹Für die Kündigung des Arbeitsverhältnisses durch den Arbeitnehmer darf keine längere Frist vereinbart werden als für die Kündigung durch den Arbeitgeber.

§ 623 Schriftform der Kündigung

¹Die Beendigung von Arbeitsverhältnissen durch Kündigung oder Auflösungsvertrag bedürfen zu ihrer Wirksamkeit der Schriftform; die elektronische Form ist ausgeschlossen.

§ 624 Kündigungsfrist bei Verträgen über mehr als 5 Jahre

¹Ist das Dienstverhältnis für die Lebenszeit einer Person oder für längere Zeit als fünf Jahre eingegangen, so kann es von dem Verpflichteten nach dem Ablauf von fünf Jahren gekündigt werden. ²Die Kündigungsfrist beträgt sechs Monate.

§ 625 Stillschweigende Verlängerung

¹Wird das Dienstverhältnis nach dem Ablauf der Dienstzeit von dem Verpflichteten mit Wissen des anderen Teils fortgesetzt, so gilt es als auf unbestimmte Zeit verlängert, sofern nicht der andere Teil unverzüglich widerspricht.

§ 626 Fristlose Kündigung aus wichtigem Grund

(1) ¹Das Dienstverhältnis kann von jedem Vertragsteil aus wichtigem Grund ohne Einhaltung einer Kündigungsfrist gekündigt werden, wenn Tatsachen vorliegen, auf Grund derer dem Kündigenden unter Berücksichtigung aller Umstände des Einzelfalls und unter Abwägung der Interessen beider Vertragsteile die Fortsetzung des Dienstverhältnisses bis zum Ablauf der Kündigungsfrist oder bis zu der vereinbarten Beendigung des Dienstverhältnisses nicht zugemutet werden kann.
(2) ¹Die Kündigung kann nur innerhalb von zwei Wochen erfolgen. ²Die Frist beginnt mit dem Zeitpunkt, in dem der Kündigungsberechtigte von den für die Kündigung maßgebenden Tatsachen Kenntnis erlangt. ³Der Kündigende muß dem anderen Teil auf Verlangen den Kündigungsgrund unverzüglich schriftlich mitteilen.

§ 627 Fristlose Kündigung bei Vertrauensstellung

(1) ¹Bei einem Dienstverhältnis, das kein Arbeitsverhältnis im Sinn des § 622 ist, ist die Kündigung auch ohne die im § 626 bezeichnete Voraussetzung zulässig, wenn der zur Dienstleistung Verpflichtete, ohne in einem dauernden Dienstverhältnis mit festen Bezügen zu stehen, Dienste höherer Art zu leisten hat, die auf Grund besonderen Vertrauens übertragen zu werden pflegen.
(2) ¹Der Verpflichtete darf nur in der Art kündigen, daß sich der Dienstberechtigte die Dienste anderweit beschaffen kann, es sei denn, daß ein wichtiger Grund für die unzeitige Kündigung vorliegt. ²Kündigt er ohne solchen Grund zur Unzeit, so hat er dem Dienstberechtigten den daraus entstehenden Schaden zu ersetzen.

§ 628 Teilvergütung und Schadensersatz bei fristloser Kündigung

(1) ¹Wird nach dem Beginn der Dienstleistung das Dienstverhältnis auf Grund des § 626 oder des § 627 gekündigt, so kann der Verpflichtete einen seinen bisherigen Leistungen entsprechenden Teil der Vergütung verlangen. ²Kündigt er, ohne durch vertragswidriges Verhalten des anderen Teils dazu veranlaßt zu sein, oder veranlaßt er durch sein vertragswidriges Verhalten die Kündigung des

anderen Teils, so steht ihm ein Anspruch auf die Vergütung insoweit nicht zu, als seine bisherigen Leistungen infolge der Kündigung für den anderen Teil kein Interesse haben. ³Ist die Vergütung für eine spätere Zeit im voraus entrichtet, so hat der Verpflichtete sie nach Maßgabe des § 347 oder, wenn die Kündigung wegen eines Umstands erfolgt, den er nicht zu vertreten hat, nach den Vorschriften über die Herausgabe einer ungerechtfertigten Bereicherung zurückzuerstatten.
(2) ¹Wird die Kündigung durch vertragswidriges Verhalten des anderen Teils veranlaßt, so ist dieser zum Ersatz des durch die Aufhebung des Dienstverhältnisses entstehenden Schadens verpflichtet.

§ 629 Freizeit zur Stellungssuche

¹Nach der Kündigung eines dauernden Dienstverhältnisses hat der Dienstberechtigte dem Verpflichteten auf Verlangen angemessene Zeit zum Aufsuchen eines anderen Dienstverhältnisses zu gewähren.

§ 630 Pflicht zur Zeugniserteilung

¹Bei der Beendigung eines dauernden Dienstverhältnisses kann der Verpflichtete von dem anderen Teil ein schriftliches Zeugnis über das Dienstverhältnis und dessen Dauer fordern. ²Das Zeugnis ist auf Verlangen auf die Leistungen und die Führung im Dienst zu erstrecken. ³Die Erteilung des Zeugnisses in elektronischer Form ist ausgeschlossen.

Titel 9. Werkvertrag und ähnliche Verträge

Vorbemerkung zu §§ 631 ff.

Literatur: *L. Haas*, Entwurf eines Schuldrechtsmodernisierungsgesetzes: Kauf- und Werkvertragsrecht, BB 2001, 1313; *Krebs*, Die große Schuldrechtsreform, DB 2000, Beilage Nr. 14; *F. Peters*, Das geplante Werkvertragsrecht II, in: Ernst/Zimmermann, Zivilrechtswissenschaft und Schuldrechtsreform, 2001, S. 277; *G. Raiser*, Das Werkvertragsrecht nach dem Regierungsentwurf eines Schuldrechtsmodernisierungsgesetzes, NZBau 2001, 598; *H. Roth*, Die Reform des Werkvertragsrechts, JZ 2001, 543; *Seiler*, Das geplante Werkvertragsrecht I, in: Ernst/Zimmermann, Zivilrechtswissenschaft und Schuldrechtsreform, 2001, S. 263; *Teichmann*, Empfiehlt sich eine Neukonzeption des Werkvertragsrechts?, Gutachten A in: Verhandlungen des 55. DJT, 1984; *Westphalen, Graf von*, Die Neuregelungen des Entwurfs eines Schuldrechtsmodernisierungsgesetzes für das Kauf- und Werkvertragsrecht, DB 2001, 799; *Weyers*, Werkvertrag, in: Bundesministerium der Justiz (Hrsg.), Gutachten und Vorschläge zur Überarbeitung des Schuldrechts, Bd. II, 1981, S. 1115.

Inhalt

A. Die wichtigsten Änderungen im Überblick	1	1. Nacherfüllungsanspruch des Bestellers	5
B. Die wichtigsten Neuerungen im Gewährleistungsrecht	4	2. Schadensersatzanspruch	8
I. Einbindung der vertraglichen Gewährleistung in das allgemeine Leistungsstörungsrecht	5	3. Angleichung des Gewährleistungsrechts von Kauf- und Werkvertrag	9
		4. Neugestaltung der Verjährungsregelung	12

A. Die wichtigsten Änderungen im Überblick

Die Neuregelungen im Werkvertragsrecht sind in der endgültigen Gesetzesfassung deutlich zurückhaltender ausgefallen als ursprünglich beabsichtigt. So hatten sowohl der Abschlussbericht der Schuldrechtskommission als auch §§ 631 – 648 DiskE eine Neuregelung bzw. Neufassung nahezu des gesamten Werkvertragsrechts vorgesehen. Neu formuliert werden sollte insbesondere auch der Inhalt der Leistungspflichten in § 631 DiskE. Außerdem war geplant, für die Fälligkeit des Werklohns und den Gefahrübergang im Grundsatz nicht mehr auf die Abnahme, sondern auf die Fertigstellung des Werkes abzustellen.[1]

Bereits der Gesetzentwurf der Bundesregierung[2] beschränkte sich demgegenüber – neben einigen redaktionellen Änderungen – auf drei Komplexe:
– Die Einführung einer Regelung über die Vergütung für einen Kostenanschlag (§ 632 Abs. 3).
– Die Reform des Gewährleistungsrechts (§§ 633 – 639). Im Mittelpunkt standen dabei die Einbindung der Gewährleistungsvorschriften in das allgemeine Recht der Leistungsstörungen, die weitgehende Angleichung an das Kaufrecht sowie die Neuregelung der Verjährung (vgl. näher Rn 5 ff.).

---
1 Vgl. §§ 639-641 DiskE; mit Recht kritisch dazu *Krebs*, DB 2000, Beilage Nr. 14, S. 24 f.
2 BT-Drucks 14/6040, 30 ff.; BT-Drucks 14/6857, 5.

- Die Neuabgrenzung des Anwendungsbereiches von Kauf- und Werkvertragsrecht (§ 651).

3 Entgegen den Vorschlägen in §§ 631 ff. DiskE behält das Gesetz auch bei der Bezeichnung der Parteien des Werkvertrages die vertraute Terminologie bei. Während der DiskE den Schuldner der Werkleistung als „Hersteller" bezeichnet, verwendet das Gesetz wieder den Begriff „Unternehmer".[3] Dies ist zu begrüßen, da der Begriff „Hersteller" suggeriert, dass es um die Herstellung einer Sache geht, weswegen eine Vielzahl denkbarer werkvertraglicher Leistungspflichten allenfalls mit großen sprachlichen Verrenkungen hierunter zu fassen gewesen wären (z.B. bei Transport- oder Reparaturleistungen). Der Begriff des „Unternehmers" ist demgegenüber besser geeignet, die gesamte Bandbreite des Werkvertrages aufzunehmen.[4]

B. Die wichtigsten Neuerungen im Gewährleistungsrecht

4 Im Bereich des Gewährleistungsrechts lassen sich im Wesentlichen drei Schwerpunkte der Neuregelung ausmachen:
- Einbindung der werkvertraglichen Gewährleistung in das allgemeine Recht der Leistungsstörungen,
- Angleichung der Gewährleistung bei Kaufvertrag und Werkvertrag,
- Neugestaltung der Verjährung von Ansprüchen des Bestellers bei Mängeln der Werkleistung.

I. Einbindung der vertraglichen Gewährleistung in das allgemeine Leistungsstörungsrecht

1. Nacherfüllungsanspruch des Bestellers

5 In der mangelnden Abstimmung der Gewährleistungsvorschriften mit dem allgemeinen Leistungsstörungsrecht erblickte der Gesetzgeber mit Recht ein wesentliches Defizit des bisherigen Rechts.[5] Dies galt zunächst für das **Verhältnis zwischen dem primären vertraglichen Erfüllungsanspruch und dem gewährleistungsrechtlichen Nachbesserungs- bzw. Nachlieferungsanspruch**. Die Problematik spitzte sich insbesondere beim Kaufvertrag zu in der Abgrenzung zwischen der Lieferung einer mangelhaften Sache und der Aliud-Lieferung.[6]

6 Im Werkvertragsrecht stellte sich eine ähnliche Problematik. Zwar stand aufgrund der Regelung in § 633 Abs. 1 a.F. schon bisher fest, dass die Mangelfreiheit des Werkes Bestandteil der primären Erfüllungspflicht des Unternehmers ist, weswegen der Anspruch auf Beseitigung vorhandener Mängel aus § 633 Abs. 2 S. 1 a.F. allgemein als Ausformung des ursprünglichen Erfüllungsanspruches angesehen wurde.[7] Dennoch wurde hiervon stets der ursprüngliche Erfüllungsanspruch, gerichtet auf (mangelfreie) Herstellung des Werkes, unterschieden. Dies hatte nicht zuletzt Bedeutung für die Anwendbarkeit der Vorschriften des allgemeinen Leistungsstörungsrechts. Nach der st. Rspr. des BGH stand dem Besteller der **ursprüngliche Erfüllungsanspruch bis zur Abnahme des Werkes** zu. Bis zu diesem Zeitpunkt konnte der Besteller die aus den allgemeinen Vorschriften folgenden Ansprüche – etwa auf Schadensersatz wegen Verzögerung der Herstellung oder wegen Nichterfüllung (§§ 286, 326 a.F.) – geltend machen. Nach der Abnahme richteten sich die Rechte des Bestellers dagegen ausschließlich nach den Gewährleistungsvorschriften der §§ 633 ff. a.F.[8]

7 § 633 Abs. 1 sieht wiederum vor, dass die **Freiheit von Mängeln Teil der primären Erfüllungspflicht** des Werkunternehmers ist. Aus § 635 Abs. 1 ergibt sich, dass der Besteller die Beseitigung von Mängeln bis zur Neuherstellung verlangen kann. Nach der gesetzlichen Grundkonzeption stellt die Einstandspflicht für Mängel der Leistung nur einen besonderen Anwendungsfall der Nichterfüllung (das Gesetz verwendet den Begriff der Pflichtverletzung) dar.[9] Auch der Nacherfüllungsanspruch (§ 635) ist daher nichts anderes als der auf dem Vertrag selbst beruhende Anspruch auf vertragsgemäße Herstellung des Werkes (§ 631 Abs. 1), so dass die Unterscheidung zwischen primärem Erfüllungsanspruch und Gewährleistungsrechten entfällt. Im Übrigen hätte eine solche Differenzierung praktisch nahezu jede Bedeutung verloren. So entfällt zum einen infolge der Einbeziehung der Aliud-Lieferung und der teilweisen Nichterfüllung in das Gewährleistungsrecht durch § 633 Abs. 2 S. 2 ein wesentlicher Anwendungsbereich für einen besonderen primären Erfüllungsanspruch. Zum anderen werden die Gewährleistungsrechte in ihren Voraussetzungen

---

3 Vgl. bereits §§ 633 ff. der KF sowie RegE BT-Drucks 14/6040, 30 ff., BT-Drucks 14/6857, 5.
4 Zutreffend *Seiler*, Das geplante Werkvertragsrecht I, in: *Ernst/Zimmermann*, Zivilrechtswissenschaft und Schuldrechtsreform, 2001, S. 264 f.
5 Begr. RegE BT-Drucks 14/6040, 208 ff.
6 Zu dieser Problematik etwa BGH NJW 1968, 640; NJW 1989, 218; vgl. auch Begr. RegE BT-Drucks 14/6040, 211.
7 Palandt/*Sprau*, Vor § 633 Rn 4; Soergel/*Teichmann*, Vor § 633 Rn 1; Staudinger/*Peters*, § 633 Rn 164.
8 BGH NJW 1999, 2046, 2047; zu weiteren Besonderheiten des Nacherfüllungsanspruches nach der früheren Rechtslage Staudinger/*Peters*, § 633 Rn 166.
9 Diese Konzeption hat sich nunmehr auch im Kaufrecht durchgesetzt. Vgl. Begr. RegE BT-Drucks 14/6040, 209, 219 f.; *Westermann*, JZ 2001, 530, 536; *Teichmann*, BB 2001, 1485, 1486; dazu dass der Begriff „Nichterfüllung" als Oberbegriff für sämtliche Leistungsstörungstatbestände besser geeignet ist, vgl. *Canaris*, JZ 2001, 499, 522 f.; *Westermann*, a.a.O.

und Rechtsfolgen den allgemeinen Rechtsbehelfen angeglichen, da § 634 Nr. 3 und 4 für das Rücktrittsrecht und den Anspruch auf Schadensersatz auf die allgemeinen Vorschriften verweist. Auch § 635 Abs. 3 nimmt für den Nacherfüllungsanspruch auf das Leistungsverweigerungsrecht aus § 275 Abs. 2 und 3 Bezug.

2. Schadensersatzanspruch

Eine Folge der Verkoppelung des Gewährleistungsrechts mit dem allgemeinen Recht der Leistungsstörungen ist, dass die Notwendigkeit der **Abgrenzung zwischen** dem besonderen **werkvertraglichen Schadensersatzanspruch** aus § 635 a.F. und dem – bislang ungeregelten – Anspruch aus **positiver Vertragsverletzung (pVV) entfallen** ist (näher § 636 Rn 23 ff.). Für den Schadensersatzanspruch bei mangelhafter Herstellung des Werkes gelten nun vielmehr aufgrund der Verweisung des § 634 Nr. 4 ausschließlich die neuen §§ 280, 281, 283. 8

3. Angleichung des Gewährleistungsrechts von Kauf- und Werkvertrag

Neben einer besseren Abstimmung mit dem allgemeinen Leistungsstörungsrecht sollte mit der Neuregelung zugleich eine Anpassung der Mängelhaftung von Verkäufer und Werkunternehmer erfolgen.[10] Dies war schon deshalb erforderlich, weil das Gesetz für den Werkvertrag schon bisher teilweise auf die kaufrechtlichen Vorschriften verwies (z.B. §§ 634 Abs. 4, 639 Abs. 1 a.F.) und diese Vorschriften z.T. grundlegend umgestaltet worden sind. Die Angleichung war aber auch geboten, um **Systembrüche und Wertungswidersprüche zu vermeiden**, zumal durch § 651 nunmehr der Werklieferungsvertrag weithin dem Regime des Kaufrechts unterstellt wird (näher hierzu § 651 Rn 4 ff.). Dabei wurde im Gesetzgebungsverfahren besonders darauf geachtet, bis in die einzelnen Formulierungen einen Gleichlauf von Kauf und Werkvertragsrecht bei inhaltlich entsprechenden Vorschriften herzustellen, um einem Auseinanderdriften beider Bereiche in der praktischen Rechtsanwendung entgegenzuwirken.[11] 9

Inhaltlich vollzieht sich die Anpassung allerdings nicht im Wege der Annäherung des Werkvertragsrechts an das Kaufrecht, sondern umgekehrt durch die **Übernahme weiter Teile des werkvertraglichen Gewährleistungsrechts in das Kaufrecht**.[12] So findet sich etwa der Nacherfüllungsanspruch (§ 633 Abs. 2 S. 1 a.F., §§ 634 Nr. 1, 635) in §§ 437 Nr. 1, 439 wieder und hinsichtlich des Ersatzes von Schäden infolge der mangelhaften Sache statuiert das Gesetz anstelle der Haftung für Zusicherung und Arglist in § 463 a.F. in §§ 437 Nr. 3, 280 Abs. 1 eine allgemeine Haftung für Fahrlässigkeit des Verkäufers, wie sie bereits in § 635 a.F. enthalten war und nunmehr in §§ 634 Nr. 4, 280 Abs. 1 vorgesehen ist. 10

Konzeptionell neue Ansätze werden dementsprechend für Kauf- und Werkvertragsrecht einheitlich durchgeführt. Dies gilt etwa für die Gleichbehandlung von Sach- und Rechtsmängeln (§ 433 Abs. 1 S. 2, § 633 Abs. 1) oder die Einführung eines Rücktrittsrechts als einseitiges Gestaltungsrecht an Stelle des Anspruches auf Wandelung (§ 437 Nr. 2, § 634 Nr. 3). 11

4. Neugestaltung der Verjährungsregelung

Vgl. hierzu die Erläuterungen zu § 634 a. 12

Untertitel 1. Werkvertrag

§ 631 Vertragstypische Pflichten beim Werkvertrag

(1) ¹Durch den Werkvertrag wird der Unternehmer zur Herstellung des versprochenen Werkes, der Besteller zur Entrichtung der vereinbarten Vergütung verpflichtet.
(2) ¹Gegenstand des Werkvertrags kann sowohl die Herstellung oder Veränderung einer Sache als ein anderer durch Arbeit oder Dienstleistung herbeizuführender Erfolg sein.

§ 632 Vergütung

(1) ¹Eine Vergütung gilt als stillschweigend vereinbart, wenn die Herstellung des Werkes den Umständen nach nur gegen eine Vergütung zu erwarten ist.

---

10 Begr. RegE BT-Drucks 14/6040, 260.
11 Vgl. etwa noch die Änderungsvorschläge in der Beschlussempfehlung des Rechtsausschusses vom 25.9.2001 BT-Drucks 14/7052, 65 ff. betreffend § 633 Abs. 2 S. 2 Nr. 2, § 634a Abs. 5 sowie § 638 Abs. 3.
12 *L. Haas*, BB 2001, 1313, 1320; *H. Roth*, JZ 2001, 543, 546; anders oder zumindest missverständlich insoweit *Dauner-Lieb*, JZ 2001, 8, 14; *Krebs*, DB 2000, Beilage Nr. 14, S. 24, die von einer Angleichung des Werkvertragsrechts an das Kaufrecht sprechen.

(2) ¹Ist die Höhe der Vergütung nicht bestimmt, so ist bei dem Bestehen einer Taxe die taxmäßige Vergütung, in Ermangelung einer Taxe die übliche Vergütung als vereinbart anzusehen.
(3) ¹Ein Kostenanschlag ist im Zweifel nicht zu vergüten.

Inhalt

A. Entstehungsgeschichte	1	I. Grundsatz: Keine Vergütung für den Kostenanschlag	7
B. Bisherige Rechtslage	4	II. Abweichende Vereinbarung	9
C. Neuregelung des Abs. 3	7	III. Sonstige Vorarbeiten	12

A. Entstehungsgeschichte

1 **Abs. 1 und 2** sind **unverändert** geblieben. Von der ursprünglich geplanten Zusammenfassung beider Regelungen[1] wurde abgesehen. Daher findet sich auch die Vorschrift über die Abschlagszahlungen, die nach dem DiskE den neuen § 632 bilden sollte, nach wie vor und inhaltlich unverändert in § 632a.

2 **Neu** in das Gesetz aufgenommen wurde **Abs. 3**. Bereits § 631 Abs. 4 DiskE enthielt eine inhaltsgleiche Regelung. Diese rückte dann aufgrund der Tatsache, dass §§ 631, 632 a.F. im Prinzip unverändert bleiben sollten, in § 632 Abs. 3 RegE.[2] In den weiteren Beratungen spielte die Vorschrift keine Rolle mehr, weswegen sich auch keine Änderungen hinsichtlich Inhalt und Standort der Norm im Gesetz mehr ergaben.

3 § 648 DiskE enthielt darüber hinaus eine Neuregelung für die Fälle der wesentlichen Überschreitung eines unverbindlichen Kostenanschlags des Unternehmers, die an die Stelle des § 650 treten sollte und die Rechtsposition des Bestellers wesentlich verbessert hätte. Dieser Vorschlag ist jedoch schon im RegE nicht mehr aufgegriffen worden.

B. Bisherige Rechtslage

4 Das BGB enthält bisher **keine ausdrückliche Regelung** hinsichtlich der gesonderten **Vergütung von Vorarbeiten** des Unternehmers.[3] Hierzu zählen außer einem Kostenanschlag sämtliche Tätigkeiten, die im Vorfeld des Vertragsschlusses liegen und diesen vorbereiten sollen, z.B. die Anfertigung von Zeichnungen, Leistungsbeschreibungen oder Modellen. Sofern es anschließend tatsächlich zum **Vertragsabschluss kommt**, waren solche Vorarbeiten mangels abweichender Vereinbarung als mit dem vereinbarten Werklohn abgegolten anzusehen, da sie in die Preiskalkulation eingehen.[4]

5 Kommt es hinsichtlich der eigentlichen Werkleistungen nicht zum Vertragsabschluss, kann sich ein vertraglicher **Anspruch auf eine Vergütung** für die Vorarbeiten – sofern eine solche nicht ausdrücklich vereinbart ist – nur **aus Abs. 1** ergeben. Voraussetzung ist demnach, dass hinsichtlich der Durchführung der Vorarbeiten ein besonderer Werkvertrag (zumindest konkludent) geschlossen worden und die Ausführung der Vorarbeiten den Umständen nach nur gegen Vergütung zu erwarten ist.[5] Rechtsprechung und Literatur stellten hierfür in der Vergangenheit überwiegend darauf ab, in wessen Interesse die Vorarbeiten liegen.[6] Sind die Vorarbeiten erforderlich, um überhaupt erst ein annahmefähiges Angebot abgeben zu können, so handelt es sich um Aufwendungen, die der Unternehmer im eigenen Interesse und auf eigenes Risiko tätigt, um im Wettbewerb mit anderen Anbietern den Zuschlag für die Werkleistung zu erhalten.[7] Liegen dagegen die Vorarbeiten überwiegend im Interesse des Bestellers, gehen sie insbesondere deutlich über dasjenige hinaus, was der Unternehmer zur Abgabe des Angebots unternehmen muss, und sind sie auch unabhängig von einem späteren Vertragsabschluss für den Besteller von Vorteil, so handelt es sich typischerweise um eine gesondert zu vergütende Leistung.[8] Stets erforderlich ist allerdings eine (zumindest konkludente) **Abrede zwischen Unternehmer und Besteller**, die den Unternehmer zu den Vorarbeiten verpflichtet. Ohne eine solche Abrede liegt von vornherein kein besonderer Werkvertrag vor. Eine Vergütung scheidet deshalb insbesondere dann aus, wenn der Unternehmer die Vorarbeiten aus eigenem Antrieb vornimmt.[9]

---

1 Vgl. § 631 Abs. 2 DiskE.
2 Vgl. BT-Drucks 14/6040, 30; BT-Drucks 14/6857, 5.
3 Eine Sonderregelung für den Bereich des Baugewerbes enthält § 20 Ziff. 2 Abs. 1 S. 1 VOB/A.
4 MüKo/*Soergel*, § 632 Rn 4; Staudinger/*Peters*, § 632 Rn 37.
5 Palandt/*Sprau*, § 632 Rn 5; Soergel/*Teichmann*, § 632 Rn 7 f.; Staudinger/*Peters*, § 632 Rn 38.
6 OLG Hamm NJW-RR 1996, 83; OLG Koblenz MDR 1998, 343; OLG Nürnberg NJW-RR 1993, 760; Palandt/*Sprau*, § 632 Rn 5; Soergel/*Teichmann*, § 632 Rn 8 f.
7 BGH NJW 1979, 2202; OLG Koblenz MDR 1998, 343; OLG Köln NJW-RR 1998, 309; Palandt/*Sprau*, § 632 Rn 5; Soergel/*Teichmann*, § 632 Rn 8; Staudinger/*Peters*, § 632 Rn 40.
8 OLG Koblenz NJW-RR 1996, 1045; OLG Saarbrücken NJW-RR 1999, 1035; Palandt/*Sprau*, § 632 Rn 5; Soergel/*Teichmann*, § 632 Rn 9.
9 Staudinger/*Peters*, § 632 Rn 38.

Ein **Anspruch** des Unternehmers auf Vergütung für einen Kostenanschlag wurde auf dieser Grundlage bisher im Regelfalle verneint.[10] Der Kostenanschlag dient zum einen dazu, dem Besteller den Vergleich mit den Angeboten anderer Anbieter zu ermöglichen. Zum anderen wird der Unternehmer den Besteller nur dann zum Vertragsabschluss bewegen können, wenn dieser einschätzen kann, ob die mit der Werkleistung verbundenen Kosten in angemessenem Verhältnis zu dem erwarteten Nutzen stehen. Die Aufwendungen für den Kostenanschlag tätigt der Unternehmer also typischerweise, weil er ein eigenes Interesse am Zustandekommen des Vertrages hat.

C. Neuregelung des Abs. 3
I. Grundsatz: Keine Vergütung für den Kostenanschlag

Der neue **Abs. 3 bestätigt die bisherige Rechtslage** und schafft insoweit eine klare Rechtsgrundlage. Nach Ansicht des Gesetzgebers war eine solche Regelung erforderlich, weil sich die Frage der Vergütung des Kostenanschlages im Rechtsalltag wegen des Fehlens einer gesetzlichen Regelung als häufige Streitquelle erweise. Es entspreche jedoch „dem allgemeinen Rechtsbewusstsein", dass eine Vergütungspflicht für einen solchen Kostenanschlag einer eindeutigen Vereinbarung bedürfe, da die entsprechenden Bemühungen des Unternehmers nach der berechtigten Erwartung des Publikums zu den Gemeinkosten des Werkunternehmers zählten. Die Regelung des Abs. 3 soll insoweit Klarheit schaffen und einen Streit erst gar nicht aufkommen lassen.[11]

Nach Abs. 3 ist ein Kostenanschlag „im Zweifel" nicht zu vergüten. Das Gesetz enthält demnach eine **Auslegungsregel** und konkretisiert für den Spezialfall des Kostenanschlages die Auslegungsregel des Abs. 1.[12] Nach der Wertung des Gesetzes ist eine Abrede, aufgrund der sich der Unternehmer zur Erstellung eines Kostenanschlages verpflichtet, nach den Umständen nicht dahin zu verstehen, dass die Erstellung nur gegen eine Vergütung zu erwarten ist.

II. Abweichende Vereinbarung

Die Auslegungsregel greift nicht ein, wenn hinsichtlich der Vergütungspflicht eine **ausdrückliche Vereinbarung** getroffen worden ist. Der Unternehmer hat es demnach selbst in der Hand, durch entsprechende Absprachen mit dem Besteller eine Vergütungspflicht zu begründen. Sieht er hiervon ab aus Sorge, den Besteller zu verprellen und den Vertragsabschluss zu gefährden, erfolgt die Erstellung des Kostenanschlags auf eigenes Risiko.

Hieraus ergibt sich zugleich, dass den **Unternehmer die Beweislast** trifft, wenn er sich auf eine von der Auslegungsregel abweichende Vereinbarung beruft.[13] Eine solche Vergütungsabrede sollte daher aus Beweisgründen stets schriftlich abgefasst werden.[14] Von einem **Schriftformerfordernis** hat der Gesetzgeber dagegen ausdrücklich abgesehen.[15] Auch mündliche Vergütungsvereinbarungen sind demnach wirksam.

Ausweislich der Gesetzesbegründung soll eine abweichende Vereinbarung **nicht in allgemeinen Geschäftsbedingungen** durch Aufnahme einer Klausel über eine Vergütungspflicht getroffen werden können.[16] Dies erscheint freilich nicht völlig unbezweifelbar. Richtig ist, dass eine solche Vereinbarung eine überraschende Klausel i.S.v. § 305c Abs. 1 (früher § 3 AGBG) darstellen kann. Dies kann sich freilich ändern, wenn eine entsprechende Kostenabwälzung aufgrund individueller Vereinbarungen in einer Branche üblich geworden ist. Entgegen der Gesetzesbegründung, die sich allerdings auf eine Entscheidung des BGH stützen kann,[17] verstößt eine solche Klausel aber nicht gegen § 307 (früher § 9 AGBG). Gem. § 307 Abs. 3 (früher § 8 AGBG) unterliegen nur solche Klauseln der Inhaltskontrolle, durch die von Rechtsvorschriften abweichende Regelungen vereinbart werden. Die mangelnde Vergütungspflicht bei Kostenanschlägen beruht aber nicht auf der Anordnung des Gesetzgebers im (dispositiven) Gesetzesrecht, sondern auf dem (vermuteten) Parteiwillen. Eine vertragliche Regelung, die eine Vergütungspflicht für den Kostenanschlag vorsieht, stellt daher keine von einer Rechtsvorschrift abweichende Regelung i.S.d. § 307 Abs. 3 dar, sondern bringt lediglich zum Ausdruck, dass der Parteiwille von dem vom Gesetzgeber als typisch unterstellten Parteiwillen abweicht. Voraussetzung für einen solchen abweichenden Parteiwillen

---

10 BGH NJW 1979, 2202; NJW 1982, 765, 766; ebenso aus der Kommentarliteratur MüKo/*Soergel*, § 632 Rn 5; Soergel/*Teichmann*, § 632 Rn 8.
11 Vgl. RegE BT-Drucks 14/6040, 260.
12 Zur dogmatischen Funktion des § 632 Abs. 1 BGB vgl. Soergel/*Teichmann*, § 632 Rn 1f.; zur parallelen Problematik bei § 612 Abs. 1 BGB vgl. Soergel/*Raab*, § 612 Rn 3 ff.
13 Vgl. RegE BT-Drucks 14/6040, 260.
14 KG ZIP 1982, 1333, 1334.
15 Vgl. RegE BT-Drucks 14/6040, 260.
16 RegE BT-Drucks 14/1640, 260.
17 BGH NJW 1982, 765, der allerdings hauptsächlich mit der Überrumpelungsgefahr für den Kunden argumentiert.

ist allein, dass die entsprechende Klausel wirksam zum Vertragsinhalt gemacht worden ist. Eine Vergütungspflicht für den Kostenanschlag kann daher durch jede vertragliche Vereinbarung – auch in Form von AGB – begründet werden, sofern die sonstigen Erfordernisse, insbesondere das Transparenzgebot, beachtet werden.[18]

III. Sonstige Vorarbeiten

12 Abs. 3 gilt nach dem eindeutigen Wortlaut nur für die Vergütung eines Kostenanschlags, nicht für sonstige Vorarbeiten. Der Gesetzgeber war der Ansicht, dass sich in Anbetracht der Unterschiedlichkeit der Gestaltungen und damit auch der Interessenlage der Parteien kein typischer Parteiwille für oder gegen eine Vergütungspflicht für sämtliche Vorarbeiten ausmachen lasse.[19] Insoweit bleibt es also bei der Regelung des Abs. 1.

§ 632a Abschlagszahlungen

¹Der Unternehmer kann von dem Besteller für in sich abgeschlossene Teile des Werkes Abschlagszahlungen für die erbrachten vertragsmäßigen Leistungen verlangen. **²**Dies gilt auch für erforderliche Stoffe oder Bauteile, die eigens angefertigt oder angeliefert sind. **³**Der Anspruch besteht nur, wenn dem Besteller Eigentum an den Teilen des Werkes, an den Stoffen oder Bauteilen übertragen oder Sicherheit hierfür geleistet wird.

§ 633 Sach- und Rechtsmangel

(1) ¹Der Unternehmer hat dem Besteller das Werk frei von Sach- und Rechtsmängeln zu verschaffen.
(2) ¹Das Werk ist frei von Sachmängeln, wenn es die vereinbarte Beschaffenheit hat. ²Soweit die Beschaffenheit nicht vereinbart ist, ist das Werk frei von Sachmängeln,
1. wenn es sich für die nach dem Vertrag vorausgesetzte, sonst
2. für die gewöhnliche Verwendung eignet und eine Beschaffenheit aufweist, die bei Werken der gleichen Art üblich ist und die der Besteller nach der Art des Werks erwarten kann.
³Einem Sachmangel steht es gleich, wenn der Unternehmer ein anderes als das bestellte Werk oder das Werk in zu geringer Menge herstellt.
(3) ¹Das Werk ist frei von Rechtsmängeln, wenn Dritte in Bezug auf das Werk keine oder nur die im Vertrag übernommenen Rechte gegen den Besteller geltend machen können.

Inhalt

A. Entstehungsgeschichte ... 1	4. Voraussetzungen des Sachmangels im Einzelnen . 12
B. Inhalt der Regelung ... 4	a) Ausdrückliche Beschaffenheitsvereinbarungen (Abs. 2 S. 1) ... 13
I. Freiheit von Mängeln als Teil der Leistungspflicht (Abs. 1) ... 4	b) Eignung für den konkreten Verwendungszweck (Abs. 2 S. 2 Nr. 1) ... 14
II. Gleichstellung von Sach- und Rechtsmängeln ... 5	c) Eignung für den gewöhnlichen Verwendungszweck (Abs. 2 S. 2 Nr. 2) ... 16
III. Definition des Sachmangels (Abs. 2) ... 7	d) Aliud und Teilerfüllung (Abs. 2 S. 3) ... 20
1. Subjektiver Begriff des Mangels ... 7	IV. Definition des Rechtsmangels (Abs. 3) ... 21
2. Einheitlicher Begriff des Sachmangels ... 8	
3. Die Abweichung von der vertragsgemäßen Beschaffenheit als maßgebliches Kriterium ... 9	

A. Entstehungsgeschichte

1 § 633 ersetzt die frühere Regelung des Abs. 1 a.F. **Abs. 1**, der erstmals neben der Freiheit von Sachmängeln auch die Freiheit von Rechtsmängeln explizit erwähnt, war bereits im DiskE und im RegE enthalten und ist im Gesetzgebungsverfahren unverändert geblieben. Dagegen haben die Absätze 2 und 3 Veränderungen erfahren. Die Regelung über die Rechte des Bestellers in den Fällen, in denen er das Werk in Kenntnis des Mangels abnimmt, war ursprünglich in Abs. 4 DiskE (ebenso Abs. 4 KF) aufgenommen. Sie findet sich nunmehr – wie nach der bisherigen Gesetzeslage – in § 640 Abs. 2.

2 **Abs. 2** war zunächst weitgehend unverändert vom DiskE in den RegE übernommen worden. Im Gesetzgebungsverfahren monierte jedoch der federführende Rechtsausschuss die mangelnde Abstimmung mit der Parallelvorschrift des § 434 Abs. 1 RegE im Kaufrecht. In der Beschlussempfehlung des Ausschusses wurde daher die **Formulierung im Werkvertragsrecht derjenigen des Kaufrechts angeglichen.**[1]

---

18 Ebenso i. Erg. *Hennrichs*, oben § 307 Rn 19.
19 Begr. RegE BT-Drucks 14/4060 S. 270.
1 Vgl. Beschlussempfehlung BT-Drucks 14/7052, 65, 204.

Abs. 3 DiskE sah zunächst vor, dass das Werk nur dann frei von Rechtsmängeln ist, wenn Dritte keine Rechte gegen den Besteller geltend machen können. Da aber von einem Mangel kaum die Rede sein kann, wenn vertraglich vereinbart ist, dass der Unternehmer nur ein mit Rechten Dritter belastetes Werk herzustellen hat, wurde bereits im Abs. 3 KF die einschränkende **Formulierung „oder nur die im Vertrag übernommenen"** eingefügt. 3

B. Inhalt der Regelung

I. Freiheit von Mängeln als Teil der Leistungspflicht (Abs. 1)

Abs. 1 stellt zunächst klar, dass der Unternehmer – wie bisher – nicht nur die Herstellung des Werkes in irgendeinem Zustand, sondern die **mangelfreie Herstellung schuldet**. Weist das Werk Mängel auf, so sind die hieraus folgenden Rechte des Bestellers nicht Ausdruck einer besonderen gewährleistungsrechtlichen Einstandspflicht des Unternehmers. Vielmehr handelt es sich um einen Fall der Nichterfüllung der primären Leistungspflicht (vgl. vor §§ 631 ff. Rn 7). Maßgeblich für den vertragsgemäßen Zustand ist der Zeitpunkt der **Abnahme des Werkes**. Ist das Werk bei Abnahme frei von Mängeln, so hat der Unternehmer erfüllt. 4

II. Gleichstellung von Sach- und Rechtsmängeln

§ 633 a.F. enthielt keine Regelung über die Haftung für Rechtsmängel. Überwiegend wurde insoweit eine analoge Anwendung der kaufrechtlichen Vorschriften (§§ 434 ff. a.F.) angenommen mit der Modifikation, dass dem Besteller auch in diesem Falle ein Nachbesserungsanspruch gem. Abs. 2 a.F. zugestanden wurde.[2] 5

Die Neuregelung **behandelt Sach- und Rechtsmängel gleich**. Dies bedeutet hinsichtlich der Rechtsfolgen bei Rechtsmängeln in der Sache keine wesentliche Veränderung, da das Gesetz in § 634 Nr. 3 und 4 für den Rücktritt und den Schadensersatz insgesamt auf die allgemeinen Vorschriften verweist, also zu ähnlichen Rechtsfolgen führt wie die früheren §§ 440 Abs. 1, 434, 320 ff. a.F. Der Anspruch auf Beseitigung des Mangels und das Recht der Selbstvornahme stehen dem Besteller ebenfalls zu (§ 634 Nr. 1 und 2). Neu ist allein, dass der Besteller nunmehr auch im Falle des Rechtsmangels den Werklohn mindern kann (§ 634 Nr. 3). 6

III. Definition des Sachmangels (Abs. 2)

1. Subjektiver Begriff des Mangels

Das Gesetz stellt für die Mangelfreiheit des Werkes – wie in § 434 Abs. 1 für das Kaufrecht – in erster Linie auf den **Inhalt der Parteivereinbarung** und nicht auf die objektive Verkehrsanschauung ab und knüpft damit an den – bisher ohnehin schon herrschenden[3] – **subjektiven Fehlerbegriff** an.[4] 7

2. Einheitlicher Begriff des Sachmangels

Anders als in Abs. 1 a.F. (und der entsprechenden kaufrechtlichen Vorschrift des § 459 a.F.) **unterscheidet das Gesetz nicht mehr zwischen Fehlern** (der Sache bzw. des Werkes) **und dem Fehlen einer zugesicherten Eigenschaft**, sondern verwendet lediglich den Begriff des Sachmangels. Das Werk ist also stets mangelhaft, wenn es an einer nach dem Vertrag vorausgesetzten Eigenschaft fehlt, wenn also das Vorhandensein dieser Eigenschaft Vertragsbestandteil und damit Teil der Erfüllungspflicht des Werkunternehmers geworden ist. Gleichgültig ist hingegen die Qualität der Beschaffenheitsvereinbarung, also ob der Unternehmer die Eigenschaft schlicht zugesagt oder darüber hinaus in besonderer Weise versprochen hat, das Werk mit einer bestimmten Eigenschaft auszustatten.[5] Hinsichtlich der Rechtsfolgen ergeben sich allerdings hieraus für den Bereich des Werkvertrages – anders als für den Kaufvertrag – keine wesentlichen Veränderungen, da schon bisher der Schadensersatzanspruch aus § 635 a.F. bei jeder Art von Sachmangel gegeben war, sofern der Unternehmer diesen zu vertreten hatte. 8

3. Die Abweichung von der vertragsgemäßen Beschaffenheit als maßgebliches Kriterium

Maßgeblich für das Vorliegen eines Sachmangels ist nach Abs. 2, ob das Werk die nach dem Vertrag geschuldete Beschaffenheit aufweist (ebenso § 434 Abs. 1 für den Kauf). Das Gesetz knüpft dabei an die **bisherige Definition des „Fehlers"** an, der in der **Abweichung der Ist-Beschaffenheit von der Soll-Beschaffenheit** gesehen wurde.[6] Nach Ansicht der Rechtsprechung war freilich nicht jede Abweichung von 9

---

[2] Palandt/*Sprau*, vor § 633 Rn 1; Staudinger/*Peters*, § 633 Rn 48.
[3] Vgl. zum Werkvertrag Soergel/*Teichmann*, vor § 633 Rn 17; ebenso die ganz h. M. zum Kaufvertrag, vgl. nur Soergel/*Huber*, vor § 459 Rn 20 ff. m.w.N.
[4] Vgl. Begr. RegE BT-Drucks 14/4060, 212 zu § 434 Abs. 1 S. 1.
[5] Vgl. zur Unterscheidung von Fehler und Zusicherung nach alter Rechtslage BGHZ 96, 111, 114 f.; BGH NJW-RR 1994, 1134, 1135; 1996, 783, 784; Palandt/*Sprau*, § 633 Rn 2, 3; Staudinger/*Peters*, § 633 Rn 17 ff.
[6] Vgl. für den Kaufvertrag Soergel/*Huber*, § 459 Rn 20; für den Werkvertrag Palandt/*Sprau*, § 633 Rn 2; Soergel/*Teichmann*, vor § 633 Rn 17.

der vertraglichen Leistungsbeschreibung geeignet, einen Fehler der Sache bzw. des Werkes darzustellen. Dies war von besonderer Bedeutung für den Kaufvertrag. Zwar zählte der BGH zur Beschaffenheit neben den physischen Eigenschaften der Sache auch die rechtlichen und tatsächlichen Beziehungen der Sache zur Umwelt. Voraussetzung war jedoch, dass diese Beziehungen in der Beschaffenheit des Kaufgegenstandes selbst ihren Grund haben, ihm selbst unmittelbar innewohnen, von ihm ausgehen.[7] Dagegen umfasste der Bereich der zusicherungsfähigen Eigenschaften nahezu jeden Umstand, der für den Wert oder die Tauglichkeit der Sache von Bedeutung sein konnte.[8]

10 Im Bereich des Werkvertrages war die **Unterscheidung zwischen fehlerrelevanten Beschaffenheitsmerkmalen und zusicherungsfähigen Eigenschaften** nicht von zentraler Bedeutung, da sich der Fehler auf die Werkleistung bezog, die nicht nur in der Herstellung einer Sache, sondern auch in dem Bewirken eines unkörperlichen Erfolges (etwa einer geistigen oder künstlerischen Leistung) bestehen kann. Beschaffenheitsmerkmale waren demnach alle Faktoren, die sich auf die Benutzbarkeit oder den Wert des Werkes auswirken.[9] Eine gewisse Diskrepanz ergab sich allerdings auch beim Werkvertrag, weil als zusicherungsfähige Eigenschaften zusätzlich Faktoren angesehen wurden, die dem Besteller subjektiv wichtig sind, ohne sich auf die Gebrauchstauglichkeit oder den Marktwert auszuwirken.[10]

11 Der Gesetzgeber hat zwar die Probleme, die sich aus der Unterscheidung von Beschaffenheitsmerkmalen und zusicherungsfähigen Eigenschaften ergeben, gesehen.[11] Er hat jedoch darauf verzichtet, diese durch eine eindeutige Neuregelung zu klären. Vielmehr heißt es in der Gesetzesbegründung zu § 434 Abs. 1 ausdrücklich, dass der **Begriff der Beschaffenheit nicht definiert** werden solle. Insbesondere solle nicht entschieden werden, ob er nur Eigenschaften umfasse, die der Kaufsache unmittelbar physisch anhafteten oder ob auch Umstände heranzuziehen seien, die außerhalb der Sache selbst lägen.[12] Dies gilt auch für den Werkvertrag. Zur Begründung verweist der Gesetzgeber darauf, dass die Bestimmung der Beschaffenheitsmerkmale wegen der Einbindung der Gewährleistungsvorschriften in das allgemeine Leistungsstörungsrecht und die neue Verjährungsregelung weitgehend an Bedeutung verloren habe. Freilich ist zu berücksichtigen, dass sich die in den meisten Fällen eingreifende Verjährungsregelung für die werkvertraglichen Gewährleistungsansprüche in § 634a Abs. 1 Nr. 1 und 2 nicht unwesentlich von den für die allgemeinen Ansprüche bei Leistungsstörungen geltenden Fristen unterscheidet (vgl. § 634a Rn 5 ff.). Die Besonderheiten der werkvertraglichen Verjährung dürfen deshalb nicht durch eine zu enge Interpretation des Begriffes „Beschaffenheit" in ihrer Bedeutung geschmälert werden, zumal sich nicht alles, was bei einer restriktiven Interpretation nicht zur Beschaffenheit des Werkes zu zählen wäre, mit dem Begriff des Rechtsmangels erfassen lässt (hierzu Rn 21 ff.). Aus diesem Grund sollte man zur Beschaffenheit des Werkes alle Umstände gleich welcher Art zählen, die entweder die Tauglichkeit des Werkes für den vertragsmäßigen Zweck oder dessen Wert beeinflussen oder nach den subjektiven Vorstellungen des Bestellers vorhanden sein sollen. Als Beschaffenheitsmerkmale sind demnach **alle Umstände** anzusehen, **die bisher zu den zusicherungsfähigen Eigenschaften gezählt worden sind**.

4. Voraussetzungen des Sachmangels im Einzelnen

12 Entsprechend der schon bisher zu Abs. 1 a.F. geübten Praxis sieht das Gesetz zur Ermittlung der Soll-Beschaffenheit eine **dreistufige Prüfung** vor. Dabei definiert es nicht den Sachmangel, sondern legt fest, wann das Werk vertragsgemäß, also frei von Sachmängeln ist.

a) Ausdrückliche Beschaffenheitsvereinbarungen (Abs. 2 S. 1)

13 Ausgehend von dem subjektiven Begriff des Sachmangels räumt das Gesetz der **konkreten Parteivereinbarung** die höchste Priorität ein. Sofern dem Werk eine Eigenschaft fehlt, die es nach dem Inhalt des Vertrages haben sollte, liegt ein Sachmangel vor, und zwar unabhängig davon, ob das Fehlen dieser Eigenschaft den Wert oder die Tauglichkeit des Werkes ausschließt oder mindert. Insoweit gilt dasselbe wie bisher für das Fehlen einer zugesicherten Eigenschaft.[13]

b) Eignung für den konkreten Verwendungszweck (Abs. 2 S. 2 Nr. 1)

14 Soweit das Vorhandensein von Eigenschaften nicht ausdrücklich vereinbart worden ist, kann ihr Fehlen dennoch einen Sachmangel begründen, wenn hierdurch die Eignung für die **nach dem Vertrag vorausgesetzte Verwendung** in Frage gestellt wird. Maßgeblich ist auch hier wieder die individuelle Zwecksetzung, also der „nach dem Vertrage vorausgesetzte Gebrauch", wie Abs. 1 a.F. formulierte. Voraussetzung ist, dass

---

7 BGHZ 70, 47, 49.
8 So wurde etwa der Mietertrag eines Grundstückes zwar als zusicherungsfähige Eigenschaft, nicht jedoch als Beschaffenheitsmerkmal angesehen; vgl. BGH, NJW 1980, 1456, 1458; einschränkend BGH NJW-RR 1990, 970.
9 Soergel/*Teichmann*, vor § 633 Rn 20.
10 RGZ 66, 167; BGH, NJW 1962, 1569; Soergel/*Teichmann*, vor § 633 Rn 36.
11 Begr. RegE BT-Drucks 14/4060, 211.
12 BT-Drucks 14/4060, 213.
13 Vgl. Jauernig/*Schlechtriem*, § 633 Rn 4; Soergel/*Teichmann*, vor § 633 Rn 36.

über die Verwendung des Werkes Einigkeit zwischen dem Unternehmer und dem Besteller besteht. Eine einseitige Zweckbestimmung alleine des Bestellers genügt nicht.[14]

Anders als Abs. 1 a.F. erwähnt das Gesetz die **Wertminderung** nicht mehr. Die Gesetzesbegründung äußert sich nicht zu den Hintergründen. Maßgeblich dürfte allerdings sein, dass es ohnehin grundsätzlich nur auf den Wert für den Besteller ankommen kann und dieser im Wesentlichen durch die Gebrauchstauglichkeit für den von ihm verfolgten Verwendungszweck bestimmt wird. 15

c) Eignung für den gewöhnlichen Verwendungszweck (Abs. 2 S. 2 Nr. 2)

Lässt sich aus dem Inhalt des Vertrages kein konkreter Verwendungszweck entnehmen, so ist das Werk dann frei von Sachmängeln, wenn es sich für den gewöhnlichen Verwendungszweck eignet. Dabei kommt der **Verkehrssitte** maßgebliche Bedeutung zu. Zu fragen ist also, welcher Zweck von verständigen Verkehrsteilnehmern mit einem Werk dieser Art verfolgt wird. Sofern kein konkreter abweichender Wille erkennbar ist, ist davon auszugehen, dass auch die Vertragsparteien diesen Zweck beim Vertragsabschluss zugrunde gelegt haben. Der „gewöhnliche Gebrauch" ist somit ebenfalls nur ein Hilfsmittel zur Ermittlung des (hypothetischen) Parteiwillens.[15] 16

Nach Abs. 2 S. 2 Nr. 2 muss das Werk außerdem eine Beschaffenheit aufweisen, die bei **Werken gleicher Art üblich ist und die der Besteller nach der Art des Werkes erwarten** kann. Diese Formulierung ist erst während der parlamentarischen Beratungen durch den zuständigen Rechtsausschuss in das Gesetz aufgenommen worden, um Abs. 2 an § 434 Abs. 1 S. 2 Nr. 2 anzugleichen.[16] Der Zusatz in § 434 Abs. 1 S. 2 Nr. 2 wiederum diente der Umsetzung von Art. 2 Abs. 2 Buchst. d der Richtlinie über den Verbrauchsgüterkauf.[17] Die wörtliche Übernahme dieser Bestimmung sollte dem Eindruck entgegenwirken, dass § 434 Abs. 1 S. 2 den Begriff des Sachmangels enger definiert als die Richtlinie.[18] In der Sache stellen die Ergänzungen keine zusätzlichen Voraussetzungen auf, sondern sind lediglich eine Erläuterung dessen, was unter der Eignung für den gewöhnlichen Verwendungszweck zu verstehen ist.[19] Die gewöhnliche Verwendung ist nämlich gerade diejenige, die nach der Art des Werkes üblich ist und daher vom Besteller (redlicherweise) erwartet werden kann. 17

Nicht ins Werkvertragsrecht übernommen wurde die Regelung des § 434 Abs. 1 S. 3, wonach die vertragsgemäße Beschaffenheit wesentlich durch die Werbeaussagen des Verkäufers oder Herstellers bzw. durch entsprechende Kennzeichnung (die Richtlinie spricht in Art. 2 Abs. 2 Buchst. d von „Etikettierung") der Kaufsache bestimmt werden kann.[20] Der Gesetzgeber sah hierfür keinen Bedarf, da Werbung und Etikettierung hauptsächlich für den Vertrieb von Massenwaren von Bedeutung und deren Herstellung ohnehin durch § 651 den Regelungen des Kaufrechts unterstellt sei. Eine evtl. Werbung durch den Werkunternehmer selbst hingegen führt i.d.R. dazu, dass die darin versprochenen Eigenschaften Inhalt einer Beschaffenheitsvereinbarung i. S. des Abs. 2 S. 1 werden.[21] 18

Der Gesetzgeber hat auch davon abgesehen, eine Regelung des Inhalts aufzunehmen, wonach grundsätzlich die **anerkannten Regeln der Technik** zu beachten seien. Hierdurch sollte das Missverständnis vermieden werden, dass der Unternehmer schon dann ordnungsgemäß erfüllt habe, wenn er die Regeln der Technik beachtet habe, auch wenn das Werk nicht die nach dem Vertrag vorausgesetzten Eigenschaften aufweist.[22] Es bleibt folglich auch insoweit bei den anerkannten Grundsätzen. Sind die anerkannten Regeln der Technik nicht beachtet, so ist das Werk im Zweifel mangelhaft. Andererseits genügt die Einhaltung der Regeln der Technik nicht, um einen Mangel auszuschließen.[23] 19

d) Aliud und Teilerfüllung (Abs. 2 S. 3)

Einem Sachmangel gleichgestellt werden nunmehr in Abs. 2 S. 3 die Herstellung eines anderen als des bestellten Werkes sowie die quantitative Minderleistung. Beides spielte bisher im Werkvertragsrecht (anders als im Kaufrecht) kaum eine Rolle.[24] Insbesondere das Problem der Abgrenzung zwischen der Leistung eines mangelhaften Gegenstandes und der Aliud-Lieferung stellt sich nur, wenn der Leistungsgegenstand nicht individuell, sondern nach Gattungsmerkmalen bestimmt ist. Werkverträge, deren Gegenstand nach 20

---

14 Soergel/*Teichmann*, vor § 633 Rn 21; vgl. auch Begr. RegE BT-Drucks 14/4060, 213 zur Parallelvorschrift des § 434, wonach eine konkludente Übereinstimmung der Parteien ausreiche.
15 Soergel/*Teichmann*, vor § 633 Rn 24.
16 Beschlussempfehlung BT-Drucks 14/7052, 204.
17 Richtlinie 1999/44/EG zu bestimmten Aspekten des Verbrauchsgüterkaufs und der Garantien für Verbrauchsgüter vom 25.5.1999, ABl. EG L 171/12 vom 7.7.1999.
18 *L. Haas*, BB 2001, 1313, 1314.
19 *L. Haas*, BB 2001, 1313, 1314; *Westermann*, JZ 2001, 530, 532.
20 Kritisch hierzu *Krebs*, DB 2000, Beil. Nr. 14, S. 23; zustimmend dagegen *H. Roth*, JZ 2001, 543, 547.
21 Begr. RegE BT-Drucks 14/6040, 261.
22 Begr. RegE BT-Drucks 14/6040, 261.
23 Soergel/*Teichmann*, vor § 633 Rn 24.
24 Vgl. Begr. RegE BT-Drucks 14/6040, 261.

Gattungsmerkmalen bestimmt ist, sind aber zumeist auf die Herstellung vertretbarer Sachen gerichtet und unterfielen bereits bisher nach § 651 Abs. 1 a.F. – ebenso nunmehr nach § 651 S. 1 – dem Kaufrecht. Die Regelung dient daher weniger der Lösung spezifischer Probleme des Werkvertragsrechts als dem Bemühen um eine möglichst vollständige Angleichung der Gewährleistungsvorschriften im Kauf- und Werkvertragsrecht. Allerdings lässt sich hieraus entnehmen, dass für einen vom Anspruch auf Nacherfüllung (§§ 634 Nr. 1, 635) zu unterscheidenden Erfüllungsanspruch nach der Neuregelung praktisch kein Raum mehr ist (vgl. vor §§ 631 ff. Rn 7).

IV. Definition des Rechtsmangels (Abs. 3)

21 Abs. 3 definiert den Rechtsmangel – ebenso wie die Parallelvorschrift des § 435 S. 1[25] – in weitgehender Anlehnung an § 434 a.F. Ein Rechtsmangel liegt demnach vor, wenn Dritte in Bezug auf das Werk Rechte gegen den Besteller geltend machen können. Dabei wird man das Gesetz nicht so eng verstehen dürfen, dass nur solche Rechte erfasst werden, die dem Dritten gegenüber dem Besteller einen unmittelbaren Anspruch einräumen. Ausreichend ist vielmehr, wenn **das Recht des Dritten die Verwendung des Werkes** zu dem nach dem Vertrag vorausgesetzten Zweck **ausschließt oder einschränkt**.[26]

22 Rechtsmängel sind bei Werkverträgen seltener als beim Kauf, wo jede Beschränkung der umfassenden Eigentümerbefugnisse aus § 903 einen Rechtsmangel darstellen kann. Um einen Rechtsmangel handelt es sich aber beispielsweise, wenn der Unternehmer bei der Entwicklung einer Software das Urheberrecht eines Dritten verletzt und dieser daher dem Besteller die Verwendung des Programmes untersagen kann.

23 Nach der alten Rechtslage wurden von § 434 a.F. auch **öffentlich-rechtliche Benutzungsbeschränkungen** erfasst, sofern diese ihre Ursache in besonderen, nicht mit der Beschaffenheit der Sache verbundenen Umständen haben (z.B. bei einer Nutzungsbeschränkung eines Wohngebäudes, das zu einem großen Teil mit Mitteln des sozialen Wohnungsbaues finanziert worden ist). War dagegen die Benutzungsbeschränkung Ausdruck der allgemeinen, aus Gründen des Gemeinwohls bestehenden Schranken des Eigentums, haftet sie also der Sache selbst an, so wurde lediglich Sachmängelgewährleistungsrecht für anwendbar gehalten.[27] Der Gesetzgeber wollte die Behandlung öffentlich-rechtlicher Beschränkungen ausweislich der Begründung zu § 435 S. 1[28] ausdrücklich nicht entscheiden. Theoretisch stellt sich daher nach wie vor die Frage, ob diese als Sach- oder als Rechtsmangel anzusehen sind. In Anbetracht der Angleichung der Rechtsfolgen ist die praktische Bedeutung dieser Frage freilich gering, zumal öffentlich-rechtliche Benutzungsbeschränkungen im Werkvertragsrecht ohnehin selten sein dürften. Die Frage soll daher an dieser Stelle nicht vertieft werden.

24 **Fraglich** ist, ob ein Rechtsmangel schon dann vorliegt, wenn überhaupt irgendwelche Rechte Dritter in Bezug auf das Werk bestehen, oder **ob die Rechte** darüber hinaus **die Verwendbarkeit des Werkes einschränken** müssen. Für den Kauf hat sich der Gesetzgeber ausweislich der Begründung eindeutig für die erste Lösung und gegen das Modell des Art. 41 UN-Kaufrecht entschieden.[29] Angesichts des durchgehenden Bemühens um eine Angleichung des Gewährleistungsrechts bei Kauf- und Werkvertrag sprechen systematische Gründe dafür, dies beim Werkvertrag ebenso zu sehen. Andererseits ist die Interessenlage bei beiden Verträgen nicht völlig deckungsgleich. So schuldet der Verkäufer – nicht nur, aber auch – die Übertragung lastenfreien Eigentums, also die Verschaffung des Rechts an der Sache. Dagegen ist dem Erfüllungsinteresse des Bestellers regelmäßig damit gedient, dass er die vom Unternehmer herzustellende Sache oder das sonstige Werk für den vertragsgemäßen Zweck einsetzen kann. Man sollte daher beim Werkvertrag einen Rechtsmangel nur dann annehmen, wenn das Recht des Dritten die vertragsgemäße Verwendung stören oder vereiteln kann. Eine Ausnahme mag gelten, wenn die Erreichung des Vertragszwecks davon abhängt, dass dem Besteller das Eigentum an einer Sache oder ein sonstiges Recht übertragen wird. Hier mag man ebenfalls das Bestehen jeglicher Rechte Dritter als Rechtsmangel ansehen.

25 Auch wenn in Bezug auf das Werk Rechte Dritter bestehen, liegt ein Rechtsmangel nicht vor, wenn **der Besteller diese Rechte im Vertrag übernommen hat**. Diese Einschränkung fand sich in Abs. 3 DiskE noch nicht, wohl aber bereits in Abs. 3 KF und fand von dort Eingang in Abs. 3 RegE. Sie ergibt sich im Grunde bereits aus dem subjektiven Begriff des Mangels. Bestimmen die Parteien darüber, unter welchen Voraussetzungen das Werk vertragsgemäß ist, so stellt es keinen Mangel dar, wenn in Bezug auf das Werk Rechte Dritter bestehen, deren Existenz der Besteller akzeptiert hat.

---

25 Die Gesetzesbegründung verweist zu § 633 Abs. 3 pauschal auf § 435 S. 1 RegE. Bei der Auslegung ist demnach die Begründung zu § 435 von wesentlicher Bedeutung.
26 Kritisch zu der ausschließlich auf Rechte gegenüber dem Besteller fixierten Gesetzesformulierung *Krebs*, DB 2000, Beil. Nr. 14, S. 23 f.
27 BGHZ 67, 134, 135 f.; Palandt/*Putzo*, § 434 Rn 6; Soergel/*Huber*, § 434 Rn 52 ff., § 459 Rn 29 ff.
28 RegE BT-Drucks 14/6040, 217.
29 Vgl. Begr. RegE BT-Drucks 14/6040, 217 f. zu § 435 S. 1.

§ 634 Rechte des Bestellers bei Mängeln

¹Ist das Werk mangelhaft, kann der Besteller, wenn die Voraussetzungen der folgenden Vorschriften vorliegen und soweit nicht ein anderes bestimmt ist,
1. nach § 635 Nacherfüllung verlangen,
2. nach § 637 den Mangel selbst beseitigen und Ersatz der erforderlichen Aufwendungen verlangen,
3. nach den §§ 636, 323 und 326 Abs. 5 von dem Vertrag zurücktreten oder nach § 638 die Vergütung mindern und
4. nach den §§ 636, 280, 281, 283 und 311a Schadensersatz oder nach § 284 Ersatz vergeblicher Aufwendungen verlangen.

Inhalt

A. Entstehungsgeschichte ... 1	IV. Vollzug von Wandelung und Minderung ... 8
B. Bisherige Rechtslage ... 3	C. Inhalt der Neuregelung ... 9
I. Rechte des Bestellers ... 3	I. Aufbau des Gesetzes ... 9
II. Anspruchsvoraussetzungen ... 4	II. Systematik der Gewährleistungsrechte ... 11
III. Verhältnis der Ansprüche zueinander ... 6	

A. Entstehungsgeschichte

Die geltende Fassung unterscheidet sich wesentlich von der systematischen Konzeption des **ursprünglichen Referentenentwurfes**. Dieser hatte **für die unterschiedlichen Rechte des Bestellers jeweils einen eigenen Paragraphen** vorgesehen (§§ 634 - 638 DiskE). Bereits § 634 KF enthielt jedoch eine Aufzählung der Rechte des Bestellers bei Mängeln des Werkes. Im Unterschied zur geltenden Regelung enthielt § 634 KF lediglich drei Ziffern, da § 634 Nr. 2 KF das Recht der Selbstvornahme, den Rücktritt und die Minderung zusammenfasste. § 634 KF wurde weitgehend unverändert in § 634 RegE übernommen.[1]   **1**

Im **Gesetzgebungsverfahren** erfuhr die Vorschrift teils auf Vorschlag des Bundesrates,[2] teils auf Initiative des Rechtsausschusses[3] einige redaktionelle Änderungen. Vor allem aber erhielt das Recht der Selbstvornahme eine eigene Ziffer in Nr. 2. Der Ausschuss wies insoweit zu Recht darauf hin, dass es zur besseren Verständlichkeit beiträgt, die im Rechtsschutzziel sehr unterschiedlichen Rechte auf Selbstvornahme einerseits und Rücktritt und Minderung andererseits zu trennen. Hierdurch wurde zugleich eine präzisere Bezugnahme auf die einzelnen Rechtsbehelfe in der Verjährungsvorschrift des § 634a möglich.[4]   **2**

B. Bisherige Rechtslage

I. Rechte des Bestellers

Die Rechte des Bestellers bei mangelhafter Herstellung des Werkes waren bisher in §§ 633 - 635 a.F. geregelt. Darüber hinaus enthielt § 636 a.F. eine Sondervorschrift für den Fall des Verzugs des Unternehmers. Das alte Recht kannte im Wesentlichen **vier Rechtsbehelfe** des Bestellers: den Anspruch auf Mangelbeseitigung einschließlich des Rechts der Selbstvornahme bei Verzug des Unternehmers (§ 633 Abs. 2 und 3 a.F.), die Ansprüche auf Wandelung und Minderung (§ 634 a.F.) sowie den Anspruch auf Schadensersatz wegen Nichterfüllung (§ 635 a.F.).   **3**

II. Anspruchsvoraussetzungen

Der **Anspruch auf Beseitigung eines Mangels** stand dem Besteller **ohne weiteres** zu, handelte es sich letztendlich doch um den modifizierten Erfüllungsanspruch (vgl. vor §§ 631 ff. Rn 6). Eine Grenze bildete lediglich § 633 Abs. 2 S. 3 a.F., der dem Unternehmer das Recht gab, die Mangelbeseitigung zu verweigern, wenn diese einen unverhältnismäßigen Aufwand erforderte. Die **übrigen Ansprüche** konnte der Besteller hingegen nur **unter weiteren Voraussetzungen** geltend machen. Das Gesetz trug dabei der besonderen Interessenlage des Werkunternehmers Rechnung, der – anders als der Verkäufer – regelmäßig bei einem Scheitern des Vertrages keine Möglichkeit hat, das Werk anderweitig zu verwerten, und zwar selbst dann nicht, wenn er zuvor die Mängel beseitigt hat. Ihm sollte daher bei mangelhafter Leistung in jedem Fall eine „zweite Chance" zur Erfüllung des Vertrages gegeben werden.   **4**

---

1 RegE BT-Drucks 14/6040, 31; BT-Drucks 14/6857, 5.
2 Vgl. die Stellungnahme des Bundesrates sowie die zustimmende Gegenäußerung der Bundesregierung BT-Drucks 14/6857, 35 f., 67.
3 Vgl. Beschlussempfehlung BT-Drucks 14/7052, 65.
4 Beschlussempfehlung des Rechtsausschusses BT-Drucks 14/7052, 204.

5 So konnte der Besteller den Mangel nur unter den **Voraussetzungen des Verzuges selbst beseitigen** und Kostenerstattung vom Unternehmer verlangen (§ 633 Abs. 3 a.F.). Für den **Anspruch auf Wandelung und Minderung** bedurfte es nach Abs. 1 a.F. einer vorherigen **Fristsetzung mit Ablehnungsandrohung**. Diese war nur in besonderen Ausnahmefällen (z.B. bei Unmöglichkeit der Beseitigung des Mangels oder bei Weigerung des Unternehmers) entbehrlich (Abs. 2 a.F.). Hatte der Mangel nur eine geringfügige Minderung des Wertes oder der Tauglichkeit zur Folge, war die Wandelung (also – anders als in § 459 Abs. 1 S. 2 a.F. für den Kauf – nicht die Gewährleistung insgesamt) ausgeschlossen, der Besteller demnach auf die Minderung beschränkt. Das Erfordernis vorheriger Fristsetzung galt auch für den **Schadensersatzanspruch** aus § 635 a.F., da dieser nur „statt der Wandelung oder Minderung" verlangt werden konnte. Eine Ausnahme galt – abgesehen von den Fällen des Abs. 2 a.F. – nur für (Folge-)Schäden, die auch durch eine Nachbesserung nicht mehr zu beseitigen[5] oder die von der Nachbesserungspflicht nicht umfasst waren.[6]

III. Verhältnis der Ansprüche zueinander

6 Die Gewährleistungsansprüche standen im Verhältnis **strenger Alternativität**. Dies galt zum einen für das Verhältnis des Anspruches auf Beseitigung des Mangels zu den Ansprüchen aus §§ 634, 635 a.F. Hatte der Besteller dem Unternehmer wirksam eine Nachfrist zur Mängelbeseitigung gesetzt, so war gem. Abs. 1 S. 3 Hs. 2 a.F. der Erfüllungsanspruch nach Ablauf der Frist ausgeschlossen. Mit dem Erfüllungsanspruch erloschen zugleich die Rechte des Bestellers aus § 633 Abs. 2 und 3 a.F. Der Besteller konnte also nur noch die Ansprüche aus §§ 634, 635 geltend machen. Das Vertragsverhältnis wandelte sich mit Fristablauf in ein Abrechnungs- und Abwicklungsverhältnis um.[7]

7 Zwischen den Ansprüchen aus §§ 634, 635 a.F. hatte der Besteller das **Wahlrecht**. Dieses Wahlrecht bestand solange, wie noch keine Einigung über den Inhalt des Sekundäranspruches mit dem Unternehmer erzielt worden war. Während dieser Zeit konnte der Besteller auch von einem Rechtsbehelf zu einem anderen übergehen (**ius variandi**). Dieses Recht erlosch jedoch mit dem Vollzug von Wandelung oder Minderung bzw. mit der Einigung über eine Schadensersatzleistung des Unternehmers.[8] Eine Kombination mehrerer Ansprüche war ausgeschlossen.

IV. Vollzug von Wandelung und Minderung

8 **Wandelung und Minderung** waren als **Ansprüche** ausgestaltet. Der Besteller konnte im Falle der mangelhaften Erstellung des Werkes das Einverständnis des Unternehmers mit der Rückabwicklung des Vertrages (Wandelung) oder der Herabsetzung der Vergütung (Minderung) verlangen. Allein das (begründete) Verlangen des Bestellers entfaltete dagegen keine gestaltende Wirkung (vgl. §§ 633 Abs. 4, 465 a.F.). Vollzogen war die Umgestaltung des Vertrages erst mit der Einigung zwischen Besteller und Unternehmer oder mit Rechtskraft der gerichtlichen Entscheidung, die den Unternehmer zur Zustimmung verurteilte.

C. Inhalt der Neuregelung

I. Aufbau des Gesetzes

9 Der neue § 634 enthält zunächst **eine Aufzählung der Rechte des Bestellers** bei Sach- und Rechtsmängeln des Werkes. Die Besonderheiten der einzelnen Rechtsbehelfe werden sodann in §§ 635 - 638 behandelt. Das Gesetz übernimmt damit im Gewährleistungsrecht[9] dieselbe Regelungstechnik wie im allgemeinen Recht der Leistungsstörungen in §§ 280 ff. Auf eine Grundnorm, die sämtliche Ansprüche und deren gemeinsame Voraussetzungen zusammenfasst, folgen Detailregelungen für die einzelnen Ansprüche.[10]

10 Entsprechend der gesetzlichen Grundkonzeption, das Gewährleistungsrecht in das Recht der allgemeinen Leistungsstörungen zu integrieren und die Herstellung eines mit Mängeln behafteten Werkes als einen Unterfall der Pflichtverletzungen des Unternehmers zu behandeln (vgl. vor §§ 631 ff. Rn 7), **verweist das Gesetz** in § 634 **hinsichtlich der Rechtsfolgen weitgehend auf die Vorschriften des allgemeinen Schuldrechts**. So findet sich hinsichtlich des Rücktrittsrechts, das an die Stelle der Wandelung tritt, sowie hinsichtlich des Anspruches auf Schadensersatz nur eine geringfügige Ergänzung in § 636. Dagegen

---

5 Vgl. etwa BGHZ 105, 103, 105: mangelhafte Planungsleistung nach Ausführung des Werkes; BGH NJW 2000, 2020: Mietausfall wegen mangelhafter Bauausführung.
6 BGHZ 96, 221, 224.
7 BGH NJW 1999, 3710; Palandt/*Sprau*, § 634 Rn 6; Soergel/*Teichmann*, § 634 Rn 11; Staudinger/*Peters*, § 634 Rn 21.
8 Palandt/*Sprau*, vor § 633 Rn 5a; Soergel/*Teichmann*, § 634 Rn 11; Staudinger/*Peters* § 634 Rn 40, 58.
9 Vgl. die analogen Vorschriften der §§ 437 ff. für den Kaufvertrag.
10 Kritisch hierzu *H. Roth*, JZ 2001, 543, 547, der eine gesonderte Regelung für die einzelnen Ansprüche wie in §§ 633–638 DiskE für vorzugswürdig hält.

erfahren die Rechtsbehelfe, die spezifisch gewährleistungsrechtlicher Natur sind (wie die Minderung, das Recht auf Nacherfüllung und Selbstvornahme) eine eingehendere Regelung (§§ 635, 637, 638).

II. Systematik der Gewährleistungsrechte

Auch nach der Neuregelung stehen dem Besteller bei mangelhafter Leistung des Unternehmers **im Wesentlichen dieselben Rechtsbehelfe** zur Verfügung wie bisher. Der Besteller kann zum einen Nacherfüllung, d.h. Beseitigung des Mangels oder Neuherstellung (§ 635 Abs. 1, hierzu näher § 635 Rn 8 ff.) verlangen (**Nr. 1**). Unter den weiteren Voraussetzungen des § 637 kann er den Mangel auch selbst beseitigen und Ersatz der hierfür erforderlichen Aufwendungen verlangen (**Nr. 2**; hierzu näher § 637 Rn 3 ff.). **An die Stelle des Anspruches auf Wandelung** ist nunmehr – wie im Kaufrecht – das **Rücktrittsrecht** getreten (**Nr. 3**; hierzu näher § 636 Rn 5 ff.). Der Besteller kann also das Vertragsverhältnis durch eine einseitige Erklärung in ein Rückgewährschuldverhältnis umwandeln.[11] Auch das **Recht der Minderung** (**Nr. 3**; hierzu näher § 638 Rn 3 ff.) gibt dem Besteller nicht nur einen Anspruch, sondern ein **Gestaltungsrecht**. Schließlich kann der Besteller unter den Voraussetzungen des **Nr. 4 Schadensersatz** bzw. Ersatz vergeblicher Aufwendungen verlangen (hierzu näher § 636 Rn 23 ff.).

11

Beibehalten wird damit die **Kombination von Garantiehaftung und Verschuldenshaftung** im Gewährleistungsrecht.[12] Neben verschuldensunabhängige Ansprüche, die Ausdruck der unbedingten Einstandspflicht des Unternehmers für die Vertragsgemäßheit der Werkleistung, hinsichtlich der Rechtsfolgen jedoch auf die Befriedigung des Äquivalenzinteresses des Bestellers begrenzt sind, tritt der grundsätzlich verschuldensabhängige Anspruch auf Schadensersatz. Schließlich gilt weiterhin der Grundsatz, dass der Besteller dem Unternehmer zunächst eine „zweite Erfüllungschance" geben muss, bevor er die Rechte geltend machen kann, die eine Nacherfüllung ausschließen. Dies ergibt sich hinsichtlich der Selbstvornahme aus § 637, hinsichtlich der anderen Rechte aus der Verweisung auf die allgemeinen Vorschriften (§§ 281, 323).

12

Verändert hat sich das **Verhältnis der Gewährleistungsrechte** zueinander. Zum einen fehlt eine dem Abs. 1 S. 3 Hs. 2 a.F. vergleichbare Bestimmung. Der Besteller kann daher auch nach Ablauf der nach §§ 634 Nr. 3 und 4, 281, 323 für den Rücktritt, die Minderung oder den Schadensersatz erforderlichen Fristen weiterhin den Anspruch auf Nacherfüllung geltend machen.[13] Der Erfüllungsanspruch ist erst ausgeschlossen, wenn der Besteller von seinen Gestaltungsrechten Gebrauch macht, also vom Vertrag zurücktritt oder mindert, oder Schadensersatz statt der Leistung verlangt (§§ 634 Nr. 4, 281 Abs. 4). Neu ist auch, dass der Besteller nach erklärtem Rücktritt immer noch auf den Anspruch auf Schadensersatz übergehen kann (§ 325). Freilich ist er dann auf den Schadensersatz statt der Leistung (§§ 634 Nr. 4, 281) beschränkt. Auch die Minderung kann mit dem Anspruch auf Schadensersatz kombiniert werden, da Nr. 3 und 4 durch das Wort „und" verbunden werden.[14] Dagegen steht dem Besteller das Rücktrittsrecht nur alternativ zur Minderung zu (vgl. Nr. 3: zurücktreten oder ... mindern).[15]

13

§ 634a Verjährung der Mängelansprüche

(1) ¹Die in § 634 Nr. 1, 2 und 4 bezeichneten Ansprüche verjähren
1. vorbehaltlich der Nummer 2 in zwei Jahren bei einem Werk, dessen Erfolg in der Herstellung, Wartung oder Veränderung einer Sache oder in der Erbringung von Planungs- oder Überwachungsleistungen hierfür besteht,
2. in fünf Jahren bei einem Bauwerk und einem Werk, dessen Erfolg in der Erbringung von Planungs- oder Überwachungsleistungen hierfür besteht, und
3. im Übrigen in der regelmäßigen Verjährungsfrist.

(2) ¹Die Verjährung beginnt in den Fällen des Absatzes 1 Nr. 1 und 2 mit der Abnahme.
(3) ¹Abweichend von Absatz 1 Nr. 1 und 2 und Absatz 2 verjähren die Ansprüche in der regelmäßigen Verjährungsfrist, wenn der Unternehmer den Mangel arglistig verschwiegen hat. ²Im Fall des Absatzes 1 Nr. 2 tritt die Verjährung jedoch nicht vor Ablauf der dort bestimmten Frist ein.
(4) ¹Für das in § 634 bezeichnete Rücktrittsrecht gilt § 218. ²Der Besteller kann trotz einer Unwirksamkeit des Rücktritts nach § 218 Abs. 1 die Zahlung der Vergütung insoweit verweigern, als er auf Grund des Rücktritts dazu berechtigt sein würde. ³Macht er von diesem Recht Gebrauch, kann der Unternehmer vom Vertrag zurücktreten.
(5) ¹Auf das in § 634 bezeichnete Minderungsrecht finden § 218 und Absatz 4 Satz 2 entsprechende Anwendung.

---

11 Vgl. Begr. RegE BT-Drucks 14/6040, 221.
12 *Huber*, Leistungsstörungen Bd. I, 1999, § 2 III 2; *H. Roth*, JZ 2001, 543, 547: „Zweispurigkeit".
13 *H. Roth*, JZ 2001, 543, 549.
14 Begr. RegE BT-Drucks 14/6040, 226 zu § 437 BGB.
15 Begr. RegE BT-Drucks 14/6040, 221 zu § 437 BGB.

Literatur: *Bydlinski*, Die geplante Modernisierung des Verjährungsrechts, in: Schulze/Schulte-Nölke, Die Schuldrechtsreform vor dem Hintergrund des Gemeinschaftsrechts, 2001, S. 381; *Leenen*, Die Neuregelung der Verjährung, JZ 2001, 552; *Mansel*, Die Reform des Verjährungsrechts, in: Ernst/Zimmermann, Zivilrechtswissenschaft und Schuldrechtsreform, 2001, S. 333; *Zimmermann/Leenen/Mansel/Ernst*, Finis Litium? Zum Verjährungsrecht nach dem Regierungsentwurf eines Schuldrechtsmodernisierungsgesetzes, JZ 2001, 684.

Inhalt

A. Entstehungsgeschichte 1	2. Beginn und Hemmung der Verjährungsfrist 10
B. Bisherige Rechtslage 2	III. Regelmäßige Verjährung 12
C. Inhalt der Neuregelung 3	1. Nicht gesondert erfasste Werkleistungen (Abs. 1 Nr. 3) 12
I. Erfasste Ansprüche 3	2. Arglistiges Verschweigen des Mangels (Abs. 3) .. 14
II. Besondere werkvertragliche Verjährung 5	IV. Folgen der Verjährung für Gestaltungsrechte des Bestellers 15
1. Fristen 6	1. Rücktritt (Abs. 4) 15
a) Bauwerke (Abs. 1 Nr. 2) 6	2. Minderung (Abs. 5) 18
b) Herstellung, Wartung oder Veränderung einer Sache (Abs. 1 Nr. 1) 8	3. Aufrechnung 19

A. Entstehungsgeschichte

1 Der DiskE und die KF enthielten zunächst im Werkvertragsrecht keine eigenständige Verjährungsregelung. Allerdings fanden sich in den allgemeinen Vorschriften Sonderbestimmungen auch für das Werkvertragsrecht. § 634a RegE sah dann erstmals wieder eine eigene werkvertragliche Verjährungsregelung vor.[1] § 634a RegE ist im Verlaufe des Gesetzgebungsverfahrens **umfassend umgestaltet** worden. Keiner der Absätze ist gegenüber dem RegE unverändert geblieben.[2] Vor allem Systematik und Inhalt des Abs. 1 waren Gegenstand wesentlicher Änderungen. Die allgemeine Verjährungsfrist ist nunmehr als Auffangfrist vorgesehen (Abs. 1 Nr. 3). Die Sonderregelungen betreffen einmal Werkleistungen an Bauwerken (Abs. 1 Nr. 2). Hier wurden die mit der Erstellung des Bauwerks in Zusammenhang stehenden Planungs- und Überwachungsleistungen einbezogen, die nach dem RegE noch der allgemeinen Verjährungsfrist unterfielen. Eine weitere Sonderregelung enthält Abs. 1 Nr. 1 für Werkleistungen über die Herstellung, Wartung oder Veränderung einer Sache. Die Wartungsarbeiten wurden ebenfalls erst aufgrund der Kritik des Bundesrates am RegE aufgenommen. Außerdem wurden – wie in Abs. 1 Nr. 2 – die entsprechenden Planungs- und Überwachungsleistungen einbezogen. Eine weitere wichtige Änderung betrifft das Leistungsverweigerungsrecht des Bestellers bei Ausschluss des Rücktritts (Abs. 4). Die damit verbundenen Probleme (vgl. Rn 17) sollten durch Einfügung von Abs. 4 S. 3 gelöst werden.

B. Bisherige Rechtslage

2 Die Verjährung der Gewährleistungsansprüche des Bestellers war bisher in § 638 a.F. geregelt. Das Gesetz unterschied dabei je nach Gegenstand des Werkvertrages **drei unterschiedliche Fristen**. War Gegenstand der Werkleistung ein Bauwerk, so betrug die Frist fünf Jahre, bei Arbeiten an einem Grundstück ein Jahr und in allen übrigen Fällen sechs Monate. Ausgenommen waren die Fälle, in denen der Unternehmer den Mangel arglistig verschwiegen hatte. Hier galt die allgemeine Verjährungsfrist von 30 Jahren (§ 195 a.F.). Hinsichtlich **Hemmung und Unterbrechung** der Verjährung galten gem. § 639 Abs. 1 a.F. in erster Linie die kaufrechtlichen Vorschriften entsprechend. In § 639 Abs. 2 a.F. war zusätzlich vorgesehen, dass die Verjährung so lange gehemmt ist, wie Unternehmer und Besteller einvernehmlich das Vorliegen eines Mangels oder die Möglichkeit von dessen Beseitigung prüfen.

C. Inhalt der Neuregelung

I. Erfasste Ansprüche

3 § 634a regelt die Verjährungsfristen für **die in § 634 bezeichneten Ansprüche**. Es geht also um die Ansprüche des Bestellers auf Nacherfüllung, Ersatz der durch die Beseitigung des Mangels erforderlichen Aufwendungen sowie auf Ersatz des Schadens infolge eines Mangels der Werkleistung. **Ausgenommen** sind daher Ansprüche des Bestellers, die sich **ausschließlich aus den allgemeinen Vorschriften** ergeben. Dies gilt insbesondere für Ansprüche auf Ersatz von Schäden, die nicht mit dem Mangel in Zusammenhang stehen, aber auch für Ansprüche aus unerlaubter Handlung (vor allem § 823 Abs. 1), und zwar auch insoweit, als die Verletzung eines Rechtsguts Folge eines Mangels ist.[3] Für diese gelten die allgemeinen Verjährungsvorschriften.

---

1 Zur Entwicklung *Zimmermann/Leenen/Mansel/Ernst*, JZ 2001, 684 ff.
2 Vgl. RegE BT-Drucks 14/6040, 31, 263 f.; Stellungnahme des Bundesrates und Gegenäußerung der Bundesregierung BT-Drucks 14/6857, 36 f., 67 f.; Beschlussempfehlung des Rechtsausschusses BT-Drucks 14/7052, 65, 204 f.

Abs. 4 und 5 enthalten darüber hinaus **Regelungen zum Rücktritt und zur Minderung**. Da es sich 4
dabei um Gestaltungsrechte handelt, unterliegen sie an sich nicht der Verjährung. Zur Vermeidung von
Wertungswidersprüchen werden aber auch diese Rechte eingeschränkt, wenn die Verjährungsfrist für die
anderen Rechtsbehelfe abgelaufen ist.

II. Besondere werkvertragliche Verjährung

§ 634a sieht für bestimmte Fälle eine eigenständige werkvertragliche Verjährung vor. Diese betrifft sowohl 5
die Dauer als auch den Beginn der Verjährungsfrist. Die Parteien können für beides **abweichende
Vereinbarungen** treffen (§§ 200, 202). Anders als im bisherigen Recht (§ 225 a.F.) ist im Rahmen des
§ 202 Abs. 2 auch eine Verlängerung der Verjährungsfristen möglich. Soweit die Verjährungsfrist in
Allgemeinen Geschäftsbedingungen verkürzt wird, sind die Beschränkungen des § 309 Nr. 7 und 8b
(insbes. ff) zu beachten.

1. Fristen

a) Bauwerke (Abs. 1 Nr. 2)

Für Verträge, deren Gegenstand eine Werkleistung an einem Bauwerk ist, behält das Gesetz die bereits 6
bisher geltende Regelung bei. Die Verjährungsfrist beträgt danach fünf Jahre. Der Grund für die gegenüber den sonstigen Werkleistungen verlängerte Frist ist, dass sich die Mängel bei Bauwerken vielfach
schwieriger und erst nach einem längeren Zeitraum erkennen lassen, dann aber zumeist gravierende
Auswirkungen auf die Bausubstanz haben. Erfasst werden Verträge über eine **Neuerrichtung von Gebäuden**, aber auch Veränderungen in der Gebäudesubstanz (z.B. Um- oder Anbauten).[4] Darüber hinaus
hatte die Rechtsprechung in der Vergangenheit in weitem Umfang Werkverträge über **Erneuerungs-
oder Reparaturarbeiten** der längeren Verjährungsfrist unterworfen, sofern diese für die Erneuerung, den
Bestand oder die zweckentsprechende Nutzung des Gebäudes von wesentlicher Bedeutung waren und die
verwendeten Teile mit dem Grundstück fest verbunden wurden (z.B. Einbau einer Klimaanlage, Verlegen
eines Teppichbodens mit Hilfe eines Klebers).[5] Dies war im Hinblick auf die bisherige Regelung der
Verjährung bei Arbeiten an einem Grundstück dogmatisch zumindest zweifelhaft.[6] Nachdem nunmehr die
besondere Verjährungsfrist für Arbeiten an Grundstücken entfallen ist, bestehen dagegen keine Bedenken,
die Rechtsprechung beizubehalten, zumal die ratio der verlängerten Frist auch auf solche Arbeiten zutrifft.

Die längere Verjährungsfrist gilt auch für **Planungs- und Überwachungsleistungen**, soweit diese ein Bau- 7
werk betreffen. Der Zusatz hatte im RegE noch gefehlt, war aber auf Anregung des Bundesrates ins Gesetz
aufgenommen worden.[7] Nach § 634a Abs. 1 Nr. 2 RegE hätte für diese Leistungen die allgemeine, kenntnisabhängige Verjährungsfrist gegolten. Die Rechtsprechung hatte dagegen schon bisher für die Verjährung
solcher Planungs- und Überwachungsleistungen, etwa die Erstellung von Plänen oder die Bauleitung durch
einen Architekten, darauf abgestellt, worin sich die Leistung letztlich verkörpert. Bei Verkörperung in
einem Bauwerk galt demnach die fünfjährige Verjährungsfrist, betrafen die Leistungen dagegen Arbeiten
an einem Grundstück, galt die einjährige Verjährungsfrist.[8] Eine einheitliche Verjährungsfrist ist auch zur
Vermeidung von Wertungswidersprüchen erforderlich. Unterschiedliche Verjährungsfristen führen nämlich
dazu, dass der Besteller stets denjenigen in Anspruch nimmt, dem gegenüber der noch nicht verjährte
Anspruch besteht. Dieser wiederum könnte anschließend im Wege des § 426 Abs. 1 Rückgriff bei den
anderen Verantwortlichen nehmen. Eine Verlängerung der Verjährungsfrist für Ansprüche wegen mangelhafter Architektenleistungen würde somit die Dauer der möglichen Inanspruchnahme der ausführenden
Bauunternehmen über die in Abs. 1 Nr. 2 vorgesehene Frist hinaus erheblich erweitern.

b) Herstellung, Wartung oder Veränderung einer Sache (Abs. 1 Nr. 1)

Hinsichtlich der Werkleistungen, deren Gegenstand kein Bauwerk ist, unterscheidet das Gesetz nunmehr 8
zwischen Werken, die die Herstellung, Wartung oder Veränderung einer Sache betreffen, und den übrigen
Werkleistungen. Gesetzgeberisches Motiv für die Schaffung einer besonderen werkvertraglichen Verjährung in den erstgenannten Fällen war, dass es für solche Werkleistungen im Interesse der Sicherheit des
Geschäftsverkehrs erforderlich sei, in Abweichung vom allgemeinen Verjährungsrecht **eine feste, von der
Kenntnis oder Erkennbarkeit des Anspruches unabhängige Verjährungsfrist** festzulegen, für deren
Beginn es allein auf die Abnahme ankomme. Dies sei bei Werken, deren Gegenstand eine Sache ist, eher

---

3 Anders noch § 202 Abs. 2 DiskE in der Fassung vom Februar 2001, wonach auch für deliktische Ansprüche wegen eines Mangels
  die besondere gewährleistungsrechtliche Verjährung gelten sollte. Zur Abfolge der, auch konzeptionell sehr unterschiedlichen,
  Vorschläge *Zimmermann/Leenen/Mansel/Ernst*, JZ 2001, 684 ff.
4 Palandt/*Sprau*, § 638 Rn 9.
5 Vgl. die Nachweise bei Palandt/*Sprau*, § 638 Rn 11; Soergel/*Teichmann*, § 638 Rn 42.
6 Soergel/*Teichmann*, § 638 Rn 40 f.
7 Vgl. die Nachweise oben Fn 2.
8 BGH NJW 1999, 2434.

möglich und dem Besteller zumutbar, weil sich die Werkleistung in der Sache verkörpere und daher etwaige Mängel leichter festzustellen seien als bei unkörperlichen Werken.[9] Insgesamt ist die werkvertragliche Gewährleistungsfrist mit nunmehr mindestens zwei Jahren erheblich verlängert worden. Die bisherigen Fristen von sechs Monaten bzw. einem Jahr hatten sich in der Vergangenheit vielfach als zu kurz erwiesen, was nicht zuletzt einer der Gründe für die Rechtsprechung war, für den Ersatz von Mangelfolgeschäden teilweise auf einen Anspruch aus pVV auszuweichen.[10]

9 Gleichgestellt werden auch hier die **Planungs- und Überwachungsleistungen**, die zur Herstellung, Wartung oder Veränderung einer Sache erbracht werden. Hierfür sprechen dieselben Gründe wie bei Arbeiten an Bauwerken (vgl. Rn 7). Erfasst werden also z.B. Ansprüche gegen den Unternehmer, der mit der Anfertigung von Plänen für eine Gartenanlage beauftragt worden ist. Diese Ansprüche unterliegen ebenso der zweijährigen Verjährungsfrist wie die Ansprüche gegen den ausführenden Gartenbauer.[11]

2. Beginn und Hemmung der Verjährungsfrist

10 Maßgeblich für den Beginn der besonderen werkvertraglichen Verjährungsfrist ist die **Abnahme des Werkes** (§ 634 Abs. 2). Dies entspricht der bisherigen Regelung (§ 638 Abs. 1 S. 2 a.F.).

11 Besondere werkvertragliche Regelungen über die **Hemmung** oder Unterbrechung der Verjährung sieht das Gesetz nicht mehr vor. Es gelten vielmehr nunmehr die **allgemeinen Vorschriften** (§§ 203 ff.). In der Sache hat sich freilich hierdurch nur wenig verändert. An die Stelle der §§ 639 Abs. 1, 477 Abs. 2 und 3 a.F. ist § 204 Abs. 1 Nr. 7 getreten mit dem Unterschied, dass der Antrag auf Durchführung des selbständigen Beweisverfahrens keine Unterbrechung, sondern lediglich eine Hemmung der Verjährungsfrist zur Folge hat. Die Regelung des § 639 Abs. 2 a.F. findet sich nunmehr der Sache nach in § 203.

III. Regelmäßige Verjährung

1. Nicht gesondert erfasste Werkleistungen (Abs. 1 Nr. 3)

12 Die regelmäßige Verjährungsfrist von **drei Jahren** (§ 195) gilt zunächst für sämtliche Ansprüche wegen Mängeln von Werkleistungen, die nicht durch Abs. 1 Nr. 1 und 2 erfasst werden, deren Gegenstand also keine Sachen sind. Dies sind zum einen Verträge über die **Erstellung unkörperlicher Werke** (mit Ausnahme der in Abs. 1 Nr. 1 und 2 erwähnten Planungs- und Überwachungsleistungen). Als Beispiele zu nennen sind Transportleistungen, die Erstellung eines Gutachtens oder die Entwicklung einer Individualsoftware. Zum anderen zählen hierzu Verträge, bei denen **der geschuldete Erfolg an einem Menschen**, also an dem Besteller oder einem Dritten, **zu bewirken ist**, wie etwa beim Friseurvertrag. Voraussetzung ist jeweils, dass es sich nicht um einen Dienstvertrag handelt. Die Nähe zum Dienstvertrag in diesen Fällen war im Übrigen ein wesentliches Motiv für den Gesetzgeber, insoweit die allgemeinen Verjährungsvorschriften anzuwenden, damit nicht die unter Umständen schwierig zu treffende Abgrenzung zwischen Dienst- und Werkvertrag über die Verjährung entscheidet.[12]

13 Für den **Beginn der regelmäßigen Verjährungsfrist** knüpft das Gesetz nicht mehr wie bisher (§ 198 a.F.) allein an die Entstehung des Anspruches an, sondern verlangt zusätzlich, dass der Gläubiger von den den Anspruch begründenden Umständen und der Person des Schuldners Kenntnis erlangt oder ohne grobe Fahrlässigkeit erlangen müsste (§ 199 Abs. 1). Das Gesetz hat sich insoweit für ein **subjektives System** entschieden,[13] freilich ergänzt durch die objektive Voraussetzung der Entstehung des Anspruches. Die Verjährung der Ansprüche des Bestellers wegen Mängeln des Werkes beginnt demnach in den Fällen des Abs. 1 Nr. 3 frühestens mit dem Schluss des Jahres, in dem der Besteller Kenntnis von dem Mangel erhält oder seine Unkenntnis lediglich auf grobe Fahrlässigkeit zurückzuführen ist. Zusätzlich zu der regelmäßigen Verjährungsfrist gelten noch weitere Fristen, die unabhängig von Kenntnis und Kennenmüssen eingreifen (vgl. § 199 Abs. 2 bis 4).

2. Arglistiges Verschweigen des Mangels (Abs. 3)

14 Hat der Unternehmer den Mangel arglistig verschwiegen, so gilt – wie bisher (vgl. Rn 2) – die regelmäßige Verjährungsfrist für sämtliche, also auch die in Abs. 1 Nr. 1 und 2 bezeichneten, Werkverträge (Abs. 3). Ansprüche des Bestellers wegen Mängeln des Werkes verjähren also innerhalb von drei Jahren ab Vorliegen der in § 199 Abs. 1 genannten Voraussetzungen. Abs. 3 S. 3 stellt klar, dass diese Regelung nur zugunsten des Bestellers wirken, also nicht eine ansonsten bestehende längere Frist verkürzen soll. Soweit es um Mängel an einem Bauwerk geht, verjähren die Ansprüche des Bestellers daher auch dann erst fünf Jahre

---

[9] Begr. RegE BT-Drucks 14/6040, 264; krit. hierzu *Zimmermann/Leenen/Mansel/Ernst*, JZ 2001, 684, 689 f. Zu den Problemen dieser Konzeption vgl. auch *Raab*, Lehrbuch, § 9 Rn 69 ff.
[10] Hierzu unten § 636 Rn 23 f. sowie Soergel/*Teichmann*, § 635 Rn 6 ff., § 638 Rn 14 ff.
[11] Beschlussempfehlung des Rechtsausschusses BT-Drucks 14/7052, 204.
[12] Begr. RegE BT-Drucks 14/6040, 264.
[13] *Zimmermann/Leenen/Mansel/Ernst*, JZ 2001, 684, 686 ff.

nach der Abnahme des Werkes, wenn der Besteller vor Ablauf von zwei Jahren Kenntnis von dem Mangel erlangt.

IV. Folgen der Verjährung für Gestaltungsrechte des Bestellers
1. Rücktritt (Abs. 4)

Nach dem (unveränderten) § 194 Abs. 1 unterliegen nur Ansprüche der Verjährung, nicht dagegen Gestaltungsrechte. Es wäre aber widersprüchlich, wenn der Besteller, dessen Ansprüche auf Nacherfüllung, Aufwendungs- oder Schadensersatz verjährt sind, noch vom Vertrag zurücktreten oder mindern könnte, weil der Unternehmer dann selbst nach Ablauf der Verjährungsfrist noch damit rechnen müsste, dass Ansprüche (auf Rückzahlung des gesamten oder eines Teiles des Werklohns) wegen angeblicher Werkmängel geltend gemacht werden. Das mit der Verjährung verfolgte Ziel, das Risiko des Auftretens eines Mangels auf den Gläubiger zu verlagern und Rechtssicherheit für den Schuldner herzustellen,[14] würde damit verfehlt. § 218 sieht daher vor, dass der **Rücktritt** wegen nicht vertragsgemäßer Leistung **ausgeschlossen** ist, **wenn der Leistungsanspruch selbst verjährt ist** und der Schuldner sich hierauf beruft. Abs. 4 S. 1 stellt klar, dass dies auch für das Rücktrittsrecht des Bestellers nach § 634 Nr. 3 gilt. Im Ergebnis **bleibt die Rechtslage damit unverändert**. Nach Ablauf der werkvertraglichen Gewährleistungsfrist kann der Besteller gegen den Willen des Unternehmers eine Umgestaltung des Vertragsverhältnisses in ein Rückabwicklungsschuldverhältnis nicht mehr durchsetzen. Nach der alten Rechtslage stand dem Unternehmer gegenüber dem Wandelungsanspruch des Bestellers die Einrede der Verjährung zu. Nachdem der Rücktritt an die Stelle der Wandelung getreten ist, kann der Unternehmer die Unwirksamkeit des Rücktritts bewirken, indem er sich auf die Verjährung des Nacherfüllungsanspruches beruft. 15

Nach §§ 639 Abs. 1, 478 Abs. 1 a.F. konnte der Besteller, selbst wenn der Anspruch auf Wandelung verjährt war, die Zahlung des Werklohns insoweit verweigern, als er aufgrund der Wandelung hierzu berechtigt sein würde. Diese **Einrede** steht dem Besteller gem. Abs. 4 S. 2 auch nach der Neuregelung zu, wenn der Rücktritt nach § 218 unwirksam ist. Im Hinblick darauf, dass der Anspruch auf den Werklohn der regelmäßigen, dreijährigen Verjährungsfrist unterliegt, besteht hierfür auch nach der Verlängerung der besonderen werkvertraglichen Fristen auf mindestens zwei Jahre ein praktisches Bedürfnis. Entgegen der bisherigen Regelung ist das Leistungsverweigerungsrecht **nicht mehr davon abhängig**, dass der Besteller **den Mangel vor Ablauf der Verjährungsfrist dem Unternehmer angezeigt** hat.[15] Als Folge entfielen die in § 478 Abs. 1 S. 2 und Abs. 2 a.F. enthaltenen Regelungen. 16

Macht der Besteller von seinem Leistungsverweigerungsrecht Gebrauch, so kann er die Zahlung des gesamten noch ausstehenden Werklohnes unabhängig von dem Wert des Werkes verweigern. Da der Besteller aber nicht besser stehen darf als im Falle eines wirksamen Rücktritts, ist im Ergebnis klar, dass er nicht gleichzeitig das mangelhafte Werk behalten kann. Andererseits steht dem Unternehmer der Anspruch auf Rückgewähr aus § 346 Abs. 1 nur bei einem wirksamen Rücktritt zu. Der Bundesrat hatte daher im Gesetzgebungsverfahren vorgeschlagen, für diesen Fall einen besonderen Rückforderungsanspruch des Unternehmers in Abs. 4 aufzunehmen.[16] Der Gesetzgeber ist dem zwar in der Sache, nicht aber in der konkreten Ausgestaltung gefolgt.[17] Ein unbedingter Rückforderungsanspruch des Unternehmers bei Verweigerung der Zahlung durch den Besteller hätte nämlich umgekehrt die Frage aufgeworfen, wie der Besteller eine bereits geleistete Anzahlung wieder zurückerlangen kann. Das Gesetz räumt deshalb **dem Unternehmer** in Abs. 4 S. 3 anstelle eines Rückforderungsanspruches **ein eigenes Rücktrittsrecht** ein und sichert damit die synallagmatische Verknüpfung von Leistung und Gegenleistung auch für den Fall der Zahlungsverweigerung. Der Unternehmer, der sich mit einer Zahlungsverweigerung durch den Besteller konfrontiert sieht, hat nunmehr die Wahlmöglichkeit. Er kann sich entweder mit dem bereits gezahlten Werklohn zufrieden geben und dem Besteller das Werk belassen oder vom Vertrag zurücktreten und das Werk herausverlangen, freilich mit der Folge der Rückerstattung des bereits gezahlten Werklohns. 17

2. Minderung (Abs. 5)

Abs. 5 ist im Gesetzgebungsverfahren neu eingefügt worden. Eine Regelung mit im Wesentlichen identischem Inhalt fand sich zuvor in § 638 Abs. 5 RegE.[18] Für die Minderung, die nunmehr ebenfalls ein Gestaltungsrecht ist, gelten die für den Rücktritt maßgeblichen Grundsätze entsprechend. Die **Minderung selbst ist** nach Ablauf der Verjährungsfrist für den Nacherfüllungsanspruch **unwirksam**, wenn sich der Unternehmer hierauf beruft. Jedoch kann der Besteller **die Zahlung des noch ausstehenden Werklohns** in dem Umfange **verweigern**, in dem er hierzu im Falle der Wirksamkeit der Minderung berechtigt wäre. 18

---
14 Hierzu *Leenen*, JZ 2001, 552, 554, 558.
15 Zur Begründung vgl. RegE BT-Drucks 14/6040, 230 zur Parallelregelung des § 438.
16 Stellungnahme des Bundesrates BT-Drucks 14/6857, 36 f.
17 Vgl. die Gegenäußerung der Bundesregierung BT-Drucks 14/6857, 67 f. sowie die Beschlussempfehlung des Rechtsausschusses BT-Drucks 14/7052, 66, 205.
18 BT-Drucks 14/6040, 31.

Einer entsprechenden Anwendung des Abs. 4 S. 3 bedarf es nicht, da der Besteller auch bei Wirksamkeit der Minderung das Werk behält.

3. Aufrechnung

19 Nach §§ 639 Abs. 1, 479 a.F. konnte der Besteller auch mit verjährten Schadensersatzansprüchen aufrechnen, wenn er eine der in § 478 a.F. bezeichneten Handlungen vorgenommen hatte. Im Gegensatz zu § 478 a.F. bedeutete die Vorschrift keine Verbesserung der Rechtsstellung des Bestellers, sondern stellte eine Einschränkung der Aufrechnungsbefugnis gegenüber der allgemeinen Regelung des § 390 S. 2 a.F. dar.[19] Nachdem der Gesetzgeber auf die Mängelanzeige oder vergleichbare Handlungen verzichtet hat, war die Regelung für die Aufrechnung ebenfalls entbehrlich. Die **Aufrechnungsbefugnis** steht dem Besteller auch nach der Neuregelung selbst **nach Verjährung des Anspruches** unverändert zu. Sie ergibt sich aber nunmehr aus der allgemeinen Vorschrift des § 215.

§ 635 Nacherfüllung

(1) ¹Verlangt der Besteller Nacherfüllung, so kann der Unternehmer nach seiner Wahl den Mangel beseitigen oder ein neues Werk herstellen.
(2) ¹Der Unternehmer hat die zum Zweck der Nacherfüllung erforderlichen Aufwendungen, insbesondere Transport-, Wege-, Arbeits- und Materialkosten zu tragen.
(3) ¹Der Unternehmer kann die Nacherfüllung unbeschadet des § 275 Abs. 2 und 3 verweigern, wenn sie nur mit unverhältnismäßigen Kosten möglich ist.
(4) ¹Stellt der Unternehmer ein neues Werk her, so kann er vom Besteller Rückgewähr des mangelhaften Werks nach Maßgabe der §§ 346 bis 348 verlangen.

Inhalt

A. Entstehungsgeschichte 1	II. Ausschluss des Nacherfüllungsanspruches (Abs. 3) . . . 14
B. Vergleich mit der bisherigen Rechtslage 4	1. Ausschluss nach allgemeinen Vorschriften 14
C. Inhalt der Regelung 8	a) Unmöglichkeit der Nacherfüllung 14
I. Anspruch auf Nacherfüllung 8	b) Unzumutbarkeit der Nacherfüllung 17
1. Inhalt des Anspruches (Abs. 1) 8	2. Ausschluss wegen unverhältnismäßiger Kosten . . 23
2. Wahlrecht des Unternehmers 12	III. Aufwendungen zur Nacherfüllung (Abs. 2) 26
	IV. Rückgabepflicht des Bestellers (Abs. 4) 27

A. Entstehungsgeschichte

1 Die Nacherfüllung war im DiskE in § 634 geregelt. § 634 Abs. 1 DiskE sah zunächst in Übernahme der kaufrechtlichen Regelung (vgl. jetzt § 439 Abs. 1) ein Wahlrecht des Bestellers zwischen Mangelbeseitigung und Neuherstellung vor. Dies wurde mit Recht kritisiert.[1] Bereits in § 635 Abs. 1 RegE wurde das Wahlrecht – wie nach bisheriger Rechtslage – wieder dem Unternehmer zugewiesen.[2]

2 Das Leistungsverweigerungsrecht des Unternehmers hatte in § 634 Abs. 3 DiskE noch eine ausführliche eigenständige Regelung erfahren.[3] Der RegE vertrat dagegen die Ansicht, dass die bisher in § 633 Abs. 2 S. 3 a.F. enthaltenen Gründe für eine Verweigerung der Mangelbeseitigung bereits durch § 275 Abs. 1 und 2 RegE (§ 275 Abs. 2 RegE entspricht jetzt § 275 Abs. 2 und 3) erfasst würden, und sah daher nur eine ergänzende Regelung für den Fall der unverhältnismäßigen Kostenbelastung des Unternehmers vor.[4] Um zu verdeutlichen, dass die allgemeinen Regeln neben Abs. 3 Anwendung finden, wurde auf Vorschlag des Bundesrates im Gesetzgebungsverfahren der Zusatz „unbeschadet des § 275 Abs. 2 und 3" aufgenommen.[5]

3 Abs. 2 und 4 sind im Gesetzgebungsverfahren unverändert geblieben.

---

19 Palandt/*Putzo*, § 479 Rn 2.
1 *Krebs*, DB 2000, Beil. Nr. 14, S. 24; *H. Roth*, JZ 2001, 543, 548 f.; *Seiler* in: Ernst/Zimmermann, Zivilrechtswissenschaft und Schuldrechtsreform, S. 263, 269.
2 RegE BT-Drucks 14/6040, 31, 265.
3 Kritisch zu Inhalt und Aussagekraft der Regelung *Seiler* in: Ernst/Zimmermann, Zivilrechtswissenschaft und Schuldrechtsreform, S. 263, 269.
4 Begr. RegE BT-Drucks 14/6040, 31, 265.
5 Stellungnahme des Bundesrates und (zustimmende) Gegenäußerung der Bundesregierung BT-Drucks 14/6857, 35, 68; Beschlussempfehlung des Rechtsausschusses BT-Drucks 14/7052, 66, 205.

B. Vergleich mit der bisherigen Rechtslage

§ 635 tritt **an die Stelle des § 633 Abs. 2 a.F.** Dieser gab dem Besteller in den Fällen, in denen das 4
Werk nicht vertragsgemäß war, einen Anspruch auf Beseitigung des Mangels. Allerdings bestand schon
bisher Einigkeit darüber, dass die Beseitigung des Mangels nicht nur in einer Nachbesserung des bereits
vollendeten Werkes, sondern auch in einer Neuherstellung bestehen kann, wenn nur so eine Beseitigung
des Mangels möglich ist.[6] Abs. 1 erwähnt jetzt die Neuherstellung alternativ neben der Mangelbeseitigung
und fasst beides unter dem Oberbegriff „Nacherfüllung" zusammen.[7]

Abs. 2 ersetzt § 633 Abs. 2 S. 2 a.F., der hinsichtlich der Aufwendungen für die Mangelbeseitigungen auf 5
das Kaufrecht (§ 476a a.F.) verwies.

Abs. 3 gibt dem Unternehmer – wie bisher § 633 Abs. 2 S. 3 a.F. – ein **Leistungsverweigerungsrecht**. 6
Die Neufassung spricht allerdings nicht mehr von „unverhältnismäßigem Aufwand", sondern von „unverhältnismäßigen Kosten". Dies und das Verhältnis zu § 275 Abs. 2 und 3 werfen neue Fragen auf (vgl.
Rn 23 ff.).

Neu ist **Abs. 4**, der dem Unternehmer im Falle der Neuherstellung des Werkes einen Anspruch auf 7
Rückgabe des mangelhaften Werkes nach Maßgabe der Rücktrittsvorschriften gewährt. Diese Frage war
bisher nicht geregelt.

C. Inhalt der Regelung

I. Anspruch auf Nacherfüllung

1. Inhalt des Anspruches (Abs. 1)

Gem. §§ 631 Abs. 1, 633 Abs. 1 ist der Unternehmer zur Herstellung eines mangelfreien Werkes verpflich- 8
tet. Solange der geschuldete Erfolg nicht erreicht ist, hat der Unternehmer seine Leistungspflicht nicht
erfüllt. Dem Besteller steht der Erfüllungsanspruch bis zur (mangelfreien) Herstellung des Werkes zu. Der
Unternehmer trägt also das Risiko, dass die Herstellung des vertragsgemäßen Werkes misslingt und seine
Leistungsbemühungen umsonst sind.

Schon bisher entsprach es daher der allgemeinen Ansicht, dass es sich bei dem Anspruch auf Mangelbesei- 9
tigung aus § 633 Abs. 2 a.F. nicht um einen spezifisch gewährleistungsrechtlichen Rechtsbehelf, sondern
um den – durch die Sonderregeln der §§ 633 ff. a.F., insbesondere die Verjährungsregelung modifizierten –
Erfüllungsanspruch handelt (vgl. vor §§ 631 ff. Rn 6). In der Konsequenz dieser Ansicht lag es, dass die
Beseitigung des Mangels nicht zwingend auf eine „Nachbesserung" des bestehenden Werkes beschränkt
war, sondern die **Mangelbeseitigung** auch **durch Neuherstellung** des Werkes erfolgen konnte.

Diese Rechtslage wird durch die Neuregelung bestätigt. Abs. 1 nennt nunmehr ausdrücklich die Neuher- 10
stellung als eine der Alternativen der Nacherfüllung. Ob die vom Gesetz gewählte Terminologie geglückt
ist, kann man mit guten Gründen bezweifeln (vgl. die Nachw. Rn 4). Schließlich wird auch durch die
Neuherstellung der Mangel des Werkes beseitigt. Aufgrund der neuen Terminologie wird man dagegen
wohl unter der Beseitigung des Mangels nur noch die Nachbesserung des vollendeten – wenn auch
mangelhaften – Werkes verstehen dürfen.

Eine **Abgrenzung zwischen Mangelbeseitigung und Neuherstellung** ist vielfach schwierig. Mitunter 11
hängt die Einordnung auch von Inhalt und Umfang der geschuldeten Werkleistung ab. So kann die Neueindeckung eines Hauses für den Generalunternehmer Mangelbeseitigung, für den Dachdecker dagegen
Neuherstellung sein.[8] Aber auch ansonsten sind die Grenzen fließend. Schlägt etwa eine Reparatur fehl,
weil das eingebaute Ersatzteil defekt ist, so lässt sich kaum sagen, ob der Austausch des Ersatzteiles Mangelbeseitigung oder Neuherstellung ist. Eine Abgrenzung ist aber auch nicht erforderlich. Der Unternehmer
schuldet nämlich stets die Maßnahmen, die zur vertragsgemäßen Herstellung des Werkes erforderlich sind.
Welche Maßnahmen dies sind, ist eine Frage des Einzelfalles.

2. Wahlrecht des Unternehmers

Die entscheidende Frage ist daher nicht diejenige nach der Abgrenzung zwischen Mangelbeseitigung und 12
Neuherstellung, sondern ob der Besteller eine bestimmte Art der Nacherfüllung verlangen kann. Dies ist
nach der Neuregelung wie nach der bisherigen Rechtslage nicht der Fall. Das Gesetz weist **dem Unternehmer** ausdrücklich das **Wahlrecht zwischen Mangelbeseitigung (= Nachbesserung) und Neuherstellung**
zu. Es obliegt also der Dispositionsfreiheit des Unternehmers, auf welche Weise er den vertragsgemäßen
Zustand des Werkes herstellt. Dasselbe gilt, wenn der Unternehmer mehrere Möglichkeiten hat, durch
Verbesserungen des bestehenden Werkes den Mangel zu beseitigen. Auch hier hat der Unternehmer das

---

[6] BGHZ 96, 111, 118; Palandt/*Sprau*, § 633 Rn 5c; Erman/*Seiler*, § 633 Rn 2, 22 ff.; Soergel/*Teichmann*, § 633 Rn 3.
[7] Kritisch zu dieser Begriffsbildung *Seiler* in: Ernst/Zimmermann, Zivilrechtswissenschaft und Schuldrechtsreform, S. 263, 268.
[8] Zutreffend Staudinger/*Peters*, § 633 Rn 177.

Wahlrecht, mit welchen Mitteln er den geschuldeten Erfolg bewirkt. Es steht dem Unternehmer also frei, ein völlig neues Werk anzufertigen, wenn ihm dies zweckmäßiger, insbesondere kostengünstiger erscheint, als die Mängel des bereits bestehenden Werkes zu beheben. Andererseits kann der Besteller den Unternehmer nicht zur Neuherstellung zwingen, wenn durch andere Maßnahmen an dem bestehenden Werk der vertragsgemäße Zustand hergestellt werden kann. Allenfalls wenn der geschuldete Erfolg nur durch eine bestimmte Maßnahme bewirkt werden kann, ist es denkbar, dass sich der Anspruch des Bestellers auf diese Maßnahme konkretisiert.[9]

13 Der Gesetzgeber hat sich damit **gegen die Übernahme der kaufrechtlichen Regelung** ins Werkvertragsrecht (vgl. § 439 Abs. 1) entschieden.[10] Dies ist zu begrüßen. Das Wahlrecht ist die Kehrseite der vertraglichen Risikozuweisung. Da der Unternehmer das Risiko des Fehlschlagens seiner Leistungsbemühungen trägt, muss er auch frei darüber entscheiden können, wie er den geschuldeten Erfolg bewirken will.[11] Der Besteller hingegen hat nur einen Anspruch darauf, dass das Werk überhaupt mangelfrei hergestellt wird, nicht dagegen auf eine bestimmte Art und Weise der Herstellung. Es wäre daher wenig interessengerecht, wenn der Besteller den Unternehmer zu einer bestimmten Form der Nacherfüllung zwingen könnte. Eine solche Lösung würde im Übrigen dem Besteller das Risiko auferlegen, dass sich die von ihm gewählte Maßnahme als ungeeignet erweist.[12]

II. Ausschluss des Nacherfüllungsanspruches (Abs. 3)
1. Ausschluss nach allgemeinen Vorschriften
a) Unmöglichkeit der Nacherfüllung

14 Nach bisher allgemeiner Ansicht bestand der Anspruch auf Beseitigung des Mangels aus § 633 Abs. 2 a.F. nicht, wenn die Beseitigung **objektiv unmöglich** war.[13] Dies galt etwa für Werkleistungen, denen Fixschuldcharakter zukam (Taxifahrt zum Flughafen) oder die vom Besteller für ein konkretes Projekt vorgesehen waren. Beauftragt etwa ein Grundstückseigentümer einen Architekten mit der Erstellung einer Wohnflächenberechnung, um den Verkaufspreis kalkulieren zu können, und stellt sich die Fehlerhaftigkeit der Berechnung erst nach Abschluss des Kaufvertrages heraus, so wäre eine Neuberechnung sinnlos.[14]

15 An dieser Rechtslage sollte die **Neuregelung** ausweislich der Gesetzesbegründung **nichts ändern**.[15] Aus der Aufnahme der Formulierung „unbeschadet des § 275 Abs. 2 und 3", also der Beschränkung auf die Absätze 2 und 3 der Vorschrift, darf nicht der Gegenschluss gezogen werden. Der Nacherfüllungsanspruch ist nichts anderes als der primäre Erfüllungsanspruch des Bestellers. Nach der Konzeption des Schuldrechtsreformgesetzes muss aber der Primäranspruch bei objektiver Unmöglichkeit stets entfallen ohne Rücksicht darauf, ob der Schuldner die Unmöglichkeit zu vertreten hat oder nicht.[16] Die Beschränkung der Bezugnahme auf § 275 Abs. 2 und 3 erklärt sich daraus, dass § 635 ein Leistungsverweigerungsrecht des Unternehmers regelt, im Falle des § 275 Abs. 1 aber der Erfüllungsanspruch automatisch entfällt.

16 Aufgrund der Neuregelung in § 275 wird der objektiven Unmöglichkeit die **subjektive**, also nur auf Seiten des Schuldners bestehende **Unmöglichkeit (Unvermögen)** gleichgestellt. Insoweit wirft freilich die Abgrenzung zu § 275 Abs. 2 nicht unerhebliche Schwierigkeiten auf.[17] Die Abgrenzung zwischen beiden Tatbeständen ist deshalb von Bedeutung, weil im Falle des § 275 Abs. 1 der Nacherfüllungsanspruch entfällt, während § 275 Abs. 2 dem Schuldner lediglich ein Leistungsverweigerungsrecht gewährt.

b) Unzumutbarkeit der Nacherfüllung

17 Ist dem Unternehmer die Nacherfüllung möglich, so kann er sie dennoch nach § 275 Abs. 2 verweigern, wenn der hierfür erforderliche Aufwand in einem **groben Missverhältnis** zu dem Leistungsinteresse des Schuldners steht. Ausweislich mit der Gesetzesbegründung stimmt diese Regelung inhaltlich mit der bisherigen Regelung in § 633 Abs. 2 S. 3 a.F. überein. § 633 Abs. 2 S. 3 a.F. diente – neben § 251 Abs. 2 a.F. – geradezu als Vorbild für die Regelung im allgemeinen Leistungsstörungsrecht.[18] Danach konnte der Unternehmer die Mangelbeseitigung verweigern, wenn diese einen unverhältnismäßigen Aufwand erforderte. Ein solcher unverhältnismäßiger Aufwand wurde von der h. M. dann angenommen, wenn der durch die

---

9 BGH NJW-RR 1997, 1106.
10 Vgl. Begr. RegE BT-Drucks 14/6040, 265; anders noch § 634 Abs. 1 DiskE.
11 MüKo/*Soergel*, § 633 Rn 102; Palandt/*Sprau*, § 633 Rn 5c; Soergel/*Teichmann*, § 633 Rn 2.
12 *H. Roth*, JZ 2001, 543, 549; vgl. auch den Abschlussbericht der Schuldrechtskommission, S. 253.
13 Palandt/*Sprau*, § 633 Rn 7 m.w.N.
14 OLG Celle, BauR 2000, 1082.
15 Vgl. Begr. RegE BT-Drucks 14/6040, 265.
16 Hierzu *Canaris*, JZ 2001, 499, 500 m.w.N.
17 Vgl. hierzu näher *Dauner-Lieb*, oben § 275 Rn 12, 17.
18 Vgl. Begr. RegE BT-Drucks 14/6040, 265.

Beseitigung des Mangels zu erreichende Erfolg bei Abwägung aller Umstände in keinem vernünftigen Verhältnis zur Höhe des dafür mit Sicherheit zu erwartenden Aufwandes steht.[19]

Bezugspunkt der Verhältnismäßigkeitsprüfung ist demnach **das Interesse des Gläubigers an der mangelfreien Leistung**. Je größer dieses Interesse ist, je erheblicher also die Nachteile sind, die dem Gläubiger bei einer Verweisung auf die sonstigen Rechtsbehelfe entstehen würden, um so mehr an Aufwendungen zur Beseitigung des Mangels sind dem Unternehmer zuzumuten. Das Verhältnis des Aufwandes zum vereinbarten Werklohn ist dagegen regelmäßig ohne Bedeutung.[20] 18

Im Rahmen der Abwägung ist auch zu berücksichtigen, ob und inwieweit den **Unternehmer ein Verschulden** trifft. Dies ist nunmehr in § 275 Abs. 2 S. 2 ausdrücklich ausgesprochen, entsprach aber auch bisher der h. M. zu § 633 Abs. 2 S. 3 a.F.[21] § 275 Abs. 2 S. 2 bedarf allerdings im Rahmen des Abs. 3 insoweit einer Modifikation, als es nicht auf das Vertretenmüssen des „Leistungshindernisses", sondern darauf ankommt, ob der Unternehmer den Mangel zu vertreten hat. Das Vertretenmüssen richtet sich nach § 276 Abs. 1. Von Bedeutung sind in erster Linie vorsätzliches oder fahrlässiges Verhalten des Unternehmers. Eine Berufung auf die Unverhältnismäßigkeit kann dem Unternehmer darüber hinaus auch dann abgeschnitten sein, wenn er die Garantie für eine bestimmte Beschaffenheit oder ein Beschaffungsrisiko übernommen hat. 19

Auch wenn der Mangel von dem Unternehmer zu vertreten ist, bedarf es grundsätzlich einer **Abwägung der gesamten Umstände**. Ein Leistungsverweigerungsrecht ist daher selbst dann nicht von vornherein ausgeschlossen, wenn dem Unternehmer grobe Fahrlässigkeit zur Last fällt.[22] Nur bei vorsätzlichem Handeln dürften dem Unternehmer die zur Nacherfüllung erforderlichen Aufwendungen stets zuzumuten sein. Es wäre mit dem Grundsatz von Treu und Glauben nicht vereinbar, wenn der Unternehmer sich durch die willentliche Herbeiführung eines Mangels von seiner primären Leistungspflicht befreien könnte.[23] 20

Trifft den Unternehmer an dem Mangel des Werkes **kein Verschulden**, so ist andererseits der Nacherfüllungsanspruch nicht automatisch ausgeschlossen. Allerdings geht die Gesetzesbegründung davon aus, dass der Nacherfüllungsanspruch durch die Verweisung auf § 275 insbesondere in den Fällen eingeschränkt werde, in denen der Mangel des Werkes auf einem Verschulden eines Lieferanten des Werkunternehmers beruhe und der Werkunternehmer selbst den Mangel nicht zu vertreten habe. Hier sei dem Werkunternehmer eine Nacherfüllung regelmäßig nicht zumutbar.[24] Das dürfte in dieser Allgemeinheit kaum zutreffen. Vielmehr muss es im Prinzip dabei bleiben, dass der Unternehmer bis zur Herstellung des vertragsgemäßen Werkes zur Erfüllung verpflichtet bleibt und das Risiko des Fehlschlagens seiner Leistungsbemühungen trägt. Auch wenn der Unternehmer den Mangel nicht zu vertreten hat, kann er daher zur Nacherfüllung verpflichtet sein, wenn der Besteller ein hinreichend gewichtiges Interesse an der Vertragserfüllung hat. 21

Kann der Werkunternehmer nach dem Inhalt des Vertrages die **Leistung nur persönlich** erbringen, so steht ihm auch das Leistungsverweigerungsrecht aus **§ 275 Abs. 3** zu. Eine solche höchstpersönliche Leistungspflicht dürfte jedoch beim Werkvertrag – anders als etwa beim Dienstvertrag (vgl. § 613 S. 1) – die Ausnahme darstellen. Die mit der Verweisung auf § 275 Abs. 3 zusammenhängenden Fragen sollen daher hier nicht vertieft werden.[25] 22

2. Ausschluss wegen unverhältnismäßiger Kosten

Über § 275 Abs. 2 und 3 hinaus soll der Unternehmer nach Abs. 3 auch dann berechtigt sein, die Nacherfüllung zu verweigern, wenn diese nur mit unverhältnismäßigen Kosten möglich ist. Darüber, welche Gesichtspunkte bei der Verhältnismäßigkeitsprüfung außer den Kosten zu berücksichtigen sind, gibt die Gesetzesbegründung keine Auskunft. Letztlich kann aber auch hier wiederum nur das Erfüllungsinteresse des Gläubigers der maßgebliche Bezugspunkt sein. 23

Unklar ist danach, welcher Anwendungsbereich für Abs. 3 verbleibt. Ausweislich der Gesetzesbegründung soll die Vorschrift gerade in den Fällen eingreifen, in denen dem Werkunternehmer die Nacherfüllung nach den Grundsätzen des § 275 Abs. 2 und 3 noch zuzumuten ist.[26] Der zur Nacherfüllung erforderliche Aufwand dürfte aber maßgeblich durch die hierdurch entstehenden Kosten bestimmt sein. Ist dem Unternehmer dieser Aufwand im Hinblick auf das Leistungsinteresse des Bestellers nach Treu und Glauben zuzumuten, so ist nicht erkennbar, unter welchen Voraussetzungen man dann noch eine Unverhältnismäßigkeit der 24

---

19 BGHZ 96, 111, 123; BGH NJW-RR 1997, 1106; Palandt/*Sprau*, § 633 Rn 7; Soergel/*Teichmann*, § 633 Rn 10.
20 OLG Düsseldorf NJW-RR 1997, 1450.
21 Vgl. Erman/*Seiler*, § 633 Rn 31; Palandt/*Sprau*, § 633 Rn 7; Soergel/*Teichmann*, § 633 Rn 10; Staudinger/*Peters*, § 633 Rn 193.
22 Ebenso Soergel/*Teichmann*, § 633 Rn 10; Staudinger/*Peters*, § 633 Rn 193; a.M. OLG Düsseldorf NJW-RR 1987, 1167.
23 Ebenso zu § 633 Abs. 2 S. 3 a.F. OLG Hamburg MDR 1974, 489; Erman/*Seiler*, § 633 Rn 31; Soergel/*Teichmann*, § 633 Rn 10; dagegen hält Staudinger/*Peters*, § 633 Rn 193 selbst in diesem Falle ein Leistungsverweigerungsrecht nach § 633 Abs. 2 S. 3 a.F. für denkbar.
24 Begr. RegE BT-Drucks 14/6040, 265.
25 Hierzu näher *Dauner-Lieb*, oben § 275 Rn 19 ff.
26 RegE BT-Drucks 14/6040, 265.

Kosten annehmen kann. Dies ist vielmehr allenfalls dann denkbar, wenn man – entgegen der Gesetzesbegründung (vgl. oben Rn 17) – den Anwendungsbereich des § 27 Abs. 2 enger fasst als den des § 633 Abs. 2 S. 3 a.F.

25 Liegen die Voraussetzungen der §§ 635 Abs. 3, 275 Abs. 2 und 3 vor, so besteht der Anspruch auf Nacherfüllung fort; der Unternehmer kann aber die Leistung verweigern. Die Vorschrift begründet also eine **(peremptorische) Einrede**.

III. Aufwendungen zur Nacherfüllung (Abs. 2)

26 Die zur Nacherfüllung, also zur Beseitigung des Mangels oder zur Neuherstellung erforderlichen Kosten fallen gem. Abs. 2 dem Unternehmer zur Last. Das Gesetz nennt insbesondere Transport-, Wege-, Arbeits- und Materialkosten. Die Rechtslage hat sich insoweit nicht verändert. Es kann daher auf die einschlägigen Kommentierungen zu § 633 Abs. 2 S. 2 a.F. verwiesen werden.[27]

IV. Rückgabepflicht des Bestellers (Abs. 4)

27 Stellt der Unternehmer eine neues (mangelfreies) Werk her, so liegt es auf der Hand, dass der **Besteller das mangelhafte Werk nicht behalten** darf, weil er sonst mehr erhielte, als ihm vertraglich zusteht. Die Situation ist mit derjenigen vergleichbar, dass der Gläubiger nach Teilerfüllung durch den Schuldner Schadensersatz statt der gesamten Leistung beansprucht. Genauso wie in § 281 Abs. 5 ordnet das Gesetz daher in Abs. 4 an, dass der Besteller die empfangene Leistung nach Maßgabe der Rücktrittsvorschriften herauszugeben hat. Die Verweisung auf §§ 346 - 348 soll klarstellen, dass mit der ordnungsgemäßen Nacherfüllung in Bezug auf das mangelhafte Werk ein vertragliches Rückgewährschuldverhältnis entsteht und deshalb die Rückabwicklung **nicht nach Bereicherungsrecht** erfolgt.[28]

28 Kann der Besteller das mangelhafte Werk nicht herausgeben, so schuldet er unter den Voraussetzungen des § 346 Abs. 2 Wertersatz. Ist der Anspruch auf Wertersatz nach § 346 Abs. 3 ausgeschlossen, hat der Besteller lediglich die Bereicherung nach Maßgabe der §§ 812 ff. herauszugeben (§ 346 Abs. 3 S. 2). Gezogene Nutzungen hat er stets herauszugeben (§ 346 Abs. 1). Wertersatz für nicht gezogene Nutzungen schuldet er nur unter den Voraussetzungen des § 347 Abs. 1. Die Pflicht zur Rückgabe des mangelhaften Werkes besteht Zug um Zug gegen Bewirkung der vertragsgemäßen Leistung (§ 348). Maßgeblich ist insoweit der Zeitpunkt der Abnahme des neu hergestellten Werkes (oder der Erteilung einer Fertigstellungsbescheinigung nach § 641a).

§ 636 Besondere Bestimmungen für Rücktritt und Schadensersatz

¹**Außer in den Fällen der §§ 281 Abs. 2 und 323 Abs. 2 bedarf es der Fristsetzung auch dann nicht, wenn der Unternehmer die Nacherfüllung gemäß § 635 Abs. 3 verweigert oder wenn die Nacherfüllung fehlgeschlagen oder dem Besteller unzumutbar ist.**

Inhalt

A. Entstehungsgeschichte ... 1	II. Rechtsfolgen des Rücktritts; Auswirkungen auf die sonstigen Rechte des Bestellers ... 22
B. Vergleich mit der bisherigen Rechtslage ... 2	D. Der Anspruch auf Schadensersatz ... 23
I. Gesetzestechnik ... 2	I. Probleme des alten Rechts ... 23
II. Grundsätze ... 3	II. Konzeption der Neuregelung ... 25
C. Das Rücktrittsrecht des Bestellers ... 5	III. Voraussetzungen und Inhalt des Schadensersatzanspruches ... 26
I. Voraussetzungen ... 5	1. Mangel; Vertretenmüssen des Unternehmers ... 26
1. Mangel der Werkleistung ... 5	2. Schadensersatz wegen Verzögerung der Leistung infolge des Mangels ... 29
2. Fristsetzung ... 6	3. Schadensersatz wegen des Werkmangels ... 32
3. Entbehrlichkeit der Fristsetzung ... 9	a) Mangelschaden und Mangelfolgeschaden ... 32
a) Verweigerung der Nacherfüllung durch den Unternehmer (§ 635 Abs. 3) ... 10	b) Schadensersatz statt der Leistung ... 33
b) Unmöglichkeit der Nacherfüllung (§ 275 Abs. 1) ... 12	c) Ersatz vergeblicher Aufwendungen ... 37
c) Fehlschlagen der Nacherfüllung ... 13	d) Schadensersatz bei anfänglichem nichtbehebbarem Mangel ... 38
d) Unzumutbarkeit der Nacherfüllung für den Besteller ... 16	e) Ersatz von Begleit- und Folgeschäden ... 39
e) Gründe aus §§ 636, 323 Abs. 2 ... 17	IV. Auswirkungen des Schadensersatzverlangens auf die übrigen Rechte des Bestellers ... 40
4. Ausschluss des Rücktrittsrechts ... 18	
5. Rücktrittszeitpunkt ... 21	

---

27 Vgl. etwa Palandt/*Sprau*, § 633 Rn 5c; Staudinger/*Peters*, § 633 Rn 180 ff.
28 Begr. RegE BT-Drucks 14/6040, 265.

Titel 9. Werkvertrag und ähnliche Verträge § 636

A. Entstehungsgeschichte

Die Sachregelung war im DiskE noch in zwei getrennten Vorschriften enthalten (§§ 636 Abs. 2, 638 Abs. 1 S. 2 DiskE), da der DiskE noch für jeden Rechtsbehelf eine eigene Vorschrift vorgesehen hatte. Bereits der RegE enthielt jedoch – mit Ausnahme eines redaktionellen Fehlers[1] – die nunmehr Gesetz gewordene Fassung.

B. Vergleich mit der bisherigen Rechtslage

I. Gesetzestechnik

Bisher standen dem Besteller im Falle eines Werkmangels – neben dem Anspruch auf Beseitigung des Mangels und auf Minderung – der Anspruch auf Wandelung aus § 634 Abs. 1 a.F. und – bei Vertretenmüssen des Unternehmers – der Anspruch auf Schadensersatz wegen Nichterfüllung aus § 635 a.F. zu. An die Stelle des Anspruches auf Wandelung ist nunmehr der Rücktritt als Gestaltungsrecht des Bestellers getreten. Die **Voraussetzungen von Rücktritt und Schadensersatzanspruch** ergeben sich aufgrund der **Verweisung in § 634 Nr. 3 und 4** überwiegend aus den allgemeinen Vorschriften. § 636 regelt lediglich einige **Besonderheiten**. Zum besseren Verständnis sollen jedoch im Folgenden die allgemeinen Voraussetzungen der beiden Rechtsbehelfe in ihrer konkreten Bedeutung für das Werkvertragsrecht dargestellt werden.

II. Grundsätze

Kennzeichen der bisherigen Regelung war, dass der Besteller – anders als beim Kaufvertrag – dem Unternehmer zunächst eine **Frist zur Beseitigung des Mangels** setzen musste, bevor er den Anspruch auf Wandelung geltend machen konnte (§ 634 Abs. 1 S. 1 a.F.). Diese Fristsetzung musste mit der Androhung verbunden werden, nach Ablauf der Frist die Beseitigung des Mangels abzulehnen. Dem Unternehmer sollte damit eine „zweite Erfüllungschance" gegeben werden. Nur ausnahmsweise konnte von einer solchen Fristsetzung abgesehen werden (§ 634 Abs. 2 a.F.). Dasselbe galt für den Anspruch auf Schadensersatz wegen Nichterfüllung, da dieser nur „statt der Wandelung oder Minderung" verlangt werden konnte.

Die **Neuregelung hält am Erfordernis der Fristsetzung fest** (vgl. §§ 634 Nr. 3, 323 Abs. 1, §§ 634 Nr. 4, 281 Abs. 1). Auch die nach der bisherigen Gesetzesfassung geltenden Ausnahmeregelungen, in denen eine Fristsetzung entbehrlich war, finden sich in der Neuregelung wieder. Allerdings sind diese verstreut auf die allgemeinen Vorschriften und die Sonderregelung des § 636, was die Übersicht nicht erleichtert. Im Kaufrecht, für das nunmehr ebenfalls das Erfordernis einer vorherigen Fristsetzung übernommen worden ist, findet sich eine entsprechende Regelung in § 440.

C. Das Rücktrittsrecht des Bestellers

I. Voraussetzungen

1. Mangel der Werkleistung

Voraussetzung für das Rücktrittsrecht ist zunächst, dass das vom Unternehmer hergestellte Werk mangelhaft ist, also Sach- oder Rechtsmängel i. S. des § 633 aufweist. Gleichgültig ist – wie bisher –, ob der Unternehmer den Mangel zu vertreten hat.

2. Fristsetzung

Der Besteller muss dem Unternehmer eine Frist zur Nacherfüllung gesetzt haben (§§ 634 Nr. 3, 323 Abs. 1). Diese Regelung deckt sich im Ausgangspunkt mit § 634 Abs. 1 S. 1 a.F. sowie dem auf derselben Überlegung der „zweiten Erfüllungschance" beruhenden § 326 Abs. 1 a.F. Die Neuregelung unterscheidet sich jedoch insofern wesentlich von der bisherigen Gesetzesfassung, als von dem Erfordernis einer mit der Fristsetzung verbundenen **Ablehnungsandrohung** abgesehen wird (vgl. auch § 323 Abs. 1). Dies hatte sich wegen der hohen Anforderungen an eine ordnungsgemäße Ablehnungsandrohung[2] vielfach als „Falle" für den rechtlich nicht beratenen Gläubiger erwiesen.[3]

Welche Frist **angemessen** ist, hängt von den Umständen des Einzelfalls ab. Insoweit hat sich durch die Neuregelung nichts geändert. Angemessen ist die Frist, innerhalb der der Unternehmer bei Berücksichtigung aller Umstände die Nacherfüllung unter normalen Verhältnissen bewirken kann.[4] Ist die vom Besteller gesetzte Frist unangemessen kurz, so ging die h. M. bisher davon aus, dass die Fristsetzung dennoch

---

[1] Dort war noch von einer Verweigerung der Nacherfüllung durch den „Besteller" die Rede, vgl. BT-Drucks 14/6040, 31.
[2] Vgl. etwa BGH NJW 1999, 3710.
[3] Begr. RegE BT-Drucks 14/6040, 139; *H. Roth*, JZ 2001, 543, 549.
[4] BGH NJW-RR 1993, 309.

wirksam sei und lediglich an die Stelle der gesetzten die angemessene Frist trete.[5] Dies sah auch § 323 Abs. 1 S. 2 DiskE ausdrücklich vor. Aufgrund der Streichung der Vorschrift im RegE wurde aus Kreisen der Kommission, die vom BMJ mit der Überarbeitung des DiskE beauftragt worden war, die Ansicht vertreten, dass damit die Schwelle für den Rücktritt angehoben und das Risiko des Fehlgriffes bei der Bemessung der Frist auf den Gläubiger verlagert sei, so dass bei einer zu kurz bemessenen Frist nach deren Ablauf das Rücktrittsrecht nicht bestehe.[6] Dies wäre im Interesse des Schuldnerschutzes zu begrüßen, ergibt sich aber nicht eindeutig aus dem Gesetzestext.

8 Nach § 634 Abs. 1 S. 3 Hs. 2 a.F. war mit **Ablauf der gesetzten Frist** der Anspruch auf Beseitigung des Mangels ausgeschlossen. Auch dies ist nach der Neuregelung anders. Der Besteller hat zwar nach (erfolglosem) Ablauf der Frist das Recht, vom Vertrag zurückzutreten (und ggf. Schadensersatz zu verlangen). Er kann aber ebenso **weiterhin auf (Nach-)Erfüllung bestehen** und unter den Voraussetzungen des § 637 den Mangel selbst beseitigen und Ersatz der erforderlichen Aufwendungen verlangen (vgl. § 634 Rn 13).

3. Entbehrlichkeit der Fristsetzung

9 Wie nach bisheriger Rechtslage kann der Besteller in bestimmten Fällen auch ohne vorherige Fristsetzung vom Vertrag zurücktreten. Die Ausnahmefälle ergeben sich zum einen aus § 636 und zum anderen aus den allgemeinen Vorschriften (§ 323 Abs. 2).

a) Verweigerung der Nacherfüllung durch den Unternehmer (§ 635 Abs. 3)

10 Einer Fristsetzung bedarf es gem. § 636 dann nicht, wenn der Unternehmer die Nacherfüllung gem. § 635 Abs. 3 verweigert. Voraussetzung ist, dass sich der Unternehmer **auf sein Leistungsverweigerungsrecht** beruft,[7] da allein das Vorliegen der Voraussetzungen des § 635 Abs. 3 den Nacherfüllungsanspruch nicht entfallen lässt und daher auch die Fristsetzung nicht überflüssig macht. Zu demselben Ergebnis gelangt man bei Anwendung der allgemeinen Vorschrift des § 326 Abs. 5, auf die § 634 Nr. 3 für den Rücktritt verweist. Die Regelung entspricht im Übrigen § 634 Abs. 2 2. Alt. a.F.

11 Eine Nachfrist ist auch entbehrlich, wenn der Unternehmer die Nacherfüllung **zu Unrecht verweigert**. Beruft sich der Unternehmer dabei auf andere Gründe als die in § 635 Abs. 3 genannten, so finden die §§ 634 Nr. 3, 636, 323 Abs. 2 Nr. 1 Anwendung. Eine Fristsetzung ist daher entbehrlich, wenn die Weigerung des Unternehmers ernsthaft und endgültig ist. Beruft sich der Unternehmer auf sein Leistungsverweigerungsrecht aus § 635 Abs. 3, so kann im Ergebnis nichts anderes gelten. Nicht ganz klar ist, ob dieser Fall ebenfalls von der allgemeinen Regel des § 323 Abs. 2 Nr. 1 erfasst wird oder unter die Sondervorschrift des § 636 fällt. Für die letztere Lösung könnte der Gegenschluss aus § 637 sprechen, wo explizit vorausgesetzt wird, dass der Unternehmer die Nacherfüllung „zu Recht" verweigert. Im Ergebnis kann jedoch die rechtliche Zuordnung offen bleiben. Unterschiede könnten sich nur ergeben, wenn man davon ausginge, dass an die (unberechtigte) Verweigerung in § 635 Abs. 3 geringere Anforderungen zu stellen wären als in § 323 Abs. 2 Nr. 1, weil § 635 Abs. 3 nur von „Verweigerung" ohne den Zusatz „ernsthaft und endgültig" spricht. Dies wäre aber ein Wertungswiderspruch, der vom Gesetzgeber sicherlich nicht beabsichtigt war, ging es doch bei der Novellierung des Schuldrechts gerade darum, die allgemeinen und besonderen Regeln des Leistungsstörungsrechts zu harmonisieren. Selbst wenn man also § 636 auch anwenden würde, wenn sich der Unternehmer zu Unrecht auf § 635 Abs. 3 beruft, müsste die hiermit verbundene Leistungsverweigerung ernsthaft und endgültig sein. Dies ist freilich regelmäßig anzunehmen, wenn der Unternehmer den Einwand der Unverhältnismäßigkeit bzw. der Unzumutbarkeit der Nacherfüllung erhebt.

b) Unmöglichkeit der Nacherfüllung (§ 275 Abs. 1)

12 Eine Fristsetzung ist auch dann nicht erforderlich, wenn die Nacherfüllung dem Unternehmer (objektiv oder subjektiv) unmöglich ist (§ 275 Abs. 1). Dieser Fall wird zwar nicht von § 635 Abs. 3 erfasst. Die Entbehrlichkeit der Nachfrist ergibt sich jedoch aus §§ 634 Nr. 3, 326 Abs. 5.[8] Dies entspricht der bisherigen Regelung in § 634 Abs. 2 1. Alt. a.F.

c) Fehlschlagen der Nacherfüllung

13 Der Gesetzgeber **knüpft mit dieser Regelung an § 11 Nr. 10 Buchst. b AGBG a.F.** (jetzt § 309 Nr. 8 Buchst. b bb) an. Nach der Rechtsprechung war ein Fehlschlagen in diesem Sinne anzunehmen bei objektiver oder subjektiver Unmöglichkeit, Unzulänglichkeit, unberechtigter Verweigerung, ungebührlicher

---

[5] Vgl. etwa Palandt/*Heinrichs*, § 326 Rn 17; Soergel/*Teichmann*, § 634 Rn 5.
[6] *Canaris*, JZ 2001, 499, 510.
[7] Begr. RegE BT-Drucks 14/6040, 234 zu § 440 BGB.
[8] Vgl. auch Begr. RegE BT-Drucks 14/6040, 234.

Verzögerung und bei einem misslungenen Versuch der Nachbesserung oder Ersatzlieferung.[9] Außerdem wurde ein Fehlschlagen angenommen, wenn dem Gläubiger weitere Nachbesserungsversuche nicht mehr zumutbar waren.

Der Kreis der Fallgestaltungen, in denen eine Fristsetzung gerade wegen des Fehlschlagens der Nacherfüllung i.S.v. § 636 entbehrlich ist, ist deutlich enger. Die Fälle der Unmöglichkeit, Unzulänglichkeit oder unberechtigten Verweigerung werden bereits anderweitig erfasst (vgl. Rn 10 ff.). Den Fall der Unzumutbarkeit der Nacherfüllung für den Besteller hat der Gesetzgeber aus Gründen der Klarstellung[10] in § 636 eigens aufgeführt (vgl. Rn 16). Ein sofortiger Rücktritt wegen „ungebührlicher Verzögerung" kommt ebenfalls nur in Betracht, wenn die Nacherfüllung für den Besteller unzumutbar ist, da ansonsten das Erfordernis der Fristsetzung ausgehöhlt werden könnte. Schließlich hat es der Besteller jederzeit selbst in der Hand, durch Setzung einer Nachfrist den Unternehmer zur Nacherfüllung anzuhalten und der „ungebührlichen Verzögerung" ein Ende zu bereiten.

Es bleiben damit die Fälle, in denen der Unternehmer die **Nacherfüllung vergeblich** versucht hat. Die Frage, auf wie viele Nachbesserungsversuche sich der Gläubiger einlassen muss, hat der Gesetzgeber für das Werkvertragsrecht – anders als für das Kaufrecht, wo zumindest die „Richtgröße" von zwei Nachbesserungsversuchen angegeben wird (vgl. § 440 S. 2) – gänzlich offen gelassen. Es kommt daher stets auf die konkreten Umstände des Einzelfalles, insbesondere darauf an, wie dringend der Besteller auf das (mangelfreie) Werk angewiesen ist und ob und inwieweit die bisherigen erfolglosen Nachbesserungsversuche den Schluss darauf zulassen, dass auch weitere Versuche erfolglos verlaufen werden. Ein Fehlschlagen ist auch dann anzunehmen, wenn der Besteller dem Unternehmer zunächst eine Nachfrist gesetzt hat, jedoch noch **vor Ablauf der Nachfrist** feststeht, dass der Unternehmer den Mangel nicht beseitigen kann (vgl. auch § 323 Abs. 4). Der Besteller braucht in diesem Falle den Ablauf der Frist nicht abzuwarten.[11]

d) Unzumutbarkeit der Nacherfüllung für den Besteller

Die Vorschrift greift in der Sache die bisherige Regelung in § 634 Abs. 2 3. Alt. a.F. auf, wonach es der Bestimmung einer Frist nicht bedarf, wenn die sofortige Geltendmachung des Anspruchs auf Wandelung durch ein besonderes Interesse des Bestellers gerechtfertigt ist. Die Vorschrift dient als **Auffangtatbestand** für alle Fälle, in denen der Unternehmer zur Nacherfüllung bereit und in der Lage ist, diese jedoch aufgrund besonderer Umstände auf Seiten des Bestellers sinn- und zwecklos wäre oder ihm aus anderen Gründen nicht zuzumuten ist. Dies ist einmal anzunehmen, wenn der Besteller **das Werk sofort benötigt**, um ein eigenes fristgebundenes Projekt durchzuführen oder einen Abnehmer zu beliefern, der zu einem späteren Zeitpunkt nicht mehr zur Abnahme bereit ist.[12] Dies muss auch dann gelten, wenn kein (relatives) Fixgeschäft i. S. des § 323 Abs. 2 Nr. 2 vorliegt. Den sofortigen Rücktritt von der Vereinbarung eines fixen Liefertermins abhängig zu machen, macht im Falle der nicht rechtzeitigen Erfüllung durch den Schuldner Sinn. Ist die Leistung aber einmal mangelhaft bewirkt, so muss der Gläubiger, wenn er mit der Nacherfüllung nicht länger warten kann, auch dann ohne Fristsetzung zurücktreten können, wenn er beim Vertragsschluss nicht besonders zum Ausdruck gebracht hat, dass er die Leistung zum angegebenen Zeitpunkt benötigt. Ansonsten würde die Rechtsposition des Bestellers gegenüber der früheren Rechtslage verschlechtert,[13] was wohl nicht in der Intention des Gesetzgebers lag. Unzumutbar ist dem Besteller die Nacherfüllung auch dann, wenn er aufgrund des bisherigen Verhaltens des Unternehmers berechtigte **Zweifel an dessen Zuverlässigkeit** hat und damit die Vertrauensgrundlage erschüttert ist. Dies ist vor allem dann von Bedeutung, wenn der Vertrauensverlust nicht die Folge des Fehlschlagens von Nacherfüllungsversuchen ist.

e) Gründe aus §§ 636, 323 Abs. 2

Fraglich ist, welcher Anwendungsbereich daneben noch für die allgemeinen Vorschriften des § 323 Abs. 2 verbleibt, auf die § 636 ergänzend verweist. Auf § 323 Abs. 2 Nr. 1 und 2 wurde bereits hingewiesen (vgl. Rn 11, 16). Soweit die Voraussetzungen des § 323 Abs. 2 Nr. 3 vorliegen, ist dem Besteller die Nacherfüllung regelmäßig i. S. des § 636 unzumutbar. § 636 geht nämlich sogar noch darüber hinaus, weil es für die Unzumutbarkeit – anders als nach § 323 Abs. 2 Nr. 3 – nicht mehr auf das Interesse des Unternehmers an der Durchführung des Vertrages, sondern nur noch auf das Interesse des Bestellers an

---

9 BGHZ 93, 29, 62 f.; BGH NJW 1994, 1004, 1005.
10 Vgl. Begr. RegE BT-Drucks 14/6040, 233 zu § 440 BGB.
11 Der Bundesrat hatte vorgeschlagen, eine dem § 323 Abs. 3 RegE (= § 323 Abs. 4) entsprechende Regelung in § 637 aufzunehmen. Die Bundesregierung lehnte dies unter Hinweis darauf ab, dass die Nacherfüllung fehlgeschlagen sei, wenn sich während des Laufes der Nachfrist ergebe, dass die Nacherfüllung nicht mehr zu erreichen sei. Vgl. Stellungnahme des Bundesrates und Gegenäußerung der Bundesregierung BT-Drucks 14/6857, 37, 68.
12 Vgl. zur bisherigen Rechtslage Palandt/*Sprau*, § 634 Rn 4.
13 Vgl. wiederum Palandt/*Sprau*, § 634 Rn 4.

der Leistung ankommt.¹⁴ Der Verweisung auf § 323 Abs. 2 dürfte daher **kaum eigenständige Bedeutung** zukommen.

4. Ausschluss des Rücktrittsrechts

18 Der Rücktritt ist gem. §§ 634 Nr. 3, 323 Abs. 5 S. 2 ausgeschlossen, wenn der **Mangel des Werkes nur unerheblich** ist. Das Gesetz spricht insoweit von der Unerheblichkeit der Pflichtverletzung, weil die mangelhafte Leistung einen Unterfall der Pflichtverletzung darstellt (vgl. vor §§ 631 ff. Rn 7). Dies entspricht der bisherigen Regelung in § 634 Abs. 3 a.F. Dem Besteller bleibt dann zum einen das Recht auf Minderung (§§ 634 Nr. 3, 638). Zum anderen kann er Schadensersatz verlangen, wenn der Unternehmer den Mangel zu vertreten hat (§§ 634 Nr. 4, 280, 281). Der Anspruch ist dann allerdings auf den „kleinen Schadensersatz" beschränkt (vgl. § 281 Abs. 1 S. 3 sowie Rn 35).

19 Das Rücktrittsrecht ist auch dann ausgeschlossen, wenn der **Besteller für den Mangel des Werkes** allein oder weit überwiegend **verantwortlich** ist (§§ 634 Nr. 3, 323 Abs. 6). Bisher behalf man sich bei dieser im Gesetz ungeregelten Frage mit einer Heranziehung der Rechtsgrundsätze des § 254.¹⁵

20 Ein Rücktrittsrecht besteht schließlich dann nicht, wenn der **Anspruch auf Nacherfüllung verjährt** ist. Gemäß § 634a Abs. 4 gilt § 218 auch für das Rücktrittsrecht des Bestellers (näher hierzu § 634a Rn 15 ff.).

5. Rücktrittszeitpunkt

21 Das Rücktrittsrecht entsteht grundsätzlich in dem Zeitpunkt, in dem seine Voraussetzungen vorliegen. Nach §§ 634 Nr. 3, 323 Abs. 4 kann der Besteller aber ausnahmsweise vor Fälligkeit der Leistung zum Rücktritt berechtigt sein, wenn offensichtlich ist, dass die Voraussetzungen des Rücktritts eintreten werden. Dies ist beispielsweise denkbar, wenn bereits vor Fertigstellung des Werkes Mängel erkennbar werden, deren Beseitigung unmöglich ist (vgl. oben Rn 15).

II. Rechtsfolgen des Rücktritts; Auswirkungen auf die sonstigen Rechte des Bestellers

22 Steht dem Besteller das Rücktrittsrecht zu, so kann er das Vertragsverhältnis durch einseitige Erklärung gegenüber dem Unternehmer (§ 349) in ein Abwicklungsschuldverhältnis umwandeln. Da das Gesetz nunmehr den Rücktritt als allgemeinen Rechtsbehelf sowohl bei Nicht- als auch bei Schlechterfüllung vorsieht, ist zugleich das Bedürfnis für die Sonderregelung für die verspätete Herstellung des Werkes in § 636 a.F. entfallen, wonach in diesen Fällen der Rücktritt an die Stelle der Wandelung trat. Mit Wirksamwerden der Rücktrittserklärung **erlischt** zugleich **der (Nach-) Erfüllungsanspruch** und damit auch das Recht zur Selbstvornahme (§ 637).¹⁶ Der Besteller kann aber immer noch zum Anspruch auf Schadensersatz übergehen (§ 325). Dagegen ist eine Minderung nach der Rücktrittserklärung aufgrund der Gestaltungswirkung ausgeschlossen.¹⁷

D. Der Anspruch auf Schadensersatz

I. Probleme des alten Rechts

23 Der Anspruch des Bestellers auf Schadensersatz wegen eines Mangels der Werkleistung war einer der Bereiche, in denen die **mangelnde Abstimmung zwischen den gewährleistungsrechtlichen Sonderregeln und dem allgemeinen Leistungsstörungsrecht** nach der bisherigen Rechtslage besonders deutlich wurde. § 635 a.F. gewährte dem Besteller einen Anspruch auf Schadensersatz wegen Nichterfüllung in allen Fällen, in denen der Mangel des Werkes auf einem Umstand beruhte, den der Unternehmer zu vertreten hatte. Da die Mangelfreiheit des Werkes schon bisher Teil der Erfüllungspflicht des Unternehmers war (vgl. oben vor §§ 631 ff. Rn 6), war § 635 a.F. tatbestandlich im Grunde ein gesetzlich geregelter Fall der positiven Vertragsverletzung (pVV). Damit stellte sich freilich die Frage, welcher eigenständige Anwendungsbereich für die pVV verbleibt. An sich wäre eine ausfüllungsbedürftige Gesetzeslücke für das Werkvertragsrecht zu verneinen gewesen.¹⁸ Jedoch wären dann sämtliche Ansprüche der kurzen Verjährungsfrist des § 638 a.F. unterfallen, was vor allem bei Mangelfolgeschäden, die sich u.U. erst nach langer Zeit zeigen, vielfach zu völlig unangemessenen Ergebnissen geführt hätte. Bei Anwendung der pVV ergab sich dagegen eine Verjährungsfrist von 30 Jahren (§ 195 a.F.).

24 Die Rechtsprechung sah daher durch § 635 a.F. nur einen Teil der Schäden erfasst und differenzierte zur Abgrenzung von dem Anspruch aus pVV nach den Schadensarten: Unter § 635 a.F. fielen die

---

14 Vgl. Begr. RegE BT-Drucks 14/6040, 233 zu § 440 BGB.
15 Vgl. Staudinger/*Peters*, § 633 Rn 39, § 634 Rn 5.
16 Vgl. Begr. RegE BT-Drucks 14/6040, 185.
17 Begr. RegE BT-Drucks 14/6040, 221 zu § 437 BGB.
18 Soergel/*Teichmann*, § 635 Rn 6.

Mangelschäden und die **engeren Mangelfolgeschäden**. Dagegen sollte sich der Anspruch auf Ersatz der **entfernteren Mangelfolgeschäden** aus pVV ergeben.[19] In der Folgezeit gelang es freilich nicht, auch nur annähernd nachvollziehbare und damit für die Rechtspraxis voraussehbare Abgrenzungskriterien zu entwickeln, was angesichts der gravierenden Unterschiede in den Verjährungsfristen als kaum erträglicher Zustand angesehen wurde. Die Beseitigung der hiermit verbundenen Unsicherheiten war denn auch eines der wesentlichen Ziele der Schuldrechtsmodernisierung.[20]

II. Konzeption der Neuregelung

Die Neuregelung beseitigt die Abgrenzungsprobleme dadurch, dass sie nunmehr für den Schadensersatz im Werkvertrag keinen eigenständigen Anspruch mehr enthält, sondern generell **auf die Vorschriften des allgemeinen Leistungsstörungsrechts** verweist. Für den Schadensersatzanspruch gelten daher stets dieselben Vorschriften unabhängig davon, ob der Schaden durch den Mangel entstanden ist oder nicht bzw. – sofern der Schaden auf dem Mangel beruht – ob er dessen unmittelbare oder lediglich mittelbare Folge ist. Die Sonderregelung der Verjährung in § 634a gilt nunmehr ebenfalls einheitlich für alle vertraglichen Ansprüche des Bestellers auf Schadensersatz wegen eines Mangels der Werkleistung unabhängig vom konkreten Anspruchstatbestand (vgl. § 634a Rn 3). Im Übrigen wurden die Verjährungsfristen z.T. erheblich verlängert. **25**

III. Voraussetzungen und Inhalt des Schadensersatzanspruches

1. Mangel; Vertretenmüssen des Unternehmers

Die allgemeinen Voraussetzungen des Schadensersatzanspruches ergeben sich aus §§ 634 Nr. 4, 280 Abs. 1. Danach muss das Werk zunächst einmal mangelhaft i. S. des § 633 sein. Dies schließt die Fälle der Aliud-Lieferung bzw. der Zuwenigleistung ein (§ 633 Abs. 2 S. 3). Weist das Werk einen Sach- oder Rechtsmangel auf, so liegt nach der Konzeption des Gesetzes zugleich eine Pflichtverletzung des Unternehmers i. S. des § 280 Abs. 1 vor. **26**

Im Unterschied zu den anderen, in § 634 genannten Rechtsbehelfen besteht der Schadensersatzanspruch nur, wenn der Unternehmer die Pflichtverletzung, d.h. hier den Mangel des Werkes, zu vertreten hat, wobei das **Vertretenmüssen vermutet** wird (§ 280 Abs. 1 S. 2). Zu vertreten hat der Unternehmer grundsätzlich **Vorsatz und Fahrlässigkeit** (§ 276 Abs. 1 S. 1). Eine Haftungsverschärfung sieht das Gesetz einmal bei Übernahme einer **Garantie** vor. Die Möglichkeit einer (unselbständigen) Garantie, mit der der Unternehmer die Einstandspflicht für das Vorhandensein bestimmter Eigenschaften oder das Nichtvorhandensein von Mängeln übernimmt, war schon bisher allgemein anerkannt.[21] Aus einer solchen Garantie ergibt sich für den Besteller ein verschuldensunabhängiger Schadensersatzanspruch, wenn das Werk von der garantierten Beschaffenheit abweicht. **27**

Der Schuldner hat gem. § 276 Abs. 1 S. 1 einen Mangel auch dann ohne Rücksicht auf Verschulden zu vertreten, wenn er ein **Beschaffungsrisiko** übernommen hat. Diese Bestimmung, die die bisher von § 279 a.F. erfassten Fälle abdecken soll, ist in erster Linie auf Gattungsschulden zugeschnitten, die eine Sachbeschaffungspflicht beinhalten,[22] und kommt im Übrigen eher in den Fällen zum Tragen, in denen die Leistung insgesamt an den Beschaffungshindernissen scheitert. Dass ein Werkmangel auf Beschaffungsprobleme zurückzuführen ist, dürfte eher die Ausnahme darstellen, da Werkmängel zumeist Folge einer mangelhaften Ausführung der Dienstleistung des Unternehmers sind. Denkbar ist dies jedoch in Fällen, in denen der vertragsgemäße Zustand nur mit einem vom Unternehmer zu beschaffenden Stoff herzustellen ist oder das Werk einen Rechtsmangel aufweist, weil der Unternehmer ein bestimmtes Recht (z.B. eine Lizenz) nicht beschaffen kann. Freilich kann allein die Tatsache, dass der Unternehmer sich zu der Leistung verpflichtet hat und das Risiko des Misslingens seiner Bemühungen trägt, nicht als Übernahme eines Beschaffungsrisikos gewertet werden,[23] da man ansonsten wegen der Risikozuweisung im Werkvertragsrecht (vgl. § 635 Rn 8) nahezu stets zu einer verschuldensunabhängigen Schadensersatzpflicht des Unternehmers käme. Dies wäre mit dem Verschuldensprinzip des § 276 Abs. 1, an dem der Gesetzgeber ausdrücklich festgehalten hat,[24] nicht vereinbar. Es bedarf vielmehr konkreter Anhaltspunkte dafür, dass nach Zweck und Inhalt des Vertrages der Unternehmer bei bestimmten Beschaffungsproblemen auch das Risiko eines Schadens auf Seiten des Bestellers tragen sollte. **28**

---

19 BGHZ 58, 85, 87 ff.; 67, 1, 5 ff. Die Rechtsprechung verwendete synonym auch die Begriffe näherer und weiterer Mangelfolgeschaden.
20 Begr. RegE BT-Drucks 14/6040, 133.
21 Palandt/*Sprau*, vor § 633 Rn 18; Soergel/*Teichmann*, vor § 633 Rn 40.
22 Vgl. Begr. RegE BT-Drucks 14/6040, 132.
23 In diese Richtung aber *v. Westphalen*, DB 2001, 799, 803.
24 Begr. RegE BT-Drucks 14/6040, 131.

2. Schadensersatz wegen Verzögerung der Leistung infolge des Mangels

29 Verzögert sich infolge des Mangels die Herstellung des geschuldeten Werkes, so konnte der Besteller nach bisheriger Rechtslage den hierdurch entstehenden Schaden unter den Voraussetzungen des § 286 Abs. 1 a.F., also bei Verzug des Unternehmers, geltend machen. Sofern die Voraussetzungen des § 635 a.F. für einen Schadensersatz wegen Nichterfüllung vorlagen, konnte er den Verzögerungsschaden auch als Posten in die Berechnung des Gesamtschadens einstellen.[25] In jedem Fall mussten jedoch die Voraussetzungen des Verzugs nach § 284 vorliegen.

30 Dies ist nach der Neuregelung anders. Nach der Konzeption des Gesetzes stellt bereits die Herstellung des mangelhaften Werkes eine Pflichtverletzung dar, die – sofern der Unternehmer den Mangel zu vertreten hat – zu einem **Schadensersatzanspruch aus §§ 634 Nr. 4, 280 Abs. 1** führt. Es gelten also **nicht** die Vorschriften über den **Schuldnerverzug** (§§ 280 Abs. 2, 286). Stellt z.B. der Unternehmer ein mangelhaftes Bauwerk her, das als Betriebsgebäude des Bestellers dienen soll, und verzögert sich dadurch die Betriebsaufnahme, so ist der Betriebsausfallschaden unabhängig von den weiteren Voraussetzungen des Verzugs, insbesondere ohne Rücksicht auf eine vorherige Mahnung, nach § 280 Abs. 1 zu ersetzen.[26] Dies gilt freilich nur, wenn es dem Unternehmer nicht gelingt, den Mangel vor dem vereinbarten Fertigstellungstermin, also vor Fälligkeit, zu beseitigen, da es ansonsten an einer Pflichtverletzung fehlt.

31 Nur unter den weiteren Voraussetzungen des Verzugs ist jedoch der Verzögerungsschaden zu ersetzen, der nicht auf der mangelhaften Leistung beruht, sondern Folge einer weiteren **Verzögerung der Nacherfüllung** ist. Hierzu zählen insbesondere die Kosten, die dem Besteller bei der Durchsetzung seines Nacherfüllungsanspruches entstehen (z.B. die Kosten für einen beauftragten Rechtsanwalt). Diese sind nach §§ 280 Abs. 2, 286 zu ersetzen. Freilich dürften die Voraussetzungen des Verzugs regelmäßig vorliegen, da in dem Nacherfüllungsverlangen typischerweise zugleich eine Mahnung zu sehen ist. Allein die Verzugsvorschriften finden im Übrigen Anwendung, wenn die Verzögerung der Herstellung nicht auf den Mangel, sondern auf andere Umstände zurückzuführen ist.

3. Schadensersatz wegen des Werkmangels
a) Mangelschaden und Mangelfolgeschaden

32 Die Neuregelung unterscheidet zwar hinsichtlich der Anspruchsgrundlage nicht mehr danach, ob der Schaden Folge der mangelhaften Herstellung des Werkes oder einer anderen Pflichtverletzung des Unternehmers ist, d.h. nach der Schadensursache. Das Gesetz behält aber in der Sache die Unterscheidung zwischen dem **Mangelschaden**, also dem Schaden, der dadurch entsteht, dass das Werk nicht von der geschuldeten Beschaffenheit ist, und dem **Mangelfolgeschaden**, also dem Schaden, der an anderen Rechtsgütern des Bestellers entsteht (Körper, Eigentum, Vermögen), bei. Grundlage für den Ersatz der Mangelfolgeschäden sind §§ 634 Nr. 4, 280 Abs. 1. Dagegen ist der Mangelschaden gem. § 280 Abs. 3 nur unter den weiteren Voraussetzungen des § 281 zu ersetzen. Das Gesetz spricht hier von dem Schadensersatz statt der Leistung, weil der Gläubiger die weitere Erfüllung ablehnt und Schadensersatz für die nicht- oder nicht vertragsgemäß erbrachte Leistung begehrt. Dies entspricht in der bisherigen Terminologie weitgehend dem Schadensersatz wegen Nichterfüllung.

b) Schadensersatz statt der Leistung

33 Verlangt der Besteller Schadensersatz statt der Leistung, so wird dem Unternehmer jede weitere Möglichkeit, das Werk doch noch vertragsgemäß herzustellen, genommen. Insoweit gleichen sich die Rechtsfolgen bei Schadensersatz und Rücktritt. Das Gesetz sieht daher für beide Rechtsbehelfe ähnliche Voraussetzungen vor. Es knüpft den Anspruch auf Schadensersatz gem. § 281 Abs. 1 daran, dass der Besteller dem Unternehmer zuvor erfolglos eine **angemessene Frist zur Nacherfüllung** bestimmt hat. Dies entspricht der bisherigen Regelung in §§ 635, 634 Abs. 1 a.F. (zu den Einzelheiten vgl. Rn 6 ff.).

34 Einer **Fristsetzung bedarf es nicht**, wenn die Voraussetzungen des § 636 oder des § 281 Abs. 2 vorliegen. § 281 Abs. 2 deckt sich in den Voraussetzungen mit § 323 Abs. 2 Nr. 1 und 3. Auch insoweit gilt daher das zum Rücktritt Gesagte entsprechend (vgl. Rn 9 ff.). Für die Fälle des § 275 Abs. 1 bis 3 ergibt sich dies im Übrigen auch aus §§ 634 Nr. 4, 283.

35 Nach § 635 a.F. hatte der Besteller – ebenso wie der Käufer nach § 463 a.F. – die Wahl zwischen dem „**großen Schadensersatz**" und dem „**kleinen Schadensersatz**".[27] Er konnte also entweder das Werk zurückweisen und Ersatz des durch die Nichterfüllung des gesamten Vertrages entstandenen Schadens verlangen, oder er konnte das (mangelhafte) Werk behalten und nur Ersatz des Schadens beanspruchen,

---

25 Soergel/*Teichmann*, § 635 Rn 4.
26 Begr. RegE BT-Drucks 14/6040, 225 zu § 437 BGB.
27 Palandt/*Sprau*, § 635 Rn 6a; Soergel/*Teichmann*, § 635 Rn 42 ff.

der gerade als Folge der Minderung des Werkes oder der Tauglichkeit des Werkes entstanden ist. Die Neuregelung behält diese Unterscheidung bei,[28] **schränkt aber die Möglichkeit des großen Schadensersatzes ein**. Diesen soll der Gläubiger gem. § 281 Abs. 1 S. 3 nur verlangen können, wenn die Pflichtverletzung (= der Mangel) erheblich ist. Dies entspricht der Regelung für den Rücktritt im § 323 Abs. 5 S. 2.[29] Ist der Mangel unerheblich, bleibt es gem. § 281 Abs. 1 S. 1 beim „kleinen Schadensersatz".[30]

Hinsichtlich der Frage, welche Schäden im Mangel der Sache selbst liegen und daher nur nach § 281 ersatzfähig sind, ist auf den Zweck der Regelung abzustellen. Gemeint sind damit solche Schäden, die im Falle einer gelungenen Nacherfüllung durch den Unternehmer nicht entstanden wären. Nur bei solchen Schäden macht es nämlich Sinn, den Anspruch von der vorherigen Fristsetzung abhängig zu machen. Hierunter fallen also etwa beim „großen Schadensersatz" die Kosten für eine Ersatzbeschaffung, beim „kleinen Schadensersatz" der Minderwert oder ein entsprechender Mindererlös bei einer Weiterveräußerung des Werkes.[31]

36

c) Ersatz vergeblicher Aufwendungen

Unter den Voraussetzungen des § 281 kann der Besteller gem. §§ 634 Nr. 4, 284 auch den Ersatz von Aufwendungen verlangen, die er im Vertrauen auf die vertragsgemäße Leistung des Unternehmers gemacht hat. Hierzu zählen insbesondere die **Vertragskosten**, die bisher gem. §§ 634 Abs. 4, 467 S. 2 a.F. ohne Rücksicht auf ein Verschulden des Unternehmers zu ersetzen waren. Dies ist nach der Neuregelung anders. Da der Besteller die Aufwendungen nur „anstelle des Schadensersatzes" geltend machen kann, besteht der Anspruch, wie der Schadensersatzanspruch auch, nur, wenn der Unternehmer den Mangel zu vertreten hat.[32]

37

d) Schadensersatz bei anfänglichem nichtbehebbarem Mangel

Steht bereits bei Vertragsschluss fest, dass die mangelfreie Herstellung des Werkes unmöglich ist oder der Unternehmer diese nach § 275 Abs. 2 und 3 verweigern kann, so steht dem Besteller ein Anspruch auf Schadensersatz statt der Leistung oder ein Anspruch auf Ersatz der Aufwendungen nach §§ 634 Nr. 4, 311a, 281, 284 zu. Einer vorherigen Fristsetzung bedarf es naturgemäß nicht (§§ 636, 635 Abs. 3, 275 Abs. 2 und 3).

38

e) Ersatz von Begleit- und Folgeschäden

Unabhängig vom Erfordernis einer Fristsetzung und ohne Rücksicht auf die Erheblichkeit des Mangels sind **nach § 280 Abs. 1** zum einen solche Schäden zu ersetzen, die nicht mit dem Mangel in Zusammenhang stehen, zum anderen aber auch Schäden, die infolge des Mangels an sonstigen Rechtsgütern des Bestellers entstanden sind und auch im Falle der Nacherfüllung fortbestehen. Dies entspricht der bisherigen Rechtslage. Im ersteren Fall war bisher ohnehin nur ein Anspruch aus pVV gegeben. Die zweite Fallgruppe wurde zwar als von § 635 a.F. erfasst angesehen. Jedoch bedurfte es abweichend von §§ 635, 634 Abs. 2 a.F. keiner Fristsetzung, da diese Schäden von einer Nachbesserung nicht umfasst bzw. einer Nachbesserung nicht zugänglich sind.[33]

39

IV. Auswirkungen des Schadensersatzverlangens auf die übrigen Rechte des Bestellers

Hat der Besteller Schadensersatz statt der Leistung verlangt, so ist gem. § 281 Abs. 4 der Anspruch auf Nacherfüllung und das Recht der Selbstvornahme ausgeschlossen.

40

§ 637 Selbstvornahme

(1) ¹Der Besteller kann wegen eines Mangels des Werks nach erfolglosem Ablauf einer von ihm zur Nacherfüllung bestimmten angemessenen Frist den Mangel selbst beseitigen und Ersatz der erforderlichen Aufwendungen verlangen, wenn nicht der Unternehmer die Nacherfüllung zu Recht verweigert.
(2) ¹§ 323 Abs. 2 findet entsprechende Anwendung. ²Der Bestimmung einer Frist bedarf es auch dann nicht, wenn die Nacherfüllung fehlgeschlagen oder dem Besteller unzumutbar ist.
(3) ¹Der Besteller kann von dem Unternehmer für die zur Beseitigung des Mangels erforderlichen Aufwendungen Vorschuss verlangen.

---

28 Vgl. Begr. RegE BT-Drucks 14/4060, 225 zu § 437 BGB; *Canaris*, JZ 2001, 499, 513 f.; *ders.*, DB 2001, 1817.
29 Vgl. auch Beschlussempfehlung BT-Drucks 14/7052, 185.
30 Begr. RegE BT-Drucks 14/6040, 225 f. zu § 437 BGB.
31 Begr. RegE BT-Drucks 14/6040, 225.
32 Begr. RegE BT-Drucks 14/6040, 225.
33 BGHZ 96, 221, 224; BGH NJW 2000, 2020.

Inhalt

A. Entstehungsgeschichte	1	1. Bestehen des Anspruches auf Nacherfüllung	3
B. Bisherige Rechtslage	2	2. Fristsetzung	5
C. Inhalt der Regelung	3	3. Entbehrlichkeit der Fristsetzung (Abs. 2)	7
I. Voraussetzungen der Selbstvornahme (Abs. 1)	3	II. Inhalt des Anspruches (Abs. 1, 3)	9

A. Entstehungsgeschichte

1 § 637 entspricht fast vollständig den Vorentwürfen in § 635 DiskE und § 637 RegE. Nur Abs. 1 hat eine Änderung erfahren. Im RegE hieß es noch, dass die Selbstvornahme ausgeschlossen sei, wenn der Unternehmer die Nacherfüllung „nach § 635 Abs. 3 verweigert". Dies ist im Gesetzgebungsverfahren auf Vorschlag des Bundesrates zum Zwecke der Klarstellung durch die Formulierung „zu Recht verweigert" ersetzt worden.[1]

B. Bisherige Rechtslage

2 § 637 tritt an die Stelle des bisherigen § 633 Abs. 3 a.F. Auch nach dieser Regelung konnte der Besteller den Mangel selbst beseitigen und den Ersatz der hierfür erforderlichen Aufwendungen verlangen. Voraussetzung war jedoch, dass sich der Unternehmer mit der Beseitigung des Mangels in Verzug befindet.

C. Inhalt der Regelung

I. Voraussetzungen der Selbstvornahme (Abs. 1)

1. Bestehen des Anspruches auf Nacherfüllung

3 Das Recht der Selbstvornahme ist im Grunde eine Nacherfüllung durch den Besteller selbst. Voraussetzung ist daher zunächst, dass der Besteller einen Anspruch auf Nacherfüllung hat. Das Werk muss also einen **Sach- oder Rechtsmangel** i. S. des § 633 aufweisen.

4 Das Recht zur Selbstvornahme besteht nicht, wenn der **Nacherfüllungsanspruch gem. § 275 Abs. 1 erloschen** ist, weil die mangelfreie Herstellung des Werkes (entweder nur dem Unternehmer oder jedermann) unmöglich ist (vgl. § 635 Rn 14 f.). Dies versteht sich im Falle der objektiven Unmöglichkeit von selbst, weil dann auch der Besteller den Mangel nicht beseitigen kann, gilt aber auch für die Fälle des Unvermögens, weil das Recht zur Selbstvornahme nicht ohne den Nacherfüllungsanspruch bestehen kann. Im Gesetz besonders erwähnt wird außerdem der Fall, dass der **Unternehmer die Nacherfüllung zu Recht verweigert**. Erfasst werden hiermit sowohl das Leistungsverweigerungsrecht aus § 635 Abs. 3 als auch das aus § 275 Abs. 2 und 3.[2] Aufgrund der Änderung im Gesetzgebungsverfahren (vgl. Rn 1) ist klargestellt, dass die Berufung auf das Leistungsverweigerungsrecht das Recht der Bestellers nur dann ausschließt, wenn dessen Voraussetzungen auch tatsächlich vorliegen. Der Unternehmer trägt also das Risiko einer Fehleinschätzung.

2. Fristsetzung

5 Nach der Neuregelung ist es für das Recht zur Selbstvornahme nicht mehr erforderlich, dass sich der Unternehmer mit der Nacherfüllung in Verzug befindet. Voraussetzung ist nun vielmehr, dass der Besteller dem Unternehmer zuvor eine angemessene Frist zur Nacherfüllung gesetzt hat und diese erfolglos verstrichen ist. In Bezug auf die Notwendigkeit der Fristsetzung bedeutet dies keine wesentliche Veränderung, da nach allgemeiner Ansicht der Verzug i. S. des § 633 Abs. 3 a.F. nicht bereits mit der Mahnung, sondern erst mit Ablauf einer angemessenen Frist zur Behebung des Mangels eintrat.[3] Der Verzicht auf den Verzugseintritt hat allerdings zur Folge, dass es nicht mehr darauf ankommt, ob der Unternehmer die ausgebliebene Nacherfüllung zu vertreten hat.

6 Mit der Anknüpfung an die vorherige erfolglose Fristsetzung schafft das Gesetz **einheitliche Voraussetzungen** für das Selbstvornahmerecht, den Rücktritt und die Minderung.[4] Hinsichtlich der Einzelheiten der Fristsetzung gilt demnach dasselbe wie für den Rücktritt (vgl. § 636 Rn 6 ff.). Auch hier ist zu beachten, dass das Recht bei Fristablauf nur entsteht, wenn die vom Besteller gesetzte Frist tatsächlich angemessen war. Eine zu kurz bemessene Frist verlängert sich also nicht automatisch auf die angemessene Zeitspanne (vgl. § 636 Rn 7).

---

[1] Stellungnahme des Bundesrates und zustimmende Gegenäußerung der Bundesregierung BT-Drucks 14/6857, 37, 68; Beschlussempfehlung des Rechtsausschusses BT-Drucks 14/7052, 66, 205.
[2] Vgl. Stellungnahme des Bundesrates BT-Drucks 14/6857, 37.
[3] MüKo/*Soergel*, § 633 Rn 143.
[4] Begr. RegE BT-Drucks 14/6040, 266.

3. Entbehrlichkeit der Fristsetzung (Abs. 2)

Hinsichtlich der Fallgestaltungen, in denen ausnahmsweise eine Fristsetzung nicht erforderlich ist, finden sich in Abs. 2 ebenfalls **dieselben Gestaltungen wie beim Rücktritt**. Einer Fristsetzung bedarf es zum einen dann nicht, wenn die **Nacherfüllung fehlgeschlagen oder dem Besteller unzumutbar** ist (vgl. § 636; hierzu § 636 Rn 13 ff.). Auch hier gilt, dass die Nacherfüllung bereits fehlgeschlagen ist, wenn feststeht, dass der Unternehmer den Mangel nicht mehr beseitigen kann. Hat der Besteller zuvor eine Frist gesetzt, braucht er daher den Ablauf der Frist nicht abzuwarten, sondern kann sofort selbst die zur Beseitigung des Mangels erforderlichen Maßnahmen ergreifen.[5] Die Unzumutbarkeit der Nacherfüllung kann sich im Falle des § 637 nur auf die Nacherfüllung gerade durch den Unternehmer beziehen. Der Besteller, der den Mangel selbst beseitigen will, gibt nämlich zu erkennen, dass er an der Leistung im Prinzip noch Interesse hat. Erfasst werden also vor allem die Fälle, in denen das Vertrauen in den Erfolg der Nacherfüllungsversuche des Unternehmers oder in dessen Zuverlässigkeit erschüttert ist.[6]

Daneben findet **§ 323 Abs. 2** entsprechende Anwendung. Einer Fristsetzung bedarf es daher zum einen dann nicht, wenn der Unternehmer die Nacherfüllung ernsthaft und endgültig verweigert (§ 323 Abs. 2 Nr. 1). Sie entfällt außerdem in den Fällen des (relativen) Fixgeschäftes (§ 323 Abs. 2 Nr. 2), etwa bei einem Vertrag über eine bis zu einem bestimmten Zeitpunkt fertig zu stellende Autoreparatur.[7] § 323 Abs. 2 Nr. 3 dürfte demgegenüber keine eigenständige Bedeutung haben, weil in den dort genannten Fällen dem Besteller typischerweise die Nacherfüllung unzumutbar ist.[8]

II. Inhalt des Anspruches (Abs. 1, 3)

Liegen die Voraussetzungen für eine Selbstvornahme vor, so kann der Besteller den **Mangel selbst beseitigen** und **Ersatz der erforderlichen Aufwendungen** verlangen. Insoweit hat sich durch die Neuregelung nichts geändert. Die zu § 633 Abs. 3 a.F. entwickelten Grundsätze beanspruchen daher uneingeschränkte Geltung.[9]

Neu ins Gesetz aufgenommen wurde in Abs. 3 der Anspruch des Bestellers auf einen **Vorschuss** für die zur Mangelbeseitigung erforderlichen Aufwendungen. Ein solcher Anspruch war der Sache nach bereits nach bisherigem Recht allgemein anerkannt.[10] Die dogmatische Grundlage des Anspruches war jedoch zweifelhaft.[11] Die Neuregelung schafft nunmehr eine eindeutige Rechtsgrundlage. Da das Gesetz die bisherige Rechtslage nur bestätigt, kann hinsichtlich der Einzelheiten des Anspruches uneingeschränkt auf die von der Rechtsprechung entwickelten Grundsätze zurückgegriffen werden.[12]

§ 638 Minderung

(1) ¹Statt zurückzutreten, kann der Besteller die Vergütung durch Erklärung gegenüber dem Unternehmer mindern. ²Der Ausschlussgrund des § 323 Abs. 5 Satz 2 findet keine Anwendung.
(2) ¹Sind auf der Seite des Bestellers oder auf der Seite des Unternehmers mehrere beteiligt, so kann die Minderung nur von allen oder gegen alle erklärt werden.
(3) ¹Bei der Minderung ist die Vergütung in dem Verhältnis herabzusetzen, in welchem zur Zeit des Vertragsschlusses der Wert des Werks in mangelfreiem Zustand zu dem wirklichen Wert gestanden haben würde. ²Die Minderung ist, soweit erforderlich, durch Schätzung zu ermitteln.
(4) ¹Hat der Besteller mehr als die geminderte Vergütung gezahlt, so ist der Mehrbetrag vom Unternehmer zu erstatten. ²§ 346 Abs. 1 und § 347 Abs. 1 finden entsprechende Anwendung.

---

5 Vgl. Stellungnahme des Bundesrates und Gegenäußerung der Bundesregierung BT-Drucks 14/6857, 37, 68.
6 Die Regierungsbegründung sieht hierin geradezu einen Unterfall des Fehlschlagens, der „im Interesse eines Gleichlaufes mit dem Kaufrecht... gesondert genannt werden" solle; vgl. BT-Drucks 14/6040, 266.
7 Begr. RegE BT-Drucks 14/6040, 266.
8 Der Bundesrat hatte denn auch in seiner Stellungnahme eine Streichung dieses Passus angeregt. Die Bundesregierung hat dennoch „im Interesse eines Gleichlaufs mit § 636" daran festgehalten. Vgl. Stellungnahme des Bundesrates und Gegenäußerung der Bundesregierung BT-Drucks 14/6857, 37, 68.
9 Näher etwa Palandt/*Sprau*, § 633 Rn 8 a.
10 BGHZ 47, 272, 273; 68, 372, 378; Palandt/*Sprau*, § 633 Rn 9; Soergel/*Teichmann*, § 633 Rn 25 ff.
11 Vgl. etwa die Bedenken bei Staudinger/*Peters*, § 633 Rn 198.
12 Zu den zahlreichen Einzelfragen, die an dieser Stelle nicht behandelt werden können, vgl. etwa Palandt/*Sprau*, § 633 Rn 9; Sorgel/*Teichmann*, § 633 Rn 26 ff. m.w.N.

Inhalt

A. Entstehungsgeschichte 1	IV. Rechtsfolgen der Minderung 6
B. Bisherige Rechtslage 2	1. Herabsetzung der Vergütung (Abs. 3) 6
C. Inhalt der Regelung 3	2. Rückzahlung des bereits entrichteten Werklohnes
I. Minderung als Gestaltungsrecht 3	(Abs. 4) 10
II. Voraussetzungen (Abs. 1) 4	3. Auswirkungen auf die sonstigen Rechte des
III. Ausübung des Minderungsrechtes bei einer Mehrheit	Bestellers 11
von Beteiligten (Abs. 2) 5	

A. Entstehungsgeschichte

1 § 637 DiskE hatte für die Durchführung der Minderung weitgehend auf die allgemeinen Vorschriften der Leistungsstörungen sowie auf das Kaufrecht Bezug genommen. § 638 RegE enthielt dagegen bereits eine detaillierte eigenständige Regelung. Die Absätze 1, 2 und 4 sind – bis auf eine redaktionelle Änderung – gegenüber dem RegE unverändert geblieben. § 638 Abs. 5 RegE wurde in § 634a Abs. 5 übernommen und entfiel deshalb.[1] Wesentliche inhaltliche Veränderungen erfuhr dagegen § 637 Abs. 3 (vgl. näher Rn 6 ff.).

B. Bisherige Rechtslage

2 § 634 a.F. regelte die Voraussetzungen der Minderung zusammen mit denen der Wandelung. Voraussetzung war grundsätzlich (Ausnahme § 634 Abs. 2 a.F.), dass der Besteller dem Unternehmer eine **Nachfrist zur Mangelbeseitigung** gesetzt und dem Unternehmer für den Fall des erfolglosen Verstreichens der Frist die **Ablehnung der Mangelbeseitigung angedroht** hatte. Die Minderung war – auch insoweit im Einklang mit der Wandelung – als **Anspruch** ausgestaltet. Erst mit dem Vollzug der Minderung (§§ 634 Abs. 4, 465 a.F.), also mit Einverständnis des Unternehmers oder mit Rechtskraft eines die Zustimmung ersetzenden Urteils, reduzierte sich der Werklohn. Für die Berechnung der Minderung verwies das Gesetz auf die kaufrechtlichen Bestimmungen (§§ 634 Abs. 4, 472 ff. a.F.).

C. Inhalt der Regelung

I. Minderung als Gestaltungsrecht

3 Nach der Neuregelung ist die Minderung ebenfalls ein Gestaltungsrecht. Der Besteller kann die Vergütung, sofern die Voraussetzungen der Minderung vorliegen, einseitig durch Erklärung gegenüber dem Unternehmer herabsetzen.

II. Voraussetzungen (Abs. 1)

4 Das Minderungsrecht besteht **alternativ zum Rücktrittsrecht** („statt zurückzutreten"). Die Voraussetzungen sind also dieselben wie beim Rücktritt (hierzu § 636 Rn 5 ff.). Der Besteller muss insbesondere dem Unternehmer grundsätzlich erfolglos eine angemessene Frist zur Nacherfüllung gesetzt haben. Eine Ausnahme von dem Gleichlauf von Rücktritt und Minderung macht Abs. 1 S. 2. Die Minderung ist – entgegen § 323 Abs. 5 S. 2 – **auch bei einem unerheblichen Mangel** des Werkes möglich. Dies entspricht der bisherigen Gesetzeslage, da auch § 634 Abs. 3 a.F. nur die Wandelung ausgeschlossen hatte.

III. Ausübung des Minderungsrechtes bei einer Mehrheit von Beteiligten (Abs. 2)

5 Gem. §§ 634 Abs. 4, 474 Abs. 1 a.F. konnte bei einer Mehrheit von Bestellern oder Unternehmern jeder Besteller von jedem Unternehmer Minderung verlangen. Dagegen konnte der Anspruch auf Wandelung nur einheitlich geltend gemacht werden.[2] Abs. 2 führt das **Einheitsprinzip** nunmehr auch für die Minderung ein. Dies ist die Konsequenz aus der Gestaltungswirkung des Minderungsrechts. Die Umgestaltung eines Rechtsverhältnisses mit mehreren Beteiligten kann nicht auf einzelne Beteiligte beschränkt bleiben, sondern muss das Rechtsverhältnis insgesamt erfassen. Dies war schon bisher für den Rücktritt anerkannt (vgl. § 356 a.F., jetzt § 351) und muss daher nunmehr auch für die Minderung gelten.

IV. Rechtsfolgen der Minderung

1. Herabsetzung der Vergütung (Abs. 3)

6 Abs. 3 S. 1 **übernimmt** hinsichtlich der Berechnung des Minderungsbetrages **die bisher** gem. §§ 634 Abs. 4, 472 Abs. 1 a.F. **geltende Regelung**. Maßgeblich ist also das Verhältnis des Verkehrswertes des

---

1 Beschlussempfehlung des Rechtsausschusses BT-Drucks 14/7052, 67, 205.
2 Palandt/*Putzo*, § 467 Rn 5.

mangelfreien Werkes zu dem tatsächlichen Verkehrswert des mangelhaften Werkes. Entsprechend diesem Verhältnis verringert sich auch der Werklohn.³

§ 638 Abs. 3 RegE hatte demgegenüber – wie in der Parallelvorschrift des § 441 RegE – vorgesehen, dass die Vergütung um den Betrag herabgesetzt werden solle, um den der Mangel den Wert des Werkes, gemessen an der Vergütung, mindert. Bezugspunkt sollte also nicht der Verkehrswert, sondern der in der Vergütung zum Ausdruck kommende Wert sein. Der Gesetzgeber beabsichtigte damit eine Vereinfachung, weil sich der objektive Verkehrswert nur schwer ermitteln lasse. Der Rechtsausschuss ist dann aber wieder zur alten Regelung zurückgekehrt, weil der vom RegE beabsichtigte Vereinfachungseffekt nicht erreicht werde.⁴

Beibehalten worden ist auch der **Zeitpunkt der Wertermittlung**. Wie bisher kommt es auch beim Werkvertrag auf den Zeitpunkt des Vertragsabschlusses an. § 638 Abs. 3 RegE wollte demgegenüber auf den Zeitpunkt der Abnahme oder der Fertigstellung abstellen.⁵

Um den Problemen bei der Ermittlung des Verkehrswertes zu begegnen, sieht Abs. 3 S. 2 (ebenso bereits § 638 Abs. 3 S. 2 RegE) vor, dass – soweit erforderlich – eine **Schätzung** vorgenommen werden kann. Das Gesetz knüpft dabei an eine bereits bestehende Praxis an.⁶

2. Rückzahlung des bereits entrichteten Werklohnes (Abs. 4)

Hat der Besteller bereits den gesamten Werklohn gezahlt, so hat der Unternehmer den Betrag, um den sich die Vergütung nach Abs. 3 mindert, nach Maßgabe der **Rücktrittsvorschriften** herauszugeben (§§ 638 Abs. 4, 346 Abs. 1). Dasselbe gilt, wenn der Besteller einen Teilbetrag entrichtet hat, der über dem geminderten Werklohn liegt. Soweit der Unternehmer Nutzungen gezogen, etwa den Betrag gewinnbringend angelegt hat, sind ebenfalls herauszugeben (§§ 638 Abs. 4, 346 Abs. 1). Für nicht gezogene Nutzungen ist der Unternehmer unter den Voraussetzungen des § 347 Abs. 1 zum Wertersatz verpflichtet.

3. Auswirkungen auf die sonstigen Rechte des Bestellers

Mit der Erklärung der Minderung wird das Vertragsverhältnis mit konstitutiver Wirkung dahingehend umgestaltet, dass der Besteller das mangelhafte Werk behält, hierfür jedoch einen geringeren Werklohn zu zahlen verpflichtet ist. Damit ist sowohl der **Anspruch auf Nacherfüllung** als auch das Recht der Selbstvornahme ausgeschlossen. Dasselbe gilt für das **Rücktrittsrecht**, da die Minderung hierzu im Verhältnis der Alternativität steht (vgl. § 634 Nr. 3: zurücktreten „oder" mindern). Dagegen kann die Minderung mit dem **Anspruch auf Schadensersatz** verbunden werden (§ 634 Nr. 3 a. E.: „und").⁷ Der Besteller kann daher auch nach Erklärung der Minderung einen weitergehenden Schaden gem. § 634 Nr. 4 geltend machen.

§ 639 Haftungsausschluss

¹Auf eine Vereinbarung, durch welche die Rechte des Bestellers wegen eines Mangels ausgeschlossen oder beschränkt werden, kann sich der Unternehmer nicht berufen, wenn er den Mangel arglistig verschwiegen oder eine Garantie für die Beschaffenheit des Werks übernommen hat.

Inhalt

A. Bisherige Rechtslage; Entstehungsgeschichte 1	2. Arglistiges Verschweigen eines Mangels 6
B. Die wichtigsten Änderungen im Überblick 2	3. Übernahme einer Garantie 8
C. Inhalt der Regelung 4	II. Rechtsfolgen 10
I. Voraussetzungen 4	III. Sonstige Grenzen für Vereinbarungen über Rechte des
1. Vereinbarungen über Rechte des Bestellers 4	Bestellers 11

A. Bisherige Rechtslage; Entstehungsgeschichte

§ 639 ersetzt den § 637 a.F. Identische Vorschriften fanden sich im Kauf- und im Mietrecht (§§ 476, 540 a.F.). Der DiskE hatte vorgesehen, auf eine eigenständige Regelung im Werkvertragsrecht gänzlich zu verzichten, und in § 631 Abs. 3 DiskE auf die entsprechende kaufrechtliche Regelung (§ 442 DiskE) verwiesen. Bereits die KF hatte jedoch § 637 a.F. inhaltlich unverändert wieder in § 639 KF aufgenommen. Erst durch den Rechtsausschuss erfuhr die Vorschrift auch eine inhaltliche Änderung und damit ihre jetzige Fassung. Hierdurch sollte § 639 an die entsprechende Regelung im Kaufrecht in § 444 angeglichen werden.¹

---

3 Zu Einzelheiten vgl. Palandt/*Sprau*, § 634 Rn 8.
4 Beschlussempfehlung des Rechtsausschusses BT-Drucks 14/7052, 205.
5 Vgl. RegE BT-Drucks 14/6040, 267.
6 Vgl. BGHZ 77, 320, 326.
7 Vgl. Begr. RegE BT-Drucks 14/6040, 226 zu § 437.

B. Die wichtigsten Änderungen im Überblick

2 Die bisherige Regelung des § 637 a.F. enthielt lediglich eine Regelung für den Fall des arglistigen Verschweigens des Mangels durch den Unternehmer. Nunmehr erfasst die Vorschrift **auch** die Fälle der **Übernahme einer Garantie** für die Beschaffenheit des Werkes (unselbständige Garantie). Sie nimmt damit die bisherige Regelung in § 11 Nr. 11 AGBG auf mit der Folge, dass auch Individualvereinbarungen erfasst werden.

3 § 637 a.F. hatte als Rechtsfolge – ebenso wie § 476 a.F. – die Nichtigkeit der Vereinbarung über den Haftungsausschluss vorgesehen. Nach der Neuregelung wird lediglich die **Berufung auf die Vereinbarung ausgeschlossen**, eine Rechtsfolge, die im Zusammenhang mit dem Verbot rechtsmissbräuchlichen Verhaltens gem. § 242 geläufig ist[2] und die zumindest im Werkvertrag besser passt als die Nichtigkeit der gesamten Vereinbarung (Rn 7). Der Gesetzgeber wollte mit dieser Änderung vor allem sicherstellen, dass nicht unter Hinweis auf die Nichtigkeit der Vereinbarung die Wirksamkeit des gesamten Werkvertrages in Frage gestellt werden kann,[3] was dem Zweck der Vorschrift, den Besteller zu schützen, zuwiderlaufen würde.

C. Inhalt der Regelung

I. Voraussetzungen

1. Vereinbarungen über Rechte des Bestellers

4 Die Regelung betrifft Vereinbarungen, durch die die Rechte des Bestellers wegen eines Mangels ausgeschlossen oder beschränkt werden. Das Gesetz nimmt dabei zwei lediglich **terminologische Änderungen** vor. Es spricht zum einen nicht mehr von der „Verpflichtung des Unternehmers, einen Mangel des Werks zu vertreten". Dies entspricht der Neukonzeption des Gesetzes, das die Haftung für Werkmängel nicht mehr als besondere gewährleistungsrechtliche Einstandspflicht, sondern als einen besonderen Fall der Verletzung der Leistungspflicht ansieht (vgl. vor §§ 631 ff. Rn 7). Zum anderen ist nicht mehr davon die Rede, dass die Verpflichtung des Unternehmers „erlassen" werde, sondern davon, dass die Rechte des Bestellers „ausgeschlossen" werden. Dies bedeutet in der Sache dasselbe, orientiert sich in der Terminologie aber an § 11 Nr. 11 AGBG.

5 Erfasst werden sämtliche **Vereinbarungen über die in § 634 genannten Rechte**. Eine Beschränkung dieser Rechte liegt vor, wenn zu Lasten des Bestellers von der gesetzlichen Ausgestaltung dieser Rechte abgewichen wird, der Besteller also nach der vertraglichen Vereinbarung schlechter stünde als nach den §§ 634 ff.[4] Dies sind sowohl Vereinbarungen, durch die sämtliche oder einzelne Rechte gänzlich ausgeschlossen werden, als auch solche, durch die die Voraussetzungen für die Ausübung dieser Rechte verschärft werden, etwa indem der Rücktritt des Bestellers von dem Fehlschlagen von Nacherfüllungsversuchen abhängig gemacht wird, die ihm nach § 636 nicht mehr zuzumuten sind.

2. Arglistiges Verschweigen eines Mangels

6 Dass sich der Unternehmer – wie bisher – im Falle der Arglist auf eine Vereinbarung über einen Haftungsausschluss oder eine Haftungsbeschränkung nicht berufen kann, ist **Ausdruck des allgemeinen Rechtsgedankens**, dass der arglistig Handelnde keinen Schutz verdient. Die Vorschrift bestätigt insoweit die allgemeinen Grenzen, die der Privatautonomie gezogen sind (§§ 134, 138, 276 Abs. 3). Allerdings stellte sich beim Werkvertrag die Frage, auf welchen Zeitpunkt es für die Arglist ankommen soll. Während beim Kaufvertrag der Verkäufer regelmäßig schon bei Vertragsabschluss Kenntnis von den Mängeln der Kaufsache hat, der Vorwurf also darauf beruht, dass er bereits die Vereinbarung über den Haftungsausschluss arglistig herbeigeführt hat, wird das Werk typischerweise erst nach Abschluss der Vereinbarung hergestellt, so dass der Unternehmer in den meisten Fällen noch gar keine Kenntnis von dem Mangel haben kann.

7 Nach allgemeiner Ansicht genügte es daher schon bisher, dass die Voraussetzungen der Arglist zu **irgendeinem Zeitpunkt während der Herstellung des Werkes** vorliegen.[5] Hierzu passt nunmehr auch die im Gesetz vorgesehene Rechtsfolge. Es geht nicht darum, dass die Vereinbarung über den Haftungsausschluss durch ein nachträgliches Ereignis unwirksam wird, sondern darum, dass der Unternehmer sich wegen seines arglistigen Verhaltens auf ein einmal wirksam begründetes Recht nicht berufen kann, weil er sonst rechtsmissbräuchlich handeln würde.[6] Erfährt der Unternehmer erst **nach der Abnahme** von dem Mangel,

---

1 Beschlussempfehlung des Rechtsausschusses BT-Drucks 14/7052, 205.
2 Vgl. Soergel/*Teichmann*, § 242 Rn 28.
3 Begr. RegE BT-Drucks 14/4060, 240 zur Parallelvorschrift des § 444 BGB.
4 Staudinger/*Peters*, § 637 Rn 6.
5 Vgl. etwa Erman/*Seiler*, § 637 Rn 5. Zu den Voraussetzungen der Arglist auch Soergel/*Teichmann*, § 637 Rn 8.
6 Soergel/*Teichmann*, § 637 Rn 3.

so berührt dies den Haftungsausschluss hingegen nicht. Arglist setzt nämlich die Verletzung einer Offenbarungspflicht voraus. Diese Offenbarungspflicht ist aber spätestens bei der Abnahme zu erfüllen. Den Unternehmer trifft jedoch eine Aufklärungspflicht. Verschweigt er den Mangel und entsteht dem Besteller hieraus ein Schaden, etwa weil der Mangel sich ausweitet und auch andere Rechtsgüter des Bestellers erfasst, so haftet er dem Besteller auf Schadensersatz aus § 280 Abs. 1.

3. Übernahme einer Garantie

Neu ins Gesetz aufgenommen worden ist, dass sich der Unternehmer auch dann nicht auf eine Vereinbarung über einen Ausschluss oder eine Beschränkung der Rechte des Bestellers berufen kann, wenn er eine Garantie für die Beschaffenheit des Werkes übernommen hat (unselbständige Garantie). Die Folge einer solchen Garantieübernahme ist, dass dem Besteller – neben den sonstigen Rechten aus § 634 – auch der Anspruch auf Schadensersatz ohne Rücksicht auf ein Verschulden des Unternehmers zusteht (§ 276 Abs. 1; vgl. auch § 636 Rn 27). Im Übrigen stellt die Garantie – ähnlich wie bisher die Zusicherung einer Eigenschaft – eine qualifizierte Form der Beschaffenheitsvereinbarung dar, mit der der Unternehmer in besonderer Weise das Vertrauen des Bestellers in das Vorhandensein der zugesagten Eigenschaften in Anspruch nimmt. Mit der Vereinbarung über die Haftungsbeschränkung würde dem Besteller also gerade das wieder genommen, was ihm mit der Garantie gewährt werden sollte. 8

Die Neuregelung übernimmt die **Funktion des bisherigen § 11 Nr. 11 AGBG**. Danach konnte die Haftung des Verkäufers und des Werkunternehmers für zugesicherte Eigenschaften nicht ausgeschlossen oder beschränkt werden. Bei der Anwendung der Vorschrift stellte sich freilich das Problem, dass der Begriff der Zusicherung im Werkvertragsrecht anders interpretiert wurde als im Kaufrecht, da sich hieran – anders als in § 463 a.F. – keine verschuldensunabhängige Schadensersatzhaftung anknüpfte. Für eine Zusicherung genügte es, wenn der Unternehmer versprach, das Werk mit bestimmten Eigenschaften auszustatten. Nicht erforderlich war dagegen, dass die Erklärung als Übernahme einer unbedingten Einstandspflicht für die Folgen des Fehlens der Eigenschaft zu verstehen war.[7] Mit der Neuregelung ist nunmehr klargestellt, dass die Berufung auf eine Haftungsbeschränkung nur dann ausgeschlossen ist, wenn die Erklärung den Charakter einer echten Garantieerklärung hat. 9

II. Rechtsfolgen

Die **Berufung auf die Vereinbarung** ist dem Unternehmer insoweit **verwehrt,** wie die Arglist bzw. die Garantieübernahme reicht. Dem Besteller stehen daher in Bezug auf die arglistig verschwiegenen Mängel bzw. in Bezug auf die Abweichungen von der Beschaffenheit, für die der Unternehmer die Garantie übernommen hat, sämtliche Rechte zu, die sich aus dem Gesetz oder aus der Garantieerklärung ergeben. Hinsichtlich der nicht arglistig verschwiegenen Mängel bzw. der von der Garantieerklärung nicht umfassten Eigenschaften gilt allerdings die Vereinbarung über die Haftungsbeschränkung, sofern diese nicht aus anderen Gründen (Rn 11) unwirksam ist. 10

III. Sonstige Grenzen für Vereinbarungen über Rechte des Bestellers

§ 639 gewährleistet nur einen Mindestschutz. Weitergehende Beschränkungen können sich daher aus anderen Rechtsvorschriften ergeben. Bei Haftungsbeschränkungsklauseln in **Allgemeinen Geschäftsbedingungen** sind vor allem § 309 Nr. 7 (für Ansprüche auf Schadensersatz) und § 309 Nr. 8 Buchst. b von Bedeutung. Im Übrigen hat die **Rechtsprechung** in der Vergangenheit auch für Individualvereinbarungen die Zulässigkeit von Vereinbarungen über Haftungsbeschränkungen über § 637 a.F. hinaus deutlich eingeschränkt.[8] Diese Grundsätze sind auch nach der Neuregelung zu beachten. 11

§ 640 Abnahme

(1) ¹Der Besteller ist verpflichtet, das vertragsmäßig hergestellte Werk abzunehmen, sofern nicht nach der Beschaffenheit des Werkes die Abnahme ausgeschlossen ist. ²Wegen unwesentlicher Mängel kann die Abnahme nicht verweigert werden. ³Der Abnahme steht es gleich, wenn der Besteller das Werk nicht innerhalb einer ihm vom Unternehmer bestimmten angemessenen Frist abnimmt, obwohl er dazu verpflichtet ist.

(2) ¹Nimmt der Besteller ein mangelhaftes Werk gemäß Absatz 1 Satz 1 ab, obschon er den Mangel kennt, so stehen ihm die in § 634 Nr. 1 bis 3 bezeichneten Rechte nur zu, wenn er sich seine Rechte wegen des Mangels bei der Abnahme vorbehält.

(3) ¹§ 640 enthält in Abs. 2 eine redaktionelle Änderung. ²Bisher war dort hinsichtlich der Rechte des Bestellers, die bei Abnahme trotz Kenntnis des Mangels ausgeschlossen sind, auf §§ 633, 634

---

[7] Palandt/*Sprau*, § 633 Rn 3.
[8] Vgl. hierzu Erman/*Seiler*, § 637 Rn 6 ff.; Palandt/*Sprau*, § 637 Rn 5 ff.

Bezug genommen worden. ³Da diese Rechte nunmehr in § 634 Nr. 1 bis 3 geregelt sind, wurde § 640 Abs. 2 entsprechend angepasst.

1 § 640 enthält in Abs. 2 eine redaktionelle Änderung. Bisher war dort hinsichtlich der Rechte des Bestellers, die bei Abnahme trotz Kenntnis des Mangels ausgeschlossen sind, auf §§ 633, 634 Bezug genommen worden. Da diese Rechte nunmehr in § 634 Nr. 1 bis 3 geregelt sind, wurde § 640 Abs. 2 entsprechend angepasst.

§ 641 Fälligkeit der Vergütung

(1) ¹Die Vergütung ist bei der Abnahme des Werkes zu entrichten. ²Ist das Werk in Teilen abzunehmen und die Vergütung für die einzelnen Teile bestimmt, so ist die Vergütung für jeden Teil bei dessen Abnahme zu entrichten.
(2) ¹Die Vergütung des Unternehmers für ein Werk, dessen Herstellung der Besteller einem Dritten versprochen hat, wird spätestens fällig, wenn und soweit der Besteller von dem Dritten für das versprochene Werk wegen dessen Herstellung seine Vergütung oder Teile davon erhalten hat. ²Hat der Besteller dem Dritten wegen möglicher Mängel des Werkes Sicherheit geleistet, gilt dies nur, wenn der Unternehmer dem Besteller Sicherheit in entsprechender Höhe leistet.
(3) ¹Kann der Besteller die Beseitigung eines Mangels verlangen, so kann er nach der Abnahme die Zahlung eines angemessenen Teils der Vergütung verweigern, mindestens in Höhe des Dreifachen der für die Beseitigung des Mangels erforderlichen Kosten.
(4) ¹Eine in Geld festgesetzte Vergütung hat der Besteller von der Abnahme des Werkes an zu verzinsen, sofern nicht die Vergütung gestundet ist.

§ 641a Fertigstellungsbescheinigung

(1) ¹Der Abnahme steht es gleich, wenn dem Unternehmer von einem Gutachter eine Bescheinigung darüber erteilt wird, dass
1. das versprochene Werk, im Falle des § 641 Abs. 1 Satz 2 auch ein Teil desselben, hergestellt ist und
2. das Werk frei von Mängeln ist, die der Besteller gegenüber dem Gutachter behauptet hat oder die für den Gutachter bei einer Besichtigung feststellbar sind,

(Fertigstellungsbescheinigung). ²Das gilt nicht, wenn das Verfahren nach den Absätzen 2 bis 4 nicht eingehalten worden ist oder wenn die Voraussetzungen des § 640 Abs. 1 Satz 1 und 2 nicht gegeben waren; im Streitfall hat dies der Besteller zu beweisen. ³§ 640 Abs. 2 ist nicht anzuwenden. ⁴Es wird vermutet, dass ein Aufmaß oder eine Stundenlohnabrechnung, die der Unternehmer seiner Rechnung zugrunde legt, zutreffen, wenn der Gutachter dies in der Fertigstellungsbescheinigung bestätigt.
(2) ¹Gutachter kann sein
1. ein Sachverständiger, auf den sich Unternehmer und Besteller verständigt haben, oder
2. ein auf Antrag des Unternehmers durch eine Industrie- und Handelskammer, eine Handwerkskammer, eine Architektenkammer oder eine Ingenieurkammer bestimmter öffentlich bestellter und vereidigter Sachverständiger.

²Der Gutachter wird vom Unternehmer beauftragt. ³Er ist diesem und dem Besteller des zu begutachtenden Werkes gegenüber verpflichtet, die Bescheinigung unparteiisch und nach bestem Wissen und Gewissen zu erteilen.
(3) ¹Der Gutachter muss mindestens einen Besichtigungstermin abhalten; eine Einladung hierzu unter Angabe des Anlasses muss dem Besteller mindestens zwei Wochen vorher zugehen. ²Ob das Werk frei von Mängeln ist, beurteilt der Gutachter nach einem schriftlichen Vertrag, den ihm der Unternehmer vorzulegen hat. ³Änderungen dieses Vertrages sind dabei nur zu berücksichtigen, wenn sie schriftlich vereinbart sind oder von den Vertragsteilen übereinstimmend gegenüber dem Gutachter vorgebracht werden. ⁴Wenn der Vertrag entsprechende Angaben nicht enthält, sind die allgemein anerkannten Regeln der Technik zugrunde zu legen. ⁵Vom Besteller geltend gemachte Mängel bleiben bei der Erteilung der Bescheinigung unberücksichtigt, wenn sie nach Abschluss der Besichtigung vorgebracht werden.
(4) ¹Der Besteller ist verpflichtet, eine Untersuchung des Werkes oder von Teilen desselben durch den Gutachter zu gestatten. ²Verweigert er die Untersuchung, wird vermutet, dass das zu untersuchende Werk vertragsgemäß hergestellt worden ist; die Bescheinigung nach Absatz 1 ist zu erteilen.
(5) ¹Dem Besteller ist vom Gutachter eine Abschrift der Bescheinigung zu erteilen. ²In Ansehung von Fristen, Zinsen und Gefahrübergang treten die Wirkungen der Bescheinigung erst mit ihrem Zugang beim Besteller ein.

§ 642 Mitwirkung des Bestellers

(1) ¹Ist bei der Herstellung des Werkes eine Handlung des Bestellers erforderlich, so kann der Unternehmer, wenn der Besteller durch das Unterlassen der Handlung in Verzug der Annahme kommt, eine angemessene Entschädigung verlangen.
(2) ¹Die Höhe der Entschädigung bestimmt sich einerseits nach der Dauer des Verzugs und der Höhe der vereinbarten Vergütung, andererseits nach demjenigen, was der Unternehmer infolge des Verzugs an Aufwendungen erspart oder durch anderweitige Verwendung seiner Arbeitskraft erwerben kann.

§ 643 Kündigung bei unterlassener Mitwirkung

¹Der Unternehmer ist im Fall des § 642 berechtigt, dem Besteller zur Nachholung der Handlung eine angemessene Frist mit der Erklärung zu bestimmen, daß er den Vertrag kündige, wenn die Handlung nicht bis zum Ablauf der Frist vorgenommen werde. ²Der Vertrag gilt als aufgehoben, wenn nicht die Nachholung bis zum Ablauf der Frist erfolgt.

§ 644 Gefahrtragung

(1) ¹Der Unternehmer trägt die Gefahr bis zur Abnahme des Werkes. ²Kommt der Besteller in Verzug der Annahme, so geht die Gefahr auf ihn über. ³Für den zufälligen Untergang und eine zufällige Verschlechterung des von dem Besteller gelieferten Stoffes ist der Unternehmer nicht verantwortlich.
(2) ¹Versendet der Unternehmer das Werk auf Verlangen des Bestellers nach einem anderen Ort als dem Erfüllungsort, so finden die für den Kauf geltenden Vorschriften des § 447 entsprechende Anwendung.

§ 645 Verantwortlichkeit des Bestellers

(1) ¹Ist das Werk vor der Abnahme infolge eines Mangels des von dem Besteller gelieferten Stoffes oder infolge einer von dem Besteller für die Ausführung erteilten Anweisung untergegangen, verschlechtert oder unausführbar geworden, ohne daß ein Umstand mitgewirkt hat, den der Unternehmer zu vertreten hat, so kann der Unternehmer einen der geleisteten Arbeit entsprechenden Teil der Vergütung und Ersatz der in der Vergütung nicht inbegriffenen Auslagen verlangen. ²Das gleiche gilt, wenn der Vertrag in Gemäßheit des § 643 aufgehoben wird.
(2) ¹Eine weitergehende Haftung des Bestellers wegen Verschuldens bleibt unberührt.

§ 646 Vollendung statt Abnahme

¹Ist nach der Beschaffenheit des Werkes die Abnahme ausgeschlossen, so tritt in den Fällen des des § 634a Abs. 2 und der §§ 641, 644 und 645 an die Stelle der Abnahme die Vollendung des Werkes.

1 § 646 ist nur redaktionell geändert worden. Die Vorschrift ordnet wie bisher an, dass in bestimmten Fällen an die Stelle der Abnahme die Vollendung des Werkes tritt. Die Abnahme war schon bisher – außer für die Fälligkeit des Werklohns gem. § 641 und den Gefahrübergang gem. §§ 644, 645 – auch für den Beginn der besonderen werkvertraglichen Verjährung gem. § 638 a.F. maßgebend, so dass § 646 a.F. auf diese Vorschriften Bezug nahm. Da sich die Regelung über den Beginn der Verjährungsfrist nunmehr in § 634a Abs. 2 befindet, wurde § 646 an die neue Rechtslage angepasst.

§ 647 Unternehmerpfandrecht

¹Der Unternehmer hat für seine Forderungen aus dem Vertrag ein Pfandrecht an den von ihm hergestellten oder ausgebesserten beweglichen Sachen des Bestellers, wenn sie bei der Herstellung oder zum Zweck der Ausbesserung in seinen Besitz gelangt sind.

§ 648 Sicherungshypothek des Bauunternehmers

(1) ¹Der Unternehmer eines Bauwerkes oder eines einzelnen Teils eines Bauwerkes kann für seine Forderungen aus dem Vertrag die Einräumung einer Sicherungshypothek an dem Baugrundstück des Bestellers verlangen. ²Ist das Werk noch nicht vollendet, so kann er die Einräumung der Sicherungshypothek für einen der geleisteten Arbeit entsprechenden Teil der Vergütung und für die in der Vergütung nicht inbegriffenen Auslagen verlangen.
(2) ¹Der Inhaber einer Schiffswerft kann für seine Forderungen aus dem Bau oder der Ausbesserung eines Schiffs die Einräumung einer Schiffshypothek an dem Schiffsbauwerk oder dem Schiff des Bestellers verlangen; Absatz 1 Satz 2 gilt sinngemäß. ²§ 647 findet keine Anwendung.

§ 648a Bauhandwerkersicherung

(1) ¹Der Unternehmer eines Bauwerks, einer Außenanlage oder eines Teils davon kann vom Besteller Sicherheit für die von ihm zu erbringenden Vorleistungen einschließlich dazugehöriger Nebenforderungen in der Weise verlangen, daß er dem Besteller zur Leistung der Sicherheit eine angemessene Frist mit der Erklärung bestimmt, daß er nach dem Ablauf der Frist seine Leistung verweigere. ²Sicherheit kann bis zur Höhe des voraussichtlichen Vergütungsanspruchs, wie er sich aus dem Vertrag oder einem nachträglichen Zusatzauftrag ergibt, sowie wegen Nebenforderungen verlangt werden; die Nebenforderungen sind mit 10 vom Hundert des zu sichernden Vergütungsanspruchs anzusetzen. ³Sie ist auch dann als ausreichend anzusehen, wenn sich der Sicherungsgeber das Recht vorbehält, sein Versprechen im Fall einer wesentlichen Verschlechterung der Vermögensverhältnisse des Bestellers mit Wirkung für Vergütungsansprüche aus Bauleistungen zu widerrufen, die der Unternehmer bei Zugang der Widerrufserklärung noch nicht erbracht hat.
(2) ¹Die Sicherheit kann auch durch eine Garantie oder ein sonstiges Zahlungsversprechen eines im Geltungsbereich dieses Gesetzes zum Geschäftsbetrieb befugten Kreditinstituts oder Kreditversicherers geleistet werden. ²Das Kreditinstitut oder der Kreditversicherer darf Zahlungen an den Unternehmer nur leisten, soweit der Besteller den Vergütungsanspruch des Unternehmers anerkennt oder durch vorläufig vollstreckbares Urteil zur Zahlung der Vergütung verurteilt worden ist und die Voraussetzungen vorliegen, unter denen die Zwangsvollstreckung begonnen werden darf.
(3) ¹Der Unternehmer hat dem Besteller die üblichen Kosten der Sicherheitsleistung bis zu einem Höchstsatz von 2 vom Hundert für das Jahr zu erstatten. ²Dies gilt nicht, soweit eine Sicherheit wegen Einwendungen des Bestellers gegen den Vergütungsanspruch des Unternehmers aufrechterhalten werden muß und die Einwendungen sich als unbegründet erweisen.
(4) ¹Soweit der Unternehmer für seinen Vergütungsanspruch eine Sicherheit nach den Absätzen 1 oder 2 erlangt hat, ist der Anspruch auf Einräumung einer Sicherungshypothek nach § 648 Abs. 1 ausgeschlossen.
(5) ¹Leistet der Besteller die Sicherheit nicht fristgemäß, so bestimmen sich die Rechte des Unternehmers nach den §§ 643 und 645 Abs. 1. ²Gilt der Vertrag danach als aufgehoben, kann der Unternehmer auch Ersatz des Schadens verlangen, den er dadurch erleidet, daß er auf die Gültigkeit des Vertrags vertraut hat. ³Dasselbe gilt, wenn der Besteller in zeitlichem Zusammenhang mit dem Sicherheitsverlangen gemäß Absatz 1 kündigt, es sei denn, die Kündigung ist nicht erfolgt, um der Stellung der Sicherheit zu entgehen. ⁴Es wird vermutet, dass der Schaden 5 Prozent der Vergütung beträgt.
(6) ¹Die Vorschriften der Absätze 1 bis 5 finden keine Anwendung, wenn der Besteller
1. eine juristische Person des öffentlichen Rechts oder ein öffentlich-rechtliches Sondervermögen ist oder
2. eine natürliche Person ist und die Bauarbeiten zur Herstellung oder Instandsetzung eines Einfamilienhauses mit oder ohne Einliegerwohnung ausführen läßt; dies gilt nicht bei Betreuung des Bauvorhabens durch einen zur Verfügung über die Finanzierungsmittel des Bestellers ermächtigten Baubetreuer.
(7) ¹Eine von den Vorschriften der Absätze 1 bis 5 abweichende Vereinbarung ist unwirksam.

§ 649 Kündigungsrecht des Bestellers

¹Der Besteller kann bis zur Vollendung des Werkes jederzeit den Vertrag kündigen. ²Kündigt der Besteller, so ist der Unternehmer berechtigt, die vereinbarte Vergütung zu verlangen; er muß sich jedoch dasjenige anrechnen lassen, was er infolge der Aufhebung des Vertrags an Aufwendungen erspart oder durch anderweitige Verwendung seiner Arbeitskraft erwirbt oder zu erwerben böswillig unterläßt.

§ 650 Kostenanschlag

(1) ¹Ist dem Vertrag ein Kostenanschlag zugrunde gelegt worden, ohne daß der Unternehmer die Gewähr für die Richtigkeit des Anschlags übernommen hat, und ergibt sich, daß das Werk nicht ohne eine wesentliche Überschreitung des Anschlags ausführbar ist, so steht dem Unternehmer, wenn der Besteller den Vertrag aus diesem Grund kündigt, nur der im § 645 Abs. 1 bestimmte Anspruch zu.
(2) ¹Ist eine solche Überschreitung des Anschlags zu erwarten, so hat der Unternehmer dem Besteller unverzüglich Anzeige zu machen.

§ 651 Anwendung des Kaufrechts

¹Auf einen Vertrag, der die Lieferung herzustellender oder zu erzeugender beweglicher Sachen zum Gegenstand hat, finden die Vorschriften über den Kauf Anwendung. ²§ 442 Abs. 1 Satz 1 findet bei diesen Verträgen auch Anwendung, wenn der Mangel auf den vom Besteller gelieferten Stoff zurückzuführen ist. ³Soweit es sich bei den herzustellenden oder zu erzeugenden beweglichen Sachen um nicht vertretbare Sachen handelt, sind auch die §§ 642, 643, 645, 649 und 650 mit der Maßgabe anzuwenden, dass an die Stelle der Abnahme der nach den §§ 446 und 447 maßgebliche Zeitpunkt tritt.

Inhalt

A. Entstehungsgeschichte 1	II. Inhalt der Neuregelung 5
B. Bisherige Rechtslage 2	1. Anwendung des Kaufrechts 5
C. Inhalt der Neuregelung 4	2. Anwendung des Werkvertragsrechts ... 9
I. Zweck 4	

A. Entstehungsgeschichte

Die Sätze 1 und 2 waren bereits in der KF und im RegE enthalten. Danach wäre für Verträge, die die Herstellung oder Erzeugung beweglicher Sachen zum Gegenstand haben, ausschließlich Kaufrecht zur Anwendung gekommen. Hiergegen wurde im Gesetzgebungsverfahren von Seiten des Bundesrats eingewandt, dass es zumindest bei Verträgen über die Herstellung vertretbarer Sachen der Anwendung werkvertraglicher Vorschriften bedürfe,[1] weil das Kaufrecht nicht auf Fallgestaltungen zugeschnitten sei, bei denen sich die Umstände während der Herstellung der Sache ändern könnten. So enthalte etwa das Kaufrecht keine dem § 650 entsprechende Vorschrift über eine Unterrichtungspflicht bei Abweichung von einem Kostenanschlag.[2] Da die Bundesregierung diesem Einwand zustimmte, wurde S. 3 neu aufgenommen.[3]

B. Bisherige Rechtslage

§ 651 a.F. versuchte in einer nicht ganz einfach durchschaubaren Systematik für Zweifelsfälle eine Abgrenzung zwischen Kauf- und Werkvertragsrecht vorzunehmen.[4] Grundlage hierfür war die Unterscheidung der Vertragstypen nach dem Inhalt der Leistungspflicht. Während der Verkäufer in erster Linie die Pflicht zur Beschaffung der Kaufsache übernimmt, steht im Mittelpunkt des Werkvertrages die Dienstleistung durch den Werkunternehmer (vgl. § 631 Abs. 2). Eindeutig dem **Werkvertrag** zuzuordnen (und daher in § 651 a.F. gar nicht mehr erwähnt) waren daher die Verträge, in denen sich der Unternehmer zur Herstellung eines Werkes aus einem ausschließlich vom Besteller gelieferten Stoff verpflichtete, da der Unternehmer hier keinerlei Pflicht zur Sachbeschaffung übernimmt und Vertragsgegenstand ausschließlich die Dienstleistung ist. Dasselbe galt nach Abs. 2 a.F., wenn sich der Unternehmer lediglich zur Beschaffung von Zutaten oder Nebensachen (z.B. ein Dichtungsgummi bei der Reparatur eines Wasserhahns) verpflichtete, da auch in diesem Fall die Dienstleistung dem Vertrag das Gepräge gibt.

Problematisch waren die Fälle, in denen der Unternehmer das Werk aus einem von ihm selbst zu beschaffenden Stoff herstellen sollte. Für solche Verträge wurde der – im Gesetz selbst nicht verwendete – Begriff des **Werklieferungsvertrages** geprägt. Diese Verträge stehen den Kaufverträgen zumindest sehr nahe, weil die Pflicht zur Beschaffung des Stoffes neben die in der Herstellung bestehende Dienstleistung tritt. Vertreibt etwa ein Unternehmen Produkte aus eigener Herstellung, so kann es wohl keinen Unterschied machen, ob das gewünschte Modell gerade auf Lager ist oder erst neu angefertigt werden muss. Der Gesetzgeber entschied sich dennoch in Abs. 1 S. 2 a.F. nicht für eine generelle Anwendung des Kaufrechts, sondern für eine **differenzierte Lösung**. War Gegenstand des Vertrages eine vertretbare Sache (unechter Werklieferungsvertrag), so fanden uneingeschränkt die Vorschriften über den Kauf Anwendung. War hingegen eine nicht vertretbare Sache herzustellen (echter Werklieferungsvertrag), so galt zwar im Prinzip ebenfalls Kaufrecht. Jedoch wurden die kaufrechtlichen Vorschriften überwiegend durch diejenigen des Werkvertragsrechts verdrängt. Dies galt insbesondere für das komplette Gewährleistungsrecht. Hintergrund dieser Regelung war die Erwägung, dass es dem Hersteller einer nicht vertretbaren Sache, der die Sache typischerweise nach den individuellen Wünschen des Kunden anfertigt, nicht zuzumuten ist, im Falle

---

1 Vgl. auch die Kritik an der Aufgabe der Unterscheidung zwischen vertretbaren und nicht vertretbaren Sachen bei *H. Roth*, JZ 2001, 543, 546.
2 Stellungnahme des Bundesrates BT-Drucks 14/6857, 38.
3 Gegenäußerung der Bundesregierung BT-Drucks 14/6857, 68; Beschlussempfehlung des Rechtsausschusses BT-Drucks 14/7052, 67, 205.
4 Zu den historischen Hintergründen etwa Soergel/*Teichmann*, § 651 Rn 1 ff.

eines Mangels sofort mit dem Wandelungs- oder Minderungsbegehren konfrontiert zu werden, ohne die Möglichkeit einer Nachbesserung zu haben.[5]

C. Inhalt der Neuregelung
I. Zweck

4   Der Gesetzgeber verfolgte bei der Neufassung des § 651 zwei Ziele. Zum einen sollte die **Abgrenzung** zwischen Kauf- und Werkvertrag **klarer und einfacher** geregelt werden. Zum anderen stellte sich gleichzeitig die Aufgabe, die Abgrenzung **mit den Anforderungen der Richtlinie über den Verbrauchsgüterkauf**[6] in **Einklang** zu bringen.[7] Nach Art. 1 Abs. 4 der Richtlinie gelten als Kaufverträge nämlich auch Verträge über die Lieferung herzustellender oder zu erzeugender Verbrauchsgüter. Hierunter fallen auch eine Vielzahl der echten Werklieferungsverträge, auf die bisher gem. Abs. 1 S. 2 Hs. 2 a.F. im Wesentlichen Werkvertragsrecht Anwendung fand. Die beabsichtigte und nun geltende Regelung für den Werkvertrag weicht aber in mehrfacher Hinsicht von den Vorgaben der Richtlinie ab. So verlangt etwa Art. 3 Abs. 2 und 3 der Richtlinie, dass – entgegen § 635 Abs. 1 – dem Verbraucher das Wahlrecht zwischen Nachbesserung und Neuherstellung zusteht. Um den Anforderungen der Richtlinie zu genügen und gleichzeitig die Systematik des Werkvertragsrechts beizubehalten, bot es sich deshalb an, die unter die Richtlinie fallenden Vertragstypen so weit wie möglich dem Regime des Kaufrechts zu unterstellen. Der Gesetzgeber glaubte auch, dies um so besser tun zu können, weil das Gewährleistungsrecht beim Kauf nach der Neuregelung weitgehend dem des Werkvertrages angeglichen, insbesondere auch beim Kaufvertrag der Vorrang der Nacherfüllung eingeführt worden ist.[8]

II. Inhalt der Neuregelung
1. Anwendung des Kaufrechts

5   Nach der Neuregelung finden nunmehr auf alle Verträge, die die **Herstellung oder Erzeugung beweglicher Sachen** zum Gegenstand haben, die Vorschriften über den Kauf Anwendung. Ob der Stoff, aus dem die Sache herzustellen ist, von dem Besteller gestellt wird oder von dem Unternehmer beschafft werden muss, spielt – anders als bisher – keine Rolle. Auch der Vertrag, in dem sich ein Schneider verpflichtet, aus einem von dem Kunden mitgebrachten Stoff ein Kleidungsstück herzustellen, ist demnach nunmehr als Kaufvertrag einzuordnen. Allerdings sieht S. 2 für die Fälle, in denen der **Besteller den zur Herstellung des Werkes notwendigen Stoff** ganz oder teilweise **zur Verfügung stellt**, eine wichtige Ergänzung vor. Ist nämlich der Mangel der hergestellten Sache auf den vom Besteller (= Käufer) gelieferten Stoff zurückzuführen, so sind die Ansprüche des Bestellers wegen dieses Mangels entsprechend § 442 Abs. 1 ausgeschlossen.

6   Von Bedeutung ist dagegen nach wie vor die Unterscheidung zwischen der **Herstellung vertretbarer und nicht vertretbarer Sachen**. Allerdings hatte § 651 RegE diese Unterscheidung noch völlig aufgeben und sämtliche Verträge über die Herstellung beweglicher Sachen allein den kaufrechtlichen Vorschriften unterstellen wollen. Die besondere Kategorie des Werklieferungsvertrags wäre damit entfallen. Aufgrund der Änderungen im Gesetzgebungsverfahren (vgl. Rn 1) unterliegen jedoch nur die Verträge über die Herstellung und Erzeugung vertretbarer Sachen, also die bisher sog. unechten Werklieferungsverträge, alleine dem Kaufrecht.

7   Demgegenüber besteht für Verträge über die Herstellung nicht vertretbarer Sachen, also die sog. echten Werklieferungsverträge, wiederum eine **Gemengelage von Kauf- und Werkvertragsrecht**, wenn auch **mit verändertem Schwerpunkt**. Im Grundsatz finden ebenfalls die Vorschriften über den Kauf Anwendung. Dies gilt vor allem für das Gewährleistungsrecht. Die Haftung für Sach- und Rechtsmängel richtet sich also nach §§ 434 ff. bzw. – im Falle des Verbrauchsgüterkaufs – nach §§ 474 ff. Ein Unterschied zum geltenden Recht ergibt sich trotz der Annäherung von kauf- und werkvertragsrechtlicher Gewährleistung insofern, als dem Besteller hierdurch das Recht zur Selbstvornahme (§ 637) vorenthalten wird, das im Kaufrecht nicht vorgesehen ist. Daneben finden jedoch einige spezifisch werkvertragliche Vorschriften Anwendung. Diese ergänzen die kaufrechtliche Regelung, ersetzen sie aber weder vollständig noch teilweise.[9] Sie dienen vornehmlich der Füllung von Regelungslücken in den Bereichen, in denen das Kaufrecht keine auf die Bedürfnisse dieses Vertragstyps zugeschnittenen Regelungen bereithält. Freilich werden diese Regelungen wiederum in ihrer Anwendung im Hinblick auf die kaufrechtlichen Wertungen modifiziert. So tritt hinsichtlich des Gefahrüberganges der nach §§ 446, 447 maßgebliche Zeitpunkt an die Stelle der Abnahme. Dies ist insbesondere für § 645 von Bedeutung.

---

5 Prot. II, 2262 f.
6 Richtlinie 1999/44/EG vom 25.5. 1999, ABl. EG L 171/12.
7 Begr. RegE BT-Drucks 14/6040, 268.
8 Begr. RegE BT-Drucks 14/6040, 268.
9 Vgl. Beschlussempfehlung des Rechtsausschusses BT-Drucks 14/7052, 205.

Von Bedeutung für die Abgrenzung von Kauf- und Werkvertrag ist auch § 434 Abs. 2 S. 1 über die **8** Rechte des Käufers bei **fehlerhafter Montage durch den Verkäufer**. Mit dieser Vorschrift soll Art. 2 Abs. 5 der Richtlinie über den Verbrauchsgüterkauf umgesetzt werden. Die Regelung geht jedoch deutlich über das von der Richtlinie Geforderte hinaus. Sie erfasst nämlich nicht nur die Fälle, in denen der Verkäufer durch die unsachgemäße Montage einen Sachmangel herbeiführt, sondern auch die, in denen allein die Montage fehlerhaft ist.[10] Auch hier sollen sich die Rechte des Käufers ausschließlich nach dem Kaufrecht richten.[11] Für die Annahme eines typengemischten Vertrages mit der Folge, dass in Bezug auf die Montageverpflichtung ergänzend werkvertragliche Regeln Anwendung finden, dürfte daher kein Raum sein.[12]

2. Anwendung des Werkvertragsrechts

Für das Werkvertragsrecht verbleiben zum einen die Verträge, deren Gegenstand keine Sachen, sondern **9** **unkörperliche Gegenstände** sind. Hierzu zählen insbesondere Verträge über geistige, wissenschaftliche oder künstlerische Leistungen, bei denen die Vertragspflicht sich nicht in der Dienstleistung als solcher erschöpft, sondern einen hiervon zu unterscheidenden Erfolg verlangt (z.B. Planungsleistungen, Erstellung von Gutachten, künstlerische Aufführungen).[13]

Zum anderen unterfallen Verträge dem Werkvertragsrecht, die auf die Herstellung oder Erzeugung **unbe- 10 weglicher Sachen** gerichtet sind. Hauptanwendungsfall ist die Errichtung eines (mit dem Grundstück fest verbundenen, § 94 Abs. 1) Gebäudes. Dasselbe gilt, wenn neu hergestellte bewegliche Sachen nach dem Inhalt des Vertrages so in ein Gebäude eingefügt werden sollen, dass sie zu wesentlichen Bestandteilen des Gebäudes (§§ 93, 94 Abs. 2) werden.

Schließlich verbleiben die Verträge, bei denen es nicht oder nicht in erster Linie um die Lieferung **11** beweglicher Sachen geht, sondern bei denen **die Dienstleistung des Werkunternehmers im Mittelpunkt** steht und dem Vertrag das Gepräge gibt. Dies wird zwar in der Gesetzesbegründung so nicht gesagt, ist aber wohl gemeint, wenn dort „reine Reparaturverträge" zu den Werkverträgen gerechnet werden.[14] Hierzu zählen sicherlich die Verträge, die bisher von Abs. 2 a.F. erfasst wurden. Schwieriger ist die Abgrenzung dagegen, wenn der Wert einer im Rahmen der Reparatur „gelieferten" beweglichen Sache erheblich ist, etwa wenn in einen defekten Pkw ein neuer Austauschmotor eingebaut wird. Auch hier sollte selbst nach der Neuregelung[15] ein Werkvertrag angenommen werden, da es nicht in erster Linie um die Lieferung des Motors geht. Sein Gepräge erhält der Vertrag vielmehr durch die Reparaturleistung an dem Fahrzeug.

Untertitel 2. Reisevertrag

§ 651a Vertragstypische Pflichten beim Reisevertrag

(1) ¹Durch den Reisevertrag wird der Reiseveranstalter verpflichtet, dem Reisenden eine Gesamtheit von Reiseleistungen (Reise) zu erbringen. ²Der Reisende ist verpflichtet, dem Reiseveranstalter den vereinbarten Reisepreis zu zahlen.
(2) ¹Die Erklärung, nur Verträge mit den Personen zu vermitteln, welche die einzelnen Reiseleistungen ausführen sollen (Leistungsträger), bleibt unberücksichtigt, wenn nach den sonstigen Umständen der Anschein begründet wird, daß der Erklärende vertraglich vorgesehene Reiseleistungen in eigener Verantwortung erbringt.
(3) ¹Der Reiseveranstalter hat dem Reisenden bei oder unverzüglich nach Vertragsschluss eine Urkunde über den Reisevertrag (Reisebestätigung) zur Verfügung zu stellen. ²Die Reisebestätigung und ein Prospekt, den der Reiseveranstalter zur Verfügung stellt, müssen die in der Rechtsverordnung nach Artikel 238 des Einführungsgesetzes zum Bürgerlichen Gesetzbuche bestimmten Angaben enthalten.
(4) ¹Der Reiseveranstalter kann den Reisepreis nur erhöhen, wenn dies mit genauen Angaben zur Berechnung des neuen Preises im Vertrag vorgesehen ist und damit einer Erhöhung der Beförderungskosten, der Abgaben für bestimmte Leistungen, wie Hafen- oder Flughafengebühren, oder einer Änderung der für die betreffende Reise geltenden Wechselkurse Rechnung getragen wird.

---

10 *H. Roth*, JZ 2001, 543, 546.
11 Begr. RegE BT-Drucks 14/6040, 215.
12 *Westermann*, JZ 2001, 530, 533.
13 Begr. RegE BT-Drucks 14/7052, 268.
14 Begr. RegE BT-Drucks 14/7052, 268.
15 Nach bisheriger Rechtslage ergaben sich keine größeren Probleme. Selbst wenn eine Zuordnung zum Werkvertrag nach § 651 Abs. 2 a.F. (wofür viel spricht) nicht möglich war, handelte es sich doch regelmäßig um eine nicht vertretbare Sache, so dass zumindest im Wesentlichen die werkvertraglichen Vorschriften Anwendung fanden.

²Eine Preiserhöhung, die ab dem zwanzigsten Tag vor dem vereinbarten Abreisetermin verlangt wird, ist unwirksam. ³§ 309 Nr. 1 bleibt unberührt.
(5) ¹Der Reiseveranstalter hat eine Änderung des Reisepreises nach Absatz 3, eine zulässige Änderung einer wesentlichen Reiseleistung oder eine zulässige Absage der Reise dem Reisenden unverzüglich nach Kenntnis von dem Änderungs- oder Absagegrund zu erklären. ²Im Fall einer Erhöhung des Reisepreises um mehr als fünf vom Hundert oder einer erheblichen Änderung einer wesentlichen Reiseleistung kann der Reisende vom Vertrag zurücktreten. ³Er kann statt dessen, ebenso wie bei einer Absage der Reise durch den Reiseveranstalter, die Teilnahme an einer mindestens gleichwertigen anderen Reise verlangen, wenn der Reiseveranstalter in der Lage ist, eine solche Reise ohne Mehrpreis für den Reisenden aus seinem Angebot anzubieten. ⁴Der Reisende hat diese Rechte unverzüglich nach der Erklärung durch den Reiseveranstalter diesem gegenüber geltend zu machen.

Literatur: *Bidinger*, Der Anwendungsbereich des Reisevertragsrechts de lege lata und de lege ferenda, Schriften zum Reise- und Verkehrsrecht Band 5, 39; *Degott*, Plädoyer für eine erweiterte Legaldefinition des Begriffes „Reiseveranstalter", Schriften zum Reise- und Verkehrsrecht Band 5, 55; *Eckert*, Das neue Reiserecht, DB 1994, 1069; *Führich*, Das neue Reiserecht nach der Umsetzung der EG-Pauschalreiserichtlinie, NJW 1994, 2446; *ders.*, Sieben Stolpersteine des neuen Reiserechts, RRa 1994, 90; *ders.*, Defizite bei der Umsetzung der EU-Pauschalreiserichtlinie, Schriften zum Reise- und Verkehrsrecht Band 5, 30; *ders.*, Zweite Novelle des Reisevertragsrechts zur Verbesserung der Insolvenzversicherung und der Gastschulaufenthalte, NJW 2001, 3083; *Isermann*, Neuregelung zum Reisevertragsrecht, ZAP 1994, Fach 6, 229; *ders.*, Schuldrechtsmodernisierung und Reiserechtsverjährung, RRa 2001, 135; *Löwe*, Das neue Reisevertragsrecht, DB 1979, 1357; *Meyer/Kubis*, Neuorientierungen im Pauschalreiserecht, TranspR 1991, 411; *Müller*, Inkrafttreten des neuen Reisevertragsrechts – Außerkrafttreten des gesetzlichen Schutzes für den Reisenden?, NJW 1994, 2470; *Noll*, Die Auswirkungen des neuen Reiserechts auf die Allgemeinen Reisebedingungen der Reiseveranstalter und Reisevermittler, RRa 1993, 42; *Teichmann*, Die Entwicklung der Rechtsprechung zum Reiserecht von 1986 bis 1993, JZ 1993, 823; *Tempel*, Entwicklungen im Reisevertragsrecht, JuS 1984, 81; *ders.*, Entwicklungen und Tendenzen im Reisevertragsrecht – Rückschau und Zukunftsperspektiven, RRa 1998, 19; *Tonner*, Reiserecht im Überblick, VuR 1992, 311; *ders.*, Der Begriff des Reiseveranstalters, Schriften zum Reise- und Verkehrsrecht Band 7, 67; *ders.*, Der Regierungsentwurf eines zweiten Reiserechtsänderungsgesetzes, RRa 2001, 67.

Inhalt

A. Entwicklung des Reisevertragsgesetzes	1	II. Reise	12
B. Der Reisevertrag	7	III. Reisender	21
I. Neuregelungen	7	IV. Vertragsänderungen	23

A. Entwicklung des Reisevertragsgesetzes

1 Durch das am 1.10.1979 in Kraft getretene **Reisevertragsgesetz** vom 4.5.1979[1] sind die §§ 651a bis 651l in das BGB eingefügt worden. Die Bundesregierung hatte den Entwurf eines eigenständigen Reisevertragsgesetzes in das Gesetzgebungsverfahren eingebracht, um das im Allgemeinen Teil des Schuldrecht geregelte Leistungsstörungsrecht mit dem Gewährleistungsrecht des Besonderen Teils zu einer einheitlichen Regelung zusammenzufügen. Im Rechtsausschuss des Bundestages wurde der seinerzeitige Entwurf der Bundesregierung erheblich gekürzt, da ein Spezialgesetz nicht als wünschenswert angesehen wurde.[2] Zahlreiche Vorschriften des Entwurfes enthielten allerdings Regelungen späterer Rechtsprobleme wie etwa die Anwendbarkeit des Reisevertragsgesetzes auf einzelne Leistungen und die Zulässigkeit von Ersatzleistungen als Abhilfe.[3]

2 Am 13.6.1990 wurde durch den EG-Ministerrat eine **Richtlinie über Pauschalreisen** verabschiedet,[4] welche insbesondere verstärkte Informationspflichten des Reiseveranstalters und den Zwang zur Absicherung des Insolvenzrisikos vorsah. Die Richtlinie war von den Mitgliedstaaten bis zum 31.12.1992 in nationales Recht umzusetzen, was neben anderen Mitgliedstaaten auch von Deutschland versäumt wurde. Stattdessen trat das **Umsetzungsgesetz** erst am 1.11.1994 in Kraft.[5] Die wichtigsten Änderungen waren:
– Regelung von Preis- und Änderungsvorbehalten in § 651a Abs. 3 und 4
– Ermächtigungsgrundlage in § 651a Abs. 5 für eine Informationsverordnung
– Pflicht für Reiseveranstalter zu einer Insolvenzversicherung nach § 651k.

---

1 BGBl I S. 509.
2 BT-Drucks 8/2343.
3 *Tonner*, Einl. Rn 23.
4 BGBl I S. 1322; zum Inhalt der Richtlinie *Tonner*, EuZW 1990, 409; *Kahn*, NJW 1993, 2647.
5 BGBl I S. 1322.

Anlässlich der Beratung der Reiserechtsnovelle wurde zudem festgestellt, dass sich die geltenden Vorschriften der §§ 651a ff. bewährt hätten,[6] so dass im Übrigen nur geringfügigere Korrekturen vorgenommen wurden. Damit ist die Bundesregierung auch den zahlreichen kritischen Stellungnahmen nicht nachgegangen, welche das Reisevertragsgesetz als eine missglückte Verbraucherschutzgesetzgebung ansahen, da der Anwendungsbereich wichtiger Vorschriften ungeklärt bleibe und die Handhabung der §§ 651a ff. infolge lückenhafter oder anderweitig unklarer Bestimmung von Begriffen und Tatbeständen unnötig erschwert werde.[7]

Die Defizite der Umsetzung der EG-Pauschalreiserichtlinie blieben dennoch evident und sind konkret in den Bereichen
– Begriff der Reise nach § 651a
– Preissenkungen der Leistungsträger
– Berechnungsmodus des § 651e Abs. 3 S. 1
– Reiseabsage des Veranstalters
– Insolvenzsicherung[8]
aufgezeigt worden.[9]

Die Begründung des Gesetzesentwurfes[10] eines Zweiten Reiserechtsänderungsgesetzes verwies gleichwohl erneut auf die Bewährung des Reisevertragsrechts und sah vornehmlich Änderungen in der Insolvenzsicherung sowie im Hinblick auf neuere europäische Rechtsprechung eine Klarstellung der Anwendbarkeit der §§ 651a ff. auf Gastschulaufenthalte als erforderlich an. Im Rahmen der Stellungnahme zu dem Gesetzentwurf gab der Bundesrat in seiner 761. Sitzung am 30.3.2001 die ergänzende Anregung, auf eine zwischenzeitlich veröffentlichte Rechtsprechung des BGH[11] zu der Vorlage einer Originalvollmacht zur Wahrung der Frist des § 651g zu reagieren und festzulegen, dass § 174 keine Anwendung finden soll, wozu die Bundesregierung im Anschluss die Zustimmung erteilt hat.

Am 1.9.2001 ist das **Zweite Gesetz zur Änderung reiserechtlicher Vorschriften** vom 23.7.2001 mit den entsprechenden Änderungen in Kraft getreten.[12] Durch die Einfügung der Regelungen der **Gastschulaufenthalte** in § 651l ist das Reisevertragsgesetz nunmehr in den Vorschriften der §§ 651a bis 651m geregelt. Mit dem **Gesetz zur Modernisierung des Schuldrechts** ist im Reisevertragsrecht vornehmlich die in § 651g Abs. 2 geregelte Verjährung von bisher sechs Monaten auf nunmehr zwei Jahre erweitert worden, welche allerdings durch Vereinbarung auf ein Jahr verkürzt werden kann.

B. Der Reisevertrag

I. Neuregelungen

Abs. 1 verpflichtet den Reiseveranstalter durch den Reisevertrag, eine Gesamtheit von Reiseleistungen (Reise) zu erbringen, während der Reisende zur Zahlung des vereinbarten Reisepreises verpflichtet ist. Der Reisevertrag ist daher auf die Herbeiführung eines Erfolges (umfassende Reiseveranstaltung) in eigener Verantwortung des Reiseveranstalters gegen Vergütung gerichtet.[13] Es handelt sich hierbei um einen **Vertrag eigener Art**, der dem Werkvertrag ähnlich ist.[14]

Mit dem **Gesetz zur Modernisierung des Schuldrechts** wird nunmehr in **Abs. 3** bestimmt, dass der Reiseveranstalter dem Reisenden bei oder unverzüglich nach Vertragsschluss eine Urkunde über den Reisevertrag (Reisebestätigung) zur Verfügung zu stellen hat, welche ebenso wie ein Prospekt die in der Rechtsverordnung nach Artikel 238 des Einführungsgesetzes zum Bürgerlichen Gesetzbuche bestimmten Angaben zu enthalten hat.

Abs. 3 entspricht § 3 Abs. 1 Verordnung über Informationspflichten von Reiseveranstaltern (InfVO a.F.) bzw. § 6 Abs. 1 Verordnung über Informationspflichten nach Bürgerlichem Recht (InfVO n.F.). Beide Regelungen stellen genau genommen keine korrekte Umsetzung des Art. 4 Abs. 2 lit. b der Pauschalreiserichtlinie dar, nach welcher die Vertragsbedingungen dem Reisenden vor Vertragsschluss zu übermitteln sind. Der Umsetzungsgesetzgeber meinte, mit einer wörtlichen Übersetzung dem üblichen Vertragsschlussmechanismus vor Buchung durch den Reisenden (Vertragsangebot) und Reisebestätigung durch den Reiseveranstalter (Vertragannahme) nicht gerecht zu werden, was allerdings nicht von der Beachtung der zwingenden Richtlinienvorgabe befreit. Es ist daher im Sinne einer richtlinienkonformen Auslegung

---

6 BT-Drucks 8/786, 10.
7 Erman/*Seiler*, Vor § 651a Rn 7.
8 *Führich*, Zur Notwendigkeit der Reform der Insolvenzversicherung für Reiseveranstalter, RRa 1999, 83.
9 *Führich*, Defizite bei der Umsetzung der EU-Pauschalreiserichtlinie, Schriften zum Reise- und Verkehrsrecht Band 5, 30.
10 BT-Drucks 14/5944.
11 BGH NJW 2001, 289 = RRa 2001, 24.
12 BGBl I S. 1658; RRa 2001, 192.
13 BGH NJW 1985, 906.
14 BGH NJW 1983, 35; BGH NJW 1985, 906; BGH NJW 1987, 931; BGH NJW 1992, 3158.

nach wie vor zu verlangen, dass bereits alle Merkmale, die Gegenstand der Reisebestätigung sind, in der Buchungserklärung enthalten sind.[15] Der Gesetzgeber hätte allerdings nunmehr die Gelegenheit zu einer Klarstellung gehabt.

10 Im Rahmen einer gesetzlich eigentlich zulässigen Preiserhöhung nach **Abs. 4** ist § 309 Nr. 1 zu beachten mit einem Erhöhungsverbot für Verträge, welche innerhalb von 4 Monaten erfüllt werden, was der bisherigen Vorgabe des § 11 Nr. 1 AGBG entspricht.

11 Die Verordnungsermächtigung des Abs. 5 a.F. ist aus dem Gesetzestext herausgenommen[16] und nunmehr als Artikel 238 in das Einführungsgesetz zum Bürgerlichen Gesetzbuche eingestellt worden. Durch die dort in einem neuen siebten Teil des Einführungsgesetzes vorgesehene Zusammenfassung der Verordnungsermächtigungen, die im Bürgerlichen Gesetzbuch geregelte Schuldverhältnisse betreffen, soll eine größere Übersichtlichkeit erzielt werden.

II. Reise

12 Gegenstand des Reisevertrages ist die **Reise**, welche nach Abs. 1 S. 1 als **Gesamtheit von Reiseleistungen** festgelegt wird. Eine Gesamtheit von Reiseleistungen liegt vor, wenn mehrere gleichartige Einzelleistungen zu einem Leistungspaket geschnürt werden. Gegenstand können unmittelbar mit der Reise zusammenhängende Leistungen wie Beförderung, Unterkunft und Verpflegung sein, aber auch mittelbar in Verbindung stehende Angebote wie Konzerte, Theaterbesuche, Ausstellungen, Messen oder Sportveranstaltungen. Hoteliers bieten mittlerweile zur Erweiterung ihres Angebotes Fitnessprogramme, Kuren, Ernährungs-, Beauty-, oder Wellnesswochen an. Werden dabei Programme oder komplette Freizeiteinrichtungen wie subtropische Schwimmparadiese, Saunalandschaften, Kindergärten und Sportkurse geboten, bestimmen diese Leistungen den Urlaubsablauf des Reisenden wesentlich, so dass von einer Reiseveranstaltung auszugehen ist.[17] Dies gilt erst recht, wenn zusätzlich ein Abholservice bereitgestellt wird.[18]

13 Bieten Veranstalter nur eine Leistung an, etwa ein Ferienhaus, und bezieht sich die Verantwortung auf das ausgeschriebene Angebot, sind die Bestimmungen des Reiserechts auf den sog. **Ferienhausvertrag** analog anzuwenden.[19] Stellt ein Unternehmen Ferienunterkünfte als eigene Leistung zur Verfügung, kann es ebenfalls Reiseveranstalter sein.[20]

14 Die **Anwendung des Pauschalreiserechts** ist auszudehnen auf den Bootschartervertrag,[21] die Anmietung eines Wohnmobils,[22] den Mietvertrag über einen Planwagen,[23] Hotelarrangements,[24] Hotelunterkunft, wenn der Veranstalter in eigenem Namen gehandelt hat und die Unterkunft nicht lediglich vermittelt worden ist,[25] Flug, Transfer und Unterbringung für einen Weltfrauen-Kongress, auch ohne touristisches Begleitprogramm.[26]

15 Auch der **Schüleraustausch** mit Besuch einer amerikanischen Highschool und Unterbringung in einer Gastfamilie wird von § 651a umfasst,[27] was durch das Zweite Gesetz zur Änderung reiserechtlicher Vorschriften[28] mit Einfügung des § 651l „Gastschulaufenthalte" ausdrücklich im Reisevertragsrecht geregelt worden ist.

16 Das **Reisevertragsrecht findet keine Anwendung** auf reine Flugverbindungen,[29] Zusatzleistungen, die in der Reiseausschreibung und in der Reisebestätigung eindeutig und ausdrücklich als Fremdleistung bezeichnet werden,[30] reine Beförderungsverträge,[31] Reisevermittlungsverträge[32] und Scheinleistungen.[33]

---

15 Tonner, § 3 InfVO Rn 3.
16 Bereits durch das Zweite Gesetz zur Änderung reiserechtlicher Vorschriften (BGBl I S. 1658).
17 BGH RRa 2000, 115.
18 Ähnlich Transferleistung AG München RRa 1996, 109.
19 BGH NJW 1974, 102; BGH NJW 1985, 906; BGH NJW 1992, 3158; OLG Düsseldorf NJW-RR 1990, 186; NJW-RR 1994, 950; OLG Karlsruhe RRa 1998, 110.
20 BGH RRa 2000, 115 (Center Parcs); a.A. OLG Frankfurt/M RRa 1997, 166.
21 OLG Düsseldorf NJW-RR 1995, 314 = RRa 1995, 94; OLG Hamm NJW-RR 1994, 441 = RRa 1994, 108; OLG Scheswig VuR 1994, 341 = RRa 1995, 40; OLG Düsseldorf NJW-RR 1995, 314 = RRa 1995, 94; Yachtcharterfall BGH NJW 1995, 2629 = RRa 1995, 221; Gestaltung der Reise erforderlich.
22 OLG Karlsruhe NJW-RR 1988, 954; OLG Düsseldorf TranspR 1993, 121= RRa 1994, 124; RRa 1997, 222 = NJW-RR 1998, 50; OLG Hamm NJW-RR 1998, 1668; OLG Hamburg NJW-RR 1998, 1670.
23 LG Frankfurt/M VuR 1987, 182.
24 BGH RRa 2000, 115; LG Frankfurt/M NJW-RR 1990, 957; NJW-RR 1993, 124.
25 LG Düsseldorf NJW 1984, 132; LG Frankfurt/M NJW-RR 1993, 124.
26 LG Berlin RRa 1997, 75.
27 OLG Karlsruhe RRa 1998, 231; OLG Köln RRa 2001, 203; RRa 2001, 3; AG Heidelberg RRa 1998, 52.
28 BGBl I S. 1658.
29 OLG Düsseldorf VersR 1993, 892; LG Düsseldorf RRa 1995, 53.
30 OLG Düsseldorf NJW-RR 1991, 55; LG Frankfurt/M RRa 1997, 100; LG Stuttgart RRa 2000, 209; vgl. zur Abgrenzung BGH NJW 2000, 1188 = RRa 2000, 85.
31 OLG München RRa 1999, 174; LG Frankfurt/M NJW-RR 1994, 1477 = RRa 1994, 156.
32 BGH NJW 1982, 337; OLG München, RRa 1997, 136; LG Frankfurt/M NJW-RR 1996, 889.

Entscheidend für die **Beurteilung** einer **Veranstaltung** ist das Auftreten eines Reiseunternehmens aus 17
der **Sicht des Reisenden**.[34] Erfolgt die Zusammenstellung von Reisen nach der Zusammenstellung von
Angeboten des Kataloges eines Reiseunternehmens (Baukastensystem), führt dieser zusätzliche Anreiz
nicht zu einer reinen Vermittlung.[35]

Der **Reisevermittler** kann als **eigener Reiseveranstalter** auftreten und eine Gesamtheit von Reiseleistun- 18
gen als eigenes Paket i.S.d. § 651a anbieten. Allein der Umstand, dass sich eine Reisebürotätigkeit auf
zwei touristische Leistungen bezieht, begründet allerdings noch keine Veranstalterstellung; hinzukommen
muss eine bestimmte Gestaltung der Reise durch das Reisebüro in eigener Verantwortung.[36] Davon wird
auszugehen sein, wenn das Reisebüro mehrere Einzelleistungen bündelt und diese dem Kunden mit einem
nicht differenzierten Gesamtpreis in Rechnung stellt. Bei einer derartigen Leistungserbringung haftet das
Reisebüro nach den Vorschriften der §§ 651a ff. für das Leistungsangebot.[37] Ob das Reisebüro letztlich
als Vermittler oder als Reiseveranstalter anzusehen ist, richtet sich nach der Sicht des Reisenden.[38] Eine
Vermittlungstätigkeit muss unmissverständlich zum Ausdruck kommen, im Zweifel ist der Vermittler als
Reiseveranstalter anzusehen.[39]

Allein bei gleichzeitiger Buchung von Ferienwohnung und Flug wird das Reisebüro jedoch noch nicht 19
zum Reiseveranstalter, da es an der vorherigen Bündelung zu einem Gesamtpaket fehlt.[40] Auch allein
die Vermittlung eines Hin- und Rückfluges in die USA, die Vermittlung einer Hotelübernachtung und die
Verschaffung eines Mietwagens begründen noch keinen Reisevertrag.[41] Gleiches gilt, wenn das Reisebüro
nach den Wünschen und terminlichen Vorgaben des Reisenden eine Reise zusammenstellt[42] bzw. dabei
sogar Einzelpreise konkret benannter Leistungsträger aufführt.[43]

Zur Erbringung der Reiseleistungen als Leistungspaket kann sich der Reiseveranstalter **Leistungsträgern** 20
als Erfüllungsgehilfen bedienen.

III. Reisender

Reisender ist der Vertragspartner des Reiseveranstalters, der für sich selbst und/oder Dritte den Rei- 21
severtrag abschließt. Begünstigte Dritte i.S.d. §§ 328 ff. sind Reiseteilnehmer. Auch sie können vom
Reiseveranstalter die ordnungsgemäße Erbringung der Reise verlangen, während dieser sich wegen seiner
Reisepreisforderung an den Reisenden halten muss.

Bei **Familienreisen** wird das buchende Familienmitglied Vertragspartner des Reiseveranstalters. Er handelt 22
nicht als Vertreter seiner Familie, die auch nicht Reisende i.S.d. § 651a wird.[44] Da die Buchung einer Pauschalreise nicht der angemessenen Deckung des Lebensbedarfs der Familie dient, verpflichtet der die Reise
buchende Ehegatte den anderen Gatten nicht im Rahmen der **Schlüsselgewalt nach § 1357 Abs. 1**.[45] Bei
Namensverschiedenheit der Reisenden, also auch bei nichtehelichen Lebensgemeinschaften, kann der
Reiseveranstalter grundsätzlich davon ausgehen, dass der Buchende in Vertretung der übrigen Mitreisenden
auftritt und somit gesonderte Reiseverträge zustande kommen.[46] Erfolgt die Buchung für eine Mehrheit von
Personen, so wird in der Regel jeder einzelne Reisende Vertragspartner des Reiseveranstalters.[47]

IV. Vertragsänderungen

Nach **Abs. 5 S. 2** kann der Reisende im Fall einer **erheblichen Änderung einer wesentlichen Reiselei-** 23
stung oder bei einer **Erhöhung des Reisepreises** um mehr als 5% kostenfrei zurücktreten und die Erstattung des bereits gezahlten Reisepreises nach § 346 verlangen. Der Reisende kann auch eine Erfüllung der
vertraglich vorgesehenen Reiseleistungen beanspruchen, was in der Durchsetzung allerdings auf Schwierigkeiten stößt, da der Reiseveranstalter wiederum auf seine Leistungsträger angewiesen ist. Akzeptiert der

---

33 LG Stuttgart NJW-RR 1992, 1272; LG Düsseldorf NJW-RR 1994, 740; LG Berlin RRa 1996, 233; LG Bonn RRa 1998, 121.
34 BGH NJW 1974, 37; BGH NJW 1992, 3158.
35 OLG Saarbrücken NJW-RR 1999, 1404.
36 AG Stuttgart-Bad Cannstatt RRa 1998, 5.
37 *Seyderhelm*, Reiserecht, § 651a Rn 61; *Niehuus*, Reiserecht in der anwaltlichen Praxis, § 15 Rn 19.
38 AG Stuttgart RRa 1995, 229.
39 OLG Köln NJW-RR 1995, 314 = RRa 1995, 30; LG Frankfurt/M NJW-RR 1993, 124; AG Nürnberg RRa 1997, 242.
40 LG Düsseldorf FVE ZivR Nr. 406; OLG Frankfurt/M NJW-RR 1991, 1018.
41 OLG Hamburg NJW-RR 1998, 1670.
42 OLG Düsseldorf RRa 1997, 222; OLG München RRa 1997, 243; OLG Hamburg RRa 1997, 136; LG Frankfurt/M NJW-RR 1998, 1669.
43 AG Baden-Baden NJW 1999, 9.
44 OLG Düsseldorf NJW-RR 1988, 636; NJW-RR 1990, 186; NJW-RR 1991, 1202.
45 OLG Düsseldorf NJW-RR 1990, 186; OLG Köln NJW-RR 1991, 1092.
46 OLG Düsseldorf RRa 1999, 206; LG Stuttgart NJW-RR 1993, 1018 = RRa 1993, 17; LG Hamburg NJW-RR 1995, 187; RRa 1999, 147.
47 BGH NJW 1990, 2750; OLG Düsseldorf NJW-RR 1987, 888; NJW-RR 1990, 186.

Reisende die Vertragsänderung z.B. durch vollständige vorbehaltlose Zahlung des Reisepreises in Kenntnis der Änderung, so ist ein nachträglicher Anspruch wegen dieser Leistungsänderung nicht mehr berechtigt.

24 Statt den Rücktritt von der Reise zu erklären, kann der Reisende nach **Abs. 5 S. 3** aber auch die Teilnahme an einer **mindestens gleichwertigen Ersatzreise** verlangen, wenn der Reiseveranstalter in der Lage ist, eine solche Reise ohne Mehrpreis für den Reisenden aus dem eigenen Angebot zu erbringen. Nicht zumutbar ist es für den Reiseveranstalter, auf die Angebote anderer Reiseveranstalter zurückzugreifen. Kann der Reiseveranstalter tatsächlich eine Ersatzreise anbieten, ist der Reisende nicht verpflichtet, dieses Angebot anzunehmen. Vielmehr kann er nach wie vor von seinem Rücktrittsrecht Gebrauch machen. Die Buchung einer Ersatzreise bei einem anderen Reiseveranstalter ist dann aber grundsätzlich ausgeschlossen.

25 Das besondere Rücktrittsrecht des Abs. 5 verdrängt dann nicht das Recht auf Kündigung wegen eines Reisemangels gemäß § 651e, wenn die Ersatzreise in ihrer Gesamtheit von der gebuchten Reise erheblich abweicht.[48] Eventuell weiter eingreifende Gewährleistungsrechte, die eine Reisepreisminderung gemäß § 651d oder Schadensersatz gemäß § 651f rechtfertigen könnten, bleiben ebenfalls unberührt.

§ 651b Vertragsübertragung

(1) ¹**Bis zum Reisebeginn kann der Reisende verlangen, daß statt seiner ein Dritter in die Rechte und Pflichten aus dem Reisevertrag eintritt.** ²**Der Reiseveranstalter kann dem Eintritt des Dritten widersprechen, wenn dieser den besonderen Reiseerfordernissen nicht genügt oder seiner Teilnahme gesetzliche Vorschriften oder behördliche Anordnungen entgegenstehen.**
(2) ¹**Tritt ein Dritter in den Vertrag ein, so haften er und der Reisende dem Reiseveranstalter als Gesamtschuldner für den Reisepreis und die durch den Eintritt des Dritten entstehenden Mehrkosten.**

Literatur: *Held*, Der Reisendenwechsel nach dem neuen Reisevertragsrecht, BB 1980, 1985; *Noltenius*, Der Wechsel des Reisenden nach dem neuen Reiserecht, 1985; *Seidel*, Die Rechtsstellung des Drittbeteiligten im Reisevertragsrecht, 1986.

1 § 651b sieht vor, dass anstelle des Reisenden ein Dritter in die Rechte und Pflichten aus dem Reisevertrag eintreten kann. Das **Eintrittsrecht** beinhaltet einen **Parteiwechsel**, da der Dritte in die gesamte Rechtsstellung des Reisenden eintritt. Nach Abs. 2 sind der Reisende und der Dritte als Gesamtschuldner dem Reiseveranstalter zur Zahlung des Reisepreises und der Mehrkosten verpflichtet.

2 § 651b ist bereits durch das Umsetzungsgesetz mit Wirkung zum 1.11.1994 geändert worden. Nachdem zunächst von einer Ersetzungsbefugnis und einer Teilnahme eines Ersatzreisenden mit Ansprüchen nach § 328 a.F. ausgegangen wurde, sollte dem Interesse des Ersatzreisenden verstärkt Rechnung getragen werden,[1] so dass dieser durch die seinerzeitige Neuregelung im Rahmen einer **Vertragsübernahme** in den Vertrag eintritt und mit sämtlichen Gewährleistungs- und Gestaltungsrechten ausgestattet ist. Dies wird auch durch die nunmehr vorgesehene Überschrift „Vertragsübertragung" bestätigt.

§ 651c Abhilfe

(1) ¹**Der Reiseveranstalter ist verpflichtet, die Reise so zu erbringen, daß sie die zugesicherten Eigenschaften hat und nicht mit Fehlern behaftet ist, die den Wert oder die Tauglichkeit zu dem gewöhnlichen oder nach dem Vertrag vorausgesetzten Nutzen aufheben oder mindern.**
(2) ¹**Ist die Reise nicht von dieser Beschaffenheit, so kann der Reisende Abhilfe verlangen.** ²**Der Reiseveranstalter kann die Abhilfe verweigern, wenn sie einen unverhältnismäßigen Aufwand erfordert.**
(3) ¹**Leistet der Reiseveranstalter nicht innerhalb einer vom Reisenden bestimmten angemessenen Frist Abhilfe, so kann der Reisende selbst Abhilfe schaffen und Ersatz der erforderlichen Aufwendungen verlangen.** ²**Der Bestimmung einer Frist bedarf es nicht, wenn die Abhilfe von dem Reiseveranstalter verweigert wird oder wenn die sofortige Abhilfe durch ein besonderes Interesse des Reisenden geboten ist.**

Literatur: *Bernreuther*, Der richtige Rügeadressat bei Mängeln der Reise, DAR 1985, 51; *Demming*, Die Mängelhaftung im Reisevertragsrecht, 1990; *Eilmann*, Die Abgrenzung des reisevertraglichen Gewährleistungsrechts vom Recht der allgemeinen Leistungsstörungen – unter besonderer Berücksichtigung der Rechtsnatur des Reisevertrages, 1990; *Kaller*, Das Verhältnis der §§ 651c ff. zu den allgemeinen Leistungsstörungen, RRa 1999, 19; *Teichmann*, Die Struktur der Leistungsstörungen im Reisevertrag, JZ 1979, 737; *Tempel*, Voraussetzungen für die Ansprüche aus dem Reisevertrag, NJW 1986, 547; *Wolter*, Das Verhältnis des reiserechtlichen Gewährleistungsrechts der §§ 651c ff. zum allgemeinen Recht der Leistungsstörungen, AcP 183 (1983), 36.

---

48 BGH NJW 1980, 2192.
1 BT-Drucks 12/5354, 10.

Der Reisende muß zur Wahrung etwaiger Minderungsansprüche die Beanstandungen im Zielgebiet rechtzeitig gegenüber dem Reiseveranstalter oder der Reiseleitung anzeigen.

Das **Abhilfeverlangen** gemäß Abs. 2 S. 2 ist als Erfüllungsanspruch anzusehen und von der **Mängelanzeige** nach § 651d Abs. 2 abzugrenzen. Während das Abhilfeverlangen auf eine Mängelbeseitigung gerichtet ist, dient die Mängelanzeige lediglich der Erhaltung des Minderungsanspruchs. Die Mängelanzeige ist allerdings schlüssig in dem Abhilfeverlangen mit enthalten. Will der Reisende lediglich den Reisepreis mindern, bedarf es auch nur einer Mängelanzeige. Der Reisende kann daher im Falle einer Mängelanzeige sogar erklären, er fühle sich wohl, ohne den Minderungsanspruch zu verlieren.[1]

§ 651d Minderung

(1) ¹Ist die Reise im Sinn des § 651c Abs. 1 mangelhaft, so mindert sich für die Dauer des Mangels der Reisepreis nach Maßgabe des § 638 Abs. 3. ²§ 638 Abs. 4 findet entsprechende Anwendung.
(2) ¹Die Minderung tritt nicht ein, soweit es der Reisende schuldhaft unterläßt, den Mangel anzuzeigen.

Literatur: *Eisner*, Reiserecht Entscheidungen, 1997; *Kaller*, Reiserecht, NJW-Schriftenreihe 1999; *Lorenz*, Rechtsgrundlagen des Anspruchs „aus Minderung", Jus 1993, 727; *Müller-Langguth*, Stellungnahme zur Frankfurter Tabelle zur Reisepreisminderung, NJW 1985, 900, 1886; *Niehuus*, Reiserecht von A-Z, 2000; *ders.*, Reiserecht in der anwaltlichen Praxis, 2001; *Siegel*, Aus der Rechtsprechung der „Reisekammer" des Landgerichts Frankfurt zum Reisevertragsrecht, VuR 1987, 180; *Teichmann*, Die Struktur der Leistungsstörungen im Reisevertrag, JZ 1979, 737; *Tempel*, Frankfurter Tabelle zur Reisepreisminderung, NJW 1994, 1639; *ders.*, Zur Berücksichtigung des Synallagmas bei der Berechnung der Minderung in Reisesachen, NJW 1996, 164; *ders.*, Die Bemessung der Minderung der Vergütung in Reisevertragssachen, NJW 1985, 97, 113; *ders.*, Unzulässige Schematisierung der Reisepreisminderung?, NJW 1985, 1885; *ders.*, Das Hochzeitsessen in der Dominikanischen Republik – eine missglückte Hochzeitsreise oder eine missglückte Berechnung der Minderung, RRa 1997, 67; *ders.*, Was ist eine „Tabelle" und was ist ein „Spiegel"? – Bemerkungen zum neuen „Mainzer Minderungsspiegel", RRa 2000, 67.

Abs. 1 gibt dem Reisenden einen Anspruch auf eine Reisepreisminderung, welcher kraft Gesetzes eintritt.[1] Bei der Berechnung der Reisepreisminderung ist grundsätzlich von dem **Gesamtreisepreis** der Reise auszugehen, da der Mangel zumeist auch die gesamte Reisequalität und damit die gesamte Reiseleistung beeinträchtigt,[2] wofür auch der Gesetzeswortlaut „Reisepreis" und die Verweisung auf § 472 Abs. 2 a.F. bzw. § 638 Abs. 3 n.F. (Werk) spricht.

Mit dem **Gesetz zur Modernisierung des Schuldrechts** wird nunmehr in **Abs. 1 S. 1** auf **§ 638 Abs. 3 n.F.** verwiesen, nachdem im Entwurfsstadium noch § 472 n.F. herangezogen wurde. Als Begründung wird angeführt, dass der Reisevertrag seiner Natur dem Werkvertrag näher als dem Kaufvertrag stehe und daher auf die werkvertragliche statt auf die kaufvertragliche Minderungsregelung verwiesen werden sollte. Die Begründung entspricht damit der Rechtslage vor Inkrafttreten des Reisevertragsgesetzes vom 4.5.1979, nach welcher der Pauschalreisevertrag als Werkvertrag eingeordnet wurde.[3]

Ferner finden die Rückabwicklungsregelungen des **§ 638 Abs. 4 n.F.** entsprechende Anwendung, da der Reisende regelmäßig den vollen Reisepreis vorher bezahlen sollte.

Mit dem Verweis auf § 471 a.F. sollte erreicht werden, nicht allein den Wert der mangelhaften Sache (Reiseleistungen) von dem Gesamtreisepreis abzuziehen, sondern ein etwaiges Abweichen des Reisepreises von dem Wert der mangelfreien Reise in seiner Relation zu erhalten. Aus den Anmerkungen des Gesetzgebers zu der Neufassung und dem Verweis auf werkvertragliche Regelungen ergibt sich, dass insoweit inhaltliche Änderungen nicht beabsichtigt sind.

Zur Berechnung der Anspruchshöhe bietet die **Frankfurter Tabelle**[4] einen Anhaltspunkt. Es bleibt bei der Anwendung der Frankfurter Tabelle allerdings offen, welche Kriterien heranzuziehen sind, um den Rahmen einer Reisepreisminderung auszufüllen, d.h. zu bewerten, ob ein eher minderer oder eher schwererer Fall einer Reisebeeinträchtigung vorliegt. Grundsätzlich ist daher der Einzelfall in den Vordergrund zu stellen und zu beurteilen.[5]

---
1 OLG Frankfurt/M NJW-RR 1986, 1172; LG Freiburg NJW-RR 1994, 125.
1 BT-Drucks 8/2343, 9.
2 OLG Düsseldorf NJW-RR 1991, 1202; NJW-RR 1995, 368 = RRa 1995, 114; LG Frankfurt/M NJW-RR 1993, 436; LG Hannover NJW-RR 1999, 1004.
3 BGH NJW 1973, 318; BGH NJW 1974, 37; BGHZ 77, 310; BGHZ 77, 320; BGHZ 82, 219.
4 NJW 1985, 113; Ergänzungen zu den Erläuterungen *Tempel*, NJW 1994, 1639.
5 Vgl. den Mainzer Minderungsspiegel bei *Kaller*, a.a.O., Rn 221 und die Standardtabelle bei *Niehuus*, Reiserecht in der anwaltlichen Praxis, § 8 Rn 13 f.

§ 651e Kündigung wegen Mangels

(1) ¹Wird die Reise infolge eines Mangels der in § 651c bezeichneten Art erheblich beeinträchtigt, so kann der Reisende den Vertrag kündigen. ²Dasselbe gilt, wenn ihm die Reise infolge eines solchen Mangels aus wichtigem, dem Reiseveranstalter erkennbarem Grund nicht zuzumuten ist.

(2) ¹Die Kündigung ist erst zulässig, wenn der Reiseveranstalter eine ihm vom Reisenden bestimmte angemessene Frist hat verstreichen lassen, ohne Abhilfe zu leisten. ²Der Bestimmung einer Frist bedarf es nicht, wenn die Abhilfe unmöglich ist oder vom Reiseveranstalter verweigert wird oder wenn die sofortige Kündigung des Vertrags durch ein besonderes Interesse des Reisenden gerechtfertigt wird.

(3) ¹Wird der Vertrag gekündigt, so verliert der Reiseveranstalter den Anspruch auf den vereinbarten Reisepreis. ²Er kann jedoch für die bereits erbrachten oder zur Beendigung der Reise noch zu erbringenden Reiseleistungen eine nach § 638 Abs. 3 zu bemessende Entschädigung verlangen. ³Dies gilt nicht, soweit diese Leistungen infolge der Aufhebung des Vertrags für den Reisenden kein Interesse haben.

(4) ¹Der Reiseveranstalter ist verpflichtet, die infolge der Aufhebung des Vertrags notwendigen Maßnahmen zu treffen, insbesondere, falls der Vertrag die Rückbeförderung umfaßte, den Reisenden zurückzubefördern. ²Die Mehrkosten fallen dem Reiseveranstalter zur Last.

1 Voraussetzung einer Kündigung des Reisevertrages nach § 651e ist das Vorliegen eines erheblichen Mangels. Die **Erheblichkeitsgrenze** wird teilweise bei 50%,[1] teilweise aber auch bei 20%[2] angesetzt. Die Kündigung ist ferner möglich, wenn zugesicherte Eigenschaften von erheblichem Gewicht fehlen.[3] Der Reisende kann das Kündigungsrecht nur ausüben, wenn er dem Reiseveranstalter eine angemessene Frist zur Abhilfe gesetzt hat und diese ergebnislos verstrichen ist.

2 Durch eine förmlich ausgesprochene Kündigung erlangt der Reisende einen **Anspruch auf Rückzahlung des Reisepreises**, wobei für die bereits erbrachten Leistungen des Reiseveranstalters eine Entschädigung abzuziehen ist. Diese verringert sich wiederum um die Minderung für die mangelhaft erbrachten Leistungen. Die Entschädigung entfällt, soweit die Leistungen infolge der Aufhebung des Vertrages für den Reisenden nicht von Interesse sind.

3 Der Reiseveranstalter ist verpflichtet, die infolge der Aufhebung des Vertrags notwendigen Maßnahmen zu treffen und daher insbesondere den Reisenden gemäß Abs. 4 S. 1 zurückzubefördern.

4 Mit dem **Gesetz zur Modernisierung des Schuldrechts** wird nunmehr in **Abs. 3 S. 2** auf **§ 638 Abs. 3 n.F.** verwiesen, da entsprechend der Ausführungen zu § 651d n.F. auch in § 651e n.F. auf die werkvertragliche statt auf die kaufvertragliche Minderungsregelung verwiesen werden sollte.

§ 651f Schadensersatz

(1) ¹Der Reisende kann unbeschadet der Minderung oder der Kündigung Schadensersatz wegen Nichterfüllung verlangen, es sei denn, der Mangel der Reise beruht auf einem Umstand, den der Reiseveranstalter nicht zu vertreten hat.

(2) ¹Wird die Reise vereitelt oder erheblich beeinträchtigt, so kann der Reisende auch wegen nutzlos aufgewendeter Urlaubszeit eine angemessene Entschädigung in Geld verlangen.

Literatur: *Bendref*, Vertraglicher Schadensersatz für vertane Urlaubszeit, JR 1980, 359; *ders.*, Die Berechnung der Entschädigung wegen vertaner Urlaubszeit, NJW 1986, 1721; *Blaurock/Wagner*, Der Anspruch auf Schadensersatz wegen Nichterfüllung im Reisevertragsrecht, Jura 1985, 169; *Führich*, Die Verkehrssicherungspflicht des Reiseveranstalters, BB 1990, 1501; *Gerauer*, Die Haftung des Reiseveranstalters für Mängel des Leistungsträgers aus dem Gesichtspunkt der Verkehrssicherungspflicht, BB 1989, 1003; *Honsell*, Die missglückte Urlaubsreise – BGHZ 63, 98, JuS 1976, 222; *Müller, Th.*, Schadensersatz wegen vertaner Urlaubszeit – Zur Auslegung des Merkmals „erheblich" in § 651f Abs. 2 BGB, VuR 1990, 22; *Müller, W.*, Zur Bemessung der Entschädigung wegen vertaner Urlaubszeit, NJW 1987, 882; *Recken*, Die Haftung des Reiseveranstalters für Versagen des Leistungsträgers aus „unerlaubter Handlung", BB 1989, 1709; *Tonner*, Schadensersatz wegen vertaner Urlaubszeit – BGHZ 77, 116, JuS 1982, 411; *Wolter*, Rechtsprobleme der §§ 651f und 651h, NJW 1988, 396.

1 Nach **Abs. 1** kann der Reisende unbeschadet der Minderung oder der Kündigung wegen eines Reisemangels vom Reiseveranstalter einen **Schadensersatz wegen Nichterfüllung** des Reisevertrages verlangen, wenn den Reiseveranstalter ein Verschulden an dem Reisemangel trifft.

---

1 OLG Stuttgart RRa 1994, 28; LG Köln MDR 1991, 840; LG Hannover NJW-RR 1998, 194; LG Bonn RRa 1996, 223; LG Kleve NJW-RR 1997, 1140 = RRa 1997, 57.
2 LG Frankfurt/M NJW-RR 1992, 1082; NJW-RR 1993, 61; RRa 1995, 67; 89; AG Essen RRa 1997, 104.
3 LG Frankfurt/M NJW-RR 1990, 761.

Mit **Abs. 2** erhält der Reisende einen Schadensersatzanspruch gegenüber dem Reiseveranstalter, mit dem er eine **Entschädigung für die nutzlos aufgewendete Urlaubszeit** einfordern kann, wenn die Reise mängelbedingt erheblich beeinträchtigt oder gar vereitelt wurde. Für die Beurteilung einer erheblichen Beeinträchtigung ist eine Bewertung darüber erforderlich, ob der Urlaub unter Berücksichtigung seines Zweckes und aller Umstände des Einzelfalles als völlig oder teilweise vertan, nutzlos oder gänzlich verfehlt erscheint. **Vereitelt** ist eine Reise, wenn der Reisende sie nicht antreten kann oder die Reise gleich zu Anfang abgebrochen werden muss. Von einer **erheblichen Beeinträchtigung** wird bei einem zumindest 50%igen Reisemangel ausgegangen.[1]   2

Die **Höhe der Entschädigung** bestimmt sich aus dem Maß der Beeinträchtigung, der Schwere des Verschuldens und der Höhe des Reisepreises, zum anderen ist der Arbeitsverdienst bzw. das Einkommen des Betroffenen maßgeblich.[2] Vertreten wird auch, eine Basispauschale für jeden völlig verlorenen Urlaubstag i.H.v. 66,47 EUR pro Person und pro Tag bzw. Abschläge hiervon bei einer erheblichen Beeinträchtigung zugrunde zu legen.[3]   3

Ansprüche aufgrund der §§ 823, 831, 847 kommen nur bei **Verletzung eigener Verkehrssicherungspflichten** des Reiseveranstalters in Betracht, da der Leistungsträger nicht Verrichtungsgehilfe ist. Der Anspruch auf Schmerzensgeld ist neben einem Anspruch wegen vertaner Urlaubszeit möglich und kann sogar noch auf der Rückreise entstehen. Haftungsbeschränkungen nach § 651h Abs. 1 sind, insbesondere in Bezug auf Personenschäden, unwirksam.   4

§ 651g Ausschlussfrist, Verjährung

(1) ¹Ansprüche nach den §§ 651c bis 651f hat der Reisende innerhalb eines Monats nach der vertraglich vorgesehenen Beendigung der Reise gegenüber dem Reiseveranstalter geltend zu machen. ²§ 174 ist nicht anzuwenden. ³Nach Ablauf der Frist kann der Reisende Ansprüche nur geltend machen, wenn er ohne Verschulden an der Einhaltung der Frist verhindert worden ist.
(2) ¹Ansprüche des Reisenden nach den §§ 651c bis 651f verjähren in zwei Jahren. ²Die Verjährung beginnt mit dem Tag, an dem die Reise dem Vertrag nach enden sollte.

Literatur: *Bechhofer*, Rechtsprobleme bei der Geltendmachung von Gewährleistungsansprüchen, Schriften zum Reise- und Verkehrsrecht Band 4, 91; *Isermann*, Klagerhebung vor Ablauf der Ausschlussfrist des § 651g Abs. 1 BGB, RRa 1995, 178; *ders.*, Schuldrechtsmodernisierung und Reiserechtsverjährung, RRa 2001, 135; *Rixecker*, Ausschluss- und Verjährungsfristen im Reisevertragsrecht, VersR 1985, 216; *Schneider*, Problemfälle aus der Praxis – Eine Reise in die Sahara, MDR 1988, 108; *Tempel*, Rechtsfragen der Geltendmachung von Ansprüchen des Reisenden nach Reiseende (§ 651g BGB), NJW 1987, 2841; *ders.*, Unzulässigkeit der Geltendmachung von Ansprüchen wegen Reisemängel vor Beendigung der Reise, NJW 1987, 1532; *ders.*, Das Reisebüro als Adressat für die Anmeldung der Ansprüche des Reisenden nach § 651g Abs. 1 BGB, RRa 1996, 3; *Tonner*, Zum Nachweis der Einhaltung der Einmonatsfrist des § 651g Abs. 1 BGB und zum Anwendungsbereich dieser Rügefrist, VuR 1987, 37; *Würfel*, Zur Auslegung von § 651g, MDR 1982, 539.

A. Monatsfrist (Abs. 1)

Gemäß **Abs. 1 S. 1** sind Ansprüche spätestens **einen Monat nach der vertraglich vorgesehenen Beendigung der Reise** gegenüber dem Reiseveranstalter geltend zu machen. Die **Ausschlussfrist** bezweckt zum einen, dem Reiseveranstalter Schwierigkeiten bei der Überprüfung von Mängelrügen zu ersparen, zum anderen soll verhindert werden, dass er Regressansprüche gegen Leistungsträger nicht mehr oder nur schwer durchsetzen kann.[1] Entgegen dem Gesetzeswortlaut gilt die Monatsfrist nicht nur für Ansprüche gemäß §§ 651c bis 651f, sondern für alle Ansprüche, die ihre Grundlage im Reisevertragsrecht haben, also auch die Ansprüche aus § 651i und § 651j.[2] Umstritten ist hingegen, ob die Monatsfrist des § 651g auch für die Ansprüche des Reisenden aus Delikt gilt. Einerseits wird dies im Hinblick auf den Zweck der Anmeldefrist befürwortet,[3] andererseits mit Hinweis auf den Wortlaut des § 651g und die Eigenständigkeit des Schadensersatzrechts abgelehnt.[4]   1

---

1 OLG Frankfurt/M RRa 1995, 147; OLG Düsseldorf NJW-RR 1990, 187; RRa 1994, 205; OLG Stuttgart RRa 1994, 28.
2 BGH NJW 1983, 35, 218; OLG München NJW 1984, 132; NJW-RR 1987, 748; OLG Düsseldorf NJW-RR 1986, 1175; NJW-RR 1989, 1078; NJW-RR 1990, 186; NJW-RR 1994, 950; OLG Frankfurt/M NJW-RR 1981, 827; NJW-RR 1988, 633; RRa 1995, 147.
3 LG Frankfurt/M NJW-RR 1988, 1451; NJW-RR 1989, 310; NJW-RR 1991, 630; NJW-RR 1992, 823; RRa 1998, 119: Anhebung von früher 100 DM auf nunmehr 130 DM = 66,47 EUR; RRa 2000, 190.
1 BGH NJW 1984, 1752.
2 BGH NJW 1984, 1752.
3 LG Frankfurt/M NJW 1987, 132; NJW 1990, 520.
4 OLG München NJW-RR 1987, 493; OLG Köln NJW-RR 1992, 1185; LG Konstanz RRa 1994, 152; LG Düsseldorf RRa 1994, 115; LG Frankfurt/M RRa 1995, 84.

2 Die Monatsfrist **beginnt** nach der vertraglich vorgesehenen Beendigung der Reise und wird nach § 187 Abs. 1 i.V.m. § 188 Abs. 2 1. Alt. berechnet. Da für die Fristberechnung ein Ereignis – die Beendigung der Reise – maßgebend ist, wird dieser Tag nicht mitgerechnet.[5] Die Frist beginnt daher am nächsten Tag um 0.00 Uhr und endet gemäß § 188 Abs. 2 1. Alt. um 24.00 Uhr. Die Anmeldefrist endet dann grundsätzlich im nächsten Monat nach Reiseende an dem Tag mit derselben Zahl wie der Tag des Reiseendes. Nicht ohne Grund wird allerdings ebenfalls die Auffassung vertreten, dass bei der Fristberechnung nicht etwa auf ein Ereignis, sondern auf einen konkreten Tag abzustellen ist, da die Reisebestätigung grundsätzlich konkrete Reisedaten enthält und daher eine Berechnung nach Tagen durchaus üblich ist.[6] Danach würde die Frist bereits einen Tag früher ablaufen, da der Abreisetag bereits bei der Fristberechnung mitzählt.

3 Ein **Beschwerdeschreiben** aus dem Zielgebiet kann **vor Reiseende** eine Anspruchsanmeldung i.S.d. Abs. 1 darstellen, sofern der Reisende eindeutig und vorbehaltlos zum Ausdruck bringt, Ansprüche gegenüber dem Reiseveranstalter geltend machen zu wollen.[7] Allerdings hat diese gleichwohl **gegenüber dem Reiseveranstalter** und nicht etwa gegenüber der Reiseleitung zu erfolgen.[8]

4 Werden anwaltlich Ansprüche angemeldet, war nach früherer Rechtsprechung eine Originalvollmacht beizufügen;[9] der Gesetzgeber hat durch das **Zweite Gesetz zur Änderung reiserechtlicher Vorschriften**[10] allerdings mit Einfügung des **Abs. 1 S. 2** festgelegt, dass **§ 174 nicht anwendbar** ist. Als Begründung ist angeführt worden, dass es im Interesse des Verbraucherschutzes angemessen und im Sinne des mit dem Reisevertragsrecht verfolgten Interessenausgleichs geboten sei, dass nicht allein das Fehlen einer Vollmachtsurkunde im Original zu einem Rechtsverlust führe. Würden Ansprüche von einem Bevollmächtigten geltend gemacht und habe der Reiseveranstalter Zweifel an der Bevollmächtigung, so bleibe es unbenommen, den Nachweis der Vollmacht zu verlangen.[11]

B. Verjährung (Abs. 2)

5 Sämtliche Gewährleistungsansprüche des Reisenden verjährten nach § 651g Abs. 2 a.F. in sechs Monaten. Ab Zugang der Anspruchsanmeldung beim Reiseveranstalter war die Verjährungsfrist gemäß § 651g Abs. 2 S. 3 gehemmt bis zu dem Tag, an dem der Reiseveranstalter die Ansprüche schriftlich zurückweist.[12]

6 Mit dem **Gesetz zur Modernisierung des Schuldrechts** wird nunmehr mit **Abs. 2 S. 1** die **Verjährungsfrist auf 2 Jahre erhöht**, da nach Abschaffung der kurzen sechsmonatigen Verjährung bei Kauf- und Werkvertrag kein Grund bestehe, allein im Rahmen des Reisevertrages an der sechsmonatigen Verjährungsfrist festzuhalten. Der Reiseveranstalter sei zudem durch den beizubehaltenden Abs. 1 geschützt, da der Reisende weiterhin Gewährleistungsansprüche innerhalb eines Monats nach der vertraglich vorgesehenen Beendigung der Reise gegenüber dem Reiseveranstalter geltend zu machen habe.

7 Im Gegenzug wird die Verjährungsfrist in **§ 651m S. 2 n.F.** eingeschränkt dispositiv gestellt und kann auf **ein Jahr** abgekürzt werden. Eine verjährungserleichternde Vereinbarung kann sowohl **individualvertraglich** als auch in **Allgemeinen Geschäftsbedingungen** erfolgen. Im letzteren Fall sind die Grenzen des § 309 Nr. 7 und 8 lit. a zu beachten.

8 Abs. 2 S. 3 a.F., der eine Hemmung der Verjährung bis zur Zurückweisung der Ansprüche durch den Reiseveranstalter vorsah, ist durch § 203 n.F. überflüssig geworden.

9 Deliktische Schadensersatzansprüche unterliegen nach wie vor der dreijährigen Verjährung des § 852 a.F.[13] bzw. § 195 n.F.

C. Entwicklung der Gesetzesänderung

10 Der **Bundesrat** sprach sich in seiner Stellungnahme allerdings für die **Beibehaltung der sechsmonatigen Verjährungsfrist** des Abs. 2 S. 1 in der bisherigen Fassung aus. Die Tatsache, dass die bisherige sechsmonatige Verjährungsfrist für Mängelansprüche im Werkvertragsrecht auf zwei Jahre verlängert werde, sei kein hinreichender Grund, eine entsprechende Verlängerung auch im Reisevertragsrecht vorzusehen. Im Werkvertragsrecht sei die sechsmonatige Frist im Gegensatz zum Reisevertragsrecht deutlich zu kurz. Vielmehr sei die kurze Frist im Reisevertragsrecht weiterhin notwendig, weil die für einen Reisemangel maßgebenden Umstände sich besonders schnell verändern und schon nach kurzer Zeit im Prozess eine verlässliche Beweisaufnahme sehr erschwert werde. Dass es nicht gerechtfertigt ist, wegen der Verlängerung

---

5 LG Frankfurt/M NJW 1986, 594; LG Hannover NJW-RR 1990, 572; LG Hamburg RRa 1997, 60; vgl. BGH NJW 1988, 488.
6 AG Düsseldorf MDR 1991, 1036; AG Hamburg RRa 1994, 58; RRa 1994, 75.
7 BGH NJW 1988, 488; OLG Frankfurt/M NJW 1981, 2068; LG Frankfurt/M RRa 1995, 170.
8 BGH NJW 1988, 488; OLG Frankfurt/M RRa 1998, 219; LG Düsseldorf RRa 2000, 195.
9 BGH NJW 2001, 289 = RRa 2001, 24; OLG Düsseldorf RRa 1998, 58; RRa 1999, 206.
10 BT-Drucks 410/01.
11 BT-Drucks 14/5944, 19.
12 LG Frankfurt/M RRa 1995, 170.
13 BGH NJW 1988, 1380.

der Verjährungsfrist für Mängelansprüche im Kauf- und Werkvertragsrecht auf zwei Jahre jede kürzere Verjährungsfrist ebenfalls zu verlängern, zeige auch die Beibehaltung der kurzen Frist für bestimmte mietrechtliche Ansprüche durch das Mietrechtsreformgesetz (§ 548 Abs. 1 und 2 n.F.). Eine Änderung des § 651m sei demnach ebenfalls nicht erforderlich.

Die **Bundesregierung** hat dem Vorschlag des Bundesrates **nicht zugestimmt**, da der Verweis auf das Mietrecht nach Ansicht der Bundesregierung nicht stichhaltig sei. Die der sechsmonatigen Verjährungsfrist unterliegenden Ansprüche des Mieters auf Ersatz von auf die Mietsache gemachten Aufwendungen oder auf Gestattung der Wegnahme einer Einrichtung seien Ansprüche, welche von dem Zustand der Mietsache zurzeit der Rückgabe abhängen. Mit der kurzen Verjährung sollen diese Ansprüche einer raschen Abwicklung zugeführt werden. Der Grund liege in dem Interesse des Vermieters, die Mietsache möglichst bald nach Beendigung des Mietverhältnisses wieder nutzen, insbesondere sie erneut vermieten zu können. Hierfür sei es oftmals erforderlich, die vom Mieter herbeigeführten Veränderungen rückgängig zu machen und die hinterlassene Einrichtung des Mieters zu beseitigen. Solche Maßnahmen bergen indes die Gefahr für den Vermieter, dass er die Beweislage zu seinen Ungunsten verändert oder sich Schadensersatzansprüchen aussetzt. Daher ist schnelle Rechtssicherheit gefordert, die durch die kurze Verjährungsfrist gewährleistet werde. Eine vergleichbare Situation sei im Reiserecht nicht gegeben. Die Problematik bestehe allein darin, dass die für einen Reisemangel maßgebenden Umstände sich besonders schnell verändern und schon nach kurzer Zeit im Prozess eine verlässliche Beweisaufnahme sehr erschwert sei. Gerade hierzu dient die vom Entwurf beibehaltene Pflicht des Reisenden nach § 651g Abs. 1, Gewährleistungsansprüche innerhalb eines Monats nach der vertraglich vorgesehenen Beendigung der Reise geltend zu machen, damit der Reiseveranstalter im Bilde sei und die zur Abwehr der Ansprüche gegebenenfalls notwendigen Beweise sichern könne. 11

Der Gesetzgeber hatte sich bislang für eine sechsmonatige Verjährung reisevertraglicher Ansprüche entschieden, um mit kurzen Fristen für eine schnelle Abwicklung von Gewährleistungsansprüchen im Massentourismus zu sorgen.[14] Die neue Verjährungsregelung soll unter Wahrung der Interessen von Gläubiger und Schuldner im Wesentlichen vereinheitlicht und überschaubarer gemacht werden. Mit der Anknüpfung an das Kauf-, insbesondere aber an das Werkvertragsrecht trägt der Gesetzentwurf im Ergebnis der Entstehungsgeschichte der reisevertraglichen Regelungen in den §§ 651a ff. Rechnung. Der Bezug auf diese beiden Vertragstypen beantwortet aber nicht die Frage, aus welchen Gründen die ursprüngliche Intention einer schnellen Abwicklung reiserechtlicher Verfahren aufgegeben wurde. Es sind demnach Zustände eines Reiseverlaufes auch noch nach zwei Jahren gerichtlich aufzuklären. Eine sachgerechte Entscheidungsfindung gestaltet sich damit schwierig. Die Informationsbeschaffung des Parteiverfahrens in reiserechtlichen Verfahren kennzeichnet sich vornehmlich durch Zeugenbeweise und Reiseleiterberichte, aber auch durch gerichtsbekannte Parallelverfahren. Letztere werden sich auf einen größeren Zeitraum verteilen und daher nur noch schwerlich ermittelbar sein. Reiseleiter sind häufig saisonal tätig und zwei Jahre später kaum mehr im Ausland erreichbar. An die streitgegenständliche Reise werden sie sich ohnehin nur noch im Ausnahmefall erinnern können. Zeugen der Reisegäste haben zwei Jahre später weitere Reisen erlebt, so dass die ohnehin zumeist recht unkonkrete Erinnerung noch abstrakter wird. Somit wird eine tatsächliche Wahrheitsfindung erheblich erschwert. 12

Wenn auf den Schutz des Reiseveranstalters zu einer Beweissicherung nach § 651g Abs. 1 verwiesen wird, so stellt sich zunächst die Frage, wie der Reisegast, welcher ebenfalls zu schützen wäre, zwei Jahre nach der Reise noch Zeugen ermitteln soll. Der Reiseveranstalter wiederum mag zwar grundsätzlich Beweise sichern können. Die schriftliche Stellungnahme eines Reiseleiters, welcher zwei Jahre später nicht mehr erreichbar ist, dürfte jedoch in einem späteren Verfahren nicht ausreichend sein. Zudem setzt eine Beweissicherung eine juristische Schulung voraus, um im Voraus beurteilen zu können, welche Punkte für das Gericht beweiserheblich sein werden. Im Rahmen einer Kundenbetreuung kann eine solche Vorausschau allerdings nicht erwartet werden. 13

§ 651h Zulässige Haftungsbeschränkung

(1) ¹Der Reiseveranstalter kann durch Vereinbarung mit dem Reisenden seine Haftung für Schäden, die nicht Körperschäden sind, auf den dreifachen Reisepreis beschränken,
1. soweit ein Schaden des Reisenden weder vorsätzlich noch grob fahrlässig herbeigeführt wird, oder
2. soweit der Reiseveranstalter für einen dem Reisenden entstehenden Schaden allein wegen eines Verschuldens eines Leistungsträgers verantwortlich ist.

(2) ¹Gelten für eine von einem Leistungsträger zu erbringende Reiseleistung internationale Übereinkommen oder auf solchen beruhende gesetzliche Vorschriften, nach denen ein Anspruch auf Schadensersatz nur unter bestimmten Voraussetzungen oder Beschränkungen entsteht oder geltend

---

14 BT-Drucks 8/2343, 11.

gemacht werden kann oder unter bestimmten Voraussetzungen ausgeschlossen ist, so kann sich auch der Reiseveranstalter gegenüber dem Reisenden hierauf berufen.

Literatur: *Niebing*, Haftungsbeschränkung für Leistungsträger auch durch AGB?, DAR 1982, 151; *Wolter*, Rechtsprobleme der §§ 651f und 651h, NJW 1988, 396.

1 § 651h ermöglicht dem Reiseveranstalter, seine Haftung zu beschränken. Die Vorschrift wurde seit ihrem Inkrafttreten im Jahre 1979 zweifach geändert. Im Rahmen des Zweiten Seerechtsänderungsgesetzes stellte der Gesetzgeber im Jahre 1986 klar, dass sich der Reiseveranstalter nicht nur auf Haftungsbeschränkungen in internationalen Übereinkommen, sondern auch auf Haftungsausschlüsse berufen kann. Mit der Umsetzung der Pauschalreiserichtlinie im Jahre 1994 wurde eine Haftungsbeschränkung für Körperverletzungen aufgehoben. Bei Sachschäden hat sich die Haftungsbeschränkung auf den dreifachen Reisepreis als ausreichend erwiesen. Eine Änderung des § 651h ist daher auch nicht erfolgt.

§ 651i Rücktritt vor Reisebeginn

(1) ¹Vor Reisebeginn kann der Reisende jederzeit vom Vertrag zurücktreten.
(2) ¹Tritt der Reisende vom Vertrag zurück, so verliert der Reiseveranstalter den Anspruch auf den vereinbarten Reisepreis. ²Er kann jedoch eine angemessene Entschädigung verlangen. ³Die Höhe der Entschädigung bestimmt sich nach dem Reisepreis unter Abzug des Wertes der vom Reiseveranstalter ersparten Aufwendungen sowie dessen, was er durch anderweitige Verwendung der Reiseleistungen erwerben kann.
(3) ¹Im Vertrag kann für jede Reiseart unter Berücksichtigung der gewöhnlich ersparten Aufwendungen und des durch anderweitige Verwendung der Reiseleistungen gewöhnlich möglichen Erwerbs ein Vomhundertsatz des Reisepreises als Entschädigung festgesetzt werden.

Literatur: *Bechhofer*, Einheitliche Storno-Pauschalen in § 651i BGB, Schriften zum Reise- und Verkehrsrecht Band 5, 79; *Eichinger*, Der Rücktritt des Reisenden vom Reisevertrag vor Reisebeginn (§ 651i BGB), 1984; *Hasche*, Der Rücktritt des Reisenden und der Entschädigungsanspruch des Veranstalters nach § 651i BGB, 1987; *Tempel*, Zur Wirksamkeit von Storno-Klauseln im Reisevertragsrecht, Schriften zum Reise- und Verkehrsrecht Band 5, 85.

1 Das Recht zur Vertragsbeendigung des § 651i ähnelt inhaltlich § 649 a.F. und ist diesem nachgebildet. Mit dem reisevertraglichen Rücktrittsrecht wird allerdings kein Kündigungsrecht mit einem nachfolgenden Restvergütungsanspruch des Unternehmers gewährt, sondern ein besonderes Rückgewährschuldverhältnis mit einem Entschädigungsanspruch des Reiseveranstalters geschaffen.

2 Tritt der Reisende gemäß Abs. 1 von dem Reisevertrag vor Reisebeginn zurück, verliert der Reiseveranstalter den Anspruch auf den vereinbarten Reisepreis. Er kann jedoch eine angemessene Entschädigung verlangen. Die Höhe der Entschädigung kann entweder konkret berechnet werden oder anhand eines vertraglich festgelegten Pauschalbetrages.

3 Für die **konkrete Einzelabrechnung** ist von dem Reisepreis auszugehen und hiervon der Wert der ersparten Aufwendungen sowie dasjenige abzuziehen, was der Reiseveranstalter durch anderweitige Verwendung der Reiseleistung erwerben kann. Aufwendungsersparnisse ergeben sich insbesondere dadurch, dass der Reiseveranstalter an die von ihm zur Erbringung der Reiseleistung eingeschalteten Leistungsträger kein oder nur ein geringes Entgelt zu zahlen hat oder entsprechende Gutschriften erhält. Ist eine genaue Aufschlüsselung und Berechnung der Aufwendungen nicht möglich, kann die Höhe nach § 287 ZPO gerichtlich geschätzt werden.

4 Abzuziehen ist aber auch der Betrag, den der Reiseveranstalter durch eine anderweitige Verwendung der Reiseleistungen erwerben kann, d.h. der Erlös, den der Reiseveranstalter durch einen **Weiterverkauf** der freigewordenen Reise erzielen könnte. Es kommt dabei nicht darauf an, was der Reiseveranstalter tatsächlich erlöst oder böswillig zu erwerben unterlässt. Vielmehr ist zu berücksichtigen, ob und zu welchen Konditionen ein ordentlicher und umsichtiger Reisekaufmann die nach dem Rücktritt wieder zur Verfügung stehende Reise hätte weiterverwerten können. Um eine **anderweitige Verwertung** handelt es sich aber in aller Regel nur dann, wenn das Kontingent der betroffenen Reise bis zum Rücktritt bereits restlos ausgebucht war, denn der Reiseveranstalter wird – wozu er auch berechtigt ist – regelmäßig erst die noch nicht gebuchten freien Plätze belegen, bevor er die zurückgegebene Reise weiterverwertet. Auch eine **getrennte Weiterverwertung der einzelnen Reiseleistungen** kommt in Betracht, da Abs. 2 S. 3 nicht auf die Reise als Gesamtheit, sondern auf die einzelnen Reiseleistungen abstellt.

5 Bricht der Reisende seine Reise nach Reisebeginn aus Gründen ab, die in seiner Sphäre liegen, dann beträgt der Anspruch des Reiseveranstalters auf eine Entschädigung meist 100% des Reisepreises, da keine ersparten Aufwendungen oder andere Erwerbsmöglichkeiten zu diesem Zeitpunkt bestehen dürften.

Wegen der Schwierigkeiten und des organisatorischen Aufwandes einer Einzelabrechnung vereinbaren Reiseveranstalter regelmäßig eine **Stornopauschale** in ihren Allgemeinen Reisebedingungen. Die konkrete Berechnungsweise wird aber dann aktuell, wenn die betreffenden Klauseln nicht wirksam in den Vertrag einbezogen oder unwirksam sind. 6

Gemäß Abs. 3 kann im Reisevertrag für jede Reiseart ein **Vomhundertsatz des Reisepreises als Entschädigung** festgesetzt werden, wobei die gewöhnlich ersparten Aufwendungen und der durch anderweitige Verwendung der Reiseleistungen gewöhnlich mögliche Erwerb zu berücksichtigen sind. Damit folgt die pauschalierte Berechnung gleichen Grundsätzen wie die konkrete Berechnung. Bei der Pauschalierung wird nur von Umständen des Einzelfalles, insoweit auch von den im Einzelfall ersparten Aufwendungen abgesehen und auf Durchschnittsansätze abgestellt. Der Reiseveranstalter ist somit gehalten, seine Stornoklauseln zu differenzieren,[1] was mittlerweile in den ARB hinreichend umgesetzt wird. 7

§ 651j Kündigung wegen höherer Gewalt

(1) ¹Wird die Reise infolge bei Vertragsabschluß nicht voraussehbarer höherer Gewalt erheblich erschwert, gefährdet oder beeinträchtigt, so können sowohl der Reiseveranstalter als auch der Reisende den Vertrag allein nach Maßgabe dieser Vorschrift kündigen.
(2) ¹Wird der Vertrag nach Absatz 1 gekündigt, so finden die Vorschriften des § 651e Abs. 3 Sätze 1 und 2, Abs. 4 Satz 1 Anwendung. ²Die Mehrkosten für die Rückbeförderung sind von den Parteien je zur Hälfte zu tragen. ³Im übrigen fallen die Mehrkosten dem Reisenden zur Last.

Literatur: *Bethäuser*, Reiserecht und Umweltprobleme – Eine systematische Darstellung der Rechtsprechung, DAR 1991, 441; *Führich*, Die Risikoverteilung bei höherer Gewalt im Reisevertragsrecht, BB 1991, 493; *ders.*, Umwelteinflüsse bei Pauschalreisen und ihre Konfliktlösungen im Reisevertragsrecht, NJW 1991, 2192; *Lettow*, Die Rechtsprechung zur höheren Gewalt, RRa 1994, 38; *Peter/Tonner*, Umweltbeeinträchtigungen auf Reisen, NJW 1992, 1794; *Recken*, Neuere Rechtsprechung des Bundesgerichtshof zur Reisestörung durch höhere Gewalt, VuR 1990, 326; *Teichmann*, Die Haftung für „Mängel" und „höhere Gewalt" im Reiserecht, JZ 1990, 1117; *Teichmann/Theis*, Zum Begriff der höheren Gewalt in § 651j BGB, JZ 1987, 826; *Tempel*, Stornokosten bei Kündigung des Reisevertrags wegen höherer Gewalt?, NJW 1990, 821; *ders.*, Probleme der Berechnung von Vergütung und Entschädigung bei höherer Gewalt in Reisesachen, NJW 1997, 621.

§ 651j wird als gesetzlich geregelter Fall des Wegfalls der Geschäftsgrundlage angesehen.[1] 1

Höhere Gewalt ist ein von außen kommendes, keinen betrieblichen Zusammenhang aufweisendes, auch durch äußerste Sorgfalt nicht abwendbares Ereignis. Nicht erfaßt werden Umstände, die in die Risikosphäre des Reiseveranstalters oder des Reisenden fallen. 2

Unabhängig davon, wer die Kündigung erklärt hat, verliert der Reiseveranstalter gemäß §§ 651j Abs. 2 S. 1, 651e Abs. 3 S. 1 den Anspruch auf den vereinbarten Reisepreis. Sofern der Reisende den Reisepreis gezahlt hat, ist dieser zurückzuzahlen. 3

Der Reiseveranstalter hat jedoch nach § 651e Abs. 3 S. 2 einen **Entschädigungsanspruch**, der sich auf die bereits erbrachten oder noch bis zur Beendigung der Reise zu erbringenden Leistungen bezieht. Mit dem **Gesetz zur Modernisierung des Schuldrechts** wird nunmehr in **§ 651e Abs. 3 S. 2** auf § 638 Abs. 3 n.F. verwiesen, da entsprechend der Ausführungen zu § 651d n.F. auch in § 651e n.F. auf die werkvertragliche statt auf die kaufvertragliche Minderungsregelung verwiesen werden sollte. 4

Da § 651j Abs. 2 S. 1 auch auf § 651e Abs. 4 S. 1 verweist, hat der Reiseveranstalter die infolge der Kündigung notwendigen Maßnahmen zu treffen, insbesondere den Reisenden zurückzubefördern, soweit der Vertrag die Rückbeförderung umfaßt. Die Rückbeförderungspflicht entfällt jedoch, wenn die der Kündigung zugrunde liegende höhere Gewalt eine Rückbeförderung vorübergehend unmöglich macht. 5

Nach § 651j Abs. 2 S. 1 sind im Gegensatz zu § 651e Abs. 4 S. 2 **Mehrkosten** für die Rückbeförderung von den Parteien **je zur Hälfte** zu tragen, während die sonstigen Mehrkosten dem Reisenden zur Last fallen. Das sind vor allem die Kosten, die dadurch entstehen, dass der Reisende länger als vorgesehen am Urlaubsort bleiben muss. 6

---

1 BGH NJW 1973, 318.
1 *Führich*, § 651j Rn 433; *Pick*, § 651j Rn 1; *Tonner*, § 651j Rn 2.

§ 651k Sicherstellung, Zahlung

(1) ¹Der Reiseveranstalter hat sicherzustellen, daß dem Reisenden erstattet werden
1. der gezahlte Reisepreis, soweit Reiseleistungen infolge Zahlungsunfähigkeit oder Eröffnung des Insolvenzverfahrens über das Vermögen des Reiseveranstalters ausfallen, und
2. notwendige Aufwendungen, die dem Reisenden infolge Zahlungsunfähigkeit oder Eröffnung des Insolvenzverfahrens über das Vermögen des Reiseveranstalters für die Rückreise entstehen.

²Die Verpflichtungen nach Satz 1 kann der Reiseveranstalter nur erfüllen
1. durch eine Versicherung bei einem im Geltungsbereich dieses Gesetzes zum Geschäftsbetrieb befugten Versicherungsunternehmen oder
2. durch ein Zahlungsversprechen eines im Geltungsbereich dieses Gesetzes zum Geschäftsbetrieb befugten Kreditinstituts.

(2) ¹Der Versicherer oder das Kreditinstitut (Kundengeldabsicherer) kann seine Haftung für die von ihm in einem Jahr insgesamt nach diesem Gesetz zu erstattenden Beträge auf 110 Millionen Euro begrenzen. ²Übersteigen die in einem Jahr von einem Kundengeldabsicherer insgesamt nach diesem Gesetz zu erstattenden Beträge die in Satz 1 genannten Höchstbeträge, so verringern sich die einzelnen Erstattungsansprüche in dem Verhältnis, in dem ihr Gesamtbetrag zum Höchstbetrag steht.

(3) ¹Zur Erfüllung seiner Verpflichtung nach Absatz 1 hat der Reiseveranstalter dem Reisenden einen unmittelbaren Anspruch gegen den Kundengeldabsicherer zu verschaffen und durch Übergabe einer von diesem oder auf dessen Veranlassung ausgestellten Bestätigung (Sicherungsschein) nachzuweisen. ²Der Kundengeldabsicherer kann sich gegenüber einem Reisenden, dem ein Sicherungsschein ausgehändigt worden ist, weder auf Einwendungen aus dem Kundengeldabsicherungsvertrag noch darauf berufen, dass der Sicherungsschein erst nach Beendigung des Kundengeldabsicherungsvertrags ausgestellt worden ist. ³In den Fällen des Satzes 2 geht der Anspruch des Reisenden gegen den Reiseveranstalter auf den Kundengeldabsicherer über, soweit dieser den Reisenden befriedigt. ⁴Ein Reisevermittler ist dem Reisenden gegenüber verpflichtet, den Sicherungsschein auf seine Gültigkeit hin zu überprüfen, wenn er ihn dem Reisenden aushändigt.

(4) ¹Reiseveranstalter und Reisevermittler dürfen Zahlungen des Reisenden auf den Reisepreis vor Beendigung der Reise nur fordern oder annehmen, wenn dem Reisenden ein Sicherungsschein übergeben wurde. ²Ein Reisevermittler gilt als vom Reiseveranstalter zur Annahme von Zahlungen auf den Reisepreis ermächtigt, wenn er einen Sicherungsschein übergibt oder sonstige dem Reiseveranstalter zuzurechnende Umstände ergeben, dass er von diesem damit betraut ist, Reiseverträge für ihn zu vermitteln. ³Dies gilt nicht, wenn die Annahme von Zahlungen durch den Reisevermittler in hervorgehobener Form gegenüber dem Reisenden ausgeschlossen ist.

(5) ¹Hat im Zeitpunkt des Vertragsschlusses der Reiseveranstalter seine Hauptniederlassung in einem anderen Mitgliedstaat der Europäischen Gemeinschaften oder in einem anderen Vertragsstaat des Abkommens über den Europäischen Wirtschaftsraum, so genügt der Reiseveranstalter seiner Verpflichtung nach Absatz 1 auch dann, wenn er dem Reisenden Sicherheit in Übereinstimmung mit den Vorschriften des anderen Staates leistet und diese den Anforderungen nach Absatz 1 Satz 1 entspricht. ²Absatz 4 gilt mit der Maßgabe, daß dem Reisenden die Sicherheitsleistung nachgewiesen werden muß.

(6) ¹Die Absätze 1 bis 5 gelten nicht, wenn
1. der Reiseveranstalter nur gelegentlich und außerhalb seiner gewerblichen Tätigkeit Reisen veranstaltet,
2. die Reise nicht länger als 24 Stunden dauert, keine Übernachtung einschließt und der Reisepreis 75 Euro nicht übersteigt,
3. der Reiseveranstalter eine juristische Person des öffentlichen Rechts ist, über deren Vermögen ein Insolvenzverfahren unzulässig ist.

Literatur: *Brönneke*, Notwendigkeit einer Novelle aus der Sicht der Verbraucher, Schriften zum Reise- und Verkehrsrecht Band 5, 97; *Eckert*, Die Abwicklung von Reisepreiszahlungen an das vermittelnde Reisebüro in der Insolvenz des Reiseveranstalters, RRa 1999, 43; *Führich*, Der neue Insolvenzschutz des Pauschalreisenden, VersR 1995, 1138; *ders.*, 1 Jahr Insolvenzversicherung – Erste Erfahrungen im Reiserecht, RRa 1996, 119; *ders.*, Anzahlung nur mit Sicherungsschein, RRa 1997, 51; *ders.*, Zur Notwendigkeit der Reform der Insolvenzversicherung für Reiseveranstalter, RRa 1999, 83; *Hamburger*, Insolvenzschutz-Probleme aus der Sicht der Praxis, Schriften zum Reise- und Verkehrsrecht Band 5, 105; *Kaller*, Die rechtliche Problematik der Ausnahmetatbestände von der Insolvenzversicherungspflicht des § 651k Abs. 6 BGB, RRa 1996, 191; *Kemper*, Ersatzfähigkeit von Ausfallschäden des Reisenden in der Insolvenz des Reiseveranstalters, NJW 1994, 3293; *Klose*, Die Insolvenzversicherungspflicht von Gelegenheitsveranstaltern nach § 651k BGB, MDR 1995, 976; *Richter*, Die Praxis des Insolvenzschutzes bei Pauschalreisen, RRa 2000, 131; *Schlotmann*, Praxis und Rechtsfragen nach drei Jahren Insolvenzschutz für die Reisebranche, DZWiR 1998, 28; *Tonner*, Insolvenzschutz und Pauschalreise-Richtlinie, VuR 1996, 215; *ders.*, Das Schicksal von Zahlungen des Reisenden an das Reisebüro bei Insolvenz des Reisebüros oder des Reiseveranstalters, RRa 2000, 3.

Titel 9. Werkvertrag und ähnliche Verträge § 651k

Die verspätete **Umsetzung der Pauschalreiserichtlinie** hatte Konsequenzen für die geforderte Insolvenz- 1
versicherung der Reiseveranstalter. Nach Art. 4 des **Umsetzungsgesetzes** gilt die neue Insolvenzversicherung der Kundengelder und der Rückreise zwar ab dem 1.7.1994, erfasst aber nur solche Reiseverträge, die nach dem 1.7.1994 geschlossen werden und deren Reiseantritt nach dem 31.10.1994 geplant ist. Dementsprechend hat die Insolvenzversicherung erst für Reisende ab der Wintersaison 1994/1995 Bedeutung. Aufgrund der **verspäteten Umsetzung** der Richtlinie können Schadensersatzanspruches gegenüber der Bundesrepublik Deutschland bestehen, wenn Ansprüche weder gegenüber dem Reiseveranstalter noch einer Insolvenzversicherung zu realisieren waren,[1] wobei zwischenzeitlich eine etwaige Verjährung der Ansprüche zu beachten ist. Neben der zeitverzögerten Umsetzung rechfertigen auch **inhaltliche Defizite** der Umsetzung einen Schadensersatzanspruch.[2]

Die Regelung des Abs. 2 geriet insoweit in die Kritik.[3] In der ursprünglichen Fassung eines Diskussions- 2
entwurfs für das Zweite Reiserechtsänderungsgesetz griff der Gesetzgeber die bestehenden Bedenken auf und wollte eine unbeschränkte Haftung verbindlich machen. Nach einer Anhörung im Dezember 2000 kehrte der Regierungsentwurf jedoch nach Intervention des Bundeswirtschaftsministers zum geltenden Recht zurück. Anlass waren Bedenken der Versicherungswirtschaft, die geforderte unbeschränkte Haftung sei nicht realisierbar und insbesondere nicht rückversicherbar. Damit sieht der Gesetzgeber weiterhin mehr oder weniger bewusst von einer korrekten Umsetzung des Art. 7 der Pauschalreiserichtlinie nach den verbindlichen Vorgaben des EuGH ab mit der Begründung, der EuGH habe ein System mit Deckungshöchstsummen nicht per se für unzulässig erklärt und keineswegs ein System verlangt, das jedes auch nur theoretische Risiko ausschließe.

Durch das „**Zweite Gesetz zur Änderung reiserechtlicher Vorschriften**"[4] ist § 651k allerdings ergänzt 3
worden durch
– einen **Einwendungsausschluss** des Versicherers gemäß §§ 334, 651k Abs. 3 S. 2
– eine **Überprüfungspflicht des Sicherungsscheins** durch den Reisevermittler
– die **Fiktion der Inkassovollmacht** der Reisevermittlers.

Der den Reisenden schützende Insolvenzabsicherungsvertrag muss zwischen Reiseveranstalter und Versicherer abgeschlossen werden. Dieser Vertrag ist nach allgemeiner Meinung ein Vertrag zugunsten Dritter, nämlich des Reisenden, gemäß § 328. Damit wird aber auch § 334 anwendbar, der dem Versicherer erlauben würde, Einwendungen aus dem Vertrag mit dem Reiseveranstalter dem Reisenden entgegenzuhalten. Dieses Ergebnis konnte mit Art. 7 der EG-Pauschalreiserichtlinie nicht vereinbar sein, da der Reisende in diesem Fall schutzlos wäre. Es wurde daher bislang davon ausgegangen, dass § 334 im Versicherungsvertrag stillschweigend abbedungen sei, um zu einem richtlinienkonformen Ergebnis zu gelangen.[5] Durch die jetzige Klarstellung in **Abs. 3 S. 2** ist diese Fiktion nicht mehr erforderlich. Allerdings greift die Vorschrift nicht, wenn der Reiseveranstalter es unterlässt, einen Absicherungsvertrag abzuschließen.

Abs. 3 S. 3 verschafft dem Kundengeldabsicherer einen Ersatzanspruch gegen den Reiseveranstalter, wenn 4
er den Reisenden befriedigt, obwohl er im Innenverhältnis dazu nicht verpflichtet ist. Dieser Anspruch ist jedoch regelmäßig wegen der Insolvenz des Reiseveranstalters nicht durchsetzbar. Nach **Abs. 3 S. 4** muss der Reisevermittler, der den Sicherungsschein aushändigt, diesen auf seine Gültigkeit hin überprüfen. Verletzt er diese Pflicht und erlangt der Reisende infolgedessen keinen Anspruch gegen den Absicherer, ist der Reisevermittler dem Reisenden aus pVV zum Schadenersatz verpflichtet.

Wird der Reisepreis über das Reisebüro eingezogen und wird dieses zwischen der Zahlung durch 5
den Kunden und der Weiterleitung an den Reiseveranstalter insolvent, entsteht das Problem, ob der Kunde ein zweites Mal zahlen muss, um in den Genuss der gebuchten Reise zu gelangen, oder ob der Reiseveranstalter die Reiseleistungen erbringen muss, ohne eine werthaltige Gegenleistung zu erhalten.[6] Der Reiseveranstalter musste sich dies nach bisheriger Rechtslage nur dann zurechnen lassen, wenn das Reisebüro Inkassovollmacht hatte.[7] Ansonsten konnte er noch einmal die Bezahlung des Reisepreises verlangen. Allein aus der Reisevermittlung war nicht auf eine Inkassovollmacht zu schließen.[8]

Mit **Abs. 4** ist klargestellt worden, dass ein Reisevermittler als von dem Reiseveranstalter zur Annahme 6
von Zahlungen ermächtigt gilt, wenn er mit der Vermittlung betraut und die Annahme von Zahlungen nicht ausdrücklich ausgeschlossen ist. Damit wird die Regel des § 97 HGB, wonach der Handelsvertreter im Zweifel keine Inkassovollmacht hat, umgedreht. Es reicht auch nicht, wenn der Reiseveranstalter lediglich

---

1 Francovich-Urteil EuGH NJW 1992, 165; Dillenkofer-Urteil EuGH NJW 1996, 3141 = TranspR 1997, 26 = RRa 1996, 236.
2 Rechberger-Urteil EuGH NJW 1999, 3181 = RRa 1999, 227.
3 *Führich*, § 651k Rn 462; *Seyderhelm*, § 651k Rn 19; *Tonner*, § 651k Rn 6.
4 BGBl I S. 1658; RRa 2001, 192.
5 *Führich*, § 651k Rn 463; *Seyderhelm*, § 651k Rn 24; *Tonner*, § 651k Rn 13; a.A. *Tempel*, RRa 1998, 19, 30: Garantievertrag.
6 LG Hamburg, RRa 2000, 123; LG Düsseldorf RRa 2000, 153.
7 LG Essen RRa 1993, 12; LG Frankfurt/M RRa 1994, 82.
8 OLG Frankfurt/M RRa 1994, 82; LG Düsseldorf, RRa 1999, 215.

die Inkassovollmacht des Reisebüros ausschließt. Vielmehr kann der Anschein gemäß Abs. 4 S. 4 nur in hervorgehobener Form ausgeschlossen werden.

7 Als **Übergangsvorschrift** für die **Haftungssummen** nach Abs. 2 ist **Art. 229 § 4 EGBGB n.F.** heranzuziehen.

§ 651l Gastschulaufenthalte

(1) ¹Für einen Reisevertrag, der einen mindestens drei Monate andauernden und mit dem geregelten Besuch einer Schule verbundenen Aufenthalt des Gastschülers bei einer Gastfamilie in einem anderen Staat (Aufnahmeland) zum Gegenstand hat, gelten die nachfolgenden Vorschriften. ²Für einen Reisevertrag, der einen kürzeren Gastschulaufenthalt (Satz 1) oder einen mit der geregelten Durchführung eines Praktikums verbundenen Aufenthalt bei einer Gastfamilie im Aufnahmeland zum Gegenstand hat, gelten sie nur, wenn dies vereinbart ist.
(2) ¹Der Reiseveranstalter ist verpflichtet,
1. für eine bei Mitwirkung des Gastschülers und nach den Verhältnissen des Aufnahmelandes angemessene Unterbringung, Beaufsichtigung und Betreuung des Gastschülers in einer Gastfamilie zu sorgen und
2. die Voraussetzungen für einen geregelten Schulbesuch des Gastschülers im Aufnahmeland zu schaffen.
(3) ¹Tritt der Reisende vor Reisebeginn zurück, findet § 651i Abs. 2 Satz 2 und 3 und Abs. 3 keine Anwendung, wenn der Reiseveranstalter ihn nicht spätestens zwei Wochen vor Antritt der Reise jedenfalls über
1. Namen und Anschrift der für den Gastschüler nach Ankunft bestimmten Gastfamilie und
2. Namen und Erreichbarkeit eines Ansprechpartners im Aufnahmeland, bei dem auch Abhilfe verlangt werden kann,

informiert und auf den Aufenthalt angemessen vorbereitet hat.
(4) ¹Der Reisende kann den Vertrag bis zur Beendigung der Reise jederzeit kündigen. ²Kündigt der Reisende, so ist der Reiseveranstalter berechtigt, den vereinbarten Reisepreis abzüglich der ersparten Aufwendungen zu verlangen. ³Er ist verpflichtet, die infolge der Kündigung notwendigen Maßnahmen zu treffen, insbesondere, falls der Vertrag die Rückbeförderung umfasste, den Gastschüler zurückzubefördern. ⁴Die Mehrkosten fallen dem Reisenden zur Last. ⁵Die vorstehenden Sätze gelten nicht, wenn der Reisende nach § 651e oder § 651j kündigen kann.

Literatur: *Tonner*, Der Regierungsentwurf eines zweiten Reiserechtsänderungsgesetzes, RRa 2001, 67.

1 Durch das **Zweite Gesetz zur Änderung reiserechtlicher Vorschriften**[1] ist § 651l eingefügt worden als besondere Vorschrift über Gastschulaufenthalte. Auslöser für die Einbeziehung war ein Urteil des EuGH zu der Frage, ob eine Schülerreise, bei der die Beförderung ins Gastland, die Auswahl der Gastfamilie sowie die Möglichkeit eines Schulbesuches organisiert wurden, als Pauschalreise im Sinne der Richtlinie qualifiziert werden kann.[2] Festgestellt wurde, dass zwar die Organisation der Beförderung mit Linienflügen das Tatbestandsmerkmal der »Beförderung« im Sinne von Art. 2 Nr. 1 lit. a der Richtlinie erfülle, der Aufenthalt eines Schülers in einer Gastfamilie, in der er wie ein Familienmitglied behandelt wird, jedoch nicht als Unterbringung im Sinne der Richtlinie anzusehen sei. In Deutschland wurden die Vorschriften über Pauschalreisen auf einen Schüleraustausch gleichwohl angewendet.[3] Um den meist unerfahrenen Reisenden den Schutz des Pauschalreiserechts nicht zu versagen, ist der Anwendungsbereich auf Gastschulaufenthalte durch 651l gesetzlich festgelegt worden.

2 **Abs. 1** dient dazu, die besondere Bedeutung des Gastschulaufenthaltes als Vertrag herauszustellen, dessen rechtliche Bedeutung durch die Verwendung anderer Bezeichnungen in der Vergangenheit oft verschleiert wurde. Der Anwendungsbereich soll sich vornehmlich auf den „klassischen" Schüleraustausch beschränken; ein Praktikumsaufenthalt ist nur bei besonderer Vereinbarung einbezogen.

3 Mit **Abs. 2** wird die Unterbringung des Schülers in einer Gastfamilie bestimmt, welche eine angemessene Unterbringung, Beaufsichtigung und Betreuung zu gewährleisten und die Voraussetzungen für einen geregelten Schulbesuch zu schaffen hat.

4 **Abs. 3** sieht zusätzlich zu den Informationspflichten für Reiseveranstalter vor, dass der Reiseveranstalter dem Reisenden bzw. seinem Vertreter zwei Wochen vor Reiseantritt die nötigen Informationen bezüglich des Namens und Anschrift der Gastfamilie und der Erreichbarkeit eines Ansprechpartners gibt. Wird der Reisende nicht mit den nötigen Informationen versorgt, hat er ein Rücktrittsrecht nach § 651i Abs. 1 ohne eine Verpflichtung zu Stornogebühren nach § 651i Abs. 2 oder 3.

---

1 BGBl I S. 1658; RRa 2001, 192.
2 AFS-Urteil EuGH EuZW 1999, 219 = RRa 1999, 132.
3 OLG Köln RRa 2001, 3; LG Düsseldorf RRa 2001.

Durch **Abs. 4** wird dem Reisenden ein jederzeitiges Kündigungsrecht für den Fall gewährt, dass der Gastschüler die Reise aus persönlichen Gründen abbrechen möchte. Die Rechtsfolgen richten sich nach § 651j Abs. 2 S. 1 und 2, so dass der Reisende den Hauptteil der Kosten tragen muss.

§ 651m Abweichende Vereinbarungen

¹Von den Vorschriften der §§ 651a bis 651l kann vorbehaltlich des Satzes 2 nicht zum Nachteil des Reisenden abgewichen werden. ²Die in § 651g Abs. 2 bestimmte Verjährung kann erleichtert werden, vor Mitteilung eines Mangels an den Reiseveranstalter jedoch nicht, wenn die Vereinbarung zu einer Verjährungsfrist ab dem in § 651g Abs. 2 Satz 2 bestimmten Verjährungsbeginn von weniger als einem Jahr führt.

Literatur: *Tempel*, Die Zulässigkeit von Vertragsänderungen und Verzichtserklärungen im Reiserecht, RRa 1999, 107.

Durch das **Zweite Gesetz zur Änderung reiserechtlicher Vorschriften**[1] ist § 651l n.F. eingefügt worden als besondere Vorschrift über Gastschulaufenthalte, so dass § 651l a.F. nunmehr in **§ 651m n.F.** normiert ist.

§ 651m ist eine „halbzwingende" Norm zu Lasten des Reiseveranstalters und enthält ein Umgehungsverbot.

Verzichtserklärungen des Reisenden, mit welchen gegen Zahlung einer Abfindungssumme einer Gratisleistung auf die Geltendmachung der Rechte nach §§ 651a ff. verzichtet wird, sind unter Heranziehung von § 651m zu überprüfen und werden als unwirksam angesehen.[2]

Soweit die Wirksamkeit von Verzichtserklärungen unter bestimmten Umständen befürwortet wird,[3] so berücksichtigt diese Ansicht nicht, dass ein Verzicht nur dann erklärt werden kann, wenn vorab Ansprüche angemeldet worden sind. Eine wirksame Anspruchsanmeldung wiederum ist grundsätzlich nur gegenüber dem Reiseveranstalter möglich, so dass auch nur diesem gegenüber eine Verzichtserklärung abgegeben werden kann.

Mit dem **Gesetz zur Modernisierung des Schuldrechts** ist S. 2 eingefügt worden als **Folgeänderung** aus der Verlängerung der bisherigen Verjährungsfrist des § 651g Abs. 2 a.F. von sechs Monaten auf nunmehr zwei Jahre, mit welchem ein Verjährungsgleichlauf mit den Regelungen im Werkvertragsrecht geschaffen werden soll. Im Werkvertragsrecht besteht indessen in den Grenzen des § 309 Nr. 7 und 8 die Möglichkeit, die Verjährung vertraglich auf ein Jahr zu verkürzen. Würde man § 651m in der bisherigen Fassung beibehalten, hätte der Reiseveranstalter dagegen eine solche Möglichkeit der Verjährungsverkürzung nicht, da gemäß dem bisherigen § 651m nicht von den Regelungen der §§ 651a bis 651m und damit auch nicht von § 651g Abs. 2 zu Lasten des Reisenden abgewichen werden darf. Der bezweckte Verjährungsgleichlauf mit dem Werkvertragsrecht setzt mithin voraus, dass das Abweichungsverbot des § 651m hinsichtlich der Verjährung „geöffnet" wird. Dies geschieht mit der Neufassung des § 651m, der nunmehr für den Reiseveranstalter in Satz 2 die Möglichkeit vorsieht, vor Mitteilung eines Mangels die Verjährungsfrist des § 651g Abs. 2 von zwei Jahren auf **bis zu einem Jahr durch vertragliche Vereinbarung zu verkürzen**. Das Reiserecht wird mithin in einem eingegrenzten Bereich **dispositives Recht**. Eine verjährungserleichternde Vereinbarung kann sowohl individualvertraglich als auch in Allgemeinen Geschäftsbedingungen erfolgen. Im letzteren Fall sind die Grenzen des § 309 Nr. 7 und 8 lit a zu beachten.

Titel 10. Mäklervertrag

Untertitel 1. Allgemeine Vorschriften

§ 652 Entstehung des Lohnanspruchs

(1) ¹Wer für den Nachweis der Gelegenheit zum Abschluß eines Vertrags oder für die Vermittlung eines Vertrags einen Mäklerlohn verspricht, ist zur Entrichtung des Lohnes nur verpflichtet, wenn der Vertrag infolge des Nachweises oder infolge der Vermittlung des Mäklers zustande kommt. ²Wird der Vertrag unter einer aufschiebenden Bedingung geschlossen, so kann der Mäklerlohn erst verlangt werden, wenn die Bedingung eintritt.

---

1 BGBl I S. 1658; RRa 2001, 192.
2 OLG Düsseldorf NJW-RR 1992, 245; NJW-RR 1998, 922; LG Düsseldorf RRa 1994, 123; LG Kleve NJW-RR 1992, 1525.
3 LG Hamburg RRa 1994, 32; AG Hamburg RRa 1994, 185.

(2) ¹Aufwendungen sind dem Mäkler nur zu ersetzen, wenn es vereinbart ist. ²Dies gilt auch dann, wenn ein Vertrag nicht zustande kommt.

§ 653 Mäklerlohn
(1) ¹Ein Mäklerlohn gilt als stillschweigend vereinbart, wenn die dem Mäkler übertragene Leistung den Umständen nach nur gegen eine Vergütung zu erwarten ist.
(2) ¹Ist die Höhe der Vergütung nicht bestimmt, so ist bei dem Bestehen einer Taxe der taxmäßige Lohn, in Ermangelung einer Taxe der übliche Lohn als vereinbart anzusehen.

§ 654 Verwirkung des Lohnanspruchs
¹Der Anspruch auf den Mäklerlohn und den Ersatz von Aufwendungen ist ausgeschlossen, wenn der Mäkler dem Inhalt des Vertrags zuwider auch für den anderen Teil tätig gewesen ist.

§ 655 Herabsetzung des Mäklerlohns
¹Ist für den Nachweis der Gelegenheit zum Abschluß eines Dienstvertrags oder für die Vermittlung eines solchen Vertrags ein unverhältnismäßig hoher Mäklerlohn vereinbart worden, so kann er auf Antrag des Schuldners durch Urteil auf den angemessenen Betrag herabgesetzt werden. ²Nach der Entrichtung des Lohnes ist die Herabsetzung ausgeschlossen.

Untertitel 2. Darlehensvermittlungsvertrag zwischen einem Unternehmer und einem Verbraucher

§ 655a Darlehensvermittlungsvertrag
¹Für einen Vertrag, nach dem es ein Unternehmer unternimmt, einem Verbraucher gegen Entgelt einen Verbraucherdarlehensvertrag zu vermitteln oder ihm die Gelegenheit zum Abschluss eines Verbraucherdarlehensvertrags nachzuweisen, gelten vorbehaltlich des Satzes 2 die folgenden Vorschriften. ²Dies gilt nicht in dem in § 491 Abs. 2 bestimmten Umfang.

A. Überblick

1 Als Eingangsnorm des neu eingefügten Untertitels über Darlehensvermittlungsverträge (§§ 655a bis 655e) enthält § 655a die Legaldefinition des Darlehensvermittlungsvertrags. Dabei handelt es sich nicht um eine neu geschaffene Norm. Vielmehr geht § 655a auf § 1 Abs. 3 VerbrKrG zurück.[1] Die Vorschriften über die Darlehensvermittlung gehen über die Vorgaben des Art. 12 VerbrKr-RL hinaus, was nach Art. 15 VerbrKr-RL zulässig ist.[2]

B. Persönlicher Anwendungsbereich

2 Ein Darlehensvermittlungsvertrag liegt demnach vor, wenn ein Unternehmer (§ 14) einem Verbraucher (§ 13) gegen Entgelt einen Verbraucherdarlehensvertrag (§ 491) vermittelt oder ihm die Gelegenheit zu dessen Abschluss nachweist. Sachlich umfasst der Anwendungsbereich damit den Nachweis- und den Vermittlungsmakler. Ein **Vermittlungsmakler** tritt mit dem Vertragspartner seines Auftraggebers in Verbindung und trägt durch Einwirken auf diesen zum Vertragsschluss bei. Dagegen beschränkt sich der **Nachweismakler** darauf, dem Auftraggeber Kenntnis von der Möglichkeit des Abschlusses eines Darlehensvertrages zu verschaffen.[3]

3 § 655a hat ausweislich von S. 1 und S. 2 (i.V.m. § 655e Abs. 2 für Existenzgründer) denselben **persönlichen Anwendungsbereich** wie der Verbraucherdarlehensvertrag.[4] Insofern gelten die Ausführungen zu § 491 entsprechend (§ 491 Rn 2).[5] Demgemäß handelt es sich eigentlich um „Verbraucherdarlehensvermittlungsverträge".[6]

---

1 Anders als zu §§ 655b bis 655e fehlt in den Materialien für § 655a ein entsprechender Hinweis, vgl. BT-Drucks 14/6040, 269. Vgl. aber auch BT-Drucks 14/6040, 253.
2 Einzelheiten bei Staudinger/*Kessal-Wulf*, § 15 VerbrKrG Rn 10 f.
3 Vgl. MüKo/*Ulmer*, § 1 VerbrKrG Rn 93 m.w.N.
4 BT-Drucks 14/6040, 269 zu § 655a.
5 Da Darlehensvermittler i.d.R. auch Handelsmakler sind, greift zu ihren Lasten außerdem die Vermutung des § 344 Abs. 1 HGB bzgl. eines unternehmerischen Handelns, vgl. MüKo/*Ulmer*, § 1 VerbrKrG Rn 16.
6 Vgl. auch die amtliche Überschrift des Untertitels 2 (vor § 655a).

C. Sachlicher Anwendungsbereich

Der sachliche Anwendungsbereich des § 655a umfasst anders als § 1 Abs. 3 VerbrKrG nach seinem eindeutigen Wortlaut **nicht mehr** Vermittlungsverträge über den **Zahlungsaufschub** sowie **sonstige Finanzierungshilfen** (§ 499), **Finanzierungsleasingverträge** (§ 500) und **Teilzahlungsgeschäfte** (§ 501).[7] Gründe für die Änderung wurden nicht mitgeteilt. Allein der Hinweis des Gesetzgebers, man habe an der geltenden Rechtslage nichts ändern wollen,[8] kann indes nicht zur Erweiterung des Anwendungsbereiches auf die genannten Vermittlungsverträge führen.[9] Im Übrigen besteht allenfalls für Finanzierungsleasingverträge ein praktischer Regelungsbedarf, der jedoch nur vom Gesetzgeber befriedigt werden könnte. Demgemäß gelten für die übrigen Vermittlungsverträge nur die allgemeinen Grundsätze zum Maklerrecht. Für den Nachweismakler sind dann nur die Vorschriften über den Zivilmakler (§§ 652 ff.) und für den Vermittlungsmakler diejenigen über den Handelsmakler (§§ 93 ff. HGB) anwendbar.[10]

D. Entgeltlichkeit

Ist der Vermittler zugleich **Handelsvertreter des Darlehensgebers** und steht ihm deshalb kein Anspruch gegen den Verbraucher auf Provision zu, so liegt **keine entgeltliche Darlehensvermittlung** vor, auch wenn zu Unrecht vertraglich ein Entgelt vereinbart wurde.[11] Ein Handelsvertreter des Darlehensgebers ist kein Darlehensvermittler. Ebenso wenig finden die §§ 655a bis 655e Anwendung, wenn nur der Darlehensgeber ein Entgelt schuldet[12] (vgl. § 655b Abs. 1 S. 2 Hs. 2), und zwar auch dann, wenn diese Provision im Wege des „Packing" auf den Verbraucher abgewälzt wird.[13] Im **Reisegewerbe** ist die entgeltliche Vermittlung von Darlehensverträgen gem. § 56 Abs. 1 Nr. 6 GewO verboten.[14]

E. Ausnahmen

S. 2 bestimmt, dass die Ausnahmeregeln des § 491 Abs. 2 für Darlehensvermittlungsverträge entsprechend gelten. Dieser Verweis wäre überflüssig, wenn § 491 Abs. 2 wie der RE und noch die Änderungsvorschläge des Bundesrates und die Gegenäußerung der Bundesregierung[15] nur von „Darlehensverträgen" sprechen würde, weil in diesem Falle die dort genannten Ausnahmen per definitionem keine Verbraucherdarlehensverträge wären, so dass die Vermittlung dieser Verträge nicht unter § 655a fallen könnte.

§ 655b Schriftform

(1) ¹Der Darlehensvermittlungsvertrag bedarf der schriftlichen Form. ²In dem Vertrag ist vorbehaltlich sonstiger Informationspflichten insbesondere die Vergütung des Darlehensvermittlers in einem Prozentsatz des Darlehens anzugeben; hat der Darlehensvermittler auch mit dem Unternehmer eine Vergütung vereinbart, so ist auch diese anzugeben. ³Der Vertrag darf nicht mit dem Antrag auf Hingabe des Darlehens verbunden werden. ⁴Der Darlehensvermittler hat dem Verbraucher den Vertragsinhalt in Textform mitzuteilen.

(2) ¹Ein Darlehensvermittlungsvertrag, der den Anforderungen des Absatzes 1 Satz 1 bis 3 nicht genügt, ist nichtig.

Inhalt

A. Überblick 1	2. Vom Unternehmer zu zahlende Vergütung (S. 2 Hs. 2) 4
B. Formvorschriften (Abs. 1 S. 1 bis 3) 2	3. Trennungsgebot (S. 3) 5
I. Schriftform (S. 1) 2	C. Mitteilung des Vertragsinhalts in Textform (Abs. 1 S. 4) 6
II. Mindestangaben 3	D. Nichtigkeit (Abs. 2) 7
1. Vom Verbraucher geschuldete Vergütung (S. 2 Hs. 1) 3	

---

[7] Vgl. zur alten Rechtslage nur MüKo/*Ulmer*, § 1 VerbrKrG Rn 92.
[8] Vgl. BT-Drucks 14/6040, 269.
[9] Ähnlich *Artz*, Jb.J.ZivRWiss 2001, S. 227, 246.
[10] Vgl. § 93 HGB und hierzu Baumbach/*Hopt*, § 93 HGB Rn 13.
[11] Vgl. MüKo/*Ulmer*, § 1 VerbrKrG Rn 97; MüKo/*Habersack*, § 15 VerbrKrG Rn 4; a.A. *Bülow*, § 1 VerbrKrG Rn 152.
[12] Vgl. *Bülow*, § 1 VerbrKrG Rn 152.
[13] Vgl. MüKo/*Ulmer*, § 1 VerbrKrG Rn 94.
[14] Hierzu und zu den Folgen eines Verstoßes ausführlich *Bülow*, § 1 VerbrKrG Rn 153 und MüKo/*Ulmer*, § 1 VerbrKrG Rn 100.
[15] BT-Drucks 14/6857, 32 und 64; unverständlich daher BT-Drucks 14/7052, 201, wonach diese unglückliche Änderung der Gegenäußerung der BReg entspreche.

A. Überblick

1 § 655b entspricht „im Wesentlichen" der Regelung des § 15 VerbrKrG.[1] Dabei enthält die Vorschrift in S. 1 ein mit § 492 vergleichbares Schriftformerfordernis. Darüber hinaus legt S. 2 bestimmte Mindestangaben für den Vermittlungsvertrag fest. Dem Verbraucher sollen so die Mehrbelastungen,[2] die typischerweise mit dem Einschalten eines Vermittlers verbunden sind, vor Augen geführt werden. S. 3 fordert die Trennung von Vermittlungsvertrag und Darlehensvertrag. S. 4 enthält die Pflicht des Vermittlers, den Vertragsinhalt in Textform mitzuteilen. Ein Verstoß gegen Abs. 1 S. 1 bis 3, nicht aber gegen S. 4, hat gem. Abs. 2 die Nichtigkeit des Vermittlungsvertrages zur Folge.

B. Formvorschriften (Abs. 1 S. 1 bis 3)

I. Schriftform (S. 1)

2 Der Darlehensvermittlungsvertrag bedarf der gesetzlichen Schriftform des § 126. Anders als nach § 492 Abs. 1 S. 2, wo dies ausdrücklich ausgeschlossen ist, ist der Abschluss in **elektronischer Form (§ 126a)** zulässig (§ 126 Abs. 3). Deshalb wurde Abs. 1 S. 2 bis 4 sprachlich angepasst.[3] Nach allg. M. reicht eine **Blankounterschrift** für den mit S. 2 verfolgten Informationszweck nicht aus.[4] Aus einem Umkehrschluss zu § 492 Abs. 4 ergibt sich, dass eine **Vollmacht** zum Abschluss eines Darlehensvermittlungsvertrags nicht formbedürftig ist.[5]

II. Mindestangaben

1. Vom Verbraucher geschuldete Vergütung (S. 2 Hs. 1)

3 Nach S. 2 Hs. 1 ist im Vertrag „vorbehaltlich weiterer Informationspflichten"[6] die Vergütung in einem **Prozentsatz** des Darlehens anzugeben. Um hierdurch dem Verbraucher die Gesamtbelastung hinreichend deutlich zu machen,[7] ist eine Angabe in Form des Jahreszinssatzes erforderlich.[8] Eine betragsmäßige Angabe reicht als solche nicht aus, schadet aber als zusätzliche Angabe auch nicht. Ein zu hoch angesetzter Prozentsatz ist anzupassen. Bei einer **zu niedrigen Angabe** schuldet der Verbraucher die Vergütung **entsprechend § 494 Abs. 2 S. 3** auch nur in dieser Höhe.[9] Bemessungsgrundlage ist der **Nennbetrag des Darlehens** (§ 498 Abs. 1 Nr. 1).[10] Zum sachlichen Anwendungsbereich vgl. § 655a Rn 4.

2. Vom Unternehmer zu zahlende Vergütung (S. 2 Hs. 2)

4 Tritt der Darlehensvermittler als Doppelmakler gem. § 99 HGB auf, erhält er also „auch" vom Unternehmer eine Vergütung, muss diese ebenfalls angegeben werden.[11] Zweck der Regelung ist es vor allem, dem Verbraucher zu verdeutlichen, dass der Vermittler auch im Interesse des Unternehmers handelt.[12] Entgegen seinem Wortlaut ist S. 2 Hs. 2 ausweislich der Materialien[13] allerdings im Wege einer teleologischen Reduktion nicht anwendbar, wenn sich das konkrete Darlehen nicht verteuert hat. Dies ist insbesondere der Fall, wenn der Darlehensgeber das Darlehen zu den auch für nicht vermittelte Darlehen geforderten Konditionen gewährt (**„Schaltersätze"**), die Vermittlungsprovision also nur seinen Ertrag schmälert.[14] Die Vergabe eines Darlehens über den Schaltersätzen begründet die widerlegliche Vermutung, dass der Vermittler eine Vergütung vom Unternehmer erhalten hat.[15] Die Angabe über die Höhe dieser Vergütung hat

---

1 BT-Drucks 14/6040, 269; vgl. hierzu Art. 12 Abs. 1 VerbrKr-RL.
2 Regelmäßig liegt eine Verteuerung um ca. 5 bis 7 % des kreditierten Betrages vor; BT-Drucks 11/5462, 15 und 29.
3 BT-Drucks 14/6040, 269.
4 Staudinger/*Kessal-Wulf*, § 15 VerbrKrG Rn 16; Soergel/*Häuser*, § 15 VerbrKrG Rn 6.
5 A.A., allerdings vor Einfügung des § 492 Abs. 4, *Bülow*, § 15 VerbrKrG Rn 12.
6 Diese ergeben sich z.B. aus den Vorschriften über Fernabsatzverträge (§ 312c), so BT-Drucks 14/7052, 206, und über den elektronischen Geschäftsverkehr (§ 312e). Weitere Buchführungs- und Informationspflichten begründen §§ 10 und 11 MaBV und § 6 PAngV.
7 Vgl. BT-Drucks 11/5462, 29.
8 So auch MüKo/*Habersack*, § 15 VerbrKrG Rn 8.
9 MüKo/*Habersack*, § 15 VerbrKrG Rn 9; Staudinger/*Kessal-Wulf*, § 15 VerbrKrG Rn 16; weitergehend *Bülow*, § 15 VerbrKrG Rn 27, der bei fehlerhafter Angabe Nichtigkeit annimmt.
10 Zum Begriff § 498 Rn 4. Zum alten Recht wie hier MüKo/*Habersack*, § 15 VerbrKrG Rn 10; Staudinger/*Kessal-Wulf*, § 15 VerbrKrG Rn 19.
11 Zu den rechtlichen Grenzen einer Doppeltätigkeit *Bülow*, § 15 VerbrKrG Rn 16.
12 Vgl. MüKo/*Habersack*, § 15 VerbrKrG Rn 11.
13 BT-Drucks 11/5462, 29 zu § 15 VerbrKG.
14 Im Ergebnis auch MüKo/*Habersack*, § 15 VerbrKrG Rn 12; Palandt/*Putzo*, § 15 VerbrKrG Rn 3; Staudinger/*Kessal-Wulf*, § 15 VerbrKrG Rn 20; a.A. *Bülow*, § 15 VerbrKrG Rn 19.
15 Ausführlich zur Beweislast Staudinger/*Kessal-Wulf*, § 15 VerbrKrG Rn 22.

trotz des zweideutigen Wortlautes **ebenfalls prozentual** zu erfolgen.[16] Im Übrigen gelten die Ausführungen zur Blankounterschrift und zur betragsmäßigen sowie zur fehlerhaften Angabe entsprechend (Rn 2 f.).

3. Trennungsgebot (S. 3)

Abs. 1 S. 3 verbietet, den Vermittlungsvertrag mit dem Antrag auf Hingabe des Darlehens zu verbinden. Dadurch soll die rechtliche Selbständigkeit von Darlehens- und Darlehensvermittlungsvertrag verdeutlicht werden.[17] Erforderlich ist eine **räumliche Trennung** beider Verträge.

C. Mitteilung des Vertragsinhalts in Textform (Abs. 1 S. 4)

Der Inhalt des schriftlichen (§ 126) bzw. elektronischen (§ 126a) Vertrages soll dem Verbraucher in Textform (§ 126b) mitgeteilt werden. Aus Abs. 2 ergibt sich, dass ein Verstoß gegen die Mitteilungspflicht nach S. 4 nicht zur Nichtigkeit des Vermittlungsvertrages führt. Dem Verbraucher steht aber ein klagbarer Anspruch auf Mitteilung des Vertragsinhalts zu. Er kann dem Vergütungsanspruch des Vermittlers aus § 655c gem. § 273 Abs. 1 ein **Zurückbehaltungsrecht** entgegenhalten. Sofern Darlehens- und Vermittlungsvertrag **eine wirtschaftliche Einheit** i.S.v. § 358 Abs. 3 bilden, hat der Verbraucher in Höhe der Provision auch gegenüber dem Darlehensgeber nach § 359 ein Leistungsverweigerungsrecht.[18]

D. Nichtigkeit (Abs. 2)

Sofern der Vermittler gegen Abs. 1 S. 1 bis 3 verstößt, hat dies die endgültige[19] Nichtigkeit des Vermittlungsvertrags zur Folge (§ 125). Demgemäß besteht insbesondere kein Anspruch auf Vergütung nach § 655c und auf Erstattung von Auslagen nach § 655d S. 2. Aus dem Schutzzweck der Vorschrift ergibt sich, dass **bereicherungsrechtliche Ansprüche** und der Vergütungsanspruch aus § 354 HGB ebenfalls ausgeschlossen sind.[20] Sofern der Darlehensvertrag wirksam zustande gekommen ist, bleibt dieser von der Nichtigkeit des Vermittlungsvertrags ebenso unberührt wie eine etwaige Vergütungsvereinbarung zwischen Vermittler und Unternehmer.[21] Gegebenenfalls hat der Verbraucher ein Leistungsverweigerungsrecht nach § 359 gegenüber dem Darlehensgeber in Höhe der rechtsgrundlos an den Vermittler geleisteten Vergütung.[22]

§ 655c Vergütung

¹Der Verbraucher ist zur Zahlung der Vergütung nur verpflichtet, wenn infolge der Vermittlung oder des Nachweises des Darlehensvermittlers das Darlehen an den Verbraucher geleistet wird und ein Widerruf des Verbrauchers nach § 355 nicht mehr möglich ist. ²Soweit der Verbraucherdarlehensvertrag mit Wissen des Darlehensvermittlers der vorzeitigen Ablösung eines anderen Darlehens (Umschuldung) dient, entsteht ein Anspruch auf die Vergütung nur, wenn sich der effektive Jahreszins oder der anfängliche effektive Jahreszins nicht erhöht; bei der Berechnung des effektiven oder des anfänglichen effektiven Jahreszinses für das abzulösende Darlehen bleiben etwaige Vermittlungskosten außer Betracht.

Inhalt

A. Einführung 1	C. Umschuldungsdarlehen (S. 2) 5
B. Erfolgsabhängiger Vergütungsanspruch (S. 1) 2	I. Umschuldung 5
I. Kausalität 2	II. Keine Verteuerung 6
II. Leistung 3	III. Vorzeitige Ablösung 7
III. Erloschenes Widerrufsrecht 4	IV. Wissen des Vermittlers 8

---

16 MüKo/*Habersack*, § 15 VerbrKrG Rn 15; Staudinger/*Kessal-Wulf*, § 15 VerbrKrG Rn 21; a.A. Palandt/*Putzo*, § 15 VerbrKrG Rn 3; Soergel/*Häuser*, § 15 VerbrKrG Rn 8.
17 Vgl. BT-Drucks 11/5462, 29.
18 MüKo/*Habersack*, § 15 VerbrKrG Rn 18; Staudinger/*Kessal-Wulf*, § 15 VerbrKrG Rn 25; *Bülow*, § 15 VerbrKrG Rn 23.
19 Eine § 494 Abs. 2 entsprechende Heilungsmöglichkeit fehlt.
20 Vgl. *Bülow*, § 15 VerbrKrG Rn 29, der auf § 814 und § 817 S. 2 verweist.
21 MüKo/*Habersack*, § 15 VerbrKrG Rn 20 f.; Staudinger/*Kessal-Wulf*, § 15 VerbrKrG Rn 28 f.; *Bülow*, § 15 VerbrKrG Rn 30.
22 Ausführlich hierzu und die Frage bejahend, ob der Verbraucher bereits erfolgte Zahlungen gem. § 813 kondizieren kann, MüKo/*Habersack*, § 15 VerbrKrG Rn 20 und ihm folgend *Bülow*, § 15 VerbrKrG Rn 31; a.A. Staudinger/*Kessal-Wulf*, § 15 VerbrKrG Rn 28.

A. Einführung

1 § 655c entspricht „bis auf Anpassungen an die neue Diktion des Darlehensrechts" dem bisherigen § 16 VerbrKrG.[1] S. 1 begründet dabei regelmäßig einen erfolgsabhängigen Vergütungsanspruch des Darlehensvermittlers[2] gegenüber dem Verbraucher, der erst nach Auszahlung der Valuta und Ablauf der Widerrufsfrist entsteht. Hierdurch soll der Verbraucher geschützt werden, weil eine bloße Darlehenszusage meist an Bedingungen geknüpft ist und die Darlehensgewährung daher noch ungewiss ist.[3] Darüber hinaus stellt S. 2 zusätzliche Voraussetzungen für den Fall der Umschuldung auf.

B. Erfolgsabhängiger Vergütungsanspruch (S. 1)

I. Kausalität

2 Der sachliche Anwendungsbereich des S. 1 ist nunmehr eindeutig[4] auf die Vermittlung von Darlehensverträgen beschränkt (§ 655a Rn 4). Durch die halbzwingende[5] Vorschrift wird der Grundsatz des Erfolgshonorars[6] zum Schutz des Verbrauchers verschärft.[7] Voraussetzung ist zunächst eine gem. § 655b formgerecht vereinbarte Provision und ein **wirksamer Verbraucherdarlehensvertrag**.[8] Für diesen muss die Vermittlerleistung **ursächlich** gewesen sein („infolge"). Ob das der Fall ist, beurteilt sich je nach Art der Tätigkeit verschieden. Bei einer **Nachweistätigkeit** fehlt es an der Kausalität, wenn der Verbraucher bereits vorher von der Gelegenheit zum Abschluss des Darlehensvertrages Kenntnis hatte. Dagegen ist die **Vermittlung** eines Vertrages auch bei solcher Vorkenntnis kausal für dessen Abschluss, sofern zumindest die Abschlussbereitschaft des Darlehensgebers gefördert wurde.[9]

II. Leistung

3 Darüber hinaus müssen für die Entstehung des Anspruchs zwei weitere Voraussetzungen erfüllt sein.[10] Erstens muss das Darlehen an den Verbraucher **geleistet** worden sein. Dies kann durch Empfang der Valuta, aber auch durch vereinbarungsgemäße Auszahlung an einen Dritten sowie durch Aufrechung des Darlehensgebers mit einer Gegenforderung geschehen.[11]

III. Erloschenes Widerrufsrecht

4 Zweitens muss der **Widerruf** nach § 355 rechtlich **unmöglich** sein. Demgemäß entsteht der Anspruch aus S. 1 nur, wenn das Widerrufsrecht nach Ablauf der in § 355 Abs. 1 bzw. Abs. 3 genannten Fristen erloschen ist. Fraglich ist, ob wie bislang[12] der Vergütungsanspruch auch dadurch entsteht, dass der Darlehensvertrag zwar widerrufen, das Darlehen aber nicht innerhalb der **Frist des § 495 Abs. 2** zurückgezahlt wurde. Anders als § 16 VerbrKrG verweist § 655c nämlich nicht mehr auf das Widerrufsrecht im Verbraucherkreditrecht.[13] Die Frage ist zu bejahen. Diese Änderung wurde offensichtlich übersehen. Es handelt sich um ein **Redaktionsversehen**, weil der von § 655c in Bezug genommene § 355 Abs. 1 ein gesetzliches Widerrufsrecht des Verbrauchers voraussetzt. Da dem Verbraucher bzgl. des Darlehensvermittlungsvertrags von den §§ 655a ff. kein Widerrufsrecht gewährt wird,[14] kann nur das Widerrufsrecht nach § 495 Abs. 1 gemeint sein. § 495 Abs. 2 ist daher weiterhin entsprechend anwendbar.

---

1 BT-Drucks 14/6040, 269.
2 Im Falle eines „Packing" kann es sich auch um eine an den Darlehensgeber zu zahlende Vergütung handeln; vgl. *Bülow*, § 16 VerbrKrG Rn 16.
3 Vgl. BT-Drucks 11/5462, 29; Palandt/*Putzo*, § 16 VerbrKrG Rn 1.
4 So schon bei § 16 VerbrKrG *Bülow*, § 16 VerbrKrG Rn 12; a.A. MüKo/*Habersack*, § 16 VerbrKrG Rn 12; Staudinger/*Kessal-Wulf*, § 16 VerbrKrG Rn 1.
5 § 655e Abs. 1.
6 Vgl. hierzu den individualvertraglich abdingbaren § 652 Abs. 1.
7 Vgl. BT-Drucks 11/5462, 29.
8 U.U. auch durch Heilung gem. § 494 Abs. 2.
9 MüKo/*Habersack*, § 16 VerbrKrG Rn 7; *Bülow*, § 16 VerbrKrG Rn 7.
10 Wie hier MüKo/*Habersack*, § 16 VerbrKrG Rn 11; Staudinger/*Kessal-Wulf*, § 16 VerbrKrG Rn 3; a.A. *Bülow*, § 16 VerbrKrG Rn 8 (zusätzliche Fälligkeitsvoraussetzung).
11 Vgl. MüKo/*Habersack*, § 16 VerbrKrG Rn 11; *Bülow*, § 16 VerbrKrG Rn 10. Zur Erfüllbarkeit durch Entgegennahme der Darlehensvaluta durch den Darlehensvermittler, Staudinger/*Kessal-Wulf*, § 16 VerbrKrG Rn 4 m.w.N.
12 Vgl. MüKo/*Habersack*, § 16 VerbrKrG Rn 12; *Bülow*, § 16 VerbrKrG Rn 8.
13 § 495 (bislang: § 7 VerbrKrG).
14 Kritisch hierzu MüKo/*Habersack*, § 16 VerbrKrG Rn 14.

C. Umschuldungsdarlehen (S. 2)

I. Umschuldung

S. 2 schreibt zusätzliche Voraussetzungen für den Vergütungsanspruch des Vermittlers vor, wenn der Verbraucherdarlehensvertrag der vorzeitigen Ablösung eines anderen Darlehens dient (**Umschuldung**). Für das abzulösende Darlehen ist nach dem Wortlaut nicht Voraussetzung, dass es zur Zeit der Umschuldung ein Verbraucherdarlehensvertrag ist.[15] Gleichgültig ist auch, ob der Darlehensgeber des Altdarlehens mit dem des Neudarlehens identisch ist (interne Umschuldung) oder nicht (externe Umschuldung).

II. Keine Verteuerung

Der Vergütungsanspruch entsteht im Fall der Umschuldung nur, wenn sich die Kosten für den Darlehensnehmer nicht erhöhen. Zweck ist das **Zurückdrängen des Umschuldungskarussells**.[16] Die Verteuerung des Darlehens bemisst sich nach dem jeweiligen effektiven bzw. dem anfänglichen effektiven Jahreszins[17] von Alt- und Neudarlehen. Gemäß S. 2 Hs. 2 werden freilich bzgl. des Altdarlehens etwaige **Vermittlungskosten** nicht berücksichtigt. Der effektive Jahreszins einschließlich Vermittlerprovision darf für das Neudarlehen nicht höher sein als der für das Altdarlehen ohne Vermittlerprovision. Unerheblich ist hingegen, ob sich die betragsmäßige Gesamtbelastung des Verbrauchers, etwa aufgrund einer längeren Laufzeit des Neudarlehens, erhöht.[18]

III. Vorzeitige Ablösung

Weiterhin muss das Darlehen **vorzeitig abgelöst** worden sein. Dies geschieht durch Tilgung vor der vertraglich vereinbarten Fälligkeit. In Betracht kommen hier die einvernehmliche Aufhebung sowie die Kündigung durch den Verbraucher (§§ 489 und 490).[19] Ist dagegen das Altdarlehen schon fällig oder durch den Darlehensgeber gem. § 498 gekündigt worden, findet nur S. 1 Anwendung. Gleiches gilt für eine Darlehensaufstockung („soweit"),[20] aber auch für Prolongationsabreden und sonstige Tilgungsstreckungen, die im Rahmen eines bereits bestehenden (Alt-)Darlehensvertrags vereinbart wurden.[21] Werden **mehrere Altdarlehen** abgelöst, so ist der Effektivzinsvergleich isoliert vorzunehmen.[22] Bei der Umschuldung eines **Altdarlehens mit variablen Konditionen** ist für die Berechnung von dessen Effektivzins entgegen dem missverständlichen Wortlaut von S. 2 Hs. 2 auf den Zeitpunkt der Ablösung abzustellen.[23]

IV. Wissen des Vermittlers

S. 2 verlangt außerdem, dass der Darlehensvermittler **Kenntnis** von dem Umschuldungszweck hatte („mit Wissen"). Hierbei ist unerheblich, durch wen der Vermittler die Kenntnis erlangt hat.[24]

§ 655d Nebenentgelte

¹Der Darlehensvermittler darf für Leistungen, die mit der Vermittlung des Verbraucherdarlehensvertrags oder dem Nachweis der Gelegenheit zum Abschluss eines Verbraucherdarlehensvertrags zusammenhängen, außer der Vergütung nach § 655c Satz 1 ein Entgelt nicht vereinbaren. ²Jedoch kann vereinbart werden, dass dem Darlehensvermittler entstandene, erforderliche Auslagen zu erstatten sind.

---

15 Dies ergab sich nach § 16 VerbrKrG zwar nicht aus dessen Wortlaut, wohl aber aus dessen Schutzzweck; vgl. MüKo/*Habersack*, § 16 VerbrKrG Rn 20; *Bülow*, § 16 VerbrKrG Rn 14.
16 Vgl. BT-Drucks 11/5462, 15 und 29 f.
17 Hierzu § 492 Rn 8 und 11.
18 MüKo/*Habersack*, § 16 VerbrKrG Rn 27.
19 Vgl. *Bülow*, § 16 VerbrKrG Rn 22.
20 Vgl. BT-Drucks 11/5462, 29; Palandt/*Putzo*, § 16 VerbrKrG Rn 4.
21 Vgl. Staudinger/*Kessal-Wulf*, § 16 VerbrKrG Rn 11.
22 BT-Drucks 11/5462, 29; *Bülow*, § 16 VerbrKrG Rn 20.
23 Zutreffend MüKo/*Habersack*, § 16 VerbrKrG Rn 29.
24 Vgl. Palandt/*Putzo*, § 16 VerbrKrG Rn 4.

A. Einführung

1 § 655d entspricht fast wörtlich dem § 17 VerbrKrG.[1] Entgegen dessen Wortlaut wurde zu § 17 VerbrKrG vertreten, die Norm sei nicht nur auf die Vermittlung von Darlehen, sondern auch auf die von anderen Krediten anwendbar.[2] Aufgrund des insofern eindeutigen Wortlauts des neuen § 655a ist § 655d zweifellos auf die Vermittlung von Gelddarlehen beschränkt (§ 655a Rn 4).

B. Verbot der Vereinbarung von Nebenentgelten (S. 1)

2 S. 1 verbietet dem Darlehensvermittler eines Verbraucherdarlehens jede Vereinbarung von Entgelten, die der Verbraucher außer der erfolgsabhängigen Vergütung schulden soll. Eine entgegenstehende Vereinbarung verstößt schon gegen § 655c und ist nach § 655e Abs. 1 S. 1 unwirksam,[3] so dass S. 1 insoweit nur **klarstellende Bedeutung** hat. Es soll dem Darlehensvermittler jeglicher Anreiz genommen werden, nicht vermittlungsfähige Darlehenswünsche wegen solcher Nebenentgelte entgegenzunehmen.[4] Unter Entgelten sind insbesondere Bearbeitungspauschalen und Schreibgebühren,[5] aber auch Auskunftsgebühren und Risikoprämien[6] zu verstehen. Ein **Verstoß** gegen S. 1 hat die Nichtigkeit der Vereinbarung zur Folge (§ 134), führt aber nicht zur Unwirksamkeit des Vermittlungsvertrages.[7]

C. Erstattung von Auslagen (S. 2)

3 Ausgenommen von dem Verbot des S. 1 ist nach S. 2 die Erstattung von tatsächlich entstandenen und erforderlichen Auslagen. Deren Vereinbarung ist zulässig und verpflichtet den Darlehensnehmer unabhängig vom Zustandekommen des Darlehensvertrages oder der Auszahlung des Darlehens.[8] Neben der Einhaltung der gesetzlichen **Schriftform** gem. §§ 655b, 126[9] ist nur erforderlich, dass die Erstattung der Auslagen dem Grunde nach, sei es auch durch AGB des Vermittlers, vereinbart wurde.[10]

4 Unter **Auslagen** sind nur solche Aufwendungen zu verstehen, die der Vermittler bereits für Rechnung des Verbrauchers gemacht hat.[11] Nicht erstattungsfähig sind daher alle Aufwendungen im Stadium der Vertragsanbahnung.[12] Dasselbe gilt für im eigenen Interesse getätigte Aufwendungen, wie z.B. allgemeine Geschäftskosten und die Aufwendung der eigenen Arbeitskraft[13] sowie unfreiwillige Vermögenseinbußen.[14] Erstattungsfähig sind dagegen Portokosten, Telefon- und Faxgebühren sowie Aufwendungen im Zusammenhang mit der Einholung von Auskünften über den Verbraucher.

5 Eine Pauschalierung der Kosten für die Auslagen ist ebenso unzulässig[15] wie die Vereinbarung eines gegebenenfalls zurückzuzahlenden Vorschusses.[16] Die **Erforderlichkeit** der Auslagen bestimmt sich anders als bei § 670 nach einem rein objektiven ex post Maßstab.[17] Der Verbraucher hat den an den Vermittler nach S. 2 zu zahlenden Betrag gem. § 256 S. 1 zu verzinsen.[18] Die **Beweislast** trägt der Darlehensvermittler.

---

1 Vgl. BT-Drucks 14/6040, 269.
2 Vgl. MüKo/*Habersack*, § 15 VerbrKrG Rn 5; a.A. schon zu § 17 VerbrKrG *Bülow*, § 1 VerbrKrG Rn 151.
3 Vgl. MüKo/*Habersack*, § 17 VerbrKrG Rn 1; Staudinger/*Kessal-Wulf*, § 17 VerbrKrG Rn 1.
4 Vgl. BT-Drucks 11/5462, 30.
5 Vgl. BT-Drucks 11/5462, 30.
6 MüKo/*Habersack*, § 17 VerbrKrG Rn 2.
7 Vgl. Palandt/*Putzo*, § 17 VerbrKrG Rn 1; *Bülow*, § 17 VerbrKrG Rn 3; MüKo/*Habersack*, § 17 VerbrKrG Rn 4.
8 Vgl. § 652 Abs. 2 S. 2; *Bülow*, § 17 VerbrKrG Rn 3.
9 Vgl. BT-Drucks 11/5462, 30; MüKo/*Habersack*, § 17 VerbrKrG Rn 9.
10 Vgl. § 652 Abs. 2 S. 1; MüKo/*Habersack*, § 17 VerbrKrG Rn 10; Staudinger/*Kessal-Wulf*, § 17 VerbrKrG Rn 2.
11 MüKo/*Habersack*, § 17 VerbrKrG Rn 5; a.A. *Bülow*, § 17 VerbrKrG Rn 7 (auch für eigene Rechnung).
12 OLG Stuttgart BB 1999, 2265.
13 So BT-Drucks 10/1014, 9.
14 MüKo/*Habersack*, § 17 VerbrKrG Rn 5; hierzu und zu weiteren Einzelfragen *Bülow*, § 17 VerbrKrG Rn 10 f.
15 OLG Zweibrücken MDR 1999, 1491.
16 Vgl. MüKo/*Habersack*, § 17 VerbrKrG Rn 9.
17 MüKo/*Habersack*, § 17 VerbrKrG Rn 7; Staudinger/*Kessal-Wulf*, § 17 VerbrKrG Rn 3; a.A. OLG Köln ZIP 1993, 1541, 1542 f.
18 *Bülow*, § 17 VerbrKrG Rn 7.

§ 655e Abweichende Vereinbarungen, Anwendung auf Existenzgründer

(1) ¹Von den Vorschriften dieses Untertitels darf nicht zum Nachteil des Verbrauchers abgewichen werden. ²Die Vorschriften dieses Untertitels finden auch Anwendung, wenn sie durch anderweitige Gestaltungen umgangen werden.
(2) ¹Dieser Untertitel gilt auch für Darlehensvermittlungsverträge zwischen einem Unternehmer und einem Existenzgründer im Sinne von § 507.

Abs. 1 S. 1 enthält ein mit § 506 S. 1 inhaltsgleiches **eigenes Unabdingbarkeitsgebot**. Dieses wurde erforderlich, weil für die Vorschriften über die Darlehensvermittlung ein eigener Untertitel geschaffen wurde.¹ Die Ausführungen zu § 506 S. 1 gelten entsprechend (§ 506 Rn 1 f.). 1

Das **Umgehungsverbot** nach **Abs. 1 S. 2** ist wortgleich mit § 506 S. 2. Es wird auf die Ausführungen zu § 506 Rn 3 verwiesen. 2

Abs. 2 erweitert den Anwendungsbereich der Vorschriften über die Darlehensvermittlung auf die **Existenzgründer** i.S.d. § 507. 3

Untertitel 3. Ehevermittlung

§ 656 Heiratsvermittlung

(1) ¹Durch das Versprechen eines Lohnes für den Nachweis der Gelegenheit zur Eingehung einer Ehe oder für die Vermittlung des Zustandekommens einer Ehe wird eine Verbindlichkeit nicht begründet. ²Das auf Grund des Versprechens Geleistete kann nicht deshalb zurückgefordert werden, weil eine Verbindlichkeit nicht bestanden hat.
(2) ¹Diese Vorschriften gelten auch für eine Vereinbarung, durch die der andere Teil zum Zweck der Erfüllung des Versprechens dem Mäkler gegenüber eine Verbindlichkeit eingeht, insbesondere für ein Schuldanerkenntnis.

Titel 11. Auslobung

§ 657 Bindendes Versprechen

¹Wer durch öffentliche Bekanntmachung eine Belohnung für die Vornahme einer Handlung, insbesondere für die Herbeiführung eines Erfolges, aussetzt, ist verpflichtet, die Belohnung demjenigen zu entrichten, welcher die Handlung vorgenommen hat, auch wenn dieser nicht mit Rücksicht auf die Auslobung gehandelt hat.

§ 658 Widerruf

(1) ¹Die Auslobung kann bis zur Vornahme der Handlung widerrufen werden. ²Der Widerruf ist nur wirksam, wenn er in derselben Weise wie die Auslobung bekannt gemacht wird oder wenn er durch besondere Mitteilung erfolgt.
(2) ¹Auf die Widerruflichkeit kann in der Auslobung verzichtet werden; ein Verzicht liegt im Zweifel in der Bestimmung einer Frist für die Vornahme der Handlung.

§ 659 Mehrfache Vornahme

(1) ¹Ist die Handlung, für welche die Belohnung ausgesetzt ist, mehrmals vorgenommen worden, so gebührt die Belohnung demjenigen, welcher die Handlung zuerst vorgenommen hat.
(2) ¹Ist die Handlung von mehreren gleichzeitig vorgenommen worden, so gebührt jedem ein gleicher Teil der Belohnung. ²Läßt sich die Belohnung wegen ihrer Beschaffenheit nicht teilen oder soll nach dem Inhalt der Auslobung nur einer die Belohnung erhalten, so entscheidet das Los.

§ 660 Mitwirkung mehrerer

(1) ¹Haben mehrere zu dem Erfolg mitgewirkt, für den die Belohnung ausgesetzt ist, so hat der Auslobende die Belohnung unter Berücksichtigung des Anteils eines jeden an dem Erfolg nach billigem Ermessen unter sie zu verteilen. ²Die Verteilung ist nicht verbindlich, wenn sie offenbar unbillig ist; sie erfolgt in einem solchen Fall durch Urteil.

---
1 BT-Drucks 14/6040, 269.

(2) ¹Wird die Verteilung des Auslobenden von einem der Beteiligten nicht als verbindlich anerkannt, so ist der Auslobende berechtigt, die Erfüllung zu verweigern, bis die Beteiligten den Streit über ihre Berechtigung unter sich ausgetragen haben; jeder von ihnen kann verlangen, daß die Belohnung für alle hinterlegt wird.
(3) ¹Die Vorschrift des § 659 Abs. 2 Satz 2 findet Anwendung.

§ 661 Preisausschreiben

(1) ¹Eine Auslobung, die eine Preisbewerbung zum Gegenstand hat, ist nur gültig, wenn in der Bekanntmachung eine Frist für die Bewerbung bestimmt wird.
(2) ¹Die Entscheidung darüber, ob eine innerhalb der Frist erfolgte Bewerbung der Auslobung entspricht oder welche von mehreren Bewerbungen den Vorzug verdient, ist durch die in der Auslobung bezeichnete Person, in Ermangelung einer solchen durch den Auslobenden zu treffen. ²Die Entscheidung ist für die Beteiligten verbindlich.
(3) ¹Bei Bewerbungen von gleicher Würdigkeit finden auf die Zuerteilung des Preises die Vorschriften des § 659 Abs. 2 Anwendung.
(4) ¹Die Übertragung des Eigentums an dem Werk kann der Auslobende nur verlangen, wenn er in der Auslobung bestimmt hat, daß die Übertragung erfolgen soll.

§ 661a Gewinnzusagen

¹Ein Unternehmer, der Gewinnzusagen oder vergleichbare Mitteilungen an Verbraucher sendet und durch die Gestaltung dieser Zusendungen den Eindruck erweckt, dass der Verbraucher einen Preis gewonnen hat, hat dem Verbraucher diesen Preis zu leisten.

Titel 12. Auftrag und Geschäftsbesorgungsvertrag

Untertitel 1. Auftrag

§ 662 Vertragstypische Pflichten beim Auftrag

¹Durch die Annahme eines Auftrags verpflichtet sich der Beauftragte, ein ihm von dem Auftraggeber übertragenes Geschäft für diesen unentgeltlich zu besorgen.

§ 663 Anzeigepflicht bei Ablehnung

¹Wer zur Besorgung gewisser Geschäfte öffentlich bestellt ist oder sich öffentlich erboten hat, ist, wenn er einen auf solche Geschäfte gerichteten Auftrag nicht annimmt, verpflichtet, die Ablehnung dem Auftraggeber unverzüglich anzuzeigen. ²Das gleiche gilt, wenn sich jemand dem Auftraggeber gegenüber zur Besorgung gewisser Geschäfte erboten hat.

§ 664 Unübertragbarkeit; Haftung für Gehilfen

(1) ¹Der Beauftragte darf im Zweifel die Ausführung des Auftrags nicht einem Dritten übertragen. ²Ist die Übertragung gestattet, so hat er nur ein ihm bei der Übertragung zur Last fallendes Verschulden zu vertreten. ³Für das Verschulden eines Gehilfen ist er nach § 278 verantwortlich.
(2) ¹Der Anspruch auf Ausführung des Auftrags ist im Zweifel nicht übertragbar.

§ 665 Abweichung von Weisungen

¹Der Beauftragte ist berechtigt, von den Weisungen des Auftraggebers abzuweichen, wenn er den Umständen nach annehmen darf, daß der Auftraggeber bei Kenntnis der Sachlage die Abweichung billigen würde. ²Der Beauftragte hat vor der Abweichung dem Auftraggeber Anzeige zu machen und dessen Entschließung abzuwarten, wenn nicht mit dem Aufschub Gefahr verbunden ist.

§ 666 Auskunfts- und Rechenschaftspflicht

¹Der Beauftragte ist verpflichtet, dem Auftraggeber die erforderlichen Nachrichten zu geben, auf Verlangen über den Stand des Geschäfts Auskunft zu erteilen und nach der Ausführung des Auftrags Rechenschaft abzulegen.

§ 667 Herausgabepflicht

¹Der Beauftragte ist verpflichtet, dem Auftraggeber alles, was er zur Ausführung des Auftrags erhält und was er aus der Geschäftsbesorgung erlangt, herauszugeben.

§ 668 Verzinsung des verwendeten Geldes

¹Verwendet der Beauftragte Geld für sich, das er dem Auftraggeber herauszugeben oder für ihn zu verwenden hat, so ist er verpflichtet, es von der Zeit der Verwendung an zu verzinsen.

§ 669 Vorschusspflicht

¹Für die zur Ausführung des Auftrags erforderlichen Aufwendungen hat der Auftraggeber dem Beauftragten auf Verlangen Vorschuß zu leisten.

§ 670 Ersatz von Aufwendungen

¹Macht der Beauftragte zum Zweck der Ausführung des Auftrags Aufwendungen, die er den Umständen nach für erforderlich halten darf, so ist der Auftraggeber zum Ersatz verpflichtet.

§ 671 Widerruf, Kündigung

(1) ¹Der Auftrag kann von dem Auftraggeber jederzeit widerrufen, von dem Beauftragten jederzeit gekündigt werden.
(2) ¹Der Beauftragte darf nur in der Art kündigen, daß der Auftraggeber für die Besorgung des Geschäfts anderweit Fürsorge treffen kann, es sei denn, daß ein wichtiger Grund für die unzeitige Kündigung vorliegt. ²Kündigt er ohne solchen Grund zur Unzeit, so hat er dem Auftraggeber den daraus entstehenden Schaden zu ersetzen.
(3) ¹Liegt ein wichtiger Grund vor, so ist der Beauftragte zur Kündigung auch dann berechtigt, wenn er auf das Kündigungsrecht verzichtet hat.

§ 672 Tod oder Geschäftsunfähigkeit des Auftraggebers

¹Der Auftrag erlischt im Zweifel nicht durch den Tod oder den Eintritt der Geschäftsunfähigkeit des Auftraggebers. ²Erlischt der Auftrag, so hat der Beauftragte, wenn mit dem Aufschub Gefahr verbunden ist, die Besorgung des übertragenen Geschäfts fortzusetzen, bis der Erbe oder der gesetzliche Vertreter des Auftraggebers anderweit Fürsorge treffen kann; der Auftrag gilt insoweit als fortbestehend.

§ 673 Tod des Beauftragten

¹Der Auftrag erlischt im Zweifel durch den Tod des Beauftragten. ²Erlischt der Auftrag, so hat der Erbe des Beauftragten den Tod dem Auftraggeber unverzüglich anzuzeigen und, wenn mit dem Aufschub Gefahr verbunden ist, die Besorgung des übertragenen Geschäfts fortzusetzen, bis der Auftraggeber anderweit Fürsorge treffen kann; der Auftrag gilt insoweit als fortbestehend.

§ 674 Fiktion des Fortbestehens

¹Erlischt der Auftrag in anderer Weise als durch Widerruf, so gilt er zugunsten des Beauftragten gleichwohl als fortbestehend, bis der Beauftragte von dem Erlöschen Kenntnis erlangt oder das Erlöschen kennen muß.

Untertitel 2. Geschäftsbesorgungsvertrag

Kapitel 1. Allgemeines

§ 675 Entgeltliche Geschäftsbesorgung

(1) ¹Auf einen Dienstvertrag oder einen Werkvertrag, der eine Geschäftsbesorgung zum Gegenstand hat, finden, soweit in diesem Untertitel nichts Abweichendes bestimmt wird, die Vorschriften der §§ 663, 665 bis 670, 672 bis 674 und, wenn dem Verpflichteten das Recht zusteht, ohne Einhaltung einer Kündigungsfrist zu kündigen, auch die Vorschriften des § 671 Abs. 2 entsprechende Anwendung.
(2) ¹Wer einem anderen einen Rat oder eine Empfehlung erteilt, ist, unbeschadet der sich aus einem Vertragsverhältnis, einer unerlaubten Handlung oder einer sonstigen gesetzlichen Bestimmung ergebenden Verantwortlichkeit, zum Ersatz des aus der Befolgung des Rates oder der Empfehlung entstehenden Schadens nicht verpflichtet.

§ 675a Informationspflichten

(1) ¹Wer zur Besorgung von Geschäften öffentlich bestellt ist oder sich dazu öffentlich erboten hat, stellt für regelmäßig anfallende standardisierte Geschäftsvorgänge (Standardgeschäfte) schriftlich, in geeigneten Fällen auch elektronisch, unentgeltlich Informationen über Entgelte und Auslagen der Geschäftsbesorgung zur Verfügung, soweit nicht eine Preisfestsetzung nach § 315 erfolgt oder die Entgelte und Auslagen gesetzlich verbindlich geregelt sind. ²Kreditinstitute (§ 1 Abs. 1 des Gesetzes über das Kreditwesen) haben zusätzlich Informationen über Ausführungsfristen, Wertstellungszeitpunkte, Referenzkurse von Überweisungen und weitere in der Verordnung nach Artikel 239 des Einführungsgesetzes zum Bürgerlichen Gesetzbuche bestimmte Einzelheiten in der dort vorgesehenen Form zur Verfügung zu stellen; dies gilt nicht für Überweisungen der in § 676c Abs. 3 bezeichneten Art.
(2) ¹Im Sinne dieses Titels stehen Kreditinstituten gleich:
1. die Deutsche Bundesbank,
2. andere Unternehmen, die gewerbsmäßig Überweisungen ausführen, und
3. inländische Zweigstellen von Kreditinstituten und anderen Unternehmen mit Sitz im Ausland, die gewerbsmäßig Überweisungen ausführen.

§ 676 Kündigung von Übertragungsverträgen

¹Die Kündigung eines Geschäftsbesorgungsvertrags, der die Weiterleitung von Wertpapieren oder Ansprüchen auf Herausgabe von Wertpapieren im Wege der Verbuchung oder auf sonstige Weise zum Gegenstand hat (Übertragungsvertrag), ist nur wirksam, wenn sie dem depotführenden Unternehmen des Begünstigten so rechtzeitig mitgeteilt wird, daß die Kündigung unter Wahrung der gebotenen Sorgfalt noch vor der Verbuchung auf dem Depot des Begünstigten berücksichtigt werden kann. ²Die Wertpapiere oder die Ansprüche auf Herausgabe von Wertpapieren sind in diesem Fall an das erstbeauftragte Unternehmen zurückzuleiten. ³Im Rahmen von Wertpapierlieferungs- und Abrechnungssystemen kann ein Übertragungsvertrag abweichend von Satz 1 bereits von dem in den Regeln des Systems bestimmten Zeitpunkt an nicht mehr gekündigt werden.

Kapitel 2. Überweisungsvertrag

§ 676a Vertragstypische Pflichten, Kündigung

(1) ¹Durch den Überweisungsvertrag wird das Kreditinstitut (überweisendes Kreditinstitut) gegenüber demjenigen, der die Überweisung veranlaßt (Überweisender), verpflichtet, dem Begünstigten einen bestimmten Geldbetrag zur Gutschrift auf dessen Konto beim überweisenden Kreditinstitut zur Verfügung zu stellen (Überweisung) sowie Angaben zur Person des Überweisenden und einen angegebenen Verwendungszweck, soweit üblich, mitzuteilen. ²Soll die Gutschrift durch ein anderes Kreditinstitut erfolgen, ist das überweisende Kreditinstitut verpflichtet, den Überweisungsbetrag rechtzeitig und, soweit nicht anders vereinbart, ungekürzt dem Kreditinstitut des Begünstigten unmittelbar oder unter Beteiligung zwischengeschalteter Kreditinstitute zu diesem Zweck zu übermitteln und die in Satz 1 bestimmten Angaben weiterzuleiten. ³Der Überweisende kann, soweit vereinbart, dem Kreditinstitut den zu überweisenden Geldbetrag auch in bar zur Verfügung stellen.
(2) ¹Soweit keine anderen Fristen vereinbart werden, sind Überweisungen baldmöglichst zu bewirken. ²Es sind
1. grenzüberschreitende Überweisungen in Mitgliedstaaten der Europäischen Union und in Vertragsstaaten des Europäischen Wirtschaftsraums, die auf deren Währung oder Währungseinheit oder auf Euro lauten, soweit nichts anderes vereinbart ist, binnen fünf Werktagen, an denen alle beteiligten Kreditinstitute gewöhnlich geöffnet haben, ausgenommen Sonnabende, (Bankgeschäftstage) auf das Konto des Kreditinstituts des Begünstigten,
2. inländische Überweisungen in Inlandswährung längstens binnen drei Bankgeschäftstagen auf das Konto des Kreditinstituts des Begünstigten und
3. Überweisungen in Inlandswährung innerhalb einer Haupt- oder einer Zweigstelle eines Kreditinstituts längstens binnen eines Bankgeschäftstags, andere institutsinterne Überweisungen längstens binnen zwei Bankgeschäftstagen auf das Konto des Begünstigten

zu bewirken (Ausführungsfrist). ³Die Frist beginnt, soweit nichts anderes vereinbart ist, mit Ablauf des Tages, an dem der Name des Begünstigten, sein Konto, sein Kreditinstitut und die sonst zur Ausführung der Überweisung erforderlichen Angaben dem überweisenden Kreditinstitut vorliegen und ein zur Ausführung der Überweisung ausreichendes Guthaben vorhanden oder ein ausreichender Kredit eingeräumt ist.

Titel 12. Auftrag und Geschäftsbesorgungsvertrag **§ 676c**

(3) ¹Das überweisende Kreditinstitut kann den Überweisungsvertrag, solange die Ausführungsfrist noch nicht begonnen hat, ohne Angabe von Gründen, danach nur noch kündigen, wenn ein Insolvenzverfahren über das Vermögen des Überweisenden eröffnet worden oder ein zur Durchführung der Überweisung erforderlicher Kredit gekündigt worden ist. ²Im Rahmen von Zahlungsverkehrssystemen kann eine Überweisung abweichend von Satz 1 bereits von dem in den Regeln des Systems bestimmten Zeitpunkt an nicht mehr gekündigt werden.
(4) ¹Der Überweisende kann den Überweisungsvertrag vor Beginn der Ausführungsfrist jederzeit, danach nur kündigen, wenn die Kündigung dem Kreditinstitut des Begünstigten bis zu dem Zeitpunkt mitgeteilt wird, in dem der Überweisungsbetrag diesem Kreditinstitut endgültig zur Gutschrift auf dem Konto des Begünstigten zur Verfügung gestellt wird. ²Im Rahmen von Zahlungsverkehrssystemen kann eine Überweisung abweichend von Satz 1 bereits von dem in den Regeln des Systems bestimmten Zeitpunkt an nicht mehr gekündigt werden. ³Das überweisende Kreditinstitut hat die unverzügliche Information des Kreditinstituts des Begünstigten über eine Kündigung zu veranlassen.

§ 676b Haftung für verspätete Ausführung, Geld-zurück-Garantie

(1) ¹Wird die Überweisung erst nach Ablauf der Ausführungsfrist bewirkt, so hat das überweisende Kreditinstitut dem Überweisenden den Überweisungsbetrag für die Dauer der Verspätung zu verzinsen, es sei denn, daß der Überweisende oder der Begünstigte die Verspätung zu vertreten hat. ²Der Zinssatz beträgt fünf Prozentpunkte über dem Basiszinssatz im Jahr.
(2) ¹Das überweisende Kreditinstitut hat von ihm selbst oder von einem der zwischengeschalteten Kreditinstitute entgegen dem Überweisungsvertrag einbehaltene Beträge ohne zusätzliche Entgelte und Auslagen nach Wahl des Überweisenden entweder diesem zu erstatten oder dem Begünstigten zu überweisen.
(3) ¹Der Überweisende kann die Erstattung des Überweisungsbetrags bis zu einem Betrag von 12 500 Euro (Garantiebetrag) zuzüglich bereits für die Überweisung entrichteter Entgelte und Auslagen verlangen, wenn die Überweisung weder bis zum Ablauf der Ausführungsfrist noch innerhalb einer Nachfrist von 14 Bankgeschäftstagen vom Erstattungsverlangen des Überweisenden an bewirkt worden ist. ²Der Überweisungsbetrag ist in diesem Fall vom Beginn der Ausführungsfrist bis zur Gutschrift des Garantiebetrags auf dem Konto des Überweisenden mit dem in Absatz 1 Satz 2 bestimmten Zinssatz zu verzinsen. ³Mit dem Erstattungsverlangen des Überweisenden und dem Ablauf der Nachfrist gilt der Überweisungsvertrag als gekündigt. ⁴Das Kreditinstitut ist berechtigt, den Vertrag zu kündigen, wenn die Fortsetzung des Vertrages unter Abwägung der beiderseitigen Interessen für das Kreditinstitut nicht zumutbar ist und es den Garantiebetrag entrichtet hat oder gleichzeitig entrichtet. ⁵Der Überweisende hat in den Fällen der Sätze 3 und 4 die vereinbarten Entgelte und Auslagen nicht zu entrichten. ⁶Ansprüche nach diesem Absatz bestehen nicht, wenn die Überweisung nicht bewirkt worden ist, weil der Überweisende dem überweisenden Kreditinstitut eine fehlerhafte oder unvollständige Weisung erteilt oder wenn ein von dem Überweisenden ausdrücklich bestimmtes zwischengeschaltetes Kreditinstitut die Überweisung nicht ausgeführt hat. ⁷In dem zweiten Fall des Satzes 6 haftet das von dem Überweisenden ausdrücklich bestimmte Kreditinstitut diesem anstelle des überweisenden Kreditinstituts.
(4) ¹Ansprüche nach den Absätzen 1 bis 3 sind ausgeschlossen, wenn die Ursache für den Fehler bei der Abwicklung der Überweisung höhere Gewalt ist.

§ 676c Verschuldensunabhängige Haftung, sonstige Ansprüche

(1) ¹Die Ansprüche nach § 676b setzen ein Verschulden nicht voraus. ²Andere Ansprüche, die ein Verschulden voraussetzen, sowie Ansprüche aus ungerechtfertigter Bereicherung bleiben unberührt. ³Das überweisende Kreditinstitut hat hierbei ein Verschulden, das einem zwischengeschalteten Kreditinstitut zur Last fällt, wie eigenes Verschulden zu vertreten, es sei denn, daß die wesentliche Ursache bei einem zwischengeschalteten Kreditinstitut liegt, das der Überweisende vorgegeben hat. ⁴Die Haftung nach Satz 3 kann bei Überweisungen auf ein Konto im Ausland auf 25 000 Euro begrenzt werden. ⁵Die Haftung für durch die Verzögerung oder Nichtausführung der Überweisung entstandenen Schaden kann auf 12 500 Euro begrenzt werden; dies gilt nicht für Vorsatz und grobe Fahrlässigkeit, den Zinsschaden und für Gefahren, die das Kreditinstitut besonders übernommen hat.
(2) ¹In den Fällen des Absatzes 1 Satz 3 Halbsatz 2 haftet das von dem Überweisenden vorgegebene zwischengeschaltete Kreditinstitut anstelle des überweisenden Kreditinstituts.
(3) ¹Von den Vorschriften des § 675 Abs. 1, der §§ 676a und 676b und des Absatzes 1 darf, soweit dort nichts anderes bestimmt ist, zum Nachteil des Überweisenden nur bei Überweisungen abgewichen werden,
1. deren Überweisender ein Kreditinstitut ist,
2. die den Betrag von 75 000 Euro übersteigen oder

§ 676d   Abschnitt 8. Einzelne Schuldverhältnisse

3. die einem Konto eines Kreditinstituts mit Sitz außerhalb der Europäischen Union und des Europäischen Wirtschaftsraums gutgeschrieben werden sollen.

Kapitel 3. Zahlungsvertrag

§ 676d Vertragstypische Pflichten beim Zahlungsvertrag

(1) ¹Durch den Zahlungsvertrag verpflichtet sich ein zwischengeschaltetes Kreditinstitut gegenüber einem anderen Kreditinstitut, im Rahmen des Überweisungsverkehrs einen Überweisungsbetrag an ein weiteres Kreditinstitut oder an das Kreditinstitut des Begünstigten weiterzuleiten.

(2) ¹Das Kreditinstitut des Begünstigten ist verpflichtet, einen Überweisungsbetrag an das überweisende Kreditinstitut zurückzuleiten, wenn ihm vor dessen Eingang eine entsprechende Mitteilung durch das überweisende Kreditinstitut zugeht. ²Im Rahmen von Zahlungsverkehrssystemen braucht die Kündigung von dem in den Regeln des Systems festgelegten Zeitpunkt an nicht mehr beachtet zu werden.

§ 676e Ausgleichsansprüche

(1) ¹Liegt die Ursache für eine verspätete Ausführung einer Überweisung in dem Verantwortungsbereich eines zwischengeschalteten Kreditinstituts, so hat dieses den Schaden zu ersetzen, der dem überweisenden Kreditinstitut aus der Erfüllung der Ansprüche des Überweisenden nach § 676b Abs. 1 entsteht.

(2) ¹Das zwischengeschaltete Kreditinstitut hat die von ihm selbst entgegen dem Überweisungsvertrag einbehaltenen Beträge ohne zusätzliche Entgelte und Auslagen nach Wahl des überweisenden Kreditinstituts entweder diesem zu erstatten oder dem Begünstigten zu überweisen.

(3) ¹Das Kreditinstitut, das mit dem überweisenden Kreditinstitut einen Zahlungsvertrag geschlossen hat, ist verpflichtet, diesem die geleisteten Zahlungen zu erstatten, zu denen dieses nach § 676b Abs. 3 gegenüber dem Überweisenden verpflichtet war. ²Jedes zwischengeschaltete Kreditinstitut ist verpflichtet, dem Kreditinstitut, mit dem es einen Zahlungsvertrag zur Weiterleitung der Überweisung abgeschlossen hat, die nach Satz 1 oder nach dieser Vorschrift geleisteten Zahlungen zu erstatten. ³Wird die Überweisung nicht bewirkt, weil ein Kreditinstitut dem von ihm zwischengeschalteten Kreditinstitut eine fehlerhafte oder unvollständige Weisung erteilt hat, ist der Erstattungsanspruch dieses Kreditinstituts nach den Sätzen 1 und 2 ausgeschlossen. ⁴Das Kreditinstitut, das den Fehler zu vertreten hat, hat dem überweisenden Kreditinstitut den ihm aus der Erfüllung seiner Verpflichtungen nach § 676c Abs. 1 entstehenden weitergehenden Schaden zu ersetzen.

(4) ¹An der Weiterleitung eines Überweisungsbetrags beteiligte Kreditinstitute, die nicht auf Ersatz haften, haben selbständig nach dem Verbleib des Überweisungsbetrags zu forschen und dem Anspruchsberechtigten den von ihnen aufgefundenen Überweisungsbetrag abzüglich einer angemessenen Entschädigung für die Nachforschung zu erstatten.

(5) ¹Entfallen Ansprüche, weil der Überweisende das zur Weiterleitung beauftragte Kreditinstitut vorgegeben hat, so hat dieses den Überweisenden so zu stellen, wie er bei Anwendung des § 676b Abs. 3 stünde. ²Im übrigen gilt § 676b Abs. 4 sinngemäß.

Kapitel 4. Girovertrag

§ 676f Vertragstypische Pflichten beim Girovertrag

¹Durch den Girovertrag wird das Kreditinstitut verpflichtet, für den Kunden ein Konto einzurichten, eingehende Zahlungen auf dem Konto gutzuschreiben und abgeschlossene Überweisungsverträge zu Lasten dieses Kontos abzuwickeln. ²Es hat dem Kunden eine weitergeleitete Angabe zur Person des Überweisenden und zum Verwendungszweck mitzuteilen.

§ 676g Gutschriftanspruch des Kunden

(1) ¹Ist ein Überweisungsbetrag bei dem Kreditinstitut des Kunden eingegangen, so hat es diesen Betrag dem Kunden innerhalb der vereinbarten Frist, bei Fehlen einer Fristvereinbarung innerhalb eines Bankgeschäftstages nach dem Tag, an dem der Betrag dem Kreditinstitut gutgeschrieben wurde, gutzuschreiben, es sei denn, es hat vor dem Eingang des Überweisungsbetrags eine Mitteilung nach § 676d Abs. 2 Satz 1 erhalten. ²Wird der überwiesene Betrag nicht fristgemäß dem Konto

des Kunden gutgeschrieben, so hat das Kreditinstitut dem Kunden den Überweisungsbetrag für die Dauer der Verspätung zu verzinsen, es sei denn, daß der Überweisende oder der Kunde die Verspätung zu vertreten hat. ³§ 676b Abs. 1 Satz 2 ist anzuwenden. ⁴Die Gutschrift ist, auch wenn sie nachträglich erfolgt, so vorzunehmen, daß die Wertstellung des eingegangenen Betrags auf dem Konto des Kunden, soweit mit Unternehmern nichts anderes vereinbart ist, unter dem Datum des Tages erfolgt, an dem der Betrag dem Kreditinstitut zur Verfügung gestellt worden ist.
(2) ¹Hat das Kreditinstitut bei der Gutschrift auf dem Konto des Kunden den Überweisungsbetrag vertragswidrig gekürzt, so hat es den Fehlbetrag dem Begünstigten frei von Entgelten und Auslagen gutzuschreiben. ²Der Anspruch des Kreditinstituts auf ein im Girovertrag vereinbartes Entgelt für die Gutschrift von eingehenden Zahlungen bleibt unberührt.
(3) ¹Ist ein Zahlungsvertrag von einem Kreditinstitut nicht ausgeführt worden, das von dem Kreditinstitut des Begünstigten mit der Entgegennahme beauftragt worden ist, so hat dieses seinem Kunden den Überweisungsbetrag bis zu einem Betrag von 12 500 Euro ohne zusätzliche Entgelte und Kosten gutzuschreiben.
(4) ¹Die Ansprüche nach den Absätzen 1 bis 3 setzen ein Verschulden nicht voraus. ²Weitergehende Ansprüche, die ein Verschulden voraussetzen, bleiben unberührt. ³Das Kreditinstitut des Kunden hat hierbei ein Verschulden eines von ihm zwischengeschalteten Kreditinstituts wie eigenes Verschulden zu vertreten. ⁴Die Haftung nach Satz 3 kann bei Überweisungen auf ein Konto im Ausland auf 25 000 Euro begrenzt werden. ⁵Die Haftung für durch die Verzögerung oder Nichtausführung der Überweisung entstandenen Schaden kann auf 12 500 Euro begrenzt werden; dies gilt nicht für Vorsatz und grobe Fahrlässigkeit, den Zinsschaden und für Gefahren, die das Kreditinstitut besonders übernommen hat. ⁶Die Ansprüche sind ausgeschlossen, soweit der Fehler bei der Ausführung des Vertrages auf höherer Gewalt beruht.
(5) ¹Von den Vorschriften der Absätze 1 bis 4 darf, soweit dort nichts anderes bestimmt ist, zum Nachteil des Begünstigten nur bei Überweisungen der in § 676c Abs. 3 bezeichneten Art abgewichen werden.

§ 676h Missbrauch von Zahlungskarten

¹Das Kreditinstitut kann Aufwendungsersatz für die Verwendung von Zahlungskarten oder von deren Daten nur verlangen, wenn diese nicht von einem Dritten missbräuchlich verwendet wurden. ²Wenn der Zahlungskarte nicht ein Girovertrag, sondern ein anderer Geschäftsbesorgungsvertrag zugrunde liegt, gilt Satz 1 für den Kartenaussteller entsprechend.

Titel 13. Geschäftsführung ohne Auftrag

§ 677 Pflichten des Geschäftsführers

¹Wer ein Geschäft für einen anderen besorgt, ohne von ihm beauftragt oder ihm gegenüber sonst dazu berechtigt zu sein, hat das Geschäft so zu führen, wie das Interesse des Geschäftsherrn mit Rücksicht auf dessen wirklichen oder mutmaßlichen Willen es erfordert.

§ 678 Geschäftsführung gegen den Willen des Geschäftsherrn

¹Steht die Übernahme der Geschäftsführung mit dem wirklichen oder dem mutmaßlichen Willen des Geschäftsherrn in Widerspruch und mußte der Geschäftsführer dies erkennen, so ist er dem Geschäftsherrn zum Ersatz des aus der Geschäftsführung entstehenden Schadens auch dann verpflichtet, wenn ihm ein sonstiges Verschulden nicht zur Last fällt.

§ 679 Unbeachtlichkeit des entgegenstehenden Willens des Geschäftsherrn

¹Ein der Geschäftsführung entgegenstehender Wille des Geschäftsherrn kommt nicht in Betracht, wenn ohne die Geschäftsführung eine Pflicht des Geschäftsherrn, deren Erfüllung im öffentlichen Interesse liegt, oder eine gesetzliche Unterhaltspflicht des Geschäftsherrn nicht rechtzeitig erfüllt werden würde.

§ 680 Geschäftsführung zur Gefahrenabwehr

¹Bezweckt die Geschäftsführung die Abwendung einer dem Geschäftsherrn drohenden dringenden Gefahr, so hat der Geschäftsführer nur Vorsatz und grobe Fahrlässigkeit zu vertreten.

§ 681 Nebenpflichten des Geschäftsführers

¹Der Geschäftsführer hat die Übernahme der Geschäftsführung, sobald es tunlich ist, dem Geschäftsherrn anzuzeigen und, wenn nicht mit dem Aufschub Gefahr verbunden ist, dessen Entschließung abzuwarten. ²Im übrigen finden auf die Verpflichtungen des Geschäftsführers die für einen Beauftragten geltenden Vorschriften der §§ 666 bis 668 entsprechende Anwendung.

§ 682 Fehlende Geschäftsfähigkeit des Geschäftsführers

¹Ist der Geschäftsführer geschäftsunfähig oder in der Geschäftsfähigkeit beschränkt, so ist er nur nach den Vorschriften über den Schadensersatz wegen unerlaubter Handlungen und über die Herausgabe einer ungerechtfertigten Bereicherung verantwortlich.

§ 683 Ersatz von Aufwendungen

¹Entspricht die Übernahme der Geschäftsführung dem Interesse und dem wirklichen oder dem mutmaßlichen Willen des Geschäftsherrn, so kann der Geschäftsführer wie ein Beauftragter Ersatz seiner Aufwendungen verlangen. ²In den Fällen des § 679 steht dieser Anspruch dem Geschäftsführer zu, auch wenn die Übernahme der Geschäftsführung mit dem Willen des Geschäftsherrn in Widerspruch steht.

§ 684 Herausgabe der Bereicherung

¹Liegen die Voraussetzungen des § 683 nicht vor, so ist der Geschäftsherr verpflichtet, dem Geschäftsführer alles, was er durch die Geschäftsführung erlangt, nach den Vorschriften über die Herausgabe einer ungerechtfertigten Bereicherung herauszugeben. ²Genehmigt der Geschäftsherr die Geschäftsführung, so steht dem Geschäftsführer der im § 683 bestimmte Anspruch zu.

§ 685 Schenkungsabsicht

(1) ¹Dem Geschäftsführer steht ein Anspruch nicht zu, wenn er nicht die Absicht hatte, von dem Geschäftsherrn Ersatz zu verlangen.
(2) ¹Gewähren Eltern oder Voreltern ihren Abkömmlingen oder diese jenen Unterhalt, so ist im Zweifel anzunehmen, daß die Absicht fehlt, von dem Empfänger Ersatz zu verlangen.

§ 686 Irrtum über die Person des Geschäftsherrn

¹Ist der Geschäftsführer über die Person des Geschäftsherrn im Irrtum, so wird der wirkliche Geschäftsherr aus der Geschäftsführung berechtigt und verpflichtet.

§ 687 Unechte Geschäftsführung

(1) ¹Die Vorschriften der §§ 677 bis 686 finden keine Anwendung, wenn jemand ein fremdes Geschäft in der Meinung besorgt, daß es sein eigenes sei.
(2) ¹Behandelt jemand ein fremdes Geschäft als sein eigenes, obwohl er weiß, daß er nicht dazu berechtigt ist, so kann der Geschäftsherr die sich aus den §§ 677, 678, 681, 682 ergebenden Ansprüche geltend machen. ²Macht er sie geltend, so ist er dem Geschäftsführer nach § 684 Satz 1 verpflichtet.

Titel 14. Verwahrung

§ 688 Vertragstypische Pflichten bei der Verwahrung

¹Durch den Verwahrungsvertrag wird der Verwahrer verpflichtet, eine ihm von dem Hinterleger übergebene bewegliche Sache aufzubewahren.

§ 689 Vergütung

¹Eine Vergütung für die Aufbewahrung gilt als stillschweigend vereinbart, wenn die Aufbewahrung den Umständen nach nur gegen eine Vergütung zu erwarten ist.

§ 690 Haftung bei unentgeltlicher Verwahrung

¹Wird die Aufbewahrung unentgeltlich übernommen, so hat der Verwahrer nur für diejenige Sorgfalt einzustehen, welche er in eigenen Angelegenheiten anzuwenden pflegt.

§ 691 Hinterlegung bei Dritten

¹Der Verwahrer ist im Zweifel nicht berechtigt, die hinterlegte Sache bei einem Dritten zu hinterlegen. ²Ist die Hinterlegung bei einem Dritten gestattet, so hat der Verwahrer nur ein ihm bei dieser Hinterlegung zur Last fallendes Verschulden zu vertreten. ³Für das Verschulden eines Gehilfen ist er nach § 278 verantwortlich.

§ 692 Änderung der Aufbewahrung

¹Der Verwahrer ist berechtigt, die vereinbarte Art der Aufbewahrung zu ändern, wenn er den Umständen nach annehmen darf, daß der Hinterleger bei Kenntnis der Sachlage die Änderung billigen würde. ²Der Verwahrer hat vor der Änderung dem Hinterleger Anzeige zu machen und dessen Entschließung abzuwarten, wenn nicht mit dem Aufschub Gefahr verbunden ist.

§ 693 Ersatz von Aufwendungen

¹Macht der Verwahrer zum Zweck der Aufbewahrung Aufwendungen, die er den Umständen nach für erforderlich halten darf, so ist der Hinterleger zum Ersatz verpflichtet.

§ 694 Schadensersatzpflicht des Hinterlegers

¹Der Hinterleger hat den durch die Beschaffenheit der hinterlegten Sache dem Verwahrer entstehenden Schaden zu ersetzen, es sei denn, daß er die gefahrdrohende Beschaffenheit der Sache bei der Hinterlegung weder kennt noch kennen muß oder daß er sie dem Verwahrer angezeigt oder dieser sie ohne Anzeige gekannt hat.

§ 695 Rückforderungsrecht des Hinterlegers

¹Der Hinterleger kann die hinterlegte Sache jederzeit zurückfordern, auch wenn für die Aufbewahrung eine Zeit bestimmt ist. ²Die Verjährung des Anspruchs auf Rückgabe der Sache beginnt mit der Rückforderung.

1 S. 2 wurde durch das Schuldrechtsmodernisierungsgesetz neu geschaffen. Er bezweckt Vergleichbares wie § 604 Abs. 5;¹ siehe daher bei § 604.

§ 696 Rücknahmeanspruch des Verwahrers

¹Der Verwahrer kann, wenn eine Zeit für die Aufbewahrung nicht bestimmt ist, jederzeit die Rücknahme der hinterlegten Sache verlangen. ²Ist eine Zeit bestimmt, so kann er die vorzeitige Rücknahme nur verlangen, wenn ein wichtiger Grund vorliegt. ³Die Verjährung des Anspruchs beginnt mit dem Verlangen auf Rücknahme.

1 Die Vorschrift wurde durch das Schuldrechtsmodernisierungsgesetz um Satz 3 zum Beginn der Verjährung des Rücknahmeanspruchs ergänzt. Die Neuregelung bezweckt Vergleichbares wie § 604 Abs. 5.¹ Es wird insoweit auf § 604 Rn 3 verwiesen.

§ 697 Rückgabeort

¹Die Rückgabe der hinterlegten Sache hat an dem Ort zu erfolgen, an welchem die Sache aufzubewahren war; der Verwahrer ist nicht verpflichtet, die Sache dem Hinterleger zu bringen.

§ 698 Verzinsung des verwendeten Geldes

¹Verwendet der Verwahrer hinterlegtes Geld für sich, so ist er verpflichtet, es von der Zeit der Verwendung an zu verzinsen.

§ 699 Fälligkeit der Vergütung

(1) ¹Der Hinterleger hat die vereinbarte Vergütung bei der Beendigung der Aufbewahrung zu entrichten. ²Ist die Vergütung nach Zeitabschnitten bemessen, so ist sie nach dem Ablauf der einzelnen Zeitabschnitte zu entrichten.
(2) ¹Endigt die Aufbewahrung vor dem Ablauf der für sie bestimmten Zeit, so kann der Verwahrer einen seinen bisherigen Leistungen entsprechenden Teil der Vergütung verlangen, sofern nicht aus der Vereinbarung über die Vergütung sich ein anderes ergibt.

---

1 BT-Drucks 14/6040, 269.
1 BT-Drucks 14/6040, 269.

§ 700 Unregelmäßiger Verwahrungsvertrag

(1) ¹Werden vertretbare Sachen in der Art hinterlegt, daß das Eigentum auf den Verwahrer übergehen und dieser verpflichtet sein soll, Sachen von gleicher Art, Güte und Menge zurückzugewähren, so finden bei Geld die Vorschriften über den Darlehensvertrag, bei anderen Sachen die Vorschriften über den Sachdarlehensvertrag Anwendung. ²Gestattet der Hinterleger dem Verwahrer, hinterlegte vertretbare Sachen zu verbrauchen, so finden bei Geld die Vorschriften über den Darlehensvertrag, bei anderen Sachen die Vorschriften über den Sachdarlehensvertrag von dem Zeitpunkt an Anwendung, in welchem der Verwahrer sich die Sachen aneignet. ³In beiden Fällen bestimmen sich jedoch Zeit und Ort der Rückgabe im Zweifel nach den Vorschriften über den Verwahrungsvertrag.
(2) ¹Bei der Hinterlegung von Wertpapieren ist eine Vereinbarung der im Absatz 1 bezeichneten Art nur gültig, wenn sie ausdrücklich getroffen wird.

1 Der in § 700 geregelte unregelmäßige Verwahrungsvertrag ist ein **Typenverschmelzungsvertrag**, der mit dem Darlehensvertrag die Übereignung der hinterlegten Sache gemein hat, und mit dem Verwahrungsvertrag, dass der Vertrag dem überwiegenden Interesse des Hinterlegers, nicht dem des Empfängers dient. Infolge der Aufteilung des Darlehensrechts in Geld- und Sachdarlehen (vor §§ 488 ff. Rn 2) mussten die in Abs. 1 S. 1 und 2 a.F. enthaltenen Formulierungen „die Vorschriften über das Darlehen" durch Verweise auf Geld- oder Sachdarlehensrecht entsprechend der nun gültigen Rechtslage ersetzt werden.[1] Inhaltlich regelt **Abs. 1 S. 1** weiterhin die privatrechtlich vereinbarte Hinterlegung[2] mit **Übereignung** der Sache, während **Abs. 1 S. 2** die Hinterlegung mit **Gestattung der Aneignung** erfasst.[3] Außer den Vorschriften über den Darlehensvertrag[4] werden von dem unveränderten **Abs. 1 S. 3** hinsichtlich Zeit und Ort der Rückgabe der Sachen die Verwahrungsvorschriften (§§ 688 ff.) für anwendbar erklärt. Der Hinterleger kann dadurch vorbehaltlich einer abweichenden vertraglichen Einigung jederzeit – also ohne Einhaltung einer Frist – kündigen (vgl. § 695). Dies ist beim Hauptfall der unregelmäßigen Verwahrung, den Bankeinlagen auf einem Girokonto,[5] von besonderem Vorteil für den Hinterleger. **Abs. 2** wurde nicht verändert.

Titel 15. Einbringung von Sachen bei Gastwirten

§ 701 Haftung des Gastwirts

(1) ¹Ein Gastwirt, der gewerbsmäßig Fremde zur Beherbergung aufnimmt, hat den Schaden zu ersetzen, der durch den Verlust, die Zerstörung oder die Beschädigung von Sachen entsteht, die ein im Betrieb dieses Gewerbes aufgenommener Gast eingebracht hat.
(2) ¹Als eingebracht gelten
1. Sachen, welche in der Zeit, in der der Gast zur Beherbergung aufgenommen ist, in die Gastwirtschaft oder an einen von dem Gastwirt oder dessen Leuten angewiesenen oder von dem Gastwirt allgemein hierzu bestimmten Ort außerhalb der Gastwirtschaft gebracht oder sonst außerhalb der Gastwirtschaft von dem Gastwirt oder dessen Leuten in Obhut genommen sind;
2. Sachen, welche innerhalb einer angemessenen Frist vor oder nach der Zeit, in der der Gast zur Beherbergung aufgenommen war, von dem Gastwirt oder seinen Leuten in Obhut genommen sind.

²Im Fall einer Anweisung oder einer Übernahme der Obhut durch Leute des Gastwirts gilt dies jedoch nur, wenn sie dazu bestellt oder nach den Umständen als dazu bestellt anzusehen sind.
(3) ¹Die Ersatzpflicht tritt nicht ein, wenn der Verlust, die Zerstörung oder die Beschädigung von dem Gast, einem Begleiter des Gastes oder einer Person, die der Gast bei sich aufgenommen hat, oder durch die Beschaffenheit der Sachen oder durch höhere Gewalt verursacht wird.
(4) ¹Die Ersatzpflicht erstreckt sich nicht auf Fahrzeuge, auf Sachen, die in einem Fahrzeug belassen worden sind, und auf lebende Tiere.

§ 702 Beschränkung der Haftung; Wertsachen

(1) ¹Der Gastwirt haftet auf Grund des § 701 nur bis zu einem Betrag, der dem Hundertfachen des Beherbergungspreises für einen Tag entspricht, jedoch mindestens bis zu dem Betrage von 600 Euro und höchstens bis zu dem Betrage von 3 500 Euro; für Geld, Wertpapiere und Kostbarkeiten tritt an die Stelle von 3 500 Euro der Betrag von 800 Euro.

---

1 BT-Drucks 14/6040, 33 und 269.
2 Öffentlich-rechtliche Hinterlegungen gem. HintO unterfallen nicht dem Anwendungsbereich; vgl. MüKo/*Hüffer*, § 700 Rn 5.
3 Vgl. MüKo/*Hüffer*, § 700 Rn 7 ff.
4 Für das Gelddarlehen vgl. §§ 488 ff., für das Sachdarlehen vgl. §§ 607 ff.
5 Eingehend MüKo/*Hüffer*, § 700 Rn 15 ff.

(2) ¹Die Haftung des Gastwirts ist unbeschränkt,
1. wenn der Verlust, die Zerstörung oder die Beschädigung von ihm oder seinen Leuten verschuldet ist;
2. wenn es sich um eingebrachte Sachen handelt, die er zur Aufbewahrung übernommen oder deren Übernahme zur Aufbewahrung er entgegen der Vorschrift des Absatzes 3 abgelehnt hat.
(3) ¹Der Gastwirt ist verpflichtet, Geld, Wertpapiere, Kostbarkeiten und andere Wertsachen zur Aufbewahrung zu übernehmen, es sei denn, daß sie im Hinblick auf die Größe oder den Rang der Gastwirtschaft von übermäßigem Wert oder Umfang oder daß sie gefährlich sind. ²Er kann verlangen, daß sie in einem verschlossenen oder versiegelten Behältnis übergeben werden.

§ 702a Erlass der Haftung

(1) ¹Die Haftung des Gastwirts kann im voraus nur erlassen werden, soweit sie den nach § 702 Abs. 1 maßgeblichen Höchstbetrag übersteigt. ²Auch insoweit kann sie nicht erlassen werden für den Fall, daß der Verlust, die Zerstörung oder die Beschädigung von dem Gastwirt oder von Leuten des Gastwirts vorsätzlich oder grob fahrlässig verursacht wird oder daß es sich um Sachen handelt, deren Übernahme zur Aufbewahrung der Gastwirt entgegen der Vorschrift des § 702 Abs. 3 abgelehnt hat.
(2) ¹Der Erlaß ist nur wirksam, wenn die Erklärung des Gastes schriftlich erteilt ist und wenn sie keine anderen Bestimmungen enthält.

§ 703 Erlöschen des Schadensersatzanspruchs

¹Der dem Gast auf Grund der §§ 701, 702 zustehende Anspruch erlischt, wenn nicht der Gast unverzüglich, nachdem er von dem Verlust, der Zerstörung oder der Beschädigung Kenntnis erlangt hat, dem Gastwirt Anzeige macht. ²Dies gilt nicht, wenn die Sachen von dem Gastwirt zur Aufbewahrung übernommen waren oder wenn der Verlust, die Zerstörung oder die Beschädigung von ihm oder seinen Leuten verschuldet ist.

§ 704 Pfandrecht des Gastwirts

¹Der Gastwirt hat für seine Forderungen für Wohnung und andere dem Gast zur Befriedigung seiner Bedürfnisse gewährte Leistungen, mit Einschluß der Auslagen, ein Pfandrecht an den eingebrachten Sachen des Gastes. ²Die für das Pfandrecht des Vermieters geltenden Vorschriften des § 562 Abs. 1 Satz 2 und der §§ 562a bis 562d finden entsprechende Anwendung.

1 Es handelt sich um redaktionelle Folgeänderungen, bedingt durch Anpassungen der bestehenden Verweisungen an die durch die Neuordnung des Mietrechts geänderte Paragraphenfolge der mietrechtlichen Vorschriften.

Titel 16. Gesellschaft

§ 705 Inhalt des Gesellschaftsvertrags

¹Durch den Gesellschaftsvertrag verpflichten sich die Gesellschafter gegenseitig, die Erreichung eines gemeinsamen Zwecks in der durch den Vertrag bestimmten Weise zu fördern, insbesondere die vereinbarten Beiträge zu leisten.

§ 706 Beiträge der Gesellschafter

(1) ¹Die Gesellschafter haben in Ermangelung einer anderen Vereinbarung gleiche Beiträge zu leisten.
(2) ¹Sind vertretbare oder verbrauchbare Sachen beizutragen, so ist im Zweifel anzunehmen, daß sie gemeinschaftliches Eigentum der Gesellschafter werden sollen. ²Das gleiche gilt von nicht vertretbaren und nicht verbrauchbaren Sachen, wenn sie nach einer Schätzung beizutragen sind, die nicht bloß für die Gewinnverteilung bestimmt ist.
(3) ¹Der Beitrag eines Gesellschafters kann auch in der Leistung von Diensten bestehen.

§ 707 Erhöhung des vereinbarten Beitrags

¹Zur Erhöhung des vereinbarten Beitrags oder zur Ergänzung der durch Verlust verminderten Einlage ist ein Gesellschafter nicht verpflichtet.

§ 708 Haftung der Gesellschafter

¹Ein Gesellschafter hat bei der Erfüllung der ihm obliegenden Verpflichtungen nur für diejenige Sorgfalt einzustehen, welche er in eigenen Angelegenheiten anzuwenden pflegt.

§ 709 Gemeinschaftliche Geschäftsführung

(1) ¹Die Führung der Geschäfte der Gesellschaft steht den Gesellschaftern gemeinschaftlich zu; für jedes Geschäft ist die Zustimmung aller Gesellschafter erforderlich.
(2) ¹Hat nach dem Gesellschaftsvertrag die Mehrheit der Stimmen zu entscheiden, so ist die Mehrheit im Zweifel nach der Zahl der Gesellschafter zu berechnen.

§ 710 Übertragung der Geschäftsführung

¹Ist in dem Gesellschaftsvertrag die Führung der Geschäfte einem Gesellschafter oder mehreren Gesellschaftern übertragen, so sind die übrigen Gesellschafter von der Geschäftsführung ausgeschlossen. ²Ist die Geschäftsführung mehreren Gesellschaftern übertragen, so finden die Vorschriften des § 709 entsprechende Anwendung.

§ 711 Widerspruchsrecht

¹Steht nach dem Gesellschaftsvertrag die Führung der Geschäfte allen oder mehreren Gesellschaftern in der Art zu, daß jeder allein zu handeln berechtigt ist, so kann jeder der Vornahme eines Geschäfts durch den anderen widersprechen. ²Im Fall des Widerspruchs muß das Geschäft unterbleiben.

§ 712 Entziehung und Kündigung der Geschäftsführung

(1) ¹Die einem Gesellschafter durch den Gesellschaftsvertrag übertragene Befugnis zur Geschäftsführung kann ihm durch einstimmigen Beschluß oder, falls nach dem Gesellschaftsvertrag die Mehrheit der Stimmen entscheidet, durch Mehrheitsbeschluß der übrigen Gesellschafter entzogen werden, wenn ein wichtiger Grund vorliegt; ein solcher Grund ist insbesondere grobe Pflichtverletzung oder Unfähigkeit zur ordnungsmäßigen Geschäftsführung.
(2) ¹Der Gesellschafter kann auch seinerseits die Geschäftsführung kündigen, wenn ein wichtiger Grund vorliegt; die für den Auftrag geltenden Vorschriften des § 671 Abs. 2, 3 finden entsprechende Anwendung.

§ 713 Rechte und Pflichten der geschäftsführenden Gesellschafter

¹Die Rechte und Verpflichtungen der geschäftsführenden Gesellschafter bestimmen sich nach den für den Auftrag geltenden Vorschriften der §§ 664 bis 670, soweit sich nicht aus dem Gesellschaftsverhältnis ein anderes ergibt.

§ 714 Vertretungsmacht

¹Soweit einem Gesellschafter nach dem Gesellschaftsvertrag die Befugnis zur Geschäftsführung zusteht, ist er im Zweifel auch ermächtigt, die anderen Gesellschafter Dritten gegenüber zu vertreten.

§ 715 Entziehung der Vertretungsmacht

¹Ist im Gesellschaftsvertrag ein Gesellschafter ermächtigt, die anderen Gesellschafter Dritten gegenüber zu vertreten, so kann die Vertretungsmacht nur nach Maßgabe des § 712 Abs. 1 und, wenn sie in Verbindung mit der Befugnis zur Geschäftsführung erteilt worden ist, nur mit dieser entzogen werden.

§ 716 Kontrollrecht der Gesellschafter

(1) ¹Ein Gesellschafter kann, auch wenn er von der Geschäftsführung ausgeschlossen ist, sich von den Angelegenheiten der Gesellschaft persönlich unterrichten, die Geschäftsbücher und die Papiere der Gesellschaft einsehen und sich aus ihnen eine Übersicht über den Stand des Gesellschaftsvermögens anfertigen.
(2) ¹Eine dieses Recht ausschließende oder beschränkende Vereinbarung steht der Geltendmachung des Rechts nicht entgegen, wenn Grund zu der Annahme unredlicher Geschäftsführung besteht.

§ 717 Nichtübertragbarkeit der Gesellschafterrechte

¹Die Ansprüche, die den Gesellschaftern aus dem Gesellschaftsverhältnis gegeneinander zustehen, sind nicht übertragbar. ²Ausgenommen sind die einem Gesellschafter aus seiner Geschäftsführung zustehenden Ansprüche, soweit deren Befriedigung vor der Auseinandersetzung verlangt werden

kann, sowie die Ansprüche auf einen Gewinnanteil oder auf dasjenige, was dem Gesellschafter bei der Auseinandersetzung zukommt.

§ 718 Gesellschaftsvermögen
(1) ¹Die Beiträge der Gesellschafter und die durch die Geschäftsführung für die Gesellschaft erworbenen Gegenstände werden gemeinschaftliches Vermögen der Gesellschafter (Gesellschaftsvermögen).
(2) ¹Zu dem Gesellschaftsvermögen gehört auch, was auf Grund eines zu dem Gesellschaftsvermögen gehörenden Rechts oder als Ersatz für die Zerstörung, Beschädigung oder Entziehung eines zu dem Gesellschaftsvermögen gehörenden Gegenstands erworben wird.

§ 719 Gesamthänderische Bindung
(1) ¹Ein Gesellschafter kann nicht über seinen Anteil an dem Gesellschaftsvermögen und an den einzelnen dazu gehörenden Gegenständen verfügen; er ist nicht berechtigt, Teilung zu verlangen.
(2) ¹Gegen eine Forderung, die zum Gesellschaftsvermögen gehört, kann der Schuldner nicht eine ihm gegen einen einzelnen Gesellschafter zustehende Forderung aufrechnen.

§ 720 Schutz des gutgläubigen Schuldners
¹Die Zugehörigkeit einer nach § 718 Abs. 1 erworbenen Forderung zum Gesellschaftsvermögen hat der Schuldner erst dann gegen sich gelten zu lassen, wenn er von der Zugehörigkeit Kenntnis erlangt; die Vorschriften der §§ 406 bis 408 finden entsprechende Anwendung.

§ 721 Gewinn- und Verlustverteilung
(1) ¹Ein Gesellschafter kann den Rechnungsabschluß und die Verteilung des Gewinns und Verlusts erst nach der Auflösung der Gesellschaft verlangen.
(2) ¹Ist die Gesellschaft von längerer Dauer, so hat der Rechnungsabschluß und die Gewinnverteilung im Zweifel am Schluß jedes Geschäftsjahres zu erfolgen.

§ 722 Anteile am Gewinn und Verlust
(1) ¹Sind die Anteile der Gesellschafter am Gewinn und Verlust nicht bestimmt, so hat jeder Gesellschafter ohne Rücksicht auf die Art und die Größe seines Beitrags einen gleichen Anteil am Gewinn und Verlust.
(2) ¹Ist nur der Anteil am Gewinn oder am Verlust bestimmt, so gilt die Bestimmung im Zweifel für Gewinn und Verlust.

§ 723 Kündigung durch Gesellschafter
(1) ¹Ist die Gesellschaft nicht für eine bestimmte Zeit eingegangen, so kann jeder Gesellschafter sie jederzeit kündigen. ²Ist eine Zeitdauer bestimmt, so ist die Kündigung vor dem Ablauf der Zeit zulässig, wenn ein wichtiger Grund vorliegt. ³Ein wichtiger Grund liegt insbesondere vor,
1. wenn ein anderer Gesellschafter eine ihm nach dem Gesellschaftsvertrag obliegende wesentliche Verpflichtung vorsätzlich oder aus grober Fahrlässigkeit verletzt hat oder wenn die Erfüllung einer solchen Verpflichtung unmöglich wird;
2. wenn der Gesellschafter das 18. Lebensjahr vollendet hat.

⁴Der volljährig Gewordene kann die Kündigung nach Nummer 2 nur binnen drei Monaten von dem Zeitpunkt an erklären, in welchem er von seiner Gesellschafterstellung Kenntnis hatte oder haben mußte. ⁵Das Kündigungsrecht besteht nicht, wenn der Gesellschafter bezüglich des Gegenstands der Gesellschaft zum selbständigen Betrieb eines Erwerbsgeschäftes gemäß § 112 ermächtigt war oder der Zweck der Gesellschaft allein der Befriedigung seiner persönlichen Bedürfnisse diente. ⁶Unter den gleichen Voraussetzungen ist, wenn eine Kündigungsfrist bestimmt ist, die Kündigung ohne Einhaltung der Frist zulässig.
(2) ¹Die Kündigung darf nicht zur Unzeit geschehen, es sei denn, daß ein wichtiger Grund für die unzeitige Kündigung vorliegt. ²Kündigt ein Gesellschafter ohne solchen Grund zur Unzeit, so hat er den übrigen Gesellschaftern den daraus entstehenden Schaden zu ersetzen.
(3) ¹Eine Vereinbarung, durch welche das Kündigungsrecht ausgeschlossen oder diesen Vorschriften zuwider beschränkt wird, ist nichtig.

§ 724 Kündigung bei Gesellschaft auf Lebenszeit oder fortgesetzter Gesellschaft
¹Ist eine Gesellschaft für die Lebenszeit eines Gesellschafters eingegangen, so kann sie in gleicher Weise gekündigt werden wie eine für unbestimmte Zeit eingegangene Gesellschaft. ²Dasselbe gilt, wenn eine Gesellschaft nach dem Ablauf der bestimmten Zeit stillschweigend fortgesetzt wird.

§ 725 Kündigung durch Pfändungspfandgläubiger

(1) ¹Hat ein Gläubiger eines Gesellschafters die Pfändung des Anteils des Gesellschafters an dem Gesellschaftsvermögen erwirkt, so kann er die Gesellschaft ohne Einhaltung einer Kündigungsfrist kündigen, sofern der Schuldtitel nicht bloß vorläufig vollstreckbar ist.
(2) ¹Solange die Gesellschaft besteht, kann der Gläubiger die sich aus dem Gesellschaftsverhältnis ergebenden Rechte des Gesellschafters, mit Ausnahme des Anspruchs auf einen Gewinnanteil, nicht geltend machen.

§ 726 Auflösung wegen Erreichens oder Unmöglichwerdens des Zwecks

¹Die Gesellschaft endigt, wenn der vereinbarte Zweck erreicht oder dessen Erreichung unmöglich geworden ist.

§ 727 Auflösung durch Tod eines Gesellschafters

(1) ¹Die Gesellschaft wird durch den Tod eines der Gesellschafter aufgelöst, sofern nicht aus dem Gesellschaftsvertrag sich ein anderes ergibt.
(2) ¹Im Fall der Auflösung hat der Erbe des verstorbenen Gesellschafters den übrigen Gesellschaftern den Tod unverzüglich anzuzeigen und, wenn mit dem Aufschub Gefahr verbunden ist, die seinem Erblasser durch den Gesellschaftsvertrag übertragenen Geschäfte fortzuführen, bis die übrigen Gesellschafter in Gemeinschaft mit ihm anderweit Fürsorge treffen können. ²Die übrigen Gesellschafter sind in gleicher Weise zur einstweiligen Fortführung der ihnen übertragenen Geschäfte verpflichtet. ³Die Gesellschaft gilt insoweit als fortbestehend.

§ 728 Auflösung durch Insolvenz der Gesellschaft oder eines Gesellschafters

(1) ¹Die Gesellschaft wird durch die Eröffnung des Insolvenzverfahrens über das Vermögen der Gesellschaft aufgelöst. ²Wird das Verfahren auf Antrag des Schuldners eingestellt oder nach der Bestätigung eines Insolvenzplans, der den Fortbestand der Gesellschaft vorsieht, aufgehoben, so können die Gesellschafter die Fortsetzung der Gesellschaft beschließen.
(2) ¹Die Gesellschaft wird durch die Eröffnung des Insolvenzverfahrens über das Vermögen eines Gesellschafters aufgelöst. ²Die Vorschriften des § 727 Abs. 2 Satz 2, 3 finden Anwendung.

§ 729 Fortdauer der Geschäftsführungsbefugnis

¹Wird die Gesellschaft aufgelöst, so gilt die Befugnis eines Gesellschafters zur Geschäftsführung zu seinen Gunsten gleichwohl als fortbestehend, bis er von der Auflösung Kenntnis erlangt oder die Auflösung kennen muß. ²Das gleiche gilt bei Fortbestand der Gesellschaft für die Befugnis zur Geschäftsführung eines aus der Gesellschaft ausscheidenden Gesellschafters oder für ihren Verlust in sonstiger Weise.

§ 730 Auseinandersetzung; Geschäftsführung

(1) ¹Nach der Auflösung der Gesellschaft findet in Ansehung des Gesellschaftsvermögens die Auseinandersetzung unter den Gesellschaftern statt, sofern nicht über das Vermögen der Gesellschaft das Insolvenzverfahren eröffnet ist.
(2) ¹Für die Beendigung der schwebenden Geschäfte, für die dazu erforderliche Eingehung neuer Geschäfte sowie für die Erhaltung und Verwaltung des Gesellschaftsvermögens gilt die Gesellschaft als fortbestehend, soweit der Zweck der Auseinandersetzung es erfordert. ²Die einem Gesellschafter nach dem Gesellschaftsvertrag zustehende Befugnis zur Geschäftsführung erlischt jedoch, wenn nicht aus dem Vertrag sich ein anderes ergibt, mit der Auflösung der Gesellschaft; die Geschäftsführung steht von der Auflösung an allen Gesellschaftern gemeinschaftlich zu.

§ 731 Verfahren bei Auseinandersetzung

¹Die Auseinandersetzung erfolgt in Ermangelung einer anderen Vereinbarung in Gemäßheit der §§ 732 bis 735. ²Im übrigen gelten für die Teilung die Vorschriften über die Gemeinschaft.

§ 732 Rückgabe von Gegenständen

¹Gegenstände, die ein Gesellschafter der Gesellschaft zur Benutzung überlassen hat, sind ihm zurückzugeben. ²Für einen durch Zufall in Abgang gekommenen oder verschlechterten Gegenstand kann er nicht Ersatz verlangen.

§ 733 Berichtigung der Gesellschaftsschulden; Erstattung der Einlagen

(1) ¹Aus dem Gesellschaftsvermögen sind zunächst die gemeinschaftlichen Schulden mit Einschluß derjenigen zu berichtigen, welche den Gläubigern gegenüber unter den Gesellschaftern geteilt sind oder für welche einem Gesellschafter die übrigen Gesellschafter als Schuldner haften. ²Ist eine Schuld noch nicht fällig oder ist sie streitig, so ist das zur Berichtigung Erforderliche zurückzubehalten.
(2) ¹Aus dem nach der Berichtigung der Schulden übrig bleibenden Gesellschaftsvermögen sind die Einlagen zurückzuerstatten. ²Für Einlagen, die nicht in Geld bestanden haben, ist der Wert zu ersetzen, den sie zur Zeit der Einbringung gehabt haben. ³Für Einlagen, die in der Leistung von Diensten oder in der Überlassung der Benutzung eines Gegenstands bestanden haben, kann nicht Ersatz verlangt werden.
(3) ¹Zur Berichtigung der Schulden und zur Rückerstattung der Einlagen ist das Gesellschaftsvermögen, soweit erforderlich, in Geld umzusetzen.

§ 734 Verteilung des Überschusses

¹Verbleibt nach der Berichtigung der gemeinschaftlichen Schulden und der Rückerstattung der Einlagen ein Überschuß, so gebührt er den Gesellschaftern nach dem Verhältnis ihrer Anteile am Gewinn.

§ 735 Nachschusspflicht bei Verlust

¹Reicht das Gesellschaftsvermögen zur Berichtigung der gemeinschaftlichen Schulden und zur Rückerstattung der Einlagen nicht aus, so haben die Gesellschafter für den Fehlbetrag nach dem Verhältnis aufzukommen, nach welchem sie den Verlust zu tragen haben. ²Kann von einem Gesellschafter der auf ihn entfallende Beitrag nicht erlangt werden, so haben die übrigen Gesellschafter den Ausfall nach dem gleichen Verhältnisse zu tragen.

§ 736 Ausscheiden eines Gesellschafters, Nachhaftung

(1) ¹Ist im Gesellschaftsvertrag bestimmt, daß, wenn ein Gesellschafter kündigt oder stirbt oder wenn das Insolvenzverfahren über sein Vermögen eröffnet wird, die Gesellschaft unter den übrigen Gesellschaftern fortbestehen soll, so scheidet bei dem Eintritt eines solchen Ereignisses der Gesellschafter, in dessen Person es eintritt, aus der Gesellschaft aus.
(2) ¹Die für Personenhandelsgesellschaften geltenden Regelungen über die Begrenzung der Nachhaftung gelten sinngemäß.

§ 737 Ausschluss eines Gesellschafters

¹Ist im Gesellschaftsvertrag bestimmt, daß, wenn ein Gesellschafter kündigt, die Gesellschaft unter den übrigen Gesellschaftern fortbestehen soll, so kann ein Gesellschafter, in dessen Person ein die übrigen Gesellschafter nach § 723 Abs. 1 Satz 2 zur Kündigung berechtigender Umstand eintritt, aus der Gesellschaft ausgeschlossen werden. ²Das Ausschließungsrecht steht den übrigen Gesellschaftern gemeinschaftlich zu. ³Die Ausschließung erfolgt durch Erklärung gegenüber dem auszuschließenden Gesellschafter.

§ 738 Auseinandersetzung beim Ausscheiden

(1) ¹Scheidet ein Gesellschafter aus der Gesellschaft aus, so wächst sein Anteil am Gesellschaftsvermögen den übrigen Gesellschaftern zu. ²Diese sind verpflichtet, dem Ausscheidenden die Gegenstände, die er der Gesellschaft zur Benutzung überlassen hat, nach Maßgabe des § 732 zurückzugeben, ihn von den gemeinschaftlichen Schulden zu befreien und ihm dasjenige zu zahlen, was er bei der Auseinandersetzung erhalten würde, wenn die Gesellschaft zur Zeit seines Ausscheidens aufgelöst worden wäre. ³Sind gemeinschaftliche Schulden noch nicht fällig, so können die übrigen Gesellschafter dem Ausscheidenden, statt ihn zu befreien, Sicherheit leisten.
(2) ¹Der Wert des Gesellschaftsvermögens ist, soweit erforderlich, im Weg der Schätzung zu ermitteln.

§ 739 Haftung für Fehlbetrag

¹Reicht der Wert des Gesellschaftsvermögens zur Deckung der gemeinschaftlichen Schulden und der Einlagen nicht aus, so hat der Ausscheidende den übrigen Gesellschaftern für den Fehlbetrag nach dem Verhältnis seines Anteils am Verlust aufzukommen.

§ 740 Beteiligung am Ergebnis schwebender Geschäfte

(1) ¹Der Ausgeschiedene nimmt an dem Gewinn und dem Verlust teil, welcher sich aus den zur Zeit seines Ausscheidens schwebenden Geschäften ergibt. ²Die übrigen Gesellschafter sind berechtigt, diese Geschäfte so zu beendigen, wie es ihnen am vorteilhaftesten erscheint.
(2) ¹Der Ausgeschiedene kann am Schluß jedes Geschäftsjahres Rechenschaft über die inzwischen beendigten Geschäfte, Auszahlung des ihm gebührenden Betrags und Auskunft über den Stand der noch schwebenden Geschäfte verlangen.

Titel 17. Gemeinschaft

§ 741 Gemeinschaft nach Bruchteilen

¹Steht ein Recht mehreren gemeinschaftlich zu, so finden, sofern sich nicht aus dem Gesetz ein anderes ergibt, die Vorschriften der §§ 742 bis 758 Anwendung (Gemeinschaft nach Bruchteilen).

§ 742 Gleiche Anteile

¹Im Zweifel ist anzunehmen, daß den Teilhabern gleiche Anteile zustehen.

§ 743 Früchteanteil; Gebrauchsbefugnis

(1) ¹Jedem Teilhaber gebührt ein seinem Anteil entsprechender Bruchteil der Früchte.
(2) ¹Jeder Teilhaber ist zum Gebrauch des gemeinschaftlichen Gegenstands insoweit befugt, als nicht der Mitgebrauch der übrigen Teilhaber beeinträchtigt wird.

§ 744 Gemeinschaftliche Verwaltung

(1) ¹Die Verwaltung des gemeinschaftlichen Gegenstands steht den Teilhabern gemeinschaftlich zu.
(2) ¹Jeder Teilhaber ist berechtigt, die zur Erhaltung des Gegenstands notwendigen Maßregeln ohne Zustimmung der anderen Teilhaber zu treffen; er kann verlangen, daß diese ihre Einwilligung zu einer solchen Maßregel im voraus erteilen.

§ 745 Verwaltung und Benutzung durch Beschluss

(1) ¹Durch Stimmenmehrheit kann eine der Beschaffenheit des gemeinschaftlichen Gegenstands entsprechende ordnungsmäßige Verwaltung und Benutzung beschlossen werden. ²Die Stimmenmehrheit ist nach der Größe der Anteile zu berechnen.
(2) ¹Jeder Teilhaber kann, sofern nicht die Verwaltung und Benutzung durch Vereinbarung oder durch Mehrheitsbeschluß geregelt ist, eine dem Interesse aller Teilhaber nach billigem Ermessen entsprechende Verwaltung und Benutzung verlangen.
(3) ¹Eine wesentliche Veränderung des Gegenstands kann nicht beschlossen oder verlangt werden. ²Das Recht des einzelnen Teilhabers auf einen seinem Anteil entsprechenden Bruchteil der Nutzungen kann nicht ohne seine Zustimmung beeinträchtigt werden.

§ 746 Wirkung gegen Sondernachfolger

¹Haben die Teilhaber die Verwaltung und Benutzung des gemeinschaftlichen Gegenstands geregelt, so wirkt die getroffene Bestimmung auch für und gegen die Sondernachfolger.

§ 747 Verfügung über Anteil und gemeinschaftliche Gegenstände

¹Jeder Teilhaber kann über seinen Anteil verfügen. ²Über den gemeinschaftlichen Gegenstand im ganzen können die Teilhaber nur gemeinschaftlich verfügen.

§ 748 Lasten- und Kostentragung

¹Jeder Teilhaber ist den anderen Teilhabern gegenüber verpflichtet, die Lasten des gemeinschaftlichen Gegenstands sowie die Kosten der Erhaltung, der Verwaltung und einer gemeinschaftlichen Benutzung nach dem Verhältnis seines Anteils zu tragen.

§ 749 Aufhebungsanspruch

(1) ¹Jeder Teilhaber kann jederzeit die Aufhebung der Gemeinschaft verlangen.
(2) ¹Wird das Recht, die Aufhebung zu verlangen, durch Vereinbarung für immer oder auf Zeit ausgeschlossen, so kann die Aufhebung gleichwohl verlangt werden, wenn ein wichtiger Grund vorliegt. ²Unter der gleichen Voraussetzung kann, wenn eine Kündigungsfrist bestimmt wird, die Aufhebung ohne Einhaltung der Frist verlangt werden.

(3) ¹Eine Vereinbarung, durch welche das Recht, die Aufhebung zu verlangen, diesen Vorschriften zuwider ausgeschlossen oder beschränkt wird, ist nichtig.

§ 750 Ausschluss der Aufhebung im Todesfall

¹Haben die Teilhaber das Recht, die Aufhebung der Gemeinschaft zu verlangen, auf Zeit ausgeschlossen, so tritt die Vereinbarung im Zweifel mit dem Tod eines Teilhabers außer Kraft.

§ 751 Ausschluss der Aufhebung und Sondernachfolger

¹Haben die Teilhaber das Recht, die Aufhebung der Gemeinschaft zu verlangen, für immer oder auf Zeit ausgeschlossen oder eine Kündigungsfrist bestimmt, so wirkt die Vereinbarung auch für und gegen die Sondernachfolger. ²Hat ein Gläubiger die Pfändung des Anteils eines Teilhabers erwirkt, so kann er ohne Rücksicht auf die Vereinbarung die Aufhebung der Gemeinschaft verlangen, sofern der Schuldtitel nicht bloß vorläufig vollstreckbar ist.

§ 752 Teilung in Natur

¹Die Aufhebung der Gemeinschaft erfolgt durch Teilung in Natur, wenn der gemeinschaftliche Gegenstand oder, falls mehrere Gegenstände gemeinschaftlich sind, diese sich ohne Verminderung des Wertes in gleichartige, den Anteilen der Teilhaber entsprechende Teile zerlegen lassen. ²Die Verteilung gleicher Teile unter die Teilhaber geschieht durch das Los.

§ 753 Teilung durch Verkauf

(1) ¹Ist die Teilung in Natur ausgeschlossen, so erfolgt die Aufhebung der Gemeinschaft durch Verkauf des gemeinschaftlichen Gegenstands nach den Vorschriften über den Pfandverkauf, bei Grundstücken durch Zwangsversteigerung, und durch Teilung des Erlöses. ²Ist die Veräußerung an einen Dritten unstatthaft, so ist der Gegenstand unter den Teilhabern zu versteigern.
(2) ¹Hat der Versuch, den Gegenstand zu verkaufen, keinen Erfolg, so kann jeder Teilhaber die Wiederholung verlangen; er hat jedoch die Kosten zu tragen, wenn der wiederholte Versuch mißlingt.

§ 754 Verkauf gemeinschaftlicher Forderungen

¹Der Verkauf einer gemeinschaftlichen Forderung ist nur zulässig, wenn sie noch nicht eingezogen werden kann. ²Ist die Einziehung möglich, so kann jeder Teilhaber gemeinschaftliche Einziehung verlangen.

§ 755 Berichtigung einer Gesamtschuld

(1) ¹Haften die Teilhaber als Gesamtschuldner für eine Verbindlichkeit, die sie in Gemäßheit des § 748 nach dem Verhältnis ihrer Anteile zu erfüllen haben oder die sie zum Zweck der Erfüllung einer solchen Verbindlichkeit eingegangen sind, so kann jeder Teilhaber bei der Aufhebung der Gemeinschaft verlangen, daß die Schuld aus dem gemeinschaftlichen Gegenstand berichtigt wird.
(2) ¹Der Anspruch kann auch gegen die Sondernachfolger geltend gemacht werden.
(3) ¹Soweit zur Berichtigung der Schuld der Verkauf des gemeinschaftlichen Gegenstands erforderlich ist, hat der Verkauf nach § 753 zu erfolgen.

§ 756 Berichtigung einer Teilhaberschuld

¹Hat ein Teilhaber gegen einen anderen Teilhaber eine Forderung, die sich auf die Gemeinschaft gründet, so kann er bei der Aufhebung der Gemeinschaft die Berichtigung seiner Forderung aus dem auf den Schuldner entfallenden Teil des gemeinschaftlichen Gegenstands verlangen. ²Die Vorschriften des § 755 Abs. 2, 3 finden Anwendung.

§ 757 Gewährleistung bei Zuteilung an einen Teilhaber

¹Wird bei der Aufhebung der Gemeinschaft ein gemeinschaftlicher Gegenstand einem der Teilhaber zugeteilt, so hat wegen eines Mangels im Recht oder wegen eines Mangels der Sache jeder der übrigen Teilhaber zu seinem Anteil in gleicher Weise wie ein Verkäufer Gewähr zu leisten.

§ 758 Unverjährbarkeit des Aufhebungsanspruchs

¹Der Anspruch auf Aufhebung der Gemeinschaft unterliegt nicht der Verjährung.

Titel 18. Leibrente

§ 759 Dauer und Betrag der Rente

(1) ¹Wer zur Gewährung einer Leibrente verpflichtet ist, hat die Rente im Zweifel für die Lebensdauer des Gläubigers zu entrichten.
(2) ¹Der für die Rente bestimmte Betrag ist im Zweifel der Jahresbetrag der Rente.

§ 760 Vorauszahlung

(1) ¹Die Leibrente ist im voraus zu entrichten.
(2) ¹Eine Geldrente ist für drei Monate vorauszuzahlen; bei einer anderen Rente bestimmt sich der Zeitabschnitt, für den sie im voraus zu entrichten ist, nach der Beschaffenheit und dem Zweck der Rente.
(3) ¹Hat der Gläubiger den Beginn des Zeitabschnitts erlebt, für den die Rente im voraus zu entrichten ist, so gebührt ihm der volle auf den Zeitabschnitt entfallende Betrag.

§ 761 Form des Leibrentenversprechens

¹Zur Gültigkeit eines Vertrags, durch den eine Leibrente versprochen wird, ist, soweit nicht eine andere Form vorgeschrieben ist, schriftliche Erteilung des Versprechens erforderlich. ²Die Erteilung des Leibrentenversprechens in elektronischer Form ist ausgeschlossen, soweit das Versprechen der Gewährung familienrechtlichen Unterhaltes dient.

Titel 19. Unvollkommene Verbindlichkeiten

§ 762 Spiel; Wette

(1) ¹Durch Spiel oder durch Wette wird eine Verbindlichkeit nicht begründet. ²Das auf Grund des Spieles oder der Wette Geleistete kann nicht deshalb zurückgefordert werden, weil eine Verbindlichkeit nicht bestanden hat.
(2) ¹Diese Vorschriften gelten auch für eine Vereinbarung, durch die der verlierende Teil zum Zweck der Erfüllung einer Spiel- oder einer Wettschuld dem gewinnenden Teil gegenüber eine Verbindlichkeit eingeht, insbesondere für ein Schuldanerkenntnis.

§ 763 Lotterie- und Ausspielvertrag

¹Ein Lotterievertrag oder ein Ausspielvertrag ist verbindlich, wenn die Lotterie oder die Ausspielung staatlich genehmigt ist. ²Anderenfalls finden die Vorschriften des § 762 Anwendung.

§ 764 Differenzgeschäft

¹Wird ein auf Lieferung von Waren oder Wertpapieren lautender Vertrag in der Absicht geschlossen, daß der Unterschied zwischen dem vereinbarten Preis und dem Börsen- oder Marktpreise der Lieferungszeit von dem verlierenden Teil an den gewinnenden gezahlt werden soll, so ist der Vertrag als Spiel anzusehen. ²Dies gilt auch dann, wenn nur die Absicht des einen Teils auf die Zahlung des Unterschieds gerichtet ist, der andere Teil aber diese Absicht kennt oder kennen muß.

Titel 20. Bürgschaft

§ 765 Vertragstypische Pflichten der Bürgschaft

(1) ¹Durch den Bürgschaftsvertrag verpflichtet sich der Bürge gegenüber dem Gläubiger eines Dritten, für die Erfüllung der Verbindlichkeit des Dritten einzustehen.
(2) ¹Die Bürgschaft kann auch für eine künftige oder eine bedingte Verbindlichkeit übernommen werden.

§ 766 Schriftform der Bürgschaftserklärung

¹Zur Gültigkeit des Bürgschaftsvertrags ist schriftliche Erteilung der Bürgschaftserklärung erforderlich. ²Die Erteilung der Bürgschaftserklärung in elektronischer Form ist ausgeschlossen. ³Soweit der Bürge die Hauptverbindlichkeit erfüllt, wird der Mangel der Form geheilt.

§ 767 Umfang der Bürgschaftsschuld

(1) ¹Für die Verpflichtung des Bürgen ist der jeweilige Bestand der Hauptverbindlichkeit maßgebend. ²Dies gilt insbesondere auch, wenn die Hauptverbindlichkeit durch Verschulden oder Verzug des Hauptschuldners geändert wird. ³Durch ein Rechtsgeschäft, das der Hauptschuldner nach der Übernahme der Bürgschaft vornimmt, wird die Verpflichtung des Bürgen nicht erweitert.
(2) ¹Der Bürge haftet für die dem Gläubiger von dem Hauptschuldner zu ersetzenden Kosten der Kündigung und der Rechtsverfolgung.

§ 768 Einreden des Bürgen

(1) ¹Der Bürge kann die dem Hauptschuldner zustehenden Einreden geltend machen. ²Stirbt der Hauptschuldner, so kann sich der Bürge nicht darauf berufen, daß der Erbe für die Verbindlichkeit nur beschränkt haftet.
(2) ¹Der Bürge verliert eine Einrede nicht dadurch, daß der Hauptschuldner auf sie verzichtet.

§ 769 Mitbürgschaft

¹Verbürgen sich mehrere für dieselbe Verbindlichkeit, so haften sie als Gesamtschuldner, auch wenn sie die Bürgschaft nicht gemeinschaftlich übernehmen.

§ 770 Einreden der Anfechtbarkeit und der Aufrechenbarkeit

(1) ¹Der Bürge kann die Befriedigung des Gläubigers verweigern, solange dem Hauptschuldner das Recht zusteht, das seiner Verbindlichkeit zugrunde liegende Rechtsgeschäft anzufechten.
(2) ¹Die gleiche Befugnis hat der Bürge, solange sich der Gläubiger durch Aufrechnung gegen eine fällige Forderung des Hauptschuldners befriedigen kann.

§ 771 Einrede der Vorausklage

¹Der Bürge kann die Befriedigung des Gläubigers verweigern, solange nicht der Gläubiger eine Zwangsvollstreckung gegen den Hauptschuldner ohne Erfolg versucht hat (Einrede der Vorausklage). ²Erhebt der Bürge die Einrede der Vorausklage, ist die Verjährung des Anspruchs des Gläubigers gegen den Bürgen gehemmt, bis der Gläubiger eine Zwangsvollstreckung gegen den Hauptschuldner ohne Erfolg versucht hat.

In einer späten Gesetzgebungsphase wurde dem § 771, der bislang aus S. 1 bestand, ein **S. 2 hinzugefügt**. Er regelt einen neuen Hemmungstatbestand (Rn 6), der ergänzend zu denen der §§ 203 ff. hinzutritt. 1

Der Anspruch des Gläubigers gegen den Bürgen (**Bürgschaftsanspruch**) **verjährt** mangels anderweitiger Abreden (siehe § 202) in der regelmäßigen Verjährungsfrist des § 195.[1] Die Frist beginnt mit der Entstehung des Anspruchs und Kenntnis oder grobfahrlässiger Unkenntnis der anspruchsbegründenden Tatsachen und der Person des Schuldners (§ 199 Abs. 1). 2

Der Bürgschaftsanspruch **entsteht** im Sinne des § 199 Abs. 1 Nr. 1 (§ 199 Rn 13) mit Eintritt des Bürgschaftsfalls. Die Voraussetzungen für die Inanspruchnahme des Bürgen und damit für die Fälligkeit des Bürgschaftsanspruchs sind durch Auslegung zu ermitteln. Unzutreffend ist es, wenn die Gesetzesmaterialien davon ausgehen, der Anspruch des Gläubigers gegen den Bürgen entstehe in der Regel gleichzeitig mit der Hauptforderung.[2] Regelmäßig, d.h. sofern die Auslegung des Bürgschaftsvertrages nichts anderes ergibt, entsteht der Anspruch erst, wenn die Hauptforderung fällig geworden ist und der Bürge durch den Gläubiger in Anspruch genommen wurde. Es bedarf daher stets auch der Leistungsaufforderung durch den Gläubiger an den Bürgen.[3] 3

Die Verkürzung der bisherigen Dreißig-Jahres-Frist des § 195 a.F. auf jetzt drei Jahre (§ 195) wird den Gläubiger früher als bisher zu verjährungshemmenden Schritten, insbesondere zur **Klageerhebung** (§ 204 Abs. 1 Nr. 1) gegen den Bürgen, zwingen. 4

Nimmt der Gläubiger den Bürgen in Anspruch, bevor der Gläubiger die Zwangsvollstreckung gegen den Hauptschuldner ohne Erfolg versucht hat, dann kann der Bürge seine Leistung gemäß S. 1 verweigern, sofern die Einrede nicht nach § 773 ausgeschlossen ist. Nach **bisherigem Recht** hat die Erhebung der Einrede der Vorausklage durch den Bürgen die Verjährung des Bürgschaftsanspruch des Gläubigers gegen den Bürgen weder gehemmt noch unterbrochen. Das ergab sich aus § 202 Abs. 2 a.F. Diese Regelung wurde **kritisiert**, denn sie nötige den Gläubiger zu einer beschleunigten Geltendmachung seines Anspruchs gegen den Bürgen, um den Ablauf der Verjährungsfrist zu verhindern.[4] § 205 entspricht inhaltlich weitgehend dem 5

---
1 Zum bisherigen Recht siehe BGHZ 95, 375, 384; KG NJW-RR 1999, 1206; MüKo/*Habersack*, § 765 Rn 82.
2 Beschlussempfehlung und Bericht des Rechtsausschusses (6. Ausschuss), BT-Drucks 14/7052, S. 206 (zu § 786, Nr. 55).
3 Siehe BGHZ 92, 295, 300; Staudinger/*Horn*, § 765 Rn 112.
4 Staudinger/*Peters*, § 202 Rn 28.

bisherigen § 202 a.F. (siehe näher § 205), ohne dass er § 202 Abs. 2 wörtlich übernommen hätte. § 205 ist auf den Fall der Erhebung der Vorausklage nicht anzuwenden. Nach § 205 ist die Verjährung nur gehemmt, solange der Schuldner auf Grund einer Vereinbarung mit dem Gläubiger vorübergehend zur Verweigerung der Leistung berechtigt ist (siehe bei § 202).

6 Nach dem eingefügten S. 2 ist die Verjährung des Anspruchs des Gläubigers gegen den Bürgen gehemmt, wenn der Bürge die Einrede der Vorausklage erhebt. Die **Verjährungshemmung** dauert an, bis der Gläubiger eine Zwangsvollstreckung gegen den Hauptschuldner ohne Erfolg versucht hat. Zu der Frage, was unter einem erfolglosen Zwangsvollstreckungsversuch zu verstehen ist und wann er als beendet anzusehen ist, siehe die Rechtsprechung zu § 771 a.F.[5] Der Zeitraum, während dessen die Verjährung gehemmt ist, wird in die Verjährungsfrist nicht eingerechnet (§ 209).

7 S. 2 dient dem **Schutz des Gläubigers**. S. 1 zwingt den Gläubiger, dem der Bürge die Einrede der Vorausklage entgegenhält, gegen den Hauptschuldner Leistungsklage zu erheben, um zu einem vollstreckbaren Titel zu gelangen, auf dessen Grundlage die Zwangsvollstreckung versucht werden kann. S. 2 verhindert, dass in diesem Zeitraum die Verjährung des Bürgschaftsanspruchs weiter- und gegebenenfalls abläuft.[6] Die Vorschrift ist zu begrüßen.

8 Allerdings wird die Bedeutung des S. 2 dadurch eingeschränkt, dass in der Praxis überwiegende **selbstschuldnerische Bürgschaften** vereinbart werden, für welche die Einrede des § 771 gerade nicht gilt (§ 773 Abs. 1 Nr. 1). Hier hat der Gläubiger die Verjährungshemmung des Bürgschaftsanspruchs durch Maßnahmen nach den §§ 203 ff., insbesondere nach § 204 selbst herbeizuführen.

9 Das Schuldrechtsmodernisierungsgesetz hat **andere** – durchaus umstrittene – **verjährungsrechtliche Fragen**[7] des Bürgschaftsrechts nicht geregelt.[8] Insoweit ist auf die bisherige Rechtsprechung zu verweisen.

§ 772 Vollstreckungs- und Verwertungspflicht des Gläubigers

(1) ¹Besteht die Bürgschaft für eine Geldforderung, so muß die Zwangsvollstreckung in die beweglichen Sachen des Hauptschuldners an seinem Wohnsitz und, wenn der Hauptschuldner an einem anderen Ort eine gewerbliche Niederlassung hat, auch an diesem Ort, in Ermangelung eines Wohnsitzes und einer gewerblichen Niederlassung an seinem Aufenthaltsort versucht werden.

(2) ¹Steht dem Gläubiger ein Pfandrecht oder ein Zurückbehaltungsrecht an einer beweglichen Sache des Hauptschuldners zu, so muß er auch aus dieser Sache Befriedigung suchen. ²Steht dem Gläubiger ein solches Recht an der Sache auch für eine andere Forderung zu, so gilt dies nur, wenn beide Forderungen durch den Wert der Sache gedeckt werden.

§ 773 Ausschluss der Einrede der Vorausklage

(1) ¹Die Einrede der Vorausklage ist ausgeschlossen:
1. wenn der Bürge auf die Einrede verzichtet, insbesondere wenn er sich als Selbstschuldner verbürgt hat;
2. wenn die Rechtsverfolgung gegen den Hauptschuldner infolge einer nach der Übernahme der Bürgschaft eingetretenen Änderung des Wohnsitzes, der gewerblichen Niederlassung oder des Aufenthaltsorts des Hauptschuldners wesentlich erschwert ist;
3. wenn über das Vermögen des Hauptschuldners das Insolvenzverfahren eröffnet ist;
4. wenn anzunehmen ist, daß die Zwangsvollstreckung in das Vermögen des Hauptschuldners nicht zur Befriedigung des Gläubigers führen wird.

(2) ¹In den Fällen der Nummern 3, 4 ist die Einrede insoweit zulässig, als sich der Gläubiger aus einer beweglichen Sache des Hauptschuldners befriedigen kann, an der er ein Pfandrecht oder ein Zurückbehaltungsrecht hat; die Vorschrift des § 772 Abs. 2 Satz 2 findet Anwendung.

§ 774 Gesetzlicher Forderungsübergang

(1) ¹Soweit der Bürge den Gläubiger befriedigt, geht die Forderung des Gläubigers gegen den Hauptschuldner auf ihn über. ²Der Übergang kann nicht zum Nachteil des Gläubigers geltend gemacht werden. ³Einwendungen des Hauptschuldners aus einem zwischen ihm und dem Bürgen bestehenden Rechtsverhältnis bleiben unberührt.

(2) ¹Mitbürgen haften einander nur nach § 426.

---

5 Siehe insbesondere Palandt/*Sprau*, § 771 Rn 1; MüKo/*Habersack*, § 771 Rn 3, 7; Staudinger/*Horn*, § 771 Rn 7 f.
6 Beschlussempfehlung und Bericht des Rechtsausschusses (6. Ausschuss), BT-Drucks 14/7052, S. 206.
7 Zur Verjährungsproblematik der Bürgschaft (nach bisherigem Recht) siehe *Lieb*, Verjährung im Bürgschafts- und Gesellschaftsrecht, in: Gedächtnisschrift für Alexander Lüderitz, 2000, S. 455 ff. und den Überblick bei Palandt/*Sprau*, § 765 Rn 26.
8 Siehe zu diesen Staudinger/*Horn*, § 765 Rn 238.

§ 775 Anspruch des Bürgen auf Befreiung

(1) ¹Hat sich der Bürge im Auftrag des Hauptschuldners verbürgt oder stehen ihm nach den Vorschriften über die Geschäftsführung ohne Auftrag wegen der Übernahme der Bürgschaft die Rechte eines Beauftragten gegen den Hauptschuldner zu, so kann er von diesem Befreiung von der Bürgschaft verlangen:
1. wenn sich die Vermögensverhältnisse des Hauptschuldners wesentlich verschlechtert haben;
2. wenn die Rechtsverfolgung gegen den Hauptschuldner infolge einer nach der Übernahme der Bürgschaft eingetretenen Änderung des Wohnsitzes, der gewerblichen Niederlassung oder des Aufenthaltsorts des Hauptschuldners wesentlich erschwert ist;
3. wenn der Hauptschuldner mit der Erfüllung seiner Verbindlichkeit im Verzug ist;
4. wenn der Gläubiger gegen den Bürgen ein vollstreckbares Urteil auf Erfüllung erwirkt hat.

(2) ¹Ist die Hauptverbindlichkeit noch nicht fällig, so kann der Hauptschuldner dem Bürgen, statt ihn zu befreien, Sicherheit leisten.

§ 776 Aufgabe einer Sicherheit

¹Gibt der Gläubiger ein mit der Forderung verbundenes Vorzugsrecht, eine für sie bestehende Hypothek oder Schiffshypothek, ein für sie bestehendes Pfandrecht oder das Recht gegen einen Mitbürgen auf, so wird der Bürge insoweit frei, als er aus dem aufgegebenen Recht nach § 774 hätte Ersatz erlangen können. ²Dies gilt auch dann, wenn das aufgegebene Recht erst nach der Übernahme der Bürgschaft entstanden ist.

§ 777 Bürgschaft auf Zeit

(1) ¹Hat sich der Bürge für eine bestehende Verbindlichkeit auf bestimmte Zeit verbürgt, so wird er nach dem Ablauf der bestimmten Zeit frei, wenn nicht der Gläubiger die Einziehung der Forderung unverzüglich nach Maßgabe des § 772 betreibt, das Verfahren ohne wesentliche Verzögerung fortsetzt und unverzüglich nach der Beendigung des Verfahrens dem Bürgen anzeigt, daß er ihn in Anspruch nehme. ²Steht dem Bürgen die Einrede der Vorausklage nicht zu, so wird er nach dem Ablauf der bestimmten Zeit frei, wenn nicht der Gläubiger ihm unverzüglich diese Anzeige macht.

(2) ¹Erfolgt die Anzeige rechtzeitig, so beschränkt sich die Haftung des Bürgen im Fall des Absatzes 1 Satz 1 auf den Umfang, den die Hauptverbindlichkeit zur Zeit der Beendigung des Verfahrens hat, im Fall des Absatzes 1 Satz 2 auf den Umfang, den die Hauptverbindlichkeit bei dem Ablauf der bestimmten Zeit hat.

§ 778 Kreditauftrag

¹Wer einen anderen beauftragt, im eigenen Namen und auf eigene Rechnung einem Dritten ein Darlehen oder eine Finanzierungshilfe zu gewähren, haftet dem Beauftragten für die aus dem Darlehen oder der Finanzierungshilfe entstehende Verbindlichkeit des Dritten als Bürge.

Bei der Änderung des § 778 handelt es sich ausweislich der Materialien um eine redaktionelle Folgeänderung aufgrund der Neuregelung des Darlehensrechts.[1] Der aus dem VerbrKrG bekannte Begriff „Kredit", der als Oberbegriff für das Darlehen, den Zahlungsaufschub und die sonstigen Finanzierungshilfen diente (vor §§ 488 ff. Rn 4), wurde zwar in der Norm, nicht aber in der amtlichen Überschrift aufgegeben.[2] 1

Nach § 778 haftet der Auftraggeber dem Beauftragten, der einem Dritten ein Darlehen oder eine Finanzierungshilfe gewährt hat, abweichend von den sonstigen Auftragsarten nicht gem. §§ 670, 675, sondern als Bürge nach §§ 765 ff.[3] Voraussetzung für § 778 ist zunächst ein **Auftrag** (§ 662 ggf. i.V.m. § 675) mit dem Inhalt, einem Dritten ein Darlehen oder eine Finanzierungshilfe im eigenen Namen und für eigene Rechnung[4] zu gewähren.[5] Nach neuer Diktion ist unter Darlehen nur noch der aufgrund eines **(Geld-)Darlehensvertrages** (§ 488) zurückzuerstattende Betrag zu verstehen,[6] so dass – anders als nach § 778 a.F.[7] – das Sachdarlehen (§§ 607 ff.) nicht mehr vom Anwendungsbereich der Norm erfasst ist. 2

---

1 BT-Drucks 14/6040, 270.
2 Insofern unzutreffend die Begr. zum RE, BT-Drucks 14/6040, 252. Vgl. auch die Überschrift des § 493.
3 MüKo/*Habersack*, § 778 Rn 1.
4 Anders: § 667; vgl. Larenz/*Canaris*, Schuldrecht BT, Bd. II/2, § 60, S. 21 f.
5 Zur Abgrenzung von der Bürgschaft ausführlich Jauernig/*Vollkommer*, § 778 Rn 2 m.w.N.; MüKo/*Habersack*, § 778 Rn 3.
6 Vgl. BT-Drucks 14/6040, 253.
7 Vgl. Palandt/*Sprau*, § 778 Rn 3; Jauernig/*Vollkommer*, § 778 Rn 1; Bülow, § 1 VerbrKrG Rn 76.

3 Fraglich ist, ob der Auftrag über die Gewährung eines **Zahlungsaufschubs** auch weiterhin[8] unter § 778 fällt, obwohl er nicht ausdrücklich erwähnt wird. Dies ist zu bejahen, weil § 499 den (entgeltlichen) Zahlungsaufschub als einen Unterfall der (entgeltlichen) Finanzierungshilfe auffasst, auf die § 778 anwendbar ist.

4 Die Beauftragung bedarf nicht der **Form** des § 766.[9] Vor Gewährung des Darlehens oder der Finanzierungshilfe sind die Vorschriften über den Auftrag und nach der Gewährung die über die Haftung des Bürgen anwendbar.[10]

Titel 21. Vergleich

§ 779 Begriff des Vergleichs, Irrtum über die Vergleichsgrundlage
(1) ¹Ein Vertrag, durch den der Streit oder die Ungewißheit der Parteien über ein Rechtsverhältnis im Weg gegenseitigen Nachgebens beseitigt wird (Vergleich), ist unwirksam, wenn der nach dem Inhalt des Vertrags als feststehend zugrunde gelegte Sachverhalt der Wirklichkeit nicht entspricht und der Streit oder die Ungewißheit bei Kenntnis der Sachlage nicht entstanden sein würde.
(2) ¹Der Ungewißheit über ein Rechtsverhältnis steht es gleich, wenn die Verwirklichung eines Anspruchs unsicher ist.

Titel 22. Schuldversprechen, Schuldanerkenntnis

§ 780 Schuldversprechen
¹Zur Gültigkeit eines Vertrags, durch den eine Leistung in der Weise versprochen wird, daß das Versprechen die Verpflichtung selbständig begründen soll (Schuldversprechen), ist, soweit nicht eine andere Form vorgeschrieben ist, schriftliche Erteilung des Versprechens erforderlich. ²Die Erteilung des Versprechens in elektronischer Form ist ausgeschlossen.

§ 781 Schuldanerkenntnis
¹Zur Gültigkeit eines Vertrags, durch den das Bestehen eines Schuldverhältnisses anerkannt wird (Schuldanerkenntnis), ist schriftliche Erteilung der Anerkennungserklärung erforderlich. ²Die Erteilung der Anerkennungserklärung in elektronischer Form ist ausgeschlossen. ³Ist für die Begründung des Schuldverhältnisses, dessen Bestehen anerkannt wird, eine andere Form vorgeschrieben, so bedarf der Anerkennungsvertrag dieser Form.

§ 782 Formfreiheit bei Vergleich
¹Wird ein Schuldversprechen oder ein Schuldanerkenntnis auf Grund einer Abrechnung oder im Weg des Vergleichs erteilt, so ist die Beobachtung der in den §§ 780, 781 vorgeschriebenen schriftlichen Form nicht erforderlich.

Titel 23. Anweisung

§ 783 Rechte aus der Anweisung
¹Händigt jemand eine Urkunde, in der er einen anderen anweist, Geld, Wertpapiere oder andere vertretbare Sachen an einen Dritten zu leisten, dem Dritten aus, so ist dieser ermächtigt, die Leistung bei dem Angewiesenen im eigenen Namen zu erheben; der Angewiesene ist ermächtigt, für Rechnung des Anweisenden an den Anweisungsempfänger zu leisten.

§ 784 Annahme der Anweisung
(1) ¹Nimmt der Angewiesene die Anweisung an, so ist er dem Anweisungsempfänger gegenüber zur Leistung verpflichtet; er kann ihm nur solche Einwendungen entgegensetzen, welche die Gültigkeit der Annahme betreffen oder sich aus dem Inhalt der Anweisung oder dem Inhalt der Annahme ergeben oder dem Angewiesenen unmittelbar gegen den Anweisungsempfänger zustehen.
(2) ¹Die Annahme erfolgt durch einen schriftlichen Vermerk auf der Anweisung. ²Ist der Vermerk auf die Anweisung vor der Aushändigung an den Anweisungsempfänger gesetzt worden, so wird die Annahme diesem gegenüber erst mit der Aushändigung wirksam.

---

8 Vgl. § 1 Abs. 2 VerbrKrG; Palandt/*Sprau*, § 778 Rn 3.
9 Vgl. Larenz/*Canaris*, Schuldrecht BT, Bd. II/2, § 60, S. 21, 22 ff.; Palandt/*Sprau*, § 778 Rn 2; *Bülow*, Kreditsicherheiten Rn 775, 877; Jauernig/*Vollkommer*, § 778 Rn 5.
10 Ausführlich MüKo/*Habersack*, § 778 Rn 7 ff.; Jauernig/*Vollkommer*, § 778 Rn 4 ff.

§ 785 Aushändigung der Anweisung

¹Der Angewiesene ist nur gegen Aushändigung der Anweisung zur Leistung verpflichtet.

§ 786 (aufgehoben)

§ 786 a.F. wurde aufgehoben. Er regelte allein die Verjährung des Anspruchs des Anweisungsempfängers gegen den Angewiesenen aus der Annahme der Anweisung gemäß den §§ 783 ff. § 786 a.F. hatte den folgenden **Wortlaut**: „Der Anspruch des Anweisungsempfängers gegen den Angewiesenen aus der Annahme verjährt in drei Jahren." **1**

Die Vorschrift wurde ersatzlos **gestrichen**. Es gilt **jetzt** auch für den genannten Anspruch die **Regelverjährung** der §§ 195, 199. **2**

Die Streichung des § 786 BGB a.F. hat im praktischen Ergebnis für den Regelfall **keine substantiellen Änderungen** der Anspruchsverjährung bewirkt. Die Verjährungsfrist beträgt auch nach neuem Recht drei Jahre.

Verändert hat sich der **Verjährungsbeginn** des Anspruchs. § 786 a.F. stellte in Verbindung mit § 198 S. 1 a.F. allein auf die Anspruchsentstehung ab. Der Anspruch entsteht mit Aushändigung der angenommenen Anweisung (§ 784 Abs. 2).[1] Heute beginnt die Verjährung mit der Anspruchsentstehung und der Kenntnis oder grobfahrlässigen Unkenntnis der anspruchsbegründenden Tatsachen und der Person des Schuldners (§ 199 Abs. 1 Nr. 1 und 2). Im Regelfall fallen aber bei dem in Rede stehenden Anspruch Anspruchentstehung und Kenntniserlangung im Sinne von § 199 Abs. 1 Nr. 2 zusammen, so dass sich in den meisten Fallkonstellationen im Ergebnis kein anderer Fristenablauf nach altem und neuen Recht ergeben wird. **3**

§ 787 Anweisung auf Schuld

(1) ¹Im Fall einer Anweisung auf Schuld wird der Angewiesene durch die Leistung in deren Höhe von der Schuld befreit.
(2) ¹Zur Annahme der Anweisung oder zur Leistung an den Anweisungsempfänger ist der Angewiesene dem Anweisenden gegenüber nicht schon deshalb verpflichtet, weil er Schuldner des Anweisenden ist.

§ 788 Valutaverhältnis

¹Erteilt der Anweisende die Anweisung zu dem Zweck, um seinerseits eine Leistung an den Anweisungsempfänger zu bewirken, so wird die Leistung, auch wenn der Angewiesene die Anweisung annimmt, erst mit der Leistung des Angewiesenen an den Anweisungsempfänger bewirkt.

§ 789 Anzeigepflicht des Anweisungsempfängers

¹Verweigert der Angewiesene vor dem Eintritt der Leistungszeit die Annahme der Anweisung oder verweigert er die Leistung, so hat der Anweisungsempfänger dem Anweisenden unverzüglich Anzeige zu machen. ²Das gleiche gilt, wenn der Anweisungsempfänger die Anweisung nicht geltend machen kann oder will.

§ 790 Widerruf der Anweisung

¹Der Anweisende kann die Anweisung dem Angewiesenen gegenüber widerrufen, solange nicht der Angewiesene sie dem Anweisungsempfänger gegenüber angenommen oder die Leistung bewirkt hat. ²Dies gilt auch dann, wenn der Anweisende durch den Widerruf einer ihm gegen den Anweisungsempfänger obliegenden Verpflichtung zuwiderhandelt.

---

1 Siehe nur Palandt/*Sprau*, § 786 BGB Rn 1, § 784 BGB Rn 3.

§ 791 Tod oder Geschäftsunfähigkeit eines Beteiligten

¹Die Anweisung erlischt nicht durch den Tod oder den Eintritt der Geschäftsunfähigkeit eines der Beteiligten.

§ 792 Übertragung der Anweisung

(1) ¹Der Anweisungsempfänger kann die Anweisung durch Vertrag mit einem Dritten auf diesen übertragen, auch wenn sie noch nicht angenommen worden ist. ²Die Übertragungserklärung bedarf der schriftlichen Form. ³Zur Übertragung ist die Aushändigung der Anweisung an den Dritten erforderlich.
(2) ¹Der Anweisende kann die Übertragung ausschließen. ²Die Ausschließung ist dem Angewiesenen gegenüber nur wirksam, wenn sie aus der Anweisung zu entnehmen ist oder wenn sie von dem Anweisenden dem Angewiesenen mitgeteilt wird, bevor dieser die Anweisung annimmt oder die Leistung bewirkt.
(3) ¹Nimmt der Angewiesene die Anweisung dem Erwerber gegenüber an, so kann er aus einem zwischen ihm und dem Anweisungsempfänger bestehenden Rechtsverhältnis Einwendungen nicht herleiten. ²Im übrigen finden auf die Übertragung der Anweisung die für die Abtretung einer Forderung geltenden Vorschriften entsprechende Anwendung.

Titel 24. Schuldverschreibung auf den Inhaber

§ 793 Rechte aus der Schuldverschreibung auf den Inhaber

(1) ¹Hat jemand eine Urkunde ausgestellt, in der er dem Inhaber der Urkunde eine Leistung verspricht (Schuldverschreibung auf den Inhaber), so kann der Inhaber von ihm die Leistung nach Maßgabe des Versprechens verlangen, es sei denn, daß er zur Verfügung über die Urkunde nicht berechtigt ist. ²Der Aussteller wird jedoch auch durch die Leistung an einen nicht zur Verfügung berechtigten Inhaber befreit.
(2) ¹Die Gültigkeit der Unterzeichnung kann durch eine in die Urkunde aufgenommene Bestimmung von der Beobachtung einer besonderen Form abhängig gemacht werden. ²Zur Unterzeichnung genügt eine im Weg der mechanischen Vervielfältigung hergestellte Namensunterschrift.

§ 794 Haftung des Ausstellers

(1) ¹Der Aussteller wird aus einer Schuldverschreibung auf den Inhaber auch dann verpflichtet, wenn sie ihm gestohlen worden oder verlorengegangen oder wenn sie sonst ohne seinen Willen in den Verkehr gelangt ist.
(2) ¹Auf die Wirksamkeit einer Schuldverschreibung auf den Inhaber ist es ohne Einfluß, wenn die Urkunde ausgegeben wird, nachdem der Aussteller gestorben oder geschäftsunfähig geworden ist.

§ 795 (aufgehoben)

§ 796 Einwendungen des Ausstellers

¹Der Aussteller kann dem Inhaber der Schuldverschreibung nur solche Einwendungen entgegensetzen, welche die Gültigkeit der Ausstellung betreffen oder sich aus der Urkunde ergeben oder dem Aussteller unmittelbar gegen den Inhaber zustehen.

§ 797 Leistungspflicht nur gegen Aushändigung

¹Der Aussteller ist nur gegen Aushändigung der Schuldverschreibung zur Leistung verpflichtet. ²Mit der Aushändigung erwirbt er das Eigentum an der Urkunde, auch wenn der Inhaber zur Verfügung über sie nicht berechtigt ist.

§ 798 Ersatzurkunde

¹Ist eine Schuldverschreibung auf den Inhaber infolge einer Beschädigung oder einer Verunstaltung zum Umlauf nicht mehr geeignet, so kann der Inhaber, sofern ihr wesentlicher Inhalt und ihre Unterscheidungsmerkmale noch mit Sicherheit erkennbar sind, von dem Aussteller die Erteilung einer neuen Schuldverschreibung auf den Inhaber gegen Aushändigung der beschädigten oder verunstalteten verlangen. ²Die Kosten hat er zu tragen und vorzuschießen.

§ 799 Kraftloserklärung

(1) ¹Eine abhanden gekommene oder vernichtete Schuldverschreibung auf den Inhaber kann, wenn nicht in der Urkunde das Gegenteil bestimmt ist, im Weg des Aufgebotsverfahrens für kraftlos erklärt werden. ²Ausgenommen sind Zins-, Renten- und Gewinnanteilscheine sowie die auf Sicht zahlbaren unverzinslichen Schuldverschreibungen.
(2) ¹Der Aussteller ist verpflichtet, dem bisherigen Inhaber auf Verlangen die zur Erwirkung des Aufgebots oder der Zahlungssperre erforderliche Auskunft zu erteilen und die erforderlichen Zeugnisse auszustellen. ²Die Kosten der Zeugnisse hat der bisherige Inhaber zu tragen und vorzuschießen.

§ 800 Wirkung der Kraftloserklärung

¹Ist eine Schuldverschreibung auf den Inhaber für kraftlos erklärt, so kann derjenige, welcher das Ausschlußurteil erwirkt hat, von dem Aussteller, unbeschadet der Befugnis, den Anspruch aus der Urkunde geltend zu machen, die Erteilung einer neuen Schuldverschreibung auf den Inhaber anstelle der für kraftlos erklärten verlangen. ²Die Kosten hat er zu tragen und vorzuschießen.

§ 801 Erlöschen; Verjährung

(1) ¹Der Anspruch aus einer Schuldverschreibung auf den Inhaber erlischt mit dem Ablauf von dreißig Jahren nach dem Eintritt der für die Leistung bestimmten Zeit, wenn nicht die Urkunde vor dem Ablauf der dreißig Jahre dem Aussteller zur Einlösung vorgelegt wird. ²Erfolgt die Vorlegung, so verjährt der Anspruch in zwei Jahren von dem Ende der Vorlegungsfrist an. ³Der Vorlegung steht die gerichtliche Geltendmachung des Anspruchs aus der Urkunde gleich.
(2) ¹Bei Zins-, Renten- und Gewinnanteilscheinen beträgt die Vorlegungsfrist vier Jahre. ²Die Frist beginnt mit dem Schluß des Jahres, in welchem die für die Leistung bestimmte Zeit eintritt.
(3) ¹Die Dauer und der Beginn der Vorlegungsfrist können von dem Aussteller in der Urkunde anders bestimmt werden.

§ 802 Zahlungssperre

¹Der Beginn und der Lauf der Vorlegungsfrist sowie der Verjährung werden durch die Zahlungssperre zugunsten des Antragstellers gehemmt. ²Die Hemmung beginnt mit der Stellung des Antrags auf Zahlungssperre; sie endigt mit der Erledigung des Aufgebotsverfahrens und, falls die Zahlungssperre vor der Einleitung des Verfahrens verfügt worden ist, auch dann, wenn seit der Beseitigung des der Einleitung entgegenstehenden Hindernisses sechs Monate verstrichen sind und nicht vorher die Einleitung beantragt worden ist. ³Auf diese Frist finden die Vorschriften der §§ 206, 210, 211 entsprechende Anwendung.

1 S. 3 wurde redaktionell an das neue Verjährungsrecht angepasst. An die Stelle der in S. 3 bislang genannten Verweisung auf die §§ 203, 206 und 207 a.F. tritt die Verweisung auf die §§ 206, 210 und 211. Es handelt sich um eine **redaktionelle Folgeänderung** aus der Reform des Verjährungsrechts.

§ 803 Zinsscheine

(1) ¹Werden für eine Schuldverschreibung auf den Inhaber Zinsscheine ausgegeben, so bleiben die Scheine, sofern sie nicht eine gegenteilige Bestimmung enthalten, in Kraft, auch wenn die Hauptforderung erlischt oder die Verpflichtung zur Verzinsung aufgehoben oder geändert wird.
(2) ¹Werden solche Zinsscheine bei der Einlösung der Hauptschuldverschreibung nicht zurückgegeben, so ist der Aussteller berechtigt, den Betrag zurückzubehalten, den er nach Absatz 1 für die Scheine zu zahlen verpflichtet ist.

§ 804 Verlust von Zins- oder ähnlichen Scheinen

(1) ¹Ist ein Zins-, Renten- oder Gewinnanteilschein abhanden gekommen oder vernichtet und hat der bisherige Inhaber den Verlust dem Aussteller vor dem Ablauf der Vorlegungsfrist angezeigt, so kann der bisherige Inhaber nach dem Ablauf der Frist die Leistung von dem Aussteller verlangen. ²Der Anspruch ist ausgeschlossen, wenn der abhanden gekommene Schein dem Aussteller zur Einlösung vorgelegt oder der Anspruch aus dem Schein gerichtlich geltend gemacht worden ist, es sei denn, daß die Vorlegung oder die gerichtliche Geltendmachung nach dem Ablauf der Frist erfolgt ist. ³Der Anspruch verjährt in vier Jahren.
(2) ¹In dem Zins-, Renten- oder Gewinnanteilschein kann der im Absatz 1 bestimmte Anspruch ausgeschlossen werden.

§ 805 Neue Zins- und Rentenscheine

¹Neue Zins- oder Rentenscheine für eine Schuldverschreibung auf den Inhaber dürfen an den Inhaber der zum Empfang der Scheine ermächtigenden Urkunde (Erneuerungsschein) nicht ausgegeben werden, wenn der Inhaber der Schuldverschreibung der Ausgabe widersprochen hat. ²Die Scheine sind in diesem Fall dem Inhaber der Schuldverschreibung auszuhändigen, wenn er die Schuldverschreibung vorlegt.

§ 806 Umschreibung auf den Namen

¹Die Umschreibung einer auf den Inhaber lautenden Schuldverschreibung auf den Namen eines bestimmten Berechtigten kann nur durch den Aussteller erfolgen. ²Der Aussteller ist zur Umschreibung nicht verpflichtet.

§ 807 Inhaberkarten und -vor marken

¹Werden Karten, Marken oder ähnliche Urkunden, in denen ein Gläubiger nicht bezeichnet ist, von dem Aussteller unter Umständen ausgegeben, aus welchen sich ergibt, daß er dem Inhaber zu einer Leistung verpflichtet sein will, so finden die Vorschriften des § 793 Abs. 1 und der §§ 794, 796, 797 entsprechende Anwendung.

§ 808 Namenspapiere mit Inhaberklausel

(1) ¹Wird eine Urkunde, in welcher der Gläubiger benannt ist, mit der Bestimmung ausgegeben, daß die in der Urkunde versprochene Leistung an jeden Inhaber bewirkt werden kann, so wird der Schuldner durch die Leistung an den Inhaber der Urkunde befreit. ²Der Inhaber ist nicht berechtigt, die Leistung zu verlangen.

(2) ¹Der Schuldner ist nur gegen Aushändigung der Urkunde zur Leistung verpflichtet. ²Ist die Urkunde abhanden gekommen oder vernichtet, so kann sie, wenn nicht ein anderes bestimmt ist, im Weg des Aufgebotsverfahrens für kraftlos erklärt werden. ³Die im § 802 für die Verjährung gegebenen Vorschriften finden Anwendung.

Titel 25. Vorlegung von Sachen

§ 809 Besichtigung einer Sache

¹Wer gegen den Besitzer einer Sache einen Anspruch in Ansehung der Sache hat oder sich Gewißheit verschaffen will, ob ihm ein solcher Anspruch zusteht, kann, wenn die Besichtigung der Sache aus diesem Grund für ihn von Interesse ist, verlangen, daß der Besitzer ihm die Sache zur Besichtigung vorlegt oder die Besichtigung gestattet.

§ 810 Einsicht in Urkunden

¹Wer ein rechtliches Interesse daran hat, eine in fremdem Besitz befindliche Urkunde einzusehen, kann von dem Besitzer die Gestattung der Einsicht verlangen, wenn die Urkunde in seinem Interesse errichtet oder in der Urkunde ein zwischen ihm und einem anderen bestehendes Rechtsverhältnis beurkundet ist oder wenn die Urkunde Verhandlungen über ein Rechtsgeschäft enthält, die zwischen ihm und einem anderen oder zwischen einem von beiden und einem gemeinschaftlichen Vermittler gepflogen worden sind.

§ 811 Vorlegungsort; Gefahr und Kosten

(1) ¹Die Vorlegung hat in den Fällen der §§ 809, 810 an dem Ort zu erfolgen, an welchem sich die vorzulegende Sache befindet. ²Jeder Teil kann die Vorlegung an einem anderen Ort verlangen, wenn ein wichtiger Grund vorliegt.

(2) ¹Die Gefahr und die Kosten hat derjenige zu tragen, welcher die Vorlegung verlangt. ²Der Besitzer kann die Vorlegung verweigern, bis ihm der andere Teil die Kosten vorschießt und wegen der Gefahr Sicherheit leistet.

Titel 26. Ungerechtfertigte Bereicherung

§ 812 Herausgabeanspruch

(1) ¹Wer durch die Leistung eines anderen oder in sonstiger Weise auf dessen Kosten etwas ohne rechtlichen Grund erlangt, ist ihm zur Herausgabe verpflichtet. ²Diese Verpflichtung besteht auch dann, wenn der rechtliche Grund später wegfällt oder der mit einer Leistung nach dem Inhalt des Rechtsgeschäfts bezweckte Erfolg nicht eintritt.
(2) ¹Als Leistung gilt auch die durch Vertrag erfolgte Anerkennung des Bestehens oder des Nichtbestehens eines Schuldverhältnisses.

§ 813 Erfüllung trotz Einrede

(1) ¹Das zum Zweck der Erfüllung einer Verbindlichkeit Geleistete kann auch dann zurückgefordert werden, wenn dem Anspruch eine Einrede entgegenstand, durch welche die Geltendmachung des Anspruchs dauernd ausgeschlossen wurde. ²Die Vorschrift des § 214 Abs. 2 bleibt unberührt.
(2) ¹Wird eine betagte Verbindlichkeit vorzeitig erfüllt, so ist die Rückforderung ausgeschlossen; die Erstattung von Zwischenzinsen kann nicht verlangt werden.

Abs. 1 S. 2 wurde redaktionell an das neue Verjährungsrecht angepasst. An die Stelle der in Abs. 1 S. 2 bislang genannten Verweisung auf § 222 Abs. 2 a.F. tritt die Verweisung auf § 214 Abs. 2. Es handelt sich um eine **redaktionelle Folgeänderung** aus der Reform des Verjährungsrechts. **1**

§ 814 Kenntnis der Nichtschuld

¹Das zum Zweck der Erfüllung einer Verbindlichkeit Geleistete kann nicht zurückgefordert werden, wenn der Leistende gewußt hat, daß er zur Leistung nicht verpflichtet war, oder wenn die Leistung einer sittlichen Pflicht oder einer auf den Anstand zu nehmenden Rücksicht entsprach.

§ 815 Nichteintritt des Erfolges

¹Die Rückforderung wegen Nichteintritts des mit einer Leistung bezweckten Erfolges ist ausgeschlossen, wenn der Eintritt des Erfolges von Anfang an unmöglich war und der Leistende dies gewußt hat oder wenn der Leistende den Eintritt des Erfolges wider Treu und Glauben verhindert hat.

§ 816 Verfügung eines Nichtberechtigten

(1) ¹Trifft ein Nichtberechtigter über einen Gegenstand eine Verfügung, die dem Berechtigten gegenüber wirksam ist, so ist er dem Berechtigten zur Herausgabe des durch die Verfügung Erlangten verpflichtet. ²Erfolgt die Verfügung unentgeltlich, so trifft die gleiche Verpflichtung denjenigen, welcher auf Grund der Verfügung unmittelbar einen rechtlichen Vorteil erlangt.
(2) ¹Wird an einen Nichtberechtigten eine Leistung bewirkt, die dem Berechtigten gegenüber wirksam ist, so ist der Nichtberechtigte dem Berechtigten zur Herausgabe des Geleisteten verpflichtet.

§ 817 Verstoß gegen Gesetz oder gute Sitten

¹War der Zweck einer Leistung in der Art bestimmt, daß der Empfänger durch die Annahme gegen ein gesetzliches Verbot oder gegen die guten Sitten verstoßen hat, so ist der Empfänger zur Herausgabe verpflichtet. ²Die Rückforderung ist ausgeschlossen, wenn dem Leistenden gleichfalls ein solcher Verstoß zur Last fällt, es sei denn, daß die Leistung in der Eingehung einer Verbindlichkeit bestand; das zur Erfüllung einer solchen Verbindlichkeit Geleistete kann nicht zurückgefordert werden.

§ 818 Umfang des Bereicherungsanspruchs

(1) ¹Die Verpflichtung zur Herausgabe erstreckt sich auf die gezogenen Nutzungen sowie auf dasjenige, was der Empfänger auf Grund eines erlangten Rechts oder als Ersatz für die Zerstörung, Beschädigung oder Entziehung des erlangten Gegenstands erwirbt.
(2) ¹Ist die Herausgabe wegen der Beschaffenheit des Erlangten nicht möglich oder ist der Empfänger aus einem anderen Grund zur Herausgabe außerstande, so hat er den Wert zu ersetzen.
(3) ¹Die Verpflichtung zur Herausgabe oder zum Ersatz des Wertes ist ausgeschlossen, soweit der Empfänger nicht mehr bereichert ist.
(4) ¹Von dem Eintritt der Rechtshängigkeit an haftet der Empfänger nach den allgemeinen Vorschriften.

§ 819 Verschärfte Haftung bei Kenntnis und bei Gesetzes- oder Sittenverstoß

(1) ¹Kennt der Empfänger den Mangel des rechtlichen Grundes bei dem Empfang oder erfährt er ihn später, so ist er von dem Empfang oder der Erlangung der Kenntnis an zur Herausgabe verpflichtet, wie wenn der Anspruch auf Herausgabe zu dieser Zeit rechtshängig geworden wäre.
(2) ¹Verstößt der Empfänger durch die Annahme der Leistung gegen ein gesetzliches Verbot oder gegen die guten Sitten, so ist er von dem Empfang der Leistung an in der gleichen Weise verpflichtet.

§ 820 Verschärfte Haftung bei ungewissem Erfolgseintritt

(1) ¹War mit der Leistung ein Erfolg bezweckt, dessen Eintritt nach dem Inhalt des Rechtsgeschäfts als ungewiß angesehen wurde, so ist der Empfänger, falls der Erfolg nicht eintritt, zur Herausgabe so verpflichtet, wie wenn der Anspruch auf Herausgabe zur Zeit des Empfangs rechtshängig geworden wäre. ²Das gleiche gilt, wenn die Leistung aus einem Rechtsgrund, dessen Wegfall nach dem Inhalt des Rechtsgeschäfts als möglich angesehen wurde, erfolgt ist und der Rechtsgrund wegfällt.
(2) ¹Zinsen hat der Empfänger erst von dem Zeitpunkt an zu entrichten, in welchem er erfährt, daß der Erfolg nicht eingetreten oder daß der Rechtsgrund weggefallen ist; zur Herausgabe von Nutzungen ist er insoweit nicht verpflichtet, als er zu dieser Zeit nicht mehr bereichert ist.

§ 821 Einrede der Bereicherung

¹Wer ohne rechtlichen Grund eine Verbindlichkeit eingeht, kann die Erfüllung auch dann verweigern, wenn der Anspruch auf Befreiung von der Verbindlichkeit verjährt ist.

§ 822 Herausgabepflicht Dritter

¹Wendet der Empfänger das Erlangte unentgeltlich einem Dritten zu, so ist, soweit infolgedessen die Verpflichtung des Empfängers zur Herausgabe der Bereicherung ausgeschlossen ist, der Dritte zur Herausgabe verpflichtet, wie wenn er die Zuwendung von dem Gläubiger ohne rechtlichen Grund erhalten hätte.

Titel 27. Unerlaubte Handlungen

§ 823 Schadensersatzpflicht

(1) ¹Wer vorsätzlich oder fahrlässig das Leben, den Körper, die Gesundheit, die Freiheit, das Eigentum oder ein sonstiges Recht eines anderen widerrechtlich verletzt, ist dem anderen zum Ersatz des daraus entstehenden Schadens verpflichtet.
(2) ¹Die gleiche Verpflichtung trifft denjenigen, welcher gegen ein den Schutz eines anderen bezweckendes Gesetz verstößt. ²Ist nach dem Inhalt des Gesetzes ein Verstoß gegen dieses auch ohne Verschulden möglich, so tritt die Ersatzpflicht nur im Fall des Verschuldens ein.

§ 824 Kreditgefährdung

(1) ¹Wer der Wahrheit zuwider eine Tatsache behauptet oder verbreitet, die geeignet ist, den Kredit eines anderen zu gefährden oder sonstige Nachteile für dessen Erwerb oder Fortkommen herbeizuführen, hat dem anderen den daraus entstehenden Schaden auch dann zu ersetzen, wenn er die Unwahrheit zwar nicht kennt, aber kennen muß.
(2) ¹Durch eine Mitteilung, deren Unwahrheit dem Mitteilenden unbekannt ist, wird dieser nicht zum Schadensersatz verpflichtet, wenn er oder der Empfänger der Mitteilung an ihr ein berechtigtes Interesse hat.

§ 825 Bestimmung zu sexuellen Handlungen

¹Wer eine Frauensperson durch Hinterlist, durch Drohung oder unter Mißbrauch eines Abhängigkeitsverhältnisses zur Gestattung der außerehelichen Beiwohnung bestimmt, ist ihr zum Ersatz des daraus entstehenden Schadens verpflichtet.

> § 825 (RE zum 2. Gesetz zur Änderung schadensersatzrechtlicher Vorschriften, 1998)
> Wer einen anderen durch Hinterlist durch Drohung, oder Mißbrauch eines Abhängigkeitsverhältnisses zur Vornahme oder Duldung sexueller Handlungen bestimmt, ist ihm zum Ersatze des daraus entstehenden Schadens verpflichtet.

§ 825 (RE zum 2. Gesetz zur Änderung schadensersatzrechtlicher Vorschriften, 2001)

Wer einen anderen durch Hinterlist, durch Drohung oder Missbrauch eines Abhängigkeitsverhältnisses zur Vornahme oder Duldung sexueller Handlungen bestimmt, ist ihm zum Ersatze des daraus entstehenden Schadens verpflichtet.

§ 825 wird terminologisch entstaubt, wobei der Gesetzgeber selbst einräumt, dass es sich bisher – weitgehend – um totes Recht gehandelt habe[1] und sich daran auch in Zukunft nichts ändern werde.[2] Die Beeinträchtigung der sexuellen Selbstbestimmung wurde bisher durch das allgemeine Persönlichkeitsrecht erfasst, woran sich auch in Zukunft nichts ändern soll. Der Gesetzgeber legitimiert die Gesetzesänderung damit, dass er nicht das falsche Signal setzen wollte.[3] Die Absicht ist durchaus anerkennenswert. Allein, etwas mehr Mut und ein Beitrag zur Entrümpelung der Kodifikation durch Entsorgung einer überflüssigen Norm wäre gewiss auch gut vertretbar gewesen. 1

§ 826 Sittenwidrige vorsätzliche Schädigung

¹Wer in einer gegen die guten Sitten verstoßenden Weise einem anderen vorsätzlich Schaden zufügt, ist dem anderen zum Ersatz des Schadens verpflichtet.

§ 827 Ausschluss und Minderung der Verantwortlichkeit

¹Wer im Zustand der Bewußtlosigkeit oder in einem die freie Willensbestimmung ausschließenden Zustand krankhafter Störung der Geistestätigkeit einem anderen Schaden zufügt, ist für den Schaden nicht verantwortlich. ²Hat er sich durch geistige Getränke oder ähnliche Mittel in einen vorübergehenden Zustand dieser Art versetzt, so ist er für einen Schaden, den er in diesem Zustand widerrechtlich verursacht, in gleicher Weise verantwortlich, wie wenn ihm Fahrlässigkeit zur Last fiele; die Verantwortlichkeit tritt nicht ein, wenn er ohne Verschulden in den Zustand geraten ist.

§ 828 Minderjährige; Taubstumme

(1) ¹Wer nicht das siebente Lebensjahr vollendet hat, ist für einen Schaden, den er einem anderen zufügt, nicht verantwortlich.
(2) ¹Wer das siebente, aber nicht das achtzehnte Lebensjahr vollendet hat, ist für einen Schaden, den er einem anderen zufügt, nicht verantwortlich, wenn er bei der Begehung der schädigenden Handlung nicht die zur Erkenntnis der Verantwortlichkeit erforderliche Einsicht hat. ²Das gleiche gilt von einem Taubstummen.

§ 9 S. 2 StVG (RE zum 2. Gesetz zur Änderung schadensersatzrechtlicher Vorschriften, 1998)

Ist der Schaden beim Betrieb eines Kraftfahrzeugs entstanden und hat der Verletzte im Zeitpunkt des Unfalls das zehnte Lebensjahr noch nicht vollendet, bleibt sein mitwirkendes Verschulden, auch wenn der Schaden nicht nach den Vorschriften dieses Gesetzes geltend gemacht wird, bei der Entstehung des Schadens unberücksichtigt.

§ 16 Abs. 2 StVG (RE zum 2. Gesetz zur Änderung schadensersatzrechtlicher Vorschriften, 1998)

¹Hat der Verursacher eines beim Betrieb eines Kraftfahrzeugs entstandenen Schadens im Zeitpunkt des Unfalls das zehnte Lebensjahr noch nicht vollendet, kann gegen ihn ein Anspruch auf Schadensersatz aus dem Unfallereignis, auf welchem Rechtsgrund er auch beruht, nicht geltend gemacht werden. ²Die Haftung nach § 7 bleibt unberührt. ³Die Bestimmung des § 829 BGB findet entsprechende Anwendung.

§ 4 S. 3 HPflG (RE zum 2. Gesetz zur Änderung schadensersatzrechtlicher Vorschriften, 1998)

Ist bei dem Betrieb einer Schienenbahn oder einer Schwebebahn ein Schaden entstanden und hat der Verletzte im Zeitpunkt des Unfalls das zehnte Lebensjahr noch nicht vollendet, bleibt sein mitwirkendes Verschulden, auch wenn der Schaden nicht nach den Vorschriften dieses Gesetzes geltend gemacht wird, bei der Entstehung des Schadens unberücksichtigt.

---

1 So auch die Dichte der Erläuterung in den BGB-Kommentaren: bei *Erman* eine einzige Randnummer, im MüKo ganze drei!
2 RE zum Zweiten Gesetz zur Änderung schadensersatzrechtlicher Vorschriften, 2001, S. 64.
3 Ebenda.

§ 12 Abs. 2 HPflG (RE zum 2. Gesetz zur Änderung schadensersatzrechtlicher Vorschriften, 1998)

¹Hat der Verursacher eines beim Betrieb einer Schienen- oder Schwebebahn entstandenen Schadens im Zeitpunkt des Unfalls das zehnte Lebensjahr noch nicht vollendet, kann gegen ihn ein Anspruch auf Schadensersatz aus dem Unfallereignis, auf welchem Rechtsgrund er auch beruht, nicht geltend gemacht werden. ²Die Haftung nach § 7 bleibt unberührt. ³Die Bestimmung des § 829 findet entsprechende Anwendung.

§ 828 (RE zum 2. Gesetz zur Änderung schadensersatzrechtlicher Vorschriften, 2001)

(1) Wer nicht das siebente Lebensjahr vollendet hat, ist für einen Schaden, den er einem anderen zufügt, nicht verantwortlich.

(2) ¹Wer das siebente, aber nicht das zehnte Lebensjahr vollendet hat, ist für den Schaden, den er bei einem Unfall mit einem Kraftfahrzeug, einer Schienenbahn oder einer Schwebebahn einem anderen zufügt, nicht verantwortlich. ²Dies gilt nicht, wenn er die Verletzung vorsätzlich herbeigeführt hat.

(3) Wer das achtzehnte Lebensjahr noch nicht vollendet hat, ist, sofern seine Verantwortlichkeit nicht nach den Absätzen 1 oder 2 ausgeschlossen ist, für den Schaden, den er einem anderen zufügt, nicht verantwortlich, wenn er bei der Begehung der schädigenden Handlung nicht die zur Erkenntnis der Verantwortlichkeit erforderliche Einsicht hat.

Literatur: *Ahrens,* Existenzvernichtung Jugendlicher durch Deliktshaftung? VersR 1997, 1064; *Athanasiadis,* Die Beschränkung der Haftung Minderjähriger (2000); *von Bar,* Deliktsrecht, in: BMJ (Hrsg.), 1981, Gutachten und Vorschläge zur Überarbeitung des Schuldrechts II, 1681; *Behnke,* Das neue Minderjährigenhaftungsbeschränkungsgesetz, NJW 1998, 3078; *J. Bollweg,* Gesetzliche Änderungen im Schadensersatzrecht, NZV 2000, 185; *Bundesrechtsanwaltskammer,* Entwurf eines Zweiten Gesetzes zur Änderung schadensrechtlicher Vorschriften, BRAK-Mitt. 1998, 181; *DAV,* Stellungnahme des Zivilrechtsausschusses und des Verkehrsrechtsausschusses (des DAV) zum Entwurf des Zweiten Schadensrechtsänderungsgesetzes, AnwBl 1998, 329; *Deutsch,* Haftungsrecht, 2. Auflage 1996; *Dornwald,* Gesetzliche Änderungen im Schadensersatzrecht? 38. VGT (2000), 105; *Eckebrecht,* Praktische Folgen des Minderjährigenhaftungsbeschränkungsgesetzes, MDR 1999, 1248; *Elsner,* Gesetzliche Änderungen im Schadensersatzrecht, zfs 2000, 233; *Freise,* Überlegungen zur Änderung des Schadensersatzrechtes, VersR 2001, 539; *Frietsch,* in: ADAC-Expertengespräch „Kinderhaftung und Kinderunfälle" am 21.3.1997 in München, DAR 1997, 243; *Gas,* Bemerkungen zum Schadensersatzrecht aus der Sicht der Versicherungswirtschaft, VersR 1999, 261; *Geiß,* Konfliktbewältigung in Verkehrssachen durch die Justiz, DAR 1998, 416; *Goecke,* Die unbegrenzte Haftung Minderjähriger im Deliktsrecht (1997); *ders.,* Unbegrenzte Haftung Minderjähriger? NJW 1999, 2305; *Großfeld/Mund,* Die Haftung der Eltern nach § 832 I BGB, FamRZ 1994, 1504; *Haberstroh,* Haftungsrisiko Kind – Eigenhaftung des Kindes und elterliche Aufsichtspflicht, VersR 2000, 806; *Heitmann,* Reform des Schadensrechts für Verkehrsunfälle (1996); *von Hippel,* Nochmals: Existenzvernichtung Jugendlicher durch Deliktshaftung? VersR 1998, 26; *Hofmann,* Minderjährige und Halterhaftung, NJW 1964, 228; *Ch. Huber,* Die schadenersatzrechtliche Einstandspflicht bei einem Verkehrsunfall – nicht mehr bloß eine Angelegenheit des nationalen Gesetzgebers?, zfs 2001, 529; *Karczewski,* Der Referentenentwurf eines Zweiten Gesetzes zur Änderung schadensersatzrechtlicher Vorschriften, VersR 2001, 1070; *Kuhlen,* Strafrechtliche Grenzen der zivilrechtlichen Deliktshaftung Minderjähriger? – zugleich Anm. zu OLG Celle 26.5.1989, 4 U 53/88, JZ 1990, 273; *Kuhn,* in: 2. Karlsruher Rechtsgespräch ADAC/DAV: Kritische Überlegungen zur Schadensrechtsreform, DAR 1999, 285; *Küppersbusch,* in: ADAC-Expertengespräch „Kinderhaftung und Kinderunfälle" am 21.3.1997 in München, DAR 1997, 243; *ders.,* Ersatzansprüche bei Personenschäden, 7. Auflage 2000; *Larenz/Wolf,* Allgemeiner Teil des Bürgerlichen Rechts, 8. Auflage 1997; *Limbourg,* Überforderte Kinder im Straßenverkehr, 36. VGT (1998), 211; *Looschelders,* Verfassungsrechtliche Grenzen der deliktischen Haftung Minderjähriger – Grundsatz der Totalreparation und Übermaßverbot, VersR 1999, 141; *Löwisch,* Beschränkung der Minderjährigenhaftung und gegenseitiger Vertrag, NJW 1999, 1002; *Macke,* Aktuelle Tendenzen bei der Regulierung von Unfallschäden, DAR 2000, 506; *Medicus,* Gesetzliche Änderungen im Schadensersatzrecht?, 38. VGT (2000), 121; *G. Müller,* Der neue Entwurf eines Zweiten Gesetzes zur Änderung schadensersatzrechtlicher Vorschriften, PHI 2001, 119; *dies.,* Zum Entwurf des Zweiten Gesetzes zur Änderung schadensrechtlicher Vorschriften, ZRP 1998, 258; *Neuhaus,* in: ADAC-Expertengespräch „Kinderhaftung und Kinderunfälle" am 21.3.1997 in München, DAR 1997, 243; *ders.,* Der Kinderunfall – Eine Herausforderung für Gesetzgebung und Rechtsprechung, 29. VGT (1991), 72; *Neuner,* Die Stellung Körperbehinderter im Privatrecht, NJW 2000, 1822; *Otto,* Große Reformen müssen reifen – Zum Referentenentwurf einer Schadensrechtsreform, NZV 2001, 335; *ders.,* Neuere Grenzziehungen im Schadensersatzrecht – Zum Referentenentwurf eines 2. SchadÄndG, NZV 1998, 433; *Pardey,* in: ADAC-Expertengespräch „Kinderhaftung und Kinderunfälle" am 21.3.1997 in München, DAR 1997, 243; *ders.,* Aufsichts- und Schutzpflichten zur Teilnahme am Straßenverkehr, DAR 2001, 1; *ders.,* Gesteigerter Schutz von Kindern bei ihrer Teilnahme am Straßenverkehr, DAR 1998, 1; *Reimann,* Der Minderjährige in der Gesellschaft – Kautelarjuristische Überlegungen aus Anlass des Minderjährigenhaftungsbeschränkungsgesetzes, DNotZ 1999, 179; *Rolfs,* Neues zur Deliktshaftung Minderjähriger, JZ 1999, 233; *Scheffen,* Änderungen schadensersatzrechtlicher Vorschriften im Hinblick auf betroffene Kinder und Jugendliche, ZRP 2001, 380; *dies.,* Reformvorschläge zur Haftung von Kindern und Jugendlichen, FS Steffen (1995), S. 387; *dies.,* Schadensersatzansprüche bei Beteiligung von Kindern und Jugendlichen an Verkehrsunfällen, VersR 1987, 116; *dies.,* Vorschläge zur Änderung des § 828 Abs. 1 und 2 BGB, FuR 1993, 82; *dies.,* Zur Reform der (zivilrechtlichen) Deliktsfähigkeit von Kindern ab dem 7. Lebensjahr (§ 828 I, II BGB), ZRP 1991, 458; *Scheffen/Pardey,* Schadensersatz bei Unfällen mit Kindern und Jugendlichen (1995); *Steffen,* in: ADAC-Expertengespräch „Kinderhaftung und Kinderunfälle" am 21.3.1997 in München, DAR 1997, 243; *ders.,* Die Balance zwischen „Tätern" und „Opfern" im Verkehrsrecht ist gefährdet, ZRP 1998, 147; *ders.,* Zur Haftung von Kindern im Straßenverkehr, VersR 1998, 1449.

Titel 27. Unerlaubte Handlungen § 828

Inhalt

A. Mosaikstein an der Schnittstelle von weiterreichenden Anliegen 1
I. Verstärkung des Schutzes der Rechtsstellung von Kindern – Haftungsbegrenzung 2
II. Verstärkung des Rechtsschutzes schwacher Verkehrsteilnehmer – Richtlinienvorschlag einer Arbeitsgruppe des Europäischen Parlaments 3
B. Anliegen des Gesetzgebers des 2. Schadensersatzrechtsänderungsgesetzes: Verbesserung des Schutzes von Kindern im Straßenverkehr 5
I. Anliegen des Gesetzgebers und die betroffenen Normen: § 828 und § 7 Abs. 2 StVG 5
II. Grund für Einschreiten: Faktische Veränderungen und (neue) Erkenntnisse der Entwicklungspsychologie 6
C. Anhebung der Deliktsfähigkeit im motorisierten Straßenverkehr von 7 auf 10 Jahre 10
I. Verhältnis von Deliktsfähigkeit und Verschulden 10
  1. Deliktsfähigkeit (§ 828) 11
  2. Verschulden (§ 276) 14
  3. Korrektur des Gesetzgebers bei Deliktsfähigkeit 15
II. Partieller Ausschnitt, keine generelle Anhebung des Alters der Deliktsfähigkeit 19
  1. Umschreibung in Anlehnung an Definition im StVG und im HaftPflG 19
  2. Welche Fälle sind nicht erfasst 20
D. Art der rechtstechnischen Umsetzung: Regelung in Gefährdungshaftungsgesetzen oder im BGB 21
E. Ausklammerung der Vorsatzhaftung (§ 828 Abs. 2 S. 2) 23

F. Verhältnis zur Einstandspflicht nach anderen Normen 25
I. In Betracht kommende Möglichkeiten der Verteilung des eingetretenen Schadens bei Entlastung des Kindes als Schädiger 25
II. Haftung der Aufsichtspflichtigen, im Regelfall der Eltern (§ 832) 27
  1. Die Aufsichtspflicht der Eltern – Forderungen nach einer Haftungsmilderung 28
  2. Verschärfung der Anforderungen an die Aufsichtspflicht der Eltern 30
  3. Ablehnung der Forderung nach Einführung einer Gefährdungshaftung der Eltern und/oder einer obligatorischen Familienhaftpflichtversicherung 31
  4. Resümee 32
III. Billigkeitshaftung (§ 829) 34
G. Kind als Opfer, Kind als Täter – Gleichbehandlung 35
H. Ergänzung des Schutzes: Ersetzung des unabwendbaren Ereignisses durch höhere Gewalt in § 7 Abs. 2 StVG 39
I. Unterschied zwischen unabwendbarem Ereignis und höherer Gewalt 39
II. Wechselbezug zu § 828 41
I. Wirtschaftliche Auswirkungen 42
I. Die Anzahl der Unfälle 43
II. Kind ist Schädiger 44
III. Kind ist Geschädigter 45
IV. Auswirkungen auf Dritte bei Ausblenden der Einstandspflicht des Aufsichtpflichtigen 46
J. Beseitigung der Sonderstellung von Gehörlosen 51

A. Mosaikstein an der Schnittstelle von weiterreichenden Anliegen

Die Reform des § 828 und die damit in engem Zusammenhang stehende des § 7 Abs. 2 StVG führen an einem neuralgischen Punkt zur Verbesserung der Rechtsstellung der in einen Straßenverkehrsunfall verwickelten Kinder und zugleich zu einer Verschärfung der Haftung von Haltern von Kraftfahrzeugen. Es handelt sich dabei um generell beobachtbare Tendenzen, die hier zusammenfallen. 1

I. Verstärkung des Schutzes der Rechtsstellung von Kindern – Haftungsbegrenzung

Es hat in den letzten Jahren Initiativen auf verschiedenen Gebieten gegeben, den Schutz von (minderjährigen) Kindern zu verbessern. Zu verweisen ist insbesondere auf das Minderjährigenhaftungsbegrenzungsgesetz[1] sowie die Bemühungen um die Begrenzung der Einstandspflicht Minderjähriger bei deliktischem Fehlverhalten, wozu auch das BVerfG[2] jüngst Gelegenheit hatte, Stellung zu nehmen. Die Diskussion über die sachgerechte Festlegung der allgemeinen Deliktsfähigkeit[3] ist überhaupt ein Dauerbrenner der privatrechtlichen Diskussion der letzten Jahrzehnte.[4] Der Gesetzgeber hat sich – zu Recht – dafür entschieden, einen Teilbereich einer sachgerechten Lösung zuzuführen.[5] 2

II. Verstärkung des Rechtsschutzes schwacher Verkehrsteilnehmer – Richtlinienvorschlag einer Arbeitsgruppe des Europäischen Parlaments

Parallel dazu sind Bestrebungen auf **europäischer Ebene** zu erkennen, auch im Deliktsrecht eine Rechtsangleichung zu erreichen. Nach dem Vorbild der französischen Loi Badinter soll die Rechtsstellung 3

---

1 BGBl I 1998 S. 2487, dazu *Behnke*, NJW 1998, 3078; *Eckebrecht*, MDR 1999, 1248; *Löwisch*, NJW 1999, 1002; *Reimann*, DNotZ 1999, 179; *Athanasiadis*, Die Beschränkung der Haftung Minderjähriger (2000).
2 NJW 1998, 3557 = NZV 1999, 39 = JZ 1999, 251 und dazu *Goecke*, NJW 1999, 2305 ff.; *Looschelders*, VersR 1999, 141 ff.; *Rolfs*, JZ 1999, 233 ff.
3 *Von Bar*, in: Gutachten und Vorschläge zur Überarbeitung des Schuldrechts II (Hrsg BMJ [1981]), 1681, 1762, 1774 ff.; *Scheffen*, ZRP 1991, 458.
4 Noch pointierter *Geiß*, DAR 1998, 416, 420, der eine „Ewigkeitsdiskussion" diagnostiziert.
5 RE 2001, 41.

des „schwachen Verkehrsteilnehmers" gestärkt sowie die Haftung des Lenkers, Halters bzw. der hinter diesen stehenden Kfz-Haftpflichtversicherung verschärft werden. Die Eckpunkte dieses Richtlinienentwurfs seien kurz skizziert:[6]

4 Als „schwacher" und somit schützenswerter Verkehrsteilnehmer wird **jede Person** angesehen, die vom **Lenker verschieden** ist. Es ist dies ein ungleich radikalerer Schritt als der des deutschen Gesetzgebers, der die Deliktsfähigkeit von Kindern im motorisierten Straßenverkehr von 7 auf 10 Jahre hinaufsetzt. An weitergehenden Vorschlägen, wie auch in Deutschland nicht gefehlt. So hat etwa die Bundesrechtsanwaltskammer[7] die Besserstellung aller nicht motorisierten Verkehrsteilnehmer erwogen, was aber vom Bundesrat[8] abgelehnt wurde. Anstelle eines strengen Kausalitätsbeweises ist der Nachweis der **Verwicklung in einen Unfall** ausreichend. Während dies eher von akademischer Bedeutung ist, wäre im Fall der Umsetzung ungleich folgenreicher die **Beseitigung des Mitverschuldens** für alle „schwachen" Verkehrsteilnehmer, sofern es sich nicht um eine besonders gravierende Fahrlässigkeit („faute lourde") handelt. Insoweit geht der Richtlinienvorschlag auch deutlich über das französische Recht hinaus, wo einer solchen Privilegierung nur Personen unter 16 und über 70 Jahren sowie solche, die eine Dauerbehinderung von über 80% haben, teilhaftig werden.[9] Der Halter kann sich nicht auf ein unabwendbares Ereignis berufen, sondern nur auf **höhere Gewalt**, eine Haftungsverschärfung, die der deutsche Gesetzgeber durch Novellierung des § 7 Abs. 2 StVG nun ebenfalls vornimmt. Von dem Richtlinienvorschlag erfasst ist **ausschließlich** der **Personenschaden**, so dass es bei Umsetzung 1:1 dazu käme, dass für Personen- und Sachschaden ein unterschiedliches Haftungsregime gelten würde. Wegen der dünnen Kompetenzgrundlage für die Erlassung einer solchen Richtlinie wurde lediglich die Einstandspflicht des Kfz-Haftpflichtversicherers geregelt, nicht aber die des Halters. Bei der Umsetzung ins deutsche Recht käme der Gesetzgeber aber wohl kaum umhin, das StVG und HaftPflG anzupassen. Inhaltlich geht es um Haftpflichtrecht, nicht um Privatversicherungsrecht.

B. Anliegen des Gesetzgebers des 2. Schadensersatzrechtsänderungsgesetzes: Verbesserung des Schutzes von Kindern im Straßenverkehr

I. Anliegen des Gesetzgebers und die betroffenen Normen: § 828 und § 7 Abs. 2 StVG

5 Die Zielrichtung der Novellierung des § 828, die Stellung minderjähriger Kinder bei Straßenverkehrsunfällen zu verbessern, wird von allen begrüßt, auch von den Vertretern der (Haftpflicht-)Versicherungswirtschaft.[10] Es handelt sich dabei um eine im Bundestag[11] sowie von den Verkehrsgerichtstagen[12] wiederholt vorgetragene Forderung.[13] Während die Novellierung des § 828 Abs. 2 auf nahezu[14] ungeteilte Zustimmung stößt,[15] wird die korrespondierende Abänderung des § 7 Abs. 2 StVG nicht von allen gebilligt.[16] Dass der Gesetzgeber jetzt tätig wurde, hat er namentlich mit zwei Argumenten begründet:

II. Grund für Einschreiten: Faktische Veränderungen und (neue) Erkenntnisse der Entwicklungspsychologie

6 Die – auch für Kinder sich ergebenden – Gefahren im Straßenverkehr heute sind mit denen vor 100 Jahren nicht vergleichbar.[17] Aber nicht nur die faktischen Verhältnisse sind andere, auch die Einschätzung hat sich gewandelt. Aufgrund der **Erkenntnisse der Entwicklungspsychologie** gilt es heute als gesichert, dass Kinder allerfrühestens ab einem Alter von 10 Jahren die psychischen und physischen Fähigkeiten mitbringen, um die besonderen Gefahren des motorisierten Verkehrs zu erkennen und sich den genannten Gefahren entsprechend zu verhalten.[18] *Scheffen* hat das schon 1991[19] auf den Punkt gebracht: Heute wissen wir, dass Kinder keine „kleinen Erwachsenen" sind.

---

6 Dazu *Ch. Huber*, zfs 2001, 529.
7 BRAK-Mitt 1998, 181, 184.
8 BT-Drucks 13/10766, 6.
9 *Scheffen*, ZRP 1991, 458, 460.
10 *Gas*, VersR 1999, 261, 263; *Dornwald*, 38. VGT (2000), 105, 106.
11 BT-Drucks 13/5302 und 13/6535, Anträge von Abgeordneten der Grünen bzw. der SPD.
12 So der Hinweis des RE 2001, 39 auf die VGT der Jahre 1983, 1991, 1998, 2000.
13 *Pardey*, DAR 1998, 1, 2; *Steffen*, VersR 1998, 1449; *G. Müller*, ZRP 1998, 258; *Otto*, NZV 1998, 433, 437; *J. Bollweg*, NZV 2000, 185, 186; *Karczewski*, VersR 2001, 1070, 1073; *Scheffen*, ZRP 2001, 380.
14 Kritik an einer festen Altersgrenze *Otto*, NZV 1998, 433, 437; an der Gleichbehandlung von den Fällen, in denen das noch nicht 10-jährige Kind Opfer und Täter ist *Elsner*, zfs 2000, 233.
15 *G. Müller*, ZRP 1998, 258; *dies.*, PHI 2001, 119, 122; *Macke*, DAR 2000, 506, 508.
16 *Gas*, VersR 1999, 261, 263; *Dornwald*, 38. VGT (2000), 105, 106.
17 *Scheffen*, FuR 1993, 82; *dies.*, FS Steffen (1995), S. 387, 388; *dies.*, ZRP 2001, 380; *Großfeld/Mund*, FamRZ 1994, 1504, 1505; *Steffen*, VersR 1998, 1449, 1450; *ders.*, ZRP 1998, 147, 148.
18 RE 1998, BT-Drucks 13/10435, 212; RE 2001, 24, 39, 64 f.; *Geiß*, DAR 1998, 416, 420; *Limbourg*, 36. VGT (1998), 211 ff.; *J. Bollweg*, NZV 2000, 185, 186; *Scheffen*, ZRP 2001, 380.
19 ZRP 1991, 458, 460.

Manche **Fähigkeiten** sind bei Kindern noch nicht so ausgebildet wie bei Erwachsenen: Wie psycho- 7
motorische Untersuchungen nachgewiesen haben, ist die Reaktionsfähigkeit von Kindern herabgesetzt.[20]
Aufgrund der geringeren Körpergröße und dem eingeschränkten Gesichtsfeld hat ein Kind größere Schwierigkeiten beim Einschätzen von Geschwindigkeiten, Entfernungen und Bremswegen.[21] Dessen ungeachtet bescheinigt *Limbourg*[22] aus entwicklungspsychologischer Sicht schon einem **6- bis 7-jährigen Kind** ein angemessenes Überquerungsverhalten, aber nur, wenn es sich auf den **Verkehr konzentriert** und nicht abgelenkt wird.

In den Auswirkungen bedeutsamer sind jedoch Beeinträchtigungen, die sich dadurch ergeben, dass sich ein 8
Kind nicht über einen längeren Zeitraum konzentrieren kann[23] bzw. sich leichter ablenken lässt.[24] Kinder üben häufig „Nebentätigkeiten" aus wie Essen, Spielen und Trinken und konzentrieren sich dann nicht mehr auf das Verkehrsgeschehen.[25] Genannt werden in diesem Zusammenhang: Lauf- und Erprobungsdrang, Impulsivität, Affektreaktionen, gruppendynamisches Verhalten, Abenteuerlust, Tatendrang, Disziplinmangel, Rauflust sowie Forschungs- und Erprobungsdrang.[26] Einem Kind fällt es typischerweise schwer, mehrere Gesichtspunkte gleichzeitig zu bedenken und eine begonnene Handlung abzubrechen. Prototypisch ist das Nachlaufen nach einem auf die Straße rollenden Ball. So sind die häufigsten unfallauslösende Verhaltensweisen von Kindern als Fußgänger plötzliches Überqueren der Fahrbahn, ohne auf den Fahrzeugverkehr zu achten (ca. 50%), sowie plötzliches Hervortreten hinter Sichthindernissen (ca. 30%).[27] Das Kind-Sein steht in diametralem Gegensatz zu den erforderlichen Verkehrsregeln. Der moderne Straßenverkehr bricht brutal in die Welt des Kindes ein.[28]

Ab welchem Alter ein Kind verkehrstauglich ist, darüber gehen die Meinungen auseinander. Die meisten 9
sprechen sich für **10 Jahre** als Untergrenze aus.[29] Von manchen wird **12 Jahre** als plausible Grenze genannt,[30] von anderen **14 Jahre**.[31] Auch findet sich der Hinweis auf 16 Jahre unter Bezugnahme auf die Rechtslage in Frankreich.[32] *Limbourg*[33] konstatiert, dass ein Kind als Fußgänger auch in der Phase zwischen 8 und 12 noch leicht ablenkbar sei, als Radfahrer erst mit 14 Jahren vollständig entwickelte Fähigkeiten habe. Auch wenn die Verkehrssicherheit durch Trainingsprogramme erhöht werden könne, so können die durch das Kind-Sein bedingten Defizite vor Erreichen des 14. Lebensjahres nicht überwunden werden. Die Einschätzung von *Otto*[34] dürfte daher zutreffen, dass auch die neue Altersgrenze in Diskussion bleiben wird.

C. Anhebung der Deliktsfähigkeit im motorisierten Straßenverkehr von 7 auf 10 Jahre

I. Verhältnis von Deliktsfähigkeit und Verschulden

Um zur Einstandspflicht des Schädigers zu kommen, müssen neben anderen folgende zwei Voraussetzun- 10
gen gegeben sein: Der Täter muss **deliktsfähig** sein und es muss ihm ein **Verschulden** vorwerfbar sein, wenn man von einer Gefährdungshaftung und der Billigkeitshaftung nach § 829 absieht. Die Prüfung der Deliktsfähigkeit ist dabei der des Verschuldens vorgelagert: Ohne Deliktsfähigkeit kein Verschulden.[35] Woran der Gesetzgeber gedreht hat, ist an der Deliktsfähigkeit, nicht am Verschulden. Er hat die Deliktsfähigkeit in einem bestimmten Bereich von 7 auf 10 Jahre hinaufgesetzt. Es erhebt sich die Frage, warum die Rechtsprechung die jahrzehntelangen Appelle der Verkehrsgerichtstage nicht oder kaum beherzigt hat[36] und ob der Gesetzgeber mit der Hinaufsetzung der Deliktsfähigkeit im Straßenverkehr von 7 auf 10 Jahre an der richtigen Schraube gedreht hat. Dazu ist es erforderlich, auf den Bedeutungsgehalt der Begriffe Deliktsfähigkeit und Verschulden nach bisheriger Rechtslage näher einzugehen. Diese beiden Begriffe spielten namentlich eine Rolle für Personen zwischen 7 und 18 Jahren.

---

20 *Otto*, NZV 1998, 433, 437.
21 *Pardey*, DAR 1998, 1, 4; *Macke*, DAR 2000, 506, 507 f.; *Scheffen*, ZRP 2001, 380.
22 36. VGT (1998), 211, 212.
23 *Haberstroh*, VersR 2000, 806, 807; RE 1998, BT-Drucks 13/10435, 212; RE 2001, 39, 65.
24 *Macke*, DAR 2000, 506, 508; *Haberstroh*, VersR 2000, 806, 808.
25 *Limbourg*, 36. VGT (1998), 211, 212.
26 *Pardey*, DAR 1998, 1, 4; *Scheffen*, ZRP 2001, 380; *Karczewski*, VersR 2001, 1070, 1073.
27 *Limbourg*, 36. VGT (1998), 211.
28 So treffend *Scheffen*, FuR 1993, 82.
29 *Kuhlen*, JZ 1990, 273 f.; *Neuhaus*, 29. VGT (1991), 72 f.; *ders.*, DAR 1997, 243, 244; Empfehlungen des 36. VGT (1998), 12; *Geiß*, DAR 1998, 416, 420; *Macke*, DAR 2000, 506, 507 f.
30 *Steffen*, ZRP 1998, 147, 148.
31 *Haberstroh*, VersR 2000, 806, 807; so auch Antrag von Abgeordneten der SPD und der Grünen: BT-Drucks 13/6535 und 13/5302.
32 *Freise*, VersR 2001, 539, 544.
33 36. VGT (1998), 211, 219.
34 NZV 2001, 335, 339.
35 *Larenz/Wolf*, Allgemeiner Teil des Bürgerlichen Rechts, 8. Aufl. 1997, § 6 Rn 33.
36 *Steffen* (VersR 1998, 1449, 1450) begründet dies mit den Schwierigkeiten bei der Feststellung.

1. Deliktsfähigkeit (§ 828)

11 Bei der Deliktsfähigkeit im Haftpflichtrecht geht es um die Frage, ob der Täter **intellektuell** begreift, dass es bei dem von ihm gesetzten Verhalten zu einem Schaden für Dritte kommen kann.[37] Im kritischen Zwischenbereich (bisher 7 bis 18 Jahre) ist somit im Haftpflichtprozess zu klären, ob ein Kind eines bestimmten Alters verstehen konnte, dass es bei seiner Verhaltensweise zu einem Schaden kommt. Von den **Gerichten** ist das im Zusammenhang mit Straßenverkehrsunfällen schon bei einem **7-jährigen** und um so mehr bei einem älteren Kind ohne weiteres angenommen worden.[38] Und stellt man allein auf das Kriterium des intellektuellen Begreifens ab, ist das wohl auch gar nicht falsch gewesen. Die Kinder wissen von der Schule und vom Elternhaus, wie man sich im Verkehr richtig verhält.[39] Trotz der altersbedingten Defizite ist auch von der Entwicklungspsychologie bescheinigt worden, dass ein 7-jähriges Kind bei **nötiger Konzentration** – jedenfalls als Fußgänger – verkehrstauglich ist. Und selbst wenn daran einmal Bedenken gegeben waren, so trägt nach § 828 Abs. 3 (§ 828 Abs. 2 a.F.) der Schädiger die Beweislast für die fehlende Deliktsfähigkeit, so dass im Zweifel letztendlich zu Lasten des Täters zu entscheiden war.[40]

12 Eine davon zu unterscheidende Frage ist die, ob das der **adäquate Maßstab** ist. Im **Strafrecht** hat man für die Deliktsfähigkeit nicht nur Einsichtsfähigkeit, sondern auch die Fähigkeit zur **Willenssteuerung** in der konkreten Situation verlangt.[41] § 3 JGG enthält insoweit schon vom Wortlaut her dieses zweite Element, indem es dort heißt: „... dass ein Jugendlicher nicht strafbar ist, wenn er zur Zeit der Tat nach seiner geistigen oder sittlichen Entwicklung unfähig war, das Ungesetzliche seiner Tat einzusehen oder seinen Willen dieser Einsicht gemäß zu bestimmen." Auch wenn in § 828 Abs. 3 (§ 828 Abs. 2 a.F.) lediglich auf „die zur Erkenntnis der Verantwortlichkeit erforderliche Einsicht" abgestellt wird, wäre es wohl im Weg der Auslegung möglich gewesen, ein entsprechendes Ergebnis zu erzielen.[42]

13 Das hat aber der BGH abgelehnt mit der Begründung, dass es sich insoweit um zwei unterschiedliche Fragenkreise handle, ob eine Person zu **bestrafen** sei oder ob es um den **Ausgleich von Schäden** gehe.[43] Auch bestehe im Haftungsrecht ein stärkeres Bedürfnis nach **pauschalen Wertungen**.[44] Der RE 1998 hat sich dieser Argumentation ausdrücklich angeschlossen.[45] Dass Strafrecht und Haftpflichtrecht unterschiedliche Zielsetzungen verfolgen und deshalb an unterschiedliche Merkmale anknüpfen dürfen, ist durchaus richtig. Das bedeutet aber umgekehrt nicht, dass ein Merkmal, das im Strafrecht überzeugungskräftig ist, a priori für das Zivilrecht ungeeignet sein muss. Zu verweisen ist namentlich darauf, dass im Strafrecht als zusätzliches Merkmal das Verschulden stets hinzukommen muss, während das im Zivilrecht nicht der Fall ist. Gerade beim Minderjährigen kann es kraft Billigkeit gleichwohl zu einer Einstandspflicht kommen (§ 829). Auch wenn somit die Hürde, die es bei der Deliktsfähigkeit zu nehmen gilt, erhöht wird, ist dies nicht gleichbedeutend mit der Versagung jeglichen Ersatzes.

2. Verschulden (§ 276)

14 Das Verschulden ist gegenüber der Deliktsfähigkeit der feinere Filter. Hier kommt es nicht allein auf den Intellekt als solchen an. Hier wird ein stärkerer **gruppenspezifischer Vergleichsmaßstab** angelegt. Die Fragestellung lautet: Hätte der Täter als Angehöriger einer bestimmten Spezies von Menschen sich in der konkreten Situation anders verhalten können? Es kommt nun ganz darauf an, auf **welchen Personenkreis** man abstellt. Von manchen wird betont, dass es eigentlich auf die Fähigkeiten des jeweiligen Kindes ankommen müsse, also ein **subjektiver** Verschuldensmaßstab zugrunde zu legen sei.[46] Aber selbst wenn man das – mit durchaus beachtlichen Gründen[47] – ablehnt, wäre es für die vorliegende Problematik schon hilfreich, wenn sich die Gerichte ernsthaft damit auseinandersetzen würden, zu welchem Verhalten ein **Kind eines bestimmten Alters** unter Berücksichtigung aller Umstände der konkreten Situation in der Lage ist. Die Defizite bei der Willenssteuerung, die nach den Erkenntnissen der Entwicklungspsychologie

---

37 *Scheffen*, ZRP 1991, 458; *Haberstroh*, VersR 2000, 806; *Rolfs*, JZ 1999, 233, 238; BGH NJW 1984, 1958.
38 *Pardey*, DAR 1998, 1, 3; *Steffen*, VersR 1998, 1449, 1450. *Scheffen*, ZRP 1991, 458 bezeichnet das als „normativ-objektivierenden Standard".
39 *Scheffen*, FuR 1993, 82.
40 *Pardey*, DAR 1998, 1, 3; *Freise*, VersR 2001, 539, 544.
41 RE 2001, BT-Drucks 13/10435, 24.
42 Für eine Anpassung des Begriffs der zivilrechtlichen Deliktsfähigkeit an das Strafrecht: *Kuhlen*, JZ 1990, 273 ff.; *Deutsch*, Haftungsrecht, 2. Auf. 1996, Rn 451 mit Nachweisen in Fn 438; *Otto*, NZV 1998, 433, 438; *Rolfs*, JZ 1999, 233, 238; *Scheffen*, ZRP 1991, 458, 459 unter Hinweis auf solche Versuche am 34. DJT (Köln) 1926 und im Referentenentwurf des BMJ 1967; *dies.*, FuR 1993, 82; *dies.*, FS Steffen (1995), S. 387, 391 f. unter Hinweis auf die Berücksichtigung im schweizerischen Recht.
43 VersR 1970, 467; VersR 1984, 641. Ebenso *Ahrens*, VersR 1997, 1064, 1065; *Steffen*, DAR 1997, 243, 245; *Pardey*, DAR 1998, 1, 4.
44 BGH NJW 1970, 1038, 1039; NJW 1984, 1958.
45 BT-Drucks 13/10435, 24.
46 *Pardey*, DAR 1998, 1, 4; *Haberstroh*, VersR 2000, 806, 809.
47 *Steffen*, VersR 1998, 1449 1450 untere Hinweis auf die damit einhergehenden Feststellungs- und Beweisschwierigkeiten.

alterstypisch sind, müssten in der Verschuldensprüfung im Rahmen des § 276 Berücksichtigung finden.[48] In der Rechtsprechung findet das aber nicht immer seinen Niederschlag,[49] um das mit der gebotenen Zurückhaltung auszudrücken. Wenn entweder ein subjektiver Verschuldensmaßstab zugrunde gelegt worden wäre[50] oder im Rahmen des Verschuldens wenigstens eine ernsthafte Auseinandersetzung mit den alterstypischen Steuerungsmöglichkeiten in der konkreten Situation stattgefunden hätte,[51] hätte es des **Eingreifens des Gesetzgebers nicht bedurft**.[52] Nachdem dies nicht erfolgt ist, war der Eingriff geboten.[53]

3. Korrektur des Gesetzgebers bei Deliktsfähigkeit

Mit der vorgenommenen Anhebung des Alters bei der Deliktsfähigkeit werden Erhebungen und Feststellungen entbehrlich, ob ein Kind mit 8 oder 9 Jahren typischerweise in der Lage ist, sich verkehrsgerecht zu verhalten.[54] Diese starre Grenzziehung erfolgt, weil nach den Erkenntnissen der Entwicklungspsychologie ein Kind, das jünger als 10 Jahre ist, über diese Fähigkeiten typischerweise nicht verfügt. Was der Gesetzgeber stärker berücksichtigt wissen will, ist insbesondere der Umstand, dass ein Kind für sein Verhalten nicht einstehen soll, weil es **altersbedingte Defizite** bei der **Willenssteuerung** hat. Das ist aber nun wiederum keine Frage des Intellekts, das hat nach hM ausschlaggebend für die Deliktsfähigkeit ist. Insoweit erfolgt die **Regelung nicht am richtigen Ort**.

Wie unten noch näher auszuführen sein wird, beschäftigte den Gesetzgeber so sehr die Frage, ob der richtige Standort der Regelung bei der Gefährdungshaftung oder im BGB sei, dass er keine Aufmerksamkeit mehr dafür verwendete, an **welcher Stelle im BGB** die Regelung systemgerecht zu platzieren sei. Nachdem in § 828 für die deliktsrechtliche Einstandspflicht maßgebliche Altersgrenzen festgelegt sind, meinte man, dass dies der passendste Standort sei. Vom sachlichen Kontext her wäre der Sorgfaltsmaßstab des § 276 angemessener gewesen.[55] Die inhaltsgleiche Regelung bei § 276 hätte darüber hinaus den Vorteil gehabt, dass dem Rechtsanwender leichter verständlich zu machen gewesen wäre, dass es dem Gesetzgeber um eine Festschreibung eines **Mindeststandards** ging. Die Gerichte sollen aber künftig bei Personen, die älter als 10 Jahre sind, prüfen, ob eine Willenssteuerung in der konkreten Situation aufgrund der altersbedingten Defizite zumutbar war.

Darüber hinaus ist anzumerken, dass nach der erfolgten Diagnose eigentlich eine andere Therapie zu erwarten gewesen wäre. Im RE 2001 ist an mehreren Stellen[56] die Rede davon, dass Kinder regelmäßig frühestens ab dem 10. Lebensjahr imstande sind, „die besonderen Gefahren des motorisierten Verkehrs zu erkennen **und sich den erkannten Gefahren entsprechend zu verhalten**". Wenn es in der Tat die kindliche Impulsivität ist, die dafür ausschlaggebend ist, dass sich das Kind nicht auf die Gefahren des Verkehrs konzentrieren kann und ihm deshalb Fehlleistungen passieren, dann wäre es folgerichtig gewesen, den Gerichten aufzutragen, dies stärker zu berücksichtigen. Die Anpassung der Deliktsfähigkeit an den einschlägigen strafrechtlichen Begriff, also die Einbeziehung der Willenssteuerungskomponente, wäre eine Möglichkeit gewesen. Wenn man aber an dem Anderssein des Zivilrechts gegenüber dem Strafrecht auch in diesem Punkt festhalten wollte, so wäre eine Präzisierung des Sorgfaltsmaßstabs sinnvoll gewesen.

Ein **Verzicht auf eine starre Altersgrenze**[57] hätte in der Tat den Gerichten mehr Spielraum für eine flexiblere Gestaltung belassen. Aber die Erkenntnisse der Entwicklungspsychologie sind nun schon eine ganze Weile bekannt, ohne dass die Gerichte dieses Know-how bei der Entscheidung der einschlägigen Fälle haben einfließen lassen. Es ist deshalb schon verständlich und nachvollziehbar, dass der **Gesetzgeber** sich für eine **strikte Vorgabe** entschieden hat. Wenn schon nach den Erkenntnissen der Entwicklungspsychologie bestimmte altersbedingte Defizite bekannt sind, dann soll es den Gerichten aufgrund der starren Grenze unmöglich gemacht werden, sich darüber – wie in der Vergangenheit – hinwegzusetzen. Das bedeutet aber nicht, dass nicht auch bei einem 11- oder 13-jährigen Kind aufgrund der konkreten Unfallsituation der Fall einmal so gelagert sein kann, dass die Willenssteuerungsfähigkeit auch bei anderen Gleichaltrigen nicht besser ausgebildet gewesen wäre, was zur Folge haben muss, dass insoweit ein **Verschulden** zu verneinen ist.[58] Vielleicht sollte in solchen Situationen auch öfter ein verkehrspsychologisches Gutachten

---

48 *Steffen*, DAR 1997, 243, 245; RGRK/*Steffen* § 828 Rn 4.
49 *Otto*, NZV 1998, 433, 438.
50 *Pardey*, DAR 2001, 1, 7.
51 *Scheffen*, ZRP 1991, 458, 459.
52 Erfrischend deutlich *Steffen*, VersR 1998, 1449: „Verschulden setzt körperliche, geistige und seelische Fähigkeiten zur Gefahrerkennung und Schadensvermeidung voraus. Wo sie unberücksichtigt bleiben, liegt das an Feststellungsschwierigkeiten, gelegentlich an Ignoranz, mitunter an mangelnder Fortbildung der Rechtsanwender, nicht am Gesetz".
53 *Steffen*, VersR 1998, 1449, 1450.
54 *Steffen*, ZRP 1998, 147, 148; *Macke*, DAR 2000, 506, 507.
55 So *Steffen*, VersR 1998, 1449, 1451; *Pardey*, DAR 2001, 1, 7.
56 RE 2001, 26, 39, 65.
57 Dafür *Otto*, NZV 1998, 433, 437 f.
58 *Otto*, NZV 1998, 433, 438.

eingeholt werden, wie das *Steffen*,[59] der ehemalige Vorsitzende Richter des Haftpflichtsenats, ausdrücklich angemahnt hat.

II. Partieller Ausschnitt, keine generelle Anhebung des Alters der Deliktsfähigkeit

1. Umschreibung in Anlehnung an Definition im StVG und im HaftPflG

19 Im Gegensatz zu früheren Forderungen, die Deliktsfähigkeit **generell** auf die Vollendung des 10. Lebensjahres anzuheben,[60] besteht nunmehr Einigkeit, dass es nur um **spezifische Gefahren im Zusammenhang mit dem motorisierten Straßenverkehr** geht.[61] Der Gesetzgeber hat dies ursprünglich im StVG und im HaftPflG geregelt. Von daher wird die nunmehrige Umschreibung verständlich, „Unfall mit einem Kraftfahrzeug, einer Schienenbahn oder einer Schwebebahn", die sich an diese Terminologie anlehnt.[62] Stellt man auf die Absicht des Gesetzgebers ab, ist die Regelung einerseits überschießend, andererseits zu wenig weitgehend. So ist es kaum vorstellbar, dass es durch die Fehleinschätzung von Geschwindigkeiten, Entfernungen, Bremswegen und dergleichen[63] bei einer **Schwebebahn** zu einem Unfall unter Beteiligung eines Kindes kommt. Wenn das aber nicht vorkommt, ist eine solche Regelung zwar nicht geboten, aber auch nicht schädlich. Anders verhält es sich mit der Ausklammerung von **Radfahrern**. Wenn es so häufig vorkommt, dass ein 8-jähriges Kind hinter einem parkenden Auto ohne Aufmerksamkeit hervorspringt, auf die Straße läuft und ein Radfahrer, der das Kind nicht oder erst im allerletzten Moment sehen konnte, sein Gefährt verreißen muss und dadurch das Kind verletzt oder selbst verletzt wird, dann verwirklicht sich auch insofern eine **Gefahr des motorisierten Straßenverkehrs**. Die Ausklammerung dieses Falles lässt sich nicht mit der nicht gegebenen Schutzwürdigkeit des Kindes[64] oder der gebotenen Gleichstellung mit anderen „schwachen Verkehrsteilnehmern" rechtfertigen.[65] Begründet kann diese Ausnahme werden mit den typischerweise geringeren Geschwindigkeiten des Radfahrers einerseits und dem Umstand andererseits, dass die Halter von Fahrzeugen bzw. Betriebsunternehmer von Bahnen oder Schwebebahnen pflichthaftpflichtversichert sind, Radfahrer aber nicht.

2. Welche Fälle sind nicht erfasst

20 Der komplementäre, nicht erfasste Bereich betrifft Unfälle mit Fahrrädern am Bürgersteig und mit Skateboards oder Inlineskatern in der Fußgängerzone.[66] Auch wurde eine verlangte Ausdehnung der Haftung im Schiffs- und Flugverkehr sowie in Freizeitparks[67] abgelehnt. Ausgenommen sind auch die Fälle, in denen das Kind Halter eines Kfz ist. All diese Fälle haben gemeinsam, dass es sich nicht um kindtypische Gefahren des Straßenverkehrs handelt. Beim Luft- und Schiffsverkehr spielt das Abschätzen von Entfernungen oder Bremswegen kaum jemals eine Rolle, wie dies aber für den Straßenverkehr typisch ist.[68] Entsprechendes gilt für Freizeitparks;[69] und soweit dort motorbetriebene Züge unterwegs sind, wäre zu prüfen, ob eine Subsumtion unter den Begriff der Bahn oder des Fahrzeugs in Betracht kommt. In Bezug auf die Haltereigenschaft eines Kindes ist darauf zu verweisen, dass es für die diesbezügliche Gefährdungshaftung auf die Deliktsfähigkeit gar nicht ankommt, weil es nicht um ein Verhalten des Halters, sondern die Verwirklichung eines Risikos aus dem Betrieb einer gefährlichen Sache geht.[70]

---

59 VersR 1998, 1449, 1450.
60 *Scheffen*, ZRP 1991, 458, 460.
61 BT-Drucks 13/10435, 21; RE 2001, 66: Nur bei Gefahren des motorisierten Straßenverkehrs; nur hier besteht ein Defizit, die Entfernungen nicht richtig einschätzen zu können. So auch *Pardey*, DAR 1998, 1, 3; *Steffen*, VersR 1998, 1449, 1450; *Freise*, VersR 2001, 539, 544.
62 RE 2001, 66.
63 So der Hinweis in RE 2001, 66.
64 So aber *Pardey*, DAR 2001, 1, 7: Bei anderen Verkehrsteilnehmern bestehe kein Anknüpfungspunkt, ihnen eine erhöhte Last aufzuerlegen; dieser liege allein in der Betriebsgefahr und Beherrschung des Fahrvorgangs.
65 So aber BT-Drucks 13/10435, 24 unter Hinweis auf die in § 3 Abs. 2 a StVO gleichgestellten Hilfsbedürftigen und älteren Menschen.
66 *Steffen*, VersR 1998, 1449, 1450; *ders.*, ZRP 1998, 147, 148.
67 *Bundesrechtsanwaltskammer*, BRAK-Mitt. 1998, 181, 184.
68 *Freise*, VersR 2001, 539, 546.
69 Dass diese nicht frei zugänglich sind und man diese nicht besuchen muss, ist kein tragfähiges Argument, so aber *Freise*, VersR 2001, 539, 546.
70 RE 1998, BT-Drucks 13/10435, 24; RE 2001, 65; Soergel/*Zeuner* vor § 827 Rn 2; *Hofmann*, NJW 1964, 228.

D. Art der rechtstechnischen Umsetzung: Regelung in Gefährdungshaftungsgesetzen oder im BGB

Bei Konsens über die Inhalte wurde von manchen der Ort der Umsetzung als nicht so bedeutsam angesehen.[71] Welche Ansprüche sollten von der Hinaufsetzung der straßenverkehrsspezifischen Deliktsfähigkeit erfasst sein und welche nicht? Aus der entsprechenden Norm soll zum Ausdruck kommen, dass sowohl Schadensersatzansprüche betroffen sind, bei denen das Kind Schädiger ist, als auch solche, bei denen es zu keiner Kürzung des Mitverschuldens kommt, wenn das Kind Geschädigter ist. Eine Modifizierung des Mitverschuldens soll sich sowohl auswirken bei Ansprüchen des Kindes aus der Verschuldens- als auch aus der Gefährdungshaftung.[72] Auswirkungen soll die Hinaufsetzung des Alters bei der Deliktsfähigkeit nur bei Straßenverkehrsunfällen haben, aber nur dann, wenn die größere Gefährdung des Kindes auf dessen Eigenart als Kind beruht, was dann nicht der Fall ist, wenn das Kind Insasse des Fahrzeugs[73] ist oder wenn es Halter ist.[74]

Bei diesen Vorgaben spricht alles für eine Regelung im BGB[75] und nicht in den Gefährdungshaftungsgesetzen, nämlich StVG und HaftPflG, wie dies im RE 1998 vorgesehen war.[76] In diesen Kontext war die Regelung geraten, weil es in der Hauptsache um Straßenverkehrsunfälle geht. Allerdings ist die regelungsbedürftige Materie kein Spezifikum der Gefährdungshaftung.[77] Um die oben genannten Ziele zu erreichen, bedurfte es weitschweifiger Formulierungen und umfassender Verweisungen.[78] Die nunmehrige Regelung kommt mit 2 kurzen Sätzen und ohne jegliche Verweisung aus.[79] Das konnte auch deshalb gelingen, weil nach unbestrittener Meinung die Maßstäbe für die Haftung auch für die Beurteilung der Kürzung eines Schadensersatzanspruchs wegen Mitverschuldens gelten.[80] Und da die jeweiligen Normen in den Gefährdungshaftungsgesetzen ohnehin auf § 254 verweisen, war nicht einmal insoweit ein zusätzlicher Kunstgriff erforderlich. Als zusätzlicher, nicht gering zu veranschlagender Vorzug ist zu erwähnen, dass die Transparenz der Regelung im BGB erheblich höher ist als wenn sie in den Gefährdungshaftungsgesetzen „versteckt" worden wäre.[81] Einziger Schönheitsfehler ist, dass noch passender eine Platzierung bei § 276 hätte erfolgen sollen.[82]

E. Ausklammerung der Vorsatzhaftung (§ 828 Abs. 2 S. 2)

Eine weitere Abänderung gegenüber dem RE 1998 liegt darin, dass das im Straßenverkehr vorsätzlich handelnde 9-jährige Kind nicht mehr in den Genuss einer Haftungsbefreiung kommt. Prototypisches Beispiel ist das 9-jährige Kind, das von einer Autobahnbrücke Steine auf darunter fahrende Autos wirft. Nachdem der Bundesrat dieses Beispiel gebracht hatte,[83] herrschte spontan Konsens darüber, dass die Regelung insoweit einzuschränken war.[84] Während der Bundesrat für einen Ausschluss „absichtlichen Verhaltens" plädierte,[85] entschied sich der Gesetzgeber auf Vorschlag des Anwaltvereins[86] für die Begrenzung der Haftungsprivilegierung bei vorsätzlichem Verhalten. Das ist durchaus konsequent. Eine solche Verhaltensweise hat nichts mit kindlichen Eigenheiten im Straßenverkehr zu tun. Es geht weder um eine Überforderungssituation[87] noch um das Abschätzen von Entfernungen.[88] Ob ein Stein oder Felsbrocken von einer Autobahnbrücke auf ein fahrendes Auto geworfen wird oder von einem Hochhaus bzw. einem Aussichtsturm auf am Boden sich befindliche Personen oder Sachen soll in Bezug auf die Einstandspflicht des Minderjährigen keinen Unterschied machen. Auch die Grenzziehung bei vorsätzlichem Verhalten ist zu befürworten.

---

71 *Geiß*, DAR 1998, 416, 420; *Dornwald*, 38. VGT (2000), 105, 106. Ebenso *Macke*, DAR 2000, 506, 508 mit dem Hinweis, dass die gesetzestechnische Platzierung und Ausgestaltung im einzelnen noch verbesserungsfähig sein mag.
72 RE 1998, BT-Drucks 13/10435, 21. Eine solche Klarstellung beim RE 1998 einmahnend *G. Müller*, ZRP 1998, 258.
73 So der Hinweis von *Pardey*, DAR 2001, 1, 7, dass dies nach dem RE 1998 der Fall gewesen war.
74 Kritisch gegenüber dem RE 1998 *Steffen*, VersR 1998, 1449, 1450, weil die Reichweite der Privilegierung nicht deutlich genug zum Ausdruck komme.
75 So auch *Medicus*, 38. VGT (2000), 121 f.; *Freise*, VersR 2001, 539, 546; *Karczewski*, VersR 2001, 1070, 1073.
76 RE 2001, 65 unter Hinweis auf den diesbezüglichen Vorschlag des Bundesrates BT-Drucks 13/10766 und des 36. VGT 1998.
77 RE 2001, 66.
78 *Otto*, NZV 1998, 433, 437.
79 *Freise*, VersR 2001, 539, 546.
80 RE 2001, 66.
81 *Steffen*, VersR 1998, 1449, 1451.
82 *Steffen*, VersR 1998, 1449, 1451; *Pardey*, DAR 2001, 1, 7.
83 BT-Drucks 13/10766, 5.
84 *Elsner*, zfs 2000, 233; *Freise*, VersR 2001, 539, 546; *Otto*, NZV 2001, 335, 339.
85 BT-Drucks 13/10766, 5.
86 AnwBl 1998, 329.
87 RE 2001, 40.
88 *Karczewski*, VersR 2001, 1070, 1073.

24 Der Gesetzgeber begründet dies vornehmlich damit, dass es im Zivilrecht gemäß § 276 bloß die Kategorien Vorsatz und Fahrlässigkeit gebe, nicht aber Absichtlichkeit, weshalb schon Gründe der „Systemreinheit" gegen die Schwelle der Absichtlichkeit sprechen.[89] M.E. sprechen auch inhaltliche Gründe, was viel bedeutsamer ist, für diese Grenzziehung. *Freise*[90] weist zu Recht darauf hin, dass Vorsatz in Bezug auf den Schaden gegeben sein müsse, nicht bloß in Bezug auf die Übertretung der Norm. Wer bei rot über die Ampel geht, verstößt vorsätzlich gegen ein Gebot der Rechtsordnung, er wird aber bei diesem Verhalten nicht vorsätzlich einem anderen Schaden zufügen wollen. Die allermeisten, die das tun, hoffen, dass gerade nichts passiert, so dass bewusste Fahrlässigkeit und nicht dolus eventualis gegeben ist. Wenn aber ein 9-jähriges Kind Steine von der Autobahnbrücke wirft, so ist es sachgerecht, dass es auch dann zivilrechtlich zur Verantwortung gezogen werden kann, wenn es bloß billigend in Kauf nahm, wenn die unter der Brücke durchbrausenden Fahrzeuge und deren Insassen zu Schaden kommen, und nicht nur dann, wenn es ihm gerade darauf ankam. Wenn *G. Müller*[91] demgegenüber Härten befürchtet, so ist darauf zu verweisen, dass es bei § 828 Abs. 2 lediglich um straßenverkehrsspezifische Gefahren geht, während ein solches Verhalten – wie das Beispiel des Steinewerfens vom Hochhaus oder vom Aufsichtsturm belegt – damit gerade nichts zu tun hat. Auch ist kaum vorstellbar, dass auch ein 7-jähriges Kind das Unrecht einer solchen Tat nicht einzusehen in der Lage ist. Und sollte das gleichwohl der Fall sein, ist der Maßstab des § 828 Abs. 3 bzw. des Verschuldens noch immer so flexibel, dass eine Berücksichtigung von Besonderheiten in diesem Rahmen möglich ist. Für einen A-priori-Ausschluss von der Haftung von derartigen Ungeheuerlichkeiten besteht kein Bedürfnis.

F. Verhältnis zur Einstandspflicht nach anderen Normen

I. In Betracht kommende Möglichkeiten der Verteilung des eingetretenen Schadens bei Entlastung des Kindes als Schädiger

25 Durch die Novellierung des § 828 sollte eine Entlastung des Schädigers bewirkt werden, wenn es sich um ein 7- bis 10-jähriges Kind handelt, durch dessen Verhalten bei einem Straßenverkehrsunfall ein anderer geschädigt wurde. Die Entlastung des Kindes steht als **gesetzgeberische Wertentscheidung** fest. Welche Folgen das aber bei anderen auslöst, ist offen. Denkbar ist insoweit, dass es komplementär zur Entlastung des Kindes zur **Verkürzung des Deliktsschutzes des Geschädigten** kommt.[92] Denkbar ist aber auch, dass es insoweit zu einer Verschärfung der **Pflicht der Aufsichtspflichtigen** – somit im Regelfall der Eltern – kommt oder das Kind über den Umweg der **Billigkeitshaftung** des § 829 – jedenfalls teilweise – zivilrechtlich doch wieder in die Pflicht genommen wird. Zwischen diesen Polen, nämlich der Verschuldenshaftung des Minderjährigen, der Haftung der Aufsichtspflichtigen und der Billigkeitshaftung des Minderjährigen besteht ein fein austariertes Spannungsverhältnis, bei dem nun eine Komponente geändert wurde, so dass ein **neues Gleichgewicht** erst wieder gefunden werden muss.

26 Als zusätzliche Komponente wirkt auf dieses Kraftfeld ein bestehender bzw. möglicher **Haftpflichtversicherungsschutz** ein. Ist ein solcher gegeben, haben die Gerichte weniger Skrupel, eine Haftung zu bejahen. Und das ungeachtet des Umstands, dass aufgrund des **Trennungsprinzips** die Deckung der Haftung zu folgen hat und nicht umgekehrt, ganz abgesehen davon, dass auch Haftungsgrund und Höhe des Anspruchs zu trennen sind.[93] Das Bestehen eines (umfassenden) Haftpflichtversicherungsschutzes wiederum wirkt auf die Haftung zurück. Besteht etwa eine Familienhaftpflichtversicherung, ist die konkrete Ausgestaltung der Haftung zwischen minderjährigem Kind und seinen Eltern solange belanglos, wie der Schadensersatzanspruch die Deckungssumme der Haftpflichtversicherung nicht übersteigt, weil letztendlich für den Schaden der Haftpflichtversicherer aufzukommen hat. Das Beziehungsgeflecht dieser aufeinander bezogenen und sich wechselseitig beeinflussenden Größen kann an dieser Stelle nicht umfassend untersucht werden. Es geht um den viel weniger weitgehenden Versuch einer Aussage darüber, wie sich die partielle Haftungsfreistellung des Kindes auf die anderen Verpflichtungen zur Ersatzleistung auswirkt.

II. Haftung der Aufsichtspflichtigen, im Regelfall der Eltern (§ 832)

27 Der angemessene Sorgfaltsmaßstab der Aufsichtspflichtigen, also im Regelfall der Eltern, ist heftig umkämpft. Den einen ist er **zu streng**, die anderen fordern – im Interesse der Entlastung des Kindes – eine **Verschärfung**, wobei sie dies mit dem Hinweis auf den möglichen Abschluss einer Haftpflichtversicherung koppeln, die etwas Radikaleren dies zwangsverordnen wollen, also die Einführung einer Pflichtversicherung vorschlagen,[94] während am Ende der Fahnenstange die Abschaffung des Haftpflichtrechts und dessen

---

[89] RE 2001, 66.
[90] VersR 2001, 539, 546.
[91] PHI 2001, 119, 122.
[92] Zum Wechselspiel zwischen Privilegierung des Täters und Verkürzung des Deliktsschutzes des Opfers *Steffen*, VersR 1998, 1449, 1450.
[93] *Steffen*, VersR 1998, 1449.

1. Die Aufsichtspflicht der Eltern – Forderungen nach einer Haftungsmilderung

Prominente Stimmen haben sich mit beachtlichen Argumenten für eine **Haftungsmilderung** für die **Aufsichtspflichtigen** ausgesprochen. *Großfeld/Mund*[96] konstatieren, dass wegen der vielen unbestimmten Begriffe wie „zumutbar", „verständig", „vernünftig" der Entlastungsbeweis der Aufsichtspflichtigen häufig nicht gelinge.[97] De facto sei die Verschuldenshaftung deshalb zu einer **Gefährdungshaftung** mutiert. Eine Gefährdungshaftung sei aber nur in Fällen angemessen, in denen der Betreiber eine gefährliche Sache zum **eigenen Vorteil** betreibe. Die Erziehung von Kindern geschehe jedoch im **Allgemeininteresse**.[98] Dazu komme, dass sich das **Gefahrenpotenzial** seit In-Kraft-Treten des BGB vor über 100 Jahren nicht nur für Kinder im Straßenverkehr vergrößert habe, sondern auch für die Aufsichtspflichtigen.[99] Während vor 100 Jahren die Kinder auf der grünen Wiese hinter dem Haus gespielt hätten, müsse heute die Straße mit ihren Gefahren herhalten. Während es früher viel angestelltes Hilfspersonal und unverheiratete Familienmitglieder gegeben habe, sei dies heute anders. Mag das die Verhältnisse der damaligen Zeit auch etwas verklären, die gute alte Zeit wird in der Alltagswirklichkeit gar nicht immer so gut gewesen sein – Hauspersonal war wohl auch damals nur in bestimmten Familien vorhanden! –, so ist die Schilderung von *Großfeld/Mund* immerhin insoweit zutreffend, als es sich dabei um die Verhältnisse derer gehandelt hat, die die entsprechenden Normen des BGB schufen.

28

Es können zusätzliche Argumente für eine Entlastung der Aufsichtspflichtigen ins Treffen geführt werden: Die **moderne Pädagogik** erfordert eine partnerschaftliche Erziehung.[100] Die Eltern sollen ihre Kinder nicht behüten wie eine Gluckhenne ihre Küken. Vielmehr sei sukzessives Loslassen angesagt. Kinder müssten die Gelegenheit haben, selbst Erfahrungen zu sammeln.[101] Das gelte gerade auch für den Straßenverkehr.[102] Und wo gehobelt wird, da fallen eben auch Späne, will heißen, da passiert dann gelegentlich ein Unfall, bei dem ein Dritter zu Schaden kommt. Zur Haftungsentlastung der Eltern wird die **Beseitigung der Umkehr der Beweislast** vorgeschlagen, die Begrenzung ihrer Haftung auf **grobe Fahrlässigkeit** und Vorsatz[103] bzw. die Modifizierung der Haftung für leichte Fahrlässigkeit auf die Sorgfalt in eigenen Angelegenheiten.[104] Schließlich verweist *Haberstroh*[105] darauf, dass die derzeitige solidarische Haftung der Eltern zusammen mit ihren Kindern[106] überschießend sei; soweit die Kinder haftungsrechtlich selbst einstandspflichtig sind, sollten die Eltern entlastet werden. Darüber hinaus sei auch die Tragung der Schuld im Innenverhältnis durch die Eltern gemäß § 840 Abs. 2 überprüfungsbedürftig.[107] Für all dies erfolgt eine Berufung auf das Grundrecht der Familie gemäß Art. 6 GG.[108] Diese Argumente sind durchaus wohl begründet und nachvollziehbar.

29

2. Verschärfung der Anforderungen an die Aufsichtspflicht der Eltern

Die Gegenposition verweist darauf, dass bei einer Entlastung der Kinder die Eltern stärker in die Pflicht genommen werden müssten.[109] Einerseits geschieht dies unter Zugrundelegung der Prämisse, dass es nicht angehe, dass es sich insoweit um ein **allgemeines Lebensrisiko** handle;[110] andererseits wird darauf verwiesen, dass die Eltern es im Unterschied zu den Kindern in der Hand hätten, sich gegen dieses **Risiko** durch **Abschluss einer Haftpflichtversicherung** abzusichern.[111] Verwiesen wird dann auf die **Rechtslage in den Niederlanden**, wo die Eltern bis zum Alter von 14 Jahren für ihre Kinder –

30

---

94 *Pardey*, DAR 2001, 1, 7.
95 *Pardey*, DAR 2001, 1, 7.
96 FamRZ 1994, 1504, 1506.
97 So auch *Haberstroh*, VersR 2000, 806, 812.
98 *Großfeld/Mund*, FamRZ 1994, 1504, 1508; *Pardey*, DAR 1998, 1, 3.
99 *Großfeld/Mund*, FamRZ 1994, 1504, 1505; ähnlich *Pardey*, DAR 2001, 1, 4.
100 *Pardey*, DAR 2001, 1, 2 unter Hinweis auf § 1626 Abs. 2.
101 *Haberstroh*, VersR 2000, 806, 811.
102 *Großfeld/Mund*, FamRZ 1994,1504, 1507; *Steffen*, VersR 1998, 1449, 1451.
103 *Großfeld/Mund*, FamRZ 1994,1504, 1508.
104 *Pardey*, DAR 1997, 243, 245.
105 VersR 2000, 806, 815.
106 So die h.M.: Staudinger/*Belling/Eberl-Borges*, § 832 Rn 168; MüKo/*Stein*, § 832 Rn 31; *Scheffen/Pardey*, Schadensersatz bei Unfällen mit Kindern und Jugendlichen (1995), Rn 229; *Großfeld/Mund*, FamRZ 1994, 1504, 1507; *Pardey*, DAR 2001, 1; BGH VersR 1993, 485; OLG Frankfurt MDR 1997, 1029.
107 *Pardey*, DAR 1998, 1, 3.
108 *Großfeld/Mund*, FamRz 1994, 1504; *Haberstroh*, VersR 2000, 806, 815.
109 *Kuhn*, DAR 1997, 243, 244.
110 *Scheffen*, ZRP 1991, 458, 463.
111 *Scheffen*, ZRP 1991, 458, 463; *dies.*, FS Steffen (1995) 387, 392; RGRK/*Kreft*, § 832 Rn 29.

ohne Exkulpationsmöglichkeit – haften würden.[112] Nach diesem Vorbild solle auch in Deutschland eine **Gefährdungshaftung** eingeführt werden.[113]

3. Ablehnung der Forderung nach Einführung einer Gefährdungshaftung der Eltern und/oder einer obligatorischen Familienhaftpflichtversicherung

31 Obwohl die diesbezüglichen – schon sehr weit gediehenen – Vorschläge dem Gesetzgeber bekannt waren, hat er eine **Pflichthaftpflichtversicherung** nicht eingeführt. Zwei gegensätzliche Meinungen scheinen hier unversöhnlich aufeinanderzuprallen. Die **Befürworter**[114] halten das für ein Vademecum: Die **meisten Eltern** hätten **ohnehin** schon eine solche Versicherung;[115] sie koste nicht viel.[116] Zunächst wurde erwogen, die Eltern darauf von der öffentlichen Hand hinzuweisen.[117] In jüngerer Zeit wurde aber dafür plädiert, sie nach dem Vorbild der Pflegeversicherung einzuführen, wobei die Prämien vom Kindergeld in Abzug gebracht werden könnten, so nicht der Nachweis einer privaten Haftpflichtversicherung erbracht würde.[118] Wie bei der Kfz-Haftpflichtversicherung sei in einem solchen Fall dem geschädigten Dritten ein Direktanspruch einzuräumen. Die **Gegner**, nämlich zumeist diejenigen, die für eine Verringerung der Haftung der Aufsichtspflichtigen eintreten, verweisen darauf, dass es sich um eine Scheinlösung handle;[119] die **meisten Eltern** hätten **keine Haftpflichtversicherung**.[120] Sie sei weder machbar noch erforderlich.[121] *Steffen*[122] verweist darauf, dass sich auch die Geschädigten gegen das Risiko der Schädigung von Kindern – im Straßenverkehr – versichern könnten. Hinzuzufügen ist, dass das Risiko von Schäden aus Körperschäden denn auch bis zu einem gewissen Grad ohnehin durch die Sozialversicherung gedeckt sei.

4. Resümee

32 Der Gesetzgeber hat mit der Novellierung des § 828 einen Schritt zur Haftungsentlastung von 7- bis 10-jährigen Kindern gesetzt, die durch ihr Verhalten im Straßenverkehr bewirkt haben, dass ein Dritter einen Schaden erlitten hat. Es würde in keiner Weise der damit verfolgten **Absicht des Gesetzgebers** entsprechen, die **Entlastung der Kinder** im Verhältnis **1:1** durch **Inanspruchnahme der Eltern** aufzufangen.[123] Nicht zuletzt die Begrenzung des Regresses gegen Familienangehörige im Sozial- und Privatversicherungsrecht ist ein beredtes Zeichen dafür, dass nicht mit der einen Hand gegeben werden soll, was mit der anderen Hand genommen wird. **Kind und Eltern** leben zusammen aus einer Kasse, so dass sie insoweit als **Einheit** zu betrachten sind, so sehr es sich auch sonst um selbständige Individuen handelt.[124]

33 Eine maßvolle zusätzliche Inanspruchnahme wird sich nicht vermeiden lassen. Wenn *Haberstroh*[125] sich gegen eine solidarische Haftung der Eltern mit dem haftenden Kind ausspricht und statt dessen dafür plädiert, dass die Eltern bloß dann haften sollen, wenn das Kind selbst nicht einstandspflichtig ist, dann führt eben eine Haftungsverdünnung beim Kind dazu, dass der Anwendungsbereich der Elternhaftung – jedenfalls potentiell – ein Stück größer geworden ist. Auch wenn *Steffen*[126] mit dem ihm eigenen Temperament zum Maßvollen vor einer Überstrapazierung der Haftpflicht der Eltern warnt, so weist er doch zugleich zu Recht darauf hin, dass die **Erkenntnisse der modernen Entwicklungspsychologie** nicht ohne Auswirkungen für die **Haftung der Aufsichtspflichtigen** bleiben können.[127] Den Interessenkonflikt beschreibt er prägnant wie folgt: Soweit es um Schädigungen Dritter im Rahmen des nach pädagogischer Einsicht gebotenen Loslassens der Kinder handelt, verwirklicht sich eben ein allgemeines Lebensrisiko.[128] Ansonsten müssen die Eltern die durch die Haftungsfreistellung des Kindes eröffnete Haftunglücke füllen.

---

112 *Scheffen*, FS Steffen (1995) 387, 394.
113 *Scheffen*, FS Steffen (1995) 387, 394; strikt ablehnend *Steffen*, VersR 1998, 1449. Gegen jede Verschärfung der Haftung der Eltern auch *Pardey*, DAR 1998, 1, 2.
114 *Scheffen*, FS Steffen (1995) 387, 397; *Pardey*, DAR 2001, 1, 7.
115 Die Bandbreite der Schätzungen variiert beträchtlich. *Scheffen*, FuR 1993, 82, 88: **50–60%** *dies.*, FS Steffen (1995) 387, 396: **55–60%**; *Küppersbusch*, DAR 1997, 243, 245: **75–80%**.
116 *Pardey*, DAR 1998, 1, 7.
117 So noch *Scheffen*, ZRP 1991, 458, 463.
118 *Von Hippel*, VersR 1998, 26; *Looschelders*, VersR 1999, 141, 151.
119 *Großfeld/Mund*, FamRZ 1994, 1504, 1507.
120 *Großfeld/Mund*, FamRZ 1994, 1504, 1506. Die Aussage steht in **diametralem Gegensatz** zu der von *Scheffen*, FS Steffen (1995) 387, 396: Die meisten Familien haben eine solche Versicherung. Der zeitliche Abstand von 1 Jahr erklärt die unterschiedliche Einschätzung wohl kaum!
121 *Küppersbusch*, DAR 1997, 243, 245.
122 VersR 1998, 1449, 1451.
123 *Pardey*, DAR 2001, 1, 7.
124 *Frietsch*, DAR 1997, 243, 244; *Haberstroh*, VersR 2000, 806, 812.
125 VersR 2000, 806, 815.
126 ZRP 1998, 147.
127 VersR 1998, 1449, 1451, wobei er in Fn 17 auf das Erfordernis der Anpassung der StVO hinweist, wenn sich aus der Entwicklungspsychologie ergibt, dass Kinder erst mit 14 Jahren fahrradtauglich sind.
128 Ähnlich *Pardey*, DAR 2001, 1, 7: An den spezifischen Gefahren aus dem Kindsein ändern Erziehung und Aufsicht nichts.

III. Billigkeitshaftung (§ 829)

Durch § 829 soll keinesfalls die in § 828 vorgenommene Wertung korrigiert und das entsprechende Ergebnis durch die Hintertür erzielt werden.[129] Worum es allen geht, ist eine **Verringerung** der dadurch für den Geschädigten entstehenden **Haftungslücken**. Einerseits wird darauf hingewiesen, dass es die Billigkeitshaftung des Deliktsunfähigen auch schon bisher gegeben habe,[130] andererseits wird aber deren Bedeutung nicht zu hoch veranschlagt.[131] Der § 829 sei eine **stumpfe Waffe**;[132] er habe das Image eines Millionärsparagraphen nie los werden können.[133] Schließlich gebe es Verkehrsunfälle, bei denen dem Geschädigten neben dem nach § 828 Abs. 2 nunmehr deliktsunfähigen Kind ein Dritter, etwa der Halter oder Lenker eines Kfz hafte, so dass es eines Rekurses auf die Billigkeit nicht bedürfe.[134] Der Gesetzgeber schätzt die Bedeutung dieser Norm hingegen ein wenig höher ein. Im RE 1998 fand sich noch ein ausdrücklicher Hinweis, dass die Billigkeitshaftung bleiben soll.[135] Aber auch im RE 2001 wird die Stoßrichtung formuliert, wie diese Norm zur Abfederung von Lücken im Deliktsschutz eingesetzt werden soll. Es wird ausgesprochen, dass im Rahmen der Billigkeitshaftung das Bestehen einer **Privathaftpflichtversicherung** auf Seite des Kindes durchaus berücksichtigt werden könnte.[136] Aus dem Referat der Entwicklung der Rechtsprechung in der Entscheidung BGHZ 127, 186[137] lässt sich in der Tat der vorsichtige Schluss ziehen, dass der BGH sich in diese Richtung bewegen könnte.

G. Kind als Opfer, Kind als Täter – Gleichbehandlung

Ob ein Kind bei einem Straßenverkehrsunfall **Opfer** oder **Täter** ist, hängt mitunter vom **Zufall** ab.[138] Folgendes Beispiel möge das verdeutlichen: Ein mit angemessener Geschwindigkeit fahrender Autolenker sieht das 8-jährige Kind, das hinter einem parkenden Auto plötzlich auf die Straße läuft, erst im allerletzten Moment. Wenn es ihm gelingt, das Auto noch rechtzeitig zu verreißen, um das Kind nicht zu verletzen, und er statt mit dem Kind mit einem Laternenmast kollidiert, geht es um die Einstandspflicht des **Kindes als Schädiger**. Wenn er jedoch nicht mehr rechtzeitig bremsen kann und das Kind anfährt, geht es um die Frage, ob der Schadensersatzanspruch des Kindes gegen den Lenker bzw. Halter wegen des **Mitverschuldens des Kindes** nach § 254 zu kürzen ist. Der letztere Fall wird statistisch betrachtet sogar der häufigere und damit der wirtschaftlich bedeutsamere sein,[139] wobei **beide Varianten zugleich** passieren können. Das Bremsmanöver des Lenkers ist nur zum Teil erfolgreich: Er überfährt das Kind nicht, sondern streift es nur, es kommt aber auch zu einem Zusammenstoß mit dem Laternenmast, wodurch der Vorderteil des Fahrzeugs in Mitleidenschaft gezogen wird.

Es ist folgerichtig, **beide Fälle gleich** zu behandeln. Das heißt, dass in dem Fall, in dem das Kind Täter ist, der Fahrzeugeigentümer keinen Ersatzanspruch gegen das Kind hat und in dem Fall, in dem das Kind durch den Unfall verletzt wird, dem Kind ein ungekürzter Schadensersatzanspruch gegen den Halter bzw. Lenker zusteht. Schon nach bisherigem Recht war zu beachten, dass den Lenker wegen **§ 3 Abs. 2 a StVO** gegenüber Kindern, älteren Menschen und Hilfsbedürftigkeit eine **besondere Pflicht zur Rücksichtnahme** trifft, weshalb bei Mitverschuldensabwägung die Mitverantwortung dieser Personen geringer zu gewichten ist als von anderen Personen.[140] Ob die Rechtsprechung diese Vorgabe stets beherzigt hat, ist zweifelhaft,[141] was auch damit zusammenhängen könnte, dass eine für das Zivilrecht bedeutsame Norm weniger ins Bewusstsein des Anwenders rückt, wenn sie sich nicht im BGB, sondern im Straßenverkehrsrecht befindet.

Die Gleichbehandlung der Fälle, in denen das Kind Täter ist, mit denen, in denen es Opfer ist, wird allein von *Elsner*[142] kritisiert. Während dieser den Haftungsausschluss beim Mitverschulden billigt, kritisiert er die Haftungsbefreiung, wenn das Kind Täter ist. Einerseits stehe dann dem Geschädigten kein Ersatzpflichtiger zur Verfügung; andererseits sei die Haftungsbefreiung aus Gründen der Prävention das falsche Signal, wenn man das „allmorgendlich ... provozierend lässige verkehrswidrige Verhalten von Schülern" beobachtet. Eine angemessene Lösung sei über die Verbraucherinsolvenz und die Restschuldbefreiung (§§ 286 ff.

---

129 *Steffen*, VersR 1998, 1449, 1451; *Karczewski*, VersR 2001, 1070, 1074.
130 *Macke*, DAR 2000, 506, 507.
131 *Karczewski*, VersR 2001, 1070, 1074.
132 *Steffen*, VersR 1998, 1449.
133 *Steffen*, VersR 1998, 1449, 1451.
134 *Steffen*, ZRP 1998, 147, 148.
135 BT-Drucks 13/10435, 24.
136 RE 2001, 40.
137 = VersR 1995, 86.
138 RE 2001, 40; *Medicus*, 38. VGT (2000), 121. So bereits *Scheffen*, ZRP 1991, 458, 461 unter Hinweis darauf, dass das französische Recht insoweit inkonsequent ist, als es nur den Mitverschuldenseinwand beim Verkehrsopfer erfasst.
139 *Scheffen*, FS Steffen (1995) 387, 389.
140 *Pardey*, DAR 1998, 1, 4.
141 Verneinend *Scheffen*, VersR 1987, 116, 122.
142 Zfs 2000, 233.

InsO) zu erreichen. So ernst man das **Präventionsprinzip** im Haftpflichtrecht nehmen sollte, bei **7- bis 10-jährigen Kindern** läuft es aber denn doch auf eine **reine Fiktion** hinaus, wenn man annimmt, dass sie sich im Straßenverkehr deshalb gesitteter benehmen, weil ihnen ansonsten eine Schadensersatzpflicht droht. Und was das Abhandenkommen eines Ersatzpflichtigen betrifft, so wurde oben bereits erörtert, dass die Verminderung des Deliktsschutzes einerseits der Preis der Haftungsbefreiung des Täters ist und andererseits im vorliegenden Zusammenhang eine gewisse Abfederung gegeben ist durch die Haftung der Aufsichtspflichtigen sowie die Billigkeitshaftung des Deliktsunfähigen selbst, die vor allem dann zum Tragen kommen kann, wenn dieser haftpflichtversichert ist.

38 Die **technische Umsetzung** der Wertung, dass das Kind als Täter sowie als Opfer in gleicher Weise privilegiert wird, wird durch die Regelung in § 828 bewirkt.[143] Nach ganz herrschender Meinung[144] wirkt sich eine Haftungsfreistellung nach dieser Norm auch auf das Mitverschulden nach § 254 aus. Das soll aber nicht nur bei einem Anspruch gegen den Lenker des Fahrzeugs aus der Verschuldenshaftung gelten, sondern auch dann, wenn nach der Gefährdungshaftung lediglich der Halter bzw. Betriebsunternehmer einstandspflichtig ist. Und da auf den § 254 die jeweiligen Normen der Gefährdungshaftungsgesetze (§§ 9 StVG und 4 HpflG) Bezug nehmen, kommt die Neuregelung ohne zusätzlichen Verweis aus.[145]

H. Ergänzung des Schutzes: Ersetzung des unabwendbaren Ereignisses durch höhere Gewalt in § 7 Abs. 2 StVG

I. Unterschied zwischen unabwendbarem Ereignis und höherer Gewalt

39 In § 7 Abs. 2 StVG hat der Gesetzgeber dem Halter nur noch eine Berufung auf **höhere Gewalt** und nicht mehr auf ein **unabwendbares Ereignis** zugebilligt. Worin liegt der Unterschied zwischen den beiden Begriffen? Die Berufung auf das unabwendbare Ereignis und damit ein Ausschluss der Einstandspflicht nach der Gefährdungshaftung wurde schon dann zugelassen, wenn sich zwar durch den Unfall die Betriebsgefahr der gefährlichen Sache verwirklicht hat, aber der Lenker jede nur denkbare Sorgfalt eingehalten hat. Der BGH hat sich dabei an der Maßstabfigur des Idealfahrers orientiert. Er hat dabei allerdings nicht nur darauf abgestellt, ob ein Idealfahrer im Zeitpunkt des Unfalls diesen durch überdurchschnittliches Fahrkönnen hätte vermeiden können; vielmehr hat er bei dieser Prüfung auch berücksichtigt, ob ein Idealfahrer sich überhaupt in eine solche Gefahrensituation begeben hätte. Schon bei bloßem Überschreiten der Richtgeschwindigkeit auf der Autobahn, also von 130 km/h, ist dies verneint worden.[146] Dazu kam, dass sich der Halter dann nicht auf ein unabwendbares Ereignis berufen konnte, wenn der Unfall auf einem Fehler in der Beschaffenheit und oder einem Versagen der Verrichtungen des Fahrzeugs beruhte. Die Anforderungen waren somit sehr streng. Die Fälle, in denen es durch Berufung auf ein unabwendbares Ereignis zur Verneinung der Haftung kam, dürften nicht besonders zahlreich gewesen sein.

40 Die Berufung auf höhere Gewalt ist allerdings noch enger, erfasst noch weniger Fälle. Der Begriff in § 7 Abs. 2 StVG ist wohl zu verstehen wie der bisherige in § 1 Abs. 2 S. 1 HpflG, der bisher schon für Betriebsunternehmer von Eisenbahnen, U-Bahnen, Schwebebahnen und Straßenbahnen mit eigenem Gleiskörper galt.[147] Die höhere Gewalt wird dort in etwa so umschrieben: Ein nicht zum Betriebsrisiko des Fahrzeugs gehörendes, von außen durch elementare Naturkräfte oder durch Handlungen Dritter herbeigeführtes Ereignis, das unvorhersehbar ist und mit wirtschaftlich erträglichen Mitteln auch durch die äußerste, nach der Sachlage vernünftigerweise zu erwartende Sorgfalt nicht verhütet und unschädlich gemacht werden kann und auch nicht wegen der Häufigkeit vom Betriebsunternehmer in Kauf zu nehmen ist.[148] Um sich vorstellen zu können, was das in praxi bedeutet, seien genannt: Blitzschlag, Erdbeben, Einsturz von Brücken, Absturz von Flugzeugen und dergleichen, somit ganz außergewöhnliche Ereignisse, die zum allgemeinen Lebensrisiko zählen, und nicht die spezifische Gefährlichkeit des Betriebs eines Fahrzeugs.

II. Wechselbezug zu § 828

41 Die Ersetzung des unabwendbaren Ereignisses in § 7 Abs. 2 StVG durch die höhere Gewalt steht in einer Wechselbeziehung zu § 828. Folgende Kaskade des Schutzes lässt sich beschreiben:[149] Durch **§ 3 Abs. 2 a StVO** ist der Lenker eines Fahrzeugs gegenüber Kindern, Hilfsbedürftigen und älteren Menschen zu

---

143 RE 2001, 40, 65.
144 BGH NJW 1962, 1065; MüKo/*Mertens*, § 828 Rn 2.
145 *Karczewski*, VersR 2001, 1070, 1073.
146 BGHZ 117, 337 = VersR 1992, 714.
147 *Freise*, VersR 2001, 539, 545.
148 RGZ 101, 94; RG JW 1931, 865; BGHZ 7, 338; *Scheffen*, ZRP 2001, 380; RE 1998, BT-Drucks 13/10435, 20.
149 Zum Zusammenhang zwischen § 3 Abs. 2 a StVO und der Ersetzung des „unabwendbaren Ereignisses" durch die „höhere Gewalt" in § 7 Abs. 2 StVO *Scheffen*, FS Steffen (1995) 387, 388.

besonderer Sorgfalt im Straßenverkehr verpflichtet. Das wirkte sich einerseits aus bei den Anforderungen an den Idealfahrer, somit dem Haftungsausschluss nach dem bisherigen § 7 Abs. 2 StVG als auch der Gewichtung des Mitverschuldens dieser Personen, wenn diese bei einem Straßenverkehrsunfall einen Schaden erlitten haben.[150] Der **Schutz von 7- bis 10-jährigen Kindern** wurde durch Novellierung des § 828 besonders akzentuiert, indem deren Verhalten ihnen niemals als Mitverschulden angerechnet wird, somit eine Kürzung ihres Schadensersatzanspruchs ausscheiden soll. Diese Stärkung ihrer Rechtsposition durch Vermeidung der Anspruchskürzung kommt aber nur zum Tragen, wenn es **überhaupt einen Anspruch** gibt, der in **vollem Umfang** zu erhalten ist. Könnte sich der Halter des Fahrzeugs bei überraschend auf die Straße laufenden Kindern durch Berufung auf ein unabwendbares Ereignis von der Haftung befreien, würde die Versagung der Kürzung des Anspruchs wegen Mitverschuldens ins Leere laufen.[151] Um den Schutz von 7- bis 10-jährigen Kindern, die bei Straßenverkehrsunfällen verletzt werden, voll zur Geltung zu bringen, war es folgerichtig, insoweit eine Haftungsverschärfung anzuordnen. Das entspricht einer langjährigen Forderung der Verkehrsgerichtstage[152] und ist auch von allen gebilligt worden. Dass die Erstreckung der Haftungsverschärfung nicht nur gegenüber Kindern und den anderen gemäß § 3 Abs. 2 a StVO schutzbedürftigen Personen vorgenommen worden ist, sondern gegenüber allen, wird von manchen kritisiert.[153] Es handelt sich dabei um ein Problem des § 7 Abs. 2 StVG, das hier ausgeklammert bleiben kann.

I. Wirtschaftliche Auswirkungen

Die Entlastung der 7- bis 10-jährigen Kinder von der Haftung sowie von der Kürzung ihrer Ansprüche um ihr Mitverschulden wird bei aller Abfederung durch die §§ 832 und 829 zu einer vermehrten Kostentragung anderer Unfallbeteiligter führen.[154] Lässt sich wenigstens die Größenordnung abschätzen? 42

I. Die Anzahl der Unfälle

Auszugehen ist von ca. 12.000 bis 15.000 Unfällen pro Jahr von Kindern zwischen 7 und 10 Jahren.[155] Das sind ca. 2% aller Unfallopfer.[156] Zu bedenken ist, dass in der Statistik auch solche Unfälle erfasst werden, bei denen das Kind Insasse eines Autos ist, bei denen die Neuregelung somit nicht greift. Bei den **Mehrkosten** ist darauf zu verweisen, dass Ansprüche auch nach **bisheriger Rechtslage nicht in vollem Umfang** bestanden; worum es allein geht, das ist die Ent- bzw. Belastung von einer Mitverschuldensquote. *Küppersbusch*[157] schätzt die Belastung auf 100 bis 150 Mio. EUR pro Jahr. Ob darin miteingerechnet ist, dass die Gerichte die nunmehrige Regelung zum Anlass nehmen werden bzw. sollen, auch bei den etwas älteren Kindern zu prüfen, ob deren Deliktsfähigkeit überhaupt bzw. deren (Mit-)Verschulden im bisher judizierten Ausmaß gegeben ist, bleibt abzuwarten. Im Vordergrund steht dabei der Personenschaden, wobei für den Sachschaden keine unterschiedlichen Regeln gelten.[158] Welche Auswirkungen zeitigt nun die Änderung des § 828, wenn das Kind Schädiger und welche, wenn es Geschädigter ist? 43

II. Kind ist Schädiger

Es vermindert sich bei Personenschäden in erster Linie der **Regressanspruch** des Sozial- und Privatversicherers. Während das Sozialversicherungsrecht in § 76 Abs. 2 Nr. 3 SGB IV eine Reduktionsklausel kennt,[159] die bisher schon dazu geführt hat, dass der Schädiger nicht in den Ruin getrieben wird, kennt 44

---

150 *Pardey*, DAR 1998, 1, 5.
151 RE 1998, BT-Drucks 13/10435, 20.
152 *Scheffen*, ZRP 2001, 380: Forderung des 29. VGT (1991) sowie des 36. VGT (1998).
153 *Gas*, VersR 1999, 261, 263; *Dornwald*, 38. VGT (2000), 105, 106; *Pardey*, DAR 2001, 1, 6; *Macke*, DAR 2000, 506, 508. Zustimmend allerdings *Scheffen*, ZRP 1991, 458, 461; *dies.*, FuR 1993, 82, 88; *dies.* FS Steffen (1995) 387, 388 unter Hinweis auf die bloße Möglichkeit der Berufung auf höhere Gewalt gegenüber allen Geschädigten im französischen Recht; *Geiß*, DAR 1998, 416, 420; *G. Müller*, PHI 2001, 119, 122 f.
154 RE 2001, 40; *Steffen*, ZRP 1998, 147, 148; *G. Müller*, PHI 2001, 119, 122.
155 Die Schätzungen divergieren allerdings: *Limbourg*, 36. VGT (1998), 211: Im Jahr 1996 gab es 14.612 Fußgängerunfälle von Kindern, die **meisten** im Alter von 6–9 Jahren; SPD-Antrag BT-Drucks 13/6535: 1995 waren 51.444 Kinder unter 15 Jahren in Verkehrsunfälle verwickelt, 418 Kinder starben, also weniger als 1%; Grünen-Antrag BT-Drucks 13/5302: 1994: waren 51.635 Kinder unter 15 Jahren in Verkehrsunfälle verwickelt, 46% zwischen 10 und 14 Jahren, 1/3 zwischen 6 und 9 Jahren.
156 Statistisches Bundesamt Verkehrsunfälle 2000: An Getöteten und Verletzten zwischen 7 und 10 Jahren wurden 10.426 ausgewiesen, in der Altersgruppe von 11 bis 14 Jahren: 14.252; und das bei insgesamt 511.577 Verletzten und Getöteten.
157 DAR 1997, 243, 246.
158 *Pardey* (DAR 1998, 1, 5) hatte die Ersetzung des unabwendbaren Ereignisses durch höhere Gewalt „zumindest" für den Personenschaden verlangt.
159 *Ahrens*, VersR 1997, 1064.

das Privatversicherungsrecht eine vergleichbare Regressbeschränkung nicht.[160] Soweit der Schaden durch keine Versicherungsleistung gedeckt ist, wird er Teil des allgemeinen Lebensrisikos des Geschädigten.[161]

III. Kind ist Geschädigter

45   Ist das Kind Geschädigter, führt die Entlastung von der Kürzung des Anspruchs wegen Mitverschuldens zunächst einmal zu höheren Regressansprüchen der Sozialversicherungsträger und der Kaskoversicherer. Bedeutsam wird die Änderung, wenn durch die Sozialversicherungsleistung nicht der gesamte materielle Schaden abgedeckt wird. Die weitestgehende Auswirkung für das Kind hat die Änderung beim **Schmerzensgeld**. Erwähnt werden soll, dass die Ansicht vertreten wird, dass beim Schmerzensgeldanspruch alle Umstände des Einzelfalles zu berücksichtigen seien, was dazu führe, dass sich ein grob verkehrswidriges Verhalten des Kindes selbst bei Verneinung von dessen Deliktsfähigkeit anspruchsmindernd auswirken könne.[162] Diese Meinung ist abzulehnen.[163] Sie würde namentlich im hier zu besprechenden Zusammenhang dazu führen, dass eine vom Gesetzgeber vorgenommene Korrektur gerade bei dem Anspruch, der für den Verletzten die größte Bedeutung hat, nicht oder nur zum Teil greifen würde. Die Reform wurde schließlich gemacht, um dem verletzten Kind zu helfen, nicht um eine marginale Veränderung bei den Regressrechten der Versicherer zu bewirken!

IV. Auswirkungen auf Dritte bei Ausblenden der Einstandspflicht des Aufsichtspflichtigen

46   Die Änderung bei § 828 kann sich aber auch auf die Rechte Dritter auswirken, was anhand einiger Beispiele exemplarisch dargestellt werden soll, wobei das Kind jeweils 8 Jahre alt sein soll:

47   **Fall 1**: Ein Kind springt hinter einem parkenden Auto hervor. Der Fahrer reißt das Lenkrad herum und kollidiert mit einem Baum. Der Eigentümer des Fahrzeugs hat den Schaden am Fahrzeug selbst zu tragen und ist auch für den Schaden des Eigentümers des Baumes in vollem Umfang verantwortlich.

48   **Fall 2** (Variation von Fall 1): Das Kind springt hinter einem parkenden Auto hervor und kollidiert mit einem Fahrradfahrer. Wenn den Fahrradfahrer kein Verschulden trifft, dann muss das Kind den Schaden selbst tragen und auch für den Schaden des Fahrradfahrers aufkommen. In diesem Fall wirkt es sich aus, dass einerseits die Anhebung des Alters der Deliktsfähigkeit des Kindes auf diesen Fall nicht anzuwenden ist und andererseits der Fahrradfahrer bloß wegen Verschuldens haftet.

49   **Fall 3** (Variation von Fall 2): Das Kind springt hinter einem parkenden Auto hervor. Der Fahrradfahrer reißt sein Fahrrad herum und kollidiert mit dem vorbeifahrenden Auto. Er wird selbst verletzt; auch das Auto bekommt Schrammen ab. Wenn den Fahrradfahrer kein Verschulden trifft, hat der Halter des Kfz den Schaden zur Gänze zu tragen, und zwar sowohl den des Fahrradfahrers als auch den seines Autos.

50   **Fall 4**: Das Kind springt hinter einem parkenden Auto auf die Straße. Der Fahrer des Kfz kann im letzten Moment eine Kollision mit dem Kind vermeiden, kollidiert aber mit einem Fahrrad, dessen Fahrer er verletzt. Der Fahrer begeht Fahrerflucht. Letztendlich hat für den Schaden des Fahrradfahrers der Entschädigungsfonds aufzukommen.

J. Beseitigung der Sonderstellung von Gehörlosen

51   Der Gesetzgeber nimmt die Novellierung des § 828 zum Anlass, um die „privilegierende Herabsetzung"[164] von Gehörlosen zu beseitigen. Das entspricht einer Forderung von deren **Interessenvertretung**;[165] ob diese begriffen haben, dass sie ihren **Angehörigen** damit im Ergebnis **nichts Gutes** tun, steht auf einem anderen Blatt. In der Sache ist die Änderung durchaus berechtigt. Der Gesetzgeber verweist darauf, dass im 19. Jahrhundert Gehörlose als auch in ihrer intellektuellen Entwicklung so in Mitleidenschaft gezogen angesehen wurden, dass die Gleichstellung mit den Minderjährigen angezeigt erschien, das aber heute anders sei, was durch einen Verweis auf die Bildungsstatistik belegt wird.[166] Im **Vergleich zu anderen Behinderten**, etwa Blinden, ist eine unterschiedliche Behandlung gewiß nicht zu rechtfertigen.[167] Schlussendlich betont der Gesetzgeber, dass diese Änderung zu denen zählt, bei denen es **nicht um Inhalte**, sondern um **Kosmetik** geht. Am Ergebnis der Einstandspflicht solle sich nichts ändern: Der berechtigte Schutz der Gehörlosen vor überzogener Inanspruchnahme solle künftig nicht mehr auf der Ebene der

---

160 *Rolfs*, JZ 1999, 233, 236.
161 *Karczewski*, VersR 2001, 1070, 1074.
162 OLG Celle VersR 1976, 297; referierend *Küppersbusch*, Ersatzansprüche bei Personenschäden, 7. Aufl. 2000, Rn 198; ebenso KG DAR 1995, 72, 74.
163 So auch *Pardey*, DAR 1998, 1, 6.
164 So *Neuner*, NJW 2000, 1822, 1833.
165 RE 2001, 67.
166 RE 2001, 67 f.
167 So auch *Otto*, NZV 2001, 335, 339.

Deliktsfähigkeit erfolgen, sondern auf der des Verschuldens.[168] So sachlich berechtigt die Änderung ist, es bleibt zu konstatieren: Ein Schutzwall ist weggefallen; es ist zu hoffen, dass der andere hält.

§ 829 Ersatzpflicht aus Billigkeitsgründen
[1]Wer in einem der in den §§ 823 bis 826 bezeichneten Fälle für einen von ihm verursachten Schaden auf Grund der §§ 827, 828 nicht verantwortlich ist, hat gleichwohl, sofern der Ersatz des Schadens nicht von einem aufsichtspflichtigen Dritten erlangt werden kann, den Schaden insoweit zu ersetzen, als die Billigkeit nach den Umständen, insbesondere nach den Verhältnissen der Beteiligten, eine Schadloshaltung erfordert und ihm nicht die Mittel entzogen werden, deren er zum angemessenen Unterhalt sowie zur Erfüllung seiner gesetzlichen Unterhaltspflichten bedarf.

§ 830 Mittäter und Beteiligte
(1) [1]Haben mehrere durch eine gemeinschaftlich begangene unerlaubte Handlung einen Schaden verursacht, so ist jeder für den Schaden verantwortlich. [2]Das gleiche gilt, wenn sich nicht ermitteln läßt, wer von mehreren Beteiligten den Schaden durch seine Handlung verursacht hat.
(2) [1]Anstifter und Gehilfen stehen Mittätern gleich.

§ 831 Haftung für den Verrichtungsgehilfen
(1) [1]Wer einen anderen zu einer Verrichtung bestellt, ist zum Ersatz des Schadens verpflichtet, den der andere in Ausführung der Verrichtung einem Dritten widerrechtlich zufügt. [2]Die Ersatzpflicht tritt nicht ein, wenn der Geschäftsherr bei der Auswahl der bestellten Person und, sofern er Vorrichtungen oder Gerätschaften zu beschaffen oder die Ausführung der Verrichtung zu leiten hat, bei der Beschaffung oder der Leitung die im Verkehr erforderliche Sorgfalt beobachtet oder wenn der Schaden auch bei Anwendung dieser Sorgfalt entstanden sein würde.
(2) [1]Die gleiche Verantwortlichkeit trifft denjenigen, welcher für den Geschäftsherrn die Besorgung eines der im Absatz 1 Satz 2 bezeichneten Geschäfte durch Vertrag übernimmt.

§ 832 Haftung des Aufsichtspflichtigen
(1) [1]Wer kraft Gesetzes zur Führung der Aufsicht über eine Person verpflichtet ist, die wegen Minderjährigkeit oder wegen ihres geistigen oder körperlichen Zustands der Beaufsichtigung bedarf, ist zum Ersatz des Schadens verpflichtet, den diese Person einem Dritten widerrechtlich zufügt. Die Ersatzpflicht tritt nicht ein, wenn er seiner Aufsichtspflicht genügt oder wenn der Schaden auch bei gehöriger Aufsichtsführung entstanden sein würde.
(2) [1]Die gleiche Verantwortlichkeit trifft denjenigen, welcher die Führung der Aufsicht durch Vertrag übernimmt.

§ 833 Haftung des Tierhalters
[1]Wird durch ein Tier ein Mensch getötet oder der Körper oder die Gesundheit eines Menschen verletzt oder eine Sache beschädigt, so ist derjenige, welcher das Tier hält, verpflichtet, dem Verletzten den daraus entstehenden Schaden zu ersetzen. [2]Die Ersatzpflicht tritt nicht ein, wenn der Schaden durch ein Haustier verursacht wird, das dem Beruf, der Erwerbstätigkeit oder dem Unterhalt des Tierhalters zu dienen bestimmt ist, und entweder der Tierhalter bei der Beaufsichtigung des Tieres die im Verkehr erforderliche Sorgfalt beobachtet oder der Schaden auch bei Anwendung dieser Sorgfalt entstanden sein würde.

§ 834 Haftung des Tieraufsehers
[1]Wer für denjenigen, welcher ein Tier hält, die Führung der Aufsicht über das Tier durch Vertrag übernimmt, ist für den Schaden verantwortlich, den das Tier einem Dritten in der im § 833 bezeichneten Weise zufügt. [2]Die Verantwortlichkeit tritt nicht ein, wenn er bei der Führung der Aufsicht die im Verkehr erforderliche Sorgfalt beobachtet oder wenn der Schaden auch bei Anwendung dieser Sorgfalt entstanden sein würde.

§ 835 (aufgehoben)

§ 836 Haftung des Grundstücksbesitzers
(1) [1]Wird durch den Einsturz eines Gebäudes oder eines anderen mit einem Grundstück verbundenen Werkes oder durch die Ablösung von Teilen des Gebäudes oder des Werkes ein Mensch getötet, der Körper oder die Gesundheit eines Menschen verletzt oder eine Sache beschädigt, so ist der Besitzer des Grundstücks, sofern der Einsturz oder die Ablösung die Folge fehlerhafter Errichtung oder mangelhafter Unterhaltung ist, verpflichtet, dem Verletzten den daraus entstehenden Schaden

---
[168] RE 2001, 68.

zu ersetzen. ²Die Ersatzpflicht tritt nicht ein, wenn der Besitzer zum Zweck der Abwendung der Gefahr die im Verkehr erforderliche Sorgfalt beobachtet hat.
(2) ¹Ein früherer Besitzer des Grundstücks ist für den Schaden verantwortlich, wenn der Einsturz oder die Ablösung innerhalb eines Jahres nach der Beendigung seines Besitzes eintritt, es sei denn, daß er während seines Besitzes die im Verkehr erforderliche Sorgfalt beobachtet hat oder ein späterer Besitzer durch Beobachtung dieser Sorgfalt die Gefahr hätte abwenden können.
(3) ¹Besitzer im Sinn dieser Vorschriften ist der Eigenbesitzer.

§ 837 Haftung des Gebäudebesitzers

¹Besitzt jemand auf einem fremden Grundstück in Ausübung eines Rechts ein Gebäude oder ein anderes Werk, so trifft ihn an Stelle des Besitzers des Grundstücks die im § 836 bestimmte Verantwortlichkeit.

§ 838 Haftung des Gebäudeunterhaltungspflichtigen

¹Wer die Unterhaltung eines Gebäudes oder eines mit einem Grundstück verbundenen Werkes für den Besitzer übernimmt oder das Gebäude oder das Werk vermöge eines ihm zustehenden Nutzungsrechts zu unterhalten hat, ist für den durch den Einsturz oder die Ablösung von Teilen verursachten Schaden in gleicher Weise verantwortlich wie der Besitzer.

§ 839 Haftung bei Amtspflichtverletzung

(1) ¹Verletzt ein Beamter vorsätzlich oder fahrlässig die ihm einem Dritten gegenüber obliegende Amtspflicht, so hat er dem Dritten den daraus entstehenden Schaden zu ersetzen. ²Fällt dem Beamten nur Fahrlässigkeit zur Last, so kann er nur dann in Anspruch genommen werden, wenn der Verletzte nicht auf andere Weise Ersatz zu erlangen vermag.
(2) ¹Verletzt ein Beamter bei dem Urteil in einer Rechtssache seine Amtspflicht, so ist er für den daraus entstehenden Schaden nur dann verantwortlich, wenn die Pflichtverletzung in einer Straftat besteht. ²Auf eine pflichtwidrige Verweigerung oder Verzögerung der Ausübung des Amtes findet diese Vorschrift keine Anwendung.
(3) ¹Die Ersatzpflicht tritt nicht ein, wenn der Verletzte vorsätzlich oder fahrlässig unterlassen hat, den Schaden durch Gebrauch eines Rechtsmittels abzuwenden.

§ 839a Haftung des gerichtlichen Sachverständigen

(RE zum 2. Gesetz zur Änderung schadensersatzrechtlicher Vorschriften, 1998 und 2001)
(1) ¹Erstattet ein vom Gericht ernannter Sachverständiger vorsätzlich oder grob fahrlässig ein unrichtiges Gutachten, so ist er zum Ersatz des Schadens verpflichtet, der einem Verfahrensbeteiligten durch eine das Verfahren abschließende Entscheidung entsteht, die auf seinem Gutachten beruht.
(2) ¹§ 839 Abs 3 findet entsprechende Anwendung.

> § 839a (Vorschlag J. Blomeyer)
> Ein gerichtlich bestellter Sachverständiger haftet den Verfahrensbeteiligten für die Schadensfolgen einer materiell-rechtskräftigen Entscheidung, die auf seinem Gutachten beruht, nur dann, wenn ihm ein grobfahrlässiger Verstoß gegen seine Wahrheitspflicht zur Last fällt.

> § 839a (Vorschlag ZPO-Kommission 1977)
> Wer als gerichtlicher Sachverständiger vorsätzlich oder grob fahrlässig ein unrichtiges Gutachten erstattet, ist zum Ersatz des Schadens verpflichtet, der einem Prozeßbeteiligten durch eine auf die Unrichtigkeit beruhende, das Verfahren abschließende Entscheidung entsteht.

Literatur: *Andresen*, Zur Haftung des Sachverständigen im Strafverfahren, NJW 1962, 1759; *Arndt*, Anm. zu BGH 5.10. 1972, III ZR 168/70, LM Art. 34 GG Nr. 90; *ders.*, Die Haftung des gerichtlichen Sachverständigen, DRiZ 1973, 272; *ders.*, Kommentar zu BGH VI ZR 113/71, DRiZ 1974, 185; *J. Blomeyer*, Schadensersatzansprüche im Prozeß Unterlegenen wegen Fehlverhaltens Dritter (1972); *ders.*, Zur zivilrechtlichen Haftung des gerichtlichen Sachverständigen, ZRP 1974, 214; *Bundesministerium der Justiz*, Bericht der Kommission für das Zivilprozeßrecht 1977; *Canaris*, Schutzwirkungen zugunsten Dritter bei „Gegenläufigkeit" der Interessen, JZ 1995, 441; *ders.*, Die Haftung des Sachverständigen zwischen Schutzwirkungen für Dritte und Dritthaftung aus culpa in contrahendo, JZ 1998, 603; *Damm*, Die zivilrechtliche Haftung des gerichtlichen Sachverständigen, BGHZ 62, 54, JuS 1976, 359; *Döbereiner*, Anm. zu BVerfG 11.10.1978, 1 BvR 84/74, BB 1979, 130; *Eickmeier*, Die Haftung des gerichtlichen Sachverständigen für Vermögensschäden (1993); *Friederichs*, Zur Haftung des gerichtlichen Sachverständigen, DRiZ 1973, 113; *Hellmer*, Anm. zu BGH 18.12.1973, VI ZR 113/71, NJW 1974, 556; *Hirte*, Berufshaftung (1996); *Hopt*, Anm. zu BGH 18.12.1973, VI ZR 113/71, JZ 1974, 551; *ders.*, Dritthaftung für Testate, NJW 1987, 1745; *ders.*, Schadensersatz aus unberechtigter Verfahrenseinleitung (1968); *Kannowski/Zumbansen*, Anm. zu BGH 26.6.2001, X ZR 231/99, NJW 2001, 3102; *Kisch*, Anm. zu 19.10.1932, 136/32 IX, JW 33, 217; *Koch*, Anm. zu BGH 18.12.1973, VI ZR 113/71, NJW 1974, 595; *Littbarski*, Strenge Haftung des Sachverständigen – Sicherheit für den Auftraggeber?, ZIP 1996,

812; *Medicus*, Anm. zu BGH 10.11.1994, III ZR 50/94, JZ 1995, 308; *K. Müller*, Der Sachverständige im gerichtlichen Verfahren, 3. Auflage 1988; *G. Müller*, Der neue Entwurf eines Zweiten Gesetzes zur Änderung schadensrechtlicher Vorschriften, PHI 2001, 119; *Nowotny*, Die Haftung des gerichtlich bestellten Sachverständigen gegenüber dem Ersteher in der Liegenschaftszwangsversteigerung, JBl 1987, 282; *Pfersmann*, Bemerkenswertes aus der SZ 58, ÖJZ 1988, 69; *Rasehorn*, Zur Haftung für fehlerhafte Sachverständigengutachten, NJW 1974, 1172; *Rietschl*, Anm. zu BGH 19.11.1964, VII ZR 8/63, LM § 1035 ZPO Nr. 1; *ders.*, Anm. zu BGH 22.4.1965, VII ZR 15/65, LM § 675 BGB Nr. 33; *Schreiber*, Die zivilrechtliche Haftung von Prozeßbeteiligten, ZZP 105 (1992), 129; *Schwabe*, Anm. zu BVerfG 11.10.1978, 1 BvR 84/74, DVBl 1979, 667; *Speckmann*, Haftungsfreiheit für gerichtliche Sachverständige auf Kosten des Geschädigten, MDR 1975, 461; *Starck*, Anm. zu BVerfG 11.10.1978, 1 BvR 84/74, JZ 1979, 63; *Stoll*, Unrechtstypen bei Verletzung absoluter Rechte, AcP 162 (1963), 203; *Wasner*, Die Haftung des gerichtlichen Sachverständigen, NJW 1986, 119; *Weber*, Anm. zu BVerfG 11.10.1978, 1 BvR 84/74, 25.7.1979, BvR 878/74, JuS 1981, 290; *Weimar*, Haftung des Sachverständigen bei fehlerhaften Gutachten, VersR 1955, 263.

Inhalt

	Rn.
A. Unterschied zu anderen Änderungen im 2. Schadensersatzrechtsänderungsgesetz	1
B. Der Grundfall: Prozessverlust aufgrund eines unrichtigen Sachverständigengutachtens, nachträglicher Nachweis, dass Gutachten falsch war, keine Korrektur auf prozessualer Ebene	2
C. Fallmaterial zur Verdeutlichung - maßgebliche Einteilungen	4
I. Zivilprozess oder Strafprozess	5
II. Absolut geschütztes Rechtsgut, insbesondere Freiheit oder Vermögensschaden	6
III. Partei oder Zeuge	7
IV. Rechtskräftiges Urteil oder Anordnung während des Verfahrens, z.B. Unterbringung nach Bescheinigung der Zurechnungsunfähigkeit	8
D. Die in Betracht kommenden Lösungen	9
I. Anspruch des Geschädigten aus der Staatshaftung (§ 839, Art. 34 GG)	10
II. Anspruch des Geschädigten bei Schutzwirkung zugunsten Dritter	14
III. Deliktische Ansprüche	15
IV. Haftungsfreistellung des Sachverständigen, aber Aufopferungsanspruch gegenüber dem Rechtsträger	16
V. Die letztlich entscheidende Frage: Wer trägt den Schaden?	17
E. Die grundsätzliche Position der Rechtsprechung des BGH bis zur Entscheidung des BVerfG vom 11.10.1978, BVerfGE 49, 304	18
I. Regel/Ausnahme	18
1. Keine Anknüpfung an § 823 Abs. 1 bei Beeinträchtigung absolut geschützter Rechtsgüter – statt dessen rechtspolitische Argumentation	18
a) Sachverständiger ist Gehilfe des Richters – Ausdehnung des Spruchrichterprivilegs des § 839 Abs. 2	19
b) Rechtssicherheit, Gefahr von Regressprozessen	21
c) Staatsbürgerliche Pflicht – kann sich seiner Aufgabe nicht entziehen	24
2. Anspruchsgrundlage § 823 Abs. 2: Differenzierung danach, ob Sachverständiger beeidet wurde oder nicht	25
a) Schutzgesetze: §§ 154, 163 StGB	26
b) Keine Schutzgesetze	27
II. Leitentscheidung Fall Weigand – 18.12.1973, BGHZ 62, 54	28
F. Korrektur durch Entscheidung des BVerfG: verfassungsrechtliche Zulässigkeitsschranken am Maßstab der Grundrechte (Art. 2 GG)	30
I. Fallbezogen: Freiheitsentzug (§ 823 Abs. 1)	31
II. Grenzen der Rechtsfortbildung durch die Zivilgerichte	32
III. Hinweis, dass Differenzierung, ob beeidet oder nicht, wenig überzeugend	34
IV. Ausschluss der Haftung bei grober Fahrlässigkeit Verstoß gegen Art. 2 GG	35
V. Vier Mitglieder des Senats: Verfassungswidrigkeit auch bei Ausschluss der Haftung für leichte Fahrlässigkeit	36
G. Die vom Gesetzgeber nunmehr vorgenommene Regelung – Orientierung am Mindeststandard	37
I. Haftung ab grober Fahrlässigkeit bei Schäden an absolut geschützten Gütern und bloßen Vermögensschäden	37
II. Beseitigung der Differenzierung zwischen beeideten und nicht beeideten Sachverständigen	39
III. Ersatz nur bei Urteil	40
IV. Analoge Anwendung von § 839 Abs. 3 – kein Ersatz bei schuldhafter Abwendung des Schadens durch ein Rechtsmittel	41
V. Abschließende Regelung	42
H. Rechtspolitische Bewertung, Folgerungen und Ausblick	43
I. Schutz nur bei Erlass eines Urteils	43
1. Gefahr des neu Aufrollens des Prozesses	43
2. Rechtslage bei das Verfahren nicht abschließenden Entscheidungen offen	44
3. Angemessenheit des Ausschlusses jeglichen Ersatzanspruchs bei Vergleich	46
a) Mitunter ist das Sachverständigengutachten so bedeutsam für die Entscheidung und so eindeutig, dass Vergleich einzig sinnvolle Vorgangsweise ist	46
b) Geschädigter Zeuge hat keinen Einfluss, auf welche Weise es zum Prozessabschluss kommt, ob Urteil oder Vergleich	47
II. Für Behörden tätige Sachverständige	49
III. Schwelle des § 839 Abs. 3 – passt nicht in schadens- und deliktsrechtliches System	50
IV. Haftungserweiterung zugunsten des Geschädigten, aber im geringstmöglichen Ausmaß	52
1. Bewahrung der inneren Freiheit des Sachverständigen versus Präventionszweck des Haftpflichtrechts	53
2. Gedanken zum Sorgfaltsmaßstab	55
a) Parallele zum Schiedsgutachten: stillschweigender Ausschluss grober Fahrlässigkeit	55
b) Bei Anhebung des Haftungsmaßstabs Schwierigkeiten für die Gerichte, Sachverständige zu finden	56
V. Berechtigung der Differenzierung zwischen Privat- und Gerichtsgutachter	57
1. Rechtsprechung zur Haftung privater Sachverständiger	57

2. Rechtsvergleichender Ausblick: im österreichischen Recht Annäherung der Haftung des privaten und gerichtlichen Sachverständigen gegenüber Dritten 60
3. Gründe für die Differenzierung – Unterschiedliche Möglichkeiten der Haftungsbegrenzung 61
4. Anpassung der Berufshaftpflichtversicherung 62
5. Rechtsfolgen für Haftung des Zeugen 63

A. Unterschied zu anderen Änderungen im 2. Schadensersatzrechtsänderungsgesetz

1 Während bei anderen Normen des 2. Schadensersatzrechtsänderungsgesetzes um jedes einzelne Wort gerungen wurde, so namentlich bei § 253, wurde § 839a wortwörtlich aus dem RE 1998 übernommen. Und auch der nunmehrige § 839a ist keine genuine Schöpfung der Ministerialbürokratie aus der jüngsten Zeit; vielmehr wird insoweit der **Vorschlag der ZPO-Kommission** fast wortwörtlich übernommen.[1] Es fällt auf, dass weder im zeitlichen Naheverhältnis des RE 1998 noch im Vorfeld des RE 2001 eine Diskussion darüber in der Literatur stattgefunden hat. Einzig G. Müller[2] billigt den neuen § 839a und hält im übrigen eine Präzisierung des Begriffs Entscheidung für wünschenswert, wobei sie aber keine konkreten Vorschläge macht, in welcher Hinsicht das der Fall sein soll. Es mag sein, dass die ZPO-Kommission in ihrem Bericht aus dem Jahr 1977 den Stein der Weisen gefunden hat. Es könnte aber auch sein, dass diese an der Schnittstelle zwischen Prozess- und Haftungsrecht liegende Frage[3] weder von den Spezialisten der einen noch der anderen Domäne beachtet wurde. Mit dazu beigetragen haben mag, dass auch der RE 1998 selbst diese Regelung nicht zu den „wesentlichen Neuerungen" gerechnet hat.[4]

B. Der Grundfall: Prozessverlust aufgrund eines unrichtigen Sachverständigengutachtens, nachträglicher Nachweis, dass Gutachten falsch war, keine Korrektur auf prozessualer Ebene

2 In einem gerichtlichen Verfahren erleidet ein Verfahrensbeteiligter, typischerweise eine Prozesspartei, einen Schaden durch eine Entscheidung des Gerichts. Nach Erlass der Entscheidung stellt sich heraus, dass diese aufgrund eines vom Gerichtssachverständigen falsch erstellten Gutachtens erging. Die Entscheidung kann nicht mehr korrigiert werden Es stellt sich nun die Frage, ob das prozessuale Faktum des Urteils auf materiell-rechtlichem Weg der §§ 823 ff. korrigiert werden kann, wenn auch **nicht dinglich** durch Beseitigung des Urteils, aber doch **schuldrechtlich** durch **finanziellen Ausgleich** zu Lasten eines Dritten, der im Zusammenhang mit der Urteilsentstehung ein Fehlverhalten gesetzt hat.[5] Es ist dies in solchen Fällen die einzige Möglichkeit, materielle Gerechtigkeit wenigstens durch Zahlung eines Geldausgleichs zu erzielen.[6]

3 Eine davon unterschiedliche Fallkonstellation liegt dann vor, wenn der Gerichtssachverständige bei Erstellung des Gutachtens den Verfahrensbeteiligten schädigt, wie das in der Entscheidung BGHZ 59, 310[7] der Fall war:[8] Ein Gehilfe des Arztes hatte im Zuge der Erstellung eines Gerichtsgutachtens dem Patienten Wasser statt Luft ins Ohr gespritzt, was diesem nicht gut bekommen ist. Insoweit ist die Einstandspflicht des Gutachters nach den Grundsätzen des Deliktsrechts unstrittig. Es handelt sich um keinen Fall des § 839a.

C. Fallmaterial zur Verdeutlichung – maßgebliche Einteilungen

4 Schädigungen durch fehlerhafte Gerichtsgutachten sind in vielfältigen Konstellationen möglich. Es soll einleitend auf einige dabei **bedeutsame Unterscheidungen** hingewiesen werden.

---

1 RE 1998, BT-Drucks 13/10435, 18. Darin ist die Rede, dass der Vorschlag der ZPO-Kommission „im Kern" übernommen werde. Auch wurde nicht einmal das Erscheinungsjahr (1977) angegeben. So auch RE 2001, 69.
2 PHI 2001, 119, 122.
3 Dazu Damm, JuS 1976, 359, 362, der darauf hinweist, dass kein Weg daran vorbeiführe, den Zweck der Schadensersatzpflicht vor dem Hintergrund des Prozesszwecks zu erörtern.
4 RE 1998, RE 1998, BT-Drucks 13/10435, 1.
5 So die einprägsame Formel von J. Blomeyer, Schadensersatzansprüche des im Prozess Unterlegenen wegen Fehlverhaltens Dritter (1972), 2. Ebenso Damm, JuS 1976, 359, 360.
6 RE 1998, BT-Drucks 13/10435, 18; RE 2001, 69; Arndt, DRiZ 1974, 185, 186.
7 = NJW 1973, 554 = LM Art. 34 GG Nr. 90 (Arndt) = MDR 1973, 36 = VersR 1973, 58 = JZ 1973, 24 = BB 1972, 1529 (Friederichs, DRiZ 1973, 113).
8 So auch Damm, JuS 1976, 359, 360.

I. Zivilprozess oder Strafprozess

Die Partei eines Zivilprozesses kann durch einen Fehler eines Gerichtsgutachters betroffen sein, wenn etwa dieser in einem Bauprozess Fehler des Handwerkers oder Architekten nicht erkennt, so dass der Prozess für den Kläger verloren geht.[9] Oder aber bei dem eines Strafdeliktserdächtigten wird vom Gutachter festgestellt, dass er zurechnungsunfähig ist, worauf er in einer Anstalt untergebracht wird.[10]

II. Absolut geschütztes Rechtsgut, insbesondere Freiheit oder Vermögensschaden

Anknüpfend an diese Unterscheidung – aber mit dieser nicht unbedingt deckungsgleich – ist die Rechtsfolge der auf einem unrichtigen Sachverständigengutachten ergangenen Entscheidung: Entweder geht es um eine Beeinträchtigung eines absolut geschützten Rechtsguts, etwa der **Freiheit**, oder um Nachteile im bloßen Vermögen. Wer in einer festen Anstalt untergebracht wird, verliert seine Freiheit. Wer hingegen aufgrund eines falschen Gutachtens eine **Sozialrente** nicht erhält[11] oder ein vermeintliches Penthouse in der Zwangsversteigerung erwirbt, bei dem sich herausstellt, dass anders als vom Gutachter beschriebene die Bewohnbarkeit mangels behördlicher Bewilligung nicht gegeben ist,[12] erleidet bloß einen Vermögensnachteil.

III. Partei oder Zeuge

In allen obigen Beispielen erlitt eine **Prozesspartei** einen Schaden, der Kläger oder Beklagte im Zivilprozess oder der Angeklagte im Strafprozess. Wie einer jüngeren österreichische Entscheidung[13] zu entnehmen ist, kann ausnahmsweise auch ein **Zeuge** zum Handkuss kommen: In einem Strafverfahren wegen Urkundenbetrugs hatte der Sachverständige zu beurteilen, zu welchem Zeitpunkt eine Unterschrift auf einem Grundstückskaufvertrag geleistet worden ist. Von dieser Beurteilung hing nicht nur Freispruch oder Verurteilung der Angeklagten ab, sondern auch, ob der Rechtsanwalt, der die Liegenschaftstransaktion abgewickelt hatte, in den Verdacht der Beihilfe zum Urkundenbetrug geriet.

IV. Rechtskräftiges Urteil oder Anordnung während des Verfahrens, z.B. Unterbringung nach Bescheinigung der Zurechnungsunfähigkeit

Schließlich ist eine Unterscheidung danach möglich, ob der durch das unrichtige Gutachten hervorgerufene Schaden durch ein das Verfahren abschließendes Urteils ergeht oder aufgrund einer vorläufigen Anordnung, etwa der Unterbringung in einer geschlossenen Anstalt.

D. Die in Betracht kommenden Lösungen

Nach Darstellung des Grundfalls sowie der einzelnen Ausprägungen der in der Praxis auftretenden Fallkonstellationen geht es um die Frage der in Betracht kommenden Anspruchsgrundlagen:

I. Anspruch des Geschädigten aus der Staatshaftung (§ 839, Art. 34 GG)

Wenn der Sachverständige eine hoheitliche Tätigkeit ausübt, Beamter im Sinn des § 839 ist, so hat dies zur Folge, dass der Geschädigte gemäß § 839, Art. 34 GG einen Schadensersatzanspruch gegen den Rechtsträger hat. § 839 Abs. 1 und 2 ist als lex specialis im Verhältnis zum Deliktsrecht anzusehen.[14] Das hat einerseits zur Folge, dass der Geschädigte **keinen unmittelbaren Anspruch** gegen den Sachverständigen hat, andererseits auch eine Ersatzpflicht bei **bloßen Vermögensschäden** gegeben ist.

Ob der Sachverständige hoheitlich tätig wird, ist mitunter eine durchaus diffizile Abgrenzungsfrage. Dafür ist keinesfalls ausreichend, dass der Sachverständige für den Staat tätig wird; verlangt wird vielmehr ein innerer Zusammenhang und eine enge Beziehung zwischen schädigender Handlung und öffentlicher Aufgabe.[15] Das wird angenommen, wenn ein Arzt für einen Sozialversicherungsträger ein Gutachten erstattet,[16] aber dann nicht, wenn er eben diese Tätigkeit für das Sozialgericht erledigt.[17] Generell wird

---

9 OLG Hamm VersR 1985, 841 = MDR 1983, 933; OLG Hamm VersR 1995, 225.
10 BGHZ 62, 54 = NJW 1974, 312 (*Hellmer*, NJW 1974, 556; *Koch*, NJW 1974, 595) = JZ 1974, 548 (*Hopt*) = JuS 1974, 457 (*Damm*, JuS 1976, 359) = VersR 1974, 344 = MDR 1974, 300 (*Speckmann*, MDR 1975, 461) = BB 1974, 202 = DB 1974, 476 = LM § 823 Nr. 49 (Ah) BGB Nr. 49 (*Arndt*, DRiZ 1974, 185).
11 OLG Düsseldorf NJW 1986, 2891 = VersR 1987, 670.
12 OLG Oldenburg VersR 1989, 108. Ähnlich OLG Brandenburg WM 2001, 1920.
13 OGH JBl 2001, 227.
14 *Damm*, JuS 1976, 359, 360.
15 BGHZ 59, 310 = NJW 1973, 554 = LM Art. 34 GG Nr. 90 (*Arndt*) = MDR 1973, 36 = VersR 1973, 58 = JZ 1973, 24 = BB 1972, 1529 (*Friederichs*, DRiZ 1973, 113).
16 BGH VersR 1961, 184 = Warn 1960/571 = LM § 81 BVG Nr. 2; VersR 1968, 691 = LM § 183 RVO Nr. 1. Weitere Judikaturnachweise in vergleichbaren Fällen bei *Littbarski*, ZIP 1996, 812, 814.

darauf abgestellt, ob der Sachverständige eine **Entscheidung für den Staat** trifft – dann Anspruch nach § 839 sowie Art. 34 GG – oder durch sein Gutachten **bloß ein Beweismittel** liefert, wie dies bei einer Tätigkeit eines Gerichtssachverständigen in aller Regel gegeben ist[18] – dann kein Direktanspruch gegen den Rechtsträger. *Arndt*[19] weist darauf hin, dass der Sachverständige bei Tätigkeit für das Gericht diesem nur seine besondere Sachkunde zur Verfügung stelle und wie ein Zeuge seine staatsbürgerliche Pflicht erfülle.

12 Aber selbst diese Unterscheidung wird nicht immer eingehalten. In der BGH-Entscheidung NJW 1995, 2412[20] hatte der Geschädigte aufgrund eines falschen ärztlichen Gutachtens im Zuge eines Unterbringungsverfahrens eine für ihn nachteilige Vermögensdisposition getroffen, nämlich Liegenschaften – unter dem Marktpreis – veräußert. Der Arzt hatte darin gewiss nur Gutachterstellung und keine Entscheidungskompetenz; gleichwohl war ein direkter Schadensersatzanspruch gegen den Arzt abgewiesen, ein Direktanspruch gegen den Rechtsträger nach § 839, Art. 34 GG aber bejaht worden.

13 Das BVerfG[21] hat darauf hingewiesen, dass bei einem Bedürfnis für eine Haftungsfreistellung des Sachverständigen die dadurch entstehende Haftungslücke vom Gesetzgeber durch Erweiterung der Staatshaftung geschlossen werden könne. Die ZPO-Kommission[22] hat aber einer unmittelbare Haftung des gerichtlichen Sachverständigen gegenüber der Staatshaftung mit Regressmöglichkeit den Vorzug gegeben. Es wurde darauf hingewiesen, dass es sich einerseits um ein versicherbares Risiko handle; und andererseits es bei grober Fahrlässigkeit des Sachverständigen auch bei der Staatshaftung zu einem Regress gegen den Sachverständigen käme.[23]

II. Anspruch des Geschädigten bei Schutzwirkung zugunsten Dritter

14 Der Sachverständige wird aufgrund einer öffentlich-rechtlichen Beziehung zum Gericht tätig, das ihn mit der Erstellung eines Gutachtens betraut.[24] Es handelt sich weder um einen privatrechtlichen noch um einen öffentlich-rechtlichen Vertrag;[25] und schon gar nicht steht er mit den Prozessparteien oder sonstigen Verfahrensbeteiligten in einem privatrechtlichen Verhältnis.[26] Dessen ungeachtet wurde – mit beachtlichen Gründen – erwogen, einerseits eine **Sonderbeziehung** zwischen Sachverständigem und Gericht anzunehmen[27] und andererseits aus dieser Schutzwirkungen zugunsten Dritter – wie bei einem (privatrechtlichen) Werkvertrag über ein Gutachten zwischen Besteller und Unternehmer – anzunehmen, in concreto also zugunsten der Prozessparteien.[28] Das hätte zur Folge, dass der Gutachter grundsätzlich auch für (bloße) **Vermögensschäden Dritter** einzustehen hätte und darüber hinaus der Gutachter sich das Fehlverhalten seiner **Gehilfen** nach der strengeren Norm des § 278 und nicht bloß nach der weniger weitgehenden des § 831 zurechnen lassen müsste.[29]

---

17 BGHZ 59, 310, 312 = NJW 1973, 554 = LM Art. 34 GG Nr. 90 (*Arndt*) = MDR 1973, 36 = VersR 1973, 58 = JZ 1973, 24 = BB 1972, 1529 (*Friederichs*, DRiZ 1973, 113). Vgl. auch BGH MDR 1973, 36; OLG München VersR 1977, 482; OLG Düsseldorf NJW 1986, 2891 = VersR 1987, 670.
18 So RE 2001,68 unter Hinweis auf OLG Düsseldorf NJW 1986, 2891.
19 Anm. zu LM Art. 34 GG Nr. 90.
20 Es ging um einen Nichtannahmebeschluss.
21 BVerfGE 49, 304, 320 = NJW 1979, 305 = DVBl 1978, 994 (*Schwabe*, DVBl 1979, 667) = DRiZ 1979, 88 = JZ 1979, 60 (*Starck*) = EuGRZ 1978, 526 = MDR 1979, 201 = BB 1979, 130 (*Döbereiner*) = JuS 1981, 290 (*Weber*) = r+s 1979, 80 = VersR 1979, 460 (LS).
22 Bericht (1977) 143.
23 So auch *Damm*, JuS 1976, 359, 362 unter Hinweis auf BGHZ 59, 310, 315: Es handelt sich um eine Pflicht gegenüber dem Staat und nicht um eine Pflicht des Staates.
24 BGHZ 59, 310 = NJW 1973, 554 = LM Art. 34 GG Nr. 90 (*Arndt*) = MDR 1973, 36 = VersR 1973, 58 = JZ 1973, 24 = BB 1972, 1529 (*Friederichs*, DRiZ 1973, 113) 311. So auch *Damm*, JuS 1976, 359, 360. Ebenso *Friederichs*, DRiZ 1973, 113, 114 unter Hinweis auf die Wortwahl des § 407 ZPO: Der öffentlich bestellte Sachverständige habe Folge zu leisten. Auch erhalte er keine volle Bezahlung, sondern bloß eine Entschädigung.
25 So aber *Wasner*, NJW 1986, 119; *Weimar*, VersR 1955, 263; BGH LM § 831 (Fc) BGB Nr. 1 lässt dies dahin gestellt.
26 BGHZ 42, 313 = NJW 1965, 298 = MDR 1965, 124 = LM § 1035 ZPO Nr. 1 (*Rietschl*) = VersR 1965, 89 = BB 1965, 13.
27 *Eickmeier*, Die Haftung des gerichtlichen Sachverständigen für Vermögensschäden (1993), S. 141.
28 *Wasner*, NJW 1986, 119; *Eickmeier*, Die Haftung des gerichtlichen Sachverständigen für Vermögensschäden (1993), S. 179. Ob die Drittwirkung auf einen öffentlich-rechtlichen Vertrag zwischen Gericht und Sachverständigen (so *Wasner*) oder eine Sonderverbindung (so *Eickmeier*) gestützt wird, ist für die hier interessierende Frage der Drittwirkung eine – unbedeutsame – Konstruktionsfrage. Eine solche Drittwirkung immerhin erwägend *Damm*, JuS 1976, 359, 360. Ablehnend hingegen *Weimar*, VersR 1955, 263; *Schreiber*, ZZP 105 (1992), 129, 132; OLG Hamm MDR 1950, 221; BGH NJW 1965, 298; OLG Hamm BB 1986, 1397 (LS); OLG Düsseldorf NJW 1986, 2891 = VersR 1987, 670; OLG Brandenburg WM 2001, 1920, 1921. Ebenso RE 2001, 68.
29 Darauf kam es an in OLG Hamm MDR 1950, 221 und in der Entscheidung BGH LM § 831 (Fc) BGB Nr. 1: Eine Gehilfin hatte die Blutproben bei einem Vaterschaftsgutachten vertauscht. Wenn das BMJ in seiner Stellungnahme in der Entscheidung des BVerfG in BVerfGE 49, 304, 311 = NJW 1979, 305 = DVBl 1979, 994 (*Schwabe*, DVBl 1979, 667) = DRiZ 1979, 88 = JZ 1979, 60 (*Starck*) = EuGRZ 1978, 526 = MDR 1979, 201 = BB 1979, 130 (*Döbereiner*) = JuS 1981, 290 (*Weber*) = r+s 1979, 80 = VersR 1979, 460 (LS) darauf hinweist, dass die Haftung des Sachverständigen für leichte Fahrlässigkeit dem höchstpersönlichen Charakter einer Gutachtenerstellung nicht gerecht werde, so ist darauf zu verweisen, dass sich aufgrund des

III. Deliktische Ansprüche

Im Rahmen deliktischer Ansprüche kommen als Anspruchsgrundlagen in Betracht eine solche nach § 823 Abs. 1 bei Beeinträchtigung eines dort genannten absolut geschützten Rechtsguts; darüber hinaus § 823 Abs. 2 in Verbindung mit einem einschlägigen Schutzgesetz; und schließlich § 826 bei **vorsätzlicher sittenwidriger Schädigung**, wobei das im konkreten Kontext bloß von **akademischer Bedeutung** ist, dem Geschädigten jedenfalls der Nachweis auch des dolus eventualis so gut wie nie gelingt.[30]

IV. Haftungsfreistellung des Sachverständigen, aber Aufopferungsanspruch gegenüber dem Rechtsträger

Sofern ein Bedürfnis nach Freistellung des Gerichtssachverständigen gegeben sein sollte, wurde als Auffangtatbestand ein Aufopferungsanspruch gegen den Rechtsträger vorgeschlagen[31] bzw. erwogen.[32]

V. Die letztlich entscheidende Frage: Wer trägt den Schaden?

Losgelöst von all diesen Konstruktionsfragen geht es letztlich um folgende zentrale Frage: Wer soll den eingetretenen Schaden tragen? Soll der Geschädigte endgültig mit dem Schaden belastet bleiben,[33] der Schaden auf den Sachverständigen bzw. dessen Berufshaftpflichtversicherung weitergewälzt oder von der öffentlichen Hand getragen werden? Denkbar ist bei Überwälzung auf den Sachverständigen eine Abstufung danach, ob dieser leicht oder grob fahrlässig gehandelt hat.[34]

E. Die grundsätzliche Position der Rechtsprechung des BGH bis zur Entscheidung des BVerfG vom 11.10.1978, BVerfGE 49, 304

I. Regel/Ausnahme

1. Keine Anknüpfung an § 823 Abs. 1 bei Beeinträchtigung absolut geschützter Rechtsgüter – statt dessen rechtspolitische Argumentation

Bei Beeinträchtigung eines absolut geschützten Rechtsgutes, namentlich der Freiheit, würde man ohne Vorkenntnisse der einschlägigen Rechtsprechung und Literatur ohne besondere Schwierigkeiten zur Bejahung der Haftung des Gerichtssachverständigen gemäß § 823 Abs. 1 gelangen.[35] Die Rechtsprechung hat aber alle möglichen Kunststücke unternommen, um ein solches Ergebnis zu vermeiden. *Damm*[36] spricht von **Haftungsfreistellung um jeden Preis** anstelle von Gesetzesanwendung. Der BGH hat sich sogar damit beruhigt, dass ein Freiheitsentzug ohnehin in einem mit Rechtsgarantien ausgestatteten Verfahren erfolge, so dass die dadurch bewirkte Freiheitsentziehung nicht mit der des § 823 Abs. 1 gleichzusetzen sei. Solches habe der Gesetzgeber gewiss nicht gewollt.[37] Auch wenn dieses Argument in der Folge aus guten Gründen nicht mehr aufgegriffen worden ist,[38] so versucht der BGH doch, das erwünschte Ergebnis – die weitgehende Freistellung des Gerichtssachverständigen von der Haftung – abweichend von einer Subsumtion unter § 823 Abs. 1 durch Hinweis auf rechtspolitische Gründe zu erzielen.[39] Namentlich sind es drei Argumente, die bemüht wurden:

a) Sachverständiger ist Gehilfe des Richters – Ausdehnung des Spruchrichterprivilegs des § 839 Abs. 2

Es wird darauf verwiesen, dass der Sachverständige Gehilfe des Richters bei der Entscheidung sei. Mag er auch keine richterliche Funktion ausüben, so übe er doch mit besonderer Sachkunde wesentlichen Einfluss auf die Entscheidung aus. Er habe oft eine sehr starke Stellung, sei das Zünglein an der Waage.[40] Dies spreche dagegen, dem Sachverständigen ein Risiko auch bei Fahrlässigkeit aufzuerlegen.[41] Insoweit klingt

---

rechtstatsächlichen veröffentlichten Entscheidungsmaterials ein anderes Bild ergibt, die Frage der Ausführung des Gutachtens durch Gehilfen häufig vorkommt.
30 So auch *J. Blomeyer*, ZRP 1974, 214, 215; *Hopt*, JZ 1974, 551, 555; *Speckmann*, MDR 1975, 461; *G. Müller*, PHI 2001, 119, 122.
31 *Speckmann*, MDR 1975, 461, 462.
32 *Koch*, NJW 1974, 595.
33 *Hopt*, JZ 1974, 551, 555: Sehr unbefriedigend im Fall einer Freiheitsbeeinträchtigung.
34 *J. Blomeyer*, ZRP 1974, 214, 221 weist darauf hin, dass bei Beschränkung der Sachverständigenhaftung auf grobe Fahrlässigkeit der Bürger ungerechtfertigt in seinen Ersatzinteressen beschnitten werde, jedenfalls dann, wenn sich diese Beschränkung auf alle Entscheidungen erstrecke.
35 *Hopt*, JZ 1974, 551; *Damm*, JuS 1976, 359, 362.
36 JuS 1976, 359, 363.
37 BGH NJW 1968, 787, 788 = VersR 1968, 473 = Warn 1968/28 unter Berufung auf *Stoll*, AcP 162 (1963), 203, 215.
38 *Hopt*, JZ 1974, 551.
39 *Hellmer*, NJW 1974, 556.
40 *Koch*, NJW 1974, 595.

eine Anleihe an das **Spruchrichterprivileg** des § 839 Abs. 2 an.[42] Es geht bei diesem darum, dass Richter einer Endentscheidung nur dann haftbar gemacht werden können, wenn das Fehlverhalten in einer Straftat besteht. § 839 Abs. 2 ist aber unmittelbar gewiss nicht auf einen Sachverständigen, der ein fehlerhaftes Gutachten erstellt, anzuwenden, weil der Sachverständige gerade keine (hoheitliche) Entscheidung trifft.[43]

20 Aber auch eine analoge Anwendung scheidet mangels vergleichbarer Interessenlage aus:[44] Während der Richter einen ihm zugewiesenen Akt erledigen muss, weil kein Bürger seinem gesetzlichen Richter entzogen werden darf, kann ein Sachverständiger die **Übernahme eines Gutachtens** ablehnen, wenn er meint, dieses nicht bewältigen zu können.[45] Er muss dies gemäß § 407a ZPO nur unverzüglich dem Gericht bekanntgeben. Da der Richter somit in die Lage kommen kann, eine Entscheidung treffen zu müssen, der er fachlich subjektiv nicht gewachsen ist, was für einen milden Haftungsmaßstab spricht, ist diese Interessenlage beim Sachverständigen nicht gegeben. Richterliches Fehlverhalten wird darüber hinaus **disziplinarrechtlich** geahndet, was beim Sachverständigen nicht der Fall ist.[46] Dazu kommt, dass der Richter bei grober Fahrlässigkeit dem **Regressanspruch des Rechtsträgers** ausgesetzt ist.[47] Schließlich ist darauf zu verweisen, dass vom Spruchstellenrichterprivileg des § 839 Abs. 2 manche Entscheidungen gar nicht erfasst sind, so etwa Haft-, Vormundschafts-, Grundbuch-, Arrest-, Insolvenz- und Vollstreckungsangelegenheiten, einstweilige Verfügungen sowie die Verhängung von Unterbringungsmaßnahmen.[48] Positiv lässt sich umschreiben, dass § 839 Abs. 2 nur die Entscheidungen erfasst, die der **Rechtskraft fähig** sind.[49] Selbst bei einer analogen Anwendung des § 839 Abs. 2 wären abgesehen von dessen grundsätzlicher Bedenklichkeit, weil der Sachverständige nicht entscheidet, diese Einschränkungen zu beachten. Eines muss jedenfalls feststehen: Der Gehilfe kann nicht in weitergehendem Ausmaß privilegiert werden als der Richter, für den er das Gutachten erstellt.[50]

b) Rechtssicherheit, Gefahr von Regressprozessen

21 Für eine Freistellung des Gerichtssachverständigen von grober[51] oder zumindest leichter[52] Fahrlässigkeit wird der Gedanke der Rechtssicherheit ins Treffen geführt. Würde man die Schwelle für die Einstandspflicht des Sachverständigen tief ansetzen, also eine Haftung auch bei leichter Fahrlässigkeit bejahen, käme es häufig dazu, dass die belastete Partei zwar die Endentscheidung nicht mehr bekämpfen, aber dieses Ziel doch durch Belangung des Sachverständigem erreichen kann.[53] Selbst von Vertretern, die der Einschränkung der Haftung des gerichtlichen Sachverständigen skeptisch gegenüber stehen, wird dieses Argument ernst genommen.[54] Diese halten deshalb eine Begrenzung der Haftung auf grobe Fahrlässigkeit für angemessen. Es müsste dann eine Beschränkung auf solche Entscheidungen erfolgen, die der **materiellen Rechtskraft fähig** sind, was etwa bei einem Unterbringungsbefehl nicht der Fall ist.[55]

22 Selbst wenn man dies akzeptiert, ist darauf zu verweisen, dass eine derart weitgehende Haftungsfreistellung bei einem Zeugen[56] oder einem **Rechtsanwalt**, wie der Gerichtssachverständige ebenfalls Organ der Rechtspflege, bisher von niemandem gefordert wurde.[57] Auch bei Fehlleistungen dieser Personen kann es zu einem Regressprozess kommen mit der Folge, dass der gleiche Sachverhalt in anderem Gewand nochmals verhandelt werden muss und damit zwar nicht formal, aber immerhin im wirtschaftlichen Ergebnis das materiell rechtskräftige Urteil korrigiert wird. Dass bei einem Versagen des Rechtsanwalts es sich in aller Regel um einen juristischen Kunstfehler handeln wird, den das Gericht mit eigener Sachkunde

---

41 BGHZ 62, 54 = NJW 1974, 312 (*Hellmer*, NJW 1974, 556; *Koch*, NJW 1974, 595) = JZ 1974, 548 (*Hopt*) = JuS 1974, 457 (*Damm*, JuS 1976, 359) = VersR 1974, 344 = MDR 1974, 300 (*Speckmann*, MDR 1975, 461) = BB 1974, 202 = DB 1974, 476 = LM § 823 (Ah) BGB Nr. 49 (*Arndt*, DRiZ 1974, 185).
42 So ausdrücklich in OLG Oldenburg VersR 1989, 108.
43 *Damm*, JuS 1976, 359, 361.
44 *Arndt*, DRiZ 1973, 272, 273; *Hellmer*, NJW 1974, 556; *Hopt*, JZ 1974, 551, 552; *Damm*, JuS 1976, 359, 361.
45 *Rasehorn*, NJW 1974, 1172, 1173.
46 *Arndt*, DRiZ 1974, 185, 186.
47 *J. Blomeyer*, ZRP 1974, 214, 219.
48 *Arndt*, DRiZ 1974, 185, 186; *J. Blomeyer*, ZRP 1974, 214, 219; *Hopt*, JZ 1974, 551, 552.
49 *Wasner*, NJW 1986, 119.
50 *Arndt*, DRiZ 1974, 185, 186; *Hopt*, JZ 1974, 551, 553.
51 BGHZ 62, 54 = NJW 1974, 312 (*Hellmer*, NJW 1974, 556; *Koch*, NJW 1974, 595) = JZ 1974, 548 (*Hopt*) = JuS 1974, 457 (*Damm*, JuS 1976, 359) = VersR 1974, 344 = MDR 1974, 300 (*Speckmann*, MDR 1975, 461) = BB 1974, 202 = DB 1974, 476 = LM § 823 (Ah) BGB Nr. 49 (*Arndt*, DRiZ 1974, 185).
52 BGHZ 42, 313 = NJW 1965, 298 = MDR 1965, 124 = LM § 1035 ZPO Nr. 1 (*Rietschl*) = VersR 1965, 89 = BB 1965, 13; OLG München VersR 1977, 482, 483.
53 *Weimar*, VersR 1955, 263, 265.
54 *Hopt*, JZ 1974, 551; *J. Blomeyer*, ZRP 1974, 214, 221.
55 *Damm*, JuS 1976, 359, 361.
56 Vgl. aber BGHZ 42, 313 = NJW 1965, 298 = MDR 1965, 124 = LM § 1035 ZPO Nr. 1 (*Rietschl*) = VersR 1965, 89 = BB 1965, 13, wo gleiche Standards für Sachverständige und Zeugen angenommen werden.
57 *Hopt*, JZ 1974, 551.

beurteilen kann, während bei Fehlleistungen des Gutachters abermals ein Gutachter herangezogen werden muss,[58] vermag m.E. eine unterschiedliche Behandlung wertungsmäßig kaum zu tragen.

Darüber hinaus wird noch ins Treffen geführt, dass der Sachverständige schon davor zu schützen ist, dass er verklagt wird, wodurch er womöglich Jahre lang in einen Prozess verwickelt wird und sich damit herumschlagen muss.[59] Das ist ein **allgemeines Lebensrisiko**, gegen das niemand gefeit ist.[60] Selbst wenn man die Einstandspflicht erst bei vorsätzlicher sittenwidriger Schädigung ansetzt, wäre ein solches Restrisiko nicht ganz zu vermeiden. 23

c) Staatsbürgerliche Pflicht – kann sich seiner Aufgabe nicht entziehen

Für eine weitgehende Haftungsfreistellung des Sachverständigen wird das Argument bemüht, dass er wie ein Zeuge eine staatsbürgerliche Pflicht erfülle, der er sich wegen § 407 ZPO nicht entziehen könne.[61] Insoweit klaffen Theorie und Praxis meilenweit auseinander. Während sich ein Zeuge seiner Pflicht in der Tat nicht entziehen kann, ist das bei einem Sachverständigen völlig anders. Der Zeuge ist nicht **substituierbar**, ein Sachverständiger sehr wohl. Wer ein Gutachten nicht abgeben will, wird von den Gerichten dazu auch nicht gezwungen.[62] § 407a ZPO eröffnet dem Sachverständigen schon von Gesetzes wegen die Rückzugslinie, dass dies nicht sein Fachgebiet sei bzw. es der Heranziehung weiterer Sachverständiger bedürfe.[63] Dazu kommt ein weiterer Unterschied: Während der Zeuge in der Tat bloß den Ersatz seiner Auslagen erhält,[64] bekommt der Sachverständige zwar formal ebenfalls bloß eine Entschädigung,[65] die sich aber in vielen Fällen kaum von dem **Entgelt** unterscheidet, das er bei Durchführung derselben Leistung in Erfüllung eines mit einem Bürger geschlossenen Werkvertrags in Rechnung stellen würde.[66] Die „staatsbürgerliche Pflichterfüllung" ist in manchen Fällen immerhin so lukrativ, dass so mancher daraus die Haupteinkunftsquelle seines Lebensunterhalts gemacht hat.[67] Und selbst bei denen dies nicht der Fall ist, **werbewirksam** ist die Tätigkeit als Gerichtssachverständiger allemal.[68] Schließlich ist darauf zu verweisen, dass sich ein Gerichtssachverständiger gegen das Risiko der Inanspruchnahme durch einen Verfahrensbeteiligten, der durch seinen Kunstfehler zu Schaden gekommen ist, versichern kann, so er nicht ohnehin für seine sonstige Tätigkeit eine **Berufshaftpflichtversicherung** abgeschlossen hat.[69] Bei näherer Betrachtung kommt dem Argument der Erfüllung einer staatsbürgerlichen Pflicht somit keine Überzeugungskraft zu. 24

2. Anspruchsgrundlage § 823 Abs. 2: Differenzierung danach, ob Sachverständiger beeidet wurde oder nicht

Nachdem der BGH die bei absolut geschützten Rechtsgütern an sich näher liegende Anspruchsgrundlage des § 823 Abs. 1 mit rechtspolitischen Argumenten abgelehnt hat, bleibt als Auffangtatbestand § 823 Abs. 2. Lässt sich ein Schutzgesetz auffinden und deren Übertretung nachweisen, ist die Haftung relativ weitreichend: Der Sachverständige haftet dann einerseits für jede **Fahrlässigkeit**, auch **leichte**; zum anderen hat er nicht bloß bei Beeinträchtigung absolut geschützter Güter einzustehen, sondern auch bei **bloßen Vermögensschäden**. Es kommt daher ganz darauf an, welche Normen als einschlägige Schutzgesetze angesehen werden. 25

---

58 BGHZ 62, 54 = NJW 1974, 312 (*Hellmer*, NJW 1974, 556; *Koch*, NJW 1974, 595) = JZ 1974, 548 (*Hopt*) = JuS 1974, 457 (*Damm*, JuS 1976, 359) = VersR 1974, 344 = MDR 1974, 300 (*Speckmann*, MDR 1975, 461) = BB 1974, 202 = DB 1974, 476 = LM § 823 (Ah) BGB Nr. 49 (*Arndt*, DRiZ 1974, 185).
59 BGHZ 62, 54 = NJW 1974, 312 (*Hellmer*, NJW 1974, 556; *Koch*, NJW 1974, 595) = JZ 1974, 548 (*Hopt*) = JuS 1974, 457 (*Damm*, JuS 1976, 359) = VersR 1974, 344 = MDR 1974, 300 (*Speckmann*, MDR 1975, 461) = BB 1974, 202 = DB 1974, 476 = LM § 823 (Ah) BGB Nr. 49 (*Arndt*, DRiZ 1974, 185). In der konkreten Causa war dies in der Tat der Fall.
60 *J. Blomeyer*, ZRP 1974, 214, 221.
61 BGHZ 59, 310, 315 = NJW 1973, 554 = LM Art. 34 GG Nr. 89 (*Arndt*) = MDR 1973, 36 = VersR 1973, 58 = JZ 1973, 24 = BB 1972, 1529 (*Friederichs*, DRiZ 1973, 113); RE 1998, BT-Drucks 13/10435, 18; BGHZ 62, 54 = NJW 1974, 312 (*Hellmer*, NJW 1974, 556; *Koch*, NJW 1974, 595) = JZ 1974, 548 (*Hopt*) = JuS 1974, 457 (*Damm*, JuS 1976, 359) = VersR 1974, 344 = MDR 1974, 300 (*Speckmann*, MDR 1975, 461) = BB 1974, 202 = DB 1974, 476 = LM § 823 (Ah) BGB Nr. 49 (*Arndt*, DRiZ 1974, 185); OLG München VersR 1977, 482.
62 OLG Hamm MDR 1950, 221, 222; *Weimar*, VersR 1955, 263; *Arndt*, DRiZ 1973, 272, 273; *Hopt*, JZ 1974, 551, 554; *Damm*, JuS 1976, 359, 363; *Wasner*, NJW 1986, 119, 120.
63 *Arndt*, Anm. zu LM Art. 34 GG Nr. 90.
64 OLG Hamm MDR 1950, 221, 222.
65 *Friederichs*, DRiZ 1973, 113, 114; *Damm* (JuS 1976, 359, 363) verwendet den Begriff Quasi-Entlohnung unter Hinweis auf *J. Blomeyer*, Schadensersatzansprüche des im Prozess Unterlegenen wegen Fehlverhaltens Dritter (1972), 227 f.
66 *Wasner*, NJW 1986, 119 120; *Arndt*, Anm zu LM Art. 34 GG Nr. 90; *ders.*, DRiZ 1973, 272, 273.
67 *Rasehorn*, NJW 1974, 1172, 1173.
68 *Arndt*, DRiZ 1974, 185, 186.
69 *Arndt*, Anm. zu LM Art. 34 GG Nr. 90; *ders.*, DRiZ 1974, 185, 186.

a) Schutzgesetze: §§ 154, 163 StGB

26 Anerkannt ist, dass bei Vereidigung des Sachverständigen und einem auch nur fahrlässig falschem Gutachten der Straftatbestand des **fahrlässigen Meineids** verwirklicht ist, der die soeben beschriebene Rechtsfolge auslöst.[70] Die Crux besteht allein darin, dass eine solche Vereidigung in der Praxis kaum jemals vorkommt.[71] Die veröffentlichten Urteile zu Schadensersatzprozessen der Geschädigten gegen den Sachverständigen betreffen ausschließlich Fälle, in denen dies nicht der Fall war. Dazu kommt, dass die Gerichte das Vorliegen einer Vereidigung erst dann annehmen, wenn der Sachverständige **in der Verhandlung vereidigt** wird; der Umstand, dass der Sachverständige auf dem Deckblatt seines Gutachtens auf die allgemeine Vereidigung und bei seiner Unterschrift noch einmal extra darauf hinweist, wird für nicht ausreichend angesehen.[72]

b) Keine Schutzgesetze

27 Von manchen wird die Ansicht vertreten, die Tatsache, dass der Sachverständige stets zur Wahrheit verpflichtet sei, sei an sich schon als Schutzgesetz zugunsten der Parteien zu qualifizieren.[73] Dies wird aber von der h.M. abgelehnt.[74] Dies gilt für den Zivilprozess[75] in gleicher Weise wie für den Strafprozess.[76]

II. Leitentscheidung Fall Weigand – 18.12.1973, BGHZ 62, 54

28 Die gesamte Problematik der Diskussion über die Haftung eines gerichtlichen Sachverständigen für Schäden, die durch ein von ihm verfasstes fehlerhaftes Gutachten ausgelöst worden sind, erschließt sich am Fall Weigand,[77] mit dem sich nicht nur der BGH (Zivil- und Strafsenat) und das BVerfG beschäftigen mussten, sondern den auch die Literatur – damals – zum Anlass nahm, die Problematik eingehend zu diskutieren. Die wesentlichen Punkte seien daher auch an dieser Stelle kurz wiedergegeben:

29 Der Münsteraner „Sozialanwalt" Dr. Weigand hat sich auf Bitten der Verwandten um die Aufdeckung eines Mordes an einem Anwalt, der durch Gewehrschüsse ums Leben gekommen ist, bemüht. Trotz eines dringenden Tatverdachts hatten die Strafbehörden das Verfahren eingestellt. Weigand hat mit Flugblättern die Strafbehörden in ehrenrühriger Weise angegriffen, wofür er in der Folge strafgerichtlich verurteilt worden ist. Im Zuge des Strafverfahrens hat ihm der Gerichtssachverständige Unzurechnungsfähigkeit und Gemeingefährlichkeit bescheinigt. Aus diesem Grund musste er 3 Monate in einer Anstalt verbringen. Die Sachverständigen der Hauptverhandlung haben sich von diesem Gutachten distanziert. Für die Zeit der unrechtmäßigen Einweisung verlangte Weigand Verdienstentgang und Ersatz des immateriellen Schadens. Der BGH sprach aus, dass eine Ersatzpflicht des uneidlich vernommenen Sachverständigen selbst bei grober Fahrlässigkeit ausscheide. Der Geschädigte müsse dies im Interesse der Rechtssicherheit hinnehmen. Im Übrigen tauchen in dieser Entscheidung die allermeisten Argumente auf, die oben erörtert worden sind. Die Literatur hat diese Entscheidung einmütig abgelehnt.[78]

---

70 RG WarnR 08, 211; BGH MDR 1959, 118; BGHZ 42, 313, 318 = NJW 1965, 298 = MDR 1965, 124 = LM § 1035 ZPO Nr. 1 (*Rietschl*) = VersR 1965, 89 = BB 1965, 13; *Hopt*, JZ 1974, 551, 553 Fn 22.

71 Von kaufmännischer Zurückhaltung geprägt RE 1998, BT-Drucks 13/10435, 18: In der Praxis erfolge die Beeidigung nicht in jedem Fall. Vgl. dazu OLG München VersR 1984, 590: Aus §§ 391, 402 ZPO ergibt sich, dass ein Sachverständiger grundsätzlich unbeeidet zu vernehmen ist. Ebenso OLG Oldenburg VersR 1989, 108, 109. Kaum verwunderlich daher die Feststellung von *G. Müller*, PHI 2001, 119, 122, dass Fälle nicht beeideter Sachverständiger in der einschlägigen Rechtsprechung bei weitem in der Mehrzahl seien. Um genau zu sein: Bei den Recherchen bin ich auf **keine einzige** Entscheidung gestoßen, in der der Sachverständige einen Eid in der Verhandlung abgelegt hatte.

72 *Rietschl*, Anm. zu LM § 1035 ZPO Nr. 1; OLG München VersR 1984, 590.

73 *J. Blomeyer*, ZRP 1974, 214, 217: Der Schutzgesetzcharakter der Wahrheitspflicht ist unmittelbar aus dem Sinn des Prozesses als Rechtsschutzeinrichtung zu entnehmen. Skeptisch gegenüber der Ablehnung auch *Wasner*, NJW 1986, 119. Eine Schutzgesetzverletzung ohne Vereidigung ausdrücklich bejahend OGHbrZ HEZ 2, 236, 239; OLG Hamm MDR 1950, 221, 222.

74 *Damm* (JuS 1976, 359, 362) weist darauf hin, dass die Begründung der Ablehnung der Schutzgesetzqualität „durchweg dürftig und von apodiktischer Kürze" sei, teilweise fehle sie ganz. Die besseren Gründe würden für eine Bejahung der Schutzgesetzqualität sprechen.

75 *Weimar*, VersR 1955, 263; LG Stuttgart NJW 1954, 1412; BGH LM § 831 (Fc) BGB Nr. 1; BGHZ 42, 313 = NJW 1965, 298 = MDR 1965, 124 = LM § 1035 ZPO Nr. 1 (*Rietschl*) = VersR 1965, 89 = BB 1965, 13; OLG München VersR 1977, 482, 483; VersR 1984, 590; OLG Hamm BB 1986, 1397 (LS); OLG Düsseldorf NJW 1986, 2891 = VersR 1987, 670; OLG Oldenburg VersR 1989, 108, 109; OLG Hamm VersR 1995, 225. Das OLG Hamm (VersR 1985, 841 = MDR 1983, 933) verneint zwar ebenfalls den Charakter eines Schutzgesetzes, was es aber immerhin als unbillig ansieht. Es folgt die Aussage: Eine Korrektur herbeizuführen sei aber nicht Sache des Richters, sondern des Gesetzgebers.

76 BGH NJW 1968, 787, 788 = VersR 1968, 473 = Warn 1968/28 unter Hinweis auf OLG Celle NJW 1960, 367; OLG Köln NJW 1962, 1773. Kritisch *Andresen*, NJW 1962, 1759, 1760; *Hopt*, JZ 1974, 551, 552.

77 BGHZ 62, 54 = NJW 1974, 312 (*Hellmer*, NJW 1974, 556; *Koch*, NJW 1974, 595) = JZ 1974, 548 (*Hopt*) = JuS 1974, 457 (*Damm*, JuS 1976, 359) = VersR 1974, 344 = MDR 1974, 300 (*Speckmann*, MDR 1975, 461) = BB 1974, 202 = DB 1974, 476 = LM § 823 (Ah) BGB Nr. 49 (*Arndt*, DRiZ 1974, 185).

78 *J. Blomeyer*, ZRP 1974, 214; *Hellmer*, NJW 1974, 556, 557; *Arndt*, DRiZ 1974, 185; *Hopt*, JZ 1974, 551; *Rasehorn*, NJW 1974, 1172; *Speckmann*, MDR 1975, 461.

F. Korrektur durch Entscheidung des BVerfG: verfassungsrechtliche Zulässigkeitsschranken am Maßstab der Grundrechte (Art. 2 GG)

Es ist kein Zufall, dass das BVerfG gerade am Fall Weigand[79] die zivilrechtliche Judikatur des BGH in die Schranken wies und auch dem Gesetzgeber Maßstäbe für die Verfassungsgemäßheit einer künftigen gesetzlichen Regelung an die Hand gab. **30**

I. Fallbezogen: Freiheitsentzug (§ 823 Abs. 1)

Das BVerfG konnte naturgemäß nur zum konkreten Fall Stellung nehmen. In diesem ging es um die rechtswidrige Entziehung der persönlichen Freiheit. Es betonte denn auch, dass es Stellung nehme **nicht zu einer beliebigen Geldforderung**, sondern zur Verletzung des **verfassungsrechtlich besonders geschützten Rechtsguts der persönlichen Freiheit**.[80] Ob die Aussagen wenigstens für die anderen in § 823 Abs. 1 genannten Rechtsgüter entsprechend anzuwenden sind, ist umstritten. Während sich das OLG Düsseldorf[81] nur in Bezug auf die persönliche Freiheit durch das Urteil des BVerfG gebunden sieht, erstreckt das *Wasmer*[82] auf alle in § 823 Abs. 1 genannten Rechtsgüter, erwägt dies aber auch für sonstige (bloße) Vermögensschäden. Der Entscheidung ist zu entnehmen, dass es sich bei der Freiheit um ein besonders sensibles Rechtsgut handle, so dass die Aussagen nicht ohne weiteres übertragbar sind, dies aber immerhin der Sachlogik der Entscheidung entsprechen würde. **31**

II. Grenzen der Rechtsfortbildung durch die Zivilgerichte

Hopt[83] hatte gemeint, dass man ohne Vorkenntnisse der Rechtsprechung und Literatur ohne besondere Schwierigkeiten zur Bejahung der Haftung gemäß § 823 Abs. 1 komme, der Gesetzgeber sich aber nicht auf die Subsumtion beschränkt habe, sondern sich an erwünschten und nicht erwünschten Folgen orientiert habe. Dem folgt das BVerfG.[84] Nach dem klaren Gesetzeswortlaut des § 823 Abs. 1 „wer" sei kein Raum für eine Auslegung, **insbesondere** dann nicht, wenn durch deliktische Handlung das von Verfassung besonders geschützte **Freiheitsrecht** betroffen ist. Es führt in weiterer Folge aus,[85] dass der BGH über die Gesetzesauslegung hinausgegangen sei und **Rechtsfortbildung** des vom Gesetzgeber normierten Deliktsrechts betrieben habe. **32**

Es findet sich dann der Hinweis, dass die Rechtsfortbildung zu den legitimen Aufgaben der Fachgerichte gehöre.[86] Allerdings erfolgt dann die Unterscheidung in „gute" und „schlechte" Rechtsfortbildung,[87] nämlich in solche, die dazu führt, dass das bürgerliche Recht stärker an die **Wertungen des Verfassungsrechts** herangeführt werde und solche, bei dem das Gegenteil zutreffe. Unter Bezugnahme auf das Soraya-Urteil[88] wird dies im Zusammenhang mit der Zuerkennung immateriellen Schadens bei Beeinträchtigung des allgemeinen Persönlichkeitsrechts bejaht, weil dadurch die Grundrechte stärker zum Durchbruch kommen, während bei Versagung jeglicher Haftung von Freiheitsbeeinträchtigungen selbst bei grober Fahrlässigkeit das Grundrecht der Freiheit gemäß Art. 2 GG nicht die ihm gebührende Berücksichtigung finde.[89] **33**

III. Hinweis, dass Differenzierung, ob beeidet oder nicht, wenig überzeugend

Unter Hinweis auf den Bericht der ZPO-Kommission[90] bekräftigt das BVerfG,[91] dass die Differenzierung der Rechtsfolgen danach, ob der Sachverständige vereidigt worden sei oder nicht, wenig überzeugend sei. Das BVerfG weist mit Recht auf die stark divergierenden Rechtsfolgen hin, nämlich einmal Haftung schon bei leichter Fahrlässigkeit und auch für bloße Vermögensschäden und ansonsten bloß Haftung bei Vorsatz und das nur bei Beeinträchtigung absolut geschützter Rechtsgüter. **34**

---

79 BVerfGE 49, 304 = NJW 1979, 305 = DVBl 1978, 994 (*Schwabe*, DVBl 1979, 667) = DRiZ 1979, 88 = JZ 1979, 60 (*Starck*) = EuGRZ 1978, 526 = MDR 1979, 201 = BB 1979, 130 (*Döbereiner*) = JuS 1981, 290 (*Weber*) = r+s 1979, 80 = VersR 1979, 460 (LS).
80 BVerfGE 49, 304, 319.
81 NJW 1986, 2891 = VersR 1987, 670.
82 NJW 1986, 119.
83 JZ 1974, 551, 554.
84 BVerfGE 49, 304, 309.
85 BVerfGE 49, 304, 318.
86 BVerfGE 49, 304, 318.
87 *Starck*, JZ 1979, 63, 64: Es geht um ein gebilligtes Näherrücken an die Verfassung oder eine mißbilligte Entfernung von ihr.
88 BVerfGE 34, 269.
89 BVerfGE 49, 304, 321.
90 Bericht der ZPO-Kommission (1977), S. 143. Diese hat sich sogar für die Abschaffung der Vereidigung des Sachverständigen ausgesprochen.
91 BVerfGE 49, 304, 322.

§ 839a

IV. Ausschluss der Haftung bei grober Fahrlässigkeit Verstoß gegen Art. 2 GG

35 Schlussendlich bringt es das BVerfG auf den Punkt. Die Grenze **zulässiger Rechtsfortbildung** ist **überschritten**, wenn es zu einem Haftungsausschluss des gerichtlichen Sachverständigen auch bei grober Fahrlässigkeit komme.[92] Es verweist dabei ausdrücklich auf den Bericht der ZPO-Kommission,[93] der eine eben solche Grenzziehung vorsehe.[94] *Starck*[95] merkt dazu kritisch an, dass erstaunlich sei, dass sich ein derart feiner Maßstab aus Art. 2 GG ableiten lasse.

V. Vier Mitglieder des Senats: Verfassungswidrigkeit auch bei Ausschluss der Haftung für leichte Fahrlässigkeit

36 Für den nunmehrigen § 839a, der eine Haftung bloß für grobe Fahrlässigkeit vorsieht, sei erwähnt, dass vier Mitglieder des BVerfG sich dafür ausgesprochen haben, dass – jedenfalls bei Beeinträchtigungen der Freiheit – eine Verfassungswidrigkeit selbst bei Ausschluss der Haftung bei leicht fahrlässigem Verhalten des gerichtlichen Gutachters vorliege.[96] Die **Gefahr der Verfassungswidrigkeit** der nunmehr gefundenen Lösung ist somit **latent vorhanden**. Dies spricht jedenfalls dafür, an den Maßstab der groben Fahrlässigkeit keine allzu hohen Anforderungen zu stellen. Das BVerfG zieht in diesem Urteil die äußersten Grenzen der gegen die Grundrechte gerichteten **Rechtsfortbildung**; es weist gleichzeitig darauf hin, dass der Spielraum des Gesetzgebers höher zu veranschlagen sei.[97] Solle der Sachverständige nur bei Vorsatz einzustehen haben, sei die Staatshaftung zu erweitern. Insoweit geht es bloß um das Ausmaß der Haftpflicht des Sachverständigen; viel sensibler sind die Mindestanforderungen für den Schadensersatzanspruch des Geschädigten; und diesbezüglich würde sich dessen Rechtsposition durch Erweiterung der Staatshaftung nicht verschlechtern; jedenfalls unter dem Gesichtspunkt des Ersatzanspruchs auch bei leicht fahrlässigem Verhalten und des Insolvenzrisikos des Schuldners würde gewiss eine Verbesserung eintreten.

G. Die vom Gesetzgeber nunmehr vorgenommene Regelung – Orientierung am Mindeststandard

I. Haftung ab grober Fahrlässigkeit bei Schäden an absolut geschützten Gütern und bloßen Vermögensschäden

37 Die Behauptung der Entscheidung BGHZ 42, 313,[98] dass eine gesetzliche Regelung, aufgrund derer der Sachverständige für jede Fahrlässigkeit, somit auch für leichte haften solle, fehle, ist durch das Urteil des BVerfG jedenfalls für die Freiheitsbeeinträchtigung widerlegt worden. Es sprach nämlich aus, dass es die Beschränkung auf grobe Fahrlässigkeit noch als äußerste zulässige Rechtsfortbildung ansehe gegenüber der an sich gegebenen **Gesetzeslage** der **Haftung bei jeder Fahrlässigkeit**. Dessen ungeachtet ist es erfreulich, dass der Gesetzgeber zur Klärung der Rechtslage beiträgt, kann durch ein Urteil des Bundesverfassungsgerichts jeweils nur der einzelne Fall entschieden werden. Selbst bei Beachtung seiner Strahlkraft bleibt im Umfeld ein Restbereich an Dunkelheit.

38 Die ZPO-Kommission[99] hat ausgesprochen, dass die Begrenzung der Haftung auf **grobe Fahrlässigkeit** der „richtige Mittelweg" sei. Das hat sich der Gesetzgeber ohne Umschweife zu eigen gemacht. Er hat sich damit über das – vom BVerfG – aufgehobene Urteil des BGH[100] hinweggesetzt, der meinte, eine unterschiedliche Beurteilung bei leichter und grober Fahrlässigkeit sei nicht sachgerecht, denn sie würde den gebotenen Schutz des Sachverständigen weithin wertlos machen, bestehe doch auch bei grober Fahrlässigkeit die Gefahr, dass der Sachverständige mit einem Regressprozess überzogen werde. Die Nichtbeachtung dieses Arguments erfolgte zu Recht, handelt es sich doch dabei um ein allgemeines Lebensrisiko. Konsequent erscheint es darüber hinaus, den gleichen Haftungsmaßstab für die Beeinträchtigung absolut geschützter Güter sowie bloßer Vermögensschäden anzuordnen.[101] Auch an dieser Stelle sei erwähnt, dass die getroffene Regelung auch von der Warte des Verfassungsrechts die

---

92 BVerfGE 49, 304, 319.
93 Bericht der ZPO-Kommission (1977), S. 142 f.
94 BVerfGE 49, 304, 321.
95 JZ 1979, 63, 64.
96 BVerfGE 49, 304, 323.
97 BVerfGE 49, 304, 320.
98 = NJW 1965, 298 = MDR 1965, 124 = LM § 1035 ZPO Nr. 1 (*Rietschl*) = VersR 1965, 89 = BB 1965, 13.
99 Bericht der ZPO-Kommission (1977), S. 143.
100 BGHZ 62, 54 = NJW 1974, 312 (*Hellmer*, NJW 1974, 556; *Koch*, NJW 1974, 595) = JZ 1974, 548 (*Hopt*) = JuS 1974, 457 (*Damm*, JuS 1976, 359) = VersR 1974, 344 = MDR 1974, 300 (*Speckmann*, MDR 1975, 461) = BB 1974, 202 = DB 1974, 476 = LM § 823 (Ah) BGB Nr. 49 (*Arndt*, DRiZ 1974, 185).
101 So auch *Wasner*, NJW 1986, 119.

absolute **Untergrenze**[102] darstellt, vier Verfassungsrichter den Ausschluss leichter Fahrlässigkeit aber als verfassungswidrig beurteilt haben.

II. Beseitigung der Differenzierung zwischen beeideten und nicht beeideten Sachverständigen

Unzweifelhaft ist die Beseitigung der Anknüpfung des Haftpflichtrechts an den Umstand, ob der Sachverständige vereidigt wurde oder nicht, zu begrüßen.[103] **39**

III. Ersatz nur bei Urteil

§ 839 a Abs. 1 gewährt einen Schadensersatzanspruch gegen den gerichtlichen Sachverständigen sowohl bei Beeinträchtigung absolut geschützter Rechtsgüter als auch reiner Vermögensschäden, sofern der Geschädigte dem Sachverständigen nachweisen kann, dass er infolge des von diesem grob fahrlässig erstellten Gutachtens einen Schaden erlitten hat. Mit der Formulierung „eine das Verfahren abschließende Entscheidung" hat der Gesetzgeber den Fall gemeint, dass ein Prozess durch **Urteil** abgeschlossen wird. Dezidiert ausgeschlossen sollen Fälle sein, in denen die Parteien sich **vergleichen**. Begründet wird dies damit, dass dann der **Kausalitätsnachweis** des grob fahrlässig erstellten Sachverständigengutachtens für das Zustandekommen des Vergleichs in der konkreten Form nicht geführt werden könne.[104] **40**

IV. Analoge Anwendung von § 839 Abs. 3 – kein Ersatz bei schuldhafter Abwendung des Schadens durch ein Rechtsmittel

Die Ersatzpflicht des Sachverständigen ist darüber hinaus daran gebunden, dass dem Geschädigten kein Vorwurf gemacht werden kann, dass er den Schaden durch Ergreifung eines Rechtsmittels abwenden hätte können.[105] Es entspricht dies dem procedere bei der Staatshaftung, was auch durch Verweis auf § 839 Abs. 3 deutlich zum Ausdruck kommt. **41**

V. Abschließende Regelung

Nach der Intention des Gesetzgebers soll es sich um eine abschließende Regelung handeln. Das bedeutet, dass der Geschädigte keine Möglichkeit haben soll, durch Berufung auf **andere Anspruchsgrundlagen** ein für ihn günstiges Ergebnis auch dann zu erzielen, wenn dies durch die in § 839a normierten Grenzen nicht zu erzielen ist.[106] **42**

H. Rechtspolitische Bewertung, Folgerungen und Ausblick

I. Schutz nur bei Erlass eines Urteils

1. Gefahr des neu Aufrollens des Prozesses

Selbst die Kritiker der Beschränkung der Haftung des gerichtlichen Sachverständigen haben zugestanden, dass wegen der Gefahr, dass der rechtskräftig abgeschlossene Prozess im Gewand des Sachverständigenhaftungsprozesses neu aufgerollt werde,[107] eine Einschränkung des Haftungsmaßstabes auf grobe Fahrlässigkeit angemessen sei.[108] Man mag sich dieser Einschätzung und der Überzeugungskraft dieses Arguments im Vergleich zur Haftung des für die Partei einschreitenden Anwalts anschließen oder auch nicht; diese **Wertung** ist jedenfalls **nachvollziehbar**. Im Vergleich zur noch weitergehenden Haftungsfreistellung des Spruchrichters in § 839 Abs. 2 wird man wegen der unterschiedlichen Voraussetzungen diese **Grenzziehung** als **verhältnismäßig** ansehen können. Auch wenn mit der nun gezogenen Grenze die Gefahr des neu Aufrollens des bereits rechtskräftig abgeschlossenen Prozesses nicht vom Tisch ist, so ist doch zuzugestehen, dass eine solche **Gefahr abgemildert** ist gegenüber dem Fall, dass der Sachverständige auch bei **leichter Fahrlässigkeit** haften würde.[109] Was überzeugt, ist das Argument des Rechtsfriedens und der Rechtssicherheit, nicht aber das, dass der Sachverständige davor bewahrt werden müsse, in Zukunft in Prozesse verwickelt zu werden. Hätte dies entscheidendes Gewicht gehabt, hätte man sich für die vom **43**

---

102 *Rasehorn*, NJW 1974, 1172, 1174.
103 RE 1998, BT-Drucks 13/10435, 18; RE 2001, 69; BVerfGE 49, 304 = NJW 1979, 305 = DVBl 1978, 994 (*Schwabe*, DVBl 1979, 667) = DRiZ 1979, 88 = JZ 1979, 60 (*Starck*) = EuGRZ 1978, 526 = MDR 1979, 201 = BB 1979, 130 (*Döbereiner*) = JuS 1981, 290 (*Weber*) = r+s 1979, 80 = VersR 1979, 460 (LS) 315 unter Berufung auf den Bericht der ZPO-Kommission (1977), S. 142; zustimmend auch *Müller*, PHI 2001, 119, 122.
104 RE 1998, BT-Drucks 13/10435, 18, gleichlautend RE 2001, 69; ebenso Bericht der ZPO-Kommission (1977), S. 143.
105 RE 1998, BT-Drucks 13/10435, 18; RE 2001, 70.
106 RE 1998, BT-Drucks 13/10435, 18; RE 2001, 69.
107 So auch die Einschätzung im RE 1998, RE 1998, BT-Drucks 13/10435, 18.
108 *Hopt*, JZ 1974, 551; *J. Blomeyer*, ZRP 1974, 214, 221.
109 Bericht der ZPO-Kommission (1977) 143.

BVerfG für von Verfassungs wegen zulässige Staatshaftung entscheiden müssen. Dann wäre der Sachverständige erst zur Haftung herangezogen worden, wenn zuvor sein Verschulden im Direktprozess gegen den Rechtsträger geklärt worden ist, wobei ihm aber auch dann die Unannehmlichkeiten nicht abgenommen worden wären, in einem solchen Verfahren aussagen zu müssen mit der drohenden Gefahr, dass ihm bei Klagestattgebung ein Regressprozess droht.

2. Rechtslage bei das Verfahren nicht abschließenden Entscheidungen offen

44　J. Blomeyer[110] hat am deutlichsten herausgearbeitet, dass die **Einschränkung** der Haftung für **grobe Fahrlässigkeit** aus Gründen der Rechtssicherheit bloß für Entscheidungen gilt, die der materiellen **Rechtskraft** fähig sind. Das sollte wohl durch die Wortfolge „das Verfahren abschließende Entscheidung" zum Ausdruck gebracht werden. G. Müller[111] mahnt hier zu Recht eine Präzisierung an – zu spät? Wie oben dargestellt, sind nämlich durchaus nicht alle Entscheidungen, die zu Schäden des Prozessbeteiligten führen, von dieser Art. Welche Rechtslage ergibt sich, sollte sich der Fall Weigand wiederholen? Die vom Bundesverfassungsgericht gezogene Grenze der äußersten Rechtsfortbildung war auch in diesem Fall die Haftung bei grober Fahrlässigkeit. Gilt das auch jetzt noch, nachdem der Gesetzgeber die **Gewichte neu verteilt** hat? Das BVerfG hat mit der denkbar knappsten Mehrheit eine Verfassungswidrigkeit des Haftungsausschlusses bei leichter Fahrlässigkeit beim unbeeideten Sachverständigen verneint, als eine Haftung für sämtliche Schäden erst ab der Schwelle des Vorsatzes bejaht wurde. Ist die Freiheitsbeeinträchtigung außerhalb eines das Verfahren beendenden Urteils, etwa durch eine Unterbringungsmaßnahme, nun in neuem Licht zu beurteilen?[112]

45　Und wie steht es mit dem Ersatz **bloßer Vermögensschäden** durch eine Entscheidung, durch die kein Verfahren zum Abschluss gelangt? Es ist anzunehmen, dass der Gesetzgeber auch für solche Fälle deren Ersatzfähigkeit bejahen wollte, aber ihre Ersatzfähigkeit an die Schwelle der groben Fahrlässigkeit knüpfen wollte. Allein, im **Gesetzeswortlaut** ist dies **nicht zum Ausdruck gekommen**. Ja, noch schlimmer: Die Beeidigung soll im Haftungsrecht künftig keine Rolle mehr spielen. Sitzt selbst der vorsichtige Geschädigte, der eine Beeidigung des Sachverständigen verlangt hatte und dessen Antrag auch stattgegeben worden war, nun zwischen allen Stühlen? Bei Beeidigung hatte er bisher einen Ersatzanspruch auch bei leichter Fahrlässigkeit; darauf soll es aber nun nicht mehr ankommen. Ohne Beeidigung war nach bisheriger Rechtslage ein bloßer Vermögensschaden nicht ersatzfähig; aber auch der Wortlaut des neuen § 839a Abs. 1 erfasst diesen Fall nicht! Die **Gerichte** werden vom ersten Tag an **akrobatische Turnübungen** zu vollziehen haben, um insoweit zu sachgerechten Ergebnissen zu gelangen. Der vermutliche Wille des Gesetzgebers konkurriert mit der wohl begründeten Literaturmeinung von J. Blomeyer, dass eine Haftungsbeschränkung auf grobe Fahrlässigkeit in solchen Fällen nicht trägt und der Wortlaut des § 839a Abs. 1 diesen Fall nicht erfasst.

3. Angemessenheit des Ausschlusses jeglichen Ersatzanspruchs bei Vergleich

a) Mitunter ist das Sachverständigengutachten so bedeutsam für die Entscheidung und so eindeutig, dass Vergleich einzig sinnvolle Vorgangsweise ist

46　Muss die Rechtsfolge bei Entscheidungen, die das Verfahren nicht beenden, als offen bezeichnet werden, so wollte der Gesetzgeber bei Beendigung des Rechtsstreits durch einen Vergleich jeglichen Schadensersatzanspruch gegen den Sachverständigen ausschließen. Bei allem Respekt vor der Weisheit des Gesetzgebers und der der ZPO-Kommission, so ist doch darauf zu verweisen, dass es Fälle gibt, in denen dies als wenig angemessen erscheint. Mitunter hängt vom Sachverständigengutachten das Ergebnis eines Rechtsstreits unmittelbar ab.[113] Um Kosten zu sparen, verlangt der Geschädigte nicht ein Anerkenntnisurteil, sondern willigt in einen Vergleich ein. Stellt sich später heraus, dass das Gerichtsgutachten – womöglich grob fahrlässig – falsch erstellt wurde, verliert er deshalb jeglichen Schadensersatzanspruch. Ein versierter Parteienvertreter wird in solchen Fällen niemals zu einem Vergleich raten (können), sondern auf einem **Urteil** bestehen. Wenn darauf hingewiesen wird, dass der Geschädigte bei einem Vergleich den Nachweis der Kausalität nicht werde erbringen können, so ist dem zu entgegnen, dass dies einerseits ohnehin sein Risiko ist – der Geschädigte trägt die Beweislast für das Bestehen der **Kausalität**[114] –, andererseits ist prima vista nicht einzusehen, warum dies bei einem Vergleich stets schwieriger sein müsse als bei Erlass

---

110 ZRP 1974, 214.
111 PHI 2001, 119, 122.
112 *Damm* (JuS 1976, 359, 363) geht auch nach dem Urteil des BVerfG davon aus, dass bei absolut geschützten Gütern eine Haftung auch bei leichter Fahrlässigkeit gegeben sei.
113 Verwiesen sei auf OLG Hamm MDR 1950, 221 und die Entscheidung LM § 831 (Fc) BGB Nr. 1: Bei einem Vaterschaftsprozess wurde die Blutgruppenprobe vertauscht. So auch *J. Blomeyer*, ZRP 1974, 214, 218: Es gibt Fälle, in denen de facto der Sachverständige das Urteil fällt.
114 Vgl. dazu BGH NJW 1968, 787 = VersR 1968, 473 = Warn 1968/28: Der Geschädigte hatte einen Kunstfehler des Gutachters bei einem Konkursvergehen nachgewiesen, der Richter war aber von der Kausalität für den Schaden nicht überzeugt.

b) Geschädigter Zeuge hat keinen Einfluss, auf welche Weise es zum Prozessabschluss kommt, ob Urteil oder Vergleich

Im deutschen Recht waren es bisher stets die Prozessparteien, die durch ein fehlerhaftes Gerichtsgutachten zu Schaden gekommen sind. Wie eine aktuelle österreichische Entscheidung[115] belegt, können aber auch Zeugen dadurch geschädigt werden. Der RA, der die Angeklagte bei Abschluss eines Liegenschaftskaufvertrags beraten hatte, geriet durch ein im Strafverfahren, in dem er als Zeuge aussagte, eingeholtes Gerichtsgutachten über die Kaufvertragsurkunde in den Verdacht der Beteiligung am Betrug. Wie dieses Verfahren endet, darauf hat der Zeuge weder im Strafverfahren (so der Anlassfall) noch im Zivilverfahren einen Einfluss. Dem Anwalt können bedeutende Vermögensnachteile drohen von der Suspendierung seiner Anwaltszulassung bis zur Vernichtung seiner wirtschaftlichen Existenz. Und womöglich endet das Strafverfahren deshalb nicht mit einem Urteil, weil der Angeklagte stirbt. Ist er als Verfahrensbeteiligter zwar vom Wortlaut des § 839a Abs. 1 erfasst, so wird mit der anderen Hand (Beschränkung auf Urteil) sogleich genommen, was ihm scheinbar mit der einen (Einbeziehung als Verfahrensbeteiligter) gegeben worden ist. 47

Bei einer solchen Sachverhaltskonstellation fehlt für die Anknüpfung an eine verfahrensabschließende Entscheidung jeglicher sachliche Anknüpfungspunkt. Oder besteht der Ausweg darin, dass die Regelung für diesen Fall gerade **nicht abschließend** sein soll? Nach welchem Regime haftet der Sachverständige dann aber? Hat er nach allgemeinen Regeln auch für leichte Fahrlässigkeit einzustehen? Wirkt sich die Einschränkung auf grobe Fahrlässigkeit auch auf ihn aus? Oder ist jegliche Haftung ausgeschlossen, weil das Verfahren nicht mit einem Urteil endete? Letztere Rechtsfolge ist keinesfalls sachgerecht. 48

II. Für Behörden tätige Sachverständige

In einer aktuellen BGH-Entscheidung[116] wurde – vom Berufungsgericht – ausgesprochen, dass die Haftung eines von einer Behörde eingesetzten Sachverständigen nach den Grundsätzen der Einstandspflicht von Gerichtssachverständigen zu beurteilen sei. Welche Rechtsfolgen würden sich nach neuer Rechtslage ergeben? Regeln wollte der Gesetzgeber den Fall eines von einem Gericht herangezogenen Gutachters, dem im Gerichtsverfahren ein grob fahrlässiger Kunstfehler passiert, durch den ein Verfahrensbeteiligter einen Schaden erleidet. Der Wortlaut des § 839 Abs. 1 ist aber so weit gefasst, dass m.E. auch ein solcher Fall sich darunter subsumieren lässt. Auch wenn eine Behörde eine Entscheidung nach öffentlichem Recht trifft und dafür die Sachkunde eines Sachverständigen heranzieht, kommt es dadurch zu einer „das Verfahren abschließenden Entscheidung". Häufig wird ein solcher Sachverständiger auch den Titel „gerichtlich beeidet" führen, so dass das Tatbestandsmerkmal „vom Gericht ernannter Sachverständiger" erfüllt ist. Aber selbst wenn das nicht der Fall sein sollte und der Sachverständige wegen seiner Sachkunde allein von der **Behörde bestellt** worden ist, ist § 839a Abs. 1 m.E. zumindest **analog** anzuwenden.[117] Wäre dem Gesetzgeber dieser Fall vor Augen gewesen, hätte er schon den Wortlaut entsprechend anpassen können. 49

III. Schwelle des § 839 Abs. 3 – passt nicht in schadens- und deliktsrechtliches System

Die zusätzliche Einschränkung des § 839 Abs. 3 ist eine Besonderheit des Staatshaftungsrechts. Sofern der Geschädigte durch Ergreifung eines Rechtsmittel den Schaden hätte abwenden können und ihm das vorwerfbar ist, hat er keinen Ersatzanspruch. Es gilt hier ausnahmsweise die Culpa-Kompensation anstelle der Kürzung des Anspruchs wegen Mitverschuldens. Begründen lässt sich diese Regelung mit dem Bemühen, den Sachverständigen möglichst haftungsfrei zu halten. Als **systemkonform** ist die **Regelung nicht** anzusehen, ist doch der Gerichtssachverständige kein Beamter im Sinn des § 839 Abs. 1. Womöglich hat insoweit die in der Rechtsprechung verbreitete Anlehnung an das Spruchrichterprivileg des § 839 Abs. 2 nachgewirkt. 50

Auch an dieser Stelle erhebt sich die Frage, ob diese Haftungseinschränkung auch für solche Verfügungen gilt, die zwar nicht das Verfahren abschließen, aber gleichwohl zu einem Schaden eines Verfahrensbeteiligten führen. Hätte in der Leitentscheidung Weigand der in der Folge aufgrund eines fehlerhaften Sachverständigengutachten in einer Anstalt Untergebrachte jeglichen Schadensersatzanspruch eingebüßt, wenn er den Schaden durch Erhebung eines Rechtsmittels abwenden oder doch mindern hätte können? Gewollt mag das sein; der Gesetzeswortlaut deckt diesen Fall aber keinesfalls ab. 51

---

115 OGH JBl 2001, 227.
116 NJW 2001, 3115 (*Kannowski/Zumbansen*, NJW 2001, 3102).
117 *J. Blomeyer*, ZRP 1974, 214, 221 plädiert ganz in diesem Sinn für eine Erstreckung von Sachverständigen, die im Verwaltungsverfahren tätig sind.

IV. Haftungserweiterung zugunsten des Geschädigten, aber im geringstmöglichen Ausmaß

52 Der Gesetzgeber hat einen Vorschlag der ZPO-Kommission übernommen, bei dem es sein könnte, dass er „**frei gegriffen**" war. Die knapp 1-seitige Stellungnahme[118] erfolgte ohne Belegstellen der Literatur; plädiert wurde für den „richtigen Mittelweg". Das Urteil des BVerfG zum Fall Weigand ist erst danach ergangen. Nicht nur hat es ausgesprochen, dass aus verfassungsrechtlicher Sicht der Haftungsmaßstab der groben Fahrlässigkeit die äußerste zulässige Grenze der Rechtsfortbildung sei, und das nur mit knapper Mehrheit. In dem Urteil findet sich auch der Hinweis, dass den Gerichtssachverständigen, dessen Gutachten Grundlage für eine freiheitsentziehende Maßnahme sei, eine erhöhte Verantwortung treffe, woran auch der Umstand nichts ändere, dass er bloß Gehilfe des Richters sei.[119] Von manchen[120] wird deshalb ein besonders strenger Haftungsmaßstab – jedenfalls bei einer drohenden Freiheitsbeeinträchtigung – für den Gerichtssachverständigen gefordert.

1. Bewahrung der inneren Freiheit des Sachverständigen versus Präventionszweck des Haftpflichtrechts

53 Es wird verschiedentlich betont, dass der Gerichtssachverständige einer besonderen inneren Freiheit bedürfe, um das Gutachten erstatten zu können. Dem würde eine Haftung bei jeder Fahrlässigkeit zuwiderlaufen.[121] Diese Aussage ist auf durchaus heftige Kritik gestoßen. Sie wurde als „Alltagstheorie"[122] bezeichnet. Zu Recht wurde darauf hingewiesen, dass auch andere Entscheidungsträger Entscheidungen treffen müssen, die zu Schäden bei der einen oder anderen Partei führen, ohne dass für diese eine Haftungsprivilegierung zur Aufrechterhaltung der inneren Freiheit gefordert wurde. *J. Blomeyer*[123] nennt in diesem Zusammenhang das instruktive **Beispiel des Konkursrichters**, der bei der Eröffnung des Insolvenzverfahrens vor dem Dilemma steht, entweder bei der Entsprechung des Antrags eines Gläubigers dem Schuldner einen erheblichen Vermögensnachteil zuzufügen oder bei der Abweisung des Antrags den Gläubigern zu schaden. Dieser kann sich aber nicht auf das Spruchrichterprivileg des § 839 Abs. 2 berufen. Nicht einzusehen sei, warum ein Gerichtssachverständiger in solchen Fällen als Gehilfe des Richters eine weitergehende Haftungsprivilegierung erfahren soll als der Richter selbst, der die Entscheidung zu fällen hat.

54 Von diesen partiellen Ausnahmen abgesehen, kann man aber ganz generell die Frage stellen, warum das stets so heilig beschworene **Präventionsprinzip** des Haftungsrechts insoweit nicht gelten soll. Die Sanktion der Haftung bei Kunstfehlern wird ansonsten als willkommener Anreizmechanismus angesehen, um ein Werk fehlerfrei abzuliefern. Und je stärker eine Befreiung von solchen Risiken erfolgt, um so mehr wird dies dazu führen, dass der Qualitätsstandard darunter leidet. Warum dieser Mechanismus ausgerechnet bei Gerichtssachverständigen außer Kraft gesetzt sein sollte, diese der Haftungsentlastung bedürfen, um ein Gutachten in einwandfreier Qualität abzuliefern, ist m.E. kaum nachzuvollziehen.[124]

2. Gedanken zum Sorgfaltsmaßstab

a) Parallele zum Schiedsgutachten: stillschweigender Ausschluss grober Fahrlässigkeit

55 Das knappe Votum des BVerfG über den zulässigen Haftungsausschluss bei leichter Fahrlässigkeit sowie das kaum überzeugende Argument des Erfordernisses der Gewährleistung der inneren Freiheit des Sachverständigen sprechen für einen strengen Haftungsmaßstab, also dafür, dass bei eindeutigen, jedenfalls gravierenden Kunstfehlern grobe Fahrlässigkeit anzunehmen ist. In die Gegenrichtung weisen aber Entscheidungen zum Schiedsverfahren. Dort wird ausgesprochen, dass der Schiedsrichter haftungsrechtlich dem Richter eines staatlichen Gerichts gleichzustellen sei und Entsprechendes für die jeweiligen Gutachter gelten müsse.[125] Ein Kunstfehler sei erst dann anzunehmen, wenn eindeutig gegen den Stand des jeweiligen

---

118 Bericht der ZPO-Kommission (1977), S. 142 f.
119 BVerfGE 49, 304, 310 = NJW 1979, 305 = DVBl 1978, 994 (*Schwabe*, DVBl 1979, 667) = DRiZ 1979, 88 = JZ 1979, 60 (*Starck*) = EuGRZ 1978, 526 = MDR 1979, 201 = BB 1979, 130 (*Döbereiner*) = JuS 1981, 290 (*Weber*) = r+s 1979, 80 = VersR 1979, 460 (LS).
120 *Hellmer*, NJW 1974, 556, 557; *Arndt*, DRiZ 1974, 185, 186.
121 BGHZ 62, 54 = NJW 1974, 312 (*Hellmer*, NJW 1974, 556; *Koch*, NJW 1974, 595) = JZ 1974, 548 (*Hopt*) = JuS 1974, 457 (*Damm*, JuS 1976, 359) = VersR 1974, 344 = MDR 1974, 300 (*Speckmann*, MDR 1975, 461) = BB 1974, 202 = DB 1974, 476 = LM § 823 (Ah) BGB Nr. 49 (*Arndt*, DRiZ 1974, 185). Diese Entscheidung hatte sich noch für den Ausschluss grober Fahrlässigkeit ausgesprochen. Für die Freistellung von der Haftung für leichte Fahrlässigkeit siehe Bericht der ZPO-Kommission (1977), S. 143; RE 1998, BT-Drucks 13/10435, 18; RE 2001, 69.
122 *Hopt*, JZ 1974, 551, 553.
123 ZRP 1974, 214, 220.
124 In diesem Sinn auch *Arndt*, DRiZ 1974, 185, 186; *Hopt*, JZ 1974, 551, 555; *J. Blomeyer* ZRP 1974, 214, 220; *Rasehorn*, NJW 1974, 1172, 1174; *Koch*, NJW 1974, 595; *Speckmann*, MDR 1975, 461, 462; *Damm*, JuS 1976, 359, 361 Fn 25.
125 BGHZ 15, 12 = LM § 839 (G) BGB Nr. 3; BGHZ 42, 313 = NJW 1965, 298 = MDR 1965, 124 = LM § 1035 ZPO Nr. 1 (*Rietschl*) = VersR 1965, 89 = BB 1965, 13.

Faches verstoßen wurde, nicht jedoch bei vertretbaren Positionen.[126] Eine gewisse Fehlertoleranz sei einzuräumen,[127] was beim Schiedsgutachten auch dem Parteiwillen entspreche.[128] Dem ist im Ergebnis auch für die Haftung des Gerichtssachverständigen im staatlichen Verfahren zu folgen. Es sollte nicht eine doppelte Entlastung stattfinden, einmal durch einen **allzu großzügigen Sorgfaltsmaßstab** und dann noch einmal durch eine zusätzliche Schwelle, dass der Kunstfehler **besonders gravierend** sein müsse. Wenn der Gesetzgeber schon die Haftung erst bei grober Fahrlässigkeit eingreifen lässt, dann spricht das auch vor dem geschilderten Hintergrund dafür, einen eher strengen Maßstab anzulegen, um damit die Fälle zu erfassen, in denen eindeutig ein Kunstfehler vorliegt, ist auch zu verlangen, dass dieser eine gewisse Schwere erreicht.

b) Bei Anhebung des Haftungsmaßstabs Schwierigkeiten der Gerichte, Sachverständige zu finden

Für eine weitgehende Haftungsfreistellung der gerichtlichen Sachverständigen wird ins Treffen geführt, dass sich die Justiz sonst schwer tue, geeignete Sachverständige zu finden, die Gutachten in dem gebotenen zeitlichen Näheverhältnis erstatten.[129] Diese Einschätzung mag durchaus realistisch sein. Sie rüttelt am **Selbstverständnis der Justiz** in Bezug auf den **erwartbaren Qualitätsstandard**. Es ist zu fragen: Was nützen **hervorragende Richter**, die Entscheidungen von höchster Präzision liefern, wenn die **Vorprodukte**, auf die sie angewiesen sind, **minderwertig** sind? Insoweit sollte man darüber nachdenken, ob die Schwierigkeit, geeignete Sachverständige zu bekommen, am zu geringen Honorar liegen könnte. Wenn dem so sein sollte,[130] dann sollte über eine Anpassung des jeweiligen Entgelts an das Marktniveau nachgedacht werden, haben doch auch die Parteien nichts davon, wenn sie das Gericht der Gerechtigkeit halber anrufen, diese Erwartung dann aber wegen der minderen Qualität des Sachverständigengutachtens nicht eingelöst werden kann. Zu verweisen ist auch in diesem Zusammenhang auf die Versicherbarkeit von Haftungsrisiken durch eine Berufshaftpflichtversicherung, so der jeweilige Sachverständige eine solche nicht ohnehin für seine sonstige berufliche Tätigkeit abgeschlossen hat.[131] Die jeweiligen anteiligen Haftpflichtversicherungsprämien würden die Kosten auch nicht derart exorbitant in die Höhe treiben, dass dies für die Parteien (des Zivilprozesses), die für die Kosten letztendlich aufzukommen haben, nicht tragbar wäre.

V. Berechtigung der Differenzierung zwischen Privat- und Gerichtsgutachter
1. Rechtsprechung zur Haftung privater Sachverständiger

Was den Haftungsmaßstab privater Sachverständiger betrifft, so kann dazu in diesem Zusammenhang nicht im Detail eingegangen werden. Er ist als **eher streng** zu qualifizieren.[132] In Bezug auf die Haftung von Sachverständigen gegenüber Dritten knüpft die Rechtsprechung nicht mehr notwendig an die ergänzende Vertragsauslegung an.[133] Auch wird die Sorge für das Wohl und Wehe nicht mehr als unabdingbare Voraussetzung für eine Einstandspflicht gegenüber dem Dritten gemacht.[134] An die Stelle getreten sind Sorgfaltspflichten von Experten, die über vom Staat anerkannte Sachkunde verfügen.[135] Eine Dritthaftung wird dabei angenommen, wenn eine **Leistungsnähe** der Dritten zur Expertise gegeben ist und dies für den **Sachverständigen vorhersehbar** war.

Eickmeier[136] hat in einer eindrucksvollen Untersuchung gezeigt, dass sich diese Grundsätze auch auf den Gerichtssachverständigen übertragen ließen. An die Stelle des Vertrags zwischen Besteller und Unternehmer tritt die **Sonderverbindung** von Gericht und Sachverständigem. Und an der Leistungsnähe fehlt es ebenso wenig wie an der Vorhersehbarkeit; im Gegenteil, dem Gerichtssachverständigen ist genau

---

126 RG JW 1933, 217 (mit zustimmender Anm. *Kisch*); BGHZ 43, 374, 377 f. = NJW 1965, 1523 = LM § 675 BGB Nr. 33 (*Rietschl*) = MDR 1965, 569 = BB 1965, 646; so auch *Hopt*, JZ 1974, 551, 553, 554; *J. Blomeyer*, ZRP 1974, 214, 218.
127 *Rietschl*, Anm. zu LM § 675 BGB Nr. 33.
128 RG JW 1911, 217.
129 Bericht der ZPO-Kommission (1977), S. 143; BVerfGE 49, 304, 313 = NJW 1979, 305 = DVBl 1978, 994 (*Schwabe*, DVBl 1979, 667) = DRiZ 1979, 88 = JZ 1979, 60 (*Starck*) = EuGRZ 1978, 526 = MDR 1979, 201 = BB 1979, 130 (*Döbereiner*) = JuS 1981, 290 (*Weber*) = r+s 1979, 80 = VersR 1979, 460 (LS); *G. Müller*, PHI 2001, 119, 122.
130 *Wasner* (NJW 1986, 119, 120) verweist darauf, dass die Honorierung bei einem privat erstellten Gutachten gleich und nur die Anspruchsgrundlage verschieden sei, so etwa bei Architekten die HOAI bzw. das ZuSEG.
131 *Arndt*, DRiZ 1973, 272, 273; *Hopt*, JZ 1974, 551, 553.
132 *Wasner*, NJW 1986, 119; *Littbarski*, ZIP 1996, 812; umfassend *Hirte*, Berufshaftung, (1996).
133 *Hopt*, NJW 1987, 1745, 1746.
134 BGH NJW 1984, 355 = ZIP 1984, 70 = WM 1984, 34 = DB 1984, 662 = JZ 1984, 246 = MDR 1984, 296 = LM § 328 BGB Nr. 75; NJW 1987, 1758 (*Hopt*, NJW 1987, 1745) = VersR 1987, 262 = ZIP 1987, 376 = WM 1987, 257 = DB 1987, 828 = BB 1987, 371 = MDR 1987, 477 = LM § 675 BGB Nr. 120; BGHZ 127, 378 = ZIP 1994, 1954 = JZ 1995, 306 (*Medicus*) und (*Canaris*, JZ 1995, 441); JZ 1998, 624 (*Canaris*, JZ 1998, 603) = NJW 1998, 1059.
135 *Kannowski/Zumbansen*, NJW 2001, 3102.
136 Die Haftung des gerichtlichen Sachverständigen für Vermögensschäden (1993), S. 161 ff.

bekannt, wer die Prozessparteien sind. Ist diese Entwicklung schon bisher von der Rechtsprechung nicht aufgegriffen worden, so dürften die Chancen künftig noch geringer sein, geht doch das Konzept des RE 2001 wohl von einer Fortentwicklung der deliktischen Anspruchsgrundlage aus.

59 Der Sorgfaltsmaßstab, für den einzustehen ist, lässt sich auf diese Weise von dem bei Erstellung eines privaten Gutachtens leichter abkoppeln.[137] Dass bloß für grobe Fahrlässigkeit gehaftet wird, ist als gesetzgeberische Wertentscheidung ohnehin zu akzeptieren. Ein weiterer Nachteil ist darin zu sehen, dass der Geschädigte insoweit auch eine schwächere Position bei **Fehlern von Gehilfen** hat. Bei einer an Vertragsgrundsätzen angenäherten Haftung nach § 278 ist jedes Gehilfenverschulden dem Sachverständigen zurechenbar; dieses ist nach einem vertraglichen Sorgfaltsmaßstab zu beurteilen. Demgegenüber gelingt bei einer Zurechnung des Gehilfenverhaltens nach § 831 in aller Regel der Entlastungsbeweis des Geschäftsherrn, dass er den Gehilfen sorgfältig ausgewählt sowie ausreichend angeleitet und überwacht habe. Die **deliktische Inanspruchnahme des Gehilfen** selbst ist hingegen mit **Hindernissen** versehen: Der Geschädigte muss den Gehilfen ausfindig machen. Der Sorgfaltsmaßstab im deliktischen Bereich ist womöglich in concreto geringer als der vertragliche. Auch mag es beim Gehilfen noch viel schwieriger sein, die in beträchtlicher Höhe bestehende Forderung einbringlich zu machen. Und auf die Haftungseinschränkung auf grobe Fahrlässigkeit, wie sie in § 839a Abs. 1 vorgesehen wird, wird sich – auch wenn sich der Gesetzeswortlaut nur auf den Sachverständigen bezieht – der Gehilfe wohl auch berufen können, soll doch der Gehilfe auch in diesem Kontext nicht strenger haften als der Geschäftsherr, für den er Leistungen erbringt.

2. Rechtsvergleichender Ausblick: im österreichischen Recht Annäherung der Haftung des privaten und gerichtlichen Sachverständigen gegenüber Dritten

60 „Alea iacta est." Der deutsche Gesetzgeber hat sich für einen anderen Weg entschieden. Hingewiesen werden soll lediglich darauf, dass vergleichbare Rechtsordnungen **ohne die lenkende Hand des Gesetzgebers** einen anderen Weg beschritten haben. Der österreichische OGH[138] hat in mehreren jüngeren Entscheidungen einen Vorschlag der Literatur[139] aufgegriffen und die Haftung des Gerichtssachverständigen der Haftung des im Rahmen eines privatrechtlichen Werkvertrags tätigen Gutachters angenähert, namentlich was die Haftung gegenüber Dritten betrifft.[140] Dass die österreichischen Gerichte ungeachtet dieser schärferen Haftung Schwierigkeiten hätten, Sachverständige zu requirieren, ist – mir – nicht bekannt.

3. Gründe für die Differenzierung – Unterschiedliche Möglichkeiten der Haftungsbegrenzung

61 Wenn objektiv gute Gründe für eine Anpassung der Haftung zwischen privaten und gerichtlichen Gutachtern sprechen, dann muss dies im Guten wie im Bösen gelten. Es ist zu beachten, dass private Gutachter ihre Haftung für **leichte Fahrlässigkeit** – auch in **AGB** – **ausschließen** können, während bei der im öffentlichen Recht wurzelnden Bestellung eines Sachverständigen eine solche Möglichkeit von vornherein ausscheidet.[141] Insoweit nimmt § 839a Abs. 1 vorweg, was der für einen privaten Besteller tätige Sachverständige über seine AGB erreicht. Noch immer ist darauf zu verweisen, dass der Gerichtssachverständige diese Haftungsprivilegierung von vornherein in der Tasche hat, während es von der Verhandlungsmacht unter Privaten abhängt, ob eine solche Haftungsbegrenzung durchsetzbar ist, ganz abgesehen davon, dass so etwas bei manchen Berufsgruppen, etwa den Ärzten, schon wegen des strengen **Standesrechts** – noch – nicht in Betracht kommt.

4. Anpassung der Berufshaftpflichtversicherung

62 Die Änderung des Haftpflichtregimes erfordert auch eine Anpassung des Haftpflichtversicherungsschutzes.[142] Wer als Sachverständiger in der Verhandlung nicht vereidigt wurde und bei dem keine Gefahr bestand, dass er durch sein Gutachten in absolute Rechte einer Verfahrenspartei eingreift, der konnte nach bisheriger Rechtslage kaum jemals haftpflichtig werden. Den Abschluss einer Berufshaftpflichtversicherung konnte er sich ersparen. Das wird künftig anders zu beurteilen sein. Da das **Risiko** der Inanspruchnahme aber erheblich **geringer** ist als bei einem für einen privaten Besteller verfassten Gutachten, wird es an den Haftpflichtversicherern liegen, ein auf dieses reduzierte, aber immerhin nunmehr bestehende Risiko abgestimmtes Produkt anzubieten.

---

137 Bedenken dagegen bei *Kannowski/Zumbansen*, NJW 2001, 3102, 3103, die von einer „Zwei-Reiche-Lehre" sprechen. Ähnlich *J. Blomeyer*, ZRP 1974, 214, 221, der eine ungerechtfertigte Bevorzugung des gerichtlichen Sachverständigen konstatiert.
138 SZ 60/2; EvBl 2000/201; JBl 2001, 227.
139 *Nowotny*, JBl 1987, 282, 284; *Pfersmann*, ÖJZ 1988, 69, 77.
140 Dass bei Privatgutachten der Schaden häufig in nachteiligen Vermögensdispositionen besteht, bei einem Gerichtsgutachten aber in anderen Folgeschäden, ist kein sachliches Kriterium für eine unterschiedliche Behandlung.
141 *Littbarski*, ZIP 1996, 812, 815.
142 Zum Haftpflichtversicherungsschutz für Sachverständige *Littbarski*, ZIP 1996, 812, 814 ff.

5. Rechtsfolgen für Haftung des Zeugen

§ 839a befasst sich ausschließlich mit der Haftung des Gerichtssachverständigen; und das nur in den Fällen, in denen durch dessen grob fahrlässiges Gutachten eine das Verfahren abschließende Entscheidung ergeht. Ob diese Haftungsbeschränkung auch bei anderen Entscheidungen gilt, die auf Basis eines solchen Sachverständigengutachtens ergehen, ist offen, dürfte aber der Intention des Gesetzgebers entsprechen. 63

Sowohl in der Rechtsprechung[143] als auch in der Literatur wurden beiläufig jeweils Parallelen zwischen der Einstandspflicht von Zeugen und von Sachverständigen für schuldhaft falsche Aussagen gezogen. Es wurde einerseits darauf hingewiesen, dass Strafgerichte Zeugen sogar strafgerichtlich verurteilt haben, wenn es aufgrund fahrlässig falscher Zeugenaussagen zu einer Freiheitsbeeinträchtigung eines anderen gekommen ist.[144] Wenn es zu einer strafgerichtliche Verurteilung kommt, ergibt sich daraus auch die zivilrechtliche Einstandspflicht.[145] Zu bedenken ist dabei, dass **stärkere Gründe** für eine Haftpflicht von **Gerichtssachverständigen** sprechen als für die von **Zeugen**. Der Gerichtssachverständige kann sich – jedenfalls faktisch – seiner Aussage entziehen. Er bekommt für die Erfüllung seiner „staatsbürgerlichen Pflicht" ein Entgelt und kann sich gegen das drohende Risiko der Inanspruchnahme versichern. All dies trifft für den Zeugen nicht zu. Es sollten deshalb Überlegungen angestellt werden, ob die in § 839a vom Gesetzgeber vorgenommenen Wertungen nicht auch für den Zeugen Bedeutung haben könnten, womöglich sogar kraft eines Größenschlusses. Auch für ihn müsste bedeutsam sein, dass der Umstand der Eidablegung in der Verhandlung für das Haftungsrecht bedeutungslos sein soll. 64

§ 840 Haftung mehrerer

(1) ¹Sind für den aus einer unerlaubten Handlung entstehenden Schaden mehrere nebeneinander verantwortlich, so haften sie als Gesamtschuldner.
(2) ¹Ist neben demjenigen, welcher nach den §§ 831, 832 zum Ersatz des von einem anderen verursachten Schadens verpflichtet ist, auch der andere für den Schaden verantwortlich, so ist in ihrem Verhältnis zueinander der andere allein, im Fall des § 829 der Aufsichtspflichtige allein verpflichtet.
(3) ¹Ist neben demjenigen, welcher nach den §§ 833 bis 838 zum Ersatz des Schadens verpflichtet ist, ein Dritter für den Schaden verantwortlich, so ist in ihrem Verhältnis zueinander der Dritte allein verpflichtet.

§ 841 Ausgleichung bei Beamtenhaftung

¹Ist ein Beamter, der vermöge seiner Amtspflicht einen anderen zur Geschäftsführung für einen Dritten zu bestellen oder eine solche Geschäftsführung zu beaufsichtigen oder durch Genehmigung von Rechtsgeschäften bei ihr mitzuwirken hat, wegen Verletzung dieser Pflichten neben dem anderen für den von diesem verursachten Schaden verantwortlich, so ist in ihrem Verhältnis zueinander der andere allein verpflichtet.

§ 842 Umfang der Ersatzpflicht bei Verletzung einer Person

¹Die Verpflichtung zum Schadensersatz wegen einer gegen die Person gerichteten unerlaubten Handlung erstreckt sich auf die Nachteile, welche die Handlung für den Erwerb oder das Fortkommen des Verletzten herbeiführt.

§ 843 Geldrente oder Kapitalabfindung

(1) ¹Wird infolge einer Verletzung des Körpers oder der Gesundheit die Erwerbsfähigkeit des Verletzten aufgehoben oder gemindert oder tritt eine Vermehrung seiner Bedürfnisse ein, so ist dem Verletzten durch Entrichtung einer Geldrente Schadensersatz zu leisten.
(2) ¹Auf die Rente finden die Vorschriften des § 760 Anwendung. ²Ob, in welcher Art und für welchen Betrag der Ersatzpflichtige Sicherheit zu leisten hat, bestimmt sich nach den Umständen.
(3) ¹Statt der Rente kann der Verletzte eine Abfindung in Kapital verlangen, wenn ein wichtiger Grund vorliegt.
(4) ¹Der Anspruch wird nicht dadurch ausgeschlossen, daß ein anderer dem Verletzten Unterhalt zu gewähren hat.

§ 844 Ersatzansprüche Dritter bei Tötung

(1) ¹Im Fall der Tötung hat der Ersatzpflichtige die Kosten der Beerdigung demjenigen zu ersetzen, welchem die Verpflichtung obliegt, diese Kosten zu tragen.

---

143 BGHZ 42, 313 = NJW 1965, 298 = MDR 1965, 124 = LM § 1035 ZPO Nr. 1 (*Rietschl*) = VersR 1965, 89 = BB 1965, 13.
144 *Arndt*, Anm zu LM Art. 34 GG Nr. 90 unter Hinweis auf BGHSt 4, 3; BGHSt 3, 111; BGHSt 10, 307; LM § 3 StGB Nr. 2.
145 *Arndt*, DRiZ 1973, 272, 273.

(2) ¹Stand der Getötete zur Zeit der Verletzung zu einem Dritten in einem Verhältnis, vermöge dessen er diesem gegenüber kraft Gesetzes unterhaltspflichtig war oder unterhaltspflichtig werden konnte, und ist dem Dritten infolge der Tötung das Recht auf den Unterhalt entzogen, so hat der Ersatzpflichtige dem Dritten durch Entrichtung einer Geldrente insoweit Schadensersatz zu leisten, als der Getötete während der mutmaßlichen Dauer seines Lebens zur Gewährung des Unterhalts verpflichtet gewesen sein würde; die Vorschriften des § 843 Abs. 2 bis 4 finden entsprechende Anwendung. ²Die Ersatzpflicht tritt auch dann ein, wenn der Dritte zur Zeit der Verletzung erzeugt, aber noch nicht geboren war.

§ 845 Ersatzansprüche wegen entgangener Dienste

¹Im Fall der Tötung, der Verletzung des Körpers oder der Gesundheit sowie im Fall der Freiheitsentziehung hat der Ersatzpflichtige, wenn der Verletzte kraft Gesetzes einem Dritten zur Leistung von Diensten in dessen Hauswesen oder Gewerbe verpflichtet war, dem Dritten für die entgehenden Dienste durch Entrichtung einer Geldrente Ersatz zu leisten. ²Die Vorschriften des § 843 Abs. 2 bis 4 finden entsprechende Anwendung.

§ 846 Mitverschulden des Verletzten

¹Hat in den Fällen der §§ 844, 845 bei der Entstehung des Schadens, den der Dritte erleidet, ein Verschulden des Verletzten mitgewirkt, so finden auf den Anspruch des Dritten die Vorschriften des § 254 Anwendung.

§ 847 Schmerzensgeld

(1) ¹Im Fall der Verletzung des Körpers oder der Gesundheit sowie im Fall der Freiheitsentziehung kann der Verletzte auch wegen des Schadens, der nicht Vermögensschaden ist, eine billige Entschädigung in Geld verlangen.

(2) ¹Ein gleicher Anspruch steht einer Frauenperson zu, gegen die ein Verbrechen oder Vergehen wider die Sittlichkeit begangen oder die durch Hinterlist, durch Drohung oder unter Mißbrauch eines Abhängigkeitsverhältnisses zur Gestattung der außerehelichen Beiwohnung bestimmt wird.

§ 847 (RE zum 2. Gesetz zur Änderung schadensersatzrechtlicher Vorschriften, 1998)

(1) Im Falle der Verletzung des Körpers oder der Gesundheit sowie im Falle der Freiheitsentziehung kann der Verletzte auch wegen des Schadens, der nicht Vermögensschaden ist, eine billige Entschädigung in Geld verlangen.

(2) ¹Eine Entschädigung gemäß Absatz 1 ist nur zu gewähren, wenn der Schaden nicht geringfügig ist. ² Dies gilt nicht, wenn die Verletzung vorsätzlich begangen worden ist.

§ 847 (RE zum 2. Gesetz zur Änderung schadensersatzrechtlicher Vorschriften, 2001)

(wird aufgehoben)

1 Diese Norm, die Generationen von Juristen mit dem Ersatz von Schmerzensgeld und jedenfalls in der ersten Phase auch noch mit dem Ersatz immateriellen Schadens wegen Verletzung des allgemeinen Persönlichkeitsrechts assoziiert haben, ehe dieses in letzter Zeit direkt auf die Art. 1 und 2 GG gestützt wird, ist ersatzlos weggefallen. Die Ausnahmenorm des § 253 wird zur Regel, weshalb die Ausnahme (§ 847) entfallen kann. Der neue Standort ist gewiss gewöhnungsbedürftig. Der Abschied fällt manchem schwer. Die neue Plazierung hat aber gewiss das Argument der Sachlogik für sich. Wenn *Medicus*[1] darauf verweist, dass man bei § 253 nicht so sehr an die bisher in § 847 geregelten Rechtsgüter denkt, weshalb der Standort des § 847 besser beibehalten worden wäre, so ist darauf zu verweisen, dass der Gesetzgeber immerhin mit unüberbietbarer Deutlichkeit darauf hingewiesen hat, um welche Rechtsgüter es geht.

§ 848 Haftung für Zufall bei Entziehung einer Sache

¹Wer zur Rückgabe einer Sache verpflichtet ist, die er einem anderen durch eine unerlaubte Handlung entzogen hat, ist auch für den zufälligen Untergang, eine aus einem anderen Grund eintretende zufällige Unmöglichkeit der Herausgabe oder eine zufällige Verschlechterung der Sache verantwortlich, es sei denn, daß der Untergang, die anderweitige Unmöglichkeit der Herausgabe oder die Verschlechterung auch ohne die Entziehung eingetreten sein würde.

§ 849 Verzinsung der Ersatzsumme

¹Ist wegen der Entziehung einer Sache der Wert oder wegen der Beschädigung einer Sache die Wertminderung zu ersetzen, so kann der Verletzte Zinsen des zu ersetzenden Betrags von dem Zeitpunkt an verlangen, welcher der Bestimmung des Wertes zugrunde gelegt wird.

1 38. VGT (2000), 121, 124.

§ 850 Ersatz von Verwendungen

¹Macht der zur Herausgabe einer entzogenen Sache Verpflichtete Verwendungen auf die Sache, so stehen ihm dem Verletzten gegenüber die Rechte zu, die der Besitzer dem Eigentümer gegenüber wegen Verwendungen hat.

§ 851 Ersatzleistung an Nichtberechtigten

¹Leistet der wegen der Entziehung oder Beschädigung einer beweglichen Sache zum Schadensersatz Verpflichtete den Ersatz an denjenigen, in dessen Besitz sich die Sache zur Zeit der Entziehung oder der Beschädigung befunden hat, so wird er durch die Leistung auch dann befreit, wenn ein Dritter Eigentümer der Sache war oder ein sonstiges Recht an der Sache hatte, es sei denn, daß ihm das Recht des Dritten bekannt oder infolge grober Fahrlässigkeit unbekannt ist.

§ 852 Herausgabeanspruch nach Eintritt der Verjährung

¹Hat der Ersatzpflichtige durch eine unerlaubte Handlung auf Kosten des Verletzten etwas erlangt, so ist er auch nach Eintritt der Verjährung des Anspruchs auf Ersatz des aus einer unerlaubten Handlung entstandenen Schadens zur Herausgabe nach den Vorschriften über die Herausgabe einer ungerechtfertigten Bereicherung verpflichtet. ²Dieser Anspruch verjährt in zehn Jahren von seiner Entstehung an, ohne Rücksicht auf die Entstehung in 30 Jahren von der Begehung der Verletzungshandlung oder dem sonstigen, den Schaden auslösenden Ereignis an.

Inhalt

A. Reformgehalt 1	II. Tatbestand und Rechtsfolge des Schadensersatz-
B. Regelungsgehalt 5	anspruchs 8
I. Rechtsnatur des Anspruchs 5	III. Verjährung des Anspruchs 10
	IV. Verweisung auf § 852 in anderen Gesetzen 12

A. Reformgehalt

§ 852 bezweckt die **Relativierung der Verjährung** deliktischer Ansprüche. Die Vorschrift soll verhindern, **1** dass ein deliktisch Handelnder – wie etwa ein Erpresser, Räuber, Dieb oder Betrüger – nach Verjährungseintritt die Vorteile, die er aus seiner unerlaubten Handlung gezogen hat, behalten kann. Dem Verjährungseintritt wird aber durch die Begrenzung des Ersatzanspruchs auf die bei dem Täter noch vorhandene Bereicherung Rechnung getragen.

S. 1 entspricht im Kern **Abs. 3 a.F.**; der Gesetzgeber hatte – im Anschluss an das Gutachten *Peters/* **2** *Zimmermann*,[1] aber entgegen den vorangegangenen Vorschlägen der Schuldrechtskommission[2] – im Diskussionsentwurf die ersatzlose Aufhebung des Abs. 3 vorgesehen. Das war auf starke Kritik gestoßen.[3] Im Laufe des Gesetzgebungsverfahrens wurde daher die Regelung des jetzigen § 852 wieder vorgesehen.

Neu ist die **Verjährungsfrist** des S. 2; es ist eine objektive Verjährungsfrist, die an die Stelle der **3** sonst heranzuziehenden Regelverjährungsfrist (§§ 195, 199 Abs. 1) tritt. Damit ist der Gläubiger nicht gezwungen, innerhalb der Überlegungsfrist von drei Jahren (§ 199 Abs. 1) auch dann den Schuldner zu verklagen, wenn eine spätere Zwangsvollstreckung wegen scheinbarer Vermögenslosigkeit des Schuldners sinnlos erscheint. Die Frist des S. 2 entspricht der objektiven Maximalverjährungsfrist des § 199 Abs. 3 und deckt sich in ihrer zweiten Alternative mit der dreißigjährigen Maximalverjährungsfrist des § 852 Abs. 1 a.F.

Abs. 1 a.F., der die Verjährungsfrist und den Verjährungsbeginn von Ansprüchen auf Ersatz des aus **4** einer unerlaubten Handlung entstandenen Schadens regelte, ist aufgehoben. Insoweit unterfallen die Deliktsansprüche der Regelverjährung der §§ 195, 199, die zu einem Gutteil deckungsgleich mit § 852 Abs. 1 a.F. ist (§ 195 Rn 3, 18; § 199 Rn 28 ff.). **Abs. 2 a.F.**, der die Hemmung der Verjährung durch Verhandlungen bestimmte, wurde durch § 203 verallgemeinert (§ 203 Rn 1 ff.).

---

[1] *Peters/Zimmermann*, S. 79, 329.
[2] Siehe *Abschlussbericht*, § 199 Abs. 2 BGB-KE.
[3] *Ernst*, ZRP 2001, 1, 3; *Mansel*, S. 333, 377; ebenso *Dauner-Lieb/Arnold* zu § 202.

B. Regelungsgehalt

I. Rechtsnatur des Anspruchs

5 Nach S. 1 ist der aus unerlaubter Handlung Ersatzpflichtige auch nach Eintritt der Verjährung des deliktischen Ersatzanspruchs zur Herausgabe des Erlangten nach den Vorschriften über die Herausgabe einer ungerechtfertigten **Bereicherung** verpflichtet, wenn er durch eine unerlaubte Handlung auf Kosten des Verletzten etwas erlangt hat (**Abschöpfungsanspruch**).

6 S. 1 ist eine eigenständige **Anspruchsgrundlage**,[4] wie sich auch aus dem Wortlaut von S. 2 ergibt. S. 1 ist daher nicht als Regelung zu verstehen, nach welcher der zugrunde liegende deliktische Anspruch im Umfang der ungerechtfertigten Bereicherung des Schädigers von der Verjährung ausgenommen ist.[5]

7 Der Abschöpfungsanspruch aus S. 1 ist ein **Schadensersatzanspruch** aus unerlaubter Handlung.[6] Die Verweisung auf die §§ 812 ff. ist eine Rechtsfolgenverweisung; deren Tatbestandsvoraussetzungen sind nicht zu prüfen.

II. Tatbestand und Rechtsfolge des Schadensersatzanspruchs

8 Der Abschöpfungsanspruch aus S. 1 setzt tatbestandlich voraus, dass (1) ein Schadensersatzanspruch aus unerlaubter Handlung (§§ 823 ff.) gemäß den §§ 195, 199 drei Jahre zum Jahresschluss nach Entstehung (regelmäßig: Fälligkeit, siehe § 199 Rn 17 ff.) und Kenntnis oder grob fahrlässiger Unkenntnis von den anspruchsbegründenden Umständen und der Person des Schuldners verjährt ist; und (2) dass der Schuldner dieses Anspruchs aus der verjährten unerlaubten Handlung etwas erlangt hat.

9 S. 1 ordnet als Rechtsfolge den Schadensersatz an. Dieser ist aber auf das begrenzt, was nach Bereicherungsrecht (siehe insbesondere § 818) herauszugeben wäre.

III. Verjährung des Anspruchs

10 Nach S. 2 verjährt der Abschöpfungsanspruch in **zehn Jahren** von der **Anspruchsentstehung** an. Ist der Anspruch **noch nicht entstanden**, weil etwa ein Schaden noch nicht eingetreten ist (sondern erst künftig eintreten kann), dann verjährt der Anspruch ohne Rücksicht auf die Anspruchsentstehung in **dreißig** Jahren von der Begehung der Verletzungshandlung oder der Verwirklichung der Gefahr an. Der Anspruch aus S. 1 **entsteht** mit dem Eintritt der Verjährung des deliktischen Anspruchs, welcher die Grundlage des Anspruchs aus S. 1 bildet (**Grundlagenanspruch**). Denn die Verjährung des Grundlagenanspruchs ist eine Tatbestandsvoraussetzung des Abschöpfungsanspruchs aus S. 1.

11 Unklar ist insoweit die **Gesetzesbegründung**, die einmal davon spricht, der Gläubiger könne den Anspruch aus S. 1 noch „maximal sieben Jahre" nach der Verjährung des „normalen Schadensersatzanspruchs" (Grundlagenanspruchs) geltend machen Diese Darstellung spricht für einen Verjährungsbeginn des Abschöpfungsanspruchs zusammen mit dem Grundlagenanspruch, der in drei Jahren verjährt. Zugleich geht der Gesetzgeber aber auch davon aus, dass der Gläubiger nach der Verjährung des Schadensersatzanspruchs (Grundlagenanspruchs) innerhalb der zehnjährigen Verjährungsfrist für den Abschöpfungsanspruch nach S. 2 gegen den Schädiger vorgehen könne.[7]

IV. Verweisung auf § 852 in anderen Gesetzen

12 Es hat sich zudem gezeigt, dass der Abschöpfungsanspruch aus S. 1 bei deliktischen und deliktsähnlichen Rechtsverletzungen erforderlich ist, soweit **geistiges Eigentum** betroffen ist[8]. Daher verweisen die durch das Schuldrechtsmodernisierungsgesetz neu gefassten §§ 33 Abs. 3, 141 PatG, § 24c GebrMG, § 20 MarkenG, § 9 Abs. 3 HalbLSchG, § 14a GeschmMG und § 37c SorSchG auf § 852. Die Verweisung auf § 852 ist **sachgerecht**. So wird beispielsweise trotz Kenntnis von der Patentrechtsverletzung oftmals auf

---

4 BT-Drucks 14/6040, 270. Zu § 852 Abs. 3 a.F. in diesem Sinne (eigenständiger Anspruch): Palandt/*Heinrichs*, § 852 Rn 21; *Larenz/Canaris*, Lehrbuch des Schuldrechts, Band II, Halbband 2: Besonderer Teil, 13. Aufl. 1994, § 83 V 2 (allerdings bestehen Unterschiede jeweils bei der Anspruchsqualifikation, zu ihrer siehe Rn 5).

5 In diesem Sinne aber zu § 852 Abs. 3 wohl MüKo/*Stein*, § 852 Rn 70; Soergel/*Zeuner*, § 852 Rn 32; ebenso HK-BGB/*Staudinger*, § 852 Rn 12.

6 BT-Drucks 14/6040, 270 li. Sp., im Anschluss an die Rechtsprechung zu § 852 Abs. 3 a.F., siehe BGHZ 71, 86, 98 f.; BGHZ 98, 77, 83 f.; BGHZ 130, 288, 297, siehe aber auch BT-Drucks 14/6040, 270 re. Sp., dort wird mit Hinweis auf den Abschlussbericht von einem Bereicherungsanspruch gesprochen. Zum bisherigen Recht siehe die Darstellung des Meinungsstreits und die abweichende Ansicht (Bereicherungsanspruch) bei *Larenz/Canaris*, Lehrbuch des Schuldrechts, Band II, Halbband 2: Besonderer Teil, 13. Aufl. 1994, § 83 V 2, ferner BGHZ 71, 86, 98 f.; BGHZ 98, 77, 83 f.; BGHZ 130, 288, 297. Ergänzend ist zu bemerken, dass die Ausgestaltung des § 852 Abs. 3 a.F. bzw. des § 852 S. 1 als Anspruch nichts darüber aussagt, wie dieser Anspruch einzuordnen ist.

7 BT-Drucks 14/6040, 270 re. Sp. erster Absatz im Gegensatz zu ebenda zweiter Absatz.

8 BT-Drucks 14/6040, 270.

eine Verfolgung der Ansprüche innerhalb der dreijährigen Verjährungsfrist verzichtet, wenn der Patentrechtsinhaber auf Grund eines Einspruchsverfahrens oder eines nachfolgenden Gerichtsverfahrens mit der Unsicherheit lebt, ob die Patenterteilung auch tatsächlich Bestand hat, was wiederum die Voraussetzung für Ansprüche wegen Verletzung des Patentrechts ist. Zudem ist die Begrenzung auf die Bereicherung für den Patentrechtsinhaber oftmals unproblematisch, weil sowohl die Schadensersatzansprüche als auch die Bereicherungsansprüche zumeist auf der Basis der Lizenzanalogie berechnet werden. Die Zehnjahresfrist des S. 2 wird diesem praktischen Bedürfnis in angemessener Weise gerecht.[9]

§ 853 Arglisteinrede

[1]Erlangt jemand durch eine von ihm begangene unerlaubte Handlung eine Forderung gegen den Verletzten, so kann der Verletzte die Erfüllung auch dann verweigern, wenn der Anspruch auf Aufhebung der Forderung verjährt ist.

[...]

Buch 5. Erbrecht
Abschnitt 3. Testamente
Titel 4. Vermächtnis

§ 2171 Unmöglichkeit, gesetzliches Verbot

(1) [1]Ein Vermächtnis, das auf eine zur Zeit des Erbfalls für jedermann unmögliche Leistung gerichtet ist oder gegen ein zu dieser Zeit bestehendes gesetzliches Verbot verstößt, ist unwirksam.
(2) [1]Die Unmöglichkeit der Leistung steht der Gültigkeit des Vermächtnisses nicht entgegen, wenn die Unmöglichkeit behoben werden kann und das Vermächtnis für den Fall zugewendet ist, dass die Leistung möglich wird.
(3) [1]Wird ein Vermächtnis, das auf eine unmögliche Leistung gerichtet ist, unter einer anderen aufschiebenden Bedingung oder unter Bestimmung eines Anfangstermins zugewendet, so ist das Vermächtnis gültig, wenn die Unmöglichkeit vor dem Eintritt der Bedingung oder des Termins behoben wird.

Bei der Neufassung des § 2171 handelt es sich um eine **Folgeänderung zu der Aufhebung des § 308**, auf den § 2171 S. 2 a.F. verwies.[1] Bereits § 2171 S. 1 a.F. (nunmehr § 2171 Abs. 1) sah vor, dass ein Vermächtnis, das auf eine zur Zeit des Erbfalls unmögliche Leistung gerichtet war oder gegen ein zu dieser Zeit bestehendes gesetzliches Verbot verstieß, unwirksam ist. Eine besondere Anordnung der Unwirksamkeit war auch nach altem Recht notwendig, weil § 306 a.F. nur auf Verträge anwendbar war. § 2171 S. 2 a.F. verwies ergänzend auf § 308. Damit war ein auf eine unmögliche Leistung gerichtetes Vermächtnis entsprechend § 308 Abs. 1 a.F. nicht unwirksam, wenn die Unmöglichkeit behebbar und das Vermächtnis für diesen Fall zugewandt worden war. Ferner trat die Unwirksamkeit entsprechend § 308 Abs. 2 a.F. dann nicht ein, wenn das Vermächtnis unter einer aufschiebenden Bedingung oder unter Bestimmung eines Anfangstermins zugewendet war und die Unmöglichkeit vor Eintritt der Bedingung oder des Termins behoben wurde. Wegen der Streichung des § 308 a.F. mussten diese Ergebnisse nunmehr in § 2171 Abs. 2 und 3 ausdrücklich geregelt werden. Mit dem Zusatz „für jedermann" wird nunmehr klargestellt, dass § 2171 nur Fälle der **objektiven Unmöglichkeit** betrifft. Liegt im Zeitpunkt des Erbfalls nur subjektive Unmöglichkeit vor, dann greifen wie bisher die §§ 2169, 2170. Tritt nach dem Erbfall Unmöglichkeit oder Unvermögen ein, kommen die neuen allgemeinen Vorschriften der §§ 275, 280, 283 zur Anwendung. In § 2171 Abs. 2 und 3 wird nur die Unmöglichkeit, nicht aber der Verstoß gegen ein gesetzliches Verbot genannt. Da mit der Neufassung des § 2171 keine sachliche Änderung beabsichtigt ist, ist davon auszugehen, dass es sich um ein Versehen des Gesetzgebers handelt und daher die Abs. 2 und 3 entsprechend auf den Fall eines gesetzlichen Verbots anzuwenden sind.

---

9 BT-Drucks 14/6040, 282.
1 Begründung zur Änderung des § 2171, BT-Drucks 14/6040, S. 772.

Einführungsgesetz zum Bürgerlichen Gesetzbuche

Vom 18.8.1896, RGBl. I S. 604
BGBl. III 400-1
In der Fassung der Bekanntmachung vom 21.9.1994, BGBl. I S. 2494, 1061 (1997)
Zuletzt geändert durch das Gesetz zur Modernisierung des Schuldrechts vom 26.11.2001, BGBl. I S. 3138
– Auszug –

Art. 229 Weitere Überleitungsvorschriften

[...]

§ 3 Übergangsvorschriften zum Gesetz zur Neugliederung, Vereinfachung und Reform des Mietrechts vom 19. Juni 2001

(1) ¹Auf ein am 1. September 2001 bestehendes Mietverhältnis oder Pachtverhältnis sind
1. im Falle einer vor dem 1. September 2001 zugegangenen Kündigung § 554 Abs. 2 Nr. 2, §§ 565, 565c Satz 1 Nr. 1b, § 565d Abs. 2, § 570 des Bürgerlichen Gesetzbuchs sowie § 9 Abs. 1 des Gesetzes zur Regelung der Miethöhe jeweils in der bis zu diesem Zeitpunkt geltenden Fassung anzuwenden;
2. im Falle eines vor dem 1. September 2001 zugegangenen Mieterhöhungsverlangens oder einer vor diesem Zeitpunkt zugegangenen Mieterhöhungserklärung die §§ 2, 3, 5, 7, 11 bis 13, 15 und 16 des Gesetzes zur Regelung der Miethöhe in der bis zu diesem Zeitpunkt geltenden Fassung anzuwenden; darüber hinaus richten sich auch nach dem in Satz 1 genannten Zeitpunkt Mieterhöhungen nach § 7 Abs. 1 bis 3 des Gesetzes zur Regelung der Miethöhe in der bis zu diesem Zeitpunkt geltenden Fassung, soweit es sich um Mietverhältnisse im Sinne des § 7 Abs. 1 jenes Gesetzes handelt;
3. im Falle einer vor dem 1. September 2001 zugegangenen Erklärung über eine Betriebskostenänderung § 4 Abs. 2 bis 4 des Gesetzes zur Regelung der Miethöhe in der bis zu diesem Zeitpunkt geltenden Fassung anzuwenden;
4. im Falle einer vor dem 1. September 2001 zugegangenen Erklärung über die Abrechnung von Betriebskosten § 4 Abs. 5 Satz 1 Nr. 2 und § 14 des Gesetzes zur Regelung der Miethöhe in der bis zu diesem Zeitpunkt geltenden Fassung anzuwenden;
5. im Falle des Todes des Mieters oder Pächters die §§ 569 bis 569b, 570b Abs. 3 und § 594d Abs. 1 des Bürgerlichen Gesetzbuchs in der bis zum 1. September 2001 geltenden Fassung anzuwenden, wenn der Mieter oder Pächter vor diesem Zeitpunkt verstorben ist, im Falle der Vermieterkündigung eines Mietverhältnisses über Wohnraum gegenüber dem Erben jedoch nur, wenn auch die Kündigungserklärung dem Erben vor diesem Zeitpunkt zugegangen ist;
6. im Falle einer vor dem 1. September 2001 zugegangenen Mitteilung über die Durchführung von Modernisierungsmaßnahmen § 541b des Bürgerlichen Gesetzbuchs in der bis zu diesem Zeitpunkt geltenden Fassung anzuwenden;
7. hinsichtlich der Fälligkeit § 551 des Bürgerlichen Gesetzbuchs in der bis zum 1. September 2001 geltenden Fassung anzuwenden.

(2) ¹Ein am 1. September 2001 bestehendes Mietverhältnis im Sinne des § 564b Abs. 4 Nr. 2 oder Abs. 7 Nr. 4 des Bürgerlichen Gesetzbuchs in der bis zum 1. September 2001 geltenden Fassung kann noch bis zum 31. August 2006 nach § 564b des Bürgerlichen Gesetzbuchs in der vorstehend genannten Fassung gekündigt werden.

(3) ¹Auf ein am 1. September 2001 bestehendes Mietverhältnis auf bestimmte Zeit sind § 564c in Verbindung mit § 564b sowie die §§ 556a bis 556c, 565a Abs. 1 und § 570 des Bürgerlichen Gesetzbuchs in der bis zu diesem Zeitpunkt geltenden Fassung anzuwenden.

(4) ¹Auf ein am 1. September 2001 bestehendes Mietverhältnis, bei dem die Betriebskosten ganz oder teilweise in der Miete enthalten sind, ist wegen Erhöhungen der Betriebskosten § 560 Abs. 1, 2, 5 und 6 des Bürgerlichen Gesetzbuchs entsprechend anzuwenden, soweit im Mietvertrag vereinbart ist, dass der Mieter Erhöhungen der Betriebskosten zu tragen hat; bei Ermäßigungen der Betriebskosten gilt § 560 Abs. 3 des Bürgerlichen Gesetzbuchs entsprechend.

(5) ¹Auf einen Mietspiegel, der vor dem 1. September 2001 unter Voraussetzungen erstellt worden ist, die § 558d Abs. 1 und 2 des Bürgerlichen Gesetzbuchs entsprechen, sind die Vorschriften über

den qualifizierten Mietspiegel anzuwenden, wenn die Gemeinde ihn nach dem 1. September 2001 als solchen veröffentlicht hat. ²War der Mietspiegel vor diesem Zeitpunkt bereits veröffentlicht worden, so ist es ausreichend, wenn die Gemeinde ihn später öffentlich als qualifizierten Mietspiegel bezeichnet hat. ³In jedem Fall sind § 558a Abs. 3 und § 558d Abs. 3 des Bürgerlichen Gesetzbuchs nicht anzuwenden auf Mieterhöhungsverlangen, die dem Mieter vor dieser Veröffentlichung zugegangen sind.

(6) ¹Auf vermieteten Wohnraum, der sich in einem Gebiet befindet, das aufgrund
1. des § 564b Abs. 2 Nr. 2, auch in Verbindung mit Nr. 3, des Bürgerlichen Gesetzbuchs in der bis zum 1. September 2001 geltenden Fassung oder
2. des Gesetzes über eine Sozialklausel in Gebieten mit gefährdeter Wohnungsversorgung vom 22. April 1993 (BGBl. I S. 466, 487)

bestimmt ist, sind die am 31. August 2001 geltenden vorstehend genannten Bestimmungen über Beschränkungen des Kündigungsrechts des Vermieters bis zum 31. August 2004 weiter anzuwenden. ²Ein am 1. September 2001 bereits verstrichener Teil einer Frist nach den vorstehend genannten Bestimmungen wird auf die Frist nach § 577a des Bürgerlichen Gesetzbuchs angerechnet. ³§ 577a des Bürgerlichen Gesetzbuchs ist jedoch nicht anzuwenden im Falle einer Kündigung des Erwerbers nach § 573 Abs. 2 Nr. 3 jenes Gesetzes, wenn die Veräußerung vor dem 1. September 2001 erfolgt ist und sich die veräußerte Wohnung nicht in einem nach Satz 1 bezeichneten Gebiet befindet.

(7) ¹§ 548 Abs. 3 des Bürgerlichen Gesetzbuchs ist nicht anzuwenden, wenn das selbständige Beweisverfahren vor dem 1. September 2001 beantragt worden ist.

(8) ¹§ 551 Abs. 3 Satz 1 des Bürgerlichen Gesetzbuchs ist nicht anzuwenden, wenn die Verzinsung vor dem 1. Januar 1983 durch Vertrag ausgeschlossen worden ist.

(9) ¹§ 556 Abs. 3 Satz 2 bis 6 und § 556a Abs. 1 des Bürgerlichen Gesetzbuchs sind nicht anzuwenden auf Abrechnungszeiträume, die vor dem 1. September 2001 beendet waren.

(10) ¹§ 573c Abs. 4 des Bürgerlichen Gesetzbuchs ist nicht anzuwenden, wenn die Kündigungsfristen vor dem 1. September 2001 durch Vertrag vereinbart worden sind.

§ 4 Übergangsvorschrift zum Zweiten Gesetz zur Änderung reiserechtlicher Vorschriften

(1) ¹Die §§ 651k und 651l des Bürgerlichen Gesetzbuchs sind in ihrer seit dem 1. September 2001 geltenden Fassung nur auf Verträge anzuwenden, die nach diesem Tag geschlossen werden.

(2) ¹Abweichend von § 651k Abs. 2 Satz 1 des Bürgerlichen Gesetzbuchs gelten für die nachfolgenden Zeiträume folgende Haftungshöchstsummen:
1. vom 1. November 1994 bis zum 31. Oktober 1995 70 Millionen Deutsche Mark,
2. vom 1. November 1995 bis zum 31. Oktober 1996 100 Millionen Deutsche Mark,
3. vom 1. November 1996 bis zum 31. Oktober 1997 150 Millionen Deutsche Mark,
4. vom 1. November 1997 bis zum 31. Oktober 2000 200 Millionen Deutsche Mark,
5. vom 1. November 2000 bis zum 1. September 110 Millionen Euro.

§ 5 Allgemeine Überleitungsvorschrift zum Gesetz zur Modernisierung des Schuldrechts vom 26. November 2001

¹Auf Schuldverhältnisse, die vor dem 1. Januar 2002 entstanden sind, sind das Bürgerliche Gesetzbuch, das AGB-Gesetz, das Handelsgesetzbuch, das Verbraucherkreditgesetz, das Fernabsatzgesetz, das Fernunterrichtsschutzgesetz, das Gesetz über den Widerruf von Haustürgeschäften und ähnlichen Geschäften, das Teilzeit-Wohnrechtegesetz, die Verordnung über Kundeninformationspflichten, die Verordnung über Informationspflichten von Reiseveranstaltern und die Verordnung betreffend die Hauptmängel und Gewährfristen beim Viehhandel, soweit nicht ein anderes bestimmt ist, in der bis zu diesem Tag geltenden Fassung anzuwenden. ²Satz 1 gilt für Dauerschuldverhältnisse mit der Maßgabe, dass anstelle der in Satz 1 bezeichneten Gesetze vom 1. Januar 2003 an nur das Bürgerliche Gesetzbuch, das Handelsgesetzbuch, das Fernunterrichtsschutzgesetz und die Verordnung über Informationspflichten nach bürgerlichem Recht in der dann geltenden Fassung anzuwenden sind.

EGBGB 229 § 5

Inhalt

A. Normzweck 1
B. Anwendungsbereich 5
  I. Sachlicher Anwendungsbereich 5
  II. Abdingbarkeit 6
    1. Intertemporale oder materiellrechtliche Verweisung, Nichtigkeit 6
    2. Vereinbarung neuen Rechts 7
      a) Zulässigkeit einer intertemporalen kollisionsrechtlichen Wahl des neuen Rechts 7
      b) Wahlvereinbarung 12
      c) Rückwirkung 13
    3. Vereinbarung alten Rechts 15
      a) Unzulässigkeit einer intertemporalen kollisionsrechtlichen Wahl des alten Rechts 15
      b) Materiellrechtliche Verweisung 17

C. Voraussetzungen 19
  I. Verträge 21
    1. Angebot und Annahme 21
    2. Bedingung/Befristung 25
    3. Genehmigungsbedürftigkeit 26
  II. Gesetzliche Schuldverhältnisse 27
D. Rechtsfolgen 28
  I. Anwendbares Recht 28
  II. Reichweite 30
    1. Wirksamkeit und Inhalt des Schuldverhältnisses .. 30
    2. Nachträgliche Änderungen 31
  III. Dauerschuldverhältnisse 32
    1. Verschiebung des Überleitungszeitpunkts 32
    2. Rahmenverträge 34

A. Normzweck

Art. 229 § 5 bestimmt als intertemporales Privatrecht[1] den zeitlichen Geltungsbereich der durch das Schuldrechtsmodernisierungsgesetz geänderten Vorschriften. Die allgemeine Überleitungsvorschrift sieht in Satz 1 vor, dass auf Schuldverhältnisse, die vor dem 1. Januar 2002 entstanden sind, das BGB sowie die bis dahin bestehenden Sondergesetze in der bis zum 31. Dezember 2001 geltenden Fassung Anwendung finden. Im Gegenschluss gilt somit für Schuldverhältnisse, die nach dem 31. Dezember 2001 entstanden sind, das neue Recht.   **1**

Die Regelung entspricht dem bereits in Art. 170 und Art. 232 § 1 zugrunde gelegten **allgemeinen Rechtsgedanken**, nach welchem ein Rechtsverhältnis nur dem im Zeitpunkt seiner Entstehung gültigen Recht unterfällt.[2] Erfolgt eine spätere Gesetzesänderung, besitzt diese grundsätzlich keine rückwirkende Kraft, sofern der Gesetzgeber die Rückwirkung nicht ausdrücklich anordnet.[3]   **2**

Eine solche Anordnung ist in Art. 229 § 5 S. 2 für **Dauerschuldverhältnisse** vorgesehen: Diese werden neuem Recht unterstellt, selbst wenn sie vor dem genannten Stichtag entstanden sind. Dadurch soll verhindert werden, dass auf unbestimmte Zeit altes und neues Recht parallel heranzuziehen ist.[4] Um den Parteien jedoch die Möglichkeit zu geben, ihre Verträge an die geänderten Regelungen anzupassen, findet in diesen Fällen das BGB in seiner neuen Fassung erst **ab dem 1. Januar 2003** Anwendung.   **3**

Von der allgemeinen Regelung in Art. 229 § 5 ausgenommen ist das **Verjährungsrecht**. Dieses unterliegt gemäß Art. 229 § 6 einer eigenen Übergangsregelung.   **4**

B. Anwendungsbereich

I. Sachlicher Anwendungsbereich

Die Vorschrift des Art. 229 § 5 bezieht sich auf **alle zivilrechtlichen Schuldverhältnisse**. Erfasst sind ein- und zweiseitige Rechtsgeschäfte ebenso wie auf Gesetz beruhende Schuldverhältnisse.   **5**

II. Abdingbarkeit

1. Intertemporale oder materiellrechtliche Verweisung, Nichtigkeit

Sofern die Parteien statt des nach Art. 229 § 5 anwendbaren alten Rechts die Anwendung des neuen Rechts vereinbaren, ist zu klären, ob damit nur im Rahmen des dispositiven Rechts die dispositiven Normen des alten Rechts durch das neue Recht ersetzt werden (**materiellrechtliche Verweisung**) oder ob insgesamt das alte Recht einschließlich seiner zwingenden Vorschriften durch das neue Recht umfassend ersetzt wird (kollisionsrechtliche Verweisung, **intertemporale kollisionsrechtliche Rechtswahl**[5]). Dieselbe Frage stellt sich umgekehrt, wenn statt des nach Art. 229 § 5 anwendbaren neuen Rechts die Anwendung des alten Rechts vereinbart wird. Eine Abwahl auch des anwendbaren zwingenden Rechts und seine Ersetzung durch   **6**

---

[1] Allgemein hierzu *Heß*, Intertemporales Privatrecht, 1998; *Strohbach*, in: Jayme/Furtak (Hrsg.), 1991, 131 ff.
[2] Dass die Art. 170, 232 § 1 einen allgemeinen Rechtsgedanken zum Ausdruck bringen, ist allgemeine Meinung: BGHZ 10, 391, 394; 44, 192, 194; Palandt/*Heinrichs*, Art. 232 § 1 Rn 1; MüKo/*Heinrichs*, Art. 170 Rn 4; Art. 232 § 1 Rn 1; Staudinger/*Rauscher*, Art. 232 § 1 Rn 1; Staudinger/*Kanzleitner/Hönle*, Art. 170 Rn 1, 4; Soergel/*Hartmann*, Art. 170 Rn 1; Art. 232 § 1 Rn 1; *Hertel*, DNotZ 2001, 742, 743.
[3] Vgl. hierzu MüKo/*Heinrichs*, Art. 170 Rn 7 ff.; Staudinger/*Kanzleitner/Hönle*, Art. 170 Rn 4.
[4] BT-Drucks 14/6040, 273.
[5] Zu den Begriffen der kollisionsrechtlichen oder materiellrechtlichen Rechtswahl siehe *Kegel/Schurig*, Internationales Privatrecht, 8. Aufl. 2000, S. 571 f.

das nach den Überleitungsvorschriften intertemporal nicht anzuwendende Recht ist nur möglich, wenn der Gesetzgeber eine intertemporale kollisionsrechtliche Rechtswahl zulässt. Anderenfalls ist die Parteivereinbarung gemäß § 134 BGB nichtig, da zwingende Rechtsvorschriften Verbotsgesetze sind.[6] Eine nichtige intertemporale kollisionsrechtliche Rechtswahl der Parteien kann im Einzelfall allerdings gemäß **§ 140 BGB** in eine **materiellrechtliche umgedeutet**[7] werden, wenn dies dem Parteiwillen entsprechen sollte. Im Zweifel wird der Parteiwille auf eine ersatzweise materiellrechtliche Rechtswahl gerichtet sein.

2. Vereinbarung neuen Rechts
a) Zulässigkeit einer intertemporalen kollisionsrechtlichen Wahl des neuen Rechts

7 Eine kollisionsrechtliche intertemporale Wahl des neuen Rechts an Stelle des kraft gesetzlicher Anordnung anwendbaren alten Rechts ist zulässig. Die **Überleitungsvorschrift** ist in dem Sinne **dispositiv**, dass die Parteien abweichend von der Regelung des Art. 229 § 5 die Geltung neuen Rechts – einschließlich der Ersetzung des alten zwingenden Rechts durch das neue zwingende Recht – auch für solche Schuldverhältnisse vereinbaren können, die vor dem 1. Januar 2002 entstanden sind (Altschuldverhältnisse).[8] Gleiches gilt bei Dauerschuldverhältnissen, sofern auf diese schon vor dem 1. Januar 2003 die neuen Regelungen zur Anwendung kommen sollen.

8 Die **Zulässigkeit** einer solchen **intertemporalen kollisionsrechtlichen Wahl** des neuen Rechts, die zur vollständigen Ersetzung des alten durch das neue Recht einschließlich der zwingenden Rechtsnormen führt, ist allerdings weder im Gesetz statuiert noch äußert sich der Gesetzgeber hierzu in der Begründung noch ergibt sich ihre Zulässigkeit indirekt aus Art. 229 § 5. Zwar hat der Gesetzgeber für Dauerschuldverhältnisse, die gemäß Art. 229 § 5 S. 2 nach dem 1. Januar 2003 dem neuen Recht unterstehen sollen, eine einjährige Übergangsfrist vorgesehen, innerhalb derer die Parteien das Dauerschuldverhältnis an das veränderte Recht anpassen können.[9] Die Regelung enthält jedoch keine verallgemeinerungsfähige Aussage dahingehend, dass eine intertemporale kollisionsrechtliche Rechtswahl grundsätzlich zulässig sein soll. Vielmehr trägt sie nur der besonderen Situation Rechnung, in der sich die Parteien eines Dauerschuldverhältnisses befinden. Die Befugnis, Anpassungen an das neue Recht vornehmen zu können, bedeutet, dass umfassende Neuregelungen des Dauerschuldverhältnisses auf der Grundlage des neuen Rechts schon vor dem 1. Januar 2003 wirksam werden können. Danach haben die Parteien nicht nur das Recht, das Dauerschuldverhältnis mit Wirkung zum 1. Januar 2003 dem neuen Recht anzupassen; vielmehr können sie es bereits vor dem Stichtag ab einem von ihnen gewählten Zeitpunkt als Ganzes dem neuen Recht unterstellen. Durch eine solche Abrede wird das nach Art. 229 § 5 S. 1 eigentlich anzuwendende bisherige zwingende Recht durch das neue Recht umfassend verdrängt. Diese intertemporale kollisionsrechtliche Rechtswahl sieht der Gesetzgeber aber lediglich für Altdauerschuldverhältnisse und nur für die Zeit zwischen dem 1. Januar 2002 und dem 1. Januar 2003 vor (siehe Rn 7). Den Parteien soll durch die zeitliche Verschiebung in Art. 229 § 5 S. 2 ein Privileg gewährt werden, das diese annehmen können, aber nicht annehmen müssen. Entscheiden sie sich gegen den angebotenen Zeitaufschub, ist das zulässig. Jedoch haben diese Möglichkeit ausschließlich die Vertragspartner eines Dauerschuldverhältnisses. Eine darüber hinausgehende allgemeine Aussage hat der Gesetzgeber nicht getroffen.

9 Auch der Rückgriff auf die Auslegung der intertemporalen Vorschriften des Art. 170 (In-Kraft-Treten des BGB 1900) und des Art. 232 § 1 (In-Kraft-Treten des BGB im Beitrittsgebiet 1990), an welchen Art. 229 § 5 sich ausrichtet (Rn 2),[10] hilft nicht weiter, da dort die Frage der materiellrechtlichen oder kollisionsrechtlichen Verweisung nicht ausreichend geklärt ist. In der Literatur wird regelmäßig nicht (ausdrücklich) erörtert, ob eine Wahl des neuen an Stelle des sonst anwendbaren alten Rechts unter Abwahl auch des alten zwingenden Rechts und Ersetzung durch das neue zwingende Recht zulässig ist.

10 Doch ist **Art. 229 § 5 ergänzend auszulegen**. Es ist danach zu fragen, wie der gesetzgeberische Wille gewesen wäre, wenn der Gesetzgeber die Frage der kollisionsrechtlichen Rechtswahl hätte regeln wollen. Es ist davon auszugehen, dass der Gesetzgeber die kollisionsrechtliche Rechtswahl des neuen an Stelle des sonst anzuwendenden bisherigen Rechts erlaubt hätte, da dieses einen höheren Schutzstandard erreicht

---

6 Vgl. *Herb*, FamRZ 1988, 123, 126; anders *Heß*, Intertemporales Privatrecht, S. 381, der auf einen Verstoß gegen den intertemporalen ordre public abstellt.
7 Im Einzelfall mag auch ein Fall der Teilnichtigkeit (Nichtigkeit der kollisionsrechtlichen, Wirksamkeit der materiellrechtlichen Verweisung nach § 139 BGB) gegeben sein.
8 Ebenso zu Art. 170 und 232 § 1 Staudinger/*Kanzleitner/Hönle*, Art. 170 Rn 2; Staudinger/*Rauscher*, Art. 232 § 1 Rn 39; MüKo/*Heinrichs*, Art. 229 § 1 Rn 4; *Strohbach*, in: Jayme/Furtak (Hrsg.), 131, 137.
9 BT-Drucks 14/6040, 273.
10 Allerdings nimmt der Gesetzgeber nur im Rahmen des Art. 229 § 6 und nicht auch des Art. 229 § 5 in der Gesetzesbegründung ausdrücklich Bezug auf diese anderen Übergangsbestimmungen, siehe BT-Drucks 14/6040, 273. Zudem enthalten die Art. 170 und 232 § 1 Übergangsrecht, das wegen interlokaler Rechtsvereinheitlichung erforderlich wurde. Für die Fälle des Art. 232 § 1 bestand auch eine interlokale Rechtswahlmöglichkeit (siehe auch die Argumentation bei Staudinger/*Rauscher*, Art. 232 § 1 EGBGB Rn 39). Art. 229 § 5 enthält hingegen rein intertemporales Übergangsrecht. Daher sind die Vorschriften nicht ohne weiteres vergleichbar.

(Verbrauchsgüterkauf und weitere Neuregelungen) und ansonsten in weiten Teilen die zwingenden Regeln des bisherigen Rechts übernommen hat. Zudem liegt es im anerkennenswerten Parteiinteresse, wenn diese ihre gesamten Rechtsbeziehungen, soweit sie noch nicht abgeschlossen sind, einheitlich dem neuen Recht unterstellen dürfen. Auf diese Weise wird eine umfassende einheitliche Regelung der offenen Rechtsfragen erreicht.

Grenzen der intertemporalen kollisionsrechtlichen Rechtswahl sind die Rechte **Dritter**; hier ist an eine analoge Anwendung der Art. 27 Abs. 2 S. 2 Alt. 2, Art. 42 S. 2[11] zu denken. **11**

b) Wahlvereinbarung

Die Vereinbarung kann sowohl **ausdrücklich** als auch **konkludent** erfolgen. Dabei ist letzteres vor allem dann in Betracht zu ziehen, wenn die Parteien im Prozess entgegen der Vorgabe des Art. 229 § 5 übereinstimmend auf der Grundlage neuen Rechts argumentieren.[12] **12**

c) Rückwirkung

Erfolgt die Unterstellung unter das neue Recht nach Entstehung des Schuldverhältnisses (was bei Altschuldverhältnissen regelmäßig der Fall sein dürfte), ist zu entscheiden, ob der Vereinbarung **Rückwirkung** zukommen soll oder ob ihr lediglich Geltung für die Zukunft beizulegen ist. Insofern wird zu differenzieren sein: Liegt **kein Dauerschuldverhältnis** vor, würde eine Wirkung ex nunc kaum Konsequenzen nach sich ziehen, so dass im Zweifel davon auszugehen ist, dass die Parteien eine rückwirkende Vereinbarung treffen wollten. **13**

Liegt dagegen ein Dauerschuldverhältnis zugrunde und wird dieses vor dem 1. Januar 2003 neuem Recht unterstellt, wirkt diese Vereinbarung im Zweifel nicht zurück.[13] Hier liegt es näher, eine vorgezogene Umsetzung des Art. 229 § 5 S. 2 anzunehmen als die ggf. mit Schwierigkeiten verbundene Rückwirkung. Zur Zulässigkeit der Rückwirkung einer nach dem 1. Januar 2002 erklärten Rechtswahl mit Wirkung ab dem 1. Januar 2002 siehe noch Rn 33. **14**

3. Vereinbarung alten Rechts

a) Unzulässigkeit einer intertemporalen kollisionsrechtlichen Wahl des alten Rechts

Eine **kollisionsrechtliche Rechtswahl** (Rn 6) des alten Rechts statt des intertemporal anzuwendenden neuen Rechts ist hingegen nicht möglich.[14] Das Gesetz sieht eine solche Wahlmöglichkeit nicht vor (vgl. Rn 8). Ein die Wahl zulassender gesetzgeberischer Wille ist – anders als im umgekehrten Fall (Rn 10) – nicht anzunehmen, da das neue Recht in weiterem Umfang als das alte Recht über zwingende Vorschriften verfügt, die in Umsetzung von EG-Richtlinien geschaffen wurden. Als Beispiel ist nur an die Normen des Verbrauchsgüterkaufs zu denken. Ihrer Geltung sollen die Parteien sich nicht durch eine kollisionsrechtliche Rechtswahl entziehen können. **15**

Der Gedanke, eine kollisionsrechtliche Rechtswahl des alten statt des neuen Rechts könne zulässig sein, wenn die zwingenden Normen des neuen Rechts als **intertemporale Eingriffsnormen**[15] neben denen des gewählten alten Rechts zur Anwendung kämen, ist nicht weiterführend, da bei einer solchen Lösung sowohl das alte wie zusätzlich das neue zwingende Recht zu prüfen wäre. Das könnte zu nicht auflösbaren Wertungswidersprüchen führen. **16**

b) Materiellrechtliche Verweisung

Den Parteien steht es jedoch frei, im Rahmen des dispositiven neuen Rechts nach dem 1. Januar 2002 weiterhin die Geltung **alten Rechts** zu **vereinbaren**.[16] Dadurch kann aber nicht von zwingenden neuen Regelungen abgewichen werden (materiellrechtliche Verweisung, Rn 6). **17**

Das gilt auch für Dauerschuldverhältnisse, soweit diese über den 31. Dezember 2002 hinaus altem Recht unterstehen sollen. Ob eine solche Vereinbarung ratsam ist, erscheint allerdings zweifelhaft. Im Ergebnis würde ein gemischtes System entstehen aus den (vereinbarten) Normen des alten Rechts und den zwingenden Regelungen der neuen Kodifikation. Diese Zweigleisigkeit kann zu Wertungswidersprüchen und Friktionen führen, die (entgegen der Intention der Parteien) die Rechtsanwendung eher erschweren als erleichtern würden. **18**

---

11 Siehe dazu die Kommentierungen zu Art. 27 und Art. 42 EGBGB.
12 Vgl. zu Art. 232 § 1: Staudinger/*Rauscher*, Art. 232 § 1 Rn 39; MüKo/*Heinrichs*, Art. 232 § 1 Rn 4.
13 Vgl. auch Staudinger/*Rauscher*, Art. 232 § 1 Rn 42.
14 Ebenso wohl *Brambring*, DNotZ 2001, 590; a.M. (ohne nähere Erörterung der gesetzlichen Grundlage) *Hertel*, DNotZ 2001, 742, 746. Im Rahmen des parallelen Art. 232 § 1 war nicht abschließend geklärt, ob eine intertemporale kollisionsrechtliche oder nur eine materiellrechtliche Rechtswahl zulässig sein soll, siehe Palandt/*Heinrichs*, Art. 232 § 1 Rn 2; MüKo/*Heinrichs*, Art. 232 § 1 Rn 6; Staudinger/*Rauscher*, Art. 232 § 1 Rn 45.
15 Zu diesem Begriff siehe *Heß*, Intertemporales Privatrecht, S. 497.
16 *Brambring*, DNotZ 2001, 590.

C. Voraussetzungen

19 Die Fortgeltung alten Rechts setzt voraus, dass sich der **Entstehungstatbestand** des betroffenen Schuldverhältnisses vor dem 1. Januar 2002 vollständig erfüllt hat.[17] Dies ist der Fall, wenn sämtliche für die Entstehung des Schuldverhältnisses erforderlichen Umstände vor dem Stichtag eingetreten sind.[18] Abzustellen ist dabei auf die Voraussetzungen, die sich aus den Bestimmungen des bisherigen Rechts ergeben.[19]

20 Nicht das Entstehen des Anspruchs (so in § 198 BGB a.F. und jetzt in §§ 199, 200 BGB), sondern das **Entstehen des Schuldverhältnisses** selbst ist entscheidend. Daher können die zur Auslegung insbesondere des § 198 BGB a.F. gefundenen Ergebnisse nicht für die Auslegung des Art. 229 § 5 nutzbar gemacht werden.

I. Verträge
1. Angebot und Annahme

21 Bei vertraglichen Schuldverhältnissen kommt es auf den Zeitpunkt des Vertragsschlusses an. Dieser erfolgt, soweit die Parteien nichts Abweichendes vereinbart haben, mit dem **Wirksamwerden der Annahmeerklärung**.[20] Das gilt auch dann, wenn das Angebot vor In-Kraft-Treten des Schuldrechtsreformgesetzes abgegeben, die Annahme aber erst danach erklärt worden ist.[21] Hierfür spricht in erster Linie der Wortlaut des Art. 229 § 5, der auf das Entstehen des Rechtsverhältnisses und nicht auf die Abgabe des Angebotes abstellt. Entstanden ist ein Rechtsgeschäft erst mit Angebot *und* Annahme. Zwar mag die Geltung neuen Rechts dem Willen der Parteien, insbesondere des Anbietenden, nicht immer entsprechen. Soll der Vertrag jedoch entgegen der gesetzlichen Überleitungsvorschrift weiterhin altem Recht unterliegen, muss der entsprechende Wille zumindest konkludent zum Ausdruck gebracht worden sein (siehe hierzu Rn 12).[22] Die nur immanente Vorstellung des Anbietenden, dass das zum Zeitpunkt des Angebotes geltende Recht auf den Vertrag Anwendung finden wird, bewirkt eine entsprechende Vereinbarung keinesfalls, da eine derartige Erwartungshaltung nicht Teil des Angebotes wird.

22 Damit ist grundsätzlich neues Recht heranzuziehen, wenn ein vor dem 1. Januar 2002 abgegebenes Angebot nach dem Stichtag angenommen wird.

23 Sollte der Annehmende die **Rückwirkung** der Annahmeerklärung **erklären**, um dadurch die Anwendbarkeit alten Rechts zu erreichen, ist dies zwar grundsätzlich möglich. Da eine derartige Erklärung jedoch zu einer indirekten Abwahl der zwingenden Normen des neuen Rechts führte, ist sie nicht anders zu behandeln als eine ausdrückliche Rechtswahlklausel. Ihr kommt nur insoweit Wirkung zu, als sie die Regeln des neuen Rechts erfasst, die dispositiv sind. Zwingende Vorschriften bleiben dagegen unberührt (Rn 17).

24 Anders ist dies bei einem **Optionsvertrag**. Hier wird der anderen Vertragspartei das Recht eingeräumt, durch einseitige Erklärung einen inhaltlich bereits festgelegten Vertrag zustande zu bringen.[23] Macht der Vertragspartner von dieser vor dem 1. Januar 2002 eingeräumten Möglichkeit nach dem Stichtag Gebrauch, bleibt altes Recht anwendbar.[24]

2. Bedingung/Befristung

25 Da Art. 229 § 5 lediglich auf die Entstehung des Schuldverhältnisses und nicht auf dessen Wirksamwerden abstellt, bleibt das bisherige Recht auch dann maßgeblich, wenn der Vertrag vor dem Stichtag aufschiebend bedingt oder befristet abgeschlossen wurde.[25] Treten die Voraussetzungen der Bedingung oder Befristung erst nach dem 31. Dezember 2001 ein, ändert dies nichts an dem Umstand, dass der Vertrag selber bereits vor diesem Zeitpunkt entstanden ist.

---

17 Vgl. zu Art. 232 § 1: BAG DtZ 1996, 188; Palandt/*Heinrichs*, Art. 232 § 1 Rn 2; Staudinger/*Rauscher*, Art. 232 § 1 Rn 44; MüKo/*Heinrichs*, Art. 232 § 1 Rn 5; vgl. zu Art. 170: RGZ 76, 394, 397; MüKo/*Heinrichs*, Art. 170 Rn 5.
18 Soergel/*Heinrichs*, Art. 170 Rn 3.
19 Staudinger/*Rauscher*, Art. 232 § 1 Rn 44.
20 *Ziegler/Rieder*, ZIP 2001, 1789, 1793; ebenso zu Art. 232 § 1: *Heß*, Intertemporales Privatrecht, 1998 S. 148; Palandt/*Heinrichs*, Art. 232 § 1 Rn 2; MüKo/*Heinrichs*, Art. 232 § 1 Rn 6; Staudinger/*Rauscher*, Art. 232 § 1 Rn 45–48.
21 *Brambring*, DNotZ 2001, 590; *Hertel*, DNotZ 2001, 742, 743 f.; ebenso zu Art. 232 § 1: Palandt/*Heinrichs*, Art. 232 § 1 Rn 2; MüKo/*Heinrichs*, Art. 232 § 1 Rn 6; Staudinger/*Rauscher*, Art. 232 § 1 Rn 47; zu Art. 170: MüKo/*Heinrichs*, Art. 170 Rn 5. A.A. zu Art. 232 § 1: Soergel/*Hartmann*, Art. 232 § 1 Rn 4; zu Art. 170: Staudinger/*Kanzleitner/Hönle*, Art. 170 Rn 8.
22 Palandt/*Heinrichs*, Art. 232 § 1 Rn 2; MüKo/*Heinrichs*, Art. 232 § 1 Rn 6; Staudinger/*Rauscher*, Art. 232 § 1 Rn 45, jeweils zu Art. 232 § 1.
23 Erman/*Hefermehl*, Vor § 145 Rn 43.
24 *Brambring*, DNotZ 2001, 590; *Hertel*, DNotZ 2001, 742, 747.
25 *Brambring*, DNotZ 2001, 590; *Hertel*, DNotZ 2001, 742, 744; *Ziegler/Rieder*, ZIP 2001, 1789, 1793; ferner BGH DtZ 1997, 118, 119; vgl. zu Art. 232 § 1: Palandt/*Heinrichs*, Art. 232 § 1 Rn 2; MüKo/*Heinrichs*, Art. 232 § 1 Rn 6; Staudinger/*Rauscher*, Art. 232 § 1 Rn 49; zu Art. 170: MüKo/*Heinrichs*, Art. 170 Rn 5; Staudinger/*Kanzleiter/Hönle*, Art. 170 Rn 8; Soergel/*Hartmann*, Art. 170 Rn 3.

3. Genehmigungsbedürftigkeit

Ist der vor dem 1. Januar 2002 geschlossene Vertrag genehmigungsbedürftig und wird die Genehmigung erst nach dem 31. Dezember 2001 erteilt, so ist zu unterscheiden: Kommt der Genehmigung Rückwirkung zu, entsteht das Schuldverhältnis vor dem Stichtag, so dass altes Recht Anwendung findet. Wirkt die Genehmigung dagegen ex nunc, kommt der Vertrag nach dem Stichtag zustande und es ist neues Recht heranzuziehen.[26]

II. Gesetzliche Schuldverhältnisse

Ein gesetzliches Schuldverhältnis ist entstanden, wenn alle Tatbestandsvoraussetzungen für dessen **Begründung** vorliegen.[27] Nicht erforderlich ist, dass bereits sämtliche Ereignisse eingetreten sind, aus denen sich der konkrete Anspruch ergibt.[28] So kommt etwa bei Ansprüchen aus culpa in contrahendo oder unerlaubter Handlung altes Recht zur Anwendung, wenn die pflichtwidrige Handlung vor dem 1. Januar 2002 vorgenommen wurde, der Schaden aber erst nach dem Stichtag eintritt oder sich danach weiterentwickelt. Bei einem Anspruch aus positiver Forderungsverletzung der Geschäftsführung ohne Auftrag ist auf den Zeitpunkt des Handlungsbeginns abzustellen, nicht auf denjenigen des Verstoßes gegen die Ausführungspflicht.

D. Rechtsfolgen

I. Anwendbares Recht

Nach Satz 1 gelten für Schuldverhältnisse, die vor dem 1. Januar 2002 entstanden sind, weiterhin das **BGB** sowie die bis zu diesem Zeitpunkt bestehenden **Sonderregelungen** des AGBG, des HGB, des VerbrKrG, des FernAbsG, des FernUSG, des HWiG, des TzWrG, der VO über Kundeninformationspflichten, der VO über Informationspflichten von Reiseveranstaltern und der ViehhauptmängelVO in der bis zum 31. Dezember 2001 gültigen Fassung.

Eine Sonderregelung für die Kontrolle Allgemeiner Geschäftsbedingungen in Verträgen, die vor In-Kraft-Treten des AGBG am 1. April 1977 geschlossen worden sind, ist abweichend von der Fassung des Regierungsentwurfs[29] nicht mehr vorgesehen. Die insofern maßgebliche Überleitungsvorschrift des bisherigen § 28 Abs. 2 AGBG findet nach Art. 229 § 5 S. 1 ohnehin weiter Anwendung, so dass es einer darüber hinausgehenden Übergangsbestimmung nicht bedurfte.

II. Reichweite

1. Wirksamkeit und Inhalt des Schuldverhältnisses

Findet nach Satz 1 altes Recht Anwendung, so betrifft dies grundsätzlich das **gesamte Schuldverhältnis**.[30] Von Bedeutung sind die bisherigen Vorschriften daher nicht nur für die Begründung des (gesetzlichen) Schuldverhältnisses bzw. die Wirksamkeit des (ein- oder zweiseitigen) Rechtsgeschäfts,[31] sondern auch für den Inhalt und die Abwicklung der Verpflichtungen.[32] Hierunter fallen u.a. der Umfang der Leistungspflicht, die Voraussetzungen und Folgen einer Leistungsstörung, die Modalitäten der Erfüllung, das Erlöschen des Schuldverhältnisses, die Voraussetzungen und Wirkungen eines Rücktrittsrechts sowie das Bestehen und die Geltendmachung von Einreden oder Einwendungen.[33] Auch ein nach dem 31. Dezember 2001 vorgenommener Schuldner- oder Gläubigerwechsel hat keinen Einfluss auf die Unterstellung des Schuldverhältnisses unter das alte Recht.[34]

---

26 *Hertel*, DNotZ 2001, 742, 744.
27 *Ziegler/Rieder*, ZIP 2001, 1789, 1793.
28 Vgl. zu Art. 232 § 1 Staudinger/*Rauscher*, Art. 232 § 1 Rn 51; MüKo/*Heinrichs*, Art. 232 § 1 Rn 7.
29 Vgl. hierzu BT-Drucks 14/6040, 273 sowie die Beschlussempfehlung des Rechtsausschusses, BT-Drucks 14/7052, 207.
30 Ebenso zu Art. 232 § 1: *Heß*, Intertemporales Privatrecht, 1998, S. 144; BGH DtZ 1996, 140, 141; Palandt/*Heinrichs*, Art. 232 § 1 Rn 5; MüKo/*Heinrichs*, Art. 232 § 1 Rn 11; Staudinger/*Rauscher*, Art. 232 § 1 Rn 52; zu Art. 170 MüKo/*Heinrichs*, Art. 170 Rn 6; Staudinger/*Kanzleiter/Hönle*, Art. 170 Rn 10.
31 Vgl. Palandt/*Heinrichs*, Art. 232 § 1 Rn 5; MüKo/*Heinrichs*, Art. 232 § 1 Rn 12; Staudinger/*Rauscher*, Art. 232 § 1 Rn 52; Staudinger/*Kanzleiter/Hönle*, Art. 170 Rn 12.
32 Vgl. Soergel/*Hartmann*, Art. 232 § 1 Rn 3; Palandt/*Heinrichs*, Art. 232 § 1 Rn 7; MüKo/*Heinrichs*, Art. 232 § 1 Rn 13; MüKo/*Heinrichs*, Art. 170 Rn 12.
33 Hierzu und zu weiteren Beispielen vgl. auch Palandt/*Heinrichs*, Art. 232 § 1 Rn 7; MüKo/*Heinrichs*, Art. 232 § 1 Rn 13; Staudinger/*Kanzleiter/Hönle*, Art. 170 Rn 12.
34 Staudinger/*Kanzleiter/Hönle*, Art. 170 Rn 12.

2. Nachträgliche Änderungen

31 Nicht mehr von den zur Zeit des Vertragsschlusses geltenden Regelungen erfasst sind dagegen solche Umstände, die das **Schuldverhältnis** nachträglich **verändern**.[35] Dies betrifft etwa die Wirkungen eines Schuldanerkenntnisses, die Aufhebung des Vertrages, Voraussetzungen und Wirkung der Vertragsübernahme oder eines sonstigen Wechsels der Vertragsparteien. Von wesentlicher Bedeutung ist die Unanwendbarkeit alten Rechts in diesen Fällen allerdings nicht, da die Schuldrechtsreform die genannten Punkte im Wesentlichen unberührt gelassen hat. Bedeutung gewinnen können etwa die Änderungen der §§ 121 und 124 BGB, sofern in einem der letztgenannten Fälle eine Anfechtung vorgenommen wird; die maßgebliche Überleitungsvorschrift wäre dann allerdings nicht Art. 229 § 5, sondern Art. 229 § 6 (s. dort Rn 29).

III. Dauerschuldverhältnisse
1. Verschiebung des Überleitungszeitpunkts

32 Satz 2 bestimmt, dass auf Dauerschuldverhältnisse erst **ab dem 1. Januar 2003 neues Recht** zur Anwendung zu bringen ist. Bis zu diesem Zeitpunkt gelten das BGB und die in Satz 1 genannten Sondergesetze in der bis zum 31. Dezember 2001 gültigen Fassung. Dadurch soll den Parteien die Möglichkeit gegeben werden, ihre Verträge an die geänderte Rechtslage anzupassen (vgl. Rn 35). Machen sie hiervon bis zum 31. Dezember 2002 keinen Gebrauch, finden ab dem Stichtag die neuen Vorschriften Anwendung. Dies kann ggf. zu einer Änderung des Vertragsinhaltes führen, wenn die Parteien für einzelne Fragen keine individuelle Abrede getroffen haben und das dispositive Recht in den betreffenden Punkten von den bisherigen Regelungen abweicht. Entsprechendes gilt, wenn die Vertragspartner zwar eine individualvertragliche Regelung getroffen haben, diese aber den zwingenden Vorschriften des neuen Rechts widerspricht. In dem Fall sind die abweichenden Vertragsbestimmungen nach dem Stichtag gemäß § 134 BGB nichtig. Zur Anwendung kommen die zwingenden neuen Normen.

33 Der Gesetzgeber hat den Parteien eine **einjährige Übergangsfrist** zur Anpassung ihres Dauerschuldverhältnisses an das neue Recht eingeräumt.[36] Den Parteien steht es offen, durch eine kollisionsrechtliche Rechtswahl (siehe Rn 6) ihr dem bisherigen Recht unterstehendes Dauerschuldverhältnis schon vor dem 1. Januar 2003 dem neuen Recht zu unterstellen. Wird die Wahl des neuen Rechts nach dem 1. Januar 2002 erklärt, dann können die Parteien eine rückwirkende Anwendung des neuen Rechts ausdrücklich oder stillschweigend vereinbaren (siehe Rn 14). Von der Befugnis zur rückwirkenden Wahl des neuen Rechts ist auszugehen, da es den Parteien offen stehen muss, alle ihre Rechtsverhältnisse mit Wirkung zu einem Stichtag einheitlich neu zu ordnen. Zur Grenze der drittbelastenden Rechtswahl siehe Rn 11.

2. Rahmenverträge

34 Die in Satz 2 vorgesehene Verschiebung des Überleitungszeitpunkts kann in der Zeit zwischen dem 1. Januar 2002 und dem 1. Januar 2003 zu Anwendungsschwierigkeiten führen, wenn ein vor dem erstgenannten Datum begründetes Dauerschuldverhältnis als Rahmenvertrag (z.B. Factoringvertrag, Franchisevertrag oder Vertragshändlervertrag) konzipiert wurde. Stellt die Wahrnehmung der darin vorgesehenen Einzelleistungen jeweils den Abschluss eines eigenständigen Vertrages dar (z.B. einen Kauf- oder Bezugsvertrag), unterliegt der Rahmenvertrag nach Satz 2 bis zum 31. Dezember 2002 altem Recht, wohingegen die Einzelverträge bei wörtlicher Anwendung des Satz 1 bereits neuem Recht unterfallen müssten.[37] Dies zieht vor allem mit Blick auf die zwingenden Normen des neuen Rechts unter Umständen Wertungswidersprüche nach sich, die die Abwicklung der Vertragsverhältnisse erheblich erschweren können. Um dies zu vermeiden, wären die Parteien gezwungen, entgegen der Intention des Gesetzgebers den Rahmenvertrag doch schon vor dem 1. Januar 2003 den Vorschriften des neuen Rechts anzupassen.

35 Um eine derartige Aushöhlung des Gesetzeszwecks zu vermeiden, sollte **Satz 2 teleologisch** dahingehend **erweitert** werden, dass auch auf Rahmenverträgen aufbauende Einzelverträge bis zum 31. Dezember 2002 nach altem Recht zu beurteilen sind. Ob sich die Rechtsprechung dieser Lösung anschließen wird, ist allerdings ungewiss. Auf der sicheren Seite steht daher nur, wer für den Rahmenvertrag und die Einzelverträge bereits zum 1. Januar 2002 neues Recht wählt (Rn 7 ff.) und ersteren entsprechend anpasst.[38]

---

35 Vgl. Palandt/*Heinrichs*, Art. 232 § 1 Rn 8; MüKo/*Heinrichs*, Art. 232 § 1 Rn 14; Staudinger/*Rauscher*, Art. 232 § 1 Rn 91; Staudinger/*Kanzleiter/Hönle*, Art. 170 Rn 11.
36 BT-Drucks 14/6040, 273.
37 Vgl. *Ziegler/Rieder*, ZIP 2001 1789, 1793.
38 Im Ergebnis ebenso *Ziegler/Rieder*, ZIP 2001, 1789, 1793.

§ 6 Überleitungsvorschrift zum Verjährungsrecht nach dem Gesetz zur Modernisierung des Schuldrechts vom 26. November 2001

(1) ¹Die Vorschriften des Bürgerlichen Gesetzbuchs über die Verjährung in der seit dem 1. Januar 2002 geltenden Fassung finden auf die an diesem Tag bestehenden und noch nicht verjährten Ansprüche Anwendung. ²Der Beginn, die Hemmung, die Ablaufhemmung und der Neubeginn der Verjährung bestimmen sich jedoch für den Zeitraum vor dem 1. Januar 2002 nach dem Bürgerlichen Gesetzbuch in der bis zu diesem Tag geltenden Fassung. ³Wenn nach Ablauf des 31. Dezember 2001 ein Umstand eintritt, bei dessen Vorliegen nach dem Bürgerlichen Gesetzbuch in der vor dem 1. Januar 2002 geltenden Fassung eine vor dem 1. Januar 2002 eintretende Unterbrechung der Verjährung als nicht erfolgt oder als erfolgt gilt, so ist auch insoweit das Bürgerliche Gesetzbuch in der vor dem 1. Januar 2002 geltenden Fassung anzuwenden.

(2) ¹Soweit die Vorschriften des Bürgerlichen Gesetzbuchs in der seit dem 1. Januar 2002 geltenden Fassung anstelle der Unterbrechung der Verjährung deren Hemmung vorsehen, so gilt eine Unterbrechung der Verjährung, die nach den anzuwendenden Vorschriften des Bürgerlichen Gesetzbuchs in der vor dem 1. Januar 2002 geltenden Fassung vor dem 1. Januar 2002 eintritt und mit Ablauf des 31. Dezember 2001 noch nicht beendigt ist, als mit dem Ablauf des 31. Dezember 2001 beendigt, und die neue Verjährung ist mit Beginn des 1. Januar 2002 gehemmt.

(3) ¹Ist die Verjährungsfrist nach dem Bürgerlichen Gesetzbuch in der seit dem 1. Januar 2002 geltenden Fassung länger als nach dem Bürgerlichen Gesetzbuch in der bis zu diesem Tag geltenden Fassung, so ist die Verjährung mit dem Ablauf der im Bürgerlichen Gesetzbuch in der bis zu diesem Tag geltenden Fassung bestimmten Frist vollendet.

(4) ¹Ist die Verjährungsfrist nach dem Bürgerlichen Gesetzbuch in der seit dem 1. Januar 2002 geltenden Fassung kürzer als nach dem Bürgerlichen Gesetzbuch in der bis zu diesem Tag geltenden Fassung, so wird die kürzere Frist von dem 1. Januar 2002 an berechnet. ²Läuft jedoch die im Bürgerlichen Gesetzbuch in der bis zu diesem Tag geltenden Fassung bestimmte längere Frist früher als die im Bürgerlichen Gesetzbuch in der seit diesem Tag geltenden Fassung bestimmte Frist ab, so ist die Verjährung mit dem Ablauf der im Bürgerlichen Gesetzbuch in der bis zu diesem Tag geltenden Fassung bestimmten Frist vollendet.

(5) ¹Die vorstehenden Absätze sind entsprechend auf Fristen anzuwenden, die für die Geltendmachung, den Erwerb oder den Verlust eines Rechts maßgebend sind.

(6) ¹Die vorstehenden Absätze gelten für die Fristen nach dem Handelsgesetzbuch und dem Umwandlungsgesetz entsprechend.

Inhalt

A. Überleitung 1	1. Gesetzliche Fristverlängerung 16
B. Beginn, Neubeginn, Hemmung und Ablaufhemmung 7	2. Vertragliche Fristverlängerung 18
I. Verjährungsbeginn 7	a) Verjährung ist bereits eingetreten 19
II. Neubeginn, Hemmung 8	b) Verjährung ist noch nicht eingetreten 20
III. Ablaufhemmung 13	III. Verkürzung der Verjährungsfrist unter neuem Recht .. 22
C. Verjährungsfristen 14	IV. Anspruchskonkurrenz 28
I. Gleiche Fristen nach altem und neuem Recht 14	D. Analoge Anwendung 29
II. Verlängerung der Verjährungsfrist unter neuem Recht . 16	I. Ausschlussfristen 29
	II. HGB und Umwandlungsgesetz 31

A. Überleitung

Art. 229 § 6 enthält eine **Überleitungsregelung** für die Vorschriften des Verjährungsrechts. Die Norm orientiert sich an dem Vorbild der Art. 169 und 231 § 6, die eine entsprechende Funktion bei In-Kraft-Treten des BGB bzw. bei Wirksamwerden des Beitritts übernommen haben und inzwischen als Ausdruck eines allgemein Rechtsgedankens anerkannt sind.[1] **1**

Gemäß **Abs. 1 S. 1** findet das neue Verjährungsrecht grundsätzlich auf sämtliche Ansprüche Anwendung, die am 1. Januar 2002 bestehen und noch nicht verjährt sind. Erfasst werden nicht nur Ansprüche, die sich auf das BGB gründen, sondern auch solche, die in anderen Gesetzen geregelt sind, deren Verjährung sich jedoch ganz oder teilweise nach den allgemeinen Regeln des BGB richten.[2] Ob ein Anspruch am Stichtag bereits verjährt ist, beurteilt sich nach altem Recht. **2**

---

[1] Palandt/*Heinrichs*, Überblick vor § 194 BGB Rn 19; Art. 231 § 6 EGBGB Rn 1; Staudinger/*Rauscher*, Art. 231 § 6 EGBGB Rn 3.
[2] BT-Drucks 14/6040, 273.

3   Aus Abs. 1 S. 1 folgt, dass Ansprüche, die nach dem 31. Dezember 2001 entstehen, ausschließlich den neuen Verjährungsvorschriften unterliegen. Gleiches gilt, wenn das **Rechtsverhältnis**, auf das sich der Anspruch stützt, **vor dem 1. Januar 2002 entstanden** ist, der Anspruch selber jedoch erst nach dem Stichtag entsteht. Dies ergibt sich zwar nicht unmittelbar aus Abs. 1; die Norm ist in einem solchen Fall aber zumindest entsprechend anwendbar.[3]

4   Ansprüche, die am 1. Januar 2002 nach altem Recht **bereits verjährt** sind, unterliegen weiterhin den Vorschriften des bis zum 31. Dezember 2001 gültigen Verjährungsrechts. Erhebt der Schuldner die Verjährungseinrede allerdings erst nach In-Kraft-Treten des Schuldrechtsreformgesetzes, bestimmt sich die Wirkung der Einrede nicht mehr nach §§ 222 ff. BGB a.F., sondern nach §§ 214 ff. BGB. Inhaltlich ergehen sich dadurch keine Änderungen, da das neue Recht insoweit den alten Regelungen entspricht.[4]

5   Eine Besonderheit ist bei **Auskunftsansprüchen** zu beachten: Sollen diese einen Leistungsanspruch vorbereiten, richtet sich die Frage des anwendbaren Rechts nach der Verjährung des betreffenden Leistungsanspruchs. Ist dieser am 1. Januar 2002 schon verjährt, findet (auch) auf den Auskunftsanspruch altes Recht Anwendung. Läuft die Verjährungsfrist für den Leistungsanspruch dagegen noch über den 31. Dezember 2001 hinaus, unterliegt der Auskunftsanspruch (ebenso wie der Leistungsanspruch) den neuen Verjährungsregeln.[5]

6   Zahlreiche **andere Gesetze**, in welchen Verjährungsregeln durch das Schuldrechtsmodernisierungsgesetz geändert wurden, haben **eigenständige verjährungsrechtliche Übergangsvorschriften**, die im Wesentlichen auf Art. 222 § 6 verweisen, siehe § 147 PatG, § 31 GebrMG, § 165 Abs. 3 MarkenG; § 137i UrhG, § 26 Abs. 2 HalblSchG, § 17 Abs. 4 GeschmMG, § 170a BBergG, § 41 Abs. 7 SorSchG.

B. Beginn, Neubeginn, Hemmung und Ablaufhemmung

I. Verjährungsbeginn

7   Der Beginn der Verjährung bestimmt sich gemäß **Abs. 1 S. 2 Alt. 1** für den Zeitraum vor dem 1. Januar 2002 nach altem Recht. Eine am Stichtag bereits angelaufene Verjährungsfrist wird daher nicht rückwirkend wieder aufgehoben. Das gilt auch für die Fälle, in denen nach den neuen Verjährungsvorschriften der Verjährungslauf erst nach dem 31. Dezember 2001 begonnen hätte. Maßgeblich wird dies vor allem in solchen Fallkonstellationen, in denen der Verjährungsbeginn vor dem 1. Januar 2002 gemäß § 198 BGB a.F. objektiv zu bestimmen war, nach neuem Recht aber der subjektiven Anknüpfung des § 199 Abs. 1 BGB unterliegt.

II. Neubeginn, Hemmung

8   Nach **Abs. 1 S. 2 Alt. 2 und 4** richten sich die Hemmung sowie der Neubeginn der Verjährung – nach bisheriger Terminologie die Verjährungsunterbrechung – bis zum 31. Dezember 2001 nach altem Recht. War die danach eingetretene Hemmung bzw. Unterbrechung bereits vor dem 1. Januar 2002 wieder beendet, ergeben sich keine Überleitungsschwierigkeiten: der Tatbestand beurteilt sich ausschließlich nach den alten Verjährungsregeln.

9   Erstreckt sich die Dauer der Hemmung oder Unterbrechung dagegen über den 1. Januar 2002 hinaus, unterliegen diese bis zum 31. Dezember 2001 dem bisherigen Recht, danach den neuen Vorschriften. Dies gilt nach **Abs. 1 S. 3 Alt. 1** auch für den Fall, dass eine vor dem 1. Januar 2002 bewirkte Unterbrechung rückwirkend durch einen nach Ablauf des 31. Dezember 2001 eintretenden Umstand wieder entfällt. Die Vorschrift stellt klar, dass der Sachverhalt hier insgesamt nach altem Recht zu beurteilen ist. Bedeutung hat die Regelung in erster Linie für die Fälle des § 212 Abs. 1 BGB a.F. Danach gilt die Unterbrechung durch Klageerhebung als nicht erfolgt, wenn die Klage zurückgenommen oder durch ein nicht in der Sache selbst entscheidendes Urteil rechtskräftig abgewiesen wird.

10 Entsprechendes gilt nach **Abs. 1 S. 3 Alt. 2**, wenn eine vor dem 1. Januar 2002 bewirkte Verjährungsunterbrechung rückwirkend durch einen nach Ablauf des 31. Dezember 2001 eintretenden Umstand als erfolgt bewertet wird. Auch in diesem Fall kommt ausschließlich altes Recht zum tragen. Ein Beispiel hierfür gibt § 212 Abs. 2 BGB a.F., wonach die Verjährung als durch Erhebung der ersten Klage unterbrochen gilt, wenn der Berechtigte nach Klagerücknahme oder Abweisung durch Prozessurteil innerhalb von sechs Wochen erneut Klage erhebt.

11 Führt ein Sachverhalt, der unter altem Recht die Unterbrechung der Verjährung bewirkt hat, nach neuem Recht zu einer Verjährungshemmung, so gilt nach **Abs. 2** eine Unterbrechung, die vor dem 1. Januar 2002 noch nicht aufgehoben ist, als mit Ablauf des 31. Dezember 2001 beendet; die neue (und neuem Recht unterstehende) Verjährung ist mit Beginn des 1. Januar 2002 gehemmt. Die Regelung erfasst vor allem den

---

3 Vgl. BGHZ 129, 282, 287; OLG Naumburg OLG-NL 1995, 151, 153 zu Art. 231 § 6.
4 *Heinrichs*, BB 2001, 1417, 1422 (Fn 39).
5 Vgl. zu der entsprechenden Problematik im Rahmen des Art. 231 § 6 Staudinger/*Rauscher*, Art. 231 § 6 EGBGB Rn 6.

Fall, dass nach altem Recht eine Verjährungsunterbrechung nach Maßgabe des § 209 BGB a.F. (gerichtliche Geltendmachung) herbeigeführt wurde. Besteht die Unterbrechung am 31. Dezember 2001 um 24.00 Uhr noch fort, gilt sie mit Ablauf dieses Tages als beendet, ab dem 1. Januar 2002 wird die nach neuem Recht zu bestimmende Verjährungsfrist gemäß § 204 BGB gehemmt.

Sieht das neue Recht einen **Hemmungstatbestand** vor, der dem alten Recht noch **unbekannt** war (z.B. § 203 BGB, soweit dieser über § 852 Abs. 2 BGB a.F. hinausgeht), tritt die Hemmung erst nach dem 31. Dezember 2001 ein. Sollten also Verhandlungen über einen Anspruch oder die den Anspruch begründenden Umstände, die vor dem 1. Januar 2002 begonnen haben, sich über den 31. Dezember 2001 hinaus hinziehen, wäre die Verjährung erst ab dem 1. Januar 2002 gehemmt.[6] 12

III. Ablaufhemmung

Gemäß **Abs. 1 S. 2 Alt. 3** richtet sich die Ablaufhemmung bis zum 31. Dezember 2001 ebenfalls nach den Regelungen des alten Rechts. Ist der Anspruch danach unter Berücksichtigung der Ablaufhemmung bereits vor dem 1. Januar 2002 verjährt, bleibt es auch nach In-Kraft-Treten des Reformgesetzes bei dieser Rechtslage (siehe Rn 4). Ist die Verjährung am Stichtag noch nicht eingetreten, kommen ab dem 1. Januar 2002 die neuen Vorschriften zur Anwendung. Dabei ist es ohne Bedeutung, ob die Verjährungsfrist nach altem Recht gerade aufgrund der Ablaufhemmung oder aufgrund des normalen ungehemmten Fristlaufs noch nicht abgelaufen war. 13

C. Verjährungsfristen

I. Gleiche Fristen nach altem und neuem Recht

Sehen das bisherige und das neue Recht die gleiche Verjährungsfrist vor, so kommt im Fall der Überleitung diese (übereinstimmende) Frist zur Anwendung. Zu berücksichtigen ist allerdings, dass das Vorliegen identischer Fristen nicht notwendig auch den gleichen **Fristablauf** nach sich zieht: Ist die Verjährung nach altem Recht aufgrund eines Ereignisses unterbrochen worden, das nach neuem Recht nur eine Hemmung nach sich zieht (vgl. Rn 11), so beginnt die (zeitlich identische) Verjährungsfrist nach den Vorgaben des alten Rechts erneut zu laufen, wenn die Unterbrechung noch vor dem 1. Januar 2002 beendet ist. Ist die Unterbrechung nach altem Recht hingegen am 31. Dezember 2001 noch nicht beendet, dann beginnt die Verjährung gemäß der Regelung des Abs. 2 (Rn 11) ab dem 1. Januar 2002 erneut, wird aber bei Vorliegen eines Hemmungstatbestands nach neuem Recht sofort mit Beginn des 1. Januar 2002 gehemmt. In jedem Fall tritt die Verjährung zu einem späteren Zeitpunkt ein als dies zuträfe, wenn ausschließlich neues Recht herangezogen würde. 14

Ähnliches gilt im Hinblick auf die Verjährung deliktischer Ansprüche, die nach neuem wie nach altem Recht grundsätzlich einer dreijährigen Verjährungsfrist unterliegen. Gemäß § 852 Abs. 1 BGB a.F. begann die deliktische Verjährung vor dem 1. Januar 2002 grundsätzlich nur bei positiver Kenntnis des Verletzten von dem Schaden und der Person des Ersatzpflichtigen. Nach neuem Recht genügt jetzt auch grob fahrlässige Unkenntnis, um den Verjährungslauf auszulösen (§ 199 Abs. 1 Nr. 2). Liegt grobe Fahrlässigkeit im Sinne des § 199 Abs. 1 Nr. 2 bereits vor dem 1. Januar 2002 vor, beginnt die Verjährung aufgrund der Regelung in Art. 229 § 6 Abs. 1 S. 1 nunmehr schon ab dem 1. Januar 2002 (aber auch nicht vorher) zu laufen, selbst wenn die nach § 852 Abs. 1 BGB a.F. erforderliche positive Kenntnis erst zu einem späteren Zeitpunkt eintreten sollte. Damit unterscheidet sich trotz gleicher Frist unter altem und neuem Recht der konkrete Fristablauf, wenn auf das neue Tatbestandsmerkmal der groben Fahrlässigkeit abzustellen ist. 15

II. Verlängerung der Verjährungsfrist unter neuem Recht

1. Gesetzliche Fristverlängerung

Unterliegt ein Anspruch unter Anwendung alten Rechts einer kürzeren Verjährungsfrist als dies nach neuem Recht der Fall ist, behält nach **Abs. 3** die kürzere Frist auch über den 31. Dezember 2001 hinaus Geltung. Voraussetzung hierfür ist allerdings, dass der Anspruch bereits vor dem 1. Januar 2002 bestanden hat. Ist lediglich das Rechtsverhältnis, dem der Anspruch entstammt, vor diesem Tag begründet worden, der Anspruch selber jedoch erst später entstanden (vgl. Rn 3), kommt ausschließlich die neue, längere Frist zum Tragen. 16

Die Vorschrift des Abs. 3 dient dem **Schuldnerschutz**.[7] Bedeutung gewinnt sie vor allem im Hinblick auf die verlängerten kaufvertraglichen Gewährleistungsfristen (§ 438 BGB): Mängelansprüche, die vor dem 1. Januar 2002 entstanden und an diesem Tag noch nicht verjährt sind, unterliegen nach Maßgabe der Überleitungsregelung auch weiterhin der sechsmonatigen Frist des § 477 Abs. 1 BGB a.F. Übergibt 17

---

6 *Heinrichs*, BB 2001, 1417, 1422.
7 Vgl. BT-Drucks 14/6040, 273.

der Verkäufer somit am 1.9.2001 eine fehlerhafte Kaufsache an den Käufer, verjähren dessen Gewährleistungsansprüche bereits am 1.3.2002 und nicht gemäß § 438 Abs. 1 Nr. 3 BGB erst am 1.9.2003.

2. Vertragliche Fristverlängerung

18 Die vertragliche Verlängerung der Verjährungsfrist war unter altem Recht gemäß § 225 S. 1 BGB a.F. – von speziellen Ausnahmen abgesehen (vgl. §§ 477 Abs. 1 S. 2; 638 Abs. 2 BGB a.F.) – unzulässig. Verstießen die Parteien gegen diese Vorgabe, war die vereinbarte Fristverlängerung nach § 134 BGB nichtig. Unter neuem Recht ist eine Erschwerung der Verjährung nach Maßgabe des § 202 Abs. 2 BGB nunmehr zulässig. Damit stellt sich die Frage, wie eine vor dem 1. Januar 2002 getroffene Vereinbarung über die Verlängerung der Verjährungsfrist nach dem Stichtag zu behandeln ist.

a) Verjährung ist bereits eingetreten

19 Ist der Anspruch am 1. Januar 2002 bereits verjährt, weil nach bisherigem Recht die vertraglich vereinbarte Fristverlängerung gemäß § 225 S. 1 BGB a.F. i.V.m. § 134 BGB nichtig war, bleibt es auch nach dem Stichtag bei diesem Ergebnis (vgl. Rn 4); den neuen Verjährungsvorschriften kommt insofern keine Rückwirkung zu.

b) Verjährung ist noch nicht eingetreten

20 Läuft die gesetzliche Verjährungsfrist dagegen noch über den 31. Dezember 2001 hinaus, finden nach Abs. 1 S. 1 ab dem 1. Januar 2002 die neuen Verjährungsregeln Anwendung. Danach sind vertragliche Fristverlängerungen im Rahmen des § 202 Abs. 2 BGB jedoch zulässig, so dass eine bis zum 31. Dezember 2001 nichtige Verjährungsabrede mit Wirkung ex nunc geheilt wird.

21 Da die Heilung zu einer Fristverlängerung führt, bleibt zu klären, ob der neue Verjährungslauf angesichts der Regelung des Abs. 3 überhaupt Berücksichtigung finden kann oder ob nicht vielmehr nur die unverlängerte gesetzliche Verjährungsfrist zur Anwendung kommt. Letzteres dürfte abzulehnen sein. Die Vorschrift erklärt lediglich die gesetzliche Verlängerung der Verjährungsfrist für unbeachtlich; vertragliche Fristverlängerungen werden ausweislich des Wortlauts der Norm von dieser nicht erfasst („Ist die Verjährungsfrist **nach dem Bürgerlichen Gesetzbuch** ..."). Zudem dient die Regelung dem Schutz des Schuldners, der vor einer Fristverlängerung unter neuem Recht bewahrt werden soll, mit der er bei Entstehung des Anspruchs nicht zu rechnen brauchte. Die vertragliche Absprache ist jedoch beiden Parteien bekannt, so dass es eines gesetzlichen Schutzes nicht bedarf. Abs. 3 findet daher auf den Fall der vertraglichen Fristverlängerung unter neuem Recht keine Anwendung.

III. Verkürzung der Verjährungsfrist unter neuem Recht

22 **Abs. 4** erfasst den zu Abs. 3 reziproken Fall, dass ein Anspruch nach den Vorschriften des neuen Verjährungsrechts in kürzerer Frist verjährt als dies nach den Regeln des alten Rechts zutraf. Um zu vermeiden, dass am Stichtag nach Abs. 1 S. 1 eine neue Fristenregelung zur Anwendung gelangt, nach der die Frist ggf. am 1. Januar 2002 schon abgelaufen ist, sieht Abs. 4 S. 1 im Interesse des **Gläubigerschutzes** vor, dass die kürzere neue Frist zwar heranzuziehen ist, diese jedoch frühestens am 1. Januar 2002 zu laufen beginnt.

23 Auf der anderen Seite soll der neue Fristbeginn aber auch nicht zu einer unangemessenen Verlängerung des Verjährungslaufs führen. Abs. 4 S. 2 bestimmt daher, dass es bei der alten Verjährungsfrist bleibt, wenn danach die Verjährung früher eintritt als dies bei der Lösung nach Abs. 4 S. 1 der Fall wäre.

24 Es ist somit stets ein Vergleich durchzuführen zwischen dem Verjährungslauf nach altem Recht und demjenigen, der sich aus der Anwendung der neuen kürzeren Frist (gerechnet ab dem 1. Januar 2002) ergibt. Zur Anwendung kommt jeweils die Frist, die im **konkreten Einzelfall** früher abläuft. Es gilt somit ein **Günstigkeitsprinzip für den Schuldner**.

25 Von Bedeutung ist die Regelung des Abs. 4 vor allem bei Ansprüchen, die vor dem 1. Januar 2002 der regelmäßigen dreißigjährigen Verjährung nach § 195 BGB a.F. unterlagen und jetzt unter die Frist der §§ 195, 199 BGB fallen. Hier kann die Vorschrift zum Teil zu **erheblichen Fristverkürzungen** führen,[8] wie das folgende **Beispiel** zeigt:

26 Haben die Parteien z.B. am 1. Oktober 1988 einen Kaufvertrag geschlossen, so verjährte der Erfüllungsanspruch des Käufers unter altem Recht (§ 195 BGB a.F.) in 30 Jahren am 1. Oktober 2018. Gemäß Abs. 4 kommen nunmehr ab dem 1. Januar 2002 die neuen Verjährungsregeln zum tragen. Die Verjährung des Erfüllungsanspruchs richtet sich damit ab dem Stichtag nach §§ 195, 199 BGB und tritt dementsprechend unter Berücksichtigung von Abs. 4 S. 1 frühestens am 31.12.2004 ein (relative Frist, § 199 Abs. 1 BGB). Gerechnet wird die Verjährungsfrist nach §§ 195, 199 Abs. 1 BGB ab dem 1. Januar 2002, sofern der Gläubiger von den anspruchsbegründenden Umständen und der Person des Schuldners bereits am 31. Dezem-

---

8 Vgl. *Ziegler/Rieder*, ZIP 2001, 1789, 1798 f.

2001 Kenntnis hatte oder haben musste (was bei einem Kaufvertrag stets der Fall sein dürfte). In diesem Fall soll die Regelung des Abs. 4 nicht dazu führen, dass der Verjährungsbeginn erst am Schluss des Jahres 2002 eintritt. Der Gläubiger stünde sonst besser als dies der Fall wäre, wenn neues Recht ohne die Übergangsregelung des Art. 229 § 6 zur Anwendung gelangte. Dem Gläubiger würde ein Jahr geschenkt, ohne dass sich dies unter Interessenschutzgesichtspunkten rechtfertigen ließe. Die Berechnung zum Jahresschluss soll lediglich den Rechtsverkehr entlasten; der Gläubiger hat aber keinen Anspruch darauf, dass ihm über die dreijährige kenntnisabhängige Frist des § 195 BGB hinaus eine weitere Karenzzeit zur Verfügung steht. Erlangt der Gläubiger die erforderliche Kenntnis der anspruchsbegründenden Tatsachen und von der Person des Schuldners ausnahmsweise erst nach dem 31. Dezember 2001 (bei vertraglichen Erfüllungsansprüchen ist das kaum denkbar), dann beginnt nach § 199 Abs. 1 BGB ab dem Schluss des entsprechenden Jahres die relative Frist des § 199 Abs. 1 BGB zu laufen. Die Verjährung tritt spätestens am 31.12.2011 (Höchstfrist, § 199 Abs. 4 BGB) ein. Nach der Wertung des Abs. 4 sind künftig allein diese Daten maßgeblich, da sie im Vergleich zur alten Rechtslage zu einem früheren Fristablauf führen als dies bei Anwendung von § 195 BGB a.F. der Fall wäre. Hätten die Parteien den Kaufvertrag dagegen am 1.10.1973 geschlossen, liefe die Frist des § 195 BGB a.F. bereits am 1.10.2003 ab. Die Verjährung würde danach früher eintreten als unter Heranziehung der §§ 195, 199 BGB, so dass hier nach Art. 220 § 6 Abs. 4 S. 2 ausschließlich auf das frühere Ablaufdatum abzustellen ist.

Das vorstehende Beispiel hat gezeigt: Die in Art. 229 § 6 Abs. 4 S. 1 angeordnete Berechnung der kürzeren neuen Frist ab dem 1. Januar 2002 meint nicht, dass in den von Art. 229 § 6 Abs. 4 erfassten Übergangsfällen alle neuen Fristen ab dem 1. Januar 2002 zu laufen beginnen. Der Gesetzgeber wollte insbesondere dadurch nicht bei der Regelverjährungsfrist des § 195 die dazu gehörige Regelung des Fristbeginns nach § 199 Abs. 1 ausschalten und die Dreijahresfrist des § 195 in den Übergangsfällen zu einer objektiv beginnenden Frist machen. Dazu besteht keine Veranlassung. Mit der Vorschrift des Art. 229 § 6 Abs. 4 S. 1 ist vielmehr gemeint, dass erst ab dem 1. Januar 2002 die neuen Berechnungsregeln eingreifen und dass der früheste Verjährungsbeginn der neuen Verjährungsfristen der 1. Januar 2002 ist. Einen späteren Beginn will Art. 229 § 6 Abs. 4 S. 1 aber nicht ausschließen. Daher sind die neuen kürzeren Fristen **einschließlich** der dazugehörigen **Regeln des Fristbeginns** anzuwenden. Führen sie zu einem vor dem 1. Januar 2002 liegenden Fristbeginn, so ist stattdessen auf den 1. Januar 2002 als Fristbeginn abzustellen. Führen sie hingegen zu einem Fristbeginn nach dem 1. Januar 2002, so kommt es auf diesen an.

Der Verweis auf die kürzere Frist des neuen Recht meint **sowohl** die **subjektive** Frist der §§ 195, 199 Abs. 1 **als auch** die **objektiven Fristen** des § 199 Abs. 2 bis 4. Nach Art. 229 § 6 Abs. 4 S. 2 ist auf die in dem konkreten Einzelfall kürzere Frist abzustellen.

IV. Anspruchskonkurrenz

Die Bestimmung der Verjährungsfrist ist im Fall **konkurrierender Ansprüche** für jeden Anspruch getrennt vorzunehmen.

D. Analoge Anwendung

I. Ausschlussfristen

Nach **Abs. 5** sind die Absätze 1 bis 4 entsprechend auf Fristen anzuwenden, die für die Geltendmachung, den Erwerb oder den Verlust eines Rechts maßgebend sind. Zur Anwendung gelangen dabei lediglich die abstrakten Vorgaben, nach denen intertemporal das maßgebende Recht zu bestimmen ist. Die Vorschrift ist nicht in der Weise zu verstehen, dass die in Abs. 5 bezeichneten Ausschlussfristen nunmehr den Regelungen des Verjährungsrechts unterliegen.[9] Ob letzteres der Fall ist, richtet sich ausschließlich nach materiellem Recht; Abs. 5 nimmt hierauf keinen Einfluss.

Von Bedeutung ist die Vorschrift vor allem hinsichtlich der von dreißig auf zehn Jahre abgesenkten Ausschlussfristen für die Anfechtung (§§ 121 und 124 BGB a.F. und n.F.).

II. HGB und Umwandlungsgesetz

Abs. 6 stellt klar, dass die Bestimmungen des Art. 229 § 6 auch für die im HGB sowie dem Umwandlungsgesetz geregelten Fristen Anwendung finden. Zu den Änderungen des HGB und des Umwandlungsgesetzes siehe Art. 5 Abs. 16 und 17 Schuldrechtsmodernisierungsgesetz.

---

9 Staudinger/*Rauscher*, Art. 231 § 6 EGBGB Rn 78 f. zu der entsprechenden Regelung in Art. 231 § 6 Abs. 3

§ 7 Überleitungsvorschrift zu Zinsvorschriften nach dem Gesetz zur Modernisierung des Schuldrechts vom 26. November 2001

(1) ¹Soweit sie als Bezugsgröße für Zinsen und andere Leistungen in Rechtsvorschriften des Bundes auf dem Gebiet des Bürgerlichen Rechts und des Verfahrensrechts der Gerichte, in nach diesem Gesetz vorbehaltenem Landesrecht und in Vollstreckungstiteln und Verträgen auf Grund solcher Vorschriften verwendet werden, treten mit Wirkung vom 1. Januar 2002

1. an die Stelle des Basiszinssatzes nach dem Diskontsatz-Überleitungs-Gesetz vom 9. Juni 1998 (BGBl. I S. 1242) der Basiszinssatz des Bürgerlichen Gesetzbuchs,
2. an die Stelle des Diskontsatzes der Deutschen Bundesbank der Basiszinssatz (§ 247 des Bürgerlichen Gesetzbuchs),
3. an die Stelle des Zinssatzes für Kassenkredite des Bundes der um 1,5 Prozentpunkte erhöhte Basiszinssatz des Bürgerlichen Gesetzbuchs,
4. an die Stelle des Lombardsatzes der Deutschen Bundesbank der Zinssatz der Spitzenrefinanzierungsfazilität der Europäischen Zentralbank (SRF-Zinssatz),
5. an die Stelle der „Frankfurt Interbank Offered Rate"-Sätze für die Beschaffung von Ein- bis Zwölfmonatsgeld von ersten Adressen auf dem deutschen Markt auf ihrer seit dem 2. Juli 1990 geltenden Grundlage (FIBOR-neu-Sätze) die „EURO Interbank Offered Rate"-Sätze für die Beschaffung von Ein- bis Zwölfmonatsgeld von ersten Adressen in den Teilnehmerstaaten der Europäischen Währungsunion (EURIBOR-Sätze) für die entsprechende Laufzeit,
6. an die Stelle des „Frankfurt Interbank Offered Rate"-Satzes für die Beschaffung von Tagesgeld („Overnight") von ersten Adressen auf dem deutschen Markt („FIBOR-Overnight"-Satz) der „EURO Overnight Index Average"-Satz für die Beschaffung von Tagesgeld („Overnight") von ersten Adressen in den Teilnehmerstaaten der Europäischen Währungsunion (EONIA-Satz) und
7. bei Verwendung der „Frankfurt Interbank Offered Rate"-Sätze für die Geldbeschaffung von ersten Adressen auf dem deutschen Markt auf ihrer seit dem 12. August 1985 geltenden Grundlage (FIBOR-alt-Sätze)
   a) an die Stelle des FIBOR-alt-Satzes für Dreimonatsgeld der EURIBOR-Satz für Dreimonatsgeld, multipliziert mit der Anzahl der Tage der jeweiligen Dreimonatsperiode und dividiert durch 90,
   b) an die Stelle des FIBOR-alt-Satzes für Sechsmonatsgeld der EURIBOR-Satz für Sechsmonatsgeld, multipliziert mit der Anzahl der Tage der jeweiligen Sechsmonatsperiode und dividiert durch 180 und
   c) wenn eine Anpassung der Bestimmungen über die Berechnung unterjähriger Zinsen nach § 5 Satz 1 Nr. 3 des Gesetzes zur Umstellung von Schuldverschreibungen auf Euro vom 9. Juni 1998 (BGBl. I S. 1242, 1250) erfolgt, an die Stelle aller FIBOR-alt-Sätze die EURIBOR-Sätze für die entsprechende Laufzeit.

²Satz 1 Nr. 5 bis 7 ist auf Zinsperioden nicht anzuwenden, die auf einen vor Ablauf des 31. Dezember 1998 festgestellten FIBOR-Satz Bezug nehmen; insoweit verbleibt es bei den zu Beginn der Zinsperiode vereinbarten FIBOR-Sätzen. ³Soweit Zinsen für einen Zeitraum vor dem 1. Januar 1999 geltend gemacht werden, bezeichnet eine Bezugnahme auf den Basiszinssatz den Diskontsatz der Deutschen Bundesbank in der in diesem Zeitraum maßgebenden Höhe. ⁴Die in den vorstehenden Sätzen geregelte Ersetzung von Zinssätzen begründet keinen Anspruch auf vorzeitige Kündigung, einseitige Aufhebung oder Abänderung von Verträgen und Abänderung von Vollstreckungstiteln. ⁵Das Recht der Parteien, den Vertrag einvernehmlich zu ändern, bleibt unberührt.

(2) ¹Für die Zeit vor dem 1. Januar 2002 sind das Diskontsatz-Überleitungs-Gesetz vom 9. Juni 1998 (BGBl. I S. 1242) und die auf seiner Grundlage erlassenen Rechtsverordnungen in der bis zu diesem Tag geltenden Fassung anzuwenden.

(3) ¹Eine Veränderung des Basiszinssatzes gemäß § 247 Abs. 1 Satz 2 des Bürgerlichen Gesetzbuchs erfolgt erstmals zum 1. Januar 2002.

(4) ¹Die Bundesregierung wird ermächtigt, durch Rechtsverordnung mit Zustimmung des Bundesrates

1. die Bezugsgröße für den Basiszinssatz gemäß § 247 des Bürgerlichen Gesetzbuchs und
2. den SRF-Zinssatz als Ersatz für den Lombardsatz der Deutschen Bundesbank

durch einen anderen Zinssatz der Europäischen Zentralbank zu ersetzen, der dem Basiszinssatz, den durch diesen ersetzten Zinssätzen und dem Lombardsatz in ihrer Funktion als Bezugsgrößen für Zinssätze eher entspricht.

A. Einführung

Durch das Schuldrechtsmodernisierungsgesetz wird der bislang in § 1 DÜG[1] und § 1 BazBV[2] geregelte „Basiszinssatz" im neu eingefügten § 247 BGB definiert. Gleichzeitig mit dieser Integration des Basiszinssatzes in das BGB wurden die übrigen Vorschriften des DÜG, die überwiegend den Charakter von Überleitungsvorschriften hatten, und die auf Grundlage des § 3 DÜG erlassenen Verordnungen zusammengefasst und in das EGBGB eingestellt.

B. Regelung

Abs. 1 S. 1 des Art. 229 § 7 enthält in **Nr. 1** die Klarstellung, dass der bisherige Basiszinssatz nach § 1 DÜG durch den neuen Basiszinssatz nach § 247 BGB ersetzt wird. Diese im RE noch nicht enthaltene Bestimmung geht auf den Rechtsausschuss zurück und ist erforderlich, weil ebenfalls entgegen dem RE die Ersetzung vom Rechtsausschuss **„auf die Gebiete des Bürgerlichen Rechts und des Verfahrensrechts der Gerichte"** beschränkt wurde und das **DÜG** und die auf seiner Grundlage erlassenen Verordnungen – erneut entgegen dem RE – **nicht aufgehoben** wurden.[3] Gründe für das späte Umschwenken wurden nicht mitgeteilt, sieht man von dem Hinweis ab, dies entspreche dem Regelungszusammenhang des Schuldrechtsmodernisierungsgesetzes. Sie sind auch nicht ersichtlich. Das **Nebeneinander zweier (unterschiedlicher!) Basiszinssätze** dürfte noch für viel Verwirrung sorgen.

Nr. 2 entspricht dem § 1 Abs. 1 S. 1 DÜG und regelt die Ersetzung des Diskontsatzes der Deutschen Bundesbank durch den Basiszinssatz des § 247 BGB. **Nr. 3** entspricht § 3 Abs. 1 DÜG und ersetzt den Zinssatz für Kassenkredite des Bundes durch den um eineinhalb Prozentpunkte erhöhten Basiszinssatz des § 247 BGB. Nach **Nr. 4**, die § 3 Abs. 2 Nr. 1 DÜG und § 1 der auf ihn gestützten LombardV[4] ersetzt, tritt an die Stelle des Lombardsatzes der Deutschen Bundesbank der Zinssatz der Spitzenrefinanzierungsfazilität der EZB (SRF-Zinssatz). **Nr. 5, 6 und 7** schließlich enthalten die Ersetzungsvorschriften, die bislang in § 1 der auf § 3 Abs. 2 Nr. 2 DÜG gestützten FIBOR-VO[5] geregelt waren.

S. 2 des Art. 229 § 7 Abs. 1 bestimmt, dass die Nr. 5 – 7 des S. 1 nicht auf Zinsperioden anzuwenden sind, die auf einen vor dem 1.1.1999 festgestellten FIBOR-Satz Bezug nehmen; insoweit verbleibt es bei den zu Beginn der Zinsperiode vereinbarten FIBOR-Sätzen. Dies ist die bislang in § 2 Abs. 1 FIBOR-VO enthaltene Regelung.

S. 3 des Art. 229 § 7 Abs. 1 entspricht dem § 2 DÜG und soll die Bezeichnung der Zinsforderung in den Fällen erleichtern, in denen Ansprüche auf laufende Zinsen ab einem Zeitpunkt geltend gemacht werden, der vor dem In-Kraft-Treten des den Basiszinssatz erstmals definierenden § 1 DÜG liegt. Zur Vermeidung einer umständlich gestaffelten Bezeichnung bestimmt er daher, dass bei Zinsen für einen Zeitraum vor dem 1.1.1999 eine Bezugnahme auf den Basiszinssatz den Diskontsatz der Deutschen Bundesbank in der in diesem Zeitraum maßgebenden Höhe bezeichnet.

Die **Sätze 4 und 5** des Art. 229 § 7 Abs. 1 entsprechen § 4 DÜG und stellen klar, dass die in S. 1 Nr. 1 angeordnete Ersetzung des Diskontsatzes durch den Basiszinssatz in Rechtsgeschäften und Vollstreckungstiteln keinen Anspruch auf Kündigung, Aufhebung oder Anpassung eines Vertrages oder auf Abänderung eines Vollstreckungstitels gibt. Selbstverständlich können die Vertragsparteien im Rahmen ihrer Vertragsfreiheit den Vertrag einvernehmlich ändern, etwa indem sie den Diskontsatz durch eine andere zulässige Bezugsgröße ersetzen.

Abs. 2 des Art. 229 § 7 bestimmt, dass für die Zeit vor dem In-Kraft-Treten des Schuldrechtsmodernisierungsgesetzes die bisherigen Überleitungsvorschriften des DÜG und der auf seiner Grundlage erlassenen Rechtsverordnungen maßgeblich bleiben.

Abs. 3 des Art. 229 § 7 geht auf einen Änderungsvorschlag des Bundesrates zu § 247 BGB zurück.[6] Der Bundesrat hatte moniert, dass ohne eine Klarstellung nicht sichergestellt sei, dass der zum 1.9.2001 geltende Basiszinssatz bereits am 1.1.2002, also am Tage des In-Kraft-Tretens des § 247 BGB, erstmals angepasst werde. Die Bundesregierung schloss sich in ihrer Gegenäußerung[7] dem Vorschlag grundsätzlich an, befürwortete aber, die erforderliche Klarstellung nicht in § 247 BGB selbst, sondern in der Überleitungsvorschrift des Art. 229 § 7 vorzunehmen, wie es dann auch geschehen ist.

Der auf den Rechtsausschuss zurückgehende **Abs. 4** des Art. 229 § 7 soll die Möglichkeiten aufrecht erhalten, die bislang die Ermächtigungsgrundlagen in § 1 Abs. 2 und § 3 Abs. 2 Nr. 1 DÜG geboten

---

[1] Art. 1 EuroEG v. 9.6.1998 (BGBl I S. 1242), geändert durch Art. 2 des Gesetzes über Fernabsatzverträge und andere Fragen des Verbraucherrechts v. 27.6.2000 (BGBl I S. 901).
[2] Basiszinssatz-Bezugsgrößen-Verordnung v. 10.2.1999 (BGBl I S. 139).
[3] BT-Drucks 14/7052, 75 (Text) und 207 (Begründung) sowie 108 (Nichtaufhebung) und 213 (Begründung).
[4] Lombardsatz-Überleitungs-Verordnung v. 18.12.1998 (BGBl I S. 3819).
[5] FIBOR-Überleitungsverordnung v. 10.7.1998 (BGBl I S. 1863).
[6] BT-Drucks 14/6857, 11.
[7] BT-Drucks 14/6857, 47.

haben.[8] Die Bundesregierung kann durch Rechtsverordnung mit Zustimmung des Bundesrates die in § 247 BGB und in Art. 229 § 7 Abs. 1 S. 1 Nr. 4 getroffenen Festlegungen ändern. Diese Bestimmung erscheint **sehr problematisch**, wird damit doch die Möglichkeit eröffnet, durch Rechtsverordnung unmittelbar den Gesetzestext zu ändern.

[...]

Art. 232 Zweites Buch. Recht der Schuldverhältnisse

[...]

§ 2 Mietverträge
(1) ¹Mietverhältnisse aufgrund von Verträgen, die vor dem Wirksamwerden des Beitritts geschlossen worden sind, richten sich von diesem Zeitpunkt an nach den Vorschriften des Bürgerlichen Gesetzbuchs, soweit sich nicht aus dem folgenden Absatz etwas anderes ergibt.
(2) ¹Auf berechtigte Interessen im Sinne des § 573 Abs. 2 Nr. 3 des Bürgerlichen Gesetzbuchs kann der Vermieter sich nicht berufen.

[...]

Art. 238 Reiserechtliche Vorschriften
(1) ¹Das Bundesministerium der Justiz wird ermächtigt, im Einvernehmen mit dem Bundesministerium für Wirtschaft und Technologie durch Rechtsverordnung ohne Zustimmung des Bundesrates,
1. soweit es zum Schutz des Verbrauchers bei Reisen erforderlich ist, Vorschriften zu erlassen, durch die sichergestellt wird,
   a) dass die Beschreibungen von Reisen keine irreführenden, sondern klare und genaue Angaben enthalten und
   b) dass der Reiseveranstalter dem Verbraucher die notwendigen Informationen erteilt und
¹2. soweit es zum Schutz des Verbrauchers vor Zahlungen oder Reisen ohne die vorgeschriebene Sicherung erforderlich ist, den Inhalt und die Gestaltung der Sicherungsscheine nach § 651k Abs. 3 und der Nachweise nach § 651k Abs. 5 des Bürgerlichen Gesetzbuchs festzulegen und zu bestimmen, wie der Reisende über das Bestehen der Absicherung informiert wird.
²Zu dem in Satz 1 Nr. 1 genannten Zweck kann insbesondere bestimmt werden, welche Angaben in einem vom Veranstalter herausgegebenen Prospekt und in dem Reisevertrag enthalten sein müssen sowie welche Informationen der Reiseveranstalter dem Reisenden vor dem Vertragsschluss und vor dem Antritt der Reise geben muss.
(2) ¹Der Kundengeldabsicherer (§ 651k Abs. 2 des Bürgerliches Gesetzbuchs) ist verpflichtet, die Beendigung des Kundengeldabsicherungsvertrags der zuständigen Behörde unverzüglich mitzuteilen.

1 Die Verordnungsermächtigung ist im EGBGB geregelt, um im Rahmen der großen Schuldrechtsreform sämtliche Verordnungsermächtigungen über Informationspflichten in verbraucherrechtlichen Gesetzen zu konzentrieren. Insoweit ist auch die Verordnungsermächtigung für die InfVO von § 651a Abs. 1 BGB nach **Art. 238 Abs. 1 Nr. 1 EGBGB** verschoben werden, ohne dass sich sachlich etwas geändert hätte.

2 Durch das **Zweite Gesetz zur Änderung reiserechtlicher Vorschriften** vom 23.7.2001[1] ist § 238 EGBGB bereits vorzeitig eingefügt worden. Insofern war die Einbeziehung in das Gesetz zur Modernisierung des Schuldrechts nicht mehr erforderlich.

3 Der Gesetzgeber räumt mit **Art. 238 Abs. 1 Nr. 2 EGBGB** dem Bundesjustizministerium die Ermächtigung für eine Verordnung über Einzelheiten des Sicherungsscheines mit der Begründung ein, dass durch die bisherige Vielfalt der Sicherungsscheine und ihre etwaige versteckte Existenz dem Reisenden nur schwerlich ermöglicht wird festzustellen, ob ihm überhaupt ein Sicherungsschein ausgehändigt wurde. Zudem wird der Sicherungsschein gelegentlich dazu missbraucht, um einschränkende Klauseln abzudrucken.

---
8 BT-Drucks 14/7052, 207.
1 BGBl I S. 1658; RRa 2001, 192.

Der Insolvenzabsicherer soll mit § 238 Abs. 2 EGBGB zu einer Mitteilung an die Gewerbeaufsicht verpflichtet werden, wenn ein Kundengeldabsicherungsvertrag beendet wird. Der Gewerbeaufsicht soll damit eine Prüfung ermöglicht werden, ob der betreffende Reiseveranstalter einen anderen Versicherungsvertrag abgeschlossen hat, seine Veranstaltungen eingestellt oder sich illegal als Reiseveranstalter ohne Absicherung betätigt hat.

Art. 239 Informationspflichten für Kreditinstitute

¹Das Bundesministerium der Justiz wird ermächtigt, durch Rechtsverordnung ohne Zustimmung des Bundesrates über § 675a Abs. 1 des Bürgerlichen Gesetzbuchs hinausgehende Angaben festzulegen, über die Unternehmen ihre Kunden zu unterrichten haben, soweit dies zur Erfüllung der Pflichten aus der Richtlinie 97/5/EG des Europäischen Parlaments und des Rates vom 27. Januar 1997 über grenzüberschreitende Überweisungen (ABl. EG Nr. L 43 S. 25) oder anderen Vorschriften des Gemeinschaftsrechts, die den Regelungsbereich des § 675a Abs. 1 des Bürgerlichen Gesetzbuchs betreffen, erforderlich ist oder wird. ²Hierbei kann auch die Form der Bekanntgabe der Angaben festgelegt werden.

Vorbemerkung zu Art. 240 – 242

Die Art. 240–242 EGBGB ermächtigen das Bundesministerium der Justiz, weitere Informationspflichten durch Rechtsverordnung zu regeln. Zwecks Vermeidung einer unübersichtlichen Regelungssituation sollen die neuen und die bestehenden Informationspflichten aus der **Verordnung über Informationspflichten von Reiseveranstaltern** sowie der **Verordnung über Kundeninformationspflichten** mit Art. 4 SchuldrechtsModG in eine übergreifende einheitliche „**Verordnung über Informationspflichten nach bürgerlichem Recht**" zusammengefasst werden.¹

In den §§ 1–3 dieser Verordnung werden die Informationspflichten eingestellt, die sich aus der Fernabsatzrichtlinie 97/7/EG,² der Teilzeitnutzungsrechterichtlinie 94/47/EG³ sowie der E-Commerce-Richtlinie 2000/31/EG⁴ ergeben.

Die Artikel 240 bis 242 EGBGB schaffen hinsichtlich dieser Informationspflichten die Verordnungsermächtigung für die Regelungsbereiche Fernabsatz, Teilzeit-Wohnrechtverträge und elektronischer Geschäftsverkehr.

Der Gesetzgeber hat sich wegen der schnellen Veränderungen gerade in den Bereichen des Fernabsatzes und des elektronischen Geschäftsverkehrs und dem daraus resultierenden Bedürfnis nach einer möglichst schnellen Anpassung der Informationspflichten an die neuere technische Entwicklung für eine Regelung im Verordnungswege entschieden.⁵

Art. 240 Informationspflichten für Fernabsatzverträge

¹Das Bundesministerium der Justiz wird ermächtigt, im Einvernehmen mit dem Bundesministerium für Wirtschaft und Technologie durch Rechtsverordnung ohne Zustimmung des Bundesrates unter Beachtung der vorgeschriebenen Angaben nach der Richtlinie 97/7/EG des Europäischen Parlaments und des Rates vom 20. Mai 1997 über den Verbraucherschutz bei Vertragsabschlüssen im Fernabsatz (ABl. EG Nr. L 144 S. 19) festzulegen:
1. über welche Einzelheiten des Vertrags, insbesondere zur Person des Unternehmers, zur angebotenen Leistung und zu den Allgemeinen Geschäftsbedingungen, Verbraucher vor Abschluss eines Fernabsatzvertrags zu informieren sind,
2. welche Informationen nach Nummer 1 Verbrauchern zu welchem Zeitpunkt in Textform mitzuteilen sind und
3. welche weiteren Informationen, insbesondere zu Widerrufs- und Kündigungsrechten, zum Kundendienst und zu Garantiebedingungen, Verbrauchern nach Vertragsschluss in Textform mitzuteilen und in welcher Weise sie hervorzuheben sind.

Art. 240 EGBGB schafft die Verordnungsermächtigung für Informationspflichten bei Fernabsatzverträgen, wobei die auf dieser Grundlage erlassene Rechtsverordnung die vorgeschriebenen Angaben der Fernabsatzrichtlinie 97/7/EG¹ zu beachten hat.²

---

1 BT-Drucks 14/6040, S. 277 li. Sp.
2 ABl. EG Nr. L 144 S. 19.
3 ABl. EG Nr. L 280 S. 83.
4 ABl. EG Nr. L 178 S. 1.
5 BT-Drucks 14/6040, S. 274 re. Sp.

Art. 241 Informationspflichten für Verträge im elektronischen Geschäftsverkehr

¹Das Bundesministerium der Justiz wird ermächtigt, im Einvernehmen mit dem Bundesministerium für Wirtschaft und Technologie durch Rechtsverordnung ohne Zustimmung des Bundesrates unter Beachtung der vorgeschriebenen Angaben nach der Richtlinie 2000/31/EG des Europäischen Parlaments und des Rates vom 8. Juni 2000 über bestimmte rechtliche Aspekte der Dienste der Informationsgesellschaft, insbesondere des elektronischen Geschäftsverkehrs, im Binnenmarkt („Richtlinie über den elektronischen Geschäftsverkehr", ABl. EG Nr. L 178 S. 1) festzulegen, welche Informationen dem Kunden über technische Einzelheiten des Vertragsschlusses im elektronischen Geschäftsverkehr, insbesondere zur Korrektur von Eingabefehlern, über den Zugang zu Vertragstext und Verhaltenskodizes sowie über die Vertragssprache vor Abgabe seiner Bestellung zu erteilen sind.

1 Art. 241 EGBGB schafft die Verordnungsermächtigung für Informationspflichten für Verträge im elektronischen Geschäftsverkehr, wobei die auf dieser Grundlage erlassene Rechtsverordnung die vorgeschriebenen Angaben der E-Commerce-Richtlinie 2000/31/EG[1] zu beachten hat.[2]

Art. 242 Informations- und Prospektpflichten bei Teilzeit-Wohnrechteverträgen

¹Das Bundesministerium der Justiz wird ermächtigt, durch Rechtsverordnung ohne Zustimmung des Bundesrates unter Beachtung der Richtlinie 94/47/EG des Europäischen Parlaments und des Rates vom 26. Oktober 1994 zum Schutz der Erwerber im Hinblick auf bestimmte Aspekte von Verträgen über den Erwerb von Teilzeitnutzungsrechten an Immobilien (ABl. EG Nr. L 280 S. 83) festzulegen,
1. welche Angaben dem Verbraucher bei Teilzeit-Wohnrechteverträgen gemacht werden müssen, damit er den Inhalt des Teilzeitwohnrechts und die Einzelheiten auch der Verwaltung des Gebäudes, in dem es begründet werden soll, erfassen kann,
2. welche Angaben dem Verbraucher in dem Prospekt über Teilzeit-Wohnrechteverträge zusätzlich gemacht werden müssen, um ihn über seine Rechtsstellung beim Abschluss solcher Verträge aufzuklären, und
3. welche Angaben in einen Teilzeit-Wohnrechtevertrag zusätzlich aufgenommen werden müssen, um eindeutig zu regeln, welchen Umfang das Recht hat, das der Verbraucher erwerben soll.

1 Art. 242 EGBGB schafft die Verordnungsermächtigung für Informations- und Prospektpflichten bei Teilzeit-Wohnrechteverträgen, wobei die auf dieser Grundlage erlassene Rechtsverordnung die vorgegebenen Angaben der Richtlinie 94/47/EG zum Schutz der Erwerber im Hinblick auf bestimmte Aspekte von Verträgen über den Erwerb von Teilzeitnutzungsrechten an Immobilien[1] zu beachten hat.[2]

[. . .]

Art. 245 Belehrung über Widerrufs- und Rückgaberecht

¹Das Bundesministerium der Justiz wird ermächtigt, durch Rechtsverordnung, die der Zustimmung des Bundesrates nicht bedarf,
1. Inhalt und Gestaltung der dem Verbraucher gemäß § 355 Abs. 2 Satz 1, § 356 Abs. 1 Satz 1 Nr. 1 und den diese ergänzenden Vorschriften des Bürgerlichen Gesetzbuchs mitzuteilenden Belehrung über das Widerrufs- und Rückgaberecht festzulegen und
2. zu bestimmen, wie diese Belehrung mit den auf Grund der Artikel 240 bis 242 zu erteilenden Informationen zu verbinden ist.

1 Der Gesetzgeber war sich im Klaren, dass es Unternehmern angesichts der zunehmenden Informationspflichten zunehmend schwerer fällt, ihrer Informationslast, die gleichwohl zum Schutz der Verbraucher unabdingbar ist, fehlerfrei nachzukommen. Daher ist eine korrekte Abfassung der Widerrufsbelehrung und ihrer korrekten Verbindung mit den Verbraucherinformationen sowohl für den Unternehmer als auch für den Verbraucher von entscheidender Bedeutung. Es sind in der Vergangenheit immer wieder Rechtsstreitigkeiten darüber entstanden, ob ein Unternehmer den Verbraucher ordnungsgemäß über das diesem

---

1 ABl. EG Nr. L 144 S. 19.
2 BT-Drucks 14/6040, S. 274 re. Sp.
1 ABl. EG Nr. L 178 S. 1.
2 BT-Drucks 14/6040, S. 274 re. Sp.
1 ABl. EG Nr. L 280 S. 83.
2 BT-Drucks 14/6040, S. 274 re. Sp.

zustehende Widerrufs- oder Rückgaberecht belehrt hat. Vor diesem Hintergrund erschien es dem Gesetzgeber aus Gründen der Vereinfachung für die Geschäftspraxis der Unternehmer, aber auch im Interesse der Rechtssicherheit und im Interesse einer Entlastung der Rechtspflege zweckmäßig, im Verordnungswege den gesetzlich erforderlichen Inhalt und die Gestaltung der Belehrung einheitlich festzulegen. Dem dient die **Verordnungsermächtigung** des Artikel 245 EGBGB. In der entsprechenden Verordnung werden auch besondere, d. h. zusätzliche Belehrungsinhalte bspw. nach § 358 Abs. 5 BGB, § 485 Abs. 2 BGB oder § 495 Abs. 2 S. 3 BGB geregelt und es wird bestimmt, wie die Unternehmer diese Inhalte mit der „üblichen" Belehrung verbinden kann, um eine doppelte Information zu vermeiden.[1]

---

1 Begründung der Beschlussempfehlung des Rechtsausschusses, BT-Drucks 7052, S. 208.

Gesetz über Unterlassungsklagen bei Verbraucherrechts- und anderen Verstößen (Unterlassungsklagengesetz – UKlaG)

Vom 26.11.2001, BGBl. I S. 3138

Literatur: *Baetge*, Das Recht der Verbandsklage auf neuen Wegen, ZZP 112 (1999), 329; *Greger*, Neue Regeln für die Verbandsklage im Verbraucherschutz- und Wettbewerbsrecht, NJW 2000, 2457; *ders.*, Verbandsklage und Prozessrechtsdogmatik, ZZP 113 (2000), 399; *Heß*, Das geplante Unterlassungsklagengesetz, in: Ernst/Zimmermann (Hrsg.), Zivilrechtswissenschaft und Schuldrechtsreform, S. 527; *H. Koch*, Die Verbandsklage in Europa, ZZP 113 (2000), 413. Siehe ferner die Kommentare zum AGB-Gesetz.

Gesetzesmaterialien: BT-Drucks 14/6040, 274 ff. (Begründung des Gesetzentwurfs der Bundesregierung); BT-Drucks 14/6857, 39 f. (Stellungnahme des Bundesrates) und 69 ff. (Gegenäußerung der Bundesregierung); BT-Drucks 14/7052 S. 80 ff., 208 ff. (Beschlussempfehlung und Bericht des Rechtsausschusses). Ferner: BT-Drucks 14/2658, 51 ff. (Begründung des Gesetzentwurfs der Bundesregierung zur Änderung von Vorschriften des AGBG zwecks Umsetzung der Fernabsatz-Richtlinie 97/7/EG und der Unterlassungsklagen-Richtlinie 98/27/EG).

Vorbemerkung

I. Bisherige Regelung im AGBG

Das UKlaG ist das Nachfolgegesetz zu den verfahrensrechtlichen Vorschriften des AGBG. Dessen materiell-rechtliche Vorschriften (§§ 1–11 AGBG) wurden zusammen mit mehreren anderen bürgerlich-rechtlichen Sondergesetzen in das BGB integriert, und zwar als die neuen §§ 305 bis 310 BGB. Die in den §§ 27, 27 a AGBG enthaltenen Ermächtigungen zum Erlass von Rechtsverordnungen sind Gegenstand der neuen Art. 243, 244 EGBGB geworden. Die verfahrensrechtlichen Vorschriften vor allem aus dem zweiten und dritten Abschnitt des AGBG (§§ 13 – 22) sowie des § 29 AGBG sind neu systematisiert und im Wesentlichen unverändert in dem UKlaG zusammengefasst worden. 1

II. Selbstständiges Verfahrensgesetz neben der ZPO

Bei dem UKlaG handelt es sich um ein Verfahrensgesetz. Trotzdem ist es nicht in die ZPO integriert worden.[1] Dafür spricht, dass es seinerseits in dem ersten Abschnitt über Ansprüche (§§ 1 – 4) einen materiell-rechtlichen Teil enthält. Zudem erscheint es in rechtspolitischer Hinsicht nicht ausgeschlossen, dass sich die Unterlassungsklage in Angleichung an das Recht mancher Nachbarstaaten[2] zu einem Kollektivverfahren mit anderen Rechtsschutzzielen (Gewinnabschöpfung, Schadensersatz) und immer mehr Abweichungen vom streitigen Zivilprozess fortentwickelt.[3] Das mag in einem eigenständigen Gesetz leichter möglich sein als innerhalb der ZPO. 2

III. Überblick über den Gesetzesinhalt

Im **ersten Abschnitt** über **Ansprüche** (§§ 1 – 4) sind zunächst ein materieller Unterlassungs- und Widerrufsanspruch bei unwirksamen allgemeinen Geschäftsbedingungen (§ 1) und ein Unterlassungsanspruch bei verbraucherschutzgesetzwidrigen Praktiken (§ 2) geregelt. § 3 legt fest, wer Inhaber derartiger Ansprüche sein kann. Das Verfahren über die Meldung und Registrierung der danach anspruchsberechtigten Verbände ist Gegenstand des § 4. 3

Im **zweiten Abschnitt** (§§ 5 – 13) enthält das Gesetz unter der Überschrift „**Verfahrensvorschriften**" Regelungen, die den bisherigen §§ 13 – 22 AGBG und § 29 AGBG entsprechen. Danach gelten im Grundsatz die Vorschriften der ZPO (§ 5). Sonderregelungen gibt es zur sachlichen und örtlichen Zuständigkeit (§ 6), zur Veröffentlichung der Urteilsformel (§ 7), zum notwendigen Inhalt des Klageantrags und zur Anhörung von Aufsichtsbehörden (§ 8), zum Inhalt der Urteilsformel (§ 9), zur Geltendmachung abweichender Gerichtsentscheidungen, die nach der Verurteilung zur Unterlassung ergehen (§ 10), zur subjektiven Reichweite der Wirkungen von Unterlassungsurteilen (§ 11) sowie zur Möglichkeit eines außergerichtlichen Einigungsstellenverfahrens (§ 12). Am Ende dieses Abschnitts regelt § 13 noch einen 4

---

1 Eine solche Integration hatte u.a. *Baetge*, ZZP 112 (1999), 329, 342 empfohlen.
2 Siehe die Hinweise von *Baetge*, ZZP 112 (1999), 327, 345 f. und *Koch*, ZZP 113 (2000), 413, 417 f. vor allem auf das griechische, französische und niederländische Recht.
3 *Heß*, in: Ernst/Zimmermann (Hrsg.), Zivilrechtswissenschaft und Schuldrechtsreform, S. 527, 544.

materiellen Auskunftsanspruch der Verbände gegen Post-, Telekommunikations-, Tele- und Medienunternehmen auf Bekanntgabe von Namen und zustellungsfähigen Anschriften der an dem jeweiligen Dienst Beteiligten.

5 In einem eigenen **dritten Abschnitt** sieht § 14 die Einrichtung von Schlichtungsstellen bei Streitigkeiten aus dem Überweisungsverkehr der Kreditinstitute vor. Im **vierten Abschnitt** (§ 15) ist das Arbeitsrecht vom Anwendungsbereich des UKlaG ausgenommen. Mehrere Überleitungsregelungen im **fünften Abschnitt** (§ 16) schließen das Gesetz ab.

IV. Bedeutung des UKlaG

6 Das UKlaG dient dem Schutz des Verbrauchers vor der Verwendung und vor der Empfehlung unwirksamer AGB und vor verbrauchergesetzwidrigen Praktiken. Dieser über die Möglichkeit der Individualklage hinausgehende Schutz wird durch zwei Besonderheiten erreicht: Erstens sind nach dem UKlaG **Verbände klageberechtigt** (§ 3). Der Verbraucherschutz hängt daher nicht mehr von der Klagebereitschaft des oft unerfahrenen Verbrauchers ab, an der es schon wegen des Prozessrisikos meist fehlt. Zweitens haben Urteile in Verfahren nach dem UKlaG eine **erhöhte Breitenwirkung**. Sie wirken nämlich nicht nur zwischen den Prozessparteien, sondern auch zu Gunsten der am Verfahren gar nicht beteiligten Vertragspartner des AGB-Verwenders (§ 11). Die Verbandsklage nach dem UKlaG wird als **abstraktes Kontrollverfahren** bezeichnet,[4] da sie nicht an die Verwendung oder Empfehlung von AGB in einem konkreten Fall gebunden ist.

Abschnitt 1. Ansprüche bei Verbraucherrechts- und anderen Verstößen

§ 1 Unterlassungs- und Widerrufsanspruch bei Allgemeinen Geschäftsbedingungen

[1]Wer in Allgemeinen Geschäftsbedingungen Bestimmungen, die nach den §§ 307 bis 309 des Bürgerlichen Gesetzbuchs unwirksam sind, verwendet oder für den rechtsgeschäftlichen Verkehr empfiehlt, kann auf Unterlassung und im Fall des Empfehlens auch auf Widerruf in Anspruch genommen werden.

Inhalt

I. Inhalt und bisherige Regelung im AGBG 1	2. Empfehler 8
II. Zweck und Bedeutung 2	V. Inhalt des Anspruches 9
III. Voraussetzungen des Anspruchs 4	1. Unterlassungsanspruch 9
1. Unwirksame AGB 4	2. Widerrufsanspruch 11
2. Erstbegehungs- oder Wiederholungsgefahr 6	VI. Verjährung des Anspruches 12
IV. Anspruchsgegner 7	VII. Durchsetzung des Anspruches 13
1. Verwender 7	

I. Inhalt und bisherige Regelung im AGBG

1 Die Vorschrift regelt den Unterlassungs- und Widerrufsanspruch bei Verwendung und bei Empfehlung von AGB, die nach materiellem Recht unwirksam sind. Sie entspricht nach Funktion und im Wortlaut dem ehemaligen § 13 Abs. 1 AGBG.

II. Zweck und Bedeutung

2 Zu der bis zum 29.6.2000 geltenden Fassung des § 13 AGBG bestand Streit, ob es sich bei dem dort geregelten Unterlassungs- und Widerrufsanspruch um einen materiellen Anspruch[1] oder um eine Prozessführungsbefugnis[2] bzw. eine privatrechtliche Kontrollkompetenz[3] handelte. Aber schon durch die letzte Neufassung

---

4 Siehe z.B. BGHZ 122, 63, 69.
1 So die wohl h.M.; siehe nur BGH NJW 1995, 1488; NJW-RR 1990, 887; Erman/*Werner*, § 13 AGBG Rn 3; Palandt/*Heinrichs*, § 13 AGBG vor § 13 Rn 1; *Ulmer/Brandner/Hensen*, AGBG, § 13 Rn 23.
2 *Hadding*, JZ 1970, 305, 307 ff.; *Lakkis*, Der kollektive Rechtsschutz der Verbraucher in der Europäischen Union, 1997, 124 f.
3 *Gilles*, ZZP 98 (1985), 1, 9 ff.; *Göbel*, Prozeßzweck der AGB-Klage und herkömmlicher Zivilprozeß, 1980, S. 125 ff.; *Reinel*, Die Verbandsklage nach dem AGB-Gesetz, 1979, 126 ff.

des § 13 Abs. 2 AGBG durch Gesetz vom 29.6.2000,[4] in der die vorherige Formulierung „Ansprüche ... können ... geltend gemacht werden" durch die Formulierung „Ansprüche ... stehen zu" ersetzt und eine Regelung über die Abtretbarkeit der Ansprüche eingefügt wurde, hat der Gesetzgeber klargestellt, dass es um die **Aktivlegitimation der Verbände** und nicht um deren Prozessführungsbefugnis geht.[5] Das wird durch die Aufteilung des UKlaG in einen Abschnitt über „Ansprüche bei Verbraucherrechts- und anderen Verstößen" (§§ 1 bis 4) und in einen Abschnitt über „Verfahrensvorschriften" (§§ 5 bis 11) nochmals bestätigt. Dieser Anspruch ist den klagebefugten Verbänden im öffentlichen Interesse an einer effektiven AGB-Kontrolle eingeräumt worden, weil dazu die Möglichkeiten im Individualprozess (Inzidentkontrolle oder Feststellungsklage) schon mangels hinreichender Nutzung durch den Verbraucher nicht ausreichen (siehe Vorbem. Rn 6).

Als Anspruchsgrundlage ist § 1 allerdings im Gegensatz zu dem früheren § 13 AGBG unvollständig. Aus dieser Vorschrift ergeben sich nämlich nur der Anspruchsinhalt und der Anspruchsgegner. Dagegen bleibt zunächst offen, wem der Anspruch zusteht (anders § 13 Abs. 2 AGBG). Das ist erst in § 3 geregelt, der also in demselben untrennbaren Zusammenhang mit § 1 steht wie die Absätze 1 und 2 des ehemaligen § 13 AGBG zueinander.

III. Voraussetzungen des Anspruchs

1. Unwirksame AGB

Die Verbandsklage nach dem UKlaG richtet sich gegen unwirksame AGB. **Maßstab** für die Unwirksamkeit sind nach dem Gesetzeswortlaut nur die §§ 307 bis 309 BGB. Jedoch wurde schon zu § 13 AGBG von der h.M. vertreten, dass nach dem Sinn des Gesetzes auch ein Verstoß gegen das Verständlichkeitsgebot oder gegen das Transparenzgebot, gegen § 134 BGB oder gegen eine Formvorschrift ausreicht, sofern nur die Schutzrichtung der verletzten Norm derjenigen der AGB-Inhaltskontrolle entspricht.[6] Daran hat sich unter Geltung des UKlaG nichts geändert.

Gegenstand der Unwirksamkeit sind nicht die gesamten AGB eines Verwenders oder Empfehlers, sondern nur **einzelne Klauseln**. Bei diesen reicht selbst **Teilunwirksamkeit** aus (zum Antrag bei Teilunwirksamkeit siehe § 8 Rn 5). Die Unwirksamkeit braucht noch nicht festzustehen, sondern wird gerade im Verfahren nach dem UKlaG geklärt.

2. Erstbegehungs- oder Wiederholungsgefahr

Der Unterlassungsanspruch nach § 1 setzt eine Wiederholungs- oder Erstbegehungsgefahr voraus. Eine Erstbegehungsgefahr kann sich beim Verwender etwa aus der Beifügung von AGB oder der Bezugnahme auf sie in Prospekten, Vertragsangeboten, Auftragsbestätigungen oder Rechnungen, beim Empfehler aus der Ankündigung der Versendung von Formularen ergeben. Eine Widerholungsgefahr nach einer bereits erfolgten Verwendung oder Empfehlung wird oft unproblematisch sein, kann aber etwa dann fehlen, wenn der Geschäftsbetrieb eingestellt oder das Geschäft veräußert wurde.

IV. Anspruchsgegner

1. Verwender

Der Anspruch richtet sich gegen den Verwender und gegen den Empfehler unwirksamer AGB. Nach § 305 Abs. 1 S. 1 BGB ist Verwender derjenige, der bei Abschluss eines Vertrages der anderen Vertragspartei AGB stellt. Für diese Art der Verwendung ist der (beabsichtigte) Abschluss eines konkreten Vertrages nicht erforderlich. Für die Verwendereigenschaft reicht vielmehr eine (objektiv erkennbare) entsprechende Absicht, mit den AGB im Geschäftsverkehr zu arbeiten. Das ergibt sich aus dem Sinn einer Klage nach dem UKlaG, durch die der Verbraucher vorbeugend geschützt werden soll und die deshalb zulässig sein muss, sobald die Verwendung unwirksamer AGB droht.[7]

---

[4] BGBl I 2000 S. 946.
[5] BT-Drucks 14/2658 S. 52; dazu *Greger*, NJW 2000, 2457 ff., 2462.
[6] BGH NJW 1983, 1320, 1322; *Koch/Stübing*, AGBG, § 13 Rn 9; MüKo/*Micklitz*, § 13 AGBG Rn 46; Palandt/*Heinrichs*, § 13 AGBG Rn 4; *Staudinger/Schlosser*, § 13 AGBG Rn 24 ff.; *Wolf/Horn/Lindacher*, AGBG, § 13 Rn 38; a.M. Erman/*Werner*, § 13 AGBG Rn 25.
[7] BGH NJW 1987, 2867; 1981, 979 f.; Erman/*Werner*, § 13 AGBG Rn 17, 18; MüKo/*Micklitz*, § 13 AGBG Rn 63; Palandt/*Heinrichs*, § 13 AGBG Rn 2; *Staudinger/Schlosser*, § 13 AGBG Rn 24h; *Ulmer/Brandner/Hensen*, AGBG, § 13 Rn 13; enger *Wolf/Horn/Lindacher*, AGBG, § 13 Rn 47, 59.

2. Empfehler

8 Es gibt keine Legaldefinition. Der Empfehler lässt sich vom Verwender dadurch negativ abgrenzen, dass er selbst nicht Partei von Verträgen ist oder werden will, denen die unwirksamen AGB zugrunde liegen. Er will vielmehr durch Äußerungen im eigenen Namen gegenüber einer Vielzahl von Dritten erreichen, dass diese die von ihm oder einem anderen formulierten AGB verwenden.[8] Danach sind Empfehler etwa Berufs- oder Interessenverbände, die für ihre Mitglieder Vertragsformulare entwerfen (lassen) und zusenden. Ferner haben die kenntlich gemachten Verfasser von Formularen und Formularbüchern Empfehlereigenschaft.[9] Ein Rechtsanwalt, der AGB für einen Mandanten entwirft, ist kein Empfehler, wohl aber der Rechtsanwalt oder Notar, der einer Vielzahl von seinen Mandanten die Verwendung der selbst oder von einem Dritten erstellten AGB nahe legt.[10]

V. Inhalt des Anspruches

1. Unterlassungsanspruch

9 Der Unterlassungsanspruch **gegen den Verwender** richtet sich in erster Linie darauf, dass in künftigen Verträgen die unwirksame Klausel nicht mehr verwendet wird. Umstritten ist, ob sich der Anspruch auch auf bereits in der Vergangenheit abgeschlossene, aber noch nicht abgewickelte Verträge bezieht. Überwiegend wird zu Recht angenommen, dass der Verwender sich bei der Abwicklung von Altverträgen nicht auf die von dem Unterlassungsgebot erfasste Klausel berufen darf.[11]

10 Der Unterlassungsanspruch **gegen den Empfehler** richtet sich darauf, dass künftig die untersagte Empfehlung nicht (mehr) erfolgt. Der Anspruch beschränkt sich nicht auf ein bloßes Nichtstun. Vielmehr können zur Beachtung des Unterlassungsanspruchs (nicht nur des Widerrufsanspruchs) auch Aktivitäten des Empfehlers erforderlich sein (z.B. Rückruf der noch nicht verkauften oder versandten Formularbücher oder Formulare).[12]

2. Widerrufsanspruch

11 Der Widerrufsanspruch kommt nur gegen den Empfehler in Betracht. Dadurch soll die Störung beseitigt werden, die von einer bereits erfolgten Empfehlung ausgeht. An einer solchen Störung fehlt es, wenn schon anderweitig sichergestellt ist, dass die Empfehlung nicht mehr ursächlich für eine künftige Verwendung der unwirksamen Klausel sein wird. Die Effizienz des Widerrufs wird dadurch verstärkt, dass das Widerrufsurteil in der gleichen (oder jedenfalls einer adäquaten, vgl. dazu § 9 Rn 5) Form wie die Verbreitung der Empfehlung bekannt zu machen ist (§ 9 Nr. 4).

VI. Verjährung des Anspruches

12 Im Gegensatz zu dem bisherigen § 13 Abs. 4 AGBG enthält das UKlaG für den Unterlassungs- und Widerrufsanspruch keine eigene Verjährungsregelung mehr. Eine solche hat der Gesetzgeber angesichts des neu gefassten Verjährungsrechts im BGB als entbehrlich angesehen.[13] Nach § 195 BGB beträgt die regelmäßige Verjährungsfrist jetzt drei Jahre.

VII. Durchsetzung des Anspruches

13 Der materiellrechtliche Anspruch nach § 1 kann im Wege der **Leistungsklage** geltend gemacht werden. Das Verfahren richtet sich nach den §§ 5 ff. und – soweit diese keine Sonderregelungen enthalten – nach der ZPO (§ 5). Nach den allgemeinen Vorschriften kommt auch eine **einstweilige Verfügung** in Betracht (zu einer Besonderheit beim Verfügungsgrund siehe § 5 Rn 7). Die **Vollstreckung** aus einem Unterlassungsurteil erfolgt gem. § 890 ZPO durch Verhängung von Ordnungsgeld oder – haft. Ein Widerruf wird als unvertretbare Handlung gem. § 888 ZPO durch Zwangsgeld oder – haft durchgesetzt.

14 In der Praxis wird der Anspruch in aller Regel zunächst durch eine vorprozessuale **Abmahnung** mit der Aufforderung zur Abgabe einer strafbewehrten Unterlassungserklärung geltend gemacht.[14] Dadurch lässt

---

[8] BGH NJW 1991, 36, 37; Erman/*Werner*, § 13 AGBG Rn 21; MüKo/*Micklitz*, § 13 AGBG Rn 76; *Wolf/Horn/Lindacher*, AGBG, § 13 Rn 63.

[9] *Staudinger/Schlosser*, § 13 AGBG Rn 37; *Ulmer/Brandner/Hensen*, AGBG, § 13 Rn 37; *Wolf/Horn/Lindacher*, AGBG, § 13 Rn 64, 65.

[10] Palandt/*Heinrichs*, § 13 AGBG Rn 9; Soergel/*Stein*, § 13 AGBG Rn 7; *Staudinger/Schlosser*, § 13 AGBG Rn 39; *Wolf/Horn/Lindacher*, AGBG, § 13 Rn 64.

[11] So etwa BGH NJW 1981, 1511 f.; 1995, 2710; 1994, 2693; MüKo/*Micklitz*, § 13 AGBG Rn 75; Palandt/*Heinrichs*, § 13 AGBG Rn 6; *Staudinger/Schlosser*, § 13 AGBG Rn 24g; *Ulmer/Brandner/Hensen*, AGBG, § 13 Rn 27; a.M. Erman/*Werner*, § 13 AGBG Rn 31; differenzierend *Wolf/Horn/Lindacher*, AGBG, § 13 Rn 49.

[12] MüKo/*Micklitz*, § 13 AGBG Rn 82; *Wolf/Horn/Lindacher*, AGBG, § 13 Rn 72.

[13] BT-Drucks 14/6040 S. 275.

[14] Ausführlich *Wolf/Horn/Lindacher*, AGBG, § 13 Rn 83 ff.

sich häufig ein gerichtliches Verfahren vermeiden. Die Obliegenheit einer Abmahnung ergibt sich für den klageberechtigten Verband schon daraus, dass er andernfalls bei sofortiger Anerkennung des Beklagten gem. § 93 ZPO die Kosten tragen muss, weil dieser ohne Abmahnung in der Regel keine Veranlassung zur Klageerhebung gegeben hat.

§ 2 Unterlassungsanspruch bei verbraucherschutzgesetzwidrigen Praktiken

(1) ¹Wer in anderer Weise als durch Verwendung oder Empfehlung von Allgemeinen Geschäftsbedingungen Vorschriften zuwiderhandelt, die dem Schutz der Verbraucher dienen (Verbraucherschutzgesetze), kann im Interesse des Verbraucherschutzes auf Unterlassung in Anspruch genommen werden. ²Werden die Zuwiderhandlungen in einem geschäftlichen Betrieb von einem Angestellten oder einem Beauftragten begangen, so ist der Unterlassungsanspruch auch gegen den Inhaber des Betriebs begründet.

(2) ¹Verbraucherschutzgesetze im Sinne dieser Vorschrift sind insbesondere
1. die Vorschriften des Bürgerlichen Gesetzbuchs, die für Verbrauchsgüterkäufe, Haustürgeschäfte, Fernabsatzverträge, Teilzeit-Wohnrechteverträge, Reiseverträge, Verbraucherdarlehensverträge sowie für Finanzierungshilfen, Ratenlieferungsverträge und Darlehensvermittlungsverträge zwischen einem Unternehmer und einem Verbraucher gelten,
2. die Vorschriften zur Umsetzung der Artikel 5, 10 und 11 der Richtlinie 2000/31/EG des Europäischen Parlaments und des Rates vom 8. Juni 2000 über bestimmte rechtliche Aspekte der Dienste der Informationsgesellschaft, insbesondere des elektronischen Geschäftsverkehrs, im Binnenmarkt („Richtlinie über den elektronischen Geschäftsverkehr", ABl. EG Nr. L 178 S. 1),
3. das Fernunterrichtsschutzgesetz,
4. die Vorschriften des Bundes- und Landesrechts zur Umsetzung der Artikel 10 bis 21 der Richtlinie 89/552/EWG des Rates vom 3. Oktober 1989 zur Koordinierung bestimmter Rechts- und Verwaltungsvorschriften der Mitgliedstaaten über die Ausübung der Fernsehtätigkeit (ABl. EG Nr. L 298 S. 23), geändert durch die Richtlinie 97/36/EG des Europäischen Parlaments und des Rates vom 30. Juni 1997 zur Änderung der Richtlinie 89/552/EWG des Rates zur Koordinierung bestimmter Rechts- und Verwaltungsvorschriften der Mitgliedstaaten über die Ausübung der Fernsehtätigkeit (ABl. EG Nr. L 202 S. 60),
5. die entsprechenden Vorschriften des Arzneimittelgesetzes sowie Artikel 1 §§ 3 bis 13 des Gesetzes über die Werbung auf dem Gebiete des Heilwesens,
6. § 23 des Gesetzes über Kapitalanlagegesellschaften und die §§ 11 und 15 h des Auslandinvestmentgesetzes.

(3) ¹Der Anspruch auf Unterlassung kann nicht geltend gemacht werden, wenn die Geltendmachung unter Berücksichtigung der gesamten Umstände missbräuchlich ist, insbesondere wenn sie vorwiegend dazu dient, gegen den Zuwiderhandelnden einen Anspruch auf Ersatz von Aufwendungen oder Kosten der Rechtsverfolgung entstehen zu lassen.

Inhalt

I. Inhalt, Zweck und bisherige Regelung im AGBG ... 1	4. Wiederholungsgefahr 6
II. Verhältnis zu § 13 UWG 2	5. Keine missbräuchliche Geltendmachung (Abs. 3) . 7
III. Voraussetzungen des Anspruchs 3	IV. Anspruchsgegner 8
1. Verbraucherschutzgesetze 3	V. Inhalt des Anspruchs 9
2. Zuwiderhandlungen 4	VI. Verjährung des Anspruchs 10
3. Interesse des Verbraucherschutzes 5	

I. Inhalt, Zweck und bisherige Regelung im AGBG

Die Vorschrift regelt den Unterlassungsanspruch bei verbraucherschutzgesetzwidrigen Praktiken. § 2 entspricht im Wesentlichen dem bisherigen § 22 Abs. 1, 2, 4 und 6 AGBG. Er dient der Umsetzung des Art. 1 EG-Richtlinie 98/27/EG (Unterlassungsklagen-Richtlinie) und des Art. 11 Abs. 2 der Richtlinie 97/7/EG (Fernabsatz-Richtlinie). Danach müssen die Mitgliedstaaten Verfahren vorsehen, in denen Verbände die Einhaltung von Verbraucherschutzgesetzen durchsetzen können, wenn Unternehmen dagegen verstoßen. Die Verfahren nach § 1 UKlaG und nach § 13 UWG reichen dafür nicht aus, weil sie sich nur auf AGB-Verstöße bzw. auf wettbewerbswidriges Verhalten beziehen. Diese Lücke schließt § 2.

II. Verhältnis zu § 13 UWG

2 Nach § 13 UWG kann derjenige auf Unterlassung in Anspruch genommen werden (auch von qualifizierten Einrichtungen, § 13 Abs. 2 Nr. 3 UWG), der den §§ 1, 3, 4, 6 bis 6 c, 7 und 8 UWG zuwiderhandelt. Da den qualifizierten Einrichtungen die Geltendmachung des Unterlassungsanspruchs in dem 2000 neu gefassten § 13 Abs. 2 Nr. 3 UWG nur dann eingeräumt ist, wenn die wettbewerbswidrigen Handlungen wesentliche Belange der Verbraucher berühren, dürften gleichzeitig immer die Voraussetzungen des § 2 vorliegen.[1] In diesem Fall steht der qualifizierten Einrichtung ein Unterlassungsanspruch zu, der auf beide Normen gestützt werden kann. Der Anspruch kann dann sowohl vor der Zivilkammer (siehe § 6 Rn 2) als auch – auf § 13 UWG gestützt – vor der Kammer für Handelssachen eingeklagt werden.

III. Voraussetzungen des Anspruchs

1. Verbraucherschutzgesetze

3 Voraussetzung des § 2 ist eine Zuwiderhandlung gegen Verbraucherschutzgesetze in anderer Weise als durch Verwendung oder Empfehlung von AGB. Zu den **Verbraucherschutzgesetzen** gehören alle Gesetze, deren wesentlicher Zweck (nicht nur Nebenzweck) darin besteht, dem Schutz der Verbraucher zu dienen.[2] In Betracht kommende Verbraucherschutzgesetze sind in **Abs. 2** als Regelbeispiele, also nicht abschließend, aufgezählt. Die in **Nr. 1** genannten bürgerlich-rechtlichen Verbraucherschutzvorschriften aus den bisherigen Sondergesetzen sind inzwischen alle im BGB enthalten. Bei der in **Nr. 2** genannten Richtlinie handelt es sich um die sog. E-Commerce-Richtlinie, in der u.a. bestimmte Informations- und Bestätigungspflichten der Diensteanbieter geregelt sind. Das Fernunterrichtsschutzgesetz (**Nr. 3**) in der Fassung vom 4.12.2000[3] enthält u.a. Bestimmungen über den notwendigen Inhalt von Informationsmaterial und über Auskunftspflichten des Veranstalters. **Nr. 4** betrifft den „Staatsvertrag über Mediendienste" in der ab 1.8.1997 geltenden Fassung, mit dem die Bundesländer die Richtlinie „Fernsehen ohne Grenzen" umgesetzt haben und in dem u.a. verschiedene Verbote etwa zum Jugendschutz sowie das Gebot der Trennung von Werbung und Programm geregelt sind. Das Arzneimittelgesetz (**Nr. 5**) enthält so viele gesundheits- und damit verbraucherschützende Vorschriften, dass der Gesetzgeber bewusst auf eine Präzisierung verzichtet hat. In den in **Nr. 6** genannten Vorschriften geht es um Widerrufsrechte des Anlegers.

2. Zuwiderhandlungen

4 Der Unterlassungsanspruch besteht bei allen Zuwiderhandlungen. Diese können in einem positiven Tun (z.B. verbotene Schleichwerbung im Fernsehen) oder in einem Unterlassen (z.B. Nichterfüllung von Informations- oder Belehrungspflichten aus den einzelnen Verbraucherschutzgesetzen) bestehen.

3. Interesse des Verbraucherschutzes

5 Mit dieser Formulierung in Abs. 1 S. 1 ist gemeint, dass die Unterlassung im Interesse des Verbraucherschutzes erforderlich sein muss. Die Zuwiderhandlung muss Kollektivinteressen der Verbraucher berühren. Das ist der Fall, wenn der Verstoß in seinem Gewicht und seiner Bedeutung über den Einzelfall hinausgeht und eine generelle Klärung geboten erscheinen lässt.[4]

4. Wiederholungsgefahr

6 Ungeschriebene Voraussetzung ist wie bei dem Unterlassungsanspruch nach § 1, dass eine Wiederholungsgefahr besteht.

5. Keine missbräuchliche Geltendmachung (Abs. 3)

7 Der Ausschluss des Anspruchs wegen missbräuchlicher Geltendmachung dürfte ein seltener Ausnahmefall sein. Die Vorschrift richtet sich wohl vor allem gegen sog. Abmahnvereine, denen es bei der Rechtsverfolgung nur auf ihre erstattungsfähigen Kosten ankommt.[5] Als weiteres Beispiel wird der Fall genannt, dass mehrere Klageberechtigte wegen derselben verbraucherschutzgesetzwidrigen Praktik gegen dasselbe Unternehmen absprachegemäß getrennte Klagen einreichen, nur um dem Unternehmen einen großen Schaden zuzufügen.[6]

---

1 Deshalb kritisch zu dem Konkurrenzverhältnis zwischen § 2 und § 13 UWG *Heß*, in: Ernst/Zimmermann (Hrsg.), Zivilrechtswissenschaft und Schuldrechtsreform, S. 527, 532.
2 Vgl. BT-Drucks 14/2658 S. 53.
3 BGBl I 2000 S. 1670.
4 Vgl. BT-Drucks 14/2658 S. 53.
5 *Ulmer/Brandner/Hensen*, AGBG, § 22 Rn 14.
6 MüKo/*Micklitz*, § 22 AGBG Rn 44 m.w.N.

IV. Anspruchsgegner

Wegen der vielfältigen Möglichkeiten einer Zuwiderhandlung gegen ein Verbraucherschutzgesetz ist der Anspruchsgegner nicht auf Personen wie Verwender oder Empfehler eingrenzbar. Das Wort „Wer" in der Eingangsformulierung bezieht sich auf den im Einzelfall **Zuwiderhandelnden**. Nach **Abs. 1 S. 2** richtet sich der Anspruch bei Zuwiderhandlungen, die in einem geschäftlichen Betrieb durch einen Angestellten oder Beauftragten begangen werden, auch gegen den Betriebsinhaber. Die Bedeutung dieser Regelung liegt in dem Ausschluss der Exkulpationsmöglichkeit, die dem Betriebsinhaber nach § 831 BGB zustehen würde. **8**

V. Inhalt des Anspruchs

Der Anspruch ist auf Unterlassen der Zuwiderhandlung gegen ein Verbraucherschutzgesetz gerichtet. Wenn diese Zuwiderhandlung ihrerseits in einem Unterlassen (z.B. Nichterfüllung von Informations- und Belehrungspflichten) besteht, handelt es sich um einen auf positives Tun gerichteten Erfüllungsanspruch. **9**

VI. Verjährung des Anspruchs

Die besondere Verjährungsregelung des § 22 Abs. 5 AGBG hat der Gesetzgeber (wie bei § 1, siehe dort Rn 12) bewusst nicht in § 2 übernommen. Die regelmäßige Verjährungsfrist beträgt nach § 195 BGB drei Jahre. **10**

§ 3 Anspruchsberechtigte Stellen

(1) ¹Die in den §§ 1 und 2 bezeichneten Ansprüche auf Unterlassung und auf Widerruf stehen zu:
1. qualifizierten Einrichtungen, die nachweisen, dass sie in die Liste qualifizierter Einrichtungen nach § 4 oder in dem Verzeichnis der Kommission der Europäischen Gemeinschaften nach Artikel 4 der Richtlinie 98/27/EG des Europäischen Parlaments und des Rates vom 19. Mai 1998 über Unterlassungsklagen zum Schutz der Verbraucherinteressen (ABl. EG Nr. L 166 S. 51) in der jeweils geltenden Fassung eingetragen sind,
2. rechtsfähigen Verbänden zur Förderung gewerblicher Interessen, soweit ihnen eine erhebliche Zahl von Gewebetreibenden angehört, die Waren oder gewerbliche Leistungen gleicher oder verwandter Art auf demselben Markt vertreiben, soweit sie insbesondere nach ihrer personellen, sachlichen und finanziellen Ausstattung imstande sind, ihre satzungsgemäßen Aufgaben der Verfolgung gewerblicher Interessen tatsächlich wahrzunehmen, und, bei Klagen nach § 2, soweit der Anspruch eine Handlung betrifft, die geeignet ist, den Wettbewerb auf diesem Markt wesentlich zu beeinträchtigen, und
3. den Industrie- und Handelskammern oder den Handwerkskammern.

²Der Anspruch kann nur an Stellen im Sinne des Satzes 1 abgetreten werden.

(2) ¹Die in Absatz 1 Nr. 1 bezeichneten Einrichtungen können Ansprüche auf Unterlassung und auf Widerruf nach § 1 nicht geltend machen, wenn Allgemeine Geschäftsbedingungen gegenüber einem Unternehmer (§ 14 des Bürgerlichen Gesetzbuchs) verwendet oder wenn Allgemeine Geschäftsbedingungen zur ausschließlichen Verwendung zwischen Unternehmern empfohlen werden.

Inhalt

I. Inhalt, Zweck und bisherige Regelung im AGBG ... 1	c) Hinreichende Ausstattung 10
II. Prüfung der Anspruchsberechtigung 2	d) Betroffenheit des Verbandes 11
III. Inhaber der Ansprüche nach dem UKlaG 4	e) Wesentliche Beeinträchtigung des Wettbewerbs 12
1. Qualifizierte Einrichtungen (Abs. 1 Nr. 1) 5	
2. Verbände zur Förderung gewerblicher Interessen (Abs. 1 Nr. 2) 7	3. Industrie- und Handelskammern sowie Handwerkskammern (Abs. 1 Nr. 3) 13
a) Förderung gewerblicher Interessen 8	IV. Eingeschränkte Abtretbarkeit 14
b) Erhebliche Zahl von Gewerbetreibenden 9	

I. Inhalt, Zweck und bisherige Regelung im AGBG

Die Vorschrift regelt, wer als Gläubiger der in den §§ 1, 2 geregelten Unterlassungs- und Widerrufsansprüche in Betracht kommt. Sie entspricht fast wörtlich den bisherigen §§ 13 Abs. 2 und 22 Abs. 3 AGBG, die ihrerseits identisch formuliert waren. § 3 regelt nicht nur die Prozessführungsbefugnis, sondern die Aktivlegitimation für Ansprüche nach den §§ 1 und 2 (siehe § 1 Rn 2), die erst durch § 3 zu vollständigen Anspruchsgrundlagen werden. Aus § 3 ergibt sich, dass es im UKlaG um Verbandsklagen geht. **1**

II. Prüfung der Anspruchsberechtigung

2 Obwohl es sich bei der Anspruchsberechtigung um eine materielle Voraussetzung handelt, aus der die Prozessvoraussetzung der Klagebefugnis automatisch folgt, besteht weitgehend Einigkeit darüber, dass die Voraussetzungen des § 3 **von Amts wegen** zu prüfen sind.[1] Das lässt sich mit der Besonderheit begründen, dass den Verbänden die Anspruchsberechtigung im öffentlichen (und damit fremden) Interesse an einer AGB- und Verbraucherschutzkontrolle eingeräumt ist.

3 Die Prüfung des Gerichts beschränkt sich darauf, die für die Anspruchsberechtigung **konstitutive Eintragung in die Liste** nach § 4 zu prüfen. Diese Eintragung muss im Prozess (durch Vorlage einer Bescheinigung gem. § 4 Abs. 3) nachgewiesen werden. Dagegen braucht das Gericht **nicht die Eintragungsvoraussetzungen** zu prüfen, zumal diese schon vom Bundesverwaltungsamt geprüft wurden. Ergeben sich während des Rechtsstreits begründete Zweifel am Vorliegen der Eintragungsvoraussetzungen, kann das Gericht das Bundesverwaltungsamt zur Überprüfung der Eintragung auffordern und die Verhandlung bis zu dessen Entscheidung aussetzen (§ 4 Abs. 4).

III. Inhaber der Ansprüche nach dem UKlaG

4 Die in Nr. 1 bis 3 genannten Verbände können ihren Anspruch aus §§ 1, 2 unabhängig voneinander einklagen. Bei deshalb möglichen **Mehrfachklagen** steht der Zulässigkeit einer Klage weder eine anderweitige Rechtshängigkeit noch die Rechtskraft der Entscheidung in einem anderen Verfahren entgegen, sondern im Einzelfall allenfalls der Missbrauchseinwand (§ 2 Rn 8) oder das fehlende Rechtsschutzinteresse. Außerdem kann sich aus dem Abschluss eines Verfahrens der Wegfall der Wiederholungsgefahr ergeben, so dass die anderen Klagen unbegründet werden.[2]

1. Qualifizierte Einrichtungen (Abs. 1 Nr. 1)

5 Der Begriff der qualifizierten Einrichtung stammt aus Art. 3 der Richtlinie 98/27/EG.[3] Damit ist jede nach nationalem Recht ordnungsgemäß errichtete Stelle oder Organisation gemeint, die ein berechtigtes Interesse daran hat, die Einhaltung der dem Verbraucherschutz dienenden Bestimmungen sicherzustellen. Gem. § 4 (Einzelheiten siehe dort) führt das Bundesverwaltungsamt eine Liste qualifizierter Einrichtungen, in die rechtsfähige **Verbraucherschutzverbände** eingetragen werden, sofern sie bestimmte Voraussetzungen erfüllen. Im Hinblick auf grenzüberschreitende Verstöße gegen Verbraucherschutzvorschriften innerhalb der EG führt nach Art. 4 Abs. 3 der genannten Richtlinie die Kommission der EG ein Verzeichnis der von den Mitgliedstaaten mitzuteilenden qualifizierten Einrichtungen, das im Amtsblatt der EG veröffentlicht und ständig aktualisiert wird. Die in diesem Verzeichnis eingetragenen Einrichtungen sind auch in anderen Mitgliedstaaten klagebefugt.

6 Da qualifizierte Einrichtungen i.S.v. Abs. 1 nur im Interesse des Verbraucherschutzes anspruchsberechtigt sind, können sie Ansprüche nach § 1 nur geltend machen, wenn von den verwendeten oder empfohlenen AGB **Verbraucher betroffen** sind. Die Geltendmachung ist gem. **Abs. 2** dagegen ausgeschlossen, wenn AGB nur gegenüber einem **Unternehmer** verwendet oder nur zur Verwendung zwischen Unternehmern empfohlen werden. Sind von der Verwendung sowohl Unternehmern als auch Verbraucher betroffen, kann der Verband Ansprüche nach § 1 nur mit der entsprechenden Einschränkung geltend machen (zum Klageantrag siehe § 8 Rn 6).

2. Verbände zur Förderung gewerblicher Interessen (Abs. 1 Nr. 2)

7 Nach Nr. 2 sind anspruchsberechtigt rechtsfähige (auch öffentlich-rechtliche wie Anwalts-, Ärzte- und Architektenkammern[4]) Verbände, die nach ihrer Satzung und in tatsächlicher Hinsicht[5] gewerbliche Interessen fördern.

a) Förderung gewerblicher Interessen

8 Die Förderung gewerblicher Interessen muss nach allg. Ansicht nicht der einzige und auch nicht der Hauptzweck des Verbandes sein. Wie die Förderung gewerblicher Interessen erfolgt, ist unerheblich. Sie kann auch in der Verfolgung von Verstößen gegen das Wettbewerbsrecht liegen, sofern damit nicht in Wirklichkeit nur die Erzielung von Einnahmen bezweckt wird.

---

1 MüKo/*Micklitz*, § 13 AGBG Rn 94; Palandt/*Heinrichs*, § 13 AGBG Rn 12; zu § 13 UWG BGH NJW 1972, 1988 f.; NJW-RR 2000, 634, 635.
2 Heß, in: Ernst/Zimmermann, Zivilrechtswissenschaft und Schuldrechtsreform, S. 527, 535 (insgesamt kritisch zur Zulässigkeit von Mehrfachklagen).
3 ABl. EG Nr. L 166 S. 51.
4 BGH NJW 1981, 2351.
5 Erman/*Werner*, § 13 AGBG Rn 11; MüKo/*Micklitz*, § 13 AGBG Rn 117; *Wolf/Horn/Lindacher*, AGBG, § 13 Rn 11.

b) Erhebliche Zahl von Gewerbetreibenden

Eine erhebliche Zahl von Gewerbetreibenden muss Waren oder gewerbliche Leistungen gleicher oder verwandter Art auf demselben Markt wie der Verletzer vertreiben. Es kommt vorrangig nicht auf die Zahl, sondern auf die Bedeutung der Mitglieder auf dem relevanten Markt an. Sie muss so groß sein, dass die Klagebefugnis tatsächlich zur Wahrnehmung von Mitgliederinteressen und nicht missbräuchlich in Anspruch genommen wird.[6]

c) Hinreichende Ausstattung

Der Verband muss **finanziell** (z.B. durch Mitgliedsbeiträge), **personell** (Sachkunde) **und sachlich** (z.B. Geschäftsstelle) hinreichend ausgestattet sein, um seine satzungsmäßige Aufgabe der Verfolgung gewerblicher Interessen tatsächlich wahrnehmen zu können. Auch durch diese Voraussetzung[7] sollen missbräuchliche Klagen nach dem UKlaG ausgeschlossen werden.

d) Betroffenheit des Verbandes

Die Aktivlegitimation des Verbandes setzt voraus, dass dieser durch die beanstandeten AGB oder Praktiken betroffen ist. Maßstab dafür ist der satzungsmäßig bestimmte Aufgaben- und Interessenbereich,[8] wie sich aus der Bezugnahme der Nr. 2 auf die satzungsmäßigen Aufgaben des Verbandes ergibt.

e) Wesentliche Beeinträchtigung des Wettbewerbs

Der Anspruch nach § 2 steht den Verbänden nur dann zu, wenn die verbraucherschutzgesetzwidrige Praktik zur wesentlichen Beeinträchtigung des Wettbewerbs geeignet ist. Es soll keine Unterlassungsklagen bei Bagatellverstößen geben. Diese Voraussetzung gilt nicht für Klagen nach § 1 gegen AGB, weil sie dafür neben den ohnehin geltenden Voraussetzungen (z.B. § 3 Abs. 2) keinen Sinn macht.[9]

3. Industrie- und Handelskammern sowie Handwerkskammern (Abs. 1 Nr. 3)

Die in Nr. 3 genannten Kammern sind nur als Beispielsfälle für Verbände i.S.v. Nr. 2 aufgeführt.[10] Sie und andere Kammern[11] werden schon von Nr. 2 erfasst, wenn sie gewerbliche Interessen fördern.

IV. Eingeschränkte Abtretbarkeit

Gem. **Abs. 1 S. 2** können Ansprüche nach den §§ 1, 2 nicht an jeden beliebigen Dritten, sondern nur an andere Stellen i.S.v. Abs. 1 abgetreten werden. Dadurch soll eine Kommerzialisierung dieser Ansprüche verhindert werden.[12]

§ 4 Qualifizierte Einrichtungen

(1) ¹Das Bundesverwaltungsamt führt eine Liste qualifizierter Einrichtungen. ²Diese Liste wird mit dem Stand zum 1. Januar eines jeden Jahres im Bundesanzeiger bekannt gemacht und der Kommission der Europäischen Gemeinschaften unter Hinweis auf Artikel 4 Abs. 2 der Richtlinie 98/27/EG des Europäischen Parlaments und des Rates vom 19. Mai 1998 über Unterlassungsklagen zum Schutz der Verbraucherinteressen (ABl. EG Nr. L 166 S. 51) zugeleitet.

(2) ¹In die Liste werden auf Antrag rechtsfähige Verbände eingetragen, zu deren satzungsmäßigen Aufgaben es gehört, die Interessen der Verbraucher durch Aufklärung und Beratung nicht gewerbsmäßig und nicht nur vorübergehend wahrzunehmen, wenn sie in diesem Aufgabenbereich tätige Verbände oder mindestens 75 natürlich Personen als Mitglieder haben, seit mindestens einem Jahr bestehen und auf Grund ihrer bisherigen Tätigkeit Gewähr für eine sachgerechte Aufgabenerfüllung bieten. ²Es wird unwiderleglich vermutet, dass Verbraucherzentralen und andere Verbraucherverbände, die mit öffentlichen Mitteln gefördert werden, diese Voraussetzungen erfüllen. ³Die Eintragung in die Liste erfolgt unter Angabe von Namen, Anschrift, Registergericht, Registernummer und satzungsmäßigem Zweck. ⁴Sie ist mit Wirkung für die Zukunft aufzuheben, wenn

1. der Verband dies beantragt oder
2. die Voraussetzungen für die Eintragung nicht vorlagen oder weggefallen sind.

---

6 So zu § 13 Abs. 2 Nr. 2 UWG BGH NJW 1996, 3276 f. und 3278f.
7 Dazu BGH NJW 1994, 2548 (im Zusammenhang mit § 13 UWG).
8 MüKo/*Micklitz*, § 13 AGBG Rn 119; Palandt/*Heinrichs*, § 13 AGBG Rn 15; *Wolf/Horn/Lindacher*, AGBG, § 13 Rn 18. Die gegenteilige Ansicht von BGH NJW 1998, 454 und Erman/*Werner*, § 13 AGBG Rn 13 betraf noch die bis zum Jahr 2000 geltende Fassung des § 13 AGBG.
9 BT-Drucks 14/6040 S. 275.
10 BT-Drucks 7/5422 S. 11.
11 BGH NJW 1981, 2351.
12 BT-Drucks 14/2658 S. 52.

⁵Ist auf Grund tatsächlicher Anhaltspunkte damit zu rechnen, dass die Eintragung nach Satz 4 zurückzunehmen oder zu widerrufen ist, so soll das Bundesverwaltungsamt das Ruhen der Eintragung für einen bestimmten Zeitraum von längstens drei Monaten anordnen. ⁶Widerspruch und Anfechtungsklage haben im Fall des Satzes 5 keine aufschiebende Wirkung.

(3) ¹Entscheidungen über Eintragungen erfolgen durch einen Bescheid, der dem Antragsteller zuzustellen ist. ²Das Bundesverwaltungsamt erteilt den Verbänden auf Antrag eine Bescheinigung über ihre Eintragung in die Liste. ³Es bescheinigt auf Antrag Dritten, die daran ein rechtliches Interesse haben, dass die Eintragung eines Verbands in die Liste aufgehoben worden ist.

(4) ¹Ergeben sich in einem Rechtsstreit begründete Zweifel an dem Vorliegen der Voraussetzungen nach Absatz 2 bei einer eingetragenen Einrichtung, so kann das Gericht das Bundesverwaltungsamt zur Überprüfung der Eintragung auffordern und die Verhandlung bis zu dessen Entscheidung aussetzen.

(5) ¹Das Bundesverwaltungsamt steht bei der Wahrnehmung der in dieser Vorschrift geregelten Aufgabe unter der Fachaufsicht des Bundesministeriums der Justiz.

(6) ¹Das Bundesministerium der Justiz wird ermächtigt, durch Rechtsverordnung, die der Zustimmung des Bundesrates nicht bedarf, die Einzelheiten des Eintragungsverfahrens, insbesondere die zur Prüfung der Eintragungsvoraussetzungen erforderlichen Ermittlungen, sowie die Einzelheiten der Führung der Liste zu regeln.

Inhalt

I. Inhalt und bisherige Regelung im AGBG 1	1. Voraussetzungen 4
II. Zweck 2	2. Inhalt 5
III. Führung der Liste und Meldung an die Kommission (Abs. 1) 3	3. Wirkung 6
	4. Aufhebung 8
IV. Eintragung in die Liste 4	V. Verfahren (Abs. 3, 6) 10

I. Inhalt und bisherige Regelung im AGBG

1 Die Vorschrift regelt das Verfahren über die Meldung und Registrierung von Verbänden, die nach § 3 Abs. 1 Nr. 1 zu den anspruchsberechtigten Stellen gehören. § 3 entspricht in Funktion und Wortlaut dem bisherigen § 22 a AGBG, der seinerseits erst in die ab 30.6.2000 geltende Fassung des AGBG eingefügt worden war.¹

II. Zweck

2 In § 3 Abs. 1 Nr. 1 wird die Liste qualifizierter Einrichtungen zwar vorausgesetzt, aber nicht geregelt. Deshalb bedurfte es einer Vorschrift, in der die Zuständigkeit zur Führung dieser Liste und die Voraussetzungen für eine Eintragung in die Liste bestimmt sind. Das ist Inhalt von § 4. Damit ist gleichzeitig zwecks Umsetzung von Art. 4 Abs. 2 der Richtlinie 98/27/EG geregelt, wer der Kommission der EG wen als nationale qualifizierte Einrichtung meldet, die bei grenzüberschreitenden Sachverhalten in anderen Mitgliedstaaten zur Erhebung der Verbraucherschutzklagen berechtigt ist.

III. Führung der Liste und Meldung an die Kommission (Abs. 1)

3 Die Liste qualifizierter Einrichtungen wird vom Bundesverwaltungsamt geführt. Dieses entscheidet auch über die Eintragung. Durch diese zentrale Zuständigkeit sollen eine zügige Abwicklung ermöglicht und Fehler bei den Meldungen vermieden werden. Die Liste wird jährlich neu bekannt gemacht und der Europäischen Kommission zugeleitet. Daraus folgt, dass jede Stelle, der in Deutschland auf Grund ihrer Eintragung in die Liste beim Bundesverwaltungsamt die Ansprüche nach den §§ 1, 2 zustehen, bei grenzüberschreitenden Sachverhalten auch in anderen Mitgliedstaaten klagebefugt ist.

IV. Eintragung in die Liste

1. Voraussetzungen

4 Die Eintragung erfolgt nur auf Antrag. Eingetragen werden können nur rechtsfähige Verbände, die nach ihrer Satzung zumindest auch Verbraucherinteressen (reine Abmahntätigkeit reicht nicht aus) wahrnehmen. Die zusätzlichen Anforderungen (nicht gewerbliche und nicht nur vorübergehende Interessenwahrnehmung, Mindestanforderung an den Mitgliederbestand, Bestehen seit mindestens einem Jahr und Bewährung in der Wahrnehmung der satzungsmäßig festgelegten Verbraucherinteressen) dienen dazu, den Missbrauch

---

1 BGBl I 2000 S. 3317.

des Listenverfahrens durch Abmahnvereine zu verhindern. Die für die Aktivlegitimation erforderliche Eintragung soll nicht von Kleinvereinen unter dem Deckmantel des (ernsthaft gar nicht verfolgten) Verbraucherschutzes erschlichen werden können. Die Eintragungsvoraussetzungen sind außer bei Verbraucherzentralen und anderen mit öffentlichen Mitteln geförderten Verbraucherverbänden vor der Eintragung zu prüfen. Bei Vorliegen aller Voraussetzungen hat der antragstellende Verband einen Rechtsanspruch auf Eintragung.[2]

2. Inhalt

Neben Name, Anschrift, Registergericht und Registriernummer wird auch der satzungsmäßige Zweck eingetragen. Dadurch soll bei einer Klage im europäischen Ausland den Mitgliedstaaten die Prüfung ermöglicht werden, ob die Führung des einzelnen Verfahrens vom Satzungszweck des Verbandes gedeckt ist (vgl. Art. 4 Abs. 1 S. 2 der Richtlinie 98/27/EG).

3. Wirkung

Die Eintragung ist **konstitutiv** für die Aktivlegitimation nach § 3 Abs. 1 Nr. 1. Im gerichtlichen Verfahren braucht daher nur diese Eintragung nachgewiesen zu werden. Wenn das Gericht **Zweifel** daran hat, ob die Eintragungsvoraussetzungen (noch) vorliegen, z.B. weil sich der Verdacht aufdrängt, die Eintragung sei unter dem Deckmantel des Verbraucherschutzes erschlichen worden, kann das Gericht diese Bedenken allerdings dem Bundesverwaltungsamt vortragen und bis zu dessen Entscheidung die Verhandlung aussetzen (**Abs. 4**).

Durch die automatische Zuleitung der Liste an die Kommission der Europäischen Gemeinschaften hat die Eintragung ferner die Wirkung, dass die eingetragenen Verbände die Klagebefugnis im europäischen Ausland erhalten.

4. Aufhebung

Die Eintragung ist in **zwei Fällen** mit Wirkung ex nunc aufzuheben, nämlich erstens auf Antrag des Verbandes und zweitens von Amts wegen, wenn sich herausstellt, dass die Eintragungsvoraussetzungen tatsächlich gar nicht vorgelegen haben oder weggefallen sind (z.B. wegen Änderung des Satzungszwecks oder Verringerung des Mitgliederbestandes).

Falls das Bundesverwaltungsamt entsprechende Anhaltspunkte hat, soll es das **Ruhen der Eintragung** für bis zu drei Monate anordnen (Abs. 2 S. 5). Dadurch soll verhindert werden, dass bis zur endgültigen Entscheidung über die Streichung aus der Liste ein Verband, mit dessen Streichung zu rechnen ist, noch Prozesse nach dem UKlaG anstrengt.

V. Verfahren (Abs. 3, 6)

Das Bundesministerium der Justiz ist gem. Abs. 6 ermächtigt, die Einzelheiten des Eintragungs- und Meldeverfahrens (z.B. der dabei erforderlichen Sachaufklärung) durch Rechtsverordnung zu regeln. Das Verfahren richtet sich nach dem VwVfG des Bundes. Die behördlichen Entscheidungen über Eintragung, Aufhebung und Ruhen der Eintragung sind Verwaltungsakte, die von Amts wegen zuzustellen sind (Abs. 3 S. 1). Gegen diese sind Widerspruch und Klage beim Verwaltungsgericht möglich. Soweit sie sich gegen die Ruhensanordnung richten, haben sie keine aufschiebende Wirkung (Abs. 2 S. 6). Damit die Verbände im gerichtlichen Verfahren nach dem UKlaG ihre Eintragung nachweisen können (vgl. § 3 Abs. 1 Nr. 1), ist ihnen vom Bundesverwaltungsamt eine entsprechende Bescheinigung zu erteilen (Abs. 3 S. 2). Eine solche Bescheinigung erhalten auf Antrag auch Dritte, die z.B. nachweisen wollen, dass ein Verband nicht (mehr) eingetragen ist (Abs. 3 S. 3).

Abschnitt 2. Verfahrensvorschriften

Unterabschnitt 1. Allgemeine Vorschriften

§ 5 Anwendung der Zivilprozessordnung und anderer Vorschriften

[1]**Auf das Verfahren sind die Vorschriften der Zivilprozessordnung und die §§ 23 a, 23 b und 25 des Gesetzes gegen den unlauteren Wettbewerb anzuwenden, soweit sich aus diesem Gesetz nicht etwas anderes ergibt.**

---

2 *Greger*, NJW 2000, 2457, 2460.

§ 5 UKlaG

Inhalt

I. Inhalt und bisherige Regelung im AGBG 1
II. Bedeutung der Verweisung auf die ZPO und die §§ 23 a, 23 b, 25 UWG 2
III. Einzelfragen 3
   1. Prozessgrundsätze 3
   2. Rechtsschutzbedürfnis und Feststellungsinteresse . 4
   3. Anerkenntnis und Abmahnung 5
   4. Einstweilige Verfügung 6
   5. Streitwert 8

I. Inhalt und bisherige Regelung im AGBG

1 § 5 leitet die Verfahrensvorschriften des UKlaG ein und verweist für das Verfahren auf die Vorschriften der ZPO und auf einzelne Verfahrensregelungen im UWG. Die Vorschrift entspricht wörtlich dem bisherigen § 15 Abs. 1 AGBG, der nach § 22 Abs. 6 AGBG auch schon für die heute in § 2 geregelten Klagen galt.

II. Bedeutung der Verweisung auf die ZPO und die §§ 23 a, 23 b, 25 UWG

2 § 5 ist die Grundnorm für das anwendbare Verfahrensrecht. Soweit sie auf die ZPO verweist, hat sie allerdings nur klarstellende Bedeutung. Bei den Verfahren nach dem UKlaG handelt es sich nämlich um bürgerliche Rechtsstreitigkeiten, für die gem. § 3 Abs. 1 EGZPO ohnehin die ZPO gilt. Wegen der sachlichen Zuständigkeit des Landgerichts (§ 6 Abs. 1) gelten aus dem 2. Buch der ZPO die §§ 253 – 494 a über das landgerichtliche Verfahren. Sonderregelungen insoweit enthalten § 8 für die Bestimmtheit des Klageantrages und die Anhörung von nicht am Verfahren beteiligten Behörden, § 9 und § 7 für den Inhalt der Urteilsformel sowie § 11 für die Wirkungen des Urteils. Aus der ZPO sind das 3. Buch über Rechtsmittel, das 4. Buch über Wiederaufnahme des Verfahrens sowie das 8. Buch über Zwangsvollstreckung und einstweiligen Rechtsschutz anwendbar. Eine Sonderregelung zum Anwendungsbereich der Vollstreckungsgegenklage enthält § 10 über die Geltendmachung nachträglich ergangener abweichender Entscheidungen. Der Verweis auf die §§ 23 a, 23 b und 25 UWG bedeutet, dass die dort geregelten Abweichungen von der ZPO auch für das Verfahren nach dem UKlaG gelten. Das betrifft die Bemessung des Streitwertes (dazu Rn 9 f.) und die Voraussetzungen, unter denen eine einstweilige Verfügung ergehen kann (dazu Rn 7).

III. Einzelfragen

1. Prozessgrundsätze

3 Entsprechend der h.M. zu dem früheren § 15 AGBG schließt die Verweisung auf die ZPO auch die Geltung des Dispositions- und des Verhandlungsgrundsatzes ein.[1] Danach gelten etwa auch die Vorschriften der ZPO über Klageerhebung, Klageänderung, Klagerücknahme, Anerkenntnis, Verzicht, Vergleich und Geständnis. Ferner ist das Gericht gem. § 308 ZPO an den Klageantrag gebunden.

Vom Kläger nicht beanstandete Klauseln sind nur insoweit vom Gericht heranzuziehen, als es zur Beurteilung der im Klageantrag bezeichneten Klausel (§ 8 Abs. 1 Nr. 1) erforderlich ist.

2. Rechtsschutzbedürfnis und Feststellungsinteresse

4 Am Rechtsschutzinteresse für die Leistungsklage nach dem UKlaG fehlt es allenfalls dann, wenn der Kläger bereits einen vollstreckbaren Titel hat. Für eine (im UKlaG nicht vorgesehene) Feststellungsklage gegen den Verwender fehlt es immer am Feststellungsinteresse. Umgekehrt kann der Verwender oder Empfehler ein berechtigtes Interesse daran haben, dass die Wirksamkeit der Klausel oder das Nichtbestehen eines Unterlassungs- oder Widerrufsanspruchs festgestellt wird. Eine solche Feststellungsklage hat ihre Grundlage aber nicht im UKlaG, sondern in der ZPO.

3. Anerkenntnis und Abmahnung

5 Bei einem sofortigen Anerkenntnis des beklagten Verwenders oder Empfehlers wird der Kläger gem. § 93 ZPO mit den Kosten belastet, sofern nicht der Beklagte Anlass zur Klageerhebung gegeben hat. Eine solche Veranlassung setzt wie im Wettbewerbsrecht in der Regel voraus, dass der Kläger den Beklagten vor Klageerhebung erfolglos abgemahnt hat (§ 1 Rn 14). Die Kosten der Abmahnung fallen in dem sich anschließenden Rechtsstreit gem. § 91 ZPO der unterliegenden Partei zur Last. Die Kosten einer erfolgreichen, also prozessverhindernden Abmahnung sind nach der (allerdings umstrittenen) Rechtsprechung gem. §§ 683, 677, 670 BGB dem Abmahnenden vom Verwender zu erstatten.[2]

---

[1] Erman/*Werner*, § 15 AGBG Rn 1; Palandt/*Heinrichs*, § 15 AGBG Rn 1; Soergel/*Stein*, § 15 AGBG Rn 2; *Ulmer/Brandner*/ Hensen, AGBG, § 15 Rn 1; *Wolf/Horn/Lindacher*, AGBG, § 15 Rn 3; einschränkend MüKo/*Micklitz*, § 15 AGBG Rn 2; a.M. *Göbel*, Prozeßzweck der AGB-Klage und herkömmlicher Zivilprozeß, 1980, S. 129 ff.; *Reinel*, Die Verbandsklage nach dem AGBG, 1979, S. 132 ff.; kritisch auch *Greger* in einem Diskussionsbeitrag, in: Ernst/Zimmermann, Zivilrechtswissenschaft und Schuldrechtsreform, S. 551 f.

4. Einstweilige Verfügung

Der für eine einstweilige Verfügung nach den §§ 935, 940 ZPO erforderliche **Verfügungsanspruch** ergibt sich aus §§ 1, 2. Bei einem Widerrufsanspruch ist eine einstweilige Verfügung problematisch, weil mit einer Verurteilung zum Widerruf die Hauptsache nicht nur vorübergehend, sondern auf Dauer vorweggenommen würde. Zwar wäre eine auf einstweiligen Widerruf gerichtete Verfügung („die Empfehlung wird einstweilen [oder im gegenwärtigen Zeitpunkt] nicht aufrecht erhalten") denkbar.[3] Trotzdem werden einstweilige Widerrufsverfügungen von der ganz h.M. abgelehnt.[4]

Der **Verfügungsgrund** braucht anders als nach den §§ 935, 940 ZPO nicht dargelegt und glaubhaft gemacht zu werden. Er wird gem. § 25 UWG, auf den § 5 verweist, ebenso wie in wettbewerbsrechtlichen Eilverfahren kraft Gesetzes **vermutet**. Allerdings kann der Verwender oder Empfehler diese Vermutung widerlegen, indem er etwa die Voraussetzungen für eine sog. Selbstwiderlegung darlegt und glaubhaft macht.[5]

5. Streitwert

Der Streitwert wird gem. § 3 ZPO nach freiem Ermessen festgesetzt. Maßgeblich ist das Interesse des Verbandes und der Allgemeinheit an der Beseitigung der beanstandeten Klausel,[6] das wiederum von der wirtschaftlichen Bedeutung der Klausel und der Häufigkeit ihrer Verwendung abhängt. In der Praxis waren bei **Unterlassungsklagen** Streitwerte zwischen 2.000 und 5.000 DM,[7] bei **Widerrufsklagen** von 10.000[8] je beanstandeter Klausel üblich. Abweichungen nach unten und oben können sich aus den Umständen des Einzelfalles ergeben.

Davon abgesehen ermöglichen die §§ 23 a und 23 b UWG, auf die § 5 verweist, eine **Herabsetzung des Streitwertes**. Gem. § 23 a UWG ist es von Amts wegen wertmindernd zu berücksichtigen, wenn die Sache nach Art und Umfang einfach gelagert ist (z.B. bei Anwendbarkeit einer eingefahrenen Rechtsprechung) oder wenn die Belastung einer der Parteien mit den Prozesskosten nach dem vollen Streitwert angesichts ihrer Vermögens- und Einkommensverhältnisse wirtschaftlich nicht tragbar erscheint. Die wirtschaftliche Untragbarkeit kann im Zweifel nur auf Seiten des beklagten Verwenders oder Empfehlers eine Rolle spielen; dagegen wird die wirtschaftliche Leistungsfähigkeit des Verbandes grundsätzlich unterstellt und bleibt daher in der Regel unberücksichtigt.[9] Eine Streitwertminderung wirkt aber immer auch zu Gunsten der Gegenpartei und bleibt selbst dann wirksam, wenn der leistungsschwache Beklagte obsiegt und daher selbst keine Kosten tragen muss.

Wenn eine Partei glaubhaft macht, dass die Belastung mit den Prozesskosten nach dem vollen Streitwert ihre wirtschaftliche Lage erheblich gefährden würde, kann gem. **§ 23 b UWG** das Gericht auf Antrag anordnen, dass die Verpflichtung (nur) dieser Partei zur Tragung der Prozesskosten sich nach einem verminderten Streitwert bemisst. Das gilt auch für die von dieser Partei an ihren Rechtsanwalt zu entrichtenden Kosten (§ 23 b Abs. 1 S. 3 UWG). Wenn die begünstigte Partei obsiegt, bleibt es für die Kostentragungspflicht der anderen Partei bei dem nicht herabgesetzten Streitwert. Der Antrag nach § 23 b UWG kann vor der Geschäftsstelle des Gerichts zur Niederschrift erklärt werden; er ist grundsätzlich vor der Verhandlung zur Hauptsache anzubringen (§ 23 b Abs. 2 UWG). Eine Herabsetzung nach § 23 a UWG geht derjenigen nach § 23 b UWG vor.

§ 6 Zuständigkeit

(1) ¹Für Klagen nach diesem Gesetz ist das Landgericht ausschließlich zuständig, in dessen Bezirk der Beklagte seine gewerbliche Niederlassung oder in Ermangelung einer solchen seinen Wohnsitz hat. ²Hat der Beklagte im Inland weder eine gewerbliche Niederlassung noch einen Wohnsitz, so ist das Gericht des inländischen Aufenthaltsorts zuständig, in Ermangelung eines solchen das Gericht, in dessen Bezirk die nach den §§ 307 bis 309 des Bürgerlichen Gesetzbuchs unwirksamen Bestimmungen in Allgemeinen Geschäftsbedingungen verwendet wurden oder gegen Verbraucherschutzgesetze verstoßen wurde.

---

2 OLG Nürnberg, OLGZ 80, 217, 219; MüKo/*Micklitz*, § 15 AGBG Rn 16; Palandt/*Heinrichs*, § 15 AGBG Rn 5; *Wolf/Horn/Lindacher*, AGBG, § 13 Rn 108; zur wettbewerbsrechtlichen Abmahnung BGH NJW 1970, 243, 244 f.; 1973, 901, 903; 1981, 224; 1984, 2525; 1992, 429; a.M. Erman/*Werner*, § 15 AGBG Rn 7; *Staudinger/Schlosser*, § 13 AGBG Rn 47; Ulmer/Brandner/*Hensen*, AGBG, § 13 Rn 62.
3 Siehe *Brox/Walker*, Zwangsvollstreckungsrecht, Rn 1599; *Schuschke*, in: Schuschke/Walker, Vor § 935 Rn 23.
4 Erman/*Werner*, § 15 AGBG Rn 12; MüKo/*Micklitz*, § 15 AGBG Rn 39; Soergel/*Stein*, § 15 AGBG Rn 9.
5 *Brox/Walker*, Zwangsvollstreckungsrecht, Rn 1632; *Schuschke*, in: Schuschke/Walker, Vor § 935 Rn 79.
6 BGH NJW-RR 1991, 179; 1998, 1465.
7 Vgl. BGH NJW-RR 1998, 1465; OLG Frankfurt NJW-RR 1994, 60; OLG Stuttgart NJW-RR 1997, 891.
8 BGH NJW-RR 1998, 1465.
9 BGH NJW-RR 1995, 44; Palandt/*Heinrichs*, § 15 AGBG Rn 10.

(2) ¹Die Landesregierungen werden ermächtigt, zur sachdienlichen Förderung oder schnelleren Erledigung der Verfahren durch Rechtsverordnung einem Landgericht für die Bezirke mehrerer Landgerichte Rechtsstreitigkeiten nach diesem Gesetz zuzuweisen. ²Die Landesregierungen können die Ermächtigung durch Rechtsverordnung auf die Landesjustizverwaltungen übertragen.

(3) ¹Wird gegen eine Entscheidung des Gerichts Berufung eingelegt, so können sich die Parteien vor dem Berufungsgericht auch von Rechtsanwälten vertreten lassen, die bei dem Oberlandesgericht zugelassen sind, vor das die Berufung ohne die Regelung nach Absatz 2 gehören würde. ²Die Mehrkosten, die einer Partei dadurch erwachsen, dass sie sich nach Satz 1 durch einen nicht beim Prozessgericht zugelassenen Rechtsanwalt vertreten lässt, sind nicht zu erstatten.

(4) ¹Die vorstehenden Absätze gelten nicht für Klagen, die einen Anspruch der in § 13 bezeichneten Art zum Gegenstand haben.

Inhalt

I. Inhalt und bisherige Regelung im AGBG 1	III. Ermächtigung zur Zuständigkeitskonzentration (Abs. 2) 9
II. Zuständigkeit nach Abs. 1 2	IV. Vertretungsbefugnis von Rechtsanwälten in der Berufungsinstanz und Kostenfolgen (Abs. 3) 10
1. Sachliche Zuständigkeit 2	
2. Örtliche Zuständigkeit 3	
3. Internationale Zuständigkeit 6	V. Begrenzung der Zuständigkeitsregelung (Abs. 4) 11

I. Inhalt und bisherige Regelung im AGBG

1 Die Vorschrift regelt die sachliche und örtliche Zuständigkeit des Gerichts für Klagen nach diesem Gesetz. Die Absätze 1 und 2 entsprechen weitgehend dem bisherigen § 14 AGBG. Abs. 3 erweitert die Postulationsfähigkeit der Rechtsanwälte in der Berufungsinstanz. Eine entsprechende Vorgängerregelung im AGBG gab es nicht; sie war dort nach Wegfall des Lokalisationsprinzips in der ersten Instanz wohl versehentlich unterblieben.[1] Die Anfügung von Abs. 4 über die Begrenzung der Zuständigkeitsregelung des § 6 ist Folge der Einfügung des § 13 über den Auskunftsanspruch der klagebefugten Verbände gegen Post-, Telekommunikations- und Mediendienste.

II. Zuständigkeit nach Abs. 1

1. Sachliche Zuständigkeit

2 Bei der in Abs. 1 geregelten sachlichen Zuständigkeit handelt es sich um eine **ausschließliche** Zuständigkeit. Die sachliche Zuständigkeit liegt unabhängig vom Streitwert bei den Landgerichten. Dort sind funktionell immer die **Zivilkammern** zuständig, niemals die Kammern für Handelssachen; denn Streitigkeiten nach dem UKlaG werden von § 95 GVG nicht erfasst.

2. Örtliche Zuständigkeit

3 Auch die örtliche Zuständigkeit ist eine **ausschließliche**. Sie richtet sich in erster Linie nach dem Ort der **gewerblichen Niederlassung**. Eine Zweigniederlassung begründet allenfalls dann die örtliche Zuständigkeit, wenn sich die beanstandete Klausel oder Praktik auf den Bereich gerade dieser Zweigniederlassung beschränkt.[2] Bei **mehreren Niederlassungen**, die gleichermaßen betroffen sind, kann der Kläger zwischen den jeweils örtlich zuständigen Gerichten wählen (§ 35 ZPO).

4 Mangels gewerblicher Niederlassung richtet sich die örtliche Zuständigkeit nach dem **Wohnsitz** (dazu §§ 7–11 BGB) des Beklagten. Bei juristischen Personen ist analog § 17 ZPO deren **Sitz** maßgebend.[3] Bei mehreren Wohnsitzen können wiederum mehrere Gerichte örtliche zuständig sein. Hat der Beklagte auch keinen Wohnsitz, ist sein **Aufenthaltsort** zur Zeit der Klageerhebung (§§ 261 Abs. 3 Nr. 2, 253 ZPO) maßgebend.

5 Nur wenn keiner der vorgenannten Fälle eingreift, ist das Landgericht desjenigen Bezirks zuständig, in dem die beanstandete Klausel **verwendet oder empfohlen** oder die **verbraucherschutzgesetzwidrige Praktik begangen** wurde. Das können wiederum mehrere Gerichte sein, zwischen denen der Kläger wählen kann.

---

[1] MüKo/*Micklitz*, § 14 AGBG Rn 10.
[2] *Ulmer/Brandner/Hensen*, AGBG, § 14 Rn 4; *Wolf/Horn/Lindacher*, AGBG, § 14 Rn 7; a.M. (niemals) Erman/*Werner*, § 14 AGBG Rn 7.
[3] Erman/*Werner*, § 14 AGBG Rn 4; *Wolf/Horn/Lindacher*, AGBG, § 14 Rn 8.

3. Internationale Zuständigkeit

Im Gesetzgebungsverfahren wurde zwar über die Aufnahme einer eigenständigen Regelung der internationalen Zuständigkeit in das UKlaG diskutiert,[4] aber der Gesetzgeber hat darauf bewusst verzichtet. Bei Sachverhalten mit Auslandsberührung ist daher nach den allgemeinen Regeln wie folgt zu unterscheiden:

Im Anwendungsbereich des **EuGVÜ**[5] vom 27.9.1968 (Zuständigkeit in Zivil- und Handelssachen in den Mitgliedstaaten), das zum 1.3.2002 durch die EuGVÜ-VO[6] ersetzt wird, richtet sich die internationale Zuständigkeit ausschließlich nach den Bestimmungen des EuGVÜ. Bei einem Beklagten mit gewerblicher Niederlassung oder Wohnsitz im Inland ergibt sich die internationale Zuständigkeit deutscher Gerichte aus Art. 5 Nr. 5 bzw. Art. 2 Abs. 1 EuGVÜ. Bei einem Beklagten mit gewerblicher Niederlassung oder Wohnsitz in einem Mitgliedstaat, aber Verwendung der beanstandeten Klausel im Inland, sind die deutschen Gerichte gem. Art. 5 Nr. 3 EuGVÜ international zuständig.

Falls das EuGVÜ nicht anwendbar ist, **folgt die internationale Zuständigkeit** deutscher Gerichte aus der **örtlichen Zuständigkeit**.[7] Das gilt auch dann, wenn der Beklagte sich zwar in einem Vertragsstaat aufhält, aber seinen Wohnsitz außerhalb der Vertragsstaaten hat; der Aufenthaltsort ist dann nämlich nach Art. 2 Abs. 1 EuGVÜ für die internationale Zuständigkeit nicht maßgeblich.

III. Ermächtigung zur Zuständigkeitskonzentration (Abs. 2)

Von der Ermächtigung zur Zuständigkeitskonzentration bei bestimmten Landgerichten haben die Bundesländer bisher wie folgt Gebrauch gemacht: In Bayern sind für den OLG-Bezirk München das Landgericht München I, für den OLG Bezirk Nürnberg das Landgericht Nürnberg-Fürth und für den OLG Bezirk Bamberg das Landgericht Bamberg zuständig.[8] In Hessen ist das Landgericht Frankfurt zuständig.[9] In Mecklenburg-Vorpommern liegt die Zuständigkeit beim Landgericht Rostock.[10] In Nordrhein-Westfalen sind für den OLG Bezirk Hamm das Landgericht Dortmund, für den OLG Bezirk Köln das Landgericht Köln und für den OLG Bezirk Düsseldorf das Landgericht Düsseldorf zuständig.[11] In Sachsen liegt die Zuständigkeit beim Landgericht Leipzig.[12]

IV. Vertretungsbefugnis von Rechtsanwälten in der Berufungsinstanz und Kostenfolgen (Abs. 3)

In der ersten Instanz gilt seit dem 1.1.2000 nicht mehr das Lokalisationsprinzip.[13] Dagegen müssen sich die Parteien vor Gerichten des höheren Rechtszuges gem. § 78 Abs. 1 S. 2 ZPO durch einen „bei dem Prozessgericht zugelassenen Rechtsanwalt" vertreten lassen. Die Zuständigkeitskonzentration nach § 6 Abs. 2 kann dazu führen, dass der von einer Partei bevollmächtigte Rechtsanwalt zwar den Erstprozess führen konnte, aber seine ohne den Abs. 2 an sich auch für den Berufungsrechtszug gegebene Postulationsfähigkeit allein wegen der Zuständigkeitskonzentration bei einem Landgericht in einem anderen OLG Bezirk vor dem dortigen OLG verliert. Dieses missliche Ergebnis wird durch die Erweiterung der Postulationsfähigkeit in Abs. 3 vermieden. Allerdings werden die Mehrkosten (z.B. Fahrkosten, Zeitaufwand), die durch die Einschaltung eines beim Prozessgericht nicht zugelassenen Rechtsanwalts entstehen, gem. Abs. 3 S. 2 nicht erstattet.

V. Begrenzung der Zuständigkeitsregelung (Abs. 4)

Nach der Eingangsformulierung in Abs. 1 würde die Zuständigkeitsregelung des § 6 auch für Auskunftsklagen nach § 13 gelten. Das ist jedoch vom Gesetzgeber nicht beabsichtigt. Deshalb sind diese Klagen nach Abs. 4 ausdrücklich vom Anwendungsbereich des § 6 ausgenommen. Für sie richtet sich die sachliche und örtliche Zuständigkeit nach den allgemeinen Regeln der ZPO und des GVG.

---

4 Zur entsprechenden Anregung des Bundesrates siehe BR-Drucks 338/01 S. 83 f. (Nr. 146).
5 BGBl II 1968, 774.
6 VO (EG) Nr. 44/2001 des Rates vom 22.12.2000, ABl. EG Nr. L 12/1 v. 16.1.2001.
7 BGHZ (GS) 44, 46 (47); NJW 1992, 974.
8 GVBl 77 S. 197.
9 GVBl 77 S. 122.
10 GVBl 94 S. 514.
11 GVBl 77 S. 100, 133.
12 GVBl 94 S. 1313.
13 Gesetz vom 2.9.1994 (BGBl I S. 2278).

§ 7 Veröffentlichungsbefugnis

¹Wird der Klage stattgegeben, so kann dem Kläger auf Antrag die Befugnis zugesprochen werden, die Urteilsformel mit der Bezeichnung des verurteilten Beklagten auf dessen Kosten im Bundesanzeiger, im Übrigen auf eigene Kosten bekannt zu machen. ²Das Gericht kann die Befugnis zeitlich begrenzen.

I. Inhalt und bisherige Regelung im AGBG

1 § 7 regelt die Befugnis des Klägers einer erfolgreichen Klage nach dem UKlaG, die Urteilsformel mit der Bezeichnung des Beklagten zu veröffentlichen. Die Vorschrift entspricht wörtlich dem § 18 AGBG.

II. Zweck und Bedeutung

2 Durch die Befugnis zur Veröffentlichung soll der Kläger die Möglichkeit erhalten, die Breitenwirkung der in dem abstrakten Kontrollverfahren ergangenen Entscheidung zu erhöhen.¹ Ob dafür gerade die Bekanntmachung im Bundesanzeiger geeignet ist, wird allgemein zu Recht bezweifelt.² Daran wird sich auch mit dem Wegfall des Entscheidungsregisters, das gem. § 20 AGBG beim Bundeskartellamt geführt wird, zum 31.12.2004 (siehe § 16 Abs. 2) kaum etwas ändern. Eine anderweitige Veröffentlichung mag im Einzelfall sinnvoll sein. Das Interesse des Klägers daran dürfte aber durch seine Pflicht zur Kostentragung begrenzt sein. § 7 wird daher wie schon zuvor § 18 AGBG kaum eine große Bedeutung erlangen.

III. Inhalt und Formen der Veröffentlichung

3 Die Veröffentlichungsbefugnis bezieht sich auf die Urteilsformel und den vollen Namen des verurteilten Verwenders oder Empfehlers. Die Veröffentlichung im Bundesanzeiger erfolgt auf Kosten des Verwenders/Empfehlers. Dabei handelt es sich um notwendige Kosten der Zwangsvollstreckung i.S.v. § 788 ZPO. Eine anderweitige Bekanntmachung auf eigene Kosten des Klägers kann etwa in Tages- oder Wochenzeitungen oder in Fachzeitschriften erfolgen. Die Befugnis kann befristet werden (§ 7 S. 2), um den zeitlichen Zusammenhang zwischen Verurteilung und Veröffentlichung zu sichern.

IV. Entscheidung des Gerichts

4 Die Veröffentlichungsbefugnis wird nicht von Amts wegen, sondern nur auf (zu begründenden) Antrag des Klägers erteilt. **Voraussetzung** für die Erteilung ist, dass der Unterlassungs- oder Widerrufsklage mindestens teilweise stattgegeben wird. Die Rechtskraft des Urteils ist nicht erforderlich, wohl aber wird allgemein eine vorläufige Vollstreckbarkeit verlangt.³ Auch eine Verurteilung im Wege einer einstweiligen Verfügung reicht nach allerdings umstrittener Ansicht aus.⁴

5 Das Gericht entscheidet nach pflichtgemäßem Ermessen. Es wird dem Antrag nur dann stattgeben, wenn der mit der Veröffentlichung **bezweckte Erfolg (Breitenwirkung) erreichbar** erscheint. Deshalb dürfte eine Veröffentlichung im Bundesanzeiger nur in Ausnahmefällen in Betracht kommen; allein das Interesse des Klägers, den Verwender/Empfehler durch Belastung mit den Veröffentlichungskosten zu sanktionieren, reicht jedenfalls für die Erteilung der Befugnis zur Bekanntgabe im Bundesanzeiger nicht aus. Die Befugnis zur Bekanntgabe in anderen Medien auf Kosten des Klägers ist demgegenüber unter erleichterten Voraussetzungen zu erteilen.

6 Die Entscheidung über den Antrag erfolgt in dem stattgebenden Urteil, nicht in einem besonderen Beschluss. Wird dem Antrag nicht stattgegeben, ergeht keine Kostenentscheidung nach § 92 ZPO; trotzdem wird eine volle Kostenbelastung des Verwenders/Empfehlers nach § 92 Abs. 2 ZPO oft sachgerecht sein. Falls das stattgebende Urteil nach erfolgter Veröffentlichung aufgehoben wird, steht dem Verwender/Empfehler ein Schadensersatzanspruch gem. § 717 Abs. 2 ZPO zu, der auf Naturalrestitution durch berichtigende Bekanntmachung gerichtet ist.⁵

---

1 So die Begründung zu § 18 AGBG, BT-Drucks 7/5422 S. 12.
2 MüKo/*Micklitz*, § 18 AGBG Rn 2; Palandt/*Heinrichs*, § 18 AGBG Rn 2; Soergel/*Stein*, § 18 AGBG Rn 1.
3 Erman/*Werner*, § 18 AGBG Rn 4; MüKo/*Micklitz*, § 18 AGBG Rn 2; Palandt/*Heinrichs*, § 18 Rn 4; *Ulmer/Brandner/Hensen*, AGBG, § 18 Rn 2; *Wolf/Horn/Lindacher*, AGBG, § 18 Rn 12.
4 Erman/*Werner*, § 18 AGBG Rn 1; *Löwe/von Westphalen/Trinkner*, AGBG, § 18 Rn 4; MüKo/*Micklitz*, § 18 AGBG Rn 2; *Wolf/Horn/Lindacher*, AGBG, § 18 Rn 4; a.M. Palandt/*Heinrichs*, § 18 AGBG Rn 1; Staudinger/*Schlosser*, § 18 AGBG Rn 2; *Ulmer/Brandner/Hensen*, AGBG, § 18 Rn 3.
5 Erman/*Werner*, § 18 AGBG Rn 7; Palandt/*Heinrichs*, § 18 AGBG Rn 4; *Ulmer/Brandner/Hensen*, AGBG, § 18 Rn 11.

Unterabschnitt 2. Besondere Vorschriften für Klagen nach § 1

§ 8 Klageantrag und Anhörung

(1) ¹Der Klageantrag muss bei Klagen nach § 1 auch enthalten:
1. den Wortlaut der beanstandeten Bestimmungen in Allgemeinen Geschäftsbedingungen,
2. die Bezeichnung der Art der Rechtsgeschäfte, für die die Bestimmungen beanstandet werden.

(2) ¹Das Gericht hat vor der Entscheidung über eine Klage nach § 1 zu hören:
1. die zuständige Aufsichtsbehörde für das Versicherungswesen, wenn Gegenstand der Klage Bestimmungen in Allgemeinen Versicherungsbedingungen sind, oder
2. das Bundesaufsichtsamt für das Kreditwesen, wenn Gegenstand der Klage Bestimmungen in Allgemeinen Geschäftsbedingungen sind, die das Bundesaufsichtsamt für das Kreditwesen nach Maßgabe des Gesetzes über Bausparkassen, des Gesetzes über Kapitalanlagegesellschaften, des Hypothekenbankgesetzes oder des Gesetzes über Schiffspfandbriefbanken zu genehmigen hat.

Inhalt

I. Inhalt und bisherige Regelung im AGBG 1	III. Anhörung von Behörden (Abs. 2) 7
II. Inhalt des Klageantrags (Abs. 1) 2	1. Zweck und Bedeutung 7
1. Zweck und Bedeutung 2	2. Anwendungsbereich 8
2. Anwendungsbereich 3	3. Anzuhörende Behörden 9
3. Verhältnis von Abs. 1 zu § 253 Abs. 2 Nr. 2 ZPO . 4	4. Anhörungsverfahren und Rechtsstellung der
4. Wortlaut der beanstandeten Bestimmung (Nr. 1) .. 5	Behörde 10
5. Bezeichnung der Art des Rechtsgeschäfts (Nr. 2) 6	

I. Inhalt und bisherige Regelung im AGBG

Abs. 1 konkretisiert für Klagen nach § 1 den § 253 Abs. 2 Nr. 2 ZPO über die Bestimmtheit des Klageantrages. Er entspricht wörtlich dem bisherigen § 15 Abs. 2 AGBG. **Abs. 2** bestimmt, dass vor einer gerichtlichen Entscheidung über bestimmte AGB die zuständige Aufsichtsbehörde anzuhören ist. Er entspricht wörtlich dem bisherigen § 16 AGBG. **1**

II. Inhalt des Klageantrags (Abs. 1)

1. Zweck und Bedeutung

Wegen der Breitenwirkung einer Entscheidung im AGB-Kontrollverfahren (vgl. §§ 11, 7 UKlaG) und für die Vollstreckung aus einem stattgebenden Urteil muss schon der Klageantrag besonderen Bestimmtheitsanforderungen genügen. Bei diesen in Abs. 1 geregelten Anforderungen handelt es sich wie bei denen des § 253 Abs. 2 Nr. 2 ZPO um eine Zulässigkeitsvoraussetzung für die Klage. Bleibt der Antrag auch nach einem richterlichen Hinweis (§ 139 ZPO) hinter den Bestimmtheitsanforderungen des Abs. 1 zurück, wird die Klage als unzulässig abgewiesen. **2**

2. Anwendungsbereich

Abs. 1 umfasst nach seinem Wortlaut zwar nur Unterlassungs- und Widerrufsklagen nach § 1. Er gilt aber auch für Anträge auf Erlass einer einstweiligen Verfügung. Feststellungsklagen des Verwenders oder Empfehlers (dazu § 5 Rn 4) sind zwar keine Klagen nach dem UKlaG, so dass § 8 unmittelbar nicht anwendbar ist. Trotzdem ist der Kläger gut beraten, auch in solchen Fällen seinen Klageantrag an den Anforderungen von Abs. 1 zu orientieren, zumal dessen entsprechende Anwendbarkeit verbreitet befürwortet wird.¹ **3**

3. Verhältnis von Abs. 1 zu § 253 Abs. 2 Nr. 2 ZPO

§ 253 Abs. 2 Nr. 2 ZPO wird durch Abs. 1 nicht verdrängt, sondern nur konkretisiert („auch"). Deshalb gehört zur hinreichenden Bestimmtheit selbstverständlich auch die Angabe des Klageziels (Unterlassung der Verwendung/Empfehlung oder Widerruf). **4**

---

¹ *Staudinger/Schlosser*, § 13 AGBG Rn 11; *Ulmer/Brandner/Hensen*, AGBG, § 15 Rn 28; *Wolf/Horn/Lindacher*, AGBG, § 15 Rn 6; a.M. MüKo/*Micklitz*, § 15 AGBG, Rn 9.

4. Wortlaut der beanstandeten Bestimmung (Nr. 1)

5 Der Antrag muss den **Wortlaut der beanstandeten Bestimmungen** enthalten. Wird bei einer teilbaren Klausel nur ein Teil beanstandet, ist dieser Teil zu bezeichnen.[2] Bezieht sich die Beanstandung auf einen Teil einer unteilbaren Klausel, ist die gesamte Klausel zu benennen.[3]

5. Bezeichnung der Art des Rechtsgeschäftes (Nr. 2)

6 Ferner muss die **Art der Rechtsgeschäfte**, für die die Bestimmungen beanstandet werden, bezeichnet werden. Das können alle Rechtsgeschäfte des Verwenders oder nur die Geschäfte eines bestimmten Vertragstyps oder noch enger nur die Geschäfte eines bestimmten Vertragstyps über bestimmte Gegenstände oder nur Geschäfte mit einem bestimmten Personenkreis (Verbraucher; dazu § 3 Rn 6) sein.

III. Anhörung von Behörden (Abs. 2)

1. Zweck und Bedeutung

7 Sind Gegenstand der Unterlassungsklage nach § 1 Allgemeine Versicherungsbedingungen oder AGB, die der Genehmigung durch das Bundesaufsichtsamt für das Kreditwesen unterliegen, hat das Gericht vor seiner Entscheidung die jeweilige Aufsichtsbehörde anzuhören. Die Behörde muss Gelegenheit erhalten, ihre Ansicht zur Wirksamkeit der beanstandeten Klausel und ggf. die Gründe für ihre Genehmigung der Klausel darzulegen. Dadurch sollen die Erfahrungen und Sachkenntnisse der Behörde auch für das gerichtliche Verfahren nutzbar gemacht werden.[4] Unterbleibt die Anhörung, liegt darin nach h.M. ein Verfahrensmangel, der nicht durch rügelose Einlassung der Parteien geheilt werden kann.[5] Im Berufungsverfahren kann die Anhörung nachgeholt werden.

2. Anwendungsbereich

8 Abs. 2 gilt für Unterlassungs- und Widerrufsklagen nach Abs. 1. Da bei Feststellungsklagen des Verwenders oder Empfehlers ebenfalls rechtskräftig über die Wirksamkeit der AGB entschieden wird, ist die Aufsichtsbehörde auch in diesen Verfahren anzuhören.[6] Einstweilige Verfügungen können dagegen jedenfalls dann, wenn ohne mündliche Verhandlung entschieden wird, auch ohne vorherige Anhörung nach § 7 (muss nachgeholt werden) erlassen werden;[7] die Dringlichkeit hat dann Vorrang vor der Anhörung, zumal im Eilverfahren noch keine endgültige Entscheidung ergeht.

3. Anzuhörende Behörden

9 Die Aufzählung der anzuhörenden Behörden wird von der h.M. als **abschließend** und **nicht analogiefähig** angesehen.[8] Nach **Abs. 2 Nr. 1** ist das Bundesaufsichtsamt für das Versicherungswesen (ausnahmsweise das Landesaufsichtsamt[9]) anzuhören, wenn es um die Wirksamkeit von Allgemeinen Versicherungsbedingungen geht (obwohl diese gar nicht mehr genehmigungsbedürftig sind). Nach **Abs. 2 Nr. 2** ist das Bundesaufsichtsamt für das Kreditwesen anzuhören, wenn Gegenstand der Klage genehmigungsbedürftige AGB von Bausparkassen, Kapitalanlagegesellschaften, Hypothekenbanken oder Schiffspfandbriefbanken sind. Insoweit ist es für die Notwendigkeit der Anhörung ohne Bedeutung, ob die beanstandeten Klauseln schon genehmigt sind oder nicht.

4. Anhörungsverfahren und Rechtsstellung der Behörde

10 Die Anhörung muss vor der Sachentscheidung über die Klage nach § 1 erfolgen. Vor einer Abweisung der Klage wegen Unzulässigkeit ist keine Anhörung erforderlich.[10] Die Anhörung erfolgt dadurch, dass der Behörde die wesentlichen Schriftsätze und Termine für die mündliche Verhandlung mitgeteilt werden. Die Behörde entscheidet selbst, ob sie in der mündlichen Verhandlung, schriftlich oder gar nicht Stellung nimmt. Sie hat aber nicht die Rechtsstellung einer Partei, kann keine Anträge stellen und auch kein Rechtsmittel einlegen. Sie wird von der Rechtskraft der Entscheidung nicht erfasst.

---

2 Palandt/*Heinrichs*, § 15 AGBG Rn 4; *Wolf/Horn/Lindacher*, AGBG, § 15 Rn 8.
3 BGH NJW 1995, 1488.
4 Zur amtlichen Begründung des § 16 AGBG siehe BT-Drucks 7/5422 S. 12.
5 Palandt/*Heinrichs*, § 16 AGBG Rn 4; *Staudinger/Schlosser*, § 16 AGBG Rn 7; *Wolf/Horn/Lindacher*, AGBG, § 16 Rn 21.
6 MüKo/*Micklitz*, § 16 AGBG Rn 5; Palandt/*Heinrichs*, § 15 AGBG Rn 8; *Wolf/Horn/Lindacher*, AGBG, § 16 Rn 4.
7 Erman/*Werner*, § 16 AGBG Rn 9; MüKo/*Micklitz*, § 16 AGBG Rn 5; Palandt/*Heinrichs*, § 16 AGBG Rn 2; *Wolf/Horn/Lindacher*, AGBG, § 16 Rn 5.
8 Erman/*Werner*, § 16 AGBG Rn 1; Palandt/*Heinrichs*, § 16 AGBG Rn 1; Soergel/*Stein*, § 16 AGBG Rn 2; *Staudinger/Schlosser*, § 16 AGBG Rn 1; *Ulmer/Brandner/Hensen*, AGBG, § 16 Rn 10; *Wolf/Horn/Lindacher*, AGBG, § 16 Rn 11.
9 Siehe *Wolf/Horn/Lindacher*, AGBG, § 16 Rn 9.
10 MüKo/*Micklitz*, § 16 AGBG Rn 6; Palandt/*Heinrichs*, § 16 AGBG Rn 2.

§ 9 Besonderheiten der Urteilsformel

¹Erachtet das Gericht die Klage nach § 1 für begründet, so enthält die Urteilsformel auch:
1. die beanstandeten Bestimmungen der Allgemeinen Geschäftsbedingungen im Wortlaut,
2. die Bezeichnung der Art der Rechtsgeschäfte, für welche die den Unterlassungsanspruch begründenden Bestimmungen der Allgemeinen Geschäftsbedingungen nicht verwendet werden dürfen,
3. das Gebot, die Verwendung inhaltsgleicher Bestimmungen in Allgemeinen Geschäftsbedingungen zu unterlassen,
4. für den Fall der Verurteilung zum Widerruf das Gebot, das Urteil in gleicher Weise bekannt zu geben, wie die Empfehlung verbreitet wurde.

Inhalt

I. Inhalt und bisherige Regelung im AGBG 1	1. Beanstandete Bestimmungen und betroffene Rechtsgeschäfte (Nr. 1 und 2) 3
II. Zweck und Anwendungsbereich 2	2. Unterlassungsgebot (Nr. 3) 4
III. Einzelne Bestandteile der Urteilsformel 3	3. Widerrufsgebot (Nr. 4) 5

I. Inhalt und bisherige Regelung im AGBG

§ 9 konkretisiert den § 313 Abs. 1 Nr. 4 ZPO durch die Bestimmung, was die Urteilsformel bei Klagen nach dem UKlaG „auch" enthalten muss. Die Regelung entspricht wörtlich dem bisherigen § 17 AGBG. **1**

II. Zweck und Anwendungsbereich

Wegen der Breitenwirkung des Urteils (vgl. §§ 11, 7) und für die Vollstreckung aus einem stattgebenden Urteil muss die Urteilsformel ebenso wie der Klageantrag (dazu § 8 Rn 5 ff.) besonderen Bestimmtheitsanforderungen genügen. Diese werden in § 9 im Hinblick auf den Tenor in der Hauptsache festgelegt. Daneben enthält die Urteilsformel eine Entscheidung über die vorläufige Vollstreckbarkeit und über die Kosten, ggf. auch die Androhung eines Ordnungsmittels nach § 890 Abs. 2 ZPO sowie die Ermächtigung zur Veröffentlichung nach § 7. § 9 gilt für stattgebende Entscheidungen über Klagen nach § 1 gegen den Verwender und Empfehler, darüber hinaus aber (wie § 8 Abs. 1, dort Rn 3) auch für einstweilige Verfügungen sowie für Feststellungsklagen des Verwenders oder Empfehlers.¹ Kann eine nicht hinreichend bestimmte Tenorierung auf Grund der Entscheidungsgründe konkretisiert werden, ist eine Urteilsberichtigung von Amts wegen nach § 319 ZPO möglich.² Notfalls muss der Kläger auf Feststellung des Urteilsinhalts klagen. **2**

III. Einzelne Bestandteile der Urteilsformel
1. Beanstandete Bestimmungen und betroffene Rechtsgeschäfte (Nr. 1 und 2)

Das Gericht entscheidet über den gestellten Antrag. Konsequent verlangt § 9 in Nr. 1 und 2, dass der Tenor eines stattgebenden Urteils dieselben Angaben enthalten muss wie der Klageantrag (§ 8 Abs. 1), nämlich die Bezeichnung der ganz oder teilweise beanstandeten Bestimmungen und der von dem Verwendungs- oder Empfehlungsverbot betroffenen Rechtsgeschäfte. **3**

2. Unterlassungsgebot (Nr. 3)

Das ferner aufzunehmende Unterlassungsgebot hat sich nicht nur auf die beanstandete Klausel, sondern auch auf **inhaltsgleiche Bestimmungen** zu beziehen. Dadurch soll verhindert werden, dass das Unterlassungsgebot umgangen wird, indem die beanstandete Klausel in lediglich leicht abgeänderter Form weiter verwendet oder empfohlen wird. In dieser Regelung liegt lediglich eine gesetzliche Umsetzung der sog. **Kerntheorie**, die im Rahmen der Unterlassungsvollstreckung ohnehin allgemein anerkannt ist.³ Daher wird der Regelung verbreitet auch nur eine deklaratorische Bedeutung beigemessen.⁴ **4**

---
1 MüKo/*Micklitz*, § 17 AGBG Rn 2; *Wolf/Horn/Lindacher*, AGBG, § 17 Rn 2.
2 *Wolf/Horn/Lindacher*, AGBG, § 17 Rn 12.
3 BGHZ 5, 189, 193 f.; *Brox/Walker*, Zwangsvollstreckungsrecht, Rn 1099; *Schuschke*, in: Schuschke/Walker, § 890 Rn 21.
4 OLG Stuttgart BB 1979, 1468, 1469; Erman/*Werner*, § 17 AGBG Rn 4; MüKo/*Micklitz*, § 17 AGBG Rn 4; Palandt/*Heinrichs*, § 17 AGBG Rn 3; *Wolf/Horn/Lindacher*, AGBG, § 17 Rn 8.

3. Widerrufsgebot (Nr. 4)

5 Falls der beklagte Empfehler zum Widerruf verurteilt wird, ist ihm in der Urteilsformel aufzugeben, das Urteil in gleicher Weise bekannt zu machen, wie die Empfehlung erfolgt ist. Eine formlose Widerrufserklärung durch den Empfehler reicht nicht aus. Die Form der Bekanntmachung ist im Tenor konkret anzugeben[5] (z.B. Veröffentlichung in bestimmten Medien, Versendung an den Empfängerkreis der Empfehlung). Das Gericht bestimmt, ob das gesamte Urteil oder nur der Tenor ohne Gründe bekannt zu geben ist und ob – entsprechend der zu widerrufenden Empfehlung – eine mehrfache Bekanntgabe erforderlich ist. Ist eine Bekanntgabe des Widerrufs „in gleicher Weise" nicht möglich (z.B. bei einer Empfehlung in Formularbüchern), hat das Gericht eine Bekanntgabeform zu bestimmen, die der Empfehlungsform möglichst adäquat ist[6] (z.B. andere Art der Verlautbarung gegenüber dem Adressatenkreis der Formularbücher).

§ 10 Einwendung wegen abweichender Entscheidung

¹Der Verwender, dem die Verwendung einer Bestimmung untersagt worden ist, kann im Wege der Klage nach § 767 der Zivilprozessordnung einwenden, dass nachträglich eine Entscheidung des Bundesgerichtshofs oder des Gemeinsamen Senats der Obersten Gerichtshöfe des Bundes ergangen ist, welche die Verwendung dieser Bestimmung für dieselbe Art von Rechtsgeschäften nicht untersagt, und dass die Zwangsvollstreckung aus dem Urteil gegen ihn in unzumutbarer Weise seinen Geschäftsbetrieb beeinträchtigen würde.

Inhalt

I. Inhalt und bisherige Regelung im AGBG 1	3. Nachträgliche abweichende Entscheidung 5
II. Zweck und Bedeutung 2	4. Unzumutbare Beeinträchtigung des Geschäftsbetriebs 8
III. Voraussetzungen 3	
1. Klageberechtigung 3	IV. Geltendmachung der Einwendung 9
2. Untersagungsurteil 4	V. Entscheidung des Prozessgerichts 10

I. Inhalt und bisherige Regelung im AGBG

1 § 10 regelt, dass und wie der Verwender sich auf eine nach dem Untersagungsgebot ergangene Entscheidung des BGH oder des Gemeinsamen Senats der obersten Gerichtshöfe des Bundes berufen kann, die die Verwendung dieser Bestimmung für dieselbe Art von Rechtsgeschäften nicht untersagt. Die Vorschrift entspricht wörtlich dem bisherigen § 19 AGBG.

II. Zweck und Bedeutung

2 § 10 will verhindern, dass ein Verwender Wettbewerbsnachteile erleidet, weil ihm die Verwendung von solchen Klauseln verboten ist, die von seinen Konkurrenten auf Grund einer späteren gerichtlichen Entscheidung verwendet werden dürfen. Deshalb räumt die Vorschrift dem zur Unterlassung verurteilten Verwender das Recht ein, sich gegen die Vollstreckung aus diesem Urteil im Wege der Vollstreckungsgegenklage nach § 767 ZPO zu wehren. Dieser Schutz des Verwenders wird ergänzt durch § 11 S. 2, wonach der Vertragspartner des Verwenders sich entgegen der in § 11 S. 1 geregelten Rechtskrafterstreckung nicht auf die Unwirksamkeit der dem Verwender verbotenen Klausel berufen darf, wenn die Voraussetzungen des § 10 vorliegen. Die Regelung in § 10 ist eine Ausnahme von dem Grundsatz, dass der Schuldner die Vollstreckung nicht allein wegen einer Rechtsprechungsänderung nach Erlass des Titels abwehren kann.[1]

III. Voraussetzungen

1. Klageberechtigung

3 Die Möglichkeit der klageweisen Geltendmachung einer nachträglich geänderten Rechtsprechung ist nur dem **Verwender** eingeräumt, nicht dem Empfehler. Z.T. wird eine Erstreckung auf den Empfehler befürwortet.[2] Dagegen spricht, dass der Empfehler zu anderen Empfehlern nicht in einem vergleichbaren Konkurrenzverhältnis steht wie mehrere Verwender zueinander und dass der Empfehler nicht von der Rechtskrafterstreckung des § 11 S. 1 erfasst wird.[3]

---

[5] Erman/*Werner*, § 17 AGBG Rn 5; MüKo/*Micklitz*, § 17 AGBG Rn 5; *Wolf/Horn/Lindacher*, AGBG, § 17 Rn 9.
[6] Erman/*Werner*, § 17 AGBG Rn 5; MüKo/*Micklitz*, § 17 AGBG Rn 6; *Staudinger/Schlosser*, § 17 AGBG Rn 6; *Wolf/Horn/Lindacher*, AGBG, § 17 Rn 11.
[1] BGH NJW 1953, 745 (Ls.); *Brox/Walker*, Zwangsvollstreckungsrecht, Rn 1337; *Schuschke*, in: Schuschke/Walker, § 767 Rn 23.
[2] MüKo/*Micklitz*, § 19 AGBG Rn 13; Soergel/*Stein*, § 19 AGBG Rn 2; *Staudinger/Schlosser*, § 19 AGBG Rn 5; *Wolf/Horn/Lindacher*, AGBG, § 19 Rn 8.
[3] Erman/*Werner*, § 19 AGBG Rn 4; Palandt/*Heinrichs*, § 19 AGBG Rn 2; *Ulmer/Brandner/Hensen*, AGBG, § 19 Rn 5.

2. Untersagungsurteil

Dem Verwender muss in einem Verfahren nach dem UKlaG die Verwendung einer Bestimmung durch Urteil untersagt sein. Beruht die Unterlassungspflicht dagegen auf einem Vergleich, greift § 10 nicht ein.[4] Die Untersagungsverurteilung muss nach umstrittener Ansicht noch nicht rechtskräftig sein;[5] auch sonst schließt die Möglichkeit der Berufung eine Vollstreckungsgegenklage nicht aus.[6] Nur wenn der Verwender bereits Berufung eingelegt hat, fehlt für die Vollstreckungsgegenklage das Rechtsschutzinteresse.[7] Bei der Vollziehung einer einstweiligen Verfügung greift § 10 nicht ein;[8] vielmehr kann der Verwender gem. § 927 ZPO die Aufhebung der Eilanordnung wegen veränderter Umstände beantragen[9] und die geänderte Rechtsprechung zudem im Hauptsacheverfahren einbringen.[10]

3. Nachträgliche abweichende Entscheidung

Nur eine abweichende Entscheidung des **BGH** oder des **Gemeinsamen Senats der obersten Gerichtshöfe des Bundes** kann als Einwendung geltend gemacht werden. Dabei muss es sich um eine Sachentscheidung handeln. Unerheblich ist, ob sie zu Gunsten eines Verwenders oder eines Empfehlers in einem Verfahren nach dem UKlaG oder auf Grund einer Feststellungsklage des Verwenders/Empfehlers ergangen ist.[11] Nach wohl überwiegender, aber umstrittener Ansicht reicht auch eine Entscheidung in einem Individualprozess zwischen einem Verwender und seinem Vertragspartner aus, in dem die Wirksamkeit der Bestimmung inzident bejaht wurde.[12]

Die Entscheidung muss eine **Klausel** zum Gegenstand haben, die **inhaltlich** (nicht notwendig wörtlich; Kerntheorie) mit derjenigen **identisch** ist, deren Verwendung im Erstprozess untersagt wurde. Außerdem muss sie eine **inhaltlich vergleichbare Art von Rechtsgeschäften** betreffen wie die verbotene Klausel.

Nachträglich bedeutet gem. § 767 Abs. 2 ZPO, dass die abweichende Entscheidung nach Schluss der mündlichen Verhandlung des Erstprozesses, bei einem Versäumnisurteil nach Ablauf der Einspruchsfrist, verkündet worden ist.[13] Abweichend von der Regel, dass es im Rahmen von § 767 Abs. 2 ZPO grundsätzlich auf die objektive Entstehung der Einwendung ankommt,[14] wird z.T. dem Verwender die Geltendmachung der abweichenden Entscheidung auch dann gestattet, wenn er erst nach dem in § 767 Abs. 2 ZPO genannten Zeitpunkt Kenntnis[15] oder die Möglichkeit der Kenntnisnahme[16] erlangt hat.

4. Unzumutbare Beeinträchtigung des Geschäftsbetriebs

Auf eine nachträgliche abweichende Rechtsprechung kann sich der Verwender nur dann berufen, wenn eine Vollstreckung des Verwendungsverbots seinen Geschäftsbetrieb oder (falls nicht vorhanden) seine Wirtschaftsführung unzumutbar beeinträchtigen würde. Diese Voraussetzung wird am ehesten bei spürbaren Wettbewerbsnachteilen gegenüber anderen Verwendern vorliegen.

IV. Geltendmachung der Einwendung

Die Geltendmachung der Einwendung im Wege der Vollstreckungsgegenklage nach § 767 ZPO bedeutet, dass deren Zulässigkeitsvoraussetzungen vorliegen müssen. Ausschließlich zuständig ist gem. §§ 767, 802 ZPO das Prozessgericht erster Instanz (§ 6). Der Klageantrag ist darauf zu richten, dass die Zwangsvollstreckung aus dem Untersagungsurteil für unzulässig erklärt wird. Das Rechtsschutzinteresse für die Klage besteht, sobald ein Vollstreckungstitel gegen den Verwender vorliegt, und es endet, wenn der Titel an den Verwender ausgehändigt worden ist oder dem Gläubiger aus anderen Gründen keine Vollstreckungsmöglichkeit mehr bietet.[17]

---

4 Erman/*Werner*, § 19 AGBG Rn 6; *Ulmer/Brandner/Hensen*, AGBG, § 19 Rn 16; Palandt/*Heinrichs*, § 19 AGBG Rn 3.
5 MüKo/*Micklitz*, § 19 AGBG Rn 17; a.M. Erman/*Werner*, § 19 AGBG Rn 5.
6 BAG NZA 1985, 709, 710; *Brox/Walker*, Zwangsvollstreckungsrecht, Rn 1323; *Schuschke*, in: Schuschke/Walker, § 767 Rn 17.
7 BAG NZA 1985, 709 f.; NJW 1980, 141; *Brox/Walker*, Zwangsvollstreckungsrecht, Rn 1324.
8 Erman/*Werner*, § 19 AGBG Rn 5; *Wolf/Horn/Lindacher*, AGBG, § 19 Rn 10; a.M. Palandt/*Heinrichs*, § 19 AGBG Rn 3.
9 *Brox/Walker*, Zwangsvollstreckungsrecht, Rn 1527; *Walker*, in: Schuschke/Walker, § 927 Rn 14.
10 Erman/*Werner*, § 19 AGBG Rn 5.
11 MüKo/*Micklitz*, § 19 AGBG Rn 15; *Wolf/Horn/Lindacher*, AGBG, § 19 Rn 13.
12 MüKo/*Micklitz*, § 19 AGBG Rn 15; Palandt/*Heinrichs*, § 19 AGBG Rn 4; Staudinger/*Schlosser*, § 19 AGBG Rn 12; *Wolf/Horn/Lindacher*, AGBG, § 19 Rn 15; a.M. *Koch/Stübing*, AGBG, § 19 Rn 2; *Ulmer/Brandner/Hensen*, AGBG, § 19 Rn 8.
13 Erman/*Werner*, § 19 AGBG Rn 10; Palandt/*Heinrichs*, § 19 AGBG Rn 5.
14 BGHZ 34, 274, 279; 61, 25, 26; *Brox/Walker*, Zwangsvollstreckungsrecht, Rn 1342; *Schuschke*, in: Schuschke/Walker, § 767 Rn 31.
15 Staudinger/*Schlosser*, § 19 AGBG Rn 11.
16 MüKo/*Micklitz*, § 19 AGBG Rn 18; Soergel/*Stein*, § 19 AGBG Rn 6; *Wolf/Horn/Lindacher*, AGBG, § 19 Rn. 18.
17 *Brox/Walker*, Zwangsvollstreckungsrecht, Rn 1332.

V. Entscheidung des Prozessgerichts

10 Das Prozessgericht kann gem. § 769 ZPO im Wege einer einstweiligen Anordnung die Vollstreckung aus dem Untersagungsurteil gegen oder ohne Sicherheitsleistung einstellen oder aufheben oder die Fortsetzung der Vollstreckung von einer Sicherheitsleistung abhängig machen. Bei seiner Sachentscheidung ist es an die abweichende Entscheidung des BGH oder des Gemeinsamen Senats der obersten Gerichtshöfe des Bundes gebunden.[18] Nach einem stattgebenden Urteil sind bereits vollstreckte Ordnungsgelder zu erstatten.[19]

§ 11 Wirkungen des Urteils

[1]Handelt der verurteilte Verwender einem auf § 1 beruhenden Unterlassungsgebot zuwider, so ist die Bestimmung in den Allgemeinen Geschäftsbedingungen als unwirksam anzusehen, soweit sich der betroffene Vertragsteil auf die Wirkung des Unterlassungsurteils beruft. [2]Er kann sich jedoch auf die Wirkung des Unterlassungsurteils nicht berufen, wenn der verurteilte Verwender gegen das Urteil die Klage nach § 10 erheben könnte.

Inhalt

I. Inhalt und bisherige Regelung im AGBG 1	3. Zuwiderhandlung des Verwenders 5
II. Zweck von S. 1 2	4. Geltendmachung durch den Vertragspartner 6
III. Voraussetzungen der Rechtskrafterstreckung 3	IV. Wirkung der Rechtskrafterstreckung 7
1. Unterlassungsurteil 3	V. Ausnahme von der Rechtskrafterstreckung nach S. 2 . 8
2. Gegen den Verwender 4	

I. Inhalt und bisherige Regelung im AGBG

1 § 11 erweitert die Wirkungen eines Unterlassungsurteils nach dem UKlaG auf einen am Unterlassungsprozess nicht beteiligten Dritten, nämlich auf den Vertragspartner des verurteilten Verwenders. Die Vorschrift entspricht wörtlich dem bisherigen § 21 AGBG.

II. Zweck von S. 1

2 Bei einem Verstoß des Verwenders gegen ein tituliertes Unterlassungsgebot könnte nach allgemeinen Grundsätzen zwar der obsiegende Verband ein Ordnungsmittel nach § 890 ZPO beantragen; aber einem Vertragspartner des Verwenders, der nicht Partei des Untersagungsprozesses ist, würde das Untersagungsurteil unmittelbar nichts nützen. Dieses Ergebnis wäre mit dem Sinn des abstrakten Kontrollverfahrens nicht vereinbar. Deshalb ermöglicht § 11 S. 1 es auch jedem Vertragspartner, sich auf die im Untersagungsprozess festgestellte Unwirksamkeit der Klausel zu berufen. Darin liegt eine besondere Form der **Rechtskrafterstreckung**, die dem Urteil eine erhöhte **Breitenwirkung** verschafft.

III. Voraussetzungen der Rechtskrafterstreckung

1. Unterlassungsurteil

3 Das Unterlassungsurteil muss nach allg. Ansicht wegen der durch Rechtskrafterstreckung beabsichtigten Breitenwirkung **rechtskräftig** sein.[1] Unter dieser Voraussetzung reichen auch Anerkenntnis- und Versäumnisurteile aus. Einstweilige Verfügungen werden dagegen wegen ihres nur vorläufigen Charakters nicht von § 11 erfasst. Bei (außer-)gerichtlichen Vergleichen kommt mangels Rechtskraft auch keine Rechtskrafterweiterung nach § 11 in Betracht.

2. Gegen den Verwender

4 Das Urteil muss gegen den Verwender ergangen sein, und zwar konkret gegen denjenigen, dessen Vertragspartner sich auf § 11 beruft. Die Verurteilung irgendeines anderen Verwenders reicht nicht aus. Auf ein dem Verwender günstiges Urteil kann dieser sich gegenüber seinem Vertragspartner nicht nach § 11 berufen. Urteile gegen den Empfehler spielen für das Rechtsverhältnis zwischen dem Verwender und seinem Vertragspartner keine Rolle.

---

18 MüKo/*Micklitz*, § 19 AGBG Rn 22; Soergel/*Stein*, § 19 AGBG Rn 10; *Ulmer/Brandner/Hensen*, AGBG, § 19 Rn 5; a.M. wohl *Wolf/Horn/Lindacher*, AGBG, § 19 Rn 5.
19 Soergel/*Stein*, § 19 AGBG Rn 10; vgl. auch *Schuschke*, in: Schuschke/Walker, § 890 Rn 45, 46.
1 Erman/*Werner*, § 21 AGBG Rn 5; MüKo/*Micklitz*, § 21 AGBG Rn 7; Palandt/*Heinrichs*, § 21 AGBG Rn 5; Soergel/*Stein*, § 21 AGBG Rn 2; *Ulmer/Brandner/Hensen*, § 21 Rn 4; *Wolf/Horn/Lindacher*, AGBG, § 21 Rn 8.

3. Zuwiderhandlung des Verwenders

Die Zuwiderhandlung des Verwenders gegen das titulierte Unterlassungsgebot liegt in der ihm verbotenen Verwendung der im Unterlassungsprozess beanstandeten oder einer inhaltsgleichen (§ 9) Klausel. Sie muss **nach Rechtskraft** der Verurteilung erfolgen. Diese Voraussetzung liegt nach umstrittener Ansicht auch dann vor, wenn der Verwender sich nach Rechtskraft auf eine untersagte Klausel in einem **schon vorher abgeschlossenen, aber noch nicht abgewickelten Vertrag** beruft.[2]

4. Geltendmachung durch den Vertragspartner

Die Rechtskrafterstreckung setzt voraus, dass der Vertragspartner des Verwenders sich auf die Wirkung des Unterlassungsurteils beruft. Sie ist also rechtstechnisch als **Einrede** ausgestaltet. Deren Erhebung kann auch auf einen Teil der betroffenen Klauseln („soweit") beschränkt werden. Sie ist ohne die Beschränkung nach § 282 Abs. 3 ZPO bis zum Schluss der letzten mündlichen Tatsachenverhandlung im Individualprozess zwischen Verwender und Vertragspartner möglich und kann jederzeit wieder fallen gelassen werden. Falls der Vertragspartner die Einrede nicht erhebt, hat das Gericht im Individualprozess die Wirksamkeit der Klausel selbständig zu prüfen.

IV. Wirkung der Rechtskrafterstreckung

Wenn die genannten Voraussetzungen vorliegen, ist in dem Individualrechtsstreit zwischen dem Verwender und seinem Vertragspartner die Klausel, um die es in dem Verfahren nach dem UKlaG ging, als unwirksam anzusehen. Die Rechtskrafterstreckung bezieht sich also auf die nur in den Gründen der Entscheidung über die Unterlassungsklage festgestellte Unwirksamkeit der Klausel. Daran ist das Gericht im nachfolgenden Individualprozess gebunden, und es nimmt insoweit keine eigene Sachprüfung mehr vor.

V. Ausnahme von der Rechtskrafterstreckung nach S. 2

Ausnahmsweise steht dem Vertragspartner trotz Vorliegens der Voraussetzungen nach S. 1 die dort geregelte Einrede nicht zu, wenn der Verwender sich gem. § 10 im Wege der Vollstreckungsgegenklage nach § 767 ZPO auf eine nach seiner Verurteilung ergangene abweichende Entscheidung des BGH oder des Gemeinsamen Senats der obersten Gerichtshöfe des Bundes berufen kann. Ob der Verwender eine solche Klage tatsächlich erhebt, ist ohne Bedeutung. Wenn er mit einer solchen Klage obsiegt hat, ist das Gericht im Individualprozess daran gebunden. Falls die Vollstreckungsgegenklage noch anhängig ist, kann der Individualprozess gem. § 148 ZPO wegen Vorgreiflichkeit ausgesetzt werden. Andernfalls hat das Gericht im Individualprozess – wenn der Vertragspartner die Einrede des § 11 erhebt – von Amts wegen zu prüfen, ob die Voraussetzungen des § 10 vorliegen.

Unterabschnitt 3. Besondere Vorschriften für Klagen nach § 2

§ 12 Einigungsstelle

¹**Für Klagen nach § 2 gelten § 27 a des Gesetzes gegen den unlauteren Wettbewerb und die darin enthaltene Verordnungsermächtigung entsprechend.**

Inhalt

I. Inhalt und bisherige Regelung im AGBG ... 1	2. Zweck und Bedeutung ... 4
II. Voraussetzungen für die Anwendbarkeit des § 27 a UWG ... 2	3. Verfahren ... 5
III. Einigungsstellen nach § 27 a UWG ... 3	4. Materiell-rechtliche und prozessuale Auswirkungen ... 6
1. Errichtung und Besetzung ... 3	

I. Inhalt und bisherige Regelung im AGBG

§ 12 verweist für Klagen nach § 2 auf § 27 a UWG, so dass das dort geregelte Einigungsstellenverfahren auch bei Streitigkeiten aus dem UKlaG in Anspruch genommen werden kann. Die Vorschrift entspricht dem bisherigen § 22 Abs. 6 AGBG, soweit dort für die heute in § 2 geregelten Klagen auf § 27 a UWG Bezug genommen wurde.

---

[2] BGH NJW 1981, 1511 f.; BGHZ 127, 35, 37; MüKo/*Micklitz*, § 21 AGBG Rn 9; Palandt/*Heinrichs*, § 21 AGBG Rn 6; Soergel/ *Stein*, § 21 AGBG Rn 3; Staudinger/*Schlosser*, § 21 AGBG Rn 7; *Ulmer/Brandner/Hensen*, AGBG, § 21 Rn 5; a.M. Erman/ *Werner*, § 21 AGBG Rn 2; *Wolf/Horn/Lindacher*, AGBG, § 21 Rn 6.

II. Voraussetzungen für die Anwendbarkeit des § 27 a UWG

2 Einzige Voraussetzung des § 12 ist eine Streitigkeit i.S.v. § 2, in der ein Anspruch auf Unterlassung verbraucherschutzgesetzwidriger Praktiken geltend gemacht wird.

III. Einigungsstellen nach § 27 a UWG

1. Errichtung und Besetzung

3 Nach § 27 a UWG errichten die Landesregierungen bei Industrie- und Handelskammern Einigungsstellen. Diese sind bei einer Anrufung durch eine nach § 3 anspruchsberechtigte Stelle mit einem Volljuristen als Vorsitzenden und einer gleichen Anzahl von Gewerbetreibenden und Verbrauchern als Beisitzern besetzt (§ 27 a Abs. 2 UWG). Einzelheiten zur Organisation und Besetzung der Einigungsstellen haben die Bundesländer im Wesentlichen übereinstimmend in Durchführungsverordnungen geregelt,[1] zu deren Erlass die Landesregierungen nach § 27 a Abs. 11 UWG ermächtigt sind.

2. Zweck und Bedeutung

4 Einigungsstellen sind keine Schiedsgerichte. Sie haben einen gütlichen Ausgleich anzustreben. Dazu können sie den Parteien einen schriftlichen, mit Gründen versehenen Vergleichsvorschlag machen. Aus einem vor der Einigungsstelle geschlossenen Vergleich findet die Zwangsvollstreckung statt (§ 27 a Abs. 6, 7 UWG).

3. Verfahren

5 In Verfahren, in denen die beanstandeten Praktiken den geschäftlichen Verkehr mit dem letzten Verbraucher betreffen, können die Einigungsstellen von jeder Partei angerufen werden. Die örtliche Zuständigkeit richtet sich nach § 6. Wenn die Einigungsstelle den geltend gemachten Anspruch von vornherein für unbegründet erachtet oder sich für unzuständig hält, kann sie die Einleitung von Einigungsverhandlungen ablehnen. Falls sie einen gütlichen Ausgleich versucht, kann der Vorsitzende der Einigungsstelle das persönliche Erscheinen der Parteien anordnen und durch Ordnungsgelder erzwingen (§ 27 a Abs. 5, 8 UWG). Das Verfahren ist in den meisten Ländern gebührenfrei. Über die Kostenerstattung unter den Beteiligten sollen diese sich vergleichen. Einzelheiten zum Verfahren, zur Vollstreckung von Ordnungsgeldern und zur Erhebung von Auslagen sind in den Durchführungsverordnungen der Länder (vgl. dazu schon Rn 3) geregelt.

4. Materiell-rechtliche und prozessuale Auswirkungen

6 Die Anrufung der Einigungsstelle führt in gleicher Weise wie die Klageerhebung zur Hemmung der Verjährung (§ 27 a Abs. 9 UWG). Bei sofortiger Anhängigmachung eines gerichtlichen Verfahrens nach § 2 kann das Gericht den Parteien aufgeben, vor Anberaumung eines neuen Termins die Einigungsstelle anzurufen (§ 27 a Abs. 10 S. 1, 2 UWG). Während der Anhängigkeit eines Einigungsstellenverfahrens ist eine negative Feststellungsklage unzulässig (§ 27 a Abs. 10 S. 3 UWG).

§ 13 Anspruch auf Mitteilung des Namens und der zustellungsfähigen Anschrift

(1) ¹Wer geschäftsmäßig Post-, Telekommunikations-, Tele- oder Mediendienste erbringt oder an der Erbringung solcher Dienste mitwirkt, hat den nach § 3 Abs. 1 Nr. 1 und 3 anspruchsberechtigten Stellen und Wettbewerbsverbänden auf deren Verlangen den Namen und die zustellungsfähige Anschrift eines am Post-, Telekommunikations-, Tele- oder Mediendienstverkehr Beteiligten mitzuteilen, wenn die Stelle oder der Wettbewerbsverband schriftlich versichert, dass diese Angaben
1. zur Durchsetzung eines Anspruchs nach § 1 oder § 2 benötigt werden und
2. anderweitig nicht zu beschaffen sind.

(2) ¹Der Anspruch besteht nur, soweit die Auskunft ausschließlich anhand der bei dem Auskunftspflichtigen vorhandenen Bestandsdaten erteilt werden kann. ²Die Auskunft darf nicht deshalb verweigert werden, weil der Beteiligte, dessen Angaben mitgeteilt werden sollen, in die Übermittlung nicht einwilligt.

(3) ¹Die Wettbewerbsverbände haben einer anderen nach § 3 Abs. 1 Nr. 2 anspruchsberechtigten Stelle auf deren Verlangen die nach Absatz 1 erhaltenen Angaben herauszugeben, wenn sie eine Versicherung in der in Absatz 1 bestimmten Form und mit dem dort bestimmten Inhalt vorlegt.

(4) ¹Der Auskunftspflichtige kann von dem Anspruchsberechtigten einen angemessenen Ausgleich für die Erteilung der Auskunft verlangen. ²Der Beteiligte hat, wenn der gegen ihn geltend gemachte

---

1 Fundstellen bei *Baumbach/Hefermehl*, § 27 a UWG Rn 2.

Anspruch nach § 1 oder § 2 begründet ist, dem Anspruchsberechtigten den gezahlten Ausgleich zu erstatten.
(5) ¹Wettbewerbsverbände sind
1. die Zentrale zur Bekämpfung unlauteren Wettbewerbs und
2. Verbände der in § 3 Abs. 1 Nr. 2 bezeichneten Art, die branchenübergreifend und überregional tätig sind.

²Die in Satz 1 Nr. 2 bezeichneten Verbände werden durch Rechtsverordnung des Bundesministeriums der Justiz, die der Zustimmung des Bundesrates nicht bedarf, für Zwecke dieser Vorschrift festgelegt.

Inhalt

I. Inhalt und Gesetzgebungsverfahren	1	IV. Anspruchsverpflichtete		4
II. Zweck	2	V. Voraussetzungen des Auskunftsanspruches		5
III. Anspruchsberechtigte	3	VI. Ausgleichsanspruch des Verpflichteten (Abs. 4)		6

I. Inhalt und Gesetzgebungsverfahren

§ 13 gibt den nach § 3 klagebefugten Verbänden einen materiell-rechtlichen Auskunftsanspruch gegen die Betreiber von Post-, Telekommunikations-, Tele- und Mediendiensten auf Bekanntgabe von Namen und zustellungsfähigen Anschriften eines an dem jeweiligen Dienst Beteiligten. Die Vorschrift ist erst auf Anregung des Bundesrates[1] in den zum Gesetz gewordenen RegE aufgenommen worden. Sie hat keine Vorgängerregelung im AGBG. Ihre Einordnung im Unterabschnitt 3 des Abschnitts 2 über besondere Vorschriften für Klagen nach § 2 ist gesetzessystematisch verfehlt.   1

II. Zweck

§ 13 soll die Effizienz des Klagerechts nach dem UKlaG sichern. Dieses Klagerecht droht nämlich leer zu laufen, wenn die betreffenden Unternehmen nur mit einer Postfach- oder Internetadresse oder nur mit einer Service-Telefonnummer auftreten, unter der sie nicht verklagt werden können. Deshalb wird den klagebefugten Verbänden ein Auskunftsanspruch gegen diejenigen Unternehmen eingeräumt, die über Namen und ladungsfähige Anschrift der betreffenden Unternehmen verfügen.[2]   2

III. Anspruchsberechtigte

Unmittelbar anspruchsberechtigt sind qualifizierte Einrichtungen nach **§ 3 Abs. 1 Nr. 1**, Industrie- und Handelskammern sowie Handwerkskammern nach **§ 3 Abs. 1 Nr. 3**. Wettbewerbsverbände nach § 3 Abs. 1 Nr. 2 sind dagegen nur dann anspruchsberechtigt, wenn sie branchenübergreifend und überregional tätig sind (**Abs. 5**). Zur letztgenannten Gruppe gehören die Zentrale zur Bekämpfung des unlauteren Wettbewerbs e. V. (Nr. 1) sowie andere vergleichbare Verbände (Nr. 2), die durch Rechtsverordnung bestimmt werden. Dadurch soll dem Anspruchsverpflichteten die Prüfung der Anspruchsberechtigung erleichtert werden.[3] Die nicht branchenübergreifend und überregional tätigen Wettbewerbsverbände erhalten aber ebenfalls Zugang zu Namen und Anschriften von verbraucherrechtswidrig handelnden Unternehmen; ihnen räumt **Abs. 3 S. 3** einen **mittelbaren Auskunftsanspruch** gegen die unmittelbar selbst auskunftsberechtigten Verbände ein. Die Anspruchsberechtigung muss der Diensteanbieter (Abs. 1) oder der Verband (Abs. 3 S. 3) z.B. durch Einsicht in die Liste nach § 4 prüfen.   3

IV. Anspruchsverpflichtete

Anspruchsgegner können nur Unternehmen sein, die geschäftsmäßig Post-, Telekommunikations-, Tele- oder Mediendienste erbringen. Im Einzelfall richtet sich der Anspruch gegen dasjenige Unternehmen, das die Adresse oder die Nummer, unter der das verbraucherrechtswidrig handelnde Unternehmen auftritt, diesem zur Verfügung stellt. Das ist bei einer Postfachadresse die Deutsche Post AG, bei einer auf „.de" lautenden Internetadresse die Denic eG, bei einer Internetadresse auf einem anderen Domainlevel der konkrete Diensteanbieter (provider).   4

---

1 BR-Drucks 338/01 S. 83 (Nr. 145).
2 Zur Begründung BR-Drucks 338/01 S. 83 (Nr. 145).
3 Zur Begründung siehe Gegenäußerung der Bundesregierung zur Stellungnahme des Bundesrates, BT-Drucks 14/6857 S. 72.

V. Voraussetzungen des Auskunftsanspruches

5 Nach **Abs. 1** besteht der Auskunftsanspruch nur dann, wenn die gewünschte Auskunft zur Durchsetzung der Ansprüche nach §§ 1 oder 2 erforderlich ist und nicht anderweitig beschafft werden kann. In diesem Sinne ist der Anspruch also zweckgebunden und subsidiär. Es wird einem in Anspruch genommenen Diensteanbieter nicht zugemutet, diese Voraussetzung zu überprüfen; vielmehr reicht es aus, wenn die anspruchsberechtigte Stelle sie schriftlich versichert. Gem. **Abs. 2 S. 1** besteht der Anspruch nur, wenn die gewünschten Daten beim Diensteanbieter tatsächlich vorhanden sind. Dieser hat keine Beschaffungspflicht, wenn er Namen und Anschriften seiner Kunden gar nicht abgefragt hat. Über vorhandene Daten muss der Diensteanbieter allerdings auch gegen den Willen des betroffenen Unternehmens Auskunft erteilen (Abs. 2 S. 2).

VI. Ausgleichsanspruch des Verpflichteten (Abs. 4)

6 Der zur Auskunft verpflichtete Diensteanbieter kann gem. Abs. 4 einen angemessenen Ausgleich für die Erteilung der Auskunft verlangen, sofern er Aufwendungen (z.B. Ermittlungsaufwendungen) hatte. Maßstab für die Angemessenheit ist das öffentliche Interesse an der effektiven Durchsetzung des Verbraucherschutzrechts sowie die Erheblichkeit des Aufwandes.[4] Der Anspruchsberechtigte hat wegen des von ihm zu leistenden Ausgleichs einen Erstattungsanspruch gegen das betroffene Unternehmen, sofern der Anspruch nach den §§ 1, 2, dessen Durchsetzung die Auskunft dienen soll, begründet ist.

Abschnitt 3. Behandlung von Kundenbeschwerden

§ 14 Kundenbeschwerden

(1) ¹Bei Streitigkeiten aus der Anwendung der §§ 675a bis 676g und 676h Satz 1 des Bürgerlichen Gesetzbuchs können die Beteiligten unbeschadet ihres Rechts, die Gerichte anzurufen, eine Schlichtungsstelle anrufen, die bei der Deutschen Bundesbank einzurichten ist. ²Die Deutsche Bundesbank kann mehrere Schlichtungsstellen einrichten. ³Sie bestimmt, bei welcher ihrer Dienststellen die Schlichtungsstellen eingerichtet werden.
(2) ¹Das Bundesministerium der Justiz regelt durch Rechtsverordnung die näheren Einzelheiten des Verfahrens der nach Absatz 1 einzurichtenden Stellen nach folgenden Grundsätzen:
1. Durch die Unabhängigkeit der Einrichtung muss unparteiisches Handeln sichergestellt sein.
2. Die Verfahrensregeln müssen für Interessierte zugänglich sein.
3. Die Beteiligten müssen Tatsachen und Bewertungen vorbringen können, und sie müssen rechtliches Gehör erhalten.
4. Das Verfahren muss auf die Verwirklichung des Rechts ausgerichtet sein.
²Die Rechtsverordnung regelt in Anlehnung an § 51 des Gesetzes über das Kreditwesen auch die Pflicht der Kreditinstitute, sich an den Kosten des Verfahrens zu beteiligen.
(3) ¹Das Bundesministerium der Justiz wird ermächtigt, im Einvernehmen mit den Bundesministerien der Finanzen und für Wirtschaft und Technologie durch Rechtsverordnung mit Zustimmung des Bundesrates die Streitschlichtungsaufgabe nach Absatz 1 auf eine oder mehrere geeignete private Stellen zu übertragen, wenn die Aufgabe dort zweckmäßiger erledigt werden kann.

Inhalt

I. Inhalt und bisherige Regelung im AGBG 1	2. Zugänglichkeit der Verfahrensregeln (Nr. 2) 7
II. Zweck 2	3. Rechtliches Gehör (Nr. 3) 8
III. Anwendungsbereich 3	4. Verwirklichung des Rechts (Abs. 4) 9
IV. Schlichtungsstelle 4	VI. Besondere Voraussetzungen für die Zulässigkeit des
V. Grundsätze für das Verfahren vor der Schlichtungsstelle (Abs. 2) 5	Schlichtungsverfahrens 10
1. Unabhängigkeit (Nr. 1) 6	VII. Ablauf des Verfahrens 11
	VIII. Kosten 12

I. Inhalt und bisherige Regelung im AGBG

1 § 14 regelt die Einführung von Schlichtungsstellen bei der Deutschen Bundesbank für Streitigkeiten aus dem Überweisungsverkehr der Kreditinstitute. Die Vorschrift entspricht im Wesentlichen dem bisherigen § 29 AGBG.

---
4 Gegenäußerung der Bundesregierung zur Stellungnahme des Bundesrates, BT-Drucks 14/6857 S. 71 f.

II. Zweck

§ 14 dient wie vorher schon § 29 AGBG der Umsetzung der EG-Richtlinie 97/5/EG vom 27.1.1997.[1] Danach ist für grenzüberschreitende Überweisungen ein wirksames Beschwerde- und Abhilfeverfahren zur Beilegung von Streitigkeiten zwischen einem Auftraggeber oder einem Begünstigten und seinem Kreditinstitut vorzusehen. Zu diesem Zweck regelt § 14 ein Verfahren zur außergerichtlichen Streitbeilegung. Dadurch sollen die Gerichte entlastet werden und die Beteiligten die Möglichkeit einer schnellen und sachkundigen Streitbeilegung erhalten.

III. Anwendungsbereich

§ 14 gilt sowohl für grenzüberschreitende als auch ausschließlich inlandsbezogene Streitigkeiten aus Überweisungsverträgen (§ 676 a BGB), Zahlungsverträgen (§ 676 d BGB) und aus Giroverträgen (§ 676 f BGB), auch soweit diese Grundlage für die Verwendung von Zahlungskarten und deren Daten sind und das Kreditinstitut dafür Aufwendungsersatz verlangt (§ 676 h S. 1).

IV. Schlichtungsstelle

In den genannten Streitigkeiten können die Beteiligten eine Schlichtungsstelle anrufen. Diese ist **bei der Deutschen Bundesbank** eingerichtet; in deren Dienststellen können auch mehrere Schlichtungsstellen eingerichtet werden. Für Kreditinstitute und Sparkassen, die dem Bundesverband deutscher Banken e. V., dem Bundesverband öffentlicher Banken Deutschlands oder einem Sparkassen- und Giroverband angehören, ist in § 7 SchlichtVerfVO (Rechtsverordnung gem. **Abs. 3**) die Schlichtung auf die bei diesen Verbänden eingerichteten Schlichtungsstellen übertragen.

V. Grundsätze für das Verfahren vor der Schlichtungsstelle (Abs. 2)

Die Einzelheiten des Schlichtungsstellenverfahrens sind in der Schlichtungsstellenverfahrensverordnung in der Neufassung vom 7.8.2000 (SchlichtVerfVO)[2] geregelt, die das Bundesministerium der Justiz auf der Grundlage von § 14 Abs. 2 erlassen hat. Die wesentlichen Verfahrensgrundsätze sind allerdings schon in § 14 Abs. 2 vorgegeben:

1. Unabhängigkeit (Nr. 1)

Die Schlichtungsstelle muss unabhängig sein. Sie ist zwar kein Gericht, aber auch die außergerichtliche Streitbeilegung erfordert ein unparteiisches Handeln. Die Unabhängigkeit wird in §§ 1 Abs. 2, 2 Abs. 2 und 3 SchlichtVerfVO konkretisiert. Danach können Schlichter nur Bedienstete der Deutschen Bundesbank mit Befähigung zum Richteramt oder zum höheren Bankdienst sein. Sie sind nicht an Weisungen gebunden. Bezahlt werden sie als Bedienstete der Deutschen Bundesbank. Sie dürfen nicht in Streitigkeiten schlichten, an denen sie selbst beteiligt sind oder waren.

2. Zugänglichkeit der Verfahrensregeln (Nr. 2)

Durch die Zugänglichkeit der Verfahrensregeln für Interessierte soll deren Vertrauen in das Schlichtungsverfahren gewonnen werden. Sie wird dadurch hergestellt, dass auf Anforderung ein Informationsblatt zugesendet wird.

3. Rechtliches Gehör (Nr. 3)

Eine mündliche Verhandlung ist zwar nicht vorgesehen. Aber die Beteiligten der Streitigkeit müssen die Möglichkeit erhalten, Tatsachen und Bewertungen vorzubringen. Deshalb muss ihnen der Vortrag der Gegenseite jeweils zur Kenntnis gebracht werden.

4. Verwirklichung des Rechts (Abs. 4)

Das Schlichtungsverfahren muss sich, wie auch der Einigungsvorschlag des Schlichters, an der Rechtslage orientieren. Nur dann kann diese Form der außergerichtlichen Streitbeilegung eine echte Alternative zum gerichtlichen Verfahren sein.

VI. Besondere Voraussetzungen für die Zulässigkeit des Schlichtungsverfahrens

Durch ein Schlichtungsstellenverfahren wird der gerichtliche Rechtsschutz nicht ausgeschlossen oder eingeschränkt. Allerdings hat ein Nebeneinander beider Verfahren keinen Sinn. Deshalb ist nach § 3 der SchlichtVerfVO das Schlichtungsverfahren unzulässig, wenn ein gerichtliches Verfahren anhängig ist, war

---

[1] ABl. EG Nr. L 43 v. 14.2.1997 S. 25.
[2] BGBl I 2000 S. 1279.

oder wird. Es ist ferner wegen Unzulässigkeit abzulehnen, wenn die Streitigkeit durch einen außergerichtlichen Vergleich beigelegt ist, wenn ein Prozesskostenhilfegesuch wegen fehlender Erfolgsaussichten abgewiesen wurde, wenn bereits eine andere Schlichtungsstelle eingeschaltet wurde, wenn der Gegner sich mit Erfolg auf Verjährung beruft sowie dann (Soll-Regelung), wenn die Schlichtung die Klärung einer grundsätzlichen Rechtsfrage beeinträchtigen würde.

VII. Ablauf des Verfahrens

11 Das Beschwerdeverfahren wird auf Antrag des Institutskunden eingeleitet. Die Beschwerde ist schriftlich unter kurzer Schilderung des Sachverhaltes und Beifügung der zum Verständnis erforderlichen Unterlagen zu erheben. Sie wird dem Beschwerdegegner mit Gelegenheit zur Stellungnahme zugeleitet. Zu dieser kann der Bankkunde sich dann nochmals äußern. Danach erhält der Schlichter die Akten (zum Ganzen § 4 SchlichtVerfVO). Dieser prüft die Zulässigkeit der Beschwerde, holt ggf. ergänzende Stellungnahmen ein (führt aber keine Beweisaufnahme durch) und unterbreitet dann einen schriftlichen Schlichtungsvorschlag (§ 5 SchlichtVerfVO). Die Beteiligten können, müssen den Vorschlag des Schlichters aber nicht annehmen. Falls es nicht zu einer Einigung kommt, können immer noch die Gerichte angerufen werden.

VIII. Kosten

12 Das Verfahren ist nach § 6 Abs. 1 SchlichtVerfVO kostenfrei. Von den Kreditinstituten, deren Kostenbeteiligung in § 14 Abs. 2 S. 2 vorgegeben ist, verlangt die Deutsche Bundesbank nach § 6 Abs. 2 SchlichtVerfVO eine Gebühr von 200 Euro, es sei denn, dass die Schlichtungsstelle das Verfahren gem. § 3 SchlichtVerfVO ablehnt.

Abschnitt 4. Anwendungsbereich

§ 15 Ausnahme für das Arbeitsrecht
¹Dieses Gesetz findet auf das Arbeitsrecht keine Anwendung.

1 § 15 ist an die Stelle von § 23 Abs. 1 AGBG getreten, soweit dort die Anwendbarkeit des AGBG auf dem Gebiet des Arbeitsrechts ausgeschlossen wurde. Für die ehemaligen Vorschriften des AGBG über die **Einbeziehung** und die **Inhaltskontrolle**, die in das BGB integriert wurden, gilt diese Bereichsausnahme allerdings nicht mehr. Vielmehr tragen insoweit die zum 1.1.2002 neu gefassten §§ 305 ff. BGB der schon vorher gefestigten Rechtsprechung des Bundesarbeitsgerichts Rechnung, die trotz des § 23 Abs. 1 AGBG bei Arbeitsverträgen eine Billigkeitskontrolle auf der Grundlage von §§ 138, 242, 315 BGB oder des AGBG (ausdrücklich offen gelassen) vorgenommen hatte.[1]

2 Dagegen findet das UKlaG mit seinen Regelungen über Unterlassungsansprüche und ihre **prozessuale Geltendmachung** auf das Arbeitsrecht keine Anwendung. Der Grund dafür liegt darin, dass die kollektive Wahrnehmung der Arbeitnehmerinteressen nicht durch die Verbraucherverbände, sondern durch die Gewerkschaften und durch die Betriebsräte mittels der von ihnen abgeschlossenen Tarifverträge und Betriebsvereinbarungen erfolgt.

Abschnitt 5. Überleitungsvorschriften

§ 16 Überleitungsvorschrift zur Aufhebung des AGB-Gesetzes
(1) ¹Soweit am 1. Januar 2002 Verfahren nach dem AGB-Gesetz in der Fassung der Bekanntmachung vom 29. Juni 2000 (BGBl. I S. 946) anhängig sind, werden diese nach den Vorschriften dieses Gesetzes abgeschlossen.
(2) ¹Das beim Bundeskartellamt geführte Entscheidungsregister nach § 20 des AGB-Gesetzes steht bis zum Ablauf des 31. Dezember 2004 unter den bis zum Ablauf des 31. Dezember 2001 geltenden Voraussetzungen zur Einsicht offen. ²Die in dem Register eingetragenen Entscheidungen werden 20 Jahre nach ihrer Eintragung in das Register, spätestens mit dem Ablauf des 31. Dezember 2004 gelöscht.

---

1 Siehe nur BAG NJW 1996, 2117 f.; 1998, 1732.

(3) ¹Schlichtungsstellen im Sinne von § 14 Abs. 1 sind auch die auf Grund des bisherigen § 29 Abs. 1 des AGB-Gesetzes eingerichteten Stellen.
(4) ¹Die nach § 22 a des AGB-Gesetzes eingerichtete Liste qualifizierter Einrichtungen wird nach § 4 fortgeführt. ²Mit Ablauf des 31. Dezember 2001 eingetragene Verbände brauchen die Jahresfrist des § 4 Abs. 2 Satz 1 nicht einzuhalten.

Die **vier Überleitungsvorschriften** des § 16 regeln die Anwendbarkeit des UKlaG auf die am 1.1.2001 anhängigen Verfahren (Abs. 1), die Zeitdauer für das Auslaufen des beim Bundeskartellamt geführten Entscheidungsregisters nach dem bisherigen § 20 AGBG (Abs. 2), die Fortdauer der auf Grund des bisherigen § 29 AGBG eingerichteten Schlichtungsstellen als Schlichtungsstellen i.S.v. § 14 Abs. 2 (Abs. 3) sowie die Fortführung der nach § 22 a AGBG eingerichteten Liste qualifizierter Einrichtungen (Abs. 4). **1**

Abs. 1: Die Anwendung des UKlaG auch auf alle am 1.1.2002 schon anhängigen, aber noch nicht abgeschlossenen Verfahren nach dem AGBG ist möglich, weil im UKlaG die Verfahrensvorschriften des AGBG ohnehin im Wesentlichen unverändert übernommen wurden. **2**

Abs. 2: Das bisherige Entscheidungsregister nach § 20 AGBG wird nicht fortgeführt. Damit entfällt für die meldepflichtigen Gerichte und für das Bundeskartellamt der mit dem Register verbundene Aufwand. Die mit dem Register bezweckte Transparenz der AGB-Rechtsprechung ist durch deren Veröffentlichung in den Fachzeitschriften und Kommentierungen hinreichend gewährleistet. Davon abgesehen haben sich datenschutzrechtliche Bedenken gegen die namentliche Registrierung der Parteien ergeben.¹ Die Gerichte sind ab 1.1.2002 nicht mehr meldepflichtig. Das bis dahin geführte Register kann unter den bisherigen Voraussetzungen noch bis zum 31.12.2004 eingesehen werden und wird dann aufgelöst. **3**

Abs. 3: Die auf Grund von § 29 AGBG eingerichteten Schlichtungsstellen brauchen nicht neu eingerichtet zu werden, sondern bestehen als Schlichtungsstellen i.S.v. § 14 Abs. 1 fort. **4**

Abs. 4: Die auf Grund von § 22 a AGBG bereits vorhandene Liste qualifizierter Einrichtungen wird als Liste i.S.v. § 4 fortgeführt. Die anderen Eintragungsvoraussetzungen müssen aber auch von den bereits in die Liste aufgenommenen Verbänden eingehalten werden. Staatlich geförderte Verbraucherzentralen und ihr Bundesverband erfüllen die Voraussetzungen und brauchen auch nach der Vermutung nach § 4 Abs. 2 S. 2 nicht neu überprüft zu werden. **5**

---

1 Zur Begründung des Abs. 2 siehe BT-Drucks 14/6040 S. 276.

Verordnung über Informationspflichten nach bürgerlichem Recht

Vom 14.11.1994, BGBl. I S. 3436
Zuletzt geändert durch das Gesetz zur Modernisierung des Schuldrechts vom 26.11.2001, BGBl. I S. 3138[1]

Abschnitt 1. Informationspflichten bei Verbraucherverträgen

Vorbemerkung zu Abschnitt 1

Abschnitt 1 (Informationspflichten bei Verbraucherverträgen) normiert in § 1 die Informationspflichten für Fernabsatzverträge und in § 2 jene für Teilzeit-Wohnrechteverträge – beides Verbraucherverträge, was die Überschrift gleichermaßen widerspiegelt. 1

§ 1 Informationspflichten bei Fernabsatzverträgen

(1) ¹Der Unternehmer muss den Verbraucher gemäß § 312c Abs. 1 Nr. 1 des Bürgerlichen Gesetzbuchs vor Abschluss eines Fernabsatzvertrags mindestens informieren über:
1. seine Identität,
2. seine Anschrift,
3. wesentliche Merkmale der Ware oder Dienstleistung sowie darüber, wie der Vertrag zustande kommt,
4. die Mindestlaufzeit des Vertrags, wenn dieser eine dauernde oder regelmäßig wiederkehrende Leistung zum Inhalt hat,
5. einen Vorbehalt, eine in Qualität und Preis gleichwertige Leistung (Ware oder Dienstleistung) zu erbringen, und einen Vorbehalt, die versprochene Leistung im Fall ihrer Nichtverfügbarkeit nicht zu erbringen,
6. den Preis der Ware oder Dienstleistung einschließlich aller Steuern und sonstiger Preisbestandteile,
7. gegebenenfalls zusätzlich anfallende Liefer- und Versandkosten,
8. Einzelheiten hinsichtlich der Zahlung und der Lieferung oder Erfüllung,
9. das Bestehen eines Widerrufs- oder Rückgaberechts,
10. Kosten, die dem Verbraucher durch die Nutzung der Fernkommunikationsmittel entstehen, sofern sie über die üblichen Grundtarife, mit denen der Verbraucher rechnen muss, hinausgehen und
11. die Gültigkeitsdauer befristeter Angebote, insbesondere hinsichtlich des Preises.

(2) ¹Der Unternehmer hat dem Verbraucher gemäß § 312c Abs. 2 des Bürgerlichen Gesetzbuchs die in Absatz 1 Nr. 1 bis 9 bestimmten Informationen in Textform mitzuteilen.

(3) ¹Der Unternehmer hat dem Verbraucher gemäß § 312c Abs. 2 des Bürgerlichen Gesetzbuchs ferner folgende weitere Informationen in Textform und in einer hervorgehobenen und deutlich gestalteten Form mitzuteilen:
1. Informationen über die Bedingungen, Einzelheiten der Ausübung und Rechtsfolgen des Widerrufs- oder Rückgaberechts sowie über den Ausschluss des Widerrufs- oder Rückgaberechts,
2. die Anschrift der Niederlassung des Unternehmers, bei der der Verbraucher Beanstandungen vorbringen kann, sowie eine ladungsfähige Anschrift des Unternehmers und bei juristischen Personen, Personenvereinigungen oder -gruppen auch den Namen eines Vertretungsberechtigten,
3. Informationen über Kundendienst und geltende Gewährleistungs- und Garantiebedingungen, und
4. die Kündigungsbedingungen bei Verträgen, die ein Dauerschuldverhältnis betreffen und für eine längere Zeit als ein Jahr oder für unbestimmte Zeit geschlossen werden.

---

1 Art. 4 des Gesetzes zur Modernisierung des Schuldrechts ändert die frühere Verordnung über Informationspflichten von Reiseveranstaltern vom 14.11.1994 (BGBl. I S. 3436), welche eine neue Bezeichnung erhält (Verordnung über Informationspflichten nach bürgerlichem Recht – InfVo), die den erweiterten Inhalt widerspiegelt.

Inhalt

A. Übersicht	1
B. Vorvertragliche Informationspflichten (Abs. 1)	2
I. Identität und Anschrift des Unternehmers (Nr. 1 und 2)	2
II. Wesentliche Merkmale der Ware oder Dienstleistung sowie Informationen darüber, wie der Vertrag zustande kommt (Nr. 3)	3
III. Die Mindestlaufzeit des Vertrags (Nr. 4)	7
IV. Vorbehalt der Erbringung einer gleichwertigen Leistung (Nr. 5 1. Fall)	8
V. Vorbehalt der Nichterbringung einer Leistung bei Nichtverfügbarkeit (Nr. 5 2. Fall)	10
VI. Preisangabe (Nr. 6)	11
VII. Die weiteren Informationspflichten (Nr. 7 – 11)	12
C. Form der Zurverfügungstellung der vorvertraglichen Informationen (Abs. 2)	13
D. Die nachvertraglichen Informationspflichten (Abs. 3)	14
I. Überblick	14
II. Informationen über das Widerrufs- oder Rückgaberecht (Nr. 1)	15
III. Niederlassungsanschrift und ladungsfähige Anschrift des Unternehmers (Nr. 2)	16
IV. Kundendienst und geltende Gewährleistungs- und Garantiebedingungen (Nr. 3)	17
V. Kündigungsbedingungen (Nr. 5)	18
VI. Zusammenfassung	19

A. Übersicht

1 Ermächtigungsgrundlage für die Informationspflichten bei Fernabsatzverträgen nach § 1 ist Art. 240 EGBGB. § 1 gibt den alten Informationspflichtenkatalog des § 2 Abs. 2 und 3 FernAbsG unter im Wesentlichen wörtlicher Übernahme des Richtlinientextes (Art. 4 Abs. 1 lit. a bis i FARL)[1] bzw. des Gesetzestextes wieder.[2] „Die einzelnen Informationselemente sprechen für sich.[3] Sie spezifizieren den Hauptgegenstand des Vertrags und sollen in eindeutiger Weise den Vertragspartner des Verbrauchers erkennbar werden lassen.[4] In **Abs. 1** werden die vorvertraglichen Informationspflichten (Rn 2 ff.), in **Abs. 2** die Form der Zurverfügungstellung der vorvertraglichen Informationen gegenüber dem Verbraucher (Rn 13) und in **Abs. 3** die nachvertraglichen Informationspflichten und die notwendige Form der Zurverfügungstellung dieser Informationen gegenüber dem Verbraucher (Rn 14 ff.) normiert. Dies stellt der Gesetzgeber nunmehr durch die ausdrücklichen Bezugnahmen auf § 312c Abs. 1 Nr. 1 bzw. Abs. 2 BGB klar.

B. Vorvertragliche Informationspflichten (Abs. 1)

I. Identität und Anschrift des Unternehmers (Nr. 1 und 2)

2 Abs. 1 Nr. 1 und 2 (entsprechend § 2 Abs. 2 Nr. 1 FernAbsG a.F.) geht insoweit über die Vorgaben des Art. 4 Abs. 1 lit. a FARL hinaus, als das deutsche Recht zusätzlich die Angabe einer (ladungsfähigen) Anschrift des Unternehmers verlangt. Die Regelung enthält zudem keine Beschränkung auf die Fälle einer Vorauszahlung. Damit kann der Verbraucher sein Recht in jedem Falle durchsetzen.

II. Wesentliche Merkmale der Ware oder Dienstleistung sowie Informationen darüber, wie der Vertrag zustande kommt (Nr. 3)

3 Abs. 1 Nr. 3 (entsprechend § 2 Abs. 2 Nr. 2 FernAbsG a.F.) fasst Art. 4 Abs. 1 lit. b und lit. i FARL zusammen und statuiert damit die notwendigen Informationen über die wesentlichen Eigenschaften der geschuldeten Leistung.

4 **Wesentliche Merkmale** ist deskriptiv zu verstehen. Der Verbraucher soll sich in die Lage versetzt sehen, das Leistungsangebot des Unternehmers bewerten zu können. Dies hat zur Folge, dass nicht alle Einzelheiten angegeben werden müssen.[5] Auch sind die angegebenen Merkmale nicht als solche schon zugesicherte Eigenschaften.

5 Die Angabe von **Informationen, wie der Vertrag zustande kommt**,[6] führt nicht dazu, dass der Unternehmer rechtlich bewerten soll, wann der Vertrag zustande kommt. Sie soll vielmehr (vergleichbar der Regelung des § 3 Nr. 1) den angestrebten tatsächlichen Ablauf verdeutlichen und vor allem auch angeben, ob der Unternehmer sich eine Annahme von Angeboten des Verbrauchers vorbehalten will.[7]

6 Der Gesetzgeber hielt es hingegen nicht für notwendig, die Informationspflicht nach Abs. 1 Nr. 3 (entsprechend § 2 Abs. 2 Nr. 2 FernAbsG a.F.)[8] auch um eine Verpflichtung des Unternehmers zu ergänzen, den Verbraucher auch darüber zu informieren, **wann** der Vertrag zustande kommt: Diese Pflicht wird vor

---

1 Kritisch zum Umfang der Informationspflichten *Härting*, CR 1999, 507, 508 f.
2 BT-Drucks 14/6040, S. 277 li. Sp.
3 RegE, BT-Drucks 14/2658, S. 37 re. Sp.
4 *Fuchs*, ZIP 2000, 1273, 1276; *Reich*, EuZW 1997, 581, 584.
5 So RegE, BT-Drucks 14/2658, S. 38 re. Sp.
6 Entsprechend der Gegenäußerung der BReg zu Nr. 147 der Stellungnahme des Bundesrats.
7 Beschlussempfehlung und Bericht des Rechtsausschusses – BT-Drucks 14/7052, S. 209.
8 Rechtsausschuß, BT-Drucks 14/3195, S. 30 re. Sp.

allem bei sog. **Internetversteigerungen** praktisch werden. Es gibt solche Versteigerungen in der Form der echten Versteigerung, bei der der Vertrag nach Ablauf der Bietfrist unmittelbar mit dem Meistbietenden zustande kommt, und als Kauf gegen Höchstgebot, bei dem der Vertrag nach Ablauf der Bietfrist nicht automatisch mit dem Meistbietenden zustande kommt.[9] Vielmehr können sich Einlieferer und Versteigerer noch überlegen, ob sie den Vertrag zu diesem – unter Umständen unterhalb des Einstandspreises liegenden – Gebot überhaupt annehmen. Der Gesetzgeber hält es nicht für angezeigt, den Parteien hier eine bestimmte Gestaltungsform vorzugeben. Es erschien ihm aber geboten, „dass der Verbraucher darüber informiert wird, um welche Art von 'Versteigerung' es sich handelt. Dann kann der Verbraucher sofort feststellen, ob er sich an dieser beteiligen sollte oder nicht."[10]

III. Die Mindestlaufzeit des Vertrags (Nr. 4)

Die Mindestlaufzeit des Vertrags ist nach Abs. 1 Nr. 4 (entsprechend § 2 Abs. 2 Nr. 3 FernAbsG a.F.) anzugeben, wenn dieser eine dauernde oder eine regelmäßig wiederkehrende Leistung zum Inhalt hat. **7**

IV. Vorbehalt der Erbringung einer gleichwertigen Leistung (Nr. 5 1. Fall)

Abs. 1 Nr. 5 1. Fall (entsprechend § 2 Abs. 2 Nr. 4 1. Fall FernAbsG a.F.) geht letztlich auf Art. 7 Abs. 3 FARL zurück und stellt klar, dass der Unternehmer den Verbraucher darüber informieren muss, wenn er sich im Einklang mit § 308 Nr. 4 BGB in Allgemeinen Geschäftsbedingungen das Recht vorbehalten möchte, statt der versprochenen Leistung eine gleichwertige Leistung zu erbringen. **8**

Eine zulässige **Ersetzungsbefugnis** kommt in der Praxis wegen der sehr engen Auslegung, die § 10 Nr. 4 AGBG a.F. (entsprechend § 308 Nr. 4 BGB) nach h.A.[11] erfährt, zwar nicht häufig vor. Sollte eine entsprechende Klausel gleichwohl nach einer AGB-Prüfung zulässig sein, muss jedoch in jedem Falle der Verbraucher auf sie ausdrücklich hingewiesen werden. Diese Notwendigkeit sichert Abs. 1 Nr. 5 1. Fall. **9**

V. Vorbehalt der Nichterbringung einer Leistung bei Nichtverfügbarkeit (Nr. 5 2. Fall)

Abs. 1 Nr. 5 2. Fall (entsprechend § 2 Abs. 2 Nr. 4 2. Fall FernAbsG a.F.) geht auf Art. 7 Abs. 2 FARL zurück und knüpft (im Falle der Verwendung entsprechender AGB) an § 308 Nr. 8 BGB (entsprechend § 10 Nr. 8 AGBG a.F.) an. Der Verbraucher ist vor Vertragsschluss also über allgemeine Leistungsvorbehalte zu informieren, deren Wirksamkeit sich nach § 308 Nr. 8 BGB richtet und durch die Informationspflicht nicht präjudiziert wird. **10**

VI. Preisangabe (Nr. 6)

Abs. 1 Nr. 6 (entsprechend § 2 Abs. 2 Nr. 5 FernAbsG a.F.) verpflichtet den Unternehmer, den Verbraucher – in Ergänzung sonstiger allgemeiner Vorschriften (etwa der PreisangabenVO) – über den **Preis** der Leistung einschließlich einschlägiger Steuern und sonstiger Preisbestandteile zu unterrichten. **11**

VII. Die weiteren Informationspflichten (Nr. 7 – 11)

Die Informationspflichten nach Abs. 1 Nr. 7 – 11 (entsprechend § 2 Abs. 2 Nr. 6 bis 10 FernAbsG a.F.) entsprechen den Vorgaben in Art. 4 Abs. 1 lit. c bis lit. h FARL. Eine Besonderheit ergibt sich noch in Abs. 1 Nr. 10 (entsprechend § 2 Abs. 2 Nr. 9 FernAbsG a.F.): Abweichend vom Sprachgebrauch der FARL („berechnen") verwendet der Gesetzgeber den Terminus „über ... hinausgehen". „Damit soll entsprechend der Intention der Richtlinie deutlich werden, dass Telekommunikationskosten nur dann anzugeben sind, wenn mit ihnen ein zusätzlicher Service abgegolten wird."[12] **12**

C. Form der Zurverfügungstellung der vorvertraglichen Informationen (Abs. 2)

Nach Abs. 2 hat der Unternehmer dem Verbraucher gemäß § 312c Abs. 2 BGB die in Abs. 1 Nr. 1 bis 9 bestimmten Informationen (mithin seine Identität, seine Anschrift, wesentliche Merkmale der Ware oder Dienstleistung, sowie darüber, wie der Vertrag zustande kommt, die Mindestlaufzeit des Vertrags, wenn dieser eine dauernde oder regelmäßig wiederkehrende Leistung zum Inhalt hat, einen Vorbehalt, eine in Qualität und Preis gleichwertige Leistung [Ware oder Dienstleistung] zu erbringen, und einen Vorbehalt, die versprochene Leistung im Falle ihrer Nichtverfügbarkeit nicht zu erbringen, den Preis der Ware oder Dienstleistung einschließlich aller Steuern und sonstiger Preisbestandteile, ggf. zusätzlich anfallende **13**

---

[9] Zur Problematik der „Internetversteigerungen" siehe bereits § 312b BGB Rn 64 ff.
[10] Rechtsausschuß, BT-Drucks 14/3195, S. 31 li. Sp.
[11] *Ulmer/Brandner/Hensen*, § 10 Nr. 4 AGBG Rn 9f.
[12] RegE, BT-Drucks 14/2658, S. 39 li. Sp.

Liefer- und Versandkosten, Einzelheiten hinsichtlich der Zahlung und der Lieferung oder Erfüllung, das Bestehen eines Widerrufs- oder Rückgaberechts) in Textform (§ 126b BGB) mitzuteilen.

D. Die nachvertraglichen Informationspflichten (Abs. 3)

I. Überblick

14 Der Verbraucher ist nach Abs. 3, der auf Art. 5 Abs. 1 zweiter Unterabsatz FARL zurückgeht, auf folgende besonders wichtige Informationen (deren Aufzählung im Wesentlichen wörtlich der Richtlinie folgt) in **Textform** (§ 126b BGB) und einer **hervorgehobenen** und **deutlich gestalteten Form** aufmerksam zu machen (sog. **nachvertragliche Informationspflichten nach § 312c Abs. 2 BGB**):
- Informationen über die Bedingungen, Einzelheiten der Ausübung und Rechtsfolgen des Widerrufs- oder Rückgaberechts sowie über den Ausschluss des Widerrufs- oder Rückgaberechts (Nr. 1);
- die Anschrift der Niederlassung des Unternehmers, bei der der Verbraucher Beanstandungen vorbringen kann, sowie eine ladungsfähige Anschrift des Unternehmers und bei juristischen Personen, Personenvereinigungen oder – gruppen auch den Namen eines Vertretungsberechtigten (Nr. 2);
- Informationen über Kundendienst und geltende Gewährleistungs- und Garantiebedingungen (Nr. 3);
- die Kündigungsbedingungen bei Verträgen, die ein Dauerschuldverhältnis betreffen und für eine längere Zeit als ein Jahr oder für unbestimmte Zeit geschlossen werden (Nr. 4).

II. Informationen über das Widerrufs- oder Rückgaberecht (Nr. 1)

15 Der Verbraucher ist nach Abs. 3 Nr. 1 (entsprechend § 2 Abs. 3 S. 2 Nr. 1 FernAbsG a.F.) auf Informationen über die Bedingungen, Einzelheiten der Ausübung und Rechtsfolgen des Widerrufs- oder Rückgaberechts nach § 312d BGB (entsprechend §§ 3 und 4 FernAbsG a.F.) sowie über den Ausschluss des Widerrufs- oder Rückgaberechts aufmerksam zu machen. Obgleich Art. 5 Abs. 1 zweiter Unterabs. erster Spiegelstrich FARL ausdrücklich eine schriftliche Information über die Bedingungen und Einzelheiten des Widerrufsrechts vorgibt, ist die Umsetzung der Vorgabe ordnungsgemäß erfolgt, da damit **nicht** Schriftform (i. S. v. § 126 BGB) gemeint ist.[13]

III. Niederlassungsanschrift und ladungsfähige Anschrift des Unternehmers (Nr. 2)

16 Gemäß Abs. 3 Nr. 2 (entsprechend § 2 Abs. 3 S. 2 Nr. 2 FernAbsG a.F.) ist dem Verbraucher auch die Anschrift der Niederlassung des Unternehmers, bei der er Beanstandungen vorbringen kann, sowie eine ladungsfähige Anschrift des Unternehmers und bei juristischen Personen, Personenvereinigungen oder -gruppen auch der Name eines Vertretungsberechtigten mitzuteilen.

IV. Kundendienst und geltende Gewährleistungs- und Garantiebedingungen (Nr. 3)

17 Dem Verbraucher sind nach Abs. 3 Nr. 3 (entsprechend § 2 Abs. 3 S. 2 Nr. 3 FernAbsG a.F.) des Weiteren Informationen über Kundendienst und geltende Gewährleistungs- und Garantiebedingungen zu erteilen. Bei den „Gewährleistungsbedingungen" wird es sich wohl nur um solche handeln, die dem Verbraucher zum Nachteil gereichen, mithin vom dispositiven Recht abweichen.[14]

V. Kündigungsbedingungen (Nr. 5)

18 Die nachvertragliche Informationspflicht des Unternehmers umfasst nach Abs. 3 Nr. 4 (entsprechend § 2 Abs. 3 S. 2 Nr. 4 FernAbsG a.F.) auch die Kündigungsbedingungen bei Verträgen, die ein Dauerschuldverhältnis betreffen und für eine längere Zeit als ein Jahr oder für unbestimmte Zeit geschlossen werden.

VI. Zusammenfassung

19 Art. 5 Abs. 1 zweiter Unterabs. FARL verlangt, dass dem Verbraucher in jedem Falle bestimmte weitere Informationen übermittelt werden, die ihn umfassend über seine Rechte aus dem bestehenden Vertrag aufklären. Abs. 3 stellt sicher, dass dem Verbraucher bestimmte Informationen, die über die Informationen des Abs. 1 (in Umsetzung von Art. 4 Abs. 1 lit. a bis f FARL, siehe Rn 2 ff.) hinausgehen und nicht unbedingt vor Vertragsabschluss erteilt zu werden brauchen, in jedem Fall in hervorgehobener und deutlich gestalteter Form in Textform (§ 126b BGB) mitgeteilt werden. Der Gesetzgeber fordert unter Verschärfung der Vorgaben der FARL eine „Hervorhebung", da eine nachträgliche Verbraucherinformation

---

13 So *Fuchs*, ZIP 2000, 1273, 1280 unter Bezugnahme auf *Waldenberger*, K&R 1999, 345, 348 und *Meents*, Verbraucherschutz bei Rechtsgeschäften im Internet, 1998, S. 197: Ausreichend sei eine Zurverfügungstellung der Information in Textform auf einem dauerhaften Datenträger, d. h. in irgendeiner verkörperten Form (a.A. *Micklitz*, in: Micklitz/Reich, Die Fernabsatzrichtlinie im deutschen Recht, 1998, S. 22: „Schriftform verlangt nach allgemein konsentiertem Verständnis die Übermittlung in Papierform.").
14 So *Härting*, CR 1999, 507, 510.

je nach Verfahrensweise des Unternehmers auch andere als die in Abs. 3 bezeichneten Punkte umfassen kann.[15] Dies macht es erforderlich, dass die für die Wahrnehmung der Verbraucherrechte besonders wichtigen Punkte für den Verbraucher auch leicht erkennbar sind.

§ 2 Informationspflichten bei und Vertragsinhalt von Teilzeit-Wohnrechteverträgen

(1) ¹Außer den in § 482 Abs. 2 des Bürgerlichen Gesetzbuchs bezeichneten Angaben müssen ein Prospekt nach § 482 Abs. 1 des Bürgerlichen Gesetzbuchs und der Teilzeit-Wohnrechtevertrag folgende Angaben enthalten:
1. Namen und Wohnsitz des Unternehmers des Nutzungsrechts und des Eigentümers des Wohngebäudes oder der Wohngebäude, bei Gesellschaften, Vereinen und juristischen Personen Firma, Sitz und Name des gesetzlichen Vertreters sowie rechtliche Stellung des Unternehmers in Bezug auf das oder die Wohngebäude,
2. die genaue Beschreibung des Nutzungsrechts nebst Hinweis auf die erfüllten oder noch zu erfüllenden Voraussetzungen, die nach dem Recht des Staates, in dem das Wohngebäude belegen ist, für die Ausübung des Nutzungsrechts gegeben sein müssen,
3. dass der Verbraucher kein Eigentum und kein dingliches Wohn-/Nutzungsrecht erwirbt, sofern dies tatsächlich nicht der Fall ist,
4. eine genaue Beschreibung des Wohngebäudes und seiner Belegenheit, sofern sich das Nutzungsrecht auf ein bestimmtes Wohngebäude bezieht,
5. bei einem in Planung oder im Bau befindlichen Wohngebäude, sofern sich das Nutzungsrecht auf ein bestimmtes Wohngebäude bezieht,
    a) Stand der Bauarbeiten und der Arbeiten an den gemeinsamen Versorgungseinrichtungen wie zum Beispiel Gas-, Elektrizitäts-, Wasser- und Telefonanschluss,
    b) eine angemessene Schätzung des Termins für die Fertigstellung,
    c) Namen und Anschrift der zuständigen Baugenehmigungsbehörde und Aktenzeichen der Baugenehmigung; soweit nach Landesrecht eine Baugenehmigung nicht erforderlich ist, ist der Tag anzugeben, an dem nach landesrechtlichen Vorschriften mit dem Bau begonnen werden darf,
    d) ob und welche Sicherheiten für die Fertigstellung des Wohngebäudes und für die Rückzahlung vom Verbraucher geleisteter Zahlungen im Falle der Nichtfertigstellung bestehen,
6. Versorgungseinrichtungen wie zum Beispiel Gas-, Elektrizitäts-, Wasser- und Telefonanschluss und Dienstleistungen wie zum Beispiel Instandhaltung und Müllabfuhr, die dem Verbraucher zur Verfügung stehen oder stehen werden, und ihre Nutzungsbedingungen,
7. gemeinsame Einrichtungen wie Schwimmbad oder Sauna, zu denen der Verbraucher Zugang hat oder erhalten soll, und gegebenenfalls ihre Nutzungsbedingungen,
8. die Grundsätze, nach denen Instandhaltung, Instandsetzung, Verwaltung und Betriebsführung des Wohngebäudes oder der Wohngebäude erfolgen,
9. den Preis, der für das Nutzungsrecht zu entrichten ist; die Berechnungsgrundlagen und den geschätzten Betrag der laufenden Kosten, die vom Verbraucher für die in den Nummern 6 und 7 genannten Einrichtungen und Dienstleistungen sowie für die Nutzung des jeweiligen Wohngebäudes, insbesondere für Steuern und Abgaben, Verwaltungsaufwand, Instandhaltung, Instandsetzung und Rücklagen zu entrichten sind, und
10. ob der Verbraucher an einer Regelung für den Umtausch und/oder die Weiterveräußerung des Nutzungsrechts in seiner Gesamtheit oder für einen bestimmten Zeitraum teilnehmen kann und welche Kosten hierfür anfallen, falls der Unternehmer oder ein Dritter einen Umtausch und/oder die Weiterveräußerung vermittelt.

(2) ¹Der Prospekt muss außerdem folgende Angaben enthalten:
1. einen Hinweis auf das Recht des Verbrauchers zum Widerruf gemäß §§ 485, 355 des Bürgerlichen Gesetzbuchs, Namen und Anschrift desjenigen, gegenüber dem der Widerruf zu erfolgen hat, einen Hinweis auf die Widerrufsfrist und die schriftliche Form der Widerrufserklärung sowie darauf, dass die Widerrufsfrist durch rechtzeitige Absendung der Widerrufserklärung gewahrt wird; gegebenenfalls muss der Prospekt auch die Kosten angeben, die der Verbraucher im Falle des Widerrufs in Übereinstimmung mit § 485 Abs. 5 Satz 2 des Bürgerlichen Gesetzbuchs zu erstatten hat;
2. einen Hinweis, wie weitere Informationen zu erhalten sind.

(3) ¹Der Teilzeit-Wohnrechtevertrag muss zusätzlich zu den in Absatz 1 bezeichneten Angaben ferner angeben:

---

15 RegE, BT-Drucks 14/2658, S. 39 re. Sp.

1. Namen und Wohnsitz des Verbrauchers,
2. die genaue Bezeichnung des Zeitraums des Jahres, innerhalb dessen das Nutzungsrecht jeweils ausgeübt werden kann, die Geltungsdauer des Nutzungsrechts nach Jahren und die weiteren für die Ausübung des Nutzungsrechts erforderlichen Einzelheiten,
3. die Erklärung, dass der Erwerb und die Ausübung des Nutzungsrechts mit keinen anderen als den im Vertrag angegebenen Kosten, Lasten oder Verpflichtungen verbunden sind,
4. Zeitpunkt und Ort der Unterzeichnung des Vertrags durch jede Vertragspartei.

Abschnitt 2. Informationspflichten bei Verträgen im elektronischen Geschäftsverkehr

Vorbemerkung zu Abschnitt 2

1 Der zweite Abschnitt der Verordnung über Informationspflichten nach bürgerlichem Recht überträgt die Informationspflichten nach Art. 10 ECRL (Informationspflichten) und Art. 11 ECRL (Abgabe einer Bestellung) für Verträge im elektronischen Geschäftsverkehr in das nationale Recht der Bundesrepublik Deutschland. Die Informationspflichten mussten in einen gesonderten Abschnitt 2 (Informationspflichten bei Verträgen im elektronischen Geschäftsverkehr) eingestellt werden und konnten nicht unter dem Abschnitt 1 (Informationspflichten bei Verbraucherverträgen) firmieren, da sich der Anwendungsbereich der ECRL auch (und gerade) auf **Verträge zwischen Unternehmern** bezieht.[1] „Kunde" i. S. d. § 312e BGB kann sowohl ein Verbraucher als auch ein Unternehmer sein.

§ 3 Kundeninformationspflichten des Unternehmers bei Verträgen im elektronischen Geschäftsverkehr

[1]Bei Verträgen im elektronischen Geschäftsverkehr muss der Unternehmer den Kunden gemäß § 312e Abs. 1 Satz 1 Nr. 2 des Bürgerlichen Gesetzbuchs informieren
1. über die einzelnen technischen Schritte, die zu einem Vertragsschluss führen,
2. darüber, ob der Vertragstext nach dem Vertragsschluss von dem Unternehmer gespeichert wird und ob er dem Kunden zugänglich ist,
3. darüber, wie er mit den gemäß § 312e Abs. 1 Satz 1 Nr. 1 des Bürgerlichen Gesetzbuchs zur Verfügung gestellten technischen Mitteln Eingabefehler vor Abgabe der Bestellung erkennen und berichtigen kann,
4. über die für den Vertragsschluss zur Verfügung stehenden Sprachen und
5. über sämtliche einschlägigen Verhaltenskodizes, denen sich der Unternehmer unterwirft, sowie die Möglichkeit eines elektronischen Zugangs zu diesen Regelwerken.

1 Ermächtigungsgrundlage für die Kundeninformationspflichten des Unternehmers bei Verträgen im elektronischen Geschäftsverkehr nach § 3 ist Art. 241 EGBGB. Die Regelung wiederholt im Wesentlichen wörtlich den Richtlinientext des Informationspflichtenkataloges des Art. 10 Abs. 1 lit. a bis d ECRL (entsprechend § 3 Nr. 1 bis 4) und Art. 10 Abs. 2 ECRL (§ 3 Nr. 5).

Abschnitt 3. Informationspflichten von Reiseveranstaltern

Vorbemerkung zu Abschnitt 3

Literatur: Tempel, Informationspflichten bei Pauschalreisen, NJW 1996, 1625; *Noll,* Die Auswirkungen des neuen Reiserechts auf die Allgemeinen Reisebedingungen der Reiseveranstalter und Reisevermittler, RRa 1993, 42.

1 Im Hinblick auf § 651a Abs. 5 BGB ist am 14.11.1994 die **Verordnung über Informationspflichten von Reiseveranstaltern** (InfVO) erlassen worden.[1] Die §§ 1 bis 4 InfVO a.F. sehen in Umsetzung von Art. 3 der Pauschalreiserichtlinie zeitlich abgestufte Informationen des Veranstalters vor. Dies betrifft zunächst die Prospektangaben nach § 1 InfVO a.F., im Folgenden nach § 2 InfVO a.F. die individuelle Unterrichtung vor Vertragsschluss über Pass- und Visumerfordernisse sowie gesundheitspolizeiliche Formalitäten und

---
1 BT-Drucks 14/6040, S. 277 li. Sp.
1 BGBl I S. 3436.

schließlich gem. § 3 InfVO a.F. die Unterrichtung über alle maßgeblichen Merkmale der Reise in der Reisebestätigung. Durch das **Zweite Gesetz zur Änderung reiserechtlicher Vorschriften** vom 23.7.2001[2] ist § 4 InfVO a.F. eingeführt worden zur Regelung von Verträgen über Gastschulaufenthalte. Mit dem **Gesetz zur Modernisierung des Schuldrechts** werden die Informationspflichten der Reiseveranstalter nunmehr in Abschnitt 3 der Verordnung über Informationspflichten nach Bürgerlichem Recht (InfVO) geregelt und somit redaktionell zu den §§ 4 bis 9 InfVO n.F.

Mit Ausnahme der einbezogenen Gastschulaufenthalte ist eine Änderung der InfVO nicht erfolgt, obwohl es bereits im Jahre 1999 einen Entwurf des Bundesjustizministeriums gab, mit welchem Hinweispflichten zu Impfschutz- und Gesundheitsprophylaxemaßnahmen eingefügt werden sollten.[3] Der Deutsche Reisebüro Verband (DRV) hat allerdings von vornherein den Vorschlag des Bundesjustizministeriums begrüßt und für seine Mitglieder eine Selbstverpflichtungserklärung abgegeben, so dass vor diesem Hintergrund eine gesetzliche Vorgabe nicht als notwendig erachtet worden ist.[4]

§ 4 Prospektangaben

(1) ¹Stellt der Reiseveranstalter über die von ihm veranstalteten Reisen einen Prospekt zur Verfügung, so muss dieser deutlich lesbare, klare und genaue Angaben enthalten über den Reisepreis, die Höhe einer zu leistenden Anzahlung, die Fälligkeit des Restbetrages und außerdem, soweit für die Reise von Bedeutung, über folgende Merkmale der Reise:
a) Bestimmungsort;
b) Transportmittel (Merkmale und Klasse);
c) Unterbringung (Art, Lage, Kategorie oder Komfort und Hauptmerkmale sowie – soweit vorhanden – ihre Zulassung und touristische Einstufung);
d) Mahlzeiten;
e) Reiseroute;
f) Pass- und Visumerfordernisse für Angehörige des Mitgliedstaates, in dem die Reise angeboten wird, sowie über gesundheitspolizeiliche Formalitäten, die für die Reise und den Aufenthalt erforderlich sind;
g) eine für die Durchführung der Reise erforderliche Mindestteilnehmerzahl sowie die Angabe, bis zu welchem Zeitpunkt vor dem vertraglich vereinbarten Reisebeginn dem Reisenden die Erklärung spätestens zugegangen sein muss, dass die Teilnehmerzahl nicht erreicht und die Reise nicht durchgeführt wird.

²Die in dem Prospekt enthaltenen Angaben sind für den Reiseveranstalter bindend. ³Er kann jedoch vor Vertragsschluss eine Änderung erklären, soweit er dies in dem Prospekt vorbehalten hat. ⁴Der Reiseveranstalter und der Reisende können vom Prospekt abweichende Leistungen vereinbaren.

(2) ¹Absatz 1 gilt entsprechend, soweit Angaben über die veranstalteten Reisen in einem von dem Reiseveranstalter zur Verfügung gestellten Bild- und Tonträger enthalten sind.

Die Pauschalreiserichtlinie verlangt in Art. 3 Abs. 1, dass die Reisebeschreibung keine irreführenden Angaben enthaltend darf. Der deutsche Gesetzgeber hat diesbezüglich auf eine Umsetzung verzichtet, da sich eine derartige Pflicht bereits aus dem UWG ergibt.

Es besteht keine Pflicht des Reiseveranstalters zur Ausgabe eines Kataloges. Wird ein Prospekt erstellt, muss dieser allerdings die Vorgaben des § 4 InfVO erfüllen.

§ 5 Unterrichtung vor Vertragsschluss

¹Der Reiseveranstalter ist verpflichtet, den Reisenden, bevor dieser seine auf den Vertragsschluss gerichtete Willenserklärung (Buchung) abgibt, zu unterrichten über
1. Pass- und Visumerfordernisse, insbesondere über die Fristen zur Erlangung dieser Dokumente. Diese Verpflichtung bezieht sich auf die Erfordernisse für Angehörige des Mitgliedstaates, in dem die Reise angeboten wird,
2. gesundheitspolizeiliche Formalitäten,
soweit diese Angaben nicht bereits in einem von dem Reiseveranstalter herausgegebenen und dem Reisenden zur Verfügung gestellten Prospekt enthalten und inzwischen keine Änderungen eingetreten sind.

---

2 BGBl I S. 1658; RRa 2001, 192.
3 Entwurf einer Verordnung über die Informationspflichten von Reiseveranstaltern (Stand: 6.12.1999), Schriften zum Reise- und Verkehrsrecht, Band 4, 161.
4 *Marko*, Schriften zum Reise- und Verkehrsrecht, Band 7, 57.

§ 6 InfVO

1 Der Reiseveranstalter hat auf Pass- und Visavorschriften sowie auf gesundheitspolizeiliche Formalitäten auch hinzuweisen, wenn kein Katalog ausgehändigt wird. Hat der Reisende einen Katalog erhalten, bedarf es eines zusätzlichen Hinweises nach § 5 InfVO nicht. Der Reiseveranstalter hat sich allerdings über Änderungen nach Drucklegung des Prospektes ebenso zu informieren wie über Änderungen, welche für die Durchführung der Reise von Bedeutung sind, und diese an den Reisenden weiterzugeben.

§ 6 Reisebestätigung, Allgemeine Reisebedingungen

(1) ¹Der Reiseveranstalter hat dem Reisenden bei oder unverzüglich nach Vertragsschluss eine Urkunde über den Reisevertrag (Reisebestätigung) auszuhändigen.

(2) ¹Die Reisebestätigung muss, sofern nach der Art der Reise von Bedeutung, außer den in § 1 Abs. 1 genannten Angaben über Reisepreis und Zahlungsmodalitäten sowie über die Merkmale der Reise nach § 1 Abs. 1 Buchstabe b, c, d, e und g folgende Angaben enthalten:
a) endgültiger Bestimmungsort oder, wenn die Reise mehrere Aufenthalte umfasst, die einzelnen Bestimmungsorte sowie die einzelnen Zeiträume und deren Termine;
b) Tag, voraussichtliche Zeit und Ort der Abreise und Rückkehr;
c) Besuche, Ausflüge und sonstige im Reisepreis inbegriffene Leistungen;
d) Hinweise auf etwa vorbehaltene Preisänderungen sowie deren Bestimmungsfaktoren (§ 651a Abs. 3 des Bürgerlichen Gesetzbuchs) und auf nicht im Reisepreis enthaltene Abgaben;
e) vereinbarte Sonderwünsche des Reisenden;
f) Name und Anschrift des Reiseveranstalters;
g) über die Obliegenheit des Reisenden, dem Reiseveranstalter einen aufgetretenen Mangel anzuzeigen, sowie darüber, dass vor der Kündigung des Reisevertrages (§ 651e des Bürgerlichen Gesetzbuchs) dem Reiseveranstalter eine angemessene Frist zur Abhilfeleistung zu setzen ist, wenn nicht die Abhilfe unmöglich ist oder vom Reiseveranstalter verweigert wird oder wenn die sofortige Kündigung des Vertrages durch ein besonderes Interesse des Reisenden gerechtfertigt wird;
h) über die nach § 651g des Bürgerlichen Gesetzbuchs einzuhaltenden Fristen, unter namentlicher Angabe der Stelle, gegenüber der Ansprüche geltend zu machen sind;
i) über den möglichen Abschluss einer Reiserücktrittskostenversicherung oder einer Versicherung zur Deckung der Rückführungskosten bei Unfall oder Krankheit unter Angabe von Namen und Anschrift des Versicherers.

(3) ¹Legt der Reiseveranstalter dem Vertrag Allgemeine Geschäftsbedingungen zugrunde, müssen diese dem Reisenden vor Vertragsschluss vollständig übermittelt werden.

(4) ¹Der Reiseveranstalter kann seine Verpflichtungen nach den Absätzen 2 und 3 auch dadurch erfüllen, dass er auf die in einem von ihm herausgegebenen und dem Reisenden zur Verfügung gestellten Prospekt enthaltenen Angaben verweist, die den Anforderungen nach den Absätzen 2 und 3 entsprechen. ²In jedem Fall hat die Reisebestätigung den Reisepreis und die Zahlungsmodalitäten anzugeben.

(5) ¹Die Absätze 1 bis 4 gelten nicht, wenn die Buchungserklärung des Reisenden weniger als 7 Werktage vor Reisebeginn abgegeben wird. ²Der Reisende ist jedoch spätestens bei Antritt der Reise über die in Absatz 2 Buchstabe g bezeichnete Obliegenheit und die in Absatz 2 Buchstabe h bezeichneten Angaben zu unterrichten.

1 § 6 Abs. 1 InfVO entspricht § 651a Abs. 3 BGB n.F. Beide Regelungen stellen genau genommen keine korrekte Umsetzung des Art. 4 Abs. 2 lit. b der Pauschalreiserichtlinie dar, nach welcher die Vertragsbedingungen dem Reisenden vor Vertragsschluss zu übermitteln sind. Der Umsetzungsgesetzgeber meinte, mit einer wörtlichen Übersetzung dem üblichen Vertragsschlussmechanismus vor Buchung durch den Reisenden (Vertragsangebot) und Reisebestätigung durch den Reiseveranstalter (Vertragsannahme) nicht gerecht zu werden, was allerdings nicht von der Beachtung der zwingenden Richtlinienvorgabe befreit. Es ist daher im Sinne einer richtlinienkonformen Auslegung nach wie vor zu verlangen, dass bereits alle Merkmale, die Gegenstand der Reisebestätigung sind, in der Buchungserklärung enthalten sind.[1] Der Gesetzgeber hätte allerdings nunmehr die Gelegenheit zu einer Klarstellung gehabt.

---

1 *Tonner*, § 3 InfVO Rn 3.

§ 7 Verträge über Gastschulaufenthalte (§ 651l des Bürgerlichen Gesetzbuchs)

¹Über die in § 3 bestimmten Angaben hinaus hat der Reiseveranstalter dem Reisenden, dem Gastschüler und, wenn der Reisende nicht der gesetzliche Vertreter des Gastschülers ist, auch diesem folgende Informationen zu erteilen:
1. Namen und Anschrift der Gastfamilie, in welcher der Gastschüler untergebracht ist, einschließlich von Veränderungen,
2. Namen und Erreichbarkeit eines Ansprechpartners im Aufnahmeland, bei dem auch Abhilfe verlangt werden kann, einschließlich von Veränderungen und
3. Abhilfeverlangen des Gastschülers und die vom Reiseveranstalter ergriffenen Maßnahmen.

Durch das Zweite Gesetz zur Änderung reiserechtlicher Vorschriften vom 23.7.2001[1] ist § 7 InfVO n.F. eingefügt worden als besondere Vorschrift für Informationspflichten über Gastschulaufenthalte, welche in § 651l BGB geregelt sind.

§ 8 Unterrichtung vor Beginn der Reise

(1) ¹Der Reiseveranstalter hat den Reisenden rechtzeitig vor Beginn der Reise zu unterrichten
a) über Abfahrts- und Ankunftszeiten, Orte von Zwischenstationen und die dort zu erreichenden Anschlussverbindungen;
b) wenn der Reisende bei der Beförderung einen bestimmten Platz einzunehmen hat, über diesen Platz;
c) über Name, Anschrift, Telefonnummer der örtlichen Vertretung des Reiseveranstalters oder – wenn nicht vorhanden – der örtlichen Stellen, die dem Reisenden bei Schwierigkeiten Hilfe leisten können; wenn auch solche Stellen nicht bestehen, sind dem Reisenden eine Notrufnummer oder sonstige Angaben mitzuteilen, mit deren Hilfe er mit dem Veranstalter Verbindung aufnehmen kann. ²Bei Auslandsreisen Minderjähriger ist die bei der Buchung angegebene Person darüber zu unterrichten, wie eine unmittelbare Verbindung zu dem Kind oder dem an dessen Aufenthaltsort Verantwortlichen hergestellt werden kann.
(2) ¹Eine besondere Mitteilung nach Absatz 1 ist nicht erforderlich, soweit die jeweilige Angabe bereits in einem dem Reisenden zur Verfügung gestellten Prospekt oder der Reisebestätigung enthalten ist und inzwischen keine Änderungen eingetreten sind.

Dem Reiseveranstalter werden nach § 8 InfVO weitere Informationspflichten auferlegt, welche rechtzeitig vor Reisebeginn zu erfüllen sind. Es ist ausreichend, wenn diese Informationen zusammen mit den üblichen Reiseunterlagen kurz vor Reiseantritt übermittelt werden.

§ 9 Gelegenheitsveranstalter

¹Diese Verordnung gilt nicht für Reiseveranstalter, die nur gelegentlich und außerhalb ihrer gewerblichen Tätigkeit Pauschalreisen veranstalten.

Die Pauschalreiserichtlinie nimmt Gelegenheitsveranstalter von ihrem Geltungsbereich aus, das Umsetzungsgesetz in Deutschland allerdings nicht, was durch den Minimalcharakter der Pauschalreiserichtlinie ermöglicht wird. Nach § 9 sollen Informationspflichten allerdings nur dem professionellen Reiseveranstalter obliegen.

Abschnitt 4. Informationspflichten von Kreditinstituten

§ 10 Kundeninformationspflichten von Kreditinstituten

(1) ¹Kreditinstitute haben ihren tatsächlichen und möglichen Kunden die Informationen über die Konditionen für Überweisungen in Textform und in leicht verständlicher Form mitzuteilen. ²Diese Informationen müssen mindestens Folgendes umfassen:
A. vor Ausführung einer Überweisung

---

1 BGBl I S. 1658; RRa 2001, 192.

1. Beginn und Länge der Zeitspanne, die erforderlich ist, bis bei der Ausführung eines mit dem Kreditinstitut geschlossenen Überweisungsvertrags der Überweisungsbetrag dem Konto des Kreditinstituts des Begünstigten gutgeschrieben wird,
2. die Zeitspanne, die bei Eingang einer Überweisung erforderlich ist, bis der dem Konto des Kreditinstituts gutgeschriebene Betrag dem Konto des Begünstigten gutgeschrieben wird,
3. die Berechnungsweise und die Sätze aller vom Kunden an das Kreditinstitut zu zahlenden Entgelte und Auslagen,
4. gegebenenfalls das von dem Kreditinstitut zugrunde gelegte Wertstellungsdatum,
5. die den Kunden zur Verfügung stehenden Beschwerde- und Abhilfeverfahren sowie die Einzelheiten ihrer Inanspruchnahme,
6. die bei der Umrechnung angewandten Referenzkurse,

B. nach Ausführung der Überweisung
1. eine Bezugsangabe, anhand derer der Überweisende die Überweisung bestimmen kann,
2. den Überweisungsbetrag,
3. den Betrag sämtlicher vom Überweisenden zu zahlenden Entgelte und Auslagen,
4. gegebenenfalls das von dem Kreditinstitut zugrunde gelegte Wertstellungsdatum.

(2) ¹Hat der Überweisende mit dem überweisenden Kreditinstitut vereinbart, dass die Kosten für die Überweisung ganz oder teilweise vom Begünstigten zu tragen sind, so ist dieser von seinem Kreditinstitut hiervon in Kenntnis zu setzen.

(3) ¹Ist eine Umrechnung in eine andere Währung erfolgt, so unterrichtet das Kreditinstitut, das diese Umrechnung vorgenommen hat, seinen Kunden über den von ihm angewandten Wechselkurs.

Literatur: *Gößmann/van Look*, Die Banküberweisung nach dem Überweisungsgesetz, WM 2000, Beil Nr. 1, S. 1 ff.

A. Einführung

1 § 10 entspricht fast wörtlich dem § 1 der Verordnung über Kundeninformationspflichten,[1] die insgesamt als selbständige Regelung aufgegeben wurde.[2] Deren in § 675a Abs. 2 BGB a.F. enthaltene Verordnungsermächtigung wurde als Art. 239 EGBGB in das EGBGB eingestellt, um eine größere Übersichtlichkeit zu erzielen.[3]

B. Regelung

2 § 10 Abs. 1 S. 1 ergänzt für Überweisungen[4] durch Kreditinstitute[5] und die ihnen nach § 675a Abs. 2 BGB gleichgestellten Unternehmen die in § 675a Abs. 1 BGB festgelegten Informationspflichten dahingehend, dass die Konditionen für Überweisungen den tatsächlichen und möglichen Kunden mitzuteilen sind, und zwar leicht verständlich[6] und in **Textform** (§ 126b BGB). Daran anschließend legt § 10 Abs. 1 S. 2 den Mindestinhalt dieser Informationspflichten fest.[7]

3 Fraglich ist, ob die Angaben wie nach der Vorgängernorm (Rn 1) im **Kontoauszug** erfolgen können,[8] da insoweit ein § 493 Abs. 1 S. 5 BGB entsprechender Zusatz („es genügt, wenn sie auf einem Kontoauszug erfolgen") fehlt. Dies ist zu bejahen, weil die Vorschrift nur an die Diktion neuen § 126b BGB angepasst werden sollte.[9] Inhaltliche Änderungen waren – wie auch bei § 493 Abs. 1 S. 5 BGB – nicht beabsichtigt.

4 **Vor Ausführung einer Überweisung** trifft das Kreditinstitut zunächst die allgemeine Informationspflicht des § 675a Abs. 1 S. 1 BGB, die durch Abs. 1 S. 2 A konkretisiert wird.[10] Nach Nr. 3 ist die Angabe der Berechnungsweise sowie sämtlicher Sätze der Entgelte und Auslagen erforderlich.[11] Darüber hinaus konkretisiert § 10 Abs. 1 S. 2 A die speziellen Informationspflichten des § 675a Abs. 1 S. 2 BGB über Beginn und Länge der Ausführungsfristen (Nr. 1), Wertstellungsdatum (Nr. 4) und Referenzkurse (Nr. 6).

---

1 VO v. 30.7.1999 (BGBl I S. 1730); abgedr. bei Palandt/*Sprau*, Anhang zu § 675 a. Hierdurch wurden die Art. 3 und 4 der Überweisungs-Richtlinie umgesetzt; BT-Drucks 14/1067, 2 f.
2 Hierzu BT-Drucks 14/6040, 277.
3 Vgl. BT-Drucks 14/6040, 269 mit 268 (zu § 651a BGB).
4 § 676a Abs. 1 S. 1 BGB.
5 § 675a Abs. 1 S. 2 Hs. 2 verweist für den Begriff auf § 1 Abs. 1 KWG; vgl. auch BT-Drucks 14/745, 15.
6 So bereits die Vorgabe in Art. 3 Übewisungs-Richtlinie; vgl. BT-Drucks 14/745, 16; hierzu *Grundmann*, WM 2000, 2269, 2277.
7 Unzutreffend *Gößmann/van Look*, WM 2000, Beil Nr. 1, S. 1, 17, die von „Regelbeispielen" sprechen.
8 Siehe hierzu BT-Drucks 14/745, 16.
9 BT-Drucks 14/7052, 210. Siehe hierzu das Gesetz zur Anpassung der Formvorschriften des Privatrechts und anderer Vorschriften an den modernen Rechtsgeschäftsverkehr v. 13.7.2001 (BGBl I S. 1542).
10 Nahezu wortgleich mit Art. 3 Überweisungs-Richtlinie.
11 Hierzu näher *Gößmann/van Look*, WM 2000, Beil Nr. 1, S. 1, 16.

Hinzu kommen weitere Informationspflichten, die die Gutschriftfristen (Nr. 2) und die Beschwerde- und Abhilfeverfahren[12] (Nr. 5) betreffen.

Nach Ausführung der Überweisung legt § 10 Abs. 1 S. 2 B weitere spezielle Informationspflichten fest,[13] insbesondere eine Bezugsangabe, die dem Überweisenden eine Zuordnung der Überweisung ermöglichen soll (Nr. 1), aber auch Angaben zum Überweisungsbetrag (Nr. 2), zum Betrag aller durch den Überweisenden zu zahlenden Entgelte und Auslagen (Nr. 3) und zum Wertstellungsdatum (Nr. 4). 5

Nicht in Textform zu erfüllen ist die Informationspflicht gem. § 10 Abs. 2. Danach muss das Kreditinstitut des Überweisungsempfängers diesen darauf hinweisen, wenn er die **Entgelte und Auslagen** ganz oder teilweise zu tragen hat.[14] Außerdem hat nach § 10 Abs. 3 bei **Währungsumrechnungen** das umrechnende Kreditinstitut seinem Kunden den angewandten Wechselkurs mitzuteilen. 6

Ein zu vertretender Verstoß gegen § 10 kann zu einer **Haftung** aus c.i.c. (vgl. §§ 311 Abs. 2, 241 Abs. 2, 280 Abs. 1 BGB) bzw. pVV (vgl. § 280 Abs. 1 BGB) führen.[15] 7

§ 11 Betroffene Überweisungen

¹Die Informationspflichten nach § 10 gelten nur, soweit die §§ 675a bis 676g des Bürgerlichen Gesetzbuchs auf Überweisungen Anwendung finden.

§ 11 übernimmt wortgleich den § 2 der aufgehobenen Verordnung über Kundeninformationspflichten.[1] Der Anwendungsbereich des § 10 wird hierdurch eingeschränkt. Die dort genannten Informationspflichten bestehen nur, wenn die §§ 675a bis 676g des Bürgerlichen Gesetzbuchs auf Überweisungen anwendbar sind. Die Einschränkung des Anwendungsbereichs von § 10 ergibt sich allerdings bereits aus § 675a Abs. 1 S. 2 Hs. 2 BGB, so dass § 11 wohl nur klarstellende Bedeutung hat. Bereits nach §§ 675a Abs. 1 S. 2 Hs. 2, 676c Abs. 3 BGB findet § 10 nämlich keine Anwendung, wenn der Überweisende ein Kreditinstitut bzw. ein ihm gleichgestelltes Unternehmen (§ 675a Abs. 2 BGB) ist, der Überweisungsbetrag 75.000 EUR[2] übersteigt oder die Überweisung auf einem Konto eines Kreditinstituts außerhalb der EG und des EWR gutgeschrieben werden soll.[3] Im Übrigen regeln nur die §§ 675a, 676a bis 676c BGB den Überweisungsvertrag, so dass die Verweisung zu weit gefasst ist. 1

Abschnitt 5. Schlussvorschriften

§ 12
¹Diese Verordnung tritt am Tage nach der Verkündung in Kraft.

---

12 Hierzu *Wilkens*, MDR 1999, 1236, 1238 und 1243; siehe auch § 14 UKlaG.
13 Nahezu wortgleich mit Art. 4 Überweisungs-Richtlinie.
14 Hierzu *Gößmann/van Look*, WM 2000, Beil Nr. 1, S. 1, 17 f.
15 Vgl. *Gößmann/van Look*, WM 2000, Beil Nr. 1, S. 1, 18.
1 Siehe VO v. 30.7.1999 (BGBl I S. 1730); vgl. hierzu BT-Drucks 14/6040, 277.
2 Damit geht § 11 über die Überweisungs-Richtlinie hinaus, die gem. Art. 1 nur bei Überweisungen bis zu 50.000 EUR Anwendung findet; siehe hierzu BT-Drucks 14/1301, 17.
3 Vgl. Art. 1 i.V.m. 2 lit. a – c und f Überweisungs-Richtlinie.

Verzugs-RL Präambel

RICHTLINIE 2000/35/EG DES EUROPÄISCHEN PARLAMENTS UND DES RATES
vom 29. Juni 2000
zur Bekämpfung von Zahlungsverzug im Geschäftsverkehr

[Zahlungsverzugs-Richtlinie (Verzugs-RL)]

[Präambel und Erwägungsgründe]

DAS EUROPÄISCHE PARLAMENT UND DER RAT DER EUROPÄISCHEN UNION –

gestützt auf den Vertrag zur Gründung der Europäischen Gemeinschaft, insbesondere auf Artikel 95,
auf Vorschlag der Kommission,
nach Stellungnahme des Wirtschafts- und Sozialausschusses,
gemäß dem Verfahren des Artikels 251 des Vertrags, aufgrund des vom
Vermittlungsausschuss am 4. Mai 2000 gebilligten gemeinsamen Entwurfs,
in Erwägung nachstehender Gründe:

(1) In seiner Entschließung zum Integrierten Programm für die KMU und das Handwerk forderte das Europäische Parlament die Kommission auf, Vorschläge zur Behandlung des Problems des Zahlungsverzugs zu unterbreiten.

(2) Am 12. Mai 1995 verabschiedete die Kommission eine Empfehlung über die Zahlungsfristen im Handelsverkehr.

(3) In seiner Entschließung zu der Empfehlung der Kommission über die Zahlungsfristen im Handelsverkehr forderte das Europäische Parlament die Kommission auf, die Umwandlung ihrer Empfehlung in einen Vorschlag für eine Richtlinie des Rates in Erwägung zu ziehen, der möglichst bald vorgelegt werden sollte.

(4) Am 29. Mai 1997 verabschiedete der Wirtschafts- und Sozialausschuss eine Stellungnahme zu dem Grünbuch der Kommission: „Das öffentliche Auftragswesen in der Europäischen Union: Überlegungen für die Zukunft".

(5) Am 4. Juni 1997 veröffentlichte die Kommission einen Aktionsplan für den Binnenmarkt, in dem betont wird, dass sich der Zahlungsverzug immer mehr zu einem ernsthaften Hindernis für den Erfolg des Binnenmarktes entwickelt.

(6) Am 17. Juli 1997 veröffentlichte die Kommission einen Bericht über Zahlungsverzug im Handelsverkehr, in dem die Ergebnisse einer Bewertung der Auswirkungen ihrer Empfehlung vom 12. Mai 1995 zusammengefasst sind.

(7) Den Unternehmen, insbesondere kleinen und mittleren, verursachen übermäßig lange Zahlungsfristen und Zahlungsverzug große Verwaltungs- und Finanzlasten. Überdies zählen diese Probleme zu den Hauptgründen für Insolvenzen, die den Bestand der Unternehmen gefährden, und führen zum Verlust zahlreicher Arbeitsplätze.

(8) In einigen Mitgliedstaaten weichen die vertraglich vorgesehenen Zahlungsfristen erheblich vom Gemeinschaftsdurchschnitt ab.

(9) Die Unterschiede zwischen den Zahlungsbestimmungen und -praktiken in den Mitgliedstaaten beeinträchtigen das reibungslose Funktionieren des Binnenmarktes.

(10) Dies hat eine beträchtliche Einschränkung des Geschäftsverkehrs zwischen den Mitgliedstaaten zur Folge. Es widerspricht Artikel 14 des Vertrags, da Unternehmer in der Lage sein sollten, im gesamten Binnenmarkt unter Bedingungen Handel zu treiben, die gewährleisten, dass grenzüberschreitende Geschäfte nicht größere Risiken mit sich bringen als Inlandsverkäufe. Es käme zu Wettbewerbsverzerrungen, wenn es für den Binnen- und den grenzüberschreitenden Handel Regeln gäbe, die sich wesentlich voneinander unterscheiden.

(11) Aus den jüngsten Statistiken geht hervor, dass sich die Zahlungsdisziplin in vielen Mitgliedstaaten seit Annahme der Empfehlung vom 12. Mai 1995 im günstigsten Falle nicht verbessert hat.

(12) Das Ziel der Bekämpfung des Zahlungsverzugs im Binnenmarkt kann von den Mitgliedstaaten nicht ausreichend verwirklicht werden, wenn sie einzeln tätig werden; es kann daher besser auf Gemeinschaftsebene erreicht werden. Diese Richtlinie geht nicht über das zur Erreichung dieses Ziels Erforderliche hinaus. Sie entspricht daher insgesamt den Erfordernissen des Subsidiaritäts- und des Verhältnismäßigkeitsprinzips nach Artikel 5 des Vertrags.

Präambel Verzugs-RL

(13) Diese Richtlinie ist auf die als Entgelt für Handelsgeschäfte geleisteten Zahlungen beschränkt und umfasst weder Geschäfte mit Verbrauchern noch die Zahlung von Zinsen im Zusammenhang mit anderen Zahlungen, z.B. unter das Scheck- und Wechselrecht fallenden Zahlungen oder Schadensersatzzahlungen einschließlich Zahlungen von Versicherungsgesellschaften.

(14) Die Tatsache, dass diese Richtlinie die freien Berufe einbezieht, bedeutet nicht, dass die Mitgliedstaaten sie für nicht unter diese Richtlinie fallende Zwecke als Unternehmen oder Kaufleute zu behandeln haben.

(15) Diese Richtlinie definiert zwar den Begriff „vollstreckbarer Titel", regelt jedoch weder die verschiedenen Verfahren der Zwangsvollstreckung eines solchen Titels noch die Bedingungen, unter denen die Zwangsvollstreckung eines solchen Titels eingestellt oder ausgesetzt werden kann.

(16) Zahlungsverzug stellt einen Vertragsbruch dar, der für die Schuldner in den meisten Mitgliedstaaten durch niedrige Verzugszinsen und/oder langsame Beitreibungsverfahren finanzielle Vorteile bringt. Ein durchgreifender Wandel, der auch eine Entschädigung der Gläubiger für die ihnen entstandenen Kosten vorsieht, ist erforderlich, um diese Entwicklung umzukehren und um sicherzustellen, dass die Folgen des Zahlungsverzugs von der Überschreitung der Zahlungsfristen abschrecken.

(17) Die angemessene Entschädigung für die Beitreibungskosten ist unbeschadet nationaler Bestimmungen festzulegen, nach denen ein nationales Gericht dem Gläubiger zusätzlichen Schadenersatz für den durch den Zahlungsverzug eines Schuldners entstandenen Verlust zusprechen kann, wobei auch zu berücksichtigen ist, dass diese entstandenen Kosten schon durch die Verzugszinsen ausgeglichen sein können.

(18) Diese Richtlinie berücksichtigt das Problem langer vertraglicher Zahlungsfristen und insbesondere das Vorhandensein bestimmter Gruppen von Verträgen, für die eine längere Zahlungsfrist in Verbindung mit einer Beschränkung der Vertragsfreiheit oder ein höherer Zinssatz gerechtfertigt sein kann.

(19) Der Missbrauch der Vertragsfreiheit zum Nachteil des Gläubigers sollte nach dieser Richtlinie verboten sein. Falls eine Vereinbarung in erster Linie dem Zweck dient, dem Schuldner zusätzliche Liquidität auf Kosten des Gläubigers zu verschaffen, oder falls der Generalunternehmer seinen Lieferanten und Subunternehmern Zahlungsbedingungen aufzwingt, die auf der Grundlage der ihm selbst gewährten Bedingungen nicht gerechtfertigt sind, können diese Umstände als Faktoren gelten, die einen solchen Missbrauch darstellen. Innerstaatliche Vorschriften zur Regelung des Vertragsabschlusses oder der Gültigkeit von Vertragsbestimmungen, die für den Schuldner unbillig sind, bleiben von dieser Richtlinie unberührt.

(20) Die Folgen des Zahlungsverzugs können jedoch nur abschreckend wirken, wenn sie mit Beitreibungsverfahren gekoppelt sind, die für den Gläubiger schnell und wirksam sind. Nach dem Grundsatz der Nichtdiskriminierung in Artikel 12 des Vertrags sollten diese Verfahren allen in der Gemeinschaft niedergelassenen Gläubigern zur Verfügung stehen.

(21) Es ist wünschenswert, dass sichergestellt ist, dass Gläubiger einen Eigentumsvorbehalt auf nichtdiskriminierender Grundlage in der ganzen Gemeinschaft geltend machen können, falls der Eigentumsvorbehalt gemäß den anwendbaren nationalen Vorschriften, wie sie durch das internationale Privatrecht bestimmt werden, rechtswirksam ist.

(22) Die Richtlinie sollte den gesamten Geschäftsverkehr unabhängig davon regeln, ob er zwischen privaten oder öffentlichen Unternehmen oder zwischen Unternehmen und öffentlichen Stellen erfolgt, wobei zu berücksichtigen ist, dass letztere in großem Umfang Zahlungen an Unternehmen leisten. Sie sollte deshalb auch den gesamten Geschäftsverkehr zwischen Generalunternehmern und ihren Lieferanten und Subunternehmern regeln.

(23) Artikel 5 dieser Richtlinie schreibt vor, dass das Beitreibungsverfahren für unbestrittene Forderungen innerhalb eines kurzen Zeitraums im Einklang mit den nationalen Rechtsvorschriften abgeschlossen wird, verlangt jedoch nicht, dass die Mitgliedstaaten ein besonderes Verfahren einführen oder ihre geltenden gesetzlichen Verfahren in bestimmter Weise ändern –

HABEN FOLGENDE RICHTLINIE ERLASSEN:

[Es folgt die Kommentierung der einzelnen Artikel]

Ernst, Deutsche Gesetzgebung in Europa – am Beispiel des Verzugsrechts –, ZEuP 2000, 767 ff.; *Freitag*, Ein Europäisches Verzugsrecht für den Mittelstand?, EuZW 1998, 559 ff.; *Freudenthal/Milo*, Betalingsachterstanden in handelstransacties: een richtlijnvoorstel met Europees-privaatrechtelijke consequenties, Nederlands tijdschrift voor burgerlijk recht (NTBR) 1999, 153 ff.; *Freudenthal/Milo/Schelhaas*, Europese wanbetalers: geen krediet na aanvaarding richtlijn, Nederlands tijdschrift voor burgerlijk recht (NTBR) 2000, 293 ff.; *Glöckner*, Leitbild mit Verfallsdatum?, BauR 2001, 535 ff.; *Gsell*, Der EU-Richtlinienentwurf zur Bekämpfung von Zahlungsverzug im Handelsverkehr, ZIP 1998, 1569 ff.; *dies.*, Zahlungsverzug im Handelsverkehr: Gemeinsamer Standpunkt des Rates, ZIP 1999, 1281 ff.; *dies.*, EG-Verzugsrichtlinie und Reform der Reform des Verzugsrechts in Deutschland, ZIP 2000, 1861 ff.; *Hau*, Richterrecht, Gesetzesrecht, Europarecht – Zur Fortentwicklung des englischen Vertragsrechts am Beispiel des gesetzlichen Zinsanspruchs, ZvglRWiss 98 (1999), 260 ff.; *Hänlein*, Die Richtlinie 2000/35/EG zur Bekämpfung von Zahlungsverzug im Geschäftsverkehr und ihre Umsetzung in Deutschland, EuZW 2000, 680 ff.; *Heinrichs*, Die EG-Richtlinie zur Bekämpfung von Zahlungsverzug im Geschäftsverkehr und die Reform des Verzugsrechts, in: Schulze/Schulte-Nölke (Hrsg.), Die Schuldrechtsreform vor dem Hintergrund des Gemeinschaftsrechts, 2001, S. 81 ff.; *ders.*, EG-Richtlinie zur Bekämpfung von Zahlungsverzug im Geschäftsverkehr und Reform des Verzugsrechts nach dem Entwurf eines Schuldrechtsmodernisierungsgesetzes, BB 2001, 157 ff.; *Hertel*, Neues Verzugsrecht für Geldschulden – Folgen für die Vertragsgestaltung, ZAP 2000 Fach 2, 275 ff.; *Huber*, Das Gesetz zur Beschleunigung fälliger Zahlungen und die europäische Richtlinie zur Bekämpfung von Zahlungsverzug im Geschäftsverkehr, JZ 2000, 957 ff.; *Kieninger*, Der Richtlinienvorschlag der Europäischen Kommission zur Bekämpfung des Zahlungsverzugs im Handelsverkehr, WM 1998, 2213 ff.; *Knapp*, Das Problem der bewussten Zahlungsverzögerung im inländischen und EU-weiten Handelsverkehr, RabelsZ 63 (1999), 295 ff.; *Krebs*, Die EU-Richtlinie zur Bekämpfung des Zahlungsverzugs im Geschäftsverkehr – Eine Chance zur Korrektur des neuen § 284 Abs. 3 BGB, DB 2000, 1697 ff.; *Lardeux*, La lutte contre le retard de paiement dans les transactions commerciales, La semaine juridique – juris-classeur périodique, Edition Entreprise et affaires 2000, 1318 ff.; *Lawson*, Late payment directive, Solicitors Journal 2000, 1030 ff.; *Lehr*, Neuer Vorschlag für eine EU-Richtlinie über Zahlungsverzug und Eigentumsvorbehalt im Handelsverkehr, EWS 1999, 241 ff.; *Mengoni*, La direttiva 2000/35/CE in tema di mora debendi nelle obbligazioni pecuniarie, Europa e diritto privato, 2001, 73 ff.; *Mohl*, Überlegungen zur Neuregelung erhöhter Verzugszinsen im europäischen, auch deutschen Recht, KStZ 2001, 28 ff.; *Möllers*, Das Gesetz zur Beschleunigung fälliger Zahlungen und die Richtlinie zur Bekämpfung des Zahlungsverzugs im Geschäftsverkehr, WM 2000, 2284 ff.; *Ott*, Eine Modernisierung des Schuldrechts?, FLF 2001, 106 ff.; *Omar*, Minimising late payment risks for SMEs: a new European initiative, International Company and Commercial Law Review 2001, 38 ff.; *Román González/Canabate Pozo*, Comentario a la propuesta de directiva sobre medidas de lucha contra la morosidad en las transacciones comerciales, Revista de Derecho Bancario y Bursátil, 1998, 949 ff.; *Rott*, Vereinheitlichung des Rechts der Mobiliarsicherheiten, Veröffentlichungen zum Verfahrensrecht 13, 2000,146 ff.; *Schmidt-Kessel*, Zahlungsverzug im Handelsverkehr – ein neuer Richtlinienentwurf, JZ 1998, 1135 ff.; *ders.*, Entwurf der Richtlinie zum Zahlungsverzug und die Folgen für die Vertragsgestaltung, ZNotP 1999, 95 ff.; *ders.*, Die Zahlungsverzugsrichtlinie und ihre Umsetzung, NJW 2001, 97 ff.; *Schmidt-Räntsch*, Zur Zahlungsverzugsrichtlinie der EU, ZfIR 2000, 484 ff.; *Schulte-Braucks*, The European Commission's Proposals for combating late Payment, Actes du deuxième Congrès Sanguinetti 2000, 1318 ff.; *ders.*, Zahlungsverzug in der Europäischen Union, NJW 2001, 103 ff.; *Schulz*, Europäische Einflüsse auf das Recht der Mobiliarsicherheiten, JbJZivRWiss 1999, 105 ff.; *Terra*, The proposal for a directive combating late payment in commercial transactions: some vat implications, Ec tax review 1999, 70 ff.; *Torrano*, La morosidad en operaciones comerciales: nueva Directiva comunitaria, Aranzadi Civil 2000-II, 2232 ff.; *Zaccaria*, La direttiva 2000/35/CE relativa alla lotta contro i ritardi di pagamento nelle transazioni commerciali, Studium iuris 2001, 259 ff.

Materialien: Empfehlung der Kommission über Zahlungsfristen im Handelsverkehr, ABlEG 1995 L 127/19; Begründung, ABlEG 1995 C 144/3; Bericht der Kommission über Zahlungsverzug im Handelsverkehr, ABlEG 1997 C 216/10; Vorschlag für eine Richtlinie des Europäischen Parlaments und des Rates zur Bekämpfung von Zahlungsverzug im Handelsverkehr, KOM (1998) 126 endg., ABlEG 1998 C 168/13 (teilweise abgedruckt in ZIP 1998, 1614); Stellungnahme des Europäischen Parlaments, ABlEG 1998 C 313/142; Geänderter Vorschlag für eine Richtlinie des Europäischen Parlaments und des Rates zur Bekämpfung von Zahlungsverzug im Handelsverkehr, KOM (1998) 615 endg., ABlEG 1998 C 374/4; Stellungnahme des Wirtschafts- und Sozialausschusses, ABlEG 1998 C 407/50; Gemeinsamer Standpunkt des Rates, ABlEG 1999 C 284/1; Mitteilung der Kommission an das Europäische Parlament, SEK (1999) 1398 endg.; Stellungnahme der Kommission zu den Abänderungen des Europäischen Parlaments des gemeinsamen Standpunkts des Rates, KOM (2000) 133 endg.

A. Normzweck, rechtspolitischer Hintergrund, Rechtsgrundlage

Die Richtlinie stammt aus dem Politikbereich **kleine und mittlere Unternehmen (KMU)** und Industrie (ehemalige Generaldirektion 23 der Kommission, inzwischen Generaldirektion Unternehmen). Kleine und mittlere Unternehmen sind nach der überwiegend verwendeten Definition Unternehmen mit bis zu 250 Beschäftigten, deren Jahresumsatz kleiner als 40 Mio. Euro ist.[1] In den Erwägungsgründen der Richtlinie wird gleich zu Beginn der Zweck deutlich, kleine und mittlere Unternehmen sowie das Handwerk gegen die Folgen verspäteter Zahlungen zu schützen (Erwägungsgründe Nr. 1, 7). Der Schutz richtet sich vor allem

1

---

[1] Einzelheiten im Anhang zur Empfehlung der Kommission betreffend die Definition der kleinen und mittleren Unternehmen, ABlEG 1996 L 107/4.

gegen Großunternehmen. Deutlich erkennbar ist aber auch die Stoßrichtung gegen die **Zahlungspraxis der öffentlichen Hand** (Erwägungsgrund 4).

2 Die Richtlinie ist auf **Art. 95 EG-Vertrag** gestützt. Sie dient also der Rechtsangleichung zur Verwirklichung des Binnenmarktes. Die Kommission hat den Erlass der Richtlinie mit einer Reihe von Studien begründet, nach denen insbesondere kleine und mittlere Unternehmen durch verspätete Zahlungen erhebliche Schäden erleiden.[2] Zahlungsverzug habe zur Folge, dass kleine und mittlere Unternehmen größeren Unternehmen und der öffentlichen Hand unfreiwilligen und in der Regel kostenlosen Kredit in Milliardenhöhe gewähren müssen. Einer von vier Konkursen in der Gemeinschaft gehe auf Zahlungsverzug zurück, mit der Folge, dass jährlich 450.000 Arbeitsplätze verloren gingen. Zahlungsverzug bilde überdies ein Hindernis für die Verwirklichung des Binnenmarktes, weil signifikante Unterschiede der Zahlungsmoral in den Mitgliedstaaten Unternehmen davon abhielten, mehr zu exportieren. Das Eingreifen des Gemeinschaftsgesetzgebers sei auch deshalb geboten, weil verspätete Zahlungen zu einem wesentlichen Teil nicht auf wirtschaftliche Schwierigkeiten zurückzuführen seien, sondern absichtlich erfolgten.[3]

3 Der Begründung für den Erlass der Richtlinie und ihrem Instrumentarium liegen damit eine Reihe aufeinander aufbauender **empirischer und ökonomischer Annahmen** zugrunde, nämlich dass die Zahlungsmoral schlecht sei, dass davon besonders kleine und mittlere Unternehmen betroffen seien, dass wegen der Unterschiede in den Mitgliedstaaten das Funktionieren des Binnenmarktes behindert werde und schließlich, dass die von der Richtlinie eingesetzten Instrumente (vor allem hohe Zinsen) ein geeignetes Mittel seien, die Zahlungsmoral zu verbessern. Es wird bezweifelt, dass alle Stützen dieses Gedankengebäudes wirklich tragen.[4] Überdies liegt nicht fern, dass die Richtlinie auch durch Aspekte politischer Eigenwerbung der Gemeinschaftsorgane motiviert ist. Der Schutz der Kleinen gegen die Großen verspricht Popularität und wirkt dem Eindruck entgegen, die Europäische Gemeinschaft nütze eher den Großunternehmen und weniger Kleingewerbetreibenden und Bürgern.

4 Im Licht des nach dem Erlass der Richtlinie ergangenen **Tabak-Urteils des EuGH**[5] zu Art. 95 EG-Vertrag stellt sich deshalb die Frage, ob und inwieweit die **Rechtsetzungskompetenz** aus Art. 95 EG-Vertrag für die Richtlinie ausreicht.[6] Der EuGH hat in diesem Urteil klargestellt, dass die bloße Feststellung von Unterschieden zwischen den nationalen Vorschriften und die abstrakte Gefahr von Beeinträchtigungen der Grundfreiheiten nicht ausreichen, um ein Bedürfnis für eine Maßnahme zur Verwirklichung des Binnenmarktes zu begründen. Vielmehr müssen wirkliche oder zumindest wahrscheinliche Hindernisse für das reibungslose Funktionieren des Binnenmarktes vorliegen, auf deren Beseitigung die betreffende Regelung abzielt.[7] Für die Begründung einer Rechtsetzungskompetenz auf der Grundlage von Art. 95 EG-Vertrag kommt es deshalb auch darauf an, dass möglichst viel Tatsachenmaterial zur Beeinträchtigung des Binnenmarktes durch Unterschiede der beteiligten Rechtsordnungen zusammengetragen wird.

5 Das von der Kommission gesammelte Tatsachenmaterial zum Zahlungsverzug spricht aber deutlich dafür, dass Unterschiede in der Zahlungsmoral negative Auswirkungen auf den Binnenmarkt haben. Eine Rechtsetzung mit dem Ziel, Zahlungsverzögerungen zu verringern, ist deshalb **grundsätzlich von Art. 95 EG-Vertrag gedeckt**.[8] Auch sind die von der Richtlinie eingesetzten Mittel nicht von vornherein ungeeignet. Kleine und mittlere Unternehmen tragen den weitaus größeren Teil zur Wertschöpfung und zur Wirtschaftskraft in der Union bei und sind deshalb von besonderer Bedeutung für die Verwirklichung des Binnenmarktes. Insbesondere bei grenzüberschreitenden Geschäften stehen kleine und mittlere Unternehmen tendenziell vor größeren Schwierigkeiten, Außenstände einzuziehen, als Großunternehmen, die häufiger über Niederlassungen oder Anwälte im Ausland verfügen. Wegen der erheblichen Schwierigkeiten einer grenzüberschreitenden Rechtsverfolgung könnten Schuldner von kleinen und mittleren Unternehmen stärker versucht sein, Zahlungen zurückzuhalten, als gegenüber Großunternehmen. Aus diesen Gründen werden auch kleine und mittlere Unternehmen eher davor zurückschrecken, grenzüberschreitend tätig zu werden, da sie der erhöhte Aufwand einer Rechtsverfolgung im Ausland stärker träfe.[9] Sowohl die von

---

2 Das Folgende nach der Begründung im Richtlinienvorschlag in dem Kommissionsdokument KOM (1998) 126 endg., 2 ff.; 26 (teilweise abgedruckt auch in ZIP 1998, 1614 ff.); vergleichbare Daten für das Vereinigte Königreich bei *Lawson*, Solicitors Journal 2000, 1030.
3 *Schulte-Braucks* (einer der zuständigen Kommissionsbeamten bei der Richtlinienvorbereitung), NJW 2001, 103 f.
4 *Huber*, JZ 2000, 957; *Heinrichs*, BB 2001, 157.
5 EuGH, Urteil v. 5.10.2000, Rechtssache 376/98 = JZ 2001, 32; zu den – kontrovers beurteilten – Auswirkungen des Urteils für die Rechtsetzung der EG im Bereich des Vertragsrechts z.B. *Roth*, JZ 2001, 475, 477 (s. auch den Diskussionsbeitrag von *Müller-Graff*, a.a.O., 497).
6 Zur Reichweite der Rechtsetzungskompetenz aus Art. 95 EGV-Vertrag z.B. *Basedow*, European Review on Private Law 2001, 35, 43 ff.; *ders.*, AcP 200 (2000), 445, 473 ff.; *Staudinger*, VuR 2001 (im Erscheinen).
7 EuGH JZ 2001, 32 Rn 84 ff.
8 So im Ergebnis auch die Gutachten des Juristischen Dienstes der Kommission und des Juristischen Dienstes des Rates, Mitteilung der Kommission an das Europäische Parlament, SEK (1999) 1398 endg. Nr. 3.4.2; ebenso *Heinrichs*, BB 2001, 157.
9 Ähnlich z.B. die Einschätzung von *Freitag*, EuZW 1998, 559.

der Richtlinie vorgegebene Zinshöhe als auch die Vorschriften zur Erleichterung der Rechtsdurchsetzung können deshalb durchaus als geeignete Mittel zur Verbesserung des Binnenmarktes angesehen werden.[10]

Da die Richtlinie gleichermaßen für grenzüberschreitende und für rein inländische Geschäfte gilt, hat sie nicht nur Binnenmarktbezug, sondern zielt ganz allgemein auf **Mittelstandsförderung**.[11] Sie ist damit Teil der inzwischen breit angelegten Gemeinschaftspolitik zugunsten von kleinen und mittleren Unternehmen und steht in Zusammenhang mit einer ganzen Reihe weiterer Maßnahmen.[12]

Die Zielsetzung der Richtlinie ist aber in dem durch sie geschaffenen Recht nur ansatzweise zum Ausdruck gekommen.[13] Insbesondere verzichtet die Richtlinie auf jeden Versuch, den geschützten Kreis von Unternehmen (kleine und mittlere Unternehmen) von den Schutzgegnern abzugrenzen. Sie gilt nicht nur zu Gunsten, sondern gleichermaßen **zu Lasten von kleinen und mittleren Unternehmen** (dazu Art. 1, 2 Rn 6 ff.). Geschützt und begünstigt wird nach der Richtlinie ausschließlich der Gläubiger, unabhängig davon ob er ein kleines und mittleres Unternehmen oder ein Großunternehmen ist. Die Schutzrichtung zugunsten von kleinen und mittleren Unternehmen ergibt sich lediglich daraus, dass aufgrund der von der Kommission erhobenen Daten Zahlungsverzug sich stärker zu Lasten von kleinen und mittleren Unternehmen auswirkt. Die Richtlinie enthält im Wesentlichen nur einseitiges Recht zugunsten des Gläubigers im Geschäftsverkehr. Die Interessen des Schuldners (z.B. gegen überhöhte Verzugszinsen[14]) finden in der Richtlinie keine Stütze. Es ist die Aufgabe der Mitgliedstaaten, die gläubigerfreundlichen Vorgaben der Richtlinie in die Gesamtrechtsordnung so einzubetten, dass auch die Interessen des Schuldners gewahrt werden.

B. Entstehungsgeschichte

Die rechtsetzende Tätigkeit der Kommission auf dem Gebiet des Zahlungsverzugs begann mit einer 1995 verabschiedeten **Empfehlung über Zahlungsfristen im Handelsverkehr**.[15] Die langen Zahlungsfristen, die vor allem kleine und mittlere Unternehmen in finanzielle Schwierigkeiten bringen, sollten nach dieser Empfehlung durch ein Bündel von Maßnahmen der Mitgliedstaaten verkürzt werden. Dazu wurde u.a. eine bessere Schulung der kleinen und mittleren Unternehmen auf dem Gebiet der Zahlungsfristen und des grenzüberschreitenden Verkehrs, eine Verbesserung der rechtlichen Stellung der Gläubiger durch schnelle, kurze und wenig kostenintensive Klagemöglichkeiten, eine Erhöhung der Transparenz vertraglicher Bestimmungen, eine Herstellung eines besseren Gleichgewichts zwischen den Vertragsparteien und eine stärkere Abschreckung säumiger Zahler durch höhere Zinsen empfohlen.

In einem Bericht aus dem Jahre 1997 bewertete die Kommission die von den Mitgliedstaaten als Reaktion auf ihre Empfehlung ergriffenen Maßnahmen als unzureichend[16] und legte daraufhin 1998 einen **Vorschlag** für eine Richtlinie zur Bekämpfung von Zahlungsverzug im Geschäftsverkehr vor,[17] auf den noch im selben Jahr ein geänderter Vorschlag folgte.[18] Dieser Vorschlag sah u.a. eine mit der Leistung beginnende Karenzfrist von 21 Tagen (Art. 3 Abs. 1 lit. a), einen Verzugszinssatz von 8 Prozentpunkten über dem Refinanzierungssatz der Europäischen Zentralbank (Art. 3 Abs. 1 lit. h), einen verschuldensunabhängigen Schadensersatzanspruch des Gläubigers (Art. 3 Abs. 1 lit. j), umfassende Vorschriften zum Eigentumsvorbehalt (Art. 4), ein vereinfachtes Verfahren für geringe Geldforderungen (Art. 6) und die Einrichtung eines Verfahrens zur Erlangung eines unanfechtbaren Vollstreckungsbescheides in 60 Tagen vor (Art. 5 Abs. 5).

Der **gemeinsame Standpunkt des Rates** von 1999[19] nahm zahlreiche Änderungen vor: die Karenzfrist sollte 30 Tage lang sein (Art. 3 Abs. 1 lit. Nr. i); der Schadensersatzanspruch sollte die Verantwortlichkeit des Schuldners für den Zahlungsverzug voraussetzen (Art. 3 Abs. 1 lit. c Nr. ii) und davon abhängig sein, dass der Schuldner seine Verpflichtungen erfüllt hat (Art. 3 Abs. 1 lit. c Nr. i). Weiterhin wurde die Möglichkeit einer Inhaltskontrolle von Vereinbarungen über Zahlungsfristen und Verzugsfolgen eingefügt (Art. 3 Abs. 3). Die Vorschriften zum Eigentumsvorbehalt, das vereinfachte Verfahren bei geringen

---

10 *Omar*, International Company and Commercial Law Review 2001, 38, 42.
11 Zur Tauglichkeit von Art. 95 EG-Vertrag als Rechtsgrundlage auch für Inlandsgeschäfte *Schulte-Braucks*, NJW 2001, 103, 104.
12 Bericht der Kommission über die Aktivitäten der Union zur Förderung von kleinen und mittleren Unternehmen, KOM (2001) 98 endgültig; auch im Internet unter http://europa.eu.int/comm/enterprise/entrepreneurship/promoting_entrepreneurship/doc/com2001-98_de.pdf; zu den Beispielen im Bereich des Zivilrechts gehört auch Art. 4 der Verbrauchsgüterkaufrichtlinie (Rückgriffsrechte, umgesetzt in §§ 478 f. BGB).
13 Beispielsweise in Art. 3 Abs. 5, der eine Verbandsklagebefugnis für Organisationen vorsieht, die ein berechtigtes Interesse daran haben, kleine und mittlere Unternehmen zu vertreten.
14 Bezeichnend z.B. die Vorstellung von *Schulte-Braucks*, NJW 2001, 103, 106, der im Rahmen von Art. 3 Abs. 2 einen Zinssatz von 20 % für angemessen hält.
15 ABlEG 1995 L 127/19; Vorarbeiten im Arbeitsdokument der Kommission SEC (1992) 2214.
16 ABlEG 1997 C 144/3.
17 ABlEG 1998 C 168/13 (ohne Begründung); vollständiger Vorschlag im Dokument KOM (1998) 126 endg., teilweise abgedruckt in ZIP 1998, 1614.
18 ABlEG 1998 C 374/4.
19 ABlEG 1999 C 284/1.

Art. 1 Verzugs-RL

Geldforderungen und die im Entwurf der Kommission vorgesehenen besonderen Regeln für Behörden sollten entfallen. Der Zinssatz wurde auf 6 Prozentpunkte über dem Refinanzierungssatz der Europäischen Zentralbank gesenkt (Art. 3 Abs. 1 lit. d).

11 Die **Entschließung des Europäischen Parlaments** von Ende 1999 erhöhte den Zinssatz wieder auf 8 Prozentpunkte über dem Refinanzierungssatz, verkürzte die Frist auf 21 Tage und führte die Möglichkeit einer Verbandsklage ein (Art. 3 Abs. 5). Die Kommission akzeptierte die meisten Vorschläge des Parlaments in ihrem neuen geänderten Vorschlag.[20] Der endgültige Text der Richtlinie[21] geht auf die Einigung im Vermittlungsverfahren zurück.

C. Überblick über den Inhalt der Richtlinie

12 Der sachliche Anwendungsbereich der Richtlinie umfasst nur Geldforderungen, die als Entgelt im Geschäftsverkehr geschuldet werden (Art. 1, Art. 2 Nr. 1). Ausgenommen werden können Forderungen, die Gegenstand eines gegen den Schuldner eingeleiteten Insolvenzverfahrens sind (Art. 6 Abs. 3 lit. a). Der persönliche Anwendungsbereich wird umgrenzt durch den Begriff „Geschäftsverkehr" (Art. 2 Nr. 1). Er soll zum einen die Einbeziehung von Forderungen gegen die öffentliche Hand, zum anderen den Ausschluss von Geschäften mit Verbrauchern sicherstellen. Die Richtlinie enthält keine Begrenzung ihres Anwendungsbereichs auf kleine und mittlere Unternehmen. Sie kommt damit allen Unternehmen einschließlich der Großunternehmen zugute.

13 Die wichtigsten Instrumente (Art. 3) sind ein Mindestzinssatz bei Zahlungsverzug in Höhe von 7 Prozentpunkten über den Leitzins der Europäischen Zentralbank, der spätestens nach einer Frist von 30 Tagen zahlbar sein muss. Außerdem gewährt die Richtlinie einen angemessenen Ersatz aller durch den Zahlungsverzug bedingten Beitreibungskosten. Die Richtlinie verpflichtet die Mitgliedstaaten nur, ihr dispositives Recht nach diesen Vorgaben zu gestalten. Die Mitgliedstaaten müssen aber für vertragliche Vereinbarungen der Parteien über den Zahlungstermin oder über die Folgen des Zahlungsverzugs eine Inhaltskontrolle, einschließlich der Möglichkeit einer Verbandsklage, vorsehen. Weitere Vorgaben betreffen die Anerkennung von Vereinbarungen über einen Eigentumsvorbehalt in allen Mitgliedstaaten (Art. 4) sowie die Verpflichtung, ein Beitreibungsverfahren für unbestrittene Forderungen zu schaffen, mit dem alle in der EG niedergelassenen Gläubiger in der Regel innerhalb von 90 Tagen einen vollstreckbaren Titel erwirken können (Art. 5). Alle diese Vorgaben sind nur Mindeststandards. Die Mitgliedstaaten können Vorschriften beibehalten oder erlassen, die für den Gläubiger günstiger sind (Art. 6 Abs. 2).

Artikel 1 Anwendungsbereich

Diese Richtlinie ist auf alle Zahlungen, die als Entgelt im Geschäftsverkehr zu leisten sind, anzuwenden.

Artikel 2 Begriffsbestimmungen

Im Sinne dieser Richtlinie bezeichnet der Ausdruck

1. „Geschäftsverkehr" Geschäftsvorgänge zwischen Unternehmen oder zwischen Unternehmen und öffentlichen Stellen, die zu einer Lieferung von Gütern oder Erbringung von Dienstleistungen gegen Entgelt führen;
„öffentliche Stelle" jeden öffentlichen Auftraggeber oder Auftraggeber im Sinne der Richtlinien über das öffentliche Auftragswesen (92/50/EWG,[1] 93/36/EWG,[2] 93/37/EWG[3] und 93/38/EWG[4]);
„Unternehmen" jede im Rahmen ihrer unabhängigen wirtschaftlichen oder beruflichen Tätigkeit handelnde Organisation, auch wenn die Tätigkeit von einer einzelnen Person ausgeübt wird;
2. „Zahlungsverzug" die Nichteinhaltung der vertraglich oder gesetzlich vorgesehenen Zahlungsfrist;
3. „Eigentumsvorbehalt" die vertragliche Vereinbarung, nach der der Verkäufer bis zur vollständigen Bezahlung Eigentümer des Kaufgegenstands bleibt;

---

20 KOM (2000) 133 endg.
21 ABlEG 2000 L 200/35 = NJW 2001, 132.
1 ABl. EG L 209 vom 24.7.1992, S. 1.
2 ABl. EG L 199 vom 9.8.1993, S. 1.
3 ABl. EG L 199 vom 9.8.1993 S. 54.
4 ABl. EG L 199 vom 9.8.1993, S. 84.

4. „von der Europäischen Zentralbank auf ihre Hauptrefinanzierungsoperationen angewendeter Zinssatz" den Zinssatz, der bei Festsatztendern auf diese Operationen angewendet wird. Wurde eine Hauptrefinanzierungsoperation nach einem variablen Tenderverfahren durchgeführt, so bezieht sich dieser Zinssatz auf den marginalen Zinssatz, der sich aus diesem Tender ergibt. Dies gilt für Begebungen mit einheitlichem und mit variablem Zinssatz;
5. „vollstreckbarer Titel" Entscheidungen, Urteile oder Zahlungsbefehle eines Gerichts oder einer anderen zuständigen Behörde, nach denen eine Zahlung unverzüglich oder in Raten zu leisten ist und mit denen der Gläubiger seine Forderung gegen den Schuldner im Wege der Zwangsvollstreckung beitreiben kann; hierzu gehören auch Entscheidungen, Urteile oder Zahlungsbefehle, die vorläufig vollstreckbar sind und dies auch dann bleiben, wenn der Schuldner dagegen einen Rechtsbehelf einlegt.

Inhalt

A. Persönlicher Anwendungsbereich ... 1	II. Entgelt ... 17
I. Allgemeines ... 1	**C. Territorialer Anwendungsbereich, Internationales Privatrecht, UN-Kaufrecht** ... 22
II. Öffentliche Stelle ... 4	
III. Unternehmen ... 6	
B. Sachlicher Anwendungsbereich ... 13	**D. Weitere Begriffsbestimmungen in Art. 2 Nr. 2 – 5** ... 26
I. Geldforderung ... 13	

A. Persönlicher Anwendungsbereich

I. Allgemeines

Art. 1 und Art. 2 Nr. 1 regeln den Anwendungsbereich der Richtlinie. Der persönliche Anwendungsbereich wird durch den zentralen Begriff **Geschäftsverkehr** im Sinne von Art. 2 Nr. 1 Abs. 1 (vgl. auch den Richtlinientitel, Erwägungsgründe 10, 22, Art. 1, Art. 6) abgegrenzt. Keine eigenständige Funktion haben offenbar die Begriffe Handelsgeschäfte (Erwägungsgrund 13) und Handelsverkehr (Erwägungsgründe 2, 6), die im Wesentlichen deckungsgleich zu sein scheinen, aber die Geschäfte der öffentlichen Hand nicht umfassen. **1**

Zielrichtung der Beschränkung auf Zahlungen im **Geschäftsverkehr** ist zum einen der **Ausschluss von Verbrauchergeschäften** (Erwägungsgrund 13), zum anderen die **Einbeziehung der öffentlichen Hand** (Erwägungsgrund 22). Art. 2 Nr. 1 Abs. 1 erreicht dies durch die Formulierung „Geschäftsvorgänge zwischen Unternehmen oder zwischen Unternehmen und öffentlichen Stellen". Erfasst werden damit Zahlungsansprüche, bei denen Gläubiger und Schuldner **Unternehmen** (definiert in Art. 2 Nr. 1 Abs. 3, dazu Rn 6 ff.) sind oder der Gläubiger ein Unternehmen und der Schuldner eine **öffentliche Stelle** (definiert in Art. 2 Nr. 1 Abs. 2, dazu Rn 4 f.) ist. **2**

Die Richtlinie gilt auch für Ansprüche, bei denen die **öffentliche Stelle Gläubiger** und der Schuldner ein Unternehmen ist.[5] Zwar zielen Vorgeschichte und Zweck der Richtlinie lediglich auf den Schutz von Unternehmen, insbesondere kleiner und mittlerer Unternehmen, gegen die öffentliche Hand. Eine Anwendung auch zugunsten der öffentlichen Hand kehrt diese Schutzrichtung um. Dafür spricht jedoch der Wortlaut von Art. 2 Nr. 1 Abs. 1, außerdem Erwägungsgrund 22 („den gesamten Geschäftsverkehr"). Auch aus den Gesetzgebungsmaterialien zur Richtlinie lässt sich entnehmen, dass für öffentliche Stellen dieselben Regeln gelten sollen wie für Unternehmen der Privatwirtschaft.[6] Es besteht auch kein Grund, Unternehmen, die Schuldner der öffentlichen Hand sind, zu privilegieren und die öffentliche Hand auf diese Weise schlechter zu stellen als private Unternehmen. Die Richtlinie ist jedoch nicht anwendbar, wenn sowohl Gläubiger als auch Schuldner öffentliche Stellen sind. **3**

II. Öffentliche Stelle

Öffentliche Stellen sind in Art. 2 Nr. 1 Abs. 2 als **öffentliche Auftraggeber** und durch Verweis auf die **Vergaberichtlinien** 92/50/EWG, 93/36/EWG, 93/37/EWG und 93/38/EWG definiert.[7] Darin zeigen sich – wie inzwischen an vielen Stellen im Gemeinschaftsrecht – Tendenzen zu einer übergreifenden, systembildenden Rechtsetzung. Nach den im Wesentlichen gleich lautenden Definitionen der Vergaberichtlinien gelten als öffentliche Auftraggeber der Staat, Gebietskörperschaften, Einrichtungen des öffentlichen Rechts und Verbände, die aus einer oder mehrerer dieser Körperschaften oder Einrichtungen bestehen. Als Einrichtung des öffentlichen Rechts gilt jede Einrichtung, **4**

---

[5] A. A. *Heinrichs*, BB 2001, 157, 158.
[6] Mitteilung der Kommission an das Europäische Parlament, SEK (1999) 1398 endg. Nr. 3.2.2.6.
[7] ABl. EG L 209 vom 24.7.1992, S. 1.; ABl. EG L 199 vom 9.8.1993, S. 1.; ABl. EG L 199 vom 9.8.1993 S. 54; ABl. EG L 199 vom 9.8.1993, S. 84.

- die zu dem besonderen Zweck gegründet wurde, im Allgemeininteresse liegende Aufgaben zu erfüllen, die nicht gewerblicher Art sind, und
- die Rechtspersönlichkeit besitzt und
- die überwiegend vom Staat, von Gebietskörperschaften oder von anderen Einrichtungen des öffentlichen Rechts finanziert wird oder die hinsichtlich ihrer Leitung der Aufsicht durch letztere unterliegt oder deren Verwaltungs-, Leitungs- oder Aufsichtsorgan mehrheitlich aus Mitgliedern besteht, die vom Staat, den Gebietskörperschaften oder anderen Einrichtungen des öffentlichen Rechts ernannt worden sind.[8]

5 Die Zahlungsverzugsrichtlinie verfolgt damit ebenso wie die Vergaberichtlinien keinen institutionellen, sondern einen **funktionellen Begriff der „öffentlichen Stelle"**, der auch juristische Personen des Privatrechts und ausnahmsweise natürliche Personen einschließt. Die Vergaberichtlinien verweisen auf Anhänge, in denen für jeden Mitgliedstaat Einrichtungen des öffentlichen Rechts aufgelistet sind.[9] Für Deutschland gibt auch § 98 GWB, der die Vergaberichtlinien insoweit umsetzt, Anhaltspunkte für die Auslegung.

III. Unternehmen

6 Ein Unternehmen ist nach Art. 2 Nr. 1 Abs. 3 jede im Rahmen ihrer unabhängigen wirtschaftlichen oder beruflichen Tätigkeit handelnde Organisation,[10] auch wenn die Tätigkeit von einer einzelnen Person ausgeübt wird. Das Erfordernis einer „Organisation" schließt also nicht aus, dass auch natürliche Personen Unternehmer sein können. Die Begriffsbestimmung in Art. 2 Nr. 1 Abs. 3 weicht terminologisch etwas ab von den Definitionen des Gewerbetreibenden in den Verbraucherrichtlinien[11] (eine natürliche oder juristische Person, die beim Abschluss des betreffenden Geschäfts im Rahmen ihrer gewerblichen oder beruflichen Tätigkeit handelt[12]). Wegen der ähnlichen Funktion und der indirekten Bezugnahme auf das Verbraucherrecht in Erwägungsgrund 13 spricht aber viel dafür, den Begriff Unternehmen in Art. 2 Nr. 1 Abs. 3 in Anlehnung an die Kernelemente des verbraucherrechtlichen europäischen Unternehmensbegriffs auszulegen.[13] Aus der Sicht des deutschen Rechts sind deshalb große Unterschiede zwischen Art. 2 Nr. 1 Abs. 3 und dem Begriff des Unternehmers in § 14 BGB nicht zu erwarten.[14] Der Begriff des Unternehmens ist aber viel weiter als der Kaufmannsbegriff des HGB. Deshalb ist die Richtlinie im BGB umgesetzt.[15]

7 Eine **Gewinnerzielungsabsicht** setzt Art. 2 Nr. 1 Abs. 3 – ähnlich wie § 14 BGB[16] – nicht voraus. Die im Handelsrecht kontrovers diskutierte Frage über das Erfordernis einer Gewinnerzielungsabsicht für eine gewerbliche Tätigkeit kann nicht auf die Auslegung der Richtlinie übertragen werden. Denn das Merkmal der Gewinnerzielungsabsicht dient vor allem dazu, öffentliche Unternehmen aus dem Handelsrecht auszuscheiden. Die Richtlinie soll aber gerade auch die öffentliche Hand und öffentliche Unternehmen (so auch Erwägungsgrund 22) mit erfassen. Das entscheidende Kriterium ist nach Art. 1 und Art. 2 Nr. 1 Abs. 1 lediglich die **Entgeltlichkeit**[17] des Geschäfts. Auch **öffentliche Unternehmen** und **gemeinnützige Unternehmen** fallen deshalb unter die Richtlinie, soweit sie ihre Leistungen entgeltlich anbieten.

8 Mit dem Erfordernis einer **unabhängigen** wirtschaftlichen oder beruflichen Tätigkeit stellt Art. 2 Nr. 1 Abs. 3 eindeutiger als das Verbraucherrecht klar, dass abhängig Beschäftigte (**Arbeitnehmer**) nicht Unternehmer sind. So genannte **Scheinselbständige** nach Art. 3 des deutschen Gesetzes zu Korrekturen in der Sozialversicherung und zur Sicherung der Arbeitnehmerrechte (§ 7 SGB IV)[18] können unter die Richtlinie fallen. Das ergibt sich aus der besonderen Zielsetzung, auch „Subunternehmer" gegen Generalunternehmer zu schützen.[19] Maßgeblich für den Anwendungsbereich der Richtlinie ist ein gemeinschaftsrechtlicher

---

8 Art. 1 lit. b Richtlinie 93/37/EWG.
9 Beispielsweise Art. 1 lit. b Richtlinie 93/37/EWG i.V.m. Anhang I; für Deutschland fallen darunter z.B. der Bund, die Länder, die Gebietskörperschaften, sonstige Körperschaften des öffentlichen Rechts (z.B. Hochschulen, berufsständische Vereinigungen, Wirtschaftsvereinigungen etc.), Anstalten und Stiftungen sowie juristische Personen des Privatrechts aus Gesundheitswesen, Kultur, Sport, Sozialem, Sicherheit etc.
10 Eingefügt durch den Rat mit Zustimmung der Kommission, Mitteilung der Kommission an das Europäische Parlament, SEK (1999) 1398 endg. Nr. 3.2.1.
11 Art. 2 Haustürwiderrufsrichtlinie; Art. 1 Abs. 2 lit. b Verbraucherkreditrichtlinie; Art. 2 lit. c Klauselrichtlinie; Art. 2 Str. 3 Timesharing-Richtlinie; Art. 2 Nr. 3 Fernabsatzrichtlinie, Art. 1 Abs. 2 lit. d Verbrauchsgüterkaufrichtlinie, etwas abweichend, aber in der Sache wohl ähnlich auch Art. 2 lit. b. E-Commerce-Richtlinie; vgl. auch MüKo/*Micklitz*, vor §§ 13, 14 Rn 90, der zwar feststellt, dass das Verbraucherrecht der Gemeinschaft keinen einheitlichen Unternehmerbegriff kennt, sich aber gemeinsame Kernelemente des europäischen Unternehmerbegriffs herausdestillieren lassen.
12 So z.B. Art. 2 Haustürwiderrufsrichtlinie.
13 So im Ergebnis wohl auch *Schmidt-Kessel*, NJW 2001, 97, 98 Fn 10.
14 *Hänlein*, EuZW 2000, 680, 681; *Heinrichs*, BB 2001, 157, 158.
15 Insbesondere in §§ 286 Abs. 3, 288 Abs. 2 BGB.
16 Dazu MüKo/*Micklitz*, § 14 Rn 16 f.
17 MüKo/*Micklitz*, § 14 Rn 17 f.; *Schmidt-Kessel*, NJW 2001, 97, 98.
18 BGBl I 1998, S. 3843; geändert BGBl I 1999 S. 388; 2000 S. 1993.
19 So Erwägungsgrund 22.

Begriff des Unternehmers, der von mitgliedstaatlichen Regelungen wie den deutschen Vorschriften zur Scheinselbständigkeit unabhängig ist. Da die Richtlinie gerade kleine Unternehmen gegen Zahlungsverzögerungen durch größere schützen soll, liegt die Einbeziehung von „Freelancern", Dienstleistern oder Zulieferern, die nur für einen Auftraggeber tätig sind, in der Schutzrichtung der Richtlinie. Der mit der deutschen Rechtsetzung zur Scheinselbständigkeit verfolgte Zweck (insbesondere gegen die Verkürzung von Sozialversicherungsbeiträgen) erfordert es nicht, Scheinselbständigen die Vorteile der Richtlinie zu entziehen.

Freie Berufe sind in die Richtlinie einbezogen (Erwägungsgrund 14). Erwägungsgrund 14 stellt klar, dass die Richtlinie die Mitgliedstaaten nicht verpflichtet, die Freiberufler über das durch die Richtlinie gebotene Maß hinaus mit Unternehmen oder Kaufleuten gleich zu behandeln. Wegen der Einbeziehung der freien Berufe erfasst die Richtlinie auch das **Standes- und Berufsrecht** von Rechtsanwälten, Ärzten etc. Soweit Freiberufler Gläubiger von Forderungen im Geschäftsverkehr sind, darf das Berufsrecht also nur zu Gunsten der Freiberufler vom Standard der Richtlinie abweichen (Art. 6 Abs. 2).[20] Als Schuldner unterliegen Freiberufler ebenfalls der Richtlinie, ohne dass das nationale Recht Privilegierungen vorsehen darf. 9

Klein- und Kleinstgewerbetreibende, nebenberufliche selbständige Tätigkeiten, z.B. Klavierlehrer, selbständige Masseure, Änderungsschneider etc., aber auch **Landwirte** (einschließlich Nebenerwerbslandwirte) fallen unter die Richtlinie. An diesen Beispielen zeigt sich die Zweischneidigkeit der Richtlinie. Sie begünstigt Unternehmen, deren Haupt-Abnehmer ebenfalls Unternehmen sind, also z.B. Lieferanten für die Großindustrie oder die öffentliche Hand sowie Lieferanten und Subunternehmer von Generalunternehmern (Erwägungsgründe 19, 22). Die Richtlinie ist aber nachteilig für Unternehmen, deren Haupt-Abnehmer Verbraucher (oder sonstige Nicht-Unternehmen, z.B. Vereine) sind. Diese Unternehmen, unter denen viele Kleinunternehmen sind, werden gegenüber ihren Lieferanten den hohen Zinsen und sonstigen Instrumenten der Richtlinie unterworfen, werden aber bei Zahlungsrückständen ihrer Abnehmer nicht durch die Richtlinie geschützt, da diese Verbraucher sind.[21] 10

Geschäfte mit privater Zielsetzung, insbesondere Geschäfte mit **Verbrauchern**, werden nicht erfasst (so ausdrücklich Erwägungsgrund 13). Auch insoweit zeigen sich Tendenzen zur Systembildung im Gemeinschaftsrecht. Forderungen aus Verbrauchergeschäften im Sinne der Verbraucherrichtlinien fallen nicht unter die Richtlinie; die dazu vorliegende Rechtsprechung des EuGH kann auch zur Auslegung von Art. 2 Nr. 1 Abs. 2 herangezogen werden.[22] 11

Unternehmen, insbesondere öffentliche Unternehmen (vgl. Erwägungsgrund 22), können gleichzeitig auch eine öffentliche Stelle im Sinne von Nr. 1 Abs. 2 sein. Das gilt namentlich etwa für **Sozialversicherungsträger** wie z.B. in Deutschland die gesetzlichen Krankenkassen und Ersatzkassen. Sie sind als Selbstverwaltungskörperschaften des öffentlichen Rechts öffentliche Stellen und handeln – etwa bei der Nachfrage nach Heil- und Hilfsmitteln – zugleich unternehmerisch. 12

B. Sachlicher Anwendungsbereich

I. Geldforderung

Der sachliche Anwendungsbereich wird in Art. 1 zunächst durch das Erfordernis einer **Zahlung** bestimmt. Der Begriff Zahlung soll deutlich machen, dass **nur Geldforderungen** erfasst sind. Es spielt keine Rolle, ob Barzahlung oder Überweisung im Giroverkehr geschuldet wird. Nicht unter die Richtlinie fallen alle Ansprüche auf andere Leistungen als auf Zahlung von Geld wie z.B. ein Anspruch auf Wechselbegebung, ein Herausgabeanspruch auf – bestimmte – Geldstücke oder Scheine (denkbar z.B. im Münzhandel), ein Freistellungsanspruch, ein Anspruch auf Abtretung eines Anspruchs; ebensowenig Ansprüche auf „Zahlung" in Naturalien, Briefmarken etc. Tauschgeschäfte (Barter) fallen grundsätzlich nicht unter die Richtlinie; anders möglicherweise dann, wenn es sich um zwei Kaufverträge mit Verrechnungsabrede handelt. 13

Die Zahlung muss zu leisten sein; es muss also eine **rechtliche Verpflichtung** bestehen („Forderung", vgl. Erwägungsgrund 23, Art. 5). Den Entstehenstatbestand umschreibt die Richtlinie in Art. 2 Nr. 1 Abs. 1 mit dem Begriff Geschäftsvorgang. In Erwägungsgrund 16 („Vertragsbruch") und in Art. 3 Ab. 1 lit. b Nr. iv („Vertrag") wird aber deutlich, dass im Grundsatz nur Geldforderungen aus einem **Vertrag** unter die Richtlinie fallen können.[23] Wegen der Einbeziehung der öffentlichen Hand stehen einem Vertrag jedoch alle reziproken Austauschverhältnisse mit vertragsähnlicher Funktion gleich, auch wenn etwa eine Einkleidung in Formen des öffentlichen Recht gewählt wurde. Eine „Flucht in das öffentliche Recht" mit dem Ziel, die 14

---

20 *Schulte-Braucks*, NJW 2001, 103, 105.
21 Sehr kritisch zur den nachteiligen Wirkungen der Richtlinie für kleine und mittlere Unternehmen *Huber*, JZ 2000, 957, 958.
22 Überblick bei *Schulze/Schulte-Nölke*, Casebook Europäisches Verbraucherrecht, 21 ff., 153 ff., 217 ff.
23 So auch *Heinrichs*, BB 2001, 157, 158; *Krebs*, DB 2000, 1697, 1700.

Art. 2 Verzugs-RL

15 Anwendbarkeit der Richtlinie auszuschließen, ist durch die explizite Stoßrichtung gerade auch gegen die öffentliche Hand ausgeschlossen (vgl. auch Erwägungsgrund 22).

15 Weiteres entscheidendes Merkmal für die Anwendbarkeit ist, dass die Zahlung **als Entgelt** zu leisten ist. Unter die Richtlinie fallen also Geldforderungen, die als Gegenleistung für die vom Gläubiger angebotenen (und in der Regel erbrachten) Leistungen geschuldet werden. Eindeutige Fälle sind etwa Kaufpreis-, Dienstlohn- oder Werklohnansprüche. Das zusätzlich in Art. 2 Nr. 1 Abs. 1 geregelte Erfordernis einer **Lieferung von Gütern oder Erbringung von Dienstleistungen**[24] hat weniger einschränkende Funktion,[25] sondern soll die möglichst weitgehende Erfassung aller Forderungen auf Entgelt – grundsätzlich unabhängig von bestimmten Vertragsarten – sicherstellen.[26] Unter die Richtlinie fallen deshalb nicht nur Zahlungsansprüche aus Kaufverträgen (einschließlich Rechtskauf), Werkverträgen, Dienstverträgen und Geschäftsbesorgungsverträgen, sondern auch Ansprüche auf Miete oder Pacht, auf Leasingraten (auch beim Finanzierungsleasing), auf Kreditzinsen (nicht aber auf Rückzahlung des Kredits), auf Maklerlohn, auf Provisionen aus Kommissions- oder Speditionsgeschäften oder auf Verwahrungsvergütung etc.

16 Fraglich ist, ob auch Ansprüche aus **Grundstücksgeschäften** unter die Richtlinie fallen.[27] Der Begriff „Güter" (goods) kann im Gemeinschaftsrecht – abweichend vom deutschen und englischen Sprachgebrauch – auch Immobilien einschließen.[28] Doch liegt wegen der eindeutigen Bedeutung in den meisten Sprachfassungen[29] näher, dass die Richtlinie nur auf Entgelte für **bewegliche Sachen** anwendbar ist. Dafür spricht auch die Regelung in Art. 4, nach der bei der Lieferung von „Gütern" ein Eigentumsvorbehalt möglich sein muss. Da Grundstücke nicht „geliefert" und vor allem nicht unter Eigentumsvorbehalt verkauft werden, bezieht sich jedenfalls diese Vorschrift ausschließlich auf bewegliche Sachen. Die Richtlinie gilt jedoch auch für Entgelte für Dienstleistungen, so dass gemischte Verträge über Immobilien, in denen der Dienstleistungsanteil überwiegt, erfasst sein können.[30]

II. Entgelt

17 Nur die **als Entgelt zu leistenden Zahlungen fallen unter die Richtlinie.** Dies soll auch Erwägungsgrund 13 klarstellen, dessen Formulierung allerdings missverständlich ist. Sie könnte darauf hindeuten, dass nur die Bestimmungen der Richtlinie über Zinsen unanwendbar sein sollen, nicht aber andere Vorschriften der Richtlinie wie z.B. über den Ersatz von Beitreibungskosten (Art. 3 Abs. 1 lit. e) oder das Beitreibungsverfahren (Art. 5). Jedoch sind die in Erwägungsgrund 13 unmittelbar darauf genannten Beispiele (Wechsel- und Scheckansprüche, Schadensersatz einschließlich Zahlungen von Versicherungsgesellschaften) kein Entgelt für erbrachte Leistungen. Damit wird deutlich, dass Zahlungen, die nicht als Entgelt zu leisten sind, insgesamt nicht unter die Richtlinie fallen.

18 Ausdrücklich genannt sind in Erwägungsgrund 13 **Zahlungen aus wechsel- oder scheckrechtlichen Ansprüchen**. Da im deutschen Recht die Hingabe von Wechseln oder Schecks im Zweifel nur erfüllungshalber erfolgt,[31] bleibt die ursprüngliche Geldforderung bestehen, so dass auch die Richtlinie insoweit anwendbar bleibt. Jedoch kann in der Annahme eines Wechsels durch den Gläubiger eine Stundung liegen.

19 Nur erläuternde Funktion hat die Erwähnung von **Schadensersatzansprüchen** in Erwägungsgrund 13, da derartige Zahlungen wegen ihres fehlenden Entgeltcharakters schon nach Art. 1 nicht unter die Richtlinie fallen. Nicht ganz eindeutig ist hingegen die Reichweite des Ausschlusses von **Versicherungsleistungen** in Erwägungsgrund 13, da wegen des Wortes „einschließlich" nur solche Zahlungen von Versicherungen gemeint sein könnten, die in Zusammenhang mit Schadensersatzansprüchen stehen. Dagegen spricht aber die französische Fassung des Richtlinientexts,[32] ebenfalls der Gemeinsame Standpunkt des Rates,[33] auf den die endgültige Fassung zurückgeht.[34] Ohnehin haben Versicherungsleistungen keinen Entgeltcharakter. Die Herausnahme aller Versicherungsleistungen aus dem Anwendungsbereich der Richtlinie ist auch sachlich geboten, da die Fristen des Art. 3 auf unbestrittene Ansprüche zielen, deren Berechtigung relativ schnell

---

24 Dieser Terminus kommt außerdem auch in Art. 3b ii; iii; iv; Art. 4 I (nur Güter) vor.
25 So *Schmidt-Kessel*, NJW 2001, 97, 98, Fn 8, 9.
26 Enger möglicherweise *Huber*, JZ 2000, 957 („Kaufverträge, Werkverträge, Dienstverträge einschließlich Geschäftsbesorgungsverträge").
27 So anscheinend *Heinrichs*, BB 2001, 157, 158; a.A. *Schmidt-Kessel*, JZ 1998, 1135, 1136.
28 So in der Klauselrichtlinie, dazu Grabitz/Hilf-*Pfeiffer*, Art. 1 Klauselrichtlinie Rn 14.
29 Beispielsweise „marchandise" im Französischen statt „biens".
30 Beispielsweise beim Timesharing, zur Haustürwiderrufsrichtlinie EuGH, *Travel VAC*, Slg. 1999, I-2195.
31 Überblick zur Rechtsprechung bei Staudinger/*Olzen*, § 364 Rn 51 ff.
32 Erwägungsgrund 13 lautet am Ende „... y compris ceux effectués par les comagnies d'assurance"; „ceux" bezieht sich auf „paiements", ohne dass zwingend die Zahlung von Schadensersatz gemeint sein muss.
33 ABlEG 1999 C 284/1; in Erwägungsgrund 11 heißt es am Ende „oder Zahlungen von Versicherungssummen"; die späteren Formulierungsänderungen bis zur Verabschiedung der Richtlinie lassen nicht die Intention erkennen, sachliche Änderungen vorzunehmen.
34 Für einen vollständigen Ausschluss von Zahlungsansprüchen gegen Versicherungen auch *Heinrichs*, BB 2001, 157, 158.

überprüfbar ist. Die Frage, wie lange Versicherungen ihre Einstandspflicht prüfen dürfen, kann nicht mit den pauschalen Fristen des Art. 3 geregelt werden.

Über die beispielhafte Aufzählung ausgeschlossener Forderungen in Erwägungsgrund 13 hinaus fallen alle Ansprüche nicht unter die Richtlinie, die nicht als Gegenleistung für erbrachte Leistungen anzusehen sind, also etwa die Zusage von Spenden oder Zusagen im Rahmen von Mäzenatentum. Anders liegt es hingegen beim Sponsoring, da in der Regel Gegenleistungen wie Werbeflächen versprochen werden. **20**

Nicht unter die Richtlinie fallen Auszahlungs- und Rückzahlungsansprüche aus verzinslichen **Kreditverträgen**, obwohl es sich um Zahlungsansprüche aus einem entgeltlichen Vertrag handelt. Die Besonderheit derartiger Verträge liegt lediglich darin, dass nicht nur das Entgelt (Zinsen und Gebühren), sondern auch die vertragscharakteristische Leistung in einer Geldzahlung besteht. Die Auszahlung des Kreditbetrages ist jedoch keine Zahlung, die als Entgelt im Geschäftsverkehr zu leisten ist (Art. 1). Ebenso wenig ist die Rückzahlung eines Darlehens ein Entgelt für erbrachte Leistungen.[35] Auch ein Anspruch aus Bürgschaftsvertrag fällt nicht unter die Richtlinie, da die Zahlung des Bürgen – wie die Rückzahlung des Kredits – kein Entgelt für erbrachte Leistungen ist. Die Rechtsprechung des EuGH zur Einbeziehung des Bürgen in die Haustürwiderrufsrichtlinie[36] hat den Zweck, denjenigen, der für private Schulden einsteht, als Verbraucher zu schützen (und zwar gerade auch dann, wenn er unentgeltlich bürgt). Lediglich aus diesem Grund hat der EuGH klargestellt, dass ein **Bürgschaftsvertrag** unter das Tatbestandsmerkmal Erbringung einer Dienstleistung subsumiert werden kann. Diese Rechtsprechung ist nicht auf die Zahlungsverzugsrichtlinie übertragbar. **21**

C. Territorialer Anwendungsbereich, Internationales Privatrecht, UN-Kaufrecht

Die Richtlinie gilt in allen Mitgliedstaaten der Europäischen Union (Art. 8) sowie in den weiteren Staaten des Europäischen Wirtschaftsraumes (EWR: Island, Liechtenstein, Norwegen). **22**

Anders als die neueren Verbraucherrichtlinien[37] enthält die Zahlungsverzugsrichtlinie keine Vorschrift, die eine **Rechtswahl** zugunsten des Rechts eines **Drittstaats** erschwert. Für eine derartige Vorschrift besteht auch grundsätzlich kein Bedürfnis, da die Zahlungsverzugsrichtlinie dispositives Recht vorgibt und nicht zwingendes wie die Verbraucherrichtlinien. Eine Schutzlücke besteht aber insoweit, als die von Art. 3 Abs. 3 – 5 vorgegebene Inhaltskontrolle von Vereinbarungen über den Zahlungstermin oder die Verzugsfolgen durch die Wahl des Rechts eines Drittstaats unterlaufen werden können. Daher stellt sich die Frage, ob diese Vorschrift zugleich eine ungeschriebene kollisionsrechtliche Norm enthält. In Anlehnung an die Verbraucherrichtlinien hätte die ungeschriebene Vorschrift die Verpflichtung der Mitgliedstaaten zum Inhalt, die erforderlichen Maßnahmen zu treffen, damit dem Gläubiger der durch Art. 3 Abs. 3 – 5 gewährte Schutz nicht dadurch vorenthalten wird, dass das Recht eines Nichtmitgliedstaats als das auf den Vertrag anzuwendende Recht gewählt wird, sofern dieser Vertrag einen engen Zusammenhang mit dem Gebiet der Mitgliedstaaten aufweist. Jedoch ist ein dahin gehender Wille des Richtliniengesetzgebers nicht zum Ausdruck gekommen. Vielmehr lässt sich aus dem Schweigen der Zahlungsverzugsrichtlinie angesichts der ausdrücklichen Kollisionsnormen in anderen Richtlinien schließen, dass die Fragen des Internationalen Privatrechts gerade nicht geregelt werden sollte. Art. 3 Abs. 3 – 5 sind daher nicht kollisionsrechtlich geschützt. Eine **Rechtswahl** ist nach den allgemeinen Grundsätzen **zulässig**. **23**

Da sowohl die Zahlungsverzugsrichtlinie als auch das **UN-Kaufrecht** Verträge im Geschäftsverkehr erfassen, können bei internationalen Fällen beide Rechtsakte auf denselben Vertrag anwendbar sein.[38] Die **Normenkollision** droht etwa bei der Frage nach der Fälligkeit einer Kaufpreisforderung, für die sowohl Art. 3 Abs. 1 Zahlungsverzugsrichtlinie als auch Art. 58, 59 UN-Kaufrecht Regelungen enthalten, die nicht in allen Punkten übereinstimmen. Bei der Höhe des Verzugszinses besteht hingegen keine Konkurrenz, da in diesem Punkt auf der Wiener Konferenz keine Einigung erzielt werden konnte und Art. 78 UN-Kaufrecht die Zinshöhe deshalb offen lässt.[39] **24**

Das **Verhältnis** zwischen **EG-Richtlinien** und **UN-Kaufrecht** ist umstritten. Zum Teil werden Richtlinien entsprechend Art. 90 UN-Kaufrecht wie völkerrechtliche Übereinkünfte behandelt, die dem UN-Kaufrecht vorgehen, soweit die Parteien ihre Niederlassung in Vertragsstaaten einer solchen Übereinkunft haben.[40] Jedoch sind Richtlinien gerade keine völkerrechtlichen Übereinkünfte, sondern lediglich Vorgaben für die Rechtsetzung der Mitgliedstaaten. Ließe man die Richtlinien generell vorgehen, würde das UN-Kaufrecht im Bereich der Europäischen Union mehr und mehr ausgehöhlt. Insbesondere für Vertragsparteien aus **25**

---

35 Beispielsweise steht im deutschen Recht die Rückzahlungsverpflichtung nicht im Gegenseitigkeitsverhältnis; Palandt/*Putzo*, vor § 607 Rn 6.
36 EuGH, *Dietzinger*, Slg. 1998, I-1199; dazu *Schulze/Schulte-Nölke*, Casebook Europäisches Verbraucherrecht, 217 ff.
37 Beispielsweise Art. 7 Abs. 2 der Verbrauchsgüterkaufrichtlinie.
38 So schon *Freitag*, EuZW 1998, 559, 561.
39 Staudinger/*Magnus*, Art. 78 UN-Kaufrecht Rn 4, 12.
40 *Herber/Czerwenka*, Art. 90 UN-Kaufrecht Rn 4; Honsell/*Siehr*, Art. 90 UN-Kaufrecht Rn 7.

Drittstaaten, die ihre handelnde Niederlassung in der EU haben, wäre nicht mehr sichergestellt, dass das UN-Kaufrecht anwendbar ist. Zweifelhaft und unüberschaubar wäre die Rechtslage zudem in den EWR-Staaten und den Staaten, die Richtlinien autonom nachvollziehen, da für diese Staaten die Voraussetzungen von Art. 90 UN-Kaufrecht wohl kaum zutreffen werden.[41] Die Rechtssetzungsautonomie der EU wird durch den Vorrang des UN-Kaufrechts nicht angetastet. Denn die Mitgliedstaaten haben es in der Hand, durch Staatsvertrag oder durch Erklärung nach Art. 94 UN-Kaufrecht ausdrücklich klarzustellen, dass vom UN-Kaufrecht abgewichen werden soll.[42] Die besseren Argumente sprechen deshalb dafür, dass Richtlinien dem UN-Kaufrecht nicht automatisch vorgehen.[43]

D. Weitere Begriffsbestimmungen in Art. 2 Nr. 2 – 5

26   Die Erläuterung der weiteren in Art. 2 geregelten Begriffsbestimmungen erfolgt im Zusammenhang mit den jeweils einschlägigen Vorschriften: **Zahlungsverzug** (Art. 3 Rn 2), **Eigentumsvorbehalt** (Art. 4 Rn 4), von der Europäischen Zentralbank auf ihre Hauptrefinanzierungsoperationen angewendeter **Zinssatz** (Art. 3 Rn 25), **vollstreckbarer Titel** (Art. 5 Rn 2).

Artikel 3 Zinsen bei Zahlungsverzug

(1) Die Mitgliedstaaten stellen folgendes sicher:

a) Zinsen gemäß Buchstabe d) sind ab dem Tag zu zahlen, der auf den vertraglich festgelegten Zahlungstermin oder das vertraglich festgelegte Ende der Zahlungsfrist folgt.

b) Ist der Zahlungstermin oder die Zahlungsfrist nicht vertraglich festgelegt, so sind Zinsen, ohne dass es einer Mahnung bedarf, automatisch zu zahlen:

   i) 30 Tage nach dem Zeitpunkt des Eingangs der Rechnung oder einer gleichwertigen Zahlungsaufforderung beim Schuldner oder,

   ii) wenn der Zeitpunkt des Eingangs der Rechnung oder einer gleichwertigen Zahlungsaufforderung unsicher ist, 30 Tage nach dem Zeitpunkt des Empfangs der Güter oder Dienstleistungen, oder

   iii) wenn der Schuldner die Rechnung oder die gleichwertige Zahlungsaufforderung vor dem Empfang der Güter oder Dienstleistungen erhält, 30 Tage nach dem Empfang der Güter oder Dienstleistungen, oder

   iv) wenn ein Abnahme- oder Überprüfungsverfahren, durch das die Übereinstimmung der Güter oder Dienstleistungen mit dem Vertrag festgestellt werden soll, gesetzlich oder vertraglich vorgesehen ist und wenn der Schuldner die Rechnung oder die gleichwertige Zahlungsaufforderung vor oder zu dem Zeitpunkt, zu dem die Abnahme oder Überprüfung erfolgt, erhält, 30 Tage nach letzterem Zeitpunkt.

c) Der Gläubiger ist berechtigt, bei Zahlungsverzug Zinsen insoweit geltend zu machen, als er

   i) seine vertraglichen und gesetzlichen Verpflichtungen erfüllt hat und

   ii) den fälligen Betrag nicht rechtzeitig erhalten hat, es sei denn, dass der Schuldner für die Verzögerung nicht verantwortlich ist.

d) Die Höhe der Verzugszinsen („gesetzlicher Zinssatz"), zu deren Zahlung der Schuldner verpflichtet ist, ergibt sich aus der Summe des Zinssatzes, der von der Europäischen Zentralbank auf ihre jüngste Hauptrefinanzierungsoperation, die vor dem ersten Kalendertag des betreffenden Halbjahres durchgeführt wurde, angewendet wurde („Bezugszinssatz"), zuzüglich mindestens 7 Prozentpunkten („Spanne"), sofern vertraglich nichts anderes bestimmt ist. Für Mitgliedstaaten, die nicht an der dritten Stufe der Wirtschafts- und Währungsunion teilnehmen, ist der Bezugszinssatz der entsprechende Zinssatz ihrer Zentralbank. In beiden Fällen findet der Bezugszinssatz, der am ersten Kalendertag in dem betreffenden Halbjahr in Kraft ist, für die folgenden sechs Monate Anwendung.

e) Der Gläubiger hat gegenüber dem Schuldner Anspruch auf angemessenen Ersatz aller durch den Zahlungsverzug des Schuldners bedingten Beitreibungskosten, es sei denn, dass der Schuldner für den Zahlungsverzug nicht verantwortlich ist. Bei diesen Beitreibungskosten sind die Grundsätze der Transparenz und der Verhältnismäßigkeit im Hinblick auf den betreffenden Schuldbetrag zu beachten. Die Mitgliedstaaten können unter Wahrung der genannten Grundsätze einen Höchstbetrag für die Beitreibungskosten für unterschiedliche Schuldhöhen festlegen.

---

[41] Magnus, ZEuP 1999, 642, 645 ff.
[42] Staudinger/*Magnus*, Art. 90 UN-Kaufrecht Rn 4.
[43] So im Ergebnis auch Staudinger/*Magnus*, Art. 90 UN-Kaufrecht Rn 4; *Wartenberg*, CISG und deutsches Verbraucherschutzrecht, 1998, 44 ff.

(2) Für bestimmte, in den nationalen Rechtsvorschriften zu definierende Vertragsarten können die Mitgliedstaaten die Frist, nach deren Ablauf Zinsen zu zahlen sind, auf höchstens 60 Tage festsetzen, sofern sie den Vertragsparteien die Überschreitung dieser Frist untersagen oder einen verbindlichen Zinssatz festlegen, der wesentlich über dem gesetzlichen Zinssatz liegt.

(3) Die Mitgliedstaaten bestimmen, dass eine Vereinbarung über den Zahlungstermin oder die Folgen eines Zahlungsverzugs, die nicht im Einklang mit Absatz 1 Buchstaben b) bis d) und Absatz 2 steht, entweder nicht geltend gemacht werden kann oder einen Schadensersatzanspruch begründet, wenn sie bei Prüfung aller Umstände des Falles, einschließlich der guten Handelspraxis und der Art der Ware, als grob nachteilig für den Gläubiger anzusehen ist. Bei der Entscheidung darüber, ob eine Vereinbarung grob nachteilig für den Gläubiger ist, wird unter anderem berücksichtigt, ob der Schuldner einen objektiven Grund für die Abweichung von den Bestimmungen des Absatzes 1 Buchstaben b) bis d) und des Absatzes 2 hat. Wenn eine derartige Vereinbarung für grob nachteilig befunden wurde, sind die gesetzlichen Bestimmungen anzuwenden, es sei denn, die nationalen Gerichte legen andere, faire Bedingungen fest.

(4) Die Mitgliedstaaten sorgen dafür, dass im Interesse der Gläubiger und der Wettbewerber angemessene und wirksame Mittel vorhanden sind, damit der Verwendung von Klauseln, die als grob nachteilig im Sinne von Absatz 3 zu betrachten sind, ein Ende gesetzt wird.

(5) Die in Absatz 4 erwähnten Mittel schließen auch Rechtsvorschriften ein, wonach Organisationen, die ein berechtigtes Interesse daran haben, kleine und mittlere Unternehmen zu vertreten, oder die offiziell als Vertreter solcher Unternehmen anerkannt sind, im Einklang mit den nationalen Rechtsvorschriften die Gerichte oder die zuständigen Verwaltungsbehörden mit der Begründung anrufen können, dass Vertragsklauseln, die im Hinblick auf eine allgemeine Verwendung abgefasst wurden, grob nachteilig im Sinne von Absatz 3 sind, so dass sie angemessene und wirksame Mittel anwenden können, um der Verwendung solcher Klauseln ein Ende zu setzen.

Inhalt

A. Überblick über die Vorschrift 1	I. Erfüllung der vertraglichen und gesetzlichen Verpflichtungen durch den Gläubiger 21
B. Zahlungsverzug 2	II. Entlastungsmöglichkeit des Schuldners wegen fehlender Verantwortlichkeit 24
I. Begriff 2	
II. Vertraglich vereinbarter Zahlungszeitpunkt 4	D. Höhe der Zinsen 25
III. Zahlungszeitpunkt bei fehlender Vereinbarung ... 9	E. Ersatz der Beitreibungskosten 30
1. Grundfall: 30 Tage nach Rechnung oder gleichwertiger Zahlungsaufforderung 9	F. Ausnahmen des Abs. 2 34
2. Abweichender Beginn der Zahlungsfrist (Abs. 1 lit. b Nr. ii – iv) 16	G. Inhaltskontrolle und deren verfahrensmäßige Absicherung (Abs. 3–5) 35
C. Weitere Voraussetzungen des Zinsanspruchs 20	

A. Überblick über die Vorschrift

Artikel 3 enthält die wesentlichen Instrumente der Richtlinie zur Verbesserung der Rechtsstellung des Gläubigers bei Zahlungsverzug. Es handelt sich um einen Anspruch auf am Geldmarkt ausgerichtete Zinsen und um einen Anspruch auf Ersatz aller Beitreibungskosten. Der Zweck dieser Vorschrift ist in Erwägungsgrund 16 klargestellt. Die Folgen des Zahlungsverzugs sollen vom Überschreiten der Zahlungsfristen abschrecken. Geregelt sind die **Voraussetzungen des Zahlungsverzugs** (Abs. 1 lit. a und lit. b), weitere **Voraussetzungen für das Bestehen eines Anspruchs auf Zinsen** (Abs. 1 lit. c), die **Höhe der Zinsen** (Abs. 1 lit. d) sowie der Anspruch auf Ersatz der **Beitreibungskosten** (Abs. 1 lit. e). Anders als im Verbraucherschutzrecht verpflichtet die Richtlinie die Mitgliedstaaten jedoch nur zur Schaffung dispositiven Rechts. Daher enthalten die Abs. 3 bis 5 Vorgaben für eine **Inhaltskontrolle** abweichender Vereinbarungen. Schließlich gibt Abs. 2 den Mitgliedstaaten die Möglichkeit, für bestimmte Vertragsarten in engen Grenzen einige Ausnahmen vorzusehen.[1]

---

[1] Es handelt sich um einen Rest von ursprünglich vorgesehenen Sondervorschriften für die öffentliche Hand, *Schmidt-Kessel*, NJW 2001, 97, 98.

B. Zahlungsverzug

I. Begriff

2 Der Begriff Zahlungsverzug hat zwei Funktionen. Zum einen dient er als Schlagwort für die mit der Richtlinie verfolgte Gemeinschaftspolitik.[2] Zum anderen umreißt er das zentrale Tatbestandsmerkmal für das Eingreifen der Richtlinie. Hier geht es um diesen juristischen Begriff, der vor allem in Art. 3 vorkommt.[3] Er ist in Art. 2 Nr. 2 definiert. Lediglich die Nichteinhaltung der vertraglich oder gesetzlich vorgesehenen Zahlungsfrist (dazu Art. 3 Rn 4 ff.) begründet bereits den Zahlungsverzug. Zahlungsverzug ist eine **objektive Pflichtverletzung**. Diese Begriffsbildung hat eine gewisse Nähe zum englischen Recht („breach of contract", Erwägungsgrund 16). Auf eine Verantwortlichkeit oder ein Verschulden kommt es für das Bestehen von Zahlungsverzug nicht an (wohl aber für den Anspruch auf Zinsen oder auf Ersatz der Beitreibungskosten, vgl. Art. 3 lit. c Nr. ii; lit. e S. 1). Der europäische Begriff des Zahlungsverzugs weicht damit etwas von der deutschen Rechtsterminologie ab, vgl. § 286 Abs. 4 BGB („Kein Verzug ohne Verschulden").[4] Im Ergebnis erlaubt die Richtlinie aber den Mitgliedstaaten, den unverschuldet Säumigen von den Folgen des Zahlungsverzugs freizustellen (dazu Art. 3 Rn 24).

3 Art. 3 Abs. 1 lit. a und lit. b regeln dem Wortlaut nach nur den Beginn der Verzinsung des geschuldeten Geldbetrages. Doch sowohl die amtliche Überschrift (Zinsen bei Zahlungsverzug) als auch die systematische Auslegung mit lit. e, der ausdrücklich von Zahlungsverzug spricht, machen deutlich, dass hier im Zusammenspiel mit Art. 2 Nr. 2 die Voraussetzungen des Zahlungsverzugs allgemein geregelt werden sollen.[5] Das Bestehen von **Zahlungsverzug** ist dann wiederum eine der **Voraussetzungen** für den Anspruch auf **Zinsen** (Abs. 1 lit. c) sowie für den Anspruch auf Ersatz der **Beitreibungskosten** (Abs. 1 lit. e).

II. Vertraglich vereinbarter Zahlungszeitpunkt

4 Nach Abs. 1 lit. a sind Verzugszinsen ab dem Tag zu zahlen, der auf den vertraglich festgelegten Zahlungstermin oder das vertraglich festgelegte Ende der Zahlungsfrist folgt. Es ist **keine Mahnung** erforderlich. Bei einer Klausel wie „zahlbar innerhalb von vierzehn Tagen nach Erhalt der Ware und der Rechnung" muss am 15. Tag nach dem Erhalt von Ware und Rechnung – automatisch – Zahlungsverzug nach Abs. 1 lit. a eintreten. Damit wird der Grundsatz *dies interpellat pro homine* zum Regelfall des gemeinschaftsprivatrechtlichen Verzugsrechts erhoben.[6] Vorbildcharakter hatte insoweit offenbar Art. 78 UN-Kaufrecht.[7]

5 Im Unterschied zum deutschen Recht (§ 286 Abs. 2 Nr. 1 und Nr. 2 BGB) muss der Zahlungstermin oder die Zahlungsfrist **nicht nach dem Kalender bestimmt oder berechenbar** sein.[8] Als „Zahlungstermin" (date for payment, date de paiement) kommt nicht nur ein kalendermäßig bestimmbares Datum, sondern auch ein Ereignis (Lieferung, Abruf, Abschluss eines Vertrages, Eintragung eines Rechts in ein Register etc.) in Betracht. Das zeigt auch die Parallele zu Art. 78 UN-Kaufrecht, der ebenso wenig wie Art. 3 Abs. 1 lit. a Zahlungsverzugsrichtlinien einen Bezug der Fälligkeitsvereinbarung zum Kalender erfordert.[9] Zur Verzugsbegründung genügt die bloße Bestimmbarkeit des Zahlungszeitpunktes. Art. 3 Abs. 1 lit. a Zahlungsverzugsrichtlinie verlangt auch nicht, dass zwischen dem Ereignis, das vertraglich als Anknüpfungspunkt für die Fälligkeit gewählt worden ist (z.B. die Lieferung), und dem Eintritt der Fälligkeit eine (angemessene) Frist zur Zahlung liegt. Auch eine „**Null-Frist**", also eine Vereinbarung, nach der ein Ereignis ohne jegliche Frist den Zahlungstermin i. S. v. Abs. 1 lit. a bilden soll, begründet den Zahlungsverzug, wenn das Ereignis eintritt.[10] Etwas zugespitzt lässt sich sagen, dass Abs. 1 lit. a bei vertraglichen Vereinbarungen

---

2 So z.B. der Gebrauch in den Erwägungsgründen 1, 5, 6, 7, 12 und wohl auch im Titel der Richtlinie.
3 In der Überschrift, in Abs. 1 lit. e, Abs. 3 S. 1; außerdem in Art. 6 Abs. 5; die juristische Bedeutung scheint auch auf in Erwägungsgründen 16, 17, 20.
4 So der übliche (wenn auch nicht ganz zutreffende) redaktionelle Titel zu § 285 BGB a.F., dem nunmehrigen § 286 Abs. 4 BGB.
5 *Schmidt-Kessel*, NJW 2001, 97, 98; *Gsell*, ZIP 2000, 1861, 1865; *Heinrichs*, BB 2001, 157, 158.
6 *Schmidt-Kessel*, NJW 2001, 97, 98.
7 *Schulte-Braucks*, NJW 2001, 103, 105.
8 *Huber*, JZ 2000, 957, 959 f.; *Omar*, International Company and Commercial Law Review 2001, 38, 40; *Schmidt-Kessel*, NJW 2001, 97, 98; *Gsell*, ZIP 2000, 1861, 1868; *Freudenthal/Milo/Schelhaas*, Nieuwe Tijdschrift voor Burgerlijk Recht 2000, 293, 294; *Lawson*, Solicitors Journal 2000, 1030, 1031; *Möllers*, WM 2000, 2284, 2295; wohl auch *Lardeux*, Jurisclasseur Périodique – La Semaine Juridique, Entreprise et Affaires 2000, 1318, 1319; zweifelnd *Krebs*, WM-Beilage 14/2000, 7; *ders.*, DB 2000, 1697, 1700; a.A. in Hinblick auf die Vereinbarkeit mit § 286 Abs. 2 BGB, BT-Drucks 14/6040, 82, 146; *Heinrichs*, BB 2001, 157, 158 f.; *ders.*, in: Schulze/Schulte-Nölke, Die Schuldrechtsreform vor dem Hintergrund des Gemeinschaftsrechts, 81, 84 f., 91 f. (der Gemeinschaftsgesetzgeber lasse den Mitgliedstaaten einen breiten Spielraum bei der Regelung der Verzugsvoraussetzungen; die deutsche Regelung diene der Klarheit und Transparenz); *Ernst*, ZEuP 2000, 767, 768 (Verzug müsse mit einem kalendermäßig bestimmten oder bestimmbaren Termin eintreten).
9 *Staudinger/Magnus*, Art. 78 UN-Kaufrecht Rn 9.
10 A.A. die Begründung zu § 286 Abs. 2 BGB, BT-Drucks 14/6040, 146.

über den Zahlungstermin oder die Zahlungsfrist einen Fälligkeitszins einführt,[11] der lediglich durch einige verzugsähnliche Voraussetzungen (vgl. Art. 3 Abs. 1 lit. c der Richtlinie, dazu Rn 20 ff.) eingeschränkt wird. Die Regelung in **§ 286 Abs. 2 Nr. 1 und 2 BGB** setzt Art. 3 Abs. 1 lit. a Zahlungsverzugsrichtlinie deshalb nur unvollkommen um und **bedarf der richtlinienkonformen Korrektur** (dazu § 286 Rn 33).

Abs. 1 lit. a gilt für **alle vertraglichen Vereinbarungen** über den Zahlungszeitpunkt. Eine genaue Unterscheidung zwischen dem Fall eines vertraglich festgelegten Zahlungstermins und dem Fall der Zahlungsfrist ist nicht erforderlich, da die Rechtsfolgen gleich sind. Die Reihung in lit. a stellt nur klar, dass es im Ergebnis nicht darauf ankommen soll, welche denkbare Art einer vertraglichen Fälligkeitsvereinbarung vorliegt, also ob z.B. an ein Kalenderdatum oder an ein Ereignis (mit oder ohne Zahlungsfrist) angeknüpft wird. Kalenderdatum, Ereignis und Frist können auch kombiniert werden. Beispiele: „cash on delivery", „zahlbar drei Wochen nach Abruf", „Zahlung bis zum 31.12., aber nicht eher als 14 Tage nach Lieferung".[12] 6

Bei der **Auslegung** vertraglicher Vereinbarungen über Fristen stellt sich die Frage, nach welchen Regeln die 7
Fristen berechnet werden und ob **Sonn- und Feiertage** während des Fristlaufs und vor allem am Fristende berücksichtigt werden sollen. Maßgeblich ist vorrangig der Vertragsinhalt. Ist nach den Regeln des Kollisionsrechts deutsches Recht Vertragsstatut, gelten die §§ 186 ff. BGB; bei anderen Rechtsordnungen entsprechend die jeweiligen nationalen Auslegungsregeln. Bei grenzüberschreitenden Verträgen kann es sich deshalb empfehlen, die Frage klarzustellen.

Vertragliche Vereinbarungen über den Zahlungszeitpunkt unterliegen der in Abs. 3 vorgegebenen **Inhalts- 8
kontrolle** unabhängig davon, ob sie in AGB oder individualvertraglich vereinbart werden. Abs. 3 enthält jedoch nur Vorgaben zugunsten des Gläubigers. Die Klauselrichtlinie[13] ist nicht anwendbar, da sie nur für Verbraucherverträge gilt. Eine Kontrolle von Vereinbarungen über den Zahlungszeitpunkt auch zugunsten des Schuldners kann aber nach mitgliedstaatlichem Recht stattfinden (im deutschen Recht beispielsweise nach §§ 305 ff. oder § 138 BGB). Jedoch müssen dabei die Wertungen der Zahlungsverzugsrichtlinie berücksichtigt werden, um zu vermeiden, dass durch eine Inhaltskontrolle von Zahlungsbedingungen das rechtspolitische Ziel einer Bekämpfung des Zahlungsverzugs unterlaufen wird.

III. Zahlungszeitpunkt bei fehlender Vereinbarung

1. Grundfall: 30 Tage nach Rechnung oder gleichwertiger Zahlungsaufforderung

Abs. 1 lit. b legt den Beginn des Zahlungsverzugs für den Fall fest, dass keine Vereinbarung über 9
den Zahlungstermin oder die Zahlungsfrist vorliegt. Nach dem Grundfall in Abs. 1 lit. b Nr. i tritt Zahlungsverzug automatisch **30 Tage nach** dem Zeitpunkt des Eingangs einer **Rechnung** oder einer gleichwertigen **Zahlungsaufforderung** beim Schuldner ein. Auch in diesem Fall ist **keine Mahnung** gegenüber dem Schuldner erforderlich.

Der Eintritt des Zahlungsverzugs setzt zwar die **Fälligkeit** der Forderung voraus (Abs. 1 lit. c Nr. ii), muss 10
aber nicht mit der Fälligkeit zusammenfallen. Grundsätzlich bestimmt sich die Fälligkeit wie bisher nach dem mitgliedstaatlichen Recht. Die Forderung kann daher oder im Beginn des Zahlungsverzugs fällig und damit einklagbar sein, insbesondere wenn – wie z.B. im deutschen Recht nach § 271 Abs. 1 BGB – Forderungen regelmäßig sofort fällig werden.[14] Nach Abs. 1 lit. b Nr. i ist die Fälligkeit der Forderung **nicht Voraussetzung für den Beginn der 30-Tage-Frist**.[15] Denn der Schuldner kann auch schon vor Fälligkeit die Berechtigung der Forderung prüfen und Dispositionen für die Bezahlung treffen. Die Rechnung kann auch vor Fälligkeit eingehen, mit der Folge, dass die Frist schon beginnt (wegen Nr. iii und Nr. iv aber nicht vor dem Empfang der Güter und Dienstleistungen oder vor Abnahme). Da Zahlungsverzug nicht vor Fälligkeit eintritt, verlängert sich die Frist, wenn die Forderung nicht während der 30 Tage fällig wird.

Als **Rechnung** ist eine textliche Fixierung zu verstehen, aus der sich für den Schuldner mit hinreichender 11
Klarheit der Grund, die Höhe, sowie Gläubiger und Schuldner der als Entgelt geltend gemachten Geldforderung entnehmen lassen.[16] Eines Hinweises auf die Rechtsfolgen der Nichtzahlung bedarf es nicht. Eine Verkörperung etwa auf Papier ist nicht erforderlich;[17] in Betracht kommt beispielsweise auch eine Rechnung per E-Mail.

---

11 So besonders deutlich (zum noch etwas abweichenden Richtlinienvorschlag von 1998) *Kieninger*, WM 1998, 2213, 2214.
12 Weitere Beispiele bei *Huber*, JZ 2000, 957, 960.
13 Richtlinie 93/13/EWG über mißbräuchliche Klauseln in Verbraucherverträgen, ABlEG 1993 L 95/29.
14 *Schulte-Braucks*, NJW 2001, 103, 105.
15 *Gsell*, ZIP 2000, 1861, 1865; *Schmidt-Kessel*, NJW 2001, 97, 99; a.A. wohl *Heinrichs*, BB 2001, 157, 161.
16 Ähnlich (zu § 284 Abs. 3 BGB a.F.) Palandt/*Heinrichs*, § 284 Rn 28; der Meinungsstreit, ob auch z.B. eine Rechnung über einen Schadensersatzanspruch erteilt werden kann (so, zu § 284 Abs. 3 BGB a.F., *Pick*, ZFIR 2000, 333, 335), kann dahin stehen, da Schadensersatzforderungen nicht unter die Richtlinie fallen.
17 A.A. zu § 284 Abs. 3 BGB a.F. Palandt/*Heinrichs*, § 284 Rn 28; *Schimmel/Buhlmann*, MDR 2000, 737, 739: Rechnung muss schriftlich, aber nicht in der Form von § 126 BGB abgefasst werden.

Art. 3 Verzugs-RL

12 Für das Vorliegen einer Rechnung ist nicht erforderlich, dass sie etwaige **gesetzliche oder vertragliche Anforderungen** erfüllt (in Deutschland z.B. § 14 UStG, § 16 Nr. 3 Abs. 1 VOB/B).[18] Das ergibt sich daraus, dass eine gleichwertige Zahlungsaufforderung genügt. Wegen Abs. 1 lit. c Nr. i entsteht aber kein Anspruch auf Zinsen oder auf Ersatz der Beitreibungskosten, wenn die Erstellung einer ordnungsgemäßen Rechnung zu den gesetzlichen oder vertraglichen Verpflichtungen des Gläubigers gehört.

13 Die **gleichwertige Zahlungsaufforderung** hat eine Auffangfunktion. Der Eintritt des Zahlungsverzugs soll nicht durch unnötigen Formalismus erschwert werden. Gleichwertige Zahlungsaufforderungen sind beispielsweise eine Mahnung, eine gerichtliche Klage, die Einleitung eines Beitreibungsverfahrens nach Art. 5 (in Deutschland also ein Mahnverfahren) oder die Einleitung eines schiedsgerichtlichen Verfahrens, ein Antrag auf Prozesskostenhilfe mit Entwurf einer Klageschrift, ebenso Anwaltsschreiben (wenn sie nicht ohnehin als Rechnung einzustufen sind). Für die Gleichwertigkeit erforderlich ist aber stets, dass der Schuldner erkennen kann, welche Forderung gemeint ist und deshalb eine ausreichende Grundlage hat, die Berechtigung der Forderung zu überprüfen. Eine bloß **mündliche Zahlungsaufforderung** ist **nicht gleichwertig**. Bei einer unvollständigen oder fehlerhaften Rechnung kann eine gleichwertige Zahlungsaufforderung vorliegen, wenn der Schuldner erkennen muss, welche Forderung gemeint ist. Eine zu hohe Rechnung ist jedenfalls dann eine gleichwertige Zahlungsaufforderung, wenn der Schuldner sie als Aufforderung zu der geschuldeten Leistung verstehen muss. Soweit aber der Rechnungsbetrag zu niedrig angegeben ist und der Schuldner den Irrtum nicht ohne weiteres erkennen kann, tritt Zahlungsverzug nur hinsichtlich des eingeforderten Betrages ein. Die Zahlungsaufforderung kann auch von einem Dritten, z.B. einem Notar oder einer anderen mit der Vertragsabwicklung betrauten Person ausgehen.[19]

14 Die Frist beginnt mit dem **Eingang** einer Rechnung oder gleichwertigen Zahlungsaufforderung beim Schuldner. Für den Eingang ist die tatsächliche Kenntnisnahme nicht erforderlich. Die abstrakte Möglichkeit zur Kenntnisnahme reicht aus. Wegen der einseitigen Schutzrichtung der Richtlinie ist das Risiko von Hindernissen für die Möglichkeit zur Kenntnisnahme weitestgehend dem Schuldner aufzubürden. Betriebsferien, Krankenhausaufenthalt des einzelkaufmännischen, allein arbeitenden Unternehmers o.ä. stehen dem Eingang deshalb nicht entgegen, selbst wenn diese Umstände dem Gläubiger bekannt sind. Bei der Anwendung von § 286 Abs. 3 BGB ist folglich sorgfältig zu prüfen, ob die für den Zugang (§ 130 BGB) entwickelten Wertungen im Anwendungsbereich der Richtlinie einer Korrektur bedürfen.

15 Für die **Berechnung der Frist** ist außer Art. 3 Abs. 1 lit. b Nr. i Zahlungsverzugsrichtlinie die Verordnung 1182/71 zur Festlegung der Regeln für die Fristen, Daten und Termine (EG-FristenVO) heranzuziehen.[20] Nach Art. 3 Abs. 1 Unterabs. 2 EG-FristenVO ist der Tag, an dem die Rechnung oder die gleichwertige Zahlungsaufforderung eingeht, nicht mitzuzählen. Die Frist ist in Tagen bemessen und deshalb von einer Monatsfrist zu unterscheiden; die 30 Tage sind auszuzählen. Die Frist endet nach Art. 3 Abs. 2 lit. a EG-FristenVO mit dem Ablauf der letzten Stunde des letzten Tages der Frist, also um 24.00 Uhr. Die Frist umfasst alle Feiertage, Sonntage und Sonnabende (Art. 3 Abs. 3 EG-FristenVO). Fällt jedoch der letzte Tag der Frist auf einen Feiertag, einen Sonntag oder einen Sonnabend, so endet die Frist mit dem Ablauf der letzten Stunde des folgenden Arbeitstages (Art. 3 Abs. 4 EG-FristenVO). Zu berücksichtigen sind die Feiertage, die als solche in dem Mitgliedstaat vorgesehen sind, in dem eine Handlung vorgenommen werden soll (Art. 2 Abs. 1 EG-FristenVO). Bei einer grenzüberschreitenden Zahlung ist deshalb ein Feiertag sowohl im Mitgliedstaat des Gläubigers als auch des Schuldners zu berücksichtigen, da im Regelfall einer Überweisung an beiden Orten Handlungen vorgenommen werden müssen. Wenn ein Organ der Gemeinschaft beteiligt ist, zählen auch die in diesem Organ vorgesehenen Feiertage. Eine Liste der in Betracht kommenden Feiertage wird im Amtsblatt veröffentlicht.[21]

2. Abweichender Beginn der Zahlungsfrist (Abs. 1 lit. b Nr. ii – iv)

16 Art. 3 Abs. 1 lit. b **Nr. ii** bestimmt, dass bei einer **Unsicherheit über den Zeitpunkt des Eingangs der Rechnung** oder der gleichwertigen Zahlungsaufforderung die Frist von 30 Tagen mit dem Empfang der Güter oder Dienstleistungen beginnt. Diese Vorschrift hat einen begrenzten Anwendungsbereich, da sie nur den Streit über das „wann" des Rechnungszugangs betrifft, nicht aber den Streit über das „ob".[22] Hinsichtlich des „ob" des Rechnungszugangs liegt die Beweislast beim Absender.[23] Nur wenn

---

18 Offen gelassen von *Freitag*, EuZW 1998, 559, 560.
19 So zu § 284 Abs. 3 BGB a.F. *Basty*, DNotZ 2000, 260, 262 f.; *Pick*, ZfIR 2000, 333, 335.
20 ABlEG 1971 C 124/1.
21 Beispielsweise ABlEG 1999 C 379/23.
22 BT-Drucks 14/6040, 147; *Schmidt-Kessel*, NJW 2001, 97, 99, Fn 35; *Heinrichs*, in: Schulze/Schulte-Nölke (Hrsg.), Die Schuldrechtsreform vor dem Hintergrund des Gemeinschaftsrechts, 86; a.A. möglicherweise der Rechtsausschuss des Buntestages, BT-Drucks 14/7052, 187 (dort zum im Wesentlichen gleich lautenden § 286 Abs. 3 S. 2 BGB).
23 *Hänlein*, EuZW 2000, 680, 683.

das „ob" des Zugangs feststeht, soll hinsichtlich des „wann" eine Beweiserleichterung für den Gläubiger eintreten. Der Gläubiger soll dann so stehen, als wenn die Rechnung bei der Erbringung der Leistung ausgehändigt worden sei.[24]

Diese Regelung wird als unklar und wenig durchdacht kritisiert.[25] Der Gläubiger erhalte durch Nr. ii mehr, als er selbst geltend gemacht hat.[26] Es sei nicht einzusehen, warum auf den Zeitpunkt der Leistung der Güter oder Dienstleistungen abzustellen ist, wenn zwar das genaue Zugangsdatum ungewiss ist, aber sicher ist, dass die Rechnungserteilung später, vielleicht sogar deutlich später als die Lieferung erfolgte.[27] Der Umstand, dass der Gläubiger teilweise – nämlich hinsichtlich des Zeitpunktes des Rechnungszugangs – beweisfällig geblieben ist, würde nach der Richtlinie seine Rechtsstellung verbessern.[28] Teilweise wurde gefordert, auf eine Umsetzung dieser Vorschrift zu verzichten[29] und die Implementierung der Rechtsprechung zu überlassen. Die bei wortlautgetreuer Auslegung von Abs. 1 lit. b Nr. ii erkennbaren Unstimmigkeiten lassen sich vermeiden, wenn man die Vorschrift als gesetzliche Vermutung versteht, dass die Rechnung gleichzeitig mit der Leistung oder hilfsweise an dem vom Gläubiger behaupteten späteren Zeitpunkt zugegangen ist.[30] Die 30-Tage-Frist beginnt dann nur dann mit dem Zeitpunkt der Leistung, wenn dem Schuldner der Beweis misslingt, dass die Rechnung erst später bei ihm einging.[31]

Nr. iii regelt den Fall, dass die **Rechnung** oder die gleichwertige Zahlungsaufforderung **vor dem Empfang der Güter oder Dienstleistungen** eingegangen ist. In diesem Fall beginnt die 30-Tage-Frist erst mit dem Empfang der Güter oder Dienstleistungen. Bei Dienstleistungen, die sich über einen längeren Zeitraum erstrecken, ist in der Regel auf die vollständige Erbringung abzustellen. Anders kann es insbesondere bei Dauerschuldverhältnissen liegen, wenn im anwendbaren mitgliedstaatlichen Recht die Fälligkeit der Entgeltforderung abschnittsweise geregelt ist (und wenn eine vertragliche Regelung fehlt).[32] Die Regelung im deutschen Recht in § 286 Abs. 3 S. 1 BGB stimmt in den Ergebnissen im Wesentlichen mit Art. 3 Abs. 1 lit. b Nr. iii Zahlungsverzugsrichtlinie überein,[33] da die Frist im deutschen Recht erst von der Fälligkeit und Einredefreiheit der Forderung an zu laufen beginnt. Vor dem Empfang der Leistung hat der Schuldner der Entgeltforderung, wenn nicht ausnahmsweise Vorauszahlung vereinbart ist, die Einrede aus § 320 BGB.

Nach **Nr. iv** beginnt die 30-Tage-Frist nicht vor einer vertraglich oder gesetzlich vorgesehenen **Abnahme** oder Überprüfung. Mit dieser Regelung sollte den besonderen Verfahren des Baugewerbes Rechnung getragen werden.[34] Als gesetzlicher Fall kommen im deutschen Recht die Abnahme im Werkvertragsrecht (§ 641 Abs. 1 BGB) und das gutachterliche Überprüfungsverfahren (§ 641a BGB) in Betracht.[35] Bei der vertraglichen Vereinbarung eines Abnahmeverfahrens wird man meist eine die Fälligkeit hinausschiebende Stundung der Forderung für die Dauer des Überprüfungsverfahrens annehmen können.[36]

C. Weitere Voraussetzungen des Zinsanspruchs

Abs. 1 lit. c nennt weitere Voraussetzungen des Zinsanspruchs, die zum Bestehen des Zahlungsverzugs hinzutreten müssen: die **Erfüllung der vertraglichen und gesetzlichen Verpflichtungen durch den Gläubiger** (Nr. i), dass der Gläubiger den fälligen Betrag nicht rechtzeitig erhalten hat und die **Verantwortlichkeit** des Schuldners für die Verzögerung (Nr. ii). Aus der Verwendung des Wortes „insoweit" ergibt sich, dass auch bei teilweiser Erfüllung der Verpflichtungen des Gläubigers oder bei **teilweiser Zahlung** durch den Schuldner ein Zinsanspruch wegen eines Teils der Geldforderung bestehen soll.

---

[24] *Hänlein*, EuZW 2000, 680, 682.
[25] *Heinrichs*, in: Schulze/Schulte-Nölke (Hrsg.), Die Schuldrechtsreform vor dem Hintergrund des Gemeinschaftsrechts, 81, 86, 92; *ders.*, BB 2001, 157, 159 („sinnwidrige Regelung, die zu offensichtlich abwegigen Ergebnissen führt"); *Krebs*, DB 2000, 1697, 1700; BT-Drucks 14/6040, 147; die Vorschrift verteidigend *Schulte-Braucks*, NJW 2001, 103, 105 (der Schuldner soll, wenn er das Datum des Rechnungseingangs bestreitet, das Risiko tragen müssen, dass der Verzug früher eintritt).
[26] *Hänlein*, EuZW 2000, 680, 683.
[27] *Gsell*, ZIP 2000, 1861, 1865.
[28] *Heinrichs*, in: Schulze/Schulte-Nölke (Hrsg.), Die Schuldrechtsreform vor dem Hintergrund des Gemeinschaftsrechts, 81, 86.
[29] *Heinrichs*, in: Schulze/Schulte-Nölke (Hrsg.), Die Schuldrechtsreform vor dem Hintergrund des Gemeinschaftsrechts, 81, 92; für eine ausdrückliche Umsetzung hingegen *Schmidt-Kessel*, NJW 2001, 97, 100.
[30] *Heinrichs*, BB 2001, 157, 159; ähnlich *Huber*, JZ 2000, 957,959, Fn 21 a.
[31] So – mit etwas anderer Begründung (teleologische Reduktion von lit. b Nr. ii) – im Ergebnis *Gsell*, ZIP 2000, 1861, 1865; ähnlich *Hänlein*, EuZW 2000, 680, 683.
[32] Im deutschen Recht z.B. in § 551 Abs. 1 S. 2 oder Abs. 2 BGB.
[33] BT-Drucks 14/6040, 147.
[34] Mitteilung der Kommission an das Europäische Parlament, SEK (1999) 1398 endg., Nr. 3.3.
[35] Diese Beispiele nennt auch *Hänlein*, EuZW 2000, 680, 682.
[36] So BT-Drucks 14/6040, 148.

Art. 3 Verzugs-RL

I. Erfüllung der vertraglichen und gesetzlichen Verpflichtungen durch den Gläubiger

21 Die notwendige Erfüllung der vertraglichen und gesetzlichen Verpflichtungen als Voraussetzung für den Zinsanspruch ist eine Folge aus der Beschränkung des Anwendungsbereichs auf entgeltliche Geschäfte (Art. 1, 2 Rn 13 ff.). Nur für Zahlungsansprüche, die in einem **synallagmatischen Verhältnis** zu einer erbrachten Leistung stehen, gewährt die Richtlinie den flankierenden Schutz durch hohe Verzugszinsen. Dies ist insoweit eine neue Entwicklungsstufe innerhalb des Gemeinschaftsrechts, da bislang im Rahmen der einseitigen Schutzpolitiken ganz überwiegend nur die Ansprüche des Geschützten (z.B. Verbraucher, kleine und mittlere Unternehmen, Arbeitnehmer) geregelt werden und die Regelung der Ansprüche der Schutzgegner den mitgliedstaatlichen Rechtsordnungen überlassen bleibt. Hier findet das funktionale Synallagma ansatzweise Eingang in das Gemeinschaftsrecht.[37] Jedoch fehlt eine entsprechende Regelung bei der Vorschrift über den Ersatz der Beitreibungskosten (dazu Rn 30 ff.).

22 In Betracht kommen nur vertragliche oder gesetzliche Verpflichtungen gegenüber dem Gläubiger. Zu den **vertraglichen Pflichten** gehören nicht nur die Hauptpflichten, sondern auch leistungsbezogene Nebenpflichten wie Montage oder Beratung. Dem Zinsanspruch nicht entgegenhalten kann der Schuldner jedoch z.B. Pflichten aus anderen Verträgen oder Schadensersatzansprüche aus Verletzungen von Sorgfaltspflichten zum Schutz seiner allgemeinen Rechtsgüter (anders aber, wenn nach nationalem Recht die Voraussetzungen eines Zurückbehaltungsrechts vorliegen, dazu Rn 23). **Gesetzliche Pflichten** können ebenfalls nur solche sein, die im Zusammenhang mit der Leistung stehen. In Betracht kommen beispielsweise gesetzlich geregelte Pflichten, die aus einem Vertrag erwachsen (wie z.B. die Pflicht zur Verschaffung von Informationen nach Vertragsschluss in § 312c Abs. 2 BGB). Im deutschen Recht trifft den Schuldner keine Zinszahlungspflicht, solange ihm die Einrede des nichterfüllten Vertrages (§ 320 BGB) zusteht. Diese Einrede ist mit der Richtlinie vereinbar.[38] Die Beweislast für die Erfüllung seiner Verpflichtungen trägt nach den allgemeinen Regeln der Gläubiger, der die Zinsen beansprucht.

23 Auch beim Ausüben eines **Zurückbehaltungsrechts**, im deutschen Recht etwa aus § 369 HGB oder § 273 BGB, ist der Schuldner nicht zur Zinszahlung verpflichtet. Das bloße Bestehen des Zurückbehaltungsrechts reicht jedoch nicht, da der Gläubiger möglicherweise davon nichts weiß und er die Möglichkeit haben muss, den Anspruch, wegen dessen ein Zurückbehaltungsrecht besteht, zu erfüllen. Die vom deutschen Recht gewährten Zurückbehaltungsrechte stehen daher in Einklang mit Abs. 1 lit. c Nr. i und Nr. ii. Die Möglichkeit zur **Aufrechnung** mit einer Gegenforderung steht einem Zinsanspruch wegen Zahlungsverzuges nicht entgegen. Erst wenn die Aufrechnung erklärt wird, endet der Zinsanspruch, da dann die geschuldete Forderung untergeht.

II. Entlastungsmöglichkeit des Schuldners wegen fehlender Verantwortlichkeit

24 Nach Abs. 1 lit. c Nr. ii können die Mitgliedstaaten eine Entlastungsmöglichkeit für den Schuldner vorsehen, soweit dies nicht dem Zweck der Richtlinie zuwiderläuft.[39] Die Richtlinie macht keine Vorgaben, welche Hindernisse den Schuldner entlasten können. Daher dürfte dem nationalen Gesetzgeber bei der Bestimmung der Verantwortlichkeit des Schuldners ein gewisser Spielraum zukommen.[40] Eine Orientierung bietet Art. 79 UN-Kaufrecht, den der europäische Gesetzgeber bei der Formulierung dieses Erfordernisses im Blick hatte.[41] Es wird vertreten, dass die Richtlinie nicht ein Verschulden des Schuldners im klassischen Sinne voraussetze.[42] Diese Auffassung wird jedoch vom Wortlaut der Richtlinie nicht gedeckt. Zwar sieht Art. 79 UN-Kaufrecht eine Entlastung des Schuldners nur nach einem objektiven Maßstab vor, bei dem es auf das persönliche Verschulden des Schuldners nicht ankommt.[43] Doch hat lit c Nr. ii gerade nicht die insoweit deutliche Formulierung von Art 79 Abs. 1 UN-Kaufrecht übernommen, sondern das wenig aussagekräftige Adjektiv „nicht verantwortlich" (not responsible, ne ... pas responsable) gewählt. Die Richtlinie lässt deshalb zu, dass die Mitgliedstaaten das Entstehen des Anspruchs auf Verzugszinsen vom **Verschulden** des Schuldners abhängig machen.[44] Die Beweislast für das Fehlen der Verantwortlichkeit muss aber, wie die mit „es sei denn" eingeleitete Formulierung deutlich macht, beim Schuldner liegen.[45] Die Regelung des deutschen Rechts, nach der der Schuldner nicht in Verzug kommt, wenn die Leistung infolge

---

37 *Hau*, ZVglRWiss 98 (1999), 260, 276; *Schmidt-Kessel*, NJW 2001, 97, 99.
38 *Gsell*, ZIP 2000, 1861, 1866; zweifelnd *Schmidt-Kessel*, NJW 2001, 97, 100, der eine Entscheidung des Gesetzgebers über das Verhältnis von § 320 BGB zu den Verzugsregelungen für erforderlich hält.
39 *Schmidt-Kessel*, NJW 2001, 97, 99.
40 *Gsell*, ZIP 2000, 1861, 1865.
41 *Schmidt-Kessel*, NJW 2001, 97, 99; *Schulte-Braucks*, NJW 2001, 103, 105 f.
42 *Schulte-Braucks*, NJW 2001, 103, 106; ähnlich auch die amtliche Begründung zu § 283 Abs. 4 DiskE (S. 332 f.); anders aber BT-Drucks 14/6040, 148.
43 Staudinger/*Magnus*, Art. 79 UN-Kaufrecht Rn 8.
44 So im Ergebnis auch *Heinrichs*, BB 2001, 157, 159; *Gsell*, ZIP 2000, 1861, 1866; *Omar*, International Company and Commercial Law Review 2001, 38, 40.
45 *Schmidt-Kessel*, NJW 2001, 97, 99.

eines Umstands unterbleibt, den er nicht zu vertreten hat (§§ 280 Abs. 1 S. 2, 286 Abs. 4 BGB), ist daher mit der Richtlinie vereinbar.

D. Höhe der Zinsen

Der von der Richtlinie in Abs. 1 lit. d vorgegebene **gesetzliche Zinssatz** errechnet sich durch eine Addition des „Bezugszinssatzes" mit der „Spanne" von mindestens sieben Prozentpunkten. Wie sich aus dem Beginn des Zinslaufs nach Abs. 1 lit a und lit b sowie aus den Bestimmungen in lit d über die Zinshöhe ergibt, werden Zinslauf und -höhe nach Kalendertagen taggenau berechnet. Stundenzins kann aufgrund der Richtlinie deshalb nicht verlangt werden. Die Richtlinie schreibt einen **Mindestzinssatz** vor, den die Mitgliedstaaten überschreiten können. Die Mitgliedstaaten werden zudem nur verpflichtet, mindestens diesen gesetzlichen Zinssatz als Verzugsfolge in ihrem **dispositiven Gesetzesrecht** vorzusehen. Abweichende Vereinbarungen durch die Parteien, insbesondere ein niedrigerer Zinssatz, sind zulässig. Sie unterliegen aber der Inhaltskontrolle nach Abs. 3 (dazu Rn 35 ff.). 25

Den **Bezugszinssatz** definiert die Richtlinie in lit. d und in Art. 2 Nr. 4 anhand des von der Europäischen Zentralbank auf ihre Hauptrefinanzierungsoperationen angewendeten Zinssatzes. Dieser Zinssatz wird von der Kommission zu Beginn jedes Monats im Amtsblatt Teil C veröffentlicht und kann auch auf der Homepage der Zentralbank abgefragt werden (www.ecb.int). Um kurzfristige Zinsschwankungen zu vermeiden, ist jedoch nur der jeweils vor dem ersten Kalendertag eines Halbjahres (also vor dem **1. Januar und dem 1. Juli**) angewendete Zinssatz maßgeblich, der jeweils **sechs Monate** in Kraft bleibt. Da die Europäische Zentralbank seit Juni 2000 ihre Hauptrefinanzierungsoperationen im sogenannten variablen Tenderverfahren durchführt, ergibt sich der maßgebliche Bezugszinssatz seitdem nach Art. 2 Nr. 4 S. 2 nicht aus dem Leitzins, sondern aus dem sogenannten **marginalen Zinssatz** (marginal rate). Dies ist der niedrigste Zinssatz, zu dem im betreffenden Auktionsverfahren ein Gebot noch berücksichtigt worden ist. Der marginale Zinssatz liegt üblicherweise um einige Hundertstel Prozent über dem Mindestgebot (= dem Leitzins). Auch der marginale Zinssatz ist der Homepage der EZB und ihrem Monatsbericht (Monthly Bulletin) zu entnehmen. Der Bezugszinssatz beträgt: 26

– ab 1. Juli 2000   4,29 % (Abschluss vom 28. Juni 2000)
– ab 1. Januar 2001   4,79 % (Abschluss vom 27. Dezember 2000)
– ab 1. Juli 2001   4,54 % (Abschluss vom 27. Juni 2001).

Die Leitzinssenkungen vom 31. August 2001 auf 4,25 %, vom 18. September 2001 auf 3,75 % und vom 9. November 2001 auf 3,25 % wirken sich vorerst noch nicht auf die Höhe des Bezugszinssatzes aus, da erst wieder der letzte Abschluss im Dezember 2001 maßgeblich ist. Der gesetzliche Zinssatz nach Abs. 1 lit. d (Bezugszinssatz zuzüglich 7 Prozentpunkte) beträgt: 27

– ab 1. Juni 2000   11,29 %
– ab 1. Januar 2001   11,79 %
– ab 1. Juli 2001   11,54 %.

Für **Mitgliedstaaten, die nicht an der dritten Stufe der Wirtschafts- und Währungsunion teilnehmen** (Dänemark, Schweden, Vereinigtes Königreich) sowie für die **EWR-Staaten** (Island, Liechtenstein, Norwegen) ist der Bezugszinssatz der entsprechende Zinssatz ihrer Zentralbank. 28

Anders als die Richtlinie stellt der **deutsche Gesetzgeber** allerdings nicht primär auf diesen Bezugszinssatz der EZB ab, sondern verwendet einen eigenen, in § 247 BGB definierten **Basiszinssatz**. Dies wird damit begründet, dass viele andere Vorschriften ebenfalls den nationalen Basiszinssatz, der bislang im Diskontsatzüberleitungsgesetz geregelt wurde, verwenden. Eine Umstellung aller Vorschriften komme nicht in Betracht.[46] Der Gefahr, dass der für den Geschäftsverkehr geltende Verzugszinssatz wegen unterschiedlicher Entwicklungen von Bezugszinssatz und deutschem Basiszinssatz hinter der von der Richtlinie vorgesehenen Mindesthöhe zurückbleibt, wird in § 288 Abs. 2 BGB mit einem „Sicherheitsaufschlag" von 1 % begegnet. Daran wird kritisiert, dass dieser Aufschlag zu einer höheren Belastung des Schuldners führt, als von der Richtlinie vorgegeben.[47] Die deutsche Rechtsordnung solle den von der Richtlinie gewählten Leitzins als Bezugszinssatz festlegen, zu dem dann die in der Richtlinie vorgesehene Spanne von 7 % addiert werden könne. Somit ist die nationale Regelung zwar an die europäischen Vorgaben angelehnt, stellt aber durch seine Höhe einen von der Richtlinie gestatteten nationalen Alleingang dar. 29

---

46 BT-Drucks 14/6040, 126.
47 *Gsell*, ZIP 2000, 1861, 1870; *Heinrichs*, BB 2001, 157, 163; *Krebs*, DB 2000, 1697, 1701 (damals betrug der vorgesehene Aufschlag jedoch noch 2 Prozentpunkte).

E. Ersatz der Beitreibungskosten

30 Der in Abs. 1 lit. e gewährte Anspruch auf Ersatz von **Beitreibungskosten** ist, so wie er schließlich verabschiedet worden ist, seiner Natur nach mehr ein Anspruch auf **Ersatz von Aufwendungen** als ein Schadensersatzanspruch. Die **Tatbestandvoraussetzungen** sind größtenteils die gleichen wie beim Zinsanspruch. Es muss Zahlungsverzug im Sinne von Abs. 1 lit. a oder lit. b bestehen. Ähnlich wie lit. c Nr. ii. schließt lit. d S. 1 den Anspruch aus, wenn der Schuldner für den Zahlungsverzug nicht **verantwortlich** ist. Auch hier liegt die Beweislast für die fehlende Verantwortlichkeit beim Schuldner.

31 Es fehlt aber – anders als in lit. c Nr. i – die Voraussetzung, dass der Gläubiger seine vertraglichen und gesetzlichen Verpflichtungen erfüllt haben muss. Teilweise wird darin ein bloßes Redaktionsversehen gesehen.[48] Nach anderer Ansicht sollen jedoch Beitreibungskosten auch dann zu ersetzen sein, wenn der im Übrigen fälligen Forderung nur noch die Einrede des nichterfüllten Vertrages entgegensteht, es im deutschen Recht also zu einer Zug-um-Zug-Verurteilung käme.[49] Für diese Auffassung spricht die ähnliche Wertung der Regelungen über die Prozesskosten im deutschen Recht. Beschränkt der Gläubiger seinen Antrag auf Zahlung des Entgelts Zug um Zug gegen die Erbringung der Gegenleistung, so trägt nach § 91 ZPO ausschließlich der Schuldner die Kosten, wenn der Gläubiger den Prozess gewinnt.

32 Der Anspruch geht auf **angemessenen Ersatz aller durch den Zahlungsverzug bedingten Beitreibungskosten**. Ursprünglich hatte die Kommission einen Anspruch des Gläubigers auf Ersatz sämtlicher durch die Verzögerung entstandener Schäden vorgesehen.[50] Doch auch im Richtlinientext wird noch sehr deutlich der Ersatz **aller** durch den Zahlungsverzug des Schuldners bedingten Beitreibungskosten angeordnet. Als Grund für den Anspruch hat die Kommission vor allem angeführt, dass die Zinsen bei geringen Geldbeträgen nicht hoch genug sind, um die Zahlungsmoral zu verbessern.[51] Nach dieser Vorgeschichte zählen zu den Beitreibungskosten jedenfalls die folgenden Aufwendungen: die internen Verwaltungskosten im Unternehmen des Gläubigers für die Beitreibung der Forderung,[52] die Kosten für die Beitreibung durch eine Beitreibungsfirma sowie die Kosten für die Beitreibung in einem Gerichtsverfahren.[53]

33 Für die genaue Bestimmung von **Umfang und Höhe** der Beitreibungskosten lässt die Richtlinie den Mitgliedstaaten einen Gestaltungsspielraum, der aber durch einige Rahmenvorgaben abgesteckt wird. So sind nach lit. e S. 2 die Grundsätze der **Transparenz** und der **Verhältnismäßigkeit** im Hinblick auf den betreffenden Schuldbetrag zu beachten. Auf diese Weise soll verhindert werden, dass überhöhte Beitreibungskosten insbesondere von Inkassobüros ersatzfähig werden.[54] Die Mitgliedstaaten können nach lit. e S. 3 auch einen **Höchstbetrag** für die Beitreibungskosten für unterschiedliche Schuldhöhen festlegen. Der Erwägungsgrund 17 stellt überdies klar, dass das mitgliedstaatliche Recht auch neben oder über den Ersatz von Beitreibungskosten hinaus zusätzlichen Schadenersatz wegen Zahlungsverzug vorsehen oder die Beitreibungskosten auch durch die Höhe der Verzugszinsen ausgleichen kann. Ohnehin sind die Mitgliedstaaten wegen Artikel 6 Abs. 2 nicht daran gehindert, für den Gläubiger günstigere Regelungen, also zum Beispiel den Ersatz sämtlicher Schäden, vorzusehen. Im deutschen Recht ergibt sich beispielsweise aus § 288 Abs. 4 BGB, dass über den Anspruch auf Verzugszinsen hinaus weitere Schäden geltend gemacht werden können. Anspruchsgrundlage ist der Anspruch auf Schadensersatz wegen Verzögerung der Leistung (§§ 280 Abs. 1, Abs. 2, 286 BGB). Dieser Anspruch erfasst auch die Rechtsverfolgungskosten. Insbesondere in Hinblick auf die internen Verwaltungskosten des Gläubigers könnte der Umfang des gewährten Schadensersatzes über das bisher aus dem früheren § 286 BGB a.F. gewährte Maß hinaus im Wege richtlinienkonformer Auslegung ausgeweitet werden müssen.

F. Ausnahmen des Abs. 2

34 Die 30-Tage-Frist kann nach Abs. 2 von den Mitgliedstaaten für bestimmte Vertragsarten auf 60 Tage heraufgesetzt werden. Die Mitgliedstaaten müssen diese 60-Tage-Frist aber entweder als zwingende Vorschrift ausgestalten oder ihre Einhaltung durch einen verbindlichen Zinssatz sichern, der wesentlich über dem gesetzlichen Zinssatz liegt. Diese Ermächtigung der Mitgliedstaaten, die insbesondere zu Gunsten der öffentlichen Hand eingeführt wurde,[55] dürfte in Deutschland wenig Bedeutung erlangen.[56]

---

48 *Gsell*, ZIP 2000, 1861, 1867.
49 So *Schmidt-Kessel*, NJW 2001, 97, 99.
50 *Hänlein*, EuZW 2000, 680, 684.
51 Mitteilung der Kommission an das Europäische Parlament, SEK (1999) 1398 endg. Nr. 3.2.2.2.
52 Offen gelassen bei *Gsell*, ZIP 2000, 1861, 1867.
53 *Hänlein*, EuZW 2000, 680, 684; *Heinrichs*, BB 2001, 157, 160.
54 *Freudenthal/Milo/Schelhaas*, Nieuwe Tijdschrift voor Burgerlijk Recht 2000, 293, 295.
55 Kritisch deshalb *Gsell*, ZIP 2000, 1861, 1867.
56 *Schmidt-Kessel*, NJW 2001, 97, 98 mit Fn 19.

G. Inhaltskontrolle und deren verfahrensmäßige Absicherung (Abs. 3–5)

Da die Richtlinie nur **dispositives Recht** vorgibt, können die Vertragsparteien grundsätzlich abweichende Zahlungsbedingungen vereinbaren.[57] Abs. 3 bis 5 schreiben den Mitgliedstaaten aber vor, eine Inhaltskontrolle von **Vereinbarungen über den Zahlungstermin oder die Folgen eines Zahlungsverzugs** vorzusehen, die nicht im Einklang mit Abs. 1 lit. b bis lit. d und Abs. 2 stehen. Die in Abs. 3 vorgegebene Inhaltskontrolle ist nicht auf Allgemeine Geschäftsbedingungen beschränkt, sondern erfasst auch **Individualvereinbarungen**[58] (anders aber Abs. 5, der nur für Vertragsklauseln gilt, die „im Hinblick auf eine allgemeine Verwendung abgefasst wurden"). Vereinbarungen über den Ersatz von Beitreibungskosten fallen nicht unter Abs. 3 bis 5.[59] Der Schuldner kann also nach der Richtlinie ungehindert versuchen, den Anspruch auf Ersatz von Beitreibungskosten einzuschränken.

Für die Beurteilung, wann eine Parteivereinbarung als **grob nachteilig** für den Gläubiger anzusehen ist, gibt die Richtlinie eine Reihe von Anhaltspunkten.[60] Als generellen Maßstab führt sie die **gute Handelspraxis** ein. Diese Generalklausel ist im Zuge der Anwendung insbesondere mit den Wertungen des Gemeinschaftsrechts, hilfsweise auch mit allgemein anerkannten Grundsätzen der lex mercatoria, zu erfüllen. Abs. 3 der Richtlinie erhebt die Regelungen in Abs. 1 lit. b bis d und Abs. 2 zum **gesetzlichen Leitbild**,[61] von dem nur bei Vorliegen eines **objektiven Grundes** abgewichen werden darf. Abs. 2 ist z.B. die Wertung zu entnehmen, dass längere Zahlungsfristen als 60 Tage in der Regel unzulässig sein dürften.[62] Grob nachteilig ist eine Fristverlängerung vor allem dann, wenn sie in erster Linie dem Zweck dient, dem Schuldner Kredit auf Kosten des Gläubigers zu verschaffen.[63] Wenn ein Generalunternehmer mit seinen Lieferanten oder Subunternehmern ungünstigere Zahlungsbedingungen vereinbart, als seine Kunden ihm einräumen, liegt ebenfalls regelmäßig eine grobe Benachteiligung des Gläubigers vor.[64] Im Umkehrschluss darf ein Generalunternehmer ihn belastende ungünstige Zahlungsbedingungen an die Lieferanten oder Subunternehmer weitergeben.[65] Ein objektiver Grund dürfte ebenfalls vorliegen, wenn der Schuldner aus institutionellen Gründen mehr Zeit für die Prüfung der Rechnung benötigt.[66] Klauseln, durch die der Gläubiger begünstigt wird, werden durch die Richtlinie nicht verboten. Entsprechende Klauseln gehen nach Abs. 1 lit. a und lit. d den gesetzlichen Bestimmungen vor.

Als **Rechtsfolge** eines Verstoßes gegen Abs. 3 lässt die Richtlinie den Mitgliedstaaten die Wahl, entweder zu bestimmen, dass die grob nachteilige Klausel **nicht geltend gemacht werden kann oder dass sie einen Schadensersatzanspruch begründet** (Abs. 3 S. 1). Insbesondere für den Fall, dass die Klausel nicht geltend gemacht werden kann, bestimmt Abs. 3 S. 3, dass **die gesetzlichen Bestimmungen anzuwenden** sind, es sei denn, **die nationalen Gerichte legen andere, faire Bedingungen** fest. Die Mitgliedstaaten können also auch – anders als § 306 Abs. 1 und Abs. 2 BGB im deutschen Recht vorsehen – eine geltungserhaltende Reduktion der grob nachteiligen Klausel durch die Gerichte zulassen.

Die in Abs. 4 und Abs. 5 enthaltenen Vorgaben für die Durchsetzung der Inhaltskontrolle im mitgliedstaatlichen Recht lehnen sich fast wörtlich an Art. 7 Abs. 1 und 2 der Klauselrichtlinie an.[67] Deutlich wird in Abs. 4 insbesondere, dass die Inhaltskontrolle von Vereinbarungen über Zahlungsbedingungen und die Rechtsfolgen von Zahlungsverzug sowohl den Interessen der Gläubiger als auch des Wettbewerbs dient. Die in Abs. 5 vorgesehene **Verbandsklage** soll nur Organisationen zustehen, die ein berechtigtes Interesse daran haben, kleine und mittlere Unternehmen zu vertreten, oder die offiziell als Vertreter solcher Unternehmen anerkannt sind.

Eine **ausdrückliche Umsetzung** von Art. 3 Abs. 3 – 5 in das deutsche Recht ist **nicht erfolgt**. Eine **Inhaltskontrolle** findet deshalb nur nach dem Recht der **Allgemeinen Geschäftsbedingungen** (§§ 305 ff. BGB) und bei **Individualvereinbarungen** nach §§ 138, 242 BGB statt. Diese Vorschriften sind deshalb im Lichte der Richtlinie auszulegen. Die **Verbandsklage** ist nun im Unterlassungsklagengesetz (UKlaG) geregelt. Jedoch sieht § 3 Abs. 1 Nr. 2 UKlaG (früher § 13 Abs. 2 Nr. 2 AGBG) seinem Wortlaut nach nur eine Klagebefugnis von bestimmten Verbänden zur Förderung gewerblicher Interessen gegen eine

---

[57] *Schmidt-Kessel*, NJW 2001, 97, 98; *Lardeux*, Jurisclasseur Périodique – La Semaine Juridique, Entreprise et Affaires 2000, 1318, 1319.
[58] *Gsell*, ZIP 2000, 1861,1871; *Heinrichs*, BB 2001, 157,159.
[59] *Freudenthal/Milo/Schelhaas*, Nieuwe Tijdschrift voor Burgerlijk Recht 2000, 293, 296.
[60] Insbesondere in Art. 3 Abs. 3 S. 2 und in Erwägungsgrund 19.
[61] So *Schmidt-Kessel*, NJW 2001, 97, 100.
[62] *Schmidt-Kessel*, NJW 2001, 97, 100.
[63] Erwägungsgrund 19.
[64] Erwägungsgrund 19.
[65] *Hänlein*, EuZW 2000, 680, 684.
[66] *Hänlein*, EuZW 2000, 680, 684.
[67] Kritisch zur Übertragung von „règles d'inspiration consumériste" auf den Geschäftsverkehr *Lardeux*, Jurisclasseur Périodique – La Semaine Juridique Entreprise et Affaires 2000, 1318, 1322.

Handlung vor, die geeignet ist, den Wettbewerb wesentlich zu beeinträchtigen. Art. 3 Abs. 4 Zahlungsverzugsrichtlinie verlangt hingegen, dass Verstöße gegen Art. 3 Abs. 3 auch im **Interesse der Gläubiger** verfolgt werden.[68] Der § 3 Abs. 1 Nr. 2 UKlaG ist deshalb richtlinienkonform dahin auszulegen, dass auch Verbände zur Förderung der Interessen von kleinen und mittleren Unternehmen klagebefugt sein müssen und dass mit der Verbandsklage nicht nur Interessen von Wettbewerbern, sondern auch von Gläubigern verfolgt werden können.

Artikel 4 Eigentumsvorbehalt

(1) Die Mitgliedstaaten sehen in Einklang mit den anwendbaren nationalen Vorschriften, wie sie durch das internationale Privatrecht bestimmt werden, vor, dass der Verkäufer bis zur vollständigen Bezahlung das Eigentum an Gütern behält, wenn zwischen Käufer und Verkäufer vor der Lieferung der Güter ausdrücklich eine Eigentumsvorbehaltsklausel vereinbart wurde.

(2) Die Mitgliedstaaten können Vorschriften verabschieden oder beibehalten, die bereits vom Schuldner geleistete Anzahlungen betreffen.

A. Vorgeschichte und Zweck der Vorschrift

1 Artikel 4 regelt die Anerkennung eines zwischen den Vertragsparteien vereinbarten Eigentumsvorbehalts auch in anderen Mitgliedstaaten. Den Hintergrund dieser Vorschrift bildet die teilweise ganz **unterschiedliche Ausgestaltung des Eigentumsvorbehalts in den Rechtsordnungen der Mitgliedstaaten**, durch die bei grenzüberschreitenden Lieferungen der Verkäufer Gefahr läuft, sein Vorbehaltseigentum zu verlieren oder nicht durchsetzen zu können. Problemfelder sind insbesondere die nicht überall gesicherte Konkursfestigkeit des Eigentumsvorbehalts und bestimmte formale Anforderungen wie die Notwendigkeit einer Registereintragung in einigen Mitgliedstaaten.[1]

2 Die auf den ersten Blick aus dem Zusammenhang der Regelungen zum Zahlungsverzug fallende Vorschrift ist das **Ergebnis eines politischen Kompromisses**.[2] Der damit erreichte Rechtsangleichungsfortschritt ist gering. Die Kommission und das Europäische Parlament hatten in ihren Entwürfen und Stellungnahmen wiederholt deutlich weitergehende Vorschriften vorgesehen. Nach dem Vorschlag der Kommission vom 23.4.1998[3] sollten in Artikel 4 Abs. 1 der Richtlinie umfassende Regelungen über die Begründung des Eigentumsvorbehalts, auch in allgemeinen Geschäftsbedingungen, sowie zur Gefahrtragung bei Beschädigung oder Verlust getroffen werden. Zusätzlich war eine Liste mit Klauseln vorgesehen, durch die ein Eigentumsvorbehalt vereinbart werden konnte.[4] Das Europäische Parlament hatte überdies die formfreie Begründung des Eigentumsvorbehalts und dessen Wirksamkeit auch im Falle des Konkurses gefordert.[5] Auch der Wirtschafts- und Sozialausschuss hatte sich für Regelungen zum Eigentumsvorbehalt ausgesprochen.[6] Zwar gebe es in sämtlichen Mitgliedstaaten ein Instrument des Eigentumsvorbehalts, doch würde dies unterschiedlich gehandhabt und insbesondere an unterschiedliche formelle Erfordernisse (bis hin zu einer Registrierungspflicht) geknüpft.

3 Der Rat wollte dagegen jegliche Erwähnung des Eigentumsvorbehalts verhindern und stellte in seinem Gemeinsamen Standpunkt fest, dass er „die Notwendigkeit, ja Möglichkeit einer Angleichung der Rechtsvorschriften nicht bestätigen" könne.[7] Ein Eigentumsvorbehalt werde zur Sicherung des Gläubigers vor der drohenden Zahlungsunfähigkeit des Schuldners vereinbart und nicht aber zur Beschleunigung von Zahlungen.[8] Zusätzlich befürchtete der Rat, dass durch die vorgeschlagenen Regelungen zum Eigentumsvorbehalt in das Eigentums- und Insolvenzrecht der Mitgliedstaaten eingegriffen würde.[9] Der schließlich zustande gekommene Formelkompromiss in Art. 4 Zahlungsverzugsrichtlinie führte dazu, dass zwar der **Eigentumsvorbehalt** in der Richtlinie erwähnt wird, aber unter dem **unklaren Vorbehalt** steht, dass die Mitgliedstaaten nur „in Einklang mit den anwendbaren nationalen Vorschriften, wie sie durch das internationale Privatrecht bestimmt werden" den Vorgaben der Richtlinie unterworfen sind.

---

68 *Gsell*, ZIP 2000, 1861, 1872.
1 Beispiele aus einigen Mitgliedstaaten bei *Schulte-Braucks*, NJW 2001, 103, 106 f. (auch Fn 52 ff.).
2 *Hänlein*, EuZW 2000, 680, 681.
3 Vorschlag für eine Richtlinie des europäischen Parlaments und des Rates zur Bekämpfung von Zahlungsverzug im Handelsverkehr, ABlEG 1998 C 168/13.
4 Beispiel: „Die Ware verbleibt bis zur Bezahlung im Eigentum des Verkäufers."
5 ABlEG 1998 C 313/142, Änderung 18.
6 Stellungnahme des Wirtschafts- und Sozialausschusses ABlEG 1998 C 407/50, 54.
7 Gemeinsamer Standpunkt des Rates, ABlEG 1999 C 284/1, 5.
8 ABlEG 1999 C 284/1, 7.
9 ABlEG 1999, C 284/1, 7.

B. Begriff des Eigentumsvorbehalts

Als Eigentumsvorbehalt definiert Art. 2 Nr. 3 der Richtlinie eine vertragliche Vereinbarung, nach der der **4** Verkäufer bis zur vollständigen Bezahlung Eigentümer des Kaufgegenstands bleibt. Diese **Definition** ist sehr **eng** und wird in manchen Fällen **erweiternd ausgelegt** werden müssen. Nicht nur für Kaufverträge, sondern auch für Werkverträge besteht ein Bedürfnis nach der Anerkennung eines Eigentumsvorbehalts.[10] Art. 1 Abs. 4 der Verbrauchsgüterkaufrichtlinie[11] schließt auch Verträge über die Lieferung herzustellender oder zu erzeugender Güter in den Anwendungsbereich ein. Ohnehin sind die Begriffe Kauf oder Eigentum für das Gemeinschaftsrecht in Randbereichen noch weitgehend ungeklärt.

C. Vorgaben für die mitgliedstaatlichen Rechtsordnungen zum Eigentumsvorbehalt

Durch die Einschränkung auf die „anwendbaren nationalen Vorschriften, wie sie durch das internationale **5** Privatrecht bestimmt werden", hat die Richtlinie den Umsetzungsbedarf für die Mitgliedstaaten auf zwei Elemente reduziert. Zum einen muss das **Kollisionsrecht** so ausgestaltet werden, dass die **Verkehrsfähigkeit des Eigentumsvorbehalts** gefördert wird.[12] Zum anderen ist aus Art. 4 zu entnehmen, dass **alle Mitgliedstaaten** einen **einfachen Eigentumsvorbehalt** in ihren Rechtsordnungen vorsehen müssen,[13] der sowohl als Druckmittel gegen den säumigen Schuldner als auch als Sicherungsmittel beim Scheitern der Vertragsbeziehungen dienen kann.

Die Einschränkung, dass der Eigentumsvorbehalt nach anwendbaren nationalen Vorschriften, wie sie durch **6** das internationale Privatrecht bestimmt werden, rechtswirksam sein muss, gibt den Mitgliedstaaten weite Gestaltungsspielräume. Für das **Kollisionsrecht** gibt die Richtlinie nicht ein echtes Ursprungslandsprinzip mit der Verpflichtung zur gegenseitigen Anerkennung der nationalen Regelungen vor.[14] Die Mitgliedstaaten können gleichermaßen ihr eigenes Recht für anwendbar erklären. Es besteht deshalb nicht die Notwendigkeit, die übliche Anknüpfung an den Belegenheitsort (z.B. im deutschen Recht nach Art. 43 EGBGB) aufzugeben. Es muss lediglich im Grundsatz sichergestellt sein, dass ein nach dem Recht eines Mitgliedstaates vereinbarter Eigentumsvorbehalt auch dann noch geltend gemacht werden kann, wenn im Fall einer grenzüberschreitenden Lieferung das Recht eines anderen Mitgliedstaates anwendbar ist.[15]

Für das materielle **Sachenrecht** ist unklar, wie weit die Mitgliedstaaten über die Pflicht, einen einfachen **7** Eigentumsvorbehalt vorzusehen, hinaus bei der Ausgestaltung ihrer Rechtsordnung durch Vorgaben der Richtlinie gebunden werden. Erwägungsgrund 21 macht die Durchsetzung eines in einem anderen Mitgliedstaat begründeten Eigentumsvorbehalts davon abhängig, dass er gemäß den anwendbaren nationalen Vorschriften, wie sie durch das internationale Privatrecht bestimmt werden, rechtswirksam ist. Diese Formulierung lässt erkennen, dass sowohl für wirksame rechtsgeschäftliche Begründung des Eigentumsvorbehalts als auch für die sachenrechtlichen Wirkungen weite Gestaltungsspielräume der Mitgliedstaaten bestehen. Aus der Sicht des deutschen Rechts ist deshalb nicht sichergestellt, dass jeder wirksam nach deutschem Recht vereinbarte Eigentumsvorbehalt (vgl. § 449 BGB) auch in den anderen Mitgliedsstaaten der EG anerkannt werden muss.[16] Dies betrifft etwa die nach deutschem Recht mögliche konkludente Vereinbarung oder den nach Übereignung vereinbarten Eigentumsvorbehalt.[17] Ebenso wenig kann Art. 4 entnommen werden, inwieweit die Mitgliedstaaten einen gutgläubigen Erwerb des Vorbehaltsguts und den Verlust des Vorbehaltseigentums bei der Zwangsvollstreckung oder in der Insolvenz verhindern müssen.[18] Für Deutschland besteht daher wohl kein Umsetzungsbedarf,[19] zumal der Vorbehaltseigentümer nach deutschem Recht bereits weitgehend gegen Rechtsverlust geschützt ist.

---

10 *Freudenthal/Milo/Schelhaas*, Nieuwe Tijdschrift voor Burgerlijk Recht 2000, 293, 298 f.
11 Richtlinie 1999/44/EG zu bestimmten Aspekten des Verbrauchsgüterkaufs und der Garantien für Verbrauchsgüter, ABlEG 1999 L 171/12.
12 *Schmidt-Kessel*, NJW 2001, 97, 101; *Gsell*, ZIP 2000, 1861, 1873.
13 *Schmidt-Kessel*, NJW 2001, 97, 101.
14 So im Ergebnis wohl auch *Schulte-Braucks*, NJW 2001, 103, 107 (Fn 55), der es lediglich für wünschenswert hält, die Vorschrift so auszulegen, dass der Verkäufer den Eigentumsvorbehalt nach seinem eigenen Recht vereinbaren kann.
15 *Schmidt-Kessel*, NJW 2001, 97, 101; *Gsell*, ZIP 2000, 1861, 1873.
16 *Heinrichs*, BB 2001, 157, 164.
17 Beispielsweise ist ein nachträglich vereinbarter Eigentumsvorbehalt nach englischem Recht grundsätzlich nicht zulässig; zur Vereinbarkeit mit der Richtlinie *Lawson*, Solicitors Journal 2000, 1030, 1031,
18 *Gsell*, ZIP 2000, 1861, 1875.
19 BT-Drucks 14/6040, 83.

D. Geleistete Anzahlungen (Abs. 2)

8 Abs. 2 stellt klar, dass die Richtlinie keine Vorgaben für die Rückabwicklung eines durch Ausübung des Eigentumsvorbehalts gescheiterten Vertrages enthält. Insbesondere können die Mitgliedstaaten die Rückgabe der Sache von der Rückzahlung einer vom Schuldner geleisteten Anzahlung abhängig machen.

Artikel 5 Beitreibungsverfahren für unbestrittene Forderungen

(1) Die Mitgliedstaaten tragen dafür Sorge, dass ein vollstreckbarer Titel unabhängig von dem Betrag der Geldforderung in der Regel binnen 90 Kalendertagen ab Einreichung der Klage oder des Antrags des Gläubigers bei Gericht oder einer anderen zuständigen Behörde erwirkt werden kann, sofern die Geldforderung oder verfahrensrechtliche Aspekte nicht bestritten werden. Dieser Verpflichtung haben die Mitgliedstaaten im Einklang mit ihren jeweiligen nationalen Rechts- und Verwaltungsvorschriften nachzukommen.

(2) Die jeweiligen nationalen Rechts- und Verwaltungsvorschriften müssen für alle in der Europäischen Gemeinschaft niedergelassenen Gläubiger die gleichen Bedingungen vorsehen.

(3) In die Frist des Absatzes 1 von 90 Kalendertagen sind nachstehende Zeiträume nicht einzubeziehen:

a) die Fristen für Zustellungen,
b) alle vom Gläubiger verursachten Verzögerungen, wie etwa der für die Korrektur von Anträgen benötigte Zeitraum.

(4) Dieser Artikel berührt nicht die Bestimmungen des Brüsseler Übereinkommens über die gerichtliche Zuständigkeit und die Vollstreckung gerichtlicher Entscheidungen in Zivil- und Handelssachen.

A. Entwicklung

1 Die Zahlungsmoral im Geschäftsverkehr kann nach Ansicht der Kommission auch durch eine zügige und wirksame Möglichkeit zur Durchsetzung der Forderung gefördert werden. Die Mitgliedstaaten müssen nach Art. 5 Abs. 1 dafür sorgen, dass für unbestrittene Geldforderungen innerhalb von neunzig Tagen ein vollstreckbarer Titel erwirkt werden kann. Dies soll aber gerade nicht dazu führen, dass Mitgliedstaaten ihr bestehendes Zivilprozessrecht ändern müssen. Vielmehr ist eine Umsetzung „im Einklang mit ihren jeweiligen nationalen Rechts- und Verwaltungsvorschriften" (Art. 5 Abs. 1 S. 2, Erwägungsgrund 15) vorgesehen. Für eine weiter greifende Regelung hatte insbesondere der Rat das Bedenken, dass eine Kompetenz der EG-Organe zur Regelung der nationalen Gerichtsverfahren nicht bestehen könnte.[1]

B. Umsetzung

2 In Deutschland besteht die – in vielen Bundesländern automatisierte – Möglichkeit eines Mahnverfahrens (§§ 688 ff. ZPO). Damit ist ein Titel in der Regel in weniger als neunzig Tagen zu erlangen. Das deutsche Mahnverfahren war eines der Vorbilder für Art. 5.[2] Den von Abs. 2 geforderten gleichen Zugang zum Mahnbescheidsverfahren für EG-Ausländer eröffnet das deutsche Recht für ausländische Gläubiger über das Amtsgericht Berlin-Schöneberg, § 689 Abs. 2 ZPO.

Artikel 6 Umsetzung

(1) Die Mitgliedstaaten erlassen die erforderlichen Rechts- und Verwaltungsvorschriften, um dieser Richtlinie vor dem 8. August 2002 nachzukommen. Sie setzen die Kommission unverzüglich davon in Kenntnis. Wenn die Mitgliedstaaten diese Vorschriften erlassen, nehmen sie in den Vorschriften selbst oder durch einen Hinweis bei der amtlichen Veröffentlichung auf diese Richtlinie Bezug. Die Mitgliedstaaten regeln die Einzelheiten der Bezugnahme.

(2) Die Mitgliedstaaten können Vorschriften beibehalten oder erlassen, die für den Gläubiger günstiger sind als die zur Erfüllung dieser Richtlinie notwendigen Maßnahmen.

(3) Bei der Umsetzung dieser Richtlinie können die Mitgliedstaaten folgendes ausnehmen:

a) Schulden, die Gegenstand eines gegen den Schuldner eingeleiteten Insolvenzverfahrens sind,
b) Verträge, die vor dem 8. August 2002 geschlossen worden sind, und
c) Ansprüche auf Zinszahlungen von weniger als 5 EUR.

---

[1] *Hänlein*, EuZW 2000, 680, 681.
[2] *Hänlein*, EuZW 2000, 680, 681; *Schmidt-Kessel*, NJW 2001, 97, 102; *Freudenthal/Milo/Schelhaas*, Nieuwe Tijdschrift voor Burgerlijk Recht 2000, 293, 299 f.

(4) Die Mitgliedstaaten teilen der Kommission den Wortlaut der wichtigsten innerstaatlichen Rechtsvorschriften mit, die sie auf dem unter diese Richtlinie fallenden Gebiet erlassen.

(5) Zwei Jahre nach dem 8. August 2002 überprüft die Kommission unter anderem den gesetzlichen Zinssatz, die vertraglich vorgesehenen Zahlungsfristen und den Zahlungsverzug, um die Auswirkungen auf den Geschäftsverkehr zu ermitteln und die praktische Handhabung der Rechtsvorschriften zu beurteilen. Die Ergebnisse dieser Überprüfung und anderer Untersuchungen werden dem Europäischen Parlament und dem Rat mitgeteilt, erforderlichenfalls zusammen mit Vorschlägen zur Verbesserung dieser Richtlinie.

A. Inhalt der Vorschrift

Die Vorschrift fasst eine Reihe disparater Regelungsmaterien zusammen. Sie regelt zunächst in Abs. 1 S. 1 die **Umsetzungsfrist** und in Abs. 1 S. 2 – 4, Abs. 4 einige Modalitäten der Umsetzung (**Notifizierung, Zitiergebot**). Abs. 2 bringt den Grundsatz der **Mindestharmonisierung** zum Ausdruck, während Abs. 3 den Mitgliedstaaten Optionen für **Ausnahmen vom sachlichen oder intertemporalen Anwendungsbereich** gewährt. Abs. 5 enthält die im EG-Richtlinienrecht übliche Überprüfungs- und **Berichtspflicht** der Kommission.

B. Wirkungen der Richtlinie und Umsetzungsfrist

Abs. 1 S. 1 regelt nur die Frist, bis zu der die Mitgliedstaaten der Richtlinie „nachkommen" müssen. Die eigentliche Umsetzungsverpflichtung ergibt sich aus der Rechtsnatur der Richtlinie als Rechtsakt des Gemeinschaftsrechts im Sinne von Art. 249 Abs. 3 EGV. Die **Umsetzungsfrist** endet „vor" dem 8.8.2002, also am 7.8.2002 um 24.00 Uhr. Bis zu diesem Zeitpunkt müssen die Mitgliedstaaten die erforderlichen Rechts- und Verwaltungsvorschriften erlassen und in Kraft gesetzt haben, um die Verwirklichung der Richtlinienvorgaben sicherzustellen. Spätestens zu diesem Zeitpunkt treten auch alle anderen Wirkungen ein, die die Richtlinie nach dem EG-Recht auf die mitgliedstaatlichen Rechtsordnungen hat.

Die einzelnen **Wirkungen von Richtlinien** sind durch eine Vielzahl von Entscheidungen des EuGH konkretisiert.[1] Richtlinien entfalten ihre Wirkungen nicht nur gegenüber den Rechtsetzungsorganen. Vielmehr sind **alle Staatsorgane** einschließlich der Rechtsprechung berufen, die Umsetzung sicherzustellen.[2] Dies ergibt sich auch aus der **Pflicht zu gemeinschaftsfreundlichem Verhalten** aus Art. 10 EGV und wird in der Zahlungsverzugsrichtlinie z.B. dadurch deutlich, dass sie sich an die „Mitgliedstaaten" (und nicht nur etwa an die Parlamente) richtet (z.B. in Art. 6 Abs. 1 – Abs. 4 und Art. 8). Im Wesentlichen lassen sich vier Hauptwirkungen von Richtlinien auf die mitgliedstaatlichen Rechtsordnungen unterscheiden:
(1) Die Verpflichtung, die erforderlichen **Rechtsvorschriften** zu erlassen und vorhandene nicht in richtlinienwidriger Weise zu ändern;
(2) die Pflicht zur **richtlinienkonformen Auslegung** sowohl des Transformationsrechts als auch der mitgliedstaatlichen Rechtsordnung als ganzes;
(3) unter bestimmten Voraussetzungen die **unmittelbare Anwendbarkeit in sog. vertikalen Rechtsverhältnissen** (Staat – Bürger), nicht aber in horizontalen Rechtsverhältnissen (Bürger – Bürger) und
(4) im Falle richtlinienwidrigen Verhaltens von Staatsorganen die vom EuGH in der *Francovich*-Rechtsprechung entwickelte **Staatshaftung**.[3]
Wenn ein Gericht – etwa in Verfahren, bei denen die unter (2) bis (4) genannten Wirkungen eine Rolle spielen – das Richtlinienrecht auslegen muss, besteht nach Art. 234 EGV die Möglichkeit und in bestimmten Fällen die Pflicht zur **Vorlage beim EuGH**.

Für die Umsetzung der Zahlungsverzugsrichtlinie in das deutsche Recht u.a. durch die §§ 286 ff. BGB kann eine Reihe von Aspekten Bedeutung erlangen. In mehreren Punkten bleibt der Wortlaut von §§ 286 ff. BGB hinter den Vorgaben der Richtlinie zurück (dazu z.B. § 286 Rn 30, 33). Aufgrund des EG-Rechts müssen diese Vorschriften – soweit der zu entscheidende Sachverhalt in den Anwendungsbereich der Richtlinie fällt – durch **richtlinienkonforme Auslegung** so korrigiert werden, dass die erzielten Ergebnisse den Vorgaben der Richtlinie entsprechen (zur richtlinienkonformen Auslegung auch § 286 Rn 8 f.). Der Wortlaut des deutschen Gesetzesrechts ist dabei keine absolute Grenze. Zwar ist die Frage noch nicht abschließend geklärt, ob schon das EG-Recht eine **Auslegung contra legem nationalem** erzwingt.[4] Jedoch hat der deutsche Gesetzgeber bei der Reform des Verzugsrechts ausdrücklich das Ziel verfolgt, die

---

1 Überblick z.B. bei Grabitz/Hilf/*Wolf*, A 1 Rn 25 ff.; *Grundmann*, Europäisches Schuldvertragsrecht, 107 ff.; *H. Roth*, JZ 1999, 529 ff.
2 *Lukes*, in: Dauses (Hrsg.), Handbuch des EG-Wirtschaftsrechts, B II, Rn 66.
3 EuGH, *Francovich*, Slg. 1991, I-5357.
4 Darstellung z.B. bei *Brechmann*, Die richtlinienkonforme Auslegung, 265 ff.; *Franzen*, Privatrechtsangleichung durch die Europäische Gemeinschaft, 358 ff.; *Grundmann*, Europäisches Schuldvertragsrecht, 113 ff.

5 Zahlungsverzugsrichtlinie richtig umzusetzen. Deshalb ist die Richtlinienkonformität des deutschen Rechts Teil des gesetzgeberischen Willens, der bei der Auslegung zu beachten ist.[5]

5 Wegen der **Inkorporation des Richtlinieninhalts in den Willen des nationalen Gesetzgebers** gilt das Gebot der richtlinienkonformen Auslegung grundsätzlich auch bei Sachverhalten, die zwar nicht in den Anwendungsbereich der Zahlungsverzugsrichtlinie fallen, wohl aber unter §§ 286 ff. BGB.[6] Denn indem der deutsche Gesetzgeber diese Vorschriften nach dem Vorbild der Richtlinie gestaltete, hat er zu erkennen gegeben, dass sie einheitlich angewendet werden sollen. Aus demselben Grund gilt das **Gebot der richtlinienkonformen Auslegung** auch schon vom In-Kraft-Treten des deutschen Verzugsrechts (1.1.2002) an, also **vor dem Ablauf der Umsetzungsfrist** (8.8.2002). Auch im Bereich der nur aufgrund des nationalen gesetzgeberischen Willens erforderlichen richtlinienkonformen Auslegung ist eine **Vorlage an den EuGH** zulässig;[7] es besteht hier aber keine Vorlagepflicht.

6 Da nach hier vertretener Ansicht die Umsetzungsdefizite von §§ 286 ff. BGB im Wege der richtlinienkonformen Auslegung korrigiert werden können (und müssen), kommt eine vertikale Direktwirkung oder Staatshaftung voraussichtlich nicht in Betracht. Die wesentlichen Voraussetzungen sowohl für eine **vertikale Direktwirkung** (insbesondere die hinreichende Bestimmtheit der durch die Richtlinie begründeten konkreten Rechte der Marktbürger gegen den Staat)[8] als auch für die **Staatshaftung** (ein hinreichend bestimmter und auf die Begründung subjektiver Recht gerichteter Richtlinieninhalt)[9] liegen bei der Zahlungsverzugsrichtlinie jedoch vor. Verneint man die Möglichkeit einer richtlinienkonformen Auslegung, so werden die Richtlinienbestimmungen jedenfalls in Art. 1–3 und wohl auch in Art. 4 und Art. 5 gegenüber dem Staat als Schuldner unmittelbar anwendbar. Bei horizontalen Verhältnissen (Bürger – Bürger) kommt es, wenn ein qualifizierter Richtlinienverstoß vorliegt, zur Staatshaftung der Bundesrepublik Deutschland für die durch das richtlinienwidrige Verhalten entstandenen Schaden nach den Grundsätzen der *Francovich*-Haftung.

7 Ein Richtlinienverstoß der Bundesrepublik Deutschland könnte auch darin liegen, dass die §§ 286 ff. BGB in einigen Punkten die Anforderungen des EG-Rechts an die **Transparenz der Umsetzung** nicht erreichen. Nach der Rechtsprechung des EuGH müssen Richtlinien, die dem Bürger Rechte gewährleisten, so klar und transparent umgesetzt werden, dass diese Rechte von den Adressaten leicht aus den Gesetzestexten erkennbar sind.[10] Insbesondere für den Bereich der Verbraucherrichtlinien hat der EuGH die Anforderungen an die Umsetzungstransparenz in der letzten Zeit noch erheblich verschärft.[11] Zwar ist diese Rechtsprechung nicht unmittelbar auf die Zahlungsverzugsrichtlinie übertragbar, da hier kleine und mittlere Unternehmen geschützt werden sollen. Doch auch bei verringertem Transparenzmaßstab ist z.B. § 286 Abs. 2 Nr. 2 BGB nur mit großer Mühe zu entnehmen, dass – in richtlinienkonformer Auslegung – auch eine nicht nach dem Kalender berechenbare Frist oder eine auf Null verkürzte Frist verzugsbegründend wirken kann. Trotz der gebotenen richtlinienkonformen Korrektur besteht die Möglichkeit, deshalb ein Vertragsverletzungsverfahren nach Art. 226 EGV gegen die Bundesrepublik einzuleiten.

C. Mindestharmonisierung

8 Wie häufig in EG-Richtlinien mit einseitiger Schutzrichtung, enthält die Zahlungsverzugsrichtlinie in Art. 6 Abs. 2 eine Öffnungsklausel. Sie erlaubt den Mitgliedstaaten, Vorschriften zu erlassen oder beizubehalten, die günstiger für den Gläubiger sind, als die Vorgaben der Richtlinie es erfordern. Der **Zweck** dieser sogenannten Mindestharmonisierung liegt vor allem darin, den Mitgliedstaaten die **Einfügung** der Vorgaben in die jeweils bestehenden allgemeinen Regelungen des Leistungsstörungsrechts zu **erleichtern**.[12] Auch soll eine Absenkung von bestehenden Schutzstandards durch das Gemeinschaftsrecht verhindert werden. Die Mindestharmonisierungsklausel in Abs. 2 stellt damit klar, dass ein **Überschreiten** des von der Richtlinie vorgegebenen Gläubigerschutzniveaus – in den Grenzen des EG-Vertrags – **zulässig** ist, während ein **Unterschreiten** gegen die Richtlinie **verstößt**.[13]

---

5 BGHZ 63, 261, 264 f.; *Grundmann*, Europäisches Schuldvertragsrecht, 116 ff.; Grabitz/Hilf/*Pfeiffer*, Art. 11 Klauselrichtlinie Rn 12.
6 Zur Möglichkeit einer richtlinienkonformen Auslegung im Extensionsbereich z.B. *Brandner*, in: Schulze (Hrsg.), Auslegung europäischen Privatrechts und angeglichenen Rechts, 131, 138 ff.; *Hommelhoff*, in: Canaris (Hrsg.), Festgabe 50 Jahre BGH, 889, 915; *Schulze*, in: Schulze (Hrsg.), Auslegung europäischen Privatrechts und angeglichenen Rechts, 9, 18.
7 EuGH, *Leur-Bloem*, Slg. 1997, I-4160, Rz 32.
8 Grundlegend zur vertikalen Direktwirkung z.B. EuGH, *van Duyn*, Slg. 1974, 1337, Rz 13; *Becker*, Slg. 1982, 53, Rz 24; *Foster*, Slg. 1991, I-3313.
9 EuGH, *Dillenkofer*, Slg. 1996, I-4845, Rz 21.
10 EuGH, *TA Luft*, Slg. 1991, I-2567, *Kommission/Deutschland*, Slg. 1985, I-1661.
11 EuGH, *Kommission/Niederlande*, 10.5.2001, Rs. C 144/99, NJW 2001, 2244, dazu z.B. *Leible*, EuZW 2001, 438 f.; *Staudinger*, EWS 2001, 330 ff.
12 *Schmidt-Kessel*, NJW 2001, 97, 98; *Hänlein*, EuZW 2000, 684; *Huber*, JZ 2000, 957, 958.
13 Zum Konzept der Mindestharmonisierung z.B. EuGH, *Aher-Waggon*, Slg.1998, I-4473, Rz 15.

Die in Abs. 2 gewährte Befugnis der Mitgliedstaaten zu einem noch weitergehenden Gläubigerschutz, als 9
die Richtlinie vorgibt, gilt nur innerhalb des Anwendungsbereichs der Richtlinie, also bei Zahlungsverzug
im Geschäftsverkehr (dazu Art. 1 Rn 1 ff.). Für Geschäfte von Unternehmen und Verbrauchern oder von
Verbrauchern untereinander enthält die Richtlinie keine Regelungen, so dass die Grenzen der mitgliedstaatlichen Regelungsmöglichkeiten aus dem sonstigen EG-Recht, also insbesondere aus dem **EG-Vertrag**
oder beispielsweise dem verbraucherschützenden Sekundärrecht zu entnehmen sind. Doch auch innerhalb
des Anwendungsbereichs der Zahlungsverzugsrichtlinie setzt der EG-Vertrag **Grenzen für die autonome
Gestaltung der mitgliedstaatlichen Rechtsordnungen**,[14] also auch für ein Überschreiten des von der
Zahlungsverzugsrichtlinie vorgegebenen Schutzstandards. Die Anforderungen für die Vereinbarkeit mitgliedstaatlicher Vorschriften mit dem EG-Vertrag ergeben sich vor allem aus den Grundfreiheiten, also
etwa aus der Warenverkehrsfreiheit, der Dienstleistungsfreiheit und der Kapitalverkehrsfreiheit. **Fraglich**
ist dabei insbesondere, ob die anhand der Warenverkehrsfreiheit in den EuGH-Entscheidungen *Dassonville*,[15] *Cassis de Dijon*[16] und *Keck*[17] entwickelte Dogmatik[18] auch den **Schutz kleiner und mittlerer
Unternehmen** als ein **zwingendes Erfordernis des Allgemeininteresses** anerkennt, das Beschränkungen
der Grundfreiheiten oder Maßnahmen gleicher Wirkung rechtfertigen kann. Angesichts der inzwischen
stark ausgeweiteten Gemeinschaftspolitik zugunsten von kleinen und mittleren Unternehmen und den
hierzu ergangenen Rechtsakten spricht einiges dafür, den Katalog der nach der *Cassis de Dijon*-Doktrin
zwingenden Erfordernisse, die eine Beschränkung der Warenverkehrsfreiheit rechtfertigen, um den Schutz
von kleinen und mittleren Unternehmen zu erweitern.

D. Optionen für Ausnahmen vom Anwendungsbereich

Die in Abs. 3 versammelten Optionen für Ausnahmen gehen insbesondere auf Vorbehalte einzelner Mitgliedstaaten im Rat zurück. Sie wurden eingesetzt, um den Mitgliedstaaten die Beibehaltung bestehender 10
Regelungen und die Einfügung der Vorgaben in das nationale Recht zu erleichtern.

Die Ausnahme für Zahlungsverpflichtungen, die Gegenstand eines gegen den Schuldner eingeleiteten 11
Insolvenzverfahrens sind (Abs. 3 lit. a), soll ein Zahlungsmoratorium erleichtern.[19] Zweck ist daher
einerseits der Schutz des insolventen Schuldners, damit aber auch die Erhaltung der noch zur Verfügung
stehenden Haftungsmasse vor weiterer Verminderung durch strenge Verzugsregeln und somit letztlich und
mittelbar auch wiederum des Gläubigerschutzes. Dementsprechend erfasst die Vorschrift alle Schulden zur
Zeit der Eröffnung des Insolvenzverfahrens.

Die in Abs. 3 lit. b eingeräumte Option zur Herausnahme von **Verträgen**, die **vor dem 8.8.2002** geschlossen worden sind, soll den Mitgliedstaaten die Möglichkeit geben, einem nach nationalem Recht bestehenden Rückwirkungsverbot gerecht zu werden.[20] Die Bundesrepublik Deutschland macht von dieser Option 12
insoweit Gebrauch, als Verträge, die vor dem 1.1.2002 geschlossen worden sind, grundsätzlich nicht unter
die Neuregelung des Verzugsrechts fallen (Art. 229 § 5 EGBGB, anders bei Dauerschuldverhältnissen,
Art. 229 § 5 S. 2).

Von der in Abs. 3 lit. c eingeräumten Option, **Ansprüche auf Zinszahlungen von weniger als 5 Euro** von 13
der Umsetzung auszunehmen, hat die Bundesrepublik Deutschland keinen Gebrauch gemacht.

E. Modalitäten der Umsetzung

Die Pflicht der Mitgliedstaaten, die Kommission über die zur Umsetzung erlassenen Vorschriften unverzüglich in Kenntnis zu setzen (Abs. 1 S. 2), sowie zur Mitteilung des Wortlauts der wichtigsten innerstaatlichen Rechtsvorschriften, die auf dem Gebiet der Richtlinie erlassen werden (Abs. 4), dient vor allem 14
der Implementationskontrolle durch die Kommission. Die Kommission überprüft den Umsetzungsstand
und kann erforderlichenfalls ein Vertragsverletzungsverfahren nach Art. 226 EGV gegen einen säumigen
Mitgliedstaat einleiten. Indirekt verbessern diese **Notifizierungspflichten** auch die Auffindbarkeit der
Transformationsvorschriften, da die Kommission die von den Mitgliedstaaten gemeldeten Vorschriften
(allerdings nicht im Wortlaut) in ihren Rechtsdatenbanken zugänglich macht.[21]

---

14 Dazu z.B. die Beiträge in *Everling/W.-H.Roth*, (Hrsg.) Mindestharmonisierung im Binnenmarkt (insbesondere die Beiträge von
   Remien und *Streinz*); a.A. *Grundmann*, JZ 1996, 274, 278 ff.; *ders*., RabelsZ (64) 2000, 457, 471 ff. (Mitgliedstaaten können
   strengeres nationales Recht nur gegenüber inländischen Anbietern durchsetzen, nicht aber gegenüber EG-Ausländern).
15 Slg. 1974, 837.
16 Slg. 1979, 649.
17 Slg. 1993, I-6097.
18 Zusammengefasst z.B. bei *Schulze/Schulte-Nölke*, Casebook Europäisches Verbraucherrecht, 61 ff., 114 ff.
19 *Schmidt-Kessel*, NJW 2000, 97, 102.
20 Zur Wirkung von Richtlinien für die Vergangenheit Lenz/*Hetmeier*, Art. 254 EGV Rn 5.
21 Auffindbar z.B. in Celex (und damit auch in Juris).

15 Das **Zitiergebot** in Abs. 1 S. 3 und S. 4 hat den Zweck, den Anwendern der mitgliedstaatlichen Transformationsnormen die Anwendbarkeit der Richtlinie und damit z.B. die Notwendigkeit einer richtlinienkonformen Auslegung oder einer Vorlage an den EuGH vor Augen zu führen. Ob dieses Ziel erreicht wird, ist jedoch mehr als zweifelhaft, da Juristen nur selten ihre Gesetzestexte unmittelbar aus dem Gesetzblatt entnehmen. Darin liegt ein erhebliches Problem für die richtige Umsetzung des Gemeinschaftsrechts, da die Anwendbarkeit von Gemeinschaftsrecht nicht aus dem Gesetzestext erkennbar ist und viele Gesetzesausgaben gar nicht und auch das Schrifttum nur unzureichend darauf hinweisen.

Artikel 7 In-Kraft-Treten
Diese Richtlinie tritt am Tag ihrer Veröffentlichung im Amtsblatt der Europäischen Gemeinschaften in Kraft.

1 Die nach Art. 254 Abs. 2 EGV vorgeschriebene Veröffentlichung einer Richtlinie im Amtsblatt ist Voraussetzung für den Eintritt ihrer Rechtswirkungen.[1] Die Veröffentlichung der Zahlungsverzugsrichtlinie im Amtsblatt erfolgte am **8.8.2000**.[2] Art. 7 regelt – im Einklang mit dem EG-Vertrag – das In-Kraft-Treten an diesem Tage. Da die Frist zur Umsetzung nach Art. 6 Abs. 1 erst am 8.8.2002 abläuft, beschränken sich die Richtlinienwirkungen zunächst z.B. auf die Berichtspflichten der Mitgliedstaaten nach Art. 6 Abs. 1 S. 2 und Abs. 4 sowie die Pflicht zur Bezugnahme auf diese Richtlinie bei deren Umsetzung gem. Art. 6 Abs. 2 S. 3. Nach der Rechtsprechung des EuGH entfalten Richtlinien aber deutlich weitergehende Wirkungen auch schon vor dem Ende der Umsetzungsfrist. Beispielsweise dürfen die Mitgliedstaaten auch schon vor dem Ende der Umsetzungsfrist keine Maßnahmen erlassen, die die Verwirklichung der Richtlinienziele gefährden.[3]

Artikel 8 Adressaten
Diese Richtlinie ist an die Mitgliedstaaten gerichtet.

1 Die Vorschrift stellt klar, dass alle (derzeitigen) Mitgliedstaaten Adressaten der Richtlinien sind (zur Geltung im EWR s. Art. 1, 2 Rn 22). Für zukünftige Mitgliedstaaten muss die Geltung im Rahmen von Beitrittsabkommen erweitert werden. Die Verpflichtung zur Transformation richtet sich nicht nur an die Gesetzgebungsorgane der Mitgliedstaaten, sondern an die Mitgliedstaaten als ganze und damit an alle Staatsorgane (dazu Art. 6 Rn 3).

---

1 EuGH, *Hauptzollamt Bielefeld/König*, Slg. 1974, 607, 617; Lenz/*Hetmeier*, Art. 254 EGV Rn 3.
2 ABlEG 2000 L 200/35.
3 EuGH, *Inter-Environnement Wallonie*, Slg.1997, I-7411, Rz 45.

RICHTLINIE 1999/44/EG DES EUROPÄISCHEN PARLAMENTS UND DES RATES
vom 25. Mai 1999
zu bestimmten Aspekten des Verbrauchsgüterkaufs und der Garantien für Verbrauchsgüter

[Verbrauchsgüterkauf-Richtlinie (Kauf-RL)]

[Präambel und Erwägungsgründe]

DAS EUROPÄISCHE PARLAMENT UND DER RAT DER EUROPÄISCHEN UNION –

gestützt auf den Vertrag zur Gründung der Europäischen Gemeinschaft, insbesondere auf Artikel 95,
auf Vorschlag der Kommission,[1]
nach Stellungnahme des Wirtschafts- und Sozialausschusses,[2]
gemäß dem Verfahren des Artikels 251 des Vertrags, aufgrund des vom Vermittlungsausschuß am 18. März 1999 gebilligten gemeinsamen Entwurfs,[3]
in Erwägung nachstehender Gründe:

(1) Nach Artikel 153 Absätze 1 und 3 des Vertrags leistet die Gemeinschaft durch die Maßnahmen, die sie nach Artikel 95 des Vertrags erläßt, einen Beitrag zur Erreichung eines hohen Verbraucherschutzniveaus.

(2) Der Binnenmarkt umfaßt einen Raum ohne Binnengrenzen, in dem der freie Verkehr von Waren, Personen, Dienstleistungen und Kapital gewährleistet ist. Der freie Warenverkehr betrifft nicht nur den gewerblichen Handel, sondern auch Privatpersonen. Dies bedeutet, daß es den Verbrauchern aus einem Mitgliedstaat möglich sein muß, auf der Grundlage angemessener einheitlicher Mindestvorschriften über den Kauf von Verbrauchsgütern im Hoheitsgebiet eines anderen Mitgliedstaats frei einzukaufen.

(3) Die Rechtsvorschriften der Mitgliedstaaten über den Kauf von Verbrauchsgütern weisen Unterschiede auf; dies hat zur Folge, daß die einzelstaatlichen Absatzmärkte für Verbrauchsgüter uneinheitlich sind und bei den Verkäufern Wettbewerbsverzerrungen eintreten können.

(4) Dem Verbraucher, der die Vorzüge des Binnenmarkts dadurch nutzen möchte, daß er sich Waren in einem anderen Mitgliedstaat als in seinem Wohnsitzland beschafft, fällt eine fundamentale Aufgabe bei der Vollendung des Binnenmarkts zu; es muß verhindert werden, daß neue künstliche Grenzen entstehen und die Märkte abgeschottet werden. Die Möglichkeiten der Verbraucher haben durch die neuen Kommunikationstechnologien, die einen leichten Zugang zu den Vertriebssystemen in anderen Mitgliedstaaten oder in Drittländern bieten, deutlich zugenommen. Ohne eine Mindestharmonisierung der Bestimmungen über den Verbrauchsgüterkauf könnte die Weiterentwicklung des Warenkaufs mit Hilfe der neuen Fernkommunikationstechniken behindert werden.

(5) Die Schaffung eines gemeinsamen Mindestsockels von Verbraucherrechten, die unabhängig vom Ort des Kaufs der Waren in der Gemeinschaft gelten, stärkt das Vertrauen der Verbraucher und gestattet es ihnen, die durch die Schaffung des Binnenmarkts gebotenen Vorzüge besser zu nutzen.

(6) Schwierigkeiten der Verbraucher und Konflikte mit den Verkäufern haben ihre Ursache vor allem in der Vertragswidrigkeit von Waren. Infolgedessen erweist sich eine Angleichung der einzelstaatlichen Rechtsvorschriften über den Verbrauchsgüterkauf in dieser Hinsicht als geboten. Eine solche Angleichung darf jedoch nicht die Bestimmungen und Grundsätze des innerstaatlichen Rechts über die Regelung der vertraglichen und außervertraglichen Haftung beeinträchtigen.

(7) Waren müssen vor allem vertragsgemäß sein. Der Grundsatz der Vertragsmäßigkeit kann als gemeinsames Element der verschiedenen einzelstaatlichen Rechtstraditionen betrachtet werden. Im Rahmen bestimmter einzelstaatlicher Rechtstraditionen ist es möglicherweise nicht möglich, sich allein auf diesen Grundsatz zu stützen, um ein Mindestmaß an Verbraucherschutz zu gewährleisten. Insbesondere im Rahmen solcher Rechtstraditionen könnte es nützlich sein, zusätzliche innerstaatliche Bestimmungen vorzusehen, um den Verbraucherschutz für den Fall zu gewährleisten, daß die

---

1 ABl. C 307 vom 16.10.1996, S. 8 und ABl. C 148 vom 14.5.1998, S. 12.
2 ABl. C 66 vom 3.3.1997, S. 5.
3 Stellungnahme des Europäischen Parlaments vom 10. März 1998 (ABl. C 104 vom 6.4.1998, S. 30), Gemeinsamer Standpunkt des Rates vom 24. September 1998 (ABl. C 333 vom 30.10.1998, S. 46) und Beschluß des Europäischen Parlaments vom 17. Dezember 1998 (ABl. C 98 vom 9.4.1999, S. 226). Beschluß des Europäischen Parlaments vom 5. Mai 1999 und Beschluß des Rates vom 17. Mai 1999.

Präambel Kauf-RL

Parteien sich entweder nicht auf spezifische Vertragsklauseln geeinigt haben oder aber Vertragsklauseln vorgesehen oder Vereinbarungen getroffen haben, aufgrund deren die Rechte des Verbrauchers unmittelbar oder mittelbar außer Kraft gesetzt oder eingeschränkt werden. Soweit sich diese Rechte aus dieser Richtlinie ergeben, sind solche Vertragsklauseln oder Vereinbarungen für den Verbraucher nicht bindend.

(8) Um die Anwendung des Grundsatzes der Vertragsmäßigkeit zu erleichtern, ist es sinnvoll, eine widerlegbare Vermutung der Vertragsmäßigkeit einzuführen, die die meisten normalen Situationen abdeckt. Diese Vermutung stellt keine Einschränkung des Grundsatzes der Vertragsfreiheit dar. In Ermangelung spezifischer Vertragsklauseln sowie im Fall der Anwendung der Mindestschutzklausel können die in dieser Vermutung genannten Elemente verwendet werden, um die Vertragswidrigkeit der Waren zu bestimmen. Die Qualität und die Leistung, die der Verbraucher vernünftigerweise erwarten kann, hängen unter anderem davon ab, ob die Güter neu oder gebraucht sind. Die in der Vermutung genannten Elemente gelten kumulativ. Ist ein bestimmtes Element aufgrund der Umstände des betreffenden Falls offenkundig unanwendbar, so behalten die übrigen Elemente der Vermutung dennoch ihre Gültigkeit.

(9) Der Verkäufer muß dem Verbraucher gegenüber unmittelbar für die Vertragsmäßigkeit der Güter haften. Dieser klassische Grundsatz ist in den Rechtsvorschriften der Mitgliedstaaten verankert. Der Verkäufer muß allerdings nach Maßgabe des innerstaatlichen Rechts den Hersteller, einen früheren Verkäufer innerhalb derselben Vertragskette oder eine andere Zwischenperson in Regreß nehmen können, es sei denn, daß er auf dieses Recht verzichtet hat. Diese Richtlinie berührt nicht den Grundsatz der Vertragsfreiheit in den Beziehungen zwischen dem Verkäufer, dem Hersteller, einem früheren Verkäufer oder einer anderen Zwischenperson. Die einzelstaatlichen Rechtsvorschriften bestimmen, gegen wen und wie der Verkäufer Regreß nehmen kann.

(10) Bei Vertragswidrigkeit eines Gutes muß der Verbraucher das Recht haben, die unentgeltliche Herstellung des vertragsgemäßen Zustands des Gutes zu verlangen, wobei er zwischen einer Nachbesserung und einer Ersatzlieferung wählen kann; andernfalls muß er Anspruch auf Minderung des Kaufpreises oder auf Vertragsauflösung haben.

(11) Zunächst kann der Verbraucher vom Verkäufer die Nachbesserung des Gutes oder eine Ersatzlieferung verlangen, es sei denn, daß diese Abhilfen unmöglich oder unverhältnismäßig wären. Ob eine Abhilfe unverhältnismäßig ist, müßte objektiv festgestellt werden. Unverhältnismäßig sind Abhilfen, die im Vergleich zu anderen unzumutbare Kosten verursachen; bei der Beantwortung der Frage, ob es sich um unzumutbare Kosten handelt, sollte entscheidend sein, ob die Kosten der Abhilfe deutlich höher sind als die Kosten einer anderen Abhilfe.

(12) In Fällen von Vertragswidrigkeit kann der Verkäufer dem Verbraucher zur Erzielung einer gütlichen Einigung stets jede zur Verfügung stehende Abhilfemöglichkeit anbieten. Die Entscheidung über die Annahme oder Ablehnung des betreffenden Vorschlags bleibt dem Verbraucher anheimgestellt.

(13) Um es dem Verbraucher zu ermöglichen, den Binnenmarkt zu nutzen und Verbrauchsgüter in einem anderen Mitgliedstaat zu erwerben, sollte empfohlen werden, daß der Hersteller von Verbrauchsgütern, die in mehreren Mitgliedstaaten verkauft werden, im Interesse des Verbrauchers dem Verbrauchsgut eine Liste mit mindestens einer Ansprechadresse in jedem Mitgliedstaat, in dem die Ware vertrieben wird, beifügt.

(14) Die Bezugnahmen auf den Zeitpunkt der Lieferung bedeuten nicht, daß die Mitgliedstaaten ihre Vorschriften über den Gefahrübergang ändern müssen.

(15) Die Mitgliedstaaten können vorsehen, daß eine dem Verbraucher zu leistende Erstattung gemindert werden kann, um der Benutzung der Ware Rechnung zu tragen, die durch den Verbraucher seit ihrer Lieferung erfolgt ist. Die Regelungen über die Modalitäten der Durchführung der Vertragsauflösung können im innerstaatlichen Recht festgelegt werden.

(16) Gebrauchte Güter können aufgrund ihrer Eigenart im allgemeinen nicht ersetzt werden. Bei diesen Gütern hat der Verbraucher deshalb in der Regel keinen Anspruch auf Ersatzlieferung. Die Mitgliedstaaten können den Parteien gestatten, für solche Güter eine kürzere Haftungsdauer zu vereinbaren.

(17) Es ist zweckmäßig, den Zeitraum, innerhalb dessen der Verkäufer für Vertragswidrigkeiten haftet, die zum Zeitpunkt der Lieferung des Gutes bestanden, zu begrenzen. Die Mitgliedstaaten können ferner eine Frist vorsehen, innerhalb deren die Verbraucher ihre Ansprüche geltend machen können, sofern diese Frist nicht vor Ablauf von zwei Jahren ab dem Zeitpunkt der Lieferung endet. Wird in innerstaatlichen Rechtsvorschriften für den Beginn einer Frist ein anderer Zeitpunkt als die Lieferung des Gutes festgelegt, so darf die Gesamtdauer der in den innerstaatlichen Rechtsvorschriften festgelegten Frist einen Zeitraum von zwei Jahren ab dem Zeitpunkt der Lieferung nicht unterschreiten.

(18) Für den Fall einer Nachbesserung oder einer Ersatzlieferung sowie für den Fall von Verhandlungen zwischen dem Verkäufer und dem Verbraucher über eine gütliche Regelung können die

(19) Den Mitgliedstaaten sollte die Möglichkeit eingeräumt werden, eine Frist festzusetzen, innerhalb deren die Verbraucher den Verkäufer über Vertragswidrigkeiten unterrichten müssen. Die Mitgliedstaaten können ein höheres Niveau des Verbraucherschutzes gewährleisten, indem sie keine derartige Verpflichtung einführen. In jedem Fall sollten die Verbraucher für die Unterrichtung des Verkäufers über das Vorliegen einer Vertragswidrigkeit überall in der Gemeinschaft über einen Zeitraum von mindestens zwei Monaten verfügen.

(20) Die Mitgliedstaaten sollten vorbeugende Maßnahmen ergreifen, damit eine solche Unterrichtungsfrist die Verbraucher bei grenzüberschreitenden Käufen nicht benachteiligt. Alle Mitgliedstaaten sollten die Kommission über ihre in bezug auf diese Bestimmung gewählte Lösung unterrichten. Die Kommission sollte die Auswirkungen der unterschiedlichen Anwendung dieser Bestimmung auf die Verbraucher und den Binnenmarkt beobachten. Informationen über die von einem Mitgliedstaat gewählte Lösung sollten den übrigen Mitgliedstaaten, den Verbrauchern und den Verbraucherorganisationen gemeinschaftsweit zugänglich gemacht werden. Daher sollte im Amtsblatt der Europäischen Gemeinschaften eine Übersicht über die Lage in allen Mitgliedstaaten veröffentlicht werden.

(21) Bei bestimmten Warengattungen ist es üblich, daß die Verkäufer oder die Hersteller auf ihre Erzeugnisse Garantien gewähren, die die Verbraucher gegen alle Mängel absichern, die innerhalb einer bestimmten Frist offenbar werden können. Diese Praxis kann zu mehr Wettbewerb am Markt führen. Solche Garantien stellen zwar rechtmäßige Marketinginstrumente dar, sollten jedoch den Verbraucher nicht irreführen. Um sicherzustellen, daß der Verbraucher nicht irregeführt wird, sollten die Garantien bestimmte Informationen enthalten, unter anderem eine Erklärung, daß die Garantie nicht die gesetzlichen Rechte des Verbrauchers berührt.

(22) Die Vertragsparteien dürfen die den Verbrauchern eingeräumten Rechte nicht durch Vereinbarung einschränken oder außer Kraft setzen, da dies den gesetzlichen Schutz aushöhlen würde. Dieser Grundsatz hat auch für Klauseln zu gelten, denen zufolge dem Verbraucher jede zum Zeitpunkt des Vertragsschlusses bestehende Vertragswidrigkeit des Verbrauchsguts bekannt war. Der dem Verbraucher aufgrund dieser Richtlinie gewährte Schutz darf nicht dadurch geschmälert werden, daß das Recht eines Nichtmitgliedstaats als das auf den betreffenden Vertrag anzuwendende Recht gewählt worden ist.

(23) Die diesbezüglichen Rechtsvorschriften und die Rechtsprechung der Mitgliedstaaten zeugen von dem zunehmenden Bemühen, den Verbrauchern ein hohes Schutzniveau zu gewährleisten. Angesichts dieser Entwicklung und der zu erwartenden Erfahrung mit der Durchführung dieser Richtlinie kann es sich als notwendig erweisen, eine stärkere Harmonisierung in Erwägung zu ziehen, die insbesondere eine unmittelbare Haftung des Herstellers für ihm zuzuschreibende Mängel vorsieht.

(24) Die Mitgliedstaaten sollten auf dem unter diese Richtlinie fallenden Gebiet strengere Bestimmungen zur Gewährleistung eines noch höheren Verbraucherschutzniveaus erlassen oder beibehalten können.

(25) Entsprechend der Empfehlung der Kommission vom 30. März 1998 betreffend die Grundsätze für Einrichtungen, die für die außergerichtliche Beilegung von Verbraucherrechtsstreitigkeiten zuständig sind,[4] können die Mitgliedstaaten Einrichtungen schaffen, die eine unparteiische und effiziente Beschwerdebehandlung im nationalen und grenzüberschreitenden Rahmen gewährleisten und die von den Verbrauchern als Vermittler in Anspruch genommen werden können.

(26) Zum Schutz der Kollektivinteressen der Verbraucher ist es angebracht, diese Richtlinie in das im Anhang der Richtlinie 98/27/EG des Europäischen Parlaments und des Rates vom 19. Mai 1998 über Unterlassungsklagen zum Schutz der Verbraucherinteressen[5] enthaltene Richtlinienverzeichnis aufzunehmen –

HABEN FOLGENDE RICHTLINIE ERLASSEN:

[Es folgt die Kommentierung der einzelnen Artikel]

Literatur: *Aguado*, La vente et les garanties des biens de consommation, Revue du Marché Unique Européen 1999, 289; *Amtenbrink/Schneider*, Europäische Vorgaben für ein neues Kaufrecht und deutsche Schuldrechtsreform, VuR 1999, 293; *dies.*, Die europaweite Vereinheitlichung von Verbrauchsgüterkauf und -garantien, VuR 1996, 367; *v. Caemmerer/*

---

[4] ABl. L 115 vom 17.4.1998, S. 31.
[5] ABl. L 166 vom 11.6.1998, S. 51.

Präambel Kauf-RL

Schlechtriem, Kommentar zum Einheitlichen UN-Kaufrecht, 3. Aufl. 2000; *Canaris*, Wandlungen des Schuldvertragsrechts, AcP 200 (2000), 273; *Coester-Waltjen*, Die nichtvertragsgemäße Ware im Kaufrecht, Jura 1997, 637; *Deards*, The Proposed Guarantees Directive: Is It Fit for the Purpose, Journal of Consumer Policy 21 (1998), 99; *Ehmann/Rust*, Die Verbrauchsgüterkaufrichtlinie, JZ 1999, 853; *Ernst/Gsell*, Kaufrechtsrichtlinie und BGB, ZIP 2000, 1410; *dies.*, Nochmals für die „kleine Lösung", ZIP 2000, 1812; *European Consumer Law Group*, Opinion on the Proposal for a Directive on the Sale of Consumer Goods and Associated Guarantees, Journal of Consumer Policy 21 (1998), 91; *Gass*, Die Schuldrechtsüberarbeitung nach der politischen Entscheidung zum Inhalt der Richtlinie über den Verbrauchsgüterkauf, in: FS Rolland, 1999, S. 129; *Grabitz/Hilf*, Das Recht der Europäischen Union, Loseblattslg., Stand 17. Lieferung 2001; *Grundmann*, Europäisches Schuldvertragsrecht, 1999; *Grundmann/Medicus/Rolland*, Europäisches Kaufgewährleistungsrecht, 2000; *Hänlein*, Die Richtlinie zu bestimmten Aspekten des Verbrauchsgüterkaufs und der Garantien für Verbrauchsgüter, DB 1999, 1641; *Hattenhauer*, Der Ersatz von Untersuchungskosten bei mangelhafter Kaufsache, VuR 1999, 179; *Hondius*, Kaufen ohne Risiko: Der europäische Richtlinienentwurf zum Verbrauchsgüterkauf und zur Verbrauchsgütergarantie, ZEuP 1997, 130; *Hommelhoff*, Verbraucherschutz im System des deutschen und europäischen Privatrechts, 1996; *Hübner*, Der Verbrauchsgüterkauf: ein weiterer Schritt in Richtung Europäisierung des Privatrechts, EuZW 1999, 481; *Hucke*, Die Auswirkungen der Europäischen Verbrauchsgüterkauf-Richtlinie auf das deutsche Schuldrecht, IStR 2000, 277; *Janssen*, Kollision des einheitlichen UN-Kaufrechts mit dem Verbraucherschutzrecht am Beispiel der Richtlinie über den Verbrauchsgüterkauf und -garantien, VuR 1999, 324; *Jud*, Der Richtlinienentwurf der EU über den Verbrauchsgüterkauf und das österreichische Recht, Österreichische Juristenzeitung 1997, 441; *Junker*, Vom Bürgerlichen zum kleinbürgerlichen Gesetzbuch – Der Richtlinienvorschlag über den Verbrauchsgüterkauf, DZWiR 1997, 271; *Kapnopoulou*, Das Recht der mißbräuchlichen Klauseln in der Europäischen Union, 1997; *Kircher*, Zum Vorschlag für eine Richtlinie über den Verbrauchsgüterkauf und -garantien, ZRP 1997, 290; *Lehmann*, Informationsverantwortung und Gewährleistung für Werbeangaben beim Verbrauchsgüterkauf, JZ 2000, 280; *Lehmann/Dürrschmidt*, Haftung für irreführende Werbung über Garantien, GRUR 1997, 549; *Lehr/Wendel*, Die EU-Richtlinie über Verbrauchsgüterkauf und -garantien, EWS 1999, 321; *Matthiessen/Lindner*, EG-Richtlinie über den Verbrauchsgüterkauf – Anlaß für eine Reform des deutschen Schuldrechts, NJ 1999, 617; *Medicus*, Ein neues Kaufrecht für Verbraucher?, ZIP 1996, 1925; *Micklitz*, Die Verbrauchsgüterkauf-Richtlinie, EuZW 1999, 485; Ein einheitliches Kaufrecht für Verbraucher in der EG, EuZW 1997, 229; *Möllers*, Doppelte Rechtsfortbildung contra legem, EuR 1998, 20; *Nietzer/Stein*, Richtlinie zum Verbrauchsgüterkauf – Auswirkungen in Deutschland und Frankreich, ZVglRWiss 99 (2000), 41; *Rabel*, Das Recht des Warenkaufs, 1. Band, 1936 (unv. Nachdruck 1958), 2. Band 1958; *Raynard*, De l'influence communautaire sur le droit de la vente, Revue trimestrielle de droit civil 1997, 1020; *Reich*, Die Umsetzung der Richtlinie 1999/44/EG in das deutsche Recht, NJW 1999, 2397; *ders.*, Europäisches Verbraucherrecht, 3. Aufl. 1996; *Reithmann/Martiny*, Internationales Vertragsrecht, 5. Aufl. 1996; *Rieger*, Die Richtlinie zu bestimmten Aspekten des Verbrauchsgüterkaufs und der Garantien für Verbrauchsgüter vor dem Hintergrund des geltenden Rechts, VuR 1999, 287; *W.-H. Roth*, Europäischer Verbraucherschutz und BGB, JZ 2001, 475; *ders.*, Die Schuldrechtsmodernisierung im Kontext des Europarechts, in: Ernst/Zimmermann, Zivilrechtswissenschaft und Schuldrechtsreform, 2001, S. 225; *ders.*, Europäisches Recht und nationales Recht, in: 50 Jahre BGH – Festgabe Wissenschaft Bd. II, 2000, S. 847; *ders.*, Berechtigte Verbrauchererwartungen im Europäischen Gemeinschaftsrecht, in: Schulte-Nölke/Schulze, Europäische Rechtsangleichung und nationale Privatrechte, S. 45; *Schäfer/K. Pfeiffer*, Die EG-Richtlinie über den Verbrauchsgüterkauf, ZIP 1999, 1829; *Schlechtriem*, Verbraucherkaufverträge – Ein neuer Richtlinienentwurf, JZ 1997, 441; *Schmidt-Räntsch*, Gedanken zur Umsetzung der kommenden Kaufrechts-Richtlinie, ZEuP 1999, 294; *ders.*, Zum Stand der Kaufrechtsrichtlinie, ZIP 1998, 849; *Schnyder/Straub*, Das EG-Grünbuch über Verbrauchsgütergarantien und Kundendienst – Erster Schritt zu einem einheitlichen EG-Kaufrecht, ZEuP 1996, 8; *Schulze/Schulte-Nölke* (Hrsg.), Casebook Europäisches Verbraucherrecht, 1999; *Schurr*, Die neue Richtlinie 99/44/EG über den Verbrauchsgüterkauf und ihre Umsetzung – Chancen und Gefahren für das deutsche Kaufrecht, ZfRV 1999, 222; *Schwartze*, Die zukünftige Sachmängelgewährleistung in Europa – Die Verbrauchsgüterkauf-Richtlinie vor ihrer Umsetzung, ZEuP 2000, 544; *ders.*, Die Europäisierung des Privatrechts am Beispiel des Kaufrechts, in: Martiny/Witzleb, Auf dem Weg zu einem europäischen Zivilgesetzbuch, 1999, 33; *ders.*, Europäische Sachmängelgewährleistung beim Warenkauf, 1999; *Staudenmayer*, The Directive on the Sale of Consumer Goods and Associated Guarantees, European Review of Private Law, 2000, 547; *ders.*, Die EG-Richtlinie über den Verbrauchsgüterkauf, NJW 1999, 2393; *ders.*, Europäisches Verbraucherschutzrecht nach Amsterdam – Stand und Perspektiven, RIW 1999, 733; *ders.*, Die Richtlinien des Verbrauchervertragsrechts – Bausteine für ein Europäisches Privatrecht, in: Schulte-Nölke/Schulze, Europäische Rechtsangleichung und nationale Privatrechte, 1999, S. 63; *Tonner*, Verbrauchsgüterkauf-Richtlinie und Europäisierung des Zivilrechts, BB 1999, 1769; *Tonner/Crellwitz/Echtermeyer*, Kauf- und Werkvertragsrecht im Regierungsentwurf eines Schuldrechtsmodernisierungsgesetzes, in: Micklitz/Pfeiffer/Tonner/Willingmann (Hrsg.), Schuldrechtsreform und Verbraucherschutz, 2001, 293; *Weisner*, Die EG-Kaufrechtsgewährleistungsrichtlinie, JuS 2001, 759; *Graf von Westphalen*, Die Umsetzung der Verbrauchsgüterkauf-Richtlinie im Blick auf den Regreß zwischen Händler und Hersteller, DB 1999, 2553; *S. Wolf*, Reform des Kaufrechts durch EG-Richtlinie – Ein Vorteil für die Wirtschaft?, RIW 1997, 899.

A. Ausgangspunkt des „Schuldrechtsmodernisierungsgesetzes"

1   Im Kontext des Schuldrechtsmodernisierungsgesetzes kommt der Richtlinie zum Verbrauchsgüterkauf besondere Bedeutung zu. Zwar beruft sich die Regierungsbegründung zur Schuldrechtsmodernisierung nicht allein auf die Notwendigkeit der Umsetzung dieser Richtlinie, sondern zugleich auf die Umsetzungserfordernisse aus der Richtlinie 2000/35/EG v. 29.6.2000 zur Bekämpfung des Zahlungsverzugs im Geschäftsverkehr[1] sowie aus der Richtlinie 2000/31 v. 8.6.2000 über bestimmte Aspekte der Infor-

mationsgesellschaft, insbesondere des elektronischen Geschäftsverkehrs, im Binnenmarkt.[2] Die Richtlinie zum Verbrauchsgüterkauf hat freilich auf die Umgestaltung des BGB ungleich größeren Einfluss entfaltet, weil das Gewährleistungsmodell dieser Richtlinie den **Anlass für die gesetzgeberische Umgestaltung des kaufrechtlichen Gewährleistungsrechts** und damit – mittelbar – auch des allgemeinen Leistungsstörungsrechts bildete. Soweit es um das Haftungsrecht geht, ist freilich zu beachten, dass die Richtlinie nach Art. 8 Abs. 1 das nationale Recht der vertraglichen und außervertraglichen Haftung unberührt lässt. Die insofern erfolgten Neuregelungen beruhen daher trotz der Richtlinie auf einer autonomen Entscheidung des nationalen Gesetzgebers.

B. Entstehung und europäischer Kontext

Die vorliegende Richtlinie wäre nicht denkbar ohne die grundlegenden **rechtsvergleichenden Arbeiten zum Kaufrecht**, die *Ernst Rabel* in der ersten Hälfte des 20. Jahrhunderts durchgeführt hat.[3] Sie bildeten eine wesentliche Grundlage der Rechtsvereinheitlichung im Kaufrecht, namentlich des EKG sowie des Wiener **UN-Kaufrechts**, an dessen gewährleistungsrechtliches Modell sich die Richtlinie in erheblichem Maße anlehnt.[4] Soweit eine solche Anlehnung festgestellt werden kann, können die zum UN-Kaufrecht anerkannten Grundsätze auch zur Auslegung der Richtlinie herangezogen werden. Dabei sind die verbleibenden Unterschiede allerdings zu beachten. Die Abweichungen vom UN-Kaufrecht betreffen etwa folgende Aspekte der Richtlinie: Anwendbarkeit (nur) auf Verbraucherverträge; Anwendbarkeit auf Werkverträge; fehlende Dispositivität der meisten Richtlinienvorschriften; Ausklammerung der Rechtsmängelhaftung, der Erfüllung, der Nichterfüllungshaftung sowie aller Fragen der vertraglichen Schadensersatzhaftung; keine Untersuchungs- und Rügeobliegenheit; Ersatzlieferungsanspruch auch bei geringfügigen Mängeln. Zur Kollision beider Normwerke siehe Art. 1 Rn 29.

2

Die Richtlinie steht zugleich im Kontext der **Programme der EG** (nicht EU) auf dem Gebiet des **Verbraucherschutzes**[5] und ist daher insbesondere in engem Wertungszusammenhang mit folgenden weiteren Richtlinien zu sehen:

3

- Richtlinie 97/7/EG des Europäischen Parlaments und des Rates v. 20.5.1997 über den Verbraucherschutz bei Vertragsabschlüssen im Fernabsatz;[6]
- Richtlinie 94/47/EG des Europäischen Parlaments und des Rates v. 26.10.1994 zum Schutz der Erwerber im Hinblick auf bestimmte Aspekte von Verträgen über den Erwerb von Teilzeitnutzungsrechten an Immobilien;[7]
- Richtlinie 93/13/EWG des Rates v. 5.4.1993 über missbräuchliche Klauseln in Verbraucherverträgen;[8]
- Richtlinie des Rates v. 13.6.1990 über Pauschalreisen (95/314/EWG);[9]
- Richtlinie des Rates v. 22.12.1986 zur Angleichung der Rechts- und Verwaltungsvorschriften der Mitgliedstaaten über den Verbraucherkredit (87/102/EWG)[10] mit der Richtlinie des Rates vom 22.2.1990 zur Änderung der Richtlinie 87/102/EWG des Rates v. 22.12.1986 zur Angleichung der Rechts- und Verwaltungsvorschriften der Mitgliedstaaten über den Verbraucherkredit (90/88/EWG);[11]
- Richtlinie des Rates v. 20.12.1985 betreffend den Verbraucherschutz im Falle von außerhalb von Geschäftsräumen geschlossenen Verträgen (85/577/EWG);[12]
- Richtlinie des Rates v. 25.7.1985 zur Angleichung der Rechts- und Verwaltungsvorschriften der Mitgliedstaaten über die Haftung für fehlerhafte Produkte (85/374/EWG)[13] sowie die
- Richtlinie 98/27/EG des Europäischen Parlaments und des Rates v. 19.5.1998 über Unterlassungsklagen zum Schutz der Verbraucherinteressen.[14]

Der Verabschiedung der Richtlinie ist eine ausführliche Diskussion vorausgegangen. Ausgangsdokument dieser Diskussion war das **Grünbuch** der Kommission über Verbrauchsgütergarantien und Kundendienst.[15]

4

---

1 ABlEG L 200/35 v. 8.8.2000.
2 ABlEG L 178/1 v. 17.7.2000.
3 *Rabel*, Das Recht des Warenkaufs, 2 Bände 1936 und 1958.
4 Ausdrücklich: Kommissionsbegründung, Dok. KOM (95) 520 endg., S. 6.
5 Nachgezeichnet etwa bei *Kapnopoulou*, Das Recht der mißbräuchlichen Klauseln in der Europäischen Union, 1997; ferner etwa in der Stellungnahme des Wirtschafts- und Sozialausschusses zu dem „Vorschlag für eine Richtlinie des Europäischen Parlaments und des Rates über den Verbrauchsgüterkauf und -garantien", ABlEG C 66/5 v. 3.3.1997.
6 ABlEG L 144/19 v. 4.6.1997.
7 ABlEG L 280/83 v. 29.10.1994.
8 ABlEG L 95/29 v. 21.4.1993.
9 ABlEG L 158/59 v. 23.6.1990.
10 ABlEG L 42/48 v. 12.2.1987.
11 ABlEG L 61/14 v. 10.3.1990.
12 ABlEG L 372/31 v. 31.12.1985.
13 ABlEG L 210/29 v. 7.8.1985.
14 ABlEG L 166/51 v. 11.6.1998.
15 Dok. KOM (93) 509 endg.; Erläuterung bei *Schnyder/Straub*, ZEuP 1996, 8.

Neben diesem Grünbuch sind für die Auslegung der Richtlinie folgende **Gesetzgebungsmaterialien** von Bedeutung:
- Vorschlag der Kommission für eine Richtlinie des Europäischen Parlaments und des Rates über den Verbrauchsgüterkauf und -garantien v. 18.6.1996[16] (enthält die Kommissionsbegründung);
- Stellungnahme des Wirtschafts- und Sozialausschusses zu dem „Vorschlag für eine Richtlinie des Europäischen Parlaments und des Rates über den Verbrauchsgüterkauf und -garantien";[17]
- Legislative Entschließung mit Stellungnahme des Europäischen Parlaments zu dem Vorschlag der Kommission für eine Richtlinie des Europäischen Parlaments und des Rates über den Verbrauchsgüterkauf und -garantien;[18]
- Geänderter Vorschlag für eine Richtlinie des Europäischen Parlaments und des Rates über den Verbrauchsgüterkauf und -garantien;[19]
- Gemeinsamer Standpunkt (EG) Nr. 51/98, vom Rat festgelegt am 24.9.1998 im Hinblick auf den Erlass der Richtlinie 98/.../EG des Europäischen Parlaments und des Rates zu bestimmten Aspekten des Verbrauchsgüterkaufs und der Garantien für Verbrauchsgüter (98/C333/04);[20]
- Beschluss des Europäischen Parlaments v. 17.12.1998 über den Gemeinsamen Standpunkts des Rates im Hinblick auf den Erlass der Richtlinie des Europäischen Parlaments und des Rates zu bestimmten Aspekten des Verbrauchsgüterkaufs und der Garantien für Verbrauchsgüter;[21]
- Stellungnahme der Kommission zu der Abänderung des Europäischen Parlaments des gemeinsamen Standpunkts des Rates betreffend den Vorschlag für eine Richtlinie des Europäischen Parlaments und des Rates zu bestimmten Aspekten des Verbrauchsgüterkaufs und der Garantien für Verbrauchsgüter.[22]

5 Eine knappe Gesetzesbegründung findet sich auch in den oben abgedruckten, der Richtlinie vorangestellten **Erwägungsgründen**, denen aufgrund ihres normativen Gehalts als Bestandteil der Richtlinie besonderes Gewicht zukommt.

6 Nach dem ausdrücklichen Wortlaut der Erwägungsgründe stützt sich die EG beim Erlass der vorliegenden Richtlinie auf die **Kompetenznorm** des Art. 95 EGV, wohingegen die ein hohes Verbraucherschutzniveau fordernde Vorschrift des Art. 153 EGV nach richtiger Ansicht keine eigenständige Kompetenznorm darstellt[23] und folgerichtig auch durch die EG nicht herangezogen wurde. Die nach Art. 95 EGV erforderliche Binnenmarktrelevanz der Richtlinie soll sich einmal – nach Auffassung des dritten Erwägungsgrundes – aus der Gefahr von Wettbewerbsverzerrungen durch unterschiedliche (man muss ergänzen: kollisions- und sachrechtlich nicht dispositive[24]) nationale Rechtsvorschriften beim Verbrauchsgüterkauf ergeben. Zum Anderen soll nach dem vierten bis sechsten Erwägungsgrund die Nachfrage und das Vertrauen der Verbraucher im Binnenmarkt bei grenzüberschreitenden Einkäufen durch einen einheitlichen Mindestsockel an Verbraucherrecht gestärkt werden.[25] Angezweifelt wird, ob diese Erwägungsgründe auch die Regressregelungen des Art. 4 der Richtlinie tragen können.[26]

7 Bei der Auslegung der Richtlinie ist ihre Rechtsnatur als **Bestandteil des europäischen Richtlinienrechts** zu berücksichtigen, so dass die besonderen Auslegungsgrundsätze des europäischen Einheitsrechts zu berücksichtigen sind:[27] Gleichwertige Verbindlichkeit sämtlicher Textfassungen (allerdings kann praktisch berücksichtigt werden, dass die Richtlinie – dem Vernehmen nach – in den Arbeitssprachen der EG, also deutsch, englisch und französisch, erarbeitet wurde, wohingegen alle anderen Fassungen lediglich Übersetzungen darstellen); Beachtung autonomer Begriffsbildungen des Gemeinschaftsrechts; Wertungszusammenhänge zum sonstigen EG-Recht, insbesondere im Bereich des Verbraucherrechts; Berücksichtigung gemeinsamer rechtsvergleichend zu ermittelnder Grundsätze und Inhalte der mitgliedstaatlichen Rechte.

---

16 Dok. KOM (95) 520 endg. – 96/0161 (COD).
17 ABlEG C 66/5 v. 3.3.1997.
18 ABlEG C 104/30 v. 6.4.1998.
19 ABlEG C 148/12 v. 14.5.1998.
20 ABlEG C 336/46 v. 30.10.1998.
21 ABlEG C 98/226 v. 9.4.1998.
22 Dok. KOM (1999) 16 endg. – 96/0161 (COD).
23 So zutreffend etwa *W.-H. Roth*, in: Ernst/Zimmermann, Zivilrechtswissenschaft und Schuldrechtsreform, S. 225, 234 mit Nachweisen zum Streitstand.
24 Kann ein anderes Recht frei gewählt werden, so sind Handelshemmnisse nicht zu besorgen, vgl. EuGH, Urt. v. 24.1.1991, Rs. C-339/89 Rn 15 – *Alsthom Atlantique ./. Sulzer*.
25 *Grundmann*, Europäisches Schuldvertragsrecht, 2.12 Rn 12; *Staudenmayer*, ERPL 4 (2000), 547; ferner *Reich*, NJW 1999, 2397; skeptisch *Ehmann/Rust*, JZ 1999, 853 f.; *Junker*, DZWiR 1997, 271, 275 ff.; *W.-H. Roth*, JZ 2001, 475, 478, 481.
26 *W.-H. Roth*, in: Ernst/Zimmermann, Zivilrechtswissenschaft und Schuldrechtsreform, S. 225, 233.
27 *W.-H. Roth*, in: BGH-Festgabe Wissenschaft, S. 847, 874 f.

Artikel 1 Geltungsbereich und Begriffsbestimmungen

(1) Zweck dieser Richtlinie ist die Angleichung der Rechts- und Verwaltungsvorschriften der Mitgliedstaaten zu bestimmten Aspekten des Verbrauchsgüterkaufs und der Garantien für Verbrauchsgüter zur Gewährleistung eines einheitlichen Verbraucherschutz-Mindestniveaus im Rahmen des Binnenmarkts.

(2) Im Sinne dieser Richtlinie bezeichnet der Ausdruck

a) „Verbraucher" jede natürliche Person, die im Rahmen der unter diese Richtlinie fallenden Verträge zu einem Zweck handelt, der nicht ihrer beruflichen oder gewerblichen Tätigkeit zugerechnet werden kann;

b) „Verbrauchsgüter" bewegliche körperliche Gegenstände, mit Ausnahme von
   – Gütern, die aufgrund von Zwangsvollstreckungsmaßnahmen oder anderen gerichtlichen Maßnahmen verkauft werden,
   – Wasser und Gas, wenn sie nicht in einem begrenzten Volumen oder in einer bestimmten Menge abgefüllt sind,
   – Strom;

c) „Verkäufer" jede natürliche oder juristische Person, die aufgrund eines Vertrags im Rahmen ihrer beruflichen oder gewerblichen Tätigkeit Verbrauchsgüter verkauft;

d) „Hersteller" den Hersteller von Verbrauchsgütern, deren Importeur für das Gebiet der Gemeinschaft oder jede andere Person, die sich dadurch, daß sie ihren Namen, ihre Marke oder ein anderes Kennzeichen an den Verbrauchsgütern anbringt, als Hersteller bezeichnet;

e) „Garantie" jede von einem Verkäufer oder Hersteller gegenüber dem Verbraucher ohne Aufpreis eingegangene Verpflichtung, den Kaufpreis zu erstatten, das Verbrauchsgut zu ersetzen oder nachzubessern oder in sonstiger Weise Abhilfe zu schaffen, wenn das Verbrauchsgut nicht den in der Garantieerklärung oder in der einschlägigen Werbung genannten Eigenschaften entspricht;

f) „Nachbesserung" bei Vertragswidrigkeit die Herstellung des vertragsgemäßen Zustands des Verbrauchsgutes.

(3) Die Mitgliedstaaten können festlegen, daß unter „Verbrauchsgütern" keine gebrauchten Güter zu verstehen sind, die in einer öffentlichen Versteigerung verkauft werden, bei der die Verbraucher die Möglichkeit haben, dem Verkauf persönlich beizuwohnen.

(4) Als Kaufverträge im Sinne dieser Richtlinie gelten auch Verträge über die Lieferung herzustellender oder zu erzeugender Verbrauchsgüter.

Literatur: *Dauses*, Information der Verbraucher in der Rechtsprechung des EuGH, RIW 1998, 750; *Dreher*, Der Verbraucher als Phantom in den Opera des deutschen und europäischen Rechts, JZ 1997, 167; *Faber*, Elemente verschiedener Verbraucherbegriffe in EG-Richtlinien, zwischenstaatlichen Übereinkommen und nationalem Zivil- und Kollisionsrecht, ZEuP 1998, 854; *Flume*, Vom Beruf unserer Zeit für die Gesetzgebung, ZIP 2000, 1427; *Medicus*, Wer ist ein Verbraucher?, in: Leser/Isomura (Hrsg.), Wege zum japanischen Recht, FS Kitagawa, 1992, S. 471; *Pfeiffer*, Die Integration von Nebengesetzen in das BGB, in: Ernst/Zimmermann, Zivilrechtswissenschaft und Schuldrechtsreform, 2001, S. 481; *ders.*, Der Verbraucher nach § 13 BGB, in: Schulze/Schulte-Nölke, Die Schuldrechtsreform vor dem Hintergrund des Gemeinschaftsrechts, 2001, S. 133; *ders.*, Der Verbraucherbegriff als zentrales Merkmal im europäischen Privatrecht, in: Schulte-Nölke/Schulze, Europäische Rechtsangleichung und nationale Privatrechte, 1999, S. 21; *ders.*, Vom kaufmännischen Verkehr zum Unternehmensverkehr, NJW 1999, 169; s. im Übrigen die Literaturangaben bei Präambel und Erwägungsgründen.

Inhalt

A. Überblick 1	5. Persönlicher Anwendungsbereich 17
B. Rechtsangleichung als Zweck der Richtlinie 2	a) Verbraucher 17
C. Anwendungsbereich 4	aa) Allgemeines 17
I. Verbrauchsgüterkauf 4	bb) Natürliche Person 20
1. Kauf 4	cc) Private Zweckrichtung 22
2. Verbrauchsgüter 6	dd) Beteiligung Dritter 27
a) Allgemeines 6	ee) Beweislast 28
b) Ausnahmeoption bei öffentlich versteigerten Gebrauchtwaren 11	ff) Verhältnis zum UN-Kaufrecht 29
3. Erstreckung auf Werk- und Werklieferungsverträge 12	b) Gewerbetreibender Verkäufer 30
4. Abgrenzungsfragen bei gemischten Verträgen ... 14	II. Garantieverträge 31
	D. Hersteller 37
	E. Nachbesserung 39

Art. 1 Kauf-RL

A. Überblick

1 Die Vorschrift verfolgt keinen einheitlichen Regelungszweck, sondern dient der Abhandlung einiger für die Richtlinie bedeutsamer Preliminarien: **Abs. 1** enthält die im Richtlinienrecht verbreitete **Zweckbeschreibung**. **Abs. 2** beruht auf der im Richtlinienrecht üblichen Regelungstechnik, etwa erforderliche Definitionen nicht – wie das BGB z. B. bei der Definition des Anspruchs durch die Verjährungsregelung des § 194 BGB – implizit, sondern explizit und durch **separate Definitionsnormen** vorzunehmen. **Abs. 3** begründet eine **Option für die Mitgliedstaaten**, öffentlich versteigerte Gebrauchtwaren unter bestimmten Voraussetzungen aus dem Begriff der Verbrauchsgüter – und damit aus dem sachlichen Anwendungsbereich der Richtlinie – herauszunehmen. In **Abs. 4** wird die Anwendbarkeit der Richtlinie auf diejenigen Verträge angeordnet, die im deutschen Recht als **Werk- und Werklieferungsverträge** bezeichnet werden.

B. Rechtsangleichung als Zweck der Richtlinie

2 Der Rechtsangleichungszweck der Richtlinie betrifft **drei unterschiedliche Rechtsverhältnisse**. Dem Schwerpunkt nach gelten die Regelungen dem zwischen einem Verbraucher und einem gewerblichen Verkäufer abgeschlossenen **Kaufvertrag** (Art. 2, 3 und 5). Die Maßgaben des Art. 6 betreffen eine durch den Verkäufer oder Hersteller gegenüber dem Verbraucher, also in deren Rechtsverhältnis, abgegebene **Garantieerklärung**.[1] Schließlich wird durch Art. 4 die **Regressbeziehung** zwischen dem Letztverkäufer und anderen Personen in der Lieferantenkette angesprochen. Andere Vorschriften enthalten flankierende Regelungen, die sich in unterschiedlicher Weise auf diese drei verschiedenen Rechtsverhältnisse beziehen.

3 Gegenstand der Richtlinie ist lediglich eine **Rechtsangleichung**, die ein weniger gegenüber einer vollständigen Vereinheitlichung darstellt. Es handelt sich, wie vor allem in Art. 8 zum Ausdruck kommt, lediglich um eine **Teil- und Mindestharmonisierung**.[2] Geregelt wird nicht der im Vordergrund stehende Kaufvertrag als solcher, sondern lediglich die als Verbrauchsgüterkauf bezeichneten Anwendungsfelder (sachlich: bewegliche Gegenstände; persönlich: Verbraucherverträge), wobei auch diese nicht vollständig, sondern lediglich hinsichtlich „bestimmter Aspekte", namentlich hinsichtlich des Gewährleistungsrechts außerhalb von Haftungsansprüchen, erfasst werden. Daneben werden bestimmte Aspekte des Garantievertrags geregelt. Um eine Mindestharmonisierung handelt es sich insofern, als das nationale Recht nach Art. 8 Abs. 2 weitergehende Vorschriften zum Verbraucherschutz vorsehen kann.

C. Anwendungsbereich

I. Verbrauchsgüterkauf

1. Kauf

4 Wie schon das Europäische Schuldvertragsübereinkommen und bestimmte Aspekte der Klauselrichtlinie beruht auch die vorliegende Richtlinie auf der **Vertragstypenlehre** (d. h. dem Prinzip, dass sich die im Wirtschaftsverkehr vorzufindenden Verträge nach ihrem Inhalt typologisch ordnen lassen) als einem gemeinsamen Bestandteil der europäischen Zivilrechtsordnungen. Ein Kauf liegt danach vor, wenn ein unter die Richtlinie fallender Gegenstand (Verbrauchsgut) gegen Entgelt veräußert wird. Das wird durch die Richtlinie zwar nicht ausdrücklich angeordnet, jedoch vielfach vorausgesetzt: Ausdrücklich benennt die Richtlinie als Vertragsgegenstand in Abs. 1 allerdings die in Abs. 2 lit. b definierten Verbrauchsgüter. Als Verkauf ist deren entgeltliche Veräußerung anzusehen, die regelmäßig gegen Zahlung eines Kaufpreises erfolgt. Dies entspricht der Rechtslage in den Mitgliedstaaten. Dasselbe lässt sich der Definition der Garantie in Abs. 2 lit. e entnehmen. Diese nennt als möglichen Gegenstand die Pflicht zur Erstattung des Kaufpreises und setzt hinsichtlich der Garantie deren Erteilung „ohne Aufpreis" voraus, was ersichtlich auf der Entgeltlichkeit des Kaufs beruht.

5 Der Kauf gegen **Inzahlungnahme** eines anderen Gutes wird dem Sinn der Richtlinie nach ebenfalls erfasst, unabhängig davon, wie ein solches Geschäft durch das nationale Recht dogmatisch konstruiert wird. Ein **gemischter Kauf-/Schenkungsvertrag** dürfte bei Veräußerung durch einen gewerblichen Verkäufer allenfalls ausnahmsweise in Betracht kommen, etwa wenn ein Gegenstand gegen ein symbolisches Entgelt an eine wohltätige Organisation geliefert wird. Inwieweit ein solcher Vertrag unter die Richtlinie fällt, bedarf erforderlichenfalls der Klärung durch den EuGH.

2. Verbrauchsgüter

a) Allgemeines

6 Verbrauchsgüter sind **bewegliche körperliche Gegenstände**. Damit werden zunächst alle Fälle des **Rechtskaufs**, etwa der Erwerb **unkörperlicher Vertragsgegenstände** wie Immaterialgüterrechte (Lizenzen,

---

1 Dazu schon das Grünbuch über Verbrauchsgütergarantien und Kundendienst, Dok. KOM (93) 509 endg. S. 123.
2 Kritisch *Amtenbrink/Schneider*, VuR 1999, 293, 294.

Patente, Urheberrechte usw.), vom Anwendungsbereich der Richtlinie ausgenommen. Kein körperlicher Gegenstand ist ferner – in Anlehnung an Art. 2 lit. f CISG – der elektrische Strom. Auch Wasser und Gas werden von der Richtlinie nur erfasst, sofern sie mit einem bestimmten Volumen oder in einer bestimmten Menge abgefüllt sind (Bespiele: Mineralwasserflaschen oder Campinggasflaschen);[3] ausgenommen sind damit Versorgungs- und Lieferverträge über Leitungsgas bzw. -wasser.[4] Eine weitere Ausnahme bilden – in Anlehnung an Art. 2 lit. c CISG – Güter, die aufgrund von Zwangsvollstreckungsmaßnahmen oder anderer gerichtlicher Maßnahmen (Insolvenz, Sequestration) verkauft werden. Welche Güter unter die letztgenannte Ausnahme fallen, bestimmt sich nach dem jeweils anwendbaren nationalen Prozessrecht.[5]

Erfasst werden nur bewegliche, nicht jedoch **unbewegliche Gegenstände**. Dies führt insbesondere zur **Unanwendbarkeit auf Grundstückskaufverträge**. Ein einheitlicher Begriff des beweglichen Gegenstandes in den Rechtsordnungen der Mitgliedstaaten besteht nicht. Ob sich ein völlig einheitlicher Begriff des beweglichen körperlichen Gegenstandes wird bilden lassen, ist nicht abschließend geklärt. Schwierigkeiten ergeben sich daraus, dass die mitgliedstaatlichen Rechte insbesondere bei der Abgrenzung der rechtlich zum Grundstück gehörenden beweglichen Sachen (wesentliche Bestandteile, Scheinbestandteile usw.) unterschiedlich verfahren.[6] Die Frage wird also relevant, soweit mit einem Grundstück Grundstücksbestandteile, Scheinbestandteile und Zubehörstücke verkauft werden und es um die Reichweite eines zulässigen Gewährleistungsausschlusses für solche Bestandteile geht. Gesichtspunkte der Praktikabilität sprechen dabei in hohem Maße dafür, dass die Richtlinie die Abgrenzung der Mobilien von den Immobilien nicht regelt, sondern dem jeweils anwendbaren nationalen Recht – regelmäßig also dem Belegenheitsstatut (**lex rei sitae**) – überlässt.[7] Gesichert ist dieses Ergebnis jedoch nicht. Der EuGH hat im Zusammenhang mit der Definitionen des Immobiliargerichtsstands in Art. 16 Nr. 1 EuGVÜ eine europäisch-autonome Definition solcher Streitigkeiten versucht.[8] Den fraglichen Verfahren lag allerdings regelmäßig die Problematik der Abgrenzung dinglicher von schuldrechtlichen Fragen, nicht jedoch die Abgrenzung von beweglichen und unbeweglichen Gegenständen zugrunde, so dass die zu Art. 16 Nr. 1 EuGVÜ entwickelte Praxis nicht ohne Weiteres einen Rückschluss auf die künftige Handhabung der vorliegenden Richtlinie erlaubt.

Verbrauchsgüter sind bewegliche **körperliche Gegenstände**. Damit werden insbesondere Immaterialgüterrechte (Lizenzen, Patente, Urheberrechte usw.) vom Anwendungsbereich der Richtlinie ausgenommen. Kein körperlicher Gegenstand ist ferner der elektrische Strom. Auch Wasser und Gas werden von der Richtlinie nur erfasst, sofern sie mit einem bestimmten Volumen oder in einer bestimmten Menge abgefüllt sind. Eine weitere Ausnahme bilden Güter, die aufgrund von Zwangsvollstreckungsmaßnahmen oder anderen gerichtlichen Maßnahmen (Insolvenz, Sequestration) verkauft werden. Welche Güter unter die letztgenannte Ausnahme fallen, bestimmt sich nach dem jeweils anwendbaren nationalen Prozessrecht.

Soweit es um **Standardsoftware** geht, ist im Anwendungsbereich des UN-Kaufrechts die Ansicht im Vordringen begriffen, diese falle auch dann unter den Begriff der „Ware" im Sinne des Übereinkommens, wenn diese nicht in Form eines körperlichen Datenträgers (CD, Diskette) geliefert werde, sondern Online übertragen werde.[9] Diese Ansicht lässt sich auf die vorliegende Richtlinie übertragen.

Verbrauchsgüter sind sowohl **neue als auch gebrauchte** Gegenstände. Dies ergibt sich schon aus dem Fehlen einer ausdrücklichen Beschränkung auf Neuwaren als auch aus dem Vorliegen von Ausnahmevorschriften für Gebrauchtwaren (Art. 1 Abs. 3, Art. 7 Abs. 1 Unterabs. 2; zum Teil auch Art. 5 Abs. 3), durch die der besonderen Interessenlage beim Verkauf solcher Güter Rechnung getragen werden soll.

b) Ausnahmeoption bei öffentlich versteigerten Gebrauchtwaren

Die Vorschrift des Abs. 3 ermöglicht den Mitgliedstaaten, gebrauchte Gegenstände dann generell von der Einordnung als Verbrauchsgüter auszunehmen, wenn diese in einer öffentlichen Versteigerung verkauft werden, sofern es den Verbrauchern möglich ist, persönlich anwesend zu sein. Von der Ausnahmeoption werden damit insbesondere Internet- oder Online-Auktionen nicht erfasst. Zum Begriff der **Gebrauchtwaren** s. Art. 7 Rn 7. Die Ausnahme wird durch die Richtlinie nicht selbst angeordnet; vielmehr handelt es sich lediglich um eine Ausnahmeoption, zu deren Wahrnehmung es einer entsprechenden Setzung im mitgliedstaatlichen Recht bedarf. Regelungstechnisch ist ferner zu beachten, dass es der Vorschrift trotz ihres systematisch wenig glücklichen Standorts nicht um die Definition des Verbrauchsguts, sondern um die Privilegierung einer bestimmten Vertriebsmethode geht.[10]

---

3 *Staudenmayer*, ERPL 4 (2000), 547, 549; *ders.*, NJW 1999, 2393, 2394.
4 *Schwartze*, ZEuP 2000, 544, 553.
5 Vgl. *Staudinger/Magnus*, Art. 2 CISG Rn 36.
6 Vgl. *Soergel/v. Hoffmann*, Art. 28 EGBGB, Rn 73.
7 Zum Parallelproblem beim UN-Kaufrecht *Staudinger/Magnus*, Art. 1 CISG Rn 54.
8 EuGH, Urt. v. 17.5.1994, Rs. C-294/92, Slg. 1994, I-1717 – *Webb ./. Webb*; EuGH, Urt. v. 10.1.1990, Rs. C-115/88, Slg. 1990, I-27 – *Reichert ./. Dresdner Bank*.
9 OLG Koblenz RIW 1993, 934; *Bamberger/Roth/Saenger*, Art. 1 CISG Rn 7; *v. Caemmerer/Schlechtriem*, Art. 1 CISG Rn 21; *Reithmann/Martiny*, Internationales Vertragsrecht, Rn 629; *Staudinger/Magnus*, Art. 1 CISG Rn 44, 56.
10 *Staudenmayer*, European Review of Private Law 4 (2000), 547, 549.

3. Erstreckung auf Werk- und Werklieferungsverträge

12 Die rechtstechnisch als Definitionsnorm für das Merkmal des Kaufvertrags ausgestaltete Vorschrift des Abs. 4 erstreckt den sachlichen Anwendungsbereich der Regeln über den Verbrauchsgüterkauf auf „herzustellende oder zu erzeugende" Verbrauchsgüter und stimmt (auch im englischen und französischen Text) insofern wörtlich mit **Art. 3 Abs. 1 CISG** überein. Allerdings hatte die Kommission eine Formulierung vorgeschlagen, die – ebenfalls in Anlehnung an Art. 3 Abs. 1 CISG – Fälle ausnimmt, in denen die Herstellung und Erzeugung aus Stoffen des Bestellers erfolgt.[11] Dieser Vorschlag hätte eine Beschränkung auf Verträge herbeigeführt, die nach deutschem Verständnis als Werklieferungsverträge qualifiziert werden und eine Anwendung auf echte Werkverträge ausgeschlossen. Allerdings hat sich dieser Vorschlag nicht durchgesetzt, so dass auch (nach deutscher Terminologie) **Werkverträge** als „Verbrauchsgüterkauf" zu qualifizieren sind, wenn die sonstigen Voraussetzungen hierfür vorliegen,[12] was auch durch Art. 2 Abs. 3 der Richtlinie vorausgesetzt wird. Abgesehen von dieser Abweichung ist allerdings bei der Auslegung dieser Bestimmung eine Anlehnung an die Praxis bei Art. 3 CISG geboten.

13 Mit dem Merkmal „**herzustellende oder zu erzeugende**" Verbrauchsgüter werden alle Verträge erfasst, deren Liefergegenstand noch nicht existierende, künftige Waren sind. Dabei handelt es sich einmal (Merkmal „herstellen") um Produkte eines Verarbeitungsvorgangs, z. B. Möbel, noch herzustellende Bekleidungsgegenstände[13] oder technische Geräte, aber auch (Merkmal „erzeugen") um Rohstoffe oder landwirtschaftliche Erzeugnisse. Ob es sich um eine vertretbare oder unvertretbare Sache handelt, ist, anders als bei § 651 Abs. 2 BGB a.F., ohne Belang, sofern der Liefergegenstand ein Verbrauchsgut darstellt.[14] Ausgenommen sind mithin aber Verträge über **unkörperliche Leistungen**, selbst wenn deren Ergebnis – wie etwa die Planungsleistung beim Architektenvertrag – in verkörperter Weise vorliegen.[15] Die **Umsetzung in Deutschland** erfolgt durch § 651 BGB.

4. Abgrenzungsfragen bei gemischten Verträgen

14 Ein eigenständiges dogmatisches **Konzept der gemischten Verträge** auf der Ebene des Gemeinschaftsprivatrechts existiert nicht und kann der Richtlinie allenfalls in Andeutungen entnommen werden. Geht man von der Anwendbarkeit auf Kaufverträge mit untergeordneter Montageverpflichtung und von der Einbeziehung unzureichender Montageanleitungen in Art. 2 Abs. 5 aus, so streitet dieser Befund für den Grundsatz, dass die Richtlinie auf einen Vertrag entweder insgesamt anwendbar oder unanwendbar ist.[16] Zugleich wird man Art. 2 Abs. 5 die Wertung entnehmen müssen, dass die Gewährleistungsregeln der Richtlinie lediglich auf solche Bestandteile eines Vertrags anwendbar sind, für die sie sachlich einschlägige Regelungen enthalten.[17] Grundsätzlich wie hinsichtlich der folgenden Einzelprobleme bleibt eine Klärung durch den EuGH abzuwarten. Anzumerken ist immerhin das Folgende:

15 Aus der Erstreckung auf Werk- und Werklieferungsverträge folgt **a maiore ad minus**, dass auch **Kaufverträge mit Montageverpflichtung** erfasst werden. Hiervon geht auch Art. 2 Abs. 5 aus.

16 Eine Art. 3 Abs. 2 CISG – keine Anwendung auf **Verträge mit überwiegendem Dienstleistungsanteil** – vergleichbare Bestimmung fehlt der Richtlinie. Dies betrifft etwa **Reparaturverträge**, bei denen der beauftragte Handwerker auch die erforderlichen Ersatzteile zu besorgen hat.[18] Die **Unanwendbarkeit der Richtlinie** auf solche Verträge folgt aber aus dem Fehlen der von der Richtlinie vorausgesetzten „Lieferung" eines Verbrauchsgutes. In Abgrenzungsfragen empfiehlt sich mangels anderer Anhaltspunkte – trotz Fehlens einer dem Art. 3 Abs. 2 CISG vergleichbaren Vorschrift – eine Orientierung an dessen Kriterium des „Überwiegens" des unkörperlichen Dienstleistungselements. Im Hinblick auf **Bauverträge** kann sich die Unanwendbarkeit einmal daraus ergeben, dass die „Lieferung" des fertigen Bauwerks als Bestandteil des Grundstücks erfolgt und es insofern an der Lieferung einer beweglichen Sache und damit an einem Verbrauchsgut fehlt. Je nach Gestaltung kann auch das unkörperliche Dienstleistungselement überwiegen.[19] Zweifelsfälle wird der EuGH klären müssen.

---

11 Stellungnahme der Kommission vom 19.1.1990 zum Gemeinsamen Standpunkt des Rates, Dok. KOM (1999) 16 endg., S. 3.
12 Insbesondere ist also erforderlich, dass ein Verbrauchsgut geliefert werden muss; bloße Wartungs- oder Reparaturverträge werden nicht erfasst, *Amtenbrink/Schneider*, VuR 1996, 367, 369; *Schwartze*, ZEuP 2000, 544, 552.
13 Vgl. OLG Frankfurt NJW 1992, 633 zu Art. 3 Abs. 1 CISG.
14 *Bamberger/Roth/Saenger*, Art. 3 CISG Rn 2; *Soergel/Lüderitz/Fenge*, Art. 3 CISG Rn 2; *Staudinger/Magnus*, Art. 3 CISG Rn 13; auch OLG Hamm NJW 1985, 567, 568 noch zum EKG.
15 *Soergel/Lüderitz/Fenge*, Art. 3 CISG Rn 2; s. auch Rn 16.
16 Hiervon geht auch das UN-Kaufrecht aus, *Bamberger/Roth/Saenger*, Art. 3 CISG Rn 7; *Staudinger/Magnus*, Art. 3 CISG Rn 29.
17 Vgl. auch *Staudinger/Magnus*, Art. 3 CISG Rn 29.
18 Vgl. *Bamberger/Roth/Saenger*, Art. 1 CISG Rn 4; *Staudinger/Magnus*, Art. 3 CISG Rn 15.
19 Vgl. *Staudinger/Magnus*, Art. 3 CISG Rn 28.

5. Persönlicher Anwendungsbereich
a) Verbraucher
aa) Allgemeines

Abs. 2 lit. a) der Vorschrift enthält eine **Definition des Verbraucherbegriffs**. Diese ist insbesondere für die Bestimmung des persönlichen Anwendungsbereichs der Vorschriften über den Verbrauchsgüterkauf und der Vorschriften über die Garantien von Bedeutung. Er entspricht dem auch von den anderen Richtlinien des EG-Verbrauchervertragsrechts bekannten Regelungskonzept.[20] Danach ist als Verbraucher jede natürliche Person anzusehen, welche beim Abschluss der unter diese Richtlinie fallenden Verträge zu einem Zweck handelt, der nicht ihrer beruflichen oder gewerblichen Tätigkeit zugerechnet werden kann. Mit dieser Definition enthält die Richtlinie zwar dem formalen Regelungskonzept nach eine subjektive Bestimmung des Anwendungsbereichs. Dem Inhalt nach stellt allerdings lediglich die Beschränkung auf natürliche Personen ein subjektives Kriterium dar, wohingegen der Schwerpunkt der Definition an den **wirtschaftlichen Zweck des Vertrags** anknüpft.[21]

Die Bestimmung beruht auf einem **europäisch-autonomen Verbraucherbegriff**, der seinem Kerngehalt nach sowohl in anderen Richtlinien des Gemeinschaftsrechts als auch in Art. 5 EVÜ und Art. 13 EuGVÜ zu finden ist.[22] Für das Verständnis ist zunächst darauf hinzuweisen, dass der EuGH in seiner Rechtsprechung zum Wettbewerbsrecht stets das liberale Leitbild des verständigen Verbrauchers[23] betont. Dieses auf dem Informationsmodell des Verbraucherschutzes beruhende Konzept taucht in den EG-Richtlinien des Verbraucherrechts vor allem durch Informations- und Transparenzanforderungen auf; es lässt sich allerdings nicht ohne weiteres auf den gesamten Bereich des Verbraucherrechts übertragen.[24] Der Anwendungsbreite nach hat der EuGH, soweit eine solche Generalisierung möglich ist, bei der Konkretisierung des Merkmals „Verbraucher" eine vorsichtige Tendenz verfolgt, die er selbst als „engen Verbraucherbegriff" bezeichnet.[25]

Das Richtlinienrecht folgt damit einem **typisierenden Modell**. Auf die Schutzbedürftigkeit des Käufers im Einzelfall, etwa als Kleingewerbebetreibender,[26] kommt es nicht an. Die Verbrauchereigenschaft ist grundsätzlich **objektiv** zu bestimmen. Es kommt also auf die objektive Zwecksetzung des Vertrags zum **Zeitpunkt** des Vertragsschlusses,[27] nicht jedoch auf die Vorstellungen der Parteien an.[28] Allerdings muss dem Gedanken des **Verkehrsschutzes** Rechnung getragen werden. Der zum Parallelproblem bei Art. 5 EVÜ ergangene *Giuliano/Lagarde*-Bericht geht daher davon aus, dass der Verbraucher sich nicht auf seine Verbrauchereigenschaft berufen kann, wenn diese dem anderen Vertragspartner nicht bekannt war und dieser hiervon auch keine Kenntnis haben konnte.[29] Dies wird man auf andere, ebenfalls auf dem Verbraucherbegriff des EG-Rechts beruhende Regelungen, also auch auf die vorliegende Richtlinie, übertragen müssen. Angesichts dieser europäisch-autonomen Vorgabe kann § 344 HGB demgegenüber keine Anwendung finden.

bb) Natürliche Person

Die **Beschränkung auf natürliche Personen** ist verfehlt.[30] Auch juristische Personen, insbesondere kleine Idealvereine, können die in der Richtlinie angesprochenen privaten Zwecke verfolgen. Auch sind sie keineswegs in geringerem Maße schutzbedürftig als natürliche Personen. Diese rechtspolitische Verfehltheit kann allerdings nicht im Wege einer Auslegung contra legem korrigiert werden. Eine europäisch autonome Abgrenzung für das Merkmal der natürlichen Person existiert dabei im Grundsatz nicht, so dass insoweit auf das maßgebende nationale Recht, d. h. auf das anwendbare Personalstatut, abzustellen ist.

---

20 *Grundmann*, Europäisches Schuldvertragsrecht, 2.12 Rn 15; *Staudenmayer*, European Review of Private Law 4 (2000), 547, 549; *Schlechtriem*, JZ 1997, 441, 443.
21 *Pfeiffer*, in: Schulze/Schulte-Nölke, Die Schuldrechtsreform vor dem Hintergrund des Gemeinschaftsrechts, S. 133, 140.
22 Zu diesem Befund *Dreher*, JZ 1998, 167, 168; *Faber*, ZEuP 1998, 854, 858; *Kapnopoulou*, Das Recht der mißbräuchlichen Klauseln in der EU, S. 31 ff.; MüKo/*Micklitz*, § 13 BGB Rn 81; *Pfeiffer*, in: Schulte-Nölke/Schulze, Europäisches Gemeinschaftsrecht und nationale Privatrechte, S. 21, 24.
23 Z.B. EuGH, Urt. v. 7.3.1990, Rs. C-362/88, Slg. 1990, I-667 – *GB-INNO-BM ./. Confédération du Commerce Luxembourgois*; Überblick etwa bei *Dauses*, RIW 1998, 750.
24 *Pfeiffer*, in: Schulte-Nölke/Schulze, Europäisches Gemeinschaftsrecht und nationale Privatrechte, S. 21, 24.
25 EuGH, Urt. v. 3.7.1997, Rs. C-269/95, Slg. 1997, I-3767 Rn 16 – *Benincasa ./. Dentalkit*.
26 Kritisch zu deren Ausschluss *Schlechtriem*, JZ 1997, 441, 443.
27 Zur Maßgeblichkeit dieses Zeitpunkts *Faber*, ZEuP 1998, 854, 866; *Pfeiffer*, in: Grabitz/Hilf, Das Recht der EU, Art. 2 RL 93/13/EWG Rn 6; vgl. auch *Schwartze*, ZEuP 2000, 544, 551; zweifelnd MüKo/*Micklitz*, § 13 BGB Rn 28.
28 *Pfeiffer*, in: Grabitz/Hilf, Das Recht der EU, Art. 2 RL 93/13/EWG Rn 5.
29 *Giuliano/Lagarde*-Bericht, BT-Drucks 10/503, 55; umgekehrt beispielsweise *Schwartze*, ZEuP 2000, 544, 552, der positive Kenntnis oder Kennenmüssen des Verkäufers verlangt.
30 *Pfeiffer*, in: Schulze/Schulte-Nölke, Die Schuldrechtsreform vor dem Hintergrund des Gemeinschaftsrechts, S. 133, 138 ff.; krit. mit Recht die Stellungnahme des Wirtschafts- und Sozialausschusses, ABlEG Nr C 66/7 Rn 3.4.

21 Inwieweit eine Anwendung auf **Mehrheiten natürlicher Personen** (Wohnungseigentümergemeinschaften, Erbengemeinschaften, eheliche Gütergemeinschaften, nicht unternehmerisch tätige Gesellschaften bürgerlichen Rechts) zu erfolgen hat, ist nicht abschließend gesichert. Im Zusammenhang mit dem Unternehmerbegriff wird nämlich teilweise für sämtliche Personengesellschaften eine Einordnung als juristische Person bejaht,[31] was die Einordnung als Verbraucher ausschließen müsste. Das ist vom Ergebnis her für unternehmerisch tätige Personengesellschaften zutreffend, da es für die Unternehmereigenschaft nicht auf die Einordnung als Mehrheit natürlicher Personen oder als juristische Person ankommt. Diese Feststellung ändert aber nichts daran, dass es dem nationalen Recht bleibt, ob ein Zusammenschluss als Mehrheit natürlicher Personen oder als juristische Person behandelt wird. Im Ergebnis bleibt es also bei der Bejahung der Verbrauchereigenschaft in den erstgenannten Fällen.[32]

cc) Private Zweckrichtung

22 Die negative Definition unter Zugrundelegung des Kriteriums eines Vertrags, der nicht der beruflichen oder gewerblichen Tätigkeit zugerechnet werden kann, erfasst – positiv gewendet – insbesondere Verträge, durch die **private oder familiäre Bedürfnisse** befriedigt werden sollen. Erfasst wird auch der private Anleger, wenn er Wert- und Anlagegegenstände, z. B. Goldmünzen, erwirbt.[33]

23 Ausgeschlossen sind Verträge, die einem **beruflichen Zweck** dienen. Auslegungsschwierigkeiten ergeben sich daraus, dass jegliche berufliche, also auch die **unselbständige Tätigkeit** ausgenommen ist. Bei Richtlinien mit Querschnittscharakter, insbesondere der Klauselrichtlinie, dient die Wortwahl dem Zweck, Arbeitsverträge aus deren Anwendungsbereich auszunehmen – eine Problematik, die sich bei der Verbrauchsgüterkaufrichtlinie nicht stellt. Für diese ist zunächst zu konstatieren, dass die Richtlinie ihrem Sinn und Wortlaut nach auch für Kaufgeschäfte zwischen Arbeitgeber und Arbeitnehmer gilt, etwa wenn ein Arbeitgeber dem Arbeitnehmer den verbilligten Bezug der im Unternehmen hergestellten Güter ermöglicht. Dem Wortlaut nach nicht von der Richtlinie erfasst ist demgegenüber der Fall eines privaten Kaufs von Arbeitsgeräten (z. B. privater Kauf von Arbeitsgerät). Freilich gibt es für die Nichtanwendung der Richtlinie in solchen Fällen weder einen sachlichen Grund, noch lässt sich der nicht private Zweck in diesen Fällen mit hinreichender Rechtssicherheit feststellen, so dass eine Bejahung der Verbrauchereigenschaft vorzugswürdig erscheint.

24 Eine Bejahung der Verbrauchereigenschaft bei **Existenzgründungsgeschäften** wäre teleologisch sinnvoll.[34] Demgegenüber geht die Rechtsprechung des EuGH – im Zusammenhang mit der Parallelproblematik bei Art. 13 EuGVÜ – allerdings von einer gewerblichen bzw. beruflichen Zwecksetzung bei Existenzgründungsgeschäften aus.[35] Mit der Übertragung dieser Praxis auf andere Fälle, also auf die vorliegende Problematik, muss gerechnet werden.

25 **Branchenfremde Nebengeschäfte**, zu denen insbesondere auch die Existenzaufgabe gehört, liegen innerhalb des Bereichs, für den aufgrund der gewerblichen Betätigung von einer gesteigerten Geschäftskompetenz auszugehen ist. Sie liegen daher – wie der EuGH jedenfalls für die Haustürgeschäftrichtlinie anerkannt hat – außerhalb der Verbraucherverträge.[36]

26 Nicht abschließend geklärt sind ferner die aus der **gemischten Nutzung** von Kaufgegenständen folgenden Abgrenzungsprobleme (*Dual Use*-Problematik). Hier wird einerseits die Auffassung vertreten, dass nur eine ausschließlich private Zwecksetzung Schutz verdient.[37] Auf der anderen Seite steht die Auffassung, ein Verbrauchervertrag sei lediglich bei „eindeutig oder ausschließlich der beruflichen oder gewerblichen Tätigkeit zuzuordnenden Verträgen" zu verneinen.[38] Die beste europäisch-autonome Fundierung, die zugleich der restriktiven Tendenz des EuGH bei der Bestimmung des Verbraucherbegriffs entspricht, dürfte diejenige Lösung aufweisen, die sich an den (offiziellen) *Giuliano/Lagarde*-Bericht zum Parallelproblem bei Art. 5 des Europäischen Schuldvertragsübereinkommens anlehnt.[39] Bei *Dual Use*-Gegenständen handelt der Erwerber lediglich dann als Verbraucher, wenn die private Nutzung deutlich überwiegt.[40]

---

31 MüKo/*Basedow*, § 24 a AGBG Rn 23.
32 MüKo/*Micklitz*, § 13 BGB Rn 15; *Pfeiffer*, in: Grabitz/Hilf, Das Recht der EU, Art. 2 RL 93/13/EWG Rn 4.
33 *Pfeiffer*, in: Grabitz/Hilf, Das Recht der EU, Art. 2 RL 93/13/EWG Rn 11.
34 *Pfeiffer*, in: Schulte-Nölke/Schulze, Europäische Rechtsangleichung und nationale Privatrechte, S. 21, 35; a.A. etwa *Schurr*, ZfRV 1999, 222, 224.
35 EuGH, Urt. v. 3.7.1997, Rs. C-269/95, Slg. 1997, I-3767, Tz. 16 – *Benincasa ./. Dentalkit*.
36 EuGH, Urt. v. 14.3.1991, Rs. C-361/98, Slg. 1991, I-1189 – *Di Pinto*.
37 *Faber*, ZEuP 1998, 887.
38 *Graf von Westphalen*, BB 1996, 2101.
39 *Giuliano/Lagarde*, Bericht zu dem Übereinkommen über das auf Schuldverträge anzuwendende Recht, BT-Drucks 10/503, S. 55; dazu *Pfeiffer*, NJW 1999, 169, 173; *ders.*, in: Schulte-Nölke/Schulze, Europäische Rechtsangleichung und nationale Privatrechte, S. 21, 37. In diesem Zusammenhang wird auch angeführt, dass die ursprünglich vorgeschlagene Formulierung des Verbrauchsguts, welche auf die übliche Veräußerung an Letztverbraucher abstellen wollte und damit – so jedenfalls *Staudenmayer*, European Review of Private Law 4 (2000), 547, 549 – eine Anwendung auf *Dual use*-Güter ermöglicht hätte, nicht angenommen wurde, wobei aber die These, dass eine andere Definition des Merkmals „Verbrauchsgut" zu einem anderen Inhalt des Verbraucherbegriffs führt, nicht abschließend gesichert sein dürfte.

dd) Beteiligung Dritter

Im Hinblick auf die Beteiligung Dritter am Kaufvertrag kommen unterschiedliche Konstellationen in Betracht, deren gemeinsame Beurteilungsmaßgabe darin liegt, dass es auf die **Verbrauchereigenschaft des Käufers** als des Vertragspartners des Verkäufers ankommt.[41] Diese verliert ihre Maßgeblichkeit grundsätzlich nicht dadurch, dass die Ware einem Dritten geliefert wird,[42] sei es aufgrund eines echten oder unechten Vertrags zugunsten Dritter, sei es aufgrund einer Zession.[43] Fehlt es umgekehrt an der Verbrauchereigenschaft des Käufers, so kann sich ein Dritter, sei es als **Zessionar** oder als **Drittbegünstigter eines Vertrags**, nicht auf seine eigene Verbrauchereigenschaft berufen.[44] Eine andere Beurteilung ist nach Art. 7 Abs. 1 vorzunehmen, wenn dem Verbraucher zu Umgehungszwecken statt einer Ware lediglich die Abtretung einer bereits „auf Vorrat" oder im Hinblick auf die Lieferung an den Verbraucher begründeten Lieferforderung angeboten wird. Unerheblich für die Verbrauchereigenschaft des Käufers ist es, welche etwaigen **Hilfspersonen** er eingeschaltet hat.[45]

ee) Beweislast

Angesichts der Unanwendbarkeit des § 344 HGB und des Fehlens einer ausdrücklichen Beweislastregelung ist unklar, welche der Vertragsparteien im europäischen Richtlinienrecht die **Beweislast für die Verbrauchereigenschaft** trägt. Teilweise wird in Anlehnung an § 344 HGB jedenfalls für Verträge eines Unternehmers eine Vermutung gegen die Verbrauchereigenschaft postuliert.[46] Nach einer zu Art. 5 EVÜ und Art. 13 EuGVÜ vertretenen Gegenansicht soll im Zweifel ein Verbrauchergeschäft vorliegen, so dass ein *non liquet* zu Lasten des Vertragspartners gehe.[47] Beiden Ansichten liegt ein berechtigter Gedanke zugrunde, nämlich das Prinzip des Verkehrsschutzes einerseits und dasjenige des Verbraucherschutzes andererseits. Der *Giuliano/Lagarde*-Bericht als offizielles Auslegungsdokument zum Parallelproblem bei Art. 5 EVÜ lässt allerdings im Zusammenhang mit *Dual Use*-Geschäften erkennen, dass beide Gesichtspunkte zu berücksichtigen sind. Europäisch-autonomen Vorgaben entspricht damit am ehesten eine differenzierende Betrachtungsweise:[48] Liegt ein objektiver Bezug zu einer gewerblichen oder freiberuflichen Tätigkeit vor (Auftreten als Unternehmen, Benutzen von Geschäftspapier, Bestellung durch Angestellte oder sachlicher Zusammenhang der bestellten Waren oder Dienstleistungen zum Beruf oder Gewerbe), so muss der Käufer seine Verbrauchereigenschaft beweisen; ansonsten liegt im Zweifel ein Verbrauchergeschäft vor.

ff) Verhältnis zum UN-Kaufrecht

Abgrenzungsfragen ergeben sich aus den vorstehenden Maßgaben für den Verbraucherbegriff im Verhältnis zum UN-Kaufrecht, das Verbraucherverträge grundsätzlich ausnimmt, dabei jedoch in Art. 2 lit. a CISG einen **eigenständigen Verbraucherbegriff** verwendet. Ob Art. 2 lit. a CISG mit dem Erfordernis, dass der Verkäufer den privaten Verwendungszweck der Kaufsache kannte oder erkennen musste, tatsächlich von den Abgrenzungen des EG-Rechts abweicht, ist zwar unsicher. Soweit es zu Überschneidungen kommt, stellt sich aber die Rangfrage. Diese lässt sich durch Spezialitätsargumente nicht beantworten, da europäischer Verbraucherkauf und internationaler gewerblicher Kauf trotz der möglichen (aber geringen) Überschneidungen grundsätzlich in einem aliud-Verhältnis stehen.[49] Ebenso stellt die Richtlinie kein vorrangiges völkerrechtliches Übereinkommen i. S. d. Art. 90 CISG dar; und auch Art. 94 CISG führt (jedenfalls derzeit) nicht zu einem Vorrang der Richtlinie.[50] Den Ausschlag dürfte, ohne dass dies gesichert wäre, vielmehr der Umstand geben, dass die Existenz des UN-Kaufrechts von der Richtlinie vorausgesetzt

---

40 Wohl auch *Schwartze*, ZEuP 2000, 544, 551; für die Maßgeblichkeit der überwiegenden Nutzung *Lehr/Wendel*, EWS 1999, 321.
41 *Deards*, Journal of Consumer Policy 21 (1998), 99, 103.
42 Vgl. im Zusammenhang mit der Haustürgeschäfterichtlinie EuGH, Urt. v. 17.3.1998, Rs. C-45/96, Slg. 1998, I-1199 Rn 19 – *Bayernhyp./.Dietzinger*.
43 Anders liegt es im Falle des Weiterverschenkens, *Deards*, Journal of Consumer Policy 21 (1998), 99, 103.
44 Die von EuGH, Urt. v. 19.1.1993, Rs. C-89/91, Slg. 1993, I-139 – *Shearson Lehmann Hutton ./. Treuhandgesellschaft für Vermögensverwaltung und Beteiligungen mbH*, zu Art. 13 EuGVÜ entwickelte Auffassung, dass es auf die Verbrauchereigenschaft des Zessionars ankomme, beruht auf zuständigkeitsrechtlichen Besonderheiten und gilt nicht für das Verbrauchervertragsrecht, *Pfeiffer*, in: Grabitz/Hilf, Das Recht der EU, Art. 2 RL 93/13/EWG Rn 6.
45 So jedenfalls für die Einschaltung privater Hilfspersonen MüKo/*Micklitz*, § 13 BGB Rn 24. Allerdings sollte die Richtlinie zur Anwendung kommen, wenn sich der private *Verkäufer* (etwa beim Gebrauchtwagenverkauf) eines gewerblichen Verkaufsagenten bedient, a.A. *Schlechtriem*, JZ 1997, 441, 443.
46 Etwa *Ulmer*, Das AGB-Gesetz nach der Umsetzung der EG-Richtlinie über missbräuchliche Klauseln in Verbraucherverträgen, in: Karlsruher Forum 1997, S. 9; mit Einschränkungen (nur falls sich nach ex ante-Betrachtung keine überwiegende Nutzung feststellen lässt) ebenso *Palandt/Heinrichs*, § 13 BGB Rn 3.
47 *Reithmann/Martiny*, Internationales Vertragsrecht, Rn 717; *Geimer/Schütze*, Europäisches Zivilverfahrensrecht, Art. 13 EuGVÜ, Rn 18.
48 Dafür auch *v. Bar*, IPR II, Rn 434; *Pfeiffer*, NJW 1999, 169, 174.
49 Von der im Schrifttum von *Schurr*, ZfRV 1999, 222, 225 behaupteten „offenkundigen" Spezialität der Richtlinie kann daher keine Rede sein.
50 *Ernst/Gsell*, ZIP 2000, 1410, 1412; *Janssen*, VuR 1999, 324; s. auch zur Parallelproblematik im Hinblick auf die Produkthaftungsrichtlinie *Bamberger/Roth/Saenger*, Art. 1 CISG Rn 1; *Staudinger/Magnus*, Art. 90 CISG Rn 10.

wird. Dessen Vorranganspruch wird also im Rahmen der Rangkollisionsregeln des UN-Kaufrechts durch die Richtlinie akzeptiert. Damit wird zugleich der sonst eintretende völkerrechtswidrige Verstoß der Mitgliedstaaten gegen das UN-Kaufrecht vermieden.

b) Gewerbetreibender Verkäufer

30 Der Verkäuferbegriff des Abs. 2 lit. c entspricht im Kern dem Begriff des Unternehmers oder Gewerbetreibenden in anderen Richtlinien des Verbraucherrechts. Dieser umschreibt den Vertragspartner des Verbrauchers und bildet seiner Definition nach das Gegenteil des Verbraucherbegriffs. Die beiden Merkmale schließen sich damit gegenseitig aus. Abgrenzungsprobleme sind in Übereinstimmung zu lösen. Die Ausführungen zum Verbraucherbegriff im Hinblick auf die Existenzgründung, branchenfremde Nebengeschäfte unter Einschluss der Existenzaufgabe, *Dual Use*-Problematik und Beweislastgrundsätze gelten daher hier – mit umgekehrten „Vorzeichen" – entsprechend.[51]

II. Garantieverträge

31 Die **Legaldefinition** der Garantie in Abs. 2 lit. e stellt auf den Inhalt der rechtsgeschäftlichen Verpflichtung ab und beruht damit auf einer typologisierenden Abgrenzung. Ausschlaggebend für die Einordnung als Garantie ist danach, dass (erstens) der aus der fraglichen Verpflichtung resultierende Anspruch im Falle des Fehlens bestimmter Eigenschaften des Verbrauchsguts eingreift; dass (zweitens) die Garantie ihrem Inhalt nach auf Ersatz, Nachbesserung oder sonstige Abhilfe gerichtet ist; dass (drittens) ein Aufpreis nicht verlangt wird; sowie (viertens) dass der Verpflichtete entweder der Verkäufer oder der Hersteller der Sache ist (dazu Rn 37).

32 Im Vorfeld der Richtlinie hatte insbesondere das vorausgegangene Grünbuch[52] in Anlehnung an die in anderen Rechtsordnungen übliche **Terminologie** (vgl. etwa die Art. 1625 ff. franz. C.c.), die von der Gewährleistung als „Garantie" sprechen, dem Begriff der Garantie eine doppelte Bedeutung unterlegt. Die Gewährleistungsrechte des Käufers wurden als „gesetzliche Garantie", die daneben bestehende Verkäufer- oder Herstellergarantie als „kommerzielle Garantie" bezeichnet. Demgegenüber verwendet die Richtlinie selbst den Begriff der Garantie lediglich in einem dem deutschen Rechtsterminologie jedenfalls im Grundsatz entsprechenden Sinne.[53]

33 Die Bezugnahme in Abs. 2 lit. e auf die **Garantieerklärung** darf nicht dahin verstanden werden, dass kraft EG-rechtlicher Festlegung eine solche auch durch bloße Erklärung des Garantiegebers zustande kommen können muss. Vielmehr setzt die Definition mit der Wendung „jede Verpflichtung" das Bestehen einer wirksamen Obligation voraus. Über die Voraussetzungen ihres Zustandekommens bestimmt das anwendbare Vertragsrecht, das somit entscheidet, ob es für das Zustandekommen der Garantieverpflichtung über die Garantieerklärung hinaus einer Annahmeerklärung oder einer sonstigen Handlung des Begünstigten bedarf.[54] Garantieerklärung ist mithin die auf Begründung einer Garantieverpflichtung gerichtete Erklärung des Garantiegebers. Deren Bindungswirkung und die Bezugnahme auf die Werbung in lit. e wird man allerdings nicht dahin verstehen können, dass kraft EG-rechtlicher Anordnung bereits die **Werbung** alleine zu einem (dann wohl durch den Kauf bedingten) Abschluss eines Garantievertrags führt.[55] Vielmehr legt auch die in der Kommissionsbegründung angesprochene Parallele zur Prospektbindung des Pauschalreiseveranstalters (Art. 3 Abs. 2 der Pauschalreiserichtlinie 90/314/EWG)[56] nahe, dass lediglich eine Bindung an den Inhalt der Werbung im Falle des Abschlusses des Garantievertrags gemeint ist. Dem entspricht es, dass die Werbung in den Materialien allein als „Bestandteil der Garantiebestimmungen", nicht jedoch als Entstehungsgrund der Garantie angesprochen wird.[57] Kommt es zu keiner Garantie, so wird das Vertrauen des Käufers im Übrigen durch die Vermutungswirkung Art. 2 Abs. 2 lit. d hinreichend geschützt.

34 Dem **Vertragsinhalt** nach erfasst die Definition Verträge, die im Falle des Nichtvorliegens von Eigenschaften, die in der Garantieerklärung oder in der einschlägigen Werbung genannt sind, zur Abhilfe durch Ersatzlieferung, Nachbesserung oder in sonstiger Weise verpflichten. Das Merkmal der **Eigenschaften** (engl. *specifications*; franz. *conditions*) darf nicht unreflektiert unter Bezugnahme auf die deutsche Begriffsbildung im früheren § 459 Abs. 2 BGB definiert werden. Welche Merkmale im Zuge einer EG-rechtlichen Begriffsbildung hierunter fallen, bleibt also abzuwarten. In europäisch-internationaler Perspektive sinnvoll erscheint eine Anlehnung an Art. 35 Abs. 2 lit. d CISG. Allerdings legt die Verwendung desselben Begriffs in Art. 2 Abs. 2 lit. a nahe, dass auch die Richtlinie unter Eigenschaften solche Merkmale versteht, die aus

---

51 Ausführlich *Pfeiffer*, NJW 1999, 169 ff.
52 Grünbuch über Verbrauchsgütergarantien und Kundendienst, Dok. KOM (93) 509 endg.
53 Kommissionsbegründung, Dok. KOM (95) 520, S. 7; dazu z. B. auch *Amtenbrink/Schneider*, VuR 1996, 367, 369.
54 *Grundmann*, Europäisches Schuldvertragsrecht, 2.12 Rn 32.
55 So allerdings *Grundmann*, Europäisches Schuldvertragsrecht, 2.12 Rn 32.
56 Dok. KOM (95) 520 endg. S. 16. Denn auch die Prospektbindung des Reiseveranstalters ist nur eine inhaltliche, vgl. *Tonner*, in: Grabitz/Hilf, Das Recht der EU, Art. 3 RL 90/314/EWG Rn 21.
57 Dok. KOM (95) 520 endg. S. 16.

der Beschaffenheit der Sache selbst resultieren.[58] Der Begriff der **Abhilfe** schließt neben der Nachbesserung und Ersatzlieferung auch eine „sonstige" Abhilfe ein und verwendet dieses Merkmal damit in einem von Art. 3 Abs. 3 etwas abweichenden, breiteren Sinne. Als sonstige Abhilfe kommt beispielsweise der Fall in Betracht, dass die Garantie eines Autoherstellers auch als Mobilitätsgarantie ausgestaltet ist und etwa die Stellung eines Ersatzwagens für die Zeit der Ersatzlieferung oder Nachbesserung einschließt.

Die Regelungen gelten nur für eine **ohne Aufpreis** erteilte Garantie. Sie erfassen daher insbesondere nicht die von gewerblichen Dritten (Versicherungen, Additiveherstellern), etwa im Gebrauchtwagenhandel, gegen Entgelt angebotenen Garantien.[59] Die scheinbare Paradoxie, dass die Rechte desjenigen Käufers weniger weit gehen, wenn er für die Garantie auch noch bezahlen muss, lässt sich auflösen, wenn man bedenkt, dass die Richtlinie vor allem Informations- und Transparenzregeln enthält: Wer für eine Garantie einen Aufpreis zahlen muss, der wird den Nutzen und Wert einer Garantie mit ihren Kosten von sich aus sorgfältig abwägen, wohingegen es sich bei einer (scheinbar) ohne Entgelt gewährten Garantie um einen „geschenkten Gaul" handelt, bei dem mit einer solchen Prüfung nicht ohne weiteres gerechnet werden kann. 35

Dem **persönlichen Anwendungsbereich** nach werden als erfasste **Garantiegeber** in lit. e lediglich der Verkäufer und der Hersteller genannt. Der Herstellerbegriff ist allerdings durch Abs. 2 lit. d weit gefasst und schließt den Importeur sowie die dort genannten Quasi-Hersteller ein (näher Rn 37 ff.). Wird die Funktion als Garantiegeber auf andere Personen – etwa ein Tochterunternehmen des Herstellers oder andere Personen innerhalb der Lieferkette – verlagert, um die Unabdingbarkeitsregel des Art. 7 Abs. 1 zu umgehen, so kann allerdings das in dieser Vorschrift ausgesprochene Verbot einer mittelbaren Abbedingung eingreifen. Dritte dürften an der Austeilung einer Garantie ohne besonderes Entgelt kein Interesse haben. Als Berechtigte kommen lediglich **Verbraucher** (Abs. 2 lit. a) in Betracht. 36

D. Hersteller

Als Hersteller enumeriert Abs. 2 lit. d den Hersteller von Verbrauchsgütern, deren EG-Importeur oder jede andere Person, die sich durch Anbringen ihrer Marke oder ein anderes Kennzeichen an den Verbrauchsgütern als Hersteller bezeichnet. Damit entspricht der Herstellerbegriff der vorliegenden Richtlinie weitgehend demjenigen des Art. 3 Abs. 1 und 2 der Produkthaftungsrichtlinie 85/374/EWG. Von Bedeutung ist der Herstellerbegriff für den Rückgriffsanspruch des Art. 4 der Richtlinie sowie für die Eigenschaft als möglicher Garantiegeber (Art. 1 Abs. 2 lit. d und Art. 6). 37

Erfasst werden nach der Definition zunächst der **eigentliche Hersteller**, ferner der **Importeur** sowie die in deutscher Terminologie gemeinhin als „**Quasihersteller**" bezeichneten anderen Personen, die ihren Namen, ihre Marke oder ein anderes Kennzeichen anbringen. Im Hinblick auf den eigentlichen Hersteller fragt es sich, ob nur der Hersteller des Endprodukts oder – wie bei Art. 3 Abs. 1 der Produkthaftungsrichtlinie – auch der Hersteller von Grundstoffen oder Teilprodukten als möglicher Hersteller anzusehen ist. Dabei sprechen gewichtige Anhaltspunkte für einen eigenständigen Maßstab im Rahmen der vorliegenden Richtlinie: Da der Herstellerbegriff in lit. d) auf den „Hersteller von Verbrauchsgütern" abstellt und Verbrauchsgüter im Sinne des lit. b) alle beweglichen körperlichen Gegenstände (mit den dort getroffenen konkretisierenden Maßgaben) sind, kommt als Hersteller im Sinne von lit. d) jeder Hersteller von beweglichen Sachen innerhalb der Lieferkette in Betracht, soweit dieser im Sinne des Art. 4 die Vertragswidrigkeit des Endprodukts verursacht hat. Der Begriff des Importeurs ist in lit. d) nicht ausdrücklich definiert. Er kann jedoch unter Heranziehung des Art. 3 Abs. 2 der Produkthaftungsrichtlinie konkretisiert werden. Importeur ist danach jede Person, die Verbrauchsgüter zum Zweck des Verkaufs, der Vermietung, des Mietkaufs oder einer anderen Form des Vertriebs im Rahmen ihrer geschäftlichen Tätigkeit in die Gemeinschaft einführt. Daneben kommen als Haftungssubjekte des Art. 4 die in lit. d) genannten Quasihersteller in Betracht. 38

E. Nachbesserung

Als Nachbesserung bezeichnet die **Definitionsnorm** des Abs. 2 lit. f die Herstellung des vertragsgemäßen Zustands des Verbrauchsguts, womit ersichtlich das bereits gelieferte Verbrauchsgut gemeint ist. Bei dieser Definition ist zu beachten, dass ein vertragsgemäßer Zustand auch durch eine – nach Art. 3 Abs. 2 von der Nachbesserung zu unterscheidende Ersatzlieferung – hergestellt werden kann.[60] Dass auch die Ersatzlieferung auf Herstellung des vertragsgemäßen Zustands gerichtet ist, wird dementsprechend durch Art. 3 39

---

58 Der deutsche Begriff „Eigenschaften" könnte zudem für eine Anlehnung an Art 35 Abs. 2 lit. c) CISG sprechen. Zwar wird dort im englischen und französischen Text von *qualities* bzw. *qualités* gesprochen, immerhin zeigt aber die Übereinstimmung zwischen dieser Bestimmung und Art. 2 Abs. 2 lit a der Richtlinie, dass hier wohl tatsächlich das Gleiche gemeint ist.
59 *Staudenmayer*, European Review of Private Law 4 (2000), 547, 549.
60 Im ursprünglichen Kommissionsvorschlag war die Definition nicht enthalten; sie wurde im Rahmen des gemeinsamen Standpunktes „der Klarheit halber" aufgenommen, s. Begründung des Rates zum Gemeinsamen Standpunkt, ABlEG C-333/52 f. v. 30.10.1998.

Abs. 2 („Herstellung des vertragsgemäßen Zustands durch ... Ersatzlieferung") ausdrücklich ausgesprochen. Nachbesserung und Ersatzlieferung werden in Art. 3 Abs. 3 Unterabs. 2 durch den Oberbegriff der **Abhilfe** zusammengefasst. Als Abhilfe im Sinne des Art. 3 Abs. 3 (in BGB-Terminologie: Nacherfüllung) ist danach die Herstellung des vertragsgemäßen Zustands durch Nachbesserung oder Ersatzlieferung anzusehen (zum etwas abweichenden Abhilfebegriff bei der Garantie siehe Rn 34). Als **Ersatzlieferung** lässt sich in europäisch autonomer Perspektive der – nur im Falle des Gattungskaufs mögliche – Austausch der defekten Sache durch eine vertragsgemäße bezeichnen.[61] **Nachbesserung** ist danach diejenige Maßnahme, insbesondere Reparatur, welche die Kaufsache in einen vertragsgemäßen Zustand versetzt, wie er ohne Vorliegen eines Fehlers bestünde.[62]

Artikel 2 Vertragsmäßigkeit

(1) Der Verkäufer ist verpflichtet, dem Verbraucher dem Kaufvertrag gemäße Güter zu liefern.
(2) Es wird vermutet, daß Verbrauchsgüter vertragsgemäß sind, wenn sie
a) mit der vom Verkäufer gegebenen Beschreibung übereinstimmen und die Eigenschaften des Gutes besitzen, das der Verkäufer dem Verbraucher als Probe oder Muster vorgelegt hat;
b) sich für einen bestimmten vom Verbraucher angestrebten Zweck eignen, den der Verbraucher dem Verkäufer bei Vertragsschluß zur Kenntnis gebracht hat und dem der Verkäufer zugestimmt hat;
c) sich für die Zwecke eignen, für die Güter der gleichen Art gewöhnlich gebraucht werden;
d) eine Qualität und Leistungen aufweisen, die bei Gütern der gleichen Art üblich sind und die der Verbraucher vernünftigerweise erwarten kann, wenn die Beschaffenheit des Gutes und gegebenenfalls die insbesondere in der Werbung oder bei der Etikettierung gemachten öffentlichen Äußerungen des Verkäufers, des Herstellers oder dessen Vertreters über die konkreten Eigenschaften des Gutes in Betracht gezogen werden.
(3) Es liegt keine Vertragswidrigkeit im Sinne dieses Artikels vor, wenn der Verbraucher zum Zeitpunkt des Vertragsschlusses Kenntnis von der Vertragswidrigkeit hatte oder vernünftigerweise nicht in Unkenntnis darüber sein konnte oder wenn die Vertragswidrigkeit auf den vom Verbraucher gelieferten Stoff zurückzuführen ist.
(4) Der Verkäufer ist durch die in Absatz 2 Buchstabe d) genannten öffentlichen Äußerungen nicht gebunden, wenn er
– nachweist, daß er die betreffende Äußerung nicht kannte und vernünftigerweise nicht davon Kenntnis haben konnte,
– nachweist, daß die betreffende Äußerung zum Zeitpunkt des Vertragsschlusses berichtigt war, oder
– nachweist, daß die Kaufentscheidung nicht durch die betreffende Äußerung beeinflußt sein konnte.
(5) Ein Mangel infolge unsachgemäßer Montage des Verbrauchsgutes wird der Vertragswidrigkeit gleichgestellt, wenn die Montage Bestandteil des Kaufvertrags über das Verbrauchsgut war und vom Verkäufer oder unter dessen Verantwortung vorgenommen wurde. Das gleiche gilt, wenn das zur Montage durch den Verbraucher bestimmte Erzeugnis vom Verbraucher montiert worden ist und die unsachgemäße Montage auf einen Mangel in der Montageanleitung zurückzuführen ist.

Inhalt

A. Zweck der Vorschrift 1	IV. Die Vermutungstatbestände im Einzelnen 15
B. Grundlinien des Sachmangelbegriffs 4	1. Übereinstimmung mit Beschreibung und Probe bzw. Muster 15
I. Subjektiver Sachmangelbegriff 4	2. Übereinstimmung mit dem vorgesehenen Gebrauchszweck 17
II. Einheitlichkeit des Merkmals der vertragsgemäßen Güter 5	3. Eignung für den üblichen Gebrauchszweck ... 19
III. Keine Erheblichkeits- oder Wesentlichkeitsschranke 6	4. Übliche Qualität 20
IV. Maßgebender Zeitpunkt 7	5. Geltung und Besonderheiten bei gebrauchten Waren 23
C. Konkretisierung des Merkmals der Vertragsmäßigkeit 8	V. Kenntnis des Mangels 24
I. Vertrag als Maßstab 8	D. Besondere vertragliche Gestaltungen 25
II. Gegenstand der vertraglichen Anforderungen 11	I. Stofflieferung durch den Besteller 25
III. Bedeutung der Vermutung nach Abs. 2 12	II. Verkauf mit Montage oder Montageanleitung 26

---

61 Grünbuch über Verbrauchsgütergarantien und Kundendienst, Dok. KOM (93) 509 endg., S. 114.
62 Grünbuch über Verbrauchsgütergarantien und Kundendienst, Dok. KOM (93) 509 endg., S. 114; *Staudenmayer*, European Review of Private Law 4 (2000), 547, 555.

A. Zweck der Vorschrift

Die Vorschrift regelt den **Sachmangelbegriff der Richtlinie** und enthält für seine Feststellung zugleich einige erleichternde Maßgaben. Diese Zweckrichtung ist insbesondere für das Verständnis des Abs. 1 bedeutsam, der nicht etwa einen europäischen Erfüllungsanspruch begründet, sondern lediglich darauf zielt, die **Vertragsmäßigkeit** als den maßgeblichen Standard für den Sachmangelbegriff zu definieren. Ob im Falle der Nichterfüllung ein einklagbarer Primäranspruch besteht oder der Käufer auf Leistungsstörungsansprüche angewiesen ist, bleibt dem nationalen Recht überlassen. Durch diese Zweckrichtung steht Art. 2 in einer „arbeitsteiligen" Beziehung zu Art. 3. Während Art. 3 die Rechtsfolgen der **Vertragswidrigkeit** regelt, behandelt Art. 2 deren **Voraussetzungen**.

Mittelbar folgt aus dem Mangelbegriff des Art. 2 zugleich, welche Problemkreise dem **Anwendungsbereich** der Gewährleistungsregeln der Richtlinie unterfallen und welche demgegenüber ausgeklammert bleiben. Geregelt werden nämlich lediglich diejenigen Fragen, die sich aus der Abweichung der Sache selbst von den Vorgaben des Vertrags ergeben – in deutscher Terminologie: das Sachmangelrecht. Demgegenüber bleiben sämtliche anderen Fragen des Kaufrechts von der Richtlinie unberührt. Dazu zählen insbesondere das Zustandekommen des Vertrags (einschließlich eines etwaigen Eigenschaftsirrtums), die Fehlerhaftigkeit des Vertrags, der Gefahrübergang, der Erfüllungsort, die Abnahme, die Folgen der Erfüllung oder der vollständigen Nichterfüllung (Leistungsaufsage, Unmöglichkeit und Verzug) sowie sämtlicher Arten der „unzulänglichen" Erfüllung, die nicht auf der Vertragswidrigkeit der Sache selbst beruhen,[1] womit insbesondere die gesamte Rechtsmängelhaftung aus dem Anwendungsbereich der Richtlinie herausfällt.[2] Ebenso sind nach Art. 8 Abs. 1 alle Fragen der vertraglichen oder außervertraglichen Schadensersatzhaftung, insbesondere die Produkthaftung, ausgeklammert.[3]

Auf welche **Art und Weise** das Merkmal der Vertragsmäßigkeit im nationalen Recht umgesetzt wird, sei es durch die Schaffung nicht dispositiver Vorschriften, sei es durch die auch in anglo-amerikanischen Recht bekannte Figur der „implied terms" ist nach Art. 249 Abs. 3 EGV den Mitgliedstaaten überlassen.[4] Allerdings muss der Gesetzgeber dem Gebot der Gesetzestransparenz genügen[5] und den Sachmangelbegriff hinreichend konkret und für den Bürger verständlich an die Richtlinienvermutungen in Abs. 2 anlehnen (in Deutschland § 434 Abs. 1 BGB).[6]

B. Grundlinien des Sachmangelbegriffs

I. Subjektiver Sachmangelbegriff

Die gelieferten Verbrauchsgüter müssen **vertragsgemäß** sein. Damit folgt die Vorschrift im Grundsatz einem **subjektiven Sachmangelbegriff**.[7] Dieser Grundsatz wird freilich dadurch abgemildert, dass in Abs. 2 lit. c und d objektive Kriterien genannt werden.

II. Einheitlichkeit des Merkmals der vertragsgemäßen Güter

Die Richtlinie soll sich ausweislich der Begründung bewusst von dem Konzept der Unterscheidung zwischen Mangelgewährleistung und Nichtlieferung absetzen, wie sie etwa der französischen Rechtstradition bekannt ist,[8] aber auch dem deutschen Recht zugrunde lag. Vorbild dieser Zusammenfassung sind die nordischen Rechte, das niederländische Nieuw Burgerlijk Wetboek sowie das UN-Kaufrecht. Angesichts des Ausschlusses weiter Bereiche des Leistungsstörungsrechts durch die Richtlinie (Rn 2) ist bei dieser eine solche Zusammenfassung von Lieferung und Gewährleistung durch den einheitlichen Begriff der Vertragsverletzung vor allem insofern von Bedeutung, als sie über die Schlechtlieferung hinaus zur Einbeziehung der **Falschlieferung** (**aliud-Lieferung**) und des **Mengenfehlers**, insbesondere der Zuweniglieferung, in das Merkmal der Vertragsmäßigkeit führt.[9] Zwar könnte man bei der Zuweniglieferung fragen, ob diese nicht als Fall der von der Richtlinie nicht erfassten Nichterfüllung (in der Form der Teil-Nichterfüllung)

---

1 Kommissionsbegründung, Dok. KOM (93) 519, S. 7.
2 *Ernst/Gsell*, ZIP 1999, 1410; anders *Rieger*, VuR 1999, 287; vgl. auch *Nietzer/Stein*, ZVglRWiss 99 (2000), 41–50; zweifelnd *Schmidt-Räntsch*, ZEuP 1999, 290, 291. Die Unanwendbarkeit der Richtlinie auf Rechtsmängel folgt auch aus der Entstehungsgeschichte, da sich die Vorarbeiten, auf denen die Richtlinie ausdrücklich beruht, namentlich das Grünbuch des Jahres 1993 – Dok. KOM(93) 519 endg. – sich ausschließlich mit der Sachmangelproblematik beschäftigen.
3 Zum Ganzen noch *Lehr/Wendel*, EWS 1999, 321.
4 Kommissionsbegründung, Dok. KOM (93) 519, S. 12.
5 *Reich*, NJW 1999, 2397, 2400.
6 S. Art. 11 Rn 2.
7 *Ehmann/Rust*, JZ 1999, 853, 856; *Gass*, FS Rolland, S. 129, 131; *Schmidt-Räntsch*, ZEuP 1999, 294, 296.
8 Kommissionsbegründung, Dok. KOM (93) 519, S. 12.
9 *Hänlein*, DB 1999, 1641, 1643; *Lehr/Wendel*, EWS 1999, 321, 323; *Schwartze*, ZEuP 2000, 544, 555; a.A. hinsichtlich der *aliud*-Lieferung *Ehmann/Rust*, JZ 1999, 853, 854.

einzuordnen ist. Auch enthält Art. 2 Abs. 1 der Richtlinie – anders als Art. 35 Abs. 1 CISG[10] – keine ausdrückliche Bezugnahme auf die Menge beim Begriff der Vertragsmäßigkeit. Doch entspricht allein eine Einbeziehung des Mengenfehlers der grundsätzlichen Anlehnung der Richtlinie an das UN-Kaufrecht und der Zusammenfassung von Lieferpflicht und Garantie.

III. Keine Erheblichkeits- oder Wesentlichkeitsschranke

6 Eine allgemeine Erheblichkeits- oder Wesentlichkeitsschranke enthält der Vertragswidrigkeitsbegriff des Art. 2 nicht. Bei **geringfügigen Vertragsverletzungen** besteht nach Art. 3 Abs. 6 allerdings kein Recht zur Vertragsauflösung.

IV. Maßgebender Zeitpunkt

7 Den für die Feststellung der Vertragswidrigkeit maßgebenden Zeitpunkt regelt **Art. 3 Abs. 1**, der auf die Lieferung abstellt.

C. Konkretisierung des Merkmals der Vertragsmäßigkeit

I. Vertrag als Maßstab

8 Maßstab für die Vertragsmäßigkeit der Kaufsache ist begriffsnotwendig der Vertrag selbst. Die Ware muss, wie sich in Anlehnung an Art. 35 Abs. 1 CISG formulieren lässt, nach Menge, Qualität, Art und Verpackung den **Anforderungen des Vertrags** entsprechen. Bei der Bestimmung der vertraglichen Anforderungen ist in erster Linie an ausdrückliche vertragliche Vereinbarungen zu denken.[11] Freilich ist auch eine stillschweigende Beschaffenheitsvereinbarung nach Maßgabe des nationalen Rechts möglich. Häufig wird bei Vorliegen der Voraussetzungen von Abs. 2 lit. a oder b zugleich eine solche Abrede vorliegen. Unerheblich für die Richtlinie ist es, welche Rechtsfolgen die Parteien mit ihrer Beschaffenheitsabrede verbinden, insbesondere ob es sich – in der Terminologie des bisherigen Rechts – um eine bloße Beschaffenheitsvereinbarung oder um eine darüber hinausgehende Zusicherung bzw. Garantie handelt.

9 Mit der Maßgeblichkeit des Vertrags stellt Abs. 1 auf ein Kriterium ab, über dessen Inhalt die Parteien **privatautonom** disponieren können. Diese privatautonome Gestaltungsfreiheit hat nach dem 8. Erwägungsgrund Vorrang vor den Tatbeständen des Abs. 2, bei denen es sich lediglich um „Vermutungen" handelt. Dabei kann für praktische Zwecke auch mitunter offen bleiben, ob eine Parteiabrede, durch die z. B. ein Vertragsgegenstand als „zweite Wahl" bezeichnet wird,[12] den Vermutungen des Abs. 2 vorgeht oder deren Inhalt – etwa den Maßstab für übliche Qualität im Sinne von lit. d – beeinflusst.

10 Grenzen für die vertragliche Gestaltungsfreiheit können sich primär aus der Unabdingbarkeitsregel des Art. 7 Abs. 1, aber auch aus Art. 3 der Klauselrichtlinie 93/13/EWG ergeben, soweit diese sich nach deren Art. 4 auch auf die Hauptleistungspflichten erstreckt. Die **Unabdingbarkeitsregel** des Art. 7 Abs. 1 erfasst „unmittelbare" und „mittelbare" Einschränkungen der Käuferrechte nach der Richtlinie. Da sämtliche in der Richtlinie vorgesehenen Rechte das Vorliegen einer Vertragswidrigkeit voraussetzen und da ferner deren Festlegung Vorrang vor den Vermutungen nach Abs. 2 hat, kann die Festlegung der vertraglichen Anforderungen niemals zu einer „unmittelbaren" Einschränkung der Rechte aus der Richtlinie führen. Möglich bleibt aber eine Einordnung als **mittelbare Einschränkung**. Hierfür nennt der 22. Erwägungsgrund als Beispiel Klauseln, in denen (im Hinblick auf Art. 2 Abs. 3) der Käufer die Kenntnis eines bestimmten Zustands der Sache bestätigt.[13] Verallgemeinert man diese Überlegung (unter Berücksichtigung des Wertungsgehalts der Klauselrichtlinie) wird man eine mittelbare Einschränkung insbesondere dann bejahen müssen, wenn durch nicht ausgehandelte Vertragsklauseln oder durch spätere Vereinbarungen ein von Abs. 2 abweichender Vertragsstandard festgeschrieben werden soll. Gegenüber nicht ausgehandelten Klauseln kommt damit im Ergebnis den Tatbeständen des Abs. 2, weil sie in typisierter Weise den individuellen Vertragswillen der Parteien wiedergeben, der Vorrang zu. Bestimmungen, die den Standard des Abs. 2 ohne jede Abweichung lediglich konkretisieren, können demgegenüber in nicht ausgehandelten Klauseln getroffen werden, soweit sie dem Transparenzgebot der Klauselrichtlinie (Art. 3 Abs. 1 i.V.m. Art. 5 S. 1 der Klauselrichtlinie 93/13/EWG[14] durch eine klare und verständliche Regelung genügen.

---

[10] Zur Zuweniglieferung als Fall des Art. 35 CISG *Soergel/Lüderitz*, Art. 35 CISG Rn 9; *Staudinger/Magnus*, Art. 35 CISG Rn 15.
[11] Kommissionsbegründung, Dok. KOM (93) 519, S. 12.
[12] Zur Zulässigkeit einer solchen Abrede s. die Stellungnahme des Wirtschafts- und Sozialausschusses, ABlEG C 66/8 v. 3.3.1997 Rn 3.8.
[13] Dazu auch *Staudenmayer*, European Review of Private Law 4 (2000), 547, 561.
[14] Vgl. zur Unwirksamkeit intransparenter Klauseln EuGH 10.5.2001, Rs. C-144/99, EWS 2001, 329 – *Kommission ./. Niederlande* m. Anm. *Staudinger*.

II. Gegenstand der vertraglichen Anforderungen

Bezugsobjekt der vertraglichen Anforderungen ist das gekaufte Verbrauchsgut. Dieses muss, wie aus Abs. 2 lit. d zu schließen ist, nach Qualität und Leistungen sowie – nach dem Rechtsgedanken des Art. 35 CISG – auch nach Gattung, Menge und Verpackung dem Vertrag entsprechen. Ob damit nur die **körperliche Beschaffenheit** der Sache selbst oder auch deren **Beziehungen zur Umwelt** als Sachmangel anzusehen sind, ist nicht völlig sicher.[15] In bestimmten Fällen lässt sich die Problematik durch Anwendung des Grundsatzes auflösen, dass eine *aliud*-Lieferung jedenfalls von der Richtlinie erfasst ist: etwa wenn sich das als Dieselkraftstoff verkaufte Gut als leichtes Heizöl entpuppt. 11

III. Bedeutung der Vermutung nach Abs. 2

Zur Konkretisierung des Merkmals der Vertragsmäßigkeit enthält Abs. 2 einzelne – als **Vermutungen** bezeichnete – Tatbestände, die sich eng an Art. 35 Abs. 2 CISG anlehnen. Der Sinn dieser Vermutungsregelung liegt weniger im Bereich der Beweislastverteilung für das tatsächliche Vorliegen eines Mangels, sondern auf der Ebene der Festlegung der für die Mängelfeststellung im Regelfall maßgeblichen Tatsachen.[16] Auch wenn es sich bei den Tatbeständen des Abs. 2 nicht um echte Voraussetzungen der Vertragsmäßigkeit handelt, bedarf es zu deren Feststellung regelmäßig der Erfüllung der in Abs. 2 aufgeführten Anforderungen.[17] Fehlt es an diesen, kann die Vertragsmäßigkeit nur bejaht werden, wenn sich die Vertragsmäßigkeit aus den sonstigen Umständen des Sachverhalts ergibt. Dies gilt unabhängig von der für die Feststellung dieser Tatsachen geltenden Beweislast, die sich grundsätzlich nach nationalem Prozessrecht richtet und für die aus der Vermutung der Richtlinie lediglich folgt, dass bei Vorliegen der Vermutungstatsachen der Verkäufer die Voraussetzungen einer gleichwohl behaupteten Vertragswidrigkeit beweisen muss. 12

Unbeachtlich ist das sogenannte **Preisargument**. Der Verkäufer kann sich nicht auf einen niedrigen Preis berufen, um die Vertragsmäßigkeit eines mangelhaften Gutes zu rechtfertigen. Diese im ursprünglichen Entwurf (Art. 2 lit. d) enthaltene Möglichkeit ist wegen der hiergegen vorgebrachten Einwände nicht Richtlinieninhalt geworden.[18] 13

Nach dem 8. Erwägungsgrund gelten die Vermutungsvoraussetzungen **kumulativ**. Ist allerdings ein Vermutungstatbestand **nach den Umständen nicht einschlägig**, so ist dieser – wie ebenfalls aus der ausdrücklichen Formulierung des 8. Erwägungsgrundes folgt – unanwendbar. Auch das Vorliegen einer **Beschaffenheitsvereinbarung** führt nicht notwendig zur Unanwendbarkeit des Abs. 2, da es eine Frage der Auslegung darstellt, ob die Beschaffenheitsvereinbarung zusätzlich oder anstelle des ansonsten maßgeblichen Standards gelten soll.[19] 14

IV. Die Vermutungstatbestände im Einzelnen

1. Übereinstimmung mit Beschreibung und Probe bzw. Muster

Dieser Vermutungstatbestand (Abs. 2 lit. a) oder einer seiner beiden Teile ist einschlägig, soweit dem Kauf eine Beschreibung zugrunde liegt oder zuvor eine Probe oder ein Muster zur Verfügung gestellt wurde. Soweit beides der Fall ist, muss Übereinstimmung mit beidem vorliegen. Ist nur einer der beiden Teiltatbestände einschlägig, reicht die Erfüllung der sich aus diesem ergebenden Anforderungen aus. Unter Beschreibung fallen die mündlich oder schriftlichen **Angaben zu den Gattungsmerkmalen und Eigenschaften** der Kaufsache, wobei es auf eine besondere Zusicherung nicht ankommt. Marktschreierische Anpreisungen werden nicht erfasst. Inwieweit bereits getroffene Parteiabreden durch eine nachträglich vorgelegte Beschreibung oder eine Probe bzw. Muster modifiziert wird, bestimmt sich nach allgemeinen Auslegungsregeln.[20] 15

Das Erfordernis der **Übereinstimmung mit einer Probe oder einem Muster** lehnt sich an Art. 35 Abs. 2 lit. c CISG an. Allerdings ist im Hinblick auf den bei CISG und Richtlinie identischen englischen Wortlaut „*has held out*" zu fragen, ob ein Einstandswille ohne weiteres vermutet wird[21] oder ob es hierzu einer entsprechenden Abrede bzw. zumindest eines dahin gehenden übereinstimmenden Motivs bedarf.[22] Für Zwecke der Richtlinie ist indes zu bedenken, dass der Verkäufer nach lit. d sogar ohne weiteres an konkrete 16

---

15 So auch *Lehmann*, JZ 2000, 280, 282.
16 Vgl. *Staudenmayer*, European Review of Private Law 4 (2000), 547, 551; ähnlich *Ernst/Gsell*, ZIP 2000, 1410, 1414: maßgebend „für den Inhalt der Einigung hinsichtlich des Sachzustandes".
17 *Lehr/Wendel*, EWS 1999, 321, 322.
18 Etwa Stellungnahme des Wirtschafts- und Sozialausschusses, ABlEG C 66/5 ff. v. 3.3.1997 Rn 3.8; a.A. *Lehr*/Wendel, EWS 1999, 321, 323, die aber die Entstehungsgeschichte nicht genügend beachten. S. jedoch noch Art. 3 Rn 10.
19 *Lehmann*, JZ 2000, 280, 283; hiervon ausgehend wohl auch die Kommissionsbegründung, Dok. KOM (95) 520 endg., S. 12.
20 Grundsätzlich ist eine solche Modifikation möglich, da der vorliegende Tatbestand zu einer Parteiabrede führt bzw. führen kann, *Bamberger/Roth/Saenger*, Art. 35 CISG Rn 9; *Staudinger/Magnus*, Art. 35 CISG Rn 37.
21 Vgl. *Soergel/Lüderitz/Schüßler-Langeheine*, Art. 35 CISG Rn 18.
22 Vgl. *Bamberger/Roth/Saenger*, Art. 25 CISG Rn 9; *Staudinger/Magnus*, Art. 35 CISG Rn 36.

öffentliche Angaben gebunden ist. Deshalb muss die Vorlage einer Probe bzw. eines Musters erst recht als konkrete Angabe angesehen werden, an die der Verkäufer – soweit keine abweichenden individuellen Vereinbarungen getroffen sind (Rn 15) – grundsätzlich gebunden ist.

2. Übereinstimmung mit dem vorgesehenen Gebrauchszweck

17 Abs. 2 lit. b stimmt zum Teil mit Art. 35 Abs. 2 lit. b CISG überein, verlangt aber anders als dieser eine Zustimmung des Verkäufers zu dem angestrebten Vertragszweck. Insofern handelt es sich lediglich um eine Konkretisierung eines ohnehin schon aus Abs. 1 folgenden Prinzips.[23] Das Zustandekommen richtet sich mithin nach richtlinienkonform zu fassenden allgemeinen Grundsätzen des anwendbaren Vertragsrechts,[24] die etwa auch eine stillschweigende Einigung vorsehen können. Wie den englischen und französischen Textfassungen der Richtlinie deutlicher zu entnehmen ist, gilt das besondere Erfordernis der Zustimmung lediglich dann, wenn es sich um einen **besonderen** („*special*", „*particular*"), d. h. von dem in lit. c behandelten üblichen Zweck abweichenden Zweck handelt.[25] Anders als Art. 35 Abs. 2 lit. b CISG[26] verlangt die Richtlinie, dass der Zweck dem Verkäufer **durch den Verbraucher** zur Kenntnis gebracht wurde, was aber die Mitteilung durch Dritte, etwa Begleitpersonen des Käufers, nicht ausschließt, sofern die Mitteilung nach dem Verständnishorizont des Verkäufers durch den Käufer veranlasst ist bzw. die Mitteilung diesem nach allgemeinen vertragsrechtlichen Grundsätzen zurechenbar ist. Auf das Erfordernis eines **Vertrauendürfens** in die Kenntnisse des Verkäufers kommt es bei der Richtlinie nicht an; die Schutzwürdigkeit des Käufervertrauens ergibt sich nach der Konzeption der Richtlinie aus der Verkäufereigenschaft selbst.

18 Im Hinblick auf **unterschiedliche öffentlich-rechtliche Standards** zwischen Zielland und Empfängerland kann sich die Frage ergeben, inwieweit die einverständliche Lieferung in das Zielland dazu führt, dass dessen Standards maßgeblich werden. Hierin eine Zweckvereinbarung zu sehen, hat die Rechtsprechung zu Art. 35 Abs. 2 lit. b CISG abgelehnt.[27] Auf den Verkauf an Verbraucher – und damit auf die Richtlinie – lässt sich dies aber nicht ohne weiteres übertragen.[28] Etwaigen übermäßigen Anforderungen beugt die Warenverkehrsfreiheit nach Art. 28 ff. EGV vor.

3. Eignung für den üblichen Gebrauchszweck

19 Dieser Tatbestand stimmt praktisch wörtlich mit Art. 35 Abs. 2 lit. a CISG überein. Er greift auch dann ein, wenn besondere Umstände oder Abreden nicht vorliegen. Der übliche Verwendungszweck ergibt sich aus der **Verkehrsauffassung** im nach den Vertragsumständen **gewöhnlichen Nutzerkreis**.[29] Eine Eignung ist zu bejahen, wenn das Verbrauchsgut diejenigen positiven Eigenschaften aufweist, die zur üblichen Nutzung erforderlich sind, und dabei keine Gefahren hervorruft.[30] Die übliche Nutzung schließt nicht nur die übliche Art der Nutzung, sondern auch die für eine übliche Dauer erforderliche Haltbarkeit ein.[31] Örtliche Besonderheiten, etwa klimatischer Art, sind dabei zu berücksichtigen. Ob die **Kaufsache** schon nach Art. 2 Abs. 2 lit. c der Richtlinie ergibt,[32] ist im Ergebnis ohne Bedeutung. Die Frage, ob denn die Vermutung eingreife, wenn die Sache zwar dem vom Verbraucher mitgeteilten besonderen Verwendungszweck des Käufers genügt, nicht jedoch dem üblichen Zweck,[33] beantwortet das Kriterium der Vertragsmäßigkeit in Abs. 1: Auf die Eignung für den üblichen Zweck kommt es nicht an, wenn die Sache nach dem Parteiabreden nur für den besonderen Verwendungszweck des Käufers zu taugen braucht. Dies folgt aber nicht schon daraus, dass die Sache (auch) einem besonderen Verwendungszweck zu genügen hat, sondern muss wegen der Vermutungsregel des Abs. lit. c vom Verkäufer bewiesen werden.[34]

---

23 *Staudenmayer*, European Review of Private Law 4 (2000), 547, 552.
24 A.A. *Lehr/Wendel*, EWS 1999, 321, 322.
25 *Staudinger/Magnus*, Art. 35 CISG Rn 26.
26 Hier ist die Erkenntnisquelle gleichgültig *Soergel/Lüderitz/Schüßler-Langeheine*, Art. 35 CISG Rn 15; *Staudinger/Magnus*, Art. 35 CISG Rn 29.
27 BGHZ 129, 75 = NJW 1995, 2099 = LM H. /1995, CISG Nr. 2 m. Anm. *Magnus*.
28 Offen lassend *Schlechtriem*, JZ 1997, 441, 444.
29 *Bamberger/Roth/Saenger*, Art. 35 CISG Rn 5; *Staudinger/Magnus*, Art. 35 CISG Rn 21.
30 *Soergel/Lüderitz*, Art. 35 CISG Rn 10; *Staudinger/Magnus*, Art. 35 CISG Rn 18.
31 Zu Unrecht zweifelnd *Deards*, Journal of Consumer Policy 21 (1998), 99, 104.
32 Bei der Parallelvorschrift des Art. 35 Abs. 2 lit. a CISG ist die Frage streitig, s. einerseits *Soergel/Lüderitz*, Art. 35 CISG Rn 10; andererseits *Bamberger/Roth/Saenger*, Art. 35 CISG Rn 5; *Staudinger/Magnus*, Art. 35 CISG Rn 19.
33 *Kircher*, ZRP 1997, 290, 292.
34 Vgl. *Grundmann*, Europäisches Schuldvertragsrecht, 2.12 Rn 20.

4. Übliche Qualität

Während bei Art. 35 Abs. 2 lit. a CISG streitig ist, ob übliche Qualität verlangt werden kann,[35] wird die Geltung dieses an nationale Vorschriften wie Art. 14 (2A) des britischen **Sale of Goods Act** und § 243 BGB angelehnten Erfordernisses bei der Richtlinie durch Abs. 2 lit. d klargestellt. Dabei bedeutet übliche Qualität, soweit sich nicht aus den Umständen etwas anderes ergibt, **marktübliche durchschnittliche Qualität**.[36] Dementsprechend muss die Beurteilung auch Produkte von Wettbewerbern einbeziehen, jedoch nur solche, die den Marktverhältnissen nach (nicht notwendig dem Preis nach[37]) die Üblichkeit mit beeinflussen. 20

Allerdings wird der zu erwartende Qualitätsstandard (wohl nach dem Vorbild des Art. 7:18 des niederländischen Nieuw Burgerlijk Wetboek) durch die **Werbung**, die **Etikettierung** und die sonstigen **öffentlichen Äußerungen** des Verkäufers des Herstellers oder seines Vertreters beeinflusst. Mit dem Merkmal des Vertreters (engl. *representative*; franz. *représentant*) nicht nur der rechtsgeschäftliche Stellvertreter, sondern auch sonstige Repräsentanten wie beispielsweise der ohne Vertretungsmacht handelnde Pressesprecher eines Unternehmens gemeint. Die Vorschrift erfasst grundsätzlich **jede Art** der Werbung oder Äußerung, gleichviel in welchem Medium sie erklärt oder verbreitet wird. Neben den Print- und Rundfunkmedien gehören dazu auch Werbemaßnahmen im Bereich der Medien- oder Teledienste, etwa die Angaben auf einer Webpage. Aus Werbung, Etikettierung und öffentlichen Äußerungen folgt aber nur, was ein verständiger Verbraucher „vernünftigerweise" hieraus schließen kann. Damit wird auf das EG-rechtliche Leitbild des verständigen Verbrauchers Bezug genommen, der gegenüber Werbeaussagen nicht vollkommen unkritisch ist.[38] Haftungsrelevant sind damit nur „einschlägige" Angaben zur **konkreten Beschaffenheit** des Verbrauchsgutes, z. B. Benzinverbrauch eines PKW,[39] nicht jedoch allgemeine marktschreierische Anpreisungen.[40] 21

Keine Bindung an öffentliche Äußerungen des Herstellers oder seines Vertreters tritt in den Fällen des Abs. 4 ein. Dessen Tatbestände gelten alternativ nebeneinander, so dass das Vorliegen eines der drei dort geregelten Fälle genügt. Das Merkmal der öffentlichen Äußerungen schließt nach Abs. 2 lit. d insbesondere die Werbung mit ein; zu einer Enthaftung von den Angaben der Etikettierung dürfte die Bestimmung im Regelfall nicht führen. Für sämtliche der in Abs. 4 aufgeführten Tatbestände trägt der Verkäufer nach dem ausdrücklichen Wortlaut der Regelung die **Beweislast**. Keine Bindung des Verkäufers besteht nach dem ersten Spiegelstrich der Regelung an diejenigen öffentlichen Äußerungen, die (d. h. deren Inhalt, nicht etwa deren Unrichtigkeit[41]) der Verkäufer **weder kannte noch kennen musste**. Nach dem zweiten Spiegelstrich entfällt die Bindung des Käufers, wenn die fragliche öffentliche Äußerung **berichtigt** wurde. Das bloße Fallenlassen der Äußerung genügt hierfür nicht. Keine ausdrückliche Regelung findet sich zu der Frage, ob die „Berichtigung" – wofür vieles spricht – auf dieselbe Weise wie die ursprüngliche Äußerung verbreitet worden sein muss. Eröffnet ist durch den dritten Spiegelstrich schließlich der Nachweis **mangelnder Kausalität** der Äußerung für den Vertragsschluss. Dieser wird entweder dadurch geführt, dass der Verkäufer nachweist, dass der Käufer die Äußerung nicht kennen konnte, oder dass er die Maßgeblichkeit anderer Motive für den Vertragsschluss aufzeigt. 22

5. Geltung und Besonderheiten bei gebrauchten Waren

Grundsätzlich gelten die vorstehenden Ausführung ohne Einschränkung auch bei Gebrauchtwaren. Den Besonderheiten bei Gebrauchtwaren kann und muss bei der Ausfüllung dieser Grundsätze Rechnung getragen werden. Auszugehen ist deshalb von **einem auf diese Besonderheiten bezogenen Sachmangelbegriff**. Soweit sich nicht aus Abreden, Erklärungen und Werbung etwas anderes ergibt, kann der Käufer grundsätzlich eine Eignung der Kaufsache für den üblichen Zweck erwarten. Ein **Gebrauchtwagen** muss also, um dem nach der Richtlinie maßgebenden üblichen Verwendungszweck zu entsprechen, beispielsweise fahrbereit sein; zumindest muss die Fahrbereitschaft mit einem alters- und laufleistungsüblichen Aufwand herstellbar sein, sofern nicht ein Risikogeschäft oder Schrottkauf zum „Ausschlachten" vorliegt. Die übliche Qualität bedeutet für gebrauchte Waren, dass der Käufer grundsätzlich (lediglich) einen dem Alter und Benutzungsintensität entsprechenden Erhaltungszustand erwarten kann.[42] 23

---

35 *Soergel/Lüderitz*, Art. 35 CISG Rn 10; *Bamberger/Roth/Saenger*, Art. 35 CISG Rn 5; *Staudinger/Magnus*, Art. 35 CISG Rn 19.
36 Vgl. *Staudinger/Magnus*, Art. 35 CISG Rn 19.
37 S. Rn 13.
38 *Lehmann*, JZ 2000, 280, 284.
39 *Rieger*, VuR 1999, 287, 289.
40 *Staudenmayer*, European Review of Private Law 4 (2000), 547, 552.
41 Zu Unrecht zweifelnd bezüglich der Entwurfsfassung *Deards*, Journal of Consumer Policy 21 (1998), 99, 106.
42 So schon die bisherige Praxis in Deutschland, OLG Koblenz BB 1995, 2133; LG Köln DAR 1991, 224, 225; *Pfeiffer*, in: Graf v. Westphalen (Hrsg.), Vertragsrecht und AGB-Klauselwerke, „Gebrauchtwagenkauf" Rn 45 ff.; *Soergel/Huber*, § 459 BGB Rn 305; zur Richtlinie *Ehmann/Rust*, JZ 1999, 853, 860.

V. Kenntnis des Mangels

24 Wie auch Art. 35 CISG schließt Abs. 3 Fall 1 bei Kenntnis des Mangels oder bei Kennenmüssen des Käufers die Mängelhaftung aus. Ein Unterschied besteht dem Wortlaut nach insofern, als die Richtlinie das – wohl Art. 7:23 des niederländischen Nieuw Burgerlijk Wetboek entlehnte – zusätzliche Merkmal „vernünftigerweise" enthält. Bei der Anwendung des Merkmals des **Kennenmüssens** ist insofern Vorsicht geboten, als hier nicht unreflektiert auf eine grob fahrlässigen Unkenntnis im Sinne eines deutschen Verständnisses abgestellt werden kann.[43] Die **Richtlinienkonformität des deutschen § 442 BGB** ist daher **zweifelhaft**; jedenfalls bedarf die Vorschrift richtlinienkonformer Auslegung. Gemeint von der Richtlinie ist nämlich vor allem der – einer vertraglichen Beschaffenheitsvereinbarung den Wertungen nach wohl gleichzusetzende – Fall, dass ein offenkundiger (d. h. nicht verborgener) Mangel vorliegt und der Käufer die Ware tatsächlich geprüft hat.[44] Es kommt also darauf an, dass der Käufer vor einem Mangel „die Augen verschließt"; dieser Maßstab stellt geringere Anforderungen an den Käufer als derjenige der groben Fahrlässigkeit.[45] Insbesondere besteht damit keine Untersuchungsobliegenheit des Käufers.[46] Maßgebend für die Kenntnis oder das Kennenmüssen ist der **Zeitpunkt des Vertragsschlusses** nach Maßgabe des anwendbaren Vertragsstatuts. Inwieweit dem Käufer die **Kenntnis Dritter** zugerechnet werden kann, ist von der Richtlinie nicht ausdrücklich geregelt und dürfte als allgemein zivilrechtliche Frage dem nationalen Recht überlassen sein.[47] Letzteres gilt auch für die Einführung einer Verkäuferhaftung in den Fällen des **arglistigen Verschweigens** des Mangels.[48]

D. Besondere vertragliche Gestaltungen

I. Stofflieferung durch den Besteller

25 Der Haftungsausschluss zugunsten des Verkäufers in den Fällen des Abs. 3 Fall 2 ist von Bedeutung für die von der Richtlinie mit erfassten **Werkverträge**.

II. Verkauf mit Montage oder Montageanleitung

26 Beim **Verkauf mit Montage**, wie er etwa im Möbelhandel häufig vorkommt, stellt Abs. 5 Satz 1 die mangelhafte Montage der mangelhaften Lieferung gleich. Der Käufer kann also die in der Richtlinie vorgesehenen Rechte für die gelieferte Sache als solche und nicht lediglich für die Montageleistung in Anspruch nehmen. Das ist etwa dann relevant, wenn durch die unsachgemäße Montage Teile der Sache selbst beschädigt sind. Hier ist der Käufer nicht auf etwaige Haftungsansprüche angewiesen, die das anwendbare nationale Recht zusätzlich einräumt. Vielmehr gehört in einem solchen Fall die Lieferung unbeschädigter Teile bereits zur Herstellung des vertragsgemäßen Zustands im Sinne der Richtlinie. Diese Maßgaben gelten einmal dann, wenn bereits der Kaufvertrag die zusätzliche **Montageverpflichtung** begründet, als auch in sonstigen Fällen der Vornahme „unter Verantwortung" des Verkäufers. Ein solcher Fall ist regelmäßig gegeben, wenn aufgrund einer sonstigen Vereinbarung oder auch ohne eine solche die Mitarbeiter des Verkäufers oder ein von diesem beauftragtes anderes Unternehmen die Montage vornimmt. Anders liegt es demgegenüber z. B., wenn der Käufer ohne Wissen des Verkäufers dessen Auslieferungspersonal gegen Zahlung eines Trinkgeldes zur Montage veranlasst.

27 Die Regelung in Abs. 5 Satz 2 (oft salopp als „**IKEA-Klausel**" bezeichnet) erstreckt die vorstehenden Maßgaben auf Fälle der fehlerhaften **Montageanleitung**. Diese Vorschrift gilt allerdings nur, wenn die Kaufsache zur Montage durch den Verbraucher – und nicht durch einen Fachmann – „bestimmt" ist.[49] Maßgeblich muss im Zweifelsfall die Bestimmung durch den Vertrag sein. Von der fehlerhaften Montageanleitung ist der Fall der fehlerhaften (z. B. unverständlichen) Bedienungsanleitung zu unterscheiden, der unmittelbar zur Vertragswidrigkeit im Sinne des Abs. 1 führt.

---

43 Zu den insofern im Rahmen des UN-Kaufrechts bestehenden Unsicherheiten *Soergel/Lüderitz*, Art. 35 CISG Rn 21; *Staudinger/Magnus*, Art. 35 CISG Rn 48 ff.
44 Kommissionsbegründung, Dok. KOM (93) 519, S. 13.
45 *Schwartze*, ZEuP 2000, 544, 562.
46 *Staudenmayer*, European Review of Private Law 4 (2000), 547, 553; *ders.*, NJW 1999, 2393, 2395; *Reich*, NJW 1999, 2397, 2402.
47 So zu Art. 35 CISG *Soergel/Lüderitz*, Art. 35 CISG Rn 9.
48 Hiervon ausgehend etwa *Ehmann/Rust*, JZ 1999, 853, 857.
49 *Staudenmayer*, European Review of Private Law 4 (2000), 547, 553.

Kauf-RL Art. 3

Artikel 3 Rechte des Verbrauchers

(1) Der Verkäufer haftet dem Verbraucher für jede Vertragswidrigkeit, die zum Zeitpunkt der Lieferung des Verbrauchsgutes besteht.

(2) Bei Vertragswidrigkeit hat der Verbraucher entweder Anspruch auf die unentgeltliche Herstellung des vertragsgemäßen Zustands des Verbrauchsgutes durch Nachbesserung oder Ersatzlieferung nach Maßgabe des Absatzes 3 oder auf angemessene Minderung des Kaufpreises oder auf Vertragsauflösung in bezug auf das betreffende Verbrauchsgut nach Maßgabe der Absätze 5 und 6.

(3) Zunächst kann der Verbraucher vom Verkäufer die unentgeltliche Nachbesserung des Verbrauchsgutes oder eine unentgeltliche Ersatzlieferung verlangen, sofern dies nicht unmöglich oder unverhältnismäßig ist.
Eine Abhilfe gilt als unverhältnismäßig, wenn sie dem Verkäufer Kosten verursachen würde, die
– angesichts des Werts, den das Verbrauchsgut ohne die Vertragswidrigkeit hätte,
– unter Berücksichtigung der Bedeutung der Vertragswidrigkeit und
– nach Erwägung der Frage, ob auf die alternative Abhilfemöglichkeit ohne erhebliche Unannehmlichkeiten für den Verbraucher zurückgegriffen werden könnte,
verglichen mit der alternativen Abhilfemöglichkeit unzumutbar wären.
Die Nachbesserung oder die Ersatzlieferung muß innerhalb einer angemessenen Frist und ohne erhebliche Unannehmlichkeiten für den Verbraucher erfolgen, wobei die Art des Verbrauchsgutes sowie der Zweck, für den der Verbraucher das Verbrauchsgut benötigte, zu berücksichtigen sind.

(4) Der Begriff „unentgeltlich" in den Absätzen 2 und 3 umfaßt die für die Herstellung des vertragsgemäßen Zustands des Verbrauchsgutes notwendigen Kosten, insbesondere Versand-, Arbeits- und Materialkosten.

(5) Der Verbraucher kann eine angemessene Minderung des Kaufpreises oder eine Vertragsauflösung verlangen,
– wenn der Verbraucher weder Anspruch auf Nachbesserung noch auf Ersatzlieferung hat oder
– wenn der Verkäufer nicht innerhalb einer angemessenen Frist Abhilfe geschaffen hat oder
– wenn der Verkäufer nicht ohne erhebliche Unannehmlichkeiten für den Verbraucher Abhilfe geschaffen hat.

(6) Bei einer geringfügigen Vertragswidrigkeit hat der Verbraucher keinen Anspruch auf Vertragsauflösung.

Inhalt

A. Zweck der Vorschrift 1	1. Vertragsauflösung 17
B. Grundsätze der Haftung 2	2. Minderung 19
I. Haftung für jede Vertragswidrigkeit 2	3. Voraussetzungen der weitergehenden Rechtsbehelfe 21
II. Zeitpunkt der Vertragswidrigkeit 3	a) Überblick 21
C. Rechtsfolgensystem 4	b) Nichtbestehen eines Abhilfeanspruchs 22
I. Überblick 4	c) Unangemessene Verzögerung 23
II. Anspruch auf Abhilfe 5	d) Erhebliche Unannehmlichkeiten durch die Abhilfe 24
1. Formen der Abhilfe 5	e) Geringfügigkeit der Vertragsverletzung .. 25
2. Ausschluss der Abhilfe im Interesse des Verkäufers 7	
3. Durchführung der Abhilfe 13	
III. Vertragsauflösung und Minderung 17	

A. Zweck der Vorschrift

Während Art. 2 die Voraussetzungen der Vertragswidrigkeit der Kaufsache regelt, behandelt Art. 3 deren Rechtsfolgen. Die **Rechtsfolgen** werden allerdings, wie Art. 8 Abs. 1 zeigt, nicht abschließend, sondern nur im Hinblick auf die Nachbesserung, die Ersatzlieferung, die Vertragsauflösung und die Minderung des Kaufpreises geregelt. Die Verschiedenheit dieser Rechtsfolgen hat zugleich zur Konsequenz, dass die über die Vertragswidrigkeit hinausgehenden besonderen Voraussetzungen der einzelnen Käuferrechte ebenfalls in Art. 3 geregelt sind. Das gilt insbesondere für die Regelung des Verhältnisses der Gewährleistungsrechte untereinander. **1**

B. Grundsätze der Haftung

I. Haftung für jede Vertragswidrigkeit

Nach Abs. 1 haftet der Verkäufer für jede Vertragswidrigkeit. Auf ein Verschulden kommt es nicht an. Eine **Beschränkung auf wesentliche** oder **erhebliche Vertragsverletzungen** ist **grundsätzlich nicht** vorgesehen. Etwas anderes gilt – wegen des Prinzips der Leistungstreuepflicht – lediglich nach Abs. 6 für die Vertragsauflösung, die bei geringfügigen Vertragswidrigkeiten ausgeschlossen ist. Die Haftung und **2** das daraus sich ergebende Rechtsfolgensystem sind nach Maßgabe des Art. 7 Abs. 1 **unabdingbar**. Dies bedeutet, dass bis zur Unterrichtung des Verkäufers über die Vertragswidrigkeit der Kaufsache getroffene Vereinbarungen, wenn sie Rechte des Käufers ausschließen oder einschränken, nach den Kautelen des nationalen Rechts nicht verbindlich sind. Verbindlich sind lediglich die alsdann (nach der Unterrichtung) getroffenen Abreden über die Durchführung der Gewährleistung, auch soweit sie über die Rechte des Verbrauchers disponieren.

II. Zeitpunkt der Vertragswidrigkeit

3   Maßgeblich für das Vorliegen einer Vertragswidrigkeit ist nach der ausdrücklichen Regelung des Abs. 1 der Zeitpunkt der „**Lieferung**" des Verbrauchsgutes. Anders als in der Entwurfsfassung der Kommission kommt es damit nicht auf die Übergabe an den Verbraucher an. Vielmehr zeigt ein Vergleich mit Art. 31 CISG, dass das Merkmal der Lieferung es gerade offen lässt, d. h. den **vertraglichen Vereinbarungen und dem hierauf nationalen anwendbaren Recht** überlässt, welcher Zeitpunkt (Bereitstellung, Absendung, Auslieferung) bzw. welcher Erfüllungsort der maßgebende ist.[1] Dem entspricht es, dass das Merkmal der Lieferung nach dem 14. Erwägungsgrund die nationalen Vorschriften über den **Gefahrübergang** unberührt lässt.

C. Rechtsfolgensystem

I. Überblick

4   Die Richtlinie kennt in Übereinstimmung mit dem UN-Kaufrecht ein Rechtsfolgensystem, das folgende **vier Käuferrechte** vorsieht: Nachbesserung, Ersatzlieferung, Vertragsauflösung und Preisminderung. Dabei genießt die Herstellung des vertragsgemäßen Zustands, die Abs. 3 Unterabs. 2 mit dem Oberbegriff der **Abhilfe** (in BGB-Terminologie: Nacherfüllung) bezeichnet und die entweder in der Form der **Ersatzlieferung** oder in der Form der **Nachbesserung** (Art. 1 Abs. 2 lit. f.) erfolgen kann,[2] grundsätzlich den **Vorrang**. Eine bestimmte Form der Abhilfe kann allerdings im Interesse des Verkäufers ausgeschlossen sein, wenn sie unverhältnismäßig ist. Anstelle der Abhilfe steht dem Käufer nach Abs. 5 ein Recht zur **Vertragsauflösung** oder **Minderung** zu, wenn eine Abhilfeanspruch nicht besteht oder die Abhilfe wegen Verzugs oder der Art der Ausführung nach nicht zumutbar ist. Die Vertragsauflösung steht nach Abs. 6 unter dem Vorbehalt, dass es sich nicht um eine nur geringfügige Vertragswidrigkeit handelt.

II. Anspruch auf Abhilfe

1. Formen der Abhilfe

5   Im Falle der Vertragswidrigkeit steht dem Käufer regelmäßig zunächst ein **Anspruch auf Abhilfe** zu. Von den zwei Formen der Abhilfe, nämlich **Ersatzlieferung** oder **Nachbesserung** ist zwar nur die letztgenannte in Art. 1 Abs. 2 lit. f. definiert, deren Definition erlaubt jedoch zugleich einen Schluss auf die Definition der Ersatzlieferung und diejenige der Abhilfe.[3]

6   Zwischen Ersatzlieferung und Nachbesserung hat der **Käufer** grundsätzlich die **Wahl**,[4] was sowohl aus dem Wortlaut „oder" als auch im Umkehrschluss aus dem Ausschlusstatbestand in Abs. 3 Unterabs. 2 folgt, der diese Wahlmöglichkeit unter anderem durch einen am Verhältnismäßigkeitsprinzip ausgerichteten Vergleich wieder einschränkt. Der Ausschluss der Abhilfe oder einer bestimmten Abhilfealternative verfolgt das Ziel, das Wahlrecht des Käufers mit den Verkäuferinteressen besser zum Ausgleich zu bringen.

2. Ausschluss der Abhilfe im Interesse des Verkäufers

7   Eine Abhilfe ist im Interesse des Verkäufers ausgeschlossen und kann daher vom Käufer nicht verlangt werden, wenn sie unmöglich oder unzumutbar ist. Diese Frage muss im Falle der **Unmöglichkeit** jeweils **für beide Alternativen** (Nachbesserung oder Ersatzlieferung) der Abhilfe **gesondert** beurteilt werden, wohingegen es für die **Unzumutbarkeit** auf einen **Vergleich** beider Alternativen ankommt. Ist eine Abhilfealternative ausgeschlossen, so ist der Käufer zunächst auf die andere Alternative beschränkt.

8   Ein Anspruch auf Abhilfe ist nach Art. 3 Abs. 3 Unterabs. 1 Fall 1 ausgeschlossen, wenn die Abhilfe **unmöglich** ist. Das Merkmal der Unmöglichkeit ist in der Richtlinie nicht definiert. Da nicht darauf abgestellt wird, dass gerade dem Verkäufer die Abhilfe unmöglich ist, meint die Regelung eine **objektive**

---

1   *Staudenmayer*, European Review of Private Law 4 (2000), 547, 554; hiervon ausgehend noch *Ernst/Gsell*, ZIP 2000, 1410, 1415; zur Entwurfsfassung auch *Schlechtriem*, JZ 1997, 441, 446; tendenziell auch *Nietzer/Stein*, ZVglRWiss 99 (2000), 41, 44; a.A. *Lehr/Wendel*, EWS 1999, 321, 323; *Schwartze*, ZEuP 2000, 544, 559.

2   Vgl. zur Abhilfe als Oberbegriff *Ernst/Gsell*, ZIP 2000, 1410, 1416; *Tonner*, BB 1999, 1769.

3   Zur Definition der Abhilfe, Nachbesserung und der Ersatzlieferung s. daher Art. 1 Rn 39.

4   *Ernst/Gsell*, ZIP 2000, 1410, 1416; *Schwartze*, ZEuP 2000, 544, 569; *Staudenmayer*, European Review of Private Law 4 (2000), 547, 554; *Micklitz*, EuZW 1999, 485, 487.

Unmöglichkeit der Abhilfe, wobei es nicht darauf ankommt, wann diese eingetreten ist.[5] Liegt ein **Stückkauf** vor, so ist beispielsweise die **Ersatzlieferung stets ausgeschlossen**,[6] so dass der Käufer in diesem Fall zunächst auf eine Nachbesserung beschränkt ist. Dies gilt nach dem 16. Erwägungsgrund grundsätzlich auch für gebrauchte Kaufgegenstände. **Haftungsrechtliche Folgen** im Falle der Unmöglichkeit sieht die Richtlinie nicht vor, was nicht ausschließt, dass das nationale Recht hierfür eine Anordnung trifft.

Der Ausschluss einer Abhilfe wegen **Unverhältnismäßigkeit** (Abs. 3 Unterabs. 2 Fall 2) zielt im Kern auf einen am Verhältnismäßigkeitsprinzip orientierten **Vergleich zwischen Nachbesserung und Ersatzlieferung**. Die Regelung greift daher nicht deshalb ein, weil die Kosten einer Abhilfealternative im Verhältnis zur Vertragswidrigkeit als unproportional hoch erscheinen. Vielmehr verlangt sie, dass die Kosten der vom Käufer begehrten Abhilfealternative im Vergleich zur anderen unverhältnismäßig erscheinen (unverhältnismäßig hohe Nachbesserungskosten bei einfach möglicher Ersatzlieferung oder umgekehrt). Ausschlaggebend ist nach dem 11. Erwägungsgrund ein **objektiver Maßstab**. Objektive Unverhältnismäßigkeit schließt es aber nicht aus, dass der Verkäufer die betreffende Abhilfealternative, etwa um einen besonders geschätzten Kunden zu halten, gleichwohl anbietet.   9

Die Feststellung der Unverhältnismäßigkeit erfordert eine **Abwägung**, in die – neben dem im Vordergrund stehenden Vergleich der Abhilfealternativen – nach den drei Spiegelstrichen des Abs. 3 Unterabs. 2 verschiedene **Kriterien** einfließen. Hier nennt die Vorschrift zunächst den Wert der Kaufsache ohne Vertragswidrigkeit (je höher der Wert, desto mehr ist dem Verkäufer zumutbar – und umgekehrt[7]) die Bedeutung der Vertragswidrigkeit (je größer die Gebrauchs- und Wertminderung, desto mehr ist dem Verkäufer zumutbar[8]) sowie die Frage der Unannehmlichkeiten im Falle der Verweisung des Käufers auf die jeweils andere Abhilfealternative. Als Unannehmlichkeiten kommen dabei etwa die Dauer des Nutzungsausfalls, etwaige zusätzliche „Lauferien", eine Verschmutzung in der eigenen Wohnung (wenn z. B. ein Werk dort nachgebessert werden muss) und Ähnliches in Betracht. Vorsicht ist nach alledem im Hinblick auf Pauschalierungen geboten. Vor allem für hochwertige langlebige Konsumgüter findet sich zwar in der Literatur zum Teil die These, hier genieße eine Nachbesserung „in der Regel"[9] oder „generell"[10] Vorrang. Dies mag eine richtige Tendenz ausdrücken, berücksichtigt aber noch nicht, dass der Käufer erstens bei hochwertigen Produkten ein Mehr an Qualität und Qualitätskontrolle erwarten kann und dass es zweitens auch hier auf die Art des zugemuteten Mangels ankommt. So wird der Käufer eines neuen Kraftfahrzeugs sich selbst bei kleineren Blechschäden an seinem neuen Fahrzeug nicht mit deren Reparatur zufrieden geben müssen.   10

Unverhältnismäßigkeit kann **beispielsweise** vorliegen, wenn die Nachbesserung eine aufwendige individuelle Zerlegung der Kaufsache erfordert, wohingegen eine Ersatzlieferung aus der maschinellen Serienproduktion preiswert erledigt werden kann. Der Käufer muss sich, da die Ersatzlieferung ihm zugleich ein neues Verbrauchsgut verschafft und insofern vorteilhaft ist, deshalb auf eine Ersatzlieferung verweisen lassen, wenn diese deutlich preiswerter ist und auch sonst keine Unannehmlichkeiten verursacht.[11] Als Fall der unzumutbaren Nachbesserung wird im Hinblick auf das UN-Kaufrecht auch genannt, dass der Verkäufer weder Hersteller der Kaufsache ist noch über eine Vertragswerkstatt verfügt.[12] Umgekehrt kann es auch sein, dass eine Nachbesserung lediglich den Austausch eines kleinen Funktionselements an der Kaufsache erfordert, wohingegen eine Ersatzlieferung erhebliche Kosten verursachen würde. Die Annahme, dass bei Massengeschäften stets nur Nachbesserung verlangt werden kann, verfehlt allerdings den Sinn des Wahlrechts.[13] Verhältnismäßigkeitserwägungen werden auch im Bereich des ebenfalls der Richtlinie unterfallenden **Werkvertragsrechts** eine erhebliche Rolle spielen. Im Falle eines individuellen Werkes wird eine Ersatzlieferung häufig dazu führen, dass der Lieferant den gesamten Vertragsaufwand noch einmal betreiben muss und im Gegenzug lediglich ein für ihn wertloses Stück erhält. So ist es z. B. regelmäßig unverhältnismäßig, wenn der Besteller eines individuell angepassten Schranks wegen eines defekten Scharniers die Ersatzlieferung eines neuen Schrankes verlangt, obschon durch den spurlos möglichen Austausch des Scharniers ein vertragsgemäßer Zustand herbeigeführt werden könnte.   11

---

5 Da auch bei Unvermögen des Verkäufers sofort eine Vertragsauflösung oder Minderung möglich sein muss, schlägt *Schurr*, ZfRV 1999, 222, 226 vor, auch Fälle der subjektiven Unmöglichkeit zu erfassen. Für eine solche Herleitung dieses richtigen Ergebnisses gegen den Wortlaut besteht insofern keine Notwendigkeit, als das Unvermögen des Verkäufers ohne weiteres bewirkt, dass Abhilfeversuche zu einem Scheitern führen würden, was als abhilfeausschließende erhebliche Unannehmlichkeit zu werten ist.
6 *Soergel/Lüderitz/Schüßler-Langeheine*, Art. 46 CISG Rn 6; *Staudinger/Magnus*, Art. 46 CISG Rn 33.
7 *Lehr/Wendel*, EWS 1999, 321, 324; *Staudinger/Magnus*, European Review of Private Law 4 (2000), 547, 555.
8 *Staudenmayer*, European Review of Private Law 4 (2000), 547, 555.
9 *Schmidt-Räntsch*, ZIP 1998, 849, 852; vgl. auch *Schmidt-Räntsch*, ZEuP 1999, 294, 295; tendenziell auch *Weisner*, JuS 2001, 759, 761.
10 *Hucke*, IStR 2000, 277, 280.
11 Vgl. *Soergel/Lüderitz/Schüßler-Langeheine*, Art. 46 CISG Rn 9; *Staudinger/Magnus*, Art. 46 CISG Rn 61.
12 *Soergel/Lüderitz/Schüßler-Langeheine*, Art. 46 CISG Rn 9; *Staudinger/Magnus*, Art. 46 CISG Rn 62.
13 Zutreffend *Micklitz*, EuZW 1999, 485, 487; vgl. auch *Lehr/Wendel*, EWS 1999, 321, 324.

12 Die Frage, ob die Unzumutbarkeit zum **Ausschluss beider Abhilfealternativen** führen kann, wird durch die Richtlinie nicht ausdrücklich geregelt.[14] Der Umstand, dass die Verhältnismäßigkeitsprüfung gerade auf einen Vergleich der beiden Alternativen zielt, spricht gegen eine solche Möglichkeit.[15] Für diesen Standpunkt spricht auch der 11. Erwägungsgrund, nach dem ein solcher Vergleich „entscheidend" ist. Gleichwohl ist es durchaus vorstellbar, dass bei einer Stückschuld die Ersatzlieferung unmöglich ist und die Nachbesserung übermäßig hohe Kosten verursacht. Indessen ist der Richtlinie gerade nicht zu entnehmen, dass und nach welchen Kriterien der Verkäufer einen Verbraucher, der Nachbesserung begehrt, auf eine Vertragsauflösung oder Minderung verweisen kann. Deshalb wird es wohl eine Frage des nationalen Haftungs- oder Vollstreckungsrechts bleiben, inwieweit ein Käuferanspruch auf Nachbesserung aufgrund „wirtschaftlicher" Unmöglichkeit oder vergleichbarer Rechtsinstitute untergeht oder zumindest nicht vollstreckbar ist. Dem entspricht die **deutsche Umsetzung** in § 439 Abs. 3 BGB, dessen Satz 3, Halbs. 2 aber richtlinienkonform restriktiv ausgelegt werden kann und muss.

3. Durchführung der Abhilfe

13 Die Abhilfe muss nach Abs. 2 und Abs. 3 Unterabs. 1 **unentgeltlich** erfolgen. Dies bedeutet nach Abs. 4, dass der Verkäufer sämtliche für die Nachbesserung oder Ersatzlieferung notwendigen Kosten zu tragen hat. Dies gilt insbesondere für Lohn-, Material- und Arbeitskosten. Untersuchungskosten zur Feststellung der Ursache der Mangelhaftigkeit oder sonstige Kosten zur Bearbeitung der Reklamation sind hiervon erfasst, soweit sie unmittelbar beim Verkäufer anfallen; soweit sie beim Käufer zur Vorbereitung der Geltendmachung von Gewährleistungsansprüche anfallen, wird man deren Ersatz als Frage des nationalen Haftungsrechts ansehen müssen.[16] Keine **Kosten** im Sinne der Vorschrift sind diejenigen Mangelfolgeschäden, deren Beseitigung nicht erforderlich ist, um die Sache selbst in einen vertragsgemäßen Zustand zu versetzen, etwa der erlittene Nutzungsausfall.[17]

14 Die Abhilfe muss außerdem[18] nach Abs. 3 Unterabs. 3 innerhalb einer **angemessenen Frist** erfolgen. Voraussetzung für einen Verstoß gegen dieses Erfordernis ist eine unangemessene Verzögerung, auf sonstige Merkmale (Mahnung oder – nach Maßgabe des nationalen Rechts – Verzug oder eine Fristsetzung) kommt es nicht an. Wann die angemessene Frist beginnt, wird in der Richtlinie nicht geregelt. Abstellen wird man wohl auf den Zeitpunkt, zu dem der wahlberechtigte Käufer Ersatzlieferung oder Nachbesserung verlangt[19] und die Sache – im Falle der Nachbesserung – hierfür bereit hält oder dem Verkäufer übergibt. Die **Ursache der unangemessenen Verzögerung** ist grundsätzlich unerheblich. Es kann sich um eine schleppende Durchführung handeln, aber auch um eine unberechtigte Verweigerung[20] oder ein Misslingen, sei es aus Zufall, Nachlässigkeit oder Unvermögen. Nur im Falle der Unmöglichkeit scheidet von vornherein ein Abhilfeanspruch aus. Auch diese Unterscheidung ist aus Sicht des Käufers aber bedeutungslos, da die Unmöglichkeit zum Ausschluss der Abhilfe und damit wie die unangemessene Verzögerung zum Entstehen des Käuferrechts auf Vertragsauflösung bzw. Minderung führt. Welche Frist angemessen ist, bestimmt sich einerseits nach der Art des Kaufsache, insbesondere danach, in welchem Maße der Käufer auf deren verlässliches ständiges Funktionieren angewiesen ist, jedoch auch nach der Art des Mangels. Je einfacher der Mangel zu beheben ist, desto weniger sind Verzögerungen bei der Abhilfe akzeptabel. Dabei muss sowohl die Zeit angemessen sein, welche der Verkäufer für einen einzelnen Abhilfeversuch benötigt, als auch die Zeit, welche die Abhilfe insgesamt benötigt.

15 Die Abhilfe darf ferner **keine „erheblichen Unannehmlichkeiten"** für den Käufer hervorrufen. Als erhebliche Unannehmlichkeiten kommen Beeinträchtigungen anderer Güter (Schmutz in der Wohnung, Schäden an anderen Rechtsgütern) oder ein sich nicht in Kosten niederschlagender persönlicher Aufwand (häufige Werkstattbesuche, „Laufereien") sowie sonstige Zumutungen (mehrfache misslungene Nachbesserungsversuche[21]) in Betracht. Hat der Käufer Abhilfe verlangt und der Verkäufer diese definitiv verweigert, so sind dem Käufer weitere Abhilfeverlangen ebenfalls nicht zumutbar.

16 Die **Rechtsfolge einer mangelhaften Durchführung der Abhilfe** ergibt sich aus den Abs. 5 und 6 der Vorschrift. Der Käufer kann die schärferen Rechtsfolgen der Vertragsauflösung oder Minderung geltend machen, wenn die Abhilfe nicht innerhalb einer angemessenen Frist oder nur unter erheblichen Unannehmlichkeiten für den Käufer geschaffen wurde. Solche erheblichen Unannehmlichkeiten können

---

14 Hiervon ausgehend *Lehmann*; JZ 2000, 280, 286; wohl auch *Schwartze*, ZEuP 2000, 544, 568, der es für möglich hält, dass die Nacherfüllung (= Abhilfe) insgesamt wegen zu hoher Kosten unverhältnismäßig ist.
15 Hiervon ausgehend *Staudenmayer*, European Review of Private Law 4 (2000), 547, 555; *Hänlein*, DB 1999, 1641, 1643; wohl auch *Ernst/Gsell*, ZIP 2000, 1410, 1417; *Lehr/Wendel*, EWS 1999, 321, 324.
16 So wohl auch *Hattenhauer*, VuR 1999, 179, 184; anders für die Fahrt-, Porto- und sonstigen Kosten des Käufers *Micklitz*, EuZW 1999, 485, 488.
17 Sie unterfallen auch im UN-Kaufrecht nicht den Nachbesserungsregeln, etwa *Staudinger/Magnus*, Art. 46 CISG Rn 65.
18 Vgl. *Micklitz*, EuZW 1999, 485, 488.
19 *Micklitz*, EuZW 1999, 485, 488; *Rieger*, VuR 1999, 287, 291.
20 Siehe dazu noch Rn 15.
21 *Micklitz*, EuZW 1999, 485, 488.

auch dann vorliegen, wenn die Abhilfe als solche im Ergebnis zwar erfolgreich ist, aber der Verkäufer etwa andere Rechtsgüter des Käufers erheblich geschädigt und damit ein Festhalten am Vertrag unzumutbar gemacht hat.[22]

III. Vertragsauflösung und Minderung

1. Vertragsauflösung

Der deutsche Wortlaut des Abs. 5 „kann ... Vertragsauflösung verlangen" scheint darauf hinzudeuten, dass der Käufer einen Anspruch auf Vertragsauflösung haben soll. Jedenfalls lehnt sich die Bestimmung insofern nicht an die auf ein Gestaltungsrecht des Käufers zielende Vorschrift des Art. 49 Abs. 1 CISG an. Dem steht gegenüber, dass zur Erläuterung der schon in der Entwurfsfassung zu findenden Formulierung „Auflösung des Vertrags ... verlangen" erklärt wird, damit sei der Käufer zur „Kündigung" des Vertrags berechtigt, wobei von einer Anlehnung an das UN-Kaufrecht ausgegangen wird.[23] Diesem widersprüchlichen Befund dürfte am besten die auch mit Art. 249 Abs. 3 EGV in Einklang stehende Ansicht entsprechen, dass die Richtlinie lediglich das Ziel vorgibt, dass der Käufer die Auflösung des Vertrags herbeiführen können muss, jedoch die **rechtstechnische Ausgestaltung** als Anspruch oder Gestaltungsrecht dem nationalen Recht überlässt. Dieses kann auch regeln, wie sich etwaige Rückabwicklungshindernisse auswirken, solange die Effektivität des Vertragsauflösungsrechts nicht beeinträchtigt wird. Diese mitgliedstaatliche Regelungsfreiheit gilt nach dem 15. Erwägungsgrund ferner für die weiteren **Rechtsfolgen** der Vertragsauflösung. Insbesondere kann das nationale Recht bestimmen, inwieweit der Käufer die Benutzung der zurückzugebenden Sache vergüten muss. **17**

Die Vertragsauflösung kann nach Abs. 2 „in bezug" auf das „betreffende" Verbrauchsgut verlangt werden. Zwar ist die englische Fassung (*"those goods"*, sich dem Kontext nach entweder auf die defekten oder auf die gelieferten Güter beziehend) nicht gleichermaßen klar, doch stimmt insbesondere die französische Fassung mit der deutschen überein. Deshalb wird man diese Wendung als Einschränkung der Vertragsauflösung deuten müssen: Sind **mehrere Gegenstände** verkauft worden, braucht sich das Vertragsauflösungsrecht lediglich auf den mangelhaften Gegenstand zu beziehen. **18**

2. Minderung

Zur **Berechnung der Minderung** enthält die Richtlinie lediglich die Vorgabe, dass diese angemessen sein muss.[24] Dies wird man so verstehen müssen, dass die Mitgliedstaaten bei der Umsetzung insoweit über einen Ermessensspielraum verfügen. Allerdings könnte die allgemeine Anlehnung der Rechtsbehelfe am UN-Kaufrecht für die Maßgeblichkeit des Art. 50 CISG sprechen.[25] Dessen Berechnungsmodus unterscheidet sich von demjenigen der **deutschen Umsetzungsvorschrift** des § 441 Abs. 3 BGB. Während diese Vorschrift, wie schon das alte Recht, für die Wertverhältnisse auf den Zeitpunkt des Vertragsschlusses abstellt, ist nach Art. 50 Abs. 1 CISG der Zeitpunkt der Lieferung maßgebend. Dessen Lösung hat insbesondere den Vorteil besserer Praktikabilität und Beweisbarkeit auf ihrer Seite und erleichtert dem Käufer die Durchsetzung von dem Grunde nach berechtigten Minderungsansprüchen – freilich mit der Folge der Verschiebung vertraglicher Gewinnchancen und Verlustrisiken.[26] Ohne ausdrückliche Anordnung wird man der Richtlinie jedoch im Ergebnis keine Entscheidung für einen bestimmten Berechnungsmodus, sondern nur den allgemeinen Rahmen der Angemessenheit entnehmen können. Geht man hiervon aus, so ist das deutsche Recht insofern richtlinienkonform. **19**

Allerdings geht die Richtlinie im 3. Spiegelstrich des Abs. 5 über die Vorgaben des UN-Kaufrechts dadurch hinaus, dass eine Minderung aufgrund des Umstands verlangt werden kann, dass Abhilfe nur unter „erheblichen Unannehmlichkeiten" für den Verbraucher geschaffen wurde. Bei Vorliegen dieser Voraussetzungen kann der Verbraucher **Minderung trotz im Ergebnis erfolgreicher Herstellung des vertragsgemäßen Zustands** verlangen. Dieser Anspruch ist auf einen Geldausgleich, der durch die Höhe des Kaufpreises beschränkt ist, gerichtet.[27] Der ausschließlich am Wert der Sache ausgerichtete Minderungsanspruch des deutschen Rechts ermöglicht keine Berücksichtigung dieser Unannehmlichkeiten und verweist den Käufer damit auf den verschuldensabhängigen Schadensersatzanspruch nach den §§ 280, 440, 437 Nr. 3 BGB. Dies dürfte den Anforderungen der Richtlinie nicht genügen. **20**

---

22 *Ernst/Gsell*, ZIP 2000, 1410, 1418.
23 Kommissionsbegründung, Dok. KOM (95) 520 endg., S. 22, 14.
24 *Ernst/Gsell*, ZIP 2000, 1418; *Schwartze*, ZEuP 2000, 544, 566 f.
25 *Kircher*, ZRP 1997, 290, 293.
26 *Soergel/Lüderitz/Schüßler-Langeheine*, Art. 46 CISG Rn 11.
27 Zutreffend *Ernst/Gsell*, ZIP 2000, 1417.

3. Voraussetzungen der weitergehenden Rechtsbehelfe

a) Überblick

21 Die Rechtsbehelfe der Vertragsauflösung oder Minderung kann der Käufer nach Abs. 5 in drei Fällen geltend machen: erstens, und zwar sofort, wenn ein Abhilfeanspruch von vornherein erst gar nicht besteht; zweitens, wenn die Abhilfe nicht innerhalb einer angemessenen Frist erfolgt; drittens, wenn sie mit erheblichen Unannehmlichkeiten verbunden war. Bei der Vertragsauflösung ist zusätzlich zu beachten, dass diese ausscheidet, wenn die Vertragsverletzung geringfügig ist. Die **Wahl** zwischen Vertragsauflösung und Minderung steht dem Käufer zu.[28]

b) Nichtbestehen eines Abhilfeanspruchs

22 Vertragsauflösung kann **sofort** verlangt werden, wenn nach Abs. 3 kein Abhilfeanspruch des Käufers besteht. Dies kann sich aus der Unmöglichkeit der Abhilfe ergeben. Ob die Unverhältnismäßigkeit einen Ausschluss beider Abhilfealternativen zur Folge haben kann, ist unsicher, aber wohl zu verneinen (Rn 12).

c) Unangemessene Verzögerung

23 Auch das unmittelbare Recht zur Vertragsauflösung bzw. Minderung wegen unangemessener Verzögerung knüpft an Abs. 3 an und entsteht damit, **ohne** dass es einer **Fristsetzung** durch den Käufer bedarf. Die Frist kann sich auf „Null" reduzieren, wenn – insbesondere im Falle der Verweigerung oder des endgültigen Fehlschlagens der Nachbesserung – weiteres Zuwarten sinnlos oder unzumutbar ist.

d) Erhebliche Unannehmlichkeiten durch die Abhilfe

24 Schließlich knüpft auch das unmittelbare Recht zur Vertragsauflösung bzw. Minderung wegen erheblicher Unannehmlichkeiten an Abs. 3 an. Abs. 5, 3. Spiegelstrich ermöglicht den Übergang zu den weitergehenden Rechtsfolgen seinem Wortlaut nach erst dann, wenn diese Unannehmlichkeiten bereits eingetreten sind. Da deren Hinnahme nach der Regelung in Abs. 3 aber die vertraglichen Rechte des Käufers verletzt, brauchen sie nicht hingenommen zu werden. Steht von vornherein fest, dass eine Abhilfe nur mit erheblichen Unannehmlichkeiten möglich ist, so müssen die weiter gehenden Rechtsfolgen des Abs. 5 unmittelbar geltend gemacht werden können.

e) Geringfügigkeit der Vertragsverletzung

25 Anders als Art. 46 Abs. 2 CISG stellt die Richtlinie negativ auf die Geringfügigkeit, nicht positiv auf die Wesentlichkeit ab. Ein übertragbarer Grundgedanke wird – obschon dieses Merkmal den skandinavischen Rechten entnommen sein dürfte – allerdings darin liegen,[29] dass die Wesentlichkeit beim UN-Kaufrecht (Art. 25 CISG) danach bestimmt wird, ob die dort im Weiterverkauf liegende Nutzung beeinträchtigt ist. Geringfügig sind deshalb nur solche Vertragsmängel, die keinen der **Gebrauchszwecke** (unter Einschluss eines etwaigen Dekorationszwecks) **beeinträchtigen**.[30] Geboten ist allerdings ein gewisses Maß **an Flexibilität gegenüber dem nationalen Recht** und dessen Usancen, da die – ursprünglich allerdings als Option vorgeschlagene – Regelung gerade den Zweck verfolgt, den Mitgliedstaaten die Fortführung entsprechender nationaler Regelungen zu ermöglichen.[31]

Artikel 4 Rückgriffsrechte

Haftet der Letztverkäufer dem Verbraucher aufgrund einer Vertragswidrigkeit infolge eines Handelns oder Unterlassens des Herstellers, eines früheren Verkäufers innerhalb derselben Vertragskette oder einer anderen Zwischenperson, so kann der Letztverkäufer den oder die Haftenden innerhalb der Vertragskette in Regreß nehmen. Das innerstaatliche Recht bestimmt den oder die Haftenden, den oder die der Letztverkäufer in Regreß nehmen kann, sowie das entsprechende Vorgehen und die Modalitäten.

Literatur: *Prinz v. Sachsen Gessaphe*, Der Rückgriff des Letztverkäufers – neues deutsches und europäisches Kaufrecht, RIW 2001, 721; *Graf v. Westphalen*, Die Umsetzung der Verbrauchsgüterkaufrichtlinie im Blick auf den Regreß zwischen Händler und Hersteller, DB 1999, 2553; s. im Übrigen die Literaturhinweise nach den Erwägungsgründen.

---

28 *Schwartze*, ZEuP 2000, 544, 569.
29 Zur Parallelität auch *Raynard*, Revue trimestrielle de droit civil 1997, 1020, 1022.
30 Offen lassend zur Frage, ob der Begriff objektiv oder subjektiv zu verstehen ist *Deards*, Journal of Consumer Policy 21 (1998), 99, 104.
31 Kommissionsbegründung, Dok. KOM (95) 520 endg., S. 15.

Kauf-RL Art. 4

A. Zweck der Vorschrift

Art. 4 enthält eine Regelung zum Rückgriffsrecht des Letztverkäufers gegenüber Vorlieferanten. Die Vorschrift dient damit der sachgerechten Bewältigung des Problems des sogenannten **seitengleichen Regresses**. Voraussetzung für ein Eingreifen von Art. 4 ist nach Satz 1, dass der Letztverkäufer dem Verbraucher aufgrund einer Vertragswidrigkeit haftet. Außerdem muss die Vertragswidrigkeit infolge eines Handelns oder Unterlassens des Herstellers, eines früheren Verkäufers innerhalb derselben Vertragskette oder einer anderen Zwischenperson eintreten. Für diesen Fall muss das mitgliedstaatliche Recht einen Regressanspruch gegen eine oder mehrere geeignete Haftende vorsehen. Dabei ist dem nationalen mitgliedstaatlichen Recht insbesondere überlassen, die Person des Anspruchsgegners sowie Einzelheiten des Anspruchs zu bestimmen.

Mit diesem Inhalt betrifft die Vorschrift weder die in Umsetzung der Richtlinie zu schaffenden gesetzlichen Gewährleistungsansprüche noch vertragliche Garantieansprüche, sondern das von beiden zu unterscheidende **Rechtsverhältnis des Letztverkäufers zum Hersteller, zu Vorlieferanten bzw. anderen Zwischenpersonen**. Entscheidend für die Auslegung der Bestimmung muss die Zweckrichtung sein. Der nationale Gesetzgeber muss ihre Rückgriffsbefugnis des Letztverkäufers so ausgestalten, dass **dieser nicht „zwischen allen Stühlen sitzt"**. Der Richtliniengeber sah sich zur Regelung dieses Problems deshalb veranlasst, weil die einzelstaatlichen Rechtsvorschriften für Kaufverträge unter Gewerbetreibenden in der Regel weniger streng sind als die Bestimmungen für den Verbraucherkauf und weil ferner auch die Richtlinie 93/13/EWG über missbräuchliche Klauseln lediglich für solche Verbraucherverträge gilt. Hier soll eine marktwidrige Kostenabwälzung vermieden werden.[1]

B. Voraussetzungen

Voraussetzung für die Anwendung der Bestimmung ist die **Haftung des Letztverkäufers gegenüber dem Verbraucher**, nicht aber die Lieferung einer im Verhältnis des Letztverkäufers zu seinem Vorlieferanten vertragswidrigen Ware. Diese Ware kann also vertragsgemäß sein, ohne dass dies einer Anwendbarkeit der Regelung entgegensteht, wenn der Vorlieferant oder Hersteller auf andere Weise eine Haftungspflicht des Letztverkäufers gegenüber dem Verbraucher verursacht.

Die Haftung muss infolge „eines **Handelns oder Unterlassens**" einer anderen Person eingetreten sein. Dieser Wortlaut widerspricht insofern der in Deutschland üblichen Terminologie, als diese regelmäßig den Begriff des Handelns als Oberbegriff für Tun und Unterlassen verwendet. Funktionell entspricht also das Merkmal des Handelns in der Richtlinie dem Merkmal des Tuns. In erster Linie werden Fälle der Beschädigung der Kaufsache durch einen Vorlieferanten in Betracht kommen. Da gleichgültig ist, wodurch die Haftung des Letztverkäufers ausgelöst wird, kommt aber auch der Fall der (nach Art. 2 Abs. 2 lit. d) haftungsbegründenden öffentlichen Äußerung des Anspruchsgegners in Betracht.[2]

Mit dem Merkmal „infolge" wird die **Kausalität** des Handelns des Verpflichteten für die Vertragswidrigkeit vorausgesetzt. Die Methode der Feststellung der Kausalität ist unklar. Im Bereich des als deliktsrechtsähnlich zu qualifizierenden Staatshaftungsrechts, etwa wegen Nichtumsetzung zivilrechtlicher Richtlinien, verlangt der EuGH stets einen „unmittelbaren Kausalzusammenhang".[3] Dem dürften Kausalitätsvorstellungen des französischen Rechts zugrunde liegen, die im Kern von einer Adäquanztheorie ausgehen, diese jedoch – insbesondere im Bereich vertraglicher Haftung – durch Gesichtspunkte der subjektiven Vorhersehbarkeit einschränken (Art. 1150 Cc). Ob es zur Herausbildung eines hieran orientierten oder auch auf andere Weise beeinflussten europäisch-autonomen Kausalitätsbegriff im Rahmen des Art. 4 der Richtlinie kommen wird, ist ungewiss; jedenfalls darf das deutsche Kausalitätsverständnis nicht unbesehen auf das Richtlinienrecht übertragen werden.

C. Passivlegitimation

Als **mögliche Anspruchsgegner** nennt die Vorschrift den Hersteller, einen früheren Verkäufer innerhalb derselben Vertragskette oder eine andere Zwischenperson. Der Begriff des Herstellers wird in Art. 1 Abs. 2 lit. d der Richtlinie legal definiert. Wer früherer Verkäufer innerhalb derselben Vertragskette ist, bestimmt sich nach den vertraglichen Rechtsbeziehungen innerhalb der Lieferantenkette. Als weitere Zwischenperson kommen ein nicht an der Vertragskette beteiligter Importeur oder alle sonstigen Absatzmittler in Betracht, die nicht selbst an der Vertragskette beteiligt sind.

Da die Vorschrift lediglich mögliche Anspruchsgegner nennt, bleibt die **konkrete Festlegung der Passivlegitimation** im Rahmen dieser Möglichkeit der Bestimmung durch das nationale Recht überlassen.

---

1 Dok. KOM (95) 520 endg., S. 15.
2 *Rieger*, VuR 1999, 287, 291; zum Ganzen auch *Lehmann*, JZ 2000, 280, 290.
3 EuGH, Urt. v. 8.10.1996, verb. Rs. C-178/94, C-179/94, C-188/94, C-189/94 und C-190/94, Slg. 1996, I-4845, Tz. 21 f. – *Dillenkofer ./. Deutschland*.

Art. 5 Kauf-RL

Dieses hat demnach insbesondere die Wahl, sich zwischen einer Direktklage (*action directe*) gegen den Hersteller oder gegen andere nicht in unmittelbarer vertraglicher Rechtsbeziehung zum Letztverkäufer stehende Personen einerseits und einem Regress „entlang der Lieferkette" zu entscheiden.

D. Geltendmachung und Modalitäten

8 Das mitgliedstaatliche Recht entscheidet ferner über das „**entsprechende Vorgehen**" und die „**Modalitäten**". Der Sinn des in der deutschen Fassung der Richtlinie kaum verständlichen Merkmals des „entsprechenden Vorgehens" lässt sich beim Blick in die englische und französische Fassung ermitteln, in der es „*relevant actions*" bzw. „*les actions*" heißt. Dies zielt auf solche Rechtsordnungen, die – anders als das deutsche Recht – einem aktionenrechtlichen Denken folgen und bei denen es einer spezifischen Klageform für das Rückgriffsrecht des Letztverkäufers bedarf. Insofern folgt aus dem Merkmal „entsprechendes Vorgehen" in erster Linie, dass die **Art und Weise der gerichtlichen Geltendmachung** dem nationalen Recht überlassen bleibt.

9 Mit dem Merkmal der „**Modalitäten**" wird zugleich klargestellt, dass die Einzelheiten der außergerichtlichen Geltendmachung ebenfalls dem nationalen Recht überlassen sind. Dies gilt insbesondere für die Form und Frist der Geltendmachung sowie einzelne Modalitäten des Anspruchs, etwa im Hinblick auf Leistungsort und Leistungszeit. Zu beachten ist allerdings, dass der *effet utile* der Richtlinie nicht beeinträchtigt werden darf. Das nationale Recht muss also so ausgestaltet sein, dass dem Letztverkäufer eine **effektive Ausübung** seiner Rechte möglich ist. Hieraus wird teilweise geschlossen, dass die Ansprüche des Letztverkäufers auch in verjährungsrechtlicher Hinsicht keine Regresslücke lassen dürfen.[4]

E. Dispositivität

10 Die Rückgriffsrechte des Letztverkäufers sind **dispositiv**.[5] Dies wird in Satz 3 und 4 des 9. Erwägungsgrundes ausdrücklich ausgesprochen und ergibt sich normativ daraus, dass die Unabdingbarkeitsregel des Art. 7 Abs. 1 lediglich zugunsten von Verbrauchern gilt.

F. Umsetzung in Deutschland

11 Die Umsetzung in Deutschland erfolgt durch die §§ 478, 479 BGB. Diese Vorschriften werfen EG-rechtlich insofern ein Problem auf, als sie den in Satz 4 des 9. Erwägungsgrundes zur Richtlinie angesprochenen **Grundsatz der Vertragsfreiheit** dadurch **einschränken**, dass selbst eine frei ausgehandelte individuelle Vereinbarung, durch die der Letztverkäufer gegenüber seinem Lieferanten auf das Regressrecht verzichtet, wenn sie vor Mitteilung des Mangels an den Letztverkäufer getroffen wurde, nur unter der Voraussetzung der Einräumung eines gleichwertigen Ausgleichs wirksam ist (§ 478 Abs. 4 BGB). Bei grenzüberschreitenden Lieferverträgen führen die §§ 478, 479 BGB zu folgender **seltsamer Konsequenz**: Im Falle der – nach Art. 6 CISG möglichen und rechtstatsächlich häufig vorkommenden – Abbedingung des UN-Kaufrechts zugunsten des autonomen nationalen Rechts sind deutsche Vorlieferanten (weil für deren Lieferungen an ausländische Kunden nach Art. 3 Abs. 1 EVÜ/28 Abs. 1 u. 2 EGBGB deutsches Recht gilt) durch § 478 Abs. 4 BGB beschränkt, wohingegen ausländische Lieferanten bei ihren Geschäften mit deutschen Letztverkäufern (hier gilt das Recht des Sitzes des ausländischen Lieferanten, Art. 3 Abs. 1 EVÜ/28 Abs. 1 u. 2 EGBGB) keiner solchen Bindung unterliegen. Soweit die Vorschrift bei grenzüberschreitenden Geschäften die Privatautonomie einschränkt, wirkt sich dies allenfalls ausfuhrbeschränkend aus. Damit kommt als Kontrollmaßstab lediglich Art. 29 EGV in Betracht, der nur zielgerichtete Exportbeschränkungen untersagt und der gegenüber nicht-dispositiven Gewährleistungsregeln des Lieferantenstaates nicht eingreift.[6]

Artikel 5 Fristen

(1) Der Verkäufer haftet nach Artikel 3, wenn die Vertragswidrigkeit binnen zwei Jahren nach der Lieferung des Verbrauchsgutes offenbar wird. Gilt nach dem innerstaatlichen Recht für die Ansprüche nach Artikel 3 Absatz 2 eine Verjährungsfrist, so endet sie nicht vor Ablauf eines Zeitraums von zwei Jahren ab dem Zeitpunkt der Lieferung.

(2) Die Mitgliedstaaten können vorsehen, daß der Verbraucher den Verkäufer zur Inanspruchnahme seiner Rechte über die Vertragswidrigkeit binnen zwei Monaten nach dem Zeitpunkt, zu dem er die Vertragswidrigkeit festgestellt hat, unterrichten muß.

---

[4] *Ernst/Gsell*, ZIP 2000, 1410, 1423; offenlassend *Medicus*, ZIP 1995, 1925; einschränkend (keine vollständige Vermeidung von „Regressfallen" geboten) *Prinz v. Sachsen Gessaphe*, RIW 2001, 721, 726.
[5] *Micklitz*, EuZW 1999, 485, 487; *Prinz v. Sachsen Gessaphe*, RIW 2001, 721, 727.
[6] EuGH, Urt. v. 24.1.1991, Rs. C-339/89, Slg. 1991, I-107 Rn 35 – *Alsthom Atlantique ./. Sulzer*.

Die Mitgliedstaaten unterrichten die Kommission über ihre bezüglich dieses Absatzes gewählte Lösung. Die Kommission überwacht die Auswirkungen dieser den Mitgliedstaaten eingeräumten Möglichkeit auf die Verbraucher und den Binnenmarkt.
Die Kommission erstellt bis zum 7. Januar 2003 einen Bericht über die von den Mitgliedstaaten bezüglich dieses Absatzes gewählte Lösung. Dieser Bericht wird im Amtsblatt der Europäischen Gemeinschaften veröffentlicht.
(3) Bis zum Beweis des Gegenteils wird vermutet, daß Vertragswidrigkeiten, die binnen sechs Monaten nach der Lieferung des Gutes offenbar werden, bereits zum Zeitpunkt der Lieferung bestanden, es sei denn, diese Vermutung ist mit der Art des Gutes oder der Art der Vertragswidrigkeit unvereinbar.

Inhalt

A. Zweck der Vorschrift 1	C. Vermutung hinsichtlich des Zeitpunkts der Vertragswidrigkeit 5
B. Zweijährige Gewährleistungsfrist 2	D. Regelungsoption zur Unterrichtungsobliegenheit 8
I. Bedeutung 2	
II. Fristlauf und Berechnung 3	

A. Zweck der Vorschrift

Zu den ausschlaggebenden Aspekten für die vertragliche Risikoverteilung im Hinblick auf die Sachmängelhaftung gehört die **Dauer der Gewährleistungsfrist**, die nach Art. 5 Abs. 1 grundsätzlich **zwei Jahre** beträgt. Nach Art 3 Abs. 1 kommt es für die Feststellung der Mangelhaftigkeit auf den Zeitpunkt der Lieferung an. Tritt ein Mangel erst später hervor, so ergibt sich die Frage, ob die Ursache hierfür bereits zum Lieferzeitpunkt vorhanden war. Deshalb wird die zweijährige Gewährleistungsfrist nach Maßgabe des Abs. 3 durch eine **Vermutung der Vertragswidrigkeit** flankiert, wenn an der Kaufsache innerhalb einer Frist von sechs Monaten ein Mangel auftritt. Die Regelung des Abs. 2 begründet eine Option der Mitgliedstaaten, eine Rügeobliegenheit für entdeckte Mängel mit einer Rügefrist von zwei Monaten nach Entdeckung vorzusehen.

B. Zweijährige Gewährleistungsfrist

I. Bedeutung

Die zweijährige Frist hat nicht die Bedeutung, dass das Verbrauchsgut während der gesamten Frist mangelfrei bleiben muss. Sie gilt vielmehr lediglich für solche Mängel, die bereits **bei Lieferung vorlagen, jedoch erst später offenbar** werden.[1] In Anlehnung an Art. 36 CISG muss man es als ausreichen lassen, wenn der Mangel bereits im Lieferzeitpunkt „der Anlage nach" oder „im Keim" bestanden hat.[2] Die Anforderungen an die Haltbarkeit des Produkts ergeben sich aus den im Merkmal der Vertragsmäßigkeit niedergelegten Anforderungen.

II. Fristlauf und Berechnung

Der **Fristbeginn** knüpft nach Abs. 1 an den gemäß Art. 3 Abs. 1 auch für das Vorliegen einer Vertragswidrigkeit maßgebenden Zeitpunkt der Lieferung an. Für die **Fristberechnung** enthält die Richtlinie keine weitere Vorgaben. Die EG-Fristberechnungsverordnung[3] wird man dahin verstehen müssen, dass sie lediglich für das Handeln der EG und gegenüber der EG maßgebend ist, wohingegen der zivilrechtliche Fristlauf gemeinschaftsrechtlich grundsätzlich ungeregelt ist und insofern dem nationalen Recht überlassen bleibt.

Die Richtlinie lässt zur **Fristwahrung** ausreichen, dass der Mangel „offenbar wird". Hierfür genügt es, wenn der Mangel entweder von Anfang offenkundig ist oder ein zunächst verborgener Mangel innerhalb der Zweijahresfrist erkennbar wird. Irgendeine Maßnahme (Mängelanzeige, Mängelrüge, Klage) ist nicht erforderlich.[4] Allerdings räumt die Richtlinie den Mitgliedstaaten die **Option** ein, für die Sachmängelansprüche statt dessen oder zusätzlich[5] eine **Verjährungsfrist** (in Deutschland: § 438 Abs. 1 Nr. 2 und 3 BGB) einzuführen, deren Dauer aber ebenfalls mindestens zwei Jahre ab dem Lieferzeitpunkt betragen muss. Macht ein Mitgliedstaat von dieser Option Gebrauch, so genügt es – nach Maßgabe des jeweiligen nationalen Rechts – nicht, wenn der Mangel innerhalb der Zweijahresfrist offenbar wird.

---

1 Zutreffend die Stellungnahme des Wirtschafts- und Sozialausschusses, ABlEG C 66/5 ff. v.3.3.1997 Rn 3.10.1.
2 *Soergel/Lüderitz/Schüßler-Langeheine*, Art. 36 CISG Rn 4; *Staudinger/Magnus*, Art. 36 CISG Rn. 9.
3 Verordnung Nr. 1182/71 des Rates v. 3.6.1971 zur Festlegung der Regeln für Daten, Fristen und Termine, ABlEG L 124/1 v. 8.6.1971; a.A. MüKo/*Grothe*, § 193 BGB Rn 3.
4 Vgl. *Jud*, Österreichische Juristenzeitung 1997, 441, 444; *Schwartze*, ZEuP 2000, 544, 570.
5 *Schwartze*, ZEuP 2000, 544, 571.

Denn zu den Problemkreisen einer etwaigen **Hemmung** oder **Unterbrechung** der in der Richtlinie vorgesehenen Gewährleistungsfrist sowie einer etwaigen Verjährungsfrist enthält die Richtlinie keine Maßgaben, so dass es nach dem 18. Erwägungsgrund dem nationalen Recht obliegt, die zur Wahrung der Verjährungsfrist erforderlichen Handlungen des Verbrauchers festzulegen. Dass die Vorbereitung der verjährungsunterbrechenden Maßnahme zu Lasten der Zweijahresfrist geht, wird hingenommen.[6]

C. Vermutung hinsichtlich des Zeitpunkts der Vertragswidrigkeit

5 Da einerseits der Mangel bereits zum Zeitpunkt der Lieferung (Art. 3 Abs. 1) zumindest der Anlage nach vorgelegen haben muss, andererseits aber erst zu einem späteren Zeitpunkt innerhalb der Zweijahresfrist offenbar zu werden braucht, wird die Frage, zu welchem Zeitpunkt ein später offenbar gewordener Mangel bzw. seine Anlage entstanden ist, in hohem Maße streitträchtig und kann den Verbraucher in erhebliche Beweisnot stürzen. Dieses Problem will die Richtlinie mit einer Vermutungsregelung bewältigen, nach der bei Offenbarwerden des Mangels **innerhalb von sechs Monaten nach Lieferung** vermutet wird, dass diese bereits zum Zeitpunkt der Lieferung bestand.[7] Die Beweislastregelung bei Fällen eines später auftauchenden Mangels bleibt dem nationalen Recht überlassen, das nach Art. 8 Abs. 2 auch für Fälle späteren Auftretens eines Mangels Beweiserleichterungen vorsehen kann.

6 Die Beweislastumkehr gilt **nur für den Zeitpunkt** des Vorliegens der Vertragswidrigkeit. Für das Vorliegen der Vertragswidrigkeit als solcher und deren Offenbarwerden innerhalb von sechs Monaten bleibt es bei der Autonomie des nationalen Rechts, was meist bedeuten wird, dass der Käufer insofern die Beweislast trägt.

7 Die Vermutung der Vertragswidrigkeit bei Auftauchen eines Mangels innerhalb von sechs Monaten nach Lieferung **gilt nicht**, wenn dies mit der **Art des Gutes** unvereinbar ist. Hierunter fällt zunächst **verderbliche Ware**.[8] Auch bei **Gebrauchtwaren** wird dies oft der Fall sein,[9] freilich dann nicht, wenn hier durch vertrags- und gewährleistungsbezogene Erklärungen des Verkäufers („generalüberholt"[10]) eine andere Erwartung begründet wird. Das gleiche gilt, wenn die „Art der Vertragswidrigkeit" – gemeint ist die **Art des Mangels**[11] – einer solchen Vermutung entgegensteht, was insbesondere bei typischen Folgen übermäßiger Abnutzung[12] oder bei auf äußere Einwirkung hindeutenden Beschädigungen[13] – oder sonst, wenn ein solcher Mangel aus technischen Gründen bei der Lieferung nicht vorgelegen haben kann[14] – der Fall ist.

D. Regelungsoption zur Unterrichtungsobliegenheit

8 Die Mitgliedstaaten können zusätzlich eine **Obliegenheit des Verbrauchers** begründen, den Verkäufer über die Vertragswidrigkeit der Kaufsache innerhalb von zwei Monaten nach deren Feststellung zu **unterrichten**. Eine solche Unterrichtung kann sich darauf beschränken, die gemachten Feststellungen hinsichtlich der Art der Fehlfunktion ungefähr zu beschreiben. Weitergehende Unterrichtungen können dem Verbraucher ebensowenig wie eine Obliegenheit, den gewählten Rechtsbehelf innerhalb dieser Frist geltend zumachen, auferlegt werden.

9 Diese Regelungsoption kann nach dem 20. Erwägungsgrund den Binnenmarkteffekt der Richtlinie beeinträchtigen.[15] Um erforderlichenfalls auf der Ebene des EG-Rechts reagieren zu können, sieht Abs. 2 eine **besondere Berichtspflicht** der Mitgliedstaaten an die Kommission und – hierauf aufbauend – der Kommission an die Öffentlichkeit vor.[16]

---

6 *Staudenmayer*, European Review of Private Law 4 (2000), 547, 556.
7 Kommissionsbegründung, Dok. KOM (95) 520 endg., S. 14.
8 Z.B. Lebensmittel, *Medicus*, ZIP 1996, 1925; *Staudenmayer*, European Review of Private Law 4 (2000), 547, 556.
9 *Staudenmayer*, European Review of Private Law 4 (2000), 547, 561; vgl. auch *Ehmann/Rust*, JZ 1999, 854, 857.
10 Zum weit reichenden rechtsgeschäftlichen Erklärungsgehalt dieses Begriffs BGH NJW 1995, 954, 955.
11 Vgl. *Gass*, FS Rolland, S. 129, 135.
12 *Jud*, Österreichische Juristenzeitung 1997, 441, 444.
13 *Medicus*, ZIP 1996, 1925, 1927.
14 *Staudenmayer*, European Review of Private Law 4 (2000), 547, 557.
15 Eingehend noch *Staudenmayer*, European Review of Private Law 4 (2000), 547, 557 f.
16 Berechtigte Kritik an der Kürze der Fristen *Micklitz*, EuZW 1999, 485, 488.

Artikel 6 Garantien

(1) Die Garantie muß denjenigen, der sie anbietet, zu den in der Garantieerklärung und der einschlägigen Werbung angegebenen Bedingungen binden.

(2) Die Garantie muß
- darlegen, daß der Verbraucher im Rahmen der geltenden innerstaatlichen Rechtsvorschriften über den Verbrauchsgüterkauf gesetzliche Rechte hat, und klarstellen, daß diese Rechte von der Garantie nicht berührt werden;
- in einfachen und verständlichen Formulierungen den Inhalt der Garantie und die wesentlichen Angaben enthalten, die für die Inanspruchnahme der Garantie notwendig sind, insbesondere die Dauer und den räumlichen Geltungsbereich des Garantieschutzes sowie Namen und Anschrift des Garantiegebers.

(3) Auf Wunsch des Verbrauchers muß diesem die Garantie schriftlich zur Verfügung gestellt werden oder auf einem anderen dauerhaften Datenträger enthalten sein, der dem Verbraucher zur Verfügung steht und ihm zugänglich ist.

(4) Die Mitgliedstaaten, in denen das Verbrauchsgut in Verkehr gebracht wird, können, soweit dies mit den Vorschriften des Vertrags vereinbar ist, für ihr Gebiet vorschreiben, daß die Garantie in einer oder in mehreren Sprachen abzufassen ist, die der jeweilige Mitgliedstaat unter den Amtssprachen der Gemeinschaft auswählt.

(5) Werden für eine Garantie die Anforderungen der Absätze 2, 3 oder 4 nicht erfüllt, so berührt dies in keinem Fall die Gültigkeit dieser Garantie; der Verbraucher kann sie weiterhin geltend machen und ihre Einhaltung verlangen.

Literatur: *Freitag*, Sprachenzwang, Sprachrisiko und Formanforderungen im IPR, IPRax 1999, 142; s. im Übrigen die Literaturangaben nach den Erwägungsgründen.

Inhalt

A. Zweck der Vorschrift	1	II. Form der Information	9
B. Inhalt der Garantie	2	III. Regelungsoption für die Sprache der Information	10
C. Informations- und Transparenzgebote	6		
I. Inhalt der Information	6	D. Salvatorische Klausel	13

A. Zweck der Vorschrift

Die Vorschrift trifft Regelungen für die von dem Kaufvertrag zwischen Käufer und Verkäufer zu unterscheidende **Garantievereinbarung zwischen Garantiegeber und Verbraucher**. Die Definition der Garantie und die Bezeichnung der möglichen Garantiegeber findet sich in Art. 1 Abs. 2 lit. e. Da die in Abs. 1 angesprochene Bindung an den Inhalt der Garantie vertragsrechtlich nach allen mitgliedstaatlichen Rechten ohnehin selbstverständlich ist, geht es der Vorschrift vor allem um die Bindung des Garanten an die Garantiewerbung und die Transparenz der Garantiebedingungen.[1] Insbesondere jede Irreführung des Verbrauchers soll nach dem 21. Erwägungsgrund vermieden werden.

B. Inhalt der Garantie

Die Garantie **muss zusätzlich zu den kraft Gesetzes bestehenden Gewährleistungsrechten** bestehen. Abs. 2 setzt die Geltung dieses Grundsatzes bereits voraus. Dieses ergibt sich daraus, dass die Gewährleistungsrechte nach Art. 7 Abs. 1 nicht abdingbar sind, auch nicht im Rahmen eines Garantievertrags.

Abs. 1 spricht zunächst den nach allen mitgliedstaatlichen Rechten selbstverständlichen Grundsatz aus, dass der Garantiegeber an den Inhalt seiner vertraglichen Garantieerklärung gebunden ist. Der wichtigere Regelungsgehalt der Vorschrift liegt mithin darin, dass der Garantiegeber auch an die einschlägige **Werbung gebunden** ist. Diese Maßgabe beruht auf der Einschätzung, dass der Käufer üblicherweise nicht den Inhalt der Garantieerklärung, wohl aber eine einschlägige Werbung kenne. Daher müssten sich die berechtigten Erwartungen und etwaige Vertrauenspositionen der Käufer an dieser Werbung orientieren.[2] Insofern beruht diese Regelung auf dem auch ansonsten im Gemeinschaftsrecht zugrunde gelegten Konzept der berechtigten Verbrauchererwartungen.[3] Eine vergleichbare Vorschrift enthält im Übrigen Art. 3 Abs. 2 der Pauschalreiserichtlinie, den den Veranstalter oder Vermittler an die Prospektangaben bindet.[4]

---

1 *Staudenmayer*, European Review of Private Law 4 (2000), 547, 559.
2 Kommissionsbegründung, Dok. KOM (95) 520 endg., S. 16.
3 *Micklitz*, EuZW 1997, 229, 232; instruktiv die kritische Analyse bei *W.-H. Roth*, in: Schulte-Nölke/Schulze, Europäische Rechtsangleichung und nationale Privatrechte, S. 45 ff.
4 Erläutert bei *Tonner*, in: Grabitz/Hilf, Recht der EU, Art. 3 RL 90/314/EWG Rn 18 ff.

4 Die Vorschrift erfasst grundsätzlich jede **Art der Werbung**, gleichviel in welchem Medium sie platziert wird. Neben den Print- und Rundfunkmedien gehören dazu auch Werbemaßnahmen im Bereich der Medien- oder Teledienste, etwa die Angaben auf einer Webpage.

5 Die Werbung muss **einschlägig** sein. Sie muss sich also auf die Garantie für den fraglichen Kaufgegenstand beziehen und diesen auch in räumlicher, zeitlicher und sachlicher Hinsicht betreffen. Zur Lösung von Abgrenzungsfragen ist auf den Gedanken abzustellen, dass die legitimen Verbrauchererwartungen, soweit sie auf bestimmten Erklärungen beruhen, eine auf den besonderen Fall der Verbraucherverträge bezogene Ausprägung des allgemeinen Grundsatzes darstellen, dass der Inhalt vertragsbezogener Erklärungen nach dem Empfängerhorizont des Adressaten zu bestimmen ist.[5] Nach dieser Vorgabe ist auch mit der Frage umzugehen, ob auch **bloße Sympathie- und Stimmungswerbung** oder **marktschreierische Anpreisungen** den Garantieinhalt bestimmen können. Dies ist lediglich insoweit zu bejahen, als ein verständiger Verbraucher hieraus auf einen bestimmten Inhalt der Garantie oder zumindest auf deren Ausrichtung an bestimmten Grundsätzen schließen wird.

C. Informations- und Transparenzgebote

I. Inhalt der Information

6 Dem Inhalt nach muss die Garantie (Garantievertrag, Garantieurkunde) selbst dem Verbraucher zunächst ausdrücklich das **Nebeneinander von gesetzlicher Gewährleistung und Garantie** mitteilen. Hierzu gehört im Einzelnen, dass der Verbraucher nach Maßgabe des auf den Vertrag anwendbaren Rechts bestimmte gesetzliche Rechte hat und dass diese Rechte durch die Garantie nicht berührt werden. Mit den Rechten des Verbrauchers sind dessen gesetzliche Gewährleistungsrechte gemeint. Die Darlegung muss allerdings lediglich das Bestehen gesetzlicher Rechte im Falle einer nicht vertragsgemäßen Ware umfassen. Der Inhalt dieser Rechte muss nicht, auch nicht den Grundzügen nach, dargestellt werden. Hingegen muss die Mitteilung ausdrücklich die Angabe enthalten, dass die Garantie zusätzlich zu diesen gesetzlichen Rechten und nicht etwa an deren Stelle besteht.

7 Die Garantie muss ferner die **für eine Inanspruchnahme der Garantie notwendigen Angaben** enthalten. Dazu gehören neben Namen und Anschrift des Garantiegebers auch die Voraussetzungen des Garantiefalls sowie die Rechte, die dem Kunden aus der Garantie zustehen, einschließlich ihres räumlichen Geltungsbereichs sowie die Dauer einer etwaigen Garantiefrist.

8 Ihrer **Abfassung** nach müssen diese Angaben „klar und verständlich" sein. Damit wird auf ein Merkmal abgestellt, das auch in Art. 5 Abs. 1 der Klauselrichtlinie 93/13/EWG zugrunde gelegt wird. Daraus folgt insbesondere hinsichtlich der erforderlichen Angaben das auch im 21. Erwägungsgrund genannte Irreführungsverbot, zu dem vor allem das Gebot der Richtigkeit und Vollständigkeit sowie ein Verbot der Missverständlichkeit gehören. Die im Hinblick auf den Sprachduktus bestehenden Transparenzanforderungen sind noch unklar. Dies gilt insbesondere für die Frage, ob und inwieweit eine Orientierung an alltagssprachlichen Formen geboten ist.[6]

II. Form der Information

9 Die Information muss dem Verbraucher nach Wahl des Käufers entweder **schriftlich** oder auf einem dauerhaften und dem Verbraucher zugänglichen **Datenträger** zur Verfügung stehen. Dies dient der Möglichkeit des Verbrauchers, die Garantiebedingungen in Ruhe zur Kenntnis nehmen zu können und sie im Bedarfsfall verlässlich zur Verfügung zu haben. Mit dem Merkmal „schriftlich" wird keine Schriftform, sondern – in der Terminologie des deutschen Rechts – Textform verlangt. Die Zurverfügungstellung auf einem dauerhaften Datenträger setzt voraus, dass dem Verbraucher der Text mit den Garantiebedingungen in einer lesbaren und (über längere Zeit) reproduzierbaren Form übermittelt wird. Dies ist bei Übermittlung per CD-Rom oder Diskette in einem Standardformat zu bejahen; die Übermittlung per E-Mail genügt, wenn sie zur Speicherung auf dem Server des Providers des Käufers führt. Das bloße Bereithalten zum Download von einer Webpage des Bestellers reicht nicht; vielmehr muss der Bestellvorgang so gestaltet sein, dass der Kunde die Bedingungen auch tatsächlich „herunterlädt" und auf einer Festplatte, CD oder Diskette speichert.

III. Regelungsoption für die Sprache der Information

10 Abs. 4 ermöglicht den Mitgliedstaaten, eine Regelung für die Wahl der Vertragssprache zu treffen, indem sie vorschreiben, dass die Garantie in einer oder in mehreren Amtssprachen der EG abgefasst sein muss. Zu beachten ist, dass Abs. 4 eine versteckte Vorgabe für die **kollisionsrechtliche Anwendbarkeit** enthält, indem sie die fragliche Regelungsmöglichkeit lediglich für den Mitgliedstaat, in dem das Verbrauchsgut

---

[5] W.-H. Roth, in: Schulte-Nölke/Schulze, Europäische Rechtsangleichung und nationale Privatrechte, S. 45, 52.
[6] Vgl. Pfeiffer, in: Grabitz/Hilf, Das Recht der EU, Art. 5 RL 93/13/EWG Rn 9 ff.

„in Verkehr gebracht" wurde und auch nur „für dessen Gebiet", einräumt. Diese Vorgabe weicht von den für das Vertragsstatut geltenden kollisionsrechtlichen Maßgaben der Art. 4 und 5 EVÜ insofern ab, als das Merkmal „in Verkehr bringen" im Gebiet eines Mitgliedstaates wohl auf den Absatzort abstellt, wohingegen es für Art. 4 EVÜ auf den Sitz des Verkäufers, für Art. 5 EVÜ auf den Ort der Vertragsanbahnung ankommt. Ohnehin spricht vieles dafür, derartige Sprachzwangregelungen, soweit sie nicht der nationalen Sprachpflege dienen, als Formvorschriften zu qualifizieren,[7] was zu Divergenzen im Vergleich zu Art. 9 EVÜ führt. Zwar ist zu erwägen, diese Divergenzen dadurch abzumildern, dass bei der Auslegung des Merkmals „in Verkehr bringen" die Wertungen des EVÜ berücksichtigt werden. Selbst dann bleibt aber zu beachten, dass Art. 6 Abs. 4 den Mitgliedstaaten lediglich die Schaffung einseitiger Kollisionsnormen ermöglicht, während das EVÜ auf dem Allseitigkeitsprinzip beruht. Bei Divergenzen haben die Richtlinien und die auf ihr beruhenden nationalen Transformationsregeln Vorrang vor dem EVÜ (Art. 20 EVÜ).

Im Hinblick auf das **Transparenzgebot** des Art. 5 Satz 1 der Klauselrichtlinie 93/13/EWG wird erörtert, inwieweit für den Verwender die Obliegenheit besteht, dem Verbraucher das Klauselwerk in einer ihm verständlichen Sprache zur Verfügung zu stellen. Geht man davon aus, dass dies nur zu bejahen ist, wenn der Verkäufer sich zielgerichtet an Verbraucher in einem bestimmten Sprachraum wendet,[8] werden sich im Regelfall auch dann keine Divergenzen ergeben, wenn ein Mitgliedstaat die Verwendung seiner eigenen Sprache für im Inland in Verkehr gebrachte Waren vorschreibt. **11**

Die zu schaffende Regelung muss mit den „Vorschriften des Vertrags" vereinbar sein. Damit sind nicht etwa die Bestimmungen des Kauf- oder Garantievertrags gemeint, sondern vielmehr, wie der englische oder französische Text (*treaty* bzw. *traité*) zeigen, die **Vorschriften des EG-Vertrags**. Inwieweit das Gebot der Nichtdiskriminierung oder die Warenverkehrsfreiheit Schranken für solche Sprachregelungen errichten, ist unklar. **12**

D. Salvatorische Klausel

Die **Nichterfüllung der in den Abs. 2, 3 und 4 niedergelegten Transparenzgebote** soll dem Verkäufer nicht auch noch zugute kommen. Abs. 5 legt deshalb fest, dass eine solche Nichterfüllung die Wirksamkeit der Garantie unberührt lässt. Dem Verkäufer droht aber eine Unterlassungsklage nach Maßgabe des nationalen Umsetzungsrechts zur Richtlinie 98/27/EG des Europäischen Parlaments und des Rates vom 19.5.1998 über Unterlassungsklagen zum Schutz der Verbraucherinteressen.[9] **13**

Artikel 7 Unabdingbarkeit

(1) Vertragsklauseln oder mit dem Verkäufer vor dessen Unterrichtung über die Vertragswidrigkeit getroffene Vereinbarungen, durch welche die mit dieser Richtlinie gewährten Rechte unmittelbar oder mittelbar außer Kraft gesetzt oder eingeschränkt werden, sind für den Verbraucher gemäß dem innerstaatlichen Recht nicht bindend.
Im Fall gebrauchter Güter können die Mitgliedstaaten vorsehen, daß der Verkäufer und der Verbraucher sich auf Vertragsklauseln oder Vereinbarungen einigen können, denen zufolge der Verkäufer weniger lange haftet als in Artikel 5 Absatz 1 vorgesehen. Diese kürzere Haftungsdauer darf ein Jahr nicht unterschreiten.
(2) Die Mitgliedstaaten treffen die erforderlichen Maßnahmen, damit dem Verbraucher der durch diese Richtlinie gewährte Schutz nicht dadurch vorenthalten wird, daß das Recht eines Nichtmitgliedstaats als das auf den Vertrag anzuwendende Recht gewählt wird, sofern dieser Vertrag einen engen Zusammenhang mit dem Gebiet der Mitgliedstaaten aufweist.

Literatur: *Brinker*, Die Vereinbarkeit des Art. 12 AGBG mit Art. 6 Abs. 2 der EG-Richtlinie über mißbräuchliche Klauseln in Verbraucherverträgen, Diss., Bielefeld 2000; *Freitag/Leible*, Von den Schwierigkeiten der Umsetzung kollisionsrechtlicher Richtlinienbestimmungen, ZIP 1999, 1296; *Jayme*, Klauselrichtlinie und Internationales Privatrecht, FS Trinkner, 1995, S. 575; *Leible*, Kollisionsrechtlicher Verbraucherschutz im EVÜ und in EG-Richtlinien, in: Schulte-Nölke/Schulze, Europäische Rechtsangleichung und nationales Privatrecht, 1999, S. 353; *ders.*, Rechtswahlfreiheit und kollisionsrechtlicher Verbraucherschutz, Jahrbuch Junger Zivilrechtswissenschaftler 1995, 1996, S. 245; *Pfeiffer*, Die Entwicklung des Internationalen Vertrags-, Schuld- und Sachenrechts 1997–1999, NJW 1999, 3674; *Staudinger*, Rom, Brüssel, Amsterdam: Chiffren eines Europäischen Kollisionsrechts für Verbraucherverträge, ZfRV 2000, 93; *ders.*, Internationales Verbraucherschutzrecht made in Germany, RIW 2000, 416; *ders.*, Artikel 6 Absatz 2 der Klauselrichtlinie und § 12 AGBG, 1998; *Wagner*, Zusammenführung verbraucherschützender Kollisionsnormen aufgrund von EG-Richtlinien in einem neuen Art. 29 a EGBGB, IPRax 2000, 249; *v. Wilmowsky*, Der internationale Verbrauchervertrag im EG-Binnenmarkt, ZEuP 1995, 735; s. im Übrigen die Literaturangaben nach den Erwägungsgründen.

---

[7] *Freitag*, IPRax 1999, 142.
[8] Vgl. *Pfeiffer*, in: Grabitz/Hilf, Recht der EU, Art. 5 RL 93/13/EWG Rn 20.
[9] ABlEG L 166/51 v. 11.6.1998; vgl. *Staudenmayer*, European Review of Private Law 4 (2000), 547, 560.

Art. 7 Kauf-RL

Inhalt

- A. Allgemeines 1
- B. Unabdingbarkeit nach Abs. 1 2
  - I. Allgemeines 2
  - II. Verkürzung der Gewährleistungsfrist bei Gebrauchtwaren 5
- C. Internationalprivatrechtliche Anwendbarkeit 9

A. Allgemeines

1 Die Vorschrift gestaltet den Regelungsgehalt der Richtlinie zugunsten der Verbraucher (also einseitig) zwingend und damit **nicht dispositiv** aus. Dieser zwingende Regelungsgehalt besteht sowohl sachrechtlich nach Abs. 1 als auch kollisionsrechtlich nach Abs. 2.

B. Unabdingbarkeit nach Abs. 1

I. Allgemeines

2 Der sachrechtlich zwingende Gehalt der Richtlinie gilt für „Vertragsklauseln" und mit dem Verkäufer „vor dessen Unterrichtung über die Vertragswidrigkeit" getroffene Vereinbarungen. **Vertragsklauseln** sind sämtliche sprachlich und inhaltlich eigenständigen Bestimmungen eines Vertrags. Dabei kann es sich, wie ein systematischer Vergleich mit Art. 3 der Klauselrichtlinie 93/13/EWG zeigt, auch um einzeln und frei ausgehandelte Klauseln handeln.[1] Neben den als Bestandteil oder als Annex des Kaufvertrags vereinbarten Klauseln erfasst die Vorschrift sämtliche **Vereinbarungen** bis zu der in der Vorschrift genannten **Unterrichtung des Verkäufers** über die Vertragswidrigkeit. Diese Unterrichtung muss nach dem Schutzzweck der Vorschrift, dass nur der über den Mangel informierte Verbraucher disponieren können soll, durch den Verbraucher erfolgt sein.[2] Vereinbarungen, die nach dem Zeitpunkt der Unterrichtung getroffen werden, sind als Abreden über die Abwicklung der Gewährleistung möglich.

3 Die Vorschrift gilt sowohl **für unmittelbare als auch für mittelbare Einschränkungen** der in der Richtlinie vorgesehenen Rechte. Um eine mittelbare Einschränkung handelt es sich nach dem 22. Erwägungsgrund, wenn der Käufer im Hinblick auf Art. 2 Abs. 3 die Kenntnis eines bestimmten Zustands bestätigt („gekauft wie besichtigt").[3] Das Gleiche gilt beispielsweise, wenn neue Waren als gebraucht verkauft werden, um die Gewährleistungsfrist abkürzen zu können.

4 Ein **Rest an Vertragsfreiheit** verbleibt den Parteien insofern, als das Gewährleistungssystem der Richtlinie nach Art. 2 Abs. 1 an das Merkmal der **Vertragsmäßigkeit** anknüpft. Denn damit obliegt es in erster Linie den Parteien, den vertraglich gewollten Qualitätsstandard festzulegen, wobei allerdings die Vermutungen des Art. 2 Abs. 2 berücksichtigt werden müssen.[4] Außerdem kann der Verkäufer dem Käufer tatsächliche **Kenntnis des Mangels** verschaffen (Art. 2 Abs. 4) und insofern eine etwaige Haftung im Ergebnis ausschließen.[5]

II. Verkürzung der Gewährleistungsfrist bei Gebrauchtwaren

5 Nicht ausgeschlossen ist nach Abs. 1 Unterabs. 2 eine **Verkürzung der Gewährleistungsfrist** bei Gebrauchtwaren durch Parteivereinbarung. Die Zulässigkeit einer solchen Vereinbarung wird allerdings durch die Richtlinie nicht selbst angeordnet. Es wird den Mitgliedstaaten lediglich anheim gestellt, über die Zulässigkeit solcher Vereinbarungen in ihrer Rechtsordnung zu entscheiden. Immerhin wird man der Vorschrift aber die EG-rechtliche Wertung entnehmen müssen, dass eine solche Vereinbarung, unbeschadet anderer Wirksamkeitsvoraussetzungen, selbst wenn sie nicht einzeln ausgehandelt wurde, jedenfalls nicht missbräuchlich im Sinne des Art. 3 Abs. 1 der Klauselrichtlinie 93/13/EWG ist.

6 **Den Umfang der Verkürzung** der zweijährigen Frist des Art. 5 Abs. 1, den die Mitgliedstaaten zulassen, bestimmen sie in ihrem nationalen Recht. Die mitgliedstaatlichen Regeln müssen aber eine nicht dispositive Mindestfrist von einem Jahr vorsehen.

7 Unter welchen Voraussetzungen Waren als **gebraucht** anzusehen sind, wird in der Richtlinie nicht ausdrücklich definiert. Daraus wird man aber nicht schließen können, dass diese Frage der Klärung durch das nationale Recht überlassen ist. Vielmehr sprechen gewichtige Gründe dafür, der Richtlinie jedenfalls die Vorgabe zu entnehmen, dass das Merkmal „gebraucht" objektiv zu verstehen ist und nicht davon abhängt, ob die Vertragsparteien eine Ware als „neu" oder „gebraucht" bezeichnen. Dies folgt einmal daraus, dass die Privilegierung des Gebrauchtwarenverkäufers nach dem 16. Erwägungsgrund auf der

---

[1] Zur rechtspolitischen Kritik *Canaris*, AcP 200 (2000), 273, 362; *Junker*, DZWiR 1997, 271, 278 f.; *Pfeiffer*, in: Ernst/Zimmermann, Zivilrechtswissenschaft und Schuldrechtsreform, S. 481, 492.
[2] *Deards*, Journal of Consumer Policy 21 (1998), 99, 106.
[3] *Staudenmayer*, European Review of Private Law 4 (2000), 547, 561.
[4] Näher Art. 2 Rn 10.
[5] *Schmidt-Räntsch*, ZIP 1998, 849, 851.

"Eigenart" dieser Waren beruht. Zum anderen ergibt sich dieses Ergebnis aus der Nichtdispositivität der Gewährleistungsfrist für neue Waren, die umgangen werden könnte, wenn die Gebrauchtwareneigenschaft durch Parteivereinbarung bestimmt würde. Eine andere Beurteilung ergibt sich auch nicht daraus, dass den Parteien insofern ein Rest an Vertragsautonomie bleibt, als sie den Standard der Vertragsmäßigkeit im Sinne des Art. 2 Abs. 1 selbst festlegen. Zwar wird bei Gebrauchtwaren regelmäßig ein anderer Qualitätsstandard gelten. Jedoch kann die Festlegung des Qualitätsstandards unabhängig von der Neuheit einer Ware festgelegt werden, so dass von der insofern bestehenden Dispositionsfreiheit nicht auf eine ebensolche bezüglich der Neuheit oder Gebrauchtheit geschlossen werden kann. Eine Konkretisierung obliegt, soweit die Abgrenzung zweifelhaft sein kann, dem EuGH, dessen Rechtsprechung mithin abzuwarten bleibt.

Die Verkürzung der Gewährleistung auf ein Jahr tritt, soweit nach nationalem Recht zulässig, bei gebrauchten Waren nicht ohne weiteres ein, sondern bedarf einer entsprechenden **Vereinbarung**. Deren Wirksamkeit bestimmt sich nach dem anwendbaren Vertragsrecht. **8**

C. Internationalprivatrechtliche Anwendbarkeit

Abs. 2 enthält die bei Richtlinien des Verbrauchervertragsrechts übliche **Flankierung** auf der Ebene des Internationalen Privatrechts. Sie enthält nicht selbst eine Kollisionsnorm, sondern schreibt den Mitgliedstaaten lediglich das Ziel der Schaffung einer Kollisionsnorm vor. Kollisionsrechtlich ist die zu schaffende Vorschrift als sog. **Exklusivnorm** zu charakterisieren, die den Anwendungsbereich des eigenen Rechts über die vertragsrechtlichen Grundregeln hinaus ausdehnt. Zugleich soll es sich um eine **negative Rechtsanwendungsregel** handeln, die nicht etwa die Geltung des eigenen Rechts anordnet, sondern lediglich dessen Verdrängung durch ein fremdes Recht ausschließt.[6] **9**

Systematisch steht sie im Kontext des in Europa durch das **Europäische Schuldvertragsübereinkommen** (EVÜ) vereinheitlichten Schuldvertrags-IPR, das in seinen Art. 3 und 4 (= Art. 27 und Art. 28 EGBGB) das anwendbare Vertragsrecht bestimmt und in Art. 5 EVÜ (= Art. 29 EGBGB) eine eigenständige kollisionsrechtliche Verbraucherschutznorm bereithält. In systematischer Hinsicht kommt allerdings nach Art. 20 EVÜ (vgl. Art. 3 Abs. 2 S. 2 EGBGB) Art. 7 Abs. 2 der vorliegenden Richtlinie der **Vorrang** zu, wobei das Richtlinien IPR mit dem EVÜ unzureichend abgestimmt ist. **10**

Die in der Terminologie des Internationalen Privatrechts als **Qualifikation** bezeichnete Bestimmung des Anwendungsbereichs der Vorschrift richtet sich nach den europäisch-autonomen Vorgaben dieser Richtlinie. Sie gilt für die von der Richtlinie erfassten Verbrauchsgüterkaufverträge und Garantieverträge **11**

Als negativ gefasste Norm verbietet Art. 7 Abs. 2, dass dem Verbraucher der durch die Richtlinie vorgesehene Schutz (gemeint ist der sachrechtliche Schutzstandard) vorenthalten wird, indem die Geltung eines drittstaatlichen Rechts verabredet wird. Das Merkmal der Vorenthaltung setzt voraus, dass ohne Rechtswahl der Schutzstandard der Richtlinie (in der Form eines mitgliedstaatlichen Transformationsrechts) gelten würde. Voraussetzung ist damit, dass ein **mitgliedstaatliches Recht kraft gesetzlicher Anknüpfung „an sich" anwendbar** ist. Die Vorschrift greift also nicht ein, wenn zwar ein drittstaatliches Recht gewählt wurde, dieses jedoch auch ohne Rechtswahl aufgrund einer gesetzlichen Anknüpfung anwendbar gewesen wäre. **12**

Für eine **entsprechende Anwendung auf Fälle ohne Rechtswahl** spricht zwar, dass nur bei deren Zulassung das kollisionsrechtlich entscheidende Wertungskriterium der Vorschrift – nämlich der enge Zusammenhang zum Gebiet der Mitgliedstaaten – einen vernünftigen Sinn erhielte.[7] Aufgrund der Entstehungsgeschichte **scheidet** eine entsprechende Anwendung auf Fälle ohne Rechtswahl aber **aus**. Die Kommission hatte eine weitergehende Fassung ausdrücklich vorgeschlagen;[8] dieser rechtssystematisch vorzugswürdige Vorschlag hat sich im Gesetzgebungsverfahren jedoch – wohl aufgrund einer bewussten Intervention des Parlaments[9] – nicht durchgesetzt. Eine Korrektur dieser Entscheidung im Wege der Analogie dürfte sich daher verbieten.[10] Damit weist die Vorschrift eine erhebliche Schutzlücke in einer für den Binnenmarkt ganz wesentlichen Fallgruppe auf: Ein drittstaatlicher Anbieter, der innerhalb des Binnenmarktes gezielt um Geschäfte mit aus einem anderen Mitgliedstaat stammenden Touristen wirbt, kann nach Art. 4 EVÜ nach dem Recht seines Sitzlandes liefern und wird von der Richtlinie nicht erfasst. **13**

Art. 7 Abs. 2 setzt zunächst einen **engen Zusammenhang** des fraglichen Vertrags „mit dem Gebiet der Mitgliedstaaten" voraus. Da allerdings Art. 7 Abs. 2 ohnehin nur zur Anwendung kommt, wenn ein an sich anwendbares mitgliedstaatliches Recht abgewählt wird, kann sie nur zur Anwendung kommen, **14**

---

6 Zu dieser beschränkten Zweckrichtung *Staudenmayer*, in: Schulte-Nölke/Schulze, Europäische Rechtsangleichung und nationale Privatrechte, S. 63, 69 ff.
7 Eingehend und mit Nachweisen zum Streitstand bei dem Parallelproblem des Art. 6 Abs. 2 der Klauselrichtlinie 93/13/EWG *Pfeiffer*, in: Grabitz/Hilf, Art. 6 RL 93/13/EWG Rn 33 ff.; ferner *Brinker*, Diss., S. 98 ff.
8 Art. 6 Abs. 2 des Kommissionsentwurfs v. 18.6.1996, Dok. KOM (95) 520 endg., S. 23.
9 ABlEG C 104/39 v. 6.4.1998.
10 So wohl auch *Brinker*, Diss., S. 101.

wenn ohnehin schon entweder zu diesem Mitgliedstaat ohnehin die engste Verbindung i. S.d. Art. 4 EVÜ (= Art. 28 EGBGB) oder doch die von Art. 5 EVÜ (= Art. 29 EGBGB) vorausgesetzte enge Verbindung besteht. In diesen Fällen muss der von Art. 7 Abs. 2 der Richtlinie vorausgesetzte enge Zusammenhang mit dem Gebiet der Mitgliedstaaten ohnehin bejaht werden. Das **Kriterium** ist mithin **praktisch funktionslos**.[11]

15 Der negativen Formulierung der Bestimmung ist für die Rechtsfolgenseite zu entnehmen, dass die Bestimmung nicht notwendig auf eine Anwendung eines bestimmten mitgliedstaatlichen Rechts zielt. Entscheidend ist vielmehr die Wahrung des sachrechtlichen Schutzstandards.[12] Ihrer verbraucherschützenden Zweckrichtung – wie auch einem systematischen Argument aus Art. 5 EVÜ – entspricht es daher am ehesten, die Vorschrift im Sinne eines **Günstigkeitsvergleichs** auszulegen.[13] Art. 7 Abs. 2 steht damit der Anwendung eines drittstaatlichen Rechts insoweit nicht entgegen, als dieses für den Verbraucher günstigere Rechtsfolgen bereithält.

16 Der **Umsetzung in Deutschland** dient Art. 29 a EGBGB. Die Vorschrift trifft keine Vorsorge für den Fall, dass auf das Recht eines anderen Mitgliedstaates verwiesen wird, der seinerseits eine unzureichende Umsetzung der Richtlinie vorgenommen hat. Ob der deutsche Gesetzgeber auf der Ebene des Internationalen Privatrechts hierfür hätte Vorsorge treffen müssen, was durch eine besondere **ordre public-Vorschrift** leicht möglich gewesen wäre, ist umstritten[14] und bedarf ggf. der Klärung durch eine EuGH-Vorlage. Eine Abweichung von der Richtlinie enthält Art. 29 a EGBGB insoweit, als er einen engen Zusammenhang zum Gebiet „eines Mitgliedstaates" aufweist, wohingegen dieser nach der Richtlinie lediglich zum Gebiet „der Mitgliedstaaten" bestehen muss und insofern für eine Kumulation der Kontakte zu einzelnen Mitgliedstaaten offen ist.[15] Angesichts der Funktionslosigkeit des Merkmals ist diese Abweichung aber ohne praktischen Belang.

Artikel 8 Innerstaatliches Recht und Mindestschutz

(1) Andere Ansprüche, die der Verbraucher aufgrund innerstaatlicher Rechtsvorschriften über die vertragliche oder außervertragliche Haftung geltend machen kann, werden durch die aufgrund dieser Richtlinie gewährten Rechte nicht berührt.

(2) Die Mitgliedstaaten können in dem unter diese Richtlinie fallenden Bereich mit dem Vertrag in Einklang stehende strengere Bestimmungen erlassen oder aufrechterhalten, um ein höheres Schutzniveau für die Verbraucher sicherzustellen.

Inhalt

A. Überblick 1	II. Anwendungsbereich der Richtlinie 5
B. Teilharmonisierung nach Abs. 1 2	III. Strengere Bestimmungen 6
C. Mindestharmonisierung nach Abs. 2 4	IV. In den Grenzen des EG-Vertrags 9
I. Allgemeines 4	V. Verfahrensrechtliche Konsequenzen 13

A. Überblick

1 Die Vorschrift ist Ausdruck des Umstands, dass die Richtlinie nur „bestimmte Aspekte" des Verbrauchsgüterkaufs (Teilharmonisierung) und diese auch nur im Sinne der Schaffung eines „Mindestsockels" an Rechten regelt (Mindestharmonisierung). Abs. 1 stellt als Regelung der **Teilharmonisierung** klar, dass Ansprüche, die nach mitgliedstaatlichem Recht auf die Begründung einer vertraglichen oder außervertraglichen Haftung zielen, von der Richtlinie unberührt bleiben. Abs. 2 stellt klar, dass es sich zugleich lediglich um eine **Mindestharmonisierung** handelt und daher weitergehende Verbraucherrechte durch das mitgliedstaatliche Recht vorgesehen werden können.

B. Teilharmonisierung nach Abs. 1

2 Nach dem in Abs. 1 niedergelegten Konzept der Teilharmonisierung enthält die Richtlinie keinerlei Regelungen und damit **keinerlei Vorgaben zum Recht der vertraglichen oder außervertraglichen**

---

11 Das wird in der Literatur meist nicht beachtet, vgl. *Rieger*, VuR 1999, 287, 292.
12 Vgl. zum Parallelproblem des Art. 6 Abs. 2 der Klauselrichtlinie 93/13/EWG *Pfeiffer*, in: Grabitz/Hilf, Art. 6 RL 93/13/EWG Rn 32.
13 So zum Parallelproblem bei Art. 6 Abs. 2 der Klauselrichtlinie *Brinker*, Diss., S. 165; *Jayme*, FS Trinkner, S. 575, 577; *Leible*, Jahrbuch Junger Zivilrechtswissenschaftler 1995, 245, 258; *Pfeiffer*, in: Grabitz/Hilf, Art. 6 RL 93/13/EWG Rn 44; *Staudinger*, Artikel 6 Abs. 2 der Klauselrichtlinie, S. 30 f.; *v. Wilmowsky*, ZEuP 1995, 735, 760.
14 Bejahend *Pfeiffer*, NJW 1999, 3674, 3680.
15 Anders der italienische und der niederländische Wortlaut (*uno stretto collegamento col territorio di uno stato membro; nauwe band ... tussen de overeenkomst en het grondgebied van een lidstaat*); dies dürfte auf einem Übersetzungsfehler beruhen; vgl. zum Parallelproblem des Art. 6 Abs. 2 der Klauselrichtlinie 93/13/EWG *Pfeiffer*, in: Grabitz/Hilf, Art. 6 RL 93/13/EWG Rn 31.

Haftung. Das ist angesichts des Regelungsgehalts der Richtlinie an sich selbstverständlich[1] und wird durch Art. 8 Abs. 1 lediglich klargestellt. Unberührt bleiben damit sämtliche Haftungstatbestände des nationalen Rechts, gleichviel aus welchem Rechtsgrund und für welche Fallgruppen diese eingreifen. Als Fall der „Haftung" sind sämtliche Regeln anzusehen, deren Rechtsfolge in einer Geldzahlung oder sonstigen Kompensation liegt, soweit es sich nicht um eine bloße Minderung des Kaufpreises (Art. 3 Abs. 5) oder dessen Rückzahlung bei Vertragsauflösung handelt.

Bezogen auf das **deutsche Recht** enthält die Richtlinie damit insbesondere keinerlei Vorgaben für Schadensersatzansprüche, gleichviel welcher Art: wegen Verzugs, Unmöglichkeit, sonstiger Pflichtverletzungen, wegen Rechts- oder Sachmängeln, gerichtet auf Ersatz von Mangelschäden oder Mangelfolgeschäden,[2] gerichtet auf „einfachen" Schadensersatz oder Schadensersatz statt der Leistung. Nichts anderes gilt für den Aufwendungsersatzanspruch nach § 284 BGB oder den Anspruch auf Herausgabe des stellvertretenden Commodums nach § 285 BGB sowie für sämtliche deliktischen Ersatzansprüche. 3

C. Mindestharmonisierung nach Abs. 2

I. Allgemeines

Abs. 2 stellt es den Mitgliedstaaten frei, in den Grenzen des EG-Vertrags durch strengere Vorschriften ein höheres Schutzniveau zugunsten der Verbraucher zu gewährleisten. Damit folgt die Richtlinie dem auch anderen Richtlinien des Verbraucherrechts zugrunde liegenden Konzept der Mindestharmonisierung. 4

II. Anwendungsbereich der Richtlinie

Die Vorschrift ist lediglich von Bedeutung **innerhalb des Anwendungsbereichs** der Richtlinie in sachlicher, persönlicher und zeitlicher Hinsicht. Wird der Anwendungsbereich der mitgliedstaatlichen Transformationsvorschriften weiter gefasst als derjenige der Richtlinie, so handelt es sich nicht um eine Maßnahme auf dem Gebiet der Richtlinie, sondern außerhalb desselben. Maßnahmen außerhalb ihres Anwendungsbereichs steht die Richtlinie ohnehin nicht entgegen.[3] 5

III. Strengere Bestimmungen

Strengere Bestimmungen, die auf ein höheres Verbraucherschutzniveau zielen, sind solche, die für Verbraucherrechte **geringere tatbestandliche Voraussetzungen und/oder weiter gehende Rechtsfolgen** vorsehen. Da die Richtlinie einen Mindeststandard begründet, ist eine Kompensation von Vor- und Nachteilen des nationalen Rechts nicht zulässig. Maßgebend ist vielmehr stets das Ergebnis. Daher müssen die betreffenden Vorschriften in allen Einzelfällen zu einem für den Verbraucher günstigeren oder jedenfalls nicht nachteiligeren Ergebnis führen.[4] 6

Im Hinblick auf die Adressateneigenschaft der Mitgliedstaaten als solche (und nicht nur der Legislative) sowie auf die Maßgeblichkeit des Ergebnisses und ferner mit Rücksicht auf die insbesondere, aber keineswegs nur im angelsächsischen Rechtskreises festzustellende Bedeutung des Richterrechts ist das Merkmal der **Bestimmung** weit zu verstehen; es schließt damit richterrechtlich entwickelte Rechtssätze ein.[5] 7

Die in Art. 8 Abs. 2 genannten Kriterien der strengeren Bestimmung und des höheren Schutzniveaus betreffen das sachliche Verbraucherschutzniveau und damit nur das **Sachrecht, nicht aber das Kollisionsrecht**.[6] 8

IV. In den Grenzen des EG-Vertrags

Wie die Mitgliedstaaten sind die Organe der EG an den EG-Vertrag gebunden. Deshalb ermöglicht Art. 8 Abs. 2 lediglich mit dem EG-Vertrag zu vereinbarendes strengeres nationales Recht. Die insoweit einschlägigen Maßgaben folgen vor allem aus dem Diskriminierungsverbot des Art. 12 EGV sowie aus den Grundfreiheiten des EG-Vertrags,[7] wobei in erster Linie die Warenverkehrsfreiheit einschlägig sein 9

---

1 Hiervon ausgehend auch die Kommissionsbegründung Dok. KOM (95) 520 – endg., S. 17.
2 Die Kommissionsbegründung, Dok. KOM (95) 520 – endg., S. 17 nennt als Beispiele die Kosten für die Miete eines Ersatzfahrzeugs (bei Kauf eines mangelhaften Fahrzeugs) oder die Kosten des Ersatzes für einen durch eine Teppichreinigungsmaschine beschädigten Teppich.
3 *Pfeiffer*, in: Grabitz/Hilf, Recht der EU, Art. 8 RL 93/13/EWG Rn 6.
4 Vgl. zum Parallelproblem bei Art. 8 der Klauselrichtlinie mit Nachweisen *Pfeiffer*, in: Grabitz/Hilf, Recht der EU, Art. 8 RL 93/13/EWG Rn 9.
5 Vgl. zum Parallelproblem bei Art. 8 der Klauselrichtlinie mit Nachweisen *Pfeiffer*, in: Grabitz/Hilf, Recht der EU, Art. 8 RL 93/13/EWG Rn 8.
6 Vgl. zum Parallelproblem bei Art. 8 der Klauselrichtlinie mit Nachweisen. *Pfeiffer*, in: Grabitz/Hilf, Recht der EU, Art. 8 RL 93/13/EWG Rn 19.
7 Vgl. zum Parallelproblem bei Art 8 der Klauselrichtlinie *Kapnopoulou*, Das Recht der mißbräuchlichen Klauseln in der EU, S. 163.

wird. Zivilrechtliche Regeln, die über die vorliegende Richtlinie hinausgehen, dürfen keine Maßnahme gleicher Wirkung wie eine mengenmäßige Einfuhrbeschränkung (Art. 28 EGV) oder eine mengenmäßige Ausfuhrbeschränkung (Art. 29 EGV) darstellen.

10 Als **Maßnahmen gleicher Wirkung** wie Einfuhrbeschränkungen kommen nach der *Dassonville*-Formel alle Handelsregelungen der Mitgliedstaaten in Betracht, die geeignet sind, den innergemeinschaftlichen Handel unmittelbar oder mittelbar, tatsächlich oder potentiell, zu behindern.[8] Demgegenüber brauchen als Maßnahmen gleicher Wirkungen wie Ausfuhrbeschränkungen lediglich zielgerichtete Beschränkungen des Exports angesehen zu werden, da die meisten Staaten am Export interessiert sind und hier eine geringere Gefahr versteckter Beeinträchtigungen des innergemeinschaftlichen Handels besteht.[9] Soweit es um das kaufrechtliche Gewährleistungsrecht geht, hat der EuGH in der *Alsthom*-Entscheidung geäußert, eine im französischen Recht vorgesehene nicht dispositive Einstandspflicht des gewerblichen Verkäufers für versteckte Mängel habe „weder den Zweck noch die Wirkung" eine solche spezifische Ausfuhrbeschränkung herbeizuführen; im Übrigen könnten die Parteien das auf solche Verträge anwendbare Recht frei wählen.[10] Damit dürfte eine Verletzung des Art. 29 EGV durch eine strenge nationale Verkäuferhaftung regelmäßig ausscheiden. Hingegen lässt sich die Überlegung, eine strenge Verkäuferhaftung bewirke keine spezifische Ausfuhrbeschränkung, nicht auf die Probleme der mittelbaren Importbeschränkungen übertragen. Ebenso gilt die Erwägung, dass eine freie Rechtswahl (Art. 3 EVÜ) das Eingreifen einer Maßnahme gleicher Wirkung ausschließe, wegen der Rechtswahlschranken aus Art. 5 EVÜ nicht für Verbraucherverträge. Hier bleibt es also (nach der *Dassonville*-Formel) bei der Maßgeblichkeit der Frage, ob insbesondere eine in einem Mitgliedstaat geltende strenge Verkäuferhaftung ausländische Anbieter tatsächlich oder zumindest potentiell behindern kann. Dies wird man zwar grundsätzlich bejahen müssen.

11 Weitere Einschränkungen ergeben sich jedoch aus der Unterscheidung zwischen bloßen – diskriminierungsfrei angewandten – **Verkaufsmodalitäten** und sonstigen Vorschriften. Regelt eine diskriminierungsfrei angewandte Vorschrift des nationalen Rechts bloße Verkaufsmodalitäten, so scheidet eine Einordnung als Maßnahme gleicher Wirkung aus.[11] Keine Verkaufsmodalitäten sind insbesondere **produktbezogene Regelungen** (Vorschriften über Aufmachung, Bezeichnung, Form, Abmessung, Gewicht oder Etikettierung usw.)[12] sowie ferner diejenigen vertriebsbezogenen Regelungen, welche die Organisation des Vertriebs betreffen. Zu den produktbezogenen Regelungen gehört sicher die Festlegung des Standards für die Vertragsmäßigkeit bzw. Mangelhaftigkeit einer Ware, wohingegen die Einordnung sonstiger gewährleistungsrechtlicher Bestimmungen unsicher ist. Soweit diese geeignet sind, die Produktionssorgfalt zu beeinflussen, wird man sie aber kaum als bloße Verkaufsmodalitäten einordnen können.

12 Auch wenn eine kaufrechtliche Vorschrift eines Mitgliedstaates über die Regelung einer bloßen Verkaufsmodalität hinausgeht, kann ihr gleichwohl die Qualität einer Maßnahme gleicher Wirkung fehlen, wenn sie durch die in der Rechtsprechung des EuGH anerkannten **zwingenden Erfordernisse des Allgemeininteresses gerechtfertigt** ist. Zu diesen zählen insbesondere die **Lauterkeit des Handelsverkehrs** und Belange des **Verbraucherschutzes**.[13] Verbraucherschützende Regelungen des nationalen Rechts sind also prinzipiell zulässig; strengere Vorschriften in dem Bereich der Verkäuferhaftung sind im Rahmen von Verbraucherverträgen EG-rechtlich prinzipiell akzeptabel. **Schranken** für verbraucherschützende Regelungen dürften sich aber insbesondere aus der durch den EuGH praktizierten **Erforderlichkeitskontrolle**, die funktionell dem deutschen Verhältnismäßigkeitsprinzip ähnelt, ergeben. Danach können sich Regelungen nicht auf das Allgemeininteresse des Verbraucherschutzes stützen, wenn sich ihr Regelungsziel auch auf einfachere Weise erreichen läßt. Hierzu zählt nach dem auch durch den EuGH anerkannten Informationsmodell des Verbraucherschutzes insbesondere das Prinzip, daß regulative Eingriffe dort nicht erforderlich sind, wo sich das gleiche Ziel auch durch Verbraucherinformation erreichen läßt.[14] Während es an der Gültigkeit dieses Prinzips nach der Rechtsprechung des EuGH keinen Zweifel geben kann und seine Gültigkeit auch für privatrechtliche Regelungen anerkannt ist,[15] ist seine **praktische Wirkweite im Verbrauchervertragsrecht noch unsicher** und dürfte erst nach entsprechenden Judikaten des EuGH deutlicher werden. Vieles spricht dafür, dass den nationalen Rechtsordnungen lediglich solche über die Richtlinie hinausgehenden zwingenden Gewährleistungsregelungen gestattet sind, deren Ziel nicht auch

---

8 EuGH, Urt. v. 11.7.1974, Rs. 8/74, Slg. 1974, 837 – *Dassonville*.
9 EuGH, Urt. v. 27.3.1990, Rs. C-9/89, Slg. 1990, I-1383 – *Spanien ./. Rat*.
10 EuGH, Urt. v. 24.1.1991, Rs. C-339/89, Slg. 1991, I-107 Rn 35 – *Alsthom Atlantique ./. Sulzer*.
11 Grundlegend EuGH, Urt. v. 24.11.1993, verb. Rs. C-267 u. C-268/91, Slg. 1993, I-6097 Rn 15 ff. – *Keck u. Mithouard*, EuGH, Urt. v. 15.12.1993, Rs. C-292/92, Slg. 1993, I-6787 – *Hünermund*.
12 EuGH, Urt. v. 24.11.1993, verb. Rs. C-267 und C-268/91, Slg. 1993, I-6097 Rn 16. – *Keck u. Mithouard*.
13 EuGH, Urt. v. 20.2.1979, Rs. 120/78, Slg. 1979, 649 Rn 8 – *Rewe/Bundesmonopolverwaltung für Branntwein* – „*Cassis de Dijon*".
14 EuGH, Urt. v. 12.3.1987, Rs. 178/84, Slg 1987, 1227 Rn 35 ff. – *Kommission/Bundesrepublik Deutschland* – „*Reinheitsgebot für Bier*".
15 EuGH, Urt. v. 7.3.1990, Rs. C 362/88, Slg. 1990, I-667 – *GB-INNO-BM/Confédération du commerce Luxembourgeois*.

durch Verbraucherinformation zu erreichen ist.[16] Eine letzte Grenze für mitgliedstaatliche Aktivitäten auf dem Gebiet des Verbraucherschutzes bilden schließlich die Grundfreiheiten und das dadurch mit geschützte **Prinzip der Privatautonomie**, die jedenfalls in ihrem Kernbestand nicht ausgehebelt werden darf.[17]

V. Verfahrensrechtliche Konsequenzen

Die Freiheit der Mitgliedstaaten, über das Schutzniveau der Richtlinie hinauszugehen, gilt auch für richterrechtlich entwickelte Rechtssätze. Ein Überschreiten des Schutzstandards der Richtlinie durch die Rechtsprechung kann daher keinen Verstoß gegen dieselbe begründen, soweit nicht die Grenzen des EG-Vertrags überschritten werden. Eine **Vorabentscheidung des EuGH** muss (durch das letztinstanzliche Gericht) daher lediglich dann eingeholt werden, wenn zweifelhaft ist, ob eine bestimmte Auslegung den Schutzstandard der Richtlinie unterschreitet.[18] Zulässig, aber nicht zwingend, ist eine Vorlage jedoch in den Fällen der Abgrenzung des Schutzniveaus „nach oben" dann, wenn der nationale Gesetzgeber den Inhalt der Richtlinie ohne Abweichung ins nationale Recht umsetzen wollte.

Artikel 9

Die Mitgliedstaaten ergreifen geeignete Maßnahmen zur Unterrichtung der Verbraucher über das innerstaatliche Recht, mit dem diese Richtlinie umgesetzt wird, und rufen, falls angebracht, Berufsorganisationen dazu auf, die Verbraucher über ihre Rechte zu unterrichten.

Die Vorschrift überlässt die Wahl des Aufklärungsmittels – etwa staatliche Publikationen oder Finanzierung von Verbraucherverbänden, die Öffentlichkeitsarbeit betreiben – den Mitgliedstaaten. Angesichts dieser **Offenheit** zwingt die Richtlinie insbesondere nicht zur Schaffung einer Pflicht oder Obliegenheit des Verkäufers, den Verbraucher beim Kauf über seine Rechte aus den Umsetzungsvorschriften zur Richtlinie zu belehren.

Artikel 10

Der Anhang der Richtlinie 98/27/EG wird wie folgt ergänzt:
„10. Richtlinie 1999/44/EG des Europäischen Parlaments und des Rates vom 25. Mai 1999 zu bestimmten Aspekten des Verbrauchsgüterkaufs und der Garantien für Verbrauchsgüter (ABl. L 171 vom 7.7.1999, S. 12)."

Die Vorschrift führt zur Einfügung der vorliegenden Richtlinie in den Katalog derjenigen Richtlinien, bei denen die Mitgliedstaaten ein kollektives Rechtsschutzverfahren zugunsten der Verbraucher nach Maßgabe der Richtlinie 98/27/EG des Europäischen Parlaments und des Rates vom 19.5.1998 über Unterlassungsklagen zum Schutz der Verbraucherinteressen[1] vorsehen müssen. Die Maßgaben für die nationalen Rechte sind in dieser **Unterlassungsklagen-Richtlinie** enthalten, welche somit für die deutschen Transformationsvorschriften im Unterlassungsklagegesetz auslegungsvorgreiflich ist. Verstöße von Verkäufern gegen die Verbrauchsgüterkaufrichtlinie, durch die kollektive Interessen der Verbraucher beeinträchtigt werden, können somit im Wege des nach nationalem Recht bestehenden überindividuellen Rechts- und Interessenschutzes zugunsten der Verbraucher angegriffen werden.

Artikel 11 Umsetzung

(1) Die Mitgliedstaaten setzen die Rechts- und Verwaltungsvorschriften in Kraft, die erforderlich sind, um dieser Richtlinie spätestens ab dem 1. Januar 2002 nachzukommen. Sie setzen die Kommission unverzüglich davon in Kenntnis.
Wenn die Mitgliedstaaten diese Vorschriften erlassen, nehmen sie in den Vorschriften selbst oder durch einen Hinweis bei der amtlichen Veröffentlichung auf diese Richtlinie Bezug. Die Mitgliedstaaten regeln die Einzelheiten der Bezugnahme.
(2) Die Mitgliedstaaten teilen der Kommission den Wortlaut der innerstaatlichen Rechtsvorschriften mit, die sie auf dem unter diese Richtlinie fallenden Gebiet erlassen.

Literatur: *Gundel*, Neue Grenzlinien für die Direktwirkung nicht umgesetzter Richtlinien unter Privaten, EuZW 2001, 143; *Habersack/Mayer*, Die überschießende Umsetzung von Richtlinien, JZ 1999, 913; *Hommelhoff*, Die Rolle der

---

16 *Pfeiffer*, in: Grabitz/Hilf, Recht der EU, Art. 8 RL 93/13/EWG Rn 23.
17 Überblick etwa bei *Möllers* EuR 1998, 20, 33 ff.
18 Vgl. zum Parallelproblem bei Art. 8 der Klauselrichtlinie *Pfeiffer*, in: Grabitz/Hilf, Recht der EU, Art. 8 RL 93/13/EWG Rn 24.
1 ABlEG L 166/51 v. 11.6.1998.

nationalen Gerichte bei der Europäisierung des Privatrechts, in: 50 Jahre BGH – Festgabe Wissenschaft, Band II, 2000, S. 889; *Pfeiffer*, Umsetzungstreue und Harmonie der Richtliniengebung mit zivilrechtlicher Dogmatik, in: Hohloch (Hrsg.), Richtlinien der EU und ihre Umsetzung in Deutschland und Frankreich, 2001, S. 9; *Pfeiffer/Schinkels*, Schuldrechtsmodernisierung und AGB-Gesetz, in: Micklitz/Pfeiffer/Tonner/Willingmann (Hrsg.), Schuldrechtsreform und Verbraucherschutz, 2001, S. 133; s. im Übrigen die Literatur nach den Erwägungsgründen.

Inhalt

A. Zweck der Umsetzungspflicht nach Abs. 1 1	1. Grundsätzliche Ablehnung einer Direktwirkung durch die Rechtsprechung 8
B. Umsetzungspflichten der Legislative 2	2. Vertikale Direktwirkung – Staat als Verkäufer 9
C. Beachtlichkeit für die Gerichte 4	3. Ablehnung einer „horizontalen" Direktwirkung durch die Rechtsprechung 10
I. Anwendung von Umsetzungsvorschriften und richtlinienkonforme Auslegung 4	IV. Staatshaftung bei unzureichender Umsetzung 11
II. Überschießende Umsetzung und Vorschriften mit „Doppelnatur" 6	D. Zweck der Berichtspflicht der Mitgliedstaaten 12
III. Eingeschränkte Direktwirkung der Richtlinie 8	

A. Zweck der Umsetzungspflicht nach Abs. 1

1 Abs. 1 regelt die Dauer der für diese Richtlinie geltenden **Umsetzungsfrist** durch Festlegung ihres Ablaufs. Eine solche Regelung ist notwendig und bei Richtlinien üblich, da die Mitgliedstaaten als Adressaten der Richtlinie eine angemessene Zeit benötigen, um die Richtlinie – regelmäßig durch ihre Legislative – umsetzen zu können. Die Umsetzungsfrist ist über ihre unmittelbare Bedeutung hinaus insofern relevant, als sie das Eingreifen weiterer Wirkungen der Richtlinie auslöst. Dabei handelt es sich namentlich um das ab diesem Zeitpunkt bestehende EG-rechtliche Gebot richtlinienkonformer Auslegung sowie die hieraus resultierende Vorlagepflicht zum EuGH im Vorabentscheidungsverfahren nach Art. 234 EGV.

B. Umsetzungspflichten der Legislative

2 Der jeweilige mitgliedstaatliche Gesetzgeber ist verpflichtet, die Richtlinie vollständig und zutreffend so in nationales Recht zu transformieren, dass eine effektive Verwirklichung der Richtlinienvorgaben gesichert ist. Nach Art. 249 Abs. 3 EGV geben Richtlinien dabei grundsätzlich nur Ziele vor, überlassen aber dem Mitgliedstaat die Wahl der Mittel. Deshalb steht es den Mitgliedstaaten beispielsweise frei, ob sie die Richtlinie im Rahmen einer „kleinen Lösung" durch ein besonderes Gesetz für den Verbrauchsgüterkauf und für Garantien oder, soweit vorhanden, durch Einfügung in ihre nationale Zivilrechtskodifikation oder in ihr Kaufgesetz umsetzen. Besondere Anforderungen gelten allerdings insoweit, als eine Richtlinie – wie vorliegend – dem einzelnen Bürger, zumal dem Verbraucher, individuelle Rechte einräumt. In einem derartigen Fall müssen die Umsetzungsregeln so klar und transparent gehalten sein, dass der rechtssuchende Bürger aus diesen Vorschriften selbst ersehen kann, welche Rechte er hat und vor Gericht geltend machen kann.[1]

3 Ferner ist für den mitgliedstaatlichen Gesetzgeber mit dem Verstreichen der Umsetzungsfrist der Eintritt einer **Sperrwirkung** des Inhalts verbunden, so dass das einmal richtlinienkonform transformierte Recht nicht nachträglich unter Missachtung des **effet utile** der Richtlinie abgeändert werden darf.[2]

C. Beachtlichkeit für die Gerichte

I. Anwendung von Umsetzungsvorschriften und richtlinienkonforme Auslegung

4 Die Gerichte müssen zuvörderst die Umsetzungsvorschriften anwenden, welche der nationale Gesetzgeber in Transformation der Richtlinie erlassen hat. Dies ergibt sich bereits aus dem jeweiligen Rechtsanwendungsbefehl des nationalen Gesetzgebers, folgt aber zugleich aus der Pflicht zur Gemeinschaftstreue gemäß Art. 10 EGV.[3] Bei der Anwendung dieser Umsetzungsvorschriften, aber auch bei der Anwendung sonstiger, nicht der Umsetzung dieser konkreten Richtlinie dienenden Vorschriften ist ferner das aus dem Prinzip der Gemeinschaftstreue folgende Gebot der **richtlinienkonformen Auslegung** zu beachten.[4] Sämtliche Vorschriften des nationalen Rechts müssen, soweit möglich („unter voller Ausschöpfung des

---

1 EuGH, Urt. v. 18.1.2001, Rs. C-162/99, EuZW 2001, 187 Rn 22 – *Kommission ./. Niederlande*; EuGH, Urt. v. 30.5.1990, Rs. C-361/88 Rn 24 – *Kommission ./. Deutschland* – „TA Luft".
2 *Geiger*, Art. 249 EGV Rn 11; *Pfeiffer/Schinkels*, in: Micklitz/Pfeiffer/Tonner/Willingmann, Schuldrechtsreform und Verbraucherschutz, S. 133, 156.
3 Vgl. zur Parallelfrage bei der EG-Klauselrichtlinie *Pfeiffer*, in: Grabitz/Hilf, Recht der EU, Art. 11 RL 93/13/EWG Rn 6.
4 Zur Geltung des Gebots der Richtlinienkonformen Auslegung auch außerhalb besonderer Transformationsvorschriften EuGH, Urt. v. 13.11.1990, Rs. C-106/89, Slg. 1990, I-4135 – *Marleasing ./. Commercial International de Alimentación*.

Beurteilungsspielraums, den ... das nationale Recht einräumt"[5]), so ausgelegt werden, dass sie mit den Anforderungen der Richtlinie übereinstimmen.

Das Gebot richtlinienkonformer Auslegung gilt, soweit der Anwendungsbereich der Richtlinie in räumlicher, zeitlicher, sachlicher und persönlicher Hinsicht gilt. Die Feststellung des Anwendungsbereichs der Richtlinie ist im Wege der Auslegung der Richtlinie zu ermitteln. Soweit sich eine Fragestellung danach im Anwendungsbereich der Richtlinie bewegt, sind deren Vorgaben wiederum im Wege der **Auslegung der Richtlinie** zu ermitteln.[6]

II. Überschießende Umsetzung und Vorschriften mit „Doppelnatur"

Erfassen die Transformationsregeln des nationalen Rechts sowohl Fälle innerhalb des Anwendungsbereichs der auslegungsvorgreiflichen Richtlinie als auch außerhalb desselben, so führt dies bei dieser nationalen Vorschrift zu einer „**hybriden**" **Rechtsnatur** (Doppelnatur): Sie fungiert gleichzeitig als Bestimmung des autonomen nationalen Rechts und als Richtlinien-Transformationsvorschrift.[7] Dieses Phänomen kann insbesondere bei der vorliegenden Richtlinie auftauchen, wenn ein Mitgliedstaat kein besonderes Kaufrecht für den von der Richtlinie allein erfassten Verbrauchsgüterkauf schafft, sondern an einem grundsätzlich einheitlichen Kaufrecht für die von der Richtlinie erfassten Fälle und die außerhalb von deren Anwendungsbereich liegenden Kaufverträge festhält. Dies ist beispielsweise in Deutschland der Fall. Das neue Kaufrecht, auch soweit es auf der Richtlinie beruht, gilt grundsätzlich für alle Kaufverträge; lediglich einige Besonderheiten des Verbrauchsgüterkaufs sind separat geregelt.

Für das Gebot der richtlinienkonformen Auslegung und für die Zuständigkeit des EuGH im Vorabentscheidungsverfahren heißt das: Ein EG-rechtliches Gebot zur richtlinienkonformen Auslegung außerhalb des Anwendungsbereichs der Richtlinie existiert nicht. Allerdings kann es aus der Perspektive des nationalen Rechts sinnvoll sein, solche Vorschriften mit Doppelnatur innerhalb ihres gesamten Anwendungsbereichs einheitlich auszulegen. Ein solches Ziel führt zu einer mittelbaren, „**quasi-richtlinienkonformen**" **Auslegung** der nationalen Vorschrift auch im Rahmen ihres allein durch autonomes nationales Recht bestimmten Regelungsgehalts.[8] Da dieses Gebot „quasi-richtlinienkonformer" Auslegung alleine aus dem nationalen Recht folgen kann, greift bei seiner Verwirklichung die Vorlagepflicht zum EuGH nach Art. 234 Abs. 3 EGV nicht ein. Allerdings kann eine **EuGH-Vorlage**, um die Einheitlichkeit der Auslegung des nationalen Rechts zu sichern, bei derartigen hybriden Regelungen auch in deren autonom-national gesetzten Anwendungsbereich sinnvoll sein. Der EuGH lässt derartige Vorlagen zu.[9] Stets zu beachten ist allerdings, dass eine einheitliche Auslegung der Vorschrift innerhalb und außerhalb ihres EG-rechtlich determinierten Anwendungsbereichs nur zu erfolgen hat, soweit dies der Ratio der Vorschrift entspricht. Hier wird teilweise angenommen, es bedürfe stets einer solchen Prüfung,[10] wohingegen nach anderer Auffassung eine „gespaltene Auslegung" der Vorschriften mit Doppelnatur ausscheidet.[11] Gegen eine gänzliche Ablehnung der „gespaltenen Auslegung" spricht, dass der Wortlaut stets nur eines von mehreren Auslegungskriterien darstellt und insofern einer Widerlegung zugänglich sein muss. Auf der anderen Seite darf nicht verkannt werden, dass aus der Identität der nationalen Norm ein starkes grammatikalisches und systematisches Argument für eine einheitliche Auslegung folgt, das nur bei entsprechend gewichtigen Gegenargumenten als widerlegt anzusehen ist. Grundsätzlich ist also von einer einheitlichen Auslegung auszugehen, die allerdings ausnahmsweise widerlegt sein kann. Bezogen auf die **deutschen Transformationsvorschriften** zur Verbrauchsgüterkaufrichtlinie: Soweit Vorschriften außerhalb der Sonderregeln über den Verbrauchsgüterkauf (§§ 474–479 BGB) auf der Richtlinie beruhen, ist grundsätzlich eine „quasi-richtlinienkonforme" Auslegung geboten, die Anlass für eine EuGH-Vorlage sein kann. Stets muss allerdings geprüft werden, ob die betreffende deutsche Vorschrift bei Verkäufen außerhalb des Bereichs des Verbrauchsgüterkaufs, etwa weil spezifisch verbraucherschützende Erwägungen nicht passen, anders auszulegen ist als bei Fällen innerhalb desselben.

III. Eingeschränkte Direktwirkung der Richtlinie
1. Grundsätzliche Ablehnung einer Direktwirkung durch die Rechtsprechung

Da die Richtlinie nach Art. 249 Abs. 3 EGV auf Transformation durch die vom nationalen Gesetzgeber auszuwählenden Mittel angelegt ist, kann sie **grundsätzlich nicht unmittelbar angewandt** werden. Ob etwas anderes dann gilt, wenn ein Mitgliedstaat eine Richtlinie unzutreffend umgesetzt hat, ist umstritten.

---

5 EuGH, Urt. v. 10.4.1984, Rs. 14/83, Slg. 1984, 1891 Rn 28 – *v. Colson u. Kamann ./. NRW*.
6 S. vor Art. 1 Rn 7.
7 Zu diesem Phänomen *Habersack/Meyer*, JZ 1999, 913; *Hommelhoff*, BGH-Festgabe II, S. 889, 913 ff.
8 Ausdruck nach *Hommelhoff*, BGH-Festgabe II, S. 889, 916.
9 Etwa EuGH, Urt. v. 8.11.1990, Rs. C-231/89, Slg. 1990, I-4003 – *Gmurzynska-Bscher ./. OFD Köln*.
10 *Hommelhoff*, BGH-Festgabe II, S. 889, 915, 923 f.
11 *W.-H. Roth*, BGH-Festgabe II, S. 847, 884.

Die Rechtsprechung unterscheidet zwischen „horizontalen" Rechtsverhältnissen (Bürger–Bürger) und „vertikalen Rechtsverhältnissen" (Bürger–Staat).

2. Vertikale Direktwirkung – Staat als Verkäufer

9 Setzt der Staat die Vorgaben einer Richtlinie nicht zutreffend um, so ist es nach Auffassung der Rechtsprechung **rechtsmissbräuchlich**, wenn er sich gegenüber seinen Bürgern auf die mangelhafte Umsetzung beruft. Zur Abwehr kann sich daher ein Bürger in einem solchen Fall gegenüber einem Mitgliedstaat unmittelbar auf die Richtlinie berufen, wobei es nicht darauf ankommt, ob die Rechte der Bürgers aus der Richtlinie die Gestalt von Ansprüchen oder von bloßen Gegenrechten haben. **Voraussetzungen** einer derartigen „vertikalen" Direktwirkung sind: (1) Verleihung konkreter subjektiver Rechte an den Bürger als Regelungsziel der Richtlinie;[12] (2) fehlende, unvollständige oder unrichtige Umsetzung dieser Vorgabe in das nationale Recht; (3) Verstreichen der Umsetzungsfrist.[13] Diese Grundsätze kommen also stets zur Anwendung, wenn der **Staat oder ein Staatsunternehmen** als Verkäufer einen Verbrauchsgüterkaufvertrag tätigt.

3. Ablehnung einer „horizontalen" Direktwirkung durch die Rechtsprechung

10 Auf das Verhältnis Privater untereinander lässt sich der in der Rechtsprechung des EuGH als Grundlage der vertikalen Direktwirkung herangezogene Rechtsmissbrauchsgedanke nicht übertragen; auch soll eine „horizontale" Direktwirkung aus Gründen der Rechtssicherheit nicht akzeptabel sein. Daher lehnt die Rechtsprechung eine solche „horizontale" Direktwirkung ab.[14] Insbesondere bestehe kein genereller EG-rechtlicher Mechanismus zur Abwehr der Anwendung gemeinschaftsrechtswidrigen nationalen Rechts.[15] Auch im Bereich des Verbraucherschutzes gilt, trotz der Wertentscheidung des Art. 153 EGV für ein „hohes" Verbraucherschutzniveau, kein anderes Ergebnis.[16] Dies erscheint insofern nicht völlig widerspruchsfrei, als das Prinzip der richtlinienkonformen Auslegung das Entstehen von Rechtswirkungen im Verhältnis Privater untereinander voraussetzt[17] und die Wirkungen einer richtlinienkonformen Auslegung denjenigen einer unmittelbaren Direktwirkung oftmals sehr nahe kommen.[18] Nicht in jeder Hinsicht klar sind allerdings die Grenzen dieser Ablehnung einer horizontalen Direktwirkung. Einmal muss neben der Ablehnung dieser horizontalen Direktwirkung des Richtlinienrechts berücksichtigt werden, dass das primäre Gemeinschaftsrecht unmittelbare Wirkungen in privaten Rechtsverhältnissen zeitigt. Soweit eine Verletzung einer EG-Richtlinie zugleich zur Verletzung primären Gemeinschaftsrechts führt, kommt es damit jedenfalls der Wirkung nach zu einer Anwendung von Richtlinienrecht in horizontalen Rechtsverhältnissen „an den Rockschößen" des Primärrechts; dogmatisch handelt es sich dabei freilich allein um eine Wirkung des primären Gemeinschaftsrechts. Eine Ausnahme von der generellen Ablehnung einer „horizontalen" Direktwirkung erkennt die Rechtsprechung in denjenigen Fällen an, in denen es um die Anwendung nationaler Verbotsnormen geht, die ein Mitgliedstaat unter Missachtung EG-rechtlicher Verfahrenspflichten (Überprüfung der Vorschriften durch die Kommission) erlassen hat.[19] Sämtliche genannten Wirkungen müssen die nationalen Gerichte nach dem Grundsatz *„iura novit curia"* beachten, auch wenn sich ein Bürger hierauf nicht beruft.[20]

IV. Staatshaftung bei unzureichender Umsetzung

11 Wird eine Richtlinie unzureichend umgesetzt, so kann der einzelne Bürger – gleichsam anstelle einer unmittelbaren Direktwirkung – gegen den säumigen Mitgliedstaat im Wege der Staatshaftung vorgehen.[21] Ein solcher **EG-rechtlicher Haftungsanspruch** setzt zunächst voraus, dass eine fehlende, unvollständige oder unrichtige Umsetzung einer Richtlinie durch einen Mitgliedstaat vorliegt. In dieser unkorrekten Umsetzung muss ein qualifizierter Verstoß gegen das Gemeinschaftsrecht liegen, was insbesondere dann

---

12 Eine dahingehende Feststellung wird nicht dadurch ausgeschlossen, dass es noch eines konkretisierenden Umsetzungsaktes bedarf, soweit sich das Umsetzungsermessen des nationalen Gesetzgebers im Hinblick auf den Mindestgehalt der Richtlinie „auf Null" reduziert, vgl. EuGH, Urt. v. 2.8.1993, Rs. C-271/91, Slg. 1993, I – 4367 – *Marshall ./. Southampton and South West Hampton Area Health Authority.*
13 Etwa EuGH, Urt. v. 22.2.1984, Rs. 70/83, Slg. 1984, 1075 – *Kloppenburg ./. Finanzamt Leer*; EuGH, Urt. v. 5.4.1979, Rs. 148/78, Slg. 1978, 1629 – *Ratti.*
14 EuGH, Urt. v. 14.7.1994, Rs. C-91/92, Slg. 1994, I-3325 – *Faccini Dori ./. Recreb*; EuGH, Urt. v. 26.2.1986, Rs. 152/84, Slg. 1986, 723 – *Marshall ./. Southampton and South West Hampton Area Health Authority.*
15 EuGH, Urt. v. 26.9.1996, C-168/95, Slg. 1996, I – 4705 – *Arcaro.*
16 EuGH, Urt. v. 7.3.1996, Rs. C-1192/94, Slg. 1994, I-1281 – *El Corte Ingles ./. Blázquez Rivero.*
17 Pfeiffer, in: Hohloch (Hrsg.), Richtlinien der EU und ihre Umsetzung in Deutschland und Frankreich, 2001, S. 9, 30 f.
18 Vgl. etwa EuGH, Urt. v. 13.11.1990, Rs. C-106/89, Slg. 1990, I-4135 – *Marleasing ./. La Commercial International de Alimentación*, EuGH, Urt. v. 8.11.1990, Rs. 177/88, Slg. 1990, I-3941 – *Dekker ./. VJV Centrum.*
19 EuGH, Urt. 26.9.2000, Rs C-443/98 EuZW 2001, 153 – *Unilever Italia ./. Central Food*; Gundel, EuZW 2001, 143.
20 EuGH, Urt. v. 11.7.1991, verb. Rs. 87–89/90, EuZW 1993, 60 – *Verholen./.Sociale Verzekeringsbank.*
21 EuGH, Urt. v. 19.11.1991, verb. Rs. 6 und 9/90, Slg. 1991, I-5357 – *Francovich ./. Italien.*

zu bejahen ist, wenn der Mitgliedstaat keinerlei Umsetzungsmaßnahmen ergreift.[22] Ferner muss das durch die Richtlinie vorgeschriebene Ziel in der Verleihung von Rechten an den einzelnen Bürger liegen; deren Inhalt muss hinreichend konkret bestimmbar sein. Schließlich muss ein Kausalzusammenhang zwischen dem Verstoß des Mitgliedstaates gegen seine Umsetzungspflicht und dem Schaden des Bürgers bestehen.[23]

D. Zweck der Berichtspflicht der Mitgliedstaaten

Die Berichtspflicht der Mitgliedstaaten ist als exekutive Aufgabe von den nationalen Regierungen zu erfüllen. Sie soll der Kommission ermöglichen, die Umsetzung, insbesondere ihre Rechtzeitigkeit und Korrektheit, zu überwachen und zu überprüfen. Insofern steht sie zugleich im Zusammenhang mit der **Überprüfung der Anwendung der Richtlinie durch die Kommission** gemäß Art. 12 der Richtlinie. Damit werden der Kommission zugleich diejenigen Informationen gegeben, auf deren Grundlage sie – im Falle der unterbliebenen, der unvollständigen oder der unkorrekten Umsetzung – nach Art. 226 EGV eine Vertragsverletzungsklage gegen den betreffenden Mitgliedstaat erheben kann. Solche Verfahren sind auch im Bereich der Umsetzung von Richtlinien des Verbraucherrechts zu beobachten.[24] 12

Artikel 12 Überprüfung

Die Kommission überprüft die Anwendung dieser Richtlinie spätestens zum 7. Juli 2006 und legt dem Europäischen Parlament und dem Rat einen Bericht vor. In dem Bericht ist unter anderem zu prüfen, ob Veranlassung besteht, eine unmittelbare Haftung des Herstellers einzuführen; der Bericht ist gegebenenfalls mit Vorschlägen zu versehen.

Eine Vorschrift über einen derartigen Anwendungsbericht ist auch bei anderen Richtlinien üblich. Dem **Rechtsanwender** kann er einen Überblick über die Anwendungspraxis in anderen Mitgliedstaaten verschaffen. 1

Die in der Bestimmung erwogene **direkte Herstellerhaftung** war (für bestimmte Fälle) durch das Parlament gefordert worden,[1] während der Rat eine solche Regelung ohne weitere Untersuchungen nicht befürworten wollte. 2

Artikel 13 Inkrafttreten

Diese Richtlinie tritt am Tag ihrer Veröffentlichung im Amtsblatt der Europäischen Gemeinschaften in Kraft.

Die Vorschrift enthält die übliche Regelung des Inkrafttretens. Der Tag der Veröffentlichung im EG-Amtsblatt, auf den hierbei Bezug genommen wird, ist der 7.7.1999.[1] Das Inkrafttreten darf nicht verwechselt werden mit dem Ablauf der durch Art. 11 Abs. 2 geregelten Umsetzungsfrist, die für die zwingende Wirkung der Richtlinie von Bedeutung ist. 1

Artikel 14

Diese Richtlinie ist an die Mitgliedstaaten gerichtet.

Nach Art. 249 Abs. 3 EGV sind Richtlinien für die Mitgliedstaaten verbindlich, an die sie gerichtet sind. Da nach dieser Bestimmung auch individuelle Richtlinien, die sich an einzelne Mitgliedstaaten wenden, denkbar sind,[1] besteht der Zweck der Regelung darin, die **Geltung dieser Richtlinie für sämtliche Mitgliedstaaten** festzulegen. 1

---

22 EuGH, Urt. v. 8.10.1996, verb. Rs. C- 178, 179, 188–190/94, Slg. 1996, I-4745 – *Dillenkofer ./. Deutschland*.
23 EuGH, Urt. v. 8.10.1996, verb. Rs. C- 178, 179, 188–190/94, Slg. 1996, I-4745 – *Dillenkofer ./. Deutschland*.
24 Etwa EuGH, Urt. v. 18.1.2001, Rs. C-162/99, EuZW 2001, 187 – *Kommission ./. Niederlande*.

1 Legislative Entschließung mit Stellungnahme des Europäischen Parlaments zu dem Vorschlag der Kommission für eine Richtlinie des Europäischen Parlaments und des Rates über den Verbrauchsgüterkauf und -garantien – Änderung Nr. 25, ABlEG C 104/30 v. 6.4.1998.

1 ABlEG L 171/12 v. 7.7.1999.

1 *Grabitz/Hilf/Grabitz*, Das Recht der EU, Art. 189 EGV (alt) Rn 56.

Register

Fette Zahlen allein bezeichnen Paragrafen des BGB; andernfalls steht vor der fetten Zahl die jeweilige Gesetzesbezeichnung.
Magere Zahlen bezeichnen die Randnummern der Vorschrift.

Abmahnung *siehe auch Gegenseitiger Vertrag*; Unterlassungsklagengesetz *siehe dort*; gegenseitiger Vertrag **323** 21
Abretung Schadensersatzrecht **249** 124 ff.
Absolute Rechtsgüter Verletzung **324** 5
Äquivalenzstörungen *siehe Geschäftsgrundlage*
Aliud Werkvertrag **633** 20
Allgemeine Geschäftsbedingungen *siehe auch Unterlassungsklagengesetz*; nachträgliche Änderungen **305** 12; nicht-schuldvertragliche AGB **vor 305** 20; Anwendungsbereich des AGB-Rechts **309** 1 ff.; Arbeitsvertrag **310** 17 ff.; Aushandeln **305** 5; Ausländer **305** 10; Auslegung **305c** 5; Auslegung des neuen Rechts **vor 305** 18 ff.; Bauleistungen **309** 27; Bausparbedingungen **305a** 9; unangemessene Benachteiligung **307** 10 ff.; Bestimmung der Soll-Beschaffenheit **307** 14; Dauerschuldverhältnisse **309** 37; Dauerschuldverhältnisse, Rücktritt **346** 10; Definition **305** 3; Deklaratorische Klauseln **307** 18; Drittbedingungen **305** 4; Eigentumsvorbehalt **305** 14; Einbeziehung in besonderen Fällen **305a** 1 ff.; Einbeziehung in Vertrag **305** 6 ff.; Einverständnis mit Geltung **305** 6; Einzel-Verbraucherverträge **305** 4; Eisenbahn und Linienverkehr **305a** 3; Entwicklungsgeschichte **vor 305** 21; Ergänzende Vertragsauslegung **305c** 6; fingierte Erklärungen **308** 6 ff.; Falsch- und Zuweniglieferung **309** 23; Freizeichnungsklauseln **307** 16; Gebrauchtwagenverkauf **309** 16 f.; Gesamtnichtigkeit **306** 4; Gesellschaftsvertrag **310** 20; Handelsbrauch **305** 13; Individualvereinbarungen **305** 5; Inhaltliche Neuerungen **vor 305** 10 ff.; Inhaltskontrolle **307** 1 ff.; Kapitalanlagegesellschaft **305a** 10; Kardinalpflichten **307** 16; intransparente Klauseln **307** 9; leistungsbestimmende Klauseln **307** 18; europäische Klauselrichtlinie **vor 305** 19; Klauselverbote mit Wertungsmöglichkeit **308** 1 ff.; Klauselverbote ohne Wertungsmöglichkeit **309** 1 ff.; Kostenanschlag **307** 19; Leitbild der Vertragsfreiheit **vor 305** 7; Leitbilddiskussion **307** 13; Lösungsrecht vom Vertrag **309** 15; Lotterieverträge **309** 14; Mahnung **309** 6 f.; Mangel **309** 22 ff.; körperlich behinderte Menschen **305** 8; geistig behinderte Menschen **305** 10; unangemessene Nachfrist **308** 5; schonende Neuordung **vor 305** 18; Nichteinbeziehung **306** 1 ff.; Pauschalierung von Schadensersatzansprüchen **309** 8; Pflichtverletzung **309** 15 ff.; Postsendungen **305a** 4; Preisklauseln **307** 18; Preisnebenabreden **307** 18; entfallene Privilegierungen **305a** 8 ff.; Rechtspolitische Kritik **vor 305** 6; unternehmerischer Rechtsverkehr **310** 2 ff.; geltungserhaltende Reduktion **306** 3; Rücktritt **346** 5 ff.; Rücktrittsgrund **346** 9; Sachverständiger **839a** 61; Salvatorische Klauseln **306** 3; Schranken der Inhaltskontrolle **307** 17 ff.; Schriftformklauseln **305b** 3; revisionsbedürftige Standardklauseln **vor 305** 13; Standard-Verbraucherverträge **305** 4; Synopse BGB/AGBG **vor 305** 17; System der Neuordnung **vor 305** 14 ff.; Systematik **vor 305** 1; Telekommunikationsleistungen **305a** 6; Transparenzgebot **307** 6 ff.; Transparenzkontrolle **307** 20; Übergangsvorschriften **vor 305** 22; Überprüfung bisheriger Allgemeiner Geschäftsbedingungen **vor 305** 12 ff.; überraschende Klauseln **305c** 1 ff.; Umgehungsverbot **306a** 1; Unklarheitenregel **305c** 3; Unterlassungsklagengesetz **vor 305** 1; Unternehmer **305** 13; Unwirksamkeit **306** 1 ff.; Verbrauchervertrag **310** 6; Verjährung **202** 39 ff., **309** 33; Verletzung von Leben, Körper, Gesundheit **309** 9 ff.; Verortung der AGB-Vorschriften **vor 305** 1 ff.; grobes Verschulden **309** 13; Versicherungsbedingungen **305** 7; Versorgungsbedingungen **310** 5; Vertragszweckgefährdende Klauseln **307** 15; Vielzahl von Verträgen **305** 4; Vorrang der Individualabrede **305b** 1 ff.; Werkleistungen **309** 25; Werkvertrag **631** 11, **639** 11; sich widersprechende **305** 14; Zweifel bei der Auslegung **305c** 4
Allgemeines Persönlichkeitsrecht *siehe Schmerzensgeld*
Anfechtung 311a 16 ff., **vor 346** 7
Anfechtungsfrist Irrtum oder falsche Übermittlung **121** 1 ff.; Täuschung oder Drohung **124** 1 ff.
Annahmeverzug 326 8
Anweisung Verjährung **786** 1 ff.
Anzahlungsverbot Teilzeit-Wohnrechtevertrag **486** 1 f.
Arbeitgeberdarlehen Anwendbarkeit der Vorschriften bei Zahlungsaufschub **499** 12
Arbeitsverhältnis Form der Beendigung **126** 22; Form der Befristung **126** 22
Arbeitsvertrag Allgemeine Geschäftsbedingungen **310** 17 ff.
Arzneimittelhaftung *siehe Schmerzensgeld*
Aufhebungsvertrag Rückabwicklung **vor 346** 13 f.
Aufklärungspflicht *siehe Treu und Glauben*
Auflassung 311b 2, 14 ff.
Aufopferung Verjährung **194** 19
Aufrechnung mit einredebehafteter Forderung **390** 1; Rücktritt **352** 1 ff.; Verjährung **215** 1
Aufsichtspflicht Eltern **828** 28 ff.; Haftungsmilderung **828** 28 ff.; Haftungsverschärfung **828** 30; Schadensersatzrechtsänderungsgesetz, zweites (Regierungsentwurf 2001) **828** 27 ff., 46 ff.
Aufwendungsersatz 311a 15
Auskunftsansprüche EGBGB, Überleitungsvorschrift zum Verjährungsrecht **EGBGB Art. 229 § 6** 5
Auskunftspflicht *siehe Treu und Glauben*
Auslegung Allgemeine Geschäftsbedingungen **305c** 4 ff.
Ausschluß der Leistung Rücktritt **326** 15 ff.
Außereheliche Beiwohnung 825 1
Außerordentliche Kündigung 314 10
Barrierefreiheit *siehe Wohnraummiete*
Basiszinssatz 247 1; Anpassung **247** 6 f.; Definition **247** 1; Deutsche Bundesbank **247** 8; Entwicklung **247** 2 ff.; Veröffentlichung **247** 8
Bauleistungen Allgemeine Geschäftsbedingungen **309** 27
Bausparbedingungen Allgemeine Geschäftsbedingungen **305a** 9
Bedingung auflösende **vor 346** 8
Beitreibungskosten EG-Richtlinie zum Zahlungsverzug **Verzug-RL Art. 3** 30 ff.
Belehrung über Widerrufs- und Rückgaberecht Informationspflicht **EGBGB Art. 245** 1; Verordnungsermächtigung **EGBGB Art. 245** 1

Register

Bereicherung Herausgabe bei Rücktritt **346** 56
Besondere Vertriebsformen vor 312 1 ff.
Betriebskosten *siehe Wohnraummiete*
Betriebsrisikolehre *siehe Dienstvertrag*
Beurkundungszwang *siehe Notarielle Beurkundung*
Beweislast Erlöschen des Rücktrittsrechts **350** 5; elektronische Form **126** 27; Nichterfüllung, Rücktritt **352** 5; Verwirkungsklausel **354** 4
Billigkeit *siehe Treu und Glauben*
Billigkeitshaftung Schadensersatzrechtsänderungsgesetz, zweites (Regierungsentwurf 2001) **828** 34
Bürgschaft EG-Richtlinie zum Zahlungsverzug **Verzug-RL Art. 2** 21; Einrede der Vorausklage **771** 1 ff.; Verjährung **771** 2
Bundesgerichtshof Sachverständigengutachten **839a** 18 ff.
Clausula rebus sic stantibus *siehe Geschäftsgrundlage*
Culpa in contrahendo 311 2, 17 ff.; Anspruchsgrundlage(n) **311** 38; Auskunft im beruflichen Rahmen **311** 46; Dispositionsinteresse **311** 5, 27; Einwirkungsmöglichkeit auf Rechtsgüter **311** 17, 20; c.i.c. und Gewährleistung **311** 32 ff.; Hilfspersonen **311** 37; Informationsaustausch **311** 18; Informationspflichtverletzung **311** 29 ff.; Informationsschutzpflichten **311** 5; negatives Interesse **311** 40; positives Interesse **311** 41; qualifizierter sozialer bzw. geschäftlicher Kontakt **311** 17; geschäftliche Kontakte **311** 46; unbestellte Leistungen **311** 21; Minderungsrecht **311** 43; Pflichtenumfang **311** 24 ff.; absolute Rechte **311** 25; Rechtsfolgen **311** 22 ff.; deliktisch geschützte Rechtsgüter **311** 5; Rückabwicklung von Verträgen **311** 42; Sachverständigenhaftung **311** 52; Scheckauskunft **311** 46; Schmerzensgeld **311** 44; Schutzgegenstand **311** 5; Schutzpflichten **311** 23; Schutzwirkung zg. Dritter **311** 46, 51; Sonderverbindung **311** 22; Sorgfaltsmaßstab **311** 36; Verjährung **195** 14, **311** 45; Verkehrssicherungspflichten **311** 25; reiner Vermögensschutz **311** 5, 26; gescheiterter Vertrag **311** 28; Vertragsanbahnung **311** 17, 19, 21; Vertragsverhandlungen **311** 17, 18; Vorgespräche **311** 18
Darlehensvermittlungsvertrag 655a 1 ff.; Abdingbarkeit **655e** 1; Anwendungsbereich, persönlicher **655a** 2 f.; Anwendungsbereich, sachlicher **655a** 4; Auslagen **655d** 3 ff.; Entgeltlichkeit **655a** 5; Erstattung von Auslagen **655d** 3 ff.; Existenzgründer **655e** 3; Mindestangaben **655b** 3 ff.; Nebenentgelte **655d** 1 ff.; Nichtigkeit **655b** 7; Schriftform **655b** 1 ff.; Textform **655b** 6; Umgehungsverbot **655e** 2; Umschuldungsdarlehen **655c** 5 ff.; Vergütung **655b** 3 f., **655c** 1 ff.; Vergütungsanspruch **655c** 2 ff.
Darlehensvertrag vor 488 1 ff., **488** 1 ff.; Abschrift **492** 12 f.; Arbeitnehmer **489** 12; Belehrung über Widerrufsrecht **495** 3, 9; Beweislast **489** 14; verzinsliches Darlehen **488** 5; zinsloses Darlehen **488** 11; Darlehen an Verbraucher **489** 8 ff.; Darlehensvermittlungsvertrag *siehe dort*; Definition **488** 4 ff.; Einwendungsverzicht **496** 1 f.; Existenzgründer **489** 11, **491** 3; Fälligkeit des Rückzahlungsanspruchs **488** 8 f.; Festzinsvereinbarung **489** 5; Fiktion unterbliebener Kündigung **489** 21 f.; elektronische Form **492** 2; Formmängel **494** 1 ff.; Gesamtfälligstellung **498** 1 ff.; Gesprächsangebot **498** 8; Heilung von Formmängeln **494** 4 ff.; berechtigtes Interesse an vorzeitiger Kündigung **490** 9 ff.; effektiver Jahreszins **492** 8, 11, **494** 16; Konsensualvertragstheorie **488** 2; Kündigungsdarlehen **488** 8; Kündigungsfrist **488** 9; ordentliches Kündigungsrecht **489** 1 ff.; außerordentliches Kündigungsrecht **490** 1 ff.; Nennbetrag des Darlehens **498** 4; Pflichtangaben **492** 4 ff.; Prolongation **489** 16; Restschuldversicherung **492** 9; Rückzahlungspflicht **488** 5 f.; Schriftform **492** 2 ff.; Teilleistungen **497** 9 ff.; Teilzahlungsdarlehen **498** 1 ff.; Teilzahlungspreis **498** 5; eigenmächtige Überziehung **493** 9; geduldete Überziehung **493** 10, **495** 11; Überziehungskredit **493** 1 ff., **495** 10; Unsicherheitseinrede **490** 18; Valutierung **490** 7 f.; Verbraucherdarlehensvertrag **489** 10, **491** 1 ff.; Verschlechterung der Vermögensverhältnisse **490** 2; verbundene Verträge **495** 8; Verzugszinsen **497** 1 ff.; Vollmacht **492** 14 ff., **494** 14 f.; Vorfälligkeitsentschädigung **490** 14; Wechsel- u. Scheckverbot **496** 3 ff.; Wertverlust einer Sicherheit **490** 2; Wertverschaffungspflicht **488** 4; Widerrufsrecht **495** 1 ff.; schwebende Wirksamkeit **495** 2; Zinsänderungsklausel **489** 18; mehr als zehnjährige Zinsbindung **489** 16 f.; Zinsgleitklausel **489** 18; Zinsmargenschaden **490** 15; isolierte Zinstitel **497** 11; Zinsverschlechterungsschaden **490** 15; Zinszahlungszeitpunkt **488** 7
Dauerhafte Wiedergabe in Schriftzeichen e-mail **126b** 17; Textform **126b** 10 ff.
Dauerhafter Datenträger 360 1 ff.
Dauerschuldverhältnis Allgemeine Geschäftsbedingungen **309** 37; Begriff **314** 3; EGBGB, Überleitungsvorschrift zum SchuldrechtsmodernisierungsG **EGBGB Art. 229 § 5** 3, 32 ff.; Kündigung **314** 1 ff.; Rücktritt, Allgemeine Geschäftsbedingungen **346** 10; Wiederkehrschuldverhältnis **314** 4
Deckungsgeschäft *siehe Leistungsstörungen*
Deliktsfähigkeit Aufhebung **828** 10 ff.; Schadensersatzrecht **vor 249** 5, 14
Deutsche Bundesbank Basiszinssatz **247** 8
Dienstvertrag Annahmeverzug des Dienstberechtigten **615** 1 ff.; Betriebsrisikolehre **615** 2 ff.; Beweislastverteilung **619a** 1 ff.; Pflichtverletzung des Arbeitnehmers **619a** 1; Schuldrechtsmodernisierungsgesetz **615** 2, **619a** 1
Draufgabe Abgrenzung Reugeld **353** 1
Dritthaftung 311 3, 47 ff.; fehlende Aufklärung über Unterkapitalisierung **311** 55; fehlende Aufklärung über Unternehmenskrise **311** 55; besonderes persönliches Eigeninteresse **311** 53; Generalkonzept **311** 56; Gutachterhaftung **311** 54; Inanspruchnahme besonderen Vertrauens **311** 3, 48 ff.; Sachwalterhaftung **311** 54
Dual use 13/14 19; EG-Richtlinie zum Verbrauchsgüterkauf *siehe dort*
Ecommerce-Richtlinie EGBGB **vor Art. 240** 2, **vor 312** 1 ff.; Fernabsatzvertrag *siehe dort*
Effektiver Jahreszins *siehe Darlehensvertrag*
Effektivklausel Fremdwährungsschuld **244** 1
EGBGB, Überleitungsvorschrift zu Zinsvorschriften Basiszinssatz **EGBGB Art. 229 § 7** 1; Inhalt **EGBGB Art. 229 § 7** 2 ff.
EGBGB, Überleitungsvorschrift zum SchuldrechtsmodernisierungsG Abdingbarkeit **EGBGB Art. 229 § 5** 6; Angebot und Annahme **EGBGB Art. 229 § 5** 21; sachlicher Anwendungsbereich **EGBGB Art. 229 § 5** 5; Anwendungsbereich **EGBGB Art. 229 § 5** 5 ff.; Bedingung/Befristung **EGBGB Art. 229 § 5** 25; Dauerschuldverhältnis **EGBGB Art. 229 § 5** 3, 32 ff.; Entstehen des Schuldverhältnisses **EGBGB Art. 229 § 5** 19; Genehmigungsbedürftigkeit **EGBGB Art. 229 § 5** 26; Gesetzliche Schuldverhältnisse **EGBGB Art. 229 § 5** 27; Normzweck **EGBGB Art. 229 § 5** 1 ff.; Optionsvertrag **EGBGB Art. 229 § 5** 24; Rahmenverträge **EGBGB Art. 229 § 5** 34 f.; Rechtsfolgen **EGBGB Art. 229 § 5** 28 ff.; Rückwirkung der Annahmeerklärung **EGBGB Art. 229 § 5** 23; Vereinbarung alten Rechts **EGBGB Art. 229 § 5** 15 ff.; Vereinbarung neuen

Rechts **EGBGB Art. 229 § 5** 7; Verjährungsrecht **EGBGB Art. 229 § 5** 4; Verträge **EGBGB Art. 229 § 5** 21 ff.

EGBGB, Überleitungsvorschrift zum Verjährungsrecht Ablaufhemmung **EGBGB Art. 229 § 6** 13; Anspruchskonkurrenz **EGBGB Art. 229 § 6** 28; Auskunftsansprüche **EGBGB Art. 229 § 6** 5; Ausschlußfristen **EGBGB Art. 229 § 6** 29; gesetzliche Fristverlängerung **EGBGB Art. 229 § 6** 16 f.; vertragliche Fristverlängerung **EGBGB Art. 229 § 6** 18; HGB und Umwandlungsgesetz **EGBGB Art. 229 § 6** 31; Inhalt **EGBGB Art. 229 § 6** 1 ff.; Neubeginn, Hemmung **EGBGB Art. 229 § 6** 8; eigenständige Übergangsvorschriften **EGBGB Art. 229 § 6** 6; Verjährungsbeginn **EGBGB Art. 229 § 6** 7; Verjährungsfristen **EGBGB Art. 229 § 6** 14; Verkürzung der Verjährungsfrist **EGBGB Art. 229 § 6** 22 ff.; Verlängerung der Verjährungsfrist **EGBGB Art. 229 § 6** 16 ff.

EG-Richtlinie zum Verbrauchsgüterkauf Kauf-RL 2 2; Abhilfe-Formen **Kauf-RL 3** 5; marktschreierische Anpreisungen **Kauf-RL 6** 5; Anwendungsüberprüfung durch Kommission **Kauf-RL 12** 1 ff.; richtlinienkonforme Auslegung **Kauf-RL 11** 4 f.; Auslegung **Kauf-RL vor 1** 7; Bauvertrag **Kauf-RL 1** 16; Beachtlichkeit für die Gerichte **Kauf-RL 11** 4 ff.; Begriff der „Verbrauchsgüter" **Kauf-RL 1** 6 ff.; Begriff des „Kaufs" **Kauf-RL 1** 4 f.; Begriffsbestimmungen **Kauf-RL 1** 1 ff.; Berichtspflicht der Mitgliedstaaten **Kauf-RL 11** 12; Beteiligung Dritter **Kauf-RL 1** 27; Beweislast **Kauf-RL 1** 28; Dassonville-Formel **Kauf-RL 8** 10; Direktwirkung **Kauf-RL 11** 8 ff.; Dual Use-Problematik **Kauf-RL 1** 26; Durchführung der Abhilfe **Kauf-RL 3** 13 ff.; EG-Verbraucherschutz-Programm **Kauf-RL vor 1** 3; Entstehungsgeschichte **Kauf-RL vor 1** 2 ff.; Ersatzlieferung **Kauf-RL 3** 4, 5 f.; landwirtschaftliche Erzeugnisse **Kauf-RL 1** 13; Europäisches Schuldrechtsübereinkommen **Kauf-RL 7** 10; Existenzgründungsgeschäfte **Kauf-RL 1** 24; Garantie durch Werbung **Kauf-RL 6** 3; Garantie und Gewährleistung **Kauf-RL 6** 6; Garantieinhalt **Kauf-RL 6** 2 ff.; Garantieinhalt und Information des Verbrauchers **Kauf-RL 6** 6 ff.; Garantieinhalt und Transparenzgebot **Kauf-RL 6** 11 ff.; Garantien **Kauf-RL 6** 1 ff.; Garantieverträge **Kauf-RL 1** 31 ff.; Gebrauchszweck **Kauf-RL 2** 17 ff.; Gebrauchtwaren **Kauf-RL 2** 23; gebrauchte Gegenstände **Kauf-RL 1** 10; Geltung für sämtliche Mitgliedstaaten **Kauf-RL 14** 1; Geltungsbereich **Kauf-RL 1** 1 ff.; Gesetzgebungsmaterialien **Kauf-RL vor 1** 4; kürzere Gewährleistung bei Gebrauchtwaren **Kauf-RL 7** 5 ff.; Gewährleistungsfrist **Kauf-RL 5** 1 ff.; Gewährleistungsfrist-Berechnung **Kauf-RL 5** 3 f.; Hersteller **Kauf-RL 1** 37 ff.; Immaterialgüterrechte **Kauf-RL 1** 8; Importeur **Kauf-RL 1** 38; Inkrafttreten **Kauf-RL 13** 1; IPR-Flankierung **Kauf-RL 7** 9 ff.; Käuferrechte **Kauf-RL 3** 4; Kenntnis des Mangels **Kauf-RL 2** 24; aliud-Lieferung **Kauf-RL 2** 5; Minderung **Kauf-RL 3** 4, 19 f.; Mindestharmonisierung **Kauf-RL 8** 4 ff.; Montageanleitung **Kauf-RL 2** 26 f.; Montageverpflichtung **Kauf-RL 1** 15; Muster **Kauf-RL 2** 16; Nachbesserung **Kauf-RL 1** 39, **Kauf-RL 3** 4, 5 f.; öffentlich versteigerte Gebrauchtwaren **Kauf-RL 1** 11; Probe **Kauf-RL 2** 16; Quasihersteller **Kauf-RL 1** 38; Rechtsangleichung **Kauf-RL 1** 3; seitengleicher Regress **Kauf-RL 4** 1 ff.; Regress des Letztverkäufers **Kauf-RL 4** 1 ff.; Reparaturvertrag **Kauf-RL 1** 16; Rohstoffe **Kauf-RL 1** 13; Rückgriffsrechte **Kauf-RL 2** 1; Sachmangelbegriff **Kauf-RL 2** 1; subjektiver Sachmangelbegriff **Kauf-RL 2** 4 ff.; Schuldrechtsmodernisierungsgesetz **Kauf-RL vor 1** 1; Standardsoftware **Kauf-RL 1** 9; Stimmungswerbung **Kauf-RL 6** 5; Sympathiewerbung **Kauf-RL 6** 5; Teilharmonisierung **Kauf-RL 8** 2 f.; übliche Qualität **Kauf-RL 2** 20 f.; Umsetzung **Kauf-RL 11** 1 ff.; Unabdingbarer Regelungsgehalt **Kauf-RL 7** 1 ff.; UN-Kaufrecht **Kauf-RL 1** 29, **Kauf-RL vor 1** 2; Unmöglichkeit/Unzumutbarkeit der Abhilfe **Kauf-RL 3** 7; Unterlassungsklagen-Richtlinie **Kauf-RL 10** 1; innerstaatliche Unterrichtung der Verbraucher **Kauf-RL 9** 1; Unterrichtungsobliegenheit **Kauf-RL 5** 8 f.; Unverhältnismäßigkeit der Abhilfe **Kauf-RL 3** 9 ff.; Verbraucherbegriff **Kauf-RL 1** 17 ff.; Verkäuferbegriff **Kauf-RL 1** 30; Verkäuferhaftung **Kauf-RL 3** 1 ff.; Vermutung der Mangelhaftigkeit bei Lieferung **Kauf-RL 5** 5 f.; Vermutung der Vertragsmäßigkeit **Kauf-RL 2** 12 ff.; gemischte Verträge **Kauf-RL 1** 14; Vertragsauflösung **Kauf-RL 3** 4, 17 f.; Vertragsmäßigkeit **Kauf-RL 2** 1 ff., 8 ff.; Voraussetzungen von Vertragsauflösung/Minderung **Kauf-RL 3** 21 ff.; nationale Vorschriften mit „Doppelnatur" **Kauf-RL 11** 6 f.; Werk(lieferungs)verträge **Kauf-RL 1** 12, **Kauf-RL 2** 25, **Kauf-RL 3** 11; Wesentlichkeitsschranke **Kauf-RL 2** 6; Zeitpunkt der Vertragswidrigkeit **Kauf-RL 3** 3

EG-Richtlinie zum Zahlungsverzug Adressaten **Verzug-RL Art. 8** 1; Begriffsbestimmungen **Verzug-RL Art. 2** 4 ff.; Beitreibungskosten **Verzug-RL Art. 3** 30 ff.; Bezugszinssatz **Verzug-RL Art. 3** 26; Bürgschaftsvertrag **Verzug-RL Art. 2** 21; Eigentumsvorbehalt **Verzug-RL Art. 4** 1 ff.; Entgelt **Verzug-RL Art. 2** 17 ff.; Entstehungsgeschichte **Verzug-RL Art. 1** 8 ff.; Freie Berufe **Verzug-RL Art. 2** 9; Geldforderung **Verzug-RL Art. 2** 13 ff.; Grundstücksgeschäft **Verzug-RL Art. 2** 16; rechtspolitischer Hintergrund **Verzug-RL vor Art. 1** 1; Höhe der Zinsen **Verzug-RL Art. 3** 25 ff.; Inhaltskontrolle von AGB und Individualvereinbarungen **Verzug-RL Art. 3** 35; In-Kraft-Treten **Verzug-RL Art. 7** 1; Internationales Privatrecht **Verzug-RL Art. 2** 23; Klein- und Kleinstgewerbetreibende **Verzug-RL Art. 2** 10; Kreditvertrag **Verzug-RL Art. 2** 21; Mindestharmonisierung **Verzug-RL Art. 6** 8 f.; Mittelstandsförderung **Verzug-RL vor Art. 1** 6; Normzweck **Verzug-RL vor Art. 1** 1; Notifizierungspflicht **Verzug-RL Art. 6** 14; wechsel- oder scheckrechtliche Ansprüche **Verzug-RL Art. 2** 18; Öffentliche Stelle, Begriff **Verzug-RL Art. 2** 4 f.; Persönlicher Anwendungsbereich **Verzug-RL Art. 2** 1; Rechtsgrundlage **Verzug-RL vor Art. 1** 2 ff.; Sachlicher Anwendungsbereich **Verzug-RL Art. 2** 13; Schadensersatzanspruch **Verzug-RL Art. 2** 19; Sozialversicherungsträger **Verzug-RL Art. 2** 12; Territorialer Anwendungsbereich **Verzug-RL Art. 2** 22 ff.; Überblick über Inhalt **Verzug-RL vor Art. 1** 12 f.; Umsetzung **Verzug-RL Art. 6** 1 ff.; Unbestrittene Forderungen **Verzug-RL Art. 5** 1 f.; UN-Kaufrecht **Verzug-RL Art. 2** 24 f.; kleine und mittlere Unternehmen **Verzug-RL vor Art. 1** 1; Unternehmen, Begriff **Verzug-RL Art. 2** 6 ff.; Verbandsklage **Verzug-RL Art. 3** 39; Verbraucher **Verzug-RL Art. 2** 11; Zahlungsverzug **Verzug-RL Art. 3** 2 ff.; Zinsanspruch, Voraussetzungen **Verzug-RL Art. 3** 20 ff.; gesetzlicher Zinssatz **Verzug-RL Art. 3** 25; Zitiergebot **Verzug-RL Art. 6** 15

Eigenbedarf *siehe Wohnraummiete*

Eigentumsvorbehalt *siehe auch Kaufrecht*; Allgemeine Geschäftsbedingungen **305** 14; EG-Richtlinie zum Zahlungsverzug **Verzug-RL Art. 4** 1 ff.; Verjährung **218** 19

Einseitige Rechtsgeschäfte *siehe Vertrag*

Einstweilige Verfügung *siehe Unterlassungsklagengesetz*

Register

Elektronische Form vor 126 1, **126a** 1 ff.; Abschlußfunktion **126a** 4; Anwendungsbereich **126** 9 ff.; Ausschluß **126** 20 ff.; Aussteller **126a** 10; Beweisfunktion **126a** 8; Beweislast **126** 27; Echtheitsfunktion **126a** 7; Einverständnis der Beteiligten **126** 16; Erleichterungen **127** 12 ff.; Gesellschaftsrecht **126** 17; Identitätsfunktion **126a** 6; Notwendigkeit **126** 4 ff.; Vereinsrecht **126** 17; Vertragsschluß **126a** 25 ff.; Voraussetzungen **126** 14 ff.; Warnfunktion **126a** 9; Zulässigkeit **126** 20 ff.; Zurechnung **126** 26 ff.

Elektronische Signatur vor 126 1, **127** 12; Angaben über Vertretungsmacht **126a** 24; elektronische Form *siehe dort*; qualifizierte **126a** 18 ff.; qualifizierte, Verfahren **126a** 22 f.; Widerrufsbelehrung **355** 25 f.; Zugang **126** 30

Elektronischer Geschäftsverkehr EGBGB vor Art. 240 3 f., **vor 312** 1 ff.; Fernabsatzvertrag *siehe dort*; Kundeninformationspflichten **InfVO 3** 1

Elektronisches Dokument 126a 15 ff.

E-mail dauerhafte Wiedergabe in Schriftzeichen **126b** 17

Erbschaftsvertrag 311b 31 ff. *siehe auch Formbedürftigkeit*

Erfüllung Zug-um-Zug 348 1 ff.; titulierte Ansprüche **348** 5; Regelungsumfang **348** 3; Rücktritt, Abdingbarkeit **348** 6; Untergang der Sache **348** 2; Verschlechterung der Sache **348** 2

Erfüllungsort Rücktritt **346** 24

Erfüllungsverweigerung Schadensersatz statt Leistung *siehe dort*; gegenseitiger Vertrag *siehe dort*

Erlöschen des Rücktrittsrechts Beweislast **350** 5; mehrere Rücktrittsberechtigte **350** 3; Voraussetzungen **350** 2 ff.

Ersatz von Verwendungen nach Rücktritt 347 6 ff.; Begriff **347** 7; Notwendigkeit der Verwendungen **347** 8; nützliche Verwendungen **347** 10; Voraussetzungen **347** 6

Erwirkung *siehe Treu und Glauben*

Euro Fremdwährungsschuld **244** 1

Euro-Einführung *siehe Geschäftsgrundlage*

Fälligkeit der Leistung Einreden **323** 8; Rücktritt vom gegenseitigen Vertrag wegen nicht/nicht vertragsgemäß erbrachter Leistung **323** 8 f.

Fahrlässigkeit *siehe Vertretenmüssen*

Falsch- und Zuweniglieferung Allgemeine Geschäftsbedingungen **309** 23

Fehlerbegriff *siehe auch EG-Richtlinie zum Verbrauchsgüterkauf*; Kaufvertrag **434** 6 ff.; Mietvertrag **536** 5; Werkvertrag **633** 7 ff.

Fernabsatzgesetz vor 312 1 ff.

Fernabsatzrichtlinie EGBGB vor Art. 240 2, **vor 312** 3, **312b** 3 f.

Fernabsatzvertrag vor 312 1 ff., **312b** 1 ff.; Ausnahmen vom Widerrufsrecht **312d** 36 ff.; Ausstrahlungswirkung **312b** 68; Automatenverträge **312b** 62; Beförderungsverträge **312b** 61; Begriff des „geschäftlichen Zwecks" **312c** 24 f.; Bereichsausnahmen **312b** 39 ff.; Bestätigung der Information **312c** 33 ff.; Beweiserleichterung **312b** 36 f.; Beweislast **312b** 35; dauerhafter Datenträger **312c** 40; Dauer der Zugriffsmöglichkeit auf Information **312c** 61; elektronisch erbrachte Dienstleistung **vor 312e** 8 ff.; Dienstleistung über Fernkommunikation **312c** 66 f.; Distanzvertrag **312b** 21; Eingabefehler **312e** 18 ff.; Erlöschen des Widerrufsrechts bei Dienstleistungen **312d** 26 ff.; Fernabsatzrichtlinie **312b** 3 ff.; Fernabsatzstruktur des Unternehmens **312b** 32 ff.; Fernabsatztechnologien **312b** 6; Fernkommunikationsmittel **312b** 24 ff.; Fernunterrichtsverträge **312b** 42 ff.; Finanzgeschäfte **312b** 49 ff.; Finanzierte Verträge **312d** 53; Gegenstand **312b** 30 ff.; Geschäftsfähigkeit **312c** 22; elektronischer Geschäftsverkehr **vor 312e** 1, **312b** 11, **312e** 1 ff.; elektronischer Geschäftsverkehr-Gesetz **vor 312e** 3; Hauslieferungsverträge **312b** 58 ff.; Immobiliengeschäfte **312b** 55 ff.; rechtzeitige Information des Verbrauchers **312c** 5, 11 ff.; Information und Beweislast **312c** 62; weitere nachvertragliche Informationen **312c** 64 ff.; Informationspflicht und Prozess **312c** 63; Informationsinhalt **312c** 5 ff.; vorvertragliche Informationspflicht **312c** 4; nachvertragliche Informationspflichten **312c** 28 ff.; weitergehende Informationspflichten **312c** 68; vorvertragliche Informationspflichten **InfVO 1** 2 ff.; nachvertragliche Informationspflichten **InfVO 1** 14 ff.; Informationspflichten beim elektronischen Geschäftsverkehr **312e** 21 f.; Informationspflichten im Internet **312c** 4; Informationspflichten-Verordnung **312c** 1, 6, **312e** 22; Internetversteigerungen **312b** 65; telefonische Kontaktaufnahme **312c** 26 f.; Kündigungsbedingungen **InfVO 1** 18; Lauterkeitserfordernis **312c** 21; Legaldefinition **312b** 19; Lesbarkeit der Information **312c** 60; Lieferung von Speisen und Getränken **312b** 61; Mediendienste **312e** 10; Mischfälle **312b** 38; Multimedia-Anwendungen **312d** 43; öffentliche Fernsprecher **312b** 63; Offenlegungsvorbehalt **312c** 2, 25; zwingendes Recht **312f** 1 ff.; ecommerce-Richtlinie **vor 312e** 1 ff., **312e** 16; Rückgaberecht **312d** 1 ff., 47 ff.; Rücksendung der Sache **312d** 49; Sanktionen im elektronischen Geschäftsverkehr **312e** 41 ff.; Software **312d** 43; Teilzeit-Wohnrechtevertrag **312d** 45 ff., *siehe auch dort*; Teledienste **312e** 9; Text(form)medium **312c** 46 ff.; Textform **312c** 42; Transparenzgebot **312c** 2, 14 ff.; Transparenzgebot und AGB **312c** 18 f.; Transparenzgebot und Fremdsprache **312c** 15 f.; Unterbringungsverträge **312b** 61; Unternehmer **312b** 68; Unterrichtung des Verbrauchers **312c** 1 ff.; keine nachträgliche Veränderung der Information **312c** 54 ff.; Verbraucher **312b** 68; Verbraucherverträge im elektronischen Geschäftsverkehr **312e** 40; aggressive Verkaufsmethoden **312b** 6; irreführende Verkaufsmethoden **312b** 6; Versteigerung **312b** 64 ff.; echte Versteigerungen **312d** 45; Verstoß gegen Informationspflichten **312c** 69 ff.; elektronischer Verteildienst **312e** 3; Vertragsabschluss mit elektronischen Kommunikationsmitteln **312e** 13 ff.; Widerrufs-Belehrung **312d** 20; Widerrufsbelehrung **355** 26; Widerrufsform **312d** 19; Widerrufsfrist **312d** 18 ff.; Widerrufsrecht **312d** 1 ff., 4 ff.; Zeitschriftenabonnement **312d** 42; Zugangsfiktion im elektronischen Geschäftsverkehr **312e** 27 ff.; Zugangszeitpunkt der Information **312c** 59

Fernunterrichtsvertrag *siehe Fernabsatzvertrag, Haustürgeschäft*

Fiktive Abrechnung *siehe Schadensersatzrecht*

Finanzierungshilfen vor 488 1 ff., **499** 1 ff.; Bagatelldelikte **499** 11; sonstige **499** 6

Finanzierungsleasing 499 2, 7 ff.; Anschaffungspreis **499** 10; Finanzierungsleasingvertrag *siehe dort*; Rückgewährschuldverhältnis **346** 16

Finanzierungsleasingvertrag 500 1 ff.; richtlinienkonforme Auslegung **500** 5 f.; mit Erwerbsrecht **502** 4; Pflichtangaben, Katalog **500** 2; Rücktrittsrecht **500** 3; Verweisungskatalog **500** 1 ff.; Vollmacht, Formvorschrift **500** 4; vorzeitige Zahlung **500** 2, 6

Fixgeschäft *siehe Rücktritt und Schadensersatz statt Leistung*

Förderdarlehen Anwendbarkeit der Vorschriften bei Zahlungsaufschub **499** 12

Formbedürftigkeit Erbschaftsvertrag **311b** 31 ff.; von Grundstücksgeschäften **311b** 1 ff., 6 ff.; Schenkung **311b** 25;

Register

Vertrag über den Nachlass eines Dritten **311b** 26 ff.; Vertrag über den Nachlass eines lebenden Dritten **311b** 26 ff.; Vertrag über gegenwärtiges Vermögen **311b** 22 ff.; Vertrag über künftiges Vermögen **311b** 17 ff.

Formerfordernis vereinbarte Form **127** 1 ff.

Formmangel bei Grundstücksgeschäften **311b** 12 ff.; Heilung bei Grundstücksgeschäften **311b** 14 ff.

FormVAnpG vor **126** 1, **126b** 1 ff.

Formvorschrift Beendigung von Arbeitsverhältnissen **126** 22; Befristung von Arbeitsverhältnissen **126** 22; Zeugniserteilung **126** 22

Formvorschriften Tarifvertragsrecht **126** 19

Frankfurter Tabelle 651d 5

Freiberufler Unternehmer **13/14** 11

Fremdwährungsschuld 244 1

Frustrierte Aufwendungen 284 1 ff.; dogmatische Einordnung **284** 2; Mietrecht **284** 4; Problemfälle **284** 7; Rentabilitätsvermutung **284** 1; Vertragskosten **284** 10; Vertrauensschaden **284** 11; Zweckverfehlung **284** 12

Garantie 276 18 ff., **477** 1 ff.; *siehe auch EG-Richtlinie zum Verbrauchsgüterkauf und Leistungsstörungen*; Garantiehaftung **311a** 2, 5, 13

Gastwirt Pfandrecht **704** 1

Gefährdungshaftung 828 21 f. *siehe auch Schmerzensgeld*; Schadensersatzrecht vor **249** 3

Gegenleistung 326 1 ff.; Befreiung von der Gegenleistung **326** 1 ff.; Rückabwicklung bereits erfolgter Gegenleistung **326** 13 f.; Wegfall des Anspruchs auf Gegenleistung *siehe dort*

Gegenseitiger Vertrag 321 1 ff.; Abmahnung **323** 21; dilatorische Einrede **321** 5; Erfüllungsanspruch **323** 14; Erfüllungsverweigerung **323** 15 f.; Fälligkeit der Leistung **323** 8; Gegenleistung, Anspruch auf **321** 7; Irrtumsanfechtung neben Unsicherheitseinrede **321** 7; Leistungsanspruch **323** 14; Minderung **323** 24; Nichterbringung der Leistung **323** 6; Rücktritt bei Ausschluß der Leistung § **326** 15 ff.; Rücktritt bei Verletzung von Pflichten nach § 241 Abs. 2 *siehe dort*; Rücktritt wegen nicht/nicht vertragsgemäß erbrachter Leistung *siehe dort*; Rücktrittsrecht **321** 6; Schadensersatz **325** 1 ff.; Schlechtleistung **323** 9; Teilleistung **323** 23; Unsicherheitseinrede **321** 1 ff.; Verletzung von Nebenpflichten **324** 1 ff.

Gehörlose Schadensersatzrechtsänderungsgesetz, zweites (Regierungsentwurf 2001) **828** 14

Geldentwertung *siehe Geschäftsgrundlage*

Geldschuld 244 1; EG-Richtlinie zum Zahlungsverzug **Verzug-RL Art. 2** 13 ff.; Verzinsung **291** 1 ff.

Genugtuungsfunktion *siehe Schmerzensgeld*

Gerichtlicher Vergleich Widerrufsvorbehalt vor **346** 11

Gerichtsgutachten 839a 4 ff.

Gesamtschuldner Wirkung anderer als in §§ 422-424 bezeichneter Tatsachen **425** 1 ff.

Geschäftliche Kontakte *siehe culpa in contrahendo*

Geschäftsgrundlage *siehe auch Leistungsstörungen und Treu und Glauben*; Abgrenzung **313** 8 ff.; Änderung der Rechtslage **313** 50; Änderung der Umstände **313** 30; Äquivalenzstörungen **313** 44; Anfechtung **313** 11; Anpassungsinteresse **313** 1; Anwendungsbereich des § 313 **313** 22; Beendigungsinteresse **313** 1; Begriff der „Geschäftsgrundlage" **313** 23 ff.; Begriff der „Störung" **313** 29 ff.; Bestandsinteresse **313** 1; rechtspolitische Bewertung **313** 7; hoheitliche Eingriffe **313** 50; Entstehungsgeschichte **313** 4; Entwertung der Gegenleistung **313** 45; Erfüllungsinteresse **313** 1; Erheblichkeitsschwelle **313** 32; Euro-Einführung **313** 50; Existenzbedrohung **313** 38; Fallgruppen **313** 39 ff.; Geldentwertung **313** 45; Gesamtabwägung **313** 38; große Geschäftsgrundlage **313** 49; Gewährleistung **313** 17 f.; richterrechtliches Institut **313** 1; Kalkulationsirrtum **313** 41; Kündigung aus wichtigem Grund **313** 19; Leistungserschwerung **313** 14 f., 48; nichtwirtschaftliche Leistungshindernisse **313** 16; persönliche Leistungshindernisse **313** 16; gemeinsamer Motivirrtum **313** 41; Neuregelung **313** 5; Neuverhandlungspflicht **313** 54; § 313 als Ausnahmevorschrift **313** 3; Perplexität **313** 10; Prozessuales **313** 57; Rechtsfolgen **313** 52 ff.; Rechtsvergleich **313** 6; Risikoverteilung **313** 35; Risikozuweisung **313** 2; Rücktritt/Kündigung **313** 54, 56; Schuldrechtsmodernisierungsgesetz **313** 51; gesetzliche Sonderregeln **313** 9; clausula rebus sic stantibus **313** 4; Störung der G. **313** 1 ff.; Tatbestand **313** 21; Unmöglichkeit **313** 12; Unternehmenskauf **313** 18; wettbewerbsrechtliche Unterwerfungserklärungen **313** 43; Unzumutbarkeit **313** 33 ff.; Verjährung **313** 58; Vertrag zg. Dritter **313** 52; Vertragsanpassung **313** 53 ff.; Vertragsanpassungskriterien **313** 55; Vertragsaufhebung **313** 56; ergänzende Vertragsauslegung **313** 10; Vertragsgerechtigkeit **313** 2; Vertragsinhalt **313** 10; Vertragstreue **313** 2; Verwendbarkeitsrisiko **313** 42; Vorhersehbarkeit **313** 36; Vorrang des Irrtumsrechts **313** 11; Wiedervereinigung **313** 50; Zeitpunkt **313** 31; Zurechenbarkeit **313** 37; ehebezogene Zuwendungen **313** 43; Zweckerreichung **313** 13; Zweckfortfall **313** 13; Zweckstörung **313** 13, 42; Zweckverfehlungskondiktion **313** 20

Geschäftsräume *siehe Mietrecht*

Gesellschaftsrecht Elektronische Form **126** 17

Gesellschaftsvertrag Allgemeine Geschäftsbedingungen **310** 20

Gesetz zur Anpassung der Formvorschriften des Privatrechts und anderer Vorschriften an den modernen Rechtsgeschäftsverkehr vor **126** 1, **126b** 1 ff.

Gewährleistung Angleichung von Kauf- u. Werkvertragsgewährleistung **438** 12 f., vor **631** 9 ff.; Anwendungsbereich der Gewährleistungsregeln der EG-Richtlinie zum Verbrauchsgüterkauf **Kauf-RL 2** 2; EG-Richtlinie zum Verbrauchsgüterkauf *siehe dort*; Garantie und Gewährleistung **Kauf-RL 6** 6; Geschäftsgrundlage *siehe dort*; c.i.c. und Gewährleistung **311** 32 ff.; Kaufrecht *siehe dort und Vertretenmüssen*; Leistungsstörungen **280** 8, 20 ff.; Mietrecht *siehe dort*; Neuerungen im Werkvertrag-Gewährleistungsrecht vor **631** 1 ff.; Systematik des Werkvertrag-Gewährleistungsrechte **634** 11 ff.; Verkürzung wegen Gewährleistungsanspruch in AGB *siehe Verjährungsfrist*

Gewerbliche Tätigkeit 13/14 10

Gläubigerverzug Entbehrlichkeit des Angebots **296** 1 ff.

Grobe Fahrlässigkeit Unkenntnis des Gläubigers von anspruchsbegründenden Tatsachen bei Verjährungsbeginn **199** 52 ff.

Grundbucheintragung 311b 2

Grundschuld Zinsen, Verjährungsfrist **202** 51 f.

Grundstück Verjährung **195** 16; Zubehör **311c** 1 ff.

Grundstücksgeschäft 311b 1 ff.; EG-Richtlinie zum Zahlungsverzug **Verzug-RL Art. 2** 16; Formbedürftigkeit **311b** 1 ff., 6 ff., 12 ff.; Formvorschrift **311b** 1 ff.; Formmangel **311b** 12 ff.; Heilung des Formmangels **311b** 14 ff.

Gutachterhaftung *siehe Dritthaftung*

Haftpflichtrecht Deliktsfähigkeit **828** 11 ff.

Haltbarkeitsgarantie *siehe Kaufrecht*

Handelsrecht Rücktrittsrecht **346** 3 f.

Register

Haustürgeschäft vor 312 1 ff., **312** 1 ff.; Ausschluss des Widerrufsrechts **312** 20 ff.; Definition **312** 2, 8 ff.; Fernunterrichtsverträge **312a** 4; Finanzierungshilfen **312a** 4; Freizeitveranstaltung **312** 16; ausländische Investmentanteile **312a** 4; Kapitalgesellschaftsanteile **312a** 4; entgeltliche Leistung **312** 10; Privatwohnung **312** 12; Rückgaberecht **312** 3, 19; Teilzeit-Wohnrechtevertrag **312a** 4, *siehe auch dort*; situationsbedingte Umstände **312** 11; Verbraucherdarlehen **312a** 5, **321a** 4; Widerruf **312** 1 ff., 18 ff.

Haustürwiderrufsgesetz vor 312 1 ff.; Haustürgeschäft *siehe dort*

Hemmung *siehe Verjährung*

Herausgabeanspruch nach Eintritt der Verjährung **852** 1 ff.

Höhere Gewalt Reiserecht **651j** 2; Schadensersatzrechtsänderungsgesetz, zweites (Regierungsentwurf 2001) **828** 39 ff.

Homosexuelle Gemeinschaft *siehe Mietrecht*

Informationspflichten für Fernabsatzverträge **EGBGB Art. 240** 1; Informationspflichten des Unternehmers *siehe dort*; bei Teilzeit-Wohnrechteverträgen **EGBGB Art. 240** 1; für Verträge im elektronischen Geschäftsverkehr **EGBGB Art. 240** 1

Informationspflichten des Unternehmers Teilzahlungsgeschäfte **502** 12

Informationspflichten nach Bürgerlichem Recht Elektronischer Geschäftsverkehr **InfVO vor Abschnitt 2** 1; Kreditinstitute **InfVO 10** 1 ff.; Reiseveranstalter **InfVO vor Abschnitt 3** 1 f.; Verbrauchervertrag **InfVO vor Abschnitt 1** 1

Informationspflichten von Reiseveranstaltern Informationspflichten nach Bürgerlichem Recht *siehe dort*

Informationspflichtenverordnung vor 481 1, **482** 3

Informationspflichtverletzung *siehe culpa in contrahendo*

Inkassovollmacht Reisevermittler **651k** 3 ff.

Inkrafttreten Schadensersatzrecht **vor 249** 43

Insolvenzversicherung Reiseveranstalter **651k** 1 ff.

Internationales Privatrecht EG-Richtlinie zum Zahlungsverzug **Verzug-RL Art. 2** 23

Internet Textform **126b** 14 f.

Internetversteigerungen *siehe Fernabsatzvertrag*

Irrtum Anfechtung neben Unsicherheitseinrede **321** 7

Juristische Personen Unternehmer **13/14** 26; Verbraucher **13/14** 12

Kalkulationsirrtum *siehe Geschäftsgrundlage*

Kaufrecht Abgrenzung **433** 10; Aliud-Lieferung **434** 20, **438** 11; Angleichung von Kauf- u. Werkvertragsgewährleistung **438** 12 f.; Auslegung **vor 433** 19; Beitragslasten für Grundstücke **436** 3 ff.; Beschaffenheitsgarantie **443** 1 ff.; Beweislast für Mangelfreiheit **434** 23; Eigentumsvorbehalt **449** 1 ff.; subjektiver Fehlerbegriff **434** 6 ff.; objektiver Fehlerbegriff **434** 9 ff.; Garantieansprüche **433** 6; Gefahrtragung **446** 1; Geltungsbereich **vor 433** 21 ff., **433** 8 f.; Geringfügigkeit des Mangels **434** 21; Gewährleistungsrechte **433** 5, **437** 1 ff.; Grundpflichten **433** 2 f.; Haftungsausschluss **434** 14 ff., **437** 3; Haftungsausschluss durch Vertrag **444** 1; Haftungsausschluss wg. Käuferkenntnis **442** 1 ff.; Haltbarkeitsgarantie **443** 1 ff.; ausgeschlossene Käufer **451** 1; Kauf auf Probe **473** 1; sonstige Kaufgegenstände **453** 1; Konkurrenzen der Käuferansprüche **437** 26; Konsequenzen ausgeübter Käuferrechte **437** 20 ff.; Kosten der Nacherfüllung **439** 12 ff.; Kosten der Sachübergabe **448** 1 ff.; Lastentragung **446** 2; Leistungsverweigerungsrecht des Verkäufers **439** 6 ff., **440** 4 f.; Mangelbegriff **433** 4; Minderung **441** 1 ff.; fehlerhafte Montageanleitung **434** 16 ff.; Nachbesserungsrecht des Verkäufers **437** 6; Nacherfüllung **439** 1 ff.; Nacherfüllung fehlgeschlagen **440** 6 f.; Nacherfüllung unzumutbar **440** 8 f.; Nachlieferungsanspruch **437** 4; Öffentliche Grundstückslasten **436** 1 ff.; öffentliche Versteigerung **445** 1 ff.; Rechtskauf **453** 1 ff.; Rechtsmängelhaftung **453** 6 ff.; Rechtsmangel **435** 1 ff.; Reformanlass **vor 433** 1 ff.; Reformkonzept **vor 433** 7 ff.; Reformschwerpunkte **vor 433** 10 ff.; Rückgewähranspruch des Käufers **439** 15 f.; Rücktrittsrecht des Verkäufers **438** 7 ff.; Sachmangel **434** 1 ff.; Schadensersatz **vor 433** 3, 7, 12 ff., 28 ff., **437** 6 ff.; Schiffskauf **452** 1 ff.; Schlechterfüllung in der Nacherfüllungsphase **437** 24 ff.; Typisierung der Käuferrechte **437** 16 ff.; Verbrauchsgüterkauf *siehe dort*; Verhältnis der Käuferrechte zueinander **437** 4 ff.; Verjährung der Mängelansprüche **438** 1 ff.; Versendungskauf **447** 1 f.; Vorkauf **473** 1; Vor- und Nachteile des neuen Rechts aus Sicht der Vertragsparteien **vor 433** 26 ff.; Werbeaussagen **434** 10 ff.; Wiederkauf **473** 1

Kenntnis des Gläubigers von anspruchsbegründenden Tatsachen bei Verjährungsbeginn Anspruch gegen Mitarbeiter eines Unternehmens **199** 40; Beweislast **199** 62 f.; Erfüllungsgehilfe **199** 41; Gläubiger **199** 45 ff.; Person des Schuldners **199** 37 ff.; Schuldner **199** 39; grob fahrlässige Unkenntnis **199** 52 ff.; Verrichtungsgehilfe **199** 42; Zurechnung der Kenntnis anderer **199** 59 ff.

Kind *siehe auch Minderjährige*; Geschädigter **828** 45; Haftungsbegrenzung **828** 2; unerlaubte Handlung **828** 1 ff.; Schadensersatzrecht **vor 249** 5, 12, 20, 41, **828** 35 ff.; Schadensersatzrechtsänderungsgesetz, zweites (Regierungsentwurf 2001) **828** 25 ff.; Schädiger **828** 44

Kontrahierungszwang *siehe Vertrag*

Kreditauftrag 778 1 ff.; Form **778** 4

Kreditinstitute Kundeninformationspflichten **InfVO 10** 1 ff.; Überweisungen **InfVO 11** 1

Kreditkartengeschäft 499 5

Kreditvertrag 499 1; EG-Richtlinie zum Zahlungsverzug **Verzug-RL Art. 2** 21

Kündigung Abgrenzung zu Rücktritt **vor 346** 5 f.; Dauerschuldverhältnis **314** 1 ff.; K. aus wichtigem Grund *siehe dort*; Reisevertrag **vor 346** 6, **651e** 1 ff., **651j** 1ff.; Umdeutung **314** 27; Verdachtskündigung **314** 15

Kündigung aus wichtigem Grund Kündigung von Dauerschuldverhältnissen aus wichtigem Grund *siehe dort*

Kündigung von Dauerschuldverhältnissen aus wichtigem Grund 314 1 ff.; Abhilfefrist **314** 17 ff.; Abmahnung **314** 17 ff.; Darlegungs- und Beweislast **314** 30; Dispositivität **314** 28; Entbehrlichkeit der Abmahnung **314** 22; Frist für Abhilfe **314** 17 ff.; Frist für Kündigungserklärung **314** 24; wichtiger Grund **314** 11 ff.; Konkurrenzen **314** 29; Kündigungserklärung **314** 16; Nachschieben von Gründen **314** 16; Rechtsfolgen **314** 25 ff.; Umdeutung einer unwirksamen Kündigung **314** 27; Verdachtskündigung **314** 15; Verschulden des Kündigenden **314** 14; maßgeblicher Zeitpunkt für Vorliegen des wichtigen Grundes **314** 16

Kundeninformation Verordnung über Kundeninformationspflichten **EGBGB vor Art. 240** 1

Landpachtvertrag 585 1; Belastung des Grundstücks **593b** 1; Berufsunfähigkeit des Pächters **594c** 1; Betriebsübergabe **593a** 1; Erhaltungsmaßnahmen **588** 1; Fälligkeit der Pacht **587** 1; Form **585a** 1; Fortsetzung des Pachtverhältnisses **595** 1; vorzeitige Kündigung **595a** 1; außerordentliche fristlose Kündigung aus wichtigem Grund **594e** 1; Kündigungsfristen **594a** 1; vertragstypische Pflichten **586** 1; verspätete

Rückgabe **597** 1; Rücklassungspflicht **596b** 1; Tod des Pächters **594d** 1; Veräußerung des Grundstücks **593b** 1; Verbesserungsmaßnahmen **588** 1; persönliche Verhinderung des Pächters **587** 1; Verpächterpfandrecht **592** 1; veränderte Vertragsgrundlage **593** 1

Leasing eines Kfz Schadensersatzrecht **249** 104

Lebenspartnerschaftsgesetz Verjährung **194** 23

Leihe Beendigung **604** 2; Rückgabepflicht **604** 1 ff.; Verjährung **606** 1

Leistung an Erfüllungs statt *siehe Rücktritt*

Leistungsbezogene, -begleitende Nebenpflichten *siehe Schadensersatz statt Leistung*

Leistungserschwerung *siehe Geschäftsgrundlage*

Leistungshindernis 311a 1 ff.; Anfechtung **311a** 16 ff.; Aufwendungsersatz **311a** 15; Beweislastumkehr **311a** 13; Garantiehaftung **311a** 2; negatives Interesse **311a** 2; positives Interesse **311a** 2, 11, 14 ff.; negatives Interesse **311a** 18 f.; Irrtumsrecht **311a** 16 ff.; Leistungsverweigerungsrecht **311a** 9; bisheriges Recht **311a** 1 f.; Rechtsfolge **311a** 14 f.; Rechtskauf **311a** 7; Regelungsgegenstand **311a** 1 ff.; Schadensersatz **311a** 2 ff., 12 ff.; Teilleistung **311a** 19; Verschulden **311a** 13; Vertrauensschaden **311a** 2; Vertretenmüssen **311a** 2, 6

Leistungsstörungen 280 1 ff.; Ausschluss der Leistungspflicht **280** 54; Behauptungs-, Beweislast **280** 60; Deckungsgeschäft **280** 51; positive Forderungsverletzung **280** 4, 8, 14, 30, 55, **282** 2; Fristsetzung zur Leistung **280** 24; Gesetzgebungsverfahren **280** 10 ff.; Gewährleistung **280** 8, 20 ff.; entgangener Gewinn **280** 52; Grundstrukturen des neuen Schuldrechts **280** 13 ff.; Mangel(folge)schaden **280** 39 ff.; merkantiler Minderwert **280** 51; leistungsbegleitende Nebenpflicht **280** 53; Pflichtverletzung **280** 13 ff., 57 ff.; bisher geltendes Recht **280** 2 ff.; Rücktritt **280** 28, **323** 4; Schadensersatz **280** 27, 31, 34, 36, 63; Schadensersatz statt Leistung *siehe dort*; Schlechtleistung **280** 23, 51; Unmöglichkeit **280** 8, 17; Verjährung **280** 22; Verzögerungsschaden **280** 34, 35, 46 f., 62; Verzug **280** 25

Leistungsverweigerungsrecht 311a 9; Verjährung **205** 1 ff.

Loyalitätspflicht *siehe Treu und Glauben*

Mahnbescheid *siehe Verjährung*

Mahnung *siehe Schuldnerverzug*; Allgemeine Geschäftsbedingungen **309** 6 f.

Mangel Allgemeine Geschäftsbedingungen **309** 22 ff.

Mangel(folge)schaden *siehe Leistungsstörungen*

Mediendienste *siehe Fernabsatzvertrag*

Mehrwertsteuer Schadensersatzrecht *siehe dort*

Mietrecht Abmahnung **543** 7; Abwendung des Wegnahmerechts **552** 1 f.; Änderungen im Einzelnen **vor 535** 8 ff.; Anzeigepflicht des Mieters **536c** 1; Arglist des Vermieters **536d** 1; Aufwendungsersatzanspruch des Mieters **536a** 1 ff., **539** 1 ff.; Barrierefreiheit *siehe Wohnraummiete*; zugesicherte Eigenschaften **536** 5; Ende des Mietverhältnisses **542** 1 ff.; Energiesparanreize **vor 535** 2; Entzug der Mietsache **543** 3; Erhaltungsmaßnahmen **554** 1 ff.; Ersatzvertrag **537** 3; Fälligkeit der Miete **579** 1; Formforschriften-Anpassungsgesetz **vor 535** 12; Fortsetzung des Gebrauchs **545** 2 ff.; Garantiehaftung des Vermieters für anfängliche Mängel **536a** 2; vertragsgemäßer Gebrauch **538** 1; vertragswidriger Gebrauch **541** 1, **543** 4; Gebrauchsüberlassung an Dritte **540** 1 ff., **553** 1 ff.; eingebrachte Gegenstände **546** 2; homosexuelle Gemeinschaft **553** 2; Geschäftsräume **578** 3, **580a** 2 f.; Gewährleistungsausschluss **536b** 1; Gewährleistungsausschluss, vertraglicher **536d** 1; Gewährleistungsrecht **536** 1; Grundstücksmiete **578** 1, **579** 1, **580a** 2; Härteklausel **554** 3; Jugendwohnheim **549** 3, **551** 3; außerordentliche Kündigung **542** 3; ordentliche Kündigung **542** 3; außerordentliche fristlose Kündigung **542** 3 f., **543** 1 ff., **569** 1 ff.; Kündigung aus wichtigem Grund **543** 2; Kündigungsfristen **580a** 1 ff.; außerordentliches befristetes Kündigungsrecht **544** 1, **561** 2, **563a** 2, **564** 2; Landpachtvertrag *siehe dort*; Lasten der Mietsache **535** 7; Lebensgemeinschaften **vor 535** 9; Lebenspartnerschaften **vor 535** 9, 12; Mängelanzeige durch Mieter **536c** 1 ff.; Mangelbeseitigungsanspruch **536** 6; Mangelkenntnis des Mieters **536b** 1 ff.; Mietminderung **536** 1 ff.; Mietrechtsreform **vor 535** 1 ff., 13; Mietsicherheiten *siehe Wohnraummiete*; Mietvertrag *siehe dort*; Modernisierungsmaßnahmen **554** 1 ff.; Nichtgewährung der Mietsache **543** 3; Nichtwohnraum-Miete **578** 2, **580a** 2; behindertengerechte Nutzung der Wohnung *siehe Wohnraummiete*; Pachtvertrag *siehe dort*; Rechtsmängel **536** 5; verspätete Rückgabe **546a** 1 ff.; Rückgabepflicht des Mieters **546** 1 ff.; Rückgabepflicht Dritter **546** 4; Sachmängel **536** 5; Schadensersatzpflicht des Mieters **536a** 1 ff.; eingetragene Schiffe **578a** 1, **579** 1, **580a** 2; Schönheitsreparaturen **vor 535** 3, **535** 6; Schuldrechtsmodernisierung **vor 535** 11; Sonderkündigungsrecht **554** 4; Studentenwohnheim **549** 3, **551** 3; Systematik **535** 5 ff.; Tod des Mieters **580** 1; Übergangsrecht **vor 535** 13; Umbauten in der Wohnung *siehe Wohnraummiete*; ortsübliche Vergleichsmiete **546a** 3; Verjährung **548** 1 ff.; Verschleißschäden **538** 1; Verschuldenshaftung des Vermieters für nachträgliche Mängel **536a** 2; Verwendungsrisiko **537** 1; Verzug des Vermieters mit Mängelbeseitigung **536a** 4; im Voraus entrichtete Miete **547** 1; Wegnahmerecht **539** 4; Wohnraummiete *siehe dort*; Zahlungsverzug **543** 5; Zubehör **546** 2

Mietspiegel *siehe Wohnraummiete*

Mietvertrag vor 535 1 ff.; mehr als 30 Jahre Dauer **544** 1; Abschluss **535** 2 ff.; Form **550** 1; Grundpflichten **535** 2 ff.; stillschweigende Verlängerung **545** 1 ff.

Minderjährige Haftungsbegrenzung **828** 2; unerlaubte Handlung **828** 1; Schutz **828** 2 ff.

Minderung culpa in contrahendo **311** 43; EG-Richtlinie zum Verbrauchsgüterkauf **Kauf-Rl 3** 4, 19 f.; Kaufrecht **441** 1 ff.; Mietrecht *siehe dort* Mietminderung; Reisevertrag **651c** 1 f., **651d** 1 f.; Rückgriff des Unternehmers **478** 28 ff.; Verjährung **218** 6, 12; gegenseitiger Vertrag **323** 24; Werkvertrag **638** 1 ff.

Motivirrtum, gemeinsamer *siehe Geschäftsgrundlage*

Multimedia-Anwendungen *siehe Fernabsatzvertrag*

Nachbesserung *siehe Kaufrecht und EG-Richtlinie zum Verbrauchsgüterkauf*

Nacherfüllung Aufwendungen **635** 26; Entstehungsgeschichte **635** 1 ff.; Inhalt des Anspruchs **635** 8 ff.; unverhältnismäßige Kosten **635** 23; bisherige Rechtslage **635** 4 ff.; Rückgabepflicht des Bestellers **635** 27; Unmöglichkeit **635** 14; Unzumutbarkeit **635** 17 ff.; Wahlrecht des Unternehmers **635** 12

Name elektronische Form **126a** 12; Hinzufügung, elektronische Form **126a** 14

Nebenpflichten Schuldverhältnis *siehe dort*; Treu und Glauben *siehe dort*; Verletzung, gegenseitiger Vertrag **324** 1 ff.

Negatives Interesse 311a 2, 18 f.; culpa in contrahendo *siehe dort*; Leistungshindernis *siehe dort*

Nichterfüllung Rücktrittsrecht **352** 1 ff.

Nichtigkeit 311a 2, 10, **311b** 21; von Grundstücksgeschäften **311b** 1 ff.; Teilzeit-Wohnrechtevertrag **483** 1 ff.; Vertrag über den Nachlass eines Dritten **311b** 26 ff.

1023

Register

Notarielle Beurkundung Erbschaftsvertrag **311b** 31 ff.; Grundstücksgeschäft **311b** 1 ff.; Haustürgeschäft **312** 23; Vertrag über gegenwärtiges Vermögen **311b** 22 ff.; Vertrag über künftiges Vermögen **311b** 17 ff.

Nutzungen Begriff **347** 2; Herausgabe/Ersatz nach Rücktritt **347** 1 ff.; Rücktritt **346** 22

Obhutspflicht *siehe Treu und Glauben*

Pachtvertrag 581 1 f.; Inventarübernahme zum Schätzwert **582a** 1; Kündigungsfrist **584** 1; Kündigungsrechts-Ausschlüsse **584a** 1; Landpachtvertrag *siehe dort*; verspätete Rückgabe **584b** 1

Pauschalreisevertrag 651a 14

Personengesellschaft, rechtsfähige Definition **13/14** 7

Pfandrecht Gastwirt **704** 1

Pflichtverletzung Abgrenzung § 241 Abs. 2 zu § 323 **324** 4; Allgemeine Geschäftsbedingungen **309** 15 ff.; Leistungsstörungen *siehe dort*; Schuldverhältnis *siehe dort*

Positive Forderungsverletzung *siehe Leistungsstörungen*

Positives Interesse 311a 2, 11, 14 ff.; Leistungshindernis *siehe dort*; Unmöglichkeit *siehe dort*

Prospektpflicht Teilzeit-Wohnrechteverträge **482** 1 ff.

Prozessvergleich Verjährung **195** 48

Prozessvollmacht Rücktrittserklärung **349** 6

Prozesszinsen 291 1 ff.; Erhöhung des Zinssatzes **291** 5 f.; Höhe **291** 4; Kritik **291** 5 f.; Voraussetzung **291** 3; Zinssatz **291** 4 ff.

Quasihersteller *siehe EG-Richtlinie zum Verbrauchsgüterkauf*

Ratenlieferungsvertrag vor 488 1 ff., **505** 1 ff.; analoge Anwendung auf andere Verträge **505** 6; Entwicklung **505** 3; wiederkehrender Erwerb oder Bezug **505** 11 f.; Form **505** 20 ff.; Rückgaberecht **505** 18 ff.; Sukzessivlieferungsvertrag **505** 9 f.; Teillieferungsvertrag **505** 7 f.; Textform **505** 22; Widerrufsrecht **505** 17; Widerrufsrecht, Ausnahme **505** 13 ff.

Ratenvertrag Begriff **314** 7

Realdarlehen Anwendbarkeit der Vorschriften bei Zahlungsaufschub **499** 13

Rechnung *siehe Schuldnerverzug*

Rechtsanwalt Schadensersatzrecht **249** 11

Rechtsgeschäftliche Schuldverhältnisse *siehe Vertrag*

Rechtskauf 311a 7; *siehe auch Kaufrecht*; Teilzeitwohnrechte **vor 481** 3 f., **481** 7

Rechtsmissbrauch *siehe Treu und Glauben*

Regelmäßige Verjährungsfrist 199 1 ff., **202** 22 ff.; Beginn **199** 1 ff.; Verjährungsbeginn *siehe dort*; Verkürzung **202** 23

Reise Definition **651a** 12 ff.

Reisebestätigung 651a 8

Reisender Definition **651a** 21 f.

Reiserecht Entwicklung **651a** 1 ff.; Frankfurter Tabelle **651d** 5; Gastschulaufenthalt **651a** 6, 15, **651l** 1 ff.; Haftungsbeschränkung **651g** 1; Insolvenzabsicherer **EGBGB Art. 238** 4; Kundengeldabsicherungsvertrag **EGBGB Art. 238** 4; Neuregelungen **651a** 6 ff., **651d** 2, **651e** 4, **651g** 10 ff., **651j** 4, **651k** 3; Reisebestätigung **651a** 8 f.; Sicherungsschein **EGBGB Art. 238** 3; nutzlos aufgewendete Urlaubszeit **651f** 2 f.; Verordnungsermächtigung **EGBGB Art. 238** 1; Zweites Reisevertragsänderungsgesetz **651a** 6, **651g** 4, **651k** 3, **651l** 1

Reiseveranstalter 651a 18 ff.; Allgemeine Reisebedingungen **InfVO 6** 1; Gastschulaufenthalte **InfVO 7** 1; Gelegenheitsveranstalter **InfVO 9** 1; Insolvenzversicherung **651k** 1 ff., 3 ff.; Prospektangaben **InfVO 4** 1 f.; Reisebestätigung **InfVO 6** 1; Unterrichtung vor Beginn der Reise **InfVO 8** 1; Unterrichtung vor Vertragsschluß **InfVO 5** 1; Verordnung über Informationspflichten von Reiseveranstaltern **EGBGB vor Art. 240** 1

Reisevertrag 651a 1 ff., 7 ff.; Abhilfeverlangen **651c** 1 f.; Ausschlussfrist **651g** 1 ff.; Eintrittsrecht **651b** 1 f.; Ersatzreise **651a** 24; Familienreisen **651a** 22; Ferienhausvertrag **651a** 13; Frankfurter Tabelle **651d** 5; Inkassovollmacht **651k** 3 f.; Insolvenzversicherung **651k** 1 ff.; Kündigung **vor 346** 6, **651e** 1 ff.; Kündigung wegen höherer Gewalt **651j** 1ff.; Mängelanzeige **651c** 1 f.; Mangel **651d** 1 ff., **651e** 1 ff.; Minderung **651c** 1 f., **651d** 1 ff.; Pauschalreisevertrag **651a** 14; Reise **651a** 12 ff.; Reisender **651a** 21 f.; Reisepreiserhöhung **651a** 23; Reiseveranstalter **651a** 18 ff.; Rücktritt vor Reisebeginn **651i** 1 ff.; Schadensersatz wegen Nichterfüllung **651f** 1 ff.; Schüleraustausch *siehe Reisevertrag, Gastschulaufenthalt*; Verjährung **651g** 5 ff., 10, **651m** 1 ff.; Vertragsänderung **651a** 23 f.; Vertragsübernahme **651b** 1 f.

Rentabilitätsvermutung *siehe Frustrierte Aufwendungen*

Reparatur Schadensersatzrecht **249** 14 ff., 60 ff., 75 ff., 119 ff.

Restschuldversicherung *siehe Darlehensvertrag*

Reugeldvereinbarung Abgrenzung Vertragsstrafe **353** 1; Rücktritt **353** 1 ff.; Rücktritt, Beweislast **353** 4

Rückgaberecht 312 3, 19 ff.; Belehrung **312** 24 ff.; Rückgaberecht bei Verbraucherverträgen *siehe dort*; Teilzahlungsgeschäfte **503** 1 ff.

Rückgaberecht bei Verbraucherverträgen 356 1 ff.; *siehe auch Widerrufsrecht bei Verbraucherverträgen*; Ausübung **356** 16 ff.; Belehrung im Verkaufsprospekt **356** 9 ff.; EG-Recht **357** 38 ff.; Ersatz der Wertminderung **357** 26 ff.; Haftung des Verbrauchers für Untergang/Verschlechterung der Sache **357** 26 ff.; Haftungserleichterungen, Einschränkung **357** 36 ff.; Ingebrauchnahme der Sache **357** 29; Rechtsfolgen **357** 1 ff.; Wertminderung bei bestimmungsgemäßer Ingebrauchnahme der Sache **357** 21 ff.; Wertminderungsanspruch, Ausschluß **357** 32 ff.

Rückgewährpflicht 346 17 ff., 28 ff.; Verletzung **346** 21

Rückgewährschuldverhältnis 346 13; Erfüllung Zug-um-Zug **348** 1 ff.; Erfüllungsort **346** 24; Finanzierungsleasing **346** 16; Geld **346** 19; Inhalt des Anspruchs **346** 20; Kosten der Rückgewähr **346** 23; Leistung an Erfüllungs statt **346** 18; Parteien **346** 15 f.; Rückgewährpflicht **346** 17 ff.; Rückgewährpflicht, Verletzung **346** 21; Saldierung der Forderungen **348** 4; Skontoabzug **346** 19; Umsatzsteuer **346** 19; Verjährung **346** 25; Verletzung der Rückgewährpflicht **346** 21; Wertpapiere **346** 19

Rückgriff des Unternehmers 478 1 ff.; ... und Verbraucherschutz **478** 1 ff.; Abwicklungsalternativen **478** 16 ff.; Begriff der „Aufwendungen" **478** 11 ff.; Beweiserleichterung **478** 40 f.; Lieferketten **478** 46 ff.; Minderung **478** 28 ff.; Regelungskonzept **478** 1 ff.; Regress **478** 20 ff.; Regresseinschränkungen **478** 32 ff.; Rücknahme der mangelhaften Sache **478** 22 ff.; Verhältnis Verkäufer/Verbraucher **478** 8; Verhältnis Vorlieferant/Käufer **478** 9 f.; Verjährung **479** 1 ff.; eingeschränkte Vertragsfreiheit **478** 42 ff.

Rücksichtnahmepflicht *siehe Treu und Glauben*

Rücktritt *siehe auch Fristsetzung bei Rücktritt*; Abgrenzung zu Kündigung **vor 346** 5 f.; Allgemeine Geschäftsbedingungen **309** 15 ff.; titulierte Ansprüche **348** 5; bei Ausschluß der Leistung **326** 15 ff.; Begriff **vor 346** 1 ff.; beiderseitig **vor 346** 14; Beweislast bei Nichterfüllung **352** 5; Erfüllungsort **346** 24; Ersatz von Verwendungen nach Rücktritt *siehe dort*; Fixgeschäft **323** 17; Fristsetzung entbehrlich **323**

Register

15 f, 20; Gefahrtragung **349** 5; Grenzen des Rücktrittsrechts **323** 23 ff.; Grund **349** 4; Haftung **346** 48; Herausgabe der Bereicherung **346** 56; Leistung an Erfüllungs statt **346** 18; Nichterfüllung **352** 1 ff.; Nutzungen, Herausgabe **346** 22; Nutzungen, Herausgabe oder Ersatz **347** 1 ff.; Rechtsfolgen **346** 13 ff.; Reisevertrag **651i** 1 ff.; gegen Reugeld, Abdingbarkeit **353** 3; Reugeldvereinbarung **353** 1 ff.; Rückgewährschuldverhältnis *siehe dort*; mehrere Rücktrittsberechtigte **350** 3, **351** 1 ff.; Rücktrittserklärung *siehe dort, siehe dort*; Rücktrittsgrund *siehe dort*; Rücktrittsrecht *siehe dort*; alternativ Schadensersatz **325** 1; Schadensersatz, Verhältnis zu **323** 4; Schuldrechtsmodernisierungsgesetz **323** 1 ff.; Sukzessivlieferungsvertrag **vor 346** 5; Teilrücktritt **323** 23; Teilunmöglichkeit **326** 15 ff.; bei Teilzahlungsgeschäften *siehe dort*; Unwirksamkeit **352** 1 ff.; vorvertragliches Verhalten **346** 6; Verjährung **218** 1 ff., 11; Verletzung von Pflichten nach § 241 Abs. 2 **324** 1 ff.; Verstoß gegen wesentliche Vertragspflichten **346** 7; vom gegenseitigen Vertrag wegen nicht/nicht vertragsgemäß erbrachter Leistung *siehe dort*; Verwendungen, Ersatz nach Rücktritt **347** 1 ff.; Verwirkungsklausel **354** 1 ff.; Wertersatz bei Rücktritt *siehe dort*; Wirkungen **346** 1 ff.

Rücktritt bei Teilzahlungsgeschäften Aufwendungsersatz **503** 5; Rücktrittserklärung **503** 6; Rücktrittsvermutung **503** 6 ff.; verbundene Verträge **503** 10 f.; Wirkung **503** 5

Rücktritt bei Verletzung einer Pflicht nach § 241 Abs. 2 **324** 1 ff.; Unzumutbarkeit des Festhaltens am Vertrag **324** 8 ff.

Rücktritt vom gegenseitigen Vertrag wegen nicht/nicht vertragsgemäß erbrachter Leistung 323 1 ff.; Ausschluß **323** 26; vor Fälligkeit **323** 22; Fälligkeit der Leistung **323** 8 f.; Fixgeschäft **323** 17; Frist **323** 5; Frist, angemessene **323** 11; Fristbestimmung, erfolglos **323** 10, 13; Fristsetzung, Entbehrlichkeit **323** 15 f., 20; Fristsetzung, Zeitpunkt **323** 12; Grenzen des Rücktrittsrechts **323** 23 ff.; Leistungsanspruch **323** 14; Nachfrist **323** 11; Nichterbringung der Leistung **323** 6; Rücktrittsrecht **323** 14; Teilleistung **323** 23; Teilrücktritt **323** 23; besondere Umstände **323** 18 f.

Rücktrittserklärung 349 1 ff., **351** 4; Auslegung **349** 1; Bedingung **349** 2; Begründung **349** 4; Erklärungsgegner **349** 6; Form **349** 3; Frist **350** 3; Stellvertretung **349** 6, **351** 4; Widerruf **349** 5

Rücktrittsrecht Anwendungsbereich **vor 346** 16 ff.; Ausübung **351** 1; Entstehung **351** 3; Erlöschen **350** 1 ff.; Erlöschen des Rücktrittsrechts *siehe dort*; Finanzierungsleasingverträge **500** 3; Frist **349** 7, **350** 3; gesetzlich **vor 346** 17, **346** 11 ff.; Handelsrecht **346** 3 f.; Konkursregelungen **vor 346** 18; Rücktritt *siehe dort*; mehrere Rücktrittsberechtigte, Abdingbarkeit **351** 6; Unteilbarkeit **351** 1 ff.; vertraglich **vor 346** 17, **346** 1 ff.; Verwirkung **349** 7; Verzicht **349** 7; Verzug **323** 1

Sachdarlehen Fälligkeit des Entgelts **609** 1 f.; Konsensualvertrag **607** 2; Kündigung **608** 1; fristloses ordentliches Kündigungsrecht **608** 1; unentgeltliches S. 3

Sache 311c 1 ff.

Sachverständigengutachten 839a 1 ff.; *siehe auch Unrichtiges Sachverständigengutachten*; „Fall Weigand" **839a** 28 f.; Haftung **839a** 37 ff.; Rechtsprechung des BGH bis 11.10.1978 **839a** 18 f.; Schadensersatzrechtsänderungsgesetz, zweites (Regierungsentwurf 2001) **839a** 1 ff.

Sachverständigenhaftung culpa in contrahendo *siehe dort*; Schadensersatzrecht *siehe dort*

Sachverständiger Allgemeine Geschäftsbedingungen **839a** 61; für Behörde tätig **839a** 49; Berufshaftpflichtversicherung **839a** 62; „Fall Weigand" **839a** 28 f.; Gerichtsgutachter **839a** 57 ff.; Haftungsbegrenzung **839a** 43 ff.; Haftungserweiterung **839a** 52 ff.; Privatgutachter **839a** 57 ff.; Sachverständigengutachten *siehe dort*; Schadensersatzrecht **249** 11, 43; Sorgfaltsmaßstab **839a** 55 f.

Schadensersatz 311a 2 ff., 12 ff.; fiktive Abrechnung **vor 249** 25, **249** 4 ff., 44 ff., 51, 72, 85 ff., 105 ff., 114 ff., 125; Abtretung des Schadensersatzanspruchs **249** 124 ff.; Änderungsgesetz, zweites (Regierungsentwurf 2001) **828** 5.ff.; Art und Umfang **249** 1 ff.; Aufklärungspflicht **249** 79; Aufkommensneutralität **vor 249** 18; Ausgleichsprinzip **vor 249** 15; Ausgleichszweck **249** 12; Ausschluß durch AGB **307** 16; Bemessungsunterschiede **249** 91 ff.; Betrugskriminalität **249** 6; Deliktsfähigkeit **vor 249** 5, 14; Differenzbesteuerung **249** 106 ff.; EG-Richtlinie zum Zahlungsverzug **Verzug-RL Art. 2** 19; Eigenreparatur **249** 61 ff.; Ersatzbeschaffung **249** 17, 85 ff.; Europäische Rechtsangleichung **vor 249** 26 ff.; Fiktiver Sachschaden **vor 249** 2; Gefährdungshaftung **249** 7; **828** 21 f.; Haftpflichtprämien **249** 7; Haftungsausweitungen **vor 249** 20 ff.; Haftungseinschränkungen **vor 249** 23 ff.; Inkrafttreten **vor 249** 43; Integritätszuschlag **249** 117; Justizentlastung **vor 249** 28 ff.; Kaufvertrag **vor 433** 3, 7, 12 ff., 28 ff., **437** 6 ff.; Kfz-Sachschäden **249** 1 ff.; Kind **vor 249** 5, 12, 20, 41, **828** 35 ff.; Kompensationsinteresse **249** 9; Leasing eines Kfz **249** 104; Mehrwertsteuer **vor 249** 16, 24 f., 29, 34, **249** 42, 48, 52 f., 60 ff., 71 ff., 78 ff., 92 ff., 106 ff.; Miete statt Kauf **249** 104; Mitverschulden **249** 8; Nichterfüllung des Reisevertrags **651f** 1 ff.; Ökologie **249** 10; Rechtsanwalt **249** 11; Regierungsentwurf 1998 **249** 19 ff.; Regierungsentwurf 2001 **249** 33 ff.; Reparatur **249** 14 ff., 60 ff.; unvollständige Reparatur **249** 75; Reparatur **249** 75 ff.; zeitwertgerechte Reparatur **249** 83; Reparatur **249** 119 ff.; unwirtschaftliche Reparatur **249** 119 ff.; Restitutionsbegriff **249** 88 ff.; Restitutionsinteresse **249** 9, 18; alternativ Rücktritt **325** 1; Sachschadensabrechnung **vor 249** 34 ff., **249** 48 ff.; Sachverständigenhaftung **vor 249** 7, 22, 32, 42, *siehe auch dort*; Sachverständiger **249** 11, 43, *siehe auch dort*; Schmerzensgeld **vor 249** 3 f., 11, 16 f., 20, 23, 30, 37 ff.; Schwarzarbeit **249** 5; Schwerstverletzter **vor 249** 38 f.; sexuelle Selbstbestimmung **vor 249** 6 Umsatzsteuer *(siehe Mehrwertsteuer)*, *siehe auch Schadensersatz statt Leistung, Schadensersatzrechtsänderungsgesetz, zweites (Regierungsentwurf 2001), sowie Unerlaubte Handlung*; wirtschaftlicher Totalschaden **249** 87; Verhältnis zu Rücktritt **323** 4; Verhältnismäßigkeit **249** 117 ff.; Verjährung **199** 76 ff., **218** 18; Verkehrssicherheit **249** 70; leichte Verletzungen **vor 249** 17; gegenseitiger Vertrag **325** 1 ff.; Verzicht auf Ersatzbeschaffung **249** 105 ff.; Vorfinanzierung **249** 54; Vorlage der Werkstattrechnung **249** 71 ff.; Vorschuß **249** 56; Werkstattreparatur **249** 65 ff.; Werkvertrag **vor 631** 8, **636** 23 ff., 29 ff., 32 ff., 33 ff.; Wertungsänderung **vor 249** 9 ff.; fiktive Wiederbeschaffungskosten **249** 105 ff.; Ziele der Novellierung **vor 249** 1 ff., 8 ff.

Schadensersatz statt Leistung 281 1 ff.; Ablehnungsandrohung **281** 12; Abmahnung **281** 25; frustrierte Aufwendungen *siehe dort*; Ausschluss der Leistungspflicht **283** 1 ff.; Differenzmethode **281** 29, **283** 7; Erfüllungsverweigerung **281** 19 f.; Fälligkeit der Leistung **281** 6; Fixgeschäft **281** 23; Fristsetzung entbehrlich **281** 19 ff.; Fristsetzung zur Leistung **281** 2, 5, 13 ff.; mengenmäßige Leistungsdefizite **281** 18, **283** 11; leistungsbezogene Nebenpflichten **281** 8, **282** 1 ff.; Nichterfüllungsschaden bei Verzögerung **281** 29; Rückabwicklung **281** 27; Schlechterfüllung **281** 7, 27;

Register

Surrogationsmethode **281** 29, **283** 7; Teilschlechtleistung **281** 18; Teilverzögerung **281** 16 ff., 27; Verantwortung des Gläubigers **281** 28; Wegfall des Leistungsanspruchs **281** 26; Zeitpunkt der Fristsetzung **281** 14

Schadensersatzrechtsänderungsgesetz, zweites (Regierungsentwurf 1002) 828 5 ff.

Schadensersatzrechtsänderungsgesetz, zweites (Regierungsentwurf 2001) *siehe auch Unrichtiges Sachverständigengutachten*; Aufsichtspflicht **828** 27 ff.; Billigkeitshaftung **828**; Deliktsschutz, Verkürzung **828** 25; Gehörlose **828** 51; höhere Gewalt **828** 4, 39 ff.; Haftungsbefreiung **828** 23 f.; Haftungsverschärfung **828** 30; Kind **828** 35 ff.; Sachverständigengutachten **839a** 1 ff.; Schmerzensgeld **828** 45; Vorsatzhaftung **828** 23 f.

Schenkung *siehe Formbedürftigkeit*

Schiffskauf *siehe Kaufrecht*

Schlechtleistung *siehe auch Leistungsstörungen*; Gegenleistung, Wegfall des Anspruchs **326** 7; Mangelfolgeschaden durch Schlechtleistung **324** 6; Nachfrist **323** 11; Rücktritt **323** 4; irreparable, Rücktritt **326** 15 ff.; Teilschlechtleistung **323** 25; gegenseitiger Vertrag, Rücktritt **323** 9

Schmerzensgeld 253/847 1 ff.; *siehe auch Schuldverhältnis* Abstufung des Ersatzes **253/847** 22 ff.; Aids-infizierte Blutkonserven **253/847** 6; Angehörigenschmerzensgeld **253/847** 33; Anspruchsdurchsetzung **253/847** 16 f.; Arzneimittelhaftung **253/847** 21; Aufopferung **253/847** 11; Aufrechnung **253/847** 16; Bagatellschwelle **253/847** 25 f., 35 ff.; Beweiserleichterungen **253/847** 7; Beweislastumkehr **253/847** 16; Beweislastverteilung **253/847** 15, 57 f.; Billigkeitshaftung **253/847** 4; Dauerschäden mit mittelschweren Verletzungen **253/847** 64 ff.; Entschädigungsfonds **253/847** 24; Entwicklungsrisiken **253/847** 21; psychische Fehlverarbeitung **253/847** 59; Gefährdungshaftung **253/847** 3 ff., 10 ff.; Gehilfenhaftung **253/847** 15; Genugtuungsfunktion **253/847** 3, 9, 12 ff.; Geschäftsführung ohne Auftrag **253/847** 11; Gesetzesreform **253/847** 1; Haftungsausweitung **253/847** 21; unabhängig vom Haftungsgrund **253/847** 3 ff., 10 ff.; HWS-Syndrom **253/847** 28 f.; Justizentlastung **253/847** 30; Kernenergie **253/847** 4; militärische Luftfahrzeuge **253/847** 4; Notwendigkeit ärztlicher Hilfe **253/847** 51 f.; allgemeines Persönlichkeitsrecht **253/847** 63; Produktbeobachtungspflicht **253/847** 21; erfasste Rechtsgüter **253/847** 2; bisherige Rechtslage **253/847** 3 ff.; neue Rechtslage **253/847** 10 ff.; kodifizierte Rechtsprechung? **253/847** 37 ff.; Rechtstechnik **253/847** 61 f.; Schadensersatzrecht **vor 249** 3 f., 11, 16 f., 20, 23, 30, 37 ff.; Schadensersatzrechtsänderungsgesetz, zweites (Regierungsentwurf 2001) **828** 45; Tierhalterhaftung **253/847** 4; geringfügige Verletzungen **253/847** 23 f.; ganz leichte Verletzungen **253/847** 47; leichte Verletzungen **253/847** 48; Vertragshaftung **253/847** 8 ff., 15 ff.; Vertragsverletzung **253/847** 8; Vorsatztaten **253/847** 23; oberflächliche Weichteilverletzungen **253/847** 56; objektivierter Zurechnungsmaßstab **253/847** 7

Schönheitsreparaturen *siehe Mietrecht*

Schriftform vor 126 1, **126** 1 ff.; Allgemeine Geschäftsbedingungen **305b** 3; Erleichterung **126** 12; Erleichterungen **127** 9. ff.; Teilzeit-Wohnrechteverträge **484** 1; Teilzeit-Wohnrechtevertrag **484** 1

Schriftzeichen Textform **126b** 10 f.

Schuldnerverzug 286 1 ff.; Anspruch auf Verzugszinsen **288** 3; richtlinienkonforme Auslegung **286** 8; Begriff des „Entgelts" **286** 42 ff.; Begriff des „Ereignisses" **286** 27; Beitreibungskosten **286** 19; Bürgschaftsvertrag **286** 46; Dreißig-Tage-Frist **286** 17, 39 ff., 57 ff.; Dreißig-Tage-Frist-Berechnung **286** 61 ff.; Entbehrlichkeit der Mahnung **286** 38; Entgeltforderungen **286** 45; Fälligkeit **286** 13; Fälligkeitszinsen **288** 1; Fristsetzung **286** 23; Geldforderungen **286** 21, 39 ff.; Gesetz zur Beschleunigung fälliger Zahlungen **286** 2; besondere Gründe für sofortigen Verzug **286** 38 ff.; Haftung für jede Fahrlässigkeit **287** 1 f.; Haftung für Zufall **287** 1, 3; Hinweis auf 30-Tage-Frist ggü. Verbrauchern **286** 64 ff.; Inhaltskontrolle **286** 74 ff.; Inkassobüros **286** 19; Kapitallebensversicherung **286** 46; Klageerhebung **286** 17; Kreditverträge **286** 46; Leistungsverweigerung **286** 37; Leistungszeit nach Kalender **286** 26; Lieferung **286** 27; Mahnbescheidszustellung **286** 17; Mahnung **286** 17, 21 ff.; Mahnung entbehrlich **286** 25 ff.; Mahnung und Zahlungsaufstellung **286** 47 ff.; Pflichtverletzung **286** 1, 17; Prozesszinsen **288** 1, **291** 1; Rechnung **286** 17, 47, 49 ff.; Rechnungszugang **286** 27, 56; abdingbares Recht **286** 73; Rechtsfolgen **286** 11; Reformgründe **286** 1 f.; Rückgabeerklärung des Verbrauchers **286** 55; Schadensersatz **286** 15 f.; Sparverträge **286** 46; Stundenfrist **286** 31; Unsicherheit über Rechnungszugang **286** 68 ff.; Verbraucher **286** 10; Verbrauchergeschäfte **286** 33; Vertretenmüssen **286** 72; Verzugsschaden **288** 8; Verzugszinsen **288** 1 ff.; Verzugszinshöhe **288** 5 f., 8; Verzugszinshöhe im Geschäftsverkehr **288** 7; Voraussetzungen **286** 11, 12 ff.; Widerruf des Verbrauchers **286** 55; Zahlungsaufstellung **286** 17, 43, 47, 52 f.; Zahlungsmoral **286** 1; Zahlungsverzugsrichtlinie **286** 2 ff., 24, 30, 41, **288** 2; Zeitbestimmung **286** 29 ff.; Zeit-/Verwaltungsaufwand **286** 20

Schuldverhältnis 311 46; culpa in contrahendo *siehe dort*; Dritthaftung **241** 1, *siehe auch dort*; Inanspruchnahme besonderen Vertrauens *siehe Dritthaftung*; Inhalt **241** 1 ff.; Nebenpflichten **241** 3; Pflichtverletzung **241** 10; Präventionsinteresse **241** 11; rechtsgeschäftsähnlich **311** 1 ff., 10; Rechtspositionen **241** 8; Rücktrittsrecht **241** 10; Schmerzensgeldanspruch **241** 10; Schuldrechtsmodernisierungsgesetz **241** 1; außerdeliktische Schutzpflichten **241** 1, 4; Schutzpflichten **311** 46; Sonderverbindung **241** 4, 9 f.; Sorgfaltsmaßstab **241** 10; Treuepflichten **241** 12; Unterlassen **241** 2; vorbeugende Unterlassungsklage **241** 11; vorvertragliches Verhältnis **241** 9; Verhaltenspflicht **241** 10; Verkehrssicherungspflichten **241** 5; allgemeine Vermögensinteressen **241** 8

Schuldverschreibung auf den Inhaber Zahlungssperre **802** 1

Schutzpflichten *siehe Treu und Glauben*

Selbstschuldnerische Bürgschaft Einrede der Vorausklage **771** 8

Selbstvornahme Werkvertrag **637** 1 ff.

Sexuelle Selbstbestimmung Schadensersatzrecht **vor 249** 6; Verjährung **208** 1 ff.

Signaturgesetz 126a 18

Software *siehe Fernabsatzvertrag*

Sorgfalt in eigenen Angelegenheiten Verstoß **346** 52

Spekulationsgeschäft Anwendbarkeit der Vorschriften bei Zahlungsaufschub **499** 13

Stellvertretendes commodum 326 12; *siehe auch Surrogatherausgabe*

Stellvertretung Rücktrittserklärung **349** 6, **351** 4

Straßenverkehr Deliktsfähigkeit **828** 10 ff.; Schutz von Kindern **828** 5 ff.

Stundung 499 5

StVG Änderungsvorhaben **828** 5 ff.

Sukzessivlieferungsvertrag 505 9 f.; Begriff 314 7 ff.; Rücktritt vor 346 5
Surrogatherausgabe 285 1 ff.
Tarifvertragsrecht Formvorschriften 126 19
Tausch 480 1 f.
Teilleistung Leistungshindernis 311a 19; gegenseitiger Vertrag 323 23
Teilunmöglichkeit 326 6; Rücktritt 326 15 ff.
Teilzahlungsgeschäfte 499 2, 5, 7 ff., 501 1 f.; Angaben, erforderliche 502 1 ff.; Angaben, fehlende 502 12; Barzahlungspreis 499 10; Beweislast für Teilzahlung 502 4; Eigentumsvorbehalt, Angabe 502 2; Fernabsatz 502 5 ff.; Frist bei Rückgaberecht 503 3; Heilung bei Nichtigkeit 502 10 f.; Informationspflichten des Unternehmers 502 12; effektiver Jahreszins 502 2; Nichtigkeit 502 9; Pflichtangaben 502 1 ff.; Pflichtangaben, Ausnahme 502 3 f.; Pflichtangaben, fehlende 502 9; Rückgaberecht 503 1 ff.; Rückgaberecht, Frist 503 3; Rücktritt bei Teilzahlungsgeschäften *siehe dort*; Rücktrittsvermutung 503 6 ff.; Schriftformerfordernis 502 9; Versicherungskosten, Angabe 502 2; Vorfälligkeitsentschädigung 504 2; anwendbare Vorschriften 501 1 f.; Widerrufsrecht 503 1; vorzeitige Zahlung 504 1 ff.; Zahlungsverzug 503 4 ff.; Zinsen, vorzeitige Zahlung 504 3 f.
Teilzahlungspreis Definition 502 2
Teilzeitnutzungsrichtlinie EGBGB vor Art. 240 2
Teilzeit-Wohnrechtegesetz vor 481 1 ff., 481 1 ff.; Anzahlungsverbot 486 1 f.; Informationspflicht 482 1 ff.; Umgehungsverbot 487 1
Teilzeit-Wohnrechtevertrag 481 7; *siehe auch Fernabsatzvertrag*; Anzahlungsverbot 486 1 f.; Auslegung 481 3; Begriff 481 1 ff.; Einfügung in BGB vor 481 1; vorvertragliche Informationspflichten 482 1; Nichtigkeit 483 1 ff.; Prospektpflicht 482 1 ff.; Prospektsprache 483 1 ff.; Rechtskauf vor 481 2, 481 7; Schriftform 484 1; Umgehungsverbot 487 1; Unternehmer/Verbraucher 481 6; Vertrags- und Prospektsprache 483 1 ff.; Widerruf 485 1 ff.; Widerrufsrecht 485 1 ff.
Textform vor 126 1, 126b 1 ff.; Anwendungsbereich 126b 5; Erklärender 126b 21 f.; Internet 126b 14 f.; Schriftzeichen 126b 10 f.; Unterschrift 126b 23 ff.; Urkunde 126b 9; Vereinbarung 126b 7; dauerhafte Wiedergabe in Schriftzeichen 126b 10 ff.
Time-Sharing EU-Time-Sharing-Richtlinie 481 2 f.; Time-Sharing-Gesetz 481 2
Treu und Glauben 242 1 ff.; Allgemeine Rücksichtnahmepflicht 242 20; Anwendungsbereich des § 242 242 8 ff.; Aufklärungspflicht 242 17; Auskunftspflicht 242 16; Billigkeit 242 5, 8, 22 ff.; kein schutzwürdiges Eigeninteresse 242 27; Einzelfallgerechtigkeit 242 5, 10; Erhaltungspflicht 242 15; Ermächtigungsfunktion des § 242 242 7; unredlicher Erwerb der Rechtsstellung 242 25; Erwirkung 242 32; Fallgruppen 242 1; Fallgruppen der individuellen Rechtsmissbrauchs 242 24 ff.; Funktionen des § 242 242 1; Gewohnheitsrecht 242 1; Illoyale Schädigung 242 18; Interessenabwägung 242 1; Kündigung aus wichtigem Grund 242 2; Leistungstreuepflicht 242 15; Loyalitätspflicht 242 4, 8, 10, 13 ff.; Mitwirkungspflicht 242 15; Nebenpflichten 242 14 ff.; Obhutspflicht 242 15; § 242 im Prozess 242 12; § 242 und Sittenwidrigkeit 242 11; umfassendes Prinzip 242 1; unzulässige Rechtsausübung 242 23; Rechtsfortbildung 242 5 f.; Rechtsmissbrauch 242 23; Rücksichtnahmepflicht 242 4, 8, 10; Schikaneverbot 242 11; Schutzpflichten 242 2; Sonderverbindung 242 2; Treuepflicht 242 13 ff.; Unverhältnismäßigkeit 242 28; widersprüchliches Verhalten

242 29; Verletzung eigener Pflichten 242 26; Verstoß gegen vertragliche/deliktische Pflichten 242 19; ergänzende Vertragsauslegung 242 9; Vertragsauslegung 242 9; Verwirkung 242 31; Wegfall der Geschäftsgrundlage 242 2
Treuepflichten *siehe Schuldverhältnis*
Überziehungskredit 499 3; *siehe auch Darlehensvertrag*
Umsatzsteuer *siehe Mehrwertsteuer*
Umtauschvorbehalt vor 346 12
Unbestellte Leistungen 241a 1 ff.; *siehe auch culpa in contrahendo*; keine missbräuchliche Absatzstrategie 241a 21; Absatzverträge 241a 9; Anspruchsausschlüsse 241a 6; Ansprüche des Unternehmers 241a 19; Ansprüche Dritter 241a 18; rechtspolitische Aspekte 241a 5; verfassungsrechtliche Aspekte 241a 5; Aufbewahrungspflichten 241a 25; Begriff der „Lieferung" 241a 9; Begriff der „Sachen" 241a 8; Begriff der „sonstigen Leistungen" 241a 11; Beschädigung der Sache 241a 15; Bestellung 241a 12; Beweislast 241a 30; culpa in contrahendo 311 21; Darlegungslast 241a 30; Eigentum an der Sache 241a 19; nicht für den Empfänger bestimmt 241a 22; Empfangsbereich des Verbrauchers 241a 10; Erhaltungspflichten 241a 25; Erkennbarkeit des Irrtums über die Bestellung 241a 24; gleichwertige Ersatzlieferung 241a 26 ff.; Fernabsatzrichtlinie 241a 1 ff.; Geschäftsführung ohne Verbraucherauftrag 241a 17; Hinterlegung 241a 10; Ingebrauchnahme 241a 15; Irrtum über die Bestellung 241a 23; Leihe 241a 16; Nutzung der Sache 241a 15; zwingendes Recht 241a 29; Rechtsfolgen 241a 14 f.; beide Seiten sind Private 241a 31; beide Seiten sind Unternehmer 241a 31; Unternehmer 241a 7; Veräußerung der Sache an Dritte 241a 15, 19, 20; Verbraucher 241a 7; unentgeltliche Verträge 241a 16; Zerstörung der Sache 241a 15; Zusendung unter Forderung eines höheren Preises 241a 13
Unerlaubte Handlung *siehe auch Schadensersatzrecht*; Minderjährige 828 1 ff.
Ungerechtfertigte Bereicherung Erfüllung trotz Einrede 813 1; Herausgabeanspruch nach Eintritt der Verjährung 852 1 ff.
Unmöglichkeit 275 1 ff., 326 1 f.; anfängliche 275 4, 9, 283 5 siehe auchLeistungshindernis; Begriff 275 10; Einredemöglichkeit 275 4, 6; faktische 313 14; Garantiehaftung 311a 2; Gattungsschulden 275 11; Geldschulden 275 22; Gesetzgebungsverfahren 275 3; positives Interesse 311a 2; persönliche Leistung 275 19 ff.; Leistungsbefreiung 275 4, 6; grobes Missverhältnis 275 14 ff.; der Nachbesserung 311a 19; nachträgliche 275 9; objektive 275 9, 11; qualitative 275 24, 283 1, 9; bisher geltendes Recht 275 2; subjektive 275 9, 12, 17; Teilunmöglichkeit 283 1, 8; Überschreitung der Opfergrenze 275 5; Überwindung erheblicher Hindernisse 275 5; Vertrauensschaden 311a 2; Wegfall der Geschäftsgrundlage 275 5; wirtschaftliche 275 5, 7, 14, 313 14
Unrichtiges Sachverständigengutachten 839a 1 ff.; Anspruch des Geschädigten 839a 10 ff.; deliktische Ansprüche 839a 15; Haftungsbegrenzung 839a 38; Haftungsfreistellung des Sachverständigen 839a 16; Schadensersatz 839a 17; Schutzwirkung zugunsten Dritter 839a 14; Staatshaftung 839a 10 ff.
Unterlassen *siehe Schuldverhältnis*
Unterlassungsklagengesetz Abmahnung **UklaG** 1 14, **UklaG** 5 5; Abtretbarkeit **UKlaG** 3 14; unwirksame AGB **UKlaG** 1 4; teilunwirksame AGB **UKlaG** 1 5; AGBG **UKlaG Vorb.** 1, **UKlaG** 1 1 ff.; Aktivlegitimation **UKlaG** 3 1, **UKlaG** 4 6; Allgemeine Geschäftsbedingungen **vor**

Register

305 1; Anerkenntnis **UKlaG** 5 5; Anspruch auf Namen und zustellungsfähige Anschrift **UKlaG** 13 1 ff.; Anspruchsberechtigung **UKlaG** 3 2; Anspruchsgegner **UKlaG** 2 8; Anwendung der ZPO **UKlaG** 5 2; Anwendung von Vorschriften aus dem UWG **UKlaG** 5 2; Arbeitsrecht **UKlaG** 15 1 f.; Aufenthaltsort **UKlaG** 6 4; Ausgleich für Auskunft über Name/Anschrift **UKlaG** 13 6; hinreichende Ausstattung **UKlaG** 3 10; Bedeutung **UKlaG** Vorb. 6; Behördenanhörung **UKlaG** 8 7 ff.; Breitenwirkung des Urteils **UKlaG** 11 2; Bundesaufsichtsamt für das Kreditwesen **UKlaG** 8 7; Durchsetzung des Unterlassungsanspruchs **UKlaG** 1 13; Einigungsstelle **UKlaG** 12 1 ff.; qualifizierte Einrichtungen **UKlaG** 3 5 f., **UKlaG** 4 1 ff.; Empfehler **UKlaG** 1 8; nachträgliche Entscheidung des BGH **UKlaG** 10 1 ff.; nachträgliche Entscheidung des Gemeinsamen Senats der Obersten Gerichtshöfe des Bundes **UKlaG** 10 1 ff.; Erstbegehungsgefahr **UKlaG** 1 6; EuGVÜ **UKlaG** 6 7; Feststellungsinteresse **UKlaG** 5 4; missbräuchliche Geltendmachung **UKlaG** 2 7; Handwerkskammer **UKlaG** 3 13; Industrie- und Handelskammer **UKlaG** 3 13; Interesse des Verbraucherschutzes **UKlaG** 2 5; Internationale Zuständigkeit **UKlaG** 6 6 ff.; Klageantrags-Inhalt **UKlaG** 8 2 ff.; abstraktes Kontrollverfahren **UKlaG** Vorb. 6; Kundenbeschwerden **UKlaG** 14 1 ff.; Leistungsklage **UKlaG** 1 13; Liste qualifizierter Einrichtungen **UKlaG** 4 3 ff.; Mehrfachklagen **UKlaG** 3 4; mehrere Niederlassungen **UKlaG** 6 3; örtliche Zuständigkeit **UKlaG** 6 3; Postulationsfähigkeit **UKlaG** 6 10; Prozessführungsbefugnis **UKlaG** 3 1; Prozessgrundsätze **UKlaG** 5 3; Rechtskrafterstreckung **UKlaG** 11 2, 3 ff.; Rechtsschutzbedürfnis **UKlaG** 5 4; Schlichtungsstelle der Deutschen Bundesbank **UKlaG** 14 1 ff.; Sitz **UKlaG** 6 4; Streitwert **UKlaG** 5 8 ff.; Überblick **UKlaG** Vorb. 3 ff.; Überleitungsvorschriften **UKlaG** 16 1 ff.; Unterlassungsanspruch **UKlaG** 1 9 f., **UKlaG** 2 9; Unterlassungsgebot **UKlaG** 9 4; Urteilsformel-Besonderheiten **UKlaG** 9 1 ff.; Verbände zur Förderung gewerblicher Interessen **UKlaG** 3 7 ff.; Verbandsklagen **UKlaG** 3 1; Verbraucherschutzgesetze **UKlaG** 2 3; Verbraucherschutzverbände **UKlaG** 3 5; Verfahrensgesetz **UKlaG** Vorb. 2; einstweilige Verfügung **UKlaG** 1 13, **UKlaG** 5 6; Verhältnis §2 zu §13 UWG **UKlaG** 2 2; Verjährung **UKlaG** 1 12, **UKlaG** 2 10; Veröffentlichung der Urteilsformel **UKlaG** 7 1 ff.; Verwender **UKlaG** 1 7; Vollstreckung **UKlaG** 1 13; wesentliche Wettbewerbsbeeinträchtigung **UKlaG** 3 12; Widerrufsanspruch **UKlaG** 1 11; Widerrufsgebot **UKlaG** 9 5; Wiederholungsgefahr **UKlaG** 1 6, **UKlaG** 2 6; Wirkungen des Urteils **UKlaG** 11 1 ff.; Wohnsitz **UKlaG** 6 4; erhebliche Zahl von Gewerbetreibenden **UKlaG** 3 9; Zuständigkeit **UKlaG** 6 1 ff.; sachliche Zuständigkeit **UKlaG** 6 2; Zuständigkeitskonzentration **UKlaG** 6 9; Zuwiderhandlung **UKlaG** 2 4

Unternehmer 13/14 1 ff.; Begriff 13/14 22 ff.; Freiberufler 13/14 11

Unterschrift Textform **126b** 23 ff.

Unvermögen anfängliches *siehe Leistungshindernis*

Unzulässige Rechtsausübung *siehe Treu und Glauben*

Unzumutbarkeit *siehe Geschäftsgrundlage und Nacherfüllung*

Urkunde Textform **126b** 9

Verantwortlichkeit des Gläubigers für Ausschluß der Leistungspflicht 326 8 ff.

Verantwortlichkeit des Schuldners *siehe Vertretenmüssen*

Verantwortlichkeit für Dritte 278 1 ff.

Verbandsklage EG-Richtlinie zum Zahlungsverzug **Verzug-RL Art.** 3 39

Verbraucher *siehe auch EG-Richtlinie zum Verbrauchsgüterkauf*; 13/14 1 ff.; Begriff 13/14 9 ff.; private Sphäre 13/14 15 ff.

Verbraucherdarlehensvertrag *siehe auch Darlehensvertrag*; Umgehungsverbot 506 3; abweichende Vereinbarungen von den Vorschriften 506 1 ff.; Vorschriften, Anwendung auf Existenzgründer 507 1 ff; Widerruf 358 7 ff.

Verbraucherkredit 499 1 ff.

Verbraucherkreditgesetz 499 1; Teilzahlungsgeschäfte 501 1 f.

Verbraucherkreditrichtlinie Finanzierungsleasingverträge 500 6

Verbrauchervertrag Allgemeine Geschäftsbedingungen 310 6; Rückgaberecht bei Verbraucherverträgen *siehe dort*; Unwirksamkeit, schwebende 355 8 ff.; Widerruf **vor** 346 10, 358 5 f.; Widerrufsrecht bei Verbraucherverträgen *siehe dort*; Wirksamkeit, schwebende 355 6 f.

Verbrauchsgüterkauf 433 7; *siehe auch EG-Richtlinie zum Verbrauchsgüterkauf*; nachteilige Abweichung für den Käufer 475 1 ff.; Begriff 474 1 ff.; Beweislasterleichterung 474 9; Beweislastumkehr 476 1 ff.; Beweislastumkehr ausgeschlossen 476 13 ff.; Garantie 477 1 ff.; Garantie und Gewährleistung 477 6; Garantieinhalt 477 7; Gefahrtragung 474 7; Käuferketten 474 10; Reichweite der Sonderregeln 474 4 f.; Rückgriff des Unternehmers *siehe dort*; Überblick über Sonderregeln 474 6 ff.; Verjährung 7 ff.; Vertragsfreiheit eingeschränkt 474 8, 475 2

Verbundene Verträge 358 1 ff.; Belehrungspflicht 358 18; Einwendungen 359 1 ff.; Rückabwicklung 358 15 ff.

Vereinbarte Form 127 1 ff.; Anwendungsbereich 127 3 f.; elektronische Form 127 7; Schriftform 127 5 f.; Textform 127 8

Vereinsrecht Elektronische Form **126** 17

Verhaltenspflicht *siehe Schuldverhältnis*

Verjährung Ablaufhemmung **vor** 203-213 1 ff.; Ablaufhemmung bei nicht voll Geschäftsfähigen 210 1 f.; Ablaufhemmung bei wahlweise gegebenem Anspruch 213 1 ff.; Ablaufhemmung in Nachlaßfällen 211 1; Änderungen des Anspruchs 195 45; Änderungsgründe **vor** 194-202 1 ff., **vor** 194-218 1 ff.; Allgemeine Geschäftsbedingungen 202 39 ff., 309 33 ff.; betriebliche Altersversorgung 195 29; privates Anerkenntnis 197 61; Anmeldung im Insolvenzverfahren 204 30; Anspruchsdefinition 194 4; Anspruchskonkurrenz 195 50; elektive Anspruchskonkurrenz 213 1; Anspruchsqualifikation 195 37; Anspruchsverjährung 194 4; rechtsgeschäftliche Ansprüche 195 13; deliktische Ansprüche 195 18; sachenrechtliche Ansprüche 195 21; rechtskräftig festgestellte Ansprüche 197 10; erbrechtliche Ansprüche 197 39 ff.; familienrechtliche Ansprüche 197 39 ff.; miterfasste Ansprüche 213 1 ff., 4; gesicherte Ansprüche 216 1 ff.; Ansprüche auf künftige Herstellung eines familienrechtlichen Verhältnisses 194 22; Antrag auf einstweiligen Rechtsschutz 204 23 ff.; Antrag bei Behörde 204 34 ff.; Antrag bei höherem Gericht 204 37 f.; Antrag im vereinfachten Unterhaltsverfahren 204 7 f.; Anwaltsvergleich 197 66, 201 8; Arglist- und Vorsatzverjährung 195 10; Arglistverjährung 195 57; Aufopferung 194 19; Aufrechnung 215 1; rechtsfortsetzende Ausgleichsansprüche 197 36; Ausnahmetatbestände **vor** 194-202 3; Beginn bei festgestellten Ansprüchen 201 1 ff.; Beginn bei künftig fällig werdenden Leistungen 201 3; Beginn bei Unterlassen 200 6, 201 4; Beginn besonderer Verjährungsfristen 200 1 ff.;

Register

Begutachtungsverfahren **204** 20 ff., 50; Bekanntgabe des Antrags auf Prozesskostenhilfe **204** 39 ff.; Bekanntgabe des Güteantrages **204** 10 ff.; Beseitigungs- und Unterlassungsansprüche **197** 32; Besitzverschaffungsansprüche **196** 22; Betreuungsrecht **197** 47; Betreuungsverhältnis **194** 24; im BGB geregelte Ansprüche **194** 9; außerhalb des BGB geregelte Ansprüche **194** 11, 25 ff.; culpa in contrahendo **195** 14; Dauerschuldverhältnisse **194** 5; Dienstbarkeiten **196** 9; Dreißigjährige Verjährungsfrist **197** 1 ff.; EGBGB, Überleitungsvorschrift zum SchuldrechtsmodernisierungsG **EGBGB Art. 229 § 5** 4; EGBGB, Überleitungsvorschrift zum Verjährungsrecht *siehe dort*; Eigentumsvorbehalt **218** 19; Einheitsverjährung **195** 12; Ende der Hemmung bei Rechtsverfolgung **204** 44 ff.; Enteignung **194** 19; Erbbaurecht **196** 16; Erschwerungen **202** 32 ff.; Erstreckung der Verjährungsregeln **194** 2; negative Feststellungsklage **197** 63; Fracht-, Speditions-, Lagergeschäft **202** 59; berufsbezogene Fristen **195** 39 ff.; Gegendarstellungsanspruch **204** 25; Gegenleistungsansprüche **196** 24 ff.; Gesamtschuld **195** 44; neue Grundprinzipien **vor 194-218** 1 ff.; Grundschuld **196** 9; Grundstück **195** 16; Grundstücksrechte **196** 1 ff.; Hemmung **vor 203-213** 1 ff.; Hemmung aus familiären Gründen **207** 1 ff.; Hemmung bei höherer Gewalt **206** 1; Hemmung bei Leistungsverweigerungsrecht **205** 1 ff.; Hemmung bei Rechtsverfolgung **204** 1 ff.; Hemmung bei Verhandlungen **203** 1 ff.; Hemmung bei Verletzung der sexuellen Selbstbestimmung **208** 1 ff.; Hemmung bei wahlweise gegebenem Anspruch **213** 1 ff.; Hemmung, Wirkung der **209** 1; besitzrechtliche Herausgabeansprüche **197** 28; schuldrechtliche Herausgabeansprüche **197** 29; erbrechtliche Herausgabeansprüche **197** 31; Herausgabeansprüche aus dinglichen Rechten **197** 16 ff.; Herausgabeansprüche aus Eigentum **197** 14; Insolvenztabelle **201** 11; Insolvenzverfahren **197** 73; Klagerhebung **204** 5 f.; Lebenspartnerschaft **197** 47; Lebenspartnerschaftsgesetz **194** 23; regelmäßig wiederkehrende Leistungen **197** 6, 76 ff.; Mahnbescheid **204** 9; Minderungsrecht **218** 6, 12; Mindestfrist **202** 15 ff.; Miteigentumsanteil **196** 14; sechsmonatige Nachfrist **204** 45 ff.; Nebenleistungen **217** 1 ff.; Nebenleistungsansprüche **195** 49; Neubeginn **212** 1 ff., **vor 203-213** 1 ff.; Neubeginn bei wahlweise gegebenem Anspruch **213** 1 ff.; sonstige Neuregelungen **195** 34; Nießbrauch **197** 22; Nutzungsherausgabe **197** 25 ff.; öffentlich-rechtliche Ansprüche **194** 16 ff.; Personenschäden **195** 56; Prozessaufrechnung **204** 14 f.; Prozesskostenhilfeverfahren **204** 51; Prozeßvergleich **195** 48; grundstücksgleiche Rechte **196** 16; andere absolute Rechte **197** 38; Rechtsmissbrauch **203** 1; bei Rechtsnachfolge **198** 1 ff.; Reformgehalt **194** 1 ff.; Regelverjährung **195** 11; Reisevertrag **651** 5 f., **651g** 5 ff., 10 ff., **651m** 1 ff.; Rückgewährschuldverhältnis **346** 25; Rücktritt **218** 1 ff., 11; Schadensersatzansprüche **218** 18; Schiedsspruch **197** 57; Schiedsverfahren **204** 31 ff.; Schiedsvergleich **197** 58; deklaratorisches Schuldanerkenntnis **195** 46; abstraktes Schuldanerkenntnis **195** 47; Schuldenbereinigungsplan **201** 10; verstorbener Schuldner **197** 27; Schuldumschaffung **195** 43; gesetzliche Schuldverhältnisse **195** 17; Sekundäransprüche **196** 29; Selbständiges Beweisverfahren **204** 17 ff., 49; neu geschaffene Sonderfristen **195** 29; weitergeltende Sonderfristen **195** 31; Sonderregeln im BGB **194** 10; aufgehobene Sonderverjährungsfristen **195** 30; Streitverkündung **204** 16; Titelverjährung **197** 50 ff.; Übergangsrecht **vor 203-213** 1 ff.; Überlegungsfrist **195** 9; familien- und erbrechtliche Ansprüche **195** 23; Unterhaltsansprüche **194** 26 ff.; Unterhaltsleistungen **197** 8 f., 80; Unterlassungs- und Beseitigungsansprüche **195** 22; Unverjährbarkeit **194** 8, 21 ff., **202** 60 f.; vollstreckbare Urkunde **197** 71; Verbrauchsgüterkauf **202** 56 f.; Vereinfachung des Verjährungsrechts **195** 6; Verfahrensstillstand **204** 55 ff.; außergerichtlicher Vergleich **195** 46; vollstreckbarer Vergleich **197** 67; schwebende Verhandlungen **203** 4 ff.; Verhandlungsende **203** 9; kenntnisabhängiger Verjährungsbeginn **195** 3; Verjährungsbeginn **197** 89 ff.; regelmäßige Verjährungsfrist *siehe dort*; besondere Verjährungsfristen **195** 27; objektive Verjährungshöchstfristen **195** 5; Verjährungshöchstfristen *siehe dort*; mittelbare Verjährungsregelungen **202** 62; Verjährungs-Vereinbarung *siehe dort*; Verjährungsvereinbarungen **195** 28; Verkürzung **202** 17 ff.; Verkürzung der Regelverjährung **194** 13; Verpfändung **197** 22; europäisches Vertragsrecht **vor 194-202** 4 ff.; Verwaltungsakte **197** 60; Verwirklichung absoluter Rechte **194** 7; Verzicht **202** 63 f.; Vorbehaltsurteil **197** 64; Vorsatzhaftung **202** 12; aufgehobene Vorschriften **vor 194-218** 7; Weiterfresserproblematik **195** 54; Widerrufsrecht **218** 6; Wirkung **214** 1; Wohnungseigentum **196** 15; Zurückbehaltungsrecht **215** 2; Zusammentreffen mehrerer Verjährungsfristen **195** 38 2.; ehebedingte Zuwendungen **197** 42 ff.

Verjährungsabrede *siehe Verjährungs-Vereinbarung*

Verjährungsbeginn 199 16 ff.; Abtretung **199** 45; Anfechtung **199** 25 ff.; Anspruchsentstehung **199** 17 ff.; verhaltene Ansprüche **199** 23 f.; Drittschadensliquidation **199** 45; Europäisches Vertragsrecht **199** 6 f.; Gesamtschuldner **199** 38; geschäftsunfähiger Gläubiger **199** 59; Jahresschlußverjährung **199** 65 f.; Kenntnis anderer anspruchsbegründenden Tatsachen, Zurechnung **199** 59 f.; Kenntnis des Gläubigers von anspruchsbegründenden Tatsachen **199** 8 ff., 28 ff., 45 ff.; Kenntnis des Gläubigers von anspruchsbegründenden Tatsachen bei Verjährungsbeginn *siehe dort*; Kündigung **199** 25 ff.; Rechnungserteilung, vorausgesetzte **199** 25 ff.; Rechtsunkenntnis des Gläubigers **199** 47; Schadensersatzansprüche **199** 20 ff., 33; Unkenntnis des Gläubigers von anspruchsbegründenden Tatsachen **199** 52 ff.; Unterlassungsansprüche **199** 104 ff.; Verjährungshöchstfristen **199** 84 ff.

Verjährungsfrist 202 15 ff.; Anspruch aus unerlaubter Handlung **199** 85; Anspruch aus Unterlassen **199** 89; Anwendungsbereich **199** 14 f.; besondere **199** 70 f.; EGBGB, Überleitungsvorschrift zum Verjährungsrecht **EGBGB Art. 229 § 6** 14; Grundschuldzinsen **202** 51 f.; Maximalfristen **199** 11 f.; Prüfungsschema **199** 13; regelmäßige Verjährungsfrist *siehe dort*; besondere, Verkürzung **202** 27 ff.; Verkürzung wegen Gewährleistungsanspruch in Allgemeinen Geschäftsbedingungen **202** 45 ff.

Verjährungshöchstfristen 199 67 ff.; Ablaufhemmung **199** 68 f.; absolute **199** 5; Hemmung **199** 68 f.; Neubeginn **199** 68 f.; Schadensersatzansprüche **199** 76 ff., 92 ff.; Verjährungsbeginn **199** 84 ff.

Verjährungs-Vereinbarung 202 1 ff.; Allgemeine Geschäftsbedingungen **202** 39 ff.; Auslegung der Vereinbarung **202** 65 f.; Form **202** 7; europäische Grundregeln des Vertragsrechts **202** 6; Inhaltskontrolle **202** 39 ff.; Verjährungserleichterungen **202** 11; Verjährungserschwerungen **202** 11; Vertragsfreiheit **202** 7 ff.; Zeitpunkt **202** 8

Verkaufsprospekte 356 10 ff.

Verkehrssicherheit Schadensersatzrecht **249** 70

Verkehrssicherungspflichten *siehe culpa in contrahendo und Schuldverhältnis*

Verkehrsteilnehmer Rechtsschutz, Verstärkung **828** 3 f.

1029

Register

Verletzung einer Pflicht nach § 241 Abs. 2 Anwendungsbereich **324** 4 ff.
Vermächtnis auf unmögliche Leistung gerichtet **2171** 1
Vermögen 311b 19
Verschulden 311a 2, 6, 13, **828** 14; *siehe auch Vertretenmüssen*; Beweislastumkehr **311a** 13
Verschulden bei Vertragsschluss *siehe culpa in contrahendo*
Versicherungsbedingungen Allgemeine Geschäftsbedingungen **305** 7, **305a** 8
Vertrag 311 1 ff.; Abschlussfreiheit **311** 1, 6, 7, 11 f.; AGB-Kontrolle **311** 12; Auslobung **311** 10; Dispositivität vertragsrechtlicher Normen **311** 8; Eigenverantwortlichkeit **311** 8; Erbeinsetzung **311** 10; Formzwang **311** 8; inhaltliche Gestaltungsfreiheit **311** 1, 6, 8; Gestaltungsrechte **311** 10; Inhaberschuldverschreibung **311** 10; Kontrahierungszwang **311** 11; Optionsrecht **311** 10; Patronatserklärung **311** 10; Privatautonomie **311** 6; tarifdispositives Recht **311** 12; zwingendes Recht **311** 12; einseitige Rechtsgeschäfte **311** 9 f.; Stiftungsgeschäft **311** 10; Typenzwang **311** 8; strukturelle Ungleichgewichtslage **311** 8, 12; Vermächtnis **311** 10; atypischer Vertrag **311** 13; typengemischter Vertrag **311** 13; atypischer Vertrag **311** 14; typengemischter Vertrag **311** 15; Vertrag sui generis **311** 13, 16; Vertrag zu Lasten Dritter **311** 7; Vertragsfreiheit **311** 6; negative Vertragsfreiheit **311** 9; Vertragsgerechtigkeit **311** 8; Vertragsprinzip **311** 1, 6 ff.
Vertrag über den Nachlass eines lebenden Dritten 311b 26 ff.
Vertrag über gegenwärtiges Vermögen 311b 22 ff.
Vertrag über künftiges Vermögen 311b 17 ff.
Vertragsanbahnung *siehe culpa in contrahendo*
Vertragsanpassung *siehe Geschäftsgrundlage*
Vertragsaufhebung *siehe Geschäftsgrundlage*
Vertragsauslegung *siehe Treu und Glauben*
Vertragsgerechtigkeit *siehe Geschäftsgrundlage*
Vertragsverhandlungen *siehe culpa in contrahendo*
Vertrauensschaden 311a 2
Vertretenmüssen 276 1 ff.; Arbeitnehmerhaftung **276** 27 f.; Beschaffungsrisiko **276** 22 ff.; Fahrlässigkeit **276** 9 ff.; Garantie **276** 18 ff.; Geldschuld **276** 29; kaufrechtliche Gewährleistung **276** 18, 26; vertragliche Haftungsänderungen **276** 16; Haftungsmilderung **276** 15; Haftungsverschärfung **276** 15; Rechtskauf **276** 21; Verantwortlichkeit des Schuldners **276** 1 ff.; Verschulden **276** 6 f.; Vorsatz **276** 8
Verwahrung Rücknahmeanspruch **696** 1
Verwendungen Ersatz nach Rücktritt **347** 1 ff.; Ersatz von Verwendungen nach Rücktritt *siehe dort*; Notwendigkeit **347** 8; nützliche **347** 10
Verwirkung *siehe Treu und Glauben*
Verwirkungsklausel Beweislast **354** 4; Rücktritt **354** 1 ff.
Verzinsung Geldforderung **291** 2
Verzögerungsschaden *siehe Leistungsstörungen und Schuldnerverzug*
Verzugszinsen *siehe Schuldnerverzug*
Vollmacht Finanzierungsleasingverträge **500** 4
Vorfälligkeitsentschädigung *siehe auch Darlehensvertrag*; Teilzahlungsgeschäfte **504** 2
Vorsatz *siehe Vertretenmüssen*
Vorsatzhaftung Schadensersatzrechtsänderungsgesetz, zweites (Regierungsentwurf 2001) **828** 23 ff.
Wandlung Ersetzung durch Rücktrittsrecht **323** 9
Wegfall der Geschäftsgrundlage vor 346 15; *siehe auch Geschäftsgrundlage*
Wegfall des Anspruchs auf Gegenleistung 326 4 ff.; Ausnahmen **326** 8 ff.; irreparable Schlechtleistung **326** 7; Teilunmöglichkeit **326** 6; Unmöglichkeit, qualitative **326** 7; Voraussetzungen **326** 5 ff.
Werkleistungen Allgemeine Geschäftsbedingungen **309** 25
Werklieferungsvertrag 651 3
Werkvertrag vor 631 4, **634** 11 ff. *siehe auch Nacherfüllung und Verjährung*; Aliud und Teilerfüllung **633** 20; Allgemeine Geschäftsbedingungen **631** 11, **639** 11; Angleichung des Gewährleistungsrechts von Kauf- und Werkvertrag **vor 631** 9 ff.; Anwendung des Kaufrechts **651** 1 ff.; Ausschluß des Rücktrittsrechts **636** 18 ff.; Beginn und Hemmung der Verjährungsfrist **634a** 10 f.; Begleit- und Folgeschäden **636** 39; vertragsgemäße Beschaffenheit **633** 9 ff.; Definition des Rechtsmangels **633** 21 ff.; Definition des Sachmangels **633** 7; Dienstleistung des Werkunternehmers **651** 11; Ersatz vergeblicher Aufwendungen **636** 37; Fehlschlagen der Nacherfüllung **636** 13 f.; Folgen des Rücktritts **636** 22; Fristsetzung bei Rücktritt **636** 6 f.; Haftungsausschluß **639** 1 ff.; Haftungsausschluß und Garantieübernahme **639** 8; Haftungsausschluß und arglistiges Verschweigen **639** 6; Herabsetzung der Vergütung **638** 6 ff.; Kostenanschlag **631** 7 ff.; geistige, wissenschaftliche, künstlerische Leistungen **651** 9; anfänglicher nicht behebbarer Mangel **636** 38; Mangelfolgeschaden **636** 32; Mangelschaden **636** 32; Minderung **638** 1 ff.; Minderung als Gestaltungsrecht **638** 3; Minderung bei mehren Beteiligten **638** 5; Minderungsvoraussetzungen **638** 4; Nacherfüllung **635** 1 ff.; Nacherfüllungsanspruch des Bestellers **vor 631** 5 ff.; Rechte des Bestellers bei Mängeln **634** 1 ff.; anerkannte Regeln der Technik **633** 19; Rücktritt und Schadensersatz **636** 1 ff.; Rücktrittsrecht des Bestellers **636** 5 ff.; Rücktrittszeitpunkt **636** 21; Rückzahlung des Werklohnes **638** 10; unbewegliche Sachen **651** 10; Sach- und Rechtsmangel **633** 4 ff.; Schadensersatz **636** 23 ff.; Schadensersatz statt der Leistung **636** 33 ff.; Schadensersatz wegen des Werkmangels **636** 32 ff.; Schadensersatz wegen Verzögerung der Leistung infolge des Mangels **636** 29 ff.; Schadensersatzanspruch **vor 631** 8; Selbstvornahme **637** 1 ff.; Überblick **vor 631** 1 ff.; Unmöglichkeit der Nacherfüllung **636** 12; Unzumutbarkeit der Nacherfüllung für den Besteller **636** 16; werkvertragliche Verjährung **634a** 5; regelmäßige Verjährung **634a** 12 ff.; Verjährung bei arglistigem Verschweigen des Mangels **634a** 14; Verjährung bei Bauwerken **634a** 6 f.; Verjährung bei Herstellung, Wartung oder Veränderung einer Sache **634a** 8 f.; Verjährung der Mängelansprüche **634a** 1 ff.; Verjährung und Aufrechnung **634a** 19; Verjährung und Minderung **634a** 18; Verjährung und Rücktritt **634a** 15 ff.; Vertragstypische Pflichten **631** 1 ff.; Verweigerung der Nacherfüllung **636** 10 f.; Vorarbeiten **631** 12; Voraussetzungen des Sachmangels **633** 12 ff.; Voraussetzungen des Schadensersatzanspruches **636** 26 ff.; Werklieferungsvertrag **651** 3
Wertersatz Wertersatz bei Rücktritt *siehe dort*
Wertersatz bei Rücktritt Ausschluß **346** 42 ff.; Ausschluß der Rückgabe **346** 28 ff.; Beschränkung **346** 42 ff.; vom Gläubiger zu vertretende Verschlechterung **346** 44 ff.; Höhe des Wertersatzes **346** 39 ff.; Kenntnis des Rücktrittsberechtigten vom Mangel **346** 43; Mangel der Sache **346** 43; Untergang der Sache **346** 37; Veräußerung **346** 34; Verbrauch **346** 33; Verschlechterung der Sache **346** 36 ff.; zufällige Verschlechterung der Sache **346** 44 ff.; anderweitige Verwertung der Sache **346** 32 ff.; Wertminderung **346** 38

Register

Widerrufsrecht vor 346 9 ff.; Ausschluss **312** 20 ff.; Belehrung **312** 24 ff.; Fernabsatzvertrag *siehe dort*; Haustürgeschäft **312** 1 ff., 18 ff.; Rücktrittserklärung **349** 5; Teilzahlungsgeschäfte **503** 1; Teilzeit-Wohnrechteverträge **485** 1 ff.; Teilzeit-Wohnrechtevertrag **485** 1 ff.; Verjährung **218** 6; Widerrufsrecht bei Verbraucherverträgen *siehe dort*

Widerrufsrecht bei Verbraucherverträgen 355 1 ff., 12 ff.; Ausübungsbefugnis **355** 3; Begründung des Widerrufs **355** 35; Beweislast **355** 40; Erlöschen **355** 41 ff.; Form des Widerrufs **355** 35 ff.; Frist **355** 17 ff.; Fristbeginn **355** 20 ff.; elektronische Signatur, qualifizierte **355** 25; Übertragung **355** 4; Widerrufsbelehrung **355** 24 ff.; Widerrufsfrist **355** 17 ff.

Widerrufs- und Rückgaberecht Belehrung über Widerrufs- und Rückgaberecht *siehe dort*

Widerrufsvorbehalt gerichtlicher Vergleich **vor 346** 11

Wiederkehrschuldverhältnis *siehe Dauerschuldverhältnis*

Wiedervereinigung *siehe Geschäftsgrundlage*

Wohnraummiete *siehe auch Mietrecht und Mietvertrag*; Aufrechnung durch Mieter **556b** 2; Barrierefreiheit **554a** 1 ff.; auflösende Bedingung **572** 1; Belastung des Wohnraums **567** 1, **567a** 1; Belastung durch Erwerber **567b** 1; Betriebskosten-Abrechnungsmaßstab **556a** 1 ff.; Betriebskostenpauschale **556** 2, **560** 2; Betriebskosten-Veränderung **560** 1 ff.; Betriebskosten-Vereinbarung **556** 1 ff.; Betriebskostenvorauszahlungen **556** 2 f., **560** 4; Eigenbedarf **573** 4; Einliegerwohnungen **573a** 1; Eintrittsrecht **563** 3; Eintrittsrecht und Erben **564** 1 ff.; Eintrittsrecht und Haftung **563b** 1 ff.; Fälligkeit der Miete **556b** 1 ff.; Fortsetzung des Mietverhältnisses nach Widerspruch **574a** 1 f.; Fortsetzungsrecht **563a** 1; Fortsetzungsrecht und Erben **564** 1 f.; Fortsetzungsrecht und Haftung **563b** 1 ff.; Fristen der ordentlichen Kündigung **573c** 1 ff.; Gesundheitsgefährdung **569** 2; Herausgabeanspruch des Vermieters beim Vermieterpfandrecht **562b** 1; Indexmiete **557** 2, **557b** 1 ff.; Kappungsgrenze **558** 4; Kauf bricht nicht Miete **566** 1 ff.; außerordentliche fristlose Kündigung aus wichtigem Grund **569** 1 ff.; ordentliche Kündigung des Vermieters **573** 1 ff.; erleichterte Kündigung des Vermieters **573a** 1 ff.; außerordentliche Kündigung mit gesetzlicher Frist **573d** 1 ff., **575a** 1 ff.; Kündigungsform **568** 1 ff.; Kündigungsgründe des Vermieters **573** 3; Kündigungsinhalt **568** 1 ff.; außerordentlich befristetes Kündigungsrecht **561** 2; Mietdatenbank **558e** 1; Mieterhöhung **561** 1 ff.; Mieterhöhung bei Modernisierung **559** 1 ff.; Mieterhöhungen **557** 1 ff.; Mieterhöhungsverfahren **559b** 1 ff.; Mieterhöhungsverlangen **558a** 1 ff.; Mietsicherheiten **551** 1 ff.; qualifizierter Mietspiegel **558a** 3; Mietspiegel **558a** 3 f., **558c** 1 ff.; qualifizierter Mietspiegel **558d** 1 ff.; Mindestkündigungssperrfrist **577a** 1; Modernisierung **559** 1 ff.; Modernisierung mit Drittmitteln **559a** 1; Modernisierungsvorhaben **575** 6; behindertengerechte Nutzung der Wohnung **554a** 1 ff.; Pfändung durch Dritte **562d** 1; Pfandrecht des Vermieters **562** 1 ff.; Pfandrecht des Vermieters erlischt **562a** 1; verspätete Rückgabe und weiterer Schadensersatz **571** 1; Rücktrittsrecht vereinbart **572** 1; Schriftform **550** 1; Selbsthilferecht des Vermieters **562b** 1; Sicherheitsleistung des Mieters beim Vermieterpfandrecht **562c** 1; Sonderkündigungsrecht des Mieters bei Mieterhöhungen **561** 1 ff.; Sonderrechtsnachfolge **563** 2, **563a** 1; Sozialklausel **573a** 2, **573d** 3, **574** 2, **575a** 2, **576a** 1; Staffelmiete **557** 2, **557a** 1 ff.; Störung des Hausfriedens **569** 3; Teilinklusivmiete **556** 1; Teilkündigung des Vermieters **573b** 1 f.; Tod des Mieters **563** 1 ff., **563a** 1 f., **577** 4; Umbauten in der Wohnung **554a** 1, 5; Veräußerung und Aufrechnung **566d** 1; Veräußerung und Mietsicherheit **566a** 1 ff.; Veräußerung und Mietvereinbarung **566c** 1; Veräußerung und Vorausverfügung über Miete **566b** 1; Veräußerung vor Überlassung **567a** 1; Veräußerungsmitteilung an Mieter **566e** 1; Vergleichsmiete **557** 3; ortsübliche Vergleichsmiete **558** 1 ff.; Vergleichsmiete **558** 1 ff.; Verlängerungsanspruch des Mieters **575** 9; Vertragsstrafeverbot **555** 1; angemessene wirtschaftliche Verwertung des Wohnraums **573** 5; Vorkaufsrecht des Mieters **577** 2 f.; anwendbare Vorschriften **549** 1 ff.; Wechsel der Vertragsparteien **563** 1; Weiterveräußerung durch Erwerber **567b** 1; gewerbliche Weitervermietung **565** 1 ff.; Werkdienstwohnungen **576b** 1; Werkmietwohnung und Widerspruchsrecht **576a** 1; Werkmietwohnungsvertrag **576** 2; Werkwohnungen **576** 1; Widerspruch des Mieters gegen Kündigung **574** 1 ff.; Widerspruch des Mieters gegen Kündigung – Form und Frist **574b** 1 f.; erneutes Widerspruchsrecht des Mieters gegen Kündigung **574c** 1 ff.; Wohneigentum an Mietwohnungen **577** 1; Wohnungsumwandlung **577a** 1; Zahlungsverzug **569** 4; Zeitmietvertrag **575** 1 ff., **575a** 1 ff.; Zurückbehaltungsrecht **556b** 2; Zurückbehaltungsrecht und Rückgabeanspruch **570** 1; Zustimmung zum Mieterhöhungsverlangen **558b** 1 ff.

Zahlungsaufschub 499 1 ff.; Überziehungskredit **499** 3

Zahlungsaufstellung *siehe Schuldnerverzug*

Zahlungsverzug *siehe auch EG-Richtlinie zum Zahlungsverzug und Schuldnerverzug*; Rücktritt bei Teilzahlungsgeschäften **503** 4 ff.; Teilzahlungsgeschäfte **503** 4 ff.

Zeitschriftenabonnement *siehe Fernabsatzvertrag*

Zeuge Haftung **839a** 63 ff.

Zeugniserteilung Formvorschrift **126** 22

Zinsänderungsklausel *siehe Darlehensvertrag*

Zinsen *siehe auch EGBGB, Überleitungsvorschrift zu Zinsvorschriften*; Teilzahlungsgeschäfte, vorzeitige Zahlung **504** 3 f.

Zinsgleitklausel *siehe Darlehensvertrag*

Zinssatz Prozesszinsen **291** 4 ff.; Prozesszinsen-Erhöhung **291** 5 f

Zubehör 311c 1 ff.

Zug-um-Zug Erfüllung Zug-um-Zug *siehe dort*

Zurückbehaltungsrecht Verjährung **215** 2

Zweckerreichung *siehe Geschäftsgrundlage*

Zweckfortfall *siehe Geschäftsgrundlage*

Zweckstörung *siehe Geschäftsgrundlage*

Zweckverfehlung *siehe Frustrierte Aufwendungen*

Zweites Gesetz zur Änderung schadensersatzrechtlicher Vorschriften (Regierungsentwurf 1998) 828 1 ff.

Zweites Gesetz zur Änderung schadensersatzrechtlicher Vorschriften (Regierungsentwurf 2001) *siehe Schadensersatzrechtsänderungsgesetz, zweites (Regierungsentwurf 2001)*